기적수업

원본

텍스트
학생용 워크북
교사용 지침서

Course in Miracles Society

2020년 4월 10일 초판 1쇄 발행
2021년 12월 10일 개정판 1쇄 발행
2023년 07월 12일 제2개정판 1쇄 발행
2024년 12월 10일 제2개정판 2쇄 발행

옮긴이 유현숙
디자인 전인애
펴낸이 정수성
펴낸곳 도서출판 기적의 향기
등록번호 544-99-00260
등록일자 2017.03.16
주소 대전시 유성구 지족동로 124, 106동 1901호
대표전화 (042) 824-6188
팩스 (0505) 871-1880
카페 한국 기적수업 공부모임
유튜브 기적의 향기
ISBN 979-11-976889-1-1

잘못 만들어진 책은 구입하신 서점에서 교환해 드립니다.

기적수업

텍스트

Course in Miracles Society

차 례

제4장 모든 악의 뿌리

제5장 치유와 온전성

제6장 공격과 두려움

제7장 왕국의 일관성

제8장 귀향

제9장 잘못의 교정

제10장 하느님, 그리고 에고

제11장 하느님의 구원 계획

제12장 죄의식 문제

제13장 지각에서 앎으로

제14장 환상을 진리로 가져오기

제15장 시간의 목적

제16장 환상을 용서하기

제17장 용서와 치유

제21장 내면의 그림

제22장 구원과 거룩한 관계

제23장 너 자신과의 전쟁

머리말

이 수업은 끝이 아니라 시작이다. 너의 친구인 성령이 너와 함께 간다. 너는 혼자가 아니다. 성령을 부르는 자는 누구나 응답받는다. 무엇이 너를 힘들게 하든, 다음을 확신하라: 성령은 그에 대한 답을 가지고 있으며, 네가 다만 성령께 의탁하여 요청하기만 하면 기꺼이 그 답을 줄 것이다. 너를 힘들게 하는 듯한 모든 문제에 대해, 성령은 너에게 필요한 모든 답을 거절하지 않고 줄 것이다. 그는 모든 문제를 해결하고 모든 의심을 해소할 방법을 안다. 그의 확실성은 곧 너의 확실성이다. 성령께 확실성을 요청하기만 하면, 그것이 너에게 주어질 것이다.

너는 확실하게 집에 도착할 것이다. 태양이 뜨기 전과 진 후에도, 그 사이의 어스름 가운데서도, 태양이 지나갈 길은 미리 정해져 있듯이 말이다. 사실 네가 걸어가는 길은 그보다 훨씬 더 확실하다. 하느님이 당신께로 부르신 자들의 경로를 바꾸는 것은 불가능하기 때문이다. 그러니 너의 뜻을 따르고, 네가 너의 음성으로 받아들여서 네가 진정으로 원하는 것과 진정으로 필요로 하는 것에 대해 말해주도록 한 성령을 따르라. 성령의 음성은 하느님을 대변하는 음성이자 너의 음성이기도 하다. 따라서 그는 자유와 진리에 대해 말한다.[1]

이러한 말과 함께, 기적수업은 매일 연습하도록 정해진 365과의 레슨을 마친다. 우리는 또한 이러한 말과 함께 우리의 공부를 시작한다.

기적수업(종종 간단하게 "수업"이라고 부른다.)은 마음을 재훈련하기 위한 자율 학습 과정이다. 이 과정의 관점은 종교적이라기보다는 영적이다. 수업은 비록 기독교 용어

---

1) 워크북 끝맺는 말 1~2문단.

를 사용하기는 하지만 그 접근 방식은 종교를 초월하며, 저변의 본체는 세상의 가장 신성한 전통을 반향하는 태곳적 후렴구를 연상시킨다.

수업은 방법론적인 면에서 실용적이며, 그 목적은 평화로운 마음이다: "앎은 이 수업을 배우기 위한 동기가 아니다. *평화가* 그 동기다."[2] 그럼에도 불구하고 수업은 종종 자신의 단순성을 강조한다.[3]

컬럼비아 대학의 임상 심리학자인 윌리엄 테트포드 박사(이하 "빌"—옮긴이)는 자신의 분과가 치열한 경쟁과 부정적인 태도에 휩싸이자 동료인 헬렌 슈크만 박사(이하 "헬렌"—옮긴이)에게, 자신은 그동안 참을 만큼 참았다고 말한 후 "분명히 다른 길이 있을 것입니다. 나는 그 길을 꼭 찾아내고야 말겠습니다."라고 선언했다. 이와 함께 이 수업의 이야기가 시작되었다. 빌의 말을 듣고 헬렌은 자신이 그를 돕겠다고 맹세했다.

그 결과로 헬렌에게는 극적인 백일몽들이 나타났다. 1965년 10월에 헬렌은 자신의 마음에서 어떤 음성이 아주 분명하게, "이것은 기적수업이다. 받아적어라."라고 말하는 것을 경험했으며, 이것으로 백일몽은 절정에 이르렀다.

빌은 헬렌이 속기로 받아적은 것을 타이프로 쳐서 옮기는 일을 적극적으로 도왔으며, 그 결과로 7년 동안 약 1,500페이지에 달하는 기적수업을 받아적을 수 있었다.

헬렌은 자신이 그 자료의 저자라고 주장하지 않았다. 헬렌은 스스로 종종 설명했듯이, 내면에서 어떤 내용을 불러주는 음성을 들었으며, 그것을 받아적어야 한다고 느꼈다. 비록 그녀는 때로 그 내용에 동의하지 않거나, 그 과정에 저항했지만 말이다. 헬렌을 통해 말한 음성은 자신을 예수라고 분명히 밝혔다. 하지만 수업의 가르침으로부터 도움을 얻기 위해 기독교인이 되거나 기독교의 전통적인 교리를 받아들일 필요는 없다. 사실 전통적인 기독교인은 처음에 이 수업에 담긴 많은 내용이 아주 놀라우며, 심지어 믿기 힘들다는 것을 발견할 것이다. 그럼에도 불구하고 수업을 인내심과 열린 마음으로 대한다면, 그만큼 보상을 받을 것이다.

기적수업을 받아적는 과정은 1972년 가을에 끝났으며, 그 결과로 텍스트와 학생용 워크북, 교사용 지침서까지 총 세 권의 책이 나왔다. 자료가 계속 나오면서 헬렌과 빌

---

2) 텍스트 8장 1문단.

3) 예를 들어 텍스트 9장 29문단, 10장 74문단, 15장 39문단 참조.

은 타이프로 친 원자료(종종 "Urtext"라고 불린다.)를 기적수업이라는 책으로 정리하는 엄청난 과제에 맞닥뜨렸다. 그들은 텍스트를 여러 장과 절로 나누고 각각에 제목을 붙였으며, 초반의 몇몇 장에서 기적수업을 위한 것이 아니라 그들에게 개인적으로 주어진 것이라고 생각한 많은 분량의 자료를 제거했다. 그러한 작업의 결과로 나온 판본이 바로 당신이 손에 들고 있는 이 책이다.

1972년 필사본이 1999년 말에 발견되어 인터넷에 배포된 이후로, 기적수업 원본의 텍스트는 진화 과정을 겪어왔다. 2000년 초에 Course in Miracles Society(CIMS)는 1972년 필사본의 텍스트를 Jesus' Course in Miracles라고 이름 붙여 인쇄했다. 이 책은 2006년에 끝난 저작권 소송 기간 동안에 배포가 보류되었다.

2006년 11월에, 텍스트에 더하여 학생용 워크북과 교사용 지침서를 포함한 기적수업 원본의 초판(2006년 판이라고 불린다.)이 발매되었다. 2006년 판은 수많은 인쇄상의 오류와 오타, 1972년 필사본에서 나타난 이후로 Jesus' Course in Miracles 판에서 반복된 구두점상의 오류를 교정하였다.

2009년에 재판(2009년 판이라고 불린다.)을 인쇄했는데, 여기서도 1972년 필사본의 오류를 교정하는 과정이 계속되었다. 이 작업 과정에 편집자들은 처음으로 더 이전의 필사본을 살펴보았고, 타이프를 다시 치는 과정에 무심코, 혹은 실수로 빠트린 것으로 보이는 자료들을 복구하였다. 이러한 복구 과정은 2012년 판, 2017년 판, 2018년 판에서 계속되었다. 그 과정에서 항상 근본적인 지시 사항인, "원자료에 대한 충실성"을 고수하였다. 2012년 판부터 시작된 개선 사항 중에, 텍스트 2장, 9장, 26장, 27장의 문단 번호를 갱신한 것이 있다. 이것은 더 이전의 필사본에 있는 자료를 복구함에 따라 필요성이 대두된 것이다. 문단 번호를 다시 매긴 사실은 적절한 곳에 각주로 표시하였다.

기적수업 원본은 계속 진화하면서 헬렌과 빌이 협업을 통해 애초에 받아적은 것을 충실하게 재생하고 있다. 많은 이들은 헬렌과 빌이 텍스트의 17장에서 22장까지 묘사된 "거룩한 관계"에 있었다고 믿는다. 기적수업 원본은 이러한 장들에서 받아적은 본래의 언어를 보존하고 있다. 이러한 장들은 본래 기적수업 필사본을 생산해 내기 위해 공동 작업을 진행한 두 협력자들에게 이야기한 것이었다. 이후에 필사본 편집 과정에서 이러한 중요한 장들의 초점이 바뀌었고, 그 장들은 이제 개별적인 독자에게 이야기하는 형식이 되었다. 그러면서 원래 받아적은 자료에는 아주 분명했던 상호 관계가 제거되었다.

기적수업 원본이야말로 헬렌과 빌이 원래 기적수업으로 의도했던 것임이 분명해 보인다. 그러나 1973년에 헬렌과 빌의 작은 모임에 참가했다가 1972년 필사본을 받은 케네쓰 왑닉은 편집을 더 해야 한다는 생각을 피력했다. 빌은 더 세밀한 편집 작업에서 물러났으며, 헬렌과 왑닉은 편집 과정을 재개했다. 문단 나누기, 구두점 찍기, 대문자화 하기, 절 제목 붙이기와 함께 매 줄마다 많은 양의 편집 작업이 이루어졌다. 이에 더하여, 1장부터 5장까지 분량의 약 5분의 1이 삭제되었다. 마지막으로, 새로운 절인 용어 설명이 추가되었다. 그 결과로 1975년에 Foundation for Inner Peace에 의해 출판된 판본이 세상 사람들에게 낯이 익은 기적수업이 되었다.

우리는 그 판본을 존중하면서도, 추가로 진행된 편집 작업이 원래 작업의 의미와 전체적인 느낌을 바꿔놓았다고 믿는다. 기적수업 학생들은 헬렌과 빌이 본래 편집한 원본의 내용을 읽으면서 신선한 명쾌함을 발견하거나, 이후에 나온 1975년 판본에 포함되지 않은 구절들을 접하면서 새로운 이해를 얻기도 한다. 편집 작업으로 말하자면, 우리는 "더 적은 편집이 더 나은 편집이다."라는 규칙이 적용된다고 본다. 즉 우리는 헬렌이 받아적은 유려하고 치밀한 내용을 덜 변경할수록 더 낫다고 본다.

기적수업 원본에서 우리는 최초로 타이프친 필사본에 드러난 편집상의 문제들을 아주 조심스레 다뤘다. 우리는 헬렌과 빌에게 본래 주어진 것에 최대한 가깝게 내용을 재생하는 데 초점을 맞췄다. 그러나 우리는 원래 받아 적은 자료에서 초기에 다시 타이프치는 과정에 무심코, 혹은 실수로 제외된 것으로 보이는 내용이 몇 부분 있다는 것을 밝히고자 한다. 그런 경우에 우리는 빠진 구절을 다시 삽입했으며, 삽입한 구절을 대괄호 안에 넣음으로써 따로 표시했다. 그것을 제외하고는, 헬렌과 빌이 완성한 대로의 기적수업 원래 필사본에 우리가 가한 변화는 명백한 인쇄상의 오류와 오타를 교정하고, 구두법과 대문자화 작업을 표준화하고, 출판물을 인쇄하기 위해 자료의 서식을 갖춘 것이 전부다. 참조하고 찾는 과정을 편리하게 만들기 위해 붙인 절과 문단의 번호를 제외하고는, 원래의 작업에 덧붙이거나 누락시킨 것은 아무것도 없다.

우리는 Course in Miracles Society의 회원들과 다른 분들이 제공한 사심 없는 지원에 감사의 마음을 전한다. Course in Miracles Society의 작업은 아주 초기부터 많은 분들이 제공한 지칠 줄 모르는 수고와 재정적인 후원 덕분에 가능했다. 그분들의 유일한 보상은 이 성스러운 작품이 세상에 널리 보급되도록 지원하는 데서 느끼는 만족감뿐이었다. 특히 기적수업 원본의 출판은 익명으로 남기를 원한 한 회원이 제공한 상당한 보조금의 도움을 받고 있다. 우리는 그러한 후원자들과 모든 회원들에게 깊은 감사 인사를 보낸다.

Course in Miracles Society

서문

¹ 이것은 기적을 가르치는 수업이다. 이것은 필수 과목이다. 이 수업을 언제 수강할
지만 너에게 달려있다. 자유 의지free will는 네가 커리큘럼을 짤 수 있음을 의미하지 않
는다. 자유 의지는 단지 네가 주어진 시간에 무엇을 수강하기를 원하는지 선택할 수
있음을 의미한다.

² 이 수업은 사랑의 의미를 가르치는 것을 목표로 삼지 않는다. 그것은 가르칠 수 있
는 것이 아니기 때문이다. 하지만 이 수업은, 사랑의 현존에 대한 자각을 가로막는 장
애물의 제거를 목표로 삼는다. 사랑이야말로 네가 타고난 유산이다. 사랑의 반대는
두려움이지만, 모든 것을 포괄하는 것에는 반대가 있을 수 없다.

³ 따라서 이 수업을 다음과 같이 아주 간단히 요약할 수 있다:

⁴ 실재하는 것은 아무것도 위협받을 수 없다.
실재하지 않는 것은 아무것도 존재하지 않는다.

⁵ 여기에 하느님의 평화가 있다.

제1장

기적에 대한 안내

I. 기적의 원리

¹ 1.¹⁾ 기적들 사이에는 난이도가 없다. 어떤 기적이 다른 기적보다 더 "어렵거나" "크지" 않다. 기적들은 모두 똑같다. 사랑의 표현은 모두 최대치로 나타난다.

² 2. 이러한 기적 자체는 중요하지 않다. 유일하게 중요한 것은 기적의 근원인데, 이는 사람이 결코 평가할 수 없는 것이다.

³ 3. 기적은 사랑의 표현으로서 자연스럽게 일어난다. 진정한 기적은 기적을 고취하는 사랑이다. 이런 의미에서, 사랑에서 나오는 것은 모두 기적이다.

⁴ 4. 기적은 모두 생명을 의미하며, 하느님이 바로 생명을 주는 분이시다. 하느님의 음성은 너를 매우 구체적으로 인도하며, 네가 알 필요가 있는 모든 것에 대해 말해 줄 것이다.

⁵ 5. 기적은 습관으로서, 자기 의지와 무관하게involuntary 일어나야 한다. 기적은 의식적인 통제 아래 있어서는 안 된다. 의식적으로 선택된 기적은 잘못 인도될 수 있다.

⁶ 6. 기적은 자연스럽다. 기적이 일어나지 *않는다면*, 무언가 잘못된 것이다.

⁷ 7. 기적은 모든 이의 권리지만, 먼저 정화가 필요하다.

⁸ 8. 기적은 치유다. 일시적으로 더 많이 가진 자가 일시적으로 더 적게 가진 자를 위해 기적을 행한다는 점에서, 기적은 결핍된 것을 공급해 주기 때문이다.

⁹ 9. 기적은 일종의 교환이다. 진정한 의미에서 *항상* 기적적인 사랑의 모든 표현들처럼, 이러한 교환도 물리 법칙을 뒤집는다. 기적은 주는 자는 물론 받는 자에게도 사랑을 *더 많이* 가져다준다.

¹⁰ 10. 믿음을 *유발하기* 위한 구경거리로 기적을 사용하는 것은 잘못이다. 더 정확히 말하자면, 기적의 목적을 오해하는 것이다. 실제로 기적은 믿는 자를 *위해*, 믿는 자에 *의해* 사용된다.

¹¹ 11. 기도는 기적의 매개다. 기도는 창조된 자들이 창조주와 나누는 자연스러운 소통이다. 기도를 통해 사랑이 받아들여지고, 기적을 통해 사랑이 표현된다.

---

1) 1장에서 작은 숫자는 문단 번호를, 큰 숫자는 기적의 원리 번호를 나타낸다. 전체적으로 문단 번호는 작은 숫자를 사용하여 매겼다. – 옮긴이

[12] 12. 기적은 생각이다. 생각들은 낮은 수준의 실재나 높은 수준의 실재를 나타낼 수 있다. 이것이 주지화하기와 생각하기의 근본적인 차이점이다. 주지화하기는 물질적인 것을 만들고, 생각하기는 영적인 것을 창조한다. 그리고 우리는 우리가 만들거나 창조하는 것이 존재한다고 믿는다.

[13] 13. 기적은 시작이자 끝이다. 따라서 기적은 시간의 순서를 바꾼다. 기적은 항상 재탄생의 확인이며, 재탄생은 되돌아가는 듯이 보이지만 실제로는 앞으로 나아가는 것이다. 기적은 현재 안에서 과거를 무효화하며, 그럼으로써 미래를 해방한다.

[14] 14. 기적은 진리를 증언한다. 기적은 확신에서 일어나므로 확신을 준다. 확신 없는 기적은 마법으로 전락한다. 마법은 무분별한mindless 것이며, 따라서 마음을 파괴적으로, 더 정확히 말하자면 비창조적으로 사용하는 것이다.

[15] 15. 매일매일을 기적에 바쳐야 한다. 시간의 목적은 사람이 시간을 건설적으로 사용하는 법을 배우게 하는 것이다. 이와 같이 시간은 가르침의 도구자 목적을 위한 수단이다. 배움을 촉진하는 용도가 사라졌을 때, 시간은 멈출 것이다.

[16] 16. 기적은 받는 것보다 주는 것이 더 축복받은 일임을 보여주기 위한 가르침의 도구다. 기적은 동시에, 주는 자의 힘을 증가시키면서 받는 자에게도 힘을 공급해 준다.

[17] 17. 기적은 몸을 초월하는 것이다. 기적은 더 낮은 차원의 실재에 대한 느낌에서 벗어나, 불가시성으로 갑작스레 이동하는 것이다. 바로 이것이 기적이 치유하는 까닭이다.

[18] 18. 기적은 섬김이다. 기적은 한 사람이 다른 사람에게 행할 수 있는 최대치의 섬김이다. 기적은 너의 이웃을 너 자신처럼 사랑하는 방법이다. 기적을 행하는 자는 자기 자신과 이웃의 헤아릴 수 없는 가치를 동시에 인식한다.

[19] 19. 기적은 마음들을 하느님 안에서 하나로 만든다. 기적은 협력에 의존한다. 온아들은 하느님이 창조하신 모든 **영혼들**의 총합이기 때문이다. 따라서 기적은 시간의 법칙이 아닌 영원의 법칙에 의거한다.

[20] 20. 기적은 몸이 아닌 영이 진리의 제단이라는 자각을 다시 일깨운다. 기적의 치유력은 바로 이러한 인식에서 비롯된다.

[21] 21. 기적은 총체적인 용서의 자연스러운 표현이다. 사람은 기적을 통해 다른 이들에게 하느님의 용서를 확장하며, 그럼으로써 그것을 받아들인다.

²² 22. 기적이 두려움과 결부되는 유일한 이유는, 어둠을 *감출* 수 있다는 그릇된 믿음 때문이다. 사람은 자신이 볼 수 없는 것은 존재하지 않는다고 믿으며, 사람의 육안은 어둠 속에서 볼 수 없다. 이것은 아주 원시적인 해결책으로서, 그 결과로 사람은 영안을 부정하게 되었다.[1] 어둠에서 벗어나는 데는 다음의 두 단계가 있다:

> ²³ A. 첫 번째 단계는, 어둠을 감출 수 *없다*는 인식이다. 이 단계에는 보통 두려움이 수반된다.
> ²⁴ B. 두 번째 단계는, 네가 비록 감출 수 *있다* 하여도 감추기를 *원하는* 것 이 아무것도 없다는 인식이다. 이 단계는 두려움에서 *벗어나게* 해준다.

²⁵ 23. 기적은 지각을 재정돈하여, 지각의 수준들을 바른 관점에서 배치한다. 이것은 모든 수준에서 치유한다. 병은 수준 혼동에서 비롯되기 때문이다.

²⁶ 아무것도 감추지 않으려 하게 되었을 때, 너는 영적 교통 communion에 들어가려 할 뿐만 아니라 평화와 기쁨도 이해할 것이다. 너는 아직 전적으로 헌신하고 있지 않으며, 따라서 가르칠 것보다는 배울 것이 여전히 더 많다. 너의 평형 상태가 안정화되면 너는 배우는 만큼 가르칠 수 있을 것이며, 그로 인해 적절한 균형을 찾을 것이다. 그동안은 어떤 노력도 낭비되지 않음을 기억하라. 네가 이것을 기억하지 않는 한, 한계가 전혀 없는 *나의* 노력의 성과를 활용할 수 없기 때문이다. 오로지 영원만이 실제다. 그렇다면 왜 시간이라는 환상을 건설적으로 사용하지 않는가?

²⁷ 24. 기적은 사람이 병든 자를 치유하고 죽은 자를 일으킬 수 있게 한다. 사람이 병과 죽음을 만들었으며, 그것들을 폐지할 수도 있기 때문이다. *네가* 바로 너의 창조주처럼 창조할 수 있는 기적이다. 그 밖의 모든 것은 너 자신의 악몽일 뿐, 존재하지 않는다. 오로지 빛의 창조물들만이 실제다.

²⁸ 25. 기적은 서로 맞물린 용서 사슬의 일부며, 이 사슬이 완성될 때 그것이 바로 속죄다. 이 과정은 항상, 시간의 모든 차원에서 진행된다.

²⁹ 나는 속죄 과정을 주관하며, 이 과정은 내가 시작했다. 네가 나의 형제들 중 누구

---

1) 이후에 "영안"이라는 용어는 성령으로, "육안"은 에고로 대체되었다. 그러나 두 가지 보는 방법에 대한 강조는 기적수업 내내 계속된다. [필사자가 넣은 이 각주는 1972년 필사본에 포함되어 있다. ─ 편집자]

에게라도 기적을 베푼다면, 그것은 *너 자신과* 나에게 기적을 베푸는 것이다. 여기서 *네가 나보다* 먼저 언급된 이유는, 나는 나 자신의 속죄를 위한 기적이 필요 없지만, 네가 일시적으로 실패할 경우에 대비해 그 과정의 끝 지점에 서있기 때문이다. 속죄에서 내가 맡은 역할은, 사람들이 다른 식으로는 교정하지 못할 사랑의 결핍을 모두 상쇄하는 것을 그 목적으로 한다. "죄"라는 단어는 "사랑의 결핍"으로 바꿔야 한다. "죄"는 사람이 만든 단어로써, 사람이 스스로 지어낸 위협이 함축되어 있기 때문이다. *실재적인* 위협은 어디에도 없다. 너희 자신을 겁주어서 얻을 수 있는 것은 아무것도 없다. 그렇게 하는 것은 너무나 파괴적이다.

[30] 26. 기적은 두려움으로부터의 *자유*를 필요로 한다. "속죄하기"는 실제로 "무효화하기"를 의미한다. 두려움을 무효화하는 것이 기적의 속죄 가치에서 극히 중요한 부분이다.

[31] 속죄의 목적은 모든 것을 너에게 회복해 주는 것, 더 정확히 말하자면 모든 것을 너의 의식에 회복해 주는 것이다. 네가 창조될 때, 다른 모든 이들처럼 너에게도 모든 것이 주어졌다. 너의 본래 상태에 대한 인식을 회복했을 때, 너는 자연스럽게 속죄의 일부가 된다. 나는 너와 다른 이들 안에서 사랑의 결핍을 용인할 수 없으며, 너는 그러한 용인할 수 없음을 공유함에 따라 사랑의 결핍을 교정하기 위한 대십자군 원정에 동참해야 한다. 이 원정의 구호는 "듣고, 배우고, *행하라*.", 즉 "내 음성을 듣고, 잘못을 무효화하는 법을 배우고, 그것을 교정하기 위해 무언가를 *행하라*."이다. 듣고 배우는 것만으로는 충분하지 않다. *내* 무리의 참된 구성원들은 *활동적인* 일꾼들이다.

[32] 기적을 행할 권능은 너에게 *있다*. 나는 기적을 행할 기회를 제공하겠지만, *너는* 준비를 갖추고 용의를 내야 한다. 너에게는 이미 기적을 행할 능력이 있기 때문이다. 너는 기적을 행함으로써 그 능력을 확신하게 된다. 확신은 실제로 성취를 통해 오기 때문이다. 기적을 행할 능력은 기적을 행할 잠재력이고, 기적을 성취하는 것은 그 능력의 표현이며, 속죄는 그 목적이다.

[33] 27. 기적은 하느님이 나를 통해 나의 *모든* 형제들에게 베푸시는 보편적인 축복이다. 기적은 용서받은 자가 가진 용서하는 특권이다.

[34] 나는 사도들에게 주님의 의사가 되어 다른 이들을 치유하라고 구체적으로 말했다. 또한 *그들 자신을 치유하라*는 말도 했고, 결코 그들을 떠나거나 저버리지 않겠다는 약속도 했다. 속죄는 하느님의 아이들의 타고난 소명이다. 그들은 나에게 믿음을 고백했기 때문이다. "하늘과 땅이 사라질 것이다."라는 말은 단지 하늘과 땅이 계속해서

분리된 상태로 존재하지는 않을 것임을 의미한다. 내 말은 부활이자 생명이며, 사라지지 않을 것이다. 빛은 영원하기 때문이다. *네가* 바로 하느님의 작품이며, 그분의 작품은 온전히 사랑스럽고 온전히 사랑한다. 사람은 마음 깊은 곳에서 자신에 대해 *반드시* 이렇게 생각해야 한다. 이것이 바로 그의 정체기 때문이다.

[35] 28. 기적은 의식의 여러 수준들을 정돈하는 수단이다.

[36] 기적은 하위의식, 즉 잠재의식 수준에서 나온다. 계시는 상위의식, 즉 초의식 수준에서 나온다. 의식 수준은 그 사이에 있으면서, 잠재의식이나 초의식의 충동에 다양한 비율로 반응한다. 의식은 이 세상에 관여하는 수준으로서, 잠재의식과 초의식 모두에 반응할 수 있다. 의식은 그 자체에서 오는 충동이 전혀 없으며, 또한 본래 반응을 이끌어내기 위한 기제mechanism인 까닭에, 매우 잘못될 수 있다.

[37] 계시는 의심과 두려움이 완전히 중지된 상태를 이끌어내지만, 그 상태는 일시적이다. 계시는 하느님과 그분의 **영혼들** 사이에 존재하는 원래의 소통 형식을 나타내는 것으로서, 창조물에 대한 극도로 개인적인 친밀감이 수반된다. 사람은 육체적인 관계에서 이런 느낌을 찾으려고 한다. 하지만 육체적인 친밀함은 이것을 성취할 수 *없다.* 잠재의식의 충동은 본래 기적을 이끌어낸다. 기적은 순수하게 사람들 사이에서 일어나는 것으로서, 다른 이들에 대한 진정한 친밀함을 낳는다. 그러나 *개인적인* 의도를 가진 고집스러운 의식은 이것을 육체적인 만족을 얻기 위한 충동으로 오해할 수 있다.

[38] 계시는 **영혼들**을 하느님과 직접 결합한다. 기적은 마음들을 서로와 직접 결합한다. 계시도 기적도 의식에서 나오지 않지만, 둘 다 의식에서 *경험된다.* 이 사실은 매우 중요하다. 의식은 비록 행위를 고취하지는 *않지만,* 행위를 이끌어내는 상태기 때문이다. 사람에게는 자신이 선택하는 것을 믿을 자유가 있고, 그의 *행위는* 그의 믿음을 입증한다. 잠재의식의 더 깊은 수준에는 *항상* 기적 충동이 들어있지만, 사람에게는 의식에 더 가까운 잠재의식의 보다 피상적인 수준을 이 세상의 충동들로 채워 넣은 후, 자신을 그것들과 동일시할 자유가 있다. 그 결과 사람은 스스로 그 밑에 있는 기적 수준에 접근하지 못하게 된다. 그러면 행위를 할 때 그의 관계도 피상적이 되어, 기적에 의해 고취되는 관계 맺기가 불가능해진다.

[39] 29. 기적은 두려움으로부터의 해방을 *얻는* 방법이다.

[40] 계시는 두려움이 *이미* 폐지된 상태를 이끌어낸다. 따라서 기적은 수단이고, 계시는 목적이다. [이런 의미에서 계시와 기적은 협력한다.] 기적은 계시에 의존하지 않

으며, 계시를 *이끌어낸다.* 계시는 지극히 개인적이며, 사실상 의식적인 내용으로 옮길 수 없다. 그러므로 계시를 말로 묘사하려는 어떤 시도도 대개는 이해 불가능하다. 계시는 *오로지* 경험만을 이끌어낸다. 반면에 기적은 [사람들 사이에서] *행위*를 이끌어낸다. 기적의 *비개인적인* 특성 때문에, 지금은 기적이 더 유용하다. 이러한 학습 단계에서는 기적을 행하는 것이 더 중요하다. 두려움으로부터의 자유를 너에게 억지로 떠안길 수는 없기 때문이다.

[41] 30. 기적은 사람을 통해 하느님을 찬미한다. 기적은 하느님의 창조물들에게 경의를 표함으로써 하느님을 찬미하며, 그들의 완벽함을 확인한다. 기적은 몸과의 동일시를 부정하고 **영혼**과의 동일시를 확인하므로, 치유한다. 기적은 영을 지각함으로써 수준들을 조정하여 그것들을 제대로 정렬된 상태로 본다. 이것은 영을 중심에 놓아주며, 그곳에서 **영혼**들은 직접적으로 소통할 수 있다.

[42] 31. 기적은 경외심이 아닌 감사를 고취해야 한다. 사람은 자신의 진정한 정체에 대해 하느님께 감사드려야 한다. 하느님의 아이들은 매우 거룩하며, 기적은 그들의 거룩함에 경의를 표한다.

[43] 하느님의 창조물들은 자신의 거룩함을 결코 잃지 않는다. 비록 그것이 감춰질 수는 있지만 말이다. 기적은 그 거룩함을 드러내어 그것이 본래 속한 빛 속으로 가져간다. 사람은 자신의 거룩함을 실제로 어둠 속에 감출 수 없지만, 이에 대해 자기 자신을 속일 수는 있다. 이런 환상은 사람을 두렵게 만든다. 그는 마음 깊은 곳에서 그것이 환상임을 알기 때문이다. 사람은 그런 환상의 실재성을 확립하려고 엄청난 노력을 기울인다. 기적은 실재를 실재가 본래 속한 곳에 놓아준다. 영원한 실재는 오로지 **영혼**에게만 속하며, 기적은 오로지 진리만을 인정한다. 따라서 기적은 사람이 자기 자신에 대해 가진 환상들을 물리쳐서, 그가 자기 자신은 물론 하느님과도 영적 교통 상태에 있게 해준다.

[44] 32. 그리스도가 모든 기적을 고취하는데, 그것은 실제로 중보기도다. 기적은 사람의 거룩함을 위해 중보하고, 그의 지각을 거룩하게 만든다. 기적은 사람을 물리 법칙 너머에 놓아줌으로써 천상의 질서 영역으로 올려놓는다. *이러한 질서에서, 사람은 정녕 완벽하다.*

[45] **영혼**은 하느님과의 영적 교통을 결코 잃지 않는다. *오로지 마음만이 속죄가 필요하다.* 기적은 마음을 영을 섬기는 위치에 놓아줌으로써, 그리스도의 속죄에 동참한다.

이것은 마음의 제 기능을 확립하고, 마음의 잘못을 교정한다.

[46] 33. 기적은 사람에게 경의를 표한다. 왜냐하면 사람은 본래 사랑스럽기 *때문이다*. 기적은 사람에 대한 환상들을 몰아내고, 그의 내면에서 빛을 지각한다. 이와 같이 기적은 사람을 그 자신의 악몽에서 자유롭게 풀어주어 그의 잘못을 속죄한다. 기적은 사람을 그 *자신*을 가둔 감옥에서 석방하며, 그의 마음을 환상에서 자유롭게 풀어주어 제정신을 회복해 준다. 사람의 마음은 환상에 사로잡힐 수 *있지만*, 그의 영은 영원히 자유롭다. 사랑 없이 지각하는 마음은 빈껍데기를 지각하면서 그 안의 영을 알아차리지 못한다. 그러나 속죄는 **영혼**을 제자리로 회복해 준다. 영을 섬기는 마음은 상처받을 수 없다.

[47] 34. 기적은 마음을 충만한 상태로 회복해 준다. 기적은 결핍을 속죄함으로써 완벽한 보호를 확립한다. **영혼**의 강함은 침범의 여지를 남기지 않는다. 용서받은 자는 영혼으로 채워져서, 그 보답으로 용서한다. 자신의 형제들을 해방하는 것이야말로 해방된 자들의 의무다.

[48] 용서받은 자들은 정녕 속죄의 수단이다. 그리스도에 의해 해방된 자들은 자신의 형제들을 해방하는 일에 동참해야 한다. 그러한 것이 바로 속죄 계획이기 때문이다. 기적은 영을 섬기는 마음들이 하느님의 모든 창조물들의 구원, 즉 해방을 위해 그리스도와 연합하는 방법이다.

[49] 35. 기적은 사랑의 표현이지만, 그렇다고 해서 항상 관찰할 수 있는 결과를 낳는 것은 *아니다*. 나는 기적을 무차별적으로 행할 수 있는 유일한 자다. 왜냐하면, 내가 곧 속죄기 때문이다. 너에게는 속죄에서 맡은 *역할이* 있는데, 그것은 내가 일러주겠다. 네가 어떤 기적을 행해야 할지 *나에게* 물어라. 이것은 너를 지치지 않게 해줄 것이다. 너는 나와의 직접적인 소통 아래 행할 것이기 때문이다.

[50] 36. 그리스도가 통제하는 기적들은 속죄의 일부지만, 그리스도의 안내는 개인적인 것으로서 *개인적인* 구원으로 이어진다. 기적의 비개인적인 특성은 아주 중요한 요소다. 그것은 *나로 하여금* 기적들의 배분을 통제할 수 있게 해주기 때문이다. 그리스도의 안내는 지극히 *개인적인* 계시 경험으로 이끈다. 이것이 바로 그리스도의 안내가 *개인적인* 선택을 필요로 하는 이유다. 안내자는 통제하지 *않지만* 길을 *가리켜 보여주며*, 따르는 것은 너의 몫으로 남겨둔다. "우리를 유혹으로 인도하지 마소서."는 "우리가 우리의 잘못에서 벗어나도록 안내하소서."를 의미한다. "너의 십자가를 지고 나를

따르라."는 "너의 잘못을 알아차리고, 나의 안내를 따름으로써 잘못을 버리기로 선택하라."를 의미한다.

51 잘못은 진리를 실제로 위협할 수 없으며, 진리는 잘못을 *항상* 이겨낼 수 있음을 기억하라. *오로지* 잘못만이 실제로 취약하다. 너에게는 적절하다고 생각하는 곳에 너의 왕국을 세울 자유가 있지만, 다음을 기억한다면 바른 선택은 불가피하다:

52 **영혼**은 영원히 은혜받은 상태에 있다.
사람의 실재는 오로지 그의 **영혼**이다.
따라서 사람은 영원히 은혜받은 상태에 있다.

53 속죄는 이러한 관점에서 모든 잘못을 무효화함으로써, 두려움의 *진짜* 근원을 뿌리 뽑는다. 이렇게 안심시켜 주시는 하느님의 말씀을 위협적이라고 느낀다면, 그것은 *항상* 네가 잘못된 것에 충성하면서 그것을 방어하고 있기 때문이다. 투사에는 항상 이러한 것이 수반된다. 잘못은 사랑의 결핍이다. 네가 이것을 다른 사람에게 투사한다면 과연 그를 가두겠지만, 단지 그가 *이미* 범한 잘못을 강화하는 정도까지만 그렇게 한다. 그는 이미 그 *자신에* 대한 지각이 왜곡되어 있으므로, 다른 사람의 왜곡에 취약해진다. 기적일꾼은 *오로지* 축복할 수 있을 뿐이며, 이것은 다른 이들의 왜곡을 무효화하여 그들을 감옥에서 해방한다.

54 37. 기적은 바른 사고의 사례다. 모든 수준에서 실재와의 접촉이 강력하고 정확해져서, 한 사람 안에서는 물론 다른 사람들 사이에서도 경계선이 바르게 그려지게 된다. 그 결과 기적을 행하는 자의 지각은 하느님이 창조하신 대로의 진리에 맞춰 정렬된다.

55 38. 기적은 내가 거짓된 사고방식 안으로 도입한 교정 요인이다. 기적은 일종의 촉매로 작용하여, 그릇된 지각을 뒤흔들어 적절하게 재정돈한다. 이것은 사람을 속죄 원리 아래에 두며, 그곳에서 그의 지각이 치유된다. 이것이 일어나기 전에는, 신적 질서의 계시가 불가능하다.

56 39. **영안**은 기적의 기제다. **영안**이 지각하는 것은 정녕 참이기 때문이다. **영안**은 하느님의 창조물들은 물론 사람의 창조물들도 지각한다. **영안**은 또한 선별적이지 않고 총체적으로 지각하는 능력으로, 사람의 창조물들 가운데 거짓된 것으로부터 참된 것

을 분리해 낼 수 있다. 따라서 **영안**은 실재 검증reality testing을 위한 적절한 도구가 되는데, 이것에는 항상 거짓된 것과 참된 것을 구분하는 필수적인 과정이 포함된다.

[57] 40. 기적은 잘못을 해소한다. 영안은 잘못을 거짓된 것, 즉 실제가 아닌 것으로 확인하기 때문이다. 이것은 빛을 지각함으로써 어둠이 자동적으로 사라진다고 말하는 것과도 같다.

[58] 죄가 사랑의 결핍이듯, 어둠은 빛의 결핍이다. 어둠은 그 자체로는 고유한 특성이 없다. 어둠은 "희소성" 오류의 한 사례로서, 이로부터는 *오로지* 잘못만 나올 수 있다. 진리는 언제나 풍요롭다. 자신이 모든 것을 가졌음을 지각하고 인정하는 자는 *어떤* 종류의 강박적인 행동도 할 필요가 없다.

[59] 41. 기적은 모든 사람을 너의 형제요 나의 형제로 인정한다. 기적은 그들 안에서 하느님의 보편적인 표시를 지각하는 방법이다. 하느님의 아들들이 가진 특별성은 배제가 *아닌* 포함함에서 생겨난다. 나의 *모든* 형제들은 특별하다. 그들이 무엇이든 박탈당했다고 믿으면, 그들의 지각은 왜곡된다. 이런 일이 일어날 때 하느님의 온 가족, 즉 온아들의 관계가 손상된다. 하느님의 가족을 이루는 각각의 구성원들은 결국에는 돌아와야 한다. 기적은 그들에게 돌아오라고 부른다. 그들이 비록 영의 자리에 없더라도, 기적은 그들을 축복하고 경의를 표하기 때문이다.

[60] "하느님은 조롱받지 않으신다."라는 말은 경고가 아니라, 이 점에 대해 안심시켜 주는 말이다. 만약 하느님의 창조물들 가운데 어느 하나라도 거룩함이 없다면, 하느님은 정녕 조롱받으실 것이다. 창조물은 정녕 온전하며, 온전성의 표시가 바로 거룩함이다.

[61] 42. 온전성은 기적이 지각하는 내용이다. 따라서 기적은 결핍이라는 그릇된 지각을 모든 곳에서 교정한다. 즉, 속죄한다.

[62] 여기서 우리는 기적과 투사를 근본적으로 구분하기 시작한다. 자극이 먼저 있어야 반응이 있을 것이며, 자극은 촉발되는 반응의 종류도 결정할 것이다. 행동은 *반응이며,* 따라서 "무엇에 대한 반응인가?"라는 질문이 아주 중요해진다. 그런데 자극은 지각을 통해 확인되므로, 너는 먼저 자극을 지각한 다음에 그에 따라 행동한다. 그러므로 다음과 같은 결론이 나온다:

[63] 너는 네가 지각하는 대로 행동할 것이다.

⁶⁴ 황금률은 다른 사람이 너에게 해주기를 바라는 대로 그에게 해줄 것을 요구한다. 이는 너와 상대방 둘 *다에* 대한 지각이 정확해야 함을 의미한다. 황금률은 적절한 행동을 위한 법칙이다. 정확하게 지각하지 않는 한 적절하게 행동할 수 없다. 적절한 행동은 수준 혼동이 없어야 가능하기 때문이다. 수준 혼동이 있으면 실재 검증 결과가 *항상* 가변적이 되며, 따라서 무엇이 적절한 행동인지도 가변적이 된다. 너와 너의 이웃은 한 가족의 동등한 구성원이므로, 너는 너와 너의 이웃 둘 다를 지각하는 대로 둘 다에게 그렇게 행동할 것이다. 황금률에 따라 행동하기 위해 지각하는 방법은, 먼저 너 *자신의* 거룩함을 지각한 다음에 밖으로 눈을 돌려 다른 사람들의 거룩함을 지각하는 것이다.

⁶⁵ 두려움이 낳은 공허는 반드시 사랑으로 대체되어야 한다. 사랑과 사랑의 부재는 같은 차원에 있으며, 교정은 같은 차원이 아니고서는 이루어질 수 없기 때문이다. 그렇지 않다면 거기에는 분명 수준 혼동이 있었다. 죽음은 사람이 증오에 대한 믿음, 즉 수준 혼동을 확인하는 것이다. 그것이 바로 성서가 "죽음은 *없다*."라고 말하고, 내가 죽음은 존재하지 않음을 보여준 까닭이다. 나는 율법을 *재해석함으로써* 완성하러 왔다. 제대로만 이해한다면, 율법 자체는 사람에게 오로지 보호만을 제공할 뿐이다. 율법에 "지옥 불"의 개념을 끼워 넣은 자들은 아직 "자신의 마음을 바꾸지 않은" 자들이다.

⁶⁶ *나는 누구든지 나를 허락하는 자를 위해, 그가 허락하는 정도까지 증언하겠다고 확약한다. 너의 믿음은 너의 증언을 통해 입증되고, 그런 식으로 강화된다.* 나를 위해 증언하는 자들은, 본래 그들의 것이라고 배운 풍요를 위해 박탈에 대한 믿음을 버렸음을 그들의 기적을 통해 표현하고 있는 것이다.

⁶⁷ 43. 기적은 사람을 부적절한 고립감과 박탈감, 결핍감에서 해방하는 힘이 있다. 이것이 바로 기적이 *주되게* 공헌하는 점이다.

⁶⁸ 기적은 온아들에 대한 확인이며, 온아들이란 곧 완성과 풍요로움의 상태다. 참되고 실제인 것은 모두 영원하며, 변하거나 *변화될 수 없다.* 따라서 **영혼**은 이미 완벽하기에 바뀔 수 없지만, 마음은 자신이 섬기려는 수준을 선택할 수 있다. 마음의 선택에 가해진 *유일한* 제한은 바로, 마음이 두 주인을 섬길 수 *없다는* 점이다.

⁶⁹ 마음은, 그렇게 하기로 선택한다면, **영혼**이 자신의 창조를 따라 창조하는 수단이 된다. 그렇게 하기로 자유롭게 선택하지 않는다면, 마음은 자신의 창조적 *잠재력은*

보유하겠지만, 자신을 진정으로 권위 있는 통제가 아닌 폭정 아래 두게 된다. 그 결과 마음은 감금한다. 그러한 것이 바로 폭군의 명령이기 때문이다. 너의 마음을 바꾼다는 것은 곧 그것을 *진정한* 권위의 처분에 맡긴다는 의미다.

70 이와 같이 기적은 마음이 그리스도를 섬기기 위해 그의 인도를 받기로 선택했다는 표시다. 그리스도의 풍요는 그를 따르겠다는 선택의 자연스러운 결과다. 얕은 뿌리들은 *전부* 뿌리 뽑혀야 한다. 그것들은 너를 지탱해 줄 만큼 깊지 않기 때문이다. 얕은 뿌리를 *깊게 해서* 버티게 만들 수 있다는 환상이야말로 *역전된* 황금률이 근거하는 왜곡들 가운데 하나다. 이런 가짜 지지대를 포기함에 따라 평형 상태가 일시적으로 불안정하게 되는 것을 경험한다. 하지만 사실 위아래가 뒤집힌 방향보다 더 불안정한 것은 *없다.* 그리고 어떤 것이든 방향을 그렇게 유지해 주는 것이 안정성을 높이는 데 진정으로 도움이 될 수는 없다.

71 44. 기적은 마음의 기적적인 상태로부터 일어난다. 이 마음 상태는 하나기 때문에, 심지어 기적일꾼 자신이 알아차리지 못하더라도, *모든 이에게* 뻗어나간다. 이렇게 기적이 비개인적인 특성을 갖는 이유는, 속죄 자체가 하나로서 모든 창조물을 그 창조주와 연합하기 때문이다.

72 45. 기적은 그리스도를 내면에서 알아차리고, 그리스도의 속죄를 받아들였다는 표현이다. 그러면 마음은 은혜받은 상태가 되어, 자연스럽게 내면의 주인은 물론 바깥의 낯선 이에게도 은혜롭게 된다. 네가 낯선 이를 안으로 맞아들임으로써, 그는 너의 형제가 된다.

73 46. 기적은 결코 상실되지 않는다. 기적은 심지어 네가 모르는 많은 사람들에게 영향을 주며, 때로는 네가 알아차리지도 못하는 세력들에서 꿈에도 생각하지 못한 변화를 일으킨다. 이것은 네가 신경 쓸 일이 아니다. 기적은 항상 *너를* 축복할 것이다.

74 네가 행하도록 요청받지 *않은* 기적이라고 해서 그 가치를 잃은 것은 아니다. 그러한 기적은 여전히 너의 은혜받은 상태의 표현이다. 하지만 기적의 *행위* 측면은 그리스도의 통제를 받아야 한다. 그리스도는 전체 계획을 완전히 알아차리고 있기 때문이다. 기적심의 비개인적인 특성은 *너의* 은혜를 보장하지만, 은혜가 어디에 *베풀어질* 수 있는지 아는 위치에 있는 자는 그리스도뿐이다.

75 47. 기적심은 기적을 위해 준비된 상태를 의미한다. 준비된 상태란 네가 항상 준비되어 있고, *용의가* 있으며, 능력이 있도록 너의 지각을 항상 바르게 갖추고 있어야

함을 의미한다. 이것들이 바로 "듣고, 배우고, 행하라."의 본질적인 요소들이다. 너는 들을 *준비가* 되어있어야 하고, 배울 *용의가* 있어야 하며, 행할 *능력이* 있어야 한다. 그중 맨 마지막 요소만이 너의 의지와 무관하게 일어난다. 그것은 그리스도의 통제를 받아야 하는 기적의 *적용* 측면이기 때문이다. 기적심의 *자발적인voluntary* 측면인 나머지 두 요소는 정녕 너에게 달려있다.

⁷⁶ 48. 기적에 경외심으로 반응하는 것은 부적절하다.

⁷⁷ 계시는 말로 표현할 수 없는 사랑의 경험이므로, 그야말로 말로 표현할 수 없다. 경외심은 계시에 아주 정확히 들어맞는 것으로서, 계시를 위해 남겨두어야 한다. 기적에 경외심을 보이는 것은 적절하지 *않다*. 경외하는 상태는 숭배하는 상태기 때문이다. 이것은 더 낮은 순위의 존재가 더 위대한 존재 앞에 서있음을 의미한다. 이것은 *오로지* 한 **영혼**이 자신의 창조주 앞에 서있을 경우에만 해당된다. **영혼들은** 완벽한 창조물로서, 완벽함을 창조하신 창조주의 **현존** 앞에서만 경외를 경험한다.

⁷⁸ 반면에 기적은 동등한 자들이 주고받는 사랑의 표시다. 동등한 자들은 서로를 경외하면 안 된다. 경외는 동등하지 않음을 함축하기 때문이다. 따라서 경외는 나에게 적절한 반응이 아니다. 형은 경험이 더 많기에 존경받을 자격이 있고, 지혜가 더 많기에 합당한 정도의 순종을 받을 자격도 있다. 그리고 형은 *형제들* 중 하나기에 사랑받을 자격이 있으며, 스스로 헌신하고 있다면 헌신을 받을 자격도 있다. 오로지 나의 헌신만이 나에게 너의 헌신을 받을 자격을 부여해 준다. 내가 가진 것 중에 *네가* 이룰 수 없는 것은 아무것도 없다. 나는 하느님에게서 오지 않은 것은 아무것도 갖고 있지 않다. 이제까지 우리 사이의 주된 차이점은, 나는 *다른 것은 아무것도* 갖고 있지 않다는 점이다. 이것은 나를 진정한 거룩함의 상태에 있게 해준다. 하지만 네 안에서 그 상태는 단지 *가능성일* 뿐이다.

⁷⁹ "나를 통하지 않고는 아무도 아버지께 가지 못한다."라는 말은 성서에서 가장 오해받는 말들 가운데 하나다. 이 말은, *시간 안에 있는 경우를 제외하고는,* 내가 너와 어떤 식으로든 분리되어 있거나 다르다는 것을 의미하지 *않는다.* 그러나 시간은 실제로 전혀 존재하지 않는다. 이 인용문은 사실 수평축이 아니라 수직축에서 고려할 때 더 의미가 있다. 수직축을 따라 고려할 때, 사람은 나의 아래에 있고 나는 하느님 아래에 있다. "올라가는" 과정에서, 나는 과연 더 높이 있다. 이런 이유는, 내가 없다면 하느님과 사람 사이의 간격이 네가 건너기에는 너무 넓을 것이기 때문이다.

[80] 한편으로는 사람의 형으로서, 다른 한편으로는 하느님의 아들로서, 나는 그 간격을 다리를 놓아 메운다. 나는 형제들에게 헌신함으로써 온아들을 주관하게 되었지만, 내가 온아들을 *공유*할 수 있는 정도까지만 온아들을 완성할 수 있다. 이것은 "나와 나의 아버지는 하나다."라는 말과 모순처럼 보일 수 있다. 하지만 이 말에는 아버지가 더 크시다는 것을 인정한다는 점에서 여전히 분리된 부분들이 있다. (본래 이 말은 "한 종류다."이었다.) 성령은 계시를 가져다주는 자다. 계시는 나에 의해 *간접적으*로 고취된다. 나는 성령과 가까우며, 나의 형제들이 계시를 위해 준비되었는지 주의를 바짝 기울이고 있기 때문이다. 따라서 나는 그들이 그들 자신에게 *가져*올 수 있는 것보다 더 많이 *가져다줄* 수 있다.

[81] 49. 성령은 최고의 소통 매체다. 기적은 *일시적인* 소통 도구인 까닭에, 이런 종류의 소통을 포함하지 않는다. 사람이 하느님과 나누는 본래의 소통 형식으로 돌아가면, 기적의 필요성은 사라진다. 성령은 높은 곳에서 낮은 곳으로 가는 소통을 매개하여, 하느님으로부터 사람에게 이르는 직통 채널을 계시를 위해 열어놓는다. 계시는 상호적이 아니다. 계시는 항상 *하느님으로부터 사람에게* 간다. 기적은 동등성을 수반하므로, *상호적이다.*

[82] 50. 기적은 시간의 필요성을 줄여주는 학습 도구다. 수직면이나 수평면상에서, 온아들의 모든 구성원의 진정한 동등성을 인식하려면 거의 끝없는 시간이 필요해 보인다. 하지만 기적은 수평적인 지각으로부터 수직적인 지각으로 갑작스럽게 전환을 일으키면서 간격을 하나 들여오는데, 기적을 행하는 자와 받는 자는 둘 *다* 그렇지 않았을 경우보다 그 간격으로부터 시간상으로 훨씬 더 멀리 벗어난다.

[83] 이처럼 기적에는 기적이 차지하는 시간 간격을 불필요하게 만들어서 시간을 단축하는 독특한 특성이 있다. 하나의 기적에 *걸리는* 시간과 그 기적이 *망라하는* 시간 사이에는 아무런 관계도 *없다.* 기적은 수천 년이 걸렸을 수도 있는 배움을 대체한다. 기적이 이렇게 할 수 있는 이유는, 기적을 행하는 자와 받는 자의 완벽한 동등성과 거룩함에 대한 인식이 저변에 깔려있기 때문이다. 기적은 바로 이러한 인식에 기초한다.

[84] 우리는 앞에서 기적이 시간을 폐지한다고 말했다. 기적은 시간을 *붕괴시킴으로써* 그 안의 특정 *간격*을 폐지하는 과정을 통해 그렇게 한다. 하지만 기적은 더 큰 시간의 연속 *안에서* 그렇게 한다. 기적은 정형화된 틀을 벗어난 시간 간격을 제정하는데, 이 간격은 통상적인 시간 법칙의 지배를 받지 *않는다.* 오로지 이러한 의미에서만,

기적은 무시간적이다. 기적은 시간을 붕괴시킴으로써, 문자 그대로 시간을 절약한다. 마치 일광 절약 시간제처럼, 기적은 빛의 배분을 재조정한다.

[85] 51. 기적은 사람이 시간 통제를 위해 즉시 자유롭게 사용할 수 있는 유일한 도구다. 계시는 시간과 전혀 관계가 없기에, 오로지 계시만이 시간을 *초월한다.*

[86] 기적은 그 자체가 필요 없는 상태를 촉진하는 것을 목적으로 하는 학습 도구라는 점에서, 몸과 아주 비슷하다. 직접적인 소통이라는 **영혼**의 본래 상태에 도달하면, 몸과 기적은 어떤 목적에도 기여하지 않는다. 하지만 사람이 스스로 몸 안에 있다고 믿는 동안은, 사랑 없는 표현 채널과 기적적인 표현 채널 사이에서 선택할 수 있다. 그는 빈껍데기를 만들 수는 있지만, 전혀 아무것도 표현하지 않을 수는 *없다.* 그는 기다리고, 꾸물거리고, 자신을 마비시키고, 자신의 창조성을 거의 없어질 때까지 축소할 수 있으며, 심지어 발달 정지나 퇴행을 도입할 수도 있다. 그러나 사람은 자신의 창조성을 폐지할 수는 *없다.* 그는 자신의 소통 매체를 파괴할 수는 있지만, 자신의 잠재력은 파괴할 수 *없다.*

[87] 사람은 자신의 자유 의지에 의해 창조되지 *않았다. 사람*은 단지 무엇을 창조할지만 스스로 결정할 수 있다. 기적심을 가진 자는 필요 이상으로 시간을 기다리지 않겠다는 근본적인 결정을 내려야 한다. 시간은 소모될 수 있을 뿐만 아니라, 소모시키기도 한다. 따라서 기적일꾼은 시간 통제 요인을 기쁘게 받아들인다. 그는 시간이 붕괴될 때마다 모든 사람이 시간으로부터의 궁극적인 *해방에* 더 가까워진다는 것을 알기 때문이다. 그러한 상태에서, 아들과 아버지는 *하나다.*

[88] *지금*은 동등성이 동질성을 의미하지 않는다. 모든 이가 자신이 모든 것을 가졌음을 인식할 때, 온아들에 대한 개별적인 기여는 더 이상 필요하지 않을 것이다. 속죄가 완성되었을 때, 하느님의 *모든* 아들은 *모든* 재능을 공유할 것이다. 하느님은 편파적이지 *않으시다.* 하느님의 모든 **아이들**은 그분의 전적인 사랑을 받으며, 그분의 *모든* 선물은 모든 이에게 똑같이 거저 주어진다. "네가 어린아이처럼 되지 않는다면"이란 말은, 네가 하느님께 완전히 의존하고 있음을 충분히 인식하지 않는 한, 아들이 아버지와 진정한 관계에 있을 때 갖는 진정한 권능을 알 수 없다는 의미다.

[89] 평화를 원하는 너는 완전한 용서를 통해서만 평화를 찾을 수 있다. 전에는 네가 진정으로 평화를 *원한 적이* 없었으며, 따라서 평화를 얻는 법을 말해줘도 소용이 없었다. 평화를 배우기 원하고, 어떻게든 자신에게 평화가 *필요하다*고 믿지 않는 한,

어떤 배움도 얻을 수 없다. 하느님의 창조물에는 결핍이라는 개념이 없지만, 사람의 창조물들에는 그 개념이 *아주* 분명하다. 사실 이것은 핵심적인 차이다. 필요는 정의상 결핍을 함축한다. 필요는 네가 지금과 어떻게든 다른 상태에 있다면 더 나아질 수 있다는 인식을 수반한다.

⁹⁰ "분리"는 "타락"보다 더 나은 용어다. 분리가 일어나기 전까지는 아무것도 결핍되지 않았다. 이것은 사람에게 필요한 것이 아무것도 없었다는 의미다. 그가 만약 자기 자신을 박탈하지 않았다면, 그는 결코 필요를 경험하지 않았을 것이다. 분리 이후 필요는 사람에게 행동할 동기를 부여하는 가장 강력한 근원이 되었다. 근본적으로 모든 행위는 필요에 의해 동기가 부여되지만, 행위 자체는 신적인 속성이 아니다. 몸은 행위를 위한 장치다. 사람은 자신이 더 나아질 수 *있다는* 믿음 때문에 자기 마음대로 사용할 수 있는 이런 장치를 갖고 있다.

⁹¹ 각 사람은 스스로 확립한 특정한 필요의 위계에 따라 행동한다. 그의 위계는 결국 그가 자신을 *무엇이라고* 지각하는지, 즉 자신에게 무엇이 *결핍되었다고* 지각하는지에 달려있다. 하느님과 분리되었다는 느낌이야말로 사람이 실제로 교정할 필요가 있는 *유일한* 결핍이다. 사람이 진리에 대한 자신의 지각을 왜곡함으로써 *자신을* 결핍되었다고 지각하지 않았다면, 이런 분리의 느낌은 결코 일어나지 않았을 것이다. *어떤 종류든* 필요의 위계라는 개념이 생겨난 이유는, 사람이 이런 근본적인 잘못을 함으로써, 자기 자신을 서로 다른 필요들을 갖는 여러 수준들로 이미 조각내 버렸기 때문이다. 사람은 통합되어 가면서 하나가 되며, 그에 따라 그의 필요들도 하나가 된다.

⁹² 통합된 필요는 통합된 행동을 낳는다. 그것은 양가감정이 없는 상태를 낳기 때문이다. 필요의 위계라는 개념은 사람이 하느님과 분리될 수 있다는 근원적인 잘못original error의 필연적인 귀결로서, 먼저 그 자체의 수준에서 교정이 된 다음에야 여러 수준들을 지각하는 잘못이 교정될 수 있다. 분리된 수준들에서 활동하는 한, 사람은 효과적으로 행동할 수 없다. 하지만 사람이 여러 수준들에서 활동하는 동안은, 교정은 아래에서 *위로* 도입되어야 한다. 그 이유는 사람이 지금 "위"나 "아래"와 같은 개념이 의미 있는 공간에서 활동하고 있기 때문이다. 궁극적으로 공간은 시간만큼이나 의미가 없다. 공간이라는 개념은 실제로 시공간 *믿음* 중에 하나다.

⁹³ 물질 세상이 존재하는 이유는 단지, 사람이 자신의 *불신*을 교정하기 위해 세상을 사용할 수 있기 때문이다. 그러한 불신이야말로 사람이 애초에 물질 세상에 있게 된

이유였다. 사람은 결코 두려움의 결과를 스스로 통제할 수 없다. 바로 그가 두려움을 *만들고는* 자신이 만든 것이 존재한다고 믿기 때문이다. 그렇다면 사람은 비록 내용 면에서는 그렇지 *않더라도*, 태도 면에서는 자신의 창조주를 닮았다. 창조주께서는 당신의 창조물들을 창조하셨기 *때문에*, 그들을 완벽하게 믿으신다. 창조물에 대한 믿음이 그것의 실존을 낳는다. 이런 이유로 사람은 다른 누구도 참이라고 생각하지 않는 것이 존재한다고 믿을 수 있다. 그것이 그에게 참인 이유는, 그가 그것을 만들었기 때문이다.

⁹⁴ 두려움의 모든 양상은 위아래가 뒤집힌 지각에서 비롯된다. 보다 진실로 창조적인 자들은 지각적 왜곡을 교정하는 데 자신의 노력을 기울인다. 신경증 환자는 타협하는 데 노력을 기울인다. 정신증 환자는 자신의 잘못이 확실한 진리성을 가지고 있다고 입증함으로써 벗어나려고 애쓴다. 정신증 환자는 진리를 부정함에 있어 더 일관적이므로, 통상적인 방법으로 풀어주기가 제일 어렵다. 하지만 기적은 이런 구분을 전혀 하지 않는다. 기적이 잘못을 교정하는 *이유는*, 그것이 잘못이기 *때문이다*. 따라서 기적에 대해 다음으로 기억해야 할 또 다른 요점은 다음과 같다:

⁹⁵ 52. 기적은 오지각의 정도를 전혀 구분하지 *않는다*. 기적은 잘못의 정도와 방향에 전혀 상관없이 효과적으로 지각을 교정하는 도구다. 이것이 바로 기적의 *진정한 무차별성이다*.

⁹⁶ 그리스도가 통제하는 기적은, 스스로 기적을 사용할 수 있는 이들에게 향한다는 의미에서만 선별적이다. 따라서 그들은 필연적으로 다른 이들에게 기적을 확장할 수밖에 없으며, 그 결과 속죄의 사슬이 강력하게 엮어진다. 하지만 그리스도의 통제는 기적 자체의 규모에 대해서는 전혀 고려하지 않는다. 크기라는 개념은 그 자체로 실제가 아닌 차원에 존재하기 때문이다. 기적은 실재에 대한 자각을 *회복해 주는* 것을 목표로 한다. 따라서 만약 기적이 교정하려는 잘못을 지배하는 법칙에 기적 자체가 구속된다면, 기적은 쓸모가 없을 것이다. 사람만이 이런 종류의 실수를 한다. 이것은 사람 자신의 거짓된 믿음이 낳은 어리석은 일관성의 한 사례다.

⁹⁷ 부정의 진짜 의미를 이해하고 포기하려면, 사람이 가진 창조적 뜻의 권능과 힘을 먼저 이해해야 한다. 부정은 단순한 부인이 *아니다*. 부정은 적극적인 의미에서 그릇된 창조물이다. 이런 그릇된 창조물은 그것을 만든 자에 의해서는 *어쩔 수 없이* 믿어지겠지만, 진정한 창조의 수준에서는 전혀 존재하지 않는다.

[98] 53. 기적은 사람이 만든 것을 보다 높은 수준의 창조물과 비교하여, 그것과 *일치하는 것*은 참으로서 받아들이고 *불일치하는 것*은 거짓으로서 거부한다. 두려움의 모든 양상들은 더 높은 창조적 수준에서는 존재하지 않으므로 거짓이며, 따라서 전혀 존재하지 않는다. 사람의 지각은 그가 자신의 믿음을 이 검사법에 제출할 용의를 내는 정도만큼 교정된다.

[99] 참인 것에서 거짓인 것을 가려내기 위해, 기적은 다음과 같이 진행된다:

[100] 완벽한 사랑은 두려움을 물리친다.
만약 두려움이 존재한다면,
완벽한 사랑은 없다.
그러나 오로지 완벽한 사랑만이 정말로 존재한다.
따라서 만약 두려움이 있다면,
그것은 존재하지 않는 상태를 창조한다.

[101] 이것을 믿어라, 그러면 너는 반드시 자유로워질 것이다. 하느님만이 이러한 해법을 확립하실 수 있다. 그리고 *이러한* 믿음은 정녕 하느님의 *선물이다.*

II. 기적 충동의 왜곡

[102] 너는 기적 충동 위에 두터운 덮개를 만들어서 그것이 의식에 도달하기 어렵게 만드는 무의식적인 왜곡에 열중하고 있다. 너의 모든 대인 관계의 본질은, 그 관계가 너에게 *해주기*를 바라는 것에 의해 제한되거나 정의된다. 관계 맺기는 어떤 결과를 얻는 방법이다. 방어기제의 위험성은, 그릇된 지각물을 경직되게 고착화하는 경향에 놓여있다. 거꾸로 된 사고방식에서 비롯되는 모든 행동은 그야말로 자신이 무슨 일을 하는지 모르는 자들의 행위적 표현이다. 경직된 지향성은, 심지어 그것이 위아래가 뒤집혀 있는 경우에도, 굉장히 신뢰할 만하다. 사실 그것이 더욱 일관되게 위아래가 뒤집혀 있을수록 *더욱* 신뢰할 만하다.

[103] 그렇지만 궁극적인 목표는 여전히 타당성이며, 신뢰성은 이 목적에 기여할 수 있

을 뿐이다. 적대감, 승리, 복수, 자기 비하, 사랑의 결핍에 대한 온갖 표현은 종종 그것들을 동반하는 판타지에서 아주 분명하게 보인다. 그러나 이런 판타지들이 매우 잦다거나 매우 신뢰할 만하게 일어난다고 해서, 그것이 타당성을 함축한다고 상상하는 것은 *심각한* 잘못이다. 타당성은 신뢰성을 함축하지만, 그 역관계는 성립하지 *않는다*는 점을 기억하라. 전적으로 신뢰할 만한 경우에도 *완전히* 틀릴 수 있다. 신뢰할 만한 도구는 과연 무언가를 측정하기는 하지만, 그 "무언가"가 무엇인지 밝혀내지 않는 한 무슨 쓸모가 있겠는가? 따라서 이 수업은 타당성에 집중하여, 그에 따라 신뢰성이 자연스럽게 제자리를 잡도록 하겠다.

104 기적 충동을 육체적 충동과 혼동하는 것은 지각적 왜곡의 주된 근원이다. 그런 혼동은 이 세상의 도구로 행복을 구하는 모든 이의 지각 밑에 깔린 기본적인 수준 혼동을 바로잡기보다는, *유발하기* 때문이다. 부적절한 육체적 충동(혹은 잘못된 방향으로 보내진 기적 충동)은 표현되면 알아차릴 수 있는 죄의식을 낳고, 부정되면 우울증을 낳는다. *모든 진정한 기쁨은 하느님의 뜻*Will*을 행하는 데서 나온다*. 하느님의 뜻을 행하지 *않는 것*은 자신에 대한 부정이기 때문이다. 잘못의 *부정*은 투사를 낳는다. 잘못의 *교정*은 해방을 가져다준다. "우리를 유혹으로 인도하지 마소서."라는 말은 "우리가 외적인 *어떤 것*을 가지고 하느님이나 우리의 형제들과 평화롭게 관계 맺을 수 있다고 스스로를 속이지 말게 하소서."를 의미한다.

105 하느님의 아이야, 너는 선한 것과 아름다운 것과 거룩한 것을 창조하기 위해 창조되었다. 이를 잊지 말라. 진정한 비전이 아직은 너무 희미하기에, 하느님의 사랑은 잠시 한 몸을 통해 다른 몸에게 표현되어야 한다. 사람은 누구나 *진정한* 비전을 볼 수 있도록 자신의 지각을 확대함으로써, 자신의 몸을 가장 잘 사용할 수 있다. *이러한* 비전은 육안으로는 보이지 않는다. 몸의 궁극적인 목적은 몸 자체를 불필요하게 만드는 것이다. 이렇게 하도록 배우는 것이야말로, 몸이 창조된 유일하게 진정한 이유다.

106 모든 판타지는 왜곡된 사고방식이다. 판타지는 *항상* 지각을 비틀어서 비실재로 만드는 것을 수반하기 때문이다. 판타지는 비전을 보잘것없는 형식으로 격하한 것이다. 비전과 계시가 밀접한 관련이 있지만, 판타지와 투사는 더욱 밀접한 관련이 있다. 둘 다 거짓된 내적 욕구에 따라 외적 현실external reality을 통제하려고 하기 때문이다. 실재reality를 *어떤* 식으로든 비튼다면, 너는 파괴적으로 지각하고 있는 것이다. 실재는 강탈을 통해 상실되었으며, 이것은 이어서 폭정을 낳았다. 나는 너희가 이제 속

죄 계획에서 전에 맡은 역할로 돌아왔다고 말했지만, 너희는 여전히 더 큰 회복을 위해 자신을 바치겠다고 자유로이 선택해야 한다. 단 한 명의 노예라도 남아서 땅 위를 걷는 한, 너희의 해방은 완전하지 않다. 온아들의 *완전한* 회복이야말로 기적심을 가진 자의 유일하게 진정한 목표다.

107 *어떤* 판타지도 참이 *아니다.* 판타지는 정의상 지각을 왜곡한 것이다. 판타지는 거짓된 연상물을 만들어서 그로부터 쾌락을 얻는 수단이다. 사람이 이렇게 할 수 있는 유일한 이유는, 그가 정녕 창조적이기 때문이다. 하지만 그가 비록 거짓된 연상물들을 지각할 수 있을지라도, *자기 자신*을 제외한 그 누구도 그것들이 실제라고 생각하도록 만들 수는 없다. 사람은 자신이 창조하는 것이 존재한다고 믿는다. 그가 만약 기적을 창조한다면, *기적이* 존재한다는 그의 믿음도 마찬가지로 강력할 것이다. 이어서 *그의* 강력한 확신이 기적을 받는 자의 믿음을 떠받쳐 줄 것이다. 온전히 만족시켜 주는 실재의 본성이 두 사람 모두에게 분명해짐에 따라, 판타지는 전혀 필요 없게 된다.

제2장

분리의 환상

I. 서문

¹ 이 절은 앎knowledge의 근본적인 오용을 다룬다. 그것은 성서에서 "타락", 즉 분리의 원인이라고 언급된 바 있다. 너에게 사전에서 찾아오라고 부탁한 몇 가지 정의들이 여기서 도움이 될 것이다. 그것들은 사전에 맨 처음 나오는 정의들이 아니므로, 조금은 낯설 것이다. 하지만 그것들이 사전에 나온다는 사실로 보아 믿을 만할 것이다.

> ² *투사하다* (동사): 전방으로, 혹은 바깥으로 확장하기.
> *투사* (명사): 마음 안에 있는 계획.
> *세상*: 자연의 거대한 구역.

³ 우리는 나중에 투사를 정신 건강은 물론 정신 질환과도 관련된 것으로 언급할 것이다. 우리는 이미 사람은 빈껍데기를 창조할 수는 있지만, 전혀 아무것도 창조하지 않을 수는 없음을 살펴보았다. 이러한 공허는 투사의 오용을 위한 스크린을 제공한다.

⁴ 성서에서 문자 그대로 동산으로 묘사된 에덴동산은 전혀 실제의 동산이 아니었다. 그것은 단지 필요한 것이 전혀 없는 정신 상태였다. 심지어 문자 그대로 보더라도, 분리 이전의 상태는 본질적으로 사람에게 아무것도 필요하지 않은 상태였다는 점은 주목할 만하다. "지식의 나무tree of knowledge" 또한 지나치게 문자 그대로의 표현이다. 이런 개념들을 먼저 명확히 해두어야 앞으로 분리, 즉 "두려움 속으로의 우회"가 진정으로 무엇을 의미하는지 충분히 이해할 수 있다.

⁵ 위에서 정의된 대로 "투사하기"는 하느님의 근본적인 속성이며, 하느님은 그러한 속성을 당신의 아들에게도 주셨다. 창조 시에, 하느님은 당신의 창조 능력을 당신 자신으로부터 당신이 창조하신 **영혼**들에게 투사하셨고, 또한 창조하려는 똑같은 사랑의 뜻을 그들에게 불어넣으셨다. **영혼**은 충만하게 창조되었을 뿐만 아니라, 완벽하게 창조되었다. **영혼** 안에는 공허가 *전혀* 없다. **영혼**은 자신의 창조주를 닮았으므로, 창조적이다. 하느님의 **아이들**은 그 누구도 이러한 능력을 잃을 수 없다. 그것은 그들의 정체 안에 내재하기 때문이다. 하지만 그들은 그것을 부적절하게 사용할 수는 *있다*. 투사가 부적절하게 사용될 때마다, 그것은 *항상* 어떤 공허나 결핍이 존재하며, 사람에게는 그곳에 진리 *대신*에 *자신의* 아이디어를 놓아둘 능력이 있음을 함축한다.

⁶ 이것이 필연적으로 무엇을 함의하는지 주의 깊게 생각해 본다면, 다음의 내용이 아주 명백해질 것이다:

⁷ 첫째, 하느님이 창조하신 것이 사람의 마음에 의해 바뀔 수 있다는 가정이 은연중에 포함되어 있다.

⁸ 둘째, 완전한 것이 불완전하거나 부족하게 될 수 있다는 개념이 받아들여진다.

⁹ 셋째, 사람이 *자기 자신을 포함하여* 하느님의 창조물들을 왜곡할 수 있다는 믿음이 받아들여진다.

¹⁰ 넷째, 사람이 자기 자신을 창조할 수 있으므로, 자신을 어떤 식으로 창조할지도 *그에게* 달려있다는 아이디어가 함축되어 있다.

¹¹ 이렇게 서로 관련된 왜곡들은 분리 시에 실제로 무엇이 일어났는지를 보여주는 그림이다. 그것들 가운데 아무것도 전에는 존재하지 않았으며, 지금도 실제로 존재하지 않는다. 세상은 "자연의 거대한 구역"으로서, 즉 하느님이 당신 자신을 바깥으로 투사하신 것으로서 만들어졌다. 그러하기에, 하느님이 창조하신 모든 것은 하느님을 닮았다. 하느님이 사용하시는 투사는 자녀들이 아버지께 물려받은 내면의 광휘와 아주 비슷하다. "바깥으로 투사하다"라는 용어는 필연적으로 투사의 *진정한* 근원이 내면에 있음을 함축한다는 사실에 주목하는 것이 중요하다. 이것은 아버지는 물론 아들에게도 해당되는 사실이다.

¹² 세상이라는 용어에 원래 내포된 의미를 고려할 때, 세상은 하느님이 사람을 온당하게 창조하시는 것은 물론 사람이 바른 마음 상태에서 온당하게 창조하는 것도 포함했다. 후자의 경우, 하느님이 사람에게 자유 의지를 부여하시는 것을 필요로 했다. *모든 사랑스러운 창조는 자유로이 주어지기 때문이다.* 이 진술에서 어떤 수준이 개입되어 있다거나, 모든 측면들이 같은 순위에 있는 하나의 연속적인 창조의 선 외의 어떤 것이 있음을 함축하는 것은 아무것도 없다.

¹³ "뱀의 거짓말"이 도입되었을 때, 그것은 참이 아니므로 구체적으로 "거짓말"이라고 불렸다. 사람이 귀 기울였을 때 그가 들은 것은 온통 허위였다. 사람이 그러기로 선택하지 않는 한, 참이 아닌 것을 계속해서 믿을 필요는 없다. 사람의 모든 그릇된

창조물들은 단지 시각적으로 그릇되게 지각된 것이므로, 문자 그대로 "눈 깜박할" 사이에 사라질 수 있다. 사람의 영안은 잠들 수 있지만, 잠든 눈은 여전히 볼 수 있다. 꿈속에서 보이는 것은 아주 실재적으로 보인다. 성서는 "아담에게 깊은 잠이 몰려왔다."라고 언급하지만, 그가 깨어났다는 말은 어디에도 없다.

¹⁴ 사람이 보는 대로의 세상의 역사에서 모든 이가 다시 깨어나는 진정한 재탄생은 아직 기록되지 않았다. 그가 그릇되게 창조하려는 마음으로 투사하는 한, 이것은 불가능하다. 하지만 사람은 여전히 하느님이 당신 자신의 영을 사람에게 투사하신 것처럼 투사할 수 있다. 실제로는 이런 투사가 그의 유일한 선택이다. 사람의 자유 의지는 완벽한 것을 창조하는 기쁨을 누리라고 주어졌기 때문이다.

¹⁵ 궁극적으로 모든 두려움은 사람에게 하느님의 권능을 *찬탈할* 능력이 있다는 근본적인 오지각으로 환원될 수 있다. 그러나 사람은 하느님의 권능을 찬탈할 수 *없으며*, 그렇게 할 수도 *없었다*는 점은 강조될 수만 있을 뿐이다. 바로 이런 사실에, 사람이 두려움에서 벗어나는 것은 너무도 정당하다는 근거가 있다. 두려움에서 벗어나는 것은 사람이 속죄를 받아들임으로써 이루어진다. 그럼으로써 그는 자신이 실제로 잘못을 범한 적이 없음을 깨달을 수 있게 된다. 아담에게 "깊은 잠"이 몰려왔을 때 그는 악몽을 경험할 조건에 있었다. 왜냐하면, 그는 잠들어 있었기 *때문이다*. 어떤 사람이 무서운 꿈을 꾸고 있는데 갑자기 불이 켜지면, 처음에는 그 빛 자체도 꿈의 일부로 해석하여 두려워할 수도 있다. 하지만 그가 깨어나면 그 빛을 꿈에서 *해방해 주는 것으로* 바르게 지각하게 되며, 더 이상 꿈에 실재성을 부여하지 않는다.

¹⁶ 이런 해방은 단지 속이려는 거짓말에 불과한 "지식knowledge"에 의존하지 *않는다는* 점은 아주 명백하다. 감추지 않고 환히 밝혀 주는 앎knowledge이야말로, 너를 자유롭게 할 뿐만 아니라 네가 정녕 자유로움을 분명하게 보여주는 앎이다. 네가 어떤 거짓말을 믿든 기적은 관심이 없다. 기적은 그중 *어떤* 거짓말도 똑같이 쉽게 치유할 수 있다. 기적은 그릇되게 지각된 것들을 *전혀* 구분하지 *않는다*. 기적의 유일한 관심사는 한편에 있는 진리와 다른 편에 있는 온갖 잘못을 구분하는 것이다. 어떤 기적은 다른 기적보다 규모가 더 커 *보일* 수도 있다. 그러나 기적들에는 난이도가 *없다는* 이 수업의 첫 번째 요점을 기억하라.

¹⁷ 실제로는, 너는 사랑의 결핍이 드러난 그 *어떤* 표현에도 전혀 영향받지 않는다. 그것은 너와 다른 사람들이 동시에 표현하는 것이거나, 네가 *다른 사람들에게*, 혹은 다

른 사람들이 *너에게* 표현하는 것일 수 있다. 평화는 *네* 안에 있는 속성이다. 너는 평화를 바깥에서 찾을 수 없다. 모든 정신 질환은 일종의 *외적인* 추구다. 정신 건강은 곧 *내면의* 평화다. 내면의 평화는 네가 외부에서 오는 사랑의 결핍에 흔들리지 않고, 다른 이들 안에 있는 사랑의 결핍에서 비롯되는 외적인 상황을 너 자신의 기적으로 교정할 수 있게 해준다.

II. 방어기제의 재해석

[18] 네가 *어떤 것이든* 두려워한다면, 그것이 너를 해칠 힘을 인정하는 것이다. 너의 마음이 있는 곳에 너의 보물도 있음을 기억하라. 이 말은, 너는 네가 *가치 있게 여기는* 것이 존재한다고 믿는다는 의미다. 두려워할 때 너는 *가치를 잘못 매기고* 있는 것이다. 인간의 이해는 필연적으로 가치를 잘못 매기고, 인간의 모든 생각에 똑같은 힘을 부여함으로써 평화를 *파괴할 수밖에 없다.* 이것이 바로 성서에서, "(인간의) 이해를 *뛰어넘는* 하느님의 평화"에 대해 말하는 까닭이다. *이런* 평화는 사람의 *어떤* 잘못에 의해서도 흔들릴 수 없다. 그것은 하느님에게서 나오지 않은 *어떤 것이* 너에게 *어떤* 식으로든 영향을 줄 능력을 부정한다.

[19] 이것이야말로 부정의 *적절한* 용법이다. 그것은 무언가를 *감추기* 위해서가 아니라, 잘못을 *교정하기* 위해 사용된다. 그것은 *모든* 잘못을 빛 속으로 가져오며, 잘못과 어둠은 똑같은 것이므로, 자동적으로 잘못을 교정한다. 진정한 부정은 강력한 보호 도구다. 너는 잘못이 너를 해칠 수 있다는 어떤 믿음도 부정할 수 있으며, 반드시 부정해야 한다. 이런 종류의 부정은 은폐 도구가 아닌 교정 도구다. 정신적으로 건강한 자의 "바른 마음"은 이런 부정에 *의존한다.* 너는 내가 요청하는 것은 *무엇이든* 행할 수 있다. 나는 너에게 기적을 행하라고 요청했다. 그리고 기적은 *자연스럽고 교정적이고 치유하며, 또한 보편적이라는* 점을 분명히 밝혔다. 기적이 행할 수 없는 선은 없지만, 의심하는 마음으로는 기적을 행할 수 없다.

[20] 하느님과 하느님이 창조하신 영혼들은 서로에게 *완전히* 의존한다. 영혼의 창조는 이미 완벽하게 이루어졌지만, 영혼들에 *의한* 창조는 그렇지 않다. 하느님이 영혼들을 창조하셔서 그들에게 의존하실 수 있었던 이유는, 하느님이 그들을 완벽하게 창조하

셨기 때문이다. 하느님은 **영혼들**에게 당신의 평화를 주셔서, 그들이 흔들리거나 속을 수 없게 하셨다. 두려워할 때마다 너는 정녕 속은 것이다. 그리고 너의 마음은 **영혼**을 섬기고 있지 *않은* 것이다. 이것은 **영혼**에게 일용할 양식을 부정함으로써, 문자 그대로 **영혼**을 굶주리게 한다. 하느님은 *오로지* 자비만 베푸신다. *너의* 말은 오로지 자비만 반영해야 한다. 자비야말로 네가 받은 것이며, 네가 *주어야* 할 것이기 때문이다.

21 정의는 사람에게 자비의 의미를 가르치기 위한 일시적인 방편, 혹은 일종의 시도다. 정의의 판단적인 측면이 발생하는 유일한 이유는, 사람의 마음이 창조하는 것이 정의롭지 *않은* 것일 때 사람은 정의롭지 *않은* 것을 행할 수 있기 때문이다. 네가 하느님의 **뜻**을 두려워하는 이유는, 하느님이 당신의 **뜻**과 닮게 창조하신 너의 뜻을 *그릇된* 창조를 위해 사용했기 때문이다. 마음은 *오로지* 자유롭지 *않은* 경우에만 그릇되게 창조할 수 있지만, 너는 이것을 깨닫지 *못한다.* 갇힌 마음은 정의상 자유롭지 않다. 그 마음은 *자신에* 의해 사로잡혀 있거나 저지당하고 있다. 따라서 그 마음의 뜻은 제한되어 있고, 자신을 자유로이 주장하지 못한다. 앞에서 언급한 "한 종류다."의 진정한 의미는 "한 마음, 혹은 한 뜻이다."이다. 온아들과 아버지의 뜻이 하나일 때, 그들의 완벽한 일치가 곧 천국이다.

22 잘못의 부정은 진리의 강력한 방어기제다. 너는 우리가 그동안 부정의 소극적인 용법에서 적극적인 용법으로 강조점을 옮겨왔음을 알아챌 것이다. 이미 말했듯이, 부정은 순전히 소극적인 도구가 아니다. 부정은 적극적인 의미에서의 그릇된 창조물을 낳는다. 이것이 바로 정신병자가 부정을 *사용하는* 방법이다. 그러나 네가 아주 초기에 "부정의 힘을 결코 과소평가하지 말라."라고 생각했던 것을 기억하라. *잘못의* 부정이 "바른 마음"을 위해 일할 때는 그 마음을 자유롭게 풀어주며, 뜻의 자유를 재확립한다. 뜻은 *진정으로* 자유로울 때 *오로지* 진리만을 인식하며, 따라서 그릇되게 창조할 수 *없다.*

23 거짓된 투사는 적절하게 사용된 부정이 *아닌,* 거짓된 부정에서 발생한다. 내가 속죄에서 맡은 역할은 *참된* 투사를 하는 것이다. 나는 너에게 진리에 대한 긍정을 투사할 수 있다. 네가 잘못을 나에게, 혹은 너 자신에게 투사한다면 이 과정을 방해하는 것이다. 투사에 대한 *나의* 용법은 너 또한 사용할 수 있는 것인데, 그것은 그릇된 부정에 근거하지 않는다. 그것은 잘못의 부정을 아주 강력하게 사용한다. 기적일꾼은 내가 사용하는 이런 종류의 부정과 투사를 받아들이고, 부정하고 투사하는 자신의 타

고난 능력을 나의 능력과 연합하여, *그것을 다시 자기 자신과 다른 이들에게 얹어주는 자*다. 이렇게 함으로써, 그 어느 곳에도 위협이 전혀 *없는* 상태가 확립된다. 그러면 우리는 진정한 평화의 시간을 위해 함께 일할 수 있다. 그러한 평화는 영원하다.

24 방어기제의 부적절한 사용은 꽤 널리 인식되고 있는 반면에, 적절한 사용은 아직 충분히 이해되지 않았다. 방어기제는 *과연* 사람 자신에 대한 지각뿐 아니라, 세상에 대한 지각도 창조할 수 있다. 방어기제는 네가 사용하는 *목적에* 따라 왜곡하거나 교정할 수 있다.

25 부정은 잘못에만 적용되어야 하고, 투사는 진리를 위해서만 남겨두어야 한다. 너는 참되게 받은 대로 참되게 주어야 한다. **황금률**은 이러한 근거 위에서만 효과적으로 작동할 수 있다.

26 주지화는 마음과 뇌의 혼동에서 비롯되는 용어다. "바른 마음 상태"는 *바*른 마음을 방어하고, 마음에게 몸에 대한 통제권을 주는 도구다. "주지화"는 분열을 함축하는 반면, "바른 마음 상태"는 치유를 수반한다.

27 철회는 무의미한 것에서 물러나도록 돕는 데 적절하게 활용될 수 있다. 이것은 도망가기 위한 도구가 *아닌*, 응집하기 위한 도구다. 정녕 한 마음 밖에 없다.

28 해리도 상당히 비슷하다. 너는 너 자신을 *반드시* 잘못과 분리하거나 해리해야 하지만, 오로지 통합을 방어하기 위해서만 그래야 한다.

29 탈애착은 기본적으로 약한 형식의 해리다.

30 도피는 네가 선택하는 어느 방향으로든 이루어질 수 있지만, 이 개념 자체는 *무언가로부터의* 도피를 함축한다는 점에 주목하라. 잘못으로부터의 도피는 아주 적절하다.

31 거리두기는 네가 *반드시* 도피해야 할 대상과 너 자신 사이에 거리를 두는 방법으로 적절하게 사용될 수 있다.

32 퇴행은 너 자신의 본래 상태로 돌아가려는 노력이다. 따라서 퇴행은 *덜* 성숙한 상태로 돌아가기 위해서가 아니라, *제자리로 회복되기* 위해 사용될 수 있다.

33 승화는 노력의 방향을 다시 숭고한 것으로 돌리는 것이어야 한다.

34 그밖에도 소위 "역동적인" 개념들이 많지만, 그것들은 본질적으로 방어기제의 오용에 따른 심각한 잘못이다. 그 가운데 다양한 요구 수준들이라는 개념이 있는데, 이것은 실제로 수준 혼동에서 비롯된다. 하지만 이 절에서 이해해야 할 요점은, 너는 잘못뿐 아니라 진리도 방어할 수 있으며, 사실 훨씬 더 잘 방어할 수 있다는 점이다.

³⁵ 목표 자체의 가치가 확고히 세워진 다음에는 수단을 분명히 밝히기가 더 쉬워진다. 누구나 자신의 보물을 방어한다. 그는 그것을 자동적으로 할 것이므로, 그렇게 하라고 말해줄 필요가 없다. 하지만 진짜 질문은 여전히 남아있다. 너는 *무엇을* 보물처럼 소중히 여기는가? 그리고 그것을 *얼마나* 소중히 여기는가? 네가 일단 이 두 질문을 숙고하여 *모든* 행동을 할 때 참된 기준으로 적용하는 법을 배우고 나면, 나는 별 어려움 없이 수단을 밝힐 수 있다. 너는 아직 이것을 일관성 있게 하는 법을 배우지 못했다. 따라서 나는 그동안 네가 *요청할 때는 언제든* 수단을 사용할 수 있음을 보여주는 데 집중해 왔다. 하지만 네가 이 단계를 지나치게 연장하지 않는다면, 많은 시간을 절약할 수 있다. 올바른 초점은 시간을 헤아릴 수 없이 단축할 것이다.

³⁶ 속죄는 파괴적으로 사용될 수 없는 *유일한* 방어기제다. 모든 이가 결국에는 속죄에 동참해야 하기는 하지만, 속죄는 사람이 만들어 낸 도구가 *아니기* 때문이다. 속죄 *원리는* 속죄 자체가 시작되기 훨씬 전부터 효력을 발하고 있었다. 그 원리는 사랑이었으며, 속죄 자체는 사랑의 *행위였다.* 분리 이전에는 시공간 믿음이 존재하지 않았으므로, 행위가 필요하지 않았다. 속죄라는 방어기제와 속죄의 실현을 위한 필요조건은 분리 이후에야 계획되었다.

³⁷ 사람이 건설적으로든 파괴적으로든 사용하려고 선택할 수 있는 그 모든 방어기제는 사람을 구하기에 충분하지 않다는 사실이 점점 더 명백해졌다. 따라서 사람에게는 너무나 뛰어나서 오용될 수 없는 방어기제가 필요하다는 결정이 내려졌다. 사람은 비록 그것을 거부할 수는 *있어도,* 공격 무기로 바꾸려고 선택할 수는 없었다. 반면에 다른 모든 방어기제에는 그렇게 바뀌는 특성이 내재한다. 이와 같이 속죄는 양날의 칼이 *아닌 유일한* 방어기제가 된다.

³⁸ 속죄는 실제로 십자가형이 있기 훨씬 전에 시작되었다. 많은 **영혼들이** 분리된 자들을 위해 수고했지만, 공격의 힘을 견디지 못해 철수해야 했다. 천사들도 왔지만, 그들의 보호도 충분하지 않았다. 분리된 자들은 평화에 관심이 없었기 때문이다. 그들은 이미 자신의 마음을 분열시켰고, 재통합보다는 더 심한 분열에 몰두했다. 그들이 그들의 마음에 도입한 여러 수준들은 서로 등지게 되었고, 그들은 차이와 구분, 분열과 분산, 그 밖에 스스로 만들어낸 분열을 심화하는 것과 관련된 모든 개념을 확립했다.

³⁹ 그들은 바른 마음 상태에 있지 않기에, 방어기제를 보호로부터 공격으로 돌려서 그야말로 제정신이 아니게 행동했다. 따라서 일단 사용되기만 한다면 *오로지* 치유

를 위해서만 사용될 수 있는, 절대로 분열될 수 없는 도구를 도입하는 것이 아주 중요했다. 속죄는 시공간 믿음에 대한 필요에 제한을 가하고, 궁극적으로는 배움을 완성하기 위해, 시공간 믿음 안에 내장되었다. 속죄는 정녕 마지막 레슨이다. 배움 자체는 배움이 일어나는 교실과 마찬가지로 일시적이다. 이해의 변화가 더 이상 필요 없을 때, 학습 능력은 아무런 가치도 없다. 영원히 창조적인 자들은 배울 것이 아무것도 없다. 창조적인 힘을 배움으로 향하게 하는 것은 분리 이후에야 필요했다. 분리 이후에는, 변화된 행위가 필수적으로 되었기 때문이다.

⁴⁰ 사람은 자신의 행위를 개선하는 법을 배울 수 있고, 점점 더 나은 학습자가 되는 법도 배울 수 있다. 이것은 그들을 점점 더 온아들과 밀접하게 일치된 상태로 데려다주지만, 온아들 자체는 완벽한 창조물이며, 완벽함은 정도의 문제가 *아니다*. 배움은 다른 단계들이 존재하는 동안에만 의미가 있다. 사람의 "진화"는 단지 그가 한 단계에서 다음 단계로 나아가는 과정일 뿐이다. 그는 걸음을 앞으로 내디딤으로써 이전의 실족을 교정한다. 이것은 시간의 관점으로는 사실상 이해할 수 없는 과정이다. 그는 앞으로 나아감에 따라 *되돌아가기* 때문이다.

⁴¹ 속죄는 사람이 앞으로 나아감에 따라 자신을 과거에서 자유롭게 풀어줄 수 있는 도구다. 속죄는 과거의 잘못을 *무효화함으로써*, 돌아가는 길로 나아가지 못한 채 왔던 길을 계속 되밟을 필요가 없게 만들어준다. 이런 의미에서 속죄는 시간을 절약하지만, 속죄에 기여하는 기적과 마찬가지로 시간을 폐지하지는 *않는다*. 속죄의 필요가 있는 한, 시간의 필요도 있다. 그러나 완성된 계획으로서의 속죄는 시간과 독특한 관계가 있다. 속죄가 완성될 때까지 속죄의 다양한 국면이 시간 *안에서* 진행되겠지만, 속죄 전체는 시간의 끝에 서있다. 그 지점에는 돌아가는 다리가 세워져 있다.

⁴² 속죄는 곧 *전적인* 헌신이다. 너는 여전히 이것이 상실과 관련된다고 생각한다. 이것은 *모든* 분리된 자들이 어떤 식으로든 범하는 똑같은 실수다. 그들은 공격할 수 없는 방어기제가 최선의 방어임을 믿지 못한다. 이것이 바로, "온유한 자들이 땅을 물려받을 것이다."라는 말이 의미하는 바다. 그들은 자신의 강함으로 인해 문자 그대로 땅을 넘겨받을 것이다. 양방향의 방어기제는 태생적으로 약하다. 그것에는 날이 둘 달려서, 아주 예기치 못하게 자아를 공격할 수 있기 *때문이다*. 이러한 경향은 기적에 의하지 *않고서는* 통제할 수 없다.

⁴³ 기적은 속죄라는 방어기제를 내면의 자아를 보호하는 데로 돌려주며, 그러면 내

면의 자아는 점점 더 안전해져서 다른 이들을 보호하는 자연스러운 경향을 띠게 된다. 이 내면의 자아는 자신을 한 형제일 뿐만 아니라 한 아들로도 안다. 너도 알다시피, 방어기제가 붕괴될 때는 두려움과 죄의식, 대개 불안과 우울 사이에서 갈팡질팡하는 현상이 동반되는 심각한 지남력 장애 기간이 온다. 이 수업은 방어기제가 붕괴되는 것이 *아니라 재해석된다*는 면에서 다르다. 비록 너는 이 수업도 똑같다고 느낄 수는 있지만 말이다. 방어기제가 재해석될 때는 그 *공격*을 위한 용도만 사라진다. 이로써 방어기제는 *한* 방향으로만 사용될 수 있게 되어서, 훨씬 더 강력하고 믿을 만하게 된다. 방어기제는 더 이상 속죄와 대립하지 않고, 속죄에 큰 도움이 된다.

44 속죄는 오로지 네 *안에서만* 받아들일 수 있다. 너는 이제껏 속죄를 주로 *바깥*에 있는 것으로 지각했는데, 그로 인해 속죄에 대한 경험이 극히 적었다. 방어기제를 재해석하는 것은 *내면의* 빛을 방출하는 데 있어서 아주 중요하다. 분리 이후로 사람은 주로 속죄에 *맞서* 자신을 방어함으로써 분리를 유지하기 위해 방어기제를 사용했다. 그들 자신은 대체로 이것을 *몸*을 보호해야 할 필요성이라고 여긴다. 사람의 마음이 열중하고 있는 수많은 몸 판타지들은 몸이 "속죄"를 얻는 수단으로 사용될 수 있다는 왜곡된 믿음에서 발생한다.

45 몸을 사원으로 지각하는 것은 이런 종류의 왜곡을 교정하는 데 있어서 첫 단계에 지나지 않는다. 이것은 그릇된 지각의 일부는 바꾸지만, 전체를 바꾸지는 못한다. 하지만 그것은 몸과 관련된 속죄 개념은 적절하지 않다는 점을 *인식한다*. 그러나 다음 단계는, 사원이란 전혀 어떤 건물이 아님을 깨닫는 것이다. 사원의 *진정한* 거룩함은 그 둘레로 건물이 세워진 *내면의* 제단에 있다. 아름다운 교회 건물에 대한 부적절한 강조는, 사람들이 속죄를 *두려워하고* 제단 자체에 도달하기를 꺼린다는 표시다. 사원의 *진정한* 아름다움은 육안으로는 볼 수 없다. 반면에 영안은 완벽한 시각을 가졌으므로 건물을 전혀 볼 수 없다. 하지만 제단은 아주 뚜렷하게 볼 수 *있다*.

46 속죄는 완벽한 효율성을 위해 내면의 제단 한가운데 자리를 잡고 있으며, 그곳에서 분리를 무효화하고 마음의 온전성을 회복해 준다. 분리 이전에는 두려움이 존재하지 않았으므로, 마음은 두려움 때문에 상처받을 수 없었다. 분리와 두려움은 *모두* 마음의 그릇된 창조물로서, 무효화되어야 한다. 이것이 바로 "사원의 재건"이란 말이 의미하는 바다. 이것은 건물의 재건이 아니라, 속죄를 맞이하기 위해 제단을 연다는 의미다. 이것은 분리를 치유하고, 마음의 *모든* 분리 오류에 반하는 유일한 방어기제를

사람의 *내면에* 놓아주며, 그 결과 사람을 완벽하게 상처받을 수 없는 상태로 만들어줄 수 있다.

47 모든 이가 속죄를 받아들이는 것은 시간문제a matter of time일 뿐이다. 사실 시간time과 물질matter은 모두 이 목적을 위해 창조되었다. 이것은 최종 결정을 피할 수 없다는 말이므로, 자유 의지와 모순되는 듯이 보인다. 하지만 이 아이디어를 면밀하게 검토해 본다면, 그렇지 않음을 알 수 있다. 모든 것은 그것이 창조된 방법에 의해 어떻게든 제한된다. 자유 의지는 우물쭈물하거나 엄청나게 지체할 수 있지만, 자신의 창조주를 완전히 떠날 수는 없다. 창조주께서는 자유 의지가 그릇되게 창조하는 능력에 제한을 가하셨는데, 그것은 자유 의지의 *진정한* 목적 때문이었다.

48 의지의 오용은, 극단적인 경우 전혀 견딜 수 없는 상황을 일으킨다. 고통의 역치가 높을 수는 있지만, 한계가 없지는 않다. 결국에는 모든 이가 아주 희미하게라도 더 나은 길이 *분명히* 있을 것이라고 인식하기 시작한다. 이런 인식이 더욱 확고하게 자리 잡음에 따라, 그것은 지각의 전환점이 된다. 이것은 궁극적으로 영안을 다시 깨우며, 동시에 육안에 대한 투자를 약화한다. 이렇게 두 종류, 즉 두 수준의 지각들 사이를 오락가락하는 투자는 대개 오랫동안 갈등으로 느껴지고 아주 심각해질 수도 있지만, 그 결과는 하느님만큼이나 확실하다.

49 영안은 문자 그대로 잘못을 볼 수 *없으며,* 그저 속죄만을 구한다. 육안이 추구하는 모든 해결책은 영안이 보는 앞에서 녹아 사라진다. 내면을 들여다보는 영안은 제단이 더럽혀져서 수리와 보호가 필요함을 즉시 알아차린다. 영안은 *바*른 방어기제를 완벽하게 알아차리고 있기에, 다른 모든 방어기제를 지나쳐서 잘못 너머로 진리를 본다. *영안*은 그 비전의 힘이 아주 강력하므로, 의지를 끌어당겨 자신을 섬기게 하고, 마음의 동의를 강력히 이끌어낸다. 이것은 의지의 참된 권능을 재확립하며, 이제 마음은 점점 더 지연을 참을 수 없게 된다. 따라서 마음은, 지연이란 단지 불필요한 고통을 증가시키는 방법일 뿐이며, 고통을 참을 필요가 전혀 없음을 점점 더 확실하게 깨닫는다. 이에 따라 고통의 역치가 내려가면서, 한때 아주 사소한 불편으로 여겼던 것에 점점 더 예민해지게 된다.

50 하느님의 아이들은 완벽한 신뢰의 느낌에서 비롯되는 완벽한 편안함을 누릴 *권리가 있다.* 이것을 얻을 때까지, 그들은 부적절한 수단으로 자신을 보다 편안하게 만들려는 헛된 시도를 하면서 그들 자신과 그들의 진정한 창조적 권능을 소모한다. 그러나 진짜

수단은 *이미* 주어졌으며, 그들로서는 어떤 노력도 할 필요가 없다. 그들의 자기중심성 egocentricity은 대체로 이것을 개인적인 모욕으로 잘못 지각하는데, 이것은 분명 그들 자신에 대한 그릇된 지각에서 일어나는 해석이다. 자기중심성과 영적 교통은 *공존할 수 없다.* 용어들조차도 서로 모순된다.

⁵¹ 속죄는 하느님의 제단에 올릴 가치가 있는 유일한 선물이다. 그 이유는, 그 제단 자체의 측량할 수 없는 가치 때문이다. 그 제단은 완벽하게 창조되었으며, 완벽함을 받을 전적인 가치가 있다. 하느님은 당신의 영혼들 없이는 정녕 외로우시며, **영혼들도** 하느님 없이는 외롭다. 사람들은 세상을 바라볼 때, 분리를 *치유하는* 수단으로 지각하는 법을 배워야 한다. 속죄는 그들이 결국에는 성공할 것이라는 굳은 약속이다.

Ⅲ. 치유: 두려움으로부터의 해방

⁵² 이제부터는 치유에 주안점을 둘 것이다. 기적은 수단이고, 속죄는 원리며, 치유는 결과다. "치유의 기적"에 대해 말하는 자는 실재의 두 등급을 부적절하게 결합하는 것이다. 치유는 기적이 *아니다.* 속죄, 즉 최종적인 기적은 *치료법인 반면에,* 모든 유형의 치유는 결과다. 속죄가 적용되는 잘못의 *종류는* 상관없다. 본질적으로 *모든* 치유는 두려움으로부터 해방되는 것이다. 이것을 행하려면, 너 자신이 두려워해서는 *안 된다.* 네가 치유를 이해하지 못하는 이유는, 너 *자신의* 두려움 때문이다.

⁵³ 속죄 계획에서 중요한 단계는, 잘못을 *모든* 수준에서 무효화하는 것이다. 실제로는 "바르지 않은 마음 상태"인 병은, 한 수준에서 잘못된 것이 다른 수준에 부정적인 영향을 끼칠 수 있다는 믿음을 항상 수반한다는 의미에서, 수준 혼동의 결과다. 우리는 그동안 계속 기적이 수준 혼동을 교정하는 수단이라고 말했다. 그리고 모든 잘못은 잘못이 일어나는 수준에서 교정되어야 한다. 오로지 *마음만이* 잘못을 할 수 있다. 몸은 잘못 *행동할* 수 있지만, 그 이유는 단지 몸이 그른 생각에 반응하기 때문이다. 몸은 창조할 수 없다. 몸이 창조할 수 *있다는* 믿음은 근본적인 잘못으로서, 모든 육체적인 증상을 낳는다.

⁵⁴ 모든 육체적인 질병은 마법에 대한 믿음을 나타낸다. 마음이 통제할 수 없는 물질에 창조 능력이 있다는 믿음에, 마법을 창조한 왜곡 전체가 의지한다. 이 잘못은 마음

이 몸 안에서 그릇되게 창조할 수 있다는 믿음, 혹은 몸이 마음 안에서 그릇되게 창조할 수 있다는 믿음의 두 가지 형식을 취할 수 있다. 창조의 *유일한* 수준인 마음은 그 자신 너머로는 창조할 수 없음을 이해한다면, 둘 중 어떤 형식의 혼동도 일어날 필요가 없다.

⁵⁵ 오로지 마음만이 창조할 수 있는 이유는 당장 드러나는 것보다 더 명백하다. **영혼**은 *이미* 창조되었다. 몸은 마음을 위한 학습 도구다. 학습 도구는 그 자체로 레슨이 아니다. 학습 도구의 목적은 단지 학습자의 생각하기를 돕는 것이다. 학습 도구를 잘못 사용하여 벌어질 수 있는 가장 큰 일은 학습을 촉진하지 못하는 것이다. 학습 도구 자체에는 실재적인 학습 오류를 들여올 힘이 없다.

⁵⁶ 제대로 이해한다면, 몸은 양날의 칼로 사용될 수 없는 특성을 속죄와 공유한다. 그 이유는 몸이 어떤 기적이라서가 아니라, *태생적으로* 잘못 해석될 수 없기 때문이다. 몸이란 단지 인간이 경험하는 하나의 사실에 불과하다. 몸의 능력은 과대평가될 수 있고, 종종 그렇다. 하지만 몸의 실존을 부정하는 것은 거의 불가능하다. 그렇게 하는 자는 특히 가치 없는 형식의 부정에 몰두하고 있는 것이다. 여기서 "가치 없는"이라는 용어는 간단히 말해, 마음이 없는 것을 부정하여 마음을 보호할 필요가 없다는 의미다. [마음이 그릇되게 창조할 수 있다는 것에는 의심의 여지가 없다.] 만약 마음의 힘이 가진 이런 불행한 측면을 부정한다면, 마음의 힘 자체도 부정하는 것이다.

⁵⁷ 사람이 몸의 질병에 대한 치료법으로 받아들이는 모든 물질적인 수단은 단지 마법 원리의 재천명에 불과하다. 잘못의 첫 번째 수준은, 몸이 자신의 병을 창조했다고 믿은 것이다. 두 번째 실족은, 비창조적인 약제로 몸의 병을 치유하려는 시도다. 그렇다고 해서 이렇게 아주 빈약한 교정 도구를 사용하는 것이 악하다고 말할 수는 없다. 때로 질병은 사람의 마음을 너무 강력하게 장악해서, 그로 하여금 속죄에 접근하지 못하게 만든다. 이런 경우에는 *밖에* 있는 어떤 것에 치유력이 있다는 믿음을 일시적으로 부여하여, 몸과 마음에 *동시에* 접근하는 절충적인 접근법을 활용하는 것이 현명할 수도 있다.

⁵⁸ 그 이유는, 두려움을 *증가시키는* 것은 바른 마음 상태에 있지 않은 자들, 즉 병든 자들에게 *가장* 도움이 되지 않는 일이기 때문이다. 그들은 이미 두려움으로 약해진 상태에 *빠져있다.* 그런데 만약 "희석되지 않은" 기적에 부적절하게 노출된다면, 공황 상태에 던져질 수도 있다. 이런 일은 특히 지각이 뒤집혀 있어서 기적을 무서운 것이

라고 믿을 때 일어나기 쉽다.

59 속죄의 가치는 그것이 표현되는 방식에 있지 않다. 사실 속죄가 진정으로 사용된다면, [주는 자가 아닌] 받는 자에게 가장 도움이 되는 방식으로 표현될 수밖에 없다. 이것은 기적이 최대한의 효능을 발휘하려면 *반드시* 받는 자가 두려움 *없이* 이해할 수 있는 언어로 표현되어야 한다는 것을 의미한다. 그렇다고 해서 이것이 기적을 받는 자가 할 수 있는 최고 수준의 소통이라고 말할 수는 없다. 하지만 그것은 정녕 그가 *지금* 할 수 있는 최고 수준의 소통임을 의미한다. 기적의 전체 목적은 소통 수준을 *올리는 것*이지, 부적절한 의미에서 소통에 퇴행을 부과하는 것이 아니다.

60 기적일꾼이 이 세상에서 자신의 기능을 맡을 준비가 되기 전에, *해방에 대한 두려움*을 충분히 이해하는 것이 아주 중요하다. 그렇지 않으면 그들은 해방이 곧 감금이라는 널리 퍼진 믿음을 자신도 모르게 조장할 수 있다. 이런 그릇된 지각은 해가 몸에만 국한될 수 있다는 저변의 그릇된 믿음에서 발생했다. 이렇게 믿은 이유는, 마음이 자기 자신을 해칠 수 있다는 훨씬 더 큰 두려움 때문이었다. 둘 중 어느 잘못이든 사실상 의미가 없다. 마음의 그릇된 창조물들은 실제로 존재하지 않기 때문이다. *이와 같은 인식은 교정을 잘못이 있는 수준에 들여오므로, 어떤 형식의 수준 혼동보다 훨씬 더 나은 보호 도구다.*

61 *오로지* 마음만이 창조할 수 있음을 기억하는 것이 아주 중요하다. 여기에는, 교정이 *생각* 수준에 속한다는 당연한 결론이 내포되어 있다. 전에 한 말을 반복하고 다소 확장해 보자면, **영혼**은 이미 완벽하며, 따라서 교정이 필요 없다. 몸은 마음을 위한 학습 도구로 존재한다는 점을 제외하고는, 실제로 전혀 존재하지 않는다. 이 학습 도구는 창조되기는 했지만 창조하지는 *않으므로*, 그 자체로는 잘못을 범할 수 *없다.* 그렇다면 창조자를 교정하는 것, 즉 창조자가 자신의 그릇된 창조물들을 포기하도록 유도하는 것이야말로 창조 능력을 진정으로 의미 있게 적용하는 유일한 방법임이 분명하다.

62 마법은 본질적으로 마음을 무분별하게mindless, 즉 그릇되게 창조적인 방법으로 사용하는 것이다. 물질로 된 약은 일종의 "주문"이다. 치유하기 위해 마음을 사용하는 것을 두려워하는 자는 그런 시도를 해서는 안 된다. *그가 두려워하고 있다는* 바로 그 사실이 그를 그릇된 창조에 취약하게 만들었다. 따라서 그는 그가 유발할 수도 있는 모든 치유를 오해할 공산이 크며, 또한 자기중심성과 두려움은 대개 함께 일어나므로, 치유의 진짜 근원을 받아들이지 못할 수도 있다. 이런 상황에서는

물질적인 치유 도구에 *일시적*으로 의지하는 것이 더 안전하다. 왜냐하면 그것을 그 자신의 창조물로 그릇되게 지각할 수는 없기 때문이다. 그가 계속 취약하다고 느끼는 한, 기적을 시도조차 하지 말아야 한다.

⁶³ 우리는 이미 기적은 기적심의 표현이라고 말했다. 기적심이란 우리가 지금 사용하고 있는 의미에서 단지 바른 마음 상태를 의미할 뿐이다. 바른 마음 상태에 있는 자는 기적일꾼과 기적을 받는 자의 마음을 추어올리지도 깎아내리지도 않는다. 하지만 창조적인 행위로서의 기적은, 기적을 받는 자가 바른 마음 상태가 될 때까지 기다릴 필요가 없다. 사실 기적의 목적은 그를 바른 마음 상태로 *회복해 주는* 것이다. 하지만 기적 *일꾼이* 바른 마음 상태에 있는 것은 아주 중요하다. 그렇지 않으면 그는 다른 사람 안에 바른 마음 상태를 재확립해 줄 수 없을 것이다.

⁶⁴ 치유사가 *자신의* 준비되어 있음에 의존한다면, 제대로 이해하지 못할 위험에 빠지게 된다. 그가 *자신의* 준비되어 있음에는 전혀 관심을 두지 않고 *나의* 준비되어 있음에만 한결같은 신뢰를 유지하는 한, 그는 아주 안전하다. 만약 기적을 행하는 너의 성향이 제대로 기능하지 않는다면, 그것은 *항상* 너의 바른 마음 상태로 두려움이 침범해 들어와서 문자 그대로 그 상태를 뒤엎어 놓았기 때문이다. 즉, 위아래를 뒤집어 놓았기 때문이다. 모든 형식의 바르지 않은 마음 상태는 *너* 스스로 속죄를 받아들이기를 거부한 결과다. 기적일꾼이 속죄를 받아들이게 되면, 치유될 필요가 있는 자란 단지 바른 마음 상태가 곧 치유임을 깨닫지 못한 자임을 인식할 수 있게 된다.

⁶⁵ 기적일꾼의 *유일한* 의무는 스스로 속죄를 받아들이는 것이다. 이것은 그가 마음이 유일하게 창조적인 수준이며, 마음의 잘못은 속죄로 치유된다는 것을 인식한다는 의미다. 일단 이것을 받아들이기만 하면, 그의 마음은 오로지 치유할 수만 있다. 그는 자신의 마음에서 모든 파괴적인 잠재력을 부정하고 그것의 순전히 건설적인 힘을 회복시킴으로써, 다른 이의 수준 혼동을 무효화 할 수 있는 위치에 있게 된 것이다. 그렇다면 기적일꾼이 다른 이에게 주는 메시지는, *그의* 마음도 마찬가지로 건설적이며, *그의* 그릇된 창조물들은 그를 해칠 수 없다는 진리다. 이렇게 확언함으로써, 기적일꾼은 마음을 마음 자신의 학습 도구(몸)에 대한 과대평가에서 해방하여 학습자로서의 진정한 위치로 회복시킨다.

⁶⁶ 몸은 창조하지 않듯이 배우지도 않는다는 사실을 다시 한번 강조하고자 한다. 학습 도구로서 몸은 그저 학습자를 따를 뿐이지만, 자기 주도권을 잘못 부여받으면 자신이

촉진해야 할 바로 그 배움에 심각한 방해물이 된다. *오로지* 마음만이 빛을 비출 수 있다. 영혼은 이미 밝게 비추어져 있으며, 몸은 그 자체로 너무 둔하다. 하지만 마음은, 둔함density은 지성intelligence의 반대라서 독립적으로 배우기가 쉽지 않음을 인식함으로써, 자신의 빛으로 *몸*을 비춰줄 수 있다. 몸이 비록 그러할지라도, 둔함 너머로 빛을 보는 법을 배운 마음은 쉽사리 몸을 자신에게 동조하게 만들 수 있다.

⁶⁷ 교정적인 배움은 항상, 영안을 깨우고 육안에 대한 믿음에 등을 돌리는 것으로부터 시작한다. 이것은 종종 두려움을 수반하는데, 왜냐하면 사람은 자신의 영안이 보게 될 것을 두려워하기 때문이다. 우리가 전에 말했듯이, 영안은 잘못을 볼 수 없으며, 잘못 너머로 속죄라는 방어기제만을 바라볼 수 있다. 영안이 보는 것이 극심한 불편함을 일으킨다는 점에는 의심의 여지가 없다. 하지만 사람은 그런 불편함이 영안의 지각이 가져오는 최종 결과가 아니라는 것을 잊었다. 제단의 오염을 바라보도록 허락받았을 때, 영안은 *즉시* 눈을 돌려 속죄도 바라본다.

⁶⁸ 영안이 지각하는 것은 그 무엇도 두려움을 유발할 수 없다. 정확한 영적 자각에서 발생하는 *모든 것*은 다만 교정으로 보내질 뿐이다. 불편함은 단지 교정의 *필요성*을 강력하게 자각하도록 하기 위해 일어난다. 육안이 보는 것은 교정하지 *않으며*, 육안이 볼 수 있는 *어떤* 도구로도 교정될 수 없다. 육체적 시각이 말해주는 것을 믿는 한, 사람의 *모든* 교정적인 행동은 잘못 인도될 것이다. *진정한* 비전이 가려지는 까닭은, 사람이 자신의 더럽혀진 제단을 보는 것을 견딜 수 없어 하기 때문이다. 그러나 제단은 *이미* 더럽혀졌기에, 그것을 *지각하지* 않는다면 그의 상태는 곱절로 위험해진다.

⁶⁹ 치유에 대한 두려움은 결국 치유가 필요하다는 명백한 사실을 받아들이지 않으려는 저항 때문에 일어난다. 사람은 *자기 자신에게* 행한 것을 바라보는 것에 저항한다. 치유는 분리 이후에 사람에게 부여된 능력으로서, 그전에는 전혀 필요 없었다. 시공간 믿음의 모든 측면들처럼, 치유하는 능력도 일시적이다. 그러나 시간이 지속되는 한, 치유는 사람을 보호하기 위한 수단으로서 필요하다. 그 이유는 치유가 자비에 기초하기 때문인데, 자비는 다른 사람의 완벽함을, 비록 그 스스로는 그것을 지각할 수 없을지라도, 지각하는 방법이다.

⁷⁰ 사람이 지금 생각할 수 있는 대부분의 고상한 개념은 시간에 의존한다. 자비는 실제로 훨씬 더 강력한 사랑의 아우름을 희미하게 반영한 것인데, 그러한 사랑의 아우

름은 사람이 이제껏 상상할 수 있는 모든 형식의 자비를 훨씬 넘어선 것이다. 바른 마음 상태를 지금 얻을 수 있다는 제한적인 의미에서, 자비는 바른 마음 상태에 꼭 필요하다. 자비는 다른 사람을 그가 실제로 성취한 것보다 시간상으로 이미 훨씬 더 멀리 나아간 듯이 보는 방법이다. 그 자신의 사고에 결함이 있기 때문에, 그는 스스로 속죄를 볼 수 없다. 그렇지 않다면 그는 자비가 전혀 필요하지 않았을 것이다. 다른 사람을 자비롭게 대한다는 것은, 그가 *현재*는 약하다는 것을 인정하면서도 앞으로는 더 강해질 수 *있음*을 인식하는 것이다.

[71] 이런 두 가지 지각이 언급된 방식은 그 지각들이 시간에 의존함을 뚜렷이 보여주면서, 자비가 비록 자신보다 더 높은 수준을 향하고 있을지라도 인간의 한계 안에 있음을 아주 분명히 한다. 우리는 앞에서 오로지 계시만이 시간을 초월한다고 말했다. 인간의 진정한 자비의 표현으로서의 기적은 기껏해야 시간을 단축할 수 있을 뿐이다. 하지만 네가 다른 이에게 기적을 베풀 때마다, 두 *사람 모두의* 고통을 단축하고 있음을 반드시 이해해야 한다. 이것은 순방향은 물론 소급적으로도 작용하는 교정 요인을 전체 기록에 들여온다.

IV. 두려움: 사랑의 결핍

[72] 너는 "두려움"이 너의 의지와 무관하게 일어나고, 너의 통제 밖에 있는 어떤 것이라고 믿는다. 하지만 내가 몇 차례 말했듯이, 오로지 *건설적인* 행위만이 너의 의지와 무관하게 일어나야 한다. 우리는 앞에서 그리스도의 통제는 중요하지 *않은* 모든 것을 떠맡을 수 있는 반면에, 그리스도의 안내는 네가 선택하기만 한다면 *중요한* 모든 것을 인도할 수 있다고 말했다. 두려움은 그리스도에 의해 통제될 수 없지만, 너 자신에 의해서는 통제될 수 *있다*. 두려움은 내가 너의 중요하지 않은 것을 통제하는 것을 *방해한다*. 따라서 그 교정은 *너의* 뜻의 문제다. 두려움의 존재는 네가 *중요하지* 않은 것을 그에 마땅한 수준보다 더 높이 올려놓았음을 보여주기 때문이다. 이와 같이 너는 중요하지 않은 것을 *너의* 뜻 아래로 가져왔지만, 그곳은 그것이 속한 곳이 아니다. 이것은 *네가* 중요하지 않은 것에 대해 책임을 느낀다는 것을 의미한다. 여기서 수준 혼동은 아주 뚜렷하다.

⁷³ 내가 너 대신 두려움을 통제할 수 없는 이유는, 네가 낮은 수준의 실재에 적절한 내용을 마음 수준으로 올리려고 시도하고 있기 때문이다. 나는 수준 혼동을 조장하지 않는다. 하지만 *너는* 수준 혼동을 교정하겠다고 선택할 수 *있다*. 너는 너 자신의 미친 *행동*을 용인하지 않고, 어쩔 수 없었다는 변명을 늘어놓으려고 하지도 않는다. 그런데 네가 왜 미친 *생각을 하는 것*은 용인해야 하는가? 여기에 네가 명확하게 보아야 할 혼동이 있다. *너는* 너의 *행동에* 대해서는 책임이 있지만 너의 *생각에* 대해서는 그렇지 *않다고* 믿는다. 그러나 사실 너는 너의 생각에 대해 책임이 있다. 너는 오로지 이 수준에서만 선택권을 행사할 수 *있기* 때문이다.

⁷⁴ 너의 행동은 너의 생각에서 *나온다*. 너는 행동에 자율성을 "줌으로써" 너 자신을 진리와 분리할 수 없다. 너의 생각을 나의 안내 아래 두자마자, 행동은 자동적으로 나의 통제를 받게 된다. 네가 두려워할 때마다, 그것은 너의 마음으로 하여금 그릇되게 창조하도록 허락했거나, 내가 너의 마음을 안내하도록 허락하지 *않았다는* 확실한 표시다. 그릇된 생각의 *결과를* 통제하는 것이 치유를 낳을 수 있다고 믿는 것은 무의미한 일이다. 만약 네가 두려워하고 있다면, 너는 이미 잘못 뜻한 것이다. 이것이 바로 네가 그른 생각의 결과에 대해 책임을 느끼는 이유다. 너는 너의 행동이 아닌 *마음*을 바꿔야 한다. 그리고 이것은 정녕 뜻의 문제다.

⁷⁵ 너는 마음 수준 *외에는* 안내가 필요 없다. 교정은 *오로지* 창조가 가능한 수준에만 속한다. 교정이라는 용어는 교정이 작용할 수 없는 증상 수준에서는 아무런 의미도 없다. 두려움을 교정하는 것은 정녕 너의 책임이다. 두려움에서 해방해 달라고 청할 때, 너는 그것이 너의 책임이 아니라고 암시하는 것이다. 너는 그 대신 두려움을 야기한 상태에 대해 도와달라고 청해야 한다. 이런 상태는 *항상* 분리된 마음의 뜻하기를 수반한다. 이 수준에서 너는 과연 무언가를 할 수 있다. 너는 마음의 방황에 대해 지나치게 관대하며, 그럼으로써 마음의 그릇된 창조물들을 수동적으로 용납한다. 특정한 결과가 중요한 게 아니라, 근본적인 잘못이 *중요하다*. 교정은 언제나 똑같다. 무엇을 하려고 뜻을 세우기 전에, 너의 뜻이 나의 뜻과 일치하는지 물어라. 그렇다고 확신하는 한, 두려움은 없을 것이다.

⁷⁶ 두려움은 항상 행하려는 뜻*이* 네가 하는 행동과 갈등할 때마다 일어나는 긴장의 표시다. 이런 상황은 다음과 같은 두 가지 방식으로 일어난다:

⁷⁷ 첫째, 너는 동시에, 혹은 연속해서 서로 상반된 일을 하겠다고 뜻할 수 있다. 이것은 갈등하는 행동을 낳으며, 너는 그것을 견딜 수 없어 한다. 왜냐하면, *다른* 무언가를 하기를 원하는 뜻의 일부가 분개하기 때문이다.

⁷⁸ 둘째, 너는 해야 한다고 생각은 하지만 전적으로 *뜻하지*는 않으면서 행*동할* 수 있다. 이것은 일관된 행동을 낳지만, 자아 *안에* 엄청난 긴장을 일으킨다.

⁷⁹ 두 경우 모두 뜻과 행동이 일치하지 않으며, 그 결과 네가 뜻하지 않는 일을 하게 되는 상황을 초래한다. 이런 상황은 강제받는 느낌을 일으키며, 이것은 대개 분노를 낳는다. 그다음에는 분노가 마음을 점령하고, 그른 의미에서의 투사가 뒤따르기 십상이다. 우울이나 불안도 거의 확실히 온다.²⁾

⁸⁰ 두려움이 있을 때마다, 그것은 너의 마음을 정하지 않았기 때문임을 기억하라. 너의 뜻은 갈라져 있으며, 따라서 너의 행위는 변덕스러울 수밖에 없다. 행위 수준에서의 교정은 위에서 묘사한 첫째 유형의 긴장에서 둘째 유형의 긴장으로 잘못을 바꿀수는 있지만, 두려움을 없애지는 못할 것이다. 대단한 의식적인 노력 없이도 너의 뜻을 나의 안내 아래로 가져오는 그런 상태에 도달하는 것은 가능하다. 하지만 이것은 네가 아직 믿을 만하게 개발하지 못한 습관 유형을 함축한다. 하느님은 네가 뜻하는 것 이상을 요구하실 수 없다. 행하는 힘은 행하고자 하는 너 자신의 갈라지지 않은 뜻에서 나온다. 하느님의 뜻은 곧 너 자신의 뜻이기도 하다는 것을 인식하자마자, 너는 아무런 긴장 없이 하느님의 뜻을 행하게 된다.

⁸¹ 이 가르침은 상당히 단순하지만, 특히 간과되기 쉽다. 따라서 나는 너에게 귀 기울일 것을 간곡히 권하면서, 이 가르침을 반복해 말할 것이다. 오로지 너의 *마음만이* 두려움을 낳을 수 있다. 마음은 자신이 뜻하는 것에 있어서 갈등할 때는 항상 두려움을 낳으며, 그러면 뜻과 행위가 불일치하게 되어 불가피한 긴장을 낳는다. 이것은 더 나은 *행동*을 통해서는 교정될 수 없지만, 더 높은 *뜻하기*를 통해서는 교정될 수 있다.

---

2) 2012년 판부터 2장의 78문단 뒷부분을 분리하여 79문단을 새로 만들었다. 따라서 2장의 80문단부터 끝까지 문단 번호를 다시 매겼다. – 편집자

V. 사랑의 결핍에 대한 교정법

82 교정의 첫 단계는, *먼저* 이것이 두려움의 표현임을 아는 것이다. 다음으로 네가 어떻게든 사랑하지 않기로 선택했을 것이며, 그렇지 않다면 행위와 뜻의 갈등에서 일어나는 두려움은 일어날 수 없었을 것이라고 말하라. 그러면 전체 과정은 단지 속죄를 *유일한* 치료법으로 받아들이는 더 큰 과정 안에 있는 일련의 실용적인 단계들에 불과하게 된다. 이 단계들을 다음과 같이 요약할 수 있다:

83 1. 먼저, 이것은 두려움임을 알라.
84 2. 두려움은 사랑의 결핍에서 일어난다.
85 3. 사랑의 결핍에 대한 *유일한* 치료법은 완벽한 사랑이다.
86 4. 완벽한 사랑은 곧 속죄다.

87 우리는 기적, 즉 속죄의 *표현*은 언제나 가치 있는 자가 가치 있는 자에게 보내는 진정한 존경의 표시임을 강조했다. 이 가치는 속죄에 의해 재확립된다. 따라서 네가 두려워하고 있다면, 너 자신을 속죄가 *필요한* 위치에 놓은 것이 분명하다. 너는 사랑 없이 뜻을 내서 무언가 사랑스럽지 않은 것을 행했기 때문이다. 정확하게 이런 상황을 위해 속죄가 제공되었다. 치료법에 대한 필요가 치료법이 창조되도록 고무하였다. 치료법의 필요성만 인식하는 한, 너는 계속 두려움에 빠져있을 것이다. 하지만 네가 그 필요를 *치료한다면*, 그 순간 두려움도 폐지한 것이다. 이것이 바로 진정한 치유가 일어나는 방법이다.

88 모든 이가 두려움을 경험하지만, 그 누구도 두려움을 즐기지는 않는다. 하지만 두려움이 왜 일어나는지 깨닫기 위해서는, 바른 생각을 아주 조금만 해보면 될 것이다. 마음의 진정한 힘을 이해하는 사람은 아주 적으며, 그것을 항상 완전히 자각하고 있는 사람은 아무도 없다. 하지만 스스로 두려움에서 벗어나기를 바란다면, 몇 가지를 충분히 알아차리고 있어야 한다. 마음은 아주 강력한 창조자며, 자신의 창조적인 힘을 결코 잃지 않는다. 마음은 절대로 자지 않는다. 매 순간 마음은 창조하고 있으며, *항상* 네가 뜻하는 대로 창조한다. 너의 일상적인 표현 중에 많은 것이 이것을 반영한다. 예를 들어 "그건 생각도 하지 마."라고 말할 때, 네가 무엇인가에 대해 생각

하지 않으면 그것은 너에게 아무런 영향도 끼치지 않을 것임을 넌지시 내비치는 것이다. 그리고 이것은 과연 맞는 말이다.

⁸⁹ 한편, 다른 많은 표현들은 생각의 힘에 대한 인식이 얼마나 *부족한지*를 잘 보여준다. 예를 들어, 너는 어떤 생각이 아무런 영향도 끼치지 않는다는 의미로 "그건 헛된 생각일 뿐이야."라고 말한다. 또한, 어떤 행동에 대해 "생각이 없다."라고 말하면서, 만약 그 사람이 생각이 있었다면 그렇게 행동하지는 않았을 것임을 넌지시 내비친다. 반면에 "크게 생각하라."와 같은 표현은 생각의 힘을 어느 정도 인정하기는 하지만, 여전히 진실과는 거리가 멀다. 그런 말을 할 때 너는 네가 성장할 것이라고 정말로 생각하는 것은 아니며, 따라서 그런 기대를 하지 않는다.

⁹⁰ 생각과 믿음이 합쳐져 문자 그대로 산을 움직일 수 있는 폭발적인 힘이 된다는 것을 인식하기는 어렵다. 처음에는 너 자신에게 이런 힘이 있다고 믿는 것은 그저 오만으로 보이지만, 이것은 네가 그런 힘을 믿지 않는 진짜 이유가 아니다. 사람들은 자신의 생각이 진정한 통제권을 행사할 수 없다고 믿기를 *선호하는데*, 왜냐하면 그들은 자신의 생각을 문자 그대로 *두려워하기* 때문이다. 이를테면 자신의 죽음에 대한 동경을 두려워하는 사람들을 대할 때, 많은 심리치료자들은 그런 동경이 가진 힘을 깎아내림으로써 도와주려고 한다. 그들은 심지어 *실재적인* 결과는 전혀 낳지 않으면서도 원하는 것은 무엇이든 생각할 수 있다고 환자를 설득하여 "자유롭게" 해주려고까지 한다.

⁹¹ 이것은 진정으로 바른 마음 상태에 있는 자만이 벗어날 수 있는 어려운 딜레마다. 죽음에 대한 동경은 육체적인 의미에서는 죽이지 않지만, 영적인 자각을 죽인다. *모든 파괴적인 생각은 위험하다.* 죽음에 대한 동경이 있으면, 그 생각에 근거해 *행동하거나* 그와 *반대로* 행동하는 것 외에는 다른 선택이 없다. 따라서 그는 *오로지* 살인과 두려움 사이에서만 선택한다. 다른 가능성은, 자신이 가진 생각의 힘을 깎아내리는 것이다. 이것은 정신 분석에서 늘 하는 접근법이다. 이것은 죄의식을 *완화해 주지만*, 그 대신 생각을 무력화하는 대가를 치러야 한다. 만약 너의 생각이 아무런 결과도 낳지 않는다고 믿는다면, 너는 그것을 지나치게 두려워하지는 않겠지만, 그것을 존중할 가능성은 거의 없다.

⁹² 세상은 사람이 자신의 생각을 두려워하여 자신의 가치를 어떻게 깎아내렸는지 보여주는 사례들로 가득하다. 몇몇 형식의 광기에서는 생각이 미화되기도 하지만, 그 이유는 단지 저변의 가치 절하가 너무 효과적이어서 더 이상 용인할 수 없게 되었기

때문이다. 사실 "헛된" 생각이란 *없다.* 모든 생각은 어떤 수준에서든 형상화된다. 사람이 초감각적 지각을 두려워하고 그렇게 자주 반발하는 이유는, 생각이 자신을 해칠 수 있음을 *알기* 때문이다. 사람 자신의 생각이 그를 취약하게 만들어버렸다.

⁹³ 너는 두려움에 대해 끊임없이 불평하면서도 여전히 고집스럽게 두려움을 창조한다. 일전에, 너를 두려움에서 해방해 달라고 *나에게* 부탁하지 말라고 말한 적이 있다. 나는 두려움이 존재하지 않음을 *알지만,* 너는 모르기 때문이다. 내가 단지 너의 생각과 그 결과 사이에 끼어들기만 해도, 이 세상에 존재하는 가장 근본적인 법칙인 원인과 결과의 기본 법칙을 훼손하는 것이 된다. 내가 만약 네 생각의 힘을 깎아내린다면, 도저히 도움이 되지 않을 것이다. 이것은 이 수업의 목적과 정면으로 대립할 것이다. 차라리 네가 하루의 적은 부분을 제외하고는 너의 생각을 주의 깊게 보호하지 않으며, 그때조차 그리 일관되지 않음을 일깨워 주는 편이 훨씬 더 도움이 된다. 현시점에서 네가 그렇게 할 수 있으려면 기적이 필요하다고 느낄 수도 있는데, 그것은 아주 맞는 말이다.

⁹⁴ 사람은 아직 기적적으로 생각하기에 익숙하지 않지만, 그런 식으로 생각하도록 *훈련받을* 수 있다. 모든 기적일꾼은 그런 종류의 *훈련이* 필요하다. 나는 그들이 그들의 마음을 보호되지 않은 채로 내버려두게 할 수 없다. 그러면 그들은 나를 도울 수 없을 것이다. 기적을 행하려면, 생각의 힘에 대한 완전한 자각과 그릇된 창조에 대한 완벽한 회피가 필요하다. 그렇지 않으면 기적일꾼의 마음 *자체*를 바로잡기 위해 기적이 필요할 것인데, 이는 기적이 있는 이유인 시간 붕괴를 촉진하기 힘든 순환 과정이다. 그것은 또한 모든 기적일꾼이 마땅히 가져야 할, 진정한 원인과 결과에 대한 건강한 존경심을 이끌어 내지도 않을 것이다.

⁹⁵ 기적도 두려움도 *모두* 생각에서 나오며, 만약 너에게 하나를 선택할 자유가 없다면 다른 하나를 선택할 자유도 없을 것이다. 기적을 선택함으로써 너는 *이미* 두려움을 거부한 것이다. 너는 그동안 하느님, 나, 너 자신, 그리고 사실상 한 번쯤은 알았던 모든 이를 두려워했다. 이것은 네가 우리 모두를 그릇되게 지각하거나 그릇되게 창조해 놓고, 네가 만든 것이 존재한다고 믿기 때문이다. 네가 만약 너 자신의 생각을 두려워하지 않았다면, 결코 그렇게 하지 않았을 것이다. 취약한 자들은 본질적으로 그릇된 창조자들이다. 그들은 창조를 그릇되게 지각하기 때문이다.

⁹⁶ 너는 너의 마음을 의식적으로 관찰하지 않을 때 너의 마음이 무심한 상태unmindful

에 있다고 고집스레 믿는다. 하지만 이제 무의식, 혹은 "관찰되지 않은" 마음이라는 세상 전체를 고찰해 볼 때다. 이것은 두려움의 *근원이므로*, 너를 충분히 두렵게 만들 수 있다. 관찰되지 않은 마음은 기적 수준 *위에* 놓여있는 무의식의 내용 전체에 책임이 있다. 모든 정신 분석 이론가들이 이와 관련해서 어느 정도 기여했지만, 전체를 제대로 다 본 자는 아무도 없다. 그들은 모두 무의식적인 *내용*을 드러내려고 시도했다는 점에서 공통된 잘못을 범했다. 이런 식으로는 무의식적인 활동을 이해할 수 없다. "내용"은 *오로지* 특정 개인 자신이 기여하는 보다 피상적인 무의식 수준들에만 적용될 수 있기 때문이다. 그는 이 수준으로 두려움을 쉽사리 들여올 수 있으며, 대개 그렇게 한다.

[97] 사람은 그릇되게 창조할 때 고통 속에 있는 것이다. 여기서 인과원리the cause and effect principle는 일시적으로 강력한 촉진제가 된다. 실제로 "원인Cause"은 본래 하느님께 속한 용어며, 역시 대문자로 써야 하는 "결과Effect"는 하느님의 아들이다. 이것은 사람이 자신의 그릇된 창조물들 속으로 들여온 것과는 완전히 다른, 한 쌍의 원인과 결과 관계를 수반한다. 진정한 기본적인 갈등에서 근본적인 대립쌍은 창조와 그릇된 창조다. 모든 *사랑이* 창조 안에 내재하듯, *모든 두려움*은 그릇된 창조 안에 내포되어 있다. 이런 차이로 인해, 기본 갈등은 실로 사랑과 두려움 사이의 갈등이다.

[98] 이미 말했듯이, 사람이 두려움을 통제할 수 없다고 믿는 이유는 사람 자신이 두려움을 창조했기 때문이다. 두려움이 존재한다는 그의 믿음은 정의상 두려움을 그의 통제 밖에 있는 것으로 만드는 듯하다. 하지만 기본 갈등을 두려움의 *정복*mastery of fear*이라는* 개념을 통해 해결하려는 그 어떤 시도도 무의미하다. 사실 이런 시도는 두려움이 정복될 *필요가* 있다는 단순한 가정으로 두려움의 *힘을* 옹호한다. 근본적인 해결은 전적으로 *사랑의 통달*mastery of love에 달려있다. 그동안은 갈등의 느낌이 불가피하다. 왜냐하면 그는 자신을 기묘하게 비논리적인 입장에 놓아두었기 때문이다. 그는 존재하지 않는 것의 힘을 믿는다.

[99] "무"와 "모든 것"은 공존할 수 없는 두 *개념이다*. 둘 중 하나를 얼마나 믿든, 다른 하나는 이미 부정된 것이다. 기본 갈등에서 두려움은 실제로 무고, 사랑은 모든 것이다. 빛이 어둠 속으로 들어오면 어둠은 *폐지되기* 때문이다. 사람에게는, 그가 믿는 것이 참이다. 이런 의미에서 분리는 정녕 일어났으며, 이것을 부정하는 것은 단지 부정을 그릇되게 사용하는 것이다. 하지만, 잘못에 집중하는 것은 단지 방어기제를 한층

더 그릇되게 사용하는 것이다. 진정한 교정 절차는 잘못을 일시적으로 인식하되, 즉 *각적인* 교정이 필수적이라는 지표로서만 인식하는 것이다. 이것은 속죄를 지체 *없이* 받아들일 수 있는 마음 상태를 확립한다.

100　하지만 궁극적으로 모든 것과 무 사이에는 어떤 절충안도 가능하지 않다는 점은 강조되어야 한다. 시간은 본래 이런 면에서 모든 절충안을 포기하도록 돕는 도구다. 시간은 실제로는 존재하지 않는 기간이라는 개념을 자체 안에 포함하므로, 서서히 폐지되는 듯이 보인다. 창조를 그릇되게 사용함으로써, 교정 도구로서 이런 것이 필요하게 되었다. 이런 맥락에서 "하느님이 세상을 너무도 사랑하셔서 당신이 낳은 유일한 아들을 주셨으니, 그를 믿는 자는 누구든지 멸망하지 않고 영원한 생명을 얻으리라."라는 말씀이 전적으로 의미가 있으려면, 한 부분만 살짝 고치면 된다. 즉, 이 문장은 "하느님이 세상을 너무도 사랑하셔서 당신이 낳은 유일한 아들에게 주셨으니, 그를 믿는 자는…."라고 읽어야 한다.

101　하느님께는 오로지 *한* 아들만 있다는 점에 특히 주목해야 한다. 하느님이 창조하신 모든 **영혼**들이 정녕 그분의 아들들이라면, 각각의 영혼은 분명 온아들 전체의 필수적인 부분일 것이다. 너는 전체가 그것의 부분들보다 크다는 개념을 어렵지 않게 이해한다. 따라서 이것을 이해하기가 그리 힘들지는 않을 것이다.

102　하나인 상태에 있는 온아들은 실로 자신의 부분들의 합을 초월한다. 하지만 그중 어떤 부분이라도 없는 한, 이 사실은 가려진다. 그러므로 온아들의 *모든* 부분들이 돌아오기 전에는 기본 갈등이 근본적으로 해결될 수 없다. 그들이 모두 돌아왔을 때, 온전성의 진정한 의미가 비로소 충분히 이해될 수 있다.

103　온아들 중 어떤 부분이라도 스스로 선택하기에 따라 잘못이나 불완전성을 믿을 수 있다. 하지만 그가 그렇게 한다면, 무의 존재를 믿는 것이다. 이런 잘못에 대한 교정이 곧 속죄다. 우리는 이미 준비되어 있음에 대해 간략하게 말했지만, 여기서 도움이 되는 요점이 몇 가지 더 있다. 준비되어 있음은 성취를 위한 *전제 조건*에 불과하다. 이 둘을 혼동해서는 안 된다. 준비되어 있음의 상태가 일어나자마자 대개는 성취하려는 뜻이 어느 정도 있지만, 그것이 반드시 갈라지지 않은 뜻이라고 말할 수는 없다. 그 상태는 뜻의 전환을 위한 *잠재력* 이상을 의미하지 않는다.

104　통달을 성취하기 전에는 확신을 충분히 개발할 수 없다. 우리는 이미 두려움을 정복할 수 있다는 근본적인 잘못을 교정하려고 했고, *오로지* 사랑에만 통달할 수 있다

고 강조했다. 너희는 단지 준비되어 있음만 입증했을 뿐이다. 사랑의 통달에는 너희 둘이 이제껏 도달한 확신보다 훨씬 더 완전한 확신이 필요하다. 하지만 준비되어 있음은 최소한 너희가 이것이 가능하다고 믿는다는 지표다. 그것은 확신의 시작에 지나지 않는다. 그러나 이것은 준비되어 있음과 통달 사이에 엄청난 시간이 필요함을 의미하지 않는다. 그렇게 오해할 경우에 대비해, 시간과 공간은 나의 통제 아래 있음을 다시 일깨워 주고자 한다.

[105] 마법과 기적 사이의 혼동을 교정할 수 있는 주된 방법 가운데 하나는, 사람이 자기 자신을 창조하지 않았음을 기억하는 것이다. 사람은 자기중심적으로 될 때 이것을 잊기 쉬우며, 그러면 어떤 형식으로든 마법을 믿을 수밖에 없는 입장에 처하게 된다. 창조하고자 하는 사람의 뜻은, 당신의 창조물 안에 그와 똑같은 뜻을 표현하신 창조주가 주신 것이다. 창조 능력은 마음 안에 놓여있으므로, 사람이 창조하는 모든 것은 반드시 뜻의 문제다. 그리고 사람이 창조하는 것은 무엇이든 그가 보기에는 실제지만, 하느님이 보시기에 반드시 그렇다고 할 수는 없다. 이런 기본적인 구분은 우리를 최후의 심판의 진정한 의미로 곧장 인도한다.

VI. 최후의 심판의 의미

[106] 최후의 심판The Last Judgment은 사람이 지각하기에 가장 위협적인 개념 가운데 하나다. 그 이유는 단지 사람이 최후의 심판을 이해하지 못하기 때문이다. 판단judgment은 하느님의 본질적인 속성이 아니다. 사람이 판단을 만들어낸 이유는 단지 분리 때문이었다. 하지만 분리 이후에는, 전체 계획에 내장되어야 했던 많은 학습 도구 가운데 하나로서 판단이 어떤 역할을 갖게 되었다. 분리가 수백만 년에 걸쳐 일어났듯이, 최후의 심판도 그와 비슷하거나 심지어 더 긴 기간에 걸쳐 계속될 것이다. 하지만 그 길이는 현재의 가속화가 얼마나 효과적인지에 달려있다.

[107] 우리는 기적이 시간 폐지가 아닌 시간 단축을 위한 도구라는 점에 자주 주목했었다. 충분히 많은 사람들이 진정으로 기적적인 마음 상태에 속히 도달한다면, 이 단축 과정은 거의 측량할 수 없을 것이다. 하지만 그러기 위해서는, 그 사람들이 보통 때보다 더 빨리 자기 자신을 두려움에서 풀어주는 것이 필수적이다. 다른 마음들에게 평

화를 가져다주려면, 그들이 먼저 갈등에서 벗어나야 하기 때문이다.

108 일반적으로는 최후의 심판을 하느님이 진행하시는 절차라고 여긴다. 실제로 최후의 심판은 사람이 나의 도움을 받아 진행할 것이다. 사람이 아무리 스스로 처벌받아 마땅하다고 생각하더라도, 최후의 심판은 처벌의 부과가 아닌 최후의 치유다. 처벌은 바른 마음 상태와 *전적*으로 대립되는 개념이다. 최후의 심판의 목적은 사람에게 바른 마음 상태를 *회복해* 주는 것이다.

109 최후의 심판은 일종의 바른 평가 과정이라고 불릴 수 있을 것이다. 그것은 단지, 모든 사람이 마침내 무엇이 가치 있고 무엇이 가치 없는지 이해하게 될 것임을 의미할 뿐이다. 그런 후에야 사람의 선택 능력이 제 방향을 찾을 수 있다. 하지만 그런 구분을 하기 전에는 자유로운 뜻과 갇힌 뜻 사이에서 계속 오락가락할 *수밖에* 없다. 자유를 향한 첫 단계에는 *반드시* 참된 것에서 거짓된 것을 골라내는 과정이 수반되어야 한다. 이것은 오로지 건설적인 의미에서의 구분 과정으로서, 요한 계시록의 진정한 의미를 반영한다. 하느님이 당신의 창조물들을 바라보고 그것이 좋다는 것을 *아셨듯이,* 사람도 결국에는 자신의 창조물들을 바라보며 오로지 좋은 것만을 간직하기로 뜻할 것이다.

110 이 시점에서 뜻은 자신의 창조물들의 엄청난 가치로 인하여 *그것들을* 사랑스럽게 바라보기 시작할 수 있다. 마음은 기어코 자신의 그릇된 창조물들과 의절할 것이며, 그것들은 마음의 믿음 없이는 더 이상 존재하지 않을 것이다. "최후의 심판"이라는 용어가 무서운 이유는 단지 그것이 하느님께 거짓되게 투사되었기 때문만이 아니라, "최후"를 죽음과 관련짓기 때문이다. 이야말로 위아래가 뒤집힌 지각의 현저한 사례다. 그 의미를 객관적으로 검토한다면, 사실 최후의 심판은 생명에 이르는 길임이 아주 명백하다.

111 두려움 속에 사는 자는 정말로 살아있는 것이 아니다. *그가 내리는 최후의 심판은 그 자신을 향할 수 없다.* 그는 그 자신의 창조물이 아니기 때문이다. 하지만 그는 자신이 창조한 모든 것에 최후의 심판을 *언제라도* 의미 있게 적용하여, *오로지* 좋은 것만 기억에 간직할 수 있다. 그의 바른 마음 상태는 이렇게 지시할 수밖에 없다. 시간의 목적은 다만 "그에게 시간을 주어서" 이런 판단을 해내도록 하는 것뿐이다. 최후의 심판은 사람이 자신의 창조물들에게 완벽한 판단을 내리는 것이다. 그가 간직하는 모든 것이 사랑스러울 때, 그에게 두려움이 남아있을 이유가 없다. 이것이 바로 속죄에서 그가 맡은 역할이다.

제3장

마음의 재훈련

Ⅰ. 서문

¹ 이것은 *마음 훈련* 수업이다. 모든 배움에는 어느 정도의 주의 집중과 학습이 필요하다. 이 수업 뒷부분의 어떤 내용은 네가 지금 배우고 있는 앞부분에 크게 의존하므로, 이 부분을 미리 공부해 둘 필요가 있다. 너는 또한 준비를 위해서도 앞부분이 필요할 것이다. 준비가 되어있지 않으면 예상치 못한 일이 *일어날 때* 너무 두려워져서, 그것을 건설적으로 사용하지 못할 수도 있다. 하지만 너는 이렇게 앞부분을 공부하면서 그 안에 함축된 의미를 어느 정도 보기 시작할 것이다. 이에 대해서는 나중에 상당히 자세히 부연 설명할 것이다.

² 단단한 기초가 필수적인 이유는, 우리가 이미 언급한 두려움과 경외 사이의 혼동 때문이다. 너무나 많은 사람들이 그런 혼동을 한다. 우리가 전에 경외는 하느님의 아들들과 관련해서는 적절하지 않다고 말한 기억이 날 것이다. 너는 너와 동등한 자들 앞에서는 경외를 경험해서는 안 되기 때문이다. 하지만 우리는, 너의 창조주의 **현존** 앞에서는 경외가 *적절한* 반응이라는 점 또한 강조했다. 나는 그동안 속죄에서 내가 맡은 역할을 과장도 축소도 없이 밝히기 위해 주의를 기울였다. 나는 또한 너의 역할과 관련해서도 똑같이 하려고 노력했다. 나는 우리의 타고난 동등성으로 인해 경외는 나에 대한 *적절한* 반응이 아님을 강조했다.

³ 하지만 이 수업 뒷부분의 몇몇 단계는 하느님께 더 직접적으로 접근하는 것을 포함한다. 면밀한 준비 없이 이 단계들을 시작하는 것은 아주 현명하지 못한 일일 것이다. 준비가 없다면 경외는 두려움과 혼동되고, 그 경험은 지복을 선사하기보다는 정신적인 외상을 입힐 것이다. 치유는 궁극적으로 하느님에게서 온다. 그 수단에 대해 지금 너에게 자세히 설명하고 있다. 계시가 가끔 너에게 종착점을 *드러내* 줄 수도 있지만, 그곳에 도달하려면 수단이 필요하다.

Ⅱ. 기적일꾼을 위한 특별 원리

⁴ 1. 기적은 낮은 차원의 관심사에 대한 필요성을 폐지한다. 기적은 정형화된 틀을 벗어난 시간 간격이므로, 시간과 공간에 대한 일상적인 생각은 이에 해당되지 않는

다. *네가* 기적을 행할 때, *나는* 시간과 공간을 모두 그것에 맞춰 조정할 것이다.

⁵ 2. 이미 창조된 것과 지금 창조되고 있는 것을 명확하게 구분하는 것이 아주 중요하다. *모든* 형식의 교정(혹은 치유)은 수준 지각을 이렇게 *근본적으로* 교정하는 데 달려있다.

⁶ 3. 위의 요점을 다른 말로 하면 다음과 같다: 바른 마음 상태와 그른 마음 상태를 결코 혼동하지 말라. *어떤* 종류의 그릇된 창조에든, *치유하겠다는 열망*(혹은 *기적*) 외에 다른 것으로 반응하는 것은 이런 혼동의 표현이다.

⁷ 4. 기적은 언제나 이런 잘못에 대한 *부정이자* 진리에 대한 긍정이다. 오로지 바른 마음 상태만이 실재적인 결과를 낳는 방식으로 창조할 수 *있다.* 실용적으로 말하자면, 실재적인 결과를 낳지 못하는 것은 실재적인 존재성이 없다. 그렇다면 그것의 결과는 공허다. 그것은 실질적인 내용물이 없기에, 부적절한 의미에서의 투사에 이용된다.

⁸ 5. 기적은 수준을 조정하는 힘이 있으며, 이것은 치유를 위한 바른 지각을 유발한다. 이것이 일어나기 전에는 치유를 이해할 수 없다. 용서는 교정을 수반하지 않는 한 공허한 몸짓에 지나지 않는다. 교정이 없는 용서는 치유하는 대신에 판단할 수밖에 없다.

⁹ 6. 기적적인 용서는 *단지* 교정일 뿐이다. 그것에는 판단의 요소가 *전혀* 없다. "아버지, 저들을 용서하여 주십시오. 그들은 자신이 *무슨 일을* 하는지 알지 못합니다."라는 말은 결코 그들의 행위를 평가하는 말이 아니다. 그것은 하느님께 그들의 마음을 치유해 달라는 간청으로 엄격하게 제한되어 있다. 거기에 그들의 그릇된 생각의 결과에 대한 언급은 없다. *그것은* 중요하지 않다.

¹⁰ 7. "한 마음이 되어라."라는 성서의 계명은 계시를 맞이할 준비가 된 상태에 대한 진술이다. "나를 기억하여 이것을 행하라."라는 *나의* 계명은 기적일꾼들에게 협력을 요청하는 것이다. 이 두 진술은 실재의 같은 등급에 있지 않다는 점에 주목해야 한다. 후자에는 시간에 대한 인식이 포함되어 있는데, 기억한다는 것은 현재 안에서 과거를 상기하는 것을 함축하기 때문이다. 시간은 *나의* 지휘 아래에 있지만, 무시간성은 오로지 하느님께만 속한다. 시간 안에서, 우리는 서로를 위해 서로와 함께 존재한다. 무시간성 안에서, 우리는 하느님과 공존한다.

Ⅲ. 희생 없는 속죄

[11] 기적과 관련해서 여전히 남아있을 수도 있는 어떤 두려움이든 전혀 근거가 없음을 깨닫기 위해서는, 먼저 아주 분명하게 해두어야 할 점이 있다. 십자가형은 속죄를 확립하지 *않았다*. 부활이 속죄를 확립했다. 이것은 아주 신실한 수많은 기독교인들이 오해한 점이다. 희소성 오류에서 자유로운 자라면 그 누구도 이런 실수를 할 수 없다. 십자가형을 위아래가 뒤집힌 관점으로 본다면, 하느님이 마치 당신의 아들들 가운데 하나를 선하다는 *이유로* 고통받도록 허용하시고, 심지어 조장하신 것처럼 보인다. 많은 목회자들이 매일 이렇게 설교한다.

[12] 나의 수많은 추종자 지망생들의 그릇된 투사가 결합하여 생겨난 이렇게 아주 유감스러운 해석으로 인해, 많은 이들이 하느님을 몹시 두려워하게 되었다. 이렇게 아주 반종교적인 개념이 많은 종교 속으로 들어왔는데, 이것은 어쩌다 그런 것도 아니고 우연의 일치도 아니다. 하지만 진정한 기독교인이라면 잠시 멈춰서, "이런 일이 어떻게 있을 수 있는가?"라고 물어야 할 것이다. 하느님이 과연, 당신의 말씀을 통해 사람에게 합당하지 않다고 분명히 밝히신 이런 종류의 생각을 하실 수 있겠는가?

[13] 최선의 방어는 늘 그렇듯이, 다른 사람의 입장을 공격하는 것이 아니라 진리를 보호하는 것이다. 어떤 개념을 정당화하기 위해 준거틀 전체를 바꿔야 한다면, 그 개념을 받아들이는 것은 현명하지 못하다. 이런 과정이 작은 규모로 적용되면 고통스럽고, 대규모로 적용되면 실로 비극적이다. 흔한 결과로 박해가 일어나는데, 이것은 하느님이 당신의 아들을 구원하려고 직접 박해하셨다는, 지독하게 그릇된 지각을 정당화하기 위해서다. 하느님이 그렇게 하셨다는 말 자체가 무의미하다.

[14] 비록 이 잘못 자체는 다른 잘못보다 극복하기가 더 힘들지는 않지만, 그 "도피" 가치가 아주 탁월하여 사람들이 기꺼이 포기하려 하지 않았으므로, 극복하기가 특히 어려웠다. 가벼운 형식으로는, 어떤 부모는 아이를 때릴 때 "이것은 너보다 나를 더 아프게 한다."라고 말함으로써 죄의식에서 벗어나는 느낌을 받는다. 너는 우리 아버지가 *정말로* 이런 식으로 생각하신다고 믿을 수 있겠는가? 이런 종류의 생각을 *전부* 물리쳐서 너의 마음에 전혀 남아있지 않도록 아주 확실히 해두는 것이 너무나 중요하다. 내가 처벌받은 것은 *네가* 나빠서가 *아니다*. 속죄가 *어떤* 식으로든 이런 종류의 왜곡으로 오염된다면, 속죄가 가르치는 지극히 자비로운 레슨이 상실된다.

¹⁵ "원수 갚는 것은 나의 일이라고 주가 말하노라."라는 말은 순전히 카르마적인 관점이다. 이것은 진리를 아주 그릇되게 지각하는 것으로서, 이것을 가지고 사람은 자신의 "사악한" 과거를 하느님께 떠넘긴다. 과거에서 온 "사악한 양심"은 하느님과 아무런 관계도 없다. 하느님은 그것을 창조하지 않으셨으며, 고집하지도 않으신다. 하느님은 카르마적 응보를 믿지 *않으신다.* 그분의 **신성한 마음**은 그런 식으로 창조하지 않는다. *하느님*은 어떤 사람의 악행에 대해 그 당사자조차 책망하지 않으시거늘, *다른 사람의* 악행에 대해 그 누구라도 책망하실 것 같은가?

¹⁶ 이런 가정이 실제로 얼마나 완전히 불가능한지, 얼마나 *전적*으로 그릇된 투사에서 생겨나는지 아주 확실히 인식하라. 이런 종류의 잘못은 하느님이 사람을 거부해서 에덴동산에서 내쫓으셨다는 믿음을 포함하여, 관련된 수많은 잘못에 책임이 있다. 그것은 또한 네가 이따금, 내가 너를 잘못 인도한다고 믿을 수 있다는 사실에도 책임이 있다. 그동안 나는 왜곡하기가 거의 불가능한 말을 사용하려고 모든 노력을 기울였지만, 사람은 상징을 비틀어대는 데 관한 한 아주 독창적이다.

¹⁷ 하느님은 상징이 *아니시다.* 하느님은 *사실이시다.* 속죄에도 상징이 전혀 없다. 속죄는 빛 가운데 존재하므로, 더할 나위 없이 분명하다. 용의가 없는 자들은 스스로 속죄에 다가갈 수 없다고 여기고, 용의가 부분적으로만 있는 자들은 속죄를 모호하다고 여기는데, 그 이유는 단지 사람이 속죄를 어둠으로 덮어버리려고 했기 때문이다. 속죄 자체는 진리만을 발산한다. 따라서 속죄는 무해함을 전형적으로 보여주며, *오로지* 축복만을 흩뿌린다. 속죄가 완벽한 순결에서 생겨나지 않는다면, 이렇게 하지 못할 것이다. 순결은 곧 지혜다. 순결은 존재하지도 않는 악을 알아차리지 못하기 때문이다. 하지만 순결은, 참인 것은 *모두 완벽하게* 알아차린다.

¹⁸ 부활은 그 무엇도 진리를 파괴할 수 *없음*을 입증했다. 선은 *어떤* 형식의 악이든 견뎌낼 수 있다. 빛은 모든 형식의 어둠을 폐지하기 때문이다. 따라서 속죄는 완벽한 레슨이다. 속죄는 내가 가르친 다른 모든 레슨이 참임을 최종적으로 입증한다. 이것을 믿는다면, *모든* 잘못에서 해방된다. 가르침의 연역적 접근법은 수많은 개별적 사례를 별도로 분석한 후에 일반론을 세우는 대신에, *모든* 사례에 적용 가능한 일반론을 받아들인다. 네가 *지금* 이 유일한 일반론을 받아들일 수 있다면, 작은 레슨 여럿을 통해 배울 필요가 없을 것이다.

¹⁹ 하느님의 아들이 자신의 영을 아버지의 손에 맡긴다면, *아무것도 그를 이길 수 없*

다. 그렇게 함으로써 마음은 잠에서 깨어나 자신의 **창조주**를 기억한다. 분리의 느낌이 전부 사라지고, 수준 혼동도 자취를 감춘다. 하느님의 아들은 성 삼위일체의 일부지만, 삼위일체 자체는 *하나다*. 삼위의 수준들은 **한 마음 한 뜻**이기에, 그 안에는 혼동이 없다. 이와 같은 유일한 목적은 완벽한 통합을 창조하고, 하느님의 평화를 확립한다. 하지만 참으로 순결한 자들만이 이러한 비전을 지각할 수 있다.

20 순결한 자들은 마음 깊은 곳이 순수하기 때문에, 참된 지각에 *맞서* 자신을 방어하는 대신에 참된 지각을 방어한다. 그들은 속죄의 레슨을 이해하기에 공격하려는 뜻이 없으며, 따라서 참되게 본다. 바로 이것이 "그리스도가 나타날 때 (혹은 지각될 때) 우리도 그분과 같을 것입니다. 우리는 그분을 있는 *그대로* 볼 것이기 때문입니다."라는 성서 구절의 의미다.

21 희생은 하느님이 전혀 모르시는 개념이다. 희생은 단지 두려움 때문에 생겨난다. 이것은 아주 불행한 일인데, 겁에 질린 자들은 사악해지기 쉽기 때문이다. 다른 사람을 *어떤* 식으로든 희생시키는 것은, 하늘에 계신 아버지와 같이 사람도 자비로워야 한다는 하느님의 계명을 명백히 거역하는 것이다. 많은 기독교인들이 이 계명(혹은 과제)은 *그들 자신에게도* 적용된다는 것을 깨닫기 어려워했다. 좋은 교사는 절대로 학생을 겁주지 않는다. 겁주는 것은 공격하는 것이며, 이것은 교사가 제공하는 것을 거부하게 만든다. 그 결과는 학습 실패다.

22 나를 "세상의 죄를 없애는 하느님의 어린 양"이라고 일컫은 것은 맞는 말이다. 어린 양을 피에 물든 것으로 묘사하는(이것은 너무도 널리 퍼진 잘못이다.) 자들은 이 상징의 의미를 이해하지 *못한다*. 제대로 이해한다면, 이것은 단지 나의 순결에 대해 말해줄 뿐인 아주 단순한 비유다. 함께 누워있는 사자와 어린 양은, 힘과 순결이 갈등하지 *않고* 평화 속에 자연스레 산다는 것을 나타낸다. "마음이 순수한 자들은 축복받았다. 그들은 하느님을 볼 것이기 때문이다."도 똑같은 것을 다른 식으로 말하는 것이다.

23 뇌의 통합 능력과 관련해서 과연 본다는 것이 무엇인지에 대해 사람들 간에 약간의 논쟁이 있었다. 정확하게 이해한다면, 이 쟁점은 볼 수 (혹은 이해할 수) 있는 것이 몸인지 아니면 마음인지에 대한 질문을 중심으로 돌아간다. 이것은 실제로 전혀 질문거리가 아니다. 몸은 이해할 능력이 없으며, 오로지 마음만이 *무엇이*든 지각할 수 있다. 순수한 마음은 진리를 알며, 바로 이것이 그 마음의 힘이다. 그 마음은 몸을 공격

할 수 없다. 그 마음은 몸의 정체가 무엇인지 정확하게 인식하기 때문이다. 이것이 바로 "건강한 몸에 건강한 마음"이라는 말이 정말로 의미하는 것이다. 순수한 마음은 파괴를 순결과 혼동하지 *않는다.* 그 마음은 순결을 약함이 *아닌* 강함과 관련짓기 때문이다.

24 순결은 아무것도 희생시킬 수 *없다.* 순결한 마음은 모든 것을 *가졌으며,* 자신의 온전성을 *보호하기 위해서만* 힘쓰기 때문이다. 따라서 순결한 마음은 그릇되게 투사할 수 *없다.* 그 마음은 사람을 존경할 수만 있을 뿐이다. 존경이란 참으로 사랑받는 자가 자신을 닮은 자들에게 보내는 자연스러운 인사기 때문이다. 순결한 상태, 즉 은혜는 속죄의 의미가 더없이 분명한 상태라는 의미에서만, 어린 양은 세상의 죄를 없애준다. 하느님의 순결은 그분 아들의 진정한 마음 상태다. 이 상태에서 사람의 마음은 정녕 하느님을 본다. 그리고 그는 하느님을 있는 그대로 보기에, 희생이 *아닌* 속죄가 *자신의* 제단에 어울리는 *유일한* 선물임을 안다. 그 제단에는 완벽함 외에는 아무것도 속하지 않는다. 순결한 자들의 이해는 곧 *진리다.* 이것이 바로 그들의 제단이 진정으로 빛을 발산하는 이유다.

Ⅳ. 기적: 정확한 지각

25 여러 번 반복해 말했듯이, 이 수업에서 언급하는 기본적인 개념들은 정도의 문제가 *아니다.* 특정한 근본적인 개념들은 공존하는 양극이라는 관점으로는 의미 있게 이해될 수 *없다.* 빛과 어둠, 즉 모든 것과 무를 동시에 가능한 것들로 여길 수는 없다. 만약 가능하다면, 그것들은 모두 참이거나 모두 거짓이다. 둘 중 어느 하나에 확고히 헌신하기 전에는 행동이 오락가락한다. 이를 깨닫는 것이 아주 중요하다.

26 어둠, 즉 무에 확고히 헌신하는 것은 불가능하다. *약간의* 빛과 *약간의* 무언가를 전혀 경험하지 않고 산 자는 이제껏 아무도 없었다. 이것은 모든 이로 하여금 진리를 완전히 부정할 수는 없게 만든다. 그들은 대개 이와 관련하여 자신을 속일지라도 말이다. 그러므로 주로 어둠과 공허 속에 사는 자들은 어떤 지속적인 위안도 찾을 수 없다. 순결은 부분적인 속성이 *아니다.* 순결은 총체적으로 될 때 비로소 진정한 방어수단이 된다. 순결이 부분적일 때는 다른 양날의 방어수단에 적용되는 것과 같은 변덕

스러운 특성을 갖게 된다.

27 부분적으로 순결한 자들은 때로 아주 어리석어지기 쉽다. 그들의 순결은 보편적으로 적용되는 진정한 관점이 되어야 비로소 지혜가 된다. 순결한 (혹은 참된) 지각이란 네가 *결코* 그릇되게 지각하지 않으며, *항상* 참되게 본다는 것을 의미한다. 더 간단히 말해, 그것은 네가 실제로 존재하지 않는 것을 결코 보지 않는다는 것을 의미한다. 어떤 사람이 무엇을 할지 네가 확신하지 못할 때, 너는 그 사람이 바른 마음 상태에 있지 않다는 너의 믿음을 입증하고 있는 것이다. 이것은 도저히 기적에 근거한 준거틀이라고 말할 수 없다. 이것은 또한 기적의 창조적 권능을 부정하는 처참한 결과를 낳는다.

28 기적은 모든 것을 있는 *그대로* 지각한다. 오로지 진리만이 존재한다면(진리가 아닌 것은 존재할 수 *없으므로* 사실 이것은 불필요한 말이지만), 바른 마음 상태에서 시각은 오로지 완벽함만 볼 수 있다. 우리는 *오로지* 하느님이 창조하시는 것, 혹은 사람이 하느님과 같은 뜻으로 창조하는 것에만 진정한 존재성이라고 할 만한 것이 있다고 여러 번 말했다. 그렇다면 바로 이것이 순결한 자들이 볼 수 있는 모든 것이다. 그들은 분리된 자들의 왜곡에 시달리지 않는다. 이러한 왜곡 전체를 교정하는 방법은, 너의 *믿음*을 왜곡에서 거둬들여 *오로지* 참인 것에만 투자하는 것이다.

29 너는 타당하지 않은 것의 타당성을 입증할 수 *없다*. 그런 시도는 광적으로 될 수밖에 없으므로, 자진해서 모두 포기할 것을 권한다. 네가 지각하는 모든 것에서 정녕 참인 것의 타당성을 기꺼이 입증할 용의가 있다면, 너는 그것을 *너에게* 참인 것으로 만들 것이다. 진리는 *모든* 잘못을 극복한다. 이 말은 네가 만약 참으로 지각한다면, 너 자신은 물론 다른 사람들 안에서도 *동시에* 그릇된 지각을 상쇄한다는 의미다. 너는 그들을 있는 그대로 보기 때문에, *그들의* 진리에 대한 너의 승인을 그들에게 제공하는 것이다. 바로 이것이 기적이 적극적으로 촉진하는 치유다.

V. 지각 대 앎

30 그동안 지각을 강조하면서 인지cognition에 대해서는 거의 말하지 않았는데, 왜냐하면 너는 그것들의 차이를 혼동하기 때문이다. 우리가 인지를 그렇게 조금만 다룬 이

유는, 네가 무엇이든 *알 수 있으려면* 먼저 지각을 바로잡아야 하기 때문이다. 안다는 것은 곧 확신하는 것이다. 불확실성이란 단지, 네가 알지 *못함*을 의미할 뿐이다. 앎이 곧 힘인 이유는, 앎은 확실하기 때문이다. 그리고 확실성은 곧 힘이다. 지각은 일시적일 뿐이다. 지각은 시공간 믿음의 한 속성이며, 따라서 두려움이나 사랑의 지배를 받는다. 그릇된 지각은 두려움을 불러일으키고, 참된 지각은 사랑을 불러일으킨다. 둘 중 *어느 것도* 확실성을 불러일으키지는 *못한다. 모든* 지각은 변하기 때문이다. 바로 이것이 지각은 앎이 *아닌* 까닭이다.

31 참된 지각은 앎의 *기반이지만, 안다는 것은* 진리에 대한 확인이다. 너희의 모든 어려움은 궁극적으로 너희가 자신을, 서로를, 그리고 하느님을 인식하거나 *알지* 못한다는 사실에서 생겨난다. 인식한다는recognize 것은 "다시 알다."를 의미하며, 이것은 네가 전에는 알았음을 함축한다. 지각은 여러 다른 해석을 포함하므로 너는 많은 방법으로 볼 수 있으며, 이것은 곧 지각이 온전하지 않음을 의미한다. 기적은 아는 방법이 *아니라,* 지각하는 방법의 하나다. 기적은 질문에 대한 바른 대답이지만, 네가 알 때는 전혀 질문하지 않는다.

32 환상에 의문을 제기하는 것은 환상을 무효화하는 과정에서 첫 번째 단계다. 기적, 즉 "바른 대답"은 환상을 교정한다. 지각은 *변하므로* 명백히 시간에 의존한다. 지각은 일시적인 상태를 면치 못하며, 이것은 필연적으로 가변성을 함축한다. 네가 특정한 시간에 지각하는 방법이 너의 *행위를* 결정하며, 행위는 반드시 *시간* 안에서 일어난다. 앎은 무시간적이다. 왜냐하면, 확실성에는 의문의 여지가 *없기* 때문이다. 더 이상 질문하기를 *멈췄을 때,* 너는 *안다.*

33 질문하는 마음은 자신을 시간 안에서 지각하며, 따라서 *미래의* 답을 구한다. 질문하지 않는 마음은 닫혀있다. 그 마음은 미래와 현재는 똑같을 것이라고 믿기 때문이다. 이는 변하지 않은 상태, 혹은 정체 상태를 확립한다. 이것은 대체로 미래가 현재보다 *나쁠* 것이라는 저변의 두려움에 대응하려는 시도다. 이러한 두려움은 질문하려는 경향 자체를 억제한다.

34 비전은 영안의 자연스러운 지각이다. 하지만 그것은 여전히 교정이다. 영안은 상징적이며, 따라서 앎을 위한 도구가 아니다. 하지만 **영안**은 바른 지각의 *수단이며,* 바른 지각은 **영안**을 기적 본연의 영역으로 데려간다. 제대로 말하자면 "하느님의 비전"은 계시라기보다는 기적이다. 지각이 관련되어 있다는 사실 자체가 그 경험을 앎의

영역에서 배제한다. 바로 이런 이유로, 비전은 계속되지 않는다.

35 성서는 "너 자신을 알라." 혹은 확신하라고 가르친다. 확실성은 언제나 하느님에게서 나오는 것이다. 네가 누군가를 사랑할 때는 그를 있는 그대로 지각한 것이며, 이로 인해 너는 그를 알 수 있게 된다. 하지만 너는 먼저 그를 인식하고 나서야 비로소 알 수 있게 된다. 네가 하느님에 대해 질문하는 동안은, 하느님을 알지 못한다는 것을 분명히 보여주는 것이다. 확실성에는 행위가 필요 없다. 네가 앎을 기반으로 행동한다고 말할 때, 실제로는 지각과 인지를 혼동하는 것이다. 앎은 정신적인 힘을 바른 행위를 위해 동원하는 것이 아니라, 창조적인 생각하기를 위해 동원한다. 지각과 기적과 행위는 밀접하게 관련되어 있다. 앎은 계시의 결과며, 오로지 생각만을 유발한다. 지각은 가장 영적인 형식을 취할 때조차 몸과 관련이 있다. 앎은 내면의 제단에서 나오며, 또한 확실하기에 시간을 초월한다. 진리를 지각하는 것은 진리를 아는 것과 같지 않다.

36 너희가 서로의 잘못을 공격한다면, 자기 자신을 해치게 될 것이다. 공격할 때 너희는 서로를 인식할 수 없다. 공격은 언제나 낯선 자에게 행해진다. 너는 그를 그릇되게 지각하여 낯선 자로 만들며, 그럼으로써 그를 알 수 없게 된다. 네가 그를 두려워하는 이유는 그를 낯선 자로 만들어 버렸기 때문이다. 네가 그를 알 수 있도록, 그를 바르게 지각하라. 하느님이 당신의 아들들 안에 확립하신 당신의 제단들과 직접 소통하시려면 바른 지각이 먼저 있어야 한다. 그곳에서 하느님은 당신의 확실성을 전해주실 수 있고, 그분의 앎은 의문의 여지 없이 평화를 가져다줄 것이다.

37 하느님은 당신의 아들들에게 낯선 분이 아니시며, 아들들도 서로에게 낯선 자가 아니다. 앎은 지각과 시간보다 먼저 있었고, 궁극적으로 그것들을 대체할 것이다. 이것이 바로 하느님을 "알파와 오메가요, 시작과 끝"이라고 묘사한 성서 구절의 진정한 의미다. 이것은 또한 "아브라함이 있기 전에도, 나는 있다."라는 말을 설명해 준다. 지각은 안정될 수 있으며, 또한 반드시 안정되어야 한다. 하지만 앎은 정녕 안정적이다. "하느님을 두려워하고, 그분의 계명을 지켜라."라는 말은 "하느님을 알고, 그분의 확실성을 받아들여라."로 읽어야 한다. 하느님의 창조물 안에 낯선 자들이란 없다. 네가 하느님이 창조하신 대로 창조하려면, 오로지 네가 알고 너의 것으로 받아들이는 것만 창조할 수 있다. 하느님은 당신의 자녀들을 완벽한 확실성으로 아신다. 하느님은 그들을 아심으로써 그들을 창조하셨다. 하느님은 그들을 완벽하게 인식하셨다. 그들이 서로를 인식하지 못할 때, 그들은 하느님을 인식하지 못한다.

VI. 갈등과 에고

[38] 지금 사람이 소유한 능력은 단지 그가 가진 진정한 강점의 그림자에 불과하다. 그의 모든 기능은 분명하지 않으며, 의문과 의혹의 여지가 있다. 그 이유는 사람이 자신의 능력을 어떻게 *사용할지* 확신하지 못하기 때문이다. 확신이 없기에, 그에게는 앎이 불가능하다. 사람에게 앎이 불가능한 또 다른 이유는, 그가 사랑 없이 지각할 수 있기 때문이다. 사람의 지각은 속이며, 따라서 그는 확실하게 창조할 수 없다. 등급과 양상, 간격이 분리로 인해 도입되기 전에는 지각이 존재하지 않았다. **영혼**에는 수준이 없으며, *모든* 갈등은 수준들이라는 개념에서 발생한다. 오로지 삼위일체의 수준들만이 통일이 가능하다. 사람이 분리를 통해 창조한 수준들은 갈등하지 *않을* 수 없다. 그 수준들은 본질적으로 서로에게 무의미하기 때문이다.

[39] 프로이트는 이것을 아주 잘 알고 있었다. 이런 이유로 프로이트는 정신에 대한 그의 관점 안에 있는 수준들이 영원히 화해할 수 없다고 보았다. 그것들은 다른 것들을 원하고 다른 원리들을 따르므로, 정의상 갈등하기 쉽다. 정신에 대한 *우리의* 그림에는 무의식 수준이 하나 있는데, 이것은 당연히 기적 능력으로만 이루어져 있으며, *나의* 인도 아래 있어야 한다. 그리고 의식 수준도 하나 있는데, 이것은 무의식과 초의식 둘 다에서 오는 충동들을 지각하거나 알아차린다. 이렇게 의식은 앎의 수준이 *아니라* 지각의 수준이다. 다시 말하자면, 지각하는 것은 아는 것이 *아니다.*

[40] 의식은 사람이 자기 자신에게 들여온 최초의 분열이었다. 그는 진정한 의미에서의 창조자가 아닌 *지각자가* 되었다. 의식은 에고의 영역이라고 보는 것이 적절하다. 에고는 사람이 자신을 있는 *그대로* 지각하지 않고 자신이 *바란 모습대로* 지각하려는 인위적인 시도다. 이것은 우리가 전에 말한 창조된 자와 창조자에 대한 혼동의 한 사례다. 하지만 사람은 자신을 오로지 있는 *그대로만* 알 수 있다. 그것은 사람이 *확신할* 수 있는 전부기 때문이다. 그밖에 모든 것은 정녕 의문의 여지가 있다.

[41] 에고는 사람이 스스로 창조한 분리 후 정신에서 질문하는 부분이다. 에고는 타당한 질문을 할 수는 있지만 타당한 답은 지각하지 *못한다.* 그 답은 인지적인 것으로서, 지각될 수 *없기* 때문이다. 마음의 의미에 대한 끝없는 추론은 상당한 혼란을 초래했는데, 왜냐하면 마음은 정녕 혼란에 빠져있기 때문이다. 오로지 **한 마음 상태**만이 혼란이 없다. 분리된 마음, 즉 분열된 마음은 혼란에 빠져있을 *수밖에* 없으며, 정의상 확

신이 없다. 그 마음은 자기 자신과 일치되어 있지 않으므로, 갈등할 *수밖에* 없다.

⁴² 개인 안에서의 갈등은 개인들 간의 갈등과 같은 이유로 일어난다. 정신의 한 부분이 다른 부분을 다른 수준에 있다고 지각하며, 그 부분을 이해하지 못한다. 따라서 그 부분들은 서로를 인식하지 않는 낯선 존재가 되어버린다. 이것이 바로 두려움을 일으키기 쉬운 조건의 본질로서, 이 상태에서는 공격이 *언제든* 가능하다. 사람에게는 자기 자신을 지각할 때 두려움을 느낄 만한 온갖 이유가 있다. 그러므로 사람은, 자기 자신을 창조하지도 않았고 창조할 수도 없었음을 *알기* 전에는 두려움에서 벗어날 수 없다. 사람은 결코 자신의 그릇된 지각을 타당하게 만들 수 없다. 사람의 창조는 그의 잘못이 미치지 못하는 곳에 있으며, 그런 까닭에 사람은 결국 분리를 치유하려는 선택을 할 *수밖에* 없다.

⁴³ 바른 마음 상태는 오로지 바른 지각에만 해당되며, 따라서 바른 마음 상태와 *아는* 마음을 혼동해서는 안 된다. 너는 바른 마음 상태에 있거나 그른 마음 상태에 있을 수 있으며, 이조차도 등급이 있다. 이것은 앎과의 관련성이 없음을 분명히 보여주는 사실이다. "바른 마음 상태"라는 용어는 "그른 마음 상태"에 대한 *교정으로서* 적절하게 사용되며, 정확한 지각을 유발하는 마음 상태에 해당된다. 바른 마음 상태가 기적적인 이유는, 그것이 그릇된 지각을 *치유하기* 때문이다. 사람이 자기 자신을 지각하는 방법을 고려할 때, 이것은 정녕 기적이다.

⁴⁴ 지각은 항상 뜻의 오용을 어느 정도 수반한다. 지각은 마음을 불확실성의 영역으로 끌어들이기 때문이다. 마음은 뜻하는 힘을 가졌으므로, 아주 활동적이다. 마음은 분리를 뜻했을 때 지각하기를 뜻했다. 그때까지 마음은 *오로지* 알기만을 뜻했다. 그 이후로 마음은 모호하게 뜻했으며, 이런 모호함에서 *벗어나는* 유일한 방법은 명확한 지각이다. 마음은 *알고자* 뜻할 때만 자신의 고유한 기능으로 돌아간다. 이로 인해 마음은 영혼을 섬기는 자리에 있게 되며, 그곳에서 지각은 무의미하다. 초의식은 이러한 것을 뜻하는 마음의 수준이다.

⁴⁵ 마음이 자신의 수준들은 물론 지각하는 능력도 창조하기로 뜻했을 때, 마음은 자기 자신을 분열시키기로 선택했다. 하지만 마음은 자기 자신을 **영혼과** 완전히 분리할 수는 없었다. 마음은 창조하는 능력 전체를 **영혼에서** 얻어내기 때문이다. 심지어 그릇되게 창조할 때조차 뜻은 마음의 근원을 확인하고 있는 것이며, 그렇지 않다면 마음은 그저 존재하기를 멈출 것이다. 하지만 이것은 불가능하다. 마음은 **영혼의** 일부

인데, **영혼**은 하느님이 창조하셨으므로 영원하기 때문이다.

⁴⁶ 지각하는 능력은 몸을 가능하게 만들었다. 너는 무언가를 *가지고*, *무언가를* 지각해야 하기 때문이다. 따라서 지각에는 교환이나 해석이 수반된다. 그러나 앎은 그것들이 필요 없다. 지각의 해석 기능은 실제로 왜곡된 형식의 창조며, 그로 인해 사람은 몸을 *자기 자신*으로 해석할 수 있게 되었다. 이것은 우울한 일이기는 하지만, 사람 자신이 유발한 갈등에서 벗어나기 위한 시도였다. 그러나 참으로 *아는* 초의식은 어두워질 수 없었으므로, 이러한 권능의 상실과 조화를 이룰 수 없었다. 따라서 초의식은, 마음은 거의 접근할 수 없고 몸은 완전히 접근할 수 없는 것이 되어버렸다.

⁴⁷ 그 후로 초의식은 위협적인 존재라고 지각되었다. 빛은 단지 어둠이 존재하지 않는다는 사실을 확립함으로써 어둠을 *폐지하기* 때문이다. 이런 의미에서 진리는 *언제나* 잘못을 이길 것이다. 이것은 전혀 *적극적인* 파괴 과정이 아니다. 우리가 이미 강조했듯이, 앎은 *아무것도* 하지 않는다. 앎은 공격자로 *지각될* 수 있지만, *공격할 수는 없다*. 사람이 "앎의 공격"이라고 지각하는 것은 단지, 앎은 결코 파괴된 적이 없으므로 언제라도 *기억될* 수 있다는 사실을 희미하게 인식하는 것에 불과하다.

⁴⁸ 하느님과 하느님이 창조하신 **영혼들**은 확실성 안에 머물며, 따라서 그릇된 창조물이란 존재하지 않음을 *안다*. 진리는 차단되기를 뜻하지 않으므로, 저항하는 잘못은 다룰 수 없다. 나는 **영혼**과 **영혼**의 앎을 기억한 사람이었으며, 사람으로서의 나는 잘못에 앎으로 *대항하려고* 하기보다는 밑에서부터 위로 *교정하려고* 했다. 나는 몸의 무력함과 마음의 힘을 모두 보여주었다. 나는 나의 뜻을 나의 창조주의 뜻과 연합함으로써, 자연스럽게 **영혼**과 **영혼**의 진정한 목적을 기억했다.

⁴⁹ 나는 너를 *대신해* 너의 뜻을 하느님의 뜻과 연합해 줄 수 없지만, 너의 마음을 나의 안내에 맡긴다면, 너의 마음에서 일체의 그릇된 지각을 지워줄 수는 *있다*. 오로지 너의 그릇된 지각들만이 너의 길을 가로막는다. 그것들이 없다면, 너의 선택은 확실하다. 제정신인 지각은 제정신인 선택을 *유발한다*. 속죄는 진정한 지각에 근거한 행위였다. 나는 너를 대신해 선택할 수 없지만, 너 자신이 바른 선택을 하도록 도울 수는 *있다*. "많은 이들이 부르심을 받지만, 적은 이들만이 선택된다."라는 말은 "모든 이가 부르심을 받지만, 적은 이들만이 듣기로 선택한다. 따라서 그들은 *바르게* 선택하지 않는다."로 읽어야 한다.

⁵⁰ "선택된 자들"이란 단지 *먼저* 바르게 선택한 자들일 뿐이다. 이것이 바로 천상의

가속화라는 말의 진정한 의미다. 뜻이 굳건한 자들은 그것을 *지금* 할 수 있다. 그러면 너는 네 영혼을 위한 안식을 *찾을 것이다*. 하느님은 너를 오로지 평화 속에서만 아시며, 이것이 바로 너의 실재다.

VII. 확실성의 상실

⁵¹ 우리는 앞에서 사람이 소유한 능력은 단지 그가 가진 진정한 강점의 그림자일 뿐이며, 본질적으로 판단적인 지각 능력의 침입은 분리 *이후에야* 도입된 것이라고 말했다. 그 이후로는, 그 누구도 그 무엇에 대해서도 확신할 수 없었다. 하지만 너는 또한 내가 부활은 앎으로 *돌아가기* 위한 수단이었고, 그것은 나의 뜻을 아버지의 뜻과 연합함으로써 성취되었다고 말한 것도 기억할 것이다. 우리는 이제 다음에 나올 내용을 명확히 하는 데서 큰 도움이 될 구분을 하나 할 수 있다.

⁵² 분리 이후로 "창조하다"와 "만들다"라는 말이 굉장히 혼동되었다. 무언가를 만들 때 너는 어떤 결핍감이나 필요의 느낌 때문에 만든다. 네가 무언가를 만들 때는 특정한 목적을 위해 만들므로, 그것은 진정한 일반화 가능성이 없다. 지각된 결핍을 채우는 것은 분명 네가 무엇이든 만들기를 원하는 이유며, 그럴 때 너는 분리를 믿고 있음을 암시하는 것이다. 우리가 자주 살펴본 대로, 앎은 결코 행위로 이어지지 않는다.

⁵³ 너는 네가 창조된 것과 *네가* 창조하는 것을 아주 심각하게 혼동하고 있다. 따라서 네가 무엇이든 안다는 것 자체가 문자 그대로 불가능하게 되었다. 앎은 언제나 안정적이지만, 인간은 그렇지 않다는 것은 꽤나 분명하다. 그럼에도 불구하고, 인간은 정녕 하느님이 창조하신 대로 완벽하게 안정적이다. 이런 의미에서, 인간은 안정적으로 행동하지 않을 때 창조에 대한 하느님의 아이디어에 *동의하지 않는* 것이다. 사람은 스스로 원한다면 그럴 수도 있지만, 그가 만약 바른 마음 상태에 있다면 좀처럼 그렇게 *원할* 리가 없다. 너를 가장 성가시게 하는 문제는, 사람이 끊임없이 자문하지만 사실 자신에게 묻는 것이 전혀 적절치 않은 근본적인 질문이다. 사람은 자신의 정체가 무엇인지 끊임없이 자문한다. 이것은 곧 그 답이 그가 아는 답일 뿐만 아니라 스스로 제공할 수도 있는 답임을 암시한다.

⁵⁴ 사람은 자기 자신을 바르게 지각할 수 *없다*. 그는 어떤 이미지도 *갖고* 있지 않다.

"이미지"라는 말은 언제나 지각과 관련된 것이지, 앎의 산물이 *아니다*. 이미지는 상징적이며, 다른 무언가를 나타낸다. "자신의 이미지를 바꾸기"에 대한 요즈음의 강조는 단지 지각의 힘을 인정하는 것이다. 하지만 그것은 또한, 거기에는 *알아야* 할 것이 아무것도 없음을 암시한다. 앎은 해석의 여지가 *없다*. 의미를 "해석"하는 것은 가능하지만, 이것은 의미를 *지각하는 것*을 나타내므로 언제나 잘못될 여지가 있다. 이렇게 전혀 불필요한 복잡성은, 사람이 자신을 동시에 분리되어 있으면서도 분리되어 있지 않다고 보려는 시도의 결과다. 이와 같이 근본적인 혼동을 하면서 더 심한 혼동에 빠져들지 않기란 불가능하다.

⁵⁵ 방법론적으로 말해 사람의 마음은 아주 창조적이었지만, 방법과 내용이 분리되면 늘 그렇듯이, 근본적이고 전혀 벗어날 수 없는 궁지에서 벗어나려는 시도에만 사용되었다. 이런 식의 생각하기는 비록 상당한 창의성을 낳기는 했지만, 창조적인 결과를 낳을 수는 없다. 하지만 이런 창의성이 사람을 앎으로부터 거의 완전히 분리했다는 점은 주목할 만하다. 앎은 창의성이 *필요* 없다. "진리가 너를 자유롭게 하리라."라는 말은, 이런 식의 생각하기가 시간 낭비기는 하지만, 네가 만약 그것을 내려놓을 용의가 있다면 그것에 관련될 필요성에서 자유로울 수 있음을 의미한다.

⁵⁶ 기도는 무언가를 요청하기 위한 방법이다. 기도는 기적의 매개지만, 유일하게 의미 있는 기도는 용서를 청하는 기도다. 왜냐하면, 용서받은 자는 모든 것을 *가졌기* 때문이다. 일단 용서를 받아들이면, 일상적인 의미에서의 기도는 완전히 무의미해진다. 본질적으로 용서를 청하는 기도란 단지 우리가 이미 가진 무언가를 *인식할* 수 있게 해달라는 요청이다. 아는 대신에 지각하기로 선택함으로써, 사람은 오로지 기적적인 지각하기를 통해서만 아버지를 닮을 수 있는 입장에 처하게 되었다. 그는 *자기 자신이* 바로 기적이라는 앎을 상실했다. 기적적인 창조가 사람의 근원이었으며, 그의 진정한 기능이기도 했다.

⁵⁷ "하느님은 사람을 당신의 이미지대로, 당신과 닮게 창조하셨다."라는 말은 의미로 보자면 정확하지만, 그 말 자체는 그릇된 해석의 여지가 상당히 많다. 하지만 "이미지"는 "생각"을 의미하는 것으로 이해하고, "닮게"는 "같은 본성을 갖게"로 받아들인다면, 그것을 피할 수 있다. 하느님은 당신의 생각대로, 당신과 같은 본성을 가진 영혼을 *창조하셨다*. 그밖에는 정녕 아무것도 *없다*. 반면에 "더 많이", 혹은 "더 적게"가 존재한다는 *믿음이* 없다면 지각은 불가능하다. 지각은 어떤 수준에서든 선택을 수반

하며, 이것 없이는 조직화할 수 없다. 모든 유형의 지각에는 수용과 거부, 조직화와 재조직화, 초점의 전환과 변화라는 끊임없는 과정이 수반된다. 평가는 지각에서 필수적인 부분이다. 선택을 내리려면 반드시 판단해야 하기 때문이다.

58 판단이 전혀 없고 단지 완벽한 동등성만 있다면 지각은 어떻게 될까? 지각은 불가능해진다. 진리는 오로지 *알려질* 수만 있을 뿐이다. 진리는 전부 똑같이 참이며, 진리의 어떤 부분이라도 아는 것은 곧 진리의 전부를 아는 것이다. 오로지 지각에만 부분적인 인식이 수반된다. 앎은 지각을 지배하는 *모든* 법칙을 초월한다. 부분적인 앎이란 불가능하기 때문이다. 앎은 전부 하나며, 분리된 부분이 전혀 *없다*. 너는 실제로 앎과 하나며, 따라서 네가 단지 *너 자신을* 알기만 하면 너의 앎은 완전해진다. 하느님의 기적을 아는 것이 곧 하느님을 아는 것이다.

59 용서는 분리의 지각을 치유하는 것이다. *서로에 대한* 바른 지각이 필요한 이유는, 마음들이 자신을 분리되었다고 보기로 뜻했기 때문이다. 각 **영혼**은 하느님을 완전하게 안다. 이것이 정녕 **영혼**의 기적적인 권능이다. 각 **영혼**이 이런 권능을 완전하게 가졌다는 사실은, 만약 누군가 모든 것을 가졌다면 *남는* 것은 아무것도 없다는 사람의 사고방식과는 너무나 다른 사실이다. 하느님의 기적들은 하느님의 **생각들**만큼이나 총체적이다. 그것들은 하느님의 **생각들**이기 때문이다.

60 지각이 계속되는 한, 기도의 역할이 있다. 지각은 결핍에 기초하므로, 지각하는 자는 아직 속죄를 총체적으로 받아들여 자신을 진리에 맡기지 않은 자다. 지각은 정녕 분리된 상태며, 지각하는 자는 정녕 치유가 필요하다. 기도가 아닌 영적 교통이야말로 아는 자의 자연스러운 상태다. 하느님과 그분의 기적들은 결코 분리될 수 *없다*. 하느님의 빛 속에 사는 하느님의 생각들은 얼마나 아름다운지! 너의 가치는 지각 너머에 있다. 그것은 의심 너머에 있기 때문이다. 너 자신을 다른 빛 속에서 지각하지 말라. 너 자신을 유일한 빛 속에서 *알라*. 그 빛 속에서, 바로 너 자신인 기적은 더없이 명백하다.

Ⅷ. 판단과 권위의 문제

61 우리는 이미 최후의 심판Last Judgment에 대해 어느 정도 논했지만, 충분히 자세히 다

루지는 않았다. 최후의 심판 이후에, 더 이상의 판단judgment은 없을 것이다. 판단이 *없으면* 모든 사람이 훨씬 더 나아진다는 의미에서만, 이 말은 상징적이다. "판단하지 말라. 그래야 너희도 판단받지 않는다."라는 성서의 말은 단지, 네가 다른 사람의 실재를 판단하면 너 자신의 실재에 대한 판단을 피할 수 없을 것이라는 의미다. 아는 대신 판단하기로 한 선택이 평화를 잃은 원인이었다. 판단은 인지가 *아닌* 지각이 기초하는 과정이다. 우리는 전에 지각의 선택성이라는 면에서 이에 대해 논하면서, 평가가 지각의 명백한 전제 조건이라고 말했다.

⁶² 판단에는 *항상* 거부가 수반된다. 판단받는 대상이 자아 안에 있든 밖에 있든 관계없이, 판단은 그 대상의 긍정적인 측면만 강조하는 능력이 *아니다*. 하지만 지각된 후 거부된 것, 혹은 판단되어 부족하다고 밝혀진 것은 무의식에 계속 남는다. 왜냐하면, 그것은 이미 지각되었기 때문이다. 사람이 시달리는 환상들 가운데, 자신이 거부하기로 판단한 것은 아무런 영향도 없다는 믿음이 있다. 하지만 이것이 참이려면, 그는 또한 자신이 거부하기로 판단한 것이 존재하지 않는다고 믿어야 한다. 그는 분명 그렇게 믿지 *않는다*. 그렇게 믿었다면, 그것을 거부하기로 판단하지 않았을 것이다. 결국, 네가 판단을 바르게 하는지 그르게 하는지는 중요하지 않다. 어느 쪽이든 너는 실제가 아닌 것에 믿음을 두고 있는 것이다. 너는 어떤 유형의 판단을 내리든 이런 일을 피할 수 없다. 그것은 네가 무엇이 실재인지 선택할 수 있다는 믿음을 함축하기 때문이다.

⁶³ 너는 너 자신과 네 형제들을 아무런 판단 없이 만날 때 오는 엄청난 해방과 깊은 평화에 대해 짐작도 하지 못한다. 너와 너의 형제들이 참으로 누구인지 인식할 때, 그들을 *어떤* 식으로든 판단하는 것은 아무런 의미도 없음을 깨달을 것이다. 사실 그들의 의미가 너에게 상실된 이유는 정확히 말해, 네가 그들을 판단하고 있기 *때문이다*. 모든 불확실성은 네가 판단을 강요받고 있다는 아주 그릇된 믿음에서 비롯된다. 너는 너의 삶을 조직화하기 위해 판단이 필요 없으며, 너 자신을 조직화하기 위해서도 판단이 전혀 필요 없다. 앎이 있는 곳에서, *모든* 판단은 자동적으로 중지된다. 그리고 이러한 과정은 인식이 지각을 *대체*할 수 있게 해준다.

⁶⁴ 사람은 자신이 지각했지만 받아들이기를 거부한 모든 것을 몹시 두려워한다. 그는 자신이 그것을 받아들이기를 거부했기 때문에 그것에 대한 통제력을 잃었다고 믿는다. 이런 까닭에 그는 그것을 악몽 속에서 보거나, 혹은 보다 즐거워 보이는 꿈에 등

장하는 기분 좋은 위장물들에서 본다. 네가 받아들이기를 거부한 것은 아무것도 너의 의식에 도달할 수 없다. 그렇다고 그것이 위험하다는 말은 *아니지만*, 네가 그것을 위험하게 *만들었다고* 말할 수는 있다.

⁶⁵ 네가 피곤을 느낀다면, 그것은 단지 너 자신이 피곤해질 수 있다고 판단했기 때문이다. 네가 누군가를 비웃는다면, 그것은 그를 보잘것없다고 판단했기 때문이다. 네가 너 자신을 비웃는다면, 네가 다른 사람들보다 더 보잘것없다는 아이디어를 견딜 수 없기 때문에라도, 그들을 비웃을 공산이 아주 크다. 이 모두는 본질적으로 낙심시키는 것이므로, 너를 아주 피곤하게 만든다. 너는 피곤해질 능력이 *실제로* 없지만, 너 자신을 지치게 만드는 능력은 *아주* 뛰어나다. 끊임없는 판단으로 인한 긴장은 사실상 견디기 힘든 것이다. 자신을 그렇게도 쇠약하게 만드는 능력을 그렇게도 끔찍이 아끼다니, 참 이상한 일이다.

⁶⁶ 하지만 네가 실재의 저자이기를 바란다면(이것은 전혀 불가능한 일이다.), 너는 *반드시* 판단을 고수하겠다고 고집할 것이다. 너는 또한 판단이 언젠가 *너에게* 불리하게 사용될 것이라고 믿고서, 판단이라는 용어를 상당히 두려워하면서 사용할 것이다. 판단이 너에게 얼마나 불리하게 *사용되든*, 그 이유는 단지 네가 너의 권위를 방어하기 위한 무기로 판단이 효과적이라고 믿기 때문이다. 권위에 관한 논란은 실제로 원저자에 관한 문제다. 어떤 개인에게 "권위의 문제"가 있을 때, 그것은 항상 그가 자기 자신의 저자라고 믿고는 자신의 망상을 다른 사람들에게 투사한 후, 그것을 사람들이 그의 원저자로서의 권리를 빼앗으려고 그와 다투는 상황으로 지각하기 때문이다. 이것은 자신이 하느님의 권능을 찬탈했다고 믿는 자라면 누구나 범하는 근본적인 잘못이다.

⁶⁷ 이러한 믿음은 *그들을* 아주 두려워하게 만들지만, 하느님께는 아무런 영향도 없다. 하지만 하느님은 그 믿음을 무효화하기를 간절히 바라신다. 그것은 당신의 자녀들을 처벌하기 위해서가 *아니라, 단지* 그 믿음이 그들을 불행하게 만든다는 것을 아시기 때문이다. 영혼들에게는 그들의 진정한 원저자가 *주어졌지만*, 사람이 자신을 자신의 저자와 분리하기로 선택했을 때, 그는 차라리 저자 미상인 상태가 되기를 원했다. 그 이후로 "권위"라는 단어는 사람이 가장 두려워하는 상징의 하나가 되었다. 권위는 엄청난 잔인함을 나타내기 위해 사용되었는데, 이것은 사람이 자신의 진정한 원저자에 대해 확신하지 못하여 자신이 저자 미상으로 창조되었다고 믿기 때문이다. 이

로 인해 사람은 자기 자신을 창조했을 가능성에 대해 고려하는 것이 의미 있게 들리는 입장에 처하게 되었다.

⁶⁸ 원저자를 둘러싼 논쟁은 사람 마음에 이렇게 큰 불확실성을 남김으로써, 심지어 어떤 사람은 자신이 과연 실제로 존재하기는 하는 건지 의심하기도 했다. 이런 입장은 그 명백한 모순에도 불구하고, 어떤 면에서 그가 자신을 창조했다는 관점보다는 더 설득력이 있다. 이런 입장은 최소한, 존재하기 위해서는 *어떤* 진정한 원저자가 필요하다는 사실을 인정하기 때문이다.

⁶⁹ 거절하려는 갈망을 전부 버린 자만이 자신이 거절당할 수 없음을 알 수 있다. 너는 하느님의 권능을 찬탈한 것이 *아니라*, 단지 *잃어버린* 것이다. 다행히 네가 무언가를 잃어버렸을 때, 그 "무언가"가 없어졌음을 의미하지는 않는다. 그것은 단지 네가 그것이 어디에 있는지 알지 못함을 의미할 뿐이다. 존재는 네가 그것을 알아보는 능력에 의존하지 않으며, 심지어 그것이 어디에 있는지 아는 능력에도 의존하지 않는다. 실재를 판단 없이 바라보고 실재가 있음을 그저 *아는* 것은 전적으로 가능하다.

⁷⁰ 평화는 영혼이 물려받은 자연스러운 유산이다. 모든 이가 자신의 유산을 *받아들이기*를 거부할 자유가 있지만, 그 유산이 *무엇인지* 정할 자유는 *없다*. 모든 이가 반드시 결정해야 하는 문제는 원저자에 대한 근본적인 질문이다. 모든 두려움은 궁극적으로, 때로는 아주 우회적인 방법으로, 원저자에 대한 부정에서 나온다. 그로 인한 공격은 결코 하느님을 향하지 않으며, 오로지 하느님을 부정하는 자들에게만 향한다. 하느님이 원저자이심을 부정하는 것은 스스로 평화로울 수 있는 근거를 자신에게 부정하는 것이며, 따라서 그들은 자신을 조각나 있다고 보게 된다. 이런 이상한 지각이 바로 권위 문제다.

⁷¹ 자신이 어떤 식으로든 갇혀있다고 느끼지 않는 자는 아무도 없다. 만약 이것이 그의 자유로운 뜻의 결과라면, 그는 분명 자신의 뜻이 자유롭지 *않은 것처럼* 여기는 것이다. 그렇지 않다면, 그는 자신이 처한 입장과 관련된 명백한 순환 논리를 분명히 깨달았을 것이다. 자유로운 뜻은 *분명* 자유로 이어질 것이다. 판단은 *항상* 가둔다. 그것은 아주 불안정한 욕구의 잣대에 따라 실재의 단편들을 분리하기 때문이다. 소망은 정의상 사실이 아니다. 소망한다는 것은 뜻하기가 충분하지 않음을 함축한다. 게다가 소망한 대상이 뜻한 대상만큼 실제라고 믿는 자는 아무도 없다. "너희는 먼저 하늘나라를 구하라."라고 말하는 대신에, "너희는 먼저 하늘나라를 *뜻하라*."라고 말하라. 그

러면 "나는 내가 참으로 누구인지 알며, 나 자신의 유산을 받아들이기로 뜻한다."라고 말하는 것이다.

IX. 창조하기 대 자아 이미지

72 모든 사고체계에는 반드시 출발점이 있다. 각 사고체계는 만들기와 창조하기 중 하나로 시작하는데, 그 차이에 대해서는 이미 논했다. 이 둘의 유사성은 그것들이 *토대로서* 힘을 가지고 있다는 점이며, 그것들의 차이점은 그 위에 무엇이 얹혀 있는지에 달려있다. 둘 다 사람이 의거해 살아가는 믿음체계의 초석이다. 거짓말에 기반을 둔 사고체계가 약하다고 믿는 것은 착각이다. 하느님의 **아이**가 만든 것 중에 힘이 없는 것은 *아무것도 없다.* 이것을 깨닫는 것이 아주 중요하다. 그렇지 않으면 너희가 이 수업을 왜 그토록 힘들어하는지 이해할 수 없으며, 너희 자신이 만든 감옥에서 벗어날 수도 없기 때문이다.

73 너 자신의 마음의 힘을 깎아내려서 권위 문제를 해결할 수는 없다. 그것은 너 자신을 속이는 것이며, 그 결과로 너는 상처를 입을 것이다. 왜냐하면, 너는 정녕 마음의 힘을 *알기* 때문이다. 너는 또한 네가 하느님을 약화할 수 없듯이 네 마음의 힘도 약화할 수 *없음*을 안다. "마귀"라는 개념이 무시무시한 이유는, 사람들이 그것을 굉장히 강력하고 활동적이라고 여기기 때문이다. 사람들은 마귀를 하느님이 창조하신 **영혼**들의 소유권을 놓고 하느님과 전쟁 중에 있는 힘이라고 지각한다. 마귀는 거짓말로 속이며, 모든 측면에서 하느님과 대립하는 그 자신의 왕국을 세운다. 하지만 마귀는 사람들을 물리치기보다는 *매혹하며,* 그들은 스스로 아무 가치도 없음을 *인식하고 있*는 선물을 얻으려고 자신의 **영혼**을 기꺼이 마귀에게 "팔아넘기려고" 하는 듯하다.

74 이것은 전혀 말이 안 된다. 사실 이런 현상의 전모는, 사람이 스스로 자기 파괴적임을 잘 깨닫고 있는 방식으로 행동하면서도 그것을 교정하겠다고 선택하지 않음으로써, 그 원인이 자신의 통제 밖에 있다고 지각하는 것이다. 우리는 전에 타락, 즉 분리에 대해 논했지만, 그것의 의미를 상징 없이 분명히 이해해야 한다. 분리는 상징적이지 않다. 분리는 비록 영원 안에서는 *아니지만* 시간 안에서는 충분히 실재적인, 실재의 한 등급, 혹은 하나의 사고체계다. 모든 믿음은 그것을 믿는 자에게 실재적이다.

75 사람의 상징적인 동산에서 *한* 그루의 나무 열매만이 그에게 "금지"되었다. 그러나 *하느님*은 그것을 금지하셨을 리가 없다. 만약 금지하셨다면, 사람은 그 열매를 *따 먹*을 수 없었을 것이다. 진실히 말하건대, 하느님은 당신의 자녀들을 아신다. 그러한 분이 그들을 자기 파괴가 가능한 상태에 놓아두셨겠는가? 금지된 나무는 "지식knowledge의 나무"라고 불린다. 하지만 하느님은 앎knowledge을 창조하셔서 당신의 창조물들에게 거저 주셨다. 그동안 이 상징에 대해 많은 해석이 부여되었지만, 하느님이든 그분의 창조물들이든 자신의 목적을 파괴할 수 있다고 보는 *어떤* 해석도 잘못이다. 이를 확신해도 좋다.

76 지식의 나무 열매를 먹는 것은 자아 안에 자기를 창조하는 능력을 편입하는 것을 상징적으로 표현한 것이다. 바로 이 *한 가지* 의미에서만, 하느님과 그분의 **영혼들**은 공동 창조자가 *아니다.* 그들이 공동 *창조자라*는 믿음은 "자아 개념"에 내포되어 있다. 이 자아 개념이라는 것은 이제 그 *약함 때문에* 받아들일 만하게 되었고, 자신의 *이미지*를 창조하려는 자아의 경향으로 설명되는 개념이다. 흔히 자아의 두려워하는 측면을 "아버지 같은 존재"의 보복에 대한 두려움 탓으로 여긴다. 그런데 아무도 이 용어를 육체적인 아버지를 가리키기 위해 사용하지 않는다는 사실에 비추어, 이것은 특히 이상한 아이디어다. 그것은 자아의 *이미지와* 관련된 아버지의 *이미지*를 가리킬 뿐이다.

77 이미지는 알려지는 것이 *아니라* 지각되는 것이다. 앎은 속일 수 없지만, 지각은 속일 수 *있다.* 사람은 자신을 자기 창조적이라고 지각할 수 있지만, 그렇게 *믿는 것* 이상은 할 수 없다. 사람은 그것을 참인 것으로 만들 수 *없다.* 전에 말했듯이 네가 마침내 바르게 지각하게 된다면, 그렇게 할 수 없다는 것에 기뻐할 수밖에 없다. 하지만 그때까지는, 그렇게 할 수 *있다*는 믿음이 너의 사고체계에서 핵심적인 주춧돌이며, 너의 모든 방어기제는 그 믿음을 빛으로 가져갈 아이디어들을 공격하는 데 사용된다. 너는 여전히, 네가 창조한 이미지들이 너라고 믿는다. 이 점에서 너의 마음은 너의 **영혼**과 갈라져 있으며, 네가 상상도 하지 못할 이 한 가지를 믿는 한 해결책은 *없다.* 바로 이런 이유로 너는 창조할 수 *없으며,* 네가 만드는 것을 몹시도 두려워한다.

78 마음은 분리에 대한 믿음을 *아주* 실재적이고 *아주* 무시무시하게 만들 수 있는데, 이런 믿음이 곧 "마귀"다. 이 믿음은 강력하고 활동적이고 파괴적이며, 그야말로 하느님의 부성을 부정하므로 명백히 하느님과 대립한다. 이런 부정의 힘을 결코 과소

평가하지 말라. 너의 삶을 들여다보고, 마귀가 만들어놓은 것을 보라. 그러나 이렇게 만들어진 것은 진리의 빛 속에 녹아 사라질 수밖에 없음을 알라. 그것의 *토대*는 거짓이기 때문이다.

79 하느님이 너를 창조하셨다는 것은 흔들릴 수 없는 *유일한* 토대다. 그 안에는 빛이 있기 때문이다. 너는 진리에서 출발하였으며, 반드시 이 시작점으로 돌아가야 한다. 그 이후로 많은 것이 지각되었지만, 그 밖의 것은 아무것도 일어나지 않았다. 따라서 너의 마음은 비록 갈등 속에 있을지라도, 너의 **영혼**은 여전히 평화 속에 있다. 너는 아직 충분히 멀리 돌아가지 않았으며, 이것이 바로 네가 극심한 두려움을 느끼는 이유다. 시작점에 다가감에 따라, 너는 너의 사고체계가 파괴되는 것에 대한 두려움이 엄습하는 것을 느낀다. 그것은 마치 죽음에 대한 두려움과도 같다. 죽음은 *없지만*, 죽음에 대한 믿음은 *있다*.

80 성서는, 열매를 맺지 못하는 가지는 잘려져 시들어버릴 것이라고 말한다. 기뻐하라! **생명**의 진정한 **토대**로부터 빛이 뿜어져 나올 것이다. 그리고 너 자신의 사고체계는 바로 설 것이다. 그것은 다른 식으로는 서있을 수 *없다*. 구원을 두려워하는 너는 죽음을 *뜻하고* 있다. 삶과 죽음, 빛과 어둠, 앎과 지각은 양립할 수 없다. 그것들이 양립할 수 있다고 믿는 것은, 하느님과 사람이 양립할 수 *없다고* 믿는 것이다. 오로지 앎의 하나인 상태만이 갈등에서 자유롭다. 너의 왕국은 이 세상에 속하지 않는다. 그것은 이 세상 *너머로부터* 주어졌기 때문이다. 오로지 이 세상 *안에서만*, 권위 문제라는 아이디어가 의미 있다. 죽어서 세상을 떠나는 것이 아니라, 진리로 떠난다. 진리는 정녕 모든 이에게 알려질 수 *있다*. 천국은 그들을 위해 창조되었으며, 그들을 기다린다.

제4장

모든 악의 뿌리

I. 서문

1 성서는 형제가 청하는 것의 두 배만큼 같이 가주어야 한다고 말한다. 이것은 분명 그를 여정에서 뒤처지게 하라는 의미가 아니다. 또한, 어떤 형제에게 헌신하는 것이 *너*를 뒤처지게 할 수도 없다. 그것은 *오로지* 공동의 전진으로만 이어질 수 있다. 진심 어린 헌신의 결과는 영감inspiration인데, 제대로 이해한다면 이 단어는 피로의 반대말이다. 피로해지는 것은 영을 *잃은* 것*dis*-spirited이지만, 영감을 얻는 것inspired은 영 안에 있는 것in the spirit이다. 자기중심적egocentric인 것은 실로 영을 잃는 것이지만, 바른 의미에서 **자아**에 중심을 둔 것Self-centered은 영감을 얻는 것, 즉 **영혼** 안에 있는 것이다. 참으로 영감을 얻은 자는 빛이 비추어진enlightened 자로서, 어둠 속에 머물러 살 수 없다.

2 너는 선택하기에 따라 정확히 **영혼**으로부터 말하거나 에고로부터 말할 수 있다. **영혼**으로부터 말한다면 너는 "고요해져서 *내가* 하느님임을 알라."를 선택한 것이다. 이것은 앎에서 나온 것이므로 영감을 얻은 말이다. 에고로부터 말한다면 너는 앎을 확인하는 대신에 부인하는 것이며, 따라서 너 자신에게서 영을 떼어내는dispiriting 것이다. 어리석은 여정에 나서지 말라. 그것은 참으로 헛되기 때문이다. 에고는 그런 여정을 갈망할 수도 있지만, **영혼**은 그런 여정에 나설 수 없다. **영혼**은 영원히 자신의 토대를 떠나려 하지 않기 때문이다.

3 십자가로의 여정은 모든 마음을 위한 최후의 어리석은 여정이어야 한다. 그 여정에 머물러 있지 말고, 그것을 이미 성취된 것으로 여겨 깨끗이 잊어라. 그 여정을 너 *자신의* 최후의 어리석은 여정으로 받아들일 수 있다면, 너는 또한 나의 부활에도 자유로이 동참할 수 있다. 인간의 삶은 실로 일종의 반복 강박 속에서 불필요하게 낭비되었다. 인간의 삶은 분리, 권능의 상실, 보상받기 위한 에고의 어리석은 여정을 재연하며, 결국에는 몸의 십자가형, 즉 죽음을 재연한다.

4 반복 강박은 의지적인 행위로 포기하지 않는 한 끝없이 계속될 수 있다. "낡고 거친 십자가에 매달리는" 측은한 인간적 실수를 하지 말라. 십자가형의 유일한 메시지는 우리가 십자가를 *극복할* 수 있다는 것뿐이었다. 그렇게 하지 않는 한, 너는 선택하는 만큼 자주 너 자신을 십자가에 매달 수 있다. 그러나 이것은 내가 너에게 전하려 한 복음이 아니다. 우리에게는 나서야 할 다른 여정이 있다. 요즈음의 레슨을 주의 깊게 읽는다면, 그 여정에 나설 준비를 하는 데 도움이 될 것이다.

Ⅱ. 바른 가르침과 바른 배움

5 우리는 그동안 인간의 여러 다양한 증상에 대해 이야기했는데, 이 수준에서 증상의 변화에는 거의 끝이 없다. 하지만 그 모든 증상의 원인은 단 *하나뿐이다*. 권위 문제가 실로 "모든 악의 뿌리"다. 돈은 단지 권위 문제의 여러 반영물들 가운데 하나로서, 권위 문제에 기인하는 사고방식을 잘 보여주는 사례다. 사고판다는 아이디어는 정확하게 영혼은 전혀 이해할 수 없는 종류의 교환을 함축한다. 영혼의 공급은 항상 풍족하며, 영혼의 모든 수요는 넘치도록 채워지기 때문이다.

6 에고가 만들어낸 모든 증상에는 일종의 용어상의 모순이 수반된다. 마음이 에고와 영혼으로 갈라져 있어서, 에고가 만드는 것은 *무엇이*든 불완전하고 모순되기 때문이다. 이 불안정한 입장은, 도저히 상상도 하지 못할 생각 하나를 그 전제로 받아들이므로 도저히 상상도 하지 못할 아이디어들만 낳을 수 있을 뿐인, 권위 문제의 결과다. 성서에서 "공언하다profess"라는 용어가 꽤 자주 사용된다. 공언하는 것은 어떤 아이디어와 동일시한 후, 그것을 다른 이들에게 제공하여 그들 자신의 것이 되게 하는 것이다. 그 아이디어는 줄어들지 않는다. 반대로 그것은 *더 강해진다*.

7 좋은 교사는 자신의 아이디어들을 가르침으로써 그것을 분명히 하고 강화한다. 학습 과정에서 교사와 제자는 똑같다. 그들은 배움에서 같은 순위에 있으며, 자신의 레슨을 *공유하지* 않는 한 확신하지 못할 것이다. 좋은 교사는 자신이 공언하는 아이디어를 믿어야 하지만, 또 다른 조건도 충족해야 한다. 그 조건은, 그가 자신의 아이디어를 제공받는 학생들도 믿어야 한다는 것이다. 많은 이들이 자신의 아이디어들을 지키려고 바짝 경계한다. 그들은 자신의 사고체계를 고스란히 보호하고 싶어 하는데, 배움은 변화를 의미하기 때문이다. 분리된 자들은 항상 변화를 두려워한다. 그들은 분리를 *치유하는* 방향으로 가는 변화를 상상하지 못하기 때문이다. 분리는 그들이 경험한 첫 번째 변화였으므로, 그들은 *항상* 변화를 더 심한 분리로 가는 변화라고 지각한다.

8 너는 어떤 변화도 너의 에고 안으로 들어오지 못하게 하면 너의 **영혼**이 평화를 찾을 것이라고 믿는다. 이렇게 심한 혼동은 같은 사고체계가 두 개의 토대 위에 서있을 수 있다고 고집할 때만 가능하다. 에고에서 나오는 것은 *그 무엇도* 영혼에 도달할 수 없다. 영혼에서 *나*오는 것은 그 무엇도 에고를 강화할 수 없으며, 에고 안의 갈등을 줄

일 수도 없다. 에고는 실로 하나의 모순이다. 사람의 자아와 하느님의 **자아**는 정녕 대립 상태에 있다. 그 둘은 창조라는 면에서, 그리고 뜻과 결과라는 면에서 대립한다. 그들이 근본적으로 양립할 수 없는 이유는, **영혼**은 지각할 수 없고 에고는 알 수 없기 때문이다. 따라서 그 둘은 *소통하지 않으며*, 결코 소통할 수도 *없다*. 그럼에도 불구하고 에고는 배울 수 있다. 비록 에고를 만든 자가 잘못 인도될 수는 있을지라도, 생명이 주어진 것에서 생명이 전혀 없는 것을 만들 수는 *없기* 때문이다. **영혼**은 가르침을 받을 필요가 없지만, 에고는 *반드시* 가르침을 받아야 *한다*.

⁹ 배움이 두렵게 지각되는 궁극적인 이유는, 배움이 정녕 (에고의 파괴가 *아닌*) 포기를 통해 **영혼**의 빛으로 인도하기 때문이다. 이것은 에고가 두려워할 *수밖에* 없는 변화다. 에고는 나의 자비심을 공유하지 않기 때문이다. 나의 레슨은 너의 레슨과 같았다. 그리고 나는 그것을 배웠기 때문에, 그것을 가르칠 수 있다. 나는 결코 너희 에고들을 공격하지 않지만, 그 사고체계가 어떻게 생겨났는지는 가르쳐주고자 한다. 너희가 진정으로 어떻게 창조되었는지 일깨워 준다면, 너희 에고들은 두려움으로 반응할 *수밖에* 없다.

¹⁰ 가르치고 배우는 것은 지금 너의 가장 큰 장점이다. 너는 *반드시* 너의 마음을 바꾸고, 다른 사람들도 그들의 마음을 바꾸도록 도와야 하기 때문이다. 변화를 용인하기를 거부하면 분리가 일어나지 않았음을 입증할 수 있다고 믿고서 버티는 것은 아무 소용없는 일이다. 여전히 꿈꾸고 있으면서 그 꿈의 실재성을 의심하는 자는 진정으로 수준 분리를 치유하고 있는 것이 아니다. 너는 분리된 에고의 *꿈을 꿨으며*, 그것에 기초한 세상이 존재한다고 *믿었다*. 이것이 너에게는 아주 실재적이다. 아무것도 하지 않고 변하지도 *않음으로써* 이것을 무효화할 수는 없다.

¹¹ 네가 만약 네 사고체계의 수호자 역할을 기꺼이 포기하고 그것을 나에게 드러내 보인다면, 나는 그것을 아주 부드럽게 교정하여 너를 집으로 인도할 것이다. 좋은 교사라면 누구나 학생에게 자신의 생각을 많이 전해줌으로써, 언젠가 학생이 교사를 더이상 필요로 하지 않게 되기를 바란다. 이것이 바로 부모와 교사, 치료사가 가진 유일하게 진정한 목표다. 만약 그렇게 하는 데 성공한다면 자신의 자녀나 학생이나 환자를 *잃을* 것이라고 믿는 자들은 이런 목표를 달성할 수 없을 것이다. 에고에게 이런 것을 납득시키는 것은 *불가능하다*. 그것은 에고의 모든 법칙에 위배되기 때문이다. 하지만 법칙이란 그 입법자가 *믿는* 체계의 지속성을 보호하기 위해 제정된다는 것을 기

억하라.

12 네가 일단 에고를 만든 이상 에고가 자신을 보호하려는 것은 아주 자연스럽지만, *네가* 에고의 법칙을 믿지 않는 한 그것을 따르기를 원하는 것은 자연스럽지 *않다*. 에고는 그 기원의 특성 때문에, 에고의 법칙을 따르지 않겠다는 선택을 할 수 없다. *너는 너의 기원*의 특성 때문에, 그런 선택을 할 수 있다. 에고들은 어떤 상황에서든 충돌할 수 있지만, 영혼들은 전혀 충돌할 수 없다. 교사를 단지 "더 큰 에고"로만 지각한다면, 너는 *반드시* 두려움에 빠질 것이다. 에고를 *확대하*는 것은 곧 분리 불안을 증가시키는 것이기 때문이다. 네가 나와 함께 생각한다면 나는 너와 함께 가르치고 살겠지만, 나의 목적은 항상 너를 마침내 교사가 *필요한* 상황에서 풀어주는 것이다.

13 이것은 에고 지향적인 교사의 목표와 *정반대다*. 그는 *자신의* 에고가 *다른* 에고들에게 미치는 영향에 관심이 있으며, 따라서 에고들의 상호작용을 에고 보존의 수단으로 해석한다. 내가 만약 이렇게 믿는다면 가르침에 헌신할 수 없을 것이며, *너도 그런 믿*음을 고수하는 한 헌신적인 교사가 될 수 없을 것이다. 사람들은 나를 끊임없이 치켜세우거나 거부할 교사로 지각하지만, 정작 나 자신은 어느 쪽 지각도 받아들이지 않는다.

14 너의 가치는 네가 가르치는 것이나 배우는 것에 의해 확립되지 *않는다*. 너의 가치는 하느님이 확립하셨다. 이에 이의를 제기하는 한 너는 행하는 *모든 일에서*, 특히 "우월감-열등감" 오류에 적합한 모든 상황에서 두려워할 것이다. 교사는 자신의 레슨을 학생이 전부 배울 때까지 인내하고 반복해야 한다. 나는 기꺼이 그렇게 하고자 한다. 나는 너를 대신해 너의 배움에 한계를 정할 권리가 없기 때문이다. 다시 말하지만, 네가 행동하고 생각하고 소망하고 만들어내는 *그 무엇도* 너의 가치를 확립하기 위해 필요하지 *않다*. 망상에 빠진 경우를 제외하고, 이 점은 논란의 여지가 없다. 너의 에고는 하느님이 창조하지 *않으셨으므로, 결코* 위태롭지 않다. 너의 **영혼**은 하느님이 *창조하셨으므로*, 결코 위태롭지 않다. 이 점에 대한 *어떤* 혼동도 망상이며, 이런 망상이 계속되는 한 어떤 형식의 헌신도 불가능하다.

15 에고는 자신의 의심을 극복하기 위해, *모든* 상황을 일종의 자신에 대한 찬양으로 이용하려고 한다. 에고는 영원히, 더 정확히 말하자면 네가 에고의 존재를 믿는 한, 의심으로 가득차 있을 것이다. 에고를 만든 너는 에고를 신뢰하지 못한다. 너는 에고가 실제가 아님을 *알기* 때문이다. 실재를 바꾸려는 시도는 정녕 두렵다. 유일하

게 *제정신인* 해결책은 실재를 바꾸려고 하지 말고 *있는 그대로* 보는 것이다. *네가 곧 실재의 일부며, 실재는 너의 에고는 도달할 수 없지만 너의* **영혼**은 쉽게 도달할 수 있는 곳에 변함없이 있다. 두려워지면 잠잠히 있어라. 그리고 하느님은 실재하시며, *너는 그분이 아주 흡족해하고 사랑하시는 아들임을 알라.* 너의 에고가 이 사실에 이의를 제기하게 하지 말라. 에고는 너처럼 에고가 도저히 도달할 수 없는 곳에 있는 존재를 결코 알 수 없기 때문이다.

16 하느님은 두려움의 저자가 *아니시다.* 너희가 바로 두려움의 저자다. 그러므로 너희는 하느님과 다르게 창조하기로 선택하여, 스스로 두려움을 만들었다. 너희가 평화롭지 않은 이유는 너희의 기능을 이행하지 않기 때문이다. 하느님이 너희에게 아주 지고한 책무를 주셨건만, 너희는 그것에 부응하지 못하고 있다. 너희는 이것을 알며, 따라서 두려워한다. 사실 너희의 에고들은 그것에 부응하는 *대신에* 두려워하기로 선택했다. 너희가 깨어났을 때, 너희는 이것을 이해할 수 없을 것이다. 그것은 그야말로 믿을 수 없는 것이기 때문이다. *이제 믿을 수 없는 것을 믿지 말라.* 그것을 더 믿을 만한 것으로 만들려는 모든 시도는 단지 불가피한 것을 미루는 것에 불과하다.

17 "불가피하다"라는 말을 에고는 두려워하지만, **영혼**은 기뻐한다. 하느님은 정녕 불가피하시다. 그리고 너는 하느님이 *너를* 피하실 수 없는 만큼이나 하느님을 피할 수 *없다.* 에고는 **영혼**의 기쁨을 두려워한다. 네가 일단 그러한 기쁨을 경험하면 에고로부터 모든 보호를 거둬들이고, 두려움에 전혀 투자하지 않을 것이기 때문이다. 지금 네가 두려움에 큰 투자를 하는 이유는 두려움이 분리의 증인이기 때문이다. 네가 분리를 증언할 때, 너의 에고는 아주 기뻐한다. 에고를 떠나라! 에고에게 귀 기울이지 말고, 에고를 보존하지도 말라. 오로지 하느님께만 귀 기울여라. 하느님이 창조하신 **영혼**들이 그러하듯, 하느님은 속일 줄 모르신다.

18 너 자신을 해방하고, 다른 이들도 해방하라. 다른 이들에게 너에 대한 거짓되고 가치 없는 그림을 보여주지 말고, 너 스스로도 다른 이들에 대한 그런 그림을 받아들이지 말라. 에고는 너에게 덮어 가리지도 못하는 허름한 집을 지어주었다. 에고는 달리 지을 줄 모르기 때문이다. 이런 빈궁한 집을 서있게 하려고 애쓰지 말라. *그 집의 약함이 곧 너의 강함이다.* 오로지 하느님만이 당신의 창조물들에게 합당한 집을 지으실 수 있다. 하지만 그들은 스스로를 그 집에서 내쫓아 그것을 비워두기로 선택했다. 하지만 하느님의 집은 영원히 서있을 것이며, 네가 들어오기로 선택할 때 언제라도 맞

아들일 준비가 되어있다. 이를 완전히 확신해도 좋다. 에고가 영원한 것을 만들 수 없듯이, 하느님은 소멸하는 것을 창조하실 수 없다.

¹⁹ 에고들로서 너희는 너희 자신이나 다른 이들을 구하기 위해 아무것도 할 수 없지만, 영혼들로서 너희는 너희 자신과 다른 이들의 구원을 위해 모든 것을 할 수 있다. 겸손은 에고를 위한 레슨이지 영혼을 위한 레슨이 *아니다*. 영혼은 겸허 너머에 있다. 영혼은 자신의 광휘를 인식하고 그 빛을 온 사방에 기꺼이 흩뿌리기 때문이다. 온유한 자들은 그 에고가 겸허하므로, 땅을 물려받을 것이다. 그리고 이것은 그들에게 더 나은 지각을 준다. 천국은 영혼의 *권리다*. 영혼의 아름다움과 위엄은 의심을 훌쩍 뛰어넘어 지각을 초월해 있으며, 하느님께 전적으로 가치 있고 오로지 하느님께만 가치 있는 창조물들에 대한 하느님 사랑의 표시로 영원히 서있다. 다른 어떤 것도 하느님이 몸소 창조하신 자를 위한 선물이 될 만한 충분한 가치가 없다.

²⁰ 네가 원한다면 나는 너의 에고는 대신하겠지만, *결코* 너의 영혼을 대신하지는 않을 것이다. 아버지는 책임감을 보인 형에게 아이를 무사히 맡길 수 있지만, 이것이 아이의 태생에 관한 혼동을 의미하지는 않는다. 형은 아이의 몸과 에고(이 둘은 *아주* 밀접한 관련이 있다.)를 보호할 수 있지만, 그렇다고 *자신을* 아버지와 혼동하지는 않는다. 비록 아이는 혼동할 수 있지만 말이다. 네가 몸과 에고를 나에게 맡겨도 되는 이유는 단순히 말해, 그럼으로써 너는 그것들에 신경을 쓰지 *않을* 수 있고, *나는* 그것들이 중요하지 않음을 너에게 가르칠 수 있기 때문이다. 한때 나 자신이 몸과 에고의 존재를 믿도록 유혹을 느끼지 않았더라면, *네가* 그것들을 얼마나 중요하게 여기는지 나는 이해하지 못할 것이다.

²¹ 우리 함께 이 가르침을 배우는 길에 나서서, 몸과 에고로부터 함께 자유로워지자. 나에게는 마음의 치유라는 나의 목적을 공유할 헌신적인 교사들이 필요하다. 영혼은 너의 보호도 나의 보호도 전혀 필요 없다. 다음을 기억하라:

²² 이 세상에서 너는 고난을 겪을 필요가 없다.
내가 세상을 이겼기 때문이다.

²³ 이것이 바로 네가 참으로 기뻐해야 하는 까닭이다.

III. 에고와 거짓 자율성

24 얼마 전에 너는 마음이 도대체 어떻게 에고를 만들어낼 수 있었는지 물었다. 이는 아주 합리적인 질문이며, 사실 네가 제기할 수 있는 최선의 질문이다. 하지만 역사적인 맥락의 답을 주는 것은 의미가 없다. 인간이 말하는 과거는 중요하지 않기 때문이다. 그리고 같은 잘못이 현재 되풀이되고 있지 않다면, 역사는 존재하지 않을 것이다. 추상적 사고는 앎에 적용된다. 앎은 완전히 비개인적이며, 사례들은 앎의 이해와 전혀 관계가 없기 때문이다. 하지만 지각은 항상 특수하며, 따라서 매우 구체적이다.

25 사람은 저마다 자신을 위해 에고를 하나씩 만든다. 비록 그 에고는 자신의 불안정성 탓에 엄청난 변화를 겪게 마련이지만 말이다. 사람은 자신이 지각하는 각 사람을 위해서도 에고를 하나씩 만드는데, 이것도 똑같이 변하기 쉽다. 에고들의 상호작용은 그야말로 양편을 모두 바꾸는 과정이다. 에고들은 불변자에 *의해* 만들어진 것도, 불변자와 *함께* 만들어진 것도 아니기 때문이다. 이렇게 양편을 모두 바꾸는 과정은, 육체적으로 같이 있을 때만큼이나 *마음*으로 상호작용할 때도 쉽사리 일어날 수 있으며, 실제로 그렇다. 이 점을 깨닫는 것이 아주 중요하다. 다른 에고에 대해 *생각하는 것*은 상대적인 지각을 바꾸는 데 있어서 육체적인 상호작용만큼이나 효과적이다. 에고는 비록 실재에 근거한 생각은 아닐지라도 어쨌든 하나의 아이디어라는 사실을 보여주는 데 이보다 더 좋은 예는 없을 것이다.

26 너 자신의 현재 상태는 마음이 에고를 어떻게 만들었는지 보여주는 좋은 사례다. 너는 때로는 앎을 *가졌지만*, 앎을 던져버릴 때는 마치 앎을 가진 적이 전혀 없는 것만 같다. 네가 이것을 고의적으로 한다는 것은 너무도 분명해서, 그저 지각하기만 하면 네가 그러고 있음을 알 수 있다. 현재 그렇게 고의적으로 할 수 있다면, 과거에도 그랬다는 것이 왜 그리 놀라운가? 심리학은 행동의 연속성 원리에 기초한다. 놀라움은 익숙하지 않은 것에 대해서는 합당한 반응이지만, 그렇게 끈질기게 일어난 것에 대한 반응으로는 합당하지 않다. 나는 마음이 어떻게 작동할 수 *있는지* 보여주는 [한 사례로서] 너의 현재 상태를 사용하고 있다. 단, 너는 마음이 그렇게 작동할 *필요*는 없음을 충분히 인식해야 한다. 어떤 일이 바로 지금 너무나 분명하게 벌어지고 있다면, 그것이 아득한 과거에 벌어졌다고 해서 왜 그리 놀라는가?

27 너는 동물이 자기 새끼에게 느끼는 사랑과 보호해 주어야 할 필요성에 대해 잊고

있다. 동물이 그러는 이유는 새끼를 자신의 일부로 여기기 때문이다. 정말로 자신의 일부라고 여기는 것과 연을 끊는 자는 아무도 없다. 사람은 자신의 에고에게 마치 하느님이 당신의 **영혼들**을 대하시듯 사랑과 보호, 큰 자비심으로 반응한다. 사람이 자신이 만든 자아에게 보이는 반응은 전혀 놀랍지 않다. 사실 그 반응은 여러모로 사람이 언젠가 자신만큼이나 무시간적인 자신의 *진정한* 창조물들에게 보일 반응을 모방한 것이다. 문제는 사람이 자신의 에고에게 어떻게 반응하는지가 아니라, 자신을 정녕 무엇이라고 믿는지다.

²⁸ 믿음은 에고의 기능이며, 너의 기원을 믿음의 문제로 남겨두는 한 너는 그것을 에고의 관점에서 고찰하고 있는 것이다. [이것이 바로 성서에서 내가 "너희는 하느님을 믿고 또 나를 믿어라."라고 말했다고 전하는 까닭이다. 믿음은 정녕 나에게 적용된다. 왜냐하면, 나는 에고의 교사기 때문이다.] 더 이상 가르침이 필요 없을 때, 너는 그저 하느님을 알 것이다. 다른 길이 *있다는* 믿음이야말로 에고의 사고방식에서 가능한 가장 고상한 아이디어다. 그런 믿음은 에고가 자아self가 아니라는 인식을 얼핏 보여주기 때문이다. 너는 에고의 사고체계가 약화되는 것을 고통스럽다고 지각할 수밖에 없다. 비록 이것은 결코 참이 아니지만 말이다. 아기는 칼이나 가위를 쥐고 있으면 뻔히 다칠 텐데도, 빼앗으면 화가 나서 소리를 지른다. 가속화로 인해 너는 이와 같은 입장에 처하게 되었다.

²⁹ 너희는 아직 준비되지 *않았으며*, 이런 의미에서 정녕 아기들이다. 너희는 지금 진정한 자기 보호가 무엇인지 모르며, 너희를 가장 많이 해칠 바로 그것이 꼭 필요하다고 결정하기 십상이다. 하지만 지금 그것을 알든 모르든, 너희는 함께 갈 수밖에 없는 두 속성인 무해함과 도움됨을 위해, 합심하여 아주 일치되고도 훌륭한 노력을 기울이기로 뜻을 세웠다. 심지어 이에 대한 너희의 견해조차 어쩔 수 없이 갈등할 것이다. 견해라는 것은 *모두* 에고에 근거하기 때문이다. 이것은 계속되지 않을 것이다. 잠시 인내하라. 그리고 그 결과는 하느님만큼이나 확실함을 기억하라.

³⁰ 진정하고도 지속적인 풍요를 느끼는 자만이 참으로 자선을 베풀 수 있다. 이와 관련된 개념을 고려해 본다면, 이것은 아주 명백하다. 에고에게는, 무언가를 준다는 것은 그것 없이 지내야 함을 의미한다. 주기를 희생과 관련지어 생각한다면, 너는 네가 주는 것 없이 지낼 수 있도록 무언가 더 좋은 것을 얻을 것이라고 믿기 때문에 준다. "얻기 위해 주기"는 벗어날 수 없는 에고의 법칙이다. 에고는 *항상* 다른 에고들과의

관계 안에서만 자신을 평가하며, 따라서 자신을 낮은 희소성 원리에 끊임없이 사로잡혀 있다. 바로 이것이 프로이트의 "현실 원리"가 의미하는 것이다. 프로이트는 에고가 아주 약하고 궁핍한 상태에 있으며, 오로지 필요를 가진 존재로서만 기능할 수 있다고 생각했기 때문이다.

31 에고의 "현실 원리reality principle"는 전혀 실재적이지real 않다. 에고는 *자신의* 실재성을 확립할 수 없으므로, 어쩔 수 없이 다른 에고들의 "실재성"을 지각해야 한다. 사실 에고가 다른 에고들을 실재한다고 지각하는 것은 단지 *자신이* 실재함을 스스로에게 확신시키려는 시도에 지나지 않는다. 에고의 용어로 "자아 존중감"은 에고가 착각에 빠져서 자신의 실재성을 받아들인 까닭에 일시적으로 덜 약탈적임을 의미할 뿐이다. 이런 "자아 존중감"은 항상 스트레스에 취약하다. 스트레스라는 것은 사실 에고가 실재한다는 망상이 위협받는 상황을 나타내는 용어다. 이것은 에고가 수축하거나 팽창하게 만들며, 결과적으로 에고는 후퇴하거나 공격한다.

32 에고는 그야말로 비교로 살아간다. 이것은 에고가 동등성을 이해하지 못하며, 따라서 자비는 불가능함을 의미한다. 에고는 *결코* 풍요로워서 주지 않는다. 에고는 풍요의 *대체물로서* 만들어졌기 때문이다. 이것이 바로 에고의 사고체계에 "얻기"라는 개념이 생겨난 이유다. 모든 욕구는 "얻는" 기제로서, 스스로를 확증해야 하는 에고의 필요를 나타낸다. 이것은 이른바 에고의 "상위" 욕구만큼이나 몸의 욕구에도 해당된다. 몸의 욕구는 그 기원이 육체적이지 않다. 에고는 몸을 자신의 집으로 여기고, 몸을 통해 자신을 만족시키려고 몹시 애쓴다. 하지만 이것이 가능하다는 *아이디어는* 에고의 결정인데, 에고는 무엇이 *정말로* 가능한지에 대해 완전히 혼동한다. 이것은 에고의 변덕스러운 본성을 설명해 준다.

33 에고는 자신이 완전히 자력으로 존재한다고 믿는데, 이것은 기껏해야 에고의 기원을 설명하는 또 다른 방법에 지나지 않는다. 이것은 너무도 두려운 상태므로, 에고가 할 수 있는 것이라고는 고작 동일시를 위한 빈약한 시도로서 다른 에고들에게 돌아서 그들과 연합하려고 하거나, 혹은 똑같이 빈약한 힘의 과시로서 다른 에고들을 공격하는 것뿐이다. 하지만 에고는 스스로 그 전제 자체의 타당성을 검토해 볼 만큼 자유롭지 *않다.* 이러한 전제는 에고의 *토대기* 때문이다. 에고란, 자신이 완전히 자력으로 존재한다는 마음의 믿음이다. 에고는 **영혼**의 승인을 얻어 자신의 존재를 확립하려고 끊임없이 시도하지만, 그것은 완전히 헛된 일이다.

³⁴ 자신의 앎 안에 있는 **영혼**은 에고를 알아차리지 못한다. **영혼**은 에고를 공격하지 않으며, 그저 에고를 상상조차 할 수 없을 뿐이다. 에고도 똑같이 **영혼**을 알아차리지 못하기는 하지만, 자신보다 더 큰 "어떤 것"에게 거절당했다고 *지각한다*. 이런 까닭에 에고 용어로 자존감이란 망상일 *수밖에* 없다. 하느님의 창조물들은 신화를 창조하지 않는다. 비록 사람의 창조적 노력의 성과가 신화로 변질될 수는 *있지만* 말이다. 하지만 에고는, 사람이 만드는 것은 더 이상 창조적이지 않다는 한 가지 조건 아래에서만 그렇게 할 수 있다. 신화는 전적으로 지각이며, 그 형식이 너무도 모호하고 그 본질이 너무도 특징적으로 선하고 악하기에, 가장 호의적인 신화조차 빗대서라도 무시무시한 요소를 포함할 수밖에 없다.

³⁵ 신화는 대개 에고의 기원과 관련이 있고 마법은 에고가 자신의 것이라고 여기는 힘과 관련이 있다는 점에서, 신화와 마법은 밀접한 관련이 있다. 모든 신화 체계는 "창조"에 대해 약간의 설명을 하고는, 이것을 마법에 대한 자신의 특정한 지각과 관련짓는다. "생존을 위한 투쟁"은 에고 자신을 보존하기 위한 투쟁이자 에고 자신의 기원에 대한 해석에 불과하다. 이러한 기원은 항상 육체적인 탄생과 관련된다. 시간상으로 그 시점 이전에 에고가 존재했다고 주장하는 자는 아무도 없기 때문이다. 종교적으로 에고 지향적인 자는 **영혼**이 그 이전에도 존재했으며, 에고의 삶으로 일시적인 타락을 한 후, 그 이후로도 계속 존재할 것이라고 믿는다. 어떤 이들은 **영혼**이 이런 타락 때문에 처벌받을 것이라고 정말로 믿는다. 실제로 **영혼**은 타락에 대해서는 전혀 알 리가 없지만 말이다.

³⁶ "구원"이라는 용어는 **영혼**에게는 해당되지 *않는다*. **영혼**은 위험에 빠져있지 않으며, 따라서 구조될 필요가 없다. 구원은 "바른 마음 상태"에 지나지 않는다. 이것은 **영혼**의 한 마음 상태는 아니지만, **한 마음 상태**가 회복될 수 있으려면 반드시 먼저 성취되어야 한다. 바른 마음 상태는 자동적으로 다음 단계를 결정한다. 바른 지각에는 한결같이 공격이 없으므로, 그른 마음 상태가 제거되기 때문이다. 에고는 판단 없이는 살아남을 수 없으며, 따라서 한쪽으로 치워진다. 그러면 마음은 오로지 *한* 방향으로만 움직일 수 있다. 마음이 어느 방향을 취할지는 항상 자동적이다. 마음은 자신이 신봉하는 사고체계의 지시를 받을 *수밖에* 없기 때문이다.

³⁷ 모든 사고체계에는 내적 일관성이 있으며, 이것은 행동의 연속성을 위한 근거를 제공한다. 하지만 이것은 타당성의 문제가 아닌 신뢰성의 문제다. "신뢰할 만한 행동"은

에고의 사고방식에 관한 한 의미 있는 지각이다. 하지만 "타당한 행동"이라는 말은 본질적으로 모순된 표현이다. 타당성은 *목적이고*, 행동은 *수단이기* 때문이다. 이 단어들을 논리적으로 함께 쓸 수 없는 이유는, 목적을 달성하고 나면 그 달성을 위한 수단은 더 이상 의미가 없기 때문이다.

[38] 가설은 거짓이거나 참이며, 그에 따라 받아들여지거나 기각된다. 그 가설이 참이라고 밝혀지면 사실이 되고, 그 이후로는 사실로서의 지위에 의문이 제기되지 않는 한 아무도 그 가설을 평가하려고 시도하지 않는다. 에고가 사실의 지위를 부여한 모든 아이디어는 의문스럽다. 사실은 앎의 영역에 있기 때문이다.

[39] 담론의 영역을 혼동하는 것은 사고의 오류며, 철학자들은 수 세기 동안 이것을 인식해 왔다. 많은 신학자들이 그러하듯, 심리학자들은 대개 이런 측면에 있어서 상당히 부족하다. 하나의 담론 영역에서 얻은 데이터는 오로지 그것이 한 부분으로 속해 있는 사고체계 *안에서만* 이해될 수 있으며, 따라서 다른 영역에서는 아무런 의미도 없다. 바로 이런 까닭에 심리학자들은 명백하게 관련 없는 데이터를 통합하려는 시도로서 점점 더 에고에 집중하고 있다. 하지만 관련 없는 것들을 관련지으려는 시도가 성공할 수 *없다는* 것은 구태여 말할 필요도 없다.

[40] 환경보호에 대한 최근의 강조는 단지 또 다른 창의적인 방법으로 혼돈에 질서를 부여하려는 시도에 불과하다. 우리는 이미 에고에게 비록 창조성은 아닐지라도 상당한 창의성ingenuity이 있다고 말했다. 하지만 독창성inventiveness은 심지어 가장 창의적인 형식을 띨 때조차 실제로 헛된 노력에 불과함을 기억해야 한다. 우리는 *아무것도* 설명할 필요가 *없다.* 그러므로 우리는 독창성을 가지고 골치를 썩일 필요가 없다. 독창적인 발명품의 아주 구체적인 특성은 하느님이 창조하신 자들의 추상적인 창조성과 어울리지 않는다.

Ⅳ. 갈등 없는 사랑

[41] 너는 "천국이 네 안에 있다."라는 말이 무슨 의미인지 결코 이해하지 못했다. 네가 그 말을 이해하지 못한 이유는, 그것은 에고가 이해할 수 있는 것이 *아니기* 때문이다. 에고는 이 말을 무언가 밖에 있는 것이 안에 있기라도 하는 양 해석하지만, 이

는 아무것도 의미하지 않는다. 위의 말에서 "안에"라는 단어는 필요 없다. 천국은 바로 너다. 네가 아닌 다른 무엇을 창조주께서 창조하셨을 것이며, 네가 *아닌* 다른 무엇이 그분의 왕국이겠는가? 이것이 바로 속죄 메시지의 전부다. 그리고 이 메시지는 전체로서 그 부분들의 합을 뛰어넘는다. 크리스마스는 어떤 때가 아니다. 크리스마스 Christmas는 어떤 마음의 상태다. 그리스도 마음Christ Mind은 에고가 *아닌* 영혼으로부터 뜻한다. 그리고 그리스도 마음은 곧 너의 마음이다.

42 너에게도 역시 너의 영혼이 창조한 왕국이 있다. 너의 에고가 너를 지각의 길을 걷게 했다고 해서 너의 영혼이 창조하기를 멈춘 것은 *아니다*. *너와* 마찬가지로, 네 영혼의 창조물들도 아버지가 없지 않다. 너의 에고와 너의 영혼은 결코 공동 창조자가 되지 않겠지만, 너의 영혼과 *너의* 창조주는 *영원히* 공동 창조자다. 너의 창조물들은 너만큼이나 안전하다. 이를 확신하라.

> 43 천국은 완벽하게 연합되었고 완벽하게 보호받으며,
> 에고는 결코 천국을 이기지 못할 것입니다. 아멘.

44 위 문장이 이런 형식으로 쓰인 이유는, 유혹의 순간에 기도문으로 사용하면 좋기 때문이다. 이것은 일종의 독립 선언서다. 이 말을 충분히 이해한다면 큰 도움을 받을 것이다.

45 에고는 위아래가 뒤집힌 특징적인 방식으로 초의식에서 충동을 취해서는, 그것을 마치 무의식에서 일어나는 듯이 지각한다. 에고는 무엇을 받아들일지 판단하는데, 초의식에서 오는 충동은 에고 자체가 존재하지 않음을 분명히 가리키므로, 에고로서는 받아들일 수 없는 것이다. 따라서 에고는 위협감을 느껴서, 그 데이터를 검열할 뿐만 아니라 재해석까지 한다. 하지만 프로이트가 정확하게 지적했듯이, 억압된 것은 의식 *너머에서* 아주 활발한 삶을 이어갈 수 있다.

46 이와 같이 억압은 저열한 충동뿐만 아니라 가장 고결한 충동까지도 의식으로부터 감추기 위해 작동한다. 에고에게는 둘 *다* 위협적이며, 위협이 닥쳤을 때 무엇보다 자신의 보존에 관심이 있는 에고는 그 둘을 *똑같다고* 지각하기 때문이다. 실제로 에고에게는 고결한 충동이 더 위협적이다. 하느님의 끌어당기심을 인간적 욕망의 끌어당김과 동등한 것으로 볼 수는 없기 때문이다. 에고는 그 둘을 *똑같다고* 지각함으로

써, 자신이 사라져 버리는 것을 모면하려고 한다. 물론 에고는 앎이 있는 앞에서 확실히 사라져 버릴 것이다.

⁴⁷ 이처럼 무의식의 상위 수준에는 몸의 요구call는 물론 하느님의 **부르심**Call도 들어있다. 이것이 바로 사랑과 두려움 사이의 기본 갈등이 무의식적인 이유다. 에고는 둘 중 어느 것도 용납할 수 없으며, 따라서 억제에 의지해 둘 다 억압한다. 사회는 두려움을 억제하는 데 의존하지만, *구원*은 사랑을 *탈억제*하는 데 의존한다. 네가 *나의* 도움을 필요로 하는 이유는, 너 자신의 **안내자**를 억압해서 안내가 필요하게 되었기 때문이다. 나의 역할은 너의 무의식에서 거짓된 것으로부터 참된 것을 분리해 냄으로써, 참된 것이 에고가 친 장벽을 뚫고 너의 마음 안을 비출 수 있게 하는 것이다. 다시 말하지만, 우리의 연합된 힘을 에고는 이길 수 *없다*.

⁴⁸ 에고가 왜 **영혼**을 "적"으로 여기는지 이제는 분명해졌을 것이다. 에고는 분리에서 생겨났으며, 에고의 계속적인 존재 여부는 분리에 대한 *너의* 계속적인 믿음에 의존한다. 영혼의 충동을 무의식으로 격하한 에고는, 네가 그런 믿음을 계속 유지하는 대가로 어떤 보상을 제공해야 한다. 에고가 *제공*할 수 있는 것이라고는 일시적인 존재감뿐인데, 이것은 에고 *자신의* 시작과 함께 시작해서 에고 *자신의* 끝과 함께 끝난다. 에고는 이런 삶이 정녕 에고 자신의 존재기 때문에 곧 *너의* 존재라고 말해준다. 이러한 일시적인 존재감과는 반대로, **영혼**은 너에게 영원과 흔들리지 않는 *존재에* 대한 앎을 제공한다. *이러한* 계시를 경험한 자는 다시는 에고가 존재한다고 완전히 믿을 수 없다. 에고의 빈약한 제공물이 어찌 하느님의 영광스러운 선물을 이길 수 있겠는가?

⁴⁹ *자신의 에고와* 동일시하고 있는 너는 하느님이 너를 사랑하심을 믿지 못한다. *너는* 네가 만든 것을 사랑하지 않으며, 네가 만든 것도 *너를* 사랑하지 않는다. 에고는 하느님 아버지에 대한 부정으로 만들어졌기에, 자신을 만든 자에 대한 충성심이 전혀 없다. *네가* 만든 자아에 대한 너의 증오심으로 인하여, 너는 하느님과 그분의 **영혼**들 사이에 존재하는 진정한 관계를 상상조차 하지 못한다. 너는 너에 대한 너 *자신의* 아이디어에 분리하려는 뜻을 투사하는데, 이것은 네가 그것을 *만들었기 때문에* 그것에게 느끼는 사랑과 모순된다. 어떤 인간적인 사랑도 이러한 양가감정이 없지 않다. 그리고 어떤 에고도 양가감정 *없는* 사랑을 경험하지 못했으므로, 이 개념은 에고가 이해할 수 없는 것이다.

⁵⁰ 사랑은 사랑을 진정으로 원하는 *모든* 마음 안으로 즉시 들어갈 것이지만, 마음이

반드시 사랑을 진정으로 원해야 한다. 이것은 마음이 사랑을 양가감정 *없이* 원한다는 의미며, 이러한 원함에는 에고의 "얻으려는 충동"이 전혀 없다. 에고가 제공할 수 있는 그 모든 것과 너무도 달라서 결코 다시 덮어버릴 수 없는 그런 경험이 있다. 여기서 "다시 덮어버리다recover"라는 단어는 아주 문자 그대로의 의미로 쓰였다. 즉 너는 결코 다시는 그 경험을 덮거나 감출 수 없을 것이다. 여기서, 어둠과 감춤에 대한 너의 믿음이야말로 빛이 들어올 수 없는 *이유라*는 점을 다시 말할 필요가 있다. 성서에는 헤아릴 수 없는 선물에 대한 언급이 여러 번 나온다. 이것은 너를 *위한* 것이기는 하지만, *너는* 반드시 그것을 달라고 요청해야 한다. 이것은 에고가 내거는 조건condition이 아니다. 그것은 네 *정체의* 영광스러운 상태condition다.

51 너 자신의 뜻이 아닌 어떤 힘도 너를 안내할 만큼 충분히 강하거나 충분한 자격이 없다. 이 점에 있어서 너는 하느님만큼이나 자유로우며, 영원히 그렇게 남아있을 것이다. 너는 결코 영광이 아닌 어떤 것에 의해서도 묶여있을 수 없다. 그리고 그것은 항상 자발적이다. 너를 향한 아버지의 사랑과 아버지를 향한 너의 사랑을 늘 기억하게 해달라고, 나의 이름으로 아버지께 요청하자. 아버지는 이런 요청에 응답하지 않으신 적이 없다. 그것은 단지 아버지가 이미 뜻하신 것을 요청하는 것이기 때문이다. 진정으로 요청하는 자는 *언제나* 응답받는다. 아버지 앞에 다른 신을 놓지 말라. 다른 신이란 정녕 없기 때문이다.

52 너는 네가 이제껏 지녀온 앎에 *반하는* 모든 아이디어를 포기하겠다는 생각을 정말로 해본 적이 없다. 너는 **거룩하신 분이** 들어오시는 것을 가로막는 하찮은 쓰레기를 수도 없이 간직하고 있다. 빛은 네가 빛을 차단하려고 만든 벽을 뚫고 들어올 수 없으며, 네가 만든 것을 파괴할 뜻이 영원히 없다. 그 누구도 벽을 *꿰뚫어* 볼 수 없지만, *나는* 벽을 둘러 갈 수 있다. 하찮은 쓰레기가 없는지 너희 마음을 경계해 살펴라. 그렇지 않으면 너희는 나에게 벽을 둘러 가 달라고 요청할 수 없을 것이다. 나는 단지 우리 아버지가 우리를 창조하신 대로만 너희를 도울 수 있다. 나는 너희를 사랑하고 존경할 것이며, 너희가 만든 것을 늘 전적으로 존중할 것이다. 그러나 그것이 참이 아닌 한, 나는 그것을 존경하지도 사랑하지도 않을 것이다.

53 나는 하느님과 마찬가지로 너를 결코 저버리지 않겠지만, 네가 너 자신을 저버리기로 선택하는 동안은 기다릴 *수밖에* 없다. 나는 조바심치지 않고 사랑으로 기다리고 있으므로, 너는 분명 나에게 진심으로 요청하게 될 것이다. 나는 단 한 번의 확

고한 부름에도 응하여 올 것이다. 주의 깊게 관찰하여, 네가 정말로 무엇을 요청하고 있는지 보라. 이 점에 있어서 너 자신에게 아주 정직해야 한다. 우리는 서로에게 아무것도 감추지 말아야 하기 때문이다. 네가 이렇게 하려고 진심으로 노력한다면, 거룩하신 분이 들어오시도록 너의 마음을 준비하는 데 있어 첫걸음을 내디딘 것이다. 우리는 이것을 함께 준비할 것이다. 그분이 일단 들어오시면, 너는 다른 마음들도 그분을 맞을 준비가 되도록 돕는 과정에서 나를 도울 준비가 된 것이기 때문이다. 너는 하느님께 그분의 왕국을 얼마나 오래 부정하려는가?

⁵⁴ 너 자신의 무의식 안에, 에고가 깊숙이 억압해 놓은 너의 해방 선언문이 들어있다. 하느님은 *너에게 모든 것을 주셨다.* 이것은 에고는 존재하지 않음을 의미하는, 따라서 에고를 극심한 두려움에 떨게 만드는 유일한 사실이다. "소유하기"와 "존재하기"는 에고의 언어로는 다르지만, 영혼에게는 같다는 점을 기억하라. **영혼**은 네가 모든 것을 소유했으며, 또한 모든 *것으로 존재함*을 안다. 이 점에 있어서 어떤 구분도, 결핍을 함축하는 "얻기"라는 아이디어를 *이미* 받아들였을 때만 의미가 있다. 이런 까닭에 우리는 전에, 하느님의 왕국을 *소유하기*와 하느님의 왕국으로 *존재하기*를 구분하지 않았다.

⁵⁵ 너의 온전한 마음 안에서 완벽한 의식 상태에 있는 하느님 왕국의 고요한 존재는, 에고가 지배하는 마음 부분으로부터 무자비하게 내쫓겼다. 네가 자고 있든 깨어 있든 에고는 그야말로 이길 공산이 없는 것에 맞서고 있기 때문에, 아주 필사적이다. 네가 그동안 너의 에고를 보호하는 데는 경계를 얼마나 삼엄히 하고, 너의 상위마음을 보호하는 데는 경계를 얼마나 게을리했는지 숙고해 보라. 정신 나간 자가 아니고서야 참이 아닌 것을 믿으려 들면서 진리를 *대가로* 그런 믿음을 보호하려고 하겠는가?

V. 두려움에서 벗어나기

⁵⁶ 네가 만약 하느님의 음성을 들을 수 없다면, 그 이유는 듣겠다고 선택하지 않기 때문이다. 네가 네 에고의 음성에 귀 기울인다는 사실은 너의 태도와 감정, 그리고 행동으로 드러난다. 너의 태도는 눈에 띄게 갈등상태에 있고, 너의 감정은 부정적인 측면의 좁은 범위 안에 머물면서 결코 순수한 기쁨인 적이 없다. 또한, 너의 행동은 긴장

되어 있거나 예측이 불가능하다. 하지만 *너는* 바로 이것을 원한다. 너는 바로 이것을 간직하려고 싸우며, 바로 이것을 보존하려고 바짝 경계한다. 너의 마음은 에고의 체면the face of your egos을 세우기 위한 계획들로 가득 차서, 너는 하느님의 **얼굴**the Face of God 을 구하지 않는다. 에고가 자신의 얼굴을 보려 하는 유리는 정녕 어둡다. 거울이 없다면 에고가 어떻게 자신이 존재한다는 속임수를 유지할 수 있겠는가? 하지만 *네가* 너 자신을 찾으려고 어디를 볼지는 너에게 달려있다.

57 우리는 네가 행동을 바꿔서 마음을 바꿀 수는 없다고 말했지만, 또한 너는 너의 마음을 바꿀 수 *있다는* 말도 여러 번 했다. 네가 기쁘지 않을 때면 언제나 그렇듯이, 너의 기분이 네가 그른 선택을 했음을 보여줄 때, 그럴 필요가 없음을 *알라.* 그 모든 경우에 너는 하느님이 창조하신 어떤 **영혼**에 대해 잘못 생각해서, 너의 에고가 어두운 유리에 만드는 이미지를 지각하고 있는 것이다. 하느님이라면 생각하지 *않으셨을* 어떤 생각을 네가 했는지, 하느님이 네가 생각하기를 원하신 어떤 생각을 네가 하지 *않았는지* 정직하게 생각해 보라. 네가 무엇을 했는지, 따라서 무엇을 하지 않고 남겨두었는지 진지하게 찾은 후, *하느님의 마음과 함께 생각하기 위해* 너의 마음을 바꿔라.

58 이것은 힘들어 보일 수도 있지만, 하느님의 **마음**을 *거슬러* 생각하려고 하는 것보다는 훨씬 더 쉽다. 너의 마음은 정녕 하느님의 **마음**과 하나다. 이것을 부정하고 달리 생각함으로써 너의 에고는 결속되었지만, 너의 마음은 과연 갈라졌다. 사랑하는 형으로서 나는 너희 마음이 몹시 걱정돼서, 너희가 자신과 서로를 바라볼 때 나의 모범을 따르고, 두 사람 모두 안에서 영광스러운 아버지의 영광스러운 창조물들을 볼 것을 간곡히 권한다.

59 슬플 때면, *그럴 필요는 없음을 알라.* 우울함은 *항상* 궁극적으로, 네가 원하지만 갖지 않은 무언가를 박탈당했다는 느낌에서 일어난다. 너는 스스로 결정하지 않는 한 아무것도 박탈당할 수 없음을 *알라.* 그런 다음, 다르게 결정하라.

60 불안할 때면, 모든 불안은 에고의 변덕에서 온다는 것을 *알라.* 그리고 *그럴 필요는 없다.* 너는 에고의 명령을 따르기 위해서와 마찬가지로 그것을 거스르기 위해서도 경계해 깨어있을 수 있다.

61 죄의식을 느낄 때면, 에고는 과연 하느님의 법칙을 어겼지만 *너는* 그러지 않았음을 *알라.* 에고의 죄를 나에게 맡겨라. 바로 그것을 위해 속죄가 있다. 하지만 너는 너의 에고가 상처를 준 자들에 대한 너의 마음을 바꾸기 전에는 속죄를 통해 해방될 수

없다. 죄의식을 느끼는 한, 너의 에고가 통제권을 쥔 것이다. 오로지 에고만이 죄의식을 경험할 수 있기 때문이다. *그럴 필요는 없다.*

⁶² 너의 마음에서 에고의 유혹을 경계해 살피고, 그것에 속지 말라. 에고는 너에게 아무것도 주지 않는다는 것을 *알라.* 이런 자발적인 낙심을 포기했을 때, 너는 너의 마음이 어떻게 집중하고 피로를 극복하고 치유할 수 있는지 보게 될 것이다. 하지만 너는 너 자신을 풀어주기 위해 에고의 요구에 맞서 충분히 경계해 깨어있지 않다. *그럴 필요는 없다.*

⁶³ 너의 마음이 방심하도록 허용하기를 적극적으로 거부한다면, 하느님은 물론 그분의 창조물들과도 *어울리는* 습관을 쉽게 들일 수 있다. 문제는 집중이 아니라, 너 자신을 포함한 그 누구도 일관된 노력을 기울일 만한 *가치가* 없다는 믿음이다. 이런 속임수에 맞서 *일관되게* 나의 편에 서고, 이런 하찮은 믿음이 너를 뒤로 끌어당기도록 허락하지 말라. 낙심한 자들은 그들 자신에게나 나에게나 쓸모가 없지만, 오로지 에고만이 낙심할 수 있다. 너 자신을 기쁘게 할 기회가 얼마나 많았는지, 그 가운데 얼마나 많은 기회를 네가 거절했는지 *진지하게* 숙고해 본 적이 있는가? 하느님 아들의 권능에는 한계가 없지만, 그는 스스로 선택하는 만큼 그 권능의 표현을 제한할 수 있다.

⁶⁴ 너의 마음과 나의 마음은 협력하여 너의 에고를 비춰 물리치고, 네가 생각하고 뜻하고 행하는 모든 것 속으로 하느님의 강함을 보내줄 수 있다. 이보다 *못한* 어떤 것에도 안주하지 말고, 이것이 *아닌* 어떤 것도 너의 목표로 받아들이기를 거절하라. 너의 마음에서 이 목표의 달성을 방해하는 *모든* 믿음을 철저히 경계하고, 그것들에서 물러나라. 너 자신의 느낌을 통해, 네가 이것을 얼마나 잘했는지 판단하라. 이것은 판단을 유일하게 *바*른 용도로 사용하는 것이다. 다른 모든 방어기제와 마찬가지로 판단은 공격하거나 보호하기 위해, 해치거나 치유하기 위해 사용될 수 있다. 너는 *반드시* 에고를 너의 판단으로 보내 그 부족함을 드러내야 한다. 너 자신의 충성과 보호와 사랑 없이는, 에고는 존재할 수 없다. 너의 에고를 진정으로 판단한다면, 너는 에고로부터 충성과 보호와 사랑을 거둬들일 수밖에 없다.

⁶⁵ 너는 진리의 거울로서, 그 안에서 하느님이 완벽한 빛으로 빛나고 계신다. 너는 단지 에고의 어두운 유리에게, "나는 그곳을 보지 않겠다. 나는 이 이미지들이 참이 아님을 알기 때문이다."라고 말하기만 하면 된다. 그리고는 *거룩하신 분*이 너를 평화로이 비춰주시게 하면서, *오로지* 평화만이 존재할 수밖에 없음을 알라. 네가 창조될 때,

그분의 마음이 너를 비추어서 *너의* 마음이 존재하게 했다. 그분의 마음은 여전히 너를 비추고 있으며, 또한 너를 *통해* 빛나야 한다. 너의 에고는 *그분이* 너를 비추지 못하게 할 수 없지만, 그분이 너를 통해 빛나도록 네가 허용하지 못하게 할 수는 있다.

⁶⁶ 그리스도의 초림은 단지 창조의 다른 이름일 뿐이다. 그리스도는 하느님의 아들이기 때문이다. 그리스도의 *재림*은 단지 사람 마음의 일부에 대한 에고의 지배가 끝나서 마음이 치유되었음을 의미할 뿐이다. 나는 초림 때 너희처럼 창조되었으며, 재림 때 나와 결합하자고 너희를 불렀다. 너희의 삶을 잘 살펴본다면, 그 준비가 얼마나 신중하게 이루어졌는지 알 수 있다. 나는 재림을 주관하며, 오로지 보호하기 위해서만 사용되는 나의 판단은 틀릴 수 없다. 그것은 *결코* 공격하지 않기 때문이다. *너희의 판단*은 너무도 왜곡돼서, 내가 너희를 잘못 선택했다고 믿는다. 확실히 말하건대, 그것은 너희 에고들이 잘못 생각한 것이다. 그것을 겸손으로 잘못 생각하지 *말라.*

⁶⁷ 너희의 에고가 너희에게 *자신*은 실제고 *나*는 실제가 아니라고 설득하려는 이유는, *내가* 실제라면 단지 *너희만큼* 실제기 때문이다. 확실히 말하건대 이것은 정녕 앎이며, 이러한 앎은 그리스도가 분명 너희 마음 안으로 들어와서 *그것들을* 치유할 것임을 의미한다. 나는 비록 너희의 에고를 공격하지는 *않지만*, 너희가 자고 있든 깨어있든 너희의 상위마음과 함께 작업하고 *있다.* 이것은 마치 너희의 에고가 너희의 하위마음과 함께 작업하는 것과도 같다. 이런 면에서 나는 너희의 파수꾼이다. 너희는 너무나 혼동되어 있어서 너희 자신의 희망조차 인식할 수 없기 때문이다. 나는 잘못 생각하지 않았다. 너희의 마음은 반드시 나의 마음과 결합하기로 선택할 것이며, 함께 하는 우리를 꺾을 수 있는 것은 아무것도 없다.

⁶⁸ 너희는 머지않아 나의 이름으로 모일 것이며, 너희의 제정신은 회복될 것이다. 생명은 살아계신 하느님이 창조하신 모든 것의 영원한 속성임을 *앎*으로써, 나는 죽은 자들을 일으켰다. 그런데 너희는 왜 내가 낙심한 자에게 영감을 주거나 불안정한 자를 안정시키는 것이 더 어려울 것이라고 생각하는가? *나는* 기적에 난이도가 있다고 믿지 않지만, *너희는* 그렇게 믿는다. 나는 너희를 불렀고, 너희는 응답할 것이다. 나는 기적이 사랑의 표현이므로 자연스럽다는 것을 *안다.* 내가 너희를 부르는 것은 너희의 응답만큼이나 자연스럽고 불가피하다.

VI. 에고-몸 환상

⁶⁹ *모든 것은 협력하여 선을 이룬다. 여기에는 어떤 예외도 없지만,* 에고의 판단만은 예외다. 통제는 에고가 의식에 들어오도록 허용하는 것 중에 가장 핵심적인 요소며, 에고가 가장 철저히 지키는 요소다. 이것은 균형 잡힌 마음이 유지되는 방법이 *아니다. 에고의 통제는 무의식적이다.* 에고는 자신의 주된 동기는 무의식에 담아두고, 분별 있는 판단보다는 통제를 *앞세움으로써* 한층 더 균형을 잃는다. 에고를 발생시켰고 에고가 섬기는 사고체계에 따르자면, 에고는 이렇게 할 만한 충분한 이유가 있다. 제정신인 판단은 에고에 *반하여* 판단할 수밖에 없으며, 따라서 에고는 자기 보존을 위해 그것을 지워버릴 것이다.

⁷⁰ 에고의 불균형 상태의 주된 근원은, 에고가 하느님에게서 오는 충동과 몸에서 오는 충동을 구분하지 못하는 데 있다. 이런 혼동을 일으키는 모든 사고체계는 제정신이 아님에 *틀림없다.* 하지만 이런 정신 나간 상태는 에고에게 *필수적이다.* 에고는 어떤 것이 *자신에게* 위협적인지 아닌지의 측면에서만 판단한다. 어떤 의미에서 에고가 하느님이라는 아이디어를 두려워하는 것은 최소한 논리적이다. 왜냐하면, 이 아이디어는 에고를 물리치기 때문이다. 그렇다면 **보다 높은** 근원에서 오는 소멸에 대한 두려움은 에고의 관점에서는 *얼마간* 말이 된다. 그러나 에고가 그렇게도 가까이 동일시하는 몸에 대한 두려움은 더 노골적으로 말이 안 된다.

⁷¹ 몸은 에고 자신이 선택한 에고의 집이다. 몸은 에고가 안전함을 느끼는 유일한 동일시 대상이다. 몸의 취약함은 네가 하느님에게서 나온 것일 수 *없다는* 주장을 뒷받침하는 에고 자신의 최고 논거기 때문이다. 이것은 에고가 열렬히 후원하는 믿음이다. 하지만 에고는 몸을 증오한다. 에고는 몸이 자신의 집이 되기에 *충분하다는* 아이디어를 받아들이지 않기 때문이다. 여기가 바로 마음이 참으로 어리둥절해지는 지점이다. 마음은 에고에게서 마음이 실제로 몸의 일부고 몸은 마음의 보호자라는 말을 들었는데, 또한 몸이 마음을 보호해 줄 수 *없다는* 말을 끊임없이 통고받는다. 물론 이말은 정확할 뿐만 아니라 아주 명백하다.

⁷² 따라서 마음은 "내가 보호받으려면 어디로 갈 수 있지?"라고 묻고, 에고는 이에 대해 "나에게 의지해."라고 답한다. 지당한 이유가 있는 마음은 에고에게, "너 자신이 직접 몸과 동일하다고 주장했으니, 보호받으려고 너에게 의지하는 것은 의미가 없

다."라고 일깨워 준다. 에고는 이 질문에 대한 진정한 답을 갖고 있지 않다. 이 질문에는 정녕 답이 없기 때문이다. 그러나 에고는 전형적인 해결책은 갖고 있다. 에고는 그 *질문*을 마음이 알아차리지 못하게 지워버린다. 그 질문은 일단 무의식화되면 불안감을 발생시킬 수 있으며, 실제로 불안감을 발생시킨다. 하지만 그 질문은 *제기될 수 없으므로*, 답해질 수 없다. *반드시* 제기되어야 하는 질문은 다음과 같다: "내가 보호받으려면 어디로 가야 하지?" 심지어 제정신이 아닌 자도 이 질문을 무의식중에 제기하지만, 그것을 의식적으로 제기하려면 진짜 제정신이 필요하다.

73 "구하라, 그러면 찾을 것이다."라는 성서의 말은, 네가 알아보지도 못할 어떤 것을 맹목적이고도 절망적으로 구하라는 의미가 아니다. 의미 있는 추구란 의식적으로 착수되고, 의식적으로 조직되며, 의식적으로 방향 설정되는 것이다. 목표는 뚜렷이 세워 *마음에 새겨두어야* 한다. 나는 어느 정도 경험 있는 교사로서 배우는 것과 배우려고 소망하는 것은 불가분의 관계에 있음을 일깨워 주고자 한다. 모든 학습자들은 배우려고 하는 내용이 자신에게 *가치가* 있다고 믿을 때 가장 잘 배운다. 하지만 이 세상의 가치들은 위계가 있으며, 네가 배우기를 원할 수도 있는 모든 것에 지속적인 가치가 있는 것도 아니다.

74 사실 네가 배우기를 원하는 것 중에 많은 것은, 그 가치가 지속되지 않을 것이라는 *이유 때문에* 선택된다. 에고는 영원한 것이라면 그 무엇에도 전념하지 않는 것이 유리하다고 생각한다. 영원한 것은 분명 하느님에게서 나오기 때문이다. 영원성은 에고가 개발하려고 노력했지만 구조적으로 실패한 유일한 기능이다. 에고가 그러기를 원했다면 영원한 것을 만들 수도 있었다는 말을 들으면 너는 놀랄 수도 있다. 에고는 마음의 산물로서, 자신을 창조한 자의 권능을 부여받았기 때문이다. 하지만 에고가 정말로 용인할 수 없는 것은, 영원한 것을 만들 수 있는 능력이 아니라 영원한 것을 만들겠다는 *결정이다*. 왜냐하면 그런 결정은(그런 결정으로부터는 그런 능력이 자연스럽게 개발될 것이다.) 제대로 판단받는 것을 두려워하는 에고가 *반드시* 피해야 하는 정확한 지각, 즉 명료한 상태를 수반할 수밖에 없기 때문이다.

75 이런 딜레마의 결과가 괴상하기는 하지만, 그 딜레마 자체만큼 괴상한 것은 아니다. 여기서 에고는 다른 곳에서처럼 특징적으로 반응했다. 정신 질환은 *항상* 에고가 관련된 것으로서, 신뢰성의 문제라기보다는 타당성의 문제기 때문이다. 에고는 어떤 식으로든 진짜 질문을 다루는 모든 사안과 타협하듯이 영원성의 주제와도 타협한

다. 에고는 *별 관련 없는* 질문들과 타협함으로써, 진짜 질문을 감춰서 *마음 바깥에 유지할 수 있기*를 바란다. 본질적이지 않은 일에 에고가 보이는 특징적인 분주함은 정확히 이런 목적을 위해서다.

⁷⁶ 저급한 금속을 금으로 바꾸려는 연금술사의 오랜 시도에 대해 생각해 보라. 연금술사가 스스로 묻기를 허락하지 않았던 유일한 질문은 바로, "무엇을 *위해서?*"였다. 그가 이 질문을 제기할 수 없었던 이유는, 비록 금을 만드는 데 성공하더라도 그의 노력은 아무런 의미도 없음이 당장 드러날 것이기 때문이다. 금이 더 흔해지면 그 가치는 하락할 텐데, 그러면 그 자신의 목적이 무산될 것이다. 에고는 영원성의 아이디어와 이상하게 타협하는 몇몇 방법을 장려하여, 자신은 위태로워지지 않으면서도 마음을 만족시켜 보려는 노력의 일환으로서, 영원성의 개념을 중요하지 *않은* 것과 관련지으려는 여러 괴상한 시도를 했다. 따라서 에고는 마음이 영구 *운동*perpetual *motion*의 가능성에 전념하는 것은 허락했지만, 영원히 지속되는 생각들perpetual thoughts의 가능성에 전념하는 것은 허락하지 *않았다.*

⁷⁷ 해답을 구할 수 없게 설정된 문제에 관념적으로 몰두하는 것도 의지력이 강한 자들이 배움에서 진정한 발전을 이루는 것을 방해하려고 에고가 즐겨 사용하는 도구다. 주어진 원과 똑같은 면적의 정사각형을 만들기, 원주율을 무한대까지 구하기 등의 문제들은 좋은 사례다. 에고가 보다 최근에 시도한 것은 특히 주목할 만한 가치가 있다. 냉동 보존술로 몸을 보존하여 에고가 용인할 수 있는 제한된 불멸성을 부여하는 것은, 에고가 보다 최근에 마음에게 제시하는 매력적인 것들 가운데 하나다. 하지만 이 모든 주의 분산용 책략들 가운데서, 그것을 좇는 자들이 *결코* 제기하지 않는 유일한 질문이 "무엇을 *위해서?*"라는 점은 주목할 만하다.

⁷⁸ 마음이 시도하고 싶어 하는 *모든 것과* 관련해서, 너는 다음의 질문을 제기하는 법을 배워야 한다: "그 목적이 무엇인가?" 그 목적이 무엇이든 그것은 자동적으로 너의 노력을 집중하게 할 것임은 의심할 수 없다. 그렇다면 목적을 결정할 때 너는 미래에 노력을 어디에 기울일지도 이미 결정한 것이다. 그리고 이 결정은 네가 목적에 대한 *결정*을 바꾸지 않는 한 계속 유효할 것이다.

⁷⁹ 심리학자들은 에고가 몇몇 아주 왜곡된 연상들을 실재화하여 받아들일 수 있다는 것을 쉽게 알아차릴 수 있는 위치에 있다. 성과 공격의 혼동, 그리고 그 둘의 결과로 나오는 똑같은 행동이 좋은 사례다. 이것은 심리학자에게는 "이해할 만한" 것이며, 놀

라움을 일으키지 않는다. 하지만 놀라움의 부재가 이해의 표시는 *아니다*. 그것은 뻔하게 말도 안 되는 타협안을 합리적이라고 받아들이고, 그 타협안을 자신의 정신병이 아닌 환자의 정신병 탓으로 돌리며, 환자는 물론 자신에 관해 물어야 할 질문을 사소한 내용으로 제한하는 심리학자의 능력을 보여주는 증상이라고 말할 수 있다.

⁸⁰ 앞에서 언급한 에고의 비교적 가벼운 혼동은 보다 심각하게 그릇된 연상들 가운데 하나는 아니다. 비록 전자는 후자를 반영하기는 하지만 말이다. 그동안 너의 에고는 네 마음이 *반드시* 제기해야 하는 더 중요한 질문들을 차단했다. *환자의* 마음에 대해 제기하는 질문을 제한하려 하는 한, 너는 환자를 이해할 수 없다. 그럼으로써 너는 그 제한을 *너의 마음*을 위해서도 받아들이는 것이기 때문이다. 이것은 네가 환자는 물론 너 자신도 치유할 수 없게 만든다. 기적심을 생각조차 할 수 없는 *어떤* 상황에도 순응하려 하지 말라. 그 상태 자체만으로도 그 지각이 잘못되었음을 입증하기에 충분하다.

VII. 변함없는 상태

⁸¹ 지각을 교정하는 것은 단지 일시적인 방편에 불과하다. 이는 아무리 자주 강조해도 지나치지 않다. 지각을 교정할 필요가 있는 이유는 단지, 그릇된 지각이 앎에 대한 장애물인 반면에 정확한 지각은 앎을 *향한* 디딤돌이기 때문이다. 바른 지각은 지각이 *불필요하다는* 판단을 필연적으로 수반하는데, 바로 이것에 바른 지각의 가치 전체가 놓여있다. 이것은 앎에 대한 장애물을 완전히 제거한다. 이 세상에 살고 있는 듯이 보이는 한 과연 이것이 어떻게 가능한지 물을 수도 있다. 이것은 분별 있는 질문이므로, 분별 있는 답이 있다. 하지만 너는 그 질문을 제대로 이해하도록 주의해야 한다. 이 세상에 살고 있는 "너"라는 것은 과연 무엇인가?

⁸² 불멸성은 변함없는 상태다. 이것은 전에도 항상 그랬고 앞으로도 항상 그럴 것이듯, 지금도 역시 참이다. 불멸성이란 *아무런 변화도 없음*을 의미하기 때문이다. 불멸성은 어떤 연속체도 아니고, 어떤 반대되는 것과 비교하여 이해할 수 있는 것도 아니다. 앎에는 결코 비교가 수반되지 않는다. 이것은 마음이 이해할 수 있는 다른 모든 것과 앎이 본질적으로 다른 점이다. "약간의 앎"은 에고에게만 위험하다. 에고는 희미하게 위협을 감지하지만, 이런 맥락에서 "전부"와 "약간"은 같은 것이므로 "약간의

앎"이란 무의미한 구절임을 깨닫지 못한다. 따라서 에고는, "전부"는 불가능하므로 거기에는 두려움이 없다고 결정한다. 하지만 "약간"은 결핍 개념이고, *이것*은 에고가 잘 이해하는 것이다. 따라서 에고는 "약간"을 실재적인 위협으로 지각한다.

⁸³ 여기서 중요하게 기억해야 할 것은, 에고는 자신이 지각한 위협의 진짜 근원을 *인식하지 못한다*는 점이다. 그리고 만약 너 자신을 에고와 관련짓는다면, *너는* 전체 상황을 있는 그대로 지각하지 못하게 된다. 에고에 대한 너의 충성만이 너를 지배할 *어떤 힘이든* 에고에게 부여한다.

⁸⁴ 지금까지 우리는 마치 에고가 자력으로 움직이는 별개의 존재인 양 말했다. 이것은 네가 에고를 가볍게 일축해 버리면 안 되고, 너의 생각이 얼마나 에고 지향적인지 깨달아야 한다고 설득하기 위해서였다. 그러나 이것으로 에고에 대한 이야기를 그만둘 수는 없는 일이다. 그렇지 않으면 너는 여기에 있는 한, 더 제대로 말해 여기에 있다고 *믿는 한*, 네가 갈등을 겪을 수밖에 없다고 여길 것이다.

⁸⁵ 에고는 너 자신에 대한 믿음의 *일부에* 불과하다. 그동안 너의 다른 삶은 중단 없이 계속됐으며, 너의 해리 시도에도 전혀 영향받지 않았고, 앞으로도 늘 그럴 것이다. 억압과 해리의 비율은 각자의 에고 환상에 따라 달라지지만, 해리는 항상 수반되었다. 그렇지 않다면 너는 네가 여기에 *있다*고 믿지 않을 것이다. 너희가 스스로 만든 환상에서 벗어나는 법을 배우는 길에서 서로에게 입은 큰 은덕을 결코 잊어서는 안 된다. 이것은 너희가 내게 입은 것과 정확하게 똑같은 은덕이다. 너희가 서로에게 자기중심적으로 반응할 때마다, 은덕을 입은 것에 감사하는 마음과 그것이 낳을 거룩한 지각을 내동댕이치는 것이다.

⁸⁶ 여기서 "거룩한"이란 말이 사용될 수 있는 이유는, 너희가 나를 *포함한* 온아들에게 얼마나 큰 은덕을 입었는지 배움에 따라, 지각이 갈 수 있는 한 앎에 가장 가까이 가기 때문이다. 그러면 앎은 너무도 좁아진 그 간격을 쉽사리 흘러 넘어 그것을 영원히 없애버릴 수 있다. 너희는 아직 나를 아주 조금만 신뢰하지만, 에고 *대신* 나에게 점점 더 자주 의지하여 안내를 구함에 따라 신뢰는 커질 것이다. 그로 인한 결과를 보면서, 나에게 의지하겠다는 선택이야말로 너희가 내릴 수 있는 유일하게 제정신인 선택임을 점점 더 확신하게 될 것이다. 한 선택은 평화와 기쁨을 가져다주지만 다른 선택은 혼돈과 재앙을 가져다준다는 것을 경험으로 배운 자는 조건화가 많이 필요 없다.

⁸⁷ 에고는 이런 조건화 과정을 견뎌낼 수 없다. 이런 과정 자체가 다른 길이 있음을

입증하기 때문이다. 보상을 통한 조건화는 고통을 통한 조건화보다 항상 더 효과적이었다. 고통은 에고 환상으로서, 결코 일시적인 효과 이상을 끌어낼 수 없기 때문이다. 하지만 하느님의 보상이 영원하다는 것은 즉시 인식할 수 있다. 그런데 이런 인식은 에고가 *아닌* 네가 하는 것이므로, 이런 인식 *자체가* 너와 너의 에고는 동일하지 *않다*는 사실을 확립한다. 너는 그 차이를 이미 받아들였다고 믿을 수도 있지만, 아직은 결코 확신하지 못한다. 네가 *에고로부터* 벗어나야 한다는 아이디어에 사로잡혀 있다는 바로 그 사실이 이것을 보여준다.

88 너는 에고를 비하하거나 통제하거나 처벌하는 방법을 통해서는 에고에서 벗어날 수 *없다.* 에고와 영혼은 서로를 *알지 못한다*는 점을 기억하라. 분리된 마음은 오로지 해리에 의해서만 분리를 유지할 수 있다. 그런 다음 마음은 억압을 사용하여 진정으로 자연스러운 모든 충동을 억누른다. 이것은 *에고가* 별개의 분리된 존재라서가 아니라, *너 자신이* 별개의 분리된 존재라고 믿기를 원하기 때문이다. 에고는 이런 믿음을 유지하기 위한 도구지만, 이런 도구의 존속을 가능하게 하는 것은 여전히 *그것을* 사용하려는 *너의* 용의뿐이다.

89 지금으로서는 너에 대한 나의 믿음이 나에 대한 너의 믿음보다 더 크지만, 늘 그렇지는 않을 것이다. 너의 소명은 아주 간단하다. 너는 에고가 *아님*을 입증하기 위해 살라고 선택되었다. 반복하건대, 나는 하느님의 채널들을 잘못 선택하지 않는다. 거룩하신 분은 나의 신뢰를 공유하시며, 언제나 나의 속죄 결정들을 승인하신다. 나의 뜻은 결코 그분의 뜻과 어긋나지 않기 때문이다. 전에 말했듯이, 나는 속죄 전체를 주관한다. 그 이유는 *단지* 내가 한 사람으로서 속죄에서 맡은 부분을 완성했으므로, 이제 다른 사람들을 통해 속죄를 완성할 수 있기 때문이다. 내가 선택한 송수신 채널들은 실패할 수 없다. 그들의 힘이 부족한 동안은, *나의* 힘을 빌려줄 것이기 때문이다.

90 나는 너희와 함께 거룩하신 분께 갈 것이며, 그분은 *나의* 지각을 통해 그 좁은 간격을 메우실 수 있다. *서로에* 대한 너희의 감사가 내가 원하는 유일한 선물이다. 네 형제를 아는 것이 정녕 하느님을 아는 것이다. 나는 이것을 알기에, 너희를 위해 그 선물을 하느님께 가져갈 것이다. 약간의 앎은 모든 것을 포괄하는 것이다. 너희가 서로에게 감사한다면, 그것은 하느님께 그분의 창조물에 대해 감사드리는 것이다. 너희는 감사를 통해 서로를 알 수 있게 되며, 진정으로 알아보는 단 한 순간이 모든 사람을 너희의 형제로 만든다. 그들은 모두 아버지에게서 난 자들이기 때문이다. 사랑은 모

든 것을 정복하지는 않지만, 정녕 모든 것을 바로잡는다. 너희는 모두 하느님의 왕국이므로, 나는 너희를 너희의 창조물들로 인도할 수 있다. 너희는 아직 그들을 알지 못하지만, 그동안 해리되었던 것은 여전히 존재한다.

[91] 네가 한 형제에게 가까이 갈 때, 너는 *정녕* 나에게 다가오는 것이다. 네가 그로부터 물러날 때, *나*는 너에게서 멀어지게 된다. "협력적인 모험"을 강조한 것이야말로 네가 앞으로 내디딘 거대한 발걸음이었다. 이것은 명상의 진정한 정신에 위배되는 것이 아니라, 명상에 내재하는 것이다. 명상은 하느님과 함께 나서는 협력적인 모험이다. 온 아들과 절연하는 자들은 명상을 제대로 할 수 *없다*. 그들은 곧 나와 절연하는 것이기 때문이다. 오로지 네가 형제들에게 하느님을 전해줄 때만, 하느님이 *너에게* 오실 것이다. 먼저 너의 형제들에 대해 배워라. 너는 그들의 말을 들을 때 하느님의 말씀을 들을 준비가 될 것이다. 왜냐하면, 사랑의 기능은 하나기 때문이다.

[92] 무언가를 의도적으로 내던져 버린 사람에게 그것의 가치를 어떻게 가르쳐줄 수 있을까? 그는 그것을 가치 있게 여기지 않았으므로 내던져 버렸을 것이다. 너는 단지 그에게 그것이 없을 때 얼마나 비참한지 보여주고는, 그것을 아주 천천히 가져다주는 수밖에 없다. 그러면 그는 그것에 가까이 다가감에 따라 자신의 비참함이 어떻게 줄어드는지 배울 수 있게 된다. 이것은 그가 자신의 비참한 상태와 자신이 내던져 버린 것의 부재를 관련짓고, 비참함의 반대와 그것의 존재를 관련짓도록 조건화한다. 그는 그것의 가치에 대해 마음을 바꿈에 따라 차츰 그것을 갖고 싶어 하게 된다.

[93] 나는 지금 너희가 비참함과 에고를, 기쁨과 **영혼**을 관련짓도록 조건화하고 있다. 이제껏 너희는 자신을 그 반대로 조건화했다. 그러나 오랜 습관이 깨질 때마다 훨씬 더 큰 보상이 거듭 제공된다면, 그것은 어떤 조건화도 뚫고 나아갈 것이다. 너희에게는 여전히 선택할 자유가 있지만, 하느님의 보상이 눈앞에 있는데 정말로 에고의 보상을 *원할* 수 있겠는가?

Ⅷ. 창조와 소통

[94] 특정한 에고 환상의 내용이 중요하지는 않지만, 그것을 구체적인 맥락에서 교정하는 것이 대체로 더 도움이 된다. 지금쯤이면 이것을 분명히 알아두어야 한다. 에고의

환상들은 *매우* 구체적이다. 비록 그것들은 수시로 변하고, 마음은 자연적으로 추상적이지만 말이다. 그럼에도 불구하고 마음은 분열되자마자 자진해서 구체적으로 된다. 하지만 그럴 때 단지 마음의 *일부만* 분열되며, 따라서 단지 마음의 *일부만* 구체적이다. 마음의 구체적인 부분은 에고의 존재를 믿는 부분과 똑같은 부분이다. 에고는 구체적인 것에 *의존하기* 때문이다. 그 부분은, 네가 존재한다는 것은 곧 네가 *분리되어* 있음을 의미한다고 믿는 바로 그 부분이다.

⁹⁵ 에고가 지각하는 모든 것은 각각 분리되어 있는 전체로서, *존재하기*를 함축하는 관계들이 없다. 따라서 에고는, 소통이 분리를 폐지하기보다는 *확립하는* 데 사용되는 경우를 제외하고는, 소통에 *반대한다.* 에고가 좌우하는 다른 모든 것들과 마찬가지로, 에고의 소통 체계는 에고 자신의 사고체계에 기반을 둔다. 에고는 자신을 보호해야 할 필요성에 의해 소통을 통제하며, 위협을 느끼면 소통을 단절할 것이다. 이것은 늘 있는 일이지만, 개별적인 에고들은 스스로 판단하기에 꽤나 구체적인 다양한 종류의 위협을 지각한다. 예를 들어, 비록 에고는 모든 형식의 요구를 지각할 때 그것을 단절해야 할 강압적인 소통이라고 분류하거나 판단하겠지만, 그럼에도 불구하고 그에 따른 반응은 *구체적인* 사람이나 사람들과의 소통 단절이다.

⁹⁶ 그렇다면 에고 사고의 구체성은 실제로 전혀 추상적이지 않은, 겉으로만 그럴듯한 일반화를 낳는다. 에고는 서로 관련되어 있다고 지각하는 *모든* 자극에 어떤 구체적인 방식으로 반응할 것이다. 그에 반해 **영혼**은 참이라고 알고 있는 모든 것에 똑같은 방식으로 반응하며, 다른 것에는 전혀 반응하지 않는다. **영혼**은 또한 무엇이 참인지 *확립하려는* 어떤 시도도 하지 않는다. **영혼**은, 참인 것이란 곧 하느님이 창조하신 모든 것임을 안다. 영혼은 자신의 창조주와 완전하고 직접적으로 소통하므로, 창조물의 모든 측면과도 완전하고 직접적으로 소통한다.

⁹⁷ *이러한 소통은 정녕 하느님의 뜻이다.* 창조와 소통은 동의어다. 하느님은 당신의 마음을 모든 마음들에게 소통하심으로써 그들을 창조하셨으며, 그럼으로써 그들을 당신의 마음과 뜻을 수신하는 채널로 영원히 확립하셨다. 오로지 같은 순위의 존재들만 진정으로 소통할 수 있으므로, 하느님의 창조물들은 자연스럽게 *하느님과* 소통하며, 또한 하느님과 *닮게* 소통한다. 이런 소통은 그 특성이 보편적으로 적용되며, *어떤* 판단이나 예외나 변화에도 영향받지 않는다는 점에서, 완벽하게 추상적이다. 하느님은 이런 소통에 *의해,* 이런 소통을 *위해* 너를 창조하셨다. 마음은 자신의 기능을

왜곡할 수 있지만, 자신에게 주어지지 않은 기능을 자신에게 부여할 수는 없다. 이런 까닭에, 마음이 소통 능력을 완전히 잃는 것은 불가능하다. 비록 그것을 존재를 위해 사용하기를 거부할 수는 있을지라도 말이다.

⁹⁸ 존재뿐만 아니라 실존도 소통에 의존한다. 하지만 실존은, 누구와 무엇을 어떻게 소통하는 것이 가치 있는지 판단한다는 의미에서, *구체적이다.* 존재에는 이런 구분이 전혀 없다. 존재는 마음이 **영혼**을 포함하여 실재하는 모든 것과 소통하고 있는 상태다. 너는 이 상태가 약화되도록 허용하는 정도만큼 너 *자신의* 실재에 대한 느낌을 제한하고 있는 것이다. 이 느낌은 네가 모든 실재를 그것과 너의 *실재적인* 관계라는 영광스러운 맥락에서 인식하는 것을 통해서만 총체적으로 된다. 이것이 정녕 너의 실재다. 그것의 신성을 모독하지도 말고, 그것으로부터 흠칫 물러서지도 말라. 그것은 너의 진정한 집이고, 너의 진정한 사원이며, 너의 진정한 **자아**다.

⁹⁹ 하느님은 *모든* 존재를 포괄하심에도 불구하고, 각자 모든 것을 가졌지만 그것을 공유하여 자신의 기쁨을 늘리기를 원하는 존재들을 창조하셨다. 실제인 것은 *오로지* 공유를 통해서만 늘어날 수 있다. 바로 이것이, 하느님이 몸소 너를 창조하신 까닭이다. 신성한 추상은 적용 속에서 기쁨을 얻으며, 바로 이것이 창조의 *의미다.* "누구에게", "무엇을", "어떻게"는 관련이 없다. 진정한 창조물은 *오로지* 자신과 닮게만 창조할 수 있으므로, 모든 것을 주기 때문이다. 실존과는 달리 존재 안에서는 "소유하기"와 "존재하기" 사이에 아무런 차이도 없음을 기억하라. 존재 상태에서, 마음은 항상 모든 것을 준다.

¹⁰⁰ 성서에는 하느님을 찬양해야 한다는 말이 거듭해 나온다. 이것은 하느님께 그분이 얼마나 훌륭한지 말씀드려야 한다는 의미일 리가 없다. 하느님께는 그런 감사를 받아들일 에고도, 그런 공물을 판단할 지각도 없다. 그러나 네가 창조에서 너의 역할을 맡지 않는 한, 하느님의 기쁨은 완전하지 않다. 왜냐하면 *너의 기쁨이* 완전하지 않기 때문이다. 그리고 하느님은 *이것을* 정녕 아신다. 하느님은 당신의 **존재** 안에서, 그리고 당신 아들의 경험에 대한 당신 **존재**의 경험 안에서 이것을 아신다. 끊임없이 *퍼져나가는* 하느님의 사랑은 그분의 채널들이 닫혀 있을 때 차단된다. 그리고 하느님은, 당신이 창조하신 마음들이 당신과 완전히 소통하지 않을 때 정녕 외로우시다.

¹⁰¹ 하느님은 정녕 너를 위해 너의 왕국을 간직해 두셨지만, 당신의 기쁨을 네가 온마음으로 알기 전에는 그것을 너와 공유하실 수 없다. 심지어 계시조차 충분하지 않다.

계시는 *하느님으로부터의* 소통이기 때문이다. 이 소통은 *공유되기 전에는* 충분하지 않다. 하느님은 계시가 당신께 돌려보내지는 것을 필요로 하지 않으시며, 이것은 명백히 불가능할 것이다. 하지만 하느님은 계시가 다른 이들에게 전달되기를 정녕 원하신다. 이것은 계시 자체로는 이루어질 수 없다. 계시는 그 내용이 표현될 수 없는 것이며, 계시를 받는 마음에게 극도로 개인적인 것이기 때문이다. 하지만 그 마음은, 자신이 *다른* 마음들을 대하는 태도를 통해 계시를 돌려드릴 수 있다. 그리고 그러한 태도는 계시에서 받은 앎이 가져다주는 것이다.

102 어떤 마음이든 전적으로 도움이 되는 법을 배울 때마다 하느님이 찬미를 받으신다. 이것은 전적으로 무해한 상태에 있지 않는 한 불가능하다. 전적으로 돕는 것과 전적으로 무해한 것은 공존하는 믿음이기 때문이다. 진정으로 돕는 자는 해침을 당할 수 없다. 그들은 자신의 에고를 보호하지 *않으므로*, 그 무엇도 그들을 해칠 수 *없기* 때문이다. 그들의 도움됨은 곧 하느님에 대한 그들의 찬미다. 그리고 하느님은 당신에 대한 찬미를 되돌려 주실 것이다. 그들은 하느님을 닮았기 때문이다. 따라서 그들은 함께 기뻐할 수 있다. 하느님은 그들을 향해, 그들을 통해 나아가시며, 천국에는 온통 큰 기쁨이 넘쳐난다. 변화된 마음들은 이러한 기쁨을 공유하려는 저마다의 용의로 기쁨을 증가시킨다. 진정으로 돕는 자들은 하느님의 기적일꾼들이며, 나는 우리 모두가 천국의 기쁨을 함께할 때까지 그들을 인도한다. 나는 너를 네가 진정으로 도움이 될 수 있는 모든 곳으로 인도하고, 너를 통해 나의 안내를 따를 수 있는 모든 이에게 인도할 것이다.

IX. 진정한 재활

103 갈라진 마음들은 저마다 재활이 필요하다. 재활에 대한 의학적인 지향은 몸을 강조하는 반면, 직업적인 지향은 에고에 중점을 둔다. "팀" 접근 방식은 일반적으로 다른 어떤 것보다 더 큰 혼란을 초래한다. 그것은 마음의 협력에 대한 진정한 실험보다는, 한 에고가 다른 에고들에게 지배권을 행사하는 방법으로 너무 자주 오용되기 때문이다. 사회적 운동으로서의 재활은 도움이 필요한 자들을 대놓고 방치하는 것에 비하면 발전이지만, 종종 절름발이가 눈먼 자를 인도하는 힘겨운 시도보다 조금 더 나을 뿐이다.

[104] 에고는 손상된 몸을 두려워하는 경향이 있다. 에고는 그것을 참아낼 수 없기 때문이다. 에고는 또한 에고의 약함도 양가감정 없이 참아낼 수 없다. 에고는 자신이 선택한 집의 약함은 물론, 그 자신의 약함도 두려워하기 때문이다. 위협을 받을 때 에고는 돕고자 하는 너의 자연스러운 충동을 차단하여, 너를 갈라진 뜻으로 인한 긴장 상태에 있게 만든다. 그러면 너는 너의 에고가 다시 회복되게 하고, 너의 에고를 위협하지 *않을 정도로* 충분히 제한되어 있지만 *너에게* 기쁨을 주기에는 지나치게 제한된 근거에 따라, 다시 도움이 될 만큼 충분한 힘을 얻기 위해 뒤로 물러나려는 유혹을 느낄 수도 있다. 에고는 오로지 완벽한 몸만이 *자신의* 사원이 될 가치가 있다고 믿으므로, 손상된 몸을 가진 자들을 흔히 멸시한다.

[105] 상처 입은 몸을 보고 흠칫 물러서는 마음은 그 자체로 재활이 크게 필요하다. 상처의 *모든* 증상에는 진정한 도움이 필요하며, 그런 증상에 도움을 줄 때마다 마음은 *자기 자신을* 치유한다. 재활은 하느님이 아시는 대로의 찬미로 그분을 찬미하는 태도다. 하느님이 너를 찬미하신다. 그러니 너도 다른 이들을 그렇게 찬미해야 한다. 임상의들의 주된 장애는, 자신의 에고가 보기에 약해지고 손상되었다고 지각하는 자들을 대하는 태도에 있다. 이런 평가를 *함으로써* 그들은 자신의 도움됨을 약화하고 손상하며, 결과적으로 자신의 재활을 방해한다. 재활은 통제하려는 에고의 투쟁에도, 회피하고 물러나려는 에고의 필요에도 관심이 *없다*. 치유를 요하는 상황에서 그것에 대해 다음과 같이 생각한다면, 너 자신의 재활은 물론 다른 이들의 재활을 위해서도 많은 것을 할 수 있다:

> [106] 나는 오로지 진정으로 도움이 되기 위해 여기에 있다.
> 나는 나를 보낸 그리스도를 드러내기 위해 여기에 있다.
> 나는 무엇을 말하고 무엇을 행할지 걱정할 필요가 없다.
> 나를 보낸 그리스도가 나를 인도하기 때문이다.
> 그가 나와 함께 간다는 것을 알기에,
> 나는 그가 원하는 곳이라면 어디에 있든 만족한다.
> 그로 하여금 내게 치유하는 법을 가르치게 할 때,
> 내가 치유될 것이다.

제5장

치유와 온전성

I. 서문

1 치유하는 것은 행복하게 만드는 것이다. 너희가 너희 자신을 기쁘게 할 기회가 얼마나 많았으며, 그중 얼마나 많은 기회를 거절했는지 생각해 보라고 말한 적이 있다. 이것은 너희가 너희 자신을 치유하기를 거절했다고 말해주는 것과 똑같다. 너희에게 속한 빛은 기쁨의 빛이다. 광휘는 슬픔과 관계가 없다. 우울증은 흔히 전염된다. 하지만 우울증과 접촉하는 자들이 그 영향을 받을 수는 있을지라도, 그것에 온 마음으로 굴복하는 것은 아니다. 그러나 기쁨은 그것을 기꺼이 공유하려는 통합된 용의를 불러일으키며, 따라서 *하나로서 반응하려는* 마음의 자연스러운 충동을 고취한다.

2 자신이 온전히 기쁘지 않은 채 치유하려는 자는 동시에 다양한 종류의 반응을 불러일으키며, 그럼으로써 온 마음으로 반응하는 기쁨을 다른 이들에게서 **빼앗는다**. 너희가 온 마음을 다하려면, *반드시* 행복해야 한다. 두려움과 사랑은 공존할 수 없고, 온전히 두려워하면서 살아있기가 불가능하다면, 유일하게 가능한 온전한 상태는 정녕 사랑의 상태뿐이다. 사랑과 기쁨 사이에는 아무런 차이도 없다. 그러므로 유일하게 가능한 온전한 상태는 온전히 기쁜 상태다. 따라서 치유하기, 혹은 기쁘게 만들기는 통합하여 *하나로 만드는 것과* 같다. 이것이 바로 치유가 온아들의 어느 부분에게 행해지든, 혹은 온아들의 어느 부분에 의해 행해지든 아무런 차이도 없는 까닭이다. *모든 부분이 도움을 받고, 똑같이 도움을 받는다.*

3 네 형제들 가운데 누구라도 어디에서든 도움이 되는 생각을 할 때마다, *네가* 축복받는다. 너는 고마운 마음에 그 보답으로 그들을 축복하기를 원할 것이다. 네가 그들을, 혹은 그들이 너를 개인적으로 알아야 할 필요는 없다. 그 빛은 너무도 강렬하여 온아들을 빠짐없이 비춰주며, 당신의 기쁨을 온아들에게 내뿜어 주심에 대해 아버지께 감사를 돌려드린다. 오로지 하느님의 거룩한 아이들만이 그분의 아름다운 기쁨의 채널이 될 자격이 있다. 오로지 그들만이 그 기쁨을 공유함으로써 간직할 수 있을 만큼 충분히 아름답기 때문이다. 하느님의 **아이**가 자신의 이웃을 자기 자신처럼 사랑하지 않는 것은 불가능하다. 그런 까닭에 치유사의 기도는 다음과 같다:

4 제가 저 자신을 알듯이 이 형제를 알게 하소서.

II. 치유: 결합하기

⁵ 치유는 두 마음이 자신의 하나인 상태를 지각하고 기뻐하게 되는 생각의 작용이다. 이런 기쁨은 온아들의 모든 부분을 불러 함께 기뻐하자고 청하며, 하느님이 몸소 그 두 마음 안으로, 또한 그 두 마음을 통해 나아가시게 한다. 오로지 치유된 마음만이 지속적인 효과가 있는 계시를 경험할 수 있다. 계시는 순수한 기쁨의 경험이기 때문이다. 네가 만약 온전히 기쁜 상태에 있고자 선택하지 않는다면, 너의 마음은 자신이 있고자_be_ 선택하지 않는 것을 소유할_have_ 수 없다. 영혼은 "존재_being_"와 "소유_having_"의 차이를 모른다는 점을 기억하라. **상위마음**은 **영혼**이 따르는 법칙에 따라 생각하며, 따라서 오로지 하느님의 법칙만을 존중한다. 하느님께, 얻기는 무의미하고 주기가 전부다. 영혼은 모든 것을 가졌기에, 모든 것을 줌으로써 모든 것을 _간직하며_, 따라서 아버지가 창조하셨듯이 창조한다.

⁶ 이에 대해 생각해 본다면, 이런 종류의 생각하기는 _사물의_ 소유와 관련해서는 아주 생소한 것이지만, _아이디어와_ 관련해서는 심지어 하위마음조차 꽤 이해할 만한 것임을 알 수 있다. 네가 물질적인 소유물을 공유한다면, 실제로 그에 대한 소유권을 분할하는 것이다. 하지만 아이디어는 네가 공유한다고 해서 작아지지 _않는다_. 네가 어떤 아이디어 전체를 주어버렸더라도, 그 아이디어 _전체가_ 여전히 네 것이다. 게다가 그 아이디어를 받은 사람이 그것을 _자신의_ 것으로 받아들인다면, 그는 _네_ 마음 안에서 그 아이디어를 강화하는 것이며, 따라서 _늘리는_ 것이다. 네가 만약 세상이 단지 여러 아이디어들 가운데 하나라는 개념을 받아들일 수 있다면, 에고가 주기와 _잃기를_ 거짓되게 관련지은 것에 대한 너의 믿음 전체가 사라진다.

⁷ 다시 깨어나는 과정을 몇 가지 단순한 개념을 가지고 시작해 보자:

⁸ 생각은 주어짐으로써 증가한다.
생각은 생각을 믿는 자가 많아질수록 더 강해진다.
모든 것은 저마다 하나의 아이디어다.
그렇다면 주기와 잃기가 어떻게 의미 있게 관련될 수 있겠는가?

⁹ 이것은 성령께 보내는 초대장이다. 전에 말했듯이, 나는 위로 올라가서 아래에 있

는 너에게 성령을 데려다줄 수 있다. 하지만 나는 너 자신의 초대가 있을 경우에만 그렇게 할 수 있다. 성령은 너 자신의 바른 마음에 지나지 않는다. 성령은 또한 나의 바른 마음이었다. 성서는, "그리스도 예수 안에 있던 마음이 여러분 안에도 있기를." 이라고 말하면서 이것을 축복의 기도로 사용한다. 이것은 기적심이 베푸는 축복이다. 이것은 네가 나와 함께 그리스도의 생각하기에 동참하여, 내가 생각했듯이 생각할 것을 청한다.

10 성령은 성 삼위일체 중에서 유일하게 상징적인 부분이다. 성서에서 성령은 치유사, 위로자, 안내자로 불린다. 성령은 또한 성부, 성자와는 별개로 "분리된" 어떤 것처럼 묘사된다. 나 자신도 "내가 가면 너희에게 다른 위로자를 보낼 것이며, 그는 너희와 함께 머무를 것이다."라고 말했다. 너희가 성령이라는 개념을 정확하게 파악하기 어려운 까닭은, 그것이 실로 상징적이어서 여러 다양한 해석의 여지가 있기 때문이다. 한 사람이자 하느님의 창조물들 가운데 하나로서 나의 바른 생각(이것은 **보편적**인 영감에서 비롯되었는데, 그것이 바로 성령이다.)은 나에게 다른 무엇보다도 먼저, 이런 **영감**이 모든 이를 위한 것임을 가르쳐줬다. 이를 알지 *못했다면*, 나 스스로 그것을 가질 수 없었을 것이다.

11 이 맥락에서 "알다"라는 단어는 적절하다. 거룩한 **영감**은 앎에 너무도 가까워서, 앎을 불러일으키기 때문이다. 더 정확히 말하자면, 앎이 오도록 허용하기 때문이다. 우리는 앞에서 더 높은 지각, 즉 "참된" 지각에 대해 말했는데, 이것은 진리에 너무도 가까워서, 하느님이 몸소 그 좁은 간격을 건너오실 수 있다. 앎은 항상 어디로나 흘러갈 준비가 되어있지만, 거스르지는 못한다. 따라서 너는 결코 앎을 잃을 수 없을지라도, 가로막을 수는 있다. 성령은 그리스도 마음으로서, 그 마음은 지각 너머에 있는 앎을 감지한다. 그 마음은 분리와 함께 보호 수단으로서 생겨났으며, 그와 동시에 속죄가 시작되도록 고무하였다. 그전에는 치유의 필요성이 전혀 없었으며, 그 누구도 위로 없이 있지 않았다.

Ⅲ. 속죄의 마음

12 하느님은 당신 아이들의 그릇된 창조물들조차도 그들이 만들었기에 존중하셨다.

하지만 하느님은 그들에게 하나의 사고방식을 주심으로써 축복하셨는데, 그것은 그들의 지각을 너무도 지고하게 될 때까지 들어올림으로써 그들이 다시 당신께 아주 가까이 갈 수 있게 해주는 사고방식이다. 성령은 속죄의 마음이다. 이것은 한 마음 상태에 충분히 가까이 감으로써 마침내 그 상태로의 전이가 가능한 마음 상태를 나타낸다. 전이는 과거에 배운 것과 그것이 전이될 새로운 상황에 공통되는 요소에 의존한다. 지각은 앎은 아니지만, *앎*으로 전이되거나 앎 속으로 *건너갈* 수 있다. 여기서 "옮겨 넘겨지다"라는 말을 문자 그대로의 의미로 쓴다면 훨씬 더 도움이 될 것이다. 마지막 단계는 하느님이 취하시기 때문이다.

¹³ 성령, 즉 온아들 전체가 공유하는 **영감**은 그 안의 많은 요소들이 천국 자체에 있는 요소들을 닮은 지각을 유발한다.

¹⁴ 첫째, 그 지각의 보편성은 아주 분명하다. 그 지각을 받는 자는 그것을 공유하는 것이 얻음이 *아닌* 다른 것을 의미한다고는 단 한 순간도 믿을 수 없다.

¹⁵ 둘째, 그 지각은 공격할 수 없으며, 따라서 참으로 열려있다. 이것은 그 지각이 비록 앎을 발생시키지는 않지만, 어떤 식으로든 앎을 *가로막지*는 않는다는 것을 의미한다. [셋째, 그 지각은 사랑으로의 확고한 부름이다. 다른 모든 음성은 조용하다.] 충분한 양적 변화가 진정한 질적 변화를 낳는 어떤 시점이 있다. 그다음 시점은 전환이 일어나는 시점이므로, 제대로 이해할 필요가 있다:

¹⁶ 마지막으로, 그 지각은 치유를 일으킬 뿐만 아니라 치유 *너머의* 길을 가리킴으로써, 마음이 자신의 통합을 넘어 창조의 길에 들어서도록 인도한다.

¹⁷ 치유하기는 창조하기가 아니다. 치유하기는 회복이다. 성령은 치유 *너머로* 눈을 돌려, 하느님의 아이들이 치유가 필요하기 전에 그 정체가 무엇이었고, *치유된* 후에 그 정체가 무엇일지를 바라봄으로써 치유를 촉진한다. 너는 이제 이렇게 시간의 순서가 바뀌는 것에 꽤 익숙할 것이다. 그것은 기적이 도입하는 시간 지각의 변화와 아주 비슷하기 때문이다. 성령은 기적심을 위한 동인이며, 분리를 내려놓음으로써 분리를 *치유하려는* 뜻이다. 그 뜻은 네 안에 있다. 하느님은 그것을 너의 마음 안에 놓아두셨기 때문이다. 너는 그 뜻을 계속 잠들어 있게 할 수는 있어도, 없애버릴 수는 없다.

¹⁸ 시간이 존재하는 한, 하느님은 몸소 그 뜻을 당신의 **마음**으로부터 너의 마음으로 전해주심으로써 계속 살아있게 하신다. 그 뜻은 부분적으로는 하느님의 것이고 부분적으로는 네 것이다. 기적 자체가 단지 아버지와 아들의 뜻이 이렇게 융합하는 것, 혹

은 연합하는 것일 뿐이다. 성령은 기쁨의 영이다. 성령은 돌아오라는 **부름**이며, 하느님은 분리된 아들들의 마음을 이 **부름**으로 축복하셨다. 이것이 바로 마음의 소명이다. 분리 이전에 마음은 부름을 갖고 있지 않았다. 분리 이전에 마음은 오로지 *존재*만 갖고 있었으며, 따라서 바른 생각으로 돌아오라는 부름을 이해하지 못했을 것이다. 성령은 분리에 대한 하느님의 응답이었으며, 마음 전체가 창조하기로 돌아올 때까지 속죄가 치료를 위해 사용하는 수단이다.

¹⁹ 속죄와 분리는 동시에 시작되었다. 사람이 에고를 만들었을 때, 하느님은 그의 내면에 기쁨으로의 부름을 놓아두셨다. 그 부름은 너무도 강력해서, 에고는 그 소리 앞에서 어김없이 사라진다. 바로 이런 이유로 너는 네 안의 두 음성 가운데 어느 음성에 귀 기울일지 선택할 수 있게 되었다. 하나는 너 자신이 만든 것으로서, 하느님에게서 나온 것이 아니다. 그러나 다른 하나는 하느님이 네게 *주신* 것이며, 하느님은 오로지 이 음성에만 귀 기울이라고 청하신다. 성령은 아주 문자 그대로의 의미로 네 안에 있다. 성령은 네가 전에 있었고 앞으로도 다시 있을 곳으로 돌아오라고 부르는 음성이다.

Ⅳ. 하느님을 대변하는 음성

²⁰ 이 세상에서조차 오로지 그 음성만 듣고 다른 것은 듣지 않는 것이 가능하다. 이것을 배우려면 노력과 큰 용의가 필요하다. 그것은 내가 배운 마지막 레슨이다. 그리고 하느님의 아들들은 **영혼**이라는 면에서 동등하듯이 배우는 자로서도 동등하다. 성령의 음성은 실로 속죄로의 부름, 즉 마음의 완전한 상태를 회복하라는 부름이다. 속죄가 완성되고 온아들 전체가 치유되면 돌아오라는 부름은 없겠지만, 하느님이 창조하신 것은 영원하다. 성령은 하느님의 아들들 곁에 남아서 *그들의* 창조물들을 축복하여 계속 기쁨의 빛 속에 간직할 것이다.

²¹ 네가 바로 천국이건만, 너는 어둠에 대한 믿음이 마음에 들어오도록 허용했으며, 따라서 새로운 빛이 필요하다. 성령이 바로 그 광휘로서, 너희는 그 광휘가 어둠의 아이디어를 물리치도록 허용해야 한다. 성령의 영광 앞에서 해리가 사라져 버리고, 천국이 홀연히 그 자신의 것으로 들어온다. 분리 이전에는, 너에게 안내가 필요 없었

다. 너는 앞으로 다시 알 것이듯 *그때도 알았지만*, 지금은 알지 *못한다*. 하느님은 안내하지 않으신다. 하느님은 오로지 완벽한 앎만을 공유하실 수 있기 때문이다. 안내는 평가적이다. 그것은 *바*른 길은 물론 *그른 길*도 있으며, 그중 하나를 선택하고 다른하나는 피해야 함을 함축하기 때문이다. 그중 하나를 선택하는 것은 곧 다른 하나를포기하는 것이다.

22 이것은 과연 갈등상태다. 이것은 앎이 상실되었음을 *의미한다*. 왜냐하면 앎은 확실하기 때문이다. 하느님은 문자 그대로의 의미로 네 안에 계시지 않는다. *너는 곧 하느님의* 일부다. 네가 하느님을 떠나기로 선택했을 때, 하느님은 너에게 당신을 *대변할* 음성을 주셨다. 하느님은 더 이상 당신의 앎을 너와 방해 없이 공유하실 수 없었기때문이다. 직접적인 소통이 중단된 이유는, 네가 다른 뜻을 통해 다른 음성을 만들었기 때문이다. 성령은 너에게 기억하라고 청할 뿐만 아니라, 잊으라고도 청한다. 너는상반된 것들이 가능한 대립 상태에 있기로 선택했다. 그 결과 네가 선택해야만 하는대안들이 실로 존재한다. 거룩한 상태에서는 뜻의 *창조력이* 제한되어 있지 않다는 의미에서, 뜻이 자유롭다. 반면에 선택은 무의미하다.

23 선택할 자유는 창조할 자유와 같은 *권능이지만*, 그 *적용*은 다르다. 선택한다는 것은 뜻이 갈라졌음을 *의미한다*. 성령이란, 선택을 내리는 하나의 방법이다. 네 안에이 방법이 있는 이유는, *다른* 방법도 있기 때문이다. 하느님은 당신의 아이들을 위로없이 버려두지 않으셨다. 비록 그들은 하느님을 떠나기로 선택했지만 말이다. 그들이 자신의 마음 안에 놓아둔 음성은 하느님 뜻의 음성이 아니었다. 성령은 바로 그 뜻을 대변해 말한다. 돌아오라는 부름은 떠나라는 부름보다 강하지만, 다른 방법으로말한다.

24 성령의 음성은 오만할 수 없으므로, 명령하지 않는다. 그 음성은 통제하려 하지 않으므로, 요구하지 않는다. 그 음성은 공격하지 않으므로, 정복하지 않는다. 그 음성은 다만 *일깨워* 줄 뿐이다. 성령의 음성이 설득력이 있는 이유는 단지, 그것이 일깨워 주는내용 때문이다. 그 음성은 네가 스스로 지어낸 소란의 한가운데서조차 조용히 남아있는 *다른 방법*을 너의 마음에게 가져다준다. 하느님을 대변하는 음성은 평화에 대해 말하므로, 항상 조용하다. 하지만 평화는 전쟁보다 강하다. 평화는 치유하기 때문이다. 전쟁은 늘어나는 것이 아니라 갈라지는 것이다. 다툼에서 득을 보는 자는 아무도 없다.

25 "사람이 온 세상을 얻고도 제 **영혼**을 잃으면 무슨 유익이 있겠는가?" 이 말은, 사

람이 그른 음성에 귀 기울인다면, 자신의 영혼을 보는 *시각을 상실하게 된다*는 의미다. 사람은 자신의 **영혼**을 잃을 수 *없지만*, 알지 못할 수는 *있다*. 따라서 그의 **영혼**은 그가 바르게 선택할 때까지 *그에게 상실되어 있다*. 성령은 너의 선택을 돕는 **안내자**다. 성령은 하느님을 대변해 말하므로, 너의 마음에서 *언제나* 바른 선택을 대변하는 부분이다. 성령은 너에게 아직도 남아있는 하느님과의 소통으로서, 너는 그것을 방해할 수는 있어도 파괴할 수는 없다.

²⁶ 성령은 하느님의 뜻이 천국에서 이루어진 것처럼 땅에서도 이루어질 수 있게 하는 방법이다. 천국과 땅은 모두 *네* 안에 있다. 그 둘의 부름은 모두 너의 뜻 안에 있으며, 따라서 너의 마음 안에 있기 때문이다. 하느님을 대변하는 음성은 하느님께 바치는 너 자신의 제단에서 나온다. 이 제단은 어떤 물건이 아니라, *헌신하는 마음이다*. 하지만 너는 지금 다른 것에 헌신하고 있다. 이렇게 헌신을 가름으로써 너는 두 음성을 갖게 되었고, 따라서 어느 제단을 섬길지 선택해야 한다. 네가 지금 어떤 부름에 응답할지는 하나의 평가다. *그것은 하나의 결정이기* 때문이다. 그 결정 자체는 아주 단순하다. 그것은 네가 어느 부름을 더 가치 있게 여기는지에 근거하여 이루어진다.

²⁷ 나의 마음은 영원히 너의 마음과 같을 것이다. 우리는 동등한 자들로 창조되었기 때문이다. 나는 단지 그 *결정을 내림으로써* 천국과 땅의 모든 권능을 부여받았다. 내가 너에게 주는 유일한 선물은, *너 스스로 그와 같은 결정을 내리도록* 돕는 것이다. 그런 결정을 내리려는 뜻은 그런 결정을 공유하려는 뜻이다. 그 결정 자체가 곧 공유하려는 결정이기 때문이다. 그런 결정은 주기를 통해 내려지며, 따라서 마음의 행위 가운데 *유일하게* 진정한 창조를 닮은 것이다. 너는 학습 과정에서 "모델"의 역할을 이해하며, 무엇을 배울지 결정하는 과정에서 네가 소중히 여겨 따르기로 선택하는 모델의 중요성도 이해한다. 나는 네가 결정할 때 따를 모델이다. 나는 하느님을 대변해 결정함으로써, 이러한 결정을 내리는 것이 가능한 일일 뿐만 아니라 *너도* 그러한 결정을 내릴 수 있음을 보여주었다.

²⁸ 내가 약속했듯이, 그런 결정을 내렸던 마음은 *네* 안에도 있으며, 너는 그 마음이 나를 바꿨듯이 너도 바꾸도록 허용할 수 있다. 그 마음은 모호하지 않다. 그 마음은 오로지 *하나의* 음성만 듣고, 오로지 *하나의* 방법으로만 응답하기 때문이다. 너는 나와 더불어 세상의 빛이다. 안식은 잠이 아닌 깨어남에서 온다. 성령은 깨어나 기뻐하라는 부름이다. 세상은 매우 지쳐있다. 세상은 실로 피로함이라는 아이디어기 때문이

다. 우리의 과제는 세상을 하느님을 *대변하는* **부름**으로 깨워내는 기쁜 과제다. 모든 이가 성령의 부름에 응답할 것이다. 그렇지 않으면 온아들은 하나일 수 없다. 천국의 부분들이 받은 소명 중에, 천국을 완벽한 통합 상태로 회복하여 온전하게 만드는 것보다 더 나은 소명이 있겠는가?

²⁹ 네 안의 성령을 통해 오로지 이 말만 듣고, 내가 지금 너를 가르치고 있듯이 너의 형제들도 귀 기울이도록 가르쳐라. 그른 음성의 유혹을 받거든, 나의 결정을 공유하여 *더욱 강화함으로써* 치유할 방법을 일깨워 달라고 나에게 청하라. 우리가 이러한 목적을 공유함에 따라, 온아들 전체를 끌어당겨 그것이 본래 창조된 **하나인 상태**로 회복해 줄 그 목적의 권능이 강화된다. "멍에"는 "함께 결합하기"를, "짐"은 "메시지"를 의미함을 기억하라. 그러므로 "내 멍에는 메기 쉽고, 내 짐은 가볍다."라는 성서의 구절을 다음과 같이 다시 생각하자: "우리 함께 결합하자. 나의 메시지는 가볍기 때문이다."

³⁰ 내가 너의 마음 안으로 들어온 이유는, 네가 어렴풋이 다른 길, 혹은 다른 음성이 *있다*는 사실을 점점 더 자각하게 되었기 때문이다. 네가 성령께 이러한 초대장을 보냈기에, 나는 *생각하는 방법*을 위한 모델을 제공할 수 있게 되었다. 심리학이 *행동에* 대한 연구가 되어버리기는 했지만, 행동은 동기*에* 대한 반응이고 동기는 곧 뜻이라는 기본 법칙은 아무도 부정하지 않는다. 나는 너에게 내가 행한 대로 행하라고 일렀지만, 그렇게 하기 위해서는 우리가 같은 마음에게 반응해야 한다. 이 마음이 바로 성령이며, 그의 뜻은 언제나 하느님을 대변한다. 성령은 네가 어떻게 하면 나를 네 생각의 모델로 삼아서, 그 결과 나처럼 행동할 수 있는지 가르쳐준다.

³¹ 우리의 결합된 동기의 권능은 믿을 수 없을 정도지만, 성취할 수 없을 정도는 *아니다.* 우리가 함께 성취할 수 있는 것에는 아무런 한계도 *없다.* 하느님을 대변하는 **부름**은 정녕 한계 없는 것으로의 부름이기 때문이다. 하느님의 아이야, 나의 메시지는 너를 위한 것이다. 그것을 듣고 네가 들은 대로 나눠줌으로써 네 안의 성령께 응답하라.

V. 구원으로의 안내자

³² 네 형제를 아는 법을 배우려면, 그의 내면에서 성령을 지각하면 된다. 우리는 이미

성령은 지각에서 앎으로 건네주는 다리, 혹은 생각의 전이라고 말했다. 따라서 우리는 이제 그 두 용어를 서로 관련된 듯이 사용할 수 있다. 성령의 마음 안에서 그 두 용어는 과연 서로 *관련되어* 있기 때문이다. 이러한 관련성은 분명 성령의 마음 안에 있을 것이다. 그렇지 않다면 그 두 사고방식 사이의 분리는 치유될 여지가 없을 것이기 때문이다. 성령이 거룩한 삼위일체의 일부인 이유는, 성령의 마음이 부분적으로는 네 것이고 부분적으로는 하느님의 것이기 때문이다. 이 점에 대해서는 전에 말을 한 적이 있다. 그러니 이제 말이 아니라 *경험*을 통해 명확히 할 필요가 있다.

³³ 성령은 치유라는 *아이디어다*. 이 아이디어는 생각이므로, *공유될 때* 증가한다. 이 아이디어는 하느님을 *대변하는* **부름**이므로, 또한 *하느님이라는* 아이디어다. *너는* 하느님의 일부므로, 이 아이디어는 또한 하느님의 모든 부분들이라는 아이디어일 뿐만 아니라 *너 자신이라는* 아이디어기도 하다. 성령이라는 아이디어는 다른 아이디어들의 특성을 공유한다. 그것은 우주의 일부로서, 우주의 법칙을 따르기 때문이다. 따라서 이 아이디어는 주어짐으로써 강화된다. 그 아이디어를 너의 형제들에게 줄 때, 그것은 *네 안에서* 늘어난다. 생각은 존재하기 위해 의식되어야 할 필요가 없으므로, 따라서 이러한 기적이 일어나기 위해 네 형제가 자신 안에서나 네 안에서 성령을 알아차려야 할 필요는 없다.

³⁴ 네 형제도 *너처럼* 하느님을 대변하는 **부름**을 해리했을 수 있다. *네가* 형제 안에서 하느님을 대변하는 **부름**을 알아차려서 그 *존재*를 인정하게 됨에 따라, 그러한 해리는 너희 두 사람 안에서 *함께* 치유된다. 네 형제를 바라보는 두 가지 방법이 있는데, 그것들은 서로 정반대다. 그것들은 모두 *네* 마음 안에 있을 것이다. 왜냐하면 *네가* 바로 형제를 보는 지각자기 때문이다. 그것들은 또한 *네 형제의* 마음 안에도 있을 것이다. 왜냐하면 네가 그를 지각하고 있기 때문이다. *네 형제를* 그의 마음 안에 있는 성령을 통해 보라. 그러면 너는 *너의 마음* 안에서 성령을 인식하게 될 것이다. 너는 네가 형제 안에서 인정하는 것을 너 자신 안에서 인정하며, 네가 공유하는 바로 그것을 강화한다.

³⁵ 성령의 **음성**은 네 안에서 정녕 약하다. 그런 까닭에, 너는 반드시 그 음성을 공유해야 한다. *네가 그것을 들을 수 있으려면*, 먼저 그것의 힘이 *강해져야* 한다. 너 *자신*의 마음 안에서 성령의 음성이 그렇게 약한 동안은, 그것을 네 안에서 듣는 것은 불가능하다. 성령의 음성은 그 자체로 약하지 않지만, 그것을 듣는 것에 대한 너의 저항으로 인해 *제한된다*. 뜻이라는 것은 하나의 아이디어며, 따라서 공유됨으로써 강해진

다. 너 자신 안에서만 성령을 구하는 실수를 한다면, 너는 명상할 때 두려움에 빠질 것이다. 너는 에고의 관점을 *채택함으로써*, 에고를 *안내자* 삼아 에고에게 이질적인 여정ego-alien journey에 나서는 것이기 때문이다. 이것은 두려움을 일으킬 *수밖에* 없다.

36 시간은 *에고의* 개념이며, 따라서 지연도 에고의 것이다. 지연은 확실히 시간 개념이다. 시간도 지연도 영원 안에서는 의미가 없다. 전에 말했듯이, 성령은 에고에 대한 하느님의 *응답이다*. 참된 지각과 거짓된 지각 *자체가* 상반되므로, 성령이 너에게 일깨워 주는 모든 것은 에고의 개념들과 정반대다. 성령의 과제는 에고가 만든 것을 *무효화하는* 것이다. 성령은 에고가 작동하는 것과 똑같은 담론 영역에서 그것을 무효화한다. 그렇지 않으면 마음은 그 변화를 이해할 수 없을 것이다.

37 우리는 그동안 한 수준의 마음은 다른 수준의 마음을 이해할 수 없다고 거듭 강조했다. 에고와 **영혼**, 시간과 영원이 바로 그러하다. 영원은 하느님의 아이디어며, 따라서 **영혼**은 영원을 아주 잘 이해한다. 시간은 에고의 믿음이며, 따라서 에고의 영역인 하위마음은 그것을 의문 없이 받아들인다. 진정으로 영원한 시간의 유일한 측면은 *지금이다*. 그것이야말로, "지금은 유일한 시간이다."라는 말의 진정한 의미다. 이 말을 문자 그대로 보면, 에고에게 아무것도 의미하지 않는다. 에고는 이 말이 기껏해야 "미래에 대해 걱정하지 말라."를 의미한다고 해석한다. 하지만 이것은 전혀 그 말의 진짜 의미가 아니다.

38 성령은 에고의 해석과 **영혼**의 앎 사이의 **중재자**다. 성령은 상징을 다루는 능력 덕분에, 에고 자신의 언어로 에고의 믿음을 *거슬러* 작업할 수 있다. 그리고 상징 *너머*로 영원을 바라보는 똑같은 능력 덕분에, 자신이 대변하는 하느님의 법칙을 이해할 수 있다. 따라서 성령은 에고가 만드는 것을 파괴가 *아닌 이해를* 통해 *재해석하는* 기능을 수행할 수 있다. 이해는 곧 빛이며, 빛은 앎으로 이어진다. 성령은 빛 속에 있다. 성령은 너희 안에 있는데, 너희가 곧 빛이기 때문이다. 하지만 너희 자신은 이것을 모른다. 따라서 하느님을 대신해 *너희를* 재해석하는 것이 성령의 과제다.

39 너희 자신만으로는 너희 자신을 이해할 수 없다. 너희는 온아들 안에서 정당히 있어야 할 곳, 온아들이 하느님 안에서 정당히 있어야 할 곳을 *떠나서는* 아무런 의미도 없기 때문이다. 바로 이것이 너의 생명이고, 너의 영원이며, *너 자신이다*. 바로 이것에 대해, 성령은 너에게 일깨워 준다. 바로 이것이, 성령이 *보는* 것이다. 이러한 비전은 항상 에고를 겁먹게 한다. 그것은 지극히 평온하기 때문이다. 평화가 에고의 가장

큰 적인 이유는, 실재에 대한 *에고의* 해석에 따르면 전쟁은 에고의 생존에 대한 보증서기 때문이다. 에고는 분쟁 속에서 강해진다. 분쟁이 *있다*고 믿을 때, 너는 무자비하게 반응할 것이다. 그럴 때는 위험이라는 아이디어가 이미 네 마음 안으로 들어온 것이기 때문이다. 그 아이디어 자체가 곧 에고에게 하는 호소다.

⁴⁰ 성령도 에고처럼 위험의 부름에 경계해 깨어있으면서, 그것에 힘껏 맞선다. 이것은 마치 에고가 그것을 온 힘을 다해 *맞아들이는* 것과 같다. 이러한 에고의 맞아들임을, 성령은 평화를 맞아들임으로써 저지한다. 시간과 전쟁이 그러하듯, 평화와 영원은 밀접한 관계가 있다. 앎뿐만 아니라 지각도 관계에서 의미를 얻는다. 네가 받아들이는 관계가 네 믿음의 토대다. 분리란 단지 갈라진 마음을 나타내는 다른 용어일 뿐이다. 분리는 어떤 행위가 아닌, *하나의 생각이었다.* 따라서 분리라는 아이디어는 연합이라는 아이디어처럼 다른 이에게 주어질 수 있다. 어느 쪽이든, 그 아이디어는 주는 *자의 마음 안에서* 강화될 것이다.

⁴¹ 성령이 평화의 상징이듯, 에고는 분리의 상징이다. 너는 다른 사람 안에서 지각한 것을 *너 자신* 안에서 강화한다. 너는 너의 마음으로 하여금 그릇되게 지각하도록 하지만, 성령은 너의 마음으로 하여금 스스로 그릇되게 지각한 것을 재해석하도록 한다. 성령은 완벽한 교사다. 성령은 너의 마음이 *이미* 이해하는 것만을 사용하여, 네가 그것을 이해하지 *못한다는 것*을 가르친다. 성령은 배울 뜻이 없는 학습자도 그 뜻을 거스르지 않으면서 잘 다룰 수 있다. 학습자의 뜻은 그 일부가 여전히 하느님을 대변하기 때문이다. 이 부분은, 그것을 감추려는 에고의 시도에도 불구하고 여전히 에고보다 훨씬 더 강하다. 비록 에고는 그 부분을 인식하지 못하지만 말이다. 성령은 그 부분을 완벽하게 인식한다. 그 부분은 성령 자신이 머물러 사는 곳, 즉 마음 안에서 성령이 집과 같은 편안함을 느끼는 곳이기 때문이다.

⁴² *너* 역시 그곳에서 집과 같은 편안함을 느낀다. 그곳은 평화가 있는 곳이며, 평화는 하느님에게서 오기 때문이다. 하느님의 일부인 너는 하느님의 평화가 아닌 곳에서는 집과 같은 편안함을 느낄 수 없다. 평화가 영원하다면, 너는 오로지 영원 속에서만 집과 같은 편안함을 느낄 수 있다. 에고는 *자신이* 지각하는 대로의 세상을 만들었지만, 에고가 만든 것의 *재해석자인* 성령은 세상을 바라볼 때, 너를 집에 데려가기 위한 가르침의 도구로서만 본다. 성령은 시간을 지각해서 무시간성으로 재해석해야 한다. 마음은 시간을 통해 영원으로 인도될 수밖에 없다. 마음이 시간을 만들었다면, 시

간의 반대도 지각할 수 있기 때문이다.

⁴³ 성령은 서로 반대되는 것들을 통해 작업해야 한다. 성령은 *반대하고* 있는 마음과 함께, 그 마음을 위해 작업해야 하기 때문이다. 교정하고 배워라. 그리고 배움에 마음을 열라. 네가 진리를 만들지는 *않았지만*, 진리는 여전히 너를 자유롭게 할 수 있다. 성령이 보듯이 보고, 성령이 이해하듯이 이해하라. 성령의 이해는 나를 기억하여 하느님을 돌아본다. 성령은 항상 **거룩한 영적 교통 상태**에 있으며, 성령은 *너의* 일부다. 성령은 너를 구원으로 인도하는 **안내자**다. 성령은 지나간 것과 앞으로 올 것에 대한 기억을 간직하고 있기 때문이다. 성령은 이러한 기쁨을 너희 마음 안에 살며시 간직하고 있으면서, 너희에게 다만 그 기쁨을 공유하여 성령의 이름으로 *늘림으로써* 너희 안에서 자신의 기쁨을 늘려달라고 청할 뿐이다.

VI. 치료와 가르치기

⁴⁴ 너는 그동안 내가 너를 돕기 위해 얼마나 자주 너 자신의 아이디어를 사용했는지 알아차렸을 것이다. 너는 그동안 자애롭고, 지혜롭고, 아주 이해심이 많은 치료자가 되는 법을 배웠지만, 정작 너 자신은 그 대상에서 제외했다. 너는 그렇게 배제함으로써, 네가 *다른 사람들 안에서* 본 것 덕분에 그들에 대한 단순한 지각 이상을 얻기는 했지만, 그들을 *너의* 일부로 받아들이지 않은 탓에 그들과 너의 진정한 관계에 대한 앎에는 미치지 못하는 것을 얻었다. 이해는 지각 너머에 있다. 이해는 의미를 들여오기 때문이다. 하지만 이해는 비록 앎을 *향해* 성장해 갈 수는 있을지라도, 앎보다는 아래에 있다. 네가 큰 노력을 기울인다면 다른 사람을 어느 정도 이해하고 그에게 꽤 도움이 될 수도 있겠지만, 노력의 방향이 잘못되었다. 그 방향이 어떻게 잘못되었는지는 아주 분명하다. 그 노력은 *너에게서* 멀어지는 쪽으로 향해 있다.

⁴⁵ 이것은 앎이 너에게 *상실되었음*을 의미하는 것이 아니라, 네가 앎을 자각하지 못함을 *의미한다*. 나는 그동안 너의 모든 친절한 행위와 네가 품은 사랑스러운 생각들을 간직해 두었다. 나는 그것들의 빛을 감췄던 잘못을 정화해서, 그 완벽한 광휘를 유지한 채 너를 위해 보관해 두었다. 그것들은 파괴 너머에, 그리고 죄의식 너머에 있다. 그것들은 *네* 안의 성령에게서 왔다. 그리고 우리는 하느님이 창조하신 것은 영원

하다는 것을 안다. 두려움이 감췄던 것은 여전히 너의 일부다.

⁴⁶ 나는 너에게 속죄에 동참하라고 거듭 청했는데, 그것은 항상 두려움에서 *벗어나는* 방법이다. 이 말은 네가 참인 것들을 인정하지 않아도 된다는 의미가 아니다. 반대로 성령은 네가 두렵다고 지각한 것들을 전부 재해석하도록 돕고, *오로지* 사랑스러운 것만이 정녕 참임을 확실히 가르칠 것이다. 그것은 너의 파괴 능력 너머에 있지만, 전적으로 네가 손에 쥘 수 있는 범위 안에 있다. 그것은 네가 창조했으므로, 너에게 속한다. 그것은 너의 일부므로, 네 것이다. 마치 하느님이 *너를* 창조하셨으므로 네가 하느님의 일부인 것처럼 말이다.

⁴⁷ 속죄는 천국의 안전에 대한 *보증서다*. 선한 것은 아무것도 상실될 수 없다. 그것은 창조를 대변하는 **음성**인 성령에게서 오기 때문이다. 선하지 *않은* 것은 아무것도 창조된 적이 없으며, 따라서 보호받을 수 *없다*. 에고는 자신이 만든 것을 *혼자만* 간직한다. 그러므로 그것은 힘이 없다. 에고의 공유되지 않는 존재성은 죽지 않는다. 에고는 다만 태어난 적이 없을 뿐이다. 진정한 탄생은 시작이 아니라 *계속됨이다*. 계속될 수 있는 모든 것은 이미 태어난 상태지만, 네가 너의 마음에서 치유가 필요한 부분을 더 높은 부분으로 돌려보냄으로써 분열되지 않은 상태로 창조하려는 용의를 냄에 따라, 그것들은 *증가할* 수 있다.

⁴⁸ 너는 치료자로서 환자들에게 신경증적 죄의식과 "건강한" 죄의식 사이의 진짜 차이는, 신경증적 죄의식은 *누구에게도 도움이 안 된다*는 점이라고 말해준다. 이런 구분은 현명하기는 하지만, 불완전하다. 이제 그 구분을 조금 더 예리하게 해보자. 신경증적 죄의식은 에고가 공유 없이 "속죄"하고, 변화 없이 사면을 요청하기 위한 도구다. 에고는 결코 *진정한* 속죄를 요청하지 않으며, 진정한 변화인 용서를 용인하지 못한다.

⁴⁹ "건강한 죄의식"이라는 너의 개념에도 장점은 있지만, 속죄라는 개념이 없이는 속죄가 가진 치유적 잠재력이 없다. 너는 감정이라는 측면에서 그런 구분을 했고, 그것은 잘못을 *되풀이하지* 않겠다는 결심으로 이어졌지만, 그것은 단지 치유의 *일부일* 뿐이다. 너의 개념에는 잘못의 *무효화라*는 아이디어가 없다. 그렇다면 너는 실제로 진정한 *근거도* 없이 공유하는 방침을 옹호한 것이다. 나는 너에게 그 근거를 *주러 왔다*. 그럼으로써 너 자신의 생각들은 너를 *진정으로* 자유롭게 할 수 있다. 너는 그동안 공유하지 않은 탓에 너무도 약해져서 증가할 수 없는 아이디어들을 짐처럼 지고 있었다. 하지만 너는 그것들의 존재성을 무효화할 방법을 인식하지 못했다. 왜냐하면, 너

자신이 그것들을 만들었기 *때문이다.*

⁵⁰ 너 혼자서는 네가 과거에 범한 잘못을 상쇄할 수 *없다.* 그 잘못은 교정법 없이는 너의 마음에서 사라지지 *않을 것이다.* 네가 너 *자신을* 만들지 않았듯이, 그 교정법도 네가 만든 것이 *아니다.* 속죄는 오로지 순수한 공유의 *행위로서만* 이해될 수 있다. 이 세상에서조차 한 음성에만 귀 기울이는 것이 가능하다고 말했을 때, 우리는 바로 이런 의미로 말한 것이었다. 네가 하느님의 일부고 온아들이 하나라면, 너는 에고가 보는 "자아"로 국한될 수 *없다.* 온아들의 *어떤 부분이* 어떤 사랑스러운 생각을 품더라도, 그 모든 생각을 온아들의 모든 부분이 갖게 된다. 그 생각이 공유되는 *이유는,* 그것이 사랑스러운 생각이기 때문이다. 공유하기는 하느님이 창조하시는 방법이자 *네가* 창조하는 방법이기도 하다. 너의 에고는 네가 천국 *밖에서* 망명 생활을 하게 할 수는 있지만, 천국 안에서는 아무런 힘도 없다.

⁵¹ 너는 에고의 방해 없이 나의 메시지를 주는 대로 받을 용의를 내었다. 그러므로 우리는 이제 전에 말한 요점을 명확하게 할 수 있다. 우리는 네가 언젠가 배우는 만큼 가르칠 것이며, 그것은 너의 균형을 유지해 줄 것이라고 말했다. 지금이 바로 그때다. 왜냐하면 너는 그때가 바로 지금이 되도록 *허용했기* 때문이다. 너는 가르치지 *않고서는* 배울 수 없다.

⁵² 내가 오로지 한 음성만 들은 이유는, 배우기는 가르치기에 *의해* 이루어짐을 배웠기 때문이다. 나는 홀로는 나 *자신을* 속죄할 수 없음을 이해했다. 한 음성에 귀 기울이는 것은, 그 음성을 너 스스로 듣기 위해 *공유하겠다는* 뜻을 세우는 것을 의미한다. 내 안에 있던 마음은 여전히 하느님이 창조하신 모든 마음에게 저항할 수 없이 이끌린다. 하느님의 온전성은 실로 그분 아들의 온전성이기 때문이다.

⁵³ 다른 뺨을 대주라는 말은 폭력에 이의 없이 굴복하라는 의미가 *아니다.* 그것은 네가 정녕 상처받을 수 없으며, 네 형제에게 너의 온전성 *외에는* 아무것도 보여주기를 원하지 않는다는 것을 의미한다. 그에게 그가 너를 해칠 수 *없음을* 보여주고, 그 무엇도 그를 비난하기 위해 사용하지 말라. 그렇지 않으면 그것을 너 자신을 비난하기 위해 사용하게 된다. 가르치기는 여러 방법으로 이루어진다. 가르치는 방법에는 공식적인 수단으로 가르치기, 안내를 통해 가르치기, 무엇보다도 *모범을* 통해 가르치기가 있다. 가르치기는 치료다. 가르치기는 아이디어를 *공유한다는* 의미며, 아이디어를 공유하는 것은 그것을 *강화하는* 것임을 자각하고 있다는 의미기 때문이다. 온아들의 연

합이 곧 온아들의 보호다. 에고가 천국을 이길 수 없는 *이유*는, 천국이 연합되어 있기 때문이다. 하나로 존재하라는 성령의 부름을 온아들의 부분들이 들을 때, 에고는 그 매력 앞에서 점점 희미해지다가 무효화된다.

54 나는 내가 배운 것을 가르쳐야 할 필요성을 잊을 수 없다. 그 필요성이 내 안에서 일어난 *이유*는, 내가 그것을 배웠기 때문이다. 나는 너에게도 네가 배운 것을 가르치라고 요청한다. 그럼으로써 *너*는 그것을 신뢰할 수 있게 되기 때문이다. 나의 이름으로, 그것을 신뢰할 수 있는 것으로 만들어라. 나의 이름은 하느님 아들의 *이름*이기 때문이다. 나는 내가 배운 것을 아낌없이 주며, 내 안에 있던 마음은 *네가* 그것을 듣기로 선택할 때 크게 기뻐한다. 성령은 *무효화*를 통해 우리 모두 안에서 속죄하며, 그럼으로써 네가 너의 마음에 지웠던 짐을 덜어준다. 네가 그를 따르면, 성령은 너를 하느님께 돌아가도록 인도한다. 그곳은 네가 본래 속한 곳이다. 하지만 네 형제를 함께 데려가는 방법 말고, 네가 어떻게 그 길을 찾을 수 있겠는가?

55 내가 속죄에서 맡은 역할은 *네가* 속죄에 동참하여 속죄를 나눠주기 전에는 완성되지 않을 것이다. 너는 네가 가르치는 대로 배울 것이다. 나는 결코 너를 떠나지도 저버리지도 않을 것이다. 너를 저버리는 것은 나 자신은 물론 나를 창조하신 하느님을 저버리는 것이기 때문이다. 네가 네 형제들 가운데 *누구라도* 저버린다면, 너 자신과 하느님을 저버리게 될 것이다. 너는 네 형제를 지키는 자 이상의 어떤 존재다. 사실 너는 그를 지키기를 *원하지* 않는다. 너는 그를 있는 그대로 보는 법을 배워야 하고, 그도 너처럼 본래 하느님께 속한다는 것을 *알아야* 한다. 하느님의 것을 하느님께 드리는 것보다 네 형제를 더 잘 대접할 방법이 어디에 있겠는가?

56 아이디어는 그것을 생각한 마음을 떠나서 분리된 존재를 갖지 않으며, 분리된 생각들은 공간 안에서 서로 갈등하지 않는다. 그것들은 공간을 전혀 차지하지 않기 때문이다. 하지만 인간의 아이디어들은 내용 면에서는 갈등할 수 *있다.* 그것들은 서로 다른 수준에서 일어나며, 같은 수준에서도 서로 반대되는 생각들을 포함하기 때문이다. *서로 반대되는 생각들을 공유하는 것은 불가능하다.* 성령은 너로 하여금 네 형제들을 저버리게 *하지 않는다.* 따라서 너는 실제로 네 생각들 가운데 *오로지* 성령에게서 나온 부분, 그리고 성령이 또한 *너*를 위해 간직하고 있는 부분만 공유할 수 있다. 그러한 것이 바로 천국이다. 나머지 모든 생각은, 성령이 천국의 관점에서 재해석하여 역시 공유할 만한 가치가 있게 만들 때까지 너에게 남아있을 것이다. 그런 생각

들이 충분히 정화되었을 때, 성령은 너로 하여금 그것들을 나눠주게 한다. 그 생각들을 공유하려는 뜻이야말로 그것들을 정화하는 것이다.

57 속죄는 너에게 치유된 마음의 권능을 부여하지만, 창조하는 권능은 하느님에게서 나온다. 그러므로 용서받은 자들은 먼저 치유에 헌신해야 한다. 그들이 일단 치유라는 아이디어를 *받았으면,* 그것을 *나눠주어야 간직할* 수 있기 때문이다. 하느님의 아이디어들 가운데 *누구라도* 천국에 창조의 권능을 주지 않고 유보하는 한, 그 권능은 완전하게 표현될 수 없다. 온아들 *전체의* 결합된 뜻은 아버지처럼 창조할 수 있는 유일한 창조자다. 오로지 완전한 자들만이 완전하게 생각할 수 있기 때문이다. 그리고 하느님의 생각하기는 아무것도 결핍되어 있지 않다. 네가 성령을 통해 생각하지 않는 모든 생각은 실로 결핍되어 있다.

58 그렇게도 거룩한 네가 어떻게 고통받을 수 있겠는가? 너의 과거는 그 아름다움을 제외하고는 전부 사라졌으며, 축복을 제외하고는 아무것도 남아있지 않다. 너는 정녕 평화 속에 떠날 수 있다. 나는 나 자신을 사랑했듯이 너를 사랑해 왔기 때문이다. 이제 나의 축복을 *지니고,* 나의 축복을 *전하러* 가라. 나의 축복을 간직하고 공유하라. 그리하여 그것을 영원히 우리 것으로 만들라. 너의 마음 깊은 곳과 너의 두 손에 하느님의 평화를 놓아두니, 그것을 간직하고 공유하라. 너의 마음은 그것을 간직할 만큼 순수하고, 너의 두 손은 그것을 나눠줄 만큼 강하다. 우리는 실패할 수 없다. 나의 판단은 하느님의 지혜만큼이나 강력하며, 그분의 가슴과 손에 우리의 존재가 있다. 하느님의 조용한 아이들은 그분의 축복받은 아들들이다. 하느님의 생각들이 너와 함께 있다.

VII. 두 결정

59 죄의식에 대한 에고의 용도를 명확히 한다면, 몇 가지 개념이 더욱 뚜렷해지고 개인적으로 의미 있게 될 것이다. 성령과 마찬가지로, 에고도 어떤 목적이 있다. 에고의 목적은 *두려움이다.* 오로지 두려워하는 자들만이 이기적으로 egotistic 될 수 있기 때문이다. 에고의 논리는 성령의 논리와 마찬가지로 흠잡을 데가 없다. 너의 마음은 선택하기에 따라 천국이나 땅과 한편이 되기 위해 마음대로 쓸 수 있는 그 모든 수단을 가졌기 때문이다. 그러나 다시 말하지만, 천국과 땅은 둘 다 *네* 안

에 있음을 기억하자. 천국에는 죄의식이 없다. 천국은 속죄를 통해 얻어지기 때문이다. 속죄는 너를 해방하여 창조할 수 있게 한다. 여기서 "창조하다"라는 단어가 적절한 이유는, 네가 만든 것이 일단 성령에 의해 무효화되면, 나머지 축복받은 것들이 복원되어 창조를 계속 이어가기 때문이다.

⁶⁰ 참으로 축복받은 것은 죄의식을 불러일으킬 수 없으며, 기쁨을 불러오게 *마련이다*. 이로 인해 그것은 에고에 끄떡없게 된다. 그것의 평화는 결코 흔들릴 수 없기 때문이다. 그것은 온전하기 *때문에*, 분열에도 끄떡없다. 죄의식은 *항상* 분열시킨다. 두려움을 일으키는 것은 무엇이든 분열을 일으킨다. 그것은 분열의 법칙을 따르기 때문이다. 에고가 분리의 상징이라면, 또한 죄의식의 상징이기도 하다. 죄의식은 단지 하느님에게서 나오지 않은 것일 뿐만 아니라, 더 나아가 하느님에 대한 *공격의* 상징이다. 이것은 에고를 *제외한* 그 누구에게도 전적으로 무의미한 개념이지만, 이에 대한 에고의 믿음이 얼마나 강력한지 얕보지 말라. 실제로 이것은 그로부터 *모든* 죄의식이 생겨나는 믿음이다.

⁶¹ 에고는 실로 분열이 존재한다고 믿는 마음 부분이다. 하느님의 일부가 스스로 하느님을 공격하고 있다고 믿지 *않고서야* 어떻게 자기 자신을 따로 떼어낼 수 있겠는가? 우리가 전에 말했듯이, 권위 문제에는 하느님의 권능을 *찬탈했다*는 개념이 포함되어 있다. 에고는 자신이 *너라고* 믿으므로, 네가 그런 일을 했다고 믿는다. 그러므로 네가 *에고와* 동일시한다면, 너 자신을 유죄라고 지각할 수밖에 없다는 결론이 나온다. 너의 에고에게 반응할 때마다, 너는 반드시 죄의식을 경험하고 처벌에 대한 두려움에 시달릴 것이다. 에고는 아주 문자 그대로 하나의 두려운 생각이다.

⁶² 하느님을 공격한다는 아이디어가 *제정신인* 마음이 볼 때는 아무리 터무니없더라도, 에고는 제정신이 *아님*을 결코 잊지 말라. 에고는 하나의 망상체계를 나타내며, 또한 그것을 *대변한다*. 에고의 음성에 귀 기울이는 것은 네가 하느님을 공격하는 것이 가능하다고 믿는다는 *의미다*. 너는 *네가* 하느님의 한 부분을 찢어냈다고 믿는다. 그 죄의식은 너무나 극심해서 투사될 수*밖에* 없으므로, *밖으로부터의* 보복에 대한 두려움이라는 전형적인 양상이 뒤따른다. 프로이트는 기본 갈등 자체에 대해서는 틀렸지만, 그 영향을 묘사하는 데 있어서는 아주 정확했다.

⁶³ 네가 네 마음 *안*으로 받아들이는 것은 무엇이든 너에게 실재성을 갖는다. 하지만 그것이 실재적이 된 이유는 단지, 네가 그것을 받아들였기 때문이다. 네 마음 안

에서 에고를 왕좌에 앉힌다면, 네가 에고를 받아들이거나 들어오도록 허용했다는 바로 그 사실이 에고를 너의 실재로 *만든다*. 이런 까닭은, 하느님이 창조하신 대로의 마음은 실로 실재를 창조할 능력이 있기 때문이다. 우리는 전에 네가 하느님과 *함께* 생각하는 법을 배워야 한다고 말했다. 하느님과 함께 생각하는 것은 하느님과 *닮게* 생각하는 것이다. 이것은 죄의식이 아닌 기쁨을 불러일으킨다. 이것은 자연스럽기 때문이다. 죄의식은 네가 자연스럽지 *않게* 생각한다는 확실한 표시다. 왜곡되게 생각하는 것은 실로 죄에 대한 믿음이며, 따라서 *항상* 죄의식을 동반할 것이다.

⁶⁴ 에고는 죄를 사랑의 결핍이라고 지각하지 않는다. 에고는 죄를 *적극적인 공격 행위* *라고* 지각한다. 이것은 에고의 생존에 필수적인 해석이다. 죄를 *결핍*으로 여기는 순간, 너는 자동적으로 그 상황을 교정하려고 할 것이기 때문이다. 그리고 너는 반드시 성공할 것이다. 이것을 에고는 파멸로 여기겠지만, *너는* 자유로 여기는 법을 배워야 한다. 죄의식이 없는 마음은 고통받을 수 *없다*. 그 마음은 이미 치유되어 온전하므로, 몸을 치유한다. 온전한 마음은 병을 상상조차 할 수 없다. 그 마음은 어떤 사람이나 사물을 공격하는 것을 상상조차 할 수 없기 때문이다.

⁶⁵ 전에 병이란 일종의 마법이라고 말한 적이 있다. 사실 병은 일종의 마법적인 해결책이라고 말하는 편이 더 나을 것이다. 에고는 *자기 자신을* 처벌함으로써 하느님의 처벌을 경감할 수 있다고 믿는다. 하지만 에고는 심지어 여기서도 오만하다. 에고는 처벌하려는 의도를 하느님 탓으로 돌린 후, 그것을 *자신의* 특권으로 차지한다. 에고는 자신이 하느님의 기능이라고 지각하는 기능을 *전부* 찬탈하려고 한다. 에고는 오로지 전적인 충성만이 신뢰할 만한 것임을 인식하기 때문이다.

⁶⁶ 에고는 *너와* 마찬가지로 하느님의 법칙에 *반대할* 수 없지만, 또한 *너와* 마찬가지로 그것을 자신이 원하는 것에 따라 *해석할* 수 있다. 이것이 바로 "너는 과연 무엇을 원하는가?"라는 질문에 네가 반드시 답해야 하는 이유다. 너는 실로 매분 매초마다 이 질문에 *답하고 있다.* 그리고 각 순간의 결정은 *반드시* 어떤 결과를 낳을 수밖에 없는 판단이다. 그 *결정이 바뀔 때까지는* 결정의 결과가 자동적으로 따라올 것이다. 지금 이것을 되풀이해 말하는 이유는, 네가 아직 그것을 배우지 못했기 때문이다. 그러나 다시 말하지만, 너는 결정을 내릴made 수 있을 뿐만 아니라 *취소할*unmade 수도 있다. 그렇다 하더라도, 선택의 *대안들 자체는* 바뀔 수 없음을 기억하라.

⁶⁷ 성령도 에고처럼 하나의 결정이다. 성령과 에고는 마음이 받아들여 따를 수 있는

대안들의 전부다. 에고와 성령은 네가 고를 수 있는 *유일한* 선택 대안들이다. 그중 하나는 하느님이 창조하셨으며, 따라서 네가 없애버릴 수 *없다*. 다른 하나는 *네가* 만들었으며, 따라서 네가 없애버릴 수 *있다*. *오로지* 하느님이 창조하시는 것만이 되돌려지거나 바뀔 수 없다. *네가* 만든 것은 언제든 바뀔 수 있다. 하느님과 *닮게* 생각하지 않을 때, 너는 실제로 전혀 생각하고 있는 것이 아니기 때문이다. 망상적인 아이디어는 실재생각이 아니다. 너는 비록 그것들이 존재한다고 믿을 수는 *있지만* 말이다. 그러나 네가 틀렸다. 생각이라는 기능은 하느님에게서 *나오고*, 하느님 *안에* 있다. 너는 하느님 생각의 일부로서, 하느님과 *떨어져서는* 생각할 수 없다.

⁶⁸ 비합리적인 생각은 일종의 사고 *장애다*. 너의 생각은 하느님이 창조하셨으므로, 하느님이 직접 지시하신다. 죄의식은 항상 네가 이를 알지 못한다는 표시다. 죄의식은 또한 네가 하느님과 떨어져서 생각할 수 있다고 믿으며, 그러기를 *원한다는 것*을 보여준다. 모든 사고 장애는 그 시작부터 죄의식이 동반되며, 그것의 존속도 죄의식에 의존한다. 만약 너의 생각을 너 자신이 지시하므로 그 생각들의 지시를 따라야 한다고 믿는다면, 너는 죄의식을 피할 수 없을 것이다. 이것은 너로 하여금 네 마음의 잘못에 *책임*을 느끼게 만든다. 하지만 너는 그런 책임을 *받아들임으로써* 실제로 무책임하게 반응하고 있음을 인식하지 못한다. 기적일꾼의 *유일한* 책임은 스스로 속죄를 받아들이는 것이다. 그렇다면 장담하건대, 속죄되는 *것에* 대한 책임은 네 것일 수 *없다*.

⁶⁹ 이 딜레마는 *무효화라는* 해결책을 받아들이지 않고서는 해결될 수 없다. 만약 너의 모든 그릇된 생각들이 무효화될 수 없다면, 너는 그것들이 낳는 결과에 책임이 있을 것이다. 속죄의 목적은 과거를 오로지 정화된 형식으로만 남겨두는 것이다. 네가 사고 장애에 대한 치료법을 받아들인다면, 그리고 그것이 효과를 의심할 수 없는 치료법이라면, 사고 장애의 증상이 어떻게 남아있을 수 있겠는가? 너는 물론 증상이 정말로 치료됐는지 그 타당성에 의문을 제기할 수도 있다. 하지만 근본적인 *원인이* 제거되었는데도 증상이 남아있을 수 있다고 믿는 자는 *아무도* 없다.

VIII. 시간과 영원

⁷⁰ 분리된 채 남아있겠다는 뜻을 *지속시키는* 것이 죄의식을 지속시키는 유일하게 가

능한 이유다. 이에 대해서는 전에 말한 적이 있지만, 그때는 이런 결정의 파괴적인 결과를 강조하지 않았다. 마음이 내리는 *모든* 결정은 행동은 물론 경험에도 영향을 줄 것이다. 너는 네가 뜻하는 것을 *기대한다.* 이것은 망상이 아니다. 너의 마음은 정녕 너의 미래를 창조하며, *만약 너의 마음이 먼저 속죄를 받아들인다면,* 지금 당장에라도 미래를 완전한 창조로 돌려놓을 수 있다. 그렇게 하는 순간, 너의 마음 또한 완전한 창조로 돌아갈 것이다. 마음이 사고 장애를 포기했기에, 생각을 적절하게 지시할 것이 아주 분명해진다.

71 당신의 앎 안에 머무시는 하느님은 기다리지 않으신다. 하지만 하느님의 왕국은 *네가* 기다리는 동안 상실감에 빠져있다. 하느님의 아들들 모두가 네가 돌아오기를 기다리고 있으며, *너도 마찬가지로 그들이 돌아오기를* 기다리고 있다. 지연은 영원 안에서는 문제가 아니지만, 시간 안에서는 *정녕* 비극적이다. 너는 영원보다는 시간 안에 있기로 선택했고, 따라서 네가 어떤 상태에 있는지에 대한 믿음을 바꿨다. 하지만 너의 선택은 자유로울 뿐만 아니라 바뀔 수도 있다. 너는 본래 시간에 속하지 않는다. 네가 있을 곳은 오로지 영원이며, 그곳은 하느님이 몸소 너를 영원히 두신 곳이다.

72 죄의식은 시간의 수호자다. 죄의식은 미래의 보복이나 버림받음에 대한 두려움을 유발하여, 미래가 과거처럼 남아있도록 보장한다. 이것이 바로 에고의 지속성이다. 이것은 네가 에고에서 벗어날 수 없다는 믿음을 통해 에고에게 거짓된 안전감을 준다. 그러나 너는 에고에서 벗어날 수 있으며, *반드시* 벗어나야 한다. 하느님은 그것을 영원의 지속성과 맞바꿔 주신다. 이러한 맞바꿈을 선택할 때, 너는 동시에 죄의식을 기쁨으로, 사악함을 사랑으로, 고통을 평화로 맞바꾸는 것이다. 나의 역할은 단지 너의 묶인 뜻을 풀어주어 자유롭게 하는 것뿐이다. 너의 에고는 이러한 자유를 받아들일 수 없으며, 가능한 모든 순간에 가능한 모든 방법으로 너의 자유로운 결정에 반대할 것이다. 너는 에고를 만든 자로서, 에고가 무엇을 할 수 있는지 인식한다. 에고에게 그것을 할 힘을 *부여한* 자는 바로 너기 때문이다.

73 마음은 정녕 자신의 힘을 안다. 마음은 정녕 하느님을 알기 때문이다. 언제나 천국을 기억하라. 그리고 천국의 일부인 너는 결코 상실될 수 *없음*을 기억하라. 내 안에 있던 바로 그 마음이 네 안에 *있다.* 하느님은 지극히 공평하게 창조하시기 때문이다. 성령으로 하여금 항상 너에게 하느님의 공평하심에 대해 일깨워 주게 하고, 나로 하여금 너에게 하느님의 공평하심을 네 형제들과 공유하는 법을 가르치게 하라. 너에

게 달리 어떤 방법으로 하느님의 공평하심을 달라고 주장할 기회가 주어질 수 있겠는가? 두 음성이 동시에, 더 정확히 말하자면 에고는 항상 먼저 말하므로 거의 동시에, 같은 것에 대한 서로 다른 해석을 대변해 말한다. 너는 이 점을 이해하지 못한다. 첫 번째 해석이 만들어지기 전에는 대안적인 해석이 필요 없었고, 에고가 만들어지기 전에는 말 자체가 필요 없었다.

74 에고는 판단 아래 말하고, 성령은 에고의 결정을 뒤집는다. 이것은 마치 이 세상의 법칙에 대해 하급 법원이 내린 결정을 대법원이 뒤집을 수 있는 것과도 같다. 에고의 결정은 *항상* 그르다. 그것은 하나의 철저한 오류에 근거하고 있는데, 에고는 이 오류를 옹호하려고 결정하기 때문이다. 에고가 지각하는 그 무엇도 바르게 해석되지 *않는다*. 에고는 성서 구절을 자신의 목적을 위해 인용할 뿐만 아니라, 심지어 자신을 위한 증거로 해석하기조차 한다. 에고의 편향된 판단 탓에, 성서는 에고에게 두려움의 대상이다. 에고는 성서를 두렵다고 지각하면서, 두려워하면서 해석한다. 에고가 *너*를 이미 두려워하도록 만들어 버렸기에, 너는 **상급법원**의 판단이 너에게 *불리할* 것이라고 믿고는 상고하지 않는다.

75 에고의 해석이 너를 어떻게 잘못 인도했는지 보려면 몇 가지 예만 들면 된다. "뿌린 대로 거두리라."는 에고가 아주 즐겨 인용하는 구절이다. 다른 하나는, "복수는 나의 것이라고 주께서 말씀하셨다."이다. 또 다른 것으로는, "나는 아비의 죄를 가지고 삼대, 사대에 이르기까지 찾아갈 것이다."와 "사악한 자들은 소멸할 것이다."가 있다. 그밖에 다른 것도 많지만, 성령으로 하여금 이 구절들을 성령 자신의 관점에서 재해석하도록 한다면, 그것으로 그것으로 충분할 것이다.

76 "뿌린 대로 거두리라."는 단순히 말해, 너는 경작할 만한 가치가 있다고 믿는 것을 너 자신 안에서 경작할 것임을 의미할 뿐이다. 무엇이 가치 있는 것인지에 대한 너의 판단이 그것을 너에게 가치 있게 *만들어준다*. "복수는 나의 것이라고 주께서 말씀하셨다."라는 구절은, 아이디어는 공유를 통해서만 증가한다는 사실을 기억하면 쉽게 설명된다. 따라서 이 인용문은 복수는 공유될 수 *없다는* 사실을 강조한다. 그러니 복수를 성령께 드려라. 그러면 성령은 네 안에서 복수를 무효화할 것이다. 복수는 하느님의 일부인 너의 마음에 속하지 않기 때문이다.

77 "나는 아비의 죄를 가지고 삼대, 사대에 이르기까지 찾아갈 것이다."라는 구절은 에고의 해석에 따르면 특히 잔인하다. 사실 이것은 에고가 자기 자신을 넘어서까지

생존을 보장하려는 시도로서 사용하는 것이다. 실제로 이 인용문이 의미하는 것은, 후대 안에 있는 성령은 선대가 이미 생각한 것을 *바르게* 해석하여 선대의 생각을 해방함으로써, 그것이 온아들의 어느 곳에든 두려움을 일으킬 수 없게 하는 힘을 유지한다는 의미다. "소멸하다perish"라는 단어를 제대로 이해한다면, "사악한 자들은 소멸할 것이다."라는 구절은 단지 사실에 대한 진술에 불과하다. 사랑 없는 모든 생각은 *반드시* 무효화되어야 한다. 에고는 심지어 "무효화되다"라는 단어조차 두려워한다. 에고는 "나는 무효화된다."를 "나는 파괴된다."로 해석한다.

78 에고는 네 생각의 일부므로, 파괴되지 *않을* 것이다. 하지만 에고는 창조적이지 않은 탓에 공유하지 않으며, 따라서 성령은 에고를 전적으로 *재해석하여* 너를 두려움에서 해방할 것이다. 네가 에고에게 준 생각의 일부는 단지 천국으로 되돌아갈 것이다. 그곳은 너의 마음 전부가 *본래* 속한 곳이다. 에고는 일종의 저지 상태지만, 저지란 단지 지연에 불과하다. 저지에는 처벌이라는 개념이 수반되지 *않는다*. 비록 에고는 그런 해석을 환영하지만 말이다. 너는 천국의 완성을 미룰 수는 *있지만*, 천국에 공격이라는 개념을 들여올 수는 *없다*.

79 "나는 세상에 빛으로 왔다."라고 말했을 때, 나는 분명 그 빛을 너와 공유하려고 왔다. 우리가 전에 에고의 어두운 유리에 대해 상징적으로 언급한 것을 기억하고, "그곳을 보지 말라."라고 말해준 것도 기억하라. "너 자신을 찾으려고 어디를 볼지는 너에게 달려있다."라는 말은 여전히 참이다. **상급법원**은 너를 정죄하지 *않을 것이며*, 너에 대한 소송을 그저 기각할 것이다. 하느님의 아이에 대한 소송은 있을 수 *없으며*, 하느님의 창조물들이 유죄라고 주장하는 모든 증인은 하느님에 대한 거짓된 증언을 하고 있는 것이다.

80 네가 믿는 모든 것을 하느님의 **상급법원**에 기꺼이 상고하라. 그것은 하느님을 대변해 말하며, 따라서 진실하게 말하기 때문이다. *네가* 아무리 심혈을 기울여 너 자신을 상대로 소송을 제기했더라도, **상급법원**은 그것을 기각할 것이다. 그 소송은 바보는 속일 수 있을지라도 하느님을 속일 수는 *없다*. 하느님을 대변하는 음성은 그 사건을 심리하지 않을 것이다. 그는 오로지 진실하게만 증언할 수 있기 때문이다. 그가 내리는 평결은 항상, "천국이 네 것이다."이다. 그는 너에게 너의 정체를 일깨워 주라고 *주어졌기* 때문이다.

81 너희가 서로에게 보이는 인내는 곧 너희가 자신에게 보이는 인내다. 하느님의 아

이에게 인내할 만한 *가치가* 없겠는가? 내가 너희에게 무한한 인내를 보여준 이유는, 나의 뜻은 곧 우리 아버지의 뜻이기 때문이다. 나는 아버지께 무한한 인내를 배웠다. 아버지의 음성은 지금 너희 안에 있듯이 내 안에도 있었으며, 그 창조주의 이름으로 온아들을 향한 인내를 대변해 말한다. 너희는 지금 무한한 인내만이 즉각적인 결과를 낳을 수 *있음을* 배울 필요가 있다. 바로 이런 식으로 시간이 영원으로 맞바꿔진다. 무한한 인내는 무한한 사랑을 불러일으키며, *바로 지금* 결과를 낳음으로써 시간을 불필요하게 만든다.

82 시간이 일시적이라는 사실은 말할 필요조차 없다. 우리가 거듭해 말했듯이, 시간은 더 이상 쓸모가 없을 때 폐지될 학습 도구다. 시간 안에서 하느님을 대변해 말하는 성령도 시간이 의미 없음을 안다. 시간의 지나가는 매 순간마다, 성령은 너에게 이를 일깨워 준다. 너를 영원으로 복귀시키고, 그곳에 남아 *너의* 창조물들을 축복하는 것이 성령의 특별한 기능이기 때문이다. 성령은 네가 다른 이에게 참으로 줄 수 있는 유일한 축복이다. 성령은 참으로 축복받았기 때문이다. 하느님이 너에게 성령을 아낌없이 주셨다. 그러니 너도 성령을 네가 받은 대로 주어야 한다.

IX. 영원한 고착

83 우수한 심리학 개념 가운데 "고정set"이라는 아이디어가 있다. 사실 그 아이디어는 성서는 물론 이 수업에서도 다양한 맥락에서 자주 사용된다. 예를 들어 "하느님은 마음이 당신께 머무는 (혹은 고정된) 자를 완벽한 평화 안에 두신다."라는 말은, 하느님의 평화는 하느님께 고착되어 있으므로 성령 안에 고정되어 있다는 의미다. 하느님의 평화는 또한 네 안에도 고착되어 있다. 그렇다면 너는 정녕 하느님의 평화 안에 고착되어 있다. "고착fixation"이라는 개념도 프로이트가 완벽하게 이해한 아주 유용한 개념이다. 유감스럽게도, 프로이트는 자신이 이해한 것을 잃었다. 그는 두려움에 빠져있었으며, 또한 네가 너무도 잘 알고 있듯이, 두려움과 좋은 판단은 양립할 수 없기 때문이다. 두려움은 사고를 왜곡하여 생각 *장애*를 일으킨다.

84 프로이트의 사고체계가 굉장히 독창적인 이유는, *그가* 굉장히 독창적인 사람이었으며, 마음은 자신의 속성을 자신의 생각에 부여할 수밖에 없기 때문이다. 이것이 바

로 마음의 타고난 강점이다. 비록 마음은 자신의 힘을 오용할 수 있기는 하지만 말이다. 프로이트는 자신의 사고체계가 가진 잠재 가치를 대부분 잃었는데, 왜냐하면 그 안에 자기 자신을 포함하지 *않았기* 때문이다. 이것은 일종의 해리 상태다. 생각하는 자가 자신의 생각들로부터 자기 자신을 배제했기 때문이다. 프로이트의 생각은 너무나 갈등이 심해서, 해리 *없이는 자신이* 보는 대로의 제정신을 유지할 수 없었을 것이다. 이런 이유로 프로이트의 사고에서 너무나 뚜렷한 많은 모순점들이 그 자신에게는 점점 덜 뚜렷하게 되었다. 고착이 정말로 무엇을 의미하는지 알면서도 그것에 순종하지 않는 자는 끔찍한 두려움에 시달린다.

85 고착이란 하느님의 끌어당기심이다. 너의 마음은 하느님께 고착되어 있는데, 그 이유는 성령이 하느님께 돌이킬 수 없이 고정되어 있기 때문이다. "돌이킬 수 없음"은 "다시 불러들이거나 방향을 바꿀 수 없음"을 의미한다. 돌이킬 수 없이 고정된 성령의 특성은 그의 확고한 음성의 근거다. 성령은 *결코* 자신의 마음을 바꾸지 않는다. 갈팡질팡하는 상태에서는 생각을 명료하게 할 수 *없다*. 마음은 자신의 목적에 고착되어 있지 않는 한 명료할 수 *없다*. 명료함이란 문자 그대로 빛의 상태를 의미하며, 그렇게 빛이 비추어져 있는 상태enlightenment가 곧 이해다. 빛이 비추어져 있는 상태는 지각의 *아래*에 놓여있다. 왜냐하면, 네가 그것을 생각의 *진정한* 토대로 삼기를 거부했기 때문이다. 이것이 바로 *모든* 망상체계의 근거다.

86 프로이트가 본 대로의 고착 개념에는 학습상의 이점이 여럿 있다. 첫째, 이 개념은 사람이 시간상의 특정 시점과 일치하지 *않는* 발달 과정상의 특정한 시점에 고착될 수 있음을 인정한다. 만약 프로이트가 열린 마음으로 계속 연구했다면, 이 개념은 분명 시간이라는 믿음에서 진정으로 해방되도록 이끄는 수단이 될 수도 있었을 것이다. 하지만 프로이트는 영원성이 자신의 마음에 떠올라 그것을 진정으로 밝게 비추는 것을 막기 위해 평생을 분투했다. 그 결과 프로이트는 *지금 이* 순간을 완전히 간과하였으며, 단지 과거와 미래의 연속성만을 보았다.

87 둘째, 프로이트는 비록 성령이 그에게 말해준 것, 더 정확하게는 성령이 일깨워 준 것을 잘못 해석하기는 했지만, 그 상황을 지각할 때 두려움을 참을 수 있는 범위 안에 유지하는 데 필요한 정도 이상으로 부정하기에는 너무 정직한 사람이었다. 따라서 프로이트는 마음이 동의하지 않는 외적인 실재보다는 마음이 고착된 발달 과정상의 어떤 시점이 *마음 자신에게* 더 실재적임을 강조했다. 이 점 또한 강력한 *해방*의 기제가

될 수도 있었다. 만약 프로이트가 고착을 공격으로 지각하여 강력한 *방어* 체계에 포함하기로 결정하지 않았더라면 말이다.

[88] 셋째, 프로이트는 비록 고착을 마음이 언제라도 퇴행할 수 있는 돌이킬 수 없는 "위험 지점"을 포함하는 것으로 해석하기는 했지만, 이 개념은 또한 마음이 결코 *잃을* 수 없는 제정신으로 돌아오라는 돌이킬 수 없는 부름으로 해석될 수도 있다. 프로이트 자신은 이런 해석을 받아들일 수 없었지만, 고착의 "위협"은 그의 사고체계 전반에 걸쳐 남아있었으며, 살아있는 사람이라면 그 누구도 결코 제거할 수 없는 것이었다. 본질적으로, 이것은 프로이트가 이론적으로는 물론 개인적으로도 비관주의에 빠져있던 이유였다. 프로이트는 마음을 고착에서 영원히 벗어나게 해줄 치료법을 정립하기 위해 자신의 아주 독창적인 마음이 고안해 낼 수 있는 모든 방법을 다 시도했다. 비록 이것이 불가능함을 *알았지만* 말이다.

[89] 이러한 앎은 그 자신의 사고체계에 대한 믿음을 곳곳에서 건드렸다. 그는 정직한 사람이자 치유사였기 때문이다. 따라서 그는 단지 부분적으로만 정신 이상이었으며, 비록 해방의 *가능성에* 제대로 대처할 수 없기는 했지만 그것을 포기할 수는 없었다. 이것을 이렇게 상세히 설명하는 이유는, 너도 같은 입장에 놓여있기 때문이다. 너는 창조될 때 하느님께 영원히 고착되었으며, 이러한 고착의 끌어당김은 너무도 강력해서 너는 결코 그것을 이겨낼 수 없을 것이다. 그 이유는 더없이 분명하다. 그 고착은 너무도 높은 수준에 있어서, 그 무엇도 그것을 넘어설 수 없다. 너는 *항상* 너의 창조주께 끌어당겨지고 있다. 너는 본래 그분께 속하기 때문이다.

[90] 너는 네가 *정말로* 하느님의 음성을 잠재울 수 있는 음성을 만들 수 있다고 믿는가? 너는 네가 *정말로* 하느님의 사고체계로부터 너 자신을 분리할 수 있는 사고체계를 고안해 낼 수 있다고 믿는가? 너는 네가 *정말로* 너 자신의 안전과 기쁨을 위한 계획을 하느님보다 더 잘 세울 수 있다고 믿는가? 너에게는 걱정할 필요도 없고 걱정하지 않을 필요도 없다. 너에게는 단지 모든 걱정거리를 하느님의 손에 맡길 필요만 있다. 하느님이 *너를* 보살피시기 때문이다. 너는 정녕 하느님의 보살핌 가운데 있다. 하느님은 너를 사랑하시기 때문이다. 하느님의 음성은 너에게, 하느님의 보살피심 *덕분에* 모든 희망이 네 것이라고 항상 일깨워 준다. 너는 하느님의 보살피심을 벗어나겠다고 선택할 수 *없다.* 그것은 하느님의 뜻이 아니기 때문이다. 하지만 너는 하느님의 보살피심을 받아들여, 그 보살피심의 무한한 권능을 그 권능에 *의해* 창조된 모든 이

를 위해 사용하기로 선택할 수 *있다.*

⁹¹ 그동안 자기 자신을 치유하지 않은 치유사들이 많았다. 그들의 믿음은 온전하지 않아서 산을 옮길 수 없었다. 그들 중 몇몇은 때로 병든 자를 치유했지만, 죽은 자를 일으키지는 못했다. 치유사가 *자기 자신*을 치유하지 않는 한, 기적에 난이도가 없음을 믿을 수 *없다.* 그런 치유사는, 하느님이 창조하신 *모든* 마음은 *온전하게 창조되었기 때문에* 똑같이 치유받을 자격이 있음을 아직 배우지 못한 것이다. 너는 단지 *하느님이 창조하신 대로의* 마음을 하느님께 돌려드리라고 요청받고 있을 뿐이다. 하느님은 오로지 당신이 너에게 주신 것만을 요청하실 뿐이다. 하느님은 이러한 돌려드림이 너를 치유한다는 것을 아시기 때문이다. 제정신이란 곧 온전함이며, 네 형제의 제정신이 곧 너의 제정신이다.

⁹² 하느님의 음성이 네 안에 있음을 *아는데,* 네가 왜 미친 부름이 끊임없이 너를 불러댄다고 생각하면서 귀 기울여야 하겠는가? 하느님은 당신의 영을 너에게 맡기셨으니 이제 너의 영을 당신께 맡기라고 청하신다. 하느님은 너의 영을 완벽한 평화 속에 간직하기를 뜻하신다. 너는 하느님과 하나의 마음이자 하나의 영이기 때문이다. 너 자신을 속죄에서 제외하는 것은 에고가 *자신의* 생존을 위해 사용하는 최후의 방어수단이다. 그것은 분리해야 하는 에고의 필요뿐만 아니라, 에고의 분리를 편들려는 너의 용의도 반영한다. 이러한 용의는 *네가 치유되기를 원하지 않는다는 것을 의미한다.*

⁹³ 그러나 때는 *바로* 지금이다. 나는 너에게 스스로 구원 계획을 짜라고 요청한 것이 아니다. 전에 말했듯이, 치료법은 네가 만드는 것이 *아니기* 때문이다. 하느님은 네가 만든 것 중에 당신의 거룩한 뜻과 일치하지 않는 모든 것에 대한 완벽한 교정법을 직접 주셨다. 나는 너에게 하느님의 계획을 숨김없이 전부 밝혔으며, 그 계획에서 네가 맡은 부분과 네가 그것을 완수하는 것의 시급성에 대해서도 말해주었다. 미룰 시간은 있지만, 그럴 필요는 없다. 하느님은 당신께 잊혔다고 믿는 아이들의 "희생"에 눈물을 흘리신다.

⁹⁴ 전에 이미 말해주었듯이, 네가 전적으로 기쁘지 않을 때 그것은 항상 하느님이 창조하신 어떤 **영혼**에게 사랑 없이 반응했기 때문이다. 너는 이것을 "죄"라고 지각하여 공격을 *예상하므로,* 방어적으로 된다. 하지만 이런 식으로 반응하겠다는 결정은 *너의* 결정이며, 따라서 그것은 무효화될 수 있다. 그것은 일상적인 의미의 참회로는 무효화될 수 *없다.* 왜냐하면, 참회는 죄의식을 함축하기 때문이다. 만약 너 자신이 죄

의식을 느끼도록 허용한다면, 잘못이 너를 *위해* 무효화되도록 허용하는 대신에 잘못을 *강화하게* 될 것이다.

⁹⁵ 결정은 어려울 수 *없다.* 네가 온전히 기쁘지 않을 때 그것은 네가 *이미* 그렇게 결정해 버렸기 때문임을 깨닫는다면, 이것은 명백하다. 따라서 무효화 과정의 첫 번째 단계는, 네가 *적극적으로 잘못 결정했지만* 마찬가지로 *적극적으로 다르게 결정할 수 있음*을 인식하는 것이다. 이점에 대해 굳게 확신하라. 그리고 무효화 과정은 너에게서 비롯되는 것은 *아니지만,* 너의 *내면*에 있음을 충분히 자각하라. 하느님은 그것을 네 안에 놓아두셨기 때문이다. *너의* 역할은 단지 너의 생각을 잘못이 만들어진 곳으로 다시 가져가서, 속죄에 평화로이 맡기는 것뿐이다. 성령은 너의 아주 미약한 초대에도 전적으로 응답할 것임을 기억하면서, 가능한 한 진지하게 다음과 같이 말하라:

> ⁹⁶ 내가 지금 평화롭지 않은 것을 보니 분명 잘못 결정했을 것이다.
> 나는 스스로 그런 결정을 내렸지만, 다르게 결정할 수도 있다.
> 나는 평화롭기를 원하며, 따라서 다르게 결정하기로 뜻한다.
> 내가 맡기기만 하면, 성령은 그릇된 결정의 모든 결과를 무효화할 것이다.
> 따라서 나는 죄의식을 느끼지 않는다.
> 나는 성령이 나 대신 하느님을 위한 결정을 내리도록 허락함으로써,
> 성령께 맡기기를 뜻한다.

제6장

공격과 두려움

I. 서문

¹ 분노와 공격의 관계는 명백하지만, 분노와 *두려움*의 불가피한 관련성은 항상 그렇게 뚜렷하지는 않다. 분노는 *항상 분리의 투사*를 수반하며, 너는 궁극적으로 이것을 너의 전적인 책임으로 받아들여야 한다. 네가 공격받았으며, 따라서 너의 공격은 정당한 근거가 있고, *너는* 전혀 책임이 없다고 믿지 않는 한, 분노는 일어날 수 없다. 이렇게 완전히 비이성적인 세 가지 전제하에서는, 어떤 형제가 사랑이 아닌 공격을 받아 *마땅하다는*, 똑같이 비이성적인 결론이 뒤따른다. 제정신이 아닌 전제로부터 제정신이 아닌 결론 외에 무엇을 기대할 수 있겠는가?

² 미친 결론을 무효화하는 방법은 그것이 근거하는 전제가 제정신인지 검토하는 것이다. 너는 정녕 공격받을 수 없으며, 공격에는 정당한 근거가 *없다.* 그리고 너는 네가 믿는 것에 대해 책임이 *있다.* 전에 너에게 나를 학습 모델로 삼으라고 청한 적이 있는데, 극단적인 본보기는 특히 도움이 되는 학습 도구기 때문이다. 사람은 누구나 가르치며, 언제나 가르친다. 이것은 사람이 어떤 전제든 받아들이는 순간 불가피하게 떠맡는 책임이다. 그리고 아무런 사고체계 없이도 자신의 삶을 꾸려나갈 수 있는 사람은 없다. 사람이 일단 어떤 사고체계든 만들어내고 나면, 그것에 따라 살며 *그것을 가르친다.*

³ 너희가 속죄를 가르치도록 선택된 이유를 정확히 말하자면, 너희가 그동안 자신의 사고체계에 충성하는 극단적인 본보기였으며, 따라서 충성할 수 있는 능력을 개발해 두었기 때문이다. 그 능력은 일종의 신앙으로서, 너희는 그것을 정녕 잘못된 곳에 사용했지만 다른 방향으로 돌릴 용의를 냈다. 너희가 그동안 얼마나 충실하게 그 신앙을 지켜왔는지 잘 생각해 본다면, 너희의 헌신의 힘이 얼마나 강력한지 의심할 수 없다. 따라서 너희가 더 나은 모델을 받아들일 수만 있다면, 그를 따를 능력은 이미 개발해 두었음이 아주 분명하다.

II. 십자가형의 메시지

⁴ 학습 목적을 위해 십자가형에 대해 다시 잘 살펴보자. 이에 대해 전에 자세히 설명

하지 않은 이유는 그것에 함축된 두려움 때문이었다. 우리가 십자가형에 대해 유일하게 강조한 것은, 그것이 어떤 처벌이 *아니었다*는 점뿐이었다. 하지만 부정적인 용어만 써서 제대로 설명할 수 있는 것은 아무것도 없다. 십자가형에 대한 긍정적인 해석이 하나 있는데, 그것에는 두려움이 전혀 없다. 따라서 제대로만 이해한다면, 그 가르침의 내용은 전적으로 자비롭다. 십자가형은 극단적인 본보기에 불과하다. 모든 가르침의 도구가 그렇듯이, 십자가형의 가치는 전적으로 그것이 어떤 배움을 촉진하는지에 달려있다. 십자가형은 오해받을 수 있으며, 그동안 오해를 받아왔다. 그 이유는 단지, 두려워하는 자들은 두렵게 지각하려는 경향이 있기 때문이다.

⁵ 나는 이미 너에게, 너는 언제라도 나의 결정을 공유하겠다고 요청함으로써 *그것을 강화*할 수 있다고 말해주었다. 나는 또한 십자가형은 온아들에게 필요한 마지막 어리석은 여정이었으며, 그것을 이해하는 자에게는 두려움으로부터의 *해방*을 의미한다고도 말해주었다. 우리는 전에 단지 부활만 강조한 반면, 십자가형의 목적과 그것이 실제로 어떻게 부활로 *이어졌는지*에 대해서는 분명히 밝히지 않았다. 하지만 십자가형은 너희 자신의 삶에 확실하게 기여할 점이 있다. 그리고 그것을 두려움 *없이* 숙고해 본다면, 너희가 교사로서 자신의 역할을 이해하는 데 도움이 될 것이다.

⁶ 여러 해 동안, 너는 마치 네가 십자가형에 처해지기라도 하는 듯이 반응해 왔다. 이것은 분리된 자들이 뚜렷이 보이는 경향인데, 그들은 항상 *자기 자신에게* 무엇을 했는지 숙고해 보기를 거부한다. 투사는 분노를 의미하고, 분노는 공격을 조장하며, 공격은 두려움을 촉진한다. 십자가형의 진정한 의미는 하느님의 몇몇 아들들이 다른 아들에게 가한 공격이 *겉보기에* 강렬하다는 데 있다. 이것은 물론 불가능하며, *불가능한* 것으로 충분히 이해해 두어야 한다. 십자가형을 오로지 그런 것으로만 충분히 이해하지 않는 한, 나는 배움을 위한 진정한 모델로서의 역할을 이행할 수 없다.

⁷ 공격은 궁극적으로 오로지 몸에만 가해질 수 있다. 한 *몸*은 다른 몸을 공격할 수 있으며, 심지어 파괴할 수도 있다는 데는 의문의 여지가 없다. 하지만 파괴 *자체가* 불가능하다면, 파괴될 수 있는 것은 무엇이든 *실제*일 수 없다. 따라서 몸의 파괴는 분노를 정당화하지 않는다. 너는 그것이 분노를 *정당화한다*고 믿는 정도만큼 거짓된 전제들을 받아들이고 있는 것이며, 그것들을 *다른 사람들에게도 가르치고 있는 것이다.* 십자가형이 가르치고자 했던 메시지는 바로, 박해에서 *어떤* 형식의 공격도 지각

할 필요가 없다는 것이다. 왜냐하면 너는 정녕 박해받을 수 없기 때문이다. 네가 만약 분노로 반응한다면, 너 자신을 파괴될 수 있는 것과 동일시함으로써 제정신이 아니게 보고 있는 것이다.

8 나는 너와 같고 너는 나와 같다는 점을 내가 아주 명확히 해두기는 했지만, 우리의 근본적인 동등성은 오로지 공동의 *결정*을 통해서만 입증될 수 있다. 너는 선택하기에 따라 자신이 박해받는다고 지각할 자유가 있다. 하지만 네가 그런 식으로 반응하겠다 고 *선택할* 때, 나는 세상이 판단하는 대로 박해를 *받았지만*, 스스로 그런 평가를 공유 하지 *않았다는* 점을 기억해 두면 좋다. 그리고 나는 그런 평가를 공유하지 않았으므 로, 그것을 *강화하지* 않았다. 따라서 나는 공격에 대한 *다른* 해석을 제시한 것이며, 그것을 너와 절실히 공유하기를 원한다. 네가 그런 해석을 *믿는다면*, 너는 내가 그것 을 *가르치는 것*을 돕게 될 것이다.

9 우리는 전에 "너는 네가 가르치는 대로 배울 것이다."라고 말했다. 네가 만약 박해 라도 받는 듯이 반응한다면, 너는 박해를 *가르치고* 있는 것이다. 하느님의 아들들이 자신의 구원을 깨닫고자 한다면, 이런 레슨을 가르치기를 *원해서는* 안 된다. 반대로 네 안의 진리인 너 자신의 완벽한 면역성을 가르치고, 그것은 공격받을 수 없음을 *알 라*. 그것을 스스로 보호하지 말라. 그렇지 않으면 너는 그것이 공격받을 수 *있다고* 믿 어버린 것이다. 나는 너에게 십자가에 못 박히라고 요청하지 않는다. 그것은 내가 기 여한 가르침의 일부였다. 나는 단지 너에게, 그릇되게 지각하려는 훨씬 *덜* 극단적인 유혹 앞에서 나의 본보기를 따르고, 그것을 분노를 정당화하는 근거로 잘못 받아들이 지 말라고 요청할 뿐이다.

10 정당화될 수 없는 것에는 어떤 정당한 근거도 있을 수 *없다*. 그것에 정당한 근거가 있다고 믿지도 말고, 그렇다고 *가르치지도* 말라. 너는 반드시 네가 믿는 것을 가르칠 것이다. 이를 항상 기억하라. 나와 함께 믿어라. 그러면 우리는 교사로서 동등해질 것 이다. *너의 부활*은 곧 네가 다시 깨어나는 것이다. 나는 재탄생의 모델이지만, 재탄생 자체는 이미 너의 마음 안에 있는 것이 분명해지는 것에 불과하다. 하느님이 몸소 그 것을 너의 마음 안에 놓아두셨으며, 따라서 그것은 영원히 참이다. 나는 그것을 믿었 으며, 그럼으로써 그것을 나에게 영원히 참인 것으로 만들었다. 그것을 하느님 왕국 의 이름으로 우리 형제들에게 가르칠 수 있도록, 나를 도와라. 하지만 먼저 그것이 *너 에게* 참임을 믿어라. 그렇지 않으면 너는 잘못 가르칠 것이다.

¹¹ 내가 동산에서 이른바 "고뇌"하는 동안 나의 형제들은 자고 있었지만, 나는 그들에게 분노할 수 없었다. 나는 내가 *버려질 수 없음*을 배웠기 때문이다. 베드로는 나를 결코 부인하지 않겠다고 맹세하고서도 세 번이나 부인했다. 그는 나를 칼로 지켜주겠다고 제안했지만, 나는 몸을 보호할 필요가 전혀 없었기에 당연히 거절했다. 오로지 한 음성만 듣기로 한 나의 결정을 내 형제들이 공유하지 않을 때, 나의 마음은 정녕 안타깝다. 그것은 그들을 교사로서뿐만 아니라 학습자로서도 약화하기 때문이다. 하지만 나는 그들이 실제로 그들 자신은 물론 나도 배신할 수 없으며, 나의 교회를 여전히 그들 위에 세워야 한다는 것을 안다.

¹² 이것에는 선택의 여지가 없다. 오로지 너희만이 하느님 교회의 토대가 될 수 있기 때문이다. 교회는 제단이 있는 곳이며, 제단의 존재야말로 교회를 교회로 *만들어주는* 것이다. 사랑을 고취하지 않는 어떤 교회든, 하느님이 뜻하신 목적에 위배되는 제단을 감춰둔 것이다. 나는 하느님의 교회를 너희 위에 세워야 한다. 나를 모델로 받아들이는 너희는 문자 그대로 나의 제자들이기 때문이다. 제자란 따르는 자다. 그러나 그의 모델이 그를 모든 고통에서 구해주겠다고 선택했는데도 그가 따르지 *않는다면*, 그리 현명하다고 할 수 없을 것이다.

¹³ 나는 너뿐만 아니라 나 자신을 위해서도, 에고가 판단할 때 가장 잔인무도한 공격조차 문제가 되지 않음을 입증하기로 선택했다. 하느님이 *아시는* 대로가 아닌 세상이 판단하는 대로 이런 일을 본다면, 나는 배신당하고 버림받았으며, 매 맞고 찢기다 결국 죽임을 당했다. 이것이 단지 다른 이들의 투사 때문이었음은 너무도 분명했다. 왜냐하면, 나는 그 누구도 해치지 않았을 뿐만 아니라 많은 이를 치유했기 때문이다. 우리는 비록 같은 경험을 할 필요는 없지만, 여전히 학습자로서 동등하다. 네가 나의 경험으로부터 충분히 배워서 그로 인해 다시 깨어날 수 있을 때, 성령은 크게 기뻐한다. 그것은 내 경험의 유일한 목적이었으며, 너는 오로지 그 방법을 통해서만 나를 길이요 진리요 빛이라고 지각할 수 있다.

¹⁴ 네가 오로지 한 음성만 들을 때, 그것은 *결코* 희생을 요구받는 것이 아니다. 그와는 반대로, 다른 이들 안에서 성령의 음성을 들을 수 있게 됨으로써 너는 그들의 경험으로부터 배울 수 있으며, 직접 경험하지 *않고도* 그것을 통해 득을 볼 수 있다. 이것이 그러한 이유는 성령이 하나며, 경청하는 자는 누구나 모든 이를 위한 성령의 길을 입증하도록 이끌리기 때문이다. 너는 박해받고 있지 않으며, 나도 박해받지 않았다. 나

는 너에게 나의 경험을 *되풀이하라고* 요구하지 않는다. 우리가 *공유하는* 성령이 그것을 불필요하게 만들기 때문이다. 하지만 네가 나의 경험을 건설적으로 *사용하기 위해서는*, 그것을 지각하는 방법에 있어서 나를 본보기로 삼아야 한다.

15 나의 형제들과 너의 형제들은 정당화할 수 없는 것을 정당화하는 데 끊임없이 몰두하고 있다. 성령의 판단과 일치하지 않는 어떤 지각도 정당화될 수 없다. 이것이야말로 내가 배운 대로 가르쳐야 하는 유일한 레슨이다. 나는 아주 극단적인 경우에도 이것이 참임을 보여주고자 했는데, 그 이유는 단지 분노와 공격에 항복하려는 유혹이 그렇게 극단적이지 *않은* 자들에게 그것이 좋은 가르침의 도구로 쓰일 수 있기 때문이다. 하느님의 아들은 그 누구도 고통받지 말아야 한다. 나는 하느님과 함께 이와 같이 뜻한다.

16 성령은 하느님 아버지와 그분의 분리된 아들들 사이의 소통 고리임을 기억하라. 네가 만약 하느님의 음성에 귀 기울인다면, 네가 상처를 줄 수도 받을 수도 없으며, 많은 이가 스스로 이 음성을 듣기 위해 너의 축복을 필요로 함을 알게 될 것이다. 그들 안에서 *오로지* 이 필요만 지각하고 다른 *어떤* 것에도 반응하지 않게 될 때, 너는 마침내 나에게 배운 것이다. 그리고 너는 네가 배운 것을 나처럼 간절히 공유하고 싶어 할 것이다. 십자가형은 공유될 수 *없다.* 그것은 투사의 상징이기 때문이다. 그러나 부활은 *공유의* 상징이다. 하느님의 모든 아들이 다시 깨어나는 것은 온아들이 자신의 온전성을 알게 하는 데서 필수적이기 때문이다. 오로지 이것만이 앎이다.

17 십자가형의 메시지는 더없이 분명하다:

18 오로지 사랑만 가르쳐라. 그것이 너의 정체기 때문이다.

19 십자가형을 이와 다른 식으로 해석한다면, 그것을 본래 의도된 평화에의 요청이 아니라 공격의 무기로 사용하고 있는 것이다. 사도들도 십자가형을 자주 오해했는데, 그것은 항상 모든 사람들이 모든 것을 오해하게 만드는 것과 같은 이유 때문이었다. 사도들은 사랑이 불완전하여 투사에 취약해졌으며, 두려운 나머지 하느님의 보복 무기로서 "하느님의 분노"에 대해 말했다. 그리고 그들은 전혀 분노하지 않고서는 십자가형에 대해 말할 수도 없었다. 왜냐하면, 그들 자신의 죄의식이 그들을 분노하게 *만들었기* 때문이다.

²⁰ 신약의 전체 복음은 오로지 사랑의 메시지일 뿐이지만, 그 안에는 위아래가 뒤집힌 사고를 뚜렷이 보여주는 두 가지 사례가 있다. 이것은 내가 수차례 인내심을 보이지 못한 경우와는 다르다. 나는 속죄 기도를 가르치러 왔으며, 또한 그것을 너무나 잘 배웠기에 위아래가 뒤집힌 사고에 휘말릴 수 없었다. 사도들이 만약 죄의식을 느끼지 않았다면, 내가 "나는 평화를 주러 온 것이 아니라 검을 주러 왔다."라는 말을 했다고 전할 수는 없었을 것이다. 이것은 분명 내가 가르친 모든 것과 정반대다.

²¹ 또한 사도들이 나를 정말로 이해했다면, 유다에 대한 나의 반응을 그렇게 묘사할 수도 없었을 것이다. 그리고 그들은, 내가 배반을 *믿지* 않는 한 유다에게, "너는 사람의 아들을 입맞춤으로 배반하느냐?"라고 말할 수는 없었음을 깨달았을 것이다. 십자가형의 전체 메시지는 단순히 말해, 나는 배반을 믿지 *않았다는* 것이다. 내가 유다에게 내렸다고 전해지는 "처벌" 또한 비슷하게 뒤바뀐 경우였다. 유다는 나의 형제자 하느님의 아들이며, 나와 마찬가지로 온아들의 일부였다. 정죄는 불가능함을 기꺼이 보여주려던 내가 유다를 정죄하려 했다는 것이 과연 있을 법한 일인가?

²² 나는 사도들의 가르침에 대해 아주 감사하고, 그들이 나에게 얼마나 헌신했는지 충분히 알아차리고 있다. 그렇긴 해도 네가 사도들의 가르침을 읽을 때는, 당시 그들은 나를 따를 준비가 완전히 되지 *않아서* 훗날에야 이해할 것이 많다고 내가 직접 말해주었음을 기억하라. 이것을 강조하는 이유는 단지, 내가 지금 너를 안내해 데려가고 있는 사고체계 안으로 *어떤* 두려움이라도 침투해 들어오도록 네가 허락하지 않기를 바라기 때문이다. 나는 순교자들이 *아닌* 교사들이 필요하다. 그 누구도 죄 때문에 "처벌받지" 않으며, 하느님의 아들들은 죄인이 아니다.

²³ *모든 "처벌" 개념은 비난의 투사를 수반하며, 비난이 정당하다는 아이디어를 강화한다.* 그로 인한 행위는 *비난을 가르치는 레슨이다.* 이것은 모든 행위가 그 행위를 유발하는 믿음을 가르치는 것과 마찬가지다. 십자가형은 명백하게 상반되는 사고체계들로 인해 발생한 여러 행위들의 복합체였다. 그렇게 십자가형은 에고와 하느님 아들 사이의 갈등을 완벽하게 상징했다. 이 갈등은 지금도 꼭 그렇게 실재적이며, 십자가형의 레슨들 또한 *잘 배운다면* 똑같은 실재성이 있다. 나에게는 보호가 필요 없었듯이 감사도 필요 없지만, 너는 *감사하는* 능력이 약해졌기에 그것을 개발할 필요가 있다. 그렇지 않으면 너는 하느님께 감사드릴 수 없다. 하느님은 너의 감사가 필요 없으시지만, *너는* 너의 감사가 필요하다.

²⁴ 너는 네가 감사하지 않는 것을 사랑할 수 없으며, *두려움은 감사를 불가능하게 만든다.* 너 자신의 정체를 두려워할 때마다 너는 그것에 감사하지 않는 것이며, 따라서 그것을 거부할 것이다. 결과적으로 너는 *거부를 가르칠 것이다.* 하느님 아들들의 권능은 항상 작동하고 있다. 그들은 창조자들로 창조되었기 때문이다. 그들이 *서로에게* 미치는 영향력은 한계가 없으며, *반드시* 그들 공동의 구원을 위해 사용되어야 한다. 그들은 저마다 모든 형식의 거부가 완전히 무의미함을 가르치는 법을 배워야 한다. 분리란 실로 거부라는 개념이다. 네가 이렇게 거부를 *가르치는* 한, 너는 여전히 분리를 믿는 것이다. 이것은 하느님이 생각하시는 대로가 *아니다.* 하느님을 다시 알고자 한다면, 너는 하느님이 생각하시는 대로 생각해야 한다.

Ⅲ. 투사의 용도

²⁵ 뜻이 분열되면 뜻의 일부에 대한 거부가 수반되기 마련이다. 바로 이것이 분리에 대한 믿음이다. 하느님의 온전성(이것은 곧 하느님의 평화다.)은, 하느님이 창조하신 것의 온전성을 인식하고 이런 인식을 통해 자신의 창조주를 아는 온전한 마음 *외에는* 그 진가를 알아볼 수 없다. 분리와 해리가 동의어듯이, 배제와 분리도 동의어다. 우리가 전에 말했듯이 분리는 해리였으며, 지금도 마찬가지다. 그리고 일단 분리가 일어난 이상, 투사는 분리의 주요 방어수단, 즉 *분리를 지속시키는* 도구가 되었다. 하지만 그 이유는 네가 생각하는 것만큼 명백하지 않다.

²⁶ 우리가 지금 언급하고 있는 투사에 대한 에고의 용법에서, 너는 네가 투사하는 것과의 관계를 부정하며, 따라서 그것이 *네 것이라고 믿지 않는다.* 너는 네가 투사하는 사람과는 *다르다는* 바로 그 말을 통해 너 자신을 *배제하고* 있다. 그리고 너는 네가 투사하는 것에 *반하여* 판단했기에, 그것을 계속 공격한다. 너는 그것을 *투사함으로써* 이미 공격한 것이기 때문이다. 너는 이런 것을 무의식중에 함으로써, 분명 너 자신을 *먼저* 공격했을 것이라는 사실을 의식 바깥에 유지하려고 하며, 그럼으로써 너 자신을 안전하게 만들었다고 상상한다.

²⁷ 투사는 *항상* 너를 해칠 것이다. 투사는 너 자신의 마음이 분열되었다는 믿음을 강화한다. 투사의 *유일한* 목적은 *분리를 지속시키는 것이다.* 투사는 *전적으로* 네가 네

형제들과 *다르고* 그들과 분리되었다고 느끼게 만들려는 에고의 도구다. 에고는 투사가 너를 네 형제들보다 "더 나아" 보이게 만들어준다는 아주 그럴듯한 이유로 이것을 정당화하며, 그럼으로써 너와 그들의 동등성을 한층 더 가린다. 투사와 공격은 불가피한 관계에 있다. 투사는 *항상* 공격을 정당화하는 수단이기 때문이다. 투사 없는 분노는 불가능하다.

²⁸ 에고가 투사를 사용하는 *유일한* 이유는, 너 자신과 네 형제들에 대한 너의 지각을 *모두* 왜곡하기 위해서다. 이 과정은, [네가 생각하기에] 네 안에 있지만 원하지 않는 어떤 것을 배제하는 것으로 시작되어, 너를 네 형제들로부터 배제하는 것으로 곧장 이어진다. 하지만 우리는 투사에 다른 용도가 있음을 배웠다. 에고의 모든 능력에는 그에 상응하는 더 나은 능력이 있는데, 그것이 더 나은 이유는 더 나은 음성을 가진 마음의 지시를 받기 때문이다. 성령도 에고처럼 투사를 활용하지만, 그들의 목표가 상반되기 때문에, 그 결과도 상반된다.

²⁹ 성령은 *너를* 완벽하다고 지각하는 것에서 출발한다. 성령은 이런 완벽함이 공유된다는 것을 *알기에*, 그것을 다른 사람 안에서도 인식함으로써 두 사람 안에서 더욱 강화한다. 이것은 분노 대신에 두 사람에 대한 사랑을 불러일으킨다. 왜냐하면 이것은 *포함함을 확립하기 때문이다.* 동등성을 지각하는 성령은 동등한 필요를 지각한다. 이것은 자동적으로 속죄를 불러들인다. 속죄는 이 세상에서 진정으로 보편적인 유일한 필요기 때문이다. 너 자신을 이런 식으로 지각하는 것은 이 세상에서 행복을 찾을 수 있는 *유일한* 방법이다. 그것은 네가 이 세상에 있지 *않다고* 인정하는 것이기 때문이다. 세상은 정녕 불행하다.

³⁰ 기쁨이 없는 곳에서, 네가 거기에 *없음을* 깨닫는 것 *외에* 달리 어찌 기쁨을 찾을 수 있겠는가? 너는 결코 하느님이 너를 두지 않으신 곳에 있을 수 없다. 그리고 하느님은 너를 당신의 일부로 창조하셨다. 이것이 바로 네가 있는 *곳이자* 너의 *정체다.* 그것은 *전혀* 바뀔 수 없다. 그것은 전적인 포함함이다. 너는 지금은 물론 앞으로도 영원히 그것을 바꿀 수 없다. 그것은 영원히 참이다. 그것은 어떤 믿음이 아닌 *사실이다.* 그것의 진리는 오로지, 그것이 홀로 *완벽하신* 하느님 안에 완벽하게 포함되는 것에 놓여있다. 어떤 식으로든 이를 부정하는 것은 너 자신은 물론 하느님도 부정하는 것이다. 둘 중 하나를 *제외하고* 다른 하나만 받아들이는 것은 불가능하기 때문이다.

³¹ 성령의 지각의 완벽한 동등성은 하느님의 앎의 완벽한 동등성에 상응하는 것이다. 에고의 지각은 하느님 안에 상응하는 것이 *없다.* 하지만 성령은 지각과 앎 사이의 다리로 남아있다. 성령은 네가 지각을 앎과 *유사한*parallel 방법으로 사용할 수 있게 하며, 그럼으로써 너는 궁극적으로 앎을 만나고 *알게* 될 것이다. 에고는 차라리 이 만남은 불가능하다고 믿고 싶어 하지만, 성령이 안내하는 것은 바로 *너의* 지각이다. 인간의 눈은 평행선들parallel lines이 *마치* 멀리서 만나는 듯이 지각한다. 너는 이를 기억할 것이다. 시간과 공간은 같은 차원이므로, 인간의 눈은 또한 평행선들이 마치 미래에 만나는 듯이 지각한다. 너의 지각은 시작된 곳에서 *끝날 것이다.* 모든 것은 하느님 안에서 만난다. 모든 것은 하느님에 *의해,* 하느님 *안에* 창조되었기 때문이다.

³² 하느님은 당신의 생각을 확장하고 그 생각의 확장들을 당신의 마음 안에 간직함으로써 아들들을 창조하셨다. 따라서 하느님의 *모든* 생각들은 그들 자신 안에서는 물론 서로와도 완벽하게 연합되어 있다. 그들은 부분적으로 창조되지도 않았고 부분으로서 창조되지도 않았기 때문이다. 성령은 네가 *이러한 온전성을 지금 지각할* 수 있게 해준다. 너희는 너희 자신만을 위한 기쁨을 찾을 수 없듯이 너희 자신만을 위해 기도할 수도 없다. 기도는 *포함함에* 대한 재천명으로서, 하느님의 법칙 아래 성령의 인도를 받는다. 하느님은 너를, 창조하도록 창조하셨다. 너는 하느님 왕국의 온전성을 알고 나서야 비로소 그것을 *확장할* 수 있다.

³³ 생각은 생각하는 자의 마음에서 시작되어 바깥을 향해 확장해 나간다. 이것은 너의 생각하기와 마찬가지로 하느님의 생각하기에도 해당된다. 너의 마음은 분열되어 있어서, 너는 생각할 수 있을 뿐만 아니라 지각할 수도 있다. 하지만 지각은 마음의 기본 법칙을 벗어날 수 없다. 너는 너의 *마음으로부터* 지각한 다음, 그렇게 지각한 것들을 바깥으로 확장한다. 비록 일체의 지각이 불필요하기는 하지만, *네가* 지각을 만들어버린 이상 성령은 지각을 잘 사용할 수 있다. 성령은 지각을 *고무하여* 하느님이 생각하시는 방법과 *유사하게* 만듦으로써 하느님께 이끌어가며, 그럼으로써 그 둘의 궁극적인 만남을 보장한다. 이러한 수렴이 먼 미래에 있는 듯이 *보이는* 이유는 단지, 너의 마음이 이 아이디어와 완벽하게 일치되어 있지 않아서 *그것을 바로 지금 원하지 않기 때문이다.*

³⁴ 성령은 시간을 *사용하지만,* 시간의 존재를 믿지는 *않는다.* 성령은 하느님으로부터

왔으므로, 모든 것을 선을 위해 사용한다. 그러나 성령은 참이 아닌 것의 존재를 *믿지는* 않는다. 성령은 네 마음 *안에* 있으므로, 네 마음도 오로지 참인 것만 믿을 수 있다. 성령은 오로지 그것만을 대변할 수 있다. 성령은 하느님을 대변하기 때문이다. 성령은 너의 마음이 *하느님을 떠난 적이 없으니* 그것을 전부 하느님께 돌려드리라고 말해준다. 너의 마음이 하느님을 떠난 적이 없다면, 그것을 돌려드리기 위해서는 단지 그것을 있는 그대로 지각하기만 하면 된다. 그렇다면 속죄를 완전히 자각하는 것은 곧 *분리가 결코 발생하지 않았음을* 인식하는 것이다. 에고는 이에 맞서 이길 수 없다. 그것은 *에고가* 결코 발생하지 않았다는 명백한 진술이기 때문이다.

³⁵ 에고는 돌아가는 것이 필요하다는 아이디어를 받아들일 수 *있다.* 왜냐하면 에고는 아주 쉽사리 그것을 아주 어려워 보이게 만들 수 있기 때문이다. 하지만 성령은 결코 일어나지 않은 것에는 *어떤* 문제도 있을 수 없으며, 따라서 돌아가는 것조차 필요 없다고 말해준다. 그렇다고 *네가* 돌아간다는 아이디어를 필수적이고도 어려운 것으로 만들 수 없다는 말은 *아니다.* 하지만 완벽한 자들은 아무것도 *필요로 하지* 않으며, 완벽함을 성취하기 어렵다고 느낄 수도 *없다.* 이것은 아주 분명하다. 완벽함은 곧 그들의 *정체기* 때문이다.

³⁶ 너는 *반드시* 이런 방법으로 하느님의 창조물들을 지각하면서, 너의 모든 지각을 성령이 보는 하나의 평행선 안으로 가져와야 한다. 이 선은 하느님과 직접 소통하는 선으로서, 너의 마음을 *하느님의* 마음에 수렴시킨다. 이런 지각은 마음이 하느님께 고정되어 있는 성령이 모든 지각을 안내하고 있음을 의미하며, 따라서 어디에도 갈등은 없다. *오로지* 성령만이 갈등을 해결할 수 있다. *오로지* 성령만이 갈등에서 자유롭기 때문이다. 성령은 너의 마음에서 *오로지* 참인 것만을 지각하여, 다른 마음들에 있는 *오로지* 참인 것만을 향해 확장해 나간다.

³⁷ 에고가 사용하는 투사와 성령이 사용하는 대로의 투사는 그 차이점이 아주 간단하다. 에고는 *배제하기 위해,* 따라서 속이기 위해 투사한다. 성령은 모든 마음에서 *성령 자신을 인식하는 방법으로* 투사하며, 그럼으로써 그 마음들을 *하나로* 지각한다. 이런 지각에서는 아무것도 갈등하지 않는다. 성령이 지각하는 것은 모두 똑같기 때문이다. 성령은 어디를 보든 성령 자신을 보며, 또한 성령은 연합되어 있으므로, 항상 천국 전체를 선사한다. 이것이 바로 하느님이 *성령에게* 주신 단 하나의 메시지다. 그리고 그것은 곧 성령의 *정체*므로, 성령은 그것을 대변할 수밖에 없다. 하느님의 평화는

이 메시지 안에 있으며, 따라서 *네* 안에 있다.

³⁸ 천국의 위대한 평화가 네 마음 안에서 영원히 빛나고 있지만, *네가 그것을 자각하게 하려면* 그것은 *바깥을 향해* 빛나야 한다. 성령은 너에게 더없이 공평하게 주어졌으며, 너는 성령을 공평하게 지각하는 방법을 통해서만 성령을 지각할 수 있다. 에고는 무수한 군단이지만, 성령은 *하나*다. 천국의 그 어느 곳에도 어둠이 머물지 않지만, 너의 역할은 단지 *너 자신의* 마음에 그 어떤 어둠도 머물지 않게 하는 것이다. 이렇게 빛과 일치된 상태에는 한계가 없다. 그때 너의 마음은 세상의 빛과 일치되어 있기 때문이다. 우리는 저마다 세상의 빛이다. 우리는 우리의 마음들을 이 빛 안에서 결합함으로써, 하느님의 왕국을 함께, 그리고 *하나로서* 선포한다.

Ⅳ. 공격의 포기

³⁹ 우리는 그동안 일반적으로 같다고 여기지 않는 많은 단어들을 동의어로 사용했다. 우리는 소유하기와 존재하기로 시작해서, 최근에는 다른 단어들도 사용했다. 듣기와 존재하기가 그 예고, 여기에다 가르치기와 존재하기, 배우기와 존재하기, 그리고 무엇보다도 *투사하기와* 존재하기를 더할 수 있다. 그 이유는, 전에 말했듯이, 모든 아이디어는 그 아이디어를 생각하는 자의 마음에서 시작되어 바깥을 향해 확장하기 때문이다. 그러므로 *마음으로부터* 확장하는 것은 *여전히 마음 안에* 존재하며, 마음은 자신이 확장하는 바로 그것을 통해 *자기 자신을* 안다. 이것이 바로 마음의 타고난 재능이다. 여기서 "안다"라는 단어는 정확하게 쓰였다. 비록 에고는 알지도 *못하고* 존재하기에도 전혀 관심이 없지만 말이다.

⁴⁰ 성령은 편파적이지 않은 지각을 통해 앎을 여전히 안전하게 간직하고 있다. 성령은 아무것도 공격하지 않으며, 따라서 하느님의 소통에 어떤 장벽도 세우지 않는다. 따라서 존재하기는 결코 위협받지 않는다. 하느님을 닮은 너의 마음은 정녕 더럽혀질 수 없다. 에고는 결코 그 마음의 일부가 아니었고 앞으로도 그렇지 않겠지만, 너는 에고를 통해 *참이 아닌 것을* 듣고 가르치고 배울 수 있다. *네가 만든 이것으로부*터, 너는 네가 본래 *존재하는* 그것으로 *존재하지 않는다*고 믿도록 너 자신을 가르쳤

다.[2] 너는 네가 배우지 않은 것을 가르칠 수 *없다*. 그리고 너는 네가 가르치는 것을 너 자신 안에서 강화한다. 그럴 때 너는 그것을 공유하는 것이기 때문이다. *너는 네가 가르치는 모든 레슨을 배우고 있다.*

41 이것이 바로 네가 오로지 한 레슨만 가르쳐야 하는 이유다. 너 스스로 갈등에서 자유롭고자 한다면 *오로지* 성령으로부터만 배워야 하며, *오로지* 성령에 의해서만 가르쳐야 한다. 너는 오로지 사랑으로 *존재할* 뿐이지만, 이것을 부정했을 때 너의 *존재인* 그것을 네가 *배워야* 하는 어떤 것으로 만들어버렸다. 우리가 전에 말했듯이, 십자가형의 메시지는 "오로지 사랑만 가르쳐라. 사랑이 바로 너의 *존재인* 그것이기 때문이다."[3]이다. 이것은 참으로 하나인 유일한 레슨이며, 따라서 완벽하게 연합된 *유일한* 레슨이다. 네가 이 레슨을 배울 수 있는 유일한 방법은 이 레슨을 가르치는 것이다. "너는 네가 가르치는 대로 배울 것이다." 이 말은 정녕 참이다. 따라서 너는 네가 가르치는 그것이 *너를* 가르치고 있음을 결코 잊어서는 안 된다. 너는 네가 투사하는 바로 그것을 *믿는다*.

42 단 하나의 *진정한* 안전은 오로지 성령만을 투사하는 데 놓여있다. 네가 다른 이들 안에서 성령의 온유함을 볼 때, 너 *자신의* 마음도 스스로를 해가 전혀 없다고 지각하기 때문이다. 너의 마음이 일단 이것을 전적으로 받아들일 수 있으면, 더 이상 *자신을 보호해야* 할 필요성을 느끼지 *않는다*. 그러면 너의 마음은 하느님의 보호를 깨닫기 시작하면서, 자신이 영원토록 완벽하게 안전하다고 확신하게 된다. 완벽하게 안전한 자들은 전적으로 온화하다. 그들은 자신이 축복받은 존재임을 알기에, 축복을 베푼다. 그 마음은 걱정하지 않기에 전적으로 친절하며, 자비를 *투사하기에* 자비롭게 *존재한다*.

43 안전이란 *공격의 완전한 포기다.* 이것에는 어떤 타협도 있을 수 없다. 네가 *어떤* 형

---

2) 이 문장의 영어 원문은 "From this, which *you* have made, you have taught yourselves to believe that you *are not* what you *are*."이다. 이제까지 번역해왔던 흐름을 따르자면 이 문장은 "네가 만든 이것으로부터, 너는 너의 정체가 아니라고 믿도록 너 자신을 가르쳤다."라고 번역할 수 있다. 그러나 39문단에 나와 있듯이 이 절은 "가르치기와 존재하기 being, 배우기와 존재하기, 그리고 무엇보다도 투사하기와 존재하기"가 동의어임을 설명하면서, be 동사인 are를 이탤릭체로 표기하여 존재하기와 같은 의미로 사용하고 있다. 그러므로 여기에서는 are를 "존재하다"로 번역했다. 또한, 이 절 전체에 걸쳐 이탤릭체로 표기된 be 동사도 "존재하다"로 번역했다. ─ 옮긴이

3) 이 문장의 영어 원문은 "Teach only love, for that is what you *are*."이다. 6장 18문단에서는 이것을 "오로지 사랑만 가르쳐라. 그것이 너의 정체기 때문이다."라고 번역했다.(단, 18문단에서는 are가 이탤릭체가 아니었다.) 그러나 40문단에서는 이탤릭체로 표기된 are가 "존재하기being"와 같은 맥락에서 사용된 것으로 보아, "존재"라는 단어를 살려 번역했다. ─ 옮긴이

식으로든 공격을 가르친다면, 너는 *이미 공격을 배운 것이다.* 그리고 공격은 *너를 해칠 것이다.* 하지만 너의 배움은 영원하지 않으며, 따라서 너는 *공격을 가르치지 않음으로써* 공격을 탈학습할 수 있다. 너는 가르치지 않을 수는 없기 때문에, 너의 구원은 에고가 믿는 모든 것과 *정반대를* 가르치는 데 놓여있다. *너는* 바로 이런 식으로 너를 자유롭게 할 진리를 배울 것이다. 그리고 다른 이들이 *너에게* 진리를 배움에 따라, 진리는 너를 계속 자유롭게 지켜줄 것이다. 평화를 *가질* 수 있는 유일한 방법은 평화를 *가르치는* 것이다. 너는 투사를 통해 평화를 배움으로써 평화를 네가 *아는* 것의 일부로 만든다. 너는 네가 해리한 것을 가르칠 수는 없기 때문이다.

⁴⁴ 너는 오로지 이런 방법을 통해서만 네가 던져버린 앎을 되찾을 수 있다. 너는 네가 *공유하는* 아이디어를 *가졌음에* 틀림없다. 그 아이디어는 가르치기에 대한 확신을 통해 네 안에서 깨어난다. 가르치기가 존재하고 배우기가 존재하기라면, 가르치기는 곧 배우기임을 기억하라. 너는 네가 가르치는 *모든 것을* 배우고 있다. 오로지 사랑만 가르쳐라. 그리하여 사랑이 네 것임을, *네가* 곧 사랑임을 배워라.

V. 유일한 응답

⁴⁵ 성령은 질문이 아니라 유일한 *응답임을* 기억하라. 에고는 항상 먼저 말한다. 에고는 변덕스러우며, 자신을 만든 자가 잘되기를 바라지 않기 때문이다. 에고가 이러는 이유는, 자신을 만든 자가 언제라도 자신에 대한 지원을 철회할 수 있다고 믿기 때문이다. 사실 이것은 에고가 제대로 믿는 것이다. 성령이 너를 집에 데려다주어 너에게 더 이상 그의 안내가 필요 없게 되었을 때, 성령은 기뻐할 것이다. 그처럼 에고도 만약 네가 잘되기를 바란다면, 네가 지원을 철회하는 것을 기뻐할 것이다. 에고는 자신을 너의 일부로 여기지 않는다. 여기에 에고의 주된 지각적 오류, 에고 사고체계 전체의 토대가 있다.

⁴⁶ 하느님은 너를 창조하실 때 너를 당신의 일부로 만드셨다. 그러므로 천국 *안에서는* 공격이 불가능하다. *너는* 에고를 사랑 없이 만들었으며, 따라서 에고는 *너를* 사랑하지 않는다. 너는 사랑 없이는 천국 *안에* 머물 수 없었고, 천국은 곧 사랑이므로, 너에게는 사랑이 *없다고* 믿는다. 너의 이런 믿음으로 인해, 에고는 자신이 자신을 만든 자

와 분리되어 그의 *바깥에* 있다고 여길 수 있게 되었다. 따라서 에고는 네가 하느님의 마음과 분리되어 그 바깥에 있다고 믿는 마음 부분을 대변한다. 그런 다음 에고는 처음 제기하는 질문이지만 결코 스스로 답할 수 없는 질문을 했다. 바로 그 질문, "너는 무엇인가?"는 의심의 시작이었다.

⁴⁷ 그 이후로 에고는 굉장히 많은 질문을 제기했지만, 결코 *어떤* 질문에도 답하지 않았다. 에고의 가장 창의적인 활동들조차 *그 질문을 가리는* 것 이상은 하지 못했다. 왜냐하면 너는 그에 대한 답을 *가졌으며, 에고는 너를 두려워하기* 때문이다. 에고는 알지 *못한다.* 네가 이런 기본적인 사실을 완전히 이해하기 전에는, 그 갈등을 이해할 수 없다. 성령은 먼저 말하지는 않지만, *항상 응답한다.* 누구나 한 번쯤은 어떤 식으로든 성령께 도움을 요청해서 *응답받은 적이 있다.* 성령은 진실로 응답하기에, *모든 시간을 위해* 응답한다. 이것은 누구나 그 답을 *지금* 가졌다는 의미다.

⁴⁸ 에고는 성령의 말을 들을 수 없지만, 자신을 만든 것과 똑같은 마음의 일부가 자신을 *반대한다고 믿는다.* 에고는 이것을 자신을 만든 자를 *공격할* 정당한 근거로 해석한다. 에고는 최선의 방어는 *공격이라고* 믿으며, *너도 그렇게 믿기를 원한다.* 그것을 *믿지* 않는 한 너는 에고 편에 서지 않을 것이며, 따라서 에고는 형제는 아니더라도 동맹자는 몹시 필요하다고 느낀다. 에고는 너의 마음에서 자신에게 이질적인 무언가를 지각하고는, 자신의 동맹자로서 마음이 *아닌* 몸에 의지한다. 왜냐하면, 몸은 너의 일부가 *아니기* 때문이다. 이것은 몸을 에고의 친구로 만들어준다. 이것은 노골적으로 분리에 근거한 동맹이다. 네가 이런 동맹과 *한편이* 된다면 두려움의 동맹과 한편이 되는 것이며, 따라서 *반드시* 두려워하게 될 것이다.

⁴⁹ 에고와 몸은 공모하여 너의 마음을 *상대로* 반란을 꾀한다. 에고는 자신의 "적"이 에고와 몸이 그 자신의 일부가 *아님을* 알기만 해도 둘 다 *끝장낼 수 있음을* 깨닫고는, 몸과 합세하여 공격한다. 이것이 정말로 무엇을 의미하는지 숙고해 본다면, 그것은 어쩌면 가장 이상한 지각일 것이다. 실제가 *아닌* 에고가 *실제인* 마음에게, 마음은 에고의 학습 도구며, 학습 도구에 불과한 몸이 *마음보다* 더 실제라고 설득하려 한다. 바른 마음 상태에 있는 자라면 그 누구도 이것을 *도저히* 믿을 수 없으며, 바른 마음 상태에 있는 자라면 그 누구도 이것을 믿지 *않는다.*

⁵⁰ 그렇다면 에고가 제기하는 *모든* 질문에 대한 성령의 *유일한* 응답을 들어라. 너는 하느님의 아이로서, 하느님 왕국의 너무도 귀중한 부분이다. 그 왕국은 하느님이 당

신의 일부로 창조하셨다. 그밖에는 아무것도 존재하지 않으며, *오로지 그것만이* 실제다. 너는 악몽을 꾸는 잠을 선택했지만, 그 잠은 실제가 아니다. 하느님이 너를 깨어나라고 부르신다. 그분의 부름을 들으면 너는 확실히 깨어날 것이므로, 너의 꿈에서 남아있을 것은 아무것도 없을 것이다. 너의 꿈은 수많은 에고의 상징을 담고 있으며, 그것들은 너를 혼란스럽게 했다. 하지만 그 이유는 단지 네가 잠들어 있어서 *알지 못했기* 때문이다. 깨어날 때 너는 네 주위와 내면에서 진리를 보고, 더 이상 꿈을 믿지 않을 것이다. 꿈은 이제 너에게 실재성을 갖지 못하기 때문이다.

51 하지만 천국, 그리고 네가 천국에서 창조한 모든 것은 너에게 엄청난 실재성을 갖게 될 것이다. 그것들은 아름답고 참되기 때문이다. 천국에서는 네가 어디에 있는지, 네가 무엇인지가 더없이 확실하다. 그곳에는 의심이 전혀 없다. 그곳에서는 첫 번째 질문이 결코 제기되지 않았기 때문이다. 이미 최종적으로 완전히 답해졌기에, *그 질문은 결코 제기된 적이 없다.* 오로지 존재만이 천국에 살며, 그곳에서는 모든 것이 질문 없이 하느님 안에서 산다. 꿈속에서 질문하느라 보냈던 시간은 창조물과 그 영원함에게 길을 내주었다.

52 *너*는 하느님처럼 참이기에, 하느님처럼 확실하다. 그러나 한때 너의 마음에서 아주 확실했던 것이 이제는 단지 확실성을 얻기 위한 *능력이* 되어버렸다. 존재 안으로 능력을 들여온 것이 *불확실성의 시작*이었다. 능력은 잠재력일 뿐, 성취된 것이 *아니기* 때문이다. 하느님이 성취하신 것과 네가 성취한 것 앞에서 너의 능력은 전혀 쓸모가 없다. 성취된 것들은 *이미 이루어진* 결과들이다. 그것들이 완벽할 때, 능력은 무의미하다. 완벽한 자들이 이제 완벽하게 되어야 한다니, 참으로 이상한 일이다. 사실 그것은 불가능하다. 하지만 네가 너 자신을 불가능한 상황에 두었을 때, 불가능한 것이 *가능하다고* 믿었음을 기억해야 한다.

53 능력은 *개발되어야* 하며, 그렇지 않으면 사용될 수 없다. 이것은 하느님이 창조하신 것에는 전혀 해당되지 않지만, *네가* 만든 것에 대해서는 가능한 가장 친절한 해결책이다. 불가능한 상황에 있을 때, 너는 *그곳에서 빠져나올* 수 있을 정도까지 능력을 개발할 수 있다. 너에게는 그 능력을 개발할 방법을 알려줄 안내자가 있지만, 너 자신 외에 다른 *명령권자*는 없다. 이로써 너는 천국을 찾도록 도울 안내자와 그것을 *간직할* 수단을 갖고 천국을 책임지게 되었다. 너에게는 따를 모델이 있는데, 그는 너의 명령권을 *강화할 뿐* 결코 어떤 식으로든 훼손하지 않을 것이다. 따라서 너는 네가 지각

하는 노예 상태에서 핵심적인 위치에 있으며, 이 사실은 그 *자체*로 네가 노예 상태에 있지 *않음*을 보여준다.

⁵⁴ 네가 불가능한 상태에 있는 이유는 단지, 그런 상태에 있는 것이 가능하다고 생각 했기 때문이다. 하느님이 너의 완벽함을 보여주시면서 네가 틀렸음을 *증명하시더라도*, 너는 기어코 불가능한 상태에 있으려고 할 것이다. 이것은 완벽한 자들이 *그들 자신의* 완벽함을 자각하기에는 부족하다는 것을 입증해서, 모든 것을 가진 자들이 도움을 필요로 하니 결국 무력하다는 믿음을 강화할 것이다. 에고는 바로 이런 종류 의 "논증"에 몰두하고 있지만, 당신의 창조물들이 완벽함을 *아시는* 하느님은 그들을 모욕하지 *않으신다.* 이것은 *자신이 하느님을* 모욕했다는 에고의 말과 마찬가지로 불 가능할 것이다.

⁵⁵ 이것이 바로 성령이 *절대로* 명령하지 않는 이유다. 명령하는 것은 동등하지 *않음*을 가정하지만, 성령은 그런 상태가 존재하지 않음을 보여준다. 전제에 충성하는 것 은 마음의 법칙이며, 하느님이 창조하신 것은 모두 하느님의 법칙에 충실하다. 하지 만 다른 법칙에 충성하는 것도 가능한데, 그것은 그 법칙이 참이라서가 아니라 *네가 그것을 만들었기* 때문이다. 설령 하느님이 네가 정신 나간 생각을 했다고 증명하시더 라도, 그것에 무슨 득이 있겠는가? 하느님이 당신 자신의 확실성을 잃으실 수 있겠는 가? 너는 네가 가르치는 바로 그것이라고 우리는 종종 말했다. 너는 하느님으로 하여 금 네가 죄를 지었다고 가르치시게 하려는가? 하느님이 너를 위해 창조하신 진리를 네가 만든 자아와 대면시키신다면, 너는 두려워할 수밖에 없지 않겠는가? 그러면 너 는 너의 바른 마음을 의심하게 될 것이다. 하지만 그곳은 하느님이 네게 주신 제정신 을 찾을 수 있는 유일한 곳이다.

⁵⁶ 하느님은 가르치지 않으신다. 가르친다는 것은 하느님이 없다고 *아시는* 어떤 결 핍이 있음을 의미한다. 하느님은 갈등이 없으시다. 가르치기는 변화를 목적으로 하 지만, 하느님은 오로지 변함없는 것들만 창조하셨다. 분리란 완벽함의 상실이 아닌 소통의 실패였다. 귀에 거슬리고 거친 소통 형식이 에고의 음성으로 일어났다. 그것 은 하느님의 평화를 깨트리지 못했지만, *너의 평화는 깨트릴 수 있었다.* 하느님은 에 고의 음성을 없애버리지 않으셨다. 그것을 근절하는 것은 곧 공격하는 것이기 때문이 다. 하느님은 질문을 받으셨지만, 묻지 않으셨다. 하느님은 단지 **응답**을 주셨을 뿐이 다. 그분의 **응답**이 바로 너의 **교사**다.

a. 소유하려면, 모두에게 모두 주어라

⁵⁷ 좋은 교사들이 다 그렇듯이, 성령은 지금 네가 아는 것보다 더 많이 알지만, 오로지 너를 자신과 동등하게 만들기 위해서만 가르친다. 그래야 하는 이유는 네가 참이 아닌 것을 믿고는, 이미 잘못 가르쳤기 때문이다. *너는 너 자신의 완벽함을 믿지 않았다.* 하느님은 너의 마음이 온전하다고만 아시거늘, 네가 분열된 마음을 만들었다고 가르치실 수 있겠는가? 하느님이 아시는 것은, 당신의 소통 채널들이 당신께 열려있지 않아서 당신의 기쁨을 전해주실 수 없고, 당신의 **아이들**이 전적으로 기뻐하고 있음을 아실 수도 없다는 것이다. 이것은 시간이 아닌 영원 안에서 계속 진행 중인 과정이다. 온아들이 하느님과 하나로서 소통하지 않을 때, 그분의 완전하심은 아니더라도, 그분의 외부로의 확장은 가로막힌다. 따라서 하느님은, "나의 아이들이 자고 있으니 깨워야겠다."라고 생각하셨다.

⁵⁸ 아이들을 겁먹게 하지 않으면서, 단지 밤이 가고 빛이 왔음을 일깨워 주는 부드러운 음성으로 깨우는 것보다 어떻게 더 다정하고도 잘 깨울 수 있겠는가? 하지만 그럴 때 너는 아이들에게, 그들을 그렇게 겁먹게 했던 악몽이 실제가 아니라고 알려주지는 않는다. 왜냐하면, 아이들은 정녕 마법을 믿기 때문이다. 너는 단지 그들이 지금 안전하다고 안심시켜 줄 뿐이다. 그런 다음 아이들이 자는 것과 깨어있는 것의 *차이를 인식하도록* 훈련하여, 꿈을 두려워할 필요가 없음을 이해하게 한다. 그런 다음 악몽이 오면, 아이들은 스스로 빛을 불러 쫓아낸다.

⁵⁹ 현명한 교사는 피하는 방법이 *아닌* 다가가는 방법을 통해 가르친다. 그는 해로운 것에서 벗어나려면 무엇을 피해야 하는지 *강조하기보다는*, 기쁨을 누리려면 무엇을 배워야 하는지를 더 강조한다. 이것은 심지어 세상의 교사들에게도 해당된다. 아이가 "*이것은* 너를 해치고 위험하게 할 수도 있으니 하지 마라. 그러나 *저것을* 하면 해로운 것에서 벗어나 안전해질 것이며, 그러면 너는 두렵지 않을 것이다."라는 말을 들을 때 얼마나 혼란스러워할지 잘 생각해 보라. 이 모든 말을, "*단지* 이것만 해라!"라는 단 세 단어에 담을 수 있다. 이 간단한 말은 더없이 분명하고 쉽게 이해할 수 있으며, 아주 쉽게 기억할 수 있는 것이다.

⁶⁰ 성령은 **결코** 잘못을 낱낱이 밝히지 않는다. 성령은 아이들을 겁주지 않기 때문이다. 지혜가 없는 자들은 과연 아이들이다. 하지만 성령은 아이들의 부름에 *언제나* 응

답하며, 그의 믿음직함은 아이들을 더욱 확신하게 만든다. 아이들은 판타지와 실재를 혼동하며, 그 차이를 알지 못하기에 겁에 질려 있다. 성령은 꿈들을 전혀 구분하지 않는다. 그는 다만 빛을 비추어 꿈을 물리칠 뿐이다. 네가 그동안 무슨 꿈을 꾸었든 상관없이, 성령의 빛은 언제나 깨어나라는 부름이다. 꿈속에는 지속되는 것이 아무것도 없지만, 하느님에게서 오는 빛으로 빛나는 성령은 오로지 영원히 지속되는 것만을 대변한다.

61 너의 몸과 에고와 꿈이 사라졌을 때, 너는 *네가* 영원히 지속된다는 것을 알 것이다. 많은 이들이 이것은 죽음을 통해 성취된다고 생각한다. 하지만 죽음을 통해 성취되는 것은 *아무것도 없다.* 죽음이란 정녕 아무것도 아니기 때문이다. *모든 것은* 생명을 통해 성취되며, 생명은 마음의 것이고 *마음 안에* 있다. 몸은 살지도 죽지도 않는다. 몸은 생명 자체인 너를 담아둘 수 없기 때문이다. 우리가 같은 마음을 공유한다면, 너는 죽음을 극복할 수 있다. *왜냐하면, 내가 죽음을 극복했기 때문이다.* 죽음은 전혀 뜻하지 않음으로써 갈등을 해결하려는 시도다. 에고가 시도하는 불가능한 해결책들이 모두 다 그렇듯이, *죽음도 효과가 없을 것이다.*

62 하느님은 몸을 만들지 않으셨다. 몸은 파괴될 수 있으며, 따라서 천국의 것이 아니기 때문이다. 몸은 네가 너라고 *생각하는* 것의 상징이다. 몸은 명백히 분리의 도구며, 따라서 존재하지 않는다. 성령은 항상 그렇듯, 네가 만든 것을 가져다가 너를 위한 배움의 도구로 전환한다. 또 항상 그렇듯, 성령은 에고가 분리를 *위한* 논거로 사용하는 것을 분리에 *반하는* 입증 자료로 재해석한다. 마음은 몸을 치유할 수 있지만 몸은 마음을 치유할 수 없다면, 마음이 *더 강할 것이다.* 모든 기적은 바로 이것을 입증한다.

63 우리는 성령이 기적을 위한 동인*이라고* 말했다. 성령은 항상 너에게, 오로지 마음만이 *공유될 수 있으므로 오로지* 마음만이 실제라고 말해주기 때문이다. 몸은 실로 분리되어 있으며, 따라서 너의 일부일 수 *없다.* 한 마음이 되는 것은 정녕 의미가 있지만, 한 *몸이* 되는 것은 의미가 없다. 그렇다면 마음의 법칙에 따라, *몸은* 의미가 없다. 성령계는 *기적에 난이도가 없다.* 지금쯤이면 이것은 너에게 충분히 익숙할 테지만, 아직 믿을 만하게 되지는 않았다. 따라서 너는 그것을 이해하지도 못하고 *사용할* 수도 없다.

64 우리가 이렇게 중요한 개념을 그냥 지나쳐버리기에는 천국을 위해 성취해야 할 것이 너무나 많다. 이 개념은 내가 지금 가르치고 있고 *너도* 가르치기를 원하는 사고체

계의 진정한 초석이다. 이 개념은 완벽한 동등성에 대한 믿음이므로, 이것을 믿지 않고서는 기적을 행할 수 없다. 하느님의 동등한 아들들에게는 단 하나의 동등한 선물만이 제공될 수 있는데, 그것은 바로 *그들의 가치에 대한 완전한 인정*이다. 그 이상도 그 이하도 없다. 범위가 없다면, 난이도라는 것은 정녕 무의미하다. 그리고 너희가 서로에게 주는 것에는 정녕 범위가 없다.

⁶⁵ 하느님께 인도하는 성령은 궁극적으로 지각을 앎으로 전환하듯이 소통을 존재로 전환한다. [너는 *네가 소통하는 것을 잃지 않는다.*] 에고는 몸을 공격과 쾌락, 자만을 위해 사용한다. 이렇게 제정신이 아닌 지각은 몸을 정녕 두려운 것으로 만든다. 성령은 몸을 *오로지* 소통 수단으로만 본다. 그리고 소통하기는 곧 공유하기므로, 몸은 영적 교통이 된다. 너는 사랑뿐만 아니라 두려움도 소통될 수 있으며, 따라서 공유될 수 있다고 주장할 수도 있다. 하지만 이것은 들리는 것처럼 그렇게 실제는 아니다. 두려움을 소통하는 자는 공격을 조장하는데, 공격은 항상 소통을 *단절하여* 불가능하게 만든다.

⁶⁶ 에고들도 일시적으로 함께 충성할 수 있지만, 그것은 항상 *각자가 따로 얻을 수 있는 것*을 위해서다. 성령은 *각자가 전체에게 줄 수 있는 것*만 소통한다. 성령은 네가 그것을 간직하기를 원하므로, 아무것도 도로 가져가지 않는다. 따라서 성령의 가르침은 다음의 레슨으로 시작한다:

⁶⁷ 소유하려면, 모두에게 모두 주어라.

⁶⁸ 이것은 아주 예비적인 단계로서, 너 스스로 밟아야 할 유일한 단계다. 너는 심지어 이 단계를 스스로 *완성*할 필요조차 없지만, 그 방향으로 돌아설 필요는 *있다*. 너는 그 길을 가겠다는 선택을 함으로써 *너 자신*을 여정의 책임자로 임명했는데, 그 자리에는 *오로지* 너만 있어야 한다.

⁶⁹ 이 단계는 갈등을 해소하기보다는 심화하는 듯이 *보인다*. 이것은 너의 지각을 뒤집어 바르게 세우는 과정에서 *시작* 단계기 때문이다. 이것은 네가 아직 포기하지 못한 위아래가 뒤집힌 지각과 갈등한다. 그렇지 않다면 방향의 전환이 필요 없었을 것이다. 어떤 사람들은 이 단계에서 *아주* 첨예한 갈등을 겪으면서 아주 오래 머문다. 이 지점에서 많은 이들이 다음 단계를 밟아 갈등을 해결하기보다는 갈등을 받아들이려

고 한다. 하지만 그들은 이미 첫 번째 단계를 밟았기에, 반드시 도움을 받을 것이다. 그들이 일단 혼자 완성할 수 *없는* 것을 선택한 이상, 그들은 *더 이상 혼자가 아니다.*

b. 평화를 소유하려면, 평화를 가르침으로써 평화를 배워라.

70 분리된 자들은 모두 보복과 버림받음에 대한 기본적인 두려움을 가지고 있다. 그런 이유는, 그들이 공격과 거부를 *믿기 때문이다.* 따라서 그들은 공격과 거부를 지각하고, 가르치고, *배운다.* 이런 정신 나간 개념들은 명백히 그들 자신의 해리와 투사의 결과다. 너의 정체는 네가 가르치는 바로 그것이지만, 네가 잘못 가르칠 수 있고, 따라서 *너 자신을 잘못 가르칠* 수 있다는 점은 아주 분명하다. 많은 이들이 *내가 그들을 공격한다고* 생각했다. 비록 그러지 않았음이 아주 분명했는데도 말이다. 제정신이 아닌 학습자는 이상한 레슨을 배운다.

71 네가 어떤 사고체계를 *공유하지* 않는다면, 그것을 약화하는 것임을 반드시 이해해야 한다. 따라서 그 사고체계를 *믿는* 자들은 이것을 *자신에 대한* 공격으로 지각한다. 누구나 *자기 자신을* 자신의 사고체계와 동일시하기 때문이다. 그리고 *모든* 사고체계는 네가 *너의 정체라고 믿는 것*에 중심을 둔다. 그 사고체계의 중심이 참이라면, 그로부터는 진리만 확장해 나온다. 그러나 그 중심에 거짓이 있다면, 그로부터는 속임수만 생겨난다. 좋은 교사들은 누구나 오로지 근본적인 변화만이 지속된다는 것을 알지만, 그 수준에서 *시작하지는* 않는다. 변화하려는 동기를 강화하는 것이 그들의 첫 번째자 최우선적인 목표다. 그것은 또한 그들의 마지막이자 최종적인 목표기도 하다.

72 *학습자의* 변화하려는 동기를 강화하는 것이 변화를 보장하기 위해 교사가 할 필요*가* 있는 일의 전부다. 동기의 변화는 곧 마음의 변화기 때문이다. 이것은 필연적으로 근본적인 변화를 일으키는데, 마음이야말로 정녕 근본적이기 때문이다. 그렇다면 뒤집기, 즉 무효화 과정의 첫 번째 단계는, *얻는다는* 개념을 무효화하는 것이다. 그에 따라 성령의 첫 번째 레슨은, "*소유하려면, 모두에게 모두 주어라.*"였다. 이것은 일시적으로 갈등을 심화하는 경향이 있다고 말했는데, 이제 이 점에 대해 보다 분명히 밝혀보겠다.

73 현시점에서 너는 아직 "소유하기"와 "존재하기"가 같다는 것을 지각하지 못한다. 그렇게 지각하기 전에는, "소유하기"는 "존재하기"의 *정반대처럼* 보인다. 따라서

첫 번째 레슨에는 모순이 있는 듯이 보이는데, 그 이유는 *갈등하는 마음이* 그 레슨을 배우고 있기 때문이다. 이것은 곧 동기에 갈등이 있음을 *의미하며*, 따라서 이 레슨을 아직 일관되게 배울 수 *없다.* 게다가 학습자의 마음은 자신의 분열을 투사하여 다른 이들 안에서 일관된 마음을 지각하지 *않음으로써,* 학습자가 *다른 이들의* 동기를 의심하게 만든다. 이것이야말로 첫 번째 레슨이 여러모로 가장 배우기 어려운 진짜 이유다. 학습자는 자신 안의 에고를 여전히 강력하게 자각하면서 다른 이들 안의 에고에 주로 반응하기에, 자신과 다른 이들에게 마치 그가 정말로 믿는 것이 참이 *아닌* 듯이 반응하라는 가르침을 받고 있다.

74 늘 그렇듯이 위아래가 뒤집힌 에고는 첫 번째 레슨을 제정신이 아니라고 지각한다. 사실 여기서 이것은 에고의 유일한 대안이다. 다른 대안은 분명 *에고가* 제정신이 아니라는 것일 텐데, 이것은 에고가 받아들이기 훨씬 더 힘든 것이다. 그렇다면 생각의 다른 모든 산물들처럼, 에고의 판단도 에고의 *정체에* 의해 미리 결정된다. *생각하는 자* 안에서 마음이 변화함에 따라, 근본적인 변화가 일어날 것이다. 그러는 동안 성령의 음성이 점점 더 뚜렷해지면서, 학습자가 귀 기울이지 *않을* 수 없게 만든다. 그렇다면 학습자는 당분간 서로 갈등하는 메시지들을 수신하면서 둘 다 받아들이고 있는 *것이다.* 이것이 바로 소통에 있어서의 고전적인 "이중 구속"이다.

75 상반된 두 사고체계 사이의 갈등에서 *벗어나는* 방법은 분명, *하나를 선택하고 다른 하나를 포기하는 것이다.* 네가 만약 너의 사고체계와 동일시하고 또한 그 동일시에서 벗어날 수 없다면, 그런데 서로 *완전히* 불일치하는 두 사고체계를 받아들인다면, 마음의 평화는 정녕 불가능하다. 둘 다를 *받아들이는* 한, 너는 분명 둘 다를 *가르칠* 것이다. 하지만 그럴 경우 너는 갈등을 가르치고 갈등을 배우는 것이다. 그러나 너는 정녕 평화를 원한다. 그렇지 않다면 너는 **평화**를 위한 **음성**에게 도와달라고 요청하지 않았을 것이다. 그의 *레슨은* 정신 이상이 아니다. *갈등이야말로* 정신 이상이다.

76 제정신과 정신 이상 사이에 갈등이란 있을 수 없다. 오로지 하나만 참이며, 따라서 오로지 하나만 *실제다.* 에고는 어느 음성이 참인지 결정하는 것은 너에게 달려있다고 설득하려 하지만, 성령은 하느님이 진리를 창조하셨으므로 *너의* 결정은 진리를 바꿀 수 *없다고* 가르친다. 네가 성령의 음성의 조용한 권능과 *완벽한* 일관성을 *깨닫기* 시작하면서, 너를 *위해* 돌이킬 수 없이 내려진 결정을 무효화하려 하고 있음이 너의 마음에 분명해질 *수밖에* 없다. 이런 까닭에, 우리는 전에 *너를* 대신해 하느님을 위한

결정을 내리도록 성령께 맡기는 것을 기억하는 것이 도움이 된다고 말해주었다.

77 나는 지금 너에게 제정신이 아닌 결정을 내리라고 요청하는 것이 *아니다.* 너는 물론 그렇다고 *생각할* 자유가 있지만 말이다. 하지만 하느님의 창조물들이 참으로 무엇인지 결정하는 것이 *너에게 달려있다고* 믿는 것은 분명 제정신이 아니다. 성령은 이런 갈등을 정확하게 있는 그대로 지각한다. 따라서 그의 두 번째 레슨은 다음과 같다:

78 평화를 소유하려면, 평화를 가르침으로써 평화를 배워라.

79 이것도 여전히 예비적인 단계일 뿐이다. *소유하기와 존재하기를* 아직은 같다고 보지 않기 때문이다. 하지만 이것은 첫 번째 단계보다 더 진전된 것이다. 실제로 첫 번째 단계는 단지 생각을 *뒤집는 것에* 불과하다. 두 번째 단계는 *네가 원하는 것에* 대한 적극적인 확언이다. 그렇다면 이것은 갈등에서 *벗어나는* 방향으로 한 걸음 더 나아가는 것이다. 이것은 네가 대안들에 대해 숙고한 후, 그중 *하나를 더 바람직한* 것으로 선택했음을 의미하기 때문이다.

80 그럼에도 불구하고, "더 바람직하다"라는 평가는 여전히 바람직한 것에 등급이 있음을 함축한다. 따라서 이 단계는 비록 궁극적인 결정을 위해 필수적이기는 하지만, 최종적인 단계는 분명히 *아니다.* 이 시점에서는, *온전한 열망의 대상은* 어려울 수 없으므로 기적에 난이도가 없다는 것을 아직 받아들이지 않았음이 분명하다. 온전히 열망하기는 곧 *창조하기다.* 그리고 하느님이 몸소 너를 *창조자로서* 창조하셨다면, 창조하기는 어려울 수 *없다.* 그렇다면 두 번째 단계는, 비록 하느님의 앎과 유사한 통합된 지각을 향해 내딛는 거대한 발걸음이기는 하지만, 여전히 지각적이다.

81 너는 이 단계를 밟고 *이 방향을 유지함에* 따라 너의 사고체계의 중심을 향해 밀고 나아가게 될 것이며, 그곳에서 *근본적인* 변화가 일어날 것이다. 너는 지금 이 단계를 시작하고 있을 뿐이지만, *오로지 한 길만이 가능함을* 깨달음으로써 이 길에 나섰다. 너는 아직 이것을 지속적으로 깨닫고 있지 못하며, 따라서 너의 발전은 간헐적이다. 그러나 두 번째 단계는 첫 번째 단계를 *뒤따르오므로,* 첫 번째 단계보다 쉽다. 네가 *이것을* 받아들였다는 사실 자체가 성령이 너를 인도해 줄 것임을 점점 더 자각하고 있음을 보여준다.

c. 오로지 하느님과 그분의 왕국을 위해서만 경계해 깨어있어라.

[82] 너는 너 자신의 구원을 위해 비평적으로 되어야 한다. 너의 구원은 온아들 전체에 *아주* 중요하기 때문이다. 우리는 전에 성령은 평가적이며, *반드시* 평가적이어야 한다고 말했다. 하지만 성령의 평가는 너를 *넘어서까지* 확장되지 않는다. 만약 확장된다면, 너는 성령의 평가를 공유할 것이다. 성령은 *오로지 너의* 마음 안에서만 거짓된 것에서 참된 것을 골라내며, 네가 너의 마음 안으로 들어오도록 허락한 모든 생각을 하느님이 그곳에 *두신* 것의 관점에서 판단하라고 가르친다. 성령은 이 관점과 *일치하는* 것은 무엇이든 간직하여 *네* 안의 왕국을 강화한다. 성령은 진리와 *부분적으로* 일치하는 것은 받아들여 정화한다. 그러나 *전혀 일치하지 않는* 것은, 그에 *반하여* 판단함으로써 기각한다. 성령은 바로 이런 식으로 천국을 지극히 일관되고도 통합된 상태로 유지한다.

[83] 하지만 네가 반드시 기억해야 할 것은, 성령이 거부하는 것을 에고는 *받아들인다*는 점이다. 성령과 에고는 *너의 정체*에 대해 근본적으로 의견이 다르므로, 모든 것에 대해서도 근본적으로 의견이 다르기 때문이다. 너의 정체라는 중대한 문제에 대한 에고의 믿음은 오락가락하며, 바로 이것이 에고가 다양한 감정을 조장하는 이유다. 성령은 이 점에 있어서 *결코* 오락가락하지 않으며, 따라서 성령이 일으키는 *유일한* 감정은 기쁨이다. 성령은 기쁨을 촉진하지 *않는* 모든 것을 거부함으로써 기쁨을 *보호한다.* 그러므로 오로지 성령만이 너를 온전히 기쁜 상태로 유지해 줄 수 있다.

[84] 성령은 너의 마음이 다른 마음들에게 비평적이어야 한다고 가르치지 않는다. 성령은 네가 잘못을 가르침으로써 스스로 *잘못을 배우기*를 원하지 않기 때문이다. 만약 성령이, 네가 *피하는 법*을 배워야 할 바로 그것을 *강화하도록* 한다면, 도저히 일관성 있다고 할 수 없을 것이다. 그렇다면 성령은 *생각하는 자의* 마음 안에서 정녕 판단적이지만, 그것은 단지 그 마음이 판단 없이 지각할 수 있도록 통합하기 위해서다. 이것은 마음으로 하여금 판단 *없이 가르칠* 수 있게 해주며, 그 결과 판단 없이 *존재하는* 법을 배울 수 있게 해준다. 네가 거짓되게 투사할 수 없도록, 무효화는 오로지 *너의* 마음 안에서만 필요하다. 하느님은 몸소 네가 지극히 안전하게 투사할 수 있는 것을 확립해 놓으셨다. 따라서 성령의 세 번째 레슨은 다음과 같다:

⁸⁵ 오로지 하느님과 그분의 왕국을 위해서만 경계해 깨어있어라.

⁸⁶ 이것은 *근본적인* 변화로 가는 주된 단계다. 하지만 이것은 네가 *맞서* 경계해 깨어있어야 할 무언가가 있음을 암시하므로, 여전히 생각을 뒤집는 것에 관한 레슨이다. 그러나 이것은 주로 생각을 뒤집는 것이었던 첫 번째 레슨은 물론, 본질적으로 무엇이 *더* 바람직한지 확인하는 두 번째 레슨보다는 훨씬 더 발전한 것이다. 두 번째 단계가 첫 번째 단계에 뒤이어 오듯이, 두 번째 단계에 뒤이어 오는 *이 세 번째 단계*는 바람직한 것과 바람직하지 않은 것의 *양분*을 강조한다. 따라서 이 단계는 *궁극적인* 선택을 불가피하게 만든다.

⁸⁷ 첫 번째 단계는 갈등을 *증가시키는* 듯이 보이고, 두 번째 단계는 얼마간의 갈등을 여전히 수반하지만, 세 번째 단계는 갈등에 *반하는 일관된* 노력을 요구한다. 우리는 이미 네가 에고를 *위해* 경계를 늦추지 않듯이 에고에 *반해서도* 경계해 깨어있을 수 있다고 말했다. 이 레슨은 네가 그렇게 할 수 있을 뿐만 아니라, *반드시 그렇게 해야* 한다고 가르친다. 이 레슨은 난이도에는 관심을 두지 않고, *경계해 깨어있음에 최우선적인* 관심을 둔다. 이 단계는 비록 예외를 *만들려는* 유혹이 일어날 것임을 부정하지는 않지만, 어떤 예외도 *없어야* 한다고 아주 확고하게 가르친다. 그러므로 여기서 너는 혼란에도 *불구하고* 일관성을 유지할 것을 요청받는다. 그러나 혼란과 일관성은 상호 배타적이므로, 오래 공존할 수 *없다.*

⁸⁸ 하지만 네가 무언가에 맞서 경계해야 하는 한, 이러한 상호 배타성을 인식하지 못하고 둘 중 *하나를 선택할* 수 있다는 믿음을 고수하는 것이다. 성령은 네가 무엇을 선택해야 하는지 가르쳐줌으로써, *너는 전혀 선택할 필요가 없음을* 궁극적으로 가르쳐줄 수 있을 것이다. 이것은 마침내 너의 뜻을 *선택으로부터* 해방하여, 왕국 안에서의 창조를 향하게 할 것이다. 성령을 통해 선택하는 것은 너를 *왕국으로* 인도할 것이다. 너는 너의 *정체*에 의해 창조한다. 하지만 이것은 네가 반드시 배워야 하는 것이다. 그것을 배우는 방법은 세 번째 단계에 내재하는데, 이 단계는 다른 단계들에 함축된 레슨들을 한데 모아, 그것들 너머로 진정한 통합을 향해 나아간다.

⁸⁹ 네 마음 안에 *오로지* 하느님이 그곳에 두신 것만 소유한다면, 너는 네 마음을 하느님이 창조하신 그대로 인정하는 것이다. 따라서 너는 네 마음을 있는 *그대로* 받아들이는 것이다. 그리고 네 마음은 온전하므로, 너는 평화의 존재를 믿어서 평화를 가르

치고 있는 것이다. 마지막 단계는 여전히 하느님이 너를 *위해* 밟으시겠지만, 성령은 세 번째 단계를 통해 너에게 하느님을 맞이할 준비를 *시켰다.* 성령은 네가 그와 함께 밟아나가야 하는 단계들의 바로 그 특성을 통해, 네가 소유에서 존재로 전환되도록 *준비시키고 있다.*

⁹⁰ 너는 먼저, 소유는 얻기가 아닌 *주기*에 달려있음을 배운다. 다음으로, 너는 네가 *가르치는* 것을 배운다는 것, 그리고 네가 *평화를 배우기 원한다는* 것을 배운다. 평화는 *천국의* 상태condition므로, 이것은 왕국과 동일시하기 위한 *조건*condition이다. 너는 그동안 네가 천국 *바깥에* 있다고 믿었으며, 따라서 너 자신을 *천국에서* 제외했다. 따라서 네가 천국에 틀림없이 *포함되어 있다는* 것, 그리고 네가 제외해야 할 것이라고는 네가 천국에 포함되어 있지 *않다는 믿음뿐이라는* 것을 가르쳐주는 것이 아주 중요하다.

⁹¹ 그러므로 세 번째 단계는 너의 마음을 *보호하기* 위한 단계로서, 네가 오로지 중심과만 동일시하게 해준다. 그곳은 하느님이 당신께 바치는 제단을 두신 곳이다. 우리가 이미 말했듯이, 제단이란 믿음이다. 하지만 하느님과 그분의 창조물들은 믿음 *너머에* 있다. 왜냐하면, 그들은 의문 너머에 있기 때문이다. 하느님을 대변하는 음성은 오로지 의문 너머에 있는 *믿음만을* 대변하는데, 이것은 의문 없이 *존재하기*를 위한 준비 과정이다. 너의 마음에 하느님과 그분의 왕국에 대한 믿음을 공격하는 *어떤* 의심이라도 품는 한, 하느님의 완벽한 성취물은 너에게 분명하지 *않다.* 바로 이것이 네가 *하느님을 위해* 경계해 깨어있어야 하는 까닭이다. 에고는 하느님의 창조물에 *반하여* 말하며, 따라서 의심을 불러일으킨다. 완전히 믿기 전에는, 믿음 *너머로* 갈 수 없다.

⁹² 전이는 곧 확장으로서, 배움의 척도다. 전이는 배움의 측정 *가능한 결과*기 때문이다. 하지만 이것은 배움이 전이되는 *대상이* 측정 가능한 존재라는 의미는 아니다. 반대로, 배움이 온아들(온아들은 *측정 불가능한* 분이 창조하셨으므로 측정 불가능하다.) 전체로 전이되지 않는 한, 배움 자체는 불완전할 수밖에 없다. 온아들을 *예외 없이* 가르치는 것은, 네가 온아들의 온전성을 *지각하고 있음을,* 그리고 온아들이 *하나*라는 것을 이미 배웠음을 입증한다. 이제 너는 온아들의 하나인 상태를 네 마음 안에 *간직할 수 있도록* 경계해 깨어있어야 한다. 네가 만약 의심이 들어오도록 허용한다면, 온아들의 온전성에 대한 의식을 잃을 것이며, *따라서 그것을 가르칠 수 없을 것이기 때문이다.*

⁹³ 천국의 온전성은 너의 지각에 달려있지 *않지만*, 천국의 온전성에 대한 너의 *의식*은 정녕 너의 지각에 *달려있다*. 너의 존재는 공격받을 수 *없으므로*, 보호가 필요한 것은 단지 너의 의식뿐이다. 하지만 네가 너의 *정체*에 대해 의심하는 한, 존재에 대한 진정한 느낌은 너의 것일 수 *없다*. *바로 이런 이유로, 경계해 깨어있음이 아주 중요하다.* 존재에 대한 의심이 너의 마음에 들어오게 하지 말라. 그렇지 않으면 너는 너의 정체를 확실하게 알 수 *없다*. 확실성은 하느님에게서 오는 것으로서, *너*를 위한 것이다. 진리를 위해 경계해 깨어있을 필요는 없지만, 환상에 맞서서는 정녕 경계해 깨어있어야 한다.

⁹⁴ 진리에는 환상이 *없으며*, 따라서 진리는 *천국 안에* 있다. 천국 *바깥에* 있는 것은 모두 환상이다. 하지만 너는 진리를 받아들이는 법을 배워야 한다. 왜냐하면, 너 자신이 진리를 던져버렸기 때문이다. 따라서 너는 너 자신을 볼 때, 마치 진리가 없는 듯이 보았다. 너는 네가 *가치 있게 여기는* 다른 왕국을 만듦으로써 너의 마음에 오로지 하느님의 왕국만을 간직하지 않았으며, 그런 식으로 네 마음의 일부를 그 왕국 *바깥에* 두었다. 이와 같이 네가 만든 것이 너의 뜻을 갈라놓았고, *치유되어야 하는* 병든 마음을 너에게 주었다. 네가 이런 병에 *반하여* 깨어있는 것이 바로 병든 마음을 치유하는 길이다. 너의 마음은 일단 치유되면 건강을 발산하며, 그럼으로써 치유를 *가르친다*. 이것은 너를 나처럼 가르치는 교사로 확고히 세워준다. 경계해 깨어있음은 너만큼이나 나에게도 필요한 것이었다. 그러나 똑같은 것을 가르치겠다고 뜻하는 자들은 그들이 믿는 것에 있어서도 일치해야 한다는 점을 기억하라.

⁹⁵ 그렇다면 세 번째 단계는 네가 무엇을 믿기를 *원하는지* 분명히 밝히는 것으로서, *다른 모든 것은 포기하겠다는* 용의를 수반한다. 나는 네가 이제 막 두 번째 단계를 시작하고 있다고 말해주었지만, 세 번째 단계가 그 뒤를 *따라온다고도* 말해주었다. 성령은 네가 그를 따른다면 계속 나아갈 수 있게 해줄 것이다. 네가 경계해 깨어있다는 것은 성령이 너를 안내해 주기를 *원한다*는 표시다. 경계해 깨어있음은 물론 노력을 요구하지만, 그것은 단지 노력 *자체가* 필요 없음을 너에게 가르쳐주기 위해서다. 네가 스스로 만든 것을 보존하려고 엄청난 노력을 기울인 이유는, 그것이 참이 아니었기 *때문이다*. 그러니 이제 노력의 방향을 네가 만든 것에 *반하는* 쪽으로 돌려야 한다. 오로지 이것만이 노력의 *필요성*을 상쇄하고 *존재*를 불러올 수 있다. 너는 존재를 소유하고 있을 *뿐만* 아니라 존재 자체다. *이러한* 인식에는 노력이 전혀 *필요 없다*. 존재는 *이미* 참이며, 어떤 보호도 *필요하지* 않기 때문이다. 존재는 하느님의 완벽

한 안전 안에 있다. 따라서 포함함은 총체적이며, 창조물에는 한계가 없다.

제7장

왕국의 일관성

I. 서문

¹ 하느님과 그분의 창조물들이 가진 창조적 권능에는 한계가 없지만, 그 둘의 관계는 상호적이지 않다. 하느님이 너와 완전히 소통하시듯, 너도 하느님과 완전히 소통한다. 이것은 네가 공유하는 진행 중인 과정으로서, 그것을 공유하는 *까닭에* 너는 *하느님처럼* 창조하도록 고취된다. 하지만 너는 창조에 있어서 하느님과 상호관계에 있지 않다. 하느님은 *너를* 창조하셨지만, 너는 하느님을 창조하지 *않았기* 때문이다. 우리가 전에 말했듯이, 너의 창조적 권능은 오로지 이 측면에서만 하느님의 창조적 권능과 다르다. 이 세상에서조차 이와 유사한 것이 있다. 부모는 아이를 탄생시키지만, 아이는 부모를 탄생시키지 않는다. 하지만 아이는 *자신의* 아이를 *탄생시킴으로써* 자신의 *부모처럼* 생명을 탄생시킨다.

² 네가 만약 하느님을 창조하고, 또 하느님이 너를 창조하신다면, 천국은 그 자체의 창조적 생각을 통해 증가할 수 없을 것이다. 따라서 창조는 제한될 것이며, 너는 하느님과 공동 창조자가 아닐 것이다. 하느님의 창조적인 **생각**이 하느님으로부터 너에게 나아가듯, 너의 창조적인 생각도 너로부터 *너의* 창조물들에게 나아가야 한다. 오로지 이런 방법을 통해서만, 모든 창조적 권능이 바깥을 향해 확장된다. 하느님의 성취물들은 너의 성취물들이 아니다. 그러나 너의 성취물들은 정녕 하느님의 성취물들을 *닮았다.* *하느님은* 온아들을 창조하셨고, 너는 온아들을 *증가시킨다.* 너에게는 왕국을 늘릴 권능이 있지만, 왕국의 *창조주를* 늘릴 권능은 없다. 네가 오로지 하느님과 그분의 왕국을 위해서만 경계해 깨어있게 될 때, 너는 이러한 권능을 주장하는 것이다. 그리고 이러한 권능을 너의 것으로 *받아들임으로써,* 너는 너의 정체가 되는 법을 배운 것이다.

³ 네가 본래 하느님 안에 있듯이, 너의 창조물들도 네 안에 있다. 너의 아들들이 하느님 아들들의 일부듯이, 너는 하느님의 일부다. 창조하는 것은 곧 사랑하는 것이다. 사랑은 그야말로 담아둘 수 없는 것이므로, 바깥으로 확장한다. *사랑은* 한계가 없기에, *멈추지 않는다.* 사랑은 영원히 창조하지만, 시간 안에서 창조하는 것이 아니다. 하느님의 창조물들은 항상 존재해 왔다. 왜냐하면 *하느님이* 항상 존재해 오셨기 때문이다. *너의* 창조물들도 항상 존재해 왔다. 왜냐하면 너는 오로지 하느님이 창조하시는 것처럼만 창조할 수 있기 때문이다. 하느님은 너를 영원하게 창조하셨으므로, 영원은 네 것이다.

II. 흥정 대 치유

⁴ 에고는 사랑하기보다는 경쟁적이므로, 상호적인 권리를 요구한다. 에고는 항상 "거래"할 용의가 있지만, 다른 이를 *닮는 것*은 어떤 거래도 *불가능하다는* 의미임을 이해하지 못한다. 얻으려면, 흥정하지 말고 주어야 한다. 흥정하는 것은 주기를 제한하는 것이며, 이것은 하느님의 뜻이 아니다. 하느님과 함께 뜻하는 것은 하느님처럼 창조하는 것이다. 하느님은 당신의 선물들을 어떤 식으로든 제한하지 않으신다. *너희가* 바로 하느님의 선물들이며, 따라서 너희의 선물들은 분명 그분의 선물들을 닮았다. 너희가 *왕국에게* 주는 선물들은 분명 하느님이 *너희에게* 주시는 선물들을 닮았다.

⁵ 나는 사랑이 나의 *정체임*을 믿었기에, 왕국에게 *오로지* 사랑만 주었다. 네가 너의 정체라고 믿는 것이 너의 선물을 *결정하며*, 하느님은 당신 자신을 *너로서* 확장하심으로써 너를 창조하셨다면, 너는 *너 자신*을 오로지 하느님처럼만 확장할 수 있다. 오로지 기쁨만이 영원히 증가한다. 기쁨과 영원은 분리될 수 없기 때문이다. 하느님은 한계와 시간 너머로 바깥을 향해 확장하시며, 하느님과 공동 창조자인 너는 그분의 왕국을 한계 너머로 영원히 확장한다. 영원은 창조물에 찍힌 지울 수 없는 인장이다. 영원한 자들은 영원히 평화와 기쁨 속에 있다.

⁶ 하느님처럼 생각하는 것은 너의 정체에 대한 그분의 *확신*을 공유하는 것이며, 하느님처럼 창조하는 것은 그분이 *너와* 공유하시는 완벽한 사랑을 공유하는 것이다. 성령은 너를 이곳으로 인도하여 너의 기쁨이 완전해지도록 한다. 하느님의 왕국은 온전하기 때문이다. 우리는 전에 앎이 다시 깨어나는 과정에서 마지막 단계는 하느님이 취하신다고 말했다. 이것은 참이기는 하지만, 말로 설명하기는 어렵다. 말은 상징이기 때문이다. 그리고 참인 것은 아무것도 말로 설명할 *필요가* 없다. 하지만 성령은 쓸모 *없는* 것을 쓸모 있는 것으로, 의미 *없는* 것을 의미 있는 것으로, 일시적인 것을 무시간적인 것으로 전환하는 과제를 가졌다. 따라서 성령은 너에게 이 마지막 단계에 대해 무언가 말해줄 수 *있다.* 비록 이것은 너 스스로 알아야 하지만 말이다. 왜냐하면, 너는 이 마지막 단계에 *의해* 너의 정체를 알게 되기 때문이다. 이것이 정녕 너의 존재다.

⁷ 하느님은 단계를 *취하지* 않으신다. 그분의 성취물들은 점진적이지 않기 때문이다. 하느님은 가르치지 않으신다. 그분의 창조물들은 변함없기 때문이다. 하느님은 *마지막*에 아무것도 하지 않으신다. 하느님은 *처음*에, 그리고 *영원토록* 창조하셨기 때

문이다. 하느님께 적용되는 "처음first"이라는 단어는 시간 개념이 *아님*을 이해해야 한다. 하느님은 성 삼위일체에서 첫째the first라는 의미에서 처음이시다. 하느님은 으뜸 창조주시다. 하느님은 당신의 공동 창조자들을 창조하셨기 때문이다. 하느님이 그렇게 하셨기 *때문에*, 시간은 하느님께도 그분이 창조하신 자들에게도 적용되지 않는다. 따라서 하느님이 취하실 "마지막 단계"는 처음에도 참이었고, 지금도 참이며, 앞으로도 영원히 참일 것이다.

8   무시간적인 것은 그 *존재가* 영원히 변함없으므로, 항상 존재한다. 무시간적인 것은 *증가하도록* 영원히 창조되었으므로, 증가한다고 해서 변하지 않는다. 그것이 증가하지 *않는다고* 지각한다면, 너는 그것의 *정체를* 모르는 것이다. 너는 또한 누가 그것을 창조하셨는지, 혹은 *그분이* 누구신지도 모르는 것이다. 하느님은 너에게 이것을 *드러내지* 않으신다. 그것은 결코 감춰진 적이 없기 때문이다. 하느님의 빛은 결코 가려진 적이 없다. 그 빛을 *공유하는* 것은 하느님의 뜻이기 때문이다. 완전히 공유되는 것이 어떻게 유보된 *다음에야* 드러날 수 있겠는가?

9   치유하는 것은 이 세상에서 유일하게 하느님의 *생각을* 닮고, 그 둘이 공유하는 요소로 인해 *하느님의 생각으로* 전이할 수 있는 생각하기다. 어떤 형제가 자신을 아프다고 지각할 때, 그는 자신이 온전하지 않으며, *따라서 무언가를 필요로 한다고* 지각하는 것이다. 너도 그를 그렇게 본다면, 그가 마치 왕국에 없거나 왕국에서 분리된 듯이 봄으로써 왕국 자체를 두 *사람 모두에게* 가리는 것이다. 병과 분리는 하느님에게서 온 것이 아니지만, 왕국은 하느님에게서 온 것이다. 네가 만약 왕국을 가린다면, 너는 *하느님에게서 오지 않은* 것을 지각하는 것이다.

Ⅲ. 마음의 법칙

10   그렇다면 치유하는 것은 곧 성령을 네 형제와 공유함으로써, 그는 물론 너 자신 안에서도 지각을 교정하는 것이다. 이것은 너희 둘 *다를* 왕국 안에 놓아주고, 너희 마음에 왕국의 온전성을 회복해 준다. 이것은 증가를 통해 통일하고 확장을 통해 통합하므로, 창조와 유사하다. 너는 네가 투사하는 그것을 믿는다. 이것은 왕국은 물론 이 세상에서도 바뀔 수 없는 마음의 법칙이다. 하지만 이 세상에서는 그 내용이 다르다.

마음의 법칙이 이 세상에서 지배하는 생각들은 왕국의 생각들과는 아주 다르기 때문이다. 법칙이 질서를 유지하려면 상황에 맞춰 조정되어야 한다.

11 마음의 법칙이 이 세상에서 작동할 때 보이는 두드러진 특징은, 네가 그것을 지킴으로써(그리고 장담하건대, 너는 그것을 지킬 *수밖에* 없다.) 정반대의 결과에 도달할 수 있다는 점이다. 이것은 그 법칙이 이 세상의 상황에 맞춰 조정되었기 때문인데, 이곳에서는 실로 정반대의 결과들이 있다고 믿어진다. 마음의 법칙은 생각을 지배하며, 너는 *정녕* 갈등하는 두 음성에 반응한다. 너는 "자유들"을 달라는 주장을 많이 들어왔는데, 만약 사람이 그것들을 쟁취하기 위해 *싸우기*로 선택하지 않았다면, 그것은 정녕 자유였을 것이다. 이것이 바로 사람이 "자유들"을 하나가 아니라 많은 것으로 지각하는 까닭이다. 하지만 자유에 대한 옹호의 저변에 깔린 주장은 지극히 타당하다. 자유는 참이므로, 자유를 얻으려고 *싸우지* 말고 자유와 *한편이 되어야* 한다.

12 자유를 반대하는 자들은 자유의 결과가 자신을 *해칠* 것이라고 믿지만, 그것은 참일 수 *없다*. 그러나 자유를 *찬성하는* 자들은, 비록 자유를 어떻게 옹호할지 잘못 인도될지라도, 이 세상에서 유일하게 *참인* 것과 한편이 되는 것이다. 어떤 사안의 양 측면에 공평하게 귀 기울일 수 있는 자라면 항상 바른 결정을 할 것이다. 왜냐하면, 그는 정녕 그에 대한 답을 *가졌기* 때문이다. 갈등은 개인들 사이에서 일어나는 듯이 보일 수 있지만, *분명* 개인 안에서 먼저 일어난 것이다.

13 "개인 안에서"는 분명 에고의 용어다. "개인의"는 다른 사람들에 관한 것이 *아닌* "한 사람에 관한" 것임을 함축하기 때문이다. "개인들 사이에서"라는 용어도 서로 다르거나 *분리된* 사람들 가운데 존재하는 무언가를 일컫는다는 의미에서 유사한 잘못이다. 우리가 앞에서 계시의 극도로 *개인적인* 특성에 대해 말했을 때, 곧이어 *공유라*는 면에서 계시가 낳을 수밖에 없는 결과들에 대해 설명했다. 한 개인이 자신을 분리되었다고 생각하는 이유는 주로 자신이 몸에 묶여있다고 *지각하기* 때문이다. 그는 자신을 *마음이라고* 지각할 *때만* 이것을 극복할 수 있다. 그제야 비로소 "마음 안에서", "마음들 사이에서" 등의 용어를 서로 다르다거나 갈등한다고 보지 *않으면서* 자유로이 사용할 수 있다. 마음들은 정녕 완벽하게 일치할 수 있기 때문이다.

14 왕국 *밖에서는*, 왕국 안을 지배하는 법칙이 "너는 네가 투사하는 것을 *믿는다*."라는 말에 맞춰 조정된다. 이것은 왕국의 법칙이 *가르치기* 형식을 취한 것이다. 왕국 밖에서는 *배우기*가 필수적이며, 따라서 가르치기가 의무적으로 되기 때문이다. 왕국의

법칙이 취하는 이런 형식은 명백히, 너는 네가 다른 이들에게 투사하여 그 결과 *그들의* 정체라고 믿는 바로 그것으로부터 *너의* 정체를 배울 것임을 의미한다. 왕국 *안에* 는 가르치기도 배우기도 없다. 그곳에는 *믿음이* 없기 때문이다. 왕국에는 오로지 *확실성만* 있다. 존재의 확실성 안에 있는 하느님과 그분의 아들들은, 너는 실로 네가 투사하는 바로 그것임을 *안다.* 왕국의 법칙이 취하는 이런 형식은 창조의 법칙이기에, 결코 상황에 맞춰 조정되지 않는다. 하느님은 몸소 그 법칙에 *의해* 창조하심으로써 그 법칙을 창조하셨다. 하느님처럼 창조하는 그분의 아들들은 그들 자신이 창조될 때 그랬듯이 천국의 증가도 그 법칙에 의존한다는 것을 알기에, 그것을 기쁘게 따른다.

15 법칙이 도움이 되기 위해서는 소통되어야 한다. 사실상 그것은 다른 언어를 말하는 자들을 위해 *번역되어야* 한다. 그렇기는 하지만, 좋은 번역자는 번역하는 것의 형*식은* 바꿀지라도 *결코* 그 의미를 바꾸지는 않는다. 사실 번역자의 목적은 본래의 의미가 *유지되도록* 그 형식을 바꾸는 것이 전부다. 성령은 하느님의 **법칙을,** 그것을 이해하지 *못하는* 자들에게 번역해 주는 *번역자다.* 너 스스로는 이 일을 할 수 없다. 갈등하는 마음은 하나의 의미에 충실할 수 없으며, 따라서 형식을 *보존하려고 의미를 바꿀 것이기 때문이다.*

16 성령이 번역하는 목적은 당연히 *정확하게* 그 반대다. 성령은 오로지 본래의 의미를 *모든* 면에서 *모든* 언어로 *보존하기* 위해서만 번역한다. 그러므로 성령은 형식상의 차이가 의미 있다는 것에 반대하여, *그러한 차이는 중요하지 않음을* 항상 강조한다. 성령의 메시지는 그 의미가 *항상* 같으며, *오로지* 그 의미만이 중요하다. 하느님의 **창조법칙이** 완벽한 형식을 취할 때는, 하느님의 아들에게 진리를 확신시키기 위한 목적으로 진리를 사용하는 용법을 수반하지 않는다. 진리의 *확장은* 왕국의 **법칙으로서,** 진리가 정녕 무엇인지에 대한 앎에만 의존한다. 이것은 네가 물려받은 유산으로서, 전혀 배울 필요가 없는 것이다. 하지만 너 자신에게서 상속권을 박탈했을 때, 너는 배우는 자가 *되었다.*

17 배움과 기억의 긴밀한 관계에 대해 의문을 제기하는 자는 아무도 없다. *기억 없이는* 배움이 불가능하다. 배운 것이 기억되지 *않는* 한, 배움은 일관될 수 없기 때문이다. 바로 이런 이유로, 성령은 정녕 기억하기에 관한 레슨이다. 우리는 전에 성령은 기억하기와 잊기를 가르친다고 말했지만, 잊기의 측면은 단지 *기억하기를 일관되게 만들기* 위해서일 뿐이다. 너는 *더 잘 기억하기* 위해 잊는다. 성령이 번역한 것을 지각

하는 두 가지 방법에 귀 기울이는 한, 너는 그것을 이해할 수 *없을* 것이다. 그러므로 어느 하나를 *이해하려면*, 다른 하나를 잊거나 포기해야 한다. 이것이 바로 네가 일관성을 배워서 마침내 일관성 있게 존재할 수 있는 유일한 방법이다.

¹⁸ 혼란에 빠진 자들에게 왕국의 완벽한 일관성이 무엇을 의미할 수 있겠는가? 분명한 것은, 혼동은 의미를 *해치며*, 따라서 학습자가 그 의미를 이해하지 못하게 한다는 점이다. 천국에는 그 어떤 혼동도 *없다*. 그곳에는 오로지 *하나의* 의미만 있기 때문이다. 그 의미는 하느님에게서 나오며, 그 의미가 곧 하느님이다. 그 의미는 또한 *너이므로*, 너의 창조주가 그러셨듯이 너도 그 의미를 공유하고 *확장한다*. 그 의미는 완벽하게 이해되므로 번역이 필요 없지만, 확장을 *의미하므로* 정녕 확장이 필요하다. 소통은 완벽하게 직접적이고 완벽하게 연합되어 있다. 소통에는 긴장이 전혀 없다. 조화를 이루지 못하는 것은 *결코* 들어오지 않기 때문이다. 이것이 바로, 소통이 정녕 하느님의 왕국인 이유다. 소통은 본래 하느님께 속하며, 따라서 하느님을 *닮았다*. 바로 이것이 하느님 왕국의 실재다. 그리고 그 왕국을 공격할 수 *있는* 것은 아무것도 없다.

Ⅳ. 통합된 커리큘럼

¹⁹ 치유하는 것은 총체적으로 해방하는 것이다. 우리가 전에 말했듯이, 기적에 난이도가 없는 이유는 기적은 *모두* 사랑이 최대치로 표현된 것이기 때문이다. 이것에는 범위가 전혀 없다. 최대치로 표현되지 않은 것은 단지 범위가 있는 듯이 *보일* 뿐이다. 왜냐하면, 그것을 *최대치로부터* 측정하여 거기에 *얼마나* 못 미치는지를 통해 그 위치를 확인하는 것이 의미 있어 보이기 때문이다. 실제로 이것은 아무것도 의미하지 않는다. 그것은 그 개념을 이론적으로는 사용할 수 있지만 실제로는 적용할 데가 없다는 면에서 마치 음수와도 같다. 탁자에 사과 세 개를 놓았다가 치워버리면, 그 세 개의 사과가 거기에 없다는 것은 사실이다. 그러나 이제 탁자에 *마이너스* 세 개의 사과가 있다는 것은 사실이 *아니다*. 지금 탁자에 *아무것도 없다면*, 전에 거기에 무엇이 얼마나 많이 *있었는지*는 중요하지 않다. 없는 것으로 인해 "무"가 더 많아지거나 적어지지는 않는다.

²⁰ 그것이 바로 "전부"와 "무"가 범위 *없이* 양분되는 까닭이다. 이것은 최대 수행 능

력의 심리학적 테스트를 고려할 때 아주 명백하다. *동기가 최대치인* 경우나 동기가 전혀 *없는* 경우를 가정하지 않는 한, 너는 그 결과를 *전혀* 해석할 수 없다. 너는 오로지 이 두 조건 하에서만 반응을 타당하게 비교할 수 있으며, 그럴 때는 *반드시* 동기가 최대치라고 가정해야 한다. 동기가 전혀 없다면, 피험자는 *아무것도* 하지 않을 것이기 때문이다. 그의 동기가 *가변적이라면*, 그는 무언가를 하기는 할 것이다. 하지만 *너는 그것이 과연 무엇인지* 이해하지 못할 것이다.

21 이런 테스트의 결과는 최대치의 동기를 *가정하여* 상대적으로 평가된다. 하지만 그 이유는 우리가 능력들을 다루고 있으며, 여기서는 발전의 정도가 의미 있기 때문이다. 이것은 그 능력들이 사용되는 *목적이* 반드시 제한되거나 나뉘어야 함을 의미하지 *않는다*. 하지만 다음의 한 가지는 확실하다: 능력들은 배움을 위한 *잠재력이며*, 너는 네가 배우기를 *원하는* 것에 그 능력들을 사용할 것이다. 배움은 노력이며, 노력은 뜻을 의미한다. 우리가 "능력들"이라고 복수 용어를 사용한 이유는, 능력들이 에고와 함께 시작되었기 때문이다. 에고는 능력들을 *남을 능가하기 위한* 잠재력으로 지각했다. 이것은 에고가 *여전히* 능력들을 지각하고 사용하는 방법이다.

22 에고는 모든 이에게 자신이 배운 모든 것을 가르치기를 *원하지* 않는다. 그것은 에고의 목적을 무산시킬 것이기 때문이다. 따라서 에고는 *실제로* 전혀 배우지 못한다. 성령은 에고가 만든 것을 사용하여 에고가 배운 것의 *정반대를* 가르치라고 가르친다. 배움에 적용된 특정한 능력과 마찬가지로 배움의 종류도 상관없다. 성령의 통합된 목적을 보여주는 데 이 수업보다 더 좋은 예는 없을 것이다. 성령은 *네가* 아주 다양한 분야에서 배운 것들을 가져와서 하나의 *통합된* 커리큘럼에 적용했다. 그것이 에고가 배운 이유가 *아니었다는* 사실은 전혀 상관없다.

23 *너는* 배우려는 노력을 했고, 성령께는 *모든* 노력을 위한 통합된 목표가 있다. 성령은 남을 능가하기 위한 에고의 잠재력을 *동등하게 되기* 위한 잠재력에 맞춰 조정한다. 이것은 그동안 네가 배운 것들을 에고의 목적을 위해서는 *쓸모가 없지만* 성령의 목적을 위해서는 *아주* 쓸모 있게 만든다. 다양한 능력들을 충분히 오랫동안 하나의 목표에 적용하면, 그 능력들 *자체가* 통합된다. 그런 이유는, 그 능력들이 한 방향, 혹은 한 길로 집중되기 때문이다. 그러면 그 모든 능력들은 결국 *하나의 결과에만* 기여하게 되며, 그럼으로써 그것들의 차이점들보다는 유사성이 강조된다. 너는 *다양한* 많은 방법으로 *남을 능가할* 수 있지만, *오로지 하나의 방법으로만* 동등하게 될 수 있

다. 동등성은 정의상 가변적인 상태가 *아니다.*

²⁴ 그러므로 네가 *이* 수업을 배우고 나면, 너의 일을 *모든* 면에서 수월하게 해나갈 수 있다. 에고는 여기에 어떤 연관성도 없다고 본다. *에고는* 단속적이기 때문이다. 하지만 성령은 *하나의* 레슨만 가르치며, 그것을 *모든* 상황에서 *모든* 개인에게 적용한다. 성령은 갈등이 없기에, *모든* 노력과 *모든* 결과를 최대치로 만든다. 성령은 너에게 하느님 왕국의 권능을 가르침으로써 *모든 권능이 네 것임*을 가르친다. 그 권능의 적용은 중요하지 않다. 그 권능은 *언제나* 최대치다. 그 권능을 네 것으로 *확립하기* 위해 네가 경계해 깨어있어야 하는 것은 아니지만, 그 권능을 *모든 방법으로* 항상 사용할 수 있으려면 경계해 깨어있어야 한다.

²⁵ "나는 항상 너희와 함께 있다."라고 말했을 때, 나는 문자 그대로의 의미로 그 말을 했다. 나는 *어떤* 상황에 있는 그 *누구와도* 떨어져 있지 않다. 내가 항상 너와 함께 있는 *까닭에, 너는* 길이요 진리요 빛이다. 내가 이런 권능을 만들지 않았듯이, 너도 그것을 만들지 않았다. 그 권능은 공유되기 위해 창조되었으며, 따라서 그 권능이 *다른 이의 희생을 대가로* 누군가에게 속한다고 지각하는 것은 의미가 없다. 이런 지각은 그 권능의 *참되고 유일한* 의미를 제거하거나 간과함으로써 그것을 무의미하게 만든다.

V. 진리를 인식하기

²⁶ 하느님의 의미가 왕국 안에서 기다리고 있다. 그곳이야말로 하느님이 당신의 의미를 두신 곳이기 때문이다. 하느님의 의미는 시간 안에서 기다리지 않는다. 그것은 단지 왕국 안에서 *안식할* 뿐이다. 너처럼 그것도 본래 왕국에 속하기 때문이다. 정녕 하느님의 의미인 네가 어떻게 자신을 왕국에 *없다고* 지각할 수 있겠는가? 너 자신이 너의 의미와 분리되어 있다고 볼 수 있는 유일한 방법은, *너 자신이 실제가 아니라고 경험하는 것뿐이다.* 바로 이것이 에고가 제정신이 아닌 까닭이다. 에고는 네가 너의 *정체가 아니라고* 가르친다. 이것은 너무도 모순되므로, 명백히 불가능하다. 그러므로 그것은 네가 실제로 배울 수 없고, *따라서 실제로 가르칠 수 없는* 레슨이다. 하지만 너는 항상 가르치고 있다. 그렇다면 너는 분명 *다른* 무언가도 가르치고 있을 것이다. 비록 에고는 *그것이 무엇인지 모르지만* 말이다.

²⁷ 그렇다면 에고는 항상 *무효화되고* 있으며, 너의 동기를 *의심한다.* 너의 마음은 본래 에고에게 속하지 *않으므로,* 에고에게 전적으로 충성할 수 없다. 하지만 에고에게 "반역하는" 것은 실로 평화에 충실한 것이다. 그러니 에고의 "적"은 *너의* 친구다. 우리는 전에 에고의 친구는 너의 일부가 아니라고 말했다. 왜냐하면 에고는 자신이 전쟁 중에 있어서 동맹자가 필요하다고 지각하기 때문이다. 전쟁 중에 있지 *않은 너는* 형제들을 찾아야 하고, 네가 보는 모든 이를 형제로 *인식해야* 한다. *오로지* 동등한 자들만이 평화롭기 때문이다.

²⁸ 하느님의 동등한 아들들은 모든 것을 가졌으므로, 서로 경쟁할 수 *없다.* 하지만 형제들 가운데 *누구라도* 자신과 완벽하게 동등한 자가 아니라고 지각한다면, 경쟁이라는 아이디어가 이미 마음에 들어온 것이다. 이 아이디어에 *맞서* 경계해 깨어있어야 할 필요성을 경시하지 말아야 한다. 너의 *모든* 갈등은 그 아이디어에서 비롯되기 때문이다. 그것은 상충하는 이해관계가 가능하다는 믿음이며, 따라서 너는 이미 불가능한 것을 *참이라고* 받아들인 것이다. 이것이 *너 자신을* 실제가 아니라고 지각한다는 말과 무엇이 다르겠는가?

²⁹ 왕국 *안에* 있는 것은 단지 너의 모든 주의를 *왕국에* 기울이는 것이다. 네가 참이 아닌 것에 주의를 기울일 수 있다고 믿는 한, 갈등을 너의 *선택으로* 받아들이고 있는 것이다. 그것이 *정말로* 선택인가? 그렇게 *보일* 수는 있지만, 보이는 것과 실재는 도저히 같다고 할 수 없다. 왕국 *자체인* 너는 겉으로 보이는 것과는 아무런 관련도 없다. 실재가 네 것인 이유는, 네가 실재로서 존재하기 때문이다. 바로 이것이, 왕국 안이 아닌 *네 마음 안에서,* 소유하기와 존재하기가 궁극적으로 일치되는 방법이다. 네 마음 안에 있는 제단이 *유일한* 실재다. 그 제단은 *완벽한* 생각의 반영이므로, 그 생각이 완벽하게 뚜렷하다. 그 제단은 오로지 형제들만 본다. 그것은 *오로지* 자신의 빛 안에서만 보기 때문이다.

³⁰ 하느님이 몸소 너희 마음에 불을 지피셔서 당신의 빛으로 밝게 유지하신다. 하느님의 빛이야말로 너희 마음의 *정체기* 때문이다. 이것에는 의문의 여지가 *전혀* 없다. 그리고 이에 대해 질문했을 때, 너희는 정녕 응답받았다. 그 답은, 실재에 의문을 제기하는 것은 곧 무의미하게 질문하는 것이라는 사실을 확립함으로써 질문을 그저 *무효화할* 뿐이다. 이것이 바로 성령이 *결코* 질문하지 않는 까닭이다. 성령의 유일한 기능은 의문의 여지가 있는 것을 *무효화함으로써* 확실성으로 이끌어가는 것이다. 확신하

는 자는 의심하지 않으므로, 지극히 평온하다. 그는 질문을 제기하지 않는다. 의문의 여지가 있는 것은 아무것도 그의 마음에 들어오지 않기 때문이다. 이것은 그를 더없이 평온하게 유지해 준다. 이것은 곧 자신의 정체를 아는 자가 공유하는 것이기 때문이다.

31 그동안 자주 말했듯이, 치유는 예술일 뿐만 아니라 과학이기도 하다. 치유가 예술인 이유는, 우리가 이미 사용했던 의미에서의 영감inspiration에 의존하기 때문이다. 영감은 낙심하게 만들기dispiriting의 반대며, 따라서 기쁘게 만드는 것을 의미한다. 낙심한 자들은 문자 그대로 자신에게 "영이 없다고without the spirit" 믿어서 우울해 하는데, 그것은 단지 환상이다. 네가 그들에게 영감을 줄 때, 그들 안에 영을 넣어 주는 것이 아니다. 만약 그렇게 한다면 그것은 마법일 것이며, 따라서 진정한 치유가 아닐 것이다. 하지만 그럴 때 너는 그들 안에 이미 있는 영을 인식함으로써 다시 깨우는 것이다. 이것이 바로, 치유사가 부활과 생명의 일부인 까닭이다. 병자의 마음 안에서, 영은 잠들지 않았다. 하지만 영을 지각하고 기뻐할 수 있는 부분은 과연 잠들었다.

32 치유가 과학이기도 한 이유는, 치유는 하느님의 법칙을 따르기 때문이다. 그리고 하느님의 법칙은 참이다. 그것은 참이기 때문에 완벽하게 의지할 수 있으며, 따라서 보편적으로 적용될 수 있다. 과학의 진정한 목적은 예측이나 통제가 아니라, 오로지 이해다. 과학은 자신이 구하는 법칙을 확립하지 않으며, 그것을 예측을 통해 발견할 수도 없고, 전혀 통제할 수도 없기 때문이다. 과학은 단지 이미 있는 것에 접근하는 방법에 지나지 않는다. 과학은 영감과 마찬가지로 마법이라고 오해받을 수 있으며, 이미 있는 것과 별도로 수행되어 그것을 확립하는 수단으로 지각될 때마다 반드시 그런 오해를 받을 것이다. 이것이 가능하다고 믿는 것은 네가 그렇게 할 수 있다고 믿는 것이다. 이것은 오로지 에고의 음성일 수밖에 없다.

33 진리는 오로지 인식될 수 있을 뿐이며, 오로지 인식되어야 할 필요만 있다. 영감은 영에서 나오고, 확실성은 하느님의 법칙에 따라 하느님에게서 나온다. 따라서 둘 다 같은 근원에서 비롯된다. 영감은 하느님을 대변하는 음성에서 비롯되고, 확실성은 하느님의 법칙에서 비롯되기 때문이다. 치유는 하느님에게서 직접적으로 비롯되지 않는다. 하느님은 당신의 창조물들이 지극히 온전하다고 아시기 때문이다. [그럼에도 불구하고] 치유는 여전히 하느님에게서 나온다. 치유는 하느님의 음성과 그분의 법칙에서 기인하기 때문이다. 치유는 그것들의 결과로서, 하느님을 알지 못하는 상태

의 마음 안에서 일어난다. 이 *상태*는 하느님께 알려져 있지 않으며, 따라서 존재하지 않는다. 하지만 잠든 자들은 *멍한 상태다.* 더 정확히 말하자면 *자각하지 못하는 상태다.* 그들은 자각하지 못하기 때문에, 알지 *못한다.*

34 성령은 그가 네 *안에* 있음을 가르치기 위해 너를 통해 일해야 한다. 이것은 네가 하느님의 일부므로 하느님 안에 있다는 앎을 향한 중간 단계다. 성령이 고취하는 기적에 난이도order of difficulty가 있을 수 없는 이유는, 창조물의 모든 부분이 *한* 순위one order에 있기 때문이다. 이것은 하느님의 뜻이자 *너의 뜻이기도 하다.* 하느님의 법칙이 이것을 *확립하고,* 성령이 그것에 *대해* 일깨워 준다. 치유할 때 너는 하느님의 법칙을 *기억하고* 에고의 법칙을 *잊는* 것이다. 우리가 전에 말했듯이, 잊기는 단지 *더 잘* 기억하기 위한 방법이다. 따라서 제대로 지각한다면, 잊기는 기억하기의 반대가 *아니다.* 모든 부정확한 지각이 그렇듯이, 잊기를 *부적절하게* 지각하면 *다른* 어떤 것과 *갈등한다*는 지각을 유발할 수 있다. 모든 적절한 지각과 마찬가지로, 잊기를 *적절하게* 지각하면 갈등에서 *벗어나는* 방법으로 사용될 수 있다.

35 그러니 *모든* 능력을 그 *적절한* 사용법을 아는 성령께 맡겨야 한다. 성령은 너를 오로지 온전하다고만 알고 있으므로, 그것들을 오로지 치유를 위해서만 사용할 수 있다. 너는 치유함으로써 온전성에 대해 배우며, 온전성에 대해 배움으로써 하느님을 *기억하는* 법을 배운다. 너는 하느님을 잊었지만, 성령은 여전히 너의 잊기는 기억하는 방법으로 전환되어야 하며, 반대를 반대하는 분리된 능력으로 지각되지 말아야 함을 안다. 에고는 *모든* 능력을 바로 이런 식으로 사용하려고 한다. 에고의 목표는 항상 *네가* 대립 상태에 있다고 믿게 만드는 것이기 때문이다.

36 에고의 목표도 성령의 목표처럼 통합되어 있으며, 바로 이런 까닭에 에고와 성령의 목표는 *결코 어떤* 방식이나 정도로도 조화될 수 없다. 에고는 *언제나* 가르고 분리하려 한다. 성령은 *언제나* 통합하고 치유하려 한다. 너는 다른 이를 치유함에 따라 스스로 치유된다. 성령은 치유에서 어떤 순서도 보지 않기 때문이다. 치유는 차이에 대한 믿음을 *무효화하는* 방법이다. 치유는 온아들을 차이에 대한 믿음 없이 지각하는 *유일한* 방법이기 때문이다. 따라서 이런 지각은 하느님의 마음과 일치하지 *않는* 상태의 마음에서조차 하느님의 법칙들과 *일치한다.* 바른 지각의 힘은 너무도 강력해서, 마음을 하느님의 마음과 일치된 상태로 데려간다. 그럴 때 마음은 너희 모두의 내면에 있는 하느님의 끌어당기심에 순복하게 되기 때문이다.

³⁷ 하느님의 끌어당기심, 혹은 하느님의 뜻에 *대항하는* 것은 능력이 아니라 엄청난 *망상이다*. 에고는 자신이 그런 능력을 소유하고 있고, 너에게 선물로 줄 수 있다고 믿는다. *너는 그것을 원하지 않는다. 그것은 선물이 아니다. 그것은 전혀 아무것도 아니다*. 하느님은 너에게 네가 소유한 것이자 너의 존재기도 한 선물을 주셨다. 그것을 사용하지 않으면, 너는 그것을 소유하고 있음을 알지 못하게 된다. 그런 사실을 알지 *못함으로써*, 너는 네가 참으로 어떤 존재인지 알지 못하게 된다. 그렇다면 치유는 하느님의 법칙과 *일치되게* 생각하고 그 *보편성*을 인식함으로써 앎에 *다가가는* 방법이다. 이러한 인식이 없기에, 너는 하느님의 법칙을 네게 무의미한 것으로 만들어 버렸다. 하지만 *하느님의* 법칙은 무의미하지 않다. 모든 의미가 그 법칙에 *의해*, 그 법칙 *안에* 담겨있기 때문이다.

³⁸ *먼저* 천국을 구하라. 그곳이야말로 하느님의 법칙이 진실하게 작동하는 곳이기 때문이다. 그것은 진리의 법칙이므로, *오로지 진실하게만* 작동할 수 있다. 하지만 오로지 하느님의 법칙만을 구하라. 다른 것은 아무것도 찾을 수 없기 때문이다. 다른 것이란 정녕 아무것도 없다. 하느님은 아주 문자 그대로의 의미에서 모든 것 안의 모든 것이시다. 모든 존재는 정녕 모든 존재이신 하느님 안에 있다. 그러므로 *너는* 하느님 안에 있다. *너의* 존재는 정녕 하느님의 존재기 때문이다. 치유는 네 형제들 안에서 에고의 존재를 인식하지 않음으로써 에고가 *네* 안에 일으킨 위기의식을 잊는 방법이다. 이것은 두려움을 인정하기를 *거부하는* 것이므로, 네 안에서는 물론 네 형제들 안에서도 성령을 강화한다. 사랑은 오로지 이런 초대만을 필요로 한다. 사랑은 온아들의 *존재기에*, 온아들 *전체에게* 자유로이 온다. 너는 *사랑*으로 깨어남으로써 단지 너의 존재가 *아닌* 것을 잊을 뿐이다. 이것은 너로 하여금 너의 *존재*를 기억할 수 있게 해준다.

VI. 치유와 마음의 불변성

³⁹ 몸은 능력을 개발하기 위한 틀에 불과하다. 따라서 몸은 *잠재력*을 개발하기 위한 수단이며, 이것은 그 잠재력을 무엇을 *위해* 사용할지와는 전혀 별개의 문제다. *그것은 하나의 결정이다*. 이 문제에 대한 에고의 결정은 그 결과가 너무도 뻔하므로 여

기서 더 자세히 설명할 필요가 없지만, 몸을 *오로지* 소통을 위해서만 사용하겠다는 성령의 결정은 치유와 굉장히 직접적인 관련성이 있으므로, 명확히 해둘 *필요가* 있다. 치유되지 않은 치유사는 자신의 소명을 이해하지 못하는 것이 *분명하다.*

⁴⁰ *오로지* 마음만이 소통한다. 소통하려는 충동은 또한 창조하려는 충동이므로, 에고는 그러한 충동을 없애버릴 수 없다. 따라서 에고는 너에게 단지, *몸이* 소통은 물론 창조도 할 수 있으며, 따라서 마음이 필요 *없다고* 가르칠 수 있을 뿐이다. 그럼으로써 에고는 몸이 마음처럼 *행할* 수 있으며, 따라서 자기 충족적이라고 가르치려 한다. 하지만 우리는 이미 행위는 가르치기를 위한 수준도 배우기를 위한 수준도 *아님*을 배웠다. 그럴 수밖에 없는 것이, 너는 네가 믿지 *않는* 것에 따라 행할 수 *있기* 때문이다. 하지만 이렇게 하는 것은 교사로서, *그리고* 학생으로서의 너를 약화할 것이다. 거듭 강조했듯이, 너는 네가 *믿는* 것을 가르치기 때문이다. 일관성 없는 레슨은 가르치는 것도 서툴고 *배우는 것도 서툴 것이다.* 병과 치유를 *동시에* 가르친다면, 너는 서툰 교사자 서툰 학생이다.

⁴¹ 치유는 누구나 개발할 수 있고, 치유되기 위해서는 *반드시* 개발해야 하는 유일한 능력이다. 치유는 성령의 소통 형식이며, 성령이 아는 *유일한* 소통 형식이다. 성령은 다른 형식의 소통을 인식하지 않는다. 성령은 몸과 마음에 대한 에고의 혼동을 받아들이지 않기 때문이다. 마음들은 소통할 수 있지만, 해칠 수는 *없다.* 에고를 섬기는 몸은 다른 몸을 해칠 수 있지만, 네가 *이미* 몸을 마음과 혼동하고 있지 않는 한 이런 일은 일어날 수 없다. 이런 사실 또한 치유나 마법에 사용될 수 있다. 하지만 마법은 *항상* 치유가 *해롭다는* 믿음임을 기억해야 한다. 이것이 바로 마법이 기초하는 완전히 미친 전제다. 따라서 마법은 그에 따라 전개된다.

⁴² 치유는 오로지 *강화할* 뿐이다. 마법은 항상 약화하려 한다. 치유는 치유사 안에서 다른 모든 이가 그와 *공유하지* 않는 것은 *아무것도* 지각하지 않는다. 마법은 *항상* 치유사 안에서 무언가 "특별한" 것을 보는데, 그는 그것을 갖지 *않은* 다른 이에게 자신이 그것을 선물로 줄 수 있다고 믿는다. 그는 그 선물이 *하느님에게서* 왔다고 믿을 수도 있지만, 만약 자신이 다른 이에게 *없는* 것을 가졌다고 생각한다면, 그가 하느님을 이해하지 못한다는 점은 너무나 명백하다. 그렇다면 너는 왜 어떤 치유는 이런 종류의 생각하기로부터 일어날 수 *있는지* 물을 만하다. 그리고 여기에는 이유가 있다.

⁴³ "마법적인 치유사"가 아무리 잘못 인도되고 있을지라도, 그 *또한* 도우려고 하고 있

다. 그는 갈등하고 불안정하지만, *때로는* 온아들에게 무언가를 선사한다. 그리고 온아들이 *받아들일* 수 있는 유일한 것은 바로 치유다. 그렇다면 소위 "치유"가 효과가 있을 때는, 도우려는 충동과 도움 *받으려는* 충동이 우연히 일치한 때다. 이것이 우연의 일치인 이유는, 그 당시에 치유사는 자신이 진정으로 도움이 된다고 느끼지 못할 수도 있지만, 그가 도움이 *된다는* 상대방의 믿음이 그를 돕기 때문이다.

⁴⁴ 성령은 우연에 의해 작업하지 *않으며*, 성령에게서 오는 치유는 *항상* 효과가 있다. 치유사가 항상 성령에 의해 치유하지 않는 한, 그 결과는 *이랬다저랬다* 할 것이다. 하지만 치유 자체는 일관성이 있다. 오로지 일관성만이 갈등에서 자유롭고, 오로지 갈등에서 자유로운 것만이 온전하기 때문이다. 치유사는 제외 대상을 받아들임으로써, 그리고 어떤 때는 치유를 할 수 있고 어떤 때는 할 수 없다고 인정함으로써, *분명 일관성 없음을 받아들이는 것이다. 따라서 그는 갈등 속에 있으며, 갈등을 가르치고 있다.* 하느님에게서 나오는 것 중에 모두를 위해 항상 존재하지 않는 것이 있을 수 있겠는가?

⁴⁵ 사랑은 *어떤 제외 대상도* 둘 수 없다. 오로지 두려움이 있을 경우에만 제외 대상이라는 *아이디어가* 의미 있어 보인다. 제외된 것은 두렵다. 그것은 두려움에 *의해* 만들어졌기 때문이다. "두려워하는 치유사"라는 말은 용어상 모순이며, 따라서 *오로지 갈등하는 마음만이* 의미 있다고 지각할 만한 개념이다. 두려움은 기쁘게 만들지 *않는다.* 치유는 *기쁘게 만든다.* 두려움은 항상 제외 대상을 만든다. 치유는 *결코 그렇게 하지 않는다.* 두려움은 분리를 *야기하므로,* 해리를 낳는다. 치유는 통합에서 비롯되므로, *항상* 조화를 낳는다.

⁴⁶ 치유는 예측이 가능하다. 치유는 신뢰할 수 있기 때문이다. 하느님에게서 오는 모든 *것은* 신뢰할 수 있다. 하느님에게서 오는 모든 것은 전적으로 *실제기* 때문이다. 치유를 신뢰할 수 있는 *이유는,* 그것이 하느님의 음성에 의해 고취되며, 또한 하느님의 법칙과 일치하기 때문이다. 하지만 치유가 정녕 일관성이라면, 치유는 일관되지 않게 이해될 수 없다. 이해는 일관성을 *의미한다.* 하느님은 일관성을 의미하시기 때문이다. 일관성은 *하느님의* 의미므로, 또한 *너의 의미다.* 너의 의미는 정녕 하느님의 의미와 일치하지 않을 수 없다. 너의 전체 의미와 너의 *유일한* 의미가 하느님의 *의미에서* 비롯되고, 하느님의 의미를 닮았기 때문이다. 하느님은 *당신 자신과* 일치하지 않으실 수 없으며, 너는 하느님과 일치하지 않을 수 없다. 너의 창조주께서는 *당신의*

존재를 *너와* 공유함으로써 너를 창조하셨으며, 너는 그러한 분으로부터 너의 *자아* 를 분리할 수 없다.

47 치유되지 않은 치유사는 자신의 형제들로*부터* 감사를 받기를 원하지만, 그들에*게* 감사하지는 않는다. 그는 자신이 그들에게 무언가를 *주고 있지만*, 그 보답으로 무언가 동등한 가치가 있는 것을 받고 있지 *않다고* 생각하기 때문이다. 그는 *배우는 것* 이 너무 적어서, *가르치는 것도* 제한된다. 그는 감사하지 않음으로써 자신이 가르치는 치유의 레슨에 한계를 부과한다. 감사하지 않음은 *병을 가르치는* 레슨이다. 배움은 끊임없이 일어나며, 변화를 위한 권능이 너무도 강렬해서, 하느님의 아들은 한 순간 자신의 권능을 인식하고는 다음 순간 세상을 바꿀 수 있다. 그는 *자신의* 마음을 바꿈으로써, 변화를 *위해* 창조된 것 가운데 가장 강력한 도구를 바꾼 것이기 때문이다.

48 이것은 *하느님이* 창조하신 대로의 마음의 불변성과 전혀 모순되지 않는다. 하지만 네가 에고를 통해 배우는 한, 너는 네가 그것을 바꿔버렸다고 생각한다. 이로 인해 너는 모순돼 보이는 레슨을 배워야 하는 입장에 처하게 되었다. 즉, 너는 너의 마음에 *대한* 너의 마음을 바꾸는 법을 배워야 한다. 오로지 이런 방법을 통해서만, 너는 너의 마음이 *변함없음을* 배울 수 있다. 치유할 때 너는 정확하게 바로 이것을 *배우고* 있는 것이다. 너는 네 형제가 자신의 마음을 바꿔버렸을 수 *없음을* 깨달음으로써, 그의 내면에서 변함없는 마음을 인식한다. 너는 바로 이런 식으로 네 형제의 내면에서 성령을 지각한다. 자신의 마음을 결코 바꾸지 않는 것은 *오로지* 그의 내면에 있는 성령뿐이다. 네 형제는 자신의 마음을 바꿀 수 *있다고* 생각하는 것이 분명하다. *그렇지 않다면* 그는 자신이 병들었다고 지각하지 않을 것이다. 따라서 그는 자신의 자아가 참으로 무엇인지 알지 못한다.

49 *네가* 네 형제 안에서 오로지 변하지 않는 것만 *보더라도*, 그를 전혀 바꾼 것이 아니다. 너는 그를 *위해* 그의 마음에 대한 *너의* 마음을 바꿈으로써, 에고가 그의 내면에 일으켰다고 생각하는 변화를 그가 *무효화하도록* 돕는 것이다. 너는 두 음성을 들을 수 있듯이, 두 가지 방법으로 볼 수 있다. 한 방법은 너에게 어떤 이미지, 더 정확히 말하자면 우상을 하나 보여주는데, 너는 그것을 두려워하여 숭배할 수는 있어도 결코 사랑하지는 않을 것이다. 다른 방법은 너에게 오로지 진리만을 보여주며, 너는 그것을 *이해할* 것이므로 사랑할 것이다. 이해하는 것은 곧 *진가를 알아보는 것이다.* 너는 네가 이해하는 것과 동일시할 수 있으며, 그것을 *너의* 일부로 만듦으로써 사랑으로

받아들인 것이기 때문이다.

⁵⁰ 바로 이것이 하느님이 *너*를 창조하신 방법이다. 하느님은 너를 이해하기와 진가를 알아보기, 그리고 사랑으로 창조하셨다. 에고는 이것을 전혀 이해할 수 없다. 에고는 자신이 만드는 것을 이해하지 *않고*, 그 진가를 알아보지 않으며, 사랑하지도 *않기* 때문이다. 에고는 *빼앗기* 위해 통합한다. 에고는 그야말로 누군가에게서 무언가를 빼앗을 때마다 *자신이* 증가한다고 믿는다. 우리는 종종 *너의* 창조물들에 의한 왕국의 증가에 대해 말했는데, 그것들은 오로지 *네가* *창조된* 방식으로만 창조될 수 있다. 정녕 왕국 자체인 모든 영광과 지극한 기쁨이 네 안에 놓여있어서, 너로 하여금 주게 한다. 너는 그것을 주기를 *원하지* 않는가?

⁵¹ 내가 너와 함께 있고 *나*는 아버지를 잊을 수 *없으므로*, 너는 아버지를 잊을 수 *없다*. 네가 *나*를 잊는 것은 곧 너 자신은 물론 너를 창조하신 분도 잊는 것이다. 우리 형제들은 너무 잘 잊는다. 이런 까닭에, 그들에게는 네가 나를 기억하고 나를 창조하신 분을 기억하는 것이 필요하다. 이런 기억하기를 통해, 내가 *너의 마음*을 바꿀 수 있듯이 너도 *그들 자신에* 대한 그들의 마음을 바꿀 수 있다. 너의 마음은 너무도 강렬한 빛이라서, 내가 너의 마음을 밝힐 수 있듯이 너도 그들의 마음을 들여다보고 밝힐 수 있다. 나는 영성체communion에서 내 *몸*을 공유하기를 원하지 않는다. 그것은 무를 공유하는 것이기 때문이다. [내가 지극히 거룩하신 아버지의 지극히 거룩한 자녀들과 환상을 공유하려 하겠는가?] 하지만 나는 정녕 나의 *마음*을 너와 공유하고자 한다. 우리는 정녕 한 마음에서 나왔으며, 그 *마음*은 정녕 우리의 마음이기 때문이다.

⁵² 모든 곳에서 *오로지* 이 마음만 보라. 오로지 이 *마음*만이 정녕 모든 곳과 모든 것에 있기 때문이다. 이 마음은 그 *자체* 안에 모든 것을 포함하므로, 정녕 모든 것이다. 오로지 이것만 지각하는 너는 정녕 축복받았도다. 그럴 때 너는 오로지 참인 것만 지각하기 때문이다. 그러니 내게로 와서 *네* 안의 진리에 대해 배워라. 우리가 공유하는 마음은 우리의 모든 형제들에 의해 공유된다. 그리고 우리가 그들을 참으로 볼 때, 그들이 *치유될* 것이다. *너의* 마음이 나의 마음과 더불어 그들의 마음을 환히 비추게 하고, 그들에 대한 우리의 감사를 통해 그들이 *자신* 안의 빛을 알아차리게 하라.

⁵³ 이 빛은 *너와* 온아들 전체를 되비쳐 줄 것이다. 그것은 네가 하느님께 드리는 합당한 선물이기 때문이다. 하느님은 그것을 받으셔서 온아들에게 주실 것이다. 그것은 하느님이 흡족해하시고, 따라서 온아들이 흡족해하는 선물이기 때문이다. 이것이 바

로 영의 진정한 교통communion이다. 영은 모든 이의 내면에서 하느님의 제단을 보며, 그것의 진가를 *네가* 알아보게 함으로써, 너에게 하느님과 그분의 창조물들을 사랑할 것을 요청한다. 너는 온아들의 진가를 *오로지* 하나로서만 알아볼 수 있다. 이것은 **창조 법칙**의 일부며, 따라서 *모든* 생각을 지배한다.

VII. 경계해 깨어있음에서 평화로

⁵⁴ 너는 온아들을 오로지 하나로서만 *사랑할* 수 있지만, 온아들이 산산이 조각났다고 *지각할* 수도 있다. 하지만 온아들 *전체*에 있다고 생각하지 않는 무언가를 그것의 *부분*에서 보는 것은 불가능하다. 바로 이것이 공격을 *결코* 따로따로 할 수 없으며, *전적*으로 포기해야 하는 이유다. 공격을 전적으로 포기하지 *않는다면*, 전혀 포기하는 것이 아니다. 두려움과 사랑은 똑같이 상호적이다. 두려움과 사랑은 에고가 낳았는지 성령이 고취하는지에 따라 만들거나 창조하지만, 반드시 그것을 생각한 자의 마음에 돌아와서 그의 지각 전체에 영향을 줄 것이다. 이것은 그가 하느님, 하느님의 창조물들, 그리고 자신의 창조물들을 어떻게 지각할 것인지를 포함한다. 네가 그들을 두려움으로 대한다면, 그들 중 *어느 누구*의 진가도 알아보지 못할 것이다. 네가 그들을 사랑으로 대한다면, 그들 *모두*의 진가를 알아볼 것이다.

⁵⁵ 공격을 받아들이는 마음은 사랑할 수 *없다*. 그 마음은 자신이 사랑을 *파괴할* 수 있다고 믿으며, 따라서 사랑의 진정한 정체를 이해하지 못하기 때문이다. 그 마음이 사랑의 진정한 정체를 이해하지 못하면, 자기 자신을 사랑스럽다고 지각할 수 *없다*. 그러면 그 마음은 존재에 대한 자각을 잃고, 자신이 실재하지 않는다고 느끼게 됨으로써, 극심한 혼란에 빠진다. 너 자신의 생각이 그 권능으로 말미암아 이런 상태를 만들었지만, 너 자신의 생각은 또한 너를 이런 *상태에서* 구할 수도 있다. 그런 이유는, 그 권능이 네가 만든 것이 *아니기* 때문이다. 너의 생각을 네가 뜻하는 *방향으로* 돌릴 수 있는 능력은 그 권능의 일부다. 네가 만약 그렇게 할 수 있다고 믿지 않는다면 네 생각의 권능을 *부정한* 것이며, 따라서 네가 그것을 무력하게 만들었다고 *믿은* 것이다.

⁵⁶ 자신을 보존하려는 에고의 창의성은 대단하지만, 그것도 마음의 권능에서 생겨난다. 하지만 에고는 이것을 *부정한다*. 이것은 에고가 자신을 *보존해 주는* 것을 공격한

*다*는 의미로서, 극심한 불안을 일으키는 근원임에 *틀림없다*. 이것이 바로, 에고가 자신이 무슨 일을 하고 있는지 *결코* 알지 못하는 까닭이다. 에고는 아주 논리적이기는 하지만, 분명 제정신이 아니다. 에고는 생존하기 *위해*, 자신의 생존에 아주 해로운 유일한 근원에 의지한다. 에고는 이 근원의 *권능*을 지각하기가 두려워서, 어쩔 수 없이 그것을 경시해야 한다. 이것은 결국 에고 *자신의* 생존을 위협하며, 에고는 이 상태를 견딜 수 없어 한다.

⁵⁷ 계속 논리적이기는 하지만 여전히 제정신이 아닌 에고는, 완전히 제정신이 아닌 방법으로 이렇게 완전히 제정신이 아닌 딜레마를 해결한다. 에고는 이 위협을 너에게 투사하여 너의 *존재가* 존재하지 않는다고 지각함으로써, *자신의* 생존이 위협받는다고 지각하지 않는다. 네가 만약 너 *자신의* 안전을 알지 않겠다고 에고에게 약속함으로써 에고 편을 든다면, 이것은 *에고의 존속*을 보장해 준다. 에고는 도무지 *아무것도* 알 수 없다. 앎은 총체적이지만, 에고는 총체성을 *믿지* 않는다. 이런 불신이 바로 에고의 기원으로서, 에고는 *너는* 사랑하지 않으면서도 자신의 선조에게는 아주 충실하여, 자신이 생겨난 대로 자식을 낳는다.

⁵⁸ 마음은 항상 자신이 생산된 대로 재생산한다. 두려움에 의해 생산된 에고는 두려움을 재생산한다. 이것이 바로 에고의 충성이며, 이러한 충성은 에고로 하여금 사랑을 배반하게 만든다. *왜냐하면*, 네가 바로 사랑이기 때문이다. 사랑은 너의 권능인데, 에고는 이것을 부정해야 한다. 에고는 또한 이런 권능이 너에게 주는 모든 것도 부정해야 한다. 왜냐하면, 그것들은 너에게 *모든 것*을 주기 때문이다. 모든 것을 가진 자는 에고를 *원하지* 않는다. 그렇다면 에고를 만든 자는 에고를 원하지 않는다. 따라서 에고를 만든 마음이 *자기 자신*을 안다면, 에고가 맞닥뜨릴 수 있는 유일한 결정은 거절이다. 그리고 그 마음이 온아들 가운데 *어떤* 부분이라도 인식한다면, 그 마음은 자기 *자신을 알게 될 것이다.*

⁵⁹ 그러므로 에고는 *모든 진가를 알아보기, 모든 인식, 모든 제정신인 지각과 모든 앎*에 반대한다. 에고는 마음이 헌신할 때는 *항상 총체적*으로 헌신한다는 것을 감지하기에, 이것들의 위협을 총체적이라고 지각한다. 따라서 정녕 마음인 네게서 어쩔 수 없이 떨어져 나가야 하는 에고는 다른 *어떤 것이라도* 기꺼이 달라붙으려 한다. 그러나 다른 것이란 정녕 아무것도 없다. 이것은 마음이 환상을 만들어낼 수 없다는 말이 아니라, 만약 환상을 만들어낸다면 그것이 존재한다고 믿을 것이라는 말이다. 마음은

바로 그러한 *방법*으로 환상을 만들었기 때문이다.

⁶⁰ 성령이 환상을 공격하지 않으면서 무효화하는 이유는 단지, 성령은 환상을 전혀 지각할 수 없기 때문이다. 따라서 성령께 환상은 존재하지 않는다. 성령은 갈등을 무의미한 것으로 지각함으로써 환상이 일으키는 *겉보기* 갈등을 해결한다. 우리는 전에 성령은 갈등을 정확하게 있는 그대로 지각한다고 말했는데, 갈등은 정녕 무의미하다. 성령은 네가 갈등을 *이해하기*를 원하지 않으며, 갈등은 무의미하므로 이해될 수 *없음*을 깨닫기를 원한다. 우리는 이미 이해하면 진가를 알아보게 되고, 진가를 알아보게 되면 사랑하게 된다고 말했다. 다른 어떤 것도 *실제*가 아니므로 *이해될* 수 없으며, 따라서 다른 어떤 것도 의미를 *갖고* 있지 않다.

⁶¹ 성령이 너에게 제공하는 것을 마음에 간직하고자 한다면, 하느님과 그분의 왕국이 *아닌* 것을 위해서는 일체 경계해 깨어있으면 안 된다. 네가 이것을 어렵다고 느끼는 유일한 이유는, 그밖에 다른 무언가가 *있다*고 생각하기 때문이다. 믿음이 갈등하지 *않는 한*, 믿음에는 경계해 깨어있음이 필요 없다. 만약 믿음이 갈등한다면, 전쟁 상태를 일으킨 갈등하는 요소들이 믿음 안에 있는 것이며, 따라서 경계해 깨어있음이 꼭 필요하다. 경계해 깨어있음은 평화 안에서는 있을 자리가 전혀 없다. 그것은 참이 *아닌* 믿음에 반하여 필요하며, 네가 참이 아닌 것을 믿지 *않았다면* 성령은 경계해 깨어 있으라고 요청하지 않았을 것이다. 네가 무언가를 믿을 때, 그것을 *너에게* 참인 것으로 *만들어버렸음*을 부정할 수 없다.

⁶² 하느님이 *아시지* 않는 것을 네가 믿을 때 너의 생각은 하느님의 **생각**을 반박하는 듯이 보이며, 이것은 네가 *마치* 하느님을 공격하고 있는 듯이 보이게 만든다. 우리가 여러 번 강조했듯이, 에고는 자신이 하느님을 공격했다고 *믿으며*, 네가 그렇게 했다고 설득하려 한다. 마음은 공격할 수 *없으므로*, 에고는 아주 논리적으로 네가 마음일 수 *없다*는 주장으로 나아간다. 에고는 너를 있는 *그대로* 보지 않음으로써 *자신*을 자신이 *원하는* 모습대로 볼 수 있다. 에고는 자신의 약함을 알아차리고 있기에 너의 충성을 원하지만, 있는 그대로의 너로서 충성하기를 원하지는 않는다. 따라서 에고는 너의 마음을 *자신의* 망상체계 속으로 끌어들이고 싶어 한다. 그렇지 않으면 *너의* 이해의 빛이 에고를 비춰 물리칠 것이기 때문이다.

⁶³ 에고는 진리의 어떤 부분도 원하지 않는다. *에고는* 참이 아니라는 것이 진실이기 때문이다. *만약* 진리가 총체적이라면, 거짓된 것은 존재할 수 *없다*. 둘 중 어느 쪽에

대한 헌신이든 총체적일 수밖에 없다. 너의 마음을 분열시키지 *않고서는*, 그것들은 너의 마음에서 공존할 수 없기 때문이다. 그 둘이 평화롭게 공존할 수 없다면, 그리고 네가 평화를 *원한다면*, 갈등이라는 아이디어를 *전적으로 영원히* 포기해야 한다. [그러기 위해서는 경계해 깨어있을 필요가 있는데, 이것은 단지 네가 *무엇이 참인지 인식하지 못하는* 동안에만 그러하다.] 전적으로 모순되는 두 사고체계가 *진리를 공유한다고* 믿는 동안은, 경계해 깨어있을 필요가 분명히 있다. 너의 마음은 충성심을 두 왕국 사이에서 *나누고 있으며*, 따라서 너는 어느 쪽에도 전적으로 헌신하고 있지 않다.

⁶⁴ 네가 왕국과 동일하다는 것에는 의문의 여지가 전혀 없다. 네가 제정신이 아니게 생각하여 의문을 제기하는 경우를 제외한다면 말이다. 너의 정체는 너의 지각에 의해 확립되지 않으며, 그것에 *의해* 전혀 영향받지 않는다. 어떤 수준에서든 지각된 동일시의 문제는 사실의 문제가 *아니다*. 그것은 *이해의* 문제다. 그것은 네가 무엇을 이해할 수 있는지를 네가 결정할 수 있다고 믿고 있음을 *의미하기* 때문이다. 이 믿음에 *완전히* 헌신하는 에고는 그것을 전적으로 믿는다. 그것은 참이 아니다. 따라서 에고는 전적으로 거짓에 헌신하면서, 성령은 물론 하느님의 앎과도 완전히 상반되게 지각한다.

⁶⁵ 너는 *오로지* 성령에 의해서만 의미 있게 지각될 수 있다. 너의 존재는 정녕 하느님의 앎이기 때문이다. 네가 받아들이는 믿음 중에 이것과 다른 것은 모두 네 안에 있는 하느님의 음성을 가릴 것이며, 따라서 너에게 하느님을 가릴 것이다. 네가 하느님의 창조물을 참되게 지각하지 않는 한, 그것의 창조주를 알 수 없다. 하느님과 그분의 창조물은 분리되어 있지 않기 때문이다. 창조주와 창조물의 하나인 상태가 바로 너의 온전성이고, 너의 제정신이며, 너의 무한한 권능이다. 이 무한한 권능은 하느님이 너에게 주신 선물이다. 그것은 곧 너의 *정체기* 때문이다. 네가 만약 너의 마음을 그 권능으로부터 해리한다면, 우주의 가장 강력한 힘을 마치 약한 것처럼 지각하는 것이다. 그럴 때 너는 *네가* 그 힘의 일부임을 믿지 않는 것이기 때문이다.

⁶⁶ 그 힘 안에 너의 부분이 *없다고* 지각할 때, 너는 하느님의 창조물을 *약하다고* 지각한다. 그리고 자신이 약해졌다고 보는 자들은 공격할 수밖에 없다. 하지만 그 공격은 맹목적일 것이다. *공격할 것이라고는* 아무것도 없기 때문이다. 따라서 그들은 이미지들을 지어내서 그것들을 무가치하다고 지각하고는, 그 무가치함을 이유로 그것들을 공격한다. 바로 이것이 에고 세상의 모든 것, 즉 *무다*. 그것에는 아무런 의미도 없다. 그것은 존재하지 않는다. 그 세상을 이해하려고 하지 말라. 만약 이해하려고 한다면,

너는 그것이 정녕 이해될 수 있는 것이며, 따라서 진가를 인정받고 사랑받을 수 있는 것이라고 믿는 것이기 때문이다. 그것은 그 세상을 정당화하겠지만, 그 세상은 실로 정당화될 수 없는 것이다. 의미 없는 것을 의미 있게 만들 수는 없다. 이것은 *그저 제 정신이 아닌 시도*일 뿐이다.

⁶⁷ 너의 마음에 정신 이상이 들어오도록 허락하는 것은, 네가 아직 제정신인 상태를 *전적으로 바람직하다*고 판단하지 않았음을 의미한다. 네가 무언가 다른 것을 *원한다면* 무언가 다른 것을 *만들어내겠지만*, 그것은 실로 무언가 다른 것이므로, 너의 사고체계를 공격하고 충성심을 갈라놓을 것이다. 이렇게 갈라진 상태에서는 창조할 수 없다. 너는 이렇게 갈라진 상태에 *반하여 경계해* 깨어있어야 한다. 오로지 평화만이 확장될 수 *있기* 때문이다. 너의 갈라진 마음은 왕국의 확장을 차단하고 있지만, 왕국의 확장이야말로 정녕 너의 기쁨이다. 네가 만약 왕국을 확장하지 않는다면 너의 창조주와 함께 생각하고 있지 않은 것이며, 그분이 창조하신 대로 창조하고 있지도 않은 것이다.

⁶⁸ 이렇게 우울한 상태에서, 성령은 네가 슬픈 이유는 하느님과 공동 창조자로서 맡은 기능을 이행하지 않음으로써 너 자신에게서 기쁨을 박탈하고 있기 때문이라고 부드럽게 일깨워 준다. 이것은 하느님의 뜻이 아니라 *너의 뜻이다.* 너의 뜻이 하느님의 뜻과 일치하지 않는다면, 너는 의미 없이 뜻을 내고 있는 것이다. 하지만 하느님의 뜻은 변경 불가능하므로, 뜻의 *실재적* 갈등은 불가능하다. 이것이 바로 성령의 지극히 일관된 가르침이다.

⁶⁹ 분리가 *아닌* 창조가 너의 뜻이다. 그것은 하느님의 뜻이기 때문이다. 무엇이든 이것을 반대하는 것은 전혀 아무것도 의미하지 않는다. 완벽한 성취물인 온아들은 오로지 완벽하게만 성취할 수 있다. 그러면서 온아들은 그 안에서 자신이 창조된 기쁨을 확장하고, 자신의 창조주는 물론 자신의 창조물들과도 동일시한다. 왜냐하면, 그들이 하나임을 알기 때문이다.

Ⅷ. 전적인 헌신

⁷⁰ 네가 어떤 형제에게 축복을 부정할 때마다, *너 자신이* 박탈감을 느낄 것이다. 부정은 사랑만큼이나 전적이기 때문이다. 온아들을 부분적으로 사랑할 수 없듯이, 그 일

부를 부정하는 것도 불가능하다. 또한 온아들을 *때에 따라* 전적으로 사랑하는 것도 불가능하다. 너는 *어떤 때만 전적으로* 헌신할 수는 없다. 아주 초기의 레슨인, "부정의 힘을 결코 과소평가하지 말라."를 기억하라. 부정은 그 자체로는 힘이 없지만, 너는 부정에게 *네* 마음의 힘을 부여할 수 있다. 그리고 그 힘에는 어떤 한계도 없다. 네가 만약 실재를 부정하기 위해 그 힘을 사용한다면, 실재는 너에게서 사라진다. *실재는 그 진가를 부분적으로만 인식할 수 없다.* 그러므로 네가 실재의 어떤 부분을 부정하든, 실재 *전체에* 대한 자각을 상실했음을 의미한다.

71 이것은 법칙이 이 세상에서 작동할 때의 부정적인 측면이다. 하지만 부정은 방어기제며, 따라서 파괴적으로 사용될 수 있듯이 긍정적으로 사용될 수도 있다. 부정이 부정적으로 사용되면 공격을 위해 사용될 것이므로, 반드시 파괴적으로 될 것이다. 그러나 성령을 섬기는 법칙은 너에게 단지 실재의 *일부만* 인식해서 실재 *전체의* 진가를 알아보라고 요구한다. 마음은 제외되기에는 너무도 강력하다. 너는 *결코* 네가 투사하는 것에서 너 자신을 제외할 수 없을 것이다.

72 어떤 형제가 정신 나간 행동을 할 때, 그는 너에게 그를 축복할 기회를 제공하고 있는 것이다. 그의 필요는 곧 *너의* 필요다. 너는 네가 그에게 베풀 수 있는 축복을 필요로 한다. 너는 축복을 주는 것 *외에는* 축복을 가질 방법이 *없다.* 이것이 바로 하느님의 법칙이며, 여기에는 제외 대상이 *없다.* 네가 부정하는 것은 너에게 *없게 된다.* 그것이 정말로 없어서가 *아니라,* 네가 다른 이 안에서 그것을 부정한 까닭에, 그것이 *네* 안에 있음을 알아차리지 못하기 때문이다. 너의 모든 반응은 네가 *생각하는* 너의 정체에 의해 결정되며, 네가 되고자 *원하는* 그것이 바로 네가 생각하는 너의 정체다. 그러므로 네가 되고자 원하는 그것이 너의 모든 반응을 결정한다.

73 너는 하느님의 축복을 영원히 가졌으므로 그것이 필요 없지만, *너 자신의* 축복은 정녕 필요하다. 너는 너 자신을 궁핍하고, 사랑이 없고, 아주 취약하게 그린 그림을 보고 있다. 너는 이런 그림을 사랑할 수 *없다.* 하지만 너는 아주 쉽게 그 그림에서 벗어날 수 있다. 더 정확히 말하자면, 그 그림을 뒤로하고 떠날 수 있다. 너는 *그 그림 안에* 없으며, 그 그림은 *네가* 아니다. 누구에게서든 이러한 그림을 보지 말라. 만약 본다면, 너는 이미 그 그림을 *너 자신으로* 받아들인 것이다. 온아들에 대한 *모든* 환상은 함께 *만들어졌듯이* 함께 물리쳐진다. 그 누구에게도 그가 네가 되기를 원하지 않는 사람이라고 가르치지 말라. 지각이 계속되는 한, 네 형제는 너 자신의 이미지를 보여주는 거

울이다. 그리고 지각은 온아들이 자신을 온전하다고 알 때까지 *계속될* 것이다.

74 지각은 네가 만든 것이며, 네가 *원하는* 한 계속될 것이다. 환상은 투자다. 환상은 네가 가치 있게 여기는 한 계속될 것이다. 가치관은 상대적이다. 하지만 그것은 정신적인 판단이므로, 강력하다. 환상을 물리치는 유일한 방법은 환상에서 *모든* 투자를 거둬들이는 것뿐이다. 그것은 환상을 *네 마음 바깥*에 두는 것이며, 따라서 환상은 너에게 생명이 없게 된다. 네가 환상을 네 마음 *안*에 포함하는 동안은, 환상에게 생명을 *주고 있는* 것이다. 단, 환상 안에는 너의 선물을 받을 만한 것이 아무것도 없다는 점만 제외한다면 말이다.

75 생명이라는 선물은 네 것으로서, *너에게* 주어졌기에 너도 주어야 한다. 네가 그 선물을 자각하지 못하는 이유는, 그 선물을 주지 않기 *때문이다.* 너는 무를 살아있게 만들 수 없다. 그것은 살려낼 수 없는 것이기 때문이다. 그러니 너는 네가 소유한 것일 뿐만 아니라 너 자신이기도 한 선물을 확장하고 있지 않으며, 따라서 너 자신의 존재를 알지 못한다. *모든* 혼동은 생명을 확장하지 않는 데서 비롯된다. 그것은 너의 창조주의 뜻이 *아니기* 때문이다. 너는 그분과 떨어져서는 아무것도 할 수 없으며, 그분과 떨어져서는 실제로 아무것도 하고 있지 않다. 너 자신을 기억하려면 너의 **창조주**의 길을 흔들림 없이 따라가고, 너 자신을 잊지 않도록 그분의 길을 가르쳐라. 살아계신 하느님의 아들들에게 오로지 영광만 부여하고, 너 자신이 그들 가운데 있음에 기뻐하라.

76 *오로지* 영광만이 하느님이 몸소 영광을 받기에 합당하도록 창조하셔서 영광을 부여하시는 자들에게 어울리는 선물이다. 그들에게 하느님이 늘 감사하시듯 감사하라. 그들은 하느님이 아주 흡족해하며 사랑하시는 아들들이기 때문이다. 너는 결코 그들과 떨어져 있을 수 없다. 너는 하느님과 떨어져 있지 않기 때문이다. 하느님의 사랑 안에서 안식하고, 사랑함으로써 너의 안식을 보호하라. 그러나 하느님이 창조하신 *모든 것*을 사랑하라. 너는 그것들의 일부다. 그렇지 않으면 너는 하느님의 평화에 대해 배울 수 없고, 그분의 선물을 *너 자신*을 위해, *너 자신*으로서 받아들일 수도 없다. 너와 *닮게* 창조된 모든 이에게 영광을 부여하기 전에는, 너 자신의 완벽함을 알 수 없다.

77 하느님의 유일한 아이는 다른 이를 가르치기에 충분히 합당한 *단 한 명의* 교사다. **유일한 교사**는 너희 모두의 마음 안에 있으면서, 모든 이에게 똑같은 레슨을 가르친다. 그는 항상 너에게 하느님의 *모든* 아들이 가진 헤아릴 수 없는 가치를 가르치며, 그가 대변하는 무한한 사랑에서 태어난 무한한 인내로 가르친다. 모든 공격은 그의

인내에 대한 요청이다. 오로지 그의 인내만이 공격을 축복으로 전환할 수 있기 때문이다. 공격하는 자들은 자신이 축복받았음을 *모른다.* 그들이 공격하는 이유는, 자신이 *궁핍하다고* 믿기 때문이다. 그러므로 *너의* 풍요를 내어주고, 네 형제들에게 *그들의* 풍요를 가르쳐라. 그들의 결핍 망상을 공유하지 말라. 그렇지 않으면 *너 자신이* 결핍되었다고 지각할 것이다.

78 네가 *원하는* 어떤 것을 빼앗아 가는 수단으로 공격을 지각하지 않는 한, 공격은 결코 공격을 조장할 수 없다. 하지만 *네가* 어떤 것을 *잃기* 위해서는, 먼저 그것을 가치 없게 여겨 *원하지* 않았어야 한다. 이것은 너로 하여금 그것을 *빼앗겼다고* 느끼게 만들고, 너는 너 자신의 거절을 투사함으로써 다른 이들이 그것을 *네게서* 빼앗아 가고 있다고 믿는다. 자신의 형제가 자신에게서 천국을 낚아채 가기 위해 공격한다고 믿는 자는 두려워할 수밖에 없다. 바로 이것이 에고가 하는 *그 모든* 투사의 궁극적인 이유다.

79 에고는 너의 마음에서 *자신에게* 책임이 있다고 믿지 않는 마음 부분으로서, 하느님께 충성하지 않기에 신뢰할 줄 모른다. 에고는 *네가 너의* 창조주를 배반했다는 자신의 미친 믿음을 투사하여, *너와 마찬가지로* 자신의 창조주를 배반할 수 없는 너의 형제들이 *네게서* 하느님을 빼앗아 가려 든다고 믿는다. 다른 이를 공격할 때마다 너는 바로 이것을 믿는 것이다. 투사는 *항상* 다른 이들 안에서 너의 뜻을 본다. 만약 너 자신을 하느님으로부터 분리하기로 뜻한다면, 너는 다른 이들이 너에게 바로 그렇게 하고 있다고 생각할 것이다.

80 네가 바로 하느님의 뜻이다. 다른 어떤 것도 너의 뜻으로 받아들이지 말라. 만약 받아들인다면, 너의 정체를 부정하는 것이다. 이것을 부정한다면, 너는 *공격받았다고* 믿고서 반드시 공격할 것이다. 단지 네 안에서 하느님의 사랑만 보라. 그러면 너는 모든 곳에서 하느님의 사랑을 볼 것이다. 그 사랑은 정녕 모든 곳에 있기 때문이다. 네가 모든 이 안에서 하느님의 풍요를 본다면, 너 자신이 그들과 *함께* 하느님 안에 있음을 알 것이다. 네가 하느님의 일부이듯, 그들은 너의 일부다. 아들이 당신을 모를 때 하느님이 외로우시듯, *너도* 이것을 이해하지 못하면 외롭다. 하느님의 평화는 바로 이것을 이해하는 것이다. 세상의 생각 속으로 들어가는 길이 오로지 하나뿐이었듯, 세상의 생각 *밖으로* 나오는 길도 오로지 하나뿐이다. *전체성을* 이해함으로써 전체적으로 이해하라.

81 에고 사고체계의 *어떤* 부분이든 전적으로 정신 이상이고, 전적으로 망상적이며, 전적으로 바람직하지 않다고 지각하라. 그러면 너는 그 사고체계의 *전부를* 제대로 평

가한 것이다. 이런 교정은 너로 하여금 창조물의 *어떤* 부분이든 전적으로 실제고, 전적으로 완벽하며, *전적으로 바람직하다*고 지각할 수 있게 해준다. 너는 *오로지* 이것만 원함으로써 오로지 이것만 소유할 것이며, 오로지 이것만 줌으로써 오로지 이것으로만 *존재할* 것이다. 네가 에고에게 제공하는 선물은 *항상 희생*으로 느껴지겠지만, 왕국에게 제공하는 선물은 *너 자신에게* 주는 선물이다. 하느님은 그 선물을 언제나 귀중히 여기실 것이다. 그것은 본래 하느님께 속하는 그분의 사랑하는 아들들에게 속하기 때문이다. 왕국은 하느님의 것이기 *때문에*, 모든 권능과 영광이 네 것이다.

IX. 갈등의 방어

[82] 우리는 전에 투사 없이는 분노가 있을 수 없다고 말했지만, 투사 없이는 사랑도 있을 수 없다는 것도 맞는 말이다. 투사는 마음의 근본 법칙이므로, *항상* 작동하는 법칙이다. 너는 바로 이 법칙에 의거해 창조하며, 또한 창조되었다. 바로 이 법칙이야말로 왕국을 통일하여 하느님의 마음 안에 간직해 주는 것이다. 에고에게 이 법칙은, 자신이 원하지 *않는* 것을 *없애버리는* 수단으로 지각된다. 성령에게 이 법칙은, 네가 가치 있게 여기는 것을 너 *자신의* 마음 안에 간직하기 위해 다른 이에게 *주는* 공유의 근본 법칙이다.

[83] 성령께 투사는 확장의 법칙이다. 에고에게 투사는 박탈의 법칙이다. 따라서 투사는 네가 어떻게 적용할지 선택하기에 따라, 풍요나 결핍을 낳는다. 이런 선택은 정녕 너에게 달려있지만, 투사를 *사용할지* 말지 결정하는 것은 너에게 달려있지 *않다*. 모든 마음은 *반드시* 투사할 수밖에 없다. 그것이 바로 마음이 사는 방법이기 때문이다. 그리고 모든 마음은 정녕 생명이다. 에고는 어김없이 투사와 분노를 관련짓는데, 이것을 마침내 무효화하려면 먼저 투사에 대한 에고의 용도를 충분히 이해해야 한다.

[84] 에고는 항상 갈등을 보존하려고 한다. 에고는 갈등을 줄여주는 *듯이 보이게* 만드는 방법을 꾸며내는 데 아주 독창적이다. 에고는 네가 갈등을 너무 참을 수 없어서 포기하겠다고 *주장하게* 되는 것을 원하지 *않기* 때문이다. 따라서 에고는 네가 *에고를* 포기하고 너 자신을 자유롭게 하지 않도록, *자신이* 너를 갈등에서 자유롭게 해줄 수 있다고 설득하려 한다. 하느님의 법칙을 뒤틀어 자신만의 버전으로 사용하는 에고는, 마음의 진정한 목적을 무산시키기 *위해서만* 마음의 권능을 사용한다. 에고는 네가 갈

등을 *없애버렸다고* 설득하기 위해, *너의* 마음으로부터 *다른* 마음들로 갈등을 투사한다. 여기에는 겉보기에 별로 분명하지 않은 몇 가지 오류가 있다.

⁸⁵ 엄격히 말해, 갈등은 완전히 공유될 수 없다는 바로 *그 이유 때문에* 투사될 수 *없다.* 갈등의 *일부는* 간직하고 다른 부분은 제거하려는 어떤 시도도 실제로 *아무런* 의미도 없다. 갈등하는 교사는 서툰 교사인 *동시에* 서툰 학습자임을 기억하라. 그의 레슨은 혼란스럽고, 그 레슨의 전이 가치도 그의 혼란으로 *인해* 심각하게 제한된다. 두 번째 오류는, 네가 원하지 않는 것을 주어버림으로써 그것을 *없애버릴* 수 있다는 아이디어다. 그것을 *주는 것은* 곧 그것을 간직하는 방법이다. 그것을 *바깥에* 주어버림으로써 *안에서* 제거했다는 믿음은 확장의 권능을 완전히 왜곡하는 것이다.

⁸⁶ 그러므로 에고로부터 투사하는 자는 *자신의* 안전을 지키려고 바짝 경계한다. 그는 자신의 투사물이 돌아와 자신을 해칠까 봐 *두려워한다.* 그는 *자신의* 마음에서 자신의 투사물을 없애버렸다고 *믿지만,* 또한 자신의 투사물이 다시 *자신 안으로* 기어들어 올 기회를 노리고 있다고도 믿는다. 그 투사물은 그의 마음을 떠나지 *않았기* 때문이다. 그는 이어서, 이런 사실을 인식하지 *않으려고* 강박적인 행동에 쫓기듯이 몰두하게 된다. 너 자신에 대한 환상을 영속시키지 *않으면서* 다른 이에 대한 환상을 영속시킬 수는 *없다.* 이로부터 벗어날 수 있는 길은 없다. 마음을 조각내는 것은 *불가능하기* 때문이다.

⁸⁷ 조각내는 것은 조각들로 부수는 것이다. 하지만 마음은 공격할 수도 공격받을 수도 *없다.* 마음이 그럴 수 *있다는* 믿음은 에고가 *항상* 범하는 오류로서, 투사에 대한 에고의 용도 전체의 근거가 된다. 에고는 마음이 정녕 무엇인지 이해하지 못하며, 따라서 *네가* 무엇인지도 이해하지 못한다. 하지만 에고의 생존은 너의 마음에 달려있다. 에고는 정녕 너의 믿음이기 때문이다. 그러므로 에고는 결코 일관된 모델을 가진 적도 없고 결코 일관되게 발달하지도 않은 일종의 정체성 혼란이다. 에고란, 자신의 권능을 그릇되게 사용하는 왜곡된 마음들이 하느님의 법칙을 그릇되게 적용하여 나온 왜곡된 생산물이다.

⁸⁸ *에고를 두려워하지 말라.* 에고는 정녕 너의 마음에 달려있고, 너는 에고의 존재를 믿음으로써 에고를 만들었듯이 *에고에게서* 믿음을 거둬들임으로써 에고를 물리칠 수 있다. 에고의 존재를 믿는 책임을 *다른* 누구에게도 투사하지 말라. 그렇지 않으면 너는 그 믿음을 *보존할* 것이다. 너 스스로 에고의 존재에 대한 책임을 기꺼이 받아들이

려 할 때, 너는 이미 모든 분노와 공격을 내려놓은 것이다. 분노와 공격은 너 *자신의* 잘못에 대한 책임을 투사하려는 시도에서 *생겨나기* 때문이다. 하지만 잘못을 일단 네 것으로 *받아들였으면*, *계속 간직하지는 말라*. 잘못을 재빨리 성령께 맡겨 완전히 무효화되게 하라. 그럼으로써 잘못의 *모든* 결과가 너의 마음과 온아들로부터 *전체적으로* 사라지게 된다.

⁸⁹ 성령은 너에게 믿음 *너머*를 지각하라고 가르칠 것이다. 진리는 정녕 믿음 너머에 있기 때문이다. 그리고 성령의 지각은 정녕 참이다. 에고는 *언제라도* 완전히 잊힐 수 있다. 에고는 항상 전혀 신뢰할 수 없는 믿음이었기 때문이다. 자신이 믿을 수 없다고 판단한 믿음을 *계속 간직할* 수 있는 자는 아무도 없다. 네가 에고에 대해 더 많이 배울수록, 에고를 *믿을* 수 없음을 점점 더 많이 깨닫게 된다. 신뢰할 수 없는 것을 이해할 수는 없다. 그것은 정녕 믿을 수 없는 것이기 때문이다. 믿을 수 없는 것에서 비롯되는 모든 지각이 철저히 무의미하다는 점은 분명하지만, 너는 그것이 믿음 너머에 있다고 *인식하지* 않는다. 그것은 믿음에 *의해* 만들어졌기 때문이다.

⁹⁰ 이 수업의 전체 목적은, 에고는 믿을 수 없으며 앞으로도 영원히 믿을 수 없음을 가르치는 것이다. 믿을 수 없는 것을 믿음으로써 에고를 만들어낸 너는 홀로 이런 판단을 내릴 수 없다. 너 스스로 속죄를 받아들이는 것은 네가 홀로 있을 수 *있다*는 믿음에 반하여 결정하는 것이며, 그럼으로써 분리의 아이디어를 물리치고 왕국 전체를 그야말로 너의 *일부로서* 진정으로 동일시하고 있음을 확언하는 것이다. 이런 동일시는 믿음 너머에 있듯이, 의심 너머에 있다. 너의 온전성에는 한계가 없다. 존재는 무한 안에 있기 때문이다.

X. 왕국의 확장

⁹¹ 오로지 *너 자신만이* 너의 창조적 권능을 제한할 수 있지만, 하느님은 그 권능을 해방하기를 뜻하신다. 하느님은 당신 자신에게서 당신의 창조물들을 박탈하기를 뜻하지 않으시듯, 네가 너 자신에게서 너의 창조물들을 박탈하기를 뜻하지도 않으신다. 온아들에게 너의 선물을 주기를 거절한다면, 하느님께 너 자신을 드리기를 거절하는 것이다. 자기중심성selfishness은 에고에서 나오지만 자아 충만함self-fullness은 **영혼**

에서 나온다. 바로 그것이 하느님이 영혼을 창조하신 방법이기 때문이다. 성령은 에고와 영혼 사이에 있는 마음 부분으로서, 둘 사이에서 *항상* 영혼에게 유리한 방향으로 중재한다. 에고에게, 이것은 편파적이다. 따라서 에고는 자신이 마치 *불리한 취급*을 당하는 부분인 듯이 반응한다. 영혼에게, 이것은 진리다. 영혼은 자신의 충만함을 알며, 자신이 제외되는 어떤 부분도 상상할 수 없기 때문이다.

⁹² 영혼은 *자신이* 하느님 안에 포함되어 있듯이 모든 형제들의 의식이 자신의 의식 안에 포함되어 있음을 *안다*. 따라서 온아들 전체와 그 창조주의 권능 전부가 영혼 자신의 충만함이며, 그것은 영혼의 창조물들을 똑같이 온전하고 똑같이 완벽하게 만든다. 에고는 하느님을 포함하는 전체를 이길 수 없다. 그리고 어떤 전체든 반드시 하느님을 포함한다. 하느님이 창조하신 모든 것은 하느님의 모든 권능을 부여받았다. 그것들은 하느님의 일부로서, 하느님의 존재를 공유하기 때문이다. 축복하기가 희생의 반대듯이, 창조하기는 상실의 반대다. 존재는 반드시 확장되어야 한다. 그것이 바로 존재가 *자신*에 대한 앎을 간직하는 방법이다.

⁹³ 영혼의 창조주가 그러셨듯이, 영혼도 자신의 존재를 간절히 공유하고 싶어 한다. 공유하기에 *의해* 창조된 영혼의 뜻은 창조하는 것이다. 영혼은 하느님을 *가둬두기*를 소망하지 않으며, 하느님의 존재를 *확장하기*를 소망한다. 하느님의 존재를 확장하는 것이 영혼의 유일한 기능이다. 영혼을 창조하신 분의 충만함fullness을 가둬둘 수 없듯이, 영혼의 충만함도 가둬둘 수 없다. 충만함이란 정녕 확장이다. 에고의 사고체계 전체가 확장을 가로막으며, 따라서 너의 유일한 기능을 가로막는다. 그러므로 에고의 사고체계는 너의 기쁨을 가로막으며, 이것이 바로 네가 너 자신을 실현되지 않았다고unfulfilled 지각하는 까닭이다. 창조하지 않는 한, 너는 정녕 실현되지 않았다. 하지만 하느님은 실현되지 않음을 모르시며, 따라서 너는 창조할 수밖에 없다. *너는* 너 자신의 창조물들을 알지 못할 수도 있지만, 이것이 그들의 실재를 해칠 수는 없다. 이것은 마치 네가 너의 영혼을 알아차리지 못한다고 해서 영혼의 존재를 해칠 수 없는 것과 마찬가지다.

⁹⁴ 왕국은 영원히 확장하고 있다. 그것은 하느님의 마음 안에 있기 때문이다. 네가 너의 기쁨을 *알지* 못하는 이유는 너 자신의 자아 충만함을 알지 못하기 때문이다. 너 자신에게서 천국의 *어떤* 부분이라도 제외한다면, 너는 온전하지 *않게 된다*. 분열된 마음은 자신의 충만함을 지각할 수 없으며, 따라서 그 마음의 온전성이 그 마음을 비추

어 치유하는 기적이 필요하다. 그러면 그 마음은 자신 안의 온전성을 다시 깨달아 *받아들이고*, 마침내 천국으로 회복된다. 자신의 자아 충만함에 대한 충만한 인식은 자기중심성을 불가능하게 만들고, 확장을 불가피하게 만든다. 이것이 바로 왕국에 완벽한 평화가 있는 까닭이다. 모든 영혼은 자신의 기능을 *실현하고 있으며*, 오로지 완전한 실현만이 *평화다*.

⁹⁵ 정신 이상도 실재를 증가시키는 듯이 *보이지만*, 그렇게 증가시키는 것이 참이라고 주장할 자는 아무도 없다. 따라서 정신 이상은 진리의 *비확장이며*, 기쁨을 가로막는다. 왜냐하면 그것은 창조를 가로막음으로써 자아실현을 가로막기 때문이다. 자아가 실현되지 않은 자들은 자신의 자아 충만함을 알지 못하며, 따라서 우울할 *수밖에* 없다. 너의 창조물들은 너를 *위해* 보호되고 있다. 너의 마음 안에 있는 성령은 너의 창조물들에 대해 알며, 네가 허락할 때마다 그것들을 너의 의식 속으로 가져다줄 수 있기 때문이다. 너의 창조물들은 너의 존재의 일부로서 그곳에 있다. 너의 실현은 너의 창조물들을 *포함하기* 때문이다. 하느님의 모든 아들이 창조한 것들은 네 것이다. 모든 창조물은 전체로서 온아들을 위해 창조되어 모든 이에게 속하기 때문이다.

⁹⁶ 너는 하느님의 아들들이 받은 유산을 늘리는 데 실패하지 *않았으며*, 따라서 그것을 너 자신을 위해 안전하게 지키는 데도 실패하지 않았다. 그 유산을 너에게 주시는 것이 하느님의 뜻이었으므로, 하느님은 그것을 영원히 주셨다. 네가 그 유산을 영원히 갖는 것이 하느님의 뜻이었으므로, 하느님은 너에게 그것을 간직할 수단을 주셨다. 그리고 *너는 그것을 정녕 잘 간직해 왔다*. 하느님의 뜻을 거역하는 것은 오로지 제정신이 아닌 자들에게만 의미가 있다. 실제로 그것은 불가능하다. 너의 자아 충만함은 하느님의 자아 충만함만큼이나 무한하다. 하느님의 자아 충만함과 마찬가지로, 너의 자아 충만함도 완벽한 평화 속에 영원히 확장한다. 그것은 너무도 강렬히 빛나는 빛이라서 완벽한 기쁨 속에 창조하며, 그것의 온전성으로부터는 오로지 온전한 자들만이 태어날 수 있다.

⁹⁷ 너는 결코 너의 정체를 잃은 적이 없으며, 너의 정체를 온전하고 평화롭게 유지해 주는 확장물들을 잃은 적도 없다. 이를 확신하라. 기적은 이런 확신의 *표현이다*. 기적은 네가 네 형제들과 제대로 동일시하고 있으며, 또한 너의 정체는 실로 확장에 의해 *유지된다*는 것을 자각하고 있음을 반영한다. 기적은 *전체적인 지각에 대한 레슨이다*. 네가 전체의 *어떤* 부분이든 이 레슨에 포함한다면, 이미 전부를 포함한 것이

다. 너는 왕국과 그곳에 속하는 너의 창조물들에 대해 글을 쓸 때 *네가 알지 못하는 것*을 묘사하는 것이라고 말한 적이 있다. 이것은 어떤 의미에서는 맞는 말이지만, 네가 에고의 전제들이 낳은 전체 결과를 인정하지 못하는 것과 마찬가지로 말이 안 된다. 이 세상과 마찬가지로, 왕국도 전제들이 낳은 결과다.

⁹⁸ 너는 에고의 추론을 그 논리적 결론으로 *이끌어냈지만*, 그것은 모든 것에 대한 전체적인 혼동일 뿐이다. 하지만 너는 이것이 전체적인 혼동이라고 정말로 *믿지*는 않는다. 만약 믿었다면, 그런 혼동을 유지할 수는 없었을 것이다. 네가 이런 결과를 정말로 본다면, 그것을 *원할* 수 없을 것이다. 네가 그런 결과의 *어떤* 부분이라도 원할 수 있는 유일한 이유는, 결과 전체를 보지 *못하기* 때문이다. 너는 에고의 전제들은 살펴보려 하지만 그 논리적 결과는 보려 하지 *않는다*. 그렇다면 네가 하느님의 전제들에 대해서도 똑같이 했을 가능성이 있지 않은가?

⁹⁹ 너의 창조물들은 정녕 하느님의 전제들이 낳은 논리적 결과다. *하느님의* 생각하기가 너를 *위해* 그것들을 확립했다. 따라서 그것들은 본래 속한 곳에 *정확하게* 있다. 그것들은 하느님의 정체와 같은 너의 정체의 일부로서 본래 네 마음에 속하지만, 네 마음이 어떤 상태에 있고 네 마음 *안에* 무엇이 있다고 인식할지는 항상 네가 네 마음에 *대해* 무엇을 믿는지에 달려있다. 그것이 어떤 믿음이든, 그것은 네 마음 안으로 무엇을 받아들일지를 결정할 전제다. 네가 네 마음 안으로 그곳에 실제로 없는 것을 받아들일 수 있고, 그곳에 있는 것을 부정할 수도 있다는 점은 아주 분명하다. 둘 중 어떤 가능성도 여기서 더 이상 공들여 설명할 필요가 없다. 그러나 둘 다 네가 아무리 옹호하려 해도 옹호할 수 없다는 점은 분명하다.

¹⁰⁰ 하지만 너는, 하느님이 몸소 당신의 마음을 통해 너의 마음에게 주신 기능을 부정할 수는 있을지라도 막을 수는 없다. 그 기능은 네 *정체의* 논리적 결과다. 어떤 논리적 결과를 보는 능력은 그것을 보려는 너의 *용의에* 달려있지만, 그것이 진리인지 아닌지는 너의 용의와 전혀 관련이 없다. 진리는 *하느님의 뜻이다*. 하느님의 뜻을 *공유한다면*, 너는 하느님이 아시는 것을 공유하는 것이다. 하느님의 뜻을 너의 뜻이 아니라고 *부정한다면*, 너는 하느님의 왕국은 물론 너의 왕국도 부정하는 것이다. 성령은 너를 오로지 고통을 피하도록 안내할 것이다. 고통을 무효화하면 분명 고통을 피할 것이다. *이런 목표를 인식한다면*, 반대할 자는 아무도 없을 것이다. 문제는 성령이 말하는 것이 참인지 여부가 아니라, 성령이 말하는 것에 네가 귀 *기울이기*를 원하는지 여부다.

XI. 강함과 약함의 혼동

101 너는 무엇이 기쁜 것인지 모르는 만큼이나 무엇이 고통스러운 것인지도 인식하지 못하며, 실제로 그 둘을 아주 쉽게 혼동한다. 성령의 주된 기능은 너에게 *그 둘을 구분하는 법*을 가르치는 것이다. 이런 것을 가르칠 필요가 있다는 점이 아무리 이상하게 보일지라도, 그 필요성은 명백하다. 그 이유도 똑같이 명백하다. 너에게 기쁜 것이 에고에게는 정녕 고통스러운 것이다. 그리고 네가 너의 *정체*에 대해 의심하는 한, 기쁨과 고통을 혼동할 것이다. 이런 혼동이 희생이라는 아이디어 전체의 원인이다. 성령을 따르면, 너는 반드시 에고를 포기하게 될 것이다. 하지만 너는 *아무것도* 희생하지 않을 것이다. 반대로, *모든 것*을 얻을 것이다. 네가 만약 이것을 믿는다면 어떤 갈등도 없을 것이다.

102 이것이 바로 네가 명백한 것을 너 자신에게 *입증해야* 하는 이유다. 그 명백한 것이 너에게는 명백하지 *않다*. 너는 하느님의 뜻과 *정반대로* 행하는 것이 너에게 더 나을 수도 있다고 믿는다. 너는 또한 하느님의 *뜻과* 정반대로 *행하는 것이* 가능하다고 믿는다. 따라서 너는 네가 불가능한 선택을 내릴 수 있다고 믿으며, 그 선택은 아주 두려우면서도 아주 바람직한 것이라고 믿는다. 하지만 하느님은 *뜻하신다*. 하느님은 소망하지 *않으신다*. *너의* 뜻은 정녕 하느님의 뜻이므로, 하느님의 뜻만큼이나 강력하다. 에고의 소망은 아무것도 의미하지 않는다. 에고는 불가능한 것을 소망하기 때문이다. 너는 불가능한 것을 소망할 수는 있지만, 오로지 하느님과 함께만 *뜻할* 수 있다. 이것이 바로 에고의 약함이자 *너의* 강함이다.

103 성령은 *항상* 너와, 그리고 너의 강함과 한편이다. 네가 어떤 식으로든 성령의 안내를 피하는 동안은, 약해지기를 *원하는* 것이다. 하지만 약함은 정녕 두렵게 만든다. 그렇다면 그런 결정은 네가 두려워하기를 *원한다는* 것 외에 무엇을 의미할 수 있겠는가? 성령은 *결코* 희생을 요구하지 않지만, 에고는 *항상* 희생을 요구한다. 네가 이렇게 *아주* 분명한 동기의 차이를 혼동한다면, 그것은 오로지 투사 때문일 것이다. 이런 종류의 투사는 실로 동기에 대한 혼동이며, 이런 혼동 *상태에서는* 신뢰가 불가능해진다.

104 자신이 신뢰하지 않는 안내자를 기꺼이 따르는 자는 없지만, 그렇다고 그 *안내자가* 신뢰할 만하지 않다는 의미는 아니다. 이런 경우에는 항상 *따르는 자가* 신뢰할 만하지 않음을 의미한다. 하지만 이 또한 단지 따르는 자가 가진 믿음의 문제에 지나지

않는다. 그는 *자신이* 배반할 수 있다고 믿기에, 모든 것이 *자신을* 배반할 수 있다고 믿는다. 하지만 그 이유는 단지 그가 *거짓된 안내를 따르기로* 선택했기 때문이다. 그는 *두려움 없이는* 그런 안내를 따를 수 없기에, 안내를 두려움과 관련지으면서 *어떤* 안내도 따르기를 거부한다. [이런 결정의 결과로 혼란이 오더라도 그리 놀랍지 않다.] 성령은 완벽하게 신뢰할 만하며, 그것은 *너도* 마찬가지다. 하느님이 몸소 너를 신뢰하시며, 따라서 너의 신뢰할 만함은 의문 너머에 있다. *네가* 아무리 많은 의문을 제기하더라도, 그것은 항상 의문 너머에 남아있을 것이다.

[105] 우리가 전에 말했듯이, 너는 정녕 하느님의 뜻이다. 하느님의 뜻은 헛된 소망이 아니며, 네가 하느님의 뜻과 동일하다는 점은 임의로 선택할 수 있는 것이 아니다. 그것은 정녕 너의 정체기 때문이다. 네가 하느님의 뜻을 나와 공유한다는 점에는 전혀 선택의 여지가 없다. 비록 그렇게 보일 수는 있지만 말이다. 분리 전체가 이런 오류에 놓여있다. 이 오류에서 *벗어나는* 유일한 길은, 너는 *아무것도* 결정할 필요가 없다고 결정하는 것이다. *하느님의* 결정에 의해, 모든 것이 너에게 주어졌다. 이것이 정녕 하느님의 뜻이며, 너는 그것을 무효화할 수 *없다.* 심지어 에고가 그렇게 안달하며 지키려는 너의 그릇된 의사 결정 특권을 포기하는 것조차 너의 소망에 의해 이루어지지 않는다. 그것은 하느님의 뜻에 의해, 너를 *위해* 이미 이루어졌다. 그리고 하느님은 너를 위로 없이 버려두지 않으셨다. 하느님의 음성은 너에게 고통과 기쁨을 구분하는 법을 *가르쳐줄* 것이며, 네가 일으킨 혼동에서 *빠져나오도록 인도할* 것이다. 하느님 아들의 마음에 혼동이란 *없다.* 아들의 뜻은 곧 아버지의 뜻일 *수밖에* 없다. 아버지의 뜻은 정녕 당신의 아들이기 때문이다.

[106] 기적은 하느님의 뜻과 *일치한다.* 하지만 너는 하느님의 뜻을 알지 못한다. 왜냐하면, 너 자신이 무엇을 뜻하는지에 대해 혼동하기 때문이다. 이것은 너 자신이 과연 무엇인지에 대해 혼동하고 있음을 의미한다. 네가 곧 하느님의 뜻인데도 그 뜻을 *받아들이지* 않는다면, 너는 기쁨을 부정하는 것이다. 따라서 기적은 *기쁨이 무엇인지에* 대한 레슨이다. 기적은 공유하기에 대한 레슨이기에 사랑에 대한 레슨이며, 사랑은 정녕 기쁨이다. 따라서 모든 기적은 진리에 대한 레슨이다. 그리고 너는 진리를 제공함으로써 고통과 기쁨의 차이를 배우고 있다.

XII. 은혜의 상태

107 성령은 너를 *항상* 진실하게 안내할 것이다. *너의 기쁨은 곧 성령의 기쁨이기* 때문이다. 이것은 모든 이를 위한 성령의 뜻이다. 성령은 기쁨 자체인 하느님의 왕국을 대변해 말하기 때문이다. 그러므로 성령을 따르는 것은 세상에서 가장 쉽고, 정말로 쉬운 유일한 일이다. 그것은 이 세상의 것이 아니며, 따라서 *자연스럽기*natural 때문이다. 세상은 하느님의 법칙과 일치하지 않기에, 너의 본성nature을 *거스른다*. 세상은 모든 것에서 난이도order of difficulty를 지각한다. 왜냐하면, 에고는 그 무엇도 온전히 바람직하다고 지각하지 않기 때문이다. 너는 기적에 난이도가 *없음*을 너 자신에게 입증함으로써, 너의 *자연스러운* 상태에는 어려움difficulty이 없음을 너 자신에게 확신시키게 된다. 너의 자연스러운 상태는 은혜받은 상태기 때문이다.

108 은혜는 하느님의 각각의 모든 아들이 머무는 *자연스러운* 상태다. 은혜의 상태에 있지 *않을* 때 그는 그의 자연스러운 환경에서 벗어나 있는 것이며, 따라서 제대로 기능하지 못한다. *그가 하는 모든 일은 그에게 부담이 된다*. 그는 자신이 만든 환경을 위해 창조되지 않았기 때문이다. 따라서 그는 그 환경에 적응할 수도 *없고, 그 환경을 자신에게* 적응시킬 수도 없다. 애를 써봤자 소용이 없다. 하느님의 아들은 *오로지* 자신이 하느님과 함께 있음을 알 때만 행복하다. 그곳이 바로 그가 유일하게 부담을 느끼지 않을 환경이다. 그곳이야말로 그가 본래 속한 곳이기 때문이다. 그곳은 또한 그가 있을 만한 가치가 있는 유일한 환경이다. 그의 가치는 그가 만들 수 있는 그 모든 것 너머에 있기 때문이다.

109 *네가* 만든 왕국을 잘 살펴보고, 그 가치를 공정하게 판단하라. 그 왕국은 하느님 아이의 집이 될 만한 가치가 있는가? 그 왕국은 그의 평화를 지켜주고 그에게 사랑을 비춰주는가? 그 왕국은 그의 가슴이 두려움에 떨지 않도록 보호해 주고, 그로 하여금 아무런 상실감 없이 항상 줄 수 있도록 해주는가? 이렇게 주는 것이 정녕 그의 기쁨이며, 그가 주는 것에 대해 하느님이 몸소 감사하신다는 것을, 그 왕국은 그에게 가르쳐 주는가? 이러한 것이야말로 네가 행복할 수 있는 *유일한* 환경이다. 너는 너 자신을 만들 수 없듯이, 그런 환경을 만들 수도 없다. 네가 그 환경을 위해 창조되었듯이, 그 환경은 너를 *위해* 창조되었다. 하느님은 당신의 **아이들**을 굽어살피시며, 그들에게 아무것도 거절하지 않으신다. 하지만 그들이 하느님을 부정할 때는 이것을 알지 못하게

된다. 그것은 그들 *자신에게* 모든 것을 부정하는 것이기 때문이다.

110 너는 네가 보고 만지고 기억하는 모든 것에게 하느님의 사랑을 줄 수 있건만, 그야말로 너 자신에게 천국을 부정하고 있다. 다시 한번 청하건대, 나는 *왕국에게* 왕국을 가르치라고 너를 선택했음을 기억하라. 이 가르침에 제외 대상이란 없다. 제외 대상이 없음이 바로 이 가르침이기 때문이다. 이 가르침을 가슴에 품고 천국으로 돌아오는 아들들은, 저마다 온아들을 치유하고 하느님께 감사드린 자들이다. 이 가르침을 배우는 자는 모두 완벽한 교사가 되었다. 그들은 그것을, 자신이 아는 모든 것을 가르치기를 원하는 성령께 배운 것이기 때문이다. 마음이 오로지 빛만 *가졌을 때*, 마음은 오로지 빛만 *안다*. 그 마음의 광휘가 사방으로 빛나면서 다른 마음들의 어둠 속으로 확장해 들어가, 그것들을 위엄 있게 변형한다.

111 거기에 하느님의 위엄이 있어, 네가 그것을 인식하고 진가를 알아보고 알 수 있게 한다. 하느님의 위엄을 네 형제로 지각하는 것은 곧 너 *자신의* 유산을 받아들이는 것이다. 하느님은 오로지 동등하게만 주신다. 네가 다른 누구에게서든 하느님의 선물을 인식한다면, 하느님이 *너에게* 주신 것을 인정한 것이다. 진리만큼 지각하기 쉬운 것은 없다. 이것은 즉각적이고, 분명하며, 자연스러운 지각이다. 너는 진리를 보지 *않도록* 너 자신을 훈련하였고, 그것은 너에게 아주 힘든 일이었다. 너는 정녕 진리라는 환경에 의해, 그 환경을 위해 창조되었으므로, 너의 자연스러운 환경 *밖에* 있을 때는 "진리가 무엇인가?"라고 물을 만도 하다.

112 너는 너 자신을 알지 못한다. 왜냐하면 너는 너의 창조주를 알지 못하기 때문이다. 너는 너의 창조물들도 알지 못한다. 왜냐하면 너는 너와 함께 그들을 창조한 너의 형제들을 알지 못하기 때문이다. 우리가 전에 말했듯이, 오로지 온아들 전체만이 하느님처럼 창조할 수 있으므로 오로지 온아들 전체만이 하느님과 공동 창조자가 될 만한 가치가 있다. 네가 어떤 형제를 그의 가치를 알아봄으로써 치유할 때마다, *그의* 창조하는 권능은 물론 *너의* 창조하는 권능도 인정하는 것이다. 그는 *네가* 알아보는 것을 잃었을 수 없으며, 너는 그에게서 보는 영광을 분명 갖고 있을 것이다. 그는 *너와* 더불어 하느님과 공동 창조자다. 네가 *그의* 창조적 권능을 부정한다면, 너 자신의 창조적 권능은 물론 *너를 창조하신 하느님의 창조적 권능*도 부정하는 것이다. 너는 진리의 일부만 부정할 수는 없다. 네가 너의 창조물들을 알지 못하는 이유는, 그들의 창조자를 알지 못하기 때문이다. 네가 너 자신을 알지 못하는 이유는, *너의 창조주를*

알지 못하기 때문이다.

[113] 네가 하느님의 실재를 확립할 수 없듯이, 너의 창조물들도 너의 실재를 확립할 수 없다. 하지만 너는 정녕 둘 다 *알* 수 있다. 존재는 공유하기를 통해 알려진다. 하느님이 당신의 존재를 너와 공유하셨기 *때문에*, 너는 하느님을 알 수 있다. 그러나 너는 또한 하느님이 창조하신 모든 이를 알아야만 *그들이* 공유한 것을 알 수 있다. 너의 아버지 없이는, 너는 너의 부성을 알지 못할 것이다. 하느님의 왕국은 하느님의 모든 아들들과 그들의 자녀들을 포함하며, 그 자녀들은 하느님의 아들들을 닮았다. 그것은 마치 하느님의 아들들이 자신의 아버지를 닮은 것과 같다. 그러므로 하느님의 아들들을 알라. 그러면 너는 창조물 *전체*를 알게 될 것이다.

제8장

귀향

I. 서문

¹ 너는 네가 알지 *못하는* 것을 알게 해달라고 요구함으로써 발전에 방해를 받는다. 이것은 실제로 박탈에 매달리는 방법이다. 알지 못한다는 이유로 알기 *위한* 수업의 지시 사항을 따르기를 거부하는 것은 이치에 맞지 않다. 너에게 이 수업이 필요하다는 점은 너의 거부에 함축되어 있다. 앎은 이 수업을 배우기 위한 동기가 아니다. *평화가* 그 동기다. 앎을 위한 전제 조건으로서, 평화를 *반드시* 배워야 한다. 그 이유는 단지 갈등하는 자들은 평화롭지 *않기* 때문이다. 그리고 평화는 천국의 조건이므로, *앎의 조건이다.*

² 네가 앎의 조건들을 충족할 때, 앎은 회복될 것이다. 이것은 하느님이 내거시는 흥정이 아니다. 하느님은 전혀 흥정하지 *않으신다.* 이것은 단지 네가 하느님의 법칙을 하느님의 뜻이 아닌 뜻을 위해 그릇되게 사용한 결과에 불과하다. 앎은 정녕 하느님의 뜻이다. 네가 만약 하느님의 뜻에 *맞서고* 있다면, 어찌 앎을 소유할 수 있겠는가? 나는 앎이 너에게 무엇을 제공해 주는지 말해주었지만, 너는 분명 이것을 온전히 바람직한 것으로 여기지 않는다. 그렇게 여긴다면, 에고가 충성을 요구할 때 앎을 그렇게 쉽사리 던져버리려 하지는 않을 것이다. 에고의 방해는 너의 배움에 지장을 주는 듯이 보이지만, 네가 에고에게 그럴 힘을 *부여하지* 않는 한 에고는 너를 방해할 힘이 전혀 없다.

³ 에고의 음성은 일종의 환청이다. 에고가 "나는 실제가 아니다."라고 말할 것을 기대할 수는 없다. 환청은 실로 실재에 대한 부정확한 지각이다. 하지만 나는 너에게 환청을 혼자 쫓아버리리라고 요청하지 않는다. 나는 너에게 단지, 환청을 그것이 *너에게* 초래한 결과라는 면에서 평가하라고 요청할 뿐이다. 네가 평화의 상실을 이유로 환청을 원하지 않는다면, 그것은 너의 마음에서 너를 *위해* 제거될 것이다. 네가 에고에게 보이는 모든 반응은 전쟁으로의 부름이며, 전쟁은 너에게서 평화를 앗아간다. 하지만 이 전쟁에는 적이 없다. 평화를 확고히 지키기 위해서는 실재를 *이런 식으로* 재해석해야 한다. 이것은 또한 네가 해야 할 필요가 있는 유일한 재해석이다.

II. 커리큘럼의 방향

4 네가 적이라고 지각하는 이들은 네 평화의 *일부거늘*, 너는 그들을 공격함으로써 평화를 포기하고 있다. 포기하는 것을 과연 어떻게 소유할 수 있겠는가? 너는 소유하기 위해 *공유하지만*, 그것을 스스로 포기하는 것은 아니다. 평화를 포기할 때, 너는 너 자신을 평화에서 *제외하고* 있는 것이다. 이것은 천국과 너무도 다른 조건이기에, 너는 천국 안에 만연한 상태를 이해할 수 없게 된다. 네가 과거에 배운 것이 너를 행복하게 만들어주지 못했다는 단순한 이유만으로도, 그것이 분명 너에게 잘못된 것을 가르쳤음을 알 수 있다. 단지 이런 근거만으로도, 그것의 가치를 의문에 붙여야 한다.

5 배움의 목적은 *언제나* 변화다. 이것을 고려할 때, 너는 *너의* 배움이 가져다준 변화에 만족하는가? 학습 결과에 대한 불만족은 분명 학습 실패를 나타내는 신호일 것이다. 그것은 네가 *원하는* 것을 얻지 못했음을 의미하기 때문이다. 속죄의 커리큘럼은 네가 스스로 짠 커리큘럼과 정반대지만, *그 결과도 마찬가지로 정반대다.* 만약 네가 짠 커리큘럼의 결과가 너를 불행하게 만들었고, 네가 다른 결과를 원한다면, 커리큘럼의 변화가 명백히 필요하다.

6 가장 먼저 도입되어야 할 변화는 *방향의* 변화다. 의미 있는 커리큘럼은 일관되지 않을 수 *없다.* 서로 정반대의 아이디어를 믿는 두 교사가 커리큘럼을 짠다면, 그것은 통합될 수 *없다.* 그런 두 교사가 동시에 커리큘럼을 진행한다면, 각 교사는 단지 다른 교사를 *방해할* 뿐이다. 이것은 변화가 아닌 동요로 이끈다. 불안정한 자들에게는 *방향이 전혀 없다.* 그들이 하나를 선택하지 못하는 이유는, 다른 하나를 포기하지 못하기 때문이다. 비록 그 다른 하나는 존재하지 않더라도 말이다. 그들의 갈등하는 커리큘럼은 그들에게 *모든* 방향이 존재한다고 가르치며, 선택을 위한 어떤 근거도 제시하지 못한다.

7 이런 커리큘럼의 총체적인 무의미함을 먼저 충분히 인식해야만, 방향의 진정한 변화가 가능해진다. 모든 것에 대한 의견이 *총체적으로* 불일치하는 두 교사에게서 동시에 배울 수는 *없다.* 그들이 공동으로 제공하는 커리큘럼은 불가능한 학습 과제를 제시한다. 그들은 너에게 *완전히* 다른 방법으로 *완전히* 다른 것을 가르치는데, 둘 다 *너에게 너 자신에 대해* 가르친다는 아주 중요한 사실만 제외한다면, 그것은 가능할 수도 있을 것이다. 둘 다 너의 실재에 영향을 줄 수는 없지만, 네가 만약 둘 다에게

귀 기울인다면, 너의 실재가 과연 무엇인지에 관해 마음이 분열될 것이다.

Ⅲ. 선택의 근거

8 선택의 근거는 정녕 있다. 오로지 한 교사만이 너의 실재가 무엇인지 *안다.* 그것을 배우는 것이 커리큘럼의 *목적이라면,* 너는 바로 그 교사에게 배워야 한다. 에고는 자신이 무엇을 가르치려 하는지 *알지* 못한다. 에고는 너의 정체를 알지도 *못하면서* 그것을 가르쳐주려고 한다. 에고는 오로지 혼동에 대해서만 전문가다. 에고는 그 외의 것은 아무것도 이해하지 못한다. 그렇다면 교사로서의 에고는 총체적으로 혼동되어 있으면서 *총체적으로 혼동시킨다.* 비록 불가능한 일이기는 하지만, 네가 비록 성령을 완전히 무시할 수 있을지라도, 에고로부터는 아무것도 배울 수 없다. 왜냐하면 에고는 아무것도 *알지* 못하기 때문이다.

9 이런 에고를 교사로 선택할 *그럴듯한* 이유라도 있는가? 에고가 가르치는 모든 것을 총체적으로 무시하는 것이야말로 말이 되지 않겠는가? *이런 에고가* 하느님의 아들이 *자기 자신을* 찾기 위해 의지해야 할 교사인가? 에고는 너에게 이제껏 그 *무엇에* 대해서도 말이 되는 답을 준 적이 없다. 단지 에고의 가르침에 대한 너 자신의 경험에 근거하더라도, 앞으로 너를 가르칠 교사의 자격을 에고에게서 박탈해야 하지 않겠는가? 하지만 에고는 이것 말고도 너의 배움에 더 큰 피해를 끼쳤다. 배움이 너를 너의 자연스러운 길natural path을 따라 인도하여 네가 *가진* 것을 드러내도록 돕는다면, 너는 즐겁게 배울 것이다. 하지만 너의 본성nature을 *거슬러* 가르침을 받는다면, 너는 배움으로써 잃을 것이다. 그럴 때 너의 배움은 너를 감금할 것이기 때문이다. 너의 뜻은 너의 본성 *안에* 있으며, 따라서 너의 본성을 거스를 수 *없다.*

10 네가 에고에게 *귀 기울이지* 않음으로써 너의 뜻이 자유롭게 남아있는 한, 에고는 너에게 아무것도 가르칠 수 없다. 감금되는 것은 너의 뜻이 아니다. 너의 뜻은 자유롭기 때문이다. 그러므로 에고는 자유로운 뜻에 대한 *부정이다.* 하느님은 너에게 *결코* 강요하지 않으신다. 하느님은 당신의 뜻을 너와 *공유하시기* 때문이다. 하느님의 음성은 오로지 하느님의 뜻만 가르친다. 하지만 그것은 성령의 레슨이 아니다. 그것은 곧 너의 *정체기* 때문이다. 성령의 *레슨은,* 너의 뜻과 하느님의 뜻은 하나기 *때문에*

서로 일치하지 않을 수 없다는 것이다. 이것은 에고가 가르치려는 모든 것을 무효화한다. 그렇다면, 커리큘럼의 방향뿐만 아니라 그 *내용*도 갈등이 없어야 한다.

¹¹ 에고는 네가 하느님의 뜻을 *거역하고* 싶어 한다고 가르치고 싶어 한다. 이런 *부자연스러운* 레슨은 정녕 배울 수 없는 것이다. 하지만 그것을 배우려는 시도는 너 자신의 자유에 대한 침해로서, 너로 하여금 너 자신의 뜻을 두려워하게 만든다. 왜냐하면, 너의 뜻은 정녕 자유롭기 *때문이다.* 성령은 아들의 뜻이 곧 아버지의 뜻임을 알기에, 하느님 아들의 뜻을 감금하는 것이라면 *무엇이*든 반대한다. 성령은 자유의 길을 따라 너를 확고히 인도하면서, 너를 방해하는 *모든 것*을 무시하는 법, 즉 그 너머를 보는 법을 가르친다.

¹² 우리는 전에, 성령은 고통과 기쁨의 차이를 가르친다고 말했다. 그것은 성령이 감금과 자유의 차이를 가르친다고 말하는 것과 같다. 너는 성령 *없이*는 이런 구분을 할 수 없다. 너에게 감금이 곧 자유라고 가르친 자는 너 자신이기 때문이다. 그 둘이 똑같다고 믿는 네가 어찌 그런 구분을 할 수 *있겠는가?* 그 둘이 정말로 똑같다고 믿도록 너를 가르친 너의 마음 부분에게 그 둘의 *차이*를 가르쳐달라고 부탁할 수 있겠는가?

¹³ 성령의 가르침은 오로지 *하나의* 방향만 취하며, 오로지 *하나의* 목표만 가졌다. 성령의 방향은 자유고, 성령의 목표는 하느님이시다. 하지만 성령은 *네가* 없는 하느님을 상상조차 하지 못한다. 너 없이 *존재하심*은 하느님의 뜻이 아니기 때문이다. 너의 뜻이 곧 하느님의 뜻임을 배웠을 때, 너는 하느님이 *너* 없이 존재하고자 뜻하실 수 없듯이 하느님 없이 존재하고자 뜻할 수 없다. 이것이 정녕 자유며, 이것이 정녕 기쁨이다. 너 자신에게 이것을 부정한다면, 그것은 곧 하느님께 그분의 왕국을 *부정하*는 것이다. 하느님은 바로 이것을 *위해* 너를 창조하셨기 때문이다. "왕국은 하느님의 것이므로, 모든 권능과 영광이 네 것이다."라는 말은 바로 이런 의미였다.

¹⁴ 하느님의 뜻에는 한계가 없으며, 모든 권능과 영광이 그 안에 있다. 그것은 힘과 사랑과 평화에 있어서 끝이 없다. 그것은 그 확장이 무한하기에 끝이 없고, 모든 것을 창조했기에 모든 것을 아우른다. 하느님의 뜻은 모든 것을 창조함으로써 그것들을 자신의 일부로 만들었다. 바로 이런 방법으로 네가 창조되었으므로, 네가 곧 하느님의 뜻이다. 너의 창조주는 *오로지* 당신과 닮게만 창조하시기 때문에, 너는 정녕 그분을 닮았다. 너는 정녕 모든 권능과 영광이신 분의 부분이며, 따라서 그분처럼 무한하다.

¹⁵ 모든 권능과 영광 *외의* 다른 무엇에게, 성령이 하느님의 왕국을 회복하라고 호소할 수 있겠는가? 그렇다면 성령의 호소는 왕국 *자체에게* 자신의 정체를 인정하라는 호소다. 네가 이것을 인정한다면, 그러한 인정을 자동적으로 모든 이에게 가져다주게 된다. 너는 *이미* 모든 이를 인정한 것이기 때문이다. 너는 *너의* 인식을 통해 *모든 이의* 인식을 깨운다. 그리고 그들의 인식을 통해 *너의 인식이* 확장된다. 하느님의 부르심에 응답하여, 깨어남이 왕국 곳곳으로 부드럽고도 기쁘게 퍼져 나간다. 이것은 하느님의 모든 아들이 자신의 창조주의 음성에게 보이는 자연스러운 반응이다. 그것은 곧 *아들의* 창조물들과 *아들* 자신의 확장을 위한 음성이기 때문이다.

IV. 거룩한 만남

¹⁶ 지극히 높은 곳에서는 하느님께 영광 있기를! 그리고 너에게도 영광 있으라! 하느님이 그렇게 뜻하셨기 때문이다. 청하라. 그러면 영광이 너에게 주어질 것이다. 영광은 이미 주어져 있기 때문이다. 빛을 청하라. 그리고 네가 곧 빛임을 배워라. 네가 빛이 비추어져 있는 상태enlightenment와 이해를 원한다면, 그것을 반드시 배우게 될 것이다. 그것을 배우겠다는 뜻은 곧, 빛에 대해 *알기* 때문에 너에게 빛을 *가르쳐줄* 수 있는 교사에게 귀 기울이겠다는 결정이기 때문이다. 너의 *마음에는* 한계가 없으며, 따라서 너의 배움에도 한계가 없다. 성령은 가르치라고 창조되었으므로, 가르치고자 하는 그의 뜻에는 한계가 없다. 자신의 기능을 완벽하게 *아는* 성령은 그것을 완벽하게 완수하고자 뜻한다. 그것은 성령의 기쁨이자 *너의 기쁨이기* 때문이다.

¹⁷ 하느님의 뜻을 완벽하게 이행하는 것은 완전히 알 수 있는 유일한 기쁨이자 평화다. 그것은 완전히 *경험할* 수 있는 유일한 기능이기 때문이다. 그러므로 이것이 성취되었을 때, 다른 경험이란 없다. 하지만 다른 경험에 대한 *소망은* 하느님의 뜻의 성취를 가로막을 것이다. 총체적인 *용의에* 대한 경험인 하느님의 뜻은 너에게 강요될 수 없기 때문이다. 성령은 너에게 이것을 어떻게 가르쳐야 하는지 알지만, *너는* 모른다. 그것이 바로 너에게 성령이 필요한 까닭이며, 하느님이 너에게 성령을 *주신* 까닭이다. 오로지 *성령의* 가르침만이 너의 뜻을 하느님의 뜻으로 인도하여 하느님의 권능과 영광에 연합함으로써, 그것들을 *너의 권능과 영광으로* 확립해 줄 것이다. 하느

님이 권능과 영광을 공유하시듯, 너도 그것들을 공유한다. 이것은 그것들의 존재가 낳는 자연스러운 결과기 때문이다.

18 아버지의 뜻과 아들의 뜻은 *그들의* 확장에 *의하여* 하나다. 그들의 확장은 그것들의 하나인 상태의 *결과로서*, 그들의 결합된 뜻을 확장함으로써 그들의 단일성을 유지해 준다. 이것은 완벽한 창조주와 연합되어 있는 완벽하게 창조된 자들에 의한 완벽한 창조물이다. 아버지의 부성은 밖으로 확장되어야 하므로, 아버지는 당신의 아들에게 반드시 부성을 주셔야 한다. 본래 하느님 안에 속하는 너에게는, 아버지의 부성에 *아무런* 한계도 부과하지 않음으로써 그것을 확장하는 거룩한 기능이 있다. 성령으로 하여금 네가 그것을 *어떻게* 행할지 가르치게 하라. 그럼으로써 너는 그것이 무엇을 *의미하는지* 하느님께 직접 들어 알게 될 것이기 때문이다.

19 누구를 만나든 그것은 거룩한 만남임을 기억하라. 너는 그를 보는 대로 너 자신을 볼 것이다. 너는 그를 대하는 대로 너 자신을 대할 것이다. 너는 그에 대해 생각하는 대로 너 자신에 대해 생각할 것이다. 이것을 결코 잊지 말라. 그의 내면에서, 너는 너 자신을 찾거나 잃을 것이기 때문이다. 하느님의 두 아들이 서로 만날 때마다, 또 다른 구원의 기회가 주어진다. 누구든 헤어지기 전에 구원을 주고, 너 스스로도 구원을 받아라. 나는 항상 *너를* 기억하여 너와 함께 그곳에 있기 때문이다.

20 네가 어떤 교사를 선택하든, 커리큘럼의 목표는 항상 "*너 자신을 알라.*"이다. 달리 배워야 할 것이란 없다. 누구나 자기 자신과 자신이 잃었다고 생각하는 권능과 영광을 구한다. 네가 다른 누군가와 있을 때마다, 그것들을 찾을 또 다른 기회가 주어진다. 너의 권능과 영광은 그의 내면에 있다. 그것들은 정녕 네 것이기 때문이다. 에고는 어디를 보아야 할지 모르기에, 그것들을 *너 자신* 안에서 찾으려고 한다. 성령은, 네가 오로지 너 자신만 들여다본다면 너 자신을 찾을 수 *없다고* 가르친다. 그것은 너의 *정체가* 아니기 때문이다.

21 어떤 형제와 함께 있을 때마다, 너는 너의 정체를 배우고 있는 것이다. 그럴 때 너는 너의 정체를 *가르치고 있는 것이기* 때문이다. *네가* 어떤 교사를 따르고 있는지에 따라, 그 형제는 고통이나 기쁨으로 반응할 것이다. 너의 결정에 따라 그는 감금되거나 풀려나며, *너도 그렇게 될 것이다.* 그에 대한 너의 책임을 절대로 잊지 말라. 그것은 곧 *너 자신에* 대한 책임이기 때문이다. 왕국 안에 있는 *그의* 자리를 그에게 주어라. 그러면 너도 *너의 자리를* 갖게 될 것이다. 홀로는 왕국을 찾을 수 *없으며,* 왕국 자

체인 너는 홀로 너 자신을 찾을 수 없다.

²² 그러니 커리큘럼의 목표를 달성하려면, 에고에게 귀 기울이지 *말라*. *에고의 목적*은 에고 자신의 목표를 *무산시키는* 것이다. 에고는 이것을 알지 못한다. 에고는 정녕 아무것도 알지 못하기 때문이다. 그러나 *너는* 이것을 알 수 있으며, 에고가 너를 가지고 무엇을 만들어버렸는지 그 진상을 볼 용의가 있다면, 반드시 알게 될 것이다. 이것은 정녕 너의 책임이다. 일단 이것을 정말로 보게 된다면, 너는 반드시 스스로 속죄를 받아들일 것이기 때문이다. 네가 과연 다른 어떤 선택을 할 수 있겠는가? 이런 선택을 함으로써, 너는 그동안 다른 사람을 만날 때 그를 왜 다른 사람이라고 생각했는지 배우고 이해하기 시작할 것이다. *네가* 전적으로 참여하는 모든 거룩한 만남은 너에게, *그것이 그렇지 않음을* 가르쳐줄 것이다.

²³ 네가 *오로지* 너 자신의 일부만 만날 수 있는 이유는, 너는 하느님의 일부고 하느님은 정녕 모든 것이시기 때문이다. 하느님의 권능과 영광은 모든 곳에 있으며, 너는 그것들에서 제외될 수 *없다*. 에고는, 너의 힘은 *오로지* 네 안에만 있다고 가르친다. 성령은, *모든* 힘은 하느님 안에 있으며, *따라서* 네 안에 있다고 가르친다. 하느님은 어느 누구도 고통받지 *않기를* 뜻하신다. 하느님은 너를 *포함한* 그 누구도 잘못된 결정 때문에 고통받기를 뜻하지 않으신다. 그러므로 하느님은 너에게 그 결정을 *무효화*할 수단을 주셨다. 하느님의 권능과 영광을 통해 너의 모든 잘못된 결정이 무효화되어, 온아들의 *어떤* 부분이 받아들인 속박하는 생각이든 그 모두로부터 너와 네 형제들을 *완전히* 해방한다. 잘못된 결정에는 아무런 힘도 없다. 그것은 참이 아니기 *때문이다*. 잘못된 결정이 야기하는 듯한 감금 상태는 *그 결정만큼이나* 참이 아니다.

²⁴ 권능과 영광은 오로지 하느님께만 속한다. *너* 또한 하느님께 속한다. 하느님은 당신께 속한 것이면 *무엇이든* 다 주신다. 하느님은 당신 자신을 아낌없이 주시며, *모든 것은* 하느님께 속하기 때문이다. *너의* 자아를 아낌없이 주는 것이 하느님이 너에게 주신 기능이다. 이 기능을 완벽하게 이행하는 것은 너에게, 네가 하느님께 무엇을 받아 소유하고 있는지 가르쳐줄 것이며, 이어서 이것은 네가 하느님 안에서 무엇으로 *존재하는지* 가르쳐줄 것이다. 너에게 이것을 행할 권능이 없을 수는 *없다*. 그것은 정녕 너의 권능이기 때문이다. 영광은 하느님이 네게 주시는 선물이다. 그것은 *하느님의* 정체기 때문이다. 모든 곳에서 이 영광을 봄으로써, *너의* 정체를 배워라.

V. 세상의 빛

²⁵ 너를 위한 하느님의 뜻은 완전한 평화와 기쁨인데 네가 *오로지* 이것만 경험하지 않는다면, 너는 분명 그 뜻을 *인정하기*를 거부하고 있는 것이다. 하느님의 뜻은 영원히 변함없기에, 흔들리지 않는다. 네가 만약 평화롭지 않다면, 그것은 단지 네가 하느님 안에 *존재한다*는 것을 믿지 않기 때문이다. 하지만 하느님은 모든 것 안의 모든 것이시다. 하느님의 평화는 완전하며, 너는 그 안에 포함되어 있을 *수밖에* 없다. 하느님의 법칙은 너를 지배한다. *그것은 모든 것을* 지배하기 때문이다. 네가 하느님의 법칙을 따르지 않을 수는 있을지라도, 너 자신을 그 법칙에서 제외할 수는 없다. 하지만 그 법칙을 따르지 않는다면, 그리고 *오로지* 그럴 때만, 너는 외로움과 무력함을 느낄 것이다. 그럴 때 너는 너 자신에게 모든 것을 부정하는 것이기 때문이다.

²⁶ 자신에게 모든 것을 *부정하는* 세상에, 나는 빛으로서 왔다. 그 세상이 자신에게 모든 것을 부정하는 방법은 단지, 자신을 *모든 것으로부터* 해리하는 것이다. 따라서 그 세상은 고립이라는 환상으로서, 그 세상의 환상인 똑같은 외로움에 대한 두려움으로 유지된다. 나는 항상, 그리고 세상이 끝날 때까지도, 너와 함께 있다고 말했다. 그것이 바로 내가 세상의 빛인 *이유*다. 내가 세상의 외로움 속에서 너와 함께 있다면, *그 외로움은 사라진다.* 그리고 네가 홀로 있지 *않다면*, 그 외로움이라는 환상을 유지할 수 *없다.* 그렇다면 나의 목적은 *정녕* 세상을 극복하는 것이다. 나는 세상을 공격하지 않지만, 나의 빛은 세상을 그 *정체*로 인하여 물리칠 수밖에 없다.

²⁷ 빛은 어둠을 공격하지 않지만, 정녕 어둠을 밝혀 물리친다. 나의 빛이 너와 함께 어디든지 가기에, *너는* 나와 *함께* 어둠을 밝혀 물리친다. 빛은 *우리의* 것이 된다. 그리고 네가 가는 곳마다 어둠이 머물 수 없듯, 너도 어둠 속에 머물 수 없다. 나를 기억하는 것은 정녕 너 자신을 기억하는 것이며, 나를 너에게 보내신 분을 기억하는 것이다. 온아들의 *한* 부분에서라도 하느님의 뜻이 완전히 이루어지기 전에는, 너는 어둠 속에 있었다. 이것이 이루어졌을 때, 그것은 *모든* 부분에 의해 완벽하게 성취되었다. 그것이 달리 어떻게 완벽하게 성취될 수 있었겠는가? 나의 사명은 단지 스스로 아버지의 뜻을 자각함으로써 온아들의 뜻을 아버지의 뜻과 연합하는 것이었다. 나는 바로 이러한 자각을 *너에게* 주려고 왔으며, 네가 그것을 받아들이는 과정에 겪는 어려움은 정녕 이 세상이 겪는 어려움이다. 이런 어려움을 물리치는 것이 곧 구원이며, 이

런 의미에서 나는 정녕 세상의 구원이다.

²⁸ 세상은 나를 멸시하고 거부할 수밖에 없다. 세상은 정녕 사랑이 불가능하다는 믿음이기 때문이다. *네가* 나에게 보이는 반응은 세상이 하느님께 보이는 반응이다. 내가 너와 함께 있다는 사실을 받아들인다면, 너는 세상을 *부정하고* 하느님을 *받아들이는* 것이다. 나의 뜻은 곧 하느님의 뜻이며, 나에게 귀 기울이겠다는 *너의* 뜻은 하느님의 음성에 귀 기울이고 그분의 뜻 안에 머물겠다는 결정이다. 하느님이 나를 너에게 보내셨듯, 나도 너를 다른 이들에게 보낼 것이다. 그리고 나도 너와 *함께* 그들에게 갈 것이다. 그럼으로써 우리는 그들에게 평화와 연합을 가르칠 수 있다.

²⁹ 너에게 평화가 필요하듯, 세상도 평화가 *필요하다*고 생각하지 않는가? 네가 평화를 *받기를* 원하듯, 세상에게도 평화를 *주기를* 원하지 않는가? 너는 평화를 주지 않는 한 평화를 받지 *못할* 것이다. 네가 나에게서 평화를 가져가고자 뜻한다면, *반드시* 평화를 주어야 한다. 회복은 다른 누구로부터 오는 것이 아니다. 안내는 너의 외부로부터 올 수도 있지만, *그것을 받아들이는* 것은 내면에서 이루어져야 한다. 그 안내는 *네가* 원하는 것이어야 하며, 그렇지 않으면 너에게 무의미할 것이다. 그러므로 회복은 협력적인 모험이다.

³⁰ 나는 네가 무엇을 행해야 할지 말해줄 수 있다. 하지만 네가 무엇을 행해야 할지 내가 *안다*는 것을 믿음으로써 협력하지 않는 한, 그것은 너에게 도움이 되지 않을 것이다. 너의 마음은 그것을 믿을 때만 나를 따르기로 선택할 것이다. 너는 *너의* 뜻 없이는 회복될 수 *없다.* 치유되려는 *동기가* 회복에서 결정적인 요인이다. 이것이 없다면 너는 치유에 *반하여* 결정하는 것이다. 그리고 네가 너를 위한 나의 뜻을 거부한다면, *치유는 불가능해진다.* 치유는 우리의 *결합된* 뜻이므로, 우리의 뜻이 *결합되어 있지* 않는 한 너는 치유될 수 *없다.* 치유의 목적이 무엇인지 숙고해 본다면, 이것은 분명하다. 치유는 분리를 극복하는 방법이다. 분리는 *연합*을 통해 극복된다. 분리는 분리하기를 통해서는 극복될 수 없다.

³¹ 연합하겠다는 뜻은 확고해야 한다. 그렇지 않으면 뜻 *자체가* 나뉘거나 온전하지 못하게 된다. 너의 뜻은 너 자신의 상태를 결정하는 수단이다. 뜻이란 곧 결정의 *기제*기 때문이다. 너의 뜻은 너로 하여금 분리하거나 결합하게 하고, 그에 따라 고통이나 기쁨을 경험하게 하는 권능이다. 나의 뜻은 너의 뜻을 *이길* 수 없다. 너의 뜻은 나의 뜻만큼이나 강력하기 때문이다. 그렇지 않다면 하느님의 아들들은 동등하지

않을 것이다. 우리의 *결합된 뜻을 통해* 모든 것이 가능하지만, 나의 뜻만으로는 너를 도울 수 없다. 너의 뜻은 나의 뜻만큼이나 자유로우며, 하느님도 너의 뜻을 거스르지 않으실 것이다. *나는 하느님이 뜻하지 않으시는 것을 뜻할 수 없다.* 나는 너에게 나의 뜻을 제공하여, 이러한 공유를 통해 *너의* 뜻을 아무도 꺾을 수 없을 만큼 강력하게 만들 수 있다. 그러나 내가 너의 뜻에 *반대한다면* 너의 뜻과 경쟁할 수밖에 없고, 따라서 너를 위한 하느님의 뜻을 침해하게 된다.

³² 하느님이 창조하신 것은 그 무엇도 너의 뜻을 반대할 수 없다. 그것은, 하느님이 창조하신 것은 그 무엇도 하느님의 뜻을 반대할 수 없는 것과 마찬가지다. 하느님이 너의 뜻에 그 권능을 *부여하셨으며,* 나는 *하느님의* 뜻에 경의를 표하여 그것을 단지 인정할 수만 있을 뿐이다. 네가 나와 같이 되기를 원한다면, 나는 너를 도울 것이다. 나는 우리가 서로 닮았음을 알기 때문이다. 네가 다르기를 원한다면, 나는 네가 마음을 바꿀 때까지 기다리겠다. 나는 너를 *가르칠* 수 있지만, 오로지 너만이 내 가르침에 *귀기울이겠다고* 선택할 수 있다. 하느님의 왕국은 곧 자유거늘, 그것이 어찌 달리 될 수 있겠는가? 자유는 어떤 종류의 독재를 통해서도 배울 수 없으며, 하느님의 *모든* 아들들의 완벽한 동등성은 한 뜻이 다른 뜻을 지배하는 것을 통해서는 인식될 수 없다. 하느님의 아들들은 모두 아버지의 뜻이기에, 뜻에 있어서 동등하다. 나는 이와 같은 *단 하나의* 레슨을 가르치러 왔다. 나는 그것이 참임을 알기 때문이다.

³³ 너의 뜻이 나의 뜻이 *아닐* 때, 그것은 우리 아버지의 뜻이 아니다. 이것은 네가 *너의* 뜻을 감금하고는 자유로이 풀어주지 않았음을 의미한다. 너 자신만으로는 너는 아무것도 할 수 없다. 너 자신만으로는 너는 정녕 아무것도 아니기 때문이다. 나는 아버지 없이는 아무것도 아니고, *너는 나* 없이는 아무것도 아니다. 아버지를 부정함으로써, 너는 *너 자신*을 부정하는 것이기 때문이다. 나는 *언제까지나* 너를 기억할 것이다. 그리고 너에 대한 *나의* 기억 속에 *너 자신에* 대한 너의 기억이 놓여있다. *서로에* 대한 우리의 기억 속에 하느님에 대한 우리의 기억이 들어있으며, 이런 기억 속에 너의 자유가 들어있다. 너의 자유는 정녕 하느님 안에 있기 때문이다. 그러니 나와 함께 하느님을 찬미하고, 하느님이 창조하신 너를 찬미하자. 이것은 우리가 하느님께 드리는 감사의 선물이며, 하느님은 그것을 당신의 *모든* 창조물들과 공유하실 것이다. 하느님은 당신이 받아들이실 만한 것은 무엇이든 그들에게 동등하게 주신다. 그것은 하느님이 받아들이실 만한 것이기 때문에, 자유의 선물이다. 그리고 자유

는 정녕 당신의 모든 아들을 위한 하느님의 뜻이다. 자유를 *선사함으로써*, *너 자신이* 자유로워질 것이다.

³⁴ 자유는 네가 하느님의 아들들에게 줄 수 있는 유일한 선물로서, 그들의 *정체와 하느님의 정체에 대한 인정*이다. 자유는 사랑이며, 따라서 창조다. 너는 네가 감금하려는 것을 사랑하지 *않는다*. 그러므로 *너 자신*을 포함하여 누구든 감금하려 할 때, 너는 그를 사랑하지 *않는* 것이다. 따라서 너는 *그와* 동일시할 수 없다. *너 자신*을 감금한다면, *나와도* 같고 아버지와도 같은 너의 진정한 정체를 보지 못하게 된다. 너의 정체는 정녕 아버지와 같으며, 아들과도 같다. 그것은 어느 하나와는 같으면서 다른 하나와는 같지 않을 수 *없다*. 아버지와 아들은 하나며, 따라서 네가 둘 중 하나의 일부라면 다른 하나의 일부일 수밖에 없다.

³⁵ 성 삼위일체가 거룩한 이유는 그것이 하나기 *때문이다*. 이 연합에서 *너 자신*을 제외한다면, 성 삼위일체를 분리된 것으로 지각하는 것이다. 너는 분명 성 삼위일체 *안에* 포함되어 있다. 그것은 정녕 모든 것이기 때문이다. 성 삼위일체 안에 있는 너의 자리에 앉아 그것의 *일부로서* 너의 기능을 이행하지 않는 한, 성 삼위일체는 *너처럼* 상실감에 빠져있을 것이다. 성 삼위일체의 진리가 알려지기 위해서는, 그것의 어떤 부분도 감금되지 말아야 한다. 너는 너의 정체와 분리되어 있으면서 평화로울 수 있겠는가? 해리는 해결이 아닌 *망상이다*. 망상에 빠진 자들은 진리가 자신을 공격할 것이라고 믿는다. 따라서 그들은 망상을 *선호하므로*, 진리를 *보지* 않는다. 그들은 진리를 자신이 원하지 *않는* 어떤 것이라고 판단함으로써, 속임수를 지각하고 앎을 차단한다.

³⁶ 내가 *너를* 위해 나의 뜻을 제공하고 있듯이, 그들을 위해 *너의* 통합된 뜻을 제공함으로써 그들을 도와라. 홀로는, 우리는 아무것도 할 수 없다. 그러나 *함께라면*, 우리의 뜻은 그 권능이 분리된 부분들의 권능을 훨씬 뛰어넘는 어떤 것으로 융합될 수 있다. 하느님의 뜻은 *분리되어 있지 않으며*, 그로 인하여 우리의 뜻 안에, 그리고 우리의 뜻으로 확립될 수 있다. 그 뜻은 갈라지지 않았기 *때문에*, 그 무엇에도 꺾일 수 없다. 온아들의 갈라지지 않은 뜻은 전적으로 하느님을 닮았기에 완벽한 창조자며, 그것은 정녕 하느님의 뜻이다. 온아들의 갈라지지 않은 뜻이 참으로 무엇이고 네가 참으로 무엇인지 이해하려면, *네가 그 뜻에서 제외되면 안 된다*. 너는 너의 뜻을 *나의 뜻으로부터* 분리함으로써 너 자신을 하느님의 뜻으로부터 제외하고 있지만, 하느님의 뜻이야말로 정녕 너 자신이다.

³⁷ 하지만 치유하는 것은 여전히 온전하게 만드는 것이다. 그러므로 치유하는 것은 곧 너를 닮은 자들과 *연합하는 것*이다. 이런 닮음을 *지각하는 것*은 정녕 아버지를 알아보는 것이기 때문이다. *너의 완벽함이 오로지* 아버지 안에 있다면, 그분을 알아보지 못하면서 어떻게 너의 완벽함을 *알* 수 있겠는가? 하느님을 알아보는 것은 곧 너 자신을 알아보는 것이다. 하느님과 그분의 창조물 사이에 분리란 없다. *너의* 뜻과 *나의* 뜻 사이에 분리가 없음을 배움에 따라, 너는 이것을 배우게 될 것이다. 나를 받아들임으로써, 하느님의 사랑이 너를 비추게 하라. *나의* 실재는 곧 너의 실재며, *또한* 하느님의 실재다. 너의 뜻을 나의 뜻과 결합함으로써, 너는 하느님의 뜻이 하나임을 자각하고 있음을 보여준다.

³⁸ 하느님의 하나인 상태와 우리의 하나인 상태는 별개의 분리된 것이 아니다. 하느님의 하나인 상태는 우리의 하나인 상태를 *포함하기* 때문이다. 나와 결합하는 것은 곧 너에게 하느님의 권능을 회복하는 것이다. 그럼으로써 우리는 하느님의 권능을 공유하는 것이기 *때문이다.* 나는 단지 네 안에 있는 하느님의 권능에 대한 *인식*을 너에게 제공할 뿐이지만, 사실 그 안에 *모든* 진리가 들어있다. *우리가* 서로 연합할 때, 우리는 하느님과 연합하는 것이다. 하느님과 그분의 거룩한 아들들의 연합에 영광 있기를! 그들의 연합으로 *말미암아,* 모든 영광이 그들 안에 있다. 우리가 행하는 기적은 아들을 위한 아버지의 *뜻*을 증언하며, 또한 우리를 위한 아버지의 뜻과 연합하는 우리의 기쁨을 증언한다.

³⁹ 나와 연합할 때 너는 *에고 없이* 연합하는 것이다. 나는 나 자신 안의 에고를 포기했으므로, 너의 에고와 연합할 수 *없기* 때문이다. 그러니 *우리의* 연합은 *너 자신* 안의 에고를 포기하는 길이다. 우리 둘 안에 있는 진리는 에고 *너머에* 있다. 그것을 뜻함으로써 너는 이미 에고를 넘어 진리를 향해 나아간 것이다. 우리가 에고를 초월하는 데 성공할 것임은 하느님이 보장하셨다. 그리고 나는 [그분의 약속에 대한 나의 완벽한 확신을] 공유할 수 있다. 하느님이 그러한 확신을 나에게 주실 때, 그것을 우리 둘을 위해, 그리고 우리 *모두*를 위해 [주셨음을 나는 알기 때문이다]. 나는 하느님의 평화를 그분의 모든 자녀들에게 다시 가져다준다. 하느님은 그것을 우리 모두를 위해 주셨기 때문이다. 우리의 연합된 뜻을 이길 수 있는 것은 아무것도 없다. 하느님의 뜻을 이길 수 있는 것은 아무것도 없기 때문이다. *너를 위한* 하느님의 뜻을 알고자 하는가? 너를 *대신해* 그것을 아는 나에게 물어라. 그러면 너는 그것을 발견

하리라. 하느님이 *나에게* 아무것도 거절하지 않으시듯, 나도 너에게 아무것도 거절하지 않을 것이다.

⁴⁰ 우리의 여정은 다만 우리의 집이신 하느님께 돌아가는 여정이다. 평화로 가는 길의 어느 지점에서든 두려움이 침투해 들어온다면, 그것은 *항상* 에고가 우리의 여정에 합류하려고 시도했지만 *그럴 수 없기* 때문이다. 시도가 무산되었음을 느끼고 화가 난 에고는 자신이 거부당했다고 여겨 복수하려 든다. 하지만 너는 이러한 복수에도 *끄떡* 없다. 왜냐하면, 내가 너와 함께 있기 *때문이다.* 이 여정에서 너는 에고 *대신* 나를 동반자로 선택했다. 둘 다에게 의지하려고 하지 말라. 그렇지 않으면 너는 서로 다른 방향들로 가려다가 길을 잃을 것이다.

⁴¹ 에고의 길은 나의 길이 아니지만, 너의 길도 *아니다.* 성령은 *모든* 마음들에게 *한* 방향만 가리키므로, 성령이 나에게 가르쳐 준 그 한 방향은 곧 *네가* 가야 할 방향이다. 성령이 환상을 뚫고 가리키는 방향을 놓치지 말자. 오로지 다른 방향이 있다는 환상만이, 우리 모두 안에서 하느님의 음성이 말해주는 그 한 방향을 가릴 수 있기 때문이다. 에고에게는 아무런 힘도 없다. 그러니 이 여정을 방해할 힘을 결코 에고에게 허락하지 말라. 이 여정은 참인 것으로 가는 길이기 때문이다. *모든 속임수를 뒤로하고,* 너를 저지하려는 에고의 모든 시도 너머로 가라. 나는 네 앞에서 걸어간다. 나는 정녕 에고 너머에 있기 때문이다. 그러니 나의 손을 잡아라. 너는 에고를 초월하기를 *원하기* 때문이다. 나의 뜻은 *결코* 부족함이 없을 것이다. 그리고 네가 나의 뜻을 공유하기를 *원한다면,* 너는 반드시 그렇게 할 것이다. 나는 너에게 나의 뜻을 기꺼이, 그리고 기뻐하며 준다. 네가 나를 필요로 하는 만큼이나 나도 너를 필요로 하기 때문이다.

VI. 공동 결정의 힘

⁴² 우리는 정녕 온아들의 결합된 뜻이다. 그리고 온아들의 온전성은 모든 이를 위한 것이다. 우리는 *함께* 출발함으로써 돌아가는 여정을 시작하며, *계속* 함께 걸어가면서 우리의 형제들을 모아들인다. 우리는 힘을 얻을 때마다 그것을 모든 이에게 나눠주며, 그리하여 그들도 자신의 약함을 내려놓고 우리에게 힘을 보낼 수 있게 된다. 하느님의 환대가 우리 모두를 기다린다. 내가 너를 반가이 맞아들이듯, 하느님도 우리를

반가이 맞아들이실 것이다. 세상이 그 무엇을 제공하든, 그것 때문에 하느님의 왕국을 망각하지 말라. 하느님과 그분의 거룩한 아들들의 권능과 영광에, 세상은 아무것도 보탤 수 없다. 하지만 그들이 세상을 바라본다면, 세상은 그들의 눈을 가려 아버지를 보지 못하게 만들 수 *있다.* 세상을 바라보면서 하느님을 알 수는 없다. 그중 단 하나만 참이다.

⁴³ 둘 중에 무엇이 참인지는 네가 선택할 수 있는 것이 아니다. 나는 너에게 이것을 말해주려고 왔다. 그것이 만약 너의 선택이었다면, 너는 너 자신을 파괴해 버렸을 것이다. 하지만 하느님은 당신의 창조물들을 영원히 창조하셨기에, 그들의 파괴를 뜻하지 않으셨다. 하느님의 뜻은 너를 이미 구했지만, 너 자신으로부터가 아니라 너 자신에 대한 너의 *환상들로부터* 구했다. 하느님은 너를 너 자신을 *위해* 구하셨다. 세상이 부정하는 하느님을 찬미하자. 세상은 하느님의 왕국을 지배할 힘이 전혀 없기 때문이다. 하느님이 창조하신 자는 영원한 것 *외의* 그 어떤 것에서도 기쁨을 찾을 수 없다. 이것은 그가 다른 어떤 것을 박탈당해서가 아니라, 다른 어떤 것도 그에게 *합당하지 않기* 때문이다. 하느님과 그분의 아들들이 창조하는 것은 *영원하며,* 그들의 기쁨은 오로지 이것에만 놓여있다.

⁴⁴ 돌아온 탕자 이야기에 귀 기울여라. 그리고 무엇이 하느님의 보물이고 *너의* 보물인지 배워라: 자애로운 아버지를 둔 아들은 집을 떠나서 아무런 가치도 없는 것을 위해 모든 것을 탕진했다고 생각했다. 비록 그는 당시에 그것의 무가치함을 알지 못했지만 말이다. 그는 아버지를 상심케 했다고 생각하여 돌아가기를 부끄러워했다. 하지만 그가 집에 돌아왔을 때, 아버지는 그를 기쁘게 맞아들였다. 오로지 그 아들만이 정녕 아버지의 보물이었기 때문이다. 아버지는 다른 어떤 것도 *원하지* 않았다.

⁴⁵ 하느님은 오로지 당신의 아들만을 원하신다. 그는 당신의 유일한 보물이기 때문이다. 하느님이 *당신의* 창조물들을 원하시듯, 너도 *너의* 창조물들을 원한다. 너의 창조물들은 네가 성 삼위일체에게 주는 선물로서, *네가* 창조된 것에 대한 감사로 창조되었다. 너의 창조물들은 네가 *너의* 창조주를 떠나지 않았듯 너를 떠나지 않으며, 하느님이 당신 자신을 *너에게* 확장하셨듯 너의 창조를 *확장한다.* 하느님 자신의 창조물들이 과연 실제가 아닌 것에서 기쁨을 찾을 수 있겠는가? 그리고 하느님의 창조물들 외에, 그것들과 닮게 창조되는 창조물들 외에, 과연 무엇이 실제겠는가? 창조의 선물을 주신 것에 대해 너의 **영혼**이 아버지를 사랑하듯, *너의* 창조물들은 너를 사랑한다. 그

것 외에 영원한 선물은 없으며, 따라서 그것 외에 *진정한* 선물은 없다.

⁴⁶ 그렇다면 네가 어찌 다른 어떤 것을 *받아들이거나 주면서* 그 대가로 기쁨을 기대할 수 있겠는가? 그리고 너는 기쁨 외에 다른 무엇을 *원하려는가?* 너는 너 자신도, 너의 기능도 만들지 않았다. 너는 단지 그 둘에 어울리지 않는 가치 없는 존재가 되겠다는 *결정*을 내렸을 뿐이다. 하지만 너는 *너 자신*을 가치 없게 만들 수는 없었다. 너는 정녕 하느님의 보물이기 때문이다. *하느님이* 가치 있게 여기시는 것은 정녕 *가치 있다.* 그것의 가치에는 의문의 여지가 있을 수 없다. 그것의 가치는, 하느님이 당신 자신을 그것과 공유하심으로써 그 가치를 영원히 *확립하시는* 것에 놓여있기 때문이다.

⁴⁷ *너의 기능*은, *너의* 보물을 창조함으로써 하느님의 보물을 늘리는 것이다. 너에 *대한* 하느님의 뜻은 너를 *위한* 하느님의 뜻이다. 하느님은 너에게서 창조 기능을 거둬들이지 않으실 것이다. *하느님의 기쁨*은 창조에 있기 때문이다. 너는 *오로지* 하느님이 기쁨을 찾으시는 것처럼만 기쁨을 찾을 수 있다. 하느님의 기쁨은 너를 창조하시는 데 있다. 그리고 하느님은 당신의 부성을 너에게 확장하심으로써 너도 당신처럼 너 자신을 확장할 수 있게 하신다. 너는 *하느님*을 이해하지 못하므로, 이것을 이해하지 못한다. 자신의 기능을 모르는 자는 그 누구도 이것을 이해할 수 없으며, 자신이 정녕 누구인지 모르는 자는 그 누구도 자신의 기능을 알 수 *없다.* 창조는 하느님의 뜻이다. 하느님의 뜻은 너를, 창조하도록 창조했다. 너의 뜻은 하느님의 뜻과 분리된 채로 창조되지 않았으며, 따라서 *그분이* 뜻하시듯 뜻한다.

⁴⁸ "뜻하지 않으려 하는 뜻"은 실제로 남는 것이 아무것도 없는 용어상의 모순으로서, 전혀 아무것도 의미하지 않는다. 네가 하느님과 함께 뜻하기를 뜻하지 않으려 한다고 *생각할* 때, *너는 전혀 생각하고 있는 것이 아니다.* 하느님의 뜻은 정녕 생각이다. 그것은 생각에 *의해* 부정될 수 없다. 하느님은 *당신 자신*을 부정하지 않으시며, 하느님을 닮은 아들들도 그들 자신이나 하느님을 부정할 수 없다. 하지만 그들의 생각은 너무도 강력해서, *만약* 그러기로 선택한다면, 심지어 하느님 아들의 마음을 감금할 수도 있다. 이러한 선택은 하느님의 아들로 하여금 자신의 기능을 알지 못하게 만들지만, 결코 그의 창조주까지 그렇게 만드는 것은 아니다. 그의 기능은 그의 창조주가 아니시는 것이기 *때문에*, 영원히 그가 알 수 있는 것으로 남아있다.

⁴⁹ 너 자신에게 물어야 할 단 하나의 질문은 다음과 같다: "나는 정말로 나를 위한 아버지의 뜻을 알기를 *원하는가?*" 아버지는 그 뜻을 감추지 않으실 것이다. 아버지는

나에게 그 뜻을 드러내 보여주셨다. 왜냐하면 나는 아버지께 그것을 요청하여, 그분이 이미 주신 것에 대해 배웠기 때문이다. 우리의 기능은 함께 기능하는 것이다. 우리는 서로 *떨어져서는* 전혀 기능할 수 없기 때문이다. 하느님 아들의 모든 권능은 우리 가운데 어느 누구 안에만 있는 것이 아니라, 우리 모두 안에 있다. 하느님은 우리가 홀로 있게 하지 않으신다. *하느님*은 홀로 계시기를 뜻하지 않으시기 때문이다. 그런 까닭에 하느님은 아들을 창조하셔서, 그에게 당신과 함께 창조하는 권능을 주셨다.

⁵⁰ 우리의 창조물들은 우리만큼이나 거룩하며, 우리는 하느님의 아들이므로 하느님만큼이나 거룩하다. 우리는 우리의 창조물들을 통해 우리의 사랑을 확장하며, 그럼으로써 성 삼위일체의 기쁨을 늘린다. 너는 아주 단순한 이유로 이것을 이해하지 못한다. 하느님의 보물인 너는 너 자신을 가치 있게 여기지 않는다. 이런 믿음이 있는 한, 너는 *아무것도* 이해할 수 없다. 나는 *하느님*이 너에게 부여하시는 가치에 대한 앎을 하느님과 공유한다. 너에 대한 나의 헌신은 나 자신은 물론 하느님에 대한 나의 앎에서 비롯되었기에, 하느님에게서 나온 것이다. 우리는 정녕 분리될 수 없다. 하느님이 결합해 놓으신 자들은 분리될 수 없으며, 하느님은 당신의 아들들 모두를 당신 자신과 결합해 놓으셨다. 네가 과연 너의 생명, 너의 존재와 분리될 수 있겠는가?

⁵¹ 하느님께 가는 여정은 단지 네가 항상 *어디에* 있는지, 너의 정체는 영원히 *무엇인지에* 대한 앎이 되살아나는 것이다. 그것은 전혀 바뀐 적이 없는 목적지를 향한 거리가 없는 여정이다. 진리는 오로지 *경험될* 수 있을 뿐이다. 진리는 묘사될 수도 설명될 수도 없다. 나는 네가 진리의 조건을 알아차리게 해줄 수는 있지만, 그 경험은 하느님에게서 온다. 우리는 함께 그 조건을 충족할 수 있지만, 진리는 너에게 스스로 분명해질 것이다.

⁵² 하느님이 너를 위해 뜻하신 것은 정녕 네 것이다. 하느님은 당신의 뜻을 당신의 보물에게 주셨으며, 하느님의 뜻은 바로 그 보물의 보물이다. 하느님의 마음이 당신의 보물이 있는 곳에 있듯이, 너의 마음도 너의 보물이 있는 곳에 있다. 하느님의 사랑받는 자여, 너는 온전히 축복받았다. 이것을 나에게 배워서, *너처럼* 축복받은 모든 이의 거룩한 뜻을 자유로이 풀어주어라.

Ⅶ. 소통과 에고-몸 동일시

[53] 공격은 항상 육체적이다. 네가 어떤 형식으로든 공격을 너의 마음에 들인다면, 너 자신을 몸과 동일시하는 것이다. 이것은 몸에 대한 에고의 *해석이다*. 이런 해석을 받아들이기 위해 반드시 육체적으로 공격해야 하는 것은 아니다. 네가 원하는 어떤 것을 공격이 *가져다*줄 수 있다고 믿는 것만으로도 그런 해석을 받아들이는 것이다. 네가 그것을 믿지 않는다면, 공격이라는 아이디어는 너에게 아무런 매력도 갖지 못할 것이다. 너 자신을 몸과 동일시한다면, 너는 *항상* 우울함을 느낄 것이다. 하느님의 아이가 자신을 이런 식으로 생각할 때, 그는 자신을 왜소하게 만들고 자신의 형제들도 마찬가지로 왜소하게 되었다고 보는 것이다. 그런데 그는 *오로지* 형제들 안에서만 자신을 찾을 수 있으므로, 자기 자신을 구원으로부터 차단한 것이다.

[54] 성령은 몸을 오로지 소통 수단으로만 해석한다는 점을 기억하라. 성령은 하느님과 그분의 분리된 아들들을 잇는 소통 고리로서, *네가* 만든 모든 것을 *자신의* 정체에 비추어 해석한다. 에고는 몸을 통해 분리한다. 성령은 몸을 통해 다른 이들에게 *다가간다*. 너는 네 형제들을 성령이 지각하듯이 지각하지 않는다. 너는 그들의 몸들과 너의 몸을 단지, 그들의 *마음*들을 결합하여 그것들을 너의 마음, 그리고 나의 마음과 연합하기 위한 수단으로만 해석하지 않기 때문이다. 몸에 대한 이러한 해석은 몸의 가치에 대한 너의 마음을 송두리째 바꿀 것이다. 그 자체로는, 몸에는 *아무런 가치도 없다*.

[55] 공격을 위해 몸을 사용한다면, 몸은 과연 너에게 해롭다. 자신이 몸이라고 믿는 자들의 마음에 다가가 몸을 *통해* 그렇지 않음을 가르치기 위해서만 몸을 사용한다면, 너는 너와 상대방 안에서 마음의 권능을 이해하기 시작할 것이다. 네가 *오로지* 이것만을 위해 몸을 사용한다면, 몸을 공격을 위해 사용할 수 *없다*. 연합을 위해 사용될 때, 몸은 영적 교통에 관한 아름다운 레슨이 된다. 이것은 영적 교통이 실제로 일어날 때까지 가치가 있다. 하느님은 바로 이런 식으로 네가 제한한 것을 무한하게 만드신다. 성령은 몸을 네가 보듯이 보지 않는다. 어떤 것이 가질 수 있는 *유일한* 실재성은, 그것이 하느님께 받은 기능을 수행하기 위해 하느님께 드리는 봉사임을 알기 때문이다.

[56] 소통은 분리를 *끝낸다*. 공격은 분리를 *조장한다*. 몸은 부여받은 용도에 따라 아름답거나 추하고, 거룩하거나 야만적이며, 유익하거나 해롭다. 그리고 너는 다른 사람의 몸에서 너 자신의 몸에 부여한 용도를 볼 것이다. 네가 몸을 단지 성령께 드

려 온아들의 연합을 위한 수단으로 사용하게 한다면, 너는 육체적인 것들을 그 정체 대로만 볼 것이다. 몸을 진리를 위해 사용한다면, 너는 몸을 *진정으로* 보게 될 것이다. 몸을 *잘못 사용한다면*, 너는 반드시 몸을 잘못 이해하게 될 것이다. 왜냐하면 너는 몸을 잘못 *사용함으로써* 이미 몸을 잘못 이해한 것이기 때문이다. 네가 *어떤 것이든* 성령과 별개로 해석한다면, 그것을 불신하게 될 것이다. 이것은 너를 증오와 공격, *평화의 상실로* 데려갈 것이다.

⁵⁷ 하지만 모든 상실은 단지 너 자신의 잘못된 이해에서 비롯될 뿐이다. *어떤 종류의* 상실도 불가능하다. 네가 어떤 형제를 육체적인 개체로 바라볼 때, *그의* 권능과 영광이 *너에게* 상실되며, 따라서 *너의* 권능과 영광도 그렇게 된다. 너는 그를 공격했지*만*, 너 자신을 먼저 공격했음에 *틀림없다*. 너 *자신의* 구원을 위해, 그를 이런 식으로 보지 말라. 너의 구원은 그에게 *그의* 구원을 가져다줄 것이다. *너의* 마음 안에서 그가 자신을 왜소하게 만들도록 허락하지 말고, 그를 왜소함에 대한 믿음에서 해방함으로써 너 *자신의* 왜소함에 대한 믿음에서 벗어나라. 너의 일부로서, *그는* 거룩하다. 나의 일부로서, *너는 거룩하다*. 하느님의 일부와 소통하는 것은, 하느님이 *너의* 일부로 확립하신 하느님의 음성을 통해 왕국을 넘어 그 창조주께 도달하는 것이다.

⁵⁸ 그러니 너 자신만으로는 아무것도 할 수 없음에 기뻐하라. 너는 너 자신에게서 나오지 않았다. 너는 정녕 하느님에게서 나왔으며, 하느님은 너를 *위해* 너의 권능과 영광을 뜻하셨다. 너 스스로 그것들을 뜻할 때, 너는 그것들을 가지고 너를 위한 하느님의 거룩한 뜻을 완벽하게 성취할 수 있다. 하느님은 네게서 당신의 선물들을 거두지 않으셨지만, *너는* 하느님에게서 그 선물들을 거둬들였다. 하느님의 이름을 위해, 그분의 단 한 명의 아들도 감춰져 있게 버려두지 말자. 하느님의 이름은 곧 *너의* 이름이기 때문이다.

⁵⁹ 성서에 "말씀(혹은 생각)이 육신이 되었다."라고 쓰여 있음을 기억하라. 엄격히 말하자면 이것은 불가능하다. 이것은 마치 한 등급의 실재가 다른 등급의 실재로 전환되었다는 의미로 보이기 때문이다. 그러나 다른 등급의 기적들이 존재하는 것처럼 보이듯이, 실재의 다른 등급들은 단지 존재하는 것처럼 *보일 뿐이다*. 생각은 믿음에 의하지 않고서는 육신이 될 수 없다. 생각은 물질적인 것이 *아니기* 때문이다. 하지만 생각은 정녕 소통이며, 몸은 정녕 소통을 위해 사용될 수 있다. 이것이 바로 몸에 부여할 수 있는 유일하게 *자연스러운* 용도다. 몸을 부자연스럽게 사용하는 것은 성령의

목적을 잊는 것이며, 그럼으로써 성령의 커리큘럼 목표를 혼동하는 것이다.

⁶⁰ 학습자가 자신이 배울 수 없는 커리큘럼에 배치되는 것만큼 좌절감을 느끼는 경우는 없을 것이다. 그는 자신이 그 커리큘럼에 적합하지 않다고 느껴서 우울해질 *수밖에* 없다. 불가능한 학습 상황에, 그것이 왜 불가능한지와는 상관없이, 맞닥뜨려야 하는 것은 세상에서 가장 우울한 일이다. 사실 그것은 세상이 너를 우울하게 만드는 궁극적인 *이유*다. 성령의 커리큘럼은 *결코* 우울하게 만들지 않는다. 그것은 기쁨의 커리큘럼이기 때문이다. 배움에 대한 반응이 우울이라면, 그 이유는 단지 네가 커리큘럼의 목표를 잊었기 때문이다.

⁶¹ 이 세상에서는 몸조차도 온전하다고 지각되지 않는다. 몸의 목적은 서로 관계가 거의 없거나 전혀 없는 많은 기능들로 조각나 있다고 여겨져서, 몸은 혼란의 지배를 받는 듯이 보인다. 에고가 안내하면, 몸은 정녕 그렇다. 성령이 안내하면, 몸은 전혀 그렇지 *않다*. 몸은 단지 네가 너의 **영혼**으로부터 분리했던 마음 부분이 자신의 왜곡 너머로 뻗어나가 **영혼**에게 *돌아가는* 수단이 된다. 이와 같이, 에고의 사원이 성령의 사원이 된다. 그곳에서, 성령에 대한 헌신이 에고에 대한 헌신을 대체한다. 이런 의미에서 몸은 정녕 하느님께 바치는 사원이 된다. 하느님의 음성은 몸의 용도를 지시함으로써 몸에 머물러 살기 때문이다.

⁶² 치유란 몸을 *오로지* 소통을 위해서만 사용한 결과다. 이것은 자연스러운 것이므로, 몸은 온전하게 만듦으로써 스스로 치유된다. 그리고 이 *또한* 자연스러운 것이다. 모든 마음은 온전하며, 따라서 마음의 일부가 물질적이라거나 혹은 마음이 *아니라는* 믿음은 조각난 (혹은 병든) 해석이다. 마음은 물질적으로 될 수 *없지만*, 자신 *너머로* 가기 위해 몸을 사용한다면, 물질적인 것을 통해 드러나게 될 수는 *있다*. 마음은 *밖*으로 뻗어나감으로써 자기 자신을 확장한다. 마음은 몸에서 *멈추지* 않는다. 만약 마음이 몸에서 멈춘다면, 마음의 목적은 가로막힌 것이기 때문이다. 가로막힌 마음은 *자기 자신에게* 등을 돌림으로써 자신이 공격에 취약해지도록 허용한 것이다.

⁶³ 그렇다면 이러한 장애물의 제거야말로 도움과 치유를 보장하기 위한 *유일한 방법이다*. 도움과 치유는 몸의 *안에서*가 아니라 몸을 *통해* 작용하는 마음의 자연스러운 표현이다. 마음이 몸을 자신의 *목표라고* 믿는다면, 몸에 대한 자신의 지각을 반드시 왜곡할 것이다. 그리고 자신이 몸 너머로 확장하는 것을 차단함으로써, *분리*를 조장하여 병을 일으킬 것이다. 몸을 *분리된* 개체로 지각하는 것은 병을 조장할 수밖에 없

다. 그것은 참이 아니기 때문이다. 소통 수단이 다른 목적을 위해 사용된다면, 그 유용성을 *상실할* 것이다. 소통 수단을 공격 수단으로 사용하는 것은 목적에 대한 명백한 혼동이다.

⁶⁴ 소통은 결합이고, 공격은 분리다. *똑같은 것*을 가지고 동시에 둘 다 하면서 어떻게 고통받지 *않을* 수 있겠는가? 몸에 대한 지각은 *유일한* 목적에 의해서만 통일될 수 있다. 그러면 마음은 몸을 여러 관점에서 보려는 유혹에서 벗어나, 몸이 진정으로 이해될 수 있는 유일한 관점에게 *전적으로* 몸을 맡기게 된다. 학습 도구를 커리큘럼의 목표*와* 혼동하는 것은 근본적인 혼동이다. 배움이 자신의 도구에 의해 붙잡혀 있는 한, 그 도구와 배움의 진정한 목적을 이해하리라고 바랄 수는 없다. 배움은 몸을 *넘어서서*, 그 안에 있는 마음의 권능을 재확립하는 것으로 이어져야 한다. 이것은 *오로지* 마음이 다른 마음들로 확장함으로써 자신의 확장을 붙잡아 두지 않는 경우에만 성취될 수 있다.

⁶⁵ 마음의 확장을 붙잡아 두는 것은 *모든* 병의 원인이다. 오로지 확장만이 마음의 기능이기 때문이다. 기쁨의 반대는 우울함이다. 배움이 기쁨 대신 우울함을 조장한다면, 너는 하느님의 기쁜 교사에게 귀 기울이고 있다고 할 수 없다. 그리고 너는 분명 잘못 배우고 있는 것이다. 몸을 순수한 확장의 수단 외에 다른 것으로 보는 것은 너의 마음을 제한하고 *너 자신을 해치는* 것이다. 그러므로 건강이란 단지 통합된 목적에 지나지 않는다. 몸을 *마음의* 목적 아래로 가져오면, 몸은 온전해진다. *마음의 목적이* 이제 하나가 되었기 때문이다. 공격이란 단지 몸이 가졌다고 *추정된* 목적일 뿐이다. 몸에는 마음과 *별개의 어떤 목적도 없기* 때문이다.

⁶⁶ 너는 몸에 의해 제한되어 있지 *않으며*, 생각은 육신이 될 수 *없다*. 하지만 마음이 몸 너머로 가면서 *몸을 한계로 해석하지 않는다면*, 마음은 몸을 통해 드러날 수 있다. 다른 사람을 *몸에* 제한되어 있거나 몸에 *의해* 제한되어 있다고 볼 때마다, 너는 그런 한계를 *너 자신에게* 부과하는 것이다. 네가 배우는 목적은 오로지 한계에서 *벗어나는* 것이어야 한다. 그런데 너는 이런 한계를 자진해서 *받아들이려는가?* 몸을 공격의 수단이라고 여기면서, 그 결과로 *어쩌면* 기쁨을 얻는 게 가능하다고 생각하는 것은 서툰 학습자라는 명백한 지표다. 그는 커리큘럼의 통합된 목적에 완전히 상반되는 학습 목표를 받아들였으며, 따라서 그 목적을 *자신의 것*으로 받아들이는 능력을 스스로 해치고 있다.

⁶⁷ 기쁨은 통합된 목적이며, 통합된 목적은 *오로지* 하느님의 목적뿐이다. 너의 목적

이 통합되어 있을 때, 그것은 정녕 하느님의 목적이다. 네가 하느님의 목적을 방해한다면, 너에게는 구원이 *필요하다*. 너는 너 자신을 정죄했지만, 정죄는 하느님에게서 나오는 것이 *아니다*. 따라서 정죄는 참이 아니다. 네가 내린 정죄의 모든 *결과*도 마찬가지로 참이 아니다. 어떤 형제를 몸으로 볼 때, 너는 이미 너 자신을 정죄한 *까닭에* 그를 정죄하고 있는 것이다. 모든 정죄는 공격의 형식이므로 *분명* 실제가 아니며, 정죄가 실제가 아니라면 그것은 어떤 결과도 낳을 수 없다.

⁶⁸ 참이 아닌 것의 결과 때문에 너 자신이 고통받도록 허락하지 말라. 이것이 *가능하다*는 믿음에서 너의 마음을 자유롭게 풀어주어라. 그것의 완전한 불가능성에, 그리고 그것의 완전한 불가능성에 대한 너의 충분한 자각에, 너의 해방에 대한 유일한 희망이 놓여있다. 그런데 너는 다른 어떤 희망을 원하려는가? 환상으로부터의 자유는 오로지 환상을 *믿지* 않는 것에 놓여있다. 공격이란 것은 존재하지 않는다. 하지만 제한 없는 소통은 *존재하며*, 따라서 제한 없는 권능과 온전성도 존재한다. 온전성의 권능은 확장이다. 너의 생각을 이 세상에 붙잡아 두지 말라. 그러면 너의 마음을 하느님 안의 창조에 활짝 열게 될 것이다.

Ⅷ. 수단 혹은 목적으로서의 몸

⁶⁹ 몸에 대한 견해는 공격*에* 대한 견해다. *모든 것에* 대한 에고의 정의는 유치하며, 항상 어떤 사물이 무엇을 *위한* 것인지에 대한 에고의 믿음에 근거한다. 에고는 일반화를 제대로 할 능력이 없으며, 자신이 보는 것을 *자신이* 그것에게 있다고 생각하는 기능과 동일시하기 때문이다. 에고는 자신이 보는 것을 그것의 *정체와* 동일시하지 않는다. 에고에게 몸은 공격*의* 도구다. 에고는 *너를* 몸과 동일시하기에, 네가 곧 공격의 도구라고 가르친다. 에고는 바로 이것을 믿기 때문이다. 그렇다면 몸은 몸 자신의 건강을 낳는 근원이 아니다. 몸의 상태는 오로지 몸의 기능에 대한 너의 해석에 달려있다.

⁷⁰ 기능이라는 면에서 내리는 정의가 열등한 이유는, 그것이 흔히 부정확하기 때문이다. 기능은 존재에서 발생하므로 존재의 일부지만, 그 관계는 상호적이지 않다. 전체는 부분을 *정의하지만*, 부분은 전체를 정의하지 *않는다*. 이것은 지각에 해당되듯이 앎에도 해당된다. 부분적으로 *아는* 것이 *전체적으로 아는* 것인 이유는, 앎과 지각 사

이의 근본적인 *차이* 때문이다. 지각의 경우 전체는 부분들로 구축되며, 부분들은 흩어졌다가 다른 배열로 재조립될 수 *있다*. 앎은 결코 변하지 않으며, 따라서 앎의 배열은 영구적이다. 부분과 전체의 관계가 *어떤* 의미라도 있는 유일한 영역은 변화가 가능한 영역이다. 변화가 불가능한 곳에서는 부분과 전체 사이에 차이가 전혀 없다.

71 몸은 몸을 소유하려고 다투는 두 음성이 있는 듯한 세상에 존재한다. 이런 식으로 지각되는 배열 상태에서는, 몸이 자신에 대한 통제권을 한 음성에서 다른 음성으로 옮김으로써 건강과 병의 개념 둘 다를 가능하게 만들 수 있다고 여겨진다. 늘 그러하듯, 에고는 수단과 목적을 근본적으로 혼동한다. 몸을 목적으로 여기는 에고에게는 몸의 *진정한* 용도가 전혀 없다. 왜냐하면, 몸은 목적이 *아니기* 때문이다. 너는 그동안 에고가 자신의 것으로 받아들인 모든 목적의 뚜렷한 특징을 알아차렸을 것이다. 네가 그런 목적을 이루었을 때, *그것은 너를 만족시키지 못했다*. 이것이 바로 에고가 끊임없이 한 목적에서 다음 목적으로 옮겨가도록 압박받는 이유다. 그리고 그 결과 *너는* 에고가 아직도 무언가를 줄 수 있다고 계속 기대할 것이다.

72 그동안 너는 몸이 목적이라는 에고의 믿음을 극복하는 것을 특히 어려워했다. 이것은 *공격이* 목적이라는 믿음과 동의어기 때문이다. 에고는 병에 엄청난 *투자를* 한다. 네가 만약 아프다면, 너는 상처받을 수 없는 존재가 *아니라는* 에고의 확고한 믿음에 어떻게 *반대할* 수 있겠는가? 이것은 에고의 관점에서 보자면 특히 매력적인 주장이다. 그것은 병의 저변에 있는 명백한 공격을 덮어 가려주기 때문이다. 네가 *이런 사실*을 받아들이고 공격하지 *않겠다고* 결정한다면, 에고를 편드는 이런 거짓 증언을 할 수 없을 것이다.

73 네가 병을 거짓 증인이라고 지각하기 힘들어하는 이유는, 병이 네가 원하는 것과 전혀 일치하지 *않음*을 깨닫지 못하기 때문이다. 따라서 이 증인은 결백하고 믿을 만해 *보인다*. 왜냐하면, 너는 아직 이 증인을 진지하게 반대 심문해 보지 않았기 때문이다. 만약 반대 심문을 해본다면, 병이 에고의 관점을 그렇게도 강력하게 뒷받침하는 증인이라고 여기지는 않을 것이다.

74 에고를 *원하는* 자들은 에고를 변호하게 마련이다. 이것이 보다 정직한 진술일 것이다. 따라서 우리는 그들이 선택한 증인을 처음부터 의심해 봐야 한다. 에고는 자신의 주장에 동의하지 않을 증인은 부르지 않으며, 그것은 *성령도 마찬가지다*. 우리는 앞에서 판단은 성령의 기능이며, 성령은 이 기능을 이행할 완벽한 준비가 되었다고 말

했다. 에고는 무엇에든 *단지* 편파적인 판결만 내리는 재판관이다. 에고가 증인을 부를 때는, 그를 *이미* 자기편으로 만들어 놓은 상태다.

75 그 자체로 몸에는 아무런 기능도 없다는 점은 여전히 사실이다. 몸은 목적이 *아니기* 때문이다. 하지만 에고는 몸을 목적으로 세우는데, 왜냐하면 그럼으로써 몸이 자신의 진정한 기능을 잃을 것이기 때문이다. 이것이 바로 에고가 하는 *모든 것*의 목적이다. 에고의 유일한 목적은 모든 것의 기능을 보지 않는 것이다. 아픈 몸은 아무런 *의미*도 없다. 그것이 의미 있을 수 없는 이유는, 몸은 병을 *위해* 있는 것이 아니기 때문이다. 몸에 대한 에고의 해석이 근거하는 기본적인 두 전제가 참일 경우에만, 병은 의미가 있다. 구체적으로 말해 그것은 몸이 공격을 위한 것이라는 전제와, 너는 *몸이라는* 전제다. 이 전제들이 없다면, 병을 상상조차 할 수 없다.

76 병은 *네가 해를 입을 수 있음*을 입증하는 방법이다. 병은 네가 연약하고 취약하며, 철저하게 *외적인* 안내에 의존할 필요가 있다는 증거다. 에고는 너에게 *에고의* 안내가 필요하다는 주장의 최고 논거로 병을 사용한다. 에고는 파멸적인 결과를 *피하기* 위한 처방전을 끊임없이 내린다. 똑같은 데이터를 완벽하게 알아차리고 있는 성령은 그것을 분석할 생각조차 하지 않는다. 그 데이터가 무의미하다면, 그것을 검토하는 것은 소용없는 일이다. 진리의 기능은 *참인* 데이터를 수집하는 것이다. 의미없는 데이터를 가지고 이치에 맞게 만들려는 시도는 소용없는 일이다. 그 데이터를 *어떻게* 다루든, 그 결과는 무다. 그 결과가 복잡해질수록 그것이 무임을 인식하기가 더 어려워지겠지만, 전제들이 낳는 가능한 결과를 *전부* 검토해야만 전제들을 제대로 판단할 수 있는 것은 아니다.

77 학습 도구는 교사가 *아니다. 그것은* 네가 어떻게 느끼는지 말해줄 수 없다. 너는 에고의 혼동을 *받아들인* 탓에 네가 어떻게 느끼는지 알지 못하며, 따라서 학습 도구가 너에게 네가 어떻게 느끼는지 말해줄 수 *있다고* 생각한다. 병이란 단지, *답을 알지 못하는 교사의* 안내를 네가 고집스레 요청하고 있음을 보여주는 또 하나의 사례에 불과하다. 에고는 네가 어떻게 느끼는지 알 수 *없다.* 전에 우리가 에고는 *아무것도* 알지 못한다고 말했을 때, 에고에 관해 *전적으로* 참인 유일한 사실을 말한 것이다. 하지만 그로부터는 다음과 같은 결론이 나온다: 앎이 존재고 에고는 앎을 갖고 있지 않다면, 에고는 *존재를* 갖고 있지 않다.

78 너는 존재하지 않는 것의 음성이 어찌 그리 집요할 수 있느냐고 당연히 물을 만

하다. 네가 *원하는* 어떤 것이 얼마나 강력하게 왜곡하는 힘을 가졌는지 진지하게 숙고해 본 적이 있는가? 비록 그것이 참이 *아닐지라도* 말이다. 그동안 네가 원하는 것이 네가 보고 듣는 것을 어떻게 왜곡하는지 보여주는 경우가 많이 있었다. 에고가 거짓 사례들을 축적하는 기술을 의심할 수 있는 자는 아무도 없다. 또한, *네가 진리 외에* 아무것도 용인하지 않을 때까지는 에고에게 기꺼이 귀 기울이려 한다는 것을 의심할 수 있는 자도 아무도 없다. *네가* 에고를 내려놓을 때, 에고는 사라질 것이다. 성령의 음성은 네가 귀 기울이려는 용의만큼 크다. 성령의 음성은 너의 뜻을 침해하지 않고서는 그것보다 더 커질 수 없다. 성령은 너의 뜻을 자유롭게 풀어주려고 할 뿐, *결코 억누르려고 하지 않는다.*

79 성령은 너에게, 오로지 네 형제들에게 다가가기 위해서만 몸을 사용하라고 가르친다. 그럼으로써 성령은 너를 통해 자신의 메시지를 가르칠 수 있다. 이것은 그들을 치유할 것이며, 따라서 *너를* 치유할 것이다. 성령이 보는 대로의 기능에 따라 사용되는 것은 무엇이든 아플 수 *없다.* 그와 다르게 사용되는 것은 무엇이든 *아프다.* 몸이 분열된 마음을 비추는 거울이 되도록 허락하지 말라. 몸이 네가 지각하는 왜소함의 이미지가 되도록 허용하지 말라. 몸이 너의 공격하려는 뜻을 반영하도록 허용하지 말라. 그 어떤 것에서도 공격을 지각하지 않는 성령께 몸의 해석을 맡겼을 때 몸이 취하는 자연스러운 상태가 바로 건강이다. 건강이란, 몸을 사랑 없이 사용하려는 *모든* 시도를 포기한 결과다. 건강이란, **생명** 자체를 위한 음성이기에 생명이 무엇인지 *아는* 유일한 교사의 안내 아래 생명을 바른 관점으로 조망하기 시작하는 것이다.

IX. 치유: 교정된 지각

80 우리는 언젠가 성령은 유일한 *응답이라*고 말했다. 성령은 모든 것에 대한 유일한 응답이다. 성령은 모든 것에 대한 유일한 답이 정녕 무엇인지 알기 때문이다. 에고는 수없이 많은 질문을 제기하지만, 유일한 진짜 질문이 무엇인지 모른다. 하지만 너는, 에고의 가치에 의문을 제기하여 에고의 질문들을 평가하는 능력을 갖추는 법을 배움에 따라, 진짜 질문이 무엇인지 배울 수 있다. 에고가 너를 병에 걸리라고 유혹할 때, 성령께 몸을 치유해 달라고 요청하지 말라. 그것은 단지 *몸이* 치유의 본래 대상이라

는 에고의 믿음을 받아들이는 것에 불과하기 때문이다. 대신에 성령께, 몸에 대한 바른 *지각*을 가르쳐달라고 요청하라. 지각만이 홀로 왜곡될 수 있기 때문이다. *오로지 지각만이 병들 수 있다.* 오로지 지각만이 *그릇될* 수 있기 때문이다.

⁸¹ 그릇된 지각은 *왜곡되게* 뜻을 내는 것이며, 그것은 사물이 그 본래 모습이 아니기를 원한다. 모든 것의 *실재*는 전적으로 무해하다. 전적인 무해함은 모든 것의 실재를 위한 *조건이기* 때문이다. 그것은 또한 네가 모든 것의 실재를 *자각하기* 위한 조건이기도 하다. 너는 실재를 구할 필요가 없다. 네가 실재의 조건들을 충족할 때, 실재가 *너를* 구하여 발견할 것이다. 실재의 조건들은 실재의 *정체*를 이루는 한 부분이다. 오로지 이 역할만이 너에게 달렸으며, 나머지는 저절로 갖춰져 있다. 네가 이렇게 조금만 하면 되는 이유는, 너의 작은 역할은 너무도 강력해서, *너에게* 전체를 다 가져다줄 것이기 때문이다. 그러니 너의 작은 역할을 받아들여라. 그럼으로써 전체가 네 것이 되게 하라.

⁸² 온전성이 치유하는 이유는, 그것이 마음의 것이기 때문이다. 심지어 죽음을 포함한 *모든* 형식의 병은 *깨어남에 대한 두려움이* 육체적으로 표현된 것이다. 병은 *의식하기가* 두려워서 *무의식을* 강화하려는 시도다. 이러한 시도는 알기 위해 필요한 능력을 무력화함으로써 알지 *않으려고* 하는 안쓰러운 방법이다. "평화 속에 안식하다."라는 말은 죽은 자가 아닌 산 자를 위한 축복의 말이다. 안식은 잠이 아닌 *깨어남에서* 오기 때문이다. 잠은 뒤로 물러나는 것이고, 깨어남은 결합하는 것이다. 꿈이란 결합의 *환상으로서,* 네가 만약 에고의 안내 아래 잠을 잔다면, 결합의 의미에 대한 에고의 왜곡을 받아들이는 것이다. 하지만 성령도 잠을 위한 용도를 가지고 있으며, 네가 허락한다면 *깨어남을* 위해 꿈을 사용할 수 있다.

⁸³ 네가 잠을 어떻게 사용했는지는 네가 어떻게 깨어나는지를 보면 알 수 있다. 너는 누구에게 잠을 주었는가? 어느 교사에게 잠을 맡겼는가? 네가 낙심한 채로 깨어난다면, 그 잠을 성령께 맡긴 것이 *아니다.* 네가 오로지 기쁘게 깨어날 때만, 성령의 목적에 따라 잠을 사용한 것이다. 너는 과연 "잠에 취할" 수 있지만, 이런 경우는 항상 병을 위해 잠을 *잘못 사용했기* 때문이다. 죽음이 무의식의 한 형식이 아니듯, 잠은 죽음의 한 형식이 아니다. *무의식은 불가능하다.* 네가 평화 속에 안식할 수 있는 *이유는,* 깨어있기 *때문이다.*

⁸⁴ 치유는 깨어남에 대한 두려움에서 해방되는 것이며, *깨어나겠다는* 뜻으로 대체하는

것이다. 깨어나겠다는 뜻은 곧 사랑하겠다는 뜻이다. *모든 치유는 두려움을 사랑으로 대체하는 것을 의미하기 때문이다.* 성령은 잘못의 정도를 구분할 수 없다. 만약 성령이 어떤 형식의 병이 다른 형식의 병보다 더 심각하다고 가르친다면, 그것은 어떤 잘못이 다른 잘못보다 *더 실재적일* 수 있다고 가르치는 것이기 때문이다. 성령의 기능은 오로지 거짓된 것과 참된 것만을 구별하여, 거짓된 것을 참된 것으로 *대체하는* 것이다.

85 에고는 항상 뜻을 *약화하며*, 따라서 몸을 마음으로부터 *분리하고* 싶어 한다. 이것은 몸을 *파괴하려는* 시도지만, 에고는 실제로 자신이 몸을 *보호하고 있다고* 믿는다. 왜냐하면 에고는, *마음은 위험하므로 마음이 없게 만드는* 것이 치유라고 믿기 때문이다. 그러나 마음이 없게 만드는 것은 불가능하다. 그것은 하느님이 창조하신 것을 가지고 무를 만드는 것을 의미하기 때문이다. 에고는 비록 약함을 *유발하려고* 모든 노력을 기울이지만, 약함을 경멸한다. 에고는 오로지 자신이 증오하는 것만을 원한다. 에고에게는 이것이 완벽하게 말이 된다. 에고는 공격의 힘을 믿기에, 공격을 *원한다.*

86 이 수업은 자신이 말하는 것을 *정확하게* 그대로 의미하는 아주 실재적인 수업이다. 너는 분명 이를 깨닫기 시작했을 것이다. 제대로 이해한다면, 성서도 그와 같다. 성서를 따르는 자들과 성서의 번역자들 가운데 많은 이들이 두려움과 *두려움의* 결과에 대해서는 아주 문자 그대로 받아들이지만, 사랑과 *사랑의* 결과에 대해서는 그렇지 *않은* 경향을 뚜렷이 보여줬다. 따라서 "지옥 불"은 "불타는"을 의미하지만, 죽은 자를 살리는 것은 비유가 된다. 실제로 *반드시* 문자 그대로 받아들여야 할 부분은 특히 사랑의 결과에 대해 언급한 부분들이다. 성서는 하느님에 대한 책이므로, 사랑에 *대한* 책이기 때문이다.

87 성서는 너에게 완벽할 것을, *모든* 잘못을 치유할 것을, 몸을 *분리된* 것으로 보는 그 어떤 생각도 하지 말 것을, 그리고 나의 이름으로 모든 것을 성취할 것을 명한다. 이것은 나의 이름만은 아니다. 우리의 이름은 공유된 정체기 때문이다. 하느님 아들의 이름은 하나다. 그리고 우리는 이런 하나인 상태를 *공유하므로,* 너는 사랑의 과업을 이행하라는 명을 받았다. 우리의 마음이 온전한 이유는 그것들이 하나기 *때문이다.* 너는 병들었을 때 나로부터 물러나고 있는 것이다. 하지만 너는 나로부터만 물러날 수는 없다. 너는 단지 너 자신과 나로부터 동시에 물러날 수만 있을 뿐이다.

88 나는 네가 할 수 없는 것을 하라고 요청하지 않을 것이다. 그리고 네가 할 수 없는

것을 내가 할 수 있다는 것은 불가능하다. *아주 문자 그대로* 이러한 조건 아래에서는, 너는 내가 요청하는 일과 너에게 강력히 요구되는 모든 일을 아무런 방해도 없이 정확하게 할 수 있다. 나는 너에게 어떤 한계도 부과하지 않을 것이다. 하느님은 너에게 어떤 한계도 지우지 않으시기 때문이다. 네가 *너 자신*을 제한할 때 우리는 한마음 상태가 *아니며*, 그것이 곧 병이다. 하지만 병은 몸이 아닌 *마음*의 것이다. 모든 형식의 기능 장애는 단지 마음이 분열되어서 통합된 목적을 받아들이지 않는다는 표시에 불과하다.

⁸⁹ 그렇다면 *목적의* 통합은 성령이 치유하는 *유일한* 방법이다. 그것은 치유가 의미 있는 유일한 수준이기 때문이다. 혼란스러운 사고체계에 의미를 재정립하는 것은 그것을 치유하는 유일한 방법이다. 우리는 전에, 너의 과제는 단지 의미를 *위한* 조건을 충족하는 것뿐이라고 말했다. 의미 자체는 하느님에게서 오기 때문이다. 하지만 네가 의미로 돌아오는 것은 *하느님의* 의미에 필수적이다. 너의 의미는 하느님 의미의 *일부*기 때문이다. 그렇다면 너의 치유는 *하느님의* 건강의 일부다. 그것은 하느님의 온전성의 일부기 때문이다. 하느님은 당신의 온전성을 잃으실 수 없지만, *네가 그것을 알지* 못할 수는 있다. 하지만 그것은 여전히 너를 위한 하느님의 뜻이다. 그리고 하느님의 뜻은 모든 것 안에 영원히 서있다.

X. 실재를 받아들임

⁹⁰ 하느님의 뜻에 대한 두려움은 인간의 마음이 이제껏 지어낸 가장 이상한 믿음들 가운데 하나다. 마음이 이미 *극심하게* 분열되어 자신의 진정한 정체를 *두려워하는* 것을 가능하게 만들지 않았다면, 이런 두려움이 생겨나는 것은 가능하지 않았을 것이다. 실재는 환상 *외에는* 아무것도 "위협"할 수 없다는 점은 명백하다. 실재는 오로지 진리를 떠받칠 수만 있기 때문이다. 네가 너의 *정체인* 하느님의 뜻을 두렵게 지각한다는 사실 자체가, 너의 정체를 *두려워하고* 있음을 보여준다. 그렇다면 네가 정말로 두려워하는 것은 하느님의 뜻이 아니라, *너 자신의* 뜻이다. 너의 뜻은 에고의 뜻이 *아니며*, 그런 *까닭에* 에고는 너를 적대시한다. 하느님에 대한 두려움처럼 보이는 것은 사실 *너 자신의 실재에* 대한 두려움일 뿐이다.

91 공황 상태에서는 아무것도 일관되게 배울 수 없다. 이 수업의 목적이 너의 정체를 배우는 것이라면, 그리고 네가 이미 너의 정체가 두렵다고 *결정해* 버렸다면, 너는 이 수업을 배우지 *않을* 것이라는 결론이 나올 수밖에 없다. 하지만 너는 이 수업을 하는 이유가 너 자신이 누구인지 알지 *못하기* 때문임을 기억할 것이다. 네가 너의 실재를 알지 못한다면, 그것이 두려운지 아닌지 어떻게 알겠는가?

92 진리가 무엇인지 모르는 마음이 진리를 두려움과 관련짓는 것은 몹시 부적절하다. 이것은 기껏해야 아주 작위적일 뿐이다. 이런 식의 관련짓기는, 너의 의식 저 너머에 있는 어떤 것에 *네가 원하지 않는 어떤 것의* 특성을 멋대로 부여했음을 의미할 뿐이다. 그렇다면 너는 네가 전혀 *의식하지도 못하는* 것을 판단하고 있는 것이 분명하다. 네가 이렇게 이상한 상황을 설정해 놓았기에, 너의 실재가 무엇인지 *아는* 안내자 *없이* 그 상황에서 벗어나는 것은 완전히 불가능하다. 이 안내자의 목적은 단지 네가 *원하는* 것이 무엇인지 일깨워 주는 것이다. 그는 너에게 이질적인 뜻을 강요하려고 들지 않는다. 그는 단지 네가 그에게 부과한 한계 안에서 너 자신의 뜻을 너의 의식 안에 *재확립하기* 위해 모든 노력을 다하고 있을 뿐이다.

93 너는 너의 뜻을 너의 *무의식* 안에 *가두었다.* 그곳에서 너의 뜻은 여전히 사용될 수 있도록 남아있지만, 너를 도울 수는 없다. 우리는 전에 성령의 기능은 너의 무의식 안의 거짓된 것들에서 참된 것들을 가려내는 것이라고 말한 적이 있는데, 그것은 성령이 *네가* 감춘 것을 들여다보고 거기서 하느님의 뜻을 지각하는 힘이 있다는 의미였다. 이러한 뜻에 대한 *성령의* 지각은 그것을 너에게 실제인 것으로 만들어 줄 수 있다. *성령*은 너의 마음 안에 있으며, 따라서 정녕 너의 실재기 때문이다. 그러므로 성령이 너의 마음을 지각함으로써 *너에게* 그것의 실재를 가져다준다면, 성령은 정녕 너에게 너의 정체를 가르쳐주고 있는 것이다.

94 이 전체 과정에서 오로지 네가 *잃는다고* 생각하는 것만이 두려움의 유일한 근원이 될 수 있다. 하지만 네가 소유할 수 있는 것이라고는 오로지 성령이 보는 것뿐이다. 우리가 수차례 강조했듯이, 성령은 결코 너에게 그 무엇도 희생하라고 요구하지 않을 것이다. 그러나 네가 *너 자신의* 실재를 희생하겠다고 요구한다면, 성령은 *반드시* 너에게 그것은 너의 뜻이 아니므로 하느님의 뜻이 아니라고 일깨워 주어야 한다. 너의 뜻과 하느님의 뜻 사이에는 아무런 차이도 *없다.* 너의 마음이 분열되지 않았다면, 너는 뜻을 내는 것이 곧 구원임을 인식할 것이다. 왜냐하면, 뜻을 내는 것은 곧 소통이

기 때문이다. 서로에게 이질적인 언어들로 소통하는 것은 불가능하다. 너와 너의 창조주는 창조를 통해 소통할 수 있다. *오로지* 그것만이 정녕 너와 너의 창조주의 결합된 뜻이기 때문이다.

⁹⁵ 갈라진 뜻들은 소통하지 않는다. 그것들은 *같은 마음에게* 서로 다른 것을 대변해 말하기 때문이다. 이것이 소통하는 능력을 상실하게 만드는 이유는 단순히 말해, 혼란스러운 소통은 *아무것도* 의미하지 않기 때문이다. 메시지에 어떤 의미도 *없는 한*, 그것은 소통된다고 말할 수 없다. 네가 만약 스스로 원하지 않는 것을 요청한다면, 그러한 너의 메시지에 무슨 의미가 있을 수 있겠는가? 하지만 네가 너의 뜻을 두*려워하는 한*, 너는 정확하게 이것을 *요청할* 것이다. 너는 성령이 응답하지 않는다고 주장할 수도 있지만, 네가 어떤 *요청자인지* 먼저 숙고해 보는 편이 더 현명할 것이다.

⁹⁶ 너는 오로지 네가 원하는 것만을 요청하지 *않는다*. 그 이유는 *단지* 네가 원하는 것을 *받게* 될까 봐 두려워하기 때문이다. 그리고 *너는 정녕 그것을 받을 것이다.* 이것이야말로 네가 너의 뜻을 *가르쳐줄* 수 없는 교사에게 계속 고집스럽게 묻는 진짜 이유다. 너는 *결코* 그 교사로부터 너의 뜻을 배울 수 없으며, 이것은 너에게 안전하다는 환상을 가져다준다. 하지만 너는 진리로부터 안전할 수 없으며, 오로지 진리 *안에서만* 안전할 수 있다. 실재가 유일한 안전이다. 너의 뜻은 곧 너의 구원이다. 그것은 하느님의 뜻과 같기 *때문이다*. 분리는 그것이 *다르다는* 믿음에 불과하다.

⁹⁷ 어떤 마음도 자신의 뜻이 하느님의 뜻보다 *더 강하다고* 믿을 수 없다. 그러니 어떤 마음이 *자신의* 뜻이 하느님의 뜻과 다르다고 믿는다면, 그 마음은 단지 하느님이 *존재하지 않는다고* 결정하거나, 혹은 *하느님의 뜻은 두렵다고* 결정할 수 있을 뿐이다. 전자는 무신론자를, 후자는 순교자를 설명해 준다. 순교는 많은 형식을 취하며, 이 범주에는 하느님이 *어떤 종류든* 희생을 요구하신다고 주장하는 *모든* 교리가 들어있다. 이런 기본적인 유형의 정신 나간 결정은 어느 쪽이든 공황 상태를 일으킬 것이다. 무신론자는 자신이 혼자라고 믿고, 순교자는 하느님이 자신을 십자가에 못박는다고 믿기 때문이다. 양쪽 모두 버림받음과 복수를 너무나 두려워하지만, 무신론자는 버림받음에, 순교자는 복수에 더 강하게 반발한다.

⁹⁸ 무신론자는 하느님이 자신을 떠나셨다고 주장하지만, 신경 쓰지 않는다. 하지만 그는 매우 두려워할 것이며, 따라서 다른 사람이 그에게 하느님이 그를 떠나지 *않으셨을 거라고* 넌지시 내비치면 심하게 화를 낸다. 반면에 순교자는 죄의식을 더 의

식하며, 처벌을 면할 수 없다고 믿으면서 자신이 처벌을 *좋아하도록* 가르치려고 한다. 사실 아주 간단히 말하자면, 그 누구도 버림받음이나 복수를 원하지 않는다. 많은 이들이 둘 다 *추구하지만*, 그들이 그것을 *원하지* 않는다는 것은 여전히 사실이다. 너는 과연 성령께 이런 "선물"을 요청해서 *받을* 것이라고 실제로 기대할 수 있겠는가? 성령은 네가 원하지 않는 어떤 것을 원하도록 만들 수 없다. **보편적 제공자에게** 네가 원하지 않는 것을 요청할 때, 너는 주어질 수 *없는* 어떤 것을 요청하고 있는 것이다. 왜냐하면, *그것은 결코 창조되지 않았기 때문이다.* 그것이 창조된 적이 없는 이유는, 그것은 결코 *너를 위한 너의 뜻*이 아니었기 때문이다.

99 궁극적으로는 모든 이가 하느님의 뜻을 기억할 수밖에 없다. 궁극적으로는 모든 이가 *자기 자신을* 인식할 수밖에 없기 때문이다. 이러한 인식은 *그들의 뜻이 하느님의 뜻과 하나라는* 인식이다. 진리의 현존 안에는 믿지 않는 자도 *없고*, 희생도 *없다*. 실재의 안전 안에서, 두려움은 완전히 무의미하다. *정녕 존재하는 것을 부정하는 것은* 두렵게 *보일* 수만 있을 뿐이다. 두려움은 원인 없이는 실제일 수 없으며, 하느님이 *유일한* 원인이시다. 하느님은 **사랑**이시며, 너는 정녕 하느님을 원한다. 이것이 정녕 너의 뜻이다. 이것을 요청하라. 그러면 반드시 응답받을 것이다. 그것은 단지 *본래* 너에게 속한 것만을 요청하는 것이기 때문이다.

100 성령께 너를 해칠 무언가를 요청한다면, 성령은 응답할 수 없다. 너를 해칠 수 있는 것은 아무것도 없으며, 따라서 그럴 때 *너는 무를 요청하는 것이기 때문이다.* 에고에서 비롯되는 *모든* 갈망은 정녕 무에 대한 갈망이며, 그것을 달라는 것은 요청이 *아니다. 그것은 단지 요청의 형식을 취한 부정일 뿐이다.* 오로지 *의미만을* 알아차리고 있는 성령은 형식에 아무런 관심도 없다. 에고는 성령께 *아무것도* 요청할 수 없다. 에고와 성령 사이에는 *완벽한 소통 단절이* 있기 때문이다. 하지만 *너는 성령께 모든 것을 요청할 수 있다. 너의 요청은 너의 뜻에서 나오는 것으로서, 실제기 때문이다.* 성령이 과연 하느님의 뜻을 부정하겠는가? 그리고 하느님의 아들 안에서 하느님의 뜻을 인식하지 못하겠는가?

101 너는 창조에서 **빼낸** 에너지를 두려움에 써버린다. 이것은 너의 에너지가 제한되어 있기 때문이 아니라, *네가 너의 에너지를 제한했기* 때문이다. 너는 진리를 부정하기 위해 얼마나 엄청난 에너지를 써버리는지 인식하지 못한다. *불가능한 것을 이루는 것이 성공이라고* 믿으면서 고집스럽게 시도한 자에게 뭐라고 말해주겠는가? 행복

해지려면 *반드시* 불가능한 것을 가져야 한다는 믿음은 창조의 원리와 완전히 어긋난다. 하느님은 네가 결코 *가질 수 없는 것*에 행복이 달려있도록 뜻하실 수 *없었다.*

¹⁰² 하느님은 사랑이시라는 사실을 믿을 필요는 없지만, 받아들일 필요는 있다. 네가 사실을 *바꾸는* 것은 불가능하지만, 사실을 *부정하는* 것은 과연 가능하다. 손으로 눈을 가린다면, 보지 *못하게* 될 것이다. 그럴 때 너는 시각의 법칙을 방해하는 것이기 때문이다. 네가 사랑을 부정한다면, 사랑을 알지 *못하게* 될 것이다. 너의 협력은 *사랑의 존재의 법칙*이기 때문이다. 너는 네가 만들지 않은 법칙을 바꿀 수 없다. 그리고 행복의 법칙은 너에 *의해* 창조된 것이 아니라, 너를 *위해* 창조된 것이다.

¹⁰³ *존재하는 것*을 부정하려는 모든 시도는 두렵게 만든다. 그리고 그 시도가 완강하다면, *반드시* 공황 상태를 일으킬 것이다. 비록 불가능하기는 하지만, 너는 실재에 *반하여* 뜻하기를 아주 완고한 목표로 만들 수 있다. *비록 그것을 진정으로 원하지는 않더라도 말이다.* 하지만 이 이상한 결정의 결과를 숙고해 보라. 너는 네가 원하지 않는 것에 *헌신하고 있다.* 이런 헌신이 과연 얼마나 실재적일 수 있겠는가? 네가 그것을 원하지 않는다면, 그것은 결코 창조된 적이 없다. 그것이 결코 창조되지 않았다면, 그것은 무다. 너는 *정말로* 무에 헌신할 수 있겠는가?

¹⁰⁴ 하느님은 너에 대한 헌신으로 *모든 것*에 헌신하는 너를 창조하셔서, 네가 헌신할 대상을 *주셨다.* 그렇지 않다면 너는 완벽하게 창조되지 않았을 것이다. 실재는 정녕 *모든 것*이며, 너는 모든 것을 가졌다. 왜냐하면 너는 실제기 때문이다. 너는 실제가 아닌 것을 만들 수 없다. 실재의 *부재*는 두려우며, 두려움은 창조될 수 *없기* 때문이다. 두려움이 가능하다고 믿는 한, 너는 *창조하지 않을 것이다.* 실재의 질서를 거스르면 *실재를 무의미하게 만들겠지만,* 실재야말로 정녕 의미다.

¹⁰⁵ 그러니 하느님의 뜻은 *이미* 가능하고, 다른 것은 *결코* 가능하지 않음을 기억하라. 이것이 바로 실재를 단순히 받아들이는 것이다. 오로지 이것만이 정녕 실제기 때문이다. 실재를 *왜곡하고도* 실재가 무엇인지 알 수는 없다. 실재를 *왜곡한다면,* 너는 불안과 우울을 느끼다가 결국에는 공황 상태를 경험할 것이다. 그것은 너 자신을 실제가 아닌 것으로 *만들려는* 시도기 때문이다. 이런 것을 느낄 때, 너 자신 *너머에서* 진리를 구하려고 하지 말라. 진리는 오로지 너의 *내면에만* 있을 수 있기 때문이다. 그러므로, 다음과 같이 말하라:

¹⁰⁶ 그리스도는 나의 내면에 있으며,

그리스도가 있는 곳에는 하느님도 계신다.

그리스도는 하느님의 일부기 때문이다.

XI. 기도에 대한 응답

¹⁰⁷ 무언가를 요청하려고 기도를 사용해 본 사람이라면 누구나 실패처럼 보이는 경험을 해봤다. 이것은 해로울 수도 있는 구체적인 것뿐만 아니라, 이 수업의 정신과 엄격히 일치하는 요청과 관련해서도 해당되는 사실이다. 특히 후자는, 이 수업이 하는 말과 진정으로 의미하는 바가 다르다는 "증거"라고 잘못 해석될 수도 있다. 하지만 이수업은 자신의 목적이 두려움에서 *해방되는 것*이라고 거듭해 말하고 있음을 기억해야 한다.

¹⁰⁸ 그렇다면 네가 성령께 요청하는 것을 정말로 원하기는 하지만 여전히 *두려워하고* 있다고 가정해 보자. 이런 경우, 비록 *그것이* 네가 원하는 것이기는 하지만 그것을 얻는 *것은* 더 이상 네가 원하는 것이 아닐 것이다. 이것은 치유의 상태가 *이루어졌음*에도 불구하고 특정한 형식의 치유가 이루어지지 않는 이유를 설명해 준다. 자신의 *몸이* 손상될까 봐 두려워서 육체적인 치유를 청하는 경우가 흔히 있다. 하지만 그는 동시에, 자신의 사고체계가 몸으로 표현된 것보다는 몸이 치유되어서 자신의 사고체계가 위협받는 것을 훨씬 더 두려워할 수도 있다. 이런 경우 그는 정말로 두려움에서 *해방해* 달라고 요청하는 것이 아니라, *자신이* 선택한 증상을 제거해 달라고 요청하는 것이다. 따라서 그것은 전혀 치유해 달라는 요청이 *아니다*.

¹⁰⁹ 성서는 *모든* 기도가 응답받는다고 강조한다. 어떤 노력도 허비되지 않는다면, 이것은 분명 참일 것이다. 성령께 *무언가를* 요청했다는 바로 그 사실이, 네가 응답받을 것임을 보장해 줄 것이다. 하지만 성령이 주는 *어떤* 응답도 결코 두려움을 증가시키지 않는다는 점도 똑같이 확실하다. 성령의 응답을 듣지 못하는 것은 가능하지만, 성령의 응답이 상실되는 것은 *불가능하다*. 네가 이미 받았지만 *아직* 듣지 않은 응답이 많다. 확실히 말하건대, 그 응답들은 너를 기다리고 있다. 어떤 노력도 허비되지 않는다는 것은 정녕 참이다.

¹¹⁰ 너의 기도가 응답받는다는 것을 알고자 한다면, 결코 하느님의 아들을 의심하지 말라. 그에게 의문을 제기하거나 맞서지 말라. 그에 대한 너의 믿음은 곧 *너 자신에* *대한* 믿음이기 때문이다. 하느님과 그분의 응답을 알고자 한다면, 너를 흔들림 없이 믿는 나를 믿어라. 성령께 진심으로 요청하면서 네 형제를 의심할 수 있겠는가? 그의 내면에 있는 진리로 인해, 그의 말은 참임을 믿어라. 너는 그의 *내면에* 있는 진리와 연합할 것이며, 그러면 그의 말은 참이 될 것이다. 너는 *네 형제에게서* 듣는 대로 *나* *에게서* 들을 것이다. 진리에 *귀 기울이는* 것은 네가 지금 진리를 들을 수 있고 마침내 진리를 *알* 수 있는 유일한 방법이다.

¹¹¹ 네 형제가 너에게 주는 메시지는 *너에게 달려있다.* 그가 너에게 무엇을 말하는가? 너는 그로 하여금 무엇을 말하게 *하려는가?* 그에 대한 너의 결정이 네가 받는 메시지를 결정한다. 성령이 네 형제 안에 있으며, 성령의 **음성**은 그를 통해 너에게 말한다는 것을 기억하라. 그렇게도 거룩한 형제가 진리 *외에* 무엇을 말할 수 있겠는가? 하지만 너는 진리에 *귀 기울이고* 있는가? 네 형제는 자신이 누구인지 모를 수도 있지만, 그의 마음 안에는 *참으로* 아는 빛이 있다. 그 빛은 너의 마음 안을 비춰서 *그의* 말을 참인 것으로 만들고, *네가* 그 말을 들을 수 있게 해준다. 네 형제의 말은 성령이 너에게 주는 *응답이다.* 그에 대한 너의 믿음은 네가 그것을 들을 수 있게 해줄 만큼 충분히 강한가?

¹¹² 구원은 네 형제에게서 온다. 성령은 네 마음으로부터 네 형제의 마음으로 확장하여 *너에게* 응답한다. 너는 너 자신 안에서만 홀로 하느님을 위한 **음성**을 들을 수는 없다. 너는 혼자가 *아니기* 때문이다. 그리고 그의 응답은 오로지 너의 *정체*를 위한 것이다. 너에 대한 나의 신뢰를 *확장하지* 않는 한, 너는 그 신뢰를 알 수 없을 것이다. 다른 이 안에서 성령의 안내를 듣지 않는 한 너는 안내를 신뢰하지 않을 것이며, 그것이 너를 위한 것임을 믿지도 않을 것이다. 그것은 너를 위한 것이기 때문에, *분명* 네 형제를 위한 것이다. 하느님이 너 혼자만을 위한 음성을 **창조**하셨겠는가? 성령이 하느님의 *모든* 아들들에게 주는 응답이 *아닌* 것을 네가 들을 수 있겠는가? 너에 대해 나에게 들려주고자 하는 것을 네 형제에게서 들어라. 너는 *내가* 속기를 바라지 않을 것이기 때문이다.

¹¹³ 하느님이 그러하시듯, 나도 네 안의 진리 때문에 너를 사랑한다. 너의 속임수는 *너를* 속일 수는 있어도 나를 속일 수는 *없다.* 나는 너의 정체를 알기에, 너를 의심할 수

없다. 나는 오로지 네 안에 있는 성령의 말만 듣는데, 그는 *너*를 통해 나에게 말한다. *나의* 말을 듣고자 한다면 내 형제들의 말을 들어라. 하느님의 음성은 그들 안에서 말한다. *모든* 기도에 대한 응답이 그들 안에 놓여있다. *모든 이* 안에서 그 응답을 들음에 따라, 네가 응답받을 것이다. 다른 어떤 것에도 귀 기울이지 말라. 그렇지 않으면 너는 진리를 들을 수 없을 것이다.

¹¹⁴ 내가 너를 믿으니, 너도 네 형제들을 믿어라. 그러면 너에 대한 나의 믿음이 정당함을 배울 것이다. 하느님이 그들에게 주신 것 때문에 그들을 믿고, 그럼으로써 나를 믿어라. 네가 그들에게 진리를 요청하는 법을 배우면, 그들은 반드시 응답할 것이다. 네 형제들을 축복하지 않으면서 축복을 요청하지 말라. *네가 얼마나 축복받았는지* 배우려면 오로지 축복하는 길밖에 없기 때문이다. 이런 길을 따름으로써 너는 정녕 네 안의 진리를 구하고 있는 것이다. 이것은 너 자신 *너머로* 가는 것이 아니라, 너 자신을 *향해* 가는 것이다. 하느님의 아들들 안에서 오로지 하느님의 **응답**만을 들어라. 그러면 너는 정녕 응답받는다.

¹¹⁵ 믿지 않는 것은 반대편에 서거나 *공격하는* 것이다. 믿는 것은 받아들이고 *한편이 되는 것이다.* 믿는 것은 쉽게 속는 것이 아니라, 받아들이고 진가를 *인정하는 것이다.* 너는 네가 믿지 않는 것의 진가를 인정하지 않으며, 가치 있게 여기지 않는 것에 감사할 수 *없다.* 네가 판단하기 위해서는 어떤 대가를 지불해야 한다. 판단은 실로 값을 매기는 것이기 때문이다. 그리고 너는 반드시 네가 매긴 값대로 지불할 것이다.

¹¹⁶ 만약 지불을 얻기*와* 동일시하면, 너는 값은 낮게 매기면서도 보상은 높게 요구할 것이다. 이런 경우 너는 [값을 매기는 것은 *가치*를 매기는 것이며, 따라서] 너에게 돌아오는 보상이 네가 판단한 가치에 *비례함을* 잊은 것이다. 그러나 지불을 주기*와* 관련짓는다면, 너는 그것을 상실로 지각할 수 없으며, 주기와 받기의 *상호관계를* 인식하게 될 것이다. 그러면 보상으로 돌아오는 것의 가치 때문에 값도 높게 매길 것이다. *얻으려고* 값을 매긴다면 가치를 보지 못하게 되며, 그러면 너는 당연히 받는 것을 가치 *없게* 여길 것이다. 너는 그것의 가치를 낮게 매김으로써, 그 진가를 인정하지도 않고 그것을 *원하지도* 않을 것이다.

¹¹⁷ 그렇다면 *너는* 그동안 네가 받는 것의 가치를 정한 다음, 네가 주는 것으로 그것의 값을 매겼음을 잊지 말라. 조금 주고 많이 얻는 것이 가능하다고 믿는 것은 네가 하느님과 흥정할 수 있다고 믿는 것이다. 하느님의 법칙은 *언제나* 공평하고 아주 일관성

이 있다. 너는 *줌으로써* 받는다. 그러나 받는receive 것은 *받아들이는accept* 것이지, 얻는get 것이 아니다. *갖지* 않는 것은 불가능하지만, 네가 가졌음을 *알지* 못하는 것은 가능하다. 가졌다는 인식은 *주겠다는* 용의다. 그리고 너는 *오로지* 이런 용의를 통해서만 네가 가진 것을 인식할 수 있다. 그러므로 네가 주는 것은 곧 네가 가진 것에 부여한 가치다. 그것은 네가 가진 것에 부여한 가치를 재는 정확한 척도기 때문이다. 그리고 그것은 이어서 네가 그것을 얼마나 원하는지를 측정하는 척도가 된다.

[118] 그런데 너는 오로지 성령께 드림으로써만 성령께 요청할 수 있고, 성령을 보는 곳에서만 성령께 드릴 수 있다. 네가 만약 모든 이 안에서 성령을 본다면, 성령께 얼마나 많이 요청하고, *얼마나 많이 받을지* 잘 생각해 보라. 네가 *성령께* 아무것도 부정하지 않았으므로 성령은 너에게 아무것도 부정하지 않을 것이며, 따라서 너와 성령은 모든 것을 공유할 수 있다. 이것이 바로 네가 성령의 응답을 소유할 유일한 길이다. 성령의 응답은 네가 요청하고 *원할* 수 있는 모든 것이기 때문이다. 그러니 모든 이에게 다음과 같이 말해주어라:

> [119] 나는 나 자신을 알기를 뜻하므로,
> 당신을 하느님의 아들이자 나의 형제로 봅니다.

제9장

잘못의 교정

I. 서문

¹ 에고가 다른 에고들의 잘못에 촉각을 곤두세우는 것은, 성령이 네가 유지하기를 바라는 종류의 경계해 깨어있음이 아니다. 에고들은 자신이 옹호하는 그런 "이치"와 관련해서 비판적이다. *에고들이* 이런 이치를 이해하는 이유는, 그것이 자신에게는 실로 이치에 맞는 것이기 때문이다. 성령께, 그것은 전혀 *이치에 맞지 않는다.* 에고에게, 잘못을 지적하고 "교정"하는 것은 친절하고 옳고 좋은 일이다. 에고에게 이것은 완벽하게 이치에 맞는 일이다. 하지만 에고는 과연 무엇이 잘못이고 무엇이 교정인지 전혀 알지 못한다.

² 잘못은 에고로부터 *나오며,* 어떤 종류든 잘못의 교정은 오로지 에고를 포기하는 *데* 놓여있다. 네가 어떤 형제를 교정한다면, 그것은 그가 그르다고 말하는 것이다. 그는 당시에 이치에 맞지 않을 수 있으며, 만약 그가 에고로부터 말하고 있다면, 그의 말은 분명히 이치에 맞지 않을 것이다. 그러나 너의 과제는 여전히 *그가 옳다고* 말해주는 것이다. 만약 그가 어리석게 말하고 있다면, 그가 옳다는 것을 말로 알려주지 말라. 그의 잘못은 다른 수준에 *있으므로,* 그는 *다른* 수준에서 교정이 필요하기 때문이다. 그는 하느님의 아들이므로, 여전히 옳다. 그의 에고는 *무엇을* 말하거나 행하든, 언제나 그르다.

³ 네 형제의 에고가 범한 잘못을 지적할 때, 너는 분명 *너의* 에고를 통해 보고 있는 것이다. 왜냐하면 성령은 그의 잘못을 지각하지 않기 때문이다. 에고와 성령 사이에는 소통되는 것이 아무것도 없으므로, 이것은 참일 수밖에 없다. 에고는 전혀 이치에 맞지 않으며, 성령은 에고에서 생겨나는 것은 아무것도 이해하려고 하지 않는다. 그리고 성령은 에고를 이해하지 않으므로, 에고를 *판단하지* 않는다. 에고가 낳는 것은 무엇이든 아무것도 의미하지 않음을 알기 때문이다.

II. 제정신과 지각

⁴ 네가 조금이라도 잘못에 반응한다면, 성령께 귀 기울이지 않는 것이다. 성령은 잘못을 그저 무시해 버렸다. 하지만 네가 잘못에 주의를 기울인다면, *성령의* 말을 듣지

않는 것이다. 성령의 말을 듣지 않는다면 너는 실로 너의 에고에게 귀 기울이는 것이며, 네가 잘못을 지각하는 형제만큼이나 이치에 맞지 않는 것이다. 이것은 교정일 수 없다. 하지만 이것은 단지 그 형제가 교정되지 않는 것 이상이다. 그것은 *너 자신 안에서* 교정을 포기하는 것이다.

⁵ 어떤 형제가 제정신이 아니게 행동할 때, 너는 그에게서 *제정신*을 지각함으로써만 그를 치유할 수 있다. 네가 만약 그의 잘못을 지각하고 *받아들인다면, 너 자신의 잘못*을 받아들이는 것이다. 너 자신의 잘못을 성령께 맡기기를 원한다면, 그 형제의 잘못과 함께 맡겨야 한다. 네가 모든 잘못을 오로지 이런 방법으로 다루지 않는 한, 모든 잘못이 어떻게 *무효화되는지* 이해할 수 없다. 이것이 과연, 너는 네가 가르치는 것을 배운다고 말해주는 것과 어떻게 다르겠는가? 네 형제는 너만큼 옳다. 네가 만약 그가 그르다고 생각한다면, 너 자신을 정죄하는 것이다.

⁶ *너는 너 자신*을 교정할 수 없다. 그렇다면, 네가 다른 이를 교정하는 것이 과연 가능하겠는가? 하지만 네가 *너 자신*을 진정으로 보는 것은 가능하며, 따라서 너는 다른 이를 진정으로 볼 수 있다. 네가 할 일은 그를 바꾸는 것이 아니라, 단지 있는 *그대로* 받아들이는 것이다. 네 형제의 잘못은 그의 내면의 진리에서 나오는 것이 아니다. 그리고 오로지 이러한 진리만이 네 것이다. 그의 잘못은 이것을 바꿀 수 없으며, *너의* 내면의 진리에 어떤 영향도 끼칠 수 없다. 네가 누구에게서든 잘못을 지각하고 그것이 실제인 듯이 반응한다면, 그 잘못을 너에게 실제인 것으로 *만드는* 것이다. 너는 이에 대한 대가를 반드시 치를 테지만, 그것 때문에 처벌받아서가 아니라, 그릇된 안내자를 따름으로써 길을 잃을 것이기 때문이다.

⁷ 너의 잘못이 *네* 것이 아니듯, 네 형제의 잘못도 그의 것이 아니다. 네가 그의 잘못을 실제인 것으로 받아들인다면, 이미 *너 자신*을 공격한 것이다. 너의 길을 발견하여 계속 나아가고자 한다면, 네 곁에서 오로지 진리만 보라. 너희는 함께 걷고 있기 때문이다. 네 안에 있는 성령은 네 안에 있는 것은 물론 네 형제 안에 있는 것도 전부 용서한다. *그의* 잘못은 너의 잘못과 *함께* 용서받는다. 사랑과 마찬가지로 속죄도 분리되어 있지 않다. 속죄가 분리되어 있을 수 없는 이유는, 그것이 사랑에서 *비롯되기* 때문이다. 어떤 형제를 교정하려는 너의 모든 시도는 *너에* 의한 교정이 가능하다고 믿고 있음을 의미하며, 이것은 *단지* 에고의 오만에 지나지 않는다. 교정은 하느님에게서 나오며, 하느님은 오만에 대해 모르신다. 하느님이 모든 것을 창조하셨기 *때문에*, 성

령은 모든 것을 용서한다.

8 *성령의 기능을 떠맡지 말라. 그러면 너의 기능을 잊게 될 것이다.* 시간 안에서, *오로지* 치유라는 기능만을 받아들여라. 그것이 바로 시간의 *목적이기* 때문이다. 영원 안에서, 하느님은 너에게 창조하는 기능을 *주셨다.* 네가 이 기능을 배울 필요는 없지만, 그것을 *원하도록* 배울 필요는 있다. 그리고 바로 이것을 위해 배움 전체가 만들어졌다. 이것은 네가 *필요도* 없는데 이미 만들어버린 능력을 성령이 잘 사용하는 사례다. 그 능력을 성령께 드려라! 너는 그것을 어떻게 사용해야 할지 모른다. 성령은 너에게, *모든 것을* 정죄 없이 바라보는 법을 배움으로써 너 자신을 정죄 없이 보는 법을 가르쳐 줄 것이다. 그러면 정죄는 너에게 실제가 아니게 되고, 너의 모든 잘못은 용서받을 것이다.

Ⅲ. 속죄: 공유에 대한 레슨

9 속죄는 모든 이를 위한 것이다. 속죄는 어떤 것이 너 혼자만을 위한 것이라는 믿음을 *무효화하는* 방법이기 때문이다. 용서하는 것은 *간과하는 것이다.* 그러니 잘못 *너머로* 눈을 돌려, 너의 지각이 잘못에 머물러 있도록 허용하지 말라. 너는 너의 지각이 붙잡고 있는 것을 믿을 것이기 때문이다. 너 자신을 알고자 한다면, 오로지 네 형제의 *정체만을* 참이라고 받아들여라. 네가 네 형제의 정체가 *아닌* 것을 지각한다면, 너 자신의 정체를 알 수 없게 된다. 너는 그를 거짓되게 보고 있는 것이기 *때문이다.* 너의 정체는 공유되며, 그러한 공유가 너의 정체의 *실재임을* 항상 기억하라.

10 너에게는 속죄에서 맡은 역할이 있지만, 속죄 계획은 너를 *초월해* 있다. 너는 잘못을 어떻게 간과해야 하는지 모른다. 그렇지 않다면 너는 잘못을 범하지 않을 것이다. 네가 잘못을 *범하지* 않는다고 생각하거나, 교정에 대한 안내자 *없이* 잘못을 교정할 수 있다고 생각하는 것은 단지 또 다른 잘못을 범하는 것이다. 네가 이 **안내자**를 *따르지* 않는다면, 너의 잘못은 교정되지 *않을* 것이다. 속죄 계획이 네 것이 아닌 *이유*는 너의 정체에 대한 너의 아이디어가 제한되어 있기 *때문이다.* 바로 이런 제한에서 *모든* 잘못이 발생한다. 따라서 잘못을 무효화하는 방법은 너에게서 *나오는* 것이 아니라, 너를 *위한* 것이다.

¹¹ 속죄는 공유에 대한 레슨이며, 네가 *공유하는 방법을 잊었기* 때문에 너에게 주어졌다. 성령은 단지 너의 자연스러운 능력이 무엇인지 일깨워 줄 뿐이다. 성령은 네가 *만든* 공격하는 능력을 공유하는 능력으로 재해석함으로써, 네가 만든 것을 하느님이 창조하신 것으로 전환한다. 성령을 *통해* 이것을 성취하고자 한다면, 너의 능력을 에고의 눈을 통해 바라보지 말라. 그렇지 않으면 너의 능력을 *에고가* 판단하는 대로 판단하게 될 것이다. 에고가 판단한다면, 너의 능력은 해만 끼칠 뿐이다. 성령이 판단한다면, 너의 능력은 도움만 될 뿐이다.

¹² 에고도 용서 계획을 가지고 있다. 너는 비록 적절한 교사에게는 아니더라도 어쨌든 용서 계획을 달라고 *청하고* 있기 때문이다. 에고의 계획은 물론 전혀 이치에 맞지 않으며, *제대로 작동하지도 않을 것이다.* 그 계획을 따름으로써 너는 다만 에고가 항상 너를 데려가는 불가능한 상황에 처할 것이다. 에고의 계획은 네가 잘못을 *먼저* 확실하게 보고, *이후에* 간과하도록 하는 것이다. 하지만 이미 실재화한 것을 어떻게 간과할 수 있겠는가? 너는 잘못을 확실하게 봄으로써 이미 실재화하였고, 따라서 간과할 수 *없다.*

¹³ 여기가 바로 에고가 "신비"에 호소하도록 압박받아서, 너 자신을 구하려면 무의미한 것을 받아들여야 한다고 주장하기 시작하는 지점이다. 많은 이가 나의 이름으로 이렇게 하려고 시도했는데, 그것은 나의 말이 하느님에게서 오는 까닭에 *아주* 이치에 맞는다는 것을 잊었기 때문이다. 나의 말은 영원한 아이디어들에 대해 증언하며, 따라서 언제나 그랬듯이 지금도 이치에 맞는다. 나에게 배우는 용서는 두려움을 *무효화하기* 위해 두려움을 사용하지 *않으며, 실제가 아닌 것을* 실재화한 다음에 파괴하지도 않는다.

¹⁴ 성령을 통한 용서는 단지, 처음부터 잘못 너머를 봄으로써 그것을 너를 위해 실제가 아닌 것으로 *유지하는 데* 놓여있다. 잘못의 실재성에 대한 믿음이 네 마음 안으로 들어오도록 *결코* 허용하지 말라. 그렇지 않으면, 용서받기 위해서는 네가 만든 것을 *네가* 무효화해야 한다고 믿게 될 것이다. 결과가 없는 것은 존재하지 않으며, 성령께는 잘못의 결과가 *전혀* 존재하지 않는다. 성령은 모든 *곳과 모든* 측면에서 잘못의 모든 결과를 차근차근 일관되게 상쇄해 감으로써 에고가 존재하지 않음을 가르치고 *증명한다.* 그렇다면 용서에 대한 성령의 가르침을 따르라. 용서는 정녕 성령의 기능이며, 성령은 그것을 어떻게 완벽하게 이행할지 알기 때문이다. 전에 우리가 기적은 *자연스러우며* 기적이 일어나지 *않는다면* 무언가 잘못된 것이라고 말했을 때, 바로 이런

의미로 말한 것이다.

¹⁵ 기적은 단지 네가 성령의 구원 계획이 무엇인지 알지 *못한다는* 사실을 인정하여, 그 계획을 따르려는 용의가 있다는 표시일 뿐이다. 성령의 일은 너의 기능이 *아니며*, 네가 이 사실을 받아들이지 않는 한 *너의* 기능이 무엇인지 배울 수 없다. 기능의 혼동은 에고에게 아주 전형적이므로, 너는 이제 그것에 꽤 익숙할 것이다. 에고는 *모든* 기능이 자신에게 속한다고 믿는다. 비록 그 기능들이 정녕 무엇인지 짐작도 못하지만 말이다. 이것은 단순한 혼동 이상이다. 이것은 허세와 혼동을 특히 위험하게 짝지어 놓은 것으로서, 이로 인해 에고는 아무런 이유도 없이 누구든, 무엇이든 공격할 공산이 크다. 바로 이것이 정확하게 에고가 *하고* 있는 것이다. 에고가 어떻게 반응할지는 *전혀* 예측할 수 없다. 에고는 자신이 *무엇을* 지각하는지 *전혀* 모르기 때문이다.

¹⁶ 무슨 일이 일어나고 있는지 전혀 모르는 자가 얼마나 적절하게 반응하리라고 *기대할* 수 있겠는가? 네가 그 반응을 어떻게 *설명할* 수 있든 상관없이, "그 반응을 보니, *내가 어떻게 반응해야* 할지 알려줄 좋은 안내자의 자리를 에고에게 맡겨도 될까?"라고 자문해야 한다. 에고가 안내자 자격을 얻는 것은 몹시도 유감스러운 일이며, 에고를 구원의 교사로 선택한다면 그것은 아주 형편없는 선택임을 거듭 강조해야 하는 것은 터무니없어 보인다. 하지만 보다시피 터무니없는 이 질문은 사실 분리 판타지 전체에서 매우 중대한 사안이다. 완전히 정신 이상인 안내자를 선택하는 자는 스스로가 완전히 정신 이상임에 *틀림없다*.

¹⁷ 그 안내자가 정신 이상임을 네가 모른다는 것도 사실이 아니다. *너는* 그것을 안다. *내가* 그것을 알며, 너는 나와 똑같은 기준으로 그 안내자를 *판단했기* 때문이다. 에고는 문자 그대로 빌려온 시간을 먹고 살며, 살아갈 날이 얼마 남지 않았다. 최후의 심판을 두려워하지 말고, 반가이 맞이하라. 그리고 미루지 말라. 에고의 시간은 *너의* 영원에서 빌려온 것이기 때문이다. 이것이 바로 재림이다. 초림이 너를 *위해* 창조되었듯이, 재림도 너를 *위해* 만들어졌다. 재림은 단지 이치가 돌아오는 것에 지나지 않는다. 이것이 *과연* 두려울 수 있겠는가?

¹⁸ 판타지 외에 과연 무엇이 두려울 수 있겠는가? 실재에서 만족을 찾을 수 있다는 희망을 잃은 것이 아닌 한, 그 누구도 판타지에 의존하지 않는다. 하지만 그가 *결코* 판타지에서 만족을 찾지 못할 것은 확실하며, 따라서 그의 유일한 희망은 *실재에 대한 자신의 마음을 바꾸는* 것이다. 실재가 두렵다는 결정이 *틀릴 경우에만*, 하느님이 옳

으실 수 있다. 그리고 단언컨대 하느님은 정녕 옳으시다. 그렇다면 네가 그동안 틀렸음에 기뻐하라. 하지만 그 이유는 단지 네가 참으로 누구인지 몰랐기 때문이다. 이것을 기억했다면, 하느님이 틀리실 수 없듯이 너도 틀릴 수 없었을 것이다. 불가능한 일은 *오로지* 판타지 속에서만 일어날 수 있다. 판타지 속에서 실재를 구한다면, 실재를 발견할 수 없을 것이다. 판타지의 상징들은 에고에서 나오는 것이며, 너는 *그런 상징들을* 많이 발견할 것이다. 그러나 상징들에서 의미를 구하지는 말라. 상징들은 그것들을 엮어 만든 판타지만큼이나 의미가 없다.

¹⁹ 동화는 즐겁거나 두렵고, 예쁘거나 추할 수 있지만, 아무도 동화를 *사실이라고* 부르지는 않는다. 아이들은 동화를 믿을 수 있으며, 따라서 아이들에게 동화는 잠시 *사실이다.* 하지만 실재가 분명해지면, 판타지는 사라진다. 그동안 *실재는* 사라졌던 것이 아니다. 재림은 실재를 *자각하는* 것이지 실재가 돌아오는 것이 아니다. 보라, 나의 아이들아. 실재가 여기에 있다. 실재는 너희와 나, 그리고 하느님께 속하며, 우리 모두에게 지극히 만족스럽다. *오로지* 이런 자각만이 치유한다. 그것은 진리에 대한 자각이기 때문이다.

Ⅳ. 치유되지 않은 치유사

²⁰ 에고의 용서 계획이 하느님의 용서 계획보다 훨씬 더 널리 쓰인다. 그 계획은 치유되지 않은 치유사들에 의해 이행되며, 따라서 에고에서 나오는 것이기 때문이다. 이제 치유되지 않은 치유사에 대해 더 주의 깊게 살펴보자. 정의상, 치유되지 않은 치유사는 자신이 *받지* 않은 것을 *주려고* 시도한다. 그가 신학자라면, "나는 비참한 죄인이고 당신도 그렇습니다."라는 전제로 시작할 것이다. 그가 심리치료사라면, *자신은* 공격을 정말로 믿으며 환자도 그렇지만 어느 경우든 중요하지 않다는, 똑같이 믿기 힘든 아이디어로 시작하기 십상이다.

²¹ 우리가 반복해서 말했듯이, 에고의 믿음은 공유될 수 없다. 이것이 바로 에고의 믿음이 실제가 아닌 *이유다.* 그렇다면 어떻게 그 믿음을 "드러냄으로써" 실제인 것으로 *만들* 수 있겠는가? 진리를 구하여 판타지를 뒤지는 치유사는 치유되지 않았음에 틀림없다. 그는 진리를 찾으려면 어디를 보아야 하는지 알지 못하며, 따라서 치유라는

문제에 대한 답을 갖고 있지 않기 때문이다. 악몽을 의식 안으로 가져오는 것에 이점은 있지만, 악몽은 실제가 아니며 악몽 안에 있는 *모든 것*은 무의미함을 가르치는 경우에만 그러하다. 치유되지 않은 치유사는 이것을 *믿지* 않으며, 따라서 그렇게 할 수 없다.

²² 치유되지 않은 치유사들은 모두 이런저런 형식을 취한 에고의 용서 계획을 따른다. 그들이 신학자라면, 그들 자신을 정죄하고, 정죄를 가르치며, 아주 무시무시한 해결책을 옹호하기 십상이다. 그들은 정죄를 하느님께 투사하여 하느님을 복수심에 불타는 분처럼 보이게 만들고, 하느님의 응징을 두려워한다. 사실 그들이 한 것이라고는, 먼저 에고와 동일*시한* 다음에, *에고가* 행하는 것을 확실하게 지각하고, 이런 심각한 혼동 때문에 그들 자신을 정죄한 것에 불과하다. 그동안 이런 개념에 맞선 저항이 있었음은 이해할 만하지만, 그 개념에 *맞서* 저항한다는 것은 여전히 그 개념을 *믿는* 것이다. 그렇다면, 저항의 내용이 *아닌 형식이* 다른 것이다.

²³ 보다 새로운 형식을 취한 에고의 용서 계획도 이전의 형식들과 마찬가지로 도움이 되지 않는다. 형식은 성령께 중요하지 않으며, 따라서 전혀 중요하지 않기 때문이다. 보다 새로운 형식의 에고 계획에 따르자면, 치료사는 악몽에 나오는 에고의 상징들을 해석한 다음, 그것을 사용해서 *악몽이* 실제라고 증명한다. 치료사는 이렇게 악몽을 실제인 것으로 *만든* 다음, *꿈꾸는 자의* 중요성을 격하함으로써 악몽의 결과를 물리치려고 한다. 꿈꾸는 자가 실제가 아니라고 밝혀내기만 한다면, 이것은 치유적인 접근법이 될 수도 있을 것이다. 하지만 꿈꾸는 자를 *마음과* 동일시한다면, 성령을 통해 교정하는 마음의 능력을 *부정하는* 것이다.

²⁴ 이것은 심지어 에고가 보기에도 모순이며, 에고가 혼란에 빠져있을 때조차 일반적으로 주목하는 모순이라는 점은 주목할 만하다. 두려움에 대응하는 방법이 두려워하는 자의 중요성을 축소*하는* 것이라면, 그것으로 어찌 에고의 *힘을* 축적할 수 있겠는가? 너무도 자명한 이런 불일치점들이야말로, 틀에 박힌 몇몇 자구상의 설명을 제외하고는, 심리치료에서 도대체 무슨 일이 일어나는지 그 누구도 *분명히 밝히지* 못하는 이유를 설명해 준다. 사실, 실제인 것은 아무것도 *일어나지* 않는다. 실제인 것은 아무것도 치유되지 않은 치유사에게 일어나지 않았으며, 그는 그 자신의 가르침으로부터 배운다.

²⁵ 그의 에고는 그 상황에 개입되어 있기 *때문에*, 항상 거기서 어떤 지지를 얻어내려

고 한다. 치유되지 않은 치유사는 *자신*을 위해 무언가를 얻으려고 하기에 *주는* 법을 모르며, 그 결과 공유할 수 없다. 그는 *교정적*으로 작업하지 않으며, 따라서 교정할 수 없다. 그는 무엇이 *실제인지* 환자에게 가르치는 것이 자신의 몫이라고 믿지만, 자기 자신은 그것을 알지 못한다. 그렇다면, 무슨 일이 *일어나야* 하는가? 하느님이 "빛이 있으라."라고 하시자 빛이 *있었다.* 심리치료사처럼 어둠을 분석하거나, 혹은 신학자처럼 자신 안에서 어둠을 인정한 다음에 그것을 없애기 위해 멀리 있는 빛을 구함으로써 과연 빛을 발견할 수 있겠는가? 한편으로는 그 먼 거리를 *강조하면서* 말이다.

26 치유는 신비롭지 *않다.* 그것을 이해하지 않는 한, 아무것도 일어나지 않을 것이다. 빛은 곧 *이해기* 때문이다. "비참한 죄인"은 마법 없이는 치유될 수 없고, "중요하지 않은 마음"도 마법 없이는 자신을 중히 여길 수 없다. 그렇다면 에고가 채택하는 이 두 가지 형식의 접근법은 모두 막다른 골목, 즉 에고가 *항상* 데려가는 특유의 "불가능한 상황"에 도달할 수밖에 없다. 환자에게 그가 어디를 향해 가고 있는지 알려주는 것이 도움이 될 수는 *있지만,* 그 스스로 방향을 바꿀 수 없는 한 소용이 없다. 치유되지 않은 치료사는 환자를 대신해서 그의 방향을 바꿔줄 수 없지만, *자기* 스스로도 방향을 바꿀 수 없다.

27 치료사가 할 수 있는 *유일하게* 의미 있는 기여는, 자기 스스로 방향을 바꾸었으며 더 이상 *어떤* 악몽도 믿지 않는 자의 모범을 보여주는 것뿐이다. 그 결과 *치료사의* 마음 안에 있는 빛이 질문자에게 응답할 것이다. 그러면 질문자는 빛을 *보게* 되므로, 빛이 정녕 있다고 *하느님과 함께 결정할* 수밖에 없다. 그리고 *질문자가* 치료사 안의 빛을 인정해 줌으로써, *치료사도* 자신 안에 빛이 있음을 알게 된다. 바로 이런 방법으로, 지각이 결국 앎으로 전환된다. 기적일꾼은 빛을 *지각하는 것*으로 시작하여, 지속적으로 그 빛을 확장하고 그 빛에 대한 다른 사람들의 인정을 받아들임으로써, *자신의* 지각을 확실성으로 전환한다. 그는 빛의 *결과들*을 통해 자신에게 빛이 있음을 확신하게 된다.

28 치료사는 치유하지 않는다. 그는 *치유가 있도록 허용할 뿐이다.* 그는 어둠을 가리킬 수 있지만, 스스로 빛을 가져다줄 수는 없다. 빛은 그에게서 비롯되지 않기 때문이다. 하지만 빛은 그를 *위한* 것이므로, 또한 그의 환자를 위한 것임에 틀림없다. 성령이 *유일한* 치료사다. 성령은 자신이 **안내자** 역할을 하는 *모든* 상황에서 치유를 더없이 확실하게 만든다. 인간 치료사는 단지 성령이 그의 기능을 *이행하도록* 허용할 수

만 있을 뿐이다. 성령은 자신의 기능을 이행하기 위해 아무런 도움도 필요 없다. 성령은 *그가* 너에게 보내는 사람들을 도우려면 무엇을 해야 하는지 *정확하게* 알려줄 것이며, 네가 *방해하지만* 않는다면, 너를 통해 그들에게 말할 것이다. 너는 *지금* 네가 다른 이를 도울 때 인도해 줄 안내자를 선택하고 있으며, *그릇된* 선택은 도움이 되지 *않을* 것이다. 이를 기억하라. 하지만 *바른* 선택은 반드시 도움이 될 것이다. 이 또한 기억하라. 성령을 신뢰하라. 성령의 기능은 돕는 것이며, 성령은 하느님에게서 왔기 때문이다.

²⁹ 너 자신이 *아닌* 성령을 통해 다른 마음들을 일깨워 성령을 알아차리도록 할 때, 너는 네가 이 세상의 법칙을 따르고 있지 않으며, 네가 따르는 법칙은 *효과가* 있음을 이해하게 될 것이다. "선한 것은 효과가 있는 것이다."라는 말은 맞기는 하지만 충분하지 않다. *오로지* 선한 것만이 효과가 있을 수 *있다.* 그밖에 다른 것은 전혀 효과가 없다. 이 수업은 행동에 대한 안내다. 이 수업은 아주 직접적이고도 단순한 학습 상황이기에, 너에게 무엇을 해야 할지 *말해주는* 안내자를 제공한다. 네가 그것을 행한다면, 이 수업이 효과가 있음을 *보게* 될 것이다. 이 수업의 말보다는, 이 수업의 *결과가* 더 설득력이 있다. 그 결과를 보고 너는 이 수업의 말이 참임을 확신하게 될 것이다. 바른 안내자를 따름으로써, 너는 모든 레슨들 가운데 가장 단순한 레슨을 배울 것이다. 그것은 다음과 같다:

³⁰ 그들이 맺는 열매를 보고 네가 그들을 알게 될 것이며,
그들도 그들 자신을 알게 될 것이다.

V. 성령을 알아차리기

³¹ 성령의 결과를 통하지 *않는다면,* 네가 어떻게 네 안의 성령을 점점 더 잘 알아차릴 수 있겠는가? 너는 *성령을* 눈으로 볼 수 없으며, 귀로 들을 수도 없다. 그렇다면 네가 어떻게 성령을 지각할 수 있겠는가? 네가 기쁨을 고취하고, 비록 너 자신은 기쁨을 경험하지 못하더라도 다른 사람들이 너에게 *기쁨으로* 반응한다면, 기쁨을 자아낼 수 있는 무언가가 네 안에 있음에 틀림없다. 그것이 네 안에 있고 기쁨을 자아낼 수 *있다*

면, 그리고 그것이 다른 사람들 안에서 기쁨을 *자아내는* 것을 네가 본다면, 너는 그것을 네 안에서 해리하고 있음에 *틀림없다.*

32 성령이 네 안에서 일관되게 기쁨을 자아내지 않는 듯이 보이는 이유는 단지, 네가 다른 사람들 안에서 일관되게 기쁨을 *일으키지* 않기 때문이다. 너는 그들이 너에게 보이는 반응으로 성령의 일관성을 *평가한다.* 너 자신이 일관되지 않을 때는 기쁨을 항상 *불러일으키지는* 않을 것이며, 따라서 너는 성령의 일관성을 항상 *인식하지는* 못할 것이다. 네가 네 형제에게 주는 것은 곧 성령께 드리는 것이다. 성령은 네가 드리는 것보다 *더 많이* 줄 수는 없기 때문이다. 이것은 *성령이* 주기를 제한해서가 아니라, 단순히 말해 네가 *받기*를 제한했기 때문이다. 받겠다는 뜻은 받아들이겠다는 뜻이다.

33 네 형제들이 정녕 너의 일부라면, 너는 그들을 *받아들이겠는가?* 오로지 그들만이 너에게 너의 정체를 가르쳐줄 수 있으며, 너의 배움은 네가 그들에게 가르친 것의 결과다. 너는 그들 안에서 불러일으키는 것을 *너 자신* 안에서 불러일으킨다. 그리고 네가 그것을 그들 안에서 불러일으킬 때, 그것은 *너에게* 실제가 된다. 하느님께는 오로지 한 아들만 있으며, 하느님은 그들 모두를 *하나로서* 아신다. 오로지 하느님만이 그들 이상이시지만, 그렇다고 그들이 하느님 이하인 것은 아니다. 이것이 무엇을 의미하는지 알겠는가? 네가 내 형제에게 행하는 것은 곧 나에게 행하는 것이고, 또 우리는 너의 *일부*므로 너는 모든 것을 너 자신을 위해 행하는 것이라면, *우리가* 행하는 모든 것은 너에게도 속한다. 하느님이 창조하신 모든 **영혼**은 정녕 너의 일부로서, 하느님의 영광을 너와 *함께* 공유한다. 하느님의 영광은 하느님께 속하지만, 마찬가지로 *너의* 것이기도 하다. 그러니 네가 하느님보다 *덜* 영광스러울 수는 없다.

34 하느님이 너 이상이신 이유는 단지, 하느님이 너를 *창조하셨기* 때문이다. 그러나 하느님은 이것조차도 너에게 금지하려 하지 않으신다. 그러기에 너는 정녕 하느님이 창조하셨듯이 창조할 수 있으며, 너의 해리 상태는 이것을 바꾸지 *않을 것이다.* 하느님의 빛도 너의 빛도 네가 보지 않는다고 해서 흐려지지 않는다. 온아들은 반드시 하나로서 창조해야 하며, 따라서 너는 하느님이 창조하신 것의 일부를 인식할 때마다 창조를 기억하는 것이다. 네가 기억하는 각 부분은 *너의* 온전성을 증가시켜 준다. 각 부분은 정녕 온전하기 때문이다. 온전성은 나뉠 수 없다. 그러나 네가 *모든 곳에서* 온전성을 볼 때까지, 너는 너 자신의 온전성에 대해 배울 수 없다. 너는 오로지 하느님

이 당신의 아들을 아시는 것처럼만 너 자신을 *알* 수 있다. 앎은 하느님과 *공유되기* 때문이다. 네가 하느님 안에서 깨어날 때 그분의 무한함을 *너의 것*으로 받아들임으로써 너의 엄청난 크기를 알게 되겠지만, 그동안에는 네 형제들의 크기를 판단하는 대로 너의 크기를 판단하고, *그들의* 크기를 받아들이는 대로 너의 크기를 받아들일 것이다.

³⁵ 너는 아직 깨어나지 않았지만, 깨어나는 *방법*을 배울 수는 있다. 아주 간단히 말해, 성령은 너에게 다른 이들을 깨우는 법을 가르친다. 너는 그들이 깨어나는 것을 보면서 깨어남이 무엇을 *의미하는지* 배울 것이며, 또한 네가 그들을 깨우기로 뜻했으므로, 네가 준 것에 대한 그들의 감사와 인정은 *너에게* 그것의 가치를 가르쳐줄 것이다. 그들은 너의 실재에 대한 증인이 될 것이다. 그것은 마치 *너희가* 하느님의 실재에 대한 증인들로 창조된 것과 *마찬가지다.* 하지만 온아들이 함께 모여 자신의 하나인 상태를 *받아들일* 때, 온아들은 자신의 창조물들에 의해 알려질 것이다. 그들은 아들이 아버지에 대해 증언하듯 온아들의 실재에 대해 증언한다.

³⁶ 기적은 영원 안에서는 있을 자리가 없다. 기적은 회복해 주는 것이기 때문이다. 하지만 너에게 아직 치유가 필요한 동안은, 네가 행하는 기적만이 네가 *인식할* 수 있는 너의 실재에 대한 유일한 증거다. 너는 *너 자신을 위해* 기적을 행할 수 없다. 기적이란, 받아들임을 주는 방법이자 받는 방법이기 때문이다. 영원 안에서 주기와 받기는 동시에 일어나며 분리될 수 없지만, 시간 안에서는 주기가 먼저 일어난다. 주기와 받기가 정녕 똑같음을 배웠을 때, 시간의 필요성은 사라진다.

³⁷ 영원은 그 유일한 차원이 "항상"인 *단 하나의* 시간이다. 하지만 네가 하느님의 열린 팔을 기억하고 마침내 그분의 열린 **마음**을 알 때까지, 이것은 너에게 아무것도 의미할 수 없다. 하느님처럼 *너도* "항상", 하느님의 마음 안에 있으면서 하느님의 마음과 닮은 마음을 가졌다. *너의* 열린 마음 안에는 완벽한 이해에서 태어나 완벽한 소통 상태에 있는 *너의* 창조물들이 있다. 네가 그들 가운데 하나라도 받아들일 수 있다면, 세상이 제공하는 *그 무엇도* 원하지 않을 것이다. 다른 모든 것은 전혀 무의미할 것이다. 네가 없다면 하느님의 의미는 불완전하며, 너의 창조물들이 없다면 너도 불완전하다. 이 세상에서 너의 형제를 받아들이고, 그밖에는 *아무것도* 받아들이지 말라. 그의 내면에서, 너는 너의 창조물들을 발견할 것이기 때문이다. 그는 너와 더불어 그들을 창조했기 때문이다. 네 형제는 *너와* 더불어 공동 창조자다. 네가 이것을 배우기 전에는, 네가 하느님과 더불어 공동 창조자임을 알지 못할 것이다.

VI. 구원과 하느님의 뜻

38 하느님의 뜻은 너의 구원이다. 그러니 하느님께서 너에게 구원을 찾을 수단을 주시지 않았겠는가? 하느님이 네가 구원을 *갖기*를 뜻하신다면, 구원을 가능하고도 아주 얻기 쉽게 만드셨을 것이다. 너의 형제들은 어디에나 있다. 구원을 찾으러 멀리 다닐 필요가 없다. 매분 매초가 너에게 *너 자신*을 구할 기회를 준다. 이런 기회들을 잃지 말라. 그런 기회가 돌아오지 않아서가 아니라, 기쁨을 미룰 필요가 없기 때문이다. 하느님은 너에게 완벽한 행복을 *지금* 뜻하신다. 이것이 또한 *너의* 뜻이 아닐 수 있겠는가? 이것이 *또한* 네 형제들의 뜻이 아닐 수 있겠는가?

39 그렇다면 이러한 공동의 뜻 안에서, 그리고 *오로지* 그 뜻 안에서만, 하느님과 네가, 그리고 너의 형제들이 모두 연합되어 있다는 점에 대해 숙고해 보라. 다른 것에서는 의견 차이가 있겠지만, 이 점에 있어서만은 그렇지 *않다*. 그렇다면 이 뜻이야말로 평화가 *머물러 사는* 곳이다. 그리고 그렇게 결정할 때 *너는* 평화 속에 머물러 사는 것이다. 하지만 너는 속죄를 받아들이지 않는 한 평화 속에 머물러 살 수 없다. 속죄는 정녕 평화로 가는 길이기 때문이다. 그 이유는 아주 단순하고 명백해서 너는 그것을 종종 못 보고 넘어간다. 명백함은 실재의 본질적인 특징이므로, 에고는 명백한 것을 *두려워하기* 때문이다. 하지만 *네가* 안 보고 있지 않는 한 그것을 못 보고 넘어갈 수는 없다.

40 성령이 만약 자신이 지각하는 *모든 것*을 사랑으로 바라본다면, 너도 사랑으로 바라본다는 것은 *너무도* 명백하다. 너에 대한 성령의 평가는 너의 정체에 대한 성령의 앎에 근거하며, 따라서 성령은 너를 참되게 평가한다. 이런 평가는 *분명* 너의 마음 안에 있다. 왜냐하면 *성령이* 너의 마음 안에 있기 때문이다. 에고 또한 너의 마음 안에 있다. 왜냐하면 네가 에고를 너의 마음 안으로 *받아들였기* 때문이다. 하지만 너에 대한 *에고의* 평가는 성령의 평가와 정반대다. 에고는 너를 사랑하지 *않기* 때문이다. 에고는 너의 정체를 알지 못하며, 자신이 지각하는 *모든 것*을 완전히 불신한다. 에고 자신의 지각이 너무도 쉽게 변하기 때문이다. 그러므로 에고는 최선의 경우라고 해봤자 의심할 수 있을 뿐이며, 최악의 경우 사악하다. 이것이 바로 에고의 범위다. 에고는 자신의 불확실성으로 인해 이 범위를 넘어설 수 없다. 그리고 에고는 결코 그 *너머*로 가지 못할 것이다. 에고는 결코 *확신하지* 못할 것이기 때문이다.

41 그렇다면 너의 마음에는 너 자신에 대한 두 개의 *상반되는* 평가가 있다. 그리고 둘

다 참일 수는 *없다*. 네가 아직 이 평가들이 얼마나 *철저히* 다른지 깨닫지 못하는 이유는, 너에 대한 성령의 지각이 *정말로* 얼마나 지고한지 이해하지 못하기 때문이다. 성령은 너의 *정체*를 결코 잊지 않으며, 따라서 너의 어떤 행위에도 속지 않는다. 에고는 네가 행하는 모든 것에 속고, 심지어 네가 성령에게 반응할 때조차 속아 넘어간다. 그럴 때 에고의 혼동은 *심해지기* 때문이다. 그러므로 에고는 네가 사랑으로 반응할 때 특히 너를 공격하기 쉽다. 에고는 너를 *사랑이 없는* 자로 평가했는데, 너는 에고의 판단을 *거스르고 있기* 때문이다.

⁴² 너의 동기가 너에 대한 에고의 지각과 확실하게 어긋나는 순간, 에고는 그것을 *공격하기* 시작할 것이다. 그럴 때 에고는 불확실성이 증가하여 의심하던 상태에서 사악한 상태로 급격히 옮겨간다. 하지만 그에 대한 반응으로 공격하는 것은 확실히 무의미하다. 이것은 단지 너의 정체에 대한 에고의 평가에 *동의한다는* 의미가 아니겠는가? 너 자신을 사랑 없는 자로 보고 싶어 한다면, 너는 행복하지 *않을* 것이다. 그것은 너 자신을 정죄하는 것이며, 따라서 자신을 부족하다고 여길 *수밖에* 없다. 그런데 너는 에고가 *발생시켜서* 자신의 생존을 위해 *유지해야* 하는 이런 부족하다는 느낌에서 벗어나게 도와달라고 에고에게 기대려는가? 에고가 이런 그림을 *고스란히* 간직하려고 사용하는 방법을 가지고 너에 대한 에고의 평가에서 벗어날 수 있겠는가?

⁴³ 제정신이 아닌 믿음 체계를 *그 안에서* 평가하는 것은 불가능하다. 그 믿음 체계의 범위 자체가 이것을 불가능하게 만든다. 너는 그 믿음 체계 *너머로* 가서 *제정신이 존재하는* 지점에서 돌아보아야 *비로소 그 대비를 볼 수 있다*. 오로지 이런 대비를 통해*서만* 정신 이상을 정신 이상이라고 판단할 수 있다. 너는 내면에 하느님의 장엄함을 지니고도 왜소해지기로 선택해서, 자신의 왜소함을 한탄하기로 선택했다. 이러한 선택을 지시한 체계 *안에서는* 정녕 한탄하지 않을 수 없다. 거기서는 너의 왜소함이 당연한 것으로 여겨져서, 너는 "누가 그것을 당연한 것으로 받아들였는가?"라고 묻지 *않는다*. 이 질문은 에고 사고체계 안에서는 무의미하다. 그것은 에고 사고체계 *전체에* 의문을 제기하는 것이기 때문이다.

⁴⁴ 우리는 전에, 에고는 진정한 질문이 무엇인지 알지 못한다고 말했다. 어떤 종류의 앎이 결여되든, 그것은 항상 알지 *않으려는* 뜻과 관련이 있으며, 결과적으로 앎의 총체적인 결여 상태를 만들어낸다. 그 이유는 단지, 앎은 *총체적이기* 때문이다. 따라서 너의 왜소함에 의문을 제기하지 않는 것은 곧 모든 앎을 부정하고 에고의 사고체

계 *전체*를 고스란히 간직하는 것이다. 너는 어떤 사고체계의 *일부만* 간직할 수는 없다. 그것에 대한 문제 제기는 *오로지* 그 토대에 대해서만 이루어질 수 있기 때문이다. 그리고 그것은 반드시 그 사고체계 너머로부터 제기되어야 한다. 그 사고체계 *안에*는 그것의 토대가 자리잡고 있기 때문이다. 성령이 에고 사고체계의 실재성에 반하여 판단을 내리는 이유는 단순히 말해, 그 사고체계의 *토대가* 참이 아님을 알기 때문이다. 따라서 그 토대에서 발생하는 것은 무엇이든 아무런 의미도 없다. 성령은 너의 모든 믿음을 그것이 어디에서 오는지를 보고 판단한다. 그 믿음이 하느님에게서 오는 것이라면, 성령은 그것이 참임을 안다. 그렇지 않다면, 그것이 무의미함을 안다.

⁴⁵ 너의 가치에 대해 의심이 들 때마다 다음과 같이 말하라:

> ⁴⁶ 내가 없다면, 하느님도 불완전하시다.

⁴⁷ 에고가 말할 때, 이것을 기억하라. 그러면 너는 에고의 말을 듣지 않을 것이다. 너에 대한 진리는 너무도 지고해서, 하느님께 합당하지 않은 것은 너에게도 합당하지 않다. 그러니 네가 원하는 것을 이런 관점에서 선택하고, 하느님께 아주 잘 어울린다고 여겨 드리고 싶지 않은 것은 아무것도 받아들이지 말라. 왜냐하면 너는 다른 어떤 것도 *원하지* 않기 때문이다. 하느님 안에서 네가 차지하는 부분을 돌려드리려. 그러면 하느님은 네가 당신께 속한 것을 돌려드려서 당신을 완성한 것에 대한 답례로, 당신의 전부를 주실 것이다.

Ⅶ. 장엄함과 허장성세

⁴⁸ 장엄함은 *오로지* 하느님에게서 온다. 따라서, 장엄함은 네 안에 있다. 네가 아무리 희미하게라도 장엄함을 알아차리게 될 때마다, 자동적으로 에고를 버리게 된다. 하느님의 장엄함 앞에서 에고의 무의미함은 너무나 명백해지기 때문이다. 에고는 비록 이것을 이해하지 못하지만, 자신의 "적"이 공격했다고 믿고서, 너를 다시 자신의 "보호" 안으로 돌아오도록 꾀기 위해 선물을 제공하려고 시도한다. 에고의 허장성세grandiosity 는 하느님의 장엄함에 대한 에고의 대안이다. 너는 어느 것을 선택하려는가?

⁴⁹ 허장성세는 *항상* 절망을 감추는 덮개다. 그것은 실제가 아니므로, 희망이 없다. 그것은 왜소함이 *실제라*는 믿음에 근거하여 너의 왜소함에 대응하려는 시도다. 이런 믿음이 없다면, 허장성세는 무의미해진다. 그리고 너는 도저히 허장성세를 원할 수 없다. 허장성세의 본질은 경쟁이다. 그것은 *항상* 공격을 수반하기 때문이다. 그것은 무효화하지는ᵤₙ𝒹ₒ 않고 *더 뛰어나려고만*ₒᵤₜ𝒹ₒ 하는 망상적인 시도다. 우리가 전에 말했듯이, 에고는 의심과 사악함 사이를 오락가락한다. 에고는 네가 너 자신에 대해 절망하는 동안은 의심스러워하는 상태로 남아있다. 에고는 네가 자기 비하를 용인하지 않고 벗어날 길을 구할 때마다 사악하게 변한다. 그리고는 너에게 공격이라는 환상을 해결책으로 제공한다.

⁵⁰ 에고는 장엄함과 허장성세의 차이를 모른다. 에고는 기적 충동과 자신의 자기 소외 ego-alien 믿음의 차이를 모르기 때문이다. 우리가 언젠가 말했듯이, 에고는 위협을 알아차리기는 하지만, 자신의 생존에 대해 전혀 다른 두 가지 위협을 구분하지 못한다. 에고는 스스로 아주 취약하다고 느끼므로, 공격과 관련짓지 *않고서*는 전혀 판단할 수 없다. 위협을 경험할 때, 에고는 단지 *지금* 공격할 것인지 나중에 공격하기 위해 일단 물러날 것인지 결정할 수 있을 뿐이다. 에고가 제공하는 허장성세를 네가 받아들이면, 에고는 즉시 공격할 것이다. 그렇지 않으면, 에고는 기다릴 것이다.

⁵¹ 에고는 하느님의 장엄함 앞에서 꼼짝도 하지 못한다. *하느님의* 장엄함은 *너의* 자유를 확립해 주기 때문이다. 너의 실재에 대한 아주 약간의 암시만으로도 너의 마음에서 에고를 몰아내기에 충분하다. 너의 마음은 에고에 대한 투자를 완전히 거둬들일 것이기 때문이다. 장엄함에는 환상이 전혀 *없으며*, 또한 그것은 실제므로, 도저히 부정할 수 없는 확신을 준다. 하지만 네가 에고로 하여금 너의 실재를 공격하도록 허락하는 한, 실재에 대한 확신은 네 곁에 남아있지 않을 것이다. 에고는 너의 해방을 *가로막기* 위한 에너지를 회복하고 결집하려고 갖은 노력을 다할 것이다. 에고는 네가 제정신이 아니라고 말해주고, *자신이* 신봉하는 왜소함으로 인해 장엄함은 너의 진정한 부분일 수 *없다*고 주장할 것이다.

⁵² 하지만 너의 장엄함은 망상이 아니다. 그것은 네가 만든 것이 아니기 *때문이다*. 너는 스스로 허장성세를 만들어놓고는 그것을 두려워한다. 허장성세는 일종의 공격이기 때문이다. 그러나 너의 장엄함은 당신의 **사랑**으로 장엄함을 창조하신 하느님에게서 온다. 너의 장엄함으로부터, 너는 오로지 축복할 수만 있다. 너의 장엄함은 곧 너

의 풍요로움이기 때문이다. 너는 축복을 줌으로써 너의 장엄함을 마음에 간직하여 환상으로부터 보호하고, 너 자신을 하느님의 **마음** 안에 간직한다. 너는 하느님의 마음 *외에는* 어느 곳에도 있을 수 없다. 이를 항상 기억하라. 네가 이것을 잊는다면 반드시 절망할 것이며, 또한 반드시 공격할 것이다.

53 에고는 오로지 에고를 용인하려는 너의 용의에만 달려있다. 네가 기꺼이 너의 장엄함을 보겠다는 용의를 낸다면 너는 절망할 수 *없으며*, 따라서 에고를 *원할* 수 없다. 너의 장엄함은 에고에 대한 하느님의 *응답이다*. 그것은 정녕 참이기 때문이다. 왜소함과 장엄함은 공존할 수 없고, 너의 의식에서 번갈아 일어날 수도 없다. 왜소함과 허장성세는 너의 의식에서 번갈아 일어날 수 있으며, 번갈아 일어날 *수밖에* 없다. 그것들은 둘 다 거짓이며, 따라서 같은 수준에 있기 때문이다. 에고는 변동하는 수준이므로 변동하는 것으로 경험되며, 양극단이야말로 에고의 본질적인 특징이다.

54 장엄함은 곧 진리므로, 진리와 왜소함은 서로에 대한 *부정이다*. 진리는 오락가락 하지 않으며, 항상 참이다. 장엄함이 네게서 슬며시 사라져 버리자, 너는 그것을 *네가* 만든 어떤 것으로 대체했다. 그것은 어쩌면 왜소함에 대한 믿음일 수도 있고, 허장성세에 대한 믿음일 수도 있다. 하지만 그것은 참이 *아니므로*, 분명 제정신이 아니다. 너의 장엄함은 너를 *결코* 속이지 않겠지만, 너의 환상은 *어김없이* 속일 것이다. 환상은 정녕 속임수다. 너는 승리할 수는 없지만, 정녕 높이 격상된다. 너는 그렇게 격상된 상태에서 너와 닮은 자들을 구하며, 그들과 함께 크게 기뻐한다.

55 장엄함과 허장성세를 구분하기는 쉽다. 사랑은 돌아오지만, 자만은 그렇지 않기 때문이다. 자만은 기적을 일으키지 않으며, 따라서 너의 실재에 대한 참된 증인을 빼앗아 갈 것이다. 진리는 모호하지도 않고 감춰져 있지도 않다. 하지만 진리가 *너에게* 명백해지려면, 너는 진리의 증인들에게 기쁨을 가져다주어야 한다. 그리고 그들은 너에게 진리를 *보여준다*. 그들은 너의 장엄함을 입증하지만, 자만은 입증할 수 없다. 자만은 공유되지 않기 때문이다. 하느님은 당신이 창조하신 것을 네가 보기를 *원하신다*. 그것이 바로 당신의 기쁨이기 때문이다.

56 하느님이 몸소 너의 장엄함에 대해 증언하시거늘, 그것이 오만일 수 있겠는가? 증인이 없는 것이 과연 실제일 수 있겠는가? 그것으로부터 어떤 좋은 것이 나올 수 있겠는가? 그것으로부터 좋은 것이 나올 수 없다면, 성령은 그것을 사용할 수 없다. 성령이 하느님의 뜻으로 변형할 수 없는 것은 전혀 존재하는 것이 아니다. 허장성세는 너

의 장엄함을 *대체하려고* 사용되는 것이므로, 망상적이다. 하지만 하느님이 창조하신 것은 대체될 수 *없다.* 하느님은 너 없이는 완전하지 않으시다. 하느님의 장엄함은 총체적이기 때문이다. 그리고 너는 그것에서 제외될 수 *없다.*

⁵⁷ 너는 하느님의 마음 안에서 전혀 대체될 수 없다. 다른 누구도 그 안에서 네가 차지하는 부분을 채울 수 없다. 그리고 네가 그 부분을 비워두는 동안, 너의 영원한 자리는 그저 네가 돌아오기만을 기다릴 뿐이다. 하느님은 당신의 음성을 통해 너에게 당신의 마음에 대해 일깨워 주시고, 너의 확장물들을 당신의 마음 안에 몸소 안전하게 간직하고 계신다. 하지만 네가 그들에게 돌아가기 전에는, 그들을 알지 못할 것이다. 너는 천국을 대체할 수 *없으며, 너 자신을* 대체할 수도 없다. 너의 가치를 *아시는* 하느님은 그렇게 되는 것을 원하지 않으신다. 따라서 그렇지 *않다.* 너의 가치는 *하느님의* 마음 안에 있으며, 따라서 네 마음 안에만 있는 것이 아니다. 하느님이 창조하신 대로의 너 자신을 받아들이는 것은 오만일 수 없다. 그것은 오만에 대한 *부정이기* 때문이다. 너의 왜소함을 받아들이는 것은 정녕 오만이다. 그것은 너 자신에 대한 *너의* 평가가 하느님의 평가보다 *더 참이라고* 믿는다는 의미기 때문이다.

⁵⁸ 하지만 진리는 나뉠 수 없기에, 너 자신에 대한 너의 평가는 곧 하느님의 평가일 것이다. 너는 너의 가치를 확립하지 않았으며, 그것은 어떤 방어도 *필요* 없다. 그 무엇도 너의 가치를 공격하거나 이길 수 없다. 너의 가치는 바뀌지 않는다. 그것은 다만 *존재한다.* 성령께 너의 가치가 *무엇인지* 물어라. 그러면 성령은 너에게 알려줄 것이다. 하지만 그의 응답을 두려워하지 말라. 그것은 하느님에게서 오기 때문이다. 그 답은 그 근원으로 인해 실로 높이 격상된 답이며, 그 근원이 참이므로 그 답도 참이다. 귀담아듣고, 네가 듣는 답을 의심하지 말라. 하느님은 속이지 않으신다. 너의 존재에 대한 질문에 하느님이 주시는 높이 격상된 답을 가지고, 왜소함에 대한 에고의 믿음을 대체하라. 하느님은 네가 그러기를 원하신다. 그럼으로써 너는 너의 존재에 대해 질문하기를 그치고, 그것을 있는 *그대로* 알게 된다.

Ⅷ. 창조의 포괄성

⁵⁹ 너 자신 너머의 그 무엇도 너를 두려워하거나 사랑하게 만들 수 없다. 너의 너머에

는 정녕 아무것도 없기 때문이다. 시간과 영원은 둘 다 너의 마음 안에 있으며, 네가 시간을 오로지 영원을 *되찾기* 위한 수단으로만 지각할 때까지, 서로 대립할 것이다. 너에게 일어나는 *어떤 일이라도* 너 자신의 *바깥에* 있는 요인에 의해 야기된다고 믿는 한, 너는 시간을 그런 식으로 지각할 수 없다. 시간은 오로지 *너의* 처분에만 달려있으며, 이 세상 그 무엇도 너에게서 이러한 책임을 빼앗아 갈 수 없다. 너는 이에 대해 배워야 한다. 너는 상상 속에서 하느님의 법칙을 어길 수 있지만, 그 법칙에서 *벗어날* 수는 없다. 하느님의 법칙은 너를 보호하려고 제정되었으며, 너의 안전만큼이나 침범받을 수 없다.

⁶⁰ 하느님은 너 외에는 아무것도 창조하지 않으셨으며, 너 외에는 아무것도 존재하지 않는다. 왜냐하면 너는 하느님의 일부기 때문이다. 하느님 외에 그 무엇이 존재할 수 *있겠는가?* 하느님 *너머에선* 그 어떤 일도 일어날 수 없다. 하느님 *외에는* 그 무엇도 실제가 아니기 때문이다. *네가* 그러하듯 너의 창조물들도 하느님께 보태지지만, 다른 것은 아무것도 보태지지 않는다. 모든 것은 항상 *존재해 왔기* 때문이다. 덧없는 것들 외에 무엇이 너를 속상하게 할 수 있겠는가? 그리고 네가 하느님의 *유일한* 창조물이고, 하느님이 너를 영원하게 창조하셨다면, 덧없는 것들이 어찌 실제일 수 있겠는가? 너의 거룩한 뜻은 너에게 일어나는 *모든 것을* 결정한다. 네가 지각하는 *모든 것에* 대한 너의 *모든* 반응은 너에게 달려있다. 너의 뜻은 그것들에 대한 너의 지각을 결정하기 때문이다.

⁶¹ 하느님은 *너에* 대한 당신의 *마음을* 바꾸지 않으신다. 하느님은 *당신 자신에* 대해 불확실하지 않으시기 때문이다. 그리고 하느님이 아시는 것은 알려질 수 *있다.* 하느님은 당신 자신만을 위해 아시지 않기 때문이다. 하느님은 당신 자신을 위해 너를 창조하셨지만, 너에게도 *너 자신을* 위해 창조하는 권능을 주셔서 네가 당신을 닮게 하셨다. 이것이 바로 너의 뜻이 거룩한 *이유다.* 그 무엇이 하느님의 사랑을 넘어설 수 있겠는가? 그렇다면, 그 무엇이 *너의* 뜻을 넘어설 수 있겠는가? 너의 뜻 너머에서 너에게 도달할 수 있는 것은 아무것도 없다. 하느님 안에 있는 *너는* 모든 것을 포함하기 때문이다. 이것을 믿어라. 그러면 얼마나 많은 것이 너에게 달려있는지 깨달을 것이다. 그 무엇이 네 마음의 평화를 위협하든, 다음과 같이 자문하라:

⁶² 하느님이 나에 대한 당신의 마음을 바꾸셨는가?

⁶³ 그런 다음 하느님의 결정을 *받아들여라.* 그것은 정녕 변함없기 때문이다. 그리고 *너 자신*에 대한 너의 마음을 바꾸기를 거부하라. 하느님은 결코 너에게 *불리한* 결정을 하지 않으실 것이다. 그렇지 않으면 그것은 당신 자신에게 불리한 결정일 것이다.

⁶⁴ 네가 *너의* 창조물들을 알지 못하는 이유는 단지, 너의 마음이 갈라져 있는 한 그것들에 반하여 결정하려고 하기 때문이다. 그러나 너 자신이 창조한 것들을 공격하는 것은 불가능하다. 하지만 그것은 하느님께도 *불가능함*을 기억하라. 너의 창조물들은 정녕 너의 일부므로 너는 그것들을 너 자신처럼 사랑한다는 것이 바로 창조의 법칙이다. 그러므로 창조된 모든 것은 완벽하게 안전하다. 하느님의 법칙이 그것들을 하느님의 사랑으로 보호하기 때문이다. 네 마음의 어떤 부분이든 이것을 알지 못한다면, 자기 자신을 앎으로부터 추방한 것이다. 그것은 앎의 조건을 충족하지 못한 것이기 때문이다.

⁶⁵ 너 외에 과연 누가 그렇게 할 수 있었겠는가? 이것을 기쁘게 인식하라. 그러한 인식을 통해, 너의 추방 상태는 하느님 탓이 *아니며,* 따라서 존재하지 않음을 깨닫게 되기 때문이다. 너는 하느님 안의 집에 있으면서 망명을 꿈꾸지만, 실재로 완벽하게 깨어날 수 있다. 그렇게 하는 것이 너의 뜻인가? 너는 경험을 통해, 네가 잠들어 있는 한 꿈에 보이는 것이 실제라고 생각한다는 것을 안다. 하지만 깨어나는 순간, 일어난 듯이 *보였던* 모든 일이 전혀 일어나지 않았음을 *알게 된다.* 네가 깨어있을 때 보는 세상을 지배하는 그 모든 법칙이 자는 동안 위반되었는데도, 너는 그것을 이상하게 생각하지 않는다. 그렇다면 *너는 정말로* 깨어나지는 않은 채, 한 꿈에서 다른 꿈으로 그저 옮겨갔을 가능성이 있지 않은가?

⁶⁶ 너는 서로 모순되는 꿈들 속에서 일어난 일들을 군이 조화시키려고 애쓰려는가? 아니면 실재는 어느 꿈과도 일치하지 않음을 깨닫고, 두 꿈을 모두 일축해 버리려는가? 너는 깨어있는 상태를 기억하지 못한다. 성령의 말을 들을 때, 너는 사랑하기가 *가능해* 보여 단지 기분이 더 좋아질 뿐이다. 하지만 그것이 한때 정말로 가능했음은 기억하지 *못한다.* 그리고 이러한 기억하기야말로, 사랑하기가 다시 가능함을 알 수 있는 길이다. 가능한 것이란 아직 성취되지 않은 것이다. 하지만 한때 가능했던 것은, 만약 그것이 영원한 것이라면, *지금도* 가능하다. 네가 기억하게 될 때, 너는 네가 기억하는 것이 영원함을, 따라서 그것은 지금 *존재함*을 알게 될 것이다.

⁶⁷ 네가 모든 것을 전적으로 *열망하는* 바로 그 순간, 모든 것을 기억하게 될 것이다.

전적으로 열망하는 것은 창조하는 것이며, 그럴 때 너는 분리에서 멀어져 너의 마음을 일제히 너의 창조주와 너의 창조물들에게 돌려보내기로 뜻하는 것이기 때문이다. 그때 너는 그들을 알 것이며, 따라서 자겠다는 소망이 아닌 깨어나 기뻐하겠다는 뜻만 가질 것이다. 너는 오로지 진리만을 *원할* 것이며, 따라서 꿈은 불가능하게 될 것이다. 그리고 마침내 너의 뜻이 된 진리는 네 것이 된다.

IX. 잊겠다는 결정

⁶⁸ 네가 어떤 것을 알지 못하는 한, 그것을 해리할 수 *없다*. 그러므로 해리 *이전에* 앎이 있으며, 해리는 다만 *잊겠다는 결정에* 불과하다. 그렇게 잊힌 것은 이어서 무서워 보이지만, 그 이유는 *단지* 해리가 진리에 대한 *공격이었기* 때문이다. 너는 잊었기 *때문에* 두려워한다. 너는 너의 앎을 꿈에 대한 자각으로 *대체했는데*, 그 이유는 네가 해리한 그것이 두려워서가 *아니라* 너의 해리 자체를 *두려워하기* 때문이다. 심지어 이 세상의 치료법에서조차, 해리된 대상을 *받아들이면* 더 이상 그것을 두려워하지 않게 된다. 마음의 법칙은 항상 작동하기 때문이다.

⁶⁹ 하지만 *실재에* 대한 해리를 포기하면 단지 두려움이 없는 상태 이상의 어떤 것을 얻게 된다. *이런 결정 안에*, 기쁨과 평화와 창조물의 영광이 놓여있다. 단지 기억하겠다는 뜻만을 성령께 드려라. 성령은 너를 *대신해* 하느님과 너 자신에 대한 앎을 간직하고 있으면서, 네가 그것을 받아들이기만을 기다리고 있다. 기억하기를 방해하는 모든 *것을* 기쁘게 포기하라. 하느님은 너의 기억 안에 계시며, 네가 기꺼이 그분을 기억하고 너 자신의 실재를 다시 알고자 할 때, 하느님의 음성은 네가 그분의 일부임을 말해줄 것이다. 이 세상의 그 무엇도 네가 하느님을 기억하는 것을 지연시키도록 허용하지 말라. 너는 하느님을 기억함으로써 *너 자신을* 알게 되기 때문이다.

⁷⁰ 기억하는 것은 단지 *너의 마음 안에 이미* 있는 것을 그곳에 회복하는 것이다. 너는 네가 기억해 내는 것을 *만들지* 않는다. 너는 단지, 이미 만들어졌지만 거부된 것을 다시 받아들일 뿐이다. 이 세상에서 진리를 받아들이는 능력은 천국에서 창조하기에 대한 지각적 대응물이다. 네가 너의 역할을 하면, 하느님이 당신의 역할을 하실 것이다. 그리고 하느님은 네 역할에 대한 보답으로 *지각을* 앎으로 바꿔주신다. 그 무엇도 너

를 위한 하느님의 뜻 너머에 있지 않다. 단지 하느님을 기억하겠다는 뜻을 표명하고, 보라! 단지 그러한 요청에도 하느님은 너에게 모든 것을 주실 것이다.

71 공격할 때, 너는 *너 자신을* 부정하는 것이다. 그럴 때 너는 너의 정체가 *아니라고* 너 자신에게 아주 분명하게 가르치는 것이다. 실재에 대한 부정은 네가 하느님의 선물을 *받아들이지* 못하게 만든다. 너는 그 자리에 *다른* 무언가를 받아들인 것이기 때문이다. 방어기제의 오용은 항상 진리에 대한 공격이며, 진리는 곧 하느님임을 이해한다면, 이것이 왜 *항상* 두려운 일인지 깨달을 것이다. 더 나아가 네가 하느님의 *일부임*을 인식한다면, 네가 왜 항상 너 자신을 *먼저* 공격하는지 이해하게 될 것이다.

72 [모든 공격은 자기 공격이다. 그것은 다른 어떤 것일 수 없다. 그것은 참으로 너인 그것이 되지 *않겠다는* 너 자신의 결정에서 발생하기에, *너의 정체에* 대한 공격이다. 따라서 공격은 너의 정체를 상실하는 방법이다. 공격할 때, 너는 네가 참으로 무엇인지 잊었음에 *틀림없기* 때문이다. 그리고 너의 실재는 곧 하느님의 실재므로, 공격할 때 *너는 하느님을 기억하고 있지 않은* 것이다. 이것은 하느님이 가버리셨기 때문이 아니라, 네가 *적극적으로 하느님을 기억하지 않으려 하기* 때문이다.][3]

73 이것이 네 마음의 평화를 얼마나 참혹하게 파괴하는지 깨닫는다면, 너는 이런 미친 결정을 내릴 수 없을 것이다. 네가 그런 결정을 내리는 이유는 단지, 그것이 네가 *원하는* 무언가를 *가져다줄* 수 있다고 여전히 믿기 때문이다. 그렇다면 너는 마음의 평화가 아닌 *다른* 무언가를 원한다는 결론이 나오지만, 그것이 무엇인지는 곰곰이 생각해 보지 않았다. 하지만 너 자신의 결정을 *직시한다면*, 그 논리적인 결과는 아주 분명하다. 너는 너의 실재에 *맞서* 결정함으로써 너 자신을 하느님과 그분의 왕국에 *맞서 바짝 경계하도록* 만들어버렸다. 바로 *이런* 경계심이야말로 네가 하느님을 기억하기를 두려워하게 만드는 것이다.

74 너는 하느님을 공격하지 *않았으며*, 하느님을 *정녕* 사랑한다. 네가 너의 실재를 바꿀 수 있겠는가? 그 누구도 자기 자신을 파괴하려고 뜻할 수 없다. 네가 너의 자아를 공격하고 있다고 생각할 때, 그것은 네가 너라고 *생각하는* 그것을 증오한다는 확실한 표시다. 그리고 오로지 그것만이 너에게 공격받을 수 있다. 네가 너라고 *생각하는* 그

---

3) 9장 72문단은 원본에 누락된 것을 이전 자료에서 복원한 것이다. 이것을 2009년 판에서는 71a라고 번호를 매겼고, 2012년 판부터는 9장의 72문단부터 끝까지 문단 번호를 다시 매겼다. – 편집자

것은 혐오스러울 수 있으며, 이 이상한 이미지가 너에게 하라고 시키는 일은 굉장히 파괴적일 수 있다. 하지만 이런 파괴는 그 이미지만큼이나 실제가 아니다. 비록 우상을 만드는 자들은 우상을 *숭배하지만* 말이다. 우상은 아무것도 아니지만, 우상을 숭배하는 자들은 하느님의 병든 아들들이다.

⁷⁵ 하느님은 그들이 병에서 해방되어 당신의 마음으로 돌아오기를 원하신다. 하느님은 그들을 돕기 위한 너의 권능을 *제한하지* 않으실 것이다. 하느님은 그것을 이미 너에게 *주셨기* 때문이다. 그 권능을 두려워하지 말라. 그것은 곧 너의 구원이기 때문이다. 하느님의 병든 아이들에게 *너를* 통해 전해지는 하느님의 권능 외에 어떤 위로자가 있을 수 있겠는가? 온아들 가운데 *누가* 하느님을 받아들이는지는 중요하지 않다. 이를 기억하라. 하느님은 모두를 위해 *항상* 받아들여지시며, *너의* 마음이 하느님을 받을 때 온아들 전체에 걸쳐 하느님에 대한 기억이 깨어난다. 너의 형제들을 *위해* 그저 하느님을 받아들임으로써, 그들을 치유하라.

⁷⁶ 너희의 마음들은 분리되어 있지 않으며, 하느님의 치유 채널은 단 하나만 있다. 하느님은 단 한 명의 아들만 두셨기 때문이다. 하느님과 모든 **아이들** 사이에 남아있는 소통 고리는 그들을 서로와 결합하고, 하느님과도 결합한다. 이것을 자각하는 것이 곧 그들을 치유하는 것이다. 그것은 아무도 분리되어 있지 않다는, 따라서 아무도 병들지 않았다는 자각이기 때문이다. 하느님의 아들 가운데 하나가 병들 수 *있다고* 믿는 것은 하느님의 일부가 고통받을 수 있다고 믿는 것이다. 사랑은 공격할 수 없으므로, 고통받을 수 *없다.* 따라서 사랑을 기억하는 것은 사랑과 더불어 상처받을 수 없음도 가져다준다.

⁷⁷ *하느님의 아들이* 병을 믿더라도, 그가 있는 앞에서 병을 편들지 말라. *네가* 그의 내면에 계신 하느님을 받아들이는 것은 그가 잊은 하느님의 사랑을 *인정하는* 것이기 때문이다. 너는 그를 하느님의 일부로 알아봄으로써, 그가 스스로 부정하고 있는 그 자신에 대한 진리를 가르쳐준다. 너는 하느님에 대한 그의 부정을 *강화함으로써 너 자신을* 잊으려는가? 아니면 그에게 그의 온전성에 대해 일깨워 주고, 그와 *더불어* 너의 창조주를 기억하려는가? 하느님의 아들 가운데 하나가 아프다고 믿는 것은 그가 숭배하는 것과 같은 우상을 숭배하는 것이다. 하느님은 우상 숭배가 *아닌* 사랑을 창조하셨다. 모든 형식의 우상 숭배는 창조에 대한 서투른 모방으로서, 병든 마음이 가르치는 것이다. 그 마음은 너무도 분열되어 있어서, 창조는 권능을 *공유할 뿐* 결코 찬탈하지 않음을 알지 못한다. 병은 우상 숭배다. 병은 *네가* 권능을 빼앗길 수 있다는 믿음

이기 때문이다. 하지만 이것은 불가능하다. 너는 정녕 모든 권능이신 하느님의 일부기 때문이다.

78 병든 신이란 분명 그것을 만든 자가 *자기 자신이라*고 생각하는 이미지대로 만든 우상일 것이다. 바로 이것이 정확하게 에고가 하느님의 아들에게서 *지각하는* 것이다. 그것은 스스로 창조되었고, 자기 충족적이고, 아주 사악하며, 아주 취약한 병든 신이다. 바로 이것이 네가 숭배하려는 우상인가? 바로 이것이 네가 바짝 경계하여 *지키려*는 이미지인가? [너는 *정말*로 이러한 것을 잃을까 봐 두려운가?] 에고 사고체계의 논리적 결과를 냉정히 직시하고, 에고가 제공하는 것이 정말로 네가 원하는 것인지 판단하라. 이것이 바로 에고가 너에게 제공하는 선물이기 때문이다. 너는 이것을 *얻으려고* 기꺼이 네 형제의 신성을 공격하려 하며, 그럼으로써 *너의* 신성을 잊으려 든다. 너는 또한 기꺼이 너의 신성을 감추고 이런 우상을 보호하려 든다. 너는 그 우상이 너를, 그 우상이 *나타내는* 위험으로부터 구해주리라고 생각한다. 하지만 그런 위험은 존재하지 않는다.

79 천국에는 우상 숭배자가 없다. 하지만 하느님이 창조하신 모든 **영혼**의 가치에 대한 깊은 이해는 있다. 그곳에는 각 영혼이 하느님의 일부라는 고요한 앎이 있기 때문이다. 하느님의 아들은 우상을 알지 못하지만, 자신의 아버지는 *안다*. 이 세상에서의 건강은 천국에서의 가치에 상응하는 것이다. 나는 너희에게 나의 공적이 아닌 사랑을 선사한다. 너희는 너희 자신을 가치 있게 여기지 않기 때문이다. 네가 너 자신을 가치 있게 여기지 않을 때 병이 들지만, 너의 가치에 대한 *나의* 평가는 너를 치유할 수 있다. 왜냐하면, 하느님 아들의 가치는 하나기 때문이다. "나의 평화를 너에게 주노라."라는 나의 말은 바로 이런 의미였다. 평화가 하느님으로부터 나와, 나를 통해 *너에게* 왔다. 비록 너는 평화를 요청하지 않았지만, 그것은 너를 위한 것이었다.

80 어떤 형제가 아프다면, 그 이유는 그가 평화를 요청하지 *않음으로써* 자신이 평화를 *갖고* 있음을 모르기 때문이다. 평화를 *받아들이는* 것은 환상을 부정하는 것이다. 그리고 병이 곧 환상이다. 하지만 하느님의 모든 아들에게는 환상을 단지 자신 안에서 완전히 부정함으로써 왕국의 *모든 곳에서* 부정할 수 있는 권능이 있다. 나는 너를 알기 때문에, 너를 치유할 수 있다. 나는 너를 *대신해* 너의 가치를 알며, 바로 이 가치야말로 너를 온전하게 만들어주는 것이다. 온전한 마음은 우상을 숭배하지 않으며, 상반되는 법칙에 대해 알지 못한다. 나는 너를 치유할 것인데, 그 이유는 단지 나

는 단 *하나의* 메시지만 가졌고, 그 메시지는 참이기 때문이다. 네가 나를 믿을 때, 그 메시지에 대한 믿음이 너를 온전케 할 것이다.

81 나는 하느님의 메시지를 가져다줄 때 속이지 않는다. 그리고 너는 항상 네가 *받아들이는* 만큼 받는다는 것을 배울 때, 이것을 배울 것이다. *너는* 이 메시지를 들었기 때문에, 네가 만나는 모든 이를 위해 *바로 지금* 평화를 받아들여서, 그들에게 *모든* 환상으로부터의 완벽한 자유를 제공할 수 있다. 하지만 하느님 앞에 다른 신을 두지 말라. 그렇지 않으면 너는 듣지 않을 것이다. 하느님은 네가 만든 신을 질투하시지 않지만, *너는* 질투한다. 너는 그 신들이 *너를* 만들었다고 믿기에, 그들을 지키고 섬기려 한다. 너는 그 신들이 네 아비라고 생각한다. 왜냐하면, *네가 하느님을 대체하려고* 그들을 만들었다는 두려운 사실을 그들에게 투사하고 있기 때문이다. 하지만 그 무엇도 하느님을 대체할 수 없으며, 네가 시도했던 그 모든 대체품은 단지 무다. 그들이 너에게 말을 걸어오는 듯이 보일 때, 이를 기억하라.

82 그렇다면 아주 간단히 말해, 너는 네가 무를 두려워한다고 *믿을* 수는 있지만, 실제로 *아무것도* 두려워하고 있는 것이 *아니다.* *그러한* 알아차림 안에서, 네가 치유된다. 너는 반드시 네가 귀 기울이는 신의 음성을 들을 것이다. 너는 병의 신을 *만들었고*, 그를 *만듦으로써* 너 자신이 그의 말을 들을 수 있게 만들었다. 하지만 네가 병의 신을 창조한 것은 아니다. 병의 신은 아버지의 뜻이 *아니기* 때문이다. 따라서 병의 신은 영원하지 않으며, 네가 오로지 영원한 것만 받아들이겠다는 용의를 표명하는 순간 너를 위해 *만들어지기 전으로 되돌려질* 것이다. 하느님이 단 한 명의 아들만 두셨다면, 단 한 분의 하느님만 계신다. 실재는 나뉘지 않았으므로, 너는 하느님과 실재를 공유한다. 하느님 앞에 다른 신들을 받아들이는 것은 *너 자신* 앞에 다른 이미지들을 놓는 것이다.

83 네가 너의 신들에게 얼마나 많이 귀 기울이는지, 그들을 위해 얼마나 바짝 경계하는지 너는 깨닫지 못한다. 하지만 그들이 존재하는 이유는 단지 네가 그들을 공경하기 *때문이다.* 마땅히 공경해야 할 것을 공경하라. 그러면 평화가 네 것이 된다. 평화는 네가 *진짜* 아버지로부터 받은 유산이다. 너는 너의 아버지를 만들 수 없으며, 네가 만든 아버지도 너를 만들지 않았다. 환상은 공경할 만한 대상이 아니다. 환상을 공경하는 것은 무를 공경하는 것이기 때문이다. 하지만 환상은 또한 두려워할 만한 대상도 아니다. 무가 두려울 수는 없기 때문이다. 너는 사랑의 완벽한 무해함 *때문에* 사랑을 두려워하기로 선택했으며, 그리고 이런 두려움 때문에, 너 자신의 완벽한 도움됨

helpfulness과 너 자신의 완벽한 조력자Help를 기꺼이 포기하려 했다.

⁸⁴ 너는 오로지 하느님의 제단에서만 평화를 발견할 것이다. 그 제단은 너의 내면에 있다. 하느님은 그것을 너의 내면에 놓아두셨기 때문이다. 하느님의 **음성**은 여전히 너에게 돌아오라고 부르고 있다. 그리고 네가 하느님 앞에 다른 어떤 신도 놓지 않을 때, 그 음성을 들을 것이다. 너는 네 형제들을 위해 병의 신을 포기할 수 있다. 사실 너 자신을 위해 병의 신을 포기하려면, 반드시 그렇게 해야 할 것이다. 네가 어디서든 병의 신을 본다면, 그를 이미 받아들인 것이기 때문이다. 그리고 네가 병의 신을 받아들인다면, 반드시 그 앞에 엎드려 절하고 숭배할 것이다. 병의 신은 하느님의 대체품으로서 만들어졌기 때문이다. 병의 신은 네가 어느 신이 실제인지 *선택할* 수 있다는 믿음이다. 비록 이것이 실재와는 아무런 관련도 없다는 점은 아주 명백하지만, 네가 지각하는 대로의 실재와는 *아주* 관련이 많다는 점도 똑같이 명백하다.

X. 마법 대 기적

⁸⁵ *모든 마법은 양립할 수 없는 것을 양립시키는 어떤 형식이다. 모든 종교는 양립할 수 없는 것은 결코 양립할 수 없다는 인식이다.* 병과 완벽함은 전혀 양립할 수 없다. 하느님이 너를 완벽하게 창조하셨다면, 너는 정녕 완벽하다. 네가 병들 수 있다고 믿는다면, 너는 이미 하느님 앞에 다른 신들을 놓은 것이다. 하느님은 네가 만든 병의 신과 전쟁을 벌이지 않으시지만, *너는* 전쟁을 벌이고 있다. 병의 신은 하느님께 *맞서겠다는* 뜻의 상징이며, 네가 병의 신을 두려워하는 이유는 그것이 하느님의 뜻과 양립할 수 없기 때문이다. 네가 만약 병의 신을 공격한다면, 그를 너에게 실제인 것으로 만들 것이다. 하지만 그가 너에게 어떤 형식으로 나타나든, 그리고 네가 그를 어디서 본다고 생각하든 그를 숭배하기를 거부한다면, 그는 그가 만들어진 재료인 무로 사라져 버릴 것이다.

⁸⁶ 실재는 오로지 구름 없는 마음에게만 분명해질 수 있다. 실재는 항상 받아들여지기 위해 거기에 있지만, 실재를 받아들이는 것은 실재를 *가지려는* 너의 용의에 달려있다. 실재를 알기 위해서는 반드시 *비실재를* 있는 그대로 판단하려는 용의가 있어야 한다. 이것이 바로 선택적 지각을 *바르게* 사용하는 것이다. 무를 간과하는 것은 단지 무

를 *바르게* 판단하는 것이며, 너에게 무를 제대로 평가하는 능력이 있기 때문에 *무를 내려놓는 것이다.* 환상으로 자욱한 마음에 앎은 분명해질 수 없다. 진리와 환상은 양립할 수 없기 때문이다. 진리는 온전하며, 마음의 일부에 의해 알려질 수 *없다.*

⁸⁷ 온아들의 *일부만* 병들었다고 지각할 수는 없다. 온아들을 그런 식으로 지각하는 것은 온아들을 전혀 지각하지 않는 것이기 때문이다. 온아들이 하나라면, 모든 측면에서 하나다. 하나인 상태는 나뉠 수 *없다.* 네가 다른 신들을 지각한다면, 너의 마음은 분열된 것이다. 그리고 너는 그런 분열을 *제한할* 수 없을 것이다. 그러한 분열은 네 마음의 일부를 하느님의 뜻에서 제거했다는 표시며, 이것은 결국 그 부분이 통제 불가능하다는 의미기 때문이다. 통제 불가능한 것은 *이성* 없이 있는 것이며, 마음은 이성이 없이는 과연 비이성적으로 된다. 이것은 단지 정의상의 문제다. 너는 마음을 잘못 *정의함으로써* 마음이 잘못 *기능하고* 있다고 지각한다.

⁸⁸ 하느님의 법칙은 너의 마음을 평화롭게 유지해 줄 것이다. 평화는 하느님의 뜻이며, 하느님의 법칙은 그 뜻을 떠받치려고 제정되었기 때문이다. 하느님의 법칙은 자유의 법칙이지만, 너의 법칙은 속박의 법칙이다. 자유와 속박은 양립할 수 없으므로, 그 두 법칙을 함께 이해할 수는 없다. 하느님의 법칙은 오로지 너의 선을 위해서만 작동하며, 그밖에 다른 법칙이란 없다. 다른 모든 것은 그저 무법 상태며, 따라서 혼란스럽다. 하지만 하느님은 당신이 창조하신 모든 것을 당신의 *법칙*으로 직접 보호하셨다. 따라서 그 법칙 아래에 있지 않은 것은 무엇이든 존재하지 않는다. "혼란의 법칙"이란 정의상 무의미하다. 창조는 완벽하게 적법하다. 그리고 혼란스러운 것에는 의미가 없다. 그 안에는 *하느님이* 계시지 않기 때문이다. 너는 네가 만든 신들에게 너의 평화를 주어버렸다. 하지만 너에게서 평화를 앗아갈 신들은 존재하지 않으며, 너도 그들에게 너의 평화를 줄 수 없다.

⁸⁹ 너에게는 자유를 넘겨주고 포기할 자유가 *없으며,* 단지 자유를 *부정할* 자유만 있다. 너는 하느님이 의도하지 않으신 것은 행할 수 *없다.* 그분이 의도하지 않으신 것은 *일어나지 않기* 때문이다. 너의 신들이 혼란을 *가져오는* 것이 아니라, 네가 그들에게 혼란을 *부여하고는* 그들로부터 혼란을 받아들이고 있을 뿐이다. 이 모든 것은 결코 일어난 적이 없다. 하느님의 법칙이 아닌 것은 결코 시행된 적이 없으며, 하느님의 뜻이 아닌 것은 결코 존재하지 않을 것이다. 너희는 하느님의 법칙을 통해, 하느님의 뜻에 의해 창조되었으며, 너희가 창조된 방식은 너희를 *창조자들로* 확립하였다. 네가

만든 것은 너에게 너무도 합당치 않아서, 너는 결코 그것을 원할 수 없다. *그것을 있는 그대로 볼 용의가 있다면* 말이다. 있는 그대로 본다면, 너는 그곳에서 아무것도 보지 못할 것이다. 너의 비전은 자동적으로 그 너머로 눈을 돌려, 네 안에 있으면서도 온통 너를 둘러싸고 있는 것을 볼 것이다. 실재는 네가 설치한 장애물을 뚫고 지나갈 수 없지만, 네가 그것을 내려놓는다면 너를 온통 둘러쌀 것이다.

⁹⁰ 네가 하느님의 보호를 경험하게 되었을 때, 우상을 만드는 것은 상상도 할 수 없을 것이다. 하느님의 **마음** 안에는 이상한 이미지가 전혀 없으며, 그분의 **마음** 안에 없는 것은 너의 마음 안에도 있을 수 없다. 너는 *유일한* 마음에서 나왔고, 그 마음은 *하느님께* 속하기 때문이다. 그리고 그 마음은 하느님께 속하기 *때문에*, 너의 마음이다. 하느님께 소유란 공유기 때문이다. 하느님께 그러하다면, 너에게도 그러하다. 하느님이 내리신 정의가 곧 하느님의 법칙이다. 하느님은 그 정의들로써 우주를 그 모습대로 확립하셨기 때문이다. 네가 너 자신과 너의 실재 사이에 끼워 넣으려는 그 어떤 가짜 신도 진리에 아무런 영향도 끼칠 수 없다. 평화가 네 것인 이유는, 하느님이 너를 창조하셨기 때문이다. 그리고 하느님은 다른 것은 아무것도 창조하지 않으셨다.

⁹¹ 기적은 하느님의 아들이 모든 가짜 신을 내려놓고, 자신의 형제들에게도 그렇게 하자고 요청하는 행위다. 이것은 그의 형제도 그렇게 할 수 있다는 인식이므로, 믿음의 행위다. 그것은 형제의 마음 안에 있는 성령을 부르는 것이며, 이 부름은 이러한 결합으로 더욱 강화된다. 기적일꾼은 성령의 말을 들었기 때문에, 병든 형제의 병에 대한 *믿음*을 약화함으로써 그의 내면에서 성령의 음성을 강화한다. 그는 병에 대한 믿음을 공유하지 *않는다*. 한 마음의 권능은 다른 마음 안을 비춰줄 수 *있다*. 하느님의 모든 등불들은 같은 불꽃으로 켜졌기 때문이다. 그 불꽃은 어디에나 있으며, 또한 영원하다.

⁹² 대다수의 경우에는, 단지 불꽃만 남아있다. **위대한 빛줄기들**이 가려져 있기 때문이다. 하지만 하느님은 그 불꽃을 살려두셔서, 그 빛줄기들이 결코 완전히 망각되지 않게 하셨다. 네가 단지 작은 불꽃만이라도 본다면, 더 위대한 빛에 대해 배울 것이다. 그 빛줄기들은 거기에 있으면서 보이지 않을 뿐이기 때문이다. 불꽃을 지각하면 치유하겠지만, 빛을 알면 창조할 것이다. 하지만 돌아갈 때는 먼저 작은 빛을 인정해야 한다. 분리란 장엄함에서 왜소함으로의 전락이었기 때문이다. 그러나 그 불꽃은 창조의 남아있는 부름이므로, 여전히 위대한 빛만큼이나 순수하다. 그 불꽃을 온전히 믿기로 결단하라. 그러면 하느님이 몸소 너에게 응답하시리라.

XI. 하느님에 대한 부정

⁹³ 병의 신에게 바치는 의례는 이상하고 요구 사항도 많다. 기쁨은 결코 허용되지 않는다. 우울이야말로 그에게 바치는 충성의 표시기 때문이다. 우울은 네가 하느님을 맹세코 부정했음을 의미한다. 사람들은 신성 모독을 두려워하지만, 그것이 무엇을 의미하는지 모른다. 그들은 하느님을 부정하는 것은 그들 *자신의* 정체를 부정하는 것이며, 이런 의미에서 죄의 대가는 죽음임을 깨닫지 못한다. 그것은 아주 문자 그대로, 생명에 대한 부정은 생명의 반대를 지각한다는 의미다. 그것은 모든 형식의 부정이 *존재하는* 것을 존재하지 *않는* 것으로 대체하는 것과 마찬가지다. 실제로 이렇게 할 수 있는 사람은 아무도 없지만, 네가 그렇게 할 수 있다고 *생각하고*, 그렇게 *했다고* 믿을 수 있다는 점에는 논란의 여지가 없다.

⁹⁴ 하지만 하느님에 대한 부정은 투사를 낳을 수밖에 없으며, 너는 *너 자신이 아닌* 다른 사람들이 너에게 그렇게 했다고 믿을 것이다. 이를 잊지 말라. 너는 네가 주는 메시지를 받을 것이다. 그것은 네가 *원하는* 메시지기 때문이다. 너는 네 형제들이 *너에게* 주는 메시지를 가지고 네가 그들을 판단한다고 믿을 수도 있지만, 사실 *네가 그들에게* 주는 메시지를 가지고 *그들을* 이미 판단했다. 네가 기쁨을 부정하는 것을 그들 탓으로 돌리지 말라. 그렇지 않으면 너는 *네게* 기쁨을 가져다줄 수 있는 그들 내면의 불꽃을 볼 수 없을 것이다. 네가 우울해지는 이유는 그 불꽃을 부정하기 때문이다. 그리고 네 형제들에게 그 불꽃이 *없다고* 볼 때마다, 너는 하느님을 *부정하는* 것이다.

⁹⁵ 하느님에 대한 부정에 충성하는 것이 에고의 종교다. 병의 신은 당연히 건강을 부정하라고 요구한다. 건강은 병의 신의 생존과 정반대기 때문이다. 하지만 이것이 *너에게* 무엇을 의미하는지 생각해 보라. 너는 병들지 않는 한 네가 만든 신들을 유지할 수 없다. 너는 오로지 병들었을 때만 그들을 *원할* 수 있기 때문이다. 그렇다면 신성 모독은 하느님께 파괴적인 것이 *아니라 자기* 파괴적이다. 신성 모독은 네가 병들어 *있기 위해* 기꺼이 너 자신을 알지 *않으려* 한다는 의미다. 너의 신은 바로 이러한 공물을 요구한다. 그는 *네가* 정신 이상 상태에서 만든 정신 이상 아이디어기 때문이다. 병의 신은 많은 형식을 가졌고, 비록 다른 많은 것들로 보일 수는 있지만, 단지 하느님에 대한 부정이라는 아이디어에 불과하다.

⁹⁶ 병과 죽음이 하느님의 뜻을 *거슬러* 하느님 아들의 마음에 들어왔다. "하느님에 대

한 공격"은 *그가* 자신에게 아버지가 없다고 생각하도록 만들었으며, 그는 우울해져서 우울의 신을 만들었다. 이것은 기쁨에 대한 그의 대안이었다. 그는 자신이 창조자기는 하지만 또한 창조된 존재라는 사실을 받아들이려 하지 않았기 때문이다. 하지만 아들은 아버지 없이는 무력하며helpless, 아버지만이 그의 도움help이시다. 우리는 앞에서 너 자신만으로는of yourself 아무것도 할 수 없다고 말했다. 하지만 너는 너 자신에게서 *나오지*of yourself 않았다. 그렇지 않다면 네가 만든 것은 참일 것이며, 너는 *결코* 그것에서 벗어날 수 없을 것이다.

⁹⁷ 너는 너 자신을 만들지 않았기 *때문에*, 아무것도 걱정할 필요가 없다. 너의 신들은 아무것도 아니다. 아버지는 그들을 창조하지 않으셨기 때문이다. 너의 창조주가 당신을 닮지 않은 아들을 창조할 수 없으셨듯이, 너는 너의 창조주를 닮지 않은 창조자들을 만들 수 없다. 창조가 공유라면, 창조는 그 자신과 닮지 않은 것을 창조할 수 없다. 창조는 오로지 자신의 *정체만*을 공유할 수 있다. 우울은 고립이며, 따라서 창조되었을 리가 없다.

⁹⁸ 하느님의 아들이여, 너는 죄를 지은 것이 아니라 단지 크게 잘못 생각했을 뿐이다. 하지만 이것은 교정될 수 있다. 그리고 하느님은 네가 당신께 죄를 지을 수 없음을 *아시기에*, 너를 도우실 것이다. 너는 하느님을 사랑했기 *때문에* 부정했다. 네가 만약 하느님을 얼마나 사랑하는지 인식한다면, 하느님을 부정할 수 없음을 알았기 때문이다. 그러니 하느님에 대한 너의 부정은 곧 네가 하느님을 사랑한다는 의미며, 또한 *하느님이 너*를 사랑하심을 네가 안다는 의미다. 네가 부정하는 것은 분명 네가 전에 알았던 것임을 기억하라. 그리고 네가 부정을 받아들인다면, 부정의 *무효화*도 받아들일 수 있다.

⁹⁹ 아버지는 너를 부정하지 않으셨다. 아버지는 보복하지 않으시며, 너에게 돌아오라고 *부르신다*. 아버지가 너의 부름에 응답하지 않으셨다고 생각할 때, 사실 *네가 그분의* 부름에 응답하지 않은 것이다. 아버지는 아들을 사랑하시므로, 온아들의 모든 부분으로부터 너를 부르신다. 네가 만약 아버지의 메시지를 *듣는다면*, 아버지는 이미 너에게 응답하신 것이다. 그리고 네가 그것을 바르게 듣는다면, 아버지로부터 배울 것이다. 하느님의 *사랑*은 그분이 창조하신 모든 것 안에 있다. 그분의 아들은 모든 곳에 있기 때문이다. 너의 형제들을 평화롭게 바라보라. 그러면 하느님은 네가 드린 선물에 감사하시면서, 너의 가슴으로 서둘러 들어오시리라.

100 병의 신을 바라보며 치유해 달라고 하지 말고, 오로지 사랑의 하느님만 바라보라. 치유는 하느님을 *인정하는* 것이기 때문이다. 네가 하느님을 인정할 때, 너는 그분이 *너를* 인정하기를 멈추신 적이 없으며, 너에 대한 그분의 인정에 너의 존재가 놓여있음을 *알게* 될 것이다. 너는 병들지 않았으며, 죽을 수도 없다. 하지만 너 자신을 병들고 죽는 것들과 혼동할 수는 *있다*. 그러나 그렇게 하는 것은 *신성 모독임*을 기억하라. 그것은 네가 하느님, 그리고 하느님과 분리될 수 없는 그분의 창조물을 사랑 없이 바라보고 있음을 의미하기 때문이다. 오로지 영원한 것들만이 사랑받을 수 있다. 사랑은 죽지 않기 때문이다. 하느님에게서 나온 것은 영원히 하느님의 것이다. 그리고 너는 정녕 하느님에게서 나왔다. 하느님이 당신 자신을 고통받도록 허락하시겠는가? 그리고 당신이 받아들일 만하지 않은 것을 아들에게 주시겠는가?

101 하느님이 창조하신 대로의 너 자신을 받아들인다면, 너는 고통받을 수 없다. 하지만 그러기 위해서는 하느님을 너의 창조주로 인정해야 한다. 그렇게 하지 않으면 네가 벌을 받기 때문이 아니라, 단지 아버지를 인정하는 것은 너 자신을 있는 그대로 *인정하는* 것이기 때문이다. 아버지는 너를 죄가 전혀 없고, 고통도 전혀 없으며, 그 어떤 고난도 없도록 창조하셨다. 네가 하느님을 부정한다면, 하느님이 너의 마음에게 주신 능력으로 인하여 너 *자신의* 마음 안으로 죄와 고통과 고난을 들여오게 된다. 너의 마음은 세상들을 창조할 수 있다. 그러나 너의 마음은 또한 자유로우므로, 자신이 창조하는 것을 부정할 수도 있다.

102 너는 그동안 너 자신을 얼마나 부정했는지, 너를 사랑하시는 하느님이 네가 그러지 않기를 얼마나 간절히 바라셨는지 깨닫지 못한다. 하지만 하느님은 너를 간섭하지 않으신다. 만약 당신의 아들이 자유롭지 않다면, 하느님은 그를 아실 수 없을 것이기 때문이다. 너를 간섭하는 것은 당신 자신을 공격하는 것이겠지만, 하느님은 정신 이상이 아니시다. 하느님을 부정했을 때, *너는* 제정신이 아니었다. 너는 너의 정신 이상을 하느님이 *공유하시게* 하려는가? 하느님은 당신의 아들을 사랑하기를 결코 멈추지 않으실 것이며, 아들도 하느님을 사랑하기를 결코 멈추지 않을 것이다. 그것은 하느님의 아들이 창조된 조건으로서, 하느님의 마음에 영원히 고착되어 있다. 그것을 아는 것이 제정신이고, 그것을 부정하는 것이 정신 이상이다. 하느님은 너를 창조하실 때 당신 자신을 너에게 주셨다. 그리고 하느님의 선물은 영원하다. 너는 너 자신을 하느님께 드리기를 부정하려는가?

¹⁰³ 네가 하느님께 드리는 선물로 인해, 천국이 그분의 아들에게 회복될 것이다. 하느님의 아들은 그를 위해 창조된 것과 그가 아버지의 이름으로 창조한 것을 받아들이기를 거부함으로써, 자기 자신을 하느님의 *선물로부터* 제외했다. 천국은 그가 돌아오기를 기다리고 있다. 천국은 하느님 아들의 거처로서 창조되었기 때문이다. 너는 다른 어떤 곳에서도, 다른 어떤 상태에서도, 집에 있는 것이 아니다. 너 스스로 만든 불행을 지키려고 너를 위해 창조된 기쁨을 부정하지 말라. 하느님은 네가 만든 것을 무효화할 수단을 주셨다. 귀 기울여라. 그러면 반드시 너의 정체에 대해 배울 것이다.

¹⁰⁴ 하느님이 당신의 **아이들**을 전혀 죄 없다고 아신다면, 그들을 유죄라고 지각하는 것은 신성 모독이다. 하느님이 당신의 아이들에게 고통이 전혀 없다고 아신다면, 어디서든 고통을 지각하는 것은 신성 모독이다. 하느님이 당신의 **아이들**을 전적으로 기쁘다고 아신다면, 우울을 느끼는 것은 신성 모독이다. 이 모든 환상들, 그리고 신성 모독이 취할 수 있는 다른 많은 형식들은 창조물을 있는 그대로 받아들이기를 *거부하는* 것이다. 하느님은 당신의 아들을 완벽하게 창조하셨으므로, 네가 그의 실재에 대해 배우고자 한다면 그를 완벽하다고 보는 법을 배워야 한다. 그리고 온아들의 *일부로서* 네가 *너의 실재*에 대해 배우고자 한다면, *너 자신*을 완벽하다고 보는 법을 배워야 한다.

¹⁰⁵ 하느님이 창조하지 않으신 것은 *아무것도* 지각하지 말라. 그렇지 않으면 너는 *하느님*을 부정하는 것이다. 하느님의 부성만이 *유일한* 부성이며, 그것은 또한 너의 부성이기도 하다. 그 이유는 단지 *하느님이* 그것을 너에게 주셨기 때문이다. 네가 너 자신에게 주는 선물은 무의미하지만, *너의* 창조물들에게 주는 선물은 하느님의 선물을 닮았다. 그것은 하느님의 *이름*으로 주어지기 때문이다. 이것이 바로 너의 창조물들이 하느님의 창조물들만큼이나 진짜인 이유다. 하지만 진짜 아들을 알기 위해서는 먼저 진짜 **부성**을 인정해야 한다. 너는 네가 지각하는 병든 이미지들이 정녕 하느님의 아들이라고 믿기 때문에, 네가 만든 병든 것들이 너의 진짜 창조물들이라고 믿는다.

¹⁰⁶ 너는 하느님의 **부성**을 받아들일 경우에만 *무엇이든* 가질 수 있다. 하느님의 부성은 너에게 모든 것을 *주었기* 때문이다. 그러므로 하느님을 부정하는 것은 실로 너 자신을 부정하는 것이다. 오만은 사랑에 대한 부정이다. 사랑은 *공유하지만*, 오만은 *쥐고서 주지 않기* 때문이다. 네가 둘 다 바람직하다고 보는 한, 선택이라는 개념이 계속 남아있을 것이다. 그 개념은 하느님에게서 오지 *않은* 것이다. 그 개념은 영원 안에서는 참이 아니지만, 시간 안에서는 정녕 참이다. 따라서 *너의* 마음에서 시간이 계속되

는 한, 반드시 선택해야 할 것들이 있을 것이다. 시간 *자체가* 너의 선택이었다.

107 영원을 기억하고자 한다면, *오로지* 영원한 것만 보는 법을 배워야 한다. 너 자신이 일시적인 것들에 사로잡히도록 허락한다면, 너는 정녕 시간 안에서 살고 있는 것이다. 늘 그렇듯이, 너의 선택은 네가 무엇을 가치 있게 여기는지에 의해 결정된다. 시간과 영원은 서로를 부정하므로, 둘 다 실제일 수는 없다. 오로지 무시간적인 것만을 실제인 것으로 받아들인다면, 너는 영원을 이해하고 네 것으로 만들기 시작할 것이다.

제10장

하느님, 그리고 에고

I. 서문

¹ 하느님과 에고 가운데 하나는 정신 이상이다. 양편의 증거를 공평하게 검토해 본다면, 이것이 참임을 깨달을 것이다. 하느님도 에고도 어떤 부분적인 사고체계를 제시하지 않는다. 각 사고체계는 내적으로는 일관되지만 모든 면에서 정반대며, 따라서 부분적인 충성은 불가능하다. 또한, 그 사고체계들의 결과도 그 토대만큼이나 다르며, 근본적으로 양립할 수 없는 그것들의 본성이 네가 오락가락한다고 해서 양립하게 될 수는 *없다*는 점도 기억하라. 살아있는 것 중에 아버지가 없는 것은 없다. 생명이란 곧 창조기 때문이다. 그러니 너의 결정은 항상 "누가 나의 아버지인가?"라는 질문에 대한 대답이다. 그리고 너는 네가 선택하는 아버지에게 충실할 것이다.

² 하지만 이 질문이 갈등을 일으킨다고 정말로 믿는 자에게, 너는 무슨 말을 해주겠는가? 만약 *네가* 에고를 만들었다면, 에고가 어떻게 너를 만들 수 있었겠는가? 권위 문제가 지각된 갈등의 유일한 근원으로 남아있는 이유는, 하느님의 아들이 하느님을 낳아 그 아버지가 되겠다는 소망으로 에고가 만들어졌기 때문이다. 그렇다면 에고는 네가 너 자신의 아버지를 만든 망상체계에 불과하다. 이점에 대해 확실히 해두어라. 이것을 아주 정직하게 말하면 미친 소리로 들리지만, 에고는 결코 자신이 하는 일을 아주 정직하게 바라보지 않는다. 하지만 이것이 바로 에고의 미친 전제다. 그리고 그것은 에고 사고체계의 어두운 초석 안에 조심스레 감춰져 있다. 네가 만든 에고가 너의 아버지거나, 에고의 전체 사고체계가 버티지 못하거나 둘 중 하나일 것이다.

II. 투사 대 확장

³ 너는 투사로써 만들었지만, 하느님은 확장으로써 창조하셨다. 하느님의 창조는 너를 초석으로 한다. 하느님의 사고체계는 빛이기 때문이다. 보이지 않지만 존재하는 빛줄기들을 기억하라. 네가 하느님 사고체계의 중심에 더 가까이 다가갈수록, 빛은 더 분명해진다. 네가 에고 사고체계[의 토대]에 더 가까이 갈수록, 길은 더 어둡고 흐릿해진다. 하지만 심지어 네 마음 안의 작은 불꽃조차도 그 길을 밝히기에 충분하다. 두려움 없이 그 빛을 가져와 에고 사고체계의 토대를 용감히 비추어라. 그것을 아주

정직하게 판단하겠다는 용의를 내라. 그것이 근거하는 공포의 어두운 초석을 열어, 그것을 빛으로 가지고 나오라. 빛 속에서, 너는 에고의 사고체계가 의미 없음 위에 얹혀있으며, 네가 두려워했던 모든 것이 무에 기반하고 있었음을 볼 것이다.

⁴ 나의 형제여, 너는 하느님의 일부자 나의 일부다. 네가 뒤로 흠칫 물러서지 않고 마침내 에고의 토대를 본다면, *우리의* 토대도 본 것이다. 나는 너에게 모든 것을 다시 주려고, 우리의 아버지로부터 너에게 간다. 어두운 초석을 계속 감춰두기 위해 모든 것을 거절하지 말라. *그것을* 보호한다고 네가 구원되지는 않을 것이다. 나는 너에게 등불을 *주고*, 너와 *함께* 걸어갈 것이다. 너는 이 여정을 혼자 밟아나가지 않을 것이다. 나는 너를 이끌어 너의 진짜 아버지께 데려갈 것이다. 그분은 내가 너를 필요로 하듯 너를 필요로 하신다. 사랑의 부름에 *기쁨*으로 응답하지 않으려는가?

⁵ 그동안 너는 네가 치유되어야 할 필요성에 대해 배웠다. 너 스스로는 치유되어야 할 필요성을 인식하면서, 온아들에게는 무언가 다른 것을 가져다주려 하는가? 바로 여기서 앎이 시작되며, 하느님은 바로 이 토대 위에 네가 당신과 공유하는 사고체계를 다시 세우게 하실 것이기 때문이다. 하느님은 네가 그 위에 얹는 돌 하나하나를 빠짐없이 축복하실 것이다. 너는 하느님 아들의 거룩한 거처를 복구하는 것이기 때문이다. 그곳은 하느님이 당신의 아들이 있기를 뜻하시는 곳이자, 그가 실제로 있는 곳이다. 네가 하느님 아들의 마음에서 어떤 부분에 이런 실재를 복구하든, 그것을 너 자신에게 복구하는 것이다. 하느님은 홀로 계시고자 뜻하지 않으셨기에, 너는 네 형제와 더불어 하느님의 마음 안에 머물러 살기 때문이다.

⁶ 홀로 있음은 무한에서 분리되는 것이지만, 무한에 끝이 없다면 이런 일이 어찌 있을 수 있겠는가? 그 누구도 무한 *너머에는* 있을 수 없다. 한계가 없는 것은 모든 곳에 있기 때문이다. 하느님 안에는 시작도 없고 끝도 없으며, 하느님의 우주가 곧 하느님 자신이다. 너 자신을 우주로부터, 혹은 정녕 우주이신 하느님으로부터 제외할 수 있겠는가? 나와 나의 아버지는 *너와* 하나다. 너는 *우리의* 일부기 때문이다. 너는 정말로 하느님의 일부가 하느님에게서 사라져 버리거나 상실될 수 있다고 믿는가?

⁷ 네가 만약 하느님의 일부가 아니라면, 그분의 뜻은 통합되어 있지 않을 것이다. 이것을 상상이나 할 수 있겠는가? 하느님 마음의 일부가 아무것도 담고 있지 않을 수 있겠는가? 하느님 마음 안의 너의 자리는 너 *외에* 다른 누구도 채울 수 없다면, 그리고 네가 창조됨으로써 그 자리가 채워졌다면, 너 *없이는* 하느님의 마음에 빈자리가 있을

것이다. 확장은 가로막힐 수 없으며, 빈 공간이 없다. 확장은 아무리 부정되더라도 영원히 계속된다. 네가 확장의 실재성을 부정한다면 시간 안에서는 확장이 저지되겠지만, 영원 안에서는 그렇지 *않다*. 이것이 바로 너의 창조물들이 확장되기를 멈춘 적이 없으며, 네가 돌아오기를 그리도 간절히 기다리고 있는 까닭이다.

⁸ 기다린다는 것은 오로지 시간 안에서만 가능하다. 하지만 시간이란 아무런 의미도 없다. 너는 지체하였지만, **영원하신 분**은 시작도 끝도 창조하지 않으셨음을 그저 인식함으로써 시간을 뒤로하고 떠날 수 있다. 그분은 당신의 창조물이나 당신처럼 창조하는 자들에게 어떤 한계도 부과하지 않으셨다. 네가 이것을 모르는 이유는 단지, 네가 *하느님이* 창조하신 것을 제한하려 했고, 따라서 *모든* 창조물이 제한되어 있다고 믿기 때문이다. 그렇다면 무한을 *부정해 버린* 네가 어찌 너의 창조물들을 알 수 있겠는가? 우주의 법칙은 모순을 허락하지 않는다. 하느님께 적용되는 것은 *너에게도* 적용된다. *너 자신이* 하느님 안에 없다고 믿는다면, 너는 하느님이 *네* 안에 계시지 않는다고 *믿을* 것이다.

⁹ 무한은 너 *없이는* 무의미하고, *너도* 하느님 없이는 무의미하다. 하느님과 그분의 아들에게 끝이라는 것은 없다. 우리가 곧 우주기 때문이다. 하느님은 불완전하지 않으시며, 아이가 없지 않으시다. 하느님은 홀로 계시고자 뜻하지 않으셨으므로, 당신을 닮은 아들을 창조하셨다. 하느님께 아들의 존재를 부정하지 말라. 네가 하느님의 부성을 받아들이지 않으려고 함으로써 너에게도 *너의* 부성이 부정되었기 때문이다. 하느님의 창조물들을 *그분의* 아들로 보라. 너의 창조물들은 하느님께 경의를 표하여 창조되었기 때문이다. 사랑의 우주는 네가 보지 않는다고 해서 멈추지 않으며, 너의 감긴 눈은 보는 능력을 잃지 않았다. 하느님 창조물의 영광을 바라보라. 그러면 너는 하느님이 너를 위해 무엇을 *간직해* 두셨는지 배울 것이다.

¹⁰ 하느님은 당신의 **마음** 안에 너의 자리 하나를 영원히 마련해 주셨다. 하지만 그 자리를 유지하는 유일한 방법은, 그것을 *네가* 받은 대로 주는 *것이다.* 하느님이 홀로 계시고자 뜻하지 않으셔서 그 자리를 너에게 주셨다면, *네가* 과연 그 자리에서 홀로 있을 수 있겠는가? 하느님의 **마음**은 결코 줄어들 수 없다. 그 마음은 오로지 늘어날 수 있을 뿐이다. 그리고 하느님이 창조하시는 모든 것은 창조하는 기능을 가졌다. 사랑은 제한하지 않으며, 사랑이 창조하는 것도 제한되어 있지 않다. 한계 없이 주는 것은 너를 위한 하느님의 뜻이다. 오로지 이것만이 너에게 기쁨을 가져다줄 수 있기 때문

이다. 기쁨은 하느님의 것이며, 하느님이 너와 *공유하기*를 뜻하시는 것이다. 너의 사랑은 곧 하느님의 것이므로, 그분의 사랑처럼 끝이 없다.

11 하느님의 어떤 부분이라도 그분의 사랑 *없이* 있을 수 있으며, 하느님 사랑의 어떤 부분이라도 억제될 수 있겠는가? 하느님은 곧 네가 받은 유산이다. 하느님의 유일한 선물은 당신 자신이기 때문이다. 하느님이 *너에게* 주시는 선물을 알고자 한다면, 네가 어찌 하느님과 다른 방식으로 줄 수 있겠는가? 그렇다면 한계도 없고 끝도 없이 줌으로써 *하느님이 너에게* 얼마나 많이 주셨는지 배워라. 하느님을 *받아들이는* 너의 능력은 하느님처럼 주려는 너의 용의에 달려있다. 너의 부성과 너의 아버지는 정녕 하나다. 하느님은 창조하기를 뜻하셨으며, 너의 뜻은 곧 하느님의 뜻이다. 그렇다면 *너*도 창조하기를 뜻한다는 결론이 나온다. 너의 뜻은 하느님 뜻의 결과로서 일어나기 때문이다. 그리고 너의 뜻은 하느님 뜻의 확장이기에, 두 뜻은 같을 수밖에 없다.

12 하지만 너는 네가 뜻하는 것을 알지 못한다. 부정하는 것은 "알지 *못하는*" 것임을 깨닫는다면, 이것은 이상하지 않다. 하느님의 뜻은 네가 당신의 아들이라는 것이다. 이것을 부정함으로써 너는 너 *자신의* 뜻을 부정했고, 따라서 너의 뜻이 무엇인지 알지 *못한다.* 모든 것에서 하느님의 뜻이 무엇인지 물어야 하는 이유는 단지, 그것이 정녕 너의 뜻이기 때문이다. 너는 그것이 무엇인지 알지 못하지만, 성령은 너를 *대신해* 그것을 기억하고 있다. 그러니 너를 위한 하느님의 뜻이 무엇인지 성령께 물어라. 그러면 성령은 너에게 *너의* 뜻을 알려줄 것이다. 네가 너의 뜻을 알지 *못한다는* 사실은 아무리 자주 반복해도 부족하다. 성령이 너에게 말해주는 내용이 강압적으로 느껴질 때마다, 그것은 단지 네가 너 자신의 뜻을 *인식하지* 못하기 때문이다.

13 에고의 투사는 마치 하느님의 뜻이 너 자신의 *바깥에* 있어서 너의 뜻이 *아닌* 것처럼 보이게 만든다. 이런 해석에서는, 하느님의 뜻과 너의 뜻 사이의 갈등이 과연 가능하다. 그러면 하느님은 네가 드리기를 원하지 않는 것을 요구하셔서, 그 결과 네가 원하는 것을 *빼앗아* 가시는 듯이 *보일* 수 있다. *오로지* 너의 뜻만 원하시는 하느님이 그러실 수 있겠는가? 너의 뜻은 하느님의 **생명**이며, 하느님은 그 **생명**을 너에게 주셨다. 심지어 시간 안에서조차 너는 하느님과 떨어져 살 수 없다. 잠은 죽음이 아니기 때문이다. 하느님이 창조하신 것은 잠들 수 있지만, 죽을 수는 *없다.* 불멸성은 하느님이 아들에게 뜻하시는 것이자 아들이 자신에게 뜻하는 것이다. 하느님의 아들은 자신에게 죽음을 뜻할 수 없다. 그의 아버지는 **생명**이시며, 아들은 아버지를 닮았기 때문

이다. 창조는 아버지의 뜻이기 *때문에*, 곧 너의 뜻이다.

[14] 네가 진정으로 뜻하는 것을 행하지 않는 한, 너는 행복할 수 없다. 너는 이것을 바꿀 수 없다. 이것은 바뀔 수 없는 것이기 때문이다. 그것은 하느님의 뜻, *그리고 너의* 뜻에 의해, 바뀔 수 없다. 그렇지 않다면 하느님의 뜻은 확장되지 않았을 것이다. 네가 하느님의 뜻을 알기를 두려워하는 이유는, 그것이 너의 뜻이 *아니라*고 믿기 때문이다. 이런 믿음이 너의 모든 병이자 두려움이다. 병과 두려움의 모든 증상이 이것에서 발생한다. 이것은 너로 하여금 알지 않기를 *원하*도록 만드는 믿음이기 때문이다. 너는 이것을 믿기에, 빛이 네 안에 있음을 부정하면서 어둠 속에 숨는다.

[15] 너에게 성령을 신뢰하라고 요청하는 이유는 단지, 성령은 *너*를 대변해 말하기 때문이다. 성령은 하느님을 대변하는 음성이지만, 하느님이 홀로 계시고자 뜻하지 않으셨음을 결코 잊지 않는다. 하느님은 당신의 뜻을 너와 공유하실 뿐, *너에게* 강제로 떠안기지 않으신다. 하느님은 당신이 주시는 것을 간직하셔서, 그중 어느 것도 당신을 반대할 수 없게 하신다. 이를 항상 기억하라. 하느님의 생명을 공유하는 네가 그것을 알려면, 그것을 공유해야 한다. 공유하는 것은 곧 아는 것이기 때문이다. 아버지의 뜻을 듣는 것이 곧 *자신의* 뜻을 아는 것임을 배우는 자여, 너는 참으로 축복받았다. 아버지를 닮는 것이 곧 *너의* 뜻이며, 그것이 그러함이 아버지의 뜻이기 때문이다. 하느님의 뜻은 당신의 아들이 하나며, 당신의 **하나인** 상태 안에서 당신과 연합되어 있는 것이다. 그러므로 치유란 너의 뜻이 곧 하느님의 뜻임을 인식하기 시작하는 것이다.

Ⅲ. 치유를 위한 용의

[16] 병이 분리라면, 치유하고 치유되려는 뜻은 네가 진정으로 원하는 것을 *인식하기 위해* 내딛는 첫걸음이다. 모든 공격은 이것에서 한 걸음 물러나는 것이며, 모든 치유의 생각은 이것에 더 가까이 가게 해준다. 하느님의 아들은 아버지와 아들을 동시에 소*유하*고 있다. 그는 아버지와 아들로 동시에 *존재하*기 때문이다. 소유하기와 존재하기를 연합하는 것은 단지 너의 뜻을 하느님의 뜻에 연합하는 것이다. 하느님은 너에게 당신 자신을 주기를 뜻하시기 때문이다. 너 또한 너 자신을 하느님께 드리기를 뜻한

다. 네가 하느님을 완벽하게 이해하는 상태에서는 단 **하나의 뜻**밖에 없음을 *알기* 때문이다. 하지만 네가 하느님과 그분 왕국의 어떤 부분이든 공격할 때 너의 이해는 완벽하지 않으며, 따라서 네가 뜻하는 것은 너에게 상실된다.

17 그러므로 치유는 *이해*에 대한 레슨이 되며, 너는 더 많이 치유할수록 더 좋은 교사자 더 좋은 학생이 된다. 네가 진리를 부정했다면, 진리로 치유된 자들이야말로 진리의 실재성에 대해 가장 잘 증언할 수 있지 않겠는가? 하지만 너 자신도 반드시 그들 가운데 포함해야 한다. 그들과 결합하려는 너의 용의 안에서 *너의* 치유가 성취되기 때문이다. 네가 성취하는 모든 기적은 너에게 하느님의 **부성**에 대해 말해준다. 네가 네 형제로부터, 혹은 너 자신의 마음 안에서 받아들이는 모든 치유의 생각은 네가 하느님의 아들임을 가르쳐준다. 하지만 네가 상처를 주는 생각을 품을 때마다, 그것을 어디서 지각하든 상관없이, 하느님이 아버지시고 네가 아들임을 부정하는 것이다.

18 그리고 부정은 사랑만큼이나 총체적이다. 너는 너의 일부만 부정할 수는 없다. 그러면 남은 부분은 통합되지 않아서 의미 없어 보일 것이기 때문이다. 그리고 그 부분은 너에게 의미가 없기에, 너는 그것을 이해하지 못할 것이다. 의미를 부정하는 것은 분명 이해하지 못하는 것이다. 너는 오로지 너 자신만을 치유할 수 있다. 오로지 하느님의 아들만이 치유가 *필요하기* 때문이다. 그에게 치유가 필요한 이유는, *그가 자신을 이해하지 못하며*, 따라서 자신이 무엇을 하는지 알지 못하기 때문이다. 그는 자신의 뜻을 잊었기에, 자신이 무엇을 원하는지 알지 못한다.

19 치유는 하느님의 아들이 온전하게 만들기를 원한다는 표시다. 이런 용의는 그 *자신의* 귀를 열어 성령의 **음성**을 향하게 한다. 그리고 성령의 메시지는 정녕 온전성이다. 성령은 너로 하여금 *네가* 행하려는 치유 훨씬 너머로 갈 수 있게 해준다. 성령은 온전하게 만들려는 너의 작은 용의 옆에 자신의 *완전한* 뜻을 놓아서 *너의* 뜻을 온전하게 만들기 때문이다. 자신 안에 하느님의 **부성**을 지녔거늘, 하느님의 아들이 무엇을 성취할 수 *없겠는가?* 하지만 그러기 위해서는 먼저 너의 초대가 있어야 한다. 네가 초대하는 손님은 반드시 너와 함께 머물러 산다는 것을 너는 확실히 배웠기 때문이다.

20 성령은 환영하지 않는 집주인에게는 말을 걸 수 없다. 그는 성령의 말을 듣*지 않을* 것이기 때문이다. **영원한 손님**은 계속 머물겠지만, 그의 음성은 이질적인 집단 사이에서 점점 희미해진다. 성령은 너의 보호가 필요하지만, 그 이유는 단지 너의 관심이

네가 성령을 *원한다*는 표시기 때문이다. 아주 조금이라도 성령처럼 생각하라. 그러면 작은 불꽃은 너의 마음을 가득 채우는 강렬한 빛이 되어, 성령이 너의 *유일한* 손님이 되게 한다. 에고에게 들어오라고 청할 때마다 너는 성령을 덜 반기게 된다. 성령은 계속 머물겠지만, 너는 성령께 *맞서* 동맹을 맺은 것이다. 네가 어떤 여정을 밟기로 선택하든, 성령은 너와 함께 가면서 기다릴 것이다. 너는 성령의 인내심을 신뢰해도 좋다. 성령은 하느님의 일부를 떠날 수 없기 때문이다. 하지만 너에게는 인내심보다 훨씬 더 많은 것이 필요하다.

²¹ 너 자신의 기능을 알고 그것을 *완수하기* 전에는, 너는 결코 안식할 수 없을 것이다. 오로지 그럼으로써만 너의 뜻과 아버지의 뜻이 온전하게 결합될 수 있기 때문이다. 아버지를 *소유한다*는 것은 곧 그분을 *닮는* 것이다. 그리고 아버지는 이미 당신 자신을 너에게 주셨다. 하느님을 소유한 너는 *분명* 하느님과 같을 것이다. *그분의* 기능은 그분이 너에게 주신 선물과 더불어 *너의* 것이 되었기 때문이다. 이러한 앎을 너의 마음 안으로 다시 초대해 들이되, 그것을 가릴 것은 아무것도 들어오게 하지 말라. 하느님이 네게 보내신 손님은 그렇게 할 방법을 가르쳐줄 것이다. 네가 단지 작은 불꽃을 알아보고 *그것이 커지도록 허용할* 용의를 낸다면 말이다. *너의* 용의는 완벽할 필요가 없다. 성령의 용의가 *완벽하기* 때문이다. 네가 성령께 그저 작은 자리만 드린다면 성령은 그 자리를 너무도 환히 밝혀줄 것이며, 따라서 너는 그것을 기쁘게 확장할 것이다. *이러한* 확장을 통해, 너는 창조를 기억하기 시작할 것이다.

²² 너는 에고의 인질hostage이 되려는가, 아니면 하느님을 맞아들이는 집주인host이 되려는가? 너는 오로지 *네가* 초대하는 이만 받아들일 것이다. 너는 누가 너의 손님이 되어서 너와 얼마나 오래 머물지 결정할 자유가 있다. 하지만 이것은 *진정한* 자유가 아니다. 그 자유는 여전히 네가 그것을 어떻게 보는지에 달려있기 때문이다. 성령은 *거기에* 있다. 비록 너의 초대 없이는 너를 도울 수 없지만 말이다. 그러나 에고는 네가 초대해 들이든 말든 아무것도 아니다. 진정한 자유는 *실재*를 반가이 맞아들이는 데 달려있다. 그리고 너의 손님들 가운데 오로지 성령만이 실재다. 그렇다면 단지 그곳에 *이미* 있는 것을 인식함으로써 누가 너와 함께 머물러 사는지 알고, 허구의 위로자들에게 만족하지 말라. 하느님의 위로자가 네 안에 있기 때문이다.

Ⅳ. 어둠에서 빛으로

²³ 네가 지칠 때는, 너 자신을 이미 해쳤음을 기억하라. 너의 **위로자**는 너를 안식하게 하겠지만, *너*는 안식할 수 없다. 너는 *안식하는 법*을 알지 못한다. 그렇지 않다면 너는 결코 지칠 수 없었을 것이다. 네가 너 자신을 해치지 않았다면, 너는 결코 *어떤* 식으로든 고통받을 수 없다. 그것은 아들을 위한 하느님의 뜻이 아니기 때문이다. 고통은 하느님에게서 오지 않는다. 하느님은 어떤 공격도 알지 못하시며, 하느님의 평화가 너를 잠잠히 감싸고 있기 때문이다. 하느님은 아주 조용하시다. 하느님 안에는 갈등이 없기 때문이다. 갈등은 모든 악의 뿌리다. 갈등은 눈이 멀어서 자신이 누구를 공격하는지 보지 못하기 때문이다. 하지만 갈등은 *항상* 하느님의 아들을 공격하며, 하느님의 아들은 바로 *너다.*

²⁴ 하느님의 아들은 정녕 위로가 필요하다. 그는 자신의 뜻이 자신의 것이 아니라고 믿기에, 자신이 무슨 일을 하는지 모르기 때문이다. 왕국이 그의 것이건만, 그는 집 없이 방랑한다. 그는 하느님 안의 집에 있으면서도 외롭고, 그 모든 형제들에 둘러싸여 있으면서도 친구가 없다. 하느님은 홀로 계시기를 뜻하지 않으셨거늘, 이것이 실재가 되도록 *내버려 두시겠는가?* 그리고 너의 뜻은 곧 하느님의 뜻이므로, 그것은 너에게 참일 수 없다. 그것은 하느님께 참이 아니기 *때문이다.* 오! 나의 아이들아. 하느님이 너희를 위해 무엇을 뜻하시는지 안다면, 너희의 기쁨이 완전해지리라! 그리고 하느님이 뜻하시는 것은 이미 이루어졌다. 그것은 *언제나* 참이었기 때문이다.

²⁵ 빛이 와서 네가 마침내 "하느님의 뜻은 곧 나의 뜻이다."라고 말했을 때, 너는 너무도 엄청난 아름다움을 볼 것이며, 따라서 그 빛이 네게서 비롯되지 않았음을 알 것이다. 너는 기쁨에 겨워 하느님의 이름으로 아름다움을 창조할 것이다. *너의* 기쁨도 하느님의 기쁨처럼 갇혀있을 수 없기 때문이다. 작고 황량한 세상은 무로 사라져 버리고, 너의 가슴은 온통 기쁨으로 가득차서 천국으로, 그리고 하느님의 **현존**으로 뛰어오르리라. 나는 이것이 과연 어떠할지 너에게 말해줄 수 없다. 너의 가슴은 아직 준비되지 않았기 때문이다. 하지만 이것만은 너에게 자주 말해주고 일깨워 줄 수 *있다*: 하느님은 당신을 위해 뜻하시는 것을 *너*를 위해서도 뜻하시며, 하느님이 너를 위해 뜻하시는 것은 정녕 네 것이다.

²⁶ 그것은 힘든 길은 아니지만, 정녕 아주 다른 길이다. 너의 길은 고통의 길이며, 하

느님은 그 길에 대해 전혀 모르신다. *그것은* 정녕 힘들고 외로운 길이다. 두려움과 슬픔이 너의 손님들로서, 너와 함께 그 길을 가면서 늘 곁을 맴돈다. 하지만 어두운 여정은 하느님 아들의 길이 아니다. 빛 속에서 걷되, 어두운 동반자들을 보지 말라. 그들은 *빛 속에서 빛으로* 창조된 하느님의 아들에게 어울리는 동반자들이 아니다. **위대한 빛**이 항상 너를 감싸고 있으면서 *너로부터* 밖을 향해 빛난다. 이와 같은 빛 속에서 네가 어찌 어두운 동반자들을 볼 수 있단 말인가? *그들을 본다면,* 그것은 단지 네가 그 빛을 *부정하고* 있기 때문이다. 그 대신 *어두운 동반자들을* 부정하라. 빛은 여기에 있고, 길은 탁 트였다.

²⁷ 하느님은 당신의 아들에게 아무것도 감추지 않으신다. 비록 그는 자신을 감추려 하지만 말이다. 하지만 하느님의 아들은 자신의 영광을 감출 수 없다. 하느님은 그가 영광스럽기를 뜻하셔서, 그의 내면에서 빛나는 빛을 주셨기 때문이다. 너는 결코 길을 잃지 않을 것이다. 하느님이 너를 인도하시기 때문이다. 너는 방랑하면서 다만 실제가 아닌 여정을 밟고 있을 뿐이다. 어두운 동반자들과 어두운 길은 전부 환상이다. 빛을 향해 돌아서라. 네 안의 작은 불꽃은, 너무도 위대해서 너를 모든 어둠에서 영원히 구출할 수 있는 빛의 일부다. 너의 아버지는 정녕 너의 창조주시며, 너는 정녕 그분을 닮았기 때문이다.

²⁸ 빛의 자녀들은 어둠 속에 머물러 살 수 없다. 그들 안에 어둠이란 없기 때문이다. 어두운 위로자들에게 속지 말고, 그들이 하느님 아들의 마음에 침투해 들어오도록 결코 허용하지 말라. 하느님의 사원에 그들이 있을 곳은 없다. 하느님을 부정하려는 유혹을 느낄 때, 네가 하느님 앞에 놓을 수 있는 다른 신이란 없음을 기억하고, 너를 위한 하느님의 뜻을 평화롭게 받아들여라. 너는 평화롭지 않은 방법으로는 하느님의 뜻을 받아들일 수 *없기* 때문이다.

²⁹ 오로지 하느님의 **위로자만**이 너를 진정으로 위로할 수 *있다.* 하느님의 고요한 사원에서, 그는 정녕 너의 것인 평화를 너에게 주려고 기다린다. 하느님의 평화를 *주어라.* 그럼으로써 너는 그 사원으로 들어가 하느님의 평화가 너를 기다리고 있음을 깨닫게 된다. 하지만 하느님의 **현존** 안에서 거룩하여라. 그렇지 않으면 네가 그 안에 있음을 알지 못하게 될 것이다. 하느님을 닮지 않은 것은 하느님의 마음으로 들어갈 수 없다. 그것은 하느님의 **생각이** 아니었으며, 따라서 하느님께 속하지 않기 때문이다. 무엇이 *너에게* 속한 것인지 알고자 한다면, *너의* 마음은 하느님의 마음처럼 순수해야 한다.

하느님의 사원을 주의깊게 지켜라. 하느님이 몸소 그곳에 사시며, 평화 속에 머무신다. 너는 어두운 동반자들을 데리고서는 하느님의 **현존**으로 들어갈 수 없지만, 또한 홀로 들어갈 수도 없다.

³⁰ 너의 *모든* 형제들이 너와 *함께* 들어가야 한다. 네가 그들을 받아들일 때까지, *너 자신*도 들어갈 수 없기 때문이다. *너는* 스스로 온전하지 않은 한 **온전성**을 이해할 수 없으며, 아들이 아버지의 **온전성**을 알고자 한다면 자신의 어떤 부분도 제외해서는 안 된다. 너의 마음 안에서, 너는 온아들 전체를 받아들여 아버지가 온아들에게 주신 빛으로 축복할 수 있다. 그러면 너는 아버지와 *함께* 그 사원에서 살기에 합당하게 된다. 홀로 있지 않음이 *너의* 뜻이기 때문이다. 하느님은 당신의 아들을 영원토록 축복하셨다. 네가 시간 안에서 하느님의 아들을 축복한다면, 너는 영원 속에 존재하게 될 것이다. 네가 영원한 것들을 *위해* 시간을 사용한다면, 시간은 너를 하느님으로부터 분리할 수 없다.

V. 하느님의 아들이 받은 유산

³¹ 온아들이 너의 구원임을 결코 잊지 말라. 온아들은 너의 **영혼**이기 때문이다. 온아들은 하느님의 창조물이기에 네 것이며, 또한 너에게 속하기에 하느님 것이다. 너의 **영혼**은 구원이 필요 없지만, 너의 마음은 구원이 정녕 무엇인지 배울 필요가 있다. 너는 *그 어떤 것으로부터* 구원되는 것이 아니라, 영광을 *위해* 구원된다. 영광은 네가 받은 유산으로서, 네 **영혼**의 창조주가 네 **영혼**에게 주셔서 너로 하여금 *확장하게* 하신 것이다. 하지만 네가 네 **영혼**의 일부를 증오한다면, 너의 *모든* 이해가 상실된다. 그것은 하느님이 *너 자신*으로 창조하신 것을 사랑 없이 보는 것이기 때문이다. 그리고 하느님이 창조하신 것은 하느님의 일부므로, 너는 하느님의 제단에서 하느님께 당신의 자리를 부정하는 것이다.

³² 하느님을 집 없는 신세로 만들려고 하면서 *너 자신이* 집에 있음을 알 수 있겠는가? 아버지가 자신을 이미 부정하셨다고 믿지 *않고서야* 아들이 아버지를 부정할 수 있겠는가? 하느님의 법칙은 오로지 너의 보호를 위해서만 적용되며, 결코 헛되이 적용되지 않는다. 네가 아버지를 부정할 때 겪는 경험조차 여전히 너의 보호를 위한 것이다.

네 뜻의 권능은 그 뜻을 *거스르는* 하느님의 개입 없이는 약해질 수 없기 때문이다. 그리고 너의 권능에 어떤 한계라도 부과하는 것은 하느님의 뜻이 아니다. 그러니 오로지 하느님이 너를 구하려고 주신 권능만 바라보라. 그러면서 그것은 하느님의 것이기 때문에 곧 네 것임을 기억하라. 그리고 하느님의 평화 안에서 네 형제들과 결합하라.

³³ 네 영혼의 평화는 그것의 한계 없음에 놓여있다. 네가 공유하는 평화를 제한한다면, *반드시* 너 자신의 영혼을 알지 못하게 될 것이다. 하느님께 바치는 모든 제단은 네 영혼의 일부다. 하느님이 창조하신 빛은 하느님과 하나기 때문이다. 너의 빛으로부터 한 형제를 베어내려는가? 너는 오로지 너 *자신의* 마음만 어둡게 할 수 있을 뿐임을 깨닫는다면, 그리하지는 않으리라. 네가 그를 다시 데려올 때, *너의* 마음도 돌아올 것이다. 이것이 바로 당신 아들의 온전성을 보호하기 위한 하느님의 법칙이다.

³⁴ *너에게서 무엇이든 박탈할 수 있는 사람은 너 자신밖에 없다.* 이런 깨달음에 맞서지 말라. 이것을 시작으로 빛이 점점 밝아오기 때문이다. 이런 단순한 사실에 대한 부정은 많은 형식을 취한다. 이것 또한 기억하라. 너는 그 형식들을 알아차려서 단호하고 *예외* 없이 반대하는 법을 배워야 한다. 이것은 다시 깨어나는 과정에서 아주 중요한 단계다. 이러한 역전 과정의 시작 단계는 종종 아주 고통스럽다. 비난을 밖에서 거둬들임에 따라 안에 품고 있으려는 경향이 강하게 나타나기 때문이다. 처음에는 이것이 *정확하게* 똑같은 것임을 깨닫기 어렵다. 안과 밖 사이에는 아무런 차이도 없기 때문이다.

³⁵ 네 형제들은 너의 일부거늘, 너의 박탈에 대해 그들을 비난한다면, 너는 실로 너 자신을 비난하는 것이다. 그리고 너는 그들을 비난하지 *않고서는* 너 자신을 비난할 수 없다. 바로 이런 이유로, 비난을 재배치하지 *말고* 무효화해야 한다. 비난을 너 자신을 향하게 한다면, 너 자신을 알 수 없게 된다. *오로지* 에고만이 비난이란 것을 하기 때문이다. 따라서 자기 비난은 에고 동일시며, 다른 사람을 비난하는 것만큼이나 강력한 에고의 방어수단이다. *하느님의 아들을 공격하면서 하느님의 현존에 들어갈 수는 없다.* 하느님의 아들이 소리 높여 자신의 창조주를 찬양할 때, 그는 반드시 아버지의 음성을 들을 것이다. 하지만 창조주께서는 당신의 아들 *없이는* 찬양받으실 수 없다. 그들의 영광은 공유되며, 그들은 함께 영광을 부여받기 때문이다.

³⁶ 하느님의 제단에서, 그리스도가 하느님의 아들을 맞이하려고 기다리고 있다. 하지만 그 어떤 정죄도 없이 오라. 그렇지 않으면 너는 문이 잠겨있어서 들어갈 수 없다고

믿을 것이다. 그 문은 잠겨있지 *않으며*, 너는 하느님이 네가 있기를 바라시는 곳에 들어가지 못할 수 없다. 다만 그리스도의 사랑으로 너 자신을 사랑하라. 아버지도 너를 그렇게 사랑하시기 때문이다. 너는 들어가기를 *거절할* 수 있지만, 그리스도가 열어둔 문을 잠글 수는 *없다*. *너를* 위해 문을 열어두고 있는 나에게 오라. 내가 살아있는 한 그 문은 잠겨있을 수 없기 때문이다. 그리고 나는 영원히 산다. 하느님은 곧 나의 생명이시자 *너의* 생명이시며, 당신의 아들에게 아무것도 거절하지 않으신다.

37 하느님의 제단에서, 그리스도는 자신이 네 안에서 회복되기를 기다린다. 하느님은 당신의 아들이 당신 자신처럼 전혀 흠이 없음을 아시며, 너는 하느님 아들의 진가를 알아봄으로써 하느님께 도달한다. 그리스도는 네가 그를 *너 자신으로*, 그의 온전성을 *너의* 온전성으로 받아들이기를 기다린다. 그리스도는 자신의 창조주 안에 살며, 그분의 영광으로 빛나는 하느님의 아들이기 때문이다. 그리스도는 하느님의 사랑과 사랑스러움의 확장으로서 그의 창조주만큼이나 완벽하고, 그분과 평화로운 관계에 있다.

38 하느님의 아들은 참으로 축복받았다. 그의 광휘는 아버지에게서 왔으며, 그는 아버지가 그와 영광을 공유하시듯 자신의 영광을 공유하기를 뜻한다. 아들 안에 정죄란 전혀 없다. 아버지 안에 정죄가 전혀 없기 때문이다. 아버지의 완벽한 사랑을 공유하는 아들은 아버지께 속한 것을 공유해야 한다. 그렇지 않으면 그는 아버지도 아들도 알 수 없게 된다. 하느님 안에서 안식하며 온아들 전체에게 안식처를 제공하는 너에게 평화가 있기를.

VI. 에고의 역동

39 환상을 직시하지 않는 한, 그 누구도 환상에서 벗어날 수 없다. 환상을 보지 *않는* 것이 환상을 *보호하는* 방법이기 때문이다. 환상을 피해 움츠러들 필요가 없다. 환상은 위험할 수 없기 때문이다. 우리는 이제 에고의 사고체계를 더 잘 직시할 준비가 되었다. 우리는 함께 그것을 물리칠 등불을 들고 있기 때문이다. 그리고 *너는* 그 사고체계를 *원하지* 않는다는 것을 깨닫고 있으므로, 분명 준비가 되었을 것이다. 이 일에 아주 차분히 임하자. 우리는 다만 진리를 정직하게 구하고 있을 뿐이기 때문이다. 한동안은 에고의 "역동"이 우리의 레슨이 될 것이다. 너는 이미 에고를 실재화했으며, 따

라서 에고 너머를 보려면 먼저 에고의 "역동"을 직시해야 하기 때문이다. 우리는 함께 이 잘못을 조용히 *무효화하고*, 그 너머로 진리를 바라볼 것이다.

⁴⁰ 앎을 *방해하는* 모든 것을 제거하는 것 외에 과연 무엇이 치유겠는가? 환상을 보호 하지 *않고* 직시하는 것 *외에* 과연 어떻게 환상을 물리칠 수 있겠는가? 그러니 두려워 하지 말라. 네가 직시할 것은 실로 두려움의 근원이지만, 너는 이제 *두려움*은 실제가 아님을 확실히 배웠기 때문이다. 우리는 이미, 두려움의 *결과*는 단지 그 실재성을 부 정함으로써 물리칠 수 있다는 사실을 받아들였다. 다음 단계는 물론, 결과가 없는 것 은 *존재하지 않음*을 인식하는 것이다. 법칙은 비어 있는 곳에서는 작동하지 않으며, 무로 이어지는 것은 *일어난 적이 없다*. 실재는 실재의 *확장*을 통해 인식되며, 따라서 확장되어 무가 된 것은 실제일 수 없다.

⁴¹ 그러니 두려움을 바라보기를 두려워하지 말라. 두려움은 실로 보일 수 없기 때문이 다. 분명함은 정의상 혼동을 무효화하며, 빛을 통해 어둠을 바라보는 것은 어둠을 물 리칠 수*밖에* 없다. "에고 역동"에 대한 레슨을 시작하면서, 우선 이 용어가 아무것도 의미하지 않음을 이해해 보자. 사실 이 용어는 그 자체를 무의미하게 *만드는* 용어상 의 모순을 포함하고 있다. "역동"이란 무언가를 할 능력을 함축한다. 그리고 에고에게 *무언가*를 할 능력이 있다는 믿음에 분리 오류 전체가 놓여있다. 네가 에고를 두려워 하는 이유는 이것을 믿기 *때문이다*. 하지만 진리는 아주 단순하다:

> ⁴² 모든 능력은 하느님에게서 온다.
> 하느님에게서 오지 않는 것은 아무것도 할 능력이 없다.

⁴³ 그렇다면 에고를 직시할 때 우리는 역동이 아닌 망상을 검토하는 것이다. 우리는 망상체계를 전혀 두려움 없이 고찰할 수 있다. 그 근원이 참이 아니라면, 그것은 어떤 결과도 낳을 수 없기 때문이다. 네가 에고의 *목표*를 알아차린다면, 두려워하는 것은 더욱 부적절해진다. 그 목표는 전혀 말도 안 돼서, 그것을 이루려고 기울이는 모든 노 력은 필연적으로 무를 얻는 데 쓰이게 된다. 에고의 목표는 아주 명백하게 에고의 *자 율성*이다. 그렇다면 애초부터 에고의 목적은 분리되고 자립적이 되는 것이며, 자신의 능력 *외의* 모든 능력에서 독립하는 것이다. 이것이 바로 에고가 분리의 상징인 *까닭 이다*.

⁴⁴ 모든 아이디어에는 목적이 있으며, 그 목적은 항상 *그 아이디어의 정체*를 자연스럽게 확장하는 것이다. 에고에서 비롯되는 모든 것은 에고의 핵심적인 믿음의 자연스러운 결과며, 그 *결과*를 무효화하는 방법은 단지 그 근원이 너의 *진정한 본성*nature과 어긋나기 때문에 자연스럽지natural 않음을 인식하는 것이다. 우리가 언젠가 말했듯이, 하느님께 맞서 뜻하는 것은 소망적 사고일 뿐 진정으로 뜻을 내는 것은 아니다. 하느님의 뜻은 하나다. 하느님 뜻의 확장은 그 뜻 자체와 다를 수 없기 때문이다. 그렇다면 네가 경험하는 진짜 갈등은 에고의 헛된 소망과 네가 공유하는 하느님 뜻 사이의 갈등이다. 이것이 과연 진짜 갈등일 수 있겠는가?

⁴⁵ 자율성의 독립이 *아닌* 창조의 독립이 네 것이다. 너의 모든 창조적 기능은 네가 하느님께 전적으로 *의존하는 데* 놓여있다. 하느님은 당신의 기능을 너와 공유하신다. 하느님은 그것을 공유하려는 뜻을 *내심으로써*, 네가 *하느님께* 의존하듯이 너에게 의존하게 되셨다. 에고의 오만을 하느님 탓으로 돌리지 말라. *그분은 너로부터 독립하기를 뜻하지 않으신다.* 그분은 당신의 **자율성** 안에 *너*를 포함하셨다. *너*는 과연 그러한 자율성이 하느님과 *떨어져서* 의미를 가질 수 있다고 믿을 수 있겠는가? 하느님에 대한 의존 *안에* 너의 자유가 있건만, *에고의* 자율성에 대한 믿음은 너로 하여금 네가 하느님께 의존하고 있다는 앎을 대가로 치르게 하고 있다. 에고는 *모든* 의존을 위협적이라고 보며, 심지어 하느님을 향한 너의 열망조차 *자기 자신*을 확립하는 수단으로 왜곡했다. 하지만 너의 갈등에 대한 *에고의* 해석에 속지 말라.

⁴⁶ 에고는 항상 분리를 위해 공격한다. 에고는 자신에게 그럴 능력이 있다고 믿으면서, 다른 것은 아무것도 하지 않는다. 에고의 자율성이라는 목표는 실로 다른 아무것도 아니기 때문이다. 에고는 실재에 대해서는 총체적으로 혼동하지만, 자신의 목표는 놓치지 *않는다*. 에고는 자신의 목적을 아주 확신하므로, 너보다 훨씬 더 바짝 경계하고 있다. 하지만 너는 너의 목적을 알지 *못하므로*, 정녕 혼동하고 있다.

⁴⁷ *네가 에고를 두려워한다는 것*을 깨닫기를, 에고는 *결코* 원하지 않는다. 너는 이것을 인식하는 법을 반드시 배워야 한다. 에고가 두려움을 일으킨다면, 에고는 너의 독립성을 축소하고 너의 능력을 약화하고 있는 것이기 때문이다. 하지만 너의 충성을 요구하면서 에고가 내세우는 유일한 주장은, 자신이 너에게 능력을 줄 수 있다는 것이다. 이런 믿음이 없다면 너는 에고에게 전혀 귀 기울이지 않을 것이다. 그러므로 네가 만약 에고를 *받아들임으로써* 너 자신을 *왜소하게* 만들고 너 자신에게서 능력을 박

탈하고 있음을 깨닫는다면, 에고가 어떻게 계속 존재할 수 있겠는가?

⁴⁸ 에고는 네가 너 자신을 거만하고, 불신하고, "태평하고", 거리를 두며, 감정적으로 천박하고, 냉정하고, 무관심하며, 심지어 절망적이라고 보는 것은 허용할 수 있으며, 실제로 그렇게 하도록 허용도 하지만, 너 자신이 *정말로 두려워하고 있다*고 보는 것은 허용하지 *않는다.* 에고는 두려움을 최소화하되 무효화하지는 *않으려고* 끊임없이 애쓰며, 이것은 에고가 아주 재능을 발휘하는 기술이다. 두려움을 통해 분리를 떠받치지 *않는 한* 에고가 어떻게 분리를 설교할 수 있겠는가? 에고가 바로 이런 짓을 하고 있음을 인식한다면, 너는 과연 에고의 말을 귀담아듣겠는가?

⁴⁹ 따라서 두려움이 어떤 형식을 취하든, 네가 두려움을 어떻게 경험하기를 *에고가* 원하든 상관없이, 너를 하느님으로부터 분리하는 듯한 것은 *오로지 두려움뿐이다. 네가* 이것을 인식하는 것이 에고에게는 근본적인 위협이다. 이러한 자각에 의해, 자율성이라는 에고의 꿈은 토대까지 흔들린다. 너는 독립이라는 거짓 아이디어에 동의할 수는 있지만, *두려움이 그 대가임을 인식한다면* 그것을 받아들이지 않을 것이기 때문이다. 하지만 두려움이 바로 그 대가며, 에고는 그것을 줄여줄 수 *없다.* 네가 사랑을 보지 않고 지나친다면 *너 자신*을 보지 않고 지나치는 것이다. 그것은 너 자신을 부정한 것이기 *때문에*, 너는 비실재를 두려워할 수밖에 없다. 너는 진리를 성공적으로 공격했*다고* 믿음으로써 공격에 *능력이* 있다고 믿는다. 그렇다면 아주 단순히 말해, 너는 *너 자신*을 두려워하게 되었다. 그리고 그 누구도 자신을 파괴하리라고 믿는 것을 배우려고 뜻하지 않는다.

⁵⁰ 에고의 자율성이라는 목표가 성취될 수 있다면 하느님의 목적이 무산될 수 있겠지만, 이것은 *불가능하다.* 네가 마침내 가능한 것과 불가능한 것, 거짓된 것과 참된 것을 구분하는 법을 배우려면 먼저 두려움의 정체를 배워야 한다. 에고의 가르침에 따르자면, *에고의 목표는 성취될 수 있고 하느님의 목적은 성취될 수 없다.* 성령의 가르침에 따르자면, *오로지* 하느님의 목적만이 성취며, 그것은 *이미* 성취되었다.

⁵¹ 네가 하느님께 의존하듯이, 하느님도 너에게 의존하신다. 하느님의 자율성은 너의 자율성을 포괄하므로, *너의 자율성 없이*는 불완전하기 때문이다. 네가 너의 자율성을 확립하기 위한 길은 *하느님과 동일시*하는 것, 그리고 *진정으로 존재하는 대로*의 너의 기능을 이행하는 것뿐이다. 에고는 *자신의* 목표를 성취하는 것이 행복이라고 믿는다. 하지만 *너는* 하느님의 기능이 곧 너의 기능이고, 너와 하느님의 *결합된* 뜻을 떠나서

는 행복을 찾을 수 없음을 안다. 네가 아주 열심히 추구해 온 에고의 목표는 네게 두 *려움만* 가져다주었다. 단지 이것만 인식하라. 그러면 두려움이 곧 행복이라고 주장하기가 어려워진다.

⁵² 두려움으로 *유지되는* 바로 이것을, 에고는 네가 믿기를 바란다. 하지만 하느님의 아들은 정신 이상이 아니며, 따라서 그것을 믿을 수 *없다.* 그가 단지 그것을 *인식하기만* 한다면, 그것을 받아들이지 *않을* 것이다. 제정신이 아닌 자들만이 사랑 *대신* 두려움을 선택할 것이며, 제정신이 아닌 자들만이 공격으로 사랑을 얻을 수 있다고 믿을 수 있기 때문이다. 하지만 제정신인 자들은, 공격만이 *두려움을* 일으킬 수 있지만 하느님의 사랑은 그들을 두려움에서 완전히 보호한다는 것을 안다.

⁵³ 에고는 분석하지만, 성령은 *받아들인다.* 오로지 받아들임을 통해서만 온전성의 진가를 알아볼 수 있다. 분석하는 것은 곧 분리해 내는 것을 의미하기 때문이다. 총체성을 조각내서 이해하려는 시도는 명백히 에고가 모든 것을 대하는 특유의 모순적인 접근법이다. 에고는 능력과 이해와 *진리는* 분리에 있다고 믿으며, 이러한 믿음을 *확립하려고 공격할 수밖에* 없다. 이를 결코 잊지 말라. 에고는 그러한 믿음이 전혀 확립될 수 없음을 알지 못하고, 분리가 곧 구원이라는 확신에 강박적으로 사로잡혀서, 자신이 지각하는 모든 것을 서로 의미 있는 관계가 없는, 따라서 전혀 의미가 없는 작고 단절된 부분들로 쪼갬으로써 공격한다. 에고는 *항상* 의미를 혼란으로 대체할 것이다. 만약 분리가 구원이라면, 조화는 위협이기 때문이다.

⁵⁴ 지각의 법칙에 대한 에고의 해석은 성령의 해석과 정반대며, 그럴 수밖에 없다. 에고는 *잘못에* 초점을 맞추고 *진리를* 간과한다. 에고는 자신이 지각하는 *모든* 실수를 실재화하며, 특유의 순환 논리를 사용하여 바로 그 실수 *때문에* 일관된 진리는 무의미할 수밖에 없다고 결론짓는다. 그렇다면 그다음 단계는 뻔하다. 일관된 진리가 무의미하다면, 진리가 의미를 갖기 위해서는 *일관되지 않음이* 진리여야 한다. 에고는 잘못을 마음에 확실히 간직하고 자신이 실재화한 것을 보호하면서, 자신의 사고체계 안에 있는 다음 단계로 나아간다. 그것은 바로, 잘못이 실제고 *진리가 잘못이라는* 것이다.

⁵⁵ 에고는 이것을 이해하려는 노력을 전혀 하지 않는다. 그리고 이것은 명백히 이해할 수 *없는* 것이다. 하지만 에고는 *그것을 입증하려는* 온갖 시도를 끈질기게 한다. 의미를 공격하기 위해 분석하는 에고는 의미를 간과하는 데 *성공하며,* 결국 일련의 조각

난 지각들만 남게 된다. 에고는 이것들을 *자신*을 위해 하나로 합치고, 그러면 이것이 에고가 지각하는 우주가 된다. 이어서 이 우주가 에고 자신의 실재성을 입증하는 증거가 된다.

⁵⁶ 에고에게 귀 기울이려는 자들에게 에고의 증거가 얼마나 매력적인지 과소평가하지 말라. 선택적인 지각은 에고의 증인들을 주도면밀하게 선택한다. 그리고 그 증인들은 과연 일관성이 있다. 정신 이상인 자들은 정신 이상을 옹호하는 주장에 강하게 끌린다. 논증은 시작 단계에서 끝나고, 어떤 사고체계도 그 근원을 넘어설 수는 없기 때문이다. 하지만 의미가 없는 논증은 아무것도 입증할 수 *없으며*, 그것에 설득되는 자들은 망상에 빠져있음에 *틀림없다*. 진리를 *간과하는* 에고가 과연 진실하게 가르칠 수 있겠는가? 과연 에고가 스스로 *부정한* 것을 지각할 수 있겠는가? 에고의 증인들은 에고의 부정은 *입증하겠지만*, 에고가 부정한 대상을 입증할 리는 없다! 에고는 아버지를 똑바로 쳐다보고도 알아보지 못한다. 왜냐하면 에고는 그분의 아들을 부정했기 때문이다.

⁵⁷ *너는 아버지를 기억하고자 하는가? 그렇다면 그분의 아들을 받아들여라.* 그러면 반드시 아버지를 기억하게 될 것이다. 그 무엇도 그분 아들의 가치 없음을 입증할 수 없다. 그 무엇도 거짓을 참이라고 입증할 수는 없기 때문이다. 네가 에고의 눈을 통해 하느님의 아들에게서 보는 것은 그분의 아들이 존재하지 않는다는 증거지만, 아들이 있는 곳에는 아버지도 *틀림없이* 계신다. 하느님이 부정하지 *않으시는* 것을 받아들여라. 그러면 *하느님은* 그것의 진리를 입증하실 것이다. 하느님을 위한 증인들은 그분의 빛 속에 서서 *그분이* 창조하신 것을 바라본다. 그들의 침묵은 그들이 하느님의 아들을 보았다는 표시다. 그리고 그리스도의 현존 안에서, 그들은 아무것도 입증할 필요가 없다. 그리스도가 그들에게 그리스도 자신과 그의 아버지에 대해 말해주기 때문이다. 그리스도가 그들에게 말하기에, 그들은 조용하다. 그리고 그들이 말하는 것은 바로 그리스도의 말이다.

⁵⁸ 네가 만나는 모든 형제는, 네가 그의 내면에서 무엇을 지각하는지에 따라, 그리스도를 위한 증인이 되거나 에고를 위한 증인이 된다. 네가 지각하기를 *원하는* 것과 네가 경계해 지키기로 선택한 왕국의 실재성에 대해, 모든 이가 너에게 확신시켜 준다. 네가 지각하는 모든 것은 네가 참이기를 *원하는* 사고체계를 위한 증인이다. *네가 자유롭기를 뜻한다면*, 모든 형제가 너를 해방할 권능을 갖는다. 네가 형제에게 *불리한*

거짓 증인을 불러온 것이 아닌 한, 너는 그에 대한 거짓 증언을 받아들일 수 없다. *형제가* 너에게 그리스도에 대해 말해주지 않는다면, *네가* 그에게 그리스도에 대해 말해주지 않았기 때문이다. 너는 다만 너 *자신의* 음성을 들을 뿐이다. 그리고 만약 그리스도가 너를 *통해* 말한다면, *너는* 그리스도의 말을 들을 것이다.

VII. 경험과 지각

⁵⁹ 네가 보는 것을 믿지 않는 것은 불가능하지만, 네가 믿지 *않는* 것을 보는 것도 똑같이 불가능하다. 지각은 경험을 기반으로 구축되며, 경험은 믿음으로 이어진다. 믿음이 확고해져야 비로소 지각이 안정된다. 그렇다면 결과적으로 너는 네가 믿는 것을 *본다.* "보지 않고도 믿는 자는 축복받았다."라는 나의 말은 바로 이런 의미였다. 부활을 믿는 자들은 반드시 부활을 볼 것이기 때문이다. 부활은 공격이 아닌 초월을 통해 그리스도가 에고에게 완전히 승리한 것이다. 그리스도는 실로 에고와 에고의 모든 소행 위로 일어나 아버지와 *그분의* 왕국으로 올라가기 때문이다.

⁶⁰ 너는 부활에 동참하려는가, 아니면 십자가형에 동참하려는가? 너는 네 형제들을 정죄하려는가, 아니면 해방하려는가? 너는 *너의* 감옥을 초월하여 아버지께 올라가려는가? 이 질문들은 모두 같으며, 그 답도 같다. 이제껏 지각의 의미에 대해 많은 혼란이 있었는데, 같은 단어가 의식뿐만 아니라 의식의 *해석에도* 사용되기 때문이다. 하지만 너는 해석 없이는 *의식할* 수 없다. 그리고 네가 지각하는 것은 곧 너의 해석이다. 이 수업은 더없이 명백하다. 네가 이 수업을 명백하게 보지 못하는 이유는, 이 수업에 *불리하게* 해석함으로써 이 수업을 *믿지* 않기 때문이다. 그런데 믿음은 지각을 결정하므로, 너는 이 수업이 무엇을 의미하는지 지각하지 *못하며*, 따라서 이 수업을 *받아들이지 못하게* 된다.

⁶¹ 하지만 다른 경험은 다른 믿음으로 이끌며, [그와 함께 다른 지각으로 이끈다. 지각은 믿음과 함께 학습되며] 경험은 가르치기 때문이다. 나는 너를 새로운 종류의 경험으로 이끌어가고 있다. 그리고 너는 그 경험을 점점 덜 부정하게 될 것이다. 그리스도에게 배우는 것은 쉽다. 그리스도와 함께 지각하기 위해서는 전혀 애쓸 필요가 없기 때문이다. *그리스도의* 지각은 너의 *자연스러운* 의식이며, *네가* 끌어들이는

왜곡만이 너를 피곤하게 만든다. 네 안의 그리스도로 하여금 너 *대신* 해석하게 하라. 그리고 네가 보는 것을, 하느님의 아들에게 합당하지 않은 편협하고 하찮은 믿음으로 제한하려 하지 말라. 그리스도가 자기 자신의 것으로 들어올 때까지, 하느님의 아들은 자신에게 아버지가 없다고 여길 것이다.

⁶² 나는 *너의* 부활이요 *너의* 생명이다. 너는 하느님 안에 살기에, 내 안에도 산다. 그리고 *네가* 모든 이 안에 살 듯, 모든 이가 *네* 안에 산다. 그렇다면 어떤 형제 안에서 가치 없음을 지각하면서 그것을 네 안에서는 지각하지 *않을* 수 있겠는가? 그리고 그것을 네 안에서 지각하면서 하느님 안에서는 지각하지 *않을* 수 있겠는가? 부활을 믿어라. 부활은 *이미* 성취되었으며, *네 안에서* 성취되었기 때문이다. 이것은 앞으로도 영원히 진리일 것이듯, 지금도 진리다. 부활은 하느님의 뜻이며, 하느님의 뜻은 시간도 제외 대상도 모르기 때문이다. 하지만 그 어떤 제외 대상도 만들지 말라. 그렇지 않으면 너는 *너를* 위해 성취된 것을 지각할 수 없을 것이다. 우리는 처음에도 그러했고 지금도 그러하며 앞으로도 영원히 그러할 것이듯, 아버지께 함께 올라가기 때문이다. 바로 이러한 것이 아버지가 창조하신 대로의 하느님 아들의 본성이다.

⁶³ 하느님의 아들이 가진 헌신의 힘도, 그가 숭배하는 신이 그에 대해 가진 힘도 과소평가하지 말라. 그는 그가 만든 신god이든 그를 창조하신 하느님God이든, 자신이 믿는 신의 제단에 *자신을* 바치기 때문이다. 바로 이런 이유로, 그의 노예 상태는 그의 자유만큼이나 완전하다. 그는 오로지 자신이 받아들이는 신에게만 복종할 것이기 때문이다. 십자가형의 신은 자신이 십자가형을 집행할 것이니 숭배자들은 복종해야 한다고 요구한다. 그의 숭배자들은 하느님 아들의 힘은 희생과 고통에서 생겨난다고 믿으면서, 그의 이름으로 스스로를 십자가에 못 박는다. 부활의 하느님은 *아무것도* 요구하지 않으신다. 하느님은 앗아가기를 뜻하지 않으시기 때문이다. 하느님은 복종을 요구하지 않으신다. 복종은 굴복을 함축하기 때문이다. 하느님은 다만 네가 희생하고 굴복하려는 마음이 아닌 자유의 기쁨 속에서 *너 자신의* 뜻을 배워서 그것을 따르기를 바라실 뿐이다.

⁶⁴ 부활은 너의 충성심을 기쁘게 끌어낼 것이다. 부활은 기쁨의 상징이기 때문이다. 부활에 마음을 끌어내는 힘이 있는 이유는 단지, 그것이 *네가* 되기를 원하는 것을 나타내기 때문이다. 너를 해치고 모욕하고 겁주는 모든 것을 뒤로하고 떠날 자유를 너에게 억지로 떠안길 수는 없지만, 하느님의 은혜를 통해 제공할 수는 *있다.* 그리고 너

는 그 자유를 하느님의 은혜를 통해 *받아들일* 수 있다. 하느님은 당신의 아들에게 은
혜로우시므로, 그를 아무런 의문 없이 당신 자신의 것으로 받아들이시기 때문이다.
그렇다면 과연 누가 *너* 자신의 것인가? 아버지는 당신의 모든 것을 너에게 주셨으며,
그것들과 *더불어* 아버지 자신도 너의 것이다. 그들의 부활을 잘 보호하라. 그렇지 않
으면 네가 영원히 너의 것인 그들에 의해 안전하게 둘러싸여 하느님 안에서 깨어나는
것은 불가능할 것이다.

⁶⁵ 네가 하느님 아들의 손에서 못을 뽑고 그의 이마에서 마지막 가시를 제거하기 전에
는, 너는 평화를 찾을 수 없을 것이다. 하느님의 사랑은 당신의 아들을 둘러싸고 있건
만, 십자가의 신은 그를 정죄한다. 내가 헛되이 죽었다고 가르치지 말라. 반대로 내가
네 안에 살고 있음을 보여줌으로써 나는 죽지 *않았음*을 가르쳐라. 하느님 아들의 십
자가형을 *무효화하는 것이* 구원의 일이며, 모든 이에게는 구원 안에서 동등한 가치가
있는 역할이 하나씩 있기 때문이다. 하느님은 당신의 결백한 아들을 판단하지 않으신
다. *당신 자신을* 그에게 주셨거늘, 그분이 어찌 달리하실 수 있겠는가?

⁶⁶ 너는 *너 자신을* 십자가에 못 박았고, 너 *자신의* 머리에 가시관을 씌웠다. 하지만
너는 하느님의 아들을 십자가에 못 박을 수는 *없다.* 하느님의 뜻은 죽을 수 없기 때문
이다. 하느님의 아들은 자신의 십자가형에서 이미 구원되었다. 그리고 너는 하느님
이 영원한 생명을 주신 자를 죽게 할 수 없다. 십자가형의 꿈이 여전히 너의 눈에 무
겁게 드리워져 있지만, 네가 꿈속에서 보는 것은 실재가 아니다. 하느님의 아들이 십
자가에 못 박혀 있다고 지각하는 한, 너는 잠들어 있는 것이다. 그리고 네가 그를 십
자가에 못 박을 수 있다고 믿는 한, *너는* 그저 악몽을 꾸고 있을 뿐이다. 이제 막 깨
어나기 시작하는 너는 여전히 꿈을 알아차리고 있으며, 꿈을 아직 완전히 잊지는 않
았다. 네가 다른 이들을 깨워 너의 구원을 *공유함에 따라,* 너는 꿈을 잊고 그리스도
를 알아차리게 된다.

⁶⁷ 너는 너 *자신의* 부름에 깨어날 것이다. 깨어나라는 **부름**은 너의 *내면에* 있기 때
문이다. 내가 네 안에 산다면, 너는 정녕 깨어있다. 하지만 너는 내가 너를 통해 행
하는 일을 보아야 한다. 그렇지 않으면 너는 내가 이미 그 일을 *너에게* 행했음을 지
각하지 못할 것이다. 내가 너를 통해 무엇을 행할 수 있는지에 대한 너의 믿음을 제
한하지 말라. 그렇지 않으면 너는 내가 너를 *위해* 행할 수 있는 것을 받아들이지 않
을 것이다. 그것은 *이미* 행해졌다. 그리고 네가 받은 모든 것을 주지 않는 한, 너의

구원자가 살아있고 *너도 그와 함께 깨어났음*을 알지 못할 것이다. 구원은 *오로지* 공유를 통해서만 인식될 수 있다.

⁶⁸ 하느님의 아들은 *구원되었다.* 오로지 *이런* 알아차림만을 온아들에게 가져다주어라. 그러면 너는 구원에서 나의 역할만큼이나 가치 있는 역할을 하게 될 것이다. 네가 나에게 너의 역할에 대해 배운다면, 너의 역할은 분명 나의 역할과 *같을* 것이기 때문이다. *너의 역할이* 제한되어 있다고 믿는다면, *너는 나의* 역할을 제한하고 있는 것이다. 기적에 난이도가 없는 이유는, 하느님의 모든 아들은 그 가치에 있어 동등하기 때문이다. 그리고 그들의 동등성은 곧 그들의 하나인 상태다. 하느님의 모든 권능은 그분의 모든 부분에 있으며, 무엇이든 하느님의 뜻과 어긋나는 것은 크지도 작지도 않다. 존재하지 않는 것에는 크기도 *없고* 양도 *없다.* 하느님께는 *모든* 것이 가능하다. 그리고 그리스도는 아버지를 *닮았다.*

VIII. 유일한 문제와 유일한 답

⁶⁹ *네가* 지각하는 대로의 세상은 아버지가 창조하셨을 리가 없다. 세상은 네가 보는 대로가 *아니기* 때문이다. 하느님은 *오로지* 영원한 것만을 창조하셨고, 네가 보는 모든 것은 소멸한다. 그러므로 네가 보지 *않는* 다른 세상이 분명 있을 것이다. 성서는 *새로운* 하늘과 *새로운* 땅에 대해 말한다. 하지만 이것이 문자 그대로 참일 수는 없다. 영원한 것은 *다시* 창조되지 않기 때문이다. *새로* 지각하는 것은 단지 *다시* 지각하는 것으로서, 이것은 네가 전에, 혹은 그동안 *전혀* 지각하지 않았음을 의미한다. 그렇다면 네가 볼 때 너에게 지각되기를 기다리는 세상은 어떤 세상인가?

⁷⁰ 하느님의 아들이 이제껏 품었던 사랑스러운 생각들은 전부 영원하다. 그의 마음이 이 세상에서 지각했던 사랑스러운 생각들만이 세상의 *유일한* 실재다. 그 생각들은 그가 여전히 스스로 분리되어 있다고 믿으므로 여전히 지각이지만, 사랑하는 생각들이므로 영원하다. 그리고 그 생각들은 사랑하므로 아버지를 닮았으며, 따라서 죽을 수 없다. 실재세상은 *실제로 지각될* 수 있다. 그러기 위해 필요한 것이라고는 단지, *다른* 것은 아무것도 보지 않겠다는 용의뿐이다. 네가 선과 악을 모두 지각한다면, 거짓된 것과 참된 것을 모두 받아들이면서 그 둘을 *구분하지 않는 것이기 때문이다.*

⁷¹ 에고는 *약간의* 선은 보지만 *오로지* 선만 보는 일은 결코 없다. 그러므로 에고의 지각은 너무도 쉽게 변한다. 에고는 선을 완전히 거절하지는 않는다. 그것은 네가 받아들일 수 없는 것이기 때문이다. 하지만 에고는 항상 실제인 것에 실제가 아닌 무언가를 더하며, *그럼으로써 환상과 실재를 혼동시킨다.* 지각은 부분적으로만 참일 수는 없다. 네가 진리와 환상을 *함께* 믿는다면, *어느 쪽이* 참인지 구분할 수 없다. 너는 *개인적인* 자율성을 확립하기 위해, 네가 만든 것이 아버지와 닮지 않을 수 있다고 믿으면서 아버지와 닮지 않게 창조하려고 했다. 하지만 네가 만든 것 중에 참인 것은 모두 아버지를 *닮았다.* 오로지 이것만이 실재세상이다. 그리고 *오로지* 이것만을 지각하는 것은 너를 진정한 천국으로 인도할 것이다. 그것은 네가 진정한 천국을 *이해할* 수 있게 만들어주기 때문이다.

⁷² 선을 지각하는 것이 앎은 아니지만, 네가 선의 *반대*를 부정한다면 대립물이 존재하지 않는 상태를 지각할 수 있게 된다. 이것이 바로 앎의 조건이다. 이런 자각이 *없다면* 너는 앎의 조건을 충족하지 못한 것이다. 그리고 앎의 조건을 충족할 때까지, 너는 앎이 이미 네 것임을 알 수 없을 것이다. 너는 수많은 아이디어들을 만들어서 너 자신과 너의 창조주 사이에 세워놓았고, 이러한 믿음들이 네가 지각하는 대로의 세상이다. 여기에 진리가 없는 것은 아니지만, 정녕 가려져 있다. 너는 네가 만든 것과 하느님이 창조하신 것의 차이를 알지 못하며, 따라서 네가 만든 것과 *네가* 창조한 것의 차이도 알지 못한다.

⁷³ 실재세상을 지각할 수 있다고 믿는 것은 곧 너 자신을 알 수 있다고 믿는 것이다. 너는 정녕 하느님을 알 수 있다. *알려지시는* 것이 하느님의 뜻이기 때문이다. 실재세상이란 성령이 네가 만든 것 가운데 골라내서 너를 위해 간직해 둔 모든 것이다. 오로지 이것만을 지각하는 것이 구원이다. 그것은, 실재는 *오로지* 참된 것이라는 인식이기 때문이다.

⁷⁴ 이 수업은 아주 단순하다. 어쩌면 너는, 결국에는 오로지 실재만이 참임을 가르치는 것에 지나지 않는 수업이 필요하다고 느끼지 않을 수도 있다. *하지만 너는 그 말을 정말로 믿는가?* 너는 실재세상을 지각한 다음에야 비로소 네가 그것을 믿지 *않았음*을 인식하게 될 것이다. 하지만 너의 새롭고도 *유일한* 진정한 지각은 너무도 빨리 앎으로 전환되기에, 너에게는 그런 판단이 참임을 깨달을 단 한 순간만이 남을 것이다.

⁷⁵ 그런 다음 네가 만든 모든 것, 선한 것과 악한 것, 거짓된 것과 참된 것은 잊힐 것이

다. 천국과 땅이 하나가 되면서, 심지어 실재세상조차 너의 시야에서 사라질 것이기 때문이다. 세상의 종말은 세상의 파괴가 아닌 천국으로의 *전환이다*. 세상을 재해석하는 것은 *모든* 지각이 앎으로 전이되는 것이다. 성서는 어린아이처럼 되라고 말한다. 어린아이는 자신이 지각하는 것을 이해하지 못함을 알아차리고는, 그것이 무슨 의미인지 *묻는다*. *네가* 지각하는 것을 이해한다고 믿는 실수를 범하지 말라. 그것의 의미는 너에게 상실되었기 때문이다. 하지만 성령은 너 *대신* 그것의 의미를 간직해 두었으며, 네가 성령께 그것을 너 대신 해석하도록 *허용하기만* 한다면, 네가 던져버린 것을 돌려줄 것이다. 그것의 의미를 *네가* 안다고 생각하는 한, 너는 그것을 성령께 물을 필요를 느끼지 못할 것이다.

76 너는 네가 지각하는 *모든 것이* 무슨 의미인지 알지 못한다. *네가 지닌 단 하나의 생각도 온전히 참이 아니다.* 이것을 인식해야만 확고한 출발을 할 수 있다. 너는 안내를 잘못 받은 것이 아니라, 어떤 안내도 받아들이지 않은 것이다. 너에게는 지각에 대한 교육이 정말로 필요하다. 너는 아무것도 이해하지 못하기 때문이다. 이런 사실을 인식하되, *받아들이지는* 말라. 이해는 네가 받은 유산이기 때문이다. 지각은 배우는 것이며, 너에게는 교사가 없지 않다. 하지만 그 교사에게 배우겠다는 용의는 네가 그동안 스스로 배운 *모든 것을* 의문에 붙이겠다는 용의에 의존한다. 그동안 잘못 배운 네가 너 자신의 교사가 되어서는 안 되기 때문이다.

77 너는 단지 너 자신에게만 진리를 거절할 수 있다. 하지만 하느님은 당신이 네게 주*신* 답을 거절하지 않으실 것이다. 그렇다면 네 것이지만 네가 만들지 않은 것을 요청하고, 진리에 *맞서* 너 자신을 방어하지 말라. *네가* 문제를 만들었으며, 하느님은 이미 그에 대한 답을 주셨다. 그러니 너 자신에게 다음과 같이 단 하나의 단순한 질문만 하라:

78 나는 문제를 원하는가, 아니면 답을 원하는가?

79 답을 원한다고 결정하라. 그러면 너는 답을 갖게 될 것이다. 너는 답을 있는 그대로 볼 것이고, 그러면 답은 이미 네 것이기 때문이다.

80 너는 이 수업이 충분히 구체적이지 않아서 이해하고 *사용하기* 어렵다고 불평한다. 하지만 그동안 이 수업은 *아주* 구체적이었으며, 이 수업이 구체적으로 주장하는 것을

행하지 *않은* 것은 바로 너다. 이것은 아이디어의 유희가 아니라 아이디어의 *실재적인* 적용을 가르치는 수업이다. 요청하면 *반드시* 받을 것이라고 분명히 말해주는 것보다 더 구체적인 것은 없다. 네가 문제들이 *구체적이라고* 믿는 한, 성령은 모든 구체적인 문제에 일일이 답해줄 것이다. 네가 하나가 *다수라고* 믿는 한, 성령의 답은 다수면서도 하나일 것이다. 네가 성령의 구체성을 *두려워하는* 이유는, 성령의 구체성이 너에게 *요구할* 것이라고 생각하는 것에 대한 두려움 때문임을 알아차려라. 하지만 하느님에게서 오는 것은 너에게 *아무것도* 요구하지 않음을 배울 수 있는 유일한 방법은, 실제로 요청을 해보는 것이다. 하느님은 *주실* 뿐, 빼앗아 가지 *않으신다.*

81 네가 요청하기를 거부하는 이유는, 요청하는 것을 공유하는 것이라고 지각하지 않고, *빼앗아 가는 것이라고* 믿기 때문이다. 성령은 너에게 오로지 네 것만을 주고, 그 대가로 아무것도 **빼앗아** 가지 *않을* 것이다. 왜냐하면, 네 것인 것은 정녕 모든 것이기 때문이다. 그리고 너는 그것을 하느님과 공유한다. 이것이 정녕 모든 것의 실재다. 성령은 오로지 *돌려주기만*을 뜻하거늘, 네가 성령의 답을 배우기 위해 반드시 물어야 하는 질문을 잘못 해석할 수 있겠는가?

82 너는 이미 답을 들었지만, *질문을* 오해했다. 너는 성령의 안내를 요청하는 것은 *박탈*을 요청하는 것이라고 믿었다. 하느님의 **어린아이야**, 너는 아버지를 이해하지 못한다. 너는 빼앗아 가는 세상을 믿는다. 왜냐하면 너는 빼앗음으로써 *얻을* 수 있다고 믿기 때문이다. 그러한 지각으로 *인해* 너는 실재세상에 대한 시각을 잃었다. 너는 *네가* 보는 대로의 세상을 두려워하지만, 실재세상은 요청하기만 하면 여전히 네 것이다. 너 자신에게 실재세상을 부정하지 말라. 그것은 너를 오로지 *자유롭게만* 할 수 있을 뿐이기 때문이다. 하느님에게서 오는 것은 그 무엇도 그분의 아들을 예속하지 않을 것이다. 하느님은 그를 자유롭게 창조하셨으며, 그의 자유는 하느님의 **존재**에 의해 보호받는다.

83 두려움 없이 하느님의 진리를 묻는 너는 정녕 축복받았다. 하느님의 답이 두려움으로부터의 *해방*임을 배울 길은 그것밖에 없기 때문이다. 하느님의 아름다운 **아이야**, 너는 단지 내가 약속한 것만을 요청하고 있다. 내가 너를 속일 것이라고 믿는가? 천국은 정녕 너의 내면에 있다. 진리가 내 안에 있음을 믿어라. 나는 진리가 *네* 안에 있음을 알기 때문이다. 하느님의 아들들은 공유하지 않는 것이 아무것도 없다. 네가 하느님의 아들 가운데 누구에게라도 진리를 요청한다면, 그것을 나에게 요청한 것이다.

진리를 요청하는 자에게 줄 답을 갖지 않은 자는 우리 가운데 단 하나도 없다. 하느님의 아들에게 무엇이든 요청하라. 그러면 그의 아버지가 너에게 응답하시리라. 그리스도는 자신의 아버지를 잘못 보지 않으며, 그의 아버지도 그리스도를 잘못 보지 않으시기 때문이다.

⁸⁴ 그러니 네 형제를 잘못 보지 말고, 그의 사랑하는 생각들만 그의 실재라고 보라. 너는 *그의 마음*이 분열되었음을 부정함으로써 *너의 마음*을 치유할 것이기 때문이다. 그의 아버지가 그를 받아들이시듯 그를 받아들이고, 그를 치유하여 그리스도에게로 인도하라. 그리스도는 그의 치유자 너의 치유기 때문이다. 그리스도는 하느님의 아들로서 그의 아버지와 결코 분리되지 않았으며, 그의 *모든* 생각은 그를 창조한 아버지의 **생각만큼이나** 사랑하는 생각이다. 하느님의 아들을 잘못 보지deceived 말라. 그러면 너 자신을 잘못 볼 *수밖에* 없기 때문이다. 이렇게 너 자신을 잘못 보면 너의 아버지도 *잘못 보게* 된다. 하지만 아버지 안에서는 어떤 속임수deceit도 불가능하다.

⁸⁵ 실재세상에는 병이 없다. 그것에는 분리도 분열도 없기 때문이다. 그곳에서는 오로지 사랑하는 생각들만 인식되며, 그 누구도 너의 도움 *밖*에 있지 않아서, 하느님의 **도움**이 *너와* 함께 모든 곳에 간다. 네가 이 도움을 *요청함으로써* 기꺼이 받아들이려 함에 따라, 너는 그것을 주게 될 것이다. 왜냐하면, 너는 그것을 *원하기* 때문이다. 너의 치유 능력이 미치지 못하는 것은 아무것도 없을 것이다. 네가 단순히 요청하기만 하면 아무것도 거절되지 않을 것이기 때문이다. 하느님의 응답 앞에서 어떤 문제가 사라지지 않겠는가? 그러니 네 형제의 실재에 대해 배우기를 청하라. 너는 그에게서 바로 이것을 *지각하고*, 그에게 반영된 *너의* 아름다움을 볼 것이기 때문이다.

⁸⁶ 네 형제가 그 자신에 대해 가진 변하기 쉬운 지각을 받아들이지 말라. 그의 분열된 마음은 곧 너의 것이며, 너는 그의 치유 없는 *너의* 치유를 받아들이지 않을 것이기 때문이다. 너희는 천국을 공유하듯 실재세상을 공유하므로, 그의 치유는 정녕 너의 치유다. 너 자신을 사랑하는 것은 곧 너 자신을 *치유하는* 것이다. 그리고 너의 일부가 병들었다고 지각하면서 너 *자신의* 목표를 이룰 수는 없다. 형제여, 우리는 함께 살고 함께 사랑하듯이 함께 치유한다. 하느님의 아들을 잘못 보지 말라. 그는 그 자신과 하나며 그의 아버지와도 하나다. 그의 아버지가 사랑하시는 그를 사랑하라. 그러면 너는 *너를* 향한 아버지의 사랑에 대해 배울 것이다.

⁸⁷ 어떤 형제에게서 공격을 지각하거든, 그것을 네 마음에서 뽑아버려라. 너는 그리스

도에게 공격받았다고 느껴서, 그를 잘못 보고 있기 때문이다. 그리스도 안에서 *치유하되*, 그리스도에게 공격받은 것처럼 느끼지 말라. 그리스도 안에 공격이란 *없기* 때문이다. 네가 지각한 것으로 인해 공격받은 것처럼 느낀다면, 그것은 *너 자신* 안에서 공격받은 것처럼 느껴서 하느님이 정죄하지 않으시는 하느님의 아들을 정죄하고 있는 것이다. 성령으로 하여금 하느님의 아들이 자기 자신에게 가하는 *모든* 공격을 제거하게 하고, 성령의 안내를 통하지 않고서는 그 누구도 지각하지 말라. 성령은 너를 모든 정죄로부터 구할 것이기 때문이다. 성령의 치유 능력을 받아들여서, 그가 네게 보내는 모든 이를 위해 사용하라. 성령은 하느님의 아들을 잘못 보지 않으며, 그를 치유하기를 뜻하기 때문이다.

88 아이들은 무시무시한 유령과 괴물과 용을 지각하고는 두려움에 떤다. 하지만 아이가 자신이 지각하는 것의 *진짜* 의미를 누군가 신뢰하는 사람에게 묻고는, 자신의 해석을 기꺼이 버리고 그 대신 실재를 *선택하고자* 한다면, 그 해석과 함께 아이의 두려움은 사라진다. 아이가 "유령"을 커튼으로, "괴물"을 그림자로, "용"을 꿈으로 해석하도록 도울 때, 아이는 더 이상 무서워하지 않고 자신의 두려움을 웃어넘길 수 있다. 나의 아이들아, 너희는 너희의 형제들과 너희의 아버지와 *너희 자신*을 두려워하고 있다. 하지만 너희는 단지 그들 모두를 *잘못* 보고 있을 뿐이다.

89 실재의 교사에게 그들이 참으로 누구인지 물어라. 네가 그의 답을 듣는다면, 아이들과 마찬가지로 두려움을 웃어넘기고 평화로 대체할 것이다. 두려움은 실재 안에 있는 것이 아니라, 실재를 이해하지 못하는 아이들 마음 안에 있기 때문이다. 아이들은 단지 이해하지 *못하기*에 두려워하며, 진정으로 지각하는 법을 배우면 두려워하지 않게 된다. 따라서 두려워졌을 때는 다시 진리를 요청할 것이다. 너를 두렵게 하는 것은 네 형제들이나 네 아버지나 너 자신의 *실재가* 아니다. 너는 그들이 참으로 누구인지 알지 못하며, 따라서 그들을 유령과 괴물과 용으로 지각한다. 그들의 실재에 대해, 그것을 아는 성령께 *물어라*. 그러면 성령은 너에게 그들이 누구인지 알려줄 것이다. 너는 그들을 이해하지 못하며, 네가 보는 것에 속기 때문에, 너의 두려움을 물리쳐 줄 실재가 *필요하다*.

90 너의 두려움을 진리와 교환하지 않으려는가? 그러한 교환은 요청하기만 하면 네 것이다. 하느님은 너를 잘못 보지 않으시므로, 너는 오로지 *너 자신만*을 잘못 볼 수 있을 뿐이다. 하지만 너는 성령께 너 자신에 대한 진리를 배울 수 있다. 그리고 성령

은 너에게, 하느님의 일부인 *너*를 잘못 보는 것은 불가능함을 가르쳐줄 것이다. 너 자신을 속임수 없이 지각할 때, 너는 네가 만든 거짓된 세상 대신에 실재세상을 받아들일 것이다. 그러면 아버지가 너에게 내려오셔서 너를 당신께 들어올리심으로써, 너를 위해 마지막 단계를 밟으실 것이다.

제11장

하느님의 구원 계획

I. 서문

¹ 전에 너에게 잘못을 실재화하지 말라는 말을 해주었는데, 그 방법은 아주 간단하다. 네가 만약 잘못을 믿기를 *원한다면*, 먼저 잘못을 실재화해야 할 것이다. 왜냐하면, 잘못은 참이 아니기 때문이다. 그러나 진리는 그 자체로 이미 실재하며, 진리를 믿기 위해서는 *아무것도 할 필요가 없다.* 너는 자극에 반응하는 것이 아니라, *네가 해석하는 대로의* 자극에 반응한다는 점을 이해하라. 따라서 너의 해석은 반응을 위한 명분이 된다. 그러하기에 다른 이들의 동기를 분석하는 것은 *너에게* 해롭다. 만약 네가, 어떤 사람이 정말로 너를 공격하거나 저버리거나 예속하려 한다고 단정한다면, 너는 그가 *마치* 실제로 너에게 그렇게 해버린 듯이 반응할 것이다. 너는 이미 그의 잘못을 너에게 *실재하는 것으로* 만들어버린 것이기 때문이다. 잘못을 해석하는 것은 잘못에 힘을 부여하는 것이며, 또한 이미 그렇게 해버렸기에, 너는 반드시 진리를 간과할 것이다.

² 에고의 동기를 분석하는 것은 아주 복잡하고 은폐하는 힘이 강하며, *항상 너* 자신의 에고가 연루되는 위험성이 있다. 그 과정 전체는, 네가 지각하는 것을 이해하는 능력이 *너에게* 있음을 입증하려는 명백한 시도를 나타낸다. 이것은 네가 너의 해석이 *마치* 옳기라도 한 듯이 반응하며, 너의 반응을 행동으로는 통제할지라도 감정적으로는 통제하지 못한다는 사실로 알 수 있다. 이것은 네가 너의 마음의 통합성을 공격하고, 그 안의 한 수준을 다른 수준에 대항하게 만든 정신적인 분열임이 분명하다.

II. 성령의 판단

³ 모든 동기에 대한 이치에 맞는 해석은 단 하나뿐이다. 그것은 성령의 판단이므로, 네가 노력할 부분은 전혀 없다. 모든 사랑하는 생각은 참이다. 다른 모든 것은 치유와 도움을 청하는 호소다. 그것이 취하는 형식과 상관없이, 이것이 그 본래 모습이다. 도와달라고 간청하는 자에게 분노로 반응하는 것이 정당화될 수 있겠는가? 그에게 도움을 주려는 용의 외에 그 무엇도 적절한 반응일 수 없다. 오로지 도움이야말로 그가 요청하고 있는 것이기 때문이다. 네가 그에게 다른 어떤 것을 제공한다면, 그의 실재를 *네* 멋대로 해석함으로써 그것을 공격할 권리가 있는 척하는 것이다.

⁴ 이것이 너 자신의 마음을 얼마나 위험에 빠트리는지 너는 아직 분명히 깨닫지 못할 수도 있지만, 그렇다고 그 위험성이 아주 명백하지 않다는 말은 결코 아니다. 도움을 청하는 호소를 다른 무엇이라고 주장한다면, 너는 다른 무엇에게 *반응할* 것이다. 그런 너의 반응은 실재에 대한 너의 지각에는 부적절하지 않지만, *있는 그대로의* 실재에는 부적절할 것이다. 이것은 정의상 형편없는 실재 검증reality testing이다. 도움을 구하는 *모든* 요청을 정확하게 그 정체대로 인식하지 못하게 하는 것은 오로지, 네가 지각한 공격할 *필요성뿐이다.* 오로지 그 *필요성만이* 너로 하여금 실재와의 끝없는 "전쟁"에 기꺼이 휘말리게 만든다. 그리고 그 안에서 너는 *치유의 필요성을* 비실재적으로 만듦으로써 그 필요성의 실재성을 *부정한다.* 너는 오로지 실재를 지각하려는 용의가 없는 경우에만 그렇게 할 것이다. 그럼으로써 너는 *너 자신에게* 실재를 허락하지 않게 된다.

⁵ 네가 이해하지 못하는 것을 판단하지 말라고 하는 것은 확실히 좋은 조언일 것이다. 개인적으로 투자한 자는 신뢰할 수 있는 증인이 아니다. 그에게 진리는 그가 진리기를 *원하는* 것이 되어버렸기 때문이다. 만약 너에게 도움을 청하는 호소를 그 *정체대로* 지각하려는 용의가 없다면, 그것은 네가 도움을 *주려는 용의는* 물론 도움을 받으려는 용의도 없기 때문이다. 에고의 "진정한" 동기가 무엇인지 분석하는 것은 현대판 종교 재판이다. 두 경우 모두 어떤 형제의 잘못이 먼저 "들춰지고", 이어서 그는 그 *자신의 유익을 위해* 공격받는다. 이것이 과연 투사 *외에* 무엇일 수 있겠는가? *그 형제의 잘못은* 그를 해석하는 자들의 마음 안에 있는데, 그들은 바로 그 잘못 때문에 그 형제를 처벌했기 때문이다.

⁶ 도움의 요청을 인식하지 못할 때마다, 너는 스스로 도움을 받기를 *거절하는 것이다.* 너에게 그 도움이 필요 없다고 주장하려는가? 하지만 네가 어떤 형제의 호소를 인식하기를 거부할 때, 바로 이런 주장을 하는 것이다. 오로지 그의 호소에 응답하는 방법을 통해서만, 너는 도움을 받을 수 있기 때문이다. 네가 그에게 너의 도움을 주기를 거절한다면, 하느님이 *너에게* 주시는 응답을 지각하지 못할 것이다. 성령은 동기를 해석할 때 너의 도움이 필요 없지만, 너는 *성령의 도움이 필요하다.* 오로지 감사만이 네 형제에게 적절한 반응이다. 감사는 그의 사랑하는 생각은 물론 도움을 구하는 호소에도 마땅히 주어져야 한다. 왜냐하면, 둘 다 *너의* 의식에 사랑을 가져다주기 때문이다. 네가 바르게 지각하기만 한다면 말이다. 너의 *모든* 긴장은 단지 이렇게 하지

않으려는 시도에서 비롯된다.

7 그렇다면 하느님의 구원 계획은 얼마나 단순한지! 실재에 대한 반응은 오로지 *하나뿐이다*. 실재는 전혀 갈등을 일으키지 않기 때문이다. 실재의 **교사**는 오로지 한 명뿐이며, 그는 실재가 참으로 무엇인지 이해한다. 그 **교사**는 실재에 대한 자신의 마음을 바꾸지 않는다. *실재*는 바뀌지 않기 때문이다. 네가 분열된 상태에 있을 때 실재에 대해 내리는 해석은 무의미하지만, 그 교사의 해석은 시종일관 참이다. 그 **교사**는 자신의 해석을 너에게 *준다*. 그것은 너를 *위한* 것이기 때문이다. 형제를 *너의* 방식대로 "도우려고" 하지 말라. 너는 너 자신조차 도울 수 없다. 단지 그가 하느님께 구하는 도움의 요청을 들어라. 그러면 너 *자신이* 아버지를 얼마나 필요로 하는지 인식하게 될 것이다.

8 네 형제의 필요에 대한 너의 해석은 곧 *너 자신의* 필요에 대한 너의 해석이다. 너는 도움을 줌*으로써* 도움을 *요청하고* 있다. 그리고 만약 너 자신 안에서 단 하나의 필요만 지각한다면, 너는 반드시 치유될 것이다. 그때 너는 하느님의 응답을 네가 원하는 것이라고 인정하는 것이며, 네가 진실로 그 응답을 원한다면 그것은 진정으로 네 것이 되기 때문이다. 네가 모든 호소에 그리스도의 이름으로 응답할 때마다, 아버지에 대한 기억이 *너의* 의식에 점점 더 가까워진다. 그러니 *너의* 필요를 위해, 도움을 구하는 모든 요청을 그 정체대로 들어라. 그럼으로써 하느님이 *너에게* 응답하실 수 있다.

9 다른 사람들의 반응에 대한 성령의 해석을 점점 더 일관되게 적용함으로써, 너는 *성령의* 기준이 *너에게도* 똑같이 적용됨을 점점 더 알아차리게 될 것이다. 두려움을 *인식하는* 것은 두려움에서 벗어나야 할 필요성을 보여주기 위해 필요하기는 하지만, 그것만으로는 두려움에서 벗어날 수 없다. 그것은 여전히 성령에 의해 진리로 *전환되어야* 한다. 네가 두려움을 인식했는데도 여전히 두려움이 *남아있다면*, 실재를 *향해* 한 걸음 나아간 것이 아니라 *뒤로* 한 걸음 물러선 것이리라. 하지만 우리는 두려움을 인식하고 그것을 속임수 *없이* 직시하는 것이 에고를 무효화하는 과정에 필요한 핵심적인 단계라고 거듭 강조했다. 그렇다면 성령이 다른 사람들의 동기에 대해 내리는 해석이 너에게 얼마나 큰 도움이 될지 생각해 보라.

10 성령은 너에게 다른 사람 안에서 오로지 사랑하는 생각들만 받아들이고 다른 것은 전부 도움을 구하는 호소로 여기라고 가르침으로써, *두려움은 도움을 구하는 호소*임을 가르쳤다. 이것이 바로, 두려움을 인식하는 것의 *진정한* 의미다. 네가 두려움을 보*호하지* 않는다면, *성령이* 그것을 재해석할 것이다. 이것이 바로, *네가* 공격을 사랑을

구하는 요청으로 지각하는 법을 배우는 데 있어서 궁극적인 가치다. 우리는 두려움과 공격이 필연적으로 관련되어 있음을 확실히 배웠다. *오로지 공격만이 두려움을 일으 킨다면, 그리고 공격은 실제로 도움을 구하는 요청임을 본다면, 너는 두려움의 비실 재성을 분명히 깨달을 수밖에* 없다. 두려움이란 부정된 것을 무의식적으로 인식하면 서 사랑을 구하는 *요청이기* 때문이다.

Ⅲ. 기적의 메커니즘

¹¹ 두려움은 너의 깊은 상실감을 보여주는 증상이다. 네가 다른 사람에게서 두려움을 지각했을 때 그 상실을 *채워주는* 법을 배운다면, 두려움의 근본적인 *원인이* 제거된 다. 그럼으로써 너는 두려움이 *네 안에* 존재하지 않음을 너 자신에게 가르친다. 너는 두려움을 제거할 수단을 *너 자신 안에* 가지고 있으며, 그것을 *줌으로써* 그런 사실을 입증했기 때문이다. 두려움과 사랑은 네가 느낄 수 있는 유일한 감정들이다. 그중 하 나는 거짓이다. 그것은 부정으로 만들어졌기 때문이다. 그리고 부정은, 그 *자체가* 존 재하기 위해서는, 부정된 대상이 존재한다는 믿음에 의존한다.

¹² 두려움은 *그것이 가린 저변의 믿음에 대한 긍정 확언이라고* 바르게 해석함으로써, 너는 두려움을 무용지물로 만들어 그 지각된 유용성을 약화한다. 전혀 *효과가* 없는 방어수단은 *자동적으로 폐기된다.* 두려움이 감추고 있는 것을 *분명하고도 확고하게 우위에 놓는다면,* 두려움은 무의미해진다. 너는 그동안 사랑을 감추는 두려움의 힘을 부정했는데, 사실 그것이 두려움의 유일한 목적이었다. *네가* 사랑의 얼굴에 덮어씌운 가면은 이미 사라졌다.

¹³ 세상의 *실재인* 사랑을 보고자 한다면, 사랑에 *맞서는* 모든 방어의 저변에서 사랑을 *구하는* 호소를 인식하는 것이 가장 좋은 방법이 아니겠는가? 그리고 사랑을 구하는 호소에 사랑을 *줌으로써* 응답하는 것이 사랑의 실재에 대해 배우는 가장 좋은 방법이 아니겠는가? 두려움에 대한 성령의 해석은 두려움을 *물리친다.* 진리에 대한 *알아차 림은* 부정될 수 *없기* 때문이다. 이와 같이 성령은 두려움을 사랑으로 대체하고, 잘못 을 진리로 전환한다. 그리고 이와 같이 *너는* 분리의 꿈을 일치라는 사실로 대체하는 법을 성령께 배울 것이다. 분리는 단지 연합에 대한 *부정일* 뿐이며, 제대로 해석되기

만 한다면, 연합이 참이라는 너의 영원한 앎을 입증한다.

14 기적은 단지 부정을 진리로 전환하는 것이다. 자신을 사랑하는 것이 곧 자신을 *치유하는 것이라면*, 병든 자들은 자신을 사랑하지 *않는* 것이다. 따라서 그들은 자신에게 부정하고 있지만 자신을 치유할 사랑을 요청하고 있는 것이다. 그들이 만약 자신에 대한 진리를 안다면, 병들 수 *없을* 것이다. 따라서 기적일꾼의 과제는 *진리의 부정을 부정하는 것이* 된다. 병든 자들은 반드시 *자기 자신을* 치유해야 한다. 진리가 그들 안에 있기 때문이다. 하지만 그들은 진리를 덮어 감췄기에, *다른* 마음의 빛이 그들의 마음속을 비춰주어야 한다. 그 빛은 정녕 그들 자신의 것이기 때문이다.

15 그들 안의 빛은 그것을 덮어 감추는 안개의 밀도와 *상관없이* 밝게 빛난다. *네가 그 빛을 덮어 감출 힘을 부여하지 않는다면*, 안개는 아무런 힘도 없다. 안개가 힘을 가진 유일한 이유는 하느님의 아들이 안개에 힘을 부여했기 때문이다. *모든 힘은 하느님에게서 온다는 것을 기억하면서*, 그는 반드시 스스로 그 힘을 거둬들여야 한다. *너는 이것을 온아들 전체를 위해 기억할 수 있다.* 네 형제가 이것을 잊도록 허락하지 말라. 그의 망각은 곧 *너의* 망각이기 때문이다. 반면에 너의 기억함은 곧 *그의* 기억함이다. 하느님을 홀로 기억할 수는 없기 때문이다. *바로 이것이야말로 네가 망각한 것이다.* 따라서 네 형제의 치유를 너 자신의 치유로 지각하는 것이 곧 하느님을 기억하는 방법이다. 너는 하느님을 잊으면서 네 형제들도 잊었으며, 너의 망각에 대해 하느님이 주신 응답이란 단지 기억하는 방법이기 때문이다.

16 병에서 단지 사랑을 구하는 또 하나의 요청을 지각하고, 네 형제가 그 자신에게 제공할 수 없다고 믿는 것을 그에게 제공하라. 병이 무엇이든 그 치료법은 단 *하나만* 있다. 너는 온전하게 *만들 때* 온전하게 될 것이다. 병에서 건강을 구하는 호소를 지각하는 것은 증오에서 사랑을 구하는 요청을 인식하는 것이기 때문이다. 어떤 형제에게 그가 *진정으로* 원하는 것을 주는 것은 그것을 너 자신에게 제공하는 것이다. 아버지는 네가 네 형제를 *너 자신으로* 알기를 뜻하시기 때문이다. 사랑을 구하는 *형제의* 요청에 응답하면, *너의* 요청이 응답받는다. 치유란 그리스도가 아버지와 *그 자신에게* 보내는 사랑이다.

17 우리는 전에, 아이가 이해하지 못하여 두려워하는 지각 대상에 대해 말한 적이 있다. 아이가 깨우침을 청하여 *받아들인다면*, 두려움은 사라진다. 그러나 아이가 악몽을 *감춘다면*, 두려움을 계속 간직할 것이다. 확신이 없는 아이는 도와주기가 쉽다. 그

아이는 자신이 지각하는 것이 무슨 의미인지 모른다는 것을 인정하기 때문이다. 하지만 너는 네가 정말로 안다고 믿는다. 어린아이들아, 너희는 스스로 뒤집어쓴 두꺼운 담요 속에 머리를 숨기고 있다. 너희는 확신이라는 어둠 속에 자신의 악몽을 감추고는, 눈을 떠서 *악몽을 똑바로 쳐다보기*를 거부하고 있다.

¹⁸ 악몽을 간직하지 말자. 그것은 그리스도에게 어울리는 선물이 아니며, 따라서 *너에게 어울리는 선물이 아니다.* 덮개를 벗고, 네가 두려워하는 것을 똑바로 쳐다보라. 오로지 *예상만이* 너를 무섭게 할 것이다. 무의 실체는 무서울 수 *없기* 때문이다. 이것을 지체하지 말자. 네가 증오의 꿈을 꾼다고 해서 도움 없이 남겨지는 일은 없을 것이다. 그리고 도움이 바로 여기에 있다. 혼란 가운데서 조용히 있는 법을 배워라. 조용함은 분쟁의 종식이며, 이것은 평화로 가는 여정이기 때문이다. 너를 지체시키려고 일어나는 모든 이미지를 똑바로 쳐다보라. 목표는 영원하기에, 그곳에 도달하는 것은 불가피하기 때문이다. 사랑이라는 목표는 다만 너의 권리며, 네가 *좋아하든 말든* 본래 네 것이다.

¹⁹ *너는 여전히 하느님이 뜻하시는 것을 원하며*, 어떤 악몽도 하느님 아이의 목적을 무산시킬 수 없다. 너의 목적은 하느님이 주신 것이며, 너는 그것을 성취할 수밖에 없다. 그것은 하느님의 뜻이기 *때문이다.* 깨어나 너의 목적을 기억하라. 그렇게 하는 것은 *너의* 뜻이기 때문이다. 너를 위해 성취된 것은 *분명* 네 것이다. 너의 증오가 사랑을 가로막게 하지 말라. 아버지를 향한 그리스도의 사랑과 그리스도를 향한 아버지의 사랑을 버려낼 수 있는 것은 *아무것도 없다.*

²⁰ 잠시 후면 너는 나를 볼 것이다. *네가 숨어 있다고 해서 내가 숨겨진 것은 아니기* 때문이다. 나는 나 자신을 깨웠듯이 확실하게 너를 깨울 것이다. 왜냐하면 나는 너를 *위해* 깨어났기 때문이다. *나의* 부활 안에 *너의* 해방이 놓여있다. 우리의 사명은 구원에서 벗어나는 것이 아닌, *십자가형에서* 벗어나는 것이다. 나의 도움을 신뢰하라. 나는 홀로 걷지 않았으며, 우리의 아버지가 나와 함께 걸으셨듯이 너와 함께 걸어갈 것이다. 너는 내가 아버지와 함께 평화 속에서 걸었음을 알지 않았는가? 그것은 곧 여정에서 평화가 *우리와* 동행할 것임을 의미하지 않겠는가?

²¹ 완벽한 사랑에는 두려움이 없다. 우리는 단지 네 *안에* 있는 *이미* 완벽한 것을 너에게 완벽하게 만들어 갈 뿐이다. 네가 두려워하는 것은 *알려지지 않은* 것이 아니라, 이미 *알려진* 것이다. 너는 너의 사명에 실패하지 않을 것이다. 내가 나의 사명에 실패하

지 않았기 때문이다. 너에 대한 나의 *완전한* 신뢰의 이름으로, 나를 단지 약간만 신뢰해 보라. 그러면 우리는 함께 완벽함이라는 목표를 수월하게 성취할 것이다. 완벽함은 *존재하며*, 부정될 수 *없기* 때문이다. 완벽함에 대한 부정을 부정하는 것은 진리를 부정하는 것만큼이나 어렵지 않다. 그리고 우리가 함께 성취할 수 있는 것은, 네가 그것을 이미 성취된 것으로 볼 때 믿어질 *수밖에* 없다.

²² 너는 그동안 사랑을 추방하려고 애썼지만, 성공하지 못했다. 하지만 두려움을 추방하기로 선택한다면, 반드시 성공할 것이다. 주님이 너와 함께 계시건만, 너는 그것을 알지 못한다. 하지만 너의 **구원자**는 그가 창조된 평화 속에서 네 안에 살고 머문다. *이러한* 알아차림으로 너의 두려움에 대한 알아차림을 대체하지 않으려는가? 우리가 어떤 식으로든 두려움을 감추거나 축소하거나 그 전체 의미를 부정하지 않으면서 극복했을 때, 이것이 바로 네가 정말로 볼 것이다. 진정한 비전을 가로막는 장애물은 네가 그것을 바라보지 않고서는 치워버릴 수 없다. 치워버린다는 것은 *거슬러* 판단한다는 의미기 때문이다. *네가* 바라본다면, 성령이 참되게 판단할 것이다. 성령은 *네가* 감춘 것을 밝혀 물리칠 수 없다. 네가 그것을 성령께 드리지 않았기 때문에, 성령은 그것을 *네게서* 가져갈 수 없기 때문이다.

²³ 따라서 우리는 조직적이고, 체계적이며, 신중하게 계획된 프로그램을 시작하고 있는데, 그 프로그램의 목표는 네가 원하지 *않는* 모든 것을 성령께 드리는 법을 배우는 것이다. *성령*은 네가 드리는 것으로 무엇을 해야 할지 안다. 너는 성령이 아는 것을 어떻게 사용해야 할지 *모른다*. 성령께 드러난 것들 가운데 하느님에게서 오지 않은 것은 다 사라진다. 하지만 너는 완벽한 용의로 그것을 *너 자신에게* 드러내야 한다. 그렇지 않으면 성령의 앎은 너에게 쓸모가 없기 때문이다. 성령은 너를 돕는 데 결코 실패하지 않을 것이다. 돕는 것은 성령의 *유일한* 목적이기 때문이다. 너는 두려움의 원인을 똑바로 쳐다보고 그것을 영원히 보내버리기보다는, *네가* 지각하는 대로의 세상을 두려워할 더 큰 이유를 갖고 있지는 않은가?

Ⅳ. 실재에 대한 투자

²⁴ 언젠가, 네가 가진 것을 전부 팔아서 가난한 자들에게 주고 나를 따를 용의가 있는

지 물었다. 이 말의 의미는 다음과 같다: 네가 이 세상의 그 무엇에도 투자하지 않는다면, 너는 가난한 자들에게 그들의 보물이 참으로 어디에 있는지 가르쳐줄 수 있을 것이다. 가난한 자들은 단지 잘못 투자한 자들일 뿐이며, 따라서 정녕 가난하다! 그들은 궁핍하기에in need 그들을 돕는 것이 너의 일이다. 왜냐하면 *너는* 정녕 그들 가운데 있기 때문이다. 네가 그들의 가난을 공유하려 하지 않는다면 그들이 너의 레슨을 얼마나 완벽하게 배우게 될지 잘 생각해 보라. 가난은 결핍이며, 오로지 *하나의 필요*need 만 있으므로 오로지 *하나의* 결핍만 있기 때문이다.

25 어떤 형제가, 네가 하기를 원한다고 생각하지 않는 일을 해달라고 고집스럽게 주장한다고 가정해 보자. 그가 주장한다는 사실 자체가 그렇게 주장하는 데 구원이 있다고 믿고 있음을 보여준다. 네가 만약 하지 않겠다고 주장하면서 즉시 반감을 느낀다면, 너는 그것을 하지 *않음에* 너의 구원이 있다고 믿는 것이다. 그러면 너는 그와 똑같은 잘못을 하면서, 그의 잘못을 두 사람 *모두에게* 실재화하고 있는 것이다. 주장하기는 투자를 의미하며, 네가 투자하는 대상은 *언제나* 너의 구원 개념과 관련되어 있다. 질문은 항상 두 가지다: 첫째, *무엇이 구원되어야 하는가?* 둘째, *그것이 어떻게 구원될 수 있는가?*

26 *어떤* 이유로든 형제에게 분노할 때마다, 너는 *에고가* 구원되어야 하고, 공격을 통해 구원되어야 한다고 믿는 것이다. *그가* 공격한다면 너는 이 믿음에 동의하는 것이며, 네가 *공격한다면* 이 믿음을 강화하는 것이다. *공격하는 자들은 가난함을 기억하라.* 그들의 가난은 더 심한 가난이 *아닌* 선물을 요청한다. 그들을 도울 수 있는 네가 그들의 가난을 *너의* 것으로 받아들인다면, 분명 파괴적으로 행동하는 것이다. 네가 *그들처럼* 투자하지 않았다면, 그들의 필요를 못 본 체하겠다는 생각은 결코 하지 않을 것이다.

27 무엇이 중요하지 않은지 인식하라. 그리고 네 형제들이 너에게 무언가 "터무니없는" 것을 하라고 요청한다면, 그렇게 하라. 그것은 중요하지 않기 *때문이다.* 그것을 거절한다면, 너의 반대는 오히려 그것이 너에게 *중요하다는* 사실을 입증한다. 그러니 그 요구를 터무니없게 만들어버린 자는 오로지 *너뿐이다.* 너에게 요구될 수 있는 것은 아무것도 없으며, 형제의 모든 요청은 *너를* 위한 것이기 때문이다. 왜 굳이 그의 요청을 *거절하겠다고* 주장하는가? 그렇게 하는 것은 곧 너 자신의 요청을 거절하는 것이며, 결국 둘 다 가난하게 만든다. *그도 너처럼* 구원을 요청하고 있다. 가난은 에고에게서 오는 것이지 *결코* 하느님에게서 오는 것이 아니다. 무엇이 가치 있는지 인식하고 다른

것은 아무것도 받아들이기를 원하지 않는 자에게, "터무니없는" 요구란 있을 수 없다.

²⁸ 구원은 마음을 위한 것이며, 평화를 통해 얻어진다. 마음이야말로 구원될 수 있는 *유일한* 것이며, 평화야말로 마음을 구원할 수 있는 *유일한* 방법이다. 사랑이 *아닌* 모든 반응은 구원의 "무엇"과 "어떻게"에 대한 혼동에서 일어난다. 그리고 평화를 통한 마음의 구원이 *유일한* 답이다. 이를 결코 잊지 말고, 너 자신이 단 한 순간이라도 다른 답이 *있다*고 믿도록 허락하지 말라. 그렇지 않으면 너 자신을 반드시 가난한 자들 가운데 둘 것이기 때문이다. 그들은 자신이 풍요 속에 살고 있다는 것도, 구원이 왔다는 것도 이해하지 못한다.

²⁹ 에고와 동일시하는 것은 곧 너 자신을 공격하여 가난하게 *만드는* 것이다. 그러므로 에고와 동일시하는 자는 누구나 박탈감을 느낀다. 그러면 그가 *경험하는* 것은 우울이나 분노지만, 그가 실제로 *행한* 것은 자기 사랑을 자기 증오로 맞바꿔서 자기 자신을 *두려워하게* 만든 것이다. 그는 이것을 깨닫지 *못한다*. 그가 비록 불안을 충분히 알아차린다 해도, 불안의 근원을 에고 동일시라고 지각하지 못하며, *항상* 세상과 제정신이 아닌 "협정"을 맺어서 불안을 다루려고 한다. 그는 항상 이런 세상이 자신의 *바깥에* 있다고 지각한다. 왜냐하면 이것은 그가 적응하는 데 필수적이기 때문이다. 그는 자신이 이런 세상을 *만든다*는 것을 깨닫지 못한다. 그의 바깥에는 어떤 세상도 *없다*.

³⁰ 하느님 아들의 사랑하는 생각들만이 세상의 실재라면, 실재세상은 분명 그의 마음 안에 있을 것이다. 그의 제정신이 아닌 생각들 또한 틀림없이 그의 마음에 있겠지만, 그는 이런 엄청난 내적 갈등을 견뎌낼 수 없다. 분열된 마음은 *위태로워지고*, 마음이 자신 안에 완전히 상반된 생각들을 포함하고 있다는 인식은 실로 견디기 힘든 일이다. 따라서 마음은 실재가 *아닌* 분열을 투사한다. 네가 바깥세상이라고 지각하는 모든 것은 단지 너의 에고 동일시를 유지하려는 시도에 불과하다. 누구나 그러한 동일시가 곧 구원이라고 믿기 때문이다. 하지만 그동안 무슨 일이 일어났는지 숙고해 보라. 생각들은 정녕 생각하는 자에게 영향을 미치는 결과를 낳기 때문이다.

³¹ 너는 *네가 지각하는 대로의* 세상과 반목하고 있는데, 왜냐하면 너는 그 *세상이 너에게* 적대적이라고 생각하기 때문이다. 이것은 네가 그동안 행한 것의 불가피한 결과다. 너는 안에 있는 것에게 적대적인 것을 밖으로 투사했으며, 따라서 그 세상을 그런 식으로 지각해야 했다. 이런 까닭에, 너의 증오가 네 마음 바깥이 *아닌* 안에 있음을 먼저 깨달아야만 그것을 제거할 수 있으며, 또한 너의 증오를 *먼저* 제거해야만 세상

을 실제로 있는 그대로 지각할 수 있다.

³² 우리는 전에, 하느님은 세상을 *너무도* 사랑하셔서 당신이 낳은 유일한 아들에게 주셨다고 말했다. 하느님은 실재세상을 *사랑하시며*, *그 세상의* 실재성을 지각하는 자들은 죽음의 세상을 볼 수 없다. 죽음은 실재세상에 속하지 *않기* 때문이다. 실재세상 안에서, 모든 것은 영원하다. 하느님은 네가 분열된 마음으로 만든 세상 대신에 실재세상을 주셨다. 분열된 마음은 정녕 죽음의 상징이다. 네가 *정말로* 너 자신을 하느님의 마음으로부터 분리할 수 있다면, 너는 *정녕* 죽을 것이기 때문이다. 그리고 네가 지각하는 세상은 실로 분리의 세상이다.

³³ 너는 아버지를 부정하기 위해서라면 죽음마저도 기꺼이 받아들이려 했다. 하지만 아버지는 그렇게 되기를 원하지 않으시며, 따라서 그렇지 *않다*. 너는 여전히 아버지를 거슬러 뜻할 수 없었다. 그리고 이것이 바로 네가 만든 세상을 네가 통제할 수 없는 이유다. 그것은 뜻의 세상이 아니다. 그 세상은 하느님과 다르게 되려는 욕구가 지배하지만, 이러한 욕구는 뜻이 *아니기* 때문이다. 그러므로 네가 만든 세상은 아주 혼란스러우며, 제멋대로고 무분별한 "법칙들"의 지배를 받는 *아무런* 의미도 없는 곳이다. 너는 네가 원하지 *않는* 것으로 그 세상을 만들고는, 그것을 두려워해서 네 마음 밖으로 투사했기 때문이다.

³⁴ 하지만 이 세상은 오로지 그것을 만든 자의 마음 안에, 그의 *진정한* 구원과 함께 들어있다. 세상이 너의 바깥에 있다고 믿지 말라. 세상이 *어디에* 있는지 인식함으로써만, 너는 세상에 대한 통제권을 얻을 것이기 때문이다. 너는 정녕 네 마음에 대한 통제권을 가졌다. 마음은 결정의 기제기 때문이다. 네가 지각하는 *모든* 공격이 *다른 어떤 곳도 아닌* 너 자신의 마음 안에 있음을 인식한다면, 너는 마침내 공격의 근원을 찾아낸 것이다. 그리고 공격은 시작된 곳에서 끝날 수밖에 없다. 왜냐하면, 그와 똑같은 곳에 구원도 있기 때문이다. 그리스도가 머물러 사는 하느님의 제단이 그곳에 있다.

³⁵ 너는 세상이 *아니라* 그 제단을 더럽혔다. 하지만 그리스도는 너를 *위해* 그 제단에 속죄를 놓아두었다. 세상에 대한 너의 지각을 그 제단으로 가져오라. 그것은 진리에 바치는 제단이다. 그곳에서 너는 너의 비전이 바뀌는 것을 보고, 진정으로 보는 법을 배울 것이다. 하느님과 그분의 아들이 평화로이 살고 네가 환영받는 이곳으로부터, 너는 평화로이 밖으로 눈을 돌려 세상을 진정으로 볼 것이다. 하지만 그곳을 찾으려면 *네가* 투사한 대로의 세상에 대한 투자를 포기하고, 성령이 하느님의 제단으로부터

너에게로 실재세상을 투사하도록 허락해야 한다.

V. 구하기와 찾기

36 에고는 사랑이 위험하다고 확신한다. 그리고 이것은 항상 에고의 핵심적인 가르침이다. 하지만 에고는 결코 그런 식으로 말하지 않는다. 반대로, 에고가 구원이라고 믿는 자들은 누구나 사랑을 열렬히 추구하느라 바쁘다. 에고는 이런 추구를 아주 적극적으로 권장하기는 하지만, 조건이 하나 있다. 그것은 "사랑을 *찾지는 말라.*"이다. 그렇다면 에고의 지시사항은 "구하라. 그러나 찾지는 *말라.*"로 요약될 수 있다. 이것이야말로 에고가 너에게 제시하는 유일한 약속이자 에고가 *지킬* 유일한 약속이다. 왜냐하면 에고는 자신의 목표를 광적으로 집요하게 추구하기 때문이다. 그리고 에고의 실재 검증은, 비록 심각하게 손상되기는 했어도 아주 일관성이 있다.

37 그러므로 에고가 나서는 추구는 무산될 수밖에 없다. 에고는 또한 자신이 *너의* 정체라고 가르치므로, 에고의 안내는 너를 *자멸*을 지각하는 것으로 끝날 수밖에 없는 여정으로 이끈다. 에고는 사랑할 수 *없으며,* 사랑에 대한 광적인 추구 속에서 자신이 찾아낼까 봐 *두려워하는* 것을 구하고 있기 때문이다. 그러한 추구는 불가피하다. 에고는 네 마음의 일부기 때문이다. 그리고 그 근원으로 인해, 에고는 완전히 분리되어 있지 않다. 그렇지 않다면 에고는 너의 믿음을 전혀 얻을 수 없을 것이다. 에고를 믿고 에고에게 존재성existence을 부여하는 것은 바로 *너의* 마음이기 때문이다. 하지만 너의 마음은 에고의 존재성을 *부정할* 힘도 가졌다. 에고가 너를 과연 어떤 여정에 나서게 하는지 깨달을 때, 너는 분명 에고를 부정할 것이다.

38 그 누구도 자신을 *완전히* 좌절시킬 것을 찾고 싶어 하지 않는다는 것은 확실하다. 사랑할 능력이 없는 에고는 사랑 앞에서 완전히 무능할 것이다. 에고는 전혀 반응할 수 없기 때문이다. 그러니 너는 반드시 에고의 안내를 버려야 할 것이다. 에고는 너에게 *필요한* 반응 패턴을 가르쳐주지 않았음이 너무도 분명할 것이기 때문이다. 따라서 에고는 사랑을 *왜곡하여,* 사랑이 에고가 *가르칠 수 있는* 반응을 불러일으킨다고 가르칠 것이다. 그러니 너는 에고의 가르침을 따르면서 사랑을 *추구는 하겠지만, 알아보지는* 못할 것이다.

³⁹ 에고가 너를 허무와 우울로 이어질 *수밖에* 없는 여정에 나서게 한다는 것을 깨달았는가? 구하되 찾지 *못한다면* 기쁠 수가 없다. 이것이 *네가* 지키려는 약속인가? 성령은 너에게 다른 약속을 제공하는데, 그것은 기쁨으로 이어질 것이다. *성령의* 약속은 항상 "구하라. 그러면 찾을 것이다."이기 때문이다. 그리고 네가 성령의 안내를 따른다면, 결코 좌절할 수 없다. 성령의 여정은 *성취로* 가는 여정이며, 성령은 그가 너에게 제시한 목표를 줄 것이다. 성령은 그가 아버지의 사랑으로 사랑하는 하느님의 아들을 결코 속이지 않을 것이기 때문이다.

⁴⁰ 너는 반드시 여정에 나설 것이다. 이 세상은 너의 집이 *아니기* 때문이다. 그리고 너의 집이 어디에 있는지 알든 모르든, 너는 반드시 그 집을 찾으러 다닐 것이다. 너의 집이 너의 바깥에 있다고 믿는다면, 그러한 추구는 헛될 것이다. 그것은 집이 없는 곳에서 집을 구하는 것이기 때문이다. 너는 너의 내면을 보는 방법을 모른다. 너는 너의 집이 거기에 있다고 *믿지* 않기 때문이다. 하지만 성령은 너를 *대신해* 그 방법을 안다. 그리고 성령은 너를 *집으로* 안내할 것이다. 그것이 바로 성령의 사명이기 때문이다. 성령은 *그의* 사명을 이행하면서 너에게 *너의* 사명에 대해 가르쳐줄 것이다. 너의 사명은 그의 사명과 같기 때문이다. 네 *형제들을* 집으로 안내함으로써, 너는 다만 성령을 따라가고 있는 것이다.

⁴¹ 아버지가 너에게 주신 **안내자**를 보라. 그리하여 네가 영원한 생명을 가졌음을 배워라. 죽음은 아버지의 뜻도 너의 뜻도 아니며, 참인 것은 무엇이든 아버지의 뜻이다. 너는 생명을 얻기 위해 어떤 대가도 치르지 않는다. 그것은 너에게 주어진 것이기 때문이다. 그러나 죽음을 얻기 위해서는 아주 비싼 대가를 치른다. 죽음이 너의 보물이라면, 너는 죽음을 사려고 다른 모든 것을 팔 것이다. 그리고 너는 죽음을 정말로 샀다고 믿을 것이다. 왜냐하면, 다른 모든 것을 팔아버렸기 *때문이다.* 하지만 너는 천국을 팔 수 *없다.* 너의 유산은 살 수도 팔 수도 없는 것이다. 온아들의 부분들 가운데 유산을 받지 못한 부분은 있을 수 없다. 하느님은 온전하시며, 하느님의 확장들은 모두 하느님을 닮았기 때문이다.

⁴² 속죄는 우리의 온전성에 대한 대가가 아니라, 네가 너의 온전성을 *알아차리는* 대가였다. 네가 "팔기"로 선택한 것은 다시 "사들일" 수 없었으므로, 너를 위해 보관되어야 했다. 하지만 *너는* 돈이 아닌 너의 *영spirit*으로 온전성에 대한 의식에 투자해야 한다. 영은 뜻이며, 뜻은 곧 천국의 "대가"기 때문이다. 네가 받은 유산은 네가 *이미* 구

원되었다는 인식만을 기다리고 있다. 성령은 너를 영원한 생명으로 안내하지만, *너는* 반드시 죽음에 대한 투자를 포기해야 한다. 그렇지 않으면 생명이 온통 너를 둘러싸고 있어도 생명을 *보지* 않을 것이다.

VI. 제정신인 커리큘럼

⁴³ 오로지 사랑만이 강하다. 사랑은 *갈라지지* 않았기 때문이다. 강한 자들은 공격하지 않는다. 그들은 공격할 필요를 느끼지 않기 때문이다. 공격이라는 아이디어가 네 마음에 들어올 수 있었던 것은, 네가 *먼저* 너 자신을 약하다고 *지각했기* 때문일 것이다. 네가 너 자신을 공격했으며, 그 공격이 *효과적이었다고* 믿었기에, 너는 너 자신이 약해졌다고 본다. 너는 더 이상 너 자신과 너의 모든 형제들을 동등하다고 지각하지 않고, 너 자신을 더 *약하다고* 여겨서, *네가* 만든 상황을 "동등하게 만들려고" 시도한다. 그러기 위해 너는 공격을 사용한다. 왜냐하면 너는 공격이 *너를* 약화하는 데 성공했다고 믿기 때문이다.

⁴⁴ 이런 까닭에, 너 *자신의* 상처받을 수 없음ᵢₙᵥᵤₗₙₑᵣₐᵦᵢₗᵢₜᵧ을 인식하는 것은 네가 제정신을 회복하는 데 있어서 너무나 중요하다. 네가 너의 상처받을 수 없음을 받아들인다면, 그것은 공격이 아무런 효과도 *없음을* 인식하는 것이기 때문이다. 너는 비록 너 자신을 공격했고, 그것도 아주 잔인하게 공격했지만, *아무 일도 일어나지 않았음을* 입증할 것이다. 그러므로 너는 공격을 통해 *아무것도* 하지 않았다. 네가 일단 이것을 깨달으면, 공격은 더 이상 아무런 *의미도* 없다. 공격은 분명히 효과가 *없고*, 너를 지켜줄 수도 *없기* 때문이다. 하지만 네가 상처받을 수 없음을 인식하는 것에는 소극적인 가치 이상의 것이 있다. 너 자신에 대한 공격이 너를 약화하는 데 *실패했다면*, *너는* 여전히 강하다. 따라서 너는 너의 강함을 확립하려고 상황을 "동등하게 만들" 필요가 없다.

⁴⁵ 너 *자신에* 대한 공격이 아무런 효과도 없었음을 인식하기 *전에는*, 너는 공격의 완전한 무용성을 깨닫지 못할 것이다. 다른 사람들이 공격을 지각하면 그들은 당연히 공격에 반응할 것이다. 그리고 네가 그들을 공격하려고 한다면, 너는 이것을 강화로 해석하지 않을 수 없을 것이다. 네가 모든 강화를 상쇄할 수 있는 *유일한* 곳은 오로지 너 *자신의* 내면이다. *너는* 항상 네가 공격하는 첫 번째 대상인데, 만약 *이것이* 결코

일어나지 않았다면, 공격은 아무런 결과도 *없기* 때문이다.

⁴⁶ 성령의 사랑이 곧 너의 강함이다. 너의 사랑은 분열되었으며, 따라서 실제가 아니기 때문이다. 네가 너 자신의 사랑을 *공격했을* 때, 너는 그 사랑을 신뢰할 수 없었다. 너는 분열된 마음을 가지고는 완벽한 사랑을 배울 수 없었다. 분열된 마음은 자신을 학습 부진자로 *만들어버렸기* 때문이다. 너는 분리를 영속화하려고 했는데, 왜냐하면 창조의 특성을 너 자신만의 *내용*으로 간직하기를 원했기 때문이다. 하지만 창조는 너에게서 비롯되지 *않는다*. 그리고 학습 부진자에게는 특수 교육이 필요하다. 너에게는 아주 문자 그대로의 의미에서 학습 장애가 있다.

⁴⁷ 너의 학습 기술들 가운데는 너무 심각하게 손상된 영역들이 있어서, 너의 제한된 자원을 *뛰어넘을* 수 있는 교사의 지속적이고도 분명한 지도가 있어야만 너는 발전을 이룰 수 있다. 그가 너의 자원이 *되어주는* 까닭은, 너 *자신만으로는* 배울 수 *없기* 때문이다. 너는 불가능한 학습 상황에 너 자신을 배치했고, 이런 상황에서 너에게는 분명 특수 교사와 특수 커리큘럼이 필요하다. 학습 부진자가 그들 자신이나 다른 사람의 교사가 되는 것은 좋은 선택이 아니다. 그가 자신의 한계에서 *벗어날* 수 있도록 도와줄 커리큘럼을 스스로 짤 것이라고 기대하기는 힘들다. 그가 만약 자신 너머에 있는 것을 이해한다면, 애초에 장애가 없을 것이다.

⁴⁸ 너는 사랑의 의미를 알지 못하며, 바로 이것이 너의 장애다. 네가 이해하지 못하는 것을 너 자신에게 가르치려고 하지 말고, 너의 목표가 확실히 실패한 곳에 커리큘럼의 목표를 세우려고 하지도 말라. 그동안 *너의* 학습 목표는 배우지 *않는* 것이었기 때문이다. 그리고 이것은 성공적인 학습으로 이어질 수 *없다*. 너는 네가 배우지 않은 것을 전이할 수 없으며, 일반화 능력의 손상이야말로 중대한 학습 실패다. 배우는 데 *실패한* 자들에게 학습 도구의 목적이 무엇인지 물으려는가? *그들은 알지 못한다*. 그들이 학습 도구를 제대로 해석할 수 있었다면, 이미 그것으로부터 배웠을 것이다.

⁴⁹ 우리는 전에, "구하라. 그러나 찾지는 *말라*."가 에고의 규칙이라고 말했다. 이것을 커리큘럼 용어로 바꾸자면, "배우려고 *시도하라*. 그러나 성공하지는 *말라*."라고 말하는 것과 같다. 이런 커리큘럼 목표는 그 결과가 뻔하다. 모든 정당한 교육 도구와 진정한 지침, 이치에 맞는 학습 안내가 *그릇되게 해석될 것이다*. 그것들은 모두 학습을 촉진하기 위한 것이지만, 이 이상한 커리큘럼 목표는 그것에 *반대하기* 때문이다. 네가 어떻게 하면 배우지 *않을지* 배우려 하고, 가르침 자체를 *무산시키려고* 가르침

의 목적을 이용한다면, 혼동 *외*에 무엇을 기대할 수 있겠는가? 그런 커리큘럼은 *이치에 맞지 않는다.*

50 이런 종류의 "학습"은 너의 마음을 너무도 심각하게 약화하였기에, 너는 이제 사랑할 수 *없게* 되었다. 네가 선택한 커리큘럼은 사랑을 *거스르며, 너 자신을 공격하는 방법*을 가르치는 수업이기 때문이다. 이런 전공 커리큘럼 목표를 보완하는 필수 부전공은 그런 목표를 믿을 만하게 만들어 주었는데, 그것은 바로 분열을 극복하지 *않을* 방법을 배우는 것이다. 그리고 너는 과연 분열을 극복할 수 *없을* 것이다. 너의 모든 배움은 분열을 *위한* 것이기 때문이다. 하지만 너의 배움이 너의 뜻을 거슬러 말하듯이 너의 뜻은 너의 배움을 거슬러 말하며, 따라서 너는 배움을 *거슬러* 싸워서 성공한다. 왜냐하면, 그것은 정녕 너의 뜻이기 때문이다. 하지만 너는 네가 배우기를 *뜻하는* 무언가가 있으며, 그렇게 하는 것이 정녕 너의 뜻이므로 네가 그것을 배울 수 있다는 것은 아직 깨닫지 못한다.

51 그동안 스스로 뜻하지 *않는* 것을 배우려고 한 자여, 이제 용기를 내라. 너 스스로 세운 커리큘럼은 과연 우울하긴 하지만, 그것을 직시한다면 그저 터무니없을 뿐이기 때문이다. 어떤 목표를 이루지 *않는* 것이 그것을 달성하기 위한 방법이라는 게 과연 *가능한* 일인가? *이제* 너 자신을 가르치는 교사직에서 물러나라. *이렇게* 물러난다고 해서 네가 우울해지진 *않을* 것이다. 그것은 단지 너 자신에게 가르친 것과 그로 인한 학습 성과를 정직하게 평가한 결과에 지나지 않는다. 네가 제공할 수도 이해할 수도 없는 적절한 학습 상황에서, 너는 훌륭한 학습자요 교사가 될 것이다. 그러나 *네가* 설정한 대로의 전체 학습 상황이 뒤바뀌기 전에는, 너는 아직 그렇지 않으며 그렇게 되지도 *않을* 것이다.

52 제대로만 이해한다면, 너의 학습 *잠재력*에는 한계가 없다. 그것은 너를 하느님께 인도할 것이기 때문이다. 하느님께 가는 길을 아는 교사와 그것을 가르치는 그의 커리큘럼을 따른다면, 너는 그 길을 가르치고 배울 수 있다. 그 커리큘럼은 전혀 모호하지 않다. 그 커리큘럼의 목표는 분열되지 *않았으며*, 수단과 목적이 *완전히* 일치하기 때문이다. 너는 단지 분열되지 않은 주의를 제공하기만 하면 된다. 다른 모든 것은 너에게 *주어질 것*이다. 왜냐하면, 바르게 배우는 것은 *너의* 뜻이기 때문이다. 그리고 하느님 아들의 뜻에 반대할 수 있는 것은 아무것도 없다. *하느님의 아들에게* 한계가 없듯이, 그의 배움에도 한계가 없다.

VII. 그리스도의 비전

53 에고는 너에게, 온 세상을 얻지만 너 자신의 **영혼**은 잃는 법을 가르치려고 한다. 성령은, 너는 너의 **영혼**을 잃을 수 *없으며* 세상에는 얻을 것이 전혀 없다고 가르친다. 세상은 그 *자체*로는 아무런 유익도 없기 때문이다. 유익이 없는 것에 투자하는 것은 너를 분명 궁핍하게 만들 것이며, 간접 비용도 높다. 이런 투자에는 유익이 없을 뿐만 아니라, *네가* 지출해야 하는 비용도 엄청나다. 이런 투자를 통해 너는 *너의 실재*를 부정함으로써 세상의 실재를 잃지만, 그 대신 아무것도 돌려받지 않기 때문이다. 너는 너의 **영혼**을 팔 수 *없지만,* 너의 **영혼**에 대한 *알아차림*은 팔 수 *있다.* 너는 너의 **영혼**을 지각할 수 없지만, *다른* 것이 더 가치 있다고 지각하는 동안에는 너의 **영혼**을 알지 못할 것이다.

54 성령은 곧 너의 강함이다. 성령은 *오로지* 너의 **영혼**만을 너라고 지각하기 때문이다. 성령은 네가 너 자신을 알지 *못한다는* 점을 아주 잘 알아차리고 있으며, 너의 정체를 어떻게 가르쳐줘야 하는지도 아주 잘 알아차리고 있다. 성령은 너를 사랑하기 *때문에,* 그가 사랑하는 것을 너에게 기꺼이 가르쳐줄 것이다. 성령은 그것을 공유하기를 뜻하기 때문이다. 너를 늘 기억하는 성령은 네가 너의 가치를 잊도록 내버려 둘 수 없다. 아버지는 당신의 아들에 대해 성령에게 끊임없이 일깨워 주시고, 성령은 아버지에 대해 아들에게 끊임없이 일깨워 주기 때문이다. 성령으로 *인해,* 하느님이 너의 기억 안에 계신다. 너는 아버지를 잊기로 선택했지만, 그러기로 *뜻한* 것은 아니었다. 그러므로 너는 다르게 결정할 수 있다. 그것은 *나의* 결정이었듯이 *너의* 결정이기도 하다.

55 너는 세상을 *원하지* 않는다. 세상에서 유일하게 가치 있는 것은 네가 사랑으로 바라보는 부분이다. 바로 이것이 세상에게, 세상이 가질 수 있는 유일한 실재를 부여한다. 세상의 가치는 그 자체 안에 *없지만,* 너의 가치는 정녕 네 안에 있다. 자기 가치는 자기 *확장에서* 오듯이, 자기 가치에 대한 *지각*은 사랑하는 생각을 밖으로 투사하는 데서 온다. 세상을 *너 자신에게* 실재가 되게 하라. 실재세상은 성령의 선물이며, 따라서 너에게 *속하기* 때문이다.

56 교정은 보지 못하는 모든 이를 위한 것이다. 눈먼 자들의 눈을 뜨게 하는 것이 성령의 사명이다. 성령은 그들이 비전을 잃은 것이 아니라 단지 자고 있을 뿐임을 알기

때문이다. 성령은 그들을 망각의 잠에서 깨워 하느님을 기억하게 할 것이다. 그리스도는 눈을 뜨고 있으면서, 네가 그의 비전을 네 것으로 받아들인다면, 네가 보는 모든 것을 사랑으로 바라볼 것이다.

⁵⁷ 성령은 하느님의 잠자는 모든 아들을 위해 그리스도의 비전을 간직하고 있다. 그리스도의 시야 안에서 하느님의 아들은 완벽하며, 성령은 그의 비전을 너와 공유하기를 열망한다. 성령은 너에게 실재세상을 보여줄 것이다. 하느님은 너에게 천국을 주셨기 때문이다. 아버지는 성령을 통해 당신의 아들을 부르면서 기억하라고 하신다. 하느님의 아들은 *실재세상에* 대한 투자와 함께 깨어나기 시작한다. 그리고 이것을 통해 그는 *자신에* 대한 재투자를 배울 것이다. 실재는 아버지는 물론 아들과도 하나며, 따라서 성령은 실재세상을 그들의 이름으로 축복한다.

⁵⁸ 너는 분명 이러한 실재세상을 볼 것이며, 그때 반드시 우리를 기억할 것이다. 하지만 너는 잠의 비용에 대해 배워서 그것을 지불하기를 *거절해야* 한다. 그제야 너는 비로소 깨어나기로 결정할 것이다. 그러면 실재세상이 너의 시야에 솟아오를 것이다. 왜냐하면, 그리스도는 잠든 적이 없기 때문이다. 그리스도는 네가 보아주기만을 기다리고 있다. 그리스도는 *너를* 잊은 적이 없기 때문이다. 그리스도는 조용히 실재세상을 바라보면서, 그것을 너와 공유하고자 한다. 그리스도는 자신에 대한 아버지의 사랑을 알기 때문이다. 그리고 이것을 알기에, 그리스도는 너에게 너의 것을 주고자 한다. 그리스도는 아버지의 제단에서 더없이 평화로이 너를 기다리면서, 성령의 조용한 축복의 빛 속에서 너에게 아버지의 사랑을 건네준다. 성령은 모든 이를 집으로 이끌어 아버지께 데려갈 것이다. 그곳에서 그리스도가 그들의 *자아로서* 기다리고 있다.

⁵⁹ 하느님의 모든 **아이들은** 그리스도 안에서 하나다. 그리스도의 존재가 하느님 안에 있듯이, 그들의 존재는 그리스도 안에 있기 때문이다. 그리스도가 너를 사랑하는 것은 곧 그의 아버지를 사랑하는 것이며, 그리스도는 이를 안다. 그리스도는 아버지가 그를 사랑하심을 알기 때문이다. 성령이 너를 인도하여 마침내 아버지의 제단에 있는 그리스도에게 데려갔을 때, 지각은 앎으로 녹아 들어갈 것이다. 그때 지각은 너무도 거룩해져서, 그것이 거룩함으로 전이하는 것은 단지 자연스러운 확장에 불과하기 때문이다. 사랑은 아무런 방해 없이 사랑으로 전이한다. 상황들이 똑같기 때문이다. [오로지 이러한 전이를 일으키는 능력만이 배움의 산물이다.] 네가 *모든* 상황에서 점점 더 많은 공통 요소를 지각함에 따라, 성령의 안내 아래 훈련받은 것이 점점 더 많이

전이되어 일반화된다. 너는 차츰 그것을 모든 사람과 모든 사물에 적용하는 법을 배운다. 그것의 적용 가능성은 실로 보편적이기 때문이다. 이것이 성취되었을 때 지각과 앎은 너무도 비슷해져서, 하느님 법칙의 통일성을 공유하게 된다.

⁶⁰ 하나인 것은 분리되었다고 지각될 수 없다. 그리고 분리를 부정하는 것은 곧 앎을 복원하는 것이다. 하느님의 제단에서, 아들의 거룩한 지각은 너무도 밝게 비추어져서 빛이 그 안으로 흘러 들어오고, 아들의 영은 아버지의 마음 안에서 빛나다가 마침내 그것과 하나가 된다. 하느님이 아주 부드럽게 당신 자신을 비추시면서, 당신의 아들인 당신 자신의 확장을 사랑하신다. 세상이 하느님의 목적 안으로 섞여 들어감에 따라, 이제 세상에는 목적이 없다. 실재세상은 조용히 천국으로 미끄러져 들어갔기 때문이다. 천국은 실재세상 안에서 영원한 모든 것들이 언제나 존재해 온 곳이다. 그곳에서 구세주와 구원받은 자들은 하느님의 완벽한 사랑과 서로에 대한 완벽한 사랑으로 결합한다. 천국은 너의 집이다. 그리고 천국은 하느님 안에 있기에, 분명 네 안에도 있다.

VIII. 기적을 위한 안내

⁶¹ 기적은 배움이 바른 안내에 따라 일어났음을 입증한다. 배움은 보이지 않으며, 배운 것은 오로지 그 *결과*를 통해서만 인식될 수 있기 때문이다. 기적의 일반화는 네가 배운 것을 점점 더 많은 상황에 사용함에 따라 입증된다. 기적을 모든 상황에 적용했을 때, 너는 비로소 기적에 난이도가 없다는 것을 배웠음을 인식할 것이다. 기적이 적용되지 않는 상황이란 *전혀* 없으며, 모든 상황에 기적을 적용함으로써 너는 실재세상을 얻을 것이다. 이런 거룩한 지각 안에서 네가 온전해지며, *너 스스로* 받아들인 속죄는 성령이 너에게 보내 축복하게 하는 모든 이에게 퍼져나갈 것이기 때문이다. 하느님의 축복은 그분의 모든 **아이들** 안에 놓여있으며, 하느님의 **아이들**에 대한 *너의* 축복 안에 *너에* 대한 그분의 축복이 있다.

⁶² 세상에 사는 모든 이가 세상이 이미 구원되었음을 인식하려면, 세상의 구원에서 자신이 맡은 역할을 이행해야 한다. 너는 보이지 않는 것을 볼 수 없지만, 그것의 결과를 본다면 그것이 틀림없이 있음을 *안다*. 너는 그것이 *행하는* 것을 지각함으로써 그

것의 존재를 인식한다. 그리고 너는 그것이 *행하는 것*을 보고 그것이 정녕 무엇인지 배운다. 너는 너의 능력을 볼 수 없지만, 그 능력이 너로 하여금 *행할* 수 있게 함에 따라 그 능력이 존재한다는 확신을 얻는다. 그리고 너는 네 행위의 *결과*를 볼 수 *있다.*

⁶³ 성령은 보이지 않지만, 너는 그의 **현존**이 낳는 *결과*를 볼 수 있으며, 그 결과를 통해 성령이 있음을 배울 것이다. 성령이 너로 하여금 행할 수 있게 하는 것은 분명 이 세상 것이 *아니다.* 기적은 이 세상이 실재의 법칙이라고 판단하는 것을 전부 위반하기 때문이다. 시간과 공간, 크기와 질량, 예측과 통제의 모든 법칙이 초월된다. 성령이 너로 하여금 행할 수 있게 하는 것은 분명 그 모든 것 너머에 있기 때문이다. 너는 성령의 결과를 지각함으로써 그가 *어디에* 있는지 이해하고, 마침내 *그가* 참으로 누구인지 *알게* 될 것이다.

⁶⁴ 너는 성령을 볼 수 없지만, 그가 현현된 것들은 볼 수 있다. 그리고 그것들을 보지 않는 한, 너는 성령이 있음을 깨닫지 못할 것이다. 기적은 성령의 증인으로서, 성령의 **현존**을 대변한다. 네가 볼 수 없는 것은 그것을 대변하는 증인을 통해서만 너에게 실재가 된다. 너는 그 증인을 통해 네가 볼 수 없는 것을 *알아차릴* 수 있으며, 그것은 그 현존이 너를 *통해* 현현될 때 너에게 저항할 수 없는 실재가 될 수 있기 때문이다. 성령의 일을 하라. 너는 성령의 기능을 *공유하기* 때문이다. 천국에서 너의 기능이 창조이듯, 땅에서 너의 기능은 치유다. 하느님은 천국에서 당신의 기능을 너와 공유하시고, 성령은 땅에서 자신의 기능을 너와 공유한다.

⁶⁵ 너의 기능이 둘이라고 믿는 한, 너에게는 교정이 필요하다. 그런 믿음은 평화를 *파괴하는 원인으로서,* 성령의 목적과 상반되는 목표기 때문이다. 너는 네가 *기대하는* 것을 보며, 네가 *초대해 들이는* 것을 기대한다. 너의 지각은 네 초대의 결과로서, 네가 부른 대로 너에게 온다. 너는 누가 현현된 것들을 보고자 하는가? 누구의 현존을 확신하고자 하는가? 너는 네가 *현현해 보이는* 것이 존재한다고 믿고, 밖을 보는 대로 안을 볼 것이다. 세상을 보는 두 가지 방법은 너의 마음 안에 있으며, 너의 지각은 네가 선택한 안내를 반영할 것이다.

⁶⁶ 나는 성령의 현현이다. 그리고 네가 나를 본다면, 그것은 네가 성령을 초대했기 때문이다. 네가 단지 성령의 증인들만 보고자 한다면, 성령은 너에게 그들을 보내줄 것이다. 너는 네가 구하는 것을 본다는 점을 항상 기억하라. 너는 네가 구하는 것을 반드시 찾아낼 것이기 때문이다. 에고는 *자신이* 구하는 것을 찾아내며, *오로지* 그것만

찾아낸다. 에고는 사랑을 찾아내지 않는다. 그것은 에고가 구하는 것이 *아니기* 때문이다. 하지만 구하기와 찾기는 같다. 네가 만약 두 가지 목표를 구한다면 그것들을 찾아내기는 하겠지만, 그중 어느 것도 *알아보지* 못할 것이다. 너는 그 둘을 모두 *원하므로*, 그것들이 같다고 생각할 것이기 때문이다. 마음은 항상 통합하려고 애쓴다. 따라서 마음이 분열되어 있는데 그 분열을 계속 *유지하기*를 원한다면, 마음은 두 목표를 하나로 *만듦으로써* 목표가 하나라고 믿을 것이다.

67 전에 말했듯이, 네가 *무엇*을 투사할 것인지는 너에게 달려있지만, *투사할 것인지 아닌지*는 너에게 달려있지 *않다*. 투사는 마음의 법칙이기 때문이다. 지각은 곧 투사며, 너는 밖을 보기 *전에* 먼저 안을 본다. 너는 안을 보면서 보기 위한 안내자를 선택하고, *이어서* 밖으로 눈을 돌려 그 안내자의 증인들을 본다. 이것이 바로, 너는 네가 구하는 것을 찾는 *까닭이다*. 너는 *네 안에서* 원하는 것을 투사함으로써 현현하게 만든 다음, 그것을 *세상으로부터* 받아들일 것이다. 너는 그것을 *원함으로써* 세상에 두었기 때문이다.

68 네가 원하지 *않는* 것을 투사하고 있다고 생각할 때도, 그것은 여전히 네가 그것을 *원하기* 때문이다. 이것은 곧바로 해리로 이어진다. 그것은 네가 두 목표를 받아들였음을 나타내기 때문이다. 각 목표는 *다른* 장소에서 지각되며, 서로 분리되어 있다. 왜냐하면 네가 그것들을 다르게 만들었기 *때문이다*. 이제 마음은, *밖에서*는 분열된 세상을 보지만 *안에서*는 그렇지 않다. 이것은 마음에게 통합의 환상을 주며, 자신이 하나의 목표를 추구한다고 믿게 해준다. 세상을 분열된 것으로 지각하는 한, *너*는 치유되지 않았다. 치유된다는 것은 단 하나의 목표만 추구하는 것이다. 왜냐하면 너는 단 하나의 목표만 *받아들였고*, 단 하나의 목표만 *원하기* 때문이다.

69 네가 오로지 사랑만 원할 때, 다른 것은 아무것도 보지 않을 것이다. 네가 지각하는 증인들의 상반된 특성은 단지, 네가 상반되는 초대를 했음을 반영할 뿐이다. 너는 너의 마음을 바라보고는 그곳에서 대립을 *구했기에*, 대립을 받아들였다. 그렇다면, 대립 편에 선 증인들이 진실하다고 믿지 말라. 그들은 네가 준 메시지만 너에게 돌려주면서, 실재에 대한 *너의* 결정만을 입증하기 때문이다. 사랑은 사랑의 메신저들을 통해 인식된다. 네가 사랑이 현현되게 한다면, 그들이 너에게 올 것이다. 너는 사랑의 메신저들을 초대한 것이기 때문이다.

70 결정하는 힘은 이 세상의 죄수로서 너에게 남아있는 유일한 자유다. *너는 세상을*

바르게 보기로 결정할 수 있다. 네가 세상을 가지고 만든 것은 세상의 실재가 아니다. 세상의 실재는 오로지 네가 세상에게 준 것뿐이기 때문이다. 어떤 사람에게든, 어떤 사물에게든, 너는 사랑 외의 것을 실제로 줄 수 없으며, 그들로부터 다른 어떤 것을 실제로 *받을* 수도 없다. 다른 어떤 것을 받았다고 생각한다면, 그것은 네가 안으로 눈을 돌려 너 *자신 안에서* 사랑이 아닌 다른 무언가를 줄 힘을 보았다고 생각했기 때문이다. 단지 이 결정에 의해, 네가 무엇을 찾아낼지 정해졌다. 그것은 네가 무엇을 *구할지에* 대한 결정이었기 때문이다.

71 네가 나를 두려워하는 이유는 너의 내면에서 본 것을 두려워하기 때문이다. 하지만 너는 실재를 보았을 리가 없다. 너의 마음의 실재는 하느님의 창조물들 가운데 가장 사랑스러운 것이기 때문이다. 너의 마음은 오로지 하느님에게서 비롯되므로, *네가 정말로 너의 마음을 보았다면,* 그것의 권능과 위엄은 너에게 오로지 평화만을 안겨줄 수 있다. 네가 두려워한다면, 무언가 *그곳에 없는 것을* 보았기 때문이다. 하지만 바로 같은 곳에서, 너는 나와 모든 형제들이 우리를 창조한 마음 안에서 더없이 안전하게 있는 것을 바라볼 수도 있었다. 우리는 그곳에서 아버지의 평화 안에 있기 때문이다. 그리고 아버지는 당신의 평화를 *너를* 통해 투사하기를 뜻하신다.

72 평화를 *투사하는* 너의 사명을 받아들였을 때, 너는 평화를 *찾을* 것이다. 그때 너는 *평화가 현현되게 함으로써* 평화를 볼 것이기 때문이다. 평화의 거룩한 증인들이 너를 둘러쌀 것이다. 네가 그들을 불렀으며, 그들은 너에게 올 것이기 때문이다. 나는 너의 부름을 듣고 응답했지만, 너는 나를 바라보지도 않고 네가 구한 답을 *듣지도* 않을 것이다. 너는 아직 *오로지* 그것만을 원하지 않기 때문이다. 하지만 내가 너에게 점점 더 실재적이 되면서, 너는 네가 오로지 그것만을 *원한다는* 것을 배울 것이다. 그리고 네가 내면으로 눈을 돌림에 따라 나를 보게 될 것이며, 그러면 우리는 함께 하느님이 창조하신 대로의 세상을 바라볼 것이다. 그리스도의 눈을 통해 보면 *오로지 실재세상만이* 존재하며, 오로지 실재세상만이 *보일* 수 있다. 너는 네가 결정하는 대로 볼 것이다. 그리고 네가 보는 모든 것은 단지 너의 결정에 대해 증언할 뿐이다.

73 네가 내면으로 눈을 돌려 나를 본다면, 그것은 진리를 드러내기로 결정했기 때문이다. 네가 진리를 드러낼 때, 안에서는 물론 밖에서도 진리를 볼 것이다. 너는 먼저 안에서 진리를 보았기 *때문에* 밖에서도 진리를 볼 것이다. 네가 밖에서 보는 모든 것은 안에서 본 것에 대한 판단이다. 그것이 *너의* 판단이라면, 그것은 그를 것이다. 판단은

너의 기능이 아니기 때문이다. 그것이 성령의 판단이라면, 그것은 옳을 것이다. 판단은 정녕 성령의 기능이기 때문이다. 네가 성령의 기능을 공유하는 유일한 방법은, *성령이 판단하는 대로* 판단하고, 너 자신에게는 어떤 판단도 맡기지 않는 것이다. 너는 너 자신에게 *불리하게* 판단하겠지만, *성령은 너를 위해* 판단할 것이기 때문이다.

74 그렇다면 네가 밖에서 보는 것에 부정적으로 반응할 때마다, 너 자신을 이미 가치 없다고 판단하여 너 자신에게 사형을 선고한 것임을 기억하라. 사형은 에고의 궁극적인 목표다. 하느님이 네가 생명을 누려 마땅하다고 아시는 것처럼, 에고는 네가 죽어 마땅한 범죄자라고 확신하기 때문이다. 사형은 결코 에고의 마음을 떠나지 않는다. 그것은 에고가 항상 너를 위해 마지막에 남겨놓는 것이다. 너에 대한 감정의 마지막 표현으로서 너를 죽이고 싶어 하는 에고는, 네가 살아있기는 하되 죽음만을 기다리게 한다. 에고는 네가 살아있는 동안 극심한 고통을 주겠지만, 네가 죽기 전에는 자신의 증오심을 다 만족시키지 못한다. 너의 파멸은 에고가 달성하려고 애쓰는 단 하나의 결말이며, 에고가 만족할 유일한 결말이기 때문이다.

75 에고는 하느님에 대한 반역자가 아니다. 하느님께는 반역이 불가능하다. 그러나 에고는 아버지를 배신했다고 믿는 *너에 대한 반역자다.* 그러므로 죄의식의 *무효화*는 성령의 가르침에서 핵심적인 부분이다. 죄의식을 느끼는 한, 너는 에고의 음성에 귀 기울이고 있는 것이기 때문이다. 에고는 네가 하느님께 *반역했으므로* 죽어 *마땅하다*고 말한다. 너는 죽음이 에고가 *아닌* 하느님에게서 온다고 생각할 것이다. 너는 너 자신을 *에고와* 혼동함으로써, *네가* 죽음을 원한다고 믿기 때문이다. 그리고 하느님은 네가 원하는 것으로부터 너를 구해주지 *않으신다.*

76 죽음에 대한 갈망에 굴복하려는 유혹을 느낄 때, *나는 죽지 않았음을 기억하라.* 네가 내면으로 눈을 돌려 나를 볼 *때*, 이것이 참임을 깨달을 것이다. 내가 나 자신만을 위해 죽음을 극복했겠는가? 아버지가 영원한 생명을 너에게도 주시지 *않았다면,* 그것이 나에게 주어졌겠는가? 네가 *나를* 현현시키는 법을 배울 때, *너는* 결코 죽음을 보지 않을 것이다. 그때 너는 *너 자신* 안에서 죽지 않는 것을 본 것이기 때문이다. 그리고 밖으로 눈을 돌려 죽을 수 *없는* 세상을 바라봄에 따라, 오로지 영원한 것만을 보게 될 것이다.

Ⅸ. 실재와 구원

⁷⁷ 너는 *정말로* 네가 하느님의 아들을 죽일 수 있다고 믿는가? 아버지는 당신의 아들을 당신 안에 안전하게 감추셔서 너의 파괴적인 생각들로부터 멀리 떼어놓으셨건만, *너는* 그 생각들 탓에 아버지도 아들도 알지 못한다. 너는 매일 매시간 매분 실재세상을 공격하면서도, 그 세상을 볼 수 없음에 놀라워한다. 사랑을 공격하려고 사랑을 구한다면, 너는 *결코* 사랑을 찾지 못할 것이다. 사랑은 공유하기인데, 어떻게 *사랑 자체* 를 통하지 않고서 사랑을 찾을 수 있겠는가? 사랑을 주면, 사랑이 너에게 올 것이다. 사랑은 사랑 자체에게 이끌리기 때문이다. 하지만 공격을 주면, 사랑은 계속 감춰져 있을 것이다. 사랑은 오로지 평화 속에서만 살 수 있기 때문이다.

⁷⁸ 하느님의 아들은 그의 아버지만큼이나 안전하다. 아들은 아버지의 보호를 알며, 따라서 두려워할 수 *없기* 때문이다. 아버지의 사랑은 그를 완벽한 평화 안에 품고 있으며, 아들은 아무것도 필요 없기에 아무것도 *요청하지* 않는다. 하지만 너의 자아인 그는 너와 멀리 떨어져 있다. 왜냐하면, 네가 그를 공격하기로 선택했기 때문이다. 그래서 그는 네 눈에서 사라져 아버지 안으로 가버렸다. *그는* 변하지 않았지만, *너는* 변했다. 분열된 마음과 그 마음의 모든 소행은 아버지가 창조하신 것이 아니며, 따라서 그분의 앎 안에서 살 수 없었기 때문이다.

⁷⁹ 네가 참이 *아닌* 것을 보이게 만들었을 때, *참인* 것은 보이지 않게 되었다. 하지만 참인 것은 *그 자체로* 보이지 않을 수 없다. 성령은 그것을 아주 분명하게 보기 때문이다. 그것이 너에게 보이지 않는 이유는 네가 *다른* 무언가를 보고 있기 때문이다. 하지만 실재가 무엇인지 결정하는 것이 너에게 달려있지 않듯이, 무엇이 보이는 것이고 무엇이 보이지 않는 것인지 결정하는 것도 너에게 달려있지 않다. 보일 수 있는 것이란 *성령이* 보는 것이다. 실재를 정의하는 것은 너의 일이 아니라, 하느님의 일이다. *하느님은* 실재를 창조하셨으며, 실재가 무엇인지 아신다. 너는 그것을 전에는 알았지만 잊어버렸으며, 하느님이 너에게 기억할 방법을 주지 않으셨다면 너 자신을 영원히 망각에 빠트렸을 것이다.

⁸⁰ 아버지의 사랑으로 인해, 너는 *결코* 아버지를 잊을 수 없다. 그 누구도 하느님이 자신의 기억 안에 놓아두신 것을 잊을 수는 없기 때문이다. 너는 그것을 *부정할* 수는 있지만 *잃을* 수는 없다. 음성은 너의 모든 질문에 답하고, 비전은 네가 보는 모든 것에

대한 지각을 교정할 것이다. 네가 보이지 않게 만들어버린 것이 *유일한* 진리며, 네가 듣지 않은 것이 *유일한* 답이기 때문이다. 하느님은 너를 너 자신과 다시 결합하려고 하시며, 네가 시달리는 듯한 고통 속에 너를 버려두지 않으셨다. 너는 오로지 하느님만 기다리고 있으면서도 그것을 알지 못한다. 하지만 하느님의 기억은 네 마음 안에서 빛나고 있으며, 정녕 지워질 수 없다. 그 기억은 영원히 항상 있기에, 앞으로 올 것도 아니고 지나간 것도 아니다.

81 이러한 기억을 요청하기만 하면, 너는 반드시 기억하게 될 것이다. 하지만 하느님에 대한 기억은 그것을 보이지 않게 *만들어서* 그렇게 *유지하기*를 원하는 마음 안에서는 빛날 수 없다. 하느님에 대한 기억은 오로지 기억하기를 뜻하고서 실재를 통제하려는 미친 갈망을 버린 마음에만 떠오를 수 있기 때문이다. 자신조차 통제할 수 없는 네가 우주를 통제하려고 갈망해서는 안 된다. 네가 우주를 가지고 무엇을 만들었는지 보고, 그것이 그렇지 않음에 기뻐하라. 하느님의 아들이여, 무에 만족하지 말라! 실재하지 않는 것은 보일 수 *없으며*, 아무런 가치도 *없다*. 하느님은 아무런 가치도 없는 것을 아들에게 주실 수 없었으며, 아들도 그것을 받을 수 없었다. 네가 하느님을 저버렸다고 생각한 바로 그 순간, 너는 구원되었다.

82 네가 만든 모든 것은 결코 존재한 적도 없고, 보이지도 않는다. 왜냐하면, 성령은 그것들을 보지 않기 때문이다. 하지만 성령이 보는 것은 네가 보아야 하는 것이다. 그리고 그의 비전을 통해, 너의 지각이 치유된다. 너는 보일 수 없는 것들을 이 세상이 가진 유일한 진리로 만들었다. 너는 무를 가치 있게 여겨 무를 구하고 무를 발견했다. 너는 무를 너에게 *실재하는* 것으로 만듦으로써, 그동안 무를 *보았다. 하지만 무는 존재하지 않는다.* 그리스도가 너에게 보이지 않는 까닭은, *네가 너 자신에게* 보이게 만든 것 때문이다. 하지만 네가 진리를 너의 의식으로부터 얼마나 멀리 밀쳐내려고 했는지는 중요하지 않다. 하느님의 아들은 보일 수 *있다.* 왜냐하면, 그의 비전은 공유되기 때문이다. 성령은 *네* 안에서 하느님의 아들만 바라보고 다른 것은 아무것도 보지 않는다. 너에게 보이지 않는 것은 성령이 보기에는 완벽하며, 그것을 *전부* 포함한다. 성령은 너를 이미 기억하였다. 성령은 아버지를 잊지 않았기 때문이다.

83 너는 실재하지 않는 것들을 바라보고는 절망을 찾아냈다. 하지만 실재하지 않는 것들을 구함으로써, 네가 다른 무엇을 찾아낼 수 있었겠는가? 비실재 세상은 과연 절망스러운 것이다. 그런 세상은 결코 존재할 수 없기 때문이다. 하느님의 존재를 공유하

는 너는 실재 없이는 결코 만족할 수 없다. 하느님이 너에게 주시지 않은 것은 너를 지배할 힘이 없으며, 사랑이 사랑을 끌어당기는 매력은 여전히 저항할 수 없는 것으로 남아있다. 사랑의 기능은 모든 것을 그 자체 안으로 연합하고, 자신의 온전성을 확장함으로써 모든 것을 하나로 유지하는 것이기 때문이다.

84 실재세상은 *네가* 만들고 *네가* 보는 세상 대신에 하느님이 사랑스럽게 맞바꿔 주신 세상이다. 단지 그리스도의 손에서 실재세상을 가져와서 바라보라. 그 세상의 실재는 다른 모든 것을 보이지 않게 만들 것이다. 왜냐하면, 그 세상을 보는 것은 *총체적인 지각*이기 때문이다. 너는 그 세상을 바라보면서 그것이 늘 그러했음을 기억하게 될 것이다. 무는 보이지 않게 될 것이다. 너는 마침내 진정으로 볼 것이기 때문이다. 구원된 지각은 수월하게 앎으로 전환된다. *오로지* 지각만이 잘못을 범할 수 있지만, 지각은 결코 존재한 적이 없기 때문이다. 지각은 교정되었기에, 앎에게 자리를 내준다. 그리고 앎은 영원히 *유일한* 실재다. 속죄는 단지, 결코 상실된 적이 없는 것으로 돌아가는 방법일 뿐이다. 아버지는 당신의 아들을 사랑하기를 멈추실 수 없었다.

X. 죄 없음과 상처받을 수 없음

85 죄의식을 느끼지 않는다면, 공격할 수 *없다.* 정죄는 공격의 뿌리기 때문이다. 정죄는 한 마음이 다른 마음을 사랑받을 *가치가* 없고 처벌받아 *마땅하다고* 내리는 판단이다. 하지만 바로 여기에 분열이 있다. 판단하는 마음은 자신이 판단받는 마음과 *분리되었다고* 지각하며, 다른 마음을 처벌함으로써 *자신은* 처벌을 면할 것이라고 믿기 때문이다. 이 모든 것은 마음이 자기 자신을 부정한 다음에, *그러한 부정에 대한 처벌을 면하려는* 망상적인 시도에 불과하다. 그것은 부정을 *포기하는 것이 아니라* 부정에 매달리려는 시도다. 죄의식이야말로 아버지를 너에게 가리고, 너를 정신 이상으로 몰고 간 것이다.

86 하느님의 아들이 마음 안으로 속죄를 받아들이는 것이 분리의 끝이듯, 죄의식을 받아들인 것이 분리의 시작이었다. 네가 보는 세상은 죄의식 때문에 미친 자들의 망상 체계다. 이 세상을 잘 살펴본다면, 이것이 그러함을 깨달을 것이다. 이 세상은 처벌의 상징이며, 세상을 지배하는 듯한 모든 법칙은 죽음의 법칙이다. 아이들은 고통을 통

해 고통 속에서 이 세상에 태어난다. 그들은 성장하면서 고난을 겪고, 슬픔과 분리와 죽음에 대해 배운다. 그들의 마음은 뇌에 갇혀있으며, 몸이 손상되면 뇌의 능력도 쇠퇴한다. 그들은 사랑하는 듯하지만, 버리고 버림받는다. 그들은 사랑하는 것을 잃는 듯이 보이는데, 아마도 이는 가장 정신 나간 믿음일 것이다. 그리고 그들의 몸은 시들어 간신히 숨을 잇다가 땅에 눕혀져 더 이상 없는 듯하다. 그들 가운데 하느님이 잔인하다고 생각하지 않은 자는 단 한 명도 없었다.

87 *만약* 이것이 실재세상이라면, 하느님은 정녕 잔인하시리라. 자식에게 구원의 대가로 이런 일을 겪게 하는 아버지를 자애롭다고 말할 수는 없기 때문이다. *사랑은 구원하기 위해 죽이지 않는다.* 그렇지 않다면 공격이 곧 구원이겠지만, 이것은 하느님의 해석이 *아닌 에고의* 해석이다. 오로지 죄의식의 세상만이 그런 것을 요구할 수 있다. 오로지 죄의식을 느끼는 자들만이 그런 것을 *상상할* 수 있기 때문이다. 아담을 낙원에서 내쫓은 분이 *아버지라고* 믿지 않았다면, 아담의 "죄"는 너희 가운데 누구에게도 영향을 끼칠 수 없었을 것이다. 그러한 믿음 안에서, 아버지에 대한 앎이 상실되었다. 오로지 아버지를 이해하지 *못하는* 자들만이 그렇게 믿을 수 *있기* 때문이다.

88 이 세상은 과연 하느님의 아들이 십자가에 못 박힌 그림이다. 하느님의 아들은 십자가에 못 박힐 수 *없음을* 깨달을 때까지, 이것이 바로 네가 볼 세상이다. 하지만 너는 하느님의 아들이 *죄가 없다는* 영원한 사실을 받아들일 때까지 이것을 깨닫지 못할 것이다. 그는 오로지 사랑만을 *주었으므로,* 오로지 사랑만을 *받을 자격이* 있다. 그는 결코 정죄한 적이 없으므로, 정죄받을 수 *없다.* 속죄는 그가 배워야 할 필요가 있는 마지막 레슨이다. 속죄는 그가 결코 죄를 지은 적이 없기에 구원이 전혀 *필요* 없음을 가르치기 때문이다.

89 성령은 모든 훌륭한 교사들의 목표를 공유한다고 오래전에 말한 적이 있다. 그들의 궁극적인 목적은, 그들이 아는 모든 것을 학생들에게 가르쳐서 그들 자신을 필요 없게 만드는 것이다. 성령은 *오로지* 이것만을 뜻한다. 아들을 향한 아버지의 사랑을 공유하는 성령은, 아들의 마음에서 *모든* 죄의식을 제거하여 그가 아버지를 평화 속에서 기억하기를 뜻하기 때문이다. 평화와 죄의식은 정반대며, 따라서 아버지는 *오로지* 평화 속에서만 기억되실 수 있다. 사랑과 죄의식은 공존할 수 없으며, 그중 하나를 받아들이는 것은 다른 하나를 *부정하는* 것이다. 죄의식은 너의 시야에서 그리스도를 가린다. 죄의식은 하느님 아들의 결백함에 대한 부정이기 때문이다.

90 네가 만든 이 이상한 세상에서, 하느님의 아들은 과연 죄를 지었다. 그렇다면 네가 그를 어떻게 볼 수 있겠는가? 그를 보이지 않게 만듦으로써, 네가 받아들인 죄의식의 먹구름 속에 보복의 세상이 피어올랐다. 그리고 너는 그 세상을 소중히 여긴다. 그리스도의 결백함은 에고는 결코 없었고 결코 있을 수도 없다는 증거다. 에고는 죄의식 없이는 생명을 *가질* 수 없고, 하느님의 아들에게는 죄의식이 *없다*. 내가 말한 대로 너 자신을 돌아보고 너의 행위를 정직하게 판단할 때, 너에게 어떻게 죄가 없을 수 *있는지* 의심하려는 유혹을 느낄 수도 있다.

91 하지만, 다음에 대해 잘 생각해 보라: 너는 시간 안에서는 죄가 없지 않지만, *영원* 안에서는 죄가 없다. 너는 과거에 "죄를 *지었지만*", 과거란 *없다*. 항상always에는 방향이 *없다*. 시간은 한 방향으로 흘러가는 듯이 보이지만, 네가 시간의 끝에 도달하면, 마치 네 뒤의 과거를 따라 깔아놓은 긴 카펫처럼 둘둘 말려 사라질 것이다. 하느님의 아들에게 죄가 있다고 믿는 한, 너는 그 카펫이 죽음에 이른다고 믿으면서 그것을 따라 걸을 것이다. 그리고 그 여정은 길고 잔인하고 무의미해 보일 것이다. 그것은 본래 그러하기 때문이다.

92 하느님의 아들이 자신에게 떠나게 한 여정은 참으로 어리석지만, 아버지가 아들에게 떠나게 하시는 여정은 해방과 기쁨의 여정이다. 아버지는 잔인하지 *않으시며*, 그분의 아들은 자기 자신을 해칠 수 *없다*. 그가 두려움에 떨며 *보는* 보복은 결코 그를 건드릴 수 없을 것이다. 그가 비록 보복을 믿을지라도, 성령은 그것이 참이 아님을 알기 때문이다. 성령은 시간의 *끝에* 서있으며, *너도* 분명 그곳에 있다. 성령은 너와 함께 있기 때문이다. 성령은 하느님의 아들에게 합당치 않은 모든 것을 *항상* 무효화해 왔다. 그것은 하느님이 성령에게 주신 사명이었기 때문이다. 그리고 하느님이 주시는 것은 *항상* 존재해 왔다.

93 하느님의 아들에게 죄가 없음을 배울 때, 너는 나를 볼 것이다. 그는 항상 자신의 죄 없음을 구해왔으며, 그것을 이미 *발견했다*. 누구나 자신이 만든 감옥에서 벗어나려고 하며, 해방을 찾을 길은 그에게 부정되지 않기 때문이다. 그 길은 그의 *내면에* 있기에, 그는 그것을 이미 발견했다. 그가 언제 그 길을 발견할 것인지는 단지 시간문제일 뿐이지만, 시간은 한낱 환상에 불과하다. 하느님의 아들은 *지금* 죄가 없으며, 그의 눈부신 순수함은 손상되지 않고 하느님의 마음 안에서 영원히 빛나기 때문이다. 하느님의 아들은 *항상* 그가 창조된 그대로일 것이다. *너의* 세상을 부정하고, 그를 판

단하지 말라. 그의 영원한 죄 없음은 아버지의 마음 안에 있으면서 그를 영원히 보호하기 때문이다.

⁹⁴ 네가 스스로 속죄를 받아들였을 때, 하느님의 아들 안에 죄란 *없음*을 깨달을 것이다. 그리고 그를 *오로지* 죄 없다고 볼 때만, 너는 그의 하나인 상태를 이해할 수 있다. 죄라는 아이디어는 한 사람이 다른 사람을 정죄할 수 있다는 믿음을 일으켜서, 통합 대신 분리를 투사하기 때문이다. 너는 오로지 *너 자신만* 정죄할 수 있으며, 그렇게 함으로써 너 자신이 하느님의 아들임을 알 수 없게 된다. 하느님의 아들이 더없이 결백하다는 것은 그의 존재의 조건이지만, 너는 그동안 그것을 부정했다. 사랑으로부터 그가 창조되었으며, 사랑 안에 그가 머물러 산다. 선과 자비가 항상 그와 동행한다. 그는 항상 아버지의 사랑을 확장해 왔기 때문이다.

⁹⁵ 너와 함께 여행하는 거룩한 동반자들을 지각할 때, 너는 여정이란 것은 없으며 오로지 깨어남만 있음을 깨달을 것이다. 하느님의 아들은 잠들어 있지 않으며, 너를 *위해* 아버지와의 약속을 지켜왔다. 여행할 길도 없고, 여행에 걸리는 시간도 없다. 하느님은 당신의 아들 없이 계시기를 영원히 뜻하지 않으시기에, 그를 시간 안에서 기다리지 않으시기 때문이다. 그래서 항상 그러했다. 너의 마음을 어둡게 만드는 죄의식의 구름을 하느님 아들의 거룩함이 밝혀 물리치게 하고, 그의 순수를 네 것으로 받아들여서, 그것이 정녕 너의 순수임을 그로부터 배워라.

⁹⁶ 너는 죄가 없기 *때문에*, 상처받을 수 없다. 너는 *오로지* 죄의식을 사용해서만 과거에 매달릴 수 있다. 죄의식은 네가 과거에 행한 것 때문에 처벌받을 것임을 입증하며, 따라서 과거에서 미래로 진행하는 일차원적인 시간에 의존하기 때문이다. 이것을 믿는 자라면 그 누구도 *항상*이 무엇을 의미하는지 알 수 없다. 그러므로 죄의식은 너에게서 영원에 대한 이해를 앗아갈 *수밖에* 없다. 너는 영원하기 *때문에* 불멸이며, 항상은 지금일 *수밖에* 없다. 그렇다면 죄의식은 에고의 연속성을 보장하려고 너의 마음에 과거와 미래를 붙잡아두는 방법이다. 과거에 있던 것이 *미래에* 처벌받는다면, 에고의 연속성이 보장되기 때문이다. 그렇지만 너의 연속성을 보장하는 것은 에고가 아닌 하느님이시다. 불멸은 시간의 반대다. 시간은 지나가 버리지만, 불멸은 끊임없이 계속되기 때문이다.

⁹⁷ 속죄를 받아들이는 것은 너에게 불멸이 정녕 무엇인지 가르쳐준다. 너 자신의 죄 없음을 받아들임으로써, 너는 과거가 존재한 적이 없으며, 따라서 미래도 불필요함

을 배우기 때문이다. 시간 안에서 미래는 항상 죄 갚음과 관련되며, *오로지* 죄의식만이 죄 갚음이 *필요하다*는 느낌을 일으킬 수 있다. 그러므로 하느님 아들의 죄 없음을 *네* 것으로 받아들이는 것은, 하느님이 너에게 당신의 아들에 대해, 그리고 그의 진정한 정체에 대해 일깨워 주려고 사용하시는 방법이다. 하느님은 결코 당신의 아들을 정죄하지 않으셨으며, 그는 죄가 없기에 정녕 영원하다.

⁹⁸ 죄의식을 실재화한 *다음에* 속죄하는 방법으로는 죄의식을 물리칠 수 없다. 이것은 에고의 계획으로서, 에고는 죄의식을 물리치는 *대신에* 그런 계획을 제공한다. 에고는 공격이 곧 구원이라는 미친 개념에 완전히 사로잡혀서, *공격을 통한 속죄*를 믿는다. 죄의식을 애지중지하는 너 *또한* 이것을 믿고 있음에 틀림없다. 왜냐하면, *에고와* 동일시하지 않고서야 네가 원하지도 않는 것을 어찌 그리 소중히 여길 수 있겠는가?

⁹⁹ 에고는 네가 유죄며, *그러니* 너 자신을 공격하라고 가르친다. 그리고 이것은 죄의식을 *강화할* 수밖에 없다. 죄의식은 공격의 *결과*기 때문이다. 그렇다면 에고의 가르침에는 죄의식에서 탈출할 길이 전혀 없다. 공격은 죄의식을 실재화하며, 만약 죄의식이 실재한다면 그것을 극복할 수 있는 길은 전혀 없기 때문이다. 성령은 단지, 죄의식이 결코 존재한 적이 없다는 조용한 인식을 통해 죄의식을 물리친다. 성령은 죄 없는 하느님의 아들을 바라보면서 이것이 진실임을 *안다*. 그리고 이것은 *너에게* 해당하는 진실이기에, 너는 너 자신을 공격할 수 *없다*. 죄의식이 없다면, 공격은 불가능하기 때문이다. 그렇다면 너는 정녕 구원되었다. 하느님의 아들은 죄가 없기 때문이다. 그리고 너는 더없이 순수하기에, 정녕 상처받을 수 없다.

제12장

죄의식 문제

I. 서문

¹ 에고가 사용하는 투사의 궁극적인 목적은 *항상* 죄의식을 제거하는 것이다. 그러나 에고는 특징적으로, 죄의식을 오로지 *자신의* 관점에서만 제거하려고 시도한다. 에고가 죄의식을 유지하고 싶어 하는 만큼이나, *너*는 죄의식을 용납할 수 없다. 죄의식은 네가 하느님을 기억하는 길에 버티고 서있기 때문이다. 하느님의 끌어당기심은 너무도 강력해서, 너는 결코 그것을 버텨낼 수 *없다.* 그렇다면 바로 이 사안에서 가장 깊은 분열이 발생한다. 네가 만약 에고가 주장하는 대로 죄의식을 유지하고자 한다면, *너는 결코 너일 수 없기* 때문이다. 에고는 오로지 *자신이* 너라고 설득해야만 네가 죄의식을 투사하도록 부추겨서, 네 마음 안에 죄의식을 *간직하게* 할 수 있다.

² 하지만 에고가 마련한 해법이 얼마나 이상한지 잘 살펴보라. 너는 죄의식을 없애려고 투사하지만, 실제로는 죄의식을 그저 감추고 있을 뿐이다. 너는 죄의식을 *느끼면서도* 그 이유를 짐작도 하지 못한다. 오히려 너는 에고가 주장하듯이 네가 에고의 괴상하고 잡다한 이상을 저버린 것과 죄의식을 관련짓는다. 하지만 너는 하느님의 아들을 유죄라고 봄으로써 그를 저버리고 있음을 짐작도 하지 못한다. 너는 네가 더 이상 너 자신이 아니라고 믿으면서, *너 자신을* 저버리고 있음을 깨닫지 못한다.

II. 죄의식에 의한 십자가형

³ 너의 숨겨진 초석들 가운데 가장 어두운 것이 죄의식에 대한 너의 믿음을 너의 의식으로부터 차단한다. 그 어둡고 은밀한 곳에, 네가 하느님의 아들에게 사형을 선고하여 그를 배신했다는 자각이 있다. 너는 잔인하긴 하지만 제정신이 아닌 이런 아이디어가 그곳에 숨어있다고는 의심조차 하지 않는다. 에고는 그 파괴적인 충동이 너무나 강렬해서, 하느님의 아들을 십자가에 못 박는 것보다 못한 것에는 궁극적으로 만족하지 못한다. 에고는 눈이 멀어서, 하느님의 아들이 누구인지 모른다. 하지만 에고가 어디서든 죄 없음을 지각한다면, 두려운 나머지 그것을 파괴하려 들 것이다.

⁴ 에고의 이상한 행동은 대부분 죄의식에 대한 에고의 정의에 직접적으로 기인한다. 에고에게는 *죄 없는 자들이 유죄다.* 공격하지 않는 자들은 에고의 "적"이다. 그들은

구원에 대한 에고의 해석에 가치를 두지 않음으로써 *에고를 내려놓을* 수 있는 아주 좋은 위치에 있기 때문이다. 그들은 에고의 토대에서 가장 어둡고도 깊은 초석에 접근했다. 에고는 네가 다른 모든 것에 의문을 제기하는 것은 견딜 수 있지만, 이 비밀 하나는 목숨을 걸고 지킨다. 에고의 생존은 실로 이 비밀을 지키는 것에 달려있기 때문이다. 그러니 우리는 바로 이 비밀을 차분하게 바라보아야 한다. 에고는 너를 진리로부터 지켜주지 못하며, *진리가* 있는 앞에서 쫓겨나기 때문이다.

⁵ 진리의 차분한 빛 속에서, 네가 정말로 하느님의 아들을 십자가에 못 박았다고 믿고 있음을 인식하자. 네가 여태껏 이 "끔찍한" 비밀을 시인하지 않은 이유는, 하느님의 아들을 *찾아낼* 수 있다면 그를 여전히 십자가에 못 박기를 소망하기 때문이다. 하지만 바로 그 소망이 그를 네게서 감췄다. 그것은 너무나 무시무시한 소망이어서, 너는 그를 찾아낼까 봐 *두려워하기* 때문이다. 너는 그동안 네가 누구인지 *알지 않고* 다른 *무언가와* 동일시함으로써, *너 자신을* 죽이려는 이러한 소망을 다뤄왔다. 너는 죄의식을 가리지 않고 마구 투사해 왔지만, 그 근원은 드러내지 *않았다.* 에고는 너를 정말로 죽이고 싶어 하며, 네가 만약 *에고와* 동일시한다면, 에고의 목표가 곧 *너의* 목표라고 믿을 수밖에 없기 때문이다.

⁶ 우리는 언젠가 십자가형은 에고의 상징이라고 말했다. 에고는 하느님 아들의 *진정한* 죄 없음과 대면하자, 그를 정말로 죽이려고 시도했다. 그러면서 에고가 제시한 이유는, 죄 없음은 하느님에 대한 모독이라는 것이었다. 에고에게는 *에고가* 신이며, 죄 없음은 살인을 완전히 정당화하는 최후의 죄로 해석될 수밖에 없다. 너는 아직 이 수업에 대한 모든 두려움이 궁극적으로 이런 해석에서 비롯됨을 이해하지 못하지만, 이 수업에 대한 너의 반응을 잘 살펴본다면, 그것이 그러함을 점점 더 확신하게 될 것이다.

⁷ 이 수업은 너의 행복과 평화가 곧 자신의 목표라고 분명히 밝혔다. 하지만 너는 이 수업을 *두려워하고 있다.* 너는 이 수업이 너를 자유롭게 풀어줄 것이라는 말을 몇 번이고 들었지만, 이 수업이 마치 너를 가두려고 하는 듯이 반응한다. 너는 대부분의 시간 동안 이 수업을 일축하면서, *에고의* 사고체계는 일축해 버리지 *않는다.* 너는 그동안 이 수업의 결과를 *보아왔지만, 여전히* 이 수업을 믿지 못한다. 그렇다면 너는 분명 이 수업을 배우지 *않음으로써* 너 자신을 *보호하고* 있다고 믿는 것이다. 그리고 너는 너를 보호해 줄 수 있는 것은 오로지 너의 죄 없음뿐임을 깨닫지 못한다.

⁸ 사람들은 속죄를 항상 죄의식에서 해방되는 것으로 해석해 왔고, 제대로 이해한다

면 이것은 정확한 해석이다. 하지만 내가 너를 *위해* 속죄를 해석해 주었을 때조차, 너는 속죄를 거부하면서 스스로 받아들이지 *않았다*. 너는 그동안 에고와 에고의 선물이 헛되다는 것을 인식했다. 그러나 너는 에고를 원하지 않으면서도 그 대안을 기쁘게 바라보지는 않는다. 너는 구원을 *두려워하고*, 구원이 너를 죽일 것이라고 믿는다. 너의 두려움의 심각성에 대해 잘못 생각하지 말라. 너는 진리가 앞에 있으면 너 자신을 공격해서 파멸시킬 것이라고 믿는다.

⁹ 어린아이야, 그렇지 않다. 너의 "죄스러운 비밀"은 아무것도 아니다. 그것을 단지 빛으로 가져오기만 하면, 빛이 그것을 물리칠 것이다. 그러면 아버지에 대한 너의 기억을 가로막을 어떤 먹구름도 남아있지 않을 것이다. 그때 너는 하느님의 죄 없는 아들을 기억할 것이기 때문이다. 그는 불멸이기에, 죽지 않았다. 그리고 너는 네가 그와 *더불어* 구원되었으며, *그와* 결코 분리된 적이 없음을 볼 것이다. 너는 이것을 이해함으로써 기억하게 될 것이다. 그것은 두려움 *없는* 사랑에 대한 인식이기 때문이다. *네가* 집으로 돌아옴에 따라 천국에는 큰 기쁨이 넘쳐나고, 그 기쁨은 *너의 기쁨이* 될 것이다. 구원받은 사람의 아들은 곧 죄 없는 하느님의 아들이며, 그를 알아보는 것이 곧 너의 구원이기 때문이다.

Ⅲ. 구원에 대한 두려움

¹⁰ 너 자신의 증오를 바라보고 그것의 심각성을 깨닫는 것이 왜 그리 중요한지 궁금할 수도 있다. 그리고 너의 증오를 스스로 알아차릴 필요 *없이*, 성령이 그것을 너에게 보여주고 물리치는 것이 더 쉬울 것이라고 생각할 수도 있다. 하지만 너 자신이 속죄를 받아들이지 못하도록 만든 복잡한 문제가 하나 더 있는데, 너는 아직 그것을 깨닫지 못한다. 두려움을 *인식한다면* 그것을 묵인할 사람은 아무도 없을 거라고 전에 말한 적이 있다. 하지만 너는 혼란스러운 상태에 있어서 두려움을 무서워하지 *않는다*. 너는 두려움을 좋아하지 않지만, 사실 너를 *정말로* 두렵게 만드는 것은 너의 공격 욕구가 아니다. 너는 너의 적개심 때문에 그렇게 심하게 불안해하는 것이 아니다. 네가 적개심을 감추는 이유는, 그것이 가리고 있는 것을 *더* 두려워하기 때문이다.

¹¹ 너는 에고가 *없다면* 네 안에서 더 두려워하는 무언가를 발견할 것이라고 믿는다.

그렇게 믿지 않는다면, 너는 에고의 가장 어두운 초석조차 두려움 *없이* 바라볼 수 있을 것이다. 너는 십자가형을 두려워하는 것이 *아니다.* 너의 끔찍한 공포의 대상은 바로 구원이다. 에고의 어두운 토대 아래에 하느님에 대한 기억이 있으며, 바로 *이것이야말로* 네가 정말로 두려워하는 것이다. 이 기억은 너를 즉시 네가 마땅히 있어야 할 곳으로 복귀시킬 텐데, 그곳이야말로 네가 그동안 *떠나려고* 했던 곳이기 때문이다.

¹² 공격에 대한 두려움은 사랑에 대한 두려움에 비하면 아무것도 아니다. 하느님의 아들을 죽이겠다는 너의 야만적인 소망이 너를 사랑으로부터 *구해준다고* 믿지 않는다면, 너는 그 소망조차 기꺼이 바라보려 할 것이다. 바로 그 소망이 분리를 야기했다. 너는 분리가 치유되기를 *원하지* 않기에, 이제껏 그 소망을 보호했다. 그리고 그 소망을 가린 먹구름이 *거두어지면,* 너는 네가 아버지를 향한 사랑을 이기지 못해 그분의 부름에 응답할 수밖에 없고, 이내 천국으로 뛰어 들어갈 것임을 깨닫고 있다. 너는 공격이 너를 *그런 일로부터* 보호하는 구원이라고 믿는다. 에고의 토대보다 훨씬 더 깊은 곳에, 하느님에 대한 너의 사랑과 너에 대한 하느님의 사랑이 강렬히 불타고 있다. 그것은 에고보다 훨씬 더 강력하다. 이러한 사랑이야말로 네가 *정말로* 감추고 싶어 하는 것이다.

¹³ 솔직히 말해 너는 "미워해."라고 말하는 것보다 "사랑해."라고 말하는 것을 더 어려워하지 않는가? 너는 사랑을 약함과, 증오를 강함과 관련짓는다. 그리고 너 자신의 *진정한* 힘을 너의 진정한 *약점이라도* 되는 듯이 본다. 사랑의 부름을 들으면 너는 큰 기쁨으로 반응하는 것을 통제할 수 없을 것이며, 그러면 네가 통제한다고 생각하는 온 세상이 사라져 버릴 것이기 때문이다. 그러니 성령은 너의 요새를 공격하고 있는 듯이 보인다. 너는 하느님을 밀쳐내려고 하지만, 하느님은 *쫓겨날* 듯이 없으시기 때문이다.

¹⁴ 너는 하느님의 **현존** 앞에서 네가 무력하게 될 것이라는 생각에 너의 정신 이상 믿음체계 전체를 구축했으며, 그분의 사랑이 너를 부숴 무로 만들어버릴 것이라는 생각에 그로부터 너 자신을 *구하려고* 한다. 너는 하느님의 사랑이 너를 너 자신으로부터 완전히 쓸어내서 왜소하게 만들어버릴까 봐 두려워한다. 너는 네가 반항을 통해 더 위대해지고 공격을 통해 위엄을 얻는다고 믿는다. 너는 네가 하느님이 파괴하려 드는 세상을 만들었는데, 하느님을 사랑하면 그 세상을 내던져 버릴 것이라고 생각한다. 물론 너는 하느님을 *사랑하고,* 그 세상을 *내던져* 버릴 것이다. 그래서 너는 그 세상을

이용해서 너의 사랑을 *가려왔다*. 네가 암흑과 같은 에고의 토대 속으로 더 깊이 내려 갈수록, 그곳에 감춰져 있는 사랑에 더 가까이 다가가게 된다. *그리고 이것이야말로 정녕 너를 두렵게 하는 것이다.*

15 너는 정신 이상은 네가 만든 것이므로 받아들이지만, 사랑은 네가 만든 것이 *아니 므로* 받아들이지 못한다. 너는 하느님의 구원된 아들이 되느니 차라리 십자가의 노 예가 되고자 한다. 너는 *개체로서의 죽음*을 살아있는 하나인 상태보다 더 가치 있게 여기고, 너에게 *주어진 것*을 *네가* 만든 것만큼 소중히 여기지 않기 때문이다. 너는 에고보다 하느님을 더 두려워한다. 그리고 사랑은 환영받지 않는 곳에는 들어갈 수 없다. 그러나 증오는 들어갈 수 있다. 증오는 너의 뜻은 신경 쓰지 않고 *자기* 뜻대로 들어가기 때문이다.

16 너의 망상을 감추지 말고 바라보아야 하는 이유는, 그것은 그 자체의 토대에 놓여 있지 *않기* 때문이다. 하지만 망상이 감춰져 있으면 그 자체의 토대에 놓여있는 듯이 보이며, 따라서 스스로 유지될 수 있는 듯이 *보인다*. 이것이 바로 *너의 망상이* 놓여있 는 토대가 되는 환상이다. 그 망상 *아래에는* 분노 속에서 망상을 만들었다고 *생각한* 사랑하는 마음이 있는데, *망상이* 감춰져 있는 한 그 마음은 은폐되어 있다. 그 마음을 드러내 보면, 그 안의 고통이 너무도 분명해서 그것이 치유되어야 할 필요성을 부정 할 수 *없다*. 네가 그 마음에게 제공하는 그 어떤 시시한 비결과 놀이도 그 마음을 치 유할 수 없다. 이것은 하느님의 아들에 대한 *진짜* 십자가형이기 때문이다.

17 하지만 그는 십자가에 못 박히지 *않았다*. 바로 여기에, 그의 고통은 물론 치유도 있 다. 성령의 비전은 자비롭고, 성령의 치료는 신속하기 때문이다. 고통을 성령께 *감추 지 말고*, 기쁘게 가져가라. 영원토록 온전한 그의 마음 앞에 너의 *모든* 상처를 펼쳐 놓고, 그로 하여금 너를 치유하게 하라. 어떤 한 점의 고통도 성령의 빛으로부터 감추 지 말고 너의 마음을 주의 깊게 살펴서, 드러날까 봐 두려워하는 생각들을 전부 찾아 내라. 성령은 너 자신을 해치려고 간직해 온 왜소한 생각들을 전부 다 치유하고, 그것 들의 왜소함을 깨끗이 씻어내서, 하느님의 위대함으로 복원할 것이다.

18 네가 그리도 소중히 여기는 허장성세 아래에, 너의 간절한 도움의 요청이 있다. 아 버지가 너를 당신께 불러들이시듯, 너는 아버지께 사랑을 요청하고 있다. 그동안 감 춰뒀던 그 장소에서, 너는 아버지를 사랑스럽게 기억하면서 오로지 그분과 연합하기 만을 뜻한다. 네 형제들 안에서 이 진리의 장소를 볼 때, 너는 그곳을 발견할 것이다.

그들은 비록 스스로를 속일지라도, 너와 마찬가지로 자신 안에 있는 장엄함을 열망하기 때문이다. 네가 그들 안의 장엄함을 지각하면 그것을 반가이 맞아들일 것이며, 그러면 그것은 *너의* 장엄함이 될 것이다. 장엄함은 하느님 아들의 *권리*며, 어떤 환상도 그를 만족시키거나 *그가* 자신의 *정체*가 되는 것을 막을 수 없기 때문이다. 오로지 그의 사랑만이 실제다. 그리고 그는 *오로지* 자신의 실재에만 만족할 것이다.

¹⁹ 하느님의 아들을 그의 환상에서 구하라. 그럼으로써 너는 평화와 기쁨 속에 아버지의 위대함을 받아들이게 된다. 하지만 그 누구도 너의 사랑에서 제외하지 말라. 그렇지 않으면 너의 마음 안에 성령을 환영하지 않는 어두운 곳을 감추게 된다. 그리고 너는 성령의 치유 능력으로부터 *너 자신*을 제외할 것이다. 너는 총체적인 사랑을 제공하지 않음으로써 완전하게 치유되지 않을 것이기 때문이다. 치유는 두려움만큼이나 완전해야 한다. 사랑은 사랑을 환영하지 못하게 방해하는 단 한 점의 두려움이라도 있는 곳에는 들어갈 수 없기 때문이다.

²⁰ 온전한 마음보다는 특별성을 선호하는 너는 바른 마음 상태 안에 특별성을 얻을 수 없었다. 특별한 총애를 요청하기 전까지, 너는 평화로웠다. 하지만 하느님은 그것을 주지 않으셨다. 그런 요구는 하느님께 생소한 것이었기 때문이다. 너는 그것을, 당신의 아들을 진정으로 사랑하시는 아버지께는 요청할 수 없었다. 그래서 너는 아버지를 가지고 사랑 없는 아버지를 지어내서는, 그렇게 사랑 없는 아버지만이 줄 수 있는 것을 그분께 요구했다. 그리고 하느님 아들의 평화가 산산이 조각났다. 그는 더 이상 아버지를 이해할 수 없었기 때문이다. 그는 자신이 지어낸 것을 두려워했지만, 자신과 아버지의 영광스러운 동등성을 공격했기에, 자신의 *진짜* 아버지를 훨씬 더 두려워했다.

²¹ 평화 속에서, 그는 아무것도 필요하지 않았고 아무것도 요청하지 않았다. 전쟁 속에서, 그는 모든 것을 *요구했지만* 아무것도 *찾지* 못했다. 평화 속에 떠나 아버지께 돌아가는 것 *외에*, 온유한 사랑이 달리 어떻게 반응할 수 있었겠는가? 하느님의 아들은 평화 속에 머물기를 소망하지 않는 한 전혀 머물 수 없다. 어두워진 마음은 빛 속에서 살 수 없으며, 따라서 자신이 없는 곳에 자신이 있다고 믿을 수 있는 어두운 장소를 구해야 하기 때문이다. 하느님은 이런 일이 일어나도록 허락하지 않으셨다. 하지만 너는 그것이 일어나야 한다고 *요구했으며*, 따라서 그렇게 되었다고 믿었다.

²² "특별히 선발하는 것"은 "홀로 있게 만드는 것"이며, 따라서 *외롭게 만든다*. 하느님은 너에게 그렇게 하지 않으셨다. 너의 평화가 당신의 **하나**인 **상태**에 놓여있음을

아시는 하느님이 과연 너를 따로 떼어놓으실 수 있었겠는가? 하느님은 고통을 달라는 너의 요청만 거절하셨다. 고통은 당신의 창조물에 속하지 않기 때문이다. 하느님은 창조물을 너에게 *주셨기에*, 그것을 *네게서* 빼앗아 가실 수 없었다. 하느님은 너의 제정신이 아닌 요청에 단지, 네가 제정신이 아닐 때도 너와 함께 머물 온전한 답으로 응답하실 수밖에 없었다. [그리고 하느님은 바로 그렇게 하셨다. 하느님의 응답을 듣고도 정신 이상을 포기하지 않을 자는 아무도 없다.] 하느님의 응답은 환상 *너머에* 있는 기준점으로서, 그로부터 너는 환상을 돌아보고 그것이 정신 이상임을 볼 수 있다. 오로지 *이* 기준점만을 구하라. 그러면 너는 반드시 그곳을 찾을 것이다. 사랑이 네 안에 있으며, 사랑은 너를 인도하여 그곳에 데려다줄 것이기 때문이다.

Ⅳ. 치유와 시간

23 이제 네가 이 수업을 두려워하는 이유가 명백해졌을 것이다. 이것은 *너에* 대한 수업이며, 따라서 사랑에 대한 수업이기 때문이다. 전에 말해주었듯이, 이 세상에서 너의 기능은 치유고, 천국에서 너의 기능은 창조다. 에고는 땅에서 너의 기능은 파괴고, 천국에서 너에겐 아무런 기능도 없다고 가르친다. 이렇게 에고는 이곳에서 너를 파괴하여, 이곳에 너를 묻어, 네가 만들어진 재료라고 생각하는 먼지만을 유산으로 남겨주려고 한다. 에고는 자신의 논리에 따라 너에게 꽤 만족하는 한, 너에게 망각을 제공한다. 하지만 에고가 노골적으로 잔인해질 때는, 너에게 지옥을 제공한다.

24 하지만 망각도 지옥도 너에게는 천국만큼 받아들이기 힘든 것은 아니다. 너는 천국을 지옥이자 망각이라고 정의하며, *진짜* 천국은 네가 경험할 수도 있다고 생각하는 가장 큰 위협이라고 보기 때문이다. 지옥과 망각은 *네가* 지어낸 아이디어들로서, 너는 그것들의 실재를 입증하여 *너의* 실재를 확립하는 데 열중하고 있다. 너는 *그것들의* 실재에 의문이 제기되면 *너의* 실재에 의문이 제기된다고 믿는다. 너는 공격이 너의 실재며, 네가 파괴되는 것은 네가 *옳았다는* 최종적인 증거라고 믿기 때문이다.

25 이런 상황에서, 네가 *틀렸다는* 사실은 내버려 두더라도, 그동안 네가 틀린 것이 더 *바람직하지* 않겠는가? 죽음이 과거에 생명이 *있었음을* 암시한다고 주장할 수는 있겠지만, 지금 생명이 *있음을* 증명한다고 주장할 자는 아무도 없을 것이다. 심지어 죽음

이 암시할 수도 있는 과거의 생명은, 그것이 반드시 *죽음*을 맞이해야 하고, 그것이 과거에 있었음을 증명하기 위해 죽음이 *필요하다면*, 그저 헛된 것이었으리라. 너는 천국에 대해서는 의문을 제기하면서도 죽음에 대해서는 그러지 않는다. 만약 의문을 *제기한다면*, 너는 치유하고 치유될 수 있을 것이다. 그리고 네가 비록 천국을 모를지라도, 천국이 죽음보다는 더 바람직하지 않겠는가? 너는 지각할 때 선택적이었던 만큼이나 의문을 제기할 때도 선택적이었다. 열린 마음은 이보다는 더 정직하다.

26 에고의 시간 개념은 아주 이상하다. 그러니 너는 바로 이 개념부터 의문을 제기하기 시작하면 좋을 것이다. 에고는 과거에 엄청난 투자를 하며, 결국에는 과거만이 *유일하게* 의미 있는 시간의 측면이라고 믿는다. 우리는 전에, 에고는 죄의식을 강조함으로써 미래를 과거와 *같게* 만들어서 현재를 회피하는 방법으로 자신의 연속성을 보장할 수 있다고 말했는데, 너는 아마도 이를 기억할 것이다. 과거의 대가를 미래에 *치른다*는 개념에 의해, 과거는 미래의 *결정자가* 되어 그 사이에 현재가 끼어들 틈도 *없이* 과거와 미래를 연속되게 만든다. 에고는 현재를 *오로지* 미래로 이동하는 짧은 과도기로만 사용하며, 그 안에서 현재를 *과거의* 맥락에서 해석함으로써 과거를 *미래로* 가져가기 때문이다.

27 *지금*now은 에고에게 아무런 의미도 없다. 현재는 에고에게 과거의 상처를 상기시킬 뿐이며, 에고는 현재에게 그것이 마치 *과거인 듯이* 반응한다. 에고는 네가 과거로부터 *해방되는 것*을 용납할 수 없으며, 과거는 더 이상 존재하지 않음에도 불구하고, 과거가 *마치* 현재에 있는 듯이 반응하여 그것의 이미지를 보존하려고 한다. 따라서 에고는 네가 지금 만나는 사람들에게 *과거의* 기준점에서 반응하도록 지시하여, 그들의 현재 실재를 가린다. 그러므로 네가 만약 에고의 지시를 따른다면, 네 형제들에게 그들이 마치 *다른* 어떤 사람인 듯이 반응할 것이며, 이것은 분명 그들을 있는 *그대로* 지각하는 것을 방해할 것이다. 그리고 너는 네 형제들로부터, 너 *자신의* 과거에 근거하여 메시지를 받을 것이다. 너는 너의 과거를 현재에 실재하도록 만듦으로써, 너 자신이 *과거를 보내버리는 것*을 방해하고 있는 것이기 때문이다. 그럼으로써 너는 모든 형제들이 너에게 *지금* 제공하고 있는 해방의 메시지를 물리친다.

28 과거에서 오는 그림자 등장인물들이야말로 네가 반드시 *벗어나야* 하는 것이다. 그것들은 실제가 아니며, 네가 데려오지 않는 한 너를 지배할 힘이 없다. 그것들은 네 마음 안에 아픈 상처를 간직하고 있다가, 더 이상 존재하지도 않는 과거에 대한 복수

로 현재에 공격을 감행하라고 지시한다. 그리고 이런 결정은 *미래의* 고통에 대한 결정이다. 과거의 고통이 망상임을 배우지 않는 한, 너는 환상들로 가득찬 미래를 선택함으로써 현재에 찾을 수 있는 수많은 해방의 기회를 잃는 것이다. 에고는 너의 악몽을 *보존하고*, 네가 깨어나서 악몽이 가버렸음을 이해하는 것을 *방지하려고* 한다.

²⁹ 거룩한 만남을 그저 너 자신의 과거와 만나는 것으로만 지각한다면, 네가 과연 그것을 *인식하겠는가?* 그럴 경우 너는 그 누구도 만나지 못하며, 그 만남을 거룩하게 *만들어주는* 구원의 공유가 너의 시야에서 제외되기 때문이다. 성령은 다음과 같이 가르친다: 너는 항상 *너 자신*을 만나며, 그 만남이 거룩한 이유는 *네가* 거룩하기 때문이다. 에고는 다음과 같이 가르친다: 너는 항상 너의 과거를 만나며, 너의 꿈이 과거에 거룩하지 않았으므로 미래도 거룩할 수 *없고*, 현재는 의미가 없다. 성령이 시간을 에고와 정반대로 지각한다는 것은 분명하다. 그 이유도 마찬가지로 명백하다. 성령과 에고는 시간의 목표를 정반대로 지각하기 때문이다.

³⁰ 성령은 시간의 필요성을 불필요하게 만드는 것이 시간의 목적이라고 해석한다. 따라서 성령에게 시간의 기능은, 자신의 가르치는 기능을 돕는 일시적인 것이다. 성령의 가르치는 기능 또한 정의상 일시적이다. 그러므로 *성령*은 무한으로 확장할 수 있는 시간의 유일한 측면만을 강조한다. *지금*은 세상이 제공하는 것 중에 영원에 가장 가까운 것이기 때문이다. 과거도 미래도 없는 *지금의* 실재 안에서, 영원에 대한 이해가 시작된다. 오로지 지금만이 *여기에* 있으며, *지금*은 구원을 찾을 수 있는 거룩한 만남의 기회를 제공하기 때문이다.

³¹ 반면에 에고는 영원 *대신에* 에고 자체를 확장하는 것이 시간의 기능이라고 여긴다. 에고도 성령처럼 시간의 목표를 자신의 것으로 해석하기 때문이다. 과거와 미래가 *에고의* 지시 아래 연속되는 것이 에고가 시간에서 지각하는 유일한 목적으로서, 에고는 *자신의* 연속성에 어떤 간격도 생길 수 없도록 현재를 뒤덮어 버린다. 그렇다면 *에고의* 연속성은 너를 *계속* 시간 안에 가두려 하지만, 성령은 너를 *시간으로부터* 해방하고자 한다. 너의 구원이라는 성령의 목표를 공유하고자 한다면, 구원의 수단에 대한 *성령의* 해석을 받아들이는 법을 배워야 한다.

³² 너 또한 너 자신의 기능을 해석하는 대로 시간의 기능을 해석할 것이다. 시간의 세상에서 너의 기능은 치유임을 받아들인다면, 너는 *오로지* 치유가 일어날 수 있는 시간의 측면만을 강조할 것이다. 치유는 과거 안에서 이루어질 수 *없으며*, *미래를 해방*

하기 위해서는 *반드시* 현재 안에서 이루어져야 하기 때문이다. 이런 해석은 미래를 *현재에* 묶어두고, 과거 대신에 현재를 확장한다. 그러나 네가 만약 너의 기능을 파괴라고 해석한다면 현재를 보지 못하게 될 것이며, 파괴적인 미래를 *보장하려고* 과거에 매달릴 것이다. 그리고 시간은 반드시 네가 해석하는 대로 될 것이다. 시간은 그 자체로는 *무기* 때문이다.

V. 두 감정

33 전에 말했듯이, 너는 사랑과 두려움이라는 두 감정만 가졌다. 사랑은 변함없지만, 영원한 자들에 의해 영원한 자들에게 제공되면서 끊임없이 교환된다. 이러한 교환 속에서 사랑이 확장된다. 사랑은 주어질 때 *늘어나기* 때문이다. 두려움에는 많은 형식들이 있는데, 개인적인 환상들의 내용이 크게 다르기 때문이다. 하지만 그것들에는 공통점이 하나 있다: 그것들은 모두 정신 이상이다. 그 형식들은 보지 *않은* 모습과 듣지 *않은* 소리로 만들어졌다. 그것들은 사적인 세상을 하나 만들어 내는데, 그 세상은 공유될 수 *없다.* 그 형식들은 *오로지* 그것들을 만든 자에게만 의미가 있으며, 따라서 아무런 의미도 없기 때문이다. 그런 세상에서 그 형식들을 만든 자는 홀로 움직인다. 그것들을 지각하는 자는 그 자신밖에 없기 때문이다.

34 각자는 자신의 개인적인 과거에서 온 등장인물들로 자신의 세상을 가득 채우며, 바로 이런 이유로 그러한 사적인 세상들은 서로 너무 다르다. 하지만 각자가 보는 등장인물들은 *결코* 실제인 적이 없다. 그들은 형제들에 대한 *그의* 반응만을 가지고 지어낸 것으로서, *그에* 대한 형제들의 반응은 포함하지 않기 때문이다. 따라서 그는 등장인물들을 자신이 만들었으며, 그들은 온전하지 않음을 *보지* 못한다. 그 등장인물들은 분리되어 있는 하나의 마음 안에서만 지각되기에, 증인이 전혀 없기 때문이다.

35 제정신이 아닌 자들은 바로 이런 이상한 그림자 등장인물들을 통해 그들의 제정신이 아닌 세상과 관계를 맺는다. 그들은 *오로지* 그런 이미지들을 상기시키는 자들만 보며, 그들이 관계를 맺는 것도 *그런 이미지들이기* 때문이다. 따라서 그들은 없는 자들과 소통하며, 그들에게 응답하는 자들도 바로 *없는 자들이다.* 그리고 없는 자들을 부른 자 외에는 아무도 그들의 응답을 듣지 못하며, 그자 홀로 그들이 그에게 응답했

다고 믿는다. 투사가 지각을 만든다. 그리고 너는 그 너머로는 볼 수 *없다*. 사람들은 서로에게서 *자신의* 사적인 세상에 있는 그림자 등장인물을 보았기에, 서로를 공격하고 또 공격했다. 따라서 너는 먼저 너 자신을 공격했음에 *틀림없다*. 네가 공격하는 대상은 다른 사람들 안에 *없기* 때문이다. 그 대상의 유일한 실재는 너 *자신의* 마음 안에 있으며, 다른 사람들을 공격할 때 너는 그야말로 *거기에 없는* 것을 공격하고 있는 것이다.

³⁶ 망상에 빠진 자들은 아주 파괴적으로 될 수 있다. 그들은 *자기 자신을* 정죄했음을 인식하지 못하기 때문이다. 그들은 죽기를 바라지 않으면서도 정죄를 *포기하지는* 않을 것이다. 따라서 그들은 자신의 사적인 세상으로 분리되어 들어가는데, 그곳에서는 모든 것이 혼란스럽고, 안에 있는 것이 밖에 있는 듯하다. 하지만 그들은 정말로 *안에* 있는 것은 보지 못한다. 그들은 자신의 형제들의 *실재를* 보지 *못하기* 때문이다.

³⁷ 너는 단지 두 감정만 가졌지만, 너의 사적인 세상에서 각각의 감정에 그것이 마치 *다른 감정인* 듯이 반응한다. 사랑은 따로 떨어져 있는 세상에 머물러 살 수 없으며, 그곳에서는 사랑이 와도 알아보지 못하기 때문이다. 만약 너 자신의 증오를 네 형제라고 본다면, 너는 그를 보고 있는 것이 아니다. 누구나 자신이 사랑하는 것에는 가까이 다가가고, 두려워하는 것에서는 흠칫 물러선다. 너는 사랑에 두려움으로 반응하면서 멀리 물러난다. 하지만 두려움은 너를 *매혹하며,* 너는 두려움이 *사랑이라고* 믿으면서 그것을 너 자신에게로 불러들인다. 너의 사적인 세상은 네가 그 안으로 초대해 들인 두려움의 등장인물들로 가득차 있다. 그리고 네 형제들이 선사하는 그 모든 사랑을, *너는 보지 않는다.* 네가 너의 세상을 열린 눈으로 바라보게 됨에 따라, 그동안 네가 정신 이상으로 물러났었다는 생각이 너의 마음에 떠오를 *수밖에* 없다.

³⁸ 너는 거기에 없는 것을 보고, 소리 없는 것을 듣는다. 너의 감정은 행동으로 나타날 때 본래 감정의 *정반대로* 나타낸다. 너는 그 누구와도 소통하지 않으며, 온 우주에서 혼자인 듯이 실재와 격리되어 있다. 너는 미쳐서 실재를 *철저히* 간과하며, 눈길이 닿는 모든 곳에서 너 *자신의* 분열된 마음만을 본다. 하느님이 너를 부르시건만, 너는 듣지 않는다. 너는 너 자신의 음성에 사로잡혀 있기 때문이다. 그리고 너의 시야에 그리스도의 비전은 없다. 너는 홀로 너 자신만을 바라보고 있기 때문이다.

³⁹ 어린아이야, 너는 *이러한 것을* 아버지께 드리려느냐? 네가 그것을 너 자신에게 줄 때, 실로 아버지께 드리고 있는 것이기 때문이다. 아버지는 그것을 돌려주지 *않으실*

것이다. 그것은 당신께 가치가 없기에 너에게도 가치가 없기 때문이다. 하지만 아버지는 너를 그것에서 해방하여 자유롭게 풀어주고자 하신다. 네가 너 자신에게 준 것은 참이 아니지만, *아버지가* 너에게 주신 것은 결코 변하지 않았다. 아버지의 온전한 응답은 너에게 이렇게 말해준다. 너는 네가 무엇을 하는지 모르지만, 정신 이상이 무엇인지 배워서 그 너머를 볼 수 *있다.* 너는 정신 이상을 *부정하고* 너의 사적인 세상에서 평화롭게 나오는 법을 배울 수 있다.

⁴⁰ 너는 너 자신 안에서 부정했기 *때문에* 네 형제들 안에서 부정한 모든 것을 볼 것이다. 너는 그들을 사랑하게 될 것이며, 그들에게 가까이 이끌림으로써 그들을 너 자신에게로 이끌어서, 네가 하느님과 공유하는 너의 실재에 대한 증인들로 지각할 것이기 때문이다. 나는 *너와* 함께 있듯이 *그들과* 함께 있다. 그리고 우리는 그들을 그들의 사적인 세상 밖으로 끌어낼 것이다. 우리는 서로 연합했듯이 그들과도 연합하고자 하기 때문이다. 아버지가 기뻐하시며 우리 모두를 맞아들이신다. 그리고 기쁨이야말로 *우리가 아버지께* 드려야 하는 것이다. 하느님이 *당신 자신을* 주신 너에게 하느님의 모든 아들이 주어졌다. 그리고 하느님이 *네게* 주신 선물을 알아보려면, 너는 하느님의 모든 아들을 하느님께 드려야 한다.

⁴¹ 비전은 빛에 의존하며, 너는 어둠 속에서는 볼 수 없다. 하지만 사적인 잠의 세상 어둠 속에서, 비록 너의 눈은 감겼지만, 너는 꿈속에서 *본다.* 바로 이곳이 네가 보는 것을 *만든* 곳이다. 그러나 일단 어둠을 보내버리면, 너는 더 이상 네가 만든 모든 것을 보지 않을 것이다. 그것을 보는 것은 비전의 *부정에* 의존하기 때문이다. 하지만 비전을 부정한다고 해서 네가 반드시 보지 *못하게* 되는 것은 아니다. 그러나 바로 이것이야말로 부정이 하는 일이다. 너는 부정을 통해 정신 이상을 받아들여서, 너만의 사적인 세상을 만들고 너 *자신의* 지각을 지배할 수 있다고 믿기 때문이다. 하지만 그러기 위해서는 반드시 빛을 차단해야 한다. 빛이 왔을 때 꿈은 사라지고, 너는 볼 수 있다.

⁴² *너의* 눈을 통해 비전을 구하지 말라. 너는 어둠 속에서 볼 수 있도록 너만의 보는 법을 *만들어서,* 그것에 속고 있기 때문이다. 이러한 어둠 너머에, 하지만 여전히 너의 내면에, 모든 것을 빛 속에서 보는 그리스도의 비전이 있다. 그리스도의 비전이 사랑에서 비롯되듯이, 너의 비전은 두려움에서 비롯된다. 그리스도는 실재세상에 대한 너의 증인으로서, 너를 *위해* 본다. 그리스도는 성령의 현현으로서, 언제나 실재세상을 바라보면서 그 증인들을 불러내 *너에게* 데려온다. 그리스도는 그가 네 안에서 보는

것을 사랑하며, 그것을 *확장하고자* 하기 때문이다. 그리스도는 너의 지각을 심지어 아버지께 이르기까지 확장하기 전에는 그분께 돌아가지 않을 것이다. 그리고 그곳에 지각은 더 이상 없다. 그리스도가 자신과 더불어 너를 아버지께 돌려드렸기 때문이다.

⁴³ 너는 단지 두 감정만 가지고 있는데, 하나는 네가 만든 것이고 다른 하나는 너에게 주어진 것이다. 각 감정은 일종의 *보는 방법으로서*, 그 감정들의 서로 다른 비전으로부터 서로 다른 세상이 일어난다. 너에게 주어진 비전을 통해 보라. 그리스도의 비전을 통해, 그리스도는 자기 자신을 보기 때문이다. 그리고 그리스도는 자신의 정체를 보고 있기에, 자신의 아버지를 안다. 너의 가장 어두운 꿈 너머로, 그리스도는 너의 내면에서 하느님의 죄 없는 아들을 본다. 그는 너의 꿈으로 흐려지지 않은 채 완벽한 광휘로 빛나고 있다. 그리스도와 함께 볼 때, *너는* 바로 이것을 볼 것이다. 그리스도의 비전은 아버지가 너를 *위해* 그에게 주셔서, 그가 너에게 주는 사랑의 선물이기 때문이다.

⁴⁴ 성령은 그 안에서 그리스도가 드러나 있는 빛이다. 그리스도를 보고자 하는 자들은 누구나 그리스도를 볼 수 있다. 왜냐하면, 그들은 빛을 *요청한 것이기* 때문이다. 그리고 그들은 그리스도 *혼자만*을 보지도 않을 것이다. 그리스도는 그들과 마찬가지로 혼자가 아니기 때문이다. 그들은 아들을 보았기에, 아들 안에서 일어나 아버지께 올라갔다. 그리고 이 모든 것을, 그들은 이해할 것이다. 그들은 내면으로 눈을 돌려 어둠 너머로, 자신 안의 그리스도를 *알아보았기* 때문이다. 그리스도의 온전한 비전 안에서, 그들은 자신을 성령이 보듯이 보면서 사랑으로 바라보았다. 그리고 그들 내면의 진리에 대한 이러한 비전과 더불어, 세상의 그 모든 아름다움도 그들을 비추려고 왔다.

VI. 현재의 발견

⁴⁵ 진정으로 지각하는 것은 너 자신의 실재를 알아차리는 것을 통해 *모든* 실재를 알아차리는 것이다. 하지만 그러기 위해서는 너의 눈앞에 어떤 환상도 일어나지 *말아야* 한다. *모든* 실재에는 *어떤* 잘못의 여지도 없기 때문이다. 이것은 네가 한 형제를 오로지 *지금* 보는 대로만 지각하는 것을 의미한다. 그의 과거는 현재 안에서 어떤 실재성도 갖고 있지 *않으며*, 너는 그의 과거를 볼 수 *없다*. *네가* 그 형제에게 과거에 보인 반

응들도 역시 존재하지 않는다. 네가 만약 *지금* 그것들에 반응한다면, 단지 네가 만든 네 형제의 이미지를 보면서 그것을 그 형제 *대신에* 소중히 여기는 것이다. 환상에 의문을 제기할 때, *과거에 있던 것을 지금* 지각하는 것이 *정말로* 제정신인지 자문해 보라. 네 형제를 바라보면서 과거를 기억한다면, 너는 *지금* 존재하는 실재를 지각할 수 없을 것이다.

46 너는 현재를 *판단하는* 기준으로 과거의 경험을 사용하는 것을 "자연스럽게" 여긴다. 하지만 이것은 *자연스럽지 않다.* 과거의 경험이란 망상이기 때문이다. 네가 지각한 과거가 네 형제의 것이든 너의 것이든, 모든 이를 *과거의 기준이 전혀 없이* 보는 법을 배웠을 때, 너는 네가 *지금* 보고 있는 것으로부터 배울 수 있게 된다. *네가 빛을 두려워하지 않는 한,* 과거는 그림자를 드리워 현재를 어둡게 할 수 없다. 오로지 빛을 두려워할 경우에만, 너는 그런 어둠을 네게로 가져오겠다고 선택할 것이며, 그 어둠을 네 마음 안에 붙잡아 둠으로써 그것이 네 형제들을 뒤덮어 그들의 실재를 너에게 가리는 먹구름이라고 여길 것이다.

47 *이 어둠은 네 안에 있다. 지금* 너에게 드러나 있는 그리스도에게는 과거가 전혀 없다. 그리스도는 변함이 없기 때문이다. 그리고 *그의* 변함없음 안에, *너의* 해방이 놓여 있다. 그리스도가 그가 창조된 그대로 남아있다면, 그에게는 죄가 없기 때문이다. 그리스도를 가릴 그 어떤 죄의 먹구름도 피어오르지 않았다. 그리고 그리스도는 네가 만나는 모든 이 안에 드러나 있다. 너는 *그리스도 자신*을 통해 그리스도를 보기 때문이다. 다시 태어나는 것은 *과거를 보내버리고* 현재를 정죄 없이 바라보는 것이다. 너에게 하느님의 아들을 가리는 구름이란 과거기 때문이다. 네가 만약 과거가 지나가서 *사라지게* 하고자 한다면, 과거를 *지금* 보지 말아야 한다. 망상 속에서 과거를 지금 본다면, 과거는 비록 존재하지 않을지라도 너로부터는 사라지지 *않은 것이다.*

48 네가 시간에 대한 누구의 해석을 따르는지에 따라, 시간은 가둘 수도 있고 해방할 수도 있다. 네가 과거, 현재, 미래에 연속성을 *강제하지* 않는 한, 그것들은 연속적이지 않다. 너는 그것들을 연속적이라고 지각할 수 있으며, *너 자신에게* 그렇게 만들 수도 있다. 하지만 속임수에 빠져서 시간이 *정녕 그렇다고* 믿지는 말라. 실재가 너의 용도에 따라 네가 *원하는 대로* 될 수 있다고 믿는 것은 *망상이기* 때문이다. 너는 *너 자신의 목적을 위해* 시간을 과거, 현재, 미래로 조각내서 시간의 연속성을 파괴하려고 한다. 너는 과거의 경험에 근거해 미래를 예상하고, 그에 따라 미래를 위한 계획을 세

우려고 한다. 하지만 그렇게 함으로써 너는 과거와 미래를 일렬로 늘어놓아서, *그 사이에 끼어들 수도 있는* 기적이 너를 풀어주어 다시 태어나게 하도록 허락하지 않는 것이다.

⁴⁹ 기적은 네가 네 형제를 그의 과거 *없이* 봄으로써 *그를* 다시 태어난 자로 지각할 수 있게 해준다. 그의 잘못은 모두 *지나갔으며*, 너는 그를 그의 잘못 없이 지각함으로써 *해방하는* 것이다. 그리고 그의 과거는 *너의* 것이므로, 너는 이러한 해방을 *공유한다*. *너의* 과거에서 온 어떤 먹구름도 너에게서 그를 가리게 하지 말라. 진리는 오로지 현재 안에 있기 때문이다. 그리고 네가 만약 진리를 현재 안에서 구한다면, 진리를 발견할 것이다. 너는 그동안 진리가 *없는* 곳에서 진리를 구했으며, 따라서 진리를 발견하지 못했다. 그렇다면 이제 진리가 *있는* 곳에서 진리를 구하는 법을 배워라. 그러면 보는 눈앞에 진리가 명백히 드러날 것이다. 너의 과거는 분노 속에서 만들어졌다. 그리고 네가 만약 현재를 공격하기 위해 과거를 사용한다면, 현재가 지닌 자유를 *보지 못*할 것이다. 판단과 정죄는 너의 *뒤에* 있다. 너 자신이 그것들을 네 곁으로 가져오지 않는 한, 네가 정녕 그것들에서 자유로움을 알게 될 것이다.

⁵⁰ 현재를 사랑스럽게 바라보라. 현재는 영원히 참인 *유일한* 것들만 지니고 있다. 모든 치유는 현재 안에 놓여있다. *현재의* 연속성은 실제기 때문이다. 현재는 의식의 모든 측면들로 *동시에* 확장하며, 그럼으로써 그것들이 *서로에게* 다가갈 수 있게 한다. 현재는 시간이 있기 전에도 있고, 시간이 더 이상 없을 때도 있을 것이다. 현재 안에, 영원한 것들이 전부 있다. 그리고 그들은 하나다. 그들의 연속성은 무시간적이며, 그들의 소통은 끊이지 않는다. 그들은 과거에 의해 분리되지 않았기 때문이다. 오로지 과거만이 그들을 분리할 수 *있지만, 과거는* 어디에도 없다.

⁵¹ 너를 네 형제들과 연합하여 *과거로부터* 해방할 빛 속에서, 현재가 너에게 네 형제들을 선사한다. 그런데 너는 과거를 들먹이며 그들을 *비난하려는가?* 만약 그렇게 한다면, 너는 존재하지도 않는 어둠 속에 남아있기로 선택하고, 너에게 제공된 빛을 받아들이기를 거부하는 것이다. 완벽한 비전의 빛은 아낌없이 받아지듯 아낌없이 주어지며, 오로지 *한계 없이만* 받아들여질 수 있기 때문이다. 변함이 없고 너의 과거 모습도 없는 이 유일하게 고요한 시간의 차원에서, 너는 그리스도를 바라보면서 그의 증인들에게 너를 비춰달라고 요청한다. *네가 그들을 불러냈기 때문이다.* 그리고 그들은 네 안의 진리를 부정하지 않을 것이다. 네가 그들 안에서 진리를 구하여 *발견했기* 때

문이다.

⁵² 지금은 구원의 시간이다. 지금이란 시간으로부터의 *해방이기* 때문이다. 너의 모든 형제들에게 다가가 그리스도의 손길로 만져라. 그들과의 무시간적인 연합에 *너의* 연속성이 있다. 그것은 온전히 공유되므로, 끊어지지 않았다. 하느님의 죄 없는 아들은 *오로지* 빛이다. 그의 내면 어느 곳에도 어둠은 없다. 그는 온전하기 때문이다. 내가 너에게 나와 결합하자고 청하듯, 너의 모든 형제들에게 하느님 아들의 온전성을 증언해 달라고 청하라. 모든 음성은 저마다 구원의 노래에서 맡은 부분이 있다. 그것은 빛을 주신 것에 대해 빛의 창조주께 불러드리는 기쁨과 감사의 찬가다. 하느님의 아들에게서 뻗어 나오는 거룩한 빛은 그의 빛이 아버지에게서 왔다는 증거다.

⁵³ 너의 창조주를 기억하여 너의 형제들을 비추어라. 너는 그분의 창조에 대한 증인들을 불러들임에 따라 그분을 기억하게 될 것이다. 네가 치유하는 자들은 *네가* 치유되었음을 증언한다. 너는 그들의 온전성 안에서 너 자신의 온전성을 볼 것이기 때문이다. *너의* 찬미와 기쁨의 노래가 너의 창조주께 올라갈 때, 그분은 너의 부름에 대한 분명한 응답으로 너의 감사를 돌려주실 것이다. 아들이 아버지를 불렀는데 응답받지 못하는 일은 결코 없기 때문이다. 너를 향한 아버지의 부르심은 곧 그분을 향한 너의 부름이다. 그리고 너는 아버지 *안에서* 그분의 평화로 응답받는다.

⁵⁴ 빛의 아이들아, 너희는 빛이 너희 안에 있음을 알지 못한다. 하지만 너희는 빛의 증인들을 통해 빛을 발견할 것이다. 너희가 그들에게 빛을 *주었기에*, 그들이 너희에게 빛을 돌려줄 것이기 때문이다. 너희가 빛 속에서 보는 모든 이는 *너희의* 빛을 너희 *자신의* 의식에 더 가까이 가져다준다. 사랑은 언제나 사랑으로 이어진다. 사랑을 요청하는 병자들은 베풀어진 사랑에 고마워하고, 기쁨에 겨워 거룩한 감사로 빛난다. 그들은 자신에게 기쁨을 준 너에게 이런 감사를 제공한다. 그들은 너를 기쁨으로 인도하는 안내자다. 그들은 너로부터 기쁨을 받고는, 그것을 간직하고자 하기 때문이다. 너는 그들을 평화로 인도하는 안내자로 확고히 세웠다. 너는 그들 안에서 평화가 드러나게 했기 때문이다. 네가 그 평화를 볼 *때*, 그 아름다움이 *너를* 집으로 불러들인다.

⁵⁵ 이 세상이 줄 수 없는 빛이 있다. 하지만 *너는* 그 빛을 줄 수 있다. 그 빛은 너에게 주어졌기 때문이다. 네가 그 빛을 주면, 그것은 환히 빛나면서 세상에서 나와 자신을 따라오라고 너를 부른다. 그 빛은 너를 이 세상의 그 무엇보다 더 매혹할 것이다. 그리고 너는 이 세상을 제쳐두고 다른 세상을 발견할 것이다. 그 다른 세상은 *네가* 준

사랑으로 찬란히 빛난다. 그곳에서, 모든 것은 너에게 아버지와 그분의 거룩한 아들에 대해 일깨워 줄 것이다. 빛은 한계가 없고, 조용한 기쁨으로 그 세상에 두루 퍼져나간다. 네가 데려온 모든 이가 너를 비추고, 너도 감사하며 그들을 비춰줄 것이다. 왜냐하면, 그들이 너를 이곳에 데려왔기 때문이다. 너의 빛은 그들의 빛과 힘을 합칠 것이며, 그 힘은 저항할 수 없도록 강력해져서, 네가 그저 바라보기만 해도 다른 이들을 어둠 밖으로 끌어낼 것이다.

56 그리스도로 깨어나는 것은, 너의 자유 의지로, 그리고 사랑의 법칙 안의 진리를 조용히 인식하여, 그 법칙을 따르는 것이다. 빛의 매력은 너를 자발적으로 끌어당길 것이며, 자발성은 *주기*로 나타난다. 너로부터 사랑을 받아들이는 자들은 네가 준 사랑에 대한 자발적인 증인이 되며, 바로 *그들이야말로 너에게* 사랑을 건네주는 자들이다. 잠들어 있을 때 너는 혼자며, 너의 의식은 너 자신에게로 좁혀져 있다. 그것이 바로 악몽을 꾸는 이유다. 너는 고립의 꿈을 꾸는데, 왜냐하면 너의 눈은 감겨 있기 때문이다. 너는 네 형제들을 *보지* 않는다. 그리고 어둠 속에서는, 네가 그들에게 준 빛을 볼 수 없다.

57 하지만 네가 잠을 잔다고 해서 사랑의 법칙이 중단되지는 않는다. 그리고 너는 그 모든 악몽들 속에서도 줄곧 사랑의 법칙을 따르면서 사랑을 충실히 주었다. 왜냐하면, 너는 혼자가 *아니었기* 때문이다. 심지어 잠 속에서도, 그리스도는 너를 줄곧 보호하면서, 네가 깨어날 때를 대비해 실재세상을 고이 간직해 두었다. 그리스도가 *너의* 이름으로 너 *대신* 선물을 주었으며, 자신이 준 선물을 *너에게도* 주었다. 하느님의 아들은 여전히 아버지처럼 사랑한다. 그는 아버지와 연속적이기에, 그에게는 아버지와 별개의 과거가 없다. 따라서 그는 결코 아버지의 증인이자 *그 자신의* 증인이기를 멈춘 적이 없다. 그는 비록 잠을 잤지만, 그리스도의 비전은 그를 떠나지 않았다. 따라서 그는 그가 결코 잠든 적이 없음을 가르쳐주는 증인들을 자신에게 불러올 수 있다.

Ⅶ. 실재세상의 달성

58 조용히 앉아 네가 보는 세상을 바라보면서, 속으로 다음과 같이 말하라:

⁵⁹ 실재세상은 이렇지 않다. 그곳에는 건물도 없고, 사람들이 홀로 떨어져 걷는 거리도 없다. 그곳에는 사람들이 필요도 없는 물건을 끝없이 사들이는 상점도 없다. 그곳은 인공조명으로 밝히지 않았으며, 밤도 찾아오지 않는다. 밝아졌다가 점점 어두워지는 낮도 없다. 상실도 없다. 그곳에서는 모든 것이 영원히 빛난다.

⁶⁰ *네가 보는 세상은 반드시 부정되어야 한다.* 그것을 보면 다른 종류의 비전을 대가로 치러야 하기 때문이다. *너는 두 세상을 전부 볼 수는 없다.* 두 세상은 각자 다른 종류의 시각을 필요로 하며, 또한 네가 무엇을 소중히 여기는지에 달려있기 때문이다. 하나의 세상을 볼 수 있다면, 그것은 네가 이미 다른 세상을 부정했기 *때문이다.* 둘 다 참일 수는 없지만, 둘 중 어느 세상이든 네가 소중히 여기는 만큼 실재적으로 보일 것이다. 하지만 두 세상의 힘은 같지 *않다.* 그것들이 실제로 너를 매혹하는 힘이 같지 않기 때문이다.

⁶¹ 너는 네가 보는 세상을 진심으로 원하지 않는다. 그 세상은 시간이 시작된 이래 줄곧 너를 실망시켰기 때문이다. 네가 지은 집들은 결코 너를 보호해 준 적이 없다. 네가 만든 길들은 너를 어디에도 데려다주지 않았으며, 네가 건설한 도시 중에 시간의 공격에 산산이 무너져 내리지 않은 것은 없다. 네가 만든 것 중에 죽음의 낙인이 찍히지 않은 것도 없다. 그 세상을 소중히 여기지 말라. 그것은 늙고 지쳤으며, 심지어 네가 만든 바로 그 순간에도 먼지로 돌아갈 태세다. 이 아픈 세상은 살아있는 세상을 만질 힘이 전혀 없다. 너는 그런 힘을 부여할 수 없었고, 그래서 슬퍼하며 그 세상으로부터 돌아서지만, *그 세상* 안에서는 그곳을 떠나 다른 세상으로 가는 길을 찾을 수 없다.

⁶² 하지만 실재세상은 심지어 여기서도 너를 만질 힘이 있다. *너는 정녕 실재세상을 사랑하기 때문이다.* 그리고 네가 사랑으로 부르는 것은 반드시 너에게 올 것이다. 사랑은 *언제나* 응답한다. 사랑은 도움을 구하는 요청을 거절할 수 없으며, 네가 만들었지만 원하지는 않는 이 이상한 세상 곳곳에서 일어나는 고통의 울부짖음을 듣지 않을 수 없기 때문이다. *네가 만든 세상이 거짓임을 배우려는 용의를 내는 것,* 이 세상을 포기하는 대신에 네가 만들지 않은 세상을 기쁘게 얻기 위해 너는 단지 이런 노력만 하면 된다.

⁶³ 네가 그동안 세상에 대해 잘못 생각한 이유는, *너 자신을* 잘못 판단했기 때문이다. 이렇게 왜곡된 기준으로부터 네가 무엇을 볼 수 *있겠는가?* 모든 비전은 *지각자로부터* 시작하는데, 그는 무엇이 참이고 무엇이 거짓인지 판단한다. 그리고 그는 자신이 거

짓이라고 판단하는 것은 *보지 않는다.* 네가 실재를 판단하고자 한다면, 실재를 볼 수 *없다.* 판단이 들어올 때마다 실재는 이미 슬그머니 빠져나가 버렸기 때문이다. 마음에 없는 것은 보이지 않는다. 네가 부정하는 것은 거기에 있어도 *인식되지* 않기 때문이다. 네가 그리스도를 알지 못할지라도 그리스도는 여전히 거기에 있다. 그리스도의 존재는 너의 인식에 의존하지 않는다. 그는 조용한 현재 속에서 너의 내면에 살면서, 네가 과거를 떠나 그가 사랑스럽게 건네주는 세상에 들어오기를 기다린다.

⁶⁴ 이 심란한 세상에 사는 자라면 누구나 주위에서 다른 세상을 어렴풋이나마 본 적이 있다. 하지만 그가 여전히 자신의 세상에 가치를 두는 한 다른 세상의 비전을 *부정할 것이며,* 자신이 사랑하지 않는 것을 사랑한다고 주장하면서 사랑이 가리키는 길을 따라가지 않을 것이다. 사랑은 너무도 기쁘게 인도한다! 너는 그리스도를 따라가면서 그가 너와 동행한다는 것을 깨닫고, 그에게서 집으로 가는 기쁜 여정을 배웠음에 기뻐할 것이다. 너는 단지 *너 자신을* 기다리고 있을 뿐이다. 이 슬픈 세상을 포기하고 너의 잘못을 하느님의 평화와 맞바꾸는 것은 단지 *너의* 뜻일 뿐이다. 그리고 그리스도는 너에게 *항상* 하느님의 뜻을 제공할 것이다. 그는 네가 하느님의 뜻을 공유한다는 것을 인식하기 때문이다.

⁶⁵ 하느님 외에는 그 무엇도 그분의 아들을 건드리지 못하며, 하느님 외에는 그 무엇도 그에게 가까이 오지 못한다는 것이 하느님의 뜻이다. 하느님의 아들은 하느님만큼이나 고통으로부터 안전하다. 하느님은 모든 것 안에서 그를 굽어살피신다. 그를 둘러싼 세상은 온통 사랑으로 빛난다. 하느님은 그를 당신 자신 안에 두셨기 때문이다. 그곳에는 고통이 없으며, 사랑이 끝도 없고 빈틈도 없이 그를 둘러싸고 있다. 그의 평화는 결코 깨질 수 없다. 그는 지극한 온전함 안에서 사랑을 바라본다. 그의 주위와 내면에는 사랑이 가득하기 때문이다. 사랑의 팔이 그를 감싸고 있음을 지각하는 순간, 그는 고통의 세상을 부정할 *수밖에* 없다. 그는 이 안전한 곳으로부터 주위를 조용히 둘러보면서, 세상이 그와 하나임을 인식한다.

⁶⁶ 하느님의 평화는 *오로지* 과거에만 너의 이해를 뛰어넘는다. 하지만 하느님의 평화는 여기에 *있으며,* 너는 그것을 *지금* 이해할 수 있다. 하느님은 당신의 아들을 영원히 사랑하시며, 아들은 아버지의 사랑을 영원히 *돌려드린다.* 실재세상이란, 온전히 참이고 온전히 *너의* 것인 이 하나를 기억하도록 너를 인도하는 길이다. 다른 모든 것은 네가 시간 속에서 너 자신에게 빌려준 것으로서, 결국 사라져 버릴 것이다. 그러나 하느

님이 당신의 아들에게 주시는 선물인 이 하나는 *언제나* 네 것이다. 너의 *유일한* 실재가 너에게 주어졌으며, 바로 그것으로써 하느님은 너를 당신과 하나로 창조하셨다.

⁶⁷ 너는 먼저 평화를 꿈꿀 것이며, 그다음에 평화로 깨어날 것이다. 네가 만든 것과 네가 원하는 것의 첫 교환은 악몽과 행복한 사랑의 꿈을 교환하는 것이다. 그러한 꿈 안에, 너의 진정한 지각이 놓여있다. 성령은 꿈의 세상을 교정하는데, 그곳에는 *모든* 지각이 놓여있기 때문이다. 앎은 교정이 필요 없다. 하지만 사랑의 꿈은 *앎*으로 이어진다. 그 꿈속에서 너는 두려운 것은 아무것도 보지 않는다. 이런 까닭에, 사랑의 꿈은 네가 앎에게 *보내는* 환영 인사다. 사랑은 시간을 기다리는 것이 *아니라*, 환영 인사를 기다린다. 그리고 실재세상은 단지 네가 항상 있었던 것을 맞이하겠다는 환영 인사일 뿐이다. 따라서 그 세상 안에는 기쁨의 부름이 놓여있으며, 너는 네가 잃어버리지 않은 것으로 깨어남으로써 기쁘게 응답한다. 그러니 아버지의 가장 거룩한 아들의 완벽한 제정신에 대해, 아버지를 찬양하라.

⁶⁸ 아버지는 너에게 아무것도 필요 없음을 아신다. 천국에서는 이것이 정녕 그러하다. 영원 속에서, 너에게 과연 무엇이 필요할 수 있겠는가? *너의* 세상에서, 너는 정녕 이것저것을 필요로 한다. 그것은 결핍의 세상이기 때문이다. 그리고 너 자신이 그런 세상에 있다고 보는 *이유*는, 네가 결핍되어 있기 *때문이다*. 하지만 과연 네가 그런 세상에서 너 자신을 발견할 수 있겠는가? 성령이 없다면, 그 대답은 "아니요."일 것이다. 하지만 성령이 있기에, 그 대답은 기쁨에 넘치는 *"예!"*다. 두 세상의 중재자인 성령은 너에게 무엇이 필요한지, 무엇이 너를 해치지 않을 것인지 안다. 소유권이라는 개념은, 그것이 너에게 맡겨진다면, 위험한 개념이다. 에고는 구원을 위해 이것저것을 *소유하*고 싶어 한다. 소유는 에고의 법칙이기 때문이다. 자기 *자신*을 위해 소유하는 것이 에고의 근본적인 신조며, 에고가 자신에게 지어 바친 교회의 근본적인 초석이다. 에고는 너에게 획득해 오라고 명한 것을 *전부 자신의* 제단에 바칠 것을 요구하면서, 너에게는 그것들로 인한 기쁨을 아무것도 남겨주지 않는다.

⁶⁹ 에고가 너에게 필요하다고 말해주는 것은 전부 너를 해칠 것이다. 에고는 비록 너에게 다시 또다시 *획득해* 오라고 채근하지만, 너에게는 아무것도 남겨주지 않는다. 에고는 네가 획득해 온 것을 자신에게 *달라고 요구*할 것이기 때문이다. 심지어 에고는 그것을 움켜쥔 바로 그 손에서 그것을 빼앗아 먼지로 던져버릴 것이다. 에고는 자신이 구원을 보는 곳에서 *분리*를 보기 때문이다. 따라서 너는 에고의 이름으로 획득한 것은

무엇이든 다 잃는다. 그러니 너에게 무엇이 필요한지 너 자신에게 묻지 말라. *너는 알지 못하며*, 너 자신에게 주는 조언은 반드시 너를 해칠 것이다. 네가 필요하다고 생각하는 것은 너의 세상을 더욱 결속하여 빛을 *차단하고*, 이 세상이 실제로 너에게 어떤 가치가 있는지 질문하기를 꺼리게 만든다.

70 오로지 성령만이 너에게 무엇이 필요한지 *안다*. 성령은 빛으로 가는 길을 가로막지 않을 모든 것을 너에게 줄 것이다. 너에게 다른 무엇이 필요할 수 *있겠는가?* 시간 안에서 성령은 네가 가질 필요가 있는 모든 것을 주고, 네가 그것들을 필요로 하는 한 다시 채워줄 것이다. 성령은 너에게 조금이라도 필요한 것은 *아무것도* 빼앗지 않을 것이다. 하지만 성령은, 네가 필요로 하는 것들은 전부 일시적이며, 네가 너의 *모든* 필요에서 물러나 그 모든 것이 *이미 채워졌음*을 배울 때까지만 지속된다는 것을 안다. 따라서 성령은 그가 제공하는 것을 네가 시간 안에서 더 머물려고 사용하지 않도록 확실히 해두는 것 외에는, 그것들에 마음을 쓰지 않는다. 성령은 네가 시간 안에서는 집에 있지 않음을 알며, 너의 기쁜 귀향을 미룰 뜻이 없다.

71 그러니 너에게 필요한 것들을 성령께 맡겨라. 그는 그것들을 전혀 강조하지 않으면서 채워줄 것이다. 성령에게서 오는 것은 안전하게 온다. 성령은 그것이 너의 마음에 감춰져서 너를 해치는 어두운 오점이 되지 않도록 확실히 해둘 것이기 때문이다. 성령의 안내 아래, 너는 가볍게 여행하고 가볍게 여정을 밟아나갈 것이다. 성령의 시각은 항상 그의 목표인 여정의 종착점에 고정되어 있기 때문이다. 하느님의 아들은 *바깥* 세상들을 돌아다니는 여행자가 아니다. 그의 지각이 아무리 거룩하게 되더라도, 그의 바깥에 있는 어떤 세상에도 그의 유산은 없다. 자신 안에서, 그는 아무것도 필요하지 않다. 빛은 다만 평화롭게 빛나면서, 빛줄기들이 자신으로부터 무한으로 조용히 뻗어나가도록 허용하는 것 외에는 아무것도 필요 없기 때문이다.

72 빛에서 *멀어지게* 하는 어리석은 여정에 나서려는 유혹을 느낄 때마다, 네가 정말로 원하는 것이 무엇인지 기억하고 다음과 같이 말하라:

> 73 성령이 나를 그리스도에게 인도하거늘,
> 내가 다른 어디로 가겠는가?
> 그리스도 안에서 깨어나는 것 외에,
> 내가 어떤 필요를 가지고 있겠는가?

⁷⁴ 그런 다음 네 마음의 평화로 가는 길에 세상이 설치한 그 모든 위험한 장애물을 뚫고 성령이 너를 안전하게 인도할 것임을 신뢰하면서, 기쁘게 성령을 따르라. 희생의 제단 앞에 무릎 꿇지 말고, 틀림없이 잃을 것을 구하지 말라. 네가 틀림없이 *간직할* 것에 만족하고, 불안해하지 말라. 너는 하느님의 평화로 가는 조용한 여정을 밟고 있으며, 하느님은 네가 그곳에서 조용히 있기를 원하시기 때문이다.

⁷⁵ 너를 저지하려는 *모든* 유혹을, 너는 이미 내 안에서 이겨냈다. 우리는 하느님의 선물인 조용함에 이르는 길을 함께 걷고 있다. 나를 소중히 대하라. 너에게 네 형제들 외에 무엇이 필요할 수 *있겠는가?* 우리는 우리가 *함께* 찾아야 하는 마음의 평화를 너에게 회복해 줄 것이다. 성령은 너를 가르쳐서, 우리와 너 자신에게로 깨어나게 할 것이다. 이것이 바로 시간 안에서 충족되어야 할 유일하게 *진정한* 필요다. *세상으로부터의* 구원은 오로지 이것에 놓여있다. 나의 평화를 너에게 *주노라.* 세상이 단지 빼앗아 가려고 준 모든 것 대신에, 나에게서 이 평화를 기쁘게 가져가라. 우리는 그 평화를 세상의 슬픈 얼굴 위에 빛의 베일처럼 펼쳐서, 그 안에 형제들을 *세상으로부터* 감추고, 세상을 형제들로부터 감출 것이다.

⁷⁶ 우리는 구원의 찬가를 홀로 부를 수 없다. 내가 나의 음성과 더불어 모든 음성을 높이 돋우기 전에는, 나의 임무는 완성된 것이 아니다. 하지만 그 노래는 나의 것이 *아니다.* 그것은 내가 너에게 주는 선물이듯, 아버지가 당신의 *영*을 통해 나에게 주신 선물이었기 때문이다. 그 노랫소리는 하느님의 가장 거룩한 아들의 마음에서 슬픔을 몰아낼 것이다. 슬픔은 그곳에 머물러 살 수 없다. 시간 안에서는 정녕 치유가 필요하다. 슬픔이 머무는 곳에는 기쁨이 자신의 영원한 통치를 확립할 수 없기 때문이다. 너는 이곳이 아닌 영원 속에 머물러 산다. 너는 집에 안전하게 있으면서 단지 꿈속에서만 여행하고 있을 뿐이다. 네가 너를 *기억하는* 법을 가르친 너의 모든 부분들에게 감사하라. 그럼으로써 하느님의 아들은 자신의 순수함에 대해 아버지께 감사드리게 된다.

제13장

지각에서 앎으로

I. 서문

¹ 모든 치료는 과거에서 해방되는 것이다. 이것이 바로 성령이 유일한 치료사인 까닭이다. 성령은 과거가 존재하지 않음을 가르치는데, 이것은 앎의 영역에 속하므로 이 세상 그 누구도 알지 못하는 사실이다. 이런 앎을 가지고 세상에 *있기란* 정녕 불가능할 것이다. 이것을 명확하게 아는 마음은 또한 자신이 영원 안에 살고 있다는 것도 알며, 지각을 전혀 사용하지 않는다. 따라서 그 마음은 자신이 어디에 있는지 개의치 않는다. 그 마음에게 "어디"라는 개념은 아무런 의미도 없기 때문이다. 그 마음은 자신이 *모든 것을 가졌듯이* 모든 곳에 존재함을, 그리고 *영원히* 존재함을 안다.

² 다음의 내용을 숙고한다면, 지각과 앎의 진짜 차이가 분명해진다: 앎에는 부분적인 것이 전혀 없다. 모든 측면이 온전하며, 따라서 어떤 측면도 분리되어 있지 않다. *너는* 앎의 한 측면으로서, 너를 *아시는* 하느님의 마음 안에 있다. 모든 앎은 네 것일 수밖에 없다. 네 안에는 정녕 모든 앎이 있기 때문이다. 가장 높은 수준의 지각도 결코 완전하지 않다. 지각이 도달할 수 있는 한 가장 완벽한 상태인 성령의 지각조차 천국에서는 아무런 의미도 없다. 지각은 성령의 안내 아래 어디든 도달할 수 있다. 그리스도의 비전은 모든 것을 빛 속에서 보기 때문이다. 하지만 아무리 거룩한 지각이라도 영원히 지속되지는 않을 것이다.

II. 치유의 역할

³ 그렇다면 완벽한 지각은 앎과 많은 공통 요소가 있어서, 앎으로의 전이가 가능하다. 하지만 마지막 단계는 하느님이 취하셔야 한다. 너의 구원에서 마지막 단계는 미래에 있는 듯이 보이지만, 너의 창조 시에 이미 하느님에 의해 성취되었기 때문이다. 분리는 너의 창조를 중단시키지 못했다. 창조는 정녕 중단될 수 없다. 분리란 단지 실재를 그릇되게 표현한 것일 뿐, 아무런 결과도 없다. 기적은 천국에서는 기능이 없지만, 여기서는 정녕 필요하다. 실재의 측면들은 여전히 보일 수 있고, 그들은 *비실재의* 측면들을 대체할 것이다. 실재의 측면들은 모든 것과 모든 곳에서 보일 수 있다. 하지만 오로지 하느님만이 영원이라는 마지막 선물로 그들에게 하나의 왕관을 씌우셔서,

그들을 모아들이실 수 있다.

⁴ 아버지와 아들을 떠나서는, 성령에게는 아무런 기능도 없다. 성령은 둘 중 누구와 도 분리되어 있지 않다. 성령은 그들 모두의 마음 안에 존재하면서, 마음은 하나임을 알기 때문이다. 성령은 하느님의 **생각**이며, 하느님은 공유하지 않는 **생각**을 전혀 갖 고 있지 않으시므로, 너에게 성령을 주셨다. 성령의 메시지는 시간 안에서 무시간성 에 대해 말한다. 이것이 바로 그리스도의 비전이 모든 것을 사랑으로 보는 이유다. 하 지만 그리스도의 비전조차 그의 실재가 아니다. 그리스도의 사랑스러운 눈길을 받아 빛으로 솟아오르는 실재의 금빛 측면들은 그들 *너머의* 천국을 부분적으로 얼핏 보여 줄 뿐이다.

⁵ *창조는 영원히 하나라는 사실*, 이것이 바로 창조의 기적이다. 네가 하느님의 아들 에게 베푸는 모든 기적은 단지 전체의 한 측면에 대한 진정한 지각일 뿐이다. 비록 각 측면이 정녕 전체기는 하지만, 너는 각 측면이 모두 똑같음을 깨달을 때까지 이것을 알 수 없다. 그 측면들은 모두 똑같은 빛 안에서 지각되며, *따라서* 하나다. 네가 이렇 게 과거 *없이* 보는 모든 이는, 치유되고 치유하는 시각을 어둠 속에 가져와 세상이 볼 수 있게 함으로써, 너를 시간의 종착점에 더욱 가까이 데려다준다. 이곳에서조차 그 리스도의 비전이 가능하려면 어두워진 세상으로 빛이 들어와야 한다. 어둠 속을 방 황하고 있다고 생각하는 모든 이에게 그리스도가 빛의 선물을 줄 수 있도록, 그리스 도를 도와라. 그리하여 그리스도가 그들을 자신의 조용한 눈길 아래 모아들여 하나로 만들게 하라.

⁶ 그들은 모두 똑같다. 모두가 아름다우며, 그 거룩함에 있어서 동등하다. 그들이 그 리스도에게 주어졌듯이, 그리스도는 그들을 아버지께 드릴 것이다. 오로지 *하나의* 실 재만 있듯이, 오로지 *하나의* 기적만 있다. 네가 보는 실재의 모든 측면들이 하느님의 유일한 실재 안으로 조용히 섞여 들어가듯이, 네가 행하는 모든 기적은 그들을 모두 포함한다. 이제껏 존재한 유일한 기적은 바로 하느님의 가장 거룩한 아들로서, 그는 그의 아버지신 유일한 실재 안에서 창조되었다. 그리스도의 비전은 그리스도가 너에 게 준 선물이다. 그리스도의 **존재**는 아버지가 그리스도에게 주신 선물이다.

⁷ 치유에 만족하라. 너는 정녕 그리스도의 선물을 선사할 수 *있기* 때문이다. 너는 아 버지의 선물을 잃을 수 *없다*. 그리스도의 선물을 모든 이에게, 그리고 모든 곳에 베풀 라. 성령을 통해 하느님의 아들에게 베푼 기적은 너를 실재의 가락에 맞춰주기 때문

이다. 성령은 네가 구원에서 맡은 역할을 알며, 누가 너를 찾고 있고 그들을 어디에서 찾아낼지 안다. 앎은 너의 개인적인 관심사 저 너머에 있다. 앎의 일부자 전부인 너는 단지, 앎이 네가 *아닌* 아버지에게서 온 것임을 깨닫기만 하면 된다. 너희가 구원에서 맡은 역할은 너희 마음 안에 앎의 하나인 상태를 재확립함으로써, 너희를 앎으로 인도한다.

⁸ 네 형제들을 너 자신으로 보게 되었을 때, 너는 앎으로 놓여날 것이다. 그것은 자유를 아는 성령께 너 자신을 자유롭게 풀어주는 법을 배운 것이기 때문이다. 성령의 가르침이 내건 거룩한 깃발 아래에서, 나와 연합하라. 그러면 우리의 힘이 강해짐에 따라, 하느님 아들의 권능이 우리 안으로 옮겨 들어올 것이다. 그리고 우리는 그 누구도 그냥 지나치거나 홀로 남겨두지 않을 것이다. 그리고 갑자기 시간이 끝날 것이며, 우리는 모두 하느님 아버지의 영원 안에서 연합할 것이다. 네가 네 형제들에게 기적을 베풀 때마다, 너의 바깥에서 보았던 거룩한 빛이 너에게 *되돌아올* 것이다. 그리고 너의 창조물들은 그 빛이 네 *안에* 있음을 알기에, 네가 너의 아버지 안에 있듯이 너와 함께 그곳에 있을 것이다.

⁹ 이 세상에서 기적이 너를 네 형제들과 결합하듯, 천국에서 너의 창조물들은 너의 부성을 확립한다. *너희는* 정녕 하느님의 부성을 증언하는 증인들이며, 하느님은 너희에게 천국에서 너희의 부성에 대한 증인들을 창조할 권능을 주셨다. 하느님이 창조하신 기적은 완벽하다. 그것은 마치 *네가* 하느님의 이름으로 창조한 기적들이 완벽한 것과 같다. 그들에게는 치유가 필요 없으며, 네가 *그들을* 알 때 너 또한 치유가 필요 없다.

¹⁰ 하지만 이 세상에서 너의 완벽함은 증인이 없다. 하느님은 너의 완벽함을 아시지만, *너는* 모른다. 따라서 너는 너의 완벽함에 대한 하느님의 증언을 공유하지 않는다. 너는 또한 하느님을 위해 증언하지도 않는다. 왜냐하면, 실재에 대한 증언은 하나로서 이루어지기 때문이다. 하느님은 네가 당신의 아들과 당신 자신에 대해 증언하기를 기다리신다. 네가 땅에서 행하는 기적들은 천국으로, 그리고 하느님께로 들려 올라간다. 그 기적들은 네가 알지 못하는 것에 대해 증언하며, 그것들이 천국 문에 도달하면 하느님이 문을 열어주신다. 하느님은 결코 사랑하는 아들을 당신과 멀리 떨어뜨려 천국 문 바깥에 두지 않으시기 때문이다.

Ⅲ. 죄의식의 그림자

11 죄의식은 아버지를 가리는 유일한 것으로 남아있다. 죄의식은 곧 아들에 대한 공격이기 때문이다. 죄의식을 느끼는 자들은 *항상* 정죄하며, 또한 그동안 그래왔기에, 앞으로도 반드시 정죄할 것이다. 그럼으로써 그들은 에고의 법칙이 그러하듯 미래를 과거에 연결한다. 이런 법칙에 충성하는 자들은 그 어떤 빛도 들어오도록 허용하지 않는다. 그것은 어둠에 충성할 것을 *요구하며*, 깨어남을 *금지하기* 때문이다. 에고의 법칙은 엄격하고, 위법 행위는 가혹하게 처벌받는다. 그러니 에고의 법칙에 복종하지 말라. 그것은 처벌의 법칙이기 때문이다. 그것을 따르는 자들은 자신에게 죄가 있다고 믿으며, 따라서 정죄할 *수밖에* 없다. 너희 자신을 자유롭게 하고자 한다면, 미래와 과거 사이에 하느님의 법칙이 들어와야 한다. 속죄는 미래와 과거 사이에서 너무도 밝게 빛나는 등불처럼 서있기에, 너희가 너희 자신을 묶어둔 어둠의 사슬이 사라질 것이다.

12 죄의식에서 해방되는 것은 곧 에고를 완전히 무효화하는 것이다. *그 누구도 두려워하게 만들지 말라.* 그의 죄의식은 곧 너의 죄의식이며, 너는 에고의 가혹한 계명에 복종함으로써 에고의 정죄를 자초하는 것이기 때문이다. 너는 에고가 그 계명에 복종하는 자들에게 내리는 처벌에서 벗어날 수 없을 것이다. 에고는 자신에 대한 충성을 고통으로 보상해 준다. 에고를 믿겠다는 결정 자체가 고통이기 때문이다. 믿겠다는 결정은 그런 결정의 대상인 믿음의 측면에서만 보상을 받을 수 있다. 믿겠다는 결정은 믿음의 힘을 *만들어낸다.* 네가 무엇을 믿겠다고 결정했는지에 따라, 그 결정에 대한 보상이 정해진다. 너는 *항상* 보물처럼 귀히 여기는 것을 믿겠다고 결정하며, 네가 보물처럼 귀히 여기는 것이 정녕 너에게 돌아오기 때문이다.

13 세상은 네가 세상에게 준 것만을 너에게 줄 수 있다. 세상은 단지 너 자신의 투사물에 불과하기에, 네가 그 안에서 찾아내서 믿겠다고 결정한 것들을 제외하고는 아무런 의미도 갖고 있지 않기 때문이다. 어둠을 믿겠다고 결정한다면, 너는 보지 *못하게* 될 것이다. 너의 결정은 네가 어둠에게 준 대로 보상받을 것이기 때문이다. 너는 너의 보물을 받아들일 것이며, 네가 만약 과거를 믿겠다고 결정한다면, 미래는 반드시 과거와 같을 것이다. 네가 무엇을 소중히 여기든, 너는 그것을 *네* 것이라고 생각한다. *가치를 매기는* 너의 힘이 그것을 그렇게 만들 것이다.

¹⁴ 속죄는 네가 소중히 여기는 모든 것을 재평가한다. 속죄는 성령이 거짓된 것과 참된 것을 분리하는 수단이기 때문이다. 너는 그것들을 *구별 없이* 마음에 받아들였다. 그러므로 너는 둘 중 하나 없이는 다른 하나에 가치를 둘 수 없고, 죄를 결백함만큼이나 참이라고 여긴다. 네가 하느님의 아들이 무죄임을 믿지 않는 이유는, 너는 과거를 볼 뿐, 그는 보지 않기 때문이다. 어떤 형제를 정죄할 때, 너는 "죄가 있던 나는 계속 그렇게 *남아있기로* 선택한다."라고 말하는 것이다. 너는 *그의* 자유를 부정했으며, 그럼으로써 *너의* 자유에 대한 증인을 부정했다. 너는 마찬가지로 쉽게 그를 과거에서 *해방하고*, 그를 과거에 묶어둔 죄의식의 구름을 그의 마음에서 걷어버릴 수도 있었다. 그리고 *그가* 자유롭게 풀려남으로써 너 *자신도* 자유롭게 풀려날 수 있었다.

¹⁵ 형제의 죄의식을 그에게 덮어씌우지 말라. 그는 자신이 *너에게* 그렇게 했다고 은밀하게 생각하여 죄의식을 느끼고 있기 때문이다. 그런데도 그에게 그의 망상이 *옳다고* 가르치려는가? 하느님의 죄 없는 아들이 자기 자신을 공격하여 유죄로 *만들* 수 있다는 아이디어는 정신 이상이다. 그 누구 안에서든, 그 *어떤* 형식으로든, 이것을 믿지 말라. 죄와 정죄는 같은 것이며, 둘 중 하나를 믿는 것은 다른 하나를 믿겠다는 결정으로서, 사랑 *대신에* 처벌을 요구하기 때문이다. 그 무엇도 정신 이상을 정당화할 수 *없다.* 그리고 너 자신에게 처벌을 요구하는 것은 *분명* 정신 이상이다.

¹⁶ 그러니 그 누구도 죄 있다고 보지 말라. 그러면 너는 죄 없음의 진리를 *너 자신에게* 확증하게 된다. 네가 하느님의 아들을 정죄할 때마다, 너 *자신의* 죄에 대해 유죄 판결을 내리는 것이다. 성령이 너를 유죄 판결에서 자유롭게 풀어주도록 하고 싶다면, 그가 너의 모든 형제들에게 제공하는 속죄를 받아들여라. 그럼으로써 너는 속죄가 *너에게도* 해당되는 것임을 배우게 된다. 하느님의 아들을 *부분적으로* 정죄하는 것은 불가능하다. 이를 항상 기억하라. 네가 죄 있다고 보는 이들은 *네* 안의 죄에 대한 증인들이 된다. 그리고 너는 네 안에서 죄를 볼 것이다. 죄는 무효화되기 전까지는 네 안에 *있기* 때문이다. 죄는 *항상 그 자신을* 정죄한 너 자신의 마음 안에 있다. 그것을 투사하지 말라. 네가 죄를 투사하는 한, 죄는 무효화될 수 *없기* 때문이다. 네가 모든 이를 죄에서 해방함에 따라 천국에는 큰 기쁨이 넘쳐나고, 너의 부성에 대한 증인들이 크게 기뻐한다.

¹⁷ 죄의식은 너를 눈멀게 한다. 네가 내면에서 단 한 점의 죄라도 보는 한, 빛을 보지 *않을* 것이기 때문이다. 그리고 너는 죄를 투사할 것이며, 그러면 *세상은* 너의 죄로 뒤

덮인 어두운 곳으로 보이게 된다. 너는 세상 위로 시커먼 장막을 던져놓았고, 이제 세상을 볼 수 없게 되었다. *왜냐하면 너는 내면을 볼 수 없기 때문이다.* 너는 내면에서 보게 될 것을 두려워하지만, 그것은 거기에 *없다. 네가 두려워하는 그것은 사라졌다.* 네가 만약 내면으로 눈을 돌린다면, 그곳에서 오로지 속죄만을 볼 것이다. 속죄는 아버지께 바치는 제단 위에서 조용하고 평화롭게 빛나고 있다.

¹⁸ 내면을 바라보기를 두려워하지 말라. 에고는 네 안의 모든 것이 죄로 시커멓다고 말하면서 보지 *말라*고 명한다. 에고는 그 대신에 네 형제들에게 눈을 돌려, *그들 안에서 죄를 보라*고 명한다. 하지만 네가 계속 눈멀어 있지 않고서는, 그렇게 할 수 없다. 자신의 형제들에게 어둠을 뒤집어씌우고는 그들을 어둠 속에 있는 죄인이라고 보는 자는, 너무도 두려워져서 내면의 빛을 바라볼 수 없기 때문이다. *네가* 너의 내면에 있다고 믿고, 그렇게 믿기로 결정한 그것은 거기에 없다.

¹⁹ 너의 내면에는 너에 대한 아버지의 완벽한 믿음을 보여주는 거룩한 징표가 있다. 아버지는 너의 가치를 너처럼 매기지 않으신다. 아버지는 당신 자신을 아시고, *네 안의 진리도 아신다. 아버지는 *거기에 아무런 차이도 없음*을 아신다. 아버지는 차이에 대해 알지 못하시기 때문이다. 하느님이 완벽한 결백함이 있다고 *아시는* 곳에서 *네가* 죄를 볼 수 있겠는가? 너는 하느님의 앎을 *부정할* 수는 있지만, 그것을 *바꿀* 수는 없다. 그러니 하느님이 네 안에 놓아두신 빛을 바라보고, 네가 거기에 있다고 두려워한 것은 이미 사랑으로 대체되었음을 배워라.

Ⅳ. 해방과 회복

²⁰ 마음은 고통의 근원이 없는 곳에서 고통의 근원을 볼 수 있다. 너는 이러한 개념에 익숙하다. 전치displacement가 하는 의심스러운 역할은 바로 네 죄의식의 *진짜* 근원을 감춰서, *그것이 정신 이상이라*는 완전한 지각을 너의 의식으로부터 *차단하는* 것이다. 전치는 항상, 네가 주의를 기울이기를 피하는 근원이 *참이고 두려울 것이라*는 환상으로 유지된다. 그렇지 않다면 너는 죄의식을, 네가 덜 두렵다고 믿은 것으로 전치하지는 않았을 것이다. 그러므로 너는 의식 아래에 있는 온갖 "근원들"을 거의 저항 없이 바라볼 용의가 있지만, 단 그 "근원들"은 그것들과 진정한 관계가 전혀 없는 보다 깊

은 근원이 아니어야 한다는 단서를 붙인다.

21 정신 이상 아이디어들은 서로 어떤 진정한 관계도 없다. 그것이 바로 그 아이디어들이 정신 이상인 *까닭이다.* 진정한 관계는 죄의식에 기초할 수 없으며, 그 관계의 순수함을 훼손하는 죄의식의 얼룩이 단 한 점도 있을 수 없다. 죄의식이 건드린 모든 관계는 단지 상대방과 죄의식 *모두*를 피할 목적으로 사용된다. 네가 그동안 이런 이상한 목적을 위해 맺은 관계들이야말로 얼마나 이상한지! 진정한 관계들은 거룩하며, 전혀 *네가* 사용할 수 있는 것이 아니다. 하지만 너는 이 사실을 잊었다. 그 관계들은 오로지 성령만이 사용할 수 있으며, 바로 이 점이야말로 그 관계들을 순수하게 *만들어주는* 것이다. 너는 *성령께* 드렸어야 할 것을 너 *자신의* 목적을 위해 먼저 차지해 버렸으며, 따라서 성령은 그것을 *너의* 해방을 위해 사용할 수 없다. *자신의* 구원을 위해 *누군가와 어떤* 식으로든 연합하고자 하는 사람이라면 그런 이상한 관계 안에서는 구원을 발견하지 못할 것이다. 그런 관계는 공유되지 않으며, 따라서 실제가 아니다.

22 어떤 형제와 연합할 때, 너의 죄의식을 그에게 덮어씌우거나, 그와 공유하거나, 그의 죄의식을 지각하려 한다면, 너는 반드시 죄의식을 느낄 것이다. 그럴 때 너는 그와 실제로 연합하는 것이 *아니며,* 따라서 그와의 관계에서 만족과 평화를 찾을 수 없을 것이다. 너는 그 관계 안에서 죄의식을 볼 것이다. 왜냐하면 너 자신이 그곳에 죄의식을 놓았기 때문이다. 죄의식에 시달리는 자들이 죄를 전치하려고 시도하는 것은 불가피하다. 그들은 죄가 있다고 정말로 믿기 때문이다. 하지만 그들은 고통에 시달리면서도 내면으로 눈을 돌려 죄의식을 *보내버리려고* 하지는 않는다. 그들은 자신이 사랑한다는 것을 알지 못하며, 사랑한다는 것이 무엇인지 이해하지도 못한다. 그들의 주된 관심사는, 자신의 통제권 *너머에* 있는 자신의 바깥에서 죄의 근원을 지각하는 것이다.

23 너 자신이 유죄기는 하지만 그 근원은 *과거에* 놓여있다고 주장할 때, 너는 안을 보고 있는 것이 *아니다.* 과거는 네 안에 있지 않다. 네가 과거와 관련짓는 괴상한 연상물들은 현재에는 아무런 의미도 없다. 하지만 너는 그것들을 너와 네 형제들 사이에 세워놓았기에, 그들과의 *진정한* 관계를 찾을 수 없게 되었다. 과거를 "해결하는" 수단으로 네 형제들을 이용하면서 네가 여전히 그를 있는 그대로 보리라고 기대할 수 있겠는가? 존재하지도 않는 문제를 해결하려고 자신의 형제를 이용하는 자는 구원을 찾을 수 없다. 너는 구원을 과거에 원한 것이 아니다. 너의 헛된 소망을 현재 위에 덧씌

우고서 *지금* 구원을 찾기를 바라려는가?

²⁴ 그러니 과거의 너로 존재하지 않겠다고 결심하라. 어떤 관계도 너 자신을 과거에 묶어두기 위해 사용하지 말고, 각각의 관계와 매일 다시 태어나라. 너 자신을 과거에서 해방하고 너의 마음을 평화로이 속죄에 맡기는 데 1분이면, 아니 더 짧은 시간이면 충분하다. 네가 아버지께 기꺼이 받아들여지고 싶듯이 모든 이를 기꺼이 받아들일 때, 너는 내면에서 아무런 죄의식도 보지 않을 것이다. 그럴 때 너는 이미 속죄를 받아들인 것이기 때문이다. 네가 죄의 꿈을 꾸면서 내면에서 속죄를 보려 하지 않는 동안에도, 속죄는 너의 내면에서 빛나고 있었다.

²⁵ *어떤* 사람이 *어떤* 행동을 하든 *그가 어떤* 식으로든 당연히 유죄라고 믿는 한, 너는 *언제라도* 속죄를 찾을 수 있는 내면으로 눈을 돌리지 않을 것이다. 죄의식에 어떤 *이유가* 있다고 믿는 한, 죄의식의 종말은 오지 않을 것이다. 죄의식은 *항상* 완전히 정신 이상이며, *아무런* 이유도 없다. 너는 이를 배워야 한다. 성령은 실재를 물리치려고 하지 않는다. 만약 *죄의식이* 실제라면, 속죄는 실제가 아닐 것이다. 속죄의 목적은 환상을 물리치는 것이지, 먼저 환상을 실재로 확립한 *다음에* 용서하는 것이 아니다.

²⁶ 성령은 너를 겁주고, 그가 너를 얼마나 무서운 *것에서* 구해줬는지 보여주려고 너의 마음 안에 환상을 간직하지 않는다. 성령이 너를 구해낸 그것은 *사라졌다.* 죄의식에 어떤 실재성도 부여하지 말고, 죄의식에는 어떤 근거도 *없음을* 보라. 성령은 하느님이 행하게 하시는 것을 행하며, 언제나 그렇게 해왔다. 성령은 분리를 보았지만, 연합에 대해 안다. 성령은 치유를 가르치지만, 창조에 대해 안다. 성령은 너로 하여금 그를 통해, 그가 보듯이 보고 그가 가르치듯이 가르치게 할 것이다. 이렇게 성령이 아는 것은 곧 네 것임에도 불구하고, 너는 그것을 알지 못한다.

²⁷ *바로 지금,* 너는 치유하고 가르침으로써 앞으로 있을 것을 *지금으로* 만들 수 있다. 하지만 그것은 아직 지금이 *아니다.* 하느님의 아들은 자신이 죄의식 속에서 길을 잃고, *밖으로부터의* 고통이 사방에서 짓누르는 어두운 세상에 홀로 있다고 믿는다. 그가 내면으로 눈을 돌려 광휘를 보았을 때, 아버지가 그를 얼마나 사랑하시는지 기억할 것이다. 그리고 그동안 아버지가 그를 사랑하지 않고 죄인으로 보신다고 생각했다는 것을 믿을 수 없을 것이다. 죄의식은 *정신 이상이며, 전적으로* 정당하지 않고 *전적으로* 근거가 없음을 깨닫는 순간, 너는 두려움 없이 속죄를 바라보고 전적으로 받아들일 것이다.

²⁸ 그동안 자기 자신을 무자비하게 대한 너는 아버지의 사랑을 기억하지 못한다. 그리고 너의 형제들을 자비 없이 바라보기에, 네가 *아버지*를 얼마나 사랑하는지 기억하지 못한다. 하지만 네가 아버지를 사랑한다는 것은 영원히 참이다. 너의 내면에서 빛나는 평화 속에는 완벽한 순수함이 있다. 그리고 너는 그 순수함 안에서 창조되었다. 네 안의 사랑스러운 진리를 바라보기를 두려워하지 말라. 너의 비전을 흐리는 죄의식의 구름을 뚫고, 어둠을 *지나쳐* 거룩한 곳을 바라보라. 그곳에서 너는 빛을 볼 것이다. 네가 아버지께 바치는 제단은 그 제단을 당신 자신께 들어올리신 아버지만큼이나 순수하다. 그 무엇도 그리스도가 너로 하여금 보게 하는 것을 막을 수 없다. 그리스도의 뜻은 그의 아버지의 뜻과 같다. 그리고 그리스도는 하느님의 모든 **아이**들에게 자비를 베풀면서 *너도* 그리하기를 원한다.

²⁹ 네가 해방되고자 하듯이 네 형제들을 죄의식에서 *해방하라*. 내면으로 눈을 돌려 사랑의 빛을 볼 수 있는 다른 방법은 없다. 하느님이 언제나 아들을 사랑하셨고 *아들이 하느님을 사랑하듯*, 그 빛은 한결같고 확실하게 빛난다. 사랑에는 죄의식이 없기에, 두려움이 없다. 언제나 아버지를 사랑한 너는 *어떤* 이유로든 내면으로 눈을 돌려 자신의 거룩함을 보기를 두려워할 수 없다. 너는 결코 네가 너라고 믿었던 너일 수 없다. 너의 죄의식에는 아무런 이유reason도 없다. *네가* 있는 하느님의 **마음** 안에는 죄의식이 없기 때문이다. 바로 이것이 이성reason이며, 바로 이것을 성령은 너에게 *회복해주고자* 한다. 그는 오로지 환상들만 제거하고, 다른 모든 것은 너로 하여금 보게 한다. 그리고 그리스도의 비전 속에서, 성령은 하느님 아들의 내면에 영원히 존재하는 완벽한 순수함을 너에게 보여줄 것이다.

³⁰ 하느님의 아들을 전부 *똑같이* 사랑하지 않는 한, 너는 그중 누구와도 *진정한* 관계를 맺을 수 없다. 사랑은 특별하지 않다. 온아들 중 *일부만* 골라내서 사랑한다면, 너의 *모든* 관계에 죄의식을 덧씌워 그것들을 실제가 아닌 관계로 만드는 것이다. 너는 오로지 하느님처럼만 사랑할 수 있다. 하느님과 다르게 사랑하려 하지 말라. 하느님의 사랑과 다른 사랑이란 *없기* 때문이다. 이것이 참임을 인식하기 전에는, 사랑이 과연 어떤 것인지 짐작도 하지 못할 것이다. 어떤 형제를 정죄하고도 자신이 하느님의 평화 속에서 죄가 없다고 볼 수 있는 자는 아무도 없다. 그가 정녕 죄 없고 평화로운데도 그렇다는 것을 보지 못한다면, 그는 정녕 망상에 빠져 자기 자신을 보지 않은 것이다. 나는 그에게 다음과 같이 말해준다:

³¹ 하느님의 아들을 보라.

그의 순수를 바라보며 고요히 있으라.

침묵 속에 그의 거룩함을 바라보고,

어떤 죄도 그를 건드린 적이 없음에 대해 그의 아버지께 감사드려라.

³² 네가 이제껏 하느님의 아들을 비난하기 위해 들이밀었던 어떤 환상도 그의 결백함을 조금도 건드리지 못했다. 죄가 전혀 건드리지 못했고 온전히 사랑하는 그의 빛나는 순수가 너의 내면에서 찬란히 빛난다. 우리 함께 그를 바라보고 사랑하자. 그에 대한 우리의 사랑에 너의 죄 없음이 있기 때문이다. 다만 너 자신을 바라보라. 그러면 네가 보는 것에 대한 기쁨과 감사가 죄의식을 영원히 몰아낼 것이다. 아버지, 당신의 가장 거룩한 아들의 순수에 대해 감사드립니다. 당신은 그를 영원히 죄 없게 창조하셨습니다.

³³ 너와 마찬가지로 나의 신앙과 믿음도 내가 소중히 여기는 것에 집중되어 있다. 우리에게 다른 점이 있다면, 나는 *오로지* 하느님이 나와 함께 사랑하시는 것만을 사랑한다는 점이다. 이런 까닭에, 나는 네가 너 자신에게 매긴 가치 이상으로, 심지어는 하느님이 너에게 부여하신 가치만큼이나 너를 소중히 여긴다. 나는 하느님이 창조하신 모든 것을 사랑하며, 나의 모든 신앙과 믿음을 그들에게 바친다. 너에 대한 나의 믿음은 내가 나의 아버지께 드리는 그 모든 사랑만큼이나 강하다. 너에 대한 나의 신뢰는 한계가 없으며, 네가 내 말을 경청하지 않으리라는 두려움도 없다. 너의 사랑스러움에 대해, 그리고 네가 왕국의 온전성을 기려 나로 하여금 왕국에 선사하게 할 수많은 선물에 대해, 나는 아버지께 감사드린다. 왕국은 정녕 아버지의 것이다.

³⁴ 아버지를 아들과 하나로 만드는 너에게 찬미를! 우리가 혼자 있을 때는 전부 보잘것없지만, 함께 있을 때는 너무도 강렬한 빛으로 빛나므로, 우리 중 누구도 혼자서는 그것을 상상조차 하지 못한다. 왕국의 영광스러운 광휘 앞에서 죄의식은 녹아내려 친절함으로 변형되고, 다시는 과거의 모습으로 존재하지 않을 것이다. 네가 경험하는 모든 반응은 너무도 정화되어 아버지께 불러드리는 찬미의 송가가 될 만하다. 아버지가 창조하신 것에서 오로지 그분에 대한 찬미만을 보라. 아버지는 *너에* 대한 찬미를 결코 멈추지 않으실 것이기 때문이다. 우리는 이러한 찬미 안에서 연합하여 천국 문 앞에 서 있다. 그리고 우리는 우리의 순결함 속에서 천국에 확실히 들어갈 것이다. 하느님이

너를 사랑하신다. 그렇다면 내가 너에 대한 신앙이 없으면서 하느님을 완벽하게 사랑할 수 있겠는가?

35 죄의식이 평화를 가혹하게 유린했음을 지각한 자에게 에고가 주는 최선의 조언은, 그것을 망각과 잠, 심지어 죽음으로 다루라는 것이다. 하지만 전쟁 중인 *양자가* 모두 실제라고 믿지 않는 한, 그 누구도 자신이 갈등 속에 있고 잔혹한 전쟁으로 인해 황폐화되었다고 보지 않는다. 네가 만약 둘 다 실제라고 믿는다면, 반드시 거기에서 벗어나야 한다. 그런 전쟁은 분명 네 마음의 평화를 끝장내서 결국에는 너를 파멸시킬 것이기 때문이다. 하지만 네가 그것은 단지 실제인 힘과 *실제가 아닌* 힘 사이의 전쟁임을 깨달을 수 있다면, 너 자신을 바라보고는 거기서 너의 자유를 볼 수 있을 것이다. 스스로 아무런 의미도 없다고 지각하는 끝없는 전쟁 속에서 자신이 황폐화되고 갈가리 찢긴다고 보는 자는 아무도 없다.

36 하느님은 당신의 아들이 전쟁 중에 있기를 원하지 않으신다. 따라서 그가 지어낸 가상의 "적"은 *전혀* 실제가 아니다. 너는 *이미* 벗어난 참혹한 전쟁에서 벗어나려고 애쓰고 있을 뿐이다. 전쟁은 사라졌다. 너는 천국까지 울려 퍼지는 자유의 찬가를 들었다. 너의 해방으로 인한 즐거움과 기쁨은 하느님께 속한다. 너의 해방은 네가 만든 것이 아니기 때문이다. 하지만 너는 자유를 만들지 않았듯이 자유를 *위협할* 전쟁도 만들지 않았다. 파괴적인 것은 그 무엇도 존재한 적이 없으며, 앞으로도 존재하지 않을 것이다. 전쟁과 죄의식, 그리고 과거는 그것들이 비롯된 비실재 속으로 하나같이 사라졌다.

V. 천국에 대한 보증

37 우리 모두가 천국 안에서 연합되었을 때, 너는 여기서 가치 있게 여기는 *그 무엇도* 가치 있게 여기지 *않을 것이다*. 너는 여기서 가치 있게 여기는 그 무엇도 온전히 가치 있게 여기지 않으며, 따라서 전혀 가치 있게 여기지 않기 때문이다. 가치는 하느님이 가치를 두신 곳에 있으며, 하느님이 귀중히 여기시는 것의 가치는 전혀 판단할 수 없다. 그것의 가치는 이미 *확립되었기* 때문이다. 그것은 온전히 가치 있다. 그것은 단지 그 진가를 인정받거나 그렇지 않을 뿐이다. 그것의 가치를 부분적으로 매기는 것은

그 가치를 알지 못하는 것이다. 천국에는 하느님이 가치 있게 여기신 모든 것이 있으며, 다른 것은 아무것도 없다. 천국은 전혀 모호하지 않다. 모든 것이 분명하고 밝으며, *하나의* 반응만 불러일으킨다. 어둠도 없고 대비도 없다. 변화도 없고 중단도 없다. 그곳에 충만한 평화의 느낌은 너무도 깊어서, 이 세상의 어떤 꿈도 그것이 과연 무엇인지에 대한 흐릿한 이미지조차 가져다준 적이 없다.

³⁸ 이 세상의 그 무엇도 이런 평화를 줄 수 없다. 이 세상의 그 무엇도 온전히 공유되지 않기 때문이다. 완벽한 지각은 너에게 단지, 온전히 공유될 수 *있는* 것을 보여줄 수 있을 뿐이다. 그것은 또한 너에게, 네가 공유하지 *않음의* 결과를 여전히 기억하는 동안에도 공유의 *결과를* 보여줄 수 있다. 성령은 그 대비를 조용히 가리킨다. 성령은 네가 마침내 성령께 그 차이를 너 대신 판단하게 하여, 어떤 것이 참인지 보여주도록 허락할 것임을 알기 때문이다. 성령은 너의 최후의 심판에 대해 완벽한 믿음이 있다. 성령은 자신이 너를 *대신해* 그 심판을 할 것임을 알기 때문이다. 이를 의심하는 것은 곧 성령의 사명이 완수될 것인지 의심하는 것이다. 성령의 사명은 하느님이 주신 것인데, 어찌 완수되지 않을 수 있겠는가?

³⁹ 의심과 죄의식으로 마음이 어두워진 자여, 다음을 기억하라: 하느님은 너에게 성령을 주시고, 당신의 귀한 아들이 자기 자신에게 지운 의심과 죄의식의 흔적을 전부 제거하라는 사명을 주셨다. 이 사명이 실패한다는 것은 *불가능하다.* 하느님이 성취되기를 원하시는 것이 성취되지 못하게 할 수 있는 것은 아무것도 없다. 네가 성령의 음성에 어떤 반응을 보이든, 어떤 음성에 귀 기울이기로 선택하든, 어떤 이상한 생각을 하든, 하느님의 뜻은 *이루어졌다.* 너는 하느님이 너를 확고히 두신 평화를 *발견할 것*이다. 하느님은 당신의 마음을 바꾸지 않으시기 때문이다. 하느님은 네가 머물러 사는 평화처럼 변함없으시며, 성령은 너에게 그것에 대해 일깨워 준다.

⁴⁰ 천국에서 너는 변화와 변동을 기억하지 않을 것이다. 너는 오로지 이곳에서만 대비가 필요하다. 대비와 차이는 가르침에 필수적인 도구다. 그것들을 통해 너는 무엇을 피하고 무엇을 구할지 배우기 때문이다. 네가 이것을 배웠을 때, *모든* 차이에 대한 필요를 사라지게 하는 유일한 답을 찾을 것이다. 진리는 자신의 뜻에 따라 자신의 것에게 온다. 네가 본래 진리에 *속한다는* 것을 배웠을 때, 진리는 아무런 차이도 없이 네 위로 가볍게 흐를 것이다. *오로지* 이것만이 네가 원하는 것임을 깨닫도록 도와줄 어떤 대비도 더 이상 필요하지 않을 것이기 때문이다. 성령이 아버지께 받은 임무에 실

패할까 봐 두려워하지 말라. 하느님의 뜻은 그 무엇에 있어서도 실패할 수 *없다.*

41 하느님은 네가 천국에 있기를 뜻하시며, *너를* 천국으로부터, 혹은 *천국을* 너로부터 떼어놓을 수 있는 것은 아무것도 없다. 이 한 가지만 믿어라. 그러면 그것으로 족할 것이다. 너의 허황되기 그지없는 그릇된 지각들, 괴상한 상상들, 가장 암울한 악몽들은 전부 아무런 의미도 없다. 그것들은 하느님이 너에게 뜻하시는 평화를 이기지 못할 것이다. 성령은 너의 제정신을 회복해 줄 것이다. 정신 이상은 하느님의 뜻이 *아니기* 때문이다. 그것이 성령께 족하다면, 너에게도 족하다. 너는 하느님이 제거하고자 하시는 것을 간직하지 않을 것이다. 하느님은 너와 소통하고자 하시는데, 그것은 그 소통을 끊어버리기 때문이다. 너는 반드시 하느님의 음성을 들을 것이다.

42 하느님이 몸소 너희 안에 놓아두셔서 너희 마음을 당신의 마음과 결합하신 소통 고리는 끊길 수 *없다.* 너희는 그것이 끊기기를 *원한다고* 믿을 수 있고, 이런 믿음은 하느님이 너희와 공유하고자 하시는 달콤하고 끊임없는 소통을 아는 깊은 평화를 깨트린다. 하지만 밖으로 뻗어나가는 하느님의 채널들은 완전히 닫힐 수 없으며, 하느님과 분리될 수도 없다. 너는 평화를 갖게 될 것이다. 하느님의 뜻은 정녕 평화며, 그 평화는 여전히 하느님으로부터 너에게로 흐르기 때문이다. 너는 하느님의 평화를 *지금* 가졌다. 성령은 너에게 그 평화를 어떻게 *사용할지,* 그 평화를 투사함으로써 그것이 네 안에 있음을 어떻게 배울지 가르쳐줄 것이다.

43 하느님은 너에게 천국을 뜻하셨으며, 다른 것은 *언제까지나* 뜻하지 않으실 것이다. 성령은 *오로지* 하느님의 뜻에 대해서만 안다. 천국이 네 것이 아닐 가능성은 없다. 하느님은 확실하시며, 하느님이 뜻하시는 것은 그분만큼이나 확실하기 때문이다. 너는 구원을 배울 것이다. 너는 *어떻게 구원할지에* 대해 배울 것이기 때문이다. 성령이 너에게 가르쳐주기를 뜻하는 것에서 너 자신을 제외하는 것은 가능하지 않을 것이다. 구원은 하느님만큼이나 확실하다. 하느님의 확실성으로 족하다. 하느님의 잠든 아들의 마음을 뒤흔든 가장 어두운 악몽조차 그를 지배할 힘이 없음을 배워라. 하느님의 아들은 반드시 깨어나는 레슨을 배울 것이다. 하느님이 그를 굽어살피시며, 빛이 그를 감싸고 있다.

44 하느님은 깨어나 기뻐하라는 반가운 부름을 당신의 아들 안에 놓아두셨거늘, 그가 꿈속에서 자기 자신을 잃을 수 있겠는가? 그는 자신 안에 있는 것으로부터 *자기 자신*을 분리할 수 없다. 그의 잠은 깨어나라는 부름을 이겨낼 수 없을 것이다. 창조물이 영

원토록 변함없이 남아있을 것이듯 확실하게, 구원의 사명은 완수될 것이다. 천국을 네 것으로 만들기 위해 천국이 네 것임을 알 필요는 없다. 천국은 정녕 네 것이다. 하지만 네가 그것을 알기 위해서는, 반드시 하느님의 뜻을 *너의* 뜻으로 받아들여야 한다.

⁴⁵ 그동안 너는 진리가 아닌 것을 진리와 일치시켜야 한다고 가르치는 것을 배웠지만, 성령은 너를 *위해* 그 모든 것을 무효화하는 데 실패할 수 없다. 네가 배운 것은 에고의 일치안-致案으로서, 제정신과 평화에 일치된 너의 상태를 대체하기 위해 만들어졌다. 성령은 너를 위해 자신의 마음에 전혀 다른 일치안을 갖고 있다. 에고가 자신이 시도하는 것을 성취할 수 없을 것이 확실하듯, 성령이 그 일치안을 성취할 것은 확실하다.

⁴⁶ 실패는 에고의 것이지 하느님의 것이 *아니다*. 너는 하느님에게서 떨어져 나가 방황할 수 *없으며*, 성령이 *모든 이의* 구원을 위해 모든 이에게 제공하는 계획이 완벽하게 성취되지 않을 가능성도 전혀 없다. 너는 반드시 해방될 것이며, 너를 *위해* 창조되지도 않았고 그에 대한 보답으로 네가 창조하지도 않은 네가 만든 것들을 전혀 기억하지 않을 것이다. 네가 어떻게 *결코* 참인 적이 없던 것을 기억할 수 있으며, 언제나 참이었던 것을 기억하지 *않을* 수 있겠는가? 천국의 평화는 바로 이렇게 *오로지* 진리와만 일치하는 곳에 놓여있다.

VI. 기적의 증거

⁴⁷ 그렇다. 너는 정녕 축복받았다. 하지만 이 세상에서, 너는 그것을 모른다. 그러나 너는 그것을 배워서 아주 명확하게 볼 수단을 가졌다. 성령도 에고처럼 논리를 쉽게 잘 사용한다. 단, 성령의 결론은 정신 이상이 *아니다*. 에고가 어둠과 죽음을 명확하게 가리키듯, 성령의 결론은 정반대의 방향을 취하여 천국을 명확하게 가리킨다. 우리는 그동안 대부분의 에고 논리를 살펴보았고, 그 논리적 결론도 보았다. 그 결론을 보면서 우리는 그것이 단지 환상 속에서만 보일 수 있음을 깨달았다. 오로지 환상 속에서만, 명확해 보이는 그 결론이 명확하게 보이는 것처럼 *보이기* 때문이다. 이제 그 결론에서 눈을 돌려, 성령이 너에게 *오로지* 진리만을 대변하는 단순한 결론을 가르치기 위해 사용하는 단순한 논리를 따라가 보자.

⁴⁸ 네가 만약 축복받았는데 그 사실을 모른다면, 너는 네가 축복받았음을 *배워야* 한다. 앎은 배우는 것이 아니지만, 앎의 *조건들*은 배워서 얻어야 한다. 바로 그것들이야말로 네가 던져버린 것이기 때문이다. 너는 축복하는 법을 배울 수 *있으며*, 네가 갖지 않은 것은 줄 수 *없다*. 그러니 네가 만약 축복을 *베푼다면*, 축복은 너 자신에게 먼저 왔을 것이다. 그리고 너는 분명 축복을 네 것으로 *받아들였을* 것이다. 그렇지 않다면 네가 어떻게 축복을 줄 수 있었겠는가?

⁴⁹ 그런 까닭에, 너의 기적은 네가 축복받았다는 증거를 너에게 제공한다. 만약 네가 제공하는 것이 완전한 *용서라면*, 너는 분명 스스로 속죄를 받아들이고 네가 무죄임을 배움으로써 죄의식을 보내버렸을 것이다. 어떤 것이 너를 위해 행해졌지만 네가 그것을 모를 때, 만약 그것이 너에게 행해졌다면 네가 *행해야* 했을 일을 직접 행하지 않는 한, 그것에 대해 어떻게 배울 수 있겠는가? 부정으로 만들어졌고 아무런 방향도 없는 세상에는 진리에 대한 간접적인 증거가 필요하다. 부정하는 것은 곧 알지 *않겠다는* 결정임을 깨닫는다면, 너는 그러한 증거의 필요성을 지각할 것이다. 그러므로 세상의 논리는 무로 이어질 *수밖에* 없다. 세상의 목표 자체가 무기 때문이다.

⁵⁰ 네가 단지 꿈만 갖고 꿈만 주고 꿈으로만 존재하기로 결정한다면, 너 자신의 생각을 망각으로 인도할 *수밖에* 없다. 그리고 네가 모든 것을 갖고 모든 것을 주고 *모든 것으로* 존재하지만 이 모든 것을 *부정했다면*, 너의 사고체계는 고립되고 진리와 완전히 분리된 것이다. 이것은 정녕 미친 세상이다. 그런 세상의 정신 이상 정도가 실제로 얼마나 심각한지 과소평가하지 말라. 너의 지각 영역 중에 정신 이상이 건드리지 않은 것은 단 하나도 없다. 그리고 너에게는 너의 꿈이 *성스럽다*. 그런 까닭에 하느님은 네가 꿈을 놓아둔 너의 *내면에* 성령을 놓아두셨다.

⁵¹ 봄seeing은 항상 *바깥을* 향해 있다. 만약 너의 생각들이 전적으로 *너에게서* 나온다면, 네가 만든 사고체계는 영원히 어둡게 남아있을 것이다. 하느님 아들의 마음이 투사하는 생각들에는 그가 부여하는 모든 권능이 들어있다. 그가 하느님과 공유하는 생각들은 그의 믿음 너머에 있지만, 그가 만든 생각들은 그의 *믿음들이다*. 그리고 진리가 *아닌* 바로 *이런 생각들을*, 그는 방어하고 사랑하기로 선택했다. 그는 그 생각들을 빼앗기는 것이 아니라 포기하게 될 것이다. 그 생각들을 무효화하기 위한 근원이 그의 *내면에* 있기 때문이다. 세상 *안의* 그 무엇도 그에게, 세상의 논리가 완전히 정신 이상이며, 결국 무로 이어진다고 가르쳐주지 않는다. 하지만 이런 정신 이상 논리를

만든 그의 내면에는 성령이 있는데, 성령은 그것이 결국 무로 이어진다는 것을 *안다*. 성령은 모든 것을 알기 때문이다.

⁵² 성령이 인도하지 않는 곳으로 인도하는 모든 방향은 결국 너를 어느 곳으로도 인도하지 않을 것이다. 성령이 참이라고 아는 어떤 것을 부정하든, 너는 그것을 이미 *너 자신에게* 부정한 것이다. 따라서 성령은 너에게 그것을 부정하지 *않도록* 가르쳐야 한다. 행위doing와 마찬가지로 무효화undoing도 간접적이다. 너는 오로지 *창조하라고* 창조되었지, 보거나 행하라고 창조되지 *않았다*. 봄과 행함은 단지 살고자 하는 뜻의 간접적인 표현들로서, 그 뜻은 아버지가 너와 공유하지 않으시는 죽음과 살인의 사악한 변덕 때문에 가로막혔다. 너는 전혀 공유될 수 없는 것을 공유하라는 과제를 너 자신에게 부여했다. 그 과제를 행하는 법을 *배우는* 것이 가능하다고 생각하는 한, 너는 행하는 법을 배우는 것이 정말로 가능한 그 모든 것을 믿지 않을 것이다.

⁵³ 그러므로 성령은 네가 *결코* 배울 수 없는 것이 무엇인지 보여주는 것으로 자신의 가르침을 시작해야 한다. 성령의 *메시지*는 간접적이지 않다. 하지만 성령은 너무도 왜곡되고 복잡해져서 네가 그것은 아무런 의미도 없음을 볼 수 없는 사고체계 안으로 단순한 진리를 들여와야 한다. *성령*은 다만 그 사고체계의 토대를 보고는, 그것을 일축해 버릴 뿐이다. 그러나 너는 네가 만든 사고체계를 스스로 무효화할 수 없고 [너의 마음을 무거운 짐처럼 짓누르는 그 사고체계의 둔함에서 벗어날 수도 없기에], 그것을 *꿰뚫어* 볼 수 없다. 그 사고체계는 너를 속인다. 왜냐하면 네가 너 자신을 속이기로 선택했기 때문이다. *속기로* 선택하는 자들은 속임수에 침투해 들어와 공격하는 듯이 보이는 직접적인 접근법을 공격할 것이다.

Ⅶ. 행복한 학습자

⁵⁴ 성령은 성령의 사명을 행복하게 성취할 행복한 학습자가 필요하다. 비참함에 확고히 헌신하고 있는 너는 먼저, 네가 정녕 비참하며, 결코 행복하지 *않다는* 것을 인식해야 한다. 성령은 이런 대비 없이는 가르칠 수 없다. 왜냐하면 너는 비참함이 정녕 행복이라고 믿기 때문이다. 이로 인해 너는 너무도 심각한 혼란에 빠져서, *결코* 행할 수 없는 것을 행하는 법을 배우려고 하면서 그것을 배우지 *않는 한* 행복하지 않을 것이

라고 믿었다. 너는 이런 이상하기 짝이 없는 학습 목표의 토대가 *전혀 아무것도* 의미하지 *않음*을 깨닫지 못한다. 너에게 그것은 과연 이치에 맞는다.

⁵⁵ 무를 믿기로 결심한다면, 너는 네가 구한 "보물"을 찾을 것이다. 하지만 그것은 *이미* 무거운 짐을 진 너의 마음에 또 다른 짐을 얹는 것이다. 네가 이미 짐을 지지 않았다면 또 다른 짐을 구하지 않았으리라. 너는 무가 *가치 있다*고 믿을 것이며, 반드시 가치 있게 여길 것이다. 너에게는 작은 유리 조각 하나, 한 점의 먼지, 몸, 혹은 전쟁이 다 같은 것이다. 네가 만약 무로 만든 것 중에 *단 하나라도* 가치 있게 여긴다면, 무를 소중히 여길 수 있고 참이 아닌 것을 *참되게* 만드는 법을 배울 수 있다고 믿어버린 것이기 때문이다.

⁵⁶ 성령은 네가 있는 곳을 *보지만* 사실 너는 다른 곳에 있음을 알기에, *진리가 참이라*는 근본적인 가르침으로 단순함에 대한 레슨을 시작한다. 이것은 네가 배울 레슨들 가운데 가장 어려운 레슨이며, 궁극적으로 *유일한* 레슨이다. 뒤틀린 마음은 단순함을 아주 어려워한다. 네가 무를 가지고 만든 온갖 왜곡물들, 즉 무를 가지고 엮어낸 온갖 이상한 형식과 감정, 행위와 반응을 잘 살펴보라. 너에게는 단순한 진리보다 더 생경하고 듣기 싫은 것도 없다. 참인 것과 참이 아닌 것 사이의 대비는 *아주* 분명하다. 하지만 너는 그것을 보지 않는다.

⁵⁷ 단순하고 명백한 것은, 무를 가지고 궁전과 어의를 만들고는 자신이 그 덕분에 금관을 쓴 왕이 되었다고 믿으려는 자들에게 분명하지 않다. 성령은 이 모든 것을 보고는, 그것들은 모두 참이 아니라고 단순하게 가르친다. 자신에게 무를 가르치면서 그것이 무가 *아니라고* 스스로를 속이는 이 불행한 학습자들에게, 성령은 조용하고도 확고하게 다음과 같이 말한다:

> ⁵⁸ 진리가 참이다. 그 밖에는 아무것도 중요하지 않고, 그 밖에는 아무것도 실제가 아니며, 진리 외에는 아무것도 존재하지 않는다. 나는 너를 대신해 유일한 구분을 하나 하겠다. 너는 그 구분을 할 수 없기에, 배워야 한다. 무에 대한 너의 신앙이 너를 속이고 있다. 너의 신앙을 나에게 주면, 나는 그것이 본래 속한 거룩한 장소에 살며시 놓아둘 것이다. 너는 그곳에서 어떤 속임수도 발견하지 못하고, 오로지 단순한 진리만을 발견할 것이다. 그리고 너는 그 단순한 진리를 사랑할 것이다.

너는 그것을 이해하게 될 것이기 때문이다.

59 너와 마찬가지로, 성령은 진리를 *만들지* 않았다. 하느님과 마찬가지로, 성령은 진리가 참임을 *안다.* 성령은 진리의 빛을 어둠 속으로 가져가서 너를 비추게 한다. 그 빛이 빛남에 따라 너의 형제들이 그 빛을 보며, 그 빛이 네가 만든 것이 아님을 깨닫고는 네 안에서 *네가* 보는 것보다 더 많은 것을 본다. 그들은 그 빛이 가져다주는 레슨을 배우는 행복한 학습자가 될 것이다. 그 레슨은 그들에게, 무와 무가 만든 모든 것에서 *해방되는* 법을 가르치기 때문이다. 네가 빛을 가져다주기 전에는, 그들은 자신을 절망에 옭아맨 듯한 육중한 사슬이 무임을 보지 못한다. *네가 빛을 가져다주면,* 그들은 그 사슬이 이미 사라졌으며, 따라서 그것은 분명 무였음을 깨닫는다. 그리고 *너도* 그들과 함께 그것을 깨달을 것이다. 네가 그들에게 기쁨과 해방을 가르쳤기 *때문에,* 그들은 *너에게* 해방과 기쁨을 가르치는 교사가 될 것이다.

60 누구에게든 진리가 참임을 가르칠 때, 너는 그와 *더불어* 그것을 배운다. 따라서 너는 가장 어려워 보인 것이 가장 쉬운 것임을 배운다. 행복한 학습자가 되는 법을 배워라. 너는 *결코* 무를 모든 것으로 만드는 법을 배우지 못할 것이다. 하지만 네가 그동안 이것을 목표로 삼았음을 보고, 그것이 얼마나 어리석었는지 *인식하라.* 그 목표가 무효화되었음에 기뻐하라. 네가 그것을 단순하고 정직하게 직시한다면, 그것은 *무효화되기* 때문이다. 우리는 전에 "무에 만족하지 말라."라고 말한 적이 있다. 그동안 너는 무가 너를 만족시킬 수 있다고 믿었기 때문이다. *그것은 그렇지 않다.*

61 행복한 학습자가 되고자 한다면, 그동안 네가 배운 *모든 것*을 성령께 맡겨 너를 위해 *탈학습되게* 해야 한다. 그런 다음 진리가 참이라는 확고한 토대 위로 재빨리 주어지는 기쁜 레슨을 배우기 시작하라. 그곳에 세워지는 것은 *정녕* 참이며, 그것은 진리 위에 *세워지기* 때문이다. 배움의 우주가 아주 자애롭고 단순한 모습으로 네 앞에 활짝 펼쳐질 것이다. 진리를 눈앞에 두고, 너는 뒤돌아보지 않을 것이다.

62 행복한 학습자는 천국에서 앎의 조건을 충족하듯, 여기서는 배움의 조건을 충족한다. 이 모든 것이 너를 과거에서 해방하여 자유로 가는 길을 열어주려는 성령의 계획에 들어있다. 진리가 정녕 참이기 때문이다. 과연 다른 무엇이 존재할 수 있겠으며, 과연 다른 무엇이 존재했겠는가? 이 단순한 레슨에는 네가 영원히 잠겼다고 믿는 어두운 문을 여는 열쇠가 들어있다. 네가 이 무의 문을 *만들었으며,* 그 문 뒤에는 아무

것도 *없다*. 그 열쇠는 단지 무의 모양과 형식, 그리고 무에 대한 두려움을 밝혀서 물리치는 빛이다. 그리스도의 손에서 자유로 가는 이 열쇠를 받아들여라. 그리스도는, 어둠에 빛을 가져다주는 그의 거룩한 과업에 네가 동참할 수 있도록 그 열쇠를 너에게 준다. 네 형제들과 마찬가지로 너도, 빛이 와서 너를 이미 잠의 어둠에서 *자유로이* 풀어주었음을 깨닫지 못하기 때문이다.

⁶³ 자유 속에 있는 네 형제들을 바라보고, 그들로부터 어둠에서 *자유로워지는* 법을 배워라. 네 안의 빛이 그들을 깨울 것이며, 그들은 *너를* 잠들어 있게 내버려 두지 않을 것이다. 그리스도의 비전은 지각되는 바로 그 순간 주어진다. 모든 것이 분명한 곳에서는 모든 것이 거룩하다. 그것들의 단순성으로 인한 조용함은 설득력이 너무도 강력하여, 너는 단순한 진리를 부정하는 것은 *불가능함*을 깨달을 것이다. 왜냐하면, 그밖에는 정녕 아무것도 없기 때문이다. 하느님은 모든 곳에 계시며, 하느님의 아들은 모든 것과 더불어 하느님 안에 있다. *이것이* 참이거늘, 그가 어찌 슬픈 장송곡을 부를 수 있겠는가?

Ⅷ. 죄 없음을 위한 결정

⁶⁴ 배움은 동기에 비례할 것이다. 그리고 배우려는 동기에 대한 방해물은 너의 모든 생각하기에 대한 방해물과 정확하게 똑같은 것이다. 행복한 학습자는 배움에 대해 *죄의식*을 느낄 수 없다. 이것은 배움에 있어서 너무도 중요하므로 결코 잊지 말아야 한다. 죄의식이 없는 학습자는 아주 쉽게 배운다. 그의 생각은 자유롭기 때문이다. 하지만 이를 위해서는, 죄의식은 구원이 *아닌 방해물이며*, 유용한 기능이 전혀 없다는 인식이 필요하다.

⁶⁵ 너는 단지 죄의식guilt의 고통을 상쇄하기 위해서만 죄 없음guiltlessness을 사용하는 데 익숙할 뿐, 죄 없음이 *그 자체*로 가치 있다고 보지는 않는다. 너는 죄의식과 죄 없음이 *모두* 가치 있다고 믿으며, 각각은 다른 하나가 너에게 주지 않는 것에서 벗어나는 방법이라고 여긴다. 너는 둘 중 하나만 원하지는 않는다. 둘 다 갖지 않으면 너 자신이 온전하지 못하게 되며, 따라서 행복할 수 없다고 보기 때문이다. 하지만 너는 *오로지* 너의 죄 없음 안에서만 온전하고, 오로지 너의 죄 없음 안에서만 행복할 수 *있다*.

여기에는 갈등이 전혀 없다. 네가 *어떤* 방식으로든, 그리고 *어떤* 형식으로든 죄를 소망한다면, 너의 죄 없음의 가치에 대한 인식을 잃게 되어 그것을 시야에서 밀쳐낼 것이다.

⁶⁶ 죄의식과 타협하는 방법을 통해서는 *오로지* 죄 없음만이 완화하는 고통에서 벗어날 수 없다. 천국에서 창조가 존재이듯, 여기서 배움은 삶이다. 네가 죄의식에 굴복한다면 너의 행복에 *반하여* 결정하는 것이며, 따라서 행복해지는 *방법*을 배우지 않을 것이다. 죄의식의 고통이 너를 끌어당기는 듯이 보일 때마다, 이를 기억하라. 그러니 하느님과 그분 아들의 사랑에서 태어난 확신으로, 다음과 같이 부드럽게 말하라:

> ⁶⁷ 나는 내가 경험하는 것을 드러내겠다.
> 나는 죄가 없으며, 따라서 두려워할 것이 아무것도 없다.
> 나는 속죄를 거부했음을 증언하는 대신에
> 속죄를 받아들였음을 증언하겠다.
> 나는 나의 죄 없음을 드러내고 공유함으로써,
> 그것을 받아들이겠다.
> 나는 하느님의 평화를 그분의 아들에게 전해주겠다.

⁶⁸ 매일, 매시간, 매분, 심지어 매초마다 너는 십자가형과 부활 사이에서, 에고와 성령 사이에서 결정하고 있다. 에고로 결정하면 죄가 있다는 선택이고, 성령으로 결정하면 죄가 없다는 결정이다. 결정하는 능력이 네가 가진 모든 것이다. 네가 선택할 수 있는 *대안들*은 정해져 있다. 진리와 환상 외에 다른 대안은 없기 때문이다. 그리고 그 둘이 겹치는 부분도 없다. 그것들은 양립할 수도 *없고* 둘 다 참일 수도 *없는* 정반대의 것들이기 때문이다. 너는 죄가 있거나 죄가 없고, 묶여있거나 자유로우며, 행복하거나 불행하다.

⁶⁹ 기적은 너에게, 네가 죄 없음과 자유, 그리고 기쁨을 선택했음을 가르쳐준다. 기적은 원인이 아닌 *결과다*. 기적은 바른 선택의 자연스러운 결과로서, 죄의식에서의 자유를 선택한 데 따른 행복을 입증한다. 네가 치유를 베푸는 모든 이가 너에게 치유를 돌려준다. 네가 공격하는 모든 이는 그 공격을 이유로 너에게 원망을 품음으로써 공격을 간직하고 소중히 여긴다. 그가 실제로 너를 원망하든지 원망하지 않든지 아무런

차이도 없다. 너는 그가 너를 원망한다고 *생각할* 것이다. 이런 응보 없이는 네가 원하지 않는 것을 다른 이에게 줄 수 없다. 주기의 대가는 정녕 받기다. 그 대가는 네가 받는 응보거나, 혹은 소중하게 간직할 보물을 행복하게 구입하는 것이다.

⁷⁰ 하느님의 아들이 자기 자신에게 요구한 응보 외에는 그에게 어떤 응보도 요구된 적이 없다. 그에게 주어지는 모든 치유의 기회는 어둠을 빛으로, 두려움을 사랑으로 대체할 또 다른 기회다. 그가 그것을 거절한다면, 그 자신을 어둠에 묶어두는 것이다. 그것은 자신의 형제를 자유롭게 풀어주어 그와 함께 빛 속으로 들어가겠다는 선택을 하지 않는 것이기 때문이다. 그는 무에 힘을 *부여함으로써*, 무는 아무런 힘도 갖고 있지 않음을 배울 기쁜 기회를 내던져 버린 것이다. 그리고 그는 어둠을 물리치지 *않음으로써*, 어둠과 빛을 모두 두려워하게 되었다. 어둠은 하느님의 아들을 지배할 힘이 없음을 배우는 기쁨, 바로 이것이야말로 성령이 너에게 가르치고 있으며 *너로 하여금* 그와 함께 가르치게 하려는 행복한 레슨이다. 이 레슨을 가르치는 것은 *성령의* 기쁨이며, 또한 *너의* 기쁨이 될 것이다.

⁷¹ 이 단순한 레슨을 가르치는 방법은 단지 다음과 같다: 죄 없음이 곧 상처받을 수 없음이다. 그러니 너의 상처받을 수 없음을 모든 이에게 드러내라. 형제가 너에게 무엇을 하려 하든, 네가 해를 입을 수 있다는 믿음에서 완벽하게 자유로움을 보여줌으로써, *그가* 무죄임을 가르쳐주어라. 그는 너를 해칠 수 있는 것은 *아무것도 할 수 없다*. 너는 그가 너를 해칠 수 있다고 *생각하도록* 허락하지 않음으로써, *너 스스로* 받아들인 속죄가 또한 *그의* 것임을 가르친다. 용서할 것은 아무것도 *없다*. 그 누구도 하느님의 아들을 해칠 수 없다. 그의 죄의식은 전혀 원인이 없으며, 원인이 없기에 존재할 수 *없다*.

⁷² 하느님은 *유일한* 원인이시며, 죄의식은 하느님에게서 오지 않았다. 그 누구에게도 그가 너를 해쳤다고 가르치지 말라. 그렇게 가르친다면, 하느님에게서 오지 않은 것이 너를 지배할 힘을 *가졌다고* 너 자신에게 가르치는 것이기 때문이다. *원인이 없는 것은 존재할 수 없다*. 그것에 대해 증언하지 말고, 그런 믿음을 어떤 마음 안에서도 조장하지 말라. *마음도 하나고 원인도 하나임*을 늘 기억하라. 네가 이런 하나인 상태와의 소통을 배울 수 있는 *유일한* 방법은, 원인이 없는 것을 *부정하고* 하느님이라는 원인을 네 것으로 받아들이는 것이다. 하느님이 당신의 아들에게 주신 권능은 정녕 그의 것이다. 그가 다른 것을 바라보기로 선택한다면, 성령이 기쁘게 제공하는 그

모든 행복한 가르침 *대신에* 죄의식이라는 응보를 그 자신에게 부과할 수밖에 없다.

73 너 혼자서 결정하겠다고 결심할 때마다, 너는 파괴적으로 생각하고 있는 것이다. 그리고 그 결정은 반드시 틀릴 것이다. 그런 결정은 그것으로 이어진 결정의 개념 때문에 너를 해칠 것이다. *너 스스로, 혹은 너 혼자만을 위해* 결정할 수 있다는 말은 참이 아니다. 하느님 아들의 어떤 생각도 그 결과가 분리되어 있거나 따로 떨어져 있을 수 *없다.* 모든 결정은 온아들 *전체*를 위해 내려지며, 안과 밖을 향하며 네가 꿈꿨던 그 무엇보다 더 큰 범위에 걸쳐 영향을 끼친다. 속죄를 받아들이는 자들은 상처받을 수 *없다.* 하지만 자신이 유죄라고 생각하는 자들은 반드시 죄의식에 반응할 것이다. 그들은 죄의식이 구원이라고 생각하여, 죄의식을 보고 죄의식의 편에 서기를 거부하지 않을 것이기 때문이다. [그들은 죄의식을 증가시키는 것이 자기 *보호*라고 *믿는다.*] 그들은 또한 자신이 원하지 않는 것은 자신을 해칠 *수밖에* 없다는 단순한 사실을 이해하지 못할 것이다.

74 이 모든 일이 일어나는 이유는, 그들 자신이 *선*을 원한다는 것을 믿지 않기 때문이다. 하지만 뜻은 거룩하기 때문에 그들에게 주어졌으며, 한계를 모르는 평화처럼 자연스럽게 와서 그들에게 필요한 *모든 것*을 안겨줄 것이다. 그들의 뜻은 가치가 있는 것이라면 *무엇이든* 그들에게 제공할 것이다. 하지만 그들은 자신의 뜻을 이해하지 못하며, 따라서 성령이 *대신* 그 뜻을 조용히 이해하고는 그들이 뜻하는 것을 *준다.* 그들로서는 애쓰거나 긴장할 필요도 없고, 자신이 무엇을 원하고 필요로 하는지 혼자 결정해야 하는 불가능한 짐을 질 필요도 없다.

75 너 혼자서 결정해야 할 일은 결코 없을 것이다. 너는 도움을 빼앗기지 않았으며, 그것은 답을 *아는* 도움이다. 너에게 모든 것을 주는 성령이 모든 것을 그저 제공할 텐데, 너는 한 줌도 안 되는 하찮은 것에 만족하려는가? 그것은 너 혼자서 너 자신에게 제공할 수 있는 전부다. 성령은 결코 너에게, 하느님의 선물을 받을 자격을 갖추기 위해 무엇을 했냐고 묻지 않을 것이다. 그러니 너 스스로도 그것을 묻지 말라. 그 대신 성령의 답을 받아들여라. 하느님이 너를 *위해* 뜻하시는 모든 것을 받을 자격이 너에게 있음을, 성령은 알기 때문이다. 그가 그렇게 아낌없이, 기꺼이 주는 하느님의 선물을 피하려고 하지 말라. 그는 단지 하느님이 너를 *위해* 그에게 주신 것만을 너에게 제공한다. 네가 그것을 받을 자격이 있는지 없는지는 네가 결정할 필요가 없다. 하느님은 너에게 정녕 그런 자격이 있음을 아신다.

⁷⁶ 너는 하느님이 결정하신 것의 진실성을 부정하고, 당신의 아들에 대한 하느님의 고요하고도 확고한 평가 대신에 너 자신에 대한 초라한 평가를 놓으려는가? 하느님은 당신이 창조하신 모든 것의 완벽한 순수함에 대해 확신하신다. 이것을 흔들 수 있는 것은 아무것도 없다. 그들은 온전히 *순수하기* 때문이다. 그들에 반하여 결정하지 말라. 그들은 하느님에게서 왔기에, *분명* 참이다. *자신의 계획*을 버리고 하느님이 그들의 속죄를 위해 세우신 계획을 조용히 받아들이는 모든 마음에 평화가 머문다. 너는 구원에 대해 알지 못한다. 너는 구원을 이해하지 못하기 때문이다. 구원이 무엇이고 어디에 있는지에 대한 어떤 결정도 내리지 말고, 성령께 모든 것을 묻고 *모든 결정*을 그의 부드러운 조언에 맡겨라.

⁷⁷ 하느님은 네가 당신의 계획을 따르기를 원하시며, 그 계획을 아는 성령은 너에게 그 계획이 과연 무엇인지 가르쳐줄 수 있다. 오로지 *그의* 지혜만이 네가 그 계획을 따르도록 안내할 수 있다. 네가 혼자 내리는 모든 결정은 단지, 구원이 정녕 무엇이고 네가 *무엇에서* 구원되고자 하는지 스스로 결정하고 싶어 한다는 표시다. *모든 구원은* 죄의식에서 해방되는 것임을, 성령은 안다. 너에게 다른 "적"은 없으며, 성령은 하느님 아들의 순수함에 대한 이 이상한 왜곡에 맞서는 너의 *유일한* 친구다. 그는 너의 순결을 지켜주는 강력한 보호자다. 그리고 너의 순결이야말로 너를 자유롭게 풀어준다. 너의 순결을 너의 구름 없는 마음에게 감추는 모든 것을 무효화하기, 이것이 바로 *성령의* 결정이다.

⁷⁸ 그러니 성령을 네가 구원의 길에서 따르려는 *유일한* 안내자로 삼아라. 성령은 길을 알며, 그 길에서 너를 기꺼이 인도한다. 성령과 *함께라면*, 너는 하느님이 너를 위해 뜻하시는 것이 곧 너의 뜻임을 배우는 데 실패하지 않을 것이다. 성령의 안내가 *없다면*, 너는 홀로 안다고 생각할 것이며, 따라서 구원이 네 안에만 있다고 생각하는 그릇된 결정을 내렸듯이 확실하게 너의 평화에 *반하는* 결정을 내릴 것이다. 구원은 성령에게서 오는 것이며, 하느님은 구원을 너를 위해 성령에게 주셨다. 성령은 구원을 잊지 않았다. 성령을 잊지 말라. 그러면 성령은 너의 구원과 네 안의 하느님의 평화를 위해 모든 결정을 너 대신 내릴 것이다.

⁷⁹ 하느님이 거룩하게 창조하신 아들의 가치를 평가하려 하지 말라. 그것은 그의 아버지를 평가하고 그분에 *반하여* 판단하는 것이기 때문이다. 그리고 너는 이 세상과 천국의 그 누구도 도저히 범할 수 없는 이 가공의 범죄로 인해 죄의식을 *느낄* 것이다.

하느님의 영은 단지, 하느님의 왕좌에 자신을 대신 앉힌 "죄"는 죄의식의 근원이 *아니라*고 가르칠 뿐이다. 일어날 수 없는 일은 두려워할 만한 어떤 결과도 낳을 수 *없다*. 그는 너를 사랑하여 정신 이상 밖으로 인도하고자 한다. 그러니 그에 대한 믿음 속에서 잠잠하여라. 광기가 너의 선택일 수는 있지만, 그것이 너의 실재는 *아니다*. 하느님의 사랑을 결코 잊지 말라. 하느님은 너를 이미 기억하셨다. 하느님이 당신의 아들로 하여금 당신의 자애로운 마음에서 떨어져 나가게 하는 것은 불가능하기 때문이다. 그곳은 그가 창조된 곳이며, 완벽한 평화 속에 영원히 그의 거처로 정해진 곳이다.

⁸⁰ 성령께 단지 "저를 위해 결정해 주소서."라고 말하라. 그러면 그렇게 된다. 그의 결정은 하느님이 너에 대해 *아시*는 것을 반영하며, 이런 관점에서는 *어떤* 잘못도 불가능하게 되기 때문이다. 성령이 너를 *위해* 내리는 모든 결정 뒤에 모든 앎이 있거늘, 도대체 왜 네가 알 수 *없는* 모든 것을 예상하느라 그렇게도 미친 듯이 몸부림치는가? 성령의 지혜와 사랑에 대해 배우고, 어둠 속에서 몸부림치는 모든 이에게 성령의 답을 가르쳐라. 너는 그들은 물론 너 자신을 위해서도 결정하기 때문이다.

⁸¹ 모든 이에게 똑같은 사랑을 똑같이 주는 성령을 통해 모든 일을 결정하는 것은 얼마나 은혜로운 일인지! 성령은 그 누구도 너 자신의 *바깥에*, 너 *없이* 홀로 있게 하지 않는다. 따라서 성령은 너에게 너의 것을 준다. 아버지는 네가 그것을 성령과 공유하기를 원하시기 때문이다. 모든 것에서 성령의 인도를 받되, 다시 생각하지 말라. 성령은 그 결정으로 어떻게든 영향을 받을 모든 이를 사랑하여 신속하고 확실하게 답할 것이다. 이를 신뢰하라. 그리고 과연 모든 이가 영향을 받을 것이다. 무엇이 모든 이에게 오로지 선한 것만 가져다줄 수 있는지 결정하는 유일한 책임을 네가 떠맡으려는가? 네가 그것을 알겠는가?

⁸² 너는 너의 창조주와 소통하지 않는 아주 부자연스러운 습관을 너 자신에게 가르쳤다. 하지만 너는 여전히 그분과 긴밀히 소통하고 있으며, 네 안에 있듯이 그분 안에도 있는 모든 것과도 긴밀히 소통하고 있다. 성령의 자애로운 안내를 받아 고립을 *탈학습*하고, 네가 던져버렸지만 잃을 수 없었던 그 모든 행복한 소통에 대해 배워라.

⁸³ 무엇을 해야 할지 의심이 들 때마다, 네 안에 있는 성령의 **현존**을 생각하면서 속으로 *단지* 다음과 같이 말하라:

⁸⁴ 성령은 나를 인도하며, 내가 알지 못하는 길을 안다.

하지만 성령은 나에게 가르쳐주려는 것을 결코 감추지 않을 것이다. 따라서 그는 나를 위해 알고 있는 모든 것을 나에게 전해줄 것이다. 나는 이를 신뢰한다.

85 그런 다음 성령으로 하여금 *이미* 존재하는 너의 죄 없음을 어떻게 지각할 수 있는지 조용히 가르쳐주게 하라.

IX. 구원의 길

86 네가 어떤 형제의 죄 없음을 받아들일 때, 너는 그의 내면에서 속죄를 볼 것이다. 너는 그의 내면에서 속죄를 선포함으로써 속죄를 *네* 것으로 만들며, 반드시 네가 구한 것을 볼 것이기 때문이다. 네가 여전히 네 형제 안에 죄 없음이 없다고 믿는 동안은, 그의 내면에서 빛나는 그의 죄 없음의 상징을 보지 못할 것이다. *네 형제의* 죄 없음이 곧 *너의* 속죄다. 그의 죄 없음을 인정해 주어라. 그러면 너는 네가 인정한 것의 진리를 볼 것이다. 하지만 진리는 *먼저first* 제공되어야 받아들여질 수 있다. 하느님조차 먼저 진리를 당신의 아들에게 주셨듯이 말이다. 시간 안에서 **첫째**the first는 아무것도 의미하지 않지만, 영원 안에서 **첫째**the First는 하느님 아버지시다. 하느님은 **첫째**인 동시에 **하나**One시다. **첫째** 너머에는 아무것도 없다. 거기에는 순서도 없고, 둘째도 셋째도 없으며, *오로지* **첫째**만 있기 때문이다.

87 본래 **첫째** 원인에 속하며, 하느님에 의해, 하느님 자신께, 하느님의 일부로 창조된 너는 단지 죄 없는 정도 이상이다. 죄 없음의 상태란 단지 존재하지 않는 것이 *존재한다고* 생각한 정신 나간 마음에서 존재하지 않는 것이 제거된 상태일 뿐이다. *너는* 오로지 이 상태만을 네 곁의 하느님과 함께 얻어야 한다. 그러기 전에는 네가 여전히 하느님과 분리되었다고 생각할 것이다. 너는 하느님이 네 옆에 **현존하심**을 느낄 수는 있어도, 네가 하느님과 하나임은 알 수 *없다*. 이런 앎은 가르칠 필요가 없다. 배움은 오로지 그런 앎이 *저절로* 일어나는 조건에만 적용된다.

88 너의 가장 거룩한 마음에서 진리를 가렸던 모든 것이 너를 위해 무효화되게 하여 네가 은혜 가운데 아버지 앞에 설 때, 아버지는 언제나 그러셨듯 너에게 당신 자신을 주

실 것이다. 당신 자신을 주는 것은 아버지가 아시는 전부며, 따라서 그것은 앎의 전부다. 아버지가 알지 못하시는 것은 존재할 수 없으며, 따라서 주어질 수 없기 때문이다. 용서받기를 청하지 말라. 그것은 이미 이루어졌기 때문이다. 반대로, 어떻게 하면 *용서하여* 늘 존재하던 것을 너의 용서하지 않는 마음에 회복할 수 있는지 가르쳐달라고 청하라. 속죄는 속죄를 *사용하는* 자들에게 실재화되고 가시화된다. 땅에서는 이것이 너의 유일한 기능이며, 너는 이것이야말로 네가 배우기를 *원하는* 전부임을 배워야 한다.

[89] 이것을 배울 때까지 너는 죄의식을 *느낄* 것이다. 어떤 형식을 취하든 죄의식은 궁극적으로 네가 하느님의 **마음** 안에서 *너의* 마음을 다하여 너의 기능을 이행하지 못한 데서 발생하기 때문이다. 네가 과연 이곳에서 너의 기능을 이행하지 않음으로써 그러한 죄의식에서 벗어날 수 있겠는가? 그러한 앎이 너에게 의미 있게 되기 전에 행해야 할 일을 행하기 위해 창조를 이해할 필요는 없다. 하느님은 어떤 장애물도 부수지 않으시며, 그것들을 *만들지도* 않으셨다. *네가* 장애물들을 놓아줄 때, 그것들은 사라진다. 하느님은 실패하지 않으실 것이며, 그 어떤 것에도 실패한 적이 없으시다.

[90] 너에 대해 하느님이 옳게 아시고 *너는* 틀리다고 결정하라. 하느님은 당신 자신을 가지고, 그러나 여전히 당신 안에 너를 창조하셨다. 하느님은 네가 참으로 누구인지 *아신다.* 하느님께 둘째란 없음을 기억하라. 따라서 하느님의 **거룩함**을 지니지 않은 자도, 그분의 지극한 **사랑**을 받을 가치가 없는 자도 있을 수 없다. 어둠과 속임수로 만들어진 사랑 없는 곳에서 사랑하는 너의 기능을 저버리지 말라. 그럼으로써 어둠과 속임수가 무효화되기 때문이다. *너 자신을* 저버리지 말고, 그 대신에 하느님의 흠 없는 아들을 하느님과 *너 자신에게* 봉헌하라. 당신의 **사랑**에 감사하는 이런 작은 선물을 받으시고, 하느님이 몸소 너의 선물을 당신의 선물과 맞바꿔 주실 것이다.

[91] *어떤* 결정이든 너 혼자 내리기 전에, 네가 이미 천국에서 너의 기능을 이행하지 *않겠다고* 결정했음을 기억하고, 과연 이곳에서 결정을 내리기를 *원하는지* 숙고해 보라. 이곳에서 너의 기능은 단지 네가 *알지* 못한다는 사실을 인식하고는, 네가 무엇을 원하는지 결정하지 *않겠다고* 결정하는 것뿐이다. 그러니 네가 무엇을 해야 하는지 과연 어떻게 결정할 수 있겠는가? 하느님을 대변하고, 하느님이 *아시는 대로의* 너의 기능을 대변하는 성령께 모든 결정을 맡겨라. 그러면 성령은 너에게, 네가 하느님의 아들을 사랑하지 않고 그에게 사랑 대신 죄의식을 가르치려고 시도함으로써 너 자신에게 지운 엄청난 짐을 더는 법을 가르쳐줄 것이다. 이와 같은 광적이고 정신 나간 시도를

포기하라. 그러한 시도는 너를 속여서, 하느님 아버지와 함께 사는 기쁨과 하느님의 사랑과 거룩함으로 기꺼이 깨어나는 기쁨을 앗아간다. 하느님의 사랑과 거룩함은 결합하여 네 안의 진리가 되고, 너를 하느님과 하나가 되게 하건만….

92 하느님과 *함께* 결정하는 법을 배우면, 모든 결정이 숨 쉬는 것만큼이나 수월하고 바르게 된다. 전혀 애쓸 필요가 없으며, 너는 마치 여름날 조용한 오솔길을 따라가듯 부드럽게 인도될 것이다. 네 맘대로 하려는 의지만이 결정을 어렵게 만드는 듯이 보인다. 성령은 무엇을 할지 묻는 너의 *모든* 질문에 지체하지 않고 답해줄 것이다. 성령은 *안다.* 그리고 성령은 너에게 *말해주고,* 이어서 그것을 너를 *대신해* 행할 것이다. 피로에 지친 너는 이것이 잠자는 것보다 더 편안한 것은 아닌지 생각할 수도 있다. 너는 죄의식을 잠 속으로 가져갈 수는 있지만, 이 안으로 가져올 수는 없기 때문이다.

제14장

환상을 진리로 가져오기

I. 서문

1 네가 유죄라면 하느님을 알 수 없고, 하느님의 뜻은 네가 당신을 아는 것이다. 따라서 너는 *분명* 죄가 없다. 하지만 네가 하느님을 알기 위한 조건을 받아들이지 않는다면, 너는 이미 그분을 부정한 것이다. 따라서 하느님이 너를 온통 둘러싸고 계셔도, 너는 그분을 알아보지 못한다. 하느님은 당신의 아들 없이는 알려지실 수 없으며, 그의 죄 없음이 하느님을 알기 위한 조건이다. 하느님의 아들이 유죄임을 인정하는 것은 아버지에 대한 너무도 강력한 부정이기에, 하느님이 몸소 앎을 넣어두신 바로 그 마음에서 앎에 대한 인식이 완전히 사라져 버린다. 이것이 얼마나 불가능한지 네가 귀담아듣고 배우기만 한다면! 네가 이해하는 속성들을 하느님께 부여하지 말라. 너는 하느님을 만들지 않았으며, 네가 이해하는 그 무엇도 하느님에게서 나온 것이 아니다.

2 너의 과제는 실재를 만드는 것이 아니다. 네가 만들지 않아도 실재는 존재하지만, *너* 없이 존재하지는 않는다. 자신의 자아를 내던져 버리고 하느님을 너무도 가치 없게 여긴 자여, 이제 하느님과 너를 대변하는 나의 말을 경청하라. 아버지가 너를 얼마나 사랑하시는지 너는 이해할 수 없다. 이 세상의 경험 중에는 그것을 이해하도록 도울 만한 비슷한 것조차 없기 때문이다. 땅 위에는 너에 대한 하느님의 사랑에 견줄 만한 것이 전혀 없고, 네가 그분과 떨어져 느꼈던 것 가운데 그 사랑을 아주 약간이라도 닮은 것도 전혀 없다. 너는 심지어 지극히 온유한 상태에서 축복을 주지도 못한다. 그러니 네가 과연 영원히 주시는 분, 주는 것 *외에는* 아무것도 알지 못하시는 분을 알 수 있겠는가?

3 천국의 *아이들*은 아버지가 베푸시는 축복의 빛 속에서 산다. 그들은 자신의 죄 없음을 *알기* 때문이다. 속죄는 죄 없음을 부정함으로써 자신에게 천국을 부정한 마음에게 죄 없음을 회복해 주는 수단으로 확립되었다. 속죄는 너에게 하느님 아들의 진정한 상태를 가르쳐준다. 속죄는 너에게 너의 정체나 아버지의 정체를 가르쳐주지 않는다. 너 대신 이것을 기억하는 성령은 다만, 너와 네가 아는 것 사이의 장애물을 제거하는 법을 가르쳐줄 뿐이다. 성령의 기억은 *너의* 것이다. 만약 *너 자신이* 만든 것을 기억한다면, 너는 무를 기억하고 있는 것이다. 실재에 대한 기억은 성령 안에 있으며, *따라서* 네 안에 있다.

II. 죄 있음과 죄 없음

⁴ 죄 없는 자와 죄 있는 자는 서로를 전혀 이해할 수 없다. 각자는 상대방이 자신을 닮았다고 지각한다. 그런데 이것은 상대방이 그 *자신*을 보는 방법과 *다르게* 보는 것이므로, 그들은 서로 소통할 수 없다. 하느님은 너의 마음에서 오로지 성령과만 소통하실 수 있다. 오로지 성령만이 너의 정체에 대한 앎을 하느님과 공유하기 때문이다. 또한 오로지 성령만이 너를 대신해 하느님께 *답할* 수 있다. 오로지 성령만이 하느님의 *정체*를 알기 때문이다. 네가 너의 마음에 놓아둔 다른 모든 것은 존재할 수 *없다*. 하느님의 마음과 소통하지 않는 것은 결코 존재한 적이 없기 때문이다. 하느님과의 소통은 곧 생명이다. 이러한 소통이 없는 것은 그 무엇도 *존재하지* 않는다.

⁵ 너의 마음에서 실재성을 가진 유일한 부분은 너를 여전히 하느님과 연결해 주는 부분이다. 너의 마음 *전체가* 하느님 사랑의 빛나는 메시지로 변형되도록 하여, 너와 함께 하느님을 부정한 외로운 자들과 공유하지 않으려는가? *하느님은 이것을 가능하게 하신다.* 너에게 알려지시려는 하느님의 간절한 열망을 부정하려는가? 하느님이 너를 간절히 열망하시듯, 너도 하느님을 간절히 열망한다. 이것은 영원히 변함없다. 그렇다면, 불변의 것을 받아들여라. 죽음의 세상을 뒤로하고 천국으로 조용히 돌아가라. 이곳에는 가치 있는 것이 *전혀* 없고, 그곳에는 가치 있는 것이 *모두* 있다. 성령께 귀 기울이고, 그를 통해 하느님께 귀 기울여라. 성령은 *너에게* 너에 대해 말해준다. 네 안에는 죄가 전혀 없다. 아들이 하느님 안에서 축복받듯이, 하느님은 아들 안에서 축복받으시기 때문이다.

⁶ 너희 각자에게는 속죄에서 맡은 특별한 역할이 있지만, 각자에게 공유하라고 주어지는 메시지는 항상 똑같다: "*하느님의 아들은 죄가 없다.*" 각자는 이 메시지를 다르게 가르치고 다르게 배운다. 하지만 그것을 가르치고 배우기 전에는, 자신의 진정한 기능이 자신 안에서 아직 완수되지 않았다는 희미한 자각으로 인하여 고통에 시달릴 것이다. 죄의식의 짐은 무겁지만, 하느님은 네가 그 짐에 묶여있기를 바라지 않으신다. 너를 깨우기 위한 하느님의 계획은 너의 계획이 틀릴 수밖에 없는 만큼이나 완벽하다. 너는 네가 무슨 일을 하는지 알지 못하지만, 참으로 아는 성령이 네 곁에 있다. 성령의 온유함은 네 것이며, 그는 네가 하느님과 공유하는 그 모든 사랑을 너를 위해 맡아두고 있다. 그는 너에게 단지 행복해지는 법을 가르쳐주고자 한다.

7   온전히 축복하시는 아버지의 축복받은 아들이여, 기쁨은 너를 *위해* 창조되었다. 하느님이 축복하신 자를 그 누가 정죄할 수 있겠는가? 하느님의 마음 안에서 그분의 빛나는 순결을 공유하지 않는 것은 아무것도 없다. 창조는 완벽한 순수의 자연스러운 확장이다. 이곳에서 너의 유일한 소명은 모든 형식의 죄의식을 부정하기 위해 적극적인 용의로 헌신하는 것이다. 비난하는 것은 *이해하지 않는 것이다*. 속죄를 배우는 행복한 학습자는 하느님이 창조하신 모든 이의 권리인 순결을 가르치는 교사가 된다. 그들의 당연한 권리를 부정하지 말라. 너는 그것을 그들에게만 부정하지는 않을 것이기 때문이다.

8   천국이라는 유산은 하느님 아들의 권리로서, 그가 창조될 때 받은 것이다. 그에게서 그 유산을 훔치려고 하지 말라. 그러면 너는 반드시 죄의식을 달라고 *요청할 것이며*, 또한 반드시 죄의식을 경험할 것이다. 그의 순수를, 그것을 훔쳐서 그의 시야로부터 감추려는 모든 생각으로부터 보호하라. 속죄의 부름에 응답하여 순결을 빛으로 가져가라. 순수가 감춰져 있도록 결코 허락하지 말고, 하느님의 아들이 자기 자신을 자신의 시야로부터 감춘 죄의식의 육중한 장막을 밝혀 걷어젖혀라. 여기서 우리는 모두 속죄 안에서 결합되었으며, 다른 어떤 것도 이 세상에서 우리를 연합할 수 없다. 따라서 분리의 세상은 슬며시 사라져 버리고, 아버지와 아들 사이의 완전한 소통이 회복될 것이다.

9   죄 없음이 부정되었기에 치유의 *필요성이* 생겨났으며, 기적은 그렇게 부정된 죄 없음을 인정하는 것이다. 이것을 기쁘게 인정하기를 미루지 말라. 행복의 희망과 온갖 고통에서의 해방이 그 안에 놓여있다. 고통에서 자유로워지기를 소망하지 않는 자가 어디에 있겠는가? 그는 아직 죄의식을 순결함과 교환하는 *방법을* 배우지 못했을 수 있고, 이런 교환을 통해서만 고통에서 자유로워질 수 있음을 깨닫지 못할 수도 있다. 하지만 배우는 데 실패한 자는 공격이 *아닌 가르침이* 필요하다. 가르침이 필요한 자를 공격하는 것은 그에게서 배우는 데 실패하는 것이다.

10   각자 자신만의 방식으로 순결을 가르치는 교사들이 결합하여, 속죄의 통합된 커리큘럼에서 자신의 역할을 맡았다. 이것 외에 일치된 학습 목표란 없다. 이 커리큘럼에 갈등이란 없으며, 그것을 어떻게 가르치든 목표는 *하나다*. 이 커리큘럼을 위해 기울이는 모든 노력은, 죄의식에서 *해방되어* 하느님과 그분 창조물의 영원한 영광에 도달한다는 유일한 목적을 위해 제공된다. 이것을 가리키는 모든 가르침은 곧장 천국과

하느님의 평화를 가리킨다. 이것을 가르치는 과정에 극복하지 못할 어떤 고통도, 어떤 시련도, 어떤 두려움도 없다. 하느님의 권능이 이 가르침을 지원하며, 그 무한한 결과를 *보장한다.*

11 결코 실패할 수 *없고* 평화를 불러올 수밖에 없는 권능에 너의 노력을 더하라. 이러한 가르침에 영향받지 않을 자는 아무도 없다. 네가 오로지 이것만 가르친다면, 너 자신이 하느님의 권능 바깥에 있다고 보지는 않을 것이다. 오로지 하느님 창조물의 권리를 회복하고자 하는 이 가장 거룩한 레슨의 결과에서, 너는 제외되지 않을 것이다. 너는 네가 죄의식에서 해방하는 모든 이로부터 반드시 *너의* 순결함에 대해 배울 것이다. 속죄의 원은 끝이 *없다.* 그리고 네가 그 원의 안전함과 완벽한 평화 안으로 데려오는 모든 이 안에 있는 모든 이를 위한 것에, 너 자신도 포함된다는 확신이 무한히 커질 것이다.

12 그러므로, 평화의 교사가 되는 모든 이에게 평화가 있기를. 평화는 그 누구도 제외하지 않는 완벽한 순수에 대한 인정이기 때문이다. 그러한 순수의 거룩한 원 안에, 하느님이 당신의 아들로 창조하신 모든 이가 있다. 기쁨은 그 원의 통합하는 속성으로서, 그 누구도 밖에 남겨져 홀로 죄의식에 시달리게 하지 않는다. 사랑으로 일치된 그 원의 안전한 품으로, 하느님의 권능이 모든 이를 끌어당긴다. 그 원 안에 조용히 서서, 극심한 고통에 시달리는 모든 마음을 끌어들여서, 그 원의 평화와 거룩함이 제공하는 안전함 속에 너와 더불어 머물게 하라. 죄의식의 교사가 *아닌* 속죄의 교사로서, 나와 함께 그 안에 머물자.

13 나와 함께 가르치는 너는 정녕 축복받았다. 우리의 권능은 우리 자신이 아닌 우리의 아버지에게서 온다. 아버지가 우리의 죄 없음을 아시듯, 죄 없음 안에서 우리는 아버지를 안다. 나는 그 원 안에 서서 너를 평화로 불러들이고 있다. 나와 함께 평화를 가르치고, 나와 함께 거룩한 땅에 서자. 모든 이를 위해, 아버지가 그들에게 주신 권능을 기억하라. 아버지의 완벽한 평화를 가르칠 수 없다고 믿지 말라. 밖에 서있지 말고, 나와 함께 안에 있자. 나의 가르침이 너를 불러들이는 유일한 목적을 저버리지 말라. 하느님의 아들에게 그의 순결함을 가르쳐서, 그를 하느님이 창조하신 대로 하느님께 돌려드려라.

14 십자가형은 속죄에서 아무런 역할도 없다. 오로지 부활만이 속죄에서 나의 역할이 되었다. 부활은 죄 없음에 의해 죄에서 해방되었음을 상징한다. 너는 네가 유죄라고

지각하는 자를 십자가에 못 박으려 한다. 하지만 네가 죄 없다고 보는 이들에게는 죄 없음을 *회복해 준다.* 십자가형은 항상 에고의 목표다. 에고는 *죄가 있다고* 보며, 정 죄를 통해 죽이려 든다. 성령은 오로지 죄 없음만을 본다. 그리고 자신의 온유함 안에 머물면서, 두려움에서 해방하여 사랑의 통치를 재확립하고자 한다. 사랑의 권능은 성 령의 온유함 안에 있으며, 그것은 하느님에게서 오는 것이다. 따라서 그것은 다른 이 를 십자가형에 처할 수도 없고, 자신이 십자가형을 받을 수도 없다. 네가 복원하는 사 원은 *너의* 제단이 된다. 그것은 너를 통해 재건되었기 때문이다. 그리고 네가 하느님 께 드리는 모든 것은 정녕 네 것이다. 이와 같이 하느님은 창조하시며, 이와 같이 *너* 는 복원해야 한다.

15 너는 네가 만나는 각 사람을 십자가형이나 구원을 받아 마땅하다고 판단하여, 속 죄의 거룩한 원 안에 두거나 밖에 버려둔다. 그를 순수의 원 *안으로* 데리고 들어온다 면, 너는 거기서 그와 함께 안식할 것이다. 그를 *바깥에* 버려둔다면, 너는 거기서 그 와 함께 있을 것이다. 너에게서 비롯되지 않는 조용함 속에 있지 않는 한, 판단하지 말 라. 그 누구도 속죄의 축복 *밖에* 있는 자라고 인정하기를 거부하고, 그를 축복함으로 써 그 *안으로* 데려와라. 거룩함은 반드시 공유되어야 한다. 공유 안에 거룩함을 거룩 하게 만드는 모든 것이 들어있기 때문이다. 거룩한 원으로 기꺼이 와서, 평화로이 밖 으로 눈을 돌려 스스로 바깥에 있다고 생각하는 모든 이를 바라보라. 그 누구도 내쫓 지 말라. 이것은 그가 너와 함께 구하는 것이기 때문이다. 이리 와서, 우리 모두를 위 한 평화의 거룩한 장소에서 그와 결합하자. 우리는 평화라는 대의 안에서 하나로 연합 되었다.

Ⅲ. 어둠 밖으로

16 우리가 함께 하는 여정은 어둠을 빛으로, 무지를 이해로 맞바꾸는 것이다. 네가 이 해한 대상은 더 이상 두렵지 않다. 너는 오로지 어둠과 무지 속에서만 무서운 것을 지 각하며, 그로부터 움츠러들어 더 깊은 어둠 속으로 들어간다. 하지만 두렵게 할 수 있 는 것은 오로지 감춰진 것뿐인데, 그 이유는 그것이 정말로 두려운 것이어서가 아니 라 감춰져 있기 때문이다. 모호한 것이 두렵게 하는 *이유*는 네가 그것의 의미를 이해

하지 못하기 *때문이다*. 네가 그것을 이해한다면 그것은 명백할 것이며, 그러면 너는 더 이상 어둠 속에 있지 않을 것이다. 그 무엇도 *감춰진* 가치를 가질 수는 없다. 감춰진 것은 공유될 수 없으며, 따라서 그 가치가 알려져 있지 않기 때문이다. 감춰진 것은 *따로 떨어져 있지만*, 가치라는 것은 항상 공동으로 진가를 인정한 것에만 놓여있다. 은폐된 것은 사랑받을 수 없으며, 따라서 두려움의 대상이 될 *수밖에* 없다.

17 네 안에서 성령이 머무는 조용한 빛은 단지 완벽한 열려있음일 뿐이다. 그 안에서는 아무것도 감춰져 있지 않으며, 따라서 아무것도 두렵지 않다. 공격을 *사랑으로부터* 감추지 않고 *가져가면*, 공격은 항상 사랑에게 굴복할 것이다. 어둠을 사랑의 자비로부터 은폐하지 않는다면, 사랑의 빛이 물리치지 못할 어둠이란 없다. 사랑과 *떼어놓은* 것은 사랑의 치유력을 공유할 수 없다. 그것은 분리되어 어둠 속에 보관되기 때문이다. 어둠의 파수꾼들이 그것을 철저히 감시하고 있으며, 무를 가지고 이런 환상의 수호자들을 만들어낸 너는 이제 그들을 두려워한다.

18 이렇게 이상한 안전이라는 아이디어들에, 너는 계속해서 가공의 힘을 부여하고자 하는가? 그 아이디어들은 안전하지도 않고 안전하지 않지도 않다. 그것들은 보호해주지도 않고 공격하지도 않는다. 그것들은 전혀 아무것도 *아니기에*, 전혀 아무것도 하지 않는다. 어둠과 무지를 지키는 수호자들인 그것들에게, 오로지 두려움만 기대하라. 그것들이 가리고 있는 것은 정녕 두렵기 때문이다. 그러나 그것들을 보내버리면, 전에는 두려웠던 것이 더 이상 두렵지 않을 것이다. 가려서 보호하는 것이 없다면, 오로지 사랑의 빛만 남는다. 오로지 이것만이 의미를 *가지고* 있으며, 오로지 이것만이 빛 속에서 살 수 *있기* 때문이다. 다른 모든 것은 사라질 *수밖에* 없다.

19 죽음이 생명에게 굴복하는 이유는 단순히 말해, 파괴는 *진짜가* 아니기 때문이다. 죄 없음의 빛은 죄의식을 밝혀 물리친다. 그 둘을 *같이* 놓으면, 하나의 진리가 그 반대의 것의 거짓을 아주 뚜렷이 드러낼 *수밖에* 없기 때문이다. 죄의식과 죄 없음을 떼어놓지 말라. 둘 *다* 가질 수 있다는 너의 믿음은 무의미하기 때문이다. 그 둘을 떼어놓음으로써 네가 한 것이라고는, 그것들을 서로 혼동하여 그 의미를 상실한 것이 전부다. 따라서 너는 오로지 하나만 의미가 있고, 다른 하나는 *어떤* 종류의 의미도 없음을 깨닫지 못한다.

20 너는 분리를, 아버지와의 소통을 단절하려고 만든 수단으로 해석했다. 성령은 분리를, 단절되지는 않았지만 *가려진* 것을 재확립하는 수단으로 재해석한다. 네가 만든

모든 것은 성령의 가장 거룩한 목적에 기여하는 용도가 있다. 그는 네가 하느님과 분리되지 않았음을 *알지만*, 너로 하여금 분리되었다고 *생각하게* 만드는 많은 것들을 너의 마음에서 지각한다. 다른 어떤 것도 아닌 이 모든 것을, 성령은 너의 마음으로부터 분리해 내고자 한다. 네가 창조 능력 *대신에* 만든 결정 능력을, 성령은 너 자신을 *위해* 사용하는 법을 가르쳐주고자 한다. 너는 너 자신을 십자가에 못 박으려고 결정 능력을 만들었지만, 이제 그것을 회복이라는 거룩한 대의를 위해 사용하는 법을 성령께 배워야 한다.

21 너는 어둡고 빗나간 상징으로 말하기에, 네가 만든 언어를 이해하지 못한다. 그 언어는 어떤 의미도 *갖고* 있지 않다. 그것의 목적은 소통이 아니라 소통의 *단절이기* 때문이다. 언어의 목적이 소통이라면, 도대체 이런 언어가 무엇을 의미할 수 있겠는가? 하지만 그 언어를 해석하는 자가 그 언어를 만든 자가 *아니라면*, 심지어 소통하지 *않음으로써* 소통하려는 이런 이상하고 왜곡된 노력 안에도 그것을 의미 있게 *만들* 수 있는 충분한 사랑이 담겨있음을 볼 수 있다. 그 언어를 만든 너는 단지 갈등을 표현하고 있을 뿐이지만, 성령은 너를 그 갈등에서 해방하고자 한다. 네가 소통하고자 하는 것을 성령께 맡겨라. 성령은 그것을 너에게 완벽한 명료함으로 해석해 줄 것이다. 성령은 네가 정녕 성령과 완벽하게 소통하고 있음을 알기 때문이다.

22 너는 네가 무엇을 말하는지 알지 못하며, 따라서 너에게 무엇이 말해지는지도 알지 못한다. 하지만 너의 **해석자**는 너의 이질적인 언어에 담긴 의미를 지각한다. 성령은 의미 없는 것을 소통하려고 시도하지 않는다. 그러나 성령은 의미를 가진 모든 것을 가려내고 나머지는 버려서, 너와 진정으로 소통하고자 하는 자들에게 네가 진정으로 소통하려는 내용을 제공할 것이다. 너는 동시에 두 가지 언어를 말하며, 이것은 이해 불능 상태로 이어질 *수밖에* 없다. 하지만 한 언어는 아무것도 의미하지 않고 다른 언어는 모든 것을 의미한다면, 소통의 목적을 위해서는 후자만을 쓸 수 있다. 전자는 단지 소통을 *방해할* 뿐이다.

23 성령의 기능은 *오로지* 소통이다. 따라서 성령은 소통을 *회복하기* 위해, 소통을 방해하는 것이라면 무엇이든 제거해야 한다. 그러니 어떤 방해의 근원도 성령께 숨기지 말라. 성령은 너의 파수꾼들을 공격하지 않을 것이기 때문이다. 단지 그들을 성령께 데려가라. 그리고 빛 속에서 보면 그들은 두렵지 않으며, 그 뒤로 아무것도 감추지 않은 어두운 문을 지킬 수 *없다*는 성령의 온유한 가르침을 받아라. 우리는 문을 모두 열

네가 성령을 *원한다*는 표시기 때문이다. 아주 조금이라도 성령처럼 생각하라. 그러면 작은 불꽃은 너의 마음을 가득 채우는 강렬한 빛이 되어, 성령이 너의 *유일한* 손님이 되게 한다. 에고에게 들어오라고 청할 때마다 너는 성령을 덜 반기게 된다. 성령은 계속 머물겠지만, 너는 성령께 *맞서* 동맹을 맺은 것이다. 네가 어떤 여정을 밟기로 선택하든, 성령은 너와 함께 가면서 기다릴 것이다. 너는 성령의 인내심을 신뢰해도 좋다. 성령은 하느님의 일부를 떠날 수 없기 때문이다. 하지만 너에게는 인내심보다 훨씬 더 많은 것이 필요하다.

[21] 너 자신의 기능을 알고 그것을 *완수하기* 전에는, 너는 결코 안식할 수 없을 것이다. 오로지 그럼으로써만 너의 뜻과 아버지의 뜻이 온전하게 결합될 수 있기 때문이다. 아버지를 *소유한다*는 것은 곧 그분을 *닮는* 것이다. 그리고 아버지는 이미 당신 자신을 너에게 주셨다. 하느님을 소유한 너는 *분명* 하느님과 같을 것이다. *그분의* 기능은 그분이 너에게 주신 선물과 더불어 *너의* 것이 되었기 때문이다. 이러한 앎을 너의 마음 안으로 다시 초대해 들이되, 그것을 가릴 것은 아무것도 들어오게 하지 말라. 하느님이 네게 보내신 손님은 그렇게 할 방법을 가르쳐줄 것이다. 네가 단지 작은 불꽃을 알아보고 *그것이 커지도록 허용할* 용의를 낸다면 말이다. *너의* 용의는 완벽할 필요가 없다. 성령의 용의가 *완벽하기* 때문이다. 네가 성령께 그저 작은 자리만 드린다면 성령은 그 자리를 너무도 환히 밝혀줄 것이며, 따라서 너는 그것을 기쁘게 확장할 것이다. *이러한* 확장을 통해, 너는 창조를 기억하기 시작할 것이다.

[22] 너는 에고의 인질hostage이 되려는가, 아니면 하느님을 맞아들이는 집주인host이 되려는가? 너는 오로지 *네가* 초대하는 이만 받아들일 것이다. 너는 누가 너의 손님이 되어서 너와 얼마나 오래 머물지 결정할 자유가 있다. 하지만 이것은 *진정한* 자유가 아니다. 그 자유는 여전히 네가 그것을 어떻게 보는지에 달려있기 때문이다. 성령은 *거기에* 있다. 비록 너의 초대 없이는 너를 도울 수 없지만 말이다. 그러나 에고는 네가 초대해 들이든 말든 아무것도 아니다. 진정한 자유는 *실재*를 반가이 맞아들이는 데 달려있다. 그리고 너의 손님들 가운데 오로지 성령만이 실제다. 그렇다면 단지 그곳에 *이미* 있는 것을 인식함으로써 누가 너와 함께 머물러 사는지 알고, 허구의 위로자들에게 만족하지 말라. 하느님의 위로자가 네 안에 있기 때문이다.

다. 네가 하느님을 완벽하게 이해하는 상태에서는 단 하나의 뜻밖에 없음을 *알기* 때문이다. 하지만 네가 하느님과 그분 왕국의 어떤 부분이든 공격할 때 너의 이해는 완벽하지 않으며, 따라서 네가 뜻하는 것은 너에게 상실된다.

17 그러므로 치유는 *이해에* 대한 레슨이 되며, 너는 더 많이 치유할수록 더 좋은 교사자 더 좋은 학생이 된다. 네가 진리를 부정했다면, 진리로 치유된 자들이야말로 진리의 실재성에 대해 가장 잘 증언할 수 있지 않겠는가? 하지만 너 자신도 반드시 그들 가운데 포함해야 한다. 그들과 결합하려는 너의 용의 안에서 *너의* 치유가 성취되기 때문이다. 네가 성취하는 모든 기적은 너에게 하느님의 **부성**에 대해 말해준다. 네가 네 형제로부터, 혹은 너 자신의 마음 안에서 받아들이는 모든 치유의 생각은 네가 하느님의 아들임을 가르쳐준다. 하지만 네가 상처를 주는 생각을 품을 때마다, 그것을 어디서 지각하든 상관없이, 하느님이 아버지시고 네가 아들임을 부정하는 것이다.

18 그리고 부정은 사랑만큼이나 총체적이다. 너는 너의 일부만 부정할 수는 없다. 그러면 남은 부분은 통합되지 않아서 의미 없어 보일 것이기 때문이다. 그리고 그 부분은 너에게 의미가 없기에, 너는 그것을 이해하지 못할 것이다. 의미를 부정하는 것은 분명 이해하지 못하는 것이다. 너는 오로지 너 자신만을 치유할 수 있다. 오로지 하느님의 아들만이 치유가 *필요하기* 때문이다. 그에게 치유가 필요한 이유는, 그가 자신을 이해하지 못하며, 따라서 자신이 무엇을 하는지 알지 못하기 때문이다. 그는 자신의 뜻을 잊었기에, 자신이 무엇을 원하는지 알지 못한다.

19 치유는 하느님의 아들이 온전하게 만들기를 원한다는 표시다. 이런 용의는 그 *자신의* 귀를 열어 성령의 음성을 향하게 한다. 그리고 성령의 메시지는 정녕 온전성이다. 성령은 너로 하여금 *네가* 행하려는 치유 훨씬 너머로 갈 수 있게 해준다. 성령은 온전하게 만들려는 너의 작은 용의 옆에 자신의 *완전한* 뜻을 놓아서 *너의* 뜻을 온전하게 만들기 때문이다. 자신 안에 하느님의 **부성**을 지녔거늘, 하느님의 아들이 무엇을 성취할 수 *없겠는가?* 하지만 그러기 위해서는 먼저 너의 초대가 있어야 한다. 네가 초대하는 손님은 반드시 너와 함께 머물러 산다는 것을 너는 확실히 배웠기 때문이다.

20 성령은 환영하지 않는 집주인에게는 말을 걸 수 없다. 그는 성령의 말을 듣*지 않을* 것이기 때문이다. **영원한 손님**은 계속 머물겠지만, 그의 **음성**은 이질적인 집단 사이에서 점점 희미해진다. 성령은 너의 보호가 필요하지만, 그 이유는 단지 너의 관심이

어젖혀 빛이 흘러들게 해야 한다. 하느님의 사원에 감춰진 방이란 없다. 그 사원의 문은 활짝 열려 하느님의 아들을 맞이한다. 아버지가 반가이 맞이하시는 곳으로 가는 문을 스스로 닫지 않는다면, 그 누구도 하느님이 불러들이신 곳으로 가지 못할 수 없다.

IV. 속임수 없는 지각

24 너는 무엇을 *원하는가?* 빛이나 어둠, 앎이나 무지가 너의 것이지만, 둘 다 너의 것은 아니다. 상반된 것들은 떼어놓지 말고 함께 모아놓아야 한다. 그것들의 분리 상태는 오로지 네 마음 안에만 있으며, 그것들도 *너처럼* 연합에 의해 일치될 수 있기 때문이다. 연합 안에서, 실제가 아닌 모든 것은 사라질 *수밖에* 없다. 진리는 곧 연합이기 때문이다. 어둠이 빛을 받아 사라지듯, 앎이 분명해지면 무지는 스러진다. 지각은 무지를 앎으로 가져가는 수단이다. 하지만 그런 지각에는 속임수가 없어야 한다. 그렇지 않으면 지각은 진리의 추구를 돕는 조력자가 아닌, 무지의 메신저가 되기 때문이다.

25 진리의 추구란 단지 진리를 방해하는 모든 것을 정직하게 찾아내는 것이다. 진리는 *있다.* 너는 진리를 잃을 수 없으며, 추구하거나 발견할 수도 없다. 진리는 네 *안에* 있기에, *네가* 있는 곳 어디에나 있다. 하지만 진리는 인식되거나 인식되지 않을 수 있고, *너에게* 실제거나 거짓일 수 있다. 네가 진리를 감춘다면, 진리는 너에게 실제가 아닌 것이 된다. 너 자신이 진리를 감추고는 그것을 두려움으로 둘러쌌기 *때문이다.* 네가 정신 이상 믿음체계를 세운 두려움의 초석들마다, 그 아래에는 진리가 감춰져 있다. 하지만 너는 이것을 알 수 없다. 네가 직접 진리를 두려움 안에 감춘 이상, 두려움을 더 *많이* 직시할수록 두려움을 더 *적게* 보게 되어 두려움이 *은폐한* 것이 더 분명해진다고 믿을 이유가 없기 때문이다.

26 무지한 자에게 그가 안다고 설득하는 것은 불가능하다. 그의 관점에서 보면, 그것은 참이 아니다. 하지만 그것은 *참이다.* *하느님이* 그것을 아시기 때문이다. 이것은 "무지"가 무엇인지에 대해 명백히 상반되는 관점들이다. 하느님께 무지는 불가능하다. 따라서 그것은 전혀 어떤 관점이 아니라, 존재하지 않는 어떤 것에 대한 믿음에 지나지 않는다. 무지한 자가 가진 것이라고는 이런 믿음뿐이며, 그로 인해 그는 자신에 대해 잘못 생각하고 있다. 그는 자신이 창조되지 않았다고 *정의해* 버렸다. 그가 창

조되었다는 것은 어떤 관점이 아니라, 확실성이다. 불확실성을 확실성으로 가져오면, 그것이 실재라는 *어떤* 확신도 지속될 수 없다.

²⁷ 네가 분명 알아차렸을 것이듯, 우리는 그동안 바람직하지 않은 것을 *바람직한 것으로*, 원하지 *않는* 것을 *원하는* 것으로 가져오는 것을 강조했다. 해리가 무엇인지 숙고해 본다면, 구원은 너에게 이런 식으로 와야 한다는 것을 깨달을 것이다. 해리는 공존할 수 없는 두 믿음체계를 둘 다 *유지하는* 왜곡된 사고 과정이다. 네가 이미 인식했듯이, 그것들을 *함께* 모아 놓으면 둘 다 받아들이기가 불가능해진다. 그러나 하나를 다른 하나로부터 떼어내 어둠 속에 감추면, 그것들의 *분리 상태로 인해* 둘 다 살아있고 똑같은 실재성을 가진 것으로 보인다. 따라서 그것들을 합치는 것은 두려움의 근원이 된다. 만약 그것들이 만난다면, 둘 중 하나는 받아들일 수 없게 되기 때문이다.

²⁸ 두 믿음체계를 다 가질 수는 없다. 그것들은 서로를 부정하기 때문이다. 그것들이 떨어져 있을 때는 이 사실을 볼 수 없게 된다. 서로 *별개의* 곳에 놓여있는 믿음체계에는 확고한 믿음이 부여될 수 있기 때문이다. 그것들을 *모아놓으면*, 그것들이 전혀 양립할 수 없다는 사실이 즉시 분명해진다. 같은 장소에 어떤 하나가 보이면, 바로 그 *이유 때문에* 다른 하나는 사라질 것이다. 마음이 어둠의 존재를 믿으면서 어둠이 사라지도록 *허용하지* 않을 때, 빛은 어둠 속으로 들어갈 수 없다. 진리는 무지에 맞서 싸우지 않으며, 사랑은 두려움을 공격하지 않는다. 어떤 보호도 필요 없는 것은 자신을 방어하지 않는다. 방어는 *네가* 지어낸 것이다. 하느님은 방어를 모르신다. 성령이 진리를 *위해* 방어수단을 사용하는 이유는 단지, 네가 진리에 *맞서* 방어수단을 만들었기 때문이다. 너는 방어수단을 가지고 진리를 공격했지만, 성령이 자신의 목적에 따라 방어수단을 지각하면, 그것은 진리를 *달라는* 요청으로 바뀐다.

²⁹ 성령은 방어수단을 자기 파괴의 수단으로부터 보존과 해방의 수단으로 전환하여, 네가 만든 모든 것처럼 너에게 이로운 것으로 부드럽게 돌려놓아야 한다. 성령의 임무는 막중하지만, 하느님의 권능이 그와 함께한다. 따라서 그것은 성령께 너무도 쉬워서, 너를 위해 그에게 주어진 바로 그 순간에 성취되었다. 성령이 과연 어떻게 하느님이 주신 임무를 완수할 수 있을지 궁금해하면서, 너 자신이 평화로 돌아가는 것을 미루지 말라. 참으로 아는 성령께 그것을 맡겨라. 성령은 너에게 막중한 임무를 스스로 완수하라고 요청하는 것이 아니다. 성령은 너에게 단지, 그가 너에게 요청한다면 할 수 *있다고* 믿는 정도의 작은 신뢰만 가지고, 그가 권하는 약간의 일만 하라고 요청할

뿐이다. 너는 성령이 요청하는 모든 것이 얼마나 쉽게 성취될 수 있는지 볼 것이다.

30 성령은 너에게 단지, 네가 성령께 굳게 걸어 잠근 모든 비밀을 가져오라고 요청할 뿐이다. 성령께 모든 문을 열어주고, 어둠 속에 들어가 어둠을 밝혀 물리쳐 달라고 요청하라. 너의 요청을 받고 성령은 기쁘게 들어간다. 네가 성령께 어둠을 열어 보이면, 성령은 빛을 어둠으로 가져간다. 그러나 성령은 네가 감추는 것은 볼 수 없다. 성령은 *너를* 위해 보며, 네가 그와 *함께* 보지 않는 한 볼 수 없기 때문이다. 그리스도의 비전은 성령만을 위한 것이 아니라, *너와* 더불어 성령을 위한 것이다. 그러니 너의 모든 어둡고 은밀한 생각을 성령께 가져가, 그와 *함께* 바라보라. 성령은 빛을 들고 있으며, 너는 어둠을 들고 있다. 너와 성령이 함께 바라본다면, 빛과 어둠은 공존할 수 *없다.* 성령의 판단이 이길 *수밖에* 없다. 그리고 네가 성령과 함께 지각할 때, 성령은 자신의 판단을 너에게 줄 것이다. 성령과 함께 보는 것은 지각에 대한 성령의 해석을 공유하는 법을 배우는 길이다. 그리고 그 해석은 앎으로 이어진다.

31 너는 홀로 볼 수 없다. 너는 하느님이 네게 주신 성령과 지각을 공유함으로써, 네가 보는 것을 어떻게 *인식해야* 할지 배운다. 그것은 네가 보는 그 무엇도 그 자체만으로는 *아무런* 의미도 없다는 인식이다. 너는 성령과 함께 봄으로써, *너의* 의미를 포함한 모든 의미는 이중의 비전에서 오는 것이 아니라, 모든 것을 *하나의* 의미, *하나의* 감정, *하나의* 목적으로 부드럽게 융합하는 데서 온다는 것을 깨닫게 된다. 하느님께는 너와 공유하시는 하나의 목적만 있다. 성령이 너에게 제공하는 유일한 비전은 너의 마음에 이런 하나인 상태를 가져다줄 것이다. 그리고 그것은 너무도 명료하고 선명해서, 너는 무슨 일이 있어도 하느님이 네게 주고자 하시는 것을 받아들이려 할 것이다. 너의 뜻을 바라보면서 그것을 하느님의 뜻으로 받아들이고, 그분의 그 모든 사랑을 네 것으로 받아들여라. 성령을 통해 모든 영광이 너에게 있기를, 그리고 성령을 통해 모든 영광이 하느님께 있기를.

32 하느님이 네게 주신 영광과 당신의 죄 없는 아들에게 선사하신 권능을, 너는 어둠 속에 가려왔다. 순결에 대한 어두운 부정과 죄의식으로 둘러싸인 어두운 장소마다 이 모든 것이 감춰져 있다. 네가 닫은 어두운 문 뒤에는 아무것도 없다. 하느님의 선물을 가릴 수 있는 것은 아무것도 *없기* 때문이다. 문을 닫은 바로 그 행위가, 네 안에서 빛나는 하느님의 권능에 대한 인식을 방해한다. 너의 마음에서 권능을 몰아내지 말고, 너의 영광을 감추는 모든 것을 성령이 판단하여 무효화하게 하라. 성령이 영광을 위

해 구원하려는 자는 정녕 그 영광을 위해 구원된다. 성령은 아버지께, 네가 그를 통해 왜소함에서 해방되어 영광을 찾을 것이라고 약속드렸다. 성령은 하느님과의 약속을 충실히 지킨다. 성령은 하느님이 *너와* 공유하라고 주신 약속을 하느님과 공유했기 때문이다.

³³ 성령은 *너를* 위해 그 약속을 여전히 공유한다. 성령은 이와 다르게 약속하는 모든 것을, 그것이 크든 작든, 그것의 가치가 얼마나 크게 여겨지든 작게 여겨지든 상관없이, 하느님이 당신과 당신 아들의 제단에 올려놓으라고 주신 *단 하나의* 약속으로 대체할 것이다. 아들 *없이* 하느님께만 바치는 제단이란 없다. 그 제단으로 가져온 것 중에 *아버지와 아들 모두에게* 똑같은 가치가 없는 것은 그들 *모두가* 온전히 받아들일 수 있는 선물로 대체될 것이다. 네가 과연 하느님께 죄의식을 드릴 수 있겠는가? 그렇다면 너는 그분의 아들에게도 죄의식을 줄 수 없다. 그들은 떨어져 있지 않으며, 하나에게 주는 선물은 다른 하나에게도 *주어지기* 때문이다.

³⁴ 네가 하느님을 알지 못하는 이유는, 이것을 알지 못하기 때문이다. 하지만 너는 정녕 하느님을 알며, 이것 *또한* 안다. 이 모든 것은 너의 내면에 안전하게 있으며, 그곳에는 성령이 빛나고 있다. 성령은 분열 안에서가 아닌, 아들과 연합하신 하느님이 성령을 통해 당신의 아들에게 말씀하시는 만남의 장소 안에서 빛나고 있다. 분열될 수 없는 자들 사이의 소통은 중단될 수 *없다.* 분리되지 않은 아버지와 아들이 만나는 거룩한 장소는 성령 안에, 그리고 *네* 안에 놓여있다. 여기에서, 하느님이 당신의 아들과 함께 뜻하시는 소통을 방해하는 것은 불가능하다. 중단 없고 방해받지 않는 사랑이 아버지와 아들 사이에서 끊임없이 흐르고 있다. 둘 *다* 그렇게 원하기 때문이다. 따라서 정녕 그러하다.

³⁵ 너희 마음이 빛의 중심에서 떨어져 나가 컴컴한 회랑을 방랑하도록 허용하지 말라. 너희는 너희 자신을 그릇된 길로 인도하겠다고 선택할 수도 있지만, 너희를 위해 임명된 안내자는 너희를 그저 *한데* 모을 수밖에 없다. 그는 너희를 인도하여 하느님과 그분의 아들이 너희가 알아보기만을 기다리는 곳에 확실히 데려다줄 것이다. 그들은 함께 너희에게 하나인 상태를 선물하며, 그 앞에서 *모든* 분리가 사라진다. 너희의 *정체와* 연합하라. 너희는 실재가 아닌 것과는 결합할 수 *없다.* 하느님의 영광과 그분 아들의 영광은 진실로 너희에게 속한다. 그들의 영광은 반대되는 것을 갖고 있지 않으며, 너희는 다른 어떤 것도 너희 자신에게 줄 수 *없다.*

³⁶ 진리에는 대체품이 없다. 네가 진리를 *만날* 수밖에 없는 곳으로 오게 될 때, 진리는 너에게 이 점을 분명히 보여줄 것이다. 너를 다른 어떤 곳으로도 인도할 수 없는 부드러운 이해를 통해, 너는 그곳으로 인도될 수밖에 없다. 하느님이 계신 곳, 바로 그곳에 *네가* 있다. 이러한 것이 바로 진리다. 하느님이 네게 주신 앎을 무지로 바꿀 수 있는 것은 아무것도 없다. 하느님이 창조하신 모든 것은 자신의 창조주를 안다. 바로 이것이 창조주와 그분의 창조물들에 의해 창조가 성취되는 방법이기 때문이다. 거룩한 만남의 장소에서, 아버지와 그분의 창조물들이 결합되어 있다. 그리고 그분 아들의 창조물들도 그들과 함께 결합되어 있다. 그들 모두를 결합하는 연결 고리가 하나 있어서 그들을 하나인 상태로 유지해 주며, 창조는 바로 그러한 상태로부터 일어난다.

³⁷ 아버지가 당신처럼 창조할 수 있는 권능을 주신 자들에게 당신 자신을 결합하시는 연결 고리는 *결코* 풀릴 수 없다. 천국 자체가 바로 창조물 전체와의 연합이자 그 유일한 창조주와의 연합이다. 그리고 천국은 너를 위한 하느님의 뜻으로 남아있다. 너의 제단에 이것 외에 다른 선물을 놓지 말라. 이것과 공존할 수 있는 것은 아무것도 없기 때문이다. 여기서 너의 미약한 제물이 하느님의 선물과 함께 놓이고, 오로지 아버지께 합당한 것만이 아들에 의해 받아들여질 것이다. 그것은 본래 아들에게 예정된 것이었기 때문이다. 하느님이 당신 자신을 주시는 자에게, 하느님이 *주어진다.* 너의 하찮은 선물은 하느님이 당신의 선물을 올려놓으신 제단에서 사라져 버릴 것이다.

V. 거룩함에 대한 인식

³⁸ 속죄는 거룩하게 *만들지* 않는다. 너는 정녕 거룩하게 창조되었다. 속죄는 단지 거룩하지 않음을 거룩함으로, 네가 *만든* 것을 너의 *정체*로 가져올 뿐이다. 진리와 환상을 한데 모으는 것, 에고를 하느님께 가져오는 것이 성령의 유일한 기능이다. 네가 만든 것을 아버지께 감추지 말라. 그것을 감춤으로써 너는 아버지와 너 자신에 대한 앎을 대가로 치렀기 때문이다. 앎은 안전하다. 앎이 아닌 어디에 *너의* 안전이 있겠는가? 네가 무시간성을 *대체하려고* 시간을 만든 것은 본래의 네 모습이 되지 않겠다는 결정 때문이었다. 그렇게 진리는 과거의 것이 되었고, 현재는 환상에 바쳐졌다. 과거 또한 바뀌어, 항상 있었던 것과 *지금* 사이에 삽입되었다. *네가* 기억하는 과거는 *결코*

존재한 적이 없으며, *항상* 존재한 것에 대한 부정을 나타낼 뿐이다.

³⁹ 에고를 하느님께 가져오는 것은 단지 잘못을 진리로 가져오는 것이다. 그곳에서 잘못은 교정된다. 잘못이란 진리와 *상반되는 것이며, 이러한* 모순은 더 이상 유지될 수 없으므로, 무효화되기 때문이다. 모순의 불가능한 본성이 명백하게 드러날 때, 그것이 얼마나 더 지속될 수 있겠는가? 빛 속에서 사라지는 것은 공격받지 않는다. 그것은 참이 아니므로, 그저 사라질 뿐이다. 여러 가지 실재들이란 무의미하다. 실재는 하나일 수밖에 없기 때문이다. 실재는 시간이나 기분, 혹은 우연에 따라 변할 수 *없다.* 실재의 불변성이야말로 실재를 실재로 *만들어주는* 것이다. 이것은 무효화될 수 *없다.* 무효화는 비실재를 위한 것이다. 그리고 이러한 것을, 실재는 너를 위해 반드시 행할 것이다.

⁴⁰ 진리는 단지 자신의 정체로 존재함으로써 너를 진리가 *아닌* 모든 것에서 해방한다. 속죄는 너무도 온유해서, 네가 그저 속삭이기만 하면 속죄의 모든 권능이 너를 돕고 지원하려고 달려올 것이다. 네 곁의 하느님과 함께라면, 너는 나약하지 않다. 하지만 하느님 없이는, 너는 아무것도 아니다. 속죄는 너에게 하느님을 선사한다. 네가 거절한 선물은 네 안에서 하느님에 의해 간직된다. 하느님의 영이 그것을 너를 대신해 그곳에 간직한다. 하느님을 숭배하는 자들이 비록 그분의 제단에 다른 신을 놓았지만, 하느님은 그곳을 떠나지 않으셨다. 그 사원은 여전히 거룩하다. 그 안에 머물러 사시는 **현존**은 곧 거룩함이시기 때문이다.

⁴¹ 사원 안에서, **거룩함**께서 당신을 사랑하는 자들이 돌아오기를 조용히 기다리신다. **현존**께서는 그들이 순수함과 은혜로 돌아올 것임을 아신다. 하느님의 자애로우심이 그들을 안으로 부드럽게 맞아들여, 그들의 모든 고통과 상실의 느낌을 아버지 **사랑**의 불멸의 약속으로 감쌀 것이다. 그곳에서, 죽음의 두려움이 삶의 기쁨으로 대체될 것이다. 하느님은 **생명**이시며, 그들은 **생명** 안에 *머물러 살기* 때문이다. [**생명**은 **거룩함**에 의해 창조되었고, **거룩함**만큼이나 거룩하다.] **거룩함**의 현존은 살아있는 모든 것 안에 사신다. **거룩함**께서는 생명을 *창조하셨으며,* 그 자신만큼이나 거룩하게 창조하신 것을 떠나지 않으시기 때문이다.

⁴² 이 세상에서 너는 너의 창조주의 **거룩함**이 뻗어나가 주위를 온통 밝히는 흠 없는 거울이 될 수 있다. 너는 *이곳에서* 천국을 반영할 수 있다. 하지만 하느님을 반영할 거울을 다른 신의 이미지로 흐려서는 안 된다. 땅은 천국이나 지옥, 하느님이나 에고를 반영할 수 있다. 너는 단지 거울을 깨끗이 닦고, 네가 그려 넣은 그 모든 감춰진 어

둠의 이미지를 깨끗이 치우기만 하면 된다. 하느님이 몸소 거울 위에서 빛나실 것이다. 오로지 하느님의 깨끗한 반영만이 거울에서 지각될 수 *있다*. 반영은 빛 속에서 보인다. 반영은 어둠 속에서는 모호하며, 그 의미가 자체에 있지 않고 가변적인 해석에 놓여있는 듯이 보인다.

43 하느님의 반영은 어떤 해석도 *필요* 없다. 그것은 *뚜렷하다*. 단지 거울을 잘 닦아라. 그러면 거울이 모든 이에게 보여주는 반영에서 밝게 뻗어 나오는 메시지를 이해하지 *못할* 자는 아무도 없다. 그것은 성령이 모든 이 안에 있는 거울에 비춰주고 있는 메시지다. 그들은 자신에게 그 메시지가 필요하다고 배웠기에 그것을 인식하지만, 그것을 찾으려면 어디를 보아야 하는지 모른다. 그러니 그들이 *네* 안에서 그 메시지를 보고 *너와 공유하게* 하라.

44 단 한 순간만이라도, 네 안에서 빛나는 하느님의 반영이 온 세상에 가져다줄 수 있는 치유의 권능을 알아차릴 수 있다면, 너는 세상을 치유하는 거룩함의 이미지를 받으려고 마음의 거울을 서둘러 깨끗이 닦으리라. 네 마음 안에서 빛나는 거룩함의 이미지는 모호하지 않으며, 변하지 않을 것이다. 그 이미지를 바라보는 자들에게 그 의미는 모호하지 않다. 왜냐하면, 모든 이가 그것을 똑같은 것으로 지각하기 때문이다. 모든 이가 각자 다른 문제들을 그 이미지가 가진 치유의 빛으로 가져오지만, 그 모든 문제는 그곳에서 *오로지* 치유를 만날 뿐이다.

45 거룩함은 *모든* 형식의 잘못에 항상 똑같이 반응한다. 거룩함이 불러일으키는 것에는 모순이 없다. 무엇을 거룩함으로 가져가든, 거룩함의 *유일한* 반응은 치유다. 자신 안에 있는 거룩함의 반영으로 인하여 오로지 치유만을 베푸는 법을 배운 자들은 마침내 천국을 맞이할 준비가 된 것이다. 천국에서 거룩함은 어떤 반영물이 아니라, 이곳에서 그들에게 단지 반영만 되었던 것의 실제 상태다. 하느님은 이미지가 아니시다. 그리고 하느님의 창조물들은 하느님의 일부로서 자신 안에 하느님을 진실로 간직하고 있다. 그들은 진리를 단지 *반영만* 하지 않는다. 그들이 곧 진리기 때문이다.

VI. 기적으로의 이동

46 하느님과 그분의 창조물들 사이에, 혹은 하느님의 아이들과 그들의 창조물들 사이

에 지각이 전혀 없을 때, 창조의 앎은 영원히 계속될 것이다. 네가 시간 안에서 마음의 거울 안으로 받아들인 반영들은 단지 영원을 가까이 당겨오거나 멀리 미룰 뿐이다. 그러나 영원 자체는 *모든* 시간 너머에 있다. 네 안에 반영된 영원의 도움을 받아, 시간 밖으로 손을 내뻗어 영원을 만져라. 그러면 너는, 거룩함의 반영이 모든 이에게 죄의식을 전부 치워버리라고 청하는 것과 마찬가지로 확실하게, 시간으로부터 등을 돌려 거룩함을 바라볼 것이다. *이곳에서* 천국의 평화를 반영하고, 이 세상을 천국으로 가져가라. 진리의 반영은 모든 이를 *진리로* 끌어당긴다. 그리고 그들이 진리 안으로 들어갈 때, 반영은 전부 뒤에 남긴다.

⁴⁷ 천국에서, 실재는 반영되지 않고 공유된다. 이곳에서 하느님의 아들은 실재의 반영을 공유함으로써, 실재를 그가 받아들이는 유일한 진리로 만든다. 이런 식으로 그는 아버지를 점점 더 분명히 기억하게 되며, 자신의 실재가 아닌 그 무엇에도 더 이상 만족할 수 없게 된다. 너는 땅에서 한계 없음에 대해 상상도 하지 못한다. 네가 살고 있는 듯한 세상은 곧 한계의 세상이기 때문이다. 이 세상에서, 난이도order of difficulty가 없는 어떤 일이 일어날 수 있다는 것은 사실이 아니다. 따라서 기적은 독특한 기능을 가지고 있으며, 다른 세상의 법칙을 이 세상에 가져다주는 독특한 교사가 불러일으킨다. 기적은 다름이 아닌 같음에 근거하기에, 네가 행할 수 있는 것 중에 등급order을 초월하는 *유일한* 것이다.

⁴⁸ 기적들은 서로 경쟁하지 않으며, 네가 행할 수 있는 기적의 개수에도 한계가 없다. 기적들은 동시에, 그리고 무수히 일어날 수 있다. 일단 기적을 가능한 것으로 여기게 되면, 이를 이해하기는 어렵지 않다. 더 이해하기 어려운 것은 난이도가 없다는 것으로서, 이것은 기적의 기원이 이곳이 아닌 다른 곳임을 보여준다. 세상의 관점에서 이것은 불가능하다. 너는 너의 생각들이 경쟁하지 않는 상태를 경험한 적이 있다. 너의 생각들은 비록 서로 갈등할지라도 한꺼번에 무수히 일어날 수 있다. 너는 이런 일에 너무 익숙해서 별로 놀라지도 않는다.

⁴⁹ 하지만 너는 네가 하는 어떤 생각은 다른 생각보다 더 중요하고, 더 크거나 좋으며, 더 현명하거나 생산적이고, 더 가치 있다고 분류하는 데도 익숙하다. 이것은 자신이 따로 떨어져 산다고 생각하는 자의 마음에서 일어나는 생각들에 해당된다. 어떤 생각들은 천국의 반영이지만, 다른 생각들은 에고가 불러일으키기 때문이다. 에고는 단지 생각하는 듯이 *보일* 뿐이다. 그 결과는 단지, 결코 쉬지도 멈추지도 않으면서 이리저

리 엮이고 바뀌는 패턴이다. 그것은 네 마음의 거울을 끊임없이 스쳐 지나간다. 그리고 천국의 반영들은 잠시 지속되다가, 어둠이 그것들을 덮어버리면서 흐릿해진다. 빛이 있던 곳에서 어둠이 순식간에 빛을 몰아내고, 빛과 어둠이 엇갈리는 패턴이 너의 마음을 계속 휩쓸고 지나간다.

50 조금 남아있는 제정신은 *네가* 정한 일종의 질서order로 유지된다. 하지만 네가 그렇게 할 수 있다는 사실, 그리고 혼돈에 *어떤* 질서라도 들여올 수 있다는 사실 자체가, 너는 에고가 아니며 네 안에 *분명* 에고 이상의 것이 있음을 보여준다. 에고는 실로 혼돈이며, 만약 에고가 너의 모든 것이라면, 질서라는 것 자체가 전혀 불가능할 것이기 때문이다. 그러나 네가 너의 마음에 강제하는 질서가 에고를 제한하기는 하지만, 그것은 *또한* 너도 제한한다. 등급을 매기는 것은 판단하는 것이며, 판단에 *따라* 정렬하는 것이다. [따라서 그것은 너의 기능이 아닌 성령의 기능이다.] 너는 너의 생각들에 등급을 매길 근거를 *전혀* 갖고 있지 않다. 너에게 이것은 배우기가 어려워 보일 것이다. 성령은 네가 등급을 매기는 방법이 잘못되었으며, 더 나은 방법이 네게 주어졌음을 보여주는 빛나는 사례들을 제공함으로써, 이 레슨을 가르친다.

51 기적은 모든 도움의 요청에 정확하게 똑같은 반응을 제공한다. 기적은 그 요청을 판단하지 않는다. 기적은 그저 그 요청이 참으로 무엇인지 인식하고, 그에 따라 반응한다. 기적은 어떤 것이 더 큰 소리로 하는 요청인지, 어떤 것이 더 크거나 더 중요한 요청인지 고려하지 않는다. 여전히 판단에 묶여있는 네가 어떻게 너의 판단이 전혀 필요 없는 일을 하라고 요청받을 수 있는지 의아해할 수도 있다. 그 답은 아주 단순하다. 네가 *아니라* 하느님의 권능이 기적을 일으킨다. 기적 자체는 단지 네가 내면에 하느님의 권능을 가졌다는 증거일 뿐이다. 이런 까닭에, 기적은 기적을 공유하는 모든 이에게 똑같은 축복을 베풀며, *모든 이에 의해* 공유된다. 하느님의 권능에는 한계가 없다. 또한 그것은 항상 최대치므로, *모든 이의 모든* 요청에 *모든 것*을 준다. 여기에는 난이도가 전혀 없다. 도움의 요청에는 도움이 주어진다.

52 여기에 포함된 유일한 판단은, 성령이 *한 번* 나누어 두 범주를 만드는 것이다. 그 중 하나는 사랑이고, 다른 하나는 사랑의 요청이다. *너는* 이러한 구분을 안전하게 할 수 없다. 너는 너무 심한 혼란 상태에 있어서 사랑을 알아보지 못하며, 다른 모든 것은 단지 사랑에 대한 필요임을 믿지도 못한다. 너는 내용이 아닌 형식에 너무도 심하게 묶여있다. 네가 내용이라고 여기는 것은 전혀 내용이 아니다. 그것은 단지 형식일

뿐, 아무것도 아니다. 너는 어떤 형제가 너에게 *정말로* 제공하는 것에 반응하지 않고, 그것을 판단하는 에고의 특정한 지각에만 반응한다.

⁵³ 에고는 내용을 이해할 능력이 없으며, 내용에 어떤 관심도 없다. 에고는 형식이 받아들일 만하면 내용도 분명 받아들일 만할 것이라고 여긴다. 그렇지 않으면 에고는 형식을 공격할 것이다. 너는 마음의 역학에 대해 무언가 이해한다고 믿지만, 장담컨대 그것에 대해 전혀 알지 못한다. 너 자신만으로는 그것에 대해 알 수 *없기* 때문이다. 에고에 대한 연구는 마음에 대한 연구가 *아니다*. 사실 에고는 자신에 대한 연구를 즐기며, 에고의 중요성을 인정하면서 에고를 분석하려는 학생들의 작업을 완전히 인정한다. 하지만 그들은 단지 무의미한 내용을 담은 형식을 연구할 뿐이다. 왜냐하면, 그들의 교사가 무분별하기 때문이다. 비록 그 교사는, 인상적으로 들리기는 하지만 한데 *모아놓으면* 일관된 의미가 전혀 없는 수많은 말 뒤에 이 사실을 아주 철저히 은폐하지만 말이다.

⁵⁴ 이것이 바로 에고가 내리는 판단의 특징이다. 그 판단들은 따로 떼어놓으면 말이 되는 듯하지만, 한데 모아놓을 때 생겨나는 사고체계는 일관성이 없고 아주 혼란스럽다. 형식은 내용을 담보하기에 충분하지 않으며, 내용의 근본적인 부재는 일관된 체계를 불가능하게 만들기 때문이다. 따라서 에고는 계속 분리 상태를 선택한다. 그 누구도 혼자서는 에고를 제대로 판단할 수 없다. 하지만 둘이나 그 이상이 함께 진리를 찾는 데 *동참한다면*, 에고는 더 이상 자신에게 내용이 없다는 사실을 방어할 수 없다. 그들이 연합했다는 사실 자체가 에고는 진짜가 아님을 그들에게 *말해준다*.

⁵⁵ 은밀히 혼자서 하느님을 기억하기란 불가능하다. 하느님을 기억한다는 것은 네가 혼자가 *아니며*, 그 사실을 기억할 용의가 있음을 의미하기 때문이다. 너 자신을 위해 그 어떤 생각도 하지 말라. 네가 간직하는 그 어떤 생각도 정녕 너 자신을 위한 것이 아니기 때문이다. 아버지를 기억하고자 한다면, 성령으로 하여금 너의 생각들을 지휘하게 하고, 네 형제들에게 오로지 성령이 네게 답해주는 답만 제공하라. 모든 이가 너처럼 사랑을 구하지만, 너와 결합하여 사랑을 구하지 않는 한 사랑을 알 수 없다. 너희가 만약 그 추구에 함께 나선다면, 너희는 너무도 강력한 빛을 지니고 가게 되며, 따라서 너희가 보는 것마다 의미가 *주어진다*. 외로운 여정은 실패할 수밖에 없다. 그것은 그 여정을 통해 *찾으려는* 것을 배제한 것이기 때문이다.

⁵⁶ 하느님이 네 안의 성령에게 소통하시듯 성령은 하느님이 소통하시는 내용을 너를

통해 번역하며, 그럼으로써 *너로 하여금* 그것들을 이해할 수 있게 한다. 하느님은 그 무엇도 은밀히 소통하지 않으신다. 하느님에게서 오는 모든 것은 모든 이를 *위한* 것이기에, 완벽하게 공개되어 있어서 누구나 자유로이 접근할 수 있기 때문이다. 비밀 속에는 그 무엇도 살지 않으며, 네가 성령께 감추려는 것은 단지 무에 불과하다. *네가* 어떤 형제에게 덧씌우려는 해석들은 전부 무분별하다. 성령으로 하여금 너에게 그 형제를 *보여주게 하고*, 그 형제의 사랑과 사랑에 대한 필요를 모두 가르치게 하라. 그 형제의 마음에도 *너의* 마음에도 사랑과 사랑에 대한 필요라는 두 등급의 생각만이 들어있을 뿐이다.

57 기적은 이것이 참이라는 인식이다. 사랑이 있는 곳에서는, 네 형제가 너에게 사랑을 줄 수밖에 없다. 사랑의 정체가 본래 그러하기 때문이다. 그러나 사랑에 대한 필요가 있는 곳에서는, *네가* 사랑을 주어야 한다. *너의* 정체가 본래 그러하기 때문이다. 오래전에 말했듯이, 이 수업은 너에게 너의 정체를 가르쳐서 너에게 돌려준다. 그리고 우리는 이미 이 정체는 공유된다는 것을 배웠다. 기적은 그것을 공유하도록 돕는 *수단이* 된다. *너는* 너의 정체가 인식되지 *않는* 곳이라면 어디든지 그것을 공급함으로써 그것을 인식하게 될 것이다. 네가 하느님의 아들을 인식할 때마다, 그와 영원히 함께 있기를 뜻하시는 하느님이 그에 대한 그 모든 사랑으로 축복하실 것이다. 그리고 네가 하느님의 아들에게 베푸는 어떤 기적도, 하느님의 *그 모든* 사랑의 권능이 함께하지 않는 것이 없을 것이다. 그러니 기적에 난이도가 어떻게 있을 수 있겠는가?

VII. 진리 시험법

58 하지만 가장 중요한 일은, *네가 알지 못함을* 배우는 것이다. 앎은 권능이며, 모든 권능은 하느님에게서 온다. 너는 너 자신만을 위해 권능을 간직하려 했으며, 결국 권능을 잃었다. 사실 너는 여전히 권능을 가지고 있지만, 권능과 권능에 대한 너의 *의식* 사이에 너무 많은 장애물을 세워놓아서 그것을 사용할 수 없게 되었다. 네가 그동안 너 자신에게 가르친 그 모든 것들 때문에, 너의 권능은 너에게 점점 더 모호하게 되었다. 너는 그 권능이 *무엇인지도*, *어디에* 있는지도 모른다. 너는 권능의 유사품과 과시용 힘을 만들었지만, 그것은 너무도 초라해서 너를 실망시킬 *수밖에* 없다. 권능은 외

견상의 힘이 아니며, 진리는 모든 겉모습을 초월하기 때문이다. 하지만 네 안에서 하느님의 권능과 너 사이에 서있는 것이라고는 단지, 거짓된 것을 배우고 참된 것을 무효화하려는 너의 시도뿐이다.

⁵⁹ 그러니 기꺼이 그 모든 것이 무효화되게 하고, 네가 그것들에 영원히 묶여있지 않음에 기뻐하라. 너는 그동안 너 자신에게 하느님의 아들을 가두는 법을 가르쳤지만, 그것은 도저히 상상도 할 수 없는 레슨이라서, 깊은 잠에 빠진 정신 나간 자들이나 꿈꿀 수 있는 것이다. 하느님께서 하느님이 되지 않는 법을 배우실 수 있겠는가? 하느님께 모든 권능을 받은 아들이 무능하게 되는 법을 배울 수 있겠는가? 그동안 너 자신에게 가르친 것 중에 네가 *소유한 것*과 너의 *존재* 대신에 네가 더 간직하고 싶어 할 만한 것이 있는가?

⁶⁰ 속죄는 단지 *지금* 너의 정체를 보여줌으로써, 과거에 너 자신에게 가르쳤던 그 모든 것에서 영원히 벗어나는 법을 가르쳐준다. 배움은 배움의 결과가 드러나기 전에 *이미* 성취되었다. 따라서 배움은 과거에 있지만, 그 영향은 현재가 너에게 갖는 모든 의미를 현재에 부여함으로써 현재를 결정한다. *네가* 배운 것은 현재에 어떤 의미도 부여하지 못한다. 네가 배운 그 무엇도 네가 현재를 이해하도록 돕거나, 너에게 과거를 무효화하는 법을 가르쳐줄 수 없다. 너의 과거는 정녕 네가 너 자신에게 가르친 것이다. *과거를 모두 보내버려라.* 어떤 사건도, 어떤 사물도, 어떤 사람도 과거의 관점에서 이해하려고 하지 말라. 네가 보기 위해 사용하는 어둠의 관점은 *오로지* 가릴 수만 있기 때문이다.

⁶¹ 어둠이 너의 이해를 밝혀줄 것이라고 믿지 말라. 그렇게 믿는다면 너는 빛을 부정할 것이며, 그로 인해 어둠을 보고 있다고 *생각할* 것이다. 하지만 어둠은 보일 수 없다. 어둠은 단지 보는 것이 불가능해지는 조건일 뿐이기 때문이다. 너는 아직 너 자신에게 가르친 그 모든 어둠을 내면의 빛으로 가져오지 않았기에, 이 수업의 진리와 가치를 도저히 판단할 수 없다. 그러나 하느님은 너를 저버리지 않으셨다. 따라서 너에게는 하느님이 보내주신 또 다른 레슨이 있다. 그것은 성령이 하느님께 받아 모든 빛의 아이들을 위해 *이미* 배운 레슨이다. 그 레슨은 하느님의 영광으로 빛난다. 그 레슨 안에는 하느님의 권능이 들어있기 때문이다. 그리고 하느님은 그 권능을 당신의 아들과 아주 기쁘게 공유하신다.

⁶² 하느님의 행복에 대해 배워라. 그것은 *네* 것이다. 그러나 그것을 배우려면 너의 모

든 어둠의 레슨을 기꺼이 진리로 가져와서, 가져가려고 움켜쥔 손이 아니라 받으려고 활짝 편 손으로 기쁘게 내려놓아야 한다. 빛을 가르치는 성령은 네가 가져오는 어둠의 레슨을 모두 받아들일 것이다. 왜냐하면, 네가 그 레슨들을 원하지 않기 때문이다. 성령은 어둠의 레슨 하나하나를 그가 너를 대신해 배운 빛의 레슨으로 기꺼이 *맞바꿔* 줄 것이다. 네가 성령과 *떨어져* 배운 그 어떤 레슨에 그 어떤 의미라도 있을 것이라고 는 결코 믿지 말라.

⁶³ 네가 배운 것이 참인지 알아보는 시험법이 있는데, 그것은 하느님만큼이나 확실한 시험법이다. 네가 모든 두려움에서 전적으로 자유롭다면, 그리고 너를 만나거나 심지 어 너에 대해 생각하는 모든 이가 너의 완벽한 평화를 공유한다면, 너는 너의 레슨이 아니라 하느님의 레슨을 배웠다고 확신해도 좋다. 이 모든 것이 참이 아닌 한, 너의 마음에는 너 자신과 주변의 모든 이를 해치고 방해하는 어둠의 레슨이 있는 것이다. 완벽한 평화의 *부재*는 단 *하나만* 의미할 뿐이다: 너는 하느님이 당신의 아들을 위해 뜻하시는 것을 네가 뜻하지 않는다고 *생각한다*. 모든 어둠의 레슨은 어떤 식으로든 이것을 가르친다. 그리고 모든 빛의 레슨은 네가 아버지와 *함께* 그분의 아들에게 뜻 한다는 것을 가르친다. 성령은 네가 받아들이지 않고 감추지 않는 어둠의 레슨을 빛 의 레슨으로 대체할 것이다.

⁶⁴ 네가 그동안 너 자신에게 가르친 모든 것과 완전히 다른 레슨을 어떻게 배울 수 있 을지 걱정하지 말라. 네가 어찌 알겠는가? 너의 역할은 아주 단순하다. 너는 단지 네 가 배운 모든 것을 *원하지* 않는다는 것을 인식하기만 하면 된다. *가르침 받기*를 요청 하되, *네가* 배운 것을 확증하기 위해 너의 경험을 사용하지 말라. 너의 평화가 위협받 거나 어떤 식으로든 흔들린다면, 마음속으로 다음과 같이 말하라:

⁶⁵ 나는 이것을 포함한 어떤 것도 그 의미가 무엇인지 모른다.
따라서 나는 그것에 어떻게 반응해야 할지 모른다.
나는 과거에 배운 것을 지금 나를 안내할 관점으로 사용하지 않겠다.

⁶⁶ 이와 같이 네가 알지 못하는 것을 너 자신에게 가르치려는 시도를 포기한다면, 하 느님이 너에게 주신 안내자가 너에게 말을 걸어올 것이다. 네가 *너의* 의식에서 성령 이 정당히 있어야 할 자리에서 내려와 그것을 성령께 드리는 순간, 성령이 그 자리를

차지할 것이다.

⁶⁷ *너는* 너 자신을 기적으로 이끄는 안내자가 될 수 없다. 네가 바로 기적이 필요하게 만든 당사자기 때문이다. 네가 그렇게 했기 *때문에*, 네가 기적을 행할 때 의지할 수단이 너를 *위해* 제공되었다. 하느님의 아들이 아버지께 아주 약간만이라도 의지한다면, 아버지는 그가 만들어낸 모든 필요를 다 채워주실 것이다. 하지만 하느님이 당신의 아들을 억지로 당신께 의지하게 만드신다면, 하느님은 더 이상 당신 자신으로 남아계실 수 없다. 하느님이 당신의 **정체**를 잃으시는 것은 불가능하다. 만약 잃으신다면, 너도 *너의* 정체를 잃을 것이기 때문이다. 너의 정체이신 하느님은 당신 자신을 바꾸실 수 없다. 왜냐하면, 너의 정체가 정녕 변함없기 때문이다. 기적은 하느님의 아들을 그가 스스로 만들려고 하는 모습이 아니라 늘 그랬던 대로 봄으로써, 하느님의 변함없음을 인정한다. 기적은 *오로지* 죄 없음만이 가져올 수 있는 결과를 가져오며, 그리하여 죄 없음이 분명 존재한다는 사실을 확립한다.

⁶⁸ 죄의식에 너무도 강하게 속박되어 있고, 계속 그렇게 남아있는 데 전념하는 네가 어찌 너의 죄 없음을 스스로 확립할 수 있겠는가? 그것은 불가능하다. 하지만 네가 확실히 해두어야 할 점은, 그것이 *불가능함*을 기꺼이 인정하려는 용의를 내야 한다는 것이다. 성령의 안내가 제한되는 이유는 단지, 너 혼자서 삶의 소소한 부분을 꾸려나가거나 특정한 측면을 처리할 수 있다고 생각하기 때문이다. 너는 이런 식으로 *성령*을 의지할 수 없게 만들고는, 이런 가공의 의지할 수 없음을 구실로 특정한 어둠의 레슨을 성령께 감추려 한다. 네가 *받아들일* 안내를 이런 식으로 제한함으로써, 너는 기적이 너를 위해 모든 문제에 답해준다고 믿을 수 없게 된다.

⁶⁹ 성령이 너로 하여금 다른 이에게 *주도록* 하려는 것을 너에게는 *주지 않으리라*고 생각하는가? 네가 가진 문제 가운데 성령이 너에게 기적을 제공하여 해결하지 못할 문제는 *없다*. 기적들은 *너를* 위한 것이다. 그리고 너의 모든 두려움과 고통, 시련은 *이미* 무효화되었다. 성령은 그것들을 너 *대신* 받아들여서 그것들이 결코 존재한 적이 없음을 인식함으로써, 전부 빛으로 가져왔다. 어둠의 레슨들 중에 성령이 너를 위해 *이미* 밝혀놓지 않은 것은 없다. 네가 너 자신에게 가르치려는 레슨들을, 성령은 이미 교정했다. 그 레슨들은 성령의 **마음**에 전혀 존재하지 않는다. 과거는 성령을 속박하지 못하며, 따라서 너도 속박하지 못하기 때문이다. 성령은 시간을 네가 보듯이 보지 않는다. 그리고 성령이 네게 제공하는 모든 기적은, 시간에 대한 너의 용도를 교정하

여 성령의 것으로 만든다.

70 너를 이미 과거에서 해방한 성령은 네가 정녕 과거에서 *자유로움*을 가르쳐주고자 한다. 성령은 너로 하여금 그가 성취한 것을 *네 것*으로 받아들이게 할 것이다. 성령은 그것을 너를 *위해* 성취했기 때문이다. 성령이 그렇게 했기 때문에, 그것은 정녕 네 것이다. 성령은 너를 이미 네가 만든 것으로부터 해방하였다. 너는 성령을 부정할 수는 있지만, 헛되이 요청할 수는 *없다*. 성령은 항상 너 *대신에* 그가 만든 것을 준다. 성령은 자신의 빛의 가르침을 네 마음 안에 확립할 것이며, 따라서 죄를 가르치는 어둠의 레슨은 성령이 자신의 **현존**으로 거룩하게 확립한 네 마음 안에 머물러 살 수 없게 된다. 성령이 그곳에서 너를 통해 일하니, 하느님께 얼마나 감사할 일인지. 그리고 성령이 이룬 모든 성과는 곧 너의 성과다. 네가 성령으로 하여금 너를 통해 기적을 행하도록 허용할 때마다, 성령은 너에게 기적을 선사한다.

71 하느님의 아들은 *언제까지나* 분열될 수 없다. 우리는 하느님 안에서 하나로 결속되어 있듯이 하느님 안에서 하나로 배운다. 하느님의 교사는 하느님의 아들처럼 자신의 창조주를 닮았으며, 하느님은 당신의 **하나인 상태**와 아들의 하나인 상태를 당신의 교사를 통해 선포하신다. 침묵 속에서 귀 기울이고, 그 교사에 맞서 너의 음성을 높이지 말라. 그는 하나인 상태의 기적을 가르치며, 그의 레슨 앞에서 분열이 사라진다. 여기에서 그 **교사**처럼 가르쳐라. 그러면 네가 그동안 *항상* 아버지처럼 창조했음을 기억할 것이다. 불멸의 거룩한 인장이 찍힌 창조의 기적은 결코 멈춘 적이 없다. 이것이 바로 모든 창조물을 위한 하느님의 뜻이다. 그리고 모든 창조물은 이것을 함께 뜻한다.

72 자신이 아무것도 알지 못함을 항상 기억하면서 기꺼이 *모든 것*을 배우려는 자들은 *모든 것*을 배울 것이다. 하지만 그들이 자신을 신뢰할 때마다, 그들은 배우지 *않을* 것이다. 그들은 자신이 *이미* 안다고 생각함으로써 배움의 동기를 파괴해 버렸다. 완벽한 평화의 시험법을 통과할 때까지, 그 무엇도 이해한다고 생각하지 말라. 평화와 이해는 함께 가는 것이지, 결코 하나만 찾을 수는 없기 때문이다. 하나는 다른 하나를 데려온다. 그것들이 분리되지 않는 것이 곧 하느님의 법칙이기 때문이다. 그것들은 서로에게 원인이자 결과며, 따라서 하나가 없는 곳에서는 다른 하나도 있을 수 *없다*.

73 이해의 결과가 함께하지 *않는* 한 자신은 알 수 없음을 깨닫는 자들만이, 실제로 배울 수 있다. 이를 위해서는, 오로지 평화만을 *원해야* 한다. *네가* 안다고 생각할 때마다, 평화는 너를 떠날 것이다. 그럴 때 너는 평화의 **교사**를 저버린 것이기 때문이다.

네가 알지 *못함*을 충분히 깨달을 때마다, 평화가 돌아올 것이다. 그럴 때 너는 평화의 **교사**를 위해 에고를 버림으로써, 평화가 돌아오게 해달라고 요청한 것이기 때문이다. 에고에게는 아무것도 요청하지 말라. 네가 할 일은 단지 *이것뿐이다.* 성령은 그런 식으로 자리를 내주는 모든 마음을 자기 자신으로 채울 것이다.

⁷⁴ 네가 만약 평화를 원한다면, 공격의 교사를 버려야 한다. 평화의 교사는 **결코** 너를 버리지 않을 것이다. 너는 그를 저버릴 수 있을지라도, 그는 결코 그것을 되갚지 않을 것이다. 너에 대한 그의 믿음이 곧 그의 이해기 때문이다. 그 교사는 자신의 창조주를 믿듯이 확고하게 너를 믿으며, 창조주에 대한 믿음은 그분의 창조물에 대한 믿음을 포함할 수밖에 없음을 안다. 성령의 거룩함은 바로 이런 일관성에 있으며, 성령은 그것을 저버릴 수 없다. 그렇게 하는 것은 그의 창조주의 뜻이 아니기 때문이다. 성령은 언제나 너를 완벽하다고 보면서, 평화의 필요성을 지각하고 평화를 가지려는 모든 이에게 평화의 선물을 준다. 평화에게 길을 내주어라. 그러면 평화가 올 것이다. 이해는 너의 내면에 있으며, 그로부터는 평화가 올 수밖에 없기 때문이다.

⁷⁵ 하느님의 권능에서 평화와 이해가 비롯되며, 그 권능은 하느님의 것이듯 확실하게 너의 것이기도 하다. 네가 하느님을 모른다고 생각하는 이유는 단지, 하느님을 홀로 아는 것은 불가능하기 때문이다. 하지만 하느님이 너를 통해 행하실 엄청난 일을 보면, 네가 그분을 통해 그 일을 행했음을 확신할 것이다. 너무도 강력해서 도저히 네게서 나온 것일 수 *없는* 결과의 **근원**을 부정하기란 불가능하다. 하느님을 위한 자리를 남겨두어라. 그러면 너는 권능으로 충만하여 *그 무엇도* 너의 평화를 이길 수 *없음*을 깨달을 것이다. 이것이 바로 네가 이해했음을 알아볼 시험법이다.

제15장

시간의 목적

I. 서문

[1] 너는 신경을 쓰거나 걱정할 것이 전혀 없고, 불안해 할 것도 전혀 없으며, 항상all the time 지극히 평온하고 조용하게 있는 것이 무슨 의미인지 상상할 수 있겠는가? 하지만 더도 말고 단지 이것을 배우는 것, 이것이 바로 시간time의 *목적이다*. 이것이 네가 배우는 *전부가* 될 때까지, 하느님의 교사는 자신의 가르침에 만족할 수 없다. 네가 아주 일관된 학습자가 되어서 *오로지* 그 교사로부터만 배울 때, 그의 가르치는 기능이 비로소 완수된다. 이것이 일어났을 때, 너에게는 더 이상 교사도 배우기 위한 시간도 필요하지 않을 것이다.

[2] 네가 좌절감을 느끼는 원인 가운데 하나는, 그렇게 되려면 시간이 걸리며, 성령의 가르침은 그 결과가 먼 미래에 있다는 믿음이다. 그렇지 않다. 성령은 시간을 자신만의 방법으로 *사용하며*, 시간에 묶여있지 않기 때문이다. [시간은 성령의 가르침을 돕는 친구다. 시간은 너를 피폐화하듯 성령을 피폐화하지 않는다.] 시간이 야기하는 듯한 그 모든 피폐화는 단지 네가 에고와 동일시하기 때문인데, 에고는 파괴에 대한 자신의 믿음을 떠받치려고 시간을 사용한다. 성령처럼 에고도 가르침의 목표goal와 결말end의 불가피성을 너에게 확신시키려고 시간을 사용한다. 에고에게 가르침의 목표는 죽음이며, 죽음은 가르침의 결말이다. 그러나 성령에게 가르침의 목표는 생명이며, 생명에는 끝end이 없다.

II. 시간 사용법

[3] 에고는 시간의 동맹자일 뿐, 친구가 아니다. 에고는 생명과 마찬가지로 죽음도 불신하며, 너에게 일어나기를 바라는 것을 자신은 견뎌낼 수 없기 때문이다. 에고는 *너의 죽음을 바랄 뿐, 자신의 죽음은 바라지 않는다*. 그러므로 에고의 이런 이상한 종교의 결과는, 에고가 너를 무덤 너머로까지 쫓아갈 수 있다고 확신하는 것이다. 에고는 네가 죽기를 바라지만 죽음에서조차 평화를 찾기를 바라지는 않기에, 너에게 지옥에서의 불멸을 제공한다. 에고는 너에게 천국에 대해 말해주기는 하지만, 천국은 너를 위한 곳이 아니라고 장담한다. 죄 있는 자가 어찌 천국을 바랄 수 있겠는가? 에고와

동일시하는 자는 지옥에 대한 믿음에서 벗어날 수 없다. 그의 악몽과 두려움은 모두 지옥과 관련이 있다.

4 에고는 지옥이 *미래에* 있다고 가르친다. 에고의 모든 가르침은 지옥을 향하기 때문이다. 지옥은 에고의 *목표다.* 에고는 죽음과 소멸이라는 결말을 지향하기는 하지만, 그것을 *믿지* 않기 때문이다. 에고는 네가 죽기를 갈망하지만, 그러한 목표에도 만족할 줄 모른다. 에고의 가르침을 따르는 자들은 항상 죽음에 대한 두려움에 시달린다. 하지만 죽음을 단지 고통의 끝이라고 본다면, 그 누가 죽음을 *두려워하겠는가?* 우리는 전에 에고의 사고체계에서 이런 이상한 역설을 본 적이 있지만, 여기서보다 더 분명히 드러나지는 않았다. 에고가 너의 충성을 계속 받으려면, 너를 두려움에서 *지켜주는* 듯이 보여야 한다. 하지만 에고가 *자기 자신을* 유지하려면, 두려움을 *일으켜야* 한다.

5 여기서 에고는 또다시 해리를 사용하여 자신의 상충하는 두 목표들을 한데 묶어 그것들이 양립하는 듯이 보이게 만들며, 그럼으로써 그것들을 다 이루려고 시도한다. 그리고 에고는 그러한 시도에 너무도 자주 성공한다. 에고는 천국의 희망에 관한 한 죽음이 끝이라고 가르친다. 하지만 너와 에고 자신은 분리될 수 없으며, *자신의 죽음* 은 상상할 수도 없는 것이므로, 자신이 너를 계속 뒤쫓을 것이라고 가르친다. 에고에게 죄책은 영원하기 때문이다. 이러한 것이 바로 에고 버전의 불멸성이다. 그리고 이러한 불멸성이야말로 에고 버전의 시간이 지원하는 것이다.

6 에고는 *미래는* 지옥이므로 천국은 지금 여기라고 가르친다. 에고는 자신의 음성을 일시적으로 *유일한* 음성으로 듣는 자의 목숨을 *빼앗으려고* 잔인하게 공격할 때조차, 그에게 지옥에 대해 말한다. 에고는 그에게, 지옥이 *여기에 있으니* 지옥에서 망각으로 뛰어들라고 명한다. 에고가 그나마 차분하게 바라보도록 허락하는 유일한 시간은 과거다. 그러나 심지어 거기서도, 과거의 유일한 가치는 과거는 더 이상 존재하지 않는다는 것이다.

7 에고의 시간 사용법이야말로 얼마나 암울하고 절망적인지! 그리고 얼마나 무시무시한지! 과거와 미래가 같아야 한다는 에고의 광적인 주장 밑에는 평화에 대한 훨씬 더 음흉한 위협이 감춰져 있기 때문이다. 에고는 자신의 마지막 위협은 자랑스럽게 드러내 보이지 않는다. 에고는 자신의 숭배자들이 여전히 에고가 그 위협에서 *벗어날 길을* 제공해 줄 수 있다고 믿기를 바라기 때문이다. 하지만 죄에 대한 믿음은 지옥에 대한 믿음으로 이어질 *수밖에* 없으며, *항상 그렇게 이어진다.* 에고가 지옥에 대한 두

려움을 경험하도록 허락하는 유일한 방법은 지옥을 *이곳으로* 가져오는 것이지만, 그것은 항상 미래의 맛보기에 지나지 않는다. 자신이 지옥에 가야 마땅하다고 여기는 자는 처벌이 평화롭게 끝나리라고 믿을 수 없기 때문이다.

8 성령은 지옥이 *없다고* 가르친다. 지옥은 단지 에고가 *현재를 가지고* 지어낸 것에 불과하다. 지옥에 대한 믿음이야말로 네가 현재를 *이해하지* 못하게 하는 것이다. 너는 이제 현재를 *두려워하게* 되었기 때문이다. 에고가 지옥으로 몰고 가는 것만큼이나 확고하게, 성령은 천국으로 인도한다. 에고는 두려움을 가지고 현재를 쓸모없게 만들려고 하지만, *오로지* 현재만 아는 성령은 현재를 사용하여 두려움을 무효화하기 때문이다. 에고의 시간 사용법에는 두려움에서 벗어날 길이 *전혀 없다.* 에고의 가르침에 의하면, 시간은 단지 죄의식이 모든 것을 둘러싸서 영원히 보복을 요구할 때까지 죄의식을 가중시키기 위한 도구일 뿐이다.

9 성령은 이 모든 것을 *지금* 무효화할 것이다. 두려움은 현재에서 오지 않고 단지 과거와 미래에서 오지만, 과거와 미래는 존재하지 않는다. 매 순간이 과거로부터 명확하게 구분되고 분리되어 있으며, 과거의 그림자가 미래에까지 드리우지 않을 때, 더 이상 현재 안에 두려움은 없다. 매 순간은 깨끗하고 더럽혀지지 않은 탄생으로서, 그 안에서 하느님의 아들은 과거에서 벗어나 현재 속으로 나타난다. 그리고 현재는 영원히 확장한다. 현재는 너무도 아름답고 너무도 깨끗하고 죄의식에서 자유롭기에, 거기에는 오로지 행복만 있다. 어떤 어둠도 기억되지 않으며, 불멸성과 기쁨이 *지금* 있다.

10 이 레슨을 배우는 데는 시간이 걸리지 *않는다.* 과거와 미래가 없다면 무엇이 시간이란 말인가? 너 자신을 그렇게 철저히 잘못 인도하는 데는 시간이 *걸렸지만,* 너의 *정체가* 되는 데는 시간이 전혀 걸리지 않는다. 성령이 행복과 평화를 가르치는 도구로 시간을 사용하는 방법을 연습하기 시작하라. *지금* 바로 이 순간을 취해서, 그것이 존재*하는 모든* 시간이라고 여겨라. 과거의 것 중에 이곳의 너에게 도달할 수 있는 것은 아무것도 없다. 이곳이야말로 네가 *전적*으로 사면받고, *전적*으로 자유로우며, *아무런* 정죄도 받지 않는 곳이다. 너는 거룩함이 다시 태어난 이 거룩한 순간으로부터 걸어 나와 두려움 없이, 그리고 시간에 *따라* 변한다는 느낌 없이, 시간 속으로 나아갈 것이다.

11 변화 없이는 시간을 상상조차 할 수 없지만, 거룩함은 변하지 않는다. 이런 순간으로부터 단지 지옥이 존재하지 않는다는 사실 이상을 배워라. 이렇게 구원하는 순간 안에, 천국이 놓여있다. 그리고 천국은 변하지 않을 것이다. 거룩한 현재로 태어나는

것은 변화에서 *구원되는* 것이기 때문이다. 변화란, 자신을 죄 없다고 볼 수 없는 자들이 가르친 환상에 불과하다. 천국에는 변화가 없다. 하느님 안에 변화란 없기 때문이다. 너 자신이 자유로 찬란히 빛나고 있음을 보는 거룩한 순간에, 너는 반드시 하느님을 기억할 것이다. 하느님을 기억하는 것은 곧 자유를 기억하는 것이기 때문이다.

¹² 너의 마음을 그렇게 철저히 바꾸는 데 시간이 얼마나 오래 걸릴지 생각하며 낙심하려는 유혹이 들 때마다, "한 순간이 얼마나 긴가?"라고 자문하라. 너의 구원을 위해 성령께 그렇게 짧은 시간도 줄 수 없겠는가? 성령은 그 이상 요구하지 않는다. 그 이상은 필요 없기 때문이다. 성령이 이 작은 순간을 사용하여 너에게 천국 전체를 안겨주는 데 걸리는 시간보다는, 성령께 이 순간을 드리려는 용의를 내는 방법을 너에게 가르치는 데 훨씬 더 많은 시간이 걸린다. 그런 순간에 대한 대가로, 성령은 너에게 영원에 대한 기억을 안겨줄 준비를 하고 있다.

¹³ 이 거룩한 순간을 네 형제들의 *해방*을 위해 그들에게 주기를 꺼리는 한, 너는 결코 그 순간을 너의 해방을 위해 성령께 드리지 않을 것이다. 거룩한 순간은 공유되는 것이지 너 혼자만의 것일 수 없기 때문이다. 그러니 어떤 형제를 공격하려는 유혹을 느낄 때마다, 그가 해방되는 순간은 곧 *네가* 해방되는 순간임을 기억하라. 기적은 네가 선사하고 네가 *받을* 해방의 순간이다. 기적은 네가 *해방되고자* 하며, 시간을 성령께 드려 사용하게 하려는 용의가 있음을 입증한다. 한 순간이 얼마나 긴가? 그 순간은 너에게 짧듯이 네 형제에게도 짧다. 이 축복받은 자유의 순간을 시간에 예속된 모든 이에게 주는 연습을 하여, 그들을 *위해* 시간을 그들의 친구로 만들어주어라. 네가 그 순간을 줌으로써, 성령은 그들의 축복받은 순간을 *너에게* 줄 수 있게 된다. 네가 그 순간을 줄 때, 성령은 그 순간을 *너에게* 제공한다.

¹⁴ 네가 성령께 받고 싶은 것을 네 형제들에게 주기를 꺼리지 말라. 너는 성령과 함께 주기 때문이다. 수정처럼 깨끗한 해방을 네 형제들에게 줄 때, 네가 *즉시* 죄의식에서 벗어난다. 네가 만약 거룩함을 선사한다면, 너는 *분명* 거룩하다. 한 순간이 얼마나 긴가? 모든 이와 하느님, 그리고 *너 자신*을 위해 완벽한 제정신과 완벽한 평화, 그리고 완벽한 사랑을 재확립하는 데 걸리는 시간만큼 길다. 불멸성을 기억하고, 너와 불멸성을 공유하는 너의 불멸의 창조물들을 기억하는 데 걸리는 시간만큼 길다. 지옥을 천국과 맞바꾸는 데 걸리는 시간만큼 길다. 에고가 지어낸 모든 것을 초월하여 아버지께 올라갈 만큼 충분히 길다.

¹⁵ 시간을 성령이 사용하도록 맡긴다면, 시간은 너의 친구가 된다. 성령이 너에게 하느님의 권능 전체를 회복해 주기 위해 필요한 시간은 아주 짧다. 너를 위해 시간을 초월하는 성령은 시간의 *목적*을 이해한다. 거룩함은 시간이 아닌 영원 속에 놓여있다. 하느님의 아들이 자신의 순수를 잃을 수 있었던 순간은 결코 없었다. 그의 변함없는 상태는 시간 너머에 있다. 그의 순수는 영원히 공격 너머에, 그리고 가변성 너머에 있기 때문이다. 시간은 하느님 아들의 거룩함 속에 고요히 멈춰 서서 변하지 않는다. 따라서 그것은 더 이상 시간이 아니다. 시간은 이제 하느님의 창조물이 영원히 성스러운 그 한 순간에 붙잡혀, 영원으로 변형된다. 네 형제에게 그 영원한 순간을 *주어라*. 그럼으로써 완벽한 해방의 바로 그 빛나는 순간에, *너를 위해* 영원이 기억된다. 성령을 통해 거룩한 순간의 기적을 선사하고, 그 순간의 기적을 너에게 주는 것은 성령께 맡겨라.

Ⅲ. 시간과 영원

¹⁶ 속죄는 시간 *안에* 있지만, 시간을 위한 것은 아니다. 속죄는 네 안에 있기에, 영원하다. 하느님에 대한 기억을 간직한 것은 시간에 속박될 수 없다. 너 또한 그러하다. 하느님이 속박되시지 않는 한, 너도 속박될 수 *없기* 때문이다. 성령은 네가 드리는 한 순간을 너를 대신해 하느님께 드리며, 바로 그 순간에 너는 하느님 안에서 부드럽게 깨어날 것이다. 그 축복의 순간에 너는 과거에 배운 것을 전부 내려놓을 것이며, 성령은 평화의 레슨 전체를 너에게 재빨리 전해줄 것이다. 그 레슨을 배우는 것에 대한 모든 장애물이 제거되었을 때, 시간이 걸릴 일이 무엇이 있겠는가? 진리는 시간 저 너머에 있기에, 진리 전체가 한꺼번에 일어난다. 진리가 하나로 창조되었듯이, 진리의 하나인 상태도 시간에 의존하지 않기 때문이다.

¹⁷ 시간에 신경 쓰지 말라. 또한, 두려움을 *전부* 제거할 거룩한 순간을 두려워하지 말라. 평화의 순간은 영원하다. 그 순간에는 두려움이 전혀 없기 *때문이다*. 그 순간은 반드시 올 것이다. 그것은 시간을 영원으로 전환하라는 하느님의 명을 받은 교사를 통해, 하느님이 네게 주시는 레슨이기 때문이다. 하느님의 교사는 축복받았다. 하느님의 거룩한 아들에게 그의 거룩함을 가르치는 것이 그 교사의 기쁨이다. 그 교사의

기쁨은 시간에 갇혀있지 않는다. 그 교사의 가르침은 너를 위한 것이다. 그의 기쁨은 곧 *너의* 기쁨이기 때문이다. 그를 통해 너는 하느님의 제단 앞에 서며, 그곳에서 하느님은 지옥을 천국으로 부드럽게 전환하신다. 하느님은 네가 오로지 천국에만 있기를 바라시기 때문이다.

18 하느님이 네가 있기를 원하시는 곳에 있기 위해 얼마나 긴 시간이 걸릴 수 있겠는가? 너는 정녕 네가 영원히 있었고 앞으로도 영원히 있을 곳에 있기 때문이다. 네가 가진 모든 것을, 너는 영원히 가졌다. 하느님이 당신 자신을 확장하여 너를 아우르시듯, 축복받은 순간은 뻗어나가 시간을 아우른다. 너 자신의 에고를 지원하고 그 약함을 떠받치려는 시도로서 네 형제들을 네 에고의 사슬에 옭아매는 데 수많은 시간과 날들과 햇수를 보낸 너는, *강함의* 근원을 지각하지 못한다. 거룩한 순간에, 너는 너의 *모든* 형제들을 풀어주고 *그들의* 약함이든 너 *자신의* 약함이든 지원하기를 거절할 것이다.

19 너는 그동안 네 형제들을 에고를 지원하는 근원으로 봄으로써 그들을 얼마나 오용했는지 깨닫지 못한다. 그 결과 그들은 네가 지각하기에 에고에 대해 증언하며, 에고를 내려놓지 못하게 하는 빌미를 제공하는 듯이 보인다. 하지만 그들은 훨씬 더 강력하고 설득력 있는 성령 측 증인들이다. 그들은 또한 성령의 *강함을* 지원한다. 따라서 그들이 *네* 안에서 에고를 지원할지 성령을 지원할지는 너의 선택이다. 너는 *그들의* 반응을 보고 네가 어느 쪽을 선택했는지 알게 될 것이다. 어떤 형제 안에서 성령을 통해 해방된 하느님의 아들은, 만약 그가 *완전히* 해방되었다면, *항상* 인식된다. 그는 부정될 수 *없다.* 네가 여전히 확신하지 못한다면, 그 이유는 단지 그에게 완전한 해방을 주지 않았기 때문이다. 그러므로 너는 성령께 단 한 순간도 *완전하게* 주지 않은 것이다. 네가 만약 완전하게 주었다면, 네가 주었음을 확신할 것이기 때문이다. 그때 성령의 증인은 네가 듣고 *이해하도록* 너무도 분명하게 성령에 대해 증언할 것이며, 따라서 너는 확신하게 될 것이다.

20 네가 성령을 통해 전적으로 해방한 *한 명의* 증언을 들을 때까지, 너는 계속 의심할 것이다. 하지만 그 이후로는, 더 이상 의심하지 않을 것이다. 거룩한 순간은 아직 너에게 일어나지 않았다. 하지만 그 순간은 일어날 것이며, 너는 완벽한 확신으로 그것을 알아볼 것이다. 하느님의 선물을 알아볼 수 있는 다른 방법은 없다. 너는 거룩한 순간의 역학을 연습할 수 있으며, 그 과정에 많은 것을 배울 것이다. 하지만 그 자체의 비전으로 그야말로 네가 이 세상을 보지 못하게 만들 거룩한 순간의 눈부시고 찬

란한 광휘는 네가 제공할 수 있는 것이 아니다. 거룩한 순간은 여기에 있다. 그것은 완성되고, 성취되고, *전적*으로 주어진 상태로 이 순간에 *전부* 있다.

21 이제 거룩한 순간을 분리해 내는 데 있어 너의 작은 역할을 연습하기 시작하라. 너는 이 과정에 아주 구체적인 지시를 받을 것이다. 이 한 순간을 분리해 내는 법을 배워서 그것을 무시간성으로 경험하는 것은 곧 네가 분리되지 *않았다고* 경험하기 시작하는 것이다. 그럴 때 네가 도움을 받지 못할까 봐 두려워하지 말라. 하느님의 교사와 그의 레슨이 너의 힘을 지원할 것이다. 이런 연습을 할 때 너에게서 떨어져 나갈 것은 단지 너의 약함뿐이다. 그것은 바로, 네 안에 있는 하느님의 권능을 연습하는 것이기 때문이다. 그 권능을 단 한 순간만이라도 사용하라. 그러면 다시는 그것을 부정하지 않을 것이다. 우주가 감사하며 기꺼이 절하는 권능의 **현존**을 그 누가 부정할 수 있겠는가? 우주가 그 **현존**을 증언하며 인정하는 앞에서 너의 의심은 사라질 *수밖에* 없다.

IV. 왜소함과 위대함

22 왜소함에 만족하지 말고, 왜소함이 무엇이며 네가 왜 결코 왜소함에 만족할 수 없는지 확실히 이해하라. 왜소함은 네가 *너 자신에게* 바친 공물이다. 위대함 대신에 왜소함을 바친 자도 바로 너며, 왜소함을 *받아들인* 자도 바로 너다. 이 세상의 모든 것은 왜소하다. 그것은 왜소함이 너를 만족시킬 수 있다는 이상한 믿음 속에 왜소함을 가지고 만든 세상이기 때문이다. 이 세상의 그 무엇이 네게 평화를 제공한다고 믿고서 그것을 얻으려고 분투할 때, 너는 너 자신을 하찮게 만들고 영광으로부터 눈을 가리는 것이다. 네가 얻으려고 분투하거나 경계해 지키겠다고 선택할 수 있는 대안은 왜소함과 영광뿐이다. 너는 항상 하나를 포기하는 *대가로* 다른 하나를 선택할 것이다.

23 하지만 네가 매번 선택할 때마다 깨닫지 못하는 것은, 네가 선택한 것은 *너 자신에 대한* 평가라는 사실이다. 왜소함을 선택한다면, 너는 평화를 갖지 못할 것이다. 그것은 너 자신이 평화를 가질 가치가 없다고 판단한 것이기 때문이다. 네가 대체품으로 제공하는 그 무엇도 너를 만족시키기에는 너무 초라한 선물이다. 어떤 왜소함도 너를 *결코* 만족시킬 수 없음을 받아들이되, 그것도 아주 기꺼이 받아들이는 것이 중요하다. 너는 원하는 만큼 많이 시도할 자유가 있지만, 그 모든 것은 단지 너의 귀향을 미

루기 위한 것이다. 너는 오로지 위대함에만 만족할 것이기 때문이다. 그리고 위대함은 너의 집이다.

24 너에게는 너 자신에게 진 막중한 책임이 하나 있는데, 너는 그것을 늘 기억하도록 배워야 한다. 그 레슨은 처음에는 힘들어 보일 것이다. 하지만 그 레슨이 진실한 것이고 너의 권능에 대한 찬사임을 깨닫는다면, 너는 그 레슨을 사랑하게 될 것이다. 그동안 왜소함을 추구하고 찾아낸 자여, 다음을 기억하라: 너의 모든 결정은 네가 생각하는 너의 *정체에서* 비롯되며, 너 자신에게 *매기는* 가치를 나타낸다. 네가 만약 왜소한 것에 만족할 수 있다고 믿는다면, 그것은 너 자신을 제한하는 것이며, 따라서 너는 만족하지 못할 것이다. 너의 기능은 왜소하지 *않으며*, 너는 너의 기능을 찾아서 완수해야만 왜소함에서 벗어날 수 있다.

25 너의 기능이 무엇인지에 대해서는 의문의 여지가 없다. 성령이 그것을 *알기* 때문이다. 너의 기능이 얼마나 위대한지에 대해서도 의문의 여지가 없다. 그것은 **위대함**께서 성령을 통해 너에게 전해주시는 것이기 때문이다. 너는 위대함을 얻으려고 노력할 필요가 없다. 너는 그것을 *가졌기* 때문이다. 너의 모든 노력은 왜소함에 *반하여* 기울여져야 한다. 이 세상에서 너의 위대함을 보호하기 위해서는 경계해 깨어있어야 하기 때문이다. 왜소함의 세상에서 너의 위대함을 완벽하게 자각하는 것은 왜소한 자들은 맡을 수 없는 과제다. 하지만 나는 너의 왜소함이 *아닌* 너의 위대함에 찬사를 표하면서, 너에게 그 과제를 맡을 것을 요청한다. 하지만 나는 너에게 그 과제를 너 혼자서 맡으라고 요청하는 것이 아니다.

26 하느님의 귀한 아들을 위해 기울이는 너의 모든 노력을, 하느님의 권능이 지원할 것이다. 네가 만약 왜소한 것들을 찾아다닌다면, 너 자신에게 하느님의 권능을 부정하는 것이다. 하느님은 당신의 아들이 모든 것보다 적은 것에 만족하기를 뜻하지 않으신다. 하느님은 아들 없이는 만족하실 수 없으며, 아들은 아버지가 주신 것보다 적은 것에 만족할 수 없기 때문이다. 우리는 언젠가 너에게, "너는 에고의 인질이 되려는가, 아니면 하느님을 맞아들이는 집주인이 되려는가?"라고 물은 적이 있다. 결정을 내릴 때마다, 네 안의 성령으로 하여금 너에게 이 질문을 하게 하라. 네가 내리는 모든 결정은 정녕 이 질문에 대한 답이며, 그에 따라 슬픔이나 기쁨을 초대한다.

27 하느님은 너를 창조하실 때 당신 자신을 너에게 주시면서, 너를 영원히 당신을 맞아들이는 집주인으로 확립하셨다. 하느님은 너를 떠나신 적이 없으며, 너도 하느님을

떠난 적이 없다. 하느님의 위대함을 부정하고 그분의 아들을 에고의 인질로 만들려는 너의 모든 시도는 하느님이 당신과 결합해 놓으신 자를 왜소하게 만들 수 없다. 네가 내리는 모든 결정은 천국이나 지옥을 위한 것이며, 그에 따라 천국이나 지옥에 대한 자각을 가져다줄 것이다. 성령은 왜소함이 전부 제거된 너의 위대함을, 왜소함의 세상이 너에게 제공하는 그 모든 왜소한 선물의 영향을 전혀 받지 않은 채로, 너의 마음에 분명하고 안전하게 간직할 수 있다. 하지만 이를 위해서는, 성령이 너를 위해 뜻하는 것에 *반대하지* 말아야 한다.

28 성령을 통해, 하느님을 위한 결정을 내려라. 자신이 왜소하며, 왜소함에 만족할 수 있다고 믿기로 결정한 자는 바로 너기 때문이다. 하느님이 네 안에 놓아두신 권능과 영광은 너처럼 자신을 왜소하다고 지각하고, 왜소함을 부풀려서 그것이 위대함이라도 되는 양 만족할 수 있다고 믿도록 자신을 속인 자들을 위한 것이다. 왜소함을 주지도 말고 받아들이지도 말라. 하느님을 맞아들이는 집주인은 모든 영광을 받아 마땅하다. 너의 왜소함은 너를 속이지만, 너의 위대함은 네 안에 사시며 또한 네가 그 안에 사는 하느님에게서 나온다. 그렇다면 아버지를 맞아들이는 집의 영원한 주인인 그리스도의 이름으로, 그 누구에게도 왜소함을 가지고 다가가지 말라.

29 거룩함이 이 세상에 태어나는 것을 축하하는 이 계절(성탄절)에, *너를* 위해 거룩함을 선택한 나와 결합하라. 하느님이 몸소 당신을 맞아들이는 집주인으로 명하신 자에게 위대함에 대한 자각을 회복해 주는 것이 우리가 *함께* 맡은 과제다. 하느님의 선물을 주는 것은 너의 모든 왜소함을 넘어서는 것이지만, *너를 넘어서는 것은 아니다*. 하느님은 당신 자신을 너를 *통해* 주시고자 하기 때문이다. 하느님은 너로부터 모든 이에게 다가가시고, 모든 이 너머로 당신 아들의 창조물들에게 다가가시지만, 그렇다고 해서 너를 떠나지는 않으신다. 너의 왜소한 세상 저 너머로, 그러나 여전히 네 안에서, 하느님은 영원히 확장하신다. 하지만 하느님은 당신이 확장하신 그 모든 것을 당신을 맞아들이는 집주인인 너에게 가져다주신다.

30 왜소함을 떠나 헛되이 방랑하지 않는 것이 희생인가? 영광으로 깨어나는 것은 희생이 아니지만, 영광보다 *못한* 것을 받아들이는 것은 *희생이다*. 너는 평화의 왕자가 될 자격이 있음을 배워라. 그는 네가 맞아들이는 하느님께 경의를 표하여 네 안에 태어났다. 네가 사랑의 의미를 모르는 이유는, 하찮은little 선물로 사랑을 쟁취하려 했고, 그럼으로써 사랑의 위대함을 이해하기에는 사랑의 가치를 너무도 하찮게 매겼기 때

문이다. 사랑은 왜소하지little *않다*. 그리고 사랑은 네 안에 머물러 산다. 너는 하느님을 맞아들이는 집주인이기 때문이다. 네 안에 사는 위대함 앞에서, 너 자신에게 내린 빈약한 평가와 네가 준 모든 하찮은 선물이 슬며시 무로 사라져 버린다. 하느님의 거룩한 아이야, *오로지* 거룩함만이 너를 만족시키고 너에게 평화를 줄 수 있음을 언제 배우려느냐?

31 나와 마찬가지로 너도 너 자신만을 위해 배우는 것이 아니다. 이를 기억하라. 네가 나에게 배울 수 있는 *이유는*, 내가 너를 위해 배웠기 때문이다. 누추한 왜소함은 하느님을 맞아들이는 집주인을 죄의식과 약함에 묶어둔다. 하지만 나는 너에게 단지 네 것만을 가르칠 것이며, 그럼으로써 우리는 함께 그의 내면의 영광에 대한 기쁜 자각으로 왜소함을 대체할 수 있다. 내가 네 안에 태어나는 것은 곧 네가 장엄함으로 깨어나는 것이다. 나를 구유로 맞아들이지 말고, **거룩함**께 바치는 제단으로 맞아들여라. 그곳은 거룩함께서 완벽한 평화 속에 머무시는 곳이다. 나의 왕국은 이 세상에 속하지 않는다. 그것은 *너의* 내면에 있으며, 너는 아버지께 속하기 때문이다. 왜소함 너머에 영원히 남아있을 너에게, 우리 함께 경의를 표하자.

32 너와 함께 머물기로 결정한 나와 함께 결정하라. 나는 아버지가 뜻하시는 대로 뜻한다. 아버지의 뜻은 한결같으며, 영원히 그 자체와 평화로움을 나는 알기 때문이다. 너는 오로지 하느님의 뜻에만 만족할 수 있을 것이다. 내가 배운 모든 것이 곧 네 것임을 기억하면서, 그보다 못한 것은 받아들이지 말라. 나는 아버지가 사랑하시는 것을 아버지처럼 사랑하고, 그것을 그 정체가 아닌 것으로는 받아들일 수 없다. *너* 또한 그렇게 할 수 없다. 네가 너의 정체를 받아들이는 법을 배웠을 때, 너는 더 이상 너 자신에게 줄 선물을 만들지 않을 것이다. 그때 너는 너 자신이 완전하고, 아무것도 필요 없으며, *아무것도* 너 자신만을 위해 받아들일 수 없음을 알게 될 것이기 때문이다. 그러나 너는 *이미* 받았기에, 기꺼이 줄 것이다. 하느님을 맞아들이는 집주인은 아무것도 찾으려 할 필요가 없다.

33 구원을 기꺼이 하느님의 계획에 맡기고 너 스스로 평화를 손에 넣으려고 하지 않는다면, 구원이 너에게 *주어질* 것이다. 하지만 너의 계획으로 하느님의 계획을 대체할 수 있다고는 생각하지 말라. 반대로, 나와 더불어 하느님의 계획에 동참하자. 그럼으로써 우리는 속박되어 있고자 하는 자들을 전부 해방하여, 하느님의 아들은 하느님을 맞아들이는 집주인임을 함께 선포할 수 있다. 이와 같이 우리는 *네가* 기억하고자

하는 것을 그 누구도 잊어버리지 못하도록 할 것이다. 그리고 이와 같이 너는 그것을 기억하게 될 것이다.

³⁴ 모든 이 안에서 오로지 하느님에 대한 기억만을, 그리고 그의 내면에 있는 천국에 대한 기억만을 불러일으켜라. 너는 네 형제가 있도록 도울 바로 그곳에 *네가* 있다고 생각할 것이기 때문이다. 지옥과 왜소함을 달라는 그의 요청을 듣지 말고, 천국과 위대함을 달라는 요청만을 들어라. 그의 요청은 곧 너의 요청임을 잊지 말고, 나와 함께 그에게 응답하라. 하느님의 권능은 영원히 하느님을 맞아들이는 집주인 편이다. 그 권능은 오로지 하느님이 머무시는 평화만을 보호하기 때문이다. 하느님의 거룩한 제단 앞에 왜소함을 놓지 말라. 그 제단은 그곳에 바쳐진 것 덕분에, 별들 위로 올라가 천국에까지 가닿는다.

V. 거룩한 순간을 연습하기

³⁵ 하느님이 뜻하시는 것이 시간이 걸린다고 믿고 싶어 하지 않는 한, 네가 이 수업을 *즉시* 배울 수 없는 것은 아니다. 그것이 시간이 걸린다고 믿고 싶어 한다면, 그 이유는 단지 네가 이 수업을 즉시 배우는 것이 하느님의 뜻임을 인식하기를 미루고 싶어 하기 때문이다. 거룩한 순간은 *이* 순간이자 *모든* 순간이다. 네가 거룩한 순간이기를 *원하는* 그 순간은 *존재한다.* 네가 거룩한 순간이기를 원하지 않는 순간은 너에게서 사라진다. 거룩한 순간이 언제인지는 *네가* 결정해야 한다. 그 순간을 미루지 말라. 그 순간은 거룩한 순간을 찾을 수 없는 과거와 미래 너머에서 네가 받아들이기만을 기다리며 아른거리고 있다. 하지만 네가 그 순간을 원하지 않는 한, 그것을 기쁘게 자각할 수 없다. 그 순간에는 왜소함으로부터의 완전한 해방이 들어 있기 때문이다.

³⁶ 그러므로 너의 연습은 모든 왜소함을 놓아버리려는 너의 용의에 달려있을 수밖에 없다. 위대함이 너에게 분명해질 그 순간은 단지 너의 *열망만큼* 떨어져 있을 것이다. 네가 위대함을 열망하지 않고 그 대신 왜소함을 소중히 여기는 한, 그 순간은 그 정도만큼 멀어진다. 그리고 위대함을 원하는 바로 그 정도만큼, 너는 그 순간을 더 가까이 당겨올 것이다. 구원을 너의 방식대로 찾아서 *소유할* 수 있다고 생각하지 말라. 너 자신의 구원을 위해 만든 *모든* 계획을 맡기고, 그 대신 하느님의 계획을 받아라. 하느

님의 계획은 너를 만족시킬 것이며, 다른 어떤 계획도 너에게 평화를 안겨줄 수 없다. 평화는 하느님에게서 오는 것이지 다른 누구에게서 오는 것이 아니기 때문이다.

37 하느님 앞에서 겸허하되, 하느님 *안에서*는 위대하라. 하느님의 계획 앞에서 에고의 어떤 계획도 가치 있게 여기지 말라. 하느님의 계획이 *아닌* 어떤 계획에 참여하기로 결정하든, 너는 그 안에서 네가 맡은 역할을 비워두는 것이다. 그것은 네가 나와 결합하고자 한다면 반드시 이행해야 하는 역할이다. 나는 너에게, 하느님이 세상을 왜소함에서 해방하려고 주신 계획에서 너의 거룩한 역할을 이행할 것을 요청한다. 하느님은 당신을 맞아들이는 집주인이 완벽한 자유 속에 머물러 살기를 바라신다. 네가 하느님과 무관한 구원 계획에 충성할 때마다, 너를 위한 하느님의 뜻이 너의 마음에서 점점 더 가치를 잃게 된다. 하지만 너의 마음이야말로 정녕 하느님을 맞아들이는 집주인이다.

38 아버지가 당신 자신을 두신 거룩한 제단이 얼마나 완벽하고 흠 없는지 배우려는가? 하느님의 계획이 아닌 모든 계획을 기꺼이 포기하는 거룩한 순간에, 너는 이를 인식할 것이다. 네가 평화의 조건을 기꺼이 충족하려 했기에, 거기에 평화가 아주 분명하게 놓여있기 때문이다. 너는 네가 원하는 어떤 시간에도, 어떤 장소에서도 거룩한 순간을 달라고 요청할 수 있다. 이를 연습할 때는, 왜소함 속에서 위대함을 찾으려고 받아들였던 모든 계획을 버리려고 노력하라. *그곳에는 위대함이 없다.* 거룩한 순간을 사용하여, 너 혼자서는 위대함이 어디에 있는지 알 수 *없으며*, 단지 너 자신을 속일 수 있을 뿐임을 인식하라.

39 나는 네가 나에게 바라는 것처럼 분명하게 거룩한 순간 안에 서있다. 그리고 네가 나를 기꺼이 받아들이는 법을 배우는 정도만큼, 거룩한 순간이 네 것이 될 때가 가까워진다. 지금 당장 거룩한 순간을 네 것으로 만들라고 청한다. 하느님을 맞아들이는 집주인의 마음이 왜소함에서 해방되는 것은 시간이 *아닌* 용의에 달려있기 때문이다. 이 수업이 단순한 이유는 *진리가* 단순하기 때문이다. 복잡함은 에고의 것으로서, 명백한 것을 가리려는 에고의 시도에 불과하다.

40 너는 아주 단순한 이유로, *지금 당장부터* 영원에 이르기까지, 거룩한 순간 안에서 영원히 살 수 있다. 그 이유의 단순성을 가리지 말라. 만약 가린다면, 그것은 단지 단순함을 인식함으로써 복잡함을 보내버리고 싶어 하지 않기 때문일 것이다. 위에서 말한 그 단순한 이유를 단순하게 말하자면 다음과 같다: 거룩한 순간은 네가 완벽한 소

통을 받고 *주는* 시간이다. 그리고 이것은 거룩한 순간이, 너의 마음이 받기와 주기에 모두 *열려있는* 시간임을 의미한다. 거룩한 순간은 모든 마음이 정녕 소통하고 있다는 인식이다. 따라서 거룩한 순간은 아무것도 *바꾸려* 하지 않고, 모든 것을 그저 *받아들이려* 한다.

⁴¹ 네가 만약 *사적인* 생각을 소유하고 계속 *간직하고자* 한다면, 이것을 어떻게 할 수 있겠는가? 사적인 생각을 간직할 수 있는 유일한 방법은 거룩한 순간을 거룩한 순간으로 만들어 주는 완벽한 소통을 *부정하는* 것뿐이다. 너는 공유하고 싶어 하지 않는 생각을 품고 있는 것이 가능하며, 구원은 너의 생각을 너 *혼자만* 알고 숨겨두는 데 놓여있다고 믿는다. 너는 오로지 너 자신에게만 알려진 사적인 생각 속에서, 혼자 *가지려는* 것은 간직하고 공유하려는 것은 공유할 방법을 찾을 수 있다고 생각한다. 그러면서 네가 왜 주위 사람들, 그리고 너희 *모두를* 감싸고 계신 하느님과 완전하게 소통하지 않는지 의아해한다.

⁴² 네가 감춰두려는 생각 하나하나가 소통을 끊어버릴 것이다. 왜냐하면, 네가 그러기를 바라기 때문이다. 소통의 *단절이* 너에게 가치 있는 한, 완벽한 소통을 인식하는 것은 불가능하다. 너 자신에게 정직하게, "나는 완벽한 소통을 하기를 *원하는가?* 그리고 나는 완벽한 소통을 방해하는 모든 것을 영원히 보내버릴 전적인 용의가 있는가?"라고 물어보라. 이에 대한 답이 "아니오."라면, 성령이 너에게 완벽한 소통을 주려고 준비되어 있을지라도 그것이 네 것이 되기는 힘들다. 그럴 때 너는 성령과 그것을 *공유할* 준비가 되지 않은 것이기 때문이다. 그리고 완벽한 소통은 그것을 반대하기로 결정한 마음 안으로는 들어갈 수 없다. 거룩한 순간은 모든 생각을 지배하는 유일한 뜻을 받아들이는 것이기에, *동등한* 용의로써 주어지고 받아지기 때문이다.

⁴³ 거룩한 순간을 위한 필요조건은, 너에게 순수하지 않은 생각이 전혀 없어야 한다고 요구하지 않는다. 하지만 그것은 네가 계속 *간직하고자* 하는 생각은 전혀 없어야 한다고 요구한다. 순결은 네가 만드는 것이 아니라, 네가 *갖고자* 하는 순간 주어지는 것이다. 속죄에 대한 *필요가* 없다면, 그것은 속죄가 아닐 것이기 때문이다. 너 자신에게 완벽한 소통을 *감추려고* 하는 한, 너는 그것을 받아들일 수 없을 것이다. 네가 감추려고 하는 것은 정녕 너 자신에게 감춰지기 때문이다.

⁴⁴ 그러니 연습할 때 오로지 속임수를 경계해 깨어있으려 노력하고, 너 혼자만 알고 숨겨두려는 생각들을 보호하려 하지 말라. 성령의 순수가 그 생각들을 밝혀 물리치게

하고, 성령이 제공하는 순수를 언제라도 온전히 자각할 준비를 하라. 이런 식으로 성령은 네가 다음과 같은 사실을 받아들일 준비가 되도록 도울 것이다: 너는 정녕 하느님을 맞아들이는 집주인host이며, 그 누구의 인질hostage도 그 어떤 것의 인질도 아니다.

Ⅵ. 거룩한 순간과 특별한 관계

45 거룩한 순간은 네게 사랑의 의미를 가르치기 위한 성령의 가장 유용한 학습 도구다. 거룩한 순간의 목적은 판단을 *완전히* 중지하는 것이기 때문이다. 판단은 항상 과거에 의존한다. 과거의 경험은 네가 판단하는 근거기 때문이다. 과거가 없다면 판단은 불가능해진다. 과거가 없다면 너는 아무것도 이해하지 못하기 때문이다. 그러면 너는 판단하려는 어떤 시도도 하지 않을 것이다. 너는 네가 어떤 것이 무엇을 의미하는지 알지 못한다는 것을 분명히 깨달을 것이기 때문이다. 너는 이것을 두려워하는데, 에고가 *없으면* 모든 것이 혼란일 것이라고 믿기 때문이다. 하지만 단언컨대, 에고가 없으면 모든 것이 *사랑이다.*

46 과거는 *에고의* 주된 학습 도구다. 네가 너의 필요를 정의하는 법을 배우고, 그것을 네 방식대로 채우는 방법을 습득한 때는 바로 과거기 때문이다. 우리가 전에 말했듯이, 사랑을 온아들의 *일부로* 제한하는 것은 너의 관계들 속으로 죄의식을 가져오는 것이며, 그럼으로써 그것들을 실제가 아닌 관계로 만드는 것이다. 전체의 특정 측면을 분리해 내서 그 측면이 네가 상상한 필요를 채워줄 것을 기대한다면, 분리를 사용하여 너 자신을 *구하려고* 시도하는 것이다. 그러니 어떻게 죄의식이 들어오지 *않을* 수 있겠는가? 분리는 정녕 죄의식의 근원이며, 구원을 위해 분리에 호소하는 것은 네가 혼자라고 믿는 것이기 때문이다. 홀로 있는 것은 곧 죄의식을 느끼게 되는 것이다. 너 자신을 혼자라고 경험하는 것은 아버지와 아들의 하나인 상태를 부정하는 것이며, 따라서 실재를 공격하는 것이기 때문이다.

47 실재의 일부만 사랑하고는 사랑의 의미를 이해할 수 없다. 특별한 사랑을 알지 못하시는 하느님과 다르게 사랑하려 한다면, 도대체 어떻게 사랑을 이해할 수 *있겠는가?* 특별한 사랑과 더불어 특별한 관계들이 너에게 구원을 선사할 수 있다고 믿는 것은 분리가 정녕 구원이라는 믿음이다. 구원은 속죄의 완벽한 동등성 안에 놓여있기

때문이다. 온아들의 특별한 측면이 다른 측면보다 너에게 더 많은 것을 줄 수 있다고 네가 어떻게 결정할 수 있겠는가? *과거*는 너에게 그렇게 가르쳤다. 하지만 거룩한 순간은 그렇지 *않다*고 가르친다.

⁴⁸ 죄의식으로 인해, *모든* 특별한 관계 안에는 두려움의 요소들이 들어있다. 이것이 바로 특별한 관계가 너무도 자주 바뀌고 변하는 까닭이다. 그 관계는 변함없는 사랑에만 기초하지 않는다. 두려움이 들어온 사랑은 완벽하지 않으므로, 신뢰할 수 없다. 성령은 네가 만든 것의 해석자로서 자신의 기능을 수행하면서, *네가* 에고를 떠받치려고 선택한 특별한 관계들을 진리를 가리키는 학습 경험으로 *사용한다*. 성령의 가르침 아래, *모든* 관계는 사랑에 대한 레슨이 된다.

⁴⁹ 성령은 아무도 특별하지 않음을 알지만, 또한 네가 이미 특별한 관계들을 *만들었다*는 것도 지각한다. 성령은 그 관계들을 단지 정화하고자 할 뿐, 너로 하여금 파괴하도록 하지 않는다. 네가 그 관계들을 맺은 이유가 아무리 거룩하지 않을지라도, 성령은 네가 허용하는 정도만큼 두려움을 제거하여 그 관계들을 거룩함으로 전환할 수 있다. 너는 어떤 관계든 성령의 보살핌 아래에 둘 수 있으며, 그 관계를 오로지 성령만이 사용하게 하려는 용의를 성령께 드린다면, 그 관계는 결코 고통을 야기하지 않을 것임을 확신해도 좋다. 그 관계 안의 모든 죄의식은 그 관계를 *네가* 사용하기 때문에 생겨난다. 그리고 모든 사랑은 그 관계를 성령이 사용하기 때문에 생겨난다. 네가 상상해낸 필요들은 그 관계를 파괴할 것이다. 그러니 그 필요들을 두려워하지 말고 내려놓아라. 너의 *유일한* 필요는 곧 성령의 필요다.

⁵⁰ 어떤 관계를 다른 관계로 대체하려 한다면, 너는 그 관계를 성령이 사용하도록 드리지 않은 것이다. 사랑에는 대체품이 *없다*. 사랑의 한 측면을 다른 측면으로 대체하려 한다면, 한 측면에는 더 *적은* 가치를, 다른 측면에는 더 *많은* 가치를 부여한 것이다. 너는 단지 그 두 측면을 분리했을 뿐만 아니라, 두 측면 *모두*를 해치는 판단을 내린 것이다. 하지만 그럴 때 너는 먼저 너 자신을 해치는 판단을 내린 것이다. 그렇지 않다면 네가 그들을 있는 그대로가 아닌 상태로 필요로 한다고 상상하지 않았을 것이다. 너 자신을 이미 사랑이 *없다*고 보지 않았다면, 그들이 너처럼 결핍되었다고 판단할 수 없었을 것이다.

⁵¹ 관계에 대한 에고의 용도는 너무도 파편적이어서, 점점 더 극심한 파편화로 나아간다. 한 측면의 한 부분이 에고의 목적에 들어맞기는 하지만, 에고는 다른 측면의 다른

부분들을 더 좋아한다. 따라서 에고는 실재를 자신의 변덕스러운 기호에 따라 조립하여 네가 추구할 그림을 제시하지만, 사실 그 그림 비슷한 것도 존재하지 않는다. 천국이나 땅에 있는 것 중에 그 그림을 닮은 것은 아무것도 없다. 그러니 네가 아무리 그것의 실재를 추구하더라도 그것을 찾을 수 없다. 그것은 실재하지 않기 때문이다.

52 비록 천국에서는 그렇지 않지만, 땅 위의 모든 이가 특별한 관계들을 맺어왔으며, 성령은 이곳에서 그 관계들에 천국의 손길을 전해주는 방법을 안다. 거룩한 순간에는 그 누구도 특별하지 않다. 너의 개인적인 필요가 끼어들어 그들을 다르게 만들지 않기 때문이다. 과거에서 온 가치가 없다면, 너는 그들 모두가 똑같으며 *너 자신과* 닮았다고 볼 것이다. 그리고 너는 너 자신과 그들 사이에 어떤 분리도 보지 않을 것이다. 거룩한 순간에 너는 각 관계에서 네가 오로지 현재만을 지각할 때 그 관계가 될 모습을 본다.

53 하느님은 너를 *지금* 아신다. 하느님은 아무것도 기억하지 않으신다. 하느님은 정확하게 지금 너를 아시는 것처럼 *항상* 너를 알고 계셨기 때문이다. 거룩한 순간은 모든 지각을 과거 밖으로 끄집어내서 네가 네 형제들을 판단하려고 세운 준거틀을 제거함으로써, 하느님의 앎과 유사하게 된다. 일단 이 준거틀이 사라지면, 성령은 그것 대신 자신의 준거틀로 대체한다. 성령의 준거틀은 단순히 말해, 하느님이시다. 성령의 무시간성은 오로지 여기에 놓여있다. 과거로부터 자유로운 거룩한 순간에 너는 사랑이 네 안에 있음을 깨닫고, *밖으로* 눈을 돌려 사랑이 있다고 생각한 곳에서 사랑을 죄진 듯이 낚아챌 필요가 없음을 본다.

54 거룩한 순간에는 너의 *모든* 관계들이 축복받는다. 거룩한 순간의 축복은 한계가 없기 때문이다. 거룩한 순간에는 온아들이 *하나로서* 얻는다. 그리고 너의 축복 안에서 연합함으로써, 온아들은 너에게 하나가 *된다.* 사랑의 의미는 곧 하느님이 사랑에 부여하신 의미다. 하느님의 의미와 *다른* 의미를 사랑에 부여하면서 사랑을 이해하는 것은 불가능하다. 하느님은 너를 사랑하시듯 모든 형제를 사랑하시며, 더 적지도 많지도 않게 사랑하신다. 하느님은 그들 모두를 똑같이 필요로 하시며, 그것은 *너도* 마찬가지다. 시간 안에서 너는 그리스도가 인도하는 대로 기적을 베풀고, 성령으로 하여금 너를 찾는 자들을 너에게 데려오게 하라는 말을 들었다. 하지만 거룩한 순간에 너는 하느님과 직접적으로 연합하며, 너의 *모든* 형제들은 그리스도 안에서 **결합**한다. 그리스도 안에서 결합된 자들은 결코 분리되어 있지 않다. 하느님이 당신의 **자아**를

그리스도와 공유하시듯, 그리스도는 온아들이 공유하는 자아기 때문이다.

⁵⁵ 네가 하느님의 자아를 판단할 수 있다고 생각하는가? 하느님은 당신의 사랑을 확장할 필요에 의해, 당신의 **자아**를 판단 *너머에* 창조하셨다. 내면에 사랑을 지닌 너에게는 사랑을 확장할 필요 *외에* 다른 필요란 없다. 거룩한 순간에는 필요들이 상충하지 않는다. 그 순간에는 오로지 *하나의* 필요만 있기 때문이다. 거룩한 순간은 영원과 하느님의 **마음**에 이르기까지 뻗어나간다. 오로지 그곳에서만 사랑이 의미를 갖고, 오로지 그곳에서만 사랑이 이해될 수 *있다*.

⁵⁶ 어떤 관계를 희생하는 대가로 다른 관계를 사용하는 한, 죄의식에 시달리지 *않는* 것은 불가능하다. 어떤 관계의 일부를 정죄하면서 그 *안에서* 평화를 찾는 것도 똑같이 불가능하다. 성령의 가르침을 따를 때, *모든* 관계는 전적인 헌신으로 보이면서도 서로 어떤 식으로든 갈등하지 않는다. 각 관계가 너를 *완벽하게* 만족시킬 수 있는 능력이 있다는 완벽한 믿음은 오로지 *너 자신에* 대한 완벽한 믿음에서 생겨난다. 그러나 죄의식을 느끼는 한, 너는 그런 믿음을 가질 수 없다. 그리고 네가 원한다는 이유로 어떤 형제를 그의 정체가 아닌 것으로 만들 수 있다는 가능성을 받아들이고 소중히 *여기는* 한, 너는 반드시 죄의식을 느낄 것이다.

⁵⁷ 너는 너 자신에 대한 믿음이 너무나 약한데, 왜냐하면 완벽한 사랑이 *네* 안에 있음을 받아들이려 하지 않기 때문이다. 그래서 너는 밖에서 *찾을* 수 없는 것을 밖에서 구한다. 나는 너의 모든 의심을 대신하여 너에 대한 나의 완벽한 믿음을 너에게 제공한다. 하지만 너에 대한 나의 믿음처럼 모든 형제들에 대한 나의 믿음도 완벽하다는 것을 잊지 말라. 그렇지 않다면 나의 믿음은 *너에게* 한계가 있는 선물이 될 것이다. 거룩한 순간에, 우리는 하느님의 아들에 대한 우리의 믿음을 공유한다. 우리는 그가 그런 믿음을 받을 가치가 있음을 함께 인식하기 때문이다. 우리가 그의 가치를 알아볼 때, 그의 거룩함을 의심할 수 *없다*. 따라서 우리는 그를 사랑한다.

Ⅶ. 거룩한 순간과 하느님의 법칙

⁵⁸ 거룩함이 공유될 때, 모든 분리가 사라진다. 거룩함은 권능이며, 공유됨으로써 그 힘이 *강해지기* 때문이다. *네가* 지각하는 대로의 필요를 채움으로써 만족을 구한다면,

너는 힘이라는 것이 다른 사람에게서 오며, *그는 네가 얻는 것을 잃는다*고 믿는 것이다. 네가 너 자신을 약하다고 지각한다면, 누군가는 *항상* 잃어야 할 것이다. 하지만 권능의 상실이라는 개념에서 완전히 벗어나서 관계를 보는 다른 해석이 있다.

⁵⁹ 다른 이가 하느님께 사랑을 달라고 요청할 때도 *너의* 요청은 여전히 강렬하게 남아 있다. 너는 이것을 믿기를 어려워하지 않는다. 그리고 너는 하느님이 그에게 응답하셔도 *네가* 응답받을 희망이 낮아진다고 생각하지 않는다. 반대로, 너는 그의 성공을 *너의* 성공 가능성에 대한 증거로 여기려는 경향이 훨씬 더 크다. 왜냐하면 너는 하느님이 하나의 *아이디어시며*, 따라서 하느님에 대한 너의 믿음은 공유됨으로써 *강화된다*는 것을 아주 희미하게라도 인식하고 있기 때문이다. 네가 받아들이기 어려워하는 점은, 아버지처럼 *너도* 하나의 아이디어며, 아버지처럼 너도 *아무것도* 잃지 않고 오로지 얻기만 하면서 자신을 완전하게 줄 수 있다는 사실이다.

⁶⁰ 바로 여기에 평화가 놓여 있다. 여기에는 갈등이 전혀 없기 때문이다. 결핍의 세상에서 사랑은 아무런 의미도 없고, 평화는 불가능하다. 그곳에서는 얻음과 잃음이 모두 받아들여지며, 따라서 아무도 자신 안에 완벽한 사랑이 있음을 자각하지 못하기 때문이다. 거룩한 순간에, 너는 내면에서 사랑이라는 *아이디어*를 인식하여, 그 아이디어를 생각했고 또한 *포기할* 수 없었던 마음과 그 아이디어를 연합한다. 너는 사랑이라는 아이디어를 그 아이디어 자체 안에 간직했기에, 그 순간에 상실은 없었다. 따라서 거룩한 순간은 너의 모든 형제를 네 마음 안에 간직하여, 상실이 아닌 *완성*을 경험하는 레슨이 된다. 이로부터 너는 *오로지* 줄 수만 있다는 결론이 나온다. 그리고 이것은 정녕 사랑이다. 하느님의 법칙 아래에서, 오로지 이것만이 자연스럽기 때문이다.

⁶¹ 거룩한 순간에는 하느님의 법칙이 지배하며, 오로지 하느님의 법칙만이 의미를 갖는다. 이 세상의 법칙은 어떤 의미라도 갖기를 멈춘다. 하느님의 아들이 하느님의 법칙을 자신이 기꺼이 뜻하는 것으로 받아들일 때, 그가 어떤 식으로든 속박되거나 제한되는 것은 불가능하다. 이 순간에, 그는 하느님이 바라시는 대로 자유롭다. 속박되기를 *거절하는* 바로 그 순간, 그는 더 이상 속박되어 있지 *않기* 때문이다.

⁶² 거룩한 순간에, 항상 존재하지 않은 것은 아무것도 일어나지 않는다. 단지 실재를 온통 뒤덮었던 장막이 걷힐 뿐이다. 변한 것은 아무것도 없다. 하지만 시간의 장막이 걷힘에 따라, 변함없음이 재빨리 *자각된다*. 장막이 걷히고 그 뒤의 빛으로 저항할 수 없이 이끌리는 경험을 하지 못한 자는 두려움 *없이* 사랑을 믿을 수 없다. 하지만 성령

은 너에게 이런 믿음을 준다. 성령은 그 믿음을 나에게 제공했으며, 내가 그것을 받아들였기 때문이다. 너에게 거룩한 순간이 거절될까 봐 두려워하지 말라. 내가 그것을 거절하지 않았기 때문이다. 성령은 나를 통해 거룩한 순간을 너에게 주었으며, 너도 마찬가지로 거룩한 순간을 형제들에게 주게 될 것이다. 다른 필요를 지각함으로써 너에게 거룩한 순간이 필요하다는 사실을 가리지 말라. 거룩한 순간에, 너는 하느님 아들의 측면들이 똑같이 공유하는 유일한 필요를 인식할 것이다. 그리고 이런 인식을 통해, 너는 나와 더불어 우리의 형제들에게 필요한 것을 *제공할* 것이다.

⁶³ 평화는 바로 *우리를* 통해 올 것이다. 나와 더불어 평화의 *아이디어*에 동참하자. 마음들은 아이디어들로 소통할 수 *있기* 때문이다. 아버지가 당신의 자아His Self를 주시듯 *네가 너 자신yourself*을 주고자 한다면, 너 자신인 상태selfhood를 이해하는 법을 배울 것이다. 그리고 그 안에서 사랑의 의미를 이해하게 된다. 하지만 이해란 *마음의 속성*이며, *오로지* 마음만의 속성임을 기억하라. 따라서 앎은 마음의 속성이며, 앎의 조건들도 앎과 더불어 마음 안에 있다. 너는 *다른 무엇도* 아닌 하나의 아이디어므로, 늘 존재해 온 모든 것과 완전히 소통할 수 있다. 하지만 네가 *다른 무엇이* 되고 *싶어 한다면*, 혹은 다른 아무것도 아닌 *동시에* 다른 무엇이 되려고 시도한다면, 네가 이미 완벽하게 알고 있는 소통의 언어를 기억하지 못할 것이다.

⁶⁴ 거룩한 순간에 하느님이 기억되며, 네가 하느님과 더불어 너의 모든 형제들과 소통하는 언어도 기억된다. 소통도 진리처럼 *함께* 기억되기 때문이다. 거룩한 순간에는 아무도 배제되지 않는다. 과거는 사라졌으며, 그와 함께 배제의 *근거도* 전부 사라지기 때문이다. 배제는 *근원이* 없으면 사라진다. 그러면 너와 너의 모든 형제들의 근원이 너의 의식에서 배제를 대체하게 된다. 하느님과 그분의 권능이 네 안에서 마땅한 자리를 차지할 것이며, 너는 아이디어들이 아이디어들과 완전히 소통하는 것을 경험할 것이다. 이렇게 할 수 있는 능력을 통해, 너는 너의 정체에 대해 배울 것이다. 그때 너는 너의 창조주와 그분의 창조물의 정체를 이해하기 시작할 것이기 때문이다.

Ⅷ. 거룩한 순간과 소통

⁶⁵ 특별한 사랑 관계의 빈약한 매력에 *항상* 가려져 있기는 하지만, 그 너머에는 아버

지가 아들을 끌어당기시는 강렬한 매력이 있다. 너를 만족시킬 수 있는 다른 사랑은 없다. 다른 사랑이란 정녕 없기 때문이다. 이것이 바로 완전하게 주어지고 완전하게 돌아오는 *유일한* 사랑이다. 그 사랑은 완전하기에, 아무것도 요구하지 않는다. 그 사랑은 전적으로 순수하기에, 그 안에서 결합된 모든 이는 모든 것을 *가졌다*. 이것은 에고가 시작하는 관계의 기반일 수 없다. 에고가 착수하는 모든 관계는 *특별하기* 때문이다. 에고는 무언가를 *얻기* 위해서만 관계를 맺으며, 죄의식을 사용하여 주는 자를 자신에게 묶어두려 한다.

⁶⁶ 에고는 어떤 관계도 분노 없이 시작할 수 없다. 에고는 분노가 *친구를* 만들어준다고 믿기 때문이다. 에고는 이렇게 말하지는 않지만, 이것이 정녕 에고의 목적이다. 에고는 *죄의식을 느끼게 만듦으로써* 무언가를 얻어내서 간직할 수 있다고 정말로 *믿기* 때문이다. 이것이 에고의 *유일한* 매력이다. 이것은 너무도 빈약한 매력이라서 무언가를 붙잡아 둘 힘이 전혀 없지만, 그런 사실을 *인식하는* 자는 아무도 없다. 에고는 항상 사랑을 통해 끌어당기는 듯이 *보이기* 때문이다. 하지만, 에고가 *죄의식을* 통해 끌어당긴다는 것을 지각하는 자는 에고에게 아무런 매력도 느끼지 못한다.

⁶⁷ 죄의식의 병적인 매력은 있는 *그대로* 인식되어야 한다. 죄의식은 너에게 실제인 것이 되어버렸으므로, 네가 죄의식을 분명하게 직시하고 그에 대한 *투자를* 거둬들임으로써 죄의식을 내려놓는 법을 배우는 것이 아주 중요하기 때문이다. 자신이 가치 있다고 믿는 것을 내려놓을 자는 아무도 없다. 하지만 네가 죄의식의 매력을 가치 있다고 보는 이유는 단지, 죄의식의 정체를 직시한 적이 *없을 뿐만 아니라* 그것을 완전히 어둠 속에서 판단했기 때문이다. 우리가 죄의식을 빛으로 가져올 때, 너는 네가 *도대체* 왜 죄의식을 원했는지 궁금해할 것이다. 눈을 뜨고 이것을 주의 깊게 바라본다고 해서 잃을 것은 아무것도 없다. 이와 같이 추한 것은 너의 거룩한 마음에 본래 속한 것이 아니기 때문이다. 하느님을 맞아들이는 집주인은 이런 것에 진정으로 투자할 수 *없다.*

⁶⁸ 우리가 전에 말했듯이, 에고는 죄의식을 유지하고 증가시키려고 하지만, 자신이 너에게 하려는 짓을 네가 알아보지 못할 방법으로 그렇게 한다. 에고의 근본 교리는, 네가 다른 이들에게 행하는 것에서 *너는 이미 벗어났다*는 것이기 때문이다. 에고는 그 누구도 잘 되기를 바라지 *않는다*. 하지만 에고의 생존은 *네가* 에고의 악의에서 면제된다고 믿는 데 달려있다. 따라서 에고는, 네가 만약 *에고의* 숙주가 되어준다면 자

신이 품은 분노를 바깥을 향하게 하여 너를 *보호해* 주겠다고 조언한다. 그렇게 에고는 끝도 없고 보람도 없는 특별한 관계들의 사슬을 엮어나가기 시작한다. 그 관계들은 분노로 날조되었으며, 너 자신의 *바깥에다* 분노를 더 많이 쏟아부을수록 *네가* 더 안전해진다는 단 하나의 미친 믿음에 바쳐졌다.

⁶⁹ 바로 이 사슬이야말로 하느님의 아들을 죄의식에 옭아매는 것이며, 바로 이 사슬이야말로 성령이 그의 거룩한 마음에서 제거하려는 것이다. 이 야만적인 사슬은 하느님이 머무실 집주인으로 선택받은 자에게 어울리지 않기 때문이다. 그는 자신을 에고의 숙주로 만들 수 *없다.* 그의 해방의 이름으로, 그리고 그를 해방하고자 하는 성령의 이름으로, 에고가 궁리해 내는 관계들을 더 자세히 직시하고 성령께 그 정확한 판단을 맡기자. 그 관계들을 *직시한다면,* 너는 그것들을 기꺼이 성령께 드릴 것이 확실하다. 너는 *성령이* 그 관계들로 무엇을 만들어낼 수 있는지 모르지만, 먼저 *네가* 그 관계들로 무엇을 만들어냈는지 기꺼이 지각하려 한다면, 그것을 기꺼이 알아내려 할 것이다.

⁷⁰ 에고가 맺는 모든 관계는 어떤 식으로든 에고가 자신을 *희생함으로써 더 커진다*는 아이디어에 기반을 둔다. 에고가 정화로 여기는 "희생"은 실제로 에고가 극심한 원한을 품게 만드는 근원이다. 왜냐하면, 에고는 직접적으로 공격하여 자신이 *정말로* 갖고 싶은 것을 즉시 얻는 것을 훨씬 더 좋아하기 때문이다. 하지만 에고는 자신이 보는 대로의 "실재"를 인정하며, 그 누구도 *직접적인* 공격을 사랑으로 해석할 수 없다는 것을 인식한다. 다른 사람이 죄의식을 느끼게 만드는 것은 실제로 직접적인 공격이지만, 그렇게 *보이지는* 않는다. 죄의식을 느끼는 자는 공격을 *예상하며,* 이렇게 공격을 *요청했기에,* 공격에 *매력을 느끼기* 때문이다.

⁷¹ 이런 정신 나간 관계에서는, 네가 원하지 않는 것의 매력이 네가 *원하는* 것의 매력보다 훨씬 더 강해 보인다. 각자는 자신이 상대방에게 무언가를 희생했다고 생각하며, 그 때문에 상대방을 *증오한다.* 하지만 바로 이것이 그가 *원한다고* 생각하는 것이다. 그는 상대방과 사랑에 빠진 것이 전혀 아니라, 그저 자신이 *희생과* 사랑에 빠졌다고 믿을 뿐이다. *자기 자신에게* 요구한 이 희생 때문에, 그는 상대방에게 죄의식을 받아들이고 그도 마찬가지로 희생을 하라고 요구한다. 이제 용서는 불가능해진다. 에고는 다른 사람을 용서하는 것은 곧 그를 *잃는* 것이라고 믿기 때문이다. 에고가 자신의 모든 관계를 결속해 주는 죄의식을 확실히 지킬 수 있는 유일한 방법은 용서 없는 공격뿐이기 때문이다.

⁷² 하지만 그들은 단지 함께 있는 듯이 *보일* 뿐이다. 에고에게 관계란 그저 *몸들이* 함께 있는 것을 의미하기 때문이다. 에고가 요구하는 것은 항상 육체적인 친밀함이다. 그리고 에고는 *마음이* 어디를 가든 어떤 생각을 하든 중요하지 않다고 보기에, 그것에 이의를 제기하지 않는다. 몸이 곁에 있어서 에고의 희생을 받는 한, 에고는 만족한다. 에고에게 마음은 사적이며, *몸만이* 공유될 수 있다. 아이디어는 기본적으로 에고의 관심 대상이 아니다. 아이디어가 다른 이의 몸을 가까이 끌어오거나 멀리 밀어내는 경우를 제외한다면 말이다. 에고는 아이디어를 이런 측면에서 좋다거나 나쁘다고 평가한다. 다른 이를 죄 있게 만들어서 죄의식을 통해 *잡아둘* 수 있는 아이디어는 "좋다." 그를 죄의식에서 해방하는 아이디어는 "나쁘다." 그러면 상대방은 더 이상 몸들이 소통한다고 믿지 않을 것이며, 따라서 "가버릴" 것이기 때문이다.

⁷³ 고통과 희생은 에고가 모든 연합을 "축복하려는" 선물이다. 그리고 에고의 제단에서 연합되어 있는 자들은 연합의 대가로 고통과 희생을 *받아들인다.* 외로움에 대한 두려움에서 태어났지만 외로움을 *지속시키는* 데 바쳐진 분노의 동맹 속에서, 그들은 *상대방 안에서* 죄의식을 증가시킴으로써 자신은 죄의식에서 벗어나려고 한다. 그들은 그것이 *자신* 안에서 죄의식을 줄여준다고 믿기 때문이다. 상대방은 항상 *그들을* 공격하고 상처를 주는 듯이 보인다. 어쩌면 사소하게, 어쩌면 "무의식적으로" 그럴 수 있지만, 희생을 요구하는 것은 결코 잊지 않는다. 에고의 제단에서 결합된 자들의 격렬한 분노는 네가 알아차릴 수 있는 수준을 훨씬 뛰어넘는다. 왜냐하면, 너는 에고가 *정말로* 무엇을 원하는지 깨닫지 못하기 때문이다.

⁷⁴ 분노에 휩싸일 때마다, 너는 에고가 "축복한" 특별한 관계를 맺었음을 확신해도 좋다. 분노는 정녕 에고의 축복이기 때문이다. 분노는 많은 형식을 취한다. 하지만 분노는, 사랑은 결코 죄의식을 일으키지 않으며, 죄의식을 일으키는 것은 사랑이 아닌 분노일 *수밖에* 없음을 배우려는 자를 오래 속일 수는 없다. *모든* 분노는 단지 누군가로 하여금 죄의식을 느끼게 만들려는 시도에 불과하다. 그리고 이런 시도는 에고가 특별한 관계를 위해 받아들이는 *유일한* 근거다. 죄의식은 에고가 가진 유일한 필요다. 그리고 네가 에고와 동일시하는 한, *계속* 죄의식에 매력을 느낄 것이다.

⁷⁵ 하지만 몸과 함께 있는 것은 소통이 *아님을* 기억하라. 그것이 소통이라고 생각한다면, 너는 소통에 죄의식을 느낄 것이며, 성령의 음성에서 소통해야 할 너 *자신의* 필요성을 인식하고는 그 음성을 듣는 것을 *두려워할* 것이다. 성령은 두려움을 통해 가르

칠 수 *없다.* 소통이 너 자신을 홀로 *있게* 만드는 것이라고 믿는 한, 성령이 어떻게 너와 소통할 수 있겠는가? 소통을 통해 네가 버려질 것이라는 믿음은 분명 제정신이 아니다. 하지만 너는 정말로 그렇게 믿는다. 너는 너의 마음을 사적으로 유지하지 않으면 그것을 *잃어버릴* 것이라고 생각하며, *몸들이* 함께 있으면 마음은 계속 네 것으로 간직할 수 있다고 생각하기 때문이다. 따라서 몸들의 연합은 네가 *마음들을* 떼어두는 방법이 된다. 왜냐하면, 몸들은 용서할 수 없기 때문이다. 몸들은 단지 마음이 지시하는 대로만 행할 수 있을 뿐이다.

76 *몸이* 자율적이고 외로움을 극복하는 능력이 있다는 환상은 단지 *자신의* 자율성을 확립하려는 에고의 계획이 작동한 것에 불과하다. 어떤 몸과 함께 있는 것이 교제라고 생각하는 한, 너는 부득이 네 형제를 그의 몸에 가두어 죄의식으로 묶어두려고 할 수밖에 없다. 그러면 너는 죄의식에서 *안전을* 보고 소통에서 *위험을* 볼 것이다. 에고는 *항상* 외로움은 죄의식에 의해 해결되고, 소통은 외로움의 *원인이라고* 가르칠 것이기 때문이다. 이러한 레슨의 명백한 광기에도 불구하고, 너는 그동안 그것을 *배웠다.*

77 저주가 죄의식 안에 놓여있듯이 확실하게, 용서는 소통 안에 놓여있다. 소통이 저주라고 믿는 자에게 소통은 *구원임을* 알려주는 것이 성령의 교수 기능이다. 그리고 성령은 반드시 그렇게 할 것이다. 성령 안에 있는, 그리고 네 안에 있는 하느님의 권능이 *진정한* 관계 안에서 결합하였기 때문이다. 그 권능은 너무도 거룩하고 강력해서 *그러한 믿음조차* 두려움 없이 극복할 수 있다. 거룩한 순간을 통해 불가능해 보이는 것이 *성취되어,* 그것이 불가능한 것이 *아님을* 분명히 보여준다. 거룩한 순간에는, 죄의식이 아무런 매력도 갖지 *못한다.* 소통이 회복되었기 때문이다. 그리고 소통의 중단이 *유일한* 목적인 죄의식은 여기서 아무런 기능도 없다.

78 여기에는 은폐도 없고, 사적인 생각도 없다. 소통하려는 용의가 거룩한 순간으로 소통을 끌어당겨서 외로움을 완전히 극복한다. 여기에 완전한 용서가 있다. 너는 다른 사람이 너의 완성에서 차지하는 역할의 가치를 갑자기 인식하여, 그 누구도 너의 완성에서 배제하려 하지 않기 때문이다. *너의* 온전성의 보호 안으로, 모든 이가 초대받아 반가이 맞아들여진다. 그리고 너는 너의 완성이 곧 하느님의 완성임을 이해한다. 하느님의 유일한 필요는 *네가* 완성되게 하는 것뿐이다. 너의 완성은 네가 하느님의 완성을 자각할 수 있게 해주기 때문이다. 그리고 바로 여기에서, 너는 너 자신을 창조된 그대로, 있는 *그대로* 경험한다.

Ⅸ. 거룩한 순간과 진정한 관계

⁷⁹ 거룩한 순간은 학습의 필요를 대체하지 않는다. 성령은 너의 **교사**로서 거룩한 순간이 시간 저 너머로 확장할 때까지 너를 떠날 수 없기 때문이다. 성령은 가르치는 과제를 완수하기 위해 이 세상의 모든 것을 너의 해방을 위해 사용해야 한다. 성령은 네가 진리를 배우려는 용의를 표시하거나 신호를 보낼 때마다 너에게 힘을 실어주어야 한다. 성령은 네가 드리는 모든 것을 이를 위해 신속히 사용한다. 너에 대한 성령의 관심과 배려는 한계가 없다. 성령은 용서가 *해방*임을 분명히 알듯이 네가 용서하기를 *두려워한다*는 *것*도 분명히 지각하며, 그럴 때면 용서는 상실이 아닌 너 자신의 *구원*임을 기억하라고 가르쳐줄 것이다. 또한, 용서할 것이 아무것도 없음을 인식하는 *완전한* 용서 안에서 *네가* 완전히 사면받는다는 것을 기억하라고 가르쳐줄 것이다.

⁸⁰ 성령께 기꺼이 귀 기울이고, 너에게는 특별한 관계가 전혀 필요 없음을 배워라. 너는 특별한 관계들에서 단지 네가 던져버린 것을 구하고 있을 뿐이다. 하지만 그런 관계들을 통해서는, 네가 던져버렸지만 여전히 온 마음을 다해 열망하는 것의 가치를 결코 배우지 못할 것이다. 우리 함께 거룩한 순간이 존재하는 모든 것이기를 열망함으로써, 거룩한 순간이 존재하는 모든 것이 되게 하자. 하느님의 아들에게는 이것을 얻으려고 노력하겠다는 너의 용의가 너무도 절실히 필요하여, 너는 그렇게 절실한 필요는 상상조차 할 수 없을 것이다. 하느님과 그분의 아들이 공유하고 함께 충족하려고 뜻하는 유일한 필요를 보라. 너는 이것을 혼자 하지 않을 것이다. 너의 창조물들의 뜻이 너의 뜻을 공유하기를 요청한다. 그러니 평화로이 죄의식으로부터 돌아서서 하느님과 너의 창조물들에게 의지하라.

⁸¹ 너를 **결코** 떠나지 않고 *네가* 결코 떠날 수 없는 것들과만 관계를 맺어라. 하느님 아들의 외로움은 곧 그의 아버지의 외로움이다. 너의 완성을 자각하기를 거부하지 말고, 너 자신을 완성하려고 하지 말라. 구원을 네 **구세주**의 사랑에 맡기기를 두려워하지 말라. 그는 너를 실망시키지 않을 것이다. 그는 실패할 수 *없는* 분에게서 오기 때문이다. *네가* 실패했다는 느낌은 단지 너의 정체에 대한 착각에 불과함을 받아들여라. 하느님을 맞아들이는 거룩한 집주인은 실패할 수 없기 때문이다. 그리고 *그가* 뜻하는 것은 거절될 수 없다. 너는 거룩한 관계 안에 영원히 있으며, 그것은 너무도 거룩해서 외로움에서 벗어나 너의 사랑에 동참하라고 모든 이를 부른다. 그들은 반드시

네가 있는 곳을 구하여, 그곳에서 너를 *발견할* 것이다.

82 단 한 순간만 다음에 대해 생각해 보라: 하느님은 너에게 온아들을 주셔서 너의 완벽한 창조를 보장하셨다. 바로 이것이 하느님의 선물이었다. 하느님은 너에게 당신 자신을 주기를 거절하지 않으셨듯이, 당신의 창조물을 주는 것도 거절하지 않으셨기 때문이다. 창조된 것 가운데 네 것이 아닌 것은 아무것도 없다. 너의 관계들은 우주와 맺는 관계들이다. 하느님께 속한 이 우주는 *네가* 지각하는 모든 분리된 몸들의 미미한 총합을 훨씬 능가한다. 우주의 모든 부분들은 그리스도를 통해 하느님 안에서 결합되어 있기 때문이다. 그곳에서 그들은 자신의 아버지를 닮게 된다. 그리스도는 아버지와의 분리에 대해 전혀 알지 못하기 때문이다. 아버지는 그리스도가 맺은 유일한 관계시며, 그 관계에서 그는 아버지가 그에게 주시듯 준다.

83 하느님은 당신이 이해하지 못하시는 것에서 너를 자유롭게 하려는 시도로서 성령을 주셨다. 그리고 이러한 시도는 그 근원으로 인해 *성공할* 것이다. 성령은 너에게, 하느님이 응답하시듯 응답할 것을 요청한다. 성령은 너에게, *네가* 이해하지 못하는 것을 가르쳐주고자 하기 때문이다. 하느님은 *모든* 필요에, 그것이 어떤 형식을 취하든 상관없이 응답하신다. 따라서 하느님은 이 채널을 열어두시어, 당신이 네게 소통하시는 것과 네가 당신께 소통하는 것을 받게 하셨다. 하느님은 너의 소통 문제를 이해하지 못하신다. 하느님은 그것을 너와 공유하지 않으시기 때문이다. 그 문제가 이해될 수 있는 것이라고 믿는 자는 단지 너뿐이다.

84 성령은 너의 소통 문제가 이해될 수 없는 것임을 알지만, 네가 그것을 이미 *만들었기* 때문에 이해한다. 하느님이 아실 수 없는 것과 네가 이해할 수 없는 것을 오로지 성령만이 알아차린다. 그 둘을 모두 받아들여 일치하지 않는 요소를 전부 제거하여 하나로 결합하는 것이 성령의 거룩한 기능이다. 성령은 이것을 반드시 할 것이다. 그것이 바로 성령의 기능이기 *때문이다.* 그러니 네가 불가능하다고 여기는 것을 성령께 맡겨라. 성령은 그것이 하느님의 뜻이므로 가능할 수밖에 없음을 안다. 성령으로 하여금 너에게 관계의 *유일한* 의미에 대해 가르치게 하라. 성령의 가르침은 *오로지* 하느님으로부터 나온다. 하느님은 의미를 가진 유일한 관계를 창조하셨으며, 그것은 바로 그분이 *너와* 맺으신 관계다.

85 에고가 네 형제들에 대한 너의 지각을 몸에 제한하려고 하듯이, 성령은 너의 비전을 해방하여 너로 하여금 그들로부터 뻗어나오는 위대한 광선들을 보게 한다. 그 광

선들은 한계 없이 뻗어나가 하느님께 가닿는다. 바로 이러한 비전의 전환이 거룩한 순간에 성취된다. 하지만 이러한 전환이 정확히 무엇을 수반하는지 배워야만, 너는 그것을 영구적인 것으로 만들겠다는 용의를 낼 것이다. 이러한 용의가 있는 한, 그 비전은 너를 떠나지 않을 것이다. 그것은 정녕 영구적이기 때문이다. 일단 그 비전을 네가 *원하*는 유일한 지각으로 받아들이면, 그것은 하느님이 속죄에서 직접 맡으신 역할을 통해 앎으로 전환된다. 그것은 속죄에서 하느님이 이해하시는 유일한 단계다. 그러므로 네가 앎을 맞이할 준비가 되면, 그 단계는 지체 없이 이루어질 것이다. 하느님은 *지금* 준비되셨지만, *너는* 그렇지 않다.

86 우리의 과제는, 모든 장애물을 직시하고 *정확하게* 있는 그대로 보는 필수적인 과정을 되도록 신속히 이어나가는 것뿐이다. 네가 *원한다고* 생각하는 것이 전혀 만족감을 주지 *못한다고* 인식하는 것은 불가능하기 때문이다. 에고가 분리의 상징이듯 몸은 에고의 상징이며, 에고와 몸은 둘 다 소통을 제한하여 불가능하게 만들려는 시도에 불과하다. 소통이 의미 있으려면 제한되지 말아야 하며, 의미를 *박탈당한* 소통은 너를 완전히 만족시킬 수 없을 것이다. 하지만 소통은 여전히 네가 진정한 관계들을 확립할 수 있는 유일한 수단으로 남아있다.

87 진정한 관계들은 하느님이 확립하신 것으로서, 어떤 한계도 갖고 있지 않다. 너의 의식에서 위대한 광선들이 몸을 *대체하는* 거룩한 순간에, 한계 없는 관계들에 대한 인식이 너에게 주어진다. 하지만 이것을 보기 위해서는, 몸에 대한 에고의 용도를 모두 포기하고, 에고에게는 네가 공유하고자 하는 어떤 목적도 *없다는* 사실을 받아들여야 한다. 에고는 *자신의* 목적을 위해 모든 이를 몸에 제한하려 하며, 너는 에고에게 어떤 목적이 있다고 생각하는 한 *에고가* 자신의 목적을 이루려고 이용하는 수단을 활용하기로 선택할 것이기 때문이다. 그 목적은 결코 이루어질 수 없을 것이다. 하지만 에고는 결코 달성할 수 없는 목표를 이루려고 사력을 다할 것이며, 게다가 *네가* 준 힘을 가지고 그렇게 할 것임을 너는 확실히 인식했다.

88 너의 힘을 천국과 지옥, 하느님과 에고로 나눈다면, 너의 권능을 창조를 향해 놓아주는 것은 불가능하다. 권능이 너에게 주어진 유일한 목적은 창조를 위해서다. 사랑은 *항상 증가*시키려 한다. 한계는 에고가 요구하는 것으로서, 왜소하고 무능하게 만들라는 에고의 요구를 나타낸다. 어떤 형제를 몸에서 해방하려 하지 않는 한, 너는 그에 대한 비전을 몸에 *제한할* 것이다. 그러면 너는 그가 *네게* 주는 선물을 거절한 것이

다. 그의 몸은 그 선물을 줄 수 *없다*. 그러니 *너의* 몸을 통해 그 선물을 구하려 하지 말라. 하지만 너희의 마음들은 *이미* 이어져 있다. 그것들이 연합되어 있음을 그저 받아들이기만 하면, 천국에서 외로움이 사라진다.

⁸⁹ 성령으로 하여금 단지 너에 대한 하느님의 사랑에 대해, 그리고 너의 창조물들이 영원히 너와 함께 있어야 할 필요에 대해 말해주게 한다면, 너는 영원한 것들의 매력을 경험하리라. 성령이 이에 대해 말해주는 것을 듣고도 여기에 계속 머물고 싶어 할 자는 아무도 없다. 천국에 있는 것은 정녕 너의 뜻이기 때문이다. 그곳에서 너는 너무나 확실하고 사랑스러워서 *어떤* 한계도 불가능한 관계들 속에서 완전하고도 조용히 있다. 너의 왜소한 관계들을 이것과 맞바꾸지 않으려는가? 몸은 정녕 왜소하고 제한되어 있으며, 에고는 네 형제들에게 자신의 한계를 부과하려 하지만, 네가 그 한계 *없이* 바라보려는 자들만이 너에게 자유의 선물을 안겨줄 수 있기 때문이다.

⁹⁰ 너는 너 자신의 지각에 가한 한계에 대해 상상도 하지 못하며, 네가 볼 수 있는 그 모든 사랑스러움에 대해 짐작도 하지 못한다. 하지만 죄의식의 매력은 하느님의 매력에 *맞선다는* 것을 반드시 기억하라. 너를 끌어당기는 하느님의 매력은 여전히 한계 없이 남아있지만, 하느님의 것인 너의 권능은 하느님의 권능만큼이나 강력하므로, 너는 사랑에게 등을 돌릴 수 있다. 너는 죄의식에 투자한 것을 하느님에게서 거둬들인다. 그러면 너의 시각은 점점 약해지고 흐려지고 제한된다. 그것은 네가 아버지를 아들과 분리하여 그들 사이의 소통을 제한하려 한 것이기 때문이다. *더 심한* 분리 속에서 속죄를 구하지 말라. 하느님의 아들에 대한 너의 비전을, 그의 해방을 *방해하는* 것, 성령이 그를 풀어주기 위해 *무효화해야* 하는 것에 제한하지 말라. 한계에 대한 그의 믿음이 그를 이미 가두었기 때문이다.

⁹¹ 네가 더 이상 몸에 매력을 느끼기를 멈추고 *무언가*를 얻는 수단으로서 몸에 아무런 가치도 두지 않을 때, 소통을 방해하는 것은 아무것도 없을 것이다. 그리고 너의 생각들은 하느님의 생각들만큼이나 자유로울 것이다. 성령으로 하여금 너에게, 몸을 오로지 소통의 목적을 위해서만 사용하고 에고가 몸에서 보는 분리나 공격을 위한 용도를 포기하는 법을 가르치게 할 때, 너는 몸이 전혀 필요 없음을 배울 것이다. 거룩한 순간에는 몸이 *전혀* 없으며, 너는 하느님이 끌어당기시는 매력만을 경험한다. 그것을 전적으로 받아들일 때, 너는 한순간에 하느님과 결합한다. 그때 너는 *하느님과의* 연합에 *아무런* 한계도 가하지 않을 것이기 때문이다. 이 관계의 실재가 네가 *원할* 수 있

는 유일한 진리가 된다. 모든 진리가 정녕 여기에 있다.

X. 그리스도의 때

⁹² 네가 *시간* 안에서 가진 권능에는 아버지와 아들의 완벽한 연합을 미룰 힘이 있다. 이 세상에서는 죄의식의 매력이 그들 사이를 가로막고 있기 때문이다. 시간도 절기도 영원 안에서는 아무런 의미도 없지만, 이곳에서는 그 둘을 전부 사용하는 것이 성령의 기능이다. 성령은 비록 그것들을 에고와는 다른 방식으로 사용하지만 말이다. 지금은 내가 세상에 태어난 것을 축하하는 절기지만, 너는 어떻게 축하해야 하는지 모른다. 성령으로 하여금 너에게 그것을 가르치게 하고, 나로 하여금 성령을 통해 *너의* 탄생을 축하하게 하라. 내가 너에게 받을 수 있는 유일한 선물은 내가 너에게 준 선물뿐이다. 내가 *너의* 해방을 뜻하듯이 *나를* 해방하라. 그리스도의 때를, *우리는 함께* 축하한다. 우리가 떨어져 있다면 그것은 아무런 의미도 없기 때문이다.

⁹³ 거룩한 순간은 정녕 그리스도의 때다. 그러한 해방의 순간에는 하느님의 아들에게 어떤 죄의식도 덧씌워지지 않으며, 그에 따라 그의 무한한 권능이 그에게 회복되기 때문이다. 내가 오로지 이것만을 *너에게* 주기로 뜻하거늘, 과연 네가 다른 어떤 선물을 나에게 줄 수 있겠는가? 나를 보는 것은 곧 모든 이 안에서 나를 보고, 그들에게 네가 나에게 주는 선물을 주는 것이다. 하느님처럼 나도 희생을 받을 수 없으며, 네가 너 자신에게 요구하는 모든 희생은 곧 나에게 요구하는 희생이다. 어떤 종류의 희생이든 단지 주기에 가해진 제한일 뿐임을 *지금* 배워라. 그러한 제한을 통해, 너는 내가 *너에게* 주는 선물을 받아들이기를 제한했다.

⁹⁴ 우리는 하나기에, 따로따로 줄 수 *없다.* 네가 기꺼이 *우리의* 관계를 실제인 것으로 받아들이고자 한다면, 죄의식은 너에게 아무런 매력도 갖지 *못할* 것이다. 우리의 연합 안에서, 너는 우리의 *모든* 형제들을 받아들일 것이기 때문이다. 나는 오로지 연합의 선물을 주려고 태어났다. 그 선물을 나에게 주어라. 그럼으로써 네가 그 선물을 갖게 된다. 그리스도의 때는 모든 이에게 제공된 자유의 선물을 주기로 예정된 때다. *너는* 그 선물을 받아들임으로써 이미 모든 이에게 그 선물을 *제공한 것이다.* 너의 권능은 이 절기를 거룩하게 만들 힘이 있다. 그것은 그리스도의 때를 *지금*으로 만들 힘이

있기 때문이다.

⁹⁵ 이 모든 것을 단 한 번에 하는 것이 가능한 이유는, 지각의 전환이 단 *한 번만* 필요하기 때문이다. 왜냐하면 너는 단 *하나의* 잘못만 했기 때문이다. 잘못은 많아 보이지만, 모두 똑같다. 에고는 많은 형식을 취하지만, *항상* 똑같은 아이디어기 때문이다. 사랑이 아닌 것은 *항상* 두려움일 뿐, 다른 어떤 것도 아니다. 에고가 땅 밑으로 파고들어 어둠 속에 숨어서, 자신의 정체와 아주 다른 형식으로 나타나는 그 모든 우회로를 따라 두려움을 뒤쫓을 필요는 없다. 하지만 네가 그 모든 형식을 지배하는 *원리*를 계속 간직하려 하는 한, 각각의 형식을 검토해 볼 필요는 *있다.* 그것들을 별개의 것으로 보지 않고, *똑같은* 아이디어가 달리 나타난 것으로 여겨 더 이상 *원하지* 않는 것으로 볼 용의를 낼 때, 그것들은 한꺼번에 사라진다. 네가 에고의 숙주host가 되거나 하느님의 인질hostage이 될 수 있다는 믿음, 이것이 바로 그 아이디어다. 너는 너에게 이런 선택권이 있다고 생각하고, 그런 결정을 내려야 한다고 믿는다.

⁹⁶ 네가 다른 대안을 보지 못하는 이유는, 희생을 통해서는 *아무것도* 얻을 수 없다는 사실을 받아들이지 못하기 때문이다. 희생은 너의 사고체계에서 너무도 핵심적이어서, 희생과 *무관한* 구원은 너에게 아무것도 의미하지 않는다. 너는 희생과 사랑을 너무 심하게 혼동해서, 희생 *없는* 사랑을 상상도 하지 못한다. 그러므로 너는 반드시 희생은 사랑이 아닌 *공격*임을 보아야 한다. 이 *하나의* 아이디어만 받아들인다면, 사랑에 대한 두려움이 사라질 것이다. 희생이라는 아이디어가 제거되었을 때, 죄의식은 지속될 수 *없다.* 네가 확신하듯이 희생이 있다면, 누군가는 대가를 치르고 누군가는 얻어야 한다. 그러면 *무엇을* 얻을 것인지, 그리고 그것을 얻기 위한 대가가 *얼마나 큰지가* 결정해야 할 유일한 질문이 된다.

⁹⁷ 에고의 숙주로서 너는 네가 생각하는 *모든* 죄의식을 주어버리고 평화를 살 수 있다고 믿는다. 그리고 그 대가는 *네가* 치르지 않는 듯이 보인다. 에고가 대가를 *요구한다*는 사실은 명백하지만, 결코 *너에게* 요구하는 듯이 보이지는 않는다. 에고는 스스로 에고의 숙주라고 생각하는 자들만 배반하지만, 에고를 불러들인 너는 그 사실을 인식하고 싶어 하지 않기 때문이다. 에고는 결코 네가 그 사실을 지각하도록 허용하지 않을 것이다. 그런 인식은 에고를 집 없는 신세로 만들 것이기 때문이다. 네가 그것을 분명히 인식한다면, 에고가 너의 눈을 피해 자신을 보호하려고 취하는 *어떤* 형식에도 더 이상 속지 않을 것이기 때문이다.

⁹⁸ 너는 각각의 형식을 볼 때 그것은 단지 그 모든 형식들 뒤에 숨어있는 하나의 아이디어를 가리기 위한 덮개에 불과함을 인식할 것이다. 그 아이디어는 다음과 같다: 사랑은 희생을 요구하며, 따라서 사랑을 공격과 두려움으로부터 분리하는 것은 불가능하다. 그리고 죄의식은 *두려움으로* 지불해야 하는 사랑의 대가다. 그렇다면 하느님은 너에게 얼마나 두려운 존재가 되어버리셨는지! 그리고 너는 하느님의 사랑이 얼마나 큰 희생을 요구한다고 믿는지! 왜냐하면, 총체적인 사랑은 총체적인 희생을 요구할 것이기 때문이다. 따라서 에고가 하느님보다는 너에게 적게 요구하는 듯이 보이고, 두 개의 악 중에 그나마 덜한 것으로 판단되어, 하나는 약간만 두려워하면 되고 다른 하나는 파괴되어야 한다. 왜냐하면, 너는 사랑을 *파괴적이라고* 보기 때문이다. 이제 너의 유일한 질문은, "나와 다른 사람 중에 누가 파괴되어야 하는가?"다. 너는 특별한 관계들에서 이 질문에 대한 답을 찾으려고 한다. 그 관계들에서 너는 파괴자면서도 동시에 부분적으로 파괴되지만, 둘 중 어느 것도 완전히 될 수는 없다는 아이디어를 갖고 있다. 너는 이것이 너를 하느님으로부터 구해준다고 생각한다. 하느님의 총체적인 사랑은 너를 완전히 파괴해 버릴 것이기 때문이다.

⁹⁹ 너는 너의 *바깥에* 있는 모든 이가 너의 희생을 요구한다고 생각한다. 그러나 오로지 너만이, *오로지 너 자신에게만* 희생을 요구하고 있음은 보지 못한다. 하지만 희생에 대한 요구는 너무도 야만적이고 너무도 무시무시해서, 너는 그 요구를 그것이 있는 곳에서 받아들일 수 *없다.* 그러나 이것을 받아들이지 않는 *진짜* 대가는 너무도 커서, 너는 그것을 직시하는 대신에 하느님을 저버렸다. 하느님이 너에게 총체적인 희생을 요구하신다면, 너는 하느님을 너의 *바깥으로 멀리* 투사해서 하느님을 맞아들이는 집주인host이 되지 않는 편이 더 안전하다고 생각했기 때문이다. 너는 에고의 반역을 하느님 탓으로 돌리고는, 에고에게 하느님의 자리를 차지하여 너를 하느님으로부터 *보호해* 달라고 불러들였다. 그리고 너는 *네가* 초대한 에고야말로 너를 파괴할 자며, 너에게 총체적인 희생을 *요구하는* 자임을 인식하지 못한다. 어떤 부분적인 희생도 이 야만적인 손님을 만족시킬 수 없을 것이다. 에고는 친절을 베푸는 듯이 *보이지만,* 항상 희생을 완성하려고 친절을 베푸는 침략자기 때문이다.

¹⁰⁰ 너는 에고의 부분적인 인질이 되는 데 성공할 수 없을 것이다. 에고는 합의 사항을 지키지 않고, 너에게는 아무것도 남겨주지 않기 때문이다. [또한 너는 에고의 부분적인 숙주도 될 수 없다.] 너는 결국 총체적인 자유와 총체적인 속박 사이에서 선택해

야 할 것이다. 이것들 외에 다른 대안은 없기 때문이다. 너는 네가 반드시 내려야 하는 유일한 결정을 인식하지 않으려고 많은 타협을 시도했다. 하지만 그 결정을 *단지 있는 그대로* 인식하는 것만이 그것을 아주 쉽게 만들어준다! 구원은 하느님에게서 오기에 단순하며, 따라서 아주 쉽게 이해될 수 있다. 구원을 너로부터 투사하여 너 자신의 *바깥에서* 보려고 하지 말라. 너의 내면에, 질문과 답이 모두 있다. 그것은 바로, 희생에 대한 요구와 하느님의 평화다.

XI. 희생의 종식

[101] 희생이라는 아이디어 전체가 *단지* 네가 만든 것임을 인식하기를 두려워하지 말라. 또한 희생이 없는 곳으로부터 너 자신을 지키려 함으로써 안전을 구하지도 말라. 네 형제들과 너의 아버지는 너에게 아주 두려운 존재가 되었다. 그리고 너는 약간의 안전을 제공한다고 생각하는 몇몇 특별한 관계를 맺기 위해 그들과 흥정을 하려고 한다. 더 이상 너의 생각들과 너에게 주어진 **생각**을 떼어놓으려고 하지 말라. 그 생각들을 한곳에 가져와 본래 있는 곳에서 지각한다면, 그것들 사이의 선택은 단지 부드럽게 깨어나는 것에 불과하며, 더 이상 잘 필요가 없을 때 눈을 떠 대낮의 햇빛을 보는 것만큼이나 단순하다.

[102] 크리스마스의 표시는 별, 즉 어둠 속의 빛이다. 그 빛이 너의 바깥이 아닌 내면의 천국에서 빛나는 것을 보고, 그리스도의 때가 왔다는 표시로 받아들여라. 그리스도는 아무것도 요구하지 *않으며* 온다. 그리스도는 그 누구의 어떤 희생도 요구하지 않는다. 그의 **현존** 안에서, 희생이라는 아이디어 전체가 모든 의미를 잃는다. 그는 하느님을 맞아들이는 집의 주인이기 때문이다. 네가 할 일은 단지, 하느님을 맞아들이는 집주인은 하나며, 하느님의 하나인 상태와 맞지 않는 생각은 그곳에서 하느님과 함께 머물러 살 수 없음을 인식함으로써, 그곳에 *이미* 있는 그리스도를 초대해 들이는 것뿐이다. 그리스도를 반가이 맞아들이기 위해서는 사랑이 총체적이어야 한다. **거룩함의 현존**께서는 사랑을 둘러싸고 있는 거룩함을 *창조하시기* 때문이다. 어떤 두려움도 그리스도의 때에 하느님을 고이 안고 있는 집주인을 건드릴 수 없다. 그 주인은 그가 보호하는 완벽한 순결만큼이나 거룩하며, 그 **완벽한 순결**의 권능이 그 주인을 보호하

기 때문이다.

¹⁰³ 올해 크리스마스에는 너를 해칠 *모든 것*을 성령께 드려라. 너 자신이 완전하게 치유되도록 *허용하라*. 그럼으로써 너는 성령과 더불어 다른 이들을 치유하게 된다. 모든 이를 우리와 더불어 해방함으로써, 우리의 해방을 함께 축하하자. 그 무엇도 뒤에 남기지 말라. 해방은 총체적이기 때문이다. 네가 나와 더불어 해방을 받아들였을 때, 너는 나와 더불어 해방을 *주게* 될 것이다. 모든 고통과 희생과 왜소함이 우리의 관계에서 사라질 것이다. 우리의 관계는 우리와 아버지의 관계만큼이나 순결하고 강력하다. 우리에게 가져와진 고통은 우리가 있는 앞에서 사라질 것이다. 고통이 없으면 그어떤 희생도 있을 수 *없고*, 희생이 없으면 거기엔 *분명* 사랑이 있다.

¹⁰⁴ 너는 희생이 곧 사랑이라고 믿고 있지만, 희생은 사랑에서 *분리되는* 것임을 배워야 한다. 사랑이 평화를 불러오는 것만큼이나 확실하게, 희생은 죄의식을 불러오기 때문이다. 평화가 너와 하느님의 관계를 자각하기 위한 조건이듯, 죄의식은 희생의 *조건이다*. 죄의식을 통해, 너는 너의 아버지와 너의 형제들을 너 자신에게서 배제한다. 평화를 통해, 너는 그들을 다시 초대해 들이며, 그들이 네가 초대한 곳에 있음을 깨닫는다. 너 자신에게서 배제한 것은 두려워 보인다. 네가 그것에게 두려움의 속성을 부여하여 그것이 너의 일부임에도 불구하고 몰아내려 했기 때문이다. 그 누가 자신의 일부를 혐오스럽다고 지각하면서도 자신 안에서 평화롭게 살 수 있겠는가? 또한 그 누가 천국을 몰아내고 천국에게 지옥의 속성을 부여함으로써 자신 안에서 지각하는 천국과 지옥 사이의 갈등을 해결하려고 하면서, 자신이 불완전하고 외롭다고 경험하지 않을 수 있겠는가?

¹⁰⁵ 몸이 너의 실재라고 지각하는 한, 너는 너 자신을 외롭고 박탈당했다고 지각할 것이다. 그리고 네가 희생의 피해자므로 다른 이들을 희생시킬 정당한 근거가 있다고 지각할 것이다. 천국과 천국의 창조주를 밀쳐내고도 희생과 상실감을 느끼지 않을 자가 누가 있겠으며, 희생과 상실감에 시달리면서도 자기 자신을 *회복하려고* 시도하지 않을 자가 누가 있겠는가? 하지만 네가 그런 시도를 하는 이유는 박탈이 *실제라고* 믿기 때문이거늘, 네가 어찌 이것을 스스로 이룰 수 있겠는가? 박탈은 공격에 정당한 근거가 있다는 믿음이기에, 공격을 낳는다. 박탈을 계속 간직하려 하는 한, 공격은 구원이 되고 희생은 사랑이 된다.

¹⁰⁶ 그러니 너는 사랑을 구하는 그 모든 추구 속에서 희생을 구하고 희생을 *발견한다*.

하지만 사랑은 발견하지 못한다. 사랑의 정체를 부정하면서 사랑을 *인식하는* 것은 불가능하다. 사랑의 의미는 너 자신 *밖으*로 몰아낸 것에 놓여있으며, 사랑은 너와 떨어져서는 아무것도 의미하지 않는다. 네가 *간직하고* 싶어 한 것은 아무것도 의미하지 않는 반면에, 네가 멀리 떨어뜨려 놓으려 한 모든 것은 우주의 모든 의미를 담고 있으며, 자신의 의미 안에 온 우주를 담고 있다. 우주가 *네* 안에서 결합되어 있지 않는 한, 우주는 하느님과 떨어져 있을 것이다. 그리고 하느님 없이 존재하는 것은 곧 의미 없이 존재하는 것이다.

107 거룩한 순간에는 사랑의 조건이 충족된다. 그때 마음들은 몸의 간섭 없이 결합하며, 소통이 있는 곳에는 평화가 있기 때문이다. 네가 몸을 소통의 *필수적인* 수단으로 보지 않는다면, 몸이 파괴되더라도 소통은 단절되지 않는다. 이것을 가르침으로써 사랑의 조건을 재확립하려고 평화의 왕자가 태어났다. 그리고 네가 이 레슨을 이해한다면, 몸을 희생하는 것은 곧 *무*를 희생하는 것이며 마음의 것인 소통은 희생될 수 없음을 깨달을 것이다. 그렇다면 희생이 과연 어디에 있겠는가?

108 희생은 어느 곳에도 없고, 사랑은 모든 곳에 있다. 나는 이 레슨을 나의 모든 형제들에게 가르치려고 태어났으며, 지금도 여전히 가르치고자 한다. 소통은 *모든 것을* 아우른다. 그리고 소통이 재확립하는 평화 속에서, 사랑은 저절로 온다. 어떤 절망도 크리스마스의 기쁨에 어둠을 드리우게 하지 말라. 기쁨이 없다면 그리스도의 때는 무의미하기 때문이다. 그 누구에게 어떤 희생도 요구하지 않음으로써, 우리 함께 평화를 축하하자. 그럼으로써 너는 내가 너에게 주는 사랑을 나에게 줄 것이기 때문이다. 우리가 아무것도 박탈당하지 *않았음*을 지각하는 것보다 더 기쁜 일이 어디에 있겠는가? 바로 이것이 그리스도 때의 메시지다. 나는 너에게 이 메시지를 줌으로써 *너로 하여금* 형제들에게 전하게 하고, 그럼으로써 나에게 그 메시지를 주신 아버지께 돌려드릴 수 있게 한다. 그리스도의 때에, 소통이 회복되기 때문이다. 그리고 아버지는 당신의 아들이 창조된 것을 우리와 더불어 축하하신다.

109 하느님을 받아들여 그분이 계시고자 하는 곳에 머물러 사시게 하는 거룩한 집주인에게, 하느님이 감사하신다. 네가 하느님을 맞아들임으로써, 하느님이 너를 당신 안으로 맞아들이신다. 네가 하느님을 맞아들일 때, 네 안에 담긴 것이 하느님께 *돌아가기* 때문이다. 하느님을 우리 자신 안으로 맞아들일 때 우리는 다만 하느님의 온전성을 축하할 뿐이다. 아버지를 받아들이는 자들은 그분과 하나다. 그들은 그들을 창조

하신 분을 맞아들이는 집주인이기 때문이다. 그리고 아버지가 들어오시게 함으로써 그분에 대한 기억이 함께 들어오며, 그분과 더불어 그들은 늘 가졌고 늘 *갖기를 원하는* 유일한 관계를 기억하게 된다.

110 지금은 그리스도의 때로부터 새해가 탄생하게 될 주말이다. 너는 네가 성취하고자 하는 모든 것을 행할 것이다. 나는 이를 완벽하게 믿는다. 부족한 것은 아무것도 없을 것이다. 그리고 너는 파괴하지 *않고* 완성할 것이다. 다음의 내용을 말하고 이해하라:

> 111 나 자신의 일부로, 당신을 성령께 드립니다.
> 나 자신을 가두기 위해 당신을 이용하려 하지 않는 한,
> 당신이 해방될 것임을 나는 압니다.
> 내 자유의 이름으로, 당신의 해방을 뜻합니다.
> 나는 우리가 함께 해방될 것임을 인식하기 때문입니다.

112 그렇게 새해가 기쁨과 자유 속에 시작될 것이다. 할 일은 많고, 우리는 오래 지체했다. 이 해가 태어날 때 거룩한 순간을 받아들이고, 오랫동안 이행하지 않고 남겨둔 대대적인 깨어남에서 네가 맡은 역할을 받아들여라. 올해를 온통 *똑같게* 만듦으로써 올해를 다른 해로 만들어라. 그리고 너의 *모든* 관계가 너를 *위해* 거룩하게 만들어지도록 허용하라. 이것이 바로 우리의 뜻이다. 아멘.

제16장

환상을 용서하기

I. 서문

¹ 공감하는 것은 함께 *고통스러워하는* 것을 의미하지 않는다. 바로 이것이야말로 네가 이해하기를 *거부해야* 하는 것이다. 그것은 공감에 대한 에고의 해석으로서, 항상 고통을 공유하는 특별한 관계를 형성하기 위해 사용된다. 공감하는 능력은, 네가 성령의 방식대로 사용하도록 맡긴다면, 성령께 아주 유용하다. [성령의 방식은 아주 다르다.] 성령은 고통을 이해하지 않으며, 너로 하여금 고통은 *이해할 수 없는 것임을* 가르치게 할 것이다. 성령은 너를 통해 관계를 맺을 때, 에고를 통해 다른 에고와 관계 맺지 않는다. 고통 속으로 들어가서 그 망상을 공유함으로써 고통을 덜어주려는 망상적인 시도를 통해서는 고통을 치유할 수 없다. 성령은 이를 알기에, 고통에 동참하지 않는다.

² 에고가 사용하는 공감이 파괴적이라는 가장 분명한 증거는, 그런 공감이 특정한 사람들의 특정한 문제들에만 적용된다는 사실에 있다. 에고는 이러한 것들을 *골라내서* 그것들과 *결합한다*. 그리고 에고는 *자기 자신을* 강화하려는 경우를 제외하고는 결코 결합하지 않는다. [에고는 자신이 이해한다고 *생각하는* 것과 동일시되었기에, 자신과 닮은 것을 공유함으로써 *자기 자신을* 보고 자기 자신을 *불리려고* 한다.] 이런 술책을 허투루 보지 말라. 에고는 항상 *약화하기* 위해 공감하며, 약화하는 것은 *항상* 공격하는 것이다. 너는 공감이 무슨 의미인지 모른다. 하지만 그저 조용히 곁에 앉아 성령으로 하여금 너를 통해 관계하게 한다면, 너는 *강함과* 공감하게 될 것이다. 그러면 두 사람 *모두* 더 약해지는 것이 아니라 더 강해질 것이다. 이 점은 확신해도 좋다.

³ 너는 *네가* 가치 있게 여기는 그 무엇도 그 관계에서 얻기를 바라지 말아야 한다. 단지 이것을 기억하는 것이 너의 역할이다. 그 관계를 너 자신만의 방법으로 해치거나 치유하려고 뜻하지 말라. 너는 치유가 무엇인지 모른다. 네가 공감에 대해 배운 것은 모두 *과거에서* 온 것이다. 하지만 네가 공유하려는 것 중에 과거에서 온 것은 아무것도 없다. 과거 안에는 네가 *간직하려는* 것이 아무것도 없기 때문이다. 과거를 실재화하여 영속시키려고 공감을 사용하지 말라. 부드럽게 비켜서서, 치유가 너를 *위해* 일어나도록 허용하라. 어떤 상황을 판단하여 그 판단에 *따라* 어떻게 반응할지 결정하려는 유혹이 아무리 강하더라도, 마음에 단 한 가지 생각만 간직하고 잊지 말라. 다음의 내용에만 마음을 집중하라:

⁴ 나는 혼자가 아니며,

나의 손님에게 과거를 들이대지 않겠다.

나는 그를 초대했으며, 따라서 그가 여기에 있다.

나는 방해하지 않을 필요만 있을 뿐,

다른 것은 아무것도 할 필요가 없다.

Ⅱ. 진정한 공감

⁵ 진정한 공감은 그것이 참으로 무엇인지 아는 성령에게서 온다. 성령으로 하여금 너의 약화하는 능력이 *아닌 강화하는* 능력을 사용하게 한다면, 너는 공감에 대한 성령의 해석을 배울 것이다. 성령은 너를 저버리지 않을 것이다. 하지만 *네가 성령을* 저버리는 일이 없도록 확실히 하라. 네가 알지 *못한다는* 사실을 인식하고 받아들이는 것은 곧 성령이 *안다는* 사실을 인식하고 받아들이는 것이다. 겸허는 이런 의미에서만 강함이다. 너는 성령이 그의 역할을 이행할 것이라고 확신하지 못하는데, 왜냐하면 네가 이제껏 *너의* 역할을 완벽하게 이행한 적이 없기 때문이다. 너는 네가 이해하지 못하는 것에 어떻게 반응해야 할지 알지 못할 것이다. 이점에 있어서 유혹에 빠지지 말고, 에고가 *자신의* 영광을 위해 의기양양하게 사용하는 공감에 굴복하지 말라.

⁶ 약함의 승리는 네가 형제에게 제공하고자 하는 것이 아니다. 하지만 너는 *단지* 이러한 승리만 안다. 이것은 앎이 아니다. 그리고 이런 일을 초래하는 공감의 형식은 너무나 왜곡되어서, 그것이 해방하고자 하는 것을 가두게 된다. 구원되지 않은 자들은 구원할 수 없다. 하지만 그들에게는 진정한 **구원자가** *있다.* 그를 가르치려고 하지 말라. *네가* 배우는 자고, 그가 *교사다.* 너의 역할을 그의 역할과 혼동하지 말라. 그러면 그 누구에게도 평화를 가져다줄 수 없기 때문이다. 너의 공감을 성령께 드려라. *성령의* 지각과 *성령의* 강함이야말로 네가 공유하고자 하는 것이기 때문이다. 성령으로 하여금 그의 강함과 그의 지각을 너에게 주게 하여, 그것들이 너를 통해 공유되게 하라.

⁷ 약함을 바라보고 거기서 사랑을 발견하기를 바라는 모든 관계에서, 사랑의 의미는 상실된다. 정녕 모든 관계의 의미인 사랑의 권능은 하느님의 강함 안에 놓여있다. 하느님의 강함은 모든 관계 위를 맴돌면서, 그것들을 치유의 날개 안에 품어 안아 조용

히 축복한다. 이것이 이루어지도록 *허용하고*, 이것을 *너의* "기적"으로 대체하려 하지 말라. 우리는 전에, 어떤 형제가 너에게 어리석은 일을 해달라고 요구하면 그것을 하라고 말했다. 하지만 그것은 결코 네 형제나 너를 해칠 어리석은 일을 하라는 말이 아님을 명심하라. 한 사람을 해칠 수 있는 것은 반드시 다른 사람도 해치기 때문이다. 어리석은 요청들은 특별성의 요소를 포함하며, 따라서 서로 상충한다는 단순한 이유 때문에 과연 어리석다. 오로지 성령만이 진정한 필요는 물론 어리석은 필요도 인식한다. 그리고 성령은 너에게, 어느 한쪽도 잃지 않으면서 둘 다 충족시킬 방법을 가르쳐 줄 것이다.

⁸ *너*는 이것을 비밀스럽게 하려고 할 것이다. 그러면서 너는 두 사람을 떼어놓아 서로에게 비밀로 하기 때문에, 한 사람의 필요를 충족시킨다고 해서 다른 사람을 위태롭게 하지는 않는다고 생각할 것이다. 그러나 이것은 바른 길이 아니다. 그것은 빛과 진리로 인도하지 않기 때문이다. 네가 만약 모든 필요를 성령께 맡긴다면, 어떤 필요도 오랫동안 충족되지 않은 채 남아있지 않을 것이다. 성령의 *기능*은 모든 필요를 충족시키는 것이다. 그것은 너의 기능이 *아닌 성령의* 기능이다. 성령은 필요들을 비밀리에 충족시키지 않을 것이다. 성령은 네가 그를 통해 주는 것들을 전부 공유하고자 하기 때문이다. 그것이 바로 성령이 그것들을 주는 *까닭이다*.

⁹ 네가 성령을 통해 주는 것은 온아들의 일부가 *아닌* 온아들 전체를 위한 것이다. 성령의 기능을 성령께 맡겨라. 성령께 너의 관계들 안으로 들어와 너를 *위해* 그 관계들을 축복해 달라고 청하기만 하면, 성령은 자신의 기능을 이행할 것이다.

III. 거룩함의 확장

¹⁰ 네가 여전히 거룩함이 어렵다고 생각하는 이유는, 거룩함이 어떻게 확장되어 모든 이를 포함할 수 있는지 볼 수 없기 때문이다. 그리고 네가 이미 배웠듯이, 거룩함이 거룩하기 위해서는 반드시 모든 이를 포함해야 한다. 거룩함의 확장에 대해서는 신경 쓰지 말라. 너는 기적의 본성을 이해하지 못하기 때문이다. 또한 기적을 *네가* 행하는 것도 아니다. 기적이 네가 지각하는 한계를 훨씬 넘어 확장했다는 사실은, 네가 기적을 행하지 *않았음*을 입증한다. 너는 기적 자체도 이해하지 못하거늘, 기적이 온아들

전체로 어떻게 확장되는지 왜 걱정해야 하는가? 하나의 속성을 이해하는 것은 전체를 이해하는 것보다 더 어렵지 않다. 기적이라는 것이 정녕 존재한다면, 기적의 속성은 기적의 일부므로 *반드시* 기적적이어야 할 것이다.

¹¹ 전체를 조각낸 다음에 작은 부분 하나만의 진리에 대해 신경을 쓰는 경향이 있다. 이것은 단지 전체를 회피하거나, 혹은 전체로부터 *눈을 돌려* 네가 더 잘 이해할 수 있다고 생각하는 것을 보기 위한 방법일 뿐이다. 이것은 네가 여전히 이해를 너 혼자만의 것으로 간직하기 위해 시도하는 또 다른 방법에 지나지 않는다. 기적에 대해 다음과 같이 생각하는 편이 *훨씬* 더 낫고 도움이 된다: 너는 기적을 부분적으로든 전체적으로든 이해하지 못한다. 하지만 너는 기적을 *행했다*. 그러므로 너의 이해는 필수적이지 않다. 하지만 네가 이해하지 못하는 것을 성취하는 것 또한 불가능하다. 따라서 네 안에는 분명 *이해하고 있는* 무언가가 있을 것이다.

¹² 너의 마음은 네가 그것을 해치려고 행한 것 때문에 너무도 *부자연스럽게* 되어버려서, 자신에게 무엇이 자연스러운지 기억하지 못한다. 따라서 너에게는 기적이 자연스러워 보일 수 *없다*. 그리고 너는 그 자연스러운 것에 대해 *들어도* 이해하지 못한다. 부분을 전체로 인식하는 것, 각 부분에서 전체를 인식하는 것은 *지극히* 자연스럽다. 그것은 하느님이 생각하시는 방식이기 때문이다. 그리고 하느님께 자연스러운 것은 너에게도 *자연스럽다*. 전적으로 자연스러운 지각은 기적에 난이도가 전혀 불가능함을 즉시 보여줄 것이다. 난이도라는 것은 기적이 의미하는 것과 모순되기 때문이다. 그리고 네가 만약 기적의 의미를 이해할 수 있다면, 기적의 속성 때문에 당혹스러워할 수 없을 것이다.

¹³ 너는 이미 기적을 행했지만, 너 혼자 행하지 않았음은 아주 분명하다. 너는 다른 마음에게 다가가서 그 마음과 *결합할* 때마다 성공했다. 두 마음이 하나로 결합하여 하나의 아이디어를 동등하게 공유할 때, 온아들을 하나로 의식하는 과정에서 첫 번째 연결 고리가 만들어진다. 네가 성령이 명하는 대로 이런 결합을 이루고, 그 결합을 성령이 아는 대로 사용하도록 드렸을 때, 너의 선물에 대한 성령의 자연스러운 지각은 *성령으로 하여금* 그 선물을 이해할 수 있게 해주며, *너로 하여금* 성령의 이해를 너 자신을 위해 사용할 수 있게 해준다. 너의 용의를 통해 분명하게 *성취된* 것의 실재성을 *네가* 반드시 이해해야 한다고 믿고, 그렇지 않으면 그것은 실제가 아니라고 믿는 한, 너에게 그것의 실재성을 납득시키기란 불가능하다.

¹⁴ 너는 네가 무언가를 이해하지 못하면 그것을 *잃는다*고 생각하며, 따라서 이미 일어난 것이 참임을 믿지 않으려 한다. 그러나 네가 비록 이미 일어난 모든 것을 이해하지 *못할지라도*, 그것이 일어나지 *않았다*고 *정말로* 믿을 수 있겠는가? 하지만 너는 지금 이런 태도를 취하고 있다. 네가 만약 성령이 가르쳐준 것을 *인정하기*를 두려워하지 않는다면, 성령과 그의 가르침의 결과를 완벽하게 신뢰할 수 있을 것이다. 그것을 인정한다는 것은 곧, 네가 이미 일어난 일을 이해하지는 못하지만 그것이 이미 일어났기 *때문에* 받아들일 용의가 있음을 의미하기 때문이다.

¹⁵ 실재를 비실재로 만들려고 작정하고 있는 한, 네가 어떻게 실재를 믿을 수 있겠는가? 이미 일어난 일을 있는 그대로 받아들이고 감사하는 것보다 그것의 비실재성을 주장하는 것이 너를 *정말로* 더 안전하게 만들어 주겠는가? 너에게 주어진 진리를 존중하고, 네가 그것을 이해하지 못하는 것을 기뻐하라. 하느님과 하느님을 대변해 말하는 성령께 기적은 정녕 자연스럽다. 성령의 임무는 기적을 앎으로 전환하는 것이다. 기적은 너에게 잊힌 앎을 나타낸다. 기적에 대한 성령의 이해에 만족하고, 성령이 네게 보내 자신의 실재를 입증하게 한 그 모든 증인들을 외면하지 말라.

¹⁶ 어떤 증거도 네가 원하지 않는 것의 진리를 너에게 납득시키지 못할 것이다. 하지만 네가 성령과 맺는 관계는 정녕 실제며, 이미 입증되었다. 이것을 두려워하지 말고 기쁨으로 바라보라. 네가 부른 성령이 너와 함께 *있다*. 그에게 환영 인사를 하고, 그가 왔다는 기쁜 소식을 전하는 성령의 증인들을 존중하라. 네가 두려워하고 있듯이, 그를 인정하는 것은 곧 네가 안다고 생각하는 모든 것을 *부정하는* 것이다. 그러나 그것들은 *결코* 진실이 아니었다. 그것들에 매달리느라 진리의 증거를 부정하는 것이 네게 무슨 득이 되겠는가? 왜냐하면, 너는 이제 진리를 포기하기에는 너무 가까이 왔기 때문이다. 그리고 너는 반드시 진리의 거부할 수 없는 매력에 굴복할 것이다. 지금 이것을 미룰 수는 있지만, 그것도 단지 잠깐뿐이다. 하느님이 머무시는 집주인이 너를 불렀으며, 너는 그것을 이미 들었다. 너는 다시는 경청하지 않겠다고 전적으로 뜻하지는 않을 것이다.

¹⁷ 올해는 너의 경청이 늘어남으로써 평화가 자라날 기쁜 한 해다. 거룩함의 힘과 공격의 *약함이* 둘 *다* 인식되었다. 그리고 이것은 거룩함이 약함이고 공격이 힘이라고 확신하는 마음들 안에서 이루어졌다. 이야말로 너의 *교사가* *너에게서* 오지 *않았음*을 가르쳐주기에 충분한 기적이 아닌가? 그러나 네가 성령의 해석을 경청할 때마다, 그

결과는 항상 너에게 기쁨을 안겨주었다는 점 또한 기억하라. 그동안 *너의* 해석이 어떤 결과를 낳았는지 정직하게 숙고해 보라. 그래도 너는 여전히 그 결과를 더 좋아하는가? 하느님은 네가 더 잘 지내기를 뜻하신다. 하느님이 지극한 사랑으로 사랑하시는 자를 더 큰 자비로 바라볼 수 없겠는가?

¹⁸ 하느님의 사랑에 *반하여* 해석하지 말라. 그 사랑에 대해 아주 분명하게 말해주는 증인들이 많다. 그러니 오로지 눈멀고 귀먹은 자들만이 그 증인들을 보거나 듣지 못할 수 있다. 올해는 하느님이 네게 주신 것을 부정하지 않겠다고 결심하라. [깨어나서 그것을 공유하라.] 이것은 하느님이 너를 부르신 유일한 이유다. 하느님의 음성이 분명하게 말을 걸어왔건만, 너는 들은 것에 대한 믿음이 너무나 약하다. 너는 *네가* 만든 재앙을 훨씬 더 믿고 싶어 했기 때문이다. 재앙은 실제가 아니며, 실재는 재앙이 아니다. 우리 오늘 *함께* 이런 기쁜 소식을 받아들이겠다고 결심하자.

¹⁹ 실재는 안전하고 확실하며, 모든 이와 모든 것에 전적으로 친절하다. 이것을 받아들이고 기뻐하는 것보다 더 큰 사랑은 없다. 사랑은 네가 *행복하기만을* 요구하며, 행복에 기여하는 모든 것을 너에게 줄 것이기 때문이다. 그동안 네가 성령께 드린 문제 가운데 성령이 해결해 주지 못한 문제는 단 하나도 없었고, 앞으로도 그럴 것이다. 반면에 문제를 너 스스로 해결하려고 시도하여 성공한 경우는 단 한 번도 없었다. 이제는 이러한 사실들을 *종합하여 이해할* 때가 되지 않았는가?

²⁰ 올해는 너에게 주어진 아이디어들을 *적용할* 해다. 그 아이디어들은 헛되이 갖고 있지만 말고 실제로 사용해야 할 막강한 힘이다. 그것들의 권능은 너에게 충분히 증명되었으며, 따라서 이제 너는 그 아이디어들을 부정하지 않고 믿을 수 있다. 올해는 진리에 투자하라. 그리고 진리가 평화롭게 작동하게 하라. *너를 믿는 그것을 믿어라.* 네가 *정말로* 보고 들은 것에 대해 생각해 보고, 그것을 *인식하라.* 이러한 증인들이 있는데 네가 과연 혼자일 수 있겠는가?

Ⅳ. 가르침에 대한 보상

²¹ 너는 그동안 잘 가르쳤지만, 너의 가르침이 주는 위안을 어떻게 *받아들여야* 하는지는 아직 배우지 못했다. 네가 그동안 가르친 것을 잘 살펴보고, 그것이 네가 안다고

생각했던 것과 얼마나 거리가 먼지 살펴본다면, 너의 **교사**가 너의 사고체계 너머에서 왔음을 깨달을 수밖에 없다. 따라서 그는 그 사고체계를 공정하게 바라보고 그것이 거짓임을 지각할 수 있었다. 그리고 그 **교사**는 분명 너의 사고체계와는 너무나 달라서 공통점이 *전혀 없는* 사고체계에 근거하여 그렇게 했을 것이다. 그 교사가 가르치고 네가 그를 통해 가르친 것은 분명, 그가 오기 전에 네가 가르친 것과는 아무런 공통점도 없다. 그 결과는 고통이 있던 곳에 평화를 가져다준 것이었다. 그리고 괴로움이 사라지고 그 자리에 기쁨이 찾아왔다.

²² 너는 자유를 가르쳤지만, 자유로워지는 법은 배우지 못했다. 우리가 전에 말했듯이, "너는 그들이 맺는 열매fruits를 보고 그들을 알 것이며, 그들도 그들 자신을 알 것이다." 왜냐하면, 너는 너의 가르침에 따라 너 자신을 판단할 것이 확실하기 때문이다. 에고의 가르침이 즉각적인 결과fruits를 낳는 이유는, 네가 에고의 결정을 즉각적으로 *너의* 선택으로 받아들이기 때문이다. 이렇게 받아들인다는 것은 네가 기꺼이 그에 따라 너 자신을 판단하려 한다는 의미다. 에고의 사고체계에서 원인과 결과는 아주 분명하다. 너의 모든 배움은 그것들 사이의 관계를 *확립하는 것*을 목표로 했기 때문이다. 그러니 네가 너 자신에게 믿으라고 그렇게 열심히 가르친 것을 믿지 않을 수 있겠는가? 하지만 네가 그동안 너 자신이 가르친 것에 대한 증인은 선택하고, 진리의 원인과 *그것의* 결과를 대변할 증인은 피하기 위해 얼마나 주의를 기울였는지 기억해 보라.

²³ 네가 가르친 것을 너 자신은 배우지 않았다는 사실은, 네가 온아들을 하나로 지각하지 않음을 보여주지 않는가? 그것은 또한 네가 *너 자신*을 하나라고 여기지 않음을 보여주지 않는가? 확신이 전혀 *없이* 성공적으로 가르치는 것은 불가능하며, 확신이 너의 *바깥*에 있다는 것도 똑같이 불가능하다. 자유가 존재한다고 *믿지* 않았다면, 너는 결코 자유를 가르칠 수 없었을 것이다. 그리고 네가 가르친 것은 분명 *너 자신* yourself*으로부터* 왔을 것이다. 하지만 너는 분명 이 **자아**Self를 알지 못하며, 그것이 기능하고 있음에도 불구하고, 그것을 알아보지 못한다. 기능하고 있는 것은 분명 *거기에* 있을 것이다. 너는 그 **자아**가 행한 것을 부정해야만 그것의 **현존**을 부정할 수 있다.

²⁴ 이것은 너 자신을 아는 법을 가르치는 수업이다. 너는 그동안 너의 정체를 가르쳤지만, 너의 정체가 *너를* 가르치도록 허용하지는 않았다. 너는 그동안 명백한 것은 피하고, 더없이 분명한 *실제의* 인과관계는 보지 않으려고 주의를 철저히 기울였다. 하지만 네 안에는 네가 가르친 *모든 것*이 들어 있다. 그렇다면, 그것을 배우지 *않은* 것은

무엇이겠는가? 그것은 분명 너의 투사로 너의 바깥에 있게 된 것이 아니라, *실제로* 너의 바깥에 있는 것이다. 그것은 또한 너 자신도 *아닌* 것을 네가 받아들인 것이다. 네가 너의 마음 안으로 받아들이는 것은 *실제로* 너의 마음을 바꾸지 않는다. 환상이란 단지, 존재하지 않는 것이 존재한다는 믿음일 뿐이다. 진리와 환상 사이에 있는 듯한 갈등을 해결하는 유일한 방법은 너 자신을 진리가 *아닌 환상으로부터* 분리하는 것이다.

25 너의 가르침은 이미 그렇게 했다. 성령은 *너의* 일부기 때문이다. 하느님이 창조하신 성령은 하느님도 하느님의 창조물도 떠나지 않았다. 성령은 하느님이자 너다. 그것은 네가 하느님이기도 하고 성령이기도 한 것과 마찬가지다. 분리에 대한 하느님의 응답은 네가 제거하려 한 것보다 더 많은 것을 네게 보태주었다. 하느님은 너의 창조물들과 너를 모두 보호하심으로써, 네가 제거하려 한 것을 너와 하나로 유지하셨다. 너의 창조물들은 네가 그것들을 대체하려고 받아들인 것들의 자리를 차지할 것이다. 너의 창조물들은 네가 알지 못하는 **자아**의 일부로서, 아주 실재적이다. 그들은 성령을 통해 너와 소통하며, 네가 그들의 집인 너 자신에 대해 가르칠 때, 그들은 네가 그들을 창조한 것에 대한 감사로 그들의 권능을 그 가르침에 기쁘게 제공한다. 하느님을 맞아들이는 집주인인 너는 또한 너의 창조물들을 맞아들이는 집주인이기도 하다. 실제인 것은 그 무엇도 자신을 창조한 자의 마음을 떠난 적이 없기 때문이다. 그리고 실제가 아닌 것은 결코 *그곳에* 있던 적이 없다.

26 너는 갈등하는 두 자아들selves이 아니다. 하느님 너머에 과연 무엇이 있겠는가? 하느님을 품고 있고 하느님이 품고 계신 네가 곧 우주라면, 다른 모든 것은 *바깥에* 있을 것이다. 하지만 바깥에는 *아무것도 없다.* 너는 그동안 이것을 가르쳤으며, 우주 저 먼 곳에서, 하지만 너 자신을 넘어서지는 않는 곳에서, 너의 가르침에 대한 증인들이 너의 배움을 도우려고 모여들었다. 네가 가르친 것에 대한 너의 믿음을 강화하기 위해, 그들이 너와 함께, 그리고 하느님과 함께 감사한다. 왜냐하면, 네가 가르친 것은 참이기 때문이다. 네가 혼자라면, 너는 너의 가르침과 *떨어져서* 그 바깥에 서있다. 하지만 네가 그들과 *함께라면,* 너는 단지 *너 자신만을* 가르쳤으며 네가 그들과 공유한 확신으로부터 배웠음을 배울 것이다.

27 올해 너는 배우기 시작할 것이며, 너의 배움을 너의 가르침에 상응하게 만들 것이다. 너는 기꺼이 가르치려는 용의를 냄으로써 이런 선택을 내렸다. 네가 비록 그로 인해 고통받은 것 같아도, 이제 가르치는 기쁨은 네 것이다. 가르치는 기쁨은 *배우는 자*

안에 있으며, 그는 가르치는 자에게 감사하면서 그 기쁨을 선사하여 공유하기 때문이다. 네가 배워감에 따라, 자신의 정체에 대해 가르쳐주는 너의 자아에 대한 감사가 자라날 것이며, 그로 인해 너는 너의 **자아**를 존경하게 될 것이다. 너는 그의 권능과 강함과 순수에 대해 배우고, 그의 아버지가 그를 사랑하시듯 그를 사랑하게 될 것이다. 그의 왕국은 한계도 없고 끝도 없으며, 그의 내면에는 완벽하거나 영원하지 않은 것이 아무것도 없다. 이 모든 것이 바로 *너다*. 그리고 이것 바깥에 있는 것은 그 무엇도 네가 *아니다*.

²⁸ 너의 정체에 대해, 그리고 너를 네 모습대로 창조하신 분의 정체에 대해, 너의 가장 거룩한 자아에게 모든 찬미 있으라. 머잖아 모든 이가 자신의 자아들 사이에 존재한다고 상상하는 간격을 메울 것이다. 각자는 그 간격을 메우기 위해 약간의 노력을 기울이겠다는 용의를 내자마자, 자신을 그 간격 *너머*로 데려다주는 다리를 세운다. 그의 작은 노력은, 천국의 힘은 물론 천국 안에서 결합되어 있음으로써 천국을 그 정체대로 만들어주는 모든 이의 연합된 뜻에 의해 강력하게 보강된다. 그러므로 다리를 건너가려는 자는 문자 그대로 건너편으로 옮겨진다.

²⁹ 너의 다리는 네가 생각하는 것보다 훨씬 더 견고하게 세워지며, 너의 발은 그 다리를 굳건히 딛고 있다. 건너편에서 너를 기다리는 이들의 매력이 너를 무사히 다리 너머로 끌어당기지 못할까 봐 두려워하지 말라. 너는 반드시 네가 있으려 하고 너의 자아가 너를 기다리는 곳에 도달할 것이기 때문이다.

V. 사랑의 환상과 사랑의 실재

³⁰ 특별한 증오 관계를 바라보기를 두려워하지 말라. 그것을 직시하는 데 자유가 놓여있기 때문이다. 이것만 아니라면, 사랑의 의미를 알지 못하는 것은 불가능하다. 그 안에서 사랑의 의미가 *상실된* 특별한 사랑 관계는, 증오를 놓아주기 위해서가 *아니라* 오로지 상쇄하기 위해 시작된다. 이것을 바라볼 때, 너의 구원이 열린 눈앞에 뚜렷이 떠오를 것이다. 너는 증오를 *제한할* 수 없다. 특별한 사랑 관계는 증오를 상쇄하지 않고, 그저 지하에 처박아 보이지 않게 만들 것이다. 증오를 감추려고 하지 말고 *눈앞*으로 가져오는 것이 아주 중요하다. 사랑으로 증오를 벌충하려는 시도야말로 사랑을 너

에게 무의미하게 *만드는* 것이기 때문이다. 너는 그런 시도에 얼마나 심각한 분열이 있는지 깨닫지 못한다. 네가 그것을 깨닫기 *전에*는 분열을 인식하지 않을 것이며, 따라서 분열은 치유되지 않은 채 남아있을 것이다.

³¹ 사랑의 상징에 맞서는 증오의 상징은 존재하지 않는 갈등을 일으킨다. 상징이란 *다른* 무언가를 나타내는데, 사랑이 모든 것이라면 사랑의 상징은 무의미하기 때문이다. 너는 이런 마지막 무효화 과정을 별 탈 없이 밟아나가서 마침내 너 자신으로 나타날 것이다. 이것은 하느님을 맞이하기 위한 준비 과정에서 마지막 단계다. 지금, 주저하지 말라. 너는 너무나 가까이 왔고, 아주 안전하게 다리를 건너 전쟁에서 평화로 조용히 옮겨질 것이다. 사랑의 환상은 *결코* 만족을 주지 못하지만, 건너편에서 너를 기다리는 사랑의 실재는 너에게 모든 것을 줄 것이다.

³² 특별한 사랑 관계는 죄의식의 폭풍 가운데서 피난처를 찾아내 증오의 파괴적인 결과를 제한하려는 시도다. 그런 관계는 결코 폭풍 *위로* 올라가 햇빛 속으로 들어가려고 하지 않는다. 반대로 그 관계는 죄의식에 맞서 바리케이드를 치고 그 안에 머물려고 함으로써 피난처 *바깥의* 죄의식을 강조한다. 특별한 사랑 관계는 그 자체로 어떤 가치가 있는 것이 아니라, 그로부터 증오를 분리하여 멀리 밀쳐냄으로써 안전하게 있을 수 있는 장소로 지각된다. 특별한 사랑 관계의 파트너는 이런 목적에 쓸모가 있는 동안에만 받아들여진다. 증오가 그 관계로 들어올 수 있으며, 그 관계의 *어떤* 측면에서는 과연 환영받지만, 그 관계는 여전히 사랑의 환상으로 유지된다. 사랑의 환상이 사라지면, 그 관계는 환멸로 인해 깨지거나 불만족스럽게 된다.

³³ 사랑은 환상이 *아니다.* 사랑은 사실이다. 환멸이 가능한 곳에는 사랑이 아닌 증오가 있었다. 증오는 정녕 환상이며, 변할 수 있는 것은 *결코* 사랑이 아니었기 때문이다. 삶의 어떤 측면에서든 특정한 사람들을 파트너로 선택해서 다른 사람들과 공유하지 않는 목적을 위해 이용하는 사람들은 죄의식 때문에 *죽기보다는* 죄의식과 함께 *살려고* 하는 것이 분명하다. 바로 이것이 그들이 보는 선택 대안이다. 그들에게 사랑은 죽음으로부터의 탈출구에 불과하다. 그들은 필사적으로 사랑을 구하지만, 사랑이 그*들에게* 기쁘고도 조용히 다가올 평화 속에서 구하지 않는다. 죽음에 대한 두려움이 여전히 자신을 짓누르고 있음을 깨달으면, 그들은 그러한 사랑 관계가 다른 어떤 것이라는 환상을 *잃는다.* 그러면 죽음에 대한 두려움에 맞서 쳐놓은 바리케이드가 무너지면서 두려움이 밀려 들어오고, 증오가 승리한다.

³⁴ 사랑의 승리라는 것은 없다. 오로지 증오만이 "사랑의 승리"에 관심이 있다. 사랑의 환상은 *과연* 증오의 환상에 승리할 수 있지만, 두 환상 *모두*를 만들어야 하는 대가를 항상 치러야 한다. 증오의 환상이 지속되는 한, 사랑도 너에게 계속 환상으로 남아 있을 것이다. 그러면 어느 환상을 더 좋아할지가 너에게 남은 유일한 선택이 된다. 진리와 환상 사이의 선택에는 갈등이 전혀 없다. *이런* 측면에서 본다면, 아무도 망설이지 않을 것이다. 하지만 선택이 *환상*들 사이에 있는 듯이 보이면, 바로 그 순간에 갈등이 들어온다. 왜냐하면, 그런 선택은 중요하지 않기 때문이다. 그곳에서 하나의 선택 대상은 다른 선택 대상만큼이나 위험하며, 그 결정은 절망적일 수밖에 없다.

³⁵ 너의 과제는 사랑을 구하는 것이 아니라, 사랑에 *맞서* 세운 *모든* 장벽을 네 안에서 구하고 찾는 것이다. 참인 것은 구할 필요가 없지만, 거짓인 것은 정녕 구할 필요가 있다. 모든 환상은 어떤 형식을 취하든 두려움의 환상이다. 그러므로 하나의 환상에서 벗어나 다른 환상으로 가려는 시도는 *반드시* 실패할 것이다. 만약 너 자신의 바깥에서 사랑을 구한다면, 너는 내면에서 증오를 지각하고는 그것을 *두려워하고* 있다고 확신해도 좋다. 하지만 평화는 결코 사랑의 환상으로부터 오지 않고, *오로지* 사랑의 실재로부터 올 것이다.

³⁶ 이것을 인식하라. 이것은 진실이기 때문이다. 그리고 진리를 환상과 구분하기 위해서는 *반드시* 진리를 인식해야 한다. 특별한 사랑 관계는 [*사랑을 분리로* 가져가려는 시도다. 따라서 그것은] 사랑을 두려움으로 가져가서 두려움 안에서 *실재화하려*는 시도에 불과하다. 특별한 사랑 관계는 사랑의 조건을 근본적으로 위반하기에, 불가능한 것을 이루려고 한다. 환상 속이 아니고서야 그것을 어떻게 이룰 수 *있겠는가*? 너에게는 아주 실재적으로 보이지만 사실 존재하지 않는 이런 딜레마를 해결하려면, 네가 할 수 있다고 생각하는 것이 정확히 무엇인지 아주 자세히 살펴보는 것이 중요하다. 너는 진리에 아주 가까이 왔으며, 오로지 이 장애물만이 너를 진리로 인도하는 다리 앞에 서 있다.

³⁷ 천국이 너를 조용히 기다리고, 너의 창조물들이 네가 건너와 그들을 맞이하게 도우려고 손을 내밀고 있다. 네가 *구하는* 것은 바로 *그들이다.* 너는 다만 너 자신의 완성을 구할 뿐이며, 너를 완성하는 것은 바로 그들이다. 특별한 사랑 관계는 단지 환상 안에서가 *아닌* 진리 안에서 너를 온전하게 만들어주는 자들에 대한 누추한 대체품일 뿐이다. 네가 그들과 맺는 관계에는 죄의식이 없으며, 이것은 너로 하여금 모든 형제

들을 감사하며 바라볼 수 있게 해준다. 너는 너의 창조물들을 그들과 연합하여 창조했기 때문이다. 너의 창조물들을 받아들이는 것은 곧 창조물의 하나인 상태를 받아들이는 것이다. 그리고 이것이 없다면 너는 *결코* 완성될 수 없을 것이다. 그 어떤 특별성도 하느님이 너에게 주신 것, 그리고 네가 하느님과 함께 주고 있는 것을 너에게 제공할 수 없다.

³⁸ 다리 건너에 너의 완성이 있다. 그곳에서 너는 하느님 안에서 온전해져서, 특별한 것은 아무것도 뜻하지 않고 하느님과 온전히 닮기만을 뜻하면서, *너의* 완성을 통해 하느님을 완성할 것이기 때문이다. 평화와 완벽한 거룩함의 거처로 건너가기를 두려워하지 말라. 오로지 그곳에만 하느님과 하느님 아들의 완성이 영원히 확립되어 있다. 암울한 환상의 세상에서 이것을 구하지 말라. 그곳에서는 아무것도 확실하지 않고, 모든 것이 불만족스럽다. 하느님의 이름으로, *모든* 환상을 포기하겠다는 전적인 용의를 내라. 네가 *오로지* 완성만을 받아들이겠다고 전적으로 뜻하는 모든 관계에서 하느님이 완성되시며, 그와 더불어 그분의 아들도 완성된다.

³⁹ 너 자신 안에서의 연합으로 인도하는 다리는 반드시 앎으로 인도할 것이다. 그 다리는 네 곁의 하느님으로 지어진 다리로서, 너를 곧장 하느님께 인도할 것이기 때문이다. 그곳에서, 너의 완성은 하느님의 완성과 전적으로 일치한다. 네가 이룰 수 있다고 판단하여 너의 마음에 받아들인 모든 환상은 네가 완성되어 있다는 느낌을 제거하며, 그럼으로써 아버지의 온전성을 부정한다. 사랑의 판타지든 증오의 판타지든 상관없이, 모든 판타지는 네게서 앎을 박탈한다. 판타지들은 진리를 가린 장막이기 때문이다. 어둡고 무거워 보이는 그 장막을 걷는 데 필요한 것은 단지, 진리를 *모든* 판타지 이상으로 가치 있게 여겨서 진리 *대신에* 환상에 안주하지 않으려는 전적인 용의뿐이다.

⁴⁰ 두려움을 *지나* 사랑으로 가지 않으려는가? 이 여정은 그런 것으로 보인다. 사랑이 부르고 있건만, 증오는 너를 붙잡아 두려 한다. 증오의 부름을 듣지 말고, 어떤 판타지도 보지 말라. [너의 완성은 *다른 어느 곳도 아닌* 진리 안에 놓여있기 때문이다.] 너를 지체시키려고 일어나는 증오의 부름과 모든 판타지 속에서, 네가 창조주께 끊임없이 올리는 도움의 요청만을 보라. 너의 완성이 곧 하느님의 완성이거늘, 그분이 응답하지 않으시겠는가? 네가 그래야 하듯, 하느님은 너를 환상이 전혀 없이 사랑하신다. 사랑에는 환상이 전혀 *없으며*, 따라서 두려움이 전혀 없다. 하느님이 기억하시는 자는 분명 온전하며, 하느님은 당신을 온전하게 만드는 자를 결코 잊으신 적이 없다. 너

의 완성 안에는 하느님의 온전성에 대한 기억이 놓여있으며, 또한 당신을 완성한 것에 대해 하느님이 너에게 표하시는 감사가 놓여있다. 하느님과 너의 연결 고리 안에, 하느님의 잊으실 수 없는 능력과 너의 기억하는 능력이 모두 놓여있다. 하느님 안에서, 너의 사랑하려는 용의와 너를 잊지 않으신 하느님의 그 모든 사랑이 결합되어 있다.

⁴¹ 네가 네 안의 진리를 기억하지 못할 수 없는 만큼이나, 아버지도 네 안의 진리를 잊으실 수 없다. 성령은 하느님께 가는 다리다. 그 다리는 하느님과 연합하려는 너의 용의로 만들어졌으며, 또한 너와의 연합에 대한 하느님의 기쁨에 의해 창조되었다. 끝없어 보이던 여정이 거의 완성되어 간다. 정녕 끝없는 것이 아주 가까이 있기 때문이다. 너는 그것을 거의 인식했다. 나와 함께 *지금* 모든 환상에서 확고히 돌아서서, 그 무엇도 진리로 가는 길을 가로막지 않게 하자. 우리는 함께, 진리에서 *멀어지는* 마지막 어리석은 여정에 나설 것이다. 그리고는 함께, 당신을 완성하라는 부르심에 기쁘게 응답하여 하느님께 곧장 나아갈 것이다.

⁴² 어떤 종류의 특별한 관계든 그것이 하느님의 완성을 저해한다면, 너에게 가치가 있을 수 *있겠는가*? 하느님을 방해하는 것은 너도 방해할 *수밖에* 없다. 오로지 시간 속에서만, 하느님의 완성을 방해하는 것이 가능해 보인다. 하느님이 너를 건네주시려는 다리는 너를 시간으로부터 영원으로 들어올린다. 시간으로부터 깨어나서, 너를 창조하실 때 영원을 주신 하느님의 부르심에 두려움 없이 응답하라. 무시간성으로 가는 다리의 이쪽 편에서, 너는 아무것도 이해하지 못한다. 그러나 무시간성의 도움을 받아 다리 건너로 가볍게 걸어감에 따라, 너는 곧장 하느님의 가슴으로 인도된다. 하느님의 가슴 한가운데서만, 그리고 *오로지* 그곳에서만, 너는 영원히 안전하다. 그곳에서 너는 영원히 *완성되어* 있기 때문이다. 우리가 함께할 때, 우리 안에 계신 하느님의 사랑이 걷어젖히지 못할 장막이란 없다. 진리로 가는 길이 탁 트여 있다. 나와 함께 그 길을 따라가자.

VI. 특별성과 죄의식

⁴³ 특별한 관계를 자세히 살펴볼 때, 먼저 그것이 엄청난 고통을 수반한다는 것을 깨달아야 한다. 불안과 절망, 죄의식과 공격이 전부 그 관계 속으로 들어오며, 중간에

잠깐씩 그것들이 사라진 듯이 *보이는* 기간이 끼어든다. 이 모든 것을 있는 그대로 이해해야 한다. 그것들이 어떤 형식을 취하든, 항상 *상대방을* 유죄로 만들기 위해 자아를 공격하는 것이다. 우리는 전에도 이 점에 대해 말한 적이 있지만, 그런 관계에서 실제로 시도되는 특정한 측면들은 아직 다루지 않았다.

⁴⁴ 아주 단순히 말해, 유죄로 만들려는 시도는 항상 하느님을 겨냥한다. 에고는 네가 오로지 하느님만을 유죄라고 보도록 만들기 때문이다. 그 결과 온아들은 공격에 무방비로 노출되어 보호받지 못하게 된다. 특별한 사랑 관계는 에고가 너를 천국에서 떼어놓으려고 사용하는 주된 무기다. 그 관계는 무기처럼 *보이지는* 않는다. 하지만 네가 그것에 가치를 *얼마나* 두는지, 그리고 *왜* 두는지를 잘 숙고해 본다면, 그 관계의 정체가 무엇인지 깨달을 수 있을 것이다. 특별한 사랑 관계는 에고가 가장 뽐내는 선물이며, 죄의식을 포기하지 않으려는 자들에게 가장 매력적인 선물이다. 여기서 에고의 "역동"이 가장 뚜렷이 나타난다. 이러한 선물의 매력에 의존하여, 그것을 중심으로 하는 판타지들이 종종 잘 드러나기 때문이다. 여기서 그 판타지들은 보통 받아들일 만하다고, 심지어 자연스럽다고 판단된다. 그 누구도 사랑하면서 동시에 증오하는 것을 기이하다고 생각하지 않으며, 증오가 죄라고 생각하는 자들조차 죄의식을 느끼기만 할 뿐 교정하지는 않는다.

⁴⁵ 이것이 실로 분리의 "자연스러운" 상태다. 그리고 그것이 전혀 자연스럽지 않음을 배우는 자들은 *자연스럽지 않은* 자들처럼 보인다. 이 세상은 천국의 반대가 되도록 *만들어졌기에,* 정녕 천국의 반대기 때문이다. 그리고 이곳의 모든 것은 참인 것과 정반대의 방향을 취한다. 사랑의 의미가 알려진 천국에서는, 사랑이 *연합과* 똑같다. 사랑 대신에 사랑의 환상이 받아들여지는 이곳에서는, 사랑이 분리와 *배제로* 지각된다.

⁴⁶ 하느님의 특별한 사랑에 대한 감춰진 소망에서 태어난 특별한 관계에서, 에고의 증오가 승리한다. 특별한 관계는 하느님의 사랑을 *포기하고* 하느님이 거절하신 특별성을 자아를 위해 확보하려는 시도기 때문이다. 네가 이러한 특별성을 지옥이 아닌 천국이라고 믿는 것은 에고의 보존을 위해 아주 중요하다. 분리는 천국이 있을 수 *없는* 유일한 조건으로서 *그저* 상실에 지나지 않지만, 에고는 네가 이것을 깨닫도록 결코 허락하지 않을 것이다.

⁴⁷ 누구에게나 천국은 완성이다. 에고와 성령은 모두 이것을 받아들이므로, 여기에 불일치란 있을 수 없다. 하지만 그 둘은 완성이 정녕 무엇이며 그것이 *어떻게* 성취되

는지에 대해서는 *전혀* 일치하지 않는다. 성령은, 완성이란 먼저 연합 안에, 이어서 연합의 확장 안에 놓여있음을 안다. 에고에게, 완성이란 승리 안에, 그리고 그 "승리"가 마침내 하느님마저 이길 정도로 확장하는 데 놓여있다. 여기서 에고는 자아의 궁극적인 자유를 본다. *에고*를 방해할 것은 아무것도 남아있지 않을 것이기 때문이다. 이것이 실로 천국에 대한 에고의 아이디어다. 이로부터, 연합은 *분명* 지옥이라는 결론이 나온다. 그것은 에고가 방해할 수 *없는* 상태기 때문이다.

⁴⁸ 특별한 관계는 에고가 지옥과 천국을 결합하여 그 둘을 구분할 수 없게 만들려고 사용하는 이상하고 부자연스러운 도구다. 두 세상 모두에서 가공의 "최선"을 찾아내려는 시도는 단지 두 세상 모두에 대한 판타지로 이어져, 결국 어떤 세상도 있는 그대로 지각할 수 없게 되어버렸다. 특별한 관계는 이런 혼동의 승리다. 특별한 관계는 연합이 *배제되는* 일종의 연합으로서, 그런 연합 *시도의* 바탕에는 배제가 있다. 에고의 좌우명인 "구하되 찾지는 말라."를 이보다 더 잘 보여주는 사례가 어디 있겠는가?

⁴⁹ 무엇보다 가장 괴상한 것은 에고가 특별한 관계에서 조장하는 자아 개념이다. 그 "자아"는 자기 자신을 완성하기 위해 그런 관계를 구한다. 하지만 그것을 이룰 수 있다고 생각하는 특별한 관계를 *발견하면*, 그 자아는 자기 자신을 *주어버리고* 상대방의 자아와 자신을 "교환"하려고 한다. 이것은 연합이 아니다. 여기에는 증가도 확장도 없기 때문이다. 각 파트너는 자신이 원하지 않는 자아를 희생하여 자신이 더 좋아할 것이라고 생각하는 자아를 얻으려고 한다. 그리고 그는 빼앗는 "죄"로 인하여, 그리고 그 대가로 아무런 가치도 없는 것을 주는 "죄"로 인하여, 죄의식을 느낀다. 더 나은 자아를 얻기 위해 주어버리고 싶어 하는 자아를 그가 얼마나 가치 있게 여길 수 *있겠는가?*

⁵⁰ 에고가 구하는 "더 나은" 자아는 언제나 *더* 특별한 자아다. 그리고 특별한 자아를 소유한 듯이 보이는 자는 *그로부터* 빼앗아 올 수 있는 바로 그것 때문에 "사랑받는다." 두 파트너가 서로에게서 이런 특별한 자아를 보는 곳에서, 에고는 "하늘이 맺어준 연합"을 본다. 두 사람 중 누구도 자신이 지옥을 요청했음을 인식하지 않을 것이며, 따라서 에고가 천국을 *방해하기* 위해 제공한 천국에 대한 환상을 방해하지 않을 것이기 때문이다. 하지만 모든 환상은 두려움에서 나오며, 다른 어떤 것에서 나온 것일 수 *없다.* 그러므로 천국에 대한 환상이란 죄의식이 깊이 파묻혀 있다가 "사랑"의 형식으로 떠오르는 "매력적인" 형식의 두려움에 불과하다.

⁵¹ 지옥의 매력은 단지 죄의식의 맹렬한 끌어당김 안에 놓여있다. 에고는 왜소함을 믿

는 자들에게 바로 이것을 제시한다. *모든 특별한 관계 안에는 왜소함에 대한 확신이 놓여있다.* 오로지 가난한 자들만이 특별성에 *가치*를 둘 수 있기 때문이다. 특별성을 요구하는 것, 그리고 특별성을 주는 것을 사랑의 행위로 지각하는 것은 사랑을 *혐오스럽게* 만들 것이다. 에고의 목표에 철저히 부합하는 특별한 관계의 진짜 목적은, 실재를 파괴하여 환상으로 대체하는 것이다. 에고 *자체가* 하나의 환상이며, 환상들만이 에고의 "실재성"에 대한 증인이 될 수 *있기* 때문이다.

⁵² 네가 만약 특별한 관계를 하느님에 대한 승리로 지각한다면, 과연 그런 관계를 *원하겠는가?* 특별한 관계의 두려운 특성에 대해서도, 그런 관계가 수반할 수밖에 없는 죄의식에 대해서도, 슬픔과 외로움에 대해서도 생각하지 말자. 그것들은 단지 분리의 종교 전체와 분리가 일어났다고 생각되는 전체 정황의 속성들에 불과하기 때문이다. 그 종교에서 희생에 바치는 장황한 기도의 중심 주제는, 하느님이 돌아가셔야만 *네가* 살 수 있다는 것이다. 이러한 주제야말로 특별한 관계 안에서 실연(實演)되는 것이다. 너는 *너의* 자아의 죽음을 통해 상대방의 자아를 공격할 수 있으며, 그럼으로써 그것을 빼앗아 와서 그것으로 네가 경멸하는 자아를 대체할 수 있다고 생각한다. 그리고 네가 너의 자아를 경멸하는 이유는, 그것이 네가 요구하는 특별성을 제공하지 못한다고 생각하기 때문이다. 그리고 너는 너의 자아를 *증오함으로써 두려워하게* 되었으므로, 그것을 왜소하고 무가치하게 만들어 버렸다.

⁵³ 네가 공격했다고 생각하는 것에게, 네가 과연 어떻게 무한한 권능을 부여할 수 있겠는가? 너는 진리를 너무도 두려워하게 되어서, 진리가 약하고 왜소하고 무가치하지 *않은* 한 감히 바라보려 하지도 않는다. 너는 진리로부터 *강탈한* 권능을 네가 만든 왜소한 자아에게 부여함으로써, 진리를 이겨 무력하게 만드는 것이 안전하다고 생각한다. 이런 의례가 특별한 관계에서 얼마나 *정확하게* 거행되는지 보라. 분리된 두 사람 사이에 제단이 세워지고, 각 사람은 그 위에서 자신의 자아를 죽인 후 자신의 몸 위에 다른 자아를 세우려 한다. 그리고 그 다른 자아는 그의 죽음으로부터 자신의 권능을 얻는다. 이런 의례는 거듭거듭 거행된다. 하지만 그것은 결코 완성되지 않으며, 앞으로도 영원히 완성되지 않을 것이다. 완성에 대한 의례는 완성될 수 *없으며,* 죽음에서 생명이 일어나지도 않고, 지옥에서 천국이 일어나지도 않기 때문이다.

⁵⁴ 어떤 형식의 특별한 관계에서든 의례에서 사랑을 구하려는 유혹을 느낄 때마다, 사랑은 *내용이지 어떤* 종류의 형식도 아님을 기억하라. 특별한 관계는 일종의 형식에

대한 *의례로서*, 그 목적은 내용을 *희생하는 대가*로 형식을 들어올려 하느님의 자리를 차지하게 하는 것이다. 형식에는 아무런 의미도 *없으며*, 앞으로도 결코 없을 것이다. 특별한 관계는 하느님의 죽음에서 힘을 빼내서, 형식이 내용을 이겼고 사랑이 그 의미를 잃었다는 표시로서 하느님을 죽인 자에게 그 힘을 부여하는 어리석은 의례에 불과하다. 이것을 그 정체대로 인식해야 한다. 이것이 명백히 불가능함은 별문제로 하고, 너는 정녕 이것이 가능하기를 *원하려는가*? 만약 그것이 가능하다면, 너는 이미 *너 자신*을 무력하게 만들어버린 것이다. 하느님은 분노하지 않으신다. 하느님은 단지 이것이 일어나도록 내버려 두실 수 없었을 뿐이다. 너는 하느님의 마음을 바꿀 수 *없다*.

⁵⁵ 너는 네가 만든 의례에서 죽음의 춤을 바라보며 즐거워하지만, 그 어떤 의례도 영원에게 죽음을 가져다줄 수 없다. 그리고 네가 하느님의 온전성 대신에 선택한 그 어떤 대체품도 그것에 아무런 영향도 끼치지 못한다. 특별한 관계에서 단지, 하느님 앞에 다른 신들을 들어올려 숭배함으로써 그들의 *하찮음*과 하느님의 *위대하심*을 가리려는 무의미한 시도만을 보라. 너의 완성의 이름으로, 너는 이것을 *원하지* 않는다. 네가 하느님 앞에 놓으려고 들어올리는 모든 우상은 너의 *정체*를 대신해 *네* 앞에 서 있기 때문이다.

⁵⁶ 환상은 *참이* 아니므로 무섭지 않다는 단순한 사실, 여기에 구원이 놓여있다. 환상은 단지 네가 환상을 그 정체대로 인식하지 못하는 정도만큼만 무서워 보일 뿐이다. 그리고 너는 환상이 참이기를 *원하는* 정도만큼 환상을 그 정체대로 인식하지 *못할* 것이다. 그리고 꼭 그 정도만큼 너는 진리를 *부정하는 것이며*, 그럼으로써 진리와 환상, 하느님과 판타지 사이의 단순한 선택을 불가능하게 만드는 것이다. 이것을 기억하라. 그러면 그 결정을 단지 그 *정체대로* 지각하는 데 어려움이 없을 것이다.

⁵⁷ 분리 망상의 핵심은 단지 사랑의 의미를 파괴하는 *판타지* 안에 놓여있다. 사랑의 의미가 너에게 회복되지 않는 한, 너는 너 자신을 알 수 없다. 너는 사랑의 의미를 공유*하기* 때문이다. 분리란 단지 너 자신을 알지 *않겠다는* 결정에 불과하다. 분리의 사고체계 전체는 너를 진리에서 *끌어내어* 판타지 속으로 데려가려고 주도면밀하게 고안된 학습 경험이다. 하지만 하느님은 너에게, 너를 해칠 그 모든 배움에 대한 교정법과 그런 배움의 *모든* 결과에서 완벽하게 탈출할 수단을 제공하신다. 이 수업에 귀 기울일지 말지, 이 수업을 따를지 말지의 결정은 단지 진리와 환상 사이의 선택일 뿐이다. 왜냐하면, 여기서 진리가 환상과 *분리되어* 전혀 혼동되지 않기 때문이다.

⁵⁸ 이 선택을 단지 그 정체대로 지각할 때, 그것이 얼마나 단순해지는지! 오로지 판타지만이 선택에 있어 혼란을 가능하게 만들었지만, 판타지는 전혀 실제가 아니기 때문이다. 따라서 올해는 네가 여태껏 당면한 결정 중에 가장 쉽고도 *유일한* 결정을 내리는 해다. 너는 다리를 건너 실재 안으로 들어갈 텐데, 그 이유는 단지 건너편에는 하느님이 계시고 이쪽에는 아무것도 *없음*을 인식할 것이기 때문이다. 이것을 깨달을 때, 자연스러운 결정을 하지 *않기란* 정녕 불가능하다.

VII. 실재세상으로 가는 다리

⁵⁹ 특별한 관계에 대한 추구는 너 자신을 하느님이 아닌 에고와 동일시한다는 표시다. 특별한 관계는 *오로지* 에고에게만 가치가 있기 때문이다. 에고는 특별한 가치가 *없는* 관계는 아무런 의미도 *없다*고 보며, *모든* 사랑을 특별하다고 지각한다. 하지만 이것은 자연스러울 수 *없다*. 그것은 하느님과 그분 아들 사이의 관계와 다르기 때문이다. 이와 다른 모든 관계는 부자연스러울 수밖에 없다. 하느님은 사랑을 당신이 원하는 대로 창조하셔서 있는 *그대로* 주셨다. 사랑의 창조주께서 당신의 뜻으로 정의하신 의미 외에 사랑에는 아무런 의미도 없다. 사랑을 다른 식으로 정의하면서 사랑을 *이해하기란* 불가능하다.

⁶⁰ 사랑은 *자유다*. 너 자신을 속박함으로써 사랑을 구하는 것은 너 자신을 사랑으로부터 *분리하는* 것이다. 하느님의 사랑을 위해, 더 이상 분리에서 연합을 구하지도 속박에서 자유를 구하지도 말라! 너는 놓아주는 대로 놓여날 것이다. 이를 잊지 말라. 그렇지 않으면 사랑은 너를 찾아내 위로할 수 없을 것이다. 네가 성령의 도움을 받고자 할 때, 성령이 너의 도움을 요청하는 방법이 하나 있다. 거룩한 순간은 특별한 관계의 진짜 미끼인 죄의식의 매력으로부터 너를 보호하기 위해 성령이 사용하는 가장 유용한 도구다. 너는 죄의식이야말로 특별한 관계의 진짜 매력임을 인식하지 못한다. 에고는 그동안 특별한 관계 안에 *자유가* 놓여있다고 가르쳤기 때문이다. 하지만 특별한 관계를 더 자세히 살펴볼수록, 그것은 *반드시* 죄의식을 조장한다는 것, 따라서 *반드시* 감금한다는 것이 더욱 분명해진다.

⁶¹ 몸이 없는 특별한 관계는 아무런 의미도 없다. 네가 만약 특별한 관계에 가치를 둔

다면, *또한* 몸에도 가치를 두는 것이다. 그리고 너는 네가 가치를 두는 것을 반드시 간직할 것이다. 특별한 관계는 *너의* 자아를 몸에 제한하고, 다른 이들에 대한 너의 지각을 *그들의* 몸에 제한하기 위한 도구다. 네가 **위대한 빛줄기들**을 보게 된다면, 특별한 관계는 아무런 가치도 *없음*을 확신하게 될 것이다. 그것들을 볼 때, 몸은 그 *가치*를 잃고 사라질 것이기 때문이다. 따라서 너는 몸을 보는 데 기울인 투자를 전부 거둬들이게 된다. 너는 네가 *가치*를 두는 세상을 본다.

⁶² 다리의 이쪽 편에서, 너는 별개의 분리된 연합체들 안에서 서로 결합하려 하고 상실을 통해 하나가 되려 하는 분리된 몸들의 세상을 본다. 두 개인이 하나가 되려고 할 때, 그들은 자신의 위대함을 *축소하려는* 것이다. 각자는 자신의 권능을 부정할 것이다. 별개의 *분리된* 연합은 우주를 배제하기 때문이다. 그러한 연합에서는 그 안으로 갖고 들어가려는 것보다 훨씬 더 많은 것이 밖에 남겨진다. 하느님이 밖에 남겨지시는 반면, 들어가는 것은 *아무것도 없기* 때문이다. 그러한 결합 중에 *단 하나라도* 완벽한 믿음으로 이루어진다면, 우주가 그 안으로 *들어가리라.* 하지만 에고가 구하는 특별한 관계는 심지어 단 한 명의 온전한 개인조차 포함하지 않는다. 에고는 단지 그의 *일부만*을 원하며, *단지* 그 부분만 볼 뿐 다른 것은 아무것도 보지 않기 때문이다.

⁶³ 다리를 건너면 너무나 달라진다! 몸은 한동안 보이겠지만, 여기서처럼 단지 몸만 보이지는 않는다. 그곳에서는 **위대한 빛줄기들**을 내면에 간직한 작은 불꽃 *또한* 보인다. 그리고 이 불꽃은 오랫동안 작게 제한되어 있을 수 없다. 일단 다리를 건너면, 네가 보기에 몸의 가치는 너무나 축소되어 너는 더 이상 몸을 과장할 필요를 느끼지 못할 것이다. 그때 너는, 몸이 가진 유일한 가치는 너로 하여금 네 형제들을 다리로 데려와서 그곳에서 너와 *함께* 해방될 수 있게 하는 것임을 깨달을 것이기 때문이다.

⁶⁴ 다리 자체는 실재에 대한 관점의 전환에 불과하다. 이쪽 편에서는, 네가 보는 모든 것이 지독히 왜곡되어 관점의 균형을 완전히 잃었다. 작고 대수롭지 않은 것은 확대되고, 힘 있고 강력한 것은 작게 축소되어 있다. 그런 전환이 일어나는 동안 실제로 지남력 장애가 일어나는 것 같은 혼동의 시기가 있다. 하지만 그것을 두려워하지 말라. 그것은 단지 너의 세상을 지탱해 주는 듯했던 왜곡된 준거들에 대한 집착을 네가 포기할 용의를 내었음을 의미할 뿐이다. 이 준거들은 특별한 관계를 중심으로 세워져 있다. 이런 환상이 *없다면*, 네가 여전히 여기서 구하고자 하는 어떤 의미도 있을 수 *없다.*

⁶⁵ 네가 갑작스레 들려 실재 안으로 내던져질까 봐 두려워하지 말라. 시간은 친절하며, 네가 실재를 *위해* 시간을 사용한다면, 너의 전환 과정에서 너와 부드럽게 보조를 맞출 것이다. 이곳에 고착된 너의 마음을 빼내는 것만이 급선무다. 그렇다고 해서 네가 준거틀도 없이 집 없는 신세가 되지는 않을 것이다. 실재적인 전환에 선행하는 지남력 장애의 기간은, 너의 마음을 그렇게도 단단히 환상에 고착시키는 데 걸린 시간보다는 훨씬 더 짧다. 이제 지연은 전보다 너에게 더 해로울 것이다. 그 이유는 단지 그것이 지연이며, 고통에서 벗어나는 것이 실제로 가능함을 네가 깨닫고 있기 때문이다. 너는 더 이상 이곳의 그 어떤 특별한 관계에서도 사랑의 *환상조차* 발견하지 못할 것이다. 이 말에서 절망이 아닌 희망과 위로를 발견하라. 너는 더 이상 완전히 미치지 않았으며, 자기 배반의 죄의식을 그 정체대로 인식하고자 하기 때문이다.

⁶⁶ 네가 특별한 관계에서 강화하려 하는 그 무엇도 *실제로* 너의 일부가 아니다. 너의 사고체계는 너에게 자신이 실제라고 가르쳤다. 그런데 네가 그것의 일부를 간직하려 한다면, 너의 정체를 *실제로* 아는 **생각**을 이해할 수 없다. 너는 너의 실재에 대한 **생각**이 네 마음에 들어오도록 허락했으며, 그 **생각**은 네가 초대했기에 반드시 네 곁에 머물 것이다. 그 생각에 대한 너의 사랑은 네가 너 자신을 배반하도록 허락하지 않을 것이며, 너는 그 생각과 함께 갈 수 없는 그 어떤 관계도 시작할 수 없을 것이다. 너는 그 생각과 떨어져 있고자 하지 않기 때문이다.

⁶⁷ 에고가 제공한 엉터리 구원에서 벗어났음에 기뻐하고, 에고가 너의 관계들을 가지고 만들어낸 모조품을 그리워하면서 뒤돌아보지 말라. 이제 그 누구도 고통받을 필요가 없다. 죄의식의 아름다움과 거룩함에 대한 환상에 굴복하기에는, 너는 너무 멀리 왔기 때문이다. 완전히 미친 자들만이 죽음과 고통, 병과 절망을 바라보고는 아름답고 거룩하다고 여길 수 있다. 죄의식이 초래한 것은 추하고 무시무시하며, 아주 위험하다. 거기서 진리와 아름다움에 대한 환상을 보지 말라. 그리고 진리와 아름다움이 너를 기다리는 곳이 정녕 있음에 감사하라. 가서 그것들을 기쁘게 만나고, 무가 단지 무에 불과하기 *때문에* 포기하려는 단순한 용의에 대한 대가로 얼마나 많은 것이 너를 기다리는지 배워라.

⁶⁸ 다리를 건너면 얻게 될 새로운 관점은 천국이 과연 어디에 있는지에 대한 이해다. 이곳에서 볼 때 천국은 바깥에, 그리고 다리 건너에 있는 듯이 보인다. 하지만 네가 천국과 결합하려고 다리를 건너면, 천국은 *너와* 결합하여 하나가 될 것이다. 그러면

너는 깜짝 놀라 기뻐하면서, 그 모든 것을 얻기 위해 네가 아무것도 포기하지 *않았다*고 생각할 것이다. 저마다의 빛이 천국에 있는 자신의 정당한 자리를 차지하러 돌아올 때마다, 천국의 무한한 기쁨이 늘어난다. 하느님과 *너의* 사랑을 위해, 더 이상 기다리지 말라. 거룩한 순간이 너의 길을 재촉하기를! 네가 단지 거룩한 순간이 오도록 허용하기만 한다면, 거룩한 순간은 틀림없이 그렇게 할 것이다.

⁶⁹ 성령은 네게 단지 이런 작은 도움만을 청할 뿐이다. 너를 여전히 끌어당기는 특별한 관계 속으로 너의 생각이 빠져들 때마다, 성령과 함께 거룩한 순간에 들어가라. 그리고 그곳에서 성령이 너를 해방하게 하라. 성령이 너에게 자신의 관점을 완전히 주기 위해 필요한 것은 단지, 그것을 *공유하려는* 너의 용의뿐이다. 그리고 너의 용의는 완전할 필요가 없다. *성령의* 용의가 완벽하기 때문이다. 너의 용의 없음을 자신의 완벽한 믿음으로 속죄하는 것이 바로 성령의 임무다. 그리고 이러한 성령의 믿음이야말로, 네가 거룩한 순간에 성령과 공유하는 것이다. 너 스스로 해방되려는 용의가 없음을 인식할 때, 성령의 *완벽한* 용의가 너에게 주어진다. 성령을 불러라. 성령의 부름에 천국이 달려온다. 그리고 성령으로 하여금 너를 *대신하여* 천국을 부르도록 *허용하라*.

VIII. 환상의 종말

⁷⁰ 특별한 관계를 포기하지 않는 한, 과거를 보내버릴 수 없다. 특별한 관계는 과거를 *재연하여 바꾸려는* 시도기 때문이다. 상상된 모욕, 기억된 고통, 지나간 실망, 지각된 불의, 박탈 등 모든 것이 특별한 관계로 들어오며, 그 관계는 네가 상처받은 자존심을 회복하려는 수단이 된다. 과거가 *없다면*, 특별한 파트너를 선택하기 위한 어떤 근거가 있겠는가? 그런 모든 선택은, 네가 여전히 집착하고 있으며 그에 대해 다른 누군가가 속죄해야 하는 과거의 어떤 "악한" 것 때문에 이루어진다.

⁷¹ 특별한 관계는 과거를 대상으로 *복수를 한다*. 특별한 관계는 과거 안에서 고통을 제거하려 하기에, 과거에 사로잡혀서 완전히 전념하는 가운데 현재를 *간과한다*. 그 어떤 특별한 관계도 현재 안에서 경험되지 *않는다*. 과거의 망령이 특별한 관계를 둘러싸서 그것을 그 정체대로 만든다. 특별한 관계는 현재 안에서는 아무런 의미도 *갖고 있지 않다*. 그리고 그것이 *지금* 아무것도 의미하지 않는다면, 그것에는 어떤 진정

한 의미도 있을 수 없다. 판타지 속에서가 *아닌 한*, 과거를 어떻게 바꿀 수 있겠는가? 그리고 과거가 네게서 박탈했다고 생각하는 것을 그 누가 줄 수 있겠는가? 과거는 무다. 박탈에 대해 과거를 비난하려 하지 말라. 과거는 가버렸기 때문이다. *이미* 가버린 것을 가지 *못하게* 할 수는 없다. 그러므로 너는 *실현되기를* 바라는 어떤 목적에 과거가 쓸모 있다고 생각하여 과거가 가버리지 *않았다는* 환상을 계속 간직하고 있는 것이 틀림없다. 그리고 그 목적은 현재 안에서는 달성될 수 *없고*, *오로지* 과거 안에서만 달성될 수 있다는 것 또한 틀림없다.

72 과거에 복수하려는 에고의 맹렬한 충동을 과소평가하지 말라. 에고는 아주 잔인하고 아주 정신이 나갔다. 에고는 네가 에고의 비위를 거스른 모든 일들을 기억하면서 *너에게* 복수를 꾀한다. 에고가 자신의 증오를 실행에 옮기려고 선택하는 특별한 관계로 들여오는 판타지는 *너의* 파괴라는 판타지다. 에고는 과거를 들먹이며 너를 비난한다. 에고는 네가 자신의 복수를 받아 마땅하다고 믿는데, 네가 만약 과거에서 벗어난다면 너에게 복수할 권리를 박탈당한다고 본다. 하지만 네가 너 자신의 파괴를 위한 동맹에 가담하지 않는 한, 에고는 너를 과거에 붙잡아 둘 수 없다.

73 특별한 관계 안에서, 너는 네가 파괴되도록 *허용하고* 있다. 너는 이것이 정신 이상임을 분명히 깨닫는다. 그러나 네가 에고의 동맹자로서 에고의 목표를 추구하는 한, *현재는* 너에게 무용지물이 된다는 것은 그리 분명히 깨닫지 못한다. 과거는 가버렸다. 그러니 특별한 관계 안에 과거를 보존하려 하지 말라. 특별한 관계는 너를 과거에 묶어두고, 구원은 과거로 가버렸으니 구원을 찾으려면 과거로 돌아가야 한다고 가르치려 한다. 과거에 대한 복수의 꿈을 포함하지 않는 판타지란 없다. 너는 그 꿈을 실행에 옮기려는가, 아니면 보내버리려는가?

74 복수를 실행에 옮기는 것이 네가 특별한 관계에서 구하는 목적으로 *보이지는* 않는다. 증오와 잔인함이 잠시 의식으로 뚫고 들어올 때조차, 사랑의 환상은 심하게 흔들리지 않는다. 그러나 에고가 결코 너의 의식에 도달하도록 허락하지 않는 한 가지는 바로 이것이다: 특별한 관계는 *너 자신에* 대한 복수를 실행에 옮기는 것이다. 하지만 특별한 관계가 다른 어떤 것이 될 수 *있단* 말인가? 특별한 관계를 추구할 때 너는 *너 자신* 안에서 영광을 구하지 않는다. 너는 영광이 *네 안에* 있음을 부정했으며, 따라서 특별한 관계가 영광의 *대체물이* 된다. 그리고 복수는 속죄의 대체물이 되고, 복수에서 벗어나는 것은 *상실이* 된다.

⁷⁵ 에고의 미친 구원 개념에 맞서, 성령은 거룩한 순간을 부드럽게 놓아둔다. 우리는 전에 성령은 비교를 통해 가르쳐야 하며, 정반대되는 것들을 사용하여 진리를 가리킨다고 말했다. 거룩한 순간은 과거에 대한 복수를 통해 구원된다는 에고의 고착된 믿음의 *정반대*다. 거룩한 순간에는, 과거는 가버렸으며 그와 함께 복수하려는 충동도 뿌리 뽑혀 사라졌다는 것이 받아들여진다. *바로 지금의* 고요함과 평화가 너를 아주 부드럽게 감싸 안는다. 모든 것이 가버리고, 진리만이 남아있다.

⁷⁶ 한동안 너는 환상을 거룩한 순간 속으로 들여와서, 진리에 대한 경험과 환상에 대한 경험이 모든 면에서 *완전히* 다르다는 충분한 자각을 방해하려고 시도할 수도 있다. 하지만 오랫동안 그러지는 않을 것이다. 거룩한 순간에는, 성령의 권능이 지배할 것이다. 왜냐하면 네가 성령과 *결합했기* 때문이다. 네가 가져오는 환상은 잠시 성령에 대한 경험을 약화하고, 그 경험을 너의 마음에 간직하지 못하게 할 것이다. 하지만 거룩한 순간은 *영원하다*. 그리고 시간에 대한 너의 환상은 무시간적인 것이 그 정체로 존재하는 것을 방해할 수 없으며, 네가 그것을 있는 그대로 경험하는 것을 방해할 수도 없다.

⁷⁷ 하느님이 너에게 주신 것은 참으로 주어지고 참으로 *받아질* 것이다. 네가 하느님의 선물을 받지 않는다면, 그것에는 실재성이 없기 때문이다. 너의 *받음이* 하느님의 *주심을* 완성한다. 너는 받을 것이다. 주시는 것은 하느님의 뜻이기 *때문이다*. 하느님은 거룩한 순간을, 너에게 주어지도록 주셨다. 그러므로 네가 그것을 받지 않는 것은 불가능하다. 왜냐하면, 하느님이 그것을 주셨기 *때문이다*. 하느님이 당신의 아들이 자유롭기를 뜻하셨을 때, 그는 정녕 자유로웠다. 거룩한 순간 안에는, 당신의 아들이 언제나 *정확히* 창조된 그대로라고 일깨워 주는 하느님의 신호가 들어있다. 그리고 성령이 가르치는 그 모든 것은 네가 하느님이 주신 것을 이미 받았음을 일깨워 주기 위한 것이다.

⁷⁸ 실재에는 네가 비난할 것이 아무것도 없다. 용서받아야 할 것이라고는 네가 네 형제들을 비난하여 품은 환상들뿐이다. 그들의 실재에는 과거가 전혀 없다. 그리고 오로지 환상들만이 용서받을 수 있다. 하느님은 그 누구도 그 어떤 이유로도 비난하지 않으신다. 하느님께는 *어떤* 환상도 불가능하기 때문이다. *네가* 네 형제들에게서 지각하는 환상을 용서함으로써, 그들을 자신의 환상에 갇힌 노예 상태에서 해방하라. 그럼으로써 너는 *네가* 이미 용서받았음을 배울 것이다. 그들에게 환상을 제공한 것은

바로 너기 때문이다. 거룩한 순간에는, 이것이 *시간 안에서* 너를 위해 이루어져서 너에게 천국의 진정한 상태를 가져다준다.

⁷⁹ 너는 항상 진리와 환상 사이에서, 즉 치유하는 *진정한* 속죄와 파괴하는 에고의 "속죄" 사이에서 선택한다는 것을 기억하라. 하느님의 **사랑**에서 비롯되는 속죄 계획에서 오로지 너의 역할만을 구할 때, 그분의 권능과 그분의 모든 **사랑**이 너를 무한히 지원할 것이다. 속죄가 너에게 올 수 있는 법을 구하는 과정에서, 에고가 아닌 하느님의 동맹군이 되어라. 하느님의 도우심으로 족하다. 하느님의 **메신저**는 어떻게 하면 천국을 너에게 회복해 줄 수 있는지, 너와 하느님의 관계 안에 있는 구원에 어떻게 하면 네가 *전적*으로 투자하게 할 수 있는지 이해하기 때문이다.

⁸⁰ 모든 환상이 용서받는 거룩한 순간 속에서, 하느님의 메시지를 구하여 *발견하라*. 그곳으로부터 기적이 확장되어 모든 이를 축복하며, 크거나 작고, 가능하거나 불가능하다고 지각되는 문제들을 전부 해결한다. 하느님과 그분의 위엄에 자리를 내어주지 않을 것은 아무것도 없다. 하느님과 친밀한 관계를 맺는 것은 관계들을 *실재하는 것*으로 받아들이는 것이며, 그 실재성을 통해 모든 환상을 단념하고 네가 하느님과 맺은 관계의 실재성을 받아들이는 것이다. 오로지 네가 하느님과 맺은 관계만을 찬양하라. 진리는 다른 어느 곳도 아닌 오로지 여기에만 놓여있다. 너는 이것을 선택하거나, 아니면 *무*를 선택하는 것이다.

⁸¹ 아버지, 우리의 환상을 용서하소서. 그리고 우리로 하여금 그 어떤 환상도 없고 그 어떤 환상도 들어올 수 없는 당신과의 진정한 관계를 받아들이도록 도우소서. 우리의 거룩함은 곧 당신의 거룩함입니다. 당신의 용서가 완벽하거늘, 우리 안에 용서가 필요한 무엇이 있을 수 있겠습니까? 망각의 잠은 단지 당신의 용서와 당신의 **사랑**을 기억하는 것에 대한 저항일 뿐입니다. 우리로 하여금 유혹에 빠져들지 말게 하소서. 하느님의 아들이 유혹에 **빠지는** 것은 당신의 뜻이 아니기 때문입니다. 또한 우리로 하여금 당신이 주신 것만 받게 하시고, 당신이 창조하셔서 사랑하시는 마음 안으로 오로지 당신이 주신 것만을 받아들이게 하소서. 아멘.

제17장

용서와 치유

I. 서문

¹ 하느님 아들의 배반은 오로지 환상 속에 놓여있으며, 그의 모든 "죄"는 단지 그의 상상에 불과하다. 그의 실재는 영원히 죄가 없다. 그는 용서받을 필요가 없으며, 단지 깨어날 필요만 있을 뿐이다. 그는 꿈속에서 자기 자신과 형제들, 그리고 하느님을 배반했다. 하지만 꿈속에서 행한 것은 실제로 행한 것이 아니다. 꿈꾸는 자에게 이것을 납득시키기는 불가능하다. 꿈이 꿈인 이유는 그것이 실재에 대한 환상을 포함하기 *때문이다*. 너는 오로지 깨어날 때만 꿈에서 완전히 해방된다. 오로지 그제야 너는 꿈이 실재에 아무런 영향도 미치지 않았으며, 실재를 바꾸지도 않았다는 것을 완벽하게 깨닫기 때문이다. 판타지는 실재를 바꾼다. 그것이 판타지의 목적이다. 판타지는 실재 안에서는 그렇게 할 수 없지만, 실재를 다르게 만들려고 하는 마음 안에서는 과연 그렇게 할 수 *있다*.

² 그렇다면 두려운 것은 단지 실재를 바꾸려는 너의 소망뿐이다. 너는 그 소망을 가지고서 네가 소망하는 것을 이루었다고 생각하기 때문이다. 이런 이상한 입장은 어떤 면에서 너의 권능을 인정한다. 하지만 그것은 또한, 너의 권능을 왜곡하여 "악"에 바침으로써 그것을 비실재로 만든다. 상반되는 것들을 행하라고 요구하는 두 주인에게 충실할 수는 없다. 너는 판타지 속에서 사용하는 것을 진리에게 주지 않는다. 하지만 네가 진리에게 주어 너를 위해 사용하게 하는 것은 판타지로부터 안전하다.

II. 판타지와 왜곡된 지각

³ 기적에 난이도가 있을 것이라는 너의 주장은 단지 네가 진리에게 주지 않으려는 무언가가 있음을 의미할 뿐이다. 너는 진리가 그것을 잘 다룰 수 없다고 믿는데, 그 이유는 단지 네가 그것을 진리에게 감추려고 하기 때문이다. 아주 간단히 말해, 모든 고통을 치유하는 권능에 대한 너의 불신은 실재의 어떤 측면은 판타지를 위해 간직하겠다는 너의 소망에서 발생한다. 이것이 전체에 대한 너의 이해에 어떤 영향을 끼치는지 네가 깨닫는다면! 무언가를 너 혼자만을 위해 남겨둘 때, 너는 그것을 너를 해방하고자 하는 성령으로부터 빼앗는 것이다. 그것을 성령께 돌려드리지 않는 한, 실재에

대한 너의 관점은 교정되지 않은 채 뒤틀려 있을 수밖에 없다.

4 네가 그렇게 원하는 한, 기적에 난이도가 있다는 환상은 계속 남아있을 것이다. 너는 실재의 일부는 한 교사에게 주고 다른 일부는 다른 교사에게 줌으로써, 실재에 이런 등급을 매겼다. 따라서 너는 진리의 일부는 이런 식으로, 다른 부분은 저런 식으로 다루는 법을 배운다. 진리를 조각내는 것은 진리를 무의미하게 만들어서 파괴하는 것이다. 실재의 등급이란 실재에 대한 이해가 없는 관점으로서, 그러한 기준틀에 실재를 견주어볼 수는 없다.

5 너는 과연 진리를 판타지로 가져가서 진리의 의미를 환상의 관점에서 배울 수 있다고 생각하는가? 진리는 환상 속에서는 아무런 의미도 갖고 있지 않다. 진리의 의미에 대한 기준은 진리 자체라야 한다. 진리를 환상으로 가져가려는 것은 환상을 *실재화하고* 환상에 대한 믿음을 정당화하여 환상을 간직하려는 것이다. 반대로 환상을 진리에게 주는 것은, 진리로 하여금 환상은 실제가 아님을 가르치게 하여 너 자신이 환상에서 벗어날 수 있도록 하는 것이다. 단 하나의 아이디어도 진리 바깥에 간직하지 말라. 그렇지 않으면 너는 실재에 등급을 매기는 것이며, 그것은 너를 가둘 수밖에 없다. 실재에는 등급이 없다. 실재의 *모든 것*은 참이기 때문이다.

6 그러니, 진리 바깥에 간직한 모든 것을 성령께 드리겠다는 용의를 내라. 성령은 진리를 알며, 성령 안에서 모든 것은 진리로 보내진다. [분리로부터의 구원은 완전하거나, 아니면 전혀 일어나지 않을 것이다.] 단지 이것이 성취되게 하겠다는 너의 용의에만 관심을 두고, 다른 것에는 전혀 관심을 두지 말라. 네가 아닌 *성령이* 그것을 성취할 것이다. 단지 다음을 잊지 말라: 다른 사람이 판타지를 통해 문제를 해결하려고 시도하는 것을 보고 너의 마음이 동요하고 평화를 잃는다면, 너는 그와 똑같은 시도를 한 것에 대해 너 자신을 용서하기를 거부하는 것이다. 그리고 너는 너와 상대방 둘 다를 진리와 구원으로부터 떼어놓는 것이다. 네가 그를 용서할 때, 너는 두 사람 모두가 부정했던 것을 진리로 회복하는 것이다. 그리고 너는 네가 용서를 준 곳에서 용서를 볼 것이다.

III. 용서받은 세상

7 네가 용서한 이들이 얼마나 아름답게 보일지 상상할 수 있겠는가? 어떤 판타지 속

에서도, 너는 무언가를 그렇게 사랑스럽게 바라본 적이 없다. 네가 이곳에서 자거나 깨어서 보는 그 무엇도 그런 사랑스러움에 근접도 하지 못한다. 너는 그 무엇도 이처럼 가치를 두거나 소중히 여기지 않을 것이다. 너의 가슴을 기쁨에 겨워 노래하게 만들었다고 기억하는 그 무엇도, 이런 모습이 네게 안겨줄 행복의 작은 부분조차 가져다준 적이 없다. 왜냐하면, 너는 하느님의 아들을 볼 것이기 때문이다. 너는 성령이 바라보고 싶어 하고 그것에 대해 아버지께 감사드리는 아름다움을 볼 것이다. 성령은 너 스스로 그 아름다움을 보는 법을 배울 때까지 너를 대신해 그것을 보도록 창조되었다. 그리고 성령의 모든 가르침은 그 아름다움을 보고 그와 함께 감사하도록 인도한다.

8 이런 사랑스러움은 판타지가 아니다. 그것은 환한 태양 아래 모든 것이 반짝거리는 눈부시게 밝고 깨끗한 실재세상이다. 여기서는 그 무엇도 감춰지지 않는다. 모든 것이 이미 용서받았으며, 진리를 감출 판타지가 아무것도 없기 때문이다. 그 세상과 이 세상을 잇는 다리는 너무도 작고 건너기 쉬워서, 너는 그렇게 다른 두 세상이 그 다리에서 만난다고는 믿지 못할 것이다. 하지만 그 작은 다리는 이 세상과 닿아있는 것 중에 가장 튼튼한 것이다. 이 작은 단계는 네가 알아채지 못할 정도로 너무나 작지만, 시간을 뚫고 영원으로, 모든 추함을 뚫고 아름다움으로 들어가는 거대한 발걸음이다. 너는 그 아름다움에 황홀해하고, 그 완벽함에 영원히 경탄을 금치 못할 것이다.

9 하지만 이제껏 누군가 취한 것 중에 가장 작은 이 단계는 하느님의 속죄 계획에서 가장 위대한 성취다. 다른 모든 것은 배우는 것이지만, 이것은 아주 완벽하고 완전한 상태로 주어진다. 구원을 계획하신 하느님만이 이 단계를 그렇게 완성하실 수 있다. 너는 지금 그렇게 아름다운 실재세상에 도달하는 법을 배우고 있다. 판타지들은 전부 무효화된다. 이제 그 누구도, 그 무엇도 판타지에 묶여있지 않다. 그리고 너 자신의 용서 덕분에, 너는 자유로이 볼 수 있게 되었다. 하지만 네가 보는 것은 단지 네가 만든 것으로서, 너의 용서가 베푸는 축복을 받은 것이다. 하느님의 아들이 자신에게 베푸는 이런 마지막 축복과 함께, 그가 배운 새로운 관점에서 태어난 진정한 지각은 그 목적을 이루었다.

10 별들은 빛 속으로 사라지고, 세상을 아름다움에 드러냈던 태양도 자취를 감추리라. 지각은 완벽하게 되었을 때 무의미해질 것이다. 배움에 사용된 모든 것은 기능을 잃을 것이기 때문이다. 아무것도 변하지 않을 것이다. 지각을 가능하게 만들었던 변

화도, 명암도, 차이도, 변동도 전혀 일어나지 않을 것이다. 실재세상을 지각하는 기간은 너무도 짧아서, 너는 그에 대해 하느님께 감사드릴 시간도 거의 내지 못할 것이다. 네가 실재세상에 도달해 하느님을 맞이할 준비가 되면, 하느님은 즉시 마지막 단계를 취하실 것이기 때문이다.

11 실재세상은 단지 낡은 것, 즉 네가 용서 없이 보는 세상을 완전히 용서함으로써 얻어진다. 지각의 **위대한 변형자**는 이 세상을 만든 마음을 너와 함께 주의깊게 살펴서, 네가 그것을 만든 그럴듯한 이유들reasons을 드러내 줄 것이다. 네가 성령을 따름에 따라, 성령은 자신이 가져오는 진정한 이성reason의 빛 속에서 이곳에는 이성이 없음을 보여줄 것이다. 성령의 이성이 가닿는 곳마다 아름답게 소생하며, 너의 이성이 부재하여 어둠 속에 추해 보였던 것이 갑작스레 해방되어 사랑스러워진다. 하느님의 아들이 정신 이상으로 만든 것조차 그 안에는 아름다운 불꽃이 감춰져 있어서, 온유함에 의해 해방될 수 있다.

12 용서하는 눈으로 세상을 바라볼 때, 이 모든 아름다움이 일어나 너의 눈을 축복할 것이다. 용서는 그야말로 비전을 변형하여, 너로 하여금 실재세상이 조용하고도 부드럽게 다가오는 것을 보게 할 것이다. 그 세상은 너의 지각을 비틀어 과거에 고착시켰던 모든 환상을 제거하면서, 혼돈을 가로질러 온다. 작디작은 잎새가 경이의 대상이 되고, 한 줄기 풀잎이 하느님의 완벽하심을 보여주는 표시가 된다. 용서받은 세상으로부터, 하느님의 아들은 가볍게 들려져 그의 집으로 간다. 그리고 그곳에서, 그는 자신이 늘 그곳에서 평화로이 안식하고 있었음을 안다. 심지어 구원조차도 하나의 꿈이 되어 그의 마음에서 사라질 것이다. 구원은 꿈의 종말이며, 꿈이 끝나면 구원에는 아무런 의미도 없기 때문이다. 천국에서 깨어있는 자가 과연 구원이 필요하다는 꿈을 꿀 수 있겠는가?

13 너는 구원을 얼마나 원하는가? 구원은 너에게 실재세상을 안겨줄 것이다. 그것은 너에게 주어지기만을 가슴 설레게 기다리고 있다. 성령은 너에게 실재세상을 주려는 열망이 너무나 강렬하여, 비록 인내하며 기다리고 있기는 해도 기다리고 싶어 하지는 않는다. 성령과의 만남이 지체되는 것을 인내하지 않음으로써, 성령의 인내에 부응하라. 반가이 나가 너의 구세주를 만나고, 그와 함께 신뢰 속에 이 세상 밖으로 걸어 나와 아름다움과 용서의 실재세상으로 들어가라.

Ⅳ. 과거의 그림자

14 용서란 단지 과거에 네가 준, 그리고 너에게 주어진 *사랑하는* 생각들만 기억하는 것이다. 나머지는 모두 잊혀야 한다. 용서는 선택적인 기억하기지만, 너의 선택에 근거하지는 않는다. 네가 불멸로 만들려는 그림자 등장인물들은 실재의 "적"이다. 하느님의 아들이 하지 않은 것에 대해, 그를 용서하려는 용의를 내라. 그림자 등장인물들은 그가 하지 않은 것을 했다고 입증하기 위해 네가 데려오는 증인들이다. 네가 그들을 데려왔기 때문에, 너는 그들의 증언을 들을 것이다. 너는 스스로 선택해서 그들을 데리고 있지만, 그들이 어떻게 네 마음 안으로 들어왔으며, 어떤 목적을 가졌는지는 이해하지 못한다.

15 그림자 등장인물들은 네가 너에게 행해졌다고 *생각하는* 악을 나타낸다. 네가 그들을 데려오는 이유는 단지, 그들의 증언이 너로 하여금 다른 사람이 유죄라고 생각할 수 있게 해주면서도 너 자신은 해치지 않으리라고 기대하면서, 악을 악으로 갚기 위해서다. 그들은 너무도 분명히 분리를 대변해 말하므로, 분리를 유지하는 데 사로잡혀 있는 자가 아니고서는 그들의 증언을 귀담아들을 수 없다. 그들은 너에게, 네가 왜 에고의 목표를 지원하는 거룩하지 않은 동맹을 맺어 너의 관계를 에고의 권능에 대한 증거로 만들어야 하는지 그 "근거"를 제공한다. 이러한 그림자 등장인물들이야말로 너의 눈에 에고를 거룩해 보이게 만들어주고, 네가 에고를 안전하게 지키려고 하는 일들이 정녕 사랑이라고 가르쳐주는 것이다.

16 그림자 등장인물들은 언제나 복수를 대변해 말하며, 그들이 시작하는 모든 관계는 완전히 정신 이상이다. 이런 관계는 예외 없이 상대방과 너 자신에 대한 진리를 배제하는 것이 그 목적이다. 이것이 바로, 네가 두 사람 모두에게서 거기에 없는 것을 보고, 두 사람 모두를 복수의 노예로 만드는 까닭이다. 또한 이것이 바로, 너에게 과거의 불만거리를 상기시키는 것이라면 무엇이든, 그것을 기억하게 만든 연상작용이 아무리 왜곡되었더라도 너를 매혹하고, 너에게 사랑이라는 이름으로 통하는 듯이 보이는 까닭이다. 그리고 마지막으로 이것이 바로, 그러한 모든 관계가 몸을 통해 연합하려는 시도가 되는 까닭이다. 왜냐하면, 오로지 몸만이 복수를 위한 수단으로 보일 수 있기 때문이다. 거룩하지 않은 모든 관계에서 몸이 중심을 차지한다는 것은 명백하다. 너 자신의 경험이 그동안 너에게 이것을 가르쳤다. 하지만 네가 깨닫지 못하는 것

은, 그 관계를 거룩하지 않게 만드는 그 모든 이유들이다. 거룩함이 그러하듯, 거룩하지 않음도 자신을 닮았다고 지각하는 것을 끌어모아 자신을 강화하려 한다.

17 거룩하지 않은 관계에서, 연합이 시도되는 대상은 상대방의 몸이 아니라 거기에 없는 이들의 몸이다. 상대방에 대해 이미 심각하게 제한된 지각인 그의 몸조차도 있는 그대로, 혹은 전체로서 주된 초점이 아니다. 복수 판타지에 사용될 수 있는 것, 실제로 복수를 가하려는 대상과 가장 쉽사리 관련될 수 있는 것에 초점이 맞춰지며, 그것들을 유일하게 가치 있는 부분으로 따로 떼어둔다. 거룩하지 않은 관계를 만들고, 유지하고, 단절하는 각각의 단계는 더 심한 분열과 비실재로 이어진다. 그림자 등장인물들이 점점 더 많이 들어오고, 그 형상들이 들어있는 듯한 자의 중요성은 줄어든다.

18 시간은 거룩하지 않은 관계에게 정녕 불친절하다. 시간은 온유함을 위해 사용될 때는 친절하지만, 에고의 손에 있을 때는 *잔인하기* 때문이다. 거룩하지 않은 관계의 매력은 점차 시들해지면서 동시에 의문에 붙여지기 시작한다. 거룩하지 않은 관계가 일단 형성되면, 그 안으로 의심이 들어올 수밖에 없다. 그 관계의 목적 자체가 불가능하기 때문이다. 그런 관계들 가운데 그 중심에 있는 판타지를 유지하는 유일한 관계는, 꿈꾸기는 했지만 전혀 맺어지지 않은 관계다. 어떤 실재도 들어오지 않은 곳에는 행복의 꿈을 침범할 것이 아무것도 없다. 하지만 이것이 무슨 의미인지 숙고해 보라. 거룩하지 않은 관계로 실재가 더 많이 들어갈수록, 그 관계는 덜 만족스러워진다. 그리고 판타지가 더 많은 것을 포함하게 될수록, 그로 인한 만족은 더 커지는 듯이 보인다.

19 따라서 거룩하지 않은 관계의 "이상"은 꿈을 "망치는" 상대방의 실재가 전혀 들어오지 않는 관계가 된다. 상대방이 실제로 그 관계에 더 적게 가져올수록 그 관계는 더 "좋은" 관계가 된다. 따라서 연합하려는 시도는 심지어 연합이 추구되는 대상조차 배제하는 방법이 된다. 그 관계는 상대방을 연합으로부터 몰아내고, 방해받지 않는 "지복" 속에서 판타지들과 결합하기 위해 형성되었기 때문이다. 몸을 소통의 수단으로 해석하는 성령이 실재와의 분리가 그 유일한 목적인 관계들로 자신의 해석을 어떻게 가져갈 수 있을까? 용서의 정체가 성령으로 하여금 그것을 할 수 있게 해준다.

20 사랑하는 생각을 제외한 모든 것이 잊혔다면, 남아있는 것은 영원하다. 그렇게 변형된 과거는 현재처럼 만들어진다. 과거는 더 이상 *지금과* 갈등하지 않는다. 이런 연속성은 너의 지각 안에서 현재의 실재성과 가치를 늘림으로써, 현재를 확장한다. 이러한 사랑하는 생각들 안에, 아름다움의 불꽃이 있다. 그 불꽃은 증오가 기억되는 거

룩하지 않은 관계의 추함 속에 감춰져 있다. 하지만 그 관계에 생명과 아름다움을 주는 성령께 그 관계를 드리면, 그 불꽃은 비로소 살아난다. 바로 이것이 속죄가 과거에 초점을 두는 까닭이다. 과거는 분리의 근원이며, 분리는 그곳에서 무효화되어야 한다. 분리는 분리가 만들어진 곳에서 교정되어야 하기 때문이다. 에고는 자신의 문제를 그 근원에서 해결하지 않고, 문제가 만들어지지 않은 곳에서 "해결"하려고 한다. 이와 같이 에고는 어떠한 해결책도 없도록 확실히 해두려고 한다.

²¹ 성령은 단지 자신의 해답을 완전하고 완벽하게 만들려고 뜻할 뿐이다. 따라서 성령은 문제의 근원을 그것이 있는 곳에서 구하고 찾아내서, 그곳에서 무효화한다. 이러한 무효화 작업의 각 단계마다 분리가 점점 더 무효화되고 연합이 더욱 가까워진다. 성령은 분리를 편드는 그 어떤 "이유"에도 전혀 혼동하지 않는다. 성령은 분리에서 단지 분리가 무효화되어야 한다는 사실만을 지각한다. 성령으로 하여금 너의 관계들 안에 감춰진 아름다움의 불꽃을 드러내서 너에게 *보여주게* 하라. 그 불꽃의 사랑스러움은 너를 너무도 매혹할 것이며, 따라서 너는 다시는 그 모습을 잃고 싶어 하지 않을 것이다. 그리고 너는 그 불꽃이 관계를 변형하도록 허용함으로써, 스스로 그 불꽃을 점점 더 자주 보게 될 것이다. 너는 그 불꽃을 점점 더 많이 원할 것이며, 그 불꽃이 너에게 감춰져 있는 것을 점점 더 꺼릴 것이기 때문이다. 그러므로 너는 이러한 아름다움을 볼 수 있는 조건을 구하고 확립하는 법을 배울 것이다.

²² 성령으로 하여금 네 앞에 그 불꽃을 들어 너의 길을 밝히게 한다면, 너는 그 길을 뚜렷이 볼 수 있게 되어 그 모든 일을 기쁘게 행할 것이다. 하느님의 아들은 하나다. 하느님이 하나로 결합하신 자들을, 에고는 갈라놓을 수 없다. 거룩함의 불꽃이 아무리 감춰지더라도, 그것은 모든 관계 안에 안전하게 놓여있다. 유일한 관계의 창조주께서는 그 관계의 어떤 부분도 당신 없이 있도록 버려두지 않으셨기 때문이다.

²³ 이것은 성령이 그 관계에서 보는 유일한 부분이다. 성령은 오로지 그것만이 참임을 알기 때문이다. 너는 그 관계를 그것이 없는 곳에서 보고, 있는 그대로 보지 않음으로써 비실재로 만들었으며, 따라서 거룩하지 않게 만들었다. 과거를 성령께 드려라. 성령은 과거에 대한 너의 마음을 너 대신 바꿔줄 수 있다. 그러나 먼저 네가 과거로 하여금 무엇을 나타내게 했는지, 그리고 그 이유는 무엇인지 충분히 깨닫도록 확실히 해두어라.

²⁴ 간단히 말해, 과거는 이제 네가 현재를 뿌리치고 에고와 지속적이고도 거룩하지 않은 동맹을 맺는 것을 정당화하는 명분이다. 왜냐하면, 현재는 곧 용서기 때문이다. 따

라서 거룩하지 않은 동맹이 좌우하는 관계는 *바로 지금이라고* 지각되거나 느껴지지 않는다. 하지만 너는 현재의 의미를 정할 때 과거의 *환상을* 기준으로 삼는데, 그 안에서 거룩하지 않은 동맹의 목적에 맞는 요소는 간직되고 나머지는 모두 버려진다. 이와 같이 버려지는 것은 현재의 실재성에 대한 증거로서 과거가 현재에게 제공할 수 있는 그 모든 진리인 반면, 남겨지는 것이라고는 단지 꿈이 실재라는 증거뿐이다.

25 기꺼이 진리와 결합할 것인지, 아니면 환상과 결합할 것인지는 여전히 너의 선택에 달려있다. 하지만 하나를 선택하는 것은 곧 다른 하나를 버리는 것임을 기억하라. 무엇을 선택하든 너는 그것에 아름다움과 실재성을 부여할 것이다. 너의 선택은 네가 무엇에 더 가치를 두는지에 달려있기 때문이다. 아름다움의 불꽃인가 추함의 장막인가, 실재세상인가 죄의식과 두려움의 세상인가, 진리인가 환상인가, 자유인가 노예신세인가? 이 모든 것은 같다. 너는 오로지 하느님과 에고 사이에서만 선택할 수 있기 때문이다. 사고체계는 단지 참이거나 거짓일 뿐이며, 사고체계의 모든 속성들은 단지 그 정체에서 비롯된다. 오로지 하느님의 **생각들만이** 참이다. 그리고 그 **생각들에서** 일어나는 모든 것은 그 **생각들의** 정체에서 비롯되며, 그것들이 비롯된 거룩한 근원만큼이나 참이다.

26 나의 거룩한 형제들이여, 나는 너희의 모든 관계 안으로 들어가 너희와 너희의 판타지 사이에 서고자 한다. *내가* 너희와 맺는 관계가 너희에게 실재가 되게 하고, 나로 하여금 너희 형제들에 대한 너희의 지각에 실재성을 가져다주게 하라. 그들을 이용해서 너희 자신을 해치라고 그들이 창조된 것은 아니다. 그들은 너희와 함께 창조하라고 창조되었다. 너희는 광기를 목표로 하지만, 나는 바로 이 진리를 너희와 그 목표 사이에 놓아두고자 한다. 나로부터 분리되어 있지 말고, 복수의 꿈속에서 속죄의 거룩한 목적을 잃지 말라. 그런 꿈을 소중히 여기는 관계는 나를 배제한 관계다. 나로 하여금 하느님의 이름으로 들어가서 너희에게 평화를 안겨주게 하라. 그럼으로써 너희는 나에게 평화를 선사할 수 있다.

V. 지각과 두 세상

27 하느님은 너를 행복하게 만드시려고 너와의 관계를 맺으셨다. 그리고 너의 행위 가

운데 하느님의 목적을 공유하지 않는 것은 실제일 수 없다. 모든 것의 유일한 기능은 하느님이 그것에 부여하신 목적이다. 하느님이 너와의 관계를 창조하신 이유 때문에, 관계의 기능은 영원히 "행복하게 만들기"가 되었다. *그밖에는 아무것도 없다.* 하느님이 당신의 창조물들과 관계하시듯, 너도 이런 기능을 이행하려고 너의 창조물들과 관계한다. 하느님이 창조하신 것 중에 행복과 떨어져 있는 것은 아무것도 없으며, 하느님이 창조하신 것 중에 자신의 창조주처럼 행복을 확장하려 하지 않는 것도 아무것도 없기 때문이다. 이런 기능을 이행하지 않는 것은 무엇이든 실제일 수 없다.

²⁸ 이 세상에서, 창조하는 것은 불가능하지만 행복하게 만드는 것은 가능하다. 여러 차례 말했듯이, 성령은 너의 특별한 관계들을 빼앗으려는 것이 아니라 변형하고자 한다. 이것은 단지, 성령은 하느님이 그 관계들에 부여하신 기능을 회복해 줄 것이라는 의미다. 네가 그 관계들에 부여한 기능은 분명 행복하게 만들기가 아니다. 그러나 거룩한 관계는 하느님의 목적에 대한 대체품을 만들려고 하는 대신에, 그분의 목적을 공유한다. 네가 만든 모든 특별한 관계는 하느님의 뜻에 대한 대체품으로서, 그분의 뜻과 너의 뜻이 다르다는 망상으로 인하여, 그분의 뜻이 아닌 너의 뜻을 찬양한다.

²⁹ 너는 이 세상에서조차 아주 실재적인 관계들을 맺어왔지만, 그것들을 인식하지 못한다. 그 이유는 단지 네가 그 관계의 대체물을 너무 중요시해서, 진리가 늘 그러하듯 너를 부를 때 대체물을 가지고 응답하기 때문이다. 네가 이제껏 맺은 모든 특별한 관계의 근본적인 목적은, 너의 마음을 철저히 사로잡아서 진리의 부름을 듣지 못하게 하는 것이다. 어떤 의미에서 특별한 관계는 하느님이 분리에 응답하여 성령을 창조하신 것에 대한 에고의 응답이었다. 에고는 비록 무엇이 창조되었는지 이해하지 못했지만, 위협은 알아차렸기 때문이다.

³⁰ 에고가 성령으로부터 분리를 보호하려고 발달시킨 전체 방어체계는, 하느님이 분리를 축복하셔서 치유될 수 있게 하신 선물에 대한 대응이었다. 그 축복 안에는 모든 것에 대한 진리가 담겨있다. 그 진리는 바로, 너와 하느님의 관계가 성령 안에서 너에게 회복되기 때문에, 성령과 너는 아주 긴밀한 관계에 있다는 것이다. 너와 성령의 관계는 결코 단절된 적이 없다. 성령은 분리 이후 그 누구와도 분리된 적이 없기 때문이다. 그리고 성령을 통해, 너의 모든 거룩한 관계들은 너를 위한 하느님의 목적에 기여하도록 세심하게 보존되었다.

³¹ 에고는 위협을 극도로 경계하며, 에고를 받아들인 네 마음의 일부는 에고가 이성이

라고 여기는 것을 보존하려고 안달한다. 그 부분은 에고가 아주 제정신이 아님을 깨닫지 못한다. 하지만 제정신을 되찾기 위해서는, 이것이 무슨 의미인지 깨달아야 한다. 제정신이 아닌 자들은 자신의 사고체계를 보호하지만, 제정신이 아닌 방법으로 그렇게 한다. 그들의 모든 방어수단은 그 방어수단이 보호하려는 것만큼이나 제정신이 아니다. 분리 안에는 정신 이상이 *아닌* 어떤 부분도, 어떤 "이성"도, 어떤 속성도 없다. 분리의 "보호" 또한 분리의 일부로서, 분리 전체만큼이나 제정신이 아니다. 따라서 에고의 주요 방어수단인 특별한 관계는 제정신이 아닐 수밖에 없다.

³² 이제 너는 특별한 관계가 보호하는 사고체계는 단지 망상체계임을 깨닫는 데 별 어려움이 없을 것이다. 너는 최소한 막연하게라도 에고가 제정신이 아님을 인식한다. 하지만 특별한 관계는 여전히 너에게 무언가 "다른" 것처럼 보인다. 우리는 네가 포기할 용의를 더 많이 냈던 에고 사고체계의 다른 여러 측면들보다 훨씬 더 자세히 특별한 관계를 살펴보았다. 이 하나의 측면이 남아있는 한, 너는 다른 측면들을 포기하지 않을 것이다. 이 한 측면은 다른 측면들과 다르지 않기 때문이다. 이 한 측면을 간직한다면, 너는 이미 에고 사고체계 전체를 간직한 것이다.

³³ 모든 방어수단은 그것이 *지키려는 대상을 가져다준다.* 이러한 사실을 깨닫는 것이 아주 중요하다. 방어수단이 효과가 있다는 생각 밑에 깔린 근거는, 방어수단은 그것이 지키는 것을 제공한다는 데 있다. 방어수단이 지키는 것은 방어수단 안에 놓여 안전하게 보관된다. 그리고 방어수단은 작동과 동시에 너에게 그 안에 보관된 것을 가져다준다. 모든 방어수단은 선물을 줌으로써 작동한다. 그 선물은 언제나 그 방어수단이 보호하는 사고체계의 축소판으로서, 금으로 된 틀을 둘렀다. 이 틀은 아주 정교하고 온통 보석이 박혀있으며, 깊이 조각되어 있고 광이 난다. 그 틀의 목적은, *그 자체*로 가치 있게 됨으로써 틀 안에 있는 것으로부터 너의 주의를 빼앗는 것이다. 하지만 그림 없이 틀만 가질 수는 없다. 방어수단은 네가 틀만 가질 수 있다고 생각하게 만들려고 작동한다.

³⁴ 특별한 관계는 에고가 사용하는 모든 방어수단 중에서 가장 인상적이고 기만적인 틀을 둘렀다. 여기서 에고의 사고체계가 제공되는데, 그것은 너무나 무겁고 정교해서 그 인상적인 구조 때문에 그림은 거의 망각되는 틀에 둘러싸였다. 그 틀은 온갖 몽환적이고 조각난 사랑의 환상에 희생과 자기 확대의 꿈을 장식하고, 자기 파괴의 금실과 엮어 짜서 만들어진다. 희미한 조명 아래 피가 루비처럼 반짝거리고, 눈물이 다이

아몬드처럼 가공되어 제물로 바쳐진다.

³⁵ *그림*을 직시하라. 틀이 너의 주의를 **빼앗게** 하지 말라. 이 선물은 너를 저주하려고 주어졌으며, 네가 만약 그것을 받는다면 너 자신이 *저주받았다고* 믿을 것이다. 그림 없이 틀만 가질 수는 없다. 네가 가치 있게 여기는 것은 틀이다. 너는 틀에서 어떤 갈 등도 보지 못하기 때문이다. 하지만 틀은 갈등이라는 선물을 싼 포장에 불과하다. 틀 은 선물이 *아니다*. 이 사고체계의 가장 피상적인 측면들에 속지 말라. 그것들은 모든 면에서 완결된 사고체계 전체를 둘러싸고 있기 때문이다. 이 번쩍이는 선물 안에 죽 음이 들어있다. 최면을 거는 듯한 틀의 반짝거림에 눈길을 주지 말라. *그림*을 직시하 고, 너에게 *죽음이* 제공되고 있음을 깨달라.

³⁶ 이런 까닭에, 진리의 방어에 있어서 거룩한 순간이 아주 중요하다. 진리 자체는 방 어가 *필요* 없지만, 너는 죽음이라는 선물을 네가 받아들이지 않도록 도와줄 방어수단 이 필요하다. 네가 바로 진리건만, 그런 네가 진리에 너무나도 위험한 아이디어를 받 아들인다면, 진리를 파괴하겠다고 위협하는 것이다. 이제 너의 방어는 진리를 온전히 지키기 위해 행해져야 한다. 천국의 권능과 하느님의 사랑, 그리스도의 눈물, 그리고 하느님의 영원한 **영**의 기쁨이 너를 너의 공격으로부터 방어하려고 집결했다. 그들의 일부인 네가 그들을 공격하기 때문이다. 그리고 그들은 너를 구할 수밖에 없다. 그들 은 그들 자신을 사랑하기 때문이다.

³⁷ 거룩한 순간은 천국의 축소판으로서, 천국으로부터 너에게 보내진 것이다. 거룩한 순간 또한 틀 안에 놓여있는 그림이다. 하지만 네가 이 선물을 받아들이면, 틀은 전혀 보지 않을 것이다. 그 선물은 너의 *모든* 주의를 *그림에만* 집중하려는 용의를 통해서 만 받아들여질 수 있기 때문이다. 거룩한 순간은 영원의 축소판이다. 거룩한 순간은 무시간성을 그린 그림으로서, 시간의 틀 안에 놓여있다. 네가 그림에 초점을 맞추면, 너로 하여금 *그림이라고* 생각하게 만든 것은 *단지* 틀이었음을 깨닫게 된다. 틀이 없 다면 그림은 그림이 나타내는 바로 그것으로 보인다. 에고의 사고체계 전체가 에고의 선물들에 놓여있듯이, 천국 전체가 영원에서 빌려와 너를 위해 시간 안에 놓인 이 거 룩한 순간에 놓여있기 때문이다.

³⁸ 너에게 두 선물이 제공되고 있다. 각 선물은 그 자체로 완결적이며, 따라서 그것을 부분적으로 받아들일 수는 없다. 각 선물은 네가 가질 수 있는 모든 것을 그린 그림으 로서, 서로 아주 다르게 보인다. 그림과 틀을 비교해서는 두 선물의 가치를 비교할 수

없다. 너는 그림들만 비교해야 한다. 그렇지 않으면 비교는 아무런 의미도 없다. 선물은 틀이 아닌 그림임을 기억하라. 오로지 이러한 기준 아래에서만, 너는 자유로이 선택할 수 있다. 그림들을 잘 살펴보라. 둘 *다* 보라. 하나는 아주 작은 그림으로서, 비율도 맞지 않는 엄청나게 큰 테두리의 짙은 그림자에 가려 거의 보이지 않는다. 다른 하나는 가벼운 테를 둘렀고, 빛 속에 걸려 있어서 *그 정체대로* 보기가 아주 좋다.

³⁹ 너는 그동안 잘못된 틀에 더 나은 그림을 끼워 넣음으로써 결합할 수 없는 것을 결합하기 위해 너무나도 애를 썼고, 여전히 그렇게 애쓰고 있다. 그러나 이제 다음의 말을 받아들이고 기뻐하라: 두 그림은 각각 그것들이 나타내는 것과 아주 잘 어울리는 틀에 끼워졌다. 한 그림은 초점을 벗어나 보이지 않도록 만들기 위해 틀에 끼워졌다. 다른 그림은 아주 분명하게 보이도록 만들기 위해 틀에 끼워졌다. 어둠과 죽음을 그린 그림은 네가 그것을 그 포장 가운데서 찾아내는 동안에 점점 더 설득력을 잃는다. 어둠 속의 틀 위에서 빛나는 것 같은 무의미한 돌들이 하나씩 빛에 드러날 때마다, 그것들은 따분하고 생기를 잃어 더 이상 너의 주의를 그림에서 빼앗지 못한다. 너는 마침내 그림 자체로 눈을 돌려, 틀의 보호를 받지 못하는 그림은 아무런 의미도 없음을 보게 된다.

⁴⁰ 다른 그림은 틀이 아주 가볍다. 시간은 영원을 담아둘 수 없기 때문이다. 여기에는 주의를 흩트리는 것이 아무것도 없다. 천국과 영원을 그린 그림은 네가 자세히 들여다볼수록 점점 더 설득력이 커진다. 이제, 진정한 비교를 통해 두 그림의 변형이 마침내 일어날 수 있다. 두 그림을 서로 비교해서 보게 되면, 각 그림에는 마땅한 자리가 주어진다. 빛으로 가져온 어두운 그림은 두렵게 지각되지 않으며, 그것은 단지 *그림에* 불과하다는 사실이 마침내 분명해진다. 너는 거기서 보는 것을 있는 그대로 인식할 것이다. 그것은 네가 실제라고 생각한 그림일 뿐, 그 이상 아무것도 아니다. 너는 그 그림 너머에서 아무것도 보지 않을 것이기 때문이다.

⁴¹ 아주 뚜렷하고 오해의 여지없이 대비되는 빛의 그림은 그 그림 너머에 놓여있는 것으로 변형된다. 이것을 보면서 너는 그것이 하나의 그림a picture이 *아니라* 하나의 *실재 a reality*임을 깨닫는다. 이것은 어떤 사고체계thought system를 형상화한 것이 아니라, 생각 그 자체Thought Itself다. *그림이* 나타내는 바로 그것이 그림 안에 있다. 틀은 슬며시 사라지고, 하느님이 너의 기억에 떠오르시면서, 가치가 전혀 없고 의미도 완전히 잃은 너의 왜소한 그림 대신에 창조물 전체를 선사하신다.

[42] 하느님이 당신의 정당한 자리에 오르시고 너도 너의 정당한 자리에 오를 때, 너는 관계의 의미를 다시 경험하면서 그것이 참임을 알게 된다. 우리 마음 안의 높은 자리를 *아버지께* 드림으로써, 우리 함께 평화로이 아버지께 올라가자. 우리는 아버지께 권능과 영광을 드리고, 권능과 영광이 있는 곳에 대한 그 어떤 환상도 간직하지 않음으로써, *모든 것을* 얻는다. *아버지가* 높은 자리에 계심으로써, 권능과 영광이 우리 안에 있게 된다. 아버지가 주신 것은 *아버지의* 것이다. 그것은 전체 속에서 빛나듯, 아버지의 모든 부분에서 빛난다. 네가 아버지와 맺는 관계의 실재성 전체가 *우리가* 서로 맺는 관계 안에 놓여있다. 거룩한 순간은 모든 관계를 똑같이 비춰준다. 그 순간 안에서, 모든 관계는 정녕 하나기 때문이다. 거기에는 *이미* 완성되고 *이미* 완벽한 치유만이 있다. 거기에는 하느님이 계시며, 하느님이 계신 곳에는 완벽하고 완성된 것만이 있을 수 *있기* 때문이다.

VI. 치유된 관계

[43] 거룩한 관계는 거룩한 순간이 이 세상의 삶에 표현된 것이다. 구원에 관한 모든 것이 그러하듯, 거룩한 순간은 그 결과로 입증되는 실천적 도구다. 거룩한 순간은 결코 쇠퇴하지 않는다. 거룩한 순간의 경험은 항상 느껴진다. 하지만 표현되지 않는다면, 그 순간은 기억되지 않는다. 거룩한 관계는 그 관계를 거룩한 관계가 되게 만든 경험에 대해 끊임없이 일깨워 주는 것이다. 거룩하지 않은 관계가 그 관계를 만든 자를 끊임없이 찬양하여 부르는 증오의 찬가이듯, 거룩한 관계는 관계들의 구세주께 불러드리는 행복한 찬가다.

[44] 거룩한 관계는 실재세상의 지각을 향해 내딛는 중요한 발걸음으로서, 학습되는 것이다. 그 관계는 거룩하지 않은 낡은 관계가 변형되어 새롭게 보이는 것이다. 거룩한 관계는 경이로운 교육 성과다. 거룩한 관계는, 관계가 시작되어 발전하고 성취됨에 따라 그 모든 측면에서 거룩하지 않은 관계가 역전되는 것을 나타낸다. 다음과 같은 사실에 위로받아라: 유일하게 어려운 단계는 시작 단계일 뿐이다. 이 단계에서 관계의 목표가 갑작스레 이전의 목표와 정반대로 바뀌기 때문이다. 이것은 관계를 성령의 목적에 사용하라고 드린 데 따른 첫 번째 결과다.

⁴⁵ 이 초대는 즉시 받아들여지며, 성령은 관계 안으로 들어와 달라는 요청의 실천적인 결과를 지체 없이 도입한다. 성령의 목표가 너의 목표를 당장 대체한다. 이것은 아주 빠르게 성취되지만, 관계가 흔들리고, 분리되고, 심지어 아주 고통스러워 보이게 만든다. 그 이유는 아주 명백하다. 그 관계의 현재 모습이 관계 자체의 목표와 어긋나고, 그 관계를 위해 받아들여진 목적과 전혀 어울리지 않기 때문이다. 그 관계의 거룩하지 않은 상태에서는 *너의* 목표만이 그 관계에 의미를 부여하는 듯이 보였다. 이제 그 목표는 이치에 맞지 않아 보인다. 많은 관계들이 이 지점에서 단절되었으며, 다른 관계에서 낡은 목표를 다시 세워 추구하게 되었다. 거룩하지 않은 관계가 거룩함이라는 목표를 일단 받아들이면, 그 관계는 결코 다시 이전의 모습이 될 수 없기 때문이다.

⁴⁶ 이렇게 목표가 바뀌면 에고의 유혹이 극단적으로 강력해진다. 이전의 목표에 매력을 전혀 느끼지 않기에는 관계가 아직 충분히 바뀌지 않았으며, 새로운 목적에 부응하기에는 관계가 부적절하다는 인식으로 인하여 관계의 구조가 "위협"받기 때문이다. 그 관계의 목표와 구조는 그 갈등이 너무도 분명해서 공존할 수 없다. 하지만 이제 그 관계의 목표는 바뀌지 않을 것이다. 그 목표는 거룩하지 않은 관계 안에 확고히 자리 잡았기에, 관계를 그 목표에 맞춰 바꾸는 것 말고는 다른 길이 없다. 이런 행복한 해법을 보고 그것을 갈등에서 벗어날 유일한 길로 받아들일 때까지, 관계는 아주 긴장되어 보인다.

⁴⁷ 관계의 목표를 더 천천히 바꾸는 것이 더 친절한 일은 아닐 것이다. 그렇게 한다면 대비가 가려지고, 각각의 느린 단계를 에고의 구미에 맞춰 재해석할 시간이 주어질 것이기 때문이다. 목적의 급진적인 변경만이 관계 전체의 목적에 대해 마음을 철저히 바꾸도록 유도할 수 있다. 이런 변화가 전개되고 마침내 성취되면서, 그것은 점점 더 유익하고 기쁜 관계가 된다. 그러나 처음에는 상황이 아주 불안정하게 느껴진다. 두 개인이 거룩하지 않은 목적을 위해 맺은 관계가 갑자기 *거룩함*을 자신의 목표로 삼게 된다. 두 사람이 이런 새로운 목적의 관점에서 자신의 관계를 숙고해 본다면, 충격을 받지 않을 수 없다. 관계에 대한 그들의 지각이 상당히 혼란스러워질 수도 있다. 하지만 그들의 이전 지각 체계는 더 이상 그들이 부응하기로 동의한 목적에 기여하지 못한다.

⁴⁸ 지금은 *믿음이* 필요한 때다. 너는 이 목표가 너를 위해 세워지도록 허용했다. 그것은 믿음의 행위였다. 이제 믿음에 대한 보상이 주어지기 시작했으니 믿음을 저버리

지 말라. 너는 성령이 관계를 받아들이기 위해 거기에 있었음을 믿었다. 그런데 지금은 왜 성령이 스스로 받아들인 것을 자신의 안내에 따라 정화하기 위해 거기에 있음을 믿으려 하지 않는가? 단지 시련의 시기처럼 보이는 지금, 서로에 대한 믿음을 가져라. 목표는 이미 정해졌다. 그리고 너희의 관계는 제정신을 목표로 삼는다. 이제 너희는 관계의 목표에 비추어볼 때 너희가 제정신이 아니라고 인식되는 그런 관계에 있음을 깨닫고 있기 때문이다.

⁴⁹ 이제 에고는 다음과 같이 조언한다: 이 관계를 이전의 목표와 어울리는 다른 관계로 대체하라. 너희가 괴로움에서 벗어날 길은 서로를 치워버리는 것뿐이다. 원한다면 완전히 헤어질 필요는 없다. 그러나 제정신을 유지하려면 서로에게서 판타지의 주요 영역을 제거해야 한다. 이제 이런 말을 귀담아듣지 말라! 너에게 응답한 성령을 믿어라. 성령은 들었다. 그동안 성령은 아주 명확하게 응답하지 않았던가? 이제 너는 완전히 미친 것은 아니다. 성령이 너에게 아주 명확하게 말해주었음을 부인할 수 있겠는가? 이제 성령은 너에게, 이러한 혼란 가운데서도 잠시만 더 믿음을 가질 것을 청한다. 이런 혼란은 지나갈 것이며, 너는 너의 믿음이 정당했다는 증거가 나타나서 너에게 빛나는 확신을 안겨주는 것을 볼 것이기 때문이다. 이제 성령을 저버리지 말고, 서로를 저버리지도 말라. 이 관계는 거룩하게 다시 태어났다.

⁵⁰ 네가 이해하지 못하는 것을 기쁘게 받아들여라. 그리고 관계 안에서 그것의 목적이 작동하여 관계를 거룩하게 만드는 것을 지각함에 따라, 그것이 너에게 설명되도록 하라. 너희는 관계의 "실패"에 대해 서로를 비난할 많은 기회를 찾아낼 것이다. 때로는 관계에 아무런 목적도 없는 듯이 보일 것이기 때문이다. 목적이 없다는 느낌이 뇌리를 떠나지 않고, 한때 만족을 얻으려고 추구하여 찾아냈다고 생각한 그 모든 방법을 상기시켜 줄 것이다. 이제 너희가 실제로 발견한 것은 비참함이었음을 잊지 말고, 쇠약해져 가는 에고에게 생명을 불어넣지 말라. 너희의 관계는 깨진 것이 아니다. 너희의 관계는 *구원되었다.*

⁵¹ 이제 갓 구원의 길에 들어선 너희는 너희의 길을 잃었다고 생각한다. 너희는 과연 *너희의 길을 잃었다.* 하지만 이것을 상실이라고 생각하지 말라. 새로운 길에서 너희는 *함께* 다시 출발했음을 잊지 말라. 서로의 손을 잡고, 너희가 지금 생각하는 것보다는 훨씬 더 익숙한 길을 따라 함께 걸어가라. 영원토록 변함없는 목표를 너희가 기억할 것이 확실하지 않은가? 너희는 다만 하느님이라는 목표를 선택했으며, 그 목표를

향한 진정한 의도를 잊은 적이 없기 때문이다.

52 너희의 선택에 기쁘게 반향하여 울려 퍼지는 자유의 노래를 온아들이 다 함께 듣는다. 거룩한 순간에 너희는 많은 이들과 결합했으며, 그들도 너희와 결합했다. 너희의 선택으로 인해 너희가 위로 없이 남겨질 것이라고 생각하지 말라. 하느님이 몸소 너희의 거룩한 관계를 축복하셨기 때문이다. 하느님과 함께 축복하고, 그 관계에서 너희의 축복을 거두지 말라. 지금 너희의 거룩한 관계는 단지 너희의 축복만을 필요로 한다. 그럼으로써 너희는 그 관계에 구원이 놓여있음을 볼 수 있게 된다. 구원을 정죄하지 말라. 구원이 너희에게 왔다. 구원을 함께 반가이 맞아들여라. 구원은 너희를 온아들 전체가 함께 축복받는 관계로 결합하려고 왔기 때문이다.

53 너희는 함께 성령을 너희의 관계 안으로 초대했다. 함께 초대하지 않았다면 성령은 들어올 수 없었을 것이다. 너희는 비록 그 이후로 많은 실수를 했지만, 성령이 자신의 일을 하도록 돕기 위해 엄청난 노력을 기울이기도 했다. 성령은 그동안 너희가 성령을 위해 한 일에 대해 감사하는 것을 잊은 적이 없다. 그리고 성령은 잘못은 전혀 보지 않는다. 너희는 그동안 서로에게 이와 같이 감사했는가? 너희는 늘 좋은 노력에 대해서는 감사하고, 실수는 간과했는가? 아니면 훤히 보이는 것 같은 상대방의 실수 때문에 감사하는 마음이 깜빡거리다가 희미해져 버렸는가? 너희는 지금 처한 불편한 상황에 대해 서로를 대대적으로 비난하기 시작했다. 이러한 감사의 결핍을 통해, 너희는 너희 자신이 거룩한 순간을 표현할 수 없게 만들고, 그 결과 거룩한 순간을 잊는다.

54 한 순간의 경험은, 그것이 아무리 강렬할지라도, 네가 시간으로 하여금 그것을 뒤덮어 버리도록 허용한다면 쉽게 잊혀버린다. 그것을 시간 속에 감추지 말고, 시간에 대한 너의 의식 안에 빛나고 우아하게 간직하라. 그 순간은 여전히 남아있다. 하지만 너는 어디에 있는가? 너희가 서로에게 감사한다면, 너희는 거룩한 순간의 진가를 알아보게 됨으로써 그 순간의 결과를 받아들이고 공유할 수 있게 된다. 너희가 서로를 공격한다면, 그 순간이 너희에게 상실되지는 않겠지만 그 순간의 결과는 무력화된다. 너는 거룩한 순간을 *이미* 받았지만, 그 순간을 사용할 수 없는 조건을 설정했다. 그 결과 너는 그 순간이 여전히 너와 함께 있음을 깨닫지 못한다. 그리고 너 자신을 거룩한 순간의 표현으로부터 차단함으로써, 너 자신에게 그 순간의 혜택을 거절했다. 너희는 서로를 공격할 때마다 이것을 강화하는 것이다. 공격은 너 자신을 보지 못하게 만들기 때문이다. 그리고 네가 너 자신을 부정하는 한, 너에게 주어져서 네가

받은 것을 인식하기란 불가능하다.

55 너희는 진리 자체의 거룩한 현존 앞에 함께 서있다. 여기에 목표가 너희와 함께 있다. 목표 자체가 목표를 성취할 수단을 기꺼이 마련해 주리라고 생각하지 않는가? 이미 받아들인 목적과 지금 있는 수단 사이의 이와 같은 불일치가 너희를 고통스럽게 하는 듯이 보이지만, 그것은 천국을 기쁘게 한다. 천국이 너희 바깥에 있다면, 너희는 천국의 기쁨을 공유할 수 없을 것이다. 하지만 천국은 내면에 있으며, 따라서 그 기쁨도 너희 것이다. 너희는 목적은 함께하고 있지만, 수단에 있어서는 여전히 분리되고 분열되어 있다.

56 하지만 목표는 정해졌으며, 확고하여 바뀔 수 없다. 목표가 확실하므로, 수단도 반드시 제자리를 찾을 것이다. 그리고 너희는 그것이 그러함에 대해 온아들의 기쁨을 공유할 것이다. 너희가 서로에게 그렇게도 아낌없이 준 선물을 알아보고 받아들이기 시작함에 따라, 너희는 거룩한 순간의 결과도 받아들일 것이다. 그리고 그것을 너희의 모든 잘못을 교정하고 그 잘못의 결과에서 너희 자신을 해방하기 위해 사용할 것이다. 이것을 배움에 따라 너희는 또한 온아들 전체를 해방하는 법을 배우고, 너희에게 너희의 해방을 주었고 너희를 통해 그것을 확장하려는 성령께 온아들을 기쁘고 감사하는 마음으로 드리는 법도 배우게 될 것이다.

Ⅶ. 실제적인 용서

57 성령의 목적을 실제로 적용하는 것은 굉장히 단순하지만, 아주 명백하다. 사실 그것이 단순하려면, *반드시* 명백해야 한다. 단순한 것이란 단지 쉽게 이해되는 것이며, 그러려면 그것이 명백해야 한다는 사실은 자명하다. 성령의 목표 설정은 보편적이다. 이제 성령은 너와 함께 작업해서 그 목표를 구체적인 것으로 만들 것이다. [적용은 정녕 구체적이기 때문이다.] 어떤 상황에든 성령이 제공하는 아주 구체적인 지침들이 있지만, 네가 기억해야 할 것은, 너는 아직 그 지침들의 보편적 적용성을 깨닫지 못한다는 점이다. 따라서 이 시점에서는, 네가 지금보다는 훨씬 더 폭넓은 이해로 각 상황 너머를 더 안전하게 볼 수 있을 때까지, 그 지침들을 각 상황에 개별적으로 사용할 필요가 있다.

⁵⁸ 어떤 상황에서 확신이 없을 때 가장 먼저 고려해야 할 점을 아주 단순히 말하자면, "나는 이로부터 무엇이 일어나기를 원하는가? 그것은 무엇을 *위한* 것인가?"이다. 목표를 명확히 하는 것은 처음에 이루어져야 하는 일이다. 바로 이것이 결과를 결정하기 때문이다. 이 과정이 에고에게는 뒤집혀 있다. 상황이 결과를 결정하며, 그 결과는 아무것이나 될 수 있다. 이런 혼란스러운 접근법의 이유는 명백하다. 에고는 자신이 그 상황에서 무엇이 일어나기를 원하는지 알지 못한다. 에고는 자신이 무엇을 원하지 않는지는 의식하지만, 단지 그것뿐이다. 에고에게는 어떤 긍정적인 목표도 없다.

⁵⁹ 어떤 상황에서 긍정적인 목표를 처음부터 확실히 정해놓지 않으면, 그 상황은 그저 일어나는 듯이 보이고, *이미* 일어나기 전까지는 아무런 의미도 없다. 그다음에 너는 그 상황을 돌이켜보고는 그 상황이 무슨 의미였는지 조각을 맞추려고 한다. 그리고 너는 분명 틀릴 것이다. 너는 과거를 판단하고 있을 뿐만 아니라, 무엇이 일어나야 하는지도 전혀 모른다. 수단을 일치시킬 목표가 정해지지 않았다. 이제 에고가 그 상황을 좋아하는지 아닌지, 즉 그 상황이 받아들일 만한 것인지 아니면 복수할 필요가 있는 것인지가 유일하게 남아있는 판단이다. 결과를 위한 기준을 미리 정해 놓지 않았기에, 그 상황을 제대로 이해했는지 의심스러울 뿐만 아니라 평가할 수도 없다.

⁶⁰ 일어나기를 원하는 일을 미리 결정하는 것의 가치를 간단히 말하자면, 너는 그 상황을 그 일이 일어나게 *만들* 수단으로 지각할 것이라는 점이다. 따라서 너는 목적 달성을 방해하는 것은 간과하고, 그것을 돕는 것에는 주의를 집중하려고 모든 노력을 기울일 것이다. 이러한 접근법으로 인해 너는 진리와 거짓을 구분하는 성령의 방법에 더 가까이 갈 수 있게 되었다. 이러한 점은 상당히 주목할 만하다. 목표 달성에 사용할 수 있는 것은 참이 된다. 이런 관점에서 쓸모없는 것은 거짓이 된다. 이제 그 상황은 의미를 갖게 되었지만, 그 이유는 단지 *목표가* 그 상황을 의미 있게 만들어주었기 때문이다.

⁶¹ 진리를 목표로 삼는 것에는 실제적인 장점이 더 있다. 어떤 상황을 진리와 제정신을 위해 사용한다면, 그 결과는 평화일 *수밖에* 없다. 그리고 이것은 그 결과가 실제로 무엇인지와는 전혀 무관하다. 평화가 진리와 제정신의 조건이고 그것들 없이는 평화가 존재할 수 없다면, 평화가 있는 곳에는 진리와 제정신이 있을 수밖에 없다. 진리는 저절로 온다. 네가 만약 평화를 경험한다면, 그것은 진리가 이미 너에게 왔기 때문이다. 그리고 너는 그 결과를 참으로 볼 것이다. 속임수는 너를 이길 수 없기 때문이다.

그리고 네가 그 결과를 인식하게 되는 *이유는*, 네가 평화롭기 때문이다. 여기서 너는 다시 한번 에고가 보는 방법의 정반대를 본다. 에고는 상황이 경험을 일으킨다고 믿기 때문이다. 하지만 성령은 상황이라고 하는 것은 그 상황의 목표가 결정하는 대로며, 그 목표에 따라 경험된다는 것을 안다.

⁶² 진리라는 목표는 믿음을 필요로 한다. 믿음은 성령의 목적을 받아들이는 것에 내포되어 있으며, 이러한 믿음은 모든 것을 포괄한다. 진리를 목표로 정한 곳에는 믿음이 있을 수밖에 없다. 성령은 상황을 *전체로서* 본다. 진리라는 목표는 상황에 관련된 모든 이가 그 목표를 이루는 데서 자신의 역할을 다할 것이라는 사실을 확립한다. 이것은 불가피하다. 그 누구도 그 어떤 것에 있어서도 실패하지 않을 것이다. 이것은 너를 넘어서는, 그리고 네가 줄 수 있는 것을 넘어서는 믿음을 요구하는 듯이 보인다. 하지만 이것은 에고의 관점에서만 그러하다. 에고는 분열을 통한 갈등 "해결"을 믿으며, 상황을 전체로서 지각하지 않기 때문이다. 그러므로 에고는 상황의 단편들을 조각내서 별도로 다루려고 한다. 에고는 온전성이 아닌 분리를 믿기 때문이다.

⁶³ 에고가 어떤 상황의 어려워 보이는 측면에 부닥치면, 그 측면을 다른 곳에 가져가 그곳에서 해결하려고 시도할 것이다. 그리고 그것은 성공적으로 보일 것이다. 그런 시도는 단일성과 모순되며, 진리라는 목표를 감출 수밖에 없다는 점만 제외한다면 말이다. 그리고 평화는 판타지 속에서나 경험될 것이다. 믿음을 그것이 마땅히 속한 곳에 부여하기를 유보하여 부정하였으므로, 진리는 오지 않았다. 따라서 너는 진리라는 목표가 가져올 상황에 대한 이해를 잃게 된다. 판타지 해결법은 단지 경험에 대한 환상만을 가져오며, 평화에 대한 환상은 진리가 들어올 수 있는 조건이 아니기 때문이다.

⁶⁴ 상황의 측면을 대체하는 것은 너에게 믿음이 결핍되었다는 증거다. 그러한 대체는 네가 상황과 문제가 같은 곳에 있음을 믿지 않았다는 것을 입증한다. 문제는 믿음의 결핍이었다. 그리고 문제를 그 근원에서 제거하여 다른 곳에 둘 때, 너는 바로 이것을 입증하는 것이다. 결과적으로, 그럴 때 너는 문제를 보지 않는다. 문제가 해결될 수 있다는 믿음이 결핍되지 않았다면, 문제는 사라졌을 것이다. 그리고 이해를 가로막는 장애물이 제거되었을 것이므로, 그 상황은 너에게 의미 있게 되었을 것이다. 문제를 다른 곳으로 치워버리는 것은 문제를 *간직하는* 것이다. 그럴 때 너는 너 자신을 문제에서 치워버림으로써 문제가 해결될 수 없도록 만드는 것이기 때문이다.

Ⅷ. 믿음의 필요성

⁶⁵ 어떤 상황에서든 믿음이 해결할 수 없는 문제란 없다. 문제의 어떤 측면을 다른 곳으로 옮기든, 문제의 해결은 불가능해진다. 문제의 일부를 다른 곳으로 옮기면 문제의 의미가 상실될 수밖에 없는데, 문제의 해법은 문제의 의미에 내재하기 때문이다. 너의 모든 문제가 이미 해결되었지만, 네가 너 자신을 그 해법과 떼어놓았을 수도 있지 않겠는가? 하지만 너는 무언가가 행해진 곳, 그리고 그것이 행해졌음을 네가 보는 곳에 믿음을 둘 것이다. 상황이란 생각들의 만남이기에, 곧 관계다. 네가 만약 문제를 지각한다면, 그 이유는 생각들이 갈등한다고 판단하기 때문이다. 하지만 목표가 진리라면, 이것은 불가능하다. 그렇다면 몸에 대한 아이디어가 분명 침투했을 것이다. 왜냐하면, 마음들은 공격할 수 없기 때문이다.

⁶⁶ 몸에 대한 생각은 믿음 없음의 표시다. 몸은 아무것도 해결할 수 없기 때문이다. 관계로 몸이 침범해 들어오는 것, 즉 상황에 대한 너의 잘못된 생각이 이어서 너의 믿음 없음을 정당화한다. 너는 이런 잘못을 범하겠지만, 전혀 걱정하지 말라. 그러한 잘못은 중요하지 않다. 믿음 없음을 믿음으로 가져간다면, 그것은 결코 진리를 방해하지 못할 것이다. 그러나 믿음 없음을 진리와 맞서는 데 사용한다면, 그것은 항상 믿음을 파괴할 것이다. 너에게 믿음이 결핍되었다면, 믿음이 상실된 곳에 믿음을 회복해 달라고 요청하라. 그리고 네가 마치 믿음을 부당하게 박탈당하기라도 한 듯이 다른 곳에서 믿음을 보상받으려고 하지 말라.

⁶⁷ 어떤 상황에서든 *네가* 주지 않은 것만이 결핍될 수 있다. 그렇지만 다음을 기억하라: 거룩함이라는 목표는 너희의 관계를 위해 세워진 것이지, 너희에 의해 세워진 것이 아니다. 그 목표가 너희가 세운 것이 아닌 이유는, 거룩함이란 단지 믿음을 통해서만 보이는 것이기 때문이다. 서로에 대한 너희의 믿음은 너무도 제한적이고 미약했기에, 너희의 관계는 거룩하지 않았다. 세워진 목표에 부응하려면, 너희의 믿음은 더 강해져야 한다. 그 목표의 실재성이 이것을 불러일으킬 것이다. 너희는 평화와 믿음이 별개로 오지 않음을 볼 것이기 때문이다. 너희가 과연 어떤 상황에서 서로에 대한 믿음 없이도 서로에게 신실할 수 있겠는가?

⁶⁸ 네가 처한 모든 상황은 단지, 너의 관계를 위해 세워진 목표를 이루기 위한 수단일 뿐이다. 네가 그 상황을 다른 무언가로 본다면, 너는 정녕 믿음이 없는 것이다. 너의

믿음 없음을 사용하지 말라. 믿음 없음이 들어오게 하여 차분히 바라보되, 사용하지는 말라. 믿음 없음은 환상의 하인으로서, 자신의 주인에게 아주 신실하다. 네가 믿음 없음을 사용한다면, 그것은 너를 곧장 환상으로 끌고 갈 것이다. 그것이 제공하는 것의 유혹에 넘어가지 말라. 그것은 목표를 방해하지는 않지만, 목표가 너에게 갖는 가치를 방해한다. 믿음 없음이 제공하는 평화의 환상을 받아들이지 말고, 그것의 제공물을 바라보면서 그것이 환상임을 인식하라.

⁶⁹ 믿음이 진리와 관련되어 있듯이, 환상이라는 목표는 믿음 없음과 밀접히 관련되어 있다. 이미 진리에 봉헌된 어떤 상황에서든, 그 안의 모든 이가 자신의 역할을 완벽하게 이행하리라는 믿음이 너희에게 없다면, 너희의 헌신은 갈라진 것이다. 따라서 너희는 서로를 믿지 않았고, 믿음 없음을 사용하여 서로를 적대한 것이다. 어떤 관계의 거룩함이 그 관계와 함께 모든 곳에 가지 않는다면, 그 관계는 거룩하지 않다. 거룩함과 믿음이 함께 가듯이, 관계의 믿음도 관계와 함께 모든 곳에 간다. 목표의 실재성이 목표의 달성을 위해 필요한 모든 기적을 불러일으켜서 성취할 것이다. 어떤 기적도 너무 작거나 크지 않고, 너무 약하거나 압도적이지 않으며, 다만 목표의 용도와 목적에 맞추어 부드럽게 전환될 것이다. 목표가 우주를 섬기듯이, 우주도 기꺼이 목표를 섬길 것이다. 단지 방해하지만 말라.

⁷⁰ 너의 내면에는 성령의 목표가 확고히 세워졌으며, 그 안에 자리잡은 권능은 무한에 대한 너의 빈약한 이해를 훨씬 뛰어넘기에, 너는 너와 함께하는 힘이 얼마나 큰지 짐작도 하지 못한다. 너는 *이 힘*을 아주 안전하게 사용할 수 있다. 하지만 그 힘은 너무도 강력해서, 별들을 지나 그 너머의 우주에까지 가닿을 수 있다. 그러나 네가 그 대신에 믿음 없음을 사용하려 한다면, 너의 빈약한 믿음 없음이 그 힘을 쓸모없게 만들어버릴 수도 있다.

⁷¹ 하지만 다음에 대해 잘 생각해 보고, 믿음 없음의 원인에 대해 배워라: 너는 상대방이 너에게 한 행위 때문에 그를 비난한다고 생각한다. 그러나 네가 정말로 그를 비난하는 이유는, *네가 그에게 행한 것* 때문이다. 너는 *상대방의* 과거가 아닌 *너의* 과거 때문에 그를 비난한다. 그리고 너는 *너의* 과거 모습 때문에 상대방을 믿지 않는다. 하지만 상대방처럼 너도 너의 과거 모습에 대해 죄가 없다. 전혀 존재한 적이 없는 것은 원인이 없으며, 존재하지 않기에 진리를 방해하지도 않는다. 믿음 없음에는 원인이 없지만, 믿음에는 정녕 원인이 있다. 그 원인은 자신의 목적을 공유하는 모든 상황에

들어와 있다. 진리의 빛이 그 상황의 중심에서 뻗어 나와 그 상황의 목적이 부르는 모든 이에게 도달한다. 그것은 모든 이를 부른다. 너의 전체 관계를 모든 측면에서 포함하지 않거나 모든 부분에서 완성하지 않는 상황이란 없다. 너 자신의 일부를 어떤 상황 바깥에 두면서 그 상황을 거룩하게 유지할 수는 없다. 그 상황은 너의 전체 관계의 목적을 공유하며, 자신의 의미를 그 목적으로부터 얻기 때문이다.

72 모든 상황에 너희가 서로에게 주는 믿음을 가지고 들어가라. 그렇지 않으면 너희는 너희 자신의 관계에 대한 믿음이 없는 것이다. 너희의 목적이 너희 안에서 믿음을 불러일으켰듯이, 너희의 믿음은 이와 같은 목적을 공유하자고 다른 이들을 부를 것이다. 그리고 너희는 한때 자신을 환상으로 데려가려고 사용한 수단이 진리를 위한 수단으로 변형되는 것을 볼 것이다. [진리는 믿음을 불러일으키고, 믿음은 *진리를 위한* 자리를 만든다.] 성령이 너희의 목적을 자신의 목적으로 바꿔서 너희 관계의 목적을 바꿨을 때, 성령이 그곳에 둔 목표는 너희가 들어가거나 앞으로 들어갈 모든 상황으로 확장되었다. 따라서 모든 상황은 상황을 목적 없이 만들 수도 있었던 과거로부터 자유로워졌다.

73 모든 상황에서 너희와 함께 걷는 성령으로 인해, 너희는 믿음을 불러일으킨다. 너희는 더 이상 완전히 정신 이상이 아니며, 더 이상 혼자도 아니다. 하느님 안에서 외로움은 한낱 꿈에 불과하기 때문이다. 너희는 성령의 목표를 공유하는 관계 안에 있기에, 외로움과 떨어져 있다. 왜냐하면, 진리가 왔기 때문이다. 진리는 믿음을 강력하게 불러일으킨다. 진리에 맞서 믿음 없음을 사용하지 말라. 진리는 너희를 구원과 평화로 부르기 때문이다.

IX. 용서의 조건

74 거룩한 순간은 모든 상황이 본래 어떠해야 하는지를 보여주는 특별한 경우, 혹은 극단적인 사례에 불과하다. 성령의 목적이 거룩한 순간에 부여한 의미는 모든 상황에도 부여되었다. 거룩한 순간에서 그러한 것처럼, 그 의미는 믿음 없음을 유보하고 사용하지 않음으로써 중지시킨다. 그럼으로써 믿음이 진리의 부름에 응답할 수 있게 된다. 거룩한 순간은 전체로서 바라본 모든 관계와 모든 상황의 빛나는 사례요, 그 의미

를 분명하고 확실하게 보여주는 증거다. 믿음이 상황의 모든 측면을 받아들였으며, 믿음 없음은 어떤 측면도 제외되도록 강요하지 않았다. 거룩한 순간은 완벽하게 평화로운 상황인데, 그 이유는 단지 네가 거룩한 순간을 그 정체가 되도록 허용했기 때문이다.

75 이런 단순한 호의야말로 성령이 너에게 청하는 전부다. 진리가 그 정체가 되도록 허용하라. 진리를 방해하지도 공격하지도 말고, 진리의 도래를 가로막지도 말라. 진리가 모든 상황을 둘러싸서 너에게 평화를 안겨주도록 허용하라. 너에게는 믿음조차 요구되지 않는다. 진리는 그 무엇도 요구하지 않기 때문이다. 진리가 들어오도록 허용하라. 그러면 진리는 평화를 위해 네게 필요한 믿음을 너 대신 불러일으켜서 확고히 지켜줄 것이다. 하지만 진리에 반기를 들지는 말라. 진리는 너의 반대를 뚫고서는 올 수 없기 때문이다.

76 모든 상황을 거룩한 순간으로 만들기를 원하지 않는가? 그러한 것이 바로 믿음의 선물로서, 믿음 없음을 사용하지 않고 치워둔 곳이라면 어디든지 자유로이 주어진다. 그러면 그 대신 성령이 세운 목적의 권능을 자유로이 사용할 수 있게 된다. 이 권능은 즉시 모든 상황을 성령의 목적을 확립하고 그 목적의 실재성을 입증하기 위한 확실하고도 지속적인 수단으로 변형한다. 입증된 것이 믿음을 요청했으며, 그에 따라 믿음이 주어졌다. 이제 그것은 하나의 사실이 되어, 그로부터는 더 이상 믿음이 유보될 수 없다. 진리에 대한 믿음을 거부하는 데서 오는 긴장은 엄청나며, 네가 알아차릴 수 있는 것보다 훨씬 더 크다. 하지만 진리에 믿음으로 응답하는 것에는 긴장이 전혀 따르지 않는다.

77 너는 너의 구세주의 부름을 들었다는 표시를 했다. 이제 너는 그의 부름에 응답하지 않는 데서 오는 긴장이 전보다 더 커졌다고 느낀다. 이것은 그렇지 않다. 긴장은 전에도 있었지만, 너는 "다른 어떤 것"이 긴장을 일으켰다고 믿으면서 긴장을 그 다른 어떤 것의 탓으로 돌렸다. 이것은 결코 사실이 아니었다. 그 "다른 어떤 것"이 일으킨 것은 슬픔과 우울, 병과 고통, 공포의 흐릿한 상상물과 어둠, 차디찬 두려움의 판타지와 타는 듯한 지옥의 꿈이었다. 그것은 단지, 진리를 믿고 그것의 명백한 실재를 보는 것을 거부한 데서 오는 견딜 수 없는 긴장일 뿐이었다.

78 그러한 것이 바로 하느님 아들의 십자가형이었다. 그의 믿음 없음이 그에게 이것을 행했다. 너 자신이 하느님의 아들에 맞서 믿음 없음을 사용하도록 허용하기 전에, 주

의 깊게 생각해 보라. 하느님의 아들은 부활했으며, 너는 그의 깨어남의 원인을 네 것으로 받아들였다. 너는 그의 구원에서 너의 역할을 맡았고, 이제 그에 대한 전적인 책임이 있다. 이제 그를 저버리지 말라. 너는 그에 대한 믿음의 결핍이 *너에게* 무엇을 의미하는지 깨달았기 때문이다. 하느님 아들의 구원이야말로 너의 유일한 목적이다. 어떤 상황에서든 오로지 이 목적만 보라. 그러면 그 상황은 오로지 그 목적만을 이루기 위한 수단이 될 것이다.

⁷⁹ 진리를 너희 관계의 목표로 받아들였을 때, 너희는 아버지가 너희에게 평화를 주신 것만큼이나 확실하게 평화를 주는 자들이 되었다. 평화라는 목표를 그 조건과 별도로 받아들일 수는 없기 때문이다. 그리고 그때 너희는 진리를 믿은 것이다. 그 누구도 스스로 실재한다고 믿지 않는 것을 받아들이지는 않기 때문이다. 너희의 목적은 변한 적이 없으며, 앞으로도 변하지 않을 것이다. 너희는 결코 변할 수 없는 것을 받아들였기 때문이다. 이제 너희는 그 목적을 영원토록 변함없이 유지하기 위해 필요한 것이라면 무엇이든 동원할 것이다. 너의 해방은 확실하다. 네가 받은 대로 주어라. 그리고 네가 이미 성령의 부름에 응답하여, 너를 방해하고 성령과 떼어놓을 수도 있는 그 모든 상황 너머로 저 높이 올라갔음을 보여주어라.

제18장

꿈과 실재

I. 서문

[1] 대체하는 것은 대신 받아들이는 것이다. 이것이 정확히 무엇을 수반하는지 고려한다면, 성령이 너에게 주었고 너를 위해 성취하려는 목표와 이것이 얼마나 상충하는지 즉시 지각할 수 있다. 대체하는 것은 둘 중에 하나를 포기하고 다른 것을 선택하는 것이다. 이런 특별한 목적을 위해 어떤 사람을 더 가치 있다고 판단하여, 그 사람으로 다른 사람을 대체한다. 따라서 대체가 일어난 관계는 분열되고, 그에 따라 관계의 목적도 갈라진다. 분열시키는 것은 곧 배제하는 것이며, 대체는 에고가 분리를 위해 사용하는 가장 강력한 방어수단이다.

[2] 성령은 결코 대체물을 사용하지 않는다. 에고가 어떤 사람을 다른 사람에 대한 대체물로 지각하는 곳에서, 성령은 그 두 사람이 결합되어 있어서 나뉠 수 없다고 본다. 성령은 그들 사이에서 판단하지 않는다. 성령은 그들이 하나임을 알기 때문이다. 그들은 연합되어 있기에, 하나다. 그들은 똑같은 자들이기 때문이다. 대체란 분명 그 둘이 다르다고 지각되는 과정이다. 대체할 때 너는 하나와는 연합하려 하고, 다른 하나와는 분리하려 한다. 하느님이 결합하시고 성령이 하나라고 보는 것 사이에는 그 무엇도 끼어들 수 없다. 하지만 에고가 파괴하려고 후원하는 분열된 관계들 사이로는 모든 것이 끼어드는 것처럼 *보인다.*

[3] 대체가 불가능한 유일한 감정은 사랑이다. 두려움은 정의상 대체를 수반한다. 두려움은 사랑의 대체물이기 때문이다. 두려움은 분열된 감정인 동시에 분열시키는 감정이다. 두려움은 많은 형식을 취하는 듯이 보이며, 각 형식의 두려움을 만족시키기 위해서는 제각기 다른 형식의 행동화가 필요한 듯이 보인다. 이것은 아주 다양한 행위를 낳는 듯이 보이지만, 그 행위가 비롯되는 분열된 지각 안에는 그보다 훨씬 더 심각한 결과가 놓여있다. 그 지각은 그 누구도 완전하다고 보지 않는다. 몸은 특정한 부분에 대한 특별한 강조와 함께 강조되며, 특정한 형식의 두려움을 행동화하는 데 적합한지 아닌지를 판단하는 비교 기준으로 사용된다.

II. 방어수단으로서의 대체

[4] 하느님을 두려움이라고 믿는 너는 단 하나의 대체만 했다. 그것은 진리를 환상으

로, 온전성을 분열로 대체한 것이므로, 많은 형식을 취했다. 그것은 너무나 심하게 조각나고 다시 나뉘는 과정을 거듭해서, 이제 그것이 한때 하나였고 여전히 원래 모습대로 남아있다고 지각하기가 거의 불가능해졌다. 진리를 환상으로, 영원을 시간으로, 생명을 죽음으로 가져간 그 하나의 잘못이 네가 범한 잘못의 전부다. 너의 세상 전체가 그 위에 서있다. 네가 보는 모든 것이 그 잘못을 반영하며, 네가 이제껏 맺은 모든 특별한 관계도 그 잘못의 일부다.

⁵ 너는 실재가 네가 보는 것과 얼마나 다른지 듣고는 놀라워했다. 너는 그 하나의 잘못이 얼마나 엄청난지 깨닫지 못한다. 그것은 너무도 방대하고 너무도 믿기 힘든 것이어서, 그로부터는 전적으로 비실재인 세상이 *출현할* 수밖에 없었다. 그로부터 다른 무엇이 나올 수 있었겠는가? 네가 그 잘못의 분열된 측면을 자세히 들여다보기 시작한다면, 과연 무시무시해질 것이다. 그러나 네가 본 것 중에 그 무엇도 원래의 잘못the original error의 심각성을 보여주지 않는다. 그 잘못은 너를 천국 밖으로 내쫓고, 앎을 산산이 부숴 분열된 지각의 무의미한 조각들로 만들어버리고, 너를 더한 대체로 몰아가는 듯했다.

⁶ 그것은 잘못을 최초로 밖으로 투사한 것이었다. 세상이 일어나 그 잘못을 감추고, 그것이 투사되는 스크린이 되어 너와 진리 사이에 드리워졌다. 진리는 내면으로 확장하는데, 그곳에서 상실이라는 아이디어는 무의미하고 오로지 증가만이 가능하다. 너는 정말로 이로부터 모든 것이 거꾸로 되어있고 위아래가 뒤집힌 세상이 일어난 것이 이상하다고 생각하는가? [*그것은 불가피했다.*] 여기로 보내진 진리는 조용히 내면에 머물면서, 이 세상을 만든 그 모든 미친 투사에 아무런 역할도 할 수 없었기 때문이다. 그것을 죄라고 부르지 말고, 광기라고 불러라. 그것은 정녕 광기였으며, 여전히 광기로 남아있다. 그것에 죄의식을 부여하지 말라. 죄의식이란 그것이 실제로 성취되었음을 함축하기 때문이다. 무엇보다도 그것을 *두려워하지* 말라. 원래의 잘못이 왜곡된 형식으로 일어나 너를 겁주는 것 같을 때, 다만 "하느님은 두려움이 아니라 사랑이시다."라고 말하라. 그러면 그것은 사라질 것이다.

⁷ 진리가 너를 *구할* 것이다. 진리는 너를 떠나 미친 세상으로 들어감으로써 너로부터 멀어지지 않았다. 제정신은 내면에 있고, 정신 이상은 너의 바깥에 있다. 너는 반대로 진리가 바깥에 있고, 잘못과 죄의식은 내면에 있다고 믿는다. 정신 이상에 물들고 바람에 날려 미친 듯이 춤추는 깃털처럼 제정신이 아닌 경로를 따라 가볍게 빙빙 도는

너의 하찮고 무의미한 대체물들에는 어떤 실체도 없다. 그것들은 전혀 판단할 필요도 없는 변화무쌍하고 무의미한 패턴으로 달라붙고 합쳐졌다가 분리한다. 그것들을 개별적으로 판단하는 것은 무의미하다. 그것들이 보이는 형식상의 미미한 차이는 전혀 실재적인 차이가 아니다. 그 모든 차이들은 중요하지 않다. 대체물들의 공통점은 이것뿐이다. 그것들을 모두 똑같게 만들기 위해 무엇이 더 필요하겠는가?

8 그 모든 대체물들을 보내버려라. 그것들이 바람에 춤추며 떨어졌다가 뒤집혔다가 멀리 저 멀리 너의 바깥으로 가서 시야에서 사라지게 하라. 그리고는 내면의 장엄한 평온으로 돌아서라. 그곳은 네가 결코 떠나지 않았고 너를 결코 떠나지 않으신 살아 계신 하느님이 거룩한 고요 속에 머무시는 곳이다. 성령이 너의 손을 부드럽게 잡고 너 자신의 바깥으로 가는 미친 여정을 함께 되짚어 가면서, 네가 내면의 진리와 안전함으로 다시 돌아가도록 부드럽게 인도한다. 네가 너의 바깥에 둔 그 모든 미친 투사물들과 거친 대체물들을, 성령은 전부 진리로 가져온다. 이렇게 성령은 정신 이상 경로를 되돌려 너에게 이성을 회복해 준다.

9 성령은 너희의 요청을 받고 너희의 관계에서 모든 것을 관장하게 되었으며, 그 안에 너희가 공유하는 진리를 향해 내면으로 들어가는 경로를 설정해 놓았다. 너희 바깥의 미친 세상에서는 그 무엇도 공유될 수 없으며, 단지 대체될 수만 있을 뿐이다. 공유와 대체는 실제로 공통점이 전혀 없다. 너희는 내면에서 서로를 완벽한 사랑으로 사랑한다. 이곳은 그 어떤 대체물도 들어올 수 없고, 서로에 대한 진리만이 머물러 살 수 있는 거룩한 땅이다. 이곳에서 너희는 하느님 안에서 결합되어 있으며, 너희가 하느님과 함께 있듯이 서로와 함께 있다. 원래의 잘못은 여기에 들어오지 않았으며, 영원히 들어오지 않을 것이다. 여기에 성령이 너희의 관계를 맡긴 빛나는 진리가 있다. 성령으로 하여금 너희 관계를 여기로 가져오게 하라. *너희*는 너희 관계가 이곳에 있기를 원한다. 성령께 서로에 대한 약간의 믿음만 드려서, 너희가 천국 대신 만든 그 어떤 대체물도 너희를 천국과 떼어놓을 수 없음을 보여주도록 성령을 도와라. 너희 안에 분리란 없으며, 그 어떤 대체물도 너희를 서로에게서 떼어놓을 수 없다. 너희의 실재는 하느님의 창조물로서, 그 어떤 대체물도 없다.

10 너희는 진리 안에서 너무도 굳건하게 결합되어 있어서, 그곳에는 오로지 하느님만 계신다. 하느님은 너희 대신에 다른 어떤 것도 받아들이지 않으실 것이다. 하느님은 너희 둘 다를 똑같이, 하나로서 사랑하신다. 하느님이 너희를 사랑하시듯, 너희도 정

녕 그러하다. 너희는 환상 안에서 결합된 것이 아니라, 너무도 거룩하고 완벽해서 환상이 남아 너희가 함께 서있는 거룩한 곳을 어둡게 할 수 없는 **생각** 안에서 결합되어 있다. 나의 형제들아, 하느님이 너희와 함께 계신다. 우리 함께 감사하며 하느님 안에서 평화로이 결합하고, 하느님의 선물을 우리의 가장 거룩하고 완벽한 실재로 받아들이자. 우리는 그것을 하느님 안에서 공유한다.

¹¹ 너희의 관계를 통해, 온아들 전체에 천국이 회복된다. 너희의 관계 안에, 온아들이 너희의 사랑을 받으며 온전하고 아름답게 놓여있기 때문이다. 천국이 조용히 들어왔다. 모든 환상이 부드럽게 너희 안의 진리로 보내지고, 사랑이 너희를 비추어 너희 관계를 진리로 축복했기 때문이다. 하느님과 그분의 창조물 전체가 함께 너희 관계로 들어왔다. 진리가 비춰주는 너희 관계는 얼마나 사랑스럽고 거룩한지! 천국이 너희 관계를 바라보면서, 너희에게 천국이 오도록 허락한 것에 대해 크게 기뻐한다. [하느님도 너희 관계가 창조된 그대로 남아있는 것에 대해 기뻐하신다.] 너희 내면의 우주가 너희와 함께 서있다. 그리고 천국은 자신 안에서 결합된 너희 관계를 자신의 창조주와 함께 사랑스럽게 바라본다.

¹² 하느님이 부르신 자들은 그 어떤 대체물에도 귀 기울이지 말아야 한다. 그것들의 부름은 단지 천국을 산산이 부순 원래의 잘못을 반향할 뿐이다. 그 부름을 들은 자들 안에서 평화는 어떻게 되었는가? 나와 함께 천국으로 돌아가자. 함께 이 세상 밖으로 걸어 나가 다른 세상을 거쳐서, 그 세상이 지닌 사랑스러움과 기쁨을 향해 가자. 너희는 이미 부서져 희망도 없는 것을 한층 더 약화하고 산산이 부수려는가? 너희는 바로 이런 것에서 행복을 찾으려는가? 아니면 부서진 것을 치유하고, 분리와 병이 유린한 것을 온전하게 만드는 과정에 동참하려는가?

¹³ 너희는 함께 이 세상에서 가장 거룩한 기능으로 부름을 받았다. 그것은 아무런 한계도 없으며, 온아들의 모든 부서진 조각들에게 다가가 치유하고 연합하여 위로하는 유일한 기능이다. 거룩한 관계에 있는 너희에게, 이러한 기능이 제공된다. 여기에서 그것을 받아들여라. 그러면 너희는 받은 대로 줄 것이다. 너희가 동참하는 빛나는 목적과 함께 하느님의 평화가 너희에게 주어졌다. 너희를 함께 모아들인 거룩한 빛은 확장할 수밖에 없다. 너희가 그것을 받아들였기 때문이다.

III. 꿈의 근거

[14] 네가 꿈꿀 때, 아주 실재적으로 보이는 세상 하나가 일어나지 않던가? 이 세상이 과연 무엇인지 생각해 보라. 그것은 분명 네가 잠들기 전에 본 세상이 아니다. 반대로 그것은 네가 잠들기 전에 본 세상을 왜곡한 것으로서, 순전히 네가 더 좋아했을 법한 것들을 중심으로 계획되었다. 여기서 너는 너를 공격하는 듯한 것은 무엇이든 "자유로이" 고쳐서, 그 "공격" 때문에 격분한 너의 에고에게 바치는 공물로 바꿀 수 있다. 너 자신을 에고와 하나라고 보지 않는 한, 이러한 것을 소망할 수는 없으리라. 에고는 언제나 자신이, 따라서 곧 네가 공격을 받고 있으며, 공격에 아주 취약하다고 보기 때문이다.

[15] 꿈이 혼란스러운 이유는, 그것이 너의 상충하는 소망들에 의해 지배되기 때문이다. 그러므로 꿈은 무엇이 참인지에 대해서는 아무런 관심도 없다. 꿈은 진리를 환상으로 대체하기 위해 지각이 어떻게 사용될 수 있는지 보여주는 가장 좋은 사례다. 깨어나게 되면, 너는 꿈을 심각하게 여기지 않는다. 그때 너는 꿈속에서 실재가 아주 터무니없이 훼손되었다는 사실을 분명히 깨닫기 때문이다. 꿈이라는 것은, 세상을 바라보고 그것을 에고에게 더 어울리도록 바꾸는 방법이다. 꿈은 에고가 실재를 용인할 능력이 없고, 너는 에고를 위해 기꺼이 실재를 바꾸려 한다는 것을 보여주는 현저한 사례다.

[16] 너는 자면서 보는 것과 깨어서 보는 것의 차이가 충격적이라고 생각하지 않는다. 너는 깨어서 보는 것이 꿈속에서는 잊힌다는 것을 인식한다. 하지만 네가 깨어나면, 그것이 사라지고 없을 것이라고 예상하지는 않는다. 꿈속에서는 *네가* 모든 것을 결정한다. 사람들은 네가 되라는 모습이 되고, 너의 지시대로 행동한다. 너의 대체에는 아무런 한계도 없다. 마치 한동안 세상이 너에게 주어져서, 네가 뜻하는 대로 세상을 만들 수 있는 듯하다. 너는 네가 세상을 이겨서 너를 섬기게 만들려고 공격하고 있음을 깨닫지 못한다.

[17] 꿈은 지각적인 분노 발작으로서, 그 속에서 너는 그야말로 "나는 그것이 *이렇게* 되기를 원해!"라고 부르짖는다. 그래서 그것은 그렇게 된 것처럼 보인다. 하지만 꿈은 그 근원을 벗어날 수 없다. 분노와 두려움이 꿈에 가득 스며들어 있고, 순식간에 공포의 환상이 밀려들어와 만족의 환상을 쓸어버린다. 실재를 네가 선호하는 세상으로 대체함으로써 통제할 수 있는 능력이 너에게 있다는 꿈은 정녕 무시무시하다. 실재를

지워버리려는 너의 시도는 아주 두렵지만, 너는 이를 받아들이려 하지 않는다. 따라서 너는 네가 실재에게 *행하려는* 것이 아니라 *실재 자체가* 무섭다는 판타지로 대체한다. 그리고 이렇게 죄의식이 실재화된다.

18 너에게는 네가 원하는 세상을 만들 힘이 있으며, 너는 그러한 세상을 원하기 때문에 그러한 세상을 본다. 꿈은 너에게 이것을 보여준다. 그리고 그 세상을 보는 동안, 너는 그것이 실제임을 의심하지 않는다. 여기에, 분명 네 마음 안에 있지만 *바깥에* 있는 듯이 보이는 세상이 있다. 너는 그 세상에 네가 그 세상을 만든 것처럼 반응하지 않으며, 꿈이 불러일으키는 감정이 분명 너로부터 온다는 것도 깨닫지 못한다. 꿈속의 등장인물들과 그들의 행위가 꿈을 만드는 듯이 보인다. 너는 네가 등장인물들로 하여금 너를 위해 행동하도록 만들고 있음을 깨닫지 못한다. 네가 그것을 깨달았다면 등장인물들은 죄가 없을 것이며, 만족의 환상도 사라질 것이기 때문이다. 꿈속에서, 이러한 특징들은 모호하지 않다. 너는 깨어나는 듯이 보이고, 꿈은 사라진다. 하지만 네가 인식하지 못하는 것은, 꿈을 야기한 원인은 함께 사라지지 않았다는 점이다.

19 실재가 아닌 다른 세상을 만들려는 소망이 여전히 너에게 *남아있다.* 네가 깨어난 듯한 장소는 단지 네가 꿈속에서 보는 것과 똑같은 세상의 다른 형식일 뿐이다. 너의 모든 시간은 꿈꾸기에 소비된다. 자면서 꾸는 꿈과 깨어서 꾸는 꿈은 형식을 달리하지만, 그것이 전부다. 그것들의 *내용*은 똑같다. 그 꿈들은 실재에 제기하는 이의 신청이며, 네가 실재를 바꿀 수 있다는 고착되고 정신 나간 아이디어다. 깨어서 꾸는 꿈속에서, 특별한 관계는 [특별한 역할을 가지고 있다. 그것은 자면서 꾸는 꿈을 *실현하기 위한* 수단이다. 너는 이 꿈으로부터는 깨어나지 않는다. 특별한 관계는] 비실재를 계속 붙잡고 있으면서 너 자신의 깨어남을 방지하겠다는 결심이다. 깨어남보다는 잠에서 더 큰 가치를 보는 한, 너는 특별한 관계를 놓아주지 않을 것이다.

20 성령은 그 지혜가 언제나 실용적이기에, 너의 꿈을 받아들여 깨어나는 수단으로 사용한다. 너라면 너의 꿈을 계속 잠들어 있기 위해 사용했을 것이다. 우리가 언젠가 말했듯이, 꿈이 사라지기 전에 나타나는 첫 번째 변화는 두려움의 꿈이 행복한 꿈으로 바뀌는 것이다. 성령은 너의 특별한 관계에서 바로 이런 일을 한다. 성령은 그 관계를 파괴하지도 앗아가지도 않는다. [그러나 성령은 그 관계를, *자신의* 목적이 너에게 실*재적이* 되도록 돕는 수단으로 *다르게* 사용한다.] 너의 특별한 관계는 계속 남겠지만, 고통과 죄의식의 근원이 아닌 기쁨과 자유의 근원으로 남아있을 것이다. 그 관계는

너만을 위해 존재하지 않을 것이다. 바로 그런 점에, 그 관계의 불행이 있기 때문이다. 관계의 거룩하지 않음이 관계를 따로 분리해 놓았듯이, 관계의 거룩함은 모든 이에게 주어지는 선물이 될 것이다.

21 너의 특별한 관계는, 너의 거룩한 관계를 통해 축복받은 모든 이 안에서 죄의식을 무효화하는 수단이 될 것이다. 그 관계는 행복한 꿈이 될 것이며, 네가 보는 모든 사람과 공유하는 꿈이 될 것이다. 성령이 그 관계에 베푼 축복이 그 관계를 통해 확장될 것이다. 성령에 의해 네게 주어진 목적 안에 있는 그 누구라도, 성령이 잊었을 것이라고 생각하지 말라. 그리고 자신이 그 선물을 준 너를, 성령이 잊었을 것이라고도 생각하지 말라. 성령은 자신을 부르는 모든 이를 모든 이의 구원을 위한 수단으로 사용한다. 너는 너의 관계를 성령께 드렸으며, 성령은 그런 너를 통해 모든 이를 깨울 것이다. 성령이 너에게 얼마나 감사하는지 네가 알아차릴 수 있다면! 혹은 성령의 감사를 통해 내가 얼마나 감사하는지 네가 알아차릴 수 있다면! 우리는 성령과 한 마음으로서, 하나의 목적 안에서 결합되어 있기 때문이다.

22 꿈에 사로잡혀 눈을 감지 말라. 꿈들이 실제가 아닌 세상을 만들 수 있다는 것은 이상하지 않다. 믿기 힘든 것은, 그런 세상을 만들려는 *소망이다.* 너의 관계는 그런 소망이 제거된 관계가 되었다. 관계의 목적이 꿈에서 진리로 바뀌었기 때문이다. 너는 이것을 확신하지 못한다. 너는 *그런 변화가* 오히려 꿈일 수도 있다고 생각하기 때문이다. 너는 꿈들 사이에서 선택하는 것에 너무 익숙해서, 네가 마침내 진리와 *모든* 환상들 사이에서 선택을 내렸음을 보지 못한다.

23 하지만 천국은 확실하다. 이것은 꿈이 아니다. 천국이 왔다는 것은 네가 진리를 선택했음을 의미한다. 그리고 천국이 온 이유는, 네가 너의 특별한 관계로 하여금 천국의 조건을 충족하도록 허용하겠다고 뜻했기 때문이다. 성령은 너의 관계 안에 실재 세상을 살며시 놓아두었다. 그것은 행복한 꿈의 세상으로서, 그로부터 깨어나는 것은 아주 쉽고도 자연스럽다. 자면서 꾸는 꿈과 깨어서 꾸는 꿈이 모두 네 마음 안의 똑같은 소망을 나타내듯이, 천국의 진리와 실재세상은 하느님의 뜻 안에서 하나가 되기 때문이다. 깨어나는 꿈은 쉽사리 그것의 실재로 전이된다. 이 꿈은 하느님의 뜻과 결합된 너의 뜻에서 비롯되기 때문이다. 그리고 이러한 뜻이 성취하고자 한 것은 이루어지지 *않은* 적이 없다.

Ⅳ. 꿈속의 빛

24   진리를 환상으로, 실재를 판타지로 가져가느라 여러 생을 보낸 너는 꿈들의 길을 걸어왔다. 너는 그동안 깨어있음에서 잠으로, 한층 더 깊은 잠으로 빠져들었다. 각각의 꿈은 다른 꿈들로 이어졌고, 어둠 속으로 빛을 가져다주는 듯했던 판타지들은 모두 어둠을 더욱 짙게 만들 뿐이었다. 너의 목표는 한 줄기 빛도 들어갈 수 없는 어둠이었다. 너는 완벽한 정신 이상 속에서 진리를 피해 영원히 숨을 수 있는 완벽한 암흑을 구했다. 네가 잊은 것은 단지, 하느님은 당신 자신을 파괴하실 수 없다는 사실이었다. 빛은 네 *안에* 있다. 어둠은 빛을 가릴 수 있지만, 꺼버릴 수는 *없다.*

25   빛이 더 가까워짐에 따라 너는 진리를 피해 움츠러들며 황급히 어둠으로 달려가서, 때로는 더 약한 형식의 두려움으로, 때로는 강렬한 공포로 물러날 것이다. 그러나 너는 앞으로 나아갈 것이다. 너의 목표는 정녕 두려움에서 벗어나 진리로 나아가는 것이기 때문이다. 너는 이것을 *안다.* 네가 받아들인 목표는 *앎이라는* 목표며, 너는 그 목표를 향해 나아가겠다는 용의를 표했다. 두려움은 어둠 속에 사는 듯하며, 네가 만약 두려워하고 있다면, 너는 이미 뒤로 물러난 것이다. 그렇다면 우리 함께 재빨리 빛의 순간 속에서 결합하자. 그것은 너의 목표가 *빛임을* 일깨워 주기에 충분할 것이다. 네가 진리를 불렀으므로, 진리가 너를 만나려고 서둘러 왔다.

26   네가 선택한 이 길에서 누가 함께 걷는지 안다면, 두려움은 불가능하리라. 네가 그것을 알지 못하는 이유는, 어둠 속으로 들어가는 여정이 길고 잔인했으며, 너는 그 속으로 깊이 들어가 버렸기 때문이다. 그토록 오래 감겼던 눈꺼풀의 작은 깜빡거림은 그토록 오래 멸시당한 너 자신에 대한 확신을 주기에는 아직 충분하지 않았다. 너는 사랑을 향해 나아가고 있지만, 여전히 사랑을 증오하면서 사랑이 너를 판단하는 것을 끔찍이도 두려워한다. 너는 사랑을 두려워하는 것이 아니라, 단지 네가 사랑을 가지고 지어낸 것을 두려워한다. 하지만 너는 이를 깨닫지 못한다. 너는 사랑의 의미를 향해 앞으로 나아가면서 네가 사랑을 둘러쌌던 그 모든 환상을 떠나고 있다. 네가 환상으로 물러날 때, 두려움은 더 극심해진다. 네가 사랑의 의미라고 생각하는 것이 두렵다는 것에는 의심의 여지가 없기 때문이다. 하지만 두려움을 떠나 아주 확실하고도 빠르게 여행하는 우리에게 그것이 무슨 상관이란 말인가?

27   서로의 손을 맞잡은 너희는 또한 내 손도 잡고 있다. 너희가 서로 결합했을 때, 너

희는 더 이상 혼자가 아니었기 때문이다. 너희가 나와 함께 떠나기로 동의한 그 어둠속에 내가 너희를 버려두려 한다고 믿는가? 너희 관계 안에, 이 세상의 빛이 있다. 두려움은 이제 너희 앞에서 사라질 수밖에 없다. 서로에게 준 신뢰의 선물을 도로 낚아채 가려는 유혹에 빠지지 말라. 그러면 너희 자신만 두렵게 할 수 있을 뿐이다. 그 선물은 영원히 주어졌다. 왜냐하면, 하느님이 몸소 그 선물을 받으셨기 때문이다. 너희는 그 선물을 도로 빼앗아 올 수 없다. 너희는 하느님을 받아들였다. 너희 관계의 거룩함은 천국에 확립되어 있다. 너희는 너희가 받아들인 것을 이해하지 못하지만, 너희의 이해는 필수적이 아님을 기억하라. 필수적이었던 것은 단지 이해하려는 *소망뿐이었다*. 그 소망은 곧 거룩해지려는 열망이었다. 하느님의 뜻이 너희에게 주어져 있다. 너희는 너희가 늘 가졌던, 혹은 늘 너희 자신이었던 그 유일한 것을 열망하기 때문이다.

²⁸ 우리가 함께 보내는 매 순간은 너희에게 이러한 목표가 가능함을 가르쳐주고, 그 목표에 도달하려는 열망을 강화할 것이다. 그리고 너희의 열망 안에, 그 목표의 성취가 놓여있다. 너희의 열망은 지금 성령의 뜻의 그 모든 권능과 완벽하게 일치한다. 너희가 아무리 주저하며 발걸음을 작게 내딛더라도, 너희의 열망을 성령의 뜻과 힘으로부터 분리할 수는 없다. 너희가 서로의 손을 잡기로 동의한 것만큼이나 확실하게, 나는 너희의 손을 잡는다. 너희는 분리되지 않을 것이다. 내가 너희 곁에 서서 진리로 나아가는 길을 함께 걸어가기 때문이다. 그리고 우리가 가는 곳으로, 우리는 하느님을 모시고 간다.

²⁹ 너희의 관계 안에서, 너희는 나와 함께 어둠 속에 숨은 하느님의 아들에게 천국을 가져다주는 일에 동참했다. 너희는 그동안 어둠을 빛으로 가져가려는 용의를 냈고, 그러한 용의는 어둠 속에 남아있으려는 모든 이에게 힘을 실어주었다. 보려는 자들은 반드시 볼 것이다. 그들이 자신 안의 어둠을 빛으로 가져와 영원히 제거되도록 할 때, 그들은 나와 함께 그들의 빛을 어둠 속으로 가져가는 일에 동참할 것이다. 너희는 너희 관계의 거룩한 빛 속에서 나와 결합하였으며, 이러한 너희에 대한 나의 필요는 곧 구원에 대한 너희의 필요다. 너희가 나에게 준 것을 내가 너희에게 주려 하지 않겠는가? 너희가 서로 결합했을 때, 너희는 나에게 응답한 것이기 때문이다.

³⁰ 이제 구원을 가져다주는 자가 된 너희는 빛을 어둠에 가져다주는 기능을 가졌다. 너희 안의 어둠은 이미 빛으로 보내졌다. 너희 안의 어둠을 가져갔던 거룩한 순간으

로부터 빛을 가져와서, 다시 어둠을 비추어라. 우리는 온전하게 만들려는 열망 속에서 온전해진다. 시간 때문에 걱정하지 말라. 너희가 경험하는 그 모든 두려움은 정녕 지나가 버렸기 때문이다. 너희의 별개의 과거사가 방해하려는 것을 우리가 함께 할 수 있도록 도우려고, 시간이 재조정되었다. 너희는 이미 두려움을 지나왔다. 두 마음이 함께 사랑을 열망할 때마다, 사랑은 언제나 그들과 함께하기 때문이다.

³¹ 천국의 빛 가운데 너희와 함께 가지 않는 빛은 단 하나도 없다. 하느님의 마음 안에서 영원히 빛나는 빛줄기 가운데 너희를 비추지 않는 빛줄기도 단 하나도 없다. 너희가 천국으로 나아가는 길에, 천국이 너희와 함께한다. 너희 열망의 작은 불꽃에 하느님의 권능을 부여하려고 이렇게 위대한 빛이 함께하거늘, 너희가 과연 어둠 속에 남아있을 수 있겠는가? 너희는 따로 떨어져 걸으며 어디로도 가지 못한 길고 무의미한 여정 끝에 함께 집에 돌아오고 있다. 너희는 서로를 발견했으며, 서로의 길을 비춰줄 것이다. 이 빛으로부터 **위대한 빛줄기**가 뒤로는 어둠 속으로 확장해 들어가고, 앞으로는 하느님께로 확장하여 과거를 비춰 물리침으로써, 하느님의 영원한 **현존**을 위한 자리를 만들 것이다. 그곳에서, 모든 것은 빛 속에 찬란히 빛난다.

V. 작은 용의

³² 거룩한 순간은 네가 거룩해지겠다고 결심한 결과다. 그것은 *응답이다*. 거룩한 순간이 오게 하려는 열망과 용의가 먼저 일어난 다음, 거룩한 순간이 온다. 다른 무엇보다도 거룩한 순간을 원한다는 것을 인식하는 정도만큼, 너는 거룩한 순간을 맞이할 마음의 준비를 한다. 너는 더 이상 할 필요가 없다. 사실 너는 네가 더 이상은 할 수 없음을 깨달을 필요가 있다. 성령이 요청하지 않는 것을 성령께 드리려고 하지 말라. 그렇지 않으면 너는 성령께 에고를 보태서 둘을 혼동할 것이다. 성령은 단지 조금만 요청한다. 위대함과 힘을 보태는 것은 바로 *성령이다*. 성령은 너와 결합함으로써 거룩한 순간을 네가 이해할 수 있는 것보다 훨씬 더 크게 만든다. 네가 아주 조금만 할 필요가 있다는 깨달음이야말로, 성령으로 하여금 그렇게 많이 줄 수 있게 하는 것이다.

³³ 너의 좋은 의도를 신뢰하지 말라. 그것은 충분하지 않다. 그러나 너의 용의는 다른 무엇이 들어오더라도 절대적으로 신뢰하라. 오로지 이것에만 집중하고, 너의 용의가

그림자에 둘러싸여 있다고 해서 당황하지 말라. 그것이 바로 네가 온 까닭이다. 네가 만약 그림자 없이 올 수 있다면, 너는 거룩한 순간이 필요 없으리라. 거룩한 순간이 가져다줄 상태를 네가 성취해야 한다고 억측하면서 오만한 태도로 거룩한 순간에 오지 말라. 거룩한 순간의 기적은 거룩한 순간이 그 정체가 되게 하려는 너의 용의에 달려 있다. 그리고 너 자신을 본래 모습대로 받아들이는 것도 그러한 용의에 달려있다.

³⁴ 겸허는 결코 너에게 왜소함에 만족한 채 남아있으라고 요구하지 않을 것이다. 하지만 겸허는 너에게, 위대함보다 못한 것에는 만족하지 *말라고 요구한다*. 그리고 그 위대함이란 너로부터 나오는 것이 아니다. 네가 거룩한 순간과 관련해서 어려움을 겪는 까닭은, 너 자신이 거룩한 순간에 합당하지 않다는 고착된 신념 때문이다. 이것은 단지 네가 너 자신을 만들고 싶은 대로 되겠다는 결심이 아니겠는가? 하느님은 당신이 머무시는 처소를 당신께 합당하지 않게 창조하지 않으셨다. 하느님이 계시기를 뜻하시는 곳에 하느님이 들어가시면 안 된다고 믿는다면, 너는 분명 하느님의 뜻을 간섭하고 있는 것이다. 너는 용의를 강화할 힘이 너에게서 나오게 할 필요가 없으며, 오로지 *하느님의* 뜻에서 나오게 할 필요만 있다.

³⁵ 거룩한 순간은 너의 작은 용의에 의해서만 오는 것이 아니다. 거룩한 순간은 항상 너의 작은 용의가 하느님 뜻의 무한한 권능과 결합한 결과다. 너는 그동안 너 스스로 하느님을 맞이할 준비를 할 필요가 있다고 잘못 생각했다. 거룩함을 맞이할 오만한 준비를 하면서, 평화를 위한 조건을 확립하는 것이 너에게 달려있다고 믿지 않기란 불가능하다. 그 조건은 하느님이 확립하셨다. 그 조건은 그 정체가 되기 위해 너의 용의를 기다리지 않는다. 너의 용의는 단지 너에게 그 조건을 *가르치는 것*을 가능하게 만들기 위해서만 필요하다. 네가 이것을 배우기에 합당하지 않다고 주장한다면, 네가 *학습자*를 다르게 만든다고 믿음으로써 그 레슨을 방해하는 것이다. 너는 학습자를 만들지 않았고, 그를 다르게 만들 수도 없다. 네가 먼저 기적을 일으킨 다음에 너를 *위해* 기적이 일으켜지기를 기대하려는가?

³⁶ 너는 단지 질문만 하면 된다. 답은 주어져 있다. 질문에 답하려고 하지 말고, 단지 주어진 대로의 답을 받아라. 거룩한 순간을 맞이할 준비를 하는 과정에, 거룩한 순간을 받을 준비가 되도록 너 자신을 거룩하게 만들려고 시도하지 말라. 그것은 단지 너의 역할과 하느님의 역할을 혼동하는 것에 불과하다. 속죄는 자신이 먼저 속죄해야 한다고 생각하는 자들에게는 올 수 없고, 단지 속죄에게 길을 내주려는 단순한 용의

만을 제공하는 자들에게 온다. 정화는 오로지 하느님에게서 비롯되는 것이며, 따라서 너를 위한 것이다. 너 스스로 하느님을 맞이할 준비를 하는 대신에, 다음과 같이 생각해 보라:

³⁷ 하느님을 맞이하는 집주인인 나는 하느님께 합당하다.
당신의 처소를 내 안에 확립하신 하느님이
그것을 당신이 원하시는 모습대로 창조하셨다.
나는 그것이 하느님을 맞이할 준비가 되도록 만들 필요가 없다.
하지만 내가 영원히 준비되어 있다는 자각을 나에게 회복해 주기 위한
하느님의 계획을 방해하지 않을 필요만은 있다.
나는 하느님의 계획에 그 무엇도 더할 필요가 없다.
하지만 하느님의 계획을 받으려면,
그 계획을 나의 계획으로 대체하지 않겠다는 용의를 내야 한다.

³⁸ 이것이 전부다. 네가 만약 무언가를 더한다면, 단지 너에게 요청되는 작은 것을 치워버리는 것이다. 네가 죄의식을 만들었으며, 죄의식에서 벗어나기 위한 너의 계획은 속죄를 죄의식으로 가져가서 구원을 두렵게 만드는 것이었음을 기억하라. 만약 너 스스로 사랑을 맞이할 준비를 한다면, 더할 것이라고는 두려움밖에 없다. 거룩한 순간을 맞이할 준비는 그 순간을 주는 성령의 일이다. 놓아주는 기능을 가진 성령께 너 자신을 놓아드려라. 성령 대신에 그의 기능을 떠맡지 말라. 성령께 단지 그가 요청하는 것만 드려라. 그리하여 너의 역할이 얼마나 작은지, 성령의 역할이 얼마나 큰지 배워라.

³⁹ 이것이 바로 거룩한 순간을 그렇게 쉽고도 자연스럽게 만들어주는 것이다. 너는 네가 할 일이 더 있을 것이라고 억지를 부림으로써 거룩한 순간을 어렵게 만든다. [너는 그렇게 많이 받기 위해 그렇게 *조금* 주어야 한다는 아이디어를 *받아들이기* 힘들어한다.] 그리고 너의 기여와 성령의 기여가 극단적으로 차이가 난다는 사실이 개인적인 모욕이 아님을 깨닫는 것도 아주 힘들어한다. 너는 여전히 너의 이해가 진리에 강력한 기여를 하며, 진리를 진리로 만들어준다고 확신한다. 하지만 우리는 이미 너는 아무것도 이해할 필요가 없음을 강조했다. 구원이 쉬운 *이유*는 단지, 네가 *지금 당장* 줄 수 없는 것은 아무것도 요구하지 않기 *때문이다.*

⁴⁰ 너에게 자연스럽고도 쉬운 것을 전부 불가능하게 만든 것은 너의 결정이었음을 잊지 말라. 네가 불가능하다고 믿는 것은 하느님이 그렇게 뜻하신다면 불가능하겠지만, 너는 그것을 알아차리지 못한 채 남아있을 것이다. 거룩한 순간이 너에게 힘든 것이라고 믿는다면, 그 이유는 단지 네가 무엇이 가능한지 결정하는 자가 되어서 참으로 아는 성령께 자리를 내어주려 하지 않기 때문이다. 기적에 난이도가 있다는 믿음 전체가 이것에 중심을 두고 있다. 하느님이 뜻하시는 모든 것은 가능할 뿐만 아니라, 이미 일어났다. 그것이 바로 과거가 이미 사라진 까닭이다. 과거는 실제로 일어난 적이 *전혀* 없다. 과거의 무효화는 과거가 일어났다고 생각한 너의 마음 안에서만 필요하다.

VI. 행복한 꿈

⁴¹ 결코 존재하지 않았던 것의 무효화를 위해 너 자신을 준비하지 *말라*. 네가 이미 진리와 환상의 차이를 이해한다면, 속죄는 아무런 의미도 없을 것이다. 거룩한 순간, 너희의 거룩한 관계, 성령의 가르침, 구원의 성취를 위한 그 모든 수단도 아무런 목적도 없을 것이다. 그것들은 모두 너의 두려움의 꿈을 행복한 꿈으로 바꾸기 위한 계획의 여러 측면들일 뿐이기 때문이다. 그 행복한 꿈으로부터, 너는 앞으로 쉽사리 깨어난다. 이것을 너 자신이 주관하려 하지 말라. 너는 발전과 퇴보를 구별할 수 없기 때문이다. 너는 너의 가장 큰 발전 가운데 몇몇을 실패라고 판단했고, 가장 큰 퇴보 가운데 몇몇을 성공이라고 평가했다.

⁴² 너의 마음에서 두려움과 증오를 전부 제거하려고 시도한 다음에야 비로소 거룩한 순간에 다가가려고 하지 말라. 두려움과 증오를 제거하는 것은 *거룩한 순간의* 기능이다. 성령의 도움을 요청하기 전에 네가 먼저 너의 죄의식을 간과하려고 시도하지 말라. 그것은 *성령의* 기능이다. 너의 역할은 단지 성령이 모든 두려움과 증오를 제거하도록 *허용하여 용서받겠다*는 작은 용의를 성령께 드리는 것이다. *성령*은 자신의 이해와 결합한 너의 작은 믿음 위에 네가 속죄에서 맡은 역할을 세움으로써, 네가 그것을 수월하게 이행하도록 확실히 해둘 것이다. 너는 성령과 더불어 굳건한 믿음의 바위에 심어져 천국까지 가닿는 사다리를 세울 것이다. 그리고 너는 그 사다리를, 천국에 홀로 오르기 위해 사용하지 않을 것이다.

⁴³ 너희가 마련하지 않는 모든 거룩한 순간에 다시 태어나고 축복받는 너희의 거룩한 관계를 통해, 수많은 이들이 너희와 함께 천국에 오를 것이다. 너희가 과연 이러한 계획을 세울 수 있겠는가? 혹은 그런 기능을 위해 스스로 준비할 수 있겠는가? 하지만 하느님이 그것을 뜻하시므로, 그것은 가능하다. 하느님은 또한 그것에 대한 당신의 마음을 바꾸지도 않으실 것이다. 수단과 목적은 둘 다 성령께 속한다. 너희는 그중 하나를 받아들였고, 다른 하나는 제공받을 것이다. 이와 같은 목적에 수단이 없다는 것은 상상도 할 수 없다. 성령은 그의 목적을 공유하는 모든 이에게 수단을 제공할 것이다.

⁴⁴ 행복한 꿈은, 그것이 꿈이라서가 *아니라*, 단지 그것이 *행복한 것이라서* 이루어진다. 따라서 그 꿈은 분명 사랑스럽다. 그 꿈의 메시지는 "나는 당신의 뜻이 다르게 되기를 원합니다."가 아니라, "당신의 뜻이 이루어지이다."이다. 수단과 목적의 일치는 너로서는 이해 불가능한 일이다. 너는 심지어 성령의 목적을 이미 너 자신의 목적으로 받아들였다는 것도 깨닫지 못하며, 그저 거룩하지 않은 수단으로 그 목적을 성취하려 한다. 목적을 바꾸기 위해 필요했던 작은 믿음이야말로 수단을 받아서 *사용하기* 위해 요구되는 모든 것이다.

⁴⁵ 네 형제를 너 자신처럼 사랑하는 것은 꿈이 아니다. 그리고 너희의 거룩한 관계도 꿈이 아니다. 그 관계에서 꿈으로 남아있는 것은, 그것이 여전히 특별한 관계라는 점이 전부다. 하지만 그 관계는 여기서 특별한 기능을 *가진* 성령께 아주 쓸모가 있다. 그 관계는 행복한 꿈이 될 것이며, 성령은 그 꿈을 통해 사랑이 행복이 아닌 두려움이라고 믿는 수많은 이들에게 기쁨을 퍼트릴 수 있다. 성령으로 하여금, 그가 너희 관계에 부여한 기능을 너희를 *위해* 받아들여 완수하게 하라. 그러면 그 관계를 성령이 바라는 대로 만드는 데 아무것도 부족하지 않을 것이다.

⁴⁶ 어떤 것이든 너희 관계의 거룩함을 위협한다고 느낄 때는 즉시 멈춰서, 두려움에*도 불구하고* 그 순간을 너희가 원하는 거룩한 순간으로 바꾸도록 허용하겠다는 용의를 성령께 드려라. 성령은 결코 이 일에 실패하지 않을 것이다. 하지만 너희 관계는 하나며, 따라서 한 사람의 평화를 위협하는 것은 다른 사람에게도 똑같은 위협임을 잊지 말라. 결합의 권능과 그 축복은 이제 너희 둘 중 누구도 두려움을 홀로 경험하거나 두려움에 홀로 대처하려고 하는 것이 불가능하다는 사실에 놓여있다. 그것을 홀로 하는 것이 필요하다거나, 심지어 가능하다고는 결코 믿지 말라. 하지만 이것이 불가능한 것만큼이나, 거룩한 순간이 너희 둘 중에 어느 한 사람은 제외하고 다른 사람

에게만 오는 것도 똑같이 불가능하다. 그리고 거룩한 순간은 둘 중 한 사람만 요청해도 둘 다에게 올 것이다.

⁴⁷ 위협이 지각되었을 때, 그 당시에 보다 제정신인 사람은 그가 상대방에게 얼마나 큰 은덕을 입었는지, 그에게 얼마나 감사해야 하는지 기억하고, 자신이 둘 다에게 행복을 가져다줌으로써 그 은덕을 갚을 수 있음에 기뻐해야 한다. 그럴 때 다음의 내용을 기억하여 따라 말하라:

⁴⁸ 나 자신을 위해 이 거룩한 순간을 열망합니다.
그럼으로써 그 순간을 내가 사랑하는 형제와 공유할 수 있습니다.
내가 형제 없이, 혹은 형제가 나 없이
거룩한 순간을 갖는 것은 불가능합니다.
하지만 우리가 지금 그 순간을 공유하는 것은 전적으로 가능합니다.
따라서 나는 이 순간을 성령께 드릴 순간으로 선택합니다.
그럼으로써 성령의 축복이 우리에게 내려와,
두 사람 모두를 평화롭게 유지해 줄 것입니다.

Ⅶ. 꿈과 몸

⁴⁹ 너의 바깥에는 *아무것도 없다.* 이것이야말로 네가 궁극적으로 배워야 할 것이다. 그러한 깨달음을 통해 천국이 너에게 회복되기 때문이다. 하느님은 오로지 천국만을 창조하셨으며, 천국을 떠나거나 당신과 떼어놓지 않으셨다. 천국은 하느님 아들이 사는 곳이며, 그는 아버지를 떠나지도 않았고 아버지와 떨어져 살지도 않는다. 천국은 어떤 장소도 조건도 아니다. 천국은 단지 완벽하게 하나인 상태Oneness에 대한 알아차림이며, 다른 것은 아무것도 없다는 앎이다. 이 하나인 상태의 바깥에는 아무것도 없고, 그 안에도 다른 것은 아무것도 없다.

⁵⁰ 하느님이 당신에 대한 앎 외에 과연 무엇을 주실 수 있겠는가? 주실 것이 다른 무엇이 있겠는가? 네가 다른 무언가를, 너 자신의 바깥에 있는 다른 무언가를 주고 얻을 수 있다고 믿음으로써, 너는 천국에 대한 알아차림과 너의 정체를 잃는 대가를 치렀

다. 게다가 너는 네가 깨닫는 것보다 더 이상한 일도 저질렀다. 너는 너의 죄를 너의 마음에서 몸으로 옮겨놓았다. 하지만 몸은 죄가 있을 수 *없다*. 몸은 그 자체로는 아무것도 할 수 없기 때문이다. 너희가 너희의 몸을 증오한다고 생각한다면, 너희 자신을 속이는 것이다. 그럴 때 너희는 사실 너희의 *마음*을 증오하는 것이다. 너희의 마음들 안으로 죄의식이 들어와서, 마음들이 서로 분리되어 있으려고 하기 때문이다. 하지만 마음들은 그렇게 할 수 없다.

51 마음들은 정녕 결합되어 있지만, 몸들은 그렇지 않다. 오로지 마음에게 몸의 특성을 부여하는 방법을 통해서만, 분리가 가능해 보인다. 그러면 이제 분열되어 있고, 사적이며, 홀로인 듯이 보이는 것은 *마음이다*. 마음을 분리 상태로 유지하는 마음의 죄의식이 몸에 투사되며, 그러면 몸은 고통받다 죽는다. 마음 안에 분리를 간직하고 마음으로 하여금 자신의 단일성을 알지 못하게 할 목적으로, 몸이 공격을 받기 때문이다. 마음은 공격할 수 없지만, 판타지를 만들어서 그것을 행동에 옮기라고 몸에게 지시할 수는 *있다*. 하지만 몸이 행하는 것은 결코 만족스러워 보이지 않는다. 몸이 실제로 마음 자신의 판타지를 실행에 옮기고 있다는 것이 의심스러운 한, 마음은 자신의 죄의식을 몸에 더 많이 투사하여 몸을 공격할 것이다.

52 이런 면에서 마음은 분명 망상에 빠져있다. 마음은 공격할 수 없지만, 자신이 공격할 수 있다고 주장한다. 그리고는 자신이 몸을 해치려고 행하는 것을 사용해서 자신이 공격할 수 있다고 *증명하려* 한다. 마음은 공격할 수 없지만, 자신을 속일 수는 *있다*. 마음이 몸을 공격했다고 믿을 때, 마음이 하는 것이라고는 이것이 전부다. 마음은 자신의 죄의식을 투사할 수 있지만, 투사를 통해 죄의식을 면할 수는 없을 것이다. 그리고 마음은 분명 몸의 기능을 잘못 지각할 수 있지만, 성령이 확립한 몸의 기능과 다르게 바꿀 수는 없다. 몸은 사랑에 의해 만들어지지 않았다. 하지만 사랑은 몸을 정죄하지 않으며, 하느님의 아들이 만든 것을 존중하고 그를 환상에서 구하기 위해 사용하면서, 몸을 사랑스럽게 사용할 수 있다.

53 분리의 도구가 구원의 수단으로 재해석되어 사랑의 목적에 사용되도록 하지 않으려는가? 복수의 판타지가 판타지로부터의 해방으로 전환되는 것을 환영하고 지원하지 않으려는가? 몸에 대한 너의 지각은 분명 병들 수 있지만, 이것을 몸에 투사하지는 말라. 파괴할 수 없는 것을 파괴적으로 만들려는 너의 소망은 전혀 실재적인 결과를 낳을 수 없다. 그리고 하느님이 창조하신 것은 하느님의 뜻이기에, 오로지 하느님

이 원하시는 대로만 존재할 뿐이다. 너는 하느님의 뜻을 파괴적으로 만들 수 없다. 너는 너의 뜻과 하느님의 뜻이 상충하는 판타지를 만들 수 있지만, 그것이 전부다.

54 몸을 죄의식의 희생양으로 사용하여 공격을 지시하고는, 네가 몸이 하기를 원한 것 때문에 비난하는 것은 정신 이상이다. 판타지를 행위로 옮기는 것은 불가능하다. 그것은 여전히 네가 원하는 판타지며, 판타지는 몸의 행위와는 아무런 관련도 없기 때문이다. 몸은 판타지를 꿈꾸지 않으며, 판타지는 몸을 자산이 될 수도 있는 곳에서 부채로 만들어버린다. 판타지는 너의 몸을 약하고, 쉽게 상처받고, 믿을 수 없으며, 네가 몸에 부여한 증오를 받아 마땅한 "적"으로 만들어버렸기 때문이다. 이로 인해 너에게 무슨 일이 일어났는가? 너는 네가 증오하는 이것, 복수의 도구자 네 죄의식의 지각된 근원인 이것과 동일시했다. 너는 아무런 의미도 없는 것에게 그렇게 하고는, 그것을 하느님 아들의 처소라고 선포하고, 그것이 하느님의 아들을 등지게 했다.

55 이것이 바로 네가 만든, 하느님이 머무시는 집주인이다. 그러나 증오의 은신처, 네가 복수와 폭력, 죽음의 씨앗을 뿌린 거처에는 하느님도 그분의 가장 거룩한 아들도 들어갈 수 없다. 네가 너의 죄의식을 섬기라고 만든 이것이 너와 다른 마음들 사이에 서있다. 마음들은 정녕 결합되어 있지만, 너는 마음과 동일시하지 않는다. 너는 네가 추방되어 그 누구도 도달할 수 없는 분리된 감옥에 갇혀있어서, 누군가 다가와도 손조차 내밀 수 없다고 본다. 너는 네가 만든 이 감옥을 증오하여 파괴하려 한다. 그러나 그 감옥을 파괴하지 않고 내버려둔 채, 그 감옥에 너의 죄의식을 덮어씌우지도 않고, 그저 빠져나오려고 하지는 않는다.

56 하지만 너는 오로지 그런 방법을 통해서만 벗어날 수 있다. 복수의 집은 네 것이 아니다. 너의 증오를 보관하려고 따로 떼어둔 곳은 감옥이 아니라, 너 자신에 대한 환상이다. 몸은 마음의 영원한 특성인 보편적인 소통에 부과된 한계다. 그러나 소통은 내적인 것이다. [마음은 서로에게 다가가는 다른 *부분*들로 구성되어 있지 *않다*.] 마음은 *자기 자신에게* 다가간다. 마음은 *바깥*으로 가지 않는다. 마음은 자신 안에서 한계가 전혀 없으며, 마음 바깥에는 아무것도 없다. [마음은 *모든 것*을 포함한다.] 마음은 너를 완전히 포함한다. 마음은 너를 자신 안에 포함하고, 자신을 네 안에 포함한다. 그밖에는 아무것도 없고, 어디에도, 언제까지라도 없다.

57 몸은 너의 바깥에 있다. 하지만 몸은 너를 둘러싸서 다른 사람들과 격리함으로써, 너를 그들로부터 [떼어놓고 그들을 너로부터] 떼어놓는 듯이 보인다. 몸은 존재하지 않

는다. 하느님과 그분의 아들 사이에는 아무런 장벽도 없으며, 아들은 환상 속을 제외하고는 자기 자신과 분리될 수 없다. 이것은 그의 실재가 아니다. 비록 그는 그렇게 믿지만 말이다. 하지만 이것은 하느님이 틀리셔야만 가능하리라. 이것이 가능하려면 하느님은 다르게 창조하셨어야 하고, 당신 자신을 아들로부터 분리하셨어야 할 것이다. 또한 하느님은 다른 것들을 창조하시고 실재의 다른 등급들을 확립하셔서, 그중 일부만 사랑이었을 것이다. 하지만 사랑은 영원히 그 자체와 같아서 영원히 변함없고 영원히 대체품이 없어야 한다. 따라서 사랑은 정녕 그러하다. 너는 네 둘레로 장벽을 설치할 수 없다. 하느님은 당신과 너 사이에 아무런 장벽도 세우지 않으셨기 때문이다.

⁵⁸ 너희는 손을 내뻗어 천국을 만질 수 있다. 서로 손을 맞잡은 너희는 몸 너머로 뻗어가기 시작했지만, 그것은 너희 자신 밖으로 가지 않고 너희가 공유하는 정체에 함께 도달하는 것이다. 이것이 너희 *바깥에* 있을 수 있겠는가? 하느님이 계시지 *않는* 곳에? *하느님이* 몸이신가? 하느님이 너를 당신과 다르게, 당신이 계실 수 없는 곳에 창조하셨는가? 너는 오로지 *하느님으로만* 둘러싸여 있다. 하느님 안에 포함된 너에게 어떤 한계가 있겠는가? 누구나 자신 너머로 보내지는 느낌이라고 부를 만한 경험을 한 적이 있다. 이러한 해방의 느낌은 때로 특별한 관계에서 경험되는 자유의 꿈을 훨씬 넘어선다. 그것은 한계에서 정말로 벗어나는 느낌이다.

⁵⁹ 이런 "보내짐"이 실제로 무엇을 수반하는지 숙고해 보라. 그러면 너는 그것이 몸을 갑자기 의식하지 않게 되고, 너 자신이 다른 어떤 것과 결합하는 것임을 깨달을 것이다. 그러한 과정에 너의 마음이 확장되어 그 다른 어떤 것을 포함하게 된다. 그리고 그 다른 어떤 것은 네가 그것과 연합함에 따라 너의 일부가 된다. 어느 쪽도 분리되었다고 지각되지 않기에, 둘 다 온전해진다. 여기서 실제로 일어나는 일은, 네가 제한된 의식이라는 환상을 포기하고 연합에 대한 두려움을 잃은 것이다. 두려움을 즉시 대체하는 사랑이 너를 해방한 것으로 확장하여, 그것과 연합한다. 이것이 지속되는 한, 너는 너의 정체를 의심하지 않을 것이며, 그것을 제한하려 하지도 않을 것이다. 너는 두려움에서 벗어나 평화로 가서, 실재에 대해 아무런 질문도 하지 않고 그저 받아들였다. 너는 몸 대신에 이것을 받아들였으며, 단지 너의 마음이 몸에 의해 *제한되도록* 허용하지 않음으로써 너 자신이 몸 너머의 어떤 것과 하나가 되도록 허용했다.

⁶⁰ 이것은 네가 결합하려는 대상과 너 사이에 있는 듯한 물리적인 거리, 공간상 각자의 위치, 크기나 겉보기 특성의 차이와는 무관하게 일어날 수 있다. 시간도 아무런 관

련이 없다. 그것은 과거로 가버린 것, 현재에 있는 것, 혹은 미래에 예상되는 그 무엇과도 일어날 수 있다. 여기서 "그 무엇"은 어떤 대상이든 어떤 장소든 될 수 있다. 소리나 광경, 생각이나 기억, 심지어 구체적인 언급 대상이 없는 일반적인 아이디어일 수도 있다. 하지만 그 모든 경우에 너는 아무런 조건도 없이 그것과 하나가 된 것이다. 너는 그것을 사랑하며, 그것과 함께 있고자 하기 때문이다. 따라서 너는 그것을 만나러 서둘러 달려가면서 너의 한계가 녹아 사라지게 하고, 너의 몸이 복종하는 모든 "법칙들"을 중지하여 부드럽게 밀쳐둔다.

⁶¹ 이러한 벗어남에는 폭력이 전혀 없다. 몸은 공격받지 않으며, 단지 제대로 지각된다. 몸은 너를 제한하지 않는데, 그 이유는 단지 네가 몸으로 하여금 너를 제한하도록 허락하지 않기 때문이다. 너는 실제로 몸 "바깥으로 들어올려진" 것이 아니다. 몸은 너를 *담아*둘 수 없다. 너는 네가 있고자 하는 곳에 가면서, 자아의 느낌을 잃는 것이 아니라 얻는다. 육체적인 제약에서 해방되는 이러한 순간에, 너는 거룩한 순간에 일어나는 많은 것을 경험한다. 시간과 공간의 장벽이 제거되고, 갑자기 평화와 기쁨을 경험하며, 무엇보다도 몸에 대한 의식이 사라진다. 그리고 이 모든 것이 과연 가능한지에 대한 질문도 사라진다.

⁶² 그것이 가능한 이유는, 네가 그것을 *원하기* 때문이다. 그것에 대한 너의 열망과 함께 일어나는 자아의 갑작스러운 확장이야말로 거룩한 순간이 지닌 저항할 수 없는 매력이다. 거룩한 순간은 너에게 자신의 안전한 품속에서 너 자신이 되라고 요청한다. 그곳에서 한계의 법칙이 너를 *위해* 제거되어, 너를 열린 마음과 자유로 맞아들인다. 이 피난처로 오라. 그곳에서 너는 평화로이 너 자신이 될 수 있다. 파괴도 "탈출"도 아닌, 단지 조용히 "녹아 들어감"을 통해 그렇게 된다. 그곳에서 평화가 너와 결합할 것이다. 그 이유는 단지 네가, 평화로워지라는 사랑의 다정한 부름에 응답하여 사랑에 가한 한계를 내려놓으려는 용의를 냄으로써, 사랑이 존재하고 사랑이 너를 데려온 곳에서 사랑과 결합했기 때문이다.

Ⅷ. 나는 아무것도 할 필요가 없다

⁶³ 몸이 힘의 근원이라는 너의 믿음은 아직도 너무 강력하다. 네가 세우는 계획 중에

어떤 식으로든 몸의 편안함이나 보호, 혹은 즐거움과 관련 없는 것이 무엇이 있는가? 이것은 너로 하여금 몸을 수단이 아닌 목적이라고 해석하게 만든다. 그리고 이것은 항상 네가 여전히 죄에 매력을 느끼고 있음을 의미한다. 죄를 여전히 자신의 목표로 받아들이면서 스스로 속죄를 받아들일 수는 없다. 따라서 너는 너의 *유일한* 책임을 다하지 못했다. 고통과 파괴를 선호하는 자는 속죄를 환영하지 않는다.

⁶⁴ 너는 그동안 많은 발전을 했고, 더 큰 발전을 위해 열심히 노력하고 있지만, 결코 해본 적이 없는 일이 하나 있다: 너는 단 한 순간도 몸을 완전히 잊은 적이 없다. 몸은 때로 너의 시야에서 흐릿해진 적은 있지만, 아직 완전히 사라지지는 않았다. 나는 너에게 이런 일이 한 순간 이상 일어나도록 허용하라고 요청하는 것이 아니다. 하지만 속죄의 기적이 일어나는 것은 바로 그 단 한 순간이다. 그 후로도 너는 몸을 다시 보겠지만, 결코 전과 같지는 않을 것이다. 그리고 몸에 대한 의식 없이 보내는 매 순간은, 네가 돌아올 때 몸에 대한 다른 관점을 제공해 준다.

⁶⁵ 단 한 순간도, 몸은 전혀 존재하지 않는다. 몸은 항상 기억되거나 예상될 뿐이며, 결코 바로 *지금* 경험되지 않는다. 몸의 과거와 미래만이 몸을 실재적으로 보이게 만든다. 시간은 몸을 전적으로 통제한다. 죄는 결코 현재에 있지 않기 때문이다. 어떤 한 순간에도, 죄의식의 매력은 단지 고통으로만 경험될 것이며, 따라서 너는 그것을 피하려고 할 것이다. *지금* 죄의식은 아무런 매력도 없다. 죄의식의 매력 전체는 상상된 것이며, 따라서 과거나 미래에 생각되는 것이다.

⁶⁶ 단 한 순간이라도 과거나 미래를 *전혀* 보지 않겠다는 용의가 없는 한, 거룩한 순간을 아무런 조건 없이 받아들이는 것은 불가능하다. 거룩한 순간을 맞을 준비를 한다는 것은 곧 그 순간을 미래로 미루는 것이다. 해방은, 네가 해방을 열망하는 바로 그 순간에 주어진다. 많은 이들이 일생의 준비 끝에 과연 성공의 순간을 얻었다. 이 수업은 그들이 시간 안에서 배운 것 이상을 가르치려 하지 않지만, 시간 *절약*을 목표로 삼는다. 너는 네가 받아들인 목표에 이르는 굉장히 먼 길을 따라 걸어가려고 시도하고 있다. 죄에 맞서 싸움으로써 속죄에 도달하는 것은 굉장히 어렵다. [증오하고 경멸하는 것을 거룩하게 만들려는 시도에는 엄청난 노력이 필요하다.] 몸에 초연하는 것을 목표로 하는 일생의 관조와 긴 명상도 필수적이지 않다. 그 모든 시도는 결국 그 목적 덕분에 성공할 것이다. 하지만 그 수단은 지루하고 시간을 아주 많이 소모한다. 그것들은 모두 현재의 가치 없고 부족한 상태로부터 해방되기 위해 미래를 바라보는 것이

기 때문이다.

⁶⁷ 너의 길은 목적이 아닌 수단에 있어서 다를 것이다. 거룩한 관계는 시간 *절약의* 수단이다. 함께 보낸 한 순간은 두 사람 모두에게 우주를 회복해 준다. 너는 정녕 준비되어 있다. 이제 네가 기억할 것은, 너는 아무것도 할 필요가 없다는 것이다. 지금 단지 이것에 집중하는 것이 네가 무엇을 해야 하는지 숙고하는 것보다 훨씬 더 유익할 것이다. 유혹과 씨름하고 죄에 굴복하지 않으려고 싸우는 자들에게 마침내 평화가 올 때, 관조에 전념하는 마음 안으로 마침내 빛이 들어올 때, 혹은 누구든 마침내 목표를 이루었을 때, 그것은 *항상* "나는 아무것도 할 필요가 없다."라는 행복한 깨달음과 함께 온다.

⁶⁸ 바로 이것이야말로 모든 이가 언젠가는 자신만의 방법으로, 자신만의 시간에 발견할 궁극적인 해방이다. 우리에게는 그런 시간이 필요 없다. 너희가 함께하므로, 너희를 위해 시간이 절약되었다. 이것은 너희의 시간을 절약하려고 이 수업이 사용하는 특별한 수단이다. 다른 이들에게 도움이 되었던 수단을 사용하겠다고 고집하면서 *너희*를 위해 만들어진 것을 무시한다면, 너희는 이 수업을 사용하지 않는 것이다. 이 한 가지 준비만 하고 다른 것은 아무것도 하지 않는 연습을 함으로써, 나를 위해 시간을 절약하라. "나는 아무것도 할 필요가 없다."는 충성의 맹세자 한눈팔지 않는 충절이다. 그것을 단 한 순간만 믿어라. 그러면 백 년간의 관조나 유혹에 맞선 분투로 얻는 것보다 더 많은 것을 성취할 것이다.

⁶⁹ 무엇이든 *행하는 것*은 몸과 관련된다. 네가 아무것도 할 필요가 없음을 인식한다면, 너는 너의 마음에서 몸의 가치를 거둬들인 것이다. 여기에 네가 수백 년의 수고를 미끄러지듯 통과하여 시간에서 벗어날 빠른 문이 열려있다. 이것은 지금 당장 죄가 모든 매력을 잃는 길이다. 여기서 시간이 부정되고, 과거와 미래가 사라지기 때문이다. 아무것도 할 필요가 없는 자에게는 시간이 필요 없다. 아무것도 하지 않는 것은 안식하는 것이며, 몸의 활동이 주의를 요구하기를 멈추는 자리를 너의 내면에 마련하는 것이다. 성령은 이 자리로 들어와서, 그곳에 머물러 산다. 네가 그곳을 잊음으로써 몸의 활동이 돌아와 너의 의식적인 마음을 차지할 때도, 성령은 계속 남아있을 것이다.

⁷⁰ 하지만 네가 돌아올 수 있는 이 안식처는 언제까지나 존재할 것이다. 너는 폭풍의 맹렬한 활동보다는 이와 같은 고요한 중심을 점점 더 자각하게 될 것이다. 네가 아무것도 하지 않는 이 고요한 중심은 계속 네 곁에 남아, 네가 파견된 그 모든 바쁜 일들

가운데서도 안식을 제공할 것이다. 너는 이 중심으로부터 몸을 어떻게 죄 없이 사용할 수 있는지 인도받을 것이다. 이 중심, 그 안에 몸이 없는 이 중심이야말로, 너의 의식 안에서 몸을 계속 죄 없게 유지해 줄 것이다.

IX. 몸의 목적

71 사랑을 제한적으로 보이게 만드는 것은 오로지 몸에 대한 의식뿐이다. 몸이란 정녕 사랑에 가해진 제한이기 때문이다. 제한된 사랑에 대한 믿음이 몸의 기원이었으며, 무한한 것을 제한하기 위해 몸이 만들어졌다. 이것을 단지 비유라고 생각하지 말라. 몸은 *너*를 제한하기 위해 만들어졌기 때문이다. 너는 너 자신을 하나의 몸 안에서 보거늘, 그런 네가 과연 너 자신이 하나의 아이디어임을 알 수 있겠는가? 너는 네가 인식하는 모든 것을 겉모습, 즉 그 자체의 밖에 있는 어떤 것과 동일시한다. 너는 심지어 몸이 없는 하느님, 혹은 네가 인식한다고 생각하는 어떤 형식이 없는 하느님에 대해서는 생각조차 하지 못한다.

72 몸은 알 수 없다. 네가 너의 의식을 몸의 조그마한 감각 기관들로 제한하는 한, 너를 둘러싼 장엄함을 보지 못할 것이다. 하느님이 몸 안으로 들어오실 수도 없고, 네가 몸 안에서 하느님과 결합할 수도 없다. 사랑에 가한 제한은 항상 하느님을 배척하고, 너를 하느님과 떼어놓는 듯이 보인다. 몸은 영광스럽고 완전한 아이디어의 작은 부분을 둘러싼 조그마한 울타리다. 몸은 전체에서 쪼개져 나온 천국의 아주 작은 조각 둘레에 아주아주 작은 원을 그린 후, 그 안에 하느님이 들어오실 수 없는 너의 왕국이 있다고 선포한다.

73 이 왕국 안에서는 에고가 아주 잔인하게 통치한다. 이 작은 먼지 한 점을 방어하기 위해, 에고는 너에게 우주에 맞서 싸우라고 명한다. 네 마음의 이러한 조각은 우주의 너무도 작은 부분이라서, 네가 만약 전체를 알아볼 수 있다면, 그것은 마치 태양에 비해 너무도 가느다란 햇살이나 바다 표면에 이는 희미한 잔물결과도 같음을 즉시 깨달을 것이다. 이 작은 햇살은 놀라운 오만함으로 자신이 정녕 태양이라고 결정했다. 너무 작아서 지각하기도 힘든 이 물결은 자신을 바다라고 부르면서 맞이한다. 자신을 우주에 맞서 떼어놓은 이 작은 생각, 이 무한히 작은 환상이 얼마나 외롭고 겁에 질려

있을지 생각해 보라. 태양은 햇살의 "적"이 되어 햇살을 게걸스럽게 먹어치우려 하고, 바다는 작은 물결을 위협하여 삼켜버리고 싶어 한다.

74 하지만 태양도 바다도 이 모든 이상하고 무의미한 활동을 알아차리지도 못한다. 태양과 바다는 자신의 작디작은 조각이 그들을 두려워하고 증오하고 있음을 알아차리지 못한 채, 그저 계속될 뿐이다. 심지어 태양과 바다는 그 작은 조각을 잃은 것도 아니다. 그것은 태양과 바다를 떠나서는 살아남을 수 없기 때문이다. 그 조각이 자신을 무엇이라고 생각하든, 그것이 존재하려면 태양과 바다에 전적으로 의존해야 한다는 사실을 바꾸지 못한다. 그것의 존재 전체는 여전히 태양과 바다 안에 남아있다. 태양이 없다면 햇살은 사라질 것이며, 바다 없는 물결은 상상조차 할 수 없다.

75 이러한 것이 바로 몸들이 사는 세상에 있는 자가 처한 듯한 이상한 입장이다. 각각의 몸은 하나의 분리된 마음, 즉 홀로 살며 자신을 창조한 생각과 전혀 결합되어 있지 않은 단절된 생각에 집을 제공하는 듯이 보인다. 각각의 작은 조각은 자기충족적으로 보인다. 그것들은 약간의 무언가를 위해서는 서로를 필요로 하지만, 자신의 유일한 창조주께 모든 것을 전적으로 의존하지는 않기에, 전체가 그들에게 어떤 의미라도 주어야 할 필요가 있어 보인다. 그들 자신만으로는, 그들은 아무것도 의미하지 않기 때문이다. 그리고 따로 떨어져 그들 자신만으로 있을 때, 그들은 어떤 생명도 갖고 있지 않다.

76 태양과 바다처럼, 너의 자아도 이 작은 부분이 자신을 *너라*고 여기는 것에 개의치 않고 계속된다. 그 작은 부분은 사라지지 않았다. 그 부분은 만약 분리되어 있다면 존재할 수 없을 것이며, 전체는 그 부분 없이는 전체일 수 없을 것이다. 그것은 나머지와의 분리라는 아이디어가 지배하는 분리된 왕국이 아니다. 그것을 둘러싸서 나머지와 결합하지 못하게 하고, 그 창조주와 떼어놓는 울타리는 없다. 이 작은 측면은 전체와 다르지 않으며, 전체와 연속되어 하나로 존재한다. 그것은 분리된 삶을 영위하지 않는다. 그것의 존재는 하나인 상태 안에서 창조되었으며, 그러한 하나인 상태가 곧 그것의 생명이기 때문이다.

77 이렇게 울타리 친 작은 측면을 너 자신으로 받아들이지 말라. 태양과 바다는 너의 정체에 비하면 아무것도 아니다. 햇살은 햇빛 속에서만 반짝이며, 물결은 바다 위에 있을 때만 춤춘다. 하지만 태양 안에도 바다 안에도, 네 안에 있는 권능은 없다. 너의 이 작은 왕국 안에서, 너는 무를 바라보면서도 그것을 지키려고 기꺼이 죽으려 하는 처량한 왕, 자신이 내려다보는 모든 것의 가혹한 통치자로 남아있으려는가? 이 작은

자아는 너의 왕국이 아니다. 영광스러운 전체가 그 작은 자아 위로 둥글게 펼쳐져 그것을 사랑으로 감싸고 있으면서, 자신의 모든 행복과 깊은 만족을 모든 부분에게 베푼다. 네가 따로 떼어놓았다고 생각하는 작은 측면도 예외가 아니다.

⁷⁸ 사랑은 몸을 알지 못하며, 자신과 닮게 창조된 모든 것에 가닿는다. 사랑에 한계가 전혀 없음이 정녕 사랑의 의미다. 사랑은 결코 편파적으로 주지 않으며, 자신이 주려는 것을 보존하고 완전하게 지키기 위해서만 포함한다. 너의 작디작은 왕국에서 너는 너무도 적게 가졌다! 그렇다면 그곳이야말로 사랑에게 들어와 달라고 요청해야 할 곳이 아니겠는가? 바짝 말라 아무것도 길러내지 못하고, 누렇게 타들어 가는 기쁨 없는 사막을 보라. 그것이 너의 작은 왕국을 이루고 있다. 사랑이 그곳에 안겨주려는 생명과 기쁨을 깨달아라. 너의 작은 왕국은 사랑에서 나왔으며, 또한 너와 더불어 사랑으로 돌아가고자 한다.

⁷⁹ 하느님의 생각이 너의 작은 왕국을 둘러싸고서, 안으로 들어가 불모의 땅을 비추려고 네가 세운 장벽 앞에서 기다린다. 생명이 곳곳에서 얼마나 힘차게 솟구쳐 오르는지 보라! 사막이 푸르고, 깊고, 조용한 정원이 되어, 길을 잃고 먼지 속을 헤매는 자들에게 안식을 제공한다. 한때 사막이 있던 곳에 사랑이 마련해 둔 피난처를 그들에게 내어주어라. 네가 반가이 맞아들이는 이들마다, 너를 위해 천국에서 사랑을 가져올 것이다. 그들은 이 거룩한 장소에 한 사람씩 들어오지만, 떠날 때는 들어올 때처럼 홀로 떠나지 않을 것이다. 그들이 가져온 사랑은 네 곁에 머물 것이듯, 그들 곁에도 머물 것이다. 그 사랑의 베풂으로 너의 작은 정원은 확장되어, 생명의 물을 갈망하지만 혼자서 계속 걸어가기에는 너무도 지친 모든 이에게 도달할 것이다.

⁸⁰ 나가서 그들을 찾아라. 그들은 너의 자아를 데려오기 때문이다. 그들을 너의 조용한 정원으로 온유하게 인도하여, 그곳에서 그들이 베푸는 축복을 받아라. 그럼으로써 그 정원이 자라나 사막 곳곳으로 뻗어나가면서, 사랑에 맞서 걸어 잠근 단 하나의 작고 외로운 왕국도 남겨두지 않을 것이며, 너도 그 안에 남겨두지 않을 것이다. 그리고 너는 너 자신을 인식할 것이며, 너의 작은 정원이 천국으로 부드럽게 변형되어 천국을 창조하신 분의 그 모든 사랑의 빛을 받고 있음을 볼 것이다. 너의 황량하고 기쁨 없는 왕국으로 들어와 그곳을 평화와 환대의 정원으로 변형해 달라고 사랑에게 보내는 초대장, 이것이 바로 거룩한 순간이다.

⁸¹ 사랑의 응답은 불가피하다. 사랑은 반드시 올 것이다. 네가 몸 없이 오면서, 사랑

의 기쁜 도래를 방해할 그 어떤 장벽도 세우지 않았기 때문이다. 거룩한 순간에 너는 더도 말고 덜도 말고 사랑이 모든 이에게 주는 것만을 달라고, 사랑에게 청한다. 너는 모든 것을 달라고 청하기에, 모든 것을 받을 것이다. 그리고 너의 빛나는 자아는 네가 천국에게 감추려 한 작디작은 측면을 들어올려 곧장 천국 안으로 가져갈 것이다. 사랑의 어떤 부분이 전체를 부르더라도, 응답받지 못하는 일은 없다. 하느님의 어떤 아들도 하느님의 부성 바깥에 남아있지 않다.

⁸² 다음을 확신하라: 너희의 미약한 요청에도, 너희의 특별한 관계로 사랑이 들어왔으며, 또한 완전하게 들어왔다. 하지만 너희는 사랑이 왔음을 인식하지 못한다. 너희는 서로에게 맞서 쌓은 그 모든 장벽을 아직 치우지 않았기 때문이다. 너희는 사랑을 따로따로 맞아들일 수 없을 것이다. 하느님이 네 형제 없이 너만 알지 못하시듯, 너도 홀로는 하느님을 알 수 없다. 그러나 너희가 함께한다면, 사랑이 너희를 알지 못하거나 너희 안에서 사랑 자신을 인식하지 못할 수 없듯이, 사랑을 알아차리지 못할 수 없다.

⁸³ 너희는 태곳적 여정의 종착점에 도달했지만, 여정이 끝났음을 아직 깨닫지 못한다. 너희는 여전히 지치고 피곤해하며, 사막의 먼지는 여전히 너희의 눈을 흐려 보지 못하게 하는 듯하다. 하지만 너희가 반가이 맞아들인 하느님이 너희에게 오셔서 너희를 반가이 맞아들이고자 하신다. 하느님은 너희에게 이것을 주시려고 오래 기다리셨다. 이제 그것을 하느님께 받아라. 하느님은 너희가 당신을 알기를 원하시기 때문이다. 아직도 너희 사이에 서있는 것은 먼지로 된 작은 벽밖에 없다. 행복하게 웃으면서 그 벽을 가볍게 불어라. 그러면 그것은 무너져 내릴 것이다. 그리고 사랑이 너희 둘을 위해 마련한 정원으로 함께 걸어 들어가라.

X. 망상적 사고체계

⁸⁴ 너는 어둠을 빛으로, 죄의식을 거룩함으로 가져오라는 말을 들었다. 너는 또한 잘못은 그 근원에서 교정되어야 한다는 말도 들었다. 따라서 성령께 필요한 것은 너 자신의 작디작은 부분, 즉 떨어져 나가 분리된 듯한 작은 생각이다. 나머지는 완전히 하느님의 보호 아래 있기에, 안내가 필요 없다. 하지만 이 거칠고 망상적인 생각은 도움이 필요하다. 그 생각은 망상에 빠져서 자신이 온전하고 전능한 하느님의 아들이며,

자신이 따로 떼어내 광기로 압제하여 복종시키고 예속화하려는 왕국의 유일한 통치자라고 생각하기 때문이다.

⁸⁵ 이 생각은 네가 천국에서 훔쳐왔다고 생각하는 너의 작은 부분이다. 그 생각을 천국에 돌려주어라. 천국은 그것을 잃지 않았지만, 너는 천국을 보지 못하게 되었다. 성령으로 하여금, 쇠약해진 왕국에서 그 생각을 제거하게 하라. 너는 그 생각을 그 왕국 안에 따로 떼어놓고는, 어둠으로 둘러싸서 공격으로 보호하고 증오로 강화하였다. 그 생각을 둘러친 바리케이드 안에는 여전히 완전하고 거룩하고 평온하며, 네가 그것을 둘러쌌다고 생각하는 것을 알지 못하는 하느님 아들의 작은 조각이 있다. 분리되어 있지 말라. 그 생각을 둘러싼 성령이 이미 너에게 연합을 가져와서, 네가 바친 하찮은 어둠의 공물을 영원한 빛으로 돌려보냈기 때문이다.

⁸⁶ 이것이 어떻게 이루어지는가? 그것은 이 작은 왕국의 진정한 정체에 근거하기에, 아주 단순하다. 불모의 사막과 어둠, 그리고 생명 없음은 오로지 몸의 눈을 통해서만 보인다. 몸의 비전은 정녕 왜곡되었다. 그리고 그 비전이 너의 의식을 *제한하기 위해* 그것을 만든 너에게 전달하는 메시지는 하찮고 제한적이며, 너무도 쪼개져 있어서 무의미하다. 정신 이상으로 만들어진 몸의 세상에서 정신 이상 메시지가 그 세상을 만든 마음에게 돌아오는 듯하다. 그런 메시지는 이 세상의 증인이 되어서, 이 세상이 진짜라고 선포한다. 왜냐하면 네가 그러한 메신저들을 파견해서, 바로 그것을 너에게 되가져오게 했기 때문이다.

⁸⁷ 그러한 메시지들이 너에게 전해주는 모든 것은 아주 외적인 것들이다. 어떤 메시지도 그 밑에 있는 것에 대해 말해주지 않는다. 몸은 그러한 것에 대해 말해줄 수 없기 때문이다. 몸의 눈은 그것을 지각하지 못한다. 몸의 감각 기관은 그것을 전혀 알아차리지 못한다. 몸의 혀는 그것의 메시지를 전해줄 수 없다. 하지만 하느님은 너를 외적인 것 아래로 데려가실 수 있다. 네가 만약, 성령이 너를 저버리거나 무시무시해 보이는 곳에 남겨두지 않으리라는 믿음으로 성령을 따라 그곳을 뚫고 지나가려는 용의를 낸다면 말이다. 너를 겁먹게 하는 것은 성령의 목적이 아니라, 단지 너의 목적뿐이다. 너는 두려움의 원 바깥에 성령을 버려두려는 극심한 유혹을 느끼지만, 성령은 너를 두려움을 뚫고 그 훨씬 너머로 안전하게 인도할 것이다.

⁸⁸ 두려움의 원circle은 몸이 보는 수준 바로 아래에 있으며, 세상이 근거하는 전체 토대인 듯이 보인다. 여기에 그 모든 환상과 왜곡된 생각, 그 모든 정신 나간 공격과 격

분, 그리고 복수와 배반이 있다. 그것들은 죄의식을 붙잡아 두기 위해 만들어졌으며, 그럼으로써 세상이 죄의식으로부터 피어올라 죄의식을 감출 수 있었다. 죄의식의 그림자가 표면으로 떠올라 죄의식의 가장 외적인 현현들을 어둠 속에 붙잡아 두고, 그것들에게 절망과 외로움을 가져다주어 그것들을 기쁨 없이 유지한다. 하지만 죄의식이 얼마나 강력한지는 두터운 덮개에 가려져 있으며, 죄의식을 감추려고 만들어진 것과 떨어져 있다. 몸은 이것을 볼 수 없다. 몸은 죄의식을 보호할 목적으로 이것에서 생겨났기 때문이다. 죄의식의 보호는 항상 죄의식을 보이지 않게 유지하는 데 달려있다. 몸의 눈은 결코 죄의식을 보지 않겠지만, 죄의식이 지시하는 것은 볼 것이다.

⁸⁹ 네가 죄의식이 실제라고 믿는 한, 몸은 죄의식의 메신저로 남아 죄의식이 지시하는 대로 행할 것이다. 죄의식의 실재성이야말로 몸을 무겁고 불투명하고 관통할 수 없는 것으로 보이게 만드는 환상이다. 그럼으로써 몸은 에고 사고체계의 진짜 토대처럼 보이게 된다. 몸 *뒤의* 빛을 보기 전에는, 몸이 희박하고 투명하다는 것을 분명히 깨닫기 어렵다. 네가 일단 그 빛을 보게 되면, 몸을 빛 앞에 걸린 얇고 바스러지기 쉬운 베일로 보게 된다.

⁹⁰ 이 무거워 보이는 장벽, 바위처럼 보이는 이 가짜 층은 마치 태양 앞에 낮게 깔려 단단한 벽처럼 보이는 먹구름장과도 같다. 관통할 수 없을 듯한 그 겉모습은 전적으로 환상이다. 그것은 그 위로 솟아오르는 산꼭대기에 부드럽게 자리를 내어주며, 그 위로 올라가 태양을 보려는 자를 저지할 힘이 전혀 없다. 그것은 떨어지는 단추를 멈추게 하거나 깃털을 붙잡아 둘 만큼 강하지도 않다. [그 위에는 아무것도 얹어놓을 수 없다. 그것은 단지 토대라는 *환상이기* 때문이다.] 그것은 만지려고 하면 사라지고, 쥐려고 해도 아무것도 손에 넣을 수 없다.

⁹¹ 하지만 이 구름장 안에서는, 온 세상이 생겨나고 있는 것을 쉽게 볼 수 있다. 단단한 산맥과 호수, 도시, 이 모든 것이 너의 상상 속에서 일어난다. 그리고 이 구름으로부터 네 지각의 메신저들이 돌아와, 그 모든 것이 거기에 있다고 너에게 장담한다. 등장인물들이 튀어나와 이리저리 움직이고, 그 행위가 진짜처럼 보인다. 형상들이 나타나서 사랑스러운 모습을 취했다가 괴기스러운 모습으로 변한다. 네가 아이들의 상상 놀이를 계속하고 싶어 하는 한, 그것들도 왔다갔다한다. 하지만 그 놀이를 아무리 오래 하거나 아무리 많은 상상력을 발휘하더라도, 너는 그것과 그 밑에 있는 세상을 혼동하지 않으며, 그것을 진짜로 만들려고 하지도 않는다.

⁹² 죄의식의 먹구름도 그와 마찬가지다. 그것은 뚫고 들어가기가 더 어렵지 않으며, 더 실체적인 것도 아니다. 그것을 뚫고 지나가다가 부딪치더라도 멍이 들지는 않을 것이다. 너의 안내자로 하여금 너를 구름 너머로 인도하게 하여, 그것의 실체 없는 본성을 가르치게 하라. 그 밑에는 빛의 세상이 있는데, 그곳으로는 죄의식의 구름이 그림자를 드리우지 않는다. 그 그림자는 구름들 너머로, 빛에서 훨씬 더 멀리 떨어진 세상에 드리워져 있다. 하지만 그림자가 구름으로부터 *빛으로* 드리워질 수는 없다.

⁹³ 이 빛의 세상, 이 눈부신 원이 바로 실재세상으로서, 이곳에서 죄의식이 용서를 만난다. 이곳에서 바깥세상이 새롭게, 그 위에 드리워진 죄의식의 그림자 없이 보인다. 이곳에서 네가 용서받는다. 이곳에서 너는 이미 모든 이를 용서했기 때문이다. 이곳에, 새로운 지각이 있다. 이곳에서 모든 것은 용서의 강물에 씻기고, 네가 덧씌운 그 모든 악한 생각이 깨끗이 닦여 순결로 밝게 빛난다. 이곳에는 하느님의 아들에 대한 공격이 없으며, 네가 반가이 맞아들여진다. 이곳에 너의 순결이 있다. 그것은 너에게 옷을 입혀 보호하고, 내면으로 가는 여정의 마지막 단계를 준비시키려고 대기하고 있다. 이곳에서 너는 어둡고 무거운 죄의식의 옷을 벗어 던지고, 순수함과 사랑으로 부드럽게 갈아입는다.

⁹⁴ 하지만 용서조차 끝이 아니다. 용서는 사랑스럽게 만들지만, 창조하지는 않는다. 용서는 치유의 근원이지만, 사랑의 근원이 아니라 사랑의 메신저다. 너는 이곳으로 인도되었으며, 그럼으로써 하느님은 마지막 단계를 아무런 제약 없이 취하실 수 있다. 이곳에서는 아무것도 사랑을 방해하지 않으며, 사랑이 그 자체가 되도록 허용하기 때문이다. 이 거룩한 [용서의] 장소 너머로 가는 이 단계, 내면으로 한층 더 다가가지만 *네가* 취할 수는 없는 이 단계가 너를 완전히 다른 어떤 곳으로 데려다준다. 이곳에 빛의 근원이 있다. 이곳에서는 그 무엇도 지각되거나 용서받거나 변형되지 않으며, 단지 *알려질* 뿐이다.

XI. 꿈의 소멸

⁹⁵ 이 수업은 앎으로 *이어지겠지만*, 앎 자체는 여전히 우리 커리큘럼의 범위 너머에 있다. 그리고 우리는 영원히 말 너머에 있는 것에 대해 말하려고 시도할 필요가 없다.

우리는 단지 배움은 실재세상 너머로 갈 수 없으며, 실재세상을 성취하는 자는 반드시 실재세상 너머로 가겠지만, 다른 방법으로 간다는 것을 기억하기만 하면 된다. 배움이 끝나는 바로 그곳에서 하느님이 시작하신다. 배움은 하느님 앞에서 끝나기 때문이다. 하느님은 당신이 시작하시는 곳이자 끝이 없는 바로 그곳에서 완전하시다. 배워서 얻을 수 없는 것에 연연하는 것은 우리의 일이 아니다. 우리에게는 배워야 할 것이 너무도 많다. 앎을 위해 준비된 상태는 여전히 우리가 배워서 얻어야 하는 것이다.

⁹⁶ 사랑은 배우는 것이 아니다. 사랑의 의미는 사랑 자체 안에 놓여있다. 사랑이 *아닌* 것을 전부 알아보았을 때, 배움이 끝난다. 그것이 바로 방해물로서, 무효화되어야 할 것이다. 사랑이 배우는 것이 아닌 이유는, 네가 사랑을 몰랐던 때는 결코 없었기 때문이다. 배움은 너의 창조주의 **현존** 앞에서 쓸모가 없다. 너의 창조주가 너를 인정하시고 네가 그분을 인정하는 것은 모든 배움을 훨씬 초월하기에, 네가 배운 모든 것은 무의미해져서 사랑에 대한 앎과 사랑의 유일한 의미로 영원히 대체된다.

⁹⁷ 너희의 관계는 그림자의 세상에서 뿌리 뽑혔다. 그리고 그 관계의 거룩하지 않은 목적은 죄의식의 장벽을 안전하게 통과해 용서로 씻긴 후, 빛의 세상에 찬란히 자리 잡고 뿌리를 튼튼히 내렸다. 그곳에서 너희의 관계는 자신이 밟아온 경로를 따라오라고 너희를 부른다. 그것은 너희의 관계를 어둠 위로 높이 들어 천국 문 앞에 부드럽게 놓아주었다. 너희가 연합한 거룩한 순간은 단지, 용서 너머에서 파견되어 그 너머에 놓인 모든 것에 대해 일깨워 주는 사랑의 메신저다. 하지만 그 너머의 것을 기억하게 해주는 수단은 바로 용서다.

⁹⁸ 용서의 거룩한 장소에서 하느님에 대한 기억이 너를 찾아왔을 때, 너는 다른 것은 아무것도 기억하지 않을 것이다. 그리고 기억은 배움처럼 쓸모가 없게 될 것이다. 그때 너의 유일한 목적은 창조하기가 될 것이기 때문이다. 하지만 너의 모든 지각이 씻기고 정화되어 마침내 영원히 제거될 때까지, 너는 이것을 알 수 없다. 용서는 오로지 *참이 아닌* 것만 제거하여 세상에서 그림자를 거둬내고, 세상을 자신의 부드러운 품에 안전하고 확실하게 감싸서, 새롭고도 깨끗한 지각의 눈부신 세상으로 데려간다. 이제 너의 목적이 그곳에 있다. 그곳이야말로 평화가 너를 기다리고 있는 곳이다.

제19장

몸 너머로

I. 서문

¹ 앞에서 우리는, 상황을 온전히 진리에 바치면 평화가 불가피하다고 말했다. 평화의 달성은 네가 상황을 진리에 얼마나 온전히 바쳤는지를 안전하게 추측할 수 있는 기준이다. 하지만 우리는 또한 믿음 없이는 *결코* 평화를 얻을 수 없다고도 말했다. 진리를 유일한 목표로 삼아 진리에 바쳐진 것을 진리로 가져가는 것은 바로 믿음이기 때문이다. 이런 믿음은 관련된 모든 이를 포함한다. 그럴 경우에만 너는 상황을 의미 있게, 전체로서 지각하기 때문이다. 또한 그 상황에는 모든 이가 포함되어야 한다. 그렇지 않으면 너의 믿음은 제한되고, 너의 헌신은 불완전해진다.

² 제대로 지각된 모든 상황은 하느님의 아들을 치유하기 위한 기회가 된다. 그리고 그가 치유되는 *이유*는, 네가 그에게 믿음을 제공하여 그를 성령께 드리고, 너의 에고가 들이미는 모든 요구 사항에서 놓아주었기 때문이다. 그러므로 너는 그가 자유롭다는 것을 본다. 그리고 이러한 비전은 성령이 공유하는 것이다. 성령은 그러한 비전을 공유하기에 너에게 주었으며, 따라서 *너*를 통해 치유한다. 이렇게 성령과 함께 통합된 목적에 동참하는 것이야말로 그 목적을 실재적으로 만들어주는 것이다. 그럼으로써 너는 그 목적을 온전하게 만들기 때문이다. 그리고 이것이야말로 정녕 치유다. 네가 몸 없이 와서 모든 치유가 놓여있는 마음과 결합하였기 때문에, 몸이 치유된다.

II. 치유와 마음

³ 몸은 치유될 수 없다. 몸은 그 자신을 병들게 할 수 없기 때문이다. 몸은 치유가 *필요* 없다. 몸의 건강과 병은 전적으로 마음이 몸을 어떻게 지각하고 어떤 목적을 *위해* 사용하려 하는지에 달려있다. 마음의 한 조각이 스스로를 보편적인 목적과 분리되었다고 볼 수 있다는 것은 분명하다. 이런 일이 일어날 때 몸은 그 마음 조각의 무기가 되어서, 분리가 일어났다는 "사실"을 입증하기 위해 그 목적에 반하여 사용된다. 이렇게 몸은 환상의 도구가 되어, 그에 따라 행동한다. 몸은 없는 것을 보고, 진리가 결코 말하지 않은 것을 들으며, 정신 나간 행동을 하고, 정신 이상에 *의해* 감금되어 있다.

⁴ 앞에서 믿음 없음은 곧장 환상으로 이어진다고 했던 말을 간과하지 말라. 믿음 없

음은 어떤 형제를 몸으로 지각하는 것인데, 몸은 연합의 목적을 위해 사용될 수 없기 때문이다. 그러므로 네 형제를 몸으로 본다면, 너는 그와의 연합이 불가능한 조건을 설정한 것이다. 그에 대한 믿음 없음은 너를 그로부터 분리하였으며, 두 사람 모두를 치유로부터 떼어놓았다. 따라서 너의 믿음 없음은 성령의 목적을 반대했고, 몸에 중심을 둔 환상을 가져와서 너희 사이에 세워두었다. 그러면 몸은 반드시 병든 것처럼 보일 것이다. 네가 몸을 치유의 "적"이자 진리의 반대편으로 만들었기 때문이다.

5 믿음이 믿음 없음의 반대임을 깨닫는 것은 어려울 수 없다. 하지만 그것들이 작동하는 방식의 차이는, 그것들의 정체의 근본적인 차이에서 직접적으로 비롯됨에도 불구하고, 분명히 깨닫기가 어렵다. 믿음 없음은 항상 제한하고 공격하려 하며, 믿음은 제한을 전부 거두고 온전하게 만들려 한다. [믿음 없음은 파괴하고 *분리하려* 하며, 믿음은 연합하고 *치유하려* 한다.] 믿음 없음은 하느님의 아들과 그의 창조주 사이에 환상을 끼워넣으려 하며, 믿음은 그 둘 사이에 솟은 듯한 장애물을 전부 제거하려 한다. 믿음 없음은 전적으로 환상에 헌신하며, 믿음은 전적으로 진리에 헌신한다. 부분적인 헌신이란 불가능하다. 진리는 환상의 부재고, 환상은 진리의 부재다.

6 둘 다 함께 있을 수도 없고, 같은 곳에서 지각될 수도 없다. 둘 다에 헌신하는 것은 영원히 이룰 수 없는 목표를 세우는 것이다. 그 목표의 한 측면은 몸을 통해 추구되는데, 여기서 몸은 공격을 통해 실재를 구하는 수단이라고 간주되는 것이다. 반면에 다른 측면은 치유하려 하며, 따라서 몸이 아닌 마음을 이끌어낸다. 이에 따른 불가피한 절충안은 바로, 마음이 아닌 몸이 치유되어야 한다는 믿음이다. 이렇게 갈라진 목표는 몸과 마음 둘 다에 동등한 실재성을 부여했기 때문이다. 하지만 이것은 마음이 몸에 제한되어 있고, 각자 온전해 보이지만 서로 연결되지 않는 작은 부분들로 갈라져 있을 경우에만 가능하다. 이것은 몸을 해치지는 않겠지만, *마음* 안에 반드시 망상적인 사고체계를 존속시킬 것이다.

7 그렇다면 바로 이곳이야말로 치유가 필요한 곳이며, 바로 이곳이야말로 치유가 있는 곳이다. 하느님은 병과 떨어진 곳에 치유를 주지 않으셨고, 병이 있을 수 없는 곳에 치료법을 확립하지도 않으셨다. 병과 치유는 같이 있다. 그리고 병과 치유를 함께 볼 때, 진리와 환상을 둘 다 (그것들이 있는) 마음 안에 간직하려는 일체의 시도는 환상에 대한 헌신으로 인식된다. 그리고 그런 시도를 진리로 가져가면, 그 어떤 측면이나 방식으로도 진리와 양립할 수 없음을 보게 되어 포기하게 된다.

⁸ 진리와 환상은 아무런 연관성도 *없다*. 그 둘을 아무리 연결해 보려 해도, 이것은 영원히 참일 것이다. 그러나 진리와 마찬가지로 환상들도 항상 연결되어 있다. 각각은 통합되고 완성된 사고체계지만, 서로 완전히 단절되어 있다. 겹치는 부분이 전혀 없는 곳에는 분리가 완전할 것이다. 이것을 지각하는 것은, 분리가 어디에 있고 어디서 치유되어야 하는지를 인식하는 것이다. 아이디어의 결과는 결코 그 근원과 분리되지 않는다. 분리라는 *아이디어가* 몸을 만들어내고는 계속 몸에 연결되어 있으면서, 자신을 몸과 동일시함으로 몸을 병들게 만든다. 너는 이러한 연결을 감춤으로써 몸을 보호한다고 생각한다. 이러한 은폐는 너의 정체를 진리의 "공격"으로부터 안전하게 지켜주는 듯하기 때문이다.

⁹ 이런 이상한 은폐로 인해 너의 마음이 얼마나 심각하게 해를 입었고, 너의 정체에 대한 혼동이 얼마나 심각해졌는지 네가 이해할 수만 있다면! 너는 너의 믿음 없음이 얼마나 극심한 황폐화를 초래했는지 보지 못한다. 믿음 없음은 그 결과로 정당화되는 듯이 보이는 공격이다. 믿음을 거둬들임으로써, 너는 믿을 가치가 없는 것을 보고, 장벽 너머로 눈을 돌려 너와 결합된 것을 볼 수 없게 되기 때문이다.

¹⁰ 믿는 것은 곧 치유하는 것이다. 그것은 너 스스로 속죄를 받아들였으며, 따라서 속죄를 공유하려 한다는 표시다. 믿음을 통해, 너는 과거로부터의 해방이라는 선물을 네 형제에게 준다. 그것은 곧 네가 받은 선물이다. 너는 네 형제가 과거에 행한 그 어떤 것도 *지금* 그를 정죄하기 위해 사용하지 않는다. 너는 그의 잘못을 간과하기로 흔쾌히 선택하며, 너의 자아와 그의 자아 사이에 놓인 모든 장벽을 지나쳐 그 둘을 하나라고 본다. 그 하나 안에서, 너는 너의 믿음이 충분히 정당하다는 것을 본다. 믿음 없음에는 정당한 근거가 전혀 없지만, 믿음은 *항상* 정당하다.

¹¹ 믿음은 두려움의 반대로서, 두려움이 공격의 일부듯 사랑의 일부다. 믿음은 연합을 인정하는 것이다. 그것은 모든 이를 지극히 자애로우신 아버지의 아들로 너그럽게 인정하는 것이며, 그들이 너처럼 아버지의 사랑을 받으며, 따라서 너 자신처럼 너의 사랑을 받는다고 보는 것이다. 아버지의 사랑이야말로 너희를 하나로 결합하는 것이다. 그리고 그분의 사랑을 위해, 너는 그 누구도 너의 사랑에서 떼어놓으려 하지 않는다. 각 사람은 거룩한 순간에 지각되는 것과 똑같이 나타나며, 죄의식에서 해방되기 위한 너의 목적 안에서 연합되어 있다. 너는 그들 안에서 그리스도를 보았으며, 그들은 치유되었다. 모든 이 안에서 믿음을 영원히 정당화하는 근거를, 네가 바라보았기 때문이다.

¹² 믿음은 하느님의 선물로서, 하느님이 네게 주신 성령을 통해 주어지는 것이다. 믿음 없음은 하느님의 아들을 보고는 그가 용서받을 자격이 없다고 판단한다. 그러나 믿음의 눈을 통해 보면, 하느님의 아들은 이미 용서받아서 그 자신에게 부과한 모든 죄책에서 자유롭다. 믿음은 하느님의 아들을 오로지 *지금* 본다. 믿음은 그를 판단하기 위해 과거에 기대지 않으며, 오로지 네 안에서 보고자 하는 것만을 그 안에서 보고자 하기 때문이다. 믿음은 몸의 눈을 통해 보지 않으며, 믿음을 정당화할 근거를 몸이 제공해 줄 것이라고 기대하지도 않는다. 믿음은 새로운 지각의 메신저로서, 그것의 도래를 증언할 자들을 끌어모아 그들의 메시지를 너에게 되가져 오라고 파견된다. 믿음은 실재세상과 마찬가지로 쉽사리 앎과 맞바뀌진다. 믿음은 성령의 지각에서 일어나는 것으로서, 네가 그 지각을 성령과 공유한다는 표시기 때문이다. 믿음은 네가 성령을 통해 하느님의 아들에게 제공하는 선물이며, 그는 물론 그의 아버지께도 아주 흡족한 선물이다. 따라서 그 선물은 너에게도 제공된다.

¹³ 새로운 목적을 가진 너희의 거룩한 관계는 너희가 서로에게 줄 믿음을 너희에게 제공한다. 그동안 너희의 믿음 없음은 너희를 서로 떨어져 있도록 내몰았으며, 따라서 너희는 서로 안에서 구원을 인식하지 못했다. 하지만 믿음은 너희를 너희가 보는 거룩함 안에서 연합한다. 그 거룩함은 몸의 눈을 통해 보는 것이 아니라, 너희와 결합하였고 너희가 그 안에서 연합된 성령의 시각으로 보는 것이다. 은혜는 몸이 아닌 *마음에게* 주어진다. 은혜를 받는 마음은 즉시 몸 너머로 눈을 돌려, 자신이 치유된 거룩한 곳을 본다. 그곳에 은혜가 주어진 제단이 있고, 그 안에 마음이 서있다. 그러니 서로에게 은혜와 축복을 베풀라. 너희는 두 사람 모두를 위한 은혜가 놓인 똑같은 제단에 서있기 때문이다. 은혜를 통해, 함께 치유받아라. 그럼으로써 너희는 다른 이들을 믿음을 통해 치유하게 된다.

¹⁴ 거룩한 순간에, 너희는 하느님이 당신 자신과 너희 두 사람에게 바쳐 세우신 제단 앞에 서있다. 믿음 없음을 내려놓고, 함께 그 제단으로 가라. 그곳에서 너희는 믿음을 통해 다시 맺은 너희 관계의 기적을 보고, 믿음이 용서하지 못할 것은 아무것도 없음을 깨달을 것이다. 어떤 잘못도 믿음의 고요한 눈길을 방해할 수 없다. 그것은 그 모든 잘못에 치유의 기적을 똑같이 쉽게 가져다준다. *사랑의 메신저들*은 자신의 임무를 *수행하면서*, 그들이 파견된 제단 앞에 함께 서있는 너희에게 그것이 이루어졌다는 기쁜 소식을 되돌려 주기 때문이다.

¹⁵ 믿음 없음이 너희의 작은 왕국들을 불모의 외딴곳으로 남겨두듯, 믿음은 성령이 그 왕국을 가지고 만들 가장 거룩한 정원을 위한 땅을 준비하도록 돕는다. 믿음은 평화를 가져다주며, 따라서 진리를 불러들여 이미 사랑스러워질 준비가 된 것을 사랑스럽게 만들기 때문이다. 진리는 믿음과 평화를 뒤따라와서, 그것들이 시작한 사랑스럽게 만드는 과정을 완성한다. 믿음은 여전히 배움의 목표로서, 레슨을 다 배우고 나면 더 이상 필요 없기 때문이다. 하지만 진리는 영원히 남을 것이다.

¹⁶ 그러니 너의 헌신을 영원한 것에 바치고, 그것을 방해하여 시간의 노예로 만들지 않을 방법을 배워라. 너는 네가 영원한 것에 행한다고 생각하는 것을 너 *자신에게* 행하기 때문이다. 하느님이 당신의 아들로 창조하신 자는 그 무엇의 노예도 아니다. 그는 그의 창조주와 더불어 만물의 주기 때문이다. 너는 몸을 노예로 만들 수 있지만, *아이디어*는 여전히 자유로우므로, 아이디어를 생각한 마음이 아니고서는 아이디어를 어떤 식으로든 감옥에 가두거나 제한할 수 없다. 아이디어는 여전히 자신의 근원과 결합되어 있으며, 그 근원은 아이디어가 자신의 목적으로 선택하는 것에 따라 아이디어의 간수가 되거나 해방자가 되기 때문이다.

Ⅲ. 죄와 잘못

¹⁷ 잘못을 "죄"와 혼동하지 않는 것이 아주 중요하다. 그리고 이런 구분이야말로 구원을 가능하게 만들어주는 것이다. 왜냐하면 잘못은 교정할 수 있고, 틀린 것은 바로잡을 수 있기 때문이다. 그러나 죄는, 죄라는 것이 가능하기나 하다면, 돌이킬 수 없을 것이다. 죄에 대한 믿음은 필연적으로 몸이 아닌 *마음이* 공격할 수 있다는 확고한 신념에 근거를 둔다. 따라서 마음은 유죄며, 그 마음의 일부가 아닌 다른 마음의 사면을 받지 못하는 한 영원히 그렇게 남아있을 것이다. 잘못이 교정을 필요로 하듯, 죄는 처벌을 필요로 한다. 그리고 처벌이 곧 교정이라는 믿음이야말로 분명 정신 이상이다.

¹⁸ 죄는 잘못이 아니다. 죄는 오만함을 수반하는데, 그것은 잘못이라는 아이디어에는 없는 것이다. 죄를 짓는다는 것은 곧 실재를 침해하는 데 성공하는 것이리라. 죄는 공격이 실제고 죄의식에 정당한 근거가 있다는 선언이다. 죄는 하느님의 아들이 유죄며, 따라서 그가 순결을 잃고 자신을 하느님이 창조하지 않으신 것으로 만드는 데 성

공했다고 가정한다. 따라서 창조물은 영원하지 않은 것으로, 하느님의 뜻은 반대하거나 꺾을 수 있는 것으로 보인다. 죄는 에고의 그 모든 허세 밑에 깔린 "거대한 환상"이다. 죄라는 것으로 인해, 하느님이 변하여 불완전해지셨기 때문이다.

19 하느님의 아들은 잘못 생각할 수 있다. 그는 자기 자신을 속일 수 있고, 심지어 마음의 힘을 자기 자신을 공격하는 데로 돌릴 수도 있다. 하지만 그는 죄를 지을 수는 *없다*. 그는 자신의 실재를 어떻게든 정말로 바꾸거나 유죄로 만들어버릴 수 있는 그 어떤 일도 할 수 없다. 죄는 바로 그러한 일을 하려고 한다. 바로 그러한 것이 죄의 목적이기 때문이다. 하지만 죄라는 전체 아이디어에 내재하는 그 모든 터무니없는 광기 때문에, 죄는 불가능하다. 왜냐하면 죄의 대가는 죽음인데, 불사인 자가 과연 어떻게 죽을 수 있겠는가?

20 에고의 정신 이상 종교에서 중심 교의는, 죄는 잘못이 아니라 *진리며*, 순결이야말로 기만적이라는 것이다. 순수는 오만으로 보이고, 자아를 죄 있다고 받아들이는 것이 거룩함이라고 지각된다. 이러한 교리야말로, 아버지가 창조하시고 영원히 그렇게 존재하기를 뜻하신 대로의 하느님 아들의 실재를 대체하는 것이다. 이것이 과연 겸손인가? 아니면, 창조물을 진리로부터 강탈하여 분리하려는 시도인가?

21 에고는 죄를 잘못으로 재해석하려는 그 어떤 시도도 용납하지 못한다. 죄라는 아이디어는 에고의 사고체계에서 완전히 신성불가침이며, 숭배와 경외심 없이는 다가갈 수도 없는 것이다. 죄는 에고의 체계에서 가장 "거룩한" 개념이다. 그것은 사랑스럽고 강력하고 전적으로 참이며, 에고가 모든 방어수단을 동원해서 기필코 보호하는 개념이다. 왜냐하면 이것은 에고의 "최고" 방어수단이기 때문이다. 다른 모든 방어수단은 이것을 위해 작동한다. 이것은 에고의 갑옷이자 보호수단이며, 에고가 특별한 관계의 근본적인 목적으로 해석하는 것이다.

22 사실 에고는 자신의 세상을 죄 위에 만들었다고 말할 수 있다. 오로지 그러한 세상에서만 모든 것이 뒤집혀 있을 수 있다. 바로 이런 기묘한 환상이야말로, 죄의식의 구름을 뚫고 들어갈 수 없을 정도로 두터워 보이게 만드는 것이다. 세상의 토대가 지닌 듯한 견고성도 바로 여기서 발견된다. 죄는 창조물을 하느님의 아이디어idea에서 에고가 원하는 이상ideal으로 바꿔놓았다. 그것은 완전히 부패하고 썩을 수 있으며 무분별한mindless 몸들로 구성된, *에고가* 통치하는 세상이다. 이것이 만약 실수라면, 진리에 의해 쉽게 무효화될 수 있다. 그 어떤 실수도 진리의 판단에 맡겨진다면 교정될 수 있

다. 그러나 실수에 진리의 지위가 부여된다면, 실수를 과연 어디로 가져갈 수 있겠는가? 죄의 "거룩함"은 단지 이런 이상한 도구에 의해 유지된다. 죄가 진리라면 그것은 신성불가침이며, 모든 것은 *죄* 앞으로 보내져 판단받아야 한다. 반면에 죄가 실수라면, *죄*는 반드시 진리 앞으로 보내져야 한다. 죄를 믿는 것은 불가능하다. 죄란 곧 믿음 없음이기 때문이다. 하지만 실수가 교정될 수 있다고 믿는 것은 *가능하다.*

²³ 궁지에 몰린 에고의 그 모든 요새에서, 죄가 실제라는 아이디어보다 더 삼엄하게 지켜지는 돌은 없다. 이 아이디어는 하느님의 아들이 자신을 무엇으로 만들어버렸는지, 그리고 그의 정체는 무엇인지를 자연스럽게 표현해 준다. 에고에게, 이것은 실수가 아니다. 이것이 바로 에고의 실재다. 이것이 바로 탈출이 영원히 불가능한 "진리"다. 이것은 하느님 아들의 과거자 현재며, 그의 미래기도 하다. 그는 어쨌든 용케도 아버지를 타락시키고 그분의 **마음**을 완전히 바꿔버렸다. 그렇다면 하느님의 죽음을 애통해하라. 죄가 하느님을 죽였도다! 바로 이것이야말로 에고의 소망일 것이다. 그리고 광기에 빠진 에고는 자신이 그것을 성취했다고 생각한다.

²⁴ 차라리 이 모든 것이 전적으로 교정될 수 있고 너무도 쉽게 벗어날 수 있는 실수에 지나지 않아서, 그것들을 전부 교정하는 것은 마치 안개를 뚫고 햇빛 속으로 걸어 들어가는 것과 같기를 바라지 않으려는가? 왜냐하면, 그것이 전부기 때문이다. 어쩌면 너희는 실수하는 것보다는 죄 있는 것이 훨씬 낫다는 에고의 의견에 동의하려는 유혹을 느낄 수도 있다. 하지만 너 자신이 이런 선택을 하도록 허락하기 전에 신중히 생각해 보라. 그것을 가볍게 다루지 말라. 그것은 정녕 천국과 지옥 사이의 선택이기 때문이다.

Ⅳ. 죄의 비실재성

²⁵ 죄의식의 매력은 잘못이 아닌 죄에서 발견된다. 이러한 매력으로 인해, 죄는 반복될 것이다. 두려움이 너무 극심해져서 죄를 행동으로 옮기지 않을 수는 있지만, 죄의식에 매력을 느끼는 한 마음은 고통받을 것이며, 죄라는 아이디어를 내려놓지 않을 것이다. 죄의식은 여전히 마음을 불러대고, 마음은 그것을 듣고는 죄의식을 갈망하면서 자신을 그것의 병적인 매력에 낚인 자발적인 포로로 만든다. 죄는 교정될 수 없고 영원히 탐나는, 악이라는 아이디어다. 너는 에고가 너의 정체라고 생각하는 것의

본질적인 부분으로서 죄를 언제까지나 원할 것이다. 그리고 너의 마음과 다른 마음을 가진 복수하는 자만이 두려움을 통해 죄를 근절할 수 있을 것이다.

²⁶ 죄가 실제로 요청하는 것은 두려움이 아닌 사랑이며, 사랑은 항상 *응답한다*. 하지만 에고는 이것이 가능하다고 생각하지 않는다. 에고는 죄를 *두려움*으로 가져가서는 처벌을 요구하기 때문이다. 하지만 처벌은 단지 죄의식의 보호를 위한 또 다른 형식에 불과하다. 왜냐하면, 처벌받아 마땅한 것은 분명 실제로 일어났을 것이기 때문이다. 처벌은 언제나 죄의 위대한 보호자로서, 존경심을 가지고 죄를 대하면서 그 악독함을 찬양한다. [처벌받아야만 하는 것은 *분명 진짜일 것이다.* 그리고 진짜인 것은 *분명 영원할 것이며, 끝없이 반복되고야 말 것이다.*] 왜냐하면 너는, 네가 실제라고 생각하는 것을 원하여 보내버리지 않을 것이기 때문이다. 반면에 잘못은 매력적이지 않다. 너는 네가 분명하게 실수라고 보는 것이 교정되기를 원한다.

²⁷ 때로 어떤 죄는 명백히 고통스러운 결과를 낳으면서도 그 매력을 잃지 않은 채 계속해서 반복될 수 있다. 그런데 네가 갑자기 그 지위를 죄로부터 실수로 바꾼다면, 이제 그것을 반복하지 않고 그저 멈춰 보내버릴 것이다. 너에게 죄의식이 남아있지 않다면 말이다. 만약 죄의식이 남아있다면, 너는 단지 죄의 형식만 바꿔서 그것이 잘못이었음을 인정하기는 하지만 교정될 수는 없는 것으로 간직할 것이다. 이것은 진정한 지각의 변화가 아니다. 처벌을 요청하는 것은 잘못일 수 없으며, 분명 죄일 것이기 때문이다. 성령은 죄를 처벌할 수 없다. 성령은 실수를 인식하여 하느님이 위임하신 대로 전부 교정할 것이다. 하지만 성령은 죄를 알지 못하며, 교정될 수 없는 실수도 인식하지 못한다. 교정될 수 없는 실수라는 것은 성령께 아무런 의미도 없기 때문이다.

²⁸ 실수는 교정을 *위한* 것이며, 다른 어떤 것도 요청하지 않는다. 어떤 것이 처벌을 요청한다면, 그것은 분명 무를 요청하는 것이다. 모든 실수는 *분명* 사랑의 요청이다. 그렇다면 죄란 무엇인가? 그것은 단지 네가 감춰두고 싶어 하는 실수, 들리지 않게 해서 응답받지 못하게 하려는 도움의 요청이 아니겠는가? 시간 안에서, 성령은 하느님의 아들이 실수를 할 수 있음을 분명히 본다. 이 점에 있어서 너는 성령의 비전을 공유한다. 하지만 너는 시간과 영원의 차이에 대한 성령의 인식은 공유하지 않는다. 교정이 완성되었을 때, 시간은 곧 영원이다.

²⁹ 시간은 길고 끊긴 데가 없는 선에서 다른 차원을 따라 밑으로 내려오는 듯이 보이지만, 결코 그 선을 끊지도 않고 그 선의 원활한 연속성을 방해하지도 않는 하향의 나

선과도 같다. 나선을 따라가며 보면, 그 선은 끊긴 듯이 보인다. 하지만 그 선에서 보면, 그것이 온전하다는 것은 명백하다. 나선에서 보는 것들은 전부 잘못 지각되지만, 그 선에 가까이 다가갈수록, 네가 잠시 다른 차원으로 빠져들었다고 해서 그것이 어떤 영향을 받지는 않았음을 깨닫게 된다. 하지만 그 차원에서 보면, 선은 연속적이지 않다. 이것은 단지 마음 안에서 쉽게 교정될 수 있는 지각의 오류에 불과하다. 비록 몸의 눈은 아무런 변화도 보지 못하겠지만 말이다. 몸의 눈은 마음이 교정하는 많은 것을 보며, 너는 눈의 환상에 반응하지 않고 마음이 교정한 것에 반응한다.

³⁰ 너는 그 선이 끊겼다고 보며, 네가 나선의 다른 측면으로 이동함에 따라 그 선은 다르게 보인다. 하지만 너의 마음 안에는 그 선이 끊기지 않았고 영원히 변함없음을 아는 성령이 있다. 성령은 시간을 달리 보고 시간 너머를 보는 법을 가르쳐줄 수 있지만, 네가 죄를 믿는 한 그렇게 할 수 없다. 하지만 네가 잘못을 믿는다면, 그것을 가르쳐줄 수 있다. 그것은 마음에 의해 교정될 수 있기 때문이다. 하지만 죄라는 것은, 너의 지각이 바뀔 수 없으며, 마음은 지각이 알려준 것을 참이라고 받아들여야 한다는 믿음이다. 그것을 따르지 않으면 마음은 정신 이상이라고 판단받는다. 따라서 지각을 바꿀 수 있는 유일한 힘은 무력화되어서, 마음과 하나인 마음의 교사가 가져오려는 변화된 지각에 대한 *두려움 때문에* 몸에 묶여있게 된다.

³¹ 죄가 실제라고 믿으려는 유혹을 느낄 때마다, 죄가 만약 실제라면 하느님도 너도 실제가 아님을 기억하라. 창조는 확장이므로, 창조주는 당신 자신을 확장하셨을 것이며, 따라서 그분의 일부가 나머지와 완전히 다를 수는 없다. 죄가 만약 실제라면, 하느님은 당신 자신과 전쟁 중에 계실 것이다. 하느님은 분열되고 선과 악으로 찢어져서, 부분적으로는 제정신이고 부분적으로는 정신 이상이실 것이다. 하느님은 당신을 파괴하려 뜻하고 그럴 *힘*을 가진 것을 창조하셨을 것이다. 이를 믿는 것보다는, 네가 잘못 생각했다고 믿는 것이 더 쉽지 않겠는가?

³² 너의 실재나 네 형제의 실재가 몸에 묶여있다고 믿는 한, 너는 죄를 믿을 것이다. 몸들이 연합할 수 있다고 믿는 한, 너는 죄의식에 매력을 느끼고 죄가 소중하다고 믿을 것이다. 몸이 마음을 제한한다는 믿음은, 분리의 증거가 사방에 널린 듯한 세상에 대한 지각으로 이어지기 때문이다. 그리고 하느님과 그분의 창조물은 갈기갈기 찢겨 전복된 듯이 보인다. 왜냐하면 죄는, 하느님이 거룩하게 창조하신 것이 죄를 이길 수 없고, 죄의 권능 앞에서 그 자체로 남아있을 수도 없음을 증명할 것이기 때문이다. 죄

가 하느님보다 더 *강력하다*고 지각되며, 하느님은 그 앞에 엎드려 절하면서 당신의 창조물을 그 정복자에게 바치셔야 한다. 이것이 과연 겸허인가 광기인가?

³³ 죄가 만약 실제라면, 죄는 영원히 치유의 희망 너머에 있을 것이다. 하느님의 권능을 넘어서는 어떤 권능이 있어서 하느님의 뜻을 공격해서 *이기고*, 하느님의 뜻과 별개의 *더 강력한* 뜻을 아들에게 줄 수 있는 다른 뜻을 만들 수 있을 것이기 때문이다. 하느님의 산산이 조각난 창조물의 각 부분은, 하느님의 뜻에 맞서고 하느님은 물론 서로에게도 영원히 맞서는 다른 뜻을 가졌을 것이다. 너희의 거룩한 관계의 목적은 이제 이것이 불가능함을 증명하는 것이다. 천국이 너희 관계에 미소를 지어주었고, 그 사랑스러운 미소 앞에서 죄에 대한 믿음이 뿌리 뽑혔다. 그런데도 너희가 여전히 죄를 보는 이유는, 죄의 토대가 이미 사라졌음을 깨닫지 못하기 때문이다. 죄의 근원은 이미 제거되었다. 따라서 죄를 소중히 여길 수는 있지만, 단지 죄가 사라지기 전에 잠시뿐이다. 오로지 죄를 구하는 습관만이 여전히 남아있다.

³⁴ 하지만 너희는 입술에는 천국의 미소를 띠고, 눈에는 천국의 축복을 담고 바라본다. 너희는 죄를 오래 보지 않을 것이다. 그 새로운 지각에서는 죄가 보이는 것 같을 때 마음이 죄를 교정하며, 그러면 죄는 보이지 않게 되기 때문이다. 그리고 잘못은 재빨리 인식되며, 감춰지지 않고 재빨리 교정으로 넘겨져 치유된다. 너희가 서로를 지배할 그 어떤 힘도 죄에 부여하지 않는 바로 그 순간에, 죄와 죄의 모든 참화가 치유될 것이다. 너희는 서로를 죄에 대한 믿음에서 기쁘게 놓아줌으로써, 서로가 실수를 극복하도록 도울 것이다.

³⁵ 거룩한 순간에, 너희는 천국의 미소가 두 사람 모두를 비춰주고 있음을 볼 것이다. 그리고 너희에게 주어진 은혜를 기쁘게 인정하면서 서로를 비춰줄 것이다. 죄는 천국이 미소로 반겨준 연합을 이길 수 없다. 너희의 지각은 천국이 준 거룩한 순간에 치유되었다. 이제껏 본 것은 잊어버리고, 믿음으로 눈을 들어 너희가 지금 볼 수 있는 것을 보라. 천국을 가로막는 장벽은 너희의 거룩한 눈길 앞에서 사라질 것이다. 볼 수 없던 너희에게 비전이 주어져서, 이제 너희는 볼 수 있기 때문이다. 이미 제거된 것을 구하지 말고, 너희가 보도록 회복된 영광을 구하라.

³⁶ 너희의 구세주를 바라보고, 그가 서로 안에서 보여주려는 것을 보라. 죄가 다시 일어나 너희 눈을 가리게 하지 말라. 죄는 너희를 계속 떼어놓으려 하지만, 너희의 구세주는 너희가 서로를 자기 자신으로 보게 하려 한다. 너희의 관계는 이제 치유의 사원

이다. 그곳은 지쳐있는 모든 이가 와서 안식을 찾을 수 있는 곳이다. 여기에 여정을 마친 모든 이를 기다리는 안식이 있다. 그리고 너희 관계로 인해, 그러한 안식은 모든 이에게 더욱 가까워진다.

³⁷ 이러한 평화가 온아들 전체를 품어 안아 안식을 주려고 너희 내면 깊은 곳에서 확장되어 나갈 때, 그것은 많은 장애물을 만날 것이다. 그중 몇몇 장애물들은 너희가 설치하려고 시도할 것이다. 다른 장애물들은 다른 곳, 즉 너희의 형제들이나 바깥 세상의 다양한 측면에서 일어나는 듯이 보일 것이다. 하지만 평화는 그것들을 부드럽게 뒤덮어서, 전혀 방해받지 않고 지나쳐 확장할 것이다. 성령은 이미 다른 이들을 부드럽게 끌어들이기 위해 자신의 목적을 너희 관계로부터 다른 이들에게로 확장하기 시작했다. [성령은 바로 이러한 방법으로 수단과 목적을 일치시킬 것이다. 성령이 너희 둘의 내면에 깊숙이 놓아둔 평화는] 너희 삶의 모든 측면으로 조용히 확장하여, 너희를 은은히 빛나는 행복과 완전히 보호받고 있다는 차분한 자각으로 둘러쌀 것이다. 그리고 너희는, 치유가 기다리는 너희의 사원에 가까이 이끌리는 모든 이에게 사랑과 안전과 자유라는 평화의 메시지를 전할 것이다.

³⁸ 너희는 그들에게 이러한 메시지를 주려고 기다리지 않을 것이다. 너희는 그들을 부를 것이며, 그들은 너희의 부름에서 하느님의 부르심을 알아차리고는 너희에게 응답할 것이기 때문이다. 너희는 그들을 안으로 이끌어, 너희에게 주어진 안식을 줄 것이다. 이 모든 것을 정녕 너희가 할 것이다. 하지만 그러기 위해서는, 너희 내면 깊은 곳에 이미 자리잡은 평화가 먼저 부풀어 올라 너희가 그 앞에 설치한 장애물을 흘러 넘어가야 한다. 이것을 정녕 너희가 할 것이다. 성령과 함께하는 것 중에 완수되지 않는 것은 아무것도 없기 때문이다. 너희는 밖에서 보는 그 무엇도 확신할 수 없지만, 다음에 대해서는 확신해도 좋다: 성령이 너희에게 요청하는 안식처에서, 너희가 성령 안에서 안식할 것이다. 성령이 너희의 요청에 응답하여 너희 관계 안으로 들어왔다. 이제 성령의 자애로움에 보답하여 성령과의 관계를 시작하지 않으려는가? 너희 관계에 거룩함의 선물을 선사한 이는 바로 성령이며, 그 선물이 없었다면 너희가 서로의 진가를 알아보고 감사하는 것은 영원히 불가능했을 것이기 때문이다.

³⁹ 성령은 다만 너희가 성령께 빚진 감사를 성령 대신 받을 것을 청할 뿐이다. 너희가 서로를 자애로운 눈길로 온유하게 바라볼 때, 너희는 실로 성령을 보고 있는 것이다. 그때 너희는 성령이 있는 곳에서 성령과 떨어지지 않고 바라보는 것이기 때문이

다. 너희는 성령을 볼 수 없지만, 네 형제들을 진정으로 볼 수는 있다. 그리고 그들 안에 있는 빛은 너희가 보아야 할 모든 것을 보여줄 것이다. 너희 안의 평화가 확장되어 마침내 모든 이를 아우르게 되었을 때, 이곳에서 성령의 기능이 완수될 것이다. 그때, 보아야 할 어떤 필요가 있겠는가? 하느님이 몸소 마지막 단계를 취하셨을 때, 성령은 너희가 성령께 표한 그 모든 감사를 모아 하느님의 가장 거룩한 아들의 이름으로 자신의 창조주 앞에 살며시 놓을 것이다. 그러면 아버지는 그것을 당신의 **이름**으로 받아들이실 것이다. 아버지가 감사하시는 앞에서, 볼 필요가 무엇이 있겠는가?

V. 평화의 장애물

a. 첫 번째 장애물: 평화를 제거하려는 욕구

⁴⁰ 평화가 흘러 넘어가야 할 첫 번째 장애물은 바로, 평화를 *제거하려는* 너희의 욕구다. 너희가 평화를 *지니고 있지* 않는 한, 평화는 확장될 수 없기 때문이다. 너희는 평화가 밖으로 퍼져나가 다른 이들을 불러들이는 중심이다. 너희는 평화의 집이자 평화가 머무는 조용한 거처로서, 평화는 그로부터 부드럽게 밖으로 뻗어나가지만 결코 너희를 떠나지는 않는다. 너희가 평화를 집 없는 신세로 만들려고 한다면, 평화가 어떻게 하느님의 아들 안에 머물러 살 수 있겠는가? 평화가 창조물 전체로 퍼져나가려면, 평화는 먼저 너희로부터 시작해야 한다. 이어서 평화를 요청하는 모든 이에게 도달하여, 그들을 너희와 결합함으로써 안식을 안겨주어야 한다.

⁴¹ 너희는 왜 평화를 집 없는 신세로 만들기를 원하고자 하는가? 평화가 너희와 살기 위해 무엇을 빼앗아 갈 것이라고 생각하는가? 너희가 그렇게도 치르고 싶어 하지 않는 대가가 무엇인 것 같은가? 너희 사이에 여전히 작은 모래 장벽이 서있다. 너희는 *지금* 그 장벽을 강화하고자 하는가? 너희는 그 장벽을 너희 자신만을 위해 치우라고 요청받는 것이 아니다. 그리스도가 너희에게, 자신을 위해 그 장벽을 치워달라고 요청한다. 그리스도는 평화를 모든 이에게 안겨주고자 하지만, 너희를 통하지 않는다면 그것을 어떻게 할 수 있겠는가? 너희는 작은 모래 둑과 먼지로 된 벽, 나지막한 장벽처럼 보이는 것으로 네 형제들의 구원을 가로막고자 하는가? 하지만 너희가 서로에게 품은 이렇게도

사소한 공격의 잔재야말로 너희 안의 평화가 흘러 나갈 때 만나는 첫 번째 장애물이다. 이렇게 작은 증오의 벽은 여전히 하느님의 뜻을 반대하고, 그것을 제한하려 한다.

⁴² 성령의 목적은 너희 안에서 평화로이 안식하고 있다. 하지만 너희는 아직도 그 목적이 너희와 온전히 결합하도록 허용하고 싶어 하지 않는다. 너희는 아직도 아주 약간 하느님의 뜻을 반대한다. 그리고 그 약간이야말로 너희가 전체에 부과하려는 제한이다. 하느님의 뜻은 여럿이 아니고 하나다. 하느님의 뜻에는 대적對敵이 없다. 하느님의 뜻 외에는 아무것도 없기 때문이다. 너희가 여전히 작은 장벽 뒤에 가둬놓고 서로에게서 떼어놓으려고 하는 것은 우주보다 더 강력해 보인다. 그것은 우주와 그 창조주를 방해하려 하기 때문이다. 이 작은 벽이 천국의 목적을 감춰서, 그것을 *천국과* 떼어놓으려고 한다.

⁴³ 너희는 너희에게 구원을 주는 자로부터 구원을 밀쳐내려는가? 왜냐하면, 너희가 바로 그러한 자가 되어버렸기 때문이다. 평화는 하느님을 떠날 수 없듯이 너희도 떠날 수 없다. 이 작은 장애물을 두려워하지 말라. 그것은 하느님의 뜻을 가둬둘 수 없다. 평화는 반드시 그 위를 흘러 넘어, 아무런 방해 없이 너희와 결합할 것이다. 구원은 너희에게 유보될 수 없다. 구원은 너희의 목적이다. 너희는 이것과 무관하게 뜻할 수 *없다.* 너희에게는 서로와 무관한 목적도 없고, 성령께 공유를 청한 목적과 무관한 어떤 *목적도* 없다. 그 작은 벽은 평화의 날개 아래에서 너무도 조용히 무너져 버릴 것이다! 평화는 너희로부터 온 세상으로 자신의 메신저들을 파견할 것이며, 그들이 오는 앞에서 장벽들은 쉽사리 무너져 내릴 것이다. *너희가* 너희 사이에 세우려는 장벽들이 쉽사리 극복될 것이듯 말이다.

⁴⁴ 세상을 이기는 것은 너희의 작은 벽을 극복하는 것보다 더 어렵지 않다. 이 장벽이 없다면, 너희 관계의 기적 안에 모든 기적이 들어있기 때문이다. 기적들 사이에는 난이도가 없다. 기적들은 모두 똑같기 때문이다. 각각의 기적은 죄의식의 매력으로부터 사랑의 매력으로 부드럽게 끌어당기는 것이다. 기적이 어디서 행해지든, 이것이 어떻게 성취되지 않을 수 있겠는가? 죄의식은 기적을 가로막는 진짜 장벽을 세울 수 없다. 그리고 너희 사이에 서있는 듯한 모든 장벽은 너희가 응답한 사랑의 매력으로 인해 무너져 버릴 수밖에 없다. 너희에게 응답한 성령이, 사랑의 매력에 응답한 너희로부터 부를 것이기 때문이다. 성령의 집은 너희의 거룩한 관계 안에 있다. 성령과 그의 거룩한 목적 사이에 서서 방해하려고 하지 말라. 성령의 목적은 곧 너희의 목적이기

때문이다. 단지 성령으로 하여금 너희 관계의 기적을, 그 관계에 포함된 모든 이에게 그것이 주어진 대로 조용히 확장하게 하라.

45 천국에 숨죽인 고요함과 행복한 기대, 여정의 끝을 인정하는 기쁨으로 잠시 멈추는 순간이 있다. 너희가 천국을 알듯, 천국도 너희를 잘 알기 때문이다. 이제 너희 사이에는 그 어떤 환상도 서있지 않다. 작은 그림자 벽을 바라보지 말라. 태양이 그 위로 떠올랐다. 그림자 하나가 너희를 어떻게 태양과 떼어놓을 수 있겠는가? 그림자들은 또한 너희를 환상들이 끝나는 빛과 떼어놓을 수도 없다. 기적 하나마다 환상 하나가 끝난다. 이러한 것이 여정이었고, 이러한 것이 여정의 끝이었다. 그리고 너희가 받아들인 진리라는 목표 안에서, 모든 환상이 끝날 수밖에 없다.

46 너희가 초대해 들인 성령을 제거하고 몰아내려는 사소하고 정신 나간 소망은 갈등을 일으킬 수밖에 없다. 너희가 세상을 바라볼 때, 뿌리 뽑혀 목표 없이 떠다니는 이 사소한 소망은 아무 데나 내려앉아 잠시 머물 수 있다. 이제 그것은 아무런 목적도 없기 때문이다. 성령이 너희와 살려고 들어오기 전에는, 그 소망은 죄와 죄의 결과에 확고하고도 변함없이 헌신한다는 *강력한* 목적을 가진 듯했다. 이제 그 소망은 목표를 잃고, 의미 없이 떠돌면서 사랑의 매력에 사소한 지장만 일으킬 뿐이다.

47 이 깃털 같은 소망, 이 사소한 환상, 죄에 대한 믿음의 이 미미한 잔재가 한때 세상처럼 보였던 것 중에 남아있는 전부다. 그것은 더 이상 평화를 무자비하게 가로막는 장벽이 아니다. 그것은 정처 없이 떠돌기에, 그 결과가 전보다 더 변덕스럽고 예측 불가능해 보인다. 하지만 단단히 짜인 망상체계보다 더 불안정한 것이 무엇이 있겠는가? 그 체계의 외견상 안정성은 곧 그것에 속속들이 스며든 약함이다. 그리고 그 약함은 모든 것으로 확장된다. 그 사소한 잔재가 일으키는 변화무쌍함은 단지 그것의 결과가 얼마나 제한되어 있는지 보여줄 뿐이다.

48 진리의 위대한 날개 앞에서 작은 깃털 하나가 얼마나 강력할 수 있겠는가? 그것이 독수리의 비상을 가로막고 여름의 도래를 방해하겠는가? 그것이 눈 덮인 정원에 내리쬐는 태양의 효과를 저해할 수 있겠는가? 이 작은 쪼가리가 얼마나 쉽게 들려 가버리고 결코 돌아오지 않는지 보면서, 애석함이 아닌 기쁨으로 그것과 작별하라. 그것은 그 자체로는 아무것도 아니며, 너희가 그것을 보호해야 한다는 더 큰 확신을 가졌을 때조차 아무것도 나타내지 않았다. 사라지는 눈송이들에 눈길을 고정한 채 겨울의 추위를 기억하면서 떨고 있느니, 차라리 여름날의 태양을 맞이하지 않으려는가?

죄의식의 매력

[49] 죄의식의 매력은 사랑에 대한 두려움을 낳는다. 사랑은 결코 죄의식을 바라보지 않기 때문이다. 오로지 진리만 바라보는 것이 사랑의 본성이다. 사랑은 진리에서 자기 자신을 보며, 진리와 더불어 거룩한 연합과 완성을 이루고자 하기 때문이다. 사랑이 두려움을 넘겨보듯, 두려움은 사랑을 보지 않을 것이 분명하다. 두려움이 죄의식에 의존하는 것만큼이나 확실하게, 사랑에는 죄의식의 종말이 들어있다. [사랑은 오로지 사랑에만 매력을 느낀다.] 사랑은 죄의식을 완전히 간과하기에, 두려움을 전혀 보지 않는다. 사랑은 공격이 전혀 없기에, 두려워할 수 없다. 두려움은 사랑이 보지 않는 것에 매력을 느끼며, 각자는 상대방이 보는 것이 존재하지 않는다고 믿는다. 사랑이 사랑 자신을 바라보는 것과 똑같은 헌신을 가지고, 두려움은 죄의식을 바라본다. 각각은 자신의 메신저를 파견하며, 그 메신저들은 자신이 파송된 언어로 쓰인 메시지를 갖고 돌아온다.

[50] 사랑의 메신저들은 온유하게 파견되어, 사랑과 온유함의 메시지를 갖고 돌아온다. 두려움의 메신저들은 죄의식을 색출하고, 찾아낼 수 있는 온갖 악과 죄의 부스러기를 소중히 다루고, 그중 한 조각이라도 잃어버리면 죽을 각오로 자신의 군주 앞에 공손히 바치라는 가혹한 명령을 받는다. 지각은 제각기 다른 것의 메시지를 가져오라고 다른 언어로 요구하는 두 주인을 따를 수 없다. 두려움이 먹고 살려는 것을, 사랑은 간과한다. 두려움이 요구하는 것을, 사랑은 볼 수조차 없다.

[51] 사랑의 온유한 지각은 두려움이 죄의식에 느끼는 격렬한 매력을 전혀 느끼지 않는다. 사랑이 바라보려는 것은 두려움에게 아무런 의미도 없으며, 전혀 보이지도 않는다. 이 세상의 관계는 세상을 어떻게 보는지에 따라 결정된다. 그리고 이것은 네가 어떤 감정에게 그것의 메신저를 파견하여 세상을 보게 하고, 본 것에 대한 소식을 가지고 돌아오도록 요청했는지에 달려있다. 두려움의 메신저들은 공포를 통해 훈련받고, 주인이 부르면서 섬기라고 명하면 부들부들 떤다. 두려움은 자신의 친구들조차 무자비하게 대하기 때문이다. 두려움의 메신저들은 죄의식을 게걸스럽게 찾아내서 죄지은 듯이 몰래 사라진다. 그들이 되가져 온 것만 실컷 먹게 하는 주인은 그들을 춥고 굶주리게 하여 아주 악랄해지도록 만들었기 때문이다. 죄의식의 아주 작은 조각도 그들의 굶주린 눈을 벗어날 수 없다. 그들은 죄를 잔인하게 수색하면서 살아있는 것이

면 무엇이든 눈에 띄는 대로 덮치고, 비명을 지르면서 그것을 주인에게 끌고 가서 걸신들린 듯이 먹어치우게 한다.

52 이 잔인한 메신저들을 세상 속으로 파견하여 세상을 포식하고 실재를 약탈하게 하지 말라. 그들은 너에게 뼈와 가죽과 살에 대한 소식을 전해줄 것이기 때문이다. 그들은 부패하는 것을 찾아서 썩고 상한 것으로 배를 그득 채워서 돌아오라고 배웠다. 그들에게는 그러한 것들이 아름답다. 그러한 것들은 굶주림의 잔인한 고통을 덜어주는 듯하기 때문이다. 그들은 두려움의 고통으로 미쳐버려서, 그들을 파견하는 자에게 그들이 소중히 여기는 것을 바침으로써 처벌을 면하려고 할 것이기 때문이다.

53 성령은 너에게, 네가 두려움을 통해 훈련한 메신저들 대신에 파견할 사랑의 메신저들을 주었다. 두려움의 메신저들처럼 사랑의 메신저들도 자신이 소중히 여기는 것을 너에게 몹시도 돌려주고 싶어 한다. 네가 그들을 파견하면, 그들은 오로지 흠 없는 것과 아름다운 것, 온유한 것과 친절한 것만을 볼 것이다. 그들은 또한 아주 사소한 자비로운 행동, 아주 작디작은 용서의 표현, 아주 약한 사랑의 숨결도 놓치지 않으려고 주의를 기울일 것이다. 그들은 자신이 발견한 그 모든 행복한 것들을 가지고 돌아와서 너와 사랑스럽게 공유할 것이다. 그들을 두려워하지 말라. 그들은 너에게 구원을 선사한다. 그들의 메시지는 안전의 메시지다. 그들은 세상이 친절하다고 보기 때문이다.

54 네가 오로지 성령이 주는 메신저들만 파견하고 그들의 메시지만 원한다면, 더 이상 두려움을 보지 않을 것이다. 세상은 죄의식이 전부 씻기고 아름다움으로 부드럽게 빗질되어 네 눈앞에서 변형될 것이다. 네가 세상에 놓아두지 않은 두려움 외에, 세상에는 어떤 두려움도 없다. 네가 사랑의 메신저들에게 세상에서 어떤 두려움을 제거해달라고 요청하더라도, 너는 더 이상 그 두려움을 보지 않게 될 것이다. 성령은 자신의 메신저들을 너희에게 줌으로써, 너희가 그들을 서로에게 파견하여 사랑이 보는 것을 가지고 각자에게 돌아가게 하였다. 그 메신저들은 너희가 대신 파견한 두려움의 굶주린 개들을 대체하라고 주어졌다. 그들은 두려움의 종식을 알리려고 나아간다.

55 부드럽고 기쁜 속삭임과 노랫소리만 들리는 조용한 정원에 얼룩 한 점 없는 천으로 덮은 테이블이 있고, 사랑 또한 그 위에 만찬을 베풀어 너희를 배불리 먹이려 한다. 이것은 너희의 거룩한 관계를 영예롭게 하고, 모든 이를 영예로운 손님으로 반가이 맞아들이는 만찬이다. 그리고 거룩한 순간에, 모든 이가 함께 영적 교통의 테이블 앞에서 온유하게 결합하여 감사의 기도를 드린다. 그리고 나는, 오래전에 약속했고 지

금도 여전히 약속하듯, 그곳에서 너희와 결합할 것이다. 너희의 새로운 관계 안에서, 내가 반가이 맞아들여지기 때문이다. 그리고 내가 반가이 맞아들여지는 바로 그곳에, *내가 있다*.

⁵⁶ 나는 은혜의 상태에서 반가이 맞아들여지며, 이것은 너희가 마침내 나를 용서했음을 의미한다. 왜냐하면 나는 너희 죄의 상징이 되었고, 따라서 너희 대신 죽어야 했기 때문이다. 에고에게 죄는 죽음을 의미하며, 따라서 속죄는 살인을 통해 성취된다. 그리고 구원은 하느님의 아들이 너 대신 살해당한 방식이라고 간주된다.

⁵⁷ 하지만 몸의 하찮음을 *아는* 내가 사랑하는 너에게 나의 몸을 바치려 하겠는가? 아니면, 몸은 우리를 갈라놓을 수 없다고 가르치려 하겠는가? 나의 몸은 너의 몸보다 더 가치 있지 않았다. 그것은 구원을 전하는 더 나은 수단도 아니었고, 구원의 근원도 아니었다. 그 누구도 다른 이를 위해 죽을 수 없으며, 죽음은 죄를 속죄하지 않는다. 하지만 너는 죄가 실제가 아님을 보여주기 위해 살 수 있다. 몸이 네가 원하는 것을 가져다줄 수 있다고 믿는 한, 몸은 정녕 죄의 상징처럼 보인다. 몸이 너에게 쾌락을 줄 수 있다고 믿는 한, 너는 또한 몸이 고통을 가져다줄 수 있다고도 믿을 것이다.

⁵⁸ 그렇게 왜소한 것에 만족하고 행복할 수 있다고 생각하는 것은 곧 너 자신을 해치는 것이다. 그리고 네가 누릴 행복을 제한하는 것은 곧 고통에게 너의 빈약한 창고를 채워서 너의 삶을 완전하게 만들어달라고 요구하는 것이다. 이것이 정녕 에고가 보는 완성이다. 왜냐하면 죄의식은 행복이 제거된 곳에 몰래 기어들어 와서, 행복을 대체하기 때문이다. 영적 교통은 몸을 넘어서 가며, 따라서 죄를 넘어서 가는 다른 종류의 완성이다.

b. 두 번째 장애물: 몸이 제공하는 것 때문에 몸이 가치 있다는 믿음

⁵⁹ 우리는 전에, 평화를 제거하려는 너의 욕구야말로 평화가 극복해야 할 첫 번째 장애물이라고 말했다. 죄의식의 매력이 전권을 휘두르는 곳에서는 평화를 원하지 않는다. 첫 번째 장애물과 밀접한 관련이 있고 평화가 흘러 넘어가야 하는 두 번째 장애물은, 몸이 제공하는 것 때문에 몸이 가치 있다는 믿음이다. 왜냐하면 여기서 죄의식의 매력이 몸에 드러나게 되어, 몸에서 보이기 때문이다.

⁶⁰ 너는 바로 이 가치를 평화가 너에게서 강탈해 가려 한다고 생각한다. 너는 바로 이

것을 평화가 빼앗아 가서 너를 집 없는 신세로 만들려 한다고 생각한다. 그리고 바로 이것을 위해, 너는 평화에게 집을 제공하기를 거부하려 한다. 너는 바로 이 "희생"이야말로 네가 치르기에는 너무 크고, 너에게 요구되기에는 너무 많은 것이라고 느낀다.

⁶¹ 그것이 과연 희생인가 해방인가? 몸 안에 구원이 놓여있다는 너의 이상한 믿음을 정당화하는 그 무엇을 몸이 실제로 너에게 주었는가? 이것이 죽음에 대한 믿음임을 보지 못하겠는가? 여기에서, 지각은 속죄를 살인으로 보는 데 집중한다. 바로 이것이, 사랑은 곧 두려움이라는 아이디어의 근원이다. 성령의 메신저들은 몸 너머로 멀리 파견되어, 마음에게 거룩한 영적 교통에 동참하여 평화로워지라고 청한다. 이것이 바로 내가 너희를 위해 그들에게 준 메시지다.

⁶² 오로지 두려움의 메신저들만이 몸을 본다. 그들은 고통받을 수 있는 것을 찾기 때문이다. 고통받을 수 있는 것을 떠나는 것이 희생인가? 성령은 너에게 몸의 쾌락에 대한 희망을 희생하라고 요구하지 않는다. 몸에는 쾌락에 대한 희망이 전혀 없다. 하지만 몸은 또한 너에게 고통에 대한 두려움도 줄 수 없다. 고통은 성령이 요구하는 유일한 "희생"이다. 그리고 바로 이것을, 성령은 제거하고자 한다.

⁶³ 평화는 너로부터 출발하여 오로지 영원한 것만을 향해 확장한다. 그리고 평화는 네 안에 있는 영원한 것으로부터 바깥을 향해 뻗어나간다. 평화는 다른 모든 것을 넘어 흘러간다. 첫 번째 장애물처럼 두 번째 장애물도 단단하지 않다. 너는 평화를 제거하거나 제한하려고 뜻하지 않을 것이기 때문이다. 네가 평화와 평화의 전진 사이에 세우려는 이런 장애물들은 단지, 너의 뜻과 그것의 성취 사이에 세우는 장벽이 아니겠는가? 너는 두려움의 만찬이 아닌 영적 교통을 원한다. 너는 죄의식의 고통이 아닌 구원을 원한다. 너는 작은 진흙더미가 아닌 아버지가 너의 집이 되시기를 원한다. 너희의 거룩한 관계 안에, 아버지의 아들이 있다. 그는 아버지는 물론 자기 자신과도 영적 교통을 잃지 않았다. 너희가 서로 결합하기로 동의했을 때, 너희는 이것이 그러함을 인정한 것이다. 이것은 희생을 전혀 요구하지 않으며, 오히려 희생에서 해방한다.

⁶⁴ 너는 너의 환상을 위해 아주 비싼 대가를 치렀지만, 그렇게 얻은 것 중에 그 무엇도 너에게 평화를 가져다주지 않았다. 천국은 희생될 수 없으며, 너에게는 희생이 요구될 수 없다는 사실이 기쁘지 않은가? 너는 우리의 거룩한 연합 앞에 어떤 장애물도 설치할 수 없다. 너희의 거룩한 관계 안에, 내가 이미 있기 때문이다. 우리는 함께 모든 장애물을 극복할 것이다. 우리는 문밖이 아니라 문안에 서 있기 때문이다. 그 문이 안

으로부터 얼마나 쉽게 열려, 평화가 흘러 넘어가 지친 세상을 축복하게 하는지! 너희가 이미 한계 없는 것과 결합했거늘, 우리가 함께 장애물을 통과하는 것이 어려울 수 있겠는가? 죄의 종말이 너희의 손안에 있으며, 너희는 *그것*을 줄 수 있다. 그런데 너희는 지금 서로에게서 죄를 찾으려고 멈추려는가?

⁶⁵ 나를 죄의 *종말*을 나타내는 상징으로 삼고, 나를 보듯이 서로를 바라보라. 너희가 하느님의 아들이 지었다고 생각하는 그 모든 죄에 대해 나를 용서하라. 너희 용서의 빛 안에서, 하느님의 아들은 자신이 참으로 누구인지 기억하고, 결코 존재한 적이 없는 것을 잊을 것이다. 내가 너희의 용서를 청하는 이유는, 너희가 유죄라면 나도 유죄기 때문이다. 그러나 내가 죄를 극복하고 세상을 이겼다면, 그때 너희도 나와 함께 있었다. 너희는 내 안에서 죄의 상징을 보려는가 아니면 죄의 종말의 상징을 보려는가? 내가 너희에게 의미하는 것을 너희 자신 안에서 본다는 것을 기억하면서, 이에 대해 생각해 보라.

⁶⁶ 너희의 거룩한 관계로부터, 진리는 진리를 선포하고 사랑은 자기 자신을 바라본다. 너희가 아버지와 나에게 제공한 집의 깊은 곳에서 구원이 흘러나온다. 아버지와 아들이 결합한 조용한 영적 교통 안에서, 우리는 함께 있다. 오! 신실한 자들이여, 너희 내면에 있는 아버지와 아들의 거룩한 연합으로 오라! 너희가 평화에게 천국 안의 집을 준 것에 대한 감사로 너희에게 제공되는 것을 물리치지 말라. 죄의 종말이라는 기쁜 메시지를 온 세상에 전하라. 그러면 온 세상이 응답할 것이다. 모든 이가 너희에게 죄의 종말에 대해 증언하고 죄의 힘이 영원히 사라졌음을 보여줄 때, 너희가 얼마나 행복할지 생각해 보라. 죄에 대한 믿음이 사라졌을 때, 죄의식이 과연 어디에 있을 수 있겠는가? 죽음의 강력한 변호인의 말이 더 이상 들리지 않을 때, 죽음이 과연 어디에 있단 말인가?

⁶⁷ 너희의 환상에 대해 나를 용서하고, 내가 하지 않은 일에 대한 처벌에서 나를 놓아주어라. 그렇게 너희는 서로에게 자유를 가르침으로써 내가 가르친 자유를 배울 것이며, 또한 그렇게 나를 놓아줄 것이다. 나는 너희의 거룩한 관계 안에 있지만, 너희는 자유에 맞서 세운 장애물 뒤에 나를 가둬서 내가 너희에게 가는 길을 막으려 한다. 하지만 이미 거기에 있는 성령을 떼어놓을 수는 없다. 그리고 성령 안에서, 우리가 이미 참여하는 영적 교통은 *너희* 안에 있는 온 세상에 빛을 가져다줄 새로운 지각의 중심이 될 수 있다.

쾌락과 고통

⁶⁸ 너의 작은 역할은 단지 희생이라는 아이디어 전체를 성령께 드리고, 그 대신에 성령이 준 평화를, 평화의 확장을 저지하여 평화에 대한 너의 자각을 제한하려는 한계 없이 받아들이는 것이다. 네가 성령이 주는 것의 무한한 권능을 갖고서 그것을 하느님 아들의 해방을 위해 사용하고자 한다면, 그것은 확장되어야 하기 때문이다. 네가 벗어나고자 하는 것은 이러한 평화가 아니며, 너는 그러한 평화를 가졌기에 그것을 제한할 수 없다. 만약 평화가 집 없는 신세라면, 너도 그러하고 나도 그러하다. 그리고 우리의 집이신 하느님도 우리와 더불어 집 없는 신세가 된다. 이것이 과연 너의 뜻인가? 너는 평화를 찾아 헤매는 영원한 방랑자가 되고자 하는가? 평화와 행복에 대한 희망을, 너는 실패할 수밖에 없는 것에 걸고자 하는가?

⁶⁹ 영원한 것에 대한 믿음은 언제나 정당한 근거가 있다. 영원한 것은 영원히 친절하고, 무한히 인내하며, 온전히 사랑하기 때문이다. 그것은 너를 온전히 받아들여서 평화를 안겨줄 것이다. 하지만 그것은 오로지 네 안에서 이미 평화로운 것, 자기 자신처럼 불멸인 것과만 연합할 수 있다. 몸은 너에게 평화도 혼란도, 고통도 기쁨도 가져다줄 수 없다. 몸은 목적이 아닌 수단이다. 몸은 그 자체로는 아무런 목적도 없으며, 오로지 주어진 목적만 있다. 몸은 네가 몸에 부여한 목표에 도달하기 위한 수단으로만 보일 것이다. [오로지 마음만이 목적을 세울 수 있으며, 오로지 마음만이 목적을 달성하기 위한 수단을 보고 그것의 사용을 정당화할 수 있다.] 평화와 죄의식은 모두 마음이 이루어내는 상태들이다. 그리고 각 상태는 그 상태를 불러일으킨, 따라서 그 상태와 어울리는 감정의 집이다. 다만 어떤 상태가 너와 잘 어울리는지 생각해 보라.

⁷⁰ 여기에 너의 선택이 있다. 그리고 그 선택은 정녕 자유롭다. 하지만 그 선택 안에 놓여있는 모든 것도 같이 올 것이다. 그리고 네가 생각하는 너의 정체는 결코 그 선택과 떨어져 있을 수 없다. 몸은 믿음의 대단한 배신자로 보인다. 몸 안에는 환멸과 믿음 없음의 씨앗이 놓여있지만, 오로지 네가 몸에게 몸이 줄 수 없는 것을 달라고 요구할 경우에만 그러하다. 너의 실수가 과연 우울과 환멸, 그리고 너를 실망시켰다고 생각하는 것에 대한 보복 공격의 합리적인 근거가 될 수 있겠는가? 너의 잘못을 너의 믿음 없음을 정당화하는 근거로 사용하지 말라. 너는 죄를 지은 것이 아니라, 무엇이 믿을 만한 것인지에 대해 잘못 생각했을 뿐이다. 그리고 너의 실수를 교정하는 것은 너

에게 믿음을 위한 근거를 제공할 것이다.

71 몸을 통해 쾌락을 추구하면서 고통을 발견하지 않기란 불가능하다. 이런 관계를 이해하는 것은 아주 중요하다. 그것은 에고가 죄의 증거라고 보는 관계기 때문이다. 그것은 실제로 전혀 처벌이 아니다. 그것은 단지 너 자신을 몸과 동일시한 것의 불가피한 결과다. 몸과의 동일시는 고통에게 보내는 초대장이다. 그것은 두려움에게 들어와서 너의 목적이 되라고 초대하는 것이기 때문이다. 죄의식의 매력이 *반드시* 두려움과 함께 들어올 것이며, 따라서 두려움이 몸에게 행하라고 지시하는 것은 무엇이든 고통스러울 수밖에 없다. 몸은 모든 환상의 고통을 공유할 것이며, 쾌락의 환상은 고통과 같을 것이다.

72 이것은 불가피하지 않겠는가? 두려움의 명령 아래, 몸은 죄의식을 쫓아다니면서 자신의 주인을 섬길 것이다. 그 주인이 죄의식에 매력을 느끼는 것이 몸이 존재한다는 환상 전체를 유지한다. 그렇다면 이것은 고통의 매력이다. 이런 지각의 지배를 받아, 몸은 고통의 하인이 되어 충실하게 고통을 구하고 고통이 쾌락이라는 아이디어에 복종한다. 몸에 대한 에고의 엄청난 투자 아래에는 바로 이런 아이디어가 깔려있다. 에고는 이런 정신 이상 관계를 감추고 있지만, 사실 그러한 관계를 먹고 산다. 에고는 너에게 몸의 쾌락이 행복이라고 가르치지만, 자기 자신에게는 "그건 죽음이야."라고 속삭인다.

73 도대체 왜 몸이 너에게 무엇이든 되어야 한단 말인가? 확실히 몸을 구성하는 것들은 값지지 않다. 마찬가지로 확실히 몸은 아무런 감정도 갖고 있지 않다. 몸은 네가 원하는 감정을 너에게 전달한다. 다른 모든 소통 매체처럼, 몸은 주어진 메시지를 받아서 내보낸다. 몸은 그 메시지에 대해 아무런 감정도 없다. 그 메시지에 부여된 모든 감정은 보내는 자와 받는 자가 주는 것이다. 에고와 성령은 둘 다 이것을 인식하고 있으며, 또한 여기서 메시지를 보내는 자와 받는 자가 같다는 점도 인식하고 있다. 성령은 이것을 너에게 기쁘게 알려준다. 에고는 그것을 감춘다. 에고는 네가 그것을 알아차리는 것을 원하지 않기 때문이다. 증오와 공격의 메시지를 단지 자기 자신에게 보낼 뿐임을 이해한다면, 그 누가 그런 메시지를 보내려 하겠는가? 그 누가 자기 자신을 고발하여 유죄로 만들고 정죄하려 하겠는가?

74 에고의 메시지는 항상, 너의 공격과 죄의 메시지로 인해 네가 아닌 다른 사람이 고통받을 것이라는 믿음 아래, 너로부터 바깥으로 보내진다. 설령 네가 고통받는다 할

지라도, 다른 사람이 더 고통받을 것이다. 대단한 사기꾼은 이것이 그렇지 않음을 인식하고 있지만, 평화의 "적"인 그는 너의 모든 증오의 메시지를 내보냄으로써 너 자신을 해방하라고 촉구한다. 그리고 이것이 가능하다고 너를 설득하기 위해, 에고는 몸에게 다른 몸을 공격하는 데서 고통을 찾을 것을 명하며, 고통을 쾌락이라고 부르면서 너에게 그것을 *공격으로부터의* 해방으로서 제공한다.

75 에고의 광기에 귀 기울이지 말고, 불가능한 것이 참이라고 믿지도 말라. 에고는 몸을 죄라는 목표에 바쳤으며, 몸이 그것을 이뤄줄 수 있다고 철저히 믿고 있음을 잊지 말라. 에고의 슬픈 제자들은 에고의 지배를 엄숙히 축하하면서 몸의 찬가를 끝없이 불러댄다. 그들 가운데 죄의식의 매력에 굴복하는 것이 고통에서 벗어나는 길이라고 믿지 않는 자는 단 한 명도 없다. 그들 가운데 몸이 자기 자신이며, 몸이 없으면 자신은 죽을 것이라고 보지 않는 자도 단 한 명도 없다. 하지만 몸 안에서도 그들의 죽음은 마찬가지로 불가피하다.

76 에고의 제자들은 그들 자신을 죽음에 바쳤음을 깨닫지 못한다. 자유가 그들에게 제공되었지만, 그들은 받아들이지 않았다. 그리고 제공된 것은 받아들여져야만 진정으로 주어질 수 있다. 성령 또한 일종의 소통 매체로서, 아버지께 메시지를 받아 아들에게 제공한다. 에고처럼 성령도 메시지를 보내는 자일 뿐만 아니라 받는 자기도 하다. 성령을 통해 보내진 것은 성령께 돌아오면서 그 과정에 자기 자신을 구하고, 또한 자신이 구하는 것을 찾아내기 때문이다. 그와 같이 에고도 자신이 구하는 죽음을 찾아내서, 그것을 너에게 돌려준다.

c. 세 번째 장애물: 죽음의 매력

77 너의 특별한 관계 안에 성령이 들어왔다. 이제 너는 죽음에 대한 헌신에서 다른 이를 해방할 수 있고, 너 자신도 그로부터 해방될 수 있다. 왜냐하면 해방이 너에게 제공되었고, 네가 해방을 받아들였기 때문이다. 하지만 너는 아직 이런 이상한 헌신에 대해 더 많이 배워야 한다. 그 안에는 평화가 흘러 넘어가야 할 세 번째 장애물이 들어있기 때문이다. 스스로 죽음을 선택하지 않는 한, 그 누구도 죽을 수 없다. 죽음에 대한 두려움으로 보이는 것은 실제로 죽음의 매력이다. 죄의식도 마찬가지로 두려움의 대상이며, 두렵다. 하지만 죄의식에 매력을 느끼고 찾아내는 자들을 제외하고는,

죄의식은 그 누구도 붙잡아둘 수 없다. 죽음도 마찬가지다. 에고에 의해 만들어진 죽음은 살아있는 모든 것 위에 자신의 어두운 그림자를 드리워놓았다. 에고는 생명의 "적"이기 때문이다.

78 하지만 그림자는 죽일 수 없다. 살아있는 자들에게 그림자가 무엇이란 말인가? 그들이 그저 통과해 걸어가기만 하면, 그림자는 사라진다. 그러나 살지 않는 데 헌신하는 자들, 생명에서 그리도 끈질기게 물러나려 하고 사슬을 질질 끌면서 자신의 냉혹한 주인인 죽음의 주를 찬양하며 느릿느릿 행진하는 검은 옷의 "죄인들," 슬픔에 잠긴 에고의 합창단은 어떠한가? 그들 중 누구라도 용서의 온유한 손길로 만지고, 그의 사슬이 너의 사슬과 함께 풀려나가는 것을 보라. 그가 걸치고 있던 검은 옷을 자신의 장례식에 던져버리는 것을 보고, 죽음을 조롱하며 웃는 소리를 들어라. 너의 용서를 통해, 그는 죄가 부과하려는 형벌에서 벗어날 수 있다.

79 이것은 오만이 아니다. 그것은 하느님의 뜻이다. 하느님의 뜻을 자신의 뜻으로 선택한 너에게 무엇이 불가능하겠는가? 너에게 죽음이 과연 무엇이란 말인가? 너의 헌신 대상은 죽음도, 그 주인도 아니다. 에고의 목적 대신에 성령의 목적을 받아들였을 때, 너는 죽음을 포기하고 그 대신 생명을 받아들였다. 우리는 아이디어가 그 근원을 떠나지 않는다는 것을 안다. 생명이 하느님 생각의 결과인 것과 마찬가지로 확실하게, 죽음은 우리가 에고라고 부르는 생각의 결과다.

부패할 수 없는 몸

80 생명과 순결, 하느님의 뜻에 반대하여, 에고로부터 죄와 죄의식, 그리고 죽음이 나왔다. 광기에 헌신하고 천국의 평화에 등돌린 정신 이상자의 병든 마음속이 아니라면, 도대체 어디에 그런 반대가 있을 수 있겠는가? 죄도 죽음도 창조하지 않으신 하느님은 네가 그것들에 묶여있기를 뜻하지 않으신다. 이것만은 확실하다. 하느님은 죄도 죄의 결과도 알지 못하신다. 장례 행렬의 수의를 입은 등장인물들은 자신의 창조주를 찬양하여 행진하지 않는다. 그분의 뜻은 그들이 사는 것이다. 하지만 그들은 그 뜻을 따르지 않고, 그 뜻에 반대하고 있다.

81 그들이 묻으려는 검은 옷을 입은 몸은 무엇인가? 그것은 그들이 죽음에게 바친 몸으로서, 부패의 상징, 죄에게 바쳐서 죄가 먹고 연명하게 한 희생 제물이다. 그것은 유

죄 선고를 받은 것으로서, 그것을 만든 자에게 저주받고 그것을 자기 자신으로 보는 문상객들이 울며 애통해하는 것이다. 하느님의 아들에게 이런 유죄 선고를 내렸다고 믿는 너는 과연 오만하도다. 하지만 네가 그를 해방하고자 한다면, 단지 그를 창조하신 분의 뜻을 찬양하고 있는 것이다. 죄의 오만, 죄의식의 자만, 분리의 무덤 – 이 모든 것은 네가 인식하지 못하는 죽음에 대한 헌신의 일부다. 네가 몸에 걸친 죄의식의 반짝이는 장신구가 몸을 죽일 것이다. 에고는 자신이 사랑하는 것이 자신에게 복종했다는 이유로 죽이기 때문이다. 하지만 에고는 자신에게 복종하지 않는 것은 죽일 수 없다.

⁸² 너에게는 다른 헌신 대상이 있는데, 몸이 너의 거룩한 목적에 쓸모 있는 한 그것은 몸을 부패하지 않게, 완벽한 상태로 유지해 줄 것이다. 몸은 느낄 수 없듯이 죽지도 않는다. 몸은 아무것도 하지 않는다. 그 자체로, 몸은 부패할 수도 없고 부패하지 않을 수도 없다. 몸은 정녕 아무것도 아니다. 몸은 부패라는 작고 미친 아이디어의 결과며, 그 아이디어는 교정될 수 있다. 하느님은 이 정신 이상 아이디어에 당신 자신의 아이디어로 응답하셨기 때문이다. 그것은 하느님을 떠나지 않은 **응답**이며, 따라서 그것을 듣고 받아들인 모든 마음에 창조주에 대한 자각을 가져다준다.

⁸³ 네가 하느님의 응답을 받아들임으로써, 부패할 수 없는 것에 헌신하는 너에게 부패에서 해방하는 권능이 주어졌다. 기적을 가르치는 수업에서 가장 먼저 나오는 원리자 근본적인 원리를 가르칠 때, 가장 어려워 보이는 기적이 가장 먼저 성취될 수 있음을 보여주는 것보다 더 나은 방법이 있겠는가? 몸은 다만 너의 목적에 기여할 수 있을 뿐이다. 몸은 네가 몸을 바라보는 대로 보일 것이다. 죽음은, 그것이 진짜기라도 하다면, 소통의 최종적이고도 완전한 중단일 것이다. 그리고 바로 이것이 에고의 목표다.

⁸⁴ 죽음을 두려워하는 자들은 자신이 죽음을 얼마나 자주 큰 소리로 부르면서, 어서 와서 자신을 소통에서 구해달라고 명하는지 깨닫지 못한다. 그들은 죽음을 안전이자 진리의 빛에서 구해줄 대단한 어둠의 구원자, 참된 **응답**에 대한 응답, 하느님을 대변하는 음성을 침묵시키는 자로 보기 때문이다. 하지만 죽음으로 물러나는 것이 갈등의 끝은 아니다. 오로지 하느님의 **응답**만이 갈등의 끝이다. 평화가 흘러 넘어가야 할, 죽음에 대한 사랑처럼 보이는 장애물은 아주 대단해 보인다. 그 안에 에고의 온갖 비밀, 에고가 속임수를 위해 사용하는 온갖 이상한 장치들, 에고의 온갖 병든 아이디어와

괴상한 상상물이 감춰져 있기 때문이다. 여기서 연합이 결국 종말을 맞고, 에고의 만들기making가 창조를 이기며, 생명 없음이 **생명 자체**를 상대로 승리를 거둔다.

85 에고는 자신이 만든 왜곡된 세상의 먼지 쌓인 귀퉁이에 하느님의 아들을 눕히려고 한다. 그는 에고의 명령으로 살해되었으며, 스스로 부패함으로써 하느님이 에고의 힘 앞에서 무력하심을, 당신이 창조하신 생명을 에고의 잔인한 살해 욕구로부터 지켜주실 수 없음을 증명한다. 우리 아버지의 자녀들인 나의 형제들아, 이것은 죽음의 *꿈이다*. 장례식도, 음침한 제단도, 가혹한 명령도 없으며, 몸이 너희를 데려갈 왜곡된 유죄 판결 의식도 없다. 몸에서 해방해 달라고 청하지 말라. 반대로, 너희가 내린 무자비하고 가차없는 명령에서 몸을 해방하고, 너희가 몸에게 지시한 일에 대해 몸을 용서하라. 너희는 몸을 높이 찬양하면서 몸에게 죽으라는 명령을 내렸다. 오로지 죽음만이 생명을 정복할 수 있을 것이기 때문이다. 하지만 정신 이상 외에 그 무엇이 하느님의 패배를 바라보면서 그것을 진짜라고 생각할 수 있겠는가?

86 죽음에 대한 두려움은, 죽음의 매력이 사랑의 진정한 매력에 굴복하면서 사라질 것이다. 죄의 종말이 임박했다. 그것은 너희의 안전한 관계에 조용히 자리잡았으며, 너희의 연합으로 보호받으면서 하느님을 위한 강력한 세력으로 자라날 준비가 되었다. 유아기에 있는 구원은 사랑의 세심한 보살핌을 받고, 그것을 공격하려는 모든 생각으로부터 보호받으며, 막중한 과제를 완수할 수 있도록 조용히 준비를 갖춘다. 바로 그 과제를 위해, 구원이 너희에게 주어졌다. 너희의 갓 태어난 목적은 천사들이 양육하고, 성령이 소중히 기르며, 하느님이 몸소 보호하신다. 그것은 너희의 보호가 필요 없다. 그것은 정녕 너희 것이다. 그것은 죽지 않으며, 그 안에 죽음의 종말이 놓여있다.

87 어떤 위험이 온전히 순결한 자들을 공격할 수 있겠는가? 과연 무엇이 결백한 자들을 공격할 수 있겠는가? 어떤 두려움이 들어와서 죄 없음의 평화를 깨트릴 수 있겠는가? 너희에게 주어진 것은 유아기에 있을 때조차 하느님은 물론 너희와도 완전히 소통한다. 그것은 자신의 작은 손안에 너희가 행할 모든 기적을 아주 안전하게 들고서 너희에게 내밀어준다. 생명의 기적은 늙지 않는다. 그것은 시간 안에서 태어나지만, 영원 안에서 양육된다. 너희가 서로를 용서함으로써 안식처를 제공한 이 아기를 보고, 그곳에서 하느님의 뜻을 보라. 여기에 다시 태어난 베들레헴의 아기가 있다. 이 아기에게 피난처를 제공하는 모든 이는 그를 따라 십자가가 아닌 **부활**과 **생명**으로 갈 것이다.

⁸⁸ 어떤 것이든 너에게 두려움의 근원처럼 보일 때, 어떤 상황이든 너를 겁에 질리게 하고 너의 몸을 떨게 만들어 그 위로 두려움의 식은땀이 흐를 때, 그것은 항상 다음과 같은 *단 한 가지* 이유 때문임을 기억하라: 에고는 그것을 두려움의 상징, 죄와 죽음의 신호로 지각했다. 그런 다음, 신호나 상징을 근원과 혼동하지 말아야 함을 기억하라. 그것들은 그 자체가 아닌 다른 무언가를 나타내기 때문이다. 신호나 상징의 의미는 그것들 안에 놓여있을 수 없으며, 그것들이 나타내는 것 안에서 구해야 한다. 따라서 그것들이 반영하는 아이디어가 진리인지 거짓인지에 따라, 그것들은 모든 것을 의미하거나 아무것도 의미하지 않을 것이다. 이렇게 의미가 불확실해 보이는 것과 마주치면, 그것을 판단하지 말라. 판단의 근원이 되도록 너에게 주어진 성령의 거룩한 현존을 기억하라. 그것을 너 대신 판단하도록 성령께 드리고, 다음과 같이 말하라:

⁸⁹ 이것을 제게서 가져가 보시고, 저 대신 판단하소서.
저로 하여금 이것을 죄와 죽음의 표시로 보지 말게 하시고,
파괴의 목적으로도 쓰지 말게 하소서.
어떻게 하면 제가 그것을 평화의 장애물로 만들지 않고,
당신이 저 대신 사용하여 평화를 앞당기게 할 수 있는지 가르쳐 주소서.

d. 네 번째 장애물: 하느님에 대한 두려움

⁹⁰ 죽음에 대한 두려움이 없다면 너는 무엇을 보겠는가? 죽음에 매력을 전혀 느끼지 않는다면 너는 무엇을 느끼고 생각하겠는가? 아주 간단히 말해, 너는 아버지를 기억할 것이다. 생명의 창조주, 살아있는 모든 것의 근원, 우주와 우주들의 우주, 심지어 그것들 너머에 있는 모든 것의 아버지를 너는 기억할 것이다. 너의 마음에 이런 기억이 떠오를 때, 평화는 여전히 마지막 장애물을 극복해야 한다. 그 이후로 구원이 완성되고, 하느님의 아들은 완전히 제정신을 되찾는다. 여기에서, 너의 세상이 *끝나기* 때문이다.

⁹¹ 네가 극복해야 할 네 번째 장애물이 그리스도의 얼굴 앞에 두터운 장막처럼 걸려 있다. 하지만 자신이 아버지의 사랑 안에 있다는 기쁨으로 빛나는 그리스도의 얼굴

이 그 너머로 떠오르면서, 평화는 그 장막을 가볍게 치우고 달려가 마침내 그리스도와 만나 결합할 것이다. 그리스도의 얼굴을 나환자의 얼굴처럼 보이게 만들고, 그의 얼굴을 영광으로 밝히는 아버지 사랑의 눈부신 빛줄기를 핏줄기처럼 보이게 만드는 이 어두운 장막은, 죽음에 대한 두려움이 사라질 때 그 너머의 타오르는 빛을 받아 사라지기 때문이다.

[92] 이것이 바로 죽음에 대한 믿음이 떠받치고 죽음의 매력이 보호하는 가장 어두운 장막이다. 죽음과 죽음의 통치에 헌신하는 것은 단지, 이 장막을 절대로 걷지 않을 것이며, 이 장막에 가까이 가지도 않고, 심지어 장막이 거기에 있음을 의심하지도 않겠다고, 에고에게 바치는 엄숙한 맹세자 은밀한 약속이다. 이것은 장막 너머에 있는 것이 영원히 가려져 기억되지 않게 하겠다고 에고와 은밀히 맺은 협정이다. 여기에, 연합이 너를 분리 밖으로 불러내도록 절대로 허락하지 않겠다는 너의 약속이 있다. 그것은 하느님에 대한 기억이 완전히 잊힌 듯한 엄청난 기억 상실증이며, 너의 자아와 너 사이의 균열이다. *하느님에 대한 두려움*, 이것은 너의 해리에서 마지막 단계다.

[93] 죽음에 대한 믿음이 너를 어떻게 "구원하는" 것 같은지 보라. 이 믿음이 사라진다면, 너는 *생명* 외에 무엇을 두려워할 수 있겠는가? 죽음의 매력이야말로 생명을 추하고, 잔인하고, 포악해 보이도록 만드는 것이다. 너는 에고를 두려워하지 않듯이 죽음도 두려워하지 않는다. 그것들은 네가 선택한 친구들이다. 너는 그것들과 은밀한 동맹을 맺으면서, 네가 그리스도의 얼굴을 보고 아버지 안에서 그리스도와 결합하는 일이 없도록, 하느님에 대한 두려움이 절대로 사라지지 않게 하겠다고 약속했다.

[94] 평화가 흘러 넘어가야 할 장애물들은 모두 똑같은 방법으로 극복된다. 장애물을 세운 두려움이 그 아래의 사랑에게 굴복하며, 그럼으로써 두려움이 사라진다. 이 장애물도 마찬가지다. 평화를 제거하고 성령을 네게서 몰아내려는 욕구는 네가 성령을 사랑한다는 조용한 인식 앞에서 사라진다. 몸에 대한 예찬은 네가 **영**의 편에 섬으로써 포기하게 된다. 너는 결코 몸을 사랑할 수 없었던 만큼이나 영을 사랑한다. 죽음의 매력은 사랑의 매력이 소용돌이치며 너를 부를 때 영원히 사라진다. 사랑을 가로막는 각각의 장애물들 너머에서 **사랑** 자체가 너를 불렀고, 그것들은 그 너머에 있는 것의 강력한 매력으로 극복되었다. 장애물들은 네가 두려움을 원하기에 거기에 있는 듯했다. 하지만 너는 그 너머에서 들리는 사랑의 음성을 듣고는 응답했으며, 그에 따라 장애물들은 사라졌다.

⁹⁵ 이제 너는 결코 바라보지 않겠다고 맹세한 것 앞에 서서 공포에 떨고 있다. 너는 너의 "친구들"에게 한 약속을 기억하면서 눈길을 아래로 떨군다. 죄의 "사랑스러움", 죄의식의 미묘한 매력, 죽음의 "거룩하고" 창백한 이미지, 네가 결코 저버리지 않겠다고 피로 맹세한 에고의 복수에 대한 두려움, 이 모두가 일어나 너에게 눈을 들지 말라고 명한다. 왜냐하면 너는, 네가 그것들을 바라보고 장막이 걷히게 하면 *그것들이* 영원히 사라질 것임을 깨닫기 때문이다. 너의 모든 "친구들", 너의 "보호자들", 너의 "집"이 홀연히 사라질 것이다. 지금 기억하는 것 중에 그 무엇도, 너는 기억하지 않을 것이다.
⁹⁶ 네가 단지 눈을 들어올리기만 하면 세상이 너를 완전히 저버릴 듯하다. 하지만 일어날 일이라고는 단지, 네가 세상을 영원히 떠나는 것이다. 이것은 *너의* 뜻을 재확립하는 것이다. 눈을 크게 뜨고, 그것을 바라보라. 그러면 네가 너의 능력 밖의 일들과 통제할 수 없는 힘, 너의 뜻을 거슬러 일어나는 생각들에 휘둘린다고 두 번 다시 믿지 않으리라. 이것을 바라보는 것은 너의 뜻이다. 그 어떤 미친 열망도, 다시 잊으려는 그 어떤 사소한 충동도, 그 어떤 지독한 두려움도, 죽을 것 같아 흘리는 식은땀도 너의 뜻을 거스를 수 없다. 장막 너머에서 너를 끌어당기는 것은 너의 *내면* 깊숙한 곳에도 있으며, 그것은 장막 너머의 것과 분리되지 않고 완전히 하나기 때문이다.

장막 걷기

⁹⁷ 너희는 함께 이만큼 멀리 왔음을 잊지 말라. 너희를 여기로 데려온 것은 확실히 에고가 아니었다. 평화를 가로막는 그 어떤 장애물도 에고의 도움으로는 극복할 수 없다. 에고는 자신의 비밀을 털어놓으며 너희에게 그것을 바라보고는 그 너머로 가라고 명하지 않는다. 에고는 너희로 하여금 에고의 약함을 바라보고는, 에고가 너희를 진리에서 떼어놓을 힘이 전혀 없음을 배우도록 허락하지 않는다. 너희를 여기로 데려온 안내자가 너희 곁에 남아있다. 그러니 너희가 눈을 들어올린다면, 아무런 두려움 없이 공포를 바라볼 준비가 될 것이다. 단지 먼저 눈을 들어올려, 서로의 환상에 대한 완전한 용서에서 태어나는 순결 속에서, 환상을 보지 않는 믿음의 눈을 통해, 서로를 바라보라.
⁹⁸ 속죄를 받아들이고 환상은 실제가 아님을 배우지 않는 한, 그 누구도 하느님에 대한 두려움을 공포 없이 바라볼 수 없다. 그 누구도 이 장애물 앞에 홀로 설 수 없다.

그의 형제가 곁에서 함께 걷지 않았다면, 그는 여기에 도달할 수 없었을 것이기 때문이다. 자신의 형제를 진심으로 완전하게 용서하지 않는 한, 그 누구도 하느님에 대한 두려움을 바라볼 엄두를 내지 못할 것이다. 잠시 이곳에 서있되, 두려움에 떨지 말라. 너희는 준비될 것이다. 거룩한 순간에 주어진 목적이 너희를 이끌고 온 이곳에서, 우리 함께 거룩한 순간 안에서 결합하자. 그리고 우리를 이곳으로 모아들인 성령이 너희에게 필요한 순결을 제공할 것이며, 너희는 나의 사랑과 성령의 사랑을 위해 그것을 받아들일 것이라는 믿음 안에서, 우리 함께 결합하자.

⁹⁹ 이것을 너무 빨리 바라보는 것은 불가능하다. 이곳은 누구나 준비되었을 때 와야 하는 곳이다. 그가 일단 자신의 형제를 발견하기만 하면, 그는 준비된 것이다. 하지만 단지 이곳에 도달하는 것만으로는 충분하지 않다. 목적 없는 여정은 여전히 무의미하며, 여정이 끝났을 때조차 아무런 의미도 없어 보인다. 여정의 목적이 달성되었음을 깨닫지 않는 한, 여정이 끝났음을 어떻게 알 수 있겠는가? 이곳, 여정의 종착점이 너희 앞에 있는 이곳에서, 너희는 여정의 목적을 *바라본다.* 바로 이곳이 너희가 하느님에 대한 두려움을 바라볼 것인지, 아니면 계속 방랑하다가 단지 다시 선택하기 위해 돌아올 것인지 선택하는 곳이다.

¹⁰⁰ 하느님에 대한 두려움을 바라보려면 정녕 준비가 필요하다. 오로지 제정신인 자만이 적나라한 정신 이상과 미쳐 날뛰는 광기를 두려움이 아닌 연민과 동정으로 바라볼 수 있다. 하느님에 대한 두려움은 그것을 공유할 때만 두렵게 보이기 때문이다. 그리고 너희가 서로를 완벽한 믿음과 사랑과 온유함으로 바라볼 때까지, 너희는 정녕 그것을 공유한다. 완전히 용서하기 전에는, 여전히 용서하지 않은 것이다. 너희가 하느님을 두려워하는 *이유는,* 서로를 두려워하기 *때문이다. 너희는* 너희가 용서하지 않는 자들을 *두려워한다.* 그리고 그 누구도 두려움을 곁에 두고서 사랑에 도달할 수는 없다.

¹⁰¹ 네 곁에 서있는 이 형제가 여전히 낯선 자로 보인다. 너는 그를 모르고, 그에 대한 너의 해석은 아주 무시무시하다. 너는 여전히 그를 공격하면서, 너 자신으로 보이는 것이 해를 입지 않게 하려고 한다. 하지만 그의 손안에, 너의 구원이 놓여있다. 너는 그의 광기를 보며, 그것을 공유하기 때문에 증오한다. 그리고 그것을 치유할 그 모든 연민과 용서가 두려움에 굴하여 길을 내준다. 형제들이여, 너희는 서로에 대한 용서가 필요하다. 너희는 함께 광기를 공유하거나 천국을 공유할 것이기 때문이다. 그리

고 너희는 믿음으로 함께 눈을 들어올리거나, 눈을 전혀 들어올리지 않을 것이다.

102 너희 각자 옆에는 너희에게 속죄의 성배를 주는 자가 있다. 그의 내면에는 성령이 계시기 때문이다. 너는 그의 죄를 거론하며 비난하려는가, 아니면 그가 주는 선물을 받아들이려는가? 이렇게 구원을 주는 자가 너의 친구인가 적인가? 그가 누구인지 선택하라. 그러면서 너는 그에게서 네가 선택하는 대로 받을 것임을 기억하라. 너의 내면에 그를 용서할 힘이 있듯이, 그의 내면에는 너의 죄를 용서할 힘이 있다. 너희 중 누구도 그 힘을 자기 자신에게만 줄 수는 없다. 하지만 너희 각자 옆에는 너희의 구원자가 서있다. 그로 하여금 그의 정체가 되게 하고, 사랑을 적으로 만들려고 하지 말라.

103 네 곁에 서있는 너의 친구, 그리스도를 보라. 그는 얼마나 거룩하고 아름다운지! 너는 그의 사랑스러움을 감추려고 그에게 죄의 장막을 드리워놓았으며, 따라서 그가 죄를 지었다고 생각했다. 하지만 그는 여전히 자신의 거룩함을 공유하려고 너에게 용서를 내밀고 있다. 이 "적", 이 "낯선 자"가 그리스도의 친구인 너에게 구원을 선사한다. 그리스도의 "적들", 죄의 숭배자들은 자신이 누구를 공격하는지 모른다. 그는 바로 너의 형제로서, 죄 때문에 십자가에 못 박혀 고통에서 해방되기를 기다린다. 오로지 그만이 너에게 용서를 선사할 수 있거늘, 너는 그에게 용서를 선사하지 않으려 하는가? 하느님이 살아있는 만물을 창조하셔서 사랑하시는 것만큼이나 확실하게, 그는 자신의 구원을 위해 너에게 너의 구원을 줄 것이다. 그리고 그는 구원을 진정으로 줄 것이다. 구원은 주어질 뿐만 아니라 받아들여지기도 할 것이기 때문이다.

104 너희가 서로에게 선사하고 너희의 가장 거룩한 친구에게 받지 못할 천국의 은혜란 없다. 그가 너에게 구원을 주지 않도록 내버려 두지 말라. 너는 구원을 받음으로써 그에게 구원을 선사하기 때문이다. [그리고 그는 *내가* 그에게서 받은 것을 반드시 너에게서 받을 것이다.] 서로에게 줌으로써 받으라고, 구원이 너희에게 주어졌다. 네가 용서하는 자는 자유로우며, 너는 네가 주는 것을 공유한다. 네 형제가 스스로 지었다고 생각하는 죄와 네가 그에게서 본다고 생각하는 모든 죄책을 용서하라.

105 여기에 부활의 거룩한 장소가 있다. 우리는 이곳에 다시 왔으며, 구원이 성취되어 받아들여질 때까지 돌아올 것이다. 네 형제를 정죄하기 전에, 먼저 그가 누구인지 생각해 보라. 그리고 그가 거룩한 것에 대해, 거룩함의 선물이 너를 위해 그에게 주어진 것에 대해, 하느님께 감사드려라. 그와 기쁘게 결합하고, 불안하고 극심한 고통에 시달리는 그의 마음에서 죄의식의 흔적을 모두 제거하라. 그를 도와 네가 그에게 지웠

고 그가 자신의 것으로 받아들인 무거운 죄의 짐을 벗게 하여, 행복하게 웃으면서 가볍게 저멀리 던져버려라. 죄의 짐을 가시처럼 그의 이마에 짓누르지 말고, 그를 거기에 못 박아 구원도 없고 희망도 없게 버려두지 말라.

106 서로에게 믿음을 주어라. 믿음과 희망과 자비는 너희 것으로서, 너희가 주어야 할 것이기 때문이다. 그러한 선물을 주는 손으로, 선물이 주어진다. 네 형제를 바라보고, 그의 내면에서 네가 받고 싶어 하는 하느님의 선물을 보라. 부활의 때인 부활절이 가까이 왔다. 우리가 죽음 안에서 분리되지 않고 부활 안에서 하나로 일어나도록, 서로에게 구원을 주고 공유하자. 내가 너희 둘을 위해 성령께 드린 자유의 선물을 보라. 그리고 너희도 이와 똑같은 선물을 성령께 드려 함께 자유로워져라. 그 선물을 드리면서, 너희가 드린 것에 대한 보답으로 성령께 그것을 받아라. 성령은 우리가 이 거룩한 장소에서 만나 똑같은 결정을 내리도록 너희와 나를 함께 인도한다.

107 내가 너를 해방하였듯이, 이곳에서 네 형제를 해방하라. 그에게 이와 똑같은 선물을 주고, 어떤 정죄의 눈길로도 바라보지 말라. 내가 너를 바라보듯이 그를 죄 없다고 보고, 그가 자신 안에서 본다고 생각하는 죄를 간과하라. 이곳, 고뇌와 죽음이 가득한 듯한 정원에서, 죄로부터의 완전한 해방과 자유를 서로에게 선사하라. 이렇게 우리는 함께 하느님의 아들이 부활로 가는 길을 준비하고, 그로 하여금 다시 일어나 죄도 죽음도 알지 못하고 오로지 영원한 생명만 아시는 아버지를 기쁘게 기억하도록 할 것이다.

108 우리는 함께 장막 너머의 **현존** 속으로 사라질 것이다. 그러면서 우리는 상실되는 것이 아니라 *발견되고*, 보이는 것이 아니라 *알려질* 것이다. 그리고 우리는 하느님이 세우신 구원 계획에서 이루어지지 않을 것은 아무것도 없음을 안다. 이것이 바로 여정의 목적이며, 이것 없는 여정은 무의미하다. 여기에, 하느님이 너희에게 영원히 주신 하느님의 평화가 있다. 여기에, 너희가 구하는 안식과 조용함, 애초에 여정을 시작한 이유가 있다. 천국은 너희가 서로에게 빚진 선물이며, 너희가 하느님 아들의 정체에 대해, 그리고 아버지가 그의 정체가 되도록 창조하신 것에 대해 감사하며 그에게 베푸는 은덕이다.

109 네가 이런 선물을 주는 자를 어떻게 바라보려 하는지 잘 생각해 보라. 너는 그를 보는 대로 그 선물을 볼 것이기 때문이다. 네가 그를 죄의식을 주는 자로 보는지 구원을 주는 자로 보는지에 따라, 너는 그의 선물도 그렇게 보고 그렇게 받을 것이다. 십

자가에 못 박힌 자들은 고통 속에 있기에, 고통을 준다. 그러나 구원된 자들은 고통을 치유받았기에, 기쁨을 준다. 누구나 자신이 받는 대로 주지만, 먼저 자신이 무엇을 받을지 선택해야 한다. 그리고 그들은 자신이 주는 것과 자신에게 주어지는 것을 보고, 자신이 무엇을 선택했는지 인식할 것이다. 그리고 지옥에서도 천국에서도, 그의 결정을 방해할 것은 아무것도 주어지지 않았다.

110 너희가 여기까지 온 이유는, 이 여정이 너희의 선택이었기 때문이다. 스스로 무의미하다고 믿는 것을 하겠다고 나서는 자는 아무도 없다. 너희가 믿었던 것은 여전히 믿음직하며, 아주 부드럽지만 아주 강력한 믿음으로 너희를 보살핀다. 따라서 그것은 너희를 장막 저 높이로 들어올려, 하느님의 아들을 아버지의 확실한 보호 안에 안전하게 놓아줄 것이다. 이것이야말로, 이 세상과 이 세상을 지나가는 긴 여정에 어떤 의미라도 부여하는 유일한 목적이다. 이러한 목적 없이는, 세상과 그 여정은 정녕 무의미하다. 너희는 함께 서있지만, 그것들에 어떤 목적이 있다고는 아직 확신하지 못한다. 하지만 너희는 너희의 거룩한 친구 안에서 이 목적을 보고, 그것이 너희 자신의 것임을 인식할 수 있다.

제20장

부활의 약속

I. 서문

[1] 오늘은 승리를 축하하고 진리를 받아들이는 종려 주일이다. 이 성주간에 하느님의 아들이 십자가에 못 박힌 것을 곱씹지 말고, 그의 해방을 축하하며 행복하게 보내자. 부활절은 고통의 상징이 아닌 평화의 상징이기 때문이다. 살해당한 그리스도는 아무런 의미도 없다. 그러나 *부활한* 그리스도는, 하느님의 아들이 자신을 용서했다는 상징이자 자신을 치유되었고 온전한 존재로 바라본다는 표시가 된다.

II. 성주간

[2] 이번 주는 종려로 시작하여, 하느님 아들의 순결을 상징하는 희고 거룩한 백합으로 끝난다. 여정과 여정의 목적 사이에, 진리의 수용과 그 표현 사이에, 십자가의 어두운 상징이 끼어들게 하지 말라. 이번 주에 우리는 죽음이 아닌 생명을 축하한다. 그리고 우리는 하느님 아들의 죄가 아닌 완벽한 순수에 경의를 표한다. 서로에게 가시관이 아닌 백합 선물을, 두려움의 "선물"이 아닌 사랑의 선물을 선사하라. 너희는 한 손에는 가시를, 다른 손에는 백합을 들고 나란히 서서, 상대방에게 어느 것을 줄지 확신하지 못한다. 이제 나와 결합하여 가시를 던져버리고, 그 대신에 백합을 선물하자. 이번 부활절에, 나는 너희의 용서를 선물로 받아 너희에게 돌려주고자 한다.

[3] 우리는 십자가와 죽음 안에서는 연합할 수 *없다*. 그리고 너희가 나와 더불어 그리스도를 용서할 때까지, 부활은 완성될 수 없다. 일주일은 짧지만, 이 성주간은 하느님의 아들이 밟아 온 전체 여정을 상징한다. 그는 승리의 상징과 함께 시작했는데, 그것은 그에게 이미 주어진 부활의 약속이었다. 그가 십자가의 유혹에 빠져 그곳에서 지체하게 하지 말라. 그가 구원과 해방으로 가는 길을 자신의 순결로 밝혀서, 십자가 너머로 평화롭게 가도록 도와라. 그의 구원이 이렇게 가까이 있으니, 이제 그를 가시와 못으로 저지하지 말라. 반대로, 순결하게 빛나는 너의 백합 선물로 하여금 그가 부활로 가는 길을 재촉하게 하라.

[4] [부활절은 죄의 *대가가* 아닌 죄의 *종식을* 축하하는 날이다.] 장막 너머에서, 너희가 선물로 주고받은 눈처럼 흰 백합 꽃잎 사이로 비치는 그리스도의 얼굴을 언뜻 보기만

해도, 너희는 서로의 얼굴을 바라보고는 그리스도의 얼굴을 알아볼 것이다. 나는 낯선 자였지만, 너희는 내가 누구인지 모른 채 안으로 받아들였다. 하지만 너희는 너희가 선물한 백합꽃 덕분에 그것을 알게 될 것이다. 너희에게 생소하지만 아주 오랜 친구인 이 낯선 자를 너희가 용서함으로써 그가 해방되며, 그와 더불어 너희가 구원된다. 부활절은 애도하는 때가 아닌 기뻐하는 때다. 부활한 너희의 친구를 바라보고, 나와 더불어 그의 거룩함을 축하하라. 부활절은 나와 더불어 너희가 구원되는 때기 때문이다.

III. 가시와 백합

5 몸에 걸거나 몸을 덮거나 혹은 몸이 사용하라고 만들어진 온갖 값싼 장신구를 보라. 몸의 눈이 보라고 만들어진 온갖 쓸모없는 것들을 보라. 몸의 쾌락을 위해 바친 온갖 공물에 대해 생각해 보고, 이 모든 것은 네가 증오하는 것을 사랑스러워 보이게 만들려고 만든 것임을 기억하라. 너는 이 증오하는 것들을 사용해서 네 형제를 너에게 끌어당기고, 그의 몸의 눈을 유혹하려는가? 그럴 때 너는 단지 그에게 가시관을 주고 있을 뿐임을 배워라. 그러면서 너는 그것의 목적이 무엇인지 인식하지 못하고, 그가 그것을 받아들였으므로 그것에 대한 너의 해석이 맞았음을 입증하려 한다. 하지만 그 선물은 여전히 너에게 그의 가치 없음을 보여준다. 그가 그 선물을 받고 기뻐한다는 것은 곧 그가 자신을 가치 있게 여기지 않음을 인정하는 것이기 때문이다.

6 선물이 진정으로 주어지고 받아지려면, 몸을 통한 선물이어서는 안 된다. 몸은 제공할 수도 받아들일 수도 없으며, 내어 줄 수도 받아 갈 수도 없기 때문이다. 오로지 마음만이 가치를 매길 수 있으며, 오로지 마음만이 무엇을 받고 주려는지 결정한다. 그리고 마음이 주는 모든 선물은 마음이 무엇을 원하는지에 달려있다. 마음은 자신이 선택한 집을 아주 정성스레 꾸며놓고, 그 집에 찾아오는 자들이나 그 집에 끌어들이려는 자들에게 자신이 원하는 선물을 줌으로써, 그 집이 그 선물을 받을 준비가 되게 한다. 그곳에서 그들은 자신의 마음이 가치 있다고 판단하는 것을 주고받음으로써 자신의 선물을 교환할 것이다.

7 모든 선물은 받는 자와 *주는 자에* 대한 평가다. 누구나 자신이 선택한 집에서 자신

에게 바치는 제단을 본다. 누구나 자신이 그 제단에 올려놓은 것을 숭배할 자들을 끌어들여, 그 제단을 그들이 헌신할 가치가 있는 것으로 만들려고 한다. 그리고 각자는 자신의 제단에 불을 밝혀서, 자신이 제단에 올려놓은 것을 그 숭배자들이 보고 자기 몫으로 가져가게 한다. 여기에 네가 네 형제와 너 자신에게 매기는 가치가 있다. 여기에 네가 네 형제와 너 자신에게 주는 선물이 있으며, 하느님 아들의 정체에 대한 너의 판단이 있다. 네가 그 선물을 주는 자는 너의 구원자임을 잊지 말라. 그에게 가시를 주면, 너 자신이 십자가에 못 박힌다. 그에게 백합을 주면, 너 자신을 해방하게 된다.

8 나에게는 백합이 절실히 필요하다. 하느님의 아들은 나를 아직 용서하지 않았기 때문이다. 그가 나에게 가시를 주거늘, 내가 그에게 용서를 줄 수 있겠는가? 왜냐하면, 누구에게든 가시를 주는 자는 여전히 나를 적대하는 것이기 때문이다. 그리고 그가 없다면, 그 누가 온전하겠는가? 내가 용서받고 네가 하느님의 아들을 온전하다고 볼 수 있도록, 나를 위해 그의 친구가 되어라. 그러나 먼저 네가 선택한 집의 제단으로 눈을 돌려서, 네가 나에게 주려고 올려놓은 것을 보라. 그것이 피처럼 붉은빛을 받아 끝이 날카롭게 빛나는 가시라면, 너는 몸을 집으로 선택해서 나에게 분리를 주려는 것이다. 하지만 가시는 사라졌다. 지금, 그 가시를 조금 더 자세히 들여다보라. 그러면 너의 제단이 더 이상 전과 같지 않음을 보게 될 것이다.

9 너는 아직도 몸의 눈을 통해 보며, 몸의 눈은 가시만 볼 수 있다. 하지만 너는 다른 시각을 달라고 요청해서, 받았다. 성령의 목적을 자신의 목적으로 받아들이는 자는 성령의 비전도 공유한다. 성령으로 하여금 모든 제단에서 빛나는 자신의 목적을 볼 수 있게 해주는 비전은 이제 너의 비전이기도 하다. 성령은 낯선 자를 전혀 보지 않으며, 오로지 극진히 사랑받고 사랑하는 친구들만 본다. 성령은 가시를 전혀 보지 않으며, 오로지 백합만을 본다. 그 백합은 성령이 바라보고 사랑하는 모든 것을 비추는 평화의 온유한 빛 속에서 반짝거린다.

10 이번 부활절에, 서로를 다른 눈으로 바라보라. 너희는 나를 이미 용서했지만, 너희가 너희의 백합 선물을 보지 않는 한 나는 그것을 사용할 수 없다. 마찬가지로, 너희도 내가 준 것을 공유하지 않으면 그것을 사용할 수 없다. 성령의 비전은 헛된 선물이 아니며, 잠시 가지고 놀다 던져버릴 장난감도 아니다. 이 말에 귀 기울이고 주의 깊게 들어라. 성령의 비전을 한낱 꿈이라거나, 가지고 놀 경솔한 생각, 때로 집어 들었다가 한쪽으로 치워둘 장난감에 불과하다고 생각하지 말라. 네가 그렇게 생각한다면, 성령

의 비전은 너에게 그렇게 될 것이기 때문이다.

11 너는 지금 *모든* 환상을 지나서 볼 수 있는 비전을 가지고 있다. 그 비전은 가시도 낯선 자도, 평화의 장애물도 전혀 보지 말라고 주어졌다. 이제 너에게 하느님에 대한 두려움은 아무것도 아니다. 자신의 구원자가 곁에 있음을 안다면, 그 누가 환상을 바라보기를 두려워하겠는가? 그와 더불어 너의 비전은 환상의 무효화를 위해 하느님이 주실 수 있는 가장 강력한 권능이 되었다. 하느님이 성령에게 주신 것을, 네가 받았기 때문이다. 하느님의 아들이 자신을 해방해 달라고 너를 바라본다. 너는 이 마지막 장애물을 바라볼 힘을 요청하여 받았으며, 따라서 이제 하느님의 아들을 십자가에 못 박아 죽음의 왕관을 씌울 그 어떤 가시나 못도 보지 않기 때문이다. 네가 선택한 집은 장막 너머 다른 쪽에 있다. 그동안 그 집은 정성스레 너를 맞을 채비를 하여, 이제 너를 받아들일 준비가 되었다. 너는 그 집을 몸의 눈으로 보지 않을 것이다. 하지만 너는 필요한 것을 전부 갖고 있다.

12 시간이 시작된 이래, 너의 집은 줄곧 너를 불러왔다. 그리고 네가 그것을 전혀 듣지 못한 적도 없었다. 너는 들었지만, *어떻게* 보아야 하고 *어디를* 보아야 하는지 알지 못했다. 이제 너는 안다. 그 앎은 너의 내면에 놓여있으면서, 드러나서 자신을 감춘 모든 공포에서 해방될 준비가 되었다. 사랑에는 두려움이 전혀 없다. 부활의 노래는 하느님의 아들이 *결코* 십자가에 못 박히지 않았다는 즐거운 후렴곡이다. 우리 함께, 두려움이 아닌 믿음으로 눈을 들어올리자. 우리 안에는 어떤 두려움도 없을 것이다. 우리의 비전에는 어떤 환상도 없으며, 오로지 천국의 열린 문으로 가는 길만 있을 것이기 때문이다. 그곳은 우리가 조용히 공유하는 집이며, 함께 하나로서 온유하고 평화로이 사는 곳이다.

13 너의 거룩한 형제가 너를 그곳으로 인도하게 하지 않으려는가? 그의 순결은 너에게 안내등과 확실한 보호를 제공하고, 네가 용서의 백합을 놓아둔 그의 내면의 거룩한 제단에서 빛나면서 너의 길을 밝혀줄 것이다. 그로 하여금 너를 환상에서 구해주는 구원자가 되게 하고, 백합을 바라보고 네게 기쁨을 안겨주는 새로운 비전으로 그를 바라보라. 우리는 두려움의 장막 너머로 가면서 서로의 길을 밝혀준다. 우리의 집이 우리 안에 있듯이, 우리를 인도하는 거룩함도 우리 안에 있다. 따라서 우리는 우리를 인도하는 성령을 통해, 우리가 찾을 수밖에 없는 것을 찾을 것이다.

14 이것은 천국과 부활절의 평화로 가는 길이다. 이 길에서 우리는 함께, 하느님의 아들

이 과거로부터 일어나 현재로 깨어났음을 기쁘게 알아차린다. 지금 그는 자유로우며, 자신 안의 모든 것과 한계 없는 영적 교통을 나눈다. 지금 그의 순결의 백합은 죄의식에 물들지 않았으며, 두려움의 한파와 죄의 병충해로부터 완벽하게 보호받고 있다. 너의 선물이 하느님의 아들을 가시와 못에서 구해냈으며, 그의 강한 팔은 가시와 못을 헤쳐가며 너를 그 너머로 안전하게 안내할 수 있다. 이제 기뻐하며 그와 함께 걸어라. 환상에서 구해주는 안내자가 이미 와서, 너를 맞이하여 집으로 인도하려고 하기 때문이다.

¹⁵ 여기에 너의 구원자요 친구가 있다. 그는 너의 비전을 통해 십자가에서 풀려나서, 이제 너를 그가 있고자 하는 곳으로 자유로이 인도할 수 있다. 그는 너를 떠나지 않을 것이며, 그를 고통에서 구해주는 구원자를 저버리지도 않을 것이다. 너희는 천국의 열린 문을 보고는 순결의 길을 따라 함께 노래 부르며 기쁘게 걸어가서, 너희를 불렀던 집을 알아볼 것이다. 너희를 그곳으로 인도할 자유와 힘을 서로에게 기쁘게 선사하라. 그 힘과 자유가 기다리는 서로의 거룩한 제단 앞으로 와서, 너희를 집으로 인도하는 빛나는 알아차림을 주고받아라. 너희 둘의 내면에서, 서로를 위한 등불이 켜졌다. 그리고 서로에게 그 등불을 준 바로 그 손에 의해, 너희 둘은 두려움을 지나 사랑으로 인도될 것이다.

Ⅳ. 조정으로서의 죄

¹⁶ 죄에 대한 믿음은 곧 조정adjustment이다. 그리고 조정은 변화며, 지각의 변동, 혹은 어떤 것이 전과는 달라졌다는 믿음이다. 따라서 모든 조정은 왜곡이며, 실재에 맞서 조정을 떠받치기 위한 방어수단을 필요로 한다. 앎은 어떤 조정도 필요로 하지 않으며, 사실 어떤 변동이나 변화가 시도되면 앎은 상실된다. 그러한 시도는 앎을 즉시 지각으로 격하하기 때문이다. 지각이란 확실성이 상실되고 의심이 끼어든, 보는 방식에 불과하다. 이렇게 손상된 상태에는 과연 조정이 필요하다. 왜냐하면, 조정은 참이 아니기 때문이다. 진리는 이해하기 위해 오로지 너의 정체만을 요청하거늘, 네가 왜 진리에 맞춰 조정할 필요가 있겠는가?

¹⁷ 모든 조정은 에고의 산물이다. 에고는 어떤 관계든 자신이 원하는 모습으로 만들려면 조정할 필요가 있다고 확신한다. 그러니 간섭하는 것이 아무것도 없는 직접적

인 관계는 항상 위험하다고 본다. 에고는 자칭 모든 관계의 중재자로서, 필요하다고 보는 어떤 조정이든 시도하고, 만나려는 사람들을 분리하고 그들의 연합을 막기 위해 그들 사이에 조정을 끼워 넣는다. 이러한 의도적 간섭이야말로, 너희의 거룩한 관계를 있는 그대로 인식하기 어렵게 만드는 것이다.

18 거룩한 자들은 진리를 간섭하지 않는다. 그들은 진리를 두려워하지 않는다. 그들은 진리 안에서 자신의 거룩함을 인식하고는, 자신이 본 것에 기뻐하기 때문이다. 그들은 진리를 똑바로 바라보며, 자신을 진리에 맞춰 조정하거나 진리를 자신에 맞춰 조정하려 하지 않는다. 따라서 그들은 진리가 자신 *안에* 있음을 *보았다*. 그들은 진리가 어디에 있어야 하는지 먼저 결정하지 않았기 때문이다. 그들의 바라봄은 단지 질문을 했을 뿐이며, 그들이 바라본 것이 그들에게 답했다. *너는 세상을 만든 다음에 거기에 맞춰 너 자신을 조정하고, 세상을 너에게 맞춰 조정한다. 너의 지각 안에서 너 자신과 세상은 아무런 차이도 없다. 둘 다 너의 지각이 만든 것이다.*

19 하지만 단순한 질문이 하나 남아서 답을 필요로 한다. *너는 네가 만든 것을 좋아하는가?* 그것은 살인과 공격의 세상이다. 그 세상에서 너는 기껏해야 죽음이 너를 따라잡아 없애버리기 전에 조금 더 오래 기다려줄 것을 바라면서, 위험이 끝없이 이어지는 길을 홀로 두려움에 떨며 자신 없이 걸어간다. *네가 이런 것을 지어냈다.* 그것은 네가 너를 무엇이라고 생각하는지, 그리고 어떻게 보는지를 보여주는 그림이다. 살인자는 겁에 질려있고, 죽이는 자는 죽음을 두려워한다. 이 모든 것은 자신의 조정 때문에 무섭게 되어버린 세상에 맞춰 자신을 조정하려는 자들의 무시무시한 생각일 뿐이다. 그들은 슬픔에 잠겨 내면의 슬퍼하는 자의 눈으로 바깥을 내다보고는, 그곳에서 슬픔을 본다.

20 세상이 실제로 어떠한지, 행복한 눈에는 어떻게 보일지 궁금해한 적이 없는가? 네가 보는 세상은 단지 너 자신에 대한 판단일 뿐이다. 세상은 전혀 존재하지 않는다. 하지만 판단은 세상에게 형을 선고하고, 세상을 정당화하며, 세상을 *실재화한다*. 이러한 것이 바로 네가 보는 세상으로서, 그것은 네가 너 자신에게 내리는 판단이다. 에고는 너 자신에 대한 이런 병든 그림을 정성스레 보존하는데, 그것은 에고의 이미지자 에고가 사랑하는 것으로서 너의 바깥 세상에 놓여있다. 이런 그림이 바깥에 있으면서 너를 무자비하게 휘두른다고 믿는 한, 너는 이런 세상에 맞춰 너를 조정해야 한다. 그 세상은 정녕 무자비하며, 그것이 너의 바깥에 있다면 너는 정녕 두려워해야 할

것이다. 하지만 그것을 무자비하게 *만든* 것은 바로 너였다. 그리고 이제 그 무자비함이 너를 돌아보는 것 같다면, 그것은 *교정될* 수 있다.

²¹ 거룩한 관계 안에 있는 자가 과연 얼마나 오래 거룩하지 않게 남아있을 수 있겠는가? 에고가 바라보는 세상이 에고를 닮았듯이, 거룩한 자들이 보는 세상은 그들과 하나다. 거룩한 자들이 보는 세상은 아름답다. 그들은 세상에서 자신의 순결을 보기 때문이다. 그들은 세상에게 세상이 무엇인지 말해주지 않았고, 세상을 자신의 지시에 맞추기 위해 조정하지도 않았다. 그들은 세상에게 부드럽게 물으면서 속삭였다: "너는 무엇인가?" 그리고 모든 지각을 보살피는 성령이 그 질문에 대답했다. 세상의 판단을, "나는 무엇인가?"라는 질문에 대한 답으로 받아들이지 말라.

²² 세상은 죄를 믿지만, 세상을 네가 보는 대로 만든 그 믿음은 너의 바깥에 있지 않다. 하느님의 아들을 그의 정신 이상에 맞춰 조정하려고 하지 말라. 그의 안에는 진리의 집에 함부로 흘러들어 왔다가 흘러 나갈 낯선 자가 있다. 그자는 아무런 목적도 없이 왔지만, 성령이 선사하여 네가 받아들인 찬란한 빛 앞에서 계속 남아있지 않을 것이다. 그곳에서는, 그 낯선 자가 집을 잃고 네가 반가이 맞아들여지기 때문이다.

²³ 이 떠돌이 낯선 자에게 "나는 무엇인가?"라고 묻지 말라. 그는 온 우주에서 알지 못하는 유일한 자다. 하지만 너는 바로 그에게 물었고, 그의 대답에 맞춰 너를 조정하려고 한다. 그 오만함이 하늘을 찌르지만 너무도 작고 무의미해서 진리의 우주를 스쳐지나갈 때 그 누구의 눈에도 띄지 못할 이 거친 생각 하나가 너의 안내자가 된다. 너는 그것에게 돌아서서 우주의 의미에 대해 묻는다. 진리의 우주 전체가 눈을 뜨고 보는데, 그중에서 유일하게 보지 못하는 자에게 너는 "내가 하느님의 아들을 어떻게 바라보아야 하는가?"라고 묻는다.

²⁴ 너는 판단력이 전혀 없는 것에게 판단을 요청하는가? 설령 그랬다 하더라도, 너는 그 답을 믿고 그것이 진리라도 되는 양 그에 맞춰 너를 조정하려 하는가? 네가 바라보는 세상이 곧 그것이 네게 준 답이며, 너는 그 답을 참인 것으로 만들기 위해 세상을 조정할 힘을 그것에게 부여했다. 너는 한 줌 연기 같은 이 미친것에게 너의 거룩하지 않은 관계의 의미를 물었고, 그것의 정신 나간 답에 맞춰 그 관계를 조정했다. 그것이 너를 얼마나 행복하게 만들어 주었는가? 너는 하느님의 아들을 만날 때, 그를 축복하고 그가 네게 건넨 그 모든 행복에 감사하려고 기쁘게 만났는가? 너희는 서로를 하느님이 주시는 영원한 선물로 인식했는가? 너희는 상대방을 축복하기 위해 두 사람 안

에서 빛나는 거룩함을 보았는가? 이것이 바로, 너희의 거룩한 관계의 목적이다. 여전히 그 관계를 거룩하지 않게 만들려는 그 유일한 것에게 그 목적을 이루기 위한 수단을 요청하지 말라. 수단과 목적을 조정할 그 어떤 권능도 그것에게 부여하지 말라.

25 긴 세월을 무거운 사슬에 묶여 굶주리고 야위고 약하고 지쳤으며, 너무도 오랫동안 어둠 속에서 눈을 내리깔고 있었기에 빛을 기억하지 못하는 죄수들은, 풀려난다고 해서 그 즉시 기뻐하며 뛰어오르지 않는다. 자유가 정녕 무엇인지 이해하려면, 그들에게는 시간이 필요하다. 너희는 힘없이 먼지 속을 더듬다 서로의 손을 발견했지만, 그냥 지나칠 것인지 아니면 그토록 오래 잊었던 생명을 붙잡을 것인지 확신하지 못한다. 서로의 손을 더욱 꼭 붙잡고, 눈을 들어 너의 굳센 동반자를 보라. 그의 내면에 네 자유의 의미가 놓여있다. 그는 네 옆에서 십자가에 못 박힌 듯했지만, 그의 거룩함은 전혀 훼손되지 않은 채 완벽하게 남아있다. 그리고 네 곁의 그와 함께, 너는 오늘 낙원으로 들어가 하느님의 평화를 알게 되리라.

26 이러한 것이 너희 두 사람 모두를 위한 나의 뜻이며, 너희가 서로에게, 그리고 자기 자신에게 뜻하기를 바라는 나의 뜻이다. 여기에는 오로지 거룩함과 무한한 결합만이 있다. 직접적이고 완벽하며, 두려움의 장막이 가리지 않은 연합 외에 과연 무엇이 천국이겠는가? 여기서 우리는 하나며, 서로를, 그리고 우리 자신을 완벽한 온유함으로 바라본다. 여기서는 우리 사이에 어떤 분리의 생각도 불가능해진다. 분리 안에서 죄수였던 너희는 이제 낙원 안에서 자유로워졌다. 여기서 나는, 나의 친구들이자 형제들이며 나의 자아인 너희와 연합하고자 한다. 너희가 서로에게 준 선물은 나에게 우리의 연합이 임박했다는 확신을 안겨주었다.

27 그러니 이런 믿음을 나와 공유하고, 그것에 정당한 근거가 있음을 알라. 완벽한 사랑에는 두려움이 없다. 그것은 죄를 알지 못하고, 다른 이들을 자기 자신을 보듯이 보기 *때문이다*. 자비로 안을 보거늘, 그것이 *바깥의* 무엇을 두려워할 수 있겠는가? 순결한 자들은 안전을 보며, 마음 깊이 순수한 자들은 하느님의 아들 안에서 하느님을 보고, *그가* 자신을 아버지께 인도할 것이라고 기대한다. 그들이 과연 자신이 있고자 뜻하는 곳 외에 어디로 가겠는가? 하느님이 당신의 아들을 거룩하게 창조하셔서 거룩하게 지켜주신 것만큼이나 확실하게, 이제 너희는 서로를 아버지께 인도할 것이다. 네 형제 안에, 너의 불멸에 대한 하느님의 영원한 약속의 빛이 있다. 그를 죄 없다고 보라. 그러면 네 안에 어떤 두려움도 있을 수 *없다*.

V. 방주에 들어가기

²⁸ 네가 어떤 것에게 너를 해칠 권능을 주지 않는 한, 그것은 너를 해칠 수 없다. 왜냐하면 너는 이 세상의 법칙이 주기를 해석하는 대로 권능을 주기 때문이다. 그것은 바로, 네가 무언가를 주면 그것을 *잃는다*는 것이다. 하지만 권능을 주는 것은 전혀 너에게 달려있지 않다. 권능이란 하느님에게서 나와서 하느님이 주시는 것이며, 너는 네가 줄 때 *얻는다*는 것을 아는 성령이 다시 일깨워 주는 것이다. 성령은 죄에 그 어떤 권능도 부여하지 않으며, 따라서 죄에는 아무런 권능도 없다. 또한 성령은 병과 죽음, 비참함, 고통과 같은 이 세상이 보는 대로의 죄의 결과에도 권능을 부여하지 않는다. 그러한 것들은 일어난 적이 없다. 성령은 그러한 것들을 보지 않으며, 그것들의 근원처럼 보이는 것에 권능을 부여하지 않기 때문이다. 그럼으로써 성령은 너를 그러한 것들에서 자유롭게 풀어주고자 한다. 성령은 너의 정체에 대한 환상이 없기에, 모든 것을 그저 하느님께 드릴 뿐이다. 하느님은 참인 모든 것을 이미 주시고 받으셨다. 그리고 참이 아닌 것은, 받지도 주지도 않으셨다.

²⁹ 천국에는 죄가 있을 자리가 없다. 그곳에서 죄의 결과는 이질적이어서, 그 근원만큼이나 들어올 수 없다. 바로 여기에, 네가 네 형제를 죄 없다고 보아야 할 필요성이 있다. 네 형제 안에 천국이 있다. 그 대신에 그 안에서 죄를 본다면, 천국은 너에게 상실된다. 반대로 그를 있는 그대로 본다면, 네 것이 그로부터 너에게로 빛난다. 너의 구원자는 너에게 오로지 사랑만 주지만, 그로부터 무엇을 받을지는 너에게 달려있다. 너의 모든 실수를 간과할 수 있는 것이 그의 내면에 놓여있으며, 바로 여기에 그 자신의 구원이 놓여있다. 너의 구원도 마찬가지다. [구원이란, 주기를 성령이 해석하는 대로 가르치는 레슨이다.] 구원이란, 다른 법칙을 세워서 그것에 하느님이 창조하지 않으신 것을 시행할 권능을 부여한 마음에게 하느님의 법칙을 다시 일깨워 주는 것이다.

³⁰ 너의 정신 나간 법칙은, 네가 실수를 하도록 보장하고, 그 결과를 너의 마땅한 몫으로 받아들임으로써 실수에 너를 지배할 힘을 부여하도록 보장하기 위해 만들어졌다. 이것이 광기가 아니고 무엇이겠는가? 이것이 바로 너를 정신 이상에서 구해주는 구원자에게서 네가 보고자 하는 것인가? 그는 너만큼이나 이런 광기에서 자유롭다. 그리고 네가 그의 내면에서 보는 자유에서, 너는 너 자신의 자유를 본다. 왜냐하면 너희는 자유를 공유하기 때문이다. 하느님이 주신 것은 오로지 하느님의 법칙만을 따른다.

그리고 하느님의 법칙을 따르는 자가 다른 근원의 결과로 고통받는 것은 불가능하다.
31 자유를 선택하는 자들은 오로지 자유의 결과만을 경험할 것이다. 그들의 권능은 하느님에게서 나왔으며, 그들은 그 권능을 오로지 하느님이 주셔서 그들과 공유하게 하신 것에만 줄 것이다. 이것 외에는 그 무엇도 그들을 건드릴 수 없다. 그들은 오로지 이것만을 보고, 자신의 권능을 하느님의 뜻에 따라 공유하기 때문이다. 이런 식으로, 그들의 자유가 확립되고 유지된다. 그 자유는 가두고 갇히려는 모든 유혹을 뚫고 옹호된다. 자유가 무엇인지 물으려면, 자유에 대해 배운 자들에게 물어야 한다. 독수리가 어떻게 높이 날아오르는지 참새에게 묻지 말라. 작은 날개를 가진 자들은 너와 공유할 권능을 스스로 받아들이지 않았기 때문이다.

32 죄 없는 자들은 자신이 받은 대로 준다. 그러니 네 형제 안에서 죄 없음의 권능을 보고, 네가 그에게 제공한 죄에서 해방하는 권능을 그와 공유하라. 고독한 듯 이 땅을 걷는 사람마다 구원자가 한 명씩 주어져 있다. 이곳에서 그 구원자의 특별한 기능은 그 사람을 해방하여 자기 자신을 자유롭게 하는 것이다. 분리의 세상에서는 각 사람에게 구원자가 따로 임명된다. 비록 그들은 모두 똑같지만 말이다. 하지만, 그들이 모두 똑같음을 아는 자는 구원이 필요 없다. 각 사람은 그리스도의 얼굴을 바라보고는 그가 죄 없음을 볼 준비가 되었을 때 자신의 구원자를 발견한다.

33 그 계획은 너희가 세우지 않았으며, 너희가 배우도록 주어진 부분 외에는 신경을 쓸 필요도 없다. 나머지 부분을 아는 성령이 너희의 도움 없이도 그것을 맡아 처리하기 때문이다. 그러나 성령이 나머지 부분을 처리하기 위해 너희가 맡은 부분의 도움이 필요 없다고는 생각하지 말라. 너희가 맡은 부분에, 그 계획 *전체가* 놓여있기 때문이다. 그 부분이 없다면 다른 어떤 부분도 완전하지 않으며, 전체도 마찬가지로 완전하지 않다. 평화의 방주는 둘씩 짝을 지어 들어가지만, 또 다른 세상의 시작이 그들과 함께 들어간다. 각각의 거룩한 관계는 이곳에 들어와 성령의 계획에서 맡은 특별한 기능을 배워야 한다. 이제 그 관계는 성령의 목적을 공유하기 때문이다. 그리고 그 목적이 실현됨에 따라, 새로운 세상이 하나 일어난다. 그곳으로, 죄는 들어갈 수 없고 하느님의 아들은 두려움 없이 들어갈 수 있다. 또한 그곳에서, 그는 잠시 안식하면서 감금 생활을 잊고 자유를 기억한다. 너희가 없다면, 그가 어떻게 들어와서 안식하고 기억할 수 있겠는가? 너희가 그곳에 없는 한, 그는 완전하지 않다. 그리고 그가 그곳에서 기억하는 것은 바로 자신의 완전함이다.

³⁴ 이것이 바로 너희에게 주어진 목적이다. 서로에 대한 너희의 용서가 너희 둘에게만 도움이 된다고 생각하지 말라. 이곳에 안식하러 들어오는 모든 쌍의 손에 새로운 세상 전체가 놓여있기 때문이다. 그들이 안식함에 따라 그리스도의 얼굴이 그들을 비춰주며, 그들은 이제 하느님의 법칙을 기억하게 된다. 그리고 나머지는 모두 잊고, 하느님의 법칙이 그들 자신과 그들의 모든 형제 안에서 완벽하게 실현되기만을 열망한다. 이것이 이루어졌을 때, 너희가 그들 없이 안식할 것이라고 생각하는가? 내가 너희를 떠나 나 자신의 일부를 잊을 수 없듯이, 너희는 그들 중 어느 하나도 바깥에 버려둘 수 없다.

³⁵ 너희가 시간 안에 있는 한 평화로 가는 길이 열리기 전에 해야 할 일이 그렇게나 많은데, 너희가 어떻게 평화로울 수 있는지 의아해할 수도 있다. 아마도 너희에게 이것은 불가능해 보일 수도 있다. 그러나 하느님이 너희의 구원을 위해 작동하지도 않는 계획을 세우신다는 것이 과연 가능한 일인지 자문해 보라. 너희가 실현하고자 하는 유일한 기능으로 하느님의 계획을 일단 받아들이기만 하면, 다른 모든 것은 너희가 노력하지 않아도 성령이 마련해 줄 것이다.

³⁶ 성령이 앞서가면서 너희의 길을 곧게 닦아주고, 도중에 걸려 넘어질 돌 하나, 길을 가로막을 장애물 하나도 남겨두지 않을 것이다. 너희에게 필요한 것은 그 무엇도 거절되지 않을 것이다. 너희가 맞닥뜨리기도 전에 슬며시 녹아 사라지지 않을 어려움은 단 하나도 없을 것이다. 너희는 아무것도 걱정할 필요가 없고, 너희가 실현하고자 하는 목적 외에는 아무것도 신경을 쓸 필요가 없다. 그 목적이 너희에게 주어졌듯이, 그것의 실현도 주어질 것이다. 하느님의 굳은 약속은 그 모든 장애물을 뚫고 지켜질 것이다. 그것은 우연이 아닌 확실성에 근거하기 때문이다. 그것은 *너희에* 근거한다. 그리고 과연 무엇이 하느님의 아들보다 더 확실하겠는가?

VI. 영원의 전령

³⁷ 이 세상에서, 하느님의 아들은 거룩한 관계에 있을 때 자기 자신에게 가장 가까워진다. 그곳에서 그는, 아버지가 그에게 갖고 계신 확신을 발견하기 시작한다. 그곳에서 그는, 아버지의 법칙 밖에 있던 것에 그 법칙을 회복하고 상실된 것을 발견하는 자

신의 기능을 발견한다. 어떤 것이든 단지 시간 안에서만 상실될 수 있지만, 그렇다고 *결코* 영원히 상실되지는 않는다. 따라서 하느님 아들의 부분들은 시간 안에서 점차 결합하며, 각 부분이 결합할 때마다 시간의 종말이 가까워진다. 결합의 기적 하나하나가 영원을 알리는 막강한 전령이다. 통합되고 확실하며 유일한 목적을 가진 자는 두려워할 수 없고, 그의 목적을 공유하는 자는 그와 하나가 되지 *않을* 수 없다.

38 영원의 전령들은 저마다 죄와 두려움의 종말을 노래한다. 그들은 저마다 시간 안에서 시간 저 너머에 있는 것에 대해 말한다. 함께 울리는 두 음성은 모든 이의 가슴을 소리쳐 불러 하나로 고동치게 한다. 그러한 하나의 고동 소리 안에서, 사랑의 단일성이 선포되고 반가이 맞아들여진다. 하느님 아들의 단일성을 확고히 유지하는 권능을 가진 너희의 거룩한 관계에 평화가 있기를. 너희는 모든 이를 위해 서로에게 주며, 너희의 선물로 인해 모든 이가 기뻐하게 된다. 너희가 주는 선물을 누가 너희에게 주었는지 결코 잊지 말라. 그리고 이러한 잊지 않음을 통해, 너희는 그 선물을 그에게 주셔서 너희에게 주도록 하신 분을 기억할 것이다.

39 네 형제의 가치를 과대평가하는 것은 불가능하다. 에고만이 그렇게 하지만, 그것은 단지 에고가 자기 자신을 위해 상대방을 원하며, 따라서 상대방을 너무 *하찮게* 평가함을 의미할 뿐이다. 평가할 수 없을 정도로 귀한 것은 분명 가치를 측정할 수 없다. 너의 판단 저 너머에 있어서 볼 수도 없는 것을 판단하려는 시도는 무의미하다. 너는 그러한 시도에서 일어나는 두려움을 인식하는가? 너에게 보이지 않는 것을 판단하지 말라. 그렇지 않으면 너는 그것을 결코 볼 수 없을 것이다. 단지 인내하며 그것이 오기를 기다려라. 네 형제를 위해 원하는 것이 오로지 평화뿐일 때, 너는 그의 가치를 볼 것이다. 그리고 너는 네가 그를 위해 원하는 바로 그것을 받을 것이다.

40 너에게 평화를 선사하는 그의 가치를 네가 어찌 평가할 수 있겠는가? 그가 선사하는 것 외에 너는 과연 무엇을 원하려는가? 그의 가치는 아버지가 확립하셨다. 그리고 네가 그를 통해 아버지의 선물을 받을 때, 너는 그의 가치를 인식하게 될 것이다. 너의 감사하는 비전 안에서 네 형제의 내면에 있는 것은 너무도 찬란하게 빛나서, 너는 그저 그를 사랑하고 기뻐하게 될 것이다. 너는 그를 판단할 생각을 하지 않을 것이다. 그 누가 그리스도의 얼굴을 보면서 판단이 여전히 의미 있다고 주장하겠는가? 보지 못하는 자들만이 그런 주장을 한다. 너는 비전과 판단 중에 선택하지만, 결코 둘 다 선택할 수는 없다.

⁴¹ 네 형제의 몸은 그에게 용도가 거의 없듯이 너에게도 그러하다. 몸을 성령이 가르치는 대로만 사용한다면, 몸에는 어떤 기능도 없을 것이다. 마음들은 소통하기 위해 몸을 전혀 필요로 하지 않기 때문이다. 몸을 보는 시각은 거룩한 관계의 목적에 도움이 되는 용도가 전혀 없다. 그리고 너희가 서로를 이렇게 보는 한, 수단과 목적은 아직 일치된 것이 아니다. 이것을 성취하는 데 단 하나의 거룩한 순간이면 될 것을, 왜 그리도 많은 거룩한 순간이 필요하겠는가? 거룩한 순간은 단 하나만 있다. 시간을 따라 황금색 빛처럼 흐르는 영원의 작은 숨결은 모두 똑같다. 그 이전에는 아무것도 없었고, 그 이후에도 아무것도 없다.

⁴² *너*는 각각의 거룩한 순간을 시간상의 다른 시점이라고 본다. *거룩한 순간*은 결코 변하지 않는다. 거룩한 순간이 이제껏 간직했던, 혹은 앞으로 간직할 모든 것은 바로 지금 여기에 있다. 과거는 그 순간으로부터 아무것도 가져가지 않으며, 미래도 더 이상 아무것도 보태지 않을 것이다. 그렇다면 여기에 모든 것이 있다. 여기에, 수단과 목적이 *이미* 완벽하게 조화된 너희 관계의 사랑스러움이 있다. 여기에, 너희가 언젠가 서로에게 제공할 완벽한 믿음이 *이미* 제공되어 있다. 그리고 여기에, 너희가 서로에게 줄 무한한 용서가 *이미* 주어져 있다. 그리고 너희가 바라보게 될 그리스도의 얼굴이 *이미* 보인다.

⁴³ 이와 같은 선물을 주는 자의 가치를 네가 과연 평가할 수 있겠는가? 너는 이 선물을 다른 어떤 것과 바꾸고자 하는가? 이 선물은 너의 기억에 하느님의 법칙을 되돌려 준다. 그리고 단지 그 법칙을 기억하는 것에 의해, 너를 고통과 죽음의 죄수로 가두었던 법칙이 잊힐 수밖에 없다. 이것은 네 형제의 몸이 너에게 주는 선물이 아니다. 그 선물을 감추는 장막은 네 형제도 감춘다. 그가 바로 그 선물이건만, 그는 그것을 모르며 너도 역시 모른다. 하지만 너희 두 사람 안에서 그 선물을 보는 성령이 너희 대신 그것을 주고받을 것임을 믿어라. 그러면 너는 성령의 비전을 통해 그것을 보고, 성령의 이해를 통해 그것을 알아보고는, 너 자신의 것으로 사랑할 것이다.

⁴⁴ 안심하라. 그리고 자신이 보는 것에 대한 완벽한 신뢰와 사랑으로 너를 보살피는 성령을 느껴보라. 성령은 하느님의 아들을 알며, 우주가 하느님 아들의 온유한 손안에서 안전하고 평화롭게 안식하고 있다는 아버지의 확신을 공유한다. 이제 아들이 자신에 대한 아버지의 신뢰를 공유하려면 무엇을 배워야 하는지 잘 살펴보자. 그가 무엇인데 우주의 **창조주**께서 그에게 우주를 제공하시고는, 우주가 안전하게 안식하고

있음을 아시는가? 그는 자기 자신을 아버지가 아시는 대로 바라보지 않는다. 하지만 하느님의 신뢰가, 그것을 받을 가치가 없는 자에게 놓이는 것은 불가능하다.

Ⅶ. 성령의 사원

⁴⁵ 하느님 아들의 의미는 오로지 그가 그의 창조주와 맺는 관계에만 놓여있다. 그 의미가 다른 곳에 있다면, 그것은 우연에 의존할 것이다. 하지만 다른 곳이란 정녕 없다. 그 관계는 온전히 사랑하고 영원하다. 하지만 하느님의 아들은 자신과 아버지 사이에 거룩하지 않은 관계를 꾸며냈다. 그의 진정한 관계는 완벽하게 연합되고 끊임없이 계속되는 관계다. 그가 만든 관계는 부분적이고 자기중심적이며, 조각들로 나뉘어 있고 두려움이 가득하다. 그의 아버지가 창조하신 관계는 전적으로 자기 포괄적이고 자기 확장적이다. 그가 만든 관계는 전적으로 자기 파괴적이고 자기 제한적이다.

⁴⁶ 거룩한 관계와 거룩하지 않은 관계를 둘 다 경험해 보는 것은 그 대비를 깨닫기 위한 가장 좋은 방법이다. 전자는 사랑에 기반을 두고 있으며, 평온하고 흔들림 없이 사랑에 의지한다. 몸은 그 관계에 침범해 들어오지 않는다. 몸이 들어가는 모든 관계는 사랑이 아닌 우상 숭배에 기반을 두고 있다. 사랑은 알려지기를, 완전히 이해받기를, 그리고 공유되기를 소망한다. 사랑은 비밀이 없으며, 따로 간직하거나 감추려는 것이 아무것도 없다. 사랑은 햇빛 속에 눈을 뜨고 평온하게 걷는다. 사랑은 반가운 미소를 짓고 진실하게 걷는다. 사랑은 너무도 단순하고 너무도 명백하기에, 도저히 잘못 이해될 수 없다. 그러나 우상은 공유하지 않는다.

⁴⁷ 우상은 받아들이기는 하지만, 결코 돌려주지는 않는다. 우상은 사랑받을 수는 있지만, 사랑할 수는 없다. 우상은 자신에게 무엇이 주어지는지 이해하지 못한다. 그리고 우상이 들어가는 모든 관계는 관계의 의미를 잃는다. 우상은 은밀하게 살며, 햇빛을 증오하고, 몸의 어둠 속에서 행복해한다. 그곳은 우상이 숨을 수 있고, 더불어 자신의 비밀도 숨겨둘 수 있는 곳이다. 우상은 아무런 관계도 맺지 않는다. 그곳에서는 우상 외에 그 누구도 환영받지 않기 때문이다. 우상은 그 누구에게도 미소를 지어주지 않으며, 자신에게 미소를 지어주는 자들을 보지도 않는다.

⁴⁸ 사랑에는 태양을 피해 미스터리를 감춘 음침한 사원이 전혀 없다. 사랑은 권능이

아닌 관계를 구한다. 몸은 에고가 관계를 통해/ 권능을 구하려고 선택한 무기다. 그리고 에고의 관계는 거룩하지 않을 수밖에 없다. 에고는 그 관계의 정체가 무엇인지 보려고도 하지 않기 때문이다. 에고는 자신의 우상들이 먹고 번성할 공물을 얻기 위해서만 관계를 원한다. 에고는 나머지가 제공할 수 있는 것은 가치 없다고 여겨 그저 던져버린다. 집이 없는 에고는 자신의 우상들을 집어넣을 수 있는 몸들을 가능한 한 많이 수집해서, 그것들을 자신에게 바치는 사원으로 만들려고 한다.

49 성령의 사원은 몸이 아니라 관계다. 몸은 고립된 한 점의 어둠, 감춰진 은밀한 방, 얼토당토않은 미스터리가 머무는 작디작은 장소, 울타리를 쳐서 철저히 보호하지만 사실 아무것도 감추지 않은 무의미한 구역일 뿐이다. 여기서, 거룩하지 않은 관계는 실재를 벗어나 살아남으려고 빵 부스러기를 구한다. 여기서, 거룩하지 않은 관계는 자신의 형제들을 끌어와 자신을 우상으로 숭배하게 만든다. 여기서, 그 관계는 "안전"하다. 이곳으로는 사랑이 들어올 수 없기 때문이다. 성령은 사랑이 결코 있을 수 없는 곳에 자신의 사원을 짓지 않는다. 그리스도의 얼굴을 보는 성령이 온 우주에서 그 얼굴을 볼 수 *없는* 유일한 곳을 자신의 집으로 선택하겠는가?

50 너는 몸을 성령의 사원으로 만들 수 *없다.* 그리고 몸은 *결코* 사랑의 보금자리가 되지 못할 것이다. 몸은 우상 숭배자와 사랑을 정죄하는 자의 집이다. 여기서, 사랑은 두려움의 대상이 되고 희망은 버려지기 때문이다. 여기서는 심지어 숭배의 대상인 우상들조차 미스터리에 싸여서 그 숭배자들과 떨어져 있다. 이것은 어떤 관계에 바쳐진 사원이 아니기에, 아무것도 돌아오지 않는다. 여기에, 경외 속에 지각되고 공경받는 분리의 "미스터리"가 있다. 여기서, 하느님이 원하시지 *않는* 것이 하느님을 피해 "안전하게" 유지된다. 하지만 네가 네 형제 안에서 보지 않으려고 하는 바로 그것이야말로, 너로 하여금 하느님을 두려워하고 알지 못하게 만드는 것임을 너는 깨닫지 못한다.

51 우상 숭배자들은 항상 사랑을 두려워한다. 사랑이 다가오는 것만큼 그들을 심각하게 위협하는 것은 없기 때문이다. 사랑이 확실히 그럴 것이듯, 사랑으로 하여금 그들 가까이 다가가서 몸을 간과하게 하라. 그러면 그들은 단단해 보이던 그들 사원의 토대가 흔들리고 느슨해지는 것을 감지하고는, 두려움에 떨며 움츠러든다. 형제들이여, 너희는 그들과 함께 떨고 있다. 하지만 너희가 두려워하는 것은 단지 해방의 전령이다. 이 음침한 곳은 너희의 집이 아니다. 너희의 사원은 위협받지 않는다. 너희는 더 이상 우상 숭배자가 아니다. 성령의 목적은 너희의 몸이 아닌 너희의 관계 안에 안전

하게 놓여있다. 너희는 몸에서 *벗어났다.* 너희가 있는 곳에는 몸이 들어올 수 없다. 성령은 그곳에 자신의 사원을 세웠기 때문이다.

⁵² 관계에는 정도order가 없다. 관계는 *있거나* 없을 뿐이다. 거룩하지 않은 관계는 관계가 아니다. 그것은 고립된 상태지만, 그렇지 않게 보일 뿐이다. 그 이상 아무것도 아니다. 너희가 하느님과 맺은 관계를 거룩하지 않게 만든다는 미친 아이디어가 가능해 보인 순간, 너희의 모든 관계는 무의미하게 되었다. 그 거룩하지 않은 순간에 시간이 태어났고, 몸이 만들어져서 그 미친 아이디어가 머물 곳을 제공하여 그것에 실재라는 환상을 부여했다. 따라서 그 아이디어는 시간 안에서 잠시 유지되다가 사라지는 집을 가진 듯이 보였다. 왜냐하면, 과연 무엇이 실재를 거슬러 이 미친 아이디어에게 한 순간 이상 머물 곳을 제공할 수 있었겠는가?

⁵³ 우상은 사라질 수밖에 없고, 가고 난 뒤에 아무런 흔적도 남기지 않을 것이다. 우상이 권능을 휘두르는 듯한 거룩하지 않은 순간은 눈송이처럼 덧없을 뿐, 눈송이의 아름다움은 없다. 이것이 네가 거룩한 순간의 영원한 축복과 무한한 혜택 대신에 원하는 대체품인가? 너는 너에게 평화와 이해를 제공하는 거룩한 순간보다는, 너무도 강력해 보이고 너무도 지독하게 오해받으며 거짓된 매력에 너무도 큰 투자를 한 거룩하지 않은 관계의 악의를 선호하는가? 그러니 몸을 내려놓고 조용히 초월하여, 네가 진정으로 원하는 것을 맞아들이기 위해 일어나라. 성령의 거룩한 사원에서, 네가 깨어나 떠나온 곳을 돌아보지 말라. 환상을 초월하여 저 뒤에 남기고 떠난 마음을, 그 어떤 환상도 끌어당길 수 없기 때문이다.

⁵⁴ 거룩한 관계는 하느님의 아들이 실제로 아버지와 맺고 있는 진정한 관계를 반영한다. 성령은 그 관계가 영원히 계속될 것이라는 확신으로 그 안에서 안식한다. 진리는 그 관계의 굳건한 토대를 영원히 떠받치고, 사랑은 사랑 자신의 것에게 베푸는 온유한 미소와 부드러운 축복으로 그 관계를 비춰준다. 여기서, 거룩하지 않은 순간은 안전하게 집에 돌아가는 거룩한 순간과 기쁘게 교환된다. 여기에, 진정한 관계로 가는 길이 부드럽게 열려있다. 너희는 그 길을 따라 함께 걸으면서, 몸을 기꺼이 뒤로하고 영원한 팔 안에서 안식한다. 너희를 받아들여 평화를 영원히 주려고, 사랑이 두 팔을 활짝 벌리고 있다.

⁵⁵ 몸은 에고의 우상이며, 죄에 대한 믿음이 육화되어 밖으로 투사된 것이다. 이것은 마음을 둘러싼 살로 된 벽처럼 보이는 것을 만들어내서, 시공간상의 작디작은 지점에

마음을 죄수로 가둔다. 이제 마음에게는 죽음의 볼모가 되어 탄식하고 비통해하다가 자신의 주인에게 경의를 표하며 죽을 단 한 순간만 주어진다. 그리고 이런 거룩하지 않은 순간이 삶처럼 보인다. 그것은 절망의 한 순간, 망각 위에 불확실하게 떠 있는 물 한 방울 없는 작은 모래섬이다. 이곳에, 하느님의 아들이 잠시 들러 죽음의 우상들에게 헌신한 뒤 죽는다. 이곳에서, 그는 살아있다기보다는 죽어있다. 하지만 또한 이곳이야말로, 그가 우상 숭배와 사랑 사이에서 다시 선택하는 곳이다.

56 여기서, 하느님의 아들은 몸에게 찬사를 바치며 그 순간을 보낼지, 아니면 자신에게 몸으로부터의 해방이 주어지도록 허용할지 선택할 수 있다. 여기서, 그는 전에 선택한 거룩하지 않은 순간을 대체하라고 주어진 거룩한 순간을 받아들일 수 있다. 여기서, 그는 관계가 자신의 파멸이 아닌 구원임을 배울 수 있다. 너희는 이것을 배우면서 여전히 두려워할 수 있지만, 두려움에 얼어붙을 정도는 아니다. 이제 거룩한 순간은 그것과 대응관계에 있는 듯한 거룩하지 않은 순간보다 너에게 더 큰 가치를 갖는다. 그리고 너는, 네가 실제로 그중 단 하나만 원한다는 것을 배웠다. 지금은 슬퍼할 때가 아니다. 혼란스러울 수는 있겠지만, 결코 낙심할 때는 아니다.

57 너희는 하나의 *진정한* 관계를 맺고 있으며, 그 관계는 의미가 *있다.* 동등한 것들이 서로를 닮았듯이, 그 관계는 너희와 하느님의 진정한 관계를 닮았다. 우상 숭배는 지나갔으며, 의미가 없다. 어쩌면 너희는 여전히 서로를 조금 두려워할 것이다. 어쩌면 하느님에 대한 두려움의 그림자가 너희에게 여전히 드리워져 있을 것이다. 하지만 몸 *너머에 있는* 하나의 진정한 관계가 주어진 자들에게 도대체 그것이 무슨 상관이란 말인가? 그들이 과연 그리스도의 얼굴을 보지 못하도록 오랫동안 저지당할 수 있겠는가? 그들이 과연 그들과 아버지의 관계에 대한 기억을 자신에게 주기를 오랫동안 보류하고, 하느님의 사랑에 대한 기억을 자신의 의식에서 오랫동안 밀쳐둘 수 있겠는가?

Ⅷ. 수단과 목적의 일치

58 우리는 그동안 수단과 목적의 불일치에 대해 언급했고, 너희의 거룩한 관계가 오로지 기쁨만 가져다주려면 수단과 목적을 어떻게 일치시켜야 하는지에 대해서도 자주 언급했다. 우리는 또한 성령의 목표에 부응하는 수단은 성령의 목적과 같은 근원에서

나올 것이라고도 말했다. 이 수업은 아주 단순하고 직접적이기에, 일관되지 않은 것이 아무것도 없다. 일관성이 없어 보이거나 다른 부분보다 더 어려워 보이는 부분은 단지 수단과 목적이 여전히 일치하지 않는 영역을 나타낼 뿐이다. 이것은 굉장한 불편함을 일으키지만, 그럴 필요는 없다. 이 수업은 너에게 거의 아무것도 요구하지 않는다. 이 수업처럼 그렇게 적게 요구하거나 더 많이 줄 수 있는 수업은 상상도 할 수 없다.

59 관계가 갑자기 죄에서 거룩함으로 변한 데 따르는 불편한 기간이 거의 끝나간다. 너는 여전히 불편함을 느끼는 바로 그 정도만큼 관계의 목적을 바꾼 성령께 수단을 맡기기를 거부하고 있는 것이다. 너는 네가 그 목표를 원한다는 것을 인식한다. 그렇다면 그 수단도 기꺼이 받아들이지 않으려는가? 기꺼이 그럴 마음이 없다면, *네가* 일관되지 않음을 인정하자. 목적은 수단에 의해 달성되며, 네가 어떤 목적을 원한다면 그 수단도 기꺼이 원해야 한다. 진실한 자라면 과연, "나는 무엇보다도 이것을 원하지만, 그것을 얻을 수단을 배우는 것은 원하지 않는다."라고 말할 수 있겠는가?

60 성령은 목표를 달성하기 위해 아주 조금만 요구했고, 수단을 주기 위해서도 그 이상 요구하지 않는다. 수단은 목표를 따른다. 그리고 네가 주저한다면, 그것은 수단이 아닌 목적을 두려워하기 때문이다. 이것을 기억하라. 그렇지 않으면 너는 수단이 어렵다고 믿는 잘못을 범할 것이기 때문이다. 하지만 수단이 그저 주어지는 것이라면, 그것이 어떻게 어려울 수 있겠는가? 수단은 목표를 보장하며, 목표와 완벽하게 일치한다. 수단을 더 자세히 살펴보기 전에, 네가 수단이 불가능하다고 생각한다면 목적을 원하는 마음이 이미 흔들린 것임을 기억하라. 어떤 목표에 도달하는 것이 가능하다면, 그렇게 할 수단도 가능해야 하기 때문이다.

61 네 형제를 죄 없다고 보면서 그를 몸으로 보는 것은 *불가능하다.* 이야말로 거룩함이라는 목표와 완전히 일치하지 않는가? 거룩함이란 단지, 죄의 결과가 제거되게 하여 언제나 참이었던 것을 인식한 결과기 때문이다. 죄 없는 *몸*을 보는 것은 불가능하다. 거룩함은 긍정적인 반면에, 몸은 그저 중립적이기 때문이다. 몸은 죄가 있지 않지만, 죄가 없지도 않다. 몸은 본래 무며, 따라서 몸에 그리스도의 속성이나 에고의 속성을 부여하는 것은 무의미하다. 어떤 경우든 잘못일 수밖에 없다. 두 경우 모두, 그러한 속성들을 그것들이 있을 수 없는 곳에 부여하는 것이기 때문이다. 그리고 두 경우 모두, 진리라는 목적을 위해 무효화되어야 한다.

⁶² 몸은 에고가 거룩하지 않은 관계를 실재적으로 보이게 만들려고 사용하는 *수단이다.* 거룩하지 않은 순간은 곧 몸의 시간이다. 그러나 여기서 그 *목적*은 죄다. 그 목적은 환상 속에서나 달성될 수 있으며, 따라서 어떤 형제가 몸이라는 환상은 거룩하지 않음이라는 목적과 아주 잘 어울린다. 이런 일관성으로 인해, 그 목적을 소중히 여기는 동안은 아무도 수단에 의문을 제기하지 않는다. 비전은 소망에 맞춰 조정된다. 왜냐하면, 시각은 항상 열망을 따르기 때문이다. 그리고 네가 만약 몸을 본다면, 비전이 아닌 판단을 선택한 것이다. 관계와 마찬가지로, 비전에도 정도가 없다. 너는 *보거나* 보지 못하거나 둘 중 하나다.

⁶³ 어떤 형제의 몸을 보는 자는 그에게 이미 판단을 덮어씌운 것이며, 따라서 그를 보지 않는 것이다. 그는 실제로 그 형제를 죄 있다고 보는 것이 아니라, 전혀 보지 않는 것이다. 죄의 어둠 속에서, 그는 보이지 않는다. 그는 어둠 속에서 단지 상상될 수 있을 뿐이다. 그리고 이곳에서, 너는 네 형제에 대해 지닌 환상을 그의 실재에 비추어 보지 않는다. 이곳에서, 환상과 실재는 분리되어 보관된다. 이곳에서, 환상은 결코 진리로 보내지지 않고 항상 진리로부터 감춰진다. 그리고 바로 이곳 어둠 속에서, 네 형제의 실재는 다른 몸들과 거룩하지 않은 관계를 맺고 죽기 전에 한순간 죄라는 명분을 섬기는 몸이라고 상상된다.

⁶⁴ 이 헛된 상상과 비전 사이에는 과연 차이점이 하나 있다. 그 차이는 그것들 자체에 있는 것이 아니라, 그 목적에 있다. 둘 다 단지 수단일 뿐이며, 각각은 그것이 사용되는 목적에 적합하다. 어느 것도 다른 것의 목적에 기여할 수 없다. 각각의 수단은 곧 목적에 대한 선택으로서, 그 목적을 위해 사용되기 때문이다. 어떤 수단도 그것이 사용되도록 의도된 목적 없이는 무의미하며, 그 의도와 분리된 별개의 것으로서 가치 있게 여겨지지 않는다. 수단이 실재적으로 보이는 이유는 목표를 가치 있게 여기기 때문이다. 그리고 죄를 목표로 삼지 않는 한 판단은 아무런 가치도 없다.

⁶⁵ 판단을 통해서가 아니라면, 몸을 볼 수 없다. 몸을 본다는 것은 너에게 비전이 없으며, 성령이 그의 목적에 기여하라고 제공하는 수단을 거절했다는 표시다. 거룩한 관계가 어떻게 죄의 수단을 통해 그 목적을 이룰 수 있겠는가? 판단은 네가 너 자신에게 가르친 것이지만, 비전은 네가 가르친 것을 무효화하고자 하는 성령께 배우는 것이다. 성령의 비전은 몸을 볼 수 없다. 그것은 죄를 바라볼 수 없기 때문이다. 따라서 그것은 너를 실재로 인도한다. 너의 거룩한 형제는 환상이 아니며, 그를 보는 것이 곧

너의 해방이다. 그를 어둠이 아닌 곳에서 보려고 하라. 어둠 속에서는 그에 대한 너의 상상물이 실재적으로 보이기 때문이다. 너는 그를 차단하려고 눈을 감아버렸다. 바로 이것이 너의 목적이었다. 그리고 네가 그런 목적에 일말의 의미라도 있다고 보는 한, 그 목적의 달성을 위한 수단을 볼 가치가 있다고 평가할 것이다. 따라서 너는 보지 못할 것이다.

⁶⁶ 너는 "내가 어떻게 몸이 없는 형제를 볼 수 있는가?"라고 물어서는 안 된다. 단지, "나는 정말로 그가 죄 없다고 보기를 소망하는가?"라고 물어라. 이렇게 물으면서 그의 죄 없음이 곧 *네가* 두려움에서 벗어나는 길임을 잊지 말라. 구원은 성령의 목표고, 그 수단은 비전이다. 진정으로 보는 자가 바라보는 것은 죄 없음이기 때문이다. 사랑하는 자는 판단할 수 없으며, 그가 보는 것은 정죄로부터 *자유롭다*. 그가 보는 것은 그가 만든 것이 아니다. 그것은, 그로 하여금 봄seeing을 가능하게 해준 비전과 마찬가지로, 그에게 보도록 주어진 것이기 때문이다.

IX. 죄 없음의 비전

⁶⁷ 비전은 너에게 처음에는 언뜻 올 것이다. 하지만 자신의 형제를 죄 없다고 보는 너에게 무엇이 주어져 있는지 보여주기에는 충분할 것이다. 네가 다른 것을 열망함으로써 진리가 너에게 상실되었듯이, 진리를 열망함으로써 진리가 너에게 회복된다. "다른 것"을 가치 있게 여겨 닫아걸었던 거룩한 장소를 활짝 열면, 결코 상실되지 않았던 것이 조용히 돌아올 것이다. 그것은 그동안 너를 위해 보관되었다. 판단하지 않았더라면, 비전은 필요 없었을 것이다. 지금, 판단의 전적인 무효화를 열망하라. 그러면 너를 위해 그렇게 된다.

⁶⁸ 너 자신의 정체를 알고 싶지 않은가? 너의 의심을 확실성으로 행복하게 교환하지 않으려는가? 비참함에서 기꺼이 벗어나 다시 기쁨에 대해 배우지 않으려는가? 너의 거룩한 관계는 너에게 이 모든 것을 선사한다. 그 관계가 너에게 주어졌듯이, 그 관계의 결과 또한 주어질 것이다. 그 관계의 거룩한 목적을 네가 만들지 않았듯이, 그 관계의 행복한 결말을 네 것으로 만들어주는 수단도 너에게서 오지 않는다. 단지 요청하기만 하면 가질 수 있는 것에 기뻐하고, 수단이든 목적이든 네가 만들어야 한다고

생각하지 말라. 네 형제를 단지 죄 없다고 보려는 너에게, 이 모든 것이 주어진다. 이 모든 것이 주어져서, 네가 단지 받으려고 열망하기만을 기다린다. 보기를 요청하는 자에게, 비전은 아낌없이 주어진다.

⁶⁹ 네가 성령의 비전으로 바라보고 성령과 함께 기뻐하도록, 네 형제의 죄 없음이 찬란한 빛 속에 주어진다. 진정한 열망과 목적에 대한 진실성을 담아 요청하는 모든 이에게, 평화가 올 것이다. 그것은 네가 성령과 공유하는 목적이며, 구원의 정체에 대해 성령과 일치하는 목적이다. 그러니 네 형제를 기꺼이 죄 없다고 보려는 용의를 내라. 그럼으로써 그리스도는 너의 비전 앞에 일어나 너에게 기쁨을 선사할 수 있게 된다. 그리고 네 형제의 몸에 그 어떤 가치도 부여하지 말라. 그것은 그를 그의 정체에 대한 환상에 붙잡아 두는 것이다. 그의 죄 없음을 보는 것은 너의 열망이듯이 그의 열망이기도 하다. 너희 관계 안에서 하느님의 아들을 축복하고, 그에게서 네가 그를 가지고 지어낸 것을 보지 말라.

⁷⁰ 성령은 하느님이 뜻하셔서 네게 주신 것은 네 것이 될 것임을 보장한다. 이제 이것이 너의 목적이며, 그것을 네 것으로 만들어주는 비전이 주어질 준비가 되었다. 너희는 각자 몸을 보지 않을 수 있게 해주는 비전을 가졌다. 너희는 서로를 바라볼 때 아버지께 올리는 제단을 볼 것이다. 그 제단은 천국처럼 거룩하고, 찬란한 순수로 은은히 빛나며, 너희가 올려놓은 눈부신 백합으로 반짝거린다. 네가 이보다 무엇을 더 가치 있게 여길 수 있겠는가? 너는 왜 몸이 하느님의 아들을 위한 더 나은 집, 더 안전한 피난처라고 생각하는가? 너는 왜 진리보다는 몸을 바라보려 하는가? 네가 어떻게 파괴의 도구를 선호하여, 성령이 너에게 제공해서 너와 더불어 살 거룩한 집을 대체할 것으로 선택할 수 있겠는가?

⁷¹ 몸은 연약함과 취약함, 권능의 상실을 나타낸다. 이러한 구원자가 과연 너를 도울 수 있겠는가? 너는 고통스럽고 도움이 필요할 때 무력한 것에게 의지하려는가? 이 한심한 작은 것이 네가 힘을 달라고 요청할 완벽한 선택인가? 판단은 너의 구원자를 약화하는 듯이 보일 것이다. 하지만 그의 힘이 필요한 자는 바로 *너다*. 비전이 해결하지 못할 문제도, 사건이나 상황도, 난국도 전혀 없다. 비전으로 바라보면, 이 모든 것이 구원된다. 비전은 *너의* 시각이 아닌 성령의 시각으로서, 그와 함께 성령이 사랑하는 법칙을 가져오기 때문이다.

⁷² 비전으로 바라보는 모든 것은, 성령의 차분하고 확실한 시각이 가져다주는 법칙에

따라 부드럽게 제자리를 찾는다. 성령이 바라보는 모든 것의 목표는 항상 확실하다. 그것들은 성령의 목적에 부응할 것이다. 그것들은 조정되지 않은 형식으로 보이며, 성령의 목적에 부응하기에 적합하기 때문이다. 성령의 부드러운 눈길 아래, 파괴적이던 것이 유순해지고 죄가 축복으로 바뀐다. 이렇게 교정하는 권능 앞에서, 몸의 눈이 과연 무엇을 지각할 수 있겠는가? 몸의 눈은 죄에 맞춰 *조정되었기에* 어떤 형식의 죄도 간과할 수 없으며, 모든 곳과 모든 것에서 죄를 본다. 몸의 눈을 통해 보면, 모든 것이 네 앞에서 정죄받을 것이다. 너를 구원할 수 있는 그 모든 것을 너는 결코 보지 않을 것이다. 네 구원의 근원인 너의 거룩한 관계는 의미를 박탈당하고, 그 관계의 가장 거룩한 목적은 성취를 위한 수단을 빼앗길 것이다.

73 판단은 한낱 장난감이자 변덕이며, 너의 상상 속에서 죽음의 헛된 놀이를 하기 위한 무의미한 수단에 불과하다. 그러나 비전은 모든 것을 바로잡아 천국 법칙의 친절한 통치 아래로 부드럽게 가져간다. 네가 만약 이 세상이 한낱 환각에 지나지 않음을 인식한다면 어떻게 될까? 이 세상을 지어낸 자가 너 자신임을 정말로 이해한다면 어떻게 될까? 세상을 돌아다니는 듯이 보이고, 죄짓고 죽고, 공격하고 살해하고, 자신을 파괴하는 듯한 자들이 전혀 실제가 아님을 깨닫는다면 어떻게 될까? 네가 이것을 *받아들인다면*, 네가 보는 것을 믿을 수 있겠는가? 그리고 너는 그것을 *보려고* 하겠는가?

74 환각은 있는 그대로 인식하면 사라진다. 이것이 곧 치유요 치료법이다. 환각을 믿지 말라. 그러면 환각은 사라진다. 너는 단지 *네가* 그렇게 했음을 인식하기만 하면 된다. 일단 이 단순한 사실을 받아들이고 네가 환각에 부여한 권능을 너 자신에게로 되가져 오기만 하면, 환각에서 해방된다. 환각은 어떤 목적에 기여하며, 네가 더 이상 그 목적을 고수하지 않으면 사라진다. 이 한 가지는 확실하다. 따라서 문제는 결코 네가 환각을 원하는지 여부가 아니라, 환각이 기여하는 목적을 원하는지 여부다. 이 세상은 각자 다르고 다른 가치가 있는 수많은 목적을 제시하는 듯하다. 하지만 그 목적들은 모두 똑같다. 다시 말하지만, 그것들에 정도라는 것은 없으며, 단지 가치의 위계가 있는 듯이 보일 뿐이다.

75 오로지 두 가지 목적만 있을 수 있다. 그중 하나는 죄고, 다른 하나는 거룩함이다. 그 사이에는 아무것도 없다. 그리고 네가 선택하는 목적이 네가 보는 것을 결정한다. 네가 보는 것은 단지 네가 그 목표를 달성하려고 선택하는 방법에 불과하기 때문이다. 환각은 광기라는 목표를 달성하는 데 기여한다. 환각은 안으로부터 투사된 바깥

세상이 죄에 맞춰 조정되고, 죄의 실재성을 입증하는 듯이 보이게 만드는 수단이다. 바깥에는 아무것도 없다는 것은 여전히 참이다. 하지만 무 위에, 모든 투사물들이 만들어졌다. "무"가 지닌 모든 의미를 무에 부여하는 것은 바로 투사기 때문이다.

76 아무런 의미도 없는 것은 지각될 수 없다. 의미는 항상 자신을 찾기 위해 안을 보고, *이어서* 바깥을 본다. 따라서 네가 바깥세상에 부여하는 모든 의미는 안에서 본 모습을 반영할 수밖에 없다. 더 정확하게 말하자면, 네가 보기라도 한 경우라면 본 모습의 반영이고, 아니면 보지도 않은 채 단지 거슬러 판단한 것을 반영할 수밖에 없다. 비전은 성령이 너의 악몽을 행복한 꿈으로 전환하고, 상상된 죄의 그 모든 끔찍한 결과를 보여주는 거친 환각을 그가 대체하고자 하는 평온하고 안심시키는 모습으로 전환하는 수단이다. 이렇게 온화한 모습과 소리는 행복하게 보이고 기쁘게 들린다. 그것들은 공포에 질린 너의 의식에 에고의 목적이 가져다준 온갖 무시무시한 모습과 비명 소리에 대한 성령의 대체물이다. 이런 온화한 모습과 소리는 죄에서 떨어져 서서, 너를 두렵게 하는 것은 실재가 아니며 네가 범한 잘못은 교정될 수 있다고 일깨워 준다.

77 무시무시해 보이던 것이 사랑스럽고 평화로운 모습으로 바뀌는 것을 보았을 때, 폭력과 죽음의 장면이 탁 트인 하늘 아래 영원히 마르지 않는 춤추는 시내를 따라 맑은 생명수가 즐거이 흐르는 조용한 정원의 모습으로 바뀌는 것을 보았을 때, 과연 너에게 비전이라는 선물을 받아들이라고 설득할 필요가 있겠는가? 그리고 비전이 온 다음에, 비전을 따라올 수밖에 없는 것을 과연 네가 거절할 수 있겠는가? 너는 하느님이 당신의 아들에게 주신 거룩함을 볼 수 있다. 이에 대해 단 한 순간만 생각해 보라. 그러면 너는 네가 보아야 할 다른 것이 있다고 생각할 필요가 전혀 없을 것이다.

제21장

내면의 그림

I. 서문

¹ 투사가 지각을 만든다. 네가 보는 세상은 네가 세상에게 준 것일 뿐, 그 이상 아무 것도 아니다. 그것은 그 이상이 아니기는 하지만, 그 이하도 아니다. 따라서 너에게는 그 세상이 중요하다. 그 세상은 네 마음 상태의 증거며, 내면의 상태에 대한 바깥 그림이다. 사람은 자신이 생각하는 대로 지각한다. 그러니 세상을 바꾸려 하지 말고, 세상에 *대한* 너의 마음을 바꾸기를 뜻하라. 지각은 원인이 아니라 *결과다*. 그것이 바로, 기적에 난이도가 무의미한 까닭이다. 비전으로 바라보는 모든 것은 치유되었고 거룩하다. 비전 없이 지각하는 모든 것은 아무런 의미도 없다. 그리고 의미가 없는 곳에는, 혼란이 있다.

² 저주는 네가 너 자신에게 내리는 판단이다. 그리고 너는 이것을 반드시 세상에 투사할 것이다. 네가 세상을 저주받았다고 본다면, 네가 보는 것이라고는 단지 너 자신이 하느님의 아들을 해치려고 행한 것뿐이다. 네가 세상에서 재난과 재앙을 본다면, 그 이유는 네가 그를 십자가에 못 박으려고 했기 때문이다. 네가 세상에서 거룩함과 희망을 본다면, 그 이유는 네가 그를 해방하려는 하느님의 뜻에 동참했기 때문이다. 이런 두 결정 사이에는 다른 어떤 선택도 없다. 그리고 너는 반드시 네가 내린 선택의 증거를 보고, 이로부터 네가 무엇을 선택했는지 *인식하는* 법을 배울 것이다. [네가 보는 세상은 단지 *네가* 너의 내면에서 얼마나 많은 기쁨을 보고, 그것을 *너의* 것으로 받아들이도록 스스로 허락했는지 보여줄 뿐이다. 그리고 이것이 정녕 세상의 의미라면, 세상에게 기쁨을 줄 권능은 *분명* 너의 *내면에* 있을 것이다.]

II. 상상된 세상

³ 눈먼 자들이 "보는" 세상은 상상된 것임을 결코 잊지 말아야 한다. 그들은 세상이 실제로 어떤 모습인지 모르기 때문이다. 그들은 영원히 간접적인 증거를 통해 무엇이 보일 수 있는 것인지 추측해야 하며, 알아차리지 못한 것 때문에 걸려 넘어지면서, 혹은 닫혔다고 생각한 열린 출입구를 부딪치지 않고 통과하면서, 자신의 추론을 재구성해야 한다. 그것은 너도 마찬가지다. 너는 보지 못한다. 네가 추론하기 위해 사용하는

단서는 틀렸다. 따라서 너는 알아차리지 못한 돌에는 걸려 넘어지면서도, 닫혀있다고 생각한 문을 통과할 수 있다는 것은 자각하지 못한다. 그 문은 너의 보지 않는 눈앞에 열려있으면서 너를 맞이하려고 기다리고 있건만….

4 보일 수 있는 것을 보는 대신에 판단하려는 시도는 얼마나 어리석은지! 세상이 어떤 모습일지 상상하는 것은 불필요하다. 세상을 그 정체대로 인식하려면, 먼저 세상을 보아야 한다. 너는 어떤 문이 열려있는지 볼 수 있고, 어디가 안전한지, 어떤 길이 어둠으로 인도하고 어떤 길이 빛으로 인도하는지 볼 수 있다. 판단은 너에게 *항상* 잘못된 방향을 가리키겠지만, 비전은 너에게 어디로 가야 하는지 *보여준다*. 그런데 네가 왜 추측해야 하겠는가?

5 고통을 통해 배울 필요는 없다. 그리고 온유한 레슨은 즐거이 습득되고 기쁘게 기억된다. 너에게 행복을 선사하는 것을, 너는 배우기를 *원하며* 잊기를 원하지 않는다. 네가 부정하려는 것은 이것이 아니다. *너의* 질문은, 이 수업을 배우기 위한 수단이 과연 수업이 약속하는 기쁨을 *가져다줄* 것인지 여부다. 그럴 것이라고 믿는다면, 이 수업을 배우는 것은 아무런 문제도 없을 것이다. 네가 아직 행복한 학습자가 아닌 이유는, 비전이 판단보다 *더 많이* 준다는 것을 아직 확신하지 못하기 때문이다. 그리고 너는 둘 *다* 가질 수는 없음을 배웠다.

6 눈먼 자들은 자신을 자신의 세상에 맞춰 조정함으로써 그 세상에 익숙해진다. 그들은 그 안에서 어떻게 해야 하는지 안다고 생각한다. 그들은 세상을 즐거운 레슨을 통해 배우지 않고, 자신이 극복할 수 없다고 믿은 한계의 가혹한 필요성을 통해 배웠다. 그들은 여전히 이것을 믿기에, 그러한 레슨을 소중히 여기면서 매달린다. 왜냐하면, 그들은 볼 수 없기 때문이다. 그들은 그러한 레슨이 자신을 *계속* 눈멀게 한다는 것을 이해하지 못한다. 그들은 이를 믿지 않는다. 따라서 그들은 자신이 "보도록" 배운 세상을 자신의 상상 속에 간직하면서, 그것밖에는 선택할 것이 없다고 믿는다. 그들은 고통을 통해 배운 세상을 증오한다. 그리고 그들이 그 세상 안에 있다고 생각하는 모든 것은, 그들이 불완전하고 지독하게 궁핍함을 상기시킬 뿐이다.

7 이렇게 그들은 자신의 삶과 자신이 사는 곳을 *정의하고*, 그래야만 한다고 생각하는 대로 그에 맞춰 자신을 조정하며, 자신이 가진 얼마 되지도 않는 것을 잃을까 봐 두려워한다. 몸을 자신이 가진 모든 것이자 형제들이 가진 모든 것으로 보는 이들은 누구나 마찬가지다. 그들은 서로에게 다가가려고 하지만, 실패하고 또 실패한다. 그들은

외로움에 맞춰 자신을 조정하면서, 몸을 지키는 것이 곧 자신이 가진 얼마 되지도 않는 것을 보존할 길이라고 믿는다. 귀 기울여라. 그리고 우리가 지금 말하려는 것이 기억나는지 한번 생각해 보라.

8 귀 기울여라. 어쩌면 너는 완전히 잊지는 않은 태곳적 상태에 대한 암시를 얻을 수도 있을 것이다. 어쩌면 그것은 희미할 수도 있지만 완전히 낯설지만은 않아서, 마치 오래전에 그 제목을 잊었고 그것을 들은 상황도 기억나지 않는 노래와도 같다. 너에게는 그동안 노래 전체가 남아있지는 않았으며, 어떤 사람이나 장소, 혹은 특정한 대상과도 관련 없는 짧은 멜로디 조각만 남아있었다. 하지만 이 작은 부분으로부터, 너는 그 노래가 얼마나 사랑스러웠는지, 그 노래를 들었던 상황이 얼마나 경이로웠는지, 그리고 그곳에서 너와 함께 그 노래를 들었던 이들을 네가 얼마나 사랑했는지 기억한다.

9 선율은 아무것도 아니다. 하지만 너는 선율을 간직해 왔으며, 선율 자체를 위해서가 아니라 그것이 너에게 얼마나 소중한 것이었는지 기억할 때 너를 울게 할 그 무언가를 부드럽게 일깨워 주는 것으로서 간직해 왔다. 너는 기억할 수 있지만, 그러면 네가 그 이후로 배운 세상을 잃을 것이라고 믿으며 두려워한다. 하지만 너는 네가 배운 세상의 그 무엇도 결코 이것만큼 소중하지 않음을 안다. 귀 기울여라. 그리고 네가 아주 오래전에 알았고, 그 이후로 너 자신에게 소중히 여기라고 가르친 그 어떤 멜로디보다도 더 소중히 여긴 태곳적 노래가 기억나는지 보라.

10 몸 너머에, 태양과 별들 너머에, 황금색 빛줄기가 둥글게 펼쳐져 있다. 그것은 네가 보는 모든 것 너머에 있지만, 왠지 친숙하다. 네가 그것을 바라다보면, 그것은 뻗어나가 거대하고 빛나는 원이 된다. 그 원 전체가 네 눈앞에서 빛으로 가득 채워져 있다. 그 원의 테두리가 사라지면서, 그 안에 있는 것은 더 이상 갇혀있지 않다. 그 빛은 팽창함에 따라 모든 것을 뒤덮고, 무한으로 확장하며, 영원히 빛나면서 단절되거나 제한된 곳이 전혀 없다. 그 안에서는 모든 것이 완벽한 연속성으로 결합되어 있다. 또한 무언가가 그 원의 바깥에 있을 수 있다고 상상하는 것은 가능하지도 않다. 그 빛이 없는 곳은 어디에도 없기 때문이다.

11 이것이 바로 하느님의 아들에 대한 비전이다. 그리고 너는 그를 잘 안다. 여기에, 자신의 아버지를 아는 하느님 아들의 모습이 있다. 여기에, 너의 정체에 대한 기억이 있다. 너의 정체는 이것의 일부며, 그 모든 것을 내면에 지녔고, 모든 것이 네 안에서 결합되어 있는 것만큼이나 확실하게 모든 것과 결합되어 있다. 너에게 몸이 아닌 *이*

것을 보여줄 수 있는 비전을 받아들여라. 너는 그 태곳적 노래를 아주 잘 안다. 하느님의 아들이 아직도 아버지께 불러드리고 있는 이 태곳적 [사랑의] 찬가만큼 너에게 소중한 것은 결코 없을 것이다.

¹² 그리고 이제 눈먼 자들이 볼 수 있다. 그들이 창조주께 경의를 표하여 부르는 바로 그 노래가 그들 자신도 찬미하기 때문이다. 그들이 지어낸 맹목 상태는 이 노래에 대한 기억을 막아낼 수 없을 것이다. 그리고 그들은 하느님의 아들에 대한 비전을 바라보고, 자신이 노래로 찬미하는 그가 누구인지 기억할 것이다. 이러한 기억이 아니라면 과연 무엇이 기적이겠는가? 자신 안에 이러한 기억을 간직하지 않은 자가 과연 어디에 있겠는가? 한 사람 안에 있는 빛이 모든 사람 안에 있는 빛을 깨워낸다. 서로에게서 그 빛을 볼 때, 너희는 정녕 모든 이를 위해 기억하고 있는 것이다.

Ⅲ. 보는 것에 대한 책임

¹³ 네가 이 수업을 배우기 위해 얼마나 적은 것이 요구되는지에 대해서는 여러 번 말해주었다. 너의 관계 전체가 기쁨으로 변형되기 위해 필요한 것도 이와 같은 작은 용의뿐이다. 그것은 네가 성령께 드려서 그 대신에 모든 것을 받게 되는 작은 선물, 구원이 의지하는 아주 작은 것, 십자가형을 부활로 바꾸는 마음의 작디작은 변화다. 그리고 그것은 참이기에 아주 단순하며, 따라서 네가 그것을 완전히 이해하지 못할 수는 없다. 물론, 그것을 거절할 수는 있다. 하지만 그것은 결코 모호하지 *않다*. 네가 지금 그것에 반하여 선택한다면, 그 이유는 그것이 모호해서가 아니라 이 작은 비용이 평화를 위해 지불하기에는 너무 크다고 판단했기 때문이다.

¹⁴ 다음은 비전과 행복, 고통으로부터의 해방, 죄로부터의 완전한 탈출 등 이 모든 것이 너에게 주어지기 위해 네가 할 필요가 있는 유일한 것이다. 단지 다음과 같이 말하되, 아무런 조건 없이 진심으로 말하라. 바로 여기에 구원의 권능이 놓여있기 때문이다:

> ¹⁵ 나는 내가 보는 것에 책임이 있다.
> 나는 내가 경험하는 감정을 선택했고,
> 내가 달성하고자 하는 목표도 결정했다.

그리고 내게 일어나는 듯한 모든 것은 내가 요청한 것이며,

나는 내가 요청한 대로 받았다.

16 네가 너에게 행해지는 일 앞에서 무력하다고, 더 이상 너 자신을 속이지 말라. 다만 네가 *잘못 생각했음*을 인정하라. 그러면 네가 범한 실수의 모든 결과가 사라질 것이다.

17 하느님의 아들이 자신의 바깥에서 일어나는 일들에 그저 끌려다니는 것은 불가능하다. 그에게 다가오는 일들이 그의 선택이 아니었다는 것도 불가능하다. 그의 결정하는 힘이야말로 그가 우연히, 혹은 우발적으로 있는 듯한 모든 상황의 결정자다. 하느님이 창조하신 대로의 우주 안에서는 우발적인 일도 우연한 일도 가능하지 않으며, 그 바깥에는 아무것도 없다. 네가 만약 고통받는다면, 죄가 너의 목표라고 결정한 것이다. 네가 만약 행복하다면, 너를 대신해 하느님을 위한 결정을 내려야 하는 성령께 결정하는 권능을 드린 것이다. 이것이 바로, 네가 성령께 드리는 작은 선물이다. 그리고 이것조차도 성령은 너 자신에게 주라고 너에게 주었다. 이 선물로 인해 너에게 너의 구원자를 해방할 권능이 주어져서, 너의 구원자가 너에게 구원을 줄 수 있게 되기 때문이다.

18 그렇다면 이 작은 선물을 아까워하지 말라. 그것을 드리지 않으면, 너는 세상을 지금 네가 보는 대로 간직하게 된다. 그것을 드리면, 그것과 함께 네가 보는 모든 것이 사라진다. 그렇게 작은 것에 대한 대가로 그렇게 많은 것이 주어진 적은 결코 없었다. 거룩한 순간에, 바로 이런 교환이 이루어지고 유지된다. 여기서, 네가 원하지 않는 세상이 네가 원하는 세상으로 보내진다. 그리고 여기서, 네가 원하는 세상이 너에게 주어진다. 왜냐하면, 네가 그 세상을 원하기 *때문이다*. 그러나 이를 위해서는 먼저, 네가 무언가를 원하는 마음이 어떤 권능을 가졌는지 인식해야 한다. 너는 그것의 약함이 아닌 *강함*을 받아들여야 한다. 너는 세상을 만들 만큼 충분히 강력한 것은 그 세상을 보내버릴 수도 있고, 만약 스스로 틀렸음을 볼 용의가 있다면, 교정도 받아들일 수 있음을 지각해야 한다.

19 네가 보는 세상은 단지 네가 옳았다고 증언하는 근거 없는 증인에 불과하다. 이 증인은 제정신이 아니다. 너는 세상에게 증언할 말을 훈련시켰고, 세상이 그 증언을 너에게 되가져 오자 귀담아듣고는 세상이 본 것이 참이라고 너 자신을 확신시켰다. 네

가 *너 자신에게* 그렇게 했다. 단지 이것만 보라. 그러면 너는 또한 너의 "봄seeing"이 근거하는 논리가 얼마나 순환적인지 보게 될 것이다. 이것은 너에게 주어진 것이 아니다. 그것은 네가 너 자신과 네 형제에게 준 선물이었다. 그러니 그것을 네 형제에게서 가져와 진리로 대체되게 하겠다는 용의를 내라. 네가 그러한 변화를 네 형제 안에서 볼 때, 너 자신 안에서도 보게 될 것이다.

²⁰ 아마도 너는 이 작은 선물을 주어야 할 필요성을 느끼지 못할 수도 있다. 그렇다면 그것이 정녕 무엇인지 더 자세히 살펴보라. 그리고 그 선물 안에서 분리 전체가 구원으로 아주 간단히 교환되는 것을 보라. 에고라고 하는 것은 그저 하느님 아들의 뜻이 *없이*, 따라서 그의 뜻과 분리될 수 *없는* 그의 창조주의 뜻이 없이, 그에게 일들이 일어나는 것이 가능하다는 아이디어에 불과하다.

²¹ 이것이 바로 하느님의 아들이 자신의 뜻을 *대체한 것이다.* 그것은 곧 영원히 존재할 수밖에 없는 것에 대한 미친 반란이다. 이것이 바로 그가 하느님을 무력하게 만들어서 그 권능을 스스로 취하고, 결과적으로 자신을 하느님이 그에게 뜻하신 것이 없는 상태로 만들 권능을 가졌다는 선언이다. 이것이 바로 네가 너의 제단에 소중히 모셔놓고 숭배하는 미친 아이디어다. 그리고 이것을 위협하는 것은 무엇이든 너의 믿음을 공격하는 듯이 보인다. 너의 믿음은 바로 여기에 투자되었기 때문이다. 너에게 믿음이 없다고 생각하지 말라. 이에 대한 너의 믿음과 신뢰는 참으로 강력하기 때문이다.

²² 성령은 너에게 거룩함에 대한 믿음과 거룩함을 쉽게 볼 수 있는 비전을 줄 수 있다. 그러나 너는 그 선물이 속한 제단을 열어 비워두지 않았다. *그 선물이* 있어야 할 곳에 너는 다른 것에게 바치는 우상을 올려놓았다. 무엇이 일어나야 하는지 너에게 말해주는 듯한 이 다른 뜻에게, 너는 실재성을 부여했다. 따라서 너에게 다르게 보여주는 것은 실재하지 않는 것으로 보일 수밖에 없다. 나는 너에게 단지 진리를 위한 자리를 만들라고 청할 뿐이다. 나는 네가 이해할 수 없는 것을 만들거나 행하라고 청하는 것이 아니다. 나는 너에게 단지 *그것이 들어오도록 허용하라고* 청할 뿐이다. 단지 저절로 일어날 것을 방해하기를 멈추고, 네가 저버렸다고 생각한 것의 현존을 그저 다시 인식하라고 청할 뿐이다.

²³ 단 한 순간만, 너 자신의 제단에 올려놓은 것을 치우겠다는 용의를 내라. 그러면 거기에 정말로 있는 것을 보지 못할 수 *없다.* 거룩한 순간은 창조의 순간이 아닌 인식의 순간이다. 인식은 판단의 중지와 비전으로부터 온다. 그제야 너는 비로소 내면으로

눈을 돌려 시야에 단순히 나타나 있을 *수밖에* 없는 것을 아무런 추리나 판단 없이 볼 수 있다. 무효화는 너의 과제가 아니지만, 그것을 환영할지 말지는 정녕 너에게 달려 있다. 믿음과 열망은 떨어질 수 없는 관계다. 누구나 자신이 원하는 것이 존재한다고 믿기 때문이다.

²⁴ 우리가 이미 말했듯이, 소망적 사고란 에고가 자신이 원하는 것을 다루어 그대로 만들어내기 위한 방법이다. 에고의 목표를 실재적이고도 가능한 것으로 보이도록 만들기 위한 원하기의 힘, 즉 믿음의 힘을 이보다 더 잘 보여주는 것은 없다. 실재하지 않는 것에 대한 믿음은 실재를 광기라는 목표에 맞추기 위한 조정으로 이어진다. 죄라는 목표는 그 목적을 정당화하기 위해 두려운 세상에 대한 지각을 유발한다. 너는 네가 열망하는 것을 반드시 볼 것이다. 그리고 만약 그것의 실재성이 거짓이라면, 너는 그것을 실재화하려고 네가 들여온 온갖 조정을 알아차리지 않음으로써 그것을 떠받칠 것이다.

²⁵ 비전을 부정하면, 원인과 결과에 대한 혼동이 불가피해진다. 이제는 결과의 원인을 가리고 결과를 *원인처럼* 보이게 만드는 것이 목적이 된다. 이렇게 결과의 외견상 독립성으로 인해 결과는 자력으로 존재하는 듯이 여겨지고, 결과를 만든 자가 그 결과가 야기한다고 생각하는 사건과 감정의 원인 노릇을 할 수 있게 된다. 우리는 오래전에, 너의 창조주를 창조하고 그분의 아들이 아닌 아버지가 되려는 너의 열망에 대해 말한 적이 있다. 이것도 똑같은 열망이다. 아들은 결과인데, 그는 자신의 **원인**을 부정하려 한다. 따라서 그가 원인이 되어서 진짜 결과를 낳는 듯이 보인다. 원인 없이 결과를 가질 수 있는 것은 아무것도 없으며, 그 둘을 혼동하는 것은 단지 그 둘을 모두 이해하지 못하는 것이다.

²⁶ 네가 너 자신을 창조하지 않았음을 인식할 필요가 있는 것만큼이나, 네가 보는 세상을 너 자신이 만들었음을 인식할 필요가 있다. *이것들은 똑같은 잘못이다.* 너의 창조주가 창조하지 않으신 것은 그 무엇도 너에게 영향을 끼칠 수 없다. 만약 네가 만든 것이 네가 무엇을 보고 느끼는지 말해줄 수 있다고 생각하고, 그것이 그렇게 할 수 있는 능력이 있다고 믿는다면, 너는 너의 창조주를 부정하고 네가 너 자신을 만들었다고 믿는 것이다. 만약 네가 만든 세상이 너를 그것이 뜻하는 것으로 만들 힘을 가졌다고 생각한다면, 너는 실로 아들과 아버지를, 결과와 근원을 혼동하는 것이기 때문이다.

²⁷ 아들의 창조물들은 그의 아버지의 창조물들을 닮았다. 하지만 아들은 그들을 창조

할 때 자신이 자신의 근원과 독립되어 있다고 착각하지 않는다. 아들이 자신의 근원과 연합되어 있는 상태야말로 그의 창조하기의 근원이다. 그는 이것과 떨어져서는 창조할 권능이 전혀 없으며, 그가 만드는 것도 의미가 없다. 그것은 창조물의 그 무엇도 바꾸지 못하고, 전적으로 그것을 만드는 자의 광기에 의존하며, 그 광기를 정당화할 수도 없다. 네 형제는 그가 너와 함께 세상을 만들었다고 생각한다. 이런 식으로 그는 창조를 부정한다. 그리고 그는 그가 만든 세상이 너와 그를 만들었다고 생각한다. 이런 식으로 그는 자신이 세상을 만들었음을 *부정한다.*

28 하지만 진실은, 너희 둘 다 자애로운 아버지에 의해 창조되었다는 것이다. 아버지는 너희 둘을 함께, 하나로서 창조하셨다. 이와 다르게 "증명하는" 것을 본다면, 너는 너의 실재 전부를 부정하는 것이다. 너희 사이에 끼어들어 서로를 떼어놓고, 너희를 아버지와 분리하는 듯한 모든 것을, 네가 은밀히 만들었음을 인정하라. 그러면 해방의 순간은 이미 네게 온 것이다. 그 모든 것의 근원이 드러났으므로, 그 모든 것의 결과가 사라진다. 네가 죄수로 갇혀있던 이유는, 그 모든 것이 자신의 근원으로부터 독립된 듯이 보였기 때문이다. 그것은 너를 창조했고 네가 결코 떠난 적이 없는 근원으로부터 네가 독립되어 있다는 것과 똑같은 망상이다.

Ⅳ. 신앙과 믿음, 그리고 비전

29 모든 특별한 관계는 죄가 그 목표다. 그것은 실재와의 거래 협정으로서, 겉보기 연합은 그에 맞춰 조정된다. 거래 협정을 맺는 것은 한계를 설정하는 것이며, *너는* 네가 제한된 관계를 맺는 모든 형제를 증오한다. 이를 잊지 말라. 너는 "공평성"의 이름으로 거래 협정을 지키려고 시도할 것이다. 때로는 너 자신에게 지불을 요구하고, 아마도 상대방에게는 더 자주 요구할 것이다. 이와 같이 너는 그 관계에 받아들인 목적에서 비롯되는 죄의식을 "공평성"을 가지고 완화하려고 한다. 그러므로 성령은 그 관계의 목적을 바꿔서, 그것을 *성령 자신에게는* 유용하고 *너에게는* 무해하도록 만들어야 한다.

30 네가 이런 변화를 받아들인다면, 진리를 위한 여지를 만든다는 아이디어를 받아들인 것이다. 죄의 *근원은* 사라졌다. 너는 여전히 죄의 결과를 경험한다고 상상할 수도

있지만, 죄는 이제 너의 목적이 아니다. 따라서 너는 더 이상 죄를 *원하지* 않는다. 네가 어떤 목적을 열망하는 한, 그것이 대체되도록 허락하지 않을 것이다. 마음이 받아들이는 목표만큼 소중히 여겨지고 보호받는 것은 아무것도 없기 때문이다. 마음은 침울하게든 행복하게든 그 목표를 따르겠지만, 항상 그것에 대한 신앙faith을 가지고, 그리고 그 신앙이 필연적으로 가져오는 끈기를 가지고 그렇게 한다. 신앙을 죄에 부여한다면, 너는 *결코* 신앙의 힘을 인식할 수 없다. 하지만 신앙을 사랑에 부여한다면, 너는 *항상* 신앙의 힘을 인식하게 된다.

31 신앙이 산을 움직일 수 있음을 너는 왜 이상하게 여기는가? 그것은 신앙의 굉장한 힘에 비하면 과연 작은 성과에 지나지 않는다. 하느님의 아들이 스스로 사슬에 묶여 있다고 믿는 한, 신앙은 그를 계속 사슬에 묶어둘 수 있다. 그리고 그가 사슬에서 풀려난다면, 그 이유는 단지 그가 더 이상 사슬의 존재를 믿지 않기에 사슬이 그를 묶어둘 수 있다는 신앙을 거둬들여 그 대신 자신의 자유에 부여하기 때문이다. 반대되는 두 방향에 똑같은 신앙을 부여하는 것은 불가능하다. 네가 죄에 어떤 신앙을 바치든, 그것을 거룩함으로부터 *빼앗는* 것이다. 그리고 네가 거룩함에 제공하는 것은 죄로부터 *거둬들인* 것이다.

32 신앙과 믿음과 비전은 거룩함이라는 목표에 도달하기 위한 수단이다. 이것들을 통해 성령은 너를 실재세상으로 인도하면서, 네가 신앙을 부여했던 모든 환상에서 멀어지게 한다. 이것이 바로 성령의 방향이며, 그가 보는 유일한 방향이다. 그리고 네가 방황할 때, 성령은 오로지 하나의 방향만 있음을 일깨워 준다. 성령의 신앙과 믿음과 비전은 모두 너를 위한 것이다. 네 것들 대신에 그것들을 완전히 받아들였을 때, 너는 더 이상 네 것들이 필요하지 않을 것이다. 신앙과 비전과 믿음은 확실성의 상태에 도달하기 *전에만* 의미가 있다. 천국에서는, 그것들에 대해 알지 못한다. 하지만 천국에 도달하는 것은 그것들을 통해서다.

33 하느님의 아들에게 신앙이 없는 상태란 불가능하다. 하지만 그가 무엇을 신앙할지는 그의 선택에 달려있다. 신앙 없음은 신앙이 없는 상태가 아니라, *무에* 대한 신앙이다. 환상에 부여된 신앙에도 힘이 없지는 않다. 하느님의 아들은 바로 그 신앙에 의해 자신에게 힘이 없다고 믿기 때문이다. 따라서 그는 자기 자신에게는 과연 신앙이 없지만, 자기 자신에 *대한* 환상들을 신앙하는 것에 있어서는 강력하다. *너는* 신앙과 지각, 그리고 믿음을 확실성을 잃고 죄를 찾기 위한 수단으로 만들어버렸다. 이런 미친

방향이 너의 선택이었다. 그리고 너는 네가 선택한 것에 대한 신앙을 가지고 네가 열망한 것을 만들었다.

³⁴ 성령은 네가 죄를 찾으려고 사용했던 그 모든 수단을 위한 용도를 갖고 있다. 하지만 그것들을 성령이 사용하면, 그것들은 죄에서 *멀어지도록* 이끈다. 성령의 목적은 반대 방향에 놓여있기 때문이다. 성령은 네가 사용하는 수단을 보지만, 네가 그 수단을 만든 *목적*은 보지 않는다. 성령은 그것을 네게서 *빼앗지* 않을 것이다. 성령은 그것에서 *그가* 너를 위해 뜻하는 것을 이루기 위한 수단으로서의 가치를 보기 때문이다. 너는 네 형제들 가운데서 선택하고 그들과 함께 죄를 추구하려고 지각을 만들었다. 성령은 지각을, 거룩한 관계의 비전이 네가 보기를 *원하는* 모든 것임을 가르쳐주기 위한 수단으로서 본다. 그러면 너는 너의 신앙을 거룩함에 부여할 것이며, 너의 열망으로 *인해* 거룩함을 열망하고 믿을 것이다.

³⁵ 이제 신앙과 믿음은 비전에 배속된다. 이것은 한때 죄를 섬기던 그 모든 수단이 이제는 그 방향을 거룩함 쪽으로 바꾸는 것과 마찬가지다. 네가 죄라고 생각하는 것은 *제한이다.* 그리고 너는 네가 몸에 제한하려 하는 자를 증오한다. 그렇게 할 때 너는 두려워지기 때문이다. 너는 그를 용서하기를 거부하면서 몸이라고 선고하려 한다. 죄를 위한 수단이 너에게는 소중하기 때문이다. 따라서 몸은 너의 신앙과 믿음을 얻고 있다. 그러나 거룩함은 네 형제를 자유롭게 풀어주어, 증상이 아닌 증상의 근원에서 두려움을 제거함으로써 증오를 제거할 것이다.

³⁶ 자신의 형제들을 몸에서 자유롭게 풀어주고자 하는 자들은 그 어떤 두려움도 *가질* 수 없다. 그들은 모든 제한이 제거되도록 허용하겠다고 선택함으로써 죄를 위한 수단을 포기했다. 그들이 자신의 형제들을 거룩함 속에서 바라보고자 열망하였기에, 믿음과 신앙의 권능은 몸 너머로 아주 멀리 뻗어나가면서 비전을 차단하지 않고 *지원한다.* 그러나 그들은 먼저, 자신의 신앙으로 인해 세상에 대한 이해가 얼마나 제한되었는지 인식하기로 선택하고서, 다른 관점이 주어지면 신앙의 권능을 다른 곳에 부여하겠다고 열망했다. 이런 결정에 뒤따르는 기적 또한 신앙에서 태어난다. 죄에서 눈을 돌리겠다고 선택하는 모든 이는 비전을 얻게 되고, 거룩함으로 이끌리기 때문이다.

³⁷ 죄를 믿는 자들은 분명 성령이 희생을 요구한다고 생각할 것이다. 그들은 이것이 *자신의* 목적을 성취하는 방법이라고 생각하기 때문이다. 형제들이여, 성령은 희생이 아무것도 가져다주지 *못함*을 안다. 성령은 흥정하지 않는다. 그리고 너희가 만약 성

령을 제한하려 한다면, 너희는 두려워져서 성령을 증오하게 될 것이다. 성령이 너희에게 준 선물은 천국의 이쪽 편에 있는 그 무엇보다 더 크다. 그것을 인식할 순간이 가까이 왔다. 너희의 의식을, *이미* 결합된 것에 결합하라. 너희가 서로에게 부여하는 신앙은 이것을 성취할 수 있다. 세상을 사랑하는 성령은 너희를 대신해 세상을 한 점의 죄도 없이, 그 모습을 천국만큼이나 아름답게 만들어주는 순결함 안에서 보고 있기 때문이다.

³⁸ 네가 희생을 신앙함으로써, 희생은 네가 보기에 큰 권능을 갖게 되었다. 그 신앙 *때문에* 네가 볼 수 없게 되었음을 깨닫지 못한다는 점만 제외한다면 말이다. 희생은 분명 한 몸이 다른 몸에게 강요하는 것이다. 마음은 저 혼자서는 희생을 요구할 수도 받을 수도 없다. 몸 또한 마찬가지다. 희생의 의도는 마음 안에 있으며, 마음은 몸을 사용하여 *자신이* 믿는 죄를 위한 수단을 실행에 옮기려고 한다. 그러기에, 죄에 가치를 두는 자들은 반드시 마음과 몸이 결합되었다고 믿는다. 따라서 희생은 언제나 제한을 위한 수단이며, 결국 증오를 위한 수단이다.

³⁹ 너는 성령이 과연 *이런 것에* 관심이 있다고 생각하는가? 성령은 너에게 그것을 주지 않는다. 성령의 목적은 너를 그것에서 *벗어나도록* 인도하는 것이기 때문이다. 너는 성령이 너의 유익을 위해 너에게서 무언가를 빼앗아 가려 한다고 생각한다. 그러나 "유익"과 "빼앗음"은 반대며, 어떤 식으로든 의미 있게 결합될 수 없다. 그것들을 결합하려고 하는 것은 마치 해와 달은 낮과 밤에 나타나므로 하나며, 따라서 *반드시* 결합되어야 한다고 말하는 것과 같다. 하지만 둘 중 하나를 본다는 것은 단지 다른 하나가 시야에서 사라졌다는 표시일 뿐이다. 또한 다른 것에게 빛을 주는 것과 어둠 속에 있어야 비로소 보이는 것이 하나일 수도 없다. 둘 중 어느 것도 다른 것의 희생을 요구하지 않는다. 하지만 각각은 다른 것의 *부재에* 의존한다.

⁴⁰ 몸은 죄에 바치는 희생 제물이 되도록 만들어졌다. 따라서 어둠 속에서, 몸은 여전히 그렇게 보인다. 하지만 비전의 빛 속에서, 몸은 전혀 다르게 보인다. 너는 실로 몸에 신앙을 부여해서 성령의 목적을 섬기게 하고, 몸에 힘을 부여해서 눈먼 자들이 볼 수 있도록 돕는 수단이 되게 할 수 있다. 하지만 눈먼 자들이 보게 될 때, 그들은 너와 마찬가지로 몸을 *지나서* 본다. 네가 몸에 부여한 신앙과 믿음은 본래 몸 너머에 속하는 것이다. 너는 지각과 믿음과 신앙을 마음에서 거둬들여 몸에 부여했다. 이제, 지각과 믿음과 신앙을 만들었고 여전히 그것들을 사용하여 자신이 만든 것에서 자기 자신

을 구할 수 있는 바로 그것에게 지각과 믿음과 신앙을 부여하라.

V. 내면을 보는 것에 대한 두려움

[41] 성령은 *결코* 너에게 죄가 있다고 가르치지 않을 것이다. 성령은 물론 잘못을 교정할 것이다. 그러나 이것은 그 누구도 두려워하게 만들지 않는다. 너는 내면으로 눈을 돌려 네가 거기에 있다고 생각하는 죄를 볼까 봐 두려워한다. 너는 이것을 인정하는 것만은 두려워하지 않을 것이다. 죄와 관련된 두려움을 에고는 아주 적절하다고 간주하면서, 만족스레 미소를 짓는다. 에고는 네가 수치심을 느끼도록 허용하는 데는 아무런 두려움도 없다. 에고는 죄에 대한 너의 믿음과 신앙을 의심하지 않는다. 에고의 사원은 이로 인해 흔들리지 않는다. 그곳에 죄가 존재한다는 너의 신앙은 단지, 그곳에 죄가 *있어서* 볼 수 있기를 바라는 너의 열망을 입증할 뿐이다. 이것은 그저 두려움의 근원인 듯이 보일 뿐이다.

[42] 에고는 혼자가 아님을 기억하라. 에고의 지배력은 정녕 약해졌으며, 에고는 자신이 볼 수조차 없는 미지의 "적"을 두려워한다. 에고는 네가 만약 내면으로 눈을 돌린다면 거기서 죄를 발견할 것이며, 그러면 하느님이 너를 단박에 쳐서 눈멀게 하실 것이니 그러지 말라고 큰 소리로 말한다. 너는 이 말을 믿기에, 내면으로 눈을 돌리지 않는다. 하지만 이것은 에고의 숨겨진 두려움도, 에고를 섬기는 너의 두려움도 아니다. 에고는 *지나치게* 큰 소리로, 그리고 *지나치게* 빈번히, 그 말이 옳다고 주장한다. 이렇게 끊임없는 외침과 광적인 선포 아래에서, 에고는 그렇다는 확신이 없기 때문이다. 죄 때문에 내면을 바라보기를 주저하는 두려움 아래에는 또 다른 두려움이 있으며, 이 두려움이야말로 에고를 벌벌 떨게 만드는 것이다.

[43] 네가 만약 내면을 보았는데 거기서 *아무런 죄도 보지 못한다면* 어쩔 것인가? 이 "두려운" 질문은 에고가 *결코* 묻지 않는 질문이다. 그리고 지금 그것을 묻는 너는 에고의 방어체계 전체를 너무도 심각하게 위협하고 있어서, 에고는 도저히 자신이 너의 친구인 척할 수 없다. 자신의 형제들과 결합한 자들은 이미 자신의 정체가 에고 안에 놓여있다는 믿음에서 자기 자신을 분리한 것이다. 거룩한 관계는 네가 *진실로* 너의 일부인 것과 결합하는 관계다. 죄에 대한 너의 믿음은 *이미* 흔들렸으며, 이제 너는 내

면으로 눈을 돌려 죄를 보지 않으려는 용의가 전적으로 없는 상태도 아니다.

⁴⁴ 너의 해방은 여전히 부분적일 뿐이다. 그것은 여전히 제한적이고 불완전하지만, 너의 내면에서 태어났다. 너는 완전히 미치지는 않았기에, 너의 정신 이상의 많은 부분을 바라보고 그 광기를 인식할 용의를 냈다. 너의 신앙은 안으로 향하여, 정신 이상을 지나 이성으로 나아가고 있다. 그리고 너의 이성이 지금 너에게 말해주는 것을, 에고는 듣지 않으려 한다. 성령의 목적은 에고가 알지 못하는 너의 마음 부분에 의해 받아들여졌다. *너* 또한 이 부분을 알지 못했다. 하지만 네가 지금 동일시하는 이 부분은 그 자신을 바라보기를 두려워하지 않는다. 이 부분은 어떤 죄도 *알지* 못한다. 그렇지 않다면 이 부분이 어떻게 성령의 목적을 자신의 목적으로 볼 용의를 낼 수 있었겠는가?

⁴⁵ 이 부분은 네 형제를 보아왔으며, 시간이 시작된 이래 그를 완벽하게 인식해 왔다. 이 부분은 다만 네 형제와 결합하기만을, 그리고 한때 그러했듯이 다시 자유로워지기만을 열망했다. 이 부분은 너에게 자유가 태어나기를, 네가 해방을 받아들이기를 기다려왔다. 이제 너는 성령의 목적에 동참한 것은 에고가 아니었으며, 따라서 분명 무언가 다른 것이 있을 것임을 인식한다. *이것을* 광기라고 생각하지 말라. 그것은 너의 *이성이* 말해주는 것이며, 네가 이미 배운 것에서 완벽하게 따라 나오는 것이기 때문이다.

⁴⁶ 성령의 가르침에는 일관되지 않은 점이 없다. 이것은 *제정신인* 자의 이성적인 논리다. 너는 에고의 광기를 지각했지만, 두려움에 빠지지는 않았다. 너는 그것을 공유하기로 선택하지 않았기 때문이다. 에고는 여전히 너를 가끔 속인다. 하지만 네가 보다 제정신인 순간에는, 에고의 호통에도 공포에 떨지 않는다. 에고는 내면을 보겠다는 너의 "주제넘은" 소망에 격분하여 네게서 선물을 거둬들이려 하지만, 너는 네가 그 모든 선물을 *원하지* 않음을 깨달았기 때문이다. 여전히 남은 값싼 장신구 몇 개가 반짝거리며 너의 눈을 사로잡는 듯하다. 하지만 너는 그것들을 갖기 위해 천국을 "팔지는" 않을 것이다.

⁴⁷ 이제는 정녕 에고가 두려워한다. 하지만 에고가 공포 속에서 듣는 것을, 다른 부분은 가장 달콤한 음악처럼 듣는다. 그 노래는 처음에 에고가 네 마음 안에 들어온 이후로 그 부분이 간절히 듣기를 고대한 노래다. 에고의 약함은 곧 그 부분의 강함이다. 다른 세상을 찬미하는 자유의 노래가 그 부분에게 평화의 희망을 가져다준다. 그 부분은 천국을 *기억하며*, 에고의 지배로 그토록 오래 천국과 떨어져 있던 땅에 마침내

천국이 왔음을 보기 때문이다. 천국이 온 이유는, 너희 관계 안에서 땅 위의 집을 발견했기 때문이다. 그리고 천국에게 천국 자신의 것으로 주어진 것을, 땅은 더 이상 붙잡아 둘 수 없다.

⁴⁸ 서로를 온유하게 바라보라. 그리고 에고의 약함이 너희 둘이 보는 앞에 드러나 있음을 기억하라. 에고가 떼어놓으려 한 것이 마침내 만나 결합하여, 두려움 없이 에고를 바라본다. 죄 없는 어린아이들은 기뻐하며 확실성으로 가는 길을 따라간다. 확신은 의심을 통해 생긴다는 두려움의 미친 주장 때문에 물러서지 말라. 이 말은 아무런 의미도 없다. 그것이 아무리 크게 선포되든, 도대체 너희에게 무슨 상관이란 말인가? 반복해서 떠든다고 하여 말도 안 되는 것이 의미 있게 되지는 않는다. 조용한 길이 탁 트여 있다. 그 길을 따라 행복하게 걸어가라. 그리고 무엇이 그러해야 하는지 묻지 말라.

VI. 이성과 지각

⁴⁹ 지각은 네가 보는 세상을 선택하고 만든다. 지각은 문자 그대로, 마음이 지시하는 대로 그 세상을 골라낸다. 다른 것들이 같다면, 아마도 크기와 모양과 밝기의 법칙이 적용될 것이다. 그러나 그 다른 것들은 같지 *않다*. 왜냐하면, 너는 간과하려는 것보다는 구하는 것을 발견할 공산이 훨씬 더 크기 때문이다. 하느님을 대변하는 음성의 작고 고요한 소리는, 네가 그것을 듣기를 *원한다면*, 에고의 시끄러운 비명과 의미 없는 헛소리에 파묻히지 않는다. 지각은 사실이 아닌 선택이다. 그러나 바로 이 선택에, 네가 이제껏 깨달은 것보다 훨씬 더 많은 것이 의존한다. 네가 듣기로 선택한 음성과 보기로 선택한 모습에 너의 *정체에* 대한 믿음이 전적으로 의존하기 때문이다. 지각은 이 믿음에 대한 증인일 뿐, *결코* 실재에 대한 증인이 아니다. 하지만 지각은 너에게, 실재에 대한 자각이 가능한 조건, 혹은 그것이 불가능한 조건을 보여줄 수 있다.

⁵⁰ 실재는 그 자체가 되기 위하여 너의 협력이 필요하지 않다. 그러나 실재에 대한 자각은 너의 선택이며, 따라서 너의 도움이 필요하다. 에고가 하는 말에 귀 기울이고 에고가 지시하는 것을 본다면, 너는 분명 너 자신이 작디작고 취약하며, 두려움에 떨고 있다고 볼 것이다. 너는 또한 우울함과 무가치하다는 느낌, 무상함과 비실재감을 경험할 것이다. 너는 네가, 너 자신의 통제권 훨씬 너머에 있고 너보다 훨씬 더 강력한

힘의 무력한 먹잇감이라고 믿을 것이다. 그리고 네가 만든 세상이 너의 운명을 좌우한다고 생각할 것이다. 왜냐하면, 너의 *신앙*은 이러할 것이기 때문이다. 하지만 너의 신앙이 그렇다고 해서 그것이 실재를 만든다고는 결코 믿지 말라.

51 너의 자유가 놓여있는 다른 비전과 다른 음성이 있어서, 너의 선택만을 기다리고 있다. 그리고 네가 그 비전과 음성을 신앙한다면, 네 안에서 다른 자아를 지각할 것이다. 이 다른 *자아*는 기적을 자연스러운 것으로 본다. 마치 몸에게 호흡이 자연스럽듯, 그 *자아*에게 기적은 단순하고 자연스럽다. 기적은 도움을 구하는 요청에 대한 분명한 반응이며, 그 *자아*의 유일한 반응이다. 에고에게는 기적이 부자연스럽게 보인다. 에고는 분리된 마음들이 어떻게 서로에게 영향을 줄 수 있는지 이해하지 못하기 때문이다. 또한 분리된 마음들은 그렇게 할 수도 *없다*. 그러나 마음들은 정녕 분리되어 있을 수 없다. 그 *자아*는 이것을 완벽하게 알아차리고 있다. 따라서 그 *자아*는, 기적이 다른 마음이 아닌 그 자신의 마음에만 영향을 준다는 것을 인식한다. [기적은 언제나 *너의* 마음을 바꾼다.] 다른 마음이란 정녕 없다.

52 너는 분리라는 아이디어가 이성을 얼마나 방해했는지 깨닫지 못한다. 이성은 네가 너의 의식에서 차단한 그 다른 *자아*에 놓여있다. 그리고 네가 의식에 남아있도록 허락한 것은 그 무엇도 이성의 능력이 없다. 이성이 결여된 마음 조각이 어떻게 이성이 무엇인지 이해할 수 있으며, 이성이 주는 정보를 파악할 수 있겠는가? 온갖 질문이 마음에서 일어날 수 있지만, 만약 근본적인 질문이 이성에서 비롯된다면, 마음은 그 질문을 제기하지 않을 것이다. 이성에서 비롯되는 모든 것과 마찬가지로 근본적인 질문은 명백하고 단순하지만, 제기되지 않은 채 남아있다. 그러나 이성이 그것에 답할 수 없을 것이라고는 생각하지 말라.

53 너의 구원을 위한 하느님의 계획은 너의 뜻과 동의 없이는 확립될 수 없었을 것이다. 그 계획은 분명 하느님의 아들에 의해 받아들여졌을 것이다. 하느님이 당신의 아들을 위해 뜻하시는 것을, 그는 *분명* 받을 것이기 때문이다. 하느님은 당신의 아들과 무관하게 뜻하지 않으시며, 하느님의 뜻은 성취되기 위해 시간을 기다리지 않는다. 그러므로 하느님의 뜻과 결합한 것이 분명 *지금* 네 안에 있을 것이다. 그것은 영원하기 때문이다. 너는 분명 성령이 머물러 살 수 있고 성령이 있는 어떤 장소를 따로 마련해 두었을 것이다. 성령은 분명 그에 대한 필요가 일어나서 똑같은 순간에 충족된 이후로 그곳에 존재해 왔을 것이다. 네가 만약 귀 기울인다면, 너의 이성reason은 이러

한 것에 대해 말해줄 것이다. 그러나 이러한 것은 확실히 에고의 "논리reasoning"가 아니다. 그 장소가 에고에게 이질적이라는 특성은 네가 에고의 논리에서 답을 찾을 수 없을 것이라는 증거다. 하지만 그것이 분명 그러하다면, 그것은 분명 존재할 것이다. 그리고 그것이 너를 위해 존재하고 너의 자유를 자신의 목적으로 부여받았다면, 너는 분명 그것을 자유로이 *발견할* 것이다.

54 하느님의 계획은 단순하다. 그것은 결코 순환적이지 않으며, 결코 자기 패배적self-defeating이지도 않다. 하느님께는 자아의 *확장*Self-extending 외에 다른 생각들은 없다. 그리고 이 안에 너의 뜻도 분명 포함되어 있을 것이다. 따라서 하느님의 뜻을 알고 그 뜻을 공유하는 너의 한 부분이 분명 있을 것이다. 분명히 있는 것이 과연 있느냐고 묻는 것은 의미가 없다. 하지만 분명히 있는 것을 네가 왜 *알아차리지 못하는지* 묻는 것은 의미가 있다. 너의 구원을 위한 하느님의 계획이 완전하려면, 이에 대한 답이 분명 있을 것이기 때문이다. 그리고 그 계획은 분명 완전할 것이다. 그것의 근원은 완전하지 않음에 대해 알지 못하기 때문이다. 그 근원이 아니라면 과연 어디에 그에 대한 답이 있겠는가? 그리고 *네가* 과연 이와 같은 답이 있는 곳이 아닌 어디에 있겠는가? 따라서 그 답과 마찬가지로 이와 같은 근원의 진정한 결과인 너의 **정체**는, 분명 그 근원과 함께 있으면서 그 근원과 같을 것이다.

55 오! 그렇다. 너는 이것을 알며, 그 이상 많이 안다. 하지만 앎의 어떤 부분이든, 앎 전체만큼이나 해리를 위협한다. 그리고 앎의 어떤 부분이 오든, 앎 전체가 반드시 함께 올 것이다. 여기에, 네가 받아들일 수 있는 부분이 있다. 너는 이성이 가리키는 것을 볼 수 있다. 이성을 위한 증인들이 확실하기 때문이다. 완전히 제정신이 아닌 자들만이 그것을 무시할 수 있겠지만, 너는 이미 그 상태를 지났다. 이성은 그 자체로 성령의 목적에 기여하는 수단이다. 이성은 다른 것들처럼 죄라는 목표로부터 재해석되어 방향을 바꾼 것이 아니다. 왜냐하면, 이성은 에고가 사용하는 수단의 범위를 벗어나 있기 때문이다.

56 신앙과 지각과 믿음은 잘못된 곳에 부여될 수 있으며, 진리를 섬길 뿐만 아니라 대단한 사기꾼의 필요도 섬길 수 있다. 하지만 이성은 광기 안에 전혀 있을 자리가 없으며, 광기의 목적에 맞춰 조정될 수도 없다. 신앙과 믿음은 광기 속에서 강력하므로, 지각을 이끌어 마음이 가치를 둔 곳을 향하게 한다. 그러나 이성은 결코 광기 속으로 들어오지 않는다. 만약 이성이 지각에 적용된다면, 지각은 즉시 사라질 것이기 때문

이다. 정신 이상 안에는 이성이 전혀 *없다*. 정신 이상은 전적으로 이성의 부재에 의존하기 때문이다. 에고는 결코 이성을 사용하지 않는다. 에고는 이성이 존재한다는 사실조차 알아차리지 못하기 때문이다. 부분적으로 정신 이상인 자들은 이성에 접근할 수 있으며, 오로지 그들만이 이성을 필요로 한다. 앎은 이성에 의존하지 않으며, 광기는 이성을 차단한다.

57 이성이 놓여있는 마음 부분은, 아버지의 뜻과 결합된 너의 뜻에 의해 정신 이상의 무효화에 바쳐졌다. 여기에서, 성령의 목적이 받아들여짐과 동시에 성취되었다. 이성은 정신 이상에 이질적인 것이며, 이성을 사용하는 자들은 죄에 적용될 수 *없는* 수단을 얻은 것이다. 앎은 모든 종류의 성취 저 너머에 있다. 그러나 이성은 네가 앎을 차단하려고 걸어 잠근 문을 열도록 도울 수 있다.

58 너는 이것에 아주 가까이 왔다. 신앙과 믿음이 그 대상을 바꿨고, 너는 에고가 *결코* 제기하지 않을 질문을 제기했다. 지금 너의 이성은, 그 질문이 네가 알지는 못하지만 너에게 속하는 어떤 것에서 나왔을 것이라고 말해주지 않는가? 이성이 받쳐주는 신앙과 믿음은 변화된 지각으로 이끌 수밖에 없다. 그리고 이런 변화 속에서, 비전에게 길을 열어줄 여지가 생긴다. 비전이 섬기는 목적과 그것의 성취를 위한 그 모든 수단들처럼, 비전은 그 자체 너머로 확장한다.

VII. 이성과 교정

59 이성은 죄를 볼 수 없지만 잘못은 볼 수 *있으며*, 이것은 잘못의 교정으로 이어진다. 이성은 잘못을 가치 있게 여기지 않지만, 잘못의 교정은 가치 있게 여긴다. 이성은 또한 네가 죄를 지었다고 생각할 때 사실 도움을 요청하고 있음을 말해줄 것이다. 하지만 너 스스로 요청하는 도움을 받아들이지 않는다면, 너는 그 도움이 네 것으로서 다른 이에게 주어야 한다는 것도 믿지 않을 것이다. 따라서 너는 도움을 주지 않을 것이며, 그럼으로써 그 믿음을 계속 *유지할* 것이다. 일체의 교정되지 않은 잘못은 네 안의 교정하는 능력에 대해 너를 속인다. 만약 그 능력이 교정할 수 있는데 네가 그것으로 하여금 교정하도록 허락하지 않는다면, 너는 너 자신과 네 형제에게 그 능력을 부정하는 것이다. 만약 네 형제도 같은 믿음을 공유한다면, 너희 둘은 모두 스스로 저주받

았다고 생각할 것이다. 너는 *너 자신과* 네 형제를 이런 저주에서 풀어줄 수 있다. 이성은 단지 네 안에서만 교정을 위한 길을 열어주지는 않을 것이기 때문이다.

⁶⁰ 교정을 네 형제 *없이* 너 혼자 받아들이거나 거부할 수는 없다. 죄는 자신이 그럴 수 있다고 주장할 것이다. 하지만 이성은, 네가 형제나 너 자신 중 한 사람을 죄 있다고 보는 한 다른 사람을 순결하다고 지각할 수는 없다고 말해준다. 그 누가 자기 자신을 죄 있다고 보면서 죄 없는 세상을 보겠는가? 그리고 그 누가 죄 많은 세상을 보면서 자신이 그 세상과 무관하다고 볼 수 있겠는가? 죄는 너희가 분명 분리되어 있다고 주장할 것이다. 그러나 이성은 너에게, 그것은 분명 틀렸다고 말해준다. 너희가 결합되어 있다면, 어떻게 사적인 생각을 가질 수 있겠는가? 그리고 단지 너 혼자만의 것으로 보이는 것에 들어오는 생각이 어떻게 참으로 너의 것인 것에 아무런 영향도 끼치지 않을 수 있겠는가? 마음들이 결합되어 있다면, 이것은 불가능하다.

⁶¹ 그 누구도 단지 자기 자신만을 위해 생각할 수는 없다. 이것은 하느님이 당신의 아들 없이 생각하지 않으시는 것과 마찬가지다. 하느님과 아들이 둘 다 몸 안에 있을 경우에만, 이것이 과연 가능할 것이다. 그리고 몸이 정말로 마음이 아닌 한, 한 마음이 단지 자기 자신만을 위해 생각할 수도 없다. 오로지 몸만이 분리되어 있을 수 있으며, 따라서 실제가 아니기 때문이다. 광기의 집이 이성의 집이 될 수는 없다. 그러나 네가 이성을 본다면, 광기의 집을 떠나는 것은 쉽다. 너는 다른 어떤 곳으로 감으로써 정신 이상을 떠나는 것이 아니다. 너는 단지 광기가 있던 곳에 이성을 받아들임으로써 정신 이상을 떠난다. 광기와 이성은 같은 것들을 보지만, 분명 그것들을 다르게 바라본다.

⁶² 광기는 이성에 대한 공격으로서, 이성을 마음 밖으로 몰아내고 그 자리를 차지한다. 이성은 공격하지 않고 다만 광기의 자리를 조용히 차지하며, 만약 이성에 귀 기울이는 것이 정신 이상자들의 뜻이라면, 광기를 대체한다. 그러나 정신 이상자들은 자신의 뜻을 알지 못한다. 그들은 자신이 몸을 본다고 믿으며, 그들의 광기로 하여금 자신에게 몸이 실제라고 말해주게 하기 때문이다. 이성은 그렇게 할 수 없을 것이다. 그리고 네가 너의 이성에 맞서 몸을 방어하려 한다면, 몸도 너 자신도 이해할 수 없을 것이다.

⁶³ 몸은 너를 네 형제와 분리하지 않는다. 만약 그렇다고 생각한다면, 너는 제정신이 아니다. 그러나 광기는 어떤 목적을 가졌으며, 스스로 그 목적을 실재화할 수단도 가졌다고 믿는다. 이성이 *분명* 결합되어 있다고 말해주는 것들 사이에서 몸이라는 장벽

을 보는 것은 분명 정신 이상이다. 그리고 네가 이성의 음성을 들었다면, 몸을 볼 수 없을 것이다. 연속적인 것 사이에 과연 무엇이 서있을 수 있겠는가? 그리고 그 사이에 아무것도 없다면, 한 부분에 들어가는 것이 어떻게 다른 부분과 떨어져 있을 수 있겠는가? 이성은 너에게 이렇게 말해줄 것이다. 이것이 그러하다면, 네가 무엇을 인식해야 하는지 생각해 보라.

⁶⁴ 네가 만약 치유 대신 죄를 선택한다면, 너는 하느님의 아들이 결코 교정될 수 없다고 선고할 것이다. 그런 선택을 내림으로써, 너는 하느님의 아들에게 그가 저주받았으며, 너는 물론 아버지와도 영원히 분리되었고, 무사히 돌아올 일말의 희망도 없다고 말하는 것이다. 너는 그에게 이것을 가르치고, 네가 가르친 *바로 그것*을 그에게서 배울 것이다. 네가 그에게 가르칠 수 있는 것은 단지, 그는 네가 그에게 되기를 바라는 그런 존재라는 것뿐이다. 그리고 그가 어떠한 존재여야 한다는 너의 선택은 단지, *너 자신*을 위한 선택일 뿐이다. 그러나 이것이 두렵다고 생각하지는 말라. 네가 그와 결합되어 있다는 것은 해석이 아닌 사실이다. 네가 진리보다 더 소중히 여기는 것과 사실이 어긋나지 않는 한, 사실이 어떻게 두려울 수 있겠는가? 이성은 너에게, 바로 이러한 사실이 너의 *해방이라고* 말해줄 것이다. 네 형제도 너 자신도 홀로 공격받을 수는 없다. 그러나 둘 중 하나가 그 대신에 기적을 받아들일 때마다, 다른 하나도 기적으로 축복받고 고통을 치유받는다.

⁶⁵ 사랑과 마찬가지로 이성도 너를 안심시킬 뿐, 겁주지 않을 것이다. 하느님의 아들을 치유할 권능이 너에게 주어져 있다. 그는 *분명* 너와 하나기 때문이다. 너는 그가 자기 자신을 어떻게 보는지에 대해 책임이 *있다*. 그리고 이성은 네가 단 한 순간에 너와 하나인 그의 마음 전체를 바꿀 수 있다고 말해준다. 그리고 각각의 모든 순간은 그의 잘못에 완전한 교정을 가져다줌으로써 그를 온전하게 만드는 데 기여한다. *너 자신이* 치유되게 하겠다고 선택하는 바로 그 순간에, 그의 구원 전체가 너의 구원과 더불어 완성된 것으로 보인다. 이것이 그러함을 이해할 수 있도록, 이성이 너에게 주어져 있다. 왜냐하면 이성은, 이성이 수단으로 기여하는 목적만큼이나 친절하며, 광기에서 멀어져 진리라는 목표를 향해 굳건히 인도하기 때문이다. 그리고 여기서 너는 진리에 대한 부정이라는 무거운 짐을 내려놓을 것이다. 무시무시한 것은 진리가 아니라, *바로 이* 짐이다.

⁶⁶ 너희가 결합되어 있다는 사실이 곧 너희의 구원이다. 그것은 두려움의 선물이 아닌

천국의 선물이다. 천국이 너에게 짐처럼 보이는가? 광기 속에서 보면, 과연 그러하다. 하지만 광기가 보는 것을, 이성은 분명 물리칠 것이다. 이성은 천국이야말로 네가 참으로 *원하*는 것이며, 네가 원하는 *모든* 것이라고 확신시켜 준다. 성령께 귀 기울여라. 그는 이성으로 말하며, 너의 이성을 자신의 이성과 일치시킨다. 이성으로 하여금, 성령이 네게 정신 이상을 뒤로하고 떠날 방법을 가르치는 수단이 되도록 기꺼이 허용하라. 이성에서 벗어나려고 정신 이상 뒤에 숨지 말라. 광기가 은폐하려는 것을, 성령은 누구나 기쁘게 바라볼 수 있도록 여전히 내밀어 보여주고 있다.

67 너는 정녕 네 형제의 구원자며, 네 형제는 *너의* 구원자다. 이성은 아주 기뻐하며 이렇게 말한다. 이런 은혜 넘치는 계획이 **사랑**에 의해 사랑에게 주어졌다. 사랑이 계획하는 것은 다음과 같은 점에서 **사랑** 자체와 닮았다: 사랑은 연합되어 있기에, *너의* 정체가 참으로 무엇인지 너로 하여금 배우게 하고자 한다. 그리고 너는 **사랑**과 하나기에, **사랑**이 너에게 주었고 지금도 여전히 주고 있는 것을 줄 수 있다. 단지 잠시 시간을 내서, 네 형제에게 주라고 너에게 주어진 것을 기쁘게 받아들여라. 그리고 그와 더불어 너희 두 사람 모두에게 주어진 것에 대해 배워라. 주는 것이 받는 것보다 더 축복받은 것은 아니지만, 덜 축복받은 것도 아니다.

68 하느님의 아들은 *항상* 하나로서 축복받았다. 그의 감사가 그를 축복한 너를 향해 뻗어 나올 때, 이성은 네가 축복과 떨어져 있을 수 없다고 말해줄 것이다. 하느님의 아들이 너에게 제공하는 감사는, 네가 아버지를 완성한 것에 대해 아버지가 너에게 표하시는 감사를 일깨워 준다. 그리고 너는 오로지 여기서만 너의 정체를 이해할 수 있다고, 이성은 너에게 말해준다. 너의 아버지는 너의 형제만큼이나 너와 가까우시다. 하지만 너의 **자아**보다 너와 더 가까울 수 있는 것이 무엇이 있겠는가?

69 네가 하느님의 아들에 대해 가진 권능은 그의 실재에 대한 위협이 아니다. 그 권능은 단지 그의 실재를 *입증*할 뿐이다. 그가 이미 자유롭다면, 그 자신의 내면이 아닌 어디에 그의 자유가 놓여있을 수 있겠는가? 그리고 그가 자신의 자유를 부정한다면, 그 자신이 아닌 누가 그를 속박할 수 있겠는가? 하느님은 조롱받지 않으신다. 하느님의 아들 또한 자신의 열망에 의하지 않고는 감금될 수 없다. 그리고 그가 자유로워지는 것도 그 자신의 열망에 의해서다. 이러한 것이 바로, 그의 약함이 아닌 강함이다. 그는 정녕 그 자신의 처분at his own mercy에 달려있다. 그리고 그가 자비롭기로merciful 선택하는 바로 그곳에서, 그는 자유롭다. 하지만 그 대신에 정죄하기로 선택하는 바로

그곳에서, 그는 죄수로 갇혀 사슬에 묶인 채 자기 자신에 대한 용서가 자신을 자유롭게 풀어주기만을 기다린다.

Ⅷ. 지각과 소망

70 너의 모든 불행은 너에게 권능이 없다는 이상한 믿음에서 비롯된다. 너는 이것을 보지 못하는가? 무력한 상태는 죄의 *대가다.* 무력함은 죄의 조건으로서, 죄를 믿기 위해 요구되는 유일한 필요조건이다. 오로지 무력한 자들만이 죄의 존재를 믿을 수 있을 것이다. 극악무도함은 오로지 왜소한 자들에게만 호소력이 있다. 자신이 왜소하다고 먼저 믿어버린 자들만이 거기서 매력을 느낀다. 하느님의 아들에 대한 배반은 자신을 그와 동일시하지 않는 자들의 방어수단이다. 그리고 너는 하느님의 아들과 한편이거나 반대편이다. 너는 그를 사랑하거나 공격하며, 그의 단일성을 보호하거나 그가 너의 공격으로 산산이 흩어지고 살해되었다고 본다.

71 그 누구도 하느님의 아들에게 권능이 없다고 믿지는 않는다. 그러므로 자신을 무력하다고 보는 자들은 분명 자신이 하느님의 아들이 아니라고 믿는 것이다. 그들이 과연 하느님 아들의 적이 *아닌* 무엇이 될 수 있겠는가? 그리고 그들이 하느님 아들의 권능을 질투하고, 그 질투 때문에 스스로 그 권능을 두려워하도록 만드는 것 외에 과연 무엇을 할 수 있겠는가? 그들은 어둠 속에 있는 자들로서, 말이 없고 겁에 질려 있으며, 혼자 떨어져 있으면서 소통하지 않고, 하느님 아들의 권능이 자신을 쳐서 죽일까 봐 두려움에 떨면서 그에 맞서 자신의 무력함을 들어올린다. 그들은 무력한 자들의 군대에 들어가서, 하느님의 아들을 상대로 복수와 비통함, 원한에 사무친 전쟁을 일으켜서 그를 자신과 똑같게 만들려고 한다. 자신이 정녕 하느님의 아들과 하나임을 모르기 때문에, 그들은 자신이 누구를 증오하는지 모른다. 그들은 과연 안쓰러운 군대다. 그들 각자는 공동의 대의 아래 있다고 생각했음을 기억할 수 있지만, 그와 마찬가지로 언제든 자신의 형제나 자기 자신을 공격할 수도 있다.

72 어둠 속에 있는 자들은 미쳐 날뛰고 요란스러우며 강력해 보인다. 하지만 그들은, 자신의 적을 증오*한다*는 사실 외에는 그 적에 대해 전혀 모른다. 그들은 증오로 모였지만, 서로 결합하지는 않았다. 그들이 결합했다면, 증오는 불가능했으리라. 무력한

자들의 군대는 힘 앞에서 해체될 수밖에 없다. 강한 자들은 결코 배반하지 않는다. 그들은 권능을 꿈꾸거나 그 꿈을 실행에 옮길 필요가 없기 때문이다. 꿈속에서 군대가 어떻게 행동하겠는가? 제멋대로일 것이다. 그 군대는 아무것이나 집어 들어 대상을 가리지 않고 공격하는 듯이 보일 수 있다. 꿈속에는 이성이 없다. 꽃이 독화살로 바뀌고, 아이가 거인이 되며, 쥐가 사자처럼 포효한다. 그리고 사랑도 아주 쉽게 증오로 변한다. 이것은 군대가 아니라, 정신 병원이다. 계획된 공격처럼 보이는 것은 사실 난장판에 불과하다.

73 무력한 자들의 군대는 정녕 약하다. 그것은 무기도 없고 적도 없다. 물론 그 군대는 세상을 쳐부수고 적을 *찾으러 다닐* 수 있다. 하지만 존재하지도 않는 것을 발견할 수는 없다. 물론 적을 발견했다고 *꿈꿀* 수는 있다. 그러나 이것은 그 군대가 공격하는 중에도 바뀔 것이다. 따라서 그 군대는 당장 다른 적을 찾으러 달려가며, 결코 승리에 안주하지 않는다. 이렇게 달리는 동안, 그 군대는 무언가 다른 것으로 변하여 자신의 살인적인 공격을 항상 교묘히 빠져나가는 대단한 적을 얼핏 보았다고 생각하면서, 자기 자신을 공격하려고 돌아선다. 너무나 잘도 변해서 알아볼 수조차 없는 이 적이야말로 얼마나 기만적인지!

74 하지만 증오에는 대상이 있어야 한다. 적이 없다면, 죄에 대한 신앙도 있을 수 없다. 죄를 믿고도 *감히* 자신에게 적이 없다고 믿을 자가 어디 있겠는가? 그가 과연, 그 누구도 자신을 무력하게 만들지 않았다고 인정할 수 있겠는가? 이성은 분명 그에게, 찾을 수 없는 것을 더 이상 구하지 말라고 일러줄 것이다. 하지만 그는 먼저 적이 없는 세상을 지각할 용의를 내야 한다. 그가 *어떻게* 그런 세상을 볼 수 있는지 이해할 필요는 없다. 그리고 그는 이해하려고 해서도 안 된다. 이해할 수 없는 것에 초점을 맞춘다면, 그는 단지 자신의 무력함만 강조하고, 죄로 하여금 그의 적은 분명 *그 자신이라고* 말해주게 할 것이기 때문이다. 그는 단지 다음의 몇 가지 질문만 자기 자신에게 제기하면 된다. 그리고 그러한 세상이 자신을 위해 이루어지도록 하기 위해서는, 반드시 그 질문들에 답해야 한다:

75 나는 나를 지배하는 세상 대신에 내가 지배하는 세상을 열망하는가?
나는 내가 무력하지 않고 강력한 세상을 열망하는가?
나는 나에게 적이 없고 내가 죄지을 수 없는 세상을 열망하는가?

그리고 나는 내가 부정했던 것을, 그것이 진리기 때문에 보기를
원하는가?

76 너는 처음의 세 질문에는 이미 답했지만, 마지막 질문에는 아직 답하지 않았다. 너는 이 질문을 여전히 두려워하고, 다른 질문들과 다르다고 보기 때문이다. 하지만 이성은 너에게 이 질문들이 모두 똑같다고 확실히 말해줄 것이다. 우리는 올해 정말로 똑같은 것들은 똑같음을 강조할 것이라고 말한 적이 있다. 이 마지막 질문은 실로 네가 결정할 필요가 있는 마지막 것으로서, 다른 질문들에서는 사라진 너에 대한 위협이 여전히 담겨있는 듯이 보인다. 이 상상 속의 차이는, 진리가 어쩌면 네가 머지않아 찾아낼 적일 수도 있다는 너의 믿음을 입증한다. 그렇다면 이곳에 죄를 발견하고 권능을 받아들이지 않을 마지막 희망이 남아있는 듯이 보인다.

77 진리와 죄, 권능과 무력함 사이에서 선택하는 것은 공격할지 치유할지 선택하는 것이다. 이를 잊지 말라. 치유는 권능에서 나오고, 공격은 무력함에서 나오기 때문이다. 너는 네가 공격하는 자를 치유하기를 원할 수 *없다*. 그리고 네가 치유되기를 원하는 자는 분명 네가 공격에서 *보호받도록* 선택한 자일 것이다. 이 결정이야말로 그를 몸의 눈을 통해 볼지, 아니면 비전을 통해 그가 드러나도록 할지 선택하는 것이 아니겠는가? 이 결정이 *어떻게* 그에 따른 결과로 이어질지는 너의 문제가 아니다. 그러나 네가 무엇을 보기를 *원하는지*는 분명 너의 선택일 것이다. 이 수업은 *원인에* 대한 수업이지 결과에 대한 수업이 아니다.

78 네가 아직 답하지 않고 남겨둔 마지막 질문에 대한 답을 잘 생각해 보라. 그리고 너의 이성으로 하여금 그것은 반드시 답해져야 하고, 다른 세 가지 질문에서 정녕 답해졌음을 말해주게 하라. 그러면 네가 죄의 결과를 어떤 형식으로 보든, 단지 다음과 같이 자문하기만 하면 됨을 분명히 깨달을 것이다:

79 이것이 내가 보고자 하는 것인가? 나는 이것을 원하는가?

80 이것이 바로 너의 *유일한* 결정이다. 이것은 또한 어떤 일이 일어날지 결정하는 조건이다. 이 질문은 그 일이 *어떻게* 일어나는지와는 무관하지만, 그 일이 *왜* 일어나는지와는 무관하지 않다. 너에게는 일어나는 일에 대한 통제권이 있다. 그리고 네가 적

이 없는 세상, 너 자신이 무력하지 않은 세상을 보기로 선택한다면, 그 세상을 볼 수단이 너에게 주어질 것이다.

81 마지막 질문이 왜 그리 중요한가? 이성은 너에게 그 이유를 말해줄 것이다. *시간이라는* 측면만 제외하면, 그 질문은 다른 세 질문과 똑같다. 나머지 세 질문은 결정했다가 거둬들였다가 다시 결정할 수 있는 결정들이다. 그러나 진리는 불변이며, 이랬다저랬다 할 수 없는 상태를 함축한다. 너는 너를 지배하는 세상이 아닌 네가 지배하는 세상을 열망할 수 있으며, 그러한 너의 마음을 바꿀 수도 있다. 너는 무력함을 권능과 맞바꾸겠다고 열망할 수 있으며, 죄의 작은 반짝거림이 너를 유혹할 때 이와 같은 열망을 잃을 수도 있다. 또한 너는 죄 없는 세상을 보기를 원할 수 있으며, 몸의 눈을 사용하고 네가 열망하는 것을 바꾸도록 "적"으로 하여금 너를 유혹하게 할 수도 있다.

82 이 모든 질문은 내용 면에서 정녕 똑같다. 각각의 질문은 너에게 죄의 세상을 성령이 보는 세상과 맞바꿀 용의가 있는지 묻는다. 성령이 보는 세상이야말로 죄의 세상이 부정하는 것이기 때문이다. 그러므로 죄를 바라보는 자들은 실재세상에 대한 부정을 보고 있는 것이다. 그러나 마지막 질문은 실재세상을 보겠다는 너의 열망에 불변성에 대한 소망을 덧붙여서, 그 열망이 너의 *유일한* 열망이 되게 한다. 마지막 질문에 "예"라고 대답함으로써, 너는 나머지 모든 질문에 이미 내렸던 결정에 진실성을 더하는 것이다. 그제야 너는 비로소 너의 마음을 다시 바꿀 수 있는 선택권을 포기한 것이기 때문이다. 네가 이 선택권을 원하지 *않을* 때, 나머지 질문들도 정녕 온전히 답해진 것이다.

83 너는 왜 네가 나머지 질문에 *이미* 답했음을 확신하지 못한다고 생각하는가? 이미 답했다면, 그 질문들을 그렇게 자주 제기하는 것이 과연 필요하겠는가? 마지막 결정을 내리기 전에는, 그에 대한 답은 "예"기도 하고 "아니오"기도 하다. 그때 너는 "예"는 "아니오가 아님"을 의미할 *수밖에* 없음을 지각하지 않은 채 "예"라고 대답했기 때문이다. 그 누구도 자신의 행복을 해치는 결정을 내리지 않지만, 자신이 그렇게 하고 있음을 보지 못한다면 과연 그런 결정을 내릴 수 있다. 그리고 그가 만약 자신의 행복은 늘 변하는 것이고, 지금은 이것이었다가 다음엔 저것이었다가 결국에는 어디에도 붙어있지 못하고 교묘히 빠져나가는 그림자라고 본다면, 정녕 자신의 행복을 해치는 결정을 내리는 것이다.

84 교묘히 빠져나가는 행복, 혹은 시간과 장소에 따라 형태가 바뀌는 행복은 아무런

의미도 없는 환상이다. 행복은 분명 변함없는 것이다. 행복은 변하는 것에 대한 소망을 포기함으로써 얻는 것이기 때문이다. 기쁨은 변함없는 비전을 통하지 *않고서는* 지각될 수 없다. 그리고 변함없는 비전은 불변성을 *소망하는* 자들에게만 주어질 수 있다. 하느님 아들의 열망이 가진 권능은 자신을 무력하다고 보는 자가 틀렸다는 증거로 남아있다. 네가 뜻하는 것을 열망하라. 그러면 너는 반드시 그것을 바라보면서 그것이 실제라고 생각할 것이다. 어떤 생각에도 해방하거나 죽일 수 있는 권능이 없지 않다. 그리고 어떤 생각도 생각하는 자의 마음을 떠날 수 없으며, 그에게 아무런 영향을 끼치지 않을 수도 없다.

IX. 내면의 전환

85 그렇다면 생각들은 위험한가? 몸들에게는, *그렇다!* 죽이는 것처럼 보이는 생각들은 그것을 생각하는 자에게 그가 죽임을 당할 수 *있다*고 가르치는 생각들이다. 따라서 그는 과연 자신이 배운 것 *때문에* 죽는다. 그는 생명에서 죽음으로 가며, 이것은 그가 변하는 것을 불변성보다 더 가치 있게 여겼다는 최후의 증거다. 확실히 그는 자신이 행복을 원한다고 *생각했다*. 하지만 그는, 행복은 곧 진리며 따라서 불변이기 *때문에* 행복을 열망한 것이 아니었다.

86 기쁨의 불변성은 네가 이해하기에는 너무도 생소한 상태다. 하지만 그것이 어떠할지 상상이라도 할 수 있다면, 너는 비록 그것을 이해하지 못할지라도 열망할 것이다.

87 행복의 불변성에는 예외가 없으며, 어떤 종류의 변화도 없다. 이것은 당신의 창조물에 대한 하느님의 사랑만큼이나 흔들림이 없다. 행복의 창조주께서 당신이 아시는 것에 대해 확신하시듯 행복은 자신의 비전을 확신하며, 모든 것을 바라보고는 그것들 모두가 똑같음을 안다. 행복은 덧없는 것들을 보지 않는다. 행복은 모든 것이 자신과 같기를 열망하며, 또한 그러함을 보기 때문이다. 그 무엇도 행복의 불변성을 꺾을 힘이 없다. 행복 자체의 열망은 흔들릴 수 없기 때문이다. 마지막 질문이 나머지 질문들에 필수적임을 보는 자들에게, 행복은 확실히 온다. 이것은 판단하려 하지 않고 치유하겠다고 선택하는 자들에게 평화가 반드시 오는 것과 마찬가지다.

88 이성은 너에게 행복을 요청했다가 안 했다가 할 수는 *없다*고 말해줄 것이다. 너는

네가 열망하는 것을 받을 것이며, 또한 행복은 변함이 없으므로, 행복을 단 한 번 요청하기만 해도 *항상* 가질 수 있기 때문이다. 행복의 본성으로 인해, 네가 만약 행복을 항상 누리지 않는다면, 아직 행복을 요청하지 않은 것이다. 자신이 열망하는 것을 줄 힘을 약속한다고 믿는 것을 요청하지 않을 자는 아무도 없다. 그는 무엇을, 어디에서, 누구에게 요청해야 하는지에 대해서는 틀릴 수도 있다. 하지만 그는 반드시 요청할 것이다. 열망이란, 하느님이 반드시 응답하실 자의 요구요 요청이기 때문이다. 하느님은 그가 *진정*으로 원하는 모든 것을 이미 주셨다. 하지만 하느님은 그가 확신하지 못하는 것을 주실 수는 *없다*. 확신이 없는 한 그는 그것을 열망하지 않을 것이며, 그가 그것을 받지 않는 한 하느님의 주심은 불완전할 것이기 때문이다.

⁸⁹ 너는 하느님의 뜻을 완성하는 자요, 그분의 행복이다. 너의 뜻은 그분의 뜻만큼이나 강력하며, 그 뜻의 강력함은 너의 환상 속에서도 상실되지 않는다. 그런 네가 왜 마지막 질문에 대한 대답을 아직 결정하지 못했는지 잘 생각해 보라. 다른 질문들에 대한 너의 대답은 단지 네가 부분적으로만 제정신이 되도록 도울 수 있었다. 하지만 네가 *전적*으로 제정신이 되려는 용의가 있는지 진정으로 묻는 질문은 마지막 질문이다.

⁹⁰ 거룩한 순간이란 단지 하느님이 네게 주신 것을 인식하라는 간곡한 호소가 아니겠는가? 여기에, 이성을 향한 강력한 호소, 언제나 존재하여 볼 수 있는 것에 대한 자각, 언제나 네 것이 될 수 있는 행복이 있다. 여기에, 네가 영원히 경험할 수 있는 변함없는 평화가 있다. 여기에서, 부정이 부정했던 것이 너에게 *드러난다*. 왜냐하면 여기에서, 마지막 질문은 *이미* 답해졌고, 네가 요청하는 것은 이미 주어져 있기 때문이다. 여기에, 미래가 *지금* 있다. 결코 변하지 않을 것에 대한 너의 열망으로 인해 시간이 무력화되었기 때문이다. 왜냐하면 너는 너희 관계의 거룩함과 그 거룩함에 대한 너의 자각 사이에 그 무엇도 끼어들지 말게 해달라고 요청했기 때문이다.

제22장

구원과 거룩한 관계

I. 서문

¹ 그토록 오래 예속되어 있던 너희 자신을 불쌍히 여겨라. 하느님이 결합하신 자들이 함께 모였으며, 더 이상 따로 떨어져 죄를 볼 필요가 없음에 기뻐하라. 어떤 두 사람도 함께 죄를 바라볼 수는 없다. 그들은 결코 같은 시간과 장소에서 죄를 볼 수 없기 때문이다. 죄는 엄격히 개인적인 지각으로서, 각자는 죄를 상대방에게서 보지만 사실 자기 자신 안에 있다고 믿는다. 그리고 각자는 다른 잘못을 범하는 듯이 보이며, 상대방은 그것을 이해할 수 없다. 형제들이여, 잘못은 똑같은 자들이 범하는 똑같은 것으로서, 잘못을 범한 자를 위해 똑같은 방법으로 용서받는다.

² 너희 관계의 거룩함은 두 사람 모두를 용서하며, 두 사람 모두가 믿고 본 것의 결과를 무효화한다. 그리고 그 결과가 사라지면서 죄의 *필요성*도 함께 사라진다. 과연 어떤 자들이 죄를 필요로 하겠는가? 자신의 형제들이 자신과 다르다고 보는 외롭고 홀로 있는 자들뿐이다. 보이지만 실제가 아닌 이 차이가, 실제가 아니지만 보이는 죄의 필요성을 정당한 것으로 보이게 만든다. 죄가 만약 실제라면, 이 모든 것이 실제일 것이다. 거룩하지 않은 관계는 다른 점들에 기반을 두며, 그 관계에서 각자는 자신이 갖지 않은 것을 상대방이 가졌다고 생각한다. 그들은 함께 모이지만, 각자 자신을 완성하고 상대방에게서 *빼앗으려고* 모인다. 그들은 훔칠 것이 아무것도 남지 않았다고 생각할 때까지 머무르다가 다른 곳으로 간다. 이렇게 그들은 자신과 닮지 않은 낯선 자들의 세상을 떠돌면서, 아무도 보호하지 않는 한 지붕 아래에서 낯선 자들의 몸과 함께 산다. 그들은 같은 방에 있기는 하지만 별개의 세상에 산다.

³ 거룩한 관계는 다른 전제에서 시작한다. 두 사람은 각자 내면을 바라보고는 아무런 결핍도 보지 않았다. 각자는 자신의 완성을 받아들였기에, 자신처럼 온전한 다른 이와 결합함으로써 그것을 확장하려 한다. 그들은 이러한 자아들 사이에서 다른 점을 전혀 보지 못한다. 다른 점들이란 단지 몸의 것이기 때문이다. 따라서 그들은 다른 이로부터 빼앗고 싶어 하는 것은 아무것도 보지 않는다. 그들은 자신의 실재를 부정하지 않는다. 그것은 진리기 *때문이다*. 그들은 천국 바로 아래에 서있지만, 땅으로 돌아가지 않을 만큼 충분히 천국에 가까이 있다. 왜냐하면, 이 관계는 천국의 거룩함을 지녔기 때문이다. 그렇게나 천국을 닮은 관계가 집에서 얼마나 멀리 떨어져 있을 수 있겠는가?

⁴ 거룩한 관계가 무엇을 가르칠 수 있는지 생각해 보라! 여기에서, 다름에 대한 믿음

이 무효화된다. 여기에서, 다름에 대한 신앙이 똑같음에 대한 신앙으로 전환된다. [그리고 여기에서, 다름을 보여주는 시각이 *비전*으로 변형된다.] 이성은 이제 너희를, 너희 연합의 논리적 귀결로 이끌어갈 수 있다. 너희가 결합했을 때 너희가 확장했듯이, 너희의 연합은 확장될 수밖에 없다. 너희가 몸 너머로 뻗어나가 너희 자신이 결합되도록 *허용했듯이*, 너희의 연합도 그 자체 너머로 뻗어나갈 수밖에 없다. 그리고 이제 너희가 보았던 똑같음은 확장하여 마침내 다르다는 느낌을 모두 제거하며, 그럼으로써 그 모든 다름의 저변에 놓여있는 똑같음이 분명해진다. 바로 여기에 황금빛 원이 있어서, 너는 그 안에서 하느님의 아들을 알아본다. 거룩한 관계에서 태어나는 것은 *결코 끝날 수 없기* 때문이다.

Ⅱ. 거룩한 관계의 메시지

⁵ 이성으로 하여금 한 걸음 더 나아가게 하라. 네가 만약 하느님이 치유하시려는 자를 공격하고, 그분이 사랑하시는 자를 증오한다면, 너와 너의 창조주는 다른 뜻을 *가졌을* 것이다. 하지만 너는 정녕 그분의 뜻이므로, 그럴 때 너는 분명 네가 *너 자신이* 아니라고 믿는 것이다. 너는 과연 그렇게 믿을 수 있고, 정말로 그렇게 믿는다. 너는 그것을 신앙하며, 그것을 뒷받침하는 많은 증거를 본다. 그러면서 너는, 너의 이상한 불안감과 연결이 끊긴 듯한 느낌, 너 자신의 의미 없음에 대한 끈질긴 두려움이 도대체 어디서 비롯되는지 궁금해한다. 너는 마치 아무런 계획도 없이 떠돌아 들어와서 그저 다시 떠돌아 나가는 것과 같다. 단지 그것만이 확실해 보인다.

⁶ 우리는 전에 아주 비슷한 설명을 들었다. 그러나 그것은 *너에* 관한 것은 아니었다. 하지만 너는 그 설명이 아주 정확하게 묘사하는 이 이상한 아이디어가 너라고 *생각한다*. 이성은 너의 눈이 아닌 눈으로 보는 세상은 분명 너에게 아무런 의미도 없다고 말해줄 것이다. 이러한 비전이 자신의 메시지를 누구에게 돌려보내겠는가? 분명히 너는 아니다. 너의 시각은 세상을 바라보는 눈과는 전혀 관계가 없다. 이것이 너의 비전이 아니라면, 그것이 너에게 과연 무엇을 보여줄 수 있겠는가? 뇌는 *너의* 비전이 보는 것을 해석할 수 없다. 이것은 너도 이해할 것이다. 몸의 일부인 뇌가 몸에게 해석해준다. 그러나 뇌가 말하는 것을, *너는* 이해할 수 없다. 하지만 너는 이제껏 뇌에 귀 기

울었다. 그리고 오랫동안 애써서 뇌의 메시지를 이해하려고 했다. 너에게 전혀 도달할 수 없는 것을 이해하기란 불가능함을, 너는 깨닫지 못했다.

7 너는 이제껏 네가 이해하는 메시지를 받아본 적이 전혀 없다. 너는 전혀 소통할 수 없는 것에 귀 기울였기 때문이다. 그렇다면 과연 무슨 일이 일어났는지 생각해 보라. 네가 너의 정체를 부정하고 다른 무엇이라고 철저히 믿음으로써 너 자신이 되도록 만든 이 "다른 무엇"이 너의 시각이 *되어버렸다*. 하지만 보는 것은 분명 그 "다른 무엇"이며, 네가 *아닌* 것으로서, 그것이 보는 것을 너에게 *설명해* 주는 것도 분명 그 "다른 무엇"이다. *너의* 비전은 물론 이것을 완전히 불필요하게 만들 것이다. 하지만 네가 만약 눈을 감고서, 그것에게 그것이 보는 세상을 너에게 설명해 주고, 너를 인도할 것을 요청했다면, 그것이 하는 말을 귀담아듣지 않거나 참이 아니라고 의심할 이유가 없다. 이성은 너에게, 그것은 네가 이해하지 못하는 것이기 *때문에* 참일 수 없다고 말해줄 것이다. 하느님은 비밀이 전혀 없으시다. 하느님은 네가 비참한 세상을 헤쳐 나가도록 인도하시면서, 왜 그러셨는지 말씀해 주시려고 여정의 끝에서 기다리지 않으신다.

8 하느님의 뜻으로부터 감춰야 할 비밀이 무엇이 있을 수 있겠는가? 하지만 너는 *너에게* 비밀이 있다고 믿는다. 너의 비밀이란 단지, 하느님의 뜻과 무관한 너 자신의 *다른* 뜻이 아니겠는가? 이성은 너에게 이것은 죄로서 감출 필요가 있는 비밀이 전혀 아니라고 말해줄 것이다. 하지만 그것은 정녕 실수다! 죄에 대한 너의 두려움이 죄의 교정을 가로막도록 허용하지 말라. 죄의식의 매력이라는 것은 단지 두려움일 뿐이기 때문이다. 여기에 네가 만든 유일한 감정이 있다. 그것이 무엇으로 보이든 상관없다. 그것은 비밀주의의 감정, 사적인 생각의 감정, 몸의 감정이다. 그것은 사랑을 반대하고, 항상 다름을 보아서 똑같음을 잃게 만드는 유일한 감정이다. 여기에 너를 계속 눈멀어 있게 하는 유일한 감정이 있다. 그 감정은 네가 만들었다고 생각하는 자아에 의존하는데, 너는 그 자아가 너를 위해 만든 세상을 따라 너를 인도하도록 그 자아를 만들었다고 생각한다.

9 너에게는 네가 이해할 수 있는 그 모든 것과 함께, 시각도 주어졌다. 너는 이러한 비전이 말해주는 것을 이해하는 데 어떤 어려움도 지각하지 않을 것이다. 누구나 오로지 자신의 *정체*라고 생각하는 것만을 보기 때문이다. 그리고 너는 너의 시각이 보여주는 것을 이해할 것이다. 그것은 진리기 *때문이다*. 오로지 너의 비전만이 *네가* 볼

수 있는 것을 너에게 전달할 수 있다. 그것은 너에게 해석될 필요 없이 곧바로 도달한다. 해석을 필요로 하는 것은 *분명* 생소한 것이다. 그리고 네가 이해할 수 없는 해석자가 그것을 이해할 만하게 만들 수도 없을 것이다.

10 네가 받고서 이해하지 못한 그 모든 메시지 중에서, 네가 이해할 여지가 있고 실제로 이해할 수 있는 것은 이 수업밖에 없다. 이것은 *너의* 언어다. 네가 아직 그것을 이해하지 못하는 이유는 단지, 너의 소통 전체가 아기의 소통과 같기 때문이다. 아기가 내거나 듣는 소리는 전혀 믿을 만하지 않아서, 그때마다 아기에게 다른 것을 의미한다. 그리고 아기가 듣는 음성과 보는 모습도 아직 안정적이지 않다. 그러나 아기가 듣고도 이해하지 못하는 것이 그의 모국어가 될 것이며, 그 언어를 통해 아기는 주위 사람들과 소통하고, 그들도 아기와 소통할 것이다. 아기가 주위에서 보는 이상하고 바뀌는 사람들이 아기의 위로자가 될 것이며, 아기는 자신의 집을 알아보고는 그들이 자신과 함께 집에 있음을 깨달을 것이다.

11 이렇게 각각의 거룩한 관계 안에서, 분리하는 대신에 소통하는 능력이 다시 태어난다. 아주 최근에야 거룩하지 않은 관계로부터 다시 태어났지만 자신이 대체한 오랜 환상보다 더 오래된 거룩한 관계는, 지금 다시 태어날 때 정녕 아기와도 같다. 하지만 이 갓난아기 안에서 너희의 비전이 돌아오고, 그 아기는 너희 둘 모두가 이해할 수 있는 언어를 말할 것이다. 이 아기는 네가 너라고 생각했던 "다른 무엇"에 의해 양육되지 않는다. 이 아기는 그 다른 무엇에게 주어지지 않았고, 너 자신이 아닌 다른 어떤 것이 받아들이지도 않았다. 두 사람이 연합할 때는 항상 그리스도를 통해 연합하며, 그리스도의 비전은 그들을 하나로 보기 때문이다.

12 나의 거룩한 형제들아, 너희에게 무엇이 주어졌는지 생각해 보라. 이 아이는 너희가 이해하지 못하는 것을 가르쳐서 알기 쉽게 만들어줄 것이다. 그의 언어는 외국어가 아니다. 그 아이는 너희에게 말하기 위해 통역사가 필요하지 않을 것이다. 그 아이가 아는 것을 가르쳐준 자는 바로 너희였다. 너희는 그것을 이미 알고 있었기 *때문이다.* 그는 결코 너희 외의 누군가에게, "다른 무엇"에게 갈 수 없었다. 그리스도가 들어간 곳에서는, 그 누구도 혼자가 아니다. 그리스도는 결코 분리된 자들 안에서 집을 찾을 수 없기 때문이다. 하지만 그리스도는, 아주 새로워 보이지만 자신만큼이나 오래된 자신의 옛집에서 다시 태어나야 한다. 거기서 그리스도는 그를 살게 해주는 너희 관계의 거룩함에 의지하는 작은 새 식구다.

¹³ 하느님은 당신의 아들을 가치 없는 것에 맡기지 않으셨음을 확신하라. 오로지 하느님의 일부인 것만이 결합될 가치가 있다. 그리고 하느님의 일부가 아닌 것은 결코 결합할 수 *없다*. 결합하는 자들에게는 소통이 회복되었을 수밖에 없다. 그들이 몸을 통해 결합할 수는 없었을 것이기 때문이다. 그렇다면 무엇이 그들을 결합하였는가? 이성은 너희에게, 그들은 몸의 것이 아닌 비전으로 서로를 보았고, 몸이 말하지 않는 언어로 소통했다고 말해줄 것이다. 그리고 그들을 부드럽게 하나로 끌어모은 것은 무서운 모습이나 소리일 수도 없었을 것이다. 반대로 각자는, 자신의 자아가 안전과 평화 안에서 다시 태어날 수 있는 완벽한 피난처를 상대방 안에서 보았다. 바로 이러한 것을, 그들의 이성이 그들에게 말해주었다. 그리고 바로 이러한 것을, 그들은 믿었다. 그것은 진리였기 *때문이다*.

¹⁴ 여기에 네가 만든 최초의 직접적인 지각이 있다. 너는 지각보다 오래되었지만 단 한 순간에 다시 태어난 의식을 통해 그 지각을 만들었다. 왜냐하면, 늘 그랬던 것에게 시간이 무엇이란 말인가? 그 순간이 무엇을 가져다주었는지 생각해 보라. 그것은 네가 너라고 생각했던 "다른 무엇"이 환상이라는 인식이다. 그리고 진리가 즉시 와서, 너의 자아가 어디에 있는지 보여주었다. 환상에 대한 *부정이야말로* 진리를 불러오는 것이다. 환상을 부정하는 것은 곧 두려움이 무의미함을 인식하는 것이기 때문이다. 두려움이 힘을 못 쓰는 거룩한 집으로 사랑이 감사히 들어오면서, 서로 결합하여 사랑을 들어오게 한 너희와 사랑 자신이 하나인 것에 기뻐한다.

¹⁵ 그리스도는 자신을 닮은 것, 다른 것이 아닌 똑같은 것에게 온다. 그리스도는 언제나 자기 자신에게 이끌리기 때문이다. 거룩한 관계만큼 그리스도를 닮은 것이 무엇이 있겠는가? 너희를 함께 모이도록 끌어당기는 것이 그리스도를 너희에게 끌어당겨 온다. 여기에, 공격에서 보호되는 그리스도의 다정함과 온유한 순결이 있다. 그리고 이곳으로, 그리스도는 확신하며 돌아올 수 있다. 서로에 대한 너희의 믿음은 항상 그리스도에 대한 믿음이기 때문이다. 너희가 서로를 그리스도가 선택한 집으로 바라보는 것은 정녕 옳다. 여기서, 너희는 그리스도는 물론 그의 아버지와도 함께 뜻하기 때문이다. 이것은 너희를 위한 아버지의 뜻이며, 아버지의 뜻과 함께하는 너희의 뜻이다. 그리고 그리스도에게 이끌리는 자는, 그리스도와 하느님이 모든 거룩한 관계로 이끌리듯이 확실하게 하느님께 이끌린다. 그 관계는 땅이 천국으로 바뀔 때 그리스도와 하느님을 위해 마련된 집이다.

III. 네 형제의 죄 없음

16 환상illusion의 반대는 환멸disillusionment이 아닌, 진리다. 에고에게는 진리가 의미 없으며, 오로지 그런 에고에게만 환상과 환멸은 유일한 대안들로서 서로 달라 보인다. 사실 그 둘은 똑같은 것이며, 똑같은 정도의 비참함을 초래한다. 비록 각각은 다른 하나가 초래하는 비참함에서 벗어나는 방법처럼 보이지만 말이다. 모든 환상은 어두운 주름 사이에 고통과 고난이 매달린 두꺼운 옷을 걸치고는, 그 옷으로 자신이 무임을 감춘다. 하지만 환상을 구하는 자들은 이렇게 어둡고 두꺼운 옷에 뒤덮여, 진리의 기쁨으로부터 감춰진다.

17 진리가 환상의 반대인 이유는, 진리는 기쁨을 선사하기 때문이다. 비참함의 반대가 기쁨이 아닌 무엇일 수 있겠는가? 한 종류의 비참함을 떠나 다른 종류의 비참함을 구하는 것은 도저히 벗어남이라고 할 수 없다. 환상들을 바꾸는 것은 아무것도 바꾸지 않는 것이다. 비참함에서 기쁨을 구하는 것은 무의미하다. 기쁨이 어떻게 비참함 안에서 발견될 수 있겠는가? 비참함의 어두운 세상에서 가능한 것이라고는, 비참함에서 몇몇 측면들을 골라내서 그것들을 다르다고 보고, 그 다름을 기쁨이라고 정의하는 것뿐이다. 하지만 다름이 없는 곳에서 다름을 지각하는 것은 분명 다름을 *만들어 낼* 수 없을 것이다.

18 환상들은 그것을 믿는 자들에게 오로지 죄의식과 고난, 병과 죽음을 가져다줄 뿐이다. 어떤 형식의 환상을 받아들이든 아무런 상관이 없다. 이성의 눈에는 어떤 형식의 비참함도 기쁨과 혼동될 수 없다. 기쁨은 영원하다. 어떤 것이 행복처럼 보이더라도 지속되지 않는다면, 그것은 실제로 두려움임을 확신해도 좋다. 기쁨은 슬픔으로 바뀌지 않는다. 영원한 것은 변할 수 없기 때문이다. 그러나 슬픔은 정녕 기쁨으로 바뀔 수 있다. 시간은 영원한 것에게 자리를 내주기 때문이다. 오로지 무시간적인 것만이 변함없이 남아있을 것이며, 시간 안의 모든 것은 시간과 함께 변할 수 있다. 하지만 그것이 상상 속의 변화가 아닌 실재적인 변화가 되기 위해서는 환상을 진리로 대체해야 하며, 똑같이 실제가 아닌 다른 꿈으로 대체해서는 안 된다. 그것은 전혀 다를 바가 없기 때문이다.

19 이성은 너에게, 비참함에서 벗어나는 유일한 길은 그것을 인식하고 *다른 길로 가는 것뿐이라고* 말해줄 것이다. 진리도 같고 비참함도 같지만, 이 둘은 모든 측면과 모

든 경우에서, 그리고 어떤 예외도 없이 서로 다르다. 하나의 예외가 존재할 수 있다고 믿는 것은 같은 것을 다른 것과 혼동하는 것이다. *단 하나의* 환상이라도 소중히 여기고 진리에 맞서 보호한다면, *모든* 진리를 무의미하게 만들고 *모든* 환상을 실재화하게 된다. 바로 이러한 것이 믿음의 힘이다. 여기에 타협은 있을 수 없다. 만약 순결함에 대한 믿음이 단 하나의 살아있는 것이라도 배제하여 자신의 용서 밖에 떼어놓는다면, 그 믿음은 곧 죄에 대한 믿음이다.

²⁰ 이성과 에고는 모두 너에게 이렇게 말해주겠지만, 그로부터 무엇을 *만들어내는지* 는 같지 않다. 에고는 이제 네가 누구에게서든 죄를 보지 않는 것이 불가능하다고 장담할 것이다. 만약 이러한 비전이 죄의식에서 벗어날 수 있게 해주는 *유일한* 수단이라면, 죄에 대한 믿음은 영원할 것이다. 하지만 이성은 이것을 다른 식으로 본다. 이성은 어떤 아이디어의 *근원이* 그 아이디어를 참이나 거짓으로 만들어준다고 보기 때문이다. 아이디어는 자신의 근원을 *닮았으므로*, 이것은 그러할 수밖에 없다. 따라서 이성은 말한다. 죄의식에서 벗어난다는 목적이 성령에게 주어졌고, 게다가 당신이 뜻하는 것은 그 무엇도 불가능할 수 *없는* 하느님에 의해 주어졌다면, 그 목적을 달성할 수단은 가능한 정도 *이상이다*. 그 수단은 *분명히* 존재하고, 너는 그것을 분명히 갖고 있다.

²¹ 지금은 이 수업에서 아주 중요한 시기다. 여기서, 너와 에고의 분리가 완성되어야 하기 때문이다. 네가 만약 성령의 목적을 성취할 수단을 *갖고* 있다면, 그 수단을 *사용* 할 수도 있다. 그리고 너는 그 수단을 사용하는 것을 *통해* 그에 대한 믿음을 얻을 것이다. 하지만 에고에게는 이것이 불가능할 수밖에 없다. 그리고 그 누구도 이루어질 희망이 전혀 없는 것을 시도하지는 않는다. *너는* 너의 창조주가 뜻하시는 것은 가능하다는 것을 알지만, 네가 만든 것은 그것이 그렇지 않다고 믿는다. 이제 너는 너 자신과 너 자신에 대한 *환상* 사이에서 선택해야 한다. 둘 다가 *아닌* 단 *하나만* 선택해야 한다. 이 유일한 결정을 피하려고 해봤자 아무런 소용도 없다. *반드시* 결정해야 한다. 신앙과 믿음은 어느 쪽으로든 기울 수 있지만, 이성은 너에게 비참함은 오로지 한 쪽에만 놓여있고, 기쁨은 다른 쪽에 놓여있다고 말해준다.

²² 이제 서로를 저버리지 말라. 너희는 똑같기에, 홀로 결정하거나 다르게 결정하지 않을 것이다. 너희는 서로에게 생명이나 죽음을 준다. 또한 너희는 서로의 구원자거나 심판자로서, 상대방에게 성소를 제공하거나 정죄를 제공한다. 너희는 이 수업을 완전히 믿거나 전혀 믿지 않을 것이다. 이 수업은 전적으로 참이거나 전적으로 거짓이

며, 이 수업을 단지 부분적으로만 믿을 수는 없기 때문이다. 그리고 너희는 비참함에
서 완전히 벗어나거나 전혀 벗어나지 않을 것이다. 너희가 머뭇거리면서 천국의 기쁨
과 지옥의 비참함 사이에서 선택하려고 기다릴 수 있는 중간 지대란 없다. 이성은 이
렇게 말해줄 것이다. 천국을 선택할 때까지, 너희는 정녕 지옥과 비참함 속에 있다.

23 네가 떼어내어 환상들로 엮어낼 수 있는 천국의 부분이란 없다. 그리고 네가 천국
으로 갖고 들어갈 수 있는 환상도 단 하나도 없다. 구원자는 심판자일 수 없으며, 자
비가 정죄일 수도 없다. 비전은 저주할 수 없으며, 오로지 축복할 수만 있다. 구원하
는 기능을 가진 자는 구원할 것이다. 그가 *어떻게* 구원할 것인지는 너의 이해 너머에
있지만, *언제* 구원할 것인지는 너의 선택일 수밖에 없다. 시간은 네가 만든 것이고,
네가 지배할 수 *있는* 것이기 때문이다. 너는 더 이상 네가 만든 세상의 노예가 아니듯
이 시간의 노예도 아니다.

24 네가 만든 것이 너를 예속할 수 있는 힘을 가졌다는 환상 전체를 더 자세히 살펴보
자. 이것은 분리를 야기한 것과 같은 믿음이다. 그것은 생각이 생각하는 자의 마음을
떠날 수 있으며, 그 마음과 다를 수 있고, 그 마음을 반대할 수도 있다는 무의미한 아
이디어다. 만약 이것이 참이라면, 생각은 마음의 확장물이 아닌 적일 것이다. 여기에
서 우리는 다시, 전에 여러 차례 보았던 것과 같은 근본적인 환상의 다른 형식을 본
다. 하느님의 아들이 그의 아버지의 **마음**을 떠나서 자기 자신을 다르게 만들고 그분
의 뜻을 반대하는 것이 가능할 경우에만, 그가 만든 자아와 그 자아가 만든 모든 것이
그의 주인이 되는 것이 가능할 것이다.

25 그 거대한 투사물을 보되, 두려워하면서 보지 말고 그것이 치유되어야 한다는 결정
과 함께 바라보라. 네가 여전히 너의 창조주와 떨어져 있으면서 그분의 뜻과 반대되
는 뜻을 갖고 있으려 하지 않는 한, 네가 만든 그 무엇도 너를 지배할 힘이 없다. 네가
하느님의 아들이 하느님의 적이 될 수 있다고 믿으려 할 경우에만, *네가 만든 것이 너*
의 적이 되는 것이 가능해 보이기 때문이다. 너는 하느님의 기쁨을 비참함이라고 선
고하고, 하느님을 다르게 만들려고 했다. 그리고 *네가* 만든 그 모든 비참함은 그동안
너 자신의 것이었다. 그것이 참이 아님을 배우니 *기쁘지* 않은가? 네가 만든 환상 중에
단 하나도 진리를 대체하지 않았다는 소식을 들으니 반갑지 않은가?

26 불가능한 것은 오로지 *너의* 생각뿐이었다. 구원은 불가능할 수 *없다.* 너의 구원자
를 적으로 보고서도 그를 알아보는 것은 정녕 불가능하다. 하지만 하느님이 원하신다

면, 네가 그를 그의 정체대로 알아보는 것은 정녕 가능하다. 하느님이 너희의 거룩한 관계에 주신 것은 *거기에* 있다. 하느님이 너에게 주라고 성령에게 주신 것을, *성령이 주었기* 때문이다. 너에게 주어진 구원자를 바라보지 않으려는가? 네가 그에게 준 사형 집행인의 기능을 그의 진정한 기능과 감사히 맞바꾸지 않으려는가? 네가 너 자신에게 주려고 했던 것 말고, 하느님이 너를 위해 그에게 주신 것을 그에게서 받아라.

²⁷ 너희가 너희 사이에 가로막아 놓은 몸들 너머에 너희의 거룩한 관계가 있어, 하느님의 사랑을 듬뿍 받고 있다. 그것은 영원히 확장하는 찬란하고 끝없는 원으로부터 도달하는 황금색 빛을 받아 반짝이고 있다. 그 관계는 얼마나 고요하게 안식하고 있는지! 그것은 시간 안에 있으면서도 시간 너머에 있고, 불멸이면서도 땅 위에 있다. 그 관계 안에 놓여있는 권능은 얼마나 막강한지! 시간은 그 관계의 뜻을 섬기려고 대기하고 있으며, 땅은 그 관계가 원하는 대로 될 것이다. 여기에는 분리된 뜻이 전혀 없고, *어떤 것이* 분리되어 있기를 바라는 열망도 전혀 없다. 그 관계의 뜻에는 예외가 없으며, 그 관계가 뜻하는 것은 참이다. 그 관계의 용서 앞에 가져와진 모든 환상은 부드럽게 간과되어 사라진다. 그 관계의 중심에서 그리스도가 다시 태어나, 세상을 간과하는 비전으로 자신의 집을 밝히기 때문이다. 이 거룩한 집이 또한 너희의 집이 되게 하지 않으려는가? 여기에는 비참함이 전혀 없으며, 오로지 기쁨만 있다.

²⁸ 네가 여기서 그리스도와 함께 조용히 머물러 살기 위해 해야 할 일이란 단지, 그의 비전을 공유하는 것뿐이다. 자신의 형제를 죄 없다고 보려는 용의를 내는 모든 이에게, 그리스도의 비전은 아주 신속하고도 기쁘게 주어진다. 네가 죄의 모든 결과에서 완전히 해방되고 싶다면, 그 누구도 이 용의가 미치지 못하는 곳에 남겨두지 말라. 너 자신이 부분적으로 용서받기를 원하는가? 네가 여전히 단 하나의 죄 때문에 비참함 속에 남아있으려는 유혹을 느끼는 한, 과연 천국에 도달할 수 있겠는가? 천국은 완벽한 순수의 집이며, 하느님은 천국을 *너를* 위해 창조하셨다. 너 자신처럼 죄 없는 너의 거룩한 형제를 바라보고, 그로 하여금 너를 그곳으로 인도하게 하라.

Ⅳ. 이성과 거룩한 관계

²⁹ 에고의 사고체계로 이성을 들여오는 것이 그것을 무효화하기 위한 첫걸음이다. 이

성과 에고는 상충하며, 너의 의식 안에서 공존할 수도 없기 때문이다. 이성의 목표는 분명히 드러내서 명백하게 만드는 것이다. 너는 이성을 볼 수 있다. 이것은 언어유희가 아니다. 왜냐하면 여기에서 의미를 가진 비전이 시작되기 때문이다. 비전은 문자 그대로 감각 기능이다. 비전은 몸의 시각이 아니며, 따라서 너는 비전을 이해할 *수밖에* 없다. 비전은 *분명하며*, 명백한 것은 모호하지 않기 때문이다. 너는 비전을 이해할 수 *있다*. 여기에서 이성과 에고가 분리되어 각자 다른 길을 간다.

30 에고는 네가 이 수업을 배울 수 없다고 믿으며, 바로 이 믿음에 에고의 존속 전체가 달려있다. 네가 만약 이 믿음을 공유한다면, 이성은 너의 잘못을 보고 그것이 교정될 길을 열어줄 수 없을 것이다. 이성은 잘못을 *꿰뚫어* 보면서, 네가 실제라고 생각한 것은 실제가 아니라고 말해준다. 이성은 죄와 실수의 차이를 볼 수 있다. 이성은 교정을 *원하기* 때문이다. 그러므로 이성은 네가 교정될 수 없다고 생각한 것이 교정될 수 있으며, 따라서 그것은 분명 잘못이었다고 말해준다. 에고는 교정을 반대하기에, 죄는 확고히 믿고 잘못은 무시한다. 에고는 교정될 수 있는 것은 *아무것도 보지 않는다*. 이와 같이, 에고는 저주하고 이성은 구원한다.

31 이성은 그 자체로 구원은 아니지만 평화로 가는 길을 열어주며, 또한 너에게 구원이 주어질 수 있는 마음 상태를 가져다준다. 죄는 열쇠도 없이 잠긴 육중한 문처럼 평화로 가는 길목에 세워진 장벽이다. 그 장벽을 이성의 도움 없이 바라보는 자는 통과할 엄두도 내지 못할 것이다. 몸의 눈에 그것은 너무도 두껍고 단단한 화강암으로 보여서, 그것을 통과하려는 시도는 미친 짓일 것이다. 하지만 이성은 그것을 쉽사리 꿰뚫어 본다. 왜냐하면, 그것은 단지 잘못이기 *때문이다*. 잘못이 어떤 형식을 취한다고 해서, 본래 텅 비어있는 잘못의 본성을 이성의 눈으로부터 감출 수는 없다.

32 에고는 오로지 잘못의 형식에만 매력을 느낀다. 에고는 의미를 인식하지 못하며, 거기에 의미가 있는지 없는지 알지 못한다. 몸의 눈이 볼 수 있는 모든 것은 단지 하나의 실수, 지각의 오류, 전체의 왜곡된 파편으로서, 전체가 주는 의미가 결여되어 있다. 하지만 실수는 그 형식과 상관없이 교정될 수 있다. 죄란 단지 에고가 공경하는 특별한 형식을 띤 잘못에 불과하다. 에고는 모든 잘못을 보존하여 죄로 만들려고 한다. 바로 여기에 에고의 안정성이 달려있기 때문이다. 그것은 에고가 만든 변화무쌍한 세상의 무거운 닻이며, 에고의 교회가 세워진 반석이다. 에고의 숭배자들은 그 위에서 몸에 묶인 채, 몸의 자유가 자신의 자유라고 믿는다.

³³ 이성은 너에게, 잘못의 형식은 잘못을 실수로 만들어주지 않는다고 말해줄 것이다. 만약 형식이 *감추는* 것이 실수라면, 그 형식은 교정을 막아낼 수 없다. 몸의 눈은 *오로지* 형식만 본다. 몸의 눈은 그것이 보도록 *만들어진* 것 너머를 볼 수 없다. 몸의 눈은 잘못을 보라고 만들어진 것이지, 그것을 지나서 보라고 만들어진 것이 아니다. 몸의 눈이 지각하는 것은 정녕 이상하다. 몸의 눈은 환상만 볼 수 있을 뿐 죄의 화강암 장벽 너머를 볼 수 없으며, 무의 바깥쪽 형식 앞에서 멈추기 때문이다. 이렇게 왜곡된 형식의 비전은 모든 것의 바깥, 즉 너와 진리 사이에 서있는 벽을 전적으로 참이라고 본다. 무 앞에서 그것이 마치 단단한 벽이라도 되는 양 멈추는 시각이 어떻게 참되게 볼 수 있겠는가? 그것은 형식에 의해 저지당한다. 그것은 형식 외에는 아무것도 지각되지 않도록 보장하려고 만들어졌기 때문이다.

³⁴ 보지 *말라고* 만들어진 이러한 눈은 *결코* 보지 않을 것이다. 그 눈이 나타내는 아이디어는 자신을 만든 자를 떠나지 않았고, 그 눈을 통해 보는 자는 바로 그 눈을 만든 자기 때문이다. 보지 않는 것 외에, 과연 무엇이 그 눈을 만든 자의 *목표였겠는가*? 몸의 눈은 이러한 것을 위한 완벽한 수단일 뿐, *보기 위한* 수단이 아니다. 몸의 눈이 어떻게 겉모습에 멈춰서 그 너머로 갈 수 없는지 보라. 몸의 눈이 어떻게 무 앞에 멈춰서서, 형식 너머 의미로 갈 수 없는지 보라. 형식을 지각하는 것만큼 눈멀게 하는 것은 없다. 형식을 본다는 것은 곧 이해가 가려졌음을 의미하기 때문이다.

³⁵ 오로지 *실수만이* 여러 형식을 취하며, 따라서 속일 수 있다. 형식은 참이 아니므로 바뀔 수 있으며, 바뀔 수 있으므로 실재일 수 없다. 이성은 너에게 형식이 실재가 아니라면 분명 환상일 것이며, 따라서 볼 수 있도록 존재하지 않는다고 말해줄 것이다. 그리고 네가 만약 형식을 본다면, 분명 잘못 보는 것이다. 그때 너는 실제일 수 *없는* 것을 마치 *실제인* 듯이 보고 있기 때문이다. 존재하지 않는 것 너머를 볼 수 없는 지각은 *분명* 왜곡되었고, 환상을 진리로 지각할 것이다. 그렇다면 그것이 진리를 *알아볼* 수 있겠는가?

³⁶ 네 형제의 실수가 취하는 *형식* 때문에 그와 떨어져 있지 말라. 그의 거룩함이 곧 너의 거룩함이다. 몸의 눈이 볼 수 있는 것 때문에 그의 거룩함의 비전이 너에게 가려지게 하지 말라. 그의 거룩한 모습은 너에게 너의 용서를 보여줄 것이다. 네 형제의 죄와 몸을 지각함으로써 그에 대한 너의 알아차림이 차단되게 하지 말라. *너는 네 형제의 몸이 죄를 지을 수 있다고 믿는다.* 네가 그의 몸과 관련짓는 것 외에, 네가 공격하

려는 그 무엇이 그에게 있겠는가? 네 형제의 잘못들 너머에, *그의* 거룩함과 *너의* 구원이 있다. 너는 그에게 그의 거룩함을 주지는 않고, 너의 죄를 그에게서 봄으로써 너 자신을 구하려고 했다. 하지만 그의 거룩함은 정녕 너의 용서다. 그의 거룩함이 곧 너의 구원인 자를 죄인으로 만듦으로써 *네가* 과연 구원될 수 있겠는가?

37 거룩한 관계는 아무리 갓 태어났어도 다른 무엇보다 거룩함을 가치 있게 여길 수밖에 없다. 거룩하지 않은 가치는 *의식에* 혼란을 일으킬 것이다. 거룩하지 않은 관계에서 각 사람이 가치 있게 여겨지는 이유는, 그가 상대방의 죄를 정당화하는 듯하기 때문이다. 각자는 상대방 안에서 자신의 뜻을 거슬러 죄를 짓도록 강제하는 무언가를 본다. 이런 식으로 그는 자신의 죄를 상대방에게 덮어씌우고는, 그에게 이끌림으로써 자신의 죄를 영속화한다. 따라서 각자는 자신이 죄를 실재화하려는 열망 때문에 죄를 *야기하고* 있음을 볼 수 없게 된다. 하지만 이성은 거룩한 관계를 그 정체대로 본다. 그것은 공동의 마음 상태로서, 그곳에서 두 사람은 잘못을 기꺼이 교정으로 보내서, 두 사람이 하나로서 행복하게 치유될 수 있게 한다.

V. 갈림길

38 길이 아주 뚜렷이 갈라진 곳에 도달하면, 계속 나아갈 수 없다. 너는 *반드시* 둘 중 어느 길로든 가야 한다. 길이 갈라지기 전에 왔던 방향으로 계속 직진한다면, 이제 어*디로도* 가지 *못할* 것이기 때문이다. 네가 여기까지 온 전체 목적은 *이제* 어느 길로 갈 것인지 결정하기 위해서였다. 이제껏 걸어온 길은 더 이상 중요하지 않다. 그것은 더 이상 도움이 되지 않는다. 여기까지 온 자라면 잘못된 결정을 내릴 수 없지만, 우물쭈물할 수는 *있다.* 여행 중에 갈림길 앞에서 어느 길로 갈지 결정하지 못하고 서있는 것보다 더 절망적이고 부질없어 보이는 때는 없다.

39 어려워 보이는 것은 단지 바른 길을 따라 내딛는 처음 몇 걸음뿐이다. 너는 정녕 선택을 내렸기 때문이다. 비록 너는 여전히 돌아가서 다른 선택을 내릴 수 있다고 생각할 수 있지만 말이다. 그렇지 않다. 천국의 권능이 지지하여 함께 내린 선택은 무효화될 수 *없다.* 너의 길은 정녕 결정되었다. 네가 이것을 인정하기만 한다면, 너에게 일러주지 못할 말은 아무것도 없을 것이다.

⁴⁰ 그렇게 너희는 이 거룩한 장소에, 너희와 그리스도의 얼굴 사이에 드리운 죄의 장막 앞에 서있다. 그 장막이 걷히게 하라! 장막을 함께 들어올려라. 그것은 단지 너희 사이에 놓인 장막일 뿐이기 때문이다. 혼자서는 그것을 단단한 장벽으로 보고, 지금 너희를 떼어놓는 그 휘장이 얼마나 얇은지 깨닫지 못할 것이다. 하지만 그것은 너희 의식 안에서 거의 끝났으며, 평화는 심지어 여기 장막 앞에 서있는 너희에게까지 도달하였다. 그 다음에 무엇이 일어날지 생각해 보라! 그리스도의 사랑이 너희의 얼굴을 밝힌 후, 다시 너희의 얼굴로부터 뻗어 나와 빛을 *필요로 하*는 어두운 세상 속을 비춘다. 그리고 이 거룩한 곳으로부터, 그리스도는 너희와 함께 돌아오겠지만 세상도 너희도 떠나지 않을 것이다. 너희는 그리스도의 메신저가 되어 그리스도를 그리스도 자신에게 돌려줄 것이다.

⁴¹ 그리스도와 함께 걷는 너희가 보게 될 사랑스러움에 대해 생각해 보라! 너희가 서로에게 얼마나 아름답게 보일지 생각해 보라! 홀로 걸었던 그렇게도 길고 외로운 여정을 뒤로하고 함께할 너희는 얼마나 행복할 것인지! 지금 너희를 위해 활짝 열린 천국 문을, 이제 너희가 비탄에 잠긴 자들에게 열어줄 것이다. 그리고 너희 안의 그리스도를 바라보는 자라면 그 누구도 기뻐하지 않을 수 없을 것이다. 너희가 장막 너머에서 본 모습은 얼마나 아름다운지. 너희는 그 모습을 가져와서, 한때 너희가 그랬듯이 지금 지쳐있는 자들의 피곤한 눈을 밝혀줄 것이다. 너희가 그들 가운데로 와서 그리스도의 용서를 제공하여 죄에 대한 믿음을 물리치는 것을 볼 때, 그들이 얼마나 감사할 것인지.

⁴² 네 형제는 너의 모든 실수를 너를 위해 부드럽게 교정해 줄 것이다. 그는 너의 사랑스러움을 자신의 구원으로 보고, 그것이 훼손되지 않도록 보호할 것이기 때문이다. 그리고 너희 각자는 너희 사이에 발생하는 듯한 모든 일에서 상대방을 지켜주는 강력한 보호자가 될 것이다. 너희는 그렇게 나와 함께 세상을 걷겠지만, 나의 메시지는 아직 모든 이에게 주어지지 않았다. 그 메시지가 *받아들여지도*록 하기 위해, 너희가 여기에 있다. 하느님의 선물은 여전히 주어지고 있지만, 그것은 받아들임을 기다리고 있다. 다른 이들은 그 선물을 받아들인 너희로부터 그것을 받을 것이다. 너희의 맞잡은 손으로, 그 선물은 안전하게 주어진다. 그 선물을 공유하는 너희는 기꺼이 그것의 수호자요 보호자가 되었기 때문이다.

⁴³ 하느님의 사랑을 공유하는 모든 이에게 은혜가 주어져서, 그들로 하여금 스스로 받

은 것을 주는 자가 되게 한다. 그리하여 그들은 은혜가 영원히 자신의 것임을 배운다. 모든 장벽은 그들이 오기도 전에 사라져 버린다. 높이 솟아올라 그들의 앞길을 가로 막는 듯했던 장애물이 마침내 전부 극복되었기 때문이다. 너희가 함께 걷어올리는 이 장막은 너희보다 더 많은 이들에게 진리로 가는 길을 열어준다. 자신의 마음에서 환상이 거두어지게 하는 자들은 이 세상의 구원자가 된다. 그들은 자신의 구세주와 함께 세상을 걸으면서, 자신을 구하기 위해 기적이 필요한 모든 이에게 그의 메시지를 전한다. 그것은 희망과 자유, 고통에서의 해방이라는 메시지다.

⁴⁴ 이러한 기적을 모든 이에게 제공하는 것은 얼마나 쉬운지! 스스로 기적을 받은 자라면 그 누구도 이것을 어렵다고 생각할 수 없다. 그는 기적을 받음으로써 기적이 자신에게만 주어진 것이 아님을 배웠기 때문이다. 함께 받고 받은 대로 주는 것, 이러한 것이 거룩한 관계의 기능이다. 장막 앞에 서있는 너희는 아직도 그것을 어렵게 여긴다. 하지만 서로 맞잡은 손을 내밀어 이 육중해 보이는 장애물을 만져보아라. 그러면 너희의 손가락이 얼마나 쉽게 그것의 무성nothingness을 뚫고 들어가는지 배울 것이다. 그것은 단단한 벽이 아니다. 너희와 너희가 공유하는 거룩한 **자아** 사이에 서있는 것은 단지 환상일 뿐이다.

VI. 약함과 방어적임

⁴⁵ 환상은 어떻게 극복되는가? 분명히 힘이나 분노로, 혹은 환상에 어떻게든 반대함으로써 극복되는 것이 아니다. 단지 이성으로 하여금 환상은 실재와 *모순된다*고 말해주게 함으로써, 환상은 극복된다. 환상은 분명 참인 것을 거스른다. 반대는 실재가 아닌 환상으로부터 제기된다. 실재는 아무것도 반대하지 않는다. 단순히 *존재하는* 것은 방어가 필요 없으며, 전혀 방어하지도 않는다. 오로지 환상만이 그 약함 때문에 방어가 필요하다. 방해하는 것이라고는 약함밖에 없거늘, 진리의 길을 걸어가기가 어찌 어려울 수 있겠는가? 갈등처럼 보이는 이러한 상황에서 강자는 바로 *너희다*. 너희는 그 어떤 방어도 필요 없다. 너희는 방어가 필요한 것은 아무것도 원하지 않는다. 그것은 너희를 *약화할* 것이기 때문이다.

⁴⁶ 에고가 *무엇을 위해* 방어수단을 원하는지 잘 생각해 보라. 그것은 항상 진리를 거

스르고, 이성에 맞서고, 이치에 맞지 않는 것을 정당화하기 위해서다. 이것이 과연 정당화될 수 있겠는가? 이야말로 너희를 진리로부터 구하기 위해 정신 이상이 되라는 초대가 아니고 무엇이겠는가? 그리고 너희는 너희가 두려워하는 것 외에 과연 무엇으로부터 구원되고자 하는가? 죄에 대한 믿음은 엄청난 대가를 치르는 강력한 방어가 필요하다. 성령이 제공하는 모든 것에 맞서 방어해야 하고, 그 모든 것을 희생해야 한다. 죄는 너희의 평화에서 떼어낸 조각에 새겨져서, 그것이 너희에게 돌아오는 길목에 버티고 서있다. 하지만 평화가 어떻게 그런 식으로 조각날 수 있겠는가? 평화는 여전히 온전하며, 그로부터 떨어져 나간 것은 아무것도 없다.

47 악몽의 수단과 재료가 얼마나 아무것도 아닌지 보라. 사실 너희는 너희 사이에 아무것도 없이 함께 서있다. 하느님이 너희의 손을 잡고 계신다. 하느님이 당신과 하나로 결합하신 자들을 무엇이 갈라놓을 수 있겠는가? 너희가 맞서 방어하려는 분은 바로 너희의 아버지시다. 하지만 사랑을 물리치는 것은 여전히 불가능하다. 전혀 방어되지도 않고 방어하지도 않는 조용함 속에서, 하느님은 너희와 함께 안식하신다. 힘과 권능은 오로지 이렇게 조용한 상태에만 존재하기 때문이다. 이곳으로는 어떤 약함도 들어올 수 없다. 이곳에는 어떤 공격도 없으며, 따라서 어떤 환상도 없기 때문이다. 사랑은 확실성 속에서 안식한다. 오로지 불확실성만이 방어적이 될 수 있다. 그리고 모든 불확실성은 *너 자신에* 대한 의심이다.

48 두려움은 얼마나 약한지! 얼마나 왜소하고 얼마나 무의미한지! 사랑이 결합한 자들의 조용한 힘 앞에서 얼마나 하찮은지! 우주를 공격하려는 겁에 질린 쥐, 이것이 바로 너희의 "적"이다. 그 쥐가 성공할 가망성이 과연 얼마나 되겠는가? 그 쥐는 자신의 전능함에 대해 말하면서, 우주의 모든 가슴이 하나로서 자신의 창조주께 영원히 불러드리는 찬가를 삼켜버리려고 가냘프게 찍찍거린다. 그 소리를 무시하는 것이 과연 어려울 수 있겠는가? 어느 쪽이 더 강한가? 이 작디작은 쥐인가, 아니면 하느님이 창조하신 모든 것인가? 너희는 이 쥐가 아닌 하느님의 뜻에 의해 결합되었다. 하느님이 결합하신 자들을 쥐 한 마리가 배반할 수 있겠는가?

49 너희가 연합되어 있다는 알아차림으로 가는 길에 얼마나 작은 장애물이 놓여있는지 인식할 수 있다면! 그것이 스스로 크기와 두께와 무게가 있고 단단하며, 토대가 견고하다고 주장하는 환상에 속지 말라. 그렇다. 몸의 눈에 그것은 마치 산처럼 움직일 수 없는 엄청나게 단단한 몸으로 보인다. 하지만 너희 안에는 참된 **권능**이 있는데, 그

어떤 환상도 그것을 막아낼 수 없다. 이 몸은 단지 움직일 수 없는 듯이 보일 뿐이며, 이 권능은 정녕 막아낼 수 없는 것이다. 그렇다면 그 둘이 만날 때 어떤 일이 일어나 겠는가? 몸이 요지부동이라는 환상이 그 **권능**을 오랫동안 방어할 수 있겠는가? 그 권능은 이미 환상을 조용히 뚫고 지나가 버렸는데 말이다.

⁵⁰ 네가 무엇에 대해서든 방어적이 될 필요성이 일어나는 것을 느낄 때, 너 자신을 이미 환상과 동일시했음을 잊지 말라. 따라서 너는 네가 혼자라서 약하다고 느낀다. 이것이 바로 모든 환상의 대가다. 단 하나의 환상도, 네가 분리되었다는 믿음에 의존하지 않는 것이 없다. 단 하나의 환상도, 너와 네 형제 사이에 무겁고 단단하고 요지부동으로 서있는 것처럼 보이지 않는 것이 없다. 그리고 단 하나의 환상, 진리가 너무도 가볍고 쉽게 넘어갈 수 없는 것이 없다. 따라서 네가 그 환상을 무엇이라고 생각했든 상관없이, 그것은 무임을 확신할 수밖에 없다. 너희가 서로를 용서한다면, 이러한 일이 일어날 *수밖에* 없다. 환상을 뚫고 들어갈 수 없는 것으로 보이게 만들고, 환상이 요지부동이라는 환상을 방어하는 것은 단지, 너희 사이에 서있는 듯한 것을 간과하겠다는 용의의 부재뿐이기 때문이다.

Ⅶ. 자유와 성령

⁵¹ 너는 몸의 자유를 원하는가, 아니면 마음의 자유를 원하는가? 둘 다 가질 수는 없다. 너는 어느 것에 가치를 두는가? 어느 것이 너의 목표인가? 너는 둘 중 하나는 수단으로, 다른 하나는 목적으로 볼 것이다. 하나는 다른 하나를 섬길 것이며, 자신의 중요성을 줄임으로써 다른 것의 중요성을 증가시켜서 그것이 우세하도록 만들 것이다. 수단은 목적을 섬긴다. 수단의 가치는 목적이 이루어짐에 따라 감소하며, 더 이상 기능이 없다고 인식될 때는 그 가치가 완전히 사라진다. 누구나 자유를 갈망하여 찾으려고 한다. 하지만 그는 자유가 있고 자유를 찾을 수 있다고 믿는 곳에서 자유를 구할 것이다. 그는 몸의 자유나 마음의 자유가 가능하다고 믿을 것이며, 그중 하나를 선택하면 다른 하나는 자신이 선택한 것을 찾아낼 수단으로 삼을 것이다.

⁵² 몸의 자유가 선택된 곳에서 마음은 수단으로 사용되며, 마음의 가치는 몸의 자유를 얻어낼 방법을 궁리하는 능력에 놓여있다. 하지만 몸의 자유는 아무런 의미도 없

으며, 따라서 마음은 환상을 섬기는 데 바쳐진 것이다. 이것은 너무나 모순되고 불가능한 상황이라서, 이것을 선택하는 자는 무엇이 가치 있는 것인지 전혀 모르는 것이다. 하지만 너무 심각해서 말로 설명할 수도 없는 이런 혼란 가운데서도, 성령은 자신을 창조하신 분의 사랑을 확신하는 만큼이나 결과를 확신하면서 부드러운 인내로 기다린다. 성령은 이런 미친 결정이 사랑이 사랑 자체에게 소중한 만큼이나 그의 창조주께 소중한 자에 의해 내려졌음을 안다.

53 하느님이 사랑하시고 영원히 자유롭게 하시려는 자 안에서 성령이 어떻게 수단과 목적의 역할을 그리도 쉽게 바꿀 수 있는지 생각하느라 불안해하지 말라. 오히려 *네가* 성령의 목적을 섬기는 수단이 될 수 있음에 감사하라. 이것이 바로 자유로 이끄는 유일한 섬김이다. 이러한 목적을 섬기기 위해서는 반드시 몸을 죄 없다고 지각해야 한다. 왜냐하면, 목표 자체가 죄 없음이기 때문이다. 용서하는 눈앞에서 증오가 감사로 수월하게 바뀌듯이, 반대가 없으면 수단은 목적으로 부드럽게 전이된다. 너희의 몸을 오로지 죄 없는 자들을 섬기기 위해서만 사용할 때, 너희는 반드시 서로에 의해 축성祝聖될 것이다. 그리고 너희는, 너희가 치유하려는 마음을 섬기는 몸을 증오할 수 *없을* 것이다.

54 이런 거룩한 관계, 그 순결함이 사랑스럽고, 그 힘이 막강하며, 네가 보는 하늘을 밝히는 태양보다 훨씬 더 찬란한 빛으로 활활 타오르는 이 거룩한 관계는, 아버지가 당신의 계획을 이루기 위한 수단으로 선택하신 것이다. 그 관계가 너희의 계획은 전혀 섬기지 않는 것을 다행으로 여겨라. 그 관계에 맡겨진 것은 아무것도 잘못 사용될 수 없고, 그 관계에 주어진 것 중에 사용되지 않을 것은 아무것도 없다. 이런 거룩한 관계에는 모든 고통을 그 형식과 상관없이 치유할 권능이 있다. 너희 둘 가운데 누구도 혼자서는 그러한 역할을 할 수 없다. 오로지 너희의 결합된 뜻 안에만 치유가 놓여 있다. 바로 그곳에 *너희의* 치유가 있고, 바로 그곳에서 너희가 속죄를 받아들일 것이기 때문이다. 그리고 너희가 치유될 때, 온아들도 치유된다. 그때 너희의 뜻은 결합되었기 *때문이다.*

55 거룩한 관계 앞에 죄라는 것은 없다. 잘못의 형식은 더 이상 보이지 않으며, 사랑과 결합된 이성은 모든 혼란을 조용히 바라보고는 그저 "이것은 하나의 실수였다."라고 말한다. 그러면 너희가 너희 관계 안에 받아들인 바로 그 속죄가 잘못을 교정하여, 그 대신에 천국의 일부를 놓아둔다. 이와 같은 선물이 주어지게 한 너희는 얼마나 축복

받았는지! 너희가 가져오는 천국의 부분들마다 전부 *너희에게* 주어진다. 너희가 가져오는 **영원한 빛**으로 다시 채우는 천국의 빈자리들이 이제 모두 *너희*를 비춰준다. 죄없음의 수단은 어떤 두려움도 알 수 없다. 그것은 오로지 사랑만 지니고 다니기 때문이다.

⁵⁶ 평화의 아이들아, 너희에게 빛이 *왔다*. 너희는 너희가 가져오는 빛을 알아보지 못하지만, 머지않아 기억하게 될 것이다. 자신이 다른 이들에게 가져다주는 비전을 그 누가 자기 자신에게 거절할 수 있겠는가? 그리고 자신을 통해 천국에 놓이게 한 선물을 그 누가 알아보지 못하겠는가? 네가 성령을 온유하게 섬긴다면, 그것은 바로 너 자신을 섬기는 것이다. 이제 성령의 수단인 너희는 성령이 사랑하는 모든 것을 사랑할 것이다. 그리고 너희가 가져오는 것은 영원한 모든 것에 대한 너희의 기억이다. 시간 안에 있는 것의 그 어떤 흔적도 무시간적인 것을 섬기는 마음 안에 오래 남아있을 수 없다. 그리고 그 어떤 환상도 평화의 수단이 된 관계의 평화를 깨트릴 수 없다.

⁵⁷ 어떤 잘못도 제외하지 않고 그 무엇도 감추지 않는 완전한 용서로 서로를 바라볼 때, 너희가 간과할 수 없는 실수가 어디에 있겠는가? 어떤 형식의 고통이 너희의 시각을 가로막아 그 너머를 볼 수 없게 하겠는가? 그리고 어떤 환상이 있어 너희가 그것을 단지 하나의 실수, 전혀 두려워하지 않고 통과할 수 있는 그림자로 인식할 수 없겠는가? 하느님은 당신과 함께 뜻하는 자들을 그 무엇도 방해하지 못하게 하실 것이다. [그리고 그들은 자신의 뜻이 곧 하느님의 뜻임을 인식할 것이다. 그들은 하느님의 뜻을 섬기며] 또한 기꺼이 섬기기 *때문이다*. 그들이 과연 자신의 정체를 오랫동안 기억하지 못할 수 *있겠는가*?

⁵⁸ 너희는 서로의 눈을 통해 자신의 가치를 볼 것이며, 각자는 자신이 거기에 있다고 생각한 공격자 대신에 자신의 구원자를 봄으로써 해방된다. 이러한 해방을 통해 세상이 해방된다. 이것이 바로 평화를 가져오는 과정에서 너희가 맡은 역할이다. 너희는 여기에서 너희의 기능이 무엇인지 물었고, 그 대답도 들었다. 그것을 바꾸려 하지 말고, 다른 목표로 대체하려 하지도 말라. [오로지 이 기능만이 너희에게 *주어졌다*.] 이 기능을 받아들여서 기꺼이 이행하라. 너희가 서로에게 주는 선물로 성령이 무엇을 할지, 그것을 언제 어디에 누구에게 선사할지는 성령의 몫이기 때문이다. 성령은 그 선물을, 그것을 받아들이고 환영하는 곳에 선사할 것이다. 성령은 그 선물 하나하나를 평화를 위해 사용할 것이다. 작은 미소 하나, 혹은 작디작은 실수를 간과하려는 용의

하나라도 전달받지 못할 자는 아무도 없을 것이다.

⁵⁹ 아버지가 사랑하시는 자를 자비롭게 바라보는 것이야말로 보편적인 축복이 아니겠는가? 용서의 확장은 성령의 기능이다. 그것을 성령께 맡겨라. 너희는 그저 확장될 수 있는 것을 성령께 드리는 것에만 신경 써라. 성령이 사용할 수 없는 그 어떤 어두운 비밀도 남겨두지 말고, 그가 영원히 확장할 수 있는 작디작은 선물을 드려라. 성령은 선물을 받을 때마다 그것을 평화를 위한 막강한 힘으로 만든다. 성령은 그 선물을 아낌없이 축복할 것이며, 어떤 식으로든 제한하지도 않을 것이다. 성령은 하느님이 주신 모든 권능을 그 선물과 결합하여, 작은 사랑의 선물 하나하나를 모든 이를 위한 치유의 근원으로 만들 것이다. 너희가 서로에게 선사하는 작은 선물 하나하나가 세상을 환히 밝힌다. 어둠에 대해서는 신경 쓰지 말라. 어둠에서 눈을 돌려 서로를 바라보라. 성령으로 하여금 어둠을 물리치게 하라. 그는 빛을 알며, 너희가 서로를 축복하는 믿음과 신뢰의 조용한 미소 안에 그 빛을 부드럽게 드리워 놓는다.

⁶⁰ 너의 배움에 세상의 안녕이 달려있다. 네 뜻의 권능을 부정하는 것은 단지 오만일 뿐이다. 하느님의 뜻이 무력하다고 생각하는가? 이것이 겸손인가? 너는 이런 믿음이 무엇을 초래했는지 보지 못한다. 너는 너 자신이 취약하고 무력하고 쉽게 파괴되며, 너보다 강력한 수많은 공격자들의 처분에 달려있다고 본다. 이런 잘못이 어디서 비롯되었는지 똑바로 바라보자. 여기에, 하느님에 대한 두려움을 바위처럼 요지부동으로 묶어두는 듯한 육중한 닻이 묻혀있기 때문이다. 이러한 잘못이 남아있는 한, 하느님에 대한 두려움은 그렇게 보일 것이다.

⁶¹ 그 누가 하느님의 아들을 공격하면서 그의 아버지를 공격하지 *않을* 수 있겠는가? 그가 약하고 무력하며 쉽게 파괴될 수 있다면, 그의 아버지도 그럴 수밖에 없지 않겠는가? 너는 네가 지각하고 당연시하는 모든 죄와 정죄가 곧 너의 아버지에 대한 공격임을 보지 못한다. 그리고 바로 이것이야말로 죄와 정죄가 일어난 적도 없고 실제일 수도 *없는* 까닭이다. 너는 네가 바로 이러한 시도를 하고 있음을 깨닫지 못한다. 왜냐하면 너는 아버지와 아들이 분리되어 있다고 생각하기 때문이다. 그리고 너는 두려움으로 인해 그들이 분리되어 있다고 생각할 수밖에 없다. 우주의 위대한 창조주의 권능을 *아*는 너에게는 창조주를 공격하는 것보다는 다른 사람이나 너 자신을 공격하는 편이 더 안전해 보이기 때문이다.

⁶² 네가 하느님과 하나라면, 그리고 네가 그러한 하나인 상태를 인식한다면, 너는 하

느님의 권능이 곧 *너의* 권능임을 알 것이다. 하지만 네가 어떤 공격이든 의미가 있다고 믿는 한, 이것을 기억하지 못할 것이다. 공격은 아무런 의미도 없기 *때문에*, 어떤 형식을 취하든 정당한 근거가 없다. 공격이 정당한 근거를 가질 수 있는 유일한 방법은, 너희 각자가 상대방과 분리되어 있고, 너희 모두가 창조주와 분리되어 있는 경우다. 오로지 그럴 경우에만 창조물 전체를 공격하지 않고 한 부분만 공격하는 것, 아버지를 공격하지 않고 아들만 공격하는 것, 너 자신을 공격하지 않고 다른 사람을 공격하거나 다른 사람에게는 고통을 주지 않으면서 너 자신을 해치는 일이 가능할 것이다. 너는 바로 이런 믿음을 *원한다.* 하지만 안전하게 공격하겠다는 열망 외에 도대체 어디에 이런 믿음의 가치가 놓여있겠는가? 공격은 안전하지도 않고 위험하지도 않다. 공격은 *불가능하다.* 이것이 그런 *이유는*, 우주가 하나기 *때문이다.* 우주가 우주를 만든 분과 분리되어 있다고 보기 위해 공격할 필요가 없다면, 너는 우주의 실재성을 공격하겠다고 선택하지 않을 것이다. 이런 식으로, 마치 사랑이 공격할 수 있어서 무시무시하게 되어버린 듯하다.

63 오로지 *다른* 자들만이 서로 공격할 수 있다. 따라서 너희는 너희가 공격할 수 있기 *때문에* 분명 다를 것이라고 결론짓는다. 하지만 성령은 이것을 다르게 설명한다. 너희는 다르지 않기 *때문에*, 공격할 수 *없다.* 오로지 다른 자들만이 공격할 수 있다면, 어느 쪽 입장이든 논리적인 결론이다. 어느 하나의 견해를 주장할 수는 있지만, 결코 둘 다 주장할 수는 없다. 어느 것이 참인지 결정하기 위해 답해야 할 유일한 질문은, 너희가 과연 다른지 여부다. 너희가 이해하는 입장에서 보면 너희는 서로 달라 보이며, 따라서 공격할 수 있다. 두 가지 대안 중에 이것이 더 자연스럽고 너희의 경험과 더 일치하는 것 같다. 따라서 무엇이 정녕 자연스럽고 참인지 너희에게 가르치려면, 너희가 진리와 더욱 일치하는 다른 경험을 할 필요가 있다.

64 이것이 바로 너희의 거룩한 관계의 기능이다. 너희 중 하나가 생각하는 것을 다른 하나도 함께 경험할 것이다. 너희의 마음이 하나라는 것 *외에* 이것이 무엇을 의미할 수 있겠는가? 이 행복한 사실을 두려움으로 바라보지 말고, 그것이 너희에게 무거운 짐을 지운다고 생각하지도 말라. 너희가 그것을 기쁘게 받아들였을 때, 너희 관계가 창조주와 아들의 연합을 반영한 것임을 깨달을 것이기 때문이다. 사랑하는 마음들에서는 분리가 나오지 않는다. 두 마음은 똑같기 *때문에*, 한 마음 안의 모든 생각은 다른 마음에게 기쁨을 안겨준다. 기쁨은 제한되지 않는다. 사랑의 생각들은 저마다 반

짝이며 자신의 존재를 확장하고, 자기 자신을 더욱 많이 창조하기 때문이다. 그 안의 어디에도 다름은 없다. 모든 생각이 자기 자신을 닮았기 때문이다.

⁶⁵ 너희와 결합하는 빛은 온 우주를 비추며, 또한 그 빛은 너희와 결합하므로, 너희를 너희의 창조주와 하나로 만든다. 그리고 그분 안에서, 모든 창조물이 결합되어 있다. 너희의 관계는 또한 모든 두려움을 불가능하게 만드는 사랑의 권능이 존재함을 가르칠 수 있거늘, 너희는 홀로 두려워할 수 없음을 유감스러워하려는가? 이런 선물을 갖고서 약간의 에고라도 간직하려고 하지 말라. 그 선물은 감추지 말고 *사용하라*고 너희에게 주어졌다. 너희가 분리될 수 없다고 가르쳐주는 것은 에고를 *부정한다*. 진리로 하여금 너희가 같은지 다른지 결정하게 하고, 어느 쪽이 과연 참인지 가르쳐주게 하라.

제23장

너 자신과의 전쟁

I. 서문

¹ 나약함과 약함의 반대는 죄 없음이다. 너는 이것을 보지 못하는가? 순결은 곧 강함이며, 그밖에는 아무것도 강하지 않다. 죄 없는 자는 두려워할 수 없다. 모든 죄는 약함이기 때문이다. 나약함을 덮으려고 공격이 행사하는 과시용 힘은 나약함을 감출 수 없다. 실제가 아닌 것을 어찌 감출 수 있겠는가? 적이 있는 자는 그 누구도 강하지 않으며, 적이 있다고 생각하지 않는 한 그 누구도 공격할 수 없다. 따라서 적이 있다는 믿음은 약함에 대한 믿음이다. 그리고 약한 것은 하느님의 뜻이 *아니다*. 약한 것은 하느님의 뜻에 대적하고 있기에, 하느님 뜻의 "적"이다. 그리고 하느님은 *대적하고 있는* 뜻으로서 두려움의 대상이 되신다.

² 너 자신과의 이러한 전쟁이야말로 얼마나 이상하게 되어버리는지! 너는 네가 죄를 위해 사용하는 모든 것이 너를 해치고, 너의 적이 될 수 있다고 믿을 것이다. 그리고 너는 이로 인해 그것들에 맞서 싸워서 약화하려 할 것이며, 성공했다고 생각하여 다시 공격할 것이다. 너는 네가 죄 없다고 지각하는 것을 사랑할 것이 확실하듯, 네가 공격하는 것을 두려워할 것이다. 사랑이 보여주는 길을 따라 죄 없이 여행하는 자는 평화롭게 걷는다. 사랑이 그 길을 같이 걸으면서 그를 두려움에서 보호하기 때문이다. 그는 오로지 공격할 수 없는 죄 없는 자들만 볼 것이다.

³ 고개를 높이 들고 영광 속에 걷되, 그 어떤 악도 두려워하지 말라. 순결한 자들은 자신의 순결을 공유하기에, 안전하다. 그들이 보는 것은 아무것도 해롭지 않다. 진리에 대한 그들의 자각이 모든 것을 해로움의 환상에서 해방하기 때문이다. 전에 해롭게 보였던 것들이 이제는 그들의 순결함 속에서 빛나면서, 죄와 두려움에서 해방되어 사랑으로 기쁘게 되돌려진다. 그들은 사랑의 강함을 공유한다. 그들은 순결을 바라보았기 *때문이다*. 그리고 모든 잘못이 사라졌다. 그들은 잘못을 보지 않았기 때문이다. 영광을 구하는 자는 영광이 있는 곳에서 영광을 발견한다. 순결한 자들의 내면 외에, 영광이 과연 어디에 있을 수 있겠는가?

⁴ 사소한 방해물이 너를 왜소함으로 잡아끌도록 허용하지 말라. 순결함 안에는 죄의식의 매력이 있을 수 *없다*. 네가 진리와 함께 걸어가는 세상은 얼마나 행복한 곳일지 생각해 보라! 죄처럼 보이는 것 때문에 한숨을 살짝 내쉬거나 죄의식의 매력 때문에 약간 동요한다고 해서, 이러한 자유의 세상을 포기하지 말라. 너의 주의를 빼앗는 이

모든 무의미한 것 때문에 천국을 제쳐놓으려는가? 너의 운명과 목적은 그 모든 것 너머에, 왜소함이 존재하지 않는 깨끗한 곳에 있다. 너의 목적은 그 어떤 왜소함과도 어울리지 않는다. 따라서 죄와도 어울리지 않는다.

⁵ 왜소함이 하느님의 아들을 유혹으로 인도하도록 허락하지 말자. 그의 영광은 그 *너머에* 있으며, 영원과 마찬가지로 무량하고 무시간적이다. 그를 보는 너의 시야에 시간이 침범하도록 허락하지 말라. 그가 자신의 유혹 속에서 두려움에 떨며 혼자 있게 버려두지 말고, 유혹 위로 떨쳐 일어나서 그가 그 일부로 있는 빛을 지각하도록 도와라. 너의 순결은 그의 순결로 가는 길을 밝혀줄 것이며, 그럼으로써 너의 의식 속에서 보호되고 *유지된다.* 그 누가 자신의 영광을 알면서도 자신의 왜소함과 약함을 지각할 수 있겠는가? 그 누가 무시무시한 세상을 공포 속에 걸으면서도, 천국의 영광이 자신을 비추고 있음을 깨달을 수 있겠는가?

⁶ 네 주위에 있는 것 중에 너의 일부가 아닌 것은 아무것도 없다. 그것들을 사랑스럽게 바라보고, 그 안에서 천국의 빛을 보라. 그러면 너에게 주어진 것을 전부 이해하게 될 것이다. 세상은 친절한 용서 안에서 반짝거리고 빛나며, 네가 한때 죄 있다고 생각한 모든 것이 이제는 천국의 일부로 재해석될 것이다. 너의 순결이 선사하는 구원을 절실히 필요로 하는 세상을, 구원되어 순수하고 행복하게 걷는 것은 얼마나 아름다운지! 이보다 무엇을 더 가치 있게 여길 수 있겠는가? 여기에 너의 구원과 자유가 있다. 그리고 *네가* 그것을 인식하려면, 그것은 완전해야 한다.

II. 화해할 수 없는 믿음들

⁷ 하느님에 대한 기억은 조용한 마음에 찾아온다. 그것은 갈등이 있는 곳에는 올 수 없다. 자기 자신과 전쟁 중인 마음은 영원한 온유함을 기억하지 못하기 때문이다. 전쟁의 수단은 평화의 수단이 아니며, 호전적인 자들이 기억하고자 하는 것은 사랑이 아니다. 승리에 대한 믿음을 소중히 여기지 않는 한, 전쟁은 불가능하다. 네가 갈등한다는 것은 분명 에고가 승리할 힘을 가졌다고 믿고 있음을 함축한다. 그렇지 않다면 너는 왜 에고와 동일시하려는가? 너는 분명히 에고가 하느님과 전쟁 중임을 깨닫고 있다. 에고에게 적이 없다는 것은 확실하다. 하지만 에고가 자신이 이겨야 할 적을 갖

고 있다고 믿으며, 또한 *반드시* 이길 것이라고 굳게 믿고 있다는 것도 마찬가지로 확실하다.

⁸ 너 자신과의 전쟁은 하느님과의 전쟁임을 깨닫지 못하겠는가? 네가 과연 승리를 상상이나 할 수 있겠는가? 만약 상상할 수 있다면, 그것이 과연 네가 *원하는* 승리인가? 하느님의 죽음이 가능하기라도 하다면, 그것은 정녕 *너의* 죽음일 것이다. 이것이 과연 *승리인가?* 에고는 항상 무찌르기 위해 행진한다. 에고는 너를 상대로 승리를 거두는 것이 가능하다고 생각하기 때문이다. 하느님은 달리 생각하신다. 이것은 전쟁이 아니다. 이것은 단지 하느님의 뜻을 공격하여 꺾을 수 있다는 미친 믿음에 불과하다. 너는 이러한 믿음과 *동일시할* 수는 있지만, 그것은 결코 광기 이상이 되지 못할 것이다. 그리고 두려움이 광기 속에 군림하여 사랑을 대체한 듯이 보일 것이다. 이것이 바로 갈등의 *목적이다.* 그리고 그것이 가능하다고 생각하는 자들에게, 그 수단은 실재적으로 보인다.

⁹ 하느님과 에고, 혹은 너 자신과 에고는 *결코* 만나지 않을 것이다. 이를 확신하라. 너는 에고와 만나서 아무런 의미도 없는 근거 위에 이상한 동맹을 맺는 듯이 *보인다.* 너의 믿음은 에고가 선택한 집이자 네가 *너의* 집이라고 믿는 몸에 집중되어 있다. 따라서 너와 에고는 착각에서, 즉 너 자신에 대한 잘못된 평가에서 만난다. 에고는 네가 에고와 *공유하는* 너 자신에 대한 환상과 결합한다. 하지만 환상들은 결합할 수 없다. 환상들은 전부 똑같으며, 전부 무다. 환상들의 결합은 무 안에 놓여있으며, 두 개의 환상은 하나의 환상이나 천 개의 환상만큼이나 무의미하다. 에고는 *무이므로,* 무와 결합한다. 에고가 구하는 승리는 에고 자신만큼이나 무의미하다.

¹⁰ 형제들이여, 너 자신과의 전쟁은 이제 거의 끝나간다. 여정의 끝은 평화가 있는 곳에 있다. 이제 여기서 너에게 주어지는 평화를 받아들이지 않으려는가? 네가 너의 평화에 대한 침입자로 맞서 싸웠던 "적"은 여기 네 눈앞에서 너에게 너의 평화를 주는 자로 변형된다. 너의 "적"은 하느님이셨지만, 하느님은 갈등과 승리와 공격에 대해 전혀 모르신다. 하느님은 너를 완벽하게, 전적으로, 영원히 사랑하신다. 자신의 창조주와 전쟁 중인 하느님의 아들이란, 바람에게 성이 나서 으르렁대면서, 바람은 더 이상 자신의 일부가 아니라고 선포하는 자연만큼이나 터무니없는 상태다.

¹¹ 자연이 과연 그렇다고 입증할 수 있겠으며, 그것을 참인 것으로 만들 수 있겠는가? 무엇이 너의 일부여야 하고 무엇이 너와 떨어져 있어야 하는지 결정하는 것은 너에게

달려있지 않다. 너 자신과의 전쟁은, 하느님의 아들에게 그는 그 자신이 아니며 그의 아버지의 아들이 *아니라고* 가르치기 위해 치러졌다. 이를 위해 그는 *반드시* 아버지에 대한 기억을 잊어야 한다. 몸의 삶에서, 그 기억은 정녕 잊혔다. 그리고 네가 너를 하나의 몸이라고 생각한다면, 그 기억을 *잊어버렸다고* 믿을 것이다. 하지만 진리는 결코 그 *자신에* 의해 잊힐 수 없으며, 너는 너의 정체를 잊지 *않았다.* 오로지 너 자신에 대한 이상한 환상, 너의 정체를 상대로 승리를 거두려는 소망만이 그것을 기억하지 못한다.

¹² 너 자신과의 전쟁은 단지, 두 환상 가운데 승리하는 것이 참이 될 것이라고 믿고서 두 환상을 다르게 만들려고 몸부림치는 전투다. 그 환상들과 *진리* 사이에는 갈등이 전혀 없다. 그 환상들은 서로 다르지도 *않다.* 그 환상들은 둘 다 참이 아니다. 따라서 그것들이 취하는 형식은 중요하지 않다. 그 환상들을 만든 것은 제정신이 아니며, 그 환상들은 여전히 자신을 만든 것의 일부로 남아있다. 광기는 실재를 위협하지 못하며, 실재에 아무런 영향도 끼치지 못한다. 환상은 진리를 이길 수 *없고,* 진리를 어떻게든 위협할 수도 없다. 그리고 환상이 부정하는 실재는 환상의 일부가 아니다.

¹³ *네가* 기억하는 것은 정녕 너의 일부다. 너는 *분명* 하느님이 창조하신 그대로기 때문이다. 진리는 환상에 맞서 싸우지 않으며, 환상도 진리에 맞서 싸우지 않는다. 환상들은 단지 자기들끼리만 싸운다. 환상들은 조각나 있기에, 조각낸다. 그러나 진리는 나뉠 수 없으며, 환상의 좁은 범위를 훨씬 넘어서 있다. 너 자신이 갈등상태에 있을 수 없음을 배웠을 때, 너는 네가 아는 것을 기억할 것이다. 너 자신에 대한 하나의 환상이 다른 환상과 싸울 수는 있지만, 두 환상들 사이의 전쟁은 아무것도 일어나지 *않*는 상태다. 승자도 없고, 승리도 없다. 진리는 갈등과 떨어져 전혀 훼손되지 않은 채, 하느님의 평화 안에서 조용히 빛나고 있다.

¹⁴ 갈등은 분명 두 세력 사이에 있을 것이다. 하나의 힘과 무 사이에는 갈등이 있을 수 없다. 네가 공격할 수 있는 것 중에 너의 일부가 아닌 것은 없다. 너는 그것을 공격함으로써 너 자신에 대한 두 환상들을 서로 갈등하고 있는 상태로 만든다. 이것은 하느님이 창조하신 것을 네가 사랑 없이 볼 때마다 일어나는 일이다. 갈등은 두렵다. 갈등이란 두려움의 *탄생이기 때문이다.* 하지만 무에서 태어난 것이 전쟁을 통해 실재성을 쟁취할 수는 없다. 너는 왜 너의 세상을 너 자신과의 갈등으로 채우려는가? 이 모든 광기가 너를 위해 무효화되게 하고, 너의 조용한 마음에서 여전히 빛나고 있는 하느

님에 대한 기억으로 평화롭게 돌아서라.

15 환상들 사이의 갈등을 진리로 가져올 때, 그것이 어떻게 사라지는지 보라! 그것은 갈등하는 *진리*들 사이의 전쟁이라고 보일 경우에만 실재적으로 보인다. 이 전쟁에서는 승자가 더 참이고 더 실재적으로 되며, 패배하여 환상이 되어버린 보다 덜 실재적인 환상을 정복한 자가 된다. 이와 같이 갈등은 환상들 *사이의* 선택이며, 하나는 실재의 왕관을 쓰고 다른 하나는 정복되어 경멸받는다. 여기에서, 아버지는 *결코* 기억되지 않을 것이다. 하지만 그 어떤 환상도 아버지의 집에 침입하여 아버지를 그분이 영원히 사랑하시는 자 밖으로 몰아낼 수 없다. 그리고 아버지가 사랑하시는 자는 영원히 조용하고 평화로울 것이다. 그는 아버지의 집이기 *때문이다.* 아버지의 사랑받는 자인 너는 아버지처럼 참이고 거룩하기에, 전혀 환상이 아니다.

16 네가 아버지와 너 자신에게 가진 고요한 확신은 너와 아버지 모두의 집이다. 아버지와 너는 하나로서 머물러 살면서 서로 떨어지지 않는다. 하느님의 가장 거룩한 집의 문을 열어젖혀라. 그리고 용서로 하여금, 하느님과 그분의 아들을 집 없는 신세로 만드는 죄에 대한 믿음의 자취를 깨끗이 씻어내게 하라. 하느님의 집에서 너희는 낯선 자가 아니다. 네 형제를 집으로 맞아들여라. 하느님은 그곳에 그를 고요하고 평화로이 있게 하셔서 그와 더불어 머물러 사신다. 사랑이 머물러 살면서 너를 참이 아닌 모든 것으로부터 보호하는 곳에, 환상이 있을 자리란 없다. 너는 평화의 창조주만큼이나 무한한 평화 속에 머물러 산다. 그리고 그분을 기억하려는 모든 이에게는 모든 것이 주어진다. 성령은 그분의 집을 지켜보면서, 그 평화가 결코 깨질 수 없음을 확신한다.

17 하느님의 안식처가 어찌 자기 자신을 공격하고, 그곳에 머물러 사시는 분을 이기려 할 수 있겠는가? 하느님의 집이 자신을 쪼개졌다고 지각할 때, 과연 무슨 일이 일어날지 생각해 보라. 제단은 사라지고 빛은 점차 흐려지며, 거룩하신 분의 사원이 죄의 집이 된다. 기억되는 것이라고는 환상들밖에 없다. 환상들이 갈등할 수 있는 이유는, 그것들의 형식이 서로 다르기 때문이다. 그리고 환상들은 단지 어떤 형식이 참인지 확립하기 위해 다툰다.

18 환상은 환상을 만나고, 진리는 그 자체를 만난다. 환상들의 만남은 전쟁으로 이어진다. 평화는 자기 자신을 바라보면서 자기 자신을 확장한다. 전쟁이란 두려움이 태어나고 자라나서 군림하려는 상태다. 평화란 사랑이 머물러 살면서 자기 자신을 공유하려는 상태다. 갈등과 평화는 서로 상반된다. 하나가 머물러 사는 곳에 다른 하나는

있을 수 없으며, 어느 하나가 가는 곳에서 다른 하나는 사라진다. 따라서 환상의 전쟁 터가 되어버린 마음 안에서는 하느님에 대한 기억이 희미해진다. 하지만 하느님에 대한 기억은 이 무분별한 전쟁 저 너머에서 빛나면서, 네가 평화와 한편이 될 때 기억될 준비를 하고 있다.

Ⅲ. 혼란의 법칙

[19] 혼란의 "법칙"을 결코 이해할 수는 없어도, 빛으로 가져갈 수는 있다. 혼란의 법칙은 의미가 없으며, 따라서 이성의 영역 바깥에 있다. 하지만 그것은 이성과 진리를 가로막는 장애물인 것처럼 보인다. 그렇다면 혼란의 법칙을 차분하게 바라보자. 그럼으로써 우리는 그 너머를 보고, 그것이 주장하는 바가 아니라 그것을 있는 그대로 이해할 수 있게 된다. 그 법칙이 과연 무엇을 위한 것인지 이해하는 것은 아주 중요하다. 그것의 목적은 진리를 무의미하게 만들고 공격하는 것이기 때문이다. 이것이 바로, 네가 만든 세상을 좌우하는 법칙이다. 하지만 그것은 아무것도 지배하지 않으며, 따라서 깰 필요가 없다. 그 법칙을 단지 바라보기만 하면, 그 너머로 가게 된다.

[20] 첫 번째 혼란의 법칙은, 진리는 각자에게 다르다는 것이다. 다른 모든 원리들처럼 이 법칙도, 각 사람은 분리되어 있고, 그를 다른 사람들로부터 떼어놓는 다른 사고체계를 가졌다고 주장한다. 이 원리는 환상에 위계가 있다는 믿음, 즉 어떤 환상은 더 가치가 있으며, 따라서 참이라는 믿음에서 도출된다. 각자는 스스로 이것을 확립하며, 다른 사람이 가치 있게 여기는 것을 공격함으로써 그 믿음을 참인 것으로 *만든다*. 그리고 이것은 정당화된다. 왜냐하면 그 가치들이 다르고, 그 가치들을 지닌 자들이 같지 않아 보이며, 따라서 적으로 보이기 때문이다.

[21] 이것이 기적의 첫 번째 원리를 어떻게 방해하는 듯이 보이는지 생각해 보라. 이것은 환상들 사이에 진리의 등급을 확립하여, 어떤 환상은 다른 환상보다 더 극복하기 어려워 보이게 만든다. 네가 만약 환상들은 모두 똑같고, 똑같이 참이 아님을 깨닫는다면, 기적이 *모든* 환상에 적용된다는 것을 쉽게 이해할 수 있다. 잘못들이 그 종류와 상관없이 교정될 수 있는 *이유*는, 그것들이 참이 아니기 *때문이다*. 잘못들을 *서로에게* 가져가는 대신에 진리로 가져오면, 그것들은 그저 사라진다. 무의 어떤 부분이 다

른 부분보다 진리에 더 잘 저항할 수는 없다.

22 죄를 숭배하는 자라면 누구나 소중히 여기는 두 번째 혼란의 법칙은, 각 사람은 죄를 지을 수밖에 없으며, 따라서 공격받고 죽어 마땅하다는 것이다. 첫 번째 혼란의 법칙과 밀접한 관련이 있는 이 원리는, 잘못에는 교정이 아닌 처벌이 가해져야 한다는 요구다. 잘못을 범하는 자를 파괴하면, 그는 교정도 용서도 불가능한 자가 된다. 그러므로 그의 행위는 그 자신에 대한 돌이킬 수 없는 판결로 해석되며, 하느님조차 그것을 뒤집을 힘이 없으시다. 죄라는 것은 하느님의 아들이 그 자신의 파괴를 불가피하게 만드는 실수를 할 수 있다는 믿음이기에, 용서받을 수 없는 것이다.

23 이것이 아버지와 아들의 관계에 어떤 영향을 미치는 것 같은지 생각해 보라. 이제 그들은 결코 다시 하나가 될 수 없는 듯이 보인다. 왜냐하면 *한쪽*은 항상 *다른 한쪽*에 의해 정죄받아야 하기 때문이다. 이제 그들은 정녕 다르며, 서로에게 *적이다*. 이제 그들의 관계는 적대 관계다. 그것은 마치 아들의 분리된 측면들이 결합이 아닌 갈등을 위해 만나는 것과도 같다. 한쪽은 약해지고, 다른 한쪽은 그의 패배 덕분에 강해진다. 이제 그들이 하느님과 서로를 두려워하는 것은 이치에 맞는 것 같고, 그러한 두려움은 하느님의 아들이 자기 자신과 자신의 창조주께 행한 것 때문에 실재화된다. 혼란의 법칙을 떠받치는 오만이 이보다 더 뚜렷이 드러날 수는 없을 것이다.

24 여기에 실재의 창조주가 무엇이며, 그분이 무엇을 생각하고 믿어야 하는지, 또 그것을 믿는다면 그분이 어떻게 반응해야 하는지 정의하려는 원리가 하나 있다. 심지어 그분이 믿으라고 정해진 것이 과연 진리인지 그분께 물을 필요도 없어 보인다. 이에 대해서는 아들이 그분께 말해줄 수 있으며, 그분은 단지 아들의 말을 믿을지 아니면 잘못 생각할지 선택할 수만 있다. 이것은 혼란을 영속화하는 듯한 세 번째의 황당한 믿음으로 곧장 이어진다. 만약 하느님이 잘못 생각하실 수 없다면, 하느님은 당신의 아들이 자신의 정체에 대해 가진 믿음을 받아들이시고, 그것 때문에 아들을 증오하셔야 하기 때문이다.

25 이 세 번째 원리에 의해 하느님에 대한 두려움이 어떻게 강화되는지 보라. 이제 비참함 속에서 하느님께 돌아서 도움을 청하는 것이 불가능해진다. 이제 하느님은 그 비참함을 *야기한* "적"이 되어버리셨으므로, 하느님께 간청해 봤자 소용없기 때문이다. 그리고 구원은 아들 안에 있을 수 없다. 그의 모든 측면들은 하느님과 전쟁 중에 있으며, 그들의 공격은 정당한 근거가 있는 것 같다. 이제 갈등이 불가피해졌고, 하느

님도 도우실 수 없다. 이제 구원은 불가능하게 남아있을 수밖에 없다. 구원자가 적이 되어버렸기 때문이다.

²⁶ 해방도 탈출도 있을 수 없다. 따라서 속죄는 신화가 되어버리고, 용서가 아닌 복수가 하느님의 뜻이다. 이 모든 것이 시작된 곳에서 바라본다면, 실제로 도움이 될 수 있는 도움은 찾아볼 수 없다. 오로지 파괴만이 그 결과일 수 있다. 게다가 하느님은 당신의 아들을 이기려고 파괴의 편에 서계신 것 같다. 에고가 너로 하여금 자신이 *원하는* 것에서 벗어날 탈출구를 찾게 해줄 것이라고는 생각하지 말라. 그것은 이 수업의 기능이다. 이 수업은 에고가 소중히 여기는 것을 가치 있게 여기지 않는다.

²⁷ 에고는 자신이 *빼앗는* 것만 가치 있게 여긴다. 이것은 혼란의 네 번째 법칙으로 이어진다. 네가 만약 다른 법칙들을 받아들인다면, 이 법칙도 참이라고 볼 수밖에 없다. 이 그럴듯한 법칙은, 너는 네가 *빼앗은* 것을 *갖는다는* 믿음이다. 그러니 다른 사람의 손실은 너의 이익이 된다. 따라서 네가 이 법칙을 따른다면, 너는 결코 *너 자신을* 제외한 그 누구로부터도 빼앗을 수 없음을 인식하지 못하게 된다. 하지만 다른 모든 법칙은 이 법칙으로 이어질 수밖에 없다. 적들은 서로에게 기꺼이 주지 않고, 가치 있게 여기는 것을 공유하려 하지도 않기 때문이다. 그리고 너의 적들이 너에게 주지 않으려고 하는 그것은, 그들이 그것을 너에게 감춘다는 이유만으로도 분명 소유할 가치가 있을 것이다.

²⁸ 광기의 그 모든 장치들이 여기에 드러나 보인다: 당연히 네 것이어야 하는 값진 유산을 감춰서 강력해진 "적", 주어지지 않은 것을 요구할 수 있는 너의 정당한 입장과 공격, 그리고 너 자신을 구하기 위해 적이 어쩔 수 없이 겪어야 할 손실. 죄 있는 자들은 이런 식으로 자신의 "결백"을 주장한다. 적의 파렴치한 행위가 그들을 이렇게 치사한 공격으로 몰아붙이지 않았다면, 그들은 친절하게만 반응했으리라. 그러나 이렇게 야만적인 세상에서 친절한 자들은 살아남을 수 없으며, 따라서 빼앗거나 빼앗길 수밖에 없다.

²⁹ 그리고 이제 아직 "설명되지" 않은 모호한 질문 하나가 답해지지 않은 채 남아있다. 이 가장 기만적이고 교활한 적으로부터 정당한 분노로 빼앗아 와야 하는 이 귀중한 것, 이 값을 매길 수 없는 진주, 이 감춰진 은밀한 보물은 무엇인가? 그것은 네가 원하지만 결코 찾을 수 없었던 것임에 틀림없다. 이제 너는 그것을 찾을 수 없었던 이유를 "이해한다." 이 적이 그것을 네게서 빼앗아 네가 쳐다볼 생각도 하지 않을 곳에

감춰놓았기 때문이다. 그는 그것을 자신의 몸에 감췄으며, 이제 그의 몸은 그의 죄의 식을 가리는 덮개, 본래 너에게 속한 것을 감추는 장소가 되어버렸다. 이제 네가 본래 너에게 속한 것을 *가지려면* 그의 몸이 파괴되고 희생되어야 한다. 그는 배신했기에 죽어야 하며, 그래야 *네가* 살 수 있다. 그리고 너는 단지 정당 방어로서 공격한다.

³⁰ 그러나 그가 죽어야만 네가 얻을 수 있는 것, 네가 원하는 그것은 과연 무엇인가? 그것이 *무엇을 위한* 것인지 알지 못하는 한, 너의 살인적인 공격에 정당한 근거가 있다고 확신할 수 있겠는가? 그리고 여기서 혼란의 *마지막* 법칙이 구원하러 온다. 그것은 사랑에 *대체품이* 있다고 주장한다. 그것은 너의 모든 고통을 치료할 "마법"이며, 너의 광기에서 누락된 요소로서 그것을 "제정신"으로 만들어주는 것이다. 바로 이것이, 네가 공격해야 하는 까닭이다. 바로 여기에, 너의 복수를 정당화하는 것이 있다. 정체를 드러낸 에고의 비밀 선물을 보라. 그것은 네 형제의 몸에서 찢어낸 것으로서, 그 선물이 본래 속한 자에 대한 악의와 증오 속에서 그곳에 감춰진 것이다. 그는 너의 삶에 의미를 줄 비밀 성분을 앗아가려 한다. 서로에 대한 적의에서 탄생한 이 사랑의 대체품은 분명 구원일 것이다. 그것에는 대체품이 없으며, 단지 이 하나만 있다. 네가 맺는 모든 관계의 목적은 단지 그것을 강탈해 네 것으로 만드는 것이다.

³¹ 너의 소유권은 결코 완전해지지 않는다. 그리고 네 형제는 네가 훔쳐간 것 때문에 너를 끊임없이 공격할 것이다. 하느님도 두 사람에 대한 복수를 끝내지 않을 것이다. 미쳐버린 하느님은 이 사랑의 대체품을 가져야만 하고, 따라서 너희를 죽일 것이기 때문이다. 너는 단단한 땅에 두 발을 딛고 의미를 찾을 수 있는 세상을 제정신으로 걸어 다닌다고 믿지만, 다음을 고려해 보라: [이것이 바로, 너의 "제정신"이 근거하는 듯한 법칙들이다.] 이것이 바로, 너의 발아래에 있는 땅을 단단해 보이게 만드는 원리들이다. 그리고 바로 이곳이야말로, 네가 의미를 찾는 곳이다. 이것은 네가 너의 구원을 위해 만든 법칙들이다. 그 법칙들은 네가 선호하는 천국의 대체품을 유지해 준다. 이것이 바로 그 법칙들의 목적이며, 그 법칙들은 바로 이것을 위해 만들어졌다. 그 법칙들이 무엇을 의미하는지 묻는 것은 무의미하다. 그것은 뻔하다. 광기의 수단은 분명 제정신이 아니다. 너도 그 목표가 광기라는 것을 확실히 깨닫고 있는가?

³² 그 누구도 광기를 *원하지* 않으며, 이것이 광기의 *정체*임을 본 자라면 그 누구도 자신의 광기에 집착하지 않을 것이다. 광기를 보호하는 것은 바로 광기가 *참이라는* 믿음이다. 진리의 *자리*를 차지하는 것이야말로 정신 이상의 기능이다. 정신 이상을 믿

기 위해서는 그것을 진리라고 보아야 한다. 정신 이상이 진리라면, 정신 이상의 반대로서 전에 진리였던 것이 이제는 광기가 되어야 한다. 광기를 제정신으로, 환상을 진리로, 공격을 친절로, 증오를 사랑으로, 살인을 축복으로 완전히 뒤집는 이러한 역전이야말로 혼란의 법칙들이 섬기는 목표다. 이러한 수단들로 인해, 하느님의 법칙은 완전히 역전되어 보인다. 여기서 죄의 법칙이 사랑을 포로로 잡아두고, 반면에 죄는 풀어주는 듯이 보인다.

³³ 그러나 이런 것들은 혼란의 목표처럼 *보이지*는 않는다. 그것들은 엄청난 역전으로 인해 *질서의* 법칙처럼 보이기 때문이다. 어찌 그렇지 않을 수 있겠는가? 혼란은 무법 상태로서, 그 안에는 어떤 법칙도 없다. 혼란을 믿기 위해서는 혼란의 그럴듯한 법칙들을 실제라고 지각해야 한다. 그 법칙들의 목표인 광기를 제정신이라고 보아야 한다. 그리고 잿빛 입술과 보지 못하는 눈을 가진, 바라보기에도 끔찍한 두려움이 사랑의 왕좌에 등극한다. 그것은 사랑의 죽어가는 정복자, 사랑의 대체품, 구원으로부터의 구원자다. 두려움의 법칙들이야말로 죽음을 얼마나 사랑스러워 보이게 만드는지! 사랑의 왕좌에 앉은 영웅에게 감사하라! 그는 두려움과 죽음을 위해 하느님의 아들을 구했다!

³⁴ 하지만, 도대체 이러한 법칙들을 어떻게 믿게 되는가? 그것을 가능하게 만드는 이상한 장치가 있다. 그 장치는 낯설지도 않다. 우리는 전에 그 장치가 어떻게 해서 작동하는 것처럼 보이게 되었는지 여러 번 살펴보았다. 그 장치는 진리 안에서는 기능하지 *않지만*, 그림자만이 주된 역할을 하는 꿈속에서는 아주 강력해 보인다. 형식의 강조와 내용의 무시가 없다면, 어떤 혼란의 법칙도 믿음을 강요할 수 없다. 그 법칙들 가운데 단 하나라도 참이라고 여기는 자는 그것이 주장하는 내용을 *보지* 않는다. 그것이 취하는 형식 중에 어떤 것은 의미 있어 보이지만, 단지 그것뿐이다.

³⁵ 어떻게 특정 형식의 살인이 죽음을 의미하지 *않을* 수 있겠는가? 과연 *어떤* 형식의 공격이 사랑일 수 있는가? 과연 어떤 *형식의* 정죄가 축복인가? 그 누가 자신의 구원자를 무력하게 만들면서 구원을 *발견하는가?* 그에 대한 공격의 형식이 너를 속이도록 허용하지 말라. 너는 그를 해치려고 하면서도 구원될 수는 *없다.* 그 누가 자기 자신을 공격함으로써 공격으로부터의 안전을 발견할 수 있겠는가? 이런 광기가 *무슨* 형식을 취하는지가 어떻게 중요할 수 있겠는가? 그것은 자신이 구하기를 원한다고 말하는 대상을 정죄함으로써 스스로를 무효화하는 판단이다. 광기가 네 눈에 사랑스러워 보이는 형식을 취하더라도 속지 말라. 너의 파괴에 골몰하는 것은 너의 친구가 *아니다.*

³⁶ 너는 이런 무분별한 법칙들을 믿지도 않고 그에 따라 행하지도 않는다고 주장하면서 그 말이 사실이라고 생각한다. 그리고 네가 그 법칙들이 *말하는* 내용을 자세히 살펴본다면, 그것을 믿을 수 없을 것이다. 형제들이여, 너희는 정녕 그 법칙들을 믿는다. 왜냐하면, 이러한 내용을 가진 법칙들이 취하는 형식을 너희가 달리 어떻게 지각할 수 있겠는가? 그중 *어떤* 형식이라도 과연 지지할 수 있는 것인가? 하지만 너희는 그 법칙들을 그것들이 취하는 형식 *때문에* 믿으며, 그 내용은 *알아보지* 못한다. 그 내용은 결코 변하지 않는다. 해골에 장밋빛 입술을 그리고, 멋진 옷을 입히고, 어루만지고 애지중지한다고 해서 해골을 *살려낼* 수 있겠는가? 그리고 너는 네가 살아있다는 *환상*에 만족할 수 있겠는가?

³⁷ 천국 바깥에는 생명이 *없다*. 생명은 분명 하느님이 생명을 창조하신 바로 그곳에 있을 것이다. 천국과 떨어진 어떤 상태에서도 생명은 환상이다. 그것은 잘해봤자 생명처럼 보이고, 최악의 경우 죽음처럼 보인다. 하지만 그 둘은 모두 생명이 아닌 것에 대한 판단으로서, 부정확하고 의미가 결여되어 있다는 점에서 똑같다. 천국에 없는 생명은 불가능하다. 그리고 천국에 있지 않은 것은 어디에도 없다. 천국 바깥에는 환상들의 갈등만 있다. 그러한 갈등은 무분별하고 불가능하고 모든 이성 너머에 있지만, 천국을 가로막는 영원한 장애물이라고 지각된다. 환상들은 단지 형식들일 뿐이다. 그 내용은 *결코* 참이 아니다.

³⁸ 혼란의 법칙은 모든 환상을 지배한다. 환상의 형식들은 갈등하며, 그럼으로써 어떤 환상에 다른 환상들보다 더 높은 가치를 두는 것이 가능해 보이게 만든다. 하지만 각 형식은, 다른 형식들과 마찬가지로 확실하게, 혼란의 법칙이 질서의 법칙이라는 믿음에 의존한다. 각 형식은 혼란의 법칙을 철저히 떠받치며, 그것이 참이라는 확실한 증거를 제공한다. 공격의 형식이 겉보기에 더 부드러워 보인다고 해서 그것의 증언이나 결과가 덜 확실한 것은 아니다. 환상은 그 형식 때문이 아니라, 그것이 함축하는 믿음 때문에 두려움을 불러올 것이 확실하다. 그리고 사랑에 대한 믿음의 결핍은, 그것이 어떤 형식을 취하든 상관없이, 혼란을 실재라고 증언한다.

³⁹ 죄에 대한 믿음에서는 혼란에 대한 믿음이 나올 수*밖*에 없다. 왜냐하면 그것이 논리적인 귀결, 질서정연한 생각의 타당한 단계로 보이기 때문이다. 혼란에 이르는 단계들은 실로 출발점으로부터 깔끔하게 도출된다. 각 단계는 진리의 역전이 진행되는 과정에서 각기 다른 형식으로서, 진리에서 멀어져 한층 더 깊은 공포로 이어진다. 한

단계가 다른 단계보다 더 작다고 생각하지 말고, 어느 한 단계에서 돌아오는 것이 더 쉽다고 생각하지도 말라. 각 단계에 천국으로부터의 하강 전체가 놓여있다. 그리고 너의 생각은 그것이 시작된 바로 그곳에서 끝나야 한다.

⁴⁰ 형제들이여, 지옥으로 하강하는 과정에서 단 한 단계도 취하지 말라. 네가 만약 한 단계라도 취한다면, 나머지 단계들도 있는 그대로 인식하지 못하게 될 것이다. 그리고 나머지 단계들은 반드시 뒤따라올 것이다. 어떤 형식으로 공격을 하든, 너는 이미 천국에서 멀어지는 비틀린 계단에 발을 올려놓은 것이다. 하지만 그 어떤 순간에도, 이 모든 것을 무효화하는 것이 가능하다. 네가 선택한 것이 천국으로 가는 계단인지 지옥으로 가는 길인지 어떻게 알 수 있겠는가? 그것은 아주 쉽다. 너는 어떻게 느끼는가? 너는 평화를 자각하는가? 네가 어떤 길을 가는지 확신하는가? 천국이라는 목표에 도달할 수 *있다*고 확신하는가? 그것이 아니라면, 너는 혼자 걷고 있는 것이다. 그렇다면, 너의 친구에게 너와 함께 걸어가면서 목표점에 대한 확신을 *달라*고 요청하라.

IV. 타협 없는 구원

⁴¹ 너는 공격이 취할 수 있는 몇몇 형식을 인식하지 못한다. 그렇지 않은가? 어떤 형식의 공격이 네가 *알아차리*는 다른 형식의 공격만큼이나 너를 해친다면, 네가 고통의 근원을 항상 인식하는 것은 아니라는 결론이 나온다. 공격은 *어떤* 형식을 취하든 똑같이 파괴적이다. 공격의 목적은 변하지 않는다. 공격의 유일한 의도는 살인이다. 도대체 살인이 어떤 형식을 취한다고 해서 살인자가 느낄 수밖에 없는 엄청난 죄의식과 처벌에 대한 광적인 두려움을 덮어 감출 수 있겠는가? 그는 자신이 살인자임을 부정할 수 있고, 공격할 때 자신의 야만성을 미소로 정당화할 수도 있다. 하지만 그는 고통에 시달릴 것이며, 악몽 속에서 자신의 의도를 바라볼 것이다. 그 속에서 미소는 사라지고, 본래의 목적이 떠올라 공포에 질린 그의 의식에 도달하여 그를 계속 추적할 것이다. 살인을 생각하고도 그 *생각에* 수반되는 죄의식에서 벗어날 수 있는 자는 아무도 없기 때문이다. 그 의도가 죽음이라면, 그것이 어떤 형식을 취하든 무슨 상관이란 말인가?

⁴² 죽음이 아무리 사랑스럽고 자비로운 형식을 취하더라도, 그것이 과연 축복일 수 있

겠는가? 그것이 과연 하느님의 음성이 너를 통해 네 형제에게 말한다는 표시일 수 있겠는가? 너는 선물을 줄 때 포장을 주는 것이 아니다. 빈 상자를 아무리 아름답게 꾸미며 정성스레 선물하더라도, 그 안에는 여전히 아무것도 없다. 받는 자도 주는 자도 오래는 속지 않는다. 네 형제에게 용서를 주지 않는다면, 너는 그를 공격하는 것이다. 너는 그에게 무를 주고, 그에게서 네가 준 것만 받는다.

⁴³ 구원은 그 어떤 타협도 아니다. 타협이란 네가 원하는 것의 일부만 받아들이는 것, 즉 조금만 취하고 나머지는 포기하는 것이다. 구원은 아무것도 포기하지 않는다. 구원은 모든 이에게 완전하다. 네가 만약 타협이라는 아이디어가 들어오도록 허용한다면, 구원의 목적에 대한 알아차림이 상실된다. 너는 그것을 인식하지 못할 것이기 때문이다. 타협을 받아들인 곳에서는 구원이 부정된다. 타협은 구원이 불가능하다는 믿음이기 때문이다. 타협은 네가 조금만 공격하고 조금만 사랑하면서 그 *차이*를 알 수 있다고 주장할 것이다. 이와 같이 타협은 같은 것의 작은 부분이 다르면서도 같은 것은 훼손되지 않고 하나로 남아있을 수 있다고 가르치려 한다. 이것이 말이 되는가? 이것을 과연 이해할 수 있겠는가?

⁴⁴ 이 수업이 쉬운 이유는 단지, 그것이 어떤 타협도 하지 않기 때문이다. 하지만 여전히 타협이 가능하다고 믿는 자들에게, 이 수업은 어려워 보인다. 타협이 가능하다면 구원은 곧 *공격이건만*, 그들은 이를 보지 못한다. 하지만 확실한 것은, 구원이 불가능하다는 믿음은 구원이 이미 왔다는 조용하고도 차분한 확신을 지지할 수 없다는 점이다. 용서를 조금만 주지 않을 수는 없다. 또한 이런 이유로 공격하고 저런 이유로 사랑하면서 용서를 이해하는 것도 불가능하다. 너의 평화에 대한 공격이 어떤 형식을 취하든, 그것들을 전부 인식하기를 *원하지* 않는가? 오로지 그럼으로써만 너의 평화를 잃는 것이 불가능해진다면 말이다. 네가 방어하지만 않는다면, 너의 평화는 너의 비전 앞에 찬란히 간직되어, 너의 시야에서 사라지지 않고 영원토록 분명하게 남아있을 것이다.

⁴⁵ 평화를 방어할 수 있고 평화를 위한 공격이 정당한 근거가 있다고 믿는 자들은 평화가 자신 안에 있음을 지각할 수 없다. 그들이 어찌 그것을 알겠는가? 살인의 어떤 형식이 그들의 평화를 지켜준다는 믿음을, 그들이 과연 용서와 함께 받아들일 수 있겠는가? 그들이 과연 자신의 야만적인 목적이 자기 자신을 겨눈다는 사실을 기꺼이 받아들이려 하겠는가? 그 누구도 적과 연합하거나 목적을 함께할 수 없다. 그리고 네가 적과 타협을 하더라도, 그가 주지 않는 것 때문에 여전히 그를 증오할 수밖에 없다.

⁴⁶ 휴전을 평화로, 타협을 갈등에서의 탈출로 잘못 생각하지 말라. 갈등에서 해방되는 것은 갈등이 *끝났음*을 의미한다. 문은 열려있으며, 너는 전쟁터를 *떠났다*. 너는 총성이 잠시 잠잠하고 죽음의 소굴에 감도는 두려움이 그리 뚜렷하지 않으니 전쟁은 돌아오지 않을 것이라는 움츠린 희망을 품고 그곳에서 꾸물거리지 않았다. 전쟁터에는 안전이 *없다*. 너는 전쟁터 위에서 안전하게 내려다보면서 아무런 영향도 받지 않을 수 있다. 그러나 전쟁터 안에서는 어떤 안전도 찾을 수 *없다*. 아직도 서있는 나무 중에 단 한 그루도 너에게 피난처를 제공하지 못할 것이다. 단 하나의 보호의 환상도 살인에 대한 믿음에 맞설 수 없다. 여기에, 소통하려는 자연스러운 열망과 죽이고 죽으려는 부자연스러운 의도 사이에서 찢긴 몸이 서있다. 너는 살인이 취하는 *형식이* 안전을 제공할 수 있다고 생각하는가? 전쟁터에 과연 죄의식이 *없을* 수 있겠는가? [갈등 속에 남아있지 말라. 공격 없이는 전쟁도 없기 때문이다.]

V. 생명에 대한 두려움

⁴⁷ 하느님에 대한 두려움은 죽음에 대한 두려움이 아닌 *생명에* 대한 두려움이다. 하지만 하느님은 여전히 유일하게 안전한 곳으로 남아계신다. 하느님 안에는 공격이 전혀 없으며, 어떤 형식의 환상도 천국을 활보할 수 없다. 천국은 온전히 참이다. 어떤 차이도 들어오지 않으며, 모두 똑같은 것들은 서로 갈등할 수 없다. 나는 너에게, 살인하고자 하는 너 자신의 소망에 맞서 싸우라고 요청하지 않는다. 하지만 나는 그 소망이 취하는 형식이 똑같은 의도를 감추고 있음을 깨달으라고 요청한다. 네가 두려워하는 것은 *이것이지* 그 형식이 아니다. 사랑이 아닌 것은 살인이다. 사랑하지 않는 것은 분명 공격일 것이다. 모든 환상은 진리에 대한 공격이며, 모든 환상은 사랑이라는 아이디어에 폭력을 가한다. 그것은 동등한 진리성을 가진 듯이 보이기 때문이다.

⁴⁸ 무엇이 진리와 동등하면서도 여전히 다를 수 있겠는가? 살인과 사랑은 양립할 수 없다. 하지만 만약 둘 다 참이라면, 그것들은 서로 같아서 구분될 수 없을 것이다. 하느님의 아들을 몸으로 보는 자들에게 그 둘은 과연 그러할 것이다. 몸은 하느님 아들의 창조주를 닮지 않았다. 그리고 생명이 없는 것은 생명의 아들일 수 없다. 몸이 어떻게 확장되어 우주를 담을 수 있겠는가? 몸이 과연 창조할 수 있겠으며, 자신이 창조

하는 바로 그것으로 존재할 수 있겠는가? 몸이 자신의 창조물들에게 자신인 모든 것을 주면서도 결코 상실을 경험하지 않을 수 있겠는가?

⁴⁹ 하느님은 당신의 기능을 몸과 공유하지 않으신다. 창조하는 기능은 하느님 자신의 것이므로, 하느님은 그 기능을 당신의 아들에게 주셨다. 아들의 기능이 살인이라고 믿는 것이 죄는 아니지만, 정신 이상인 것은 분명하다. 똑같은 것은 다른 기능을 *가질* 수 없다. 창조는 하느님의 확장을 위한 수단이며, 하느님의 것은 분명 아들의 것이기도 하다. 아버지와 아들 *모두가* 살인자거나 아무도 살인자가 아니거나 둘 중 하나다. 생명은 죽음을 만들지 않으며, 자기 자신과 닮게 창조한다.

⁵⁰ 너희 관계의 사랑스러운 빛은 하느님의 사랑을 닮았다. 하지만 그 관계는 아직 하느님이 당신의 아들에게 주신 거룩한 기능을 맡을 수 없다. 서로에 대한 너희의 용서가 아직은 완전하지 않아서, 모든 창조물로 확장될 수 없기 때문이다. 너희는 치유와 기적을 모든 이에게 확장할 권능을 가졌지만, 살인과 공격의 형식을 있는 그대로 인식하지 못한 채 그것들에 매력을 느낄 때마다 치유와 기적을 제한하는 것이다. 하지만 성령은 너희의 작은 선물을 어떻게 늘려 막강하게 만들 수 있는지 이해한다. 또한 성령은 너희의 관계가 어떻게 전쟁터 위로 들려 올라가서 더 이상 *그곳에* 남아있지 않을 수 있는지 이해한다. 너희의 역할은 다음과 같다: *어떤* 형식의 살인이든 너희의 뜻이 아님을 깨닫기. 이제, 전쟁터를 *내려다보는 것이* 너희의 목적이다.

⁵¹ 위로 들려 올라가 높은 곳에서 전쟁터를 내려다보라. 그곳에서 너의 관점은 확실히 다를 것이다. 전쟁터 한가운데인 이곳에서 보면, 전쟁터는 실제다. 이곳에서 너는 전쟁터의 일부가 되기로 *선택했다.* 이곳에서 살인은 과연 너의 선택이다. 하지만 위에서 내려다보면, 너의 선택은 살인이 아닌 기적이다. 이런 선택에서 비롯되는 관점은, 전쟁은 실제가 아니며 쉽게 벗어날 수 있음을 보여준다. 몸들은 싸울 수 있지만, 형식들의 충돌은 무의미하다. 그리고 네가 전쟁은 결코 시작된 적이 없음을 깨달을 때, 전쟁은 끝난다. 네가 전쟁에 참여하고 있다면, 전쟁을 어떻게 무로 지각할 수 있겠는가? 또한 네가 살인을 선택한다면, 기적의 진리를 어떻게 인식할 수 있겠는가?

⁵² 공격하려는 유혹이 일어나 마음이 어두워지고 살의에 불탈 때, 너는 정녕 그 싸움을 위에서 내려다볼 수 *있음을* 기억하라. 네가 심지어 그 형식을 인식하지 못할 때조차 그 조짐만은 알 수 있다. 그럴 때 너는 찌르는 듯한 죄의식의 가책을 느끼고, 무엇보다도 평화를 잃는다. 너는 이것을 잘 안다. 이런 일이 일어날 때는 높은 곳에 있는

너의 자리를 떠나지 말고, 살인 *대신에* 기적을 재빨리 선택하라. 그러면 하느님과 천국의 그 모든 빛이 부드럽게 내려와 너를 들어올릴 것이다. 그때 너는 하느님이 원하시는 곳에 남아있기로 선택한 것이기 때문이다. 하느님의 평화가 하느님의 아들과 함께할 때, 그 어떤 환상도 그것을 공격할 수 *없다*.

53 전쟁터에서는 아무도 보지 말라. 그곳에서 너는 그를 아무것도 아닌 곳에서 바라보는 것이기 때문이다. 너에게는 바라보는 것에 의미를 부여할 기준점이 전혀 없다. 오로지 몸들만이 공격하고 살인할 수 있으며, 만약 이것이 너의 목적이라면 너는 분명 몸과 하나다. 오로지 하나의 목적만이 통합하며, 하나의 목적을 공유하는 자들은 하나의 마음을 갖는다. 몸은 아무런 목적도 갖고 있지 않으며, 혼자일 수밖에 없다. 아래에서 보면, 몸은 극복될 수 없다. 위에서 보면, 아직 전쟁 중인 자들에게 몸이 가하는 한계는 사라져서 지각되지 않는다. 몸은 아버지가 당신의 아들을 위해 창조하신 천국과 아버지 사이에 서있다. 몸은 아무런 목적도 갖고 있지 않기 *때문이다*.

54 아버지의 목적을 공유하고 그 목적이 자신의 것임을 아는 자들에게 무엇이 주어져 있는지 생각해 보라! 그들은 아무것도 부족하지 않다. 어떤 슬픔도 상상할 수 없다. 오로지 그들이 사랑하는 빛만이 그들의 의식 안에 있고, 오로지 사랑만이 그들을 영원히 비춰준다. 그들의 과거와 현재와 미래는 언제나 똑같고, 영원히 완전하며, 온전히 공유된다. 그들은 자신의 행복이 어떤 변화도 겪을 수 없음을 안다. 어쩌면 너는 전쟁터가 네가 획득할 수 있는 무언가를 제공할 수 있다고 생각할 수도 있다. 그것이 과연 너에게 완벽한 평온함과 지극히 깊고도 조용한 사랑의 느낌을 제공하는 것인가? 그럼으로써 너의 확실성이 그 어떤 의심에도 흔들리지 않을 정도의 것인가? 그리고 그것이 과연 영원히 지속될 것인가?

55 하느님의 강하심을 자각하는 자들은 전쟁을 생각조차 할 수 없다. 그들이 과연 전쟁에서 자신의 완벽함의 *상실* 외에 무엇을 얻을 수 있겠는가? 전쟁터에서 획득하려고 싸우는 것이라고는 몸의 것들, 즉 몸이 제공하거나 소유하는 듯이 보이는 어떤 것이기 때문이다. 자신이 모든 것을 가졌음을 아는 자는 한계를 구할 수 없고, 몸이 제공하는 것을 가치 있게 여길 수도 없다. 전쟁터 위의 조용한 영역에서 내려다보면, 정복의 무의미함은 너무나 명백하다. 모든 것과 갈등할 수 있는 것이 무엇이 있겠는가? 더 적게 주면서도 더 많이 가지고 싶어 할 수 있는 것이 무엇이 있겠는가? 하느님의 사랑이 떠받쳐 주고 있는 자가 과연 기적과 살인 사이의 선택을 어려워할 수 있겠는가?

제24장

특별성과 분리

I. 서문

¹ 이 수업을 하는 동기는 평화로운 상태를 얻어서 유지하는 것임을 잊지 말라. 이 상태가 주어지면 마음은 조용해지고, 하느님이 기억되는 조건을 얻는다. 우리는 하느님께 무엇을 하시라고 말씀드릴 필요가 없다. 하느님은 실패하지 않으실 것이다. 하느님이 들어가실 수 있는 곳에는, 하느님이 이미 계신다. 하느님이 과연 스스로 계시고자 뜻하는 곳에 못 들어가실 수 있겠는가? 너는 평화를 갖게 될 것이다. 그것은 하느님의 뜻이기 *때문이다*. 우주를 안전하게 지키고 있는 그 뜻을 그림자 하나가 막을 수 있다고, 너는 믿을 수 있겠는가? 하느님은 환상이 당신을 당신 자신이 되게 해줄 때까지 기다리지 않으신다. 그분의 아들도 마찬가지다. 하느님과 그분의 아들은 존재한다. 그 둘 사이를 헛되이 떠도는 듯한 그 어떤 환상이 그들의 뜻을 꺾을 힘을 가졌겠는가?

² 이 수업을 배우려면 네가 붙잡고 있는 모든 가치에 의문을 제기할 용의가 있어야 한다. 그중 어느 하나라도 감춰서 모호하게 남겨둔다면, 너의 배움은 위기에 봉착할 것이다. 어떤 믿음도 중립적이지 않다. 모든 믿음에는 네가 내리는 모든 결정을 좌우할 힘이 있다. 결정이란 곧 네가 믿는 모든 것에 근거한 결론이기 때문이다. 결정은 믿음의 *결과로서*, 고통이 죄의식에 뒤따르고 자유가 죄 없음에 뒤따르는 만큼이나 확실하게, 믿음에 뒤따른다. 평화에는 대체품이 *없다*. 하느님이 창조하시는 것에는 어떤 대안도 *없다*. 진리는 하느님이 아시는 것으로부터 생겨난다. 하느님이 *아시는* 것으로 *말미암아* 모든 창조물이 그분의 마음에서 생겨났듯이 확실하게, 너의 결정은 너의 믿음에서 생겨난다.

II. 특별성: 사랑의 대체품

³ 사랑은 곧 확장이다. 작디작은 선물이라도 주지 않고 유보하는 것은 곧 사랑의 목적을 알지 못하는 것이다. 사랑은 모든 것을 영원히 준다. 네가 단 하나의 믿음, 단 하나의 선물이라도 쥐고서 주지 않는다면, 사랑은 사라져 버린다. 그때 너는 사랑의 자리를 차지할 대체품을 요청한 것이기 때문이다. 그러면 이제 전쟁, 즉 평화의 대체품이 네가 사랑 대신 선택할 수 있는 유일한 대안과 함께 온다. 그것에 대한 너의 선택

이, 그것에게 그것이 가진 듯한 그 모든 실재성을 부여했다.

⁴ 믿음들은 결코 서로를 공공연히 공격하지는 않을 것이다. 상충하는 결과들은 불가능하기 때문이다. 그러나 인식되지 않은 믿음은 은밀하게 전쟁을 하겠다는 결정으로서, 그 비밀 속에서 갈등의 결과들은 알려지지 않고, 그것이 과연 합리적인지 여부를 숙고하기 위해 결코 이성으로 보내지지 않는다. 그리고 많은 불합리한 결과들이 도출되었으며, 무의미한 결정들이 내려진 다음에 감춰짐으로써 믿음들이 되었다. 이제 그 믿음들에는 그것들에 뒤따르는 모든 결정들을 좌우할 힘이 주어진다. 이렇게 감춰진 전사들은 너의 평화를 깨트린다. 그 힘을 허투루 보지 말라. 너의 평화는 실로, 네가 그렇게 결정하는 한, 그들의 처분에 달려있기 때문이다. 인식되지 않고, 네가 생각하는 것보다 훨씬 더 광범위하게 너를 자극해서 다툼과 폭력으로 신속히 몰아넣는 평화의 은밀한 적들은 사랑 대신 공격을 선택하겠다는 너의 아주 작은 결정으로서, 너의 선택에 의해 거기에 있다. 그들이 있다는 것도, 그들의 끔찍한 결과도 부정하지 말라. 부정될 수 있는 것이라고는 단지 그들의 *실재*일 뿐, 그들의 결과가 아니다.

⁵ 감춰진 믿음으로 늘 소중히 여기고, 인식되지 않지만 방어해야 하는 그 모든 것은 바로 특별성에 대한 신앙이다. 이것은 많은 형식을 취하지만, 하느님이 창조하신 것의 실재는 물론 하느님이 당신의 아들에게 주신 장엄함과도 항상 충돌한다. 그밖에 다른 무엇이 공격을 정당화할 수 있겠는가? 왜냐하면, 자신과 자아를 공유하는 자, 그리고 하느님이 아시는 자를 그 누가 증오할 수 있겠는가? 오로지 특별한 자들만이 적을 가질 수 있다. 그들은 서로 다르고, 같지 않기 때문이다. 일체의 다름은 실재에 등급을 부여하도록 강요하며, 판단을 내릴 수밖에 없도록 몰아간다.

⁶ 하느님이 창조하신 것은 공격받을 수 없다. 온 우주에 그것을 닮지 않은 것은 아무 것도 없기 때문이다. 하지만 다른 것은 판단을 *요한다*. 그리고 이러한 판단은 "더 나은" 어떤 사람, 자신이 정죄하는 대상 "위에" 있고 그 대상과 비교하여 죄가 없는, 그 대상을 닮을 수 없는 어떤 사람이 내려야 한다. 이와 같이 특별성은 동시에 수단이자 목적이 된다. 특별성은 단지 따로 떼어놓아 돋보이게 만들 뿐만 아니라, 특별한 자의 "아래에" 있는 듯한 자들에 대한 공격을 "자연스럽고" "정당하게" 만들어주는 근거가 되기 때문이다. 특별한 자들은 다른 점들 *때문에* 스스로 약하고 상처받기 쉽다고 느낀다. 왜냐하면 그들을 특별하게 만들어주는 것은 바로 그들의 적이기 때문이다. 하지만 그들은 그 적의 적개심을 보호하며, 그것을 "친구"라고 부른다. 그들은 그것을

지키려고 온 우주에 맞서 싸운다. 이 세상의 그 무엇도 그것보다 더 가치가 있지 않기 때문이다.

⁷ 특별성은 잘못된 결정을 강요하는 대단한 독재자다. 이것이야말로, 너의 정체와 네 형제의 정체에 대한 엄청난 환상이다. 그리고 이것이야말로, 몸을 반드시 소중하고 보존할 가치가 있는 것으로 만들어야 하는 것이다. 특별성은 반드시 *방어되어야* 한다. 환상들은 특별성을 공격할 수 *있으며*, 과연 공격한다. 너의 특별성을 *유지하기* 위해 네 형제는 반드시 환상이 되어야 하기 때문이다. 너보다 "못한" 자는 너의 특별성이 그의 패배를 먹고 살 수 있도록 반드시 공격받아야 한다. 특별성은 승리며, 그것의 승리는 너보다 못한 자의 패배요 수치기 때문이다. 너의 모든 죄를 뒤집어쓴 그가 어찌 살 수 있겠는가? 그리고 네가 아닌 누가 그의 정복자겠는가?

⁸ 네가 네 형제를 닮았다면, 과연 그를 증오하는 것이 가능하겠는가? 네가 똑같은 목표를 향해 네 형제와 함께 여행하고 있음을 깨닫는다면, 과연 그를 공격할 수 있겠는가? 네 형제의 목표 달성을 너 자신의 것으로 지각한다면, 네가 할 수 있는 온갖 방법으로 그가 목표에 도달하도록 돕지 않겠는가? 특별성 안에서, 너는 정녕 그의 적이다. 공유된 목적 안에서, 너는 그의 친구다. 특별성은 결코 공유할 수 없다. 그것은 너 혼자만 도달할 수 있는 목표에 의존하기 때문이다. 네 형제는 절대로 그 목표에 도달하면 안 된다. 그러면 너의 목표가 위태로워진다. 승리가 목표인 곳에서, 사랑이 의미를 가질 수 있겠는가? 그리고 이런 목표를 위해, 너를 해치지 않을 어떤 결정을 내릴 수 있겠는가? 네 형제는 너의 친구다. 아버지는 그를 너를 닮게 창조하셨기 *때문이다.* 다른 점이란 없다. 너희가 서로에게 주어진 이유는 서로에게서 떨어져 나가기 위해서가 아니라, 사랑을 확장하기 위해서다. 네가 붙잡고 있는 것은 너에게서 상실된다. 하느님은 당신 자신을 너희 둘 모두에게 주셨으며, 이제 이것을 기억하는 것이 너희가 공유하는 유일한 목적이다. 따라서 그것은 너희가 *가진* 유일한 목적이다.

⁹ 너희가 너희 사이에서 어떤 특별성도 보지 않기로 선택한다면, 과연 서로를 공격할 수 있겠는가? 너희가 서로를 단지 부분적으로만 환영하게 만들거나, 떨어져 있는 것이 더 낫다고 생각하게 만드는 모든 것을 제대로 직시하라. 너희는 항상 너희의 특별성이 너희의 관계에 의해 *제한된다고* 믿지 않는가? 그리고 바로 이것이 너희를 서로에게 환상으로 만드는 "적"이 아닌가?

¹⁰ 하느님에 대한 두려움과 서로에 대한 두려움은 특별성에 대한 인식되지 않은 믿음

에서 비롯된다. 너희는 서로 상대방에게, 그의 뜻에 *반하여* 특별성에게 절하라고 요구하기 때문이다. 하느님도 특별성에게 경의를 표하셔야 하며, 그렇지 않으면 복수를 당하신다. 모든 격렬한 악의, 날카로운 증오, 분리하려는 소망이 여기에서 발생한다. 여기에서, 너희가 공유하는 목적이 두 사람 모두에게 가려지게 되기 때문이다. 너희는 이 수업이 너희가 서로 *닮았다*고 가르친다는 이유로 이 수업을 반대하려 한다. 너희에게는 같지 않은 목적도 전혀 없고, 아버지와 공유하지 않는 목적도 전혀 없다. 너희 관계로부터 특별한 목표들이 깨끗이 제거되었기 때문이다. 그런데 너희는 이제 천국이 너희 관계에 부여한 거룩함이라는 목표를 *무산시키려고* 하는가? 특별한 자들이 스스로 공격받고 모욕당하고 판단받는다고 상상할 때마다, 과연 어떤 변하지 않는 관점을 가질 수 있겠는가?

[11] 특별한 자들은 진리에 맞서 환상을 방어할 *수밖에* 없다. 왜냐하면, 하느님의 뜻에 대한 공격이 아닌 그 무엇이 특별성이란 말인가? 네가 네 형제에 맞서 방어하려는 것이 특별성인 한, 너는 그를 사랑하는 것이 아니다. 바로 이것이, *그가 공격하고 네가* 보호하는 것이다. 바로 여기에, 네가 그와 벌이는 전쟁의 근거가 있다. 바로 여기에서, 그는 너의 친구가 아닌 적이 될 수밖에 없다. 서로 다른 자들 사이에는 평화가 결코 있을 수 없다. 네 형제가 너의 친구인 이유는, 너희가 똑같기 *때문이다*.

III. 특별성의 배반

[12] 비교는 분명 에고의 도구다. 사랑은 비교하지 않기 때문이다. 특별성은 항상 비교한다. 특별성은 상대방에게서 보이는 결점에 의해 확립되며, 지각할 수 있는 결점을 모조리 찾아서 눈에 잘 보이게 함으로써 유지된다. 특별성은 바로 이것을 구하며, 바로 이것을 바라본다. 특별성이 이렇게 축소시킨 자는, 네가 그를 네 특별성의 작디작은 잣대로 만들어버리지 않았다면, 항상 너의 구원자가 되었으리라. 네가 그에게서 보는 왜소함에 비하면 너는 크고 당당하며, 깨끗하고 정직하며, 순수하고 더럽혀지지 않은 채 서있다. 하지만 너는, 그렇게 함으로써 네가 축소하고 있는 자는 *너 자신임*을 이해하지 못한다.

[13] 특별성의 추구는 언제나 평화를 대가로 치른다. 그 누가 자신의 구원자를 공격하여

쓰러트리면서도 여전히 그의 강력한 지원을 *인식할* 수 있겠는가? 그 누가 자신의 구원자의 전능함을 훼손하면서도 여전히 그의 권능을 공유할 수 있겠는가? 또한 그 누가 자신의 구원자를 왜소함의 잣대로 사용하면서도 한계에서 *해방될* 수 있겠는가? 너는 구원에서 맡은 기능이 있고, 그 기능을 추구하면서 기쁨을 얻을 것이다. 그러나 특별성에 대한 추구는 너에게 고통을 초래할 수*밖에* 없다. 여기에, 구원을 무산시켜 하느님의 뜻을 거역하고자 하는 목표가 있다. 특별성을 가치 있게 여기는 것은 곧 너 자신에 대한 환상이 진리보다 더 소중하다는 이질적인 뜻을 중히 여기는 것이다.

¹⁴ 특별성이란, 죄라는 아이디어가 실재화된 것이다. 이러한 근거 없이는 죄를 상상조차 할 수 없다. 죄는 무를 재료 삼아 특별성에서 생겨났기 때문이다. 이것은 아무런 뿌리도 없는 악의 꽃이다. 여기에 스스로 만든 "구원자", 아버지와 다르게 창조하며 그분의 아들을 아버지가 아닌 자기 자신을 닮게 만든 "창조자"가 있다. 그의 "특별한" 아들들은 *결코* 하나가 *아닌* 여럿이며, 각각의 아들은 자신이 그 일부인 아버지와 자기 자신을 떠나 망명 생활을 하고 있다. 그들은 자신을 아버지와 하나로 창조한 하나인 *상태*를 사랑하지 않는다. 그들은 천국과 평화 대신에 자신의 특별성을 선택했으며, 그것을 조심스레 죄로 감싸서 진리로부터 "안전하게" 지킨다.

¹⁵ 너는 특별하지 *않다*. 너 자신이 특별하다고 생각하여 네 *진정한* 정체의 진리에 맞서 너의 특별성을 방어하려 한다면, 네가 어찌 진리를 알 수 있겠는가? 특별성이야말로 네가 귀 기울이는 대상이고, 특별성이야말로 실제로 묻고 응답하는 자일 때, 성령이 주는 어떤 응답이 너에게 도달할 수 있겠는가? 특별성의 희미한 응답, 너의 정체를 아름답게 찬미하여 하느님이 영원히 쏟아부어 주시는 멜로디 속에서 소리 없는 그 응답이 네가 귀 기울여 듣는 모든 것이다. 따라서 너의 정체를 존경하고 사랑하여 부르는 그 웅장한 노래는 특별성의 "막강함" 앞에서 침묵하고 들리지 않는 듯하다. 너는 특별성의 소리 없는 음성을 들으려고 귀를 쫑긋 세우지만, 하느님의 부르심에는 귀 기울이지 않는다.

¹⁶ 너는 물론 너의 특별성을 방어할 수 있지만, 그러면 결코 그 옆에 있는 하느님의 음성을 듣지 않을 것이다. 그 둘은 다른 언어로 말하며, 다른 귀에 도달한다. 각각의 특별한 자들에게는 다른 의미를 가진 다른 메시지가 진리다. 하지만 진리가 어떻게 각자에게 다를 수 있겠는가? 특별한 자들이 듣는 특별한 메시지는 그들이 서로 다르고 서로 떨어져 있으며, 각자는 자신의 특별한 죄 안에 있고, 사랑으로부터 "안전하다"고

설득한다. 그러나 사랑은 그들의 특별성을 전혀 보지 않는다. 그리스도의 비전은 그들의 "적"이다. 그것은 그들이 보려는 것을 보지 않으며, 그들이 본다고 생각하는 특별성이 환상임을 보여주기 때문이다. 그들이 대신에 무엇을 보겠는가?

[17] 하느님 아들의 찬란한 광휘는 아버지를 너무도 닮아서, 그것을 보는 즉시 아버지에 대한 기억이 마음에 솟아오른다. 그리고 아들은 이 기억과 함께 자신의 창조물들을 기억한다. 아들이 아버지를 닮았듯이, 아들의 창조물들은 아들을 닮았다. 그리고 그가 만든 온 세상과 그의 모든 특별성, 그가 자신의 특별성을 지키려고 자기 자신에 맞서 붙잡고 있던 모든 죄가 자취를 감출 것이다. 그의 마음이 그 자신에 대한 진리를 받아들이고, 그러한 진리가 돌아와 그 모든 것의 자리를 차지함에 따라…. 진리의 유일한 "대가"는 다음과 같다: 너는 더 이상 결코 존재한 적이 없는 것을 보지 않고, 아무런 소리도 내지 않는 것을 듣지 않을 것이다. 무를 포기하고 하느님의 사랑을 영원히 받는 것이 과연 희생인가?

[18] 자신의 구원자를 자신의 특별성에 사슬로 옭아매고, 그 대신에 자신의 특별성에게 구원자의 자리를 내준 자여, 다음을 기억하라: 너는 너의 구원자와 너를 위해 그에게 주어진 구원의 기능 사이에 너의 모든 죄를 가로막아 놓았다고 생각하지만, 그는 그 죄를 용서할 힘을 잃지 않았다. 그리고 너는 그의 기능을 바꾸지 못할 것이다. 그것은 네가 그의 내면과 너 자신의 내면에 있는 진리를 바꿀 수 없는 것과 마찬가지다. 진리는 두 사람 안에서 똑같다는 것을 명심하라. 진리는 서로 다른 메시지들을 주지 않으며, *단 하나의* 의미만 가지고 있다. 그 의미는 너희 두 사람 *모두가* 이해할 수 있고, 두 사람 *모두에게* 해방을 안겨주는 의미다. 여기에, 네 형제가 천국으로 가는 열쇠를 손에 들고 서서 너에게 내밀어 주고 있다. 너희 사이에 특별성의 꿈이 남아있게 하지 말라. 본래 하나인 것은 진정으로 결합되어 있다.

[19] 네 형제를 마치 친구를 보듯이 바라볼 때 너 자신 안에서 보게 될 사랑스러움에 대해 생각해 보라. 그는 정녕 특별성의 적이지만, 네 안에서 실제인 것의 유일한 친구다. 네가 그에게 가했다고 생각하는 어떤 공격도, 하느님이 너에게 주라고 그에게 준 선물을 빼앗아 가지 못했다. 그가 그 선물을 주어야 할 필요성은 네가 그 선물을 가질 필요성만큼이나 절실하다. 그로 하여금 너의 모든 특별성을 용서하게 하고, 너의 마음을 온전하게 하여 너를 그와 하나로 만들게 하라. 그는 단지 너의 용서를 너에게 다시 돌려주기 위해 너의 용서를 기다리고 있다. 하느님은 당신의 아들을 정죄하지 않으셨다. 단지

너만이, 하느님 아들의 특별성을 지키고 그의 *자아*를 죽이기 위해 그를 정죄했다.

²⁰ 너는 진리의 길을 따라 멀리 왔다. 이제 머뭇거리기에는 너무 멀리 왔다. 한 걸음만 더 내디디면, 하느님에 대한 두려움의 모든 자취가 사랑 안에서 녹아 사라질 것이다. 네 형제의 특별성과 너의 특별성은 서로 적이며, 증오로 얽혀 서로를 죽이려 하면서 서로 같다는 것을 부정한다. 하지만 하느님과 천국을 너무도 멀리 떼어놓아 도저히 도달할 수 없어 보이게 만드는 이 마지막 장애물 앞에 도달한 것은 환상들이 아니다. 여기, 이 거룩한 장소에 진리가 조용한 축복과 평화 속에 서서 너희를 맞이하려고 기다리고 있다. 그것은 너무도 실재적이고 포괄적이어서 그 무엇도 바깥에 남겨두지 않는 평화다. 너 자신에 대한 모든 환상을, 네가 희망을 품고 정직하게 오는 이 장소 바깥에 남겨두어라.

²¹ 여기에, 너를 너의 *특별성에서* 구해주는 구원자가 있다. 네가 그의 일부로 받아들여질 필요가 있듯이, 그는 너의 일부로 받아들여질 필요가 있다. 하느님이 당신 자신을 닮으셨듯이, 너희는 하느님을 꼭 닮았다. 하느님은 특별하지 않으시다. 하느님은 당신 정체의 한 부분을 아들에게 주지 않고 혼자 간직하려 하지 않으시기 때문이다. 네가 두려워하는 것은 바로 이것이다. 만약 하느님이 특별하지 않으시다면, 당신의 아들도 당신과 닮기를 뜻하셨을 것이다. 그렇다면 네 형제도 정녕 너와 닮아서 특별하지는 않지만, 너를 *포함한* 모든 것을 가졌을 것이다.

²² 하느님은 사랑이 결코 나뉘거나 그 정체와 분리되지 않고 영원히 존재할 것을 선택하셨다. 그런 분이 당신 자신을 너희 둘 모두에게 똑같은 사랑으로 주셔서 당신과 우주를 공유하게 하셨음을 기억하면서, 네 형제에게 단지 그가 가진 것을 주어라. 너는 정녕 네 형제의 것이며, 사랑의 일부는 그에게 부정되지 않았다. *그가* 완성되어 있다고 해서 *네가* 잃었을 수 있겠는가? 그에게 주어진 것은 그를 완성하듯이 *너도* 완성한다. 하느님의 사랑은 너를 네 형제에게 주고 네 형제를 너에게 주었다. 왜냐하면, 하느님은 당신 자신을 주셨기 때문이다. 하느님과 똑같은 것은 하느님과 하나다. 하느님과 네가 하나라는 진리야말로 천국이자 마침내 눈앞에 보이는 평화의 희망이건만, 오로지 특별성만이 그것을 그렇지 않아 보이게 만들 수 있다.

²³ 특별성은 사랑의 선물 위에 찍힌 배반의 인장이다. 특별성의 목적을 섬기는 모든 것은 죽이기 위해 쓰일 수밖에 없다. 특별성의 인장이 찍힌 선물 중에 단 하나도 주는 자와 받는 자 모두를 배반하지 않는 것이 없다. 특별성이 덮어 가린 눈으로 단 한 번

바라보기만 해도, 죽음을 목격하지 않을 수 없다. 특별성의 능력을 믿는 자들 중에 단한 명도, 죄를 사랑의 대체물로 확립하여 충직하게 섬길 흥정과 타협을 추구하지 않는 자가 없다. 또한 특별성의 목적을 소중히 여기는 관계들 중에 단 하나도, 안전의 무기요 사랑의 "위협"에서 모든 환상을 지켜줄 대단한 방어자로서 살인에 매달리지 않는 자가 없다.

²⁴ 특별성에 대한 바람은 하느님이 당신의 아들을 당신에게서 떼어놓는 감옥으로 몸을 만드셨다는 것을 가능해 보이게 만든다. 왜냐하면 특별성은 하느님이 들어오실 수 없는 특별한 장소, 너의 작디작은 자아 외에는 아무것도 환영받지 않는 은신처를 요구하기 때문이다. 여기서는 모든 것이 너에게만 바쳐진다. 여기서 너는 모든 형제들과 떨어져 분리되어 있으며, 환상에 침투해 들어오는 모든 제정신으로부터 안전하고, 하느님으로부터 안전하며, 영원히 계속될 갈등을 안전하게 유지할 수 있다. 여기에네가 하느님을 떠나 진리와 구원에서 멀어져서, 너의 특별한 왕국을 광기와 외로움으로 통치하려고 너 자신을 가둬 잠근 지옥문이 있다.

²⁵ 하느님은 네가 던져버린 열쇠를 네 형제에게 주셨다. 너의 구원을 위한 하느님의 계획을 너의 계획 대신에 받아들일 준비가 되었을 때, 네 형제의 거룩한 손이 그 열쇠를 건네줄 것이다. 너의 모든 불행을 바라보고는, 너의 계획은 이미 실패했으며, 그어떤 평화나 기쁨도 가져다줄 수 없음을 깨닫지 않고서야, 어떻게 그럴 준비를 마치겠는가? 너는 지금 이러한 절망을 뚫고 나아가는 여행을 하고 있지만, 그것은 단지 절망이라는 *환상일* 뿐이다. 특별성의 죽음은 *너의* 죽음이 아니라, 네가 영원한 생명으로 깨어나는 것이다. 너는 단지 너의 정체에 대한 환상에서 벗어나 하느님이 창조하신 대로의 너 자신을 받아들일 뿐이다.

IV. 특별성의 용서

²⁶ 용서는 특별성의 종식이다. 오로지 환상들만이 용서받을 수 있으며, 그러면 환상들은 사라진다. 용서는 *모든* 환상에서 해방되는 것이다. 그리고 이것이 바로 부분적으로만 용서하는 것이 불가능한 까닭이다. 하나의 환상이라도 매달리는 자는 자신을 죄 없다고 볼 수 없다. 그럴 때 그는 자신의 잘못 하나를 여전히 사랑스럽게 붙잡고

있는 것이기 때문이다. 그래서 그는 그것을 "용서할 수 없는 것"이라고 부르면서 죄로 만든다. 그렇다면 그가 어떻게 자신의 용서를 전적으로 줄 수 있겠는가? 그 스스로 용서를 받아들이려 하지 않는데 말이다. 그는 용서를 전적으로 준 바로 그 순간에 용서를 전적으로 받으려 할 것이 확실하다. 그럼으로써 그의 은밀한 죄의식이 그 자신에 의해 용서받아 사라질 것이다.

²⁷ 네가 어떤 형식의 특별성을 소중히 여기든, 너는 이미 죄를 만든 것이다. 특별성은 침범받지 않고 서있으며, 너는 하느님의 뜻에 맞서 보잘것없는 힘을 다해 특별성을 강력히 방어하고 있다. 그러므로 특별성은 너 자신에 맞선 것으로서, 하느님의 적이 아닌 *너의* 적이다. 따라서 특별성은 너를 하느님으로부터 찢어내서, 특별성의 방어자로서 하느님과 떼어놓는 듯하다. 너는 하느님이 창조하지 않으신 것을 지키려 한다. 하지만 너에게 권능을 *주는* 듯한 이 우상이 권능을 앗아가 버렸다. 너는 네 형제의 생득권을 그 우상에게 주어버림으로써 그를 용서받지 못한 채 홀로 버려두고, 그 곁의 너 자신도 죄 속에 버려두었으며, 결국 너희를 구원할 수 없는 우상 앞에 너희 둘 다를 비참하게 버려두었기 때문이다.

²⁸ 말 한마디, 네가 싫어하는 작은 속삭임, 너에게 잘 맞지 않는 상황, 혹은 예기치 않은 사건 하나가 너의 세상을 뒤엎어 혼돈 속으로 던져버릴 만큼 공격에 취약하고 무방비하게 노출되어 있는 것은 *네가* 아니다. 진리는 나약하지 않다. 환상은 진리를 뒤흔들 수[도 어지럽힐 수도] 없다. 그러나 특별성은 네 안의 진리가 *아니다.* 특별성은 무엇에 의해서든 균형이 무너질 수 있다. 무에 의지하고 있는 것은 *결코* 안정적일 수 없다. 특별성이 아무리 크게 부풀어 보일지라도, 산들바람이 불 때마다 여전히 요동치고 뒤집히고 빙빙 돌 수밖에 없다.

²⁹ 토대가 없다면, 그 무엇도 안전하지 않다. 안전이 아무런 의미도 없는 그런 상태에, 하느님이 당신의 아들을 버려두셨겠는가? 아니다. 하느님의 아들은 하느님께 의지하고 있으며, 안전하다. 걸어 다니고 숨 쉬고 살금살금 움직이고 엉금엉금 기어가는 것, 심지어 살아있는 모든 것의 공격을 받는 것은 바로 너의 특별성이다. 그 무엇도 특별성의 공격으로부터 안전하지 않으며, 특별성은 그 무엇으로부터도 안전하지 않다. 특별성은 영원히 용서하지 않을 것이다. 그러한 것이 바로 특별성의 *정체기* 때문이다. 그것은 바로, 하느님이 너를 위해 원하시는 것은 결코 존재하지 않을 것이며, 너는 하느님의 뜻을 영원히 거역할 것이라는 비밀 맹세다. 하느님과 그분의 아들 사

이에 특별성이 마치 죽음의 화염검처럼 막고 서서 그들을 서로에게 "적"으로 만드는한, 그들이 같아진다는 것은 불가능하다.

³⁰ 하느님이 너의 용서를 청하신다. 하느님은 당신이 너를 위해 뜻하시는 것과 네가 뜻하는 것 사이에 이질적인 뜻과 같은 분리가 전혀 일어나지 않게 하실 것이다. 그것들은 정녕 같다. 그중 어느 것도 특별성을 뜻하지 않기 때문이다. 그것들이 어찌 사랑 자체의 죽음을 뜻할 수 있겠는가? 하지만 그것들에는 환상을 공격할 힘이 없다. 그것들은 몸들이 아니다. 그것들은 유일한 마음으로서, 네가 모든 환상을 자신에게 가져와 내려놓기를 기다린다. 구원은 심지어 죽음에도 도전하지 않는다. 그리고 죽음이 너의 뜻이 아님을 아시는 하느님마저도, "너의 뜻은 이루어진다."라고 말씀하실 수밖에 없다. *너 자신이* 죽음이 정녕 너의 뜻이라고 생각하기 때문이다.

³¹ 너의 특별성이라는 환상에 대해 우주의 위대한 창조주, 생명과 사랑과 거룩함의 근원, 완벽한 아들의 완벽하신 아버지를 용서하라. 여기에, 네가 너의 집으로 선택한 지옥이 있다. 하느님은 그 집을 너를 위해 선택하지 않으셨다. 하느님께 그곳에 들어오시라고 청하지 말라. 그곳으로 가는 길은 사랑과 구원에게 금지되었다. 하지만 네 형제를 지옥의 구렁텅이에서 풀어준다면, 너는 이미 하느님을 용서한 것이다. 하느님은 네가 지극히 안전하게, 너의 안식을 방해하는 맹렬하고 악의에 찬 특별성의 생각이 단 하나도 없이, 평화의 품속에서 영원히 안식하기를 뜻하신다. 거룩하신 분이 주실 수 없었고, 그 대신에 네가 만든 특별성에 대해, 그분을 용서하라.

³² 특별한 자들은 모두 사랑스러운 세상에 둘러싸여 잠들어 있건만, 그 세상을 보지 않는다. 자유와 평화와 기쁨이 그들이 잠들어 있는 상여 옆에 서서, 그들에게 밖으로 나와 죽음의 꿈에서 깨어나라고 부른다. 하지만 그들은 아무것도 듣지 않는다. 그들은 특별성의 꿈속을 헤매고 있다. 그들은 자신을 깨우려는 부름을 증오하고, 자신의 꿈을 실재로 만들어주지 않으셨다고 하느님을 저주한다. 하느님을 저주하면 죽지만, 죽음을 만들지 않으신 분의 손에 의해 죽는 것이 아니라, 단지 꿈속에서만 죽는다. 눈을 살며시 뜨고, 하느님이 너에게 주신 구원자를 보라. 하느님은 네가 그를 바라보고는 그의 생득권을 돌려주게 하셨다. 그것은 곧 *너의* 생득권이다.

³³ 특별성의 노예들은 곧 자유로워질 것이다. 그러한 것이 하느님의 뜻이자 그분 아들의 뜻이다. 하느님이 당신 자신을 지옥에 보내 천벌을 내리시겠는가? *너는* 너의 구원자에게 그런 일이 일어나기를 뜻하는가? 하느님은 너희 둘 *모두를* 지옥에서 건져내려

고 너의 구원자로부터 너를 부르시면서 당신의 뜻에 동참하라고 말씀하신다. 그가 네게 용서를 청하며 내미는 손의 못 자국을 바라보라. 하느님이 너에게, 당신의 아들과 당신 자신에게 자비를 베풀라고 청하신다. 하느님과 그분의 아들을 부인하지 말라. 그들은 너에게 다만 너의 뜻이 이루어지게 하라고 청하고 있다. 그들은 네가 너 자신을 사랑할 수 있도록, 너의 사랑을 구하고 있다. 그들 대신에 너의 특별성을 사랑하지 말라. 못 자국은 네 손에도 있다. 너의 아버지를 용서하라. 네가 십자가에 못 박히는 것은 아버지의 뜻이 아니었다.

V. 특별성과 구원

34 특별성이란 너 자신을 제외한 모든 이에 대한 신뢰의 결핍이다. 믿음은 오로지 너 자신에게만 투자된다. 다른 이들은 전부 너의 적이 된다. 그들은 두려움과 공격의 대상이고, 치명적이고 위험하며, 증오의 대상으로서 오로지 파괴되어 마땅하다. 그들이 보여주는 온유함은 그저 속임수에 불과하지만, 그들의 증오는 실제다. 그들은 파괴될 위험에 처해 있기에 반드시 죽이려 들 것이며, 너는 그들을 먼저 죽이기 위해 그들에게 이끌린다. 이러한 것이 바로 죄의식의 매력이다. 여기서 죽음이 구원자로서 왕좌에 등극하고, 십자가형은 이제 구원이 된다. 그리고 구원은 단지 너 자신을 제외한 온 세상의 파괴를 의미할 뿐이다.

35 특별성 외에 과연 무엇이 몸의 목적일 수 있겠는가? 바로 이것이야말로, 몸을 나약하고 자신의 방어에 무력하게 만드는 것이다. 몸은 *너*를 나약하고 무력하게 만들기 위해 고안되었다. 분리라는 목표는 몸의 저주다. 하지만 몸은 아무런 목표도 *가지고* 있지 않다. 목적이란 *마음에서* 나오는 것이다. 그리고 마음은 자신이 원하는 대로 목적을 바꿀 수 있다. 마음은 자신의 정체나 자신의 모든 속성을 바꿀 수 *없다*. 하지만 마음은 자신이 목적으로 삼는 것은 바꿀 수 *있으며*, 몸의 상태는 그에 따라 달라질 수밖에 없다. 몸은 그 자체로는 아무것도 할 수 없다. 몸을 해치기 위한 수단으로 보면, 몸은 해를 입는다. 몸을 치유의 수단으로 보면, 몸은 치유된다.

36 너는 오로지 *너 자신만*을 해칠 수 있다. 그동안 이 말을 여러 번 반복했지만, 너는 아직 이것을 이해하기 어려워한다. 특별성을 지향하는 마음에게, 그것은 불가능하

다. 하지만 공격하지 않고 치유하기를 원하는 자들에게, *그것은* 아주 명백하다. 공격의 목적은 *마음* 안에 있으며, 공격의 결과는 단지 공격이 실제로 있는 곳에서 느껴진다. 그리고 마음은 제한되어 있지 않기에, 해로운 목적은 분명 그 목적을 가진 마음도 해칠 것이다. 특별성이 보기에, 이것만큼 이치에 *어긋나는* 것도 없다. 기적이 보기에, 이것만큼 이치에 *맞는* 것도 없다. 기적이란 단지 목적을 해침에서 치유로 바꾸는 것이기 때문이다.

³⁷ 이렇게 목적을 바꾸는 것은 특별성을 "위험에 빠트리지만", 그것은 단지 모든 환상이 진리에 의해 "위협받는다"라는 의미에서만 그러하다. 진리 앞에서 환상은 지속되지 *못할* 것이다. 도대체 환상에 어떤 위안이 있었기에, 너는 아버지가 청하시는 선물을 아버지께 드리지 않고 그 대신 환상에게 주려는가? 그것을 *아버지께* 드리면, 온 우주가 네 것이 된다. 그것을 *환상에게* 주면, 그 어떤 선물도 돌아올 수 없다. 너는 특별성에게 주어버린 것 때문에 파산하였으며, 그로 인해 너의 보물 창고는 황폐하고 텅 비어 버렸다. 그 문은 활짝 열려있어서, 너의 평화를 뒤흔들 것이라면 무엇이든 들어와 파괴하라고 불러들인다.

³⁸ 오래전에 우리는, 구원을 얻을 수단에 대해서도 구원에 도달할 방법에 대해서도 관심을 두지 말고, 단지 네 형제를 죄 없다고 보는 것이 너의 소망인지에 대해서만 깊은 관심을 기울이라고 말했다. 특별성에게 그 대답은 분명 "아니오."다. 죄 없는 형제는 정녕 특별성의 적이다. 그에 반해 죄는, 죄라는 것이 가능하기나 하다면, 특별성의 친구일 것이다. 네 형제의 죄는 특별성을 정당화하고, 진리가 부정하는 의미를 특별성에 부여할 것이다. 실제인 것은 모두 네 형제의 죄 없음을 선포한다. 거짓된 것은 모두 그의 죄가 실제라고 선포한다. 만약 *네 형제가* 유죄라면, *너의* 실재는 실제가 아니라 단지 한순간 지속되다가 부서져 먼지가 되어버리는 특별성의 꿈에 불과하다.

³⁹ 하느님은 당신이 사랑하시는 자를 *빼앗기시고*, 너는 구원받을 가망이 없는, 이런 말도 안 되는 꿈을 방어하지 말라. 실제로는 아무런 의미도 없는 이 변화무쌍한 세상에서 오로지 다음만이 확실하다: 네가 전적으로 평화롭지 않을 때, 네가 어떤 고통에든 시달릴 때, 너는 네 형제 안에서 어떤 죄를 보고는 그곳에 있다고 생각한 것 때문에 *기뻐했다.* 너의 특별성은 그 죄 덕분에 안전해 보였다. 이와 같이 너는 *네가* 너의 구원자로 임명한 것은 구원하였고, 그 대신 하느님이 주신 구원자는 십자가에 못 박았다. 그리하여 너는 그와 함께 묶여있다. 너희는 정녕 하나기 때문이다. 그러므로 특

별성은 그의 "적"일 뿐만 아니라 *너의* 적이기도 하다.

VI. 꿈의 소멸

⁴⁰ 네 안의 그리스도는 아주 고요하다. 그는 자신이 사랑하는 것을 바라보고는, 그것을 자기 자신으로 안다. 따라서 그는 자신이 보는 것을 보고 기뻐한다. 그는 그것이 자신과 하나고 아버지와도 하나임을 알기 때문이다. 특별성도 마찬가지로 자신이 보는 것에서 기쁨을 얻는다. 비록 그것이 참은 아니지만 말이다. 하지만 너는 네가 기쁨의 근원이라고 여기는 것을 구한다. 네가 소망하는 것은 너에게 참이다. 네가 무언가를 소망하면서 그것이 참이라고 믿지 않는 것은 불가능하다. 뜻이 창조하듯이 확실하게, 소망하기는 실재적으로 만든다. 사랑이 그 자체를 확장하듯이 강력하게, 소망의 힘은 환상을 떠받쳐준다. 하나는 현혹하고 다른 하나는 치유한다는 점만 제외한다면 말이다.

⁴¹ 너 자신의 정죄를 피할 수 있는 특별성의 꿈이란 없다. 그 형식이 아무리 감춰져 있거나 위장되었든, 그것이 아무리 사랑스럽게 보이든, 평화의 희망과 고통에서의 해방을 아무리 많이 정교하게 제공하든 상관없다. 꿈속에서는 원인과 결과가 뒤바뀌어 있다. 그곳에서, 꿈을 만든 자는 자신이 만든 것이 자신에게 일어난다고 믿기 때문이다. 그는 자신이 여기서 실 한 오라기, 저기서 헝겊 한 조각을 집어 들어 무를 가지고 그림 하나를 엮어냈음을 깨닫지 못한다. 그림의 부분들은 서로 어울리지 않으며, 전체는 부분들에 의미를 부여하기 위한 어떤 기여도 하지 못한다.

⁴² 너의 평화가 과연 용서가 *아닌* 어디에서 생겨날 수 있겠는가? 네 안의 그리스도는 진리만을 바라보며, 용서가 *필요할* 수도 있는 정죄의 근거는 보지 않는다. 그리스도는 죄를 보지 않기 *때문에*, 평화롭다. 그리스도와 동일시하라. 그러면 네가 갖지 않은 무엇을 *그가* 가졌겠는가? 그리스도는 너의 눈이자 귀며, 너의 손이자 발이다. 그가 보는 모습과 듣는 소리는 얼마나 온유한지! 자신의 형제의 손을 잡은 그리스도의 손은 얼마나 아름다운지! 그리고 그리스도는 그의 곁에서 얼마나 사랑스럽게 걷고 있는지! 그러면서 그리스도는 그에게, 보고 들을 수 있는 것이 무엇이며, 어디에 가면 아무것도 보지 않고 듣지 않을 것인지 알려준다.

⁴³ 하지만 너의 특별성에게 그의 길을 인도하게 하면, *네가* 그 길을 따라갈 것이다. *너희* 둘은 잠시 반짝이다 곧 꺼져버릴 작고 흔들리는 죄의 반딧불에 간신히 의지하여 보이지 않는 어두운 숲속을 위태롭게 걸어가면서, 각자 상대방을 이름 없는 절벽으로 끌고 가서 밀쳐버리려고 한다. 특별성이 과연 살인 외에 무엇을 즐기겠는가? 특별성이 과연 죽음을 보는 것 외에 무엇을 구하겠는가? 특별성이 과연 파괴가 아닌 어느 곳으로 인도하겠는가? 하지만 행여나 특별성이 네 형제를 먼저 보고, 너를 증오하기 전에 그를 증오했다고 생각하지 말라. 특별성은 네 형제에게서 보고 기뻐하며 바라보는 죄를 *네* 안에서 먼저 보았으며, 여전히 그것을 기뻐하며 바라보고 있다. 하지만 부패와 광기를 바라보고는, 살은 다 떨어져 나가 뼈만 남고 눈이 있던 자리엔 시커먼 구멍만 남은 이 바스러지는 것이 너 자신을 닮았다고 믿는 것이 정녕 기쁨인가?

⁴⁴ 너에게 볼 눈과 들을 귀와 붙잡을 손과 인도할 발이 없음에 기뻐하라. 너에게 그것들이 필요한 동안, 오로지 그리스도만이 자신의 것을 빌려줄 수 있음에 기뻐하라. 너의 눈과 귀와 손과 발처럼, 그리스도의 것들도 환상이다. 하지만 그것들은 다른 목적을 섬기므로, 그 목적이 지닌 힘이 그것들에 부여된다. 그리스도의 눈이 보고 귀가 듣고 손이 잡고 발이 인도한 것에 빛이 주어져, 너로 하여금 네가 인도된 대로 인도할 수 있게 한다.

⁴⁵ 네 안의 그리스도는 아주 고요하다. 그는 네가 어디로 가고 있는지 알며, 너를 그곳으로 온유하게 인도하면서 가는 내내 축복해 준다. 하느님에 대한 그리스도의 사랑은 네가 너 자신 안에서 보았다고 생각한 그 모든 두려움을 대체한다. 그리스도의 거룩함은 네가 손을 잡아 그리스도에게로 인도하는 자 안에 있는 그리스도 자신을 너에게 보여준다. 그리고 네가 보는 것은 너 자신을 닮았다. 왜냐하면, 네가 보고 듣고 사랑하고 집으로 따라갈 것이 그리스도 외에 무엇이 있겠는가? 그는 너를 먼저 바라보았지만, 네가 완성되어 있지 않음을 인식했다. 따라서 그는 그가 바라보고 사랑하는 각각의 살아있는 것들 안에서 너의 완성을 구했다. 그리고 여전히 그것을 구함으로써, 그것들마다 너에게 하느님의 사랑을 제공하게 한다.

⁴⁶ 하지만 그리스도는 조용하다. 그리스도는 사랑이 지금 네 안에 있으며, 네 형제의 손을 잡은 바로 그 손에 의해 네 안에 안전하게 간직되어 있음을 알기 때문이다. 그리스도의 손은 그의 내면에서 그의 모든 형제들을 붙들고 있다. 그리스도는 그들의 보지 못하는 눈을 위하여 비전을 주고, 그들의 귀가 더 이상 전쟁과 죽음의 소리를 들

지 못하도록 천국에 대해 노래를 불러준다. 그는 그들을 통해 다가와 손을 내밀어서, 모든 이로 하여금 살아있는 만물을 축복하고 그 거룩함을 볼 수 있게 한다. 그리스도는 이러한 모습이 네가 그와 함께 바라보고는 그의 기쁨을 공유할 네 것임에 기뻐한다. 그는 너에게 특별성의 완벽한 부재를 제공함으로써 너로 하여금 살아있는 만물을 죽음에서 건져내게 하여, 너의 용서가 너의 자아에게 제공하는 생명의 선물을 그것들 하나하나로부터 받게 한다. 그리스도의 모습이 볼 수 있는 모든 것이다. 그리스도의 노래가 들을 수 있는 모든 것이다. 그리스도의 손이 잡을 수 있는 모든 것이다. 그리스도와 함께 걷는 여정 외에 다른 여정이란 없다.

47 특별성에 만족하고 사랑과의 전쟁 속에서 구원을 구하려는 자여, 다음에 대해 잘 생각해 보라: 천국의 거룩하신 주님이 몸소 너에게 내려오셔서 너 자신의 완성을 제공하신다. 그분의 것은 곧 너의 것이다. 너의 완성 안에 그분의 완성이 놓여있기 때문이다. 아들 없이 계시고자 뜻하지 않으신 주님은 결코 너에게 형제가 없기를 뜻하실 수 없었다. 그러한 주님이 너에게, 너 자신만큼 완벽하고 그 거룩함이 *너처럼* 주님을 닮은 형제를 주시지 않겠는가?

48 갈등이 있으려면, 그 전에 먼저 의심이 있어야 한다. 그리고 모든 의심은 분명 너 자신에 대한 의심이다. 그리스도는 의심이 전혀 없으며, 그의 조용함은 그의 확신에서 비롯된다. 그리스도는 너와 하나며, 이 하나인 **상태**는 끝이 없고 무시간적이며, 너의 손은 그리스도의 것이기 *때문에* 너의 손에 이 하나인 **상태**가 놓여있다는 것에 네가 동의한다면, 그리스도는 너의 모든 의심을 그의 확신과 맞바꿔 줄 것이다. 그리스도는 네 안에 있지만, 네 옆과 앞에서 걸으면서 그 자신의 완성을 찾기 위해 가야 하는 길을 인도한다. 그의 조용함은 너의 확신이 된다. 그리고 확실성이 왔을 때, 의심이 도대체 어디에 있단 말인가?

Ⅶ. 두려움에서 구원되기

49 네 형제의 거룩함 앞에서 온 세상이 고요하고, 온유함과 축복 속에서 평화가 그 위에 내려앉는다. 그 평화는 너무도 완전해서, 밤의 어둠 속에서 너에게 출몰할 단 한 점의 갈등의 자취도 남아있지 않다. 네 형제는 너를 두려움의 꿈에서 건져주는 구원

자다. 그는 네가 가진 것이 바람에 흩어져 먼지로 변해버릴 것이라는 희생의 느낌과 두려움을 치유해 주는 자다. 네 형제 안에, 하느님이 *지금* 너와 함께 여기에 계신다는 너의 확신이 놓여있다. 네 형제가 그의 정체인 한, 너는 하느님이 네가 알 수 있는 분이시며 너에게 알려지실 것임을 확신해도 좋다. 하느님은 결코 당신 자신의 창조물을 떠나실 수 없기 때문이다. 이것이 그러하다는 표시가 네 형제 안에 놓여있어서, 너 자신에 대한 모든 의심이 그의 거룩함 앞에서 사라질 수 있도록 너에게 제공되었다. 네 형제 안에서 하느님의 창조물을 보라. 아버지는 네가 당신의 일부로 창조되었음을 인정하기를 네 형제 안에서 기다리시기 때문이다.

50 네가 없다면 하느님 안에는 결핍이 있고, 천국은 불완전하며, 아들에게는 아버지가 없을 것이다. 우주도 실재도 있을 수 없을 것이다. 하느님이 뜻하시는 것은 온전하며, 그분의 일부다. 하느님의 뜻은 하나기 때문이다. 살아있는 것 중에 하느님의 일부가 아닌 것은 없으며, 존재하는 것 중에 그분 안에 살아있지 않은 것도 없다. 네 형제의 거룩함은 하느님이 그는 물론 너와도 하나시며, 너는 그는 물론 그의 아버지와도 분리되지 않았기 *때문에*, 그가 가진 것은 네 것임을 보여준다.

51 온 우주에서 네가 잃은 것은 아무것도 없다. 하느님이 창조하신 것 중에 그분이 네 앞에 사랑스럽게 놓아 영원히 너의 것이 되게 하지 않으신 것도 아무것도 없다. 그리고 하느님의 마음 안에 있는 어떤 생각도 너 자신의 마음 안에 없지 않다. 네가 너에 대한 하느님의 사랑을 공유하는 것, 세상이 시작되기 전에 하느님이 너에 대해 생각하셨고 지금도 여전히 너를 알고 계신 대로 너 자신을 사랑스럽게 바라보는 것이 바로 하느님의 뜻이다. 하느님은 상황이 바뀐다고 해서 아들에 대한 당신의 마음을 바꾸지 않으신다. 하느님이 머물러 사시고 네가 그분과 함께 머물러 사는 영원 안에서, 바뀌는 상황이란 아무런 의미도 없다. 네 형제는 정녕 하느님이 창조하신 그대로다. 바로 이 사실이, 하느님이 창조하지 않으신 세상에서 너를 구해낸다.

52 하느님 아들의 치유가 온 세상이 가진 유일한 *목적임*을 잊지 말라. 그것은 성령이 세상에서 보는 유일한 목적이며, 따라서 세상이 가진 유일한 목적이다. 세상과 시간과 모든 겉모습을 통해 아들이 치유되는 것이 너의 모든 소망이 될 때까지, 너는 아버지도 너 자신도 알지 못할 것이다. 그렇지 않으면 너는 세상을 그 목적이 아닌 것을 위해 사용하여, 세상의 폭력과 죽음의 법칙에서 벗어나지 않을 것이다. 하지만 너는 세상의 법칙을 *모든* 상황에서 *모든* 측면과 *모든* 방법으로, 없는 것을 지각하려는 모

든 유혹과 하느님의 아들이 자신을 있는 그대로 보지 않으므로 고통에 시달릴 수 있다는 *모든* 믿음 가운데서 초월할 수 있다.

⁵³ 네 형제를 바라보고, 그 안에서 세상을 지배하는 듯한 법칙이 완전히 뒤집혀 있음을 보라. 그의 자유 안에서 *너의* 자유를 보라. 자유란 바로 그러한 것이기 때문이다. 그의 특별성이 그의 내면에 있는 진리를 가리게 하지 말라. *너는* 그를 옭아맨 단 하나의 죽음의 법칙에서도 벗어날 수 없기 때문이다. 네가 그 안에서 본 단 하나의 죄도 너희 둘 *모두를* 지옥에 가두지 않을 수 없다. 하지만 그의 완벽한 죄 없음은 너희 둘 모두를 *해방할* 것이다. 거룩함은 전혀 편파적이지 않아서, 바라보는 모든 것에게 단 하나의 판단만 내리기 때문이다. 그리고 그러한 판단은 그 자체로 내려지는 것이 아니라, 살아서 하느님의 존재를 공유하는 모든 것 안에서 하느님을 대변하는 음성을 통해 내려진다.

⁵⁴ 보는 눈이 바라볼 수 있는 것은 바로 *하느님의* 죄 없음이다. 그 눈이 모든 것에서 보는 것은 바로 *하느님의* 사랑스러움이다. 그 눈은 모든 곳에서 *하느님을* 구하며, 그분이 계시지 않는 모습도, 장소도, 시간도 없음을 깨닫는다. 너의 구원과 세상의 구원을 위한 완벽한 틀인 네 형제의 거룩함 안에, 하느님에 대한 빛나는 기억이 놓여있다. 하느님 안에서 네 형제가 살고, 너도 그와 더불어 산다. 네 형제와 너에게 그리스도의 얼굴을 가리는 특별성의 장막 때문에 너의 눈이 멀게 하지 말라. 그리고 하느님에 대한 두려움이 더 이상 네가 마땅히 보아야 할 비전을 가리지 말게 하라. 네 형제의 몸은 너에게 그리스도를 보여주지 않는다. 그리스도는 정녕 네 형제의 거룩함 안에 드러나 있다.

⁵⁵ 그렇다면 네가 보기를 *원하는* 것이 그의 몸인지 아니면 그의 거룩함인지 선택하라. 그러면 너는 네가 선택하는 것을 네 것으로서 바라보게 된다. 하지만 네가 진리를 선택하겠다고 결정할 때까지는, 헤아릴 수 없는 상황들과 끝없어 보이는 시간을 통해 선택할 것이다. 네 형제 안의 그리스도를 한 번만 더 부정하더라도 너는 영원을 되찾지 못하게 되기 때문이다. 그리고 네 형제가 단지 하나의 몸이라면, 너의 구원이 도대체 어디에 있겠는가? 그의 거룩함 안에 있지 않다면, 너의 평화가 도대체 어디에 있겠는가? 하느님은 당신의 일부를 네 형제의 거룩함 안에 영원히 두셔서, 너 자신에 대한 진리가 마침내 네가 인식하고 이해할 수 있는 측면에서 드러나는 것을 너로 하여금 보게 하셨다. 네 형제 안에 있는 하느님의 그 부분이 아니라면, 하느님이 도대체 어디

에 계시겠는가?

⁵⁶ 네 형제의 거룩함은 너에게 베풀어지는 성사요 축도다. 그의 잘못은 하느님의 축복을 그 자신으로부터 거둬들일 수 없으며, 그를 진실로 보는 너에게서도 거둬들일 수 없다. 그의 실수는 물론 지연을 야기할 수 있다. 하지만 너는 그에게서 그 실수를 제거할 수 있으며, 그럼으로써 너희 둘은 결코 시작되지도 않았고 끝날 필요도 없는 여정을 끝낼 수 있다. 결코 존재하지 않은 것은 너의 일부가 아니다. 하지만 그것이 네 곁에 서있는 네 형제의 일부도 아님을 깨닫기 전에는, 너는 그것을 너의 일부라고 *생각할* 것이다. 네 형제는 너 자신의 거울로서, 그 안에서 너는 네가 두 사람 모두에게 내린 판단을 본다. 네 안의 그리스도는 네 형제의 거룩함을 본다. 너의 특별성은 그의 몸을 바라볼 뿐, 그를 보지 않는다.

⁵⁷ 너의 해방이 지체되지 않도록, 네 형제를 그의 *정체대로* 보라. 다른 선택이 너에게 줄 수 있는 것이라고는 목적도 없고 성과도 전혀 없는 어리석은 방랑뿐이다. 네 형제가 잠들어 있는 동안에는, 네가 주어진 과제를 다하여 *그가* 과거에서 떨쳐 일어나기 전에는, 완수되지 않은 기능으로 인한 공허감이 수시로 너를 엄습할 것이다. 자기 자신과 너를 정죄한 네 형제를 너와 더불어 정죄에서 구하라고, 그가 너에게 주어졌다. 그리고 *너희* 둘 모두가 하느님의 아들 안에서 하느님의 영광을 볼 것이다. 비록 너희는 하느님의 아들이 육신이고, 그를 지배할 힘이 전혀 없는 법칙에 묶여있다고 잘못 생각했지만 말이다.

⁵⁸ 이 법칙이 너희를 위한 것이 아님을 기쁘게 깨닫고 싶은가? 그렇다면 네 형제를 그 법칙에 묶인 죄수로 보지 말라. 하느님의 일부를 지배하는 것은 나머지 모두에게 적용될 수밖에 없다. 너는 네 형제를 지배한다고 보는 법칙 아래에 너 자신을 둔다. 그렇다면 너에 대한 하느님의 사랑이 얼마나 크기에, 하느님이 당신의 일부를 너에게 주셔서 너를 고통에서 구하고 행복을 안겨주게 하셨는지 생각해 보라. 그리고 너의 특별성은 하느님의 뜻 앞에서 사라질 것임을 결코 의심하지 말라. 하느님은 당신의 부분 하나하나를 똑같은 사랑[과 보살핌]으로써 사랑하신다. 네 안의 그리스도는 너의 형제를 참되게 볼 수 *있다.* 그런데 *너는* 그리스도가 보는 거룩함을 부정하겠다고 결정하려는가?

⁵⁹ 특별성은 네가 너 자신에게 부여한 기능이다. 특별성은 스스로 창조되었고 스스로 유지되며, 아무것도 필요 없고 몸 너머의 그 무엇과도 결합되지 않은 너 혼자만을 나

타낸다. 특별성의 눈으로 보면 너는 별개의 우주로서, 그 자체 안에 자신을 완전하게 유지할 힘을 가졌다. 모든 출입구는 침입을 막으려고 잠겼고, 모든 창문은 빛을 차단하려고 폐쇄되었다. 너는 언제나 공격받고 언제나 격분하며, 너의 분노는 언제나 아주 정당한 근거가 있다. 너는 결코 굽힐 생각 없는 경계와 멈출 생각 없는 노력으로 그런 목표를 추구했다. 그리고 네가 이 모든 불굴의 투지를 보인 이유는, 특별성이 *진리기*를 원했기 때문이다.

⁶⁰ 이제 나는 너에게 단지, 경계를 훨씬 늦추고, 적은 노력과 적은 시간으로, 또 다른 목표를 추구하라고 요청한다. 그리고 그러한 추구에는 그 목표를 지지하고 성공을 약속하는 하느님의 권능이 함께할 것이다. 그런데 너는 두 목표 중에 *이* 목표가 더 어렵다고 느낀다. 너는 자아의 "희생"을 이해하며, 이것이 너무 값비싼 대가라고 여기지도 않는다. 그러나 너는 작은 용의를 내는 것, 하느님께 고개를 끄덕이는 것, 네 안의 그리스도에게 인사하는 것을 지루하고, 싫증나고, 견디기에 너무 무거운 짐으로 여긴다. 하지만 하느님이 확립하신 진리에 헌신하는 것은 희생을 요구하지도 긴장을 일으키지도 않으며, 천국의 그 모든 권능과 진리 자체의 힘이 주어져서 수단을 제공하고 목표의 달성을 *보장한다*.

⁶¹ 너는 네 형제의 거룩함보다는 그의 몸을 보는 것이 더 쉽다고 믿지만, 과연 그 무엇이 이런 판단을 내렸는지 확실히 이해하라. 여기서 특별성의 음성이 또렷이 들린다. 그 음성은 그리스도를 거슬러 판단하며, 네가 어떤 목적은 이룰 수 있고 어떤 목적은 이룰 수 없는지 제시한다. 이런 판단은 네가 *특별성*을 동맹자 삼아 함께 행하는 것에 반드시 적용된다는 것을 잊지 말라. 네가 그리스도를 통해 행하는 것을 특별성은 알지 못하기 때문이다. 그리스도에게 이러한 판단은 전혀 이치에 맞지 않는다. 오로지 아버지가 뜻하시는 것만이 가능하며, 그리스도가 보아야 할 다른 대안이란 없기 때문이다. 그리스도의 갈등 없음으로부터, 너의 평화가 나온다. 그리고 그리스도의 목적으로부터는, 애씀 없는 성취와 안식을 위한 수단이 나온다.

Ⅷ. 만남의 장소

⁶² 이 세상에 묶여있는 자들은 저마다 자신이 *진리기*를 바라는 특별성을 얼마나 맹렬

히 방어하는지! 그에게는 그의 소망이 법칙이며, 그는 그것에 복종한다. 그는 자신의 특별성이 요구하는 것은 아무것도 거절하지 않는다. 그는 자신이 사랑하는 특별성에게 필요한 것은 아무것도 부정하지 않는다. 그리고 그의 특별성이 그를 부르는 동안, 그는 다른 음성은 듣지 못한다. 아주 작은 멸시, 사소한 공격, 의심의 속삭임, 위협의 조짐, 혹은 가장 깊은 존경이 아닌 모든 것에서 자신의 특별성을 지킬 수 있다면, 어떤 노력도 너무 크지 않고 어떤 비용도 너무 많지 않으며 어떤 대가도 너무 비싸지 않다. 이것이 바로 너의 아들로서, 너는 그것을 아버지가 너를 사랑하시듯 사랑한다. 너의 창조물들은 너의 진정한 아들로서, 그들로 인해 너는 하느님의 부성을 낚아채는 것이 아니라 공유하건만, 너의 특별성은 너의 창조물들 대신에 서있다. 네가 너의 강함이 되게 한 이 아들은 무엇이란 말인가? 그렇게 아낌없이 사랑받는 이 땅의 아이는 무엇이란 말인가? 하느님의 창조물에 대한 서툰 모방품으로서, 너의 창조물들을 대신하는 이것은 무엇이란 말인가? 이제 하느님이 머무시는 집주인이 자신의 창조물들보다 더 좋아하는 다른 아들을 찾았으니, *그의* 창조물들은 도대체 어디에 있단 말인가?

⁶³ 하느님에 대한 기억은 홀로 빛나지 않는다. 네 형제 안에 있는 것은 여전히 모든 창조물, 즉 창조되었거나 창조하고 있고, 이미 태어났거나 아직 태어나지 않았으며, 여전히 미래에 있거나 이미 지나가버린 모든 것을 담고 있다. 네 형제 안에 있는 것은 변함이 없으며, 네가 그것을 인정할 때 너 자신의 변함없음을 인식하게 된다. 네 안의 거룩함은 네 형제에게 속한 것으로서, 네가 그의 내면에서 그 거룩함을 봄으로써 너에게 돌아온다. 네가 특별성에 바친 모든 찬사는 본래 네 형제에게 속한 것이며, 따라서 너에게 돌아온다. 그 모든 사랑과 배려, 강력한 보호, 밤낮으로 하는 생각, 깊은 관심, 이것이 바로 너라는 강력한 확신은 네 형제에게 속한다. 네가 특별성에 부여한 것 중에 마땅히 그의 것이 아닌 것은 전혀 없다. 그리고 마땅히 그의 몫인 것 중에 마땅히 너의 몫이 아닌 것도 전혀 없다.

⁶⁴ 특별성이 너를 사로잡고 있는 한, 네가 어찌 너의 가치를 알 수 있겠는가? 너의 가치는 네 형제의 거룩함 안에 있음을, 네가 어찌 알지 못할 수 있겠는가? 너의 특별성을 진리로 만들려고 하지 말라. 그것이 만약 진리라면, 너는 정녕 길을 잃으리라. 반대로 네가 그의 거룩함을 볼 수 있음에 감사하라. *왜냐하면* 그것은 정녕 진리기 때문이다. 그리고 네 형제 안에서 진리인 것은 분명 네 안에서도 진리다.

⁶⁵ 다음과 같이 자문해보라: *너*는 마음을 보호할 수 있는가? 몸은, 약간 보호할 수 있

다. 시간으로부터 보호할 수는 없지만, 일시적으로는 가능하다. 너는 네가 보호한다고 생각하는 것 중에 많은 것을 해친다. 너는 그것을 무엇을 *위해* 보호하고자 하는가? 그 선택에 몸의 건강과 위해危害가 놓여있다. 다른 물고기를 잡고, 너의 특별성을 더 나은 스타일에 담아두거나 너의 증오 둘레에 사랑스러운 틀을 짜 넣기 위한 미끼로서 전시용으로 몸을 보호한다면, 너는 몸에게 부패와 죽음의 형을 선고하는 것이다. 그리고 네가 만약 이러한 목적을 네 형제의 몸에서 본다면, 너 자신의 몸에도 그러한 선고를 내리는 것이다. 그렇다면 반대로 네 형제 주위에 거룩함의 틀을 짜 넣음으로써, 진리로 하여금 그를 비춰주게 하고, 너에게 부패로부터의 안전을 제공하게 하라.

⁶⁶ 아버지는 당신이 창조하신 것을 안전하게 지켜주신다. 너는 네가 만든 거짓된 아이디어들로 그것을 건드릴 수 없다. 왜냐하면 그것은 네가 창조한 것이 아니기 때문이다. 너의 어리석은 공상이 너를 겁주게 하지 말라. 불멸인 것은 공격받을 수 없으며, 일시적인 것은 아무런 결과도 없다. 일시적인 것에서 오로지 네가 보는 목적만이 의미가 있으며, 그 목적이 참이라면 그것의 안전은 확실히 보장된다. 그 목적이 참이 아니라면, 그것은 실제로 아무런 목적도 갖고 있지 않으며 그 무엇을 위한 수단도 아니다. 진리를 위한 수단으로 지각되는 것은 무엇이든 진리의 거룩함을 공유하며, 진리 자체만큼이나 안전하게 빛 속에서 안식한다. 그 빛은 그것이 사라진다고 해서 꺼지지 않을 것이다. 그것의 거룩한 목적은 그 빛에 불멸성을 부여하여, 천국에 또 하나의 빛으로 자리잡게 한다. 그곳에서 너의 창조물들은 네가 준 선물, 즉 네가 그들을 잊지 않았다는 표시를 알아본다.

⁶⁷ 땅 위의 모든 것에 대한 시험법은 단지 다음과 같다: "이것은 무엇을 *위한* 것인가?" 이에 대한 답이 그것이 너에게 정녕 무엇인지 결정한다. 그것들은 그 자체로는 아무런 의미도 없지만, 너는 네가 섬기는 목적에 따라 그것들에 실재성을 부여할 수 있다. 여기에서 너는 그것들과 더불어 다만 수단일 뿐이다. 하느님은 수단이자 목적이시다. 천국에서 수단과 목적은 하나며, 하느님과도 하나다. 이것이 바로 진정한 창조의 상태로서, 그것은 시간이 아닌 영원 안에서만 발견된다. 이곳의 그 누구에게도 이것을 설명하기란 불가능하다. 이런 상태가 무엇을 의미하는지 배울 방법도 없다. 네가 배움을 지나 진정으로 주어진 것으로 나아가고, 너의 창조물들을 위해 거룩한 집을 다시 만들기 전에는, 그것을 이해할 수 없다.

⁶⁸ 아버지와 함께 창조하는 공동 창조자에게는 분명 아들이 하나 있을 것이다. 하지만

이 아들은 분명 공동 창조자 자신과 닮게 창조되었을 것이다. 그는 완벽한 존재로서, 모든 것을 포함할 뿐만 아니라 모든 것에 포함되어 있으며, 보탤 것도 덜어낼 것도 없다. 크기나 무게나 시간을 갖고 태어나지 않았으며, 어떤 한계나 불확실성에도 묶여 있지 않다. 여기에서 수단과 목적_end이 하나로 연합하며, 이 하나에는 끝_end도 전혀 없다. 이 모든 것이 참이지만, 배우지 않은 레슨 하나를 자신의 기억에 여전히 간직하고 있는 자들, 여전히 불확실한 목적을 가진 생각 하나, 혹은 목적이 갈라진 소망 하나를 기억에 간직하고 있는 자들에게, 그것은 아무런 의미도 없다.

⁶⁹ 이 수업은 쉽게 배울 수 없는 것을 가르치려고 하지 않는다. 네가 준비되었을 때 너의 것이 너에게 온다고 말해주는 것 외에는, 이 수업의 범위는 너 자신의 범위를 넘어서지 않는다. 이곳에서는 수단과 목적이 분리되어 있다. 그것들은 그렇게 만들어져서 그렇게 지각되었기 때문이다. 따라서 우리도 마치 수단과 목적이 분리된 듯이 다룬다. 모든 지각은 그 목적을 이해하기 전에는 여전히 뒤집혀 있음을 잊지 않는 것이 아주 중요하다. 지각은 수단처럼 *보이지는* 않는다. 바로 이런 점으로 인해, 지각이 네가 그것을 보는 *목적에* 얼마나 의존하는지 이해하기 어렵다. 지각은 네가 보는 것을 너에게 가르쳐주는 듯이 보인다. 하지만 지각은 단지 *네가* 가르친 것에 대해 증언할 뿐이다. 지각은 소망의 바깥 그림, 즉 네가 진짜이기를 *원했던* 이미지일 뿐이다.

⁷⁰ 너 자신을 바라보면, 몸 하나가 보일 것이다. 그 몸을 다른 조명 아래에서 보면, 다르게 보일 것이다. 조명이 없으면, 그 몸은 사라진 것 같다. 하지만 너는 여전히 손으로 몸을 느끼고 몸이 움직이는 소리를 들을 수 있으므로 몸이 거기에 있다고 안심할 수 있다. 여기에, 네가 너 자신이기를 바라는 이미지가 있다. 몸은 너의 소망이 이루어지게 하는 수단이다. 몸은 네가 몸을 바라볼 눈과, 몸을 느낄 손과, 몸이 내는 소리를 들을 귀를 준다. 몸은 자신의 실재성을 너에게 *증명한다.*

⁷¹ 이렇게 몸은 그 자체를 넘어서는 증거는 전혀 제시하지 못하고 그 시야 안에서는 탈출구가 전혀 없는, 너 자신에 대한 하나의 이론이 된다. 몸 자신의 눈으로 볼 때 몸의 진행 과정은 분명하다. 몸은 성장하고 시들며, 번성하고 죽는다. 너는 몸과 무관한 너 자신을 상상도 하지 못한다. 너는 몸을 악하다고 판단하여 죄인으로 낙인찍고, 그 행위를 증오한다. 하지만 너의 특별성은, "여기에 내가 사랑하는 아들이 있다. 내가 그로 인해 기뻐하노라."라고 속삭인다. 이렇게 "아들"은 그의 "아버지"의 목적을 섬기는 수단이 된다. 같지도 않고 심지어 닮지도 않았지만, 여전히 "아버지"에게 그가 *원*

하는 것을 제공하는 수단이다. 이것이 바로 하느님의 창조물에 대한 졸렬한 모방품이다. 하느님 아들의 창조물들이 *그에게* 기쁨을 주고 그의 사랑에 대해 증언하고 그의 목적을 공유하였듯이, 몸은 몸을 만든 아이디어를 위해 증언하고 몸의 실재와 진리를 대변해 말한다.

⁷² 이와 같이 두 아들이 만들어졌다. 그 둘은 만날 장소도 없고 만나지도 않은 채 이 땅을 걸어 다니는 듯하다. 한 아들은 네가 너의 바깥에서 보는, 너 자신이 사랑하는 아들이다. 다른 한 아들은 내면에서 안식한다. 그는 아버지의 아들로서, 네 형제가 네 안에 있듯이 네 형제의 내면에 있다. 두 아들의 차이는 그들의 겉모습이나 그들이 가는 곳, 심지어 그들이 하는 행위에 있지 않다. 그들에게는 각자 다른 *목적이* 있다. 이것으로 인해 그들은 각자 자신을 닮은 것과 결합하며, 다른 목적을 가진 채 모든 면에서 서로 분리되어 있게 된다. 하느님의 아들은 아버지의 뜻을 간직한다. 사람의 아들은 이질적인 뜻을 지각하고, 그것이 그러하기를 소망한다. 이와 같이 그의 지각은 그의 소망에 진리의 겉모습을 부여함으로써 그의 소망을 섬긴다. 하지만 지각은 또 다른 목표를 섬길 수도 있다. 지각은 단지 너의 선택에 따라 더 이상 특별성에 묶여있지 않게 된다. 너는 정녕 다른 선택을 내릴 수 있으며, 다른 목적을 위해 지각을 사용할 수 있다. 그리고 네가 보는 것은 그 목적을 잘 섬길 것이며, 그것의 실재성을 너에게 *증명할* 것이다.

제25장

치료법

I. 서문

¹ 네 안의 그리스도는 몸에 깃들어 살지 않는다. 하지만 그는 네 안에 있다. 따라서 *너*는 분명 몸 안에 있지 않을 것이다. 네 안에 있는 것은 바깥에 있을 수 없다. 그리고 네가 네 생명의 중심에 있는 것과 떨어져 있을 수 없다는 것은 확실하다. 너에게 생명을 주는 것은 죽음 안에 갇혀있을 수 없으며, 그것은 너도 마찬가지다. 그리스도는 거룩함이라는 틀frame 안에 있는데, 그 틀의 유일한 목적은 그리스도를 알지 못하는 자들에게 그리스도가 드러나게 하는 것이다. 그럼으로써 그리스도는 그들을 자신에게 오라고 불러서, 그들의 몸이 있다고 생각한 곳에서 그리스도 자신을 보게 할 수 있다. 그러면 그들의 몸은 슬며시 사라지고, 그들은 이제 자신 안에 그리스도의 거룩함이라는 틀을 짜 넣을 수 있게 된다.

² 자신 안에 그리스도를 지니고 다니는 자는 모든 곳에서 그리스도를 알아보지 못할 수 없다. 단, 몸은 *예외다.* 그들이 스스로 몸 안에 있다고 믿는 한, 그들이 있다고 믿는 곳에 그리스도는 있을 수 없다. 따라서 그들은 부지불식간에 그리스도를 지니고 다니면서도 그리스도를 드러내지 못한다. 그러하기에 그들은 그리스도가 있는 곳에서 그리스도를 알아보지 못한다. 사람의 아들은 부활한 그리스도가 아니다. 하지만 하느님의 아들은 정확하게 사람의 아들이 있는 곳에 머물러 살면서, 그의 거룩함 속에서 그와 함께 걷는다. 그의 거룩함은 그의 몸 안에 나타난 그의 특별성만큼이나 분명하게 보인다.

³ 몸은 그 어떤 치유도 *필요하지* 않다. 그러나 자신이 정말로 몸이라고 생각하는 마음이야말로 정녕 병들었도다! 그리스도가 치료법을 제시하는 곳도 바로 마음이다. 그리스도의 목적은 그의 빛으로 몸을 감싸고, 그로부터 빛나는 거룩함으로 몸을 온통 채운다. 그러면 몸이 말하거나 행하는 것 중에 그리스도를 드러내지 않는 것이 없다. 몸은 그리스도를 모르는 자들에게 그를 부드럽고도 사랑스럽게 데려다주어 그들의 마음을 치유한다. 바로 이러한 것이, 네 형제가 너를 위해 가진 사명이다. 그리고 바로 이런 식으로, 너의 사명은 네 형제를 위한 것이다.

Ⅱ. 지정된 과제

⁴ 그리스도가 너에게 행할 것을 지정한 과제는 행하기 어려울 수 없다. 그 과제를 행하는 자는 바로 그리스도기 때문이다. 너는 그 과제를 행하면서 몸은 단지 그 과제를 행하기 위한 수단으로 보일 뿐임을 배울 것이다. 마음은 그리스도의 것이며, 따라서 분명 네 것이다. 그리스도의 거룩함은 그와 하나인 마음을 통해 몸을 인도한다. 그리고 너는 너의 거룩한 형제에게 드러나며, 그도 마찬가지로 너에게 드러난다. 여기서, 거룩한 그리스도가 자기 자신과 만난다. 여기서, 그의 거룩함의 측면들 사이에 어떤 차이점도 지각되지 않는다. 그들은 만나서 결합하며, 온전하고 순수하고 아버지의 영원한 사랑을 받을 가치가 있는 그리스도를 그의 아버지께 들어올린다.

⁵ 거룩함을 바라보고 그곳에서 그리스도를 보는 것 말고, 네 안의 그리스도를 어떻게 드러낼 수 있겠는가? 지각은 너에게, *너는* 네가 보는 것에 드러나 있다고 말해준다. 네가 만약 몸을 본다면, 너 자신이 그곳에 있다고 믿을 것이다. 그리고 네가 바라보는 모든 몸은 너 자신에 대해, 너의 죄 많음과 사악함에 대해, 무엇보다도 너의 죽음에 대해 상기시켜 줄 것이다. 너는 너에게 이런 것을 말해주는 자를 경멸하고, 그 대신 그의 죽음을 구하지 않겠는가? 메시지와 메신저는 하나다. 그리고 너는 네 형제를 너 자신으로 볼 *수밖에* 없다. 네가 네 형제의 몸이라는 틀 안에 갇혀있으면, 너 자신의 죄 많음을 보고 그로 인해 정죄받을 것이다. 네가 네 형제의 거룩함 안에 자리잡으면, 그의 내면에 있는 그리스도는 *자기 자신을* 너라고 선포한다.

⁶ 지각은 너 자신이 되기를 원하는 것, 네가 살고 싶어 하는 세상, 너의 마음이 흡족해하고 만족할 것이라고 생각하는 상태에 대한 선택이다. 지각은 너의 결정에 따라 너의 안전이 있다고 생각하는 곳을 선택한다. 지각은 너에게 네가 원하는 모습대로 너 자신을 드러내 보인다. 그리고 지각은 항상 너의 목적에 충실하다. 지각은 결코 그 목적과 분리되지 않으며, 네 마음 안의 목적이 지지하지 않는 것에 대한 가장 작은 증거도 제공하지 않는다. 지각은 너의 목적이 바라보려는 것의 일부다. 수단과 목적은 결코 분리되어 있지 않기 때문이다. 이렇게 너는 별개의 생명을 가진 듯한 것에 아무런 생명도 없음을 배운다.

⁷ *너는* 하느님을 위한 수단으로서, 하느님과 분리되지도 않았고 하느님의 **생명**과 별개의 어떤 생명을 갖고 있지도 않다. 하느님의 **생명**은 그분의 아들인 네 안에서 드러

난다. 하느님의 측면들은 저마다 거룩함과 완벽한 순결함, 너무도 완전해서 자신이 바라보는 모든 것을 단지 자기 자신에게로 놓아줄 수 있기만을 소망하는 천상의 사랑이라는 틀에 둘러싸여 있다. 그들의 광휘는 자신이 바라보는 모든 몸을 꿰뚫고 비추며, 단지 몸을 지나 빛을 바라봄으로써 몸의 모든 어둠을 쓸어내어 빛으로 보낸다. 그들의 온유함을 통해 장막이 걷혀서, 이제 그 무엇도 그리스도의 얼굴을 바라보는 자들을 가리지 않는다. 너희 둘은 지금 그곳 그리스도 앞에 서서, 그로 하여금 너희를 분리하고 떼어놓는 듯한 장막을 걷어버리게 한다.

⁸ 네가 너 자신을 분리되어 있다고 *믿기* 때문에, 천국도 너에게 그 자신을 분리되어 있는 것으로 드러낸다. 천국이 진실로 그러하기 때문이 아니라, 네가 진리와 결합할 수 있도록 주어진 연결 고리가 네가 이해하는 것을 통해 너에게 도달할 수 있게 하기 위해서다. 너의 모든 형제가 진리 안에서 하나로 결합하듯, 아버지와 아들과 성령도 하나다. 그리스도는 아버지와 결코 분리된 적이 없으며, 네가 아버지의 *뜻*을 공유하는 부분의 이해 안에 머물러 산다. 성령은 다른 부분, 즉 분리되고 다르고 특별하고자 하는 작고 미친 열망을 그리스도에게 연결하여, *실제*로 하나인 것에게 그 하나인 상태가 뚜렷해지게 한다. 이 세상에서, 그것을 이해할 수는 없어도 가르칠 수는 *있다*.

⁹ 성령은 너의 마음에서 그리스도의 목적을 섬기며, 그럼으로써 잘못이 있는 바로 그곳에서 특별성의 목적이 교정될 수 있게 한다. 성령의 목적은 여전히 아버지는 물론 아들과도 하나기 때문에, 성령은 하느님의 뜻은 물론 *네가* 진정으로 뜻하는 것도 안다. 그러나 이것은 하나로 지각되는 마음, 즉 자신이 하나임을 알아차리고 그렇게 *경험되는* 마음만이 이해하는 것이다. 이런 하나인 상태를 *어떻게* 경험할 것인지, 그것을 경험하려면 *무엇을* 해야 하고, 그러기 위해서는 *어디로* 가야 하는지를 가르치는 것이 성령의 기능이다.

¹⁰ 이 모든 것은 시간과 장소가 마치 별개의 것인 양 인식한다. 너의 일부를 분리되어 있다고 생각하는 동안은, 하나로 결합된 하나인 상태라는 개념은 무의미하기 때문이다. 그렇게도 갈라진 마음은 결코 모든 것을 그 자체 안에 통합하는 **하나인** 상태의 교사가 될 수 없다는 것이 분명하다. 따라서 그 마음 안에 있으면서 모든 것을 통합하는 성령이 분명 그 하나인 상태의 **교사**일 것이다. 하지만 성령은 그 마음 자신이 있다고 생각하는 상황에서 그 마음이 이해할 수 있는 언어를 사용해야 한다. 또한 성령은 모든 배움을 사용해서 환상을 진리로 전이해야 한다. 이렇게 성령은 너의 정체에 대한

거짓된 아이디어들을 전부 취하여, 너를 그것들 너머로, 정녕 그것들 너머에 있는 진리로 인도한다. 이 모든 것을 다음과 같이 아주 간단히 요약할 수 있다:

> 11 같은 것은 다를 수 없으며,
> 하나인 것은 분리된 부분들을 가질 수 없다.

III. 어둠에서 건져주는 구원자

12 몸의 눈이 지각하는 것이 너를 두려움으로 가득 채운다는 것은 분명하지 않은가? 어쩌면 너는 그곳에서 만족의 희망을 발견한다고 생각할 것이다. 어쩌면 너는 네가 지각하는 세상에서 약간의 평화와 만족을 얻는다고 상상할 것이다. 하지만 그 결과가 변하지 않는다는 것은 분명히 알 것이다. 너의 희망과 상상에도 불구하고, 결과는 *언제나* 절망이다. 이것에는 예외가 없으며, 앞으로도 결코 없을 것이다. 과거가 가질 수 있는 유일한 가치는, 과거는 네가 간직하기를 원하는 그 어떤 보상도 해주지 못했음을 배우는 것뿐이다. 그제야 너는 비로소 과거를 포기할 용의를 내서 영원히 사라지게 할 것이기 때문이다.

13 네가 보는 세상에서 어떤 만족을 얻을 수 있다는 희망을 여전히 품고 있어야 한다니, 이상하지 않은가? 시간과 장소를 막론하고 두려움과 죄의식만이 네가 얻은 보상이었다. *이런* 측면에서 변화의 가능성은 더 나은 결과를 낳을 변화를 지연시킬 만한 가치가 전혀 없다는 것을 깨달으려면 얼마나 긴 시간이 필요한가? 다음의 한 가지는 확실하기 때문이다: 네가 지금 보고 있고 오랫동안 보아온 방법은 미래의 희망을 뒷받침할 그 어떤 지원도 제공하지 않으며, 성공의 낌새조차 보여주지 않는다. 희망이 없는 곳에 희망을 거는 것은 너를 *분명* 절망에 빠트릴 것이다. 이제까지 그 어떤 희망도 찾지 못한 곳에서 희망을 구하려 하는 한, 이런 절망이 너의 선택이다.

14 네가 이것과는 *다른,* 가물거리고 일정치 않고 흔들리지만 희미하게 보이는 어떤 희망을 발견했다는 것, 그 희망이 이 세상에 없는 것에 근거하여 보장된다는 것 또한 사실이 아닌가? 하지만 너는 그러한 근거가 여전히 여기에 있을 수 있다고 희망함으로써, 너 자신에게 부과한 절망적이고 보람 없는 과제를 포기하지 못하고 있다. 그동안

항상 실패했던 것이 어느 날 갑자기 성공하여 전에 결코 주지 못한 것을 안겨줄 것이라는 근거로, 그것의 추구를 옹호할 이유가 있다는 고착된 믿음을 유지하는 것이 과연 이치에 맞겠는가?

¹⁵ 그것의 과거는 *이미* 실패했다. 너의 마음 안에 있는 것에 어둠을 드리우던 것이 사라졌음에 기뻐하라. 형식을 내용이라고 생각하지 말라. 형식은 단지 내용을 위한 *수단일* 뿐이다. 액자frame는 단지 그림이 보이도록 받쳐주는 수단일 뿐이다. 그림을 감추는 액자는 아무런 목적도 없다. 네가 무언가를 보고 있다면, 그것은 액자일 수 없다. 그림 없는 액자는 아무런 의미도 없다. 액자의 목적은 그림을 돋보이게 하는 것이지 자신을 돋보이게 하는 것이 아니다.

¹⁶ 누가 빈 액자를 벽에 걸어놓고 걸작이라도 있는 양 깊은 존경심으로 그 앞에 서 있겠는가? 하지만 네 형제를 몸으로 볼 때, 너는 바로 이렇게 하고 있는 것이다. 하느님이 이 액자에 끼워두신 걸작이야말로 네가 보아야 할 모든 것이다. 몸은 그 걸작을 어떻게든 가리지 않은 채 한동안 담고 있다. 하지만 하느님이 창조하신 것은 액자가 필요 없다. 하느님은 당신이 창조하신 것을 몸소 떠받쳐 주시고, 당신 자신 안에서 액자를 둘러주시기 때문이다. 하느님이 당신의 걸작을 너에게 건네시며 보게 하신다. 그런데 너는 이 걸작 *대신에* 액자를 보려는가? 그리고 그림은 전혀 보지 않으려는가?

¹⁷ 하느님은 네가 분리되어 있다고 보려는 당신의 부분 둘레로 성령이라는 액자를 둘러주셨다. 하지만 그 액자는 그 부분을 창조하신 창조주와 결합되어 있으며, 그분은 물론 그분의 걸작과도 하나다. 바로 이것이 그 액자의 목적이다. 그리고 네가 액자를 액자의 본래 자리에서 보기로 선택한다면, 액자를 그림으로 만들어버리지는 않는다. 하느님이 그림에 부여하신 액자는 하느님의 목적만 섬기며, 그와 무관한 너의 목적은 섬기지 않는다. 너의 *분리된* 목적은 그림을 가리고 그 대신에 액자를 소중히 여긴다. 하지만 하느님은 당신의 걸작을, 너의 액자가 부서져 먼지가 되었을 때조차 영원히 견딜 액자에 끼워두셨다. 그러나 그림 자체가 어떤 식으로든 파괴된다고 생각하지는 말라. 하느님이 창조하시는 것은 모든 부패로부터 안전하며, 영원토록 변함없고 완벽하다.

¹⁸ 너의 액자 대신에 하느님의 액자를 받아들여라. 그러면 너는 걸작을 볼 것이다. 살과 **뼈**가 아닌 걸작 자체만큼이나 사랑스러운 액자 안에서 걸작의 사랑스러움을 보고, 그것을 생각한 **마음**을 이해하라. 그 걸작의 거룩함은 어둠의 액자가 감추는 죄 없음

을 밝혀주며, 그림의 얼굴 전체에 빛의 베일을 드리운다. 그 베일은 단지 그림의 얼굴에서 뻗어 나와 자신의 창조주께 향하는 빛을 반영할 뿐이다. 네가 그 얼굴을 죽음의 액자 안에서 보았다고 해서 그 얼굴이 조금이라도 어두워졌다고 생각하지는 말라. 하느님은 그 얼굴을 안전하게 지키셔서, 네가 그것을 바라보고는 당신이 그 얼굴에 부여하신 거룩함을 보게 하셨다.

¹⁹ 어둠 속에서, *어둠에서* 건져주는 구원자를 보고 아버지의 마음이 네게 보여주는 대로 네 형제를 이해하라. 네가 그를 바라볼 때, 그가 어둠 밖으로 걸어 나올 것이다. 그리고 너는 더 이상 어둠을 보지 않으리라. 어둠은 그를 건드리지 못했으며, 그를 바라보려고 밖으로 이끈 너도 건드리지 못했다. 네 형제의 죄 없음은 다만 너의 죄 없음을 그려낼 뿐이다. 그의 온유함은 너의 강함이 되며, 너희 둘은 기쁘게 내면으로 눈을 돌려 네가 그의 내면에서 바라본 것으로 *인해* 거기에 있을 수밖에 없는 거룩함을 볼 것이다. 그는 너의 거룩함이 놓인 액자다. 그리고 하느님이 그에게 주신 것은 분명 너에게도 주어질 것이다. 그가 아무리 자신 안의 걸작을 간과하고 단지 어둠의 액자만 볼지라도, 그가 보지 않는 것을 그의 내면에서 보아주는 것이 여전히 너의 유일한 기능이다. 이렇게 보아주는 것을 통해, 죽음 *대신에* 그리스도의 얼굴을 바라보는 비전이 공유된다.

²⁰ 천국의 주님이 창조하신 걸작의 진가를 네가 알아본다면, 그분이 어찌 기뻐하지 않으시겠는가? 당신의 아들을 당신처럼 사랑하는 너에게 감사하는 것 말고, 그분이 과연 무엇을 하실 수 있겠는가? 네가 다만 주님과 더불어 그분이 사랑하시는 것을 찬미한다면, 그분이 너에게 당신의 사랑이 알려지도록 하지 않으시겠는가? 하느님은 완벽한 아버지로서 당신의 창조물을 아주 소중히 여기신다. 따라서 하느님의 기쁨은, 당신의 어떤 부분이라도 창조물에 대한 당신의 찬미에 동참하여 당신의 기쁨을 공유할 때 완성된다. 이 형제는 하느님이 너에게 주시는 완벽한 선물이다. 네가 하느님의 완벽한 아들에게 그가 그의 정체임에 대해 감사할 때, 하느님이 기뻐하시고 감사하신다. 그리고 하느님의 모든 감사와 기쁨은, 그분과 더불어 그분의 기쁨을 완성하려는 너를 비춰준다. 그리고 이렇게 *너의* 기쁨이 완성된다. 자신의 아버지의 행복을 완성하고 그분의 행복과 더불어 자신의 행복도 완성하기를 뜻하는 자들은 단 한 가닥의 어둠도 볼 수 없다. 하느님의 목적을 공유하는 모든 이에게, 하느님의 감사가 아낌없이 주어진다. 홀로 있는 것은 하느님의 뜻이 아니며, 또한 너의 뜻도 아니다.

²¹ 네 형제를 용서하라. 그러면 너는 그로부터도 그의 아버지로부터도 너 자신을 분리할 수 없다. 너에게는 그 어떤 용서도 *필요하지* 않다. 온전히 순수한 자는 결코 죄를 지은 적이 없기 때문이다. 그렇다면 아버지가 너에게 주신 것을 그분의 아들에게 주어라. 그럼으로써 너는 그분의 아들을 하나로 보고, 아버지가 너에게 감사하시듯 아버지께 감사드릴 수 있게 된다. 아버지의 모든 찬미가 너에게 주어지지 않았다고 믿지 말라. 네가 주는 것은 아버지의 것이며, 너는 그것을 줌으로써 아버지가 너에게 주시는 선물을 이해하는 법을 배우고, 성령이 아버지와 아들에게 똑같이 제공하는 것을 성령께 드리게 된다. 아버지의 뜻과 그 뜻을 확장하는 너의 뜻 외에는, 그 무엇도 너를 지배할 힘이 없다. 바로 이것을 위해 네가 창조되었으며, 네 형제도 너와 더불어, 그리고 너와 하나로 창조되었다.

²² 하느님은 하나시며, 그분의 뜻은 나뉘지 않았다. 그처럼 너희 둘도 똑같다. 그리고 너희는 분명 단 하나의 목적만 가졌을 것이다. 하느님은 너희에게 똑같은 것을 주셨기 때문이다. 형제에게 완성을 제공함으로써 자신이 완성된다는 뜻으로 너희가 결합할 때, 하느님의 뜻이 하나로 합쳐진다. 네 형제 안에서 그가 보는 죄 많음을 보지 말고, 그에게 오로지 영광만 부여하라. 그럼으로써 너는 너 자신과 그를 귀히 여기게 된다. 너희 각자에게 구원의 권능이 주어져 있다. 따라서 이제 너희는 함께 어둠에서 벗어나 빛으로 나아가고, 하느님이 똑같이 주신 그 모든 사랑에서 분리된 적도 떨어져 나간 적도 없는 것을 하나로 볼 수 있게 되었다.

Ⅳ. 지각의 근본 법칙

²³ 너는 죄의식을 가치 있게 여기는 정도만큼 공격이 정당화되는 세상을 지각할 것이다. 너는 죄의식이 무의미함을 인식하는 정도만큼 공격은 정당화될 수 *없음*을 지각할 것이다. 이것은 다음과 같은 비전의 근본 법칙과 엄격히 일치한다: 너는 있다고 믿는 것을 보고, 그것이 있기를 *원하기* 때문에 그것이 있다고 믿는다. 지각에는 이것 외에 다른 법칙은 없다. 나머지는 단지 이 법칙에서 비롯되는 것으로서, 이 법칙을 떠받치고 지원할 뿐이다. 이것은 사랑은 그 자체를 창조하며 *오로지* 그 자체만 창조한다는 하느님의 보다 근본적인 법칙이 이 세상에 맞춰 적응된 지각의 형식이다.

²⁴ 하느님의 법칙은 지각이 지배하는 세상에서 직접 통용되지 않는다. 지각에 아무런 의미도 두지 않는 마음이 그러한 세상을 창조했을 리가 없기 때문이다. 하지만 하느님의 법칙은 모든 곳에 반영되어 있다. 이것은 그러한 반영이 있는 세상이 실제라서가 아니다. 그 이유는 단지, 하느님의 아들이 그러한 세상이 실제라고 믿고 있으며, 하느님은 당신 아들의 믿음과 완전히 분리되어 계실 수 없었기 때문이다. 하느님은 아들과 함께 그의 정신 이상 상태로 들어가실 수 없었지만, 당신의 온전한 정신이 아들과 함께 정신 이상 상태로 들어가게 하심으로써 아들이 자신의 미친 소망 속에서 영원히 길을 잃지 않도록 보장하실 수 있었다.

²⁵ 지각은 선택하기에 의존하지만, 앎은 그렇지 않다. 앎에는 단 하나의 법칙만 있다. 앎의 창조주는 단 한 분이시기 때문이다. 그러나 이 세상을 만든 자는 둘이며, 그들은 이 세상을 똑같이 보지 않는다. 각자에게 이 세상은 다른 목적을 가졌으며, 각자에게 이 세상은 어떤 목표를 섬기는 완벽한 수단이다. 바로 그 목표를 위해 이 세상이 지각된다. 특별성은 이 세상을 특별성을 돋보이게 할 완벽한 틀, 특별성의 전쟁을 벌일 완벽한 전쟁터, 특별성이 실재화하려는 환상의 완벽한 피난처로 본다. 단 하나의 환상도 특별성의 지각이 떠받치지 않는 것이 없으며, 단 하나의 환상도 완전히 정당화될 수 없는 것이 없다.

²⁶ 세상을 만든 다른 제작자, 하느님의 법칙 안에 있게 해줄 연결고리 없이도 무언가가 제정되고 유지될 수 있다는 미친 믿음의 동시적 교정자가 있다. 단, 여기서 말하는 하느님의 법칙은 하느님이 창조하신 대로의 우주를 떠받치는 법칙 자체가 아니라, 하느님의 아들이 자신에게 있다고 생각하는 필요에 맞춰 적용된 형식을 취한 것이다. 잘못은 교정되면 사라진다. 이와 같이 하느님은 심지어 잘못 안에서조차 당신의 아들을 내내 보호하셨다. 잘못이 만든 세상에는 또 다른 목적이 있다. 그곳에는 그 세상의 목표를 자신의 창조주의 목적과 조화시킬 수 있는 또 다른 제작자가 있기 때문이다. 세상에 대한 그 제작자의 지각에서, 보이는 모든 것은 단지 용서를, 그리고 완벽한 죄 없음을 보는 것을 정당화한다. 일어나는 모든 일은 단지 즉각적이고도 완전한 용서를 만난다.

²⁷ 죄 없음이 있어야 할 마음에서 죄 없음의 빛을 꺼버리고 그 *대신* 몸을 밝히려는 특별성의 안쓰러운 시도 너머에서 변함없이 빛나는 죄 없음을 가릴 것은 단 하나도, 단 한 순간도 남아있지 않다. 특별성은 천국의 등불들을 자신이 뜻하는 곳에서 보겠다고 선택할 수 없다. 만약 특별성이 천국의 등불들을 그것들의 집이 아닌 다른 곳에서 보

기로 선택한다면, 그리하여 그 등불들이 마치 그것들이 있을 수 없는 곳을 밝히기라도 하는 듯이 보기로 선택한다면, 그런데 *네가* 그것에 동의한다면, 세상의 **제작자**는 네가 그 등불들이 없는 어둠 속에 머물지 않도록 너의 잘못을 교정해야 한다. 이곳의 모든 이가 어둠 속으로 들어갔지만, 그 누구도 홀로 들어가지 않았다. [또한 그는 한 순간 이상 그곳에 머물 필요도 없다.] 그는 내면에 천국의 **도움**을 지니고 갔는데, 그것은 언제라도 그를 어둠 *밖*으로 인도하여 빛 속으로 데려갈 준비가 되어있기 때문이다.

²⁸ 그가 선택하는 그때는 언제라도 될 수 *있다*. 그 도움은 그곳에서 그의 선택만을 기다리고 있기 때문이다. 그리고 그가 자신에게 주어진 것을 활용하기로 선택할 때, 전에는 분노의 정당한 근거를 제공하는 수단이라고 여긴 각 상황이 사랑의 정당한 근거를 제공하는 사건으로 바뀌는 것을 보게 된다. 그는 그가 전에 들었던 공격의 요청이 실제로는 평화의 요청임을 확실히 들을 것이다. 그는 그가 전에 공격을 주었던 곳이 마찬가지로 쉽고도 훨씬 더 행복하게 용서를 줄 수 있는 제단임을 지각할 것이다. 그는 모든 유혹을 단지 자신에게 기쁨을 안겨줄 또 다른 기회로 재해석할 것이다. 그런 지각이 어찌 죄일 수 있겠는가? 네 형제의 모든 잘못을, 오로지 너에게 주어진 **조력자**가 일하는 것을 볼 기회로 삼아라. 그는 너로 하여금 너의 세상 대신에 자신이 만든 세상을 보게 한다.

²⁹ 그렇다면 과연 무엇이 정당한 근거를 가졌는가? 너는 과연 무엇을 *원하는가*? 이 두 질문은 같은 것이며, 이것들을 같다고 볼 때 너는 이미 선택한 것이다. 왜냐하면 너는 두 질문을 하나로 봄으로써, 보는 방법이 두 가지라는 믿음에서 해방되기 때문이다. 이 세상 안에는 너의 평화에 제공할 것이 많으며, 너 자신의 용서를 확장할 수많은 기회가 있다. 평화와 용서가 자신에게 내려앉아 빛을 선사하는 모습을 보기를 *원하는* 자들에게, 바로 이러한 것이 세상의 목적이다.

³⁰ 온유한 세상의 제작자는 너와 자신의 온유함 사이에 서있는 듯한 폭력과 증오의 세상을 상쇄할 완벽한 권능을 가졌다. 그의 용서하는 눈에, 그런 세상은 없다. 그러므로 너의 눈에도 그런 세상이 있을 필요가 없다. 죄라는 것은 지각이 변할 수 *없다*는 고착된 믿음이다. 이미 저주받은 것은 영원히 용서받을 수 없기에, 영원히 저주받고 또 저주받는다. 그런데 만약 그것이 용서받는다면, 죄의 지각은 분명 틀렸을 것이다. 따라서 변화가 가능해졌다. 성령 또한 자신이 보는 것에는 변화의 가능성이 전혀 없다고 본다. 그러나 성령의 비전에는 죄가 침입할 수 없다. 죄는 이미 성령의 시각에 의해 *교*

정되었기 때문이다. 따라서 그것은 분명 죄가 아닌 잘못이었을 것이다. 결코 있을 수 없는 일이라고 죄가 주장했던 일이 일어났기 때문이다. 죄는 처벌하여 공격함으로써 보존된다. 그러나 죄를 용서하는 것은 죄의 상태를 잘못에서 진리로 바꾸는 것이다.

³¹ 하느님의 아들은 결코 죄를 지을 수 없지만, 자신을 해칠 수 있는 것을 소망할 수는 *있다.* 또한 그는 자신이 해를 입을 수 있다고 생각할 수 있는 힘을 *가졌다.* 이것이 단지 자기 자신에 대한 잘못된 지각 외에 무엇일 수 있겠는가? 그렇다면 이것은 죄인가 실수인가? 용서할 수 있는 것인가 용서할 수 없는 것인가? 그에게 필요한 것이 도움인가 정죄인가? 너의 목적은 그가 구원받는 것인가 저주받는 것인가? 그가 너에게 어떤 존재인지를 잊지 않는 것이 이런 선택을 *너의* 미래로 만든다. 너는 그 선택을 *지금* 내리며, 지금은 모든 시간이 어떤 목표를 이루기 위한 수단이 되는 순간이기 때문이다. 그렇다면 이제 선택하라. 하지만 이 선택 안에서 네가 보는 세상의 목적도 선택되어 반드시 정당화될 것임을 인식하라.

V. 마음들의 결합

³² 결합되어 있으면서 자신이 그러함을 *인식하는* 마음들은 죄의식을 느낄 수 없다. 그러한 마음들은 공격할 수 없기 때문이다. 그 마음들은 이런 행복한 사실에서 자신의 안전을 보기에, 이것이 그러함에 기뻐한다. 그들의 기쁨은 그들이 바라보는 순결에 놓여있다. 따라서 그들은 순결을 구한다. 그들의 목적은 순결을 보고 기뻐하는 것이기 때문이다. 모든 이가 자신이 정의하는 대로의 기쁨을 가져다줄 것을 추구한다. 변하는 것은 그러한 목적이 아니다. 하지만 그 목적을 보는 방식은 그에 따른 수단의 선택을 불가피하게 만들고, 목적이 바뀌지 않는 한 그 선택도 바뀔 가망이 없게 만든다. 그리고 목적이 바뀌면 수단도 다시 한번 선택된다. 무엇이 기쁨을 안겨줄 것인지 다른 방식으로 정의하고, 그것을 다르게 추구하기 때문이다.

³³ 그러므로 지각의 근본 법칙은 "너는 네가 보는 것에 기뻐할 것이다. 너는 기뻐하기 위해 그것을 *보기* 때문이다."라고 말할 수 있다. 고통과 죄가 네게 기쁨을 가져다줄 것이라고 생각하는 동안은, 그것들은 네 눈앞에 보일 것이다. 네가 소망하는 것과 상관없이 해롭거나 유익한 것은 아무것도 없다. 무엇이 너에게 어떤 결과를 가져올지

결정하는 것은 너의 소망이다. 너는 그것이 희열과 기쁨을 가져다줄 것이라고 믿으면서, 그런 결과를 얻을 수단으로 그것을 *선택했기* 때문이다. 천국에서조차 이 법칙이 통용된다. 하느님의 아들은 자신에게 기쁨을 가져오려고 창조하면서, 아버지가 자신을 창조하실 때의 목적을 공유하여 자신의 기쁨과 더불어 하느님의 기쁨도 늘린다.

³⁴ 이와는 다른 세상의 제작자여, 이제 평화가 머물러 사는 또 다른 세상에서 안식하며 위로받아라. 죄를 바라보는 지친 눈과 죄의 슬픈 후렴구에 맞춰 뛰는 고단한 가슴에게, 너는 이러한 세상을 가져다준다. 너로부터, 그들의 안식이 비롯될 수 있다. 너로부터, 그들이 기쁘게 바라보고 가슴으로 반기는 세상이 일어날 수 있다. 너의 내면에, 그들 모두에게 확장되어 그들 모두를 온유함과 빛으로 감싸 안는 비전이 있다. 이렇게 빛의 세상이 확장되면서, 그들이 거기에 있다고 생각한 어둠은 점차 밀려나 마침내 저 멀리 떨어진 그림자가 되리라. 그리고는 태양이 그림자를 비춰 무로 만들어 버림에 따라, 그것은 머지않아 기억에서 사라지리라. 그들의 모든 "악한" 생각과 "죄스러운" 기대, 죄의식과 잔인한 복수의 꿈, 해치고 죽이고 죽으려는 모든 소망이 네가 가져오는 태양 앞에서 사라지리라.

³⁵ 하느님의 사랑을 위해, 이렇게 하지 않으려는가? 그리고 너 *자신*을 위해? 그것이 너에게 어떤 영향을 끼칠지 생각해 보라. 지금 너를 괴롭히는 "악한" 생각들이 점점 더 너와는 동떨어져 멀리 있는 듯이 보일 것이다. 그 생각들은 네 안의 태양이 떠오르면서 그 빛을 받아 밀려났기에, 점점 더 멀리 사라진다. 그 생각들은 *잠시* 머물겠지만, 인식하기에는 너무도 멀리 떨어진 비틀린 형식으로 있다가 영원히 사라진다. 그리고 너는 햇빛 속에서, 아무런 두려움 없이 조용하고 순결하게 서있을 것이다. 네가 찾은 이 안식은 너로부터 확장될 것이며, 따라서 너의 평화는 결코 사라지지 않아 너를 집 없이 남겨두지 않으리라. 모든 이에게 평화를 선사하는 자들은 세상이 파괴할 수 없는 집을 천국에서 이미 발견한 것이다. 그 집은 자신의 평화 안에 온 세상을 담을 만큼 충분히 크기 때문이다.

³⁶ 네 안에, 천국 전체가 있다. 떨어지는 잎사귀들마다, 네 안에서 생명이 주어진다. 노래한 적 있는 새들마다, 네 안에서 다시 노래하리라. 그리고 꽃 피운 적 있는 모든 꽃은 그 향기와 사랑스러움을 너를 위해 간직해 두었다. 과연 어떤 목적이 있어 하느님의 아들에게 천국이 회복되어야 한다는 하느님의 뜻과 그의 뜻을 대신할 수 있겠는가? 천국은 하느님의 아들을 위해 그의 유일한 집으로 창조되었다. 천국 전에는 아무

것도 없었고, 천국 후에도 아무것도 없다. 다른 장소도, 다른 상태도, 다른 시간도 없다. 그 너머나 더 가까이에도 아무것도 없다. 그 외에 아무것도 없다. 어떤 형식으로도 없다. 이런 것을 너는 온 세상에, 그리고 세상에 들어와 잠시 실수한 모든 생각들에게 가져다줄 수 있다. 어둠의 세상을 지나 빛으로 걸어갈 때, 천국의 빛을 지니고 다니겠다는 용의를 내라. 너의 실수를 진리로 가져가기 위해 이보다 더 좋은 방법이 있겠는가?

Ⅵ. 죄 없음의 상태

37 죄 없음의 상태는 단지 다음과 같다: 공격하려는 모든 욕망이 사라져, 하느님의 아들을 그의 본래 모습이 아닌 다른 것으로 지각할 이유가 전혀 없다. 죄의식의 필요성도 사라진다. 죄의식은 더 이상 목적이 없으며, 죄라는 목표 없이는 의미가 없기 때문이다. 공격과 죄는 하나의 환상으로 묶여있으며, 하나는 다른 하나의 원인이자 목적으로서 그것을 정당화한다. 그것들은 혼자서는 의미가 없지만, 다른 하나로부터 의미를 끌어내는 듯이 보인다. 각각이 가진 듯한 모든 의미는 다른 하나에 의존한다. 둘 중 하나가 진리가 아닌 한, 다른 하나를 믿을 수 없을 것이다. 각각은 다른 하나가 *분명* 참이라고 입증하기 때문이다.

38 공격은 그리스도는 물론 하느님도 너의 적으로 만든다. 이러한 "적들"을 가진 너는 두려워할 수밖에 없지 않겠는가? 또한 *너 자신*을 두려워할 수밖에 없지 않겠는가? 너는 너 자신yourself을 해쳐서 너의 **자아**your Self를 너의 "적"으로 만들어버렸기 때문이다. 이제 너는 네가 아니라 너 자신에게 이질적인 "다른 무엇", 사랑받기보다는 두려움의 대상이 되어야 할 "무엇"이라고 믿을 수밖에 없다. 자신이 전적으로 순결하다고 지각하는 것을 그 누가 공격하겠는가? 공격하려는 소망이 있는 자라면, 순결한 것이 공격받아 마땅할 만큼 죄가 있다고 생각할 수밖에 없지 않겠는가? 그가 과연 그렇게 생각하면서도 자신은 순결하게 남아있을 수 있겠는가? 또한 누가 하느님의 아들을 순결하다고 보면서 그가 죽기를 소망하겠는가? 너희가 서로를 바라볼 때마다, 그리스도가 너희 둘 앞에 서있다. 너희 눈이 감겼다고 해서 그가 사라진 것은 아니다. 그러나 보지 못하는 눈으로 그리스도를 보면서 너의 구원자를 찾는다면, 네가 과연 무엇을 볼

수 있겠는가?

³⁹ 이런 식으로 바라볼 때 네가 보는 것은 그리스도가 아니다. 네가 바라보는 것은 그리스도와 혼동된 "적"이며, 너는 그의 내면에 네가 볼 죄가 없다는 이유로 그를 증오한다. 그리고 너는 자신과 연합하여 함께 순결과 평화 속에 있자는, 형식과 상관없이 내용은 변함없는 그의 애처로운 부름을 듣지도 못한다. 하지만 에고의 무분별한 비명 아래에는 정녕 그러한 부름이 있다. 하느님은 그 부름을 그에게 주셔서, 네가 그 안에서 너를 부르는 하느님의 부르심을 듣고는 하느님의 것을 하느님께 돌려드림으로써 응답하게 하셨다.

⁴⁰ 하느님의 아들에게 그의 몫을 돌려줌으로써 그것을 그와 공유하라. 그는 너에게 단지 이것만을 요청한다. 너희가 따로 있다면, 둘 중 누구에게도 그것은 없다. 따라서 그것은 두 사람 모두에게 쓸모가 없다. 함께라면, 그것은 각자에게 상대방을 구원하고 그와 더불어 자신도 구원할 똑같은 힘을 부여할 것이다. 네가 너의 구원자를 용서한다면, 그는 너에게 구원을 제공한다. 네가 그를 정죄한다면, 그는 너에게 죽음을 제공한다. 모든 이 안에서, 너는 그가 너에게 어떤 존재가 되게 하겠다고 선택했는지 반영하는 것을 본다. 네가 만약 그가 실제로 가진 유일하고도 고유한 기능을 부정하기로 결정한다면, 그가 하느님께 받은 역할을 이행했다면 발견했을 그 모든 기쁨을 빼앗는 것이다. 그러나 천국이 단지 그에게만 상실된다고 생각하지는 말라. 그가 너를 통해 천국으로 가는 길을 봄으로써 그의 곁에서 걷는 네가 그 길을 발견하지 않는 한, 너 또한 천국을 되찾을 수 없다.

⁴¹ 그가 구원되는 것은 희생이 아니다. 너는 그의 자유를 통해 너 자신의 자유를 얻을 것이기 때문이다. 그의 기능이 완수되게 하는 것은 단지 너의 기능이 완수되게 하기 위한 수단일 뿐이다. 따라서 너는 천국을 향해 걷거나 지옥을 향해 걷지만, 혼자 걷지는 않는다. 네가 그의 죄 없음을 지각할 때, 그것은 얼마나 아름다울 것인지! 하느님이 너에게 전해주라고 주신 시각의 선물을 그가 자유로이 줄 때, 너의 기쁨은 얼마나 클 것인지! 하느님이 그에게 주신 임무를 완성할 수 있는 자유를 네가 허락하는 것, 그에게는 단지 이것만 필요하다. 그가 행하는 것을 너는 그와 더불어 행한다. 단지 이것만 기억하라. 네가 그를 다르게 보고 하느님이 정해주신 대로 너의 구원자가 되도록 *허용할* 때까지, 너는 네 관점에 따라 그가 너를 위해 어떤 기능을 수행해야 하는지 정의할 것이다.

⁴² 하느님의 아들이 자기 자신을 향해 증오심을 품을 때, 그는 하느님이 당신의 창조물을 지옥의 고통에서 구원할 권능이 없다고 믿게 된다. 하지만 그가 자기 자신에게 사랑을 보일 때, 그는 하느님이 당신의 뜻을 자유로이 이루어지게 하실 수 있다고 보게 된다. 너희는 서로 안에서 자신을 위한 하느님의 뜻이 무엇이라고 믿는지 보여주는 그림을 본다. 네가 용서한다면, 하느님이 너를 얼마나 사랑하시는지 이해할 것이다. 네가 공격한다면, 천국은 분명 지옥이라고 생각하면서 하느님이 너를 증오하신다고 믿게 된다. 다시 한번 너의 형제를 바라보되, 네가 그를 어떻게 지각하는지에 따라 그는 너를 천국이나 지옥으로 인도하는 길이 된다는 것을 반드시 이해하고서 바라보라. 하지만 네가 그에게 주는 역할이 너에게 주어지고, 그에게 가리켜 보여준 길을 네가 반드시 걷게 될 것임을 잊지 말라. 그것은 곧 너 자신에 대한 판단이기 때문이다.

Ⅶ. 특별한 기능

⁴³ 하느님의 은혜는 용서하는 자의 눈에 부드럽게 내려앉고, 그가 바라보는 모든 것은 하느님에 대해 말해준다. 그는 어떤 악도 볼 수 없고, 이 세상에서 두려워할 것이나 자신과 다른 자를 볼 수도 없다. 그는 그들을 사랑하듯이 자기 자신도 사랑스럽고 온유하게 바라본다. 그는 자신의 실수에 대해 다른 사람을 저주하지 않듯이 자기 자신도 정죄하지 않는다. 그는 복수의 심판자도 죄의 처벌자도 아니다. 그의 친절한 눈길은 다른 이를 바라보는 그 모든 다정함을 담아 자신에게 머문다. 그는 다만 치유하고 축복하려 하기 때문이다. 그는 또한 하느님의 뜻을 따르기에, 하느님이 자신의 눈길에 베풀어주신 은혜로 모든 이를 바라보며 치유하고 축복할 권능을 가졌다.

⁴⁴ 눈은 어둠에 익숙해졌고, 황혼 무렵에 지각되는 흐릿한 인상에 오랜 세월 길들어 대낮의 빛을 고통스럽게 여긴다. 이제 눈은 태양빛과 그 빛이 명료히 보여주는 것을 외면한다. 흐릿함이 더 나아 보이고, 보기에도 쉽고 잘 인식할 수 있다. 왠지 희미하고 더 어렴풋한 것이 바라보기가 더 쉬운 것 같고, 아주 뚜렷하고 명백한 것보다 눈에 고통이 덜한 것 같다. 하지만 눈의 목적은 이런 것이 아니다. 너는 과연 어둠을 더 좋아한다고 말하면서 보기를 *원한다고* 주장할 수 있겠는가? 보겠다는 너의 *소망에* 의해, 하느님의 은혜가 너의 눈에 내려앉아 빛의 선물을 안겨주어 너로 하여금 볼 수 있게

한다.

⁴⁵ 너는 네 형제를 보려 하는가? 하느님은 즐거이 너로 하여금 그를 보게 하신다. 하느님은 너의 구원자가 너에게 인식되지 않는 것을 뜻하지 않으신다. 그리고 하느님은 그가 당신이 주신 기능 없이 있는 것도 뜻하지 않으신다. 더 이상 그를 외롭게 버려두지 말라. 외로운 자들이란 이 세상에서 완수할 어떤 기능도 보지 못하고, 자신을 필요로 하는 곳이나 자신만이 완벽하게 완수할 수 있는 어떤 목적도 보지 못하는 자들이기 때문이다.

⁴⁶ 성령은 네가 만든 것을 사용할 때, 해치기 위해서가 아니라 치유하기 위해 사용한다. 이러한 것이 특별성에 대한 성령의 친절한 지각이다. 성령은 모든 이에게 저마다 구원에서 그만이 완수할 수 있는 특별한 기능, 그만을 위한 역할을 준다. 그가 자신의 특별한 기능을 발견하여 주어진 역할을 완수할 때까지, 그리하여 미완성이 지배하는 세상에서 자기 자신을 완성할 때까지, 그 계획은 완성되지 않는다.

⁴⁷ 하느님의 법칙이 완벽한 형식으로 지배하지 않는 이곳에서, 그는 여전히 *하나의* 완벽한 것을 행하고, *하나의* 완벽한 선택을 내릴 수 있다. 자기 자신이 아니라고 지각하는 자를 특별히 충실하게 대하는 이 행위를 통해, 그는 그 선물이 자신에게 주어졌으며, 따라서 두 사람은 *분명* 하나임을 배운다. 용서는 시간 안에서 유일하게 의미 있는 기능이다. 용서는 성령이 특별성을 죄로부터 구원으로 전환하려고 사용하는 수단이다. 용서는 모든 이를 위한 것이다. 그러나 용서가 모든 이에게 내려앉았을 때 용서는 완성되며, 그와 더불어 이 세상의 모든 기능도 완성된다. 그러면 시간은 더 이상 존재하지 않는다.

⁴⁸ 하지만 시간 안에 있는 동안에는 여전히 해야 할 일이 많다. 그리고 각 사람은 자신에게 배정된 것을 해야 한다. 그의 역할에 *전체* 계획이 의존하기 때문이다. 각자에게는 시간 안에서 맡은 특별한 역할이 있다. 왜냐하면 그가 그렇게 선택했으며, 그것을 선택함으로써 자신의 것으로 만들었기 때문이다. 그의 소망은 부정된 것이 아니라, 그의 형제와 그 자신 둘 *다*를 섬김으로써 상실 대신 구원의 수단이 되도록 형식이 바뀌었다. 구원이란 단지 이 세상은 너의 집이 아니며, 세상의 법칙은 너에게 강제되지 않고, 세상의 가치는 너의 것이 아님을 일깨워 주는 것에 불과하다. [그리고 네가 세상에서 본다고 *생각하는* 그 무엇도 *실제로* 거기에 없다.] 각자는 세상을 만들 때 그랬듯이 세상을 무효화하는 데서 자신의 역할을 받아들임에 따라, 이것을 보고 이해하게

된다. 늘 그랬듯이, 그는 양쪽 모두를 위한 수단을 가졌다. 하느님은 그가 자신을 해치려고 선택한 특별성을 그 선택이 이루어진 바로 그 순간부터 그의 구원을 위한 수단으로 명하셨다. 그의 특별한 죄가 그의 특별한 은혜가 되었다. 그의 특별한 증오가 그의 특별한 사랑이 되었다.

⁴⁹ 성령은 자신의 기능을 완수하기 위해 너의 특별한 기능이 *필요하다*. 이곳에서 너에게 특별한 가치가 없다고 생각하지 말라. 네가 그 기능을 원했으며, 따라서 그것이 너에게 주어졌다. 네가 만든 모든 것은 구원을 위해 쉽고도 잘 사용될 수 있다. 하느님의 아들이 무엇을 선택하든, 성령은 그것을 그에게 해가 되지 *않고* 도움이 되도록 사용할 수 있다. 너의 특별성은 단지 어둠 속에서만 공격으로 보인다. 빛 속에서, 너는 그것을 너의 *특별한 기능*으로 본다. 그것은 하느님의 아들을 모든 공격에서 구하고, 그가 이제껏 늘 안전했으며 시간 안에서도 영원 안에서도 늘 안전하게 남아있을 것이듯 지금도 안전함을 이해하도록 돕기 위한 계획 안에 있는 기능이다. 이것이 바로, 너희 각자에게 서로를 위해 주어진 기능이다. 그러니 서로의 손에서 특별한 기능을 부드럽게 가져와, 너희 둘 안에서 구원이 완벽하게 완수되게 하라. 이 *하나만* 행하라. 그러면 모든 것이 너희에게 주어진다.

VIII. 선고를 바꾸기

⁵⁰ 네가 너 자신에게 내린 선고를 성령이 축복으로 바꿀 수 있다면, 그것은 죄일 수 없다. 죄는 온 세상에서 변할 수 *없는* 유일한 것이다. 죄는 불변이며, 죄의 변함없음에 세상이 의존한다. 세상의 마법은 죄의 고통을 죄인들에게 감추고, 반짝이는 장신구와 교활한 꾀로 속이는 듯이 보일 수 있다. 하지만 누구나 죄의 대가는 죽음임을 안다. 따라서 그것은 정녕 그러하다. 죄는 죽음을 달라는 요청이자, 이 세상의 토대를 사랑만큼 확실하고 천국만큼 의지할 만하며 하느님만큼 강력하게 만들려는 소망이기 때문이다. 죄가 가능하다고 생각하는 모든 이에게, 세상은 정녕 사랑으로부터 안전하다. 그리고 죄는 결코 변하지도 않을 것이다. 하지만 하느님이 창조하지 않으신 것이 그분의 창조물의 속성을 공유하는 것이 가능하겠는가? 그것은 모든 면에서 하느님의 창조물과 반대되는 데 말이다.

⁵¹ 죽음에 대한 "죄인들의" 소망이 생명에 대한 하느님의 뜻만큼 강할 수는 *없다*. 또한 하느님이 만들지 않으신 세상의 기반이 천국만큼 견고하고 확실할 수도 없다. 지옥과 천국이 어찌 같을 수 있겠는가? 하느님의 뜻이 아닌 것이 변할 수 없다는 것이 과연 가능한 일인가? 하느님의 뜻 외에 그 무엇이 불변일 수 있겠는가? 하느님의 뜻 자체 외에 그 무엇이 그 속성을 공유할 수 있겠는가? 어떤 소망이 하느님의 뜻을 거슬러 일어나 불변일 수 있겠는가? 하느님의 뜻 외에 그 무엇도 불변이 *아님*을 깨달을 수 있다면, 이 수업은 결코 어렵지 않을 것이다. 이것이야말로 네가 믿지 않는 것이다. 하지만 그것이 정말로 무엇인지 직시하기만 한다면, 네가 믿을 수 *있는* 것은 이것밖에 없다.

⁵² 우리가 전에 말했던 것으로 돌아가서 보다 주의 깊게 생각해 보자. 하느님이 미치셨거나 이 세상이 광기가 판치는 곳이거나 둘 중 하나일 것이다. 하느님의 생각들 가운데 이 세상에서 조금이라도 이치에 맞는 것은 단 하나도 없다. 그리고 세상이 참이라고 믿는 것 가운데 하느님의 마음 안에서 조금이라도 의미가 있는 것은 단 하나도 없다. 이치에 맞지 않고 의미도 없는 것은 *정신 이상이며*, 광기인 것은 결코 진리일 수 *없다*. 여기에서 아주 가치 있게 여기는 단 하나의 믿음이라도 참이라면, 하느님이 이제껏 품으신 모든 생각은 환상이다. 그리고 하느님의 생각들 가운데 단 하나라도 참이라면, 세상이 의미를 부여하는 모든 믿음은 거짓이며, 전혀 이치에 맞지도 않는다. 이것이 바로 네가 앞둔 선택이다. 이 선택을 다르게 보려 하지도 말고, 다른 것으로 왜곡하려 하지도 말라. 너는 오로지 이러한 결정만 내릴 수 *있기* 때문이다. 나머지는 네가 아닌 하느님의 몫이다.

⁵³ 세상이 옹호하는 단 하나의 가치라도 정당화하는 것은 아버지는 물론 *너의* 제정신도 부정하는 것이다. 하느님과 그분의 사랑받는 아들은 다르게 생각하지 않기 때문이다. 그들의 생각이 일치되어 있기에, 하느님의 아들은 자신을 창조한 생각을 생각한 마음과 공동 창조자가 되었다. 그가 만약 진리와 대립하는 단 하나의 생각이라도 믿기로 선택한다면, 그는 미쳐서 자신이 아버지의 아들이 아니라고 결정한 것이다. 그리고 제정신은 아버지와 아들 모두에게서 떨어져 있을 것이다. 너는 정녕 이것을 *믿는다*. 이러한 믿음이 그것이 취하는 형식에 달려있다고는 생각하지 말라. 세상이 *어떤* 식으로든 제정신이라고 생각하거나, 세상의 *어떤* 생각이든 정당하다고 생각하거나, 세상이 *어떤* 형식이든 이성에 의해 유지된다고 생각하는 것은 이것이 참이라고

믿는 것이다. 죄는 실제가 아니다. 아버지와 아들은 정신 이상이 아니기 *때문이다*. 이 세상은 죄에 기초하고 있기 *때문에*, 의미가 없다. 변함없는 것이 만약 진리에 기초하고 있지 않다면, 누가 그것을 창조할 수 있겠는가?

54 성령은 네가 보는 세상의 토대 전체를 다른 것으로 바꿀 권능을 가졌다. 그것은 정신 이상이 아닌 토대로서, 그 위에서 제정신인 지각이 자리를 잡고, 다른 세상이 지각될 수 있다. 그것은 그 안에서 아무것도 상충하지 않으며, 따라서 하느님의 아들을 제정신과 기쁨으로 인도할 토대다. 그 토대 안의 그 무엇도 죽음과 잔인함, 분리와 다른 점들을 증명하지 않는다. 그곳에서는 모든 것이 하나로 지각되며, 그 누구도 잃지 않기에 모든 이가 얻기 때문이다.

55 네가 믿는 모든 것을 이 *유일한* 필요조건에 견주어 검사해 보라. 이 하나의 요구사항을 충족하는 것은 모두 믿을 만한 것이라고 생각하라. 다른 것은 모두 그렇지 않다. 사랑이 아닌 것은 죄며, 사랑과 죄는 서로를 정신 이상이고 무의미하다고 지각한다. 자신의 토대가 제정신으로 가는 길이라고 믿는 죄인에게, 사랑은 완전히 미쳤다고 지각되는 세상의 토대다. 그러나 사랑이 보기에 죄는 마찬가지로 정신 이상이며, 사랑의 온유한 눈은 광기를 지나 진리에 평화로이 내려앉을 것이다. 죄와 사랑은 각자 무엇이 변함없는 것이고 무엇이 네 정체의 영원한 진리인지 정의하며, 그에 따라 각자 변할 수 없는 세상을 하나씩 본다. 그리고 각 세상은 아버지와 아들의 관점을 하나씩 반영하여, 그런 관점을 의미 있고 제정신인 것으로 만든다.

56 너의 특별한 기능은 하느님이 정신 이상이 아니시라는 사실이 너에게 가장 이치에 맞고 의미 있어 보이는 특별한 형식이다. 그 내용은 같다. 그 형식은 너의 특별한 필요와 네가 있다고 생각하는 특별한 시간과 장소에 맞춰져 있는데, 그곳에서 너는 시간과 공간은 물론 너를 제한한다고 믿는 모든 것에서 자유로워질 수 있다. 하느님의 아들은 시간이나 장소, 혹은 하느님이 뜻하지 않으신 어떤 것에 의해서도 묶여있을 수 없다. 하지만 그가 만약 하느님의 뜻을 광기라고 본다면, 정신 이상자들이 제정신을 잘 받아들일 수 있게 만들어주는 제정신의 형식을 특별히 선택할 필요가 있다. 그리고 이러한 선택은 정신 이상자들에 *의해* 내려질 수 없다. 그들의 문제는, 그들의 선택이 자유롭지 않으며, 이성과 함께 이치에 맞게 내려지지도 않는다는 점이다.

57 정신 이상자들에게 구원을 맡기는 것은 미친 짓일 것이다. 하느님은 미치지 *않으셨*으므로, 당신만큼이나 제정신인 성령에게 보다 제정신인 세상을 세우도록 명하셔서

정신 이상을 자신의 구원으로 선택한 모든 이가 보게 하셨다. 성령은 각 사람에게 가장 알맞은 형식이 무엇인지 선택할 수 있다. 그 형식은 *그가* 보는 세상을 공격하지 않으며, 오히려 조용히 그 속으로 들어가 그가 미쳤음을 *보여준다.* 성령은 단지 대안을 가리켜 보일 뿐이다. 그것은 바로 그가 전에 본 것, 그가 살고 있는 세상이라고 인식하는 것, 그가 전에 이해한다고 생각한 것을 *달리* 보는 방법이다.

58 이제 그는 이것에 의문을 제기할 *수밖에* 없다. 그 대안의 형식은 그가 부정하거나 간과할 수 없고, 전혀 지각하지 못할 수도 없는 것이기 때문이다. 각자에게 특별한 기능은, 그가 그것을 이룰 수 있다고 지각하고, 자신이 진정으로 *원하는* 대안임이 *증명됨에* 따라 점점 더 원한다고 지각하도록 고안되었다. 이 시점부터 그의 죄 많음과 그가 세상에서 보는 모든 죄는 그에게 점점 더 적은 것을 제공한다. 마침내 그는 죄가 그의 제정신을 대가로 치르게 하고, 제정신이 될 모든 희망을 가로막는다는 것을 이해하게 된다. 하지만 그는 광기에서 벗어날 탈출구도 없이 남겨지지는 않았다. 그는 모든 이의 탈출에서 특별한 역할을 맡았기 때문이다. 아버지가 당신의 아들을 보지 못하고 부주의하게 지나치실 수 없듯이, 그는 더 이상 평화를 바라면서 특별한 기능 없이 바깥에 남겨질 수 없다.

59 하느님의 사랑 *외에* 과연 무엇이 의지할 만한가? 하느님 *외에* 과연 어디에 제정신이 머물 수 있는가? 하느님을 대변해 말하는 성령은 이것을 그가 너를 위해 특별히 선택한 대안 속에서 보여줄 수 있다. 네가 이것을 기억하여 깊고 깊은 비탄에서 벗어나 완벽한 기쁨으로 들어가는 것이 하느님의 뜻이다. 하느님이 당신의 계획에서 너에게 맡기신 기능을 받아들여라. 그 계획은 당신의 아들들에게 지옥과 천국은 같지 *않고* 다르며, 천국에서 *그들은* 모두 똑같음을 보여주는 것이다. 천국에는, 천국을 지옥으로 지옥을 천국으로 만들어버렸을 다른 점들이 없기 때문이다. 그렇게 할 정신 이상이 가능하기라도 했다면 말이다.

60 누군가가 잃는다는 믿음 전체는 단지 하느님이 정신 이상일 수밖에 없다는 숨은 교리를 반영할 뿐이다. 이 세상에서 너는 다른 사람이 잃기 *때문에* 얻는 듯이 보인다. 이것이 만약 참이라면, 하느님은 과연 미치셨도다! 하지만 이 믿음은, "죄는 실제며 세상을 지배한다."라는 보다 근본적인 교리의 한 형식이 아니고 무엇이겠는가? 네가 조금이라도 얻을 때마다 다른 누군가는 잃어야 하고, 정확하게 같은 양의 피와 고통을 대가로 치러야 한다. 그렇지 않으면 악이 승리하고, 너는 무엇을 얻든 죽음이라는

총체적인 대가를 치러야 하기 때문이다. 하느님이 미치셨다고 믿는 자여, 이것을 찬찬히 직시하고 하느님이나 *이것* 중에 하나가 정신 이상이며 둘 다 그럴 수는 없음을 이해하라.

⁶¹ 구원이란, 누군가가 얻더라도 그 누구도 잃을 수 *없으며*, 누군가가 얻는 자가 되려면 모든 이가 *반드시* 얻어야 한다는 아이디어의 재탄생이다. 여기에서, 제정신이 회복된다. 이 유일한 진리의 반석 위에, 하느님이 영원히 제정신이시라는 믿음이 완벽한 확신과 완벽한 평화 속에 놓여있을 수 있다. 이제 이성은 충족된다. 여기에서 모든 미친 믿음이 교정될 수 있기 때문이다. *이것이* 참이라면 죄는 불가능할 것이다. 이것이 바로 구원이 근거한 반석으로서, 성령은 바로 이 반석에 서서 너의 특별한 기능이 일익을 담당하는 전체 계획에 의미를 부여하고 방향을 제시한다. 바로 이곳에서, 너의 특별한 기능은 전체의 *기능을* 공유하는 까닭에 온전해지기 때문이다.

⁶² 모든 유혹은 단지 하느님이 정신 이상이 되셔야 네가 제정신이 되고 원하는 것을 얻을 수 있으며, 너와 하느님의 목적은 양립할 수 *없으므로* 둘 중 하나가 광기에 무릎을 꿇어야 한다는 미친 믿음에 불과하다. 이를 기억하라. 죽음은 생명을 요구하지만, 생명은 어떤 대가를 치러야 유지되는 것이 아니다. 그 누구도 하느님의 뜻이 이루어지는 대가로 고통에 시달릴 수 없다. 구원이 하느님의 뜻인 *이유는*, 네가 그 뜻을 공유하기 *때문이다.* 너는 그 뜻을 너 혼자만을 위해서가 아니라 하느님의 아들인 자아를 위해 공유한다. 그 자아는 상실을 겪을 수 *없다. 그가* 만약 상실을 겪을 수 있다면 그것은 곧 그의 아버지의 상실이겠지만, 아버지 안에서는 어떤 상실도 불가능하기 때문이다. 그리고 이것은 진리기 *때문에*, 제정신인 말이다.

IX. 구원의 원리

⁶³ 성령은 네가 드리는 모든 것을 너의 구원을 위해 사용할 수 있다. 하지만 네가 쥐고 있는 것은 사용할 수 없다. 성령은 너의 용의 없이는 그것을 가져갈 수 없기 때문이다. 만약 가져간다면, 너는 성령이 너의 뜻을 꺾고 그것을 강탈해 갔다고 믿을 것이며, 따라서 그것들 없이 있는 것이 정녕 너의 뜻임을 배우지 못할 것이다. 그것을 전적인 용의로 드릴 필요는 없다. 네가 만약 그럴 수 있다면 성령이 필요 없을 것이다.

하지만 성령은 다음을 필요로 한다: 너는 그것을 혼자서 간직하기보다는 성령이 가져가기를 원하고, 무엇이 그 누구에게도 상실을 가져다주지 않는지 모른다는 점을 인식한다. 네가 얻기 위해 아무도 잃을 수 없다는 아이디어에 이만큼은 덧붙일 필요가 있다. 그 이상은 필요 없다.

⁶⁴ 이것이 바로 구원이 필요로 하는 유일한 원리다. 네가 구원을 확고하고 흔들림 없이 믿거나, 그것에 반대되는 어떤 믿음으로도 공격하지 말아야 할 필요는 없다. 너에게는 확고한 충성심이 없다. 그러나 구원된 자에게는 구원이 필요 없음을 기억하라. 나는 너에게, 여전히 자기 자신에 맞서 분열되어 있는 자가 불가능하다고 여기는 것을 행하라고 요청하는 것이 아니다. 이러한 마음 상태에서도 지혜를 찾을 수 있다는 약간의 믿음을 가져라. 너에게 다만 약간의 믿음만 *요구된다*는 사실에 감사하라. 여전히 죄를 믿는 자들에게 *단지* 약간의 믿음 외에 무엇이 남아있겠는가? 그들이 천국에 대해, 그리고 구원받은 자들의 정의에 대해 무엇을 알 수 있겠는가?

⁶⁵ 구원 안에는 세상이 전혀 알지 못하는 종류의 정의가 있다. 세상은 정의와 복수를 같다고 본다. 죄인은 정의를 단지 자신에 대한 처벌이라고 보며, 다른 사람이 대신 받을 수는 있어도 결코 벗어날 수는 없는 것이라고 보기 때문이다. 죄의 법칙은 희생자를 *요구하며*, 그것이 누구인지는 별 차이가 없다. 그러나 그 대가는 반드시 죽음이어야 하며, 반드시 치러져야 한다. 이것은 정의가 아니라 정신 이상이다. 하지만 사랑이 증오를 의미하고, 죽음이 영원과 무시간성과 생명에 대한 정복과 승리로 보이는 곳에서, 과연 정의를 제정신으로 정의할 수 있겠는가?

⁶⁶ 너는 정의에 대해 알지 못하지만, 여전히 묻고 그 답을 배울 수 있다. 정의는 모든 것을 같은 식으로 바라본다. 한 사람이 가진 것을 다른 사람은 갖지 말아야 한다면, 그것은 정의롭지 않다. 그것은 어떤 형식을 취하든 복수기 때문이다. 정의는 희생을 요구하지 *않는다*. 모든 희생은 죄를 보존하고 간직하기 위해 치러지기 때문이다. 희생은 죄의 대가로 치러지지만, 전체 대가는 아니다. 나머지 대가는 다른 사람에게서 거둬들여, 네가 포기하지 않고 간직하려는 모든 것을 "속죄"하기 위한 너의 작은 대가 옆에 나란히 놓는다. 따라서 네가 부분적으로 희생자로 보이지만, 다른 누군가가 훨씬 더 큰 부분을 차지하는 희생자다. 치러야 할 전체 대가에서 그가 차지하는 부분이 더 크고, 너의 부분은 적다. 눈이 멀어버린 정의는 지불받는 것에 만족할 뿐, 누가 지불했는지는 신경쓰지 않는다. 이것이 과연 정의일 수 있겠는가? 하느님은 이런 것에

대해 모르신다. 하지만 하느님은 정의에 대해서는 아주 잘 아신다. 하느님은 모든 이에게 공평하시기 때문이다.

⁶⁷ 복수는 하느님의 마음에 이질적인 것이다. 하느님은 정의에 대해 아시기 *때문이다*. 정의로운 것은 공평한 것이지 복수하는 것이 아니다. 공평하면서 동시에 복수하는 것은 불가능하다. 각자는 다른 것과 모순되며, 그것의 실재성을 부정하기 때문이다. 특별성을 상상할 수 있는 마음을 가지고 성령의 정의를 공유하는 것은 불가능하다. 성령이 만약 어떤 죄인을, 그가 짓지 않은 죄 때문에, 하지만 그 스스로 지었다고 *생각하는* 죄 때문에 정죄한다면, 과연 성령을 정의롭다고 할 수 있겠는가? 그리고 성령이 만약 처벌의 아이디어에 사로잡힌 자에게 혼자 힘으로 그 아이디어를 포기하고 참이 아님을 지각하라고 요구한다면, 과연 정의가 어디에 있겠는가? 죄가 의미 있다고 여전히 믿는 자가 성령의 정의를 이해하기는 아주 어렵다.

⁶⁸ 그는 분명 성령이 자신처럼 혼동하며, 따라서 정의에 대한 자신의 믿음이 수반할 수밖에 없는 복수를 피할 수 없다고 믿을 것이다. 따라서 그는 성령을 두려워하면서 성령 안에서 하느님의 "분노"를 지각한다. 그는 성령이, 하느님의 진노한 손이 천국의 "불"에서 떼어낸 번개를 넘겨받아 자신을 쳐죽이지 않을 것이라고 신뢰할 수도 없다. 그는 천국이 지옥이라고 믿으면서 사랑을 두려워한다. 그는 자신이 죄를 지은 적이 없다는 말을 들으면 짙은 의혹에 빠져서 두려움에 떤다. 그의 세상은 죄의 안정성에 의존한다. 그는 자신이 이해하고 사랑하는 복수보다는, 하느님이 정의라고 아시는 것의 "위협"이 자신과 자신의 세상에 더 파괴적이라고 지각한다.

⁶⁹ 따라서 그는 죄를 잃는 것이야말로 저주라고 생각한다. 그래서 성령이 마치 자신에 대한 하느님의 복수를 실행에 옮기려고 구원자요 친구로 위장해서 사악한 계략과 속임수로 저 위에서 파견된 지옥의 메신저라도 되는 양, 성령에게서 도망친다. 그에게 성령은 단지, 천사의 망토 속에 숨어 속이려 드는 악마가 아니겠는가? 성령이 그에게 제시하는 탈출구는 단지 천국문처럼 보이는 지옥문이 아니겠는가?

⁷⁰ 그는 처벌을 요구하지만, 그에게는 그가 전적으로 결백함을 아는 **재판관**이 있다. 정의는 그러한 자를 처벌할 수 없다. 성령은 정의 안에서 그를 석방하고, 그가 받아 마땅한 그 모든 영광을 그에게 부여할 수밖에 없다. 그것은 그가 공평하지 않은 탓에 자신이 결백하다는 것을 이해하지 못하여 자기 자신에게 부정했던 것이다. 죄인들에게, 사랑은 이해할 수 없는 것이다. 그들은 정의가 사랑에서 떨어져 나와 다른 무언가

를 나타낸다고 생각하기 때문이다.

71 따라서 그들은 사랑을 약한 것으로, 복수를 강한 것으로 지각한다. 사랑은 판단이 그 곁을 떠났을 때 *패배했으며*, 자신을 처벌에서 구해주기에는 너무도 약하기 때문이다. 반면에 사랑 없는 복수는 사랑에서 분리되고 떨어져 나감으로써 힘을 *얻었다*. 사랑이 정의와 활력과 구해줄 힘도 없이 속수무책으로 무력하게 서있는 동안, 이제 복수 외에 무엇이 그들을 돕고 구할 수 있겠는가? 이 모든 것이 참이라고 생각하는 너에게 **사랑**이 무엇을 요청할 수 있겠는가? 정의와 사랑 안에 있는 성령이 과연, 네가 줄 것을 많이 갖고 있다는 혼동을 믿을 수 있겠는가? 너에게 성령을 대단히 신뢰하라고 요청하는 것이 아니다. 단지 네가 보는 것은 성령이 제공하는 것이고, 네가 인식하는 것은 네가 너 자신에게 줄 수 없던 것이었다는 점만 신뢰하라.

72 성령은 하느님의 정의 안에서 네가 마땅히 받아야 할 모든 것을 인식하지만, 너 스스로 그것을 받아들일 수 없다는 것도 이해한다. 성령의 특별한 기능은 결백한 자들이 *받아 마땅한* 선물을 너에게 건네주는 것이다. 그렇게 네가 받아들이는 모든 선물은 너뿐만 아니라 성령에게도 기쁨을 안겨준다. 성령은 네가 받아들이는 선물 하나하나가 천국을 더욱 풍요롭게 만든다는 것을 안다. 사랑스러운 정의가 하느님 아들의 몫으로 알고 있는 것을 그가 받을 때, 하느님이 크게 기뻐하신다. 사랑과 정의는 다르지 *않다*. 사랑과 정의는 똑같기 *때문에*, 자비가 하느님의 오른편에 서서 하느님의 아들에게 *그 자신의* 죄를 용서할 권능을 준다.

73 모든 것을 받을 자격이 있는 그에게 어찌 무엇인들 주어지지 않을 수 있겠는가? 만약 주어지지 않는다면, 그것은 정녕 그의 내면에 있는 그 모든 거룩함을 정의롭지 못하고 불공평하게 대하는 것이리라. 그가 그것을 아무리 인식하지 못하더라도 말이다. 하느님은 정의롭지 못함에 대해 아무것도 모르신다. 하느님은, 당신 아들의 죽음을 구하면서 그의 가치를 전혀 볼 수 없는 자들이 그를 판단하도록 허락하지 않으신다. 그들이 하느님의 아들을 위해 증언할 어떤 정직한 증인을 소환할 수 있겠는가? 그의 생명을 빼앗기 위해서가 아니라 그를 위해 탄원하려고 올 자가 과연 누가 있겠는가? 너는 그에게 어떤 정의도 부여하지 않을 것이다. 하지만 하느님은 당신의 사랑하는 아들에게 정의가 이루어지도록 보장하셔서, 복수가 그의 합당한 몫이라고 믿으면서 네가 그에게 가하려는 그 모든 불공평함으로부터 보호하실 것이다.

74 특별성이 죄의 대가가 치러지는 한 누가 그 대가를 치르는지에 대해서는 신경을 쓰

지 않듯이, 성령은 결백함이 목격되고 인식되는 한 마침내 누가 결백함을 바라보는지에 대해 관심을 두지 않는다. 진정으로 본다면, *단 한명의* 증인으로도 충분하기 때문이다. 단순한 정의는 더 이상 요구하지 않는다. 성령은 각 사람에게, 정의가 사랑에게 돌아와 그곳에서 충족되도록 바로 그 한 명의 증인이 될 것인지 묻는다. 성령이 배정하는 각각의 특별한 기능은 단지 이것, 즉 사랑과 정의는 분리되어 있지 않음을 각 사람이 배우도록 돕기 위한 것이다. 그리고 사랑과 정의는 서로 연합함으로써 둘 다 강화된다. 사랑이 없다면 정의는 편협하고 약하다. 그리고 정의 없는 사랑은 불가능하다. 사랑은 공평하며, 원인 없이 징벌할 수 없기 때문이다. 과연 어떤 원인이 있어 결백한 자에 대한 공격을 정당화할 수 있겠는가? 따라서 사랑은 복수가 아닌 정의 안에서 실수를 교정한다. 결백한 자에게 복수하는 것은 정의롭지 않은 것이기 때문이다.

75 하느님의 아들에게 복수하는 것은 결코 정당한 근거가 없음을 이해한다면, 너는 사랑과 정의 둘 *다의* 권능에 대한 완벽한 증인이 될 수 있다. 모든 상황에서 이것이 참임을 지각할 필요는 없다. 또한 네가 세상에서 하는 경험에 기댈 필요도 없다. 그런 경험은 단지 너의 내면에서 *정말로* 일어나고 있는 그 모든 것의 그림자에 불과하다. 너에게 필요한 이해는 너에게서 나오지 않고, 더 큰 자아로부터 나온다. 그 자아는 너무도 위대하고 거룩해서 자신의 결백함을 의심할 수 없다. 너의 특별한 기능은 너의 결백함을 공유하는 자아에게 보내는, 너를 향해 미소를 지어달라는 요청이다. *그 자아의* 이해가 곧 *너의* 이해가 될 것이다. 이로써 성령의 특별한 기능이 완수되었다. 하느님의 아들은 그의 죄가 아닌 그의 죄 없음에 대한 증인을 찾았다. 네가 단순한 정의를 받기 위해 성령께 드려야 할 것은 얼마나 적은지!

76 공정함이 없다면, 정의는 없다. 특별성이 어찌 정의로울 수 있겠는가? 판단하지 말라. 너 또한 비참한 죄인이라서가 아니라, 너는 판단할 수 없기 때문이다. 정의는 모든 이에게 똑같다는 것을 특별한 자들이 어떻게 *정말로* 이해할 수 있겠는가? 한 사람에게 주기 위해 다른 사람에게서 *빼앗는* 것은 두 사람 모두에게 불의일 것이다. 성령의 눈에 그들은 동등하기 때문이다. 그들의 아버지는 두 사람 모두에게 똑같은 유산을 주셨다. 더 많이, 혹은 더 적게 가지려는 자는 자신이 모든 것을 가졌음을 자각하지 못하는 것이다. 그는 무엇이 다른 사람의 몫인지 제대로 판단할 수 없다. 그는 *자신이* 박탈당했다고 생각하기 때문이다. 따라서 그는 질투심에 사로잡혀서, 자신이 판단하는 자로부터 *빼앗아* 오려 할 것이다. 그는 자신의 권리를 망각하여 공정함을 잃

었고, 이제 다른 이의 권리를 공평하게 볼 수 없게 되었다.

⁷⁷ 너에게는 온 우주에 대한 *권리가* 있다. 또한 하느님이 당신의 거룩한 아들을 위해 명하신 대로 완벽한 평화를 누리고, 죄의 모든 결과에서 완전히 구원되며, 모든 면에서 기쁘고 완전한 생명을 영원히 누릴 권리가 있다. 이것이 바로 천국이 아는 유일한 정의며, 성령이 땅에 가져다주는 모든 것이다. 너의 특별한 기능은 다른 무엇도 아닌 완벽한 정의만이 너를 위해 승리할 수 *있으며*, 너는 모든 형식의 복수로부터 안전함을 보여준다. 세상은 속이지만, 하느님의 정의를 세상 버전의 정의로 대체할 수는 없다. 오로지 사랑만이 정의로우며, 오로지 사랑만이 정의가 하느님의 아들에게 부여할 수밖에 없는 것을 지각할 수 *있다.* 사랑이 결정하게 하라. 그리고 네가 불공평함에 빠져서, 하느님의 정의가 너에게 배정한 것을 너 자신에게서 박탈할까 봐 두려워하지 말라.

X. 천국의 정의

⁷⁸ 너의 작은 잘못이 천국의 정의에 의해 무효화될 수 없다고 생각하는 것이야말로 오만이 아니겠는가? 그리고 이것은 너의 잘못이 실수가 아닌 죄로서 영원히 교정될 수 없고, 정의가 아닌 복수를 만나야 한다는 의미가 아니겠는가? 너는 기꺼이 죄의 모든 결과에서 놓여날 용의가 있는가? 이에 대한 응답에 수반되는 것들을 전부 살펴볼 때까지, 너는 이것에 답할 수 없다. 만약 "예"라고 대답한다면, 그것은 천국의 평화를 위해 이 세상의 모든 가치를 포기할 것임을 의미한다. 너는 *단 한 점의* 죄도 간직하려 하지 않는다. 너는 이것이 가능하다는 *단 한 점의* 의심도 소중히 여기지 않음으로써 죄가 계속 남아있게 하지 않을 것이다. 너는 이제 진심으로 진리가 *모든* 환상보다 더 큰 가치가 있다고 생각한다. 그리고 너는, 진리가 무엇인지 네가 모르기 때문에, 진리가 너에게 드러나야 함을 인식한다.

⁷⁹ 선물을 주저하며 준다면 선물을 얻을 수 없다. 그것은 선물을 *받아들이기를* 주저하는 것이기 때문이다. 선물 받기를 주저하는 마음을 내려놓고 선물이 너에게 주어지게 하겠다는 용의를 낼 때까지, 그 선물은 너를 위해 간직된다. 하느님의 정의는 두려움이 아닌 감사를 받아 마땅하다. 네가 주는 모든 것은 너에게나 다른 사람에게나 상실되지 않으며, 오히려 천국에서 소중히 여겨지고 보존된다. 하느님의 아들에게 주어

진 모든 보물은 천국에서 그를 위해 보관되며, 그 보물을 받겠다는 용의로 손을 내미는 모든 이에게 제공된다. 또한 그 보물은 주어진다고 해서 줄어들지도 않을 것이다. 각각의 선물이 주어질 때마다 보유량이 *늘어난다*. 하느님은 공평하시기 때문이다. 하느님은 구원을 당신이 주시는 선물로 지각하지 않으려는 아들의 주저함에 맞서 싸우지 않으신다. 하지만 모든 이가 구원의 선물을 받을 때까지, 하느님의 정의는 충족되지 않을 것이다.

80 성령이 해결하는 문제에 대한 모든 답은 항상 그 누구도 잃지 않는 답이 될 것임을 확신하라. 이것은 참일 수밖에 없다. 성령은 그 누구에게도 희생을 요구하지 않기 때문이다. 누구에게든 가장 작은 상실이라도 요구하는 답은 문제를 해결한 것이 아니라, 문제를 더하여 그것을 더 크고 더 풀기 어렵고 *더* 불공평하게 만든 것이다. 성령이 불공평함을 해결이라고 보는 것은 불가능하다. 성령께, 불공평한 것은 불공평하기 *때문에* 반드시 교정되어야 하는 것이다. 그리고 각각의 잘못은 최소한 한 사람이라도 불공평하게 보는 지각이다. 그러므로 하느님의 아들에게 정의가 허용되지 않는다. 잃는다고 보이는 사람은 정죄받은 것이며, 정의가 아닌 처벌이 그의 몫이 된다.

81 결백함을 보면, 처벌이 불가능해지고 정의가 확실해진다. 성령의 지각은 공격의 근거를 남기지 않는다. *상실만이* 공격을 정당화할 수 있지만, 성령은 그 어떤 상실도 볼 수 없다. 세상은 문제를 다른 식으로 해결한다. 세상이 보는 해결이란 누가 이기고 누가 질 것인지, 승자는 얼마나 가져가고 패자는 얼마나 지킬 수 있는지가 결정된 상태다.

82 하지만 문제는 여전히 해결되지 않았다. *오로지* 정의만이 단 한 사람의 패자도 없고, 단 한 사람도 불공평하게 취급되거나 박탈당하지 않아서 복수의 근거를 남기지 않는 상태를 이룰 수 있기 때문이다. 문제 해결법이 복수일 수는 없다. 복수는 기껏해야 살인이 명백하지 않은 첫 번째 문제에 다른 문제를 더할 수 있을 뿐이다. 성령의 문제 해결법은 그 안에서 문제가 *끝나는* 방법이다. 문제는 정의를 만났기 *때문에* 해결되었다. 그전에는 문제가 아직 해결된 것이 아니므로, 문제는 재발할 것이다. 정의란 아무도 잃을 수 없음을 의미한다는 원리는 이 수업에서 아주 중요하다. 기적은 정의에 *의존하기* 때문이다. 그 정의는 이 세상의 눈이 보는 대로가 아닌 하느님이 아시는 대로의 정의며, 또한 성령이 주는 시각에 앎이 반영된 대로의 정의다.

83 마땅히 잃어야 할 자는 *단 한 명도 없다*. 그에게 부당한 일은 일어날 수 없다. 치유는 분명 모든 이를 위한 것이다. 그 어떤 공격이라도 받아 마땅한 이는 아무도 없기

때문이다. 어떤 이는 더 큰 고통을 받아 마땅하고 다른 이는 더 적은 고통을 받아 마땅하다고 여기지 않는 한, 기적들에 과연 어떤 등급이 있을 수 있겠는가? 온전히 결백한 자들에게, 이것이 과연 정의겠는가? 기적은 정의다. 기적은 어떤 자에게는 주고, 그보다 덜 가치 있고 더 저주받은 자에게는 주지 않는, 그럼으로써 그를 치유에서 떼어놓는 특별한 선물이 아니다. 구원의 *목적은* 특별성의 종식이거늘, 그 누가 구원에서 분리되어 있을 수 있겠는가? 어떤 잘못은 용서받을 수 없어서 치유와 평화의 회복을 정당화하는 대신에 복수의 구실이 된다면, 구원의 정의가 어디에 있겠는가?

⁸⁴ 구원은 하느님의 아들이 스스로 불공평해지려고 했던 것보다 더 불공평하게 되도록 도울 수 없다. 성령의 선물인 기적이 특별히 선택된 그룹에게만 특별히 주어지고 다른 자들은 받을 가치가 덜하다는 이유로 주어지지 않는다면, 성령은 특별성의 *동맹자일 것이다.* 성령은 자신이 지각할 수 없는 것에 대해서는 증언하지 않는다. 그리고 모든 이는 성령께 치유와 구원과 평화의 선물을 받을 동등한 권리가 있다. 성령께 너 대신 문제를 해결해 달라고 드리는 것은 문제가 해결되기를 *원한다는* 의미다. 성령의 도움 없이 해결하겠다고 문제를 혼자 안고 있는 것은 그 문제가 정리되거나 해결되지 않고, 그것의 정의롭지 못함과 공격의 힘이 지속되어야 한다고 결정하는 것이다. 네가 먼저 정의롭지 않기로 결정하지 않는 한, 그 누구도 너를 정의롭지 않게 대할 수 *없다.* 네가 그렇게 결정한다면, 문제들이 일어나 너의 길을 가로막고 평화는 증오의 광풍에 산산이 흩어질 것이다.

⁸⁵ 너의 모든 형제들이 기적에 대해 너와 똑같은 권리가 있다고 생각하지 않는다면, 너 스스로 기적에 대한 권리를 주장하지 않을 것이다. 그럴 때 너는 너와 똑같은 권리를 가진 자를 정의롭지 않게 대한 것이기 때문이다. 부정하려 한다면, 너는 반드시 부정되었다고 느낄 것이다. 박탈하려 한다면, 너는 이미 박탈당한 것이다. 기적은 *결코,* 다른 사람이 받을 수 *없었기* 때문에 너에게 주어질 수 없다. 오로지 용서만이 기적을 제공한다. 그리고 용서는 모든 이에게 정의로울 수밖에 없다.

⁸⁶ 네가 간직하고 감추는 작은 문제는 너의 은밀한 죄가 된다. 그럴 때 너는 그것이 너를 위해 제거되도록 선택하지 않은 것이기 때문이다. 따라서 그 문제는 먼지를 끌어모아 네가 지각하는 모든 것을 뒤덮어서 결국 네가 그 누구에게도 공평할 수 없을 때까지 커진다. 그러면 너는 너에게 단 하나의 권리도 없다고 믿게 된다. 이어서 복수가 정당화되고 자비가 상실되면서, 쓰디쓴 고통이 찾아와 너를 용서받을 가치가 없는 자

로 정죄한다. 용서받지 못한 자는 다른 이에게 줄 자비를 *갖고* 있지 않다. 바로 이런 이유로, 너의 유일한 의무는 스스로 용서를 받아들이는 것이다. 너는 네가 받는 기적을 *준다.* 각각의 기적은 구원이 기초하는 법칙, 즉 누군가가 치유되려면 정의가 모든 이에게 행해져야 함을 보여주는 실제 사례가 된다. 그 누구도 잃을 수 없으며, 모든 이가 *반드시* 혜택을 받는다.

[87] 각각의 기적은 정의가 모든 이에게 똑같이 제공될 때 무엇을 이룰 수 있는지 보여주는 사례다. 정의는 똑같이 받아지고 똑같이 주어진다. 정의는 주기와 받기가 똑같다는 자각이다. 정의는 같은 것을 다르게 만들지 않으므로, 아무런 차이도 존재하지 않는 곳에서 아무런 차이도 보지 않는다. 따라서 정의는 모든 이에게 똑같다. 정의는 그들 안에서 아무런 차이도 보지 않기 때문이다. 정의의 선물은 보편적이다. 그리고 정의는 다음과 같은 단 하나의 메시지만 가르친다:

[88] 하느님의 것은 본래 모든 이에게 속하며, 그들의 정당한 몫이다.

제26장

전이

I. 서문

¹ 공격의 "역학"에서는 희생이 핵심적인 아이디어다. 희생은 *모든* 타협, 흥정을 성사하려는 *모든* 필사적인 시도, 그리고 *모든* 갈등에 그럴싸한 균형을 잡아주는 듯한 중심축이다. 희생은 *누군가는 반드시 잃어야 한다*는 중심 주제의 상징이다. 희생이 몸에 초점을 두고 있음은 명백하다. 희생은 항상 상실을 *제한하려는* 시도기 때문이다. 몸이라는 것 자체가 일종의 희생으로서, 너 자신을 위해 아주 조금만 남겨둔다는 명분 아래 권능을 포기하는 것이다. 어떤 형제를 너의 몸과 분리된 다른 몸 안에서 보는 것은 그의 아주 작은 부분만 보고 나머지는 희생하려는 소망의 표현이다. 세상을 바라보라. 그러면 네가 보는 것 중에 그 자체 너머에 있는 것과 붙어있는 것은 아무것도 없음을 보게 될 것이다. 독립된 개체처럼 보이는 것들은 서로 조금 더 가까워지거나 조금 더 멀리 떨어질 수는 있지만, 결합할 수는 *없다*.

II. 하나인 상태의 "희생"

² 네가 보는 세상은 하나인 상태의 "희생"에 근거하고 있다. 그것은 완벽한 불일치, 결합의 총체적인 부재를 그린 그림이다. 각각의 독립된 개체 주위로 너무도 단단해 보이는 벽이 둘러싸서, 안에 있는 것은 결코 밖에 도달할 수 없고, 밖에 있는 것은 결코 안에 도달해서 벽 안에 갇힌 것과 결합할 수 없어 보인다. 각 부분은 다른 부분을 희생해야 자신을 완전하게 유지할 수 있다. 만약 그들이 결합한다면 각 부분은 자신의 정체를 잃을 것이며, 그들의 자아들은 그들의 분리에 의해 유지되기 때문이다.

³ 몸이 울타리를 쳐서 분리한 작은 부분이 자아가 *되어*, 나머지 모두의 희생을 통해 보존된다. 그리고 나머지 모두는, 이 작은 부분을 *잃어서* 불완전하게 남아있어야만 자신의 정체를 그대로 지킬 수 있다. 너 자신을 이렇게 지각한다면, 몸을 잃는 것은 정녕 희생일 것이다. 몸을 본다는 것은 희생이 제한되었으며, 무언가가 여전히 너 혼자만을 위해 남아있다는 표시가 되기 때문이다. 이 작은 것이 네 것이 되기 위해, 너 자신의 것이라고 생각하는 모든 것에 한계가 부여되듯이 바깥에 있는 모든 것에도 한계가 부여된다. 왜냐하면, 주기와 받기는 정녕 똑같기 때문이다. 한 몸의 한계를 받아

들이는 것은 그와 같은 한계를 네가 보는 모든 형제들에게 부과하는 것이다. 너는 너 자신을 보듯이 그들을 볼 수밖에 없기 때문이다.

⁴ 몸은 과연 하나의 상실이며, 과연 희생될 수 있다. 네 형제를 너와 떨어져 자신의 독방 안에 분리되어 있는 몸으로 보는 한, 너는 그는 물론 너 자신의 희생도 요구하고 있는 것이다. 하느님의 아들이 자신을 아버지가 없는 자로 지각할 것을 요구받고, 그의 아버지가 아들 없이 계시라고 요구받는 것보다 더 큰 희생이 무엇이 있겠는가? 하지만 모든 희생은 그들이 서로의 존재 없이 분리되어 있기를 요구한다. 누구에게 어떤 희생을 요구하든, 하느님에 대한 기억은 부정될 *수밖에* 없다. 하느님의 아들이 진리에 대해 아무리 많은 증언을 하더라도, 분리된 몸들의 세상에서 그의 온전성에 대한 어떤 증인이 보이겠는가? 그러한 세상에서, 하느님의 아들은 *보이지 않는다.* 그가 부르는 연합과 사랑의 노래도 전혀 들릴 수 없다. 하지만 그는 여전히 자신의 노래 앞에서 세상이 물러나게 하고, 자신의 시각이 몸의 눈을 대체하도록 할 수 있다.

⁵ 환상의 증거 대신에 진리의 증거를 보려는 자들은 단지 세상에서, 세상에 이치를 부여하고 세상을 의미 있게 만들어주는 목적을 보게 해달라고 요청하는 것이다. 너의 특별한 기능이 없다면, 이 세상은 너를 위한 어떤 의미도 *갖고* 있지 않다. 하지만 세상은 천국 자체만큼이나 풍요롭고 무한한 보물 창고가 될 수 있다. 너는 여기에서 지나가는 매 순간마다 네 형제의 거룩함을 보아서, 너 자신에게 할당한 빈약하고 작은 행복의 부스러기에 무한한 공급품을 보탤 수 있다.

⁶ 너는 하나인 상태에 대한 시각을 잃을 수 *있지만,* 그것의 실재를 희생할 수는 *없다.* 너는 네가 희생하려는 것을 *잃을* 수 없으며, 네가 그것을 잃지 않았음을 보여주려는 성령의 과제를 그가 이행하지 못하게 할 수도 없다. 그러니 네 형제가 불러주는 노래를 들어라. 세상을 물리치고, 그의 증인이 평화를 위해 제공하는 안식을 취하라. 하지만 그를 판단하지 말라. 그렇지 않으면 너는 스스로 해방의 노래를 듣지 못하고, 네가 보고 더불어 기뻐하도록 그에게 무엇이 주어져서 증언하게 하였는지도 보지 못할 것이다. 네 형제의 거룩함을 죄에 대한 네 믿음의 희생 제물로 만들지 말라. 너는 그의 순결과 더불어 *너의* 순결도 희생하며, 그에게서 죽어 마땅한 죄를 볼 때마다 너 자신이 죽는다.

⁷ 하지만 매 순간마다, 너는 다시 태어나서 생명을 다시 받을 수 있다. 네 형제의 거룩함이 너에게 생명을 준다. 네가 죽을 수 없는 이유는, 하느님이 네 형제의 죄 없음

을 아시며, 그가 보지 않는다고 해서 네 안의 빛이 꺼질 수 없듯이 그의 죄 없음은 너에 의해 희생될 수 없기 때문이다. 생명을 희생하려 하고, 자신의 눈과 귀로 하느님과 그분의 거룩한 아들의 죽음을 증언하려는 자여, 네가 그들을 하느님이 뜻하지 않으신 것으로 만들어버릴 힘을 가졌다고 생각하지 말라. 천국에서, 하느님의 아들은 몸 안에 갇혀있지도 않고 외로이 죄에 희생되지도 않는다.

8 그는 천국에서 존재하는 대로 영원히 모든 곳에서 그렇게 존재한다. 그는 영원히 똑같다. 그는 매 순간 다시 태어나며, 시간의 영향을 받지 않고, 생명에 대한 희생이나 죽음이 전혀 미칠 수 없는 곳에 있다. 생명도 희생도 그가 만든 것이 아니며, 당신의 선물이 결코 희생도 상실도 겪을 수 없음을 아시는 분께서는 그중 하나만을 주셨기 때문이다. 하느님의 정의가 그분의 아들에게 부드럽게 내려앉아, 세상이 부과하려는 그 모든 정의롭지 못한 일에서 그를 안전하게 지켜준다. 과연 *네가* 그의 죄를 실재화하고, 희생을 그에 대한 아버지의 뜻으로 만들 수 있겠는가?

9 하느님의 아들을 그가 스스로 있다고 여기는 썩어가는 감옥 안에서 봄으로써 정죄하지 말라. 그가 밖으로 나와 너를 비춰주고, 네게서 자유의 선물을 받음으로써 그것을 네게 돌려줄 수 있도록, 감옥문을 확실히 열어두는 것이 너의 특별한 기능이다. 하느님의 거룩한 아들이 자신을 정의로부터 *차단하려고* 만든 감금 상태에서 그를 풀어주는 것 외에 과연 무엇이 성령의 특별한 기능이겠는가? 너의 기능이 과연 성령 자신의 기능과 아무런 관련도 없는 분리된 임무일 수 있겠는가?

III. 잘못의 형식들

10 네가 왜 성령께 *모든* 문제를 대신 해결해 달라고 요청하지 않는지 그 이유는 어렵지 않게 이해할 수 있다. 성령께는 어떤 문제를 해결하는 것이 다른 문제를 해결하는 것보다 더 어렵지 않다. 성령께는 모든 문제가 똑같다. 성령은 그것들을 정확히 똑같은 관점에서 *똑같은* 접근법으로 해결하기 때문이다. 문제가 어떤 형식을 취하는 것 같든, 해결이 필요한 측면들은 변하지 않는다. 한 문제가 여러 형식으로 나타날 수 있으며, 그 문제가 지속되는 한 그럴 것이다. 그 문제를 특정한 형식으로 풀려는 시도는 아무런 소용이 없다. 문제는 거듭거듭 재발할 것이다. 문제가 영원히 답해져서 어떤 형

식으로도 다시 발생하지 않을 때까지 말이다. 그제야 너는 비로소 문제에서 해방된다.

11 성령은 네가 가졌다고 생각하는 *모든* 문제에서 너를 해방한다. 성령께는 그 모든 문제가 똑같다. 각각의 문제는, 그것이 취한 듯한 형식과 상관없이, 네가 얻으려면 누군가는 상실과 희생을 겪어야 한다는 요구일 뿐이기 때문이다. 상황을 제대로 다루어서 그 누구도 잃지 않게 되었을 때, 문제는 사라진다. 그것은 단지 지각의 오류였으며, 이제는 교정되었기 때문이다. 성령이 볼 때 다른 실수들보다 진리로 가져오기가 더 어려운 실수란 없다. 실수라고 하는 것은 단 하나뿐이기 때문이다. 그것은 상실이 가능하며, 너의 상실로 누군가는 이익을 얻는다는 전체 아이디어다. 이것이 만약 참이라면 하느님은 불공평하시고, 죄가 가능하며, 공격에는 정당한 근거가 있고, 복수는 공평할 것이다.

12 이 하나의 실수가 어떤 형식을 취하든, 그에 대한 교정법은 *하나밖에* 없다. 상실은 정녕 없다. 상실이 있다고 생각하는 것, 그것이 바로 실수다. 너는 아무런 문제도 갖고 있지 않다. 너는 비록 문제를 갖고 있다고 생각하지만 말이다. 하지만 문제들이 크기나 복잡성, 장소나 시간, 네가 지각하기에 그것들을 서로 다르게 만드는 그 어떤 속성과도 상관없이 하나씩 사라지는 것을 본다면, 네가 문제를 갖고 있다고 생각할 수는 없을 것이다. 눈에 보이는 것들에 네가 부과하는 한계들이 어떤 식으로든 하느님을 제한할 수 있다고 생각하지 말라.

13 정의의 기적은 *모든* 잘못을 교정할 수 있다. 모든 문제는 정녕 하나의 잘못이다. 그것은 하느님의 아들에게 불의를 행하며, 따라서 참이 아니다. 성령은 불의한 일들을 크거나 작다고, 혹은 더 많거나 더 적다고 평가하지 않는다. 성령은 그것들에 아무런 속성도 없다고 본다. 그것들은 하느님의 아들이 불필요하게 고통받고 있는 실수에 불과하다. 그러므로 성령은 가시와 못을 빼버린다. 성령은 상처가 큰지 작은지 판단하려고 머뭇거리지 않는다. 성령은 다음과 같은 단 하나의 판단만 내린다: 하느님의 아들을 해치는 것은 *분명* 불공평하며, 따라서 있을 수 없는 일이다.

14 몇 가지 실수만 교정해 달라고 주고 다른 실수는 혼자서만 알게 숨겨두는 것이 안전하다고 믿는 자여, 정의는 총체적임을 기억하라. 부분적인 정의 같은 것은 없다. 만약 하느님의 아들이 유죄라면 그는 정죄받을 것이며, 정의의 하느님이 베푸시는 어떤 자비도 받을 자격이 없을 것이다. 그러나 *네가* 그의 죄를 밝혀냈고 그가 죽기를 바란다는 이유로 하느님께 그를 처벌해 달라고 청하지 말라. 하느님은 너에게 그의 순결

을 볼 수단을 제공하신다. 보라고 있는 것을 네가 보지 않는다고 해서 그를 처벌하는 것이 공평하겠는가? 네가 어떤 문제를 혼자서 해결하겠다고 갖고 있거나 해법이 전혀 없는 문제라고 판단할 때마다, 너는 그 문제를 키워서 치유될 가망을 없애는 것이다. 너는 정의의 기적이 공평할 수 *있음*을 부정하는 것이다.

15 하느님이 정의로우시다면, 정의가 해결할 수 없는 문제는 있을 수 없다. 그러나 너는 불의한 일들 중에 어떤 것은 공평하고 선하며, 너 자신을 지키기 위해 필요하다고 믿는다. 바로 이런 것들이야말로, 네가 너무도 커서 해결될 수 없다고 생각하는 문제들이다. 너는 어떤 사람들은 상실을 겪기를 바라며, 그 누구도 희생에서 완전히 보호받기를 바라지는 않는다. 다시 한번 너의 특별한 기능에 대해 숙고해 보라. 너에게 *한 사람이* 주어져 있는데, 너는 그의 내면에서 그의 완벽한 죄 없음을 보게 될 것이다. 너는 그가 상실을 겪기를 뜻할 수 없을 것이므로, 그에게 어떤 희생도 요구하지 않을 것이다. 네가 요청하는 정의의 기적은 그에게 찾아올 것이듯 확실하게 너에게도 찾아올 것이다. 그리고 성령은 모든 이가 그 기적을 받을 때까지 만족하지 않을 것이다. 네가 성령께 드리는 것은 정녕 모든 이의 것이며, 네가 그것을 드림으로써 성령은 모든 이가 그것을 똑같이 받도록 보장할 수 있다.

16 그렇다면 네가 너의 모든 문제에 대한 교정을 기꺼이 받으려 할 때 얼마나 큰 해방이 찾아올지 생각해 보라. 너는 단 하나의 문제도 간직하지 않을 것이다. 너는 어떤 형식의 고통도 원하지 않을 것이기 때문이다. 너는 성령의 부드러운 눈길 앞에서 작은 상처들이 하나씩 아무는 것을 볼 것이다. 성령이 보기에 그 모든 문제들은 너무도 작아서, 단지 살짝 한숨을 쉴 만한 일이었다가 사라져서 영원히 무효화되고 기억되지 않는 것이기 때문이다. 한때 특별한 문제, 해결책이 없는 실수, 치료법이 없는 고통으로 보였던 것이, 이제 보편적인 축복으로 변형되었다. 희생은 사라졌다. 그리고 바로 그 자리에서, 하느님의 사랑이 기억에 떠올라 희생과 상실에 대한 모든 기억을 비춰 물리칠 것이다.

17 정의를 두려워하는 대신에 사랑하게 되기 전에는, 하느님을 기억할 수 없다. 하느님은 그 누구도 그 무엇도 정의롭지 않게 대하실 수 없다. 하느님은 존재하는 모든 것이 당신께 속하며, 영원히 당신이 창조하신 그대로일 것임을 아시기 때문이다. 하느님이 사랑하시는 모든 것은 죄가 없으며, 공격이 미치지 못하는 곳에 있다. 너의 특별한 기능은 하느님의 사랑에 대한 기억이 더럽혀지지 않은 채 고스란히 간직된 곳으로

가는 문을 활짝 열어젖힌다. 네가 해야 할 일이란 단지 지옥이 아닌 천국이 주어지기를 소망하는 것뿐이다. 그러면 그 문을 철통같이 걸어 잠근 듯한 빗장과 방벽이 전부 부서져 사라질 것이다. 아버지가 너를 완벽한 사랑으로 창조하실 때 주신 것보다 못한 것을 네가 주거나 받는 것은 그분의 뜻이 아니기 때문이다.

Ⅳ. 중간지대

18 복잡함은 하느님의 속성이 아니다. 하느님이 아시는 것이라고는 단 하나뿐인데, 복잡함이 어찌 그분의 속성일 수 있겠는가? 하느님은 *하나의* 창조, *하나의* 실재, *하나의* 진리, 그리고 단 *하나의* 아들에 대해서만 아신다. 하나인 상태와 갈등하는 것은 아무것도 없다. 그렇다면 하느님 안에 어찌 복잡함이 있을 수 있겠는가? 결정할 것이 무엇이 있겠는가? 왜냐하면, 선택을 가능하게 만드는 것은 바로 갈등이기 때문이다. 진리는 단순하다. 진리는 하나며, 반대되는 것이 없다. 다툼이 어찌 진리의 단순한 현존 안에 들어와서, 하나인 상태가 있는 곳에 복잡함을 일으킬 수 있겠는가? 진리는 어떤 결정도 하지 않는다. 그 *사이*에서 결정해야 할 대상들이 아무것도 없기 때문이다. 그리고 오로지 결정해야 할 대상들이 있을 경우에만, 하나인 상태로 나아가는 과정에서 선택이 필수적인 단계가 될 수 있을 것이다. 모든 것 안에는 다른 것을 위한 여지가 없다.

19 하지만 이렇게 규모가 큰 것은 이 커리큘럼의 범위를 넘어선다. 그리고 우리는 즉시 이해할 수 없는 것에 연연할 필요도 없다. 이 세상과 천국 사이에, 생각의 중간지대가 있다. 그것은 어떤 장소가 아니며, 네가 그곳에 언제 도달할지는 시간과 무관하다. 여기에 만남의 장소가 있다. 그곳에서 생각들이 한데 모이고, 갈등하는 가치들이 만나며, 모든 환상이 진리 옆에 놓여 참이 아니라고 판단받는다. 이 중간지대는 천국문 바로 너머에 있다. 여기에서 모든 생각들이 순수하고 아주 단순해진다. 여기에서 죄가 부정되고, 그 대신 존재하는 모든 것이 받아들여진다.

20 여기가 여정의 종착점이다. 우리는 이제껏 그것을 실재세상이라고 불렀다. 하지만 여기에는 모순이 있다. 실재세상이라는 말에는 제한된 실재, 부분적인 진리, 우주의 한 조각만 참이 되었다는 의미가 함축되어 있기 때문이다. 이것이 그러한 이유는, 앎은 지각을 공격하지 않기 때문이다. 앎과 지각이 그곳으로 함께 오지만, 하나인 **상태**

가 있는 곳으로 가는 문을 지나 계속 나아가는 것은 그중 하나뿐이다. 구원은 장소와 시간과 선택이 여전히 의미 있지만, 그것들이 일시적이고 제자리에 있지 않으며, 모든 선택이 이미 내려졌음을 알 수 있는 중간지대다.

²¹ 하느님의 아들이 믿는 것은 그 무엇도 파괴될 수 없다. 하지만 그가 진리라고 믿는 것은 그의 최후의 비교, 가능한 최후의 평가, 이 세상에 대한 최종적인 판단으로 보내져야 한다. 그것은 환상에 대한 진리의 판단이자 지각에 대한 앎의 판단으로서, 환상과 지각은 아무런 의미도 없고 존재하지도 않는다는 판단이다. 그것은 네가 결정할 일이 아니다. 그것은 단지 단순한 사실에 대한 단순한 진술일 뿐이다. 그러나 이 세상에, 단순한 사실이란 없다. 이곳에서는 무엇이 같은 것이고 무엇이 다른 것인지가 분명하지 않기 때문이다. 선택이라는 것을 해야 할 중요한 것이 하나 있다면 바로 이런 구분이다. 그리고 바로 여기에 두 세상 사이의 차이가 놓여있다. 이 세상에서는, 선택이 불가능해진다. 실재세상에서는, 선택이 단순화된다.

²² 구원은 천국 바로 앞에서 멈춘다. 오로지 지각만이 구원을 필요로 하기 때문이다. 천국은 결코 상실된 적이 없으며, 따라서 구원될 수 없다. 하지만 천국과 지옥이 다르다는 것을 인식하지 못한다면, 그 누가 천국에 대한 소망과 지옥에 대한 소망 중에서 선택할 수 있겠는가? 바로 이러한 차이가 이 수업이 정한 배움의 목표다. 이 수업은 이러한 목적 너머로 가지 않을 것이다. 이 수업의 유일한 목적은 무엇이 같고 무엇이 다른지를 가르침으로써, 실제로 내릴 수 있는 유일한 선택을 위한 여지를 남기는 것이다.

²³ 이렇게 복잡하고 지나치게 뒤얽힌 세상에는 선택의 근거가 없다. 그 누구도 무엇이 같은 것인지 이해하지 못하며, 실제로 아무런 선택 대안도 없는 곳에서 선택을 내리는 듯이 보이기 때문이다. 실재세상은 선택이 그 결과가 아닌 선택 *대안들에* 대한 지각에 있어서 실재화된 선택의 영역이다. 선택이 있다는 것, 이것은 환상이다. 하지만 이 하나의 환상 안에, 이 환상을 포함한 *모든* 환상의 무효화가 놓여있다.

²⁴ 이것은 마치 한때 특별성이 목적이었지만 지금은 연합으로 목적을 바꿈으로써 그 안에서 분리가 무효화되는 너의 특별한 기능과 비슷하지 않은가? *모든* 환상은 단지 하나일 뿐이다. 그렇다는 것을 인식할 때, 너는 환상들 사이에서 선택하고 환상들을 다르게 *만들려는* 모든 시도를 포기할 수 있게 된다. [너무도 확실하게 닮지 *않은* 둘 사이에서 선택하기란 얼마나 단순한지!] 여기에는 갈등이 전혀 없다. 단지 하나의 환상이라고 *인식된* 환상을 포기하는 데는 어떤 희생도 있을 수 없다. 결코 참이 아니었

던 것으로부터 모든 실재성이 거두어진 곳에서, 그것을 포기하고 참일 *수밖에* 없는 것을 선택하는 것이 과연 어려울 수 있겠는가?

V. 죄가 떠난 자리

²⁵ 용서는 이 세상에서 천국의 정의에 상응하는 것이다. 용서는 죄의 세상을, 한계가 전혀 없는 곳으로 가는 문 너머로부터 정의가 반영될 수 있는 단순한 세상으로 전환한다. 무한한 사랑 안에 있는 것은 용서가 필요할 수 없으며, 세상 안의 자비는 천국으로 가는 문 너머의 단순한 정의에 길을 내준다. 죄를 믿으며, 용서받을 일이 많다고 여전히 믿지 않는 한, 그 누구도 용서하지 않는다. 따라서 용서는 그가 용서할 일은 아무것도 하지 않았음을 배우는 수단이 된다. 용서는, 용서를 베푸는 자가 자신에게 더 이상 용서가 필요 없음을 볼 때까지, 언제나 그에게 달려있다. 그제야 비로소 그는 용서를 통해 다시 부여받은 자신의 진정한 기능인 창조하기로 돌아가게 된다.

²⁶ 용서는 죄의 세상을 보기에도 놀라운 영광스러운 세상으로 바꿔놓는다. 꽃송이마다 빛 속에서 반짝거리며, 새들마다 천국의 기쁨을 노래한다. 이곳에는 슬픔도 없고 이별도 없다. 모든 것이 전적으로 용서받았기 때문이다. 그리고 용서받은 자들은 결합할 수밖에 없다. 중간에 서서 그들을 분리하고 떼어놓을 것이 아무것도 없기 때문이다. 죄 없는 자들은 그들이 하나임을 지각할 수밖에 없다. 중간에 서서 상대방을 밀쳐낼 것이 아무것도 없기 때문이다. 죄가 비워두고 떠난 자리에서, 그들은 자신의 부분이 떨어지거나 분리된 적이 없음을 기쁘게 인식하고는 하나로 결합한다.

²⁷ 네가 서있는 거룩한 곳은 단지 죄가 떠난 자리다. 여기에서 너는 죄 대신에 그리스도의 얼굴이 떠오르는 것을 본다. 과연 누가 그리스도의 얼굴을 보면서 그의 아버지를 본래 모습대로 기억하지 못할 것인가? 과연 누가 사랑을 두려워하면서 죄가 떠난 땅 위에 서있을 수 있겠는가? 그곳에서 천국의 제단은 세상 저 높은 곳으로 떠올라 우주 너머에까지 도달해 모든 창조물의 심장을 만진다. 창조된 모든 것이 자신을 창조하신 근원께 불러드리는 감사와 사랑과 찬미의 노래가 바로 천국이 아니겠는가? 한때 죄가 있다고 믿은 곳에 가장 거룩한 제단이 세워졌다. 그리고 이곳으로, 천국의 모든 빛줄기들이 와서 다시 밝혀지고 더욱 기뻐하게 된다. 이곳에서, 상실되었던 것이 그

들에게 회복되고, 그들의 모든 광휘가 다시 온전해지기 때문이다.

²⁸ 용서가 가져와 천국 문 앞에 놓아두는 기적 중에 작은 기적이란 없다. 이곳으로, 하느님의 아들이 와서 자신을 집으로 더 가까이 데려갈 그 모든 선물을 받는다. 단 하나의 선물도 상실되지 않으며, 어떤 선물도 다른 선물보다 더 소중히 여겨지지 않는다. 각각의 선물은 그에게, 나머지 선물들만큼이나 확실하게 아버지의 **사랑**에 대해 일깨워 준다. 또한 각각의 선물은 그에게, 그가 두려워한 것을 사실 가장 사랑하고 있음을 가르쳐준다. 기적 *外에* 다른 무엇이 그의 마음을 바꿔서, 사랑을 두려워할 필요가 없음을 이해하게 할 수 있겠는가? 이것 외에 다른 어떤 기적이 있겠는가? 너희 사이의 공간이 사라지도록 하기 위해 다른 무엇이 *필요하겠는가?*

²⁹ 한때 죄를 지각한 곳에서 진리에 바치는 제단이 될 세상 하나가 솟아오를 것이다. 너는 그곳에서 천국의 빛줄기들과 만나 그들이 부르는 감사와 찬미의 노래에 동참할 것이다. 그들이 완성되기 위해 너에게 오듯이, 너도 그렇게 그들과 함께 갈 것이다. 천국의 노래를 듣고도 그것에 자신의 목소리를 더해 더욱 힘차고 감미롭게 만들지 않을 자는 아무도 없기 때문이다. 그들은 죄가 자신의 것이라고 선포한 작디작은 자리에 세워진 제단에서 제각기 그 노래에 동참한다. 그러면 작디작았던 노래가 점점 더 드높아져, 우주가 하나의 음성으로 부르는 웅장한 노래가 되어있다. 여전히 너희 사이에 서있는 죄의 작은 얼룩이 천국 문을 열어젖히는 행복을 저지하고 있다. 너로부터 천국의 풍요를 가로막는 장애물은 얼마나 작은지! 네가 하느님의 사랑에 바치는 위대한 합창에 동참할 때, 천국의 기쁨은 얼마나 클 것인지!

VI. 작은 장애물

³⁰ 기적들은 모두 똑같음을 이해하지 못하는 자들의 눈에, 작은 장애물은 정말로 커 보일 수 있다. 하지만 그것을 가르치는 것이 이 수업의 *목적이다.* 사실 그것은 이 수업의 유일한 목표다. 배워야 할 것이라고는 단지 그것밖에 없기 때문이다. 너는 그것을 여러 다양한 방법으로 배울 수 있다. 모든 배움은 천국 문으로 가는 데 도움이 되거나 방해가 된다. 그 사이에 다른 것은 있을 수 없다. 교사는 둘 뿐이며, 그들은 서로 다른 방향을 가리킨다. 그리고 너는 네가 선택한 교사가 인도하는 길을 따라갈 것

이다. 시간이 남아있고 선택이 의미 있는 한, 네가 취할 수 있는 방향은 둘 뿐이다. 천국으로 가는 길 외에는 다른 어떤 길도 만들어지지 않을 것이다. 너는 다만 천국을 *향해서* 갈지, 아니면 천국에서 멀어져 아무 곳도 아닌 곳으로 갈지 선택할 뿐이다. 달리 선택할 것은 없다.

31 시간 외에는 상실될 것이 아무것도 없으며, 시간은 궁극적으로 [무]다. 시간은 단지 영원에 대한 작은 장애물일 뿐이며, 세상의 진정한 교사에게는 아무런 의미도 없다. 하지만 너는 정녕 [시간의 실재성]을 믿는다. 그렇다면 너는 배움이 달성할 수 있는 가장 높은 목표에 도달하기 위해 시간을 사용할 수 *있거늘,* 왜 어느 곳으로도 가지 않으면서 시간을 낭비해야 하겠는가? 천국 문으로 가는 길이 어렵다고는 생각도 하지 말라. 너희가 확실한 목적과 높은 결의, 행복한 확신으로 서로의 손을 잡고 천국의 노래에 발맞추어 착수하는 일은 어려울 수 없다. 그러나 결국은 무로 이어지는 아무런 목적도 없는 길을 따라 홀로 비참하게 방랑하는 것은 정녕 어렵다.

32 하느님은 네가 만든 교사와 다투지 않으면서 그를 대체할 당신의 교사를 주셨다. 그리고 그 교사가 대체하려는 것은 이미 대체되었다. 시간은 너의 마음에서 그저 한 순간만 지속되었을 뿐, 영원을 전혀 건드리지 못했다. 따라서 시간은 전부 지나가 버렸으며, 모든 것은 정확하게 무로 가는 길이 만들어지기 전과 똑같다. 첫 번째 실수와 그 하나의 실수에 내재한 모든 실수를 범한 눈 깜짝할 순간 안에는 또한, 그 하나의 실수와 그 안에서 일어난 모든 실수에 대한 *교정*도 들어있었다. 그리고 그 짧디짧은 순간에, 시간은 사라져 버렸다. 그것은 시간이 존재하기라도 했던 전부였기 때문이다. 하느님이 답을 주신 것은 정녕 답해졌으며, 사라져 버렸다.

33 여전히 시간 안에서 산다고 믿으면서 시간이 사라진 것을 알지 못하는 너를 위해, 성령은 네가 여전히 시간 안에서 지각하는 무한히 작고 무의미한 미로를 따라 안내한다. 비록 그 미로는 아주 오래전에 사라졌지만 말이다. 너는 네가 이미 지나가 버린 것 안에서 살고 있다고 생각한다. 네가 바라보는 모든 것은 오래전에 단 한 순간 본 것이며, 이어서 그것들의 비실재성은 진리에게 길을 내주었다. 너의 마음에서 아직 답해지지 않은 환상은 단 하나도 남아있지 않다. 불확실성은 너무도 오래전에 확실성으로 보내졌기에, 그것을 아직도 네 앞에 있는 것처럼 소중히 여기는 것은 정녕 어려운 일이다.

34 네가 간직해서 영원하게 만들려고 하는 그 짧은 순간은 천국에서 너무도 빨리 지나

가 버려서, 그 누구도 그 순간이 왔었는지 눈치채지 못했다. 하느님 아들의 단순한 앎에 영향을 주기에는 너무도 빨리 사라져 버린 것이 너의 교사로 선택되려고 아직 거기에 있을 리가 없다. 이 세상은 단지 과거에만, 창조에 대한 응답으로 세상을 만들기에는 너무도 짧은 아주 오랜 과거에만 생겨난 듯이 보였다. 그것은 너무도 오래전이고 너무도 짧은 시간이었기에, 천국의 노래에서 단 한 음도 사라지지 않았다.

³⁵ 하지만 용서하지 않는 행동이나 생각을 할 때마다, 판단을 내리고 죄를 믿을 때마다, 그 한 순간은 마치 시간 안에서 다시 만들어질 수 있는 것처럼 여전히 다시 불려온다. 너는 눈앞에 아주 오랜 기억을 하나 간직하고 있다. 그리고 오로지 기억 속에서만 사는 자는 자신이 어디에 있는지 알지 못한다.

³⁶ [용서는 시간으로부터의 위대한 해방이다. 용서는 과거가 끝나버렸음을 배우기 위한 열쇠다. 광기는 더 이상 말하지 않는다. 다른 교사도 *없고*, 다른 길도 없다. 이미 무효화된 것은 더 이상 존재하지 않기 때문이다. 그 누가 먼 해안가에 서서, 오래전에 사라진 바다 너머의 시공간에 자신이 있다고 꿈꿀 수 있겠는가? 과연 이 꿈이 그가 실제로 있는 곳에 얼마나 실재적인 방해물이 될 수 있겠는가? 그가 실제로 있는 곳은 사실로서, 그가 무슨 꿈을 꾸고 있든 변하지 *않는다.* 하지만 그는 여전히 자신이 다른 장소와 다른 시간에 있다고 *상상*할 수 있다. 극단적인 경우 그는 이것이 참이라고 믿도록 자신을 속여서, 단순한 상상을 넘어 믿음과 광기로 가서 자신이 있고 싶어 하는 곳에 정말로 있다고 확신할 수 있다.]⁴⁾

³⁷ 이것이 그가 지금 서있는 곳에 가는 데 *장애물이* 되겠는가? 그가 들을 수도 있는 과거의 메아리가 그가 지금 있는 곳에서 들을 수 있는 사실인가? 시공간에 대한 그의 망상이 그가 정말로 있는 곳에 얼마나 많은 변화를 일으킬 수 있겠는가? 용서받지 못한 것이란 영원히 사라져 버린 과거로부터 불러대는 음성이다. 그리고 무엇이든 그 음성이 실재한다고 가리키는 것은 단지, 사라진 것을 다시 실재화할 수 있으며, *실제*로 지금 여기에 있는 것 대신에 그것을 지금 여기에 있다고 볼 수 있다는 소망에 불과하다. 이것이 과연 과거는 사라졌고 되돌릴 수 없다는 진리를 방해할 수 있겠는가? 그리고 너는 천국이 사라진 듯한 그 순간, 하느님이 두려움의 대상이 되고 네 증오의 상

---

4) 26장 36문단은 원본에 누락된 것을 이전 자료에서 복원한 것이다. 이것을 2009년 판에서는 35a라고 번호를 매겼고, 2012년 판부터는 26장의 36문단부터 끝까지 문단 번호를 다시 매겼다. – 편집자

징이 되어버린 그 무시무시한 순간을 계속 간직하기를 *원하는가*?

38 아주 오래전에 교정되어 무효화된 그 공포의 시간을 잊어라. 죄가 하느님의 뜻을 버텨낼 수 있겠는가? 네가 과연 과거를 보고 그것을 현재 안에 둘 수 있겠는가? 너는 돌아갈 수 *없다*. 과거로 가는 길을 가리키는 모든 것은 단지 너에게 성취가 불가능한 사명을 제시할 뿐이다. 이러한 것이 바로 너를 영원히 사랑하시는 아버지가 네게 일어나야 한다고 보장하신 정의다. 그리고 아버지는 너를, 너 자신의 불공평함으로부터 보호하셨다. 너는 길을 잃을 수 *없다*. 그분의 길 외에 다른 길이란 없으며, 그분께 가는 것 외에는 어느 곳으로도 갈 수 없기 때문이다.

39 아주 오래전에 시간의 기억이 사라진 길에서 아들이 길을 잃도록 아버지가 허락하시겠는가? [이 수업은 너에게 오로지 지금 있는 것만을 가르칠 것이다.] 지금은 완벽하게 교정된 머나먼 과거의 무시무시한 순간은 관심의 대상도 아니고 가치도 없다. 죽고 사라진 것들은 평화로이 잊히게 하라. 부활이 그 자리를 차지하러 왔다. 이제 너는 죽음이 *아닌* 부활의 일부다. 과거의 어떤 환상도 너를 죽음의 자리, 하느님의 아들이 한순간 들어갔다가 아버지의 완벽한 사랑으로 즉시 회복된 지하 감옥에 붙잡아 둘 힘이 없다. 그가 어떻게 이미 오래전에 제거되어 그의 마음에서 영원히 사라진 사슬에 묶여있을 수 있겠는가?

40 하느님이 창조하신 아들은 하느님이 창조하신 그대로 자유롭다. 사는 대신 죽기를 선택한 바로 그 순간에, 그는 다시 태어났다. 지금 그를 용서하지 않으려는가? 그는 하느님이 기억하지 않으시고 존재하지도 않는 과거에 잘못을 했기 때문이다. 지금 너는 과거와 현재를 오락가락하고 있다. 때로는 과거가 마치 현재라도 되는 양 실재적으로 보인다. 너는 과거에서 오는 음성을 듣고, 이어서 의심한다. 너는 마치 여전히 환각을 보기는 하지만 자신이 지각하는 것에 대한 확신이 부족한 자와도 같다. 이것은 두 세상 사이의 중간지대며, 과거와 현재 사이의 다리다. 여기에는 과거의 그림자가 남아있긴 하지만, 여전히 현재의 빛이 희미하게 인식된다. 네가 일단 그 빛을 보게 되면, 결코 잊을 수 없다. 그 빛은 너를 과거에서 끌어내서 네가 실제로 있는 현재에 놓아줄 것이다.

41 그림자 음성은 시간의 법칙도 영원의 법칙도 바꿀 수 없다. 그 음성은 지나가고 사라진 것에서 오는 것으로서, 지금 여기의 참된 존재 상태를 방해할 수 없다. 실재세상이란, 시간과 죽음은 실제며 지각될 수 있는 존재 상태를 갖는다는 환각의 두 번째 부분이다. 그 끔찍한 환상은 단지, 하느님이 모든 시간과 모든 상황에 걸쳐서 환상에게

당신의 응답을 주시는 데 걸린 그 짧은 시간 안에 부정되었다. 그리고 그것은 더 이상 존재하지 않아서, 존재하는 것으로 경험되지 않았다.

[42] 매일, 매일 안의 매분, 매분이 간직하고 있는 매 순간, 너는 단지 그 공포의 시간이 사랑에 의해 대체된 그 한 순간을 다시 살 뿐이다. 따라서 너는 사실 전혀 간격이라고 할 수 없는 과거와 현재 사이의 간격을 건널 때까지 매일 죽었다가 다시 살아난다. 이러한 것이 각각의 삶이다. 그것은 태어나서 죽고 다시 살게 되는 듯한 기간으로서, 오래전에 사라진 순간을 한 번 더 반복하는 것이다. 그러나 그 순간은 다시 살 수 없는 순간이다. 시간이란 단지 이미 끝난 것이 지금 여기에 여전히 있다는 미친 믿음에 불과하다.

[43] 과거를 용서하고 놓아주어라. 과거는 정녕 사라졌기 때문이다. 너희는 더 이상 두 세상 사이에 있는 땅에 서있지 않다. 너희는 계속 나아가서 천국 문 앞에 있는 세상에 도달했다. 하느님의 뜻을 방해할 것은 아무것도 없으며, 오래전에 끝난 여정을 되풀이할 필요도 없다. 서로를 온유하게 바라보고, 자신의 증오를 지각했던 곳이 사랑의 세상으로 변형된 것을 보라.

Ⅶ. 지명된 친구

[44] 이 세상에서 네가 좋고 가치 있고 얻으려고 애쓸 만하다고 믿는 모든 것이 너를 해칠 수 있으며, 반드시 해칠 것이다. 그것에 해칠 힘이 있어서가 아니라, 네가 그것이 단지 환상일 뿐임을 부정하고 실재화하였기 때문이다. 그것은 정녕 너에게 실제다. 그것은 무가 *아니며*, 그것의 지각된 실재성을 통해 병적인 환상의 세상 전체가 들어왔다. 죄, 공격의 힘, 상처와 해침, 희생과 죽음에 대한 모든 믿음이 너에게 왔다. 왜냐하면, 그 누구도 하나의 환상을 실재화하면서 나머지 환상에서 벗어날 수는 없기 때문이다. 그 누가 자신이 선호하는 환상을 간직하기로 선택하면서 진리만이 줄 수 있는 안전을 발견할 수 있겠는가? 그 누가 환상들은 모두 똑같다고 믿으면서 그중 하나가 제일 나은 환상이라고 주장할 수 있겠는가?

[45] 환상 하나를 유일한 친구삼아 너의 짧은 삶을 고독하게 살지 말라. 그것은 하느님의 아들에게 어울리지도 않고 만족을 줄 수도 없는 우정이다. 하지만 하느님은 그에

게 내면에 땅과 천국의 모든 권능을 지닌 더 좋은 친구를 주셨다. *네가* 친구라고 생각하는 환상 하나가 너에게 *그 친구의* 은혜와 위엄을 가려, 너로 하여금 그의 우정과 용서를 반가이 맞아들이지 못하게 한다. 그 친구가 없다면, 너에게는 정녕 친구가 없다. 그의 자리를 대신할 다른 친구를 구하지 말라. 다른 친구란 없다. 하느님이 지명하신 것에는 대체품이 없다. 과연 어떤 환상이 진리를 대신할 수 있단 말인가?

⁴⁶ 그림자와 함께 사는 자는 과연 혼자지만, 외로움은 하느님의 뜻이 아니다. 너는 그림자 하나가 하느님이 너의 친구를 위해 명하신 왕좌를 찬탈하게 하려는가? 그 왕좌가 비워지면 *너의* 왕좌가 비워져 궐위 상태가 됨을 깨닫는다면 말이다. 어떤 환상도 친구 삼지 말라. 만약 친구로 삼는다면, 환상은 하느님이 너의 친구로 호명하신 자의 자리를 차지할 것이다. 그가 바로 진리 안에서 너의 *유일한* 친구인 자다. 그 친구는 너에게 이 세상 것이 아닌 선물을 가져다준다. 그리고 그 선물이 주어진 그 친구만이 네가 그것을 받도록 보장할 수 있다. 네가 그의 왕좌에 그의 자리를 마련할 때, 그는 그 선물을 너의 왕좌에 올려놓을 것이다.

VIII. 원리 복습

⁴⁷ 이것은 기적을 가르치는 수업이다. 따라서 이 수업의 목적을 이루려면 치유의 법칙을 이해해야 한다. 그동안 우리가 다룬 원리들을 복습하고, 치유가 가능하기 위해 일어나야 하는 모든 것을 요약하는 방식으로 원리들을 정리해 보자. 치유가 일단 가능해지면, 치유는 *반드시* 일어나기 때문이다. 모든 병은 분리에서 비롯된다. 분리가 부정되면, 병은 사라진다. 병을 일으킨 아이디어가 치유되고 제정신으로 대체되는 즉시, 병은 사라지기 때문이다. 이성의 빛을 피해 철저히 보존하려고 의식에서 감춰진 관계에서, 병과 죄는 결과와 원인으로 간주된다.

⁴⁸ 죄의식은 처벌을 *요청하며*, 그 요청은 수락된다. 그러나 진리 안에서가 아니라, 죄 위에 세워진 그림자와 환상의 세상 안에서 수락된다. 하느님의 아들은 자신이 보고자 하는 것을 지각한다. 지각이라는 것은 정녕 성취된 소망이기 때문이다. 지각은 변함없는 앎을 대체하려고 만들어졌기에, 변한다. 하지만 진리는 변하지 않는다. 진리는 지각될 수 없고, 알려질 수만 있을 뿐이다. 지각된 것은 많은 형식을 취하지만, 어떤

형식에도 의미는 없다. 그것을 진리 앞으로 가져오면, 그 무의미함이 아주 분명해진다. 그것을 진리와 떼어 놓으면, 그것은 의미가 있고 실제인 듯이 보인다.

⁴⁹ 지각의 법칙은 진리와 정반대며, 앎에 해당되는 것은 앎과 무관한 그 어떤 것에도 해당되지 않는다. 하지만 하느님은 병의 세상에, 병의 *모든* 형식에 적용되는 응답을 주셨다. 하느님의 응답은 영원하다. 비록 그 응답은 그것을 필요로 하는 시간 안에서 작동하지만 말이다. 하지만 그 응답은 정녕 하느님에게서 왔기에, 작동할 때 시간의 법칙에 영향받지 않는다. 그 응답은 이 세상에 있지만, 이 세상의 일부가 아니다. 왜냐하면 그것은 실제며, 모든 실재가 있는 곳에 머물러 살기 때문이다. 아이디어는 자신의 근원을 떠나지 않으며, 아이디어의 결과는 단지 아이디어와 떨어져 있는 듯이 보일 뿐이다. 아이디어는 마음의 산물이다. 밖으로 투사되어 마음의 외부에 있는 듯이 보이는 것은 전혀 밖에 있는 것이 아니라 단지 안에 있는 것의 결과로서, 그 근원을 떠난 적이 없다.

⁵⁰ 하느님의 응답은 죄에 대한 믿음이 있는 곳에 있다. 오로지 그곳에서만 그 믿음의 결과가 완전히 무효화되고 원인이 사라질 수 있기 때문이다. 지각의 법칙은 반드시 뒤집혀야 한다. 그것은 진리의 법칙이 뒤집힌 것이기 때문이다. 진리의 법칙은 영원히 참이고 뒤집힐 수 없지만, 뒤집힌 것으로 *보일* 수는 있다. 그리고 이것은 뒤집힘의 환상이 있는 곳에서 교정되어야 한다.

⁵¹ 하나의 환상이 나머지 환상들보다 진리에 덜 복종하는 것은 불가능하다. 그러나 몇몇 환상들에 더 큰 가치를 부여하여, 그것들을 치유와 도움을 위해 진리에 제공하겠다는 용의를 덜 내는 것은 가능하다. 그 어떤 환상도, 자신 안에 일말의 진리도 갖고 있지 않다. 하지만 어떤 환상은 다른 환상들보다 더 참인 듯이 보인다. 물론 전혀 말도 안 되지만 말이다. 환상들의 위계가 보여줄 수 있는 것이라고는 단지 선호도일 뿐, 실재가 아니다. 선호도가 진리와 무슨 상관이 있단 말인가? 환상은 단지 환상이며, 거짓이다. 네가 선호한다고 해서 환상이 실재가 되지는 않는다. 단 하나의 환상도 어떤 식으로든 참이 아니며, 모든 환상은 하느님이 그 모두에게 주신 답에 똑같이 쉽게 굴복할 수밖에 없다. 하느님의 뜻은 하나다. 하느님의 뜻을 거스르는 듯한 그 어떤 소망도 진리 안에 토대가 없다.

⁵² 죄는 잘못이 아니다. 죄는 교정이 미치지 못하는 곳으로 가서, 교정이 불가능하게 되기 때문이다. 하지만 죄가 실제라는 믿음은 몇몇 잘못을 영원히 치유될 가망이 없

는 것, 지옥을 위한 영원한 근거로 보이게 만들었다. 이것이 그러하다면, 천국은 천국만큼이나 실제인 천국 자체의 대립물과 대립할 것이다. 하느님의 뜻은 둘로 갈라지고, 대립하는 두 힘이 모든 창조물을 지배하게 될 것이다. 하느님은 마침내 인내심을 잃고 세상을 갈라놓아서 당신을 공격하게 하실 것이다. 따라서 하느님은 당신의 마음을 잃으시고는, 죄가 당신의 실재를 빼앗아 마침내 당신의 **사랑**을 복수에 굴복시켰다고 선언하실 것이다. 이렇게 제정신이 아닌 그림을 위해서는 제정신이 아닌 방어를 예상할 수 있겠지만, 그것이 그 그림을 참이라고 입증할 수는 *없다.*

53 아무런 의미도 없는 곳에 의미를 부여할 수 있는 것은 아무것도 없다. 그리고 진리는 참이 되기 위해 그 어떤 방어도 *필요하지* 않다. 환상에는 증인도 없고 결과도 없다. 환상을 바라보는 자는 다만 속고 있을 뿐이다. 여기에서 용서는 유일한 기능으로서, 죄의 지배를 받는 듯한 세상이 하느님 아들의 모든 측면에게 부정하는 기쁨을 가져다주게 한다. 아마도 너는 죄의식의 안개에서 피어오르는 모든 믿음과 죽음을 종식하는 과정에서 용서가 어떤 역할을 하는지 모를 것이다.

54 죄는 네가 네 형제와 너 자신 사이에 강요하는 믿음이다. 죄는 너희를 시간과 장소에 제한하며, 약간의 공간은 너에게, 다른 약간의 공간은 네 형제에게 준다. 이러한 분리는 네가 지각하기에 분명히 분리되고 떨어져 있는 몸에 의해 상징화된다. 하지만 이런 상징은 단지 떨어지고 분리되어 있으려는 너의 소망을 나타낼 뿐이다. 용서는 네 형제와 너 자신 사이에 서있는 것을 *치워버린다.* 용서는 네가 그와 떨어지지 않고 결합되어 있으려는 소망이다. 우리가 용서를 "소망"이라고 부르는 이유는, 용서는 여전히 다른 선택 대안들이 있다고 상정하며, 선택의 세상 너머에 아직 완전히 도달하지 않았기 때문이다.

55 하지만 이러한 소망은 천국의 상태와 일치하며, 하느님의 뜻을 거역하지 않는다. 비록 그 소망은 너에게 모든 유산을 주기에는 훨씬 못 미치지만, 네가 있는 곳인 천국과 네가 어디에 있고 너의 정체는 무엇인지에 대한 인식 사이에 네가 설치한 장애물을 *제거한다.* 사실은 변하지 않았다. 하지만 그것이 부정되어 알려지지 않을 수는 있다. 비록 부정되기 *전에*는 알려져 있었지만 말이다.

56 완벽하고 완성된 구원은 단지 참인 것이 참이어야 한다는 작은 소망, 존재하지 않는 것을 간과하려는 작은 용의, 죽음과 황폐함이 지배하는 듯한 이 세상보다 천국을 더 원하여 내쉬는 작은 탄식을 요청할 뿐이다. 이에 기쁘게 응답하여 네 안에서 창조

가 일어나 네가 보는 세상을 더없이 완벽하고 완성된 천국으로 대체할 것이다. 진리가 참이어야 한다는 용의 외에 무엇이 용서겠는가? 치유되지 않고 남아서, 그 자체 안에 모든 것을 포함한 단일성과 떨어져 있을 수 있는 것이 무엇이 있겠는가? 죄는 없다. 하느님의 아들이 자신의 소망과 하느님의 뜻이 하나임을 지각하는 순간, 모든 기적이 가능해진다.

⁵⁷ 무엇이 하느님의 뜻인가? 하느님은 당신의 아들이 모든 것을 소유하기를 뜻하신다. 당신의 아들을 모든 것으로 창조하셨을 때, 하느님은 바로 이것을 보장하셨다. 네가 *소유한* 것이 곧 너의 *존재라면*, 무엇이든 상실되는 것은 불가능하다. 바로 이 기적에 의해, 너는 창조라는 기능을 갖게 되어 그것을 하느님과 공유하게 되었다. 그 기능은 하느님과 떨어져서는 이해될 수 없으며, 따라서 이 세상에서는 아무런 의미도 없다.

⁵⁸ 이곳에서 하느님의 아들은 너무 많이 요청하는 것이 아니라 너무 적게 요청한다. 그는 자신만의 하찮은 보물을 찾기 위해 자신이 모든 것이라는 정체성을 희생하려 한다. 그러면서 그가 고립감과 상실감, 외로움을 겪지 않을 수는 없다. 그런 느낌이야말로 그가 찾으려 했던 보물이다. 그리고 그는 그것을 두려워할 수만 있을 뿐이다. 두려움이 과연 보물인가? 불확실성이 과연 네가 *원하는* 것일 수 있겠는가? 아니면 그것은 너의 뜻과 너의 *진정한* 정체에 대한 착각인가? 그렇다면 여기서 과연 무엇이 잘못인지 살펴봄으로써, 잘못이 보호받는 대신에 교정될 수 있게 하자.

⁵⁹ 죄란 죄에 대한 믿음이 일어난 마음 밖으로 공격이 투사될 수 있다는 믿음이다. 여기서 아이디어가 자신의 근원을 떠날 수 *있다는* 확신이 실재화되고 의미를 갖게 된다. 그리고 이런 잘못으로부터 죄와 희생의 세상이 일어난다. 이 세상은 공격을 소중히 여기면서도 너의 순결을 증명하려는 시도다. 그런 시도가 실패했음은, 네가 비록 그 *이유는* 이해하지 못하더라도 *여전히* 죄의식을 느끼는 데서 알 수 있다. 결과는 자신의 근원과 분리되어, 네가 통제하거나 막을 수 있는 범위 밖에 있는 것으로 보인다. 이렇게 따로 떨어져 있는 것은 결코 결합할 수 없다.

⁶⁰ 원인과 결과는 하나며, 결코 분리되어 있지 않다. 하느님은 네가 항상 참이었던 것을 배우기를 뜻하신다. 그것은 바로, 하느님은 너를 당신의 일부로 창조하셨으며, 아이디어는 자신의 근원을 떠나지 않기 *때문에* 이것은 여전히 참이라는 것이다. 마음이 품는 모든 아이디어는 마음에 풍요로움을 *더할* 뿐 결코 덜지 않는다는 것, 바로 이것이 창조의 법칙이다. 이것은 참으로 뜻한 것뿐만 아니라, 헛되이 소망한 것에도 적용

된다. 마음은 속겠다고 소망할 수는 있지만, 자신을 자신의 정체가 아닌 것으로 만들어 버릴 수는 없기 때문이다. 아이디어가 자신의 근원을 떠날 수 있다고 믿는 것은 환상에게 참이 되라는 초대로서, 결코 *성공하지 못한다*. 하느님의 아들을 속이려는 시도는 결코 성공할 수 없기 때문이다.

61 기적은 원인과 결과를 떼어놓지 않고 한데 모을 때 가능하다. 원인 없이 결과를 치유하는 것은 단지 결과를 다른 형식으로 바꿀 뿐이다. 이것은 해방이 *아니다*. 하느님의 아들은 죄의식에서 완전히 벗어나서 완전히 구원되는 것보다 못한 것에는 결코 만족할 수 없을 것이다. 그렇지 않다면 그는 자신이 계속 무언가를 희생해야 한다고 요구할 것이며, 그리하여 모든 것이 그의 것으로서 어떤 상실에 의해서도 제한되지 않음을 부정할 것이기 때문이다. 아주 작은 희생도 그 결과라는 면에서는 희생이라는 아이디어 전체와 똑같다. 어떤 형식으로든 상실이 가능하다면, 하느님의 아들은 불완전하고 자기 자신이 아닌 상태가 된다. [또한 그는 자기 자신을 알지도 못하고, 자신의 뜻을 인식하지도 못할 것이다.] 그는 아버지와 그 자신을 맹세코 부정하고, 증오심에 불타서 둘 다 적으로 만든 것이다.

62 환상은 환상이 섬기도록 만들어진 목적을 섬긴다. 그리고 그 목적으로부터, 환상이 가진 듯한 그 모든 의미가 도출된다. 하느님은 네가 만든 모든 환상들에, 그 형식과 상관없이 기적 하나를 정당화할 *또 다른* 목적을 부여하셨다. 각각의 기적마다 그 안에는 모든 치유가 놓여있다. 하느님은 모든 환상들에 하나로서 답하셨기 때문이다. 하느님께 하나인 것은 분명 같은 것이다. 같은 것이 다르다고 믿는다면, 너는 단지 너 자신을 속이는 것이다. 하느님이 하나라고 부르시는 것은 분리되지 않고 영원히 하나일 것이다. 그분의 왕국은 정녕 연합되어 있다. 그것은 그렇게 창조되었으며, 영원히 그러할 것이다.

63 기적은 다만 너의 아주 오랜 이름을 부를 뿐이며, 너는 그 이름을 인식할 것이다. 너의 기억 안에 진리가 있기 때문이다. 바로 그 이름을, 네 형제가 그 자신의 해방과 너의 해방을 위해 부른다. 천국이 하느님의 아들을 비춰주고 있다. 네가 해방될 수 있도록, 그를 부정하지 말라. 하느님의 아들은 다시 죽지 않겠다고 선택할 때까지 매 순간 다시 태어난다. 해치려고 소망할 때마다, 그는 아버지가 그를 위해 뜻하시는 것 대신에 죽음을 선택한다. 하지만 매 순간은 그에게 생명을 제공한다. 그의 아버지는 그가 살기를 뜻하시기 때문이다.

⁶⁴ 십자가 안에, 구원이 놓여있다. 고통도 고난도 없는 곳에는 치유가 필요 없기 때문이다. 용서는 일체의 공격에 대한 유일한 응답이다. 따라서 공격은 그 결과를 빼앗기고, 증오는 사랑의 이름으로 응답받는다. 너에게는 하느님의 아들을 십자가와 지옥, 그리고 죽음에서 구하는 일이 맡겨졌다. 그러한 너에게 모든 영광이 영원히 있기를! 너는 하느님의 아들을 구할 권능을 가졌다. 그의 아버지가 그렇게 뜻하셨기 때문이다. 너의 두 손에, 하나로서 주고받을 모든 구원이 놓여있다.

⁶⁵ 하느님이 네게 주신 권능을 그분이 원하시는 대로 사용하는 것은 자연스럽다. 하느님이 너를 창조하신 대로 존재하는 것, 혹은 하느님이 주신 것을 하느님 아들의 모든 실수에 응답하고 그를 자유로이 풀어주기 위해 사용하는 것은 오만이 아니다. 그러나 하느님이 주신 권능을 제쳐두고, 그분이 뜻하시는 것 대신에 작고 어리석은 소망을 선택하는 것은 정녕 오만이다. 하느님이 너에게 주시는 선물은 한계가 없다. 그것이 응답할 수 없는 상황도, 그 자비로운 빛 안에서 해결되지 않는 문제도 전혀 없다.

⁶⁶ 하느님이 네가 있기를 바라시는 평화 속에 머물면서, 네 형제가 평화를 찾는 수단이 되어라. 그 속에서 너의 소망이 이루어진다. 우리 함께 죄와 죽음의 세상에 축복을 전해주자. 우리 각자를 구원할 수 있는 것은 우리 모두를 구원할 수 있기 때문이다. 하느님의 아들들 사이에는 다른 점이 전혀 없다. 특별성이 부정하는 단일성이 그들 모두를 구원할 것이다. 하나인 것에는 특별성이 전혀 없기 때문이다. 모든 것이 그들 각자에게 속한다. 한 형제와 그의 형제 사이에는 어떤 소망도 없다. 한 형제에게서 빼앗는 것은 모든 형제에게서 박탈하는 것이다. 하지만 한 형제를 축복하는 것은 모든 형제에게 하나로서 축복을 베푸는 것이다.

⁶⁷ 너의 태곳적 이름은 모든 이의 이름이다. 그것은 모든 이의 이름이 너의 이름인 것과도 같다. 네 형제의 이름을 불러라. 그러면 하느님이 응답하시리라. 그럴 때 너는 하느님을 부른 것이기 때문이다. 하느님은 당신을 부르는 모든 이에게 *이미* 응답하셨거늘, 그러한 너의 부름에 응답하지 않으시겠는가? 기적은 아무것도 바꿀 수 없다. 그러나 기적은 언제나 참이었던 것이 그것을 모르는 이들에게 인식되게 할 수 *있다.* 이 작은 진리의 선물에 의해, 진리는 그 자체가 되고, 하느님의 아들은 자기 자신이 되며, 모든 창조물은 하나로서 하느님의 이름을 자유로이 부를 수 있게 된다.

IX. 즉각적인 구원

[68] 너에게 남은 유일한 문제는, 용서하는 시간과 신뢰의 덕을 보는 시간 사이에서 간격을 보는 것이다. 이것은 단지 네가 약간 분리되어 있기 위해 너희의 자아들 사이에 유지하려고 하는 약간의 공간을 반영할 뿐이다. 시간과 공간은 다른 형식을 취한 하나의 환상이기 때문이다. 이 환상을 너의 마음 너머로 투사했을 때 너는 이것을 시간이라고 여기고, 본래 있는 곳으로 더 가까이 가져올수록 점점 더 공간이라고 여긴다.

[69] 너희가 서로에게서 떨어져 있으려는 거리가 있는데, 너희는 이 공간을 시간이라고 본다. 왜냐하면 너희는 여전히 자신이 상대방의 바깥에 있다고 믿기 때문이다. 이것은 신뢰를 불가능하게 만든다. 이제 너희는 모든 문제가 *바로 지금* 신뢰를 통해 해결될 것이라고 믿을 수 없다. 그래서 너희는 각자의 이해관계라고 지각하는 것에 대해 계속해서 약간 더 조심하고 약간 더 경계하는 것이 더 안전하다고 생각한다. 너희가 이렇게 지각한다면, 용서가 제공하는 것을 *지금* 얻을 수 있다고 생각할 수 없다. 너희가 선물을 주는 때와 받는 때 사이에 있다고 생각하는 시간 간격은, 희생하고 상실을 겪는 기간으로 보인다. 너희는 궁극적인 구원은 보지만 즉각적인 결과는 보지 않는다.

[70] 구원은 정녕 즉각적이다. 그렇게 지각하지 않는 한, 너는 구원을 너의 목적으로 삼은 때와 그 결과를 얻을 때 사이에 상실의 위험이 크다고 믿으면서 구원을 두려워할 것이다. 두려움의 근원인 잘못은 여전히 이런 형식에 가려져 있다. 구원은 너희가 너희 사이에서 여전히 보는 공간을 완전히 *지워버려서*, 너희를 즉시 하나로 만들 것이다. 바로 *이곳이야말로* 네가 상실이 있을까 봐 두려워하는 곳이다. 이러한 두려움을 시간에 투사하지 말라. 시간은 네가 지각하는 적이 아니다. 시간은, 네가 시간을 보는 *목적*을 제외한다면, 몸과 마찬가지로 중립적이다. 네가 너희 사이에 여전히 약간의 공간을 유지하고자 한다면, 약간의 기간 동안 용서를 유보할 약간의 시간을 원하게 된다. 이것은 용서가 유보되었다가 주어지는 시간 사이의 간격을 위험해 보이도록 만들며, 그 결과 두려움이 정당화된다.

[71] 하지만 너희 사이의 공간은 *지금* 분명하며, 미래의 시간에 지각될 수 없다. 그 공간은 현재가 아니라면 간과될 수 없다. 미래의 상실은 네가 두려워하는 것이 아니다. 그러나 현재의 *결합*은, 너의 끔찍한 두려움의 대상이다. *지금이* 아니라면 과연 누가 고

독함을 느낄 수 있겠는가? 미래의 원인은 아직 결과가 없다. 그러므로 네가 만약 두려워한다면, 거기에는 분명 *현재의* 원인이 있을 것이다. 교정이 필요한 것은 바로 *이것이지*, 미래의 어떤 상태가 아니다.

⁷² 네가 안전을 위해 세우는 모든 계획은 미래에 놓여있다. 하지만 너는 미래에는 계획할 수 *없다*. 미래에는 아직 어떤 목적도 부여되지 않았으며, 앞으로 일어날 일에는 아직 원인이 없다. 그 누가 원인도 없는 결과를 예측할 수 있겠는가? 그 결과가 *이미* 야기되었다고 생각하여 *지금* 파멸적이라고 판단하지 않는 한, 그 누가 그것을 두려워할 수 있겠는가? 죄에 대한 믿음은 두려움을 불러일으키며, 그 원인과 마찬가지로 미래와 과거를 바라보지만, 지금 여기에 있는 것은 *간과한다*. 하지만 그 결과를 이미 두렵다고 판단했다면, 그 원인은 오로지 지금 여기에 있을 것이다. 이런 사실을 간과함으로써 죄에 대한 믿음이 보호받으며, 치유와 분리된 채 유지된다. 기적이란 *지금이다*. 기적은 이미 여기에, 현재의 은혜 안에, 죄와 두려움이 간과했지만 정녕 시간의 모든 것인 시간의 유일한 간격 안에 서있다. 모든 교정을 다 성취하는 데는 시간이 전혀 걸리지 않는다.

⁷³ 하지만 그 성취를 *받아들이기* 위해서는 시간이 영원히 걸릴 듯이 보일 수 있다. 성령이 너희 관계에 들여온 목적의 변화에는 너희가 볼 모든 결과가 들어있다. 너는 그 결과들을 *지금* 볼 수 있다. 그 결과들은 이미 와 있건만, 너는 왜 그것들이 시간 속에서 펼쳐지기를 기다리면서 오지 않을까 봐 두려워하는가? 전에 너에게 말해주었듯이, 하느님에게서 오는 모든 것은 선을 가져다준다. 하지만 아직은 그렇지 않은 듯이 보인다. 재앙의 형식을 띤 선을 미리 신뢰하기란 어렵다. 그리고 이런 아이디어는 정말 말도 안 된다.

⁷⁴ 선이 왜 악의 형식으로 나타나야 하는가? 그렇다면 속임수가 아닌가? 만약 선이 나타나 있기라도 하다면, 그 원인은 여기에 있다. 그렇다면 선의 결과는 왜 분명히 보이지 않는가? 왜 미래에 있는가? 너는 한숨을 쉬면서 지금은 그 이유를 이해할 수 없지만 언젠가는 이해할 수 있고, 그러면 그 의미가 분명해질 것이라는 "논리"에 만족하려 한다. 이것은 이성이 아니다. 그것은 정의롭지 않으며, 해방의 시간이 눈앞에 닥칠 때까지는 처벌받을 것임을 암시하기 때문이다. 목적이 선으로 바뀌었다면, 언젠가는 "선한 것"으로 지각되겠지만 지금은 고통의 형식을 띤 재난이 몰아치는 시간 간격이 있을 이유가 없다. 이것은 *지금에* 대한 희생으로서, 성령은 아무런 대가 없이 준 것에

대한 대가로 그러한 희생을 요구할 리가 없다.

75 하지만 이런 환상에는, 참이 아니기는 하지만 너의 마음에 이미 존재하는 원인이 하나 있다. 이런 환상은 단지 그 원인이 일으키는 하나의 결과자 그 결과가 지각되는 하나의 형식일 뿐이다. "선"이 응징의 형식으로 나타난다고 지각되는 시간상의 이러한 간격은 단지, 너희 사이에 아직 용서되지 않은 채 놓여있는 약간의 공간의 한 측면일 뿐이다.

76 미래의 행복에 만족하지 말라. 그것은 아무런 의미도 없고, 네가 받을 정당한 보상도 *아니다*. 너는 자유의 원인을 *지금* 가졌다. 그 무엇이 죄수의 형식을 취하고도 자유에 도움이 되겠는가? 구원이 왜 죽음으로 위장되어야 하는가? 지연은 무의미하며, 현재의 원인의 결과를 미래의 특정 시점까지 미뤄야 한다고 주장하는 "논리"는 단지, 결과와 원인이 하나가 되어야 한다는 사실에 대한 부정일 뿐이다. 시간을 보지 말고, 너희가 구출되어야 하는 너희 사이의 약간의 공간을 보라. 그 약간의 공간이 시간으로 위장되도록 허용하지 말라. 그렇지 않으면 그것은 그 형식이 바뀌어 정체를 알아볼 수 없게 되므로, 계속 보존될 것이다. 성령의 목적은 *이제* 너의 목적이다. 그의 행복 또한 너의 행복이어야 하지 않겠는가?

X. 그들이 왔기 때문이다

77 하느님의 음성은 너로부터 네 형제를 사랑스럽게 부른다. 그리하여 너는 그의 내면에서 너의 부름에 응답하는 음성을 깨울 수 있다. 그러한 너는 얼마나 거룩한지 생각해 보라! 네 형제 안에 너의 구원이 그의 자유와 결합되어 잠들어 있다. 그러한 네 형제는 얼마나 거룩한지 생각해 보라! 네가 아무리 그가 정죄받기를 소망하더라도, 하느님이 그의 내면에 계신다. 하느님이 선택하신 집을 공격하고 그분이 머무시는 집주인과 싸우는 한, 너는 하느님이 네 안에도 계심을 결코 알 수 없을 것이다. 네 형제를 온유하게 대하라. 내면에 그리스도를 지닌 그를 사랑스러운 눈으로 바라보라. 그럼으로써 너는 그리스도의 영광을 보고, 천국이 너와 분리되지 않았음에 기뻐할 수 있다.

78 네가 너의 모든 죄를 용서받고 여전히 아끼는 단 한 점의 죄도 없이 남아있도록, 너에게 그리스도를 데려다주는 네 형제를 조금만 신뢰해 보라는 것이 너무 지나친 요청

인가? 네 형제와 너 자신 사이에 걸려있는 그림자 하나가 그리스도의 얼굴과 하느님에 대한 기억을 가린다. 이것을 잊지 말라. 너는 하느님과 그리스도를 태곳적 증오와 맞바꾸려는가? 네가 서있는 땅이 거룩한 이유는, 너와 함께 그곳에 서서 자신의 순결과 평화로 그 땅을 축복한 그들 덕분이다.

79 증오의 피가 희미해져 풀이 다시 푸르게 자라고, 꽃들이 여름 태양 아래 온통 순백으로 반짝거린다. 죽음이 활개치던 곳이 이제 빛의 세상에 있는 살아있는 사원이 된다. 그들 덕분이다. 거룩함을 다시 들어올려 태곳적 왕좌의 태곳적 자리에 앉힌 것은 바로 그들의 **현존**이다. 그들 덕분에, 증오로 그을리고 황폐화된 불모의 땅에 기적들이 풀과 꽃으로 솟아올랐다. 증오가 일으킨 것을, 그들이 무효화했다. 이제 너는 너무도 거룩한 땅에 서있기에, 천국이 땅과 결합하여 땅을 천국처럼 만들려고 내려온다. 태곳적 증오의 그림자는 사라졌으며, 온갖 병충해와 마름병도 그들이 온 땅에서 영원히 사라졌다.

80 그들에게 백 년이나 천 년, 혹은 수만 년이 무엇이란 말인가? 그들이 올 때, 시간의 목적이 성취된다. 그들이 왔을 때, 결코 없었던 것이 무로 사라져 버린다. 증오가 제 것이라고 주장했던 것은 사랑에게 주어지고, 자유가 살아있는 만물을 밝혀 천국으로 들어올린다. 그들이 하나하나 집에 돌아올 때마다, 천국에서 빛줄기들이 더욱 밝아진다. 불완전한 것들이 다시 완전해지고, 천국의 기쁨이 더욱 커졌다. 천국의 것이 천국에 회복되었기 때문이다. 피에 젖은 땅은 말끔히 씻겼고, 정신 나간 자들은 네가 서있는 땅에서 그들과 결합하려고 정신병자의 옷을 훌훌 벗어 던졌다.

81 그토록 오래 미뤄둔 이 선물에 대해 천국이 고마워한다. 그들은 그들 자신의 것을 거두러 왔기 때문이다. 잠겼던 곳이 열리고, 빛과 떨어져 있던 곳이 포기되어, 이제 빛은 그 위를 비추어 천국의 빛과 세상 사이의 그 모든 공간과 거리를 없애버릴 수 있다.

82 땅에서 가장 거룩한 곳은 태곳적 증오가 현재의 사랑이 된 곳이다. 그들은 재빨리 살아있는 사원으로 오며, 그곳에는 그들을 위한 집이 마련되어 있다. 천국에 이보다 더 거룩한 곳은 없다. 그들은 그들의 안식처자 너의 안식처가 되도록 제공받은 사원에 머물러 살려고 왔다. 증오가 사랑에게 놓아준 것이 천국의 광휘 중에 가장 밝은 빛줄기가 된다. 그리고 천국의 그 모든 빛줄기들은, 제자리로 회복된 그 빛줄기에 대한 감사로 더욱 밝게 빛난다.

83 천사들이 네 주위를 사랑스럽게 맴돌면서 죄의 어두운 생각들을 모두 물리치고, 죄

가 들어온 곳에 빛을 계속 비춰준다. 너의 발자국은 세상을 밝게 비춘다. 네가 걷는 곳을 용서가 기꺼이 함께 가기 때문이다. 땅 위의 그 누구도 자신의 집을 복원하여 혹독한 겨울과 매서운 추위를 피하게 한 자에게 감사하지 않을 수 없다. 천국의 주님과 그분의 아들이 이렇게 많은 것에 대한 감사로 더 적게 주겠는가?

⁸⁴ 이제 살아계신 하느님의 사원이 그곳을 창조하신 분이 머무시는 집으로 다시 세워진다. 하느님이 사시는 곳에서, 그분의 아들이 그분과 결코 분리되지 않고 함께 산다. 그리고 그들은 그들이 마침내 환영받는 것에 대해 감사한다. 십자가가 서있던 곳에 이제 부활한 그리스도가 서있고, 태곳적 상처가 그리스도가 보는 앞에서 치유된다. 죽이려고 왔던 태곳적 원한을 대체하고 축복을 베풀려고, 태곳적 기적이 찾아왔다. 하느님 아버지와 아들이 부드럽게 감사하며 그들의 소유자 앞으로도 영원히 그들의 소유일 것으로 돌아온다. 이제 성령의 목적이 이루어졌다. 그들이 왔기 때문이다! 그들이 마침내 왔기 때문이다!

XI. 남은 과제

⁸⁵ 그렇다면 네가 그들의 **현존**을 깨닫기 위해서는 무엇이 더 무효화되어야 하겠는가? 너는 공격이 정당한 때와 공격이 불공평하므로 용납해선 안 된다고 생각하는 때가 다르다고 본다. 단지 이것만 더 무효화되면 된다. 공격이 불공평하다고 지각할 때, 너는 이제 분노로 반응하는 것이 정당하다고 생각한다. 따라서 너는 똑같은 것을 다르다고 본다. 혼동에는 한계가 없다. 일단 일어나기만 하면, 혼동은 총체적으로 될 것이다. 어떤 형식으로든 혼동의 존재presence는 그들의 **현존Presence**을 가릴 것이다. 너는 그들을 분명히 알 수 있거나 혹은 전혀 알 수 없을 것이다. 혼동된 지각은 앎을 가로막을 것이다. 그것은 혼동의 규모나 방해하는 정도와는 상관없다. 혼동의 존재 자체가 그들의 **현존**에 이르는 문을 닫아버려, 그들을 알 수 없게 만든다.

⁸⁶ 네가 특정한 형식의 공격은 불공평하다고 지각한다면, 그것은 무엇을 의미할까? 그것은 네가 *공평하다고* 생각하는 형식들이 있을 것이라는 의미다. 그렇지 않다면 어떻게 어떤 형식의 공격은 불공평하다고 평가할 수 있겠는가? 그렇다면 너는 어떤 형식에는 의미를 부여하고, 그것이 이치에 맞다고 지각한다. 그리고 단지 일부의 형

식들만 의미가 없다고 여긴다. 이것은 모든 형식의 공격이 이치에 맞지 않고, 똑같이 원인도 결과도 없으며, *어떤* 영향도 끼칠 수 없다는 사실을 부정한다. 그들의 빛나는 결백함은 곧 너 자신의 결백함으로서, 살아있는 만물에게도 똑같이 속한다. 이러한 자각을 가로막는 모든 장막은 그들의 **현존**을 가린다. 하느님은 제한하지 않으신다. 그리고 제한되어 있는 것은 천국일 수 *없다*. 따라서 그것은 *분명* 지옥일 것이다.

87   불공평함과 공격은 *하나의* 실수다. 그것들은 너무도 단단히 결합되어 있어서, 하나를 지각하는 곳에서는 다른 하나도 반드시 보게 된다. 너는 정녕 불공평하게 취급받을 수 없다. 그렇다는 믿음은 단지, 네가 너 자신이 아닌 다른 사람에 의해 박탈당한다는 아이디어의 또 다른 형식일 뿐이다. 불공평하다고 지각되는 것, 네가 당연히 받아야 할 보상이 아니라고 지각되는 모든 것의 뿌리에는 희생의 원인이 투사되어 있다. 하지만 하느님의 아들을 너무도 정의롭지 않게 여겨서 너 자신에게 이것을 요구하는 자는 바로 *너다*. 너에게는 너 자신 외에 다른 적이 없다. 그리고 너는 과연 하느님 아들의 적이다. 너는 그를 너 자신으로 알지 못하기 때문이다. 하느님의 아들에게 그의 정체를 박탈당하고, 그 자신이 될 권리를 거절당하며, 그의 아버지의 **사랑**과 너의 사랑을 받을 자격이 없으니 희생하라고 요구하는 것보다 더 정의롭지 못한 일이 어디에 있겠는가?

88   너 자신이 불공평한 취급을 받는다고 지각하려는 유혹을 경계하라. 이러한 관점에서, 너는 그들의 결백함이 아닌 너 혼자만의 결백함을 다른 누군가의 죄의식을 대가로 치르고 구한다. 너의 죄의식을 다른 누군가에게 주어버리고 결백함을 살 수 있겠는가? 이러한 결백함이 네가 그를 공격하여 얻으려고 하는 것인가? 네가 구하는 것은, 너 자신이 하느님의 아들을 공격한 것에 대한 복수가 아닌가? 차라리 너는 그 공격에 대해 결백하며, 너의 결백함에도 불구하고 희생당한다고 믿는 것이 더 안전하지 않은가? 어떤 식으로 죄의식의 게임을 하든, 상실이 있을 *수밖에* 없다. 누군가 결백함을 잃어야만 다른 누군가가 그에게서 결백함을 빼앗아 자신의 것으로 만들 수 있다.

89   네가 네 형제에게 불공평한 대접을 받는다고 생각하는 이유는, 그가 불공평해야 네가 결백해진다고 생각하기 때문이다. 너는 이 게임에서 너의 모든 관계를 위한 유일한 목적을 지각한다. 그리고 너는 이러한 목적을 너의 관계에 주어진 목적에 보태려고 한다. 성령의 목적은 네가 너의 거룩한 손님들의 **현존**을 알게 하는 것이다. 이 목적에는 아무것도 보탤 수 없다. 세상은 이것 외에는 아무런 목적도 없기 때문이다. 이

유일한 목표에 무언가를 보태거나 **빼는** 것은 단지 세상과 너 자신에게서 모든 목적을 빼앗는 것이다. 세상이 너를 불공평하게 대하는 듯이 보일 때마다, 사실 *네가* 먼저 *세상*을 목적도 없고 성령이 보는 기능도 없게 만듦으로써 불공평하게 대한 것이다. 이런 식으로, 땅 위의 살아있는 만물에게 단순한 정의가 부정되었다.

⁹⁰ 불공평하게 판단하고 자신이 판단한 대로 보는 너에게 이러한 불의가 어떤 막대한 영향을 끼치는지 너는 짐작도 하지 못한다. 세상은 점점 어둡고 위험해지며, 너는 구원이 너의 길을 밝히려고 가져다준 그 모든 행복한 불꽃의 흔적도 지각할 수 없게 된다. 따라서 너는 네가 빛을 빼앗긴 채 어둠 속에 버려져, 헛된 세상에 목적도 없이 불공평하게 남겨졌다고 본다. 하지만 세상은 공평하다. 성령은 이미 불의를 내면의 빛으로 가져왔으며, 그곳에서 모든 불공평함이 해소되어 정의와 사랑으로 대체되었기 때문이다. 어디서든 불의를 지각한다면, 단지 다음과 같이 말하라:

> ⁹¹ 나는 지금 이것을 가지고 아버지와 아들의 **현존**을 부정하고 있다.
> 나는 불의를 보느니 그들을 알고자 한다.
> 그들의 **현존**은 불의를 비춰 물리친다.

제27장

몸과 꿈

I. 서문

¹ 불공평하게 취급받으려는 소망은 공격과 결백을 결합하려는 타협 시도다. 전혀 양립할 수 없는 것들을 *결합하고*, 결코 함께할 수 없는 것들을 가지고 단일체를 만들 수 있는 자가 누가 있겠는가? 온유한 길을 걸어라. 그러면 너는 밤중에 그 어떤 악이나 그림자도 두려워하지 않을 것이다. 그러나 너의 길에 그 어떤 공포의 상징도 두지 말라. 그렇지 않으면 너는 네 형제와 너 자신이 벗어날 수 없는 가시관을 짜게 될 것이다. 너는 너 자신만 십자가에 매달 수는 없다. 네가 불공평하게 취급받는다면, 네 형제도 분명 네가 보는 불공평함에 시달릴 것이다. 너는 너 자신만 희생할 수는 없다. 희생은 총체적이기 때문이다. 만약 희생이라는 것이 일어날 수 있다면, 그것은 하느님의 창조물 전체의 희생을 수반할 것이며, 아버지의 사랑받는 아들의 희생과 더불어 아버지의 희생도 수반할 것이다.

² 네가 희생에서 해방될 때, 네 형제의 해방도 드러나서 그의 것으로 보이게 된다. 하지만 너는 네가 겪는 모든 고통을 네 형제가 너를 공격했기 때문에 유죄라는 증거로 본다. 이와 같이 너는 너 자신을, 네 형제가 결백함을 잃었고 너를 바라보기만 해도 자신이 정죄받았음을 깨달을 수 있는 표시로 만들려고 한다. 그리고 네가 불공평하게 당했던 일은 정당하게도 그에게 일어날 것이다. 네가 지금 시달리는 부당한 복수는 본래 그에게 속한 것이며, 복수의 화살이 그에게 향할 때 네가 자유로워진다. 너 자신을 그가 유죄라는 살아있는 상징으로 만들기를 소망하지 말라. 너는 네가 그를 위해 만든 죽음에서 벗어나지 못할 것이기 때문이다. 하지만 그의 *결백함* 안에서는, 너 자신의 결백함을 발견할 것이다.

II. 십자가에 못 박힌 그림

³ 네가 고통받고 박탈당하고 불공평하게 취급받고 있다고, 혹은 무엇이든 필요하다고 동의할 때마다, 너는 단지 네 형제가 하느님의 아들을 공격했다고 고발하는 것이다. 너는 십자가에 못 박힌 너의 그림을 그의 눈앞에 들이밀면서, 그의 죄가 너의 피와 죽음으로 천국에 기록되었음을 보게 한다. 그리고 그의 앞으로 가서 천국 문을 닫

아걸고는, 그에게 지옥에나 가버리라고 저주한다. 하지만 그것은 천국이 아닌 지옥에 기록되어 있다. 천국에서 너는 공격 너머에 있으며, 그의 *결백*을 입증하기 때문이다. 너는 그에게 제공하는 너의 그림을 *너 자신에게* 보여주면서, 그것을 완전히 믿는다. 성령은 너에게 너를 그린 그림 하나를 제공하여 네 형제에게 주도록 하는데, 그 그림에는 고통과 질책이 전혀 없다. 그의 유죄를 위해 순교당했던 것이 이제 그의 결백에 대한 완벽한 증인이 된다.

4 증인의 힘은 믿음을 초월한다. 그것은 확신을 불러오기 때문이다. 증인을 믿을 수 있는 이유는, 그가 자신 너머로 손을 뻗어 자신이 나타내는 것을 가리키기 때문이다. 병들고 고통받는 너는 단지 네 형제가 유죄임을 나타내며, 그가 너에게 준 상처를 잊지 않도록 네가 파견하는 증인이다. 그러면서 너는 그가 결코 그 상처에서 벗어날 수 없다고 맹세한다. *너*는 이렇게 병들고 불쌍한 그림이 그를 처벌하기 위해 쓸모가 있는 경우에만 그 그림을 받아들인다. 병든 자는 모든 이를 무자비하게 대하며, 역병에 걸려 그들을 죽이려 든다. "형제여, 나를 보라. 너의 손에 내가 죽노라."라고 말할 수 있다면 죽음도 값싼 대가로 보인다. 병은 네 형제가 유죄라는 증거며, 죽음은 그의 잘못이 분명 죄라고 증명할 것이기 때문이다.

5 병은 단지 "작은" 죽음, 아직 총체적이지 않은 복수의 한 형식일 뿐이다. 하지만 병은 그것이 나타내는 것을 확고하게 대변한다. 네가 네 형제에게 보낸 음산하고 한 맺힌 그림을, *너*는 비탄에 빠져 바라보았다. 그리고 너는 그 그림이 그에게 보여준 모든 것을 믿었다. 그 그림은 네가 지각하고 사랑한, 그의 죄에 대해 증언했기 때문이다. 이제 성령은 그의 손길로 온유해진 손에 너를 그린 다른 그림을 올려놓는다. 그것은 여전히 몸을 그린 그림이다. 너의 *진정한* 정체는 볼 수도 없고 그릴 수도 없기 때문이다. 하지만 이 그림은 공격의 목적으로 사용된 적이 없으며, 따라서 전혀 고통받지 않았다. 그것은 네가 결코 상처받을 수 없다는 영원한 진리에 대해 증언하며, 그 자체 너머로 너 자신의 결백과 네 형제의 결백을 가리킨다.

6 네 형제에게 *이러한* 그림을 보여주어라. 그러면 그는 웃음과 사랑 속에서 모든 상처가 치유되었고 모든 눈물이 닦였음을 알 것이다. 그는 그곳에서 자신이 용서받았음을 보고, 그 그림 너머로 치유된 눈을 돌려 그가 네 안에서 보는 결백을 바라볼 것이다. 여기에 그가 결코 죄를 짓지 않았고, 그의 광기가 그에게 행하라고 명한 것 중에 행해지거나 그 어떤 결과라도 낳은 것은 전혀 없으며, 그가 자신에게 퍼부은 질책 중에 정당한

근거가 있는 것도 전혀 없고, 무자비한 두려움의 독침으로 그를 건드릴 수 있는 그 어떤 공격도 없다는 증거가 있다. 그의 유죄가 *아닌* 그의 결백에 대해 증언하라. *너의* 치유는 그의 위로요 건강이다. 그것은 환상이 참이 아님을 *증명하기* 때문이다.

7 이 세상의 동기는 생명을 향한 의지가 아닌, 죽음에 대한 소망이다. 이 세상의 유일한 목적은 죄가 실제임을 증명하는 것이다. 어떤 세상적인 생각이나 행위나 감정에도 이것과 다른 동기는 없다. 그것들은 신뢰를 받아서 그것들이 대변하고 나타내는 체계에 확신을 보태기 위해 소환된 증인들이다. 각 증인은 여러 목소리를 갖고서 네 형제와 너 자신에게 다양한 언어로 말한다. 하지만 두 사람 모두에게 주는 메시지는 똑같다. 몸을 치장하는 것은 죄를 위한 증인이 얼마나 사랑스러운지 보여주려는 시도다. 몸에 대한 걱정은 너의 생명이 얼마나 연약하고 취약한지, 네가 사랑하는 것이 얼마나 쉽게 파괴되는지 보여준다. 우울증은 죽음에 대해, 그리고 무엇에든 진정한 관심을 갖는 것의 덧없음에 대해 말해준다. 헛됨의 가장 강력한 증인은 바로 온갖 형식의 병이다. 그것은 나머지 모든 증인들을 떠받치며, 그들이 죄의 정당성을 보여주는 그림을 그리도록 돕는다.

8 병든 자들이 갖는 부자연스러운 갈망과 이상한 욕구마다 그 이유가 있다. 그렇게 느닷없이 짧게 끝나버릴 삶을 살면서 일시적인 기쁨의 가치를 높이 평가하지 않을 자가 누가 있겠는가? 지속될 수 있는 그 어떤 쾌락이 있겠는가? 덧없이 스러질 자들이야말로 훔쳐 온 쾌락의 조각조각이 그들의 짧은 삶에 대한 정당한 보상이라고 믿을 권리가 있지 않겠는가? 그들이 그 혜택을 누리든 말든, 죽음은 그 모든 쾌락에 대한 대가를 치르게 할 것이다. 삶을 어떤 식으로 보냈든, 그 끝은 오고야 말 것이다. 그러니 속히 지나가는 덧없는 것에서 쾌락을 취하라.

9 이러한 것들은 죄가 아니라, 죄와 죽음은 실제며, 결백과 죄는 무덤이라는 종착점에서 똑같이 끝난다는 이상한 믿음의 증인일 뿐이다. 이것이 참이라면, 가능한 곳에서 일시적인 기쁨을 구하고 보잘것없는 쾌락을 소중히 여기는 데 만족할 만한 이유가 있을 것이다. 하지만 이런 그림에서 몸은 중립적인 것으로, 그리고 그 자체로는 고유한 목표가 없는 것으로 지각되지 않는다. 여기서 몸은 질책의 상징, 그 결과를 뻔히 볼 수 있기에 그 원인을 결코 부정할 수 없는 죄책의 표시가 되기 때문이다.

10 너의 기능은, 죄는 어떤 원인도 *가질* 수 없음을 네 형제에게 보여주는 것이다. 너 자신을 너의 기능이 결코 가능하지 않다는 증거를 그린 그림으로 보는 것은 얼마나

헛된 일인지! 성령의 그림은 몸을 몸이 아닌 다른 것으로 바꾸지 않는다. 그 그림은 다만 몸에서 모든 고발과 비난의 표시만 제거할 뿐이다. 목적 없이 그려진 몸은 아프지도 건강하지도 않고, 나쁘지도 좋지도 않은 것으로 보인다. 그것은 어떤 식으로든 몸을 판단할 근거를 제공하지 않는다. 몸은 생명이 없지만 죽은 것도 아니다. 몸은 두려움이나 사랑에 대한 일체의 경험과 떨어져 있다. 이제 몸은 아직 그 무엇에 대해서도 증언하지 않고, 몸의 목적은 정해지지 않았으며, 마음은 다시 몸이 무엇을 *위한* 것인지 자유로이 선택할 수 있기 때문이다. 이제 몸은 정죄받지 않으며, 다만 자신이 받을 기능을 완수할 수 있도록 어떤 목적이 주어지기만을 기다릴 뿐이다.

11 죄라는 목표가 제거된 이 빈 공간 안에서, 천국이 자유로이 기억된다. 여기로 천국의 평화가 들어오고, 여기서 완벽한 치유가 죽음의 자리를 차지할 수 있다. 죽음의 악취를 들이마시는 데 진저리난 자들에게 몸은 생명의 표시, 구원의 약속, 불멸의 숨이 될 수 있다. 몸으로 하여금, 치유를 자신의 목적으로 삼게 하라. 그러면 몸은 받은 메시지를 내보내고, 자신이 대변하는 진리와 가치를 자신의 건강과 사랑스러움을 통해 선포할 것이다. 몸으로 하여금, 영원히 공격받지 않는 끝없는 생명을 나타낼 권능을 받아들이게 하라. 또한 몸으로 하여금, 네 형제에게 "형제여, 나를 보라. 너의 손에 내가 사노라."라는 메시지를 전달하게 하라.

12 이것을 이루는 간단한 방법은, 과거에서 온 어떤 목적도 몸에 부여하지 않는 것이다. 과거에 너는 죄의식을 강화하는 것이 몸의 목적임을 안다고 확신했다. 이런 목적은 손상된 너의 그림이야말로 몸이 나타내는 것의 영원한 표시라고 주장한다. 이것은 몸에게 다른 관점과 다른 목적을 부여할 여지를 남기지 않는다. 너는 몸의 목적을 *모른다*. 너는 단지 너의 기능을 너 자신에게 감추려고 만든 몸에게 목적이라는 *환상*을 부여했을 뿐이다. 목적이 없는 몸은 성령이 부여한 기능을 감출 수 없다. 그러니 몸의 목적과 너의 기능이 마침내 일치되어 하나로 보이게 하라.

Ⅲ. 치유에 대한 두려움

13 치유가 두려운가? 많은 이들에게, 그러하다. 고발은 사랑을 가로막는 빗장이며, 손상된 몸은 고발자다. 그것은 신뢰와 평화의 길에 버티고 서서, 연약한 자는 신뢰할 수

없고, 손상을 입은 자는 평화를 누릴 근거가 없다고 선포한다. 그 누가 자신의 형제에 의해 상처를 입고도 여전히 그를 사랑하고 신뢰할 수 있겠는가? 그는 공격했으며, 또다시 공격할 것이다. 그를 보호하지 말라. 너의 손상된 몸은 네가 그로부터 보호받아야 함을 보여주기 때문이다. 용서는 자비로운 행위일 수는 있겠지만, 그의 정당한 몫은 아니다. 너는 그의 죄책에 대해 동정할 수는 있겠지만, 혐의를 풀어줄 수는 없다. 네가 만약 그의 죄를 용서한다면, 그가 실제로 얻어낸 그 모든 죄책을 가중시킬 뿐이다.

¹⁴ 치유되지 않은 자들은 사면할 수 *없다*. 그들은 사면이 불공평함을 입증하는 증인들이다. 그들은 자신이 간과하는 죄의 결과를 계속 간직할 것이다. 하지만 그 누구도 자신이 실제라고 믿는 죄를 용서할 수는 없다. 결과가 있는 것은 그 소행이 뻔히 보이므로, *분명* 실제. 용서는 자신이 진리라고 아는 것을 사면하려고 시도하는 동정이 아니다. 악을 선으로 갚을 수는 없다. 용서는 죄를 먼저 확립한 *다음에* 그 죄를 용서하지 않기 때문이다. 누가 "형제여, 너는 나를 해쳤다. 하지만 둘 중에 내가 더 나은 자기 때문에, 내가 입은 상처에 대해 너를 사면한다."라고 진심으로 말할 수 있겠는가? 그가 사면받는 것과 너의 상처는 공존할 수 없다. 하나는 다른 하나를 부정하여 그것을 거짓으로 만들 *수밖에* 없다.

¹⁵ 죄를 증언하고도 용서하는 것은 이성은 볼 수 없는 모순이다. 죄는 너에게 이미 행해진 것은 사면받을 자격이 없다고 주장하기 때문이다. 너는 사면을 베풂으로써 그에게 자비를 허락하지만, 그가 실제로 결백하지 않다는 증거는 계속 간직한다. 병든 자는 계속 고발자로 남아있을 것이다. 그는 자신의 형제들은 물론 자기 자신도 용서할 수 없다. 진정한 용서로 충만한 자는 고통받을 수 없다. 그는 자신의 형제의 눈에 죄의 증거를 들이대지 않는다. 따라서 그는 분명 죄의 증거를 간과하여 자신의 눈에서 제거했을 것이다. 용서는 둘 중 어느 한 사람만을 위한 것일 수 없다. 용서하는 자는 정녕 치유된다. 그는 치유됨으로써 자신이 정말로 용서했으며, 자신과 모든 살아있는 것을 겨냥한 그 어떤 정죄의 근거도 간직하고 있지 않음을 증명한다.

¹⁶ 용서가 네 형제는 물론 너 자신에게도 치유를 가져다주지 *않는* 한, 그것은 진짜 용서가 아니다. 그의 죄가 진짜가 아니었음을 입증하려면, 너는 그것이 너에게 어떤 결과도 낳지 않았음을 증명해야 한다. 달리 어떤 식으로 그가 무죄일 수 있겠는가? 그의 죄로 인해 응당 죄의식을 느껴야 할 그 어떤 결과도 나오지 않은 경우를 제외하고, 그의 결백이 어떻게 정당할 수 있겠는가? 죄가 용서받을 수 없는 이유는 단지, 그것이 완전

히 무효화되고 간과될 수 없는 결과를 낳기 때문이다. 죄의 결과가 무효화됨에 따라, 죄는 단지 잘못이었음이 증명된다. 너 자신이 치유되게 하라. 그럼으로써 너는 용서할 수 있게 되어, 네 형제와 너 자신에게 구원을 선사하게 된다. 손상된 몸은 마음이 치유되지 않았음을 보여준다. 치유의 기적은 분리가 어떤 결과도 낳지 않았음을 증명한다. 너는 네 형제에게 증명하려는 것을 스스로 믿을 것이다. 증거의 힘은 너의 믿음에서 *나온다.* 그리고 네가 말하고 행하고 생각하는 모든 것은 단지 네가 그에게 가르치는 것을 증언할 뿐이다.

17 너의 몸은 그것이 결코 네 형제 때문에 고통받지 않았음을 가르치는 수단이 될 수 있다. 너의 몸은 치유됨으로써, 네 형제에게 그의 결백에 대한 무언의 증거를 제공할 수 있다. 이러한 증거야말로 천 마디 말보다 더 강력하다. 왜냐하면 여기에서 그가 용서받았음이 그에게 *증명되기* 때문이다. 기적은 너에게 준 것보다 더 적은 것을 네 형제에게 줄 수 없다. 그러므로 너의 치유는, 너의 마음이 치유되었으며 네 형제가 하지 않은 일을 용서했음을 보여준다. 따라서 그는 자신의 결백이 결코 상실되지 않았음을 확신하게 되며, 너와 더불어 치유된다.

18 이와 같이 기적은 세상이 결코 무효화할 수 없다고 증언하는 모든 것을 무효화한다. 낭랑히 울려 퍼지는 태곳적 생명의 부름 앞에서, 절망과 죽음은 사라질 수밖에 없다. 이 부름은 죽음과 죄의식의 가냘프고 처량한 울음소리보다 훨씬 더 강력하다. 아버지가 아들을, 아들이 자신의 아들을 부르는 태곳적 부름은 세상이 듣게 될 최후의 나팔 소리가 되리라. 형제여, 죽음은 없다. 네가 네 형제로부터 아무런 상처도 받지 않았음을 보여주기만을 소망할 때, 너는 이것을 배울 것이다. 그는 자신의 손에 너의 피를 묻혔다고 생각하며, 따라서 정죄받아 서있다. 하지만 너는 스스로 치유됨으로써, 그의 죄의식은 단지 무의미한 꿈으로 엮어낸 직물에 불과함을 보여줄 수 있다.

19 기적은 얼마나 정의로운지! 기적은 네 형제와 너 자신에게 죄의식에서의 완전한 구원이라는 똑같은 선물을 선사하기 때문이다. 너의 치유는 너는 물론 그도 고통에서 구해낸다. 그리고 네가 치유되는 이유는, 그의 건강을 소망했기 때문이다. 치유는 특별성을 전혀 보지 않는다. 바로 이것이 기적이 따르는 법칙이다. 치유는 동정이 아닌 사랑에서 비롯된다. 그리고 사랑은, 모든 고통은 단지 헛된 상상물이며 아무런 결과도 없는 어리석은 소망일 뿐임을 증명할 것이다. 너의 건강은 네 형제가 손에 피를 묻히지 않았으며, 죄의 증거로 무거워진 그의 가슴에 그 어떤 죄책도 없다고 보려는 열

망의 결과다. 그리고 네가 소망하는 바로 그것이 네가 볼 수 있도록 너에게 주어진다. ²⁰ 너의 평온함의 "대가"는 그의 평온함이다. 이것이 바로 성령과 세상이 다르게 해석하는 "대가"다. 세상은 그것을 너의 구원은 그의 구원을 *희생한다*는 "사실"에 대한 진술로 지각한다. 하지만 성령은, 너의 치유는 그의 치유의 증인이며 그의 치유와 별개일 수 없음을 *안다*. 그가 고통받기로 동의하는 한, 너는 치유되지 않을 것이다. 하지만 너는 그에게 그의 고통은 아무런 목적도 없고 원인도 없음을 보여줄 수 있다. 그에게 너의 치유를 보여주어라. 그러면 그는 더 이상 고통받기로 동의하지 않을 것이다. 그의 결백이 너와 그의 눈앞에 입증되었기 때문이다. 그리고 웃음이 너의 한숨을 대체할 것이다. 하느님의 아들이 스스로 하느님의 아들임을 기억했기 때문이다.

²¹ 그렇다면 누가 치유를 두려워하는가? 형제의 희생과 고통이 자신의 평온함을 나타낸다고 보는 자들뿐이다. 그들의 무력함과 약함은 그들이 형제의 고통을 *정당화하는* 근거를 나타낸다. 형제가 시달리는 끊임없는 죄의식의 가책은, 형제는 노예인 반면 그들은 자유롭다고 증명한다. 그들이 시달리는 끊임없는 고통은, 그들이 형제를 묶어놓고 있기 *때문에* 자유롭다는 것을 보여준다. 그들은 희생의 균형이 뒤집히는 것을 막으려고 병을 열망한다. 네가 어떻게 성령을 단 한 순간이라도, 혹은 더 짧게라도 저지하여, 병을 옹호하는 이러한 주장에 이성으로 대응하지 못하게 할 수 있겠는가? 네가 광기에 귀 기울이려고 잠시 멈춰 선다고 해서 너의 치유가 지연되어야 하겠는가?

²² [교정은 너의 기능이 *아니다*.] 교정은 죄의식이 *아닌* 공평함에 대해 아는 성령께 속한다. 네가 만약 교정의 역할을 떠맡는다면, 용서의 기능을 *잃을 것이다*. 교정은 *단지* 용서할 뿐 *결코* 고발하지 않음을 배울 때까지, 그 누구도 용서할 수 없다. 너 홀로는 교정과 용서가 똑같음을 볼 수 *없으며*, 따라서 교정은 너에게서 비롯되는 것이 아니다. 정체와 기능은 똑같다. 그리고 너는 너의 기능을 통해 너 자신을 안다. 따라서 네가 너의 기능과 성령의 기능을 혼동한다면, 너 자신과 너의 정체에 대해 혼동할 수밖에 없다. 하느님의 기능을 빼앗아 그것이 그분의 기능임을 *부정하려는* 소망이 바로 분리가 아니겠는가? 하지만 그것이 만약 하느님의 기능이 *아니라면*, *너의 기능도* 아니다. 너는 네가 *빼앗으려는* 것을 잃을 수밖에 없기 때문이다.⁵⁾

⁵) 27장의 22-24문단은 원본에 누락된 한 페이지 전체를 이전 자료에서 복원한 것이다. 이것을 2009년 판에서는 21a-21c 라고 번호를 매겼고, 2012년 판부터는 27장의 22문단부터 끝까지 문단 번호를 다시 매겼다. – 편집자

... 든 것이 답해지고 모든 문제가 조용히 해결된다. 갈등 속에는, ...결책도 있을 수 *없다.* 갈등의 목적은 어떤 해결도 가능하지 않게 만... ...명백하지 않도록 보장하는 것이기 때문이다. 갈등 속에 자리잡은 문... ...여 없다. 그것은 여러 방식으로 보이기 때문이다. 한 관점에서 답일 수 ...: 관점에서는 답이 아니다. 너는 정녕 갈등 속에 있다. 따라서 네가 그... ...ㅓ 답할 수 없다는 것은 명백할 것이다. 갈등의 결과는 제한이 없기 때문... ...ㅓ 하느님이 답을 주셨다면, 너의 문제들이 해결되는 방법이 분명 있을 것... ...느님이 뜻하시는 것은 이미 이루어졌기 때문이다.

따라서 거기에 시간은 관련이 없고, 모든 문제는 *지금* 답해질 수 있다는 것이 분명하다. 하지만 너의 마음 상태 안에는 해답이 있을 수 없다는 것도 마찬가지로 분명하다. 그러므로 하느님은 너에게, 그 안에 이미 답이 있는 다른 마음 상태에 도달할 방법을 주셨을 것이 분명하다. 이러한 것이 바로 거룩한 순간이다. 그리고 이곳이야말로 너의 모든 문제를 가져와서 *놓아두어야* 하는 곳이다. 그 문제들은 이곳에 속한다. 바로 이곳에 그 답이 있기 때문이다. [답이 있는 곳에서, 문제는 단순하고 쉽게 해결될 것이다.] 문제를 답이 있을 수 없는 곳에서 해결하려는 시도는 효과가 없을 것이 분명하다. 하지만 문제를 답이 있는 곳에 가져온다면, 문제는 마찬가지로 확실하게 해결될 것이다.

38 모든 문제를 거룩한 순간의 확실성 안에서만 풀려고 하라. 그곳에서 문제는 반드시 답해지고 해결될 것이기 때문이다. 그곳 바깥에는 어떤 해법도 없을 것이다. 거기에는 찾아낼 수 있는 답이 없기 때문이다. 바깥의 어디에서도 하나의 단순한 질문이 제기된 적은 없다. 세상은 단지 많은 답을 가진 이중의 질문만 물을 수 있지만, 그중 어떤 답도 쓸 만하지 않다. 세상은 답을 얻으려고 질문을 하는 것이 아니라, 단지 질문의 관점을 재천명하기 위해 질문한다. 이 세상에서 묻는 모든 질문은 단지 *바라보는* 방법의 하나일 뿐, 묻는 질문이 아니다. 증오하면서 묻는 질문은 답해질 수 없다. 그것은 그 자체로 답이기 때문이다. 이중의 질문은 묻고 답하지만, 둘 다 같은 것을 다른 형식으로 입증할 뿐이다.

39 세상은 단 *하나의* 질문만 한다. 그 질문은 다음과 같다: "이 환상들 가운데 어느 환상이 참인가? 어느 환상들이 평화를 확립하고 기쁨을 제공하는가? 어느 환상이 세상

⁴³ 그러니 답이 금지된 세상 안에서는 어떤 문제도 해결하려고 시도하지 말라. 너를 위해 답을 사랑스럽게 간직하고 있는 유일한 곳으로 문제를 가져오라. 그곳에는 너의 문제를 해결할 답이 있다. 그 답은 문제와 떨어져 있으며, 과연 무엇이 답해질 수 있는 것인지, 즉 질문이 정말로 무엇인지 보기 때문이다. 세상 안에서, 답은 첫 번째 질문에는 대답도 하지 않고 그저 또 다른 질문을 제기할 뿐이다. 거룩한 순간 안에서, 너는 질문을 답으로 가져와서 너를 *위해* 마련된 답을 받을 수 있다.

VI. 치유의 사례

⁴⁴ 치유하기 위한 유일한 방법은 치유되는 것이다. 기적은 너의 도움 없이도 확장하지만, 시작되기 위해서는 정녕 네가 필요하다. 치유의 기적을 받아들여라. 그러면 기적은 그 정체로 인해 뻗어나갈 것이다. 태어나는 순간 그 자체를 확장하는 것이 기적의 본성이다. 그리고 기적은 기적이 베풀어지고 *받아들여지는* 순간 태어난다. 그 누구도 다른 이에게 치유되라고 요구할 수 없다. 하지만 그는 *자신이* 치유되도록 허용함으로써, 자신이 받은 것을 다른 이에게 선사할 수 있다. 그 누가 자신이 갖지 않은 것을 다른 이에게 줄 수 있겠는가? 그 누가 자신에게 부정하는 것을 공유할 수 있겠는가? 성령은 *너에게* 말한다. 성령은 다른 누구에게 말하지 않는다. 하지만 네가 성령께 귀 기울인다면, 성령의 음성은 확장한다. 그럴 때 너는 성령의 말을 *받아들이는* 것이기 때문이다.

⁴⁵ 건강은 건강에 대한 증인이다. 건강은 입증되지 않는 한 확신 없이 남아있다. 건강은 오로지 실례로 나타났을 때만 증명된 것이며, 그것은 믿음을 불러올 *수밖에* 없다. 이중의 메시지를 통해서는 아무도 치유되지 않는다. 네가 오로지 치유되기만을 소망한다면, 너는 치유하게 된다. 너의 유일한 목적이 이것을 가능하게 만든다. 하지만 네가 치유를 두려워한다면, 치유는 너를 통해 일어날 수 없다. 치유에 필요한 유일한 조건은 두려움이 없는 것이다. 두려워하는 자들은 치유되지 않으며, 치유할 수 없다. 이것은 너의 마음에서 갈등이 영원히 사라져야 한다는 의미가 아니다. 그렇지 않다면 치유는 필요 없을 것이다. 하지만 그것은 단 한 순간만이라도 공격 없이 사랑해야 함을 *의미한다.* 그 한 순간이면 충분하다. 기적은 시간을 기다리지 않는다.

⁴⁶ 거룩한 순간은 기적이 머물러 사는 장소다. 그곳에서 각각의 기적이 나와서, 갈등을 초월하여 평화에 도달한 마음 상태의 증인으로서 이 세상에 태어난다. 기적은 평화의 장소로부터 전쟁터 속으로 위로를 날라다 줌으로써, 전쟁이 어떤 결과도 낳지 못했음을 보여준다. 전쟁이 일으키려 한 모든 상처, 즉 손상된 몸들과 흩어진 팔다리, 비명을 지르며 죽어가는 자들과 죽어서 말 없는 자들은 부드럽게 들려 올라가 위로받는다. 기적이 치유하러 온 곳에 슬픔은 없다. 이 모든 것이 일어나기 위해 필요한 것은 단지, 공격 없이 사랑하는 단 한 순간뿐이다. 그 한 순간에 네가 치유되고, 그 단 한 순간 안에서 모든 치유가 이루어진다.

⁴⁷ 거룩한 순간이 안겨주는 축복을 네가 받아들일 때, 무엇이 너와 떨어져 있겠는가? 축복을 두려워하지 말라. 너를 축복하는 성령은 온 세상을 사랑하며, 두려워할 만한 것은 아무것도 세상에 남겨놓지 않는다. 그러나 네가 축복에서 물러나 움츠러든다면, 세상은 정녕 두렵게 보일 것이다. 그때 너는 세상의 평화와 위로를 거둬들여 세상을 죽게 방치한 것이기 때문이다. 그렇게 지독한 상실감에 빠진 세상이야말로, 세상을 구할 수도 있었지만 스스로 치유되는 것이 두려워 뒤로 물러선 자들에게 정죄로 보이지 않겠는가? 그 모든 죽어가는 자들의 눈에는 질책이 담겨있다. 그리고 고통은 속삭이며 "두려워할 것이 무엇이 있는가?"라고 말한다. 이 질문에 대해 잘 생각해 보라. 그것은 너를 대신해 너에게 묻는 질문이다. 죽어가는 세상은 너에게, 자신이 치유될 수 있도록 너 자신에 대한 공격을 한순간 멈추고 안식하라고 요청할 뿐이다.

⁴⁸ 거룩한 순간으로 와서 치유받아라. 세상으로 다시 돌아갈 때 너는 그곳에서 받은 것을 남김없이 가져간다. 축복을 받은 너는 축복을 가져갈 것이다. 죽어가는 세상에 전해주도록, 생명이 너에게 주어졌다. 고통받는 눈은 더 이상 고발하지 않고, 축복을 준 너에 대한 감사로 반짝일 것이다. 거룩한 순간의 광휘가 너의 눈을 밝혀서, 모든 고통 너머를 보고 고통 대신 그리스도의 얼굴을 볼 시각을 줄 것이다. 치유가 고통을 *대체한다*. 그중 하나를 보는 자는 다른 하나를 지각할 수 없다. 치유와 고통은 함께 있을 수 없기 때문이다. 그리고 세상은 네가 보는 것을 목격하고는, 그에 *대해* 증언할 것이다.

⁴⁹ 이와 같이 너의 치유는 세상이 치유되기 위해 필요한 전부다. 세상은 완벽하게 배운 *단 하나의* 레슨을 필요로 한다. 그리고 네가 그 레슨을 잊을 때, 세상은 네가 가르쳐준 것을 부드럽게 일깨워 줄 것이다. 자기 자신이 치유되도록 하여 세상이 살 수 있

게 한 너에게 사...은 더욱 크게 감사할 것이다. 세상은 자신의 증인들을 소환해서, 그
들에게 시간...가져다주어 그리스도의 얼굴을 목격하게 한 너에게 그리스도의 얼굴
을 보여...다. 고발하던 세상은 이제, 모든 눈이 자신에게 해방을 가져다준 친구
를 사...게 바라보는 세상으로 대체된다. 그리고 너의 형제는 전에 적이라고 생각
...친구를 행복하게 지각할 것이다.

...들은 구체적이지 않지만, 구체적인 형식을 취한다. 그리고 이 구체적인 형상
...세상을 구성한다. 그리고 그 누구도 자신의 문제가 그 본질이 무엇인지 이해하
...못한다. 그가 만약 문제의 본질을 이해한다면, 그의 눈앞에는 더 이상 문제가 존
재하지 않을 것이다. 문제가 *없다*는 것이 바로 문제의 본질이다. 따라서 문제를 지각
하는 동안은 문제를 있는 그대로 지각할 수 *없다*. 그러나 치유는 구체적인 사례들에
서 뚜렷이 나타나며, 이어서 일반화되어 그 모든 사례를 포함한다. 사례들은 그 형식
이 다름에도 불구하고 실제로는 모두 똑같기 때문이다. 모든 배움은 전이를 목적으로
한다. 전이는 하나로 보이는 두 상황들 안에서 완성된다. 거기에는 *오로지* 공통 요소
들만 있기 때문이다. 하지만 이것은, 네가 보는 차이를 보지 않는 성령에 의해서만 이
루어질 수 있다. 네가 배운 것의 전체적 전이는 너에 의해 이루어지지 않는다. 그러나
네가 보는 모든 차이에도 불구하고 그러한 전이가 이루어졌다는 사실은 그 차이들이
실제일 수 없다는 확신을 심어준다.

51 너의 치유는 확장하여 너 자신의 문제가 아니라고 생각했던 문제들로 전달될 것이
다. 그리고 네가 어떤 한 문제에서 벗어날 때 너의 다른 많은 문제들도 해결된다는 것
이 분명해질 것이다. 그 문제들의 차이점이 이것을 가능하게 만들었을 리는 없다. 배
움은 어떤 상황과 반대 상황으로 옮겨가서 같은 결과를 내지는 않기 때문이다. 모든
치유는 제대로 지각되고 결코 위반된 적이 없는 법칙과 일치하는 정당한 방식으로 진
행되어야 한다. 네가 그 법칙을 지각하는 방식을 두려워하지 말라. 너는 틀리지만, 네
안의 성령은 *옳다*.

52 그러니 배움의 법칙을 진정으로 이해하고 그 법칙이 위반되거나 제한되지 않도록
보장할 성령께 네가 배운 것의 전이를 맡겨라. 너의 역할은 단지 그가 가르쳐준 것을
너 자신에게 적용하는 것이며, 나머지는 그가 할 것이다. 따라서 너의 배움의 권능은
다양한 많은 증인들에 의해 너에게 증명될 것이다. 네 형제가 그들 중에 첫 번째로 보
이겠지만, 그 뒤로 수천 명이 서있으며, 각 사람마다 그 뒤로 천 명씩이 더 있다. 각

사람은 나머지 문제들과 다른 문제를 가진 듯이 보일 수 있다. 하지만, 문제들은 한꺼번에 해결된다. 그리고 그 모든 문제들에 대한 공통의 답은 질문들이 ...일 수 없었음을 보여준다.

53 치유가 제공되는 너에게 평화가 있기를! 너는 스스로 치유를 받아들일 때 너에게 주어진다는 것을 배울 것이다. 네가 치유의 혜택을 받았음을 이해하기 치유의 전체적인 가치를 평가할 필요는 없다. 공격 없이 사랑이 들어온 순간에 일난 것은 영원히 네 곁에 머물 것이다. 네 형제의 치유처럼 너의 치유도 그 순간의 결과들 중에 하나다. 너는 가는 곳마다 크게 늘어난 치유의 결과를 볼 것이다. 하지만 네가 보는 모든 증인들은 실제로 있는 모든 증인들보다 훨씬 적을 것이다. 무한의 분리된 부분들을 헤아리는 것만으로는 무한을 이해할 수 없다. 하느님은 너의 치유에 대해 너에게 감사하신다. 그것은 당신의 아들에게 주어지는 사랑의 선물이며, 따라서 당신께 주어지는 것임을 아시기 때문이다.

VII. 고통의 목적

54 고통은 몸이 틀림없이 실제라고 입증한다. 고통은 시끄럽게 덮어 감추는 음성으로서, 그 비명소리는 성령의 말을 침묵시켜 너의 의식으로부터 차단한다. 고통은 주의를 기울일 수밖에 없도록 만들며, 그러면 주의는 성령으로부터 빠져나와 고통에 집중된다. 고통의 목적은 쾌락과 똑같다. 고통과 쾌락은 둘 다 몸을 실재화하기 위한 수단이기 때문이다. 공동의 목적을 공유하는 것은 똑같은 것이다. 이것이 바로 목적의 법칙으로서, 이 법칙은 목적을 공유하는 모든 이를 그 자체 안에서 연합한다. 쾌락과 고통은 똑같이 실제가 아니다. 그것들의 목적은 달성될 수 없기 때문이다. 따라서 그것들은 무를 위한 수단이다. 그것들이 가진 하나의 목표는 아무런 의미도 없기 때문이다. 쾌락과 고통은 자신의 목적이 가진 의미의 부재를 공유한다.

55 죄는 고통에서 쾌락으로, 다시 고통으로 옮겨 다닌다. 둘 중 어느 것이든 결국 똑같은 증인으로서, "너는 여기 이 몸 안에 있고, 상처받을 수 있다. 너는 쾌락도 느낄 수 있지만, 그러기 위해서는 반드시 고통이라는 대가를 치러야 한다."라는 단 하나의 메시지만 전한다. 이 증인들은 더 많은 증인들과 결합되어 있다. 각 증인은 서로 달라

보인다. 그들은 각자 다른 이름을 갖고 있으며, 따라서 각자 다른 소리에 응답하는 듯이 보이기 때문이다. 이 점을 제외하고, 죄의 증인들은 모두 같다. 쾌락을 고통이라고 불러라. 그러면 그것은 해칠 것이다. 고통을 쾌락이라고 불러라. 그러면 쾌락 뒤의 고통을 더 이상 느끼지 못할 것이다. 죄의 증인들은 하나가 앞서면 다른 하나는 뒤로 물러서면서 단지 이름만 바꿀 뿐이다. 하지만 무엇이 앞에 있든 아무런 차이도 없다. 죄의 증인들은 단지 죽음의 부름만 들을 뿐이다.

56 그 자체로는 목적이 없는 이 몸이 너의 모든 기억과 희망을 담고 있다. 너는 몸의 눈을 사용해서 보고, 몸의 귀를 사용해서 듣고, 몸이 무엇을 느끼는지 너에게 말해주도록 한다. *몸은 알지 못한다.* 몸은 단지 *네가* 몸의 실재성을 입증할 증인들을 소환할 때 사용하라고 몸에게 준 이름들을 너에게 말해줄 뿐이다. 너는 그 이름들 중에 무엇이 실제인지 선택할 수 없다. 네가 무엇을 선택하든, 그것은 나머지와 같기 때문이다. 너는 단지 이 이름이나 저 이름을 선택할 뿐, 그 이상 아무것도 아니다. 네가 어떤 증인을 진리의 이름으로 불렀다고 해서 그를 진실한 증인으로 만들 수는 없다. 그 증인이 *나타내*는 것이 진리라면, 그의 내면에서 진리를 찾을 수 있다. 그렇지 않다면, 네가 아무리 그를 하느님의 거룩한 이름으로 부르더라도 그는 거짓을 말한다.

57 하느님의 증인은 몸에 *불리한* 증인을 보지 않는다. 또한 그는 다른 이름으로 불리면서 몸의 실재성을 다른 식으로 대변하는 증인들에게 귀 기울이지도 않는다. 그는 몸이 실제가 아님을 *안다.* 그 무엇도 네가 몸이 지니고 있다고 믿는 것을 담을 수 없다. 그리고 몸은 하느님의 일부에게 그가 무엇을 느껴야 하는지, 그의 기능이 무엇인지 말해줄 수도 없다. 하지만 하느님의 증인은 네가 소중히 여기는 것은 무엇이든 사랑하지 않을 수 없다. 그래서 그는 몸의 죽음에 대한 증인 하나하나에게, 죽음을 모르시는 분 안에 있는 너의 생명에 대한 증인을 하나씩 보내준다. 하느님의 증인이 가져다주는 모든 기적은 몸이 실제가 아니라는 증거다. 그는 몸의 고통과 쾌락을 똑같이 치유한다. 그의 증인들은 죄의 *모든* 증인들을 대체하기 때문이다.

58 기적은 죄의 증인들이 불리는 이름들을 전혀 구분하지 않는다. 기적은 단지 그 증인들이 나타내는 것은 아무런 결과도 없음을 증명할 뿐이다. 기적이 이것을 증명하는 이유는, 기적 자체의 결과가 죄의 증인들의 자리를 차지하러 왔기 때문이다. 네가 너의 고통을 불렀던 이름은 중요하지 않다. 그것은 더 이상 없다. 기적을 가져다주는 성령은 그 모든 이름들을 하나로 지각하고는, 두려움이라는 이름으로 불렀다. 두려움이

죽음에 대한 증인이듯, 기적은 생명에 대한 증인이다. 기적은 그 누구도 부정할 수 없는 증인이다. 기적은 기적이 가져다주는 생명의 *결과기* 때문이다. 죽어가는 자가 살아나고, 죽은 자가 일어나며, 고통이 사라진다. 하지만 기적은 단지 그 자체를 위해 말하는 것이 아니라, 그것이 나타내는 것을 위해 말한다.

59 사랑 또한 죄의 세상에서 상징들을 갖고 있다. 기적이 용서하는 이유는, 기적은 용서 너머에 있는 참인 것을 나타내기 때문이다. 기적이 무효화하려는 법칙에 기적 자체가 속박된다는 생각이야말로 얼마나 어리석고 제정신이 아닌지! 죄의 법칙에는 다른 강점들을 지닌 다른 증인들이 있는데, 그들은 다른 고통들에 대해 증언한다. 하지만 세상을 축복하려고 기적을 보내주는 성령은 살짝 찌릿한 고통과 하찮은 세속적 쾌락, 죽음의 모진 고통도 단지 하나의 소리로 여긴다. 그것은 치유의 요청이며, 비참한 세상에서 도움을 요청하는 애처로운 울음소리다. 기적은 바로 그것들의 똑같음을 *입증한다.*

60 그것들을 달리 부르는 법칙은 파기되어 그 무력함이 *드러났다.* 기적의 목적은 이것을 성취하는 것이다. 그리고 하느님은 기적이 스스로 증언하는 것에 대한 증거 능력을 보장하셨다. 죄의 법칙이 아닌 기적에 대한 증인이 되어라. 너는 더 이상 고통을 겪을 필요가 없다. 그러나 네가 치유될 필요는 정녕 있다. 세상은 고통에 시달리느라 자신의 구원과 해방에 주의를 기울이지 못하기 때문이다.

61 세상의 부활은 네가 치유되고 행복해져서 세상이 치유되었음을 입증하기만을 기다리고 있다. 네가 단지 거룩한 순간의 결과를 지니고 다니기만 하면, 거룩한 순간은 모든 죄를 대체할 것이다. 더 이상 고통받겠다고 선택할 자는 아무도 없을 것이다. 네가 이보다 더 나은 어떤 기능을 수행할 수 있겠는가? 치유할 수 있도록, 치유되어라. 죄의 법칙이 너에게 적용되도록 용납하지 말라. 그러면 사랑의 상징들이 죄를 대신하도록 선택한 너에게, 진리가 드러날 것이다.

Ⅷ. 고통이라는 환상

62 고통스러워하는 것은 세상이 너를 해치려고 행한 모든 것을 강조하는 것이다. 여기서 구원에 대한 세상의 미친 해석을 뚜렷이 볼 수 있다. 마치 꿈꾸는 자가 무엇이 자

신을 공격했는지 의식하지 못하는 처벌의 꿈처럼, 그는 자신이 부당하게, 그리고 자기 자신이 아닌 다른 무엇에 의해 공격받는다고 본다. 그는 이 "다른 무엇"의 희생자다. 그것은 그의 바깥에 있는 것으로서, 그로서는 전혀 책임질 이유가 없다. 그리고 그는 분명 결백할 것이다. 그는 자신이 무엇을 하는지 모르지만, 자신에게 무엇이 행해지는지는 알기 때문이다. 하지만 그가 자기 자신을 공격한다는 점은 여전히 명백하다. 왜냐하면, 고통을 감내하는 자는 바로 그 자신이기 때문이다. 그리고 그는 고통에서 벗어날 수 없다. 그는 고통의 근원이 바깥에 있다고 보기 때문이다.

⁶³ 이제 나는 네가 정녕 벗어날 수 있음을 보여주고자 한다. 이를 위해 필요한 것은 단지 문제를 네가 정한 방식으로 보는 대신에 있는 *그대로* 보는 것이다. 문제가 비록 아주 단순하더라도, 그것의 해결을 *방지하기* 위해 만들어진 복잡한 먹구름에 가려져 있다면, 그것을 달리 어떻게 해결할 수 있겠는가? 구름이 없다면, 문제는 그 원초적인 단순성으로 드러날 것이다. 선택은 어렵지 않을 것이다. 문제를 분명히 보면, 그것은 아주 터무니없기 때문이다. 어떤 단순한 문제가 너를 해치고 있기는 하지만 아주 쉽사리 제거될 수 있음을 *본다면*, 너는 그 문제가 해결되게 하겠다고 어렵지 않게 결심할 것이다.

⁶⁴ 세상을 만들고, 세상이 기초하고, 세상이 유지되는 "논리"는 단순히 다음과 같다: "네가 *바로* 내 행위의 원인이다. 네가 있다는 사실이 나의 노여움을 *정당화한다*. 그리고 너는 나와 *떨어져* 존재하고 생각한다. 네가 공격하는 한, 나는 결백할 것이다. 내가 고통받는 것은 바로 너의 공격 때문이다." 이런 "논리"를 정확하게 있는 그대로 본다면, 그것이 논리적이지 않을 뿐만 아니라 이치에 맞지도 않다는 것을 보지 못할 수 없다. 하지만 이것이 이치에 맞아 보이는 이유는, 세상이 너를 해친 듯이 *보이기* 때문이다. 따라서 뻔한 것을 두고 다른 데서 원인을 찾을 필요는 없어 보인다.

⁶⁵ 그러나 *정녕* 다른 데서 원인을 찾을 필요가 있다. 세상을 정죄에서 해방하는 것은 세상에 있는 자들이 함께 공유하는 필요다. 하지만 그들은 그 공동의 필요를 인식하지 못한다. 왜냐하면 각자는, 만약 그가 자신의 역할을 하면 세상에 대한 정죄가 자신에게 놓일 것이라고 생각하기 때문이다. 그는 바로 이것이 세상의 구원에서 자신이 맡은 역할이라고 지각한다. 복수에는 대상이 있어야 한다. 그렇지 않으면 복수하는 자는 스스로 칼을 쥐고 자신을 겨누게 된다. 그가 만약 자신이 선택하지 않은 공격의 희생자가 되고자 한다면, 칼을 다른 사람의 손에서 보아야 한다. 따라서 그는 자신이 들고 있지 않

은 칼이 입힌 상처 때문에 고통받는다. 이것이 바로 그가 보는 세상의 *목적이다*. 그리고 이런 식으로 볼 때, 세상은 이런 목적을 이루어주는 듯이 보이는 수단을 제공한다.

⁶⁶ 수단은 목적을 입증하지만, 그 자체로 원인은 아니다. 또한 원인을 그 결과와 떼어놓고 본다고 해서 원인이 바뀌지도 않을 것이다. 원인은 결과를 낳으며, 결과는 이어서 결과 자체가 아닌 원인에 대해 증언한다. 그렇다면 결과 너머를 보라. 결과는 고통과 죄의 원인이 있는 곳이 아니다. 그리고 고통과 죄를 곱씹지 말라. 그것들은 단지 그 원인이 반영된 것에 불과하기 때문이다.

⁶⁷ 세상을 정죄에서 구출하는 데서 네가 맡은 역할은, 너 *자신이* 벗어나는 것이다. 악의 세상에 대한 증인은 세상에서 악의 필요성을 본 것만을 대변해 말한다는 점을 잊지 말라. 그리고 이곳은 너의 죄의식을 처음으로 본 곳이다. 네가 네 형제로부터 분리해 나올 때, 너 자신에 대한 첫 번째 공격이 시작되었다. 세상은 바로 이것을 증언한다. 이것 외에 다른 원인을 구하지도 말고, 죄의식의 증인들의 막강한 무리 가운데서 죄의식의 무효화를 기대하지도 말라. 죄의식의 증인들은 너의 충성을 요구하는 죄의식의 주장을 *뒷받침한다*. 진리를 감추는 것들은 네가 진리를 발견하기 위해 바라보아야 할 곳이 아니다. 죄의 증인들은 모두 하나의 좁은 공간에 서있다. 너는 바로 *이곳에서* 네가 세상에 대해 가진 관점의 원인을 발견한다.

⁶⁸ 너는 한때 네가 초대하지도 요청하지도 않았는데 세상이 너에게 억지로 떠안기는 듯한 모든 일의 원인이 정말로 무엇인지 자각하지 못했다. 너에게 고통과 괴로움을 일으킨다고 지각한 수많은 원인들 가운데 너의 죄의식은 없었으며, 너는 어떤 식으로든 고통과 괴로움을 스스로 요청하지 않았다는 것, 이 한 가지만은 확실했다. 바로 이런 식으로 *모든* 환상이 발생한다. 환상을 만드는 자는 자신이 환상을 만들고 있다고 보지 않으며, 환상의 실재성도 그에게 달려있지 않다. 환상의 어떤 원인이든 그와는 동떨어져 있고, 그가 보는 것은 그의 마음과 *별개다*. 그는 꿈의 실재성을 의심할 수 없다. 그는 꿈을 만들고 꿈을 실재적으로 보이도록 만드는 데서 자신이 하는 역할을 보지 못하기 때문이다.

⁶⁹ 세상이 자기 *대신* 꾸어주는 꿈에서 깨어날 수 있는 자는 아무도 없다. 그는 다른 사람이 꾸는 꿈의 일부가 된다. 그는 자신이 만들지 않은 꿈에서 깨어나겠다고 선택할 수 없다. 그는 어떤 별개의 마음이 상상하고 소중히 여기는 꿈의 희생자로서, 무력하게 서있다. 그 마음은 분명 그를 전혀 배려하지 않을 것이며, 그날의 날씨나 시간만큼

이나 그의 평화와 행복에 대해 무신경하다. 그 마음은 그를 사랑하지 않으며, 자신의 꿈을 만족시키는 배역이라면 아무 곳에나 그를 던져 넣는다. 그는 너무도 가치가 없어서, 다만 세상의 헛된 꿈꾸기 속에서 상상된 무의미한 줄거리에 따라 위아래로 날뛰고 춤추는 그림자에 불과하다.

70 네 꿈을 꾸는 자가 네가 아니라면, 이것이 네가 볼 수 있는 유일한 그림이자 네가 선택할 수 있는 유일한 대안이며, 원인이 될 수 있는 다른 하나의 가능성이다. 괴로움의 원인이 *너의* 마음 안에 있음을 부정한다면, 너는 바로 이것을 선택하는 것이다. 그 원인이 정녕 너의 마음 안에 있음에 기뻐하라. 그런 까닭에 너는 시간 안에서 네 운명의 *유일한* 결정자기 때문이다. 잠들어 있는 죽음과 악몽을 선택할지, 행복한 깨어남과 생명의 기쁨을 선택할지는 너에게 달려있다. 생명과 죽음, 깨어남과 잠듦, 평화와 전쟁, 너의 꿈과 너의 실재 사이에서 선택하는 것 *外에* 네가 과연 어떤 선택을 할 수 있겠는가? 하지만 그 선택권이 정말로 너에게 주어져 있다면, 너는 선택 대안들의 원인을 정확하게 있는 *그대로*, 그것들이 있는 *곳에서* 보아야 한다. 네가 만약 두 상태 중에 단 하나만 분명하게 인식한다면, 과연 어떤 선택을 내릴 수 있겠는가? 네가 만약 두 결과 중에 단 하나만 너에게 달려있다고 본다면, 과연 자유롭게 선택할 수 있겠는가?

71 네 안의 진리에 대해 서로 다른 꿈을 꾸는, 작디작은 너와 거대한 세상 사이의 선택은 정직한 선택이라고 지각될 수 없다. 실재와 꿈 사이의 간격은 세상의 꿈꾸기와 너의 은밀한 꿈 사이에 있지 않다. *그 꿈들은 똑같다.* 세상의 꿈꾸기는 단지 네 꿈의 일부로서, 너는 그것을 주어버리고는 그것이 마치 네 꿈의 시작이자 끝인 듯이 보았다. 하지만 그것은 *너의* 은밀한 꿈으로 시작되었다. 그리고 그 꿈은 네가 보고 실제임을 의심치 않는 부분을 야기했음에도 불구하고, 너는 그 꿈을 지각하지 않는다. 네가 잠에 빠져 그 부분의 원인이 실제라고 은밀하게 꿈꾸는 한, 그 부분을 어떻게 의심할 수 있겠는가?

72 너와 분리되어 있는 형제, 오랜 원수, 밤중에 뒤를 밟아 너를 죽이려고 꾀하는, 그러나 질질 끌며 서서히 죽이기를 계획하는 살인마, 너는 이것들을 꿈꾼다. 하지만 이런 꿈 아래에는 또 하나의 꿈이 있다. 그 꿈속에서 너는 살인마, 은밀한 적, 네 형제와 세상을 다 파괴하여 그 썩은 고기를 먹는 자가 된다. 여기에 고통의 *원인*, 너의 꿈과 너의 실재 사이의 공간이 있다. 네가 볼 생각도 하지 않는 이 작은 간격, 환상과 두려움의 출생지, 공포와 오랜 증오의 시간, 재앙의 순간, 이 모든 것이 여기에 있다. 여기

에, 비실재의 *원인이* 있다. 그리고 바로 여기에서, 그 원인이 무효화될 것이다.

⁷³ *네가* 바로 꿈들의 세상을 꿈꾸는 자다. 세상에는 다른 원인이 없으며, 앞으로도 결코 없을 것이다. 헛된 꿈 하나가 하느님의 아들을 공포로 몰아넣어서, 그가 자신의 순결을 잃고, 자신의 아버지를 부정했으며, 자신을 상대로 전쟁을 일으켰다고 생각하게 만들었다! 이보다 더 무시무시한 말이 어디 있겠는가? 그 꿈은 너무도 무시무시하고 너무도 실재적으로 보이므로, 깨어나기 전에 보다 부드러운 꿈이 일어나 그의 마음을 더욱 진정시켜서, 깨어나라고 사랑스럽게 부르는 음성을 두려움 없이 환영할 준비가 되도록 해야 한다. [그것은 괴로움이 치유되고 형제가 친구가 되는 보다 온유한 꿈이다.] 그렇지 않은 한 그는 공포의 식은땀과 죽을 듯한 비명 없이는 실재로 깨어날 수 없다. 하느님은 당신의 아들이 부드럽고 기쁘게 깨어나기를 뜻하셔서, 그에게 두려움 없이 깨어날 수단을 주셨다. 너의 꿈 대신에 하느님이 주신 꿈을 받아들여라. 일단 꿈꾸는 자를 인식하기만 하면, 꿈을 바꾸는 것은 어렵지 않다.

⁷⁴ 성령 안에서 안식하며, 그의 부드러운 꿈이 네가 공포와 죽음에 대한 두려움 속에서 꾸었던 꿈을 대체하게 하라. 성령은 용서하는 꿈을 가져다준다. 그 꿈에서는 누가 살인자고 누가 희생자가 되어야 하는지 선택하지 않는다. 성령이 가져다주는 꿈에는 정녕 살인도 없고 죽음도 없다. 너의 눈은 비록 감겨있지만, 죄의식의 꿈은 너의 시야에서 점차 사라지고 있다. 너의 잠든 얼굴을 환히 밝히려고 미소가 찾아왔다. 이제 잠은 평화롭다. 이것은 행복한 꿈이기 때문이다.

⁷⁵ 너의 죄 없는 형제를 부드럽게 꿈꿔라. 그는 거룩한 결백 속에서 너와 연합한다. 그 꿈으로부터, 천국의 주님이 몸소 당신의 사랑받는 아들을 깨우실 것이다. 네 형제가 네 꿈속에서 범한 실수를 곱씹는 대신에 그의 친절함을 꿈꿔라. 그가 준 상처를 헤아리는 대신에 그의 사려 깊음을 꿈꾸기로 선택하라. 그의 환상들을 용서하고, 그가 준 모든 도움에 감사하라. 그가 너의 꿈속에서 완벽하지 않다는 이유로 그가 준 수많은 선물을 무시하지 말라.

⁷⁶ 네 형제는 그의 아버지를 나타내며, 너는 그분이 너에게 생명뿐만 아니라 죽음도 제공하신다고 본다. 형제여, 아버지는 생명만 주신다. 하지만 네가 네 형제의 선물이라고 보는 것은, 네가 너에게 주시는 아버지의 선물이라고 꿈꾸는 것을 나타낸다. 네 형제의 모든 선물을, 너에게 제공되는 자비와 친절함의 빛 속에서 보라. 그의 선물에 진심으로 감사하는 너의 꿈을 그 어떤 고통도 방해하게 하지 말라.

IX. 꿈의 "주인공"

⁷⁷ 몸은 세상이 꾸는 꿈의 주요 등장인물이다. 몸 없이는 꿈도 없고, 몸이 마치 보고 믿을 수 있는 사람처럼 행동하는 꿈 없이는 몸도 존재하지 않는다. 몸은 모든 꿈의 중심 자리를 차지한다. 그 꿈들은 몸이 어떻게 다른 몸들에 의해 만들어져서 몸 밖의 세상에 태어나며, 잠시 살다가 죽어서 자신처럼 죽어가는 다른 몸들과 함께 먼지 속에서 하나가 되는지에 관한 이야기를 들려준다. 살아가도록 할당된 짧은 시간 동안, 몸은 자신의 친구나 적으로서 다른 몸들을 구한다. 몸의 안전이 몸의 주된 관심사다. 몸의 안락이 몸을 안내하는 규칙이다. 몸은 쾌락을 좇고 해로운 것은 피하려 한다. 무엇보다도 몸은 자기 자신에게 몸의 고통과 기쁨은 다른 것이며, 구분될 수 있다고 가르치려 한다.

⁷⁸ 세상의 꿈꾸기는 많은 형식을 취하는데, 그 이유는 몸이 자신의 자율성과 실재성을 많은 방법으로 증명하려 하기 때문이다. 몸은 세상이 가치 있고 좋다고 찬양하는 작은 금속 원판이나 종이 쪼가리로 산 물건들을 자신 위에 걸친다. 몸은 그것들을 얻으려고 일하면서 무의미한 일들을 하고, 필요하지도 않고 심지어 원하지도 않는 무의미한 것들을 얻기 위해 그것들을 던져버린다. 몸은 다른 몸들을 고용하여 자신을 보호하게 하며, 자신의 것이라고 부를 수 있는 무의미한 것들을 더 많이 수집한다. 몸은 자신의 꿈을 공유할 수 있는 특별한 몸들을 찾아다닌다. 때로 몸은 자신보다 약한 몸들의 정복자라는 꿈도 꾸지만, 그 꿈의 어떤 단계에서는 자신을 해치고 고문하는 다른 몸들의 노예다.

⁷⁹ 태어나서 죽을 때까지 몸이 겪는 일련의 모험은 세상이 이제껏 꾼 모든 꿈의 주제다. 이런 꿈의 "주인공"도, 그 꿈의 목적도 결코 바뀌지 않을 것이다. 비록 그 꿈은 많은 형식을 취하고 그 "주인공"이 등장하는 아주 다양한 장소와 사건을 보여주는 듯하지만, 그 목적은 단 하나다. 그리고 그것은 많은 방식으로 가르쳐진다. 그 꿈은 자신이 결과가 *아닌 원인*이며, *너는 그 꿈의 결과로서 결코 원인일 수 없다*는 이 유일한 레슨을 다시 또다시, 그리고 또다시 가르치려 한다.

⁸⁰ 이와 같이 너는 그 꿈을 꾸는 자가 아니라, 바로 *그 꿈이다*. 따라서 너는 *그 꿈이* 지어내는 장소들과 사건들을 들락거리며 헛되이 떠돈다. 이것이 몸이 하는 일의 전부다. 몸은 단지 꿈속의 등장인물일 뿐이기 때문이다. 하지만 과연 누가, 꿈속의 등장인

물들을 실제라도 되는 양 보지 않는 한, 그들에게 반응하겠는가? 네가 그들을 있는 그 *대로* 보는 순간, 그들은 더 이상 너에게 어떤 결과도 낳지 못한다. 왜냐하면 너는, 그들을 생겨나게 하여 실제인 듯이 보이게 만듦으로써 그들에게 결과를 *부여한* 것은 바로 너 자신임을 이해하게 되었기 때문이다.

81 너는 세상이 이제껏 꿈꾼 모든 꿈의 결과에서 벗어날 용의가 얼마나 있는가? 너는 어떤 꿈도 네 행위의 원인처럼 보이지 않게 하겠다고 소망하는가? 그렇다면 단지 꿈이 시작되는 곳을 바라보자. 네가 보는 부분은 꿈의 두 번째 부분일 뿐이며, 그 원인은 첫 번째 부분에 있기 때문이다. 세상에서 잠들어 꿈꾸는 자는 그 누구도 자기 자신에 대한 공격을 기억하지 못한다. 몸에 대해 아무것도 몰랐고, 이 세상이 실제라고 상상조차 할 수 없던 때가 정말로 있었음을 그 누구도 믿지 않는다. 그는 이런 아이디어들이 너무 터무니없는 것이어서 그저 웃어넘길 수밖에 없는 환상임을 즉시 볼 수도 있었을 것이다. 지금 그 아이디어들은 얼마나 심각해 보이는지! 그리고 그 누구도, 그 아이디어들을 웃어넘기고 믿지 않았던 때를 기억하지 못한다.

82 우리가 단지 그것들의 원인을 직시하기만 하면, 이를 기억할 수 *있다*. 그리고 우리는 두려움의 원인이 아닌 웃을 수 있는 근거를 볼 것이다. 꿈이 자신과 별개의 것으로서 자신에게 일어난다고 지각하는 꿈꾸는 자에게, *그가 주어버린 꿈을 돌려주자.* 모든 것이 하나인 영원 속으로 아주 작고 미친 아이디어가 하나 기어들어 왔는데, 하느님의 아들은 그것을 웃어넘기는 것을 기억하지 못했다. 그의 망각 속에서 그 생각은 심각한 아이디어가 되어, 성취될 수도 있고 실재적인 결과를 낳을 수도 있게 되었다. 우리는 함께 이러한 생각들을 웃어넘기고, 시간은 영원에 침범해 들어올 수 없음을 이해할 수 있다. 시간이 와서 영원을 회피할 수 있다는 생각은 그저 농담에 지나지 않는다. 영원이란 곧 시간이 존재하지 않음을 *의미하기* 때문이다.

83 그 안에서 시간이 실재적으로 되는 무시간성, 자신을 공격할 수 있는 하느님의 일부, 적으로서 분리되어 있는 형제, 몸 안에 있는 마음, 이 모든 것은 논리의 결론이 서두에서 시작하고 그 원인에서 끝나는 순환 논리의 형식들이다. 네가 보는 세상은 네가 행했다고 생각한 것을 정확하게 그려낸다. 지금은 네가 행한 것이 너에게 행해지고 있다고 생각한다는 점만 제외한다면 말이다. 네가 생각한 것으로 인한 죄책은 너 자신의 밖에, 너 대신 너의 꿈을 꾸고 너의 생각을 생각하는 죄 있는 세상에 부과된다. 세상은 너 자신의 복수가 아닌 세상의 복수를 너에게 가한다. 세상은 너를 몸에

꼼짝도 하지 못하게 가둬놓고는, 몸이 세상의 꿈속에서 행하는 모든 죄상을 이유로 몸을 처벌한다. 그리고 너에게는 몸의 악행을 멈출 힘이 없다. 너는 몸을 만들지도 않았고, 몸의 행위나 목적이나 운명을 통제할 수도 없기 때문이다.

⁸⁴ 세상은 단지 다음과 같은 오랜 진리를 입증할 뿐이다: 너는 *정확하게* 네가 다른 이들에게 행했다고 생각하는 것을 그들이 너에게 행한다고 믿을 것이다. 네가 일단 망상에 빠져 그들을 비난하게 되면, 그들이 행하는 것의 원인을 볼 수 없을 것이다. 너는 죄책이 그들에게 놓이기를 *원할 것이기* 때문이다. 죄책을 결코 놓아주지는 않고 밖으로 밀어냄으로써 너의 결백을 지키기 위한 이 심통 사나운 장치야말로 얼마나 유치한가! 너의 눈이 주위에서 온통 이런 실없는 농담의 심각한 결과들은 보지만 그 시시한 원인은 보지 못할 때, 그 농담을 지각하기란 쉽지 않다. 그러한 원인이 없다면, 그 결과는 과연 심각하고 슬퍼 보인다. 하지만 결과들은 단지 뒤따라 일어날 뿐이다. 그리고 그것들의 원인은 아무것도 뒤따라 일어나지 않으며, 그저 실없는 농담에 불과하다.

⁸⁵ 성령은 온유하게 웃으면서 그 원인을 지각할 뿐, 결과는 보지 않는다. 네가 원인을 완전히 간과했거늘, 성령이 달리 어떻게 너의 잘못을 교정할 수 있겠는가? 성령은 너에게, 끔찍한 결과를 하나씩 자신에게 가져와서 그 어리석은 원인을 함께 바라보며 잠시 같이 웃자고 말한다. *너는* 결과들을 판단했지만, *성령은* 그 원인을 판단했다. 그리고 성령의 판단에 의해, 결과들이 제거된다. 어쩌면 너는 눈물을 흘리며 올 것이다. 그러나 성령이 "하느님의 거룩한 아들인 나의 형제여, 이런 일이 일어날 수 있는 너의 헛된 꿈을 바라보라."라고 말하는 것을 들으면, 네 형제는 물론 성령과도 함께 웃으면서 거룩한 순간을 떠날 것이다.

⁸⁶ 구원의 비밀은 단지 이것이다: *너는* 이것을 너 자신에게 행하고 있다. 공격의 형식이 어떠하든, 이것은 여전히 진실이다. 누가 적과 공격자의 역할을 맡든, 이것은 여전히 진실이다. 네가 느끼는 온갖 고통과 고난의 원인이 무엇으로 보이든, 이것은 여전히 진실이다. 너는 *네가* 꾸고 있는 꿈임을 아는 꿈속의 등장인물들에게 전혀 반응하지 않을 것이다. 그들이 실컷 가증스럽고 악랄하게 굴도록 내버려 두라. 그것이 *너의* 꿈임을 인식하기만 하면, 그들은 너에게 어떤 결과도 가져오지 못한다. 이 레슨 하나를 배우면 너는 모든 형식의 고난에서 자유로워질 것이다.

⁸⁷ 성령은 이 하나의 포괄적인 구원의 레슨을, 네가 다 배울 때까지 계속 반복할 것이

다. 네게 고통을 일으키는 고난의 형식과 상관없이 말이다. 네가 성령께 어떤 상처를 가져가든, 그는 이 아주 단순한 진리로 답할 것이다. 이 하나의 답이 모든 형식의 슬픔과 고통의 *원인*을 제거한다. 형식은 성령의 답에 전혀 영향을 끼치지 못한다. 성령은 슬픔과 고통이 어떤 형식을 취하든 그것들에는 단 하나의 원인만 있음을 가르칠 것이기 때문이다. 따라서 너는 기적이란 단지 다음과 같은 단순한 진술의 반영일 뿐임을 이해하게 될 것이다:

88 내가 이 일을 행했고, 바로 이것을 내가 무효화하고자 한다.

89 그렇다면 모든 형식의 고난을 성령께 가져가라. 성령은 각각의 고난이 나머지 고난들과 같음을 안다. 성령은 아무런 차이도 없는 곳에서 아무런 차이도 보지 않는다. 그는 각각의 고난이 어떻게 야기되는지 가르쳐줄 것이다. 그 어떤 고난도 나머지 모든 고난들과 다른 원인을 가지고 있지 않다. 그 모든 고난들은 단지 진정으로 배운 단 하나의 레슨으로 쉽사리 무효화된다. 구원은 너 자신에게만 감춰왔던 비밀이다. 우주가 그러하다고 선포한다. 하지만 너는 구원의 증인들에게 전혀 주의를 기울이지 않는다. 그들은 네가 알기를 *원하지* 않는 것에 대해 증언하기 때문이다. 그들은 네게 그것을 비밀로 하는 듯이 보인다. 하지만 너는 단지 네가 귀 기울이지 *않고* 보지 *않겠다*고 선택하고 있음을 배우기만 하면 된다. 이것을 인식할 때, 너는 세상을 얼마나 다르게 지각할 것인지! 네가 너의 죄에 대해 세상을 용서할 때, *너 자신이* 그 죄로부터 자유로워질 것이다. 네가 죄가 있어야 세상이 결백한 것도 *아니고*, 세상이 죄가 있어야 *네가* 죄 없게 되는 것도 아니다.

90 이것이 바로 아주 명백한 것, 다른 누구도 아닌 너 자신에게만 감춰졌던 비밀이다. 이것이 바로 너를 세상과 분리되어 있게 하고, 네 형제를 너와 분리되어 있게 한 것이다. 이제 너는 *너희 둘 다* 결백하거나 혹은 둘 *다* 죄가 있음을 배우기만 하면 된다. 너희가 서로 다르고, 너희가 동시에 결백하기도 하고 죄가 있기도 하다는 것, 이것이 바로 유일하게 불가능한 것이다. 이것이 바로 네가 여전히 배워야 할 유일한 비밀이다. 그러면 네가 치유되었다는 것은 전혀 비밀이 아닐 것이다.

제28장

두려움의 무효화

I. 서문

¹ 기적은 아무것도 하지 않는다. 기적이 하는 것이라고는 행해진 것에 대한 *무효화*가 전부다. 따라서 기적은 이미 행해진 것에 대한 방해를 상쇄한다. 기적은 더하지 않으며, 단지 제거한다. 기적이 제거하는 것은 이미 오래전에 사라졌지만, 기억 속에 간직되어 있어서 그 결과가 지금 존재하는 듯이 보인다. 이 세상은 오래전에 끝났다. 이 세상을 만든 생각들은, 그 생각들을 생각하고 잠시 사랑했던 마음에 더 이상 남아있지 않다. 기적은 단지 과거는 사라졌으며, 정말로 사라져 버린 것은 아무런 결과도 없음을 보여준다. 어떤 원인을 기억하는 것은 그 원인이 지금 존재한다는 환상을 만들어낼 뿐, 그 결과를 만들어내지는 못한다.

² 죄의식의 그 모든 결과는 더 이상 여기에 없다. 죄의식은 끝났기 때문이다. 죄의식이 가버리면서 그 결과들은 원인 없이 남겨졌기에, 사라졌다. 네가 죄의식의 결과들을 *열망하지* 않는다면, 도대체 왜 기억 속에서 죄의식에 매달리는가? 기억하기는 지각의 과거형이며, 따라서 지각처럼 선택적이다. 기억하기는 과거가 마치 지금 일어나고 있으며, 여전히 볼 수 있도록 존재하는 듯이 지각하는 것이다. 지각과 마찬가지로 기억은, 하느님이 너를 창조하실 때 주신 것을 대체하려고 네가 만들어낸 기술이다. 네가 만든 다른 모든 것과 마찬가지로, 기억은 다른 목적을 섬기고 다른 무언가를 위한 수단이 되도록 사용될 수 있다. 네가 그렇게 소망하기만 한다면, 기억은 해치기 위해서가 아닌 치유하기 위해 사용될 수 있다.

³ 치유를 위해 사용되는 것은 무언가를 행하려는 애씀을 나타내지 않는다. 필요란 무언가가 행해져야 함을 의미하는데, 치유는 네가 어떤 필요도 갖고 있지 않다는 인식이다. 치유는 선택적이지 않은 기억으로서, 그러한 기억은 진리를 방해하기 위해 사용되지 않는다. 성령이 치유를 위해 사용할 수 있는 모든 것은 그것들의 내용이나 만들어진 목적 없이 성령께 주어졌다. 그것들은 단지 적용되지 않은 기술이다. 그것들은 사용되기를 *기다린다*. 그것들은 헌신 대상이나 목적이 없다.

Ⅱ. 현재의 기억

⁴ 성령은 정녕 기억을 사용할 수 있다. 하느님이 몸소 기억 속에 계시기 때문이다. 하지만 이것은 과거 사건들에 대한 기억이 아닌, 오로지 현재 상태에 대한 기억일 뿐이다. 너는 너무도 오랫동안 기억이 지나간 것만 간직한다고 믿는 데 익숙해져서, 그것이 *지금*을 기억할 수 있는 기술임을 깨닫기 어려워한다. 세상이 기억에 부과하는 한계는 네가 세상으로 하여금 너에게 부과하도록 하는 한계만큼이나 엄청나다. 기억을 과거에 묶어두는 고리는 *없다.* 네가 기억이 과거에 있기를 바란다면, 기억은 그곳에 있게 된다. 하지만 오로지 너의 *열망만이* 그 고리를 만들었으며, 오로지 너만이 죄의식이 여전히 남아있는 듯한 시간의 부분에 그 고리를 걸어두었다.

⁵ 기억에 대한 성령의 용법은 시간과는 전혀 무관하다. 성령은 과거를 간직하는 수단으로 기억을 사용하는 대신에, 과거를 *놓아버리는* 방법으로 사용한다. 기억은 자신이 받은 메시지를 간직하고, 주어진 메시지가 시키는 것을 행한다. 기억은 메시지를 작성하지 않으며, 그 메시지의 목적이 무엇인지 정하지도 않는다. 몸이 그렇듯이 기억도 그 자체로는 목적이 없다. 기억이 너로 하여금 오랜 증오를 품고 있게 하는 듯하고, 네가 간직해 둔 불의와 상처의 그림을 너에게 보여준다면, 바로 이것이 네가 기억의 메시지로서 요청한 것이다. 그리고 바로 이것이 기억의 정체다. 기억의 지하 저장소에는 몸의 모든 과거 역사가 기록되어 감춰져 있다. 과거는 살아있게, 현재는 죽어 있게 하려고 만들어진 그 모든 이상한 연상물들이 그 안에 저장되어 있으면서, 어서 너에게 와서 다시 살아나라고 명령을 내려주기만을 기다린다. 따라서 그 연상물들의 결과는 시간이 흐를수록 증폭되는 듯하다. 시간은 이미 그것들의 원인을 가져가 버렸지만 말이다.

⁶ 하지만 시간이란 단지 아무것도 행하지 않는 것의 또 다른 측면일 뿐이다. 시간은 네가 너 자신에 대한 진리를 감추려고 사용하는 다른 모든 속성들과 협조하여 일한다. 시간은 무언가를 가져가 버리지 않으며, 그것을 되돌려 줄 수도 없다. 하지만 너는 과거가 현재의 원인이라도 되는 듯이 시간을 이상하게 사용한다. 그리고 현재는 그 원인이 사라졌기에 그 안에서 어떤 변화도 일어날 수 없는 하나의 결과에 불과하다. 하지만 변화는 지속될 원인이 있어야 하고, 그렇지 않으면 계속되지 않을 것이다. 현재의 원인이 사라져 버렸다면, 현재에는 어떤 변화도 일어날 수 없다. 네가 사용하

는 대로의 기억은 오로지 과거만을 간직하며, 따라서 지금에 *반하여* 과거를 간직하는 방법이다.

7 네가 너 자신에게 가르친 것은 아무것도 기억하지 말라. 너는 아주 잘못 배웠기 때문이다. 더 나은 레슨을 배워 간직할 수 있는데도 무의미한 레슨을 마음에 간직하려 할 자가 누가 있겠는가? 오랜 증오의 기억이 나타날 때, 그 원인은 사라졌음을 기억하라. 따라서 너는 그 기억이 무엇을 위한 것인지 이해할 수 없다. 네가 지금 그 기억에 부여하려는 원인이, 그 기억을 그 정체대로 만들어 그렇게 보이도록 만든 과거의 원인이 되게 하지 말라. 그 원인은 사라졌음에 기뻐하라. 너는 바로 그 원인에서 사면받을 것이기 때문이다. 그 대신에 *지금* 받아들인 원인의 새로운 결과를 *여기에* 있는 결과와 함께 보라. 너는 그 사랑스러움에 깜짝 놀랄 것이다. 그것들이 가져다주는 아주 오랜 새로운 아이디어는, 너무도 오래되어서 너의 지각이 보는 기억의 전체 범위를 훌쩍 뛰어넘는 원인의 행복한 결과일 것이다.

8 이것이 바로 성령이 너를 위해 기억해 온 원인이다. 너는 비록 그것을 잊고자 했지만 말이다. 그 원인은 사라지지 않았다. 성령은 그것이 잊히도록 허용하지 않기 때문이다. 그 원인은 결코 변한 적도 없다. 성령이 그것을 너의 마음에 안전하게 간직하지 않은 때는 결코 없었기 때문이다. 그 원인의 결과들은 정녕 새로워 보일 것이다. 너는 네가 그 결과들의 원인을 기억하지 않았다고 생각했기 때문이다. 하지만 그 원인이 네 마음의 자리를 비운 적은 결코 없었다. 아버지가 당신의 아들에 의해 기억되지 않는 것은 그분의 뜻이 아니었기 때문이다.

9 *네가* 기억하는 그것은 결코 없었다. 그것은 네가 원인과 혼동한 원인 없음에서 나왔다. 그동안 네가 원인이 없기에 *결코* 결과일 수 없는 결과를 기억했음을 배운다면, 네가 기억하는 그것은 웃음거리밖에 되지 않을 것이다. 기적은 너에게 영원히 현존하는 원인에 대해 일깨워 준다. 그것은 시간과 방해물에 의해 전혀 훼손되지 않았으며, 그 *정체가* 결코 바뀌지 않았다. 그리고 *너희*는 그 원인의 결과들로서, 원인 자체만큼이나 변함없고 완벽하다. 그 원인의 기억은 과거에 있지 않으며, 미래를 기다리지도 않는다. 그 원인은 기적에서 드러나지 않는다. 기적은 단지 그 원인이 사라지지 않았음을 일깨워 줄 뿐이다. 네가 너의 죄에 대해 그 원인을 용서할 때, 그 원인은 더 이상 부정되지 않을 것이다.

10 너는 너 자신의 창조주를 판단하려 하였기에, 아들에게 판단을 부과한 것은 아버

지가 아님을 이해할 수 없다. 너는 아버지께 그분의 결과들을 부정하려 하지만, 그들은 결코 부정된 적이 없다. 원인이 없는 것 때문에 아들이 아버지의 뜻에 반하여 정죄받을 수 있었던 그런 시간은 결코 없었다. 너의 기억이 증언하려는 것은 단지 하느님에 대한 두려움뿐이다. 하느님은 네가 두려워하는 그것을 행하신 적이 없으며, 그것은 너도 마찬가지다. 따라서 너는 결백함을 잃지 않았다. 너는 치유되기 위해 어떤 치유도 필요 없다. 조용히 있으면서, 원인이 그 *자신의* 결과들을 갖게 하고 그것을 방해할 것은 아무것도 하지 않는 법을 가르치는 레슨을 기적 속에서 보라.

¹¹ 기적은 한순간 멈춰 고요한 마음속으로 조용히 찾아온다. 기적은 그 조용한 시간으로부터, 그리고 기적이 조용히 치유한 마음으로부터 다른 마음들로 뻗어나가서, 그 조용함을 공유한다. 그 마음들은, 기적의 찬란한 확장이 모든 마음들의 원인인 마음으로 돌아가는 것을 방해할 것은 아무것도 하지 않을 것이다. 기적은 공유하기에서 태어났기에, 조용하지 않은 모든 마음들에게 서둘러 달려가 하느님에 대한 기억이 돌아오는 한순간의 고요를 안겨준다. 이것을 지체시킬 시간상의 머뭇거림이란 있을 수 없다. 그 마음들 자신의 기억은 이제 조용하며, 그 자리를 차지하러 온 것은 앞으로 완전히 잊히지는 않을 것이다.

¹² 시간은 성령에게 주어져 있으며, 성령은 그에게 주어진 모든 조용한 순간에 대해 감사한다. 그 순간에 성령의 기억은 자신의 모든 보물을 하느님의 아들에게 선사할 수 있기 때문이다. 그동안 그 보물은 바로 그를 위해 간직되었다. 그에게 전해주라고 받은 보물을, 성령은 얼마나 기쁘게 선사하는지! 성령을 창조하신 하느님도 성령과 함께 감사하신다. 하느님은 당신의 결과들을 빼앗기고자 하지 않으시기 때문이다. 하느님의 아들이 받아들이는 그 순간의 고요함은 영원과 하느님을 따뜻이 환영하여, 그들이 머물러 살고자 하는 곳에 들어오게 한다. 그 순간에 하느님의 아들은 자신을 두렵게 할 것은 아무것도 하지 않기 때문이다.

¹³ 하느님에 대한 기억을 물리치려는 두려움이 없는 마음에, 그 기억은 얼마나 즉각적으로 떠오르는지! 그 마음 자신의 기억은 사라졌다. 현재의 평화로 기쁘게 깨어나는 길에 그 마음의 무시무시한 이미지를 간직할 과거란 없다. 영원의 나팔소리가 고요함 곳곳에 울려 퍼지지만, 고요함을 방해하지는 않는다. 지금 기억되는 것은 두려움이 아니라, 두려움이 잊혀 무효화되게 한 바로 그 원인이다. 고요함은 사랑의 온유한 소리로 말한다. 그것은 하느님의 아들이 그 소리를 차단하려고 현재와 과거 사이에 자

신의 기억을 끼워 넣기 전부터 기억하는 소리다.

¹⁴ 이제 하느님의 아들은 현재의 원인과 그것의 선한 결과들을 마침내 알아차린다. 이제 그는 자신이 만든 것은 원인이 없고, 어떤 결과도 낳지 않았음을 이해한다. 그는 아무것도 하지 않았다. 그는 이것을 봄으로써 자신이 그 무엇도 할 필요가 없었으며, 결코 하지도 않았음을 이해한다. 그의 원인은 정녕 그 원인의 결과들이다. 그 원인 외에 다른 과거나 미래를 낳을 수 있는 원인은 결코 없었다. 그 원인의 결과들은 변함없이 영원하고, 두려움 너머에 있으며, 죄의 세상을 완전히 지나서 있다.

¹⁵ 원인 없는 것을 보지 않는 대가로 네가 과연 무엇을 상실했는가? 하느님에 대한 기억이 상실을 대체하러 왔거늘, 희생이 과연 어디에 있단 말인가? 하느님에 대한 기억이 환상과 실재 사이의 좁은 간격을 가로질러 한순간이면 건널 수 있는 다리를 만들게 하는 것보다, 그 간격을 메울 더 나은 방법이 있겠는가? 하느님은 이미 그 간격을 당신 자신으로 메우셨다. 하느님의 기억은 좌초된 아들을 그냥 지나쳐 가면서, 그가 결코 도달할 수 없는 건너편을 간신히 바라볼 수만 있는 기슭에 버려두지 않았다. 아버지는 그를 들어 부드럽게 건네주기를 뜻하신다. *아버지*는 다리를 이미 놓으셨고, 당신의 아들을 몸소 다리 저쪽으로 건네주실 것이다. 하느님이 당신이 뜻하시는 일에 실패하시거나, 네가 너를 위한 뜻에서 배제될까 봐 두려워하지 말라.

Ⅲ. 결과와 원인을 뒤집기

¹⁶ 원인이 없이는 결과들도 있을 수 없지만, 결과들 없이는 원인도 없다. 원인은 자신의 결과들에 의해 원인으로 *만들어진다*. 아버지는 당신의 아들에 의해 아버지가 되신다. 결과들은 자신의 원인을 창조하지 않지만, 그 원인의 원인 작용을 확립한다. 이와 같이 아들은 자신의 창조주께 부성을 드리고, 자신이 드린 선물을 받는다. 그는 하느님의 아들이기 *때문에*, 하느님이 그를 창조하신 것처럼 창조하는 아버지기도 할 것이다. 창조의 원은 끝이 없다. 그것의 시작과 끝은 똑같다. 그러나 그것은, 시작도 없고 끝도 없이, 자신 안에 모든 창조물의 우주를 담고 있다.

¹⁷ 부성이란 곧 창조다. 사랑은 확장될 수밖에 없다. 순수는 제한되지 않는다. 장애물이나 한계 없이, 영원히 한 곳에 갇혀있지 않는 것이 순결한 자들의 본성이다. 따라서

순수는 몸의 속성이 아니며, 한계가 있는 곳에서 발견될 수도 없다. 몸은 순수의 결과들에 의해 치유될 수 있으며, 그 결과들은 순수 자체만큼이나 무한하다. 하지만 모든 치유가 일어날 수밖에 없는 이유는 마음이 몸 안에 있지 않다는 인식 때문이다. 마음의 결백은 몸과는 전혀 무관하고, *모든* 치유가 있는 곳에 있다. 그렇다면 치유는 어디에 있는가? 치유의 원인에게 치유의 결과들이 부여되는 곳에만 있다. 병이란 원인 없음에게 결과들을 부여하여 그것을 원인으로 *만들려는* 무의미한 시도기 때문이다.

18 하느님의 아들이 병들었을 때는 항상 자신을 자신의 원인으로 만들려고 하고, 자신이 아버지의 아들이 되도록 허락하지 않는다. 이 불가능한 열망을 위해, 그는 자신이 사랑의 결과며 그러한 자신의 정체로 인해 원인이 된다는 것을 믿지 않는다. 치유의 원인은 곧 모든 것의 유일한 원인이다. 이 원인에는 단 *하나의* 결과만 있다. 그것을 인정할 때 너는 비로소 원인 없음에 어떤 결과도 부여하지 않고, 어떤 결과도 보지 않게 된다. 몸 안에 있는 마음, 각자 별개의 마음을 가진 다른 몸들의 세상이 너의 "창조물"로서, 여기서 "다른" 마음인 너는 너 자신과 닮지 않은 결과들과 함께 창조한다. 그러나 그 창조물들의 "아버지"인 너는 분명 그것들과 닮았을 것이다. 아무 일도 일어나지 않았다. 너는 단지 너 자신을 잠들게 해서, 네가 너 자신에게 이방인이고 다른 누군가가 꾸는 꿈의 일부에 지나지 않는 그런 꿈을 꾸었을 뿐이다.

19 기적은 너를 깨우지 않고, 꿈꾸는 자가 정녕 누구인지 보여줄 뿐이다. 기적은 네가 여전히 잠들어 있는 동안에도 꿈을 꾸는 목적에 따라 꿈들 사이에서 선택할 수 있다고 가르쳐준다. 너는 치유의 꿈을 소망하는가, 아니면 죽음의 꿈을 소망하는가? 꿈은 네가 보기를 *원한* 그림을 그려 보여준다는 의미에서 기억과도 같다. 문 열린 빈 창고에 너의 모든 기억과 꿈의 파편들이 들어있다. 하지만 네가 꿈을 꾸는 자라면, 최소한 이 정도는 지각할 것이다: *네가* 바로 그 꿈을 야기한 자며, 너는 또한 다른 꿈도 받아들일 수 있다. 그러나 이렇게 꿈의 내용을 바꾸려면, 네가 좋아하지 않는 꿈을 꾼 자는 바로 너 자신임을 깨달아야 한다. 그것은 *네가* 야기한 결과일 뿐이지만, 너는 그 결과의 원인이 아니고 싶어 한다.

20 살인과 공격의 꿈속에서, 너는 살해되어 죽어가는 몸 안에 있는 희생자다. 그러나 용서하는 꿈속에서는, 그 누구도 희생자나 고통받는 자가 되라고 요구받지 않는다. 이것은 기적이 너 자신의 꿈과 맞바꿔 주는 행복한 꿈이다. 기적은 너에게 다른 꿈을 만들라고 요청하지 않으며, 단지 그 꿈과 맞바꾸려는 꿈을 네가 만들었음을 보라고

요청한다. 세상 안에서 누가 꾼 꿈이든 전부 원인이 없듯이, 이 세상은 원인이 없다. 어떤 계획도 불가능하고, 찾아내서 이해할 수 있는 어떤 밑그림도 존재하지 않는다.

21 아무런 원인도 없는 것에서 다른 무엇을 기대할 수 있겠는가? 하지만 만약 그것에 원인이 없다면, 목적도 없다. 너는 어떤 꿈을 야기할 수는 있지만, 그것에 진정한 결과를 부여할 수는 없다. 네가 그럴 수 있다면 꿈의 원인을 바꾸겠지만, 바로 그것이야말로 네가 할 수 없는 것이다. 꿈을 꾸는 자는 깨어있는 것이 아니다. 하지만 그는 자신이 자고 있음을 모른다. 그는 자신이 병들었거나 건강하다는, 혹은 우울하거나 행복하다는 환상을 보지만, 그것에는 보장된 결과가 있는 안정적인 원인이 없다.

22 기적은 네가 꿈을 꾸고 있으며, 그 내용은 참이 아니라는 사실을 확립한다. 이것은 환상을 다루는 데 있어서 아주 중요한 단계다. 자신이 환상을 지어냈음을 지각하는 자는 환상을 두려워하지 않는다. 그가 계속 두려워했던 *이유*는 자신이 꿈속의 등장인물이 아니라 꿈의 저자임을 보지 않았기 *때문이다*. 그는 자신의 형제에게 주었다고 꿈꾸는 결과를 *자기 자신에게* 준다. 꿈은 단지 이것을 끌어모아서 그에게 주면서 그의 소망이 이루어졌다고 보여줄 뿐이다. 이와 같이 그는 자기 *자신의* 공격을 두려워하지만, 그것을 다른 사람의 손에서 본다. 그는 희생자로서, 자신이 가한 공격의 결과 때문에 고통받을 뿐, 그 결과의 원인 때문에 고통받는 것이 아니다. 그는 자신이 가한 공격의 저자가 아니며, 자신이 야기한 것에 대해 알지 못한다. 기적은 그가 아무것도 하지 않았음을 보여주는 것 외에는, 아무것도 하지 않는다. 그가 두려워하는 것은 원인을 원인으로 *만들어* 줄 결과가 없는 원인이다. 따라서 그것은 결코 존재한 적이 없다.

23 분리는 아버지가 당신의 결과들을 빼앗기셨으며, 더 이상 그들의 창조주가 아니시므로 그들을 지킬 힘이 없다는 꿈과 함께 시작되었다. 그 꿈속에서 꿈꾸는 자는 자기 자신을 만들었다. 그러나 그가 만든 것은 그에게 등을 돌려, 꿈꾸는 자가 그랬듯이 자신을 창조한 자의 역할을 떠맡았다. 그리고 꿈꾸는 자가 자신의 창조주를 증오했듯이, 꿈속의 등장인물들은 그를 증오했다. 그의 몸은 그들이 학대하는 노예다. 꿈꾸는 자가 자신의 몸에 부여한 동기를 그들이 그들 자신의 것으로 받아들였고, 그들은 그의 몸이 그들에게 가하는 복수 때문에 그의 몸을 증오하기 때문이다. 그들이 그의 몸에 가하는 복수야말로 꿈꾸는 자가 꿈을 만든 자일 수 없음을 증명하는 듯하다. 결과와 원인이 먼저 갈라지고, 이어서 뒤집힌다. 따라서 결과가 원인이 되고, 원인이 결과가 된다.

²⁴ 이것은 분리의 마지막 단계로서, 이로부터 분리와 *반대* 방향으로 진행하는 구원이 시작된다. 이 마지막 단계는 그 앞에 지나간 것의 결과지만, 원인처럼 보인다. 기적은 원인에게 결과가 아닌 원인 작용의 기능을 돌려주는 과정에서 첫 번째 단계다. 이러한 혼동이 꿈을 만들어냈으며, 이것이 지속되는 한 너는 깨어나는 것을 두려워할 것이기 때문이다. 그리고 너는 깨어나라는 부름도 듣지 않을 것이다. 그것은 두려움으로의 부름처럼 보이기 때문이다.

²⁵ 성령이 너에게 배우기를 청하는 모든 레슨들처럼, 기적은 명백하다. 기적은 성령이 너로 하여금 배우게 하려는 것을 실례를 들어 보여주고, 그 결과가 네가 *원하는* 것임을 보여준다. 성령의 용서하는 꿈속에서 네 꿈의 결과들이 무효화되고, 가증스러운 적들이 자비로운 의도를 가진 친구로 지각된다. 이제 그들의 적의는 원인이 없는 것으로 보인다. 그 적의는 그들이 만든 것이 아니기 때문이다. 그리고 너는 그들의 증오를 만든 당사자의 역할을 받아들일 수 있다. 너는 그것이 아무런 결과도 없음을 *보기* 때문이다. 이제 너는 꿈으로부터 이 정도만큼은 자유로워졌다. 세상은 중립적이며, 여전히 분리된 개체로 오가는 듯이 보이는 몸들을 두려워할 필요가 없다. 따라서 몸들은 아프지 않다.

²⁶ 기적은 두려움의 원인을 두려움을 만든 자인 너에게 돌려준다. 그러나 기적은 또한, 그것은 아무런 결과도 없으므로 원인이 아님을 보여준다. 원인 작용의 기능은 결과를 내는 것이기 때문이다. 그리고 결과가 사라진 곳에, 원인은 *없다.* 이와 같이 기적은, 마음이 병을 *만들었으며* 마음이 만든 것의 희생자 혹은 결과로서 몸을 사용하였음을 보여줌으로써, 몸을 치유한다. 하지만 레슨의 절반만 가지고서는 전부를 가르칠 수 없을 것이다. 네가 단지 몸이 치유될 수 있다는 것만을 배운다면, 기적은 쓸모가 없을 것이다. 기적은 이런 레슨을 가르치라고 파견된 것이 아니기 때문이다. 네가 배워야 할 레슨은 몸이 병들 수 있다고 생각한 *마음이* 병들었다는 것, 마음이 투사한 죄의식은 아무것도 야기하지 않았으므로 아무런 결과도 없다는 것이다.

²⁷ 이 세상은 기적들로 가득차 있다. 모든 고통과 고난, 죄와 죄의식의 꿈 바로 옆에서, 기적은 빛나는 침묵 속에 서 있다. 기적은 꿈의 대안으로서, 꿈을 지어내는 데서 네가 적극적인 역할을 한다는 것을 부정하는 대신에, 꿈꾸는 자가 되기로 선택하는 것이다. 기적은 병의 결과를 병의 원인에게 되돌려준 것의 기쁜 결과다. 기적을 통해 몸이 해방되는 이유는, 마음이 "이것이 나에게 행해지는 것이 아니라 *내가* 이것을 행

하고 있다."라고 인정하기 때문이다. 따라서 이제 마음은 자유로이 다른 선택을 내릴 수 있다. 구원은 여기서 시작하여, 분리까지 내려온 매 단계의 경로를 바꿔나간다. 그리고 마침내 모든 단계들을 되밟아 올라가서, 사다리가 사라지고 세상의 모든 꿈꾸기가 무효화될 때까지 계속 진행될 것이다.

Ⅳ. 결합에 동의하기

28 구원 너머에서 아주 확실히 기다리고 있는 것은 우리의 관심사가 아니다. 너는 이제 겨우 불확실한 첫걸음을 떼어서, 분리가 너를 이끌고 내려온 사다리 위쪽을 향하도록 했을 뿐이기 때문이다. 지금은 기적만이 너의 관심사다. 우리는 바로 여기서 시작해야 한다. 일단 시작하기만 하면, 꿈에서 깨어나 꿈의 종말을 향해 오르는 길은 고요하고 단순해질 것이다. 기적을 받아들일 때, 이미 꾸어지고 있는 꿈에 너의 두려운 꿈을 더하지 말라. 그런 지원이 없다면, 그 꿈은 아무런 결과도 없이 사라져 버릴 것이다. *너의* 지원이야말로 그 꿈을 강화하는 것이기 때문이다.

29 어떤 마음이 아프기 위해서는, 다른 마음이 그들이 서로 분리되어 있다고 동의해야 한다. 이와 같이, 아픈 것은 마음들의 공동 결정이다. 네가 동의를 거둬들이고 병을 실재화하는 데서 너의 역할을 인정한다면, 다른 마음은 자신의 죄의식을 투사할 수 없다. 그럴 때 너는 그 마음이 자신을 분리되어 있고 너와 떨어져 있다고 지각하도록 거들지 않는 것이기 때문이다. 따라서 너희의 마음들은 몸을 분리된 관점에서 보아 아프다고 지각하지 않는다. 한 형제의 마음과 연합하는 것은 병과 지각된 결과들의 *원인*을 방지한다. 병이 분리하는 마음들에서 비롯되듯이, 치유는 결합하는 마음들의 결과다.

30 기적이 아무것도 하지 않는 *이유*는 단지, 마음들이 결합되어 있으며 결코 분리될 수 없기 때문이다. 하지만 꿈속에서는 이것이 뒤집혀 버려서, 분리된 마음들은 서로 분리되어 있어서 결합할 수 없는 몸들로 보인다. 네 형제가 아프도록 허락하지 말라. 그가 아프다면, 너는 그의 꿈을 공유함으로써 그를 그의 꿈속에 버려둔 것이다. 그는 병의 원인을 그것이 있는 곳에서 보지 못했으며, 너는 병이 발생한 너희 사이의 간격을 못 본 체했다. 이와 같이 너희는 병으로 *결합되어* 있어서, 그 좁은 간격을 치유되

지 않은 상태로 보존한다. 하느님이 오셔서 그 좁은 간격 위에 당신께로 인도하는 다리를 놓으시지 못하도록, 그곳에서 병은 철저히 보호받고 소중히 여겨지며 확고한 믿음으로 떠받쳐진다. 환상을 무기 삼아 하느님이 오시는 길을 가로막지 말라. 그분이 오시는 것이야말로 꿈속에서 반짝거리는 듯한 그 모든 것보다 더 네가 원하는 것이기 때문이다.

31 꿈꾸기의 종말은 곧 두려움의 종말이며, 꿈들의 세상 안에 사랑은 결코 없었다. 그 간격은 정녕 좁지만, 역병과 온갖 해악의 씨앗을 품고 있다. 그 간격은 곧 떨어져 있으면서 결합하지 않으려는 소망이기 때문이다. 따라서 그 간격은 병에 어떤 원인을 제공하는 듯이 보이지만, 사실 그것은 병의 원인이 *아니다*. 그 간격의 *목적이야말로* 병이 가진 그 모든 원인이다. 그 간격은 네가 마치 고통의 원인이라도 되는 듯이 바라보는 몸 안에 너를 분리해 두려고 만들어진 것이기 때문이다.

32 고통의 원인은 몸이 아니라, 분리다. 몸은 단지 분리의 결과다. 하지만 분리란 그저 아무것도 에워싸지 않고 아무런 일도 하지 않는 빈 공간에 불과하다. 배가 지나가며 만든 잔물결들 사이의 빈 공간처럼 실체가 없고, 물이 밀려와 간격을 메우고 물결들이 결합하여 그 위를 가득 채우듯이 재빨리 채워진다. 물결들이 결합하여 잠시 그 사이를 갈라놓는 듯했던 공간을 다시 채웠을 때, 그 사이의 간격이 도대체 어디에 있단 말인가? 마음들이 결합하여 병의 씨앗이 자라나는 듯이 보였던 그들 사이의 좁은 간격을 메워버릴 때, 병이 있을 자리가 도대체 어디에 있단 말인가?

33 하느님이 다리를 놓으시지만, 기적으로 깨끗이 비워진 공간에만 놓으신다. 하느님은 병의 씨앗과 죄의식의 수치심 위로 다리를 놓으실 수 없다. 하느님은 당신이 창조하지 않으신 이질적인 뜻을 파괴하실 수 없기 때문이다. 그 뜻의 결과들이 사라지게 하고, 그것들을 탐하여 움켜쥐지 말라. 기적은 그것들을 전부 쓸어버림으로써, 하느님을 위한 자리를 마련할 것이다. 하느님은 아들에게 오셔서 당신께 돌아올 다리를 놓기를 뜻하신다.

34 그러니 은빛 기적과 금빛 행복한 꿈을, 네가 세상의 창고에 간직하려는 그 모든 보물이라고 여겨라. 창고의 문은 열려있지만, 도둑을 위한 것이 아니라 너의 굶주린 형제들을 위한 것이다. 그들은 반짝이는 조약돌을 금으로 오인하고, 은처럼 빛나는 눈더미를 잔뜩 쌓아두었다. 열린 문 뒤에는 그들에게 남겨진 것이 아무것도 없다. 영원을 찢어 날과 달과 해로 갈라놓은 듯이 지각되는 좁은 간격이 아니라면, 과연 무엇이

세상이란 말인가? 하느님의 아들이 깨어진 조각들이 되어서, 각 조각은 알 수 없는 양의 진흙더미에 따로따로 감춰진 그림이 아니라면, 과연 무엇이 세상 속에 살고 있는 너란 말인가?

35 두려워하지 말고, 너의 세상이 기적으로 밝혀지게 하라. 너희 사이를 갈라놓는 간격이 보였던 곳, 그곳에서 네 형제와 결합하라. 그러면 병은 원인이 *없다*고 보일 것이다. 치유의 꿈은 용서에 놓여있으며, 네가 결코 죄를 짓지 않았음을 부드럽게 보여준다. 기적은 결코 존재하지 않았던 것을 너에게 증언할 죄의식의 증거를 전혀 남기지 않을 것이다. 기적은 너의 창고에 아버지와 너의 *자아*를 따뜻이 맞아들일 장소를 마련할 것이다. 창고의 문이 활짝 열려있다. 이제, 더 이상 굶주리지 않고 자신 앞에 펼쳐진 풍요의 향연을 즐기려는 이들은 누구나 들어올 수 있다. 그리고 그들은 기적이 네게로 오라고 청한 너의 초대받은 손님들을 만날 것이다.

36 이것은 세상의 꿈이 보여준 향연과는 전혀 다른 향연이다. 여기에서는 누군가 더 많이 받을수록 더 많이 남아서, 나머지 모든 이가 공유할 수 있기 때문이다. 손님들은 공급품을 무제한으로 가져왔다. 그리고 그 누구도 빼앗기지 않으며, 빼앗을 수도 없다. 여기에 아버지가 아들에게 베푸셔서, 그와 똑같이 공유하시는 향연이 있다. 그들의 공유에는 풍요가 흔들리다가 점차 빈약해지는 간격이 있을 수 없다. 여기에는 흉년이 들 수 없다. 끝이 없는 이 향연은 시간이 시중들지 않기 때문이다. 너의 손님들을 네게서 떼어놓는 듯했던 공간에 사랑이 자신의 상을 차려놓았기 때문이다.

V. 더 큰 결합

37 너 스스로 속죄를 받아들이는 것은 곧 네가 다른 사람의 병과 죽음의 꿈을 지원하지 않음을 의미한다. 이것은 네가 그의 분리하려는 소망을 공유하지 않아서, 그가 환상을 가지고 자신을 공격하도록 허용하지 않음을 의미한다. 그리고 너는 환상이 그 대신에 너 자신을 공격하기를 소망하지도 않는다. 따라서 환상에는 아무런 결과도 *없다*. 이제 너는 고통의 꿈에서 자유로워졌다. 너는 그를 그 꿈에서 자유롭게 풀어주었기 때문이다. 그를 돕지 않는 한, 너는 그와 더불어 고통받을 것이다. 그럴 때 너는 바로 그러한 것을 소망하는 것이기 때문이다. 그가 너의 고통의 꿈에 등장하는 인물이 되듯

이, 너는 그의 고통의 꿈에 등장하는 인물이 된다. 따라서 너희 둘은 모두 환상이 되어 버리고, 아무런 정체도 없다. 너는 누구의 악몽을 공유하느냐에 따라 어떤 사람이든 어떤 것이든 될 수 있다. 네가 확신할 수 있는 것이라고는, 네가 악하다는 단 하나의 사실밖에 없다. 너는 두려움의 꿈을 공유하기 때문이다.

38 바로 *지금 여기에서* 확실성을 찾는 방법이 있다. 두려운 꿈이 어떤 형식을 취하든, 그것의 일부가 되기를 거부하라. 너는 반드시 그 꿈속에서 정체를 잃을 것이기 때문이다. 너는 그 꿈이 너의 원인이고 너에게 영향을 준다고 받아들이지 않음으로써 너 자신을 *발견한다.* 너는 그 꿈과 떨어져 있지만, 그 꿈을 꾸는 자와는 떨어져 있지 않다. 따라서 너는 꿈꾸는 자를 꿈과 분리하며, 하나와는 결합하지만 다른 하나는 *보내버린다.* 꿈이란 단지 마음속에 있는 환상일 뿐이다. 너는 마음과는 결합하겠지만, 꿈과는 결코 결합하지 않는다. 네가 두려워하는 것은 마음이 *아니라* 꿈이다. 너는 그 둘이 똑같다고 본다. 너는 *네가* 그저 하나의 꿈이라고 생각하기 때문이다. 그리고 너는 너 자신 안에서 무엇이 실제고 무엇이 환상인지 알지 못할 뿐만 아니라 구분도 하지 못한다.

39 너와 마찬가지로, 네 형제도 자신이 한낱 꿈이라고 생각한다. 그가 그 자신에 대해 가진 환상을 공유하지 말라. 너의 정체는 그의 실재에 달려있기 때문이다. 반대로, 그를 아직도 환상이 남아있기는 하지만 너의 형제인 마음이라고 생각하라. 그는 그가 꿈꾸는 것들에 의해 만들어진 형제가 아니며, 꿈의 "주인공"인 그의 몸이 너의 형제인 것도 아니다. 너의 실재가 그의 형제듯이, 그의 *실재가* 너의 형제다. 너의 마음과 그의 마음은 형제애로 결합되어 있다. 그의 몸과 꿈은 단지 너의 몸과 꿈이 그의 것들과 결합한 좁은 간격을 만드는 듯이 보일 뿐이다.

40 하지만 너희의 마음들 사이에는 간격이 전혀 없다. 그러므로 그의 꿈과 결합하는 것은 그를 만나는 것이 아니다. 그의 꿈은 너와 분리되려 하기 때문이다. 그러니 두려움의 꿈이 아닌 형제애를 주장함으로써, 그를 해방하라. 너의 믿음으로 그의 환상을 지원하지 않음으로써, 그가 그 자신의 정체를 인정하게 하라. 네가 그의 환상을 지원한다면, 너는 *너의* 환상을 믿을 것이기 때문이다. 네가 너의 환상을 믿는 한 그는 해방되지 않을 것이며, 따라서 *너는* 그의 꿈에 계속 묶여있게 된다. 두려움의 꿈이 그 좁은 간격에 수시로 출몰하고, 그곳에는 너희가 서로의 마음 안에서 지원해 온 환상들만이 서식할 것이다.

41 네가 너의 역할을 하면, 그도 그의 역할을 할 것임을 확신하라. 그는 네가 서있는 곳

에서 너와 결합할 것이기 때문이다. 그를 너희 사이의 간격에서 만나자고 부르지 말라. 그렇지 않으면 너는 그 간격이 그의 실재자 너의 실재라고 믿을 수밖에 없다. 너는 그의 역할을 할 수 *없다.* 하지만 네가 너 자신의 꿈을 꾸는 자가 아닌 그의 꿈에 나오는 수동적인 등장인물이 될 때, 너는 바로 그렇게 하고 있는 것이다. 꿈속에서는 정체가 무의미하다. 그곳에서는 꿈꾸는 자와 꿈이 하나기 때문이다. 꿈을 *공유하는* 자는 그가 공유하는 꿈일 수밖에 없다. 그러한 공유를 통해 원인이 하나 생겨나기 때문이다.

⁴² 네가 혼동을 공유한다면, 정녕 혼동하게 된다. 간격 안에는 어떤 안정된 자아도 존재하지 않기 때문이다. 같은 것이 같지 않은 듯이 보이기 때문에, 같은 것이 다르다고 보인다. 그의 꿈은 곧 너의 꿈이다. 왜냐하면 네가 그렇게 되도록 *허용했기* 때문이다. 그러나 네가 너 자신의 꿈을 제거하면, 그는 너의 꿈은 물론 그 자신의 꿈에서도 자유롭게 풀려난다. 너의 꿈은 그의 꿈에 대한 증인이고, 그의 꿈은 너의 꿈이 진리임을 입증한다. 하지만 네가 너의 꿈에 어떤 진리도 없음을 본다면, 그의 꿈은 사라질 것이다. 그리고 그는 무엇이 꿈을 *만들었는지* 이해할 것이다.

⁴³ 성령은 너희 둘 *모두의* 마음 안에 있으며, 성령은 하나다. 성령의 **하나인 상태**를 그 자체로부터 분리하는 어떤 간격도 없기 때문이다. 너희의 몸들 사이의 간격은 중요하지 않다. 성령 안에서 결합된 것은 *언제나* 하나기 때문이다. 누구든, 다른 사람이 그와의 연합을 받아들인다면 병들 수 없다. 병들고 분리된 마음이고자 하는 그의 열망은 증인이나 원인이 없다면 계속 남아있을 수 없다. 어떤 사람이 그와 연합되기를 뜻한다면, 증인도 원인도 *모두* 사라진다. 그는 자신의 형제와 분리되었다는 꿈을 꾸지만, 그 형제는 그의 꿈을 공유하지 않음으로써 그들 사이의 간격을 비워놓았다. 그리고 아버지가 친히 오셔서, 성령이 결합한 당신의 아들과 결합하신다.

⁴⁴ 성령의 기능은 하느님의 아들을 그린 그림의 찢어진 조각들을 모아들여서 다시 제자리에 맞추는 것이다. 자신이 그 자체로 그림이라고 생각하는 각각의 조각들에게, 성령은 완전히 치유된 이 거룩한 그림을 내밀어 보여준다. 성령은 각각의 조각에게, 그가 자신이라고 주장하는 부서진 작은 쪼가리 대신에 전체 그림이 나타내는 그의 **정체**를 선사한다. 그가 *이* 그림을 볼 때, 자기 자신을 알아볼 것이다. 네가 만약 네 형제의 악몽을 공유하지 않는다면, 기적은 병과 죄의 모든 *씨앗이* 깨끗이 치워진 좁은 간격 사이에 바로 이러한 그림을 놓아둘 것이다. 그리고 바로 이곳에서, 아버지가 당신의 아들을 맞아들이실 것이다. 그분의 아들이 자기 자신에게 자애로워졌기 때문이다.

⁴⁵ 아버지, 감사드립니다. 당신이 오셔서 당신의 거룩한 아들의 부서진 조각들 사이의 좁은 간격을 일일이 다 메우실 것임을 알기 때문입니다. 완전하고 완벽한 당신의 거룩함은 각각의 모든 조각들 안에 놓여있습니다. 또한 그들은 정녕 결합되어 있습니다. 한 조각에 들어있는 것은 모든 조각들에도 들어있기 때문입니다. 가장 작은 모래알 하나라도, 그것이 하느님 아들의 완성된 그림의 일부임을 알아볼 때, 얼마나 거룩한지요! 부서진 조각들이 취한 듯한 형식은 아무런 의미도 없습니다. 전체가 각 조각 안에 들어있으며, 하느님 아들의 각 측면은 다른 모든 부분들과 똑같기 때문입니다.

⁴⁶ 네 형제의 꿈과 결합하지 말고, *네 형제와* 결합하라. 네가 하느님의 아들과 결합한 곳에, 아버지가 계신다. 자신이 아무것도 상실하지 않았음을 지각할 때, 그 누가 대체품을 구하겠는가? 건강으로 인한 단순한 행복을 받았을 때, 그 누가 병의 "혜택"을 받기를 *원하겠는가?* 하느님이 주신 것은 상실되었을 수 없고, 하느님에게서 오지 않은 것은 아무런 결과도 없다. 그렇다면 너는 간격 안에서 무엇을 지각하려는가? 병의 씨앗은, 분리 안에 *기쁨이* 있고 분리의 포기는 *희생일* 것이라는 믿음에서 생겨난다. 그러나 기적은, 네가 간격에서 거기에 없는 것을 보겠다고 고집부리지 않을 때 오는 결과다. 환상을 *내려놓겠다는* 용의가 하느님 아들의 치유사가 요구하는 모든 것이다. 그는 병의 씨앗이 있던 곳에 치유의 기적을 놓아둘 것이다. 거기에는 어떤 손실도 *없고,* 오로지 얻음만 있을 것이다.

Ⅵ. 두려움의 꿈에 대한 대안

⁴⁷ 병의 느낌이란 단지 한계의 느낌이 아니겠는가? 또한 갈라져 *나가고* 분리되어 *나가는 것이* 아니겠는가? 또한 너희의 자아들과 건강으로 보이는 것 사이에서 지각되는 간격이 아니겠는가? 선은 바깥에서 보이고, 악은 안에서 보인다. 이와 같이 병은 자아를 선과 분리하고, 악을 안에 간직한다. 하느님은 두려움의 꿈에 대한 *대안이시다.* 그 꿈을 공유하는 자는 *결코* 하느님을 공유할 수 *없다.* 그러나 자신의 마음을 그 꿈의 공유에서 거둬들이는 자는 정녕 하느님을 공유한다. 다른 선택이란 없다. 네가 그 선택을 공유하지 않는 한, 그 무엇도 존재할 수 없다. 그리고 *네가* 존재하는 이유는 하느님이 당신의 뜻을 너와 공유하셔서 당신의 창조물이 창조할 수 있게 하셨기 때문이다.

⁴⁸ 증오와 악의, 비통함과 죽음, 죄와 고난, 고통과 상실의 악몽을 공유하는 것이야말로 그것을 실재화하는 것이다. 악몽은 공유되지 않으면 무의미하다고 지각된다. 네가 그 악몽을 지원하지 않았기 때문에, 악몽에서 두려움이 사라졌다. 두려움이 사라진 곳에는 사랑이 올 *수밖에* 없다. 두려움과 사랑은 유일한 선택 대안들이기 때문이다. 하나가 나타나는 곳에서 다른 하나는 사라진다. 둘 중에 네가 공유하는 것이 네가 가진 유일한 것이 된다. 너는 네가 받아들이는 것을 갖게 된다. 그것은 네가 갖기를 *소망하는* 유일한 것이기 때문이다. 네가 만약 꿈꾸는 자를 용서하고, 그는 그가 만든 꿈이 아님을 지각한다면, 너는 어떤 악몽도 공유하지 않는 것이다. 따라서 그는 네 악몽의 일부일 수 없으며, 너희 둘 *다* 그로부터 자유롭게 풀려난다. 용서는 꿈꾸는 자를 악몽과 분리하며, 그럼으로써 그를 해방한다.

⁴⁹ 네가 어떤 악몽을 공유한다면, 네가 공유하는 그 꿈이 너 자신이라고 믿을 것임을 기억하라. 그리고 너는 그 꿈을 두려워하기에, *너 자신의 정체가* 무시무시한 것이라고 생각하여 그것을 알기를 *원하지* 않을 것이다. 그러므로 너는 반드시 너의 자아를 부정하고, 너의 창조주가 만들지 않으신 생경한 땅 위를 걸을 것이다. 거기서 너는 네가 아닌 다른 무엇인 듯이 보인다. 너는 반드시 너의 적으로 보이는 너의 자아를 상대로 전쟁을 벌이고, 네가 증오하는 것의 일부로서 네 형제를 반드시 공격할 것이다. 절충안은 *없다.* 너는 너의 자아거나, 아니면 환상이다. 과연 무엇이 환상과 진리 사이에 있을 수 있겠는가? 네가 네가 아닌 어떤 것이 될 수 있는 중간지대란 한낱 꿈이며, 진리일 수 없다.

⁵⁰ 너는 환상과 진리 사이의 좁은 간격이야말로 너의 모든 안전이 놓여있는 곳이며, 너의 자아가 네가 만든 것에 의해 안전하게 감춰진 곳이라고 여겼다. 여기에 병든 세상이 하나 세워져 있다. 그리고 이것은 몸의 눈이 지각하는 세상이다. 여기에 몸이 듣는 소리가 있다. 그 음성을 들으라고 몸의 귀가 만들어졌다. 하지만 몸이 지각할 수 있는 모습이나 소리는 모두 무의미하다. 몸은 볼 수도 들을 수도 없다. 본다는 것이 과연 무엇인지, 듣는 것은 과연 무엇을 *위한* 것인지 몸은 전혀 알지 못한다. 몸은 판단하거나 이해하거나 알 수 없는 만큼이나, 지각할 수도 없다. 몸의 눈은 멀었다. 몸의 귀도 멀었다. 몸은 생각할 수 없으며, 따라서 결과를 낳을 수도 없다.

⁵¹ 하느님이 병들도록 창조하신 것이 무엇이 있겠는가? 하느님이 창조하지 않으신 그 무엇이 존재할 수 있겠는가? 너의 눈이 꿈을 보지 말게 하고, 너의 귀가 환상을 증언

하게 하지 말라. 눈과 귀는 없는 세상을 보고, 소리 낼 수 없는 음성을 듣도록 만들어졌다. 하지만 보고 듣고 이해할 수 *있는* 다른 소리와 다른 모습이 있다. 눈과 귀는 분별력sense이 없는 감각 기관들senses로서, 보고 들은 것을 그저 보고할 뿐이다. 보고 듣는 것은 눈과 귀가 아니라, 바로 *너다.* 너는 들쭉날쭉한 조각들과 무의미한 부스러기들, 증거의 단편들을 전부 긁어모아서 네가 원하는 세상을 위한 증인을 만든다. 간격 안에서 보이는 이런 수많은 조각들을 몸의 귀와 눈이 지각하도록 허용하지 말라. 너는 그 간격을 상상해 내고는, 그 조각들로 하여금 네가 상상한 것들이 실제라고 믿도록 너를 설득하게 했다.

52 창조물이 실재를 증명하는 이유는, 그것이 모든 창조물이 공유하는 기능을 공유하기 때문이다. 창조물은 작은 유리 쪼가리들과 나무 한 토막, 한두 가닥의 실을 합쳐서 만들어지는 것이 아니며, 그것들을 한데 합친다고 해서 그것의 진리가 입증되는 것도 아니다. 실재는 이러한 것에 의존하지 않는다. 진리를 꿈과 환상으로부터 분리하는 간격이란 *없다.* 진리는 어떤 장소나 시간에도 꿈과 환상이 있을 여지를 남겨두지 않았다. 진리는 모든 장소와 모든 시간을 가득 채워서 전혀 나눌 수 없게 만들기 때문이다.

53 너희는 너희 사이에 좁은 간격이 실제로 있다고 믿으며, 그곳에 세상이 존재한다고 지각한다. 따라서 너희는 그 좁은 간격이야말로 너희가 세상의 죄수로 갇혀있는 곳임을 이해하지 못한다. 네가 보는 세상은 존재하지 않는다. 네가 세상을 지각하는 장소는 실제가 아니기 때문이다. 그 간격은 안개 속에 철저히 감춰졌다. 그리고 흐릿한 그림들이 생겨나서는, 영원히 실체가 없고 확실치도 않으며 어렴풋하고 불분명한 형태들과 변화무쌍한 형상들로 그 간격을 뒤덮는다. 하지만 간격 안에는 *아무것도 없다.* 굉장한 비밀도 없고, 해골이 공포심을 자아내는 음산한 묘지도 없다. 그 좁은 간격을 직시하라. 그러면 너는 거기서 죄의 부재와 결백만을 볼 것이다. 그것은 네가 사랑을 *인식하는 것에* 대한 두려움을 버렸을 때 너 자신 안에서 보게 될 것이다.

VII. 비밀 서약

54 몸을 처벌하는 자는 제정신이 아니다. 여기에 좁은 간격이 보이기는 하지만, 몸은 여기에 없기 때문이다. 몸은 자신을 판단하지 않았으며, 자신을 몸이 아닌 것이 되게

만들지도 않았다. 몸은 고통을 기쁨으로 만들려고 하지도, 먼지 속에서 영속적인 쾌락을 찾으려고 하지도 않는다. 몸은 너에게 자신의 목적이 무엇인지 말해주지 않으며, 자신이 무엇을 위한 것인지 이해할 수도 없다. 몸은 다른 것을 희생시키지 않는다. 몸은 아무런 의지도 없으며, 선호하는 것도 없고 의심도 없기 때문이다. 몸은 자신이 무엇인지 궁금해 하지도 않는다. 따라서 몸은 경쟁적이 될 필요가 없다. 몸은 희생될 수 *있지만*, 자신을 희생자라고 느낄 수는 *없다*. 몸은 어떤 역할도 받아들이지 않고 시키는 대로만 할 뿐, 공격하지 않는다.

55 볼 수 없는 것에게 보이는 모습에 대한 책임을 묻거나, 들을 수 없는 것에게 네가 싫어하는 소리에 대해 비난하는 것은 정녕 어리석은 관점이다. 몸은 감정이 없으므로 네가 주는 벌로 고통받지 않는다. 몸은 네가 원하는 방식대로 행동하지만, 결코 선택하지 않는다. 몸은 태어나지도 죽지도 않는다. 몸은 자신이 놓인 길을 목적 없이 따라갈 수 있을 뿐이다. 또한 길이 바뀌면 다른 길도 똑같이 쉽게 걷는다. 몸은 편들지 않으며, 자신이 여행하는 길을 판단하지도 않는다. 몸은 어떤 간격도 지각하지 않는다. 몸은 증오하지 않기 때문이다. 몸은 증오를 위해 *사용될* 수 있지만, 그로 인해 증오스러운 것이 될 수는 없다.

56 네가 증오하고 두려워하고 혐오하고 *원하는* 것들을, 몸은 알지 못한다. 너는 분리를 구하고 분리된 것이 되라고 몸을 파견한다. *그리고는* 몸을 증오하는데, 그 이유는 몸의 정체 때문이 아니라 네가 몸을 가지고 지어낸 용도 때문이다. 너는 몸이 보고 듣는 것으로부터 움츠러들고, 몸의 연약함과 왜소함을 증오한다. 그리고 너 자신의 행위가 아닌 몸의 행위를 경멸한다. 몸은 *너를* 위해 보고 행동한다. 몸은 *너의* 음성을 듣는다. 그리고 몸은 *너의* 소망대로 나약하고 왜소하다. 몸은 너를 처벌하는 듯하며, 따라서 그것이 너에게 가하는 한계 때문에 너의 증오를 받아 마땅한 듯하다. 하지만 너는 몸을 너의 *마음이* 갖고 보고 *간직하기*를 원하는 한계들에 대한 상징으로 만들어버렸다.

57 몸은 네가 너 자신의 것이라고 부르는 약간의 마음 조각과 *실제로* 네 것인 나머지 모든 것 사이의 간격을 *나타낸다*. 너는 몸을 증오하지만, 몸이 정말로 너의 자아라고 생각하고, 몸이 없으면 너의 자아가 상실된다고 생각한다. 이것이 바로 네가 따로 떨어져 걸으려는 모든 형제들과 맺은 비밀 서약이다. 이것이 바로 네가 공격받는다고 지각할 때마다 다시 다짐하는 비밀 맹세다. 자신이 공격받았고, 공격으로 인해 *상실을 겪는다고* 보지 않는 한 그 누구도 고통받을 수 없다. 말로 하지도 않았고 듣지도 않았

지만, 의식 안에는 병에 바치는 그 모든 다짐이 들어있다. 하지만 그것은 네가 다른 이에게, 그로부터 상처를 받을 것이며 그것을 공격으로 갚아주겠다고 하는 약속이다.

58 병이란 몸에 표출된 분노며, 그 결과 몸은 고통받을 것이다. 병은 네가 다른 이와 떨어져 있으려고 하듯이 너와 떨어져 있으려고 하는 그의 은밀한 소망에 합의하여 은밀하게 만들어진 것이 겉으로 드러난 결과다. 그것이 바로 자신의 소망이라고 너희 두 사람이 합의하지 않는 한, 그것은 어떤 결과도 낳을 수 없다. "나의 마음과 당신의 마음 사이에는 어떤 간격도 없습니다."라고 말하는 자는, 영원히 죽음에 충성하겠다는 자신의 하찮은 맹세가 아닌 하느님의 약속을 지킨 자다. 그리고 그의 치유에 의해, 그의 형제가 치유된다.

59 각각의 형제와 다음과 같이 합의하라: 나는 당신과 하나며, 당신과 떨어져 있지 않습니다. 그러면 그는 네가 그와 맺는 약속을 지킬 것이다. 그것은 하느님이 그에게 약속하셨듯이 그가 하느님께 약속한 것이기 때문이다. 하느님은 당신의 약속을 지키신다. 하느님의 아들도 자신의 약속을 지킨다. 아버지는 당신의 아들을 창조하실 때, "너는 영원히 내가 사랑하는 자고, 나는 영원히 네가 사랑하는 자다. 너는 나 자신처럼 완전하여라. 너는 결코 나와 떨어질 수 없기 때문이다."라고 말씀하셨다. 하느님의 아들은 그 약속 안에서 태어났지만, 자신이 "예."라고 대답했음을 기억하지 못한다. 하지만 그가 병들겠다는 약속을 공유하지 않고 자신의 마음이 치유되고 통합되도록 허용할 때마다, 하느님은 그 약속에 대해 일깨워 주신다. 그의 비밀 서약은 하느님의 뜻 앞에서 무력하고, 그는 하느님의 약속을 공유한다. 그는 스스로 하느님과 약속했기에, 이제 자신의 뜻을 대체하지 않는다.

VIII. 아름다운 관계

60 하느님은 아무것도 요구하지 않으시며, 그분의 아들도 그분처럼 아무것도 요구할 필요가 없다. 그에게는 결핍이 없기 때문이다. 결핍이란 빈 공간과 좁은 간격일 것이며, 그가 자신이 갖지 않은 무언가를 원할 수 있는 곳은 그곳뿐이다. 하느님이 계시지 않는 공간, 곧 아버지와 아들 사이의 간격은 둘 중 누구의 뜻도 아니다. 그들은 하나기로 약속했다. 하느님의 약속은 *당신 자신과의* 약속이며, 하느님이 당신 *정체의* 일

부로서 뜻하시는 것에 충실하지 않을 수 있는 자는 아무도 없다. 하느님이 당신 자신과 당신의 정체 사이에 어떤 간격도 없다고 약속하신 것은 거짓일 수 없다. 하나일 수 *밖에* 없는 것 사이에, 그리고 그 안에 어떤 간격도 있을 수 없는 분의 온전성 안에, 과연 어떤 뜻이 들어올 수 있겠는가?

⁶¹ 네가 모든 형제들과 맺는 아름다운 관계는 하느님 자신의 일부며, 따라서 너의 일부다. 네가 너의 온전성과 건강, 도움의 근원과 치유로의 부름, 그리고 치유하라는 부름을 너 자신에게 부정한다면, 과연 아프지 않을 수 있겠는가? 너의 구원자가 치유를 기다리고, 세상이 그와 더불어 기다린다. 너 또한 치유와 떨어져 있지 않다. 치유는 하나거나, 아니면 전혀 없을 것이다. 치유가 있는 곳에는 치유의 하나인 상태가 있기 때문이다. 분리의 반대가 아닌 무엇이 분리를 교정할 수 있겠는가? 구원의 어떤 측면에도 절충안은 없다. 너는 구원을 전적으로 받아들이든지, 아니면 전혀 받아들이지 않는다. 분리되어 있지 않은 것은 결합되어 있을 수밖에 없으며, 결합되어 있는 것은 분리되어 있을 수 없다.

⁶² 너와 네 형제 사이에 간격이 있든지, 아니면 너희는 정녕 하나든지 둘 중 하나다. 그 둘 사이에는 아무것도 없고, 달리 선택할 것도 없으며, 충성심을 둘로 가를 수도 없다. 갈라진 충성심이란 둘 다에 대한 불충실함이다. 그럴 때 너는 단지 빙빙 돌면서, 고통을 덜어주겠다고 약속하는 듯한 지푸라기라면 아무것이나 움켜쥐려 하게 된다. 하지만 그 누가 지푸라기 위에 집을 짓고는 바람을 피할 피난처라고 기대할 수 있겠는가? 몸은 진리 안에 토대가 없으므로 이와 같은 집이 될 수 있다. 하지만 바로 그런 이유 *때문에*, 몸은 너의 집이 *아니라* 단지 네가 하느님이 머물러 사시는 집에 도달하도록 돕는 도구라고 볼 수 있다.

⁶³ *이것을* 목적으로 할 때, 몸은 정녕 치유된다. 몸은 분리와 질병의 꿈을 증언하기 위해 사용되지 않는다. 또한 몸은 자신이 하지 않은 것에 대해 헛되이 비난받지도 않는다. 몸은 하느님 아들의 치유를 돕는 역할을 하며, *이러한* 목적에 쓰일 때 몸은 아플 수 없다. 몸은 너 자신의 목적이 아닌 것에는 가담하지 않을 것이며, 너는 몸이 아프지 않도록 *선택했다*. 모든 기적은 이런 선택에 근거하며, 네가 그러한 선택을 내리는 순간 너에게 주어진다. 어떤 형식의 병도 이것을 피할 수 없다. 이러한 선택은 형식의 측면에서 내려질 수 없기 때문이다. 병에 대한 선택은 하나의 형식처럼 *보이지만*, 그 반대의 선택과 마찬가지로 하나다. 그에 따라 *너는* 아프거나 건강하다.

⁶⁴ 그러나 결코 너 혼자 아프거나 건강할 수는 없다. 이 세상은 단지 네가 홀로 있을 수 있으며, 너와 떨어져 있는 자들에게 영향을 주지 않으면서 생각할 수 있다는 꿈에 불과하다. 홀로 있다는 것은 네가 떨어져 있음을 의미할 것이고, 그렇다면 너는 아프지 *않을* 수 없다. 이것은 네가 분명 떨어져 있음을 증명하는 듯하다. 그러나 이 모든 것은 네가 불충실함에 충실하겠다는 약속을 지키려 했음을 의미할 뿐이다. 하지만 불충실함은 *병이다*. 그것은 마치 지푸라기 위에 지어진 집과도 같다. 그 집은 꽤 튼튼하고 그 자체로 실체가 있어 보인다. 하지만 그 집의 안정성을 토대와 별개로 판단할 수는 없다. 그 집이 지푸라기 위에 서있다면, 문에 걸쇠를 걸고 창문을 잠그고 빗장을 단단히 지를 필요가 없다. 바람이 불어 그 집을 넘어트리고, 비가 와서 망각 속에 빠트리고야 말 것이다.

⁶⁵ 위험하고 두렵게 만들려고 *만들어진* 것에서 안전을 구하는 것이 과연 말이 되는가? 왜 더 많은 자물쇠와 사슬과 무거운 닻으로 그것을 짓누르는가? 그것은 그 자체로 약한 것이 아니라, 그것이 서있는 무의 좁은 간격이 허약해서 약한 것인데 말이다. 그림자 위에 서있는 것이 과연 안전할 수 있겠는가? 깃털만 얹어도 무너질 것 위에 너의 집을 지으려는가?

⁶⁶ 너의 집은 네 형제의 건강과 행복, 그의 죄 없음, 아버지가 그에게 약속하신 모든 것 위에 세워졌다. 그 대신 네가 맺은 어떤 비밀 약속도 그의 집의 **토대**를 흔들지 못했다. 그 위로 바람이 불고 비도 내리치겠지만, 아무런 영향도 없을 것이다. 세상은 떠내려가겠지만, 그 집은 영원히 서있을 것이다. 그 집은 그 자체의 힘으로 튼튼한 것이 아니기 때문이다. 그 집은 안전의 방주로서, 아들이 당신 안에서 영원히 안전하다는 하느님의 약속 위에 서있다. 이 피난처의 안전과 그 근원 사이에 어떤 간격이 비집고 들어올 수 있겠는가? 이제부터 너는 몸을 그 정체대로 볼 것이며, 하느님의 아들을 해방하여 집에 보내는 목적을 위해 사용될 수 있는 정도만큼만 가치가 있다고 볼 것이다. 이런 거룩한 목적을 가진 몸은 잠시 거룩함의 집이 될 수 있다. 그것은 *너와* 더불어 아버지의 뜻을 공유하기 때문이다.

제29장

깨어나기

I. 서문

1 하느님이 계시지 않는 시간도, 장소도, 상태도 없다. 두려워할 것은 아무것도 없다. 하느님의 온전성 안에서 간격을 상상할 수 있는 방법은 없다. 하느님의 영원한 **사랑** 안에서 아주 작고 좁은 간격이 나타내려는 절충안은 전혀 불가능하다. 그것은 하느님의 사랑이 아주 약간이라도 증오의 기미를 품을 수 있고, 그분의 온유함이 때로 공격으로 바뀔 수 있으며, 그분의 영원한 인내가 때로 바닥날 수 있음을 의미할 것이기 때문이다. 네 형제와 너 자신 사이에서 간격을 지각할 때, 너는 정녕 이 모든 것을 믿는 것이다. 그렇다면 네가 어떻게 하느님을 신뢰할 수 있겠는가? 하느님은 분명 당신의 **사랑**을 속이고 있을 것이다. 그렇다면 조심하라. 하느님이 너무 가까이 오시도록 허용하지 말고, 도망칠 필요가 있을 때 탈출할 수 있도록 그분의 사랑과 너 사이에 빠져나갈 간격을 남겨두어라.

2 여기서 하느님에 대한 두려움이 가장 분명하게 보인다. 두려워하는 자는 사랑이 언제 *배신할지* 모른다고 본다. 두려움과 증오는 결코 떨어져 있을 수 없기 때문이다. 증오하는 자는 누구나 사랑을 두려워하지 않을 수 없으며, 따라서 하느님을 두려워할 *수밖에* 없다. 그는 분명 사랑의 의미를 모른다. 그는 사랑하기를 두려워하고 증오하기를 사랑하며, 따라서 사랑은 두려운 것이고 증오가 사랑이라고 생각한다. 이것은 좁은 간격을 소중히 여기고 그것이 자신의 구원이자 희망이라고 생각하는 자들이 피할 수 없는 결과다.

3 하느님에 대한 두려움! 평화가 흘러 넘어가야 할 가장 큰 장애물은 아직 사라지지 않았다. 나머지 장애물은 통과했지만, 이 하나는 여전히 남아서 너의 길을 가로막고, 빛으로 가는 길을 어둡고 무섭고 험난하고 암울해 보이게 만든다. 너는 네 형제가 적이라고 결정했다. 너희의 분리된 이해관계가 잠시 너희의 우정을 가능하게 한다면, 아마도 때로는 친구라고 결정할 것이다. 하지만 그럴 경우에도 그가 다시 적으로 돌아설 것에 대비하여 너희 사이에 간격을 남겨두는 것은 잊지 않는다. [네가 다가갔을 때 그가 즉시 물러났듯이, 그가 가까이 오면 너는 펄쩍 뛰며 뒷걸음질쳤다.] 범위가 제한되고 양도 주의 깊게 한정된 조심스러운 우정이 네가 그와 맺은 협정이 되었다. 너희는 조건부 협약을 공유했는데, 거기서 두 사람 모두가 건드리지 않기로 합의한 요점은 바로 분리 조항이었다. 그리고 이것을 위반하는 것은 허용될 수 없는 협정 파기라고 여겨졌다.

II. 간격 메우기

4 너희 사이의 간격은 분리된 두 몸들 사이의 공간이 아니다. 그것은 단지 너희의 분리된 마음들을 갈라놓는 듯이 보일 뿐이다. 그 간격은 너희가 원할 때는 만나고, 둘 다 다시 만나기로 선택할 때까지는 분리되어 있기로 한 약속의 상징이다. 그리고는 너희의 몸들은 연락을 취하고 만날 장소를 알려주는 듯이 보인다. 하지만 너희는 언제든 각자의 길로 갈 수 있다. 너희는 분리할 수 있는 "권리"를 조건으로 때로는 만나고 분리의 기간 동안은 떨어져 있기로 합의할 것이며, 이는 너희를 사랑의 "희생"으로부터 보호해 줄 것이다. 몸이 너희를 *구원한다*. 몸은 총체적인 희생으로부터 빠져나와서, 너희가 만날 때 작아진다고 생각하는 분리된 자아들을 다시 구축할 시간을 주기 때문이다.

5 몸은 너희의 마음들을 *분리할 수 없다*. 네가 몸을, 너희 사이에 보이는 분리와 거리의 원인으로 만들기를 원하지 않는 한 말이다. 이렇게 너는 몸 자체에 없는 힘을 몸에 부여한다. 이로써 몸은 *너를* 지배할 힘을 갖게 된다. 이제 너는 몸이 너희가 언제 만날지 결정하고, 서로의 마음과 영적으로 교통하는 능력을 제한한다고 생각한다. 이제 몸은 네가 어디를 어떻게 가야 할지, 네가 할 만한 일은 무엇이고 할 수 없는 일은 무엇인지 말해준다. 몸은 몸의 건강이 무엇을 견뎌낼 수 있는지, 무엇이 몸을 피곤하게 하고 아프게 할지 결정한다. 몸의 "타고난" 약함이 네가 하려는 것에 한계를 가하여, 너의 목적을 제한적이고 무력하게 유지한다.

6 네가 원한다면, 몸은 반드시 이것에 순응할 것이다. 몸은 단지 중간에 증오의 기간을 가지면서 "사랑"에 제한적으로 탐닉하는 것만을 허락할 것이다. 또한 몸은 언제 "사랑하고" 언제 더 안전하게 두려움 속으로 움츠러들지 명할 것이다. 그리고 몸은 아플 것이다. 너는 사랑하기가 무엇을 의미하는지 모르기 때문이다. 따라서 너는 분명 네가 만나는 모든 상황과 모든 사람을 오용하고, 그 안에서 너 자신의 것이 아닌 목적을 볼 것이다.

7 희생을 요구하는 것은 사랑이 아니다. 그러나 두려움은 사랑을 희생할 것을 *요구한다*. 사랑이 있는 곳에는 두려움이 머물 수 없기 때문이다. 증오가 유지되기 위해서는 사랑은 *반드시* 두려움의 대상이 되어야 하고, 단지 가끔씩만 존재하고 다른 때는 가버려야 한다. 그러므로 사랑은 쉽사리 배신하는 듯이 보인다. 사랑은 변덕스레 오가

면서 너에게 아무런 안정감도 제공하지 않는 듯하기 때문이다. 너는 너의 충실성이 얼마나 제한되고 약한지, 네가 얼마나 자주 사랑에게 꺼져버리라고 저주했는지, 그래서 너를 "평화" 속에 조용히 혼자 있게 내버려 두라고 요구했는지 보지 못한다.

8 어떤 목표도 없는 몸은 네가 가진 변덕스러운 목표를 몸에게 강요하는 구실이 된다. 네가 두려워하는 것은 몸의 약함이 아니라, 몸에 약도도 강함도 없는 상태다. 그 무엇도 너희 사이를 가로막고 있지 않음을 인식하고 싶은가? 너희가 숨을 수 있는 간격은 정녕 없다는 것을 알고 싶은가? 자신의 구원자가 더 이상 적이 아님을 배우는 자들에게 오는 일종의 충격이 있다. 몸이 실제가 아님을 배움으로써 일어나는 일종의 경계심이 있다. "하느님은 사랑이시다."라는 행복한 메시지 주위에 감도는 두려움의 기미가 있다.

9 하지만 간격이 사라질 때 일어나는 것이라고는 영원한 평화가 전부다. 그 이상도 그 이하도 일어나지 않는다. 하느님에 대한 두려움이 없을 때, 무엇이 너를 꾀어 하느님을 저버리게 하겠는가? 간격 안에 있는 그 어떤 값싼 장난감이나 장신구가 너를 한순간이라도 하느님의 사랑에서 물러나게 할 수 있겠는가? 네가 하느님을 발견하면 자아의 상실을 발견할까 봐 두려워하지 않는다면, 너는 몸이 천국의 부름에 "아니오!"라고 말하도록 허락하겠는가? 그런데 너의 자아는 과연 발견됨으로써 상실될 수 *있겠는가?*

III. 손님이 오신다

10 너는 왜 네가 자유롭다는 것을 배우는 것을 고통으로부터의 해방으로 지각하지 않으려 하는가? 너는 왜 진리를 적으로 바라보는 대신에 환호하며 맞아들이지 않으려 하는가? 너무도 확실히 표시되어 있어서 길을 잃기가 불가능한 쉬운 길이 왜 가시투성이에다 거칠고 멀어서 너무도 따라가기 힘들어 보이는가? 네가 그 길을 희생도 상실도 없는, 천국과 하느님 안에서 너 자신을 찾기 위한 단순한 길로 보는 대신에 지옥으로 가는 길로 보기 때문이 아닌가? 네가 그 무엇도 포기하는 것이 아님을 깨달을 때까지, 상실이란 정녕 없음을 이해할 때까지, 너는 네가 선택한 길에 대해 어느 정도 후회를 하고 그 선택이 제공한 수많은 이득을 보지 못할 것이다. 하지만 네가 보지 못하더라도, 이득은 거기에 있다. 이득의 원인이 작동되었고, 이득은 분명 그 원인이 들

어온 곳에 존재할 것이다.

11 너는 치유의 원인을 받아들였으며, 따라서 분명 치유되었을 것이다. 그리고 너는 이제 치유되었기에, 분명 치유하는 능력도 가졌을 것이다. 기적은 원인 없는 결과로서 갑작스레 일어나는 어떤 동떨어진 것이 아니다. 또한 기적이 그 자체로 어떤 원인인 것도 아니다. 그러나 기적의 원인이 있는 곳에는 분명 기적도 있을 것이다. 지금, 기적이 야기되었다. 비록 아직 지각되지는 않았지만 말이다. 기적의 결과들도, 비록 아직 보이지는 않지만 거기에 있다. 이제 내면을 보라. 그러면 너는 후회할 이유가 아닌, 크게 기뻐하고 평화의 희망을 품을 원인을 볼 것이다.

12 전쟁터에서 평화의 희망을 발견하려는 노력은 정녕 절망적이었다. 죄와 고통을 보존하는 기능을 수행하라고 만들어진 것에게, 죄와 고통으로부터의 탈출을 요구하는 것은 정녕 헛된 일이었다. 증오와 두려움, 공격과 죄의식이 단지 하나의 환상이듯이, 고통과 죄도 하나의 환상이다. 고통과 죄의 원인이 없는 곳에는 그것들의 결과들이 사라져 버리고, 그것들이 없는 곳에는 어디든 사랑이 올 수밖에 없다. 왜 기뻐하지 않는가? 너는 고통과 병, 비참함과 상실, 증오와 공격의 모든 결과에서 자유롭다. 더 이상 고통은 너의 친구가 아니고, 죄의식은 너의 신이 아니다. 그리고 너는 사랑의 결과를 환영할 것이다.

13 너의 손님이 *왔다*. 네가 그에게 요청했고, *그가 왔다*. 하지만 너는 그가 들어오는 소리를 듣지 못했다. 너는 그를 전적으로 환영하지는 않았기 때문이다. 그럼에도 불구하고 그의 선물이 같이 왔다. 그는 너의 발밑에 선물을 내려놓고는, 이제 그것을 바라보고 네 것으로 가져가라고 청한다. 분리되어 혼자라고 믿으면서 따로 떨어져 걷는 모든 이에게 선물을 주려면, 그는 너의 도움이 *필요하다*. 네가 너의 선물을 받아들일 때, 그들이 치유될 것이다. 네가 서있고 그가 그들에게 주는 선물이 놓여있는 거룩한 땅에 발을 들여놓은 모든 이를, 너의 손님은 반가이 맞아들일 것이기 때문이다.

14 너는 네가 받은 그 모든 것 덕분에 이제 얼마나 많이 줄 수 있는지 알지 못한다. 하지만 안으로 들어온 그는 다만 네가 그를 초대해 들인 곳으로 *네가* 오기만을 기다린다. 그가 머물러 살 집주인을 찾고, 그 집주인이 그를 만날 수 있는 다른 장소란 없다. 다른 어떤 곳에서도 그의 **현존**이 가져다주는 평화와 기쁨, 그 모든 행복이라는 선물을 얻을 수 없다. 그 선물은 그것을 가져와 네 것이 되게 한 바로 그가 있는 곳에 있기 때문이다. 너는 너의 손님을 볼 수 없지만, *그가 가져온 선물은 볼 수 있다*. 네가 그

선물을 바라볼 때, 그가 거기에 **현존**함을 믿을 것이다. 네가 지금 행할 수 있는 일은 그의 **현존**이 지닌 사랑과 은혜 없이는 행해질 수 없기 때문이다.

15 살아계신 하느님은 당신의 아들이 생명을 지녔고, 살아있는 것들은 전부 당신 아들의 일부며, 그 밖의 것에는 생명이 없다고 약속하셨다. *네가* "생명"을 준 그것은 살아 있지 않다. 그것은 단지 죽음을 생명으로, 삶을 죽음으로 지각하면서 생명에서 떨어져 살아있고, 죽음 안에서 살아있으려는 너의 소망을 상징할 뿐이다. 여기에서 혼동이 혼동을 뒤따른다. 이 세상의 기반은 단지 혼동일 뿐, 다른 아무것도 아니기 때문이다. 이 세상의 기반은 변하지 않는다. 비록 끊임없이 변하는 것 같지만 말이다. 하지만 바로 이것이야말로 혼동이 정말로 의미하는 상태가 아니겠는가? 혼동에 빠진 자들에게 안정성은 무의미하며, 변동과 변화는 그들의 삶이 입각한 법칙이 된다.

16 몸은 변하지 않는다. 몸은 변화가 가능하다는 더 큰 꿈을 나타낸다. 변한다는 것은 네가 전에 있던 상태와는 다른 상태를 얻는 것이다. 불멸성에는 변화가 전혀 없고, 천국은 변화를 알지 못한다. 하지만 여기 땅에서 변화는 이중의 목적을 가졌다. 그것은 상반된 것들을 가르치는 데 사용될 수 있기 때문이다. 그리고 상반된 것들은 그것들을 가르치는 교사를 반영한다. 몸은 시간, 병과 건강, 몸을 달라지게 하는 사건에 따라 변하는 듯이 *보일* 수 있다. 하지만 이것은 단지 몸의 목적에 대한 마음의 믿음이 변하지 않고 남아있음을 의미할 뿐이다.

17 병이란 몸에게 몸이 아닌 어떤 것이 되라는 요구다. 몸이 무라는 사실은 몸이 병들 수 *없다는* 보증서다. 몸이 그 이상이어야 한다는 너의 요구에 병이라는 아이디어가 놓여있다. 그것은 하느님께, 그분이 실제로 존재하는 그 모든 것보다 못한 것이 되시라고 요구한다. 그렇다면 너는 과연 무엇이 되겠는가? 그 희생은 바로 너에게 요구되는 것이기 때문이다. 하느님은 당신의 일부가 더 이상 당신께 속하지 않는다고 통보받으신다. 하느님은 너의 자아를 희생하셔야 하며, 그 희생으로 너는 더 커지고 하느님은 너를 잃어 더 작아지신다. 하느님이 잃으신 것은 너의 신god이 되어서, 네가 하느님의 일부가 되는 것을 방지한다.

18 신이 될 것을 요구받는 몸은 공격받을 것이다. 그러한 요구는 몸이 무임을 인식하지 않는 것이기 때문이다. 따라서 몸은 그 자체로 힘을 가진 어떤 것으로 보인다. 무가 아닌 어떤 것으로서의 몸은 지각될 수 있으며, 느끼고 행동하고 너를 자신의 죄수로 잡아두는 것으로 보일 수 있다. 그리고 몸은 네가 요구한 것이 되는 데 실패할 수

있다. 너는 그 실패가 몸이 본래보다 더 나은 존재가 아니라는 사실 때문이 아니라, 네가 몸이 무임을 지각하는 데 실패했기 때문임을 잊고는, 몸을 왜소하다고 증오할 것이다. 하지만 몸이 무라는 사실이 곧 너의 구원이다. 그런데 너는 그로부터 도망치려 한다.

[19] 몸을 "무가 아닌 어떤 것"으로 본다면, 몸에게 하느님의 적이 되어 하느님의 정체를 왜소함과 한계와 절망으로 대체하라고 요구하는 것이다. 몸을 사랑하거나 증오하는 것으로 바라볼 때, 너는 하느님의 상실을 축하하는 것이다. 하느님은 모든 것의 총합이시므로, 하느님 안에 없는 것은 존재하지 않으며, 하느님의 완성은 곧 몸이 무라는 사실이기 때문이다. 너의 구원자는 죽지 않았으며, 죽음에 바치는 사원으로 세워진 것 안에 머물러 살지도 않는다. 그는 하느님 안에서 살며, 그를 너의 구원자로 만들어주는 것은 *오로지* 이러한 사실이다. 그의 몸이 무라는 사실이 너의 몸을 병과 죽음에서 해방한다. 너의 것은 그의 것보다 더한 것도 덜한 것도 될 수 없기 때문이다.

Ⅳ. 하느님의 증인들

[20] 너의 구원자가 자신을 몸이라고 생각한다는 이유로 그를 정죄하지 말라. 그의 꿈 너머에 그의 실재가 있기 때문이다. 하지만 그가 자신의 정체를 기억할 수 있으려면, 먼저 자신이 구원자임을 배워야 하고, 구원되고자 하는 자를 구원해야 한다. 너를 구원하는 데 그의 행복이 달려있다. 구원을 주는 자 외에 과연 누가 구원자겠는가? 그렇게 그는 구원이 자신의 것이며, 그것을 다른 이에게 주어야 함을 배운다. 주지 않는 한, 그는 자신이 갖고 있음을 모를 것이다. 주기giving는 가졌다는 *증거*기 때문이다. 자신이 강해지면 하느님이 약해지신다고 생각하는 자들만이 이러한 사실을 이해하지 못할 것이다. 왜냐하면, 자신이 갖지 않은 것을 그 누가 줄 수 있겠으며, 줌으로써 늘 *어날* 수밖에 없는 것을 주면서 그 누가 잃을 수 있겠는가?

[21] 너는 아버지가 너를 창조하셨을 때 당신 자신을 잃으셨다고 생각하는가? 아버지가 당신의 사랑을 공유하셨다고 해서 약해지셨는가? 너의 완벽함으로 인해 아버지가 불완전해지셨는가? 아니면 너는 아버지가 완벽하고 완전하시다는 *증거인가?* 하느님의 아들이 자신의 실재보다 더 선호하는 꿈속에서, 하느님께 그분의 증인을 부정하지 말

라. 그는 분명 하느님의 아들을 그가 만든 꿈에서 건져내서 자유롭게 하는 구원자다. 그는 다른 누군가를 몸이 *아니라고* 보아야 하며, 자신이 살아있음을 알지 못하는 살아있는 만물을 떼어놓으려고 세상이 세운 벽 없이, 자신과 하나라고 보아야 한다. 몸과 죽음의 꿈속이지만, 그래도 그곳에는 진리의 주제가 하나 있다. 그것은 어쩌면 단지 작은 불꽃, 어둠 속에 창조된 빛의 공간일 뿐이겠지만, 그곳에서 하느님이 여전히 빛나신다.

²² 너는 너 자신을 깨울 수 없다. 하지만 너 자신이 깨워지도록 *허용할* 수는 있다. 너는 네 형제의 꿈을 간과할 수 있다. 너는 그의 환상을 너무도 완벽하게 용서할 수 있기에, 그는 너를 너의 꿈에서 깨우는 구원자가 된다. 그리고 그가 어둠 속의 빛의 공간, 하느님이 머물러 사시는 그곳에서 빛나고 있는 것을 볼 때, 너는 그의 몸이 있는 곳에 하느님 자신이 계심을 볼 것이다. 이 빛 앞에서 몸은 사라진다. 그것은 마치 아무리 짙은 그림자라도 빛에 굴복하는 것과 같다. 어둠은 스스로 남아있겠다고 선택할 수 없다. 빛이 온다는 것은 어둠이 사라진다는 것을 *의미한다*. 그러면 너는 영광 속에서 네 형제를 보고, 너희를 그토록 오래 떼어놓는다고 지각했던 간격을 *실제로* 무엇이 채우고 있는지 이해할 것이다.

²³ 그곳, 간격이 있는 곳에 하느님의 **증인**은 그분의 아들에게 가는 친절한 길을 부드럽게 깔아놓았다. 네가 용서하는 자에게, 너의 환상을 용서할 권능이 주어진다. 네가 주는 자유의 선물에 의해, 자유가 너에게 주어진다. 사랑에게 길을 내주어라. 너는 사랑을 창조하지 않았지만, 사랑을 확장할 수는 *있다*. 땅 위에서 이 말은 네 형제를 용서하여 너의 마음에서 어둠이 걷히게 하라는 의미다. 너의 용서를 통해 네 형제에게 빛이 왔을 때, 그는 자신의 구원자를 잊고서 구원되지 않은 채 버려두지 않을 것이다. 그가 어둠을 뚫고 영원한 빛으로 걸어갈 때 자신의 곁에 간직하려는 빛을, 그는 바로 *너의* 얼굴에서 보았기 때문이다.

²⁴ 황폐와 재난의 꿈 한가운데서 하느님의 아들이 너의 구원자가 될 수 있으니, 그런 너는 얼마나 거룩한지! 그가 얼마나 간절히 와서 그를 감췄던 짙은 그림자에서 벗어나면서, 감사하고 사랑하는 마음으로 너를 비춰주는지 보라. 그는 그 자신이지만, 그 자신 혼자만은 아니다. 그의 아버지가 너를 창조하실 때 당신의 일부를 잃지 않으셨듯이, 네가 그를 어둠에서 구하려고 너의 빛을 줌으로써 그의 내면의 빛은 한층 더 밝아졌다. 이제 너의 내면의 빛은 그의 내면에서 빛나는 것만큼이나 밝다. 이것이 바

로 꿈속에서 빛나는 불꽃이다. 너는 그가 깨어나도록 도울 수 있으며, 그의 깨어나는 눈이 너를 바라볼 것임을 확신해도 좋다. 그리고 그가 기쁘게 구원될 때, *네가* 구원된다.

V. 꿈속의 역할

²⁵ 너는 진리가 단지 환상의 일종일 수 있다고 믿는가? 환상이 꿈인 *이유*는, 환상은 참이 아니기 때문이다. 모든 환상들에는 진리가 똑같이 부재하다는 사실이 기적의 근거가 된다. 이것은 곧 네가 꿈은 단지 꿈일 뿐이며, 꿈에서 벗어날 길은 꿈이 아니라 오로지 깨어남에만 달려있음을 이해했다는 의미다. 어떤 꿈은 계속 간직하면서 다른 꿈에서는 깨어날 수 있겠는가? 너는 어떤 꿈을 간직할지가 아니라, 꿈속에서 살기를 원하는지 아니면 깨어나기를 원하는지만 선택하면 된다. 따라서 기적은 몇몇 꿈을 골라서 자신의 자비 바깥에 버려두지 않는다. 어떤 꿈은 꾸면서 다른 꿈에서 깨어날 수는 없다. 너는 자고있거나 깨어있거나 둘 중 하나일 뿐이기 때문이다. 그리고 꿈꾸기는 그중 하나와만 함께한다.

²⁶ 네가 좋아한다고 생각하는 꿈은 두려움이 보이는 꿈만큼이나 너를 방해할 것이다. *모든 꿈*은 취하는 형식과 상관없이 단지 두려움의 꿈일 뿐이기 때문이다. 두려움은 안에서, 밖에서, 혹은 안과 밖 모두에서 보인다. 두려움은 즐거운 형식으로 위장될 수도 있다. 하지만 꿈에 두려움이 부재한 경우는 결코 없다. 두려움은 모든 꿈이 만들어지는 재료기 때문이다. 꿈의 형식은 바뀔 수 있지만, 다른 것을 가지고 꿈을 만들 수는 없다. 네가 두려움을 *알아차리지* 않았다고 해서 기적이 너를 계속 두려워하게 내버려 둔다면, 너는 정녕 기적을 신뢰할 수 없을 것이다. 그러면 너는 깨어나려 하지 않을 것이다. 기적의 목적은 깨어남을 위한 길을 준비하는 것이지만 말이다.

²⁷ 가장 단순히 말해, 공격은 *네가* 지각하는 대로 완수되지 않은 기능에 대한 반응이라고 말할 수 있다. 완수되지 않은 기능은 네 안에, 혹은 다른 사람 안에 있을 수 있지만, 그것이 지각된 바로 그곳에서 공격받을 것이다. 우울이나 공격은 모든 꿈의 주제일 수밖에 없다. 그것들은 두려움으로 만들어졌기 때문이다. 그것들을 쾌락과 기쁨이라는 얄팍한 위장물로 포장하더라도, 그 핵심인 육중한 두려움 더미를 간신히 가릴

뿐이다. 기적이 지각하는 것은 바로 *이러한* 핵심이지 그것을 감싼 포장이 아니다.

²⁸ 네가 화를 내는 이유는, 어떤 사람이 *네가* 할당해 준 기능을 완수하지 못했기 때문이 아닌가? 바로 이것이 너의 공격을 정당화하는 "이유"가 되지 않는가? 네가 좋아한다고 생각하는 꿈은 네가 부여한 기능이 완수되고, 네게 있다고 생각하는 필요가 채워지는 꿈이다. 그 필요가 채워지는지, 아니면 그저 원하는 것인지는 중요하지 않다. 필요가 *존재한다*는 아이디어에서 두려움이 발생한다. 너는 꿈을 더 원하거나 덜 원할 수는 없다. 너는 꿈을 열망하거나 열망하지 않을 뿐이다. 꿈들은 저마다 네가 배정한 어떤 기능, 즉 어떤 사건이나 몸, 혹은 사물이 너를 위해 반드시 나타내야 하고 반드시 달성해야 하는 목표를 나타낸다. 그 꿈이 성공하면, 너는 그 꿈을 좋아한다고 생각한다. 그 꿈이 실패하면, 너는 그것이 슬픈 꿈이라고 생각한다. 그러나 그 꿈이 성공하는지 실패하는지는 꿈의 핵심이 아니라, 단지 엉성한 덮개에 불과하다.

²⁹ 꿈에 나오는 모든 형상들에게 네가 "적절한" 역할을 주지 *않는다면*, 너의 꿈은 얼마나 행복하게 될 것인지! 그들은 단지 네가 그들에 대해 가진 아이디어만을 저버릴 수 있으며, 이것 *외에*는 어떤 배신도 없다. 성령이 주는 꿈의 핵심은 *결코* 두려움이 아니다. 꿈의 덮개는 변하지 않은 듯이 보일 수도 있지만, 그것이 의미하는 바가 *바뀌었다*. 그것은 다른 것을 덮고 있기 때문이다. 지각은 자신이 *목적으로* 삼는 것과 같아 보이며, 그런 의미에서 지각은 자신의 목적에 의해 결정된다. 공격하는 그림자 등장인물은 너에게 도울 기회를 제공하는 형제가 된다. 네가 꿈의 기능을 그렇게 본다면 말이다. 따라서 슬픈 꿈이 기쁜 꿈으로 바뀐다.

³⁰ 네 형제는 어떤 목적을 위한 존재인가? 너는 이것을 알지 못하는데, 왜냐하면 너는 *너의* 기능을 모르기 때문이다. 너에게 행복을 안겨줄 것이라고 상상하는 역할을 네 형제에게 부여하지 말라. 네가 너의 삶은 이러이러해야 한다고 꾸는 꿈속에서 네 형제에게 배정한 역할을 그가 맡지 않을 때, 그를 해치려고 하지 말라. 그는 그의 모든 꿈속에서 도움을 요청하고 있으며, 네가 꿈의 기능을 성령이 지각하는 대로 본다면, 너는 그에게 줄 도움을 가진 것이다. 성령은 모든 꿈을 자신에게 주어진 기능에 도움이 되는 수단으로 활용할 수 있다. 성령은 꿈이 아니라 꿈꾸는 자를 사랑하며, 따라서 각각의 꿈은 사랑의 선물이 된다. 그 꿈들의 중심에는 너를 향한 성령의 사랑이 있기 때문이다. 그 사랑은 꿈을 그 형식과 상관없이 사랑으로 밝혀준다.

VI. 변함없는 거처

³¹ 네 안에는 이 세상 전체가 잊혔고, 죄와 환상의 기억이 남아있지 않은 장소가 하나 있다. 네 안에는 시간이 이미 떠나갔고, 영원의 메아리가 들리는 장소가 하나 있다. 너무나 고요한 안식처가 하나 있어서, 그곳에서는 하느님 아버지와 아들을 기쁘게 하려고 천국으로 오르는 찬가 소리만 들린다. 아버지와 아들이 모두 머물러 사는 곳에서, 그들이 모두 기억된다. 그들이 있는 곳에, 천국이 있고 평화가 있다. 그들의 거처를 네가 바꿀 수 있다고 생각하지 말라. 너의 *정체*는 그들 안에 머물러 살며, 그들이 있는 곳에 *네가* 영원히 있기 때문이다.

³² 천국의 변함없음이 네 안에 있다. 그것은 너무도 깊은 내면에 있어서, 이 세상의 것들은 그것을 알아차리지도 못하고 보지도 못한 채 단지 지나칠 뿐이다. 끝없는 평화가 고요한 가운데 무한대로 펼쳐져서 너를 그 보드라운 품에 다정히 감싸고 있다. 그 평화는 자신의 창조주의 능력 안에서 너무도 강력하고 조용하고 잔잔하기에, 그 무엇도 너의 내면에 있는 하느님의 성스러운 아들을 침범할 수 없다. 하느님의 아들 곁에서 기다리면서 그가 깨어나는 것을 보고 기뻐하려는 너에게, 성령은 바로 이러한 역할을 맡긴다. 그는 너의 일부며 너는 그의 일부다. 그는 네가 그에게서 보는 어떤 목적을 위해 존재하는 것이 아니라, 아버지의 아들이기 때문이다. 나는 너에게 단지 그의 내면에 머물러 사는 변함없고 영원한 것들만 받아들이라고 요청할 뿐이다. 바로 그곳에 너의 정체가 있기 때문이다. 너의 내면의 평화는 단지 그의 내면에서만 발견될 수 있을 뿐이다. 그리고 네가 그에게 베푸는 각각의 사랑의 생각은, 너를 영원한 평화와 끝없는 기쁨에 대한 자각으로 더 가까이 데려다준다.

³³ 하느님의 성스러운 이 아들은 너를 닮았다. 그는 너를 향한 아버지의 사랑을 보여주는 거울이며, 아버지의 사랑을 너에게 부드럽게 일깨워 주는 자다. 그 사랑으로 그가 창조되었으며, 그 사랑은 너의 내면에 머물러 살듯이 그의 내면에도 여전히 머물러 산다. 아주 고요해져서 그의 내면에서 하느님의 음성을 듣고, 그 음성으로 하여금 너에게 그의 기능이 무엇인지 말해주게 하라. 그는 너를 온전하게 하려고 창조되었다. 오로지 완전한 자들만이 하느님의 완전하심의 일부가 될 수 있기 때문이다. 바로 그 완전하심이 너를 창조하였다.

³⁴ 아버지가 너에게 청하시는 선물은 단지, 모든 창조물 안에서 아버지가 너에게 주

시는 선물의 빛나는 영광을 보라는 것뿐이다. 하느님의 아들, 하느님의 완벽한 선물을 보라. 그의 내면에서 아버지가 영원히 빛나시고, 창조물 전체가 그의 것으로서 그에게 주어졌다. 그가 창조물 전체를 가졌기 때문에, 그것이 너에게 주어졌다. 그러니 그의 내면에 창조물 전체가 놓여있는 곳에서, 너의 평화를 보라. 너를 감싼 조용함은 그의 내면에 머물러 살며, 바로 이 조용함으로부터 너희가 순결하게 손잡고 있는 행복한 꿈이 일어난다. 그것은 고통의 꿈속에서 움켜쥔 손이 아니다. 그 손은 칼을 쥐고 있지 않다. 그 손은 세상의 헛된 환상을 전부 놓아버렸기 때문이다. 그 손은 비어있기에, 그 대신 형제의 손을 맞아들인다. 바로 그 안에 완전함이 놓여있다.

35 네가 만약 용서 너머에 놓여있는 영광스러운 목표를 안다면, 악의 손길이 아무리 가볍게 건드린 생각이라도 품고 있으려 하지 않을 것이다. 하느님의 아들을 축복하여 아버지의 집으로 데려가도록 그 손을 인도할 수 있는 마음 안에 하느님이 주지 않으신 것을 품고 있는 대가가 얼마나 큰지, 너는 이해하게 될 것이기 때문이다. 너는 아버지가 당신의 집으로서 창조하신 그와 친구가 되기를 원하지 않는가? 하느님이 그를 당신께 합당한 자로 여기시거늘, *너는* 그를 증오의 손으로 공격하려는가? 피로 물든 손으로 천국을 건드린 자가 천국의 평화를 찾기를 바랄 수 있겠는가? 네 형제는 자신이 죽음의 손을 잡고 있다고 생각한다. 그를 믿지 말라. 그 대신에, 단지 너의 손을 내어줌으로써 그를 해방할 수 있는 네가 얼마나 축복받았는지 배우라.

36 네 형제가 너의 가증스러운 적이 아니라 구원자인 꿈이 너에게 주어졌다. 네가 그의 모든 죽음의 꿈을 용서한 꿈이 너에게 주어졌다. 그것은 분리되어 꾸는 증오의 악몽 대신에 네가 그와 공유하는 희망의 꿈이다. 이 꿈을 공유하는 것이 왜 그리도 어려워 보이는가? 성령이 꿈에게 꿈의 기능을 부여하지 않는 한, 꿈은 증오를 위해 만들어져서 계속해서 죽음을 섬길 것이기 때문이다. 꿈이 취하는 모든 형식은 어떤 식으로든 죽음을 불러온다. 죽음의 군주를 섬기는 자들이 분리된 세상에서 그를 숭배하려고 왔다. 그들은 각자 죽겠다는 자신의 오랜 약속을 지키려고 작디작은 창과 녹슨 칼을 들고 있다.

37 이러한 것이 바로 모든 꿈에 내재하는 두려움의 핵심으로서, 그것은 꿈에서 다른 기능을 보는 성령이 사용하지 못하도록 따로 간직되었다. 꿈은 공유될 때 공격과 분리의 기능을 잃는다. 비록 모든 꿈은 공격과 분리를 위해 만들어졌지만 말이다. 하지만 꿈의 세상에 있는 모든 것에는 변화와 개선의 희망이 있다. 이곳은 변함없음이 있

는 곳이 아니기 때문이다. 그렇다는 사실에 참으로 기뻐하고, 이 세상에서 영원한 것을 구하지 말자. 용서하는 꿈은 너 자신 바깥에 있는 세상을 꿈꾸는 것에서 물러나는 수단으로서, 마침내 모든 꿈을 넘어 영원한 생명의 평화에 이른다.

Ⅶ. 용서와 평화

³⁸ 너는 네 형제를 용서할 용의가 얼마나 있는가? 너는 끝없는 다툼과 불행과 고통 대신에 평화를 얼마나 열망하는가? 이것들은 다른 형식을 가진 같은 질문이다. 용서가 정녕 너의 평화다. 여기서 분리가 끝나고, 위험과 파괴, 죄와 죽음의 꿈, 광기와 살인, 비탄과 상실의 꿈이 끝나기 때문이다. 이것이 바로 구원이 요구하는 "희생"이다. 그리고 구원은 그 대신에 평화를 기꺼이 제공한다.

³⁹ 하느님의 거룩한 아들이여, 죽기를 맹세하지 말라. 너는 지킬 수 없는 약속을 하고 있다. 생명의 아들은 죽임을 당할 수 없다. 그는 그의 아버지처럼 불멸이다. 그의 정체는 바뀔 수 없다. 그는 온 우주에서 하나일 *수밖에* 없는 유일한 자다. 영원해 보이는 것에는 모두 끝이 있을 것이다. 별들은 사라지고, 밤과 낮도 더 이상 없을 것이다. 오가는 모든 것들, 밀물과 썰물, 계절, 사람의 삶, 시간에 따라 변하고 피었다가 시드는 모든 것들도 돌아오지 않을 것이다. 시간이 끝을 정해놓은 곳은 영원이 있는 곳이 아니다. 하느님의 아들은 사람이 그를 가지고 만든 것에 의해 결코 바뀔 수 없다. 그는 전에 그랬고 지금도 그렇듯이 앞으로도 그러할 것이다. 시간은 그의 운명도, 그가 태어나고 죽을 시간도 정해놓지 않았기 때문이다. 용서는 그를 바꾸지 않을 것이다. 하지만 시간은 용서를 시중들어, 시간의 것들이 쓸모를 잃어 사라지게 할 것이다.

⁴⁰ 그 무엇도 자신의 목적보다 더 오래 남아있을 수는 없다. 만약 어떤 것이 죽기 위해 만들어졌다면, 그 목적을 자신의 것으로 받아들이는 한 죽을 수밖에 없다. 목적이 아무리 변하지 않는 듯해도 결코 확고히 정해지지 않은 이곳에서, 변화는 유일하게 축복이 될 수 있다. 너를 위한 하느님의 목적과 다른 목표를 세워서, 그것을 변함없고 영원한 것으로 확립할 수 있다고 생각하지 말라. 너는 네가 갖지 않은 목적을 너 자신에게 줄 수 있지만, 너의 마음을 바꿔서 그곳에서 다른 목적을 볼 힘을 없앨 수는 *없다*. 하느님은 네가 영원하게 만들려고 하는 모든 것에 변화라는 위대한 선물을 주셔

서, 오로지 천국만이 사라지지 않도록 보장하셨다.

41 너는 죽기 위해 태어나지 않았다. 너는 변할 수 없다. 너의 기능은 하느님에 의해 확정되었기 때문이다. 다른 모든 목표는 시간과 변화 안에 설정되어, 시간이 보존되도록 한다. 여기에는 예외가 *하나* 있다. 용서는 시간을 유지하는 것을 목표로 하지 않고, 그 용도가 다했을 때 끝내는 것을 목표로 한다. 시간의 목적은 끝났으며, 시간은 사라졌다. 그리고 한때 시간이 지배하는 듯했던 곳에, 이제 하느님이 당신의 아들을 위해 확립하신 기능이 완전한 의식으로 회복된다. 시간은 그 기능의 성취나 그 기능의 변함 없음에 끝을 설정할 수 없다. 죽음은 없다. 살아있는 것들은 그들의 창조주가 주신 기능을 공유하기 때문이다. 생명의 기능이 죽는 것일 수는 없다. 생명의 기능은 생명의 확장일 것이다. 그리고 이로 인하여 생명은 끝도 없이 영원무궁토록 하나로 존재한다.

42 네가 이 세상이 하느님의 아들을 십자가에 못 박기 위해 만들어졌다고 생각할 경우에만, 이 세상은 너의 손과 발을 묶고 너의 몸을 죽일 것이다. 세상은 비록 죽음의 꿈이었지만, 너는 세상이 네게 죽음을 나타내도록 할 필요가 없다. *이것이* 바뀌게 하라. 그러면 세상의 모든 것이 함께 바뀔 수밖에 없다. 이곳의 모든 것은 네가 보는 목적에 따라 정의되기 때문이다. 하느님의 아들을 용서하는 것이 목적인 세상은 얼마나 사랑스러운지! 얼마나 두려움에서 자유롭고, 얼마나 축복과 행복이 넘치는지! 이렇게 행복한 곳에서 잠시 지내는 것은 얼마나 기쁜 일인지! 그리고 그러한 세상에서는, 잠시 후면 무시간성이 조용히 와서 시간의 자리를 차지한다는 것을 잊을 수도 없다.

Ⅷ. 꾸물거리며 남아있는 환상

43 너 자신의 밖에서 구하지 말라. 너는 실패할 것이며, 우상이 하나씩 무너질 때마다 울게 될 것이다. 천국이 없는 곳에서는 천국을 발견할 수 없고, 천국 외의 곳에는 평화가 있을 수 없다. 너는 하느님이 부르실 때 우상들을 숭배하지만, 그것들은 결코 하느님을 대신해 응답하지 않을 것이다. 네가 대체하는 어떤 응답도 하느님의 응답이 선사하는 행복을 찾게 해주지 않는다. 너 자신의 밖에서 구하지 말라. 너의 모든 고통은 단지, 네가 원하는 것을 어디서 찾아야 하는지 안다고 우기면서 그것을 헛되이 추구하는 데서 오기 때문이다. 그것이 거기에 없다면 어쩔 것인가? 너는 옳기를 원하는

가, 아니면 행복하기를 원하는가? 행복이 어디에 깃들어 있는지 들은 것에 기뻐하고, 더 이상 다른 곳에서 구하지 말라. 너는 *실패할* 것이다. 그러나 이제 너는 진리를 알 수 있고, 너 자신의 밖에서 진리를 구하지 않을 수 있다.

⁴⁴ 이곳에 오는 자는 누구나, 자신에게 행복과 평화를 안겨줄 무언가가 자신의 바깥에 있다는 희망을, 혹은 얼마간의 남아있는 환상을, 혹은 얼마간의 꿈을 여전히 품고 있을 것이다. 모든 것이 그의 내면에 있다면, 이것은 그럴 수 없다. 따라서 그는 이곳에 옴으로써 자신에 대한 진리를 부정하고 모든 것보다 더 *많은* 무언가를 구한다. 마치 모든 것의 일부가 떨어져 나가서 나머지 모두가 없는 곳에서 발견될 수 있는 듯이 말이다. 그는 자신에게 결핍된 것을 찾아내서 자신을 완성해 줄 것을 가져오라는 목적을 몸에 부여한다. 따라서 그는 자신이 자신의 정체가 아니라고 믿으면서, 발견할 수 없는 어떤 것을 구하여 정처 없이 떠돈다.

⁴⁵ 꾸물거리며 남아있는 환상은 그를 몰아붙여 천 개의 우상을 찾아내고도 그 뒤로 천 개를 더 구하게 할 것이다. 그리고 그 모든 우상이 그를 저버리겠지만, 예외가 하나 있다. 왜냐하면 그는 죽을 것이며, 자신이 구하는 우상은 단지 자신의 죽음일 뿐임을 이해하지 못하기 때문이다. 우상의 형식은 그 자신의 바깥에 있는 듯하다. 하지만 그는 자신의 내면에 있는 하느님의 아들을 죽여서 자신이 그의 정복자임을 증명하려고 한다. 이것이 바로 모든 우상의 목적이다. 이것이 바로 우상에게 부여된 역할이기 때문이다. 그리고 이것은 결코 완수될 수 없는 역할이다.

⁴⁶ 몸의 개선이 주된 혜택으로 제시된 목표를 달성하려고 시도할 때마다, 너는 죽음을 자초하는 것이다. 그럴 때 너는 결핍에 시달릴 수 있다고 믿는 것인데, 결핍은 곧 죽음이기 때문이다. 희생하는 것은 무언가를 포기하여 그것 없이 존재하는 것이며, 따라서 상실을 겪은 것이다. 그리고 이러한 포기를 통해, 생명이 포기된다. 너 자신의 밖에서 구하지 말라. 그러한 추구는 너의 내면이 온전하지 않으며, 네가 너의 참상을 바라보기 두려워서 너의 정체를 차라리 바깥에서 구하려 한다는 의미다.

⁴⁷ 우상들은 반드시 무너질 것이다. 그것들은 생명이 없기 *때문이다.* 그리고 생명이 없는 것은 죽음의 표시다. 너는 죽으러 왔다. 그러니 네가 구하는 죽음의 표시를 *지각하는* 것 외에 무엇을 기대하고자 하는가? 모든 슬픔과 괴로움은 단지, 생명에 대한 서툰 모방품을 나타내는 우상을 발견했다는 메시지를 선포할 뿐이다. 생명이 없는 그것은 실제로는 죽음이지만, 실재한다고 여겨져서 살아있는 형식이 주어졌다. 하지만 모

든 우상은 쇠약해지고 바스러지고 부패할 수밖에 없다. 죽음의 형식은 생명일 수 없으며, 희생된 것은 온전할 수 없기 때문이다.

48 이 세상의 모든 우상은 내면의 진리가 네게 알려지지 못하게 하고, 네가 완성되고 행복해지려면 바깥에 있는 것을 찾아야 한다는 꿈에 계속 충성을 바치게 하려고 만들어졌다. 평화를 찾겠다는 희망으로 우상을 숭배하는 것은 헛된 일이다. 하느님은 내면에 머물러 사시고, 너의 완성은 하느님 안에 놓여있다. 어떤 우상도 하느님을 대신할 수 없다. 우상에게 기대지 말라. 너 자신의 밖에서 구하지 말라. 과거가 세상에 부여한 목적은 잊자. 그렇지 않으면 미래는 반드시 과거와 같을 것이며, 모든 우상이 차례로 너를 저버리고, 네가 모든 곳에서 죽음과 실망을 보는 일련의 우울한 꿈에 지나지 않을 것이기 때문이다.

49 이 모든 것을 바꿔서 끝없는 절망의 굴레처럼 보였던 것에 희망과 해방의 길을 열어젖히기 위해, 너는 단지 네가 세상의 목적을 *알지* 못한다고 결정하기만 하면 된다. 너는 세상에게 세상이 갖지 않은 목표를 부여하며, 그럼으로써 세상이 무엇을 위한 것인지 결정한다. 너는 내면에 있는 것과 우상들 사이에서 너의 정체를 갈라놓음으로써, 내면에 있는 것을 완성할 힘을 가진 우상들을 너의 바깥 장소, 세상 안에서 찾으려고 한다. 너는 정녕 너의 꿈들을 *선택한다*. 그것들은 너에게 주어진 것처럼 지각되지만, 사실 네가 소망하는 것이기 때문이다. 너의 우상들은 네가 시키는 것을 행하고, 네가 부여하는 힘을 갖는다. 그리고 너는 그 우상들의 힘을 네 것으로 갖기를 원하므로, 꿈속에서 그것들을 헛되이 좇는다.

50 하지만 잠든 마음속이 아니라면 과연 어디에 꿈이 있겠는가? 꿈이 과연 자신 밖으로 투사하는 그림을 실재화할 수 있겠는가? 나의 형제들이여, 시간을 절약하라. 시간이 *무엇을 위한* 것인지 배워라. 너는 세상에서 우상들을 봄으로써 세상을 슬프고 병든 곳으로 만들었다. 이제 그러한 세상에서 우상의 종말을 재촉하라. 너희의 거룩한 마음은 하느님께 바치는 제단이며, 하느님이 계시는 곳에는 어떤 우상도 머물러 살 수 없다. 하느님에 대한 두려움은 다만 우상을 잃는 것에 대한 두려움일 뿐, 너의 실재를 잃는 것에 대한 두려움이 아니다. 그러나 너는 너의 실재를 가지고, 진리의 빛에 맞서 지켜야 하는 우상을 지어냈다. 그리고 온 세상은 이 우상을 보호하는 수단이 된다. 따라서 구원은 생명을 위협하고 죽음을 제공하는 듯이 보인다.

51 그렇지 않다. 구원은 죽음이란 없으며 *오로지* 생명만이 존재함을 증명하려 한다.

죽음을 희생하는 것은 *아무것도* 잃는 것이 *아니다*. 우상은 하느님의 자리를 차지할 수 *없다*. 하느님이 너에 대한 당신의 사랑을 네게 일깨워 주시게 하고, 너 자신에 대한 우상들에게 바치는 깊은 절망의 노래로 하느님의 **음성**을 잠재우려 하지 말라. 너의 아버지 밖에서 너의 희망을 구하지 말라. 행복을 희망하는 것은 절망이 *아니기* 때문이다.

Ⅸ. 그리스도와 적그리스도

52 우상이란 무엇인가? 너는 안다고 생각하는가? 우상은 우상이라고 인식되지 않으며, 결코 그 진짜 정체대로 보이지 않는다. 그것이 우상이 가진 유일한 힘이다. 우상의 **목적**은 *가려져* 있다. 네가 우상을 두려워하고 숭배하는 *이유*는, 우상이 무엇을 위한 것이고 왜 만들어졌는지 모르기 때문이다. 우상은 네 형제에 대한 이미지로서, 너는 그것을 그의 정체보다 더 가치 있게 여기려고 한다. 우상은 그 형식이 무엇이든 네 형제를 대체하려고 만들어진다. 이런 사실은 결코 지각되지도 인식되지도 않는다. 그 형식이 어떤 몸이나 사물이든, 어떤 장소나 상황이나 환경이든, 소유한 대상이든 원하는 대상이든, 요구하는 권리든 획득한 권리든 상관없이, 우상은 똑같다.

53 우상의 형식이 너를 속이게 하지 말라. 우상은 그저 너의 실재에 대한 대체품일 뿐이다. 너는 우상이 너의 왜소한 자아를 완성하여, 너의 확신과 마음의 평화를 파괴하려는 세력들이 결집한 위험하다고 지각되는 세상에서 네가 안전하게 걸어 다닐 수 있게 해줄 것이라고 믿는다. 우상은 너에게 결핍된 것을 채워주고 네가 갖지 않은 가치를 보태줄 힘을 가졌다. 자신을 왜소함과 상실의 노예로 만든 자만이, 따라서 세상이 반영하는 모든 비참함과 떨어져서 머리를 들고 서있을 힘을 자신의 작은 자아 너머에서 구해야 하는 자만이, 우상을 믿는다. 너를 세상으로부터 해방하여 [무한한] 조용함과 평화 속에 떨어져 서있게 해주는 확신과 조용한 평온을 내면에서 찾지 않는다면, 너는 이러한 불이익을 감수해야 한다.

54 우상이란 그릇된 인상 혹은 그릇된 믿음으로서, 그리스도와 네가 보는 것 사이의 간격을 이루는 일종의 적그리스도다. 우상이란 네가 구체화하고 형식을 부여함으로써 실재라고 지각하고 마음 밖에서 보는 소망이다. 하지만 우상은 여전히 하나의 생각으로서, 그 근원인 마음을 떠날 수 없다. 그리고 우상의 형식은 우상이 나타내는 아

이디어와 떨어져 있지 않다. 모든 형식의 적그리스도는 그리스도에 맞서며, 너를 그리스도와 분리하여 어둠 속에 홀로 남겨놓는 듯한 어두운 장막처럼 그리스도의 얼굴 앞에 드리워져 있다. 하지만 빛이 거기에 있다. 구름은 태양을 꺼버리지 않는다. 마찬가지로, 장막은 그것이 분리하는 듯이 보이는 것을 없애버릴 수 없으며, 빛 자체를 조금이라도 더 어둡게 할 수도 없다.

55 이러한 우상들의 세상은 정녕 그리스도의 얼굴을 가리는 장막이다. 이 세상의 목적은 너의 형제를 너 자신으로부터 분리하는 것이기 때문이다. 그것은 음산하고 무서운 목적이기는 하지만, 살아있는 것에서 풀잎 하나도 죽음의 징표로 바꿀 힘이 없는 생각이다. 그 생각의 형식은 어디에도 없다. 그것의 근원은 너의 마음에서 하느님이 머무시지 않는 곳에 머물기 때문이다. 모든 곳에 있는 것이 내쫓겨서 따로 간직된 이곳이 과연 어디란 말인가? 과연 어떤 손을 들어 하느님의 길을 가로막을 수 있겠는가? 과연 누구의 음성이 하느님께 들어오지 마시라고 요구할 수 있겠는가? "모든 것 이상의 것"이란 너를 두려움에 떨고 움츠러들도록 만들 수 있는 것이 아니다. 그리스도의 적은 어디에도 없다. 그리스도의 적이 어떤 형식을 취하든, 그는 결코 실제가 될 수 없다.

56 우상이란 무엇인가? 아무것도 아니다! 우상이 생명을 얻은 듯이 보이려면 네가 먼저 우상을 믿어야 하고, 두려움의 대상이 되도록 그것에게 힘을 *부여해야* 한다. 우상의 생명과 힘은 우상을 믿는 자의 선물이다. 그리고 바로 이것이야말로, 천국과 영원한 평화라는 선물을 받을 자격이 있는 생명과 힘을 *가진* 자에게 기적이 회복해 주는 것이다. 기적은 장막이 꺼버리지 못한 빛, 즉 진리를 회복해 주지 않는다. 기적은 다만 장막을 걷어올려, 진리가 아무런 방해 없이 그 정체대로 존재하며 빛나게 할 뿐이다. 진리는 그 자체가 되기 위해 믿음이 필요하지 않다. 진리는 이미 창조되었으며, 따라서 정녕 존재하기 때문이다. 우상은 믿음에 의해 *확립된* 것이며, 믿음이 거두어지면 "죽는다."

57 전능을 넘어서는 어떤 힘이 있고, 무한한 것 너머에 어떤 장소가 있으며, 영원한 것을 초월하는 어떤 시간이 있다는 이상한 아이디어, 이것이 바로 적그리스도다. 바로 이곳에, 이런 힘과 장소와 시간에 형식이 주어져 불가능한 것이 일어난 세상을 빚어낸다는 아이디어에 의해, 우상들의 세상이 세워졌다. 바로 이곳에서, 죽지 않는 자들이 와서 죽고, 모든 것을 포괄하는 자들이 와서 상실을 겪으며, 무시간적인 자들이 와서 시간의 노예가 된다. 바로 이곳에서, 변함없는 자들이 변하고, 살아있는 만물에 영

원히 주어진 하느님의 평화가 혼란에 굴복한다. 그리고 아버지처럼 완벽하고 죄 없고 사랑하는 하느님의 아들이 이곳에 와서, 잠시 증오하고 고통받다가 마침내 죽는다.

58 우상은 어디에 있는가? 어디에도 없다! 무한한 것 안에 어떤 간격, 시간이 영원을 방해할 수 있는 어떤 장소가 있을 수 있겠는가? 모든 것이 빛인 곳에 자리잡은 어둠의 장소, 끝없는 것에서 분리된 음침한 골방은 있을 곳이 *없다*. 우상은 하느님이 만물을 영원히 두시고, 당신의 뜻 *外에는* 그 무엇도 있을 여지를 남기지 않으신 곳 너머에 있다. 하느님이 모든 것이자 모든 곳에 계신 한, 우상은 아무것도 아니고 어디에도 없을 것이다.

59 그렇다면 우상의 목적은 무엇인가? 우상이란 무엇을 *위한* 것인가? 이것은 많은 답을 가진 유일한 질문으로서, 각각의 답은 그 질문을 누구에게 했는지에 달려있다. 세상은 우상을 *신봉한다*. 우상을 숭배한 자가 아닌 한, 그리고 여전히 실재에 없는 선물을 줄 우상을 찾으려는 자가 아닌 한, 그 누구도 세상에 오지 않는다. 우상 숭배자들은 저마다 자신의 특별한 신이 자신에게, 다른 사람들이 소유한 것보다 더 많은 것을 주리라는 희망을 품고 있다. 그것은 *반드시* 더 많아야 한다. 무엇이 더 많아야 하는지는 중요하지 않다. 그것은 더 많은 아름다움, 더 많은 지성, 더 많은 부, 심지어 더 많은 고난과 더 많은 고통일 수도 있다. 그러나 우상은 *더 많은* 무언가를 *위한* 것이다. 하나가 무너지면, 다른 무언가를 더 찾을 수 있으리라는 희망으로 다른 것이 그 자리를 차지한다. "무언가"가 취하는 형식에 속지 말라. 우상은 *더 많이* 얻기 위한 수단이다. 그리고 바로 *이것이야말로* 하느님의 뜻에 어긋나는 것이다.

60 하느님께는 많은 아들들이 아니라, 한 아들만 있다. 과연 누가 더 많이 가질 수 있으며, 누구에게 더 적게 주어질 수 있겠는가? 천국에서, 하느님의 아들은 우상이 자신의 평화를 침범해 들어오더라도 그저 웃어버릴 것이다. 성령은 바로 그 아들을 대변하여, 우상은 여기서 어떤 목적도 *없다*고 너에게 말해준다. 너는 결코 천국 이상의 것을 가질 수 없기 때문이다. 천국이 내면에 있거늘, 너는 왜 천국을 더 적은 것으로 만들 우상을 구하여, 하느님이 당신과 하나로서 네 형제와 너에게 주신 것 이상을 달라고 하는가? 하느님은 너에게 존재하는 모든 것을 *주셨으며*, 네가 그 모든 것을 잃을 수 없도록 확실히 해두시려고 살아있는 모든 것들에게도 똑같은 것을 주셨다. 따라서 살아있는 것들은 모두 하느님의 일부듯이 너의 일부기도 하다. 어떤 우상도 너를 하느님 *이상의* 것으로 만들어줄 수 없다. 하지만 너는 그 *이하*로 존재하는 것에 결코 만족하지 않을 것이다.

X. 용서하는 꿈

[61] 우상의 노예는 *자발적인* 노예다. 그는 자발적으로 생명이 없는 것을 숭배하여 절하고, 힘없는 것에서 힘을 구하는 존재가 된다. 다음과 같은 것이 하느님 아들의 소망이 될 수 있다니, 도대체 그에게 무슨 일이 일어났단 말인가?: 그는 자신을 땅 위의 돌멩이 아래로 낮추고는 우상이 자신을 일으켜 주리라고 기대한다. 그렇다면 네가 만든 꿈속에서 너의 이야기를 들어보고, 네가 그것이 꿈이 아니라고 믿는 것은 아닌지 자문해 보라. 하느님이 당신 자신처럼 완벽하게 창조하신 마음 안으로 판단의 꿈이 들어왔다. 그 꿈속에서 천국이 지옥으로 바뀌었고, 하느님이 당신 아들의 적이 되셨다.

[62] 하느님의 아들은 꿈에서 어떻게 깨어날 수 있을까? 그것은 판단의 꿈이다. 그러니 그는 판단하지 말아야 한다. 그러면 반드시 깨어날 것이다. 그가 꿈의 일부인 동안, 꿈은 계속되는 듯이 보일 것이다. 판단하지 말라. 판단하는 자는 판단이 자신을 향하는 것을 막아줄 우상이 반드시 필요하기 때문이다. 또한 그는 자신이 정죄한 자아를 알 수도 없다. 판단하지 말라. 그것은 너 자신을 악몽의 일부로 만드는 것이기 때문이다. 그 꿈속에서 우상은 너의 "진짜" 정체며, 네가 공포와 죄의식 속에서 너 자신에게 내린 판단에서 구원해 주는 자다.

[63] 꿈속의 모든 등장인물들은 너를 꿈에서 구하기 위해 만들어진 우상이다. 하지만 그들은 그 꿈의 *일부다.* 그러므로 우상은 꿈을 생생하고 무시무시하게 *유지해* 주는 것이다. 왜냐하면, 공포와 절망 속에 있지 않는 한 그 누가 우상을 원할 수 있겠는가? 우상은 바로 이것을 나타내며, 따라서 우상을 숭배하는 것은 곧 절망과 공포, 그리고 그것들을 낳은 꿈을 숭배하는 것이다. 판단은 하느님의 아들에 대한 불의며, 그를 판단하는 자는 자신이 만든 꿈속에서 자신에게 부과한 벌을 피할 수 없으리라는 것이 곧 정의가 된다. 하느님은 처벌이 아닌 정의에 대해 아신다. 그러나 판단의 꿈속에서 너는 공격하고 정죄받으며, 너의 판단과 그 판단이 초래하는 처벌 사이에 놓인 우상의 노예가 되기를 소망한다.

[64] 네가 꾸는 대로의 꿈에는 구원이 있을 수 *없다.* 네가 성취했다고 믿는 것, 너 자신을 유죄로 만들고 내면의 빛을 꺼버리기 위해 행했다고 믿는 것에서 너를 구하려면, 우상들은 꿈의 일부가 되어야 하기 때문이다. 어린아이들아, 빛은 너희 내면에 있단다. 너희는 다만 꿈꾸고 있을 뿐이며, 우상은 너희가 가지고 논다고 꿈꾸는 장난감이

란다. 아이들 외에 그 누가 장난감을 필요로 하겠는가? 아이들은 세상을 지배하는 흉내를 내면서, 돌아다니고 말하고 생각하고 느끼고 *자신*을 대변할 힘을 장난감에 부여한다. 하지만 장난감이 행하는 듯한 모든 것은 장난감을 갖고 노는 자들의 마음 안에 있다. 그러나 그들은 장난감이 실제인 꿈을 스스로 지어냈다는 것을 잊기를 열망하며, 장난감이 바라는 것은 곧 자신이 바라는 것임을 인식하지 못한다.

65 악몽은 어린애 같은 유치한childish 꿈이다. 자신이 장난감을 실재화했다고 생각한 아이를, 장난감은 등졌다. 하지만 꿈이 공격할 수 *있겠는가?* 혹은 장난감이 크고 위험하고 사납고 거칠어질 수 *있겠는가?* 아이는 이것을 믿는다. 아이는 자신의 생각을 두려워하여, 대신에 그것을 장난감에게 주어버리기 때문이다. 그리고 장난감의 실재가 아이 자신의 실재가 된다. 장난감은 아이를 자신의 생각에서 *구해주는* 듯이 보이기 때문이다. 하지만 장난감은 사실 아이의 생각을 생생하고 실재적으로 유지해 주며, 단지 아이 바깥에서 보일 뿐이다. 그리고 그곳에서 장난감은 아이의 배신을 이유로 아이를 등질 수 있다. 아이는 자신의 생각에서 벗어나려면 장난감이 *필요하다고* 생각한다. 아이는 자신의 생각이 실제라고 생각하기 때문이다. 따라서 아이는 무엇이든 장난감으로 만들어버림으로써 자신의 세상을 계속 바깥에 남겨두고, *자신*은 단지 *그 세상의* 일부인 놀이를 한다.

66 어린 시절이 지나가 영원히 떠나보내야 할 때가 있다. 아이들 장난감을 계속 간직하려 하지 말라. 그것들을 전부 치워버려라. 너는 더 이상 장난감이 필요 없다. 판단의 꿈은 아이가 힘은 세지만 지혜는 아이처럼 보잘것없는 아빠가 되는 게임이다. 그를 해치는 것은 파괴된다. 그를 돕는 것은 축복받는다. 유감스럽게도 그는 이것을, 무엇이 고통을 주고 무엇이 치유하는지 *알지* 못하는 아이처럼 판단한다. 나쁜 일들이 일어나는 듯하고, 그는 자신이 만든 법칙들이 지배한다고 생각하는 세상에서 일어나는 온갖 혼란을 두려워한다. 하지만 실재세상은 그가 실제라고 생각하는 세상의 영향을 받지 않는다. 또한 그가 이해하지 못했다고 해서 실재세상의 법칙들이 바뀐 적도 없다.

67 실재세상은 여전히 꿈일 뿐이다. 단, 등장인물들이 바뀌었다. 그들은 더 이상 배신하는 우상으로 보이지 않는다. 실재세상은 그 누구도 다른 무언가를 대체하기 위해 이용되거나, 마음이 품는 생각과 마음이 보는 것 사이에 개입되지 않는 꿈이다. 그 누구도 자신이 아닌 무언가를 위해 이용되지 않는다. 유치한 것들이 전부 치워졌기 때문이다. 한때 판단의 꿈이었던 것이 이제는 모든 것이 기쁨인 꿈으로 바뀌었다. 그것

이 바로 그 꿈의 *목적이기* 때문이다. 이곳으로는 오로지 용서하는 꿈만이 들어올 수 있다. 시간은 거의 끝나가기 때문이다. 그리고 꿈속으로 들어오는 형상들은 이제 판단이 아닌 사랑 속에서 형제들로 지각된다.

⁶⁸ 용서하는 꿈은 지속될 필요가 거의 없다. 그 꿈은 마음을 마음이 생각하는 것과 분리하려고 만들어지지 않는다. 용서하는 꿈은 그 꿈이 다른 누군가에 의해 꾸어지는 꿈임을 증명하려고 하지 않는다. 그리고 이러한 꿈속에서는 모든 이가 기억하는 멜로디가 들려온다. 비록 그들은 모든 시간이 시작되기 전 이후로는 그 멜로디를 들은 적이 없지만 말이다. 용서는 일단 완성되면 무시간성을 아주 가까이 데려오기에, 이제 천국의 노래가 들릴 수 있게 된다. 그것은 귀로 듣는 것이 아니라, 하느님 아들의 내면 깊은 곳에 영원히 머무는 제단을 결코 떠나지 않은 거룩함으로 듣는다. 하느님의 아들이 이 노래를 다시 들으면, 그가 그것을 듣지 않은 적은 결코 없었음을 알게 된다. 그리고 판단의 꿈을 치워버렸을 때, 시간이 어디에 있단 말인가?

⁶⁹ 깊은 만족과 도움에 대한 확신, 천국이 너와 함께한다는 조용한 확신을 느끼지 못한다면, 너는 정녕 두려워하는 것이다. 어떤 형식으로든 두려움을 느낄 때마다, 네가 우상을 만들었고 그 우상이 너를 배신할 것이라고 믿고 있음을 확실히 깨달아라. 우상이 너를 구원할 것이라는 희망 아래에는, 자기 배반과 불확실성으로 인한 죄의식과 고통이 있다. 그 고통은 너무도 깊고 격렬해서, 꿈은 너의 그 모든 절망의 느낌을 완전히 은폐할 수 없다. 너의 자기 배반은 두려움을 낳을 *수밖에* 없다. 두려움은 곧 *판단으로서*, 우상과 죽음에 대한 광적인 추구로 이어지기 때문이다.

⁷⁰ 용서하는 꿈은 네가 안전하게 살고 있으며, 너 자신을 공격하지 않았음을 일깨워준다. 따라서 너의 유치한 공포는 슬며시 사라진다. 그리고 꿈은 네가 우상을 숭배하고 공격을 *간직하려는* 또 다른 시도가 아닌, 새로운 출발을 했다는 표시가 된다. 용서하는 꿈은 꿈속에 등장하는 모든 이에게 친절하다. 따라서 용서하는 꿈은 꿈꾸는 자를 두려움의 꿈에서 완전히 해방한다. 그는 자신의 판단을 두려워하지 않는다. 그는 그 누구도 판단하지 않았으며, 판단이 부과할 수밖에 없는 것을 판단을 통해 벗어나려고 하지도 않았기 때문이다. 그러는 동안 그는, 판단이야말로 자신을 판단의 처벌에서 *구해줄* 길이라고 여겼을 때 잊었던 것을 기억하고 있다.

제30장

새로운 출발

I. 서문

[1] 이제 새로운 출발이 우리 커리큘럼의 초점이 되었다. 그 목표는 뚜렷하지만, 이제 너에게는 목표 달성을 위한 구체적인 방법이 필요하다. 네가 목표에 얼마나 빨리 도달할지는 모든 단계를 연습하겠다는 용의 하나에만 달려있다. 각 단계는 시도할 때마다 조금씩 도움이 될 것이다. 이 단계들은 전체적으로 너를 판단의 꿈으로부터 용서하는 꿈으로 인도하여, 고통과 두려움에서 벗어나게 해줄 것이다. 그 단계들이 너에게 새로운 것은 아니지만, 아직은 생각의 규칙이라기보다는 아이디어들에 불과하다. 따라서 이제 그 단계들이 네 삶의 규칙이 될 때까지 한동안 연습할 필요가 있다. 우리는 지금 그 단계들을 습관으로 만들고자 한다. 그럼으로써 너는 어떤 필요에든 그것들을 즉시 사용할 수 있게 될 것이다.

II. 결정을 위한 규칙들

[2] 결정들은 연속적으로 내려진다. 너는 네가 언제 결정을 내리는지 항상 아는 것은 아니다. 그러나 네가 알아차리는 결정들을 가지고 약간의 연습을 하면 하나의 사고 습관이 형성되기 시작하는데, 그것은 나머지 결정들을 내릴 때도 너를 도울 것이다. 네가 취하는 각각의 단계에 집착하는 것은 현명하지 않다. 잠에서 깰 때마다 의식적으로 채택하는 적절한 사고 습관은 너를 훨씬 더 앞으로 나아가게 해줄 것이다. 그러나 만약 저항이 강하고 헌신이 약하다면, 너는 아직 준비되지 않은 것이다. *너 자신과 싸우지 말라.* 그저 네가 어떤 날을 원하는지 생각해 보고, 바로 그러한 날이 바로 그렇게 일어날 수 있는 방법이 *있다고* 너 자신에게 말해주어라. 그런 다음 네가 원하는 그런 날을 보내려고 다시 한번 시도하라.

[3] 1. 결정을 위한 규칙은 다음과 같은 말로 시작된다:

[4] 나는 오늘 어떤 결정도 나 혼자서 내리지 않겠다.

[5] 이것은 너 자신이 무엇을 할지 판단하는 자가 되지 않기로 선택한다는 의미다. 그

러나 이것은 또한 너의 반응이 요구되는 상황을 네가 판단하지 않겠다는 의미기도 하다. 네가 상황을 판단한다면, 그것은 이미 그 상황에 어떻게 반응할지 그 규칙들을 정해놓은 것이기 때문이다. 그러면 그와 다른 답은 너에게 혼동과 불확실성, 그리고 두려움을 일으킬 수밖에 없다.

6 이것은 지금 너의 주된 문제다. 너는 아직도 너의 마음을 먼저 정하고, *그다음에* 무엇을 해야 하는지 묻기로 결정한다. 네가 듣는 내용은 *네가* 처음에 보았던 대로의 문제를 해결해 주지 않을 수도 있다. 이것은 네가 지각한 것을 부정하므로 두려움을 일으키며, 따라서 너는 공격받았다고 느껴서 분노한다. 이런 일을 방지하는 규칙이 있다. 하지만 네가 듣는 법을 배우는 동안, 처음에는 이런 일이 일어나기 마련이다.

7 2. 온종일 그날에 대해 생각하면서 되돌아보려고 조용한 시간을 보낼 때마다, 네가 어떤 날을 원하는지, 어떤 감정을 느끼고 싶은지, 네게 어떤 일이 일어나기를 원하는지, 어떤 것을 경험하고자 하는지 너 자신에게 다시 한번 말해주고, 다음과 같이 말하라:

> 8 만약 어떤 결정도 나 혼자서 내리지 않는다면,
> 오늘이 바로 나에게 주어질 그러한 날이다.

9 이 두 단계를 잘 연습한다면 너는 안내를 두려움 없이 따르게 될 것이다. 저항이 먼저 일어나서 그 자체로 문제가 되지는 않을 것이기 때문이다.

10 하지만 네가 이미 판단을 내려버린 때도 있을 것이다. 이제 그 답은, 네가 너의 마음을 신속히 바로잡아 제대로 작동할 답을 원하도록 만들지 않는 한, 공격을 촉발할 것이다. 옆으로 물러나 그 답이 주어지기를 요청할 마음이 내키지 않는다면, 그런 일이 일어났음에 틀림없다고 생각하라. 이것은 네가 이미 혼자서 결정을 내렸으며, *진짜* 질문을 볼 수 없음을 의미한다. 이제 너는 요청하기 전에 빠른 회복법이 필요하다.

11 3. 다시 한번 네가 원하는 그런 날을 기억하고, 그런 날에 일어날 수 없는 어떤 일이 일어났음을 알아차려라. 그런 다음 너 혼자 어떤 질문을 하고는 네 조건대로 답을 정했음을 깨달아라. 그리고 다음과 같이 말하라:

> 12 나는 질문할 것이 없다. 나는 무엇을 결정할지 잊었다.

¹³ 이것은 네가 정한 조건을 상쇄하고, 진정한 답이 와서 질문이 실제로 무엇이었어야 했는지 보여주게 한다.

¹⁴ 저항에도 불구하고 이 규칙을 지체 없이 따르려고 노력하라. 너는 *이미* 분노했기 때문이다. 네 방식대로 해석한 질문이 요구하는 것과 다른 식으로 답이 주어지는 것에 대한 두려움은 가속도를 얻어서, 너는 마침내 네가 원하는 날은 *너의* 질문에 대한 *너의* 답을 얻는 날이라고 믿게 될 것이다. 그리고 너는 그런 날을 얻지 못할 것이다. 그 답은 네가 *진정*으로 원하는 것을 빼앗음으로써 하루를 망쳐놓을 것이기 때문이다. 행복한 날을 약속해 주는 규칙을 너 혼자서 결정한 이상, 이것을 깨닫기는 매우 어렵다. 하지만 이런 결정은 여전히 네가 받아들일 수 있는 단순한 방법들로 무효화될 수 있다.

¹⁵ 4. 진정한 답을 받기가 너무 꺼려져서 너의 질문을 포기할 수조차 없다면, 다음과 같은 말로 너의 마음을 바꾸기 시작할 수 있다:

> ¹⁶ 최소한 나는 내가 지금 느끼는 것을 좋아하지 않는다고 결정할 수 있다.

¹⁷ 이것만큼은 명백하며, 따라서 다음의 쉬운 단계로 나아가는 길을 열어준다.

¹⁸ 5. 네가 느끼는 방식을 좋아하지 않는다고 결정한 이상, 다음과 같이 나아가는 것보다 더 쉬운 일이 어디 있겠는가?:

> ¹⁹ 그러므로 나는 내가 틀렸기를 바란다.

²⁰ 이것은 저항의 느낌을 누그러뜨리고, 도움이 너에게 억지로 주어지는 것이 아니라 네가 정말로 원하고 필요로 하는 것임을 일깨워 준다. 왜냐하면 너는 네가 느끼는 방식을 좋아하지 않기 때문이다. 네가 이렇게 마음을 조금만 열어도, 도움을 받기 위해 필요한 몇몇 단계를 더 밟아나가는 데 충분할 것이다.

²¹ 이제 너는 전환점에 도달했다. 만약 네가 결정한 것이 틀렸다면 오히려 너에게 득이 된다는 생각을 하게 되었기 때문이다. 이 지점에 이를 때까지, 너는 너의 행복이 너의 *옳음*에 달려있다고 믿을 것이다. 그러나 이제 너는, 네가 만약 *틀렸다면* 더 나을 것이라고 생각할 수 있는 만큼의 이성은 얻었다.

²² 6. 이 작은 지혜 한 톨이면 앞으로의 단계를 더 밟아나가기에 충분하다. 너는 강요

받는 것이 아니라 그저 네가 원하는 것을 얻기를 바랄 뿐이다. 이제 너는 아주 정직하게 다음과 같이 말할 수 있다:

    ²³ 나는 이것을 보는 다른 방법을 원한다.

²⁴ 이제 너는 그날에 대한 마음을 바꿨고, 네가 *정말로* 원하는 것을 기억해 냈다. 그날의 목적은 더 이상, 네가 틀렸음에도 불구하고 옳겠다는 목표를 위해 그날을 원한다는 너의 미친 믿음에 의해 가려져 있지 않다. 따라서 너는 요청할 준비가 되었음을 알아차릴 수 있다. 네가 원하는 것을 요청하고, 이것이 정녕 네가 요청하는 것임을 알때, 너는 갈등할 수 없기 때문이다.

²⁵ 7. 이 마지막 단계는 단지 도움받는 것에 대한 저항이 없음을 인정하는 것이다. 그것은 아직 확신하지는 못하지만 보겠다는 용의는 있는 열린 마음으로 말하는 것이다:

    ²⁶ 어쩌면 이것을 보는 다른 방법이 있을 것이다.
        그것을 요청한다고 해서 내가 무엇을 잃을 수 있겠는가?

²⁷ 따라서 너는 이제 이치에 맞는 질문을 할 수 있으며, 그에 대한 답도 이치에 맞을 것이다. 그리고 너는 그 답에 맞서 싸우지도 않을 것이다. 그 답으로 도움을 받을 자는 바로 *너 자신임*을 알기 때문이다.

²⁸ 불행의 침입을 완전히 방지하면 행복한 날을 보내기가 더 쉽다는 것은 명백할 것이다. 하지만 그러기 위해서는 너를 두려움의 참화로부터 보호해 줄 규칙을 연습해야 한다. 이것이 이루어졌을 때, 판단의 안쓰러운 꿈이 영원히 무효화된다. 그러나 그동안에 너는 두려움의 무효화를 위한 규칙을 연습할 필요가 있다. 그렇다면, 여기서 제시된 결정들 가운데 맨 처음 결정을 다시 한번 살펴보자.

²⁹ 우리는 너 혼자서 결정을 내리지 않겠다고 결심함으로써 행복한 하루를 시작할 수 있다고 말했다. 이것은 그 자체로 진짜 결정처럼 보인다. 하지만 너는 실제로 혼자서 결정을 내릴 수 *없다*. 사실 유일한 질문은 네가 *누구와* 함께 결정하기로 선택하는지다. 실제로 그것이 전부다. 그렇다면 첫 번째 규칙은 강요가 아니라 단순한 사실에 대한 단순한 천명이다. 너는 *무엇을* 결정하든 혼자서 결정하지 않을 것이다. 너는 우상

이나 하느님과 함께 결정하기 때문이다. 그리고 너는 그리스도나 적그리스도에게 도움을 요청하며, 네가 선택하는 것은 너와 결합하여 너에게 무엇을 해야 할지 말해줄 것이다.

30 너의 하루는 아무렇게나 펼쳐지지 않는다. 그것은 네가 누구와 함께 살기로 선택하는지, 네가 조언을 구한 친구가 너의 행복을 어떻게 지각하는지에 따라 정해진다. 너는 무엇이든 결정하기 전에 항상 조언을 구한다. *이 점*을 이해하라. 그러면 너는 여기에 어떤 강요도 있을 수 없고, 자유로워지겠다고 저항할 근거도 없음을 알 수 있다. 일어날 수밖에 없는 것으로부터의 자유란 *없다*. 그런 자유가 있다고 생각한다면, 너는 분명 틀렸다.

31 두 번째 규칙도 단지 하나의 사실에 불과하다. 네가 원하는 것이 일어날 수 있으려면, 먼저 너와 너의 조언자가 그것에 대해 합의해야 하기 때문이다. 바로 이 *합의가* 모든 일이 일어나게 한다. 어떤 식으로든 연합하지 않고서는 아무것도 야기될 수 없다. 그것이 판단의 꿈과의 연합이든 하느님을 대변하는 음성과의 연합이든 상관없다. 결정이 결과를 야기하는 *이유는*, 그것이 단독으로 내려지지 않기 *때문이다*. 결정은 너와 너의 조언자에 의해, 너 자신은 물론 세상을 위해서도 내려진다. 너는 네가 원하는 날을 세상에 선사한다. 그날은 네가 요청한 바로 그 날이 되어서, 이 세상에서 너의 조언자의 통치를 강화할 것이기 때문이다. 오늘 너를 위한 세상은 누구의 왕국인가? 너는 어떤 날을 보내기로 결정할 것인가?

32 오늘 행복을 누리고자 하는 둘만 있으면, 온 세상에 행복을 약속할 수 있다. 홀로 결정할 수 없음을 이해하는 둘만 있으면, 그들이 요청한 기쁨이 온전히 공유되도록 보장할 수 있다. 왜냐하면 그들은, 결정을 강력하게 만들어주는, 그리고 그 결정이 낳을 모든 결과를 그 결정에 부여하는 기본 법칙을 이해했기 때문이다. 단지 둘만 필요하다. 이 둘이 먼저 결합해야 어떤 결정이든 내릴 수 *있다*. 이것이 네가 마음에 간직하는 유일한 조언이 되게 하라. 그러면 너는 네가 원하는 그런 날을 보낼 것이며, 그런 날을 스스로 보냄으로써 세상에도 그런 날을 안겨줄 것이다. 너는 행복한 날을 보내기로 결정함으로써 세상으로부터 판단을 거둬들인 것이다. 그리고 너는 분명 네가 받은 대로 줄 것이다.

Ⅲ. 뜻의 자유

33 성령을 반대하는 것은 곧 *너 자신과* 싸우는 것임을 이해하지 못하는가? 성령은 너에게 단지 *너의* 뜻에 대해 말해줄 뿐이다. 성령은 *너를* 위해 말한다. 성령의 신성 안에는 단지 너의 신성이 있을 뿐이다. 그리고 성령이 아는 모든 것은 단지 너의 앎으로서, 네가 성령을 통해 너의 뜻을 행할 수 있도록 너를 위해 간직되었다. 하느님이 너에게 너의 뜻을 행하라고 *청하신다.* 하느님이 *너와* 결합하신다. 하느님은 당신의 왕국을 홀로 세우지 않으셨다. 천국 자체가 너의 뜻을 나타낼 뿐이며, 그곳에서 창조된 것들은 전부 너를 위한 것이다. 생명의 불꽃 중에 단 하나도 너의 흔쾌한 동의 없이, 네가 원하지 않는 모습으로 창조된 것이 없다. 하느님이 이제껏 가지셨던 생각들 중에 단 하나도 너의 축복을 기다려 태어나지 않은 것이 없다. 하느님은 너의 적이 아니시다. 하느님은 너에게 단지 당신을 "친구"라고 불러달라고 청하실 뿐이다.

34 너의 뜻을 행하는 것이야말로 얼마나 놀라운 일인지! 그것이 바로 자유다. 다른 어떤 것도 자유의 이름으로 불려야 할 만한 것이 없다. 네가 너의 뜻을 행하지 않는 한, 너는 자유롭지 않다. 하느님이 과연 당신의 아들을 그 스스로 선택한 것 없이 있게 하시겠는가? 당신의 완벽한 답을 너에게 주실 때, 하느님은 단지 네가 너의 뜻을 결코 잃지 않도록 확실히 해두셨을 뿐이다. 지금 그 답을 들어라. 그럼으로써 너는 하느님의 사랑에 대해 다시 일깨움을 받고, 너 자신의 뜻을 배울 수 있다. 하느님은 당신의 아들이 스스로 원치 않는 것의 죄수가 되게 하지 않으신다. 하느님은 네가 자유롭기를 너와 *함께* 뜻하신다. 하느님께 반대하는 것은 *너 자신에* 반하는 선택을 내리는 것이며, 스스로 속박되어 있기를 선택하는 것이다.

35 너의 적을 다시 한번 바라보라. 그는 네가 사랑하는 대신에 증오하기로 선택한 자다. 그럼으로써 증오가 세상에 태어났고, 그럼으로써 세상에 두려움의 통치가 확립되었다. 이제 하느님의 음성이자 너의 음성이기도 한 성령을 통해, 증오심을 품고 두려움의 죄수가 되는 것, 죽음의 노예가 되는 것, 짧은 목숨을 가진 하찮은 존재가 되는 것은 너의 뜻이 아니라고 일깨워 주시는 하느님께 귀 기울여라. 너의 뜻은 한계가 없으며, 너의 뜻이 속박되는 것은 너의 뜻이 아니다. 네 안에 놓여있는 것은 모든 창조물이 탄생할 때 하느님과 결합했다. 너를 창조하셨고 너의 뜻을 통해 모든 것을 창조하신 하느님을 기억하라. 창조물 중에 단 하나도 너에게 감사하지 않는 것이 없다. 그

들은 너의 뜻에 의해 태어났기 때문이다. 천국의 빛 중에 단 한 줄기도 너를 위해 빛나지 않는 빛이 없다. 그들은 너의 뜻에 의해 천국에 자리잡았기 때문이다.

³⁶ 자유로워지기 위해 다만 너의 축복을 기다리는 세상에서, 네가 분노할 이유가 무엇이 있는가? 네가 만약 죄수라면, 하느님도 자유로우실 수 없으리라. 하느님이 그렇게도 사랑하시는 자에게 행해지는 것은 하느님께 행해지는 것이기 때문이다. 하느님이 너를 속박하기를 뜻하신다고 생각하지 말라. 하느님은 너를 당신과 더불어 우주의 공동 창조자로 만드셨다. 하느님은 단지 너의 뜻을 영원무궁토록 한계 없이 보존하려 하실 뿐이다.

³⁷ 이 세상은, *네가* 스스로 자유롭다는 것을 인식했을 때 세상에 선사할 자유를 기다리고 있다. 하지만 너는 너에게 너의 뜻을 주신 분을 용서하기 전에는 세상을 용서하지 않을 것이다. 너는 너 자신의 뜻에 *의해* 세상에 자유를 선사하기 때문이다. 그리고 너는, 그 거룩한 뜻을 너와 공유하시는 하느님과 떨어져서 자유로워질 수는 없다. 하느님이 너를 바라보시며 세상의 구원을 요청하신다. 너 자신의 구원에 의해, 세상이 치유되기 때문이다. 땅 위를 걷는 자라면 그 누구도 너의 결정에 의존하지 않을 수 없다. 그럼으로써 그는 죽음이 자신을 지배할 힘이 없음을 배운다. 그는 너의 뜻을 공유하듯이 너의 자유도 공유하기 때문이다. 그를 치유하는 것은 정녕 너의 뜻이며, 그는 네가 그와 *함께* 결정했기 때문에 치유된다. 그리고 이제 하느님이 용서받으신다. 왜냐하면 네가 네 형제를 친구로 보겠다고 선택했기 때문이다.

IV. 모든 우상 너머로

³⁸ 우상은 아주 구체적이다. 그러나 너의 뜻은 한계가 없기에, 보편적이다. 따라서 너의 뜻은 형상이 없으며, 형상으로 표현되는 것에 만족하지도 않는다. 우상은 한계다. 우상은 행복을 가져다줄 형상이 있으며, 제한하기를 *통해* 모든 것을 얻을 수 있다는 믿음이다. 그것은 마치, "나는 모든 것이 필요 없어. 나는 이 하찮은 것을 원해. 그것은 나에게 모든 것이 될 거야."라고 말하는 것과 같다. 그러나 이것은 만족을 주지 못할 것이다. 모든 것이 너의 것이어야 한다는 것이 정녕 너의 뜻이기 때문이다. 네가 우상을 위한 결정을 내린다면, 너는 상실을 요청하는 것이다. 네가 진리를 위한 결정

을 내린다면, 모든 것이 정녕 네 것이다.

³⁹ 네가 구하는 것은 형상이 아니다. 과연 어떤 형상이 성부의 사랑에 대한 대체품이 될 수 있겠는가? 과연 어떤 형상이 성자의 신성 안에 있는 그 모든 사랑을 대신할 수 있겠는가? 과연 어떤 우상이 하나인 것을 가지고 둘을 만들 수 있겠는가? 한계 없는 것이 과연 제한될 수 *있겠는가*? 너는 우상을 *원하지* 않는다. 우상을 갖는 것은 너의 뜻이 아니다. 우상은 네가 구하는 선물을 주지 않을 것이다. 네가 원하는 것이 어떤 형상을 취해야 한다고 결정할 때, 너는 그것의 목적이 무엇인지 이해할 수 없게 된다. 따라서 너는 너의 뜻을 우상 안에서 보며, 그렇게 너의 뜻을 구체적인 형상으로 축소한다. 하지만 이것은 결코 너의 뜻일 수 없다. 창조물 전체를 공유하는 자는 시시한 아이디어나 하찮은 사물에 만족할 수 없기 때문이다.

⁴⁰ 우상에 대한 모든 추구 뒤에는 완성에 대한 열망이 있다. 온전성은 형상이 없다. 그 것은 제한되어 있지 않기 때문이다. 너 자신을 완성하기 위해 자신에게 덧붙일 특별한 사람이나 사물을 구하는 것은 단지 네가 어떤 형상을 잃었다고 믿고 있음을 의미할 뿐이다. 그리고 너는 그것을 찾아냄으로써 네가 좋아하는 형상으로 완성을 이룰 것이다. 우상 너머로 네가 *불완전하다*는 믿음의 근원을 보지 않는 것, 이것이 바로 우상의 목적이다. 오로지 네가 죄를 지은 경우에만, 이것이 사실일 수 있을 것이다. 죄란 네가 혼자며, 온전한 것과 분리되어 있다는 아이디어기 때문이다. 그러므로 온전성에 대한 추구는 너 자신에게 부과한 한계 *너머로* 갈 필요가 있을 것이다.

⁴¹ 네가 원하는 것은 결코 *우상이* 아니다. 그러나 너는 정녕 우상이 제공해 준다고 생각하는 것을 원하며, 그것을 요청할 *권리가* 있다. 그리고 그 요청이 거절되는 것은 불가능하다. 완전하고자 하는 너의 뜻은 다만 하느님의 뜻이며, 그것은 하느님의 뜻이 됨으로써 너에게 주어졌다. 하느님은 형상을 알지 못하신다. 하느님은 아무런 의미도 없는 용어로 너에게 답하실 수 없으며, 너의 뜻은 있지도 않은 간격을 메우려고 만들어진 빈 형상으로 만족할 수 없다. 이것은 네가 *원하는* 것이 아니다. 창조는 분리된 사람이나 사물에게 하느님의 아들을 완성할 힘을 부여하지 않는다. 하느님의 아들에게 그가 이미 가진 것을 주기 위해, 과연 어떤 우상을 불러올 수 있겠는가?

⁴² 완성은 하느님 아들의 *기능이다*. 그는 전혀 완성을 구할 필요가 없다. 모든 우상 너머에, 그의 거룩한 뜻이 다만 그의 정체가 되려고 서있다. 온전한 것보다 더 많은 것이란 무의미하기 때문이다. 만약 하느님의 아들에게 변화가 있다면, 만약 그가 어떤

형상으로 격하될 수 있고 자신 안에 있지 않은 어떤 것으로 제한될 수 있다면, 그는 하느님이 창조하신 대로가 아닐 것이다. 그가 그 자신이 되기 위해 과연 어떤 우상을 필요로 할 수 있겠는가? 그가 자신의 일부를 내다 버릴 수 있겠는가? 온전하지 않은 것이 온전하게 될 수는 없다. 하지만 진정으로 요청한 것은 주어지지 않을 수 *없다*. 너의 뜻은 정녕 허락되었다. 너를 만족시키지 못할 어떤 형상이 아닌, 하느님이 너에게 품으신 온전히 사랑스러운 생각 안에서 허락되었다.

⁴³ 하느님이 모르시는 것은 전혀 존재하지 않는다. 하느님이 아시는 것은 영원토록 변함없이 존재한다. 생각은 생각을 생각한 마음만큼이나 오래 지속되기 때문이다. 하느님의 **마음** 안에는 끝이라는 것이 없으며, 하느님의 **생각들**이 존재하지 않거나 변화를 겪을 수 있는 때도 없다. 생각들은 태어나지 않으며, 죽을 수도 없다. 생각들은 그 창조자의 속성을 공유하며, 그분의 생명과 떨어진 별개의 생명을 갖고 있지도 않다. 네가 생각한 생각들은 너의 마음 안에 있다. 그것은 마치 네가, 너에 대해 생각한 **마음** 안에 있는 것과 마찬가지다. 따라서 하느님의 마음 안에 존재하는 것에는 분리된 부분들이 없다. 그것은 영원히 하나며, 영원히 연합되어 있고, 영원히 평화롭다.

⁴⁴ 생각들은 오고 가는 듯이 보인다. 하지만 이 모든 것은 다만 네가 때로는 생각들을 의식하고, 때로는 그렇지 않음을 의미할 뿐이다. 기억되지 않은 생각은 너의 의식에 되돌아올 때 너에게 다시 태어난다. 하지만 네가 잊었다고 해서 그 생각이 죽었던 것은 아니다. 그 생각은 늘 있었지만, 네가 의식하지 못했을 뿐이다. 하느님이 너에 대해 품으신 **생각**은 네가 잊는다고 해서 전혀 바뀌지 않는다. 그 생각은 항상 네가 잊기 전과 정확히 똑같고, 네가 기억할 때도 정확히 똑같을 것이다. 그리고 네가 잊은 기간 동안에도 똑같다.

⁴⁵ 하느님의 **생각들**은 모든 변화 저 너머에서 영원히 빛나고 있다. 그것들은 태어나기를 기다리지 않는다. 그것들은 네가 반가이 맞아들이고 기억하기만을 기다린다. 하느님이 너에 대해 품으신 **생각**은 별과 같아서, 영원한 하늘에서 변할 수 없다. 그것은 저 높이 천국에 걸려있어서, 천국 밖에 있는 자들은 그것이 거기에 있음을 알지 못한다. 하지만 그것은 영원무궁토록 고요하고, 순결하고, 사랑스럽게 빛날 것이다. 그 생각이 거기에 없던 적도 없고, 그 빛이 흐려지거나 덜 완벽했던 순간도 없다.

⁴⁶ 아버지를 아는 자는 그 빛을 안다. 아버지는 그 빛을 영원히 높은 곳에 단단히 고정하여 안전하게 붙들고 있는 영원한 하늘이시기 때문이다. 그 빛의 완벽한 순수함은

땅에서 그 빛을 볼 수 있는지에 의존하지 않는다. 하늘은 그 빛을 품고서 그것이 있어야 할 완벽한 곳에 부드럽게 붙들어 매어둔다. 그곳은 땅이 천국에서 멀리 떨어져 있듯이 땅에서 멀리 떨어진 곳이다. 땅에서 그 별을 볼 수 없게 하는 것은 거리도 시간도 아니다. 그러나 우상을 구하는 자들은 그 별이 거기에 있음을 알 수 없다.

⁴⁷ 모든 우상 너머에, 하느님이 너에 대해 품으신 **생각**이 있다. 하느님이 너에 대해 품으신 생각은 세상의 소란과 공포, 여기서 꿈꾸는 탄생과 죽음의 꿈, 두려움이 취할 수 있는 수많은 형상들에 전혀 영향받지 않고, 아무런 방해도 없이 정확하게 늘 있던 대로 있다. 그 생각은, 너무도 완전해서 전쟁의 소리가 전혀 근접하지 않는 고요함에 둘러싸인 채, 완벽한 평화와 확신 속에 안식하고 있다. 여기에 너의 유일한 실재가 안전하게 간직되어 있다. 그것은 우상을 숭배하고 하느님을 모르는 세상에 대해 전혀 알지 못한다. 하느님이 너에 대해 품으신 생각은 자신이 변함없음을, 그리고 자신의 영원한 집에서 안식하고 있음을 완벽히 확신하기에, 자신을 창조하신 분의 **마음**을 결코 떠난 적이 없다. 그 생각은 하느님을 안다. 그것은 마치 그 **생각**의 창조주가 그 **생각**이 거기에 있음을 아시는 것과 같다.

⁴⁸ 하느님이 너에 대해 품으신 **생각**이 과연 *네가* 있는 곳 외에 어디에 존재할 수 있겠는가? 너의 실재가 과연 너와 동떨어져서, 자신이 전혀 알지도 못하는 세상에 있는 그런 것인가? 너의 바깥에는 영원한 하늘도 없고 변함없는 별도 없으며, 실재도 없다. 천국의 아들의 마음은 천국 안에 있다. 그곳에서 아버지와 아들의 **마음**은 결코 끝날 수 없는 창조 안에서 결합했기 때문이다. 너는 두 실재들이 아니라, 한 실재만 가졌다. 그리고 너는 하나 이상을 *알아차릴* 수 없다. 우상과 하느님이 너에 대해 품으신 생각 중에 단 하나만이 너의 실재다. 그러니 우상은 반드시 너의 정체를 감춘다는 것을 잊지 말라. 그것을 하느님의 **마음**으로부터 감추는 것이 아니라, 너 자신의 마음으로부터 감춘다. 별은 여전히 빛나고, 하늘은 결코 변하지 않았다. 그러나 하느님의 거룩한 아들인 너는 너의 실재를 알아차리지 못한다.

V. 환상 뒤의 진리

⁴⁹ 너는 너를 만족시키지 못하는 것을 반드시 공격할 것이며, 그럼으로써 네가 그것을

지어냈음을 보지 못할 것이다. 너는 *항상* 환상들과 싸운다. 환상 뒤의 진리는 너무도 아름답고, 자애로운 온유함 속에서 너무도 고요하기에, 네가 그것을 알아차리기만 한다면 방어심을 완전히 잊고 진리의 품속으로 뛰어들 것이기 때문이다. 진리는 결코 공격받을 수 없으며, 우상을 만들 때 너는 이것을 알고 있었다. 우상은 그러한 사실이 망각되게 하려고 만들어졌다. 너는 오로지 거짓 아이디어들만 공격할 뿐, 결코 진실한 아이디어들을 공격하지 않는다. 모든 우상은 네가 너 자신과 진리 사이에 생겼다고 생각하는 간격을 메우려고 만든 거짓 아이디어다. 그리고 너는 우상이 나타낸다고 생각하는 것 때문에 우상을 공격한다. 우상들 너머에 있는 것은 정녕 공격받을 수 없다.

⁵⁰ 네가 만든 실망스럽고 지치게 하는 신들은 아이들의 장난감을 부풀린 것이다. 닫힌 상자가 갑자기 열리면서 나무로 만든 머리가 튀어 오르거나, 조용히 있던 부드러운 곰 인형이 손에 쥐자마자 꽥꽥 소리를 내기 시작하면 아이는 깜짝 놀란다. 아이가 상자와 곰에게 정해준 규칙이 아이를 저버리고, 아이가 자신의 주위에 있는 것들에 대해 가진 "통제권"을 무너뜨렸다. 아이는 그 규칙이 자신을 보호해 준다고 생각했기에, 두려워한다. 이제 아이는 상자와 곰이 자신을 속이지 않았으며, 어떤 규칙도 깨지 않았고, 그것들로 인해 그의 세상이 혼란스럽고 위험한 곳이 되지도 않았음을 배워야 한다. *아이는* 잘못 생각했다. 아이는 무엇이 자신을 안전하게 만들어주었는지 오해했고, 그것이 사라졌다고 생각했을 뿐이다.

⁵¹ 존재하지 않는 간격은 무수한 형식의 장난감으로 채워졌다. 그리고 각각의 장난감은 모두 네가 정해준 규칙을 깨는 듯이 보인다. 장난감은 결코 네가 생각했던 그런 것이 아니었다. 장난감은 네가 정한 안전 규칙을 깨는 듯이 보일 수밖에 없다. 왜냐하면 그 규칙이 잘못되었기 때문이다. 그러나 *너는* 위태로워지지 않았다. 튀어 오르는 머리나 소리 지르는 장난감이 자신을 위협하지 않는다는 것을 배우는 아이처럼, 너는 그것들을 웃어넘길 수 있다. 하지만 장난감을 갖고 놀고 싶어 하는 한, 아이는 여전히 자신이 재미를 위해 만든 규칙을 장난감이 따른다고 지각한다. 따라서 장난감은 여전히 어떤 규칙들을 깨서 아이를 놀라게 할 수 있는 듯이 보인다. 그런데도 아이가 과연 장난감의 처분에 달려있는가? 장난감이 과연 아이에게 위협이 될 수 *있겠는가?*

⁵² 실재는 네가 정한 규칙이 아닌, 하느님의 법칙을 따른다. 너의 안전을 보장하는 것은 하느님의 법칙이다. 네가 너 자신에 대해 믿는 모든 환상은 어떤 법칙도 따르지 *않*

는다. 환상들은 네가 정해준 규칙에 따라 잠시 춤추는 듯이 보인다. 하지만 이내 쓰러져서 다시 일어나지 못한다. 나의 아이들아, 그것은 단지 장난감일 뿐이란다. 그것 때문에 슬퍼하지 마라. 장난감의 춤은 결코 너에게 기쁨을 안겨주지 않았다. 하지만 그것은 너를 겁먹게 하는 것도 아니었고, 너의 규칙을 따른다고 해서 너를 안전하게 해주는 것도 아니었다. 그것을 소중히 여기거나 공격하지 말고, 그 자체로 단 하나의 의미도 없는 아이들 장난감이라고 바라보라. 네가 환상들에서 단 하나의 의미라도 본다면, 그 모든 환상들을 볼 것이다. 네가 환상들에서 아무런 의미도 보지 않는다면, 그것들은 너를 건드리지 않을 것이다.

⁵³ 겉모습들이 속이는 *이유*는, 그것들이 단지 겉모습일 뿐 실재가 아니기 때문이다. 어떤 형식의 겉모습에든 연연하지 말라. 겉모습은 단지 실재를 가릴 뿐이다. 그리고 겉모습이 두려움을 일으키는 *이유*는 그것이 진리를 감추기 때문이다. 너 스스로 속으려고 만든 것을 공격하지 말라. 그럼으로써 너는 네가 이미 속았음을 증명하기 때문이다. 공격에는 환상을 실재화하는 힘이 *있다.* 하지만 공격이 만드는 것은 무다. 실재적인 결과는 아무것도 낳을 수 없는 힘이 과연 누구를 두렵게 만들 수 있겠는가? 모든 것을 그 자신처럼 만들어버리는 환상이 아니라면, 공격이 과연 무엇이겠는가? 공격의 장난감을 조용히 직시하고, 그것은 단지 헛된 열망에 따라 춤추는 우상임을 이해하라. 우상을 숭배하지 말라. 우상은 존재하지 않기 때문이다. 하지만 너는 공격할 때 이러한 사실도 똑같이 망각한다. 하느님의 아들은 자신의 꿈에 맞서 방어할 필요가 없다. 그의 우상들은 그를 전혀 위협하지 않는다. 그의 유일한 잘못은 그것들이 실제라고 생각하는 것이다. 환상의 힘이 도대체 무엇을 *행할* 수 있겠는가?

⁵⁴ 겉모습은 속기를 *원하는* 마음만 속일 수 있을 뿐이다. 너는 너를 영원히 속임수 저너머에 놓아줄 단순한 선택을 하나 내릴 수 있다. 너는 이것이 어떻게 이루어질지 걱정할 필요가 없다. 그것은 네가 이해할 수 있는 것이 아니기 때문이다. 그러나 네가 우상이 준다고 믿는 것을 전혀 *원하지* 않는다는 아주 단순한 결정을 하나 내렸을 때, 엄청난 변화가 신속하게 일어났음을 *이해할* 것이다. 하느님의 아들은 그런 결정을 통해 자신이 우상에서 자유로움을 선포하기 때문이다. 따라서 그는 정녕 자유롭다.

⁵⁵ 구원은 정녕 역설이다! 행복한 꿈이 아니라면, 구원이 과연 무엇이겠는가? 구원은 단지 너에게, 그 누구도 행한 적이 없는 것을 모두 용서하고, 존재하지 않는 것을 간과하고, 비실재를 실재라고 보지 말라고 요구할 뿐이다. 단지 너의 뜻이 이루어지게

하고, 네가 원하지 않는 것을 더 이상 구하지 말라고 요구할 뿐이다. 또한 결코 네가 아니었던 모든 꿈에서 너 자신이 자유롭게 풀려나게 하고, 더 이상 하느님의 뜻을 헛된 소망의 힘으로 대체하려고 시도하지 말라고 요구할 뿐이다.

56 여기에서, 분리의 꿈이 희미해져 사라지기 시작한다. 여기에서, 너는 이제 존재하지도 않는 간격에 네가 만든 공포의 장난감이 없음을 지각하기 시작하기 때문이다. 너에게는 단지 이것만이 요구된다. 구원이 그렇게 많이 요구하지 않고 그렇게 적게 요구한다는 것에 정녕 기뻐하라. 실재 안에서, 구원은 *아무것도 요구하지 않는다.* 심지어 환상 안에서조차, 구원은 단지 두려움을 용서로 대체할 것만을 요구한다. 이러한 것이 바로 행복한 꿈을 위한 유일한 규칙이다. 간격에서 두려움의 장난감이 치워져서, 이제 간격의 비실재성이 분명하다. 꿈은 *무*를 위한 것이며, 하느님의 아들에게는 꿈이 필요할 수 없다. 꿈은 하느님의 아들이 원할 수도 있는 것은 단 하나도 주지 않는다. 그는 자신의 뜻에 의해 환상에서 구원되어, 다만 자신의 정체로 회복될 뿐이다. 하느님이 당신의 아들을 구원하시기 위한 계획이란 단지, 당신의 아들을 당신 자신께 주시기 위한 수단이 아니겠는가?

VI. 유일한 목적

57 실재세상이란 세상의 유일한 목적이 용서라고 보는 마음의 상태다. 두려움은 그 세상의 목표가 아니며, 죄의식에서 *벗어나는* 것이 그 세상의 목적이 된다. 용서의 가치가 지각되어 우상의 자리를 차지한다. 우상은 더 이상 추구되지 않는다. 우상이 주는 "선물"을 소중히 여기지 않기 때문이다. 어떤 규칙도 헛되이 정해지지 않으며, 그 누구도 그 무엇도 왜곡돼서 두려움의 꿈에 맞춰 들어가라고 요구받지 않는다. 그 대신 창조된 모든 것을 있는 그대로 이해하려는 소망이 있다. 그리고 모든 것을 이해하려면 그것들을 먼저 용서해야 한다는 사실이 인식된다.

58 이곳에서는, 공격으로 이해를 *얻는다고* 생각한다. 그곳에서는, 공격으로 이해를 *잃는다는* 것이 분명하다. 죄의식을 목표로 추구하는 어리석음도 충분히 인식된다. 그리고 그곳에서는 우상을 원하지 않는다. 고통이 어떤 형식을 취하든 그 유일한 원인은 죄의식임을 이해하기 때문이다. 그 누구도 죄의식의 헛된 매력에 유혹을 느끼지

않는다. 고통과 죽음을 더 이상 원하지도 않고 애써 추구하지도 않을 것으로 지각했기 때문이다. 자유의 가능성을 이해하고 환영했으며, 이제 자유를 얻을 수단을 이해할 수 있다. 세상은 희망의 전당이 된다. 세상의 유일한 목적은 행복의 희망이 이루어지는 장소가 되는 것이기 때문이다. 그리고 그 누구도 이러한 희망 바깥에 서있지 않다. 희망이 단순한 꿈 이상이 되려면 세상의 목적은 모든 이가 공유하는 목적이어야 한다는 믿음 안에서, 세상이 연합했기 때문이다.

⁵⁹ 천국은 아직 확실히 기억되지 않는다. 용서라는 목적이 여전히 남아있기 때문이다. 하지만 모든 이는 자신이 용서 너머로 갈 것이며, 그저 용서가 자신 안에서 완성될 때까지만 남아있는 것임을 확신한다. 그에게는 이것 외에 다른 어떤 소망도 없다. 그리고 두려움은 힘을 잃었다. 그는 목적에 있어서 자기 자신과 일치되어 있기 때문이다. 그는 내면에 행복의 희망을 너무도 확실하고 한결같이 품고 있어서, 발을 가까스로 땅에 댄 채 잠시만 더 머물면서 기다릴 수 있을 뿐이다. 하지만 그는 모든 이가 손을 맞잡고 모든 가슴이 일어나 그와 같이 갈 준비가 될 때까지 기꺼이 기다린다. 그럼으로써 그는 모든 용서를 뒤로하고 떠날 단계를 위한 준비가 되기 때문이다.

⁶⁰ 마지막 단계는 하느님이 취하신다. 완벽한 아들을 창조하시고 그와 더불어 당신의 부성을 공유할 수 있던 분은 바로 하느님이시기 때문이다. 천국 밖의 그 누구도 이것이 어떻게 가능한지 알지 못한다. 이것을 이해하는 것이 곧 천국 자체기 때문이다. 실재세상의 목적조차도 여전히 창조와 영원 아래에 있다. 하지만 두려움은 사라졌다. 실재세상의 목적은 우상 숭배가 아닌 용서기 때문이다. 따라서 천국의 아들은 이제 자기 자신이 될 준비가 되었으며, 또한 하느님의 아들은 아버지가 이해하시는 모든 것을 알며 그것을 그분과 더불어 완벽하게 이해한다는 것을 기억할 준비가 되었다.

⁶¹ 실재세상은 여전히 이것에는 미치지 못한다. 그것은 하느님 자신의 목적이기 때문이다. 그것은 오로지 하느님의 목적이기는 하지만, 완전히 공유되고 완벽하게 성취된 것이다. 실재세상은 마음이 우상을 여전히 지각하기는 하지만 원하지는 않을 때 우상이 얼마나 쉽게 사라지는지 배운 상태다. 우상은 아무것도 아니며, 어디에도 없고, 아무런 목적도 없음을 이해했을 때, 마음은 기꺼이 우상을 내려놓을 수 있다. 그제야 비로소 죄의식과 죄를 목적도 없고 의미도 없는 것으로 볼 수 있기 때문이다.

⁶² 이와 같이 실재세상의 목적이 부드럽게 의식으로 들어와, 죄와 죄의식이라는 목표를 대체한다. 그리고 너 자신에 대한 이미지와 너의 정체 사이에 서있던 모든 것을 용

서가 기쁘게 씻어낸다. 하느님은 당신의 아들이 자신의 것을 되찾게 하기 위해 아들을 다시 창조하실 필요가 없다. 네 형제와 너 자신 사이의 간격은 결코 *거기에* 없었다. 그리고 하느님의 아들은 자신이 창조될 때 알았던 것을 다시 알 것이다.

⁶³ 형제들이 두려움의 세상에서 하나의 목적으로 결합할 때, 그들은 이미 실재세상의 가장자리에 서있는 것이다. 어쩌면 그들은 여전히 뒤를 돌아보면서 자신이 원하는 우상을 본다고 생각할 것이다. 하지만 그들의 길은 우상에서 확실히 멀어져 실재를 향하게 되었다. 서로의 손을 잡았을 때, 그들은 그리스도의 손을 잡은 것이다. 그리고 그들은 자신이 손잡은 그리스도를 바라볼 것이다. 그리스도의 얼굴을 먼저 바라본 다음에야 아버지가 기억된다. 하느님의 아들이 용서를 넘어 하느님의 사랑에 도달하기 전에는, 아버지는 기억될 수 없기 때문이다. 하지만 그리스도의 사랑이 먼저 받아들여질 것이며, 이어서 그리스도와 아버지는 하나라는 앎이 올 것이다.

⁶⁴ 네가 누구의 손을 잡고 있는지 인식했을 때, 두려운 세상의 좁은 경계선을 건너가는 발걸음은 얼마나 가볍고 편안한지! 너의 손 안에, 네가 완벽한 확신 속에 두려움을 영원히 뒤로하고 곧장 걸어가 천국 문에 신속히 도달하기 위해 필요한 모든 것이 있다. 네가 손잡고 있는 그리스도는 다만 네가 그와 결합하기만을 기다리고 있었다. 이제 네가 왔거늘, *그가 과연 너와 함께 걸어가야 하는 길을 보여주기를 미루겠는가?* 아버지의 사랑이 그에게 머물 듯이 확실하게, 그의 축복은 너에게 머문다. 그리스도는 네가 이해할 수 없을 정도로 너에게 감사하고 있다. 너는 그가 사슬을 떨치고 일어나 너와 함께 아버지의 집에 갈 수 있게 해주었기 때문이다.

⁶⁵ 오랜 증오가 세상을 떠나고 있다. 그와 함께 모든 증오와 두려움이 사라진다. 더 이상 뒤돌아보지 말라. 네 앞에는 네가 항상 온 마음으로 원했던 모든 것이 놓여있기 때문이다. 세상을 포기하라! 그러나 희생하려고 포기하지는 말라. 너는 결코 세상을 *원하지* 않았다. 네가 여기서 구한 행복 중에 너에게 고통을 안겨주지 않은 것이 있었는가? 어떤 만족한 순간이 괴로움의 동전으로 두려운 대가를 치르고 얻지 않은 것인가? 기쁨에는 대가가 없다. 기쁨은 너의 신성한 권리며, 값을 치르고 얻는 것은 행복이 아니다. 정직하게 너의 길을 재촉하고, 네가 여기서 경험한 것을 돌이키며 속지 말라. 너의 경험은 혹독한 대가와 기쁨 없는 결과에서 자유롭지 않았다.

⁶⁶ 정직하게 보지 않으려면 뒤돌아보지 말라. 우상이 유혹하거든, 다음에 대해 생각해 보라:

⁶⁷ 우상이 너에게 죄의식이라는 "선물" 외에

다른 것을 가져다준 적은 결코 없었다.

단 하나의 선물도 고통을 대가로 얻지 않은 것이 없었으며,

그 대가를 너 혼자 치른 적도 없었다.

⁶⁸ 그러니 네 형제를 자비롭게 대하라. 그도 너와 마찬가지로 대가를 치를 것임을 기억하면서, 경솔하게 우상을 선택하지 말라. 네가 뒤돌아볼 때, 그가 지체될 것이다. 그리고 너는 네가 그리스도의 자애로운 손을 잡고 있음을 지각하지 못할 것이다. 그러니 앞을 보라. 두려움 때문에 두근거리는 가슴이 아닌, 희망으로 고동치는 행복한 가슴으로 확신 속에 걸어라.

⁶⁹ 하느님의 뜻은 서로 손을 맞잡은 자들 안에 영원히 놓여있다. 서로 결합하기 전까지, 그들은 하느님을 적이라고 생각했다. 하지만 서로 결합하여 하나의 목적을 공유했을 때, 그들은 자신의 뜻이 하나임을 자유로이 배울 수 있었다. 따라서 하느님의 뜻이 그들의 의식에 도달할 수밖에 없다. 그리고 그들은 하느님의 뜻은 단지 그들 자신의 뜻임을 오랫동안 잊고 있을 수도 없다.

Ⅶ. 용서의 정당한 근거

⁷⁰ 분노는 결코 정당화될 수 없다. 공격은 아무런 근거도 *없다*. 바로 여기서 두려움으로부터의 벗어남이 시작되어, 마침내 완성될 것이다. 여기서 공포의 꿈 대신에 실재 세상이 주어진다. 바로 이 근거 위에 용서가 놓여있으며, 바로 이 근거 위에서 용서는 자연스러울 뿐이기 때문이다. 나는 너에게, 공격받아 마땅하고 공격이 정당한 근거가 있는 곳에 용서를 베풀라고 요청하는 것이 아니다. 그렇지 않다면 그것은, 네가 정말로 존재하는 것을 간과함으로써 죄를 용서함을 의미할 것이다. 그것은 용서가 아니다. 그것은 네가 정당하지 않은 방법으로 반응함으로써, 너의 용서가 이미 행해진 공격에 대한 응답이 될 것임을 가정하기 때문이다. 그러므로 용서는 부적절하다. 그것은 마땅하지 않은 곳에 베풀어졌기 때문이다.

⁷¹ 용서는 *언제나* 정당하다. 용서에는 *확실한* 근거가 있다. 너는 용서할 수 없는 것을

용서하는 것도 아니고, 처벌을 요하는 진짜 공격을 간과하는 것도 아니다. 구원은 실제인 것에 적절하지 않은 부자연스러운 반응을 하라고 요청하지 않는다. 그 대신 구원은 단지, 일어나지 않은 일을 지각하지 않음으로써 실제가 아닌 것에 적절하게 반응할 것만을 요청한다. 만약 용서가 정당하지 않다면, 너는 공격을 용서로 갚을 때 너의 권리를 희생하라고 요청받는 것이리라. 그러나 나는 너에게 단지, 고통에 대한 자연스러운 반응으로 용서를 바라보라고 요청할 뿐이다. 그 고통은 잘못에 근거하고 있기에 도움을 필요로 한다. 용서는 *유일하게* 제정신인 반응이다. 용서는 너의 권리가 희생되지 않도록 *지켜준다.*

72 이런 이해야말로 실재세상이 일어나 공포의 꿈을 대체하게 하는 유일한 변화다. 공격이 정당화되지 않는 한 두려움은 일어날 수 없으며, 만약 공격에 진짜 근거가 있다면 용서는 아무런 근거도 없을 것이다. 네가 용서의 근거를 아주 실재적이며 충분히 정당하다고 지각할 때, 실재세상이 이루어진다. 용서를 부당한 선물이라고 여기는 동안에는, 용서는 네가 "용서하려는" 죄를 떠받칠 수밖에 없다. 정당화되지 않은 용서는 곧 공격이다. 바로 이것이 세상이 줄 수 있는 모든 것이다. 세상은 때로 "죄인들"을 용서하지만, 그들이 죄를 지었다는 것은 늘 자각하고 있다. 따라서 그들은 세상이 주는 용서를 마땅히 받을 자격이 없다.

73 이것이 바로, 죄의식을 *계속* 살려두기 위해 세상이 사용하는 거짓 용서다. 그리고 세상은 하느님이 정의로우시다는 것은 인식하고 있기에, 하느님의 용서가 진짜일 리는 없다고 본다. 그러므로 하느님에 대한 두려움은 용서를 부당하다고 본 것의 확실한 결과다. 자신을 죄 있다고 보는 자는 하느님에 대한 두려움을 피할 수 없다. 하지만 그가 용서할 수 있다면, 이런 딜레마에서 벗어날 수 있다. 마음은 자기 자신을 바라보듯이 자신의 창조주에 대해 생각할 수밖에 없다. 네가 만약 네 형제가 마땅히 용서받을 자격이 있다고 볼 수 있다면, 용서가 그의 권리듯이 너의 권리기도 하다는 것을 이미 배운 것이다. 그리고 너는 네 형제가 받을 이유가 없는 무시무시한 심판을 하느님이 너에게 내리실 것이라고 생각하지도 않을 것이다. 네가 마땅히 받을 몫은 그의 것보다 더 많을 수도, 더 적을 수도 없다는 것이 진리기 때문이다.

74 마땅히 받을 만하다고 인식된 용서는 치유할 것이다. 그러한 용서는 환상을 간과할 힘을 기적에 부여한다. 이것은 너도 마찬가지로 용서받았을 수밖에 없음을 배우는 방법이다. 간과될 수 *없는* 겉모습은 있을 수 없다. 만약 있다면, 먼저 용서가 미치지 못

하는 죄가 있어야 할 것이다. 단순한 실수 이상의 잘못, 즉 바뀔 수 없고 영원하며, 교정할 수도 없고 벗어날 수도 없는 특별한 형식의 잘못이 있어야 할 것이다. 창조를 무효화할 힘, 창조를 대체할 수 있는 세상을 만들고 하느님의 뜻을 파괴할 힘을 가진 잘못이 하나 있어야 할 것이다. 오로지 이것이 가능할 경우에만, 기적을 견뎌내고 기적으로 치유되지 않을 수 있는 어떤 겉모습이 있을 수 있으리라.

75 용서가 치유할 수 없는 형식의 병과 슬픔이 있다는 믿음은 우상 숭배가 너의 소망임을 보여주는 가장 확실한 증거다. 이것은 네가 어떤 우상들은 계속 간직하기를 선호하여, 아직은 모든 우상을 내려놓을 준비가 되지 않았음을 의미한다. 따라서 너는 어떤 겉모습은 실제며, 전혀 겉모습이 아니라고 생각한다. 어떤 겉모습은 다른 것보다 더 간과하기 어렵다는 고착된 믿음의 의미에 대해 속지 말라. 그것은 *항상* 네가 용서를 제한해야 한다고 생각하고 있음을 의미할 뿐이다. 따라서 너는 부분적으로 사면하여 죄의식에서 제한적으로 탈출한다는 목표를 *너*를 위해 설정해 놓았다. 이것이 과연, 너와 떨어져 있는 듯한 모든 이와 너 자신에 대한 거짓된 용서 외에 무엇일 수 있겠는가?

76 기적이 *모든* 형식의 병을 치유할 수 있다는 것은 참일 수밖에 없다. 그렇지 않으면 기적은 치유할 수 없다. 어떤 형식이 실제고 어떤 겉모습이 참인지 판단하는 것이 기적의 목적일 수는 없다. 하나의 겉모습이 치유되지 않고 남아있어야 한다면, 하나의 환상이 진리의 일부일 수밖에 없다. 그리고 너는 모든 죄에서 벗어날 수 없고, 단지 어떤 죄에서만 벗어날 수 있을 뿐이다. 너는 하느님의 아들을 *전적*으로 용서해야 한다. 그렇지 않으면 너 자신에 대한 온전하지 않은 이미지를 계속 간직하고, 내면으로 눈을 돌려 모든 우상에서 벗어날 탈출구를 발견하기를 두려워할 것이다. 구원은 용서할 수 없는 특정 형식의 죄는 있을 수 *없다*는 믿음에 달려있다. 따라서 하느님의 아들에 대한 진리를 대체한 겉모습은 있을 수 없다.

77 네 형제를 있는 그대로 보겠다는 용의를 가지고 바라보라. 그가 치유되어야 한다는 너의 용의 바깥에 그의 일부를 남겨두지 말라. 치유하는 것은 온전하게 만드는 것이다. 온전한 것은 바깥에 남겨져 빠진 부분이 있을 수 없다. 용서는 이것을 인식하고, 기적이 치유할 힘이 없는 특정한 형식의 병은 있을 수 없다는 것을 기뻐하는 데 달려 있다.

78 하느님의 아들은 완벽하다. 그렇지 않다면 그는 하느님의 아들일 수 없다. 네가 만약 하느님의 아들이 죄의 *모든* 형식과 *모든* 결과에서 마땅히 벗어날 자격이 없다고

생각한다면, 그를 알 수 없을 것이다. 너 자신에 대한 진리를 알고자 한다면, 그를 오로지 다음과 같이 생각해야 한다:

> 79 아버지, 당신의 완벽한 아들에 대해 감사드립니다.
> 저는 그의 영광 속에서 저 자신의 영광을 볼 것입니다.

80 이것은 하느님의 뜻을 이길 수 있는 악의 형식은 없다는 기쁨에 찬 진술이자, 환상을 실재화하려는 너의 소망에 의해 죄가 성공을 거두지는 못했다는 사실에 대한 기꺼운 받아들임이다. 이것이 과연 진리에 대한 단순한 진술이 아니고 무엇이겠는가?

81 이런 희망을 품고서 네 형제를 바라보라. 그러면 너는 그가 자신 안의 진리를 바꿀 수 있는 잘못을 저지를 수 없었음을 이해할 것이다. 아무런 결과도 주어지지 않은 실수를 간과하는 것은 어렵지 않다. 그러나 너는 하느님의 아들을 우상으로 만들 힘을 가졌다고 여기는 것은 사면하지 *않을* 것이다. 그는 이미 너에게 조상彫像이자 죽음의 징표가 되어버렸기 때문이다. 이것이 과연 너의 구원자인가? 그의 아버지가 아들을 잘못 알고 계시는가? 아니면, *너의* 구원과 해방을 위해 치유하도록 주어진 형제를 *네가* 잘못 본 것인가?

VIII. 새로운 해석

82 하느님이 과연 세상의 의미를 너의 해석에 맡기셨겠는가? 만약 그러셨다면, 세상은 정녕 아무런 의미도 갖고 있지 않다. 의미가 끊임없이 변하면서도 여전히 참이라는 것은 있을 수 없는 일이기 때문이다. 성령은 세상에 변함없이 확립된 하나의 목적이 있다고 본다. 그리고 어떤 상황도 세상의 목적에 영향을 줄 수 없으며, 그 목적과 일치하지 않을 수 없다. 세상의 목적이 각 상황에 따라 달라질 수 있을 경우에만, 너는 그 상황에 대해 생각할 때마다 다르게 해석할 수 있을 것이다. 네가 하루의 매 순간을 위해 작성하는 대본에 새로운 요소를 더하면, 지금 일어나는 모든 일이 다른 무언가를 의미한다. 다른 어떤 요소를 빼내면, 그에 따라 모든 의미가 달라진다.

83 너의 대본은 단지, 하루가 *반드시* 어떤 모습이어야 한다는 너의 계획을 반영할 뿐

이지 않겠는가? 너는 그에 따라 끔찍한 실패와 성공, 전진과 후퇴, 획득과 상실을 판단한다. 이런 모든 판단은 대본이 부여한 역할에 따라 내려진다. 그 판단들이 그 자체로는 아무런 의미도 없다는 사실은, 경험의 다른 측면에 내려진 다른 판단에 의해 그런 꼬리표들이 얼마나 쉽게 바뀌는지 보면 알 수 있다. 그런 다음 너는 되돌아보면서 전에 일어난 일에서 다른 의미를 본다고 생각한다. 그럴 때, 거기에 아무런 의미도 없었음을 보여주는 것 외에 네가 실제로 무엇을 했겠는가? 그러나 너는 이리저리 바뀌는 목표들에 비추어 어떤 의미를 부여했으며, 목표가 바뀔 때마다 의미도 달라졌다.

84 오로지 변함없는 목적만이 사건들에 안정된 의미를 부여할 수 있다. 그러나 그 목적은 모든 사건들에 *단 하나의* 의미만 부여해야 한다. 사건들에 여러 다른 의미가 부여된다면, 사건들은 분명 여러 다른 목적을 반영할 것이다. 그리고 바로 이것이 사건들이 가진 의미의 전부다. 이것이 정녕 의미일 수 있겠는가? 의미가 의미하는 것이 혼동일 수 있겠는가? 끊임없이 변동하는 지각은 어디에든 안정적인 의미를 부여할 수 없다. 두려움은 결코 정당한 근거가 없는 판단이다. 두려움이 있다는 것은 단지, 네가 두려운 대본을 작성하고는 그에 따라 무서워하고 있음을 보여준다는 의미만 있을 뿐이다. 하지만 네가 두려워하는 것이 그 자체로 두려운 의미가 있기 때문은 아니다.

85 공동의 목적은 지각이 안정화되고 세상과 이곳에서의 모든 경험에 하나의 해석만 주어지게 하는 유일한 수단이다. 이렇게 공유된 목적 안에서, 네가 보는 모든 이와 모든 것이 하나의 판단을 공유한다. 너는 판단할 필요가 없다. 너는 단 하나의 의미가 모든 것에 주어져 있음을 배웠으며, 그 의미를 기꺼이 모든 곳에서 보려 하기 때문이다. 그 의미는 변할 수 없다. 너는 그 의미를 상황에 따라 변함없이 모든 곳에서 지각하고자 하기 *때문이다.* 따라서 너는 모든 사건에 그 의미를 제공함으로써 그 사건들이 너에게 안정성을 제공하게 한다.

86 판단으로부터의 해방은 단지 다음과 같은 사실에 놓여있다: 모든 것은 네가 온 세상과 공유하는 단 하나의 목적만 가졌다. 그리고 세상의 그 무엇도 이 목적에 배치될 수 없다. 그 목적은 너에게 속하듯이 모든 것에도 속하기 때문이다. 희생이라는 모든 아이디어는 하나의 목적 안에서 종지부를 찍는다. 희생은 얻는 자와 잃는 자를 위해 서로 다른 목적을 상정할 것이다. 이런 아이디어가 없다면, 희생이라는 생각은 있을 수 없다. 여러 다른 목표가 있다는 이러한 아이디어야말로 지각을 바꾸고 의미를 변하게 만드는 것이다. 하나의 연합된 목표 안에서는 이것이 불가능해진다. 그럴 때는 너

희의 동의가 해석을 안정화하고 지속시키기 때문이다.

[87] 여러 다른 것을 의미하는 상징들을 사용하는 한, 소통이 어떻게 진정으로 확립될 수 있겠는가? 성령의 목표는 너와 네 형제에게 의미가 있는 단 하나의 해석만 부여한다. 따라서 너는 네 형제와 소통할 수 있고, 그도 너와 소통할 수 있다. 너희 둘이 이해할 수 있는 상징들 안에서, 의미의 희생이 무효화된다. 모든 희생은 사건들 사이의 관계를 보는 능력을 잃게 만든다. 사건들을 개별적으로 바라본다면, 그것들에는 아무런 의미도 *없다*. 왜냐하면, 사건들을 보고 이해할 수 있는 관점이 없기 때문이다. 사건들에는 아무런 목적도 없고, 그것들이 무엇을 위한 것인지 알 수도 없다. 어떤 상실의 생각이든, 그 안에는 아무런 의미도 *없다*. 그 생각이 무엇을 의미하는지 그 누구도 너와 동의하지 않았다. 그것은 의미가 있다고 해석될 수 없는 왜곡된 대본의 일부다. 그것은 영원히 이해될 수 없을 것이다. 이것은 소통이 아니다. 너의 어두운 꿈은 그저 네가 자면서 쓰는 무의미하고 고립된 대본일 뿐이다. 분리된 꿈에 의지해 의미를 찾으려 하지 말라. 오로지 용서하는 꿈만이 공유될 수 있다. 그 꿈은 너희 둘에게 똑같은 것을 의미한다.

[88] 고립된 채로 해석하지 말라. 그때 네가 보는 것은 아무것도 의미하지 않기 때문이다. 그것이 나타내는 것은 달라질 것이고, 따라서 너는 세상이 위험하고 불확실하게 걸어야 하는 불확실한 곳이라고 믿을 것이다. 안정성이 없는 것은 단지 너의 *해석뿐이다*. 그것은 너의 진정한 정체와 일치하지 않기 때문이다. 이것은 너무도 위험해 보이는 상태며, 따라서 두려움이 일어날 *수밖에* 없다. 나의 형제들아, 더 이상 이렇게 하지 말라. 우리에게는 *유일한* 해석자가 있다. 우리는 그가 상징들을 사용하는 방법을 통해 결합되었으며, 따라서 그것들은 우리 모두에게 같은 것을 의미한다. 우리가 사용하는 공동의 언어는 우리로 하여금 모든 형제들에게 말하고, 용서가 우리 모두에게 주어졌음을 그들과 더불어 이해할 수 있게 해준다. 따라서 우리는 다시 소통할 수 있다.

IX. 변함없는 실재

[89] 겉모습은 속이지만, 변할 수 있다. 실재는 변함이 없다. 실재는 전혀 속이지 않는

다. 네가 만약 겉모습 너머를 보지 못한다면, 정녕 속은 것이다. 네가 보는 모든 것은 변할 것이기 때문이다. 하지만 너는 전에 그것들이 실제라고 생각했고, 지금도 다시 실제라고 생각한다. 따라서 실재는 형식으로 축소되고 변할 수 있게 된다. 실재는 변함이 없다. 바로 이 점이야말로 실재를 실제인 것으로 만들고 *모든* 겉모습과 분리하는 것이다. 실재가 실재 자체로 존재하기 위해서는, 모든 형식을 초월해야 한다. 실재는 변할 수 *없다*.

⁹⁰ 기적이란, 모든 겉모습은 단지 겉모습이므로 변할 수 있으며, 실재에 수반되는 변함없는 속성을 가질 수 없음을 보여주는 수단이다. 기적은 겉모습이 변할 수 있음을 *보여줌으로써* 겉모습으로부터의 구원을 입증한다. 네 형제의 내면에는 겉모습과 속임수를 모두 넘어서는 변함없음이 있다. 이것은 그에 대한 변하는 관점들에 의해 가려져 있는데, 너는 그러한 관점을 그의 실재라고 지각한다. 네 형제에 대한 행복한 꿈은 그가 완벽하게 건강하고, 모든 형식의 결핍에서 완벽하게 자유로우며, 온갖 재난에서 안전하다는 형식의 겉모습을 취한다. 기적은 네 형제가 어떤 형식의 상실과 고난에도 속박되어 있지 않다는 증거다. 형식은 너무도 쉽게 *바뀔* 수 있기 때문이다. 이것은 그러한 형식들이 *결코* 실제가 아니었으며, 그의 실재에서 나온 것일 수 없음을 입증한다. 네 형제의 실재는 변함이 없고, 천국과 땅에 있는 어떤 것에 의해 바뀔 수 있는 결과를 갖지 않기 때문이다. 그러나 겉모습은 실제가 아님이 밝혀졌다. 그것은 변하기 *때문이다*.

⁹¹ 유혹이란 단지 환상을 실재화하려는 소망이 아니겠는가? 유혹은 어떤 실재도 실재해서는 안 된다는 소망처럼 보이지는 않는다. 하지만 유혹은 어떤 형식의 우상은 강력한 매력이 있어서, 네가 실재하기를 *원하지* 않는 우상보다 더 저항하기 힘들게 만든다는 주장이다. 그렇다면 유혹이란 단지, 기적이 어떤 꿈은 건드리지 말고 그 비실재성을 계속 감추면서, 그 대신 그 꿈에 실재성을 부여하게 해달라는 기도에 불과하다. 천국은 이런 기도에 응답하지 않으며, 네가 좋아하지 않는 겉모습을 치유할 기적이 너에게 주어질 수도 없다. 네가 *한계*를 설정했다. 네가 요청하는 것이 너에게 주어지지만, 그것은 한계를 모르시는 하느님이 주시는 것이 아니다. 네가 *너 자신을* 제한했다.

⁹² 실재는 변함이 없다. 기적은 단지, 네가 실재와 너의 의식 사이에 세운 장애물은 실제가 아니며, 따라서 전혀 방해가 되지 않음을 보여준다. 변화의 가망이 없는 겉모습

이 있어야 한다는 네 믿음의 대가로, 기적이 너로부터 일관되게 나올 수 없게 되었다. 그렇게 믿음으로써 너는 모든 꿈을 치유할 힘을 기적에서 거두어달라고 *요청한* 것이기 때문이다. 네가 치유를 *열망할* 때, 네가 갖지 못할 기적은 없다. 그러나 네가 원하지 *않는 한*, 너에게 주어질 수 있는 기적이란 없다. 네가 만약 치유하고자 하는 대상을 스스로 선택한다면, 모든 기적을 주는 성령께는 하느님의 아들에게 자신의 선물을 줄 자유가 주어지지 않게 된다. 하느님의 아들이 유혹에 빠질 때, 그는 자신의 실재를 부정하는 것이다. 그리하여 그는 그 대신에 선택한 것의 자발적인 노예가 된다.

93 실재는 변함이 없다. 바로 이런 *까닭에*, 기적은 이미 거기에 있어서 변하는 것들을 전부 치유하고, 그것들을 너에게 제공하여 두려움이 없는 행복한 형식으로 보게 한다. 네 형제를 이와 같이 바라보라고, 기적이 너에게 주어질 것이다. 그러나 네가 실재의 어떤 면은 다른 식으로 갖기를 원하는 한, 기적은 주어지지 않을 것이다. 이것은 단지 네 형제가 치유되고 온전하게 되기를 네가 바라지 않는다는 의미일 뿐이기 때문이다. 네 형제 안에 있는 그리스도는 완벽하다. 바로 이것이 네가 바라보고자 하는 것인가? 그렇다면 그에 대한 어떤 꿈보다 이것을 보기를 선호하라. 그러면 너는 네 형제 안에서 그리스도를 볼 것이다. 너는 그리스도가 너에게 오도록 *허락한* 것이기 때문이다. 그리고 그리스도가 너에게 나타났을 때, 너는 네가 그리스도를 닮았음을 확신할 것이다. 그리스도는 네 형제와 네 안에 모두 있는 변함없음이기 때문이다.

94 네 형제의 진정한 정체 대신에 간직하려는 단 하나의 겉모습도 없다고 결정할 때, 너는 이러한 변함없음을 바라볼 것이다. 어떤 꿈 하나를 선호하려는 유혹 때문에 이곳으로 불확실성이 들어오도록 허락하지 말라. 네 형제의 정체에 대한 꿈에 유혹을 느낀다고 하여 죄의식을 느끼거나 두려워하지 말라. 하지만 그를 볼 때, 그의 내면에 있는 변함없음을 대체할 힘을 그 꿈에 부여하지 말라. 네가 그 대신에 기적을 요청한다면, 사라지지 않을 가짜 겉모습은 없다. 네가 그를 단지 그의 정체로 존재하게 하고자 한다면, 그가 벗어나지 못할 고통은 없다. 네가 왜 네 형제 안에서 그리스도를 보는 것을 두려워해야 하는가? 너는 네가 보는 것에서 다만 *너의 자아*를 볼 뿐이다. 네 형제가 치유됨에 따라, 네가 죄의식에서 자유로워진다. 너는 정녕 그의 겉모습을 너 자신의 겉모습이라고 보기 때문이다.

제31장

구원의 단순성

I. 서문

¹ 구원은 얼마나 단순한지! 구원은 단지, 결코 참이 아니었던 것은 지금도 참이 아니며 앞으로도 결코 아니라고 말할 뿐이다. 불가능한 것은 일어나지 않았고, 어떤 결과도 낳을 수 없다. 이것이 전부다. 이것이 참이기를 *원하는* 자가 과연 이것을 배우기 힘들어 할 수 있겠는가? 오로지 이것을 배우려는 용의 없음만이 그렇게도 쉬운 레슨을 어렵게 만들 수 있다. 거짓인 것은 참일 수 없으며, 참인 것은 거짓일 수 없음을 보는 것이 얼마나 힘든가? 너는 더 이상 거짓과 참의 차이를 전혀 지각하지 못한다고 말할 수 없다. 너는 이 둘을 어떻게 구별하고, 혼동될 때는 단지 어떻게 하면 되는지 정확하게 들었다. 그런데 왜 아직도 이렇게 단순한 것을 배우지 않겠다고 고집하는가?

² 이유는 과연 있다. 하지만 그 이유를 구원이 너에게 배우라고 요청하는 단순한 것이 어렵기 때문이라고 혼동하지 말라. 구원은 아주 명백한 것만 가르친다. 구원은 너에게 전혀 부담을 주지 않고 한 단계에서 또 다른 단계로 부드럽게 인도하는 쉬운 단계들을 거쳐가면서, 하나의 분명한 레슨에서 다음의 분명한 레슨으로 옮겨간다. 이것은 혼란스러울 수 없지만, 너는 정녕 혼란스러워한다. 웬일인지 너는 완전히 혼란스러운 것을 배우고 이해하기가 더 쉽다고 믿는다. 너희가 그동안 너희 자신에게 가르친 것은 대단한 학습 성과기에, 과연 믿기 힘들 정도다. 하지만 너희는 그것을 성취했다. 왜냐하면 너희는 그것을 성취하기를 원했으며, 그것이 배우기 어렵다거나 이해하기에 너무 복잡하다고 판단하면서 조심스레 멈추지 않았기 때문이다.

³ 네가 그동안 무엇을 배웠고 그것을 얼마나 철저히 배웠는지, 상상할 수 있는 온갖 형식으로 그 레슨을 끊임없이 연습하고 반복하려고 얼마나 큰 고통을 겪었는지 이해한다면, 너의 학습 능력이 가진 힘을 의심할 수는 없을 것이다. 세상에 이보다 더 큰 힘은 없다. 세상은 바로 그 힘에 의해 만들어졌으며, 지금조차도 단지 그 힘에만 의존한다. 네가 너 자신에게 가르친 레슨들은 너무도 과잉으로 학습되고 굳어져서, 마치 두꺼운 커튼처럼 솟아올라 단순하고 명백한 것을 가린다. *단순하고 명백한 것을* 배울 수 없다고 말하지 말라. 너의 배우는 힘은, 너의 뜻이 너 자신의 것이 아니고, 너의 생각도 너에게 속하지 않으며, 너조차도 다른 어떤 존재라고 너에게 가르칠 수 있을 만큼 충분히 강력하기 때문이다.

⁴ 그 누가 이런 레슨이 쉽다고 주장할 수 있겠는가? 하지만 너는 그동안 이보다 더한

것도 배웠다. 너는 마음에 드는 세상을 하나 세울 때까지 아무리 어렵더라도 전혀 불평하지 않고, 모든 단계를 다 밟으며 계속 나아갔다. 세상을 지어내는 모든 레슨은 배움의 첫 번째 성과로부터 생겨난다. 그 성과는 너무도 대단해서, 그 규모 앞에서 성령의 음성은 작고 조용한 것 같다. 세상은 하나의 이상한 레슨에서 시작되었다. 그 레슨은 너무도 강력해서 하느님이 망각되게 만들고, 그분의 아들은 그 자신에게 생경한 자가 되어 하느님이 그를 두신 집을 떠나 망명 생활을 하게 만들 정도였다. 그동안 자기 자신에게 하느님의 아들이 유죄라고 가르친 자여, 이제 구원이 가르치는 단순한 것을 배울 수 없다고 말하지 말라!

5 배움은 너희가 만들어서 너희 자신에게 준 능력이다. 배움은 하느님의 뜻을 행하기 위해 만들어진 것이 아니라, 그 뜻이 반박될 수 있고 그와 다른 뜻이 훨씬 더 실재적이라는 소망을 떠받치기 위해 만들어졌다. 배움은 바로 이것을 입증하려 했고, 너는 배움이 가르치게 되어있는 것을 배웠다. 이제 너의 오랜 과잉 학습은 진리의 음성 앞에 완강히 버티고 서서, 그 음성의 레슨은 참이 아니고, 너무 배우기 힘들고, 너무 이해하기 어려우며, 정말로 참인 것에 너무도 배치된다고 가르친다. 하지만 너는 반드시 그 레슨을 배울 것이다. 성령은 그것을 배우는 것이야말로 온 세상에서 너의 학습 능력이 가진 유일한 목적이라고 보기 때문이다. 용서에 대한 성령의 단순한 레슨은 너의 레슨보다 더 강력한 힘이 있다. 그것은 너를, 하느님과 너의 자아로부터 부르기 때문이다.

6 과연 이것이 너무 약하고 조용해서 아무런 의미도 없는 소리의 무분별한 소음을 극복할 수 없을 정도로 *작은* 음성인가? 하느님은 당신의 아들이 당신을 잊기를 뜻하지 않으셨다. 그리고 하느님 뜻의 권능은 하느님을 대변해 말하는 음성에 있다. 너는 어느 레슨을 배우려 하는가? 어떤 결과가 불가피하고, 하느님만큼이나 확실하며, 모든 의심과 질문 저 너머에 있는가? 그 결과가 이상하고 그 어려움이 믿을 수 없을 정도인 너의 보잘것없는 배움이, 시간이 시작되고 배움이 만들어진 이래 매일 매 순간 너에게 가르쳐지는 이 단순한 레슨을 견뎌내겠는가?

7 배워야 할 레슨은 단지 둘뿐이다. 각 레슨의 결과로 서로 다른 세상이 나온다. 그리고 각 세상은 확실히 그 근원에서 비롯된다. 하느님의 아들이 유죄라는 레슨의 확실한 결과는 네가 보는 세상이다. 그것은 정녕 공포와 절망의 세상이다. 그 안에는 행복의 희망도 없다. 네가 세울 수 있는 안전을 위한 계획 중에 성공할 가망이 있는 것은 없다. 네가 여기에서 추구하여 찾기를 바랄 수 있는 기쁨이란 없다. 하지만 이것은 너

의 배움이 낳을 수 있는 유일한 결과가 아니다. 네가 아무리 스스로 선택한 과제를 심각하게 과잉으로 학습했다 하더라도, 하느님의 사랑을 반영하는 레슨이 훨씬 더 강력하다. 너는 반드시 하느님 아들의 순결을 배워서 또 다른 세상을 볼 것이다.

8 하느님의 아들이 무죄라는 레슨의 결과는, 두려움이 없으며 모든 것이 희망으로 빛나고 따뜻한 우정으로 반짝이는 세상이다. 모든 것이 너를 부르면서 너의 친구가 되게 해달라고, 너와 결합하게 해달라고 부드럽게 간청할 뿐이다. 단 하나의 부름도 결코 듣지 못하거나, 오해받거나, 그 부름과 똑같은 언어로 응답받지 못한 채 남겨지지 않을 것이다. 이것은 세상 안의 모든 이와 모든 것이 *항상* 불러온 부름이었지만, 너는 그것을 있는 그대로 지각하지 못했다. 너는 이를 이해하게 될 것이다. 이제 너는 네가 잘못 생각했음을 안다. 너는 그 부름을 감춘 형식에 속았다. 따라서 너는 그 부름을 듣지 못했고, 항상 너의 일부기를 원했던 친구를 잃었다. 하느님 창조물의 각 부분이 전체를 부르는 이 부드럽고 영원한 부름을, 이 두 번째 레슨이 가져오는 세상 곳곳에서 듣는다.

9 살아있는 것은 모두 온전해야 하며, 너는 그들의 부름을 듣지 않은 채 버려두지 말아야 한다는 것이 보편적인 뜻이다. 살아있는 것 중에 이 뜻을 공유하지 않는 것은 없다. 너의 응답이 없다면 그들은 죽게 된다. 마찬가지로, 네가 그들의 부름을 생명으로 부르는 태곳적 부름으로 듣고는 그것은 단지 너 자신의 부름일 뿐임을 이해했을 때, 그들은 죽음에서 구원된다. 네 안의 그리스도는 하느님의 사랑을 아는 그 모든 확실성으로 하느님을 기억한다. 하지만 하느님은 당신의 아들이 순결할 경우에만 **사랑**이실 수 있다. 하느님이 순결하게 창조하신 아들이 죄의식의 노예일 수 있다면, 하느님은 정녕 두려움이시리라. 하느님의 완벽한 아들은 자신이 어떻게 창조되었는지 기억한다. 그러나 죄의식 속에서, 그는 자신이 참으로 누구인지 잊었다.

10 하느님의 아들이 자신의 순결을 배울 때 하느님의 사랑을 기억할 수밖에 없듯이 확실하게, 그가 유죄라는 레슨에서는 하느님에 대한 두려움이 생겨날 수밖에 없다. 증오는 반드시 두려움을 낳고, 자신의 아버지가 자기 자신과 같다고 보기 때문이다. 죽음을 부르는 듯한 모든 부름 너머로 울려 퍼지고, 모든 살인적인 공격 뒤에서 노래하며, 죽어가는 세상을 회복해 달라고 사랑에게 탄원하는 부름을 듣지 못하다니, 너는 얼마나 잘못 생각하고 있는지! 모든 형식의 증오 너머에서, 전쟁으로의 모든 부름 너머에서 누가 너를 부르고 있는지, 너는 이해하지 못한다. 하지만 그에게 그가 부르는

언어로 응답함에 따라, 너는 그를 알아보게 될 것이다. 네가 그에게 응답했을 때 그가 나타날 것이며, 너는 그의 내면에서 하느님은 정녕 **사랑**이심을 알게 될 것이다.

11 네가 배우려는 것에 대해 잘못된 결정을 내리고 원하지 않는 결과를 얻겠다는 소망이 바로 유혹이 아니겠는가? 그것이 네가 원하지 않는 마음 상태라는 인식이야말로 그 선택을 재평가하고 다른 결과를 선호하게 만들어주는 수단이다. 네가 재난과 분열과 고통을 원한다고 믿는다면, 너는 속았다. 너 자신 안에서 이런 것을 부르는 부름을 듣지 말라. 그 대신 그 너머에서 평화와 기쁨을 간청하는 더 깊은 부름을 들어라. 그러면 온 세상이 너에게 기쁨과 평화를 줄 것이다. 너는 듣는 대로 응답한다. 그리고 보라! 너의 응답은 네가 배운 것에 대한 증거다. 그 결과는 바로 네가 바라보는 세상이다.

12 우리 한순간 고요해져서 그동안 배운 모든 것, 생각했던 모든 생각, 어떤 것이 무엇을 의미하고 그 목적은 무엇인지에 대해 지녔던 모든 선입견을 잊자. 세상의 목적에 대한 우리 자신의 아이디어도 기억하지 말자. 우리는 알지 못한다. 모든 이에 대해 붙잡고 있던 모든 이미지가 우리 마음에서 느슨해져 씻겨나가게 하자. 판단에서 벗어나, 누구든 너의 마음을 스쳐지나간 자에 대한 악한 생각도 선한 생각도 모두 잊자. 이제 우리는 그를 알지 못한다. 하지만 너는 정녕 그에 대해 자유롭고도 새롭게 배울 수 있다. 이제 그는 너에게 다시 태어나고, 너도 그와 너에게 사형을 선고한 과거 없이 그에게 다시 태어난다. 이제 네가 자유롭듯이 그도 자유롭게 산다. 오랜 배움이 사라지면서, 진리가 다시 태어날 자리를 남겨놓았기 때문이다.

II. 적이라는 환상

13 새것과 낡은 것을 대치시켜야 오랜 레슨을 극복할 수 있는 것이 아니다. 진리를 알기 위해 오랜 레슨을 격파해야 하는 것도 아니고, 그 레슨에 맞서 싸워야 진리의 매력에 무릎을 꿇게 되는 것도 아니다. 새것을 들여오려고 준비해야 할 싸움도 없고, 소비할 시간도 없으며, 세워야 할 계획도 없다. 물론 진리에 맞서 벌이는 오랜 전쟁은 있지만, 진리는 그에 반응하지 않는다. 이런 전쟁에서 너는 단지 너 자신만 해칠 수 있지 않겠는가? 너에게는 진실로 적이 없다. 네가 과연 꿈의 공격을 받을 수 있겠는가?

14 너와 너의 정체의 진리 사이에 서있는 듯한 것을 다시 잘 살펴보자. 그것을 포기하

기 위한 단계들이 있다. 첫 번째 단계는, *네가* 내리는 결정이다. 그러나 그다음에는, 진리가 너에게 *주어진다*. 너는 진리를 *확립하려고* 한다. 그리고 이러한 소망 때문에, 너는 어떤 것에 대해 결정을 내려야 한다고 생각할 때마다 두 가지 선택 대상을 마련한다. 둘 중 어느 것도 참이 아니며, 그 둘은 서로 다르지도 않다. 하지만 너는 먼저 두 가지 선택 대상을 전부 잘 살펴본 다음에야, 그 둘을 지나서 정말로 다른 선택 대상인 유일한 대안을 볼 수 있다. 하지만 두 선택 대상을 볼 때는, 이 유일한 대안을 너 자신에게 가리기 위해 만든 꿈속에서 보아서는 안 된다.

15 *네가* 둘 사이에서 선택하려는 그것은 진정한 선택 대안이 아니며, 단지 선택이 자유라는 환상만을 준다. 어느 쪽을 택하든 결과는 하나일 것이기 때문이다. 따라서 그것은 실제로 전혀 선택이 아니다. 이끄는 자와 따르는 자는 서로 다른 역할로 나타나며, 각 역할에는 네가 잃고 싶어 하지 않는 이점이 있는 듯하다. 따라서 그 역할들의 융합 안에, 만족과 평화의 희망이 놓여있는 듯하다. 너는 너 자신이 이 두 역할로 나뉘어, 그 사이에서 영원히 갈라져 있다고 본다. 그리고 너의 모든 친구나 적은 네가 이로부터 벗어나도록 돕는 수단이 된다.

16 어쩌면 너는 그것을 사랑이라고 부를 것이다. 어쩌면 너는 그것을 마침내 정당화된 살인이라고 생각할 것이다. 너는 스스로 이끄는 자의 역할을 하고 싶을 때는, 네가 그 역할을 맡긴 자를 증오한다. 그리고 따르는 자가 되고 싶어 이끄는 자의 역할을 넘겨주려고 할 때는, 그가 그 역할을 떠맡지 않는다고 증오한다. 너는 네 형제를 바로 이런 목적을 위한 자로 만들어 놓았고, 그의 목적은 바로 이것이라고 생각하도록 배웠다. 그가 그 목적에 기여하지 않는다면, 그는 네가 준 기능을 이행하지 않은 것이다. 따라서 그는 아무런 목적도 없고 네게 아무런 쓸모도 없으므로 죽어 마땅하다.

17 그렇다면 그는 어떠한가? 그는 너에게 무엇을 원하는가? 네가 그에게 원하는 것 외에 그가 무엇을 원할 수 있겠는가? 바로 여기에, 죽음만큼이나 확실하게 생명도 있다. 너는 네가 선택하는 것을 네 형제를 위해서도 선택하기 때문이다. 너는 그에게 두 가지 요청을 하고, 그도 너에게 마찬가지로 요청한다. *이* 둘 사이에는 정녕 선택이 있다. 이 둘로부터는 완전히 다른 결과가 나오기 때문이다. 그가 너에게 이끄는 자인지 따르는 자인지는 중요하지 않다. 그럴 때 너는 이미 죽음을 선택한 것이기 때문이다. 그러나 그가 너에게 죽음을 요청하는지 생명을 요청하는지, 증오를 요청하는지 용서와 도움을 요청하는지에 따라 그 결과는 달라진다. 전자의 요청을 들으면, 너는 그와

분리되어 길을 잃는다. 그러나 후자의 요청을 들으면, 너는 그와 결합한다. 그리고 그러한 너의 응답 안에서 구원이 발견된다. 네가 네 형제 안에서 듣는 음성은 너 자신의 음성일 뿐이다. 그가 너에게 무엇을 요청하는가? 잘 들어라! 그는 너에게 오게 될 바로 그것을 요청하고 있다. 너는 *너 자신의* 이미지를 보고, 네가 *원하는* 것을 구하는 *너의* 음성을 들을 뿐이기 때문이다.

18 응답하기 전에 잠시 멈춰 다음에 대해 생각해 보라:

> 19 내가 내 형제에게 주는 응답은 내가 요청하는 응답이다.
> 내가 그에 대해 배우는 것은 나 자신에 대해 배우는 것이다.

20 그런 다음 한순간 기다리며 고요해져서, 우리가 들었다고 생각한 모든 것을 잊고 우리가 얼마나 모르는지 기억하자. 이 형제는 우리를 이끌지도 따르지도 않으며, 단지 우리 곁에서 같은 길을 걸어갈 뿐이다. 그는 우리와 마찬가지로, 우리가 허락하는 만큼 우리가 원하는 것에서 가깝거나 멀리 떨어져 있다. 우리는 그가 우리와 함께 얻지 않는 것은 얻지 못하며, 그가 앞으로 나아가지 않으면 후퇴할 것이다. 분노가 아닌 사랑으로 그의 손을 잡아라. 너는 그의 발전에서 너 자신의 발전을 가늠하기 때문이다. 네가 그를 곁에 안전하게 두지 않는 한, 우리는 각자의 길을 걸어갈 것이다.

21 그가 하느님의 사랑 안에서 너와 동등한 자기 때문에, 너는 모든 겉모습에서 구원되어 너를 부르는 그리스도에게 응답할 것이다. 고요해져서 귀 기울여라. 오랜 생각들은 생각하지 말라. 너를 부르는 이 하느님의 아들에 대해 네가 배운 음울한 레슨들은 잊어라. 그리스도는 모든 이를 똑같이 온유하게 부르며, 이끄는 자도 따르는 자도 보지 않고, 그들 모두에게 주어지는 단 하나의 응답만 듣는다. 그리스도는 한 음성만 듣기에, 하느님이 그를 유일한 아들로 명하실 때 하느님께 드린 응답과 다른 응답은 들을 수 없다.

22 한순간 아주 고요히 있어라. 이제껏 배운 생각들은 전부 내려놓고 와서, 네가 만든 이미지들을 전부 치워버려라. 너의 반대나 의도 없이도, 낡은 것은 새것 앞에서 사라질 것이다. 네가 소중히 여기고 보살펴 줘야 한다고 생각한 것에 대한 공격은 없을 것이다. 결코 부른 적이 없는 부름을 들으려는 너의 소망에 대한 맹비난도 없을 것이다. 네가 잠잠히 귀 기울이며 진정으로 원하는 것에 대한 진리를 배우러 오는 이 거룩한

곳에서, 그 무엇도 너를 해치지 않을 것이다. 그 이상의 어떤 것을 배우라는 요청도 없을 것이다. 그러나 네가 그것을 듣게 되면, 너는 단지 네가 원하지 않았고 결코 참도 아니었던 생각을 내려놓고 오기만 하면 됨을 이해할 것이다.

²³ 네 형제의 모든 겉모습을 용서하라. 그것은 *네* 안의 죄 많음에 대해 너 자신에게 가르친 오랜 레슨일 뿐이다. 자비를 베풀어 달라는, 그리고 그 자신과 너의 정체에 대해 지닌 모든 두려운 이미지에서 해방해 달라는 네 형제의 부름을 들어라. 그는 너와 함께 걷는 것을 두려워하면서, 어쩌면 조금 뒤나 조금 앞에서 걷는 것이 더 안전할 것이라고 생각한다. 만약 너도 똑같이 생각해서, 그가 한 걸음 물러날 때만 앞으로 나아가고 그가 앞서가려 할 때는 뒤로 물러난다면, 네가 과연 전진할 수 *있겠는가?* 그럼으로써 너는 여정의 목표를 잊기 때문이다. 여정의 목표는 다만 네 형제와 *함께* 걷겠다고 결정하는 것이다. 그러니 둘 중 어느 누구도 이끌거나 따르지 않는다. 이와 같이 여정은 너 혼자 가는 길이 아니라, *함께* 가는 길이다. 그리고 이런 선택 안에서 배움의 결과가 달라진다. 그리스도가 너희 둘에게 다시 태어났기 때문이다.

²⁴ 너의 위대한 동반자가 누구인지, *그가 분명* 무엇을 요청하고 있는지에 대해 네가 지닌 옛 아이디어 없이 보낸 한 순간은 이것이 일어나도록 하기에 충분할 것이다. 그리고 너는 그의 목적이 너의 목적과 똑같음을 지각할 것이다. 그는 *네가* 원하는 것을 요청하고, 너와 똑같은 것을 필요로 한다. 그것은 어쩌면 그에게 다른 형식을 취하겠지만, 너는 형식에 응답하는 것이 아니다. 네 형제가 요청하고, 네가 받는다. 너희는 서로를 형제애로 사랑하고 있음을 배운다는 단 하나의 목적만 가지고 왔기 때문이다. 그리고 그가 너의 형제므로 너 자신을 닮았듯이, 그의 아버지도 너의 아버지와 같은 분이실 수밖에 없다.

²⁵ 함께라면, 너희는 공동의 유산을 기억하고 받아들이게 된다. 홀로라면, 그 유산은 두 사람 모두에게 거절된다. 네가 여전히 이끌거나 따르겠다고 고집하는 동안에는, 곁에 아무도 없이 홀로 걷는다고 생각할 게 뻔하지 않은가? 이것은 어느 곳으로도 갈 수 없는 길이다. 네가 홀로 걷는 한 빛은 주어질 수 없으며, 따라서 너는 어느 길로 가야 하는지 볼 수 없기 때문이다. 따라서 네가 어둠 속에서 홀로 비틀거리며 우왕좌왕할 때 끝없는 의심과 혼란만 있다. 하지만 이것은 단지 이 여정이 어떤 여정이고, 어떻게 밟아 나아가야 하는지를 겉으로만 보여주는 모습이다. 네 곁에는 네가 가야 할 길을 확신하며 모든 발걸음을 내디딜 수 있도록 네 앞으로 등불을 비춰주는 이가 있

기 때문이다. 눈가리개는 과연 너의 시야를 가릴 수 있지만, 길 자체를 어둡게 할 수는 없다. 그리고 너와 함께 여행하는 그는 정녕 빛을 *가졌다.*

Ⅲ. 자기 고발자

²⁶ 자신을 고발하는 자들만이 정죄한다. 다른 결과를 낳을 선택을 내릴 준비를 할 때, 먼저 과잉으로 학습해야 하는 것이 하나 있다. 그것은 일어나는 모든 유혹과 상황에 대한 첫 반응이 될 정도로, 네가 행하는 모든 일에서 전형적인 반응 습관이 되어야 한다. 이것을 배우되, 아주 잘 배워라. 바로 여기서 행복의 유예기간이 알아차릴 수 없을 정도로 단축되기 때문이다. 너는 결코 네 형제를 그의 죄 때문에 증오하는 것이 아니라, *단지* 너 자신의 죄 때문에 증오한다. 네 형제의 죄가 어떤 형식을 취하는 것 같든, 그것은 단지 네가 그의 죄를 너의 죄라고 믿으며, 따라서 "정당한" 공격을 받아 마땅하다고 믿고 있다는 사실을 감출 뿐이다.

²⁷ 네가 네 안에서 죄를 용서받을 수 없다고 믿지 않는다면, 네 형제의 죄가 왜 죄가 되어버리겠는가? 네가 죄를 너의 실재라고 믿지 않는다면, 죄가 왜 네 형제 안에서 실제가 되어버리겠는가? 그리고 네가 너 자신을 증오하지 않는다면, 도대체 왜 모든 곳에서 죄를 공격하겠는가? *너는* 하나의 죄인가? 공격할 때마다, 너는 이에 대해 "예"라고 대답하는 것이다. 너는 다른 이를 공격함으로써 너 자신이 유죄며, 네가 받아 마땅한 대로 주어야 한다고 주장하는 것이기 때문이다. 그리고 너는 너의 *정체* 외에 과연 무엇을 받아 마땅할 수 있겠는가? 너 자신이 공격받아 마땅하다고 믿지 않는다면, 누구에게든 공격을 *주겠다는* 생각은 결코 떠오르지 않을 것이다. 네가 왜 그래야 하겠는가? 그것이 너에게 무슨 이익이 되겠는가? 과연 무엇이 네가 *원하는* 결과일 수 있겠는가? 살인이 어떻게 너에게 득이 될 수 *있겠는가?*

²⁸ 죄는 몸 안에 있다. 죄는 마음 안에서는 지각되지 않는다. 죄는 목적이 아닌 행위로 보인다. 몸은 행위를 하지만, 마음은 하지 않는다. 따라서 몸은 자신의 행위 때문에 분명 잘못이 있을 것이다. 몸은 너의 명령을 따르기만 하고 스스로는 아무것도 하지 않는 수동적인 물건으로 보이지는 않는다. 네가 만약 죄라면, 너는 정녕 몸이다. 마음은 행하지 않기 때문이다. 따라서 목적도 마음이 아닌 몸 안에 있어야 한다. 몸은 분

명 혼자 힘으로 행하고 스스로 동기를 부여할 것이다. 네가 만약 죄라면, 너는 마음을 몸 안에 가두고 마음을 가둔 감옥인 몸에게 마음의 목적을 부여한다. 그리고 그 감옥이 마음 대신에 행한다. 간수는 명령을 따르지 않고, 죄수에게 명령을 *집행한다.*

29 하지만 마음이 *아닌 몸이* 죄수다. 몸은 아무런 생각도 생각하지 않는다. 몸은 배우거나 용서하거나 예속화하는 능력이 없다. 몸은 마음이 따라야 하는 명령을 내리지도 않고, 마음이 준수해야 하는 조건을 설정하지도 않는다. 몸은 단지, 자발적으로 몸 안에 머물려는 마음을 감옥에 가둘 뿐이다. 몸은 몸의 죄수가 되려는 마음의 분부대로 병이 든다. 그리고 몸은 점차 늙어 죽는다. 그 안에서 마음이 병들었기 때문이다. 배움은 변화를 야기하는 모든 것이다. 그러므로 어떤 배움도 일어날 수 없는 몸은 결코 변할 수 없다. 마음이 스스로 몸에 부여한 목적에 맞춰 몸의 겉모습이 변하기를 원하지 않는 한 말이다. 마음은 정녕 배울 수 있으므로, *마음에서* 모든 변화가 일어난다.

30 자신이 죄라고 생각하는 마음에게는 다음과 같은 단 하나의 목적만 있다: 몸은 죄의 근원이 되어서, 마음이 스스로 선택한 감옥 안에 마음을 가두어서 지켜야 한다. 그 안에서 마음은 자신을 궁지에 몰아넣는다. 마음은 이제 증오와 악, 병과 공격, 고통과 노화, 슬픔과 고난이라는 개들이 으르렁거리며 지키는 잠든 죄수다. 바로 이곳에서 희생의 생각이 보존된다. 바로 이곳에서 죄의식이 통치하면서 세상이 자신과 같아져야 한다고 명하기 때문이다. 그곳은 그 무엇도 자비를 찾을 수 없고, 죽이고 죽는 방법 외에는 두려움의 참화를 벗어날 길이 없는 곳이다. 이곳에서 너는 죄가 되어버리는데, 죄는 기뻐하는 자들과 자유로운 자들을 견뎌낼 수 없다. 그들은 죄가 반드시 죽여야 하는 적들이기 때문이다. 죽음 안에서 죄가 보존되며, 자신이 죄라고 생각하는 자들은 자신의 정체라고 생각하는 것 때문에 죽을 수밖에 없다.

31 너는 반드시 네가 믿는 것을 볼 것이며, 또한 네가 믿는 것을 *바꿀* 수 있다. 이러한 사실에 기뻐하자. 몸은 그저 따를 것이다. 몸은 너를 네가 원하지 않는 곳으로 데려갈 수 없다. 몸은 너의 잠을 지켜주지도 않고, 너의 깨어남을 방해하지도 않는다. 너의 몸을 감금 상태에서 풀어주어라. 그러면 너는 그 누구도 네가 벗어난 몸의 죄수로 보지 않을 것이다. 너는 네가 선택한 적을 죄의식에 옭아매거나, 친구라고 생각하는 자를 변화무쌍한 사랑의 환상에 묶어두기를 원하지 않을 것이다.

32 순결한 자는 *자신의* 해방에 대한 감사로 다른 이들을 해방한다. 그리고 그가 보는 것은 그 자신이 감금 상태와 죽음에서 자유롭다는 것을 확인해 준다. 너의 마음을 변

화에 활짝 열라. 그러면 네 형제나 너 자신에게 강요되는 오랜 처벌은 없을 것이다. 하느님은, 너희에게 요구될 수 있는 희생도 *없고*, 너희가 실행에 옮길 수 있는 희생도 *없다고* 말씀하셨기 때문이다.

Ⅳ. 진정한 대안

³³ 세상이 위안을 주고 문제에서 벗어나게 해줄 수 있다고 생각하는 경향이 있다. 그러나 문제를 *유지하는* 것이 세상의 목적이다. 왜 그러한가? 세상은 환상들 가운데서 선택하는 것이 *유일한* 선택처럼 보이는 곳이기 때문이다. 그리고 너는 네 선택의 결과를 통제할 수 있다. 따라서 너는 태어나서 죽을 때까지의 좁은 범위 안에 너 혼자만을 위해 사용할 수 있는 약간의 시간이 주어졌다고 생각한다. 그것은 모든 이가 너와 갈등하는 시간이기는 하지만, 너는 어느 길이 너를 갈등 밖으로 인도하고 너에게 관심도 없는 곤란에서 멀어지게 할지 선택할 수 있다고 생각한다. 하지만 그러한 곤란이야말로 너의 관심사다. 그러니 네가 어떻게 곤란을 뒤로하고 떠남으로써 곤란에서 벗어날 수 있겠는가? 네가 어떤 길을 걷겠다고 선택하든, 너는 너와 함께 갈 수밖에 없는 것을 데리고 갈 것이다.

³⁴ *진정한* 선택 대상은 환상이 아니다. 그러나 세상은 진정한 선택 대상을 제시할 수 없다. 세상의 모든 길은 절망과 무, 그리고 죽음으로 이끌 뿐이다. 세상의 대안들 중에는 선택할 것이 전혀 없다. 이곳에서 문제에서 벗어나려고 하지 말라. 세상은 문제에서 벗어날 수 *없도록* 하기 위해 만들어졌다. 세상의 길에 붙여진 그 모든 다양한 이름에 속지 말라. 그 길들의 종착점은 단 하나뿐이며, 각각의 길은 단지 그곳에 이르기 위한 수단일 뿐이다. 그 길들은 아무리 다르게 시작되고 아무리 다르게 진행되는 것 같아도, 단지 그곳으로만 이어지기 때문이다. 그 길들의 종착점은 확실하다. 그 길들 사이에는 선택의 여지가 없기 때문이다. 그 모든 길은 죽음으로 이어질 것이다. 어떤 길에서는 한동안 즐겁게 여행하지만, 이어서 황량함이 찾아온다. 어떤 길에서는 들어서자마자 가시에 찔린다. 여기서 선택은, 결말이 *무엇일지가* 아니라 그 결말이 *언제* 오게 할 것인지다.

³⁵ 모든 것의 종착점이 확실한 곳에서는 선택의 여지가 없다. 어쩌면 너는 그 모든 길

이 단지 하나의 길에 불과함을 진정으로 배울 때까지 전부 시도해 보고 싶을 수도 있다. 이 세상이 제시할 수 있는 길은 그 수가 꽤 많은 듯하지만, 그 길들이 서로 너무나 비슷하다는 것을 모든 이가 보기 시작할 때가 올 수밖에 없다. 사람들은 이것을 보며 죽어갔다. 그들은 세상이 제시하는 길만 보았기 때문이다. 그리고 그 길들이 어느 곳으로도 데려다주지 못함을 배우고는 희망을 잃었다. 하지만 바로 그때가 그들이 가장 위대한 레슨을 배울 수 있었던 때였다. 누구나 반드시 이 지점에 도달한 다음에 그 너머로 가야 한다. 세상 안에서는 전혀 선택할 수 없다는 것은 정녕 맞는 말이다. 그러나 이것 자체가 우리가 배워야 할 레슨은 아니다. 우리의 레슨에는 목적이 하나 있는데, 너는 그 *목적*을 보고는 우리의 레슨이 무엇을 *위한* 것인지 이해하게 될 것이다.

³⁶ 너는 이 위대한 레슨이 시작되는 길에 대해 배우기는 했지만, 그 레슨의 목적이 무엇인지는 아직 지각하지 못한다. 그런데 왜 다른 길과 다른 사람, 혹은 다른 장소를 시도하려고 하는가? 그 레슨의 목적은 여전히 찾아야 할 다른 답이 있다고 믿는 자들이 나설 수밖에 없는 추구에 대한 유일한 *답이다.* 이제 절망하지 말고, 세상에는 답을 얻을 희망이 없음을 배워라. 그러나 이와 함께 *시작된* 레슨을 판단하지는 말라. 아직도 다른 길을 가리키는 듯한 다른 이정표를 세상에서 구하지 말라. 희망이 없는 곳에서 더 이상 희망을 찾지 말라. *이제* 너의 배움을 재촉하라. 그리고 네가 이제껏 배운 것을 넘어서 앞으로 배워야 할 것으로 가지 않는 한, 시간만 낭비할 뿐임을 이해하라. 배움은 이렇게 가장 낮은 지점에서 출발하여 행복의 절정으로 이어질 것이며, 그곳에서 너는 네가 아주 잘 배울 수 있는 레슨의 목적이 뚜렷이 빛나고 있음을 볼 것이다.

³⁷ 세상의 모든 길들이 정말로 헛된 것임을 이해하지 않는 한, 그 누가 자진해서 그 길들을 외면하려 하겠는가? 그 대신 다른 길을 구하려면, 그 모든 길의 헛됨을 보는 것에서 시작할 필요가 있지 않겠는가? 선택할 것이 없는 곳에서 선택할 것을 보는 한, 어떤 결정하는 힘을 사용할 수 있겠는가? 힘의 위대한 방출은 힘이 정말로 어디에 *사용되어야* 하는지 배우는 것에서 시작되어야 한다. 선택의 여지가 없는 상황에 결정하는 힘을 사용한다면, 과연 어떤 결정이 힘 있는 결정이 되겠는가?

³⁸ 선택의 형식이 어떠하든 세상은 단 하나의 선택 대상만 제시할 수 있음을 배우는 것은, 그 대신에 *진정한* 대안이 있음을 받아들이기 시작하는 것이다. 이 단계에 맞서 싸우는 것은 네가 여기서 가진 목적을 무산시키는 것이다. 너는 세상에 없는 어떤 길을 찾는 법을 배우러 온 것이 아니다. 세상에서 다른 길들을 찾아다니는 것은 단지 진리

의 다른 형식을 추구하는 것이다. 이것은 네가 진리에 도달하는 것을 *방해할* 것이다.

³⁹ 행복에서 *멀어지는* 길을 따라감으로써 행복을 찾을 수 있다고는 생각도 하지 말라. 이것은 말도 안 되고, 길이 될 수도 *없다.* 이 수업이 너무 배우기 어렵다고 여기는 너에게 다시 반복해 말한다. 어떤 목표를 이루려면, 그 목표에서 멀어지는 방향이 *아니라* 그 목표 쪽으로 나아가야 한다. 다른 방향으로 가는 모든 길은 목적을 발견할 때를 앞당기지 못할 것이다. *이것을* 이해하기 어렵다면, 이 수업을 배우는 것은 정녕 불가능할 것이다. 하지만 단지 그것을 이해하기 어려울 경우에만 그러하다. 그렇지 않다면, 이 수업은 명백한 것을 가르치는 단순한 가르침이기 때문이다.

⁴⁰ 네가 진정한 대안들을 보았을 때 결정할 힘을 갖게 되는 선택이 있다. 그 지점에 이르기 전까지 너에게는 선택의 여지가 전혀 없으며, 너 자신을 다시 속이기 위해 더 나은 것을 어떻게 선택할지만 결정할 수 있을 뿐이다. 결정하는 힘은, 여전히 같은 환상이자 *같은* 실수인 것의 다른 형식을 선택하는 것에 달려있지 않다. 이 수업은 단지 이것을 가르치려 할 뿐이다. 세상의 모든 선택은, 너는 네 형제와 너 자신 사이에서 선택하고, 그가 잃는 만큼 네가 얻고 네가 잃는 것은 그에게 주어진다는 사실에 의존한다. 이야말로 얼마나 철저하게 진리에 배치되는지! 우리 레슨의 목적은, 네 형제가 잃는 것은 *네가* 잃은 것이고, 그가 얻는 것은 너에게 주어진다는 것을 가르치는 것임을 고려한다면 말이다.

⁴¹ 하느님은 당신의 생각들을 떠나지 않으셨다! 그러나 너는 하느님의 **현존**을 잊었고, 하느님의 *사랑*을 기억하지 못했다. 세상의 어떤 길도 하느님께 인도할 수 없으며, 세상의 어떤 목표도 하느님의 목표와 일치하지 않는다. 온 세상에서 과연 어떤 길이 내면으로 인도하겠는가? 여정이 헛된 방랑에 지나지 않으려면 *반드시* 목적이 있어야 하는데, 세상의 모든 길은 여정을 그 목적과 분리하려고 만들어졌기 때문이다. 너의 정체에서 멀어지도록 인도하는 모든 길은 너를 혼란과 절망으로 인도할 것이다. 하지만 하느님은 결코 당신의 생각들이 자신 안에 근원을 영원히 갖지 못한 채 죽도록 버려두지 않으셨다. 하느님은 당신의 생각들을 떠나지 않으셨다! 그들이 하느님을 바깥으로 밀어낼 수 없었듯이, 하느님은 그들을 떠나실 수 없었다. 그들은 하느님과 일치된 상태에 머물러 산다. 그리고 그들과 하느님의 **하나인** 상태 안에서, 그들과 하느님이 완전하게 유지된다.

⁴² 하느님에게서 멀어지도록 인도하는 길이란 없다. *너 자신에게서* 떠나는 여정은 존

재하지 않는다. 그러한 목적을 가진 길이 있을 수 있다는 생각은 얼마나 어리석고 제정신이 아닌지! 그 길이 어디로 갈 수 있겠는가? 네가 어떻게 너의 실재와 하나가 아닌 채 걸으면서 그 길을 여행하게 될 수 있겠는가? 너의 광기를 용서하고, 어리석은 여정과 목표점 없는 목적은 전부 잊어라. 그것들은 아무런 의미도 없다. 너는 너의 정체에서 벗어날 수 없다. 하느님은 정녕 자비로우시기에, 당신의 아들이 당신을 저버리도록 내버려 두지 않으셨기 때문이다. 하느님의 정체에 대해 감사하라. 그럼으로써 네가 광기와 죽음에서 해방되기 때문이다. 다른 어느 곳도 아닌 오로지 하느님이 계시는 곳에서만, *네가* 발견될 수 있다. 하느님께 인도하지 않는 길이란 없다.

V. 자아 개념과 진정한 자아

[43] 세상의 배움은 세상의 현실에 맞춰 조정된 자아 개념 위에 세워져 있다. 그 개념은 세상과 잘 맞는다. 그것은 그림자와 환상의 세상에 어울리는 이미지기 때문이다. 여기서 자아 개념은 자신의 집에 있듯이 편히 걸어 다니며, 자아 개념이 보는 대상은 자아 개념과 하나다. 자아 개념을 구축하는 것이야말로 세상의 배움이 있는 *이유다.* 어떤 자아도 없이 와서 살아가면서 자아를 하나 만드는 것, 이것이 세상의 배움이 지향하는 목적이다. 그리고 너는 "성년"에 도달할 때까지 자아 개념을 완성해서, 세상의 요구와 하나가 되어 대등한 조건으로 세상을 만난다.

[44] 자아 *개념은 네가* 만든다. 그것은 너 자신을 전혀 닮지 않았다. 그것은 하느님의 아들이라는 너의 실재를 대체하기 위해 만들어진 우상이다. 세상이 가르치려는 자아 개념은 겉으로 보이는 것과는 다른 것이다. 자아 개념은 두 가지 목적을 섬기려고 만들어지지만, 마음은 그중 하나만 알아차릴 수 있기 때문이다. 첫 번째 목적은 순결한 얼굴을 제시하는데, 그것은 행동으로 *드러나는* 측면이다. 이 얼굴은 웃고 매력적이며 심지어 사랑하는 듯이 보인다. 그것은 동료들을 찾아다니고, 때로는 고통받는 자들을 동정심으로 바라보며, 어떤 때는 위로해 주기도 한다. 그 얼굴은 악한 세상에서 자신이 선하다고 믿는다.

[45] 이 측면은 점점 분노에 휩싸일 수 있다. 세상은 사악하며, 순결한 자가 받아 마땅한 사랑과 보호를 제공할 수 없기 때문이다. 따라서 이 얼굴은 관대하고 선하고 싶어 하는

자들을 세상이 부당하게 대하는 것을 보고는 수시로 눈물에 젖는다. 이 측면은 결코 먼저 공격하지 않는다. 그러나 매일 백 가지의 사소한 일들이 이 측면의 순결함을 자잘하게 공격하여 짜증스럽게 만들다가, 마침내 대놓고 모욕하고 욕설을 퍼붓게 만든다.

46 자아 개념이 너무도 자랑스럽게 뒤집어쓰고 있는 순결한 얼굴은 자기 방어를 위해 공격을 용인할 수도 있다. 세상이 무방비 상태의 순결함을 가혹하게 대한다는 것은 잘 알려진 사실이 아닌가? 자신에 대한 그림을 만드는 이는 누구나 이러한 얼굴을 결코 빠트리지 않는다. 그에게는 이러한 얼굴이 필요하기 때문이다. 그는 다른 측면은 보기를 *원하지* 않는다. 하지만 세상의 배움이 겨냥하는 것은 바로 이 다른 측면이다. 바로 이곳에 세상의 "현실"이 자리잡고 있으면서 우상을 지속시키기 때문이다.

47 순결한 얼굴 아래에, 자아 개념이 가르치게 되어있는 레슨이 하나 있다. 그것은 끔찍한 전치displacement와 두려움에 대한 레슨이다. 그 레슨은 너무도 파괴적이라서, 그 위에서 웃고 있는 얼굴은 자신이 감추는 배반을 지각하지 않도록 눈을 영원히 다른 곳으로 돌리고 있어야 한다. 그 레슨은 다음과 같이 가르친다: "네가 나를 이렇게 만들어버렸고, 그게 바로 나다. 너는 나를 바라볼 때 나의 정체 때문에 정죄받는다." 이러한 자아 개념에게 세상은 고개를 끄덕이며 미소를 지어준다. 그것은 세상의 길이 안전하게 보존되고, 그 길을 걷는 자들이 그 길을 벗어나지 못하도록 보장하기 때문이다.

48 바로 여기에 네 형제가 영원히 정죄받도록 보장하는 핵심적인 레슨이 있다. 이제 너의 정체는 *그의* 죄가 되어버렸기 때문이다. 이를 위해서는 어떤 용서도 가능하지 않다. 그가 무엇을 하는지는 더 이상 중요하지 않다. 너의 손가락은 추호의 흔들림도 없이 그를 집요하게 가리키며 고발하기 때문이다. 그 손가락은 너도 가리키지만, 이것은 순결한 얼굴 아래의 자욱한 안개 속에 훨씬 더 깊이 보관되어 있다. 이 가려진 지하 저장소에 그와 너의 모든 죄가 보존되어 어둠 속에 간직되어 있다. 빛은 분명 죄가 잘못임을 보여주겠지만, 어둠 속에서 죄는 잘못으로 지각될 수 없다. 너는 너의 정체 때문에 비난받을 수 없으며, 그것이 너에게 행하게 하는 것들을 바꿀 수도 없다. 그리고 너희 둘은 서로에게 지은 죄의 상징으로서, 자신이 가증스러운 존재가 되어버린 것에 대해 자신의 형제를 조용히, 하지만 그칠 줄 모르는 집요함으로 정죄하고 있다.

49 개념은 학습된다. 개념은 자연스러운 것이 아니다. 배움이 없다면 개념은 존재하지 않는다. 개념은 본래 주어진 것이 아니며, 만들어져야 한다. 단 하나의 개념도 진

짜가 아니며, 대부분의 개념은 두려움에서 태어난 증오와 왜곡으로 한껏 들뜬 상상물에서 나온다. 개념이란 단지 개념을 만드는 자가 자신의 의미를 부여하는 생각이 아니겠는가? 개념이 세상을 유지한다. 그러나 개념을 사용하여 세상이 실제임을 입증할 수는 없다. 모든 개념은 세상 안에서 만들어지는 것으로서, 세상의 그림자 안에서 태어나고, 세상의 방식대로 자라나서, 마침내 세상의 생각 안에서 "성숙"하기 때문이다. 개념은 우상이라는 아이디어로서, 그것은 진리를 나타내는 그림을 단 한 점도 그릴 수 없는 세상의 붓으로 칠한 것이다.

50   자아 개념은 무의미하다. 이곳의 그 누구도 자아 개념이 무엇을 *위한* 것인지 알 수 없으며, 따라서 그것이 과연 무엇인지 상상할 수 없기 때문이다. 하지만 세상이 인도하는 모든 배움은 너 자신에 대한 이런 개념을 가르쳐서, 네가 이 세상의 법칙을 따르고 결코 세상의 길을 벗어나거나 너 자신을 보는 법을 깨닫지 않겠다고 선택하게 만든다는 단 하나의 목적에서 시작되고 끝났다. 이제 성령은, 너에게 마음의 평화가 조금이라도 주어지려면 이 자아 개념이 무효화되어야 함을 볼 수 있도록, 도울 방법을 찾아야 한다. 그리고 너는 네가 그 자아 개념이 아닌 *다른* 무엇이라고 가르쳐주는 레슨을 배우지 않고서는 그 개념을 탈학습할 수 없다. 그렇지 않다면 그것은 너에게 지금 믿는 자아를 포기하고 아무런 자아도 없이 있으라고 요구하는 셈이어서, 네 안에 더 큰 공포가 일어날 것이기 때문이다.

51   그러므로 성령의 레슨 계획은 쉬운 단계들로 마련된다. 그러므로 간혹 약간의 어려움과 고통이 있을지라도, 네가 이미 배운 것에 대한 파괴는 없을 것이며, 단지 그것을 입증하는 증거처럼 보이는 것에 대한 재해석만 있을 것이다. 그렇다면 네 형제가 너를 가지고 만든 것이 너라는 어떤 증거가 있는지 찬찬히 살펴보자. 너는 아직 네가 그렇게 생각한다고 지각하지는 못하지만, 마치 그런 것처럼 *행동한다*는 것을 이제 확실히 배웠기 때문이다. 네 형제가 *너* 대신에 반응하는가? 그가 무슨 일이 일어날지 정확하게 알고 있었는가? 그가 너의 미래를 보고는, 모든 상황에서 미래가 오기 전에 어떻게 해야 하는지 정해줄 수 있겠는가? 앞으로 일어날 일에 대한 그러한 예지력이 있으려면, 그가 너는 물론 세상도 만들었어야 한다.

52   네 형제가 너를 가지고 만든 것이 바로 너일 가능성은 거의 없어 보인다. 비록 그가 그렇게 했다 하더라도, 너에게 순결한 얼굴을 준 것은 누구인가? 그것은 *네가* 기여한 부분인가? 그렇다면 그 얼굴을 만든 "너"는 누구인가? 그리고 누가 너의 그 모든 선

량함에 속아서 그 얼굴을 그토록 공격하는가? 그 개념의 어리석음을 잊고, 단지 다음에 대해 생각해 보자: 네가 너 자신일 것이라고 생각하는 것에는 두 부분이 있다. 그중 하나를 네 형제가 만들었다면, 누가 있어 다른 하나를 만들었는가? 그리고 과연 누구에게 무언가를 감춰야 하는가? 세상이 악하다 하더라도, *네가* 무엇으로 만들어졌는지 감출 필요는 전혀 없다. 누가 있어 그것을 볼 것인가? 게다가 공격받는 것 외에과연 무엇이 방어를 *필요로* 하겠는가?

⁵³ 이 개념을 어둠 속에 감춰둬야 하는 이유는 아마도, 빛 속이라면 그것이 진짜라고생각하지 않을 사람은 바로 *너기* 때문일 것이다. 네가 아는 세상을 떠받치는 모든 버팀목이 제거된다면, 그것에 무슨 일이 일어나겠는가? 네가 세상에 대해 가진 개념은자아에 대한 이러한 개념에 *의존한다.* 둘 중 어느 하나에 의문을 제기한다면, 둘 다사라질 것이다. 성령은 너를 공황 상태에 빠트리려고 하지 않는다. 따라서 성령은 단지 *작은* 질문 하나를 제기해 보면 어떠냐고 물을 뿐이다.

⁵⁴ 너의 자아 개념에 대한 대안이 있다. 예를 들어 네가 네 *형제의* 모습이 되게 하려고선택한 것이 너일 수 있다. 이것은 완전히 수동적인 자아 개념을 바꿔서, 능동적인 선택을 위한, 그리고 상호 작용이 일어났음을 어느 정도 인정하기 위한 최소한의 길을열어준다. 여기서 너는, 네가 너희 둘 모두를 위해 선택했으며, 그가 나타내는 것에는네가 부여한 의미가 들어있다는 것을 어느 정도 이해한다. 이것은 또한 네가 보는 것은 *지각자의* 마음 상태를 반영한다는 지각의 법칙을 희미하게나마 보여준다. 하지만누가 먼저 그런 선택을 내렸는가? 만약 네가 네 형제의 모습으로 선택한 것이 너라면,거기에는 선택할 대안들이 있었을 것이며, 누군가 먼저 하나를 선택하고 다른 것들은버렸을 것이다.

⁵⁵ 이 단계가 이득이 있기는 하지만, 아직 근본적인 질문에는 접근하지 못한다. 이런자아 개념들 *이전에* 분명 무언가가 있었을 것이다. 그리고 무언가가 분명 그 개념들을 낳은 배움을 마쳤을 것이다. 이것은 둘 중 어느 관점으로도 설명될 수 없다. 첫 번째 관점에서 두 번째 관점으로 이동하는 것의 주된 이점은, *네가* 어쨌든 스스로 결정해서 그런 선택을 내렸다는 것이다. 그러나 이런 이득은 거의 똑같은 상실을 대가로치른다. 이제 너는 네 형제의 정체를 만든 죄로 비난받기 때문이다. 너는 그의 죄책을공유해야 한다. 너는 너 자신의 이미지를 따라 네 형제를 위해 그의 모습을 선택했기때문이다. 전에는 단지 네 형제만 믿을 수 없는 존재였지만, 이제는 너도 함께 정죄받

아야 한다.

⁵⁶ 세상은 항상 자아 개념에 엄청나게 몰두해 왔다. 누구나 자기 자신에 대한 수수께끼의 답을 찾아야 한다고 믿는다. 구원은 단지 개념에서 *벗어나는* 것이라고 볼 수 있다. 구원은 마음의 내용에는 관심이 없고, 마음이 *생각한다*는 단순한 진술에만 관심이 있다. 생각할 수 있는 것은 선택권을 갖고 있으며, 다른 생각은 다른 결과를 낳는다는 것을 볼 수 *있다*. 따라서 마음은, 자신의 모든 생각에는 자신이 어떻게 만들어졌고 자신의 정체가 무엇인지에 대해 느끼는 깊은 혼동이 반영되어 있음을 배울 수 있다. 그리고 마음이 알지 못하는 것에 대해, 자아 개념이 어렴풋 답해주는 듯하다.

⁵⁷ 너의 **자아**를 상징 속에서 구하지 말라. 너의 정체를 나타낼 수 있는 개념은 있을 수 없다. 악과 상호작용하고 사악한 것에 반응하는 자아를 지각하는 한, 네가 어떤 개념을 받아들이든 무슨 상관이 있겠는가? 너 자신에 대한 개념은 계속해서 완전히 무의미하게 남아있을 것이며, 너는 단지 너 자신과만 상호 작용할 수 있음을 지각하지 못할 것이다. 죄 있는 세상을 본다는 것은 단지 그동안 너의 배움을 세상이 인도했다는 표시다. 그리고 너는 너 자신을 보듯이 세상을 본다. 자아 개념은 네가 바라보는 모든 것을 포함하며, 이런 지각의 바깥에는 아무것도 없다. 네가 만약 무엇에든 상처받을 수 있다면, 너는 너 자신의 은밀한 소망을 그린 그림을 보고 있는 것이다. 그 이상 아무것도 아니다. 그리고 네가 어떤 고난을 겪든, 너는 그 속에서 너 자신의 감춰진 살해 욕구를 보고 있는 것이다.

⁵⁸ 너는 배움이 진행됨에 따라 많은 자아 개념을 만들 것이다. 각 개념은 너 자신에 대한 지각이 바뀜에 따라 너의 관계들이 어떻게 바뀌는지 보여줄 것이다. 자아 개념이 바뀔 때마다 어느 정도의 혼란이 있겠지만, 너의 마음을 틀어쥔 세상의 배움이 느슨해지고 있음에 감사하라. 그리고 마침내 세상이 사라지면서 너의 마음이 평화를 찾을 것임을 확신하고 기뻐하라. 도처에서 여러 형식으로 고발하는 자의 역할이 나타날 것이다. 그리고 각각의 역할은 *너*를 고발하는 듯이 보일 것이다. 하지만 그것들이 무효화되지 않을까 봐 두려워지는 말라.

⁵⁹ 네가 배우기를 *원하지* 않는 한, 세상은 너에 대한 어떤 이미지도 가르쳐줄 수 없다. 모든 이미지가 사라져 버린 때가 올 것이다. 그리고 너는 너 자신의 진정한 정체를 알지 못함을 깨달을 것이다. 바로 이렇게 봉인이 해제되어 열린 마음으로, 속박에서 풀려난 진리가 거침없이 돌아온다. 자아 개념을 내려놓은 곳에, 진리가 정확하게 있는

그대로 드러난다. 모든 개념에 의문과 질문을 제기하여 그것들이 빛을 견뎌낼 가정에 근거하여 만들어지지 않았음을 인식했을 때, 진리는 죄의식이 없는 자신의 깨끗한 성소에 자유로이 들어올 수 있게 된다. 다음의 말보다 세상이 더 듣기 두려워하는 것은 없다:

> ⁶⁰ 나는 나라는 것을 알지 못하며,
> 따라서 내가 무엇을 하고 어디에 있는지,
> 혹은 세상이나 나 자신을 어떻게 보아야 하는지 알지 못한다.

⁶¹ 하지만 이러한 배움 안에서 구원이 탄생한다. 그리고 너의 정체가 스스로 너에게 _말해줄_ 것이다.

VI. 영을 인식하기

⁶² 너는 육肉을 보거나 영을 인식한다. 이 둘 사이에 절충안이란 없다. 그중 하나가 실제라면 다른 하나는 가짜일 수밖에 없다. 실제인 것은 그 반대되는 것을 부정하기 때문이다. 비전에 있어서 이 하나의 선택 외에 다른 선택이란 없다. 이에 관한 너의 결정은 네가 바라보고, 실재라고 생각하고, 참이라고 여기는 _모든_ 것을 결정한다. 이 하나의 선택에 너의 온 세상이 달려있다. 이 하나의 선택으로 너는 너의 정체를 육이나 영이라고 확실히 믿게 되었기 때문이다. 육을 선택한다면, 너는 결코 너의 실재로서 몸을 벗어나지 못할 것이다. 그럴 때 너는 너의 실재가 그러하기를 _원한다고_ 선택한 것이기 때문이다. 그러나 영을 선택한다면, 천국 전체가 내려와 너의 눈을 어루만지면서 너의 거룩한 시각을 축복할 것이다. 따라서 너는 다만 치유하고 위로하고 축복하기 위해서만 육의 세상을 보게 될 것이다.

⁶³ 구원이란 무효화하는 것이다. 몸을 보기로 선택한다면, 너는 서로 무관한 사물들과 전혀 말도 안 되는 사건들로 가득한 분리의 세상을 본다. 이것은 나타났다가 죽어서 사라지고, 저것은 고통받다가 상실될 운명이다. 그 누구도 한순간 이전의 모습과 정확히 같지 않고, 또 한순간 뒤에는 지금의 모습과 같지 않을 것이다. 그렇게 많은

변화를 보는 곳에서 그 누가 신뢰를 가질 수 있겠는가? 왜냐하면, 그저 먼지에 불과한 자가 신뢰를 받을 자격이 있겠는가? 구원은 이 모든 것의 무효화다. 그리고 구원으로 해방되어 죄의식을 간직하는 대가를 보지 않게 된 자들의 시야에는, 불변성이 일어난다. 그들은 죄의식을 간직하는 대신에 놓아주기로 선택했기 때문이다.

⁶⁴ 구원은 너에게 영을 보고 몸을 지각하지 말라고 요청하지 않는다. 구원은 단지, 그러한 것이 너의 *선택이어야* 한다고 요청할 뿐이다. 너는 도움 없이도 몸을 볼 수 있지만, 몸과 무관한 세상을 어떻게 볼 수 있는지는 이해하지 못하기 때문이다. 구원은 너의 세상을 무효화하여, 너로 하여금 *너의* 눈이 결코 찾을 수 없는 다른 세상을 보게 할 것이다. 이것이 과연 어떻게 가능한지 걱정하지 말라. 너는 네가 보는 것이 어떻게 발생하여 너의 시각과 만나는지도 이해하지 못한다. 네가 만약 이해한다면, 그것은 사라질 것이다. 악한 것과 선한 것에 걸쳐 무지의 장막이 펼쳐져 있는데, 그 장막을 지나가야 둘 다 사라진다. 그러면 지각은 더 이상 숨을 곳을 찾지 못한다. 이것이 어떻게 이루어지는가? 그것은 전혀 이루어지지 않는다. 하느님이 창조하신 우주에 아직도 이루어져야 할 무엇이 있을 수 있겠는가?

⁶⁵ 네가 단지 오만에 빠져있는 경우에만, 천국으로 가는 길을 너 *자신이* 평탄하게 만들어야 한다는 생각을 할 수 있다. 네가 만든 세상을 대체할 세상을 볼 수단은 너에게 주어져 있다. 너의 뜻은 이루어진다! 땅에서와 마찬가지로 천국에서도 이것은 영원히 참이다. 네가 어디에 있다고 믿든, 너 자신에 대한 진리가 무엇이라고 생각하든 상관없다. 네가 무엇을 바라보든, 무엇을 느끼고 생각하고 소망하기로 선택하든, 아무런 차이도 없다. 하느님이 몸소, "너의 뜻은 이루어진다."라고 말씀하셨기 때문이다. 따라서 너의 뜻은 정녕 너에게 이루어져 있다.

⁶⁶ 너는 하느님의 아들을 네가 원하는 모습대로 보기로 선택할 수 있다고 믿지만, 너 자신에 대한 어떤 개념도 네 정체의 진리에 맞서지 못할 것임을 잊지 말라. 진리를 무효화하는 것은 불가능하지만, 개념을 바꾸기는 어렵지 않다. 네가 전에 지각한 그림과 일치하지 않는 *유일한* 비전이 있다. 그것은 아주 분명하게 보이는 비전으로서, 보는 법을 배우는 눈을 위해 세상을 바꿀 것이다. 왜냐하면, *자아* 개념이 바뀌었기 때문이다. *너는* 상처받을 수 없는가? 그렇다면 네가 보는 세상은 해롭지 않다. *너는* 용서하는가? 그렇다면 세상도 용서한다. 너는 세상의 죄를 용서했기에, 세상도 너의 눈처럼 보는 눈으로 너를 바라보기 때문이다. *너는* 몸인가? 그렇다면 너는 온 세상을 믿을

수 없고 살의에 가득 찬 곳으로 지각할 것이다.

⁶⁷ 너는 부패의 조짐과 죄의 얼룩이 건드리지 못한 죽지 않는 영인가? 그러면 세상은 안정적이고 너의 신뢰를 받을 충분한 자격이 있는, 잠시 안식할 수 있는 행복한 곳으로 보인다. 그곳에는 두려워해야 할 것이 아무것도 없고, 모든 것이 사랑받는다. 가슴 깊이 친절한 자가 그 누구를 환영하지 않겠는가? 참으로 순결한 자를 그 무엇이 해칠 수 있겠는가? 하느님의 거룩한 아이야, 너의 뜻은 이루어진다. 네가 땅에 있다고 생각하든 천국에 있다고 생각하든 상관없다. 아버지가 너를 위해 뜻하시는 것은 결코 변할 수 없다. 네 안의 진리는 여전히 하늘의 별처럼 빛나고, 빛처럼 순수하며, 사랑 자체만큼이나 순결하다. 너는 정녕 너의 뜻이 이루어질 자격이 있다.

Ⅶ. 구원자의 비전

⁶⁸ 배움은 변화다. 구원은 너의 사고방식과 너무 달라서 도움이 되지 않는 수단을 성급히 사용하려고 하지 않으며, 네가 인식할 수 없는 종류의 변화를 일으키려고 하지도 않는다. 지각이 계속되는 한 개념은 필요하며, 개념을 *바꾸*는 것이 구원의 과제다. 구원이 다루어야 하는 것은 반대도 없고 변할 수도 없는 진리가 아닌, 대비되는 것들이기 때문이다. 이 세상의 개념에서 죄 있는 자는 "악하고", "선한" 자는 순결하다. 그리고 이곳의 모든 이는 자신의 "악한 것"을 용서하기 위해 "선한 것"을 세는 자아 개념을 갖고 있다. 그들은 그 누구의 "선한 것"도 신뢰하지 않는다. 그 뒤에는 "악한 것"이 도사리고 있다고 믿기 때문이다. 이 개념은 배반을 강조하며, 따라서 신뢰가 불가능해진다. 네가 *너의* 내면에서 "악한 것"을 지각하는 한, 그 개념은 변할 수도 없다.

⁶⁹ 네가 공격에서 가치를 보는 한, 너의 "악한" 생각을 *인식할* 수 없을 것이다. 너는 때로 그런 생각을 지각은 하겠지만, 그것이 무의미하다고 보지는 않을 것이다. 따라서 그 생각은 내용을 계속 감춘 채 무시무시한 형식으로 나타나서, 너 자신에 대한 안쓰러운 개념을 뒤흔들고는 또 다른 "범죄"로 먹칠할 것이다. 너는 너 자신에게 너의 순결을 부여할 수 없다. 너는 너 자신에 대해 너무나 혼동하고 있기 때문이다. 그러나 네가 단 한 명의 형제라도 온전히 용서받을 자격이 있다고 본다면, 너 자신에 대한 개념은 완전히 달라진다. *너의* "악한" 생각들은 그의 악한 생각들과 함께 용서받았다.

너는 그것들이 모두 너에게 영향을 끼칠 수 없도록 했기 때문이다. 너는 네가 더 이상 그의 악과 죄의 징표가 되어야 한다고 선택하지 않았다. 네가 그 형제 안의 선한 것을 신뢰하기로 했을 때, 네 안의 선한 것도 신뢰하기로 한 것이다.

70 개념으로 말하자면, 그것은 네가 네 형제를 단지 몸 이상으로 보는 것이다. 몸은 결코 선한 것으로 보이지 않기 때문이다. 너는 몸의 행위가 너의 "저열한" 부분에서, 따라서 그의 "저열한" 부분에서 비롯된다고 지각한다. 네 형제 안의 선한 것에 초점을 맞춤으로써, 몸은 너의 시야에서 지속성이 점점 떨어지다가 마침내 선한 것 주위를 맴도는 그림자에 불과하다고 보일 것이다. 네가 너의 눈만으로 볼 수 있는 모습 너머의 세상에 도달했을 때, 바로 이것이 *너 자신에* 대한 개념이 될 것이다. 그때 너는 하느님이 주신 도움 없이는 네가 보는 것을 해석하지 않을 것이기 때문이다. 그 도움의 시야에는, 정녕 다른 세상이 있다.

71 너는 이 세상과 마찬가지로 그 세상에도 산다. 두 세상은 모두 너 자신에 대한 개념들로서, 맞바꿀 수는 있어도 함께 가질 수는 없다. 그 대비는 네가 생각하는 것보다 훨씬 더 크다. 너 자신에 대한 이러한 개념은 너 혼자만을 위해 만들어진 것이 아니므로, 너는 그 개념을 사랑할 것이기 때문이다. 그 개념은 너 자신이라고 지각되지 않는 어떤 형제에게 주는 선물로 태어나서, *너에게* 주어졌다. 네가 그에게 베푼 용서가 이제 너희 둘 *모두를* 위해 받아들여졌기 때문이다.

72 너와 함께 걷는 그 형제에게 믿음을 가져라. 그러면 너 자신에 대한 무시무시한 개념이 바뀔 것이다. 네 형제 안의 선한 것을 바라보라. 그럼으로써 너는 너의 "악한" 생각들 때문에 두려움에 떨지 않게 될 것이다. 그 생각들은 더 이상 네 형제를 보는 너의 시야를 흐리지 않기 때문이다. 이 모든 변화를 위해 필요한 것은 단지, 이런 행복한 변화가 일어나게 하겠다는 너의 *용의뿐이다.* 그 이상 아무것도 요구되지 않는다. 이를 위해, 네가 지금 가진 자아 개념이 그 자취마다 너에게 무엇을 가져다주었는지 기억하고, 너에게 주어진 반가운 대조물을 기꺼이 맞아들여라. 친절한 용서의 선물을 받을 수 있도록, 너의 손을 내밀어라. 그것은 너와 마찬가지로 용서의 선물을 필요로 하는 자에게 네가 주는 선물이다. 그리고 너 자신에 대한 잔인한 개념이 하느님의 평화를 가져다주는 개념으로 바뀌게 하라.

73 네가 지금 가진 자아 개념은 이곳에서 너의 기능을 영원히 성취하지도, 완수하지도 못하게 보장할 것이다. 따라서 그것은 너를 헤어날 수 없는 깊은 우울과 허무감에 빠

트린다. 하지만 네가 그 개념을 변화의 가망 없이 붙잡고 있으면서 마음 안에 꿈쩍도 하지 못하게 감춰두기로 선택하지 않는 한, 그것을 고칠 필요는 없다. 대신에 그것을 성령께 드려라. 네가 그 개념의 도움으로 너에게 주어진 기능을 이행하여 평화를 얻고, 그럼으로써 다른 이에게 평화를 선사하여 평화를 너 자신의 것으로 가지려면, 그것에 어떤 변화가 필요한지 성령은 이해한다. 그에 대한 대안들은 네가 사용할 수 있도록 너의 마음 안에 있다. 그리고 너는 너 자신을 다른 식으로 볼 수 *있다*. 너 자신을 구원의 적으로 보는 대신에, 세상의 구원을 위해 *필요한* 존재로 보지 않으려는가?

74 자아 개념은 바리케이드나 방패처럼 진리 앞을 조용히 막고 서서, 너의 시야로부터 진리를 감춘다. 네가 보는 모든 것은 이미지들이다. 너는 그것들을 너의 시야를 흐리고 비전을 왜곡하는 장벽을 통해 보기 때문이다. 따라서 너는 아무것도 분명하게 보지 못한다. 네가 보는 모든 것에 빛이 차단되었다. 잘해봤자 너는 그 너머에 있는 것의 그림자를 얼핏 볼 뿐이다. 최악의 경우 단지 어둠을 바라보고는, 두려움에서 태어난 죄의 생각들과 개념들이 일으키는 겁에 질린 상상물들을 지각한다. 그리고 네가 보는 것은 정녕 지옥이다. 두려움은 곧 지옥이기 때문이다. 너에게 주어진 것은 모두 해방을 위한 것이다. 시각과 비전, 내면의 **안내자**가 모두, 그들과 더불어 네 곁의 사랑하는 이들도, 그리고 그들과 더불어 우주도, 너를 지옥에서 벗어나도록 인도한다.

75 우주 안에서 네가 맡은 역할을 보라! **사랑**과 **생명**의 주님은 진정한 창조물의 각각의 부분에게 지옥의 참상에서 구원하는 일 *전체*를 맡기셨다. 그리고 각각의 부분에게, 그가 보살피도록 특별히 맡기신 거룩한 자들의 구원자가 되는 은혜를 허락하셨다. 그는 먼저 한 형제를 자기 자신을 보듯이 바라보고, 그 형제의 내면에서 자기 자신을 비추는 거울을 볼 때 이것을 배운다. 이런 식으로 그는 그 자신에 대한 개념을 내려놓게 된다. 그의 시각과 그가 바라보는 것 사이에, 그가 보는 것을 판단할 것이 아무것도 서있지 않기 때문이다. 그는 이 유일한 비전 속에서 그리스도의 얼굴을 보고는, 자신이 이 하나를 보듯이 모든 이를 바라본다는 것을 이해하게 된다. 전에 어둠이 있던 곳에 빛이 있고, 이제 그의 시야에서 장막이 거두어졌기 때문이다.

76 그리스도의 얼굴 앞에 드리운 장막, 하느님과 구원에 대한 두려움, 죄의식과 죽음에 대한 사랑, 이것들은 모두 단 하나의 잘못을 부르는 다른 이름들이다. 그 잘못은, 너와 네 형제 사이에 공간이 하나 있으며, 너희는 그를 너로부터 떼어놓고 너를 그로부터 떼어놓는 너 자신에 대한 환상에 의해 분리되어 있다는 생각이다. 판단의 칼이

란, 네 형제를 떼어놓는 공간을 사랑이 차지하지 못하도록 싸워달라고 너 자신에 대한 환상에게 쥐여주는 무기다. 하지만 네가 그 칼을 쥐고 있는 동안은, 몸을 너 자신으로 지각할 수밖에 없다. 네 형제는 그 자신의 정체를 다르게 보여주는, 그럼으로써 *너의* 정체를 다르게 보여주는 거울을 들고 있건만, 너는 그러한 형제의 모습으로부터 분리될 수밖에 없기 때문이다.

77 유혹이란 단지 지옥과 비참함에 머물겠다는 *소망이* 아니겠는가? 이런 소망이 낳을 수 있는 것이라고는 단지 비참해져서 지옥과 고통 속에 머물 수 있는 너 자신에 대한 이미지가 전부지 않겠는가? 자신의 형제를 이와 같지 *않게* 보는 법을 배운 자는 자기 자신을 구원한 것이며, 따라서 다른 모든 이들에게 구원자가 된다. 하느님은 각각의 모든 이에게 모든 이를 맡기셨다. 부분적인 구원자란 단지 부분적으로만 구원된 자기 때문이다. 하느님이 너희 각자에게 맡기셔서 구원하게 하신 거룩한 자들은 다음과 같다: 너희가 누구인지 모르면서 만나거나 바라보는 모든 이들, 잠시 보고 잊은 모든 이들, 오랫동안 알고 지낸 모든 이들, 앞으로 만날 모든 이들, 네가 기억하지 못하는 모든 이들과 아직 태어나지 않은 모든 이들. 하느님은 너에게 당신의 아들을 주셔서, 그가 이제껏 가진 모든 개념에서 구원하도록 하셨기 때문이다.

78 하지만 지옥에 머물기를 소망하는 한, 네가 어찌 하느님 아들의 구원자가 될 수 있겠는가? 그가 너의 거룩함과 떨어져 있다고 보는 한, 네가 어찌 그의 거룩함을 알겠는가? 거룩함이란, 내면에서 순결을 바라봄으로써 그것을 모든 곳에서 볼 것을 기대하는 거룩한 눈을 통해 보이는 것이기 때문이다. 따라서 그는 모든 이 안에서 순결을 불러일으켜서, 그들로 하여금 자신이 기대하는 자가 되게 한다. 자신이 바라보는 모든 것에서 자신의 순결을 보고, 또한 모든 곳에서 자신의 구원을 보는 것, 이것이 바로 구원자의 비전이다. 그의 고요하게 뜬 눈과 그가 보는 것 사이에는 그가 자신에 대해 붙잡고 있는 어떤 자아 개념도 없다. 그는 자신이 바라보는 것에 빛을 *가져다주어*, 그것을 실제로 있는 그대로 볼 수 있게 된다.

79 유혹이 어떤 형식을 취하는 것처럼 보이든, 그것은 항상 네가 아닌 어떤 자아가 되고 싶다는 소망을 반영할 뿐이다. 그 소망으로부터, 너는 정녕 네가 되기를 소망하는 그것이라고 가르치는 개념이 하나 일어난다. 그 개념은 그것을 낳은 소망을 더 이상 소중히 여기지 않을 때까지 너 자신에 대한 개념으로 남아있을 것이다. 하지만 네가 그 개념을 소중히 여기는 한, 너의 소망을 나타낸 이미지를 가진 자아와 네 형제가 닮

았다고 볼 것이다. 비전은 창조할 힘이 없으므로, 어떤 소망을 나타낼 *수밖에* 없기 때문이다. 하지만 비전은 사랑으로 볼 수도 있고 증오로 볼 수도 있는데, 그것은 오로지 네가 보는 대상과 결합하고자 하는지, 아니면 너 자신을 떼어놓고 분리하고자 하는지의 단순한 선택에만 달려있다.

80 구원자의 비전은 너 자신에 대한 모든 판단에서 자유롭듯이 네 형제의 정체에 의해서도 전혀 영향받지 않는다. 그러한 비전은 그 누구에게서도 과거를 보지 않는다. 따라서 그것은 낡은 개념에 의해 흐려지지 않은, 그리고 오로지 현재가 지닌 것만 바라볼 준비가 된 온전히 열린 마음을 섬긴다. 그것은 알지 못하므로, 판단할 수 없다. 그것은 이러한 사실을 *인식하고서* 단지, "내가 보는 것의 의미는 무엇입니까?"라고 물을 뿐이다. 그러면 답이 주어진다. 그리고 문이 열려서, 네 안에 있는 그리스도의 비전에 *맞서* 너무도 오랫동안 소중히 지녀온 낡은 아이디어와 묵은 개념의 장막 너머를 보게 해달라고 순결하게 요청하는 자를, 그리스도의 얼굴이 비춰줄 수 있게 된다.

81 그렇다면 유혹이란 단지 너 자신을 네가 아닌 어떤 것으로 만들겠다는 무의미하고 미친 소망일 뿐임을 기억하면서, 유혹에 맞서 깨어있어라. 그 대신에 네가 되고자 하는 것에 대해서도 생각해 보라. 그것은 광기와 고통과 죽음에 시달리고, 배신과 암담한 절망에 시달리며, 이루어지지 않을 꿈을 꾸고, 죽어서 두려움의 꿈을 끝내는 것 외에는 남은 희망이 없는 것이다. *바로 이러한 것이* 유혹이다. 그 이상 아무것도 아니다. *이것을 거슬러* 선택하는 것이 과연 어려울 수 있겠는가? 유혹이 과연 무엇인지 잘 생각해 본 다음, 네가 선택하는 진짜 대안들을 보라. 대안은 정녕 둘밖에 없다. 많은 선택 대상들처럼 보이는 것에 속지 말라. 지옥이나 천국만 있을 뿐이며, 너는 둘 중에 단 *하나만* 선택한다.

82 너에게 주어진 세상의 빛을 세상에게 감추지 말라. 세상은 정녕 어둡기에, 그 빛이 *필요하다.* 사람들은 구원자의 비전을 받지 못해 절망에 빠져있으며, 그들이 바라보는 것은 죽음이다. 그들의 구원자는 알지도 못하고 알려지지도 않은 채, 감긴 눈으로 그들을 바라보며 서있다. 그들의 구원자가 볼 수 있는 눈으로 그들을 바라보며 그 자신의 용서로써 용서를 베풀 때까지, 그들은 볼 수 없다. 하느님이 너에게 "내 아들을 해방해 다오!"라고 말씀하신다. 그런 네가, 하느님이 바로 *너를* 위해 해방을 요청하신다는 것을 배우고 있거늘, 듣지 않으려는 유혹에 빠질 수 있겠는가? 이 수업이 이것 외에 무엇을 가르치려 하겠는가? 그리고 이것 외에 네가 배울 것이 무엇이 있겠는가?

VIII. 다시 한번 선택하라

⁸³ 유혹은, 그것이 어디에서 일어나든 상관없이, 단 하나의 레슨을 온갖 형식으로 가르치려 한다. 유혹은 하느님의 거룩한 아들에게, 그는 몸으로서 죽을 수밖에 없는 것 안에 태어나며, 몸의 연약함을 벗어날 수 없고, 몸이 느끼라고 명하는 것을 느낄 수밖에 없다고 설득하려 한다. 몸은 그가 할 수 있는 것에 한계를 설정한다. 몸의 힘이 그가 가진 유일한 힘이다. 그리고 그의 통제권은 몸의 작은 범위를 넘어설 수 없다. 그리스도가 그 모든 영광 속에 너에게 나타나 단지 다음과 같이 요청한다면, 그래도 너는 정녕 몸이고자 하는가?:

> ⁸⁴ 세상의 구원자들 가운데 너의 자리를 차지할 것인지,
>   지옥에 남아 네 형제들도 그곳에 붙잡아 둘 것인지,
>   다시 한번 선택하라.

⁸⁵ 그리스도가 이미 와서, 이렇게 묻고 있다.

⁸⁶ 그러한 선택을 어떻게 내리는가? 그것을 얼마나 쉽게 설명할 수 있는지! 너는 항상 너의 약함과 네 안에 있는 그리스도의 강함 사이에서 선택한다. 그리고 네가 선택하는 것은 네가 생각하기에 실제인 것이다. 단지 너의 행위를 인도하기 위해 약함을 사용하지 않음으로써, 너는 약함에 어떤 힘도 부여하지 않은 것이다. 그러면 네 안에 있는 그리스도의 빛이 너의 모든 행위를 관장하게 된다. 네가 너의 약함을 그리스도에게 가져갔기에, 그리스도가 그 대신 너에게 자신의 강함을 부여했다.

⁸⁷ 시련이란 단지 네가 배우지 못한 레슨이 다시 주어지는 것에 불과하다. 따라서 너는 이제 전에 그릇된 선택을 했던 곳에서 더 나은 선택을 함으로써, 전에 선택한 것이 너에게 초래한 모든 고통에서 벗어날 수 있다. 모든 어려움, 일체의 고난, 온갖 난국 가운데서 그리스도는 너를 부르면서, "나의 형제여, 다시 선택하게."라고 부드럽게 말한다. 그리스도는 치유되지 않은 단 하나의 고통의 근원도, 진리를 가리는 그 어떤 이미지도 남겨두지 않을 것이다. [하느님이 기쁨에 바치는 제단으로 창조하신 너에게서, 그리스도는 모든 불행을 제거할 것이다.] 그리스도는 너희를 지옥의 꿈속에 위로도 없이 혼자 남겨두지 않을 것이며, 너희에게 그리스도의 얼굴을 감추는 모든 장애

물로부터 너희 마음을 해방할 것이다. 그리스도의 거룩함은 곧 너의 거룩함이다. 그는 네 안에 실재하는 *유일한* 권능이기 때문이다. 그리스도의 강함은 곧 너의 강함이다. 그는 하느님이 당신의 *유일한* 아들로 창조하신 자아기 때문이다.

88 네가 만드는 이미지들은 하느님이 너의 정체로 뜻하시는 것에 맞서 이길 수 *없다*. 그렇다면, 유혹을 결코 두려워하지 말고 있는 그대로 보라. 유혹이란, 전에 너 자신의 이미지를 세웠던 모든 상황과 모든 곳에서 다시 선택하여, 그리스도의 강함이 넘쳐 흐르게 할 또 다른 기회. 그리스도의 얼굴을 가리는 듯한 이미지는 그리스도의 위엄 앞에서 무력하며, 그의 거룩한 눈길 앞에서 사라지기 때문이다. 그리스도처럼 보는 세상의 구원자들은 단지, 그리스도와 떨어져서 보이는 자신의 약함 대신에 그리스도의 강함을 선택한 자들이다. 그들은 세상을 구원할 것이다. 그들은 하느님 뜻의 그 모든 권능 안에서 결합되었기 때문이다. 그리고 그들이 뜻하는 것은 *오로지* 하느님이 뜻하시는 것이다.

89 그렇다면, 너 자신을 약하고 비참하다고 지각하려는 모든 유혹에 다음의 말로 대응하는 행복한 습관을 배워라:

90 나는 하느님이 창조하신 그대로다.
하느님의 아들은 어떤 고통도 겪을 수 없다.
그리고 나는 하느님의 아들이다.

91 그러면 그리스도의 강함이 너의 초대를 받아 흘러넘쳐, 하느님에게서 비롯되어 결코 실패할 수 없는 강함으로 너의 모든 약함을 대체한다. 그리고 이렇게 기적은 자연스럽다. 거룩함을 선택하기 전에 두려움과 고통이 자연스러워 보였듯이 말이다. 네가 그러한 선택을 내림으로써 그릇된 구분이 사라지고, 가공의 대안들이 포기되어 진리를 방해할 것은 아무것도 남아있지 않기 때문이다.

92 너는 정녕 하느님이 창조하신 그대로다. 그리고 네가 바라보는 살아있는 만물도 네가 보는 이미지와 상관없이 그러하다. 네가 병과 고통, 약함과 고난, 그리고 상실이라고 보는 것은 단지 너 자신이 무방비 상태로 지옥에 있다고 지각하려는 유혹에 불과하다. 이러한 유혹에 굴복하지 말라. 그러면 너는 온갖 형식의 고통이, 어디서 일어나든 상관없이, 태양 앞의 안개처럼 사라지는 것을 볼 것이다. 기적이 하느님의 아들을 치

유하려고 찾아와서 약함의 꿈으로 가는 문을 걸어 잠그고, 구원과 해방으로 가는 길을 열어젖힌다. 너는 선택을 내릴 때마다 네가 보고 믿을 너의 정체를 확립하는 것임을 기억하면서, 하느님의 아들이 무엇이 되기를 원하는지 다시 한번 선택하라.

⁹³ 내가 청하는 작은 선물을 거절하지 말라. 그 대신에 나는 너의 발 앞에 하느님의 평화를 놓아두며, 세상을 끝없는 두려움 속에서 확신도 없이 외롭게 방랑하는 모든 이에게 이 평화를 가져다줄 권능도 놓아둔다. 너는 그들과 결합하여, 네 안의 그리스도를 통해 그들 눈에서 장막을 벗겨내서 그들이 자신 안의 그리스도를 바라보게 할 수 있기 때문이다. 구원 안에 있는 나의 형제들이여, 나의 음성을 듣고 나의 말에 귀 기울이는 것을 잊지 말라. 나는 다만 너희 *자신의* 해방을 요청할 뿐이다. 그 사랑스러움이 너무도 강렬하고 포괄적이어서 천국으로부터 겨우 한 걸음 떨어져 있는 세상에, 지옥이 있을 자리란 없다. 너희의 지친 눈에, 나는 다른 세상의 비전을 가져다준다. 그 비전은 너무도 새롭고 깨끗하고 신선하기에, 너희는 전에 본 고통과 슬픔을 잊을 것이다. 하지만 이것은 너희가 보는 모든 이와 공유해야 하는 비전이다. 그렇지 않으면 너희는 그 비전을 볼 수 없을 것이다. 비전이라는 선물을 주는 것이 그것을 너희 것으로 만드는 방법이다. 자애로우신 하느님은 그것을 너희를 위한 선물로 명하셨다.

⁹⁴ 세상을 걸으면서, 하느님의 선물을 다시 한번 우리 것으로 인식할 수 있는 또 다른 상황을 지각할 기회를 아주 많이 발견할 수 있다는 것에 기뻐하자! 그런 식으로 지옥의 모든 자취와 은밀한 "죄", 감춰진 증오가 사라질 것이다. 그것들이 숨긴 그 모든 사랑스러움이 천국의 잔디처럼 우리 눈앞에 나타나서, 그리스도가 나타나기 전에 여행했던 가시밭길 위로 우리를 높이 들어올린다. 나의 형제들아, 나의 말을 듣고, 나와 결합하라. 하느님은 나의 부름이 헛될 수 없다고 명하셨으며, 나는 하느님의 확실성 안에서 만족하여 안식한다. 너희는 반드시 들을 것이며, 반드시 다시 선택할 것이기 때문이다. 그리고 이러한 선택에 의해, 모든 이가 자유로워진다.

⁹⁵ 아버지, 이 거룩한 자들에 대해 감사드립니다. 그들은 당신의 아들들이듯이 저의 형제들이기도 합니다. 그들에 대한 저의 믿음은 곧 당신의 믿음입니다. 그들이 누구며 앞으로 영원히 누구일지 당신이 확신하시듯, 저는 그들이 저에게 올 것을 확신합니다. 그들은 제가 권하는 선물을 받아들일 것입니다. 당신은 그 선물을 그들을 위해 저에게 주셨기 때문입니다. 그리고 제가 단지 당신의 거룩한 뜻을 행하려고만 하듯이, 그들도 그렇게 선택할 것입니다. 그들에 대해, 당신께 감사드립니다. 그들이 매번

선택할 때마다 세상 곳곳에 구원의 노래가 울려 퍼질 것입니다. 우리의 목적은 하나며, 지옥의 끝이 가깝기 때문입니다.

⁹⁶ 저와 함께 유혹을 뚫고 나아가려 하며, 유혹 너머에서 변함없이 반짝이는 빛을 굳은 결의로 바라보는 모든 형제들을 기쁘게 맞이하면서, 저는 두 손을 앞으로 내밉니다. 저에게 저의 것을 주소서. 그들은 본래 당신께 속하기 때문입니다. 그리고 당신이 과연, 단지 당신의 뜻인 것을 이루지 못하실 수 있겠습니까? 제 형제들의 정체에 대해 당신께 감사드립니다. 그들 하나하나가 저와 결합하기로 선택할 때마다, 땅이 천국에게 불러주는 감사의 노래는 작고 흩어진 몇 가닥 멜로디로 시작하여 점점 더 커져서, 마침내 지옥에서 구원된 세상이 당신께 감사드리며 한마음으로 부르는 웅장한 합창이 됩니다.

⁹⁷ 이제 우리는 "아멘."이라고 말합니다. 그리스도가, 시간이 있기 전에 당신이 그를 위해 마련하신 처소에서 고요한 영원 속에 머물러 살려고 왔기 때문입니다. 여정은 시작된 곳에서 끝남으로써 막을 내립니다. 여정의 어떤 흔적도 남아있지 않습니다. 단 하나의 환상에도 믿음이 부여되지 않고, 누구에게든 그리스도의 얼굴을 가릴 단 한 점의 어둠도 남아있지 않습니다. 당신의 뜻은 완전하고도 완벽하게 이루어져 있으며, 모든 창조물은 당신을 알아보고는, 당신을 자신의 유일한 근원으로 압니다. 당신을 **닮아** 뚜렷한 빛이 당신 안에서 살고 움직이는 모든 것에서 **뻗어** 나옵니다. 우리는 이제 우리 모두가 하나인 곳에 도달했기 때문입니다. 우리는 집에 있습니다. 그곳은 당신이 우리가 있기를 뜻하시는 곳입니다.

기적수업

학생용 워크북

Course in Miracles Society

차 례

2부

644   349. 오늘 그리스도의 비전이

나를 대신해 모든 것을 바라보게 함으로써,

그것들을 판단하는 대신에 사랑의 기적을 주겠다.

645   350. 기적은 하느님의 영원한 사랑을 반영한다.

기적을 베푸는 것은 하느님을 기억하는 것이며,

그 기억을 통해 세상을 구하는 것이다.

646   **특별주제 14: 나는 무엇인가?**

648   351. 죄 없는 형제는 평화로 인도하는 안내자고,

죄 많은 형제는 고통으로 인도하는 안내자다.

그리고 나는 내가 보기로 선택하는 것을 볼 것이다.

649   352. 판단과 사랑은 서로 정반대다.

판단에서는 세상 모든 슬픔이 나오지만,

사랑에서는 하느님의 평화가 나온다.

650   353. 오늘 나의 눈과 혀, 손과 발에는

그리스도에게 주어져 기적으로 세상을 축복하기 위해 쓰인다는

단 하나의 목적만 있다.

651   354. 우리, 그리스도와 나는 목적을 확신하며 평화로이 함께 서있다.

그리스도가 내 안에 있듯이,

그리스도 안에 그의 창조주가 계신다.

652   355. 내가 하느님의 말씀을 받아들일 때,

내가 누릴 그 모든 평화와 기쁨, 그리고 내가 줄 그 모든 기적에는 한계가 없다.

그때가 바로 오늘이지 않겠는가?

653   356. 병은 죄의 다른 이름일 뿐이며,

치유는 하느님의 다른 이름일 뿐이다.

따라서 기적은 하느님을 향한 부름이다.

654   357. 우리가 하느님을 부를 때마다 진리가 응답한다.

처음에는 기적으로 응답하고,

그다음에는 우리에게 돌아와 진리 자체가 된다.

655   358. 하느님이 당신을 향한 부름을 듣지 않으시거나

응답하지 않으시는 일은 없다.

그리고 나는 그분의 응답이 내가 진정으로 원하는 응답임을 확신할 수 있다.

서문

1 이 연습이 의미 있으려면 텍스트와 같은 이론적 토대가 기초 지식으로 필요하다. 하지만 목표 달성을 가능하게 만들어줄 것은 연습이다. 훈련되지 않은 마음은 아무것도 이룰 수 없다. 이 연습의 목표는, 이 수업이 제시하는 것과 일치된 방식으로 생각하도록 마음을 훈련하는 것이다.

2 연습은 아주 간단하다. 연습하는 데 시간이 몇 분 이상 필요하지도 않고, 언제 어디에서 연습하든 상관없다. 미리 준비할 것도 전혀 없다. 각 연습에는 1과부터 365과까지 번호가 매겨져 있다. 훈련 기간은 1년이다. 하루에 한 과 이상 하지 말라.

3 이 연습의 목적은 세상의 모든 것을 다르게 지각하도록 마음을 훈련하는 것이다. 워크북은 두 부분으로 나뉘는데, 첫 부분에서는 지금 네가 보는 것의 무효화를 다루며, 두 번째 부분에서는 시각의 회복을 다룬다. 각 연습은 매일 여러 번 반복하되, 가능하면 매번 다른 장소에서, 어느 정도 긴 시간을 보내야 하는 모든 상황에서 연습할 것을 권한다. 이렇게 하는 목적은, 마음이 레슨을 일반화하도록 훈련하는 것이다. 그럼으로써 너는 각각의 레슨이 어느 한 상황에 적용될 수 있듯이 다른 상황에도 적용될 수 있음을 이해하게 된다.

4 특별히 반대로 지시하지 않는 한, 연습은 눈을 뜨고 실시해야 한다. 연습의 목적은 보는 법을 배우는 것이기 때문이다. 전체적으로 따라야 할 유일한 규칙은, 연습을 아주 구체적으로 실시해야 한다는 것이다. 각각의 연습은 네가 처한 모든 상황과 그 안에서 보는 모든 것에 적용된다. 매일의 연습은 하나의 중심 아이디어를 가지고 계획되었는데, 실제로 연습을 할 때는 그 아이디어를 가능한 한 많은 구체적인 대상에 적용해야 한다. 네가 보는 것 중에 그날의 아이디어를 적용할 수 없는 것이 있다고 결정하지 않도록 주의하라. 연습의 목표는 항상 그날의 아이디어를 적용하는 대상을 점차 모든 것으로 늘려나가는 것이다. 이렇게 하는 데 노력이 필요하지는 않을 것이다. 단지 아이디어를 적용할 때 예외를 두지 않도록 주의하라.

⁵ 그중 어떤 아이디어들은 믿기 어려울 것이며, 또 다른 아이디어들은 매우 놀라워 보일 것이다. 그것은 중요하지 않다. 너는 단지 아이디어를 네가 보는 것에 적용하기만 하면 된다. 너는 아이디어를 판단할 필요가 없으며, 심지어 믿을 필요도 없다. 단지 아이디어를 사용하기만 하라. 아이디어를 사용하는 것이야말로 너에게 아이디어를 의미 있게 만들어주고, 아이디어가 참임을 보여주는 것이다. 너는 아이디어를 믿거나 받아들이거나 환영할 필요가 없다는 점만 기억하라. 너는 그중 몇몇 아이디어에 적극적으로 저항할 수도 있다. 그러한 저항은 전혀 중요하지 않으며, 아이디어의 효과를 감소시키지도 않을 것이다. 그러나 이 연습에 포함된 아이디어를 적용할 때 그 어떤 예외도 두지 않도록 하라. 아이디어에 대한 너의 반응이 어떠하든, 단지 아이디어를 사용하라. 그 이상은 필요 없다.

1부

1과

내가 이 방에서 [이 거리에서, 이 창을 통해, 이 장소에서] 보는 것은 아무것도 의미하지 않는다.

¹ 이제 주위를 천천히 둘러보면서, 네가 보는 것이면 무엇에든 이 아이디어를 아주 구체적으로 적용하는 연습을 하라. 다음에 그러한 예가 있다:

> ² 이 테이블은 아무것도 의미하지 않는다.
> 이 의자는 아무것도 의미하지 않는다.
> 이 손은 아무것도 의미하지 않는다.
> 이 발은 아무것도 의미하지 않는다.
> 이 펜은 아무것도 의미하지 않는다.

³ 그런 다음 네 주위에 머물던 눈길을 더 멀리 보내서, 이 아이디어를 다음과 같이 더 넓은 범위에 적용하라:

> ⁴ 저 문은 아무것도 의미하지 않는다.
> 저 몸은 아무것도 의미하지 않는다.
> 저 등은 아무것도 의미하지 않는다.
> 저 표시는 아무것도 의미하지 않는다.
> 저 그림자는 아무것도 의미하지 않는다.

⁵ 이 문장들이 아무런 순서 없이 나열되었음에 주목하고, 적용할 대상의 종류를 전혀 구분하지 말라. 이것이 바로 연습의 목적이다. 단지 네가 보는 것이면 무엇에든 이 말을 적용하라. 오늘의 아이디어를 적용하는 연습을 할 때, 그것을 무차별적으로 사용하라. 하지만 이 아이디어를 네가 보는 모든 것에 남김없이 적용하려고 시도하지는 말라. 연습이 의례화되어서는 안 되기 때문이다. 단지 네가 보는 것 중에 특별히 제외되는 것이 없도록 확실히 하라. 오늘의 아이디어를 적용하는 것에 관한 한, 한 대상은 다른 대상과 같다.

2과

내가 이 방에서 [이 거리에서, 이 창을 통해, 이 장소에서] 보는 모든 것이 내게 갖는 의미는 전부 내가 부여했다.

[1] 이 아이디어를 가지고 하는 연습은 첫 번째 연습과 같다. 가까이 있는 대상들부터 시작하여, 눈길이 머무는 것이면 무엇에든 오늘의 아이디어를 적용하라. 그런 다음 범위를 바깥쪽으로 확장하라. 고개를 돌려 좌우 양쪽에 있는 대상들도 연습에 포함하라. 가능하다면 몸을 돌려 뒤에 있는 대상들에도 이 아이디어를 적용하라. 아이디어를 적용할 대상을 되도록 무차별적으로 선정하고, 특별히 한 대상에 집중하지도 말라. 또한, 한 장소에 있는 것을 전부 포함하려고 해서도 안 된다. 그런 시도는 긴장을 불러올 것이다. 그저 주위를 편안하고도 꽤 빠르게 훑어보면서, 크기나 밝기, 색깔이나 재료, 혹은 네가 느끼는 상대적인 중요성에 따라 대상을 선정하지 않으려고 노력하라.

[2] 단지 눈에 보이는 대로 대상을 정하라. 몸이나 단추, 파리나 방바닥, 팔이나 사과에 똑같이 편안하게 연습을 적용하려고 노력하라. 이 아이디어를 어떤 대상에 적용하는 유일한 기준은 단지, 너의 눈이 그 대상을 발견했다는 것뿐이다. 특정한 대상을 포함하려고 하지 말되, 특별히 제외하는 것도 없도록 주의하라.

3과

나는 이 방에서 [이 거리에서, 이 창을 통해, 이 장소에서] 보는 그 무엇도 이해하지 못한다.

[1] 오늘의 아이디어는 이전의 아이디어들과 같은 방식으로 어떤 구별도 하지 말고 적용하라. 네가 보는 것은 무엇이든 이 아이디어를 적용할 적절한 대상이 된다. 어떤 대상이 이 아이디어를 적용하기에 적합한지에 대해 의문을 품지 않도록 확실히 해두어라. 이 연습은 판단하는 연습이 아니다. 네가 보는 것이라면 무엇이든 이 아이디어를 적용하기에 적합하다. 네가 보는 대상들 가운데 일부는 너에게 감정적으로 강렬한 의미가 있을 수도 있다. 그런 느낌은 제쳐두려고 노력하고, 그러한 대상을 단지 다른 대상을 사용하듯이 사용하라.

[2] 오늘 연습의 목적은 너의 마음에서 과거의 모든 연상 작용을 깨끗이 치우도록 돕는 것이다. 그럼으로써 너는 대상을 정확히 지금 너에게 나타나 있는 대로 보고, 네가 대상에 대해 이해하는 것이 얼마나 적은지 깨달을 수 있다. 그러므로 오늘의 아이디어를 적용할 대상을 선정할 때는, 판단에 방해받지 않는 완전히 열린 마음을 유지하는 것이 중요하다. 이러한 목적을 위해, 한 대상은 다른 대상과 같다. 그것들은 똑같이 적합하며, 따라서 똑같이 유용하다.

4과

이 생각은 아무것도 의미하지 않는다.
그것은 내가 이 방에서 [이 거리에서, 이 창을 통해, 이 장소에서] 보는 대상과 같다.

1 오늘 연습은 이전의 연습들과는 달리 아이디어를 바로 적용하는 것으로 시작하지 않는다. 연습 시간에는 먼저 약 1분 동안 마음에 떠오르는 생각들을 알아차려라. 그런 다음 오늘의 아이디어를 그 생각들에 적용하라. 네가 이미 행복하지 않은 생각을 알아차리고 있다면, 그것을 오늘의 아이디어를 적용할 대상으로 사용하라. 하지만 네가 "나쁘다."라고 생각하는 생각만 선정하지는 말라. 너의 생각들을 바라보는 훈련을 한다면, 그것들은 대단한 혼합물이어서 어떤 의미에서 그중 아무것도 "좋다."거나 "나쁘다."라고 말할 수 없음을 깨달을 것이다. 이것이 바로 너의 생각들이 아무것도 의미하지 않는 까닭이다.

2 오늘의 아이디어를 적용할 대상은 여느 때처럼 구체적으로 선정하라. "나쁜" 생각은 물론 "좋은" 생각도 사용하기를 두려워하지 말라. 그 생각들 가운데, 그것들에 가려진 너의 실재생각real thoughts을 나타내는 것은 아무것도 없다. 네가 알아차리는 "좋은" 생각은 단지 그 너머에 있는 것의 그림자에 불과하며, 그림자는 시각을 곤란하게 만든다. "나쁜" 생각은 시각을 가로막는 장애물로서, 보는 것을 불가능하게 만든다. 너는 둘 중 어느 것도 원하지 않는다.

3 이것은 중요한 연습으로서, 형식을 약간 달리하여 이따금 반복될 것이다. 오늘 연습의 목적은, 의미 있는 것과 의미 없는 것을 분리하는 목표를 향한 첫 단계를 훈련하는 것이다. 이 연습은 의미 없는 것은 너의 바깥에 있는 것으로, 의미 있는 것은 너의 내면에 있는 것으로 보는 법을 배우는 장기적인 목적에서 첫 번째 시도다. 이 연습은 또한, 무엇이 같은 것이고 무엇이 다른 것인지 인식하도록 너의 마음을 훈련하기 시작하는 것이기도 하다. 오늘의 아이디어를 적용하려고 너의 생각들을 사용할 때, 각 생각을 그 안의 중심인물이나 사건으로 식별하라. 예를 들어 다음과 같이 하라:

4 _____에 대한 이 생각은 아무것도 의미하지 않는다.
그것은 내가 이 방에서 [혹은 네가 있는 어느 곳에서든] 보는 대상과 같다.

5 네가 해롭다고 인식하는 특정한 생각을 위해 이 아이디어를 사용할 수도 있다. 이런 연습은 유용하지만, 오늘의 연습을 위해 따라야 하는 보다 무작위적인 과정을 대신할 수는 없다. 하지만 너의 마음을 약 1분보다 더 오래 살피지는 말라. 너는 아직 너무 미숙해서, 쓸데없이 정신을 파는 경향을 피하기 힘들 것이다. 게다가 오늘 연습은 이런 종류의 연습들 가운데 첫 번째 연습이므로, 생각과 관련해서 일어나는 판단을 멈추기가 특히 어려울 수 있다. 오늘 연습은 3, 4회 이상 반복하지 말라. 나중에 다시 이런 연습을 하게 될 것이다.

5과

나는 결코 내가 생각하는 이유로 속상한 것이 아니다.

¹ 오늘의 아이디어는 어제의 아이디어처럼 너를 고통스럽게 만든다고 생각하는 어떤 사람이나 상황, 사건에도 사용할 수 있다. 너의 감정을 정확히 묘사하는 듯한 표현이라면 무엇이든 사용해서, 너를 속상하게 만드는 원인이라고 믿는 것이라면 무엇에든 오늘의 아이디어를 구체적으로 적용하라. 그 속상함은 두려움, 걱정, 우울, 불안, 분노, 증오, 질투처럼 보이거나 다른 많은 형식으로 보일 수 있으며, 이 모든 것은 다르다고 지각될 것이다. 이것은 참이 아니다. 하지만 형식은 중요하지 않음을 배울 때까지, 각 형식은 오늘의 연습을 위한 적절한 대상이 된다. 똑같은 아이디어를 각 형식에 따로따로 적용하는 것은, 그 형식들이 사실 모두 똑같음을 궁극적으로 인식하는 과정에서 첫 번째 단계이다.

² 어떤 형식의 속상함이든 그 구체적인 원인으로 지각하는 것에 오늘의 아이디어를 사용할 때, 속상한 형식의 이름과 네가 생각하는 원인의 이름을 함께 사용하라. 예를 들어 다음과 같이 하라:

> ³ 나는 내가 생각하는 이유로 _____에게 화가 난 것이 아니다.
> 나는 내가 생각하는 이유로 _____을 두려워하는 것이 아니다.

⁴ 하지만 오늘도 이런 연습과는 별도로, 먼저 마음을 살펴서 네가 믿는 속상함의 "근원"을 찾아내고, 그 결과라고 생각하는 속상함의 형식을 찾아내는 연습 시간을 가져야 한다.

⁵ 이런 연습을 할 때, 대상을 차별하지 않고 특정한 대상에 더 큰 비중을 두지 않기가 이전 연습들에 비해 더 어렵다는 것을 느낄 수도 있다. 연습에 앞서 다음과 같이 말한다면 도움이 될 것이다:

> ⁶ 사소한 속상함이란 없다. 속상함은 모두 똑같이 내 마음의 평화를 깨트린다.

⁷ 그런 다음 마음을 살펴서 너를 괴롭히는 것이면 무엇이든 찾아내라. 그것이 너를 얼마나 많이, 혹은 얼마나 조금 괴롭힌다고 생각하든 상관없다.

⁸ 또한 속상함의 근원이라고 지각하는 것 중에는 오늘의 아이디어를 적용하기가 더 꺼려지는 것도 있을 수 있다. 그런 경우에는 먼저 다음과 같이 생각하라:

> ⁹ 이 형식의 속상함은 간직하면서 다른 형식의 속상함을 내려놓을 수는 없다. 따라서 나는 이 연습의 목적을 위해 그 모든 속상함을 똑같이 여기겠다.

¹⁰ 그런 다음 1분 정도 마음을 살펴서, 너를 괴롭히는 속상함의 여러 다른 형식들을 네가 부여하는 상대적인 중요성과 상관없이 찾아내려고 시도하라. 그리고 각 형식에 오늘의 아이디어를 적용하라. 그럴 때, 네가 지각하는 속상함의 근원과 네가 경험하는 감정의 이름을 함께 사용하라. 다음에 또 다른 예가 있다:

> ¹¹ 나는 내가 생각하는 이유로 _____에 대해 걱정하는 것이 아니다.
> 나는 내가 생각하는 이유로 _____에 대해 낙심한 것이 아니다.

¹² 오늘의 연습은 3, 4회로 충분하다.

6과

내가 속상한 이유는 거기에 없는 것을 보기 때문이다.

¹ 이 아이디어를 가지고 하는 연습은 이전의 연습들과 아주 비슷하다. 다시 말하지만, 아이디어를 적용할 때는 (화, 두려움, 걱정, 우울 등의) 속상함의 형식과 네가 그 근원이라고 지각하는 것을 모두 구체적으로 명명할 필요가 있다. 예를 들어 다음과 같이 하라:

² 내가 _____에게 화가 나는 이유는 거기에 없는 것을 보기 때문이다.
내가 _____에 대해 걱정하는 이유는 거기에 없는 것을 보기 때문이다.

³ 오늘의 아이디어는 너를 속상하게 하는 듯한 것이면 그 무엇에든 유용하게 적용할 수 있으며, 그러한 목적을 위해 하루 내내 유익하게 사용할 수 있다. 그러나 오늘 요구되는 3, 4회의 연습 시간에는 먼저, 전에 했던 것처럼 1분 정도 마음을 살핀 후, 그 과정에 드러난 속상하게 하는 생각들마다 오늘의 아이디어를 적용해야 한다.
⁴ 다시 말하지만, 속상하게 하는 생각들 중에 다른 것에 비해 오늘의 아이디어를 적용하기가 더 꺼려지는 생각이 있다면, 어제 레슨에서 말한 다음의 두 가지 주의 사항을 기억하라. 먼저,

⁵ 사소한 속상함이란 없다. 속상함은 모두 똑같이 내 마음의 평화를 깨트린다.

⁶ 그리고,

⁷ 이 형식의 속상함을 간직하면서 다른 형식의 속상함을 놓아버릴 수는 없다. 따라서 나는 이 연습의 목적을 위해 그 모든 속상함을 똑같이 대하겠다.

7과

나는 오로지 과거만 본다.

¹ 이 아이디어는 특히 처음에는 믿기 어렵다. 하지만 이것은 전에 나온 모든 아이디어의 이론적 근거다.

² 이것이 바로, 네가 보는 것이 아무것도 의미하지 않는 까닭이다.

³ 이것이 바로, 네가 보는 모든 것이 너에게 갖는 의미를 전부 네가 부여한 까닭이다.

⁴ 이것이 바로, 너는 네가 보는 그 무엇도 이해하지 못하는 까닭이다.

⁵ 이것이 바로, 너의 생각은 아무것도 의미하지 않으며, 네가 보는 대상과 같은 까닭이다.

⁶ 이것이 바로, 너는 결코 네가 생각하는 이유로 속상하지 않은 까닭이다.

⁷ 이것이 바로, 네가 거기에 없는 것을 보기 때문에 속상한 까닭이다.

⁸ 시간에 대한 낡은 아이디어를 바꾸기란 굉장히 어렵다. 네가 믿는 모든 것은 시간에 뿌리를 두고 있으며, 시간에 대한 이러한 새로운 아이디어를 네가 배우지 않아야 유지되기 때문이다. 하지만 바로 그런 이유로, 너에게는 시간에 대한 새로운 아이디어가 필요하다. 시간에 대해 처음으로 소개하는 이 아이디어가 처음에는 이상하게 들릴 수 있지만, 실제로는 그리 이상하지 않다. 예를 들어 컵을 한 번 바라보자.

⁹ 너는 컵을 보는가? 아니면 단지 컵을 들어올리고, 갈증을 느끼고, 컵으로 마시고, 입술에 닿는 컵의 가장자리를 느끼고, 아침을 먹는 등의 과거 경험을 회상할 뿐인가? 컵에 대한 너의 심미적 반응 또한 과거의 경험에 근거하고 있지 않은가? 그렇지 않다면, 이런 종류의 컵을 떨어트리면 깨질지 말지 네가 과연 어떻게 알겠는가? 너는 과거에 배운 것 외에 이 컵에 대해 무엇을 아는가? 과거의 배움을 제외한다면, 너는 이 컵이 무엇인지 전혀 알지 못할 것이다. 그렇다면 너는 정말로 그 컵을 보고 있는 것인가?

¹⁰ 주위를 둘러보라. 이것은 네가 무엇을 바라보든 똑같이 해당되는 사실이다. 눈에 띄는 것이면 무엇에든 오늘의 아이디어를 차별 없이 적용함으로써, 이것을 인정하라. 예를 들어 다음과 같이 말하라:

11 나는 이 연필에서 오로지 과거만 본다.

　나는 이 신발에서 오로지 과거만 본다.

　나는 이 손에서 오로지 과거만 본다.

　나는 저 몸에서 오로지 과거만 본다.

　나는 저 얼굴에서 오로지 과거만 본다.

12 어떤 한 대상에도 특별히 오래 머물지 말아야 하지만, 그 어떤 대상도 특별히 빠트리지 말아야 한다는 점도 기억하라. 각 대상을 잠시 바라본 후 다음 대상으로 넘어가라.

8과

나의 마음은 과거 생각에 사로잡혀 있다.

¹ 이 아이디어는 물론 네가 오로지 과거만 보는 까닭이다. 그 누구도 실제로 아무것도 보지 않는다. 그는 단지 밖으로 투사된 자신의 생각만을 볼 뿐이다. 마음이 과거에 사로잡혀 있는 것이 시간을 총체적으로 오해하는 원인이며, 그로 인해 너의 시각은 손상된다. 너의 마음은 현재를 이해할 수 없다. 하지만 현재야말로 존재하는 유일한 시간이다. 그러므로 너의 마음은 시간을 이해할 수 없으며, 사실상 그 무엇도 이해할 수 없다.

² 사람이 과거에 대해 품을 수 있는 유일하게 온전히 참인 생각은, 과거는 없다는 것이다. 따라서 과거에 대해 생각하는 것 자체가 환상에 대해 생각하는 것이다. 아주 극소수의 마음만이, 과거를 떠올리거나 미래를 예상하는 것이 실제로 무엇을 의미하는지 깨달았다. 그럴 때 마음은 실제로 비어있다. 마음은 실제로 그 어떤 것에 대해서도 생각하고 있는 것이 아니기 때문이다.

³ 오늘 연습의 목적은 너의 마음이 실제로 전혀 생각하고 있지 않을 때를 알아차리는 훈련을 시작하는 것이다. 어리석은thoughtless "아이디어들"이 너의 마음을 사로잡고 있는 한, 진리는 차단된다. 너의 마음이 실재적인 아이디어들로 채워져 있다고 믿기보다는, 그저 텅 비어있었을 뿐임을 인식하는 것이야말로 비전으로 가는 길을 열어젖히는 첫걸음이다.

⁴ 오늘 연습은 눈을 감고 실시해야 한다. 실제로, 너는 아무것도 볼 수 없기 때문이다. 눈을 감고 연습을 하면, 네가 어떤 생각을 아무리 생생하게 떠올릴지라도 사실 아무것도 보고 있지 않음을 인식하기가 더 쉽다. 가능한 한 애쓰지 말고 1분 정도 마음을 잘 살피면서 떠오르는 생각들을 알아차려라. 각 생각에 그 안의 중심인물이나 주제를 사용해서 이름을 붙인 후, 다음 생각으로 넘어가라. 다음과 같이 말하면서 연습을 시작하라:

> ⁵ 나는 _____에 대해 생각하고 있는 것 같다.

⁶ 그런 다음, 각 생각에 구체적으로 이름을 붙여라. 예를 들어 다음과 같이 하라:

⁷ 나는 [사람 이름], [물건 이름], [감정 이름] 등에 대해 생각하고 있는 것 같다.

⁸ 다음과 같이 결론을 내리면서 마음을 살피는 시간을 마쳐라:

⁹ 그러나 나의 마음은 과거 생각에 사로잡혀 있다.

¹⁰ 이렇게 하는 것이 짜증스럽지 않다면 하루에 4, 5회 연습해도 된다. 힘들게 느껴진다면 3, 4회로도 충분하다. 하지만 너는 그러한 짜증스러운 느낌이나 오늘의 아이디어가 유발할 수도 있는 어떤 감정이든 마음 탐색 자체에 포함할 수 있으며, 그렇게 하는 것이 도움이 됨을 발견할 수도 있다.

9과

나는 그 무엇도 지금 있는 그대로 보지 않는다.

¹ 이 아이디어는 분명히 앞의 두 아이디어에서 도출된다. 그러나 네가 이 아이디어를 지적으로 받아들일 수 있을지는 몰라도, 아직은 그것이 너에게 진정으로 무언가를 의미할 것 같지는 않다. 하지만 현시점에서 이해는 필수적이지 않다. 사실 네가 이해하지 못한다는 인식이야말로 너의 거짓된 아이디어들을 무효화하기 위한 필수 조건이다. 이 훈련은 이해가 아닌 연습에 관심이 있다. 네가 정말로 이해하는 것은 연습할 필요가 없다. 이해를 목표로 하면서 이미 이해한다고 가정한다면 제자리를 맴도는 것이리라.

² 훈련되지 않은 마음은 자신 앞에 생생하게 나타나 있는 듯한 것이 존재하지 않는다고 믿기 어렵다. 이 아이디어는 매우 불안하게 만들 수 있고, 여러 형식의 적극적인 저항에 부딪힐 수도 있다. 하지만 그렇다고 해서 이 아이디어를 적용할 수 없는 것은 아니다. 이번 연습이나 다른 연습들은 아이디어를 적용하는 것 이상을 요구하지 않는다. 작게 옮기는 발걸음마다 어둠을 조금씩 걷어내서, 마음을 어둡게 하던 쓰레기가 치워진 마음을 속속들이 밝혀줄 이해가 마침내 찾아올 것이다.

³ 오늘 연습은 3, 4회면 충분하다. 오늘의 아이디어를 무차별적으로 적용할 필요가 있다는 점과, 그 무엇도 제외해서는 안 된다는 핵심 규칙을 기억하면서 주위를 둘러보라. 그리고 눈에 띄는 것이면 무엇에든 오늘의 아이디어를 적용하라. 예를 들어 다음과 같이 하라:

⁴ 나는 이 타자기를 지금 있는 그대로 보지 않는다.
나는 이 열쇠를 지금 있는 그대로 보지 않는다.
나는 이 전화기를 지금 있는 그대로 보지 않는다.

⁵ 가장 가까운 곳에 있는 대상에서 시작해서, 다음과 같이 범위를 넓혀나가라.

⁶ 나는 저 옷걸이를 지금 있는 그대로 보지 않는다.

나는 저 얼굴을 지금 있는 그대로 보지 않는다.

나는 저 문을 지금 있는 그대로 보지 않는다.

7 모든 것을 포함하려고 해서는 안 되지만, 특정한 것을 제외하지도 말아야 한다는 점을 다시 한번 강조한다. 이런 구분을 할 때, 정직하라. 구분을 애매하게 하려는 유혹에 빠질 수도 있다.

10과

내 생각은 아무것도 의미하지 않는다.

¹ 이 아이디어는 네가 지금 알아차리고 있거나 연습 시간에 알아차리게 될 모든 생각에 적용된다. 이 아이디어가 그 모든 생각에 적용될 수 있는 이유는, 그것들이 너의 실재생각이 아니기 때문이다. 우리는 전에 이런 구분을 했고, 앞으로도 다시 할 것이다. 너에게는 아직 비교할 수 있는 근거가 없다. 그런 근거를 갖게 된다면, 한때 너의 생각이라고 믿었던 것들이 아무것도 의미하지 않음을 전혀 의심하지 않을 것이다.

² 이런 종류의 아이디어를 사용하는 것은 이번이 두 번째다. 오늘은 형식만 약간 달라졌다. 이번에는 그날의 아이디어가 "이 생각" 대신에 "내 생각"으로 시작하며, 주위에 있는 대상과 명백하게 연결되지 않는다. 이제 강조점은 네가 생각한다고 생각하는 것에 실재성이 결여되었다는 점에 놓여있다.

³ 교정 과정의 이러한 측면은 네가 알아차리는 생각들은 무의미하며, 내면에 있다기보다는 바깥에 있고, 그것들의 현재 상태보다는 과거가 강조된다는 아이디어로부터 시작되었다. 이제 우리는 이러한 "생각들"이 존재한다는 것은 네가 생각하고 있지 않다는 것을 의미한다는 점을 강조한다. 이것은 단지, 너의 마음은 실제로 비어있다는 이전의 진술을 반복하는 또 다른 방법에 불과하다. 이를 인식하는 것은 네가 무 nothingness를 본다고 생각할 때 그것이 무임을 인식하는 것이다. 그러므로 그것은 비전을 위한 전제 조건이다.

⁴ 눈을 감고 오늘의 아이디어를 꽤 느리게 따라 말하면서 연습을 시작하라. 그리고 다음과 같이 덧붙여라:

> ⁵ 이 아이디어는 내가 지금 믿는 모든 것에서 내가 해방되도록 도울 것이다.

⁶ 전과 마찬가지로 오늘의 연습도, 너의 마음을 살펴서 연습에 사용할 생각을 골라내거나 판단하지 않고 전부 찾아내는 것으로 이루어져 있다. 분류는 일체 피하려고 노력하라. 사실, 도움이 된다고 생각한다면, 너에게 개인적인 의미가 거의 없는 잡다한 행렬이 지나가는 것을 바라보고 있다고 상상할 수도 있다. 생각이 하나씩 마음을 스

쳐 지나갈 때마다 다음과 같이 말하라:

> 7 _____에 대한 이 생각은 아무것도 의미하지 않는다.
> _____에 대한 저 생각은 아무것도 의미하지 않는다.

8 오늘의 아이디어는 너를 괴롭히는 모든 생각에 언제라도 적용할 수 있다. 거기에 더하여 매번 1분 정도 마음을 살피는 시간을 포함하는 다섯 차례의 연습을 권한다. 마음을 살피는 시간을 늘리는 것은 권하지 않으며, 불편을 느낀다면 30초 정도로, 혹은 더 짧게라도 줄여야 한다. 그렇지만 오늘의 아이디어를 구체적으로 적용하기 전에 천천히 따라 말하고, 다음과 같이 덧붙이는 것을 잊지 말라:

> 9 이 아이디어는 내가 지금 믿는 모든 것에서 내가 해방되도록 도울 것이다.

11과

나의 의미 없는 생각이 내게 의미 없는 세상을 보여준다.

¹ 이것은 세상의 사고방식을 뒤집는 교정 과정의 주요 단계와 관련된 첫 번째 아이디어다. 세상은 네가 무엇을 지각할지 결정하는 듯이 보인다. 오늘의 아이디어는 너의 생각이 네가 보는 세상을 결정한다는 개념을 소개한다. 이 아이디어를 이와 같은 초기의 형식으로 연습하게 된 것을 참으로 기뻐하라. 이 아이디어 안에서, 너의 해방이 확실해지기 때문이다. 이 아이디어 안에 용서의 열쇠가 놓여있다.

² 오늘은 이전의 연습들과는 약간 다르게 연습할 것이다. 눈을 감고 오늘의 아이디어를 천천히 따라 말하면서 연습을 시작하라. 그런 다음 눈을 뜨고 가깝거나 먼 곳, 위나 아래 등 아무 곳이나 둘러보라. 오늘의 아이디어를 연습하는 약 1분 동안, 단지 그것을 천천히 따라 말하라. 그럴 때 서두르지 말고, 절박하거나 애쓰는 느낌 없이 하라.

³ 이 연습에서 최대의 효과를 거두려면, 눈을 한 대상에서 다른 대상으로 꽤 빨리 움직여야 한다. 눈이 특정한 대상에 오래 머물러서는 안 되기 때문이다. 하지만 말은 서두르지 말고, 심지어 느긋하게 하는 것이 좋다. 이 아이디어를 처음 적용할 때는 가능한 한 무심하게 연습해야 한다. 이 아이디어 안에는 우리가 얻고자 하는 평화와 이완, 걱정으로부터의 자유를 위한 토대가 놓여있다. 연습을 마칠 때는 눈을 감고 다시 한 번 오늘의 아이디어를 천천히 따라 말하라.

⁴ 오늘은 3회 연습하는 것으로 충분할 것이다. 하지만 불편한 느낌이 거의 없거나 전혀 없고, 더 연습하고 싶은 마음이 든다면 5회까지는 할 수 있다. 그 이상의 연습은 권하지 않는다.

12과

내가 속상한 이유는, 의미 없는 세상을 보기 때문이다.

1 이 아이디어가 중요한 이유는, 이것이 주된 지각적 왜곡에 대한 교정을 포함하고 있기 때문이다. 너는 무서운 세상이나 슬픈 세상, 폭력적인 세상이나 미친 세상이 너를 속상하게 만든다고 생각한다. 이 모든 속성은 네가 세상에 부여한 것이다. 그 자체로, 세상은 의미가 없다.

2 이 연습은 눈을 뜨고 하라. 이번에는 주위를 꽤 천천히 둘러보라. 한 대상에서 다른 대상으로 시선을 천천히 옮길 때 상당히 일정한 시간 간격을 유지하도록 속도를 조절하라. 시선을 옮기는 시간이 현저히 길어지거나 짧아지지 않도록 하고, 전체적으로 일정하고 고른 속도를 유지하라. 네가 무엇을 보는지는 중요하지 않다. 너의 시선이 가닿는 곳마다 똑같은 주의를 기울이고 똑같은 시간을 사용하면서, 너는 이것을 너 자신에게 가르친다. 이런 연습은 그것들에 똑같은 가치를 부여하는 법을 배우는 과정에서 첫 번째 단계다.

3 주위를 둘러보면서 마음에 떠오르는 서술적 용어는 무엇이든 사용하여 다음과 같이 말하라:

> 4 나는 두려운 세상, 위험한 세상, 적대적인 세상, 슬픈 세상, 악한 세상,
> 미친 세상 등을 보고 있다고 생각한다.

5 부정적이라기보다는 긍정적으로 보이는 용어가 떠오른다면, 그것도 포함하라. 예를 들어 "좋은 세상"이나 "만족스러운 세상"이 생각날 수도 있다. 이런 용어가 떠오르면 그것도 나머지 용어와 함께 사용하라. 너는 아직 이런 "괜찮은" 형용사가 왜 이 연습에 적당한지 이해하지 못하겠지만, "좋은 세상"은 "나쁜" 세상을, "만족스러운 세상"은 "만족스럽지 못한" 세상을 내포한다는 것을 기억하라. 너의 마음에 떠오르는 표현은 전부 오늘 연습을 하기에 적합한 대상이다. 그러한 표현이 겉으로 어떻게 보이는지는 중요하지 않다.

6 네가 유쾌하다고 생각하는 것과 불쾌하다고 생각하는 것에 오늘의 아이디어를 적

용할 때, 시간 간격에 차이를 두지 않도록 주의하라. 이 연습의 목적을 위해 사용된다는 점에서, 그것들은 전혀 다르지 않다. 다음과 같이 덧붙이면서 연습을 마쳐라:

> [7] 그러나 내가 속상한 이유는, 의미 없는 세상을 보기 때문이다.

[8] 의미 없는 것은 좋지도 나쁘지도 않다. 그렇다면 의미 없는 세상이 너를 왜 속상하게 만들어야 하겠는가? 네가 만약 세상이 의미 없음을 받아들이고, 진리가 너를 위해 세상 위에 새겨지도록 허용할 수 있다면, 세상은 너를 말할 수 없이 행복하게 해주리라. 그러나 세상은 의미가 없기에, 너는 네가 원하는 세상을 그 위에 새겨넣으려는 충동을 느낀다. 바로 이것이 네가 세상에서 보는 것이다. 바로 이것이 실로 의미 없는 것이다. 너의 말 아래에 하느님의 말씀이 새겨져 있다. 지금은 진리가 너를 속상하게 하지만, 너의 말이 지워지고 나면, 너는 하느님의 말씀을 보게 될 것이다. 이것이 바로 이 연습의 궁극적인 목적이다.

[9] 오늘의 아이디어는 3, 4회 연습으로 충분하다. 연습 시간도 1분을 넘겨서는 안 된다. 이 정도도 너무 길다고 느낄 수도 있다. 긴장이 느껴지면 언제든지 연습을 중단하라.

13과

의미 없는 세상이 두려움을 일으킨다.

¹ 오늘의 아이디어는 사실 어제의 아이디어를 다른 형식으로 나타낸 것이다. 일어나는 감정에 대해 오늘의 아이디어가 더 구체적이라는 점만 제외한다면 말이다. 실제로, 의미 없는 세상은 불가능하다. 의미 없는 것은 그 무엇도 존재하지 않는다. 그렇다고 네가 의미 없는 무언가를 지각한다고 생각하지 않을 것이라는 말은 아니다. 반대로 너는 그것을 지각한다고 생각할 공산이 크다.

² 의미 없음을 인식하는 것은 모든 분리된 자들에게 극심한 불안을 일으킨다. 그것은, 의미 없음이 제공하는 빈 공간에 누구의 의미를 새겨넣을지 하느님과 에고가 서로 "맞서는" 상황을 나타낸다. 에고는 거기에 자신의 "아이디어"를 확립하려고 미친 듯이 달려든다. 그러지 않으면 그 빈 공간이 자신의 비실재성을 입증하는 데 사용될까 봐 두렵기 때문이다. 오로지 이 점에서만, 에고는 옳다.

³ 따라서 의미 없음을 인식하고 두려움 없이 받아들이는 법을 배우는 것은 아주 중요하다. 네가 만약 두려워한다면, 세상이 갖지 않은 속성을 세상에 부여하고, 존재하지 않는 이미지들로 세상을 가득 채울 것이 분명하다. 환상은 에고에게 안전장치며, 만약 너 자신을 에고와 동일시 한다면, 네게도 역시 그러할 것이다.

⁴ 매번 약 1분을 넘지 않는 시간 동안 총 3, 4회 실시해야 하는 오늘의 연습은 이전과는 약간 다른 방식으로 진행될 것이다. 눈을 감고 오늘의 아이디어를 속으로 따라 말하라. 그런 다음 눈을 뜨고 주위를 천천히 둘러보면서 다음과 같이 말하라:

⁵ 나는 의미 없는 세상을 바라보고 있다.

⁶ 주위를 둘러보면서 이 말을 반복하라. 그런 다음 눈을 감고 다음과 같이 마무리하라:

⁷ 의미 없는 세상이 두려움을 일으키는 이유는,
내가 하느님과 경쟁하고 있다고 생각하기 때문이다.

⁸ 이렇게 마무리하는 말에 이런저런 형식으로 저항이 올라오는 것을 피하기 어려울 수도 있다. 이런 저항이 어떤 형식을 취하든, 실제로 너는 "적"의 "복수" 때문에 이런 생각을 두려워하는 것임을 상기하라. 이 시점에서 네가 이 말을 믿을 것이라고 기대하지는 않는다. 아마도 너는 이 말을 터무니없는 것으로 일축하려 들 것이다. 하지만 이 말이 일으킬 수도 있는 명시적이거나 감춰진 두려움의 어떤 징후라도 주의 깊게 알아차려라. 이것은 네가 인식한 적이 거의 없는 종류의 명백한 인과관계를 처음으로 밝히려는 시도다. 마무리하는 말을 곱씹지 말고, 연습 시간 외에는 그 말에 대해 생각하려 하지도 말라. 지금으로서는 그것으로 충분하다.

14과

하느님은 의미 없는 세상을 창조하지 않으셨다.

¹ 오늘의 아이디어야말로 의미 없는 세상이 불가능한 까닭이다. 하느님이 창조하지 않으신 것은 존재하지 않는다. 존재하는 모든 것은 하느님이 창조하신 그대로 존재한다. 네가 보는 세상은 실재와 아무런 관련도 없다. 그것은 네가 지어낸 것으로서, 존재하지 않는다.

² 오늘은 계속 눈을 감고 연습할 것이다. 마음을 살피는 시간은 1분 이내로 짧게 한다. 연습이 편안하게 느껴지지 않는 한 오늘의 아이디어를 가지고 하는 연습은 총 3회를 넘기지 말라. 이 연습이 편안하게 느껴진다면, 그것은 네가 이 연습의 목적을 정말로 이해했기 때문일 것이다.

³ 오늘의 아이디어는 네가 세상 위에 새겨놓은 생각들을 내려놓고, 그 자리에서 하느님의 말씀을 보는 법을 배우는 과정에서 한 단계 더 나아가는 것이다. 이러한 교환은 정녕 구원이라고 부를 수 있지만, 그 초기 단계들은 아주 힘들고 심지어 고통스러울 수도 있다. 그중 어떤 단계는 너를 곧장 두려움으로 몰아갈 것이다. 그러나 너는 두려움 안에 남겨지지 않을 것이다. 너는 두려움 저 너머로 갈 것이다. 우리는 완벽한 안전과 평화를 향해 나아가고 있다.

⁴ 눈을 감고 마음을 스쳐 지나가는 세상의 그 모든 참사에 대해 생각해 보라. 참사가 하나씩 마음에 떠오를 때마다 이름을 붙인 후, 그것의 실재성을 부정하라. 하느님은 그러한 참사를 창조하지 않으셨다. 따라서 그것은 실제가 아니다. 예를 들어 다음과 같이 말하라:

> ⁵ 하느님은 저 전쟁을 창조하지 않으셨다. 따라서 그것은 실제가 아니다.
> 하느님은 저 비행기 추락 사고를 창조하지 않으셨다. 따라서 그것은 실제가 아니다.
> 하느님은 저 [구체적인] 재앙을 창조하지 않으셨다. 따라서 그것은 실제가 아니다.

⁶ 오늘의 아이디어를 적용할 수 있는 적절한 대상에는, 너 자신이나 네가 걱정하는 사람에게 일어날까 봐 두려워하는 일도 포함된다. 각각의 경우에 "재앙"의 이름을 아주 구체적으로 붙여라. 일반적인 용어는 사용하지 말라. 예를 들어 "하느님은 병을 창조하지 않으셨다."라고 말하지 말고, "하느님은 암(혹은 심장병, 혹은 네가 두려워하는 것이면 무엇이든)을 창조하지 않으셨다."라고 말하라.

⁷ 이것은 네가 보고 있는 참사들에 대한 개인적인 목록이다. 이러한 것들은 네가 보는 세상의 일부다. 그중 일부는 공유되는 환상이고, 다른 것들은 너의 개인적인 지옥의 일부다. 그것은 중요하지 않다. 하느님이 창조하지 않으신 것은 하느님의 마음과 떨어져 있는 너 자신의 마음 안에만 있을 수 있다. 따라서 그것은 아무런 의미도 없다. 이런 사실을 인식하면서 다음과 같이 오늘의 아이디어를 따라 말하고 연습을 마쳐라:

⁸ 하느님은 의미 없는 세상을 창조하지 않으셨다.

⁹ 물론, 연습 시간 외에도 하루를 지내면서 너를 불안하게 만드는 것이면 무엇에든 이 아이디어를 적용할 수 있다. 아이디어를 적용할 때는 아주 구체적으로 하라. 그럴 때 다음과 같이 말하라:

¹⁰ 하느님은 의미 없는 세상을 창조하지 않으셨다.
하느님은 [너를 불안하게 만드는 구체적인 상황]을 창조하지 않으셨다.
따라서 그것은 실제가 아니다.

15과

내 생각은 내가 만든 이미지다.

¹ 네가 생각한다고 생각하는 생각들은 이미지들로 나타나기 때문에, 너는 그것들을 무로 인식하지 않는다. 너는 네가 그것들을 생각한다고 생각하며, 따라서 그것들을 본다고 생각한다. 바로 이런 식으로 너의 "봄seeing"이 만들어졌다. 이것이 바로 네가 너의 몸의 눈에 부여한 기능이다. 그것은 보는 것이 아니다. 그것은 이미지를 만드는 것이다. 그것이 봄을 대신하면서, 비전을 환상으로 대체한다.

² 네가 봄이라고 부르는, 이미지를 만드는 과정을 소개하는 이런 아이디어에 너는 큰 의미를 두지 않을 것이다. 네가 지금 보는 것과 같은 익숙한 사물 주위에서 작은 빛줄기를 보았을 때, 너는 이 아이디어를 이해하기 시작할 것이다. 이것은 진정한 비전의 시작이다. 이런 일이 일어났을 때, 너는 진정한 비전이 곧 찾아올 것임을 확신해도 좋다.

³ 연습을 계속 진행해 나아가면서 너는 "빛을 보는 사건"을 여러 번 경험할 수도 있다. 그것들은 여러 다양한 형식을 띨 수 있고, 그중 어떤 것은 아주 예기치 못한 것일 수도 있다. 그런 일들이 일어나더라도 두려워하지 말라. 그것들은 네가 마침내 눈을 떠가고 있다는 신호다. 그러한 일들은 계속되지 않을 것이다. 그것들은 단지 진정한 지각을 상징할 뿐, 앎과는 관계가 없기 때문이다. 이 연습은 너에게 앎을 드러내 보여주지는 않지만, 앎으로 가는 길을 닦을 것이다.

⁴ 연습할 때는 먼저 오늘의 아이디어를 따라 말한 후, 주위에서 보는 어떤 대상에든 그것을 적용하라. 그럴 때 대상의 이름을 사용하여 다음과 같이 말하면서 대상에 시선이 머물게 하라:

⁵ 이 _____는 내가 만든 이미지다.
저 _____는 내가 만든 이미지다.

⁶ 오늘의 아이디어를 다수의 구체적인 대상에 적용할 필요는 없다. 하지만 아이디어를 따라 말하는 동안 각 대상을 계속해서 바라볼 필요는 있다. 각 대상을 바라볼 때마

다 아이디어를 아주 천천히 따라 말해야 한다.

7   권장되는 1분여의 시간 동안 오늘의 아이디어를 아주 많은 대상에 적용할 수는 없겠지만, 대상을 선정할 때는 가능한 한 무작위적으로 하려고 하라. 불안한 느낌이 들면 연습을 1분보다 짧게 해도 좋다. 충분히 편안함을 느끼지 않는 한, 오늘 연습은 3회 이상 실시하지 말라. 그리고 4회를 넘기지는 말라.

16과

나에게 중립적인 생각이란 없다.

¹ 오늘의 아이디어는 너의 생각이 아무런 결과도 낳지 않는다는 믿음을 물리치는 과정에서 첫 번째 단계다. 네가 보는 모든 것은 네 생각의 결과다. 이 사실에 예외는 없다. 생각은 크거나 작지 않으며, 강하거나 약하지도 않다. 생각은 단지 참이거나 거짓일 뿐이다. 참인 생각은 자신을 닮은 것을 창조한다. 거짓인 생각은 자신을 닮은 것을 만든다.

² "헛된 생각"이라는 개념보다 더 자기 모순적인 개념은 없다. 온 세상을 지각하게 만든 생각을 결코 헛되다고 말할 수는 없다. 네가 하는 모든 생각은 진리에 기여하거나 환상에 기여하며, 진리를 확장하거나 환상을 부풀린다. 너는 과연 무를 몇 곱절 부풀릴 수 있겠지만, 그럼으로써 무를 확장할 수는 없다.

³ 구원은 네가 하는 모든 생각이 결코 헛되지 않을 뿐만 아니라, 평화나 전쟁, 사랑이나 두려움을 불러온다는 것을 인식할 것을 요구한다. 중립적인 생각이란 불가능하며, 따라서 중립적인 결과도 불가능하다. 두려운 생각들을 중요하지 않고, 사소하고, 고민할 가치가 없는 것으로 여겨 일축하고 싶은 유혹이 굉장히 크다. 따라서 모든 두려운 생각들을, 똑같이 파괴적이지만 똑같이 실제가 아닌 것으로 인식하는 것이 아주 중요하다. 네가 이 점을 정말로 이해할 때까지, 우리는 이 아이디어를 여러 형식으로 연습할 것이다.

⁴ 오늘의 아이디어를 적용할 때는, 눈을 감고 약 1분 정도 마음을 탐색하라. 이런 탐색을 교묘히 벗어나려는 어떤 "사소한" 생각도 간과하지 않도록 마음을 적극적으로 뒤져라. 이것은 네가 마음 탐색에 익숙해지기 전까지는 상당히 어려울 것이다. 너는 인위적인 구분을 하지 않기가 여전히 힘들다는 것을 깨달을 것이다. 마음에 떠오르는 모든 생각은 네가 부여하는 속성과 상관없이 오늘의 아이디어를 적용하기에 적절한 대상이다.

⁵ 연습 시간에는 먼저 오늘의 아이디어를 따라 말한 후, 생각이 하나씩 마음에 떠오를 때마다 알아차리면서 다음과 같이 말하라:

⁶ _____에 대한 이 생각은 중립적인 생각이 아니다.
_____에 대한 저 생각은 중립적인 생각이 아니다.

⁷ 늘 그랬듯이, 불편함을 일으키는 특정한 생각을 알아차릴 때마다 오늘의 아이디어를 사용하라. 이러한 목적을 위해서는, 다음과 같은 형식을 권한다:

⁸ _____에 대한 이 생각은 중립적인 생각이 아니다.
나에게 중립적인 생각이란 없기 때문이다.

⁹ 그리 힘들게 느껴지지 않는다면 4, 5회의 연습 시간을 가질 것을 권한다. 긴장이 느껴진다면, 3회로 충분할 것이다. 마음에 불편함이 느껴진다면 한 번에 연습하는 시간도 줄여야 한다.

17과

나는 중립적인 것은 아무것도 보지 않는다.

1 오늘의 아이디어는 실제로 작동하는 대로의 원인과 결과를 확인하는 방향으로 한 걸음 더 나아가는 것이다. 네가 중립적인 것은 아무것도 보지 않는 이유는, 너에게는 중립적인 생각이 전혀 없기 때문이다. 반대로 믿고 싶은 유혹에도 불구하고, 먼저 오는 것은 언제나 생각이다. 이것은 세상이 생각하는 방식은 아니다. 하지만 너는 이것이 네가 생각하는 방식임을 배워야 한다. 그렇지 않다면 지각에는 원인이 없을 것이며, 지각 자체가 실재의 원인이 될 것이다. 지각의 변화무쌍한 특성을 고려했을 때, 그럴 리가 없다.

2 오늘의 아이디어를 적용할 때는 눈을 뜬 채로 다음과 같이 말하라:

3 나는 중립적인 것은 아무것도 보지 않는다.
나에게 중립적인 생각이란 없기 때문이다.

4 그런 다음 주위를 둘러보다가, 눈에 띄는 각 대상에 눈길을 머물게 하면서 다음과 같이 말하라:

5 나는 중립적인 _____을 보지 않는다.
_____에 대한 내 생각은 중립적이지 않기 때문이다.

6 예를 들어 다음과 같이 말할 수 있다:

7 나는 중립적인 벽을 보지 않는다.
벽에 대한 내 생각은 중립적이지 않기 때문이다.
나는 중립적인 몸을 보지 않는다.
몸에 대한 내 생각은 중립적이지 않기 때문이다.

⁸ 여느 때처럼 네가 생물이라고 믿는 대상과 무생물이라고 믿는 대상, 유쾌하다고 믿는 대상과 불쾌하다고 믿는 대상을 구분하지 않는 것이 아주 중요하다. 네가 무엇을 믿든, 너는 정말로 살아있고 정말로 기쁨을 주는 것은 아무것도 보지 않는다. 너는 아직 정말로 참인 생각, 따라서 정말로 행복한 생각은 아무것도 알아차리지 못하기 때문이다.

⁹ 구체적인 연습 시간을 3, 4회 가질 것을 권하며, 혜택을 극대화하려면 저항을 느끼더라도 3회보다 적게 하지는 말라. 매번 약 1분간 연습할 것을 권하지만, 저항을 느낀다면 1분 미만으로 줄일 수도 있다.

18과

내 봄seeing의 결과를 경험하는 것은 나 혼자만이 아니다.

¹ 오늘의 아이디어는 네가 보는 것을 일으키는 생각은 결코 중립적이지도 않고 사소하지도 않음을 배우는 과정에서 한 걸음 더 나아가는 것이다. 그것은 또한 마음들이 결합되어 있다는 아이디어를 강조한다. 그리고 이 점은 나중에 점점 더 강조될 것이다.

² 오늘의 아이디어는 네가 보는 대상 자체보다는 그것을 보는 방법과 관련이 있다. 따라서 오늘의 연습은 너의 지각의 이러한 측면을 강조할 것이다. 연습 시간은 총 3, 4회 가질 것을 권하며, 매번 다음과 같이 연습하라:

³ 오늘의 아이디어를 적용할 대상을 무작위로 선정하되, 각 대상을 계속 바라보면서 다음과 같이 말하라:

⁴ 내가 _____을 보는 방법의 결과를 경험하는 것은 나 혼자만이 아니다.

⁵ 다음과 같이 보다 일반적인 진술을 따라 말하면서 연습을 마쳐라:

⁶ 내 봄seeing의 결과를 경험하는 것은 나 혼자만이 아니다.

⁷ 연습은 약 1분 정도 하거나, 그보다 짧게 해도 충분하다.

19과

내 생각의 결과를 경험하는 것은 나 혼자만이 아니다.

1 오늘의 아이디어는 분명 너의 봄이 너 혼자에게만 영향을 주지 않는 이유다. 너는 때로는 생각과 관련된 아이디어가 지각과 관련된 아이디어보다 먼저 오고, 때로는 그 순서가 반대임을 알아차릴 것이다. 왜냐하면, 그 순서는 실제로 중요하지 않기 때문이다. 생각과 생각의 결과는 실제로 동시에 일어난다. 원인과 결과는 결코 분리되어 있지 않기 때문이다.

2 우리는 오늘, 마음들이 결합되어 있다는 사실을 다시 한번 강조한다. 이 아이디어를 처음부터 전적으로 환영하는 경우는 드물다. 이 아이디어는 엄청난 책임감을 동반하는 듯이 보이고, 심지어 "사생활 침해"라고 여길 수도 있기 때문이다. 하지만 사적인 생각이란 전혀 없다는 것은 단지 하나의 사실에 불과하다. 처음에 너는 이 아이디어에 저항하겠지만, 만약 구원이 가능하다면 이 아이디어가 참일 수밖에 없음을 곧 이해할 것이다. 그리고 구원은 가능할 수밖에 없다. 그것은 하느님의 뜻이기 때문이다.

3 오늘의 연습이 요구하는 약 1분 정도의 마음 탐색은 눈을 감고 해야 한다. 먼저 오늘의 아이디어를 따라 말한 후, 그 당시 마음 안에 있는 생각들을 주의 깊게 찾아내라. 각각의 생각에 주의를 기울이면서 그 안의 중심인물이나 주제를 사용해 이름을 붙여라. 그리고는 각 생각을 마음에 간직하고서 다음과 같이 말하라:

4 ＿＿＿에 대한 이 생각의 결과를 경험하는 것은 나 혼자만이 아니다.

5 지금쯤이면 연습할 대상을 되도록 차별 없이 선정해야 한다는 요구사항에 꽤 익숙할 것이다. 따라서 앞으로는 그것을 이따금 일깨워 주기는 하겠지만, 매일 되풀이하지는 않을 것이다. 하지만 모든 연습에서 대상을 무작위로 선정하는 것이 시종일관 매우 중요하다는 점을 잊지 말라. 이렇게 대상을 순서 없이 선정하는 것은 결국 기적에 어려움의 순서가 없다는 인식을 너에게 의미 있게 만들어줄 것이다.

6 "필요할 때마다" 오늘의 아이디어를 적용하되, 그와는 별도로 적어도 3회의 연습 시간을 가져야 한다. 필요하다면 1분보다 짧게 연습해도 된다. 하지만 연습을 총 4회

보다 더 시도하지는 말라.

20과

나는 보기로 결심했다.

¹ 우리는 이제까지 연습 시간에 관해 상당히 격식이 없었다. 사실상 연습 시간을 정해주려고 하지 않았으며, 최소한의 노력만을 요구했고, 심지어 적극적인 협력과 관심을 요청하지도 않았다. 이런 격식 없는 접근법은 의도적이었으며, 아주 세심하게 계획된 것이었다. 우리는 너의 사고방식을 뒤집는 것의 결정적인 중요성을 잊지 않았다. 세상의 구원이 이것에 달려있다. 하지만 네가 강요받는다고 느껴서 분노와 저항에 굴복한다면, 너는 볼 수 없을 것이다.

² 오늘 레슨에서 우리는 처음으로 구조를 도입할 것이다. 이것을 힘이나 압력을 행사하려는 시도로 오해하지 말라. 너는 구원을 원한다. 너는 행복해지기를 원한다. 너는 평화를 원한다. 네가 지금 그것들을 갖지 못한 이유는, 너의 마음이 전혀 훈련되지 않아서 기쁨과 슬픔, 즐거움과 고통, 사랑과 두려움을 구별할 수 없기 때문이다. 너는 지금 그것들을 구별하는 법을 배우고 있다. 그리고 너의 보상은 정녕 클 것이다.

³ 보겠다는 너의 결정이야말로 비전이 요구하는 모든 것이다. 네가 원하는 것은 너의 것이 된다. 너에게 적은 노력을 요구한다고 해서 우리 목표의 가치가 적을 것이라고 잘못 생각하지 말라. 세상의 구원이 과연 사소한 목적일 수 있겠는가? 그리고 네가 구원되지 않았는데 세상이 과연 구원될 수 있겠는가? 하느님께는 한 아들만 있으며, 그 아들은 부활이요 생명이다. 천국과 땅의 모든 권능이 그에게 주어져 있기 때문에, 그의 뜻은 이루어진다. 네가 반드시 보겠다고 결심함으로써, 비전이 너에게 주어진다.

⁴ 오늘의 연습은 너희가 보기를 원한다는 것을 온종일 상기하는 것으로 구성되어 있다. 오늘의 아이디어는 또한 네가 지금 보고 있지 않다는 것을 인식하고 있음을 암시한다. 그러므로 오늘의 아이디어를 따라 말할 때 너는 현재의 상태를 더 나은 상태로, 그리고 네가 정말로 원하는 상태로 바꾸겠다고 결심했음을 밝히는 것이다.

⁵ 오늘의 아이디어를 한 시간에 적어도 두 번, 확신을 가지고 천천히 따라 말하라. 매 30분마다 그렇게 하려고 노력하라. 그러는 것을 잊었더라도 괴로워하지 말고, 기억하기 위해 진심으로 노력하라. 여기에 더하여, 너를 속상하게 하는 어떤 상황이나 사람, 혹은 사건에도 오늘의 아이디어를 따라 말함으로써 적용해야 한다. 너는 그것들을 다

르게 볼 수 있으며, 반드시 다르게 볼 것이다. 너는 네가 열망하는 것을 보게 될 것이다. 이것이 바로 세상에서 작동하는 대로의 진정한 인과 법칙이다.

21과

나는 다르게 보기로 결심했다.

¹ 오늘의 아이디어는 분명 어제의 아이디어를 이어받아 확장하는 것이다. 하지만 이번에는 특정한 상황이 일어날 때 이 아이디어를 적용하는 것 외에도, 구체적으로 마음을 살피는 시간이 필요하다. 매번 1분을 다 사용하여 총 5회 연습할 것을 적극적으로 권한다.

² 오늘의 아이디어를 따라 말하면서 연습을 시작하라. 그런 다음 눈을 감고 마음을 주의 깊게 살펴서, 너에게 분노를 일으키는 과거나 현재나 미래의 상황을 찾아내라. 분노는 가벼운 짜증에서 격노까지 다양한 반응의 형식을 띨 수 있다. 네가 느끼는 감정의 강도는 중요하지 않다. 너는 아주 약한 성가신 느낌도 맹렬한 격분을 가리는 베일에 지나지 않음을 점점 더 알아차리게 될 것이다.

³ 따라서 연습을 할 때 "사소한" 분노의 생각도 놓치지 않도록 하라. 너는 무엇이 너에게 분노를 일으키는지 실제로 인식하지 못하며, 이와 관련하여 네가 믿는 것은 아무런 의미도 없음을 기억하라. 너는 아마도 어떤 상황은 더 "분명하다."라는 그릇된 이유로 다른 상황보다 더 오래 머물려는 유혹을 느낄 것이다. 이것은 그렇지 않다. 그것은 단지 공격의 특정한 형식은 다른 형식들보다 더 정당하다는 믿음을 보여주는 사례에 불과하다.

⁴ 마음을 살펴서 공격 생각이 드러나는 모든 형식을 찾아내는 동안, 각 형식을 염두에 두고 다음과 같이 말하라:

> ⁵ 나는 _____[사람의 이름]을 다르게 보기로 결심했다.
> 나는 _____[구체적인 상황]을 다르게 보기로 결심했다.

⁶ 가능한 한 구체적으로 연습하라. 예를 들어 너는 너의 분노가 특정한 사람의 특정한 특성에만 국한된다고 믿으면서, 그 측면에만 집중적으로 분노할 수도 있다. 그 사람에 대한 너의 지각이 이런 형식으로 왜곡되었다면, 다음과 같이 말하라:

7 나는 _____[사람의 이름]의 _____[구체적인 특성]을 다르게
보기로 결심했다.

22과

내가 보는 것은 복수의 한 형식이다.

¹ 오늘의 아이디어는 마음에 공격 생각을 품은 사람이 세상을 바라볼 수밖에 없는 방법을 정확히 묘사한다. 그는 자신의 분노를 세상에 투사하였기에, 복수가 곧 자신에게 들이닥칠 것이라고 본다. 그 자신의 공격은 이렇게 하여 정당방위로 지각된다. 그가 기꺼이 자신의 보는 방법을 바꿀 용의를 낼 때까지, 이것은 점점 더 심한 악순환이 된다. 바꿀 용의를 내지 않는다면, 공격과 반격 생각이 그를 사로잡고 그의 세상을 가득 채울 것이다. 그렇다면 과연 그에게 어떤 마음의 평화가 가능하겠는가?

² 너는 바로 이런 잔인한 판타지에서 벗어나기를 원한다. 그것이 실제가 아니라니, 기쁜 소식이 아닌가? 네가 벗어날 수 있음을 발견하다니, 행복하지 않은가? 네가 파괴하려는 것, 즉 네가 증오하여 공격하고 죽이려는 모든 것은 네가 만들었다. 네가 두려워하는 그 모든 것은 존재하지 않는다.

³ 오늘은 연습을 적어도 5회는 실시하라. 매번 적어도 1분 동안 네 주위의 세상을 살펴보라. 눈을 한 사물에서 다른 사물로, 한 몸에서 다른 몸으로 천천히 옮기면서 다음과 같이 말하라:

> ⁴ 나는 오로지 소멸할 것만 본다.
> 나는 지속할 것은 아무것도 보지 않는다.
> 내가 보는 것은 실제가 아니다.
> 내가 보는 것은 복수의 한 형식이다.

⁵ 연습을 마칠 때마다 다음과 같이 자문하라:

> ⁶ 이것이 정녕 내가 보기를 원하는 세상인가?

⁷ 그 대답은 아주 명백하다.

23과

나는 공격 생각을 포기함으로써 내가 보는 세상에서 벗어날 수 있다.

1 오늘의 아이디어에는 두려움에서 유일하게 성공적으로 벗어날 방법이 들어있다. 다른 어떤 방법도 효과가 없을 것이며, 다른 모든 방법은 무의미하다. 하지만 이 방법은 실패할 수 없다. 네가 하는 각각의 생각은 네가 보는 세상의 일정 부분을 이룬다. 따라서 세상에 대한 너의 지각을 바꾸려면, 우리는 너의 생각을 가지고 작업해야 한다.

2 네가 보는 세상의 원인이 공격 생각이라면, 이 생각이야말로 네가 원하지 않는 것임을 배워야 한다. 세상을 한탄해 봤자 아무 의미도 없다. 세상을 바꾸려고 애써 봤자 아무 의미도 없다. 세상은 바뀔 능력이 없다. 세상은 단지 어떤 결과에 불과하기 때문이다. 하지만 세상에 대한 너의 생각을 바꾸는 것은 과연 의미가 있다. 그럴 때 너는 세상의 원인을 바꾸는 것이며, 그 결과는 자동적으로 바뀔 것이다.

3 네가 보는 세상은 복수심에 불타는 세상이며, 그 안에 있는 모든 것은 복수의 상징이다. 네가 "외부의 현실"이라고 지각하는 것은 전부 너의 공격 생각이 그림으로 나타난 것이다. 이것을 과연 보는 것이라고 부를 수 있는지 물을 만하다. 이러한 과정에는 판타지라는 말이 더 잘 어울리지 않는가? 그리고 그 결과에는 환각이라는 용어가 더 적절하지 않은가?

4 너는 네가 만든 세상을 보면서도 너 자신을 그 이미지를 만든 자로 보지는 않는다. 너는 그 세상으로부터 구원될 수는 없지만, 그 세상의 원인으로부터는 벗어날 수 있다. 이것이 바로 구원이 의미하는 바다. 그 원인이 사라졌을 때, 네가 보는 세상이 과연 어디에 있겠는가? 비전에는 지금 네가 본다고 생각하는 모든 것에 대한 대체물이 이미 들어있다. 너의 이미지들은 비록 증오로 만들어졌지만, 사랑스러움은 그것들을 비춰서 변형할 수 있으며, 따라서 너는 그것들을 사랑하게 될 것이다. 너는 이제 이미지들을 홀로 만들지 않을 것이기 때문이다.

5 오늘의 아이디어는, 너는 네가 보는 세상에 갇혀있지 않다는 생각을 소개한다. 세상의 원인은 바뀔 수 있기 때문이다. 이런 변화는 먼저 그 원인을 확인하고, 이어서 그것을 내려놓을 것을 요구한다. 그럼으로써 그 원인은 대체될 수 있다. 이 과정의 첫 두 단계는 너의 협력이 필요하고, 마지막 단계는 필요 없다. 너의 이미지들은 이미 대

체되었다. 첫 두 단계를 취함으로써, 너는 그것이 그러함을 볼 것이다.

6 오늘 하루를 보내면서 필요할 때마다 이 아이디어를 사용하라. 이와는 별도로 오늘의 아이디어를 적용하는 총 5회의 연습 시간이 필요하다. 주위를 둘러보면서 이 아이디어를 천천히 따라 말한 다음, 눈을 감고 1분 정도 마음을 살피면서 공격 생각을 되도록 많이 찾아내라. 공격 생각이 하나씩 마음에 떠오를 때마다 다음과 같이 말하라:

> 7 나는 _____에 대한 공격 생각을 포기함으로써 내가 보는 세상에서 벗어날 수 있다.

8 공격 생각을 하나씩 염두에 두고서 이 말을 한 다음, 그 생각을 놓아주고 다음 생각으로 넘어가라.

9 연습할 때는, 네가 공격하는 생각과 공격받는 생각 둘 다를 반드시 포함하라. 그 둘은 정확히 똑같은 생각이므로, 그 결과도 정확히 똑같다. 너는 아직 이 점을 인식하지 못하며, 이 시점에는 단지 오늘 연습할 때만 그것들을 같은 것으로 취급하면 된다. 우리는 아직 네가 보는 세상의 원인을 확인하는 단계에 있다. 공격하는 생각과 공격받는 생각이 다르지 않음을 마침내 깨달을 때, 너는 그 원인을 놓아버릴 준비가 될 것이다.

24과

나는 나 자신의 최선의 이익을 지각하지 못한다.

¹ 너는 네가 처한 상황에서 어떤 결과가 너를 행복하게 해줄지 전혀 모른다. 따라서 너에게는 적절한 행동 지침도 없고, 결과를 판단할 방법도 없다. 너의 행동은 상황에 대한 너의 지각이 결정하지만, 그 지각은 틀렸다. 그렇다면 너는 당연히 너 자신의 최선의 이익을 꾀할 수 없을 것이다. 하지만 바르게 지각된 모든 상황에서, 너의 최선의 이익은 유일한 목표다. 그렇지 않다면, 너는 너의 최선의 이익이 무엇인지 인식하지 못할 것이다.

² 네가 만약 너 자신의 최선의 이익을 지각할 수 없음을 깨닫는다면, 너는 그것이 무엇인지 배울 수 있다. 그러나 너의 최선의 이익이 무엇인지 안다고 확신한다면, 너는 배울 수 없다. 오늘의 아이디어는 배움이 시작될 수 있도록 너의 마음을 열기 위한 방향으로 한 걸음 나아가는 것이다.

³ 오늘의 연습은 평상시보다 훨씬 더 큰 정직성을 요구한다. 오늘은 총 5회의 연습이 필요하며, 연습할 때마다 많은 대상을 대충 검토하는 것보다는 적은 대상을 정직하고 주의 깊게 숙고하는 것이 더 도움이 될 것이다. 각 연습에 필요한 마음 탐색 시간은 2분을 권한다.

⁴ 오늘의 아이디어를 말하면서 연습을 시작하라. 이어서 눈을 감고 마음에서 현재 걱정하고 있는 해결되지 않은 상황들을 찾아내라. 그러면서 네가 원하는 결과를 드러내는 데 역점을 두어라. 너는 곧 네가 바라는 결과의 일부로서 몇 가지 목표를 마음에 지니고 있으며, 그 목표들은 서로 다른 수준에 있으면서 종종 서로 상충한다는 점을 깨달을 것이다.

⁵ 마음에 떠오르는 각 상황에 이름을 붙이고, 그 상황을 해결하여 이루고 싶은 목표를 되도록 많이 주의 깊게 열거하라. 대체로 다음과 같은 형식으로 적용하면 된다:

⁶ _____과 관련된 이 상황에서, 나는 _____이 일어나기를 바라고,
_____이 일어나기를 바라고, 등등.

⁷ 그중 몇 가지 목표는 그 상황과 직접적인 관련이 없거나 심지어 그 상황에 전혀 내재하지 않는 듯이 보일지라도, 실제로 마음에 떠오르는 다양한 결과를 포함하려고 노력하라.

⁸ 이 연습을 제대로 한다면, 네가 그 상황과 전혀 관계없는 많은 요구를 하고 있음을 곧 인식할 것이다. 그리고 너의 목표 중에 많은 것이 서로 모순되며, 네가 통합된 결과를 염두에 두고 있지도 않고, 그 상황이 어떻게 되든 몇몇 목표와 관련해서는 실망할 수밖에 없다는 점을 인식할 것이다.

⁹ 마음에 떠오르는 해결되지 않은 상황에서 네가 바라는 목표를 되도록 많이 열거한 후, 다음과 같이 말하라:

¹⁰ 나는 이 상황에서 나 자신의 최선의 이익을 지각하지 못한다.

¹¹ 그리고 다음 상황으로 넘어가라.

25과

나는 어떤 것이 무엇을 위해 존재하는지 알지 못한다.

¹ 목적은 곧 의미다. 오늘의 아이디어는 네가 보는 것이 왜 아무것도 의미하지 않는지 그 이유를 설명해 준다. 너는 네가 보는 것이 무엇을 위해 존재하는지 알지 못한다. 따라서 그것은 너에게 의미가 없다. 모든 것은 너의 최선의 이익을 위해 존재한다. 이것이 바로 모든 것이 존재하는 이유고, 모든 것의 목적이며, 모든 것의 의미다. 이것을 인식할 때, 너의 목표들은 통합된다. 이것을 인식할 때, 네가 보는 것에 의미가 부여된다.

² 너는 세상과 그 안의 모든 것이 에고의 목표라는 면에서 의미가 있다고 지각한다. 이 목표는 너의 최선의 이익과는 아무런 관계도 없다. 에고는 네가 아니기 때문이다. 이러한 거짓된 동일시는 너로 하여금 어떤 것이 무엇을 위해 존재하는지 이해할 수 없게 만든다. 그 결과, 너는 그것을 오용할 수밖에 없다. 네가 이것을 믿는다면, 네가 세상에 부여한 목표를 강화하려고 하는 대신에 거둬들이려고 할 것이다.

³ 네가 지금 가치 있다고 지각하는 목표들을 묘사하는 또 다른 방법은, 그것들이 모두 "개인적인" 이익과 관련이 있다고 말하는 것이다. 너에게는 그 어떤 개인적인 이익도 없으므로, 너의 목표들은 실제로 그 무엇과도 관련이 없는 것이다. 그러므로 네가 그 목표들을 소중히 여긴다면, 너에게는 목표가 전혀 없는 것이다. 따라서 너는 어떤 것이 무엇을 위해 존재하는지 알지 못한다.

⁴ 오늘의 연습을 이해하려면, 너에게는 한 가지 생각이 더 필요하다. 너는 물론 가장 피상적인 수준에서는 목적을 인식한다. 하지만 이 수준에서는 목적을 이해할 수 없다. 예를 들어 전화기는 물리적으로 바로 옆에 없는 누군가와 이야기한다는 목적을 위해 존재한다는 것을 너는 당연히 이해한다. 네가 이해하지 못하는 것은, 네가 무엇을 위해 그와 연락하기를 원하는지다. 바로 이것이야말로 네가 그와 연락하는 것을 의미 있거나 의미 없게 만들어주는 것이다.

⁵ 네가 모든 것을 위해 세워둔 목표들을 기꺼이 포기하려는 용의를 내는 것은 너의 배움에 있어서 아주 중요하다. 그 목표들은 "좋지도" "나쁘지도" 않으며, 단지 의미가 없음을 인식하는 것이 그것들을 포기하려는 용의를 내기 위한 유일한 방법이다. 오늘

의 아이디어는 그 방향으로 한 걸음 나아간다.

⁶ 오늘은 매번 2분씩, 총 6회의 연습이 필요하다. 오늘의 아이디어를 천천히 한 번 따라 말하면서 연습을 시작하고, 이어서 주위를 둘러보며 가까이 있든 멀리 있든, "중요한" 것이든 "중요하지 않은" 것이든, "사람"이든 "사람이 아니든" 상관없이, 눈에 띄는 것이면 무엇에든 시선이 머물게 하라. 그렇게 선택한 각 대상을 계속 바라보면서, 예를 들어 다음과 같이 말하라:

> ⁷ 나는 이 의자가 무엇을 위해 존재하는지 알지 못한다.
> 나는 이 연필이 무엇을 위해 존재하는지 알지 못한다.
> 나는 이 손이 무엇을 위해 존재하는지 알지 못한다.

⁸ 한 대상을 보면서 이 말을 마칠 때까지 눈을 다른 데로 돌리지 말고, 아주 천천히 말하라. 그리고는 다음 대상으로 옮겨가서 오늘의 아이디어를 방금 했던 것처럼 적용하라.

26과

나의 공격 생각이 나의 상처받을 수 없음을 공격한다.

¹ 네가 공격받을 수 있다면, 너는 상처받을 수 있다는 것이 아주 명백하다. 너는 공격을 실재적인 위협으로 본다. 그 이유는, 네가 실제로 공격할 수 있다고 믿기 때문이다. 너를 통해 영향을 미치는 것은 분명 너에게도 영향을 미칠 것이다. 바로 이 법칙이야말로 너를 궁극적으로 구원할 것이다. 그러나 너는 지금 그것을 오용하고 있다. 따라서 너는 그것을, 너의 최선의 이익에 위배되지 않고 도움이 되도록 사용하는 법을 배워야 한다.

² 너의 공격 생각은 투사될 것이므로, 너는 공격을 두려워할 것이다. 그리고 네가 공격을 두려워한다면, 분명 너 자신이 상처받을 수 있다고 믿는 것이다. 그러므로 공격 생각은 공격 생각이 있는 곳인 너의 마음 안에서 너를 상처받기 쉽게 만든다. 공격 생각과 상처받을 수 없음을 함께 받아들일 수는 없다. 그것들은 서로 모순이다.

³ 오늘의 아이디어는, 너는 항상 너 자신을 공격한다는 생각을 소개한다. 공격 생각이 필연적으로 네가 상처받을 수 있다는 믿음을 일으킨다면, 공격 생각의 결과는 네가 보기에 너 자신이 약해지는 것이다. 따라서 공격 생각은 너 자신에 대한 너의 지각을 공격한 것이다. 그리고 너는 공격 생각을 믿기 때문에, 더 이상 너 자신을 믿을 수 없다. 너 자신에 대한 거짓된 이미지가 너의 정체를 대신하게 되었다.

⁴ 오늘의 아이디어를 가지고 하는 연습은, 상처받기 쉬움이나 상처받을 수 없음은 너 자신의 생각이 낳은 결과임을 이해하도록 도울 것이다. 너 자신의 생각만이, 너를 공격할 수 있다. 너 자신의 생각만이, 네가 상처받기 쉽다고 생각하도록 만들 수 있다. 그리고 너 자신의 생각만이, 이것이 그렇지 않음을 너에게 입증할 수 있다.

⁵ 오늘의 아이디어를 적용하기 위해서는 총 6회의 연습 시간이 필요하다. 연습할 때마다 되도록 2분을 다 채워서 하라. 하지만 불편함이 너무 심하다면 1분으로 줄여도 된다. 더 이상 줄이지는 말라.

⁶ 오늘의 아이디어를 따라 말하는 것으로 연습을 시작하라. 이어서 눈을 감고 네가 그 결과에 대해 걱정하고 있는 해결되지 않은 상황들을 돌아보라. 걱정이 취하는 형식은 우울, 근심, 분노, 부담감, 두려움, 불길한 예감, 혹은 집착 등이 있을 수 있다.

하루 동안 반복해서 생각나는 아직 해결되지 않은 문제는 모두 적당한 연습 대상이다. 오늘은 각 문제에 보통 때보다 더 긴 시간을 써야 하므로, 한 번 연습할 때 아주 많은 문제를 대상으로 사용할 수는 없을 것이다. 다음과 같은 형식으로 오늘의 아이디어를 적용하라:

7 먼저, 다음과 같이 상황에 이름을 붙여라:

8 나는 _____에 대해 걱정하고 있다.

9 그런 다음 그것과 관련하여 마음에 떠오르거나 너를 걱정하게 만든 가능한 결과를 모두 살펴본 후, 각각의 결과를 아주 구체적으로 언급하면서 다음과 같이 말하라:

10 나는 _____이 일어날까 봐 두렵다.

11 연습을 제대로 하고 있다면, 네가 각 상황마다 5~6가지 정도, 어쩌면 그보다 더 많은 고통스러운 결과를 예상하고 있음을 발견할 것이다. 많은 상황을 가볍게 다루기보다는 몇몇 상황을 철저하게 다루는 편이 훨씬 더 도움이 된다.

12 각 상황에서 예상되는 결과들의 목록이 이어지면서, 너는 아마도 그것들 가운데 일부, 특히 나중에 떠오르는 결과들은 받아들이기가 더 어렵다는 것을 느낄 것이다. 그러나 가능한 한 그 모든 결과를 똑같이 취급하려고 하라.

13 네가 두려워하는 각각의 결과를 명명한 다음에, 다음과 같이 말하라:

14 이 생각은 나 자신에 대한 공격이다.

15 오늘의 아이디어를 한 번 더 따라 말하면서 연습 시간을 마쳐라.

다른 무엇보다도 나는 보기를 원한다.

¹ 오늘의 아이디어는 단순한 결심보다는 더 강한 무언가를 표현한다. 그것은 네가 열망하는 것들 가운데 비전을 가장 앞세운다. 너는 오늘의 아이디어를 진심으로 말할 수 있는지 확신하지 못한다는 이유로 그것을 사용하기를 주저할 수도 있다. 그것은 중요하지 않다. 오늘 연습의 목적은 이 아이디어가 전적인 진리가 될 때를 조금 더 앞당기는 것이다.

² 네가 다른 무엇보다도 보기를 원한다고 말할 때, 너에게 어떤 희생이 요구된다고 믿고 싶은 유혹을 강하게 느낄 수도 있다. 이 말에 어떤 유보 조항도 없어서 불안을 느낀다면, 다음과 같이 덧붙여라:

> ³ 비전은 그 누구에게도 대가를 치르게 하지 않는다.

⁴ 상실의 두려움이 여전히 남아있다면, 다음과 같은 말을 또 덧붙여라:

> ⁵ 비전은 축복할 수만 있다.

⁶ 오늘의 아이디어로 최대의 혜택을 얻으려면, 그것을 여러 번 따라 말할 필요가 있다. 아이디어를 최소한 30분마다 사용하고, 가능하면 더 자주 사용해야 한다. 15분이나 20분마다 사용할 수도 있다. 깨어나자마자, 혹은 그 직후에 이 아이디어를 사용할 정확한 시간 간격을 정해놓고, 온종일 그것을 지키려고 노력할 것을 권한다. 그 시간에 다른 사람과 대화 중이거나 혹은 다른 일을 하고 있더라도, 권하는 대로 연습하기가 어렵지는 않을 것이다. 진행 중인 일을 방해하지 않고도 짧은 문장 하나를 속으로 말할 수는 있다.

⁷ 진짜 질문은 이것이다: 너는 얼마나 자주 기억할 것인가? 너는 오늘의 아이디어가 참이기를 얼마나 절실히 원하는가? 둘 중 한 질문에 답한다면, 다른 질문에도 이미 답한 것이다. 너는 아마도 연습 시간을 여러 번 놓칠 것이며, 어쩌면 상당히 많이 놓칠

수도 있다. 그렇더라도 당황하지 말고, 바로 그때부터 계획대로 연습하려고 노력하라. 하루 동안 오늘의 아이디어를 따라 말하면서 단 한 번이라도 완벽하게 진심이었다고 느낀다면, 몇 년의 수고를 덜었다고 확신해도 좋다.

28과

다른 무엇보다도 나는 다르게 보기를 원한다.

¹ 오늘 우리는 어제의 아이디어를 구체적으로 적용한다. 연습 시간 동안 너는 일련의 확고한 다짐을 할 것이다. 네가 미래에 그 다짐을 지킬 것인지 여부는 여기서 우리의 관심사가 아니다. 최소한 지금 그런 다짐을 할 용의가 있다면, 너는 이미 그 다짐을 지키는 길에 나선 것이다. 우리는 여전히 시작 단계에 있다.

² 예를 들어 너는, "다른 무엇보다도 나는 이 탁자를 다르게 보기를 원한다."라고 말하는 것이 왜 중요한지 의아해할 수도 있다. 그 자체로, 탁자는 전혀 중요하지 않다. 하지만 그 자체로 존재하는 것이 과연 무엇이 있는가? 그리고 "그 자체로"란 무엇을 의미하는가? 너는 주위에서 따로 떨어져 있는 많은 대상들을 보는데, 실제로 이것은 네가 전혀 보고 있지 않음을 의미한다. 너는 보거나 보지 않거나 둘 중 하나다. 네가 마침내 한 대상을 다르게 보았을 때, 모든 대상을 다르게 볼 것이다. 그중 어느 한 대상에서 보게 될 빛은 모든 대상에서 보게 될 빛과 똑같은 빛이다.

³ "다른 무엇보다도 나는 이 탁자를 다르게 보기를 원한다."라고 말할 때, 너는 그 탁자에 대해 이미 가진 아이디어들을 거두고, 그것의 정체는 무엇이고 그것은 무엇을 위해 존재하는지에 대해 마음을 열겠다고 다짐하는 것이다. 너는 그 탁자를 과거와 관련지어 정의하지 않는다. 너는 그 탁자에게 그것의 정체가 무엇인지 말해주기보다는, 그 탁자의 정체가 무엇인지 묻고 있는 것이다. 너는 탁자에 대한 너의 부족한 경험에 그 탁자의 의미를 묶어놓지 않으며, 너 개인의 짧은 생각에 그 탁자의 목적을 제한하지도 않는다.

⁴ 너는 이미 정의 내린 것에는 질문하지 않을 것이다. 이 연습의 목적은 질문을 하고, 답을 받는 것이다. "다른 무엇보다도 나는 이 탁자를 다르게 보기를 원한다."라고 말할 때, 너는 보겠다는 다짐을 하는 것이다. 그것은 배타적인 다짐이 아니다. 그것은 다른 모든 대상과 정확하게 똑같이 그 탁자에도 적용되는 다짐이다.

⁵ 네가 만약 그 탁자에서 너의 모든 아이디어를 거둬들여 완전히 열린 마음으로 바라볼 수 있다면, 사실 그 탁자만으로도 비전을 얻을 수 있다. 탁자는 너에게 보여줄 무언가를 갖고 있다. 그것은 아름답고 깨끗하고 무한한 가치가 있으며, 행복과 희망으

로 가득 찬 어떤 것이다. 탁자에 대한 너의 모든 아이디어 아래에는, 탁자가 온 우주와 공유하는 진정한 목적이 감춰져 있다.

⁶ 따라서 오늘의 아이디어를 적용할 대상으로 탁자를 사용하면서, 너는 실제로 우주의 목적을 보여달라고 요청하는 것이다. 너는 연습 시간에 사용하는 각 대상을 향해 이와 똑같은 요청을 하게 될 것이다. 이렇게 너는 그 대상들 위에 너의 판단을 덧씌우는 대신에 그것들의 목적이 너에게 드러나도록 허용하겠다고 다짐하는 것이다.

⁷ 오늘 우리는 매번 2분씩, 총 6회의 연습을 실시할 것이다. 먼저 오늘의 아이디어를 말한 후, 주위를 둘러보면서 눈에 띄는 것이면 무엇에든 오늘의 아이디어를 적용하라. 대상들을 선택할 때는 무작위로 해야 하며, 각 대상에는 똑같이 진지한 태도로 아이디어를 적용해야 한다. 그것은 너의 봄seeing에 기여한다는 면에서 모든 대상이 동등한 가치를 지녔음을 인정하려는 시도다.

⁸ 늘 그랬듯이, 아이디어를 적용할 때는 너의 눈길이 우연히 닿은 대상의 이름을 포함해야 한다. 그 대상을 계속 바라보면서 다음과 같이 말하라:

⁹ 다른 무엇보다도 나는 _____을 다르게 보기를 원한다.

¹⁰ 아이디어를 아주 천천히, 가능한 한 주의 깊게 적용하라. 서두르지 말라.

29과

내가 보는 모든 것에 하느님이 계신다.

¹ 오늘의 아이디어는 네가 왜 어떤 대상에서든 모든 목적을 볼 수 있는지 그 이유를 설명해 준다. 이 아이디어는 모든 것이 왜 그 자체로 분리되어 있지 않은지 그 이유를 설명해 준다. 이 아이디어는 또한 네가 보는 모든 것이 왜 아무것도 의미하지 않는지 그 이유를 설명해 준다. 사실 이 아이디어는 우리가 지금까지 사용해 온 아이디어들은 물론, 앞으로 다룰 모든 아이디어들도 설명해 준다. 오늘의 아이디어가 비전을 위한 전체 토대다.

² 이 시점에서 너는 이 아이디어를 이해하기가 너무 어렵다고 느낄 수도 있다. 너는 이 아이디어가 어리석고 불경하고 무의미하고 우스우며, 심지어 못마땅하다고 느낄 수도 있다. 예를 들어, 네가 보는 대로의 탁자에는 확실히 하느님이 계시지 않는다. 하지만 어제 우리는 탁자 하나가 우주의 목적을 공유한다는 점을 강조했다. 그리고 우주의 목적을 공유하는 것은 곧 우주를 창조하신 분의 목적을 공유하는 것이다.

³ 그러니 오늘 모든 것을 사랑과 감사와 열린 마음으로 바라보는 법을 배우기 시작하라. 너는 지금 그것들을 보고 있지 않다. 그 안에 무엇이 있는지 알고 싶은가? 그 무엇도 너에게 보이는 대로 존재하지 않는다. 그것들의 거룩한 목적은 너의 좁은 범위 너머에 있다. 세상을 밝히는 거룩함을 비전이 네게 보여주었을 때, 너는 오늘의 아이디어를 완벽하게 이해할 것이다. 그리고는, 도대체 어떻게 오늘의 아이디어를 어렵다고 생각할 수 있었는지 이해할 수 없을 것이다.

⁴ 우리가 오늘 매번 2분씩 총 6회 실시할 연습은, 이제는 익숙해진 패턴을 따라야 한다. 먼저 오늘의 아이디어를 따라 말하면서 연습을 시작한 후, 주위에서 무작위로 선택한 대상을 하나씩 구체적으로 명명하면서 아이디어를 적용하라. 대상을 네 마음대로 선택하려는 경향을 피하려고 노력하라. 오늘의 아이디어는 너무도 생경해서 그렇게 하고 싶은 유혹이 특히 클 것이다. 하지만 네가 실재에 부과하는 어떤 등급도 실재에게는 마찬가지로 생경하다는 점을 기억하라.

⁵ 그러므로 가능한 한 네 마음대로 선택하지 않은 것으로 대상 목록을 채워야 한다. 예를 들어 다음과 같은 것이 적절한 목록일 것이다:

6 이 옷걸이에 하느님이 계신다.
이 잡지에 하느님이 계신다.
이 손가락에 하느님이 계신다.
이 램프에 하느님이 계신다.
저 몸에 하느님이 계신다.
저 문에 하느님이 계신다.
저 쓰레기통에 하느님이 계신다.

7 지정된 연습 시간 외에도, 적어도 한 시간에 한 번씩은 주위를 천천히 둘러보면서 오늘의 아이디어를 느긋하게 따라 말하라. 그러는 동안 적어도 한두 번은 깊은 안도감을 느낄 것이다.

30과

하느님이 내 마음에 계시므로, 내가 보는 모든 것에 하느님이 계신다.

1 오늘의 아이디어는 비전으로 가는 도약대다. 이 아이디어를 통해, 세상이 네 눈앞에 열릴 것이다. 그리고 너는 그 세상을 바라보면서, 전에는 결코 보지 못했던 것을 볼 것이다. 그리고 네가 전에 보았던 것은 아주 흐릿하게라도 보이지 않을 것이다.

2 오늘 우리는 새로운 종류의 투사를 사용하려고 시도한다. 우리는 우리가 좋아하지 않는 것을 바깥에서 보는 방법을 통해 제거하려고 하지 않을 것이다. 그 대신에, 우리 마음에 있는 것, 그리고 우리 마음에 있다고 인식하기를 원하는 것을 세상에서 보고자 한다. 이렇게 우리는 우리가 보는 것을 우리에게서 떼어놓으려고 하는 대신에, 그것과 결합하고자 한다. 바로 이것이 비전과 네가 보는 방법 사이의 근본적인 차이점이다.

3 오늘의 아이디어는 온종일 되도록 자주 적용해야 한다. 잠시라도 시간이 날 때마다 주위를 둘러보면서 오늘의 아이디어를 천천히 따라 말하라. 그러면서 다음을 깨달으려고 노력하라: 이 아이디어는 네가 지금 보는 모든 것에 적용될 뿐만 아니라, 만약 지금 너의 시야에 있다면 볼 수 있을 모든 것에도 적용된다.

4 진정한 비전은 "가까운", 혹은 "먼"과 같은 개념에 제한되지 않는다. 이 아이디어에 익숙해지기 시작하려면, 오늘의 아이디어를 적용할 때 네가 실제로 볼 수 있는 것뿐만 아니라, 너의 현재 시야 너머에 있는 것에 대해서도 생각하려고 시도하라. 진정한 비전은 공간과 거리에 제한되지 않을 뿐만 아니라, 몸의 눈에도 전혀 의존하지 않는다. 마음이야말로 비전의 유일한 근원이다.

5 오늘의 아이디어에 더 익숙해지려면, 몇 번의 연습 시간 동안에는 눈을 감고 적용하라. 그럴 때 밖이 아닌 안을 보면서, 마음에 어떤 대상이 떠오르든 이 아이디어를 사용하라. 오늘의 아이디어는 안과 밖에 똑같이 적용된다.

31과

나는 내가 보는 세상의 희생자가 아니다.

¹ 오늘의 아이디어는 너의 해방 선언문의 서문이다. 어제의 아이디어처럼, 이 아이디어도 네가 밖에서 보는 세상과 안에서 보는 세상에 전부 적용해야 한다. 오늘의 아이디어를 적용할 때, 우리는 앞으로 지시에 따라 변화를 주면서 점점 더 많이 사용하게 될 형식으로 연습할 것이다. 개략적으로 말해 이 형식에는 두 측면이 있는데, 하나는 아이디어를 보다 긴 시간 동안 적용하는 것이고, 다른 하나는 아이디어를 온종일 자주 적용하는 것이다.

² 오늘의 아이디어로 진행하는 긴 연습은 아침과 밤에 한 번씩, 총 두 번이 필요하다. 각각 3~5분 동안 연습할 것을 권한다. 그 시간 동안 오늘의 아이디어를 두세 번 따라 말하면서 주위를 천천히 둘러보라. 그런 다음 눈을 감고 똑같은 아이디어를 내면의 세상에도 적용하라. 너는 두 세상에서 전부 벗어날 것이다. 왜냐하면, 내면의 세상은 바깥 세상의 원인이기 때문이다.

³ 내면의 세상을 둘러보면서 마음에 어떤 생각이 떠오르든 의식에 들어오도록 허용하고, 각 생각에 잠시 주의를 기울인 후 다음 생각으로 넘어가라. 생각들 사이에 어떤 위계도 세우려고 하지 말라. 생각들이 오고 가는 것을 되도록 담담히 지켜보라. 어떤 생각도 특별히 곱씹지 말고, 네가 특별히 애쓰지 않더라도 생각이 평탄하고 조용히 흘러가도록 허용하려고 하라. 자리에 앉아 생각을 조용히 지켜보면서 오늘의 아이디어를 원하는 만큼 자주 따라 말하되, 서두르는 느낌 없이 하라.

⁴ 긴 연습에 덧붙여, 하루를 지내며 오늘의 아이디어를 되도록 자주 따라 말하라. 그러면서 너는 너 자신의 자유의 이름으로 독립 선언문을 작성하는 것임을 상기하라. 너의 자유 안에, 세상의 자유가 놓여있다.

⁵ 오늘의 아이디어는 어떤 형식의 유혹이 오더라도 그에 대한 대응으로 사용할 수 있는 아주 유용한 아이디어다. 그것은 네가 유혹에 굴복하여 너 자신을 속박하지 않겠다는 선언이다.

32과

내가 보는 세상은 내가 지어냈다.

¹ 오늘 우리는 원인과 결과라는 주제를 계속 전개해 나간다. 네가 네가 보는 세상의 희생자가 아닌 이유는, 너 자신이 그 세상을 지어냈기 때문이다. 너는 그 세상을 쉽게 만들어냈듯이 쉽게 포기할 수도 있다. 너는 소망하기에 따라 그 세상을 보거나 보지 않을 것이다. 네가 원하는 동안은 그 세상을 볼 것이며, 더 이상 원하지 않을 때 그 세상은 네 눈앞에 없을 것이다.

² 오늘의 아이디어는 이전의 아이디어들과 마찬가지로 너의 내면 세상과 바깥 세상에 적용된다. 그 둘은 실제로 같다. 하지만 네가 그것들을 다르다고 보기 때문에, 오늘 연습은 다시 두 측면으로 구성될 것이다. 한 측면은 네가 바깥에서 보는 세상과 관련되고, 다른 측면은 네 마음 안에서 보는 세상과 관련된다. 오늘 연습을 할 때는, 두 세상은 모두 너의 상상 속에 있다는 생각을 맞아들이려고 노력하라.

³ 오늘도 우리는 아침과 저녁의 연습을, 너의 바깥에 있다고 여기는 세상을 둘러보면서 오늘의 아이디어를 두세 번 따라 말하는 것으로 시작할 것이다. 그런 다음 눈을 감고 너의 내면 세상을 둘러보라. 그 둘을 가능한 한 똑같이 다루려고 노력하라. 너의 상상이 너의 의식에 보여주는 이미지들을 지켜보면서, 오늘의 아이디어를 네가 바라는 만큼 자주 느긋하게 따라 말하라.

⁴ 오늘 이렇게 실시할 긴 연습은 3~5분 동안 할 것을 권하며, 3분보다 짧게 하지는 말라. 연습이 편안하게 느껴진다면 5분 이상 할 수도 있다. 이를 위해, 예상되는 방해가 적고 네가 적당히 준비될 수 있는 시간을 선택하라.

⁵ 또한, 온종일 이러한 연습을 짧게 적용하여 가능한 한 자주 실시해야 한다. 그럴 때는 내면 세상이나 바깥 세상을 살펴보면서 오늘의 아이디어를 천천히 따라 말하라. 어느 쪽을 선택하든 상관없다.

⁶ 오늘의 아이디어는 또한 너를 괴롭히는 어떤 상황에든 즉시 적용되어야 한다. 다음과 같이 말하면서 이 아이디어를 적용하라:

⁷ 내가 보는 대로의 이 상황은 내가 지어냈다.

33과

세상을 보는 다른 방법이 있다.

¹ 오늘의 아이디어는 다음을 인식하기 위한 시도다: 너는 세상에 대한 지각을 바깥 측면과 안쪽 측면에서 모두 바꿀 수 있다. 아침과 저녁에 5분을 다 채워서 연습하라.

² 연습 시간에는, 도움이 된다고 느끼는 한 오늘의 아이디어를 자주 따라 말해야 한다. 그럴 때 아이디어를 느긋하게 적용하는 것이 아주 중요하다. 바깥에서 지각되는 것과 안쪽에서 지각되는 것을 번갈아 둘러보되, 갑자기 바꾼다는 느낌이 없도록 하라. 너의 바깥에 있다고 지각하는 세상을 그저 무심하게 둘러본 다음, 눈을 감고 똑같이 무심하게 안쪽의 생각을 살펴보라. 두 세상 모두에 똑같이 연루되지 않으려고 노력하라. 그리고 온종일 오늘의 아이디어를 따라 말하면서 이러한 초연함을 유지하려고 노력하라.

³ 짧게 하는 연습은 되도록 자주 실시해야 한다. 이에 더하여, 심란해지도록 유혹하는 어떤 상황이 일어나든 즉시 오늘의 아이디어를 구체적으로 적용해야 한다. 그럴 때는 다음과 같이 말하라:

⁴ 이것을 보는 다른 방법이 있다.

⁵ 괴로워하고 있음을 알아차리는 순간, 잊지 말고 오늘의 아이디어를 적용하라. 1분 정도 조용히 앉아 이 아이디어를 여러 번 따라 말할 필요가 있을 수도 있다. 이런 식으로 적용할 때는 아마도 눈을 감는 것이 도움이 될 것이다.

34과

나는 이것 대신 평화를 볼 수 있다.

1 오늘의 아이디어는 네가 다른 방법으로 볼 때 확연히 나타나는 상태를 묘사하기 시작한다. 마음의 평화는 분명 내적인 문제다. 마음의 평화는 먼저 너 자신의 생각에서 시작하여 바깥으로 확장되어야 한다. 세상에 대한 평화로운 지각은 네 마음의 평화로부터 일어난다.

2 오늘은 긴 연습을 세 차례 실시해야 한다. 한 번은 아침에, 한 번은 저녁에 할 것을 권하며, 중간에 연습하기 가장 좋을 때 추가로 한 번 더 하라. 모든 연습은 눈을 감고 실시해야 한다. 오늘의 아이디어는 너의 내면 세상에 적용하라.

3 긴 연습을 할 때마다 5분 정도 마음을 살피는 시간을 가져야 한다. 너의 마음을 살펴서 두려운 생각, 걱정하게 만드는 상황, "불쾌한" 사람이나 사건, 혹은 네가 사랑 없는 생각을 품고 있는 다른 대상들을 찾아내라. 그 모든 것을 무심하게 알아차리고, 마음에서 그런 생각이 일어나는 것을 지켜보면서 오늘의 아이디어를 천천히 따라 말하라. 그렇게 각각의 생각을 내려놓고 다음 생각으로 넘어가라.

4 구체적인 대상을 생각해 내는 데 어려움을 느끼기 시작하면, 아이디어를 특정한 대상에 적용하는 대신에 계속해서 느긋하게 따라 말하라. 하지만 어떤 특정한 대상도 제외하지 않도록 확실히 해두어라.

5 짧은 연습은 자주 실시하되, 어떤 식으로든 마음의 평화가 위협받는다고 느낄 때마다 하라. 그 목적은 온종일 너 자신을 유혹에서 보호하는 것이다. 특정한 형식의 유혹이 의식에 떠오른다면, 다음과 같은 형식으로 연습해야 한다:

6 이 상황에서, 나는 지금 보는 것 대신에 평화를 볼 수 있다.

7 우울, 불안, 걱정과 같은 보다 일반적인 형식의 부정적인 감정이 네 마음의 평화를 침범한다면, 오늘의 아이디어를 원래 형식으로 사용하라. 어떤 구체적인 정황에서든 너의 마음을 바꾸기 위해 오늘의 아이디어를 한 번 이상 사용할 필요가 있다고 느낀다면, 몇 분 정도 시간을 내서 어느 정도 안도감을 느낄 때까지 아이디어를 따라 말하

라. 다음과 같이 구체적으로 말한다면 도움이 될 것이다:

[8] 나는 우울, 불안, 걱정과 같은 나의 감정을 [혹은 이 상황, 사람, 사건에 대한 나의 생각을] 평화로 대체할 수 있다.

35과

나의 마음은 하느님 마음의 일부다. 나는 매우 거룩하다.

¹ 오늘의 아이디어는 네가 지금 너 자신을 보는 방식을 묘사하지 않는다. 하지만 그 것은 비전이 너에게 보여줄 것을 묘사한다. 자신이 이 세상에 있다고 생각하는 자는 그 자신에 관해 오늘의 아이디어를 믿기가 어렵다. 하지만 그가 이 세상에 있다고 생 각하는 이유는 바로 이 아이디어를 믿지 않기 때문이다.

² 너는 너 자신이 네가 있다고 생각하는 곳의 일부라고 믿을 것이다. 왜냐하면 너는 너 자신을 네가 원하는 환경으로 둘러싸기 때문이다. 그리고 너는 그 환경이 네가 만 든 너 자신의 이미지를 보호해 주기를 원한다. 그 이미지는 그 환경의 일부다. 네가 그 환경 안에 있다고 믿는 한, 네가 보는 것은 그 이미지의 눈을 통해 보인다. 이것은 비전이 아니다. 이미지는 볼 수 없다.

³ 오늘의 아이디어는 너 자신에 대한 다른 관점을 제시한다. 그것은 너의 근원을 확 립함으로써 너의 정체를 확립하며, 너를 너의 진정한 모습으로 묘사한다. 우리는 오 늘의 아이디어를 위해 조금 다른 종류의 적용법을 사용할 것이다. 우리는 오늘 지각 자가 지각하는 대상이 아닌 지각자 자신을 강조할 것이기 때문이다.

⁴ 오늘은 5분씩 총 3회 연습할 것이다. 먼저 오늘의 아이디어를 따라 말한 후, 눈을 감고 마음을 살펴서 너 자신을 묘사한다고 생각하는 다양한 표현을 찾아내라. 에고에 근거한 속성 중에 너에게 속한다고 생각하는 것을 전부 포함하라. 그것이 긍정적이든 부정적이든, 바람직하든 바람직하지 않든, 과장된 것이든 폄하된 것이든 상관없다. 이 모든 속성은 똑같이 실제가 아니다. 그것은 너 자신을 거룩함의 눈을 통해 보는 것 이 아니기 때문이다.

⁵ 마음을 살피는 시간의 전반부에서 너는 아마도 너 자신에 대한 지각 가운데 보다 부 정적인 측면이라고 여기는 것을 강조할 것이다. 하지만 연습 후반부로 가면서 보다 자신을 부풀리는 표현이 마음에 떠오를 수 있다. 너 자신에 대한 판타지가 어느 쪽을 향하는지는 중요하지 않음을 인식하려고 노력하라. 실제로 환상에는 방향이 없다. 환 상은 그저 참이 아닐 뿐이다.

⁶ 오늘의 아이디어를 적용하기 위해 임의로 선정한 적절한 목록은 다음과 같을 것이다:

⁷ 나는 내가 강요당한다고 본다.

나는 내가 우울하다고 본다.

나는 내가 쇠약해지고 있다고 본다.

나는 내가 위험에 처했다고 본다.

나는 내가 무력하다고 본다.

나는 내가 승리자라고 본다.

나는 내가 패배자라고 본다.

나는 내가 자비롭다고 본다.

나는 내가 덕이 있다고 본다.

⁸ 이러한 표현을 추상적인 방법으로 생각해 내지 말라. 너와 관련된 다양한 상황이나 사람, 사건을 떠올리면 연습에 적절한 표현이 생각날 것이다. 마음에 떠오르는 어떤 구체적인 상황이든 선택해서, 그 상황에 대한 너의 반응에 적용할 수 있다고 여기는 표현(들)을 찾아내라. 그리고 그것을 오늘의 아이디어를 적용하는 데 사용하라. 각각을 명명한 후, 다음과 같이 덧붙여라:

⁹ 하지만 나의 마음은 하느님 마음의 일부다. 나는 매우 거룩하다.

¹⁰ 긴 연습을 하는 동안 구체적인 것이 아무것도 떠오르지 않는 때가 있을 수 있다. 그 시간을 채우려고 구체적인 것을 생각하느라 애쓰지 말고, 그저 마음을 편히 하고 무언가 떠오를 때까지 오늘의 아이디어를 천천히 반복하라. 그 무엇이 마음에 떠오르든 그것을 연습에서 제외해서는 안 되지만, 그 무엇도 애를 써서 "파헤치지" 말아야 한다. 강제로 하려고 해서도, 차별을 둬서도 안 된다.

¹¹ 하루를 보내며 되도록 자주 멈춰서, 그 당시에 너에게 속한다고 생각하는 특정한 속성(들)을 선택해서, 오늘의 아이디어를 위에서 말한 형식대로 덧붙임으로써 적용하라. 특별한 것이 아무것도 떠오르지 않는다면, 그저 눈을 감고 오늘의 아이디어를 따라 말하라.

36과

나의 거룩함이 내가 보는 모든 것을 감싼다.

¹ 오늘의 아이디어는 어제의 아이디어를 지각자로부터 지각 대상으로 확장한다. 너의 마음은 하느님 마음의 일부이므로, 너는 거룩하다. 그리고 너는 거룩하므로, 너의 시각도 분명 거룩할 것이다. "무죄"는 죄가 없음을 의미한다. 너는 약간만 죄가 없을 수는 없다. 너는 무죄거나 무죄가 아니다. 너의 마음이 하느님 마음의 일부라면, 너는 분명 무죄일 것이다. 그렇지 않으면 하느님 마음의 일부가 죄에 물들어 있을 것이다. 너의 시각은 에고가 아닌 하느님의 거룩함과 관련이 있으며, 따라서 너의 몸과 무관하다.

² 오늘 긴 연습은 3~5분 동안 총 4회 실시하라. 이런 연습 시간을 상당히 고르게 배분하고, 온종일 짧은 연습을 자주 하여 너의 보호를 보호하려고 노력하라. 긴 연습은 다음과 같은 형식으로 해야 한다:

³ 먼저 눈을 감고 오늘의 아이디어를 천천히 몇 번 따라 말하라. 그런 다음 눈을 뜨고 주위를 꽤 천천히 둘러보면서, 무심히 바라보는 도중에 눈에 띄는 것이면 무엇에든 이 아이디어를 구체적으로 적용하라. 예를 들어 다음과 같이 말하라:

⁴ 나의 거룩함이 저 양탄자를 감싼다.
나의 거룩함이 저 벽을 감싼다.
나의 거룩함이 이 손가락을 감싼다.
나의 거룩함이 저 의자를 감싼다.
나의 거룩함이 저 몸을 감싼다.
나의 거룩함이 이 펜을 감싼다.

⁵ 이렇게 연습을 하는 도중에, 몇 차례 눈을 감고 오늘의 아이디어를 조용히 따라 말하라. 그런 다음 눈을 뜨고 앞서 하던 연습을 이어서 하라.

⁶ 짧은 연습을 할 때는 먼저 눈을 감고 오늘의 아이디어를 따라 말한 후, 눈을 뜨고 주위를 둘러보면서 다시 따라 말하라. 마지막으로 눈을 감고 아이디어를 한 번 더 말하면서 연습을 마쳐라. 물론 아이디어를 적용할 때는 항상 천천히, 되도록 애쓰지 말고

느긋하게 해야 한다.

37과

나의 거룩함이 세상을 축복한다.

¹ 이 아이디어는 세상에서 네가 가진 진정한 기능, 즉 네가 왜 여기에 있는지를 처음으로 얼핏 보여준다. 너의 목적은 세상을 너 자신의 거룩함을 통해 보는 것이다. 그럼으로써 너와 세상이 함께 축복받는다. 그로 인해 무언가를 잃거나 빼앗기는 사람은 아무도 없다. 모든 이가 너의 거룩한 비전을 통해 득을 본다. 너의 거룩한 비전은 희생의 종말을 나타낸다. 그것은 모든 이에게 그들의 당연한 몫을 전부 제공하기 때문이다. 그리고 모든 이가 모든 것을 가질 자격이 있는 이유는, 그것이 하느님의 아들로서 그들의 생득권이기 때문이다.

² 이런 방법 외에는, 세상의 사고방식에서 희생이라는 아이디어를 제거할 수 있는 방법이 없다. 보기 위한 다른 모든 방법은 필연적으로 어떤 사람이나 사물에게 대가를 요구할 것이다. 그 결과 지각자는 잃을 것이다. 그러면서 그는 자신이 왜 잃는지 짐작도 하지 못할 것이다. 하지만 너의 비전을 통해, 그의 온전성이 그의 의식에 회복된다. 너의 거룩함은 그에게 아무것도 요구하지 않음으로써 그를 축복한다. 자신을 온전하다고 보는 자는 아무것도 요구하지 않는다.

³ 너의 거룩함이 곧 세상의 구원이다. 너의 거룩함으로 인해, 너는 세상에게 세상이 너와 하나임을 가르칠 수 있다. 세상에게 설교를 하거나 무언가를 말하는 방법이 아니라, 단지 너의 거룩함 안에서 모든 것이 너와 함께 축복받는다는 것을 너 자신이 조용히 인식하는 방법으로 가르친다.

⁴ 오늘 긴 연습은 매번 3~5분씩 총 4회 실시하라. 먼저 오늘의 아이디어를 따라 말하고, 이어서 1분 정도 주위를 둘러보면서 눈에 띄는 것이면 무엇에든 오늘의 아이디어를 다음과 같이 적용하라:

⁵ 나의 거룩함이 이 의자를 축복한다.
나의 거룩함이 저 창문을 축복한다.
나의 거룩함이 이 몸을 축복한다.

⁶ 그런 다음 눈을 감고 누구든 마음에 떠오르는 사람에게 이 아이디어를 적용하라. 그의 이름을 사용하여 다음과 같이 말하라:

⁷ _____님, 나의 거룩함이 당신을 축복합니다.

⁸ 나머지 시간은 계속 눈을 감고 연습해도 좋고, 원한다면 다시 눈을 뜨고 이 아이디어를 바깥 세상에 적용해도 좋다. 또한 네가 주위에서 보는 대상과 너의 생각 안에 있는 사람들에게 번갈아 적용해도 좋고, 이 두 가지 적용 방식을 원하는 비율로 섞어 사용해도 좋다. 연습을 마무리할 때는, 눈을 감고 오늘의 아이디어를 한 번 따라 말한 다음에 즉시 눈을 뜨고 다시 한번 따라 말해야 한다.

⁹ 짧은 연습은 오늘의 아이디어를 되도록 자주 따라 말하는 것으로 구성되어 있다. 누구를 만나든 그의 이름을 사용하여 오늘의 아이디어를 조용히 적용하면 특히 도움이 된다. 누구든 너에게 부정적인 반응을 일으키는 듯이 보일 때 오늘의 아이디어를 사용하는 것이 아주 중요하다. 그에게 즉시 너의 거룩함으로 축복을 베풀라. 그럼으로써 너는 너의 거룩함을 너 자신의 의식 안에 계속 간직하는 법을 배우게 된다.

38과

나의 거룩함이 할 수 없는 것은 아무것도 없다.

¹ 너의 거룩함은 세상의 모든 법칙을 뒤집는다. 그것은 시간과 공간과 거리의 모든 제한, 그리고 모든 종류의 한계를 뛰어넘는다. 너의 거룩함은 그 권능에 있어 아무런 한계도 없다. 그것은 너를, 자신의 창조주의 마음과 하나인 하느님의 아들로 확립하기 때문이다. 너의 거룩함을 통해, 하느님의 권능이 드러나게 된다. 너의 거룩함을 통해, 하느님의 권능을 사용할 수 있게 된다. 그리고 하느님의 권능이 할 수 없는 것은 아무것도 없다.

² 그렇다면 너의 거룩함은 모든 고통을 제거하고, 모든 슬픔을 끝내며, 모든 문제를 해결할 수 있다. 그것은 너는 물론 다른 모든 이와 관련해서도 그렇게 할 수 있다. 너의 거룩함은 모든 이를 똑같은 권능으로 구원하므로, 모든 이를 똑같은 권능으로 돕는다. 네가 거룩하다면, 하느님이 창조하신 모든 것도 거룩하다. 네가 거룩한 이유는 하느님이 창조하신 모든 것이 거룩하기 때문이다. 그리고 하느님이 창조하신 모든 것이 거룩한 이유는 네가 거룩하기 때문이다.

³ 오늘 연습에서 우리는 너 자신이나 다른 사람과 관련하여 네 마음에 떠오르는 모든 형식의 문제와 어려움, 그리고 고통에 너의 거룩함의 권능을 적용할 것이다. 그것들 사이에는 아무런 차이도 없으므로, 우리는 어떤 구분도 하지 않을 것이다.

⁴ 긴 연습은 되도록 5분을 다 채워서 총 4회 실시하라. 먼저 오늘의 아이디어를 따라 말한 후 눈을 감아라. 그런 다음 마음을 살펴서 네가 보는 대로의 상실감이나 불행감을 전부 찾아내라. 너에게 어려운 상황과 다른 사람에게 어려운 상황을 되도록 구분하지 않으려고 노력하라. 그 상황을 구체적으로 확인하고, 관련된 사람의 이름도 확인하라. 오늘의 아이디어를 다음의 형식을 사용하여 적용하라:

⁵ 내가 처한 _____과 관련된 이 상황에서, 나의 거룩함이 할 수 없는 것은 아무것도 없다.

_____가 처한 _____과 관련된 이 상황에서, 나의 거룩함이 할 수 없는 것은 아무것도 없다.

⁶ 때로는 이런 절차에 변화를 주어서, 이와 관련된 너 자신의 생각을 덧붙이고 싶을 수도 있다. 예를 들어 다음과 같은 생각을 포함하고 싶을 수도 있다:

⁷ 나의 거룩함이 할 수 없는 것은 아무것도 없다. 그 안에는 하느님의 권능이 놓여있기 때문이다.

⁸ 어떤 변화든 마음 내키는 대로 도입하되, 연습의 초점은 "나의 거룩함이 할 수 없는 것은 아무것도 없다."라는 주제에 계속 맞춰야 한다. 오늘 연습의 목적은, 너는 너의 정체로 인해 모든 것을 지배할 수 있다는 의식을 너에게 불어넣기 시작하는 것이다.
⁹ 자주 실시하는 짧은 연습에서는, 너 자신이나 다른 누군가와 관련하여 구체적인 문제가 발생하거나 마음에 떠오르지 않는다면 오늘의 아이디어를 원래 형식으로 적용하라. 문제가 발생하거나 마음에 떠오를 경우에는, 보다 구체적인 형식으로 적용하라.

나의 거룩함이 곧 나의 구원이다.

¹ 죄의식이 지옥이라면, 그 반대는 무엇인가? 이 워크북은 텍스트를 위해 쓰였으며, 워크북 연습에 사용되는 아이디어들은 텍스트와 마찬가지로 아주 단순하고 명백하며, 전혀 모호하지 않다. 우리는 지적인 묘기나 논리적인 장난감에는 관심이 없다. 우리는 아주 명백한 것만 다루고 있다. 하지만 그것은 네가 그 안에서 생각한다고 생각하는 복잡성의 구름 속에서 간과되었다.

² 죄의식이 지옥이라면, 그 반대는 무엇인가? 이것은 분명 어려운 질문이 아니다. 대답하기를 주저한다면, 그것은 질문이 모호하기 때문이 아니다. 그런데 너는 정녕 죄의식이 지옥이라고 믿는가? 네가 만약 그렇게 믿는다면 텍스트가 얼마나 직접적이고 단순한지 단번에 알아볼 것이고, 워크북이 전혀 필요 없을 것이다. 네가 이미 가진 것을 얻으려고 연습할 필요는 없기 때문이다.

³ 우리는 이미 너의 거룩함이 곧 세상의 구원이라고 말했다. 그렇다면 너 자신의 구원은 어떠한가? 너는 네가 갖지 않은 것을 줄 수는 없다. 구원자는 분명 구원되었을 것이다. 그가 달리 어떻게 구원을 가르칠 수 있겠는가? 너의 구원이 세상의 구원에 결정적임을 인식하면서, 오늘의 연습은 너 혼자에게만 적용할 것이다. 네가 너 자신의 세상에 이 연습을 적용할 때, 온 세상이 혜택을 받는다.

⁴ 너의 거룩함은 이제껏 제기되었고, 지금도 제기되고 있으며, 앞으로도 제기될 모든 질문에 대한 유일한 답이다. 너의 거룩함은 죄의식의 종식, 즉 지옥의 종식을 의미한다. 너의 거룩함은 세상의 구원이자 너 자신의 구원이다. 너의 거룩함은 본래 네 것이거늘, 그런 네가 어찌 너의 거룩함에서 제외될 수 있겠는가? 하느님은 거룩하지 않음을 모르신다. 그런 하느님이 당신의 아들을 모르실 수 있겠는가?

⁵ 오늘은 총 4회의 긴 연습을 할 때마다 5분을 다 채울 것을 강력히 권한다. 더 길고 더 자주 연습하는 것도 적극 권한다. 최소한의 요구량보다 더 연습하고 싶다면, 더 길게 하는 것보다는 더 자주 할 것을 권한다. 물론 둘 다 하면 더 좋다.

⁶ 여느 때처럼 오늘의 아이디어를 따라 말하면서 연습을 시작하라. 그런 다음 눈을 감고 마음에서 사랑 없는 생각들을 찾아내라. 그 생각들이 불편함, 우울, 분노, 두려

움, 걱정, 공격, 불안 등 어떤 형식으로 나타나든 상관없다. 그 생각들이 어떤 형식을 취하든 그것들에는 사랑이 없으며, 따라서 두렵다. 그러므로 너는 바로 이러한 생각들에서 구원될 필요가 있다.

7 네가 일체의 사랑 없는 생각들과 관련짓는 구체적인 상황들과 사건들, 그리고 사람들은 우리의 오늘 연습에 적절한 대상이다. 네가 그것들을 다르게 보는 것은 너 자신의 구원에 필수적이다. 그것들에 대한 너의 축복이야말로 너를 구원하고 너에게 비전을 가져다줄 것이다.

8 어떤 생각도 의식적으로 선택하거나 특별히 지나치게 강조하지 말고 마음을 천천히 살펴서, 너의 구원을 방해하는 모든 생각을 찾아내라. 각 생각에 오늘의 아이디어를 다음과 같이 적용하라:

9 ＿＿＿에 대한 사랑 없는 생각이 나를 지옥에 가두고 있다.
　　나의 거룩함이 곧 나의 구원이다.

10 이러한 적용들 사이에 오늘의 아이디어를 천천히 몇 번 반복하기만 하는 짧은 시간들을 배치한다면 연습 시간이 더 수월하게 느껴질 수도 있다. 또한, 그저 편히 쉬면서 아무 것도 생각하지 않는 듯한 짧은 시간을 몇 번 포함하는 것이 도움이 될 수도 있다. 처음에는 계속 집중하기가 매우 어렵다. 너의 마음이 더 훈련되고 덜 산만해짐에 따라 그렇게 하기가 훨씬 쉬워질 것이다.

11 연습을 실시하는 동안, 마음에 내키는 형식으로 다양한 변화를 자유로이 도입해도 좋다. 하지만 오늘의 아이디어를 적용하는 방법에 변화를 주면서 아이디어 자체를 바꾸지는 말라. 오늘의 아이디어를 어떻게 사용하기로 선택하든, 너의 거룩함이 곧 너의 구원이라는 아이디어의 의미는 남아있도록 말해야 한다.

12 다시 한번 오늘의 아이디어를 원래의 형식으로 말하고, 다음과 같이 덧붙이면서 연습을 마쳐라:

13 죄의식이 지옥이라면, 그 반대는 무엇인가?

14 짧은 연습은 매시간 3~4회 실시하되, 가능하면 더 자주 하라. 그럴 때 위의 질문을

자문하거나 오늘의 아이디어를 반복하면 된다. 둘 다 하면 더 좋다. 유혹이 일어날 때는, 오늘의 아이디어를 다음의 형식으로 적용하면 특히 도움이 된다:

15 나의 거룩함이 나를 이것에서 구원한다.

40과

나는 하느님의 아들로서 축복받았다.

¹ 오늘 우리는 너의 정체로 인해 네가 누릴 자격이 있는 몇 가지 행복한 것들을 주장하기 시작할 것이다. 오늘은 긴 연습이 필요 없지만, 짧은 연습은 아주 빈번하게 할 필요가 있다. 10분마다 한 번씩 연습하면 아주 바람직할 것이다. 그러니 이런 빈도로 연습할 계획을 짜서 가능할 때마다 따를 것을 강력히 권한다. 잊었더라도 다시 시도하라. 긴 공백이 있었더라도 다시 시도하라. 기억날 때마다 다시 시도하라.

² 오늘은 연습할 때 눈을 감을 필요는 없다. 아마도 눈을 감으면 더 도움이 된다는 것을 발견할 테지만 말이다. 하지만 눈을 감기에 적절하지 않은 상황이 하루 중 여러 번 있을 수 있다. 그렇다고 연습 시간을 놓치지는 말라. 정말로 원한다면 거의 대부분의 상황에서 연습을 꽤 잘할 수 있다.

³ 오늘은 연습하는 데 시간도 거의 필요하지 않으며, 애쓸 필요도 없다. 오늘의 아이디어를 따라 말한 후, 하느님의 아들과 관계있다고 생각하는 몇 가지 속성을 너 자신에게 적용하는 말을 덧붙여라. 예를 들어 다음과 같이 연습할 수 있다:

⁴ 나는 하느님의 아들로서 축복받았다.
　나는 행복하고, 평화롭고, 사랑하며, 만족해한다.

⁵ 다음과 같이 연습할 수도 있을 것이다:

⁶ 나는 하느님의 아들로서 축복받았다.
　나는 평온하고, 조용하고, 당당하며, 확신에 차있다.

⁷ 시간을 잠깐만 낼 수 있다면, 그저 속으로 네가 하느님의 아들로서 축복받았다고 말하기만 하면 된다.

41과

내가 어디를 가든, 하느님이 함께 가신다.

¹ 오늘의 아이디어는 모든 분리된 자들이 경험하는 외롭고 버림받은 느낌을 마침내 완전히 극복할 것이다. 우울은 분리의 불가피한 결과다. 근심과 걱정, 깊은 무력감, 비참함, 고통, 상실에 대한 강렬한 두려움도 마찬가지다. 분리된 자들은 "세상의 병폐"라고 믿는 것에 대한 많은 "치료법"을 만들어냈다. 그러나 그들이 하지 않는 일이 하나 있다. 그것은 바로 그 문제의 실재성에 의문을 제기하는 것이다. 하지만 그 문제는 실제가 아니므로, 문제의 결과들은 치료될 수 없다.

² 오늘의 아이디어에는 이 모든 어리석음을 끝낼 권능이 들어있다. 그리고 그것은 정녕 어리석음이다. 그것이 취할 수도 있는 심각하고 비극적인 형식에도 불구하고…. 너의 내면 깊은 곳에는 너를 통해 온 세상을 비추며 퍼져나갈 준비가 된 완벽한 것들이 전부 들어있다. 그것들은 모든 슬픔과 고통, 두려움과 상실을 치료할 것이다. 그것들은 그러한 것들이 실제라고 생각하여 충성하느라 고통받은 마음을 치유할 것이기 때문이다.

³ 너는 결코 너의 완벽한 거룩함을 빼앗길 수 없다. 네가 어디를 가든, 거룩함의 근원이 함께 가시기 때문이다. 너는 결코 고통받을 수 없다. 네가 어디를 가든, 모든 기쁨의 근원이 함께 가시기 때문이다. 너는 결코 외로울 수 없다. 네가 어디를 가든, 모든 생명의 근원이 함께 가시기 때문이다. 네 마음의 평화를 파괴할 수 있는 것은 아무것도 없다. 네가 어디를 가든, 하느님이 함께 가시기 때문이다.

⁴ 우리는 네가 이 모든 것을 믿지 않는다는 것을 이해한다. 네가 어찌 믿을 수 있겠는가? 진리는 미친 생각들의 먹구름 아래 깊숙이 감춰져 있는데 말이다. 그 구름은 자욱하게 덮어 감추지만, 네가 보는 것은 그것이 전부다. 우리는 오늘 처음으로 이 짙은 먹구름을 통과해 그 너머의 빛으로 나아가려고 진지하게 시도할 것이다.

⁵ 오늘은 긴 연습을 단 한 번만 실시할 것이다. 아침에, 가능하면 일어나자마자, 눈을 감고 3~5분 정도 조용히 앉아있어라. 오늘의 아이디어를 아주 천천히 반복하면서 연습을 시작하라. 그런 다음 무엇이든 생각하려고 애쓰지 말라. 그 대신 세상의 모든 헛된 생각을 지나 내면을 향해 나아간다는 느낌을 느껴보려고 시도하라. 주의를 흩트릴

수도 있는 모든 생각을 마음에서 비워내고, 너의 마음속으로 아주 깊이 들어가려고 시도하라.

6 도움이 된다고 생각한다면, 오늘의 아이디어를 이따금 반복해도 좋다. 그러나 무엇보다도 세상과 세상의 그 모든 어리석은 생각을 떠나 내면으로 깊이 침잠하려고 하라. 너는 이 모든 것 너머에 도달하려고 시도하고 있다. 너는 겉모습을 떠나 실재에 다가가려고 시도하고 있다.

7 하느님께 도달하는 것은 충분히 가능하다. 사실 그것은 아주 쉽다. 그것은 세상에서 가장 자연스러운 일이기 때문이다. 그것은 심지어 세상에서 유일하게 자연스러운 일이라고 말할 수도 있을 것이다. 그것이 가능하다고 믿는다면, 길은 열릴 것이다. 이 연습은 처음 시도할 때조차 아주 놀라운 결과를 낳을 수도 있다. 그리고 머지않아 시도할 때마다 항상 성공할 것이다. 우리는 앞으로 이런 종류의 연습에 관해 더 자세히 설명할 것이다. 그러나 연습이 완전히 실패하는 일은 결코 없을 것이며, 즉각적인 성공도 가능하다.

8 온종일 자주, 가능하면 눈을 감고 오늘의 아이디어를 천천히 따라 말하라. 네가 무엇을 말하고 있는지, 그 말이 무엇을 의미하는지 생각하라. 그 말이 너에 대해 시사하는 거룩함에 집중하고, 너의 변치 않는 동반자에게 집중하며, 너를 둘러싼 완벽한 보호에 집중하라.

9 네가 어디를 가든 하느님이 함께 가신다는 것을 기억한다면, 너는 정녕 두려운 생각들을 웃어넘길 수 있다.

42과

하느님은 나의 힘이시고, 비전은 그분의 선물이다.

1 오늘의 아이디어는 아주 중요하고 강력한 두 가지 생각을 결합한다. 오늘의 아이디어는 또한 이 수업의 목표에 도달하려는 너의 노력이 실패할 수 없는 이유를 설명해주는 인과 관계를 하나 제시한다. 너는 볼 것이다. 그것은 하느님의 뜻이기 때문이다. 너에게 권능을 부여하는 것은 너 자신의 힘이 아닌 하느님의 힘이다. 너에게 비전을 제공하는 것도 너 자신의 선물이 아닌 하느님이 네게 주시는 선물이다.

2 하느님은 정녕 너의 힘이시다. 그리고 그분이 주시는 것은 진정으로 주어진다. 이는 너 자신이 어디에 있고 어떤 상황에 놓여있다고 느끼든, 언제 어디서나 그것을 받을 수 있다는 의미다. 네가 시공간을 따라 나아가는 길은 임의적이지 않다. 너는 정확한 시간에 정확한 장소에 있을 수밖에 없다. 그러한 것이 바로 하느님의 힘이고, 하느님의 선물이다.

3 오늘 긴 연습은 3~5분 정도씩 두 번 실시할 것이다. 한 번은 되도록 깨어나자마자, 다른 한 번은 되도록 잠들기 직전에 하라. 하지만 그런 시간에 맞추려고 신경을 쓰기보다는, 네가 준비되었다고 느껴서 혼자 조용히 앉아 있을 수 있는 시간을 기다리는 편이 더 낫다.

4 연습을 시작할 때는, 눈을 뜨고 주위를 둘러보면서 오늘의 아이디어를 천천히 따라 말하라. 그런 다음 눈을 감고 오늘의 아이디어를 다시 꽤 천천히 따라 말하라. 이렇게 하고 나서는, 오늘의 아이디어와 관련해서 떠오르는 생각들만 생각하려고 하라. 예를 들어 다음과 같은 생각들이 떠오를 수 있다:

> 5 비전은 가능할 수밖에 없다. 하느님은 진정으로 주신다.
> 6 하느님이 내게 주신 선물이 분명 내 것인 이유는, 하느님이 그것을 내게 주셨기 때문이다.

7 오늘의 아이디어와 뚜렷이 관련된 생각이라면 모두 적절하다. 사실 너는, 너의 생각들 가운데 몇몇은 수업과 관련된 이해를 굉장히 많이 포함하고 있다는 것에 놀랄

수도 있다. 이러한 생각들이 검열을 거치지 않고 오게 하라. 단, 너의 마음이 그저 방황하고 있는 것은 아닌지, 전혀 무관한 생각들이 침범해 들어오도록 네가 허용한 것은 아닌지 주의를 기울여라. 또한, 마음에 아무런 생각도 떠오르지 않는 것 같은 순간이 올 수도 있다. 이러한 장애가 발생하면, 눈을 뜨고 주위를 천천히 둘러보면서 오늘의 아이디어를 다시 한번 따라 말하라. 그런 다음 눈을 감고 오늘의 아이디어를 한 번 더 따라 말하고, 계속해서 너의 마음에 관련된 생각이 떠오르기를 기다려라.

8 하지만, 오늘 연습을 할 때 관련된 생각을 적극적으로 찾아내는 것은 적절하지 않음을 기억하라. 그저 뒤로 물러나 생각들이 떠오르도록 허용하라. 이것이 어렵다면, 적당한 생각을 찾으려고 애쓰지 말고, 오늘의 아이디어를 눈을 뜨고 천천히 말하고 눈을 감고 천천히 말하는 것을 번갈아가며 하라. 연습 시간을 이렇게 보내는 편이 더 낫다.

9 짧은 연습은 굉장히 도움이 될 것이며, 연습 횟수에 아무런 제한도 없다. 오늘의 아이디어는 생각들을 한데 모으고, 네가 필요한 것은 모두 있고 모순되거나 무관한 것은 전혀 없는 통합된 사고체계를 배우고 있음을 가르치는 과정에서 시작 단계에 해당한다.

10 오늘의 아이디어를 더 자주 반복할수록, 네가 이 수업의 목표를 중요하게 여겨서 잊지 않았음을 더 자주 상기하게 될 것이다.

43과

하느님은 나의 근원이시다.
나는 그분과 떨어져서는 볼 수 없다.

1 지각은 하느님의 속성이 아니다. 하느님의 속성은 앎의 영역이다. 하지만 하느님은 지각과 앎의 **중재자**로서 성령을 창조하셨다. 하느님과 이어주는 이러한 연결 고리가 없었다면, 너희 마음에서 지각이 앎을 영원히 대체했을 것이다. 하느님과의 이러한 연결 고리로 인해, 지각은 너무도 변형되고 정화되어 앎에 이를 것이다. 이것이 바로 성령이 보는 지각의 기능이다. 따라서 그것은 지각의 진정한 기능이다.

2 하느님 안에서, 너는 볼 수 없다. 지각은 하느님 안에서 아무런 기능도 없으며, 존재하지도 않는다. 하지만 구원이란 결코 존재한 적이 없던 것을 무효화하는 것이며, 그러한 구원 안에서 지각에는 크나큰 목적이 있다. 하느님의 아들이 거룩하지 않은 목적을 위해 만든 지각은, 이제 그의 거룩함을 그의 의식에 회복해 주기 위한 수단이 되어야 한다. 지각에는 아무런 의미도 없다. 하지만 성령은 지각에 하느님의 의미에 필적하는 의미를 부여한다. 치유된 지각은 하느님의 아들이 자신의 형제를 용서함으로써 자기 자신을 용서하는 수단이 된다.

3 너는 하느님과 떨어져서는 볼 수 없다. 너는 하느님과 떨어져서는 존재할 수 없기 때문이다. 너는 무엇을 하든 하느님 안에서 한다. 너는 무엇을 생각하든 하느님의 마음으로 생각하기 때문이다. 만약 비전이 실제고 성령의 목적을 공유하는 만큼 실제라면, 너는 하느님과 떨어져서는 볼 수 없다.

4 오늘은 매번 5분씩, 총 3회의 연습이 필요하다. 한 번은 되도록 일찍, 또 한 번은 되도록 늦게, 나머지 한 번은 상황이 허락하고 연습할 준비가 된 가장 편하고 적절한 시간에 하라.

5 연습을 시작할 때는 눈을 뜬 채로 오늘의 아이디어를 따라 말하라. 이어서 잠시 주위를 둘러보면서, 눈에 띄는 것에 오늘의 아이디어를 구체적으로 적용하라. 연습의 이 단계를 위해서는 4, 5개의 대상으로 충분하다. 예를 들어 다음과 같이 말할 수 있다:

6 하느님은 나의 근원이시다. 나는 그분과 떨어져서는 이 책상을 볼 수

없다.

하느님은 나의 근원이시다. 나는 그분과 떨어져서는 저 그림을 볼 수
없다.

7 이렇게 하는 연습의 전반부는 후반부보다 상대적으로 짧게 해야 하지만, 그렇다고 특정 대상을 의도적으로 포함하거나 제외하지 말고 차별 없이 선정하도록 주의하라.
8 이어서 하는 연습의 후반부는 전반부보다 길게 하라. 눈을 감고 오늘의 아이디어를 다시 따라 말한 다음, 마음에 떠오르는 관련된 생각을 너만의 방법으로 덧붙여라. 관련된 생각의 예는 다음과 같다:

9 나는 용서의 눈을 통해 본다.

나는 세상이 축복받았다고 본다.

세상은 나에게 나 자신을 보여줄 수 있다.

나는 하느님의 생각을 닮은 나 자신의 생각을 본다.

10 오늘의 아이디어와 어느 정도 직접적인 관련이 있는 생각이라면 모두 적합하다. 그 생각이 오늘의 아이디어와 분명한 관련이 있을 필요는 없지만, 반대되어서는 안 된다.
11 너의 마음이 방황하거나, 오늘의 아이디어와 명백하게 어긋나는 생각을 알아차리기 시작하거나, 어떤 생각도 할 수 없는 것처럼 보일 때도 있을 것이다. 그럴 때면 눈을 뜨고 연습의 전반부를 반복한 다음, 후반부를 다시 시도하라. 관련 없는 생각에 사로잡히는 시간이 길어지도록 허용하지 말라. 이런 일을 방지하기 위해서는, 필요한 만큼 자주 연습의 전반부로 돌아가라.
12 짧은 연습에서 오늘의 아이디어를 적용할 때는, 하루 동안 네가 처한 환경이나 상황에 따라 그 형식이 달라질 수 있다. 예를 들어 다른 사람과 함께 있을 때라면, 그에게 속으로 다음과 같이 말해주는 것을 기억하려고 노력하라:

13 하느님은 나의 근원이십니다. 나는 그분과 떨어져서는 당신을 볼 수 없습니다.

¹⁴ 이러한 형식은 네가 모르는 사람과 잘 아는 사람에게 똑같이 적용될 수 있다. 실제로 이런 구분을 전혀 하지 않으려고 노력해야 한다.

¹⁵ 또한, 하루 내내 일어날 수 있는 다양한 상황과 사건, 특히 어떤 식으로든 너를 괴롭히는 일들에도 오늘의 아이디어를 적용해야 한다. 이런 식으로 적용할 때는 다음의 형식을 사용하라:

> ¹⁶ 하느님은 나의 근원이시다. 나는 그분과 떨어져서는 이것을 볼 수 없다.

¹⁷ 어떤 특정한 대상도 의식에 떠오르지 않는다면, 그저 오늘의 아이디어를 원래의 형식으로 따라 말하라.

¹⁸ 긴 시간 동안 오늘의 아이디어를 기억하지 못해 너의 기능을 기억하지 못하는 일이 없도록 노력하라.

44과

하느님은 빛이시며, 나는 그 빛 안에서 본다.

1 오늘 우리는 어제의 아이디어를 이어가면서 거기에 또 다른 측면을 더한다. 너는 어둠 속에서 볼 수 없으며, 빛을 만들 수도 없다. 너는 어둠을 만들고는 그 안에서 본다고 생각할 수 있다. 하지만 빛은 생명을 반영하며, 따라서 창조의 한 측면이다. 창조와 어둠은 공존할 수 없지만, 빛과 생명은 함께할 수밖에 없다. 그것들은 단지 창조의 다른 측면들에 불과하기 때문이다.

2 보기 위해서는, 빛이 외부가 아닌 내면에 있음을 인식해야 한다. 너는 너의 바깥을 보지 않으며, 보기 위한 장치도 너의 바깥에 있지 않다. 이 장치의 핵심 부분은, 보는 것을 가능하게 하는 빛이다. 그 빛은 항상 너와 함께 있으면서 어떤 상황에서도 비전을 가능하게 해준다.

3 오늘 우리는 그 빛에 도달하려고 시도할 것이다. 그 목적을 위해, 우리는 전에 한 번 제안했고 앞으로도 점점 더 많이 사용할 연습 형식을 사용할 것이다. 그것은 훈련되지 않은 마음에게는 특히 어려운 형식이다. 그것은 마음 훈련의 주요 목표를 나타내기 때문이다. 그것은 훈련되지 않은 마음에 결핍된 바로 그것을 포함하고 있다. 하지만 네가 보고자 한다면, 이 연습을 마쳐야 한다.

4 오늘 매번 3~5분 동안 최소한 세 번의 연습을 실시하라. 더 길게 할 것을 강력히 권하지만, 애쓴다는 느낌이 거의 없거나 전혀 없이 시간이 그저 흘러가는 것 같을 때만 그렇게 하라. 오늘 우리가 사용할 형식의 연습은 훈련된 마음에게는 세상에서 가장 자연스럽고 쉬운 것이다. 마찬가지로 오늘 연습은 훈련되지 않은 마음에게는 가장 부자연스럽고 어려워 보이는 것이다.

5 너의 마음은 이제 훈련이 전혀 되지 않은 상태는 아니다. 너는 오늘 우리가 사용할 형식을 배울 준비가 상당히 잘되어 있지만, 어쩌면 강한 저항에 부딪힐 수도 있다. 그 이유는 아주 단순하다. 이 형식으로 연습을 하는 동안 너는, 네가 지금 믿는 모든 것과 네가 지어낸 모든 생각을 뒤로하고 떠나야 하기 때문이다. 제대로 말하자면, 이것은 지옥에서 해방되는 것이다. 그러나 에고의 눈으로 지각하면, 그것은 정체성을 잃고 지옥으로 추락하는 것이다.

6 네가 아주 조금이라도 에고와 떨어져 있을 수 있다면, 에고의 저항과 두려움은 무의미하다는 것을 어렵지 않게 인식할 것이다. 네가 반대로 무엇을 믿든, 빛에 도달하는 것은 어둠에서 탈출하는 것임을 가끔 상기하는 것이 도움이 될 수 있다. 하느님은 빛이시며, 너는 그 빛 안에서 본다. 너는 하느님께 도달하려고 시도하고 있다.

7 오늘의 아이디어를 눈을 뜬 채 따라 말하면서 연습을 시작하고, 눈을 천천히 감고서 몇 번 더 따라 말하라. 그런 다음 너의 마음 안으로 침잠해 들어가려고 시도하라. 모든 간섭물과 방해물을, 그것들을 그저 조용히 지나쳐 침잠해 들어감으로써 보내버려라. 네가 그러기로 선택하지 않는 한, 너의 마음은 그런 것들 때문에 멈출 수 없다. 마음은 다만 자신의 자연스러운 경로를 따라 나아간다. 지나가는 생각들에 말려들지 말고 조용히 지켜보면서 지나치려고 하라.

8 이렇게 빛에 다가갈 때 특정한 형식을 옹호하지는 않지만, 지금 네가 하고 있는 일이 중요하며 너에게 엄청난 가치가 있다는 느낌, 그리고 네가 아주 거룩한 일을 시도하고 있다는 자각은 필요하다. 구원은 네가 성취할 수 있는 가장 행복한 일이다. 구원은 또한 너에게 유일하게 쓸모 있는 일이므로, 유일하게 의미 있는 일이다.

9 어떤 형식으로든 저항이 일어난다면, 잠시 멈춰 오늘의 아이디어를 따라 말하라. 그럴 때 두려움을 느끼지 않는 한 눈을 감고 하라. 두려움이 느껴질 때는, 잠시 눈을 뜨는 것이 더 안도감이 들 수도 있다. 하지만 되도록 빨리 연습으로 돌아가려고 시도하라.

10 이러한 연습을 제대로 한다면, 너는 이완되는 느낌을 경험할 것이며, 실제로 빛 속으로 들어가는 것까지는 아니더라도 빛에 다가가는 느낌을 경험할 것이다. 이 세상의 생각들을 지나쳐 가는 동안, 형태도 없고 한계도 없는 빛에 대해 생각하려고 노력하라. 네가 그럴 힘을 부여하지 않는 한, 그 생각들은 너를 세상에 붙잡아 둘 수 없음을 잊지 말라.

11 오늘 하루 종일, 그 당시에 더 낫다고 여기는 대로 눈을 감거나 뜨고 오늘의 아이디어를 자주 반복하라. 잊지 말라. 다른 무엇보다도, 오늘은 반드시 잊지 않겠다고 결심하라.

45과

하느님은 **마음**이시며, 나는 그 **마음**으로 생각한다.

¹ 오늘의 아이디어는 너의 실재생각들이 무엇인지에 대한 열쇠를 쥐고 있다. 네가 본다고 생각하는 것이 비전과 아무런 관련도 없듯이, 너의 실재생각은 네가 생각한다고 생각하는 것이 전혀 아니다. 실재하는 것과 네가 실재한다고 생각하는 것 사이에는 아무런 관련도 없다. 네가 너의 실재생각이라고 생각하는 그 무엇도 너의 실재생각과 전혀 닮지 않았다. 네가 본다고 생각하는 그 무엇도 비전이 너에게 보여줄 것과 전혀 닮지 않았다.

² 너는 하느님의 **마음**으로 생각한다. 따라서 너는 너의 생각들을 하느님과 공유한다. 하느님이 당신의 **생각**을 너와 공유하시듯이 말이다. 그것들은 똑같은 **마음**이 생각하는 것이므로, 똑같은 생각들이다. 공유하는 것은 같게 만들거나 하나로 만드는 것이다. 네가 하느님의 **마음**으로 생각하는 생각은 너의 마음을 떠나지 않는다. 생각은 자신의 근원을 떠나지 않기 때문이다. 따라서 너의 생각들은 너와 마찬가지로 하느님의 **마음** 안에 있다. 너의 생각들은 또한 하느님이 계시는 너의 마음 안에도 있다. 네가 하느님 **마음**의 일부듯이, 너의 생각들은 하느님 **생각**들의 일부다.

³ 그렇다면 너의 실재생각들은 어디에 있는가? 오늘 우리는 그 생각들에 도달하려고 시도할 것이다. 우리는 그 생각들을 너의 마음 안에서 찾아야 할 것이다. 그곳이야말로 그 생각들이 있는 곳이기 때문이다. 그 생각들은 여전히 거기에 있을 것이다. 그것들은 너의 마음을 떠났을 리가 없기 때문이다. 하느님의 **마음**이 생각하는 것은 창조물의 일부며, 따라서 영원하다.

⁴ 오늘 매번 5분 동안 총 3회 실시할 연습에서는, 어제의 아이디어를 적용할 때 사용한 것과 같은 일반적인 형식을 사용할 것이다. 우리는 실재하지 않는 것을 떠나 실재하는 것을 구하려고 시도할 것이다. 우리는 진리를 위해 세상을 부정할 것이다. 우리는 세상의 생각이 우리를 저지하도록 허용하지 않을 것이며, 세상의 믿음이 우리에게, 하느님이 우리로 하여금 행하게 하시는 일이 불가능하다고 말해주도록 허용하지도 않을 것이다.

⁵ 그 대신 우리는, 오로지 하느님이 우리로 하여금 행하게 하시는 일만이 가능함을

인식하려 할 것이다. 그리고 우리는, 오로지 하느님이 우리로 하여금 행하게 하시는 일만이 우리가 행하기를 원하는 일임을 이해하려 할 것이다. 또한 우리는, 하느님이 우리로 하여금 행하게 하시는 일에 우리가 실패할 수 없음을 기억하려 할 것이다. 오늘, 우리의 성공을 확신할 만한 충분한 이유가 있다. 그것은 하느님의 뜻이다.

6 눈을 감고 오늘의 아이디어를 따라 말하면서 연습을 시작하라. 오늘의 아이디어를 마음에 계속 간직하면서, 잠시 그것과 관련된 너의 생각을 몇 개 생각해 내라. 너의 생각들을 4, 5개 더했을 때, 오늘의 아이디어를 다시 따라 말하고는, 다음과 같이 부드럽게 말하라:

> 7 나의 실재생각들은 내 마음 안에 있다. 나는 그 생각들을 찾고 싶다.

8 그런 다음, 네 마음 안의 진리를 뒤덮은 비실재생각들을 모두 지나 영원한 것에 도달하려고 시도하라.

9 네가 마음에 잡다하게 채워 넣은 온갖 무의미한 생각들과 미친 아이디어들 아래에, 태초에 네가 하느님과 함께 생각한 생각들이 놓여있다. 그 생각들은 전혀 변하지 않은 채 지금 네 마음 안에 있다. 그 생각들은 언제나 그랬듯 언제나 네 마음 안에 있을 것이다.

10 그 이후로 네가 생각한 모든 것은 변하겠지만, 그 생각들이 놓여있는 토대는 전혀 변함이 없다. 바로 이 토대가 오늘의 연습이 지향하는 곳이다. 여기에, 하느님의 마음과 결합된 너의 마음이 있다. 여기에, 하느님의 생각과 하나인 너의 생각이 있다.

11 이런 연습을 위해 유일하게 필요한 것은 단지 다음과 같은 마음가짐이다: 천국의 성부와 성자에게 바치는 제단에 다가가듯 그 토대에 다가가라. 네가 도달하려는 곳은 바로 그러한 곳이기 때문이다. 네가 지금 얼마나 높이 올라가려 하는지 너는 아직 깨닫지 못할 수도 있다. 하지만 네가 이미 얻은 약간의 이해만으로도, 이것은 결코 헛된 장난이 아니라 거룩함을 연습하는 것이자 천국에 도달하려는 시도임을 너 자신에게 일깨워 줄 수 있을 것이다.

12 오늘의 아이디어를 짧게 적용할 때는, 하느님과 함께 생각하는 마음의 거룩함을 이해하는 것이 너에게 얼마나 중요한지 기억하려고 노력하라. 오늘 하루 내내 1, 2분 정도 시간을 내서 오늘의 아이디어를 따라 말하며 네 마음의 거룩함을 음미하라. 아무

리 잠시라도, 네 안에 머물러 사시는 하느님께 합당하지 않은 모든 생각에서 물러나라. 그리고 하느님이 너와 함께 생각하시는 생각들에 대해 하느님께 감사드려라.

하느님은 사랑이시며, 나는 그 사랑 안에서 용서한다.

¹ 하느님은 용서하지 않으신다. 하느님은 결코 정죄한 적이 없으시기 때문이다. 용서가 필요하기 위해서는 먼저 정죄가 있어야 한다. 이 세상은 용서를 대단히 필요로 하지만, 그 이유는 단지 이 세상이 환상의 세상이기 때문이다. 따라서 용서하는 자는 자신을 환상에서 해방하지만, 용서하지 않는 자는 자신을 환상에 묶어둔다. 너는 오로지 너 자신만을 정죄하듯이, 오로지 너 자신만을 용서한다.

² 하느님은 비록 용서하지 않으시지만, 하느님의 사랑은 용서의 근거다. 두려움은 정죄하고, 사랑은 용서한다. 이렇게 용서는 두려움이 낳은 것을 무효화하여, 마음을 하느님에 대한 자각으로 되돌려 놓는다. 이런 까닭에, 용서는 진정으로 구원이라 불릴 수 있다. 용서는 환상이 사라지게 하는 수단이다.

³ 오늘은 5분씩 다 채워 최소한 3회 실시하는 긴 연습, 그리고 되도록 자주 실시하는 짧은 연습이 필요하다. 여느 때처럼 오늘의 아이디어를 따라 말하면서 연습을 시작하라. 그러면서 눈을 감고 마음을 살펴서, 네가 아직 용서하지 않은 사람들을 찾아내면서 1, 2분을 보내라. 네가 "얼마나" 용서하지 않았는지는 중요하지 않다. 너는 그들을 완전히 용서했거나 아니면 전혀 용서하지 않은 것이다.

⁴ 연습을 잘하고 있다면, 네가 아직 용서하지 않은 사람 몇 명을 어렵지 않게 찾아낼 수 있을 것이다. 네가 좋아하지 않는 사람이라면 누구든 적절한 대상으로 보아도 무방하다. 한 사람씩 거명하면서 다음과 같이 말하라:

⁵ ＿＿＿님, 하느님은 사랑이시며, 나는 그 사랑 안에서 당신을 용서합니다.

⁶ 오늘 연습 전반부의 목적은, 너 자신을 용서할 수 있는 최적의 입장에 너를 놓는 것이다. 마음에 떠오른 모든 이에게 오늘의 아이디어를 적용한 후, 너 자신에게 다음과 같이 말해주어라:

⁷ 하느님은 사랑이시며, 나는 그 사랑 안에서 나 자신을 용서한다.

⁸ 그런 다음 남은 시간은 다음과 같이 관련된 아이디어를 떠올리며 보내라:

> ⁹ 하느님은 **사랑**이시며, 나는 그 **사랑**으로 나 자신을 사랑한다.
> 하느님은 **사랑**이시며, 나는 그 **사랑** 안에서 축복받았다.

¹⁰ 적용할 때 형식은 상당히 다양할 수 있지만, 중심 아이디어를 잊어서는 안 된다. 예를 들어 다음과 같이 말할 수 있다:

> ¹¹ 나는 하느님의 아들이므로, 죄가 있을 수 없다.
> 나는 이미 용서받았다.
> 하느님이 사랑하시는 마음 안에는 두려움이 있을 수 없다.
> 사랑이 나를 용서했으므로, 나는 공격할 필요가 없다.

¹² 하지만 연습을 마칠 때는 오늘의 아이디어를 원래 제시된 대로 한 번 따라 말해야 한다.

¹³ 짧은 연습은 오늘의 아이디어를 원래의 형식이나 관련된 형식으로 반복해도 좋고, 필요하다면 보다 구체적으로 적용해도 좋다. 구체적인 적용은, 하루를 보내며 네가 어떤 사람에게 부정적으로 반응하고 있음을 알아차릴 때마다 필요할 것이다. 그가 네 옆에 있든 없든 상관없다. 이런 경우 그에게 속으로 다음과 같이 말해주어라:

> ¹⁴ 하느님은 **사랑**이시며, 나는 그 **사랑** 안에서 당신을 용서합니다.

47과

하느님은 힘이시며, 나는 그 힘을 신뢰한다.

1 너 자신의 힘을 신뢰한다면, 걱정하고 불안해하고 두려워하는 것은 아주 당연하다. 네가 무엇을 예측하거나 통제할 수 있겠는가? 무엇이 네 안에 있어 의지할 수 있겠는가? 무엇이 너에게 문제의 모든 측면을 다 알아차리고, 그로부터 좋은 결과만 나올 수 있도록 해결할 능력을 주겠는가? 네 안에 무엇이 있어 너에게 바른 해결책을 알아보게 하고, 그것이 성취될 것이라고 보장하겠는가?

2 너 스스로는 그중 아무것도 할 수 없다. 만약 네가 할 수 있다고 믿는다면, 신뢰가 부당한 것을 신뢰하고, 두려움과 걱정, 우울과 분노, 슬픔을 정당화하는 것이다. 그 누가 약함을 신뢰하면서 자신이 안전하다고 느낄 수 있겠는가? 반면에 그 누가 강함을 신뢰하면서 자신이 약하다고 느낄 수 있겠는가?

3 하느님은 모든 상황에서 너의 안전이시다. 하느님의 음성은 모든 상황에서, 모든 상황의 모든 국면에서 하느님을 대변하며, 하느님의 힘과 보호를 청하려면 무엇을 해야 하는지 정확하게 말해준다. 거기에는 아무런 예외도 없다. 하느님께는 아무런 예외도 없기 때문이다. 그리고 하느님을 대변하는 음성은 하느님이 생각하시듯 생각한다.

4 오늘 우리는 너의 약함을 지나 진정한 힘의 근원에 도달하려고 시도할 것이다. 오늘은 매번 5분씩 총 4회의 연습이 필요하며, 더 길게 더 자주 연습할 것도 강력히 권한다. 눈을 감고 여느 때처럼 오늘의 아이디어를 따라 말하면서 연습을 시작하라. 그런 다음 네가 삶에서 두렵다고 여긴 여러 상황을 찾아내면서 1, 2분 정도를 보내라. 그러는 동안 다음과 같이 말하면서 각 상황을 떨쳐버려라:

5 하느님은 힘이시며, 나는 그 힘을 신뢰한다.

6 이제 네가 무능하다는 느낌과 관련된 모든 걱정을 슬쩍 지나치려고 하라. 너를 걱정하게 만드는 모든 상황이 무능하다는 느낌과 관련되어 있다는 것은 명백하다. 그렇지 않다면 너는 그 상황을 성공적으로 다룰 수 있다고 믿을 것이기 때문이다. 너 자신에 대한 신뢰를 통해서는 확신을 얻을 수 없을 것이다. 그러나 네 안에 있는 하느님의

힘은 모든 일에 있어서 성공적이다.

7 너 자신의 연약함을 인식하는 것은 너의 잘못을 교정하는 과정에서 필수적인 단계다. 그러나 이 단계는 네가 필요로 하고 당연히 받을 권리가 있는 확신을 얻기에는 충분하지 않다. 너는 또한 너의 진정한 힘을 확신하는 것이 모든 측면과 모든 상황에서 아주 정당하다는 자각도 얻어야 한다.

8 연습의 후반부에는, 너의 마음속으로 침잠해 들어가 진정으로 안전한 곳에 도달하려고 시도하라. 아무리 짧게라도 깊은 평화를 느낀다면, 네가 이미 그곳에 도달했음을 알게 될 것이다. 마음의 표면에서 요동치고 들끓는 온갖 사소한 것들을 모두 보내버리고, 그 아래로 내려가 천국에 도달하라. 네 안에 완벽한 평화가 있는 곳이 있다. 네 안에 불가능한 일이 없는 곳이 있다. 네 안에 하느님의 힘이 머무는 곳이 있다.

9 오늘의 아이디어를 자주 따라 말하라. 모든 소란에 오늘의 아이디어로 대응하라. 평화는 너의 권리임을 기억하라. 왜냐하면 너는 하느님의 힘을 신뢰하기 때문이다.

48과

두려워할 것은 아무것도 없다.

¹ 오늘의 아이디어는 단지 하나의 사실을 말할 뿐이다. 오늘의 아이디어는 환상을 믿는 자들에게는 사실이 아니지만, 환상은 사실이 아니다. 진실로, 두려워할 것은 아무것도 없다. 이것을 인식하기는 아주 쉽다. 하지만 환상이 참이기를 바라는 자가 이것을 인식하기는 아주 어렵다.

² 오늘의 연습은 아주 짧고, 아주 간단하고, 아주 잦을 것이다. 단지 오늘의 아이디어를 가능한 한 자주 따라 말하기만 하라. 언제 어떤 상황에서든, 눈을 뜬 채 오늘의 아이디어를 사용할 수 있다. 하지만 가능할 때마다 1분 정도 눈을 감고 오늘의 아이디어를 속으로 천천히 여러 번 따라 말할 것을 강력히 권한다. 무엇이든 네 마음의 평화를 깨트린다면 즉각적으로 오늘의 아이디어를 사용하는 것이 아주 중요하다.

³ 두려움이 있다는 것은 네가 너 자신의 힘을 신뢰하고 있다는 확실한 신호다. 두려워할 것이 아무것도 없음을 깨닫는 것은, 네가 비록 그곳이 어디인지 아직 인식하지는 못할지라도 마음속 어딘가에서 하느님을 기억했으며, 하느님의 힘이 너의 힘을 대체하도록 허락했음을 보여준다. 네가 기꺼이 이렇게 하려는 용의를 내는 순간, 두려워할 것은 과연 아무것도 없다.

49과

하느님의 음성이 하루 종일 내게 말씀하신다.

¹ 일상생활에 전혀 방해받지 않고 하루 종일 하느님의 음성에 귀 기울이는 것은 꽤 가능한 일이다. 너의 마음에서 진리가 머물러 사는 부분은 네가 의식하든 의식하지 못하든 하느님과 늘 소통하고 있다. 세상에서 기능하면서 세상의 법칙을 따르는 것은 네 마음의 다른 부분이다. 늘 산만하고 무질서하며, 아주 불확실한 것도 바로 이 부분이다.

² 하느님의 음성에 귀 기울이는 부분은 차분하고, 언제나 안식하며, 전적으로 확신한다. 그것은 실제로 존재하는 유일한 부분이다. 다른 부분은 거친 환상으로서, 광적으로 날뛰고 제정신이 아니지만, 실재성은 전혀 없다. 오늘 그것에 귀 기울이지 않으려고 하라. 너의 마음에서 고요와 평화가 영원히 지배하는 부분과 동일시하려고 하라. 너를 사랑스럽게 부르며, 너의 창조주가 당신의 아들을 잊지 않았음을 일깨워 주는 하느님의 음성을 들으려고 하라.

³ 오늘은 5분씩 하는 연습을 최소한 4회 실시해야 하며, 가능하면 더 많이 해야 한다. 우리는 실제로 너에게 하느님과 너의 자아에 대해 일깨워 주는 음성을 들으려고 시도할 것이다. 우리는 이렇게 가장 행복하고 거룩한 생각에 확신을 가지고 다가갈 것이다. 그러면서 우리는 우리의 뜻을 하느님의 뜻과 결합하고 있음을 알기 때문이다. 하느님은 네가 당신의 음성을 듣기를 원하신다. 하느님은 네가 들으라고 당신의 음성을 너에게 주셨다.

⁴ 깊은 침묵 속에서 들어라. 아주 고요히 있으면서, 너의 마음을 열어라. 너의 실재생각들을 뒤덮어서 너와 하느님의 영원한 연결 고리를 가리는 모든 시끄러운 비명과 병적인 상상물들을 지나쳐 가라. 이 미친 세상의 광적이고 소란스러운 생각과 소리와 모습 너머에서 너를 기다리는 평화 속으로 깊이 침잠해 들어가라. 너는 그 세상에 살고 있지 않다. 우리는 너의 진짜 집에 도달하려고 시도하고 있다. 우리는 네가 참으로 환영받는 곳에 도달하려고 시도하고 있다. 우리는 하느님께 도달하려고 시도하고 있다.

⁵ 오늘의 아이디어를 굉장히 자주 따라 말하는 것을 잊지 말라. 필요할 때는 눈을 뜨고 하되, 가능할 때는 눈을 감고 하라. 할 수 있을 때마다 조용히 앉아 세상에 대해 눈

을 감고, 네가 하느님의 음성을 초대하여 말씀하실 것을 청하고 있음을 알아차리면서, 오늘의 아이디어를 천천히 따라 말하는 것을 잊지 말라.

50과

나는 하느님의 사랑에 의지해 살아간다.

¹ 여기에 네가 오늘과 내일, 그리고 모든 시간에 걸쳐 직면할 모든 문제에 대한 답이 있다. 이 세상에서 너는 하느님 외의 모든 것에 의지해 살아간다고 믿는다. 너는 아주 하찮으면서도 제정신이 아닌 상징들을 믿는다. 그것들은 알약, 돈, "보호해 주는" 옷, "영향력", "명망", 인기, "적절한" 사람들을 아는 것, 그리고 네가 마법적인 힘을 부여하는 무의 형식들을 모아놓은 끝없는 목록이다. 이 모든 것은 하느님의 사랑에 대한 너의 대체품들이다. 이 모든 것은 네가 몸과의 동일시를 보장하기 위해 애지중지하는 것이다. 그것들은 에고에게 바치는 찬가다.

² 가치 없는 것을 믿지 말라. 너는 그것에 의지해 살아갈 수 없을 것이다. 오로지 하느님의 사랑만이 어떤 상황에서든 너를 보호해 줄 것이다. 그것은 너를 모든 시련에서 건져내서 이 세상에서 지각되는 모든 위험 위로 높이 들어올려, 완벽한 평화와 안전이 있는 환경에 놓아줄 것이다. 그것은 너를, 아무것도 위협할 수 없고 아무것도 교란할 수 없으며, 하느님 아들의 영원한 평온을 침범할 수 있는 것은 아무것도 없는 마음 상태로 데려다줄 것이다.

³ 환상에 믿음을 두지 말라. 환상은 너를 실망시킬 것이다. 너의 모든 믿음을, 너의 내면에 있는 하느님의 사랑에 두어라. 그것은 영원하고 변함없으며, 영원히 실망시키지 않는다. 이것은 네가 오늘 직면하는 모든 것에 대한 답이다. 네 안에 있는 하느님의 사랑을 통해, 너는 어려워 보이는 온갖 일들을 애쓰지 않고 확신 속에 해결할 수 있다. 오늘 이것을 너 자신에게 자주 말해주어라. 그것은 우상에 대한 믿음에서 해방되었다는 선언문이다. 그것은 너 자신에 대한 진리를 인정하는 것이다.

⁴ 오늘 아침저녁으로 10분씩 두 번, 오늘의 아이디어가 너의 의식으로 깊이 침잠해 들어가도록 허용하라. 오늘의 아이디어를 따라 말하고, 그것에 대해 생각해 보고, 관련된 생각들이 떠오르도록 허용하여, 네가 그 아이디어의 진리를 인식할 수 있도록 도움을 받아라. 그리고 든든히 보호해 주는 담요처럼 평화가 너를 감싸 흐르게 하라. 헛되고 어리석은 생각들이 들어와 하느님 아들의 거룩한 마음을 교란하도록 허락하지 말라. 그러한 것이 바로 천국이다. 그러한 것이 바로 아버지가 너를 영원히 두신 안식처다.

복습 1

¹ 우리는 오늘부터 열흘간 복습 기간을 갖겠다. 이미 제시된 첫 번째 아이디어부터 쉰 번째 아이디어까지, 매일 차례대로 다섯 개씩 다룰 것이다. 각 아이디어 다음에는 복습하면서 숙고해야 할 짧은 설명이 나올 것이다. 다음과 같이 연습하라:

² 하루를 시작할 때 다섯 개의 아이디어와 그에 따른 설명을 읽어라. 그런 다음 온종일 그 아이디어들에 대해 숙고하라. 그럴 때 특정한 순서를 따를 필요는 없지만, 각 아이디어를 가지고 최소한 한 번씩은 연습해야 한다. 각 연습에 2분이나 그 이상을 사용하여, 해당 아이디어와 그에 관련된 설명에 대해 생각하라. 온종일 가능한 한 자주 이렇게 하라. 다섯 개의 아이디어 중 어느 하나가 다른 것들보다 더 마음에 끌린다면, 그 아이디어에 집중하라. 그러나 하루를 마칠 때는 반드시 모든 아이디어를 다시 한번 복습하는 것을 잊지 말라.

³ 연습할 때, 각 아이디어 뒤에 나오는 설명을 문자 그대로 철저히 다룰 필요는 없다. 오히려 단지 설명의 핵심에 중점을 두려 하고, 그것을 해당 아이디어를 복습하는 일의 일부라고 생각하라.

⁴ 복습은 눈을 감고 되도록 혼자 있을 때 조용한 곳에서 해야 한다. 이것은 너의 학습 단계의 복습에서 특히 강조되는 점이다. 하지만 앞으로는 네가 배운 것을 적용하기 위해 어떤 특별한 환경도 필요로 하지 않도록 배워야 한다. 이미 평온하고 조용해 보이는 상황보다는, 마음을 심란하게 하는 듯한 상황에서 네가 배운 것을 적용하는 것이 가장 필요할 것이다.

⁵ 너의 배움의 목적은, 네가 늘 조용함을 지니고 다니면서 괴로움과 혼란을 치유할 수 있게 하는 것이다. 이것은 괴로움과 혼란을 피하고 너 혼자만의 고립된 피난처를 구하는 방법으로는 이루어지지 않는다. 너는 머지않아 평화가 너의 일부임을, 그리고 평화는 네가 어떤 상황에 있든 그 자리에서 그 상황을 온전히 수용할 것만을 요구한다는 것을 배울 것이다. 그리고 마침내 너는 네가 있는 곳에는 한계가 없으며, 따라서 너의 평화도 너처럼 어디에나 있음을 배울 것이다.

⁶ 너는 복습의 목적을 위해 아이디어들이 항상 원래의 형식대로 주어지지는 않음을 알아차릴 것이다. 아이디어를 복습에서 주어진 대로 사용하라. 아이디어를 원래의 문

장으로 사용할 필요도 없고, 그때 제시된 방식으로 적용할 필요도 없다. 우리는 지금 앞에서 다룬 쉰 개의 아이디어들 사이의 관계와, 그것들이 너를 인도해 데려가는 사고체계의 통합성을 강조하고 있다.

51과

¹ 오늘의 복습은 아래에 나오는 아이디어들을 다룬다:

[1] 내가 보는 것은 아무것도 의미하지 않는다.

² 이것이 그러한 이유는, 나는 아무것도 아닌 것을 보며, 아무것도 아닌 것은 아무런 의미도 갖고 있지 않기 때문이다. 보는 법을 배우려면, 나는 이것을 인식할 필요가 있다. 내가 지금 본다고 생각하는 것이 비전의 자리를 차지하고 있다. 비전이 자신의 자리를 차지하게 하려면, 내가 지금 본다고 생각하는 것이 아무런 의미도 갖고 있지 않음을 깨달아서 내려놓아야 한다.

[2] 내가 보는 것이 내게 갖는 의미는 전부 내가 부여했다.

³ 나는 그동안 내가 바라보는 모든 것을 판단했다. 그리고 내가 보는 것이라고는 단지 이것뿐이다. 이것은 비전이 아니다. 그것은 단지 실재라는 환상에 불과하다. 나는 그동안 실재와 아주 무관하게 판단했기 때문이다. 나는 보기를 원하므로, 나의 판단에 타당성이 없음을 기꺼이 인식하고자 한다. 나의 판단은 그동안 나를 해쳤고, 따라서 나는 그것에 근거하여 보기를 원하지 않는다.

[3] 나는 내가 보는 그 무엇도 이해하지 못한다.

⁴ 나는 내가 보는 것을 이미 잘못 판단해 버렸거늘, 어떻게 그것을 이해할 수 있겠는가? 내가 보는 것은 나 자신의 잘못된 생각의 투사물이다. 나는 내가 보는 것을 이해하지 못한다. 그것은 이해할 수 없는 것이기 때문이다. 그것을 이해하려고 노력하는 것은 아무런 의미도 없다. 하지만 그것을 내려놓고서, 보고 이해하고 사랑할 수 있는 것을 위한 자리를 만드는 것은 충분한 근거가 있다. 단지 그렇게 하려는 용의를 내기

만 하면, 나는 지금 보는 것을 그것으로 바꿀 수 있다. 이야말로 내가 전에 내렸던 선택보다 더 나은 선택이 아니겠는가?

[4] 이 생각은 아무것도 의미하지 않는다.

5 내가 알아차리는 생각이 아무것도 의미하지 않는 이유는, 내가 하느님 없이 생각하려고 하기 때문이다. 내가 "나의" 생각이라고 부르는 것은 나의 실재생각이 아니다. 나의 실재생각은 내가 하느님과 함께 생각하는 생각이다. 내가 나의 실재생각을 알아차리지 못하는 이유는, "나의" 생각이 그 자리를 차지하게 했기 때문이다. 나는 "나의" 생각이 아무것도 의미하지 않음을 기꺼이 인식하고 내려놓으려는 용의를 낸다. 나는 나의 생각으로 대체하려 한 바로 그 생각이 나의 생각을 대체하게 하겠다고 선택한다. "나의" 생각은 의미가 없지만, 모든 창조물은 내가 하느님과 함께 생각하는 생각 안에 놓여있다.

[5] 나는 결코 내가 생각하는 이유로 속상한 것이 아니다.

6 나는 내가 생각하는 이유로 속상한 것이 아니다. 왜냐하면 나는 끊임없이 "나의" 생각을 정당화하려고 하기 때문이다. 나는 끊임없이 나의 생각을 참인 것으로 만들려고 한다. 나는 나의 분노를 정당화하고, 나의 공격을 옳다고 주장하기 위해 모든 것을 나의 "적"으로 만든다. 나는 내가 보는 모든 것에 이런 역할을 부여함으로써 그것들을 얼마나 악용했는지 깨닫지 못했다. 나는 나의 사고체계를 지키려고 그렇게 했다. 그것은 그동안 나를 해쳤으며, 이제 나는 더 이상 그것을 원하지 않는다. 나는 기꺼이 그 사고체계를 내려놓을 용의가 있다.

52과

¹ 오늘의 복습은 다음과 같은 아이디어들을 다룬다:

[6] 내가 속상한 이유는 거기에 없는 것을 보기 때문이다.

² 실재는 결코 무섭지 않다. 실재가 나를 속상하게 만드는 것은 불가능하다. 실재는 오로지 완벽한 평화만을 가져다준다. 내가 속상하다면, 그것은 항상 내가 지어낸 환상으로 실재를 대체했기 때문이다. 그리고 환상이 속상하게 만드는 이유는, 내가 환상에 실재성을 부여함으로써 실재를 환상으로 여기기 때문이다. 하느님의 창조물 중에 그 무엇도 나의 이런 혼란에 의해 어떤 식으로든 영향받지 않는다. 나는 항상 아무것도 아닌 것 때문에 속이 상한다.

[7] 나는 오로지 과거만 본다.

³ 나는 주위를 둘러보면서 내가 바라보는 세상을 정죄한다. 나는 이것을 봄seeing이라고 부른다. 나는 과거를 들이대며 모든 사람과 모든 것을 비난함으로써 그들을 나의 "적"으로 만든다. 나 자신을 용서하고 내가 누구인지 기억했을 때, 나는 내가 보는 모든 사람과 모든 것을 축복할 것이다. 그때 과거는 전혀 없을 것이며, 따라서 "적"도 전혀 없을 것이다. 그리고 나는 전에는 보지 못했던 모든 것을 사랑으로 바라볼 것이다.

[8] 나의 마음은 과거 생각에 사로잡혀 있다.

⁴ 나는 오로지 나 자신의 생각들만 보며, 나의 마음은 과거에 사로잡혀 있다. 그렇다면 내가 무엇을 있는 그대로 볼 수 있겠는가? 나는 나의 마음에 현재가 떠오르는 것을 막으려고 과거를 바라본다는 것을 기억하겠다. 나는 내가 시간을 사용하여 하느님께 맞서려 한다는 것을 이해하겠다. 나는 과거를 놓아줄 때 아무것도 포기하는 것이 아

님을 깨닫고, 과거를 놓아주는 법을 배우겠다.

[9] 나는 그 무엇도 지금 있는 그대로 보지 않는다.

[5] 내가 만약 그 무엇도 지금 있는 그대로 보지 않는다면, 실제로 아무것도 보지 않는다고 말할 수 있다. 나는 오로지 지금 있는 것만 볼 수 있다. 나는 과거를 볼 것인지 현재를 볼 것인지 선택하는 것이 아니라, 단지 볼 것인지 보지 않을 것인지 선택하는 것이다. 나는 이제껏 보기로 선택한 것 때문에 비전을 잃었다. 이제 나는 볼 수 있도록 다시 선택하겠다.

[10] 내 생각은 아무것도 의미하지 않는다.

[6] 나에게는 사적인 생각이 전혀 없다. 그런데도 나는 단지 사적인 생각만 알아차리고 있다. 그렇다면 이 생각이 무엇을 의미할 수 있겠는가? 그것은 존재하지 않으며, 따라서 아무것도 의미하지 않는다. 하지만 나의 마음은 창조물의 일부자 그 **창조주**의 일부다. 진정으로 나의 것인 모든 것을 나의 보잘것없고 무의미한 "사적인" 생각으로 감추는 대신에, 우주와 함께 생각하는 편이 낫지 않을까?

53과

¹ 오늘 우리는 다음의 아이디어들을 복습하겠다:

[11] 나의 의미 없는 생각이 내게 의미 없는 세상을 보여준다.

² 내가 알아차리는 생각들은 아무것도 의미하지 않으므로, 그 생각들을 그려내는 세상에도 어떤 의미가 있을 수 없다. 이 세상을 만들어내고 있는 것은 제정신이 아니며, 그 세상이 만들어내는 것도 역시 제정신이 아니다. 실재는 정신 이상이 아니다. 그리고 나에게는 정신 이상인 생각뿐만 아니라 실재생각real thought도 있다. 그러므로 내가 보기 위한 안내자로 실재생각에 의지한다면, 실재세상real world을 볼 수 있다.

[12] 내가 속상한 이유는, 의미 없는 세상을 보기 때문이다.

³ 정신 이상인 생각은 속상하게 만든다. 그런 생각은 질서라고는 찾아볼 수 없는 세상을 만들어낸다. 오로지 혼돈만이 혼란스러운 생각을 나타내는 세상을 지배한다. 그리고 혼돈에는 아무런 법칙도 없다. 이런 세상에서 나는 평화로이 살 수 없다. 나는 이런 세상이 실제가 아니며, 내가 그 세상에 가치를 두기로 선택하지 않는 한 그것을 전혀 볼 필요가 없다는 것에 감사한다. 따라서 나는 완전히 정신 이상이고 아무런 의미도 없는 것에 가치를 두기로 선택하지 않는다.

[13] 의미 없는 세상이 두려움을 일으킨다.

⁴ 완전히 정신 이상인 것은 두려움을 일으킨다. 그것은 전혀 의지할 만하지 않고, 신뢰의 근거를 제공하지 않기 때문이다. 광기에 빠진 것은 의지할 만하지 않다. 그것은 안전도 희망도 전혀 제시하지 못한다. 하지만 그런 세상은 실제가 아니다. 나는 그 세상에 실재성의 환상을 부여하고는, 그것에 대한 나의 믿음으로 인해 고통받았다. 이제

나는 이런 믿음을 거둬들이고, 실재를 신뢰하기로 선택한다. 이런 선택을 내림으로써 나는 두려움의 세상이 낳은 모든 결과에서 벗어날 것이다. 그것은 그 세상이 존재하지 않음을 인정하는 것이기 때문이다.

[14] 하느님은 의미 없는 세상을 창조하지 않으셨다.

5 하느님이 의미 없는 세상을 창조하지 않으셨다면, 그런 세상이 어떻게 존재할 수 있겠는가? 하느님은 모든 의미의 근원이시며, 실제인 것은 모두 하느님의 마음 안에 있다. 그것들은 또한 내 마음 안에도 있다. 하느님은 그것들을 나와 함께 창조하셨기 때문이다. 완벽한 창조물이 나의 집이거늘, 내가 왜 나 자신의 정신 이상 생각이 낳은 결과로 계속 고통받아야 하겠는가? 나는 나에게 결정하는 힘이 있음을 기억하고, 내가 실제로 머물러 사는 곳을 인식하겠다.

[15] 내 생각은 내가 만든 이미지다.

6 내가 보는 모든 것은 내 생각을 반영한다. 내 생각들이야말로 내가 어디에 있고, 내 정체가 무엇인지 나에게 말해준다. 내가 고통과 상실과 죽음의 세상을 보고 있다는 사실은, 내가 단지 나의 정신 이상 생각이 나타난 것만 보고 있으며, 그것들 위로 나의 실재생각이 자비로운 빛을 비추도록 허용하지 않는다는 것을 보여준다. 하지만 하느님의 길은 확실하다. 내가 만들어낸 이미지들은 하느님을 이길 수 없다. 그렇게 되는 것은 나의 뜻이 아니기 때문이다. 나의 뜻은 곧 하느님의 뜻이다. 따라서 나는 하느님 앞에 다른 신을 두지 않겠다.

54과

¹ 다음은 오늘 복습할 아이디어들이다:

[16] 나에게 중립적인 생각이란 없다.

² 중립적인 생각이 불가능한 이유는, 모든 생각은 힘을 가지고 있기 때문이다. 생각은 거짓된 세상을 만들거나, 혹은 나를 실재세상으로 인도할 것이다. 생각에는 결과가 없을 수 없다. 내가 잘못 생각함으로써 내가 보는 세상이 일어나듯이, 나의 잘못이 교정되도록 허용할 때 내 눈앞에 실재세상이 일어날 것이다. 내 생각은 참도 아니고 거짓도 아닐 수는 없다. 내 생각은 참이거나 거짓일 수밖에 없다. 내 생각이 그중 어느 것인지는 내가 보는 것을 통해 알 수 있다.

[17] 나는 중립적인 것은 아무것도 보지 않는다.

³ 내가 보는 것은 내가 무엇을 생각하는지 증언한다. 내가 만약 생각하지 않는다면, 나는 존재하지 않을 것이다. 생명은 곧 생각이기 때문이다. 나는 내가 보는 세상을 내 마음 상태의 표현으로 보겠다. 나는 내 마음 상태가 변할 수 있음을 안다. 따라서 내가 보는 세상도 마찬가지로 변할 수 있음을 안다.

[18] 내 봄seeing의 결과를 경험하는 것은 나 혼자만이 아니다.

⁴ 나에게 사적인 생각이 전혀 없다면, 나는 사적인 세상을 볼 수 없다. 분리라는 미친 아이디어조차도 내가 보는 세상의 기반을 이루기 위해서는 먼저 공유되어야 했다. 하지만 그 공유는 아무것도 아닌 것의 공유였다. 마찬가지로 나는, 모든 이와 모든 것을 공유하는 나의 실재생각을 불러올 수도 있다. 분리에 대한 나의 생각이 다른 이들에게서 분리의 생각을 불러일으키듯이, 나의 실재생각은 그들 안에서 실재생각을 일

깨운다. 그리고 나의 실재생각이 나에게 보여주는 세상은 나는 물론 그들의 눈앞에도 분명해질 것이다.

[19] 내 생각의 결과를 경험하는 것은 나 혼자만이 아니다.

⁵ 나는 무엇을 하든 혼자가 아니다. 내가 생각하고 말하고 행하는 모든 것은 온 우주에 영향을 끼쳤다. 하느님의 아들은 헛되이 생각하거나 말하거나 행할 수 없다. 그는 무엇을 하든 혼자일 수 없다. 그러므로 나의 마음과 더불어 모든 마음을 바꾸는 것은 나의 권능에 달려있다. 나의 권능은 곧 하느님의 권능이기 때문이다.

[20] 나는 보기로 결심했다.

⁶ 내 생각이 공유된다는 특성을 인식하면서, 나는 반드시 보겠다고 결심한다. 나는 세상의 사고방식이 바뀌었음을 보여주는 증거를 바라볼 것이다. 나는 나를 통해 이루어진 것으로 인해 사랑이 두려움을, 웃음이 울음을, 풍요가 상실을 대체할 수 있었음을 보여주는 증거를 볼 것이다. 나는 실재세상을 바라보면서, 나의 뜻과 하느님의 뜻이 하나임을 배울 것이다.

55과

¹ 오늘은 다음의 아이디어들로 복습한다:

[21] 나는 다르게 보기로 결심했다.

² 내가 지금 보는 것은 단지 병과 재난, 그리고 죽음의 징후일 뿐이다. 이것은 하느님이 당신의 사랑하는 아들을 위해 창조하신 것일 수 없다. 내가 그런 것을 본다는 바로 그 사실이야말로 내가 하느님을 이해하지 못한다는 증거다. 그러므로 나는 하느님의 아들도 이해하지 못한다. 내가 보는 것은 나에게, 나는 내가 누구인지 모른다는 것을 말해준다. 나는 나에 대한 환상을 보여주는 증인들 대신에 내 안의 진리에 대한 증인들을 보겠다고 결심한다.

[22] 내가 보는 것은 복수의 한 형식이다.

³ 내가 보는 세상은 결코 사랑하는 생각의 표현이 아니다. 그것은 모든 것이 모든 것을 공격하는 그림이다. 그것은 결코 하느님의 사랑과 그분 아들의 사랑을 반영한다고 말할 수 없다. 나 자신의 공격 생각이 이러한 그림을 생겨나게 했다. 나의 사랑하는 생각은 세상에 대한 이러한 지각에서 나를 구하고, 하느님이 나에게 뜻하신 평화를 안겨줄 것이다.

[23] 나는 공격 생각을 포기함으로써 내가 보는 세상에서 벗어날 수 있다.

⁴ 나의 구원은 다른 어느 곳도 아닌 바로 여기에 놓여있다. 공격 생각이 없다면, 나는 공격의 세상을 볼 수 없을 것이다. 용서를 통해 사랑이 나의 의식에 돌아올 때, 나는 평화롭고 안전하고 기쁜 세상을 볼 것이다. 나는 지금 바라보는 것 대신에 바로 이것을 바라보기로 선택한다.

[24] 나는 나 자신의 최선의 이익을 지각하지 못한다.

[5] 나는 내가 누구인지 모르는데, 나 자신의 최선의 이익을 어떻게 인식할 수 있겠는가? 내가 나의 최선의 이익이라고 생각하는 것은 단지 나를 환상의 세상에 더 단단히 묶어둘 뿐이다. 나 혼자서는 나 자신의 최선의 이익을 지각할 수 없음을 인식하기에, 나는 그것을 찾을 수 있도록 하느님이 내게 주신 안내자를 기꺼이 따르겠다.

[25] 나는 어떤 것이 무엇을 위해 존재하는지 알지 못한다.

[6] 나에게 있어 모든 것의 목적은 내가 나에 대해 품은 환상이 실제임을 증명하는 것이다. 바로 이 목적을 위해 나는 모든 사람과 모든 것을 이용하려고 한다. 나는 세상도 이 목적을 위해 존재한다고 믿는다. 그러므로 나는 세상의 진정한 목적을 인식하지 못한다. 내가 세상에 부여한 목적으로 인해, 무시무시한 세상이 그려졌다. 나는 내가 세상에 부여한 목적을 거둬들이고 세상에 대한 진실을 배움으로써, 세상의 진정한 목적을 향해 나의 마음을 열겠다.

56과

1 오늘 우리는 다음의 아이디어들을 복습한다:

[26] 나의 공격 생각이 나의 상처받을 수 없음을 공격한다.

2 나 자신이 끊임없이 공격받고 있다고 여긴다면, 내가 누구인지 어떻게 알 수 있겠는가? 고통과 질병, 상실과 노화, 그리고 죽음이 나를 위협하는 듯이 보인다. 나의 모든 희망과 소망과 계획은 내가 통제할 수 없는 세상의 처분에 달린 듯이 보인다. 하지만 나는 완벽한 안전과 완전한 성취를 유산으로 받았다. 나는 내가 보는 세상을 얻는 대가로 나의 유산을 내주려고 했다. 그러나 하느님은 나의 유산을 나 대신 안전하게 간직해 두셨다. 나의 실재생각은 나의 유산이 무엇인지 가르쳐줄 것이다.

[27] 다른 무엇보다도 나는 보기를 원한다.

3 내가 보는 것이 내가 생각하는 나의 정체를 반영한다는 것을 인식하기에, 나는 나에게 비전이 절실히 필요함을 깨닫는다. 내가 보는 세상은 내가 만든 자아 이미지의 무시무시한 본성을 입증한다. 내가 누구인지 기억하고자 한다면, 나 자신에 대한 이러한 이미지를 내려놓는 것이 아주 중요하다. 그것이 진리로 대체될 때, 비전은 나에게 확실히 주어질 것이다. 그리고 이러한 비전을 가지고, 나는 세상과 나 자신을 자비롭고 사랑스럽게 바라보겠다.

[28] 다른 무엇보다도 나는 다르게 보기를 원한다.

4 내가 보는 세상은 나의 무시무시한 자아 이미지를 붙잡아 두고서 그것의 존속을 보장한다. 내가 세상을 지금 보는 대로 보는 한, 진리는 나의 의식으로 들어올 수 없다. 나는 이 세상 뒤의 문이 열리게 하여, 그 너머로 하느님의 사랑을 반영하는 세상

을 바라보겠다.

[29] 내가 보는 모든 것에 하느님이 계신다.

5   내가 만든 모든 이미지 뒤에는 진리가 변함없이 남아있다. 나는 사랑의 얼굴 위에 장막을 드리웠지만, 그 모든 장막 뒤에는 사랑의 빛이 흐려지지 않고 여전히 빛난다. 그리고 나의 모든 미친 소망 너머에서는, 나의 뜻이 아버지의 뜻과 연합되어 있다. 하느님은 여전히 모든 곳과 모든 것에 영원히 계신다. 하느님의 일부인 우리는 머지않아 모든 겉모습 너머를 보고, 그 모든 것 너머의 진리를 인식할 것이다.

[30] 하느님이 내 마음에 계시므로, 내가 보는 모든 것에 하느님이 계신다.

6   나 자신의 마음 안에, 분리와 공격에 대한 그 모든 미친 생각 뒤에, 모든 것이 영원히 하나라는 앎이 있다. 내가 누구인지에 대한 앎을 잊었다고 해서, 내가 그것을 잃어버린 것은 아니다. 그러한 앎은 당신의 생각들을 떠나지 않으신 하느님의 마음 안에 간직되어 왔다. 그 생각들 가운데 하나인 나는 그 생각들과 하나며 하느님과도 하나다.

¹ 오늘은 다음의 아이디어들을 복습하자:

[31] 나는 내가 보는 세상의 희생자가 아니다.

² 내가 어떻게 나의 선택에 따라 완전히 무효화될 수 있는 세상의 희생자가 될 수 있겠는가? 나를 묶은 사슬은 헐거워졌다. 나는 단지 원하기만 하면 그 사슬을 내려놓을 수 있다. 감옥 문은 열려있다. 나는 그저 걸어 나가기만 하면 그곳을 떠날 수 있다. 나를 이 세상에 붙잡아 두는 것은 아무것도 없다. 계속 머물고 싶어 하는 나의 소망만이 나를 죄수로 잡아둔다. 나는 나의 미친 소망들을 포기하고, 마침내 햇빛 속으로 걸어 들어가겠다.

[32] 내가 보는 세상은 내가 지어냈다.

³ 내가 갇혀있다고 생각하는 감옥은 내가 지어낸 것이다. 내가 할 일이라고는 단지 이것을 인식하는 것뿐이다. 그러면 나는 자유로워진다. 나는 나 자신을 속여서 하느님의 아들을 감옥에 가두는 것이 가능하다고 믿도록 만들었다. 나는 그렇게 믿는 쓰라린 실수를 했으며, 이제는 더 이상 그런 믿음을 원하지 않는다. 하느님의 아들은 영원히 자유로울 수밖에 없다. 그는 내가 지어내려는 모습이 아니라, 하느님이 창조하신 그대로다. 그는 내가 죄수로 가뒀다고 생각한 곳이 아니라, 하느님이 그가 있기를 원하시는 곳에 있다.

[33] 세상을 보는 다른 방법이 있다.

⁴ 세상의 목적은 내가 세상에 부여한 목적이 아니므로, 분명 세상을 바라보는 다른 방법이 있을 것이다. 나는 모든 것을 거꾸로 보며, 나의 생각은 진리와 정반대다. 나

는 세상을 하느님의 아들을 가둔 감옥으로 본다. 그렇다면 실제로 세상은 그가 자유로이 풀려날 수 있는 곳임에 틀림없다. 나는 세상을 있는 그대로 바라보고, 하느님의 아들이 자신의 자유를 발견하는 장소로 보겠다.

[34] 나는 이것 대신 평화를 볼 수 있다.

⁵ 내가 세상을 자유로운 곳으로 바라볼 때, 세상은 내가 지어내서 복종시킨 규칙 대신에 하느님의 법칙을 반영한다는 것을 깨달을 것이다. 나는 세상에 전쟁이 아닌 평화가 깃들어 있음을 이해할 것이다. 그리고 나와 더불어 세상을 공유하는 모든 이의 가슴에도 평화가 깃들어 있음을 지각할 것이다.

[35] 나의 마음은 하느님 마음의 일부다. 나는 매우 거룩하다.

⁶ 세상의 평화를 나의 형제들과 공유할 때, 나는 이 평화가 나의 내면 깊은 곳에서 나온다는 것을 이해하기 시작한다. 내가 바라보는 세상은 나의 용서의 빛을 받아들여 나에게 용서를 되비쳐 준다. 이 빛 속에서 나는, 나 자신에 대한 환상이 감춰온 것을 보기 시작한다. 나는 나 자신을 포함한 살아있는 만물이 거룩함을, 그리고 그들이 나와 하나임을 이해하기 시작한다.

58과

1 오늘은 다음의 아이디어들을 복습한다:

[36] 나의 거룩함이 내가 보는 모든 것을 감싼다.

2 나의 거룩함으로부터 실재세상에 대한 지각이 나온다. 나는 이미 용서했기에, 나 자신을 더 이상 죄 있다고 보지 않는다. 나는 나에 대한 진리인 결백함을 받아들일 수 있다. 이해하는 눈을 통해 보면, 세상의 거룩함이 내가 보는 모든 것이다. 나는 단지 나 자신에 대해 품은 생각만을 그려낼 수 있기 때문이다.

[37] 나의 거룩함이 세상을 축복한다.

3 나의 거룩함에 대한 지각은 나 혼자만을 축복하지 않는다. 나의 거룩함의 빛 속에서 내가 보는 모든 이들과 사물들은 그 거룩함이 내게 안겨주는 기쁨을 공유한다. 이 기쁨과 떨어져 있는 것은 아무것도 없다. 나의 거룩함을 공유하지 않는 것은 아무것도 없기 때문이다. 내가 나의 거룩함을 인식할 때, 세상의 거룩함도 누구나 볼 수 있도록 밝게 빛난다.

[38] 나의 거룩함이 할 수 없는 것은 아무것도 없다.

4 나의 거룩함은 치유하는 힘에 있어서 한계가 없다. 그것은 구원하는 힘에 있어서 한계가 없기 때문이다. 환상이 아니라면 내가 과연 무엇에서 구원되겠는가? 나 자신에 대한 거짓된 아이디어가 아니라면 그 모든 환상이 과연 무엇이겠는가? 나의 거룩함은 나에 대한 진리를 주장함으로써 환상들을 전부 무효화한다. 내가 하느님과 공유하는 나의 거룩함 앞에서, 모든 우상이 사라진다.

[39] 나의 거룩함이 곧 나의 구원이다.

⁵ 나의 거룩함은 나를 모든 죄의식에서 구원하므로, 나의 거룩함을 인식하는 것은 곧 나의 구원을 인식하는 것이다. 그것은 또한 세상의 구원을 인식하는 것이기도 하다. 내가 일단 나의 거룩함을 받아들이기만 하면, 그 무엇도 나를 두렵게 만들 수 없다. 그리고 내가 두려워하지 않기 때문에, 모든 이가 나의 이해를 공유할 것이다. 그것은 하느님이 나와 세상에게 주시는 선물이다.

[40] 나는 하느님의 아들로서 축복받았다.

⁶ 이 아이디어는 내가 모든 좋은 것들, 그리고 오로지 좋은 것들만 내 것이라고 주장하는 근거가 된다. 나는 하느님의 아들로서 축복받았다. 좋은 것들은 전부 내 것이다. 하느님은 그것들을 내 것으로 뜻하셨기 때문이다. 나의 정체로 인해, 나는 그 어떤 상실도 겪을 수 없고 박탈이나 고통에 시달릴 수도 없다. 나의 아버지가 만사에 나를 지지하고 보호하고 인도하신다. 나에 대한 아버지의 보살피심은 무한하며, 영원히 내 곁에 머문다. 나는 하느님의 아들로서 영원히 축복받았다.

59과

¹ 오늘은 다음의 아이디어들을 복습한다:

[41] 내가 어디를 가든, 하느님이 함께 가신다.

² 하느님이 항상 나와 함께 가시거늘, 내가 어찌 외로울 수 있겠는가? 완벽한 확실성
이 하느님 안에 깃들어 있거늘, 내가 어찌 나 자신에 대해 확신을 잃고 의심할 수 있
겠는가? 하느님이 내 안에서 지극한 평화 속에 안식하시거늘, 내가 어찌 무엇에든 흔
들릴 수 있겠는가? 사랑과 기쁨이 하느님을 통해 나를 둘러싸고 있거늘, 내가 어찌 고
통받을 수 있겠는가? 나는 나 자신에 대한 환상을 소중히 여기지 않겠다. 내가 어디를
가든 하느님이 함께 가시므로, 나는 완벽하다.

[42] 하느님은 나의 힘이시고, 비전은 그분의 선물이다.

³ 나는 오늘 나의 눈에 의지해서 보지 않겠다. 나는 봄seeing에 대한 나의 초라한 환상
과 하느님이 주신 비전을 기꺼이 맞바꾸고자 한다. 그리스도의 비전은 하느님의 선물
이며, 하느님은 그것을 이미 나에게 주셨다. 오늘 나는 영원을 이해할 수 있도록, 이
선물을 요청하겠다.

[43] 하느님은 나의 근원이시다. 나는 그분과 떨어져서는 볼 수 없다.

⁴ 나는 하느님이 내가 보기를 원하시는 것을 볼 수 있다. 나는 다른 것은 아무것도 볼
수 없다. 하느님의 뜻 너머에는 오로지 환상들만 놓여있을 뿐이다. 이러한 환상들이
야말로, 내가 하느님과 떨어져서 볼 수 있다고 생각할 때 선택하는 것이다. 이러한 환
상들이야말로, 내가 몸의 눈을 통해 보려고 할 때 선택하는 것이다. 하지만 나에게는
그것들을 대체할 그리스도의 비전이 주어져 있다. 나는 바로 이러한 비전을 통해 보

기로 선택한다.

[44] 하느님은 빛이시며, 나는 그 빛 안에서 본다.

⁵ 나는 어둠 속에서는 볼 수 없다. 하느님은 유일한 빛이시다. 따라서 내가 보고자 한다면, 하느님을 통해 보아야 한다. 나는 그동안 봄이 무엇인지 정의하려고 했지만, 잘못 정의했다. 이제 나는 하느님은 빛이시며, 나는 그 빛 안에서 본다는 것을 이해한다. 나는 비전을, 그리고 그것이 나에게 보여줄 행복한 세상을 반가이 맞이하겠다.

[45] 하느님은 마음이시며, 나는 그 마음으로 생각한다.

⁶ 나에게는 하느님과 공유하지 않는 생각이 전혀 없다. 나에게 하느님과 떨어져 있는 생각이 전혀 없는 이유는, 나에게는 하느님의 마음과 떨어져 있는 마음이 전혀 없기 때문이다. 나는 하느님 마음의 일부므로, 나의 생각들은 곧 하느님의 생각들이고 하느님의 생각들은 곧 나의 생각들이다.

60과

¹ 오늘은 다음의 아이디어들을 복습한다:

[46] 하느님은 사랑이시며, 나는 그 사랑 안에서 용서한다.

² 하느님은 용서하지 않으신다. 하느님은 결코 정죄한 적이 없으시기 때문이다. 결백한 자는 비난할 수 없으며, 자신의 순결을 받아들인 자는 용서할 것을 아무것도 보지 않는다. 하지만 용서는 내가 나의 순결을 인식할 수단이다. 용서는 하느님의 사랑이 땅에 반영된 것이다. 용서는 나를 천국에 아주 가까이 데려가서, 하느님의 사랑이 나에게 내려와 나를 집으로 들어올릴 수 있게 한다.

[47] 하느님은 힘이시며, 나는 그 힘을 신뢰한다.

³ 나는 나 자신의 힘으로 용서하지 않는다. 나는 내 안에 있는 하느님의 힘으로 용서한다. 용서할 때 나는 이러한 힘을 기억하는 것이다. 내가 보기 시작함에 따라, 나는 땅에서 하느님의 반영을 인식한다. 내 안에서 소용돌이치는 하느님의 힘을 느끼기 때문에, 나는 모든 것을 용서한다. 그리고 내가 잊기로 선택했지만 나를 잊은 적이 없는 사랑을 기억하기 시작한다.

[48] 두려워할 것은 아무것도 없다.

⁴ 내가 세상을 볼 수 있게 될 때, 세상은 나의 눈에 얼마나 안전하게 보일지! 세상은 내가 지금 본다고 상상하는 것과는 완전히 다르게 보일 것이다. 내가 보는 모든 이와 모든 사물이 나에게 다가와 나를 축복할 것이다. 나는 모든 이 안에서 나의 가장 친한 친구를 인식할 것이다. 내가 용서한 세상, 나를 용서한 세상에 두려워할 것이 과연 무엇이 있겠는가?

[49] 하느님의 음성이 하루 종일 내게 말씀하신다.

5 하느님의 음성은 나를 구원하기 위해 단 한 순간도 멈추지 않고 나에게 용서하라고 청한다. 하느님의 음성은 단 한 순간도 어김없이 나의 생각을 지휘하고, 나의 행위를 안내하며, 나의 발길을 인도한다. 나는 진리를 향해 확고히 걸어가고 있다. 내가 갈 수 있는 다른 곳이란 없다. 하느님의 음성이야말로 그분의 아들에게 주어진 유일한 음성이자 유일한 안내자기 때문이다.

[50] 나는 하느님의 사랑에 의지해 살아간다.

6 하느님의 음성에 귀 기울일 때, 나는 하느님의 사랑에 의지해 살아가는 것이다. 내가 눈을 뜰 때, 하느님의 사랑이 세상을 환히 밝혀 나로 하여금 볼 수 있게 한다. 내가 용서할 때, 하느님의 사랑이 나에게 당신의 아들은 죄가 없다고 일깨워 준다. 그리고 내가 하느님이 주신 비전으로 세상을 바라볼 때, 나 자신이 하느님의 아들임을 기억한다.

61과

나는 세상의 빛이다.

¹ 하느님의 아들 외에 과연 누가 세상의 빛이겠는가? 그렇다면 오늘의 아이디어는 단지 너 자신에 대한 진리를 말하는 것에 불과하다. 그것은 자만이나 오만, 혹은 자기기만에 대해 말하는 것과는 정반대다. 그것은 네가 만든 자아 개념을 묘사하지 않는다. 그것은 네가 너의 우상들에게 부여한 어떤 특성도 언급하지 않는다. 그것은 하느님이 창조하신 대로의 너에 대해 언급한다. 그것은 다만 진리를 말할 뿐이다.

² 에고에게 오늘의 아이디어는 자기 미화의 전형이다. 그러나 에고는 겸손을 이해하지 못하기에, 겸손을 자기 비하라고 잘못 생각한다. 겸손이란, 구원에서 네가 맡은 역할만 받아들이고 다른 역할은 받아들이지 않는 것이다. 세상의 빛이 되는 것이 하느님이 네게 부여하신 기능인데 그럴 수 없다고 우긴다면, 그것은 겸손이 아니다. 이것이 너의 기능일 수 없다고 주장하는 것은 단지 오만일 뿐이다. 그리고 오만은 항상 에고의 것이다.

³ 진정한 겸손은 네가 오늘의 아이디어를 받아들일 것을 요구한다. 그것이 참이라고 말해주는 것은 바로 하느님의 음성이기 때문이다. 그것은 땅에서 너의 진정한 기능을 받아들이는 과정에서 첫 번째 단계다. 그것은 네가 구원에서 마땅히 있어야 할 자리를 차지하기 위해 내딛는 거대한 발걸음이다. 그것은 네가 구원되어야 할 권리를 적극적으로 주장하는 것이며, 다른 이들을 구원하라고 너에게 주어진 권능을 인정하는 것이다.

⁴ 너는 오늘 가능한 한 자주 이 아이디어에 대해 생각해 보고 싶을 것이다. 그것은 모든 환상에 대한, 따라서 모든 유혹에 대한 완벽한 답이다. 그것은 너 자신에 대해 만든 모든 이미지를 진리로 가져와서, 네가 아무런 부담 없이 목적을 확신하며 평화 속에 떠날 수 있도록 돕는다.

⁵ 오늘은 가능한 한 자주 연습해야 한다. 하지만 매번 연습할 때 1~2분을 넘길 필요는 없다. 다음과 같이 말하면서 연습을 시작하라:

⁶ 나는 세상의 빛이다.

이것이 바로 나의 유일한 기능이다.

이것이 바로 내가 여기에 있는 이유다.

7 그런 다음 잠시 이 말에 대해 생각해 보라. 상황이 허락한다면 되도록 눈을 감고 하라. 관련된 생각이 몇 가지 떠오르게 허용하고, 마음이 중심 생각을 벗어나 방황할 때는 오늘의 아이디어를 속으로 따라 말하라.

8 하루를 연습으로 시작하고 연습으로 마치는 것을 잊지 말라. 그럼으로써 너는 너 자신에 대한 진리를 인정하면서 깨어나고, 하루 종일 그 진리를 강화하며, 네가 이곳에서 가진 기능과 유일한 목적을 재확인하면서 잠들 것이다. 이렇게 두 번 하는 연습이 유익하다고 생각하여 더 늘리고 싶다면, 다른 연습들보다 더 길게 해도 좋다.

9 오늘의 아이디어는, 너의 정체는 무엇이고 너의 목적은 무엇인지에 대한 에고의 하찮은 견해를 훨씬 뛰어넘는다. 구원을 가져다주는 자로서, 이것은 분명 필수적이다. 이것은 우리가 앞으로 몇 주 동안 내디딜 몇 번의 거대한 발걸음들 가운데 첫 번째 발걸음이다. 오늘 이러한 발전을 위한 굳건한 토대를 쌓기 시작하라.

10 너는 세상의 빛이다. 하느님은 당신의 아들을 구원하기 위한 계획을 네 위에 세우셨다.

62과

세상의 빛으로서, 나의 기능은 용서다.

¹ 너의 용서를 통해, 어둠의 세상이 빛으로 보내진다. 너의 용서를 통해, 너는 빛을 알아차리게 되어 그 안에서 볼 수 있게 된다. 용서는 네가 세상의 빛이라는 증거다. 너의 용서를 통해, 너 자신에 대한 진리가 너의 기억에 돌아온다. 그러므로 너의 용서 안에, 너의 구원이 놓여있다.

² 너 자신에 대한 환상과 세상은 하나다. 그러므로 모든 용서는 너 자신에게 주는 선물이다. 너는 창조물을 공격하고 그 창조주를 공격함으로써 너의 정체를 부정해 왔기에, 네가 누구인지 알아내는 것이 너의 목표가 되었다. 지금 너는 진리를 기억하는 법을 배우고 있다. 그러기 위해서는, 공격을 용서로 대체하여 생명의 생각이 죽음의 생각을 대체하도록 해야 한다.

³ 너는 공격할 때마다 너 자신의 약함을 불러일으키지만, 용서할 때는 항상 네 안에서 그리스도의 강함을 불러일으키는 것이다. 이를 기억하라. 그러면 용서가 너를 위해 무엇을 할지 이해하기 시작하지 않겠는가? 용서는 너의 마음에서 약함과 긴장, 피로의 느낌을 전부 제거할 것이다. 용서는 두려움과 죄의식, 고통을 전부 없애줄 것이다. 용서는 네가 상처받을 수 없으며, 하느님이 당신의 아들에게 주신 권능을 가졌음을 다시 자각하게 해줄 것이다.

⁴ 오늘 하루를 기꺼이 이 아이디어를 연습하면서 시작하고 끝내자. 또한 온종일 가능한 한 자주 사용하자. 그것은 네가 하느님이 바라시는 대로 오늘을 행복하게 지낼 수 있도록 도울 것이다. 그것은 또한 네 주위 사람들은 물론이고, 시공간상 멀리 떨어져 있는 듯한 사람들도 그러한 행복을 너와 공유할 수 있도록 도울 것이다.

⁵ 가능한 한 자주 눈을 감고 다음과 같이 말하라:

> ⁶ 세상의 빛으로서, 나의 기능은 용서다.
> 나는 나의 기능을 완수하여 행복해지겠다.

⁷ 그런 다음 너의 기능에 대해, 그리고 그것이 너에게 안겨줄 행복과 해방에 대해 숙

고하면서 1, 2분 정도를 보내라.

8 관련된 생각들이 자유롭게 떠오르게 하라. 너의 가슴은 그러한 말을 인식할 것이며, 네 마음 안에는 그것이 참이라는 자각이 있다. 주의가 산만해진다면, 오늘의 아이디어를 따라 말한 후 다음과 같이 덧붙여라:

9 나는 이것을 기억하겠다. 나는 행복해지기를 원하기 때문이다.

63과

나의 용서를 통해, 세상의 빛이 모든 마음에게 평화를 안겨준다.

1 모든 마음에게 평화를 안겨줄 힘을 가졌으니, 그러한 너는 얼마나 거룩한지! 자신을 통해 이것을 이룰 수단을 인식하는 법을 배울 수 있으니, 그러한 너는 얼마나 축복받았는지! 다른 어떤 목적이 있어 너에게 이보다 더 큰 행복을 안겨줄 수 있겠는가?

2 너는 정녕 이러한 기능을 가진, 세상의 빛이다. 하느님의 아들이 자신을 구원해 달라고 너를 바라본다. 구원은 네가 가지고 있으면서 하느님의 아들에게 줄 수 있는 것이다. 구원은 본래 네 것이기 때문이다. 그 대신에 어떤 하찮은 목적도, 어떤 무의미한 갈망도 받아들이지 말라. 그렇지 않으면 너는 너의 기능을 잊고 하느님의 아들을 지옥에 남겨둘 것이다. 나는 너에게 실없는 요청을 하는 것이 아니다. 나는 너에게, 구원이 네가 줄 수 있는 네 것이 되도록 구원을 받아들이라고 요청하고 있다.

3 우리는 오늘 우리의 기능이 얼마나 중요한지 인식하면서, 그것을 행복한 마음으로 자주 기억할 것이다. 우리는 우리의 기능을 인정하면서 하루를 시작하고, 그것에 대한 생각을 마음에 간직한 채 하루를 마칠 것이다. 그리고 하루 종일 다음의 구절을 되도록 자주 따라 말할 것이다:

4 나의 용서를 통해, 세상의 빛이 모든 마음에게 평화를 안겨준다.
나는 하느님이 세상의 구원을 위해 임명하신 수단이다.

5 이에 대해 숙고하는 1~2분 동안 눈을 감을 수 있다면 관련된 생각이 더 쉽게 떠오를 수도 있다. 하지만 그런 기회가 오기를 기다리지는 말라. 오늘의 아이디어를 강화할 어떤 기회도 놓치지 말라.

6 하느님의 아들이 자신을 구원해 달라고 너를 바라보고 있음을 기억하라. 그리고 너의 자아가 아니라면 과연 누가 하느님의 아들이겠는가?

64과

나의 기능을 잊지 말게 하소서.

¹ 오늘의 아이디어는 "제가 유혹에 빠지지 말게 하소서."를 다른 방법으로 말하는 것에 불과하다. 네가 보는 세상은 용서라는 너의 기능을 가리고, 그러한 기능을 잊어야 할 변명거리를 제공하는 것이 그 목적이다. 그것은 물질적인 외관을 취함으로써 하느님과 그분의 아들을 저버리려는 유혹이다. 바로 이것이 몸의 눈이 바라보는 것이다.

² 몸의 눈이 보는 듯한 모든 것은 단지 유혹의 형식들에 불과하다. 그것이 몸 자체의 목적이었기 때문이다. 하지만 우리가 이미 배웠듯이, 성령은 네가 만든 모든 환상을 위한 다른 용도를 가지고 있으며, 따라서 그것들 안에서 다른 목적을 본다. 성령에게 이 세상은 네가 너의 죄라고 생각하는 것을 용서하는 법을 배우는 장소다. 이렇게 지각할 때, 유혹의 물질적인 외관은 구원에 대한 영적인 인식이 된다.

³ 지난 며칠의 레슨을 복습하자면, 이곳에서 너의 기능은 세상의 빛이 되는 것이며, 그것은 하느님이 네게 주신 기능이다. 오로지 에고의 오만만이 너를 부추겨 이에 의문을 제기하도록 만들며, 오로지 에고의 두려움만이 너를 꾀어 너 자신을 하느님이 주신 임무를 수행할 자격이 없는 자로 보게 만든다.

⁴ 세상의 구원이 너의 용서를 기다리고 있다. 너의 용서를 통해 하느님의 아들이 모든 환상에서 벗어나며, 그리하여 모든 유혹에서 벗어나기 때문이다. 하느님의 아들은 바로 너다. 네가 행복해질 길은 하느님이 주신 기능을 완수하는 것뿐이다. 너의 기능은 행복을 가져다줄 수밖에 없는 수단을 사용해서 행복해지는 것이기 때문이다.

⁵ 다른 길이란 없다. 그러므로 너의 기능을 완수할지 말지 선택할 때마다, 너는 실제로 행복해질지 아닐지를 선택하는 것이다. 오늘 이것을 기억하자. 아침과 밤은 물론, 온종일 이것을 상기하자.

⁶ 오늘 네가 내릴 모든 결정은 실제로는 아주 단순함을 기억함으로써, 그러한 결정을 내릴 준비를 미리 하라. 각각의 결정은 행복이나 불행으로 이어질 것이다. 이렇게 단순한 결정이 어려울 수 있겠는가? 결정의 형식이 너를 속이도록 허용하지 말라. 형식이 복잡하다고 해서 내용도 복잡한 것은 아니다. 땅에서 내리는 어떤 결정도 이런 단순한 선택과 다른 내용을 가질 수는 없다. 그것은 성령이 보는 유일한 선택이다. 따라

서 그것은 존재하는 유일한 선택이다.

7 그러니 오늘 다음과 같은 생각들을 가지고 연습하자:

> 8 나의 기능을 잊지 말게 하소서.
> 내 것으로 하느님 것을 대체하려 하지 말게 하소서.
> 나로 하여금 용서하여 행복해지게 하소서.

9 오늘 적어도 한 번은 눈을 감고 10~15분 동안 이것을 숙고하며 보내라. 너의 기능이 너 자신과 세상에게 결정적으로 중요함을 기억한다면, 관련된 생각들이 떠올라 너를 도울 것이다.

10 오늘의 아이디어를 하루 종일 자주 적용하는 연습을 할 때는, 이 생각들을 떠올린 다음에 다른 생각은 일체 하지 말고 오로지 이 생각들에 대해서만 생각하면서 몇 분을 보내라. 처음에는 그렇게 하기가 힘들 것이다. 너는 특히 이에 필요한 마음 훈련에 숙달되지 않았기 때문이다. 집중하는 데 도움을 받으려면, "나의 기능을 잊지 말게 하소서."라고 꽤 자주 말해야 할 수도 있다.

11 짧은 연습은 두 가지 형식으로 실시해야 한다. 어떤 때는 눈을 감고 네가 적용하는 생각들에 집중하려고 하면서 연습하라. 다른 때는 그 생각들을 떠올린 다음에 계속 눈을 뜬 채로 주위를 천천히 무작위로 둘러보면서 다음과 같이 말하라:

> 12 바로 이 세상을 구원하는 것이 나의 기능이다.

65과

나의 유일한 기능은 하느님이 주신 기능이다.

¹ 오늘의 아이디어는 구원에 대한 너의 헌신을 재확인한다. 오늘의 아이디어는 또한, 너에게 구원 외에 다른 기능은 없다고 일깨워 준다. 전적인 헌신을 위해서는 이 두 가지 생각이 모두 필요하다. 네가 다른 목적을 계속 소중히 여기는 한, 구원은 너의 유일한 목적이 될 수 없다. 구원을 너의 유일한 기능으로 완전히 받아들이는 것에는 반드시 두 측면이 수반된다. 하나는 구원을 너의 기능으로 인식하는 것이며, 다른 하나는 네가 너 자신을 위해 지어낸 다른 목표들을 모두 포기하는 것이다. 이것이 바로, 세상의 구원자들 가운데서 너의 정당한 자리를 차지할 수 있는 유일한 방법이다. 이것이 바로, 네가 "나의 유일한 기능은 하느님이 주신 기능이다."라고 진심으로 말할 수 있는 유일한 방법이다. 이것이 바로, 네가 마음의 평화를 찾을 수 있는 유일한 방법이다.

² 오늘부터 앞으로 며칠 동안은 긴 연습을 할 시간을 미리 10~15분 정도 떼어놓고, 그 시간 동안 오늘의 아이디어가 진정으로 무엇을 의미하는지 이해하고 받아들이려고 시도하라. 그것은 네가 지각하는 모든 어려움에서 벗어나게 해준다. 그것은 너 자신에게 닫아버린 평화의 문을 여는 열쇠를 너의 손에 쥐어준다. 그것은 시간이 시작된 이래 네가 시도한 모든 추구에 대한 답을 준다.

³ 가능하다면 이렇게 하는 긴 연습을 매일 거의 같은 시간에 실시하려고 노력하라. 또한, 오늘 그 시간을 미리 정해놓고 되도록 잘 지키려고 노력하라.

⁴ 이렇게 하는 목적은, 네가 그날 추구할 모든 사소한 목적과 목표를 위해 시간을 따로 떼어놓는 것처럼, 하느님을 위한 시간을 따로 떼어놓기 위해 하루를 계획하는 것이다. 이것은 너의 마음에 필요한 장기적인 훈련의 일부다. 그럼으로써 성령은 그가 너와 공유하는 목적을 위해 너의 마음을 일관되게 사용할 수 있게 된다.

⁵ 이러한 긴 연습을 할 때는 오늘의 아이디어를 떠올리는 것으로 시작하라. 그런 다음 눈을 감고 아이디어를 다시 한번 따라 말한 후, 마음을 주의 깊게 관찰하면서 무슨 생각이 떠오르든 알아차려라.

⁶ 처음에는 오늘의 아이디어와 관련된 생각에만 집중하려고 하지 말라. 반대로 오늘

의 아이디어를 방해하려고 일어나는 생각을 하나하나 드러내려고 하라. 그런 생각이 떠오를 때마다 되도록 그것에 열중하거나 관심을 쏟는 대신에 그저 알아차리고, 다음과 같이 말하면서 놓아주어라:

7 이 생각은 내가 나의 유일한 기능을 받아들이는 것을 방해하는 목표를 나타낸다.

8 잠시 후면 방해하는 생각을 찾아내기가 어려워질 것이다. 하지만 앞에서 놓친 헛된 생각을 몇 개 더 찾으려고 시도하면서 1분 정도를 더 보내되, 애를 쓰거나 지나치게 노력하지는 말라. 그리고는 다음과 같이 말하라:

9 이 깨끗한 상태 위에 나의 진정한 기능이 나를 위해 새겨지게 하소서.

10 이 문장을 아주 똑같이 말할 필요는 없지만, 목적에 대한 너의 환상이 기꺼이 진리로 대체되게 하겠다는 느낌을 살려서 말하라.

11 마지막으로, 오늘의 아이디어를 한 번 더 따라 말한 다음 나머지 연습 시간은 오늘의 아이디어가 너에게 얼마나 중요한지, 네가 그것을 받아들여 너의 갈등이 영원히 해결되게 함으로써 얼마나 안도감을 느낄 것인지, 구원에 반대되는 너의 어리석은 아이디어들에도 불구하고 네가 구원을 얼마나 진정으로 원하는지에 집중하려고 하면서 보내라.

12 매시간 적어도 한 번은 실시해야 하는 짧은 연습에서는 다음의 형식으로 오늘의 아이디어를 적용하라:

13 나의 유일한 기능은 하느님이 주신 기능이다.
나는 다른 어떤 기능도 원하지 않으며, 다른 어떤 기능도 가지고 있지 않다.

14 때로는 눈을 감고 연습하고, 때로는 눈을 뜨고 주위를 둘러보며 연습하라. 오늘의 아이디어를 완전히 받아들인다면, 지금 네가 보는 것은 완전히 달라질 것이다.

66과

나의 행복과 나의 기능은 하나다.

¹ 네가 확실히 알아차렸듯이, 최근의 레슨들은 너의 기능을 완수하는 것과 네가 행복을 얻는 것 사이의 관련성을 강조한다. 이렇게 강조하는 이유는, 네가 그 관련성을 실제로 보지 못하기 때문이다. 하지만 그것들 사이에는 단순한 관련성 이상의 것이 있다. 사실 그것들은 똑같다. 그것들의 형식은 다르지만, 내용은 완전히 하나다.

² 에고는 너의 기능이 무엇인지에 대한 근본적인 질문을 놓고 성령과 끊임없이 다툰다. 그러하기에 에고는 너의 행복이 무엇인지에 대해서도 성령과 끊임없이 다툰다. 그것은 양쪽이 다 참여하는 전투가 아니다. 에고는 공격하지만, 성령은 반응하지 않는다. 성령은 너의 기능이 무엇인지 안다. 성령은 그것이 너의 행복임을 안다.

³ 우리는 오늘 전혀 의미 없는 이런 전투를 지나, 너의 기능에 대한 진리에 도달하려고 한다. 우리는 너의 기능이 무엇인지에 대한 끊임없는 논쟁에 휘말리지 않을 것이다. 우리는 행복을 정의하고 그것을 얻을 수단을 정하는 데 절망적으로 몰두하지 않을 것이다. 우리는 진리를 공격하는 에고의 말에 귀 기울임으로써 에고를 만족시키지도 않을 것이다. 우리는 다만 진리가 무엇인지 알아낼 수 있음에 기뻐할 것이다.

⁴ 오늘 우리가 실시하는 긴 연습의 목적은, 하느님이 주신 기능과 너의 행복은 아주 강한 관련성이 있을 뿐만 아니라 실제로 똑같음을 받아들이는 것이다. 하느님은 너에게 오로지 행복만 주신다. 그러므로 하느님이 네게 주신 기능은 행복일 수밖에 없다. 비록 겉으로는 다르게 보이지만 말이다. 오늘의 연습은 겉으로 보이는 이러한 차이점을 넘어서, 그것이 진실로 근거하는 공동의 내용을 인식하려는 시도다.

⁵ 긴 연습은 10~15분 정도 하는데, 다음의 생각을 숙고하면서 시작하라:

> ⁶ 하느님은 나에게 오로지 행복만 주신다.
> 하느님은 나에게 나의 기능을 주셨다.
> 따라서 나의 기능은 행복일 수밖에 없다.

⁷ 이 연속된 세 문장의 결론을 아직 받아들이지 못할지라도, 그 안에 있는 논리를 알

아차리려고 노력하라. 처음의 두 생각이 틀릴 경우에만, 그 결론이 거짓일 수 있다. 그러니 연습을 하는 동안 잠시 그 전제들에 대해 생각해 보자.

8 첫 번째 전제는, 하느님이 너에게 오로지 행복만 주신다는 것이다. 이것은 물론 거짓일 수 있지만, 이것이 거짓이 되기 위해서는 하느님을 하느님이 아닌 다른 무언가로 정의해야 한다. 사랑은 악을 줄 수 없으며, 행복이 아닌 것은 악이다. 하느님은 당신이 갖지 않은 것을 주실 수 없으며, 당신의 정체가 아닌 것은 가지실 수 없다. 하느님이 너에게 오로지 행복만 주시지 않는다면, 하느님은 분명 악일 것이다. 네가 첫 번째 전제를 받아들이지 않는다면, 하느님에 대한 이러한 정의를 믿는 것이다.

9 두 번째 전제는, 하느님이 너에게 너의 기능을 주셨다는 것이다. 우리는 그동안 너의 마음에는 오로지 두 부분만이 있음을 보았다. 한 부분은 에고가 지배하며, 환상으로 이루어져 있다. 다른 한 부분은 성령의 집으로서, 진리가 머무는 곳이다. 너는 단지 이 두 안내자들 가운데서만 선택할 수 있다. 그리고 너의 선택으로부터 나오는 결과는, 에고가 항상 일으키는 두려움과 성령이 두려움을 대체하려고 항상 선사하는 사랑만이 가능하다.

10 이와 같이 너의 기능은 하느님이 당신의 음성을 통해 확립하신 것이거나, 네가 하느님을 대체하려고 만들어낸 에고가 만든 것일 수밖에 없다. 어느 쪽이 참인가? 하느님이 너에게 너의 기능을 주시지 않았다면, 그것은 에고의 선물일 것이다. 에고는 그 자체로 하나의 환상으로서 단지 선물에 대한 환상만을 제공하거늘, 그러한 에고가 과연 너에게 줄 선물을 정말로 가졌겠는가?

11 오늘 긴 연습을 하는 동안 이에 대해 생각해 보라. 그리고 너의 기능에 대한 환상이 너의 마음 안에서 취한 많은 형식과, 네가 에고의 안내 아래 구원을 찾으려고 시도했던 많은 방법에 대해서도 생각해 보라. 너는 구원을 찾았는가? 너는 행복했는가? 그것들이 너에게 평화를 안겨주었는가?

12 오늘 우리는 아주 정직해야 한다. 결과를 공정하게 기억해 내고, 에고가 이제껏 무엇을 제안했든 그것에서 행복을 기대한 것이 과연 합리적이었는지도 숙고해 보라. 하지만 에고는 성령의 음성에 대한 유일한 대안일 뿐이다. 너는 광기에 귀 기울이거나, 혹은 진리를 들을 것이다. 우리의 결론이 근거한 전제들에 대해 생각해 보면서 이러한 선택을 내리려고 노력하라. 우리는 다른 어떤 결론도 아닌 오로지 이러한 결론만 공유할 수 있다. 그것은 하느님이 친히 우리와 공유하시는 결론이기 때문이다.

¹³ 오늘의 아이디어는 같은 것은 같은 것으로, 다른 것은 다른 것으로 지각하는 과정에서 또 한 번 내딛는 거대한 발걸음이다. 한쪽에는 모든 환상이 서있다. 모든 진리는 다른 쪽에 서있다. 오늘, 오로지 진리만이 참임을 깨달으려고 노력하자.

¹⁴ 오늘 짧은 연습은 매시간 두 번씩 실시하면 가장 도움이 될 것이다. 다음과 같은 형식으로 적용할 것을 제안한다:

> ¹⁵ 나의 행복과 나의 기능은 하나다. 하느님은 나에게 둘 다 주셨기 때문이다.

¹⁶ 이 말을 천천히 따라 말하면서 생각해 보는 데 1분 이상 걸리지 않을 것이며, 아마 더 적게 걸릴 것이다.

67과

사랑은 나를 그 자신과 닮게 창조했다.

¹ 오늘의 아이디어는 너의 정체에 대한 완전하고도 정확한 진술이다. 이것이 바로, 네가 세상의 빛인 까닭이다. 이것이 바로, 하느님이 너를 세상의 구원자로 임명하신 까닭이다. 이것이 바로, 하느님의 아들이 자신을 구해달라고 너를 바라보는 까닭이다. 하느님의 아들은 너의 정체에 의해 구원된다.

² 우리는 오늘 너에 대한 이러한 진리에 도달하여, 잠시만이라도 그것이 진리임을 깨달으려고 모든 노력을 다할 것이다. 긴 연습 시간 동안 우리는 너의 실재에 대해 생각할 것이며, 또한 전혀 변하지 않았고 변할 수도 없는 너의 실재의 특성에 대해서도 생각할 것이다. 우리는 너에 대한 이러한 진리를 말하는 것으로 연습을 시작한 후, 관련된 생각을 약간 덧붙이면서 몇 분을 보낼 것이다. 예를 들자면 다음과 같을 것이다:

³ 거룩함은 나를 거룩하게 창조했다.
친절함은 나를 친절하게 창조했다.
도움됨은 나를 도움되게 창조했다.
완벽함은 나를 완벽하게 창조했다.

⁴ 하느님이 당신 자신을 정의하시는 대로의 하느님과 일치하는 속성이라면 무엇이든 사용하기에 적당하다. 오늘 우리는 하느님에 대한 너의 정의를 무효화하고, 그것을 하느님 자신의 정의로 대체하려고 하고 있다. 우리는 또한, 너는 하느님이 당신 자신을 정의하신 것의 일부임을 강조하려고 하고 있다.

⁵ 이렇게 관련된 생각을 몇 개 떠올린 후, 잠시 준비 시간을 가지면서 모든 생각을 내려놓으려고 하라. 그런 다음 너 자신에 대해 지닌 모든 이미지와 선입견을 지나 너의 내면에 있는 진리에 도달하려고 하라. 사랑이 너를 그 자신과 닮게 창조했다면, 이러한 자아가 분명 너의 내면에 있을 것이다. 그리고 너의 마음속 어딘가에 네가 찾을 수 있도록 그 자아가 있다.

⁶ 주의를 흩트리는 생각을 대체하기 위해 오늘의 아이디어를 이따금 따라 말할 필요

가 있을 수도 있다. 그리고 이것으로는 충분치 않아서, 너 자신에 대한 진리와 관련된 다른 생각들을 계속 덧붙일 필요도 있을 수 있다. 하지만 어쩌면 너는 그것을 지나치고 생각 없음의 간격을 통과하여 찬란한 빛에 대한 자각에 도달할 것이며, 그 안에서 **사랑**이 창조한 대로의 너 자신을 인식하는 데 성공할 것이다. 네가 성공했다고 느끼든 아니든, 오늘 그런 자각을 앞당기기 위해 많은 일을 할 것임을 확신하라.

7 오늘의 아이디어를 할 수 있는 한 자주 연습하면 특히 도움이 될 것이다. 너는 너 자신에 대한 진리를 가능한 한 자주 들을 필요가 있다. 너의 마음은 거짓된 자아 이미지에 너무도 사로잡혀 있기 때문이다. 매시간 너덧 번, 혹은 더 자주 **사랑**이 너를 그 자신과 닮게 창조했음을 상기하면 아주 유익할 것이다. 그렇게 하면서 너 자신에 대한 진리를 들어라.

8 짧은 연습을 하는 동안에는, 너에게 이런 말을 들려주는 것은 너 혼자만의 작은 음성이 아님을 깨달으려고 노력하라. 이것은 너의 아버지와 너의 **자아**에 대해 일깨워주는, 하느님을 대변하는 **음성**이다. 이것은 에고가 너 자신에 대해 말해주는 모든 것을 하느님의 아들에 대한 단순한 진리로 대체하는 진리의 **음성**이다. 너는 사랑에 의해, 사랑 자신과 닮게 창조되었다.

68과

사랑은 불만을 품지 않는다.

¹ 너는 사랑에 의해, 사랑 자신과 닮게 창조되었기에, 불만을 품는 한 너의 자아를 알수 없다. 불만을 품는 것은 네가 누구인지를 잊는 것이다. 불만을 품는 것은 너 자신을 몸으로 보는 것이다. 그것은 에고가 너의 마음을 지배하도록 허락하고, 몸에게 사형을 선고하겠다는 결정이다.

² 어쩌면 너는 아직 불만을 품는 것이 너의 의식에 정확히 어떤 영향을 끼치는지 충분히 깨닫지 못할 것이다. 불만은 너를 너의 근원과 분리하여 그분과 닮지 않게 만들어 버리는 듯이 보인다. 불만은 너로 하여금, 네가 되어버렸다고 생각하는 그것과 너의 근원이 닮았다고 믿게 만든다. 자신의 창조주가 자신과 닮지 않았다고 상상할 수 있는 자는 아무도 없기 때문이다.

³ 너의 자아는 자신이 자신의 창조주와 닮았음을 의식하고 있건만, 네가 그런 너의 자아와 단절되면 너의 자아가 잠들었다고 보게 된다. 반면에 잠에 빠져 환상을 엮어내는 너의 마음 부분은 깨어있는 듯이 보인다. 이 모든 것이 불만을 품음으로써 일어날 수 있는가? 오, 정녕 그렇다! 불만을 품는 자는 자신이 사랑에 의해 창조되었음을 부정하며, 따라서 그의 창조주는 그의 증오의 꿈속에서 두려운 존재가 되어버렸다. 그 누가 증오의 꿈을 꾸면서도 하느님을 두려워하지 않을 수 있겠는가?

⁴ 불만을 품는 자들은 하느님을 자신의 이미지대로 재정의할 것이 확실하다. 하느님이 그들을 당신과 닮게 창조하셔서 당신의 일부로 정의하신 것이 확실하듯 말이다. 불만을 품는 자들은 죄의식에 시달릴 것이 확실하다. 용서하는 자들이 평화를 발견할 것이 확실하듯 말이다. 불만을 품는 자들은 자신이 누구인지 잊어버릴 것이 확실하다. 용서하는 자들이 그것을 기억할 것이 확실하듯 말이다. 네가 만약 이 모든 것이 사실임을 믿는다면, 기꺼이 너의 불만을 포기할 용의를 내지 않겠는가?

⁵ 아마도 너는 네가 모든 불만을 내려놓을 수 있다고는 생각하지 않을 것이다. 하지만 그것은 단지 동기 부여의 문제일 뿐이다. 오늘 우리는 불만이 없으면 어떤 느낌일지 알아내려고 할 것이다. 네가 아주 조금이라도 성공한다면, 다시는 동기를 부여받는 데 어려움을 겪지 않을 것이다.

⁶ 마음을 살펴서 네가 큰 불만을 품고 있다고 여기는 사람들을 찾아내면서 오늘의 긴 연습을 시작하라. 몇 사람은 찾아내기가 아주 쉬울 것이다. 다음에는 네가 좋아하거나, 심지어 사랑한다고 생각하는 사람들에게 품은 사소해 보이는 불만거리에 대해 생각해 보라. 네가 어떤 불만이든 품지 않은 사람은 아무도 없다는 것이 곧 분명해질 것이다. 이로 인해 너는 너 자신이 온 우주에 홀로 있다고 지각하게 되었다.

⁷ 이제 이 모든 사람을 친구로 보겠다고 결심하라. 한 사람씩 차례로 마음에 떠올린 후, 그들 모두를 하나로 여겨 다음과 같이 말해주어라:

> ⁸ 나는 당신을 나의 친구로 보고자 합니다.
> 그리하여 나는 당신이 나의 일부임을 기억하고,
> 나 자신을 알게 될 것입니다.

⁹ 나머지 연습 시간은 다음과 같이 하며 보내라: 네가 모든 사람은 물론 모든 사물과도 완전히 평화로운 관계에 있으며, 너를 보호하고 사랑하며 네가 그 보답으로 사랑을 돌려주는 세상에서 안전하게 있다고 생각하려 하라. 너를 둘러싸고, 네 위를 맴돌고, 너를 떠받쳐 주는 안전을 느껴보려고 하라. 아주 잠깐만이라도, 너를 어떤 식으로든 해칠 수 있는 것은 아무것도 없음을 믿으려고 하라. 다음과 같이 말하고 연습을 마쳐라:

> ¹⁰ 사랑은 불만을 품지 않는다.
> 내가 모든 불만을 내려놓을 때,
> 나 자신이 지극히 안전함을 알게 될 것이다.

¹¹ 짧은 연습은 상대방이 실제로 네 옆에 있든 없든 상관없이, 누군가에게 어떤 불만이든 생길 때마다 오늘의 아이디어를 다음의 형식으로 적용하는 것이다:

> ¹² 사랑은 불만을 품지 않는다.
> 나는 나의 자아를 배신하지 않겠다.

¹³ 거기에 더하여 오늘의 아이디어를 매시간 몇 차례 다음의 형식으로 반복하라:

¹⁴ 사랑은 불만을 품지 않는다.
나는 모든 불만을 내려놓고 나의 자아 안에서 깨어남으로써,
나의 자아로 깨어나고자 한다.

69과

나의 불만이 내 안에 있는 세상의 빛을 감춘다.

¹ 너의 불만이 감추는 것을 볼 수 있는 자는 아무도 없다. 너의 불만은 네 안에 있는 세상의 빛을 감추기 때문에, 모든 이가 어둠 속에 서있고 너도 그들 옆에 서있다. 그러나 네가 불만의 장막을 거둘 때, 너는 그들과 더불어 해방된다. 이제 네가 지옥에 있을 때 네 곁에 서있던 자와 너의 구원을 공유하라. 너희 둘 모두를 구하는 세상의 빛 안에서, 그는 너의 형제다.

² 오늘 네 안에 있는 빛에 도달하기 위해 다시 한번 진지한 시도를 하자. 긴 연습 시간 동안 이런 시도를 하기 전에, 우리가 지금 무엇을 시도하고 있는지 생각하며 몇 분을 보내자. 우리는 그야말로 세상의 구원에 가닿으려고 시도하고 있다. 우리는 그것을 가린 어둠의 장막을 지나서 보려고 시도하고 있다. 우리는 그 장막이 걷히게 하여, 하느님 아들의 눈물이 햇살 안에서 사라지는 것을 보려고 시도하고 있다.

³ 이 모든 것을 충분히 깨닫고, 우리가 그 무엇보다 더 소중히 여기는 것에 도달하겠다고 진지하게 결심하면서, 오늘의 긴 연습을 시작하자. 구원은 우리의 유일한 필요다. 이곳에 다른 목적이란 없으며, 완수해야 할 다른 기능도 없다. 구원을 배우는 것이 우리의 유일한 목표다. 우리 내면의 빛을 찾아내서 우리와 함께 그 빛을 구하는 모든 이가 바라보고 기뻐하도록 높이 들어올림으로써, 오늘 아주 오랜 추구를 끝내자.

⁴ 이제 눈을 감고 아주 조용히, 일반적으로 너의 의식을 차지하고 있는 내용물을 전부 내려놓으려고 시도하라. 너의 마음을 짙은 먹구름 층에 둘러싸인 아주 넓고 둥근 영역이라고 생각하라. 너는 그 전체 영역 바깥의 아주 멀리 떨어진 곳에 서있는 것 같아서, 단지 그 먹구름만 볼 수 있다.

⁵ 네가 서있는 곳에서 보면, 구름 속에 찬란한 빛이 감춰져 있다고 믿을 근거가 전혀 없다. 구름이 유일한 실재인 것 같다. 구름이 보이는 전부인 것 같다. 그러므로 너는 구름을 뚫고 지나가려는 시도를 하지 않는다. 하지만 구름이 실체가 없음을 확신할 유일한 방법은, 그렇게 뚫고 지나가 보는 것뿐이다. 오늘 우리는 그러한 시도에 나선다.

⁶ 네가 시도하는 일이 너 자신과 세상을 위해 가진 중요성을 생각해 본 후, 오늘 바로 지금 네가 얼마나 간절히 내면의 빛에 도달하기를 원하는지만 기억하면서, 지극한 고

요 속에 머물려고 하라. 구름을 뚫고 지나가겠다고 결심하라. 마음속으로 구름을 향해 손을 뻗어 만져보아라. 손으로 구름을 한쪽으로 치워버려라. 구름을 뚫고 지나갈 때 볼과 이마와 눈꺼풀에 머무는 구름을 느껴보아라. 계속 나아가라. 구름은 너를 멈출 수 없다.

7 연습을 제대로 하고 있다면, 너는 위로 들려져 앞으로 옮겨지는 느낌을 받기 시작할 것이다. 너의 약간의 노력과 작은 결심으로 우주의 권능이 와서 너를 돕고, 하느님이 몸소 너를 어둠에서 들어올려 빛 속에 놓아주실 것이다. 너는 하느님의 뜻과 일치되어 있다. 너는 실패할 수 없다. 너의 뜻은 곧 하느님의 뜻이기 때문이다.

8 오늘 너의 아버지를 신뢰하라. 아버지가 너의 말을 들으시고는 이미 응답하셨음을 확신하라. 너는 아직 그분의 응답을 인식하지 못할 수도 있다. 하지만 응답은 네게 주어졌으며, 너는 그것을 곧 받을 것임을 확신해도 좋다. 구름을 뚫고 빛을 향해 나아가려고 시도할 때, 이런 확신을 마음에 간직하려고 노력하라. 네가 마침내 너의 뜻을 하느님의 뜻에 결합하고 있음을 기억하려고 노력하라. 네가 하느님과 함께 시도하는 것은 성공할 수밖에 없다는 생각을 마음에 분명히 간직하려고 노력하라. 그러니 하느님의 권능이 네 안에서, 그리고 너를 통해 작동하게 하여, 하느님의 뜻과 너의 뜻이 이루어지게 하라.

9 너는 오늘의 아이디어가 너와 너의 행복에 아주 중요하다고 보기에, 짧은 연습을 가능한 한 자주 하고 싶어질 것이다. 연습을 할 때는 너의 불만이 세상의 빛을 너의 의식으로부터 감추고 있음을 기억하라. 그리고 너는 그 빛을 홀로 구하고 있지 않으며, 그것을 어디서 찾아야 하는지 진정 안다는 것도 기억하라. 그러니 다음과 같이 말하라:

10 나의 불만이 내 안에 있는 세상의 빛을 감춘다.
나는 내가 감춘 것을 볼 수 없다.
하지만 나 자신의 구원과 세상의 구원을 위해,
그 빛이 나에게 드러나기를 원한다.

11 너는 오늘 어떤 일을 들먹이며 누군가를 비난하려는 유혹을 느낄 수도 있다.

12 그럴 때는 속으로 다음과 같이 말하는 것을 잊지 말라:

13 내가 이 불만을 간직한다면, 세상의 빛이 나에게 감춰질 것이다.

70과

나의 구원은 나로부터 온다.

¹ 모든 유혹은 오늘의 아이디어를 믿지 않으려는 근본적인 유혹의 일종일 뿐이다. 구원은 너를 제외한 다른 곳에서 오는 듯이 보인다. 죄의식의 근원도 마찬가지다. 죄의식도 구원도 다른 어느 곳도 아닌 너 자신의 마음 안에 있다. 하지만 너는 그렇게 보지 않는다. 모든 죄의식은 순전히 네 마음의 발명품임을 깨달을 때, 너는 죄의식과 구원이 분명 같은 곳에 있음을 깨달을 것이다. 이것을 이해할 때, 네가 구원된다.

² 오늘의 아이디어를 받아들이는 "대가"처럼 보이는 것은 다음과 같다: 그것은 너 자신 밖에 있는 그 무엇도 너를 구원할 수 없고, 너 자신 밖에 있는 그 무엇도 너에게 평화를 안겨줄 수 없음을 의미한다. 하지만 그것은 또한 너 자신 밖에 있는 그 무엇도 너를 해치거나 너의 평화를 깨트리거나 너를 속상하게 만들 수 없음을 의미한다.

³ 오늘의 아이디어는 너를 우주의 책임자로 임명한다. 그곳은 네가 너의 정체로 인해 본래 속한 곳이다. 그것은 부분적으로 받아들일 수 있는 역할이 아니다. 그리고 너는 그 역할을 받아들이는 것이 곧 구원임을 분명히 보기 시작할 것이다. 하지만 너는, 죄의식이 네 마음 안에 있음을 인식하면 왜 구원도 역시 그곳에 있음을 깨닫게 되는지 그 이유를 분명히 이해하지 못할 수도 있다.

⁴ 하느님은 병의 치료법을 도움도 되지 않는 곳에 놓아두지 않으셨을 것이다. 그동안 너의 마음은 바로 그런 식으로 일했지만, 하느님의 **마음**은 그렇지 않다. 하느님은 네가 치유되기를 원하시기에, 치유의 필요가 있는 곳에 치유의 근원을 간직해 두셨다. 치유는 병을 위해 있건만, 너는 치유를 병과 분리함으로써 병을 유지하려고 온갖 시도를 다 하면서 하느님과 정반대로 하려고 했다. 그런 시도가 아무리 왜곡되고 허황되더라도 말이다.

⁵ 너의 목적은 치유가 일어나지 않도록 보장하는 것이었고, 하느님의 목적은 치유가 일어나도록 보장하는 것이었다. 오늘 우리는 하느님의 뜻과 우리의 뜻이 실제로 이 점에 있어서 똑같다는 것을 깨닫는 연습을 한다.

⁶ 하느님은 우리가 치유되기를 원하시며, 우리 자신도 정말로 병들기를 원하는 것은

아니다. 그것은 우리를 불행하게 만들기 때문이다. 그러므로 우리는 오늘의 아이디어를 받아들인다는 점에서 하느님과 일치한다. 하느님은 우리가 병들기를 원하지 않으시며, 그것은 우리도 마찬가지다. 하느님은 우리가 치유되기를 원하시며, 우리도 역시 그렇다.

7 우리는 오늘 10~15분 정도의 긴 연습을 두 번 실시할 것이다. 하지만 연습을 언제 할지는 여전히 너의 결정에 맡긴다. 우리는 앞으로 며칠 동안 이런 방식으로 연습할 것이다. 그러니 전에 그랬듯이 매일 연습하기 좋은 시간을 미리 정해놓고, 되도록 자신의 결심을 지키는 것이 좋다.

8 긴 연습은 오늘의 아이디어를 말하면서 시작하고, 구원은 너의 바깥에 있는 그 무엇으로부터도 오지 않는다는 인식을 나타내는 말을 더하라. 예를 들어 다음과 같이 말할 수 있다:

9 나의 구원은 나로부터 온다.
그것은 다른 어느 곳으로부터도 올 수 없다.

10 그런 다음 몇 분 동안 눈을 감고, 과거에 네가 구원을 찾았던 바깥의 몇몇 장소들, 예를 들어 다른 사람들, 소유물들, 다양한 상황과 사건들, 네가 실재화하려 했던 자아 개념들을 되돌아보라. 구원은 거기에 없었음을 인식하라. 속으로 다음과 같이 말하라:

11 나의 구원은 이 가운데 어느 것으로부터도 올 수 없다.
나의 구원은 오로지 나로부터 온다.

12 이제 우리는 다시 네 안에 있는 빛에 도달하려고 시도할 것이다. 그곳이 바로 너의 구원이 있는 곳이다. 그 빛을 둘러싼 구름 안에서는 구원을 찾을 수 없다. 하지만 너는 그동안 그곳에서 구원을 구해왔다. 구원은 거기에 없다. 구원은 구름을 지나 그 너머에 있는 빛 안에 있다. 네가 그 빛에 도달하려면 먼저 구름을 뚫고 지나가야 한다는 점을 기억하라. 또한, 네가 상상한 구름 모양 안에서는 오래 지속될 것이나 네가 원하는 것을 결코 발견하지 못했다는 점도 기억하라.

13 구원에 대한 모든 환상이 너를 실망시켰다. 그러니 네가 헛되이 우상을 구하여 구

름 안에 남아있기를 원하지 않는다는 점은 분명하다. 왜냐하면 너는 진정한 구원의 빛으로 아주 쉽게 걸어 들어갈 수 있기 때문이다. 네 마음에 드는 어떤 수단을 사용해서라도 구름을 통과하려고 시도하라. 도움이 된다면, 내가 너의 손을 잡고 인도해 준다고 생각하라. 장담하건대, 이것은 결코 헛된 상상이 아닐 것이다.

14 오늘 짧게 자주 실시하는 연습에서는, 너의 구원은 너로부터 오며, 너 자신의 생각 외에는 아무것도 너의 전진을 방해할 수 없음을 기억하라. 너는 외적인 모든 방해로부터 자유롭다. 너는 너의 구원을 책임지고 있다. 너는 세상의 구원을 책임지고 있다. 그러니 다음과 같이 말하라:

> 15 나의 구원은 나로부터 온다.
> 나의 바깥에 있는 것은 아무것도 나를 저지할 수 없다.
> 나의 내면에 세상의 구원과 나 자신의 구원이 있다.

71과

오로지 하느님의 구원 계획만이 효과가 있을 것이다.

1 너는 에고가 하느님의 구원 계획과 정반대의 구원 계획을 짜놓았음을 알아차리지 못할 것이다. 네가 믿는 것은 이러한 에고의 구원 계획이다. 그것은 하느님의 구원 계획과 정반대므로, 너는 또한 에고의 계획 대신 하느님의 계획을 받아들이는 것은 저주받을 일이라고 믿는다. 이는 물론 터무니없는 소리처럼 들린다. 그러나 에고의 계획이 정확히 무엇인지 잘 살펴보고 나면, 그것이 아무리 터무니없을지라도 네가 그것을 정말로 믿고 있음을 깨달을 것이다.

2 에고의 구원 계획은 불만을 품는 것에 집중한다. 그것은 다른 누군가가 다르게 말하거나 행동한다면, 혹은 어떤 외적인 상황이나 사건이 달라진다면 네가 구원받을 것이라고 주장한다. 이와 같이 구원의 근원은 끊임없이 너 자신의 바깥에 있다고 지각된다.

3 너는 불만을 품을 때마다 "이것이 달라진다면 나는 구원받을 것이다."라는 믿음을 선언하고 주장하는 것이다. 따라서 너는 구원에 필요한 마음의 변화를 너 자신을 제외한 모든 사람과 모든 것에게 요구한다.

4 그렇다면 이 계획에서 너의 마음에게 주어진 역할은 단지, 네가 구원되려면 자신이 아닌 다른 어떤 것이 바뀌어야 하는지 결정하는 것이다. 이렇게 정신 나간 계획에 따르자면, 네가 구원의 근원이라고 지각하는 것 중에 효과가 없는 것이라면 무엇이든 받아들일 수 있다. 이것은 네가 헛된 추구를 계속 이어가도록 보장한다. 비록 이 희망은 항상 실패했지만 다른 곳과 다른 것에 희망을 품을 근거가 여전히 있다고, 환상은 끈질기게 주장하기 때문이다. 또 다른 사람이 앞으로 더 도움이 될 것이다. 또 다른 상황이 앞으로 성공을 제공할 것이다.

5 이러한 것이 너의 구원을 위한 에고의 계획이다. 너는 분명 그것이 "구하되 찾지는 말라."라는 에고의 근본 교리와 얼마나 정확하게 일치하는지 볼 수 있을 것이다. 구원이 없는 곳에서 구원을 구하려고 모든 노력을 기울이는 것이야말로 네가 구원을 찾지 못하게 보장할 가장 확실한 방법이 아니겠는가?

6 하느님의 구원 계획이 효과가 있는 이유는 단순히 말해, 하느님의 인도를 따름으로써 너는 구원이 있는 곳에서 구원을 구하기 때문이다. 하지만 하느님이 약속하시는

대로 성공하고자 한다면, 너는 오로지 구원이 있는 곳에서만 구원을 구하겠다는 용의를 내야 한다. 그렇지 않으면 너의 목적은 갈라지고, 너는 모든 면에서 정반대인 두 가지 구원 계획을 따르려고 시도할 것이다. 그 결과는 너에게 단지 혼란과 비참함, 깊은 실패감과 절망감만을 안겨줄 수 있을 뿐이다.

7 이 모든 것에서 어떻게 벗어날 수 있을까? 아주 간단하다. 오늘의 아이디어가 그에 대한 답이다. 오로지 하느님의 구원 계획만이 효과가 있을 것이다. 이에 대해서는 실제로 어떤 갈등도 있을 수 없다. 너를 구원할 하느님의 계획을 대신할 만한 것은 없기 때문이다. 하느님의 계획은 그 결과가 확실한 유일한 계획이다. 하느님의 계획은 성공할 수밖에 없는 유일한 계획이다.

8 오늘 이러한 확실성을 인식하는 연습을 하자. 그리고 해결책이 전혀 없는 갈등처럼 보이는 것에 답이 있음을 기뻐하자. 하느님께는 모든 것이 가능하다. 절대로 실패할 수 없는 하느님의 계획으로 인해, 구원은 분명 네 것이다.

9 오늘 실시할 두 번의 긴 연습은 다음과 같이 시작하라: 오늘의 아이디어에 대해 생각해 보고, 그 안에 전체에서 똑같은 비중을 차지하는 두 부분이 있음을 깨달아라. 너의 구원을 위한 하느님의 계획은 효과가 있을 것이며, 다른 계획은 효과가 없을 것이다. 두 번째 부분 때문에 너 자신이 우울해하거나 분노하도록 허락하지 말라. 두 번째 부분은 첫 번째 부분에 내재한다. 첫 번째 부분 안에서 너는 너 자신을 자유롭게 하기 위한 모든 정신 나간 시도와 미친 계획에서 완전히 해방된다. 그것들은 우울과 분노로 이어졌다. 하지만 하느님의 계획은 성공할 것이다. 그것은 해방과 기쁨으로 이어질 것이다.

10 이를 기억하면서, 긴 연습의 나머지 시간 동안은 당신의 계획을 우리에게 드러내 주실 것을 하느님께 요청하면서 보내자. 다음과 같이 아주 구체적으로 요청을 드려라:

11 제가 무엇을 행하기를 원하십니까?
제가 어디에 가기를 원하십니까?
제가 누구에게 무슨 말을 하기를 원하십니까?

12 연습의 나머지 시간은 모두 하느님께 맡기고, 너의 구원을 위한 하느님의 계획에서 네가 무엇을 행해야 하는지 말씀하시게 하라. 하느님은 당신의 음성을 들으려는 너의

용의에 비례하여 응답하실 것이다. 듣기를 거부하지 말라. 연습을 하고 있다는 사실 자체가 너에게 들으려는 용의가 얼마간 있음을 증명한다. 이것만으로도 너에게 하느님의 응답을 요청할 권리가 있음을 입증하기에 충분하다.

13 짧은 연습은 자주 실시하면서 오로지 하느님의 계획만이 효과가 있을 것이라고 너 자신에게 말해주어라. 오늘 불만을 품으려는 모든 유혹을 경계하고, 오늘의 아이디어를 다음의 형식으로 사용하여 불만에 대응하라:

14 불만을 품는 것은 구원을 위한 하느님의 계획과 정반대다.
오로지 하느님의 계획만이 효과가 있을 것이다.

15 오늘의 아이디어를 매시간 6, 7회 정도 기억하려고 노력하라. 30초나 더 짧은 시간 동안 너의 구원이 어디에 근원을 두고 있는지 기억하고, 구원을 구원이 있는 곳에서 본다면, 그보다 시간을 더 잘 보낼 수는 없으리라.

72과

불만을 품는 것은 하느님의 구원 계획에 대한 공격이다.

¹ 우리는 에고의 구원 계획이 하느님의 구원 계획과 정반대라는 점은 인식했지만, 그것이 하느님의 계획에 대한 적극적인 공격이며, 그것을 파괴하려는 고의적인 시도라는 점은 아직 강조하지 않았다. 그러한 공격을 통해 실제로는 에고와 관련된 속성이 하느님께 부여되며, 반면에 에고는 하느님의 속성을 띠는 듯이 보인다.

² 에고의 근본적인 소망은 하느님을 대체하는 것이다. 사실 에고란 이러한 소망이 육체적으로 구현된 것이다. 이러한 소망이야말로 마음을 몸으로 둘러싸서 홀로 분리되어 있게 만듦으로써, 마음을 가두려고 만들어진 몸을 통하지 않고서는 다른 마음에게 다가갈 수 없도록 만드는 듯이 보이기 때문이다. 소통에 부과된 제한이 소통을 확장하는 최선의 수단일 수는 없다. 하지만 에고는 너로 하여금 그것이 사실이라고 믿게 하려 한다.

³ 여기서 우리는 몸이 부과하는 제한을 유지하려는 시도를 명백히 볼 수 있다. 하지만 불만을 품는 것이 왜 하느님의 구원 계획에 대한 공격인지는 그리 분명하지 않을 것이다. 그러나 네가 주로 어떤 것에 불만을 품는지 살펴보자. 그것은 항상 몸이 행하는 어떤 것과 관련되지 않는가? 어떤 사람이 네가 좋아하지 않는 말을 한다. 그가 너를 불쾌하게 하는 어떤 행동을 한다. 그가 자신의 적대적인 생각을 행위를 통해 "무심코 드러낸다."

⁴ 그럴 때 우리는 그 사람 자체를 상대하는 것이 아니다. 반대로 우리는 단지 그가 몸 안에서 행하는 것에만 관심이 있다. 우리는 그가 몸의 제한에서 해방되도록 돕지 못하는 데 그치지 않고, 더 심한 일을 하고 있다. 우리는 몸을 그와 혼동하고 그와 몸이 하나라고 판단함으로써, 그를 적극적으로 몸에 묶어두려 하고 있다. 바로 여기서 하느님이 공격을 받으신다. 하느님의 아들이 단지 하나의 몸에 불과하다면, 하느님도 분명 그러하실 것이기 때문이다. 자신의 창조물과 전혀 다른 창조주는 상상조차 할 수 없다.

⁵ 하느님이 몸이라면, 하느님의 구원 계획은 과연 무엇이겠는가? 그것이 과연 죽음 외에 무엇이 될 수 있겠는가? 자신을 죽음의 저자가 아닌 생명의 저자로 나타내려는

하느님은 분명, 거짓된 약속을 남발하고 진리 대신 환상을 제공하는 거짓말쟁이자 사기꾼일 것이다.

6 몸의 겉보기 실재성 때문에, 하느님에 대한 이런 관점은 아주 설득력이 있어 보인다. 사실 몸이 실제라면, 그런 결론을 내리지 않기가 정녕 어려울 것이다. 그리고 너는 불만을 품을 때마다 몸이 실제라고 주장하는 것이다. 그것은 네 형제의 정체를 완전히 간과한다. 불만은 그가 몸이라는 너의 믿음을 강화하며, 그런 믿음을 이유로 그를 정죄한다. 불만은 그의 구원은 죽음일 수밖에 없다고 주장하면서, 이런 공격을 하느님께 투사하여 공격에 대한 책임을 묻는다.

7 이렇게 성난 짐승들이 먹잇감을 구하고, 자비가 들어올 수 없도록 철저히 준비된 투기장에, 에고가 너를 구원하려고 들어온다. 하느님이 너를 몸으로 만드셨다. 잘 됐다! 이를 받아들이고 기뻐하자. 너는 몸이니, 몸이 제공하는 것을 빼앗기지 말라. 네가 얻을 수 있는 하찮은 것을 취하라. 하느님은 너에게 아무것도 주시지 않았다. 몸이 너의 유일한 구원자다. 몸은 곧 하느님의 죽음이자 너의 구원이다.

8 이것이 바로 네가 보는 세상의 보편적인 믿음이다. 어떤 사람들은 몸을 증오하여, 몸을 해치고 모욕하려고 한다. 다른 사람들은 몸을 사랑하여, 몸을 찬양하고 드높이려고 한다. 그러나 너 자신에 대한 개념의 중심에 몸이 있는 한, 너는 하느님의 구원 계획을 공격하고 하느님과 그분의 창조물에게 불만을 품고 있는 것이다. 그러니 너는 진리의 음성을 듣지도 않고, 그 음성을 친구로 환영하지도 않을 것이다. 대신에 네가 선택한 구원자가 그 자리를 차지한다. 그가 너의 친구가 되고, 진리의 음성은 너의 적이 된다.

9 우리는 오늘 구원에 대한 이런 어리석은 공격을 중단하고, 대신에 구원을 환영하려고 시도할 것이다. 위아래가 뒤집힌 너의 지각은 네 마음의 평화를 파괴했다. 너는 그동안 네가 몸 안에 있다고 보았고, 진리는 너의 밖에 있는 것으로서 몸의 제한으로 인해 너의 의식으로부터 차단되었다고 보았다. 이제 우리는 이것을 다르게 보려고 한다.

10 진리의 빛은 우리 안에 있다. 그곳에 하느님이 진리를 두셨다. 몸이야말로 우리의 바깥에 있는 것이며, 우리의 관심사가 아니다. 몸 없이 존재하는 것은 우리의 자연스러운 상태로 존재하는 것이다. 우리 안에 있는 진리의 빛을 인식하는 것은 우리 자신을 있는 그대로 인식하는 것이다. 우리의 자아가 몸과 별개라고 보는 것은 하느님의 구원 계획에 대한 공격을 끝내고, 그 대신 하느님의 계획을 받아들이는 것이다. 그리

고 하느님의 계획은, 그것을 받아들이는 모든 곳에서 이미 성취되었다.

11 오늘 긴 연습의 목표는 하느님의 구원 계획이 우리 안에서 이미 성취되었음을 알아차리는 것이다. 이 목표를 달성하기 위해, 우리는 공격을 수용으로 대체해야 한다. 우리가 그것을 공격하는 한, 우리는 우리를 위한 하느님의 계획이 무엇인지 이해할 수 없다. 그러니 우리는 우리가 인식하지 못하는 것을 공격하는 것이다. 이제 우리는 판단을 내려놓고 우리를 위한 하느님의 계획이 무엇인지 물으려고 한다:

> 12 아버지, 구원이 무엇입니까?
> 저는 알지 못합니다.
> 제가 이해할 수 있도록, 말씀해 주소서.

13 그런 다음 우리는 조용히 하느님의 응답을 기다릴 것이다.

14 우리는 그동안 하느님의 구원 계획이 무엇인지 들으려고 기다리지 않고, 그것을 공격했다. 우리는 너무도 시끄럽게 불만을 늘어놓다 보니 하느님의 음성을 듣지 못했다. 우리는 불만을 이용해서 우리의 눈을 가리고 귀를 틀어막았다. 이제 우리는 보고, 듣고, 배우고자 한다. "아버지, 구원이 무엇입니까?" 물어라. 그러면 응답을 받을 것이다. 구하라. 그러면 찾을 것이다.

15 우리는 더 이상 구원이 무엇이고 구원을 어디서 찾아야 하는지 에고에게 묻지 않는다. 우리는 그것을 진리에게 묻는다. 그러니 네가 묻는 상대방으로 인해, 그 답이 참일 것임을 확신하라. 확신이 약해지고 성공의 희망이 깜빡거리다가 꺼지는 듯할 때마다, 네가 지금 무한한 것의 무한한 창조주, 너를 당신과 닮게 창조하신 분께 묻고 있음을 기억하면서, 다시 한번 질문하고 요청하라:

> 16 아버지, 구원이 무엇입니까?
> 저는 알지 못합니다.
> 제가 이해할 수 있도록, 말씀해 주소서.

17 하느님이 응답하실 것이다. 듣겠다고 결심하라.

18 오늘 짧은 연습은 보통 때보다 조금 길게 할 것이므로 한 시간에 1, 2회로 족하다.

연습은 다음과 같이 시작하라:

> 19 불만을 품는 것은 하느님의 구원 계획에 대한 공격입니다.
> 그 대신 제가 당신의 계획을 받아들이게 하소서.
> 아버지, 구원이 무엇입니까?

20 그런 다음 되도록 눈을 감고 1, 2분 정도 조용히 기다리면서, 하느님의 응답에 귀 기울여라.

73과

나는 빛이 있으라고 뜻한다.

¹ 우리는 오늘 네가 하느님과 공유하는 뜻에 대해 살펴보고 있다. 이것은 어둠과 무 nothingness만을 낳는 에고의 헛된 소망과는 다르다. 네가 하느님과 공유하는 뜻에는 창조의 모든 권능이 들어있다. 에고의 헛된 소망은 공유되지 않으며, 따라서 아무런 힘도 없다. 에고의 소망은, 네가 아주 강력히 믿을 수 있는 환상의 세상을 만들 수 있다는 의미에서, 헛되지 않다. 하지만 그것은 창조의 관점에서는 정녕 헛되다. 그것은 실제인 것은 아무것도 만들지 않는다.

² 헛된 소망과 불만은 네가 보는 세상을 그려내는 동업자, 혹은 공동 제작자다. 에고의 소망이 그런 세상을 일으켰다. 그런 세상을 유지하는 데 필수적인 불만의 필요성 때문에, 에고는 너를 공격하고 그 대가로 "응당한" 심판을 받아 마땅해 보이는 등장인물들로 세상을 가득 채운다. 그 등장인물들은 에고가 불만을 뒷거래하려고 고용하는 중개인이 되어, 네 형제들의 실재와 너의 의식 사이를 가로막고 서있다. 너는 그런 등장인물들을 보고 있기에, 너의 형제들도 너의 자아도 알지 못한다.

³ 죄의식이 주거니 받거니 거래되고 그때마다 불만이 증가하는 이러한 이상한 물물교환 안에서, 너의 뜻이 상실된다. 과연 이러한 세상이, 하느님의 아들이 자신의 아버지와 공유하는 뜻에 의해 창조될 수 있었겠는가? 하느님이 당신의 아들을 위해 재앙을 창조하셨겠는가? 창조는 하느님과 아들이 함께 뜻하는 것이다. 하느님이 당신 자신을 죽이는 세상을 창조하시겠는가?

⁴ 우리는 오늘 다시 한번 너의 뜻과 일치하는 세상에 도달하려고 시도할 것이다. 빛이 그 안에 있다. 그 세상은 하느님의 뜻을 거역하지 않기 때문이다. 그 세상은 천국은 아니지만, 천국의 빛이 그 세상을 비춰준다. 어둠은 사라졌으며, 에고의 헛된 소망도 거두어졌다.

⁵ 하지만 그러한 세상을 비추는 빛은 너의 뜻을 반영하며, 따라서 우리가 그 빛을 구할 곳은 너의 내면이다. 세상에 대한 너의 그림은 내면에 있는 것만을 반영할 수 있을 뿐이다. 빛의 근원도 어둠의 근원도 바깥에서는 찾을 수 없다. 불만은 너의 마음을 어둡게 만들며, 그에 따라 너는 어두워진 세상을 내다본다. 용서는 어둠을 거두고 너의

뜻을 재천명하여, 너로 하여금 빛의 세상을 바라보게 한다.

6 우리는 네가 불만의 장애물을 쉽게 통과할 수 있으며, 그러므로 그것은 구원으로 가는 길을 가로막을 수 없다고 여러 번 강조했다. 그 이유는 아주 간단하다. 너는 정말로 지옥에 있기를 원하는가? 너는 정말로 울고 고통받다가 죽기를 원하는가? 이 모든 것이 정말로 천국이라고 입증하려는 에고의 주장은 잊어라. 너는 그렇지 않다는 것을 안다. 너는 너 자신을 위해 이것을 원할 수 없다. 환상이 도저히 넘어갈 수 없는 지점이 하나 있다.

7 고통은 행복이 아니며, 행복이야말로 네가 정말로 원하는 것이다. 이러한 것이 진실로 너의 뜻이다. 그러므로 구원 또한 너의 뜻이다. 너는 오늘 우리가 시도하는 것에 성공하기를 원한다. 우리는 너의 축복과 기쁜 동의를 받으면서 그 일에 나선다.

8 네가 스스로 구원을 뜻하고 있음을 기억한다면, 우리는 오늘 성공할 것이다. 너는 하느님의 계획을 받아들이기를 뜻한다. 너는 그것을 공유하기 때문이다. 너는 그 계획에 정말로 반대할 수 있는 어떤 뜻도 가지고 있지 않으며, 그 계획에 반대하기를 원하지 않는다. 구원은 너를 위한 것이다. 다른 무엇보다도, 너는 네가 정말로 누구인지 기억할 자유를 원한다.

9 오늘, 에고야말로 너의 뜻 앞에 무력하게 서있다. 너의 뜻은 자유로우며, 너의 뜻을 이길 수 있는 것은 아무것도 없다. 그러므로 우리는 오늘 네가 찾으려 뜻하는 것을 찾고, 네가 기억하려 뜻하는 것을 기억할 것임을 행복하게 확신하면서 연습에 임한다. 어떤 헛된 소망도 강함에 대한 환상으로 우리를 붙잡아두거나 속일 수 없다. 오늘 너의 뜻이 이루어지게 하라. 너의 선택이 천국이 아닌 지옥이라는 정신 나간 믿음을 영원히 끝내라.

10 우리는 오늘 하느님의 구원 계획만이 너의 뜻과 온전히 일치한다는 것을 인식하면서 긴 연습을 시작할 것이다. 그것은 어떤 이질적인 힘이 네게 억지로 떠안기는 목적이 아니다. 그것은 이곳에서 너와 아버지가 완벽한 일치를 이루는 유일한 목적이다.

11 너는 오늘 성공할 것이다. 오늘은 하느님의 아들이 지옥과 모든 헛된 소망에서 해방되도록 예정된 때다. 그의 뜻은 이제 그의 의식에 회복되었다. 그는 바로 오늘 자신 안에 있는 빛을 기꺼이 바라보고 구원되기를 뜻한다.

12 이것을 기억하고, 너의 뜻을 마음에 뚜렷이 간직하기로 결심한 다음, 부드럽고도 단호하게, 조용하고도 확고하게 다음과 같이 말하라:

¹³ 나는 빛이 있으라고 뜻한다.

나는 하느님의 뜻과 나의 뜻을 반영하는 빛을 보겠다.

¹⁴ 그런 다음, 하느님의 권능과 결합하고 너의 자아와 연합한 너의 뜻이 그 자신을 주장하게 하라. 연습의 나머지 시간은 그들의 안내에 맡겨라. 그들이 길을 인도할 때, 그들에게 동참하라.

¹⁵ 짧은 연습에서는 네가 정말로 원하는 것을 다시 선언하라. 다음과 같이 말하라:

¹⁶ 나는 빛이 있으라고 뜻한다.

어둠은 나의 뜻이 아니다.

¹⁷ 이것을 매시간 여러 번 따라 말하라. 하지만 무엇보다 중요한 것은, 어떤 종류의 불만이든 품으려는 유혹을 느낄 때마다 즉시 오늘의 아이디어를 이 형식으로 적용하는 것이다. 이것은 네가 불만을 소중히 여겨 어둠 속에 감추는 대신에, 내려놓을 수 있도록 도울 것이다.

74과

오로지 하느님의 뜻밖에 없다.

1 오늘의 아이디어는 우리의 모든 연습이 지향하는 중심 생각이라고 볼 수 있다. 하느님의 뜻이 유일한 뜻이다. 네가 만약 이를 인식한다면, 그것은 곧 너의 뜻이 하느님의 뜻임을 인식한 것이다. 갈등이 가능하다는 믿음은 사라졌다. 네가 상충하는 목표들에 의해 찢겼다는 이상한 믿음을 평화가 대체했다. 하느님 뜻의 표현인 너에게는 하느님의 목표밖에 없다.

2 오늘의 아이디어 안에는 엄청난 평화가 들어있다. 오늘의 연습은 바로 그것을 발견하는 것을 지향한다. 오늘의 아이디어는 그 자체로 온전히 참이다. 따라서 그것은 환상을 일으킬 수 없다. 환상이 없다면, 갈등은 불가능하다. 오늘 이것을 인식하기 위해 노력하고, 이런 인식이 가져다주는 평화를 경험하자.

3 긴 연습을 시작할 때는, 다음의 생각이 무엇을 의미하는지 이해하여 마음에 간직하겠다고 굳게 결심하고, 천천히 몇 차례 따라 말하라:

4 오로지 하느님의 뜻밖에 없다.
　나는 갈등할 수 없다.

5 그런 다음 관련된 생각들을 약간 덧붙이면서 몇 분을 보내라. 예를 들자면 다음과 같다:

6 나는 평화롭다.
　그 무엇도 나를 뒤흔들 수 없다. 나의 뜻은 곧 하느님의 뜻이다.
　나의 뜻과 하느님의 뜻은 하나다.
　하느님은 당신의 아들을 위해 평화를 뜻하신다.

7 이렇게 도입부를 연습하는 동안 마음에 갈등하는 생각이 떠오르거든, 신속하게 다루도록 확실히 해두어라. 즉시 다음과 같이 말하라:

⁸ 오로지 하느님의 뜻밖에 없다.
　　이 갈등 생각은 의미가 없다.

⁹ 특히 해결하기가 어려워 보이는 갈등을 겪는 영역이 하나 있다면, 그것을 선택하여 특별히 숙고하라. 그것에 대해 짧지만 아주 구체적으로 생각하면서, 그와 관련된 특정한 사람(들)과 특정한 상황(들)을 확인하라. 그리고 다음과 같이 말하라:

¹⁰ 오로지 하느님의 뜻밖에 없다.
　　나는 그 뜻을 하느님과 공유한다.
　　_____에 대한 나의 갈등은 실제일 수 없다.

¹¹ 이런 식으로 마음을 깨끗이 치운 다음 눈을 감고, 너의 실재가 너에게 부여한 권리인 평화를 경험하려고 하라. 평화 속으로 침잠해 들어가서, 평화가 너를 감싸고 있음을 느껴라. 이런 시도를 혼미한 상태로 물러나는 것으로 착각하려는 유혹을 느낄 수도 있지만, 그 차이는 쉽게 알아차릴 수 있다. 연습을 잘하고 있다면, 졸리거나 무기력하기보다는 깊은 기쁨과 함께 정신이 더욱 맑게 깨어있음을 느낄 것이다. 기쁨은 평화의 특징이다. 이런 경험을 통해, 네가 평화에 도달했음을 인식하게 될 것이다.
¹² 너 자신이 혼미한 상태에 빠져들고 있다고 느낀다면, 재빨리 오늘의 아이디어를 따라 말하고 다시 시도하라. 필요한 만큼 자주 이렇게 하라. 너 자신이 혼미한 상태로 물러나도록 허락하기를 거부한다면, 비록 네가 구하는 평화를 경험하지는 못할지라도, 확실한 이익이 있을 것이다.
¹³ 오늘 짧은 연습은 간격을 미리 정해놓고 규칙적으로 하라. 다음과 같이 말하면서 연습을 시작하라:

¹⁴ 오로지 하느님의 뜻밖에 없다.
　　나는 오늘 하느님의 평화를 구한다.

¹⁵ 그런 다음 네가 구하고 있는 것을 발견하려고 시도하라. 오늘 매 30분마다 가능하면 눈을 감고 1, 2분 동안 이렇게 연습한다면, 시간을 아주 잘 보내는 것이 되리라.

빛이 왔다.

1 빛이 왔다. 너는 치유되었으며, 치유할 수 있다. 빛이 왔다. 너는 구원되었으며, 구원할 수 있다. 너는 평화로우며, 어디를 가든 평화를 지니고 간다. 어둠과 혼란과 죽음은 사라졌다. 빛이 왔다.

2 오늘 우리는 너의 길고 긴 재앙의 꿈이 행복한 결말을 맺은 것을 축하한다. 이제 어두운 꿈은 없다. 빛이 왔다. 오늘, 너와 모든 사람을 위해 빛의 시간이 시작된다. 그것은 새로운 세상이 태어나는 새로운 시대다. 옛 시대는 사라지면서 아무런 흔적도 남기지 않았다. 오늘 우리는 다른 세상을 본다. 빛이 왔기 때문이다.

3 오늘의 연습은 낡은 것이 가고 새것이 시작하는 것에 감사드리는 행복한 연습이 될 것이다. 과거에서 온 그림자는 단 하나도 남아있지 않다. 따라서 그것은 우리의 시야를 어둡게 하여 용서가 우리에게 선사하는 세상을 감출 수 없다. 오늘 우리는 이렇게 새로운 세상을 우리가 보기를 원하는 세상으로 받아들일 것이다. 우리가 열망하는 것이 우리에게 주어질 것이다. 우리는 빛을 보기를 뜻한다. 따라서 빛이 왔다.

4 우리는 오늘 긴 연습 시간을, 우리의 용서가 보여주는 세상을 바라보는 데 바칠 것이다. 오로지 이것만이 우리가 보기를 원하는 것이다. 우리의 유일한 목적으로 인해, 우리는 목표에 도달할 수밖에 없다. 오늘 실재세상이 우리 앞에 기쁘게 떠올라, 마침내 보이게 된다. 빛이 왔기에, 우리에게 시각이 주어졌다.

5 우리는 오늘 세상에서 에고의 그림자를 보지 않는다. 우리는 빛을 보며, 그 빛 안에서 온 세상에 드리운 천국의 반영을 본다. 긴 연습은 너의 해방을 알리는 기쁜 소식을 너 자신에게 말해주면서 시작하라:

6 빛이 왔다. 나는 세상을 용서했다.

7 오늘 과거를 곱씹지 말라. 과거의 모든 아이디어가 씻겨나가고 네가 만든 모든 개념이 말끔히 치워진 완전히 열린 마음을 유지하라. 너는 오늘 세상을 용서했다. 너는 이제 세상을 전에는 결코 본 적이 없는 듯이 바라볼 수 있다. 너는 아직 그 세상이 어

떤 모습일지 알지 못한다. 너는 단지 그 세상이 너에게 보이게 되기를 기다릴 뿐이다. 기다리는 동안, 전적인 인내심을 가지고 다음의 말을 천천히 여러 번 따라 말하라:

> 8 빛이 왔다. 나는 세상을 용서했다.

9 너의 용서가 너에게 비전을 가질 자격을 부여한다는 것을 깨달아라. 성령은 용서하는 자에게 반드시 시각의 선물을 준다는 것을 이해하라. 성령은 지금 너를 저버리지 않을 것임을 믿어라. 너는 세상을 용서했다. 네가 바라보고 기다리는 동안, 성령이 너와 함께 있을 것이다. 그는 진정한 비전이 보는 것을 너에게 보여줄 것이다. 그것은 성령의 뜻이며, 너는 그와 결합했다. 인내심을 가지고 성령을 기다려라. 그가 거기에 있을 것이다. 빛이 왔다. 너는 세상을 용서했다.

10 너는 성령을 신뢰하므로 실패할 수 없음을 안다고, 성령께 말씀드려라. 너는 성령이 약속한 세상을 바라볼 것이라는 확신 속에 기다리고 있다고, 너 자신에게 말해주어라. 이제부터 너는 다르게 볼 것이다. 오늘 빛이 왔다. 따라서 너는 시간이 시작된 이래 너에게 약속된 세상을 볼 것이다. 그리고 그 세상 안에, 시간의 끝이 보장되어 있다.

11 짧은 연습 또한 네가 해방되었음을 기쁘게 상기하는 시간이 될 것이다. 매 15분마다, 오늘은 특별한 경축일임을 상기하라. 하느님의 자비와 사랑에 감사드려라. 너의 시각을 완전히 치유하는 용서의 권능을 기뻐하라. 바로 오늘, 네가 새롭게 출발할 것임을 확신하라. 너의 눈을 가리는 과거의 어둠이 없으므로, 너는 오늘 보지 못할 수 없다. 그리고 너는 네가 보는 것을 너무도 반가이 맞이할 것이기에, 기쁜 마음으로 오늘을 영원히 확장할 것이다. 그러니 다음과 같이 말하라:

> 12 빛이 왔다. 나는 세상을 용서했다.

13 유혹을 느낄 때는, 너를 다시 어둠으로 끌어들이는 듯한 이에게 다음과 같이 말해주어라:

> 14 빛이 왔습니다. 나는 당신을 용서했습니다.

¹⁵ 우리는 오늘을, 하느님이 네가 머물기를 원하시는 평온함에 바친다. 너 자신을 평온하게 알아차리고, 모든 곳에서 평온함을 보라. 그러면서 우리는 오늘 너의 비전이 시작되고, 네가 실재세상을 보게 된 것을 축하한다. 그것은 네가 실제라고 생각했던 용서받지 못한 세상을 대체하려고 왔다.

76과

나는 오로지 하느님의 법칙 아래에 있다.

¹ 우리는 전에, 얼마나 많은 무의미한 것들이 너에게 구원처럼 보였는지 살펴보았다. 각각은 그 자체만큼이나 무의미한 법칙들로 너를 가두었다. 너는 그 법칙들에 묶여있지 않다. 하지만 그렇다는 것을 이해하려면, 먼저 구원이 거기에 없음을 깨달아야 한다. 네가 아무런 의미도 없는 것에서 구원을 구하려고 하는 한, 아무런 의미도 없는 법칙에 너 자신을 묶어두는 것이다. 이런 식으로 너는 구원이 없는 곳에 구원이 있다고 입증하려 한다.

² 오늘 우리는 네가 그것을 입증할 수 없다는 것에 기뻐할 것이다. 만약 입증할 수 있다면, 너는 구원이 없는 곳에서 구원을 영원히 구함으로써 구원을 결코 찾지 못할 것이기 때문이다. 오늘의 아이디어는 다시 한번 너에게 구원이 얼마나 단순한지 말해준다. 구원이 너를 기다리는 곳에서 구원을 찾아라. 그러면 바로 그곳에서 구원을 발견할 것이다. 다른 어느 곳도 보지 말라. 구원은 다른 어느 곳에도 없기 때문이다.

³ 네가 너를 구원하려고 세운 온갖 이상하고 왜곡된 법칙에 묶여있지 않음을 인식할 때 찾아오는 자유에 대해 생각해 보라. 너는 정녕 초록색 종이 다발과 동그란 금속 무더기가 없으면 굶어 죽을 것이라고 생각한다. 너는 정녕 작고 둥근 알갱이와 뾰족한 바늘을 통해 혈관으로 들어오는 액체가 죽음을 물리쳐 줄 것이라고 생각한다. 너는 정녕 다른 몸이 너와 함께 있지 않으면 네가 혼자라고 생각한다.

⁴ 이렇게 생각하는 것은 정신 이상이다. 너는 그것들을 법칙이라 부르며, 아무런 쓸모도 없고 어떤 목적에도 도움이 되지 않는 긴 의례의 목록에 다양한 이름으로 적어 놓는다. 너는 네가 반드시 의학과 경제학과 건강의 "법칙"을 따라야 한다고 생각한다. 몸을 보호하라. 그러면 너는 구원될 것이다!

⁵ 이것은 법칙이 아니라 광기다. 몸은 자기 자신을 해치는 마음 때문에 위험에 빠진다. 몸이 고통받음으로써, 마음은 자신이 자신의 희생자임을 보지 못할 것이다. 몸의 고통은, 무엇이 실제로 고통받고 있는지 감추려고 마음이 쓴 가면이다. 마음은 자신이 자신의 적임을, 자신이 자신을 공격하여 죽기를 바란다는 것을 이해하지 않으려고 한다. 바로 이것으로부터, 너의 "법칙"은 몸을 구원하려고 한다. 바로 이것 때문에, 너

는 네가 몸이라고 생각한다.

6 오로지 하느님의 법칙밖에 없다. 네가 하느님의 뜻에 맞서 만든 모든 것에 이 말이 적용됨을 깨달을 때까지, 너는 이 말을 계속 따라 말해야 한다. 너의 마법은 아무런 의미도 없다. 마법이 구원하려고 했던 것은 존재하지 않는다. 오로지 마법이 감추려고 했던 것만이 너를 구원할 것이다.

7 하느님의 법칙은 결코 대체될 수 없다. 우리는 이 사실에 기뻐하며 오늘을 보낼 것이다. 그것은 더 이상 우리가 감추려는 진리가 아니다. 그 대신 우리는 그것이 우리를 영원히 자유롭게 해주는 진리임을 깨닫는다. 마법은 가두지만, 하느님의 법칙은 풀어준다. 빛이 왔다. 오로지 하느님의 법칙밖에 없기 때문이다.

8 오늘의 긴 연습을 시작하면서, 우리는 먼저 그동안 우리가 따라야 한다고 믿었던 다양한 "법칙들"을 잠시 되돌아볼 것이다. 그 예로는 영양에 관한 법칙, 면역에 관한 법칙, 약에 관한 법칙, 몸을 보호하는 수많은 방법에 관한 법칙이 있을 것이다. 더 나아가 생각해 보자면, 너는 우정에 관한 법칙이나 "좋은" 관계에 관한 법칙, 상호성에 관한 법칙이 있다고 믿는다.

9 너는 심지어 무엇이 하느님의 것이고 무엇이 너의 것인지를 제시하는 법칙들도 있다고 생각할 것이다. 많은 "종교들"이 여기에 기반을 뒀다. 그 법칙들은 구원하지 않을 것이며, 반대로 천국의 이름으로 저주할 것이다. 그러나 그 법칙들은, 네가 너를 안전하게 지키려면 반드시 따라야 한다고 주장하는 다른 "법칙들"보다 더 이상하지도 않다.

10 오로지 하느님의 법칙밖에 없다. 오늘 어리석고 마법적인 믿음들을 전부 떨쳐버리고, 네게 진리를 전하는 음성을 듣기 위한 조용한 준비 상태로 너의 마음을 유지하라. 너는 하느님의 법칙 아래에는 어떤 상실이 없다고 말하는 성령께 귀 기울이게 될 것이다. 대가를 치르지도 받지도 않는다. 교환은 있을 수 없고, 대체물도 없으며, 아무것도 다른 것으로 대체되지 않는다. 하느님의 법칙은 영원히 줄 뿐, 결코 가져가지 않는다.

11 이렇게 들려주는 성령의 말을 듣고, 네가 본다고 생각한 세상을 지탱해 준다고 생각했던 법칙들이 얼마나 어리석은지 깨달아라. 그런 다음 더욱 귀 기울여라. 성령은 너에게 더 많은 것을 들려줄 것이다. 아버지가 너를 얼마나 사랑하시는지에 대해, 그분이 네게 베푸시는 끝없는 기쁨에 대해, 당신이 창조하시는 채널로 창조되었지만 지

옥에 대한 믿음 탓에 당신께 가지 못하는 유일한 아들을 아버지가 얼마나 그리워하시는지에 대해 들려줄 것이다.

12 오늘 하느님을 향해 그분의 채널을 열어, 하느님의 뜻이 우리를 통해 그분께 확장되게 하자. 이런 식으로, 창조는 끝없이 증가한다. 하느님의 음성은 오늘 우리에게 이것에 대해 말해주고, 하느님의 법칙에 의해 영원히 한계가 없도록 유지되는 천국의 기쁨에 대해서도 말해줄 것이다. 이러한 것에 대해 듣고 오로지 하느님의 법칙밖에 없음을 이해할 때까지, 우리는 오늘의 아이디어를 따라 말할 것이다. 그런 다음 연습 시간을 마치는 헌사로서 다음과 같이 말할 것이다:

13 나는 오로지 하느님의 법칙 아래에 있다.

14 오늘 우리는 이 헌사를 가능한 한 자주 따라 말할 것이다. 최소한 매시간 4, 5회 따라 말하고, 하루를 보내면서 우리 자신이 다른 법칙에 예속되어 있다고 여기려는 유혹에 빠질 때마다 그에 대한 대응으로 따라 말할 것이다. 그것은 우리가 모든 위험과 폭정에서 해방되었다는 선언이다. 그것은 하느님이 우리의 아버지시고, 그분의 아들이 구원되었음을 인정하는 것이다.

77과

나에게는 기적의 권리가 있다.

1 너의 정체로 인해, 너에게는 기적의 권리가 있다. 하느님의 정체로 인해, 너는 기적을 받을 것이다. 그리고 너는 기적을 베풀 것이다. 너는 하느님과 하나기 때문이다. 다시 말하지만, 구원은 얼마나 단순한지! 그것은 단지 너의 진정한 정체에 대한 진술일 뿐이다. 우리는 오늘 바로 이것을 축하할 것이다.

2 너에게 기적의 권리가 있다는 주장은 너 자신에 대한 환상에 근거하지 않는다. 그것은 네가 너 자신에게 부여한 어떤 마법적인 힘이나 네가 고안해 낸 어떤 의례에도 의존하지 않는다. 그것은 네 정체의 진리 안에 내재한다. 그것은 너의 아버지신 하느님의 정체 안에 내포되어 있다. 그것은 네가 창조될 때 확보되었으며, 하느님의 법칙에 의해 보장된다.

3 우리는 오늘 너의 권리인 기적을 달라고 요청할 것이다. 기적은 본래 네 것이기 때문이다. 너는 네가 만든 세상에서 완전히 해방된다고 약속받았다. 너는 하느님의 왕국이 너의 내면에 있으며, 그것은 결코 상실될 수 없다고 보장받았다. 우리는 진실로 우리에게 속한 것 이상은 요청하지 않는다. 하지만 우리는 오늘 또한, 그보다 못한 것에는 결코 만족하지 않을 것이다.

4 긴 연습을 시작할 때는 먼저, 너에게는 기적의 권리가 있음을 너 자신에게 확신을 가지고 말해주어라. 이어서 눈을 감고, 네가 지금 정당하게 너에게 속한 것만을 요청하고 있음을 기억하라. 또한 기적을 한 사람에게서 빼앗아서 다른 사람에게 줄 수는 없으며, 너는 단지 너 자신의 권리를 주장함으로써 모든 이의 권리를 지지하고 있음을 기억하라. 기적은 이 세상의 법칙을 따르지 않는다. 기적은 오로지 하느님의 법칙으로부터 일어난다.

5 이런 식으로 짧은 도입 과정을 마친 후에는, 너의 요청이 받아들여졌다고 보장하는 말씀을 조용히 기다려라. 너는 세상의 구원과 너 자신의 구원을 요청했다. 너는 이것을 성취할 수단을 달라고 요청했다. 너는 이것을 보장받을 수밖에 없다. 너는 단지 하느님의 뜻이 이루어지기를 요청하고 있을 뿐이다. 이렇게 할 때 너는 실제로 아무것도 요청하는 것이 아니다. 너는 부정될 수 없는 사실을 진술하는 것이다.

^{6} 성령은 너의 요청이 수락되었다고 보장할 수밖에 없다. 네가 받아들인 사실은 그럴 수밖에 없다. 오늘은 의심과 불확실성이 있을 자리가 없다. 우리는 마침내 진정한 질문을 제기하고 있다. 이에 대한 답은 단순한 사실에 대한 단순한 진술이다. 너는 네가 구하는 보장을 받을 것이다.

^{7} 오늘은 짧은 연습을 자주 실시해야 하며, 그때마다 다음에 나오는 단순한 사실을 기억할 것이다. 너 자신에게 다음과 같이 말해주어라:

> ^{8} 나에게는 기적의 권리가 있다.

^{9} 기적이 필요한 상황이 발생할 때는 언제든지 기적을 요청하라. 너는 그런 상황을 알아보게 될 것이다. 너는 기적을 찾기 위해 너 자신에게 의지하지 않으며, 따라서 요청할 때마다 기적을 받을 충분한 권리가 있다.

^{10} 완벽한 응답이 아닌 것에는 만족하지 않을 것임을 기억하라. 유혹을 느끼거든, 재빨리 다음과 같이 말하라:

> ^{11} 나는 기적을 불만과 바꾸지 않겠다.
> 나는 오로지 나에게 속한 것만을 원한다.
> 하느님은 기적을 나의 권리로 확립하셨다.

78과

기적이 모든 불만을 대체하게 하소서.

¹ 네가 내리는 모든 결정은 불만과 기적 사이의 결정이다. 너는 아직 이를 분명히 깨닫지 못할 것이다. 각각의 불만은 자신이 감추려는 기적 앞에 시커먼 증오의 방패처럼 서있다. 따라서 불만을 눈앞에 세워놓는다면, 너는 그 너머의 기적을 볼 수 없을 것이다. 그동안 기적은 빛 속에서 너를 계속 기다리고 있건만, 너는 그 대신 너의 불만을 바라본다.

² 오늘 우리는 불만 너머로 가서 그 대신 기적을 바라보고자 한다. 우리는 우리의 시각이 진정으로 보기 전에 멈추도록 허락하지 않음으로써, 네가 보는 방법을 뒤집을 것이다. 우리는 증오의 방패 앞에서 기다리는 대신에, 그것을 내려놓고 침묵 속에 부드럽게 눈을 들어 하느님의 아들을 바라볼 것이다.

³ 하느님의 아들은 너의 불만 뒤에서 기다리고 있다가, 네가 불만을 하나씩 내려놓을 때마다 바로 그 자리에서 밝은 빛 속에 나타날 것이다. 모든 불만은 시각을 가로막는 장애물이며, 너는 불만이 사라짐에 따라 하느님의 아들을 그가 늘 있던 곳에서 보게 되기 때문이다. 그는 빛 속에 서있지만, 너는 어둠 속에 있었다. 불만을 품을 때마다 어둠은 점점 더 깊어졌고, 따라서 너는 볼 수 없었다.

⁴ 오늘 우리는 하느님의 아들을 보려고 시도할 것이다. 우리는 우리 자신이 그를 보지 못하도록 허용하지 않을 것이다. 우리는 우리의 불만을 바라보지 않을 것이다. 우리가 두려움을 떨치고 진리를 바라봄에 따라, 세상에 대한 시각도 그렇게 역전될 것이다.

⁵ 우리는 네가 불만의 표적으로 이용했던 한 사람을 선택해서, 불만을 내려놓고 바라볼 것이다. 그 사람은 어쩌면 네가 두려워하거나 심지어 증오하는 사람일 수도 있고, 네가 사랑한다고 생각하지만 너를 화나게 하는 사람일 수도 있다. 혹은 네가 친구라고 부르지만 때로는 까다롭거나 만족시키기 힘들다고 보는 사람일 수도 있다. 그는 요구가 많고, 짜증나게 하고, 네가 정해준 역할에 따라 당연히 받아들여야 하는 이상에 충실하지 않은 자다.

⁶ 너는 누구를 선택할지 안다. 그의 이름은 이미 너의 마음에 떠올랐다. 우리는 그에게 하느님의 아들을 보여달라고 요청할 것이다. 우리가 그동안 그에게 품었던 불만

뒤에서 그를 봄으로써, 너는 그를 보지 않는 동안 감춰져 있던 것이 모든 이 안에 있으며, 또한 그것을 볼 수 있다는 것을 배울 것이다. 적이었던 그가 자유롭게 풀려나 성령이 부여한 거룩한 역할을 맡을 때, 그는 친구 이상이 된다. 오늘 그가 너의 구원자가 되게 하라. 이러한 것이 너의 아버지신 하느님의 계획에서 그가 맡은 역할이다.

7 오늘 우리는 긴 연습을 하면서 이런 역할을 맡은 그를 볼 것이다. 우리는 먼저 네가 지금 생각하는 그의 모습을 마음에 떠올릴 것이다. 우리는 그의 잘못, 네가 그와 관련해 겪은 어려움, 그가 너에게 끼친 고통, 그가 소홀히 한 점, 그가 준 크고 작은 상처를 되돌아볼 것이다. 우리는 그의 몸이 가진 결점은 물론 장점도 고려할 것이며, 그의 잘못과 "죄"에 대해서도 생각해 볼 것이다.

8 그런 다음, 이 하느님의 아들을 그의 실재와 진리 안에서 아는 성령께, 그를 다른 방법으로 보게 해달라고, 그리하여 우리에게 주어진 진정한 용서의 빛 안에서 찬란히 빛나는 우리의 구원자를 보게 해달라고 요청하자. 하느님의 거룩한 이름과 하느님만큼이나 거룩한 그분 아들의 거룩한 이름으로, 우리는 다음과 같이 요청한다:

9 이 사람 안에서 저의 구원자를 보게 하소서.
당신은 그를 제게 정해주시면서,
그가 서있는 거룩한 빛으로 저를 인도해 달라고,
그리하여 그와 결합할 수 있게 해달라고
요청하게 하셨습니다.

10 몸의 눈은 감고, 너를 상심하게 한 자를 생각하면서, 너의 마음이 불만 너머로 그 사람 안에 있는 빛을 보게 하라. 너의 요청은 거절될 수 없다. 너의 구원자는 이것을 오랫동안 기다려왔다. 그는 자유로워져서, 자신의 자유를 너의 것으로 만들 것이다. 하느님의 아들 안에서 어떤 분리도 보지 않는 성령이 그에게서 너에게로 다가온다. 네가 성령을 통해 보는 것은 너와 그를 모두 자유롭게 풀어줄 것이다.

11 이제 아주 고요해져서, 너의 빛나는 구원자를 바라보라. 그 어떤 어두운 불만도 그의 모습을 감추지 않는다. 하느님이 너의 구원을 위해 성령에게 주신 기능을, 너는 성령이 그를 통해 표현하도록 허락했다. 네가 오늘 너의 이미지들을 내려놓고 그 대신 성령이 보여준 사랑의 기적을 바라보는 이러한 조용한 시간을 보내는 것에 대해, 하

느님이 감사하신다. 세상과 천국 또한 너에게 감사한다. 네가 구원되고 온 세상이 너와 더불어 구원될 때, 하느님의 모든 생각들이 크게 기뻐하기 때문이다.

12 우리는 오늘 온종일 이를 기억하고, 우리의 계획이 아닌 하느님의 구원 계획의 일부로서 우리에게 주어진 역할을 맡을 것이다. 우리가 누구를 만나든 그로 하여금 우리를 구원하게 하고, 그들의 빛을 우리의 불만 뒤로 감추지 않을 때, 유혹은 사라져 버린다. 네가 만나는 모든 사람과 네가 생각하거나 기억하는 과거의 사람들에게 구원자의 역할이 주어지게 하라. 그럼으로써 너는 그 역할을 그들과 공유하게 된다. 너희 두 사람을 위해, 그리고 보지 못하는 모든 이를 위해, 우리는 다음과 같이 기도한다:

13 기적이 모든 불만을 대체하게 하소서.

79과

문제가 정녕 무엇인지 인식함으로써, 그것이 해결되게 하소서.

1 문제가 정말로 무엇인지 모른다면, 문제는 해결될 수 없다. 문제가 실제로는 이미 해결되었더라도, 너는 여전히 문제를 갖고 있을 것이다. 너는 문제가 해결되었음을 인식할 수 없기 때문이다. 세상은 바로 이런 상태에 처해있다. 실제로 유일한 문제인 분리의 문제는 이미 해결되었다. 하지만 그 문제가 인식되지 않기 때문에, 그 해답도 인식되지 않는다.

2 이 세상에 있는 자는 저마다 자신만의 특별한 문제를 가진 듯이 보인다. 하지만 그 문제들은 모두 똑같으며, 그것들을 모두 해결하는 유일한 해답을 받아들이기 위해서는 그것들을 하나로 인식해야 한다. 그 문제를 다른 어떤 문제라고 생각한다면, 그 문제가 이미 해결되었음을 어떻게 알 수 있겠는가? 그에게 답을 줘여주더라도, 그는 그 답이 적절한 답임을 볼 수 없다.

3 바로 이것이 네가 지금 처한 상황이다. 너는 답을 가졌지만, 여전히 문제가 무엇인지 확신하지 못한다. 수많은 다양한 문제들이 너에게 들이닥치면서, 한 문제가 해결되면 다음 문제가 생기고, 이어서 그다음 문제가 생기는 듯하다. 문제는 끝이 없어 보인다. 네가 문제에서 완전히 해방되어 평화로운 시간은 없다.

4 문제가 많다고 생각하고 싶은 유혹은 곧 분리의 문제를 해결하지 않고 남겨두고 싶은 유혹이다. 세상은 너에게 제각기 다른 답을 요구하는 수많은 문제를 제시하는 듯하다. 이렇게 지각함으로써 너는, 너 자신이 문제 해결 능력이 부족하고 실패를 피할 수 없다고 여기게 된다.

5 세상에 있는 듯한 그 모든 문제를 해결할 수 있는 자는 아무도 없다. 그 문제들은 너무도 많은 수준에 있으면서 다양한 형식을 띠고, 그 내용이 너무도 가지각색인 듯하여 너를 불가능한 상황에 맞닥뜨리게 한다. 그것들을 고려하다 보면 낙담하고 우울해질 수밖에 없다. 어떤 문제를 해결했다고 생각하는 순간, 다음 문제가 예상치 못하게 튀어올라온다. 다른 문제들은 해결되지 않은 채 부정의 구름 아래 남아있다가 수시로 출몰하여 너를 괴롭히며, 그리고는 여전히 해결되지 않은 채 다시 감춰질 뿐이다.

6 이 모든 복잡성은 단지, 분리의 문제를 인식하지 않음으로써 그것이 해결되지 않게 하려는 필사적인 시도에 불과하다. 문제가 취하는 형식과 상관없이 너의 유일한 문제

는 분리임을 인식할 수 있다면, 너는 그에 대한 답을 받아들일 수 있을 것이다. 너는 그것이 적절한 답임을 볼 것이기 때문이다. 당면한 모든 문제에서 그 저변의 불변성을 지각함으로써, 너는 네가 그 모든 문제를 해결할 수단을 가졌음을 이해할 것이다. 그리고 너는 그 수단을 사용할 것이다. 너는 문제가 정녕 무엇인지 인식했기 때문이다.

7 오늘의 긴 연습을 하는 동안, 우리는 문제가 정녕 무엇이고 그에 대한 답은 무엇인지 물을 것이다. 우리는 그것을 이미 안다고 가정하지 않을 것이다. 우리는 우리가 가졌다고 생각하는 그 모든 다양한 문제에서 우리 마음을 자유롭게 풀어주려고 한다. 우리는 우리에게 단 하나의 문제만 있음을 깨달으려고 한다. 그동안 우리는 그것이 무엇인지 인식하지 못했다. 우리는 그 하나의 문제가 무엇인지 묻고, 그에 대한 답을 기다릴 것이다. 그리고 우리는 그 답을 받을 것이다. 그런 다음 우리는 그에 대한 해결책을 요청할 것이며, 그에 대한 답도 받을 것이다.

8 오늘 연습은 우리가 문제를 스스로 정의하겠다고 고집부리지 않는 정도만큼 성공할 것이다. 어쩌면 우리의 모든 선입관을 내려놓는 데 성공하지 못할 수도 있지만, 그것이 꼭 필요한 것은 아니다. 필요한 것이라고는 단지, 우리의 문제가 무엇인지에 대한 우리의 해석이 과연 진실인지 약간의 의심을 품는 것뿐이다. 우리는 문제를 인식함으로써 그에 대한 답이 이미 주어졌음을 인식하려고 한다. 그럼으로써 문제와 그에 대한 답이 한데 모이며, 우리는 평화 속에 머물 수 있다.

9 오늘의 짧은 연습은 시간이 아닌 필요에 따라 정해질 것이다. 너는 오늘 제각기 다른 답을 요구하는 많은 문제를 보게 될 것이다. 우리는 단지 하나의 문제와 하나의 답이 있음을 인식하려고 노력을 기울일 것이다. 이러한 인식 안에서, 모든 문제가 해결된다. 이러한 인식 안에, 평화가 있다.

10 오늘, 문제의 형식에 속지 말라. 어려운 일이 일어났다고 느낄 때마다, 재빨리 다음과 같이 말하라:

11 이 문제가 정녕 무엇인지 인식함으로써, 그것이 해결되게 하소서.

12 그런 다음 그 문제가 무엇인지에 대한 모든 판단을 미뤄두려고 노력하라. 가능하다면 잠시 눈을 감고 그 문제가 정녕 무엇인지 물어라. 너의 질문은 받아들여지고, 응답을 받을 것이다.

80과

저의 문제들은 이미 해결되었음을 인식하게 하소서.

¹ 네가 만약 너의 문제들을 기꺼이 인식할 용의를 낸다면, 너는 아무런 문제도 갖고 있지 않음을 인식할 것이다. 네가 가진 단 하나의 핵심적인 문제에는 답이 이미 주어 졌으며, 너는 다른 문제는 갖고 있지 않다. 그러니 너는 평화로울 수밖에 없다. 구원 은 이 하나의 문제를 인식하여 그것이 이미 해결되었음을 이해하는 것에 달려있다. 하나의 문제와 하나의 답. 구원은 성취되었다. 갈등으로부터의 자유는 이미 주어졌 다. 이 사실을 받아들여라. 그러면 너는 하느님의 구원 계획에서 너의 정당한 역할을 맡을 준비가 된 것이다.

² 너의 유일한 문제는 이미 해결되었다! 오늘 감사와 확신으로 이를 되풀이해 말하 라. 너는 너의 유일한 문제를 인식함으로써 성령이 네게 하느님의 답을 줄 수 있는 길 을 열었다. 너는 속임수를 치워버리고 진리의 빛을 보았다. 너는 문제를 답으로 가져 옴으로써 스스로 구원을 받아들였다. 이제 너는 답을 인식할 수 있다. 문제가 무엇인 지 밝혀졌기 때문이다.

³ 너는 오늘 평화를 누릴 권리가 있다. 이미 해결된 문제는 너를 괴롭힐 수 없다. 단 지, 모든 문제는 똑같다는 것을 잊지 않도록 확실히 해두어라. 네가 이것을 기억하는 한, 문제의 다양한 형식에 속을 수 없을 것이다. 하나의 문제와 하나의 답. 이 단순한 말이 선사하는 평화를 받아들여라.

⁴ 우리는 오늘 긴 연습을 하면서, 문제와 답을 한데 모을 때 우리의 것이 되는 평화를 달라고 요청할 것이다. 그러면 문제는 사라질 수밖에 없다. 하느님의 답은 실패할 수 없기 때문이다. 그중 하나를 인식하면, 다른 하나도 이미 인식한 것이다. 해결책은 문 제에 내재한다. 답이 너에게 주어졌으며, 너는 그 답을 받아들였다. 너는 구원되었다.

⁵ 이제 너의 받아들임이 불러오는 평화가 너에게 주어지게 하라. 눈을 감고 너의 보 상을 받아라. 너의 문제들이 이미 해결되었음을 인식하라. 너는 갈등에서 벗어났으 며, 자유롭고 평화롭다는 것을 인식하라. 무엇보다도 너는 단 하나의 문제만 가졌고, 그 문제는 단 하나의 해결책만 가졌음을 기억하라. 이러한 사실에, 구원의 단순성이 놓여있다. 이러한 단순성 때문에, 구원의 효과가 보장된다.

⁶ 오늘은 너의 문제들이 이미 해결되었음을 확신하는 시간을 자주 가져라. 오늘의 아이디어를 가능한 한 자주 깊은 확신으로 반복하라. 일어날 수 있는 어떤 구체적인 문제에도, 오늘의 아이디어를 적용하는 것을 기억하도록 특히 주의하라. 즉시 다음과 같이 말하라:

⁷ 이 문제는 이미 해결되었음을 인식하게 하소서.

⁸ 오늘 불만을 끌어모으지 않겠다고 결심하자. 존재하지 않는 문제들에서 자유로워지겠다고 결심하자. 그러기 위한 수단은 단순한 정직함이다. 문제가 정녕 무엇인지에 대해 너 자신을 속이지 말라. 그러면 너는 문제가 이미 해결되었음을 인식할 수밖에 없다.

복습 2

¹ 우리는 이제 두 번째 복습을 할 준비가 되었다. 우리는 지난 복습을 마친 곳에서 시작하여, 매일 두 개의 아이디어를 다룰 것이다. 하루의 전반부에는 그중 한 아이디어를, 후반부에는 다른 하나의 아이디어를 다룰 것이다. 각 아이디어를 가지고 긴 연습을 한 번씩 실시하고, 짧은 연습은 여러 번 실시할 것이다.

² 긴 연습은 다음과 같은 일반적인 형식을 따를 것이다: 15분 정도 시간을 내서, 해당 아이디어와 그에 딸린 해설에 대해 생각하면서 연습을 시작하라. 3, 4분 동안 그것들을 천천히 읽되, 원한다면 여러 번 읽어라. 그런 다음 눈을 감고 귀 기울여라. 마음이 방황하고 있음을 알아차릴 때는 첫 번째 단계를 반복하라. 하지만 대부분의 연습 시간은 조용하면서도 주의 깊게 귀 기울이며 보내려고 노력하라.

³ 너를 기다리는 메시지가 있다. 너는 그것을 받을 것이다. 이를 확신하라. 그 메시지는 본래 너에게 속하며, 너는 그것을 원한다는 것을 기억하라. 주의를 산만하게 하는 생각들 앞에서 너의 의지가 흔들리도록 허락하지 말라. 그 생각들이 어떤 형식을 취하든, 그것들은 아무런 의미도 없고 아무런 힘도 없음을 깨달아라. 성공하겠다는 결심으로 그 생각들을 대체하라. 너의 뜻에는 모든 판타지와 꿈을 이길 힘이 있음을 잊지 말라. 그것은 너를 끝까지 도와 모든 판타지와 꿈 너머로 데려갈 것임을 신뢰하라.

⁴ 이러한 연습을 길과 진리와 생명에 헌신하는 시간으로 여겨라. 길을 벗어나 우회로와 환상, 죽음의 생각으로 빠져들기를 거부하라. 너는 구원에 헌신하고 있다. 매일, 너의 기능을 이행하지 않은 채 버려두지 않겠다고 결심하라.

⁵ 짧은 연습 시간에도 마찬가지로 너의 결심을 재확인하라. 아이디어를 일반적으로 적용할 때는 원래의 형식으로, 필요한 경우에는 보다 구체적인 형식으로 사용하라. 아이디어에 대한 해설에 구체적인 형식이 몇 개 포함되어 있을 것이다. 하지만 그것들은 단지 제안일 뿐이다. 중요한 것은 네가 사용하는 특정한 말이 아니다.

81과

¹ 우리가 오늘 복습할 아이디어는 다음과 같다:

[61] 나는 세상의 빛이다.

² 저에게는 세상을 환히 밝히는 기능이 주어져 있습니다. 그러한 저는 얼마나 거룩한지요! 저로 하여금 저의 거룩함 앞에서 고요해지게 하소서. 그 조용한 빛 안에서, 저의 모든 갈등이 사라지게 하소서. 그 평화 안에서, 제가 누구인지 기억하게 하소서.

³ 특정한 어려움이 일어나는 듯할 때 오늘의 아이디어를 적용할 몇 가지 구체적인 형식은 다음과 같다:

> ⁴ 제 안에 있는 세상의 빛을 저 스스로 가리지 않게 하소서.
> 세상의 빛이 이 겉모습을 뚫고 빛나게 하소서.
> 이 그림자는 빛 앞에서 사라질 것입니다.

[62] 세상의 빛으로서, 나의 기능은 용서다.

⁵ 나의 기능을 받아들임으로써, 나는 내 안에 있는 빛을 보게 될 것이다. 그 빛 안에서, 나의 기능은 내 시야에 아주 뚜렷하고 확실하게 드러날 것이다. 나의 기능이 무엇인지 먼저 인식해야만 내가 그것을 받아들일 수 있는 것은 아니다. 나는 아직 용서를 이해하지 못하기 때문이다. 하지만 그 빛 안에서, 나는 나의 기능을 있는 그대로 볼 것이다. 나는 이를 신뢰하겠다.

⁶ 이 아이디어를 다음과 같은 특정한 형식들로 사용할 수 있다:

> ⁷ 제가 이것을 통해 용서의 의미를 배우게 하소서.
> 저의 기능을 저의 뜻과 분리하지 말게 하소서.
> 저는 이것을 다른 목적을 위해 사용하지 않겠습니다.

82과

¹ 우리는 오늘 다음의 아이디어들을 복습한다:

[63] 나의 용서를 통해, 세상의 빛이 모든 마음에게 평화를 안겨준다.

² 나의 용서는 세상의 빛이 나를 통해 표현되는 수단이다. 나의 용서는 내 안에 있는 세상의 빛을 나 자신이 자각하는 수단이다. 나의 용서는 세상이 나와 더불어 치유되는 수단이다. 그러므로 나는 세상을 용서하여, 세상이 나와 더불어 치유되게 하겠다.

³ 이 아이디어를 적용할 구체적인 형식들을 제안하자면 다음과 같다:

> ⁴ _____님, 평화가 내 마음으로부터 당신 마음으로 확장하게 해주세요.
> _____님, 나는 세상의 빛을 당신과 공유합니다.
> 나의 용서를 통해, 나는 이것을 있는 그대로 볼 수 있다.

[64] 나의 기능을 잊지 말게 하소서.

⁵ 나는 나의 자아를 기억하고자 하므로, 나의 기능을 잊지 않겠다. 내가 나의 기능을 잊는다면, 그것을 완수할 수 없다. 그리고 나의 기능을 완수하지 않는 한, 나는 하느님이 나에게 뜻하시는 기쁨을 경험할 수 없을 것이다.

⁶ 이 아이디어를 적용하기에 적절한 구체적인 형식에는 다음과 같은 것이 있다:

> ⁷ 나는 이것을 이용해서 나의 기능을 나 자신에게 감추지 않겠다.
> 나는 이것을 나의 기능을 이행하는 기회로 삼겠다.
> 이것은 나의 에고를 위협할 수는 있지만, 나의 기능은 전혀 바꿀 수 없다.

83과

¹ 오늘은 다음의 아이디어들을 복습하자:

[65] 나의 유일한 기능은 하느님이 주신 기능이다.

² 나는 오로지 하느님이 주신 기능만 가지고 있다. 이를 인식함으로써, 나는 모든 갈등에서 해방된다. 그것은 내가 상충하는 목표들을 가질 수 없다는 의미기 때문이다. 나는 단 하나의 목적만 가졌기에, 무엇을 행하고 무엇을 말하고 무엇을 생각할지 항상 확신한다. 나의 유일한 기능은 하느님이 주신 기능임을 인정할 때, 모든 의심이 사라질 수밖에 없다.

³ 이 아이디어를 보다 구체적으로 적용할 때 다음의 형식들을 사용할 수 있다:

⁴ 이것에 대한 나의 지각은 나의 기능을 바꾸지 않는다.
이것 때문에 내가 하느님이 주신 기능 외에 다른 기능을 갖게 되는 것은 아니다.
나는 이것을 이용해서 하느님이 주지 않으신 기능을 정당화하지 않겠다.

[66] 나의 행복과 나의 기능은 하나다.

⁵ 하느님에게서 오는 것은 모두 하나다. 그것들은 **하나인 상태**에서 와서 하나로서 받아들여질 수밖에 없다. 나의 기능을 이행하는 것이 곧 나의 행복이다. 그 둘은 같은 근원에서 오기 때문이다. 내가 만약 행복을 찾고자 한다면, 무엇이 나를 행복하게 해주는지 인식하는 법을 배워야 한다.

⁶ 이 아이디어를 구체적으로 적용할 때 유용한 몇 가지 형식은 다음과 같다:

⁷ 이것은 나의 행복을 나의 기능으로부터 분리할 수 없다.
나의 행복과 나의 기능의 하나인 상태는 이로 인해 전혀 영향받지 않는다.
이것을 포함한 그 무엇도, 나의 기능을 떠나 행복해질 수 있다는 환상을 정당화할 수 없다.

84과

¹ 오늘 복습할 아이디어들은 다음과 같다:

[67] 사랑은 나를 그 자신과 닮게 창조했다.

² 나는 나의 창조주를 닮았다. 나는 고통받을 수 없으며, 상실을 겪거나 죽을 수도 없다. 나는 몸이 아니다. 나는 오늘 나의 실재를 인식하고자 한다. 나는 우상을 섬기지 않을 것이며, 나의 자아를 대체하기 위해 나 자신의 자아 개념들을 들어올리지도 않겠다. 나는 나의 창조주를 닮았다. 사랑은 나를 그 자신과 닮게 창조했다.

³ 이 아이디어를 적용할 때 다음과 같은 구체적인 형식들이 도움이 될 수 있다:

> ⁴ 나는 이것에서 나 자신에 대한 환상을 보지 않겠다.
> 나는 이것을 볼 때 나의 창조주를 기억하겠다.
> 나의 창조주는 이것을 내가 보는 대로 창조하지 않으셨다.

[68] 사랑은 불만을 품지 않는다.

⁵ 불만은 사랑에게 완전히 이질적인 것이다. 불만은 사랑을 공격하고, 사랑의 빛을 감춘다. 내가 만약 불만을 품는다면 사랑을 공격하는 것이며, 따라서 나의 자아를 공격하는 것이다. 그렇게 나의 자아는 나에게 이질적인 존재가 된다. 나는 오늘 나의 자아를 공격하지 않겠다고 결심한다. 그럼으로써 나는 내가 누구인지 기억할 수 있게 된다.

⁶ 이 아이디어를 적용할 때 다음과 같은 구체적인 형식들이 도움이 될 것이다:

> ⁷ 이것은 결코 나의 자아를 부정하기 위한 구실이 될 수 없다.
> 나는 이것을 이용해서 사랑을 공격하지 않겠다.
> 이것 때문에 유혹에 빠져 나 자신을 공격하지 않겠다.

85과

1 오늘의 복습은 다음의 아이디어들을 다룬다:

[69] 나의 불만이 내 안에 있는 세상의 빛을 감춘다.

2 나의 불만은 나에게 존재하지 않는 것을 보여주며, 내가 보고자 하는 것을 가린다. 이것을 인식하고 있거늘, 내가 무슨 이유로 불만을 원하겠는가? 나의 불만은 나를 어둠 속에 가두고, 빛을 감춘다. 불만과 빛은 함께 갈 수 없지만, 빛과 비전은 결합되어야 내가 볼 수 있다. 보기 위해서는, 불만을 내려놓아야 한다. 나는 보기를 원한다. 그리고 이것은 내가 성공할 수단이 될 것이다.

3 이 아이디어를 구체적으로 적용할 때, 다음의 형식들을 사용할 수 있다:

> 4 나는 이것을 시각에 대한 장애물로 이용하지 않겠다.
> 세상의 빛은 이 모든 것을 비춰 물리칠 것이다.
> 나에게는 이것이 전혀 필요 없다. 나는 보기를 원한다.

[70] 나의 구원은 나로부터 온다.

5 나는 오늘 나의 구원이 어디에 있는지 인식하겠다. 나의 구원은 내 안에 있다. 그것의 근원이 내 안에 있기 때문이다. 나의 구원은 그 근원을 떠난 적이 없으며, 따라서 나의 마음을 떠났을 리가 없다. 나는 구원을 나 자신의 밖에서 구하지 않겠다. 그것은 밖에서 찾아서 안으로 가져오는 것이 아니다. 반대로 구원은 나의 내면에서 시작하여 그 너머로 뻗어나갈 것이다. 그리고 내가 보는 모든 것은 단지 내 안에서 스스로 빛나는 빛을 반영할 것이다.

6 이 아이디어를 보다 구체적으로 적용할 때 적당한 형식들은 다음과 같다:

> 7 이것이 유혹한다고 해서, 나의 바깥으로 눈을 돌려 구원을 찾지는 않겠다.
> 이것 때문에 내 구원의 근원을 자각하지 못하는 일은 없을 것이다.
> 이것은 나에게서 구원을 제거할 힘이 없다.

86과

¹ 오늘은 다음의 아이디어들을 복습한다:

[71] 오로지 하느님의 구원 계획만이 효과가 있을 것이다.

² 미친 듯이 구원을 찾아다녀 봤자 소용이 없다. 그동안 나는 수많은 사람과 사물에서 구원을 보았지만, 정작 잡으려고 손을 뻗으면 구원은 거기에 없었다. 나는 구원이 어디에 있는지에 대해 잘못 생각했다. 나는 구원이 무엇인지에 대해 잘못 생각했다. 나는 더 이상 헛된 추구에 나서지 않겠다. 오로지 하느님의 구원 계획만이 효과가 있을 것이다. 그리고 나는 기뻐하겠다. 하느님의 계획은 결코 실패할 수 없기 때문이다.

³ 이 아이디어를 구체적으로 적용할 때 다음의 몇 가지 형식을 사용할 것을 제안한다:

⁴ 하느님의 구원 계획은 나를 이것에 대한 지각에서 구원할 것이다.
이것은 나의 구원을 위한 하느님의 계획에서 예외가 아니다.
나는 이것을 오로지 하느님의 구원 계획에만 비추어 지각하겠다.

[72] 불만을 품는 것은 하느님의 구원 계획에 대한 공격이다.

⁵ 불만을 품는 것은 하느님의 구원 계획이 효과가 없음을 입증하려는 시도다. 하지만 오로지 그분의 계획만이 효과가 있을 것이다. 따라서 내가 불만을 품는다면, 구원에 대한 유일한 희망을 나의 의식에서 제거하는 것이다. 나는 더 이상 이런 정신 나간 방법으로 나의 최선의 이익을 무산시키지 않겠다. 나는 하느님의 구원 계획을 받아들여 행복해지겠다.

⁶ 이 아이디어를 구체적으로 적용할 때는 다음의 형식들을 사용할 수 있다:

⁷ 이것을 바라볼 때 나는 그릇된 지각과 구원 사이에서 선택하고 있다.
내가 만약 이것에서 불만을 품을 근거를 본다면, 나의 구원을 위한 근거를 보지 못할 것이다.
이것은 공격을 달라는 요청이 아니라, 구원을 달라는 요청이다.

87과

¹ 우리는 오늘 복습에서 다음의 아이디어들을 다룬다:

[73] 나는 빛이 있으라고 뜻한다.

² 나는 오늘 나의 뜻이 가진 권능을 사용하겠다. 그림자를 두려워하고, 보이지도 않고 실제도 아닌 것을 겁내며 어둠 속을 더듬거리는 것은 나의 뜻이 아니다. 오늘은 빛이 나의 안내자가 될 것이다. 나는 빛이 나를 인도하는 곳으로 따라가고, 오로지 빛이 보여주는 것만을 바라보겠다. 오늘 나는 진정한 지각이 주는 평화를 경험하겠다.

³ 이 아이디어를 구체적으로 적용할 때, 다음의 형식들이 도움이 될 것이다:

⁴ 이것은 내가 보겠다고 뜻하는 빛을 감출 수 없다.

_____님, 당신은 나와 함께 빛 속에 서있습니다.

빛 속에서, 이것은 다르게 보일 것이다.

[74] 오로지 하느님의 뜻밖에 없다.

⁵ 오로지 하느님의 뜻밖에 없으므로, 나는 오늘 안전하다. 나는 오로지 다른 뜻이 있다고 믿을 때만 두려워질 수 있다. 나는 오로지 두려울 때만 공격하려고 하며, 오로지 공격하려고 할 때만 나의 영원한 안전이 위협받는다고 믿을 수 있다. 오늘 나는 이 모든 것이 일어나지 않았음을 인식하겠다. 오로지 하느님의 뜻밖에 없으므로, 나는 안전하다.

⁶ 다음은 이 아이디어를 구체적으로 적용할 때 유용한 몇 가지 형식들이다:

⁷ 나는 이것을 하느님의 뜻에 따라 지각하겠다.

_____님, 당신이 하느님의 아들이라는 것은 하느님의 뜻이자 나의 뜻입니다.

내가 이것을 어떻게 보든, 이것은 나를 위한 하느님 뜻의 일부다.

88과

¹ 우리는 오늘 다음의 아이디어들을 복습한다:

[75] 빛이 왔다.

² 공격 대신 구원을 선택할 때, 나는 이미 존재하는 것을 인식하기로 선택하는 것뿐이다. 구원은 이미 내려진 결정이다. 공격과 불만은 선택 대상으로 존재하지 않는다. 그러므로 나는 항상 진리와 환상, 존재하는 것과 존재하지 않는 것 사이에서 선택한다. 빛이 왔다. 나는 단지 빛만 선택할 수 있다. 빛 대신 선택할 수 있는 것이란 없기 때문이다. 빛이 어둠을 대체했으며, 따라서 어둠은 사라졌다.

³ 다음은 이 아이디어를 구체적으로 적용하는 데 유용한 형식들이다:

> ⁴ 이것은 나에게 어둠을 보여줄 수 없다. 빛이 왔기 때문이다.
> _____님, 당신 안에 있는 빛이 내가 보려는 모든 것입니다.
> 나는 이것에서 오로지 존재하는 것만 보겠다.

[76] 나는 오로지 하느님의 법칙 아래에 있다.

⁵ 이것은 나의 자유에 대한 완벽한 진술이다. 나는 오로지 하느님의 법칙 아래에 있다. 나는 다른 법칙들을 지어내서 그것들에게 나를 지배할 힘을 부여하려는 유혹을 끊임없이 느낀다. 내가 고통받는 이유는 단지 그것들이 존재한다고 믿기 때문이다. 그것들은 나에게 실재적인 영향을 끼치지 못한다. 나는 하느님의 법칙 외의 모든 법칙의 영향에서 완전히 자유롭다. 그리고 하느님의 법칙은 자유의 법칙이다.

⁶ 이 아이디어를 적용할 구체적인 형식으로 다음의 문장들을 사용할 수 있다:

> ⁷ 이것에 대한 나의 지각은 내가 존재하지 않는 법칙을 믿고 있음을 보여준다.
> 나는 이것에서 오로지 하느님의 법칙이 작동하고 있는 것만을 본다.
> 나는 이것에서 나의 법칙이 아닌 하느님의 법칙이 작동하도록 하겠다.

89과

¹ 오늘 우리가 복습할 아이디어들은 다음과 같다:

[77] 나에게는 기적의 권리가 있다.

² 나에게는 기적의 권리가 있다. 나는 오로지 하느님의 법칙 아래에 있기 때문이다. 하느님의 법칙은 나를 모든 불만에서 해방하며, 그것들을 기적으로 대체한다. 나는 불만 대신에 기적을 받아들이겠다. 불만은 그 너머의 기적을 감춘 환상에 불과하다. 이제 나는 하느님의 법칙이 나에게 가질 권리를 부여하는 것만 받아들여서, 그것을 하느님이 주신 기능을 위해 사용하겠다.

³ 이 아이디어를 구체적으로 적용할 때, 다음에 제안해 놓은 문장들을 사용할 수 있다:

⁴ 이것 뒤에 내가 가질 권리가 있는 기적이 있다.

_____님, 나는 당신에게 불만을 품는 대신에, 본래 당신에게 속한 기적을 선사하겠습니다.

진정으로 본다면, 이것은 나에게 기적을 선사한다.

[78] 기적이 모든 불만을 대체하게 하소서.

⁵ 이 아이디어에 의해, 나는 나의 뜻을 성령의 뜻과 연합하고, 그 두 뜻을 하나로 지각한다. 이 아이디어에 의해, 나는 내가 지옥에서 해방되었음을 받아들인다. 이 아이디어에 의해, 나는 나의 구원을 위한 하느님의 구원 계획에 따라 나의 모든 환상이 진리로 대체되게 하겠다는 용의를 표한다. 나는 그 어떤 예외나 대체물도 만들지 않겠다. 하느님이 내게 뜻하시는 대로, 나는 천국 전체를 원하며 오로지 천국만을 원한다.

⁶ 이 아이디어를 적용할 때 유용한 구체적인 형식들은 다음과 같다:

⁷ 나는 나의 구원과 멀어져서 이 불만을 품지 않겠다.

_____님, 기적이 우리의 불만을 대체하게 합시다.

이것 너머에 나의 모든 불만을 대체하는 기적이 있다.

90과

¹ 오늘은 다음의 아이디어들을 복습한다:

[79] 문제가 정녕 무엇인지 인식함으로써, 그것이 해결되게 하소서.

² 문제는 항상 제가 소중히 여기는 불만의 어떤 형식입니다. 저로 하여금 오늘 이것을 깨닫게 하소서. 해결책은 항상 제가 불만을 대체하도록 허용하는 기적입니다. 저로 하여금 이 또한 이해하게 하소서. 저는 오늘 하나의 문제와 하나의 해결책만 있다는 레슨을 강화함으로써 구원의 단순성을 기억하겠습니다. 문제는 불만이고, 해결책은 기적입니다. 따라서 저는 불만을 용서하고 그 자리에 기적을 맞아들임으로써, 해결책이 저에게 오도록 초대합니다.

³ 이 아이디어를 구체적으로 적용할 때 다음의 형식들을 사용할 수 있다:

⁴ 이것은 내가 이미 해결했을 문제 하나를 드러낸다.
이 불만 뒤에 있는 기적이 나를 위해 그것을 해결할 것이다.
이 문제의 답은 그것이 감춘 기적이다.

[80] 저의 문제들은 이미 해결되었음을 인식하게 하소서.

⁵ 내가 문제를 가진 듯이 보이는 이유는 단지, 시간을 잘못 사용하기 때문이다. 나는 문제가 먼저 오고, 그것이 해결되려면 시간이 경과해야 한다고 믿는다. 나는 문제와 답이 동시에 발생한다고 보지 않는다. 하느님은 문제와 답을 함께 두셨으며, 따라서 시간은 그것들을 분리할 수 없음을 나는 아직 깨닫지 못하기 때문이다. 내가 허락한다면, 성령은 나에게 이것을 가르쳐줄 것이다. 따라서 나는 이미 해결되지 않은 문제를 가질 수 없음을 이해하게 될 것이다.

⁶ 이 아이디어를 구체적으로 적용할 때 다음과 같은 형식이 유용할 것이다:

⁷ 나는 이것이 해결되기를 기다릴 필요가 없다.
내가 받아들인다면, 이 문제에 대한 답은 이미 나에게 주어져 있다.
시간은 이 문제를 그 답과 분리할 수 없다.

91과

기적은 빛 속에서 보인다.

1 기적과 비전은 반드시 함께 간다는 것을 기억하는 것이 중요하다. 이것을 자주 따라 말해야 한다. 그것은 너의 새로운 사고체계와 그것이 낳는 지각에서 핵심적인 아이디어다. 기적은 항상 존재한다. 기적은 너의 비전에 의해 생겨나지 않으며, 네가 보지 못한다고 해서 사라지지도 않는다. 영향을 받는 것은 단지 기적에 대한 너의 알아차림뿐이다. 너는 기적을 빛 속에서 볼 것이다. 어둠 속에서는, 기적을 보지 못할 것이다.

2 그렇다면 빛은 너에게 아주 중요하다. 네가 어둠 속에 남아있는 동안, 기적은 보이지 않는다. 따라서 너는 기적이 없다고 확신한다. 이것은 어둠이 비롯되는 전제들에서 따라 나오는 결과다. 빛을 부정하는 것은 빛을 지각하지 못하는 것으로 이어진다. 빛을 지각하지 못하는 것은 곧 어둠을 지각하는 것이다. 그렇게 되면 빛은 비록 거기에 있어도 너에게 쓸모가 없게 된다. 빛의 존재가 너에게 알려져 있지 않으므로, 너는 빛을 사용할 수 없다. 그리고 어둠의 그럴싸한 실재성이 빛이라는 아이디어를 무의미하게 만든다.

3 네가 보지 않는 것이 거기에 있다는 말은 정신 나간 소리처럼 들린다. 거기에 있는 것은 보지 않고 대신에 거기에 없는 것을 보는 것은 정신 이상이지만, 그것을 깨닫기는 굉장히 어렵다. 너는 몸의 눈이 볼 수 있다는 것을 의심하지 않는다. 너는 몸의 눈이 보여주는 이미지가 실재라는 것도 의심하지 않는다. 너는 빛이 아닌 어둠을 믿는다.

4 이것을 어떻게 뒤집을 수 있을까? 너에게 그것은 불가능하지만, 너는 그것을 혼자 하지 않을 것이다. 너의 노력은 아무리 미약하더라도 강력한 지원을 받는다. 그 힘이 얼마나 큰지 깨닫기만 한다면, 너의 의심은 사라질 것이다. 오늘 우리는 네가 그 힘을 느끼도록 도울 것이다. 모든 기적에 손쉽게 가닿을 수 있게 해주는 내면의 힘을 느꼈을 때, 너는 더 이상 의심하지 않을 것이다. 네가 내면의 힘을 느낌에 따라, 약함에 대한 믿음이 감추고 있는 기적들이 너의 의식 안으로 뛰어들어올 것이다.

5 오늘 약 10분씩 세 번 조용한 시간을 마련하여, 너의 약함을 뒤로하고 떠나라. 너는

너 자신에게 몸이 아니라고 가르침으로써 이것을 아주 쉽게 이룰 수 있다. 믿음은 네가 원하는 것을 향하고, 너는 그에 따라 너의 마음을 가르친다. 너의 뜻은 여전히 너의 교사로 남아있으며, 자신이 열망하는 것을 행할 수 있는 그 모든 힘을 가졌다. 선택한다면, 너는 몸을 벗어날 수 있다. 너는 네 안에 있는 힘을 경험할 수 있다.

6 긴 연습은 다음과 같은 진정한 인과관계에 대한 진술로 시작하라:

> 7 기적은 빛 속에서 보인다.
> 몸의 눈은 빛을 지각하지 않는다.
> 하지만 나는 몸이 아니다. 나는 무엇인가?

8 이 진술의 끝에 있는 질문이 오늘 우리의 연습에 필요하다. 네가 무엇인지에 대한 너의 생각이야말로 무효화되어야 하는 믿음이다. 하지만 네가 진정으로 무엇인지는 너에게 드러나야 한다. 네가 몸이라는 믿음은 착각이며, 따라서 교정이 필요하다. 네가 무엇인지에 대한 진리는 네 안에 있는 힘을 불러일으켜서, 그 실수가 감춘 것을 너의 의식에 가져다준다.

9 네가 몸이 아니라면, 너는 무엇인가? 너는 성령이 너의 마음에서 몸의 이미지를 대체하기 위해 사용하는 것을 알아차릴 필요가 있다. 너는 몸에서 믿음을 거둬들임에 따라 믿음을 둘 무언가를 느낄 필요가 있다. 너에게는 보다 견고하고 확실하며, 믿음을 둘 만한 가치가 더 있고 정말로 거기에 있는 어떤 것을 진정으로 경험할 필요가 있다.

10 네가 몸이 아니라면, 너는 무엇인가? 이것을 정직하게 묻고, 그동안 너의 속성이라고 잘못 생각한 것이 교정되어 그 반대의 속성으로 대체되도록 허용하면서 몇 분을 보내라. 예를 들어 다음과 같이 말하라:

> 11 나는 나약하지 않고, 강력하다.
> 나는 무력하지 않고, 전능하다.
> 나는 한계에 갇혀있지 않고, 무한하다.
> 나는 의심하지 않고, 확신한다.
> 나는 환상이 아니라, 실재다.

나는 어둠 속에서 볼 수 없지만, 빛 속에서는 볼 수 있다.

¹² 연습의 후반부에는 너 자신에 대한 이러한 진리를 경험하려고 하라. 특히 힘을 경험하는 데 집중하라. 일체의 약하다는 느낌은 네가 몸이라는 믿음과 관련되어 있음을 기억하라. 그러한 믿음은 틀렸으며, 믿을 만한 가치도 없다. 단 한 순간이나마 그러한 믿음을 거두려고 하라. 연습이 진행됨에 따라, 너는 너의 내면에 있는 보다 가치 있는 것에 믿음을 두는 데 점점 더 익숙해질 것이다.

¹³ 나머지 시간은 너의 노력이 아무리 미약하더라도 하느님과 그분의 모든 생각들의 힘이 충분히 지원해 준다는 확신으로 느긋하게 쉬어라. 바로 그들에게서, 너의 힘이 나올 것이다. 바로 그들의 강력한 지원을 통해, 너는 내면의 힘을 느낄 것이다. 네가 그들과 같은 목적을 공유하는 이 연습을 할 때, 그들이 너와 함께한다. 너는 그들의 빛 안에서 기적을 볼 것이다. 그들의 힘은 곧 너의 힘이기 때문이다. 네가 볼 수 있도록, 그들의 힘이 너의 눈이 된다.

¹⁴ 매시간 5~6회, 상당히 규칙적인 간격으로 기적은 빛 속에서 보인다는 것을 상기하라. 또한, 유혹을 느낄 때는 오늘의 아이디어를 가지고 대응하는 것을 잊지 말라. 이러한 특별한 목적을 위해서는 다음의 형식이 도움이 될 것이다:

¹⁵ 기적은 빛 속에서 보인다. 나는 이것 때문에 눈을 감지 않겠다.

92과

기적은 빛 속에서 보이며, 빛과 힘은 하나다.

¹ 오늘의 아이디어는 어제의 아이디어를 확장한 것이다. 너는 빛을 힘이라는 면에서, 어둠을 약함이라는 면에서 생각하지 않는다. 그 이유는, 봄seeing이 무엇을 의미하는지에 대한 너의 아이디어가 몸과 몸의 눈, 그리고 뇌에 묶여있기 때문이다. 따라서 너는 조그만 유리 조각이나 투명한 물질을 눈앞에 갖다 대거나, 테를 둘러 눈앞에 걸치면 네가 지금 보는 것을 다르게 볼 수 있다고 믿는다.

² 이것은 네가 몸이며, 몸의 눈이 볼 수 있다는 확신에서 비롯되는 수많은 마법적인 믿음들 가운데 하나다. 너는 또한 몸의 뇌가 생각할 수 있다고 믿는다. 네가 만약 생각의 본성을 이해한다면, 이러한 정신 나간 아이디어에 웃을 수밖에 없을 것이다. 그것은 마치 네가 손에 든 성냥으로 태양에 불을 붙여 그 모든 열을 내게 한다거나, 우주가 너의 손에 갇혀있어서 네가 놓아주지 않는 한 꼼짝도 하지 못한다고 생각하는 것과도 같다. 하지만 이것은 몸의 눈이 볼 수 있고 뇌가 생각할 수 있다고 믿는 것보다 더 어리석지는 않다.

³ 네 안에 있는 하느님의 힘이야말로 네가 볼 수 있게 해주는 빛이다. 그것은 네가 하느님의 마음으로 생각하는 것과 마찬가지다. 하느님의 힘은 너의 약함을 부정한다. 너의 약함은 몸의 눈을 통해 보며, 어둠 속에서 뚫어지게 응시하며 자신과 닮은 것을 구한다. 그것은 작고 약하고 병들고 죽어가며, 결핍되고 무력하고 두려워하고 슬퍼하며, 가난하고 굶주리고 기쁨이 없는 것들이다. 이러한 것들은 볼 수도 없고 축복할 수도 없는 눈을 통해 보인다.

⁴ 힘은 겉모습을 넘어 봄으로써 이러한 것들을 간과한다. 힘은 그것들 너머에 있는 빛을 끊임없이 응시한다. 힘은 빛과 연합하며, 빛의 일부다. 힘은 그 자신을 본다. 힘은 빛을 가져다주며, 그 안에서 너의 자아가 나타난다. 어둠 속에서, 너는 거기에 없는 자아를 지각한다.

⁵ 힘은 너에 대한 진리다. 반면에 약함은 네가 그릇되게 숭배하고 흠모하는 우상이다. 그로 인해 힘이 쫓겨나고, 하느님이 빛이 있으라고 명하신 곳을 어둠이 지배하게 된다. 힘은 진리에서 비롯되며, 그 근원이 부여한 빛으로 빛난다. 반면에 약함은 그것

을 만든 자의 어둠을 반영한다. 약함은 병들었으며, 자신을 닮은 병을 바라본다.

6 진리는 구원자로서, 모든 이를 위해 오로지 행복과 평화만을 뜻할 수 있다. 진리는 요청하는 모든 이에게 자신의 힘을 무한히 제공한다. 진리는 어느 한 사람의 결핍이 모든 이의 결핍일 수 있다고 보며, 따라서 모든 이가 바라보고 다 같이 혜택을 입도록 자신의 빛을 준다. 진리의 힘은 공유되며, 따라서 진리는 모든 이에게 그들이 하나의 목적과 용서와 사랑 안에서 연합할 기적을 가져다줄 수 있다.

7 어둠 속에서 바라보는 약함은 용서와 사랑에서 어떤 목적도 볼 수 없다. 약함은 다른 모든 것이 자신과 다르다고 보며, 세상에서 자신이 공유하려는 것을 전혀 보지 않는다. 약함은 판단하고 정죄하지만, 사랑하지는 않는다. 약함은 자신을 감추려고 어둠 속에 머물면서, 자신이 강력한 정복자라는, 그리고 한계를 이기고 어둠 속에서 엄청나게 커지기만 하는 승리자라는 꿈을 꾼다. 약함은 두려워하며, 자신을 공격하고 증오한다. 그리고 어둠은 약함이 보는 모든 것을 뒤덮어서, 약함이 꾸는 꿈을 약함 자체만큼이나 두려운 것으로 만든다. 여기에는 어떤 기적도 없으며, 오로지 증오만 있다. 약함은 자신이 보는 것으로부터 자기 자신을 분리한다. 반면에, 빛과 힘은 그들 자신을 하나라고 지각한다.

8 힘의 빛은 네가 보는 빛이 아니다. 그것은 변하지 않으며, 깜빡거리거나 꺼져버리지도 않는다. 그것은 밤에서 낮으로 바뀌지 않으며, 아침이 다시 올 때까지 어둠으로 돌아가지도 않는다. 힘의 빛은 한결같고, 사랑만큼이나 확실하며, 영원히 기뻐하며 자기 자신을 내준다. 그것은 단지 자기 자신에게만 줄 수 있기 때문이다. 그것의 시각을 공유하기를 청하는 자는 누구나 응답받고, 그 처소에 들어가는 자는 누구나 눈앞에 기적을 보고, 가슴에는 힘과 빛을 간직하고 떠나게 된다.

9 네 안의 힘은 너에게 빛을 선사하고 너의 시각을 안내할 것이며, 따라서 너는 몸의 눈이 자기기만을 위해 제공하는 헛된 그림자에 연연하지 않을 것이다. 힘과 빛은 네 안에서 연합하며, 그 둘이 만나는 곳에서 너의 자아가 너를 그 자신의 것으로 품어 안을 준비를 하고 있다. 우리는 오늘 바로 이러한 만남의 장소를 찾아가서 안식하고자 한다. 하느님의 평화는, 그분의 아들인 너의 **자아**가 그 자신을 다시 만나 하나가 되려고 기다리는 곳에 있기 때문이다.

10 오늘 20분씩 두 번, 이런 만남의 시간을 갖자. 너 자신yourself이 너의 **자아**your Self에게 보내지도록 허용하라. 너의 자아의 힘은 너에게 시각의 선물을 안겨주는 빛이 될

것이다. 그러니 오늘 잠시 어둠을 떠나라. 우리는 몸의 눈을 감고 빛 속에서 보는 법을 연습하면서, 자아와 자아가 만나고 힘과 빛이 하나인 바로 그곳을 찾을 길을 알려 달라고 진리에게 요청한다.

11 아침의 만남 이후, 우리는 희망과 신뢰를 품고 밤에 다시 만날 준비를 하면서 하루를 보낼 것이다. 오늘의 아이디어를 가능한 한 자주 따라 말하면서, 우리가 지금 시각을 소개받고 있음을, 어둠을 떠나 빛으로 인도되고 있음을 인식하자. 그곳에서는 오로지 기적만이 지각된다.

93과

빛과 기쁨과 평화가 내 안에 머물러 산다.

¹ 너는, 네가 악과 어둠과 죄의 본거지라고 생각한다. 너는, 누군가가 만약 너에 대한 진리를 본다면 마치 독사를 본 듯이 흠칫 놀라 달아날 것이라고 생각한다. 너는, 만약 너 자신에 대한 진실이 너에게 드러난다면 너무도 강렬한 공포에 휩싸여서, 이것을 보고도 계속 살 수는 없다며 당장이라도 스스로 목숨을 끊으려 할 것이라고 생각한다.

² 이것은 너무도 강력하게 고착된 믿음이어서, 그것이 아무런 근거도 없음을 네가 볼 수 있도록 도와주기가 어렵다. 네가 실수를 했다는 것은 명백하다. 네가 이상한 방법으로 구원을 구했다는 것, 네가 속고 속였으며, 어리석은 판타지와 야만적인 꿈을 두려워했고, 먼지로 만든 우상에게 머리를 조아렸다는 것, 이 모든 것은 네가 지금 믿는 것에 의하면 참이다.

³ 오늘 우리는 이것에 의문을 제기한다. 네 생각의 관점이 아닌, 그러한 헛된 생각들이 무의미해지는 아주 다른 기준점에서 의문을 제기한다. 그러한 생각들은 하느님의 뜻과 일치하지 않는다. 하느님은 그런 기괴한 믿음을 너와 공유하지 않으신다. 이것만으로도 그런 생각들이 틀렸음을 증명하기에 충분하지만, 너는 그렇다고 지각하지 않는다.

⁴ 네가 행했다고 생각하는 그 모든 악은 결코 행해진 적이 없고, 너의 모든 "죄"는 아무것도 아니고, 너는 창조될 때처럼 순결하고 거룩하며, 빛과 기쁨과 평화가 네 안에 머물러 산다고 보장받는데, 너는 왜 크게 기뻐하지 않는가? 네가 만든 너의 이미지는 하느님의 뜻을 버텨낼 수 없다. 너는 이것을 죽음이라고 생각하지만, 그것은 생명이다. 너는 네가 파괴된다고 생각하지만, 너는 구원된다.

⁵ 네가 만든 자아는 하느님의 아들이 아니다. 따라서 이 자아는 전혀 존재하지 않는다. 그것이 행하고 생각하는 듯한 것도 아무런 의미가 없다. 그것은 나쁘지도 않고 좋지도 않다. 그것은 실제가 아닐 뿐, 그 이상 아무것도 아니다. 그것은 하느님의 아들과 싸우지 않는다. 그것은 하느님의 아들을 해치지 않으며, 그의 평화를 공격하지도 않는다. 그것은 창조물을 바꾸지 않았으며, 영원한 죄 없음을 죄로, 사랑을 증오로 격하하지도 않았다. 네가 만든 이 자아는 하느님의 뜻을 거역하려 하거늘, 도대체 무슨

힘을 가질 수 있겠는가?

6 너의 죄 없음은 하느님이 보장하신다. 너는 이것을 받아들일 때까지 계속 반복해 말해야 한다. 그것은 참이다. 너의 죄 없음은 하느님이 보장하신다. 그 무엇도 너의 죄 없음을 건드릴 수 없으며, 하느님이 영원하게 창조하신 것을 바꿀 수도 없다. 네가 만든 사악하고 죄로 물든 자아는 무의미하다. 너의 죄 없음은 하느님이 보장하시며, 빛과 기쁨과 평화가 네 안에 머물러 산다.

7 구원은 다음과 같은 단 하나의 생각만 받아들일 것을 요구한다: 너는 네가 스스로 만들어낸 어떤 것이 아니라, 하느님이 창조하신 그대로다. 네가 어떤 악을 행했다고 생각하든, 너는 하느님이 창조하신 그대로다. 네가 어떤 실수를 범했든, 너에 대한 진리는 변하지 않았다. 창조물은 영원하며, 바뀔 수 없다. 너의 죄 없음은 하느님이 보장하신다. 너는 지금도 앞으로도 정확하게, 네가 창조된 그대로다. 빛과 기쁨과 평화가 네 안에 머물러 산다. 하느님은 그것들을 네 안에 놓아두셨기 때문이다.

8 오늘 우리의 긴 연습을 위해서는 깨어있는 동안 매시간 첫 5분을 사용하면 가장 도움이 될 것이다. 우리는 먼저 다음과 같이 우리의 창조에 대한 진리를 말하면서 연습을 시작할 것이다:

> 9 빛과 기쁨과 평화가 내 안에 머물러 산다.
> 나의 죄 없음은 하느님이 보장하신다.

10 그런 다음 너의 어리석은 자아 이미지를 치워버리고, 남은 시간은 네가 너 자신에게 내린 판결 대신에 하느님이 주신 것을 경험하려고 하면서 보내라.

11 너는 하느님이 창조하신 것이거나, 아니면 네가 만든 것이다. 유일한 자아는 참이며, 다른 자아는 존재하지 않는다. 네 유일한 자아의 단일성을 경험하려고 하라. 그 자아의 거룩함과, 그 안에서 네 자아가 창조된 사랑을 음미하려고 하라. 너는 하느님이 너로서 창조하신 자아를 대체하려고 악과 죄의 하찮은 우상들을 만들었다. 그 뒤에 그 자아의 위엄을 감춤으로써 그 자아를 방해하려고 하지 말라. 자아가 그 자신의 것으로 들어오게 하라. 여기에 네가 있다. 이것이 너다. 그러하기에, 빛과 기쁨과 평화가 네 안에 머물러 산다.

12 매시간 첫 5분을 이러한 연습을 위해 사용하고 싶지 않을 수도 있고, 심지어 연습

할 수 없는 상황이 될 수도 있다. 하지만, 가능할 때는 그렇게 연습하려고 노력하라. 최소한 매시간 잊지 말고 다음의 생각들을 따라 말하라:

13 빛과 기쁨과 평화가 내 안에 머물러 산다.
나의 죄 없음은 하느님이 보장하신다.

14 그런 다음 눈을 감고, 이것이 너에 대한 진리를 말해주는 것임을 깨달으며 최소한 1분 정도를 보내라.

15 너를 불안하게 만드는 듯한 상황이 일어나면, 이 생각들을 다시 따라 말함으로써 두려움의 환상을 재빨리 물리쳐라. 누군가에게 화를 내려는 유혹에 빠지거든, 그에게 속으로 다음과 같이 말해주어라:

16 빛과 기쁨과 평화가 당신 안에 머물러 삽니다.
당신의 죄 없음은 하느님이 보장하십니다.

17 너는 오늘, 세상의 구원을 위해 많은 것을 할 수 있다. 너는 오늘, 구원에서 하느님이 맡기신 역할에 더 가까이 가기 위해 많은 것을 할 수 있다. 그리고 너는 오늘, 오늘의 아이디어가 정녕 참이라는 확신을 너의 마음에게 가져다주기 위해 많은 것을 할 수 있다.

94과

나는 하느님이 창조하신 그대로다.

¹ 오늘 우리는 완전한 구원을 가져다주는 단 하나의 아이디어, 모든 형식의 유혹을 무력화하는 단 하나의 진술, 에고를 침묵시키고 완전히 무효화하는 단 하나의 생각을 계속 이어간다. 너는 하느님이 창조하신 그대로다. 이 하나의 아이디어에 의해 이 세상의 소리가 잠잠해지고, 이 세상의 모습이 사라지며, 이 세상이 이제껏 품은 모든 생각이 영원히 씻겨나간다. 여기서, 구원이 완성된다. 여기서, 제정신이 회복된다.

² 진정한 빛은 힘이며, 힘은 죄 없음이다. 네가 하느님이 창조하신 그대로 남아있다면 너는 분명 강할 것이며, 빛이 분명 네 안에 있을 것이다. 너의 죄 없음을 보장하신 하느님은 또한 힘과 빛을 보장하시는 분일 것이다. 너는 하느님이 창조하신 그대로다. 어둠은 하느님 아들의 영광을 감출 수 없다. 너는 빛 속에 서있으며, 죄 없음 안에서 강하다. 너는 죄 없음 안에서 창조되었으며, 영원토록 그 안에 남아있을 것이다.

³ 오늘 우리는 다시, 깨어있는 매시간의 첫 5분을 네 안의 진리를 느끼려는 시도에 바칠 것이다. 이런 추구의 시간을 다음의 말로 시작하라:

⁴ 나는 하느님이 창조하신 그대로다.
나는 영원히 하느님의 아들이다.

⁵ 이제 너의 내면에 있는 하느님의 아들에게 도달하려고 시도하라. 바로 이것이, 결코 죄를 짓지 않았고 실재를 대체할 이미지를 만들지도 않은 **자아다.** 바로 이것이, 하느님 안에 있는 자신의 집을 떠나 세상을 정처 없이 떠돌아다닌 적이 없는 **자아다.** 바로 이것이, 두려움을 전혀 모르고 상실과 고통과 죽음을 상상할 수도 없는 **자아다.**

⁶ 이 목표에 도달하기 위해, 너는 단지 모든 우상과 자아 이미지를 내려놓고, 너 자신의 것으로 여기는 "좋고" "나쁜" 속성의 긴 목록을 지나쳐서, 진리가 올 것이라는 기대감으로 침묵 속에 기다리기만 하면 된다. 진리는 요청하는 모든 이에게 드러날 것이라고, 하느님이 몸소 약속하셨다. 너는 지금 요청하고 있다. 너는 실패할 수 없다. 하느님은 실패하실 수 없기 때문이다.

⁷ 매시간 첫 5분 동안 연습하라는 요구사항을 충족할 수 없다면, 최소한 매시간 다음의 내용을 상기하라:

> ⁸ 나는 하느님이 창조하신 그대로다.
> 나는 영원히 하느님의 아들이다.

⁹ 오늘 너 자신에게, 너는 하느님이 창조하신 그대로라고 자주 말해주어라. 그리고 너를 짜증나게 하는 듯한 사람이라면 그 누구에게든 잊지 말고 다음의 말로 대응하라:

> ¹⁰ 당신은 하느님이 창조하신 그대로입니다.
> 당신은 영원히 하느님의 아들입니다.

¹¹ 오늘 매시 정각마다 연습하려고 모든 노력을 다하라. 네가 하는 매번의 연습은 너의 해방을 향한 거대한 발걸음이 되고, 이 수업이 제시하는 사고체계를 배우는 길에서 이정표가 된다.

95과

나는 유일한 자아로서, 나의 창조주와 연합되어 있다.

¹ 오늘의 아이디어는 하느님이 창조하신 대로의 너를 정확하게 묘사한다. 너는 너 자신 안에서 하나며, 하느님과도 하나다. 모든 창조물의 단일성은 네 것이다. 너의 완벽한 단일성은 네 안에서 변화가 일어나는 것을 불가능하게 만든다. 네가 이것을 받아들이지 않고 이것이 참임을 인식하지 못하는 이유는 단지, 너 자신을 이미 바꿔버렸다고 믿기 때문이다. 너는 너 자신이 하느님의 창조물을 우스꽝스럽게 모방한 존재라고 본다. 그것은 약하고, 사악하고, 추하고, 죄로 가득하며, 비참하고 고통에 시달린다.

² 이러한 것이 바로 네가 생각하는 너 자신이다. 그것은 서로 싸우는 많은 부분들로 나뉘어 있고, 하느님과 분리되어 있으며, 그것을 만든 불안정하고 변덕스러운 조물주에 의해 간신히 유지되는 자아다. 너는 그 조물주에게 기도하지만, 그는 귀가 멀어 너의 기도를 듣지 못하고, 눈이 멀어 네 안의 하나인 상태를 보지 못한다. 그는 네가 하느님의 아들임을 이해하지 못한다. 그는 이치를 모르며, 아무것도 이해하지 못하기 때문이다.

³ 우리는 오늘 들을 수 있고, 볼 수 있으며, 완전히 이치에 맞는 것만을 알아차리려고 시도한다. 우리는 다시 자신의 창조주와 연합되어 있는 너의 유일한 자아에 도달하는 것을 연습의 목표로 삼는다. 인내와 희망 속에, 우리는 오늘 다시 시도한다.

⁴ 너의 현재 배움의 단계에서, 깨어있는 매시간 첫 5분을 그날의 아이디어를 연습하며 보내는 것에는 특별한 이점이 있다. 현시점에서 너의 마음이 더 긴 연습을 시도한다면 방황하지 않기가 힘들다. 지금쯤이면 너는 이것을 분명히 깨달았을 것이다. 그동안 너는 너에게 정신적인 단련이 얼마나 부족한지, 마음 훈련이 얼마나 필요한지 보았다. 너는 이것을 반드시 자각할 필요가 있다. 이것은 정녕 너의 전진을 가로막는 장애물이기 때문이다.

⁵ 이 시점에서 연습을 짧게 자주 실시하는 것에는 또 다른 이점이 있다. 너는 지속적으로 주의를 기울이는 것이 어렵다는 것을 인식했을 뿐만 아니라, 너의 목적을 자주 상기하지 않는 한 그것을 오랫동안 잊어버리는 경향이 있다는 것도 알아차렸을 것이다. 너는 그날의 아이디어를 짧게 적용하는 것을 자주 잊어버리고, 그것을 유혹에 대

한 자동적인 반응으로 사용하는 습관도 아직 들이지 못했다.

6 그러므로 이 시점에 너에게는 구조가 필수적이다. 그리고 그것은 너의 목표를 자주 상기하고, 그것에 도달하기 위한 정기적인 시도를 하도록 계획되어야 한다. 연습 시간을 규칙적으로 정해두는 것은 가장 유용한 형식의 구원 연습을 위한 이상적인 필요 조건은 아니다. 하지만 그것은 동기가 일관되지 못하거나 배움에 심하게 저항하는 사람들에게는 유익하다.

7 따라서 우리는 당분간 매시간 5분씩 하는 연습을 계속할 것이니, 되도록 연습을 빼먹지 말 것을 간곡히 권한다. 매시간 첫 5분을 사용하는 것은 더 단단한 구조를 도입하는 것이므로 특히 도움이 될 것이다. 하지만 이 일정을 지키지 못한 것을 가지고 되도록 빨리 그 일정으로 돌아가지 않으려는 구실로 삼지는 말라.

8 해야 할 연습을 하지 못했으니 그날은 글렀다고 여기려는 유혹도 꽤 있을 것이다. 하지만 너는 이러한 유혹을 단지 있는 그대로 인식해야 한다. 그것은 너의 실수가 교정되도록 허용하는 것에 대한 거부자, 다시 시도하는 것에 대한 용의 없음이다.

9 네가 실수를 한다고 해서 성령의 가르침이 미뤄지는 것은 아니다. 성령은 실수를 보내버리는 것에 대한 너의 용의 없음에 의해서만 저지당할 수 있다. 그러니 다음 일주일 정도는 기꺼이 우리의 태만을 용서하고, 그날의 아이디어를 연습하기 위한 지시사항을 따르지 못한 것에 대해 우리 자신을 용서하려는 용의를 내겠다고 다짐하자.

10 우리는 약함을 이렇게 관용적으로 대함으로써 약함을 간과할 수 있게 되며, 우리의 배움을 지연시킬 힘을 약함에 부여하지 않게 된다. 만약 그렇게 할 힘을 약함에 부여한다면, 우리는 약함을 강함으로 여기고 약함과 강함을 혼동하는 것이다. 이 수업의 요구사항을 따르지 못했다면, 너는 단지 실수를 했을 뿐이다. 이는 교정이 필요할 뿐, 다른 어떤 것도 필요하지 않다.

11 하나의 실수가 계속되도록 허용하는 것은, 첫 실수에 기반을 둔 또 다른 실수들을 만들어내서 첫 실수를 강화하는 것이다. 우리는 바로 이러한 과정을 내려놓아야 한다. 그것은 단지 진리에 맞서 환상을 방어하려는 또 다른 방법에 불과하기 때문이다. 이러한 잘못을 있는 그대로 인식함으로써, 그것이 사라지게 하라. 그것은 네가 유일한 자아로서 너의 창조주와 연합되어 있고, 창조물의 모든 측면과 하나며, 그 힘과 평화에 있어 한계가 없음을 자각하지 못하게 하려는 시도다.

12 이것이 바로 진리며, 그 밖의 것은 아무것도 참이 아니다. 오늘 우리는 이러한 진

리를 다시 확인하고, 네 안에서 오로지 이것만이 참임을 전혀 의심하지 않는 곳에 도달하려고 한다. 오늘 너의 마음에게 주어진 다음의 확언을 최대한 확신하면서 연습을 시작하라:

13 나는 유일한 자아로서, 나의 창조주와 연합되어 있다.
나는 창조물의 모든 측면과 하나며,
그 힘과 평화에 있어 한계가 없다.

14 그런 다음 눈을 감고 천천히 숙고하면서 이것을 다시 말하라. 그러면서 그 말의 의미가 마음 깊이 침잠하여 거짓된 아이디어들을 대체하게 하라:

15 나는 유일한 자아다.

16 이것을 몇 차례 따라 말한 다음, 그 말이 전하는 의미를 느끼려고 시도하라. 너는 유일한 자아로서, 빛과 기쁨과 평화 안에서 연합되어 안전하게 있다. 너는 하느님의 아들, 유일한 자아로서, 한 분의 창조주와 하나의 목표만 갖고 있다. 그 목표는, 이러한 하나인 상태에 대한 자각을 모든 마음에게 가져다줌으로써 진정한 창조가 하느님의 전체성과 단일성을 확장할 수 있게 하는 것이다.

17 너는 유일한 자아로서, 완전하고 치유되었고 온전하며, 세상에서 어둠의 장막을 거두고 네 안의 빛을 비춰 세상에게 세상 자신에 대한 진리를 가르칠 권능을 갖고 있다. 너는 유일한 자아로서, 지금 존재하고 앞으로도 존재할 모든 것과 완벽한 조화를 이루고 있다. 너는 유일한 자아, 하느님의 거룩한 아들로서, 그 자아 안에서 네 형제들과 연합되어 있고, 네 아버지의 뜻 안에서 그분과 연합되어 있다.

18 네 안에 있는 이 유일한 자아를 느껴보고, 그것이 너의 모든 환상과 의심을 비춰 물리치게 하라. 이것이 바로 너의 자아, 하느님의 아들로서, 그는 자신의 창조주처럼 죄가 없고, 그분의 힘을 너의 내면에 지녔으며, 그분의 사랑을 영원히 네 것으로 지녔다. 너는 유일한 자아로서, 이 자아를 너의 내면에서 느낄 수 있으며, 네 안의 거룩한 진리자 이 자아인 유일한 마음에서 너의 모든 환상을 물리칠 수 있다.

19 오늘 잊지 말라. 우리에게는 너의 도움이 필요하며, 온 세상에 행복을 전하는 일에

서 네가 맡은 작은 역할이 필요하다. 네가 오늘 그러한 시도를 할 것임을 확신하면서, 천국이 너를 바라본다. 그러니 천국의 확신을 공유하라. 그것은 곧 너의 확신이기 때문이다. 경계해 깨어있어라. 오늘 잊지 말라.

20 온종일 너의 목표를 잊지 말라. 오늘의 아이디어를 되도록 자주 따라 말하고, 그럴 때마다 누군가 자신의 마음 안에서 희망의 음성, 진리의 소용돌이, 평화의 부드러운 날갯짓을 듣는다는 것을 이해하라. 네가 유일한 자아로서 너의 아버지와 연합되어 있음을 인정하는 것은 곧 온 세상을 너와 하나가 되자고 부르는 것이다. 네가 만나는 모든 이에게 오늘의 아이디어가 약속하는 것을 전하고, 다음과 같이 말해주는 것을 잊지 말라:

21 당신은 나와 더불어 유일한 자아로서,
이 자아 안에서 우리의 창조주와 연합되어 있습니다.
나의 정체로 인하여,
그리고 우리 둘을 하나로서 사랑하시는 하느님의 정체로 인하여,
나는 당신에게 경의를 표합니다.

96과

구원은 나의 유일한 자아로부터 온다.

¹ 너는 비록 유일한 자아지만, 너 자신을 둘로 경험한다. 선하기도 하고 악하기도 하고, 사랑하기도 하고 증오하기도 하며, 마음이기도 하고 몸이기도 한 것으로 말이다. 네가 이렇게 상반되는 것들로 갈라져 있다는 지각은 극심하고 지속적인 갈등의 느낌을 일으켜서, 이러한 자아 지각의 모순되는 측면들을 화해시키려는 시도에 광적으로 매달리게 만든다. 너는 그러한 해결책을 허다하게 추구했지만, 그중 아무것도 효과가 없었다. 네가 내면에서 보는 상반되는 것들은 결코 양립할 수 없을 것이다. 그중 단 하나만 존재한다.

² 네가 구원되고자 한다면, 진리와 환상은 양립할 수 없다는 사실을 반드시 받아들여야 한다. 네가 어떤 노력을 하고, 어떤 수단을 사용하고, 문제를 어디서 보든 상관없이 말이다. 이것을 받아들이기 전까지 너는 도달할 수 없는 수많은 목표를 시도할 것이다. 그것은 시간과 노력, 희망과 의심을 무의미하게 쏟아붓는 것으로서, 각 목표는 이전의 목표처럼 헛되고, 그다음의 목표처럼 확실히 실패할 것이다.

³ 아무런 의미도 없는 문제들은 그것이 설정된 틀 안에서는 해결될 수 없다. 갈등하는 두 자아들은 화합할 수 없고, 선과 악은 어디서도 만나지 않는다. 네가 만든 자아는 결코 너의 자아일 수 없으며, 너의 자아가 둘로 쪼개지고도 그 정체로 남아 영원히 그대로일 수는 없다.

⁴ 마음과 몸은 공존할 수 없다. 이 둘을 양립시키려고 하지 말라. 하나는 다른 하나가 실제일 수 있음을 부정하기 때문이다. 네가 육체라면, 너의 마음은 너의 자아 개념에서 사라져 버린다. 그런 자아 개념에는 마음이 실제로 너의 일부가 될 수 있는 여지가 없기 때문이다. 네가 영이라면, 몸은 너의 실재에 있어 무의미할 것이다.

⁵ 영은 자신의 자아 표현을 발견하는 수단으로 마음을 사용한다. 영을 섬기는 마음은 평화롭고 기쁨이 가득하다. 마음의 권능은 영에서 비롯되며, 마음은 이곳에서 자신의 기능을 행복하게 완수한다. 하지만 마음은 또한 자신이 영과 분리되었다고 볼 수도 있으며, 자신과 혼동하는 몸 안에 있다고 지각할 수도 있다. 그렇게 자신의 기능 없이 남겨진 마음은 평화를 잃고, 행복을 낯설다고 생각하게 된다.

⁶ 하지만 영과 떨어진 마음은 생각할 수 없다. 마음은 자신의 힘이 비롯된 근원을 부정하였으며, 자신을 무력하고, 제한되어 있고, 약하다고 본다. 이제 자신의 기능과 연결이 끊긴 마음은, 자신이 홀로 분리되어 있으며, 자신을 무찌르려고 집결한 군대의 공격을 피해 몸이라는 연약한 지원군 안에 숨어있다고 생각한다. 이제 마음은 같지 않은 것을 같은 것과 양립시켜야 한다. 마음은 자신이 그 목적을 위해 존재한다고 생각하기 때문이다.

⁷ 이런 일에 더 이상 시간을 낭비하지 말라. 꿈이 제공하는 무의미한 갈등을 해결할 자가 누가 있겠는가? 그 해결책이 진실로 무엇을 의미할 수 있겠는가? 그것이 과연 어떤 목적에 쓸모가 있겠는가? 그것은 무엇을 위한 것인가? 구원은 환상을 실재화할 수 없고, 존재하지 않는 문제를 해결할 수도 없다. 아마도 너는 구원이 그렇게 할 수 있기를 바랄 것이다. 하지만 너는, 하느님이 당신의 귀한 아들의 해방을 위해 세우신 계획이 그에게 고통을 안겨주고, 그를 자유로이 풀어주는 데 실패하도록 만들고자 하는가?

⁸ 너의 자아는 여전히 자신의 생각들을 간직하고 있으며, 그 생각들은 너의 마음과 하느님의 마음 안에 남아있다. 성령은 구원을 너의 마음 안에 간직하고서, 너의 마음에게 평화로 가는 길을 제공한다. 구원은 네가 하느님과 공유하는 생각이다. 하느님의 음성이 너를 대신해 구원을 받아들여서, 구원이 이루어졌다고 너의 이름으로 응답했기 때문이다. 이와 같이 구원은 너의 자아가 너를 위해 아끼고 소중히 여기는 생각들 사이에 간직되어 있다.

⁹ 우리는 오늘 이 생각을 찾으려고 시도한다. 이 생각이 너의 마음에 존재한다는 사실은 너의 유일한 자아로부터 너에게 말하는 성령에 의해 보장된다. 매시간 5분 동안 너의 마음에서 이 유일한 자아를 찾는 연습을 하라. 구원은 너의 마음과 이 유일한 자아를 잇는 다리인 성령을 통해, 이 유일한 자아로부터 온다.

¹⁰ 끈기 있게 기다려라. 성령으로 하여금 너에게 너의 자아에 대해 말해주도록 하고, 너의 마음이 너의 자아에게 회복되어 그 뜻을 자유로이 섬길 때 무엇을 할 수 있는지에 대해서도 말해주도록 하라.

¹¹ 다음과 같이 말하면서 연습을 시작하라:

¹² 구원은 나의 유일한 자아로부터 온다.

그 자아의 생각들은 내 것으로서, 내가 사용할 것이다.

¹³ 그런 다음 그 자아의 생각들을 구하여 네 것이라고 주장하라.

¹⁴ 이것들은 너의 실재생각들이다. 너는 그 생각들을 부정하고 너의 마음이 꿈의 세상을 방랑하게 하여, 그것들 대신에 환상을 발견했다. 여기에 너의 생각들, 네가 가진 유일한 생각들이 있다. 구원은 이 생각들 가운데 있다. 그곳에서 구원을 발견하라.

¹⁵ 네가 시도에 성공한다면, 너에게 떠오르는 생각들은 너에게 다음과 같이 말해줄 것이다: 너는 구원되었으며, 너의 마음은 그것이 잃어버리려고 했던 기능을 발견했다. 너의 자아는 너의 마음을 반가이 맞아들여 그것에게 평화를 안겨줄 것이다. 힘을 회복한 너의 마음은 다시 영에서 흘러나와, 영에 의해 영 자체로서 창조된 만물 안의 영으로 흘러갈 것이다. 너의 마음은 만물을 축복할 것이다. 혼란은 사라졌으며, 너는 회복되었다. 너는 너의 자아를 발견했기 때문이다.

¹⁶ 너의 자아는 네가 오늘 실패할 수 없음을 안다. 하지만 너의 마음은 한동안 확신하지 못할 수도 있다. 그렇다고 당황하지는 말라. 너의 자아는 자신이 경험하는 기쁨을 너를 위해 간직해 둘 것이며, 너는 머잖아 그 기쁨을 네 것으로 완전히 자각할 것이다. 너의 마음과 자아를 결합하는 성령을 구하며 매시간 5분을 보낼 때마다, 너는 성령께 너를 위해 간직할 보물을 하나 더 드리는 것이다.

¹⁷ 네가 오늘 너의 미쳐 날뛰는 마음에게 구원은 너의 유일한 자아로부터 온다고 말해줄 때마다, 늘어만 가는 너의 보물 창고에 보물을 하나 더 쌓는 것이다. 그 모든 보물은 그것을 요청하여 선물로 받아들일 모든 이에게 주어진다. 그렇다면 오늘 너에게 얼마나 많은 것이 주어져 네가 줄 수 있게 하는지, 그럼으로써 그것이 너에게 주어질 수 있게 하는지 생각해 보라!

97과

나는 영이다.

1 오늘의 아이디어는 너를 너의 유일한 자아와 동일시한다. 그것은 분열된 정체를 받아들이지 않으며, 상반되는 요소들을 단일체로 엮어내려고 하지도 않는다. 그것은 단지 진리를 말할 뿐이다. 오늘 가능한 한 자주 이 진리를 연습하라. 그것은 너의 마음을 갈등에서 끌어내서 조용한 평화의 장으로 데려갈 것이다. 이곳으로는 그 어떤 두려움의 한파도 들어올 수 없다. 너의 마음은 광기에서 풀려나 분리된 정체라는 환상을 내려놓았기 때문이다.

2 우리는 너의 자아에 대한 진리를 다시 말한다. 그는 너의 내면에서 안식하고 있는 하느님의 아들이며, 너의 마음은 이제 제정신으로 회복되었다. 너는 아버지의 모든 사랑과 평화와 기쁨을 사랑스럽게 부여받은 영이다. 너는 아버지를 완성하고, 그분의 창조주로서의 기능을 공유하는 영이다. 네가 아버지와 함께 있듯이, 아버지는 언제나 너와 함께 계신다.

3 오늘 우리는 실재를 너의 마음에 더욱 가까이 가져다주려고 한다. 네가 연습할 때마다 최소한 실재에 대한 자각이 조금 더 가까워지고, 때로는 천 년 이상이 절약된다. 네가 연습에 사용하는 몇 분의 시간은 몇 배로 불어나고 또 불어날 것이다. 기적은 시간의 지배를 받지 않으며, 오히려 시간을 사용하기 때문이다. 구원은 첫 번째자 마지막인 기적이고, 마지막인 첫 번째인 기적이다. 기적은 하나기 때문이다.

4 기적 안에서 모든 시간이 조용히 멈춰 서있고, 기적 안에서 이 아이디어들을 사용하며 보내는 1분의 시간은 길이도 없고 끝도 없는 시간이 된다. 너는 그러한 기적이 마음에 머물러 사는 영이다. 그러니 이 몇 분의 시간을 기꺼이 드리고, 그 옆에 무시간성을 놓아두겠다고 약속한 성령을 믿어라. 네가 작은 노력을 기울일 때마다, 성령은 자신의 모든 힘을 제공할 것이다.

5 너는 하느님 안에 머물러 사는 영이며, 하느님의 음성을 통해 살아있는 만물을 부르면서, 요청하는 모든 이에게 하느님의 시각을 제공하고, 모든 잘못을 단순한 진리로 대체하는 영이다. 오늘 네가 이를 이해하도록 돕기 위해 성령께 필요한 몇 분의 시간을 드려라.

⁶ 성령은 너의 손에서 매시간 5분을 기쁘게 받아, 고통과 재앙이 지배하는 듯한 이 아픈 세상 곳곳에 전해줄 것이다. 성령은 그 시간이 가져다주는 치유의 선물을 받아들일 단 하나의 열린 마음도 지나치지 않고, 그것을 환영할 것이라고 아는 모든 곳에 놓아둘 것이다. 누군가 그것을 자신의 생각으로 받아들여 치유에 사용할 때마다, 그 치유력이 더욱 증폭될 것이다.

⁷ 이와 같이 네가 성령께 드리는 선물은 천 배, 만 배로 불어날 것이다. 그 선물이 너에게 되돌아올 때는, 한순간 빛나다 꺼지는 작고 희미한 반딧불보다 태양의 광휘가 훨씬 더 밝듯이, 그 힘에 있어서 너의 작은 선물을 훨씬 능가할 것이다. 하지만 그 빛의 한결같은 광휘는 그대로 남아서 너를 어둠 밖으로 인도할 것이다. 그리고 너는 그 길을 다시는 잊을 수 없을 것이다.

⁸ 성령이 너에게 들려주는 말로 이 행복한 연습을 시작하고, 그 말이 성령을 통해 온 세상에 울려 퍼지게 하라:

⁹ 나는 영이다.
나는 하느님의 거룩한 아들로서, 모든 한계로부터 자유롭다.
나는 안전하고 치유되었고 온전하며,
자유로이 용서하고 자유로이 세상을 구한다.

¹⁰ 성령은 네가 그에게 받아 표현한 선물을 받아들여서, 그 힘을 늘려 너에게 돌려줄 것이다.

¹¹ 오늘 모든 연습 시간을 기꺼이 성령께 드려라. 그러면 성령은 너에게 말을 걸어와서, 네가 성령과 하느님, 그리고 너의 형제들은 물론 너의 자아와도 하나인 영임을 일깨워 줄 것이다. 오늘 성령이 너에게 제공하는 말을 따라 할 때마다 성령의 확약에 귀기울이고, 성령이 너의 마음에게 그 말이 참임을 일러주게 하라.

¹² 만약 네가 영이 아닌 다른 무엇이라는 믿음에 굴복한다면, 성령이 준 말을 사용하여 유혹에 대응함으로써 그 유감스러운 결과에서 벗어나라. 오늘 성령은 너에게 평화를 준다. 성령의 말을 받아서, 성령께 드려라.

나는 하느님의 구원 계획에서 내게 주어진 역할을 받아들이겠다.

¹ 오늘은 특별한 헌신의 날이다. 우리는 오늘 한쪽 편만 든다. 우리는 진리와 한편이 되어 환상을 내려놓는다. 우리는 진리와 환상 사이를 오락가락하지 않고, 한쪽만 확고히 지지할 것이다. 우리는 오늘 진리에 헌신하며, 하느님이 계획하신 대로의 구원에 헌신한다. 우리는 구원이 다른 무엇이라고 주장하지 않을 것이며, 구원이 없는 곳에서 구원을 구하지도 않을 것이다. 우리는 기쁜 마음으로 구원을 있는 그대로 받아들이며, 하느님이 우리에게 부여하신 역할을 맡는다.

² 확신하는 것은 얼마나 행복한 일인지! 우리는 오늘 모든 의심을 내려놓는다. 우리는 목적을 확신하며, 의심이 사라지고 확실성이 왔음에 감사하는 태도를 취한다. 우리에게는 이행해야 할 크나큰 목적이 있고, 그 목표에 도달하기 위해 필요한 모든 수단이 주어져 있다. 단 하나의 실수도 우리의 길을 가로막지 않는다. 우리는 모든 잘못을 사면받았기 때문이다. 우리의 모든 죄는, 그것들이 단지 실수였음을 깨달음으로써 씻겨나간다.

³ 죄의식이 없는 자들은 두려움이 없다. 그들은 안전하며, 자신이 안전함을 인식하기 때문이다. 그들은 마법에 호소하지도 않고, 실재성이 없는 상상된 위협에서 빠져나올 수단을 지어내지도 않는다. 그들은 자신에게 주어진 일을 할 것이라는 조용한 확신 속에서 쉰다. 그들은 자신의 능력을 의심하지 않는다. 그들은 자신의 기능이 정확한 시간과 장소에서 완벽하게 이행될 것임을 알기 때문이다. 그들은 오늘 우리가 취할 입장을 취함으로써, 우리가 그들의 확신을 공유할 수 있게 했다. 따라서 우리는 그 확신을 스스로 받아들여 강화할 수 있다.

⁴ 그들은 우리와 함께할 것이다. 오늘 우리가 취하는 입장을 취한 모든 이는 자신이 배우고 얻어낸 모든 것을 우리에게 기쁘게 제공할 것이다. 아직 확신이 없는 자들 역시 우리와 결합할 것이며, 우리의 확신을 빌림으로써 그것을 더욱 강화할 것이다. 아직 태어나지 않은 자들도 다시 선택할 때가 오면, 우리가 들은 부름을 듣고는 응답할 것이다. 우리는 오늘 단지 우리 자신만을 위해 선택하는 것이 아니다.

⁵ 하느님이 너에게 주신 행복을 받아들일 수 있게 되는 데 매시간 5분을 바칠 가치가

없겠는가? 네가 여기서 가진 특별한 기능을 인식하는 데 매시간 5분을 바칠 가치가 없겠는가? 헤아릴 수 없을 정도로 큰 보상을 고려할 때 매시간 5분은 너무 적은 요구가 아닌가? 너는 이제껏 적어도 천 번의 손해 보는 거래를 했다.

6 여기에 네가 모든 고통에서 완전히 해방되고 세상에 없는 기쁨을 얻을 것을 보장하는 제안이 있다. 너는 약간의 시간을 주고 마음의 평화를 얻는 것은 물론, 완전한 성공을 약속하는 목적에 대한 확신도 얻을 수 있다. 그리고 시간은 아무런 의미도 없으므로, 너는 모든 것을 얻는 대가로 아무것도 요구받지 않는 것이다. 여기에, 네가 손해를 볼 수 없는 거래가 있다. 그리고 네가 얻는 것에는 정녕 한계가 없다!

7 오늘 매시간 단 5분이라는 작디작은 선물을 하느님께 드려라. 네가 오늘의 아이디어를 연습할 때 사용하는 말에, 하느님은 네게 부족한 깊은 확신과 확실성을 부여해주실 것이다. 하느님의 말씀이 너의 말과 결합하여, 네가 오늘의 아이디어를 반복할 때마다 그것을 전적인 헌신으로 만들 것이다. 그것은 너에 대한 하느님의 믿음만큼이나 완벽하고 확실한 믿음으로 이루어지는 헌신이다.

8 너에 대한 하느님의 확신은 네가 하는 모든 말을 밝게 비춰줄 것이며, 너는 그 말의 소리를 넘어 그것이 진정으로 의미하는 것으로 나아갈 것이다. 오늘 다음과 같이 말하면서 하느님과 함께 연습하라:

9 나는 하느님의 구원 계획에서 내게 주어진 역할을 받아들이겠다.

10 네가 하느님과 5분을 보낼 때마다 그분은 너의 말을 받아들이셔서, 그것을 믿음과 확신으로 온통 밝혀 돌려주실 것이다. 너의 말은 너무도 강력하고 확고해서, 세상을 희망과 기쁨으로 비춰줄 것이다. 하느님의 선물을 기쁘게 받는 자가 될 기회를 단 한 번이라도 놓치지 말라. 그럼으로써 너는 오늘 세상에게 그분의 선물을 선사할 수 있다.

11 네가 이 말을 하느님께 드리면, 나머지는 그분이 하실 것이다. 하느님은 네가 너의 특별한 기능을 이해할 수 있게 해주실 것이다. 하느님은 행복으로 가는 길을 열어주실 것이며, 평화와 신뢰는 그분의 선물, 너의 말에 대한 그분의 응답이 될 것이다. 하느님은 당신의 모든 믿음과 기쁨과 확신 속에서, 네가 말하는 것이 참이라고 응답하실 것이다. 그러면 너는 네가 천국은 물론 땅에서도 가진 기능에 대해 아시는 분을 확

신하게 될 것이다. 네가 하느님과 공유하는 연습 시간마다 그분이 너와 함께하시면서, 네가 드리는 시간의 모든 순간을 무시간성과 평화로 맞바꿔 주실 것이다.

12 한 시간 내내, 하느님과 다시 보낼 5분을 위한 행복한 준비를 하며 보내라. 그렇게 기쁜 시간이 다시 오기를 기다리는 동안, 오늘의 아이디어를 따라 말하라. 오늘의 아이디어를 자주 따라 말하고, 그럴 때마다 너는 다가올 행복한 시간을 위한 마음의 준비를 하는 것임을 잊지 말라.

13 그렇게 준비하는 시간이 지나고, 하느님이 잠시 너와 함께 시간을 보내시려고 한 번 더 그곳에 계실 때 감사하면서, 속세의 모든 임무와 사소한 생각들과 제한된 아이디어들을 내려놓고, 하느님과 다시 행복한 시간을 보내라. 하느님이 네가 받아들이기를 원하시고 네가 완수하도록 도우시려는 역할을 받아들인다고, 다시 한번 말씀드려라. 그러면 하느님은 네가 이 선택을 원한다는 것을 확신시켜 주실 것이다. 그것은 하느님이 너와 함께, 그리고 네가 하느님과 함께 내린 선택이다.

99과

이곳에서 구원은 나의 유일한 기능이다.

¹ 구원과 용서는 똑같다. 둘 다 무언가가 잘못되었음을 함축한다. 그것은 네가 그로부터 구원될 필요가 있는 어떤 것, 용서받아야 하는 어떤 것, 교정적인 변화가 필요한 잘못된 어떤 것, 하느님의 뜻과 떨어져 있거나 그 뜻과 다른 어떤 것이다. 이와 같이 두 용어는 모두 불가능한 무언가가 일어나서, 존재하는 것과 결코 존재할 수 없는 것 사이에 갈등상태를 낳았음을 함축한다.

² 이제는 진리와 환상이 동등하다. 왜냐하면, 둘 다 일어나 버렸기 때문이다. 이제 너는 불가능한 것을 용서받고, 불가능한 것에서 구원되어야 하게 되었다. 구원은 진리와 환상 사이의 중간 지대다. 구원은 진리를 반영한다. 구원은 네가 환상에서 벗어날 수단이기 때문이다. 하지만 구원은 진리가 아니다. 구원은 결코 행해지지 않은 것을 무효화하기 때문이다.

³ 땅과 천국이 모두 존재하는 마음 안에 그 둘이 화해할 수 있는 만남의 장소가 도대체 어떻게 있을 수 있겠는가? 환상을 보는 마음은 환상이 실제라고 생각한다. 환상은 그것이 생각이라는 면에서 존재성을 갖는다. 하지만 환상은 실제가 아니다. 그런 생각을 생각하는 마음은 하느님과 분리되어 있기 때문이다.

⁴ 과연 무엇이, 분리된 마음과 생각들을 영원히 하나인 마음과 **생각**에 결합하겠는가? 과연 어떤 계획이, 진리는 침범받지 않도록 지켜주면서도 환상이 일으키는 필요를 인식하고, 어떤 공격이나 고통도 없이 환상을 무효화할 수단을 제공할 수 있겠는가? 하느님의 **생각** 외에 과연 어떤 것이, 결코 행해지지 않은 것이 간과되고 결코 실제인 적이 없는 죄가 망각되게 하는 이러한 계획이 될 수 있겠는가?

⁵ 성령은 이러한 하느님의 계획을 그가 받은 그대로 하느님의 마음과 너의 마음에 간직하고 있다. 그 계획은 그 근원이 무시간적이라는 면에서 시간과 떨어져 있다. 하지만 시간이 실제라는 너의 믿음 때문에, 그 계획은 시간 안에서 작동한다. 성령은 네가 보는 죄와 고통과 죽음, 슬픔과 분리, 상실을 흔들림 없이 바라본다. 하지만 성령은 다음의 한 가지 사실이 여전히 참임을 안다: 하느님은 여전히 사랑이시며, 따라서 이것은 그분의 뜻이 아니다.

6 이것이 바로 환상을 진리로 가져오고, 환상을 그 뒤의 변함없고 확실한 것의 겉모습으로 보는 생각이다. 이것이 바로 구원하고 용서하는 생각이다. 그것은 자신이 아는 유일한 근원이 창조하지 않은 것에는 전혀 믿음을 두지 않기 때문이다. 이것이 바로 자신의 기능을 너의 기능으로 줌으로써 구원하는 기능을 가진 생각이다.

7 구원은 그 계획이 주어진 성령의 기능이자 너의 기능이기도 하다. 이제 그 계획은 성령과 더불어 너에게도 맡겨졌다. 성령은 겉모습의 형식이나 크기나 깊이, 혹은 겉모습이 가진 듯한 어떤 속성에도 상관없이, 그에 대해 다음과 같은 유일한 답을 가졌다:

8 이곳에서 구원은 나의 유일한 기능이다.
하느님은 여전히 사랑이시며, 따라서 이것은 그분의 뜻이 아니다.

9 곧 기적을 행할 자여, 오늘의 아이디어를 잘 연습해 두어라. 네가 하는 말에 들어있는 힘을 지각하려고 노력하라. 그것은 너의 자유가 들어있는 말이기 때문이다. 아버지는 너를 사랑하신다. 고통으로 가득한 세상은 그분의 뜻이 아니다. 아버지가 너를 위해 이러한 세상을 원하셨다고 생각한 것에 대해 너 자신을 용서하라. 그런 다음 아버지가 너의 모든 실수를 대체하신 생각으로 하여금, 결코 그분의 뜻이 아니었던 생각을 생각한 네 마음의 어두운 장소로 들어오게 하라.

10 나머지 부분들처럼 이 부분도 하느님께 속한다. 그 부분은 혼자만의 생각을 생각하지 않으며, 그 생각을 하느님께 감춰서 실재화하지도 않는다. 빛이 들어오게 하라. 그러면 너는 하느님이 너를 위해 뜻하시는 것을 가로막는 그 어떤 장애물도 바라보지 않을 것이다. 너의 비밀을 그분의 친절한 빛에 드러내고, 그 빛이 여전히 네 안에서 얼마나 찬란하게 빛나고 있는지 보라.

11 오늘 하느님의 생각을 연습하라. 그리고 그분의 빛으로 하여금 어두운 곳들을 샅샅이 찾아내 밝히고, 그곳들을 통해 빛남으로써 그곳들을 나머지와 결합하게 하라. 하느님의 뜻은, 네 마음이 당신의 마음과 하나로 있는 것이다. 하느님의 뜻은, 당신께 오로지 한 아들만 있는 것이다. 하느님의 뜻은, 당신의 한 아들이 바로 너라는 것이다.

12 오늘 연습하면서 이러한 것들에 대해 생각해 보라. 그리고 긴 연습은, 진리의 길에 대한 다음의 가르침으로 시작하라:

¹³ 이곳에서 구원은 나의 유일한 기능이다.

구원과 용서는 똑같다.

¹⁴ 그런 다음 너의 기능을 공유하는 성령께 의지하여, 그로 하여금 네가 모든 두려움을 내려놓고 네 안에서 반대되는 것이 전혀 없는 **사랑**으로서의 너의 **자아**를 알기 위해 배울 필요가 있는 것을 가르치게 하라.

¹⁵ 너의 완전함과 단일성, 그리고 평화라는 진리를 반대하는 모든 생각을 용서하라. 너는 아버지가 주신 선물을 잃을 수 없다. 너는 또 다른 자아가 되기를 원하지 않는다. 너에게는 하느님에게서 오지 않은 어떤 기능도 없다. 네가 만들었다고 생각한 기능에 대해 너 자신을 용서하라. 용서와 구원은 똑같다. 네가 만든 것을 용서하라. 그러면 너는 구원된다.

¹⁶ 너는 오늘 온갖 형식의 의심과 두려움을 너의 마음에서 영원히 제거할 힘을 가진 특별한 메시지를 가졌다. 그것들이 참이라고 믿으려는 유혹을 느끼거든, 겉모습은 다음의 강력한 말에 담긴 진리를 견뎌낼 수 없음을 기억하라:

¹⁷ 이곳에서 구원은 나의 유일한 기능이다.

하느님은 여전히 **사랑**이시며, 따라서 이것은 그분의 뜻이 아니다.

¹⁸ 너의 유일한 기능은 너에게, 네가 하나라고 말해준다. 너와 하느님의 계획을 공유하는 성령과 공유하기 위해 드리는 매시 정각 5분의 연습 사이에 다음의 말을 상기하라:

¹⁹ 이곳에서 구원은 나의 유일한 기능이다.

²⁰ 이와 같이 너는 너의 마음에 용서를 놓아두고, 모든 두려움이 부드럽게 치워지게 한다. 그럼으로써 사랑은 네 안에서 자신의 정당한 자리를 찾고, 네가 하느님의 아들임을 보여줄 수 있다.

100과

나의 역할은 하느님의 구원 계획에서 필수적이다.

1 하느님의 아들이 아버지를 완성하듯이, 하느님의 구원 계획에서 네가 맡은 역할은 아버지의 계획을 완성한다. 구원은, 분리된 삶들을 영위하고 분리된 길들을 걸어가는 분리된 생각들과 분리된 몸들에 대한 미친 믿음을 뒤집어야 한다. 분리된 마음들이 공유하는 하나의 기능은 그 마음들을 하나의 목적 안에서 연합한다. 그 안에서 각각의 마음은 모든 마음에게 똑같이 필수적이기 때문이다.

2 너를 위한 하느님의 뜻은 완벽한 행복이다. 그런데 네가 왜 그분의 뜻을 거역하기로 선택해야 하겠는가? 하느님의 계획을 실행에 옮기는 과정에, 그분이 너를 위해 간직해 두신 역할이 네게 주어져서, 너로 하여금 그분이 뜻하시는 것으로 돌아갈 수 있게 한다. 그 역할은 너의 행복에 필수적이듯 하느님의 계획에도 필수적이다. 너의 기쁨이 완전해야만, 하느님이 너를 보내 만나게 하시는 사람들이 그 계획을 이해할 수 있다. 그들은 너의 빛나는 얼굴에서 자신의 기능을 보고, 너의 행복한 웃음에서 자신을 향한 하느님의 부르심을 들을 것이다.

3 너는 하느님의 계획에서 정말로 필수적이다. 너의 기쁨 없이는, 하느님의 기쁨은 완전하지 않다. 너의 미소 없이는, 세상은 구원될 수 없다. 네가 슬픈 동안은, 하느님이 친히 세상의 구원을 위한 수단으로 명하신 빛은 침침하고 흐릿하다. 그리고 그 누구도 웃지 않는다. 모든 웃음은 단지 너의 웃음을 반영할 수 있을 뿐이기 때문이다.

4 너는 하느님의 계획에서 정녕 필수적이다. 너의 빛이 천국에서 빛나는 모든 빛을 더욱 밝게 하듯이, 땅에서 너의 기쁨은 모든 마음들에게 자신의 슬픔을 내려놓고 하느님의 계획에서 너의 옆자리를 차지하라고 말한다. 하느님의 메신저들은 기쁨으로 충만하며, 그들의 기쁨은 슬픔과 절망을 치유한다. 그들은, 아버지의 선물을 자신의 것으로 받아들이는 모든 이를 위해 하느님이 완벽한 행복을 뜻하신다는 증거다.

5 오늘 우리는 우리 자신이 슬퍼하도록 허락하지 않을 것이다. 우리가 슬퍼한다면, 우리의 비전은 물론 하느님의 계획에서도 필수적인 우리의 역할을 맡을 수 없기 때문이다. 슬픔은 네가 하느님이 맡기신 역할 대신에 다른 역할을 맡으려 한다는 표시다. 그러면 너는 하느님이 너를 위해 뜻하시는 행복이 얼마나 큰지 세상에게 보여주지 못

하게 된다. 그 결과 너는 행복이 너의 것임을 인식하지 못하게 된다.

6 오늘 우리는 기쁨이 우리가 여기서 수행하는 기능임을 이해하려고 시도할 것이다. 네가 만약 슬퍼한다면 너의 역할은 완수되지 않으며, 그에 따라 온 세상이 너와 더불어 기쁨을 박탈당한다. 하느님은 당신이 아들을 얼마나 사랑하시는지 세상이 볼 수 있도록 너에게 행복하기를 청하시며, 그의 기쁨을 퇴색시킬 어떤 슬픔도 일어나지 않고 그의 평화를 뒤흔들 어떤 두려움도 그를 괴롭히지 않기를 뜻하신다.

7 너는 오늘 하느님의 메신저다. 너는 네가 바라보는 모든 이에게 하느님의 행복을 전하고, 너의 행복한 얼굴에서 하느님의 메시지를 보는 모든 이에게 그분의 평화를 전한다. 우리는 오늘 5분 동안의 연습 시간에, 아버지와 우리의 뜻에 따라 우리 안에서 행복이 샘솟는 것을 느낌으로써 이를 위한 준비를 할 것이다.

8 오늘의 아이디어에 담긴 생각으로 연습을 시작하라. 그리고 너의 역할은 행복해지는 것임을 깨달아라. 너에게, 혹은 하느님의 메신저들 가운데서 자신의 자리를 찾고 싶어 하는 모든 이에게 요구되는 것은 단지 이것뿐이다. 이것이 무엇을 의미하는지 생각해 보라. 너는 그동안 네가 희생을 요구받고 있다고 철저히 잘못 믿었다. 너는 하느님의 계획에 따라 단지 받을 뿐, 결코 잃지 않는다. 또한, 희생하거나 죽지도 않는다.

9 이제 우리를 위한 하느님의 뜻을 우리와 온 세상에 입증하는 그 기쁨을 찾으려고 시도하자. 그 기쁨을 여기서, 그리고 지금 찾는 것이 너의 기능이다. 바로 이것을 위해 네가 왔다. 오늘이 네가 성공하는 바로 그날이 되게 하라! 네 안의 그리스도를 만나려고 오르는 길에 지나치는 그 모든 사소한 생각들과 어리석은 목표들 때문에 당황하지 말고, 너의 내면을 깊이 들여다보라.

10 그리스도가 거기에 있을 것이다. 그리고 너는 지금 그에게 도달할 수 있다. 네가 보도록 기다리고 있는 그리스도 대신에, 네가 과연 무엇을 바라볼 수 있겠는가? 어떤 사소한 생각이 너를 저지할 힘을 가졌겠는가? 하느님이 친히 너를 부르시는데, 어떤 어리석은 목표가 너의 성공을 가로막을 수 있겠는가? 하느님이 거기에 계실 것이다. 너는 하느님의 계획에서 필수적이다. 너는 오늘 하느님의 메신저다. 따라서 너는 분명, 하느님이 네가 전해주기를 원하시는 것을 발견할 것이다.

11 긴 연습들 사이에도 오늘의 아이디어를 잊지 말라. 오늘 너를 부르는 자는 바로 너의 자아다. 그리고 네가 세상의 구원을 위한 하느님의 계획에서 필수적이라고 너 자신에게 말해줄 때마다, 너는 바로 너의 자아에게 응답하는 것이다.

101과

나를 위한 하느님의 뜻은 완벽한 행복이다.

¹ 우리는 오늘 계속해서 행복이라는 주제를 다룰 것이다. 이것은 구원이 무엇을 의미하는지 이해하는 데서 핵심적인 아이디어다. 너는 여전히, 너의 "죄"에 대한 죄 갚음으로서 구원이 고통을 요구한다고 믿는다. 그렇지 않다. 하지만 죄가 실제고 하느님의 아들이 죄를 지을 수 있다고 믿는 한, 너는 분명 그렇다고 생각할 것이다. 죄가 만약 실제라면 처벌은 정당하고, 그것에서 벗어날 길은 없다. 따라서 고통을 대가로 치르지 않고서는 구원을 손에 넣을 수 없다.

² 죄가 실제라면 행복은 분명 환상일 것이다. 왜냐하면, 둘 다 참일 수는 없기 때문이다. 죄인에게는 죽음과 고통만이 당연한 몫이며, 바로 이것이야말로 그가 요청하는 것이다. 그는 죽음과 고통이 자신을 기다리고 있고, 자신을 뒤쫓아 어느 날 어디선가 하느님께 진 빚을 갚는 형식으로 색출해 낼 것임을 알기 때문이다. 그는 두려운 나머지 하느님에게서 달아나려 할 것이다. 하지만 하느님은 쫓아오실 것이며, 그는 벗어날 수 없다.

³ 죄가 만약 실제라면, 구원은 분명 고통일 것이다. 고통은 죄의 대가며, 죄가 만약 실제라면 결코 고난에서 벗어날 수 없다. 구원은 분명 두려운 대상일 것이다. 구원은, 겨우 뼈만 남은 희생자들에게 죽음이라는 반가운 은혜를 베풀 때까지 모든 것을 빼앗아 가고 나서야 만족해하며 서서히 죽일 것이기 때문이다. 구원의 진노는 끝이 없고 무자비하지만, 아주 정당하다.

⁴ 누가 이런 야만적인 처벌을 찾아내려 할 것인가? 누가 구원에서 달아나지 않을 것이며, 자신에게 구원을 제공하는 음성을 백방으로 잠재우려 하지 않겠는가? 그가 왜 그 음성에 귀 기울이고, 그 음성이 제공하는 것을 받아들이려 하겠는가? 죄가 만약 실제라면 구원이 제공하는 것은 죽음이며, 그것은 죄가 태어난 사악한 소망에 걸맞은 잔인한 형식으로 부과된다. 죄가 만약 실제라면 구원은 너의 철천지원수가 되고, 하느님의 아들을 십자가에 매단 네게 내리는 그분의 저주가 되어버린 것이다.

⁵ 오늘 너는 연습을 해야 한다. 너는 연습을 통해 죄는 실제가 아니며, 죄의 결과로 올 수밖에 없다고 믿는 그 모든 것이 결코 일어나지 않을 것임을 배운다. 그것들은 아

무런 원인도 없기 때문이다. 네가 하느님의 아들을 악마로 만들어버렸다는 그 어떤 믿음의 잔재도 소중히 여기지 않는 열린 마음으로, 속죄를 받아들여라.

6 죄는 없다. 우리는 오늘 가능한 한 자주 이 생각을 가지고 연습한다. 이 생각은 오늘 아이디어의 근거기 때문이다. 너를 위한 하느님의 뜻은 완벽한 행복이다. 죄는 없기 때문이다. 따라서 고통은 원인이 없다. 기쁨은 정당하며, 고통은 단지 네가 너 자신을 제대로 이해하지 못했다는 표시일 뿐이다.

7 하느님의 뜻을 두려워하지 말라. 반대로, 하느님의 뜻에 의지하라. 그러면서 죄의 들뜬 상상이 낳은 모든 결과로부터 하느님의 뜻이 너를 해방할 것임을 확신하라. 다음과 같이 말하라:

8 나를 위한 하느님의 뜻은 완벽한 행복이다.
   죄는 없다. 죄의 결과도 없다.

9 연습 시간을 이렇게 시작한 후, 다시 한번 이러한 생각이 너의 마음에 들여올 기쁨을 찾으려고 시도하라. 이렇게 5분의 시간을 기꺼이 드림으로써, 죄가 실제라는 정신 나간 믿음으로 너 자신에게 지운 무거운 짐이 치워지게 하라.

10 오늘, 광기에서 벗어나라. 너는 자유의 길에 나섰으며, 이제 오늘의 아이디어로 날개를 얻어 속도를 올림으로써, 너를 기다리는 평화의 목표에 더욱 빨리 도달할 것이라는 희망을 품을 수 있다. 죄는 없다. 오늘 이것을 기억하고, 되도록 자주 다음과 같이 말하라:

11 나를 위한 하느님의 뜻은 완벽한 행복이다.
   이것은 진리다. 죄는 없기 때문이다.

102과

나는 나의 행복을 위한 하느님의 뜻을 공유한다.

¹ 너는 고통을 원하지 않는다. 너는 고통이 네게 무언가를 가져다준다고 생각할 수 있으며, 게다가 네가 원하는 것을 가져다준다고 약간은 믿을 수 있다. 하지만 이런 믿음은 이제 확실히 흔들리고 있다. 최소한 너 자신이 그러한 믿음에 의문을 제기하고, 그것이 실제로 이치에 맞지 않는다고 의심하도록 허용할 정도는 되었다. 그 믿음은 아직 사라지지는 않았지만, 한때 네 마음의 어둡고 감춰진 은밀한 장소에 단단히 내렸던 뿌리를 잃었다.

² 오늘 우리는 그 약해진 지지대를 한층 더 느슨하게 만들려고 한다. 그리고 고통은 목적도 원인도 없으며, 아무것도 이룰 힘이 없음을 깨달으려고 한다. 고통으로는 아무것도 얻을 수 없다. 고통은 아무것도 제공하지 않으며, 존재하지도 않는다. 따라서 네가 고통이 제공해 준다고 생각하는 그 모든 것은 고통 자체와 마찬가지로 존재하지 않는다. 너는 아무것도 아닌 것의 노예였다. 오늘 자유로워져서, 하느님의 행복한 뜻과 결합하라.

³ 앞으로 며칠 간의 긴 연습 시간은, 하느님의 뜻에 의해 너의 내면에 놓인 행복에 도달하도록 계획된 연습에 바칠 것이다. 여기가 너의 집이며, 여기에 너의 안전이 있다. 여기에 너의 평화가 있으며, 여기에는 두려움이 전혀 없다. 여기에 구원이 있다. 여기에 마침내 안식이 있다.

⁴ 긴 연습은 다음과 같이 너를 위한 하느님의 뜻을 받아들이면서 시작하라:

> ⁵ 나는 나의 행복을 위한 하느님의 뜻을 공유한다.
> 따라서 이제 행복을 나의 기능으로 받아들인다.

⁶ 그런 다음 너의 마음 깊은 곳에서 이 기능을 찾아라. 그것은 너의 선택만을 기다리면서 거기에 있기 때문이다. 행복은 너의 선택이며, 너는 하느님의 뜻을 공유한다. 네가 이것을 배운다면, 행복을 발견하지 못할 수 없다.

⁷ 행복하여라. 여기서 너의 유일한 기능은 행복이기 때문이다. 하느님은 당신의 사랑

으로 아들을 창조하실 때, 당신 자신만큼이나 사랑하는 존재로 창조하셨다. 그러하기에 너는 하느님의 아들을 그분보다 더 적게 사랑할 필요가 없다. 이렇게 매시 정각에 보내는 5분의 안식 시간 외에도, 오늘은 자주 멈춰서 이제 행복을 너의 유일한 기능으로 받아들였다고 너 자신에게 말해주어라. 그러면서 네가 하느님의 뜻과 결합하고 있음을 확신하라.

하느님은 사랑이시므로, 또한 행복이시다.

¹ 행복은 사랑의 한 속성이다. 행복은 사랑과 떨어져 있을 수 없고, 사랑이 없는 곳에서 경험될 수도 없다. 사랑은 모든 곳에 있기에, 한계가 없다. 따라서 기쁨 또한 모든 곳에 있다. 하지만 마음은, 사랑에 죄가 들어와서 기쁨 대신 고통을 일으킬 수 있는 간격이 있다고 믿으면서, 이것을 부정할 수 있다.

² 이런 이상한 믿음은 사랑을 제한된 것으로 재정의하고, 한계도 없고 반대도 없는 것에 반대를 들여와 행복을 제한하려고 한다. 그러면 두려움이 사랑과 결부되고, 두려움의 결과들은 자신이 만든 것이 실제라고 생각하는 마음의 유산이 된다. 실제로 실재성이 전혀 없는 이러한 이미지들이 하느님에 대한 두려움을 증언하며, 하느님은 사랑이시므로 분명 기쁨이심을 잊게 만든다.

³ 오늘 우리는 다시 이런 근본적인 잘못을 진리로 가져와서 배우고자 한다:

⁴ 하느님은 사랑이시므로, 또한 행복이시다.
하느님을 두려워하는 것은 곧 기쁨을 두려워하는 것이다.

⁵ 오늘의 긴 연습은 이러한 관련짓기로 시작하라. 그것은 하느님이 두려움이라는 거짓된 믿음을 교정한다. 그것은 또한 하느님의 정체로 인해 행복은 본래 네게 속함을 강조한다.

⁶ 오늘 깨어있는 매시 정각마다 이 유일한 교정안이 너의 마음에 자리잡게 하라. 그런 다음 그 교정안이 가져오는 모든 행복을 반가이 맞아들여라. 진리가 두려움을 대체할 것이며, 이제 너는 기쁨이 고통의 자리를 차지할 것을 기대한다. 하느님은 사랑이시므로, 기쁨이 너에게 주어질 것이다. 온종일 이런 기대감을 자주 북돋고, 다음의 확언으로 너의 모든 두려움을 잠재워라. 그것은 친절하고도 전적으로 참인 확언이다:

⁷ 하느님은 사랑이시므로, 또한 행복이시다.
행복이야말로 내가 오늘 구하는 것이다.

나는 결코 실패할 수 없다. 나는 진리를 구하고 있기 때문이다.

나는 실제로 내게 속한 것만을 구한다.

¹ 오늘의 아이디어는 기쁨과 평화가 단지 헛된 꿈이 아니라는 생각을 계속해서 다룬다. 너의 정체로 인해, 기쁨과 평화는 너의 권리다. 그것들은 하느님이 너에게 주시는 것이며, 하느님은 당신이 뜻하는 것을 너에게 주는 데 실패하실 수 없다. 하지만 그러기 위해서는, 하느님의 선물을 기꺼이 받을 준비가 된 장소가 있어야 한다. 하느님의 선물이 있어야 할 곳에 그 대체품으로 자신이 만든 선물을 받은 마음은 그것을 기쁘게 환영하지 않는다.

² 오늘 우리는 우리가 만들어 하느님의 선물이 있어야 할 거룩한 제단에 올려놓은 무의미한 선물을 전부 치워버리고자 한다. 기쁨과 평화는 실제로 우리 것인 하느님의 선물이다. 그것은 시간이 있기 전에 우리가 상속받은 선물이며, 시간이 영원 속으로 사라진 후에도 여전히 우리 것으로 남아있을 선물이다.

³ 그것은 우리 안에 지금 있는 선물이다. 그것은 무시간적이기 때문이다. 우리는 그 선물을 가지려고 기다릴 필요가 없다. 그것은 오늘 우리에게 속한다. 따라서 우리는 그 선물을 지금 갖기를 뜻하며, 우리가 만든 것 대신에 그것을 선택하면서 단지 우리의 뜻을 하느님의 뜻과 연합하고, 똑같은 것을 하나라고 인식할 뿐임을 안다.

⁴ 오늘 너의 구원을 위해 진리에 바치는 매시간 5분의 긴 연습 시간은 다음과 같이 시작하라:

> ⁵ 나는 실제로 내게 속한 것만을 구한다.
> 기쁨과 평화는 나의 유산이다.

⁶ 그런 다음 환상으로 만들어지고, 환상으로 입증되며, 오로지 꿈의 세상에서만 추구되는 다른 선물과 다른 목표를 제공하는 세상의 갈등을 한쪽으로 치워놓아라. 하느님이 우리에게 주신 것을 알아보게 해달라고 요청할 때, 우리는 이 모든 것을 제쳐놓고 그 대신 실제로 우리에게 속한 것을 구한다.

⁷ 우리는 하느님의 제단 앞에서 우리 마음 안의 거룩한 장소를 깨끗이 치운다. 그곳

은 기쁨과 평화라는 하느님의 선물이 환영받는 곳이며, 바로 그곳으로 우리는 하느님이 주신 것을 찾으러 간다. 우리는 오늘 실제로 우리에게 속한 것은 하느님이 주시는 것임을 자각하고서, 확신 속에 간다. 우리는 다른 어떤 것도 바라지 않을 것이다. 다른 어떤 것도 실제로 우리에게 속하지 않기 때문이다.

8 그러므로 우리는 오늘, 하느님의 뜻은 이미 이루어졌으며 기쁨과 평화가 그분의 영원한 선물로서 우리에게 속함을 단지 인식함으로써, 하느님께 가는 길을 깨끗이 치운다. 하느님의 선물을 그분이 놓아두신 곳으로 찾으러 가는 연습 시간들 사이에도, 우리는 우리 자신이 그 선물을 잊도록 허락하지 않을 것이다. 우리는 그러한 선물을 일깨워 주는 다음의 말을 되도록 자주 기억할 것이다:

9 나는 실제로 내게 속한 것만을 구한다.
기쁨과 평화라는 하느님의 선물이야말로 내가 원하는 모든 것이다.

105과

하느님의 평화와 기쁨은 내 것이다.

¹ 하느님의 평화와 기쁨은 네 것이다. 오늘 우리는 그것들을 우리에게 속한 것으로 알고서 받아들일 것이다. 그리고 그러한 선물은 우리가 받아들임에 따라 늘어난다는 것을 이해하려고 할 것이다. 그것은 세상이 줄 수 있는 선물과는 다르다. 세상에서는 선물을 주는 자는 잃는 반면, 받는 자는 주는 자가 잃음으로써 더 부유해진다. 이러한 것은 선물이 아니라 죄의식과 거래하는 것이다.

² 진정으로 주어지는 선물에는 어떤 상실도 수반되지 않는다. 누군가가 잃기 때문에 다른 이가 얻을 수 있다는 것은 불가능하다. 그것은 한계와 부족을 의미한다. 어떤 선물도 이런 식으로 주어지지 않는다. 이런 "선물"은 더 가치 있는 보상을 위한 가격 제시며, 이자를 전액 납부해야 하는 대출금에 불과하다. 그리고 그것은 일시적인 대출로서, 그 선물을 받은 자가 그 이상으로 되갚아야 할 빚이 있다는 증표에 불과하다.

³ 주기의 의미에 대한 이런 이상한 왜곡이 네가 보는 세상의 모든 수준에 널리 퍼져있다. 그것은 네가 주는 선물에서 모든 의미를 벗겨버리며, 네가 받는 선물에서도 네게 아무것도 남기지 않는다. 이 수업이 세운 주된 학습 목표는, 주기에 대한 너의 관점을 뒤집음으로써 너로 하여금 받을 수 있게 하는 것이다. 너는 주기를 두려움의 근원이라고 여겨서, 네가 받을 수 있게 해주는 유일한 수단을 피하려고 하기 때문이다.

⁴ 하느님의 평화와 기쁨을 받아들여라. 그러면 너는 선물을 보는 다른 방법을 배울 것이다. 하느님의 선물은 주어진다고 해서 결코 적어지지 않을 것이다. 그것은 주어짐으로써 단지 증가할 뿐이다. 네가 천국의 평화와 기쁨을 하느님이 주시는 선물로 받아들일 때 그것들이 강화되듯, 너의 창조주의 기쁨과 평화를 네 것으로 받아들일 때 그분의 기쁨도 커진다.

⁵ 진정으로 주는 것은 곧 창조다. 그것은 무한한 것을 제한되지 않은 것에게로, 영원을 무시간성에게로, 사랑을 사랑 자체에게로 확장한다. 진정으로 주는 것은 이미 완전한 전체를 늘린다. 그러나 그것은 더 보탠다는 단순한 의미에서가 아니다. 그렇지 않다면 그것은 이미 완전한 전체가 전에는 더 적었음을 의미하기 때문이다. 진정으로 주는 것은, 그 자신을 억제해 담아둘 수 없는 것으로 하여금 자신이 가진 모든 것을 주어

버린다는 목적을 달성하게 하여, 그것을 영원히 자신의 것으로 단단히 지키게 함으로써 늘린다.

⁶ 오늘 하느님의 평화와 기쁨을 네 것으로 받아들여라. 하느님이 완성을 정의하시는 대로 당신 자신을 완성하시게 하라. 그러면 너는, 하느님을 완성하는 것은 분명 그분의 아들도 완성한다는 것을 이해하게 될 것이다. 하느님은 상실을 통해서는 주실 수 없다. 그것은 너도 마찬가지다. 오늘 기쁨과 평화라는 하느님의 선물을 받아라. 그러면 하느님은 네가 드리는 선물에 대해 너에게 감사하실 것이다.

⁷ 오늘은 연습을 약간 다르게 시작하겠다. 오늘은, 하느님의 동등한 법칙에 따라 평화와 기쁨을 누릴 권리를 가졌지만 네가 그것들을 주기를 거절한 형제들을 생각하면서 연습을 시작하라. 여기서 너는 평화와 기쁨을 너 자신에게 거절한 것이다. 따라서 그것들을 너 자신의 것으로 주장하려면, 너는 여기로 돌아와야 한다. 잠시 너의 "적들"에 대해 생각해 보고, 한 사람씩 마음에 떠오를 때마다 다음과 같이 말해주어라:

> ⁸ 형제여, 당신께 평화와 기쁨을 드립니다.
> 그리하여 나는 하느님의 평화와 기쁨을 내 것으로 가질 수 있습니다.

⁹ 이렇게 너는 하느님이 네게 주시는 선물을 알아볼 준비를 하고, 오늘 성공을 가로막을 모든 것을 너의 마음에서 치운다. 이제 너는 하느님이 네게 주신 평화와 기쁨의 선물을 받아들일 준비가 되었다. 이제 너는 너 자신에게 거절했던 기쁨과 평화를 경험할 준비가 되었다. 이제 너는 "하느님의 평화와 기쁨은 내 것이다."라고 말할 수 있다. 너는 네가 받고자 하는 것을 주었기 때문이다.

¹⁰ 너의 마음을 우리가 제안하는 대로 준비한다면, 오늘 너는 분명 성공할 것이다. 네가 평화와 기쁨의 장애물이 모두 치워지도록 하였기에, 너의 것이 마침내 너에게 올 수 있기 때문이다. 그러니 속으로, "하느님의 평화와 기쁨은 내 것이다."라고 말하고 잠시 눈을 감아라. 그리고 하느님의 음성으로 하여금 네가 하는 말이 참임을 확신시켜 주게 하라.

¹¹ 이와 같이 오늘 가능할 때마다 성령과 함께 5분의 시간을 보내라. 하지만 그보다 짧은 시간밖에 드릴 수 없는 상황이라고 해서 그 시간이 가치 없다고 생각하지는 말라. 최소한 매시 정각마다 성령께, 그가 주고 네가 받기를 뜻하는 것을 달라고 요청하

기를 잊지 말라.

12 오늘 성령이 뜻하는 것을 방해하지 않겠다고 다짐하라. 어떤 형제에게든 하느님이 그에게 주시는 선물을 부정하고 싶은 유혹에 빠질 때는, 그것을 단지 하느님의 선물을 네 것으로 받을 수 있는 또 다른 기회로 보아라. 그런 다음 감사하면서 네 형제를 축복하고, 다음과 같이 말하라:

13 형제여, 당신께 평화와 기쁨을 드립니다.
그리하여 나는 하느님의 평화와 기쁨을 내 것으로 가질 수 있습니다.

106과

저로 하여금 고요해져서 진리에 귀 기울이게 하소서.

1 에고의 음성이 아무리 큰 소리로 부르는 것 같아도 그것을 한쪽으로 제쳐놓는다면, 네가 진정으로 원하는 것은 아무것도 주지 않는 에고의 하찮은 선물을 받아들이지 않는다면, 아직은 너에게 구원이 무엇인지 말해주지 않은 마음을 활짝 열어 귀 기울인다면, 그때 너는 진리의 막강한 음성을 들을 것이다. 그 음성은 힘 속에서 조용하고, 고요함 속에서 강력하며, 그 메시지가 아주 확실하다.

2 귀 기울여라. 그리고 아버지가 당신이 임명하신 음성을 통해 너에게 하시는 말씀을 들어라. 그 음성은 의미 없는 것의 천둥소리를 잠재우고, 보지 못하는 자들에게 평화로 가는 길을 보여준다. 오늘 고요해져서, 진리에 귀 기울여라. 생명의 근원을 찾았다면서 그것을 너에게 믿으라고 주는 죽은 자들의 음성에 속지 말라. 그들에게 주의를 기울이지 말고, 진리에 귀 기울여라.

3 오늘 세상의 음성을 피해 가는 것을 두려워하지 말고, 그 음성의 무의미한 설득을 가볍게 지나쳐 가라. 그것을 듣지 말라. 오늘 고요해져서 진리에 귀 기울여라. 너를 반가이 맞이하면서, 너의 행복을 손에 들고 사랑스럽게 건네시는 하느님에 대해 말하지 않는 것은 모두 지나쳐 가라. 오늘 오로지 하느님의 **말씀**만 듣고, 하느님께 다가가기를 더 이상 미루지 말라. 오늘 한 **음성**만 들어라.

4 오늘 하느님이 약속하신 **말씀**이 지켜진다. 듣고, 침묵하라. 하느님이 너에게 말씀하시리라. 하느님은 네가 이제껏 너의 꿈속에서 꿈꾸거나 소망한 기적보다 천 배나 더 행복하고 놀라운 기적들과 함께 오신다. 하느님의 기적들은 참이다. 그것들은 꿈이 끝날 때 사라지지 않을 것이다. 반대로 그것들은 꿈을 끝내고 영원히 남을 것이다. 그것들은 하느님이 당신의 귀한 아들에게 주시는 것이기 때문이다. 그 귀한 아들의 다른 이름은 바로 너다.

5 오늘 기적을 맞이할 준비를 하라. 오늘 너의 아버지가 너와 너의 모든 형제들과 맺으신 태곳적 서약이 지켜지게 하라. 오늘 하느님의 **말씀**을 들어라. 그리고 땅에 드리운 장막을 걷어 젖히고, 잠들어 보지 못하는 이들을 전부 깨우는 말씀에 귀 기울여라. 하느님은 너를 통해 그들을 부르신다. 하느님은 그들에게 말씀하시기 위해 너의 음성

이 필요하시다. 너의 자아를 통해 부르시는 하느님 아버지가 아니라면, 누가 그분의 아들에게 도달할 수 있겠는가?

6 오늘 하느님의 **말씀**을 들어라. 그리고 너의 음성을 하느님께 드려, 오늘 그분이 하실 **말씀**을 들으려고 기다리는 수많은 무리에게 말씀하시게 하라. 구원을 맞이할 준비를 하라. 구원은 여기에 있으며, 오늘 너에게 주어질 것이다. 그리고 너는, 너를 위해 아버지의 이름으로 너의 기능을 선택한 성령께 그 기능에 대해 배울 것이다.

7 오늘 귀 기울여라. 그러면 너는, 너를 통해 온 세상에 울려 퍼질 음성을 들을 것이다. 모든 기적을 **가져다주는** 자인 성령께는, 네가 먼저 기적을 받고, 그럼으로써 받은 것을 기쁘게 전하는 자가 될 필요가 있다. 이렇게 구원이 시작되고, 이렇게 구원이 끝난다. 모든 것이 네 것이고 모든 것이 주어질 때, 그것들은 영원히 네 곁에 남아있을 것이다. 그러면 너는 그 레슨을 배운 것이다.

8 우리는 오늘 네가 지금 이해하는 식의 주기가 아닌 본래의 주기를 연습한다. 긴 연습은 너를 깨우쳐달라는 다음과 같은 요청과 함께 시작해야 한다:

9 저는 고요해져서 진리에 귀 기울이겠습니다.
주기와 받기는 무엇을 의미합니까?

10 묻고, 응답을 기다려라. 너의 요청에 대한 응답은 오랫동안 네가 받아들이기만을 기다려왔다. 이렇게 요청함으로써, 네가 이곳에 온 목적인 성직이 시작된다. 그리고 그것은 주기는 곧 잃기 위한 방법이라는 생각으로부터 세상을 해방할 것이다. 따라서 세상은 이제 이해하고 받을 준비가 된다.

11 오늘 고요해져서, 진리에 귀 기울여라. 귀 기울이며 보내는 5분마다 천 명이 진리에 마음을 열 것이다. 그들은 네가 듣는 거룩한 **말씀**을 들을 것이다. 그리고 그 한 시간이 지나면, 너는 다시 너와 마찬가지로 진리를 받기를 청하며 멈춰 서있는 천 명의 마음을 더 해방할 것이다.

12 오늘 하느님의 거룩한 **말씀**은 네가 그것을 나눠주기 위해 받음으로써 지켜진다. 따라서 너는 주기가 무슨 의미인지 하느님께 듣고 배워서, 그것을 세상에게 가르칠 수 있게 된다. 오늘 네게 주어진 다음의 말을 가능한 한 자주 따라 말함으로써, 그 **말씀**을 듣고 받겠다는 선택을 더욱 확고히 하는 것을 잊지 말라:

¹³ 저로 하여금 고요해져서 진리에 귀 기울이게 하소서.

저는 오늘 하느님의 메신저입니다.

저의 음성은 당신의 음성으로서, 제가 받는 것을 줍니다.

107과

진리가 내 마음의 모든 잘못을 교정할 것이다.

¹ 진리 외에 과연 무엇이 환상을 교정할 수 있겠는가? 또한, 그 정체대로 인식되지 않는 환상 외에 과연 무엇이 잘못이란 말인가? 진리가 들어간 곳에서, 잘못은 사라진다. 잘못은 그저 사라지면서 기억될 흔적조차 남기지 않는다. 잘못이 사라진 이유는, 믿음 없는 잘못에는 생명력이 없기 때문이다. 잘못은 이렇게 무로 사라지면서 왔던 곳으로 돌아간다. 잘못은 먼지에서 와서 먼지로 돌아간다. 오로지 진리만 남아있기 때문이다.

² 마음에 환상이 없다면 과연 어떤 상태일지 상상할 수 있겠는가? 그것이 어떤 느낌이겠는가? 어쩌면 1분, 혹은 더 짧은 시간이라도 너의 평화를 방해하는 것은 아무것도 없으며, 네가 사랑받고 안전하다고 확신했던 순간을 기억해 보라. 그리고 그러한 상태를 시간의 끝까지, 영원까지 확장하면 어떨 것 같은지 마음에 그려보라.

³ 그런 다음 네가 느낀 조용함이 백 배로 커지게 하고, 다시 백 배 더 커지게 하라. 이제 너는 힌트를 하나 얻게 되었는데, 그것은 진리가 왔을 때 너의 마음이 안식할 상태에 대한 아주 희미한 암시에 불과하다.

⁴ 환상이 없다면 그 어떤 두려움도, 의심도, 공격도 있을 수 없다. 진리가 왔을 때, 모든 고통은 끝난다. 너의 마음에는 일시적인 생각과 죽은 아이디어가 남아있을 여지가 없기 때문이다. 진리가 너의 마음을 완전히 차지하여, 덧없는 것에 대한 모든 믿음에서 너를 해방한다. 진리가 왔으므로 그러한 믿음은 있을 자리가 없으며, 따라서 어디에도 없다. 이제 너는 그것들을 찾을 수 없다. 진리가 모든 곳에 영원히 있기 때문이다.

⁵ 진리가 왔을 때, 진리는 잠시 머물다 사라지거나 다른 무엇으로 변하지 않는다. 진리는 그 형식이 다른 것으로 바뀌거나 달라지지 않으며, 오락가락하지도 않는다. 진리는 항상 있던 곳에 정확히 그대로 머물며, 그 어떤 필요가 발생해도 의지할 수 있고, 세상이 보여주는 겉모습에서 발생하는 듯한 그 어떤 난관과 의심 속에서도 완벽한 신뢰로 의탁할 수 있다. 진리가 네 마음의 모든 잘못을 교정할 때, 모든 난관과 의심은 그저 지나가 버릴 것이다.

⁶ 진리가 왔을 때, 진리는 완벽한 불변성과 사랑의 선물을 자신의 날개 안에 품고 있다. 그 선물은 고통 앞에서 흔들리지 않으며, 단지 그 너머를 확고히 바라본다. 여기에 치유의 선물이 있다. 진리는 어떤 방어도 필요 없으며, 따라서 어떤 공격도 가능하지 않기 때문이다. 환상을 진리로 가져와서 교정되게 할 수는 있다. 하지만 진리는 환상 저 너머에 서있으며, 진리를 환상으로 가져가서 환상을 진리로 바꿀 수는 없다.

⁷ 진리는 오락가락하지 않으며, 바뀌거나 변하지도 않는다. 지금은 이 모습, 다음엔 저 모습으로 바뀌며 붙잡을 수도 없고 손에 쥘 수도 없게 달아나지 않는다. 진리는 숨지 않는다. 진리는 쉽게 다가갈 수 있도록 환한 빛 속에 서있다. 진리를 진정으로 구하는 자는 그 누구도 성공하지 못할 수 없다.

⁸ 오늘은 진리의 날이다. 진리에게 당연한 몫을 주면, 진리도 너에게 너의 것을 주리라. 너는 고통받거나 죽을 운명이 아니다. 아버지는 이러한 꿈이 사라지기를 뜻하신다. 진리로 하여금 그 모든 꿈을 교정하게 하라. 우리는 우리가 갖지 않은 것을 요청하는 것이 아니다. 우리는 단지 본래 우리에게 속한 것만을 요청할 뿐이다. 그리하여 우리는 그것이 우리 자신의 것임을 알아볼 수 있게 된다.

⁹ 오늘 우리는 진리에서 태어난 확실성의 행복한 상태를 연습한다. 흔들리고 불안정한 환상의 발걸음은 오늘 우리의 접근법이 아니다. 우리는 우리가 살아있고, 희망을 품고, 숨 쉬고, 생각하고 있음을 확신하는 만큼 성공을 확신한다. 우리는 오늘 진리와 함께 걷고 있음을 의심하지 않으며, 진리에 의지하여 오늘 제시된 모든 연습을 시작한다.

¹⁰ 네가 이 연습에 임할 때 너와 함께 가는 이에게, 네가 그와 함께 갈 때 너의 의식에 머물러 달라고 요청하면서 연습을 시작하라. 너는 살과 피와 뼈로 만들어지지 않았으며, 그에게도 생명의 선물을 준 것과 똑같은 생각에 의해 창조되었다. 그는 너의 **형제**고 너를 너무도 닮았기에, 아버지는 너희 둘이 똑같음을 아신다. 네가 함께 가자고 청하는 자는 바로 너의 **자아**다. 그런데 그가 어찌 네가 있는 곳에 없을 수 있겠는가?

¹¹ 진리는 너의 마음 안에서, 네가 그와 떨어져 있을 수 있다고 말하는 모든 잘못을 교정할 것이다. 너는 오늘 그에게 말하며, 그의 기능이 너를 통해 이행되게 하겠다고 서약한다. 그의 기능을 공유하는 것은 곧 그의 기쁨을 공유하는 것이다. 네가 다음과 같이 말할 때, 그의 확신이 너와 함께한다:

¹² 진리가 내 마음의 모든 잘못을 교정할 것이다.

따라서 나는 나의 자아 안에서 안식하겠다.

13 그런 다음 너의 자아로 하여금, 너를 부드럽게 인도하여 진리로 데려가게 하라. 진리는 너를 감싸서, 너에게 너무도 깊고 고요한 평화를 선사할 것이다. 그러므로 너는 익숙한 세상에 마지못해 돌아올 것이다.

14 하지만 너는 그 세상을 다시 바라보면서 기뻐할 것이다. 네가 돌아올 때는, 너와 동행하는 진리가 세상에 전할 변화에 대한 약속을 가지고 돌아올 것이기 때문이다. 네가 5분이라는 짧은 선물을 줄 때마다 그 변화가 더욱 커질 것이며, 세상을 둘러싼 잘못들은 네가 그것들이 너의 마음 안에서 교정되도록 허용함에 따라 교정될 것이다.

15 네가 오늘 이행하는 기능을 잊지 말라. "진리가 내 마음의 모든 잘못을 교정할 것이다."라고 확고히 말할 때마다 너는 온 세상을 대변해 말하는 것이며, 너를 자유로이 풀어주고자 하는 만큼이나 세상도 그렇게 해방하고자 하는 너의 자아를 대변해 말하는 것이다.

108과

실제로, 주는 것과 받는 것은 하나다.

¹ 비전은 오늘의 아이디어에 의존한다. 그 안에는 빛이 들어있다. 그것은 서로 반대되는 듯한 모든 것을 조화롭게 만들기 때문이다. 평화에서 태어나서 너의 모든 갈등과 잘못된 생각을 전적으로 참인 하나의 개념으로 녹여내는 해결책이 아니라면, 과연무엇이 빛이란 말인가? 심지어 그 하나의 개념조차도 사라질 것이다. 그것 뒤의 생각이 대신 나타나서 그 자리를 차지할 것이기 때문이다. 이제 우리는 영원히 평화롭다. 이제 꿈이 끝났기 때문이다.

² 진정한 비전을 가능하게 하는 진정한 빛은 몸의 눈이 보는 빛이 아니다. 그것은 너무도 통합되어 있어서 어둠을 전혀 지각할 수 없는 마음의 상태다. 따라서 똑같은 것이 하나로 보인다. 반면에 똑같지 않은 것은 알아차릴 수 없게 된다. 그러한 것은 존재하지 않기 때문이다.

³ 이것은 그 어떤 반대되는 것도 보여주지 않는 빛이다. 이제 비전은 치유되었기에, 치유할 힘을 가졌다. 이것은 네 마음의 평화를 다른 마음들에게 전해주는 빛이다. 그리하여 이 빛은 너의 평화를 공유하고, 다른 마음들이 너와 하나고 그들 자신과 하나라는 사실에 기뻐한다. 이것은 치유하는 빛이다. 이 빛은 단일한 지각을 가져다주기 때문이다. 그것은 그로부터 하나의 의미가 나오는 하나의 준거틀에 근거한 지각이다.

⁴ 여기서, 주기와 받기는 하나의 생각이 가진 다른 측면들로 보인다. 그 생각의 진리는 첫 번째로 보이는 것에 의존하지 않으며, 두 번째 자리를 차지하는 듯이 보이는 것에도 의존하지 않는다. 여기서, 그 둘은 함께 일어난다는 것, 그리고 이 하나의 생각은 완전하게 남아있다는 것을 이해하게 된다. 그리고 이러한 이해 안에, 모든 상반되는 것들이 조화롭게 되는 근거가 있다. 그것들은 그 하나의 생각을 통합하는 똑같은 준거틀로부터 지각되기 때문이다.

⁵ 완전하게 통합된 하나의 생각은 모든 생각을 통합하는 역할을 할 것이다. 이것은 하나를 교정하는 것은 모든 것을 교정하기에 충분하다고 말하거나, 한 형제를 완전히 용서하는 것은 모든 마음들에게 구원을 가져다주기에 충분하다고 말하는 것과 같다. 이것은 모든 배움에 적용되는 하나의 법칙이 나타나는 몇 가지 특별한 사례에 불과하

기 때문이다. 그 배움이 진리를 아는 성령에 의해 인도된다면 말이다.

6 주기와 받기가 똑같음을 배우는 것에는 특별한 유용성이 있다. 그것은 아주 쉽게 시도해 보아서 참임을 알 수 있기 때문이다. 이러한 특별한 사례를 어떤 상황에 시도하든 그것이 항상 효과가 있다는 것이 입증되었을 때, 그 뒤에 있는 생각은 의심스럽거나 양면적으로 보이는 다른 영역들로 일반화될 수 있다. 그 생각은 이어서 그곳으로부터 확장하여 마침내 그 모든 것의 근저를 이루는 하나의 **생각**에 도달할 것이다.

7 오늘 우리는 주기와 받기에 대한 특별한 사례를 가지고 연습한다. 우리는 이 단순한 레슨을 명백한 것에 사용할 것이다. 그것은 우리가 놓칠 수 없는 결과를 낳기 때문이다. 주는 것이 곧 받는 것이다. 우리는 오늘 모든 이에게 평화를 선사하여, 평화가 얼마나 빨리 우리에게 되돌아오는지 볼 것이다. 빛은 평온함이며, 그 평화 안에서 우리에게 비전이 주어져서 우리가 볼 수 있게 된다.

8 따라서 우리는 오늘의 가르침으로 연습 시간을 시작하면서 다음과 같이 말한다:

9 실제로, 주는 것과 받는 것은 하나다.
나는 내가 지금 주고 있는 것을 받을 것이다.

10 그런 다음 눈을 감고, 네 것으로 갖기 위해 모든 이에게 선사하고 싶은 것들에 대해 생각하면서 5분을 보내라. 예를 들어 다음과 같이 말할 수 있다:

11 나는 모든 이에게 조용함을 선사한다.
나는 모든 이에게 마음의 평화를 선사한다.
나는 모든 이에게 온유함을 선사한다.

12 각각의 문장을 천천히 말한 후 잠시 멈춰서, 네가 준 선물을 받기를 기대하라. 그러면 네가 준 만큼의 선물이 너에게 돌아올 것이다. 너는 정확한 양을 돌려받는다는 것을 알게 될 것이다. 바로 이것이야말로 네가 요청한 것이기 때문이다. 네가 선물을 줄 사람에 대해 생각해 보는 것 또한 도움이 될 것이다. 그는 다른 이들을 대표하며, 따라서 너는 그를 통해 모든 이에게 준다.

13 아주 단순한 오늘의 레슨은 너에게 많은 것을 가르쳐줄 것이다. 너는 이 시간 이후

로 원인과 결과를 훨씬 더 잘 이해하게 될 것이다. 그리고 우리는 앞으로 더 빠르게 나아갈 것이다. 오늘 연습을 너의 배움에 있어서 신속한 발전이라고 생각하라. 다음과 같이 말할 때마다 너의 배움은 훨씬 더 빠르고 확실해질 것이다:

[14] 실제로, 주는 것과 받는 것은 하나다.

109과

나는 하느님 안에서 안식한다.

1 오늘 우리는 세상의 겉모습에 흔들리지 않는 안식과 조용함을 요청한다. 우리는 꿈들이 충돌하여 일어나는 그 모든 혼란 가운데 평화와 고요함을 요청한다. 우리는 비록 위험과 슬픔을 바라보는 것 같을지라도, 안전과 행복을 요청한다. 그리고 우리는, 우리의 요청에 우리가 요청한 것으로 응답할 생각을 가지고 있다.

2 "나는 하느님 안에서 안식한다." 이 생각은 네가 구하는 안식과 조용함, 평화와 고요, 안전과 행복을 네게 가져다줄 것이다. "나는 하느님 안에서 안식한다." 이 생각에는 네 안에서 잠든 진리를 깨울 힘이 있다. 그리고 너의 비전은 존재하는 모든 이와 모든 것에서 겉모습 너머로 그와 똑같은 진리를 볼 것이다. 여기서 온 세상의 고통이 끝나고, 잠시 머물기 위해 이제껏 왔었고 앞으로 올 모든 이의 고통이 끝난다. 여기에, 그 안에서 하느님의 아들이 다시 태어나 자기 자신을 알아보게 되는 생각이 있다.

3 "나는 하느님 안에서 안식한다." 이 생각은 아무런 두려움도 없이 폭풍과 분쟁을 뚫고, 비참함과 고통, 상실과 죽음을 지나쳐 앞으로 나아가, 너를 하느님의 확실성으로 데려다줄 것이다. 이 생각이 치유할 수 없는 고통이란 없다. 이 생각이 풀 수 없는 문제란 없다. 그리고 하느님 안에서 안식하는 너의 눈앞에서 진리로 바뀌지 않을 겉모습이란 없다.

4 오늘은 평화의 날이다. 너는 하느님 안에서 안식하며, 세상이 증오의 광풍에 갈가리 찢길지라도 너의 안식은 방해받지 않는다. 너의 안식은 진리의 안식이다. 겉모습은 너를 방해할 수 없다. 너는 너와 함께 안식하자고 모든 이를 부르며, 그들은 너의 부름을 듣고는 너에게 올 것이다. 너는 하느님 안에서 안식하기 때문이다. 그들은 너의 음성 외에 다른 음성은 듣지 않을 것이다. 네가 너의 음성을 하느님께 드리고는, 이제 하느님 안에서 안식하면서 그분이 너를 통해 말씀하시게 하기 때문이다.

5 하느님 안에 있는 너에게는 근심도 걱정도 전혀 없고, 부담과 불안과 고통, 미래에 대한 두려움, 과거에 대한 후회도 전혀 없다. 너는 영원 안에서 안식하며, 그동안 시간은 너를 전혀 건드리지 않고 흘러간다. 너의 안식은 어떤 식으로든 전혀 바뀔 수 없기 때문이다.

6 너는 오늘 안식한다. 눈을 감고 고요함 속으로 침잠해 들어가라. 이렇게 안식하며 잠시 숨 돌리는 시간을 가짐으로써, 너의 마음으로 하여금 그것이 품었던 그 모든 광

적인 판타지는 이미 사라진 들뜬 꿈에 불과했음을 깨닫고 안심하게 하라. 너의 마음으로 하여금 고요해져서, 자신의 치유를 감사히 받아들이게 하라. 이제 네가 하느님 안에서 안식하므로, 더 이상 두려운 꿈은 오지 않을 것이다. 오늘 시간을 내서, 꿈에서 빠져나와 평화 속으로 들어가라.

7 네가 오늘 매시간 안식할 때마다 지친 마음이 갑자기 기뻐하게 되고, 날개가 부러진 새가 노래하기 시작하며, 긴 세월 말라붙었던 시냇물이 다시 흐르기 시작한다. 네가 안식할 때마다, 그리고 네가 세상에 온 이유는 세상이 너와 함께 안식할 수 있도록 세상 속으로 하느님의 평화를 가져다주기 위해서였음을 매시간 기억할 때마다, 세상은 다시 태어난다.

8 오늘 네가 5분을 안식할 때마다, 세상이 깨어날 때가 더욱 가까워진다. 이제 길을 홀로 가기에는 너무도 힘이 빠진 지치고 피곤한 마음들이 안식을 존재하는 유일한 것으로 받아들일 때가 더욱 가까워진다. 따라서 그들은 새가 다시 울기 시작하는 것을 듣고 시냇물이 다시 흐르기 시작하는 것을 보고는, 새로운 희망을 품고 에너지를 회복하여 갑자기 수월해 보이는 길을 따라 발걸음을 가벼이 옮길 것이다.

9 너는 오늘 하느님의 평화 안에서 안식하며, 너의 안식으로부터 네 형제들을 부르면서 그들을 너와 더불어 그들의 안식으로 끌어들인다. 너는 오늘 굳게 신뢰하고, 그 누구도 잊지 않으며, 모든 이를 네 평화의 끝없는 원 안으로 데려올 것이다. 그곳은 네가 안식하고 있는 거룩한 성소다.

10 사원의 문을 열라. 그리고 너의 먼 형제들과 가까운 친구들이 세상 저 멀리서 오게 하고, 가까운 곳에서도 오게 하라. 그들 모두에게 이곳으로 들어와 너와 함께 안식하자고 말하라. 너는 오늘 하느님의 평화 안에서 조용하고 두려움 없이 안식한다. 각각의 형제들은 이곳에 와서 자신의 안식을 취하고, 그 안식을 너에게 제공한다.

11 여기서 우리는 함께 안식한다. 우리의 안식은 이런 식으로 완성되기 때문이다. 그리고 우리는 우리가 오늘 주는 것을 이미 받았다. 시간은 우리가 오늘 주는 것의 수호자가 아니다. 우리는 아직 태어나지 않은 이들과 이미 죽은 이들에게도 준다. 또한 하느님의 모든 **생각들**에게 주며, 그 **생각들**이 태어나 안식하고 있는 **마음**에게도 준다. 다음과 같이 말할 때마다 우리는 그들에게 그들의 안식처에 대해 일깨워 주는 것이다:

12 나는 하느님 안에서 안식한다.

110과

나는 하느님이 창조하신 그대로다.

1 우리는 앞으로 오늘의 아이디어를 이따금 반복해 제시할 것이다. 네가 이 하나의 생각이 참임을 믿기만 한다면, 그것은 너 자신과 세상을 구하기에 충분할 것이기 때문이다. 오늘의 아이디어가 참이라는 말은 네가 너 자신 안에서 실재성을 가진 변화를 일으킨 적이 없으며, 우주를 바꿔서 하느님의 창조물이 두려움과 악, 비참함과 죽음으로 대체되게 한 적도 없음을 의미한다.

2 네가 하느님이 창조하신 그대로 남아있다면, 두려움은 아무런 의미도 없고, 악은 실제가 아니며, 비참함과 죽음은 존재하지 않는다. 따라서 너에게 단지 오늘의 아이디어만 있다면, 완전한 교정은 너의 마음을 치유할 수 있고, 어떤 마음이 언제 어디서 범한 실수든 전부 치유할 완벽한 비전을 너에게 줄 수 있다. 오늘의 아이디어만 있다면, 과거를 치유하고 미래를 자유로이 풀어줄 수 있다. 오늘의 아이디어만 있다면, 현재를 있는 그대로 받아들일 수 있다. 오늘의 아이디어만 있다면, 시간은 온 세상이 시간으로부터, 그리고 시간이 흘러가며 일으키는 듯한 모든 변화로부터 벗어나는 법을 배우는 수단이 될 수 있다.

3 네가 하느님이 창조하신 그대로 남아있다면, 겉모습은 진리를 대체할 수 없으며, 건강이 병으로 바뀔 수도 없고, 죽음이 생명의 대체품이 되거나 두려움이 사랑의 대체품이 될 수도 없다. 네가 하느님이 창조하신 그대로 남아있다면, 이 모든 것은 일어난 적이 없다. 너에게 단지 이 생각만 있다면, 구원이 와서 세상을 비추어 과거로부터 해방하게 할 수 있다.

4 이 하나의 생각 안에서 모든 과거가 무효화되며, 현재는 구원되어 무시간적인 미래 속으로 조용히 확장한다. 네가 하느님이 창조하신 그대로라면, 너의 마음은 하느님의 마음과 분리된 적이 없고, 다른 마음들과 갈라진 적도 없으며, 그 안에는 오로지 단일성만 있다.

5 오늘의 아이디어가 지닌 치유력에는 한계가 없다. 오늘의 아이디어는 모든 기적이 태어나는 곳이며, 세상이 진리를 다시 자각하게 해주는 위대한 회복자다. 오늘의 아이디어를 감사하는 마음으로 연습하라. 이것이 바로, 너를 자유롭게 풀어주려고 오는

진리다. 이것이 바로, 하느님이 너에게 약속하신 진리다. 이것이 바로, 그 안에서 모든 슬픔이 끝나는 **말씀**이다.

6 텍스트에서 인용한 다음의 문장으로 5분간의 연습을 시작하라:

  7 나는 하느님이 창조하신 그대로다.
   하느님의 아들은 어떤 고통도 겪을 수 없다.
   그리고 나는 하느님의 아들이다.

8 그런 다음 이 말을 너의 마음 안에 확고히 간직하고, 너의 마음 안에서 하느님의 거룩한 아들인 **자아**를 발견하려고 하라. 하느님의 아들이자 세상의 형제인 네 안의 그리스도를 내면에서 구하라. 그는 영원히 구원받은 구원자로서, 그 누가 와서 그를 아무리 살짝 만지면서 자신이 그의 형제라는 말을 해달라고 요청하더라도 그를 구원할 수 있는 권능을 가졌다.

9 너는 하느님이 창조하신 그대로다. 오늘 너의 자아를 존경하라. 오늘 네가 네 자아의 정체 대신에 하느님의 아들로 만들어버린 조각된 이미지들을 숭배하지 말라. 네 안의 거룩한 그리스도는 네 마음 깊은 곳에서 네가 그를 너 자신으로 인정하기를 기다린다. 네가 그를 인정하지 않고 알지 못하는 한, 너는 길을 잃고 너 자신을 알지 못하는 것이다.

10 오늘 그를 구하여 발견하라. 그는 너를 네가 만든 모든 우상에서 구해주는 구원자가 될 것이다. 네가 그를 발견한다면, 너의 우상들이 얼마나 가치가 없는지, 네가 너라고 믿었던 이미지들이 얼마나 거짓된 것인지 이해할 것이기 때문이다. 오늘 우리는 우상들을 보내버리고, 우리의 두 손과 가슴과 마음을 하느님께 열어드림으로써, 진리를 향해 커다란 전진을 이룬다.

11 오늘 우리는 우리와 마주치는 모든 이에게 감사하는 마음과 사랑하는 생각을 품고 온종일 그리스도를 기억할 것이다. 우리는 바로 그런 식으로 그리스도를 기억하기 때문이다. 그리고 우리는 하느님의 아들인 우리의 거룩한 자아, 우리 각자 안에 있는 그리스도를 상기할 수 있도록 다음과 같이 말할 것이다:

  12 나는 하느님이 창조하신 그대로다.

¹³ 이러한 진리를 가능한 한 자주 선언하자. 이것이 바로 너를 자유롭게 풀어주는 하느님의 말씀이다. 이것이 바로 천국 문을 열어 젖혀, 너로 하여금 하느님의 평화와 그분의 영원 속으로 들어갈 수 있게 해주는 열쇠다.

복습 3

¹ 오늘 우리의 세 번째 복습이 시작된다. 우리는 지난 20개의 아이디어들을 매일 두 개씩 열흘간 복습할 것이다. 우리는 이러한 연습을 하는 동안 특별한 형식을 따를 것인데, 가능한 한 그것을 충실히 따를 것을 강력히 권한다. 물론 우리는 네가 매일 매 시간 여기서 가장 최선이라고 제안하는 대로 연습하기가 불가능할 수도 있음을 이해한다.

² 정해진 시간에 연습하기가 불가능하여 연습을 한 번 놓쳤다고 해서 배움에 지장을 받지는 않을 것이다. 또한 횟수를 정확히 맞추려고 과도한 노력을 기울일 필요도 없다. 의례는 우리의 목적이 아니며, 그것은 배움의 목표를 무산시킬 것이다.

³ 그러나 연습을 위해 요구되는 시간을 바치려는 용의가 없어서 연습을 한 번 건너뛴다면, 배움은 지장을 받을 것이다. 이 점에 있어서 너 자신을 속이지 말라. 너는 네가 통제할 수 없는 상황이라는 핑계를 대며 용의 없음을 아주 잘 감출 수 있다. 연습하기에 아주 부적절한 상황과 용의 없음을 감추려고 네가 설정한 상황을 구분하는 법을 배워라.

⁴ 어떤 이유로든 네가 원하지 않아 놓친 연습은, 목표에 대한 너의 마음을 바꾸는 즉시 실시해야 한다. 네가 구원 연습에 협력할 용의를 내지 않는 이유는 단지, 그것이 네가 더 소중히 여기는 목표들을 방해하기 때문이다. 다른 목표들에 부여한 가치를 거둬들이면서, 그것들에 바치는 장황한 기도를 너의 연습이 대체하게 하라. 그것들은 너에게 아무것도 주지 않았다. 하지만 연습은 너에게 모든 것을 준다. 그 선물을 받아들이고 평화 속에 머물라.

⁵ 이 복습 기간에 사용해야 할 형식은 다음과 같다: 하루에 두 번, 5분간 연습하라. 그날 연습할 아이디어들을 숙고하고 싶다면 그 이상의 시간을 낼 수도 있다. 연습할 때는 먼저 그날 복습할 아이디어들과 그 아래에 있는 해설을 꼼꼼히 읽어라. 그런 다음 그것들에 대해 조용히 생각하면서, 너의 마음으로 하여금 그것들을 너의 필요들, 너의 문제로 보이는 것들, 너의 모든 걱정거리와 관련짓게 하라.

⁶ 그 아이디어들을 너의 마음 안에 놓아주고는, 너의 마음이 스스로 선택하는 대로 사용하게 하라. 너의 마음은 결정을 내릴 때 너에게 그 생각들을 준 성령의 도움을 받

을 것이며, 따라서 그 아이디어들을 현명하게 사용할 것임을 믿어라. 너의 마음 안에 있는 것 외에 과연 네가 무엇을 신뢰할 수 있겠는가? 이 복습을 할 때 성령이 사용하는 수단은 실패하지 않을 것임을 믿어라. 네 마음의 지혜가 너를 도우러 올 것이다. 연습을 시작할 때 너의 마음에게 방향을 제시하고, 차분한 믿음으로 느긋하게 쉬면서, 네가 준 아이디어들을 네가 받은 대로 사용하게 하라.

7 너는 네가 그 아이디어들을 잘 사용할 것이라는 완벽한 확신과 신뢰, 그 아이디어들의 메시지를 이해하여 스스로 사용할 것이라는 완벽한 믿음 속에서 그것들을 받았다. 그와 똑같은 신뢰와 확신과 믿음으로 그 아이디어들을 너의 마음에게 제공하라. 너의 마음은 실패하지 않을 것이다. 너의 마음은 성령이 너의 구원을 위해 선택한 수단이다. 그리고 성령의 신뢰를 받는 너의 마음은 너의 신뢰도 받을 만하다.

8 우리는 네가 하루의 첫 5분과 깨어있는 시간의 마지막 5분을 복습에 바칠 때 누릴 혜택을 강조한다. 그렇게 할 수 없다면 최소한 5분의 시간을 둘로 나눠서 하나는 아침에, 다른 하나는 잠들기 직전에 사용하라.

9 하루 종일 실시해야 할 연습도 똑같이 중요하며, 심지어 더 큰 가치가 있을 수도 있다. 그동안 너는 단지 정해진 시간에만 연습을 하고, 다른 일들을 할 때는 네가 배운 것을 그것들에 적용하지 않는 경향이 있었다. 그 결과 너의 배움은 거의 강화되지 못했고, 너는 그것이 자신의 가치를 너에게 입증할 기회를 주지 않았다.

10 배운 것을 잘 사용할 기회가 다시 한번 주어졌다. 이번 복습에서 우리는 긴 연습들 사이에 너의 배움을 헛되이 방치하지 말 것을 강조한다. 매시간 그날의 두 아이디어를 짧지만 진지하게 복습하려고 하라. 하나는 매시 정각에, 다른 하나는 30분 후에 사용하라. 각각의 아이디어를 위해 그저 짧은 시간만 사용하면 된다.

11 각 아이디어를 따라 말한 후, 너의 마음이 잠시 침묵과 평화 속에 쉬게 하라. 그런 다음 다른 일로 돌아가되, 그 생각을 늘 지니고 다니면서 온종일 너의 평화를 유지하기 위해 사용하라. 마음이 동요할 때는 그 아이디어에 대해 다시 생각해 보라. 이 연습은 네가 매일 배우는 것을 너의 모든 일에 적용하는 습관을 형성하도록 돕기 위해 계획되었다.

12 아이디어를 따라 말한 다음에 그냥 치워버리지 말라. 너에게 그것의 유용성은 무한하다. 그 아이디어는 네가 어떤 도움을 필요로 하든, 모든 시간과 모든 장소에서 모든 방법으로 제공된 것이다. 그러니 매일의 일정에 늘 그날의 아이디어를 지니고 다니면

서, 그것을 하느님의 아들에게 합당하고 하느님과 너의 **자아**가 받아들일 만한 거룩한 일로 만들려고 하라.

13 매일의 복습은 매시 정각에 사용하는 생각과 매시 30분에 사용하는 생각을 다시 말하며 마무리할 것이다. 그것들을 잊지 말라. 각각의 아이디어와 함께하는 이 두 번째 기회를 통해 우리는 아주 큰 발전을 이룰 것이며, 따라서 이 복습에서 아주 큰 배움을 얻어 굳건한 기반 위에서 다시 시작하게 될 것이다. 이제 우리의 발걸음은 더욱 확고하고, 우리의 믿음은 더욱 강력하다.

14 그동안 네가 얼마나 조금 배웠는지 잊지 말라. 이제 네가 얼마나 많이 배울 수 있는지 잊지 말라. 아버지가 너에게 주신 이 생각들을 복습하면서, 그분이 너를 얼마나 필요로 하시는지 잊지 말라.

111과

1 아침과 저녁의 복습:

[91] 기적은 빛 속에서 보인다.

2 저는 어둠 속에서는 볼 수 없습니다.
거룩함과 진리의 빛이 제 마음을 밝히게 하소서.
그리하여 제가 내면의 순결을 보게 하소서.

[92] 기적은 빛 속에서 보이며, 빛과 힘은 하나다.

3 나는 하느님의 선물인 힘을 통해 본다.
나의 약함은 어둠이며,
하느님은 그것을 대체할 당신의 힘을 선물로 주셔서
나의 약함을 물리치게 하신다.

4 매시 정각에:

5 기적은 빛 속에서 보인다.

6 매시 30분에:

7 기적은 빛 속에서 보이며, 빛과 힘은 하나다.

112과

¹ 아침과 저녁의 복습:

[93] 빛과 기쁨과 평화가 내 안에 머물러 산다.

² 나는 빛과 기쁨과 평화의 집이다.
나는 그것들을, 내가 하느님과 공유하는 집으로 반가이 맞아들인다.
나는 하느님의 일부기 때문이다.

[94] 나는 하느님이 창조하신 그대로다.

³ 변하지 않는 분은 나를 당신과 닮게 창조하셨다.
나는 영원히 그 모습대로 남아있을 것이다.
나는 그분과 하나며, 그분도 나와 하나시다.

⁴ 매시 정각에:

⁵ 빛과 기쁨과 평화가 내 안에 머물러 산다.

⁶ 매시 30분에:

⁷ 나는 하느님이 창조하신 그대로다.

113과

¹ 아침과 저녁의 복습:

[95] 나는 유일한 자아로서, 나의 창조주와 연합되어 있다.

>² 고요함과 완벽한 평화는 내 것이다.
> 왜냐하면 나는 유일한 자아기 때문이다.
> 그 자아는 지극히 온전하며, 모든 창조물은 물론 하느님과도 하나다.

[96] 구원은 나의 유일한 자아로부터 온다.

>³ 나의 유일한 자아의 앎은 여전히 내 마음 안에 남아있다.
> 나는 그 유일한 자아로부터,
> 나의 구원을 위한 하느님의 완벽한 계획이 완벽하게 성취되었음을 본다.

⁴ 매시 정각에:

>⁵ 나는 유일한 자아로서, 나의 창조주와 연합되어 있다.

⁶ 매시 30분에:

>⁷ 구원은 나의 유일한 자아로부터 온다.

114과

¹ 아침과 저녁의 복습:

[97] 나는 **영**이다.

    ² 나는 하느님의 아들이다.
        몸은 나의 영을 가둘 수 없으며,
        하느님이 창조하지 않으신 한계를 내게 부과할 수도 없다.

[98] 나는 하느님의 구원 계획에서 내게 주어진 역할을 받아들이겠다.

    ³ 하느님은 나를 창조하셨다.
        그러니 나의 정체와 영원히 나의 정체일 것에 대한
        하느님의 말씀을 받아들이는 것이야말로 나의 기능이 아니겠는가?

⁴ 매시 정각에:

    ⁵ 나는 **영**이다.

⁶ 매시 30분에:

    ⁷ 나는 하느님의 구원 계획에서 내게 주어진 역할을 받아들이겠다.

115과

¹ 아침과 저녁의 복습:

[99] 이곳에서 구원은 나의 유일한 기능이다.

² 이곳에서 나의 기능은,
내가 이제껏 범한 모든 잘못에 대해 세상을 용서하는 것이다.
그리하여 나는 온 세상과 더불어 그 모든 잘못에서 해방되기 때문이다.

[100] 나의 역할은 하느님의 구원 계획에서 필수적이다.

³ 나는 세상의 구원을 위한 하느님의 계획에서 필수적이다.
하느님은 당신의 계획을 내게 주셔서 세상을 구원하게 하셨기 때문이다.

⁴ 매시 정각에:

⁵ 이곳에서 구원은 나의 유일한 기능이다.

⁶ 매시 30분에:

⁷ 나의 역할은 하느님의 구원 계획에서 필수적이다.

116과

¹ 아침과 저녁의 복습:

[101] 나를 위한 하느님의 뜻은 완벽한 행복이다.

> ² 하느님의 뜻은 나의 완벽한 행복이다.
> 그러므로 나는 단지, 하느님의 뜻 외에 다른 뜻이 있다는
> 나의 믿음에 의해서만 고통받을 수 있다.

[102] 나는 나의 행복을 위한 하느님의 뜻을 공유한다.

> ³ 아버지의 아들인 나는 나를 위한 아버지의 뜻을 공유한다.
> 그분이 내게 주신 것이 내가 원하는 모든 것이다.
> 그분이 내게 주신 것이 존재하는 모든 것이다.

⁴ 매시 정각에:

> ⁵ 나를 위한 하느님의 뜻은 완벽한 행복이다.

⁶ 매시 30분에:

> ⁷ 나는 나의 행복을 위한 하느님의 뜻을 공유한다.

¹ 아침과 저녁의 복습:

[103] 하느님은 사랑이시므로, 또한 행복이시다.

² 나는 사랑이 곧 행복이며,
다른 무엇도 기쁨을 가져다줄 수 없음을 기억하겠다.
따라서 나는 사랑의 어떤 대체물도 받아들이지 않기로 선택한다.

[104] 나는 실제로 내게 속한 것만을 구한다.

³ 사랑과 기쁨은 나의 유산이다.
그것들은 아버지가 내게 주신 선물이다.
나는 실제로 나의 것인 모든 것을 받아들이겠다.

⁴ 매시 정각에:

⁵ 하느님은 사랑이시므로, 또한 행복이시다.

⁶ 매시 30분에:

⁷ 나는 실제로 내게 속한 것만을 구한다.

118과

¹ 아침과 저녁의 복습:

[105] 하느님의 평화와 기쁨은 내 것이다.

² 오늘 나는,
평화와 행복을 얻으려고 나 자신이 만든 그 모든 대체물 대신에
하느님의 평화와 기쁨을 기꺼이 받아들이겠다.

[106] 저로 하여금 고요해져서 진리에 귀 기울이게 하소서.

³ 아버지, 저의 미약한 음성을 잠잠케 하시고,
제가 하느님의 완벽한 아들임을 확신시켜주는
진리의 막강한 음성을 듣게 하소서.

⁴ 매시 정각에:

⁵ 하느님의 평화와 기쁨은 내 것이다.

⁶ 매시 30분에:

⁷ 저로 하여금 고요해져서 진리에 귀 기울이게 하소서.

119과

¹ 아침과 저녁의 복습:

[107] 진리가 내 마음의 모든 잘못을 교정할 것이다.

> ² 내가 어떤 식으로든 상처받을 수 있다고 생각한다면,
> 나는 잘못 생각하는 것이다.
> 나는 하느님의 아들이며,
> 그의 자아는 하느님의 마음 안에서 안전하게 안식하고 있다.

[108] 실제로, 주는 것과 받는 것은 하나다.

> ³ 나는 오늘 모든 것을 용서하겠다.
> 그리하여 나는 내 안의 진리를 받아들이는 법을 배우고,
> 나의 죄 없음을 인식하게 될 것이다.

⁴ 매시 정각에:

> ⁵ 진리가 내 마음의 모든 잘못을 교정할 것이다.

⁶ 매시 30분에:

> ⁷ 실제로, 주는 것과 받는 것은 하나다.

120과

¹ 아침과 저녁의 복습:

[109] 나는 하느님 안에서 안식한다.

² 나는 오늘 하느님 안에서 안식하며,
그분이 내 안에서 나를 통해 일하시게 한다.
그러는 동안 나는 완벽한 확신으로 하느님 안에서 조용히 안식한다.

[110] 나는 하느님이 창조하신 그대로다.

³ 나는 하느님의 아들이다.
나는 오늘 나 자신에 대한 병든 환상을 전부 내려놓고,
나의 아버지로 하여금 나의 진정한 정체에 대해 말씀해 주시게 한다.

⁴ 매시 정각에:

⁵ 나는 하느님 안에서 안식한다.

⁶ 매시 30분에:

⁷ 나는 하느님이 창조하신 그대로다.

121과

용서는 행복의 유일한 열쇠다.

1 여기에, 평화를 향한 너의 추구에 대한 답이 있다. 여기에, 아무런 의미도 없어 보이는 세상에서 의미를 찾을 열쇠가 있다. 여기에, 가는 곳마다 너를 위협하고 언젠가 조용함과 평화를 찾을 수 있다는 너의 모든 희망을 불확실하게 만드는 듯한 명백한 위험 가운데서 안전을 찾을 길이 있다. 여기에서 모든 질문이 답해지고, 여기에서 마침내 모든 불확실성의 종말이 보장받는다.

2 용서하지 않는 마음은 두려움으로 가득해서, 사랑에게 그 자신이 될 어떤 여지도 제공하지 않으며, 사랑이 평화로이 자신의 날개를 펼쳐 세상의 소란 위로 날아오를 수 있는 어떤 공간도 제공하지 않는다. 용서하지 않는 마음은 슬픔에 빠져서, 한숨 돌려 쉬거나 고통에서 벗어날 희망을 품지 못한다. 그 마음은 고통에 시달리며 비참하게 살고, 어둠 속을 응시하며, 보지 못하면서도 그곳에 위험이 도사리고 있다고 확신한다.

3 용서하지 않는 마음은 의심으로 갈가리 찢겨서, 자기 자신과 자신이 보는 모든 것에 대해 혼란스러워한다. 그 마음은 두려워하고 분노하며, 약하고 허세를 떤다. 앞으로 나아가는 것을 두려워하고 제자리에 머무는 것을 두려워하며, 잠에서 깨어나거나 잠들기를 두려워한다. 모든 소리를 두려워하지만, 고요함은 더욱 두려워한다. 어둠에 겁을 먹지만, 빛이 다가오면 더욱 겁에 질린다.

4 용서하지 않는 마음이 자신의 저주 외에 무엇을 지각할 수 있겠는가? 자신의 모든 죄가 실제라는 증거 외에 무엇을 볼 수 있겠는가? 용서하지 않는 마음은 실수는 전혀 보지 않으며, 단지 죄만 본다. 그 마음은 보지 못하는 눈으로 세상을 바라보면서, 자신의 투사물들이 일어나 생명에 대한 초라한 모조품을 공격하는 것을 보고는 비명을 지른다. 그 마음은 살기를 원하면서도, 죽기를 소망한다. 그 마음은 용서를 원하면서도, 아무런 희망도 보지 않는다. 그 마음은 벗어나기를 원하면서도, 벗어날 길을 상상조차 하지 못한다. 그 마음은 사방에서 죄 많은 것들을 보기 때문이다.

5 용서하지 않는 마음은 절망 속에 있으며, 미래가 더 큰 절망이 아닌 다른 것을 제공할 수 있다는 기대도 없다. 하지만 그 마음은 세상에 대한 자신의 판단을 돌이킬 수

없다고 보면서, 스스로를 이러한 절망에 빠트렸음을 보지 않는다. 그 마음은 자신이 바뀔 수 없다고 생각한다. 그 마음이 보는 것은 그러한 판단이 옳다고 입증하기 때문이다. 그 마음은 알고 있다고 생각하므로 묻지 않는다. 그 마음은 자신이 옳다고 확신하기에, 질문하지 않는다.

6 용서는 배워 얻는 것이다. 용서는 마음에 본래 있는 것이 아니다. 마음은 죄를 지을 수 없기 때문이다. 너는 너 자신에게 죄라는 아이디어를 가르쳤듯이 용서도 배워야 하지만, 너 자신이 아닌 다른 **교사**에게 배워야 한다. 그는 네 안의 또 다른 **자아**를 나타낸다. 너는 그 **자아**를 통해, 네가 만들었다고 생각하는 자아를 용서하고 그것이 사라지게 하는 법을 배운다. 이와 같이 너는 너의 마음을 하나로서 그 **자아**에게 돌려보낸다. 그는 너의 **자아**로서, 결코 죄를 지을 수 없다.

7 용서하지 않는 마음들은 저마다, 너 자신의 마음에게 그 자신을 용서하는 법을 가르칠 기회를 선사한다. 그 마음들은 너를 통해 지옥에서 벗어나기를 기다리면서, 바로 지금 여기에서 천국을 달라고 애원하며 너를 바라본다. 그 마음들은 희망이 없지만, 네가 그들의 희망이 된다. 그리고 그 마음들의 희망인 너는 너 자신의 희망이 된다. 용서하지 않는 마음은 너의 용서를 통해 자신이 지옥에서 구원되었음을 배울 것이다. 그리고 너는 그렇게 구원을 가르침에 따라 구원을 배울 것이다.

8 하지만 너의 모든 가르침과 배움은 너에게서 오는 것이 아니라, 그 길을 보여주라고 너에게 주어진 **교사**에게서 오는 것이다. 오늘 우리는 용서하는 법을 배우는 연습을 한다. 네가 오늘 용의를 낸다면, 행복의 유일한 열쇠를 얻어 너 자신을 위해 사용하는 법을 배울 수 있다. 우리는 아침과 밤에 10분씩 시간을 내서, 용서를 주는 법과 받는 법을 배울 것이다.

9 용서하지 않는 마음은 주기와 받기가 똑같다고 믿지 않는다. 그러나 우리는 오늘 네가 적이라고 생각하는 한 사람과 친구라고 여기는 한 사람을 향해 용서를 연습함으로써, 주기와 받기가 하나임을 배우고자 한다. 그리고 네가 적과 친구를 하나로 보는 법을 배움에 따라, 우리는 그 레슨을 우리 자신에게 확장하여 그들의 해방에 우리의 해방도 포함되어 있었음을 볼 것이다.

10 긴 연습은, 네가 좋아하지 않는 한 사람에 대해 생각하면서 시작하라. 그 사람은 너를 짜증나게 하거나, 만나면 네 안에서 불만을 일으킬 것 같은 사람이다. 그 사람은 네가 대놓고 경멸하는 사람이거나, 그저 무시하려고 하는 사람일 수도 있다. 너의 분

노가 어떤 형식을 취하든 중요하지 않다. 아마도 너는 이미 그를 선택했을 것이다. 그 사람이면 됐다.

¹¹ 이제 눈을 감고 그를 마음에 떠올린 후, 잠시 잘 살펴보라. 그 사람 안의 어디에선 가 전에는 알아채지 못한 희미한 반짝임, 어떤 빛을 지각하려고 하라. 네가 그에 대해 품은 추한 그림을 꿰뚫고 찬란하게 빛나는 작은 불꽃을 찾으려고 하라. 그림의 어디 에선가 빛을 볼 때까지 잘 살펴본 다음, 그 빛이 그를 감싸서 그 그림을 아름답고 멋 지게 만들 때까지 확장되게 하라.

¹² 이 바뀐 지각을 잠시 바라본 후, 네가 친구라고 부르는 자에게 주의를 보내라. 네가 이전의 "적" 주위에서 보도록 배운 그 빛을 친구라고 부르는 자에게 옮겨보라. 이제 그를 너에게 친구 이상인 자로 지각하라. 그 빛 속에서, 그의 거룩함은 너에게 너의 구원자를 보여주기 때문이다. 그는 구원되었고 구원하며, 치유되었고 온전한 자다. 그런 다음 그로 하여금 네가 그 안에서 보는 빛을 너에게 선사하게 하고, 너의 "적"과 친구가 하나가 되어 네가 준 것으로 너를 축복하게 하라. 이제 너는 그들과 하나며, 그들은 너와 하나다. 이제 너는 너 자신에 의해 용서받았다.

¹³ 하루를 보내며 너의 마음을 포함한 모든 용서하지 않는 마음에게 행복을 안겨주는 용서의 역할을 잊지 말라. 매시 정각에 속으로 다음과 같이 말하라:

¹⁴ 용서는 행복의 유일한 열쇠다.
나는 내가 죽을 운명이고,
잘못을 범할 수밖에 없으며,
죄에 찌들었다는 꿈에서 깨어나
하느님의 완벽한 아들임을 알고자 한다.

122과

용서는 내가 원하는 모든 것을 선사한다.

¹ 네가 원하는 것 중에 용서가 줄 수 없는 것이 무엇이 있겠는가? 평화를 원하는가? 용서는 평화를 선사한다. 행복과 조용한 마음, 목적에 대한 확신, 세상을 초월하는 가치와 아름다움의 느낌을 원하는가? 변함없는 보살핌과 안전, 따뜻하고 확실한 보호를 원하는가? 깨트릴 수 없는 조용함, 결코 상처받을 수 없는 온유함, 깊고 지속적인 편안함, 너무도 완벽하여 결코 흔들릴 수 없는 안식을 원하는가?

² 용서는 이 모든 것을 선사할 뿐만 아니라, 더 많은 것도 선사한다. 용서는 네가 잠에서 깰 때 눈에서 반짝이며 하루를 맞이할 기쁨을 준다. 용서는 네가 자는 동안 이마를 어루만지며, 너의 눈꺼풀에 내려앉아 두려움과 악, 적의와 공격의 꿈을 보지 않게 한다. 그리고 네가 다시 깨어날 때, 용서는 행복하고 평화로운 또 다른 하루를 선사한다. 용서는 이 모든 것을 선사할 뿐만 아니라, 더 많은 것도 선사한다.

³ 용서는, 용서하지 않는 눈으로 세상을 바라보는 자들에게 그리스도의 얼굴을 가리는 장막이 거두어지게 한다. 용서는 네가 하느님의 아들을 알아보게 하고, 너의 기억에서 죽은 생각들을 모두 씻어냄으로써 아버지에 대한 기억이 네 마음의 문턱을 넘어 떠오를 수 있게 한다.

⁴ 너는 용서가 줄 수 없는 그 무엇을 원하려는가? 이러한 선물 외에 그 어떤 선물이 추구할 가치가 있는가? 그 어떤 가공의 가치, 시시한 결과, 결코 지켜지지 않을 덧없는 약속 안에, 용서가 안겨주는 것보다 더 큰 희망이 담겨있겠는가? 너는 왜 모든 것에 답할 유일한 답이 아닌 다른 답을 구하려고 하는가? 여기에 완벽한 답이 있다. 그것은 불완전한 질문, 무의미한 요청, 들으려는 미적지근한 용의, 중간도 가지 못하는 성실함과 부분적인 신뢰에 주어진 완벽한 답이다.

⁵ 여기에 유일한 답이 있다! 더 이상 답을 구하지 말라! 그 대신에 다른 답은 찾을 수 없을 것이다. 너의 구원을 위한 하느님의 계획은 바뀔 수 없으며, 실패할 수도 없다. 그 계획이 하느님이 계획하신 그대로 남아있음에 감사하라. 저 안쪽에서 따뜻하게 환영하며 부르는 소리가 들리는 열린 문처럼, 그것은 변함없이 네 앞에 서있으면서 안으로 들어와 네가 본래 있어야 할 곳에서 편히 쉬라고 권한다.

6 여기에 유일한 답이 있다! 천국 전체가 너를 내면에서 기다리고 있거늘, 계속 바깥에 서있으려는가? 용서하고 용서받아라. 너는 주는 대로 받을 것이다. 이것 외에 하느님 아들의 구원을 위한 계획은 없다. 오늘, 이것이 그러함에 기뻐하자. 분명하고 알기 쉬우며 너무도 단순해서 속일 수 없는 답이 여기 우리 손에 있다. 세상이 허약한 거미줄로 자아낸 그 모든 복잡함은 진리에 대한 이 극도로 단순한 진술이 가진 권능과 위엄 앞에서 사라진다.

7 여기에 유일한 답이 있다! 또다시 목적 없는 방랑 속에서 그 답을 외면하지 말라. 구원을 지금 받아들여라. 그것은 세상의 선물이 아닌 하느님의 선물이다. 하느님이 주신 것을 자신의 것으로 받아들인 마음에게 세상은 그 어떤 가치 있는 선물도 줄 수 없다. 하느님은 네가 오늘 구원을 받아들이기를, 꿈의 복잡한 내용 때문에 세상의 선물이 단지 무라는 사실을 망각하지 않기를 뜻하신다.

8 오늘 눈을 뜨고, 안전하고 평화롭고 행복한 세상을 바라보라. 용서는 행복한 세상이 지옥을 대체하도록 돕는 수단이다. 영원히 새로 태어나는 태곳적 진리가 너의 의식에 떠오름에 따라 행복한 세상이 조용한 가운데 일어나 너의 열린 눈을 맞이하고, 너의 가슴을 깊은 평온함으로 가득 채운다. 그때 네가 기억하게 될 것을 결코 말로 묘사할 수는 없다. 하지만 너의 용서는 너에게 그것을 선사한다.

9 우리는 용서가 주는 선물을 기억하면서, 오늘이 바로 우리가 구원되는 날이라는 희망과 믿음을 품고 연습에 임한다. 오늘 우리는 구원의 열쇠를 손에 쥐고 있음을 깨닫고, 진지하고도 기쁘게 구원을 구한다. 그러면서, 우리가 만들었지만 더 이상 머물려하지 않는 지옥에 대한 응답으로 천국이 준 답을 받아들인다.

10 우리는 지옥의 종식이 보장된 추구에 아침과 저녁의 15분을 기쁘게 사용한다. 희망을 품고 연습을 시작하라. 우리는 길이 훨씬 쉬워지는 전환점에 도달했기 때문이다. 그리고 이제 우리가 가야 할 길은 짧다. 우리는 꿈의 종말이 예정된 곳에 아주 가까이 왔다.

11 이 연습을 시작하면서 행복 속으로 침잠해 들어가라. 이런 연습을 통해 너는 질문에 대한 답을 받을 것이며, 그 답을 받아들임으로써 주어지는 확실한 보상을 받을 것이다. 오늘 너는 용서가 선사하는 평화를 느끼고, 장막이 걷힘에 따라 드러나는 기쁨을 누릴 것이다.

12 네가 오늘 받아들일 빛 앞에서 세상은 점점 희미해지다가 사라질 것이며, 너는 말

로 묘사할 수 없는 또 다른 세상이 떠오르는 것을 볼 것이다. 이제 우리는 곧장 빛 속으로 걸어 들어가서, 시간이 시작된 이래 오늘을 기다리며 우리를 위해 간직된 선물을 받는다. 용서는 우리가 원하는 모든 것을 선사한다. 오늘, 네가 원하는 모든 것이 너에게 주어진다.

¹³ 이리저리 변하는 황량한 모습의 세상을 만나러 다시 돌아갈 때, 온종일 너의 선물이 기억에서 희미해지지 않게 하라. 변화의 한가운데서 변하지 않는 것, 겉모습 뒤에 있는 진리의 빛을 보면서 너의 선물을 의식에 분명히 간직하라. 무심결에 선물을 놓치고 망각 속으로 휘말려 들어가려는 유혹에 빠지지 말고, 15분이 지날 때마다 최소한 1분은 선물에 대해 생각하려고 노력함으로써 그것을 너의 마음 안에 확실히 간직하라.

¹⁴ 다음의 말을 사용하여 이러한 선물이 얼마나 귀중한지 기억하라. 이 말에는 온종일 너의 선물을 너의 의식 안에 붙잡아 두는 힘이 있다:

> ¹⁵ 용서는 내가 원하는 모든 것을 선사한다.
> 오늘 나는 이것이 참임을 받아들였다.
> 오늘 나는 하느님의 선물을 받았다.

123과

나는 아버지가 주신 선물에 감사드린다.

¹ 우리 오늘 감사하자. 우리는 보다 부드럽고 편안한 길에 도달했다. 돌아간다거나 진리에 완강히 저항하겠다는 생각은 하지 않는다. 약간의 주저함과 미약한 반감, 작은 망설임은 아직 남아있지만, 우리가 얻은 것에 대해 진심으로 감사할 수 있다. 그것은 우리가 알아차리는 것보다 훨씬 더 크다.

² 네가 이제 하루를 감사하며 보낸다면, 그동안 얼마나 많은 것을 얻었고 얼마나 많은 선물을 받았는지 깨닫게 되는 혜택도 누리게 될 것이다. 아버지가 너를 외톨이로 남겨두지 않으셨고, 어둠 속을 홀로 방랑하게 하지도 않으셨음에 대해 사랑을 담아 감사드리며, 오늘 기뻐하라. 네가 아버지와 그분의 창조물을 대체하기 위해 만들었다고 생각한 자아에서 아버지가 너를 구원하신 것에 대해 감사드려라. 오늘 아버지께 감사드려라.

³ 아버지가 너를 버리지 않으셨으며, 그분의 **사랑**은 너를 영원토록 변함없이 비춰줄 것임에 대해 감사드려라. 너의 변함없음에 대해서도 감사드려라. 아버지가 사랑하시는 아들은 아버지처럼 변함없기 때문이다. 네가 구원되었음에 대해 감사드려라. 너에게 구원에서 이행할 기능이 있음에 대해 기뻐하라. 너의 가치는 하느님이 당신의 아들로 확립하신 자에게 주는 너의 빈약한 선물과 인색한 판단을 훨씬 넘어선다는 것에 대해서도 감사하라.

⁴ 오늘 우리는 감사하면서 우리의 가슴을 절망 위로 높이 들어올리고, 감사로 가득한 눈으로 저 위를 바라보면서 더 이상 저 아래의 먼지를 보지 않는다. 우리는 오늘 하느님이 당신 안에서 우리의 진정한 정체로 뜻하신 **자아**에게 경의를 표하며 감사의 노래를 부른다. 오늘 우리는 누구를 만나든 미소를 지어주며, 가벼운 발걸음으로 우리에게 예정된 일을 하러 간다. 우리는 홀로 가지 않는다. 그리고 우리는 우리의 외로움 안으로 친구가 들어와서, 하느님의 구원하는 말씀을 전해주는 것에 대해 감사드린다.

⁵ 그리고 나는 그 친구의 말을 경청하는 것에 대해 너에게 감사한다. 듣는 이가 없다면, 그의 말은 아무 소리도 나지 않는다. 네가 그에게 감사할 때, 너 또한 감사를 받는다. 아무도 듣지 않는 메시지는 세상을 구할 수 없을 것이다. 그 메시지를 말하는 음

성이 아무리 강력하고, 그 메시지가 아무리 사랑스럽더라도 말이다. 그것을 들은 너에게 감사한다. 너는 그의 음성을 가져와 세상 곳곳에 울려 퍼지게 하는 메신저가 되기 때문이다.

6 오늘 하느님께 감사를 드리면서, 그분의 감사를 받아라. 하느님은 네가 드리는 감사를 너에게 선사하시리라. 하느님은 너의 선물을 사랑을 담아 감사히 받으시고, 그것을 수억 배로 돌려주신다. 하느님은 너의 선물을 너와 공유하심으로써 축복하실 것이며, 따라서 그 권능과 힘은 점점 커져서 마침내 세상을 기쁨과 감사로 가득 채울 것이다.

7 오늘 15분 동안 두 번에 걸쳐, 하느님의 감사를 받고 너의 감사를 드리는 시간을 가져라. 그러면 네가 누구에게 감사를 드리는 것인지, 네가 하느님께 감사드릴 때 그분이 누구에게 감사하시는지 깨달을 것이다. 네가 하느님께 드리는 이 거룩한 30분은 매초마다 수년의 비율로 너에게 돌아올 것이다. 그것은 그분에 대한 너의 감사로 인해 세상을 수억 겁이나 더 빨리 구할 수 있는 권능이다.

8 하느님의 감사를 받아라. 그러면 하느님이 너를 당신의 마음 안에 얼마나 사랑스럽게 간직하고 계시는지, 너에 대한 그분의 보살피심이 얼마나 깊고 무한한지, 너에 대한 그분의 감사가 얼마나 극진한지 이해할 것이다. 매시 정각마다 하느님을 생각하고, 그분이 당신의 아들에게 주신 모든 것에 감사하는 것을 잊지 말라. 그럼으로써 그는 자신의 아버지와 자아를 기억하면서 세상 저 위로 올라가리라.

124과

제가 하느님과 하나임을 기억하게 하소서.

1 오늘 우리는 다시 하느님 안에 있는 우리의 정체에 대해 감사드린다. 우리의 집은 안전하고, 우리가 행하는 모든 것은 확실히 보호받으며, 우리는 착수하는 모든 일에서 권능과 힘을 사용할 수 있다. 우리는 그 어떤 일에 있어서도 실패할 수 없다. 우리가 무언가를 만질 때마다, 그것은 축복하고 치유하는 밝은 빛을 띠게 된다. 하느님과 하나며 우주와 하나인 우리는 가는 곳마다 하느님이 함께하신다는 생각에 기뻐하며 우리의 길을 걸어간다.

2 우리의 마음은 얼마나 거룩한지! 우리가 보는 모든 것은, 하느님은 물론 자기 자신과도 하나인 마음 안의 거룩함을 반영한다. 잘못은 너무도 쉽사리 사라지고, 죽음도 영원한 생명에게 슬며시 자리를 내어준다. 우리의 빛나는 발자국은 진리로 가는 길을 가리킨다. 우리가 잠시 세상을 걷는 동안 하느님이 우리의 길동무가 되어주시기 때문이다. 그리고 우리를 따르는 자들은 그 길을 알아보게 될 것이다. 우리가 지닌 빛은 우리 뒤에 남겠지만, 우리가 계속 걸어갈 때 우리 곁에도 머물기 때문이다.

3 우리는 우리가 받은 것을, 우리 뒤를 따르는 자들과 앞에 간 자들, 혹은 잠시 우리 곁에 머문 자들에게 영원히 선물로 준다. 그 안에서 우리가 창조된 사랑과 똑같은 사랑으로 우리를 사랑하시는 하느님은 우리에게 미소를 지어주시면서, 우리가 그들에게 준 행복을 우리에게 선사하신다. 오늘 우리는 우리를 향한 그분의 **사랑**을 의심하지 않으며, 그분의 보호와 보살핌에 의문을 제기하지도 않을 것이다.

4 어떤 무의미한 걱정도 우리가 하느님의 **현존**을 알아차릴 수 있다는 믿음을 방해할 수 없다. 오늘 우리는 우리가 하느님과 하나임을 인식하고 기억한다. 우리는 하느님을 마음 깊은 곳에서 느낀다. 우리의 마음은 하느님의 **생각들**을 간직하고, 우리의 눈은 바라보는 모든 것에서 하느님의 사랑스러움을 본다. 오늘 우리는 단지 사랑하는 것들과 사랑스러운 것들만 바라본다.

5 우리가 고통스러운 겉모습에서 하느님의 사랑스러움을 보면, 고통은 평화에게 길을 내준다. 우리가 미쳐 날뛰는 자, 슬퍼하는 자, 괴로워하는 자, 외롭고 두려워하는 자 안에서 하느님의 사랑스러움을 보면, 그들은 자신이 창조된 상태인 고요하고 평화

로운 마음으로 회복된다. 그리고 우리는 죽어가는 자와 죽은 자 안에서도 하느님의 사랑스러움을 봄으로써, 그들을 생명으로 회복해 준다. 우리가 이 모든 것을 보는 이유는, 그것을 우리 안에서 먼저 보았기 때문이다.

6 자신이 하느님과 하나임을 아는 자들에게는 어떤 기적도 부정될 수 없다. 그들의 모든 생각은 지금 그들 곁을 걷는 사람들 안에서처럼, 지나간 때와 아직 오지 않은 때의 모든 이 안에서도 모든 형식의 고통을 쉽게 치유할 힘이 있다. 그들의 생각은 무시간적이며, 시간은 물론 거리와도 무관하다.

7 우리는 우리가 하느님과 하나라고 말하면서 이러한 알아차림에 동참한다. 이렇게 말함으로써 우리는 또한 우리가 구원되었고 치유되었으며, 따라서 구원하고 치유할 수 있다고 말하는 것이기 때문이다. 우리는 받아들였으며, 이제는 주고자 한다. 우리는 아버지가 주신 선물을 간직하고자 하기 때문이다. 우리는 오늘 우리가 하느님과 하나임을 경험할 것이며, 그럼으로써 세상도 실재에 대한 우리의 인식을 공유할 수 있을 것이다. 우리의 경험 안에서 세상은 자유롭게 풀려나며, 우리가 아버지와의 분리를 부정함에 따라 세상은 우리와 더불어 치유된다.

8 오늘 너에게 평화가 있기를. 너의 창조주가 너와 하나시듯 너도 그분과 하나라는 알아차림을 연습함으로써, 너의 평화를 단단히 지켜라. 오늘 연습하기에 제일 적당하다고 보일 때, 네가 하느님과 하나라는 생각에 30분을 바쳐라. 이것은 너에게 명상을 안내할 규칙이나 특별한 말을 전혀 주지 않은 채 긴 연습을 하게 하는 첫 번째 시도다. 우리는 오늘 하느님의 음성은 실패하지 않는다는 것을 확신하면서, 그가 적절하다고 여기는 말을 해줄 것임을 신뢰한다. 이 30분 동안 그와 함께 머물라. 나머지는 그가 알아서 할 것이다.

9 설령 네게 아무 일도 일어나지 않았다고 믿더라도, 너의 혜택은 줄어들지 않을 것이다. 너는 오늘 그 혜택을 받아들일 준비가 되지 않았을 수도 있다. 하지만 그것은 언젠가 어디선가 너에게 올 것이며, 그것이 너의 마음에 확실히 떠오를 때 너는 그것을 반드시 알아볼 것이다. 이 30분의 연습은 금테를 두른 거울이 되어, 1분이 지날 때마다 다이아몬드로 장식될 것이다. 그리고 너는 그 거울에서 너 자신의 얼굴을 반영하는 그리스도의 얼굴을 볼 것이다.

10 어쩌면 오늘, 어쩌면 내일, 너는 너 자신을 바라보라고 이 거룩한 30분이 내밀어주는 거울 속에서 너 자신의 변형된 모습을 보게 될 것이다. 네가 준비되었을 때, 너

의 마음에서 발견되기만을 기다리고 있는 그것을 발견할 것이다. 그때 너는 이 30분을 들인 생각을 기억할 것이며, 이보다 시간을 더 잘 보낼 수는 없었음을 감사히 알아차릴 것이다.

¹¹ 어쩌면 오늘, 어쩌면 내일, 너는 이 거울 속을 바라보면서 네가 보는 죄 없는 빛은 너에게 속하며, 네가 바라보는 사랑스러움은 너 자신의 것임을 이해할 것이다. 이 30분을 하느님께 드리는 선물로 여겨라. 그러면서 하느님은 네가 이해할 수 없는 사랑의 느낌, 너무도 깊어서 깨닫기 힘든 기쁨, 너무도 거룩해서 몸의 눈이 볼 수 없는 모습으로 돌려주실 것임을 확신하라. 하지만 너는 언젠가, 어쩌면 오늘, 어쩌면 내일, 그것들을 이해하고 깨닫고 볼 것임을 확신해도 좋다.

¹² 매시간 다음과 같이 따라 말함으로써 오늘 받은 거울의 금테에 더 많은 보석을 장식하라:

¹³ 제가 영원한 거룩함과 평화 속에서 하느님과 하나며,
    저의 모든 형제는 물론 저의 자아와도 하나임을 기억하게 하소서.

125과

나는 오늘 조용히 하느님의 말씀을 받는다.

¹ 오늘을 고요함과 조용한 경청의 날이 되게 하자. 아버지는 네가 오늘 당신의 말씀을 듣기를 뜻하신다. 아버지는 당신이 머물러 사시는 네 마음 깊은 곳에서 너를 부르신다. 오늘 그분의 말씀을 들어라. 그분의 말씀을 세상 곳곳에서 들을 때까지, 또한 너의 마음이 조용히 경청하면서 세상이 조용한 평화의 때를 들여오기 위해 들어야 하는 메시지를 받아들일 때까지, 평화는 불가능하다.

² 이 세상은 너를 통해 바뀔 것이다. 다른 어떤 수단도 세상을 구할 수 없다. 하느님의 계획은 단지 다음과 같기 때문이다: 하느님의 아들은 자신을 자유로이 구할 수 있으며, 하느님의 말씀이 안내자로 주어져 있고, 이 안내자는 영원히 그의 마음 안에, 그리고 그의 곁에 머물면서 하느님의 뜻처럼 영원히 자유로운 아들 자신의 뜻에 따라 그를 아버지의 집으로 확실하게 인도한다. 하느님의 아들은 강압이 아닌 사랑에 의해서만 인도된다. 그는 심판받지 않으며, 단지 축성祝聖될 뿐이다.

³ 우리는 오늘 고요함 속에서 하느님의 음성을 듣는다. 그럴 때 우리의 하찮은 생각과 개인적인 욕망, 그분의 거룩한 말씀에 대한 그 어떤 판단도 우리를 방해하지 못한다. 우리는 오늘 우리 자신을 판단하지 않을 것이다. 우리의 정체는 판단을 받을 수 없기 때문이다. 우리는 세상이 하느님의 아들에게 내린 모든 판단에서 떨어져 서 있다. 세상은 하느님의 아들을 모른다. 오늘 우리는 세상에 귀 기울이지 않고, 침묵 속에서 하느님의 말씀을 기다린다.

⁴ 하느님의 거룩한 아들이여, 들어라. 아버지가 말씀하신다. 하느님의 **음성**은 너에게 그분의 거룩한 **말씀**을 줌으로써, 구원과 거룩한 평화의 시간이 왔다는 소식을 온 세상에 전하게 한다. 오늘 우리는 네 마음속 조용한 곳, 하느님의 왕좌에 모인다. 그곳에서 하느님은 당신이 창조하셔서 결코 떠나지 않으실 거룩함 속에 영원히 머물러 사신다.

⁵ 하느님은 너에게 당신의 말씀을 주시기 위해, 네가 너의 마음을 당신께 돌려드릴 때까지 기다리지 않으셨다. 하느님은 네가 잠시 떨어져 나가 방랑하는 동안에도 너에게 당신을 감추지 않으셨다. 하느님은 네가 너 자신에 대해 품은 환상을 소중히 여

기지 않으신다. 하느님은 당신의 아들을 아시며, 따라서 아들의 꿈과 상관없이, 자신의 뜻이 자신의 것이 아니라는 아들의 광기와 상관없이, 아들이 당신의 일부로 남아 있기를 뜻하신다.

⁶ 오늘 하느님이 너에게 말씀하신다. 하느님의 음성이 너의 침묵을 기다린다. 그분의 말씀은 너의 마음이 잠시 조용해지고, 무의미한 욕망이 잠잠해지기 전에는 들릴 수 없기 때문이다. 조용히 그분의 말씀을 기다려라. 너의 내면에 평화가 있다. 너의 가장 거룩한 마음이 그 창조주의 음성을 들을 준비가 되도록 도우려면, 우리는 오늘 그 평화를 불러와야 한다.

⁷ 오늘 침묵하기에 가장 적당한 때에 세상에 귀 기울이지 않는 시간을 10분씩 세 번 마련하여, 그 대신 하느님의 말씀을 차분히 듣겠다고 선택하라. 하느님은 너의 가슴보다 더 가까이에서 말씀하신다. 그분의 음성은 너의 손보다 더 가깝다. 그분의 사랑은 너인 모든 것이자 그분인 모든 것이다. 그 사랑은 너와 똑같으며, 너는 그분과 똑같다.

⁸ 하느님이 너에게 말씀하실 때, 네가 듣는 것은 너의 음성이다. 그분이 말씀하시는 것은 너의 말이다. 그것은 자유와 평화의 말씀이자 뜻과 목적의 일치에 대한 말씀으로서, 분리도 분열도 전혀 없이 아버지와 아들의 유일한 마음 안에 놓여있다. 오늘 조용히 너의 자아에게 귀 기울이고, 그로 하여금 하느님은 결코 당신의 아들을 떠나신 적이 없고 너도 결코 너의 자아를 떠난 적이 없음을 말해주게 하라.

⁹ 단지 조용히 있어라. 네가 단지 이 규칙만 지킨다면, 오늘 연습은 너를 세상의 사고방식 위로 올려주고 너의 비전을 몸의 눈에서 해방할 수 있다. 단지 고요해져서 귀 기울여라. 너는 그 안에서 성자의 뜻이 그의 아버지의 뜻과 결합하는 말씀을 들을 것이다. 이렇게 그의 뜻은 아버지의 뜻과 하나기에, 전혀 나눌 수 없는 것과 참인 것 사이에 어떤 환상도 끼어들 수 없다.

¹⁰ 오늘 매시간이 지날 때마다 잠시 고요해져서, 너에게는 오늘 조용히 하느님의 말씀을 받는다는 특별한 목적이 있음을 기억하라.

126과

내가 주는 것은 전부 나 자신에게 주어진다.

¹ 에고와 세상의 사고방식에 너무도 이질적인 오늘의 아이디어는 이 수업이 불러올 생각의 역전에서 굉장히 중요하다. 네가 이 말을 믿는다면, 완전한 용서와 확실한 목표, 그리고 명확한 방향성이라는 면에서 아무런 문제도 없을 것이다. 너는 스스로 구원을 얻을 수단을 이해할 것이며, 따라서 아무런 망설임도 없이 그것을 당장 사용할 것이다.

² 네가 이 아이디어 대신에 정말로 무엇을 믿고 있는지 생각해 보자. 너는 다른 사람들이 너와 떨어져 있고, 너의 생각과 아무런 관계도 없는 방식으로 행동할 수 있으며, 너의 생각은 그들의 생각과 아무런 관계도 없다고 본다. 그러므로 너의 태도는 그들에게 아무런 영향도 주지 못하며, 그들의 도움의 요청은 너의 도움의 요청과는 전혀 관계가 없다. 너는 더 나아가 그들이 너 자신에 대한 너의 지각에 영향을 주지 않으면서 죄를 지을 수 있고, 너는 그들의 죄를 심판하면서도 스스로는 정죄에서 벗어나 평화로울 수 있다고 생각한다.

³ 네가 어떤 죄를 "용서"할 때, 너에게 직접적인 이득은 없다. 너는 단지 네가 용서하는 자보다 더 높은 수준에 있는 더 나은 자임을 보여주려고 자격 없는 자에게 자비를 베푼다. 그는 네가 베푸는 자비로운 관용을 누릴 가치가 없지만, 지은 죄로 인해 너와 진정으로 동등한 수준 아래로 떨어졌기에, 너는 자격이 없는 자에게 그 선물을 하사한다. 그는 너의 용서를 요구할 자격이 없다. 너의 용서는 그에게는 선물을 주겠지만, 너 자신에게는 전혀 아니다.

⁴ 이렇게 용서는 기본적으로 불합리하다. 용서는 호의적이지만 분에 넘치는 자비로운 변덕이며, 어떤 때는 주고 다른 때는 주지 않는 선물이다. 용서는 과분한 것이기에 주지 않는 것이 정당하고, 네가 주지 않는다고 해서 고통을 받는다면 불공평하다. 네가 용서하는 죄는 너 자신의 것이 아니다. 너와 무관한 누군가가 그 죄를 지었다. 그런데 네가 그에게 과분한 것을 줌으로써 자비를 보인다면, 그의 죄가 너의 것이 아니었듯 너의 선물도 너의 것이 아니다.

⁵ 이것이 참이라면, 용서는 믿을 만하고 확실하게 의지할 근거가 없는 것이다. 용서는

네가 때로 과분한 집행 유예를 너그럽게 베풀기로 선택하는 기이한 행동이다. 하지만 죄인으로 하여금 반드시 응분의 대가를 치르게 하는 것은 여전히 너의 권리로 남아있다. 천국의 주님께서 세상의 구원이 이런 것에 의존하도록 내버려 두시겠는가? 너의 구원이 변덕에 의존한다면, 주님은 너를 거의 배려하지 않으시는 것이 아닌가?

6 너는 용서를 이해하지 못한다. 네가 보는 용서는 공공연한 공격을 자제하는 것일 뿐, 네 마음 안에서의 교정은 필요하지 않다. 그러한 용서는 네가 지각하는 대로의 평화를 너에게 줄 수 없다. 그것은 네가 너 자신 외의 다른 사람에게서 보는 것으로부터 해방되기 위한 수단이 아니다. 그것은 너와 그의 단일성을 너의 의식에 회복해 줄 힘이 전혀 없다. 그것은 하느님이 너를 위해 의도하신 그러한 용서가 아니다.

7 너는 하느님이 청하시는 선물을 드리지 않았으므로 그분의 선물을 알아볼 수 없으며, 따라서 그분이 너에게 선물을 주지 않으셨다고 생각한다. 하지만 선물이 너를 위한 것이 아니었다면, 하느님이 과연 너에게 선물을 청하시겠는가? 그분이 공허한 몸짓에 만족하시고, 그러한 하찮은 선물이 당신의 아들에게 합당하다고 평가하시겠는가? 구원은 이보다 나은 선물이며, 구원을 얻는 수단으로서의 진정한 용서는 주는 마음을 치유할 수밖에 없다. 왜냐하면, 주는 것은 곧 받는 것이기 때문이다. 받아들여지지 않은 것은 주어진 적이 없지만, 이미 주어진 것은 받아들여졌음에 틀림없다.

8 오늘 우리는 주는 자와 받는 자가 똑같다는 진리를 이해하고자 한다. 이것은 너에게 익숙한 생각들과는 너무도 달라서, 이것을 의미 있게 만들려면 도움이 필요하다. 하지만 너에게 필요한 도움이 여기에 있다. 오늘 그를 믿기로 선택하고, 그에게 오늘 진리에 대한 너의 연습을 공유하자고 청하라. 그리고 네가 오늘 연습하는 아이디어에 놓인 해방을 아주 조금이라도 맛본다면, 오늘은 온 세상이 영광을 누리는 날이 되리라.

9 오늘 15분씩 두 번, 오늘의 아이디어를 이해하려고 시도하면서 시간을 보내라. 오늘의 아이디어는 용서가 너의 우선 사항들 가운데 마땅한 자리를 차지하게 만드는 생각이다. 오늘의 아이디어는 용서의 의미를 가로막는 모든 장애물에서 너의 마음을 해방하고, 너로 하여금 용서가 네게 갖는 가치를 깨닫게 해줄 생각이다.

10 침묵 속에서, 용서를 이해하지 못하는 세상에 대해 눈을 감아라. 그리고 생각이 바뀌고 거짓된 믿음이 내려놓아지는 조용한 곳의 성소를 찾아라. 오늘의 아이디어를 조용히 따라 말하고, 그것이 진정 무엇을 의미하는지 이해하게 해달라고 도움을 청하라.

기꺼이 가르침을 받겠다는 용의를 내라. 진리와 치유의 음성이 들려주는 말을 기쁘게 들어라. 그러면 너는 그가 들려주는 말을 이해하고, 그가 너에게 너의 말을 들려준다는 것을 인식할 것이다.

11 가능한 한 자주, 너에게는 오늘 목표가 하나 있음을 기억하라. 그것은 오늘을 너 자신과 모든 형제들에게 특별히 가치 있는 날로 만들어 줄 목표다. 너의 마음이 그 목표를 오랫동안 잊도록 허용하지 말고, 속으로 다음과 같이 말하라:

12 내가 주는 것은 전부 나 자신에게 주어진다.
이것이 참임을 배우는 데 필요한 **도움**이 지금 나와 함께 있다.
나는 그를 신뢰하겠다.

13 그런 다음 조용한 시간을 보내면서, 그의 교정과 그의 사랑에 마음을 열라. 그러면 너는 그가 들려주는 말을 믿게 될 것이다. 그가 주는 것은 너에 의해 받아들여질 것이기 때문이다.

127과

오로지 하느님의 사랑만 존재한다.

1 어쩌면 너는 여러 종류의 사랑이 가능하다고 생각할 것이다. 어쩌면 너는 이것에는 이런 종류의 사랑이, 저것에는 저런 종류의 사랑이 있고, 한 사람을 사랑하는 어떤 방법과 다른 사람을 사랑하는 다른 방법이 있다고 생각할 것이다. 사랑은 하나다. 사랑에는 분리된 부분이나 등급이 없다. 사랑에는 종류도 수준도 없으며, 차이도 구분도 없다. 사랑은 그 자신을 닮아서 내내 변하지 않는다. 사랑은 결코 사람이나 상황에 따라 바뀌지 않는다. 사랑은 하느님의 심장이며, 또한 그분 아들의 심장이기도 하다.

2 사랑이 변할 수 있다고 믿는 자에게 사랑의 의미는 분명하지 않다. 그는 변하는 사랑이란 불가능함을 보지 않는다. 따라서 그는 자신이 어떤 때는 사랑하고 다른 때는 증오할 수 있다고 생각한다. 그리고 사랑을 어떤 이에게는 주고 다른 이에게는 주지 않아도 사랑이 사랑 자체로 남아있을 수 있다고 생각한다. 사랑에 대해 이렇게 믿는 것은 사랑을 이해하는 것이 아니다. 사랑이 이런 구분을 할 수 있으려면, 누가 의인이고 누가 죄인인지 판단하고 하느님의 아들을 분리된 부분들로 지각해야 할 것이다.

3 사랑은 판단할 수 없다. 사랑은 그 자체로 하나기 때문에, 모든 것을 하나로서 바라본다. 사랑의 의미는 하나인 상태oneness에 있다. 그리고 사랑은, 사랑을 편파적이라고 생각하거나 부분적으로 생각하는 마음을 피해 갈 수밖에 없다. 오로지 하느님의 사랑만이 존재하며, 모든 사랑은 하느님의 사랑이다. 사랑이 없는 곳을 통치하는 원리란 없다. 사랑은 반대되는 것이 없는 법칙이다. 사랑의 온전성은 모든 것을 하나로 유지하는 권능이며, 아버지와 아들을 영원히 똑같게 유지하는 연결고리다.

4 너의 진정한 정체를 가르치는 것이 목적인 모든 수업은 너의 정체와 사랑의 정체는 전혀 다르지 않음을 강조할 수밖에 없다. 사랑의 의미는 너 자신의 것으로서, 너는 그것을 하느님과 공유한다. 너의 정체는 곧 하느님의 정체기 때문이다. 오로지 하느님의 사랑만이 존재하며, 하느님의 정체가 곧 존재하는 모든 것이다. 하느님께는 그 어떤 한계도 부과되지 않았으며, 따라서 너도 제한되어 있지 않다.

5 세상이 따르는 어떤 법칙도 네가 사랑의 의미를 이해하도록 도울 수 없다. 세상이 믿는 것은 사랑의 의미를 감춰서 어둡고 은밀하게 유지하려고 만들어졌다. 세상이 떠

받치는 원리 가운데 단 하나도 사랑의 정체는 물론 너의 정체에 대한 진리를 훼손하지 않는 것이 없다. 너의 **자아**를 세상 안에서 구하지 말라. 사랑은 어둠과 죽음 속에서는 찾을 수 없다. 하지만 보는 눈과 사랑의 **음성**을 듣는 귀에게, 사랑은 더없이 분명하다.

⁶ 오늘 우리는 네가 따라야 한다고 생각하는 모든 법칙, 네가 받아들이고 사는 모든 한계, 네가 인간 운명의 일부라고 생각하는 모든 변화로부터 우리의 마음을 자유로이 풀어주는 연습을 한다. 오늘 우리는 네가 이 수업이 확립한 목표를 향해 나아갈 때 요구되는 가장 큰 한 걸음을 성큼 내디딘다. 오늘 네가 사랑의 의미를 아주 희미하게라도 알아차릴 수 있다면, 측량할 수 없는 거리와 햇수를 세기 힘든 시간만큼 너의 해방을 향해 나아간 것이다.

⁷ 그러니 우리 오늘 함께 기쁜 마음으로 하느님께 약간의 시간을 드리고, 시간을 이보다 더 잘 사용할 수는 없음을 이해하자. 오늘 15분씩 두 차례, 네가 지금 믿는 모든 법칙에서 벗어나라. 마음을 열고 안식하라. 자신을 죄수로 가둔 듯한 세상을 소중히 여기지 않는 자라면 누구나 그 세상에서 벗어날 수 있다. 네가 세상의 빈약한 공물과 무의미한 선물에 부여한 모든 가치를 거둬들이고, 하느님의 선물이 그 모든 것을 대체하게 하라.

⁸ 너의 아버지를 향해 외쳐라. 그러면서 그분의 음성이 응답할 것임을 확신하라. 아버지는 이를 몸소 약속하셨다. 너의 실재와 사랑의 의미에 대한 잘못된 믿음과 어두운 환상이 포기되는 곳마다, 그분이 몸소 네 마음 안에 진리의 불꽃을 놓아두실 것이다. 아버지는 오늘 너의 헛된 생각들을 환히 비추시면서, 네가 사랑의 진리를 이해하도록 도우실 것이다. 네가 그분의 음성으로 하여금 너의 깨끗하고 열린 마음에게 사랑의 의미를 가르치도록 허락할 때, 그분은 너와 더불어 자애로운 온유함 안에 머무시면서 그 **레슨**을 당신의 **사랑**으로 축복하실 것이다.

⁹ 오늘 네가 배우는 것의 무시간성 앞에서, 구원을 기다리며 보낼 미래의 수많은 세월이 사라진다. 오늘 과거와 같은 미래를 모면했음에 감사드리자. 오늘 우리는 과거를 뒤로하고 떠나며, 더 이상 기억하지 않을 것이다. 그리고 우리는 눈을 들어 전과 다른 현재를 바라본다. 그곳에는 모든 면에서 과거와 다른 미래가 빛나고 있다.

¹⁰ 유아기의 세상이 새로 태어난다. 우리는 그 세상이 굳세고 건강하게 자라나서 모든 이에게 축복을 베푸는 것을 지켜볼 것이다. 그들은 세상을 증오 속에 만들어서 사랑의 적이 되게 했다고 생각했으며, 이제 그 세상을 버리는 법을 배우러 온다. 이제 그

들 모두가 우리와 더불어 자유로워졌다. 이제 그들 모두가 하느님의 사랑 안에서 우리의 형제들이다.

11 우리는 온종일 그들을 기억할 것이다. 우리의 일부를 우리의 사랑 바깥에 버려두고도 우리의 자아를 알 수는 없기 때문이다. 최소한 1시간에 세 번, 너와 함께 여정을 밟아 나아가며 네가 배워야 할 것을 배우러 온 자를 생각하라. 그가 마음에 떠오르면, 너의 자아가 보내는 다음의 메시지를 전하라:

12 형제여, 내가 당신과 공유하고자 하는 하느님의 사랑으로
당신을 축복합니다.
오로지 하느님의 사랑만이,
그리고 당신과 나와 모든 이의 사랑만이 존재한다는
기쁜 레슨을 배우고자 하기 때문입니다.

128과

내가 보는 세상에는 내가 원하는 것이 아무것도 없다.

¹ 네가 보는 세상에는 네가 너에게 제공할 필요가 있는 것이나, 네가 어떤 식으로든 사용할 수 있는 것이 아무것도 없다. 또한 너 자신을 기쁘게 하는 데 도움이 될 만한 것도 아무것도 없다. 이 생각을 믿어라. 그러면 너는 오랜 불행과 숱한 실망, 지독한 절망의 재로 변해버리는 희망에서 구원된다. 이 세상을 뒤로하고 그 협소한 시야와 비좁은 길을 뛰어넘어 높이 날아오르려는 자라면 누구나 이 생각을 진리로 받아들여야 한다.

² 네가 여기서 가치를 두는 것들은 전부 너를 세상에 옭아매는 사슬에 불과하다. 그것들은 단지 이러한 목적만 섬길 것이다. 네가 다른 목적을 보기 전까지, 모든 것은 네가 부여한 목적을 섬길 수밖에 없기 때문이다. 이 세상이 가진 목적 중에 마음을 쓸 만한 유일한 목적은, 아무런 희망도 없는 곳에서 희망을 지각하려고 지체하지 말고 그저 이 세상을 지나쳐 가라는 것뿐이다. 더 이상 속지 말라. 네가 보는 세상에는 네가 원하는 것이 아무것도 없다.

³ 네가 이곳에서 구원을 지각한다면, 너의 마음을 사슬로 옭아매는 것이다. 오늘 그 사슬에서 벗어나라. 너는 네가 가치 있게 여기는 것을 네가 지각하는 대로의 너 자신의 일부로 만든다. 네가 너의 가치를 높여준다고 생각하여 구하는 것들은 전부 너를 더욱 제한하여 너의 가치를 너 자신에게 감추고, 너의 자아에 대한 진정한 자각으로 이르는 문에 빗장을 더 지를 뿐이다.

⁴ 몸의 생각과 관련된 그 무엇을 만나든 구원을 향한 발걸음을 늦추지 말고, 세상에 네가 원하는 무언가가 있다고 믿으려는 유혹에 저지당하지도 말라. 여기에는 소중히 여길 만한 것이 아무것도 없다. 여기에 있는 그 무엇도 너를 단 한 순간이라도 지체시키거나, 고통받게 만들거나, 의심과 의혹에 빠트릴 만한 가치가 없다. 가치 없는 것들은 주는 것이 아무것도 없다. 가치 없음에서 가치에 대한 확신을 찾을 수는 없다.

⁵ 오늘은 우리가 세상에 부여한 가치에 대한 생각들을 전부 내려놓는 연습을 한다. 우리는 우리가 세상의 측면들과 양상들, 꿈들에 부여한 목적으로부터 세상을 해방한다. 우리는 세상을 우리 마음 안에 목적 없이 간직하고, 우리의 모든 기대로부터 놓아

준다. 그리하여 우리는 자유로 가는 문을 걸어 잠근 사슬로부터 세상을 풀어주고, 모든 시시한 가치들과 축소된 목표들 너머로 간다.

6 잠시 고요해져서 평화 속에 머물라. 그리고 너의 마음을 사슬에서 풀어줄 때 네가 세상 위로 얼마나 높이 날아오를 수 있는지 보고, 그것으로 하여금 집과 같은 편안함을 느끼는 수준을 찾게 하라. 너의 마음은 잠시 자유로워진 것에 대해 고마워할 것이다. 너의 마음은 자신이 본래 어디에 속하는지 안다. 그저 마음의 날개를 자유로이 풀어주기만 하라. 그러면 마음은 확신과 기쁨 속에 날아올라 자신의 거룩한 목적에 합류할 것이다. 너의 마음으로 하여금 자신의 창조주 안에서 쉬게 하라. 그곳에서 너의 마음은 제정신과 자유와 사랑으로 회복된다.

7 오늘 너의 마음에게 10분씩 세 번의 안식 시간을 주어라. 그런 다음 눈을 뜨면, 네가 보는 그 무엇도 이전만큼 가치 있게 여기지 않을 것이다. 네가 너의 마음으로 하여금 자신의 사슬에서 벗어나도록 허용할 때마다, 세상에 대한 너의 관점 전체가 조금씩 달라질 것이다. 세상은 너의 마음이 속한 곳이 아니다. 그리고 너는 너의 마음이 있고자 하는 곳, 너의 마음을 세상에서 풀어줄 때 그것이 안식하러 가는 곳에 속한다. 너의 안내자는 확실하다. 그에게 너의 마음을 열라. 고요해져서 안식하라.

8 또한, 너의 마음을 오늘 하루 내내 보호하라. 네가 세상의 어떤 측면이나 이미지에서 어떤 가치라도 보고 있다는 생각이 들 때는, 이 사슬을 너의 마음에 드리우기를 거부하고 조용한 확신으로 다음과 같이 말하라:

9 나는 이것 때문에 유혹에 빠져 지체하지 않겠다.
내가 보는 세상에는 내가 원하는 것이 아무것도 없다.

129과

이 세상 너머에 내가 원하는 세상이 있다.

¹ 이것은 어제 연습한 생각 다음에 오는 생각이다. 너는 세상이 가치 없다는 아이디어에서 멈출 수는 없다. 무언가 기대할 만한 다른 것이 있음을 보지 못한다면, 그저 우울해질 수밖에 없기 때문이다. 우리의 강조점은 세상을 포기하는 데 있지 않고, 그것을 기쁨이 넘치고 너에게 평화를 선사할 수 있는 훨씬 더 만족스러운 것과 교환하는 데 있다. 이 세상이 너에게 그것을 선사할 수 있다고 생각하는가?

² 이 세상의 가치에 대해 다시 한번 생각하며 약간의 시간을 쓸 가치는 있을 것이다. 아마도 너는 여기에서 가치에 대한 모든 생각을 내려놓을 때 아무런 상실도 없다는 점을 인정할 것이다. 네가 보는 세상은 과연 무자비하고 불안정하고 잔인하며, 너에게 아무런 관심도 없고, 복수하기에 급급하며, 증오로 인정사정없다. 네가 보는 세상은 네가 잠시 소중히 여긴 모든 것을 제거하고 빼앗아 가기 위해서만 준다. 어떤 지속적인 사랑도 찾을 수 없다. 여기에 그런 사랑이란 없기 때문이다. 이것은 시간의 세상으로서, 이곳에서는 모든 것이 종말을 맞는다.

³ 그 대신에 상실이 불가능하고, 사랑이 영원히 지속되며, 증오가 존재할 수 없고, 복수가 아무런 의미도 없는 세상을 찾는 것이 과연 상실인가? 네가 정말로 원하는 그 모든 것, 종말이 없고 네가 원하는 대로 영원히 남아있을 것임을 아는 그 모든 것을 찾는 것이 과연 상실인가?

⁴ 하지만 그것들조차 결국 말로 설명할 수 없는 것과 교환될 것이다. 그로부터 너는 말이 완전히 사라지는 곳, 언어가 발화(發話)되지는 않지만 분명히 이해되는 침묵 속으로 가기 때문이다. 대낮처럼 분명하고 알기 쉬운 소통이 영원토록 한계 없이 이어진다. 그리고 하느님은 아들이 당신께 말하듯 직접 아들에게 말씀하신다. 그들의 언어에는 말이 없다. 그들이 말하는 것은 상징화될 수 없기 때문이다. 그들의 앎은 직접적이며, 온전히 공유되고 온전히 하나다.

⁵ 이 세상에 묶여있는 너는 이로부터 얼마나 멀리 떨어져 있는지! 하지만 이 세상을 네가 원하는 세상과 교환할 때, 너는 이것에 얼마나 가까이 있게 되는지! 이제 마지막 단계는 확실하다. 이제 너는 무시간성과 단 한 순간만 떨어져 있다. 여기서 너는 앞만

바라볼 수 있으며, 원하지 않는 세상을 결코 돌아보지 않을 것이다. 세상이 너를 죄수로 가둬두려고 제시하는 왜소한 것들로부터 너의 마음을 풀어줄 때, 그 세상을 대체하려고 오는 세상이 여기에 있다. 네가 그것들에 가치를 두지 않는다면, 그것들은 사라져 버릴 것이다. 하지만 네가 그것들을 높이 평가한다면, 그것들은 너에게 실제인 것으로 보일 것이다.

6 바로 이러한 것이 네가 내릴 선택이다. 무를 가치 있게 여기지 않기로 선택할 때, 네가 무엇을 잃을 수 있겠는가? 이 세상에는 네가 정말로 원하는 것이 아무것도 없지만, 네가 그 대신 선택하는 세상은 정녕 네가 원하는 것이다! 오늘 그것이 너에게 주어지게 하라. 그 세상은 네가 추구하기는 하지만 원하지는 않는 모든 것을 대체하려고 너의 선택만을 기다리고 있다.

7 아침과 밤, 그리고 중간에 10분씩 총 세 번 이런 변화를 일으키겠다는 용의를 내는 연습을 하라. 다음과 같이 말하면서 연습을 시작하라:

8 이 세상 너머에 내가 원하는 세상이 있다.
나는 이 세상 대신에 그 세상을 보기로 선택한다.
여기에는 내가 정말로 원하는 것이 아무것도 없기 때문이다.

9 그런 다음 네가 보는 세상에 눈을 감아라. 그리고 고요한 어둠 속에서 이 세상 것이 아닌 빛이 하나씩 켜지다가, 하나의 빛이 시작되는 곳에서 다른 빛이 끝나면서 그 빛들이 하나로 섞여들어가 모든 의미를 잃을 때까지 바라보라.

10 오늘 천국의 빛이 너에게 내려와, 네가 어둠의 세상 너머에서 안식할 때 너의 눈꺼풀을 비춰준다. 여기에, 너의 눈이 볼 수 없는 빛이 있다. 하지만 그것은 너의 마음이 분명히 보고 이해할 수 있는 빛이다. 오늘 은혜로운 하루가 너에게 주어졌다. 우리는 이에 대해 감사드린다. 오늘 우리는 네가 단지 상실을 상실할까 봐 두려워했음을 깨닫는다.

11 이제 우리는 상실이란 없음을 이해한다. 우리는 마침내 그 반대를 보았기 때문이다. 그리고 우리는 그러한 선택이 내려진 것에 대해 감사한다. 매시간 너의 결정을 기억하고, 잠시 시간을 내서 네가 가진 모든 생각을 내려놓고 오로지 다음의 내용에 대해서만 숙고함으로써 너의 선택을 더욱 확고히 하라:

12 내가 보는 세상에는 내가 원하는 것이 아무것도 없다.

이 세상 너머에 내가 원하는 세상이 있다.

130과

두 세상을 보는 것은 불가능하다.

¹ 지각에는 일관성이 있다. 네가 보는 것은 너의 생각을 반영한다. 너의 생각은 단지 네가 보기를 원한다고 선택한 것을 반영한다. 그리고 이것은 너의 가치관에 의해 결정된다. 너는 분명 네가 가치 있게 여기는 것을 보기를 원하며, 네가 보는 것이 정말로 있다고 믿기 때문이다. 자신의 마음이 가치를 부여하지 않는 세상을 볼 수 있는 자는 아무도 없으며, 자신이 원한다고 믿는 것을 보지 못할 자도 아무도 없다.

² 하지만 그 누가 동시에 정말로 증오하면서 사랑할 수 있겠는가? 그 누가 자신이 원하지 않는 것이 실재성을 갖기를 열망할 수 있겠는가? 또한, 그 누가 자신이 두려워하는 세상을 보기로 선택할 수 있겠는가? 두려움은 분명 눈멀게 할 것이다. 두려움의 무기는 바로, 너는 네가 보기를 두려워하는 것을 볼 수 없다는 것이기 때문이다. 이와 같이 사랑과 지각은 손잡고 함께 가지만, 두려움은 거기에 있는 것을 어둠 속에 감춘다.

³ 그렇다면 두려움이 과연 무엇을 세상에 투사할 수 있겠는가? 실제인 그 무엇이 어둠 속에서 보일 수 있겠는가? 두려움은 진리의 빛을 가리며, 남아있는 것이라고는 단지 상상된 것뿐이다. 하지만 공황상태가 낳은 눈먼 상상물들 가운데 무엇이 실제일 수 있겠는가? 너는 이것이 너에게 보이도록 만들기 위해 무엇을 원하려는가? 너는 이러한 꿈속에서 무엇을 간직하기를 소망하려는가?

⁴ 네가 본다고 생각하는 것은 전부 두려움이 만들었다. 너는 세상이 그 모든 분리와 구분, 수많은 차이점으로 만들어졌다고 믿는다. 하지만 그것들은 존재하지 않는다. 사랑의 적이 그것들을 만들어냈다. 하지만 사랑에는 적이 있을 수 없으며, 따라서 그것들은 원인도 존재도 결과도 전혀 없다. 네가 그것들을 가치 있게 여길 수는 있지만, 그렇다고 해도 그것들은 여전히 실제가 아니다. 네가 그것들을 구할 수는 있지만, 찾을 수는 없다.

⁵ 오늘 우리는 그것들을 구하지 않을 것이며, 찾을 수 없는 것을 구하느라 오늘 하루를 허비하지도 않을 것이다. 일치하는 점이 전혀 없는 두 세상을 보는 것은 불가능하다. 그중 한 세상을 구하면, 다른 세상은 사라진다. 하지만 한 세상은 남는다. 그 두 세상은 너의 결정이 넘어설 수 없는 선택 범위다. 실제인 것과 실제가 아닌 것이 선택

할 수 있는 모든 것이며, 그 이상은 아무것도 없다.

6 오늘 우리는 어떤 타협도 불가능한 곳에서 타협을 시도하지 않겠다. 네가 보는 세상은 네가 이미 어떤 선택을 내렸다는 증거다. 그것은 그 반대의 선택과 마찬가지로 모든 것을 포괄하는 선택이다. 오늘 우리가 배우고자 하는 것은 단지 두 세상을 볼 수 없다는 레슨 이상이다. 그것은 또한 네가 보는 세상은 너의 관점에서 아주 일관성이 있다는 것도 가르친다. 네가 보는 세상은 모두 똑같다. 그것은 하나의 감정에서 비롯되며, 네가 보는 모든 것에서 그 근원을 반영하기 때문이다.

7 오늘 우리는 감사하는 마음으로, 모든 타협과 의심을 종식하고 그 모든 것을 하나로서 초월하는 생각을 위해 5분씩 여섯 번의 시간을 마련한다. 오로지 실제인 것만을 찾는 데 전념하는 동안 우리는 수없이 많은 무의미한 구분을 하지 않을 것이며, 비실재의 작은 부분을 가져려고 시도하지도 않을 것이다.

8 너 자신의 힘을 넘어서는 힘을 요청함으로써 다른 세상에 대한 추구를 시작하고, 네가 과연 무엇을 구하는지 인식하라. 너는 환상을 원하지 않는다. 너의 두 손에서 이 세상의 하찮은 보물을 전부 비워내고 5분 동안의 연습에 임하라. 다음과 같이 말하면서 하느님이 너를 도우러 오시기를 기다려라:

9 두 세상을 보는 것은 불가능하다.
나는 하느님이 선사하시는 힘을 받아들이고,
이 세상에서 아무런 가치도 보지 않겠다.
그럼으로써 나는 자유와 해방을 찾을 것이다.

10 하느님이 그곳에 계실 것이다. 너는 너에 대한 감사로 이 거대한 발걸음을 함께 내디딜 변치 않을 위대한 권능을 요청했기 때문이다. 그리고 너는 반드시 그분의 감사가 지각으로 감지될 수 있게, 진실하게 표현된 것을 볼 것이다. 너는 네가 바라보게 될 것을 의심하지 않을 것이다. 그것은 비록 지각이지만, 전에 눈으로만 보았던 그런 종류의 봄seeing이 아니기 때문이다. 그리고 너는, 네가 이 선택을 내릴 때 하느님의 힘이 떠받쳐 주었음을 알게 될 것이다.

11 오늘 유혹이 일어날 때마다 단지 네 선택의 범위를 기억함으로써 유혹을 가볍게 물리쳐라. 너는 실제가 아닌 것이나 실제인 것, 거짓된 것이나 참된 것을 보며, 단지 그

것들만 본다. 지각은 너의 선택과 일치하며, 그에 따라 지옥이나 천국이 따라온다.

12 네가 만약 지옥의 작은 부분을 실제인 것으로 받아들인다면, 이미 너 자신의 눈을 정죄하고 시각을 저주한 것이다. 따라서 네가 바라볼 것은 정녕 지옥이다. 하지만 천국을 풀어주어 지옥이 네게 보여주려는 모든 것을 대체하게 하는 것은 여전히 너의 선택 범위 안에 있다. 네가 지옥의 어떤 부분을 보든, 지옥이 어떤 형식을 취하든 상관없이, 그것에게 단지 다음과 같이 말하라:

13 두 세상을 보는 것은 불가능하다.
나는 나의 자유와 해방을 구하며,
이것은 내가 원하는 것의 일부가 아니다.

131과

진리에 도달하기를 요청하는 자는 그 누구도 실패할 수 없다.

¹ 달성할 수 없는 목표를 구하는 한, 네가 맞닥뜨릴 것은 온통 실패뿐이다. 너는 일시적인 것에서 영속성을, 사랑이 없는 곳에서 사랑을, 위험의 한가운데서 안전을, 어두운 죽음의 꿈에서 불멸성을 찾는다. 모순을 무대로 하여 안정을 추구한다면, 그 누가 성공할 수 있겠는가?

² 무의미한 목표는 이룰 수 없다. 그 목표에 도달할 방법은 없다. 목표를 얻기 위한 수단도 목표 자체만큼이나 무의미하기 때문이다. 이렇게 무의미한 수단을 가지고 과연 무엇이라도 얻기를 바랄 수 있겠는가? 그 수단이 어디로 인도할 수 있겠는가? 그 수단을 가지고 과연 실제일 가망이 조금이라도 있는 것을 이룰 수 있겠는가?

³ 상상된 것에 대한 추구는 죽음으로 이어진다. 그것은 무에 대한 추구기 때문이다. 그리고 너는 생명을 구하면서 죽음을 달라고 요청한다. 너는 안전과 보호를 찾으면서 속으로는 위험을 달라고, 네가 만든 하찮은 꿈을 지켜달라고 기도한다.

⁴ 하지만 이곳에서 추구는 불가피하다. 너는 추구를 위해 왔으며, 분명 네가 하기 위해 온 것을 할 것이다. 그러나 세상은 네가 추구할 목표를 지시할 수 없다. 네가 그럴 힘을 세상에 부여하지 않는 한 말이다. 그렇지 않으면 너는 여전히 네가 추구할 목표를 자유로이 선택할 수 있다. 그것은 세상과 모든 세상적인 생각 너머에 있는 목표, 네가 포기했지만 기억하고 있으며 오래되었지만 새로운 아이디어, 즉 네가 잊었지만 진정으로 원하는 모든 것을 간직한 유산의 메아리로부터 너에게 도달하는 목표다.

⁵ 네가 추구할 수밖에 없다는 것에 기뻐하라. 그리고 네가 천국을 추구하며, 진정 원하는 목표를 발견할 수밖에 없다는 사실을 배우는 것에 기뻐하라. 이러한 목표를 원하면서 마침내 거기에 도달하지 못하는 자는 아무도 없다. 하느님의 아들은 헛되이 구할 수 없다. 그가 비록 지연을 강제하고, 그 자신을 속이며, 자신이 구하는 것이 지옥이라고 생각하려고 애쓰더라도 말이다. 그는 틀렸을 때 교정을 발견하고, 길을 잃고 방황할 때 자신에게 주어진 과제로 인도되어 돌아오게 된다.

⁶ 그 누구도 지옥에 남아있지 않다. 그 누구도 자신의 창조주를 버릴 수 없으며, 그분의 완벽하고 무시간적이며 변함없는 사랑에 영향을 줄 수도 없기 때문이다. 너는 천

국을 발견할 것이다. 그 밖에 네가 구하는 모든 것은 사라지겠지만, 네가 그것들을 빼앗겨서가 아니다. 그것들은 네가 원하지 않기 때문에 사라질 것이다. 하느님이 너를 죄 없이 창조하신 것만큼이나 확실하게, 너는 네가 진정으로 원하는 목표에 도달할 것이다.

7 왜 천국을 기다리는가? 천국은 오늘 여기에 있다. 과거로 가버렸든 미래에 있든, 시간은 거대한 환상이다. 그러나 그것이 만약 하느님이 당신의 아들이 있기를 뜻하시는 곳이라면, 그럴 수 없다. 하느님의 뜻이 어찌 과거에 있거나 아직 일어나지 않을 수 있겠는가? 하느님이 뜻하시는 것은 지금이며, 과거도 없고 미래도 없다. 작은 촛불이 멀리 있는 별과 떨어져 있듯이, 혹은 네가 선택한 것이 네가 진정 원하는 것과 떨어져 있듯이, 하느님이 뜻하시는 것은 시간과 아주 멀리 떨어져 있다.

8 천국은 네가 만든 이 이상한 세상과 그것의 모든 방식들, 그것의 변화무쌍한 양상들과 불확실한 목표들, 그것의 고통스러운 쾌락과 비극적인 기쁨에 대한 유일한 대안으로 남아있다. 하느님은 어떤 모순도 만들지 않으셨다. 자신의 존재를 부정하고 자기 자신을 공격하는 것은 무엇이든 하느님에게서 나온 것이 아니다. 한 마음은 천국이라는 기쁜 결과를 낳고 다른 마음은 모든 면에서 천국과 반대인 땅이라는 아쉬운 결과를 낳는 두 마음, 하느님은 이런 두 마음을 만들지 않으셨다.

9 하느님은 갈등하지 않으신다. 하느님의 창조물도 둘로 쪼개지지 않았다. 하느님이 몸소 당신의 아들을 천국에 굳건히 자리잡게 하셨거늘, 그가 어찌 지옥에 있을 수 있겠는가? 영원한 뜻이 아들에게 주어서 영원히 그의 집이 되게 한 것을 그가 과연 잃을 수 있겠는가? 하느님의 유일한 목적 위에 더 이상 이질적인 뜻을 부과하려 하지 말자. 하느님은 여기에 계신다. 하느님은 존재하기를 뜻하시며, 그분이 뜻하시는 것은 시간이 미치지 못하는 지금 현존하기 때문이다.

10 오늘 우리는 진리 대신에 모순을 선택하지 않겠다. 하느님의 아들이 어찌 하느님의 뜻을 제거하려고 시간을 만들 수 있겠는가? 그는 이런 식으로 자기 자신을 부정하며, 반대되는 것이 없는 것을 반박한다. 그는 자신이 천국에 반대되는 지옥을 만들었다고 생각하며, 자신은 존재하지 않는 곳에 사는 반면 천국은 자신이 찾을 수 없는 곳이라고 믿는다. 오늘 이와 같은 어리석은 생각을 뒤로하고 떠나라. 그 대신 너의 마음을 진정한 아이디어들로 돌려라.

11 진리에 도달하기를 요청하는 자는 그 누구도 실패할 수 없다. 그리고 진리야말로

우리가 오늘 도달하기를 요청하는 것이다. 우리는 오늘 이 목표에 10분씩 세 번의 시간을 바친다. 그리고 우리는 실재세상이 떠올라 우리가 소중히 간직한 어리석은 이미지들을 대체하고, 진리 안에서 아무런 의미도 결과도 없으며 근원도 실체도 없는 생각들 대신에 진정한 아이디어가 일어나는 것을 보게 해달라고 요청할 것이다.

¹² 연습을 시작하면서 우리는 다음의 내용을 인정한다. 다음과 같이 시작하라:

> ¹³ 나는 내가 만든 세상과 다른 세상을 보고,
> 내가 만든 생각과 다른 종류의 생각을 생각하게 해달라고 요청합니다.
> 내가 구하는 세상은 나 홀로 만들지 않았으며,
> 내가 생각하기를 원하는 생각들은 나 자신의 것이 아닙니다.

¹⁴ 몇 분 동안 마음을 지켜보면서, 비록 눈은 감고 있지만 네가 실재한다고 생각하는 의미 없는 세상을 바라보라. 이러한 세상과 양립하고, 네가 참이라고 생각하는 생각들도 잘 살펴보라. 그런 다음 그것들을 보내버리고, 그 아래 그것들이 들어올 수 없는 거룩한 장소로 침잠해 들어가라. 네 마음 안에는 그것들 아래로 문이 하나 있는데, 너는 그 너머의 것을 감추려고 그 문을 완전히 걸어 잠글 수는 없었다.

¹⁵ 그 문을 구하고 찾아내라. 하지만 그 문을 열려고 시도하기 전에, 진리에 도달하기를 요청하는 자는 그 누구도 실패할 수 없으며, 네가 오늘 바로 이런 요청을 하고 있음을 기억하라. 지금, 이것 외에는 아무런 의미도 없다. 지금, 다른 어떤 목표도 가치 있게 여기거나 추구하지 말라. 너는 이 문 앞에 있는 그 무엇도 정말로 원하지 않으며, 오로지 그 너머에 있는 것만을 구한다.

¹⁶ 손을 뻗어서, 그 너머로 가겠다는 의도 하나로 문이 얼마나 쉽게 활짝 열리는지 보라. 천사들이 길을 비춰 모든 어둠이 사라지고, 너는 너무도 찬란하고 뚜렷한 빛 속에 서있기에 네가 보는 모든 것을 이해할 수 있다. 어쩌면 너는 놀라움에 잠시 멈출 것이며, 그리고는 네 앞에 보이는 빛 속의 세상은 네가 꿈속에서 방랑하는 동안에도 알았으며, 아직도 완전히 잊지는 않은 진리를 반영한다는 것을 깨달을 것이다.

¹⁷ 너는 오늘 실패할 수 없다. 천국이 네게 보낸 성령이 너와 함께 걷고 있기에, 너는 어느 날엔가 이 문에 다다를 것이며, 그의 도움으로 미끄러지듯 쉽사리 지나 빛으로 나아갈 수 있다. 오늘 그날이 왔다. 오늘 하느님이 당신의 거룩한 아들과 맺은 태곳적

약속을 지키시고, 아들도 하느님과 맺은 약속을 기억한다. 오늘은 기쁨의 날이다. 우리는 예정된 시간과 장소에 도달하기 때문이다. 그곳에서 너는 네가 이곳에서 한 모든 추구와 세상의 모든 추구의 목표를 발견할 것이다. 그리고 네가 그 문을 지나감에 따라, 그 모든 추구는 한꺼번에 끝난다.

18 오늘은 특별히 기쁜 때가 되어야 함을 자주 기억하고, 울적한 생각이나 무의미한 한탄을 삼가라. 구원의 때가 왔다. 오늘은 너와 세상이 은혜받는 때로 천국이 정해놓은 날이다. 이러한 행복한 사실을 잊을 때는 다음의 말을 기억하라:

19 오늘 나는 내가 원하는 모든 것을 구하여 발견한다.
나의 유일한 목적이 나에게 그것을 제공한다.
진리에 도달하기를 요청하는 자는 그 누구도 실패할 수 없다.

132과

나는 세상을 나의 모든 생각으로부터 풀어준다.

¹ 너의 믿음이 아닌 그 무엇이 세상을 사슬에 묶어두겠는가? 그리고 너의 자아가 아닌 그 무엇이 세상을 구원할 수 있겠는가? 믿음은 정녕 강력하다. 네가 품은 생각은 그 힘이 막강하며, 환상은 그 결과에 있어 진리만큼이나 강하다. 광인은 자신이 보는 세상이 실재한다고 생각하며, 그것을 의심하지 않는다. 따라서 그가 하는 생각의 결과에 의문을 제기해서는 그의 마음을 움직일 수 없다. 그 생각의 근원에 의문을 제기할 때, 비로소 그에게 자유의 희망이 다가온다.

² 하지만 구원은 쉽게 이루어진다. 누구나 자신의 마음을 자유로이 바꿀 수 있으며, 그와 더불어 그의 모든 생각이 바뀌기 때문이다. 이제 생각의 근원이 달라졌다. 너의 마음을 바꾸는 것은 네가 지금 생각하고, 이제껏 생각했으며, 앞으로 생각할 모든 아이디어의 근원을 바꿨다는 의미기 때문이다.

³ 너는 네가 전에 생각했던 것으로부터 과거를 자유로이 풀어준다. 너는 네가 찾고 싶어 하지 않는 것을 구한다는 그 모든 오랜 생각으로부터 미래를 자유로이 풀어준다. 이제 현재가 유일한 시간으로 남아있다. 여기 현재 안에서 세상이 자유로이 풀려난다. 네가 너의 오랜 두려움으로부터 과거를 거둬들이고 미래를 놓아줌에 따라, 너는 탈출구를 찾아 세상에게 가져다주기 때문이다.

⁴ 너는 너의 모든 두려움, 의심과 비참함, 고통과 눈물을 가지고 세상을 예속화하였으며, 너의 모든 슬픔은 세상을 짓눌러 네 믿음의 죄수로 가둬둔다. 세상의 모든 곳에 죽음이 엄습한다. 네가 죽음의 냉혹한 생각을 너의 마음 안에 간직하고 있기 때문이다. 그 자체로, 세상은 아무것도 아니다. 너의 마음이 반드시 세상에 의미를 부여해야 한다. 그리고 네가 세상에서 보는 것들은 너의 소망이 실현된 것으로서, 그로 인해 너는 그것들을 바라보고 실재한다고 생각할 수 있다.

⁵ 너는 어쩌면 네가 세상을 만든 것이 아니라 이미 만들어진 세상에 마지못해 왔으며, 그 세상은 너의 생각이 의미를 부여해 주기를 기다리지 않는다고 생각할 것이다. 하지만 너는 사실 네가 올 때 기대한 것을 정확하게 찾았다. 너의 소망과 떨어져 있는 세상이란 없으며, 바로 이 사실에 너의 궁극적인 해방이 있다. 단지 네가 보고 싶어

하는 것에 대한 마음만 바꿔라. 그러면 온 세상이 그에 맞춰 바뀔 것이다.

6 아이디어는 자신의 근원을 떠나지 않는다. 이 중심 주제는 텍스트에서 자주 언급되는 것으로서, 오늘의 레슨을 이해하려면 반드시 명심해 두어야 한다. 네가 보는 세상은 네가 만들었으며, 네가 마음을 바꿀 때 세상도 바뀐다고 말하는 것은 자만이 아니다. 그러나 네가 너 자신과 아주 분리되어 있고, 너의 생각에 영향받지 않으며, 네가 어쩌다 생각해 본 세상과는 전혀 무관한 세상 속으로 들어왔다고 주장하는 것은 자만이다.

7 세상은 없다! 이것이 이 수업이 가르치고자 하는 중심 생각이다. 모든 이가 이를 받아들일 준비가 되지는 않았지만, 각자는 자신이 진리로 가는 길을 따라 인도되도록 허용하는 정도만큼 멀리 갈 것이다. 그는 돌아왔다가 훨씬 멀리 나아가거나, 어쩌면 잠시 물러섰다가 다시 돌아올 것이다.

8 그러나 치유란, 세상이 없음을 배울 준비가 되었고 그 레슨을 지금 받아들일 수 있는 자들의 선물이다. 그들은 준비되었기에, 스스로 이해하고 알아볼 수 있는 형식으로 그 레슨을 만나게 될 것이다. 어떤 이들은 죽음의 순간에 불현듯 그 레슨을 보고는 되살아나서 그것을 가르친다. 다른 이들은 이 세상 것이 아닌 경험에서 그 레슨을 발견한다. 그들은 그러한 경험을 통해 세상이 존재하지 않음을 깨닫는다. 그들이 보는 것은 분명 진리지만, 그것은 세상과 명백하게 모순되기 때문이다. 그리고 어떤 이들은 그 레슨을 이 수업에서, 우리가 오늘 실시하는 연습에서 발견할 것이다.

9 오늘의 아이디어가 참인 이유는, 세상이 존재하지 않기 때문이다. 세상이 정녕 너의 상상물이라면, 너는 단지 세상에게 그러한 겉모습들을 부여한 그 모든 생각을 바꿈으로써 세상을 너의 모든 생각으로부터 풀어줄 수 있다. 네가 병에 대한 모든 생각을 내려놓음에 따라 병자들이 치유되고, 이제껏 네가 품은 모든 죽음의 생각을 생명의 생각이 대체하게 할 때 죽은 자들이 일어난다.

10 앞에서 한 번 반복한 레슨을 지금 다시 강조할 필요가 있다. 그것은 오늘의 아이디어를 위한 견고한 토대기 때문이다. 너는 하느님이 창조하신 그대로다. 네가 고통에 시달릴 수 있는 어떤 장소도 없고, 너의 영원한 상태에 변화를 일으킬 수 있는 어떤 시간도 없다. 네가 하느님이 창조하신 그대로 남아있다면, 시공간의 세상이 어찌 존재할 수 있겠는가?

11 오늘의 레슨이야말로 너의 자아를 아는 것이 세상의 구원이라고 말하는 또 다른 방

법이 아니겠는가? 세상을 온갖 고통에서 해방하는 것은 단지 너 자신에 대한 너의 마음을 바꾸는 것에 불과하다. 너의 아이디어들과 떨어져 있는 세상이란 없다. 아이디어는 자신의 근원을 떠나지 않기 때문이다. 그리고 너는 너의 마음속에 세상을 계속 생각으로 유지한다.

12 하지만 네가 하느님이 창조하신 그대로라면 하느님과 떨어져서 생각할 수 없고, 그분의 무시간성과 사랑을 공유하지 않는 것을 만들 수도 없다. 이러한 것이 네가 보는 세상에 내재하는가? 네가 보는 세상이 하느님처럼 창조하는가? 그렇지 않다면 네가 보는 세상은 실재하지 않으며, 전혀 존재할 수 없다. 네가 실재한다면, 네가 보는 세상은 거짓이다. 하느님의 창조물은 모든 면에서 세상과 다르기 때문이다. 하느님의 생각이 너를 창조했듯이, 너의 생각들이 세상을 만들었다. 그리고 너의 생각들은 이제 세상을 자유로이 풀어주어야 한다. 그럼으로써 너는 네가 하느님과 공유하는 생각들을 알 수 있게 된다.

13 세상을 해방하라! 너의 진정한 창조물들이 이러한 해방을 기다리고 있다. 그럼으로써 그들은 너에게 환상의 부성이 아닌 진실로 하느님과 같은 부성을 부여할 수 있다. 하느님은 당신의 부성을 아들인 너와 공유하신다. 하느님은 당신 자신과 여전히 당신 자신인 것을 전혀 구분하지 않으시기 때문이다. 하느님이 창조하시는 것은 하느님과 떨어져 있지 않으며, 아버지가 끝나고 그분과 분리된 어떤 것으로서 아들이 시작되는 곳은 어디에도 없다.

14 세상은 없다. 세상은 하느님과 떨어져 있는 생각으로서, 아버지와 아들을 분리하고 하느님의 일부를 떼어내서 그분의 온전성을 파괴하려고 만들어졌기 때문이다. 이런 아이디어에서 비롯되는 세상이 실제일 수 있겠는가? 그것이 어디엔들 있을 수 있겠는가? 환상을 부정하고, 오로지 진리만 받아들여라. 네가 죽어가는 세상에 잠시 드리워진 그림자임을 부정하라. 너의 마음을 해방하라. 그러면 너는 해방된 세상을 바라보게 될 것이다.

15 오늘 우리의 목적은 우리가 이제껏 세상에 대해 품었던, 그리고 우리가 세상에서 보는 살아있는 만물에 대해 품었던 모든 헛된 생각으로부터 세상을 자유로이 풀어주는 것이다. 그들은 우리와 마찬가지로 세상에 있을 수 없다. 우리는 아버지가 그들과 우리를 위해 마련하신 집에 있기 때문이다. 그리고 아버지가 창조하신 그대로인 우리는 오늘, 세상을 우리의 모든 환상으로부터 풀어주고자 한다. 그럼으로써 우리 자신

이 자유로이 풀려날 것이다.

16 오늘 15분씩 두 번 실시하는 연습은 다음과 같이 시작하라:

> 17 하느님이 창조하신 그대로 남아있는 나는
> 세상을 나의 모든 생각으로부터 풀어주겠다.
> 세상이 실재하지 않으므로 내가 실재하며,
> 나는 나 자신의 실재를 알고자 하기 때문이다.

18 그리고는 그저 안식하라. 맑게 깨어있되 애를 쓰지는 말고, 조용한 가운데 너의 마음이 바뀌도록 허용하라. 그럼으로써 세상이 너와 더불어 자유로이 풀려난다.

19 네가 이 생각들을 내보내서 세상을 축복할 때, 네 곁에 있는 이들은 물론 세상 저 멀리에 있는 형제들에게도 치유가 도달한다는 것을 깨달을 필요는 없다. 하지만 너 자신이 해방되었다는 것은 느낄 것이다. 비록 네가 결코 홀로 해방될 수 없다는 것은 아직 충분히 이해하지 못하더라도 말이다.

20 하루 종일 너의 아이디어들을 통해 온 세상에 점점 더 많은 자유를 보내라. 네 마음의 단순한 변화가 갖는 힘을 부정하려는 유혹을 느낄 때마다, 다음과 같이 말하라:

> 21 나는 세상을 나의 모든 생각으로부터 풀어주고,
> 그 대신 나 자신의 실재를 선택한다.

133과

나는 가치 없는 것에 가치를 두지 않겠다.

¹ 가르칠 때 가끔은, 특히 이론적이거나 학생이 이미 배운 것과 아주 동떨어져 보이는 것을 다룬 후에는, 그의 관심사를 실재적인 일로 되돌리는 것이 유익하다. 우리는 오늘 바로 이것을 할 것이다. 우리는 고상하고 세상을 다 포괄하는 아이디어에 대해 말하기보다는, 너에게 이익이 되는 것들을 숙고할 것이다.

² 너는 삶에게 너무 많이 요청한다기보다는, 너무 적게 요청한다. 몸에 대한 관심사들, 네가 사들이는 것들, 세상이 가치 있게 여기는 명성에 마음이 이끌리도록 허용할 때, 너는 행복이 아닌 슬픔을 요청하는 것이다. 이 수업은 네가 가진 사소한 것들을 앗아가려 하지 않는다. 이 수업은 세상에서 만족을 주는 것들을 이상적인 아이디어로 대체하려고 하지 않는다.

³ 이 세상에는 만족을 주는 것이 아무것도 없다. 우리는 오늘 네가 원한다고 생각하는 모든 것을 시험할 진정한 기준들을 제시한다. 이 건전한 요구 조건들을 충족하지 못하는 한, 그것들은 바랄 만한 가치가 전혀 없다. 그것들은 단지 더 많이 주는 것을 대체할 수 있을 뿐이기 때문이다.

⁴ 너는 선택 대안을 만들 수 없듯이 선택을 좌우하는 법칙도 만들 수 없다. 하지만 너는 선택을 할 수 있으며, 사실 반드시 선택해야 한다. 그러나 네가 선택할 때 어떤 법칙들을 작동하게 하는지, 또 어떤 대안들 사이에서 선택하는지 배워두는 것이 현명하다. 우리는 이미, 대안은 아무리 많아 보일지라도 단 두 개뿐임을 강조했다.

⁵ 범위는 정해졌으며, 우리는 이것을 바꿀 수 없다. 대안이 끝없이 많아지도록 허용함으로써, 그것들을 시간 안에서 모두 검토하고도 내려야 할 선택이 단 하나밖에 없는 곳으로 확실히 보내지 않고서 최종 선택을 미룬다면, 너 자신에게 너무나 관대하지 못한 일이리라.

⁶ 선택과 관련된 또 하나의 친절한 법칙은, 너의 선택이 가져다주는 것에는 절충안이 전혀 없다는 것이다. 너의 선택은 너에게 단지 조금만 줄 수는 없다. 중간의 것이란 없기 때문이다. 네가 내리는 각각의 선택은 너에게 모든 것을 가져다주거나 무를 가져다준다. 따라서 모든 것과 무를 구별할 수 있는 시험법을 배운다면, 너는 더 나은

선택을 내릴 수 있을 것이다.

7 먼저, 네가 만약 영원히 지속되지 않을 것을 선택한다면, 네가 선택하는 것은 가치가 없는 것이다. 일시적인 가치는 가치가 전혀 없다. 시간은 실재하는 가치를 결코 빼앗아 갈 수 없다. 사라지고 죽는 것은 결코 존재한 적이 없으며, 그것을 선택하는 자에게 아무것도 주지 않는다. 그는 자신이 좋아한다고 생각하는 형식의 무에 속은 것이다.

8 다음으로, 네가 만약 다른 사람에게서 무언가를 빼앗기로 선택한다면, 너에게 남는 것은 아무것도 없을 것이다. 너는 모든 것에 대한 그의 권리를 부정함으로써 너 자신의 권리를 부정한 것이기 때문이다. 따라서 너는 네가 정말로 가진 것을 알아보지 못하고, 그것이 있다는 것을 부정할 것이다. 빼앗으려고 하는 자는 상실이 무언가를 제공해 줄 수 있다는 환상에 속은 것이다. 하지만 상실은 상실을 제공할 수밖에 없다.

9 다음에 고려할 것은 다른 시험법들의 기반이 되는 것이다. 너는 너의 선택을 왜 가치 있게 여기는가? 무엇이 너의 마음을 그 선택으로 이끄는가? 너의 마음은 어떤 목적을 섬기는가? 여기가 바로 너의 마음이 가장 속기 쉬운 지점이다. 에고가 원하는 것을, 너의 마음은 인식하지 못하기 때문이다. 심지어 에고는 자신이 지각하는 대로의 진실을 말하지도 않는다. 에고는 자신의 목표가 퇴색하거나 녹슬지 않도록 후광을 유지해서, 자신이 얼마나 결백한지 너에게 보여줘야 할 필요가 있기 때문이다.

10 하지만 에고의 위장은 기꺼이 속으려는 자들만 속일 수 있는 얇은 허울에 불과하다. 에고의 목표는 그것을 보고 싶어 하는 자에게는 빤히 들여다보이는 것이다. 여기에 이중의 속임수가 있다. 속는 자는 자신이 원하는 것을 얻지 못했음을 지각하지 못할 것이기 때문이다. 그는 자신이 에고의 숨은 목표에 기여했다고 믿을 것이다. 그리고 그는 비록 에고의 후광을 자신이 보기에 깨끗이 유지하려고 애쓰기는 하지만, 에고의 퇴색한 가장자리와 녹슨 중심부를 여전히 지각할 수밖에 없다.

11 그의 실수는 아무런 결과도 낳지 못하건만, 그는 그것을 죄로 본다. 그는 퇴색한 부분을 자신의 것으로 보고, 녹슨 부분을 자신의 내면에 있는 깊은 무가치한 느낌의 표시로 보기 때문이다. 에고의 목표를 계속 보존하고 자신의 것으로 삼아 섬기려고 하는 자에게, 그의 안내자는 그것은 실수가 아니라고 가르친다. 이 안내자는 죄가 단지 실수일 뿐이라고 믿는 것은 잘못이라고 가르친다. 죄가 만약 실수라면, 그 누가 자신의 죄 때문에 고통에 시달리겠는가?

12 따라서 우리는 아주 믿기 힘든 선택 기준에 도달했다. 그 기준의 명백함을 여러 겹

의 모호함이 덮어 싸고 있기 때문이다. 자신의 선택에 조금이라도 죄의식을 느낀다면, 너는 진정한 대안들 사이에 에고의 목표가 끼어들도록 허락한 것이다. 따라서 너는 단 두 가지 대안만 있을 뿐임을 인식하지 못한다. 그리고 네가 선택했다고 생각하는 대안은 아주 무시무시하고 위험해 보여서, 그 실상인 무로 보이지 않는다.

13 모든 것은 가치가 있거나 없으며, 추구할 만하거나 전혀 그렇지 않고, 전적으로 바람직하거나 얻으려고 노력할 만한 가치가 전혀 없다. 이런 까닭에, 선택하기란 정녕 쉽다. 복잡성은 단지, 어떤 결정도 어려울 수 없다는 아주 단순한 사실을 감추는 연막에 불과하다.

14 이것을 배우는 것이 너에게 어떤 유익이 있을까? 그것에는 단지 네가 선택을 쉽고 고통 없이 할 수 있게 된다는 것을 훨씬 뛰어넘는 유익이 있다. 천국에는 빈손과 열린 마음으로 오는 자들만이 도달할 수 있다. 그들은 아무것도 없이 와서 모든 것을 발견하고는, 그것을 자신의 것으로 청구한다. 우리는 오늘 자기기만을 내려놓고, 진정으로 가치 있고 실제인 것만을 가치 있게 여기겠다는 정직한 용의를 가지고, 이 상태에 도달하려고 시도한다.

15 우리는 오늘 두 번 실시하게 될 15분간의 긴 연습을 다음과 같이 시작한다:

> 16 나는 가치 없는 것에 가치를 두지 않고
> 오로지 가치 있는 것만을 구한다.
> 나는 오로지 그것만을 찾고 싶어 하기 때문이다.

17 그런 다음, 짐 없이 홀가분하게 천국 문에 도달하는 모든 이를 기다리는 선물을 받아라. 그들이 오면 천국 문은 활짝 열린다. 네가 다시 불필요한 짐을 끌어모으거나 어려운 결정에 봉착했다고 믿기 시작한다면, 즉시 다음의 단순한 생각으로 대응하라:

> 18 나는 가치 없는 것에 가치를 두지 않겠다.
> 가치 있는 것이야말로 본래 내 것이기 때문이다.

134과

저로 하여금 용서를 있는 그대로 지각하게 하소서.

1 "용서"의 의미를 복습해 보자. 그것은 왜곡되기 쉬워서, 흔히 의로운 분노의 불공평한 희생, 부당하고 과분한 선물, 진리에 대한 완전한 부정을 수반하는 것으로 지각되기 때문이다. 이런 관점에서 용서는 단지 별난 어리석음으로 보이고, 이 수업이 가르치는 구원은 변덕에 달려있는 것으로 보일 것이다.

2 용서는 참인 것을 위해 요구되지 않는다. 네가 이를 받아들일 수 있다면, 용서의 의미에 대한 이러한 왜곡된 관점은 쉽게 교정된다. 용서는 거짓인 것에 국한되어야 한다. 용서는 환상이 아닌 것과는 관련이 없다. 진리는 하느님의 창조물이며, 따라서 진리를 용서하는 것은 무의미하다. 모든 진리는 하느님께 속하며, 그분의 법칙을 반영하고, 그분의 사랑을 발산한다. 이것에 용서가 필요하겠는가? 죄 없고 영원히 선량한 자들을 어떻게 용서할 수 있겠는가?

3 너는 여전히 환상이 아닌 진리를 용서해야 한다고 믿는데, 이 점은 네가 진정한 용서에 관해 큰 어려움을 느끼는 부분이다. 너는 존재하는 것을 지나쳐 보고, 환상을 진리로 만들어서 너 자신을 속이려는 근거 없는 노력 속에서 진리를 간과하려는 헛된 시도가 용서라고 생각한다. 이런 왜곡된 관점은 단지 네가 아직도 너 자신이 죄를 지었다는 아이디어에 사로잡혀 있음을 반영할 뿐이다.

4 너는 너의 죄가 실제라고 생각하기 때문에, 용서를 속임수라고 본다. 죄가 진짜라고 생각하면서 용서가 거짓이라고 믿지 않을 수는 없기 때문이다. 따라서 용서는 다른 모든 것처럼 실제로 죄일 뿐이다. 용서는 진리가 거짓이라고 말하면서, 썩어빠진 것들이 마치 풀처럼 흠 없고 눈처럼 순결한 듯 미소를 지어준다. 용서는 자신이 이룰 수 있다고 생각하는 것에 대해 착각에 빠져있다. 용서는 명백히 잘못된 것을 옳다고 보고, 역겨운 것을 좋다고 볼 것이다.

5 그런 관점에서 용서는 전혀 탈출구가 아니다. 그것은 죄를 기껏해야 감추거나 부정하거나 다른 이름으로 부를 수는 있어도 용서할 수는 없다는 확실한 표시에 불과하다. 그럴 때 용서는 진리에 대한 반역이기 때문이다. 죄책은 용서받을 수 없다. 네가 죄를 짓는다면, 너의 죄책은 영원할 것이다. 자신의 죄가 실제라고 믿는 자가 용서받

는다면, 그는 한심한 웃음거리가 되고 두 번 정죄받는 것이다. 먼저 자신이 행했다고 생각하는 것 때문에 그 자신에 의해 정죄받고, 그를 용서하는 자에 의해 다시 한 번 정죄받는다.

6 죄의 비실재성이야말로, 용서를 자연스럽고도 아주 제정신인 것으로 만들어주고, 용서를 베푸는 자가 깊은 안도감을 느끼게 하며, 용서를 받아들이는 곳을 조용히 축복해 주는 것이다. 그것은 환상에 동의하지 않고, 가벼이 웃으면서 환상을 살며시 모아 진리의 발 앞에 부드럽게 내려놓는다. 거기서 환상은 완전히 사라진다.

7 용서는 세상의 환상들 가운데서 진리를 나타내는 유일한 것이다. 용서는 환상이 무임을 보고, 환상이 취할 수도 있는 수많은 형식을 꿰뚫어 본다. 용서는 거짓을 바라보지만, 속지 않는다. 용서는 죄의식에 미쳐 자책하는 죄인들의 비명소리에 관심을 두지 않는다. 용서는 조용한 눈으로 그들을 바라보면서, "나의 형제여, 당신이 생각하는 것은 진실이 아닙니다."라고 말해줄 뿐이다.

8 용서의 힘은 정직함에서 나온다. 그것은 타락하지 않아서 환상을 환상으로 볼 뿐, 진리로 보지 않는다. 이런 이유로 용서는 거짓 앞에서 잘못을 깨우쳐주는 자, 단순한 진리의 위대한 회복자가 된다. 존재하지 않는 것을 간과하는 능력을 가지고, 용서는 진리로 가는 길을 열어준다. 그것은 죄의식의 꿈에 의해 가로막혔던 길이다.

9 이제 너는 너의 진정한 용서가 열어주는 길을 따라 자유로이 걸어갈 수 있다. 한 형제가 너로부터 이러한 선물을 받으면, 너 자신에게 문이 열리기 때문이다. 진정한 용서에 이르는 문을 발견하고, 그 문이 너를 반기며 활짝 열려있음을 지각하기 위한 아주 간단한 방법이 있다. 누군가가 어떤 식으로든 죄를 지었다고 책망하려는 유혹을 느낄 때, 너의 마음이 그가 했다고 생각하는 것을 곱씹도록 허용하지 말라. 이야말로 자기기만이기 때문이다. 그 대신에 "이것을 한다고 나 자신을 책망해야 하겠는가?"라고 물어라.

10 그럼으로써 너는 선택 대안들을 볼 것이다. 그것은 선택을 의미 있게 만들어주고, 하느님이 그렇게 의도하셨고 진실로 그러하듯, 너의 마음을 죄의식과 고통에서 자유롭게 지켜주는 대안들이다. 거짓만이 정죄하려 든다. 진실로, 결백이야말로 존재하는 유일한 것이다. 용서는 환상과 진리, 네가 보는 세상과 그 너머의 세상, 죄의식의 지옥과 천국의 문 사이에 서있다.

11 사랑이 축복한 이 다리는 사랑만큼이나 강력하며, 모든 악과 증오와 공격의 꿈이

이 다리를 건너 조용히 진리로 보내진다. 거기서 꿈은 간직되지 않기에, 더 이상 부풀어 오르고 거세게 밀어닥쳐 어리석게 꿈을 믿는 꿈꾸는 자를 겁주지 않는다. 그는 자신이 보았다고 생각한 것은 결코 없었음을 이해함으로써 꿈에서 부드럽게 깨어났다. 그리고 이제 그는 자신에게 모든 탈출구가 거절되었다고 느낄 수 없다.

12 그는 자기 자신을 구하기 위해 싸울 필요가 없다. 자신을 쫓아온다고 생각한 용을 죽일 필요도 없다. 자신을 안전하게 해줄 것이라고 생각한 육중한 돌벽과 철문을 세울 필요도 없다. 그는 자신의 마음을 두려움과 비참함에 묶어두려고 만든 무겁고 쓸모없는 갑옷을 벗어 던질 수 있다. 그의 발걸음은 가벼우며, 그가 발을 들어 성큼성큼 나아갈 때, 별 하나가 뒤에 남아 그를 따르는 이들에게 길을 가리킨다.

13 용서는 연습해야 하는 것이다. 세상은 용서의 의미를 지각할 수 없고, 용서의 은덕을 가르쳐줄 안내자를 제공할 수도 없기 때문이다. 세상 어디에도 용서가 따르는 법칙이나 용서가 반영하는 생각을 조금이라도 이해하게 해주는 생각은 없다. 세상에게 용서는 너의 실재만큼이나 이질적이다. 하지만 용서는 너의 마음을 너의 내면에 있는 실재와 결합해 준다.

14 오늘 우리는 그러한 결합의 시간이 더 이상 미뤄지지 않도록 진정한 용서를 연습한다. 우리는 자유와 평화 속에서 우리의 실재를 만나고자 하기 때문이다. 우리의 연습은 모든 형제를 위해 길을 밝혀주는 발자국이 된다. 그들은 우리와 공유하는 실재를 향해 우리를 따라올 것이다.

15 이것이 이루어질 수 있도록 오늘 15분씩 두 번 시간을 내서, 용서의 의미를 이해하기 때문에 우리에게 그것을 가르치도록 파견된 안내자와 함께 보내자. 그에게 다음과 같이 요청하자:

16 저로 하여금 용서를 있는 그대로 지각하게 하소서.

17 그런 다음 그가 알려주는 한 형제를 선택하여, 그의 "죄"를 하나씩 마음에 떠올리면서 목록을 작성하라. 그중 어느 것도 곱씹지 않도록 주의하고, 너는 단지 세상을 모든 죄의 아이디어에서 구하려고 그의 "잘못"을 사용하고 있을 뿐임을 알라. 그가 행했다고 생각한 그 모든 악행을 잠시 살펴보면서, 그것이 하나씩 떠오를 때마다 너 자신에게, "이것을 한다고 나 자신을 정죄하고자 하는가?"라고 물어라.

¹⁸ 네가 그에 대해 가졌던 모든 죄의 생각들로부터 그를 자유롭게 풀어주어라. 그러면 이제 너는 자유를 맞이할 준비가 된 것이다. 용의를 내서 여기까지 정직하게 연습을 했다면, 왠지 위로 들려 올라가는 느낌, 가슴에서 무거운 짐이 사라지는 느낌, 깊고 확실한 안도감을 느끼기 시작할 것이다. 남은 시간은 네 형제를 옭아매려 했지만 사실 너 자신을 옭아맨 그 모든 육중한 사슬에서 풀려나는 경험을 하면서 보내라.

¹⁹ 용서는 온종일 연습해야 한다. 너는 아주 여러 번 용서의 의미를 잊고 너 자신을 공격할 것이기 때문이다. 이런 일이 일어날 때는, 다음과 같이 말함으로써 너의 마음이 그 환상을 꿰뚫어 보게 하라:

> ²⁰ 나는 용서를 있는 그대로 지각하겠다.
> 이것을 한다고 나 자신을 책망해야 하겠는가?
> 나는 이 사슬로 나 자신을 옭아매지 않겠다.

²¹ 네가 하는 모든 일에서 다음을 기억하라:

> ²² 십자가에 홀로 못 박히는 자도 없지만,
> 천국에 홀로 들어갈 수 있는 자도 없다.

135과

나 자신을 방어하면, 나는 이미 공격받은 것이다.

1 자신이 공격을 받았고, 그 공격은 실제며, 방어를 통해 자신을 지킬 수 있다고 생각하지 않는 한, 그 누가 자기 자신을 방어하려 하겠는가? 방어의 어리석음은 다음과 같다: 방어는 환상에 완전한 실재성을 부여한 다음, 그것을 실제인 것으로 다루려고 시도한다. 방어는 환상에 환상을 더하며, 그럼으로써 교정을 갑절로 어렵게 만든다.

2 하지만 네가 원하는 대로 미래를 계획하고 과거를 되살리고 현재를 조직할 때, 너는 바로 이렇게 하고 있는 것이다. 너는 지금 일어나는 일에는 분명 너를 위협하는 요인이 있으므로 너 자신을 그로부터 보호해야 한다는 믿음에 따라 움직인다. 위협을 느낀다는 것은 너의 태생적 약함에 대한 인정이며, 너의 적절한 방어를 촉발할 힘을 가진 위험이 존재한다는 믿음이다.

3 세상은 이러한 정신 이상 믿음에 기반하고 있다. 세상의 모든 구조, 세상의 모든 생각과 의심, 세상의 처벌과 엄청난 무기, 세상의 법적 정의와 법규, 세상의 윤리와 지도자들과 신들gods, 이 모두가 단지 세상의 위협감을 보존하는 데 기여할 뿐이다. 왜냐하면, 그 누구도 공포에 사로잡혀 있지 않은 한 갑옷을 입고 세상을 걸어 다니지는 않을 것이기 때문이다.

4 방어수단은 무시무시하다. 방어수단은 두려움에서 비롯되며, 방어수단이 하나씩 만들어질 때마다 두려움이 증가한다. 너는 방어수단이 안전을 제공한다고 생각한다. 하지만 그것은 실재화된 두려움과 정당화된 공포를 입증할 뿐이다. 너의 계획을 정교하게 다듬고, 갑옷을 더 두껍게 만들고, 자물쇠를 더 단단히 잠그다가 잠시 멈춰서, 네가 무엇을 어떻게 지키려고 방어하고, 그것을 무엇에 맞서 방어하는지 묻지 않는 것이 이상하지 않은가?

5 먼저, 네가 무엇을 지키려고 방어하는지 살펴보자. 그것은 분명 아주 약하고, 쉽게 공격받는 것이다. 그것은 분명 쉽사리 먹잇감이 되고, 그 자신을 보호할 수 없으며, 너의 방어를 필요로 하는 것이다. 몸 외에 그 무엇이 지속적인 보살핌과 빈틈없고 깊은 관심으로 그 하찮은 목숨을 보호해 줘야 할 만큼 허약하겠는가? 몸 외에 그 무엇이 불안정하게 흔들리고, 하느님의 아들에게 그가 머물러 살 만한 집이 되어 주지 못

하겠는가?

6 하지만 몸은 두려워할 수도 없고, 두려움의 대상이 될 수도 없다. 단지 네가 몸에 부여한 필요만이 있을 뿐이다. 몸은 복잡한 방어 구조도, 건강을 유도하는 약도, 보살핌이나 관심도 전혀 필요하지 않다. 몸의 목숨을 방어하거나, 몸을 아름답게 꾸미려고 선물을 주거나, 몸의 안전을 위해 벽을 쌓는 것은 단지, 너의 집은 시간의 도둑이 언제든 들어와서 부패시키고 바스러트릴 수 있는 너무도 불안정한 곳이어서 너 자신의 목숨을 바쳐 보호해야 한다고 말하는 것에 불과하다.

7 이것은 과연 무서운 그림이지 않은가? 집에 대한 이러한 개념을 갖고서 네가 과연 평화로울 수 있겠는가? 그러나 너 자신의 믿음이 아닌 그 무엇이 몸에게 너를 그런 식으로 섬길 권리를 주었겠는가? 네가 몸에서 보는 모든 기능을 몸에게 주고, 먼지와 물로 된 작은 무더기를 훨씬 초월하는 가치를 몸에 부여한 것은 바로 너의 마음이다. 그 누가 스스로 먼지와 물로 된 무더기라고 인식한 것을 방어하려 하겠는가?

8 몸은 아무런 방어도 필요 없다. 이는 아무리 강조해도 지나치지 않는다. 몸이 이행할 수 없는 역할, 몸의 범위를 넘는 목적, 몸이 성취할 수 없는 드높은 목표를 마음이 몸에 부과하여 몸을 남용하지 않는다면, 몸은 튼튼하고 건강할 것이다. 터무니없지만 아주 소중히 여겨지는 이러한 시도는 네가 몸에 가하는 허다한 미친 공격의 근원이다. 몸은 너의 희망과 필요, 가치와 꿈을 저버리는 듯하기 때문이다.

9 보호가 필요한 "자아"는 실제가 아니다. 가치도 없고 최소한의 방어로 보호할 필요조차 없는 몸은 그저 너와는 아주 무관한 것이라고 지각하기만 하면 된다. 그러면 몸은 그 유용성이 끝날 때까지 마음이 작동하는 통로로서 건강하고 편리한 도구가 된다. 그 누가 유용성이 끝난 몸을 계속 유지하고 싶어 하겠는가?

10 네가 몸을 방어한다면, 이미 너의 마음을 공격한 것이다. 그럴 때 너는 너의 마음에서 결함과 약함, 한계와 부족한 점을 보고는, 그것들로부터 몸을 구해야 한다고 생각하는 것이다. 너는 마음이 몸의 상태와 분리되어 있다고 보지 않을 것이다. 그래서 마음이 한계 있고 연약하며, 다른 마음들과 떨어져 있고, 자신의 근원과 분리되어 있다는 개념에서 비롯되는 모든 고통을 몸에 부과할 것이다.

11 치유가 필요한 것은 바로 이러한 생각들이다. 그리고 그 생각들이 교정되고 진리로 대체되었을 때, 몸은 건강으로 반응할 것이다. 단지 이것만이 몸을 진정으로 방어해 준다. 하지만 과연 이것이 네가 몸의 방어를 위해 바라보는 곳인가? 너는 몸에는 전혀

도움이 되지 않고 마음의 고통만 가중시키는 그런 보호를 몸에게 제공한다. 너는 치유하지 않고, 그저 치유의 희망을 앗아갈 뿐이다. 왜냐하면 너는, 치유가 의미 있으려면 희망을 어디에 걸어야 하는지 깨닫지 못하기 때문이다.

12 치유된 마음은 계획하지 않는다. 그 마음은 자신의 것이 아닌 지혜에 귀 기울이며, 그렇게 받는 계획을 실행에 옮긴다. 그 마음은 무엇을 행해야 하는지에 대해 가르침을 받을 때까지 기다렸다가, 그것을 진행한다. 치유된 마음은 주어진 계획을 이행하기에 적합한 자질을 갖추고 있으며, 이 점 외에는 그 무엇도 자신에게 의지하지 않는다. 모든 이의 선을 위한 더 큰 계획을 섬기는 목표를 향해 나아가는 길에서 그 어떤 장애물도 방해할 수 없음을 확신하며, 치유된 마음은 안심하고 있다.

13 치유된 마음은 계획을 짜야 한다는 믿음에서 해방되었다. 비록 그 마음은 최선의 결과도, 그것을 얻을 수단도, 그 계획이 해결하려는 문제를 인식할 방법도 알 수 없지만 말이다. 그렇다는 것을 인식하기 전에는, 마음은 자신의 계획을 이행하면서 몸을 오용할 것이다. 하지만 이것을 참이라고 받아들였을 때, 마음은 치유되어 몸을 놓아준다.

14 치유되지 않은 마음이 자신을 구하려고 세운 계획에 몸을 예속하면, 몸은 병들 것이다. 그럴 때 몸은, 몸 자신의 보호를 훨씬 뛰어넘는, 그리고 잠시 몸의 봉사를 필요로 하는 계획을 돕는 수단이 될 자유가 없다. 몸이 그러한 계획을 돕는 능력을 발휘할 때, 건강이 보장된다. 마음이 그러한 계획을 위해 사용하는 모든 것은, 그것에 부여된 실패할 수 없는 힘을 가지고 아무런 결함 없이 기능할 것이기 때문이다.

15 자기 주도적인 계획이란 그것이 실현하려는 목적과 함께 단지 방어수단에 불과하지만, 이것을 지각하기는 쉽지 않을 수도 있다. 그 계획은 겁먹은 마음이 진리를 희생하여 자신을 보호하려는 수단이다. 이러한 자기기만이 취하는 몇몇 형식은 알아차리기가 어렵지 않다. 그것들은 실재에 대한 아주 명백한 부정이기 때문이다. 하지만 계획을 세우는 것은 종종 방어수단이라고 인식되지 않는다.

16 스스로 계획하기에 바쁜 마음은 미래에 일어날 일에 대한 통제권을 확보하는 데 사로잡혀 있다. 그 마음은 스스로 준비하지 않는 한 통제권이 주어지지 않을 것이라고 생각한다. 시간은 과거의 사건과 이전의 믿음에서 얻은 배움과 경험으로 통제되어야 할 미래를 강조한다. 시간은 현재를 간과한다. 시간은 마음이 과거에 배운 것으로부터 미래에 갈 길을 충분히 인도받을 수 있다는 아이디어에 의존하기 때문이다.

¹⁷ 따라서 계획하는 마음은 변화를 허용하기를 거부한다. 이전에 배운 것이 미래의 목표를 세우는 근거가 된다. 과거의 경험이 앞으로 무엇이 일어날지에 대한 선택을 지시한다. 따라서 그 마음은 바로 지금 여기야말로 어떤 낡은 아이디어나 병적인 믿음도 지속되지 않는, 과거와 아주 다른 미래를 보장하기 위해 필요한 전부임을 보지 못한다. 지금 여기에서, 예측은 아무런 역할도 하지 못한다. 현재의 확신이 가야 할 길을 가리키기 때문이다.

¹⁸ 방어수단이란 네가 진리에 맞서 만들어내는 계획이다. 그것의 목적은 네가 인정하는 것은 선택하고, 너의 실재에 대한 믿음과 양립하지 않는다고 여기는 것은 무시하는 것이다. 하지만 그렇게 해서 남는 것은 아무런 의미도 없다. 너의 방어수단이 공격하고, 가리고, 조각내고, 십자가에 못 박으려고 하는 "위협"은 바로 너의 실재기 때문이다.

¹⁹ 너의 선을 유일한 목표로 삼는 성령이 과거와 현재, 그리고 미래에 일어나는 모든 일과 사건을 부드럽게 계획한다는 것을 안다면, 네가 무엇을 받아들이지 못하겠는가? 아마도 너는 성령의 계획을 오해했을 것이다. 성령은 결코 너에게 고통을 제공하지 않기 때문이다. 하지만 너의 방어수단은 네가 이제껏 내디딘 모든 발걸음마다 성령의 자애로운 축복이 빛나고 있음을 보지 못하게 했다. 네가 죽을 계획을 세우는 동안, 성령은 너를 영원한 생명으로 부드럽게 인도했다.

²⁰ 성령에 대한 너의 현재의 신뢰는 흔들림 없는 미래를 약속하는 방어수단이다. 그곳에는 슬픔이 흔적조차 없고, 이 삶이 거룩한 순간이 됨에 따라 끊임없이 늘어나는 기쁨만 있다. 거룩한 순간은 시간 안에 놓여있지만, 오로지 불멸성에만 주의를 기울인다. 현재의 신뢰 외에 그 어떤 방어수단도 미래를 지시하게 하지 말라. 그러면 이 삶은 진리와의 의미 있는 만남이 된다. 그리고 오로지 너의 방어수단만이 그것을 감추려 한다.

²¹ 방어수단이 없다면, 너는 천국이 기꺼이 자신의 것으로 인정하는 빛이 된다. 그 빛은 너를 인도하여, 시간이 태어났을 때 시작된 태곳적 계획에 따라 너의 행복을 위해 예정된 길로 들어서게 할 것이다. 너를 따르는 자들은 너의 빛에 자신의 빛을 결합할 것이며, 그러면 그 빛은 점점 더 커져서 온 세상을 기쁨으로 밝힐 것이다. 그리고 우리의 형제들은 아무런 쓸모도 없고 두려움만 일으켰던 거추장스러운 방어수단을 기꺼이 내려놓을 것이다.

²² 우리는 오늘 현재의 확신을 가지고 그때를 기다릴 것이다. 이것은 우리를 위한 계획의 일부기 때문이다. 우리는 오늘 이를 성취하는 데 필요한 모든 것이 주어질 것임을 확신한다. 우리는 그것이 어떻게 이루어져야 하는지 계획하지 않으며, 단지 진리가 우리 마음에 확실히 떠오르기 위해 필요한 것이라고는 무방어가 전부임을 깨달을 것이다.

²³ 우리는 오늘 15분씩 두 번, 무의미한 계획 세우기와 우리 마음으로부터 진리를 차단하는 모든 생각에서 벗어나 안식한다. 오늘 우리는 계획하는 대신에, 받을 것이다. 그럼으로써 우리는 준비하는 대신에 주게 될 것이다. 다음과 같이 말할 때, 우리는 진실로 받는다:

²⁴ 나 자신을 방어하면, 나는 이미 공격받은 것이다.
하지만 무방어 안에서, 나는 강해질 것이다.
그리고 나의 방어수단이 감춘 것을 배울 것이다.

²⁵ 이것이 전부다. 세워야 할 계획이 있다면, 너는 그것에 대해 듣게 될 것이다. 그 계획은 네가 필요하다고 생각한 것이 아닐 수도 있고, 네가 봉착하고 있다고 생각한 문제에 대한 응답이 아닐 수도 있다. 그러나 그 계획은 다른 종류의 질문에 대한 응답이다. 그것은 마침내 너에게 그 응답이 올 때까지, 아직 답해지지 않았지만 답해질 필요가 있는 채 남아있는 질문이다.

²⁶ 그동안 네가 세운 모든 방어수단의 목적은 오늘 네가 받을 것을 받지 않는 것이었다. 너는 단순한 진리의 빛과 기쁨을 누리면서 이제껏 왜 해방에 맞서 너 자신을 방어해야 한다고 생각했는지 의아해할 것이다. 천국은 아무것도 요구하지 않는다. 터무니없는 희생을 요구하는 것은 바로 지옥이다. 오늘 이런 연습 시간에 네가 방어 없이 와서 너 자신을 있는 그대로 너의 창조주께 드릴 때, 너는 아무것도 포기하지 않는다.

²⁷ 하느님은 너를 내내 기억하고 계셨다. 오늘 우리는 하느님을 기억할 것이다. 지금은 너의 구원에 있어서 부활절이다. 너는 죽음과 절망으로 보이던 것에서 다시 일어난다. 지금 네 안에서 희망의 빛이 다시 태어난다. 지금 너는 하느님의 계획에서 네가 맡은 역할을 배우러 방어 없이 오기 때문이다. 네가 하느님의 음성으로부터 직접 너의 기능을 받았거늘, 어떤 사소한 계획이나 마법적인 믿음에 여전히 가치를 둘 수

있겠는가?

²⁸ 너에게 가장 이로울 것이라고 믿는 대로 오늘을 계획하려고 하지 말라. 너는 너의 계획 없이 오는 그 모든 행복을 상상도 하지 못한다. 오늘, 배워라. 그러면 온 세상이 너와 더불어 이 거대한 발걸음을 내딛고, 너의 부활절을 축하할 것이다. 오늘 하루를 보내면서 어리석고 하찮은 것들이 네 안에서 방어심을 일으키고 계획을 짜도록 유혹할 때, 오늘은 배움에 있어 특별한 날임을 기억하고 다음과 같이 말하면서 그것을 인정하라:

²⁹ 오늘은 나의 부활절이다.
나는 이날을 거룩하게 보내겠다.
나는 나 자신을 방어하지 않겠다.
하느님의 아들은 그의 실재의 진리에 맞서는
그 어떤 방어수단도 필요로 하지 않기 때문이다.

136과

병은 진리에 맞서는 방어수단이다.

¹ 병이 기여하는 듯한 목적을 이해하지 못한다면, 그 누구도 치유될 수 없다. 그가 만약 병의 목적을 이해한다면, 그것이 아무런 의미도 없음을 이해할 것이기 때문이다. 병은 원인도 없고 어떤 종류의 의미 있는 목적도 없기에, 전혀 존재할 수 없다. 이것을 볼 때, 치유가 자동적으로 일어난다. 치유는 모든 환상을 진리로 가져와 단지 거기서 사라지게 하는 것과 똑같은 접근법을 통해, 병이라는 무의미한 환상을 물리친다.

² 병은 우연히 발생하지 않는다. 다른 모든 방어수단들과 마찬가지로, 병은 자기기만을 위한 미친 도구다. 그리고 다른 모든 방어수단들과 마찬가지로, 병의 목적은 실재를 감추고, 공격하고, 바꾸고, 부적절하게 만들고, 왜곡하고, 비틀고, 분해된 작은 부품 더미로 축소하는 것이다. 모든 방어수단의 목적은 진리가 온전히 존재하지 못하게 하는 것이다. 부품들 각자가 그 자체로 온전해 보인다.

³ 방어수단은 무심결에, 자각하지 못하는 사이에 만들어지는 것이 아니다. 그것은 네가 믿고 싶어 하는 것을 진리가 위협하는 듯이 보일 때, 네가 휘두르는 은밀한 마법 지팡이다. 방어수단이 무의식적으로 만들어지는 듯이 보이는 이유는 단지, 방어수단을 사용하겠다는 선택이 아주 재빠르게 내려지기 때문이다. 그 선택을 내리는 1초나 더 짧은 순간 동안, 너는 정확하게 네가 무엇을 하고자 하는지 인식하며, 이어서 그것이 이루어졌다고 생각한다.

⁴ 너 자신 외에 과연 누가 위협을 평가하고, 그것에서 벗어나야 한다고 결정하고, 실제라고 판단한 위협을 축소하기 위한 일련의 방어수단을 마련하겠는가? 이 모든 것은 무의식적으로 일어날 수 없다. 그러나 너의 계획은 그것이 일어난 다음에 네가 그것을 만들었다는 사실을 잊을 것을 요구하며, 따라서 그것은 너의 의도 밖에 있는 것, 즉 너의 마음 상태 너머에서 일어나는 일, 너의 자아가 낳은 결과가 아니라 너에게 실재적인 영향을 끼친 결과처럼 보인다.

⁵ 방어수단이 너의 통제 밖에 있는 듯이 보이는 이유는, 네가 너의 "실재"를 만드는 데서 하는 역할을 이렇게 빨리 망각하기 때문이다. 그러나 네가 잊은 것은 기억될 수 있다. 망각에 의해 이중으로 은폐된 결정을 재고하겠다는 용의만 있다면 말이다. 이

를 기억하지 않는 것은 단지, 네가 여전히 잊겠다는 결정을 유효하게 남겨두기를 바란다는 표시일 뿐이다.

6 이것을 사실이라고 잘못 생각하지 말라. 방어수단은 사실을 인식하지 못하게 만든다. 방어수단은 이렇게 하는 것을 목적으로 하며, 이렇게 하는 듯이 보인다. 모든 방어수단은 전체the whole의 조각들을 취하여, 그것들의 모든 진정한 관계와 상관없이 조립함으로써, 존재하지도 않는 어떤 전체a whole에 대한 환상들을 만들어낸다. 위험하게 만드는 것은 바로 이런 과정이지, 그로 인해 나올 수도 있는 결과가 아니다.

7 부분들을 전체에서 뜯어내서 그 자체로 전체들wholes인 분리된 것들로 볼 때, 그것들은 전체를 공격해서 결과적으로 성공했다는 상징이 되며, 다시는 결코 전체로 보이지 않을 것이다. 하지만 너는, 그러한 상징이란 단지 무엇이 실제가 되어서 정말로 실제인 것을 대체해야 하는지에 대한 너의 결정을 나타낼 뿐임을 망각했다.

8 병이란 하나의 결정이다. 병은 네가 전혀 구하지도 않았는데 어쩌다 찾아와서 너를 약하게 만들고 고통을 안겨주는 그런 것이 아니다. 병은 네가 내리는 선택이며, 망상에 빠진 너의 마음에 한순간 진리가 일어나 너의 온 세상이 흔들리고 금방이라도 무너질 것 같을 때 네가 짜는 계획이다. 이제 너는 병에 걸린다. 그러면 진리는 가버리고, 네가 세워둔 것들을 더 이상 위협하지 않을 것이다.

9 병이 너를 진리로부터 보호해 줄 수 있다는 것에 대해 너는 어떻게 생각하는가? 병은 몸이 너와 분리되지 않았음을 증명하므로, 너는 분명 진리와 분리되어 있을 것이다. 몸이 고통을 받으므로 네가 고통을 받으며, 이러한 고통 속에서 너는 몸과 하나가 된다. 이렇게 너의 "진정한" 정체가 보존되고, 네가 이런 작은 먼지 더미를 넘어서는 어떤 것일 수도 있음을 상기시키며 너를 괴롭히는 이상한 생각은 이제 조용히 잠재워진다. 보라. 이 먼지가 너에게 고통을 주고, 너의 사지를 뒤틀며, 너의 심장을 멈추고, 너에게 죽어서 존재하기를 멈추라고 명할 수 있다.

10 이와 같이 몸은 진리보다 강하다. 진리는 너에게 살라고 요청하지만, 죽겠다는 너의 선택은 이길 수 없다. 따라서 몸이 영원한 생명보다 더 강력하고, 천국이 지옥보다 더 약하며, 아들의 구원을 위한 하느님의 계획을 그분의 뜻보다 더 강력한 결정이 거역한다. 하느님의 아들은 먼지고, 아버지는 불완전하시며, 혼돈이 승리하여 하느님의 왕좌에 등극한다.

11 바로 이러한 것이 너 자신의 방어를 위해 네가 세우는 계획이다. 그리고 너는 이러

한 미친 공격들 앞에서 천국이 벌벌 떨고, 너의 환상이 하느님을 눈멀게 하며, 진리가 거짓으로 변하고, 온 우주가 너의 방어수단이 강제하는 법칙의 노예가 된다고 믿는다. 하지만 환상을 지어낸 자 외에 그 누가 환상을 믿겠는가? 다른 누가 환상을 보고는 마치 진리라도 되는 양 반응하겠는가?

12 하느님은 당신의 뜻을 바꾸려는 너의 계획에 대해 알지 못하신다. 네가 우주를 지배하려고 생각했던 법칙에 우주는 눈길도 주지 않는다. 천국도 생명도 지옥과 죽음에게 고개를 숙인 적이 없다. 너는 단지 네가 죽거나, 병에 시달리거나, 어떤 식으로든 진리를 왜곡한다고 생각하기로 선택할 수 있을 뿐이다. 창조된 것은 이 모든 것과 무관하다. 방어수단이란, 공격받을 수 없는 것을 무찌르겠다는 계획이다. 바꿀 수 없는 것은 바뀔 수 없다. 온전히 죄 없는 것은 죄를 지을 수 없다.

13 이러한 것이 바로 단순한 진리다. 그것은 힘이나 승리에 호소하지 않는다. 진리는 복종을 명하지 않으며, 진리를 바꿀 방어수단을 계획하려는 너의 시도가 얼마나 안쓰럽고 헛된 일인지 증명하려고 하지도 않는다. 진리는 그저 너에게 행복을 안겨주기만을 원할 뿐이다. 바로 이러한 것이 진리의 목적이기 때문이다. 진리는 어쩌면 네가 진리의 선물을 집어던질 때 작게 탄식할 수도 있지만, 하느님이 너를 위해 뜻하시는 것은 받아들여질 수밖에 없음을 아주 확실하게 안다.

14 바로 이런 사실로 인해 시간은 환상임이 입증된다. 시간은 너로 하여금, 하느님이 네게 주신 것은 당연히 진리여야 하지만 지금 당장 진리는 아니라고 생각하게 만들기 때문이다. 하느님의 생각은 시간과는 무관하다. 시간이란 단지 네가 진리에 맞서 만든 또 하나의 무의미한 방어수단에 불과하기 때문이다. 하지만 하느님이 뜻하시는 것은 여기에 있으며, 너는 여전히 하느님이 창조하신 대로 남아있다.

15 진리에는 방어를 훨씬 뛰어넘는 힘이 있다. 진리가 들어가도록 허락받은 곳에는, 그 어떤 환상도 남아있을 수 없기 때문이다. 무기를 내려놓고 어리석은 놀이를 그치려는 모든 마음에, 진리는 찾아온다. 진리는 언제라도 찾을 수 있다. 네가 진리를 환영하는 연습을 하기로 선택한다면, 오늘이라도 가능하다. 이것이 오늘 우리의 목표다. 따라서 우리는 오늘 15분씩 두 번 시간을 내서, 진리에게 와서 우리를 자유롭게 풀어달라고 요청할 것이다.

16 그러면 진리가 올 것이다. 진리는 결코 우리와 떨어져 있던 적이 없기 때문이다. 진리는 다만 우리가 오늘 이렇게 보내는 초대장을 기다리고 있다. 우리는 다음과 같은

치유의 기도로 초대장을 써 내려간다. 이것은 우리로 하여금 방어심 위로 떨쳐 일어나게 하고, 진리를 늘 있던 그대로 있도록 허용하게 도와달라는 기도다:

17 병은 진리에 맞서는 방어수단입니다.
　　나는 오늘 내 정체의 진리를 받아들이고,
　　나의 마음이 온전히 치유되도록 허용하겠습니다.

18 평화와 진리가 일어나 전쟁과 헛된 상상물의 자리를 대체하면서, 너의 열린 마음 곳곳에서 치유가 반짝거릴 것이다. 병이 감춰서 진리의 빛을 막아낼 수 있는 그 어떤 어두운 구석도 없을 것이다. 너의 꿈에서 온 흐릿한 등장인물들도 없을 것이다. 그들이 이중의 목적을 가지고 미친 듯이 구한 모호하고 무의미한 추구도 너의 마음에 남아있지 않을 것이다. 너의 마음은 몸을 복종시키려고 했던 그 모든 병적인 소망에서 치유될 것이다.

19 이제 몸이 치유된다. 병의 근원이 열려서 치료법을 받아들였기 때문이다. 연습을 잘했는지 알아볼 기준은 다음과 같다: 몸은 아무것도 느끼지 않아야 한다. 연습을 잘했다면 아프거나 건강한 느낌, 고통스럽거나 즐거운 느낌이 전혀 없을 것이다. 마음은 몸이 행하는 것에 전혀 반응하지 않을 것이다. 단지 몸의 유용성만 남는다.

20 아마도 너는 이런 연습을 하면서, 네가 몸에 목적들을 부여함으로써 가한 한계들이 제거된다는 것을 깨닫지 못할 것이다. 이런 한계들이 치워지면서, 몸의 힘은 진정으로 유용한 모든 목적들을 섬기기에 항상 충분할 것이다. 몸의 건강은 완전히 보장된다. 몸은 시간이나 날씨, 피로, 먹을 것과 마실 것, 네가 전에 섬기게 한 그 어떤 법칙에도 제한되지 않기 때문이다. 이제 너는 몸을 건강하게 만들려고 아무것도 할 필요가 없다. 왜냐하면, 병이 불가능해졌기 때문이다.

21 하지만 너는 이러한 보호를 잘 경계해 지켜야 한다. 너의 마음이 공격 생각을 품거나, 판단에 굴복하거나, 다가올 불확실성에 대비해 계획을 짜도록 허용한다면, 너 자신을 다시 제자리에 두지 않고 몸을 공격할 몸으로 된 정체를 만든 것이다. 그럴 때 너의 마음은 병든 것이기 때문이다. 이런 일이 일어난다면, 너의 방어심이 너를 더 이상 해치지 않게 함으로써 너의 마음에게 즉각적인 치료법을 제공하라. 무엇이 치유되어야 하는지에 대해 혼동하지 말고, 속으로 다음과 같이 말하라:

²² 나는 나의 진정한 정체를 잊었다.

왜냐하면, 몸을 나 자신이라고 잘못 생각했기 때문이다.

병은 진리에 맞서는 방어수단이다.

하지만 나는 몸이 아니며, 나의 마음은 공격할 수 없다.

따라서 나는 병들 수 없다.

137과

나는 치유될 때 홀로 치유되지 않는다.

¹ 오늘의 아이디어는 구원이 근거하는 중심 생각이다. 세상의 그 모든 아이디어는 병과 분리 상태에 머무는데, 치유는 그 아이디어들과 정반대기 때문이다. 병이란 다른 이에게서 물러나고 결합을 차단하는 것이다. 그리하여 병은 분리된 자아를 가둬서 고립시키고 홀로 있게 만드는 문이 된다.

² 병은 고립이다. 병은 한 자아를 나머지 자아들과 분리하여 다른 자아들은 느끼지 못하는 고통을 겪게 하는 듯이 보이기 때문이다. 병은 분리를 실재화하고 마음을 독방에 가둘 최후의 힘을 몸에 부여한다. 마음은 산산이 부서진 조각들이 되어서, 스스로 극복할 수 없는 병든 살로 된 단단한 벽에 하나씩 갇힌다. 세상은 병이 섬기는 법칙을 따르지만, 치유는 그것과 별개로 작동한다.

³ 그 누구도 홀로 치유되는 것은 불가능하다. 병들었을 때, 그는 분명 떨어지고 분리되어 있다. 그러나 치유는 그가 다시 하나가 되겠다는, 그리고 자신의 **자아**를 어떤 부분도 손상되거나 공격받지 않은 상태로 받아들이겠다는 결정이다. 병들었을 때, 그의 **자아**는 뿔뿔이 흩어져 단일성이 없어 보인다. 단일성이야말로 그의 자아에게 생명을 부여하는 것이건만…. 하지만 몸은 하느님 아들의 보편적인 하나인 상태를 공격할 힘이 없다. 그가 이것을 깨달을 때 치유가 이루어진다.

⁴ 병은 거짓이 진리라고 증명하려 한다. 그러나 치유는 진리가 참임을 입증한다. 병이 부과하려는 분리는 결코 일어난 적이 없다. 치유된다는 것은 단지, 언제나 단순한 진리였고 이제껏 쭉 그래왔던 대로 영원히 남아있을 것을 받아들이는 것이다. 하지만 환상에 익숙해진 눈은 자신이 보는 것이 거짓임을 보여주는 증거가 필요하다. 따라서 치유는 병이 실제가 아님을 입증해야 한다. 진리는 결코 치유가 필요 없지만 말이다.

⁵ 따라서 치유는, 진리 그 자체로가 아닌 진리의 이름으로 병의 꿈을 상쇄하는, 역몽逆夢이라고 불릴 수 있을 것이다. 용서가 결코 행해지지 않은 모든 죄를 간과하듯, 치유는 단지 일어나지 않은 환상들을 제거한다. 실재세상이 일어나 전혀 존재하지 않았던 것을 대체하듯, 치유는 진리의 그림들 속에 꿈이 수놓는 가공의 상태와 거짓 아이디어들을 원상태로 돌려놓는다.

⁶ 하지만 치유가 여기서 너의 기능에 어울리지 않는다고는 생각하지 말라. 세상이 실제라고 꿈꾸는 자들에게, 적그리스도anti-Christ는 그리스도보다 더 강하기 때문이다. 몸이 마음보다 더 단단하고 안정적으로 보인다. 사랑은 꿈이 되는 반면, 두려움은 보고 정당화하고 충분히 이해할 수 있는 유일한 실재로 남는다.

⁷ 용서가 모든 죄를 밝혀 물리치고 실재세상이 네가 만든 것의 자리를 차지할 것이 분명하듯, 치유는 분명 네가 단순한 진리 앞에 내건 병의 판타지를 대체할 것이다. 병의 실재성을 떠받치는 모든 법칙에도 불구하고 병이 사라지는 것을 보았을 때, 질문에 대한 답이 이미 주어진 것이다. 따라서 그 법칙들을 더 이상 소중히 여기거나 따를 수 없다.

⁸ 치유는 자유다. 치유는 꿈이 진리를 이길 수 없음을 입증하기 때문이다. 치유는 공유된다. 바로 이 속성으로 인해, 치유는 병이 불가피하다고 주장하는 법칙과는 다른 법칙이 그 반대인 병적인 법칙보다 더 강력함을 증명한다. 치유는 강함이다. 치유의 온유한 손에 의해 약함이 극복되기 때문이다. 이제 몸 하나씩에 따로 갇혀있던 마음들은 다른 마음들과 자유로이 결합하여 영원히 강하게 존재할 것이다.

⁹ 치유, 용서, 슬픔에 빠진 온 세상을 슬픔이 들어갈 수 없는 곳으로 기쁘게 교환하는 것, 성령은 이러한 수단을 사용하여 너에게 자신을 따르라고 촉구한다. 성령의 온유한 레슨은 구원이 얼마나 쉽게 너의 것이 될 수 있는지, 너 자신을 죽음의 포로로 가두려고 만든 법칙을 성령의 법칙이 대체하게 하는 데 얼마나 적은 연습이 필요한지 가르친다.

¹⁰ 성령이 너를 모든 고통의 원인에서 해방하기 위해 요청하는 작은 도움을 네가 확장할 때, 성령의 생명은 너 자신의 생명이 된다. 그리고 너 자신이 치유되도록 허용할 때, 네 주위에 있는 자들이나 마음에 떠오르는 자들, 혹은 네가 만나는 자들이나 너와 아무런 접촉도 없어 보이는 자들이 너와 더불어 치유되는 것을 본다. 어쩌면 너는 그들 모두를 알아보지는 못할 것이며, 치유가 네게 오도록 허용할 때 네가 온 세상에 얼마나 많은 것을 주는지 깨닫지도 못할 것이다. 그러나 너는 결코 홀로 치유되지 않는다. 네가 치유될 때 받는 선물을 수많은 이들이 받을 것이다.

¹¹ 치유된 자들은 치유의 도구가 된다. 치유되는 순간 그들에게는 다른 이들에게 나누어줄 그 모든 치유의 은혜가 주어진다. 하느님께 반대되는 것은 존재하지 않는다. 그것을 자신의 마음에 받아들이지 않는 자는 지친 자들이 머물러 안식할 수 있는 피

난처가 된다. 바로 여기서 진리가 주어지고, 바로 여기서 모든 환상이 진리로 가져와지기 때문이다.

12 하느님의 뜻에게 피난처를 제공하지 않으려는가? 너는 다만 너의 자아에게 집에 있으라고 초대할 뿐이거늘, 이러한 초대가 거절될 수 있겠는가? 일어날 수밖에 없는 것에게 일어나 달라고 요청하라. 그러면 너는 결코 실패하지 않을 것이다. 다른 선택이란 단지 존재할 수 없는 것에게 존재해 달라고 요청하는 것이며, 이것은 성공할 수 없다. 오늘 우리는 오로지 진리만이 우리의 마음을 차지하고, 치유의 생각들이 치유된 것으로부터 아직 치유될 필요가 있는 것으로 나아갈 것을 요청하면서, 이 둘이 하나로서 일어날 것임을 알아차린다.

13 매시 정각이 되면, 우리의 마음이 치유되도록 허용함으로써 세상에 치유를 전하는 것이 우리의 기능임을 기억할 것이다. 그리하여 우리는 저주를 축복으로, 고통을 기쁨으로, 분리를 하느님의 평화로 맞바꾸게 된다. 이와 같은 선물을 받기 위해 매시간 1분을 드릴 가치가 있지 않겠는가? 이렇게 짧은 시간은 모든 것이라는 선물에 대한 대가로 드리기에는 너무 적은 비용이 아닌가?

14 하지만 이러한 선물을 받으려면 준비가 되어있어야 한다. 따라서 우리는 이러한 준비로 하루를 시작하면서 다음의 생각들과 함께 10분을 보내고, 밤에 하루를 마칠 때도 똑같이 할 것이다:

15 나는 치유될 때 홀로 치유되지 않는다.
나는 나의 치유를 세상과 공유하여,
하느님의 유일한 아들의 마음에서 병이 사라지게 하겠다
그는 나의 유일한 자아다.

16 바로 오늘, 너를 통해 치유가 있게 하라. 조용히 안식하면서 네가 받는 대로 주고, 네가 주는 것만을 간직하며, 이제껏 상상한 온갖 어리석은 생각을 대체할 하느님의 말씀을 받을 준비를 하라. 이제 우리는 병들었던 모든 것을 낫게 하고, 공격이 있던 곳에 축복을 베풀려고 함께 모인다. 오늘 우리는 매시간이 지나갈 때마다 이 기능을 잊지 않도록 유념하고, 다음의 생각으로 우리의 기능을 기억할 것이다:

17 나는 치유될 때 홀로 치유되지 않는다.
나는 나의 형제들을 축복하고자 한다.
그들이 나와 더불어 치유될 때,
나도 그들과 더불어 치유되고자 하기 때문이다.

138과

천국은 내가 내려야 하는 유일한 결정이다.

¹ 이 세상에서, 천국은 하나의 선택이다. 이곳에서 우리는 선택할 대안이 여럿 있다고 믿기 때문이다. 우리는 모든 것에 반대되는 것이 있다고 생각하며, 그중 원하는 것을 선택한다. 천국이 존재한다면 분명 지옥도 있을 것이다. 모순은 우리가 지각하는 것과 실제라고 생각하는 것을 만드는 방법이기 때문이다. 창조는 반대되는 것을 알지 못한다. 그러나 이곳에서는 대립 상태가 "실재"의 일부다.

² 진리에 대한 이런 이상한 지각은 천국을 선택하는 것이 지옥을 포기하는 것과 같아 보이게 만든다. 실제로는 그렇지 않다. 하지만 하느님의 창조 안에서 참인 것이라도, 세상이 이해할 수 있는 형식으로 반영되지 않는 한 이곳에 들어올 수 없다. 진리는 진리를 오로지 두렵게만 지각할 수 있는 곳에는 올 수 없다. 이것은 진리를 환상으로 가져갈 수 있다는 잘못이기 때문이다. 대립 상태는 진리를 환영하지 않으며, 따라서 진리는 올 수 없다.

³ 선택이란 분명 대립하는 것들에서 벗어나는 것이다. 결정은 상충하는 목표들 가운데 하나를 골라 노력과 시간을 기울일 대상으로 만든다. 결정을 내리지 않는다면, 시간은 낭비되고 노력은 헛될 뿐이다. 아무런 보상도 없이 노력을 기울이고, 아무런 결과도 없이 시간이 흘러간다. 무언가를 얻는다는 느낌도 없다. 아무것도 이루지 못하고, 아무것도 배우지 못하기 때문이다.

⁴ 너는 천 개의 선택을 앞에 두고 있다고 생각하지만, 실제로는 단 하나의 선택밖에 없음을 기억할 필요가 있다. 사실 이조차도 단지 선택처럼 보일 뿐이다. 무수한 결정이 일으킬 그 모든 의심으로 너 자신을 혼동시키지 말라. 너는 단 하나의 결정만 내린다. 그 결정을 내릴 때, 너는 비로소 그것이 전혀 선택이 아니었음을 지각할 것이다. 진리는 참이며, 다른 것은 아무것도 실제가 아니기 때문이다. 진리 대신 선택할 수 있는 반대의 것이란 없다. 진리에 모순이란 없다.

⁵ 선택은 배움에 의존한다. 그러나 너는 진리를 배울 수 없으며, 단지 인식할 수 있을 뿐이다. 진리를 인식할 때 진리를 받아들이게 되며, 진리를 받아들임에 따라 진리를 알게 된다. 그러나 앎은 우리가 이 수업의 체계 안에서 가르치려는 목표를 넘어선다.

우리의 목표는 그 목표에 어떻게 도달할지, 그 목표는 무엇인지, 그 목표가 무엇을 제공하는지 배움으로써 달성해야 할 교육 목표다. 결정이란 네가 배운 것의 결과다. 너는 너의 정체는 무엇이고 너의 필요는 무엇인지에 대한 진리로 받아들인 것에 근거하여 결정을 내리기 때문이다.

6 이렇게 미친 듯이 복잡한 세상에서, 천국은 단지 그 정체라기보다는 선택할 대상이라는 형식을 취하는 듯하다. 네가 시도한 그 모든 선택 가운데 이것은 가장 단순하고 명확하며, 다른 모든 선택의 원형으로서 모든 결정들을 해결하는 선택이다. 네가 나머지를 다 결정하더라도, 이 하나는 해결되지 않은 채 남아있다. 그러나 이 하나를 해결한다면, 나머지는 같이 해결된다. 모든 결정은 단지 여러 다른 형식을 취함으로써 이 하나를 감출 뿐이기 때문이다. 이것은 진리를 받아들이거나 부정하는 최종적이고도 유일한 선택이다.

7 따라서 우리는 그 선택에 대해 숙고하면서 오늘을 시작한다. 시간은 우리가 그 선택을 내리도록 돕기 위해 만들어졌다. 이러한 것이 시간의 거룩한 목적으로서, 그것은 네가 시간에 부여한 목적으로부터 변형된 것이다. 너는 지옥이 실제며, 희망은 절망으로 바뀌고, 삶은 결국 죽음에 의해 정복될 수밖에 없음을 증명하는 수단이 되라는 목적을 시간에 부여했다. 대립하는 것들은 오로지 죽음 안에서만 해소된다. 대립상태를 끝내는 것은 곧 죽는 것이기 때문이다. 따라서 구원은 분명 죽음으로 보일 것이다. 삶은 갈등으로 보이기 때문이다. 갈등을 해결하는 것은 곧 너의 삶도 끝내는 것이다.

8 이렇게 미친 믿음들이 엄청난 무의식적인 장악력을 가지고 마음을 너무도 강한 공포와 불안으로 사로잡을 수 있기에, 마음은 자신을 보호해야 한다는 아이디어를 포기하지 않을 것이다. 마음은 구원으로부터 구원되어야 하고, 안전해지기 위해 위협을 받아야 하며, 진리를 막을 마법의 갑옷을 입어야 한다. 그리고 이런 결정은 무의식적으로 내려진다. 마음은 그러한 믿음들을 질문과 이성과 의심으로부터 떼어내 방해 없이 안전하게 간직하고자 하기 때문이다.

9 천국은 의식적으로 선택된다. 대안들을 정확하게 보고 이해하기 전에는, 이런 선택을 내릴 수 없다. 그림자에 가려진 모든 것들이 다시 판단을 받으려면 이해의 수준으로 올라와야 하는데, 이번에는 천국의 도움을 받는다. 진리는 마음이 전에 판단할 때 범한 모든 실수를 원인이 없다고 일축하며, 그에 따라 실수는 교정받을 수 있게 된다.

실수는 이제 결과가 없다. 실수는 더 이상 감춰질 수 없다. 그것이 무라는 사실이 인식되었기 때문이다.

¹⁰ 지옥에 대한 두려움을 무의식의 보호 방패로부터 들어올려 빛으로 가져갈 때 두려움이 끝날 것이 확실하듯, 천국에 대한 의식적인 선택도 마찬가지로 확실하다. 명백히 보이는 것과 인식되지 않는 것 사이에서, 그 누가 결정을 내릴 수 있겠는가? 하지만 단지 하나만 가치 있게 보이고 다른 하나는 전혀 가치 없는 것으로서 죄의식과 고통의 상상된 근원으로 보이는 대안들 사이에서, 그 누가 선택을 내릴 수 없겠는가? 그 누가 이런 선택을 망설이겠는가? 그런데 과연 우리가 오늘 선택을 망설일 것인가?

¹¹ 우리는 아침에 일어날 때 천국을 선택한 후, 제정신인 유일한 결정을 내렸음을 확신하며 5분을 보낸다. 그러면서 우리는 실제로 존재하는 것과 진리의 외관만 갖춘 것 사이에서 우리가 의식적인 선택을 내리고 있음을 인식한다. 그것의 사이비 존재성을 실재하는 것으로 가져와 빛 속에서 보면, 아주 얄팍하고 훤히 들여다보인다. 이제 그것은 더 이상 두려움을 일으키지 않는다. 어마어마하고, 복수심에 불타며, 증오로 무자비해 보이도록 만들어진 것도 모호하게 가리지 않으면 두렵지 않기 때문이다. 이제 너는 그것이 단지 어리석고 사소한 실수임을 인식한다.

¹² 우리는 오늘 자려고 눈을 감기 전에, 온종일 매시간 내린 선택을 재확인한다. 이제 우리는 깨어날 때 내린 결정을 다시 내리면서 깨어있는 시간의 마지막 5분을 보낸다. 우리는 오늘 매시간이 지날 때마다 제정신을 유지하는 데 바친 짧고 조용한 시간 속에서 우리의 선택을 다시 선언했다. 우리는 단지 우리가 원하는 것을 선택했음을 인정하면서, 다음과 같은 말로 마침내 하루를 끝맺는다:

> ¹³ 천국은 내가 내려야 하는 유일한 결정이다.
> 나는 지금 그 결정을 내리고는 마음을 바꾸지 않겠다.
> 천국은 내가 원하는 유일한 것이기 때문이다.

139과

나는 스스로 속죄를 받아들이겠다.

¹ 여기가 선택의 끝이다. 여기에서 우리는 하느님이 창조하신 대로 우리 자신을 받아들이겠다는 유일한 결정에 도달하기 때문이다. 우리의 정체를 확신하지 못하는 것 외에 과연 무엇이 선택이란 말인가? 여기에 뿌리내리지 않은 의심이란 없다. 이것을 반영하지 않는 질문이란 없다. "나는 무엇인가?"라는 유일하고도 단순한 질문을 수반하지 않는 갈등이란 없다.

² 하지만 자신을 알아보기를 거부한 자 외에 그 누가 이런 질문을 제기할 수 있겠는가? 오로지 너 자신을 받아들이기를 거부했을 때만, 이것이 진지한 질문으로 보일 수 있으리라. 살아있는 것이 확실히 알 수 있는 유일한 것은 바로 자신의 정체다. 이러한 확실성의 유일한 지점으로부터, 그것은 다른 것들을 자기 자신만큼이나 확실하게 바라본다. 너의 정체를 확신하지 못하는 것은 상상하기 힘들 정도로 엄청나게 큰 규모의 자기기만이다.

³ 살아있으면서 너 자신을 모른다는 것은 네가 실제로 죽었다고 믿는 것이다. 너 자신으로 존재하는 것 외에 무엇이 생명일 것이며, 네가 아닌 무엇이 너 대신 살아있을 수 있겠는가? 의심하는 자는 누구인가? 그는 무엇을 의심하는가? 그는 누구에게 묻는가? 누가 그에게 답할 수 있는가? 그는 단지 그가 그 자신이 아니라고 말하는 것이며, 따라서 그는 다른 어떤 것이기에, 그 다른 어떤 것이 무엇인지를 묻는 자가 된다.

⁴ 하지만 그가 그 답을 알지 못한다면, 그는 결코 살아있는 것이 아니리라. 그가 마치 모르는 듯이 묻는다면, 그것은 단지 그 자신인 바로 그것으로 존재하기를 원하지 않음을 보여줄 뿐이다. 지금 살아있는 것을 보니 그는 이미 자신의 정체를 받아들였건만, 자신의 정체를 거슬러 판단하고 그 가치를 부정했다. 그는 또한 자신을 살아있게 하는 유일한 확실성을 모른다고 결정했다. 따라서 그는 자신의 생명에 대해 확신할 수 없게 된다. 그는 그것의 정체를 부정했기 때문이다.

⁵ 너에게 속죄가 필요한 이유는, 이러한 부정 때문이다. 너의 부정은 너의 정체를 전혀 바꾸지 않았다. 하지만 너는 너의 마음을 진리를 아는 부분과 알지 못하는 부분으로 갈라놓았다. 너는 너 자신이다. 이는 의심의 여지가 전혀 없지만, 너는 그것을 의

심한다. 그러나 너는 너의 어느 부분이 정말로 너 자신을 의심할 수 있는지 묻지 않는다. 이 질문을 묻는 것이 정말로 너의 일부일 수는 없다. 그것은 그 답을 아는 자에게 묻고 있기 때문이다. 그것이 너의 일부라면, 확신은 불가능하리라.

⁶ 속죄는 너 자신을 의심하고 너의 진정한 정체를 확신하지 못하는 것이 가능하다는 이상한 아이디어를 치료한다. 이것은 아주 심각한 광기다. 하지만 그것은 세상이 보편적으로 제기하는 질문이다. 세상이 미쳤다는 것 외에, 이것이 과연 무엇을 증명하겠는가? 너는 왜 이곳에서 보편적인 것이 참이라는 슬픈 믿음으로 세상의 광기를 공유하는가? 세상이 믿는 것은 단 하나도 참이 아니다. 세상의 목적은 자신을 알지 못한다고 주장하는 자들이 자신의 정체가 과연 무엇인지 질문하러 올 수 있는 집이 되는 것이다.

⁷ 그들은 스스로 속죄를 받아들여 자기 자신을 의심하거나 자신의 정체를 모르는 것이 불가능함을 배울 때까지 다시 올 것이다. 너에게 요청할 수 있는 것은 단지 너의 정체를 받아들이라는 것뿐이다. 너의 정체는 확실하기 때문이다. 그것은 하느님의 거룩한 마음과 너 자신의 마음에 영원히 자리잡고 있다. 그것은 모든 의심과 질문 저 너머에 있다. 따라서 그것이 무엇인지 묻는 것은, 네가 알지 못할 수 없는 것을 알지 못한다는 모순을 믿고 있음을 보여주기에 충분한 증거다.

⁸ 이것은 질문인가, 아니면 자기모순적 진술인가? 우리의 거룩한 마음이 이와 같은 무의미한 사색에 사로잡히도록 허용하지 말자. 이곳에서 우리에게는 사명이 하나 있다. 우리는 한때 믿은 광기를 강화하려고 온 것이 아니다. 우리가 받아들인 목표를 잊지 말자. 우리는 단지 우리만의 행복 이상의 것을 얻으려고 왔다. 우리가 우리의 정체로서 받아들이는 것은 우리와 더불어 모든 이의 정체가 무엇인지 선포한다.

⁹ 네 형제들을 저버리지 말라. 그렇지 않으면 너 자신을 저버리게 된다. 그들을 사랑스럽게 바라보라. 그럼으로써 그들은 자신이 너의 일부임을 알게 되고, 너도 네가 그들의 일부임을 알게 된다. 속죄는 정녕 이것을 가르치며, 하느님 아들의 하나인 상태는 자신의 정체를 모른다는 그의 믿음에 의해 공격받지 않음을 증명한다. 실재를 바꾸기 위해서가 아닌, 단지 너 자신에 대한 진리를 받아들이고 하느님의 끝없는 사랑을 기뻐하며 너의 길을 가기 위해, 오늘 속죄를 받아들여라. 우리에게 요청되는 것은 단지 이것뿐이다. 우리가 오늘 할 일은 단지 이것뿐이다.

¹⁰ 우리는 오늘 주어진 과제에 전념하기 위해 아침과 밤에 5분씩의 시간을 바칠 것이

다. 우리는 우리의 사명이 무엇인지 알려주는 다음의 내용을 숙고하며 연습을 시작한다:

   ¹¹ 나는 스스로 속죄를 받아들이겠다.
      나는 하느님이 창조하신 그대로 남아있기 때문이다.

¹² 우리는 하느님이 우리를 당신과 닮게 창조하셨을 때 주신 앎을 잃지 않았다. 우리는 그것을 모든 이를 위해 기억할 수 있다. 창조물 안에서 모든 마음은 하나로 있고, 우리의 기억 안에는 우리의 형제들이 진실로 우리에게 얼마나 소중한지, 우리의 한 부분은 얼마나 모든 마음인지, 그들은 정녕 얼마나 우리에게 충실했는지, 아버지의 사랑은 우리 모두를 어떻게 품고 있는지 일깨워 주는 것이 있기 때문이다.

¹³ 모든 창조물에 대해 감사하면서, 모든 창조물의 창조주의 이름으로, 그리고 그분이 창조물의 모든 측면과 이루는 하나인 상태의 이름으로, 우리는 오늘 매시간 우리의 대의에 바치는 헌사를 따라 말한다. 그러면서 우리의 주의를 우리의 거룩한 목적으로부터 빼앗는 모든 생각을 내려놓는다. 몇 분 동안, 하느님의 거룩한 아들을 휘감은 세상의 그 모든 어리석은 거미줄이 너의 마음에서 제거되도록 허용하라. 이어서 다음과 같이 말하면서, 너 자신에 대한 앎을 너의 의식으로부터 떼어놓는 듯한 사슬이 얼마나 허술한지 배워라:

   ¹⁴ 나는 스스로 속죄를 받아들이겠다.
      나는 하느님이 창조하신 그대로 남아있기 때문이다.

140과

오로지 구원만이 치료한다고 말할 수 있다.

¹ 치료cure는 세상이 유익하다고 받아들이는 어떤 요법에도 적용될 수 없는 말이다. 세상이 치료적이라고therapeutic 지각하는 것은 단지 몸을 "더 좋게" 만드는 것에 불과하다. 세상은 마음이 몸 안에 존재한다고 여기며, 마음을 치유하려 할 때 몸과 마음을 전혀 구분하지 않는다. 그러므로 세상의 치유 형식은 환상을 환상으로 대체할 수밖에 없다. 병에 대한 하나의 믿음이 또 다른 형식을 취하며, 따라서 환자는 이제 자신이 건강하다고 지각한다.

² 그는 치유되지 않았다. 그는 단지 아프다는 꿈을 꾸었을 뿐이며, 그 꿈속에서 자신을 건강하게 해줄 마법적인 처방을 발견했다. 하지만 그는 꿈에서 깨어난 것이 아니며, 따라서 그의 마음은 이전과 정확히 똑같은 상태로 남아있다. 그는 자신을 깨워 꿈에 종지부를 찍을 빛을 보지 못했다. 꿈의 내용이 어떤 실재적인 차이를 만들어내겠는가? 너는 자거나 깨어나거나 둘 중 하나다. 그 사이에는 아무것도 없다.

³ 성령이 가져다주는 행복한 꿈들은, 네가 그저 깨어있다고 꿈꿀 수 있을 뿐인 세상의 꿈꾸기와는 다르다. 마음이 용서를 통해 지각하는 꿈은 다른 형식의 잠을 유발하지 않으며, 따라서 꿈꾸는 자로 하여금 다른 꿈을 꾸게 하지 않는다. 그의 행복한 꿈은 마음에 진리가 분명해지고 있음을 알리는 전령이다. 그 꿈은 잠에서 부드러운 깨어남으로 이어지며, 그럼으로써 꿈들이 사라진다. 이와 같이 행복한 꿈은 영원히 치료한다.

⁴ 속죄는 확실하게 치유하며, 모든 병을 치료한다. 병이 단지 하나의 꿈일 수밖에 없음을 이해하는 마음은 꿈이 취할 수도 있는 형식에 속지 않기 때문이다. 죄의식이 없는 곳에는 병이 올 수 없다. 병은 죄의식의 또 다른 형식일 뿐이기 때문이다. 속죄는 병자들을 치유하지 않는다. 그것은 치료가 아니기 때문이다. 속죄는 병을 가능하게 하는 죄의식을 제거할 뿐이다. 그것이야말로 정녕 치료다. 병은 이제 사라졌으며, 병이 돌아올 수 있는 곳도 남아있지 않기 때문이다.

⁵ 헛된 꿈이 아닌 하느님 안에서 치료된 너에게 평화가 있기를. 치료는 거룩함에서 비롯되어야 하며, 죄를 소중히 여기는 곳에서는 거룩함을 찾을 수 없다. 하느님은 거

룩한 사원들 안에 머물러 사신다. 하느님은 죄가 들어간 곳에서는 거부당하신다. 하지만 하느님이 계시지 않는 곳은 없다. 그러므로 죄가 하느님의 은혜를 피해 숨을 수 있는 집이란 있을 수 없다. 거룩함이 없는 곳은 없으며, 죄와 병은 어느 곳에서도 머물러 살 수 없다.

6 이것이 바로 치료하는 생각이다. 그것은 비실재들을 구분하지 않는다. 그것은 또한 병들지 않은 것을 치유하려 하지도 않으며, 어디가 치유되어야 하는지 관심을 두지도 않는다. 이것은 결코 마법이 아니다. 그것은 단지, 치유에 실패할 수 없고 영원히 치유하는 진리에게 보내는 호소일 뿐이다. 그것은 환상의 크기나 외견상의 심각성, 환상이 취하는 형식과 관련된 그 무엇으로도 환상을 판단하는 생각이 아니다. 그 생각은 단지 환상의 정체에 초점을 맞추며, 어떤 환상도 실제일 수 없음을 안다.

7 오늘 병들 수 없는 것을 치료하려고 시도하지 말자. 치유는 병이 있는 곳에서만 구해야 하며, 그런 다음 병든 것에 적용해야 그것이 치료될 수 있다. 세상이 제공하는 요법들 중에 무엇이든 바꿀 수 있는 것은 아무것도 없다. 환상을 진리로 가져오는 마음은 정말로 바뀐다. 이것 외에 다른 변화란 없다. 실체도 없고 실재도 없고 핵심도 없으며, 정말로 다른 것은 아무것도 없는 속성들을 제외하고, 환상들이 어떻게 서로 다를 수 있겠는가?

8 오늘 우리는 병의 근원에 대한 우리의 마음을 바꾸려고 시도한다. 우리는 또다시 환상들 사이를 옮겨다니지 않고, 모든 환상에 대한 유일한 치료법을 구하기 때문이다. 오늘 우리는 치유의 근원을 찾으려고 한다. 그 근원은 우리의 마음 안에 있다. 우리의 아버지는 그것을 우리를 위해 그곳에 두셨기 때문이다. 그것은 우리 자신보다 더 멀리 떨어져 있지 않다. 그것은 우리 자신의 생각만큼이나 가까이 있으며, 너무 가까이 있어서 그것을 잃는 것은 불가능하다. 우리가 단지 구하기만 하면, 그것을 틀림없이 발견할 것이다.

9 오늘 우리는 병들어 보이는 것에 오도되지 않을 것이다. 오늘 우리는 겉모습 너머로 가서, 아무것도 제외하지 않는 치유의 근원에 도달한다. 참이 아닌 것과 똑같이 참이 아닌 것 사이에 결코 어떤 의미 있는 구분도 할 수 없음을 깨닫는 정도만큼, 우리는 성공할 것이다. 이제 참이 아닌 것들 사이에는 어떤 등급도 없으며, 존재하지 않는 것의 어떤 형식이 다른 형식보다 더 참이라는 믿음도 없다. 그것들은 전부 거짓이며, 참이 아니므로 치료될 수 있다.

¹⁰ 따라서 우리는 부적과 주문과 약, 주술적인 노래와 그것이 취한 모든 형식의 마법 쪼가리들을 치워버린다. 우리는 고요해져서, 모든 병을 한꺼번에 치료하여 하느님의 아들에게 제정신을 회복해 주는 치유의 음성에 귀 기울일 것이다. 그밖에 어떤 음성도 치료할 수 없다. 오늘 우리는, 그 안에서 모든 환상이 끝나는 진리에 대해 말해주는 유일한 **음성**을 듣는다. 그러면 하느님의 영원하고 조용한 집에 평화가 돌아온다.

¹¹ 우리는 그분의 음성을 들으며 깨어나고, 하루를 시작할 때 5분 동안 그분이 우리에게 말씀하시게 하며, 잠들기 전에 다시 5분 동안 귀 기울이며 하루를 마친다. 우리가 준비할 것이라고는, 방해하는 생각들이 치워지도록 허용하는 것뿐이다. 단, 하나씩 치워지기보다는 한꺼번에 치워지게 하라. 그 생각들은 다 같다. 그것들을 다르게 만듦으로써 아버지가 들려주시는 말씀을 들을 수 있는 때를 미룰 필요는 없다. 우리는 아버지의 말씀을 지금 듣는다. 우리는 아버지께 오늘 간다.

¹² 우리는 움켜쥐려는 것이 아무것도 없는 빈손과 고양된 가슴, 경청하는 마음으로 다음과 같이 기도한다:

> ¹³ 오로지 구원만이 치료한다고 말할 수 있습니다.
>
> 아버지, 우리에게 말씀하소서.
>
> 그로써 우리가 치유될 것입니다.

¹⁴ 그러면 우리는 구원이 부드러운 보호와 평화로 우리를 감싸고 있음을 느낄 것이다. 그 평화는 너무도 깊어서, 어떤 환상도 우리의 마음을 어지럽히거나 환상이 실제라는 증거를 제공할 수 없다. 우리는 오늘 바로 이것을 배울 것이다. 그리고 우리는 매시 정각에 치유를 청하는 기도를 드린 후, 1분 동안 시간을 내서 침묵과 기쁨 속에 주의를 기울이며 기도에 대한 응답이 주어지는 것을 들을 것이다. 오늘은 우리에게 치유가 오는 날이다. 오늘은 분리가 끝나고 우리가 정말로 누구인지 기억하는 날이다.

복습 4

¹ 이제 우리는 다시 복습에 들어간다. 이번에 우리는 진리를 적용하는 방법을 배우는 과정에서 두 번째 부분을 준비하고 있음을 알아차린다. 오늘 우리는 다음에 올 것에 대한 준비에 집중하기 시작한다. 이러한 것이 이번 복습과 다음에 올 레슨들의 목적이다. 그러므로 우리는 지금 준비되어 있음을 성취하고자 하며, 그것을 촉진할 수 있는 방식으로 최근의 레슨들과 그 중심 생각들을 복습한다.

² 우리가 하는 복습의 각 단계를 통합하는 중심 주제가 있는데, 그것을 다음과 같이 간단히 말할 수 있다:

> ³ 나의 마음은 오로지 내가 하느님과 함께 생각하는 것만을 간직한다.

⁴ 이것은 사실로서, 너의 정체와 아버지의 정체에 대한 진리를 나타낸다. 바로 이 생각에 의해, 아버지는 아들을 창조하셔서 당신과 공동 창조자로 확립하셨다. 바로 이 생각이야말로, 아들에게 구원을 완전히 보장하는 생각이다. 아들의 마음에는 아버지와 공유하는 생각이 아닌 어떤 생각도 머물러 살 수 없다. 용서의 결핍은 이 생각을 그의 의식으로부터 차단한다. 그럼에도 불구하고, 이 생각은 영원히 참이다.

⁵ 진정한 용서의 결핍을 용의주도하게 감춘 많은 형식들을 어느 정도 이해하면서 우리의 준비를 시작하자. 그 형식들은 단지 너의 용서하지 않는 생각들이 보이거나 인식되지 못하게 하는 방어수단에 지나지 않는다. 하지만 그 형식들은 환상이므로, 그 정체대로 지각되지 않는다. 그 형식들의 목적은 너에게 다른 무언가를 보여주고, 교정을 대체하도록 만들어진 자기기만을 통해 교정을 물리치는 것이다.

⁶ 그러나 너의 마음은 오로지 네가 하느님과 함께 생각하는 것만을 간직한다. 너의 자기기만은 진리를 대체할 수 없다. 그것은 마치 어린아이가 막대기를 바다에 집어 던진다고 해서 밀물과 썰물의 흐름이나, 태양이 바닷물을 데우는 것이나, 밤에 그 위에 비친 은빛 달을 바꿀 수 없는 것과도 같다. 따라서 우리는 이번 복습에서 매일 읽는 레슨을 이해하고, 그 레슨이 우리에게 제공하는 의미를 이해하도록 우리의 마음을 준비하면서 각각의 연습 시간을 시작한다.

7 하루를 시작하면서, 그날 복습할 아이디어들이 너에게 자유와 평화 속에 제공할 선물을 배우기 위해 마음을 준비하는 시간을 가져라. 너의 마음을 열어 기만적인 생각들을 전부 치워버린 후, 다음의 생각들로 하여금 너의 마음을 전적으로 사로잡고, 나머지 생각들은 전부 제거하게 하라:

8 나의 마음은 오로지 내가 하느님과 함께 생각하는 것만을 간직한다.

9 이 생각과 함께하는 5분이면 그날의 방향을 하느님이 정하신 대로 설정하고, 네가 그날 받을 모든 생각들을 하느님의 마음이 주관하도록 하기에 충분할 것이다. 그 생각들은 단지 너에게서만 오지 않을 것이다. 그것들은 모두 하느님과 공유될 것이기 때문이다. 그러므로 각 생각은 너에게 하느님 사랑의 메시지를 전해주고, 이어서 너의 사랑의 메시지를 하느님께 돌려드릴 것이다. 이와 같이 너는 하느님이 뜻하신 대로 만군의 주와 영적 교통을 하게 된다. 하느님 자신의 완전하심이 하느님과 결합하듯, 네가 하느님과 연합하고 하느님이 너와 연합하심에 따라 완전해진 너와, 하느님이 결합하시리라.

10 준비 시간을 가진 후에는 그날 복습하도록 주어진 두 아이디어들을 읽어라. 그런 다음 눈을 감고 그 아이디어들을 속으로 천천히 말하라. 이제 서두를 필요가 없다. 너는 시간을 그 예정된 목적을 위해 사용하고 있기 때문이다. 말 한 마디 한 마디가 하느님이 그것에 주신 의미로 빛나게 하라. 그것이 하느님의 음성을 통해 너에게 주어졌듯이 말이다. 그날 복습하는 각 아이디어 안에 하느님이 너를 위해 놓아두신 선물을 받으려고 하라. 그리고 우리는 연습을 하면서 다음과 같은 형식만을 사용할 것이다:

11 매시 정각에 네가 그날을 시작한 생각을 마음에 간직하고서 잠시 조용한 시간을 보내라. 그런 다음 그날 연습하는 두 아이디어들을 느긋하게 따라 말하라. 그럴 때, 그 아이디어들에 너를 위한 선물이 들어있음을 보고 그 선물이 예정된 곳에서 받아들여지도록 충분한 시간을 가져라. 우리는 다른 어떤 생각도 보태지 않고 다만 그 아이디어가 본연의 메시지가 되도록 허용할 뿐이다. 행복과 안식, 끝없는 조용함과 완벽한 확신, 그리고 아버지가 우리에게 유산으로 뜻하시는 모든 것을 받기 위해, 우리는 단지 이것만 하면 된다.

12 복습하는 동안 매일의 연습은 시작한 대로 끝내라. 먼저, 그날을 우리가 축복받고

행복을 누리는 특별한 시간으로 만들어준 생각, 우리의 충실함을 통해 세상을 어둠에서 빛으로, 슬픔에서 기쁨으로, 고통에서 평화로, 죄에서 거룩함으로 회복해 준 생각을 따라 말하라. 이와 같이 당신의 **말씀**을 간직하는 연습을 하는 너에게 하느님이 감사하신다. 잠들기 전에 너의 마음을 다시 그날의 아이디어들로 기울일 때, 하느님의 감사가 너를 평화로 감싼다. 그 평화는 하느님이 네가 영원히 있기를 뜻하신 곳이며, 이제 너는 그것을 다시 너의 유산으로 청구하는 법을 배우고 있다.

141과

나의 마음은 오로지 내가 하느님과 함께 생각하는 것만을 간직한다.

[121] 용서는 행복의 유일한 열쇠다.

[122] 용서는 내가 원하는 모든 것을 선사한다.

142과

나의 마음은 오로지 내가 하느님과 함께 생각하는 것만을 간직한다.

[123] 나는 아버지가 주신 선물에 감사드린다.

[124] 제가 하느님과 하나임을 기억하게 하소서.

143과

나의 마음은 오로지 내가 하느님과 함께 생각하는 것만을 간직한다.

[125] 나는 오늘 조용히 하느님의 말씀을 받는다.

[126] 내가 주는 것은 전부 나 자신에게 주어진다.

144과

나의 마음은 오로지 내가 하느님과 함께 생각하는 것만을 간직한다.

[127] 오로지 하느님의 사랑만 존재한다.

[128] 내가 보는 세상에는 내가 원하는 것이 아무것도 없다.

145과

나의 마음은 오로지 내가 하느님과 함께 생각하는 것만을 간직한다.

[129] 이 세상 너머에 내가 원하는 세상이 있다.

[130] 두 세상을 보는 것은 불가능하다.

146과

나의 마음은 오로지 내가 하느님과 함께 생각하는 것만을 간직한다.

[131] 진리에 도달하기를 요청하는 자는 그 누구도 실패할 수 없다.

[132] 나는 세상을 나의 모든 생각으로부터 풀어준다.

147과

나의 마음은 오로지 내가 하느님과 함께 생각하는 것만을 간직한다.

[133] 나는 가치 없는 것에 가치를 두지 않겠다.

[134] 저로 하여금 용서를 있는 그대로 지각하게 하소서.

148과

나의 마음은 오로지 내가 하느님과 함께 생각하는 것만을 간직한다.

[135] 나 자신을 방어하면, 나는 이미 공격받은 것이다.

[136] 병은 진리에 맞서는 방어수단이다.

149과

나의 마음은 오로지 내가 하느님과 함께 생각하는 것만을 간직한다.

[137] 나는 치유될 때 홀로 치유되지 않는다.

[138] 천국은 내가 내려야 하는 유일한 결정이다.

150과

나의 마음은 오로지 내가 하느님과 함께 생각하는 것만을 간직한다.

[139] 나는 스스로 속죄를 받아들이겠다.

[140] 오로지 구원만이 치료한다고 말할 수 있다.

151과

모든 것은 하느님 음성의 반향이다.

¹ 그 누구도 부분적인 증거만 가지고 판단할 수는 없다. 그것은 판단이 아니다. 그것은 단지 무지와 의심에 근거한 의견일 뿐이다. 그것의 외견상 확신은 그것이 감추려는 확신 없음을 가리는 덮개일 뿐이다. 그것은 불합리하므로, 불합리한 방어가 필요하다. 그리고 그것의 방어는 저변의 그 모든 의심으로 인하여 강력하고, 설득력이 있으며, 의심의 여지가 없어 보인다.

² 너는 네가 보는 세상을 의심하는 것 같지 않다. 너는 몸의 눈을 통해 너에게 보여지는 것에 진정으로 의문을 제기하지 않는다. 너는 또한 그것을 왜 믿는지 묻지도 않는다. 너의 감각기관은 너를 속인다는 것을 오랫동안 배워왔음에도 불구하고 말이다. 잠시 멈춰, 너의 감각기관이 그동안 얼마나 자주 거짓 증언을 했는지 돌아볼 때, 그것이 보고하는 아주 세세한 부분까지 믿는다는 것은 더욱 이상한 일이다! 그것을 왜 그리 절대적으로 신뢰하려 하는가? 겉만 요란한 확신으로 감추려는 저변의 의심 때문이 아닌가?

³ 네가 어찌 판단할 수 있겠는가? 너의 판단은 감각기관이 제공하는 증거에 의존한다. 하지만 이보다 더 잘못된 증거는 결코 없었다. 그러나 네가 달리 어떤 방법으로 네가 보는 세상을 판단하겠는가? 너는 너의 눈과 귀가 보고하는 것에 안쓰러운 믿음을 부여한다. 너는 너의 손가락이 실재를 만지고 진리에 다가간다고 생각한다. 너는 바로 이러한 인식을 이해하며, 이것이 하느님의 영원한 음성이 증언하는 것보다 더 실재적이라고 생각한다.

⁴ 이것이 판단일 수 있겠는가? 그동안 종종 너에게 판단을 삼가라고 간곡히 권한 이유는, 판단이 너에게 유보되어야 할 권리기 때문이 아니다. 너는 아예 판단할 수 없다. 너는 단지 에고의 판단들을 믿을 수 있을 뿐이지만, 그것들은 모두 거짓이다. 에고는 너의 감각 기관을 철저히 감독하면서 네가 얼마나 약한지, 얼마나 무력하고 두려워하는지, 응분의 처벌에 대해 얼마나 우려하는지, 얼마나 죄로 시커멓게 물들었고 얼마나 죄의식에 끔찍하게 시달리는지 증명하려 한다.

⁵ 에고는 자신이 증명하고 방어하려는 바로 이것이 너라고 말한다. 그리고 너는 그것

을 고집스럽게 믿는다. 그러나 저변에는 에고가 그렇게 확신하며 너에게 실재라고 보여주는 것을 정작 에고는 믿지 않을 것이라는 의심이 여전히 감춰져 있다. 에고가 정죄하는 것은 단지 에고 자신뿐이다. 에고가 죄책을 보는 것은 단지 에고 자신 안에서다. 에고가 네 안에서 보는 것은 단지 에고 자신의 절망이다.

⁶ 에고의 음성을 듣지 말라. 에고는 자신의 악이 네 것이라고 증명하기 위해 거짓 증인을 보내며, 그 증인은 알지도 못하는 것을 확신하며 말한다. 그 증인에 대한 너의 믿음은 맹목적이다. 그 증인의 우두머리도 그 증인에 대한 의심을 완전히 극복하지 못하거늘, 너는 전혀 의심하지 않는다. 너는 에고의 가신들을 의심하는 것은 너 자신을 의심하는 것이라고 믿는다. 하지만 네가 그들의 증거를 의심함으로써 너 자신을 인식할 길이 활짝 열리며, 오로지 하느님을 대변하는 **음성**만이 무엇이 너의 믿음을 받을 가치가 있는 것인지에 대한 **재판관**이 된다. 너는 이에 대해 배워야 한다.

⁷ 그 **음성**은 너의 눈이 네 형제에게서 보는 것이나, 그의 몸의 입이 너의 귀에 들려주는 말이나, 너의 손가락의 감각이 그에 대해 보고하는 것으로 그를 판단하지 말라고 말해줄 것이다. 그는 하느님의 아들에 대해 거짓되게 증언하는 이러한 허튼 증인들을 그냥 지나칠 뿐이다. 그는 오로지 하느님이 사랑하시는 것만을 인식한다. 그리고 너의 정체에 대한 에고의 그 모든 꿈이 그가 바라보는 것의 거룩하고 찬란한 빛을 받아 사라진다.

⁸ 하느님의 **음성**으로 하여금 너의 정체에 대한 재판관이 되게 하라. 그의 확신에는 의심이 전혀 없기 때문이다. 너의 **정체**는 너무도 큰 확신에 근거하기에, 그 얼굴 앞에서 의심은 무의미하다. 그리스도는 자기 자신을 의심할 수 없다. 하느님의 **음성**은 그의 완벽하고 영원한 죄 없음에 기뻐하면서 그를 존경할 수만 있을 뿐이다. 그가 판단한 자는 이제 죄의 장난감을 갖고 놀려 하지 않으며, 그리스도의 거룩한 얼굴이 보여주는 황홀경 앞에서 몸의 증인들에게 주의를 기울이지 않고 죄의식을 그저 웃어넘길 수 있을 뿐이다.

⁹ 하느님의 **음성**은 너를 이렇게 판단한다. 너의 정체에 대한 그의 말을 받아들여라. 그는 너의 아름다운 창조에 대해, 그리고 너의 실재를 창조한 생각을 생각한 마음에 대해 증언하기 때문이다. 아버지와 아들의 영광을 아는 그에게 몸이 무슨 의미가 있겠는가? 그가 과연 에고의 어떤 속삭임을 들을 수 있겠는가? 무엇이 과연 너의 죄가 실제라고 그를 설득할 수 있겠는가?

¹⁰ 하느님의 **음성**으로 하여금 또한 이 세상에서 너에게 일어나는 듯한 모든 일에 대한 재판관이 되게 하라. 그의 레슨은 너로 하여금 환상과 진리 사이의 간격을 메울 수 있게 해줄 것이다. 그는 네가 고통과 재난, 고난과 상실에 부여한 모든 믿음을 제거할 것이다. 그는 너에게 이 잔인한 겉모습 너머를 보고, 그 모든 것에서 그리스도의 온유한 얼굴을 볼 수 있는 비전을 준다. 너는 더 이상 하느님의 사랑받는 너에게는 오로지 선한 것만 올 수 있음을 의심하지 않을 것이다. 그는 일어나는 모든 일을 판단하여, 그 안에 담긴 유일한 레슨을 가르칠 것이기 때문이다.

¹¹ 하느님의 **음성**은 그 안에서 진리를 나타내는 요소들을 골라내고, 헛된 꿈만 반영하는 측면들은 무시할 것이다. 그리고 그는 네가 보는 모든 것, 모든 사건들과 상황들, 그리고 어떻게든 너에게 영향을 주는 듯한 모든 일을 온전히 통합되고 확실한, 자신의 유일한 기준으로 재해석할 것이다. 따라서 너는 증오 너머로 사랑을, 변화에서 불변성을, 죄에서 순수함을, 세상에서 오로지 천국의 축복만을 볼 것이다.

¹² 이러한 것이 바로 너의 부활이다. 너의 생명은 네가 보는 그 어떤 것의 일부도 아니기 때문이다. 너의 생명은 몸과 세상을 넘어, 거룩하지 않음에 대한 모든 증거를 지나서, 거룩함 안에서, 거룩함 자체만큼이나 거룩하게 서 있다. 하느님의 **음성**은 모든 이와 모든 것에서 오로지 너의 **자아**에 대해, 그리고 그 **자아**와 하나인 너의 창조주에 대해서만 말해줄 것이다. 따라서 너는 모든 것에서 그리스도의 거룩한 얼굴을 보고 하느님 **음성**의 반향만 들을 것이다.

¹³ 오늘 우리는 하느님과 함께 보내는 시간을 시작할 때를 제외하고는 말없이 연습한다. 우리는 하루를 시작하는 생각을 단 한 번 천천히 따라 말하면서 이 시간을 시작한다. 그런 다음 우리의 생각을 지켜보면서, 그 안에서 진리의 요소를 보는 하느님의 음성을 향해 조용히 호소한다. 그로 하여금 마음에 떠오르는 각 생각을 평가하여 꿈의 요소를 제거한 후, 하느님의 뜻과 모순되지 않는 깨끗한 아이디어로 네게 돌려주게 하라.

¹⁴ 하느님의 **음성**에게 너의 생각을 드려라. 그러면 그는 그것을 기적으로 돌려줄 것이다. 그것은 하느님이 당신의 영원한 **사랑**의 증거로서 아들에게 뜻하시는 온전성과 행복을 기쁘게 선포하는 기적이다. 각각의 생각은 이런 식으로 변형될 것이며, 그에 따라 그 안에서 진리를 보고 거짓되게 보태진 것에 속지 않은 **마음**으로부터 치유력을 얻을 것이다. 판타지의 그 모든 요소들이 사라지고, 남은 것은 모든 곳에 자신의 완벽

함을 제공하는 완벽한 생각으로 통합된다.

15 깨어나면서 이와 같이 15분을 보내고, 자기 전에 다시 15분을 기쁘게 드려라. 너의 모든 생각이 정화됨에 따라 너의 성직이 시작된다. 그렇게 너는 하느님의 아들에게 그의 성스러움에 대한 거룩한 레슨을 가르치도록 가르침을 받는다. 하느님을 대변하는 음성이 하느님의 아들에게 경의를 표하는 소리를 네가 들을 때, 그것을 듣지 못할 자는 아무도 없을 것이다. 그리고 그가 너의 마음 안에서 재해석한 생각들을, 모든 이가 너와 공유할 것이다.

16 이러한 것이 바로 너의 부활절이다. 따라서 너는 세상에 눈처럼 흰 백합 선물을 올려놓아 죄와 죽음의 증인들을 대체한다. 너의 변형을 통해, 세상이 구원되고 죄의식에서 기쁘게 해방된다. 이제 우리는 기쁨에 겨워, 그리고 우리에게 제정신을 회복해준 하느님의 음성에 대한 감사로 충만하여, 우리의 부활한 마음을 높이 들어올린다.

17 그리고 우리는 매시 정각에 구원이자 해방인 하느님의 음성을 기억할 것이다. 우리가 감사를 드릴 때 세상은 우리와 연합하며, 천국이 교정하고 정화한 우리의 거룩한 생각을 행복하게 받아들인다. 이제 마침내 우리의 성직이 시작되었다. 그것은 진리에는 어떤 환상도 없으며, 하느님의 평화는 우리를 통해 모든 이에게 속한다는 기쁜 소식을 온 세상에 전하는 일이다.

152과

결정하는 힘은 나 자신의 것이다.

¹ 스스로 결정하지 않는 한, 그 누구도 상실을 겪을 수 없다. 스스로 고통스러운 상태를 선택하지 않는 한, 그 누구도 고통을 겪지 않는다. 그 누구도 슬퍼하거나 두려워할 수 없으며, 아프다고 생각할 수도 없다. 스스로 이러한 결과를 원하지 않는 한 말이다. 스스로 동의하지 않는 한, 그 누구도 죽지 않는다. 일어나는 모든 일은 어김없이 너의 소망을 나타내며, 네가 선택하는 모든 일은 어김없이 일어난다. 여기에 아주 세밀한 부분까지 완벽한 너의 세상이 있다. 여기에 너를 위한 세상의 실재 전체가 있다. 그리고 오로지 여기에만 구원이 있다.

² 너는 어쩌면 이러한 견해가 너무 극단적이고 포괄적이어서 도저히 참일 수 없다고 믿을 수도 있다. 하지만 진리에 예외가 있을 수 있겠는가? 네가 모든 것이라는 선물을 가졌다면, 상실이 실제일 수 있겠는가? 고통이 평화의 일부거나, 슬픔이 기쁨의 일부일 수 있겠는가? 사랑과 완벽한 거룩함이 머물러 사는 마음에 두려움과 병이 들어올 수 있겠는가? 진리가 진리라면 모든 것을 포괄해야 한다. 진리와 반대되는 것이나 예외는 그 무엇도 받아들이지 말라. 받아들인다면, 너는 진리 전체를 반대하는 것이기 때문이다.

³ 구원이란 진리가 참이며, 다른 것은 참이 아니라는 인식이다. 너는 전에 이 말을 들었지만, 아직은 이 말의 두 부분을 전부 받아들이지 않았을 수도 있다. 첫 번째 부분이 없다면 두 번째 부분은 아무런 의미도 없다. 그러나 두 번째 부분이 없다면 첫 번째 부분도 더 이상 참이 아니다. 진리에는 반대되는 것이 있을 수 없다. 이것은 아무리 자주 반복해 말하거나 생각해도 지나치지 않다. 만약 참이 아닌 것이 참인 것만큼 참이라면 진리의 일부는 거짓일 것이며, 따라서 진리는 이미 그 의미를 잃은 것이기 때문이다. 오로지 진리만이 참이며, 거짓인 것은 거짓이다.

⁴ 이것은 가장 단순한 구분이지만, 가장 모호한 것이기도 하다. 하지만 그 이유는 그것이 지각하기 어려운 구분이기 때문이라서가 아니다. 그것은 전적으로 너의 선택이라고는 보이지 않는 수많은 선택들 뒤에 감춰져 있다. 따라서 진리에는 일관성과 어긋나는 어떤 측면들이 있는 듯이 보이지만, 그러한 측면들은 네가 도입한 모순으로

보이지는 않는다.

5 하느님이 너를 창조하셨으므로, 너는 정의상 거짓인 일시적인 상태에 따라 바뀌지 않아야 한다. 그것은 모든 감정의 변화, 몸과 마음의 상태는 물론 모든 의식과 반응의 변화도 포함한다. 이것이 바로 진리를 거짓과 구분하고, 거짓을 그 정체대로의 진리와 떼어놓는 전체 포괄성이다.

6 네가 보는 세상을 네가 만들었다고 생각하는 것을 오만이라고 믿다니, 이상하지 않은가? 하느님은 그 세상을 만들지 않으셨다. 이 점은 너도 확신할 수 있다. 덧없는 것들, 사악하고 죄 많은 것들, 두려워하는 것들, 고통받고 외로운 것들, 그리고 죽을 수밖에 없는 몸 안에 살고 있는 마음에 대해 하느님이 무엇을 아실 수 있겠는가? 이러한 것들이 실재성을 가진 듯한 세상을 하느님이 만드셨다고 생각한다면, 너는 단지 하느님을 정신 이상이라고 비난하는 것이다. 하느님은 광기에 빠지지 않으셨다. 하지만 오로지 광기만이 이러한 세상을 만든다.

7 하느님이 혼돈을 만드셨고, 당신 자신의 뜻에 반대하시며, 진리에 반대되는 것들을 지어내셨고, 생명을 이기려고 죽음에 시달리신다고 생각하는 것—이 모든 것은 오만이다. 겸허는 이것들이 하느님에게서 오지 않았음을 단박에 알아볼 것이다. 너는 과연 하느님이 창조하지 않으신 것을 볼 수 있겠는가? 볼 수 있다고 생각한다면, 너는 단지 하느님이 존재하라고 뜻하지 않으신 것을 지각할 수 있다고 믿는 것이다. 이보다 더한 오만이 어디에 있겠는가?

8 오늘 진실로 겸허해져서 우리가 만든 것을 그 정체대로 받아들이자. 결정하는 힘은 우리 자신의 것이다. 우주의 공동 창조자로서 너의 정당한 자리를 그저 받아들이겠다고 결정하라. 그러면 네가 만들었다고 생각하는 모든 것이 사라질 것이다. 그리고 너의 의식에 떠오를 것은, 늘 존재했으며 영원히 지금처럼 존재할 모든 것이다. 그것들은 아버지와 아들의 제단을 찬탈하려고 만들어진 자기기만을 대체할 것이다.

9 오늘 우리는 진정한 겸허를 연습하면서, 더 이상 거짓으로 겸허한 척하지 않을 것이다. 에고는 거짓 겸허를 가지고 진정한 겸허가 오만이라고 증명하려 한다. 오로지 에고만이 오만할 수 있다. 그러나 진리는 자신의 막강함과 변함없음, 영원한 온전성을 겸허하게 인정한다. 이것은 모든 것을 포괄하며, 하느님이 당신의 사랑받는 아들에게 주시는 완벽한 선물이다.

10 우리는 우리가 죄 있고 두려움에 떨며 자신의 정체를 부끄러워하는 죄인이라고 말

하는 오만을 내려놓고, 그 대신 우리를 권능과 사랑에 있어 당신과 닮도록 흠 없이 창조하신 하느님을 향해 우리의 가슴을 진정으로 겸허하게 들어올린다. 결정하는 힘은 우리 자신의 것이다. 따라서 우리는 하느님으로부터 우리의 정체를 받아들이고, 하느님의 아들을 겸허하게 인식한다.

11 하느님의 아들을 인식하는 것은 또한, 모든 자아 개념을 내려놓고 그것을 거짓이라고 인식했음을 의미한다. 우리는 그 모든 자아 개념의 오만을 지각했다. 그리고 우리는 겸허함 속에서 하느님 아들의 광휘와 온유함과 완벽한 죄 없음, 그의 아버지의 사랑, 천국에 대한 그의 권리와 지옥으로부터의 해방을 우리 자신의 것으로 기쁘게 받아들인다. 이제 우리는 하나가 되어, 거짓은 거짓이고 오로지 진리만이 참임을 기쁘게 인정한다.

12 우리는 아침에 일어나면서 진리만을 생각하고, 5분 동안 진리의 길을 연습하면서 우리의 겁먹은 마음을 다음과 같이 격려한다:

> 13 결정하는 힘은 나 자신의 것이다.
> 오늘 나는,
> 아버지의 뜻이 창조한 대로의 나 자신을 받아들이겠다.

14 그런 다음 우리는 모든 자기기만을 포기하고, 우리의 자아가 자신을 우리에게 드러내 주기를 겸허히 요청한 다음, 잠잠히 기다릴 것이다. 그러면 결코 떠난 적이 없는 자아가 자신의 집을 본래 의도된 대로 하느님께 돌려드린 것에 대해 고마워하면서, 우리의 의식에 다시 찾아올 것이다.

15 온종일 너의 자아를 끈기 있게 기다리고, 매시 정각마다 하루를 시작한 말로 너의 자아를 초대하라. 그리고, 너의 자아를 초대하는 똑같은 말로 하루를 마쳐라. 하느님의 음성이 응답할 것이다. 그는 너와 너의 아버지를 위해 말하기 때문이다. 그는 너의 모든 광적인 생각을 하느님의 평화로, 자기기만을 하느님의 진리로, 너 자신에 대한 환상을 하느님의 아들로 대체할 것이다.

153과

나의 무방어에 나의 안전이 있다.

¹ 이렇게 변화무쌍한 세상에 위협을 느끼는 자여, 세상이 뒤트는 운명과 세상의 가혹한 농담, 세상의 덧없는 관계, 그리고 세상이 다시 빼앗아 가려고 빌려주는 "선물"에 위협을 느끼는 자여, 오늘의 레슨에 깊은 주의를 기울여라. 세상은 어떤 안전도 제공하지 않는다. 세상은 공격에 뿌리를 두고 있으며, 안전의 외피를 쓴 세상의 모든 "선물"은 환상적인 속임수에 불과하다. 세상은 공격하고 다시 공격한다. 이렇게 위험이 위협하는 곳에서, 마음의 평화는 불가능하다.

² 세상은 방어심만 불러일으킬 뿐이다. 위협은 분노를 일으키며, 분노는 자기방어의 이름으로 공격을 합리적이고, 정당하게 촉발되었으며, 정의로운 것으로 보이게 만든다. 하지만 방어심은 이중의 위협이다. 그것은 약함을 입증하고, 제대로 작동할 수 없는 방어체계를 구축하기 때문이다. 이제 약자는 한층 더 약화된다. 바깥에 반역이 있을 뿐만 아니라, 안에도 훨씬 더 큰 반역이 있기 때문이다. 이제 마음은 혼란에 빠져서, 자신의 상상물들에서 벗어날 탈출구를 찾으려면 어디를 보아야 하는지 알지 못한다.

³ 그것은 마치 고리 하나가 마음을 꽉 죄고 있는데, 그 안에 다른 고리가 있고, 그 고리 안에 또 다른 고리가 있어서 더 이상 탈출하기를 바랄 수도 없고 탈출을 이뤄낼 수도 없는 것과 같다. 마음을 두꺼운 강철 띠로 묶고는 그 위를 또 무쇠로 짓누르는 공격과 방어, 방어와 공격의 악순환이 몇 시간이나 며칠 간격으로 반복된다. 마음을 점점 더 강하게 옥죄어 감금하는 힘은 잠시 멈추거나 끝날 가망이 없어 보인다.

⁴ 방어수단은 에고가 치르게 하는 대가 중에서 가장 값비싼 것이다. 방어수단 안에는 광기가 놓여 있는데, 그 형식이 너무도 무시무시해서 제정신을 되찾을 희망은 이룰 수 없는 헛된 꿈에 불과하다. 세상이 조장하는 위협감은 네가 상상할 수 있는 광기와 격렬함을 훨씬 넘어서는 심각한 것이기에, 너는 그 폐해가 얼마나 큰지 짐작도 하지 못한다. 너는 그러한 위협감의 노예다. 너는 그에 대한 두려움으로 네가 무슨 일을 하는지 알지 못한다. 너는 너의 가슴을 강철처럼 옥죄는 위협감에 쫓겨 그동안 얼마나 많은 희생을 치러야 했는지 이해하지 못한다.

⁵ 너는 그동안 방어심을 가지고 하느님의 거룩한 평화를 파괴하기 위해 무슨 일을 했

는지 깨닫지 못한다. 너는 하느님의 아들을 단지 그가 만든 판타지와 꿈, 그리고 환상이 가하는 공격의 희생자로만 바라본다. 하지만 그는 자신이 만든 것들 앞에서 무력하며, 더 많은 판타지와 꿈으로 자신을 방어해야 한다. 그리고 그러한 판타지와 꿈을 가지고, 그의 안전이라는 환상은 그를 위로할 것이다.

6 무방어는 강함이다. 무방어는 네가 내면의 그리스도를 인식한다는 증거다. 이 수업은, 선택이란 항상 그리스도의 강함과 그리스도와 떨어져서 보이는 너의 약함 사이에서 이루어진다고 주장한다. 너는 이를 기억할 것이다. 무방어는 결코 공격받을 수 없다. 무방어는 너무도 큰 힘을 인식하기에, 공격은 그저 어리석은 짓이거나 지친 아이가 너무 졸려서 자신이 무엇을 원하는지 잊었을 때 하는 유치한 게임이 되기 때문이다.

7 방어심은 약함이다. 그것은 네가 그리스도를 부정하고 그 아버지의 분노를 두려워하게 되었다고 선포한다. 이제 분노한 신이라는 너의 망상으로부터 무엇이 너를 구해줄 수 있겠는가? 그리고 너는 그 신의 무서운 이미지가 세상의 모든 해악들 안에서 작동하고 있음을 본다고 믿는다. 너는 단지 환상에 맞서 싸우고 있을 뿐이니, 이제 환상 외에 무엇이 너를 방어해 줄 수 있겠는가?

8 오늘 우리는 더 이상 이런 유치한 게임을 하지 않을 것이다. 우리의 진정한 목적은 세상을 구하는 것이며, 우리는 우리의 기능이 제공하는 끝없는 기쁨을 어리석음과 맞바꾸지 않을 것이기 때문이다. 우리의 마음에 무의미한 꿈이 한 조각 떠올랐다고 해서, 그 안의 등장인물들을 하느님의 아들로, 그 짧은 순간을 영원으로 오인했다고 해서, 우리의 행복이 슬그머니 달아나게 하지는 않을 것이다.

9 오늘 우리는 꿈을 지나쳐 보고, 우리에게는 어떤 방어도 필요 없음을 인식한다. 우리는 공격받을 수 없도록, 공격이 의미 있는 어떤 생각이나 소망이나 꿈도 품을 수 없도록 창조되었기 때문이다. 이제 우리는 두려워할 수 없다. 우리는 두려운 생각들을 전부 떠나왔기 때문이다. 우리는 무방어 안에서 굳건하게 서있으며, 이제 우리의 안전과 구원을 조용히 확신한다. 그리고 우리의 성직이 그 거룩한 축복을 온 세상에 펼침에 따라, 우리가 선택한 목적을 이룰 것임을 확신한다.

10 한순간 고요히 있어라. 그리고 잠잠한 가운데 너의 목적이 얼마나 거룩한지, 네가 그 목적의 빛 속에서 아무도 손댈 수 없을 정도로 얼마나 안전하게 안식하고 있는지 생각해 보라. 하느님의 성직자들은 진리와 함께할 것을 선택했다. 누가 그들보다 더 거룩하겠는가? 자신의 행복이 완전하게 보장되어 있음을 누가 더 확신할 수 있겠는

가? 누가 더 강력하게 보호받을 수 있겠는가? 하느님이 택하시고 스스로도 택하여 하느님의 선택된 자들 가운데 있는 자들에게, 이제 과연 어떤 방어가 필요하겠는가?

¹¹ 형제들로 하여금 자신과 같이 선택하도록 돕는 것이 하느님의 성직자들의 기능이다. 하느님은 모두를 택하셨지만, 소수만이 하느님의 뜻은 단지 그들 자신의 뜻임을 깨달았다. 그리고 네가 이제껏 배운 것을 가르치지 않는 동안, 구원은 기다려야 하고 어둠은 세상을 냉혹하게 가둬둔다. 그리고 너는 빛이 이미 네게 왔으며, 네가 이미 어둠에서 벗어났다는 것을 배울 수도 없을 것이다. 너의 모든 형제들에게 빛을 주지 않는 한, 너는 빛을 보지 않을 것이기 때문이다. 그들이 너의 손에서 빛을 받아갈 때, 너는 빛을 너 자신의 것으로 인식할 것이다.

¹² 구원은 행복한 아이들이 노는 게임이라고 생각할 수 있다. 그 게임은 당신의 아이들을 사랑하시는 하느님이 고안하셨다. 그리고 하느님은 아이들의 두려운 장난감을, 두려움의 게임은 끝났음을 가르쳐주는 즐거운 게임으로 대체하실 것이다. 하느님의 게임은 행복하게 가르친다. 그 게임에는 패자가 아무도 없기 때문이다. 게임을 하는 자는 누구나 이길 수밖에 없으며, 한 사람이 이길 때마다 모든 이가 얻을 것이 확실해진다. 구원이 가져다주는 혜택을 깨닫게 될 때, 아이들은 두려움의 게임을 기꺼이 포기한다.

¹³ 희망을 잃고 아버지께 버림받아 죄와 죄의식으로 미쳐버린 무시무시한 세상의 공포 속에 홀로 남겨진 게임을 한 자여, 이제 행복하여라. 그 게임은 끝났다. 이제 조용한 시간이 왔다. 그 시간에 우리는 죄의식의 장난감을 치워버리고, 우리의 괴상하고 유치한 죄의 생각을 천국의 아이들과 하느님 아들의 순결하고 거룩한 마음 밖으로 몰아낸다. 우리는 단지 한 순간만 더 멈춰서, 이 땅에서 마지막 행복한 게임을 할 것이다. 그런 다음 우리는 우리의 정당한 자리를 차지하러 간다. 그곳에 진리가 머물러 살며, 그곳에서 게임은 무의미하다.

¹⁴ 그렇게 이야기가 끝난다. 오늘 그 이야기의 마지막 장을 세상에 더 가까이 가져다주어라. 그리하여 모든 이로 하여금 그가 읽고 있는 동화는 단지 자신의 망상적 판타지였음을 배우게 하라. 그것은 모든 희망이 꺾인 무시무시한 운명, 벗어날 수 없는 복수에 맞선 안쓰러운 방어에 관한 동화였다. 이런 왜곡된 이야기가 그들의 혼란스럽고 어리둥절한 기억 속에 불러일으킨 어두운 꿈에서 깨우려고, 하느님의 성직자들이 왔다. 하느님의 아들은 그것이 진짜가 아님을 배우고는 마침내 웃을 수 있다.

¹⁵ 오늘 우리는 앞으로 한동안 유지할 형식으로 연습할 것이다. 우리는 하루를 시작할 때 그날의 생각에 가능한 한 오래 주의를 기울일 것이다. 이제 5분은 구원이 우리의 유일한 목표가 되는 날을 준비하기 위해 보내는 최소한의 시간이 된다. 10분이면 더 좋고, 15분이라면 훨씬 더 좋을 것이다. 그리고 산만함 때문에 더 이상 우리의 목적에서 벗어나지 않게 됨에 따라, 하느님과 함께 보내기에는 30분도 너무 짧은 시간임을 깨달을 것이다. 밤에도 우리는 감사하고 기뻐하면서, 그보다 더 적은 시간을 보내려고 하지는 않을 것이다.

¹⁶ 매시간 하느님과 공유하는 뜻에 충실하겠다고 기억할 때마다, 우리의 평화가 점점 더 늘어날 것이다. 때로는 매시 정각에 1분이나 그보다 더 적은 시간을 드리는 것이 최선일 수도 있다. 어떤 때는 잊을 것이다. 다른 때는 세상일에 쫓기느라 잠시 물러서서 하느님을 생각할 시간을 낼 수도 없을 것이다.

¹⁷ 하지만 우리가 그런 시간을 낼 수 있을 때는, 매시간 자신의 사명과 하느님의 사랑을 기억함으로써 하느님의 성직자로서의 책임을 준수할 것이다. 우리는 조용히 앉아 하느님을 기다리면서 그분의 음성에 귀 기울이고, 지나간 한 시간 동안 주신 모든 선물에 감사드리면서 앞으로 올 한 시간 동안 우리가 무엇을 행하기를 바라시는지 배울 것이다.

¹⁸ 연습을 계속함에 따라 조만간 너는 끊임없이 하느님을 생각하게 되고, 너의 발걸음을 조용한 길로 인도하는 그분의 자애로운 음성을 듣고, 그 길을 진정한 무방어 안에서 걷게 될 것이다. 너는 천국이 너와 동행함을 알게 될 것이기 때문이다. 그리고 비록 너의 시간은 세상의 구원을 위해 쓰더라도, 너의 마음만은 단 한 순간이라도 하느님과 떨어져 있게 하지 않을 것이다. 네가 세상과 너의 구원을 위한 하느님의 계획을 이행하기로 선택했거늘, 하느님이 너를 위해 이것을 가능케 하지 않으실 것 같은가?

¹⁹ 오늘 우리의 주제는 우리의 무방어다. 우리는 오늘을 맞이할 준비를 하면서 무방어의 옷을 입는다. 우리는 그리스도 안에서 굳건히 떨쳐 일어나며, 그의 강함이 우리 안에 깃들어 있음을 기억하면서 우리의 약함이 사라지게 한다. 우리는 그리스도가 온종일 우리 곁에 머물며, 우리의 약함을 그의 강함으로 떠받쳐 주지 않은 채 버려두는 일은 결코 없을 것임을 기억한다.

²⁰ 우리의 방어수단이 목적에 대한 확신을 위협하여 약화한다고 느낄 때마다, 우리는 그리스도의 강함을 요청한다. 그리스도가 우리에게 "내가 여기에 있다."라고 말해줄

때, 우리는 잠시 멈출 것이다. 너의 연습은 이제 사랑의 열성을 띠기 시작하여, 너의 마음이 자신의 의도에서 벗어나 방랑하지 않도록 도울 것이다.

21 두려워하지도 말고 의기소침하지도 말라. 네가 최종 목표에 도달할 것임은 의심의 여지가 없다. 하느님의 성직자들은 결코 실패할 수 없다. 그들로부터 모든 형제들에게 뻗어 나가는 사랑과 강함과 평화는 하느님에게서 오기 때문이다. 그것은 하느님이 네게 주시는 선물이며, 무방어는 네가 그 보답으로 돌려드려야 할 모든 것이다. 너는 그리스도와 그의 죄 없음을 보기 위해, 결코 실제가 아니었던 것을 치워버릴 뿐이다.

154과

나는 하느님의 성직자들 가운데 하나다.

1 오늘 오만하지도, 그릇되게 겸손하지도 말자. 우리는 이러한 어리석음에서 벗어났다. 우리는 우리 자신을 판단할 수 없으며, 판단할 필요도 없다. 이것은 결정을 늦추고 우리의 기능에 헌신하는 것을 미루려는 시도에 불과하다. 우리의 가치를 판단하는 것은 우리의 역할이 아니며, 우리는 어떤 역할이 우리에게 최선인지, 우리가 전체를 다 볼 수 없는 더 큰 계획에서 무엇을 할 수 있는지 알 수 없다. 우리의 역할은 지옥이 아닌 천국에 있다. 우리가 약함이라고 생각하는 것이 강함일 수 있고, 우리가 자신의 강함이라고 믿는 것은 종종 오만이다.

2 너에게 정해진 역할이 무엇이든, 그것은 하느님을 대변하는 음성인 성령이 선정한 것이다. 그의 기능은 또한 너도 대변하는 것이다. 성령은 너의 강점들을 있는 그대로 보고, 그것들이 무엇을 위해 누구에게 언제 어디에 가장 잘 적용될 수 있는지 똑같이 알아차리면서, 너를 대신하여 너의 역할을 선택하고 받아들인다. 성령은 너의 동의 없이는 일하지 않는다. 하지만 성령은 너의 정체에 대해 속지 않으며, 네 안에서 오로지 성령 자신의 음성에만 귀 기울인다.

3 성령은 유일한 음성을 듣는 능력이 있으며, 그 음성은 성령 자신의 것이다. 너는 이러한 성령의 능력을 통해 마침내 네 안에 유일한 음성만 있음을 알아차리게 된다. 그 유일한 음성이 너의 기능을 정하여 너에게 전해주면서, 그것을 이해하고 그에 수반되는 일을 행하며, 그와 관련된 모든 일에 성공할 힘을 부여한다. 하느님은 이 일에 있어서 당신의 아들과 결합하셨으며, 그리하여 그는 하느님과의 단일성을 알리는 메신저가 된다.

4 하느님의 음성을 통해 아버지와 아들이 이렇게 결합하는 것이야말로 구원을 세상과 갈라놓는 것이다. 바로 이 음성이야말로 세상이 따르지 않는 법칙에 대해 말해주고, 하느님이 죄 없게 창조하신 마음에서 죄의식이 사라져 모든 죄로부터 구원된다고 약속하는 것이다. 이제 이 마음은 자신의 창조주를, 그리고 그분이 자신과 영원히 연합되어 있음을 다시 알아차리게 된다. 따라서 그 마음의 자아는 그 안에서 그 마음의 뜻과 하느님의 뜻이 결합되어 있는 유일한 실재다.

⁵ 메신저는 자신이 전달하는 메시지를 작성하려고 선택하지 않는다. 메신저는 메시지를 작성하는 자의 권리에 이의를 제기하지도 않으며, 그가 전해주는 메시지를 받을 사람을 왜 선택했는지 묻지도 않는다. 메신저는 메시지를 받아들여서 예정된 자들에게 전해줌으로써 메시지 전달자로서의 역할을 이행하기만 하면 된다. 그가 만약 메시지의 내용이나 목적, 혹은 메시지가 전달되어야 할 곳을 결정한다면, 말씀의 전달자로서 고유한 역할을 수행하지 못하는 것이다.

⁶ 천국의 메신저들은 그들이 이행하는 역할에 있어서 세상이 임명한 메신저들과 중요한 차이점이 있다. 그들이 전달하는 메시지는 먼저 그들 자신을 위해 의도된 것이다. 그들이 메시지를 더 멀리 전달하여 본래 의도된 모든 곳에 전해주려면, 먼저 메시지를 스스로 받아들일 수 있어야 한다. 땅의 메신저들처럼 천국의 메신저들도 자신이 지닌 메시지를 작성하지 않았지만, 가장 진정한 의미에서 그 메시지의 첫 번째 수신자가 되어, 그것을 다른 이들에게 줄 수 있도록 스스로 준비하기 위해 받는다.

⁷ 땅의 메신저는 모든 메시지를 주어버림으로써 자신의 역할을 완수한다. 하느님의 메신저들은 그분의 메시지를 자신의 것으로 받아들임으로써 자신의 역할을 이행하며, 그 메시지를 전해줌으로써 자신이 그 메시지를 이해했음을 보여준다. 그들은 하느님의 권위에 의해 부여받지 않은 어떤 역할도 선택하지 않는다. 따라서 그들은 메시지를 전해줄 때마다 이득을 본다.

⁸ 하느님의 메시지를 받고자 하는가? 그럼으로써 너희는 하느님의 메신저가 되기 때문이다. 너희는 이제 임명되었다. 하지만 너희는 너희가 받은 메시지를 주기를 미루고 있다. 따라서 그 메시지가 너희 것임을 알지 못하고, 그 메시지를 인식하지도 못한다. 그 누구도 주기 전에는 받을 수 없고, 자신이 이미 받았음을 이해할 수도 없다. 주는 것을 통해, 그는 자신이 받은 것을 자신의 것으로 받아들이기 때문이다.

⁹ 이제 하느님의 메신저들인 너희는 그분의 메시지를 받는다. 그것은 그분이 명하신 역할의 일부기 때문이다. 하느님은 너희에게 필요한 것을 주지 못한 적이 없으시고, 그것이 받아들여지지 않은 채 남아있던 적도 없다. 하지만 너희에게 정해진 과제의 다른 부분은 아직 성취되지 않았다. 너희를 대신해 하느님의 메시지를 받아놓은 성령은 너희도 그 메시지를 받기를 바란다. 그럼으로써 너희는 성령과 동일시하며, 너희 자신의 것을 달라고 청구하는 것이기 때문이다.

¹⁰ 오늘 우리는 바로 이러한 결합을 인식하고자 한다. 우리는 우리를 대신해 말하는

성령으로부터 우리의 마음을 분리하려 하지 않을 것이다. 우리가 성령께 주의를 기울일 때 듣는 것은 단지 우리 자신의 음성일 뿐이기 때문이다. 오로지 성령만이 우리를 대신하여 우리에게 말하면서, 하느님의 말씀을 받고 주는 것과 하느님의 뜻을 주고받는 것을 유일한 음성 안에서 결합한다.

11 우리는 성령께 그가 원하는 것을 드리는 연습을 한다. 그럼으로써 우리는 성령이 우리에게 주는 선물을 인식할 수 있게 된다. 성령은 우리를 통해 말할 수 있도록 우리의 음성이 필요하다. 성령은 그의 메시지를 담아 그가 정해주는 자들에게 전할 우리의 손이 필요하다. 성령은 그가 뜻하는 곳으로 우리를 데려갈 우리의 발이 필요하다. 그럼으로써 비참함 속에 기다리는 자들이 마침내 구원될 수 있다. 그리고 성령은 그의 뜻과 연합된 우리의 뜻이 필요하다. 그럼으로써 우리는 그가 주는 선물을 진정으로 받는 자가 될 수 있다.

12 오늘은 단지 다음의 레슨을 배우도록 하자: 우리는 우리가 받는 것을 주어야 비로소 그것을 인식하게 될 것이다. 너는 이 말을 백 번은 들었지만, 여전히 믿음이 부족하다. 그러나 다음은 확실하다: 너는 이 말을 믿을 때까지 천 개의 기적을 받은 다음에 또 천 개의 기적을 받겠지만, 하느님은 네가 이미 가진 것 외에는 어떤 선물도 남겨두지 않으셨고, 당신의 아들에게 아주 작은 축복조차 거절하신 적이 없음을 알지 못할 것이다. 네가 하느님과 동일시하고 그분의 아들과 동일시하기 전까지, 이것이 너에게 무슨 의미가 있겠는가?

13 오늘 우리의 레슨은 다음과 같다:

14 나는 하느님의 성직자들 가운데 하나다.
나는 내가 자유롭다는 것을 인식할 수단을 가진 것에 대해 감사한다.

15 우리가 우리의 마음을 밝히고 이 거룩한 말이 참임을 깨달을 때, 세상이 물러난다. 이 말은 우리의 창조주께서 오늘 우리에게 보내주신 메시지다. 이제 우리는 이 말로 인해 우리 자신과 우리의 기능에 대한 우리의 마음이 어떻게 바뀌었는지 입증한다. 우리가 더 이상 우리가 공유하지 않는 어떤 뜻도 받아들이지 않는다는 것을 증명할 때, 우리의 창조주가 주시는 수많은 선물이 우리의 시야에 갑자기 나타나 우리의 두 손으로 뛰어 들어올 것이다. 그리고 우리는 우리가 받은 것을 이해하게 될 것이다.

155과

나는 뒤로 물러나 하느님이 길을 인도하시게 하겠다.

1 이곳에 있는 것 같지만 실제로 이곳에 없는 세상을 살아가는 방법이 있다. 너는 겉모습을 바꾸지 않는다. 비록 미소는 더 자주 짓지만 말이다. 너의 이마는 차분하고, 너의 눈은 조용하다. 세상을 너처럼 걷는 자들은 그들 자신과 같은 너를 알아본다. 하지만 아직 그런 방법을 지각하지 못한 자들 또한 너를 알아보고는, 네가 전에 그랬듯이 지금도 그들 자신과 같다고 믿을 것이다.

2 세상은 환상이다. 세상에 오기로 선택하는 자들은 자신이 환상으로 존재할 수 있고 자신의 실재를 피할 수 있는 곳을 구하고 있다. 하지만 이곳에조차 자신의 실재가 있음을 발견할 때, 그들은 뒤로 물러나 실재가 길을 인도하게 한다. 그들이 과연 다른 어떤 선택을 내릴 수 있겠는가? 환상을 진리보다 앞서게 하는 것은 광기지만, 환상을 진리 뒤로 보내 스러지게 하고 진리가 그 정체로서 앞서게 하는 것은 단지 제정신이다.

3 우리는 오늘 이렇게 단순한 선택을 내린다. 이곳에 오기로 선택했지만 아직은 그 선택이 잘못이었음을 기쁘게 깨닫지 못한 자들이 바라볼 증거로서, 미친 환상은 한동안 남아있을 것이다. 그들은 진리로부터 직접 배울 수 없다. 그들은 그 선택이 잘못이었음을 부정했기 때문이다. 따라서 그들에게는, 그들의 광기를 지각하지만 환상 너머로 그들 내면의 단순한 진리를 볼 수 있는 교사가 필요하다.

4 진리가 그들에게 세상을 포기하라고 요구한다면, 무언가 실제인 것을 희생하라고 요구하는 듯이 보일 것이다. 많은 이들이 여전히 세상의 실재성을 믿으면서 세상을 버리기로 선택했으며, 따라서 상실감에 시달리다가 해방되지 못했다. 다른 이들은 단지 세상만 선택했으며, 따라서 더 깊은 상실감에 시달렸지만 왜 그런지 이해하지 못했다.

5 이 두 길 사이에, 모든 종류의 상실에서 벗어나도록 인도하는 또 다른 길이 있다. 그 길을 선택하면 희생과 박탈에서 재빨리 벗어나기 때문이다. 이것이 바로 지금 너에게 정해진 길이다. 너는 이 길을 다른 이들처럼 걸으며, 사실 그들과 다르지만 달라 보이지도 않는다. 그리하여 너는 너 자신을 돕는 동안 다른 이들도 도우면서, 그들로 하여금 하느님이 너에게 열어주시고 너를 통해 그들에게 열어주신 길로 들어서게 할

수 있다.

⁶ 환상은 여전히 너에게 매달려 있어서 손으로 잡을 수 있을 듯하다. 하지만 환상은 이미 뒤로 물러났기에, 네가 말할 때 그들이 듣는 것은 환상이 아니며, 그들이 눈으로 보고 마음으로 이해하도록 네가 가져다주는 것도 환상이 아니다. 이제 네 앞에서 걷는 진리가 환상을 뚫고 그들에게 말할 수 있다. 이제 그 길은 환상 너머로 이어지며, 너는 그 길을 가는 동안 그들에게 따라오라고 부르기 때문이다.

⁷ 모든 길은 결국 이 길로 이어질 것이다. 희생과 박탈은 어느 곳으로도 이어지지 않는 길이자 좌절을 위한 선택이며, 불가능하게 남아있을 목표기 때문이다. 네 안의 진리가 앞으로 나서서 네 형제들을 죽음의 길에서 벗어나도록 인도하여 행복의 길에 들어서도록 할 때, 이 모든 것은 뒤로 물러난다. 그들의 고통은 단지 환상일 뿐이다. 하지만 그들은 그들을 환상 밖으로 인도해 줄 안내자가 필요하다. 그들은 환상을 진리라고 잘못 생각하기 때문이다.

⁸ 단지 이러한 것이 구원의 요청이다. 구원은 네가 진리를 받아들일 것을, 그리고 진리로 하여금 앞장서게 하여 환상에서 해방되는 길을 밝히도록 허용할 것을 요청한다. 그것은 대가가 있는 해방이 아니다. 거기에는 비용이 없고, 오로지 이득만 있다. 환상은 단지 하느님의 거룩한 아들을 사슬에 옭아맨 듯이 보일 수만 있을 뿐이다. 그는 단지 환상에서 구원된다. 환상이 뒤로 물러섬에 따라, 그는 다시 자기 자신을 발견한다.

⁹ 이제 안전하게, 하지만 주의해서 걸어가라. 이 길은 너에게 새로운 길이기 때문이다. 너는 여전히 진리 앞을 걸어가며 환상을 안내자로 삼으려는 유혹을 느낄 수도 있다. 네가 목적을 확신하며 진리를 향해 걸어갈 때, 너의 발걸음을 따라갈 거룩한 형제들이 너에게 주어졌다. 이제 진리가 네 앞에서 간다. 따라서 그들은 그들이 동일시할 수 있는 무언가, 그들이 이해하는 무언가가 길을 인도하는 것을 볼 수 있게 된다.

¹⁰ 하지만 여정의 끝에 도달하면, 진리와 너 사이에는 그 어떤 간격이나 거리도 없을 것이다. 네가 여행한 길을 걸은 모든 환상도 너에게서 사라져, 하느님만큼이나 거룩한 하느님의 완성으로부터 진리를 떼어놓을 것은 아무것도 남아있지 않을 것이다. 믿음으로 뒤로 물러나 진리로 하여금 길을 인도하게 하라. 너는 네가 어디로 가는지 모르지만, 그것을 아시는 하느님이 너와 함께 가신다. 너 자신과 너의 모든 형제들을 하느님이 인도하시게 하라.

¹¹ 꿈이 끝났을 때, 시간은 지나가는 모든 것에 문을 잠갔고, 기적은 목적이 없으며,

하느님의 거룩한 아들은 여정을 밟지 않을 것이다. 진리보다는 환상이 되고 싶어 하는 소망도 더 이상 없을 것이다. 진리가 가리키는 길을 따라 나아갈 때, 우리는 이것을 향해 걸어가는 것이다. 이것이 우리의 마지막 여정이며, 우리는 이 여정을 모든 이를 위해 밟는다. 우리는 길을 잃을 수 없다. 진리가 우리 앞을 걸어갈 때, 진리는 또한 우리를 따라올 우리의 형제들 앞도 걸어가기 때문이다.

¹² 우리는 하느님께 걸어간다. 잠시 멈춰 이에 대해 숙고해 보라. 어떤 길이 이보다 더 거룩하고, 너의 노력과 사랑과 전적인 의지를 더 바칠 만하겠는가? 어떤 길이 너에게 모든 것보다 더 많이 줄 수 있으며, 혹은 더 적게 주면서도 하느님의 거룩한 아들을 만족시킬 수 있겠는가? 우리는 하느님께 걸어간다. 우리 앞에서 걷는 진리는 이제 하느님과 하나며, 그분이 언제나 계셨던 곳으로 우리를 인도한다. 네가 과연 이것 대신 어떤 길을 선택하고자 할 수 있겠는가?

¹³ 너는 세상을 하느님께 인도하는 길에 안전하게 들어섰다. 너를 다른 곳으로 인도하는 듯한 길은 쳐다보지 말라. 꿈은 하느님의 아들인 너의 안내자가 될 자격이 없다. 하느님은 네가 당신의 신뢰를 받을 자격이 있다는 신뢰 속에 너의 손을 잡으시고는, 너에게 네 형제들을 주셨음을 잊지 말라. 하느님은 속으실 수 없다. 하느님의 신뢰가 너의 길을 확고하게 만들고, 너의 목표를 확실하게 만들었다. 너는 너의 형제도 너의 자아도 실망시키지 않을 것이다.

¹⁴ 이제 하느님은 너에게 매일 잠시 당신에 대해 생각할 것만을 청하신다. 그럼으로써 하느님은 너에게 말을 걸어오셔서 당신의 **사랑**에 대해 이야기해 주시면서, 당신의 신뢰가 얼마나 큰지, 당신의 **사랑**은 얼마나 무한한지 일깨워 주실 수 있다. 오늘 우리는 서로 같은 이름인 너의 이름과 하느님의 이름으로 다음의 생각을 가지고 기쁘게 연습한다:

¹⁵   나는 뒤로 물러나 하느님이 길을 인도하시게 하겠다.
     나는 하느님께 가는 길을 따라 걷고자 하기 때문이다.

156과

나는 완벽한 거룩함 속에서 하느님과 함께 걷는다.

¹ 오늘의 아이디어는 죄의 생각을 불가능하게 만드는 단순한 진리를 진술할 뿐이다. 오늘의 아이디어는 다음을 약속해 준다: 죄의식은 원인이 없으며, 원인이 없기에 존재하지 않는다. 이것은 텍스트에서 자주 언급된, 아이디어는 자신의 근원을 떠나지 않는다는 기본적인 생각에서 따라 나온다. 이것이 참이라면 네가 어찌 하느님과 떨어져 있을 수 있겠는가? 네가 어찌 홀로 세상을 걷고, 너의 근원과 분리될 수 있겠는가?

² 우리의 커리큘럼은 생각들을 일관성 없이 제시하지 않는다. 진리가 참이려면, 처음부터 끝까지 참이어야 한다. 진리는 자신을 부정할 수 없으며, 어떤 부분은 불확실하고 다른 부분은 확실할 수도 없다. 네가 하느님과 떨어져서 세상을 걸을 수 없는 이유는, 너는 하느님 없이 존재할 수 없기 때문이다. 하느님은 바로 너의 생명이신 분이다. 네가 있는 곳에 하느님이 계신다. 오로지 하나의 **생명**만이 존재하며, 너는 그 생명을 하느님과 공유한다. 그 무엇도 하느님과 떨어져서 살 수 없다.

³ 하지만 하느님이 계시는 곳에는 생명은 물론 거룩함도 있을 것이다. 하느님의 속성 중에 살아있는 만물이 공유하지 않는 것은 없다. 살아있는 것은 하느님만큼이나 거룩하다. 하느님의 생명을 공유하는 것은 **거룩함**의 일부로서, 태양이 얼음으로부터 만들어지거나, 바다가 물에서 떨어져 나오거나, 풀이 공중에 뿌리를 매달고 자라기를 선택할 수 없는 만큼이나 죄가 있을 수 없기 때문이다.

⁴ 네 안에는 죽을 수 없는 빛이 있으며, 그 빛의 **현존**은 너무도 거룩하여 세상이 너로 인해 축성된다. 살아있는 모든 것이 너에게 선물을 가져와서, 감사하고 기뻐하며 너의 발밑에 내려놓는다. 꽃은 너에게 향기를 선물한다. 파도는 너에게 엎드려 절하고, 나무는 팔을 뻗어 너를 뜨거운 열기로부터 가려주고 네 앞의 땅에 잎을 깔아 부드럽게 걷게 하며, 바람은 너의 거룩한 머리 언저리에 내려와 속삭인다.

⁵ 네 안에 있는 그 **빛**은 우주가 간절히 보고 싶어 하는 것이다. 살아있는 만물이 네 앞에서 숨을 죽인다. 그들은 너와 함께 걷는 분을 알아보기 때문이다. 네가 지닌 **빛**은 그들 자신의 것이며, 따라서 그들은 네 안에서 자신의 거룩함을 보고는 너에게 구원자요 하느님으로서 경의를 표한다. 그들의 공경을 받아들여라. 그들은 너와 함께 걷

는 거룩함 자체에게 공경을 표하는 것이기 때문이다. 그 거룩함은 자신의 온유한 빛 속에서 만물을 자신과 닮은 것으로, 자신의 순수함으로 변형한다.

6 이것이 바로 구원이 작동하는 방식이다. 네가 뒤로 물러날 때, 네 안의 빛이 앞으로 나아가 세상을 품어 안는다. 그것은 죄가 처벌과 죽음으로 끝난다고 포고하지 않는다. 죄는 웃음 속에 가벼이 사라졌다. 이제 죄는 기묘하도록 터무니없다고 보이기 때문이다. 죄는 어리석은 생각이자 바보 같은 꿈이다. 그 꿈은 무섭다기보다는 우스꽝스러울 것이다. 그 누가 하느님께 나아가는 길에서 이런 무의미한 변덕을 위해 단 한 순간이라도 낭비하려 하겠는가?

7 하지만 너는 단지 이런 어리석은 생각에 수많은 시간을 낭비했다. 과거는 그 모든 판타지와 함께 사라졌다. 과거의 판타지는 더 이상 너를 묶어두지 않는다. 하느님께 가는 길목이 가까이 있다. 너는 어쩌면 아직 남은 의심을 잠시 붙잡느라 너의 동반자를 보지 못하고, 그분이 이제는 지나가 버린 아주 오랜 무의미한 꿈이라고 잘못 생각할 수도 있다.

8 "누가 나와 함께 걷는가?" 확신이 의심을 종식하고 평화를 확립할 때까지, 이 질문을 하루에 천 번은 해야 한다. 오늘 의심하기를 멈추자. 하느님이 너의 질문에 다음의 말로 응답하시면서 너를 위해 말씀하신다:

9 나는 완벽한 거룩함 속에서 하느님과 함께 걷는다.
나는 세상을 밝히고 나의 마음을 밝히며,
하느님이 나와 하나로 창조하신 모든 마음을 밝힌다.

157과

지금 나는 그리스도의 현존으로 들어가겠다.

¹ 오늘은 침묵과 신뢰의 날이다. 오늘은 너의 달력에서 특별히 약속된 때다. 천국은 영원의 메아리가 울려 퍼지는 오늘을 밝혀주고, 그 위에 무시간성의 빛을 비춰주려고 이날을 따로 정해놓았다. 오늘은 거룩한 날이다. 오늘은 새로운 경험, 다른 종류의 느낌과 알아차림을 들여오는 날이기 때문이다. 너는 죽음을 축하하면서 긴 세월을 보냈다. 오늘 너는 생명의 기쁨을 느끼는 법을 배운다.

² 이것은 커리큘럼에서 또 하나의 중대한 전환점이다. 우리는 이제 새로운 차원을 더한다. 그것은 우리가 이미 배운 모든 것을 밝게 비춰주고, 앞으로 배워야 할 것에 대해 준비하게 하는 참신한 경험이다. 그것은 우리를 배움이 멈추는 문으로 데려가며, 그곳에서 우리는 배움이 도달할 수 있는 가장 높은 곳 너머에 놓여있는 것을 얼핏 본다. 우리는 잠시 그곳에 머물다가 우리의 방향과 유일한 목표를 확신하면서 그 너머로 간다.

³ 오늘 이러한 경험이 너에게 주어져 천국의 손길을 느끼게 할 것이다. 비록 너는 다시 배움의 길로 돌아오겠지만 말이다. 하지만 너는 시간을 바꾸는 길을 따라 충분히 멀리 왔으며, 따라서 시간의 법칙 위로 올라가 잠시 영원 속으로 걸어 들어갈 수 있다. 각각의 레슨을 충실히 연습할 때마다 너는 보다 빨리 이 거룩한 곳에 도달해서 잠시 너의 자아에게 의탁할 것이며, 그에 따라 더 자주 그렇게 하는 법을 배울 것이다.

⁴ 그가 오늘 너의 연습을 인도할 것이다. 지금 네가 요청하는 것은 그가 뜻하는 것이기 때문이다. 오늘 너의 뜻을 그의 뜻과 결합하였기에, 네가 요청하는 것은 너에게 주어질 수밖에 없다. 단지 오늘의 아이디어만 있으면 너의 마음은 밝게 비추어지고, 고요한 기대와 조용한 기쁨 속에 안식할 수 있다. 그러한 안식 속에서 너는 세상을 재빨리 뒤로하고 떠난다.

⁵ 오늘 이후로 너는 진정한 헌신과 열정을 가지고 성직을 수행하게 된다. 그러한 열정은 너의 손끝에서 흘러나와 네가 만지는 이들에게 도달하고, 네가 바라보는 이들을 축복한다. 네가 만나는 모든 이와 네가 생각하는 모든 이, 혹은 너를 생각하는 모든 이에게 비전이 가닿는다. 너의 마음은 오늘 네가 하게 될 경험으로 너무도 강력하게 변형되어, 하느님의 거룩한 생각들을 위한 시금석이 될 것이기 때문이다.

⁶ 너의 몸은 오늘 축성되어, 네가 오늘 경험한 것에 대한 비전을 가져다가 세상을 밝히는 것을 이제 그 유일한 목적으로 삼을 것이다. 우리는 이와 같은 경험을 직접 전해줄 수 없다. 하지만 그 경험은 우리의 눈에 어떤 비전을 남기는데, 그것은 우리가 모든 이에게 제공할 수 있는 것이다. 그럼으로써 그들은 세상을 조용히 잊고 천국을 잠시 기억하는 똑같은 경험에 보다 빨리 도달할 수 있게 된다.

⁷ 이러한 경험이 늘어나고 그 밖의 모든 목표에 별 가치를 두지 않게 되면서, 네가 돌아오게 될 세상은 시간의 끝에 조금 더 가까워지고, 여러모로 천국을 조금 더 닮게 되며, 구원에 조금 더 가까워진다. 세상에 빛을 전해주는 너는 빛을 더 확실하게 보고, 그러한 비전을 더 뚜렷이 보게 될 것이다.

⁸ 네가 지금의 겉모습과 똑같은 형식으로 돌아오지 않을 때가 올 것이다. 그때 너는 그러한 형식이 전혀 필요 없을 것이기 때문이다. 하지만 지금 그 형식은 어떤 목적을 가졌고, 그 목적에 아주 쓸모가 있을 것이다. 오늘 우리는 네가 꿈꾸지 못했던 길에 나설 것이다. 그러나 생명의 행복한 꿈을 **주는** 자, 지각을 진리로 **전환하는** 자, 너에게 주어져 천국으로 인도하는 거룩한 **안내자**인 성령은 이미, 네가 오늘 길을 나서서 오늘이 건네주는 경험을 자신의 것으로 만드는 이 여정을 너 대신 꿈꿨다.

⁹ 지금 우리는, 그리스도의 빛나는 얼굴과 완벽한 사랑만을 잔잔히 의식하면서, 그리스도의 **현존**으로 들어가겠다. 그리스도의 얼굴에 대한 비전은 너에게 남겠지만, 모든 비전은 물론 이렇게 가장 거룩한 비전조차 초월하는 순간이 올 것이다. 너는 결코 이것을 가르치지 않을 것이다. 그것은 배움을 통해 얻은 것이 아니기 때문이다. 하지만 그러한 비전은, 네가 그 순간 알았고 분명히 다시 알게 될 것을 기억하고 있음을 보여준다.

158과

오늘 나는 받는 대로 주는 법을 배운다.

¹ 너에게 무엇이 주어져 있는가? 그것은 네가 하느님의 마음 안에 있는 마음으로서 순전히 마음이며, **사랑**으로 창조되었으므로 영원히 죄가 없고 두려움이 전혀 없다는 앎이다. 그리고 너는 너의 근원을 떠나지 않았으며, 창조된 그대로 남아있다는 앎이다. 바로 이것이 네가 잃을 수 없는 앎으로서 너에게 주어졌다. 그러한 앎은 모든 살아있는 것들에게도 마찬가지로 주어졌다. 그것들은 오로지 그러한 앎에 의해서만 살기 때문이다.

² 너는 이 모든 것을 받았다. 세상을 걷는 자들 가운데 그것을 받지 않은 자는 아무도 없다. 네가 주는 것은 이러한 앎이 아니다. 그것은 창조가 준 것이기 때문이다. 이 모든 것은 배울 수 없다. 그렇다면 너는 오늘 무엇을 주는 법을 배울 것인가? 어제의 레슨은 텍스트 초반에 나오는 주제를 환기시켰다. 경험은 비전이 공유되는 것과 같은 직접적인 방식으로는 공유될 수 없다. 아버지와 아들이 하나라는 계시는 결국 시간 안에서 모든 마음에게 올 것이다. 하지만 그때가 언제일지는 가르칠 수 있는 것이 아니라, 마음이 스스로 결정하는 것이다.

³ 그때는 이미 정해졌다. 그것은 아주 임의적으로 보인다. 하지만 네가 걸어가는 길에서 우연히 내딛는 발걸음은 없다. 너는 이미 그 모든 걸음을 다 내디뎠다. 비록 아직 그 길에 나서지는 않았지만 말이다. 시간은 단지 한 방향으로만 흐르는 듯이 보인다. 우리는 단지 이미 끝난 여정에 나설 뿐이지만, 그 안에는 우리가 아직 모르는 미래가 들어있는 듯이 보인다.

⁴ 시간은 속임수다. 그것은 교묘한 손기술이며, 마법을 부리는 것처럼 등장인물들이 오가는 방대한 환상이다. 하지만 겉모습 뒤에는 변하지 않는 계획이 있다. 대본은 작성되었다. 경험이 와서 너의 의심을 종식할 때도 이미 정해졌다. 우리는 단지 여정이 끝난 지점에서 뒤돌아보면서 그 여정을 다시 한번 밟는다고 상상하고, 이미 지나간 것을 마음으로 회상한다.

⁵ 교사는 경험을 주지 않는다. 경험은 그가 배운 것이 아니기 때문이다. 경험은 예정된 시간에 자신을 교사에게 드러냈다. 그러나 비전은 교사가 주는 선물이다. 교사는

비전을 직접적으로 줄 수 있다. 그리스도의 앎은 상실되지 않으며, 그리스도는 청하는 모든 이에게 줄 수 있는 비전을 가졌기 때문이다. 아버지의 뜻과 그리스도의 뜻은 앎으로 결합되어 있다. 하지만 그리스도의 마음이 바라보기 때문에 성령도 바라보는 비전이 하나 있다.

6 여기에서 의심과 그림자의 세상이 무형의 것과 만난다. 여기에 용서와 사랑으로 거룩해진 세상 안의 조용한 장소가 있다. 여기에서 모든 모순이 조화를 이룬다. 여기에서 여정이 끝나기 때문이다. 배우지도 가르치지도 보지도 않은 경험이 그저 거기에 있다. 이것은 우리의 목표를 넘어선다. 이것은 성취해야 할 것을 초월하기 때문이다. 우리의 관심은 그리스도의 비전에 있다. 그것은 우리가 성취할 수 있다.

7 그리스도의 비전에는 법칙이 하나 있다. 그것은 몸을 보면서 하느님이 창조하신 아들로 착각하지 않는다. 그것은 몸 너머로 빛을 보고, 만질 수 있는 것 너머로 아이디어를 보며, 잘못과 안쓰러운 실수, 죄의 꿈에서 비롯된 무시무시한 죄의식의 생각에 의해 흐려지지 않은 순수를 본다. 그리스도의 비전은 분리를 전혀 보지 않는다. 그것은 모든 사람과 상황, 일어나는 모든 일과 사건을 볼 때, 그 안에서 전혀 희미해지지 않은 빛을 본다.

8 그리스도의 비전은 가르칠 수 있는 것이며, 그것을 얻으려는 자는 누구나 반드시 가르쳐야 한다. 비전은 단지 다음과 같은 것을 인식하라고 요구한다: 세상은 그 가치에 있어 이것과 조금이나마 견줄 만한 것을 줄 수 없으며, 우리가 이러한 사실을 지각했을 때 세상이 세운 목표는 그저 사라질 것이다. 그리고 너는 오늘 다음과 같은 것을 준다: 그 누구도 몸으로 보지 말라. 그를 그의 정체인 하느님의 아들로 맞이하면서, 그가 거룩함 속에서 너와 하나임을 인정하라.

9 이와 같이 그의 죄가 용서받는다. 그리스도는 그 모든 죄를 간과할 권능을 가진 비전을 가졌기 때문이다. 그리스도의 용서 안에서, 그의 죄가 사라진다. 그리스도가 보지 않기에, 죄는 그저 사라져 버린다. 죄 너머에 있는 거룩함의 비전이 그 자리를 차지하러 오기 때문이다. 그 죄가 어떤 형식을 취하고 얼마나 악독해 보였는지, 그 죄로 인해 누가 상처를 받은 것으로 보였는지는 중요하지 않다. 그 죄는 더 이상 없으며, 죄가 낳은 듯한 모든 결과도 함께 사라지고 무효화되어 다시 나타나지 못할 것이다.

10 이와 같이 너는, 네가 받는 대로 주는 법을 배운다. 그리스도의 비전은 너도 이와 같이 바라본다. 네 형제 안에서 단지 너 자신을 볼 뿐임을 기억한다면, 네가 이 레슨

을 배우는 것은 어렵지 않다. 네 형제가 죄에 빠져있다면, 너도 분명 그러하다. 네가 그의 내면에서 빛을 본다면, 너는 이미 너 자신의 죄를 용서한 것이다. 오늘 네가 만나는 각각의 형제들은 그리스도의 비전으로 하여금 너를 비추게 하고, 너에게 하느님의 평화를 선사하게 할 또 다른 기회를 제공한다.

[11] 계시가 언제 올지는 중요하지 않다. 그것은 시간에 관한 것이 아니기 때문이다. 하지만 시간은 여전히 우리에게 줄 선물을 하나 갖고 있다. 그 안에서 진정한 앎은 너무도 정확하게 반영되어 있어서, 앎의 이미지는 앎의 보이지 않는 거룩함을 공유하고, 앎과 닮은 그것은 앎의 불멸의 사랑으로 빛난다. 오늘 우리는 그리스도의 눈으로 보는 연습을 한다. 그리고 우리가 주는 거룩한 선물에 의해, 그리스도의 비전은 또한 우리 자신도 바라보게 된다.

159과

나는 내가 받은 기적들을 준다.

¹ 그 누구도 자신이 받지 않은 것을 줄 수는 없다. 네가 무언가를 주려면 먼저 그것을 소유하고 있어야 한다. 여기에서 천국의 법칙과 세상의 법칙은 일치한다. 그러나 또한 여기에서 그 두 법칙이 분리된다. 세상은 네가 어떤 것을 소유하려면 그것을 갖고 있어야 한다고 믿는다. 구원은 다르게 가르친다. 주기는 네가 이미 받았음을 인식하는 방법이다. 그것은 네가 가진 것이 네 것이라는 증거다.

² 치유를 줄 때, 너는 네가 치유되었음을 이해한다. 용서할 때, 너는 용서가 네 안에서 이루어졌음을 받아들인다. 그럴 때 너는 네 형제를 너 자신으로 인식하며, 따라서 네가 정녕 온전하다고 지각한다. 네가 줄 수 없는 기적이란 없다. 모든 기적이 네게 주어져 있기 때문이다. 네 마음의 창고를 열어 거기에 있는 모든 기적을 주어버림으로써, 그것들을 지금 받아라.

³ 그리스도의 비전은 기적이다. 그것은 그 자체를 훨씬 넘어서는 곳에서 온다. 그것은 결코 죽지는 않았지만 그동안 가려져 있던 영원한 사랑과 사랑의 재탄생을 반영하기 때문이다. 그리스도의 비전은 천국을 그려낸다. 그것은 너무도 천국을 닮은 세상을 보기에, 하느님이 완벽하게 창조하신 것은 이제 세상에 거울처럼 반영될 수 있기 때문이다. 세상이 제시하는 어두워진 유리는 단지 왜곡된 이미지를 조각난 부분으로 보여줄 수 있을 뿐이다. 실재세상은 천국의 순결을 그려낸다.

⁴ 그리스도의 비전은 그 안에서 모든 기적들이 태어나는 기적이다. 그것은 기적들의 근원으로서, 네가 주는 각각의 기적과 함께 남아있으면서도 여전히 네 것으로 남아있다. 천국에서 주는 자와 받는 자가 하나이듯, 여기 땅에서 그리스도의 비전은 주는 자와 받는 자가 연합하여 함께 확장하도록 묶어주는 끈이다. 그리스도는 누구에게서도 죄를 보지 않으며, 그의 눈에 죄 없는 자들은 하나다. 그들의 거룩함은 그리스도 자신과 그의 아버지께 받은 것이다.

⁵ 그리스도의 비전은 두 세상을 이어주는 다리다. 그 비전은 너를 이 세상으로부터 끌어내서 용서가 거룩하게 만든 세상에 놓아줄 힘이 있다. 너는 이를 신뢰해도 좋다. 이곳에서 아주 단단해 보이는 것들도 그곳에서는 투명하고 간신히 보이다가 때로는

잊히는 그림자에 불과하며, 그 너머에서 반짝이는 빛을 가릴 힘이 없다. 비전이 거룩함을 되찾았기에, 이제 눈먼 자들이 볼 수 있다.

6 이것이 바로 성령의 유일한 선물, 네가 완벽한 확신을 가지고 너의 행복에 이바지할 수 있는 모든 것을 달라고 호소할 수 있는 보물 창고다. 그 모든 것이 이미 여기에 놓여있다. 너는 요청하기만 하면 그 모든 것을 받을 수 있다. 여기서 창고 문은 결코 잠겨있지 않으며, 최소한의 요청이나 가장 시급한 필요를 거절당하는 자도 아무도 없다. 그리스도의 이러한 황금빛 보물 창고 안에는 이미 치유되지 않은 병도, 충족되지 않은 결핍도, 채워지지 않은 필요도 전혀 없다.

7 여기서 세상은 세상이 만들어졌을 때 상실된 것을 기억한다. 여기서 세상이 교정되어 다시 새로워지지만, 다른 관점 안에서 그렇게 된다. 죄의 본거지가 되었을 곳이 고통받는 자들이 치유되고 환영받는 구원의 중심이자 따뜻하고 자비로운 가정이 된다. 그 누구도, 자신의 구원이 기다리는 이 새로운 집에서 내쫓기지 않을 것이다. 그 누구도, 그에게 낯선 자가 아니다. 환영 인사를 받아들이는 선물 외에는, 그 누구도 그에게 아무것도 요청하지 않는다.

8 그리스도의 비전은 용서의 백합들이 뿌리내리는 거룩한 땅이다. 이것은 백합의 집이다. 여기로부터 백합을 세상으로 다시 가져갈 수는 있지만, 척박하고 얕은 토양에서는 백합이 자랄 수 없다. 용서의 백합은 그리스도의 자비가 베푸는 빛과 온기, 살뜰한 보살핌이 필요하다. 백합은 그리스도의 사랑스러운 눈길이 필요하다. 그러면 백합은 자신이 받은 대로 주는 그리스도의 메신저가 된다.

9 그리스도의 창고에서 보물을 가져감으로써 보물이 늘어나게 하라. 그리스도의 백합을 세상에 다시 가져가더라도, 백합은 자신의 집을 떠나지 않는다. 백합의 뿌리는 남는다. 백합은 자신의 근원을 떠나지 않지만, 그 근원의 혜택을 지니고 세상에 가서 세상을 자신이 떠나온 곳과 같은 정원으로 바꿔놓는다. 그리고는 향이 더 진해져서 다시 그곳으로 돌아간다. 이제 백합은 두 배로 축복받는다. 백합이 그리스도에게 받아온 메시지는 전달되었으며, 다시 백합에게 돌아왔다. 이제 백합은 그 메시지를 그리스도에게 기쁘게 돌려준다.

10 네가 주라고 너를 위해 마련된 기적의 창고를 보라. 하느님은 그 선물이 너에게 주어질 것을 명하셨거늘, 네가 그 선물을 받을 자격이 없겠는가? 하느님의 아들을 판단하지 말고, 단지 하느님이 확립하신 길을 따라가라. 그리스도는 용서받은 세상을 꿈

꿨다. 그 세상은 죽음에서 생명으로, 절망에서 희망으로 달콤한 전환이 이루어지게 하는 그리스도의 선물이다. 한순간 그리스도와 함께 꿈꾸자. 그리스도의 꿈은 우리를 깨워 진리에 눈뜨게 한다. 그리스도의 비전은 우리가 잃지 않은 하느님 안의 영원한 신성으로 돌아갈 수단을 준다.

160과

나는 집에 있다. 이곳에서 두려움은 낯선 존재다.

¹ 사랑의 길에 두려움은 낯선 존재다. 네가 두려움과 동일시한다면, 너 자신에게 낯선 존재가 될 것이다. 따라서 너는 너 자신에게 알려지지 않는다. 자신은 실제지만 너 자신과는 다르다고 생각하는 너의 부분에게, 너의 자아는 이질적인 존재로 남아있다. 이러한 상황에서 누가 제정신일 수 있겠는가? 미치광이 외에 그 누가 자신은 자신의 정체가 아닌 것이라고 믿으면서 자기 자신에게 반하는 판단을 내릴 수 있겠는가?

² 우리 가운데 진리와는 아주 동떨어진 아이디어에서 오는 낯선 존재가 있다. 그는 다른 언어로 말하고, 진리가 모르는 세상을 바라보며, 진리가 의미 없다고 여기는 것을 이해한다. 더욱 이상하게도 그 낯선 존재는 자신이 누구에게 왔는지도 모르면서 그의 집이 자기 것이라고 주장한다. 하지만 그는 지금 집에 있는 자에게 생소한 존재다.

³ 그럼에도 불구하고, "이곳은 나의 집이다. 여기는 내가 있을 곳이며, 나는 미치광이가 떠나라고 명한다고 해서 떠나지 않을 것이다."라고 말하기는 얼마나 쉬운지! 이렇게 말하지 않을 어떤 이유가 있는가? 네가 그 낯선 존재에게 들어와 너의 자리를 차지하라고 요청하고, 정작 너는 너 자신에게 낯선 존재가 되게 한 것 외에 어떤 이유가 있겠는가? 자신의 구미에 더 잘 맞는 다른 집이 있다고 생각한 것이 아닌 한, 그 누구도 자신이 쓸데없이 내쫓기도록 허용하지는 않을 것이다.

⁴ 누가 그 낯선 존재인가? 하느님이 당신의 아들을 위해 제공하신 집에 걸맞지 않은 자가 두려움인가, 아니면 너인가? 두려움이 과연 하느님과 닮게 창조된 하느님의 아들인가? 사랑이 완성하는 것이 두려움이며, 사랑이 두려움에 의해 완성되는가? 사랑과 두려움을 함께 보호해 줄 수 있는 집은 없다. 사랑과 두려움은 공존할 수 없다. 네가 실제라면, 두려움은 분명 환상일 것이다. 두려움이 실제라면, 너는 존재하지도 않는다.

⁵ 그렇다면 이 질문은 너무도 간단히 해결된다. 두려워하는 자는 단지 자기 자신을 부정하고, "이곳에서 나는 낯선 존재다. 따라서 나 자신보다 더 나를 닮은 자에게 내 집을 맡기고, 내 것이라고 생각한 것을 전부 주어버린다."라고 말한 것이다. 이제 그는 어쩔 수 없이 추방되어서 자신이 누구인지도 모르고, 자신이 자기 자신이 아니며

자신의 집에 들어갈 수 없다는 것 외에는 아무것도 확신하지 못한다.

6 이제 그는 무엇을 구하는가? 그는 무엇을 발견할 수 있는가? 자기 자신에게 낯선 존재는 어디를 바라보든 집을 찾을 수 없다. 그는 돌아가는 것을 불가능하게 만들었기 때문이다. 기적이 그를 찾아내서 그가 이제 낯선 존재가 아님을 보여주지 않는 한, 그는 길을 잃은 것이다. 하지만 기적은 올 것이다. 그의 집 안에, 그의 **자아**가 남아있기 때문이다. 그의 **자아**는 어떤 낯선 존재도 불러들이지 않았으며, 어떤 이질적인 생각도 그 자신으로 여기지 않았다. 그리고 그의 **자아**는 무엇이 자신의 것인지 인식하면서, 자신의 것을 그 자신에게 불러들일 것이다.

7 누가 낯선 존재인가? 너의 자아가 부르지 않는 자가 아닌가? 너는 지금 너의 한가운데에 있는 그 낯선 존재를 인식하지 못한다. 너는 그에게 너의 정당한 자리를 내줬기 때문이다. 하지만 하느님이 당신의 아들을 확신하시듯, 너의 자아도 자신의 것을 확신한다. 하느님은 창조물에 대해 혼동하실 수 없다. 하느님은 당신께 속하는 것에 대해 확신하신다. 하느님의 앎과 그분 아들의 실재 사이에는 어떤 낯선 존재도 끼어들 수 없다. 하느님은 낯선 존재를 모르신다. 하느님은 당신의 아들에 대해 확신하신다.

8 하느님의 확신으로 족하다. 하느님이 당신의 아들로 아시는 자는 하느님이 당신의 아들을 영원히 두신 곳에 속한다. 하느님은 "누가 낯선 존재인가?"라고 묻는 너에게 이미 응답하셨다. 하느님의 음성이 너에게, 다음과 같이 조용하고도 확고하게 보장하는 말을 들어라: 너는 너의 아버지께 낯선 존재가 아니며, 너의 창조주도 너에게 낯선 존재가 되시지 않았다. 하느님이 결합하신 자들은 영원히 하나로 남아있다. 그들은 하느님 안의 집에 있으며, 하느님께 낯선 존재가 아니다.

9 오늘 우리는 그리스도가 자신에게 속한 것을 찾으려고 세상에 온 것에 대해 감사한다. 그의 비전은 어떤 낯선 존재도 보지 않으며, 오로지 자신의 것들만 바라보고는 그들과 기쁘게 연합한다. 그들은 그리스도를 낯선 존재로 본다. 그들은 자기 자신을 알아보지 못하기 때문이다. 하지만 그들이 그리스도를 반가이 맞아들임에 따라, 자기 자신을 기억하게 된다. 그리스도는 그들을 부드럽게 인도하여 그들이 본래 속한 집으로 다시 데려간다.

10 그리스도는 단 한 명도 잊지 않는다. 그리스도는 단 한 명도 빼먹지 않고 너에게 데려옴으로써, 너의 집은 지어진 그대로 완전하고 완벽하다는 것을 기억할 수 있게 한다. 그리스도는 너를 잊지 않았다. 하지만 네가 모든 이를 그리스도가 보듯이 보기 전

에는, 그리스도를 기억하지 못할 것이다. 자신의 형제를 부정하는 자는 그리스도를 부정하는 것이며, 따라서 시각의 선물을 받아들이기를 거부하는 것이다. 그러한 선물로 인해 그의 **자아**가 분명히 인식되고, 그의 집이 기억되며, 구원이 오거늘…

161과

하느님의 거룩한 아들이여, 나를 축복해 주세요.

1 오늘 우리는 이전과 다르게 연습하며, 분노에 반하는 입장을 취한다. 그럼으로써 우리의 두려움이 사라져서, 사랑에게 머물 자리를 제공할 수 있게 된다. 우리가 오늘의 아이디어를 연습하는 이 단순한 말 안에 구원이 놓여있다. 이것은 유혹에 대한 답으로서, 두려움과 분노가 지배하던 곳에 그리스도를 틀림없이 맞아들일 것이다. 여기에서 속죄가 완성되고, 세상이 안전하게 지나가 버려, 이제 천국이 회복된다. 여기에 하느님의 음성이 주는 답이 있다.

2 완전한 추상은 마음의 자연스러운 상태다. 하지만 지금 마음의 일부는 자연스럽지 않다. 그 부분은 모든 것을 하나라고 보지 않는다. 그 부분은 대신에 전체의 조각들만 본다. 오로지 그런 식으로만, 그 부분은 네가 보는 부분적인 세상을 지어낼 수 있기 때문이다. 모든 봄seeing의 목적은, 네가 보기를 소망하는 것을 너에게 보여주는 것이다. 모든 듣기hearing는 단지 너의 마음이 듣기를 원하는 소리를 가져다줄 뿐이다.

3 이와 같이 구체적인 것들이 만들어졌다. 이제 구체적인 것들이야말로 우리가 연습에 사용해야 하는 것이다. 우리는 그것들을 성령께 드려, 우리가 그것들에 부여한 것과 다른 목적을 위해 사용하게 한다. 하지만 성령은 우리를 다른 관점에서 가르치기 위해, 단지 우리가 만든 것만을 사용할 수 있다. 그 결과 우리는 모든 것 안에서 다른 용도를 볼 수 있게 된다.

4 한 형제가 모든 형제들이다. 각각의 마음에는 모든 마음들이 들어있다. 그들은 모두 하나기 때문이다. 이러한 것이 진리다. 하지만 이러한 생각이 창조의 의미를 분명히 밝혀주는가? 이 말이 너에게 완벽한 명료함을 가져다주는가? 그것은 어쩌면 듣기 좋을 수는 있지만, 공허한 소리로 들릴 수밖에 없지 않겠는가? 정서적으로는 맞을지 모르지만, 근본적으로는 이해되지도 이해될 수도 없는 것 아니겠는가? 구체적으로 생각하도록 자기 자신을 가르친 마음은 더 이상 모든 것을 포괄한다는 의미에서의 추상을 이해하지 못한다. 많이 배우기 위해, 우리는 조금만 볼 필요가 있다.

5 우리의 자유를 제한하고, 우리를 고통에 시달리게 하며, 마침내 우리의 목숨을 끊어버리는 것은 바로 우리의 몸인 것 같다. 하지만 몸은 두려움의 구체적인 형식에 대

한 상징일 뿐이다. 상징이 없는 두려움은 어떤 반응도 불러일으키지 않는다. 상징은 의미 없는 것을 나타낼 수 있기 때문이다. 사랑은 참이기에, 상징이 필요 없다. 그러나 두려움은 거짓이기에, 구체적인 것들에 달라붙는다.

⁶ 몸들은 공격하지만, 마음들은 공격하지 않는다. 이 생각은 텍스트에서도 자주 강조된 똑같은 생각들을 떠올리게 한다. 바로 이런 이유로 몸은 쉽사리 두려움의 상징이 된다. 너에게 몸 너머를 보라고 수차례 강력히 권한 이유는, 몸의 모습은 그리스도의 비전이 보지 않는 사랑의 "적"을 상징하기 때문이다. 몸은 공격의 표적이다. 자신이 마음을 증오한다고 생각하는 자는 아무도 없기 때문이다. 하지만 마음 외에 그 무엇이 몸으로 하여금 공격하라고 명령하겠는가? 두려움에 대해 생각하는 바로 그것 외에 그 무엇이 두려움의 본거지가 될 수 있겠는가?

⁷ 증오는 구체적이다. 거기에는 공격 대상이 있어야 한다. 만지고, 보고, 듣고, 결국에는 죽일 수 있는 형식으로 지각되는 어떤 적이 있어야 한다. 증오가 일단 어떤 대상을 향하면, 하느님의 음성이 죽음은 없다고 선포하듯이 확실하게, 죽음을 요구한다. 두려움은 만족할 줄 모르며, 눈에 띄는 것은 무엇이든 집어삼키고, 모든 것에서 자기 자신을 보며, 자신에게 돌아서 파괴하려는 충동에 시달릴 수밖에 없다.

⁸ 어떤 형제를 몸으로 보는 자는 그를 두려움의 상징으로 보는 것이다. 따라서 그는 공격할 것이다. 그는 자기 자신의 밖에 있는 자신의 두려움을 보고 있는데, 그것은 언제든 그를 공격해서 다시 그와 결합하려고 울부짖고 있기 때문이다. 투사된 두려움이 낳을 수밖에 없는 분노의 강도를 오판하지 말라. 그것은 격노 속에 비명을 지르면서, 자신을 만든 자를 찾아가 게걸스럽게 먹어 치울 수 있다는 광적인 희망으로 허공을 할퀸다.

⁹ 몸의 눈은 네 형제에게서 이러한 모습을 본다. 하지만 그는 천국이 소중히 여기고, 천사들이 사랑하며, 하느님이 완벽하게 창조하신 자다. 이것이 그의 실재다. 그리스도의 비전 안에서 그의 사랑스러움은 너무도 거룩하고 아름다운 형식으로 반영되어 있기에, 너는 당장이라도 그의 발밑에 무릎을 꿇고 싶어질 것이다. 하지만 그 대신 너는 그의 손을 잡을 것이다. 그를 그렇게 보는 시각 안에서, 너도 그를 닮았기 때문이다.

¹⁰ 네 형제에 대한 공격이 곧 너의 적이다. 그럴 때 너는 그의 손에 너의 구원이 있음을 지각하지 못할 것이기 때문이다. 그에게 단지 너의 구원을 요청하라. 그러면 그는

너에게 너의 구원을 줄 것이다. 그에게 너의 두려움의 상징이 되어 달라고 요청하지 말라. 너는 사랑에게 사랑 자신을 파괴하라고 요구하려는가? 아니면 사랑이 너에게 드러나 너를 자유로이 풀어주게 하려는가?

11 오늘 우리는 전에 시도한 형식으로 연습한다. 너는 이제 더욱 준비되어 있기에, 오늘 그리스도의 비전에 더욱 가까이 다가갈 것이다. 그리스도의 비전에 도달하겠다는 의도만 있다면, 너는 오늘 성공할 것이다. 일단 성공하고 나면, 너는 더 이상 몸의 눈이 소환하는 증인들을 받아들이려 하지 않을 것이다. 네가 비전을 통해 보게 될 것은 너에게 태곳적 멜로디를 불러줄 것이며, 너는 그것을 기억할 것이다. 너는 천국에서 잊히지 않았다. 이제 천국을 기억하지 않으려는가?

12 다른 형제들의 상징인 한 형제를 선정하여, 그에게 구원을 요청하라. 먼저 그를 너에게 익숙한 형식으로 가능한 한 분명하게 보라. 그의 얼굴, 손과 발, 옷을 보라. 그가 웃는 것을 보고, 자주 취하는 익숙한 몸짓을 보라. 그런 다음, 지금 네가 보는 모습은 너의 모든 죄를 용서할 수 있는 자의 모습을 너에게 감춘다는 것을 생각해 보라. 그의 신성한 손은 너의 손에 박힌 못을 빼낼 수 있고, 네가 너의 피 흘리는 머리에 씌운 가시관을 벗겨줄 수 있다.

13 그가 너를 자유로이 풀어줄 수 있도록, 그에게 다음과 같이 요청하라:

14 하느님의 거룩한 아들이여, 나를 축복해 주세요.
나는 그리스도의 눈으로 당신을 바라보고,
당신 안에서 나의 완벽한 죄 없음을 보고자 합니다.

15 그러면 너의 요청을 받은 성령이 응답할 것이다. 그는 네 안에서 하느님의 음성을 듣고는, 너 자신의 음성으로 응답할 것이기 때문이다. 이제 단지 살과 뼈로만 보았던 그를 다시 보고, 그리스도가 너에게 왔음을 알아차려라.

16 오늘의 아이디어는 네가 분노와 두려움에서 벗어날 수 있는 안전한 탈출구다. 어떤 형제를 공격하고 그에게서 네 두려움의 상징을 지각하려는 유혹을 느끼거든, 잊지 말고 이 아이디어를 즉시 사용하라. 그러면 너는 그가 갑자기 적에서 구세주로, 악마에서 그리스도로 변형되는 것을 보리라.

162과

나는 하느님이 창조하신 그대로다.

¹ 마음에 확고히 간직한 이 하나의 생각이 세상을 구원할 것이다. 우리는 배움의 또 다른 단계에 도달할 때마다 이 생각을 종종 반복할 것이다. 네가 앞으로 나아갈수록 이 생각은 너에게 훨씬 더 많은 것을 의미하게 될 것이다. 이것은 성스러운 말이다. 이것은 네가 만든 세상에 대한 응답으로 하느님이 주신 말씀이기 때문이다. 이 말에 의해 네가 만든 세상이 사라지며, 세상의 자욱한 구름과 뿌연 환상 속에 보이는 모든 것이 사라진다. 이 말은 하느님에게서 오는 말이기 때문이다.

² 여기에 아들을 아버지의 행복이자 **사랑**, 그분의 완성이 되게 한 **말씀**이 있다. 여기에서 창조가 선포되고 있는 그대로 영예를 부여받는다. 이 말이 물리치지 못할 꿈은 없으며, 그 꿈에 들어있는 죄의 생각이나 환상 가운데 이 말의 막강한 힘 앞에서 사라지지 않을 것도 없다. 이 말은 온 세상에 울려 퍼지는 기상나팔 소리다. 이 부름에 응답하여 죽은 자들이 깨어나며, 살아서 이 소리를 듣는 자들은 결코 죽음을 바라보지 않으리라.

³ 이 말을 자신의 것으로 만드는 자는 정녕 거룩하도다. 그는 이 말을 마음에 간직하고 일어나며, 온종일 이 말을 상기하고, 밤에 자러 갈 때도 이 말과 함께한다. 그의 꿈은 행복하고, 그의 안식은 보장되어 있으며, 그의 안전은 확실하고, 그의 몸은 치유된다. 그는 항상 진리와 함께 잠들고 진리와 함께 깨어나기 때문이다. 그는 세상을 구원할 것이다. 진리의 말을 연습할 때마다, 그는 그가 받는 것을 세상에 전해주기 때문이다.

⁴ 오늘 우리는 단순하게 연습한다. 우리가 사용하는 말은 아주 강력해서, 그 말을 사용하는 자의 마음을 바꾸기 위해 다른 어떤 생각도 필요하지 않기 때문이다. 그의 마음은 너무도 완전히 바뀌어서, 이제 하느님이 온 세상에 나눠주실 그 모든 선물과 **사랑**을 넣어두시는 보물 창고가 된다. 그 보물은 무한히 공유되므로, 줌으로써 늘어나고 완전히 간직된다. 이런 식으로 너는 하느님과 함께 생각하는 법을 배운다. 그리스도의 비전은 너의 마음을 구함으로써 너의 시각을 회복해 주었다.

⁵ 우리는 오늘 너에게 경의를 표한다. 너에게는 지금 받아들이는 완벽한 거룩함을 누

릴 권리가 있다. 네가 그것을 받아들임으로써, 모든 이에게 구원이 전달된다. 이와 같은 거룩함이 세상을 축복했거늘, 그 누가 죄를 소중히 여기겠는가? 이제 너에게는 완벽한 기쁨이 있고, 모든 이가 그것을 슬픔과 고통, 모든 상실감, 죄와 죄의식에서 완전히 해방되기 위해 사용할 수 있거늘, 그 누가 절망할 수 있겠는가?

6 이제 그 누가 너의 형제가 아닐 수 있겠는가? 너는 그들의 구세주요 구원자다. 그 누가 자신을 닮아 거룩한 자와 연합하려는 열망으로, 너를 자신의 가슴으로 사랑스럽게 초대하며 맞아들이지 않겠는가? 너는 하느님이 창조하신 그대로다. 이 말은 밤을 물리친다. 따라서 더 이상 어둠은 없다. 오늘, 세상을 축복하러 빛이 왔다. 네가 하느님의 아들을 알아보았으며, 네가 알아봄으로써 세상도 그를 알아보기 때문이다.

163과

죽음은 없다. 하느님의 아들은 자유롭다.

¹ 죽음은 많은 형식을 취하는 하나의 생각이며, 그 형식은 종종 인식되지 않는다. 죽음은 슬픔이나 두려움, 불안이나 의심으로 나타날 수 있으며, 분노나 불신, 신뢰의 결핍으로 나타날 수도 있다. 그리고 몸에 대한 걱정이나 질투, 너 자신이 아닌 것으로 존재하려는 소망이 너를 유혹하려고 일어나는 온갖 형식으로 나타날 수도 있다. 이러한 모든 생각은 단지 죽음을 구원자요 해방자로 숭배하고 있음을 보여주는 것들이다.

² 두려움의 화신, 죄의 숙주, 죄의식의 신, 모든 환상과 기만의 군주인 죽음의 생각은 과연 막강해 보인다. 죽음은 자신의 앙상한 손에 살아있는 만물을 움켜쥐고서, 모든 희망과 소망의 싹을 꺾어버리는 듯하기 때문이다. 모든 목표는 단지 죽음의 보지 못하는 눈으로 지각될 뿐이다. 나약하고 무기력하고 병든 자들은 죽음의 이미지 앞에 머리를 조아리면서, 오로지 죽음만이 실제고 불가피하며 신뢰할 만하다고 생각한다. 오로지 죽음만이 확실히 올 것이기 때문이다.

³ 죽음을 제외한 모든 것은 불확실하고, 아무리 어렵게 얻어도 너무나 빨리 잃게 되며, 그 결과도 불확실하고, 한때 불러일으킨 희망도 걸핏하면 저버려서 그것들이 지나간 자리엔 열망과 꿈 대신에 먼지와 재의 자취만 남기는 듯하다. 하지만 죽음은 믿을 만하다. 죽음은 등장할 시간이 되면 확실한 걸음으로 다가올 것이기 때문이다. 죽음은 모든 생명을 어김없이 자신의 인질로 만들 것이다.

⁴ 너는 이와 같은 우상들에게 고개를 숙이려는가? 여기 먼지로 만든 우상에서 하느님의 힘과 권능이 지각된다. 여기서 하느님의 반대가 모든 창조물의 군주라고 선포된다. 그것은 생명에 대한 하느님의 뜻, 끝없는 사랑, 천국의 완벽하고 변함없는 항구성보다 더 강하다. 여기서 아버지와 아들의 뜻이 마침내 꺾여, 죽음이 하느님의 거룩한 아들 몸 위에 세운 비석 아래 묻힌다.

⁵ 패배하여 거룩하지 않게 된 그는 죽음이 바라는 대로 되었다. 죽음이 직접 작성한 비문에 그의 이름은 없다. 그는 죽어서 먼지가 되어버렸기 때문이다. 그의 비문은 다만 이러하다: "여기에 하느님의 죽음을 입증하는 증인이 묻혀있다." 죽음은 이 비문을 다시 또다시 쓰며, 그러는 동안 죽음의 숭배자들은 그 비문에 동의하여 무릎을 꿇

고 머리를 조아리면서, 겁에 질린 목소리로 그 말이 옳다고 속삭인다.

6 어떤 형식으로든 죽음을 숭배하면서, 네가 좋아하지 않아 피하려는 죽음의 형식은 골라내고 나머지는 여전히 믿는 것은 불가능하다. 왜냐하면, 죽음은 총체적이기 때문이다. 모든 것은 죽거나, 그렇지 않으면 살아있으면서 죽을 수 없거나 둘 중 하나다. 어떤 절충안도 불가능하다. 여기서 우리는 다시, 제정신이라면 받아들일 수밖에 없는 분명한 명제를 본다: 어떤 생각을 완전히 부정하는 것은, 그것의 역逆이 거짓이라고 증명되지 않는 한 참일 수 없다.

7 하느님의 죽음이라는 아이디어는 너무도 터무니없어서, 심지어 정신 나간 자들도 믿기 어려워한다. 그것은 하느님이 한때 살아계셨지만, 하느님의 생존을 원하지 않은 자들에 의해 어떻게든 생명이 소실되고 죽임을 당했음을 함축하기 때문이다. 그들의 더 강력한 뜻이 하느님의 뜻을 이길 수 있었으며, 따라서 영원한 생명이 죽음에게 길을 내주었다. 아들도 아버지와 함께 죽었다.

8 죽음의 숭배자들은 물론 두려워할 수 있다. 하지만 이러한 생각들이 과연 두려울 수 있겠는가? 자신이 믿은 것이 단지 이것일 뿐임을 본다면, 그들은 즉시 해방될 것이다. 너는 오늘 그들에게 이것을 보여줄 것이다. 죽음은 없다. 그리고 이제 우리는 그들의 구원과 우리 자신의 구원을 위해 모든 형식의 죽음을 포기한다. 하느님은 죽음을 만들지 않으셨다. 그러므로 죽음이 어떤 형식을 취하든, 그것은 환상일 수밖에 없다. 오늘 우리는 바로 이러한 입장을 취한다. 우리는 죽음을 간과하고 그 너머의 빛을 볼 수 있다:

9 아버지, 오늘 우리의 눈을 축복하소서. 우리는 당신의 메신저로서, 만물에서 빛나는 당신 사랑의 영광스러운 반영을 바라보고자 합니다. 우리는 오로지 당신 안에서만 살고 숨을 쉽니다. 우리는 당신의 영원한 생명과 분리되어 있지 않습니다. 죽음은 없습니다. 죽음은 당신의 뜻이 아니기 때문입니다. 우리는 당신이 우리를 두셔서 영원히 당신을 닮고 당신의 일부이게 하신 곳, 우리가 당신은 물론 살아있는 만물과도 공유하는 생명 안에 머물러 삽니다. 우리는 당신의 생각들을 우리의 생각으로 받아들입니다. 그리고 우리의 뜻은 당신의 뜻과 영원히 하나입니다. 아멘.

164과

지금 우리는 우리의 근원이신 하느님과 하나다.

¹ 지금이 아닌 어떤 시간에 진리를 인식할 수 있겠는가? 현재는 존재하는 유일한 시간이다. 따라서 오늘, 바로 이 순간, 지금, 우리는 영원히 거기에 있는 것을 볼 것이다. 그것은 우리의 시각이 아닌 그리스도의 눈이 보는 것이다. 그리스도는 시간 너머로 눈을 돌려, 거기에 나타나 있는 대로의 영원을 본다. 그리스도는 무의미하고 바쁜 세상이 쏟아내는 소리를 듣기는 하지만, 아주 희미하게 듣는다. 그 모든 것 너머로, 그리스도는 천국의 노래와 하느님의 음성을 더 뚜렷하고, 더 의미 있고, 더 가깝게 듣기 때문이다.

² 그리스도의 시각 앞에서, 세상은 부드럽게 사라져 간다. 세상의 소리도 희미해져 간다. 세상 저 너머에서 들려오는 선율 하나가 점점 더 분명해진다. 그것은 태곳적 부름으로서, 그리스도는 그 부름에 태곳적 응답을 한다. 너는 둘 다 알아들을 것이다. 그것들은 단지 너를 향한 아버지의 부르심에 너 자신이 응답하는 것이기 때문이다. 그리스도가 너 대신 응답하면서 너의 **자아**를 반영하고, 너의 음성을 사용하여 기쁘게 동의하며, 너 대신 너의 구원을 받아들인다.

³ 그리스도가 너에게 자신의 시각을 주고, 너를 대신해 들으며, 자신이 듣는 부름에 너의 이름으로 응답한다. 그러니 오늘 너의 연습은 얼마나 거룩한지! 네가 세상 너머에서 그리스도와 함께 보내려고 바치는 시간은 얼마나 조용한지! 너의 죄로 보이는 것이 얼마나 쉽게 망각되고, 너의 모든 슬픔이 얼마나 쉽게 잊히는지! 바로 오늘, 슬픔이 한쪽으로 치워진다. 오늘 그리스도가 주는 선물을 받아들일 너에게, 세상보다 더 가까운 데서 오는 모습과 소리가 뚜렷해지기 때문이다.

⁴ 세상이 범할 수 없는 침묵이 있다. 네가 가슴에 간직하여 잃지 않은 태곳적 평화가 있다. 너의 내면에는 죄의 생각이 건드리지 못한 거룩한 느낌이 있다. 너는 오늘 이 모든 것을 기억할 것이다. 오늘 연습을 충실히 한다면 네가 전에 구한 모든 것과 너무도 다르고 너무도 큰 보상이 올 것이기에, 너는 여기에 너의 보물이 있고 여기에 너의 안식이 있음을 알게 될 것이다.

⁵ 오늘은 헛된 상상물들이 커튼처럼 갈라져 그 너머의 것을 드러내는 날이다. 이제 진정으로 존재하는 것이 보이게 되며, 반면에 그것을 감춘 듯했던 그 모든 그림자들

은 흐릿해져 잊힌다. 이제 균형이 바로잡히고, 판단의 저울은 참되게 판단하는 그리스도에게 주어진다. 그리스도의 판단을 받은 세상은 지극히 순결한 모습으로 너의 눈앞에 펼쳐질 것이다. 이제 너는 세상을 그리스도의 눈으로 볼 것이다. 이제 세상의 변형은 너에게 뚜렷해진다.

6 형제들이여, 오늘은 세상에게 성스러운 날이다. 세상 안의 모든 것을 훨씬 뛰어넘는 곳에서 주어진 너의 비전은 그것들을 새로운 빛 속에서 돌아본다. 이제 네가 보는 것은 세상의 치유가 되고 구원이 된다. 가치 있는 것들과 가치 없는 것들이 모두 있는 그대로 지각되고 인식된다. 너의 사랑을 받을 만한 것은 너의 사랑을 받고, 두려워할 만한 것은 아무것도 남지 않는다.

7 오늘 우리는 판단하지 않을 것이다. 우리는 세상 너머에서 내려진 판단이 우리에게 주는 것만을 받을 것이다. 오늘 우리의 연습은 우리가 맹목과 불행에서 해방된 것에 대한 감사로서 드리는 선물이 된다. 우리가 보는 모든 것들은 단지 우리의 기쁨을 늘려줄 뿐이다. 그것들의 거룩함은 우리 자신의 거룩함을 반영하기 때문이다. 우리는 그리스도의 시각 안에서 용서받았으며, 그와 더불어 온 세상도 우리의 시각 안에서 용서받았다.

8 우리는 우리의 구세주가 우리를 바라보는 빛 속에서 세상을 바라보고 축복하며, 그의 용서하는 비전을 통해 우리에게 주어진 자유를 세상에 선사한다. 그의 비전은 이제 우리 것이다. 연습을 할 때는 단지, 네가 원한다고 생각하는 것을 전부 내려놓음으로써 커튼을 열어젖혀라. 너의 마음에서 하찮은 보물을 치워버리고, 그리스도가 와서 구원의 보물을 선사할 수 있는 깨끗하고 열린 공간을 마련하라. 그가 세상을 구하려면, 너의 가장 거룩한 마음이 필요하다.

9 이러한 목적이야말로 너의 것이 될 만하지 않은가? 그리스도의 비전이야말로 세상의 만족스럽지 못한 목표들 너머로 추구할 만하지 않은가? 오늘이 너를 위해 간직해 둔 선물을 선뜻 받아들여라. 오늘이 그냥 흘러가 버리도록 허용하지 말라. 네가 그 선물을 인정한다면, 우리는 세상을 바꿀 수 있다. 너는 너의 받아들임이 세상에게 주는 가치를 보지 못할 수도 있다. 하지만 바로 오늘, 너는 모든 고통을 기쁨으로 맞바꾸기를 원한다. 이것만은 확실하다. 진지하게 연습하라. 그러면 그 선물은 너의 것이 된다. 하느님이 너를 속이시겠는가? 하느님의 약속이 지켜지지 않을 수 있겠는가? 하느님의 손이 당신의 아들에게 완벽한 구원을 내밀어 보여주거늘, 네가 과연 그렇게 적은 것을 주지 않을 수 있겠는가?

165과

나의 마음이 하느님의 생각을 부정하지 말게 하소서.

¹ 세상 너머의 진리에 대한 너 자신의 부정 외에 그 무엇이 이 세상을 실재적으로 보이게 만들겠는가? 불행과 죽음에 대한 너의 생각들 외에 그 무엇이 아버지가 너를 위해 뜻하시는 완벽한 행복과 **영원한 생명**을 가리겠는가? 그리고 환상 외에 그 무엇이 감춰질 수 없는 것을 감출 수 있겠는가? 네가 이미 가진 것이 거기에 있음을 부정하면서 그것을 보지 않겠다는 너의 선택 외에 그 무엇이 네게서 그것을 떼어놓을 수 있겠는가?

² 하느님의 생각이 너를 창조했다. 그 생각은 너를 떠나지 않았으며, 너도 그 생각과 단 한 순간이라도 떨어져 있던 적이 없다. 그 생각은 너에게 속한다. 그 생각에 의해, 네가 산다. 그 생각은 네 생명의 근원으로서, 너를 그 근원과 하나로 유지해 준다. 따라서 모든 것은 너와 하나다. 그 생각은 너를 떠나지 않았기 때문이다. 하느님의 생각은 너를 보호하고 보살피며, 너의 안식처를 포근하게 만들고, 너의 길을 평탄하게 만들며, 너의 마음을 행복과 사랑으로 밝힌다. 영원과 끝없는 생명이 너의 마음에서 빛난다. 하느님의 생각은 너를 떠난 적이 없으며, 여전히 너와 함께 머물러 살기 때문이다.

³ 너의 안전과 평화, 기쁨, 치유, 마음의 평화, 조용한 안식, 차분한 깨어남이 어디에 머물러 사는지 인식한다면, 네가 과연 이 모든 것을 부정하겠는가? 너는 즉시 그것들을 찾을 수 있는 곳으로 갈 준비를 하면서, 그에 비해 다른 모든 것들은 가치 없는 것으로 보아 포기하지 않겠는가? 네가 일단 그것들을 찾으면, 그것들이 네 곁에 머물고 네가 그것들 곁에 머물도록 확실히 해두지 않겠는가?

⁴ 천국을 부정하지 말라. 단지 요청하기만 하면, 천국은 오늘 네 것이 된다. 너는 그 선물이 얼마나 큰지, 너의 마음이 얼마나 변해 있을지에 대해 천국이 오기 전에 지각할 필요도 없다. 받겠다고 요청하라. 그러면 천국이 너에게 주어진다. 확신은 천국 안에 놓여있다. 천국을 너의 것으로 기꺼이 받아들이기 전까지, 불확실성은 남아있을 것이다. 하지만 하느님은 공평하시다. 오로지 너의 받아들임만이 줄 수 있는 것을 받기 위해 먼저 확신이 요구되는 것은 아니다.

⁵ 열망을 가지고 요청하라. 네가 원하는 유일한 것을 요청하고 있다고 확신할 필요는

없다. 하지만 그것을 받았을 때, 너는 네가 항상 구해온 보물을 갖고 있음을 확신하게 될 것이다. 그렇다면 너는 그것을 무엇과 맞바꾸겠는가? 이제 네가 그 무엇에 현혹되어 그것이 너의 황홀한 비전에서 사라지게 하겠는가? 이러한 시각은 네가 너의 맹목을 그리스도의 보는 눈과 맞바꿨으며, 너의 마음이 하느님의 생각을 부정하기를 멈추고 그것을 자신의 유산으로 받아들이게 되었음을 증명하기 때문이다.

6 이제 모든 의심은 지나갔고, 여정의 종착점이 확실해졌으며, 구원이 너에게 주어졌다. 이제 네가 치유된 대로 치유하는 그리스도의 권능이 너의 마음 안에 있다. 이제 너는 세상의 구원자들 가운데 하나기 때문이다. 너의 운명은 다른 어떤 곳도 아닌 바로 그곳에 놓여있다. 하느님이 과연, 당신의 아들이 살아가는 데 필요한 자양분을 스스로 부정함으로써 영원히 굶주리도록 허락하시겠는가? 풍요가 하느님의 아들 안에 머물기에, 궁핍은 더 이상 그를 집에서 내쫓아 그를 지탱해 주는 하느님의 사랑 바깥에 떼어놓을 수 없다.

7 오늘 희망을 품고 연습하라. 이제 희망은 정당한 근거가 있다. 너의 의심은 무의미하다. 하느님이 확실하시기 때문이다. 그리고 하느님의 생각은 항상 있다. 하느님이 머무시는 집주인인 너의 내면에는 확신이 머물 수밖에 없다. 이 수업은 네가 하느님에 대한 너의 확신을 방해하려고 설치한 의심의 장애물을 전부 제거한다. 우리는 우리에게 확신을 주기 위해 우리 자신이 아닌 하느님께 의지한다. 그리고 우리는 하느님의 말씀이 인도하는 대로, 그분의 이름으로 연습한다. 그분의 확신은 우리의 모든 의심 너머에 놓여있다. 그분의 사랑은 우리의 모든 두려움 너머에 남아있다. 그분의 생각은 여전히 모든 꿈 너머에 있으며, 또한 그분의 뜻에 따라 우리의 마음 안에 있다.

166과

하느님의 선물이 나에게 맡겨졌다.

¹ 너에게 모든 것이 주어졌다. 너에 대한 하느님의 신뢰는 한계가 없다. 하느님은 당신의 아들을 아신다. 하느님은 예외 없이 주시며, 너의 행복에 도움이 될 수 있는 것은 무엇이든 아낌없이 주신다. 그러나 너의 뜻이 하느님의 뜻과 같지 않은 한, 그분의 선물은 받아들여지지 않는다. 하지만 그 무엇이 너로 하여금 하느님의 뜻과 다른 뜻이 있다고 생각하게 만들겠는가?

² 세상을 만드는 데 기초가 되는 역설이 여기에 있다. 이 세상은 하느님의 뜻이 아니며, 따라서 실제가 아니다. 하지만 세상이 실제라고 생각하는 자들은 여전히 다른 뜻이 있다고 믿을 것이며, 그 뜻은 하느님이 뜻하시는 것과 반대의 결과로 이어진다고 믿을 것이다. 이것은 과연 불가능하지만, 세상을 바라보면서 그것이 확실하고, 견고하고, 믿을 만하며, 진짜라고 판단하는 마음은 창조자가 둘이 있다고 믿거나 자기 혼자 창조자라고 믿는다. 하지만 결코 유일한 하느님이 계신다고는 믿지 않는다.

³ 이런 이상한 믿음을 가진 자는 하느님의 선물을 받아들일 만하다고 여기지 않는다. 그는 하느님의 선물을 받아들이는 것은 자신을 배반하라는 압력을 받는 것이라고 믿을 수밖에 없다. 그 선물이 아무리 분명해지고, 그 선물을 자신의 것으로 주장하라고 아무리 간곡하게 요청받더라도 말이다. 그는 그가 만든 세상을 보존하기 위해 그 선물의 존재를 부정하고, 진리를 반대하며, 고통에 시달릴 수밖에 없다.

⁴ 여기에 그가 안다고 생각하는 유일한 집이 있다. 여기에 그가 찾을 수 있다고 믿는 유일한 안전이 있다. 그가 만든 세상이 없다면, 그는 집 없이 두려움에 떠는 추방자일 것이다. 그는 이곳이야말로 자신이 정말로 두려워하는 곳이며, 또한 집 없이 떠도는 곳임을 깨닫지 못한다. 그는 집에서 너무도 멀리 떠나와 오랜 세월 방랑하는 추방자기에, 자신이 어디서 왔고 어디로 가는지, 심지어 자신이 정말로 누구인지조차 잊어버렸음을 깨닫지 못한다.

⁵ 그러나 그의 외롭고 무의미한 방랑에, 그가 알지 못하는 하느님의 선물이 함께 간다. 그는 그 선물을 잃을 수 없다. 하지만 그는 자신에게 주어진 것들을 보지 않을 것이다. 그는 계속 방랑하면서 자신의 주위에서 보는 허무함을 모든 곳에서 의식하며,

아무 곳도 아닌 곳을 향해 앞으로 나아감에 따라 자신의 하찮은 몫마저 점점 줄어드는 것을 지각한다. 하느님이 곁에 계시고, 세상의 모든 것이 그 장엄함 앞에서 가치를 잃는 그렇게 위대한 보물이 그의 것이건만, 그는 여전히 홀로 비참하고 궁핍하게 방랑을 이어간다.

6 그는 아주 딱해 보인다. 그는 피곤하고 지쳤으며, 누더기를 걸쳤다. 돌투성이 길을 걷는 발에는 피가 배었다. 그와 동일시하지 않는 자는 이제껏 아무도 없었다. 이곳에 오는 자는 누구나 그가 지금 걷는 길을 따라갔으며, 그가 지금 느끼는 좌절감과 절망감을 느꼈기 때문이다. 하지만 그는 단지 자신이 선택한 길을 걷고 있을 뿐이며, 곁에서 누가 함께 걷고 있는지 깨닫고서 자신의 보물을 열어젖히기만 하면 자유로워질 수 있다. 네가 이것을 알아차린다면, 그가 정말로 비극적인 상황에 있다고 생각하겠는가?

7 이것이 바로 네가 선택한 자아, 네가 실재에 대한 대체품으로서 만든 자아다. 이것이 바로 네가 그 모든 이성과 증거와 증인에 맞서 맹렬히 방어하려는 자아다. 그 증인들은 이것이 네가 아님을 보여주는 증거를 가졌다. 하지만 너는 그들에게 주의를 기울이지 않는다. 너는 행여 진리를 언뜻 보고 자기기만에서 놓여나 자유로워질세라, 눈을 내리깔고 너에게 정해진 길을 간다.

8 너는 행여 너의 어깨를 만지는 그리스도의 손길을 느끼고, 너의 선물을 바라보라고 가리키는 그의 부드러운 손을 지각할세라, 겁에 질려 몸을 움츠린다. 그렇다면 네가 어찌 망명 중에 궁핍하다고 선언할 수 있겠는가? 그리스도는 너 자신에 대한 이러한 지각을 웃어버리게 만들 것이다. 그렇다면 과연 자기 연민이 어디에 있겠는가? 하느님이 오로지 기쁨만 뜻하신 자에게 네가 만들어주려 한 그 모든 비극은 어찌 되겠는가?

9 너의 오랜 두려움이 이제 너에게 들이닥쳤으며, 정의가 마침내 너를 따라잡았다. 그리스도의 손이 너의 어깨를 만졌으며, 너는 이제 혼자가 아님을 느낀다. 너는 심지어 너 자신이라고 생각한 그 비참한 자아가 너의 정체가 아닐 수도 있다는 생각도 해본다. 어쩌면 하느님의 말씀이 너 자신의 말보다 더 참일 수도 있다. 어쩌면 하느님이 네게 주시는 선물이 실제일 수도 있다. 어쩌면 하느님의 아들을 깊은 망각에 빠트리고 네가 선택한 길을 너의 자아 없이 가려는 계획이 하느님을 완전히 따돌리지 못했을 수도 있다.

10 하느님의 뜻은 반대하지 않는다. 그것은 그저 존재한다. 네가 너의 자아를 잃으려

는 계획 안에 가둔 것은 하느님이 아니시다. 하느님은 당신의 뜻과 너무도 이질적인 계획에 대해 알지 못하신다. 하느님이 이해하지 못하신 필요가 하나 있었는데, 하느님은 그 필요에 **응답**을 하나 주셨다. 그것이 전부다. 그리고 너는 이렇게 주어진 **응답**을 가졌기에, 이것 외에는 아무것도 필요하지 않다.

¹¹ 이제 우리는 정녕 살아있다. 이제 우리는 죽을 수 없기 때문이다. 죽으려는 소망은 답을 얻었다. 그리고 죽음을 바라보던 눈은 이제, 너는 네가 너인 체하던 그것이 아님을 지각하는 비전으로 대체되었다. 그리스도가 너와 함께 걸으면서, 너의 모든 두려움에 "그렇지 않다."라는 단 하나의 자비로운 답으로 온유하게 응답한다. 그는 네가 궁핍의 생각에 짓눌려 있을 때마다 네가 가진 그 모든 선물을 가리켜 보여주며, 너 자신이 외롭고 두려워한다고 지각할 때는 자신의 우정에 대해 말해준다.

¹² 게다가 그리스도는 네가 잊은 것 하나를 더 일깨워 준다. 너는 그리스도의 손길을 받고는 그리스도를 닮게 되었다. 네가 가진 선물은 너 혼자만을 위한 것이 아니다. 너는 이제 그가 너에게 선사한 것을 주는 법을 배워야 한다. 이것이 바로 그리스도의 주기giving에 담긴 레슨이다. 그는 네가 하느님을 피해 숨으려고 만들고자 했던 외톨이 상태에서 너를 구출했기 때문이다. 그는 하느님이 너에게 주신 그 모든 선물을 일깨워 줬다. 그는 또한 네가 그 선물을 받아들여 너 자신의 것임을 알아볼 때 너의 뜻이 될 것에 대해서도 말해준다.

¹³ 그 선물은 너의 것으로서, 네가 이미 벗어난 외로운 길을 선택한 모든 이에게 주라고 너에게 맡겨졌다. 그들은 단지 자신이 원하는 것들을 뒤쫓고 있지만, 이것을 이해하지 못한다. 이제 네가 그들을 가르치게 된다. 너는 그들이 걸을 수 있는 또 다른 길이 있음을 그리스도에게 배웠기 때문이다. 그리스도의 손길을 느끼고 하느님의 선물을 알아보는 자들이 어떤 행복을 누리게 되는지 보여줌으로써, 그들을 가르쳐라. 슬픔의 유혹에 빠져 네가 맡은 책임을 방기하지 말라.

¹⁴ 지금 너의 한숨은 자신의 해방을 위해 너를 바라보는 자들의 희망을 저버릴 것이다. 너의 눈물은 곧 그들의 눈물이다. 네가 병든다면, 너는 단지 그들의 치유를 막는 것이다. 네가 무언가를 두려워한다면, 너는 단지 그들도 두려워하는 게 당연하다고 가르치는 것이다. 너의 손은 그리스도의 손길을 전하는 전달자가 되고, 네 마음의 변화는 하느님의 선물을 받아들이는 자에게 그 어떤 고통도 있을 수 없다는 증거가 된다. 세상을 고통에서 해방하는 일이 너에게 맡겨졌다.

¹⁵ 그 책무를 저버리지 말라. 그리스도의 손길이 모든 이에게 무엇을 선사할 수 있는지 보여주는 살아있는 증거가 되라. 하느님이 당신의 모든 선물을 너에게 맡기셨다. 너의 행복을 통해, 하느님의 선물을 받아들이고 그리스도의 손길을 느끼기로 선택한 마음이 어떻게 변형되는지 보여주는 증인이 되라. 이제, 이러한 것이 너의 사명이다. 하느님은 당신의 선물을 받은 모든 이에게 그 선물을 나눠주는 일을 맡기신다. 하느님은 당신의 기쁨을 너와 공유하셨다. 이제 그 기쁨을 세상과 공유하러 가라.

167과

생명은 하나뿐이며, 나는 그것을 하느님과 공유한다.

1 생명에는 여러 종류가 있지 않다. 생명은 진리와 같기 때문이다. 생명에는 등급도 없다. 생명은 하느님이 창조하신 모든 것이 공유하는 유일한 상태다. 하느님의 모든 생각들과 마찬가지로, 생명에도 반대되는 것이 없다. 죽음은 없다. 하느님이 창조하신 것은 그분의 **생명**을 공유하기 때문이다. 죽음은 없다. 하느님께 반대되는 것은 존재하지 않기 때문이다. 죽음은 없다. 아버지와 아들은 하나기 때문이다.

2 이 세상에는 생명과 반대되는 상태가 있어 보인다. 너는 그것을 죽음이라 부른다. 하지만 우리는 죽음이라는 아이디어가 많은 형식을 취한다는 것을 배웠다. 죽음은 최상의 행복이 아닌 모든 감정의 저변에 있는 유일한 아이디어다. 죽음은 네가 완벽한 기쁨이 아닌 일체의 반응을 보이는 경고 신호다. 모든 슬픔과 상실과 불안, 고난과 고통, 심지어 지루해서 살짝 내쉬는 한숨과 약간의 불편함, 단순한 찡그림조차도 죽음을 인정하며, 따라서 네가 살아있음을 부정한다.

3 너는 죽음이 몸의 것이라고 생각한다. 하지만 죽음은 하나의 아이디어일 뿐, 육체로 보이는 것과는 관련이 없다. 생각은 마음 안에 있다. 따라서 생각은 마음이 지시하는 대로 적용될 수 있다. 그러나 변화가 일어나기 위해서는, 생각이 그 근원에서 바뀌어야 한다. 아이디어는 자신의 근원을 떠나지 않는다. 이 수업에서 이 아이디어를 강조한 이유는, 너 자신에 대한 마음을 바꾸게 하려는 우리의 시도에서 이 아이디어가 중요한 역할을 하기 때문이다. 이 아이디어가 바로 네가 치유할 수 있는 이유다. 이 아이디어가 바로 치유의 원인이다. 이 아이디어가 바로 네가 죽을 수 없는 까닭이다. 이 아이디어의 진리가 너를 하느님과 하나로 확립했다.

4 죽음이란, 네가 너의 창조주와 분리되어 있다는 생각이다. 죽음이란, 네가 통제할 수 없고 만들지도 않았으며 결코 바꿀 수도 없는 원인 때문에 상황이 바뀌고 감정이 오락가락한다는 믿음이다. 죽음이란, 아이디어가 자신의 근원을 떠나 그 근원에 없는 특성을 띠게 되면서, 거리와 시간과 형식은 물론 그 종류조차 자신의 근원과 떨어져 달라질 수 있다는 고착된 믿음이다.

5 생명에서 죽음이 나올 수는 없다. 아이디어는 자신의 근원과 계속 연합되어 있다.

아이디어는 자신의 근원이 가진 모든 것을 확장할 수 있다. 그 안에서 아이디어는 자기 자신 너머로 멀리 갈 수 있다. 하지만 아이디어는 결코 자신에게 주어지지 않은 것을 탄생시킬 수는 없다. 아이디어는 자신이 만들어진 바로 그대로 만들 것이다. 아이디어는 자신이 태어난 바로 그대로 탄생시킬 것이다. 그리고는 자신이 온 바로 그곳으로 돌아갈 것이다.

6 마음은 스스로 자고 있다고 생각할 수 있지만, 그것이 전부다. 마음은 자신의 깨어있는 상태를 바꿀 수 없다. 마음은 몸을 만들 수도, 몸 안에 머물러 살 수도 없다. 마음에게 이질적인 것은 존재하지 않는다. 그것은 근원이 없기 때문이다. 마음은 존재하는 모든 것을 창조하며, 자신에게 없는 속성을 그것들에 부여할 수 없고, 자신의 영원하고 깨어있는 상태를 바꿀 수도 없기 때문이다. 마음은 육체적인 것을 만들 수 없다. 죽는 듯이 보이는 것은 단지 잠든 마음의 표시일 뿐이다.

7 생명의 반대는 오로지 다른 형식의 생명일 수만 있다. 따라서 그것은 정말로 반대가 아니기에, 자신을 창조한 것과 조화를 이룰 수 있다. 그것의 형식은 바뀔 수 있으며, 자신이 아닌 것으로 존재하는 듯이 보일 수도 있다. 하지만 마음은 깨어있든 잠들어있든 단지 마음이다. 마음은 창조된 어떤 것 안에서도 자신의 반대가 아니며, 자신이 자고 있다고 믿을 때 만드는 듯한 것 안에서도 자신의 반대가 아니다.

8 하느님은 오로지 깨어있는 마음만 창조하신다. 하느님은 주무시지 않는다. 그리고 하느님의 창조물들은 하느님이 주지 않으신 것을 공유할 수 없으며, 하느님이 그들과 공유하지 않으시는 상태를 만들 수도 없다. 죽음의 생각은 생명의 생각들과 반대가 아니다. 하느님의 생각들은 어떤 종류의 반대되는 것에 의해서도 영원토록 반대되지 않기에, 영원토록 변함없이 확장하는 권능을 가졌으면서도 여전히 자신 안에 영원토록 변함없이 남아있다. 왜냐하면 그들은 모든 곳에 존재하기 때문이다.

9 생명의 반대처럼 보이는 것은 단지 자고 있을 뿐이다. 마음이 자신이 아닌 것으로 존재하여 자신이 갖지 않은 어떤 이질적인 힘을 가진 척하거나, 자신이 들어갈 수 없는 이질적인 상태나 자신의 근원 안에 없는 거짓 상태에 있는 척하기로 선택할 때, 마음은 단지 잠시 자러 가는 듯이 보일 뿐이다. 마음은 시간을 꿈꾸지만, 시간이란 단지 일어나는 듯한 것이 결코 일어난 적이 없으며, 일으켜진 변화는 실체가 없고, 그 모든 사건은 어디에도 없는 간격일 뿐이다. 마음이 깨어날 때, 마음은 늘 그랬듯이 계속 존재할 뿐이다.

¹⁰ 우리 함께 오늘 진리의 아이들이 되어서, 우리의 거룩한 유산을 부정하지 말자. 우리의 생명은 우리가 상상하는 대로가 아니다. 그 누가 눈을 감는다고 해서 생명을 바꿀 것이며, 잠들어 꿈속에서 자신의 정체와 반대인 것을 본다고 해서 자신을 자신의 정체가 아닌 것으로 만들겠는가? 우리는 오늘 어떤 형식의 죽음도 요청하지 않을 것이다. 또한 하느님이 몸소 영원한 생명의 **생각**을 놓아두신 곳에, 우리가 지어낸 생명에 반대되는 것들이 단 한 순간도 머물지 못하게 할 것이다.

¹¹ 우리는 오늘 하느님이 당신의 거룩한 집을 세우셔서 영원무궁토록 존재하라고 뜻하신 대로 그것을 지키려고 노력한다. 하느님은 오늘 우리가 생각하는 것을 다스리는 주님이시다. 우리는 오늘 다음을 이해한다: 반대가 없는 하느님의 **생각들** 안에 하나의 생명이 있는데, 우리는 그것을 하느님과 공유하고 모든 창조물과 공유하며, 모든 창조물의 생각들과도 공유한다. 하느님은 그들을 생명의 단일성 안에 창조하셨으며, 그것은 죽음으로 분리되거나 자신이 비롯된 **생명의 근원**을 떠날 수 없다.

¹² 우리는 우리의 생명을 공유한다. 우리의 근원은 하나기 때문이다. 그것은 우리의 완벽함이 비롯되며, 하느님이 완벽하게 창조하신 거룩한 마음들 안에 언제나 남아있는 근원이다. 우리는 전에 존재한 대로 지금도 그렇게 존재하며, 앞으로도 영원히 그렇게 존재할 것이다. 잠든 마음은, 자신의 완벽함이 생명의 주님을 너무도 완벽하게 반영하여 그곳에 반영되어 있는 것 속으로 사라져 가는 것을 볼 때 깨어날 것이다. 이제 그것은 더 이상 단순한 반영물만은 아니다. 그것은 자신에게 반영된 바로 그것이 되며, 반영을 가능하게 하는 빛이 된다. 이제, 그 어떤 비전도 필요 없다. 깨어난 마음은 자신의 근원, 자신의 **자아**, 자신의 거룩함을 아는 바로 그 마음이기 때문이다.

168과

당신의 은혜가 제게 주어져 있습니다.
지금 그것을 제 것이라고 주장합니다.

¹ 하느님이 우리에게 말씀하신다. 우리도 하느님께 말씀드려야 하지 않겠는가? 하느님은 멀리 계시지 않는다. 하느님은 우리를 피해 숨으려 하지 않으신다. 하지만 우리는 하느님을 피해 숨으려 하면서, 기만에 시달린다. 하느님께는 언제든 다가갈 수 있다. 하느님은 당신의 아들을 사랑하신다. 오로지 이것만이 확실하지만, 이것으로 족하다. 하느님은 당신의 아들을 영원히 사랑하실 것이다. 하느님은 아들의 마음이 잠들어 있는 동안에도 그를 여전히 사랑하시며, 그의 마음이 깨어날 때도 결코 변치 않는 사랑으로 사랑하신다.

² 네가 그저 하느님 사랑의 의미를 알기만 한다면, 희망도 절망도 불가능하리라. 그때 희망은 영원히 충족되고, 그 어떤 절망도 생각할 수 없을 것이기 때문이다. 하느님의 은혜는 모든 절망에 대한 응답이다. 그 안에는 하느님의 사랑에 대한 기억이 들어 있기 때문이다. 하느님이 당신의 뜻을 알아차릴 수단을 기꺼이 주지 않으셨겠는가? 하느님의 은혜는 네가 받아들이기만 하면 네 것이 된다. 그리고 하느님에 대한 기억은, 잠에서 깨어날 수단을 그분께 요청하는 마음 안에서 깨어난다.

³ 오늘 우리는 하느님께, 당신이 우리 가슴에 아주 고이 간수해 두신 선물을 주실 것을 요청한다. 그 선물은 우리가 인정하기만을 기다리고 있다. 하느님은 이 선물로 우리에게 다가와 우리를 들어올리심으로써, 구원의 마지막 단계를 친히 밟으신다. 이 단계를 제외한 모든 단계는 우리가 하느님의 음성이 가르쳐주는 대로 배우는 것이다. 그러나 마침내 하느님이 친히 오셔서 우리를 당신의 품에 안으시고, 우리의 잠을 엮은 거미줄을 치워버리신다. 하느님의 은혜라는 선물은 단순한 응답 이상이다. 그것은 잠자는 마음이 잊은 모든 기억과, 사랑의 진정한 의미에 대한 모든 확신을 회복해 준다.

⁴ 하느님은 당신의 아들을 사랑하신다. 이제 하느님께 이 세상이 사라지게 할 수단을 주실 것을 요청하라. 그러면 비전이 먼저 온 다음, 한 순간 뒤에 앎이 찾아올 것이다. 은혜 속에서, 너는 온 세상을 사랑으로 감싸는 빛을 보고, 가슴들이 일어나 그 빛을 자신의 것이라고 주장할 때 모든 얼굴에서 두려움이 사라지는 것을 지켜볼 것이다.

이제 무엇이 남아있어 천국을 한 순간이라도 더 미룰 것인가? 너의 용서가 모든 것 위에 감돌거늘, 무엇이 무효화되지 않고 남아있겠는가?

5 오늘은 새롭고도 거룩한 날이다. 우리는 이미 우리에게 주어진 것을 받기 때문이다. 우리는 우리의 받아들임을 믿지 않고, 우리에게 주시는 분을 믿는다. 우리는 우리의 잘못을 인정한다. 하느님은 비록 어떤 잘못도 알지 못하시지만, 우리가 우리의 잘못을 내려놓고 감사와 사랑 속에 당신께 올라갈 수단을 주심으로써 우리의 잘못에 응답하신다.

6 우리가 하느님께 나아가면, 하느님은 우리를 맞이하려고 내려오신다. 하느님은 우리를 위해 준비한 것을 주시고, 우리는 그것을 받기 때문이다. 하느님은 당신의 아들을 사랑하시므로, 바로 이러한 것을 뜻하신다. 오늘 우리는 하느님께 다음과 같이 기도드리면서, 그분이 당신 자신의 음성과 당신의 말씀과 당신의 사랑을 통해 우리에게 주신 말씀을 그저 돌려드린다:

> 7 당신의 은혜가 제게 주어져 있습니다.
> 지금 그것을 제 것이라고 주장합니다.
> 아버지, 제가 당신께 나아갑니다.
> 이렇게 요청하는 저에게, 당신은 정녕 오십니다.
> 저는 당신이 사랑하시는 아들입니다.

169과

은혜로 내가 살고, 은혜로 내가 해방된다.

1 은혜는 하느님 사랑의 한 측면으로서, 진리의 단일성 안에 만연한 상태와 가장 비슷하다. 은혜는 세상에서 가장 지고한 열망 대상이다. 은혜는 세상 너머로 완전히 인도하기 때문이다. 은혜는 배움 너머에 있지만, 여전히 배움의 목표다. 마음이 은혜를 진정으로 받아들일 수 있도록 스스로 준비할 때까지, 은혜는 올 수 없기 때문이다. 은혜가 부드럽게 놓여 기꺼이 받아들여질 수 있는 테이블, 즉 선물을 받을 깨끗하고 거룩한 제단을 준비한 자에게 은혜는 즉시 올 수밖에 없다.

2 은혜는 증오와 두려움처럼 보이는 것들이 가득 찬 세상에서 하느님의 사랑을 받아들이는 것이다. 단지 은혜만으로도 증오와 두려움이 사라진다. 은혜는 세상의 모든 것과 아주 상반된 상태를 나타내기에, 은혜의 선물로 마음이 밝아진 자들은 두려움의 세상이 실제임을 믿을 수 없기 때문이다.

3 은혜는 배우는 것이 아니다. 마지막 단계는 모든 배움 너머로 가야 한다. 은혜는 이 수업이 얻으려고 열망하는 목표가 아니다. 하지만 열린 마음은 깨어나라는 부름을 들을 수 있기에, 우리는 은혜를 맞이할 준비를 한다. 그 마음은 하느님의 음성을 차단하려고 자신을 굳게 걸어 잠그지 않았다. 그 마음은 자신이 모르는 것이 있음을 의식하게 되었으며, 따라서 자신이 익숙하게 느끼는 경험과는 완전히 다른 상태를 받아들일 준비가 되었다.

4 이것은 어쩌면 아버지와 아들이 하나로서 계시되는 때가 이미 정해졌다는 우리의 진술을 반박하는 듯이 보일 수도 있다. 그러나 우리는 또한 그 시간이 언제가 될지는 마음이 결정하며, 마음은 이미 그러한 결정을 내렸다고도 말했다. 그럼에도 불구하고 우리는 너에게 하느님의 **말씀**을 증언하여 진리에 대한 경험을 앞당기고, 진리가 네게 미치는 영향을 알아보는 모든 마음 안으로 진리가 어서 도래하게 하라고 간곡히 권한다.

5 하나인 상태란 단순히 말해, 하느님이 존재하신다는 아이디어다. 그리고 하느님은 당신의 존재 안에 모든 것을 포함하신다. 어떤 마음도 하느님이 아닌 것은 갖고 있지 않다. 우리는 "하느님이 존재하신다."라고 말할 뿐, 더 이상 말하지 않는다. 그러한 앎에서 말은 무의미하기 때문이다. 그 말을 하는 입술도 없고, 이제 자신이 아닌 다른

무언가를 자각한다고 느낄 만큼 충분히 구별되는 마음 부분도 없다. 마음은 자신의 근원과 연합하였으며, 그 근원 자체와 마찬가지로 단지 존재한다.

⁶ 우리는 이에 대해 전혀 말할 수도 없고 쓸 수도 없으며, 심지어 생각할 수조차 없다. 모든 마음의 뜻이 하느님의 뜻이라는 전적인 인식이 완전히 주어지고 완전히 받아들여졌을 때, 모든 마음에게 하나인 상태가 온다. 하나인 상태는 마음을 끝없는 현재 속으로 돌려보내며, 그곳에서 과거나 미래는 상상할 수도 없다. 하나인 상태는 구원 너머에 있다. 그것은 시간에 대한 모든 생각과 용서, 그리스도의 거룩한 얼굴을 지나서 있다. 하느님의 아들은 단지 아버지 안으로 사라졌을 뿐이다. 아버지가 아들 안에서 사라지셨듯이 말이다. 세상은 결코 존재한 적이 없다. 영원은 변함없는 상태로 남아있다.

⁷ 이것은 우리가 앞당기고자 하는 경험 너머에 있다. 하지만 용서를 가르치고 배우게 되면, 마음이 하나인 상태를 제외한 모든 것을 버리기로 결심한 때가 이제 임박했음을 입증하는 경험도 따라온다. 우리는 그때를 재촉하지 않는다. 네가 앞으로 제공할 것이 용서의 의미를 가르치는 성령께 감춰졌었기 때문이다. 모든 배움은 성취되고 완성된 상태로, 이미 성령의 **마음** 안에 있었다. 성령은 시간 안에 있는 모든 것을 인식하고는 그것을 모든 마음에게 주었다. 그럼으로써 각 마음은 자신이 언제 계시와 영원으로 해방될 것인지를 시간이 끝난 곳의 관점에서 결정할 수 있다.

⁸ 우리가 전에 몇 번에 걸쳐 말했듯이, 너는 이미 끝난 여정을 밟고 있을 뿐이다. 하나인 상태는 분명 여기에 있기 때문이다. 따라서 마음이 계시를 위한 시간을 언제로 정해놓았는지는, 영원히 늘 있었던 상태고 영원히 지금처럼 남아있을 불변의 상태와는 전혀 무관하다. 우리는 단지 창조주와 그분 아들의 이름으로 구원의 대본을 쓴 성령이 오래 전에 배정해서 완벽하게 이행되었다고 충분히 인식한 역할을 맡을 뿐이다.

⁹ 세상의 그 누구도 이해할 수 없는 것을 더 이상 밝힐 필요는 없다. 너의 하나인 상태에 대한 계시가 올 때, 너는 그것을 알고 완전히 이해하게 될 것이다. 지금 우리에게는 해야 할 일이 있다. 시간 안에 있는 자들도 시간 너머의 것에 대해 말할 수 있고, 앞으로 올 것이 이미 지나가 버렸음을 설명하는 말에 귀 기울일 수 있기 때문이다. 하지만 아직도 시간을 세고, 시간에 따라 일어나서 일하고 자러 가는 자들에게 이 말이 무슨 의미를 전달할 수 있겠는가?

¹⁰ 그렇다면 지금은, 너에게는 너의 역할을 다하기 위해 할 일이 있다고만 말해두자.

너의 역할이 완수될 때까지, 결말은 너에게 모호하게 남아있을 것이다. 그것은 중요하지 않다. 나머지 모든 것은 여전히 너의 역할에 달려있기 때문이다. 네가 너에게 주어진 역할을 맡을 때, 아직은 하느님과 리듬을 맞춰 박동하지 않는 확신 없는 가슴에게 구원이 조금 더 가까워진다. 용서는 구원을 관통하는 중심 주제로서, 구원의 모든 부분들을 의미 있는 관계로 유지하고, 구원이 진행되는 과정을 인도하며, 그 결과를 확실하게 만든다.

¹¹ 이제 우리는 구원이 줄 수 있는 마지막 선물인 은혜를 요청한다. 은혜가 제공하는 경험은 시간 안에서 끝날 것이다. 은혜는 천국을 미리 보여주기는 하지만, 시간의 생각을 단지 잠시만 대체할 뿐이기 때문이다. 이 간격으로 충분하다. 바로 여기에 기적들이 놓여있다. 너는 은혜의 경험을 통해 받는 거룩한 순간으로부터 기적들을 가져와서, 너의 얼굴에 감도는 빛을 보는 모든 이에게 돌려주게 될 것이다.

¹² 그리스도의 얼굴이란 무엇인가? 그것은 단지 한순간 무시간성 속으로 들어갔다가, 그 순간 느낀 단일성의 분명한 반영을 다시 가져와 세상을 축복하는 자의 얼굴이 아니겠는가? 네 마음의 일부가 알지도 못하고 깨어나지도 못한 채 바깥에 남아있어서 진리의 증인으로 너를 필요로 하는 한, 네가 어떻게 무시간성에 영원히 도달할 수 있겠는가?

¹³ 한순간 기쁘게 떠나 은혜가 선사하는 선물을 받아들였듯이, 다시 기쁘게 돌아오라. 그럴 때 너는 그 선물을 너 자신에게 다시 가져오는 것이다. 이제 계시는 그리 멀리 있지 않다. 계시는 확실히 올 것이다. 우리는 은혜를, 그리고 은혜에서 비롯되는 경험을 요청한다. 우리는 은혜가 모든 이에게 선사하는 해방을 환영한다. 우리는 요청할 수 없는 것을 요청하지 않는다. 우리는 은혜가 줄 수 있는 것 너머로 눈을 돌리지 않는다. 우리는 우리에게 주어진 은혜 속에서 바로 그것을 줄 수 있기 때문이다.

¹⁴ 오늘 우리의 학습 목표는 다음과 같은 기도를 넘어서지 않는다. 하지만 이 세상에서, 은혜를 자신이 받은 대로 주는 성령께 우리가 오늘 요청하는 것보다 더 대단한 것이 무엇이 있겠는가?

> ¹⁵ 은혜로 내가 살고, 은혜로 내가 해방됩니다.
> 은혜로 내가 주고, 은혜로 내가 해방할 것입니다.

170과

하느님 안에는 잔인함이 없기에, 내 안에도 없다.

¹ 해치려는 의도가 없다면, 그 누구도 공격하지 않는다. 여기에는 예외가 있을 수 없다. 네가 자기방어를 위해 공격한다고 생각할 때, 너는 잔인해지는 것이 보호며, 네가 잔인하기 때문에 안전하다고 말하는 것이다. 그것은 네가 다른 사람을 해쳐야 자유로워진다고 믿고 있음을 의미한다. 또한 그것은 네가 공격을 통해 지금 처한 상태를 뭔가 더 낫고 더 안전하며, 위험한 침입과 두려움을 덜 걱정해도 되는 상태로 바꿀 수 있다고 말하는 것이다.

² 자신을 두려움에서 지키려면 공격해야 한다는 아이디어는 얼마나 철저히 정신 이상인지! 바로 여기서 두려움이 태어나 피로 사육되며, 그러면 두려움은 점점 자라나고 부풀어올라 맹위를 떨치게 된다. 이렇게 너는 두려움에서 벗어나는 대신에, 두려움을 보호한다. 오늘 우리는 너에게서 불필요한 불행과 지연을 상상할 수 없을 정도로 덜어줄 레슨을 배운다. 그것은 다음과 같다:

> ³ 어떤 것에 맞서 방어할 때, 너는 그것을 만들어내는 것이다.
> 그것은 너의 방어 때문에 실재화되고, 벗어날 수 없는 것이 된다.
> 무기를 내려놓아라.
> 그제야 너는 비로소 그것이 가짜임을 지각할 것이다.

⁴ 네가 공격하는 것은 외부의 적처럼 보인다. 하지만 너의 방어는 내면에 적을 만들어낸다. 그 적은 너와 전쟁 중인 이질적인 생각으로서, 네게서 평화를 박탈하고 너의 마음을 전혀 화해할 수 없어 보이는 두 진영으로 갈라놓는다. 이제 사랑은 "적", 즉 반대편을 갖게 되었으며, 이질적인 존재인 두려움은 너의 진정한 정체의 위협을 물리치기 위해 너의 방어가 필요하기 때문이다.

⁵ 네가 상상해 낸 자기방어가 자신이 상상한 길을 따라 나아가는 수단을 주의 깊게 살펴본다면, 너는 그 아이디어가 기초한 전제들을 지각할 수 있을 것이다. 첫 번째 전제는, 아이디어들이 자신의 근원을 떠나야 한다는 것이다. 공격을 만들고 먼저 공격을

상상해 낸 자는 바로 너다. 하지만 너는 너 자신의 바깥을 공격하면서, 공격받을 자로부터 너의 마음을 분리한다. 그러면서 네가 만든 분열이 실제라고 철저히 믿는다.

6 다음으로, 사랑의 "적"에게 사랑의 속성이 부여된다. 이제 두려움이 너의 안전이자 네 평화의 보호자가 된다. 너는 두려움에게 돌아서 위로를 청하고, 너 자신의 강함에 대한 의심에서 벗어나 꿈 없이 조용하게 쉴 희망을 달라고 청한다. 이제 사랑은 자신에게만 속한 것을 빼앗김에 따라 두려움의 속성을 부여받는다. 사랑은 너에게, 모든 방어수단을 단지 어리석은 것으로 보아 내려놓으라고 요구하기 때문이다. 그리고 너의 무기들은 과연 산산이 부서져 먼지가 될 것이다. 그것들은 단지 그러하기 때문이다.

7 사랑을 적으로 가진 잔인함은 이제 신이 되어야 하고, 신들은 자신의 숭배자들에게 명령에 복종할 것을 요구하면서 자신에 대한 문제 제기는 거부한다. 그 요구가 합리적인지, 혹은 심지어 제정신인지 묻는 자들에게는 가차없이 혹독한 처벌을 내린다. 그 신들은 항상 자비롭고 정의로운 반면, 그들의 적은 불합리하고 제정신이 아니다.

8 오늘 우리는 이 잔인한 신을 냉철하게 바라본다. 비록 그의 입술은 피로 물들고, 그에게서 불이 뿜어져 나오는 것 같아도, 그는 단지 돌로 만들어졌을 뿐임을 알아차린다. 그는 아무것도 할 수 없다. 우리는 그의 힘에 저항할 필요가 없다. 그에게는 아무런 힘도 없다. 그러한 신에게서 자신의 안전을 보는 자들에게는 그 어떤 수호자도 없으며, 위험할 때 불러올 그 어떤 세력도 없고, 자신을 위해 싸워줄 그 어떤 힘센 전사도 없다.

9 이 순간은 끔찍할 수 있다. 하지만 그것은 또한 네가 비참한 노예 신세에서 해방되는 시간일 수도 있다. 너는 이 우상 앞에 서서, 그를 정확하게 있는 그대로 보며 선택한다. 너는 사랑으로부터 강탈해서 이 분별없는 돌 쪼가리에게 바치려 했던 것을 다시 사랑에게 돌려줄 것인가? 아니면 그 우상을 대체할 또 다른 우상을 만들 것인가? 잔인함의 신은 많은 형식을 취하므로, 너는 또 다른 형식을 찾을 수 있기 때문이다.

10 하지만 두려움이 두려움에서의 탈출구라고는 생각하지 말라. 이 수업이 평화의 장애물들에 대해 무엇을 강조했는지 기억해 보자. 무라고 믿기에는 너무 힘든 마지막 장애물, 뚫고 지나갈 수 없고 무시무시하고 도저히 극복할 수 없는 단단한 덩어리로 보이는 장애물은 바로 하느님에 대한 두려움이다. 바로 이것이 두려움의 생각을 신으로 받들어 왕좌에 앉힌 기본 전제다. 두려움은 이제 두려움을 숭배하는 자들에게 사랑받으며, 사랑에게는 잔인함이 부여되는 듯하다.

11 복수의 신들에 대한 이렇게 완전히 정신 나간 믿음은 어디에서 비롯되는가? 사랑

은 자신의 속성을 두려움의 속성과 혼동하지 않았다. 하지만 두려움의 숭배자들은 두려움의 "적" 안에서 자신의 혼동을 지각하고는, 이제 두려움의 잔인함을 사랑의 일부로 지각할 수밖에 없다. 그렇다면 사랑 자체의 가슴보다 더 두려운 것이 무엇이 있겠는가? 그의 입술에는 피가 묻어있는 듯하고, 그로부터는 불꽃이 뿜어져 나온다. 따라서 그는 다른 무엇보다 더 무시무시하고, 상상할 수 없을 만큼 잔인하며, 그를 자신의 하느님으로 인정하는 자들의 목숨을 모조리 앗아간다.

¹² 오늘 너의 선택은 확실하다. 너는 네가 조각한 작은 돌덩이를 마지막으로 보고는, 더 이상 그것을 신god이라 부르지 않을 것이다. 너는 전에도 이곳에 왔었지만, 그 잔인한 신이 또 다른 형식으로 네 곁에 남아있도록 선택했고, 따라서 하느님God에 대한 두려움이 너와 함께 돌아왔다. 이번에 너는 그 작은 돌덩이를 여기에 두고 간다. 그리고 너는 그 무게를 벗고 새로운 세상으로 돌아와, 그 돌덩이의 보지 못하는 눈이 아니라 너의 선택으로 되찾은 비전으로 그 세상을 바라본다.

¹³ 이제 너의 눈은 그리스도의 것이며, 그는 너의 눈을 통해 본다. 이제 너의 음성은 하느님의 것으로서, 하느님의 음성을 반향한다. 그리고 이제 너의 가슴은 영원히 평화롭다. 너는 우상 대신 하느님을 선택했고, 너의 창조주가 주신 너의 속성들이 마침내 너에게 회복되었다. 너는 하느님의 부르심을 들었으며, 그에 응답했다. 이제 두려움은 사랑에게 자리를 내주었고, 하느님이 몸소 잔인함을 대체하신다:

> ¹⁴ 아버지, 우리는 당신을 닮았습니다. 당신 안에는 잔인함이 없기에, 우리 안에도 없습니다. 당신의 평화는 곧 우리의 평화입니다. 그리고 우리는 오로지 당신께 받은 것만으로 세상을 축복합니다. 우리는 다시 선택하며, 우리의 모든 형제들을 위해 선택합니다. 그들이 우리와 하나임을 알기 때문입니다. 우리는 지금 그들에게, 당신의 구원을 우리가 받은 대로 전해줍니다. 그리고 우리를 완성되게 하는 그들을 주신 것에 대해, 당신께 감사드립니다. 그들 안에서 우리는 당신의 영광을 보며, 그들 안에서 우리는 우리의 평화를 발견합니다. 우리는 정녕 거룩합니다. 당신의 거룩함이 우리를 자유롭게 풀어주었기 때문입니다. 아버지, 감사드립니다. 아멘.

복습 5

¹ 이제 우리는 다시 복습에 들어간다. 이번에 우리는 복습에 더 많은 노력과 시간을 들일 준비가 되었다. 우리는 또 다른 단계의 이해를 준비하고 있음을 인식한다. 우리는 보다 확실하고 진지하며, 보다 확고한 믿음으로 다시 나아갈 수 있도록 이 단계를 완전히 밟을 것이다. 그동안 우리의 발걸음은 확고하지 못했으며, 우리는 의심에 빠져 이 수업이 제시하는 길을 확신도 없이 더디게 걸었다. 그러나 이제 우리는 발걸음을 재촉한다. 우리는 더 큰 확신과 더 확고한 목적, 더 확실한 목표에 다가가고 있기 때문이다:

² 아버지, 우리의 발걸음을 굳건히 하소서. 우리의 의심을 잠재우시고 우리의 거룩한 마음을 고요히 하셔서, 우리에게 말씀하소서. 우리는 당신께 드릴 말씀이 없습니다. 우리는 단지 당신의 말씀에 귀 기울이고, 그것을 우리 것으로 만들고자 합니다. 어린아이에게 길을 인도하는 아버지처럼 우리의 연습을 인도하소서. 아이는 그 길을 이해하지 못합니다. 하지만 아버지가 길을 인도하기에 자신이 안전하다는 것을 확신하면서, 그저 따라갑니다.

³ 그처럼 우리의 연습을 당신께 드립니다. 우리가 휘청거릴 때면, 당신이 일으켜 세우실 것입니다. 우리가 길을 잊을 때면, 당신의 확실한 기억에 의지합니다. 우리가 길을 벗어나 방황할 때면, 당신은 잊지 않고 다시 불러들이실 것입니다. 우리가 당신께 더 확실하고 빠르게 걸어가도록, 우리의 발걸음을 재촉하소서. 우리는 당신이 주신 생각들을 복습하면서, 우리의 연습을 통합하기 위해 주시는 **말씀**을 받아들입니다.

⁴ 다음은 우리가 복습할 생각들에 선행해야 할 생각이다. 복습하는 각각의 생각은 단지 이 생각의 특정 측면을 분명히 하거나, 우리가 이 생각을 보다 의미 있고 개인적이며 참인 것으로 받아들이도록 돕고, 우리가 공유하고 이제 다시 알 준비를 하고 있는

거룩한 자아를 보다 잘 설명하도록 도울 뿐이다:

⁵ 하느님은 오로지 사랑이시다. 따라서 나도 오로지 사랑이다.

⁶ 오로지 이 자아만이 사랑을 안다. 오로지 이 자아만이 완벽하게 일관된 생각을 하고, 자신의 창조주를 알며, 자기 자신을 이해하고, 그 앎과 사랑이 완벽하며, 아버지는 물론 자기 자신과도 연합되어 있는 변함없는 상태를 결코 바꾸지 않는다.

⁷ 바로 이 자아가 여정의 종착점에서 우리를 맞이하려고 기다린다. 우리가 내딛는 각각의 발걸음은 우리를 그곳에 더 가까이 데려다준다. 이 자아가 바로 우리의 목표라는 것을, 그리고 연습을 할 때 우리는 이 자아에게 다가간다는 것을 명심한다면, 이번 복습을 통해 헤아릴 수 없을 정도로 시간을 단축할 것이다. 바로 이 자아가 우리에게 약속되었음을 기억하고, 우리에게 빛의 길을 열어주고 우리가 잃었다고 생각한 영원한 자아로 돌아갈 방법을 차근차근 가르쳐주려고 이 수업이 우리에게 보내졌음을 기억하면서, 우리의 가슴을 먼지에서 생명으로 들어올리자.

⁸ 이러한 여정에서, 나는 너와 동행한다. 나는 너의 의심과 두려움을 한동안 공유하기 때문이다. 그럼으로써 너는, 모든 두려움과 의심을 극복할 길을 인식하고 있는 나에게 올 수 있게 된다. 우리는 함께 걷는다. 나는 불확실성과 고통을 이해해야 한다. 비록 그것들이 아무런 의미도 없음을 알지만 말이다. 구원자는 그가 가르치는 자들이 보는 것을 한편으로 보면서도, 다른 편으로는 여전히 그가 빠져나온 길, 그리고 이제 그들이 빠져나오도록 인도할 길을 자신의 마음에 간직하면서, 그들과 함께 남아있어야 하기 때문이다. 네가 나와 함께 그 길을 따라 걷기 전에는, 하느님의 아들은 십자가에 못 박혀 있다.

⁹ 한 형제를 여정이 끝나 잊히는 곳으로 안전하게 인도할 때마다, 나는 다시 부활한다. 한 형제가 비참함과 고통에서 빠져나오는 길이 있음을 배울 때마다, 나는 다시 새로워진다. 한 형제의 마음이 자신 안의 빛으로 돌아서 나를 찾을 때마다, 나는 다시 태어난다. 나는 그 누구도 잊지 않았다. 이제 나는 너를 여정이 시작된 곳으로 다시 데려가서 나와 함께 다른 선택을 내리게 하고자 하니, 나를 도와라.

¹⁰ 내가 성령께 받아 가져다준 생각들을 다시 한번 연습하면서 나를 해방하라. 성령은 너의 절실한 필요를 보며, 하느님이 그에게 주신 답을 안다. 우리는 함께 이 생각

들을 복습한다. 우리는 함께 이 생각들에 우리의 시간과 노력을 기울인다. 그리고 우리는 함께 이 생각들을 우리의 형제들에게 가르칠 것이다. 하느님은 천국이 불완전하기를 뜻하지 않으신다. 나와 마찬가지로 천국도 너를 기다린다. 내 안에 너의 부분이 없다면 나는 불완전할 것이다. 내가 온전해질 때, 우리는 함께 우리의 옛집으로 간다. 그 집은 시간이 있기 전에 우리를 위해 마련되었고, 시간에 따라 변하지 않도록 보존되었으며, 시간이 끝날 때 마침내 그럴 것이듯 흠 없고 안전하다.

¹¹ 그러니 이 복습이 네가 나에게 주는 선물이 되게 하라. 나에게 필요한 것은 단지, 네가 나의 말을 듣고는 세상에 전하는 것뿐이기 때문이다. 너는 나의 음성이자 눈이며, 나의 손이자 발이다. 그것들을 통해, 나는 세상을 구원한다. 나는 단지 너의 것인 자아로부터 너를 부른다. 바로 그 자아에게, 우리는 함께 걸어간다. 네 형제의 손을 잡아라. 이 길은 우리가 홀로 걷는 길이 아니기 때문이다. 네 형제 안에서, 내가 너와 함께 걷고 네가 나와 함께 걷는다. 우리의 아버지는 아들이 당신과 하나기를 뜻하신다. 그렇다면 살아있는 것은 분명 너와 하나가 아니겠는가?

¹² 이 복습이 우리가 너를 위해 새로운 경험을 공유하는 시간이 되게 하라. 하지만 그 경험은 시간만큼이나 오래되었으며, 사실 훨씬 더 오래된 것이다. 너의 이름은 거룩하며, 너의 영광은 영원히 순결하다. 또한 너의 온전성은 이제 하느님이 확립하신 대로 완전하다. 너는 하느님의 아들로서, 너 자신의 확장 속에서 하느님의 확장을 완성한다. 우리는 단지 환상이 세상을 제 것으로 주장하기 전에 우리가 알았던 태곳적 진리를 연습할 뿐이다. 다음과 같이 말할 때마다, 우리는 세상이 모든 환상에서 자유롭다는 것을 세상에게 일깨워 준다:

¹³ 하느님은 오로지 사랑이시다. 따라서 나도 오로지 사랑이다.

¹⁴ 우리는 복습 기간 동안 매일을 이 생각과 함께 시작한다. 우리는 매번의 연습을 이 생각과 함께 시작하고 끝낸다. 우리는 이 생각과 함께 잠들며, 깨어날 때도 똑같은 말을 우리의 입술에 올리며 다음 날을 맞이한다. 우리는 복습하는 모든 생각들을 이 생각으로 둘러싸고, 복습하는 생각들을 사용하여 이 생각을 우리 마음 앞에 들어올려 온종일 분명하게 기억할 것이다. 따라서 이 복습을 마쳤을 때는, 우리가 하는 말이 참임을 인식하게 될 것이다.

[15] 그러나 이 말은 단지 보조 수단으로서, 연습을 시작할 때와 끝낼 때를 제외하고는 단지 필요할 때 마음을 그것의 목적으로 다시 불러들이기 위해서만 사용해야 한다. 우리는 우리가 사용하는 수단이 아닌, 연습에서 오는 경험을 믿는다. 우리는 경험을 기다리며, 확신은 오로지 경험으로부터 온다는 것을 인식한다. 우리는 그 말을 사용하지만, 그 말을 넘어 그 말의 소리를 훨씬 초월하는 의미에 도달하기 위해 다시 또다시 시도한다. 우리가 의미의 근원에 다가감에 따라, 그 소리는 점점 흐릿해지다가 사라진다. 바로 여기서 우리는 안식을 발견한다.

하느님은 오로지 사랑이시다. 따라서 나도 오로지 사랑이다.

[151] 모든 것은 하느님 음성의 반향이다.

하느님은 오로지 사랑이시다. 따라서 나도 오로지 사랑이다.

[152] 결정하는 힘은 나 자신의 것이다.

하느님은 오로지 사랑이시다. 따라서 나도 오로지 사랑이다.

172과

하느님은 오로지 사랑이시다. 따라서 나도 오로지 사랑이다.

[153] 나의 무방어에 나의 안전이 있다.

하느님은 오로지 사랑이시다. 따라서 나도 오로지 사랑이다.

[154] 나는 하느님의 성직자들 가운데 하나다.

하느님은 오로지 사랑이시다. 따라서 나도 오로지 사랑이다.

173과

하느님은 오로지 사랑이시다. 따라서 나도 오로지 사랑이다.

[155] 나는 뒤로 물러나 하느님이 길을 인도하시게 하겠다.

하느님은 오로지 사랑이시다. 따라서 나도 오로지 사랑이다.

[156] 나는 완벽한 거룩함 속에서 하느님과 함께 걷는다.

하느님은 오로지 사랑이시다. 따라서 나도 오로지 사랑이다.

174과

하느님은 오로지 사랑이시다. 따라서 나도 오로지 사랑이다.

[157] 지금 나는 그리스도의 현존으로 들어가겠다.

하느님은 오로지 사랑이시다. 따라서 나도 오로지 사랑이다.

[158] 오늘 나는 받는 대로 주는 법을 배운다.

하느님은 오로지 사랑이시다. 따라서 나도 오로지 사랑이다.

하느님은 오로지 사랑이시다. 따라서 나도 오로지 사랑이다.

[159] 나는 내가 받은 기적들을 준다.

하느님은 오로지 사랑이시다. 따라서 나도 오로지 사랑이다.

[160] 나는 집에 있다. 이곳에서 두려움은 낯선 존재다.

하느님은 오로지 사랑이시다. 따라서 나도 오로지 사랑이다.

176과

하느님은 오로지 사랑이시다. 따라서 나도 오로지 사랑이다.

[161] 하느님의 거룩한 아들이여, 나를 축복해 주세요.

하느님은 오로지 사랑이시다. 따라서 나도 오로지 사랑이다.

[162] 나는 하느님이 창조하신 그대로다.

하느님은 오로지 사랑이시다. 따라서 나도 오로지 사랑이다.

하느님은 오로지 사랑이시다. 따라서 나도 오로지 사랑이다.

[163] 죽음은 없다. 하느님의 아들은 자유롭다.

하느님은 오로지 사랑이시다. 따라서 나도 오로지 사랑이다.

[164] 지금 우리는 우리의 근원이신 하느님과 하나다.

하느님은 오로지 사랑이시다. 따라서 나도 오로지 사랑이다.

178과

하느님은 오로지 사랑이시다. 따라서 나도 오로지 사랑이다.

[165] 나의 마음이 하느님의 생각을 부정하지 말게 하소서.

하느님은 오로지 사랑이시다. 따라서 나도 오로지 사랑이다.

[166] 하느님의 선물이 나에게 맡겨졌다.

하느님은 오로지 사랑이시다. 따라서 나도 오로지 사랑이다.

179과

하느님은 오로지 사랑이시다. 따라서 나도 오로지 사랑이다.

[167] 생명은 하나뿐이며, 나는 그것을 하느님과 공유한다.

하느님은 오로지 사랑이시다. 따라서 나도 오로지 사랑이다.

[168] 당신의 은혜가 제게 주어져 있습니다.
지금 그것을 제 것이라고 주장합니다.

하느님은 오로지 사랑이시다. 따라서 나도 오로지 사랑이다.

180과

하느님은 오로지 사랑이시다. 따라서 나도 오로지 사랑이다.

[169] 은혜로 내가 살고, 은혜로 내가 해방된다.

하느님은 오로지 사랑이시다. 따라서 나도 오로지 사랑이다.

[170] 하느님 안에는 잔인함이 없기에, 내 안에도 없다.

하느님은 오로지 사랑이시다. 따라서 나도 오로지 사랑이다.

181과~200과를 위한 서문

1 다음에 나오는 레슨들은 특히 너의 미약한 헌신을 강화하고, 너의 분산된 목표들을 하나의 의도로 합치려는 용의를 확고히 하는 데 집중한다. 아직은 너에게 언제나 전적인 헌신을 하라고 요청하지는 않는다. 하지만 비록 가끔이라도 이러한 통합된 헌신이 가져다줄 평화의 느낌을 얻기 위해, 지금 연습할 것을 요청한다. 바로 이러한 경험이야말로 너로 하여금 이 수업이 제시하는 길을 따르겠다는 전적인 용의를 낼 수 있도록 확실히 해주는 것이다.

2 이제 우리의 레슨들은 특히 너의 시야를 확장하는 것, 그리고 너의 비전을 협소하고 제한되게 유지함으로써 너로 하여금 우리 목표의 가치를 볼 수 없게 만드는 특별한 장애물들에 직접적으로 다가가는 것에 맞춰져 있다. 이제 우리는 아주 잠시나마 이 장애물들을 치우려고 시도할 것이다. 장애물들이 사라졌을 때 오는 해방감은 말로만은 전달할 수 없다. 하지만 네가 보는 것에 대한 철저한 통제를 포기할 때 찾아오는 자유와 평화의 경험은 자명하다. 너의 동기는 너무도 강화되어서, 말은 별로 중요하지 않게 될 것이다. 너는 네가 무엇을 원하는지, 그리고 무엇이 가치가 없는지를 확신하게 될 것이다.

3 그러므로 우리는 먼저 여전히 우리의 전진을 가로막는 것에 집중함으로써 말 너머로 가는 여정을 시작한다. 방어 너머에 존재하는 것을 부정하는 한, 그것을 경험할 수 없다. 그것은 거기에 있겠지만, 너는 그것이 존재한다는 것을 받아들일 수 없다. 따라서 이제 우리는 매일 잠시 모든 방어수단을 지나가려고 시도한다. 너에게 그 이상은 요청하지 않는다. 그 이상은 필요 없기 때문이다. 그것만 있으면, 나머지는 확실히 따라올 것이다.

181과

나는 내 형제들을 신뢰하며, 그들은 나와 하나다.

¹ 네가 너 자신에 대한 의심과 확신 없음을 넘어설 능력이 있다는 믿음을 확립하고 강화하려면, 너의 형제들을 신뢰하는 것이 아주 중요하다. 네가 어떤 형제를 공격한다면, 네가 그에게서 지각한 잘못에 그가 제한되어 있다고 선언하는 것이다. 너는 그의 잘못 너머를 보지 않는다. 오히려 너는 그 잘못을 확대해서, 너 자신의 잘못은 물론 너의 죄와 그의 죄처럼 보이는 것 너머에 놓여있는 **자아**를 너의 의식으로부터 차단하는 장애물로 만든다.

² 지각에는 초점이 있다. 바로 이것이 네가 보는 것에 일관성을 부여한다. 이 초점을 바꾸기만 하면, 그에 따라 네가 보는 것도 바뀔 것이다. 이제 너의 비전은 이동해서, 네가 전에 가졌던 의도를 대체한 다른 의도를 지원할 것이다. 네 형제의 죄에 맞춘 초점을 거두어라. 그러면 너는 죄 없음에 대한 믿음에서 비롯되는 평화를 경험할 것이다. 이러한 믿음은, 네가 다른 이들 안에서 죄를 지나 본 것으로부터 유일하고도 확실한 지원을 받는다. 네가 그들의 잘못에 초점을 맞춘다면, 그 잘못은 네 안의 죄를 입증하는 증인이 된다. 그리고 너는 그들의 모습을 초월하여 그 너머에 놓여있는 죄 없음을 볼 수 없을 것이다.

³ 그러므로 우리는 오늘 연습을 하면서, 먼저 이렇게 편협한 초점들을 포기하고 우리의 죄 없음을 분명하게 드러내야 할 필요성을 깊이 받아들인다. 우리는 아주 잠시나마 우리가 구하는 것은 오로지 이것뿐임을 우리 마음에게 가르친다. 우리의 의도를 바꾸는 연습을 하는 동안, 우리는 미래의 목표에 신경 쓰지 않으며, 한 순간 전에 본 것들에도 전혀 관심을 두지 않는다. 우리는 오로지 순결만을 구한다. 우리는 오로지 지금에만 관심을 두고 순결을 구한다.

⁴ 네가 과거와 미래의 목표에 열중하는 것이 성공을 가로막은 주된 위험 요인이었다. 너는 그동안 이 수업이 주창하는 목표와 네가 과거에 세운 목표가 얼마나 극단적으로 다른지에 대해 상당히 사로잡혀 있었다. 그리고 네가 비록 성공하더라도 어쩔 수 없이 길을 다시 잃을 것이라는 우울하고도 제한적인 생각에 낙심하고 있었다. 이것이 어찌 문제가 될 수 있겠는가? 과거는 사라졌으며, 미래는 단지 상상일 뿐인데 말이

다. 이러한 걱정은 단지 현재에 지각의 초점을 바꾸는 것에 대한 방어수단일 뿐이다. 그 이상 아무것도 아니다.

5 우리는 이 무의미한 한계들을 잠시 치워놓는다. 우리는 과거의 믿음에 기대지 않으며, 미래에 믿게 될 것 때문에 지금 방해를 받지도 않을 것이다. 우리는 내면의 죄 없음을 본다는 단 하나의 의도만 가지고 연습에 임한다. 분노가 어떤 형식으로든 우리의 길을 가로막는다면, 우리는 이 목표를 잃어버렸음을 알아차린다. 만약 어떤 형제의 죄가 우리 마음에 떠오른다면, 우리의 좁혀진 초점은 우리의 시야를 제한하고, 우리의 눈을 우리 자신의 잘못으로 돌릴 것이다. 우리는 그것을 확대해서 우리의 "죄"라고 부르게 될 것이다.

6 따라서 우리는 잠시, 과거의 것이든 미래의 것이든 그러한 장애물이 일어난다면, 다음과 같은 말로 우리의 마음에게 초점을 바꾸라고 가르침으로써 장애물을 뛰어넘을 것이다:

7 이것은 내가 보고자 하는 것이 아니다.
나는 내 형제들을 신뢰하며, 그들은 나와 하나다.

8 그리고 우리는 온종일 이 생각들을 사용하여 자신을 안전하게 지킬 것이다. 우리는 장기적인 목표를 구하지 않는다. 장애물이 일어나 우리의 죄 없음에 대한 비전을 가로막는 듯이 보일 때마다, 우리는 단지 죄에 맞춘 초점 때문에 발생하여 교정되지 않고 남아있을 비참함에서 잠시 벗어나 있으려고 한다.

9 우리는 판타지를 요청하는 것이 아니다. 우리가 바라보려 하는 것은 실제로 거기에 있기 때문이다. 초점을 잘못 너머로 옮김에 따라, 우리는 전적으로 죄 없는 세상을 보게 될 것이다. 죄 없는 세상을 보는 것이 우리가 보기를 원하는 모든 것이고 우리가 진정한 지각의 이름으로 구하는 모든 것일 때, 그리스도의 눈은 반드시 우리의 눈이 된다. 그리고 그리스도가 우리에게 느끼는 사랑도 우리 자신의 사랑이 된다. 우리는 오로지 세상과 우리 자신 안에 반영된 이러한 사랑만을 볼 것이다.

10 한때 우리의 죄를 선포했던 세상은 이제 우리가 무죄라는 증거가 된다. 그리고 우리가 바라보는 모든 이에 대한 우리의 사랑은, 죄를 전혀 알지 못하며 자신의 죄 없음 없이는 그 무엇도 상상할 수 없는 거룩한 자아를 우리가 기억한다는 것을 입증한다. 오늘 우리의 마음을 연습으로 돌리면서, 우리는 이러한 기억을 구한다. 우리는 앞을

내다보지도, 뒤를 돌아보지도 않는다. 우리는 현재를 직시하며, 우리가 지금 요청하는 경험을 신뢰한다. 우리의 죄 없음은 단지 하느님의 뜻일 뿐이다. 이 순간에, 우리는 하느님과 하나로서 뜻한다.

182과

나는 잠시 고요해져서 집에 가겠다.

1 네가 살고 있는 듯한 이 세상은 너의 집이 아니다. 너는 마음속 어디선가 이것이 진실임을 안다. 집에 대한 기억이 끊임없이 떠오르면서, 마치 너에게 돌아오라고 부르는 곳이 있는 듯하다. 비록 너는 그 음성도, 그 음성이 너에게 무엇에 대해 일깨워 주는지도 인식하지 못하지만 말이다. 하지만 너는 여전히 이곳에서, 네가 전혀 알지 못하는 어떤 곳에서 온 이질적인 존재라고 느낀다. 아무것도 분명하지 않아서, 네가 이곳에 망명 중이라고 확실하게 말할 수도 없다. 그것은 어떤 때는 작은 두근거림에 지나지 않고, 다른 때는 거의 기억되지도 않는, 애써 떨쳐버렸지만 틀림없이 마음에 되돌아오고야 마는 끈질긴 느낌이다.

2 우리가 무엇에 대해 말하는지 모르는 이는 없다. 하지만 어떤 이들은 시간을 때우고 슬픔을 외면하기 위한 놀이에 빠져 고통을 한쪽으로 치워두려고 한다. 다른 이들은 자신이 슬프다는 것을 부정하여, 스스로 눈물을 흘리고 있다는 것도 알아차리지 못할 것이다. 또 다른 이들은 우리가 말하는 것은 한낱 꿈 이상으로 고려할 가치가 없는 환상이라고 주장할 것이다. 하지만 방어와 자기기만이 없는 단순 정직한 자라면 과연 우리가 하는 말을 이해하지 못한다고 하겠는가?

3 오늘 우리는 이 세상을 걷는 모든 이를 대변해 말한다. 그들은 집에 있지 않기 때문이다. 그들은 발견할 수 없는 것을 어둠 속에서 구하며, 자신이 무엇을 구하는지도 인식하지 못한 채 끝없는 추구를 하며 이리저리 배회한다. 그들은 천 개의 집을 짓지만, 그 어떤 집도 그들의 안식 없는 마음을 만족시키지 못한다. 그들은 헛되이 집을 짓고 있음을 이해하지 못한다. 그들이 구하는 집은 그들 자신이 지은 집일 수 없다. 천국의 대체물이란 없다. 그들이 이제껏 지은 집은 모두 지옥이었다.

4 어쩌면 너는 유년기의 집을 다시 찾고 있다고 생각할 수도 있다. 네 몸의 유년 시절과 네 몸이 머물던 곳은 이제 너무도 왜곡된 기억이 되어버려서, 너는 단지 결코 일어난 적이 없는 과거의 그림을 붙잡고 있을 뿐이다. 하지만 네 안에는 자신이 이곳에서 이질적인 존재인 것을 알고서 아버지의 집을 찾고 있는 한 아이가 있다. 이러한 어린 시절은 영원히 지속될 순결을 지닌 채 영원하다. 이 아이가 가야 할 곳은 거룩한 땅이

다. 그의 거룩함은 천국을 환히 밝히고, 저 높은 곳에 있는 빛의 순수한 반영을 땅에 가져다준다. 그 안에서 땅과 천국은 하나로 결합되어 있다.

⁵ 네 안에 있는 바로 이 **아이**야말로, 아버지가 당신의 아들로 아시는 자다. 바로 이 **아이**야말로, 자신의 아버지를 아는 자다. 이 아이는 너무도 간절하고 너무도 끊임없이 집에 가기를 열망하기에, 그의 음성은 울면서 너에게 잠시 쉬게 해달라고 청한다. 그는 단지 한숨 돌릴 잠깐의 시간만을 청할 뿐이다. 그것은 그가 아버지의 집을 가득 채운 거룩한 공기를 다시 들이마시려고 돌아갈 수 있는 시간이다. 너 또한 그 아이의 집이다. 그는 돌아올 것이다. 그러나 그에게 단지, 그의 집인 평화 속에서 그 자신이 될 약간의 시간을 주어라. 그리하여 침묵과 평화와 사랑 속에 안식하게 하라.

⁶ 이 **아이**는 너의 보호가 필요하다. 그는 집에서 멀리 떨어져 있다. 그는 너무나 작아서 너무 쉽게 배제되는 것 같고, 그의 자그마한 **음성**은 너무 빨리 잊히며, 도움을 요청하는 그의 외침은 세상의 귀에 거슬리는 소리, 가혹하고 거친 소음에 묻혀 거의 들리지 않는다. 하지만 그는 여전히 네 안에 자신의 확실한 보호가 있음을 안다. 너는 그를 실망시키지 않을 것이다. 그는 집에 갈 것이며, 너도 그와 함께 갈 것이다.

⁷ 이 **아이**는 너의 무방어요 너의 힘이다. 그는 너를 신뢰한다. 네가 그를 실망시키지 않을 것임을 알기에, 그가 너에게 왔다. 그는 끊임없이 너에게 자신의 집에 대해 속삭여 준다. 그는 너를 다시 집에 데려가려 하기 때문이다. 그럼으로써 그는 그곳에 머물 수 있으며, 자신이 속하지 않는 곳, 자신이 이질적인 생각들의 세상에서 추방자로 사는 곳으로 다시 돌아오지 않을 수 있다. 그의 인내에는 한계가 없다. 그는 네가 내면에서 그의 온유한 음성을 들을 때까지 기다릴 것이다. 그 음성은 너에게, 그가 너와 더불어 자신의 집이자 너의 집인 곳으로 평화로이 가게 해달라고 청한다.

⁸ 네가 한순간 고요해지고, 세상이 너로부터 물러나며, 너의 안식 없는 마음이 더 이상 가치 없는 아이디어들에 가치를 두지 않을 때, 너는 비로소 그의 **음성**을 들을 것이다. 그는 너무도 애절하게 부르기에, 너는 더 이상 그를 물리칠 수 없을 것이다. 바로 그 순간에 그는 너를 자신의 집으로 데려갈 것이며, 너는 그와 더불어 완벽한 고요 속에 평화로이 머물 것이다. 너는 그곳에서 모든 말을 넘어, 두려움도 의심도 전혀 없이, 네가 집에 있음을 깊이 확신하며 머물 것이다.

⁹ 오늘 이 **아이**와 함께 자주 안식하라. 그는 기꺼이 어린아이가 되려 했다. 그는 방어 없이 와서, 자신을 적으로 대하는 자들에게 사랑의 메시지만 전한다. 이것을 보고, 너

는 그가 얼마나 강한지 배울 수 있다. 이 아이는 천국의 막강한 힘을 손에 쥐고서, 그들을 친구라고 부르면서 자신의 힘을 선사한다. 그럼으로써 그들은 이 아이가 그들의 친구가 되고 싶어 한다는 것을 알 수 있다. 이 아이는 그들에게 다만 자신을 보호해 달라고 청할 뿐이다. 그의 집은 멀리 떨어져 있으며, 그는 홀로는 집에 돌아가지 않을 것이기 때문이다.

10 방랑자가 집을 떠날 때마다, 그리스도는 다만 작은 아이로 다시 태어난다. 방랑자는 단지, 방어 없이 와서 무방어로 보호받는 이 아이만 보호하는 법을 배워야 한다. 그러니 오늘 때때로 이 아이와 함께 집에 가라. 너는 이곳에서 그 아이만큼이나 이질적인 존재다.

11 오늘 시간을 내서 아무런 득도 없는 방패를 한쪽으로 치워버리고, 존재하지도 않는 적을 향해 겨누었던 창과 칼도 내려놓아라. 그리스도가 너를 친구요 형제라고 불렀다. 그는 심지어, 자신이 완전하게 되어 집에 완전하게 갈 수 있도록 도와달라고 청하기 위해 너에게 왔다. 그는 마치 아버지께 보호와 사랑을 간청해야 하는 어린아이처럼 왔다. 그리스도는 우주를 지배하건만, 너에게 더 이상 환상을 신으로 받아들이지 말고 함께 돌아가자고 끊임없이 청한다.

12 너는 너의 순결을 잃지 않았다. 너는 바로 이것을 그리워한다. 너의 가슴은 바로 이것을 열망한다. 너는 바로 이 음성을 듣고 있으며, 그것은 부정할 수 없는 부름이다. 거룩한 아이는 너와 함께 머문다. 그의 집은 곧 너의 집이다. 오늘 그는 너에게 자신의 무방어를 주며, 너는 네가 만든 그 모든 전쟁 장난감 대신에 그것을 받아들인다. 이제 길은 탁 트였으며, 마침내 여정의 끝이 눈앞에 보인다. 잠시 고요해져서 그와 함께 집에 가라. 그리고 한동안 평화 속에 머물라.

183과

나는 하느님의 이름과 나 자신의 이름을 부른다.

¹ 하느님의 이름은 거룩하지만, 너의 이름보다 더 거룩한 것은 아니다. 하느님의 이름을 부르는 것은 단지 너 자신의 이름을 부르는 것이다. 아버지는 아들에게 자신의 이름을 줌으로써 아들을 자신과 동일시한다. 아들의 형제들도 아들의 이름을 공유함으로써 하나의 유대관계로 연합되며, 자신의 정체성을 위해 그 유대관계에 의지한다. 알지 못하는 세상에서조차, 너의 아버지의 이름은 네가 누구인지 일깨워 준다. 비록 너는 그것을 기억하지 못했지만 말이다.

² 하느님의 이름을 부르면 반드시 응답이 오고, 하느님의 이름을 말하면 너에게 기억하라고 부르는 마음 안에 반드시 메아리가 울려 퍼진다. 하느님의 이름을 말하라. 그러면 너는 천사들에게 네가 서있는 땅을 둘러싸고, 날개를 펼쳐 너를 안전하게 지키면서 노래를 불러주고, 너의 거룩함을 침범할 온갖 세상적인 생각에서 보호해 달라고 초대하는 것이다.

³ 하느님의 이름을 거듭해 부르면, 온 세상이 환상을 내려놓는 것으로 화답한다. 세상이 소중히 여기는 모든 꿈들이 갑자기 사라지면서, 그것들이 서있는 듯했던 곳에서 너는 별 하나를 발견한다. 그것은 은혜의 기적이다. 병자들이 병든 생각을 치유받고 일어난다. 행복한 웃음이 와서 세상을 축복함에 따라, 눈먼 자들이 보고 귀먹은 자들이 들을 수 있게 된다. 비탄에 빠진 자들이 상복을 벗어던지고, 고통의 눈물이 말라붙는다.

⁴ 하느님의 이름을 거듭해 부르면, 하찮은 이름들은 그 의미를 잃는다. 하느님의 이름 앞에서는 온갖 유혹이 이름을 잃어, 너는 더 이상 그것들을 원하지 않게 된다. 하느님의 이름을 거듭해 부르고, 네가 가치를 두는 온갖 신들의 이름이 얼마나 쉽게 잊히는지 보라. 그 신들은 네가 부여한 신이라는 이름을 잃었다. 그 신들은 너에게 이름도 가치도 없는 것이 된다. 비록 너는, 하느님의 이름으로 하여금 그들의 하찮은 이름을 대체하도록 허용하기 전에는 그들 앞에 머리를 조아리고 서서 신이라는 이름으로 불렀지만 말이다.

⁵ 하느님의 이름을 거듭해 부르고, 너의 자아도 불러라. 네 자아의 이름이 곧 하느님

의 이름이다. 하느님의 이름을 거듭해 불러라. 그러면 땅 위의 온갖 사소하고 이름 없는 것들을 바른 관점으로 보게 된다. 하느님의 이름을 부르는 자들은 이름 없는 것들을 진정한 이름이라고 잘못 보거나, 죄를 은혜라고, 몸을 하느님의 거룩한 아들이라고 잘못 볼 수 없다.

6 네가 한 형제와 더불어 잠잠히 앉아 너희의 조용한 마음 안에서 하느님의 이름을 거듭해 부른다면, 너희는 그곳에 하느님과 그분의 아들에게 가닿는 제단을 세운 것이다. 오늘 오로지 이것만 연습하라. 하느님의 이름을 다시 또다시 천천히 불러라. 하느님의 이름 외에 모든 이름은 잊어라.

7 다른 어떤 소리도 듣지 말라. 너의 모든 생각이 이것에 닻을 내리게 하라. 연습을 시작할 때 오늘의 아이디어를 단 한 번 말하는 것을 제외하고는, 우리는 다른 말은 일체 사용하지 않는다. 그러면 하느님의 이름은 우리의 유일한 생각이자 말이며, 우리의 마음을 차지하는 유일한 것이자 우리가 품은 유일한 소망이며, 어떤 의미라도 갖는 유일한 소리자 우리가 보기를 열망하고 우리 자신의 것이라 부르고 싶어 하는 모든 것의 유일한 이름이 된다.

8 이와 같이 우리는 결코 거절될 수 없는 초대장을 보낸다. 그리고 하느님이 오셔서 몸소 응답하실 것이다. 세상이 소중히 여기는 우상의 이름으로 하느님을 부르는 자들의 하찮은 기도를 그분이 들으신다고는 생각하지 말라. 그런 식으로는 하느님께 도달할 수 없다. 하느님은 당신 자신으로 존재하지 말라는 요청이나, 아들에게 당신의 이름이 아닌 다른 이름이 주어져야 한다는 요청을 들으실 수 없다.

9 하느님의 이름을 거듭해 불러라. 그러면 너는 하느님을 실재의 유일한 창조주로 인정하는 것이다. 너는 또한 하느님의 아들은 하느님의 일부로서, 하느님의 이름으로 창조하고 있음을 인정하는 것이다. 잠잠히 앉아서, 하느님의 이름으로 하여금 너의 마음을 완벽하게 사로잡는, 모든 것을 포괄하는 아이디어가 되게 하라. 이 하나를 제외한 모든 생각은 침묵하게 하라. 다른 모든 생각들에 이 아이디어로 응답하고, 존재하는 모든 것과 앞으로 존재할 모든 것에는 하나의 이름만 있음을 깨닫지 못한 채 너의 생각들에 부여한 수천 개의 하찮은 이름을 하느님의 이름이 대체하는 것을 보라.

10 오늘 너는 은혜의 선물을 경험할 상태에 도달할 수 있다. 너는 세상의 모든 속박에서 벗어나, 네가 찾은 것과 같은 해방을 세상에 선사할 수 있다. 너는 세상이 잊은 것을 기억하여, 너 자신의 기억하기를 세상에 선사할 수 있다. 오늘 너는 세상의 구원은 물론

너 자신의 구원에서 네가 맡은 역할을 받아들일 수 있다. 따라서 둘 다 완벽하게 성취될 수 있다.

11 너의 해방을 위해, 하느님의 이름에 의지하라. 그러면 그것이 너에게 주어진다. 너에게는 오로지 이 기도만 필요하다. 이 기도 안에는 모든 기도가 들어있기 때문이다. 하느님의 아들이 아버지의 이름을 부를 때, 말은 중요하지 않고 그 어떤 요청도 필요 없다. 아버지의 생각들이 아들 자신의 생각이 된다. 그는 아버지가 주셨고, 지금도 주고 계시며, 앞으로도 영원히 주실 모든 것을 자기 것이라고 주장한다. 이제 그는 하느님의 이름을 불러 자신이 만들었다고 생각한 모든 것의 이름이 사라지게 하며, 그것들 대신에 하느님의 거룩한 이름이 그것들의 가치 없음을 판단하게 한다.

12 하찮은 것들은 모두 침묵한다. 이제 하찮은 소리들은 소리를 내지 않는다. 땅의 하찮은 것들도 사라졌다. 우주는 오로지 자신의 아버지를 부르는 하느님의 아들로 이루어져 있다. 그리고 아버지의 음성이 아버지의 거룩한 이름으로 응답한다. 소통이 모든 말을 저 멀리 초월하고, 깊이나 높이 면에서 말이 전할 수 있는 모든 것을 뛰어넘는 이 영원하고 고요한 관계 안에, 영원한 평화가 있다. 아버지의 이름으로, 우리는 오늘 이러한 평화를 경험하고자 한다. 그리고 아버지의 이름으로, 그 평화가 우리에게 주어지리라.

184과

하느님의 이름은 나의 유산이다.

¹ 너는 상징에 따라 살아간다. 너는 네가 보는 모든 것을 위해 이름을 지어냈다. 각각의 것은 자신만의 이름으로 식별되는 분리된 개체가 된다. 이렇게 너는 단일성을 깎아서 개체를 조각해 낸다. 이렇게 너는 그것의 특별한 속성을 지정하고, 그것을 둘러싼 공간을 강조함으로써 그것을 다른 것들과 분리한다. 네가 다른 이름을 붙인 모든 것들, 시공간상에서 일어나는 모든 일들, 이름을 부르며 맞이하는 모든 몸들 사이에, 너는 이러한 공간을 끼워 넣는다.

² 네가 보기에 모든 것을 서로에게서 떼어놓는 이 공간은 세상의 지각이 만들어지는 수단이다. 너는 아무것도 없는 곳에서는 무언가를 보고, 단일성이 있는 곳에서는 아무것도 보지 못한다. 너는 모든 것 사이에서, 모든 것과 너 사이에서 어떤 공간을 본다. 이와 같이 너는 분리 안에 생명을 불어넣었다고 생각한다. 너는 이러한 분열에 의해 네가 독립된 뜻을 가지고 기능하는 하나의 개체로 확립되었다고 생각한다.

³ 세상을 별개의 사건들, 통합되지 않은 사물들, 따로 떨어져서 약간의 마음을 분리된 의식으로서 담고 있는 몸들의 연속체로 만들어버리는 이러한 이름들은 과연 무엇인가? 너는 그것들에 이러한 이름들을 부여함으로써, 지각을 네가 원하는 대로 확립했다. 이름 없는 것들에 이름이 부여되었고, 그리하여 실재성도 부여되었다. 이름이 부여되는 것에는 의미도 부여되며, 그러면 그것은 의미가 있는 것으로, 그 자체 안에 결과가 내재하여 진짜 결과를 낳는 원인으로 보일 것이다.

⁴ 이것이 바로 주어진 진리에 맞서 의도적으로 설정된 부분적인 비전에 의해 실재가 만들어지는 방법이다. 그러한 비전의 적은 온전성이다. 그것은 왜소한 것들을 상상해 내고는 그것들을 바라본다. 따라서 공간의 부재나 단일성의 느낌, 혹은 자신과 다르게 보는 비전에는 위협을 느껴서 그것들을 굴복시키고, 맞서 싸우고, 부정하려 한다.

⁵ 하지만 이러한 다른 비전은 여전히 마음이 자신의 지각을 이끌어가야 할 자연스러운 방향으로 남아있다. 마음에게 천 개의 생경한 이름을 가르치고, 또 수천 개의 이름을 더 가르치기란 어려운 일이다. 하지만 너는 바로 이것이 배움의 의미자 배움의 유일하고도 본질적인 목표로서, 그것에 의해 소통이 이루어지고 개념이 의미 있게 공유

될 수 있다고 믿는다.

6 이것이 바로 세상이 주는 유산의 전부다. 그렇게 생각하도록 배우는 자라면 누구나 세상의 실재성을 옹호하는 표시와 상징을 받아들인다. 그것들은 세상의 실재성을 지원하기 위한 것들이다. 표시와 상징으로 인해, 명명된 것은 이제 의심의 여지 없이 존재하게 된다. 예상했던 대로, 명명된 것은 이제 눈으로 볼 수 있게 된다. 그것이 참임을 부정하는 것은 단지 환상일 뿐이다. 그것은 궁극적인 실재기 때문이다. 그것에 의문을 제기하는 것은 미친 짓이며, 그것의 존재를 받아들이는 것은 제정신이라는 증거다.

7 이러한 것이 바로 세상의 가르침이다. 그것은 세상에 오는 자라면 누구나 반드시 거쳐야 하는 배움의 단계다. 그러나 그 배움이 무엇에 근거하는지, 그 전제가 얼마나 미심쩍고 그 결과가 얼마나 의심스러운지 더 빨리 지각할수록, 너는 그 결과에 더 빨리 의문을 제기하게 된다. 세상이 가르치려는 것만 배우고 배움을 멈춘다면, 너는 의미를 얻지 못한 채 멈추는 것이다. 그러나 네가 배움을 적절한 자리에 배치한다면, 그것은 다른 종류의 배움을 시작하고, 새로운 지각을 얻으며, 세상이 제멋대로 붙인 그 모든 이름에 의문을 제기하여 거둬들일 수 있는 출발점이 된다.

8 네가 세상을 만들었다고 생각하지 말라. 그것은 단지 환상이다! 그러나 땅과 천국에서 참인 것은 네가 이름을 붙일 수 없는 것이다. 너는 어떤 형제를 부를 때 그의 몸을 향해 부른다. 그의 정체에 대한 너의 믿음에 의해 그의 진정한 정체가 너에게 감춰진다. 이제 그의 몸이 네가 부르는 이름에 반응한다. 그의 마음은 네가 주는 이름을 자신의 것으로 받아들이는 데 동의하기 때문이다. 따라서 그의 단일성은 두 번 부정된다. 너는 그가 너와 분리되었다고 지각하고, 그는 이 분리된 이름을 자신의 것으로 받아들이기 때문이다.

9 너에게 세상의 모든 상징들 너머로 가서 그것들을 영원히 잊으라고 하면서, 한편으로는 가르치는 기능을 받아들이라고 요구한다면, 너는 정말로 이상하게 생각할 것이다. 너는 잠시 세상의 상징들을 사용할 필요가 있다. 하지만 그것들에 속지는 말라. 그것들은 아무것도 나타내지 않는다. 그리고 연습을 하는 동안, 바로 이 생각이 너를 세상의 상징들에서 해방한다. 그 상징들은 단지 네가 세상이 이해할 수 있는 방법으로 소통할 수 있게 하는 수단이 된다. 하지만 너는 그것이 진정한 소통을 찾을 수 있는 단일성은 아님을 인식한다.

¹⁰ 그러므로 너에게는 매일, 세상의 배움을 일시적인 단계로 바꿔버리는 시간이 필요하다. 그때 너는 세상의 배움이라는 감옥에서 나와 햇빛 속으로 들어가서 어둠을 잊는다. 여기에서 너는 하느님의 말씀, 하느님이 네게 주신 이름, 만물이 공유하는 유일한 정체, 참인 것에 대한 유일한 승인을 이해한다. 그런 다음 다시 어둠으로 돌아가라. 하지만 어둠이 실제라고 생각해서가 아니라, 단지 어둠이 지배하는 세상에서 아직 의미가 있는 용어로 어둠의 비실재성을 선포하기 위해 돌아가라.

¹¹ 어둠의 세상을 묘사하는 그 모든 하찮은 이름들과 상징들을 사용하라. 하지만 그것들을 너의 실재로 받아들이지는 말라. 성령은 그 모든 것을 사용하지만, 창조물에는 하나의 이름, 하나의 의미, 만물을 자신 안에 통합하는 단 하나의 근원만이 있음을 잊지 않는다. 세상이 그것들에 부여하는 모든 이름을 단지 편의를 위해 사용하되, 그것들이 너와 더불어 하느님의 이름을 공유한다는 것을 잊지 말라.

¹² 하느님께는 어떤 이름도 없다. 하지만 하느님의 이름은 만물이 하나라는 마지막 레슨이 된다. 그리고 이 레슨에서 모든 배움이 끝난다. 모든 이름들이 통합되고, 모든 공간이 진리의 반영으로 채워진다. 모든 간격이 메워지고, 분리가 치유된다. 하느님의 이름은 세상의 가르침이 천국을 대체하도록 선택했던 자들에게 주시는 하느님의 유산이다. 우리의 연습 목적은, 네가 하느님이 사랑하시는 아들에게 걸맞은 선물이라고 만든 초라한 유산에 대한 응답으로 하느님이 주신 것을 너의 마음이 받아들이게 하는 것이다.

¹³ 하느님 이름의 의미를 구하는 자는 실패할 수 없다. 경험이 어김없이 와서 말씀을 보완할 것이다. 그러나 너는 먼저 모든 실재에 대한 단 하나의 이름을 받아들이고, 네가 실재의 측면들에 부여한 많은 이름들은 네가 보는 것을 왜곡했을지라도 진리는 전혀 방해하지 못했음을 깨달아야 한다. 우리는 단 하나의 이름만 가져와서 연습한다. 우리는 단 하나의 이름만 사용해서 우리의 시각을 통합한다.

¹⁴ 비록 우리는 하느님 아들의 각 측면을 알아차릴 때마다 다른 이름을 사용하지만, 그들에게는 오로지 하느님께 받은 단 하나의 이름만 있음을 이해한다. 우리는 연습할 때 바로 이 이름을 사용한다. 그리고 이 이름을 사용함으로써, 우리를 눈멀게 한 어리석은 분리가 전부 사라지고, 그것들 너머를 볼 힘이 우리에게 주어진다. 이제 우리의 시각은 우리가 받는 대로 줄 수 있는 축복으로 축복받는다:

¹⁵ 아버지, 우리의 이름은 곧 당신의 이름입니다. 당신의 이름 안에서, 우리는 살아있는 만물과 연합되어 있으며, 그 유일한 창조주신 당신과도 연합되어 있습니다. 우리가 만들어서 다른 많은 이름으로 불렀던 것은 단지 우리가 당신의 실재에 드리우려 했던 그림자에 불과합니다. 우리는 우리가 틀렸다는 사실에 기쁘고 감사합니다. 우리의 모든 실수를 당신께 드립니다. 그리하여 우리는 우리의 잘못이 낳은 듯한 그 모든 결과에서 사면될 수 있습니다. 그리고 그 모든 실수 대신에, 우리는 당신이 주시는 진리를 받아들입니다. 당신의 이름은 우리의 구원이며, 우리가 만든 모든 것으로부터의 탈출구입니다. 당신의 이름은 우리를 하나인 상태로 연합합니다. 그것은 우리가 받은 유산이자 평화입니다. 아멘.

185과

나는 하느님의 평화를 원한다.

¹ 이것을 말로 하는 것은 아무것도 아니다. 하지만 이것을 진심으로 말하는 것은 모든 것이다. 단 한 순간만이라도 이 말을 진심으로 할 수 있다면, 너에게는 더 이상 어떤 형식의 슬픔도 불가능하다. 때와 장소를 막론하고 말이다. 천국이 다시 너의 의식에 완전하게 주어지고, 하느님에 대한 기억이 전적으로 회복되며, 모든 창조물의 부활이 완전히 인식될 것이다.

² 이것을 진심으로 말하는 자는 치유되지 않을 수 없다. 그는 꿈을 가지고 놀 수도 없고, 자신이 한낱 꿈이라고 생각할 수도 없다. 그는 지옥을 만들고는 그것이 실제라고 생각할 수도 없다. 그는 하느님의 평화를 원하며, 그리고 그것이 주어진다. 하느님의 평화야말로 그가 원하는 모든 것이며, 그가 받을 모든 것이기 때문이다. 이것을 말로 한 자들은 많았다. 하지만 극소수만이 진심으로 말했다. 그들이 얼마나 적은지 확실히 알려면, 그저 네가 보는 세상을 둘러보기만 하면 된다. 단 두 사람만이라도 이 말이 그들이 원하는 유일한 것을 나타낸다는 것에 동의한다면, 세상은 완전히 달라질 것이다.

³ 하나의 의도를 품은 두 마음은 너무나 강력해져서, 그들이 뜻하는 것은 하느님의 뜻이 된다. 마음은 오로지 진리 안에서만 결합할 수 있기 때문이다. 꿈속에서는, 어떤 두 마음도 똑같은 의도를 공유할 수 없다. 각자에게 꿈의 주인공이 다르며, 원하는 결과도 다르다. 손실 대 이득, 이득 대 손실의 비율이 또 다른 형식의 또 다른 측면을 취하면서, 그에 따라 잃는 자와 얻는 자는 변하는 패턴 속에서 그저 자리를 뒤바꾼다.

⁴ 하지만 꿈이 가져다줄 수 있는 것은 타협뿐이다. 꿈은 때로 연합의 형식을 취하지만, 그것은 단지 형식에 불과하다. 의미는 꿈을 벗어날 수밖에 없다. 타협이야말로 꿈의 목표기 때문이다. 마음들은 꿈속에서 연합할 수 없으며, 그저 흥정할 뿐이다. 하지만 과연 어떤 흥정이 마음에게 하느님의 평화를 가져다줄 수 있겠는가? 환상이 와서 하느님의 자리를 차지한다. 그리고 자신의 이득과 타인의 손실을 위해 타협하려는 의도를 가진 잠든 마음에게, 하느님의 의미는 상실된다.

⁵ 하느님의 평화를 원한다고 진심으로 말하는 것은 곧 모든 꿈을 포기하는 것이다. 환

상을 원하여 환상을 가져다줄 수단을 구하는 자는 결코 이 말을 진심으로 할 수 없기 때문이다. 그는 환상을 바라보고는 그것이 부족하다는 것을 알았다. 그는 이제 또 다른 꿈은 다른 모든 꿈보다 더 많이 제공해 주지 않음을 인식하고서, 환상 너머로 가려고 한다. 그에게 꿈들은 하나다. 그리고 그는 꿈들의 유일한 차이는 형식의 차이일 뿐임을 배웠다. 하나의 꿈은 다른 모든 꿈처럼 절망과 불행을 안겨줄 것이기 때문이다.

6   오로지 평화만을 원한다고 진심으로 말하는 마음은 다른 마음들과 결합할 수밖에 없다. 바로 그것이 평화를 얻는 방법이기 때문이다. 평화에 대한 소망이 진실할 때, 평화를 찾기 위한 수단은 평화를 정직하게 구하는 각각의 마음이 이해할 수 있는 형식으로 주어진다. 그의 요청이 진실하다면, 레슨이 어떤 형식을 취하더라도 그가 오해할 수 없는 방식으로 그를 위해 계획된다. 하지만 그가 진실성 없이 요청한다면, 그 레슨을 받아들여 진정으로 배울 수 있는 형식이란 있을 수 없다.

7   오늘, 우리가 이 말을 진심으로 말한다는 것을 알아차리기 위해 연습 시간을 사용하자. 우리는 하느님의 평화를 원한다. 이것은 헛된 소망이 아니다. 이 말은 우리에게 또 다른 꿈이 주어지기를 요구하지 않는다. 이 말은 타협안을 요청하지 않으며, 다른 모든 흥정이 실패한 곳에서 아직도 성공할 수 있는 흥정이 있을 것이라는 희망으로 또 다른 흥정을 시도하지도 않는다. 이 말을 진심으로 말하는 것은 환상이 헛되다는 것을 인정하여, 이리저리 바뀌는 꿈들 대신에 영원한 것을 요청하는 것이다. 그러한 꿈들은 그것들이 제공하는 것이라는 면에서는 달라 보이지만, 무라는 면에서는 똑같다.

8   오늘 연습 시간은, 너의 마음을 주의 깊게 살펴서 네가 여전히 소중하게 여기는 꿈을 찾아내면서 보내라. 너는 마음 깊은 곳에서 무엇을 요청하는가? 네가 요청할 때 사용하는 말은 잊어라. 단지, 무엇이 너를 위로하고 행복을 안겨준다고 믿고 있는지 숙고하라. 하지만 아직 남아있는 환상들 때문에 당황하지는 말라. 환상의 형식은 이제 중요하지 않기 때문이다. 어떤 꿈들은 부끄러워하고 비밀로 하면서 다른 꿈들은 더 받아들일 만하다고 여기지 말라. 그 꿈들은 모두 하나다.

9   그리고 그 꿈들은 모두 하나기에, 그것들에게 다음과 같은 단 하나의 질문만 제기해야 한다. "나는 천국과 하느님의 평화 대신에 이것을 갖고자 하는가?" 이것이 너의 유일한 선택이다. 그렇지 않다고 너 자신을 속이지 말라. 여기에는 어떤 타협도 불가능하다. 하느님의 평화를 선택하라. 그렇지 않으면 너는 꿈을 요청한 것이다. 따라서

네가 요청한 대로 꿈이 올 것이다. 그러나 하느님의 평화 또한 확실하게 와서 영원히 네 곁에 머물 것이다. 하느님의 평화는 길이 구부러지고 돌아간다고 해서 사라지지 않을 것이며, 네가 걸음을 내디딜 때마다 알아보지 못할 형식으로 뒤바뀌며 다시 나타나지도 않을 것이다.

¹⁰ 너는 하느님의 평화를 원한다. 꿈을 구하는 듯한 모든 이들도 하느님의 평화를 원한다. 네가 마음 깊이 진실하게 이것을 요청할 때, 너 자신은 물론 그들을 위해서도 오로지 이것만을 요청하는 것이다. 그럴 때 너는 그들이 진정으로 원하는 것에 도달하여, 너 자신의 의도를 그들이 최우선으로 구하는 것과 결합하는 것이기 때문이다. 어쩌면 그들은 자신이 무엇을 구하는지 모를 수도 있지만, 너는 확실히 안다. 너는 때로 약해져서 너의 목적을 확신하지 못했으며, 네가 무엇을 원하고 그것을 어디서 찾아야 하는지, 그런 시도를 할 때 어디서 도움을 받아야 하는지도 확신하지 못했다. 도움은 이미 너에게 주어졌다. 그것을 공유함으로써 스스로 활용하지 않으려는가?

¹¹ 진정으로 하느님의 평화를 구하는 자는 그것을 찾지 못할 수 없다. 그는 단지, 더 이상 자기 자신에게 하느님의 뜻을 부정함으로써 자신을 속이지 않게 해달라고 요청하는 것이기 때문이다. 자신이 이미 가진 것을 요청하는 자가 과연 충족되지 않은 채 남아있을 수 있겠는가? 자신이 가진 답이자 다른 이들에게 줄 답을 요청하는 자가 과연 응답받지 못할 수 있겠는가? 하느님의 평화는 네 것이다.

¹² 하느님의 평화는 너를 위해 창조되었으며, 그 창조주가 너에게 주셔서 당신의 영원한 선물로 확립하신 것이다. 너는 다만 하느님이 너를 위해 뜻하신 것을 요청할 뿐이거늘, 어찌 실패할 수 있겠는가? 그리고 너의 요청이 어찌 너 혼자에게만 국한될 수 있겠는가? 하느님의 선물은 결코 공유되지 않을 수 없다. 바로 이 속성이야말로, 이제껏 진리의 자리를 차지한 듯했던 모든 꿈과 하느님의 선물을 구분 짓는 것이다.

¹³ 그 누가 하느님의 선물을 요청하여 받더라도, 아무도 잃지 않고 모든 이가 얻을 것이다. 하느님은 오로지 연합하기 위해서만 주신다. 빼앗는 것은 하느님께 의미가 없다. 그리고 빼앗는 것이 너에게도 아무런 의미가 없게 되었을 때, 네가 하느님과 하나의 뜻을 공유하고 하느님도 너와 그 뜻을 공유하신다는 것을 확신할 수 있게 된다. 너는 또한 네가 모든 형제들과 하나의 뜻을 공유한다는 것도 알게 될 것이다. 그들의 의도는 곧 너의 의도다.

¹⁴ 오늘 우리는 바로 이 하나의 의도를 구한다. 그것은 우리의 열망을 모든 가슴의 필

요, 모든 마음의 요청, 절망 너머의 희망, 공격이 감추려는 사랑, 증오가 갈라놓으려 했지만 여전히 하느님이 창조하신 대로 남아있는 형제애와 연합해 준다. 이러한 도움이 곁에 있거늘, 하느님의 평화를 달라는 우리의 요청이 오늘 실패할 수 있겠는가?

186과

세상의 구원이 나에게 달려있다.

1 여기에 언젠가 모든 마음에서 모든 오만을 제거할 진술이 있다. 여기에 오로지 너에게 주어진 기능만을 너 자신의 것으로 간직하는 참으로 겸허한 생각이 있다. 이것은 다른 역할을 고집하지 말고 너에게 주어진 역할만을 받아들일 것을 권한다. 이것은 너의 적절한 역할이 무엇인지 판단하지 않는다. 이것은 다만, 하느님의 뜻이 천국에서는 물론 땅에서도 이루어진다는 것을 인정한다. 그것은 땅에 있는 모든 뜻을 세상의 구원을 위한 천국의 계획 안에서 연합하여, 세상을 천국의 평화로 회복한다.

2 우리의 기능과 싸우지 말자. 우리는 우리의 기능을 확립하지 않았다. 그것은 우리의 아이디어가 아니다. 그것을 완벽하게 성취할 수단이 우리에게 주어져 있다. 우리에게 요구되는 것은 단지, 진정한 겸허로써 우리의 역할을 받아들이고, 자기기만의 오만에 빠져 우리에게 자격이 있음을 부정하지 않는 것이다. 우리에게는 주어진 일을 해낼 힘이 있다. 우리의 마음은 우리를 잘 아는 분이 주신 역할을 맡기에 더없이 적합하다.

3 오늘의 아이디어는 그 의미를 이해하기 전에는 아주 심각해 보일 수도 있다. 그것은 단지 아버지가 너를 여전히 기억하시며, 당신의 아들인 너를 완벽하게 신뢰하면서 그러한 신뢰를 너에게 제공하신다고 말할 뿐이다. 그것은 너에게 어떻게든 너의 정체와 달라지라고 요청하지 않는다. 겸허가 과연 너의 정체 외에 무엇을 요청할 수 있겠는가? 오만이 과연 너의 정체 외에 무엇을 부정할 수 있겠는가? 오늘 우리는 겸양을 해친다는 그럴듯한 이유로 우리의 과제로부터 움츠러들지 않을 것이다. 하느님의 부르심을 부정하는 것이야말로 자만이다.

4 오늘 우리는 모든 거짓된 겸허를 내려놓음으로써, 하느님이 우리가 행하기를 원하시는 것을 드러내주는 하느님의 음성에 귀 기울일 것이다. 우리는 하느님이 우리에게 주실 기능을 충분히 해낼 수 있음을 의심하지 않는다. 우리는 단지 하느님이 우리의 장점과 지혜, 우리의 거룩함을 아신다고 확신할 것이다. 그리고 하느님이 우리를 자격 있다고 여기신다면, 우리는 당연히 자격이 있다. 그와 다르게 판단하는 것은 단지 오만에 불과하다.

⁵ 거짓을 참이라고 증명하려는 너의 계획이 초래한 감옥살이에서 벗어날 길은 하나밖에 없다. 너의 계획 대신에, 네가 만들지 않은 계획을 받아들여라. 너 자신이 그 계획에 얼마나 합당한지 판단하지 말라. 하느님의 음성이 너에게, 구원은 너의 역할이 필요하며 구원 전체가 너에게 달려있다고 장담한다면, 그렇다고 확신하라. 오만한 자들은 말에 매달릴 수밖에 없다. 그들은 행여 말 너머로 가서 그들의 입장에 타격을 입힐 수도 있는 것을 경험할까 봐 두려워하기 때문이다. 하지만 겸손한 자들은 그들의 정체와 그들이 해야 할 일에 대해 말해주는 음성을 자유로이 듣는다.

⁶ 오만은 너 자신에 대한, 실제가 아닌 이미지를 만들어낸다. 하느님을 위한 음성이 너에게 모든 이미지를 넘어서는 힘과 지혜와 거룩함이 있다고 장담할 때, 겁에 질려 뒷걸음질치는 것은 바로 이 이미지다. 너는 너 자신에 대한 이미지처럼 약하지 않다. 너는 무지하지도 무력하지도 않다. 죄는 네 안의 진리를 퇴색시킬 수 없고, 불행은 하느님의 거룩한 집에 가까이 올 수 없다.

⁷ 하느님을 위한 음성은 너에게 이 모든 것에 대해 들려준다. 그 음성이 말하자, 너의 이미지는 자신의 토대가 무너져 내리는 것을 감지하고는 두려움에 떨면서 자신이 알지 못하는 위협을 공격하려고 한다. 그것을 놓아주어라. 세상의 구원은 이 하찮은 먼지 더미가 아닌, 너에게 달려있다. 그것이 하느님의 거룩한 아들에게 무엇을 말해줄 수 있겠는가? 그가 왜 그것에 조금이라도 관심을 가져야 하는가?

⁸ 따라서 우리는 우리의 평화를 발견한다. 우리는 하느님이 주신 기능을 받아들일 것이다. 모든 환상은 우리 자신이 다른 기능을 만들 수 있다는 괴상한 믿음에 의존하기 때문이다. 우리가 스스로 만든 역할들은 이리저리 뒤바뀐다. 그리고 그것들은 비탄에 잠긴 자로부터 사랑받고 사랑하는 황홀한 지복을 느끼는 자에 이르기까지 변하는 듯하다. 우리는 웃거나 울 수 있고, 아침을 반가이 맞이하거나 눈물로 맞이할 수 있다. 우리가 무수히 바뀌는 기분을 경험함에 따라 우리의 존재 자체가 변하는 듯하며, 우리의 감정은 우리를 저 높이 들어올리거나 절망으로 땅에 곤두박질치게 만든다.

⁹ 이것이 과연 하느님의 아들인가? 하느님이 이렇게 불안정한 것을 창조하시고, 그것을 아들이라 부르실 수 있겠는가? 변함없으신 하느님은 당신의 속성을 당신의 창조물과 공유하신다. 아들이 만들어내는 듯한 모든 이미지는 아들의 정체에 아무런 영향도 주지 못한다. 그 이미지들은 마치 바람결에 잠시 어떤 모양을 만들었다가 흩어져 다시 모인 후 이내 휙 사라져 버리는 낙엽처럼, 혹은 먼지에서 일어나는 사막 위의 신기

루처럼, 그의 마음을 스쳐 지나간다.

¹⁰ 네가 너에게 주어진 기능을 받아들일 때, 이렇게 실체 없는 이미지들은 사라져 버리고, 너의 마음은 구름 한 점 없이 잔잔해질 것이다. 네가 만드는 이미지들은 단지 일시적이고 애매하고 불확실하고 모호하며 서로 상충하는 목표들을 낳을 뿐이다. 그 누가 이런 목표를 향해 지속적인 노력을 기울이고, 응축된 열정과 에너지를 쏟아부을 수 있겠는가? 세상이 중요시하는 기능들은 너무도 불확실해서, 가장 안정적일 때조차 한 시간에 열 번은 바뀐다. 이런 목표를 가지고 과연 그 무엇을 얻을 희망을 품을 수 있겠는가?

¹¹ 너에게 진정으로 주어진 기능은 그와는 아주 멋지게 대비된다. 아침마다 돌아와 밤을 물리치는 태양처럼 확실하게, 그것은 아주 뚜렷하고 분명하다. 너의 기능의 타당성에는 의심의 여지가 없다. 그것은 어떤 잘못도 알지 못하시는 하느님에게서 온다. 그리고 그분의 음성은 자신의 메시지를 확신한다. 그 메시지들은 변하지 않을 것이며, 갈등도 없을 것이다. 그 모든 메시지는 네가 이룰 수 있는 단 하나의 목표만 가리킨다. 너의 계획은 불가능하겠지만, 하느님의 계획은 결코 실패할 수 없다. 하느님은 그 계획의 근원이시기 때문이다.

¹² 하느님의 음성이 인도하는 대로 행하라. 그 음성이 너에게 불가능해 보이는 것을 행하라고 요청한다면, 요청하는 분이 누구시며 그것을 거절하려는 자는 누구인지 기억하라. 그리고는 다음에 대해 잘 생각해 보라: 어느 쪽이 더 옳을 것 같은가? 만물을 정확하게 있는 그대로 아시는 만물의 창조주를 대변하는 음성인가, 아니면 혼란스럽고 갈팡질팡하고 변덕스러우며 그 무엇도 확신하지 못하는 너 자신에 대한 왜곡된 이미지인가? 그 이미지의 음성이 너를 인도하게 하지 말라. 그 대신 너의 창조주가 네게 주신 기능에 대해 알려주는 확실한 음성을 들어라. 그분은 여전히 너를 기억하시며, 이제 너에게 당신을 기억해 달라고 간곡히 부탁하신다.

¹³ 하느님의 부드러운 음성이, 알려진 자로부터 알지 못하는 자를 부른다. 하느님은 어떤 슬픔도 모르시지만, 너를 위로하시리라. 하느님은 완전하시지만, 회복해 주시리라. 하느님은 네가 이미 모든 것을 가졌음을 아시지만, 너에게 선물을 주시리라. 하느님은 당신의 아들이 지각하는 필요들을 보지 않으시지만, 그 모든 필요에 답하는 생각을 가지셨다. 사랑은 줄 수밖에 없으며, 하느님의 이름으로 주어지는 것은 형식의 세상에서 가장 유용한 형식을 취하기 때문이다.

¹⁴ 이러한 것들은 결코 속일 수 없는 형식이다. 하지만 그것들은 **형식 없음** 자체로부터 나온다. 용서는 사랑이 땅에서 취하는 형식이며, 사랑 자체는 천국에서 어떤 형식도 취하지 않는다. 하지만 이곳에서 필요한 것은 이곳에서 필요한 대로 주어진다. 너는 이곳에서조차 이러한 형식으로 너의 기능을 완수할 수 있다. 비록 형식 없음이 너에게 회복되었을 때 사랑은 너에게 훨씬 더 큰 의미를 갖겠지만 말이다. 세상의 구원은 용서할 수 있는 너에게 달려있다. 이러한 것이 바로 네가 이곳에서 가진 기능이다.

187과

나는 나 자신을 축복하기에, 세상을 축복한다.

1 그 누구도 자신이 갖지 않은 것을 줄 수는 없다. 사실 준다는 것은 갖고 있다는 증거다. 우리는 앞에서도 이 점을 분명히 했다. 그것이 믿기 어려워 보이는 이유는 이 점 때문이 아니다. 너는 네가 주려는 것을 먼저 소유하고 있어야 한다. 이것에는 의문의 여지가 없다. 세상과 진정한 지각이 달라지는 곳은 바로 두 번째 단계다. 세상은, 네가 소유한 것을 주어버리면 그것을 잃는다고 주장한다. 그러나 진리는, 네가 소유한 것을 주면 그것이 늘어난다고 주장한다.

2 이것이 어떻게 가능한가? 네가 유한한 것을 주어버리면, 네 몸의 눈은 분명 그것을 네 것으로 지각하지 않을 것이다. 하지만 우리는, 사물은 단지 그것을 만든 생각을 나타낸다고 배웠다. 네가 어떤 아이디어를 주어버릴 때 그것이 너 자신의 마음에서 강화된다는 증거는 부족하지 않다. 어쩌면 그 생각이 나타나는 듯한 형식은 네가 그것을 줄 때 달라질 수도 있다. 하지만 그 생각은 주는 자에게 돌아올 수밖에 없다. 그리고 그 생각이 돌아올 때 취하는 형식이 주는 자에게 덜 만족스러울 수도 없다. 그것은 더 만족스러울 수밖에 없다.

3 네가 아이디어를 주려면, 먼저 그것을 갖고 있어야 한다. 네가 세상을 구하려 한다면, 먼저 스스로 구원을 받아들여야 한다. 하지만 이것이 이루어졌음을 믿기 위해서는, 네가 바라보는 모든 이에게 구원이 안겨주는 기적을 보아야 한다. 이런 식으로 주기giving라는 아이디어가 명료해지고, 의미를 얻는다. 이제 너는 네가 쌓아둔 것이 줌으로써 더욱 늘어난다는 것을 지각할 수 있다.

4 주는 행위를 통해, 네가 가치 있게 여기는 모든 것을 보호하라. 그러면 너는 결코 그것들을 잃지 않을 것임을 확신하게 된다. 그런 식으로, 네가 갖고 있지 않다고 생각했던 것이 너의 것임이 증명된다. 하지만 그 형식에 가치를 두지는 말라. 그 형식은 네가 아무리 안전하게 지키려 해도 결국 변하여 알아볼 수 없게 될 것이다. 어떤 형식도 지속되지 않는다. 사물의 형식 뒤에 있는 생각이야말로 변함없이 살아있는 것이다.

5 기쁘게 주어라. 그럼으로써 너는 오로지 얻기만 할 수 있다. 네가 준 생각은 남아있으며, 주어짐으로써 강화됨에 따라 그 힘이 더욱 커진다. 생각들은 공유될 때 확장한

다. 생각들은 결코 상실될 수 없기 때문이다. 세상이 생각하는 의미에서의 주는 자도 없고 받는 자도 없다. 단지 주고도 계속 간직하는 자가 한 명 있고, 앞으로 주게 될 또 다른 주는 자가 있을 뿐이다. 그리고 이러한 교환으로는 둘 다 얻을 수밖에 없다. 각자는 자신에게 가장 도움이 되는 형식으로 그 생각을 갖게 될 것이기 때문이다. 그가 잃는 듯이 보이는 것은 항상, 그에게 확실히 돌아올 것보다 그가 가치를 덜 두는 것이다.

⁶ 너는 오로지 너 자신에게만 줄 뿐임을 결코 잊지 말라. 주는 것이 무슨 의미인지 이해하는 자라면, 희생이라는 아이디어에 그저 웃을 수밖에 없다. 그는 희생이 취할 수도 있는 많은 형식을 알아보지 못할 수 없다. 그는 또한 고통과 상실, 병과 슬픔, 가난과 기아는 물론 죽음에도 그저 웃을 뿐이다. 그는 희생이야말로 이 모든 것 뒤에 버티고 서있는 유일한 아이디어임을 인식한다. 그리고 그의 부드러운 웃음 속에서, 이 모든 것이 치유된다.

⁷ 인식된 환상은 사라질 수밖에 없다. 고통을 받아들이지 말라. 그러면 너는 고통이라는 생각을 치워버리는 것이다. 네가 모든 고통을 있는 그대로 보기로 선택할 때, 고통받는 모든 이에게 너의 축복이 내려앉는다. 희생의 생각은 고통이 취하는 듯한 모든 형식을 일으킨다. 하지만 희생은 너무도 미친 아이디어라서, 제정신은 그것을 즉시 일축해 버린다.

⁸ 네가 희생할 수 있다고는 절대로 믿지 말라. 가치를 가진 것에는 희생이 있을 자리가 없다. 만약 희생이라는 생각이 떠오른다면, 그런 생각이 있다는 사실 자체가 잘못이 이미 발생했음을, 따라서 교정이 이루어져야 함을 입증한다. 너의 축복은 잘못을 바로잡을 것이다. 축복은 먼저 너에게 주어졌기에 너의 것이 되었으며, 이제 너도 축복을 베풀어야 한다. 자신을 용서하고 축복한 자 앞에서는 어떤 형식의 희생과 고통도 오래 지속될 수 없다.

⁹ 네 형제가 너에게 선사하는 백합이 네가 그에게 선사하는 백합과 함께 너의 제단에 놓여있다. 이렇게 사랑스러운 거룩함을 바라보기를 그 누가 두려워할 수 있겠는가? 네가 여기서 바라볼 순수 앞에서 하느님에 대한 두려움이라는 거대한 환상이 무로 사라져 버린다. 보기를 두려워하지 말라. 네가 바라볼 축복은 형식에 대한 모든 생각을 제거할 것이다. 그리고 그 대신 영원히 존재하고, 영원히 늘어나며, 영원히 네 것이고, 영원히 주어질 완벽한 선물을 남길 것이다.

¹⁰ 이제 우리의 생각은 하나다. 왜냐하면, 두려움이 사라졌기 때문이다. 그리고 여기

하나의 하느님, 하나의 아버지, 하나의 창조주, 하나의 **생각**에 바치는 제단 앞에서, 우리는 하느님의 하나의 아들로서 함께 서있다. 우리의 근원이신 분과 분리되지 않고, 그 순결로 우리 모두를 하나로 결합한 우리의 **하나의 자아**의 일부인 한 형제와 떨어지지 않고서, 우리는 축복 속에 서서 우리가 받는 대로 준다. 우리의 입술은 하느님의 이름을 부른다. 그리고 우리는 내면으로 눈을 돌려, 천국의 순수가 아버지의 **사랑**에 대한 우리의 반영 속에서 빛나고 있음을 본다.

11 이제 우리는 축복받았으며, 이제 우리는 세상을 축복한다. 우리는 우리가 바라본 것을 확장하고자 한다. 우리는 그것을 모든 곳에서 보고자 하기 때문이다. 우리는 그것이 모든 이 안에서 하느님의 은혜로 빛나고 있음을 보고자 한다. 우리는 우리가 바라보는 그 어떤 것에도 그것이 주어지지 않는 일이 없도록 할 것이다. 그리고 이렇게 거룩한 모습이 우리 자신의 것임을 확실히 해두기 위해, 우리가 보는 모든 것에게 그것을 선사한다. 우리가 그 거룩한 모습을 보는 곳에서, 그것은 우리의 제단에 올려놓을 수 있는 백합의 형식으로 우리에게 돌아와서 그 제단을 순결함 자체의 집으로 만들 것이기 때문이다. 순결함 자체는 우리 안에 머물러 사시면서, 당신의 거룩함을 우리의 것으로서 선사하신다.

188과

지금, 내 안에서 하느님의 평화가 빛나고 있다.

¹ 천국을 왜 기다리는가? 빛을 구하는 자들은 단지 자신의 눈을 가리고 있을 뿐이다. 빛은 지금 그들 안에 있다. 빛이 비추어져 있는 상태enlightenment란 단지 인식일 뿐, 전혀 어떤 변화가 아니다. 빛은 세상에 속한 것이 아니며, 내면에 빛을 지닌 너도 이곳에서 이방인이다. 빛은 너와 함께 너의 본향에서 왔으며, 너 자신의 것이기에 너와 함께 머물렀다. 빛은 네가 너의 근원이신 하느님에게서 가져온 유일한 것이다. 빛은 네 안에서 빛나고 있다. 빛은 너의 집을 밝혀주면서, 자신이 비롯된 곳이자 너의 집이기도 한 그곳으로 너를 다시 데려가기 때문이다.

² 너는 이 빛을 잃을 수 없다. 빛을 왜 미래에 찾으려고 기다리는가? 혹은 빛을 이미 잃어버렸다거나, 애초에 거기에 없었다고 믿는가? 너는 빛을 너무도 쉽게 볼 수 있기에, 빛이 거기에 없다고 입증하려는 주장은 웃음거리밖에 되지 않는다. 자신 안에서 볼 수 있는 것의 존재를 누가 부정할 수 있겠는가? 내면을 보는 것은 어렵지 않다. 그곳에서 모든 비전이 시작되기 때문이다. 어떤 모습이든, 그것이 꿈속의 모습이든 보다 진정한 근원에서 온 모습이든, 단지 내면의 비전을 통해 보이는 것의 그림자에 불과하다. 그곳에서 지각이 시작되고, 그곳에서 지각이 끝난다. 지각의 근원은 이것밖에 없다.

³ 지금 네 안에서 하느님의 평화가 빛나면서, 너의 가슴으로부터 세상 곳곳으로 확장된다. 하느님의 평화는 잠시 멈춰 살아있는 것들을 하나하나 보살피며, 그것들에게 영원히 남아있을 축복을 베푼다. 하느님의 평화가 주는 것은 영원할 것이다. 그것은 덧없고 가치 없는 것들에 대한 모든 생각을 없애버린다. 그것은 모든 지친 가슴을 소생케 하고, 스쳐지나가며 만나는 모든 비전을 밝혀준다. 하느님 평화의 모든 선물은 모든 이에게 주어진다. 그리고 그들은, 선물을 먼저 받아서 그들에게 전해주는 너에게 한마음으로 감사한다.

⁴ 네 마음 안에서 빛나고 있는 것은 세상에게 세상이 잊은 것을 일깨워 주며, 세상도 너에게 그 기억을 회복해 준다. 구원은 헤아릴 수 없는 선물과 함께 너로부터 퍼져나가면서, 주어지고 다시 돌아온다. 그 선물을 주는 자인 너에게 하느님이 감사하신다.

하느님의 축복 속에서 네 안의 빛은 더욱 밝게 빛나면서, 네가 세상에게 주어야 할 선물을 늘린다.

5 하느님의 평화는 결코 가둬둘 수 없다. 자신 안에서 하느님의 평화를 인식하는 자는 그것을 줄 수밖에 없다. 그리고 그는 그것을 주기 위한 수단을 이해한다. 그는 자신 안에서 진리를 인식했기에, 용서한다. 하느님의 평화가 지금 네 안에서, 그리고 살아있는 만물 안에서 빛나고 있다. 그것은 조용한 가운데 보편적으로universally 인정된다. 너의 내면의 비전이 바라보는 것은 우주universe에 대한 너의 지각이기 때문이다.

6 조용히 앉아서 눈을 감아라. 너의 내면의 빛이면 족하다. 오로지 그것만이 너에게 시각의 선물을 줄 권능을 가졌다. 바깥세상을 물리치고, 너의 생각들로 하여금 내면의 평화로 날아가게 하라. 너의 생각들은 길을 안다. 너의 바깥에 있는 세상적인 것들의 꿈에 물들지 않은 정직한 생각들이 하느님의 거룩한 메신저가 되기 때문이다. 너는 바로 이 생각들을 하느님과 함께 생각한다. 그 생각들은 자신의 집을 알아본다. 따라서 그 생각들은 하느님 아버지와 아들이 하나로 존재하는 자신의 근원을 확고하게 가리킨다.

7 하느님의 평화가 그 생각들을 비추고 있지만, 그 생각들은 또한 네 곁에도 남아있을 것이다. 너의 마음이 하느님의 마음 안에서 태어났듯이, 그 생각들은 너의 마음 안에서 태어났기 때문이다. 그 생각들은 너에게 단지 돌아갈 길을 일깨워 주려고 평화로부터 와서, 너를 다시 평화로 데려간다. 네가 아버지의 음성을 듣기를 마다할 때, 그 생각들은 아버지의 음성에 주의를 기울인다. 그리고 너에게, 판타지와 그림자 대신에 너의 정체에 대한 아버지의 말씀을 받아들이라고 부드럽게 권유한다. 그 생각들은 네가 살아있는 만물의 공동 창조자임을 일깨워 준다. 하느님의 평화가 네 안에서 빛날 때, 그것은 살아있는 만물도 비춰줄 수밖에 없기 때문이다.

8 오늘 우리는 우리 안에 있는 빛에 더 가까이 가는 연습을 한다. 우리는 우리의 방황하는 생각들을 취해, 우리가 하느님과 공유하는 모든 생각들과 조화를 이루는 곳으로 부드럽게 다시 데려온다. 우리는 그 생각들이 곁길로 새도록 허용하지 않을 것이다. 우리는 내면의 빛이 그 생각들을 집으로 인도하게 한다. 우리는 그 생각들에게 우리를 떠나라고 명함으로써 그것들을 배신했다. 그러나 이제 우리는 그 생각들을 다시 불러들여 기이한 갈망과 혼란스러운 소망을 깨끗이 씻어낸다. 우리는 그 생각들에게 그것들의 거룩한 유산을 회복해 준다.

⁹ 이와 같이 우리의 마음도 그 생각들과 함께 회복된다. 우리는 하느님의 평화가 여전히 우리 안에서 빛나고 있음을, 그리고 우리로부터 뻗어나가 우리의 생명을 공유하는 살아있는 만물을 비추고 있음을 인정한다. 우리는 그 모두를 용서할 것이며, 세상이 우리에게 저질렀다고 생각한 일에 대해 온 세상을 사면할 것이다. 우리야말로 세상을 우리가 원하는 모습대로 만드는 장본인이기 때문이다. 이제 우리는 세상이 순결하고, 죄 없고, 구원될 수 있다고 선택한다. 우리는 다음과 같이 말하면서 세상에게 우리의 구원하는 축복을 베푼다:

¹⁰ 지금, 제 안에서 하느님의 평화가 빛나고 있습니다.
그 평화 안에서 만물이 저를 비추게 하시고,
제가 제 안의 빛으로 만물을 축복하게 하소서.

189과

지금, 내 안에서 하느님의 사랑을 느낀다.

¹ 네 안에는 세상이 지각하지 못하는 빛이 있다. 너는 세상의 눈을 가지고는 그 빛을 보지 못할 것이다. 너는 세상 때문에 눈이 멀었기 때문이다. 하지만 너에게는 그 빛을 볼 수 있는 눈이 있다. 그 빛은 네가 바라볼 수 있도록 네 안에 있다. 그 빛은 네가 보지 못하게 하려고 네 안에 놓인 것이 아니다. 그 빛은 우리가 지금 연습하는 생각을 반영한다. 네 안에서 하느님의 **사랑**을 느끼는 것은 곧 세상을 새롭게 보는 것이다. 즉, 세상이 순결하게 빛나고, 희망으로 살아있으며, 완벽한 자비와 사랑으로 축복받았다고 보는 것이다.

² 이와 같은 세상에서 그 누가 두려움을 느낄 수 있겠는가? 그 세상은 너를 반가이 맞아들이면서 잘 왔다고 기뻐하고, 너를 온갖 위험과 고통에서 안전하게 지켜주면서 너에게 찬미의 노래를 불러준다. 그 세상은 네가 잠시 머물 따뜻하고 포근한 집을 제공한다. 그 세상은 온종일 너를 축복하며, 네 거룩한 잠의 수호자로서 밤새도록 조용히 지켜준다. 그 세상은 네 안에서 구원을 보고, 네 안의 빛을 보호하면서 그 빛 안에서 자신의 빛을 본다. 그 세상은 너의 자비에 감사하면서 너에게 꽃다발과 눈송이를 바친다.

³ 이것이 바로 하느님의 **사랑**이 드러내 보여주는 세상이다. 그것은 악의와 두려움에 물들어 어두워진 눈으로 보는 세상과는 너무도 달라서, 한 세상은 다른 세상이 거짓임을 보여준다. 지각될 수 있는 것이라고는 단 하나의 세상밖에 없다. 다른 세상은 전적으로 무의미하다. 공격에서 피어올라 복수하고 죽이고 파괴하려 드는 증오의 세상을 보는 자들은, 용서가 모든 것을 비추고 평화가 모든 이에게 그 온유한 빛을 선사하는 세상을 상상조차 하지 못한다.

⁴ 하지만 자신 안에서 하느님의 **사랑**을 느끼는 자들 또한 증오의 세상을 볼 수도 없고 상상할 수도 없다. 그들의 세상은 그들 안에서 빛나는 조용함과 평화, 그들이 자신의 주위에서 보는 온유함과 순결, 그들이 바깥을 바라볼 때 내면의 샘에서 끝없이 솟아오르는 기쁨을 반영한다. 그들은 자신 안에서 느낀 것을 바라보고는, 모든 곳에서 그것의 확실한 반영을 본다.

⁵ 너는 무엇을 보고자 하는가? 선택권은 너에게 주어져 있다. 하지만 다음과 같은 봄

*seeing*의 법칙을 배우고, 너의 마음이 그것을 잊도록 허락하지 말라: 너는 내면에서 느끼는 것을 바깥에서 볼 것이다. 증오가 너의 가슴에서 있을 자리를 발견한다면, 너는 뼈만 앙상한 죽음의 손에 비참하게 붙잡힌 무시무시한 세상을 지각할 것이다. 네가 내면에서 하느님의 **사랑**을 느낀다면, 자비와 사랑의 세상을 내다보게 된다.

6 오늘 우리는 환상을 지나쳐 가서 우리 안의 참인 것에 도달하고자 한다. 그리고 우리는 모든 것을 품어 안는 그것의 부드러움, 우리를 자신처럼 완벽하다고 아는 그것의 사랑, 그것의 사랑이 우리에게 선사하는 선물인 그것의 시각을 느껴보고자 한다. 오늘 우리는 그 길을 배운다. 그 길은 **사랑** 자체만큼이나 확실하며, 우리를 **사랑**으로 데려간다. 그 길의 단순함은 세상이 내세우는 그럴듯한 논리의 어리석은 복잡성이 감추려는 덫을 피해 가기 때문이다.

7 단지 이렇게 하라: 고요해져서, 너는 무엇이고 하느님은 무엇인지에 대한 모든 생각, 네가 세상에 대해 배운 모든 개념, 너 자신에 대해 가진 모든 이미지를 내려놓아라. 너의 마음이 참이거나 거짓이라고, 혹은 좋거나 나쁘다고 생각하는 모든 것, 너의 마음이 가치 있다고 판단하는 모든 생각과 부끄러워하는 모든 아이디어를 마음에서 비워내라. 아무것도 붙잡지 말라. 과거가 가르쳐준 단 하나의 생각도, 전에 배운 단 하나의 믿음도, 네가 그것들을 무엇으로부터 배웠든 상관없이, 가져오지 말라. 이세상을 잊고, 이 수업도 잊고, 완전히 빈손으로 너의 하느님께 오라.

8 너에게 가는 길을 아시는 분은 하느님이 아니신가? 너는 하느님께 가는 길을 알 필요가 없다. 너의 역할은 단지, 네가 하느님 아버지와 아들 사이에 세운 모든 장애물이 조용히 제거되어 영원히 사라지도록 허용하는 것뿐이다. 이에 대한 기쁘고도 즉각적인 응답으로, 하느님이 당신의 역할을 하실 것이다. 요청하라, 그리고 받으라. 그러나 하느님이 너에게 나타나실 길을 요구하지도 말고 가리키지도 말라. 하느님께 도달할 길은 그저 하느님이 존재하시도록 허용하는 것뿐이다. 바로 그 길에서, 너의 실재도 받아들여지기 때문이다.

9 그러므로 우리는 오늘 하느님께 가는 길을 선택하지 않는다. 반대로 우리는 하느님이 우리에게 오시도록 허용할 것을 선택한다. 이런 선택과 함께, 우리는 안식한다. 그러면 우리의 조용한 가슴과 열린 마음 안에서, 하느님의 사랑이 스스로 나아갈 길을 환히 밝힐 것이다. 네가 부정하지 않은 것은, 만약 그것이 참이라면, 분명 거기에 있다. 그리고 너는 그곳에 확실히 도달할 수 있다. 하느님은 당신의 아들을 아시며, 그

에게 가는 길도 아신다. 하느님이 당신의 길을 어떻게 찾으셔야 하는지 아들이 알려줄 필요가 없다. 하느님의 사랑은 그 모든 열려있는 문을 통해 내면의 집으로부터 바깥을 향해 빛나면서, 세상을 순결함으로 밝혀준다:

10 아버지, 우리는 당신께 가는 길을 모릅니다. 그러나 우리는 당신을 불렀고, 당신은 응답하셨습니다. 우리는 방해하지 않겠습니다. 구원의 길은 우리 자신의 것이 아닙니다. 그것은 본래 당신께 속하기 때문입니다. 그리고 우리는 당신께 의지하여 그 길을 구합니다. 우리의 두 손은 당신의 선물을 받기 위해 활짝 열려있습니다. 우리는 당신과 떨어져 생각하는 그 어떤 생각도 갖고 있지 않으며, 우리가 무엇이고 누가 우리를 창조했는지에 대한 그 어떤 믿음도 소중히 여기지 않습니다. 당신의 길은 우리가 찾고 따르고자 하는 길입니다. 우리는 우리 자신의 뜻이기도 한 당신의 뜻이 우리 안에서, 그리고 세상 안에서 이루어지기만을 청합니다. 그럼으로써 세상은 지금 천국의 일부가 될 것입니다. 아멘.

190과

나는 고통 대신 하느님의 기쁨을 선택한다.

¹ 고통은 잘못된 관점이다. 어떤 형식으로든 고통을 경험한다면, 그것은 자기기만의 증거다. 그것은 전혀 사실이 아니다. 제대로 본다면, 고통이 취하는 형식 중에 사라지지 않을 것은 없다. 고통은 하느님이 잔인하시다고 선포한다. 고통이 과연 어떤 형식으로든 실제일 수 있겠는가? 그것은 당신의 아들에 대한 하느님 아버지의 증오, 그분이 아들에게서 보는 죄 많음, 복수와 죽음에 대한 그분의 미친 열망을 증언한다. 이러한 투사물이 과연 입증될 수 있겠는가? 그것은 완전히 거짓일 수밖에 없지 않겠는가?

² 고통은 하느님의 아들이 자신의 정체에 대해 잘못 생각했음을 증언할 뿐이다. 고통은 전혀 저지를 수 없는 범죄, 전혀 공격받을 수 없는 것에 대한 공격의 대가로 맹렬한 복수를 당하는 꿈이다. 고통은 **영원한 사랑**에 의해 버림받는 악몽이다. 그분은 사랑으로 창조한 아들을 떠나실 수 없었건만….

³ 고통은 진리 대신 환상이 지배한다는 표시다. 고통은 네가 하느님을 부정하고, 두려움과 혼동하고, 미치셨다고 지각하며, 당신 자신을 배반한 자로 본다는 것을 입증한다. 하느님이 실제라면, 고통은 없다. 고통이 실제라면, 하느님은 존재하지 않으신다. 복수는 사랑의 일부가 아니기 때문이다. 그리고 두려움은, 사랑을 부정하고 고통을 이용해 하느님이 돌아가셨음을 증명함으로써, 죽음이 생명을 이겼음을 보여주었다. 이제 몸이 하느님의 아들이다. 그는 그가 죽인 아버지처럼 필멸의 존재로서, 죽어서 썩어버린다.

⁴ 이러한 어리석음에 평화가 있기를! 이러한 미친 아이디어를 웃어버릴 때가 왔다. 그것을 중대한 결과를 낳는 잔혹한 범죄나 은밀한 죄로 생각할 필요는 없다. 미친 사람이 아니고서야 어떻게 그것을 무언가의 원인이라고 상상할 수 있겠는가? 그런 미친 아이디어의 증거인 고통은 그 아이디어만큼이나 미쳤으며, 고통이 비호하면서 여전히 참이라고 입증하려는 미친 환상들과 마찬가지로 더 이상 두려워할 필요가 없다.

⁵ 너에게 고통을 야기하는 것은 너의 생각밖에 없다. 네 마음 바깥에 있는 그 무엇도 어떤 식으로든 너를 해치거나 상처를 줄 수 없다. 너 자신 너머의 어떤 원인이 너를 부당하게 짓누를 수는 없다. 너 자신 외에 그 무엇도 너에게 영향을 끼칠 수 없다. 세

상 안에 있는 그 무엇도 너를 병들거나, 슬프거나, 약하거나, 노쇠하게 만들 힘을 갖지 않았다. 하지만 너는 단지 너의 정체를 인식함으로써 네가 보는 모든 것을 지배할 권능을 가졌다. 네가 모든 것에서 해 없음을 지각함에 따라, 그것들은 너의 거룩한 뜻을 자신의 뜻으로 받아들일 것이다. 그러면 전에 무시무시해 보였던 것이 이제 순결과 거룩함의 근원이 된다.

6 나의 거룩한 형제여, 다음에 대해 잠시 생각해 보라: 네가 보는 세상은 아무것도 하지 않는다. 세상은 아무런 영향도 끼치지 못한다. 세상은 다만 너의 생각을 나타낼 뿐이다. 너의 마음을 바꿔서 하느님의 기쁨을 진정으로 원한다고 선택할 때, 세상은 완전히 달라질 것이다. 너의 자아는 이러한 거룩한 기쁨으로 빛나고 있다. 그것은 변하지 않았고, 변하지 않으며, 영원무궁토록 변할 수 없는 기쁨이다. 그런데도 너는 네 마음의 작고 구석진 부분에게 그것의 유산을 부정함으로써 그것을 고통의 수용소, 살아있는 것들이 마침내 죽으러 와야 하는 병든 곳으로 남겨두려는가?

7 세상은 네가 겪는 고통의 원인으로 보일 수 있다. 하지만 세상은 원인이 없듯이 원인이 될 힘도 없다. 세상은 한낱 결과기에, 어떤 결과도 낳을 수 없다. 세상은 한낱 환상으로서, 네가 뜻하는 바로 그것이다. 너의 헛된 소망은 세상의 고통을 나타낸다. 너의 괴상한 열망은 세상에게 악몽을 가져다준다. 죽음에 대한 너의 생각은 세상을 두려움으로 둘러싸지만, 너의 친절한 용서 안에서는 세상이 살아난다.

8 고통이란, 너의 거룩한 마음에서 형식을 취하고 혼란을 일으키는 악에 대한 생각이다. 고통이란, 네가 자유롭지 않게 되기 위해 기꺼이 치른 몸값이다. 고통 속에서, 하느님은 당신의 사랑하는 아들을 부정당하신다. 고통 속에서, 두려움이 사랑을 이기고 시간이 영원과 천국을 대체하는 듯하다. 따라서 세상은 잔인하고 가혹한 곳이 된다. 그곳에서는 슬픔이 지배하며, 모든 기쁨을 불행으로 끝내려는 무자비한 고통의 맹습 앞에서 사소한 기쁨은 무릎을 꿇는다.

9 무기를 내려놓고 아무런 방어 없이, 천국의 평화가 마침내 모든 것을 잠잠케 하는 조용한 곳으로 들어오라. 위험과 두려움의 생각들은 모두 내려놓아라. 어떤 공격도 가지고 들어오지 말라. 너 자신의 목을 겨눈 잔인한 판단의 칼을 내려놓고, 너 자신의 거룩함을 감추려는 가혹한 공격을 포기하라. 이곳에서, 너는 고통이란 존재하지 않음을 이해할 것이다. 이곳에서, 하느님의 기쁨은 정녕 네 것이다.

10 오늘은 네가 구원의 모든 권능이 담긴 레슨을 깨달을 수 있는 날이다. 그 레슨은 다

음과 같다: 고통은 환상이고, 기쁨은 실재다. 고통은 단지 잠듦이고, 기쁨은 깨어남이다. 고통은 기만이고, 기쁨만이 진리다.

[11] 따라서 우리는 다시, 우리가 내릴 수 있는 유일한 선택을 내린다. 우리는 환상과 진리, 고통과 기쁨, 지옥과 천국 사이에서 선택한다. 이제 고통 대신에 우리의 기쁨을, 죄 대신에 우리의 거룩함을, 갈등 대신에 하느님의 평화를, 세상의 어둠 대신에 천국의 빛을 자유로이 선택하여, 우리의 교사에 대한 감사가 우리의 가슴을 가득 채우게 하자.

191과

나는 하느님의 거룩한 아들이다.

1 이 아이디어는 네가 세상의 속박에서 해방되는 선언문이다. 그리고 이 아이디어 안에서 온 세상도 마찬가지로 해방된다. 너는 하느님의 아들을 가두는 간수 역할을 세상에 부여함으로써 도대체 네가 무슨 일을 벌였는지 알지 못한다. 그로 인해 세상은 사악하고 겁에 질려있고 그림자를 두려워하는 곳, 너를 처벌하려 드는 난폭한 곳, 이성이라고는 찾아볼 수도 없는 눈멀고 미치고 슬픈 곳이 될 수밖에 없지 않았겠는가?

2 이러한 것이 너의 세상이어야 하다니, 도대체 네가 무슨 일을 벌였단 말인가? 이것이 네가 보는 것이라니, 도대체 네가 무슨 일을 벌였단 말인가? 너 자신의 정체를 부정하라. 그러면 남는 것은 바로 이것이다. 너는 혼란을 바라보고 그것을 너 자신이라고 선포한다. 네가 바라보는 모든 광경이 이것을 증언한다. 네가 듣는 모든 소리가 너의 안팎에서 덧없음에 대해 말해준다. 네가 들이쉬는 모든 숨이 너를 죽음에 더 가까이 데려가는 듯하다. 네가 품는 모든 희망은 결국 눈물 속에 사라질 것이다.

3 너 자신의 정체를 부정하라. 그러면 너는 창조물을 조롱하고 하느님을 비웃는 이 괴상하고 부자연스러우며 허깨비같은 생각을 일으키는 광기에서 벗어날 수 없을 것이다. 너 자신의 정체를 부정하라. 그러면 너는 작디작은 티끌 하나가 수많은 적에 맞서듯 친구 하나 없이 홀로 우주를 공격하는 것이다. 너 자신의 정체를 부정하라. 그리고 악과 죄와 죽음을 바라보라. 너의 손에 쥔 모든 희망의 쪼가리를 절망이 앗아가고, 너에게는 죽으려는 소망만을 남기는 것을 지켜보라.

4 하지만 그것은 단지 너 자신의 정체를 부정할 수 있는 놀이에 불과하지 않겠는가? 너는 하느님이 창조하신 그대로다. 이 하나의 생각 외에 다른 모든 것은 너무 어리석어서 도저히 믿기 힘들다. 이 하나의 생각으로 모든 것이 자유로이 풀려난다. 이 하나의 진리로 모든 환상이 사라진다. 이 하나의 사실로 죄 없음이 선포되어 영원히 모든 것의 일부가 되고, 그것들 존재의 핵심이 되며, 그것들이 불멸이라는 보증이 된다.

5 단지 오늘의 아이디어가 너의 생각들 사이에 자리잡게 하라. 그러면 너는 이미 세상 저 위로, 그리고 세상을 죄수로 잡아두는 모든 세상적인 생각들 저 위로 올라가 있는 것이다. 이어서 너는 이 안전한 해방의 장소를 떠나 다시 세상으로 돌아가, 세상을

자유로이 풀어줄 것이다. 자신의 진정한 정체를 받아들일 수 있는 자는 진정으로 구원되며, 그는 행복으로 가는 길을 보여주신 분께 감사하여 자신의 구원을 모든 이에게 선물한다. 그의 행복은 세상에 대한 그의 지각을 완전히 바꿔주었다.

6 다음과 같은 단 하나의 거룩한 생각만 하라. 그러면 너는 자유로워진다: 너는 하느님의 거룩한 아들이다. 그리고 너는, 네가 이 거룩한 생각을 가지고 세상을 자유로이 풀어주었다는 것도 배우게 된다. 너는 세상을 잔인하게 이용할 필요도, 그런 다음에 세상에서 그런 잔혹한 필요를 지각할 필요가 없다. 너는 세상을 너의 구속에서 자유로이 풀어준다. 너의 두려움은 세상의 심장에 죽음의 낙인을 새겨놓았고, 세상은 그로 인한 고통으로 몸부림쳤다. 하지만 너는 더 이상 그러한 세상을 공포 속에 걷는 너 자신에 대한 끔찍한 이미지를 보지 않을 것이다.

7 오늘 지옥이 얼마나 쉽사리 무효화되는지 보고 기뻐하라. 단지 다음과 같이 말하라:

> 8 나는 하느님의 거룩한 아들이다.
> 나는 고난을 겪을 수도, 고통에 시달릴 수도 없다.
> 나는 실패할 수 없으며,
> 구원이 요청하는 그 모든 일을 하지 못할 수도 없다.

9 바로 이 생각 안에서, 네가 바라보는 모든 것이 완전히 바뀐다.

10 시간이 시작된 이래 죽음의 의례가 되풀이된 어둡고 오랜 동굴들을 기적이 모두 환히 밝혔다. 시간은 세상에 대한 통제권을 잃었기 때문이다. 상실된 자들을 되찾고, 무력한 자들을 구해내며, 세상에게 용서의 선물을 선사하기 위해, 하느님의 아들이 영광 속에 왔다. 세상을 자유로이 풀어주려고 하느님의 아들이 마침내 다시 왔거늘, 그 누가 세상을 어둡고 죄로 가득하다고 볼 수 있겠는가?

11 자기 자신을 단지 죽고 울고 고통에 시달리려고 태어나서, 헛된 희망으로 황폐한 꿈을 꾸는 약하고 덧없는 존재라고 지각하는 자여, 다음의 말을 잘 들어라: 땅과 천국의 모든 권능이 너에게 주어져 있다. 네가 할 수 없는 것은 아무것도 없다. 너는 네게 일말의 자비도 보이지 않는 세상에서 가련하게 사라질 수밖에 없는 무력한 존재가 되어버린 죽음의 놀이를 하고 있다. 하지만 네가 세상에게 자비를 베풀 때, 세상의 자비가 너를 비춰줄 것이다.

¹² 그렇다면 하느님의 아들로 하여금 잠에서 깨어나 거룩한 눈을 뜨고 다시 돌아와, 자신이 만든 세상을 축복하게 하라. 그 세상은 잘못으로 시작되었지만, 하느님 아들의 거룩함을 반영하면서 끝날 것이다. 그는 더 이상 잠들지 않을 것이며, 죽음의 꿈도 꾸지 않을 것이다. 그러니 오늘 나와 함께하라. 너의 영광은 세상을 구원하는 빛이다. 더 이상 구원을 유보하지 말라. 세상을 둘러보고, 거기서 고통을 보라. 지친 형제들에게 안식을 가져다주려는 열망으로 너의 가슴이 뛰지 않는가?

¹³ 그들은 네가 스스로 해방되기를 기다려야 한다. 네가 자유로워질 때까지, 그들은 사슬에 묶여있다. 네가 스스로 세상의 자비를 발견할 때까지, 그들은 그 자비를 볼 수 없다. 네가 고통의 지배를 받기를 부정할 때까지, 그들은 고통에 시달린다. 네가 너의 영원한 생명을 받아들일 때까지, 그들은 죽는다. 너는 하느님의 거룩한 아들이다. 이를 기억하라. 그러면 온 세상이 자유로워진다. 이를 기억하라. 그러면 땅과 천국이 하나가 된다.

192과

나에게는 하느님이 내가 완수하기를 바라시는 기능이 있다.

¹ 아버지의 거룩한 뜻은 네가 아버지를 완성하는 것, 그리고 너의 자아가 당신의 신성한 아들로 존재하는 것이다. 그 아들은 아버지처럼 영원히 순수하고, 사랑으로 창조되었으며, 사랑 안에서 보호받고, 사랑을 확장하고, 사랑의 이름으로 창조하며, 하느님은 물론 너의 자아와도 하나다. 하지만 질투와 증오와 공격의 세상에서 이러한 기능이 무슨 의미가 있겠는가? 따라서 너에게는 세상에서 세상의 용어로 표현된 기능이 있다. 자신의 단순한 이해 저 너머에 있는 것을 이해할 자는 아무도 없기 때문이다.

² 용서는 이곳에서 너의 기능을 나타낸다. 용서는 하느님의 창조물이 아니다. 용서는 진리가 아닌 것을 무효화하는 수단이기 때문이다. 그 누가 천국을 용서하려 하겠는가? 하지만 땅에서는 환상을 보내버릴 수단이 필요하다. 창조는 완성되기 위해서가 아닌, 단지 너의 인식을 받기 위해 네가 돌아오기만을 기다린다.

³ 세상에서는 창조를 상상조차 할 수 없다. 여기에서 창조는 아무런 의미도 없다. 용서는 창조가 땅에 가장 가까이 올 수 있는 것이다. 창조는 천국에서 태어났기에, 아무런 형식도 없다. 하지만 하느님은 형식이 전혀 없는 것을 형식으로 전환할 능력을 갖춘 성령을 창조하셨다. 성령은 꿈을 만들지만, 그것은 깨어남에 너무도 가까운 꿈이라서 그 안에는 이미 대낮의 빛이 환히 빛나고 있다. 그리고 이미 눈을 뜨고 있는 자들은 성령의 꿈에 담긴 기쁨에 찬 모습들을 본다.

⁴ 용서는 천국에서는 알지 못하는 모든 것으로 부드럽게 눈을 돌려, 그것들이 사라지는 것을 본다. 이제 세상은 깨끗하게 빈 석판이 되고, 그 위에 새겨졌던 무의미한 상징들을 이제 하느님의 말씀이 대체할 수 있다. 용서는 죽음의 두려움을 극복하는 수단이다. 죽음은 이제 맹렬한 매력을 잃고, 죄의식도 사라졌기 때문이다.

⁵ 용서는 몸을 그 정체대로 지각할 수 있게 한다. 몸은 단순한 학습 도구로서 배움이 완성되면 뉘어질 뿐, 배우는 자를 바꾸지는 못한다. 몸이 없는 마음은 실수를 범할 수 없다. 그 마음은 자신이 죽거나 무자비한 공격의 희생자가 될 것이라고 생각할 수도 없다. 그러니 분노는 불가능해진다. 그렇다면 공포가 어디에 있단 말인가? 모든 공격의 근원, 고통의 핵심, 두려움의 본거지를 잃은 자에게 도대체 어떤 두려움이 닥칠 수

있겠는가?

6 오로지 용서만이, 몸이 자신의 집이라는 생각으로부터 마음을 해방할 수 있다. 오로지 용서만이, 하느님이 당신의 거룩한 아들을 위해 뜻하신 평화를 회복해 줄 수 있다. 오로지 용서만이, 하느님의 아들에게 자신의 거룩함을 다시 보라고 설득할 수 있다. 분노가 사라짐에 따라, 너는 정녕 그리스도의 비전과 시각의 선물을 받기 위해 어떤 희생도 요구받지 않았으며, 병들고 극심한 고통에 시달리는 마음에서 단지 고통만이 제거되었을 뿐임을 지각하게 될 것이다.

7 이것이 반갑지 않은가? 이것이 두려워할 일인가? 아니면 원하고, 감사하고, 기쁘게 받아들여야 할 일인가? 우리는 하나며, 따라서 아무것도 포기하지 않는다. 우리는 하느님께 정녕 모든 것을 받았다. 하지만 그렇다는 것을 지각하려면 우리에게는 용서가 필요하다. 용서의 친절한 빛이 없다면, 우리는 어둠 속을 더듬으면서 이성을 단지 우리의 분노와 공격을 정당화하기 위해 사용할 것이다. 우리의 이해는 너무도 제한되어 있어서, 우리가 이해한다고 생각하는 것은 단지 잘못에서 비롯된 혼동일 뿐이다. 우리는 변덕스러운 꿈과 두려운 생각의 안개 속에서 길을 잃었다. 우리의 눈은 빛을 보지 않으려고 꽉 감겼으며, 우리의 마음은 존재하지 않는 것을 숭배하는 데 열중하고 있다.

8 자신이 보거나 생각하거나 상상하는 모든 이를 용서한 자가 아니라면, 그 누가 그리스도 안에서 다시 태어날 수 있겠는가? 어느 한 사람이라도 가두는 자라면, 그가 어떻게 자유로이 풀려날 수 있겠는가? 간수는 자유롭지 않다. 그는 죄수와 더불어 묶여 있기 때문이다. 그는 죄수가 탈출하지 못하도록 지켜보느라 시간을 보낸다. 죄수를 제한하는 철창은 간수가 죄수와 더불어 살아야 하는 세상이 된다. 따라서 죄수가 자유로이 풀려나야 두 사람 모두가 자유로워질 수 있다.

9 그러니 단 한 사람도 죄수로 가두지 말라. 구속하지 말고 풀어주어라. 그럼으로써 네가 자유로워지기 때문이다. 그 방법은 간단하다. 분노가 치밀어 오를 때마다, 너 자신의 머리 위에 칼을 들고 있음을 깨달아라. 그 칼은 너 자신이 유죄 선고를 받을지 자유로이 풀려날지 선택하기에 따라, 네 머리로 떨어지거나 비켜 갈 것이다. 그러므로 네가 분노하도록 유혹하는 듯한 자들은 저마다 너를 죽음의 감옥에서 벗어나게 해 주는 구원자를 나타낸다. 따라서 너는 그들에게 고통이 아닌 감사를 빚진 것이다.

10 오늘 자비를 베풀라. 하느님의 아들은 너의 자비를 받을 자격이 있다. 지금, 바로

그가 너에게 자유로 가는 길을 받아들이라고 요청하고 있다. 그를 부정하지 말라. 그에 대한 아버지의 **사랑**은 네 것이다. 여기 땅에서 너의 기능은 단지 그를 용서하는 것이다. 그럼으로써 너는 그를 다시 너의 정체로 받아들이게 된다. 그는 하느님이 창조하신 그대로며, 너는 그의 정체다. 이제 그의 죄를 용서하라. 그러면 네가 그와 하나임을 깨달으리라.

193과

모든 것은 하느님이 내가 배우기를 바라시는 레슨들이다.

1 하느님은 배움에 대해 모르신다. 하지만 하느님의 뜻은 당신이 이해하지 않으시는 것까지도 확장한다. 하느님은 당신의 아들에게 물려주신 행복이 흔들림 없이 영원하고, 그 범위를 끝없이 넓혀가며, 완전한 창조의 기쁨 속에서 영원히 확장하고, 당신 안에서 영원히 열려있어서 한계가 전혀 없기를 뜻하시기 때문이다. 이것이 바로 하느님의 뜻이다. 따라서 하느님의 뜻은 그것이 이루어질 것을 보장하는 수단을 제공한다.

2 하느님은 어떤 모순도 보지 않으신다. 하지만 하느님의 아들은 스스로 모순을 본다고 믿는다. 따라서 그에게는 그의 잘못된 시각을 교정하여 그를 다시 지각이 끝나는 곳으로 인도할 비전을 줄 수 있는 성령이 필요하다. 하느님은 전혀 지각하지 않으신다. 하지만 하느님이야말로, 천국의 빛이 지각을 비출 수 있도록 지각을 충분히 참되고 아름답게 만들 수단을 주는 분이시다. 그리고 하느님이야말로, 아들이 부정하려는 것에 응답하셔서 그의 죄 없음을 영원히 안전하게 지켜주는 분이시다.

3 하느님은 어떤 용서도 제공하지 않으신다. 하느님은 어떤 죄도 불가능함을 아시기 때문이다. 하지만 하느님은 당신의 거룩한 **사랑**의 법칙에, 세상에 제공될 수 있는 형식이 주어지게 하셨다. 그리고 하느님은 그 법칙이 어떤 형식을 취해야 하는지 지각할 수 있는 성령을 창조하셔서, 천국과 하느님 안에 존재하는 대로의 그 법칙을 망각한 모든 마음이 받아들이게 하셨다. 이렇게 하느님은 당신의 **사랑**을 아낌없이 주시고, 비록 의미는 없지만 아들이 당신께 여쭌 질문에 **응답**하심으로써, 당신이 보지도 이해하지도 못하시는 것을 아우르셨다.

4 하느님이 당신의 가장 거룩한 아들의 마음 안으로 기어든 어리석은 생각을 평화와 기쁨으로 대체하려고 창조하신 성령은, 이제 그의 기능을 이행한다. 그는 네가 증오 속에 가르치려는 레슨마다 용서가 들어간 레슨으로 방향을 바꿔서, 증오를 사랑으로 돌려보낸다. 그럼으로써 두려움이 사라진다. 이제 죄의식은 들어올 수 없다. 레슨의 목적이 죄 없음으로 바뀌면서 그 근원이 제거되었고, 증오가 사랑에 의해 뿌리뽑혔기 때문이다.

5 이것들이 바로 하느님이 네가 배우기를 바라시는 레슨들이다. 하느님의 뜻은 그 모

든 레슨들을 반영하며, 그 레슨들은 하느님이 사랑하는 아들에게 보이시는 자애로움을 반영한다. 각 레슨에는 중심 생각이 하나 있는데, 그것은 그 모든 레슨들에 있어서 똑같다. 명백해 보이지만 실제가 아닌 다른 상황과 사건, 다른 인물과 다른 주제에 따라 단지 그 형식만 달라질 뿐이다. 그 레슨들은 본질적인 내용에 있어서 똑같다. 그것은 다음과 같다:

⁶ 용서하라. 그러면 이것을 다르게 볼 것이다.

⁷ 모든 고통은 단지 용서하지 않음일 뿐이지만, 그렇게 보이지는 않는다. 하지만 용서하지 않음이야말로 그러한 모든 형식 밑에 있는 내용이다. 그리고 이러한 동일성이야말로 배움을 확실하게 만들어주는 것이다. 이 레슨은 너무도 단순하여, 너는 결국 배우기를 마다할 수 없기 때문이다. 이것은 수많은 형식으로 나타나지만, 그곳에서 단지 그 단순한 레슨을 보고 싶어 하는 자라면 쉽사리 인식할 수 있는, 아주 명백한 진리다. 이것을 피해 영원히 숨을 수 있는 자는 아무도 없다:

⁸ 용서하라. 그러면 이것을 다르게 볼 것이다.

⁹ 그 형식과 상관없이, 성령은 너의 모든 시련과 고통과 고난의 한가운데서 바로 이렇게 말해준다. 바로 이 말과 함께 유혹이 끝나고, 죄의식이 버려져 더 이상 공경받지 않는다. 바로 이 말과 함께 죄의 꿈이 끝나고, 마음에서 두려움이 사라진다. 그리고 바로 이 말과 함께, 온 세상에 구원이 온다.

¹⁰ 고통이 실제고 생명 대신 죽음이 우리의 선택이라고 믿도록 유혹을 느낄 때, 이 말을 하는 법을 배워야 하지 않겠는가? 모든 마음을 속박에서 해방할 힘이 이 말에 들어있음을 이해했으니, 이 말을 하는 법을 배워야 하지 않겠는가? 이 말은 그동안 너를 지배할 힘을 가진 듯했던 모든 사건을 지배할 권능을 너에게 부여한다. 이 말을 완전히 알아차리고, 이 말이 네가 보는 모든 것과 네 형제들이 잘못 보는 모든 것에 적용된다는 것을 잊지 않을 때, 너는 그 모든 사건들을 바로 보게 된다.

¹¹ 네가 언제 잘못 보는지, 혹은 다른 사람이 스스로 배워야 할 레슨을 언제 지각하지 못하는지 어떻게 분간할 수 있을까? 그것을 지각할 때 고통이 마치 실제인 듯 보이는

가? 그렇다면 그 레슨을 배우지 못한 것임을 확신하라. 그리고 그곳에는 용서하지 않음이 마음 안에 숨어있는데, 그 마음은 자신이 지시하는 눈을 통해 고통을 본다.

¹² 하느님은 네가 이렇게 고통받기를 바라지 않으신다. 그분은 네가 너 자신을 용서하도록 도우려 하신다. 그분의 아들은 자신이 누구인지 기억하지 못한다. 그러나 하느님은 그가 당신의 **사랑**과 그 사랑이 가져다주는 모든 선물을 잊지 않기를 바라신다. 너는 지금 너 자신의 구원을 포기하려는가? 너는 지금 모든 고통이 사라지고 아들이 하느님을 기억할 수 있도록 천국의 교사가 네게 제시하는 단순한 레슨을 배우지 않으려는가?

¹³ 모든 것은 하느님이 네가 배우기를 바라시는 레슨들이다. 하느님은 단 하나의 용서하지 않는 생각도 교정 없이 남겨두지 않으시고, 단 하나의 가시나 못도 당신의 신성한 아들을 해치도록 버려두지 않으실 것이다. 하느님은 당신의 아들을 보살피는 영원한 집에 아무런 걱정거리도 없게 하셔서, 그의 거룩한 안식이 흔들림 없이 잔잔하게 남아있도록 보장하실 것이다. 그리고 하느님은 모든 눈물이 닦이게 하셔서, 아직 흐르지 못하고 남아있거나 떨어질 때를 기다리는 눈물이 없게 하실 것이다. 하느님은 그 모든 눈물을 웃음이 대체하고, 당신의 아들이 다시 자유롭게 풀려나기를 뜻하셨기 때문이다.

¹⁴ 우리는 오늘 평화를 가로막는 듯한 천 개의 장애물을 단 하루 만에 극복하려고 시도할 것이다. 자비가 너에게 더 속히 오도록 허용하라. 자비를 하루나 일 분이나 단 한 순간이라도 더 지연시키려고 하지 말라. 시간은 이것을 위해 만들어졌다. 오늘 시간을 시간의 목적을 위해 사용하라. 아침과 저녁에, 네가 시간의 적절한 목적을 위해 사용할 수 있는 시간을 바치고, 그 시간이 너의 가장 깊은 필요를 충족하지 못하는 일이 없게 하라.

¹⁵ 네가 드릴 수 있는 모든 것을 드리고, 그보다 조금 더 드려라. 이제 우리는 서둘러 일어나 아버지의 집에 가고자 하기 때문이다. 우리는 너무 오래 떠나있었으며, 더 이상 이곳에서 머뭇거리려 하지 않는다. 그러므로 연습을 할 때는, 우리 스스로 해결하려고 남겨둠으로써 치유에서 배제한 것들에 대해 생각해 보자. 그리고 그것들을 전부 성령께 드리자. 성령은 그것들이 사라질 수 있도록 바라보는 법을 안다. 진리가 성령의 메시지며, 진리가 성령의 가르침이다. 성령의 레슨들이야말로 하느님이 우리가 배우기를 바라시는 레슨들이다.

¹⁶ 오늘부터 앞으로 며칠 동안, 그날을 위해 정해진 형식으로 용서의 레슨을 연습하면서 매시 정각에 약간의 시간을 보내라. 지나간 한 시간 동안 일어난 일들에 그날의 레슨을 적용하라. 그럼으로써 다음 한 시간은 그 전의 한 시간으로부터 자유로워진다. 시간의 사슬은 이런 식으로 쉽사리 느슨해진다.

¹⁷ 어떤 한 시간도 다음에 오는 한 시간에 그림자를 드리우게 하지 말라. 그 시간이 지나가면서 그 시간 동안 일어난 모든 일도 함께 지나가게 하라. 이렇게 너는 시간의 세상에서 속박되지 않고, 영원한 평화 속에 머물 것이다. 하느님이 네가 배우기를 바라시는 레슨은 다음과 같다: 모든 것을 바라볼 때, 그것들이 네가 하느님을 향해, 그리고 세상의 구원을 향해 내딛는 또 다른 발걸음이 되도록 바라보는 방법이 있다.

¹⁸ 두려워할 것이 있다고 증언하는 모든 것에게 다음과 같이 답하라:

¹⁹ 나는 용서하겠다. 그러면 이것은 사라질 것이다.

²⁰ 모든 걱정과 근심, 모든 형식의 고통에 위와 같은 말을 반복하라. 그러면 너는 마침내 천국의 문을 열어 하느님 아버지의 사랑을 땅으로 가지고 내려올 열쇠를 손에 쥔 것이다. 이어서 땅은 천국으로 들려 올라갈 것이다. 이 마지막 단계는 하느님이 몸소 취하실 것이다. 하느님이 당신께 가져오라고 청하시는 작은 단계들을 거절하지 말라.

194과

나는 미래를 하느님의 손에 맡긴다.

1 오늘의 아이디어는 신속한 구원을 향해 내딛는 또 다른 발걸음이다. 이것은 정녕 거대한 발걸음이다! 그것은 아주 큰 폭으로 내딛는 걸음이기에, 너는 천국 바로 앞에 도달해서 장애물을 뒤로하고 목적지를 눈앞에 바라볼 것이다. 너는 너를 천국 문으로 맞아들이는 잔디밭에 발을 디뎠다. 그곳은 네가 확신을 가지고 하느님의 마지막 단계를 기다리는 조용한 평화의 장소다. 우리는 지금 땅을 떠나 얼마나 멀리 나아가고 있는지! 우리의 목적지에 얼마나 가까이 다가가고 있는지! 앞으로 밟아야 할 여정은 얼마나 짧은지!

2 오늘의 아이디어를 받아들여라. 그러면 너는 모든 걱정과 지옥의 구렁텅이, 암흑 같은 우울과 죄의 생각들, 죄의식의 처참한 결과를 통과한 것이다. 오늘의 아이디어를 받아들여라. 그러면 너는 자유로 가는 문을 걸어 잠근 육중한 사슬을 풀어 세상을 모든 구속에서 해방한 것이다. 너는 구원되었다. 그리고 너는 구원을 받았기에, 너의 구원은 네가 세상에게 주는 선물이 된다.

3 너는 단 한 순간도 우울을 느끼거나 고통을 경험하거나 상실을 지각하지 않는다. 너는 단 한 순간도 슬픔을 왕좌에 올려놓고 충성스레 숭배하지 않는다. 그리고 단 한 순간에도, 그 누구도 죽을 수 없다. 따라서 하느님께 드리는 지나가는 모든 순간은, 이미 드린 다음 순간과 더불어, 네가 슬픔과 고통, 심지어 죽음 자체에서도 해방되는 시간이다.

4 하느님은 너의 과거와 현재는 물론, 너의 미래도 붙들고 계신다. 그것들은 하느님께 하나며, 따라서 너에게도 분명 하나다. 하지만 이 세상에서는 여전히 시간의 흐름이 실재적으로 보인다. 따라서 나는 너에게, 시간에 실제로 연속성이 없다는 것을 이해하라고 요청하지 않는다. 나는 단지 너에게, 미래를 내려놓고 그것을 하느님의 손에 맡길 것을 요청할 뿐이다. 그러면 너는 경험을 통해 과거와 현재 또한 하느님의 손에 맡겼음을 깨달을 것이다. 과거는 더 이상 너를 처벌하지 않고, 미래의 걱정은 이제 무의미할 것이기 때문이다.

5 미래를 해방하라. 과거는 사라졌으며, 슬픔과 불행, 고통과 상실이라는 과거의 유산에서 자유로워진 현재는 이제, 시간이 무자비하고 숙명적인 경로를 달리는 환상의

구속에서 벗어나는 순간이 되기 때문이다. 그러면 시간의 노예였던 각 순간은 거룩한 순간으로 전환된다. 그리고 그 순간 안에서, 하느님의 아들 안에 감춰졌던 빛은 자유로이 풀려나 세상을 축복한다. 이제 그는 자유로우며, 그의 모든 영광은 그와 함께 자유로이 풀려나 그의 거룩함을 공유하는 세상을 비춰준다.

⁶ 네가 오늘의 레슨을 있는 그대로 구원으로 볼 수 있다면, 최선을 다해 일관된 노력을 기울여 그것을 너의 일부로 만들려고 할 것이다. 그것이 너의 마음을 지배하는 생각이 되고, 너의 문제 해결 목록에 있는 습관이 되며, 유혹에 재빨리 대응하는 방법이 되어감에 따라, 너는 세상에 너의 배움을 확장하게 된다. 그리고 네가 모든 것에서 구원을 보는 법을 배움에 따라, 세상도 마찬가지로 자신이 구원되었음을 지각할 것이다.

⁷ 하느님의 자애로운 손에 자신의 미래를 맡기는 자를 어떤 걱정이 괴롭힐 수 있겠는가? 그가 어떤 고통에 시달릴 수 있겠는가? 무엇이 그에게 고통을 야기하고, 상실을 경험하게 할 수 있겠는가? 그가 무엇을 두려워할 수 있겠는가? 그리고 그가 무언가를 볼 때, 사랑 외에 무엇을 가지고 바라볼 수 있겠는가? 미래의 고통에 대한 모든 두려움에서 벗어난 그는 세상이 결코 위협할 수 없는 현재의 평화와 확실한 보살핌으로 가는 길을 찾았기 때문이다. 그는 자신의 지각이 잘못될 수는 있지만 항상 교정될 것임을 확신한다. 그에게는 속았을 때 다시 선택하고 실수했을 때 마음을 바꿀 자유가 있다.

⁸ 그러니 너의 미래를 하느님의 손에 맡겨라. 그럼으로써 너는 하느님에 대한 기억이 다시 돌아와 죄와 악에 대한 너의 모든 생각을 대체할 것을 요청하는 것이다. 그로 인해 세상이 더 나아지지 않고, 살아있는 모든 창조물이 치유된 지각으로 반응하지 않으리라고 생각하는가? 자기 자신을 하느님께 맡기는 자는 하느님의 손에서 위로와 안전을 구한 것이며, 또한 세상도 하느님의 손에 맡긴 것이다. 그는 자신과 세상의 병든 환상을 내려놓고, 그 둘에게 평화를 제공한다.

⁹ 이제 우리는 정녕 구원되었다. 우리는 오로지 좋은 일만 일어날 수 있음을 확신하며, 하느님의 손안에서 흔들림 없이 안식하기 때문이다. 우리가 만약 잊더라도, 부드럽게 재확인을 받을 것이다. 우리가 만약 용서하지 않는 생각을 받아들이더라도, 그것은 즉시 사랑의 반영으로 대체될 것이다. 우리가 만약 공격하려는 유혹을 느끼더라도, 우리의 안식을 보호하는 성령께 우리 대신 유혹을 멀리 물리치는 선택을 해달라고 간청할 것이다. 세상은 더 이상 우리의 적이 아니다. 우리는 세상의 친구가 되기로 선택했기 때문이다.

195과

사랑은 내가 감사하며 걷는 길이다.

¹ 세상을 잘못 바라보는 자들에게, 감사는 배우기 어려운 레슨이다. 그들은 기껏해야 자신이 다른 사람들보다 형편이 더 낫다고 볼 수 있을 뿐이다. 그리고 그들은 다른 사람들이 자신보다 더 고통스러워 보인다는 이유로 만족하려 한다. 이것은 얼마나 딱하고 남을 얕보는 생각인지! 너는 다른 사람들이 감사할 이유cause가 적다고 하여 감사할 이유가 있고, 다른 사람들이 더 고통스러워 보인다고 하여 덜 고통스러울 수 있겠는가? 너는 온 세상에 걸쳐 슬픔의 모든 원인cause을 사라지게 하신 하느님께만 감사해야 한다.

² 고통 때문에 감사하는 것은 정신 이상이다. 그러나 모든 고통을 치유하고 고난을 웃음과 행복으로 대체할 확실한 수단을 주시는 하느님께 감사하지 않는다면, 그것 또한 정신 이상이다. 심지어 부분적으로 제정신인 사람조차, 하느님이 인도하시는 단계를 밟아 그분이 보여주시는 길을 따라가서 감옥에서 벗어나기를 마다할 수 없다. 그곳에 그들은 구원으로 가는 문이 없다고 생각했지만, 지금은 그것을 지각한다.

³ 네 형제는 너의 "적"이다. 너는 그 안에서 너의 평화를 두고 다투는 경쟁자, 네게서 자신의 기쁨을 앗아가는 약탈자를 보기 때문이다. 그는 너에게 너무도 지독하고 가혹하고 시커먼 절망만 남기기에, 남은 희망이라고는 아무것도 없다. 이제 복수가 바랄 수 있는 모든 것이다. 이제 네가 할 수 있는 것이라고는, 그를 거꾸러트려 너와 함께 죽음의 구렁텅이에 눕히는 것뿐이다. 그러면 그는 너처럼 쓸모가 없게 되고, 그의 움켜쥔 손에는 너처럼 얼마 되지 않는 것만 남게 된다.

⁴ 너는 네 형제가 너보다 더 심한 노예라는 이유로 하느님께 감사드리지 않으며, 그가 너보다 더 자유로워 보인다는 이유로 제정신을 가지고 격분할 수도 없다. 사랑은 비교하지 않으며, 사랑과 결합한 감사라면 진심에서 우러나온 감사일 수밖에 없다. 우리 안에서 모든 것이 그들의 자유를 찾게 될 것에 대해, 우리는 하느님 아버지께 감사드린다. 다른 이들은 여전히 묶여있는데 몇몇만 풀려나는 일은 결코 없을 것이다. 과연 누가 사랑의 이름으로 흥정할 수 있겠는가?

⁵ 그러니 감사하되, 진실하게 감사하라. 그리고 너의 감사로 하여금 너와 함께 벗어

날 모든 이를 위한 자리를 마련하게 하라. 그들은 병들고 약하고 궁핍하고 두려워하는 자들이며, 누군가를 잃었다는 생각에 애통해하거나 겉보기에 고통을 느끼는 자들이며, 추위와 굶주림에 시달리거나 증오와 죽음의 오솔길을 걷는 자들이다. 이들 모두가 너와 함께 간다. 우리 자신을 그들과 비교하지 말자. 그렇게 한다면 우리는 우리의 의식 안에서, 그들이 우리와 공유하듯 우리가 그들과 공유하는 단일성으로부터 그들을 찢어내는 것이기 때문이다.

6 우리는 다음과 같은 단 하나의 사실에 대해 우리의 아버지께 감사드린다: 우리는 살아있는 그 무엇과도 분리되지 않았으며, 따라서 아버지와 하나다. 그리고 우리는 우리의 온전성을 감소시킬, 혹은 스스로 완성이신 하느님을 완성하는 우리의 기능을 훼손하거나 바꿀 어떤 예외도 일어날 수 없음에 기뻐한다. 우리는 모든 살아있는 것에 대해 감사드린다. 그렇지 않으면 우리는 아무것도 아닌 것에 감사드리는 것이며, 하느님이 주시는 선물을 알아보지도 못하는 것이기 때문이다.

7 그런 다음, 우리의 형제들로 하여금 지친 머리를 우리의 어깨에 기대고 잠시 안식하게 하자. 우리는 그들에 대해 감사드린다. 우리가 만약 그들을 우리가 찾으려는 평화로 인도할 수 있다면, 그 길이 마침내 우리에게 열리기 때문이다. 태곳적 문이 다시 활짝 열린다. 오랫동안 잊혔던 말씀이 우리의 기억에 다시 울려 퍼지고, 우리가 다시 한번 들으려는 용의를 냄에 따라 그것은 더욱 뚜렷해진다.

8 그러니 감사하며 사랑의 길을 걸어라. 비교를 내려놓을 때, 우리는 증오를 잊는다. 그러니 더 이상 무엇이 평화의 장애물로 남아있겠는가? 하느님에 대한 두려움이 마침내 무효화되고, 우리는 비교하지 않고 용서한다. 따라서 우리는 어떤 것은 간과하면서 다른 것은 여전히 죄로서 가둬두겠다고 선택할 수 없다. 너의 용서가 완전할 때, 너는 총체적인 감사를 느낄 것이다. 그때 너는, 모든 것이 사랑하게 됨으로써, 심지어 너의 자아로서, 사랑할 권리를 얻었음을 깨달을 것이기 때문이다.

9 오늘 우리는 분노와 악의와 복수 대신에 감사에 대해 생각하는 법을 배운다. 우리에게는 모든 것이 주어졌다. 우리가 그것들을 인식하기를 거부한다면, 우리에게는 비통해할 자격이 없다. 그리고 우리와 우리의 미래를 전혀 배려하지 않고 끊임없이 괴롭히며 함부로 취급하는 곳에서, 우리 자신이 무자비한 추격을 받고 있다고 지각할 자격도 없다. 감사는 우리가 이 미친 지각들을 대체하는 유일한 생각이 된다. 하느님은 우리를 내내 보살피셨으며, 우리를 아들이라고 부르신다. 이보다 더한 것이 있을 수 있겠

는가?

¹⁰ 우리의 감사는 하느님께 가는 길을 닦고, 배움의 시간을 네가 이제껏 상상할 수 있었던 것보다 더 많이 단축할 것이다. 감사는 사랑과 손을 잡고 걸어간다. 그리고 그중 하나가 있는 곳에는 다른 하나도 틀림없이 있다. 감사는 단지 모든 창조의 근원인 사랑의 한 측면일 뿐이기 때문이다. 하느님은 네가 당신 자신의 완성이자 당신과 더불어 사랑의 근원인 너의 정체로 존재하는 것에 대해, 당신의 아들인 너에게 감사하신다. 하느님에 대한 너의 감사는 너에 대한 그분의 감사와 하나다. 사랑은 오로지 감사의 길만 걸을 수 있기 때문이다. 그리고 하느님께 가는 길을 걷는 우리는 바로 그렇게 걸어간다.

196과

나는 오로지 나 자신만을 십자가에 못 박을 수 있다.

¹ 네가 이것을 확고히 이해하고 충분히 알아차린다면, 너 자신을 해치려고 하지도 않고 너의 몸을 복수의 노예로 만들려고 하지도 않을 것이다. 너는 너 자신을 공격하지 않을 것이며, 다른 이를 공격하는 것은 단지 너 자신을 공격하는 것임을 깨달을 것이다. 너는 형제를 공격해야 네가 구원된다는 정신 이상 믿음에서도 자유로워질 것이다. 그리고 너는 그의 안전이 너 자신의 안전이며, 그가 치유될 때 너도 같이 치유된다는 것도 이해할 것이다.

² 어쩌면 너는 오늘 우리가 연습하는 아이디어에서 어떻게 모든 것을 확실한 보호로 품어 안는 무한한 자비를 발견할 수 있는지, 처음에는 이해할 수 없을 것이다. 오늘의 아이디어는 사실 처벌을 결코 면할 수 없다는 신호로 보일 수도 있다. 에고는 자신이 위협받는다고 느끼면 거짓말을 보호하려고 재빨리 진리를 인용하기 때문이다. 하지만 에고는 자신이 이런 식으로 사용하는 진리를 이해하지 못할 수밖에 없다. 그러나 너는 이런 어리석은 적용을 보고 그것이 가진 듯한 의미를 부정하는 법을 배울 수 있다.

³ 그럼으로써 너는 또한 너의 마음에게 너는 에고가 아니라고 가르치는 것이다. 에고가 진리를 왜곡하려는 방법들은 더 이상 너를 속일 수 없기 때문이다. 너는 네가 십자가에 못 박힐 몸이라고 믿지 않을 것이다. 그리고 너는 오늘의 아이디어에서 부활의 빛을 보고, 십자가형과 죽음의 모든 생각 너머로 눈을 돌려 자유와 생명의 생각을 볼 것이다.

⁴ 오늘의 아이디어는 우리가 속박에서 벗어나 완벽한 자유의 상태로 가는 길에서 취하는 하나의 단계다. 오늘 이 단계를 밟자. 그럼으로써 우리 마음이 자신의 짐을 하나씩 포기함에 따라, 우리는 구원의 예정된 경로 안의 모든 단계를 밟으면서 구원이 보여주는 길을 빠르게 걸어갈 수 있게 된다. 이를 위해 우리에게 필요한 것은 시간이 아니다. 우리에게는 단지 용의만이 필요하다. 천 년의 시간이 필요해 보이는 것도 하느님의 은혜로 단 한 순간에 쉬사리 이루어질 수 있기 때문이다.

⁵ 다른 사람을 공격하고도 너 자신은 공격을 면할 수 있다는 음울하고 절망적인 생각이 너를 십자가에 못 박았다. 어쩌면 그것은 구원처럼 보였을 것이다. 하지만 그것은

단지 하느님에 대한 두려움이 실제라는 믿음을 나타냈을 뿐이다. 그것이 바로 지옥이 아니겠는가? 자신의 아버지가 자신과 분리되었고, 자신을 죽여 우주에서 제거하려고 드는 철천지원수라고 믿으면서 지옥에 대한 두려움에 떨지 않을 자가 어디에 있겠는가?

6 남을 공격하고도 너 자신은 자유로울 수 있다는 두려운 생각을 받아들인다면, 너는 바로 이러한 형식의 광기를 믿는 것이다. 이런 형식이 바뀌기 전에는, 희망이란 없다. 최소한 이것이 전적으로 불가능함을 보기 전에는, 네가 어떻게 벗어날 수 있겠는가? 이 생각이 참이라고 생각하는 자에게 하느님에 대한 두려움은 실재적이다. 따라서 그는 그 생각의 어리석음을 지각하지 못할 것이며, 심지어 자신이 그런 생각을 한다는 것을 깨닫지도 못하기에, 그 생각에 의문을 제기하지도 못할 것이다.

7 그 생각에 의문을 제기하려면, 최소한 복수에 대한 두려움이 줄어들고 그 책임이 너에게 어느 정도 돌아오게 할 정도로 그 형식이 먼저 바뀌어야 한다. 거기서부터 너는 최소한 네가 이 고통스러운 길을 따르기를 원하는지 숙고해 볼 수 있다. 이러한 전환이 이루어지기 전에는, 너를 두렵게 하는 것은 단지 너의 생각들뿐이며 너의 구원은 너에게 달려있다는 것을 지각할 수 없다.

8 오늘 네가 이 단계를 밟는다면, 다음 단계들은 쉬워질 것이다. 거기서부터 우리는 아주 빠르게 전진한다. 일단 너 자신의 생각 외에는 너를 해칠 수 있는 것이 없음을 이해한다면, 하느님에 대한 두려움은 사라질 수밖에 없기 때문이다. 이제 너는 바깥에 있는 것이 너를 두렵게 한다고 믿지 않는다. 따라서 너는 네가 추방했다고 생각한 하느님을, 당신이 결코 떠나지 않으신 거룩한 마음으로 반가이 맞아들일 수 있다.

9 우리는 오늘 우리가 연습하는 아이디어 안에서 구원의 노래를 확실히 들을 수 있다. 네가 너 자신만 십자가에 못 박을 수 있다면, 너는 세상을 해치지 않았다. 따라서 너는 세상의 복수와 추격을 두려워할 필요가 없다. 그리고 투사 뒤에 감춰진 하느님에 대한 극심한 두려움을 피해 공포 속에 숨을 필요도 없다. 네가 가장 두려워하는 것은 바로 너의 구원이다. 너는 강하며, 네가 원하는 것은 힘이다. 너는 자유로우며, 자유를 기뻐한다. 네가 이제껏 약하고 속박되어 있기를 추구한 이유는, 너 자신의 힘과 자유를 두려워했기 때문이다. 하지만 구원은 바로 그것들에 놓여있다.

10 공포가 너의 마음을 완전히 사로잡아 벗어날 가망이 전혀 없어 보이는 순간이 있다. 네가 두려워하는 것은 너 자신임을 완전히 깨달을 때, 마음은 자신이 쪼개졌다고

지각한다. 공격이 바깥을 향할 수 있고 바깥에서 안으로 돌아올 수도 있다고 믿는 동안은, 이러한 사실이 은폐되었다. 네가 두려워해야 하는 대상은 바깥에 있는 적인 듯이 보였다. 따라서 너 자신의 바깥에 있는 신god이 너의 철천지원수요 두려움의 근원이 되었다.

¹¹ 이제 한순간 네 안에서 살인자가 지각된다. 그는 네가 죽기를 고대하며, 마침내 너를 죽일 수 있을 때까지 너를 처벌할 궁리에 급급하다. 하지만 그 순간 안에는 구원이 오는 시간도 들어있다. 왜냐하면, 이제 하느님에 대한 두려움이 사라졌기 때문이다. 따라서 너는 하느님을 아버지라 부르고 너 자신을 그분의 아들이라 부르면서, 그분의 사랑으로 너를 환상에서 구해달라고 요청할 수 있다. 그 순간이 속히 오기를, 바로 오늘이 되기를 기도하라. 두려움에서 물러나 사랑을 향해 나아가라.

¹² 네가 그 순간에 도달하도록, 그리고 그 순간 너머로 빠르고 확실하고 영원히 갈 수 있도록 돕기 위해, 하느님의 모든 생각들이 너와 함께 간다. 하느님에 대한 두려움이 사라졌을 때, 너와 하느님의 거룩한 평화 사이에는 어떤 장애물도 남아있지 않다. 우리가 연습하는 아이디어는 얼마나 친절하고 자비로운지! 이 아이디어를 반가이 맞아들여라. 너는 분명 그렇게 할 것이다. 그것은 너의 해방이기 때문이다. 너의 마음이 십자가에 못 박으려고 할 수 있는 것은 과연 너 자신밖에 없다. 하지만 너의 구원 또한 너 자신으로부터 올 것이다.

197과

나는 오로지 나 자신의 감사만을 받을 수 있다.

¹ 이것은 바깥의 힘이 너의 힘과 대치하고 있다는 믿음에서 너의 마음을 해방하기 위해 밟는 두 번째 단계다. 너는 친절과 용서를 시도한다. 하지만 상대가 아낌없는 감사를 외적으로 표현하지 않는 한, 너는 친절과 용서를 다시 공격으로 바꾼다. 상대는 네가 준 선물을 공손히 예우를 갖춰 받아야 하며, 그렇지 않으면 너는 그것을 도로 거둬들일 것이다. 따라서 너는 하느님의 선물은 잘해봤자 빌려주는 것이라고 생각한다. 최악의 경우, 그것은 하느님이 너를 칠 때 반드시 죽일 수 있도록 네게서 방어수단을 빼앗기 위한 속임수라고 생각한다.

² 자신의 생각이 무엇을 할 수 있는지 모르는 자들은 얼마나 쉽게 하느님과 죄의식을 혼동하는지! 네가 너 자신의 힘을 부정한다면, 약함이 너의 구원이 될 수밖에 없다. 네가 너 자신을 묶여있다고 본다면, 철창이 너의 집이 될 것이다. 네가 죄의식과 구원을 하나로 보지 않고, 자유와 구원이 그 곁의 힘과 함께 결합되어 있다고 지각하여 추구하고 주장하고 발견하고 완전히 인식하기 전에는, 너는 감옥을 떠나지 않을 것이며, 너 자신의 힘을 주장하지도 않을 것이다.

³ 네가 세상을 너의 환상에서 해방할 때, 세상은 너에게 감사할 것이다. 하지만 너의 감사 또한 너에게 속한다. 세상의 해방은 단지 너의 해방을 반영할 수 있을 뿐이기 때문이다. 너의 감사야말로 너의 선물이 필요로 하는 모든 것이다. 그럼으로써 그것은 지옥에서 영원히 풀려난 감사하는 마음이 제공하는 지속적인 선물이 될 수 있다. 너는, 너의 선물이 예우를 받지 못한다는 이유로 그것을 도로 거둬들임으로써 바로 이러한 것을 무효화하고자 하는가? 그 선물을 예우하고 그에 걸맞은 감사를 할 자는 바로 너다. 왜냐하면, 그 선물을 받은 자는 바로 너기 때문이다.

⁴ 상대방이 너의 선물을 가치 없다고 생각하더라도 상관없다. 그의 마음속에는 너에게 감사하면서 너의 마음과 결합하는 부분이 있다. 너의 선물이 상실되고 무용지물이 된 것 같아도 상관없다. 너의 선물은 주어진 곳에서 받아졌다. 네가 감사함으로써 너의 선물은 보편적으로 받아들여졌고, 하느님의 가슴이 감사히 인정했다. 하느님이 너의 선물을 감사히 받아들이셨거늘, 그것을 도로 거둬들이려는가?

⁵ 하느님은 네가 당신께 드리는 모든 선물을 축복하시며, 모든 선물은 하느님께 드려진다. 선물은 오로지 너 자신에게만 주어질 수 있으며, 하느님께 속하는 것은 분명 그분 자신의 것이기 때문이다. 하지만 네가 단지 다시 공격하기 위해 용서하는 동안은, 하느님의 선물이 확실하고 영원하고 변함없고 무한하며, 영원히 주고 사랑을 확장하며, 너의 끝없는 기쁨을 늘린다는 것을 깨닫지 못할 것이다.

⁶ 네가 만약 다른 이에게 주는 선물을 거둬들인다면, 너에게 주어진 것이 거둬들여졌다고 생각할 것이다. 반대로 너 자신의 바깥에서 본다고 생각하는 죄를 용서가 제거하도록 맡기는 법을 배운다면, 너는 하느님의 선물이 네가 죽을 때 다시 앗아가기 전에 잠시 빌려주는 것이라고는 생각할 수 없을 것이다. 이제 죽음은 너에게 아무런 의미도 없을 것이기 때문이다.

⁷ 이런 믿음이 끝나면서 두려움도 영원히 사라진다. 이에 대해 너의 **자아**에게 감사하라. 너의 **자아**는 오로지 하느님께만 감사드리며, 하느님은 너에 대하여 당신 자신에게 감사하시기 때문이다. 살아있는 모든 이에게 머지않아 그리스도가 찾아올 것이다. 모든 이는 분명 그리스도 안에서 살고 숨쉬기 때문이다. 아버지 안에 있는 그리스도의 존재는 안전하다. 그리스도와 아버지의 뜻은 하나기 때문이다. 그들이 창조한 모든 것에 대한 그들의 감사는 끝이 없다. 감사는 여전히 사랑의 일부로 남아있기 때문이다.

⁸ 하느님의 거룩한 아들이여, 너에게 감사한다. 너는 네가 창조된 그대로 너의 자아 안에 모든 것을 담고 있기 때문이다. 너는 여전히 하느님이 창조하신 그대로다. 그리고 너는 너의 완벽함의 빛을 흐릴 수도 없다. 너의 가슴 안에, 하느님의 가슴이 놓여 있다. 하느님은 너를 소중히 여기신다. 너는 곧 하느님 자신이기 때문이다. 너의 정체로 인해, 모든 감사가 너에게 속한다.

⁹ 감사를 네가 받는 대로 주어라. 너의 **자아**를 완성하는 그 누구에게도 감사하는 마음을 잃지 말라. 그 누구도 이 **자아**의 바깥에 남겨지지 않는다. 이 **자아**를 확장하는 수많은 채널들에 대해 감사하라. 네가 행하는 모든 것은 이 **자아**에게 주어진다. 네가 하는 모든 생각은 단지 이 **자아**의 **생각**들일 수 있을 뿐이며, 하느님의 거룩한 **생각**들을 이 **자아**와 공유한다. 이제 네가 하느님이 주신 기능을 잊었을 때 너 자신에게 부정했던 감사를 받아라. 하지만 하느님이 너에게 감사하는 것을 멈추신 적이 있다고는 생각하지 말라.

198과

오로지 나의 정죄만이 나에게 상처를 입힌다.

1 상처라는 것은 불가능하다. 하지만 환상은 환상을 만들어낸다. 네가 만약 정죄할수 있다면, 너는 상처를 입을 수 있다. 그럴 때 너는 네가 누군가에게 상처를 입힐 수있다고 믿은 것이며, 따라서 이제 너 자신을 위해 확립한 권리가 너에게 반하여 사용될 수 있기 때문이다. 네가 그 권리를 가치 없고, 원하지 않으며, 실제가 아닌 것으로여겨 내려놓기 전에는 말이다. 그것을 내려놓으면 환상은 결과를 낳기를 멈추고, 환상이 가진 듯했던 모든 것은 무효화될 것이다. 그러면 너는 자유로워진다. 너는 자유를 선물로 주었으며, 이제 네가 준 선물을 받을 수 있기 때문이다.

2 정죄하라. 그러면 너는 죄수가 된다. 용서하라. 그러면 너는 자유로워진다. 이러한것이 지각을 지배하는 법칙이다. 그것은 앎이 이해하는 법칙이 아니다. 자유는 앎의일부기 때문이다. 따라서 진리 안에서는 정죄가 불가능하다. 정죄의 영향이나 결과로보이는 것은 결코 일어난 적이 없다. 하지만 우리는 당분간 그것들이 마치 일어난 듯이 다루어야 한다. 환상은 환상을 만든다. 하지만 여기에 예외가 하나 있다. 용서는다른 모든 환상에 답하는 환상이다.

3 용서는 다른 모든 꿈을 쓸어버리며, 비록 그 자체로 하나의 꿈이기는 하지만 다른꿈들을 낳지 않는다. 이 하나를 제외한 모든 환상은 천 배로 늘어날 것이다. 반면에용서는 환상이 끝나는 곳이다. 용서는 깨어나는 꿈이므로, 꿈의 종말이다. 용서 자체는 진리가 아니다. 하지만 용서는 진리가 있는 곳을 가리키며, 하느님의 확실성을 가지고 방향을 제시한다. 용서는 하느님의 아들이 자신의 자아와 아버지께로 깨어나,그들이 하나임을 알게 되는 꿈이다.

4 용서는 재앙을 피하고 모든 고난을 지나서, 마침내 죽음을 벗어나도록 인도하는 유일한 길이다. 이것이 하느님의 계획이거늘, 어찌 다른 길이 있을 수 있겠는가? 그런데 너는 왜 그것을 반대하고, 그것과 싸우고, 용서가 틀려야만 하는 천 개의 길과 천개의 다른 가능성을 찾으려고 하는가?

5 차라리 너의 문제들에 대한 답을 네가 손에 쥐고 있다는 사실에 기뻐하는 것이 더현명하지 않겠는가? 구원을 주시는 성령께 감사드리고, 그의 선물을 감사하며 받아

들이는 것이 더 지혜롭지 않겠는가? 성령의 말을 무시하고 그것을 너 자신의 말로 대체하려고 하는 대신에, 그의 음성을 듣고 그가 가르치려는 단순한 레슨을 배우는 것이야말로 너 자신에 대한 친절이 아니겠는가?

⁶ 성령의 말은 효과가 있을 것이다. 성령의 말은 구원할 것이다. 성령의 말에는 이 땅에서 찾을 수 있는 모든 희망과 축복과 기쁨이 담겨있다. 성령의 말은 하느님 안에서 태어나, 천국의 사랑을 싣고 너에게 온다. 성령의 말을 듣는 자들은 곧 천국의 노래를 들은 것이다. 그것은 모든 것이 마침내 하나로 융합되는 말이기 때문이다. 그리고 이 하나가 사라지면서, 하느님의 **말씀**이 그 자리를 차지하러 올 것이다. 그때는 그 **말씀**이 기억되고 사랑받을 것이기 때문이다.

⁷ 이 세상에는 따로 떨어져 있는 듯한 수많은 소굴이 있다. 그곳에서 자비는 아무런 의미도 없고, 공격은 정당해 보인다. 하지만 그 모든 소굴들은 사실 하나다. 그곳은 단지 하느님의 아들과 그의 아버지에게 죽음이 제공되는 곳이다. 너는 어쩌면 그들이 이미 죽음을 받아들였다고 생각할 수도 있다. 하지만 네가 그들의 피를 보았던 곳을 다시 바라본다면, 그 대신에 기적을 지각하게 될 것이다.

⁸ 그들이 죽을 수 있다고 믿는 것은 얼마나 어리석은지! 네가 공격할 수 있다고 믿는 것은 얼마나 어리석은지! 네가 정죄받을 수 있고 하느님의 거룩한 아들이 죽을 수 있다고 생각하는 것은 얼마나 미친 짓인지! 네 자아의 고요함은 이와 같은 생각에 전혀 영향받지 않고, 용서가 필요할 수도 있는 그 어떤 정죄도 알지 못한 채, 흔들림 없이 남아있다. 어떤 종류의 꿈이든, 진리에게는 낯설고 이질적이다. 하지만 진리 외에 그 무엇이, 환상을 그 반대편의 진리로 건너주는 다리를 놓는 생각을 할 수 있겠는가?

⁹ 오늘 우리는 자유가 찾아와 너와 함께 편안히 머물도록 허용하는 연습을 한다. 네가 빛으로 가는 열쇠를 찾아 어둠을 끝낼 수 있도록, 진리가 너의 마음에게 다음과 같은 말을 선사한다:

> ¹⁰ 오로지 나의 정죄만이 나에게 상처를 입힌다.
> 오로지 나 자신의 용서만이 나를 자유롭게 풀어준다.

¹¹ 고통이 취하는 모든 형식은 용서하지 않는 생각을 감춘다. 그리고 용서는 모든 형식의 고통을 치유할 수 있다. 오늘 이를 잊지 말라.

¹² 하느님의 아들 안에 정죄란 없다고 선포하는 유일한 환상을 받아들여라. 그러면 이 유일한 꿈 안에서 그리스도의 얼굴이 마침내 장막을 걷고 나타남에 따라 천국이 즉시 기억되고, 세상이 잊히며, 세상의 그 모든 기이한 믿음도 함께 잊힌다. 이것이 바로, 성령이 너의 아버지신 하느님께 받아 너를 위해 간직하고 있는 선물이다. 땅과 너의 거룩한 집에서 오늘을 축하하자. 그 둘을 친절히 대하면서, 네가 그것들이 저질렀다고 생각한 죄를 용서하라. 그리고 너의 순결이 그리스도의 얼굴로부터 너를 비춰주는 것을 보라.

¹³ 이제 온 세상이 침묵한다. 전에는 말도 안 되는 생각들이 정신없이 날뛰던 곳이 이제는 고요하다. 이제 꿈 없는 잠을 자며 조용해진 땅의 얼굴 곳곳에 잔잔한 빛이 머문다. 이제 땅 위에는 오로지 하느님의 말씀만 남아있다. 오로지 그 말씀만이 한 순간 더 지각될 수 있다. 그때는 상징들이 사라지고, 네가 만들었다고 생각한 모든 것이, 하느님이 당신의 유일한 아들이라고 영원히 아시는 마음에서 완전히 사라져 있다.

¹⁴ 하느님의 아들 안에 정죄란 없다. 그는 자신의 거룩함 안에서 완벽하다. 그에게는 자비로운 생각들이 필요 없다. 모든 것이 그의 것이거늘, 그 누가 그에게 선물을 줄 수 있겠는가? 그 누가 죄 없음 자체의 아들에게 용서를 선물한다는 꿈을 꿀 수 있겠는가? 그 아들은 아버지를 너무도 닮아서, 아들을 보는 것은 더 이상 지각하는 것이 아니라 단지 아버지를 아는 것인데 말이다. 아들에 대한 이러한 비전은 너무나 속히 지나가서, 이 유일한 모습을 보고 무시간성 자체로 가는 데는 단 한 순간도 걸리지 않는다. 너는 이러한 비전 안에서 너 자신에 대한 비전을 보고는, 하느님 안으로 영원히 사라진다.

¹⁵ 오늘 우리는 우리의 시각과 이러한 비전 사이에 서있는 모든 것의 종착점에 한층 더 가까이 다가간다. 우리는 이만큼 멀리 온 것에 기뻐하며, 우리를 여기로 데려온 성령이 이제 우리를 저버리지 않을 것임을 인식한다. 오늘 성령은 하느님이 그를 통해 우리에게 주신 선물을 우리에게 주고자 하기 때문이다. 지금은 네가 구원되는 때다. 그때가 왔다. 오늘 그때가 왔다.

199과

나는 몸이 아니다. 나는 자유롭다.

¹ 몸을 너 자신으로 지각하는 한, 자유는 불가능할 수밖에 없다. 몸은 일종의 제한이다. 몸에서 자유를 구하려는 자는 자유를 찾을 수 없는 곳에서 자유를 찾는 것이다. 마음이 자신을 몸에 단단히 묶여 몸이라는 은신처의 보호를 받는 몸 안에 있는 존재라고 보지 않을 때, 마음은 자유로이 풀려날 수 있다. 만약 마음이 그러한 존재라면, 마음은 정녕 취약할 것이다!

² 성령을 섬기는 마음은 모든 면에서 영원히 한계가 없다. 그 마음은 시공간 법칙 너머에 있으며, 어떤 선입견에도 묶여있지 않고, 요청받는 것은 무엇이든 할 수 있는 힘과 권능이 있다. 그러한 마음으로는 공격 생각이 들어올 수 없다. 그것은 사랑의 근원에 바쳐졌기 때문이다. 그리고 자신을 사랑에 귀속시킨 마음으로는 두려움이 결코 들어올 수 없다. 그 마음은 하느님 안에서 안식한다. 순결 안에서 살며 오로지 사랑만 하는 자가 어찌 두려워할 수 있겠는가?

³ 네가 이 수업에서 발전하기 위해서는 오늘의 아이디어를 받아들여 아주 소중히 간직하는 것이 중요하다. 에고가 오늘의 아이디어를 정신 이상으로 여긴다는 점에 대해서는 걱정하지 말라. 에고는 몸을 아주 소중히 여긴다. 에고는 몸에 머물며, 자신이 만든 집과 일체가 되어 살기 때문이다. 몸은 에고 자신이 환상에 불과하다는 것을 들키지 않도록 은신처를 제공한 환상의 일부다.

⁴ 여기에 에고가 숨어 있으며, 여기서 우리는 에고를 그 정체대로 볼 수 있다. 너의 순결을 선언하라. 그러면 너는 자유로워진다. 그리고 몸은 사라진다. 너는 성령이 보는 필요 외에는 몸에서 어떤 필요도 보지 않기 때문이다. 성령의 필요를 위해, 몸은 마음이 행해야 하는 것을 돕기 위한 유용한 형식으로 나타날 것이다. 이와 같이 몸은 용서가 확장되도록 돕는 도구가 된다. 그리하여 용서는 하느님의 계획에 따라 반드시 도달해야 하는 포괄적인 목표까지 확장될 수 있다.

⁵ 오늘의 아이디어를 소중히 여기고, 오늘부터 매일 연습하라. 그것을 네가 하는 모든 연습의 일부로 만들어라. 그럼으로써 모든 생각은 세상을 도울 힘을 얻고, 너에게 줄 더 많은 선물도 얻을 것이다. 우리는 이 아이디어를 가지고 세상 곳곳에 자유의 부

름을 전한다. 그런데도 너는 정작 네가 주는 선물을 받아들이지 않으려는가?

6 성령은 자유를 구하는 마음의 고향이다. 성령 안에서, 그 마음은 구하던 것을 찾았다. 이제 몸의 목적은 분명하다. 그리고 갈라지지 않은 목표에 봉사하는 몸의 능력도 완벽해진다. 몸은 자유의 생각만을 목표로 가진 마음에게 갈등 없이 분명하게 반응함으로써, 마음의 목적을 잘 섬긴다. 예속화하는 힘이 없는 몸은 훌륭한 하인이 되어, 성령 안에 머무는 마음이 구하는 자유를 위해 일한다.

7 오늘, 자유로워져라. 그리하여 여전히 몸 안에 예속되어 있다고 믿는 자들에게 자유를 선물로 전하라. 자유로워져라. 그럼으로써 성령은 구속에서 벗어난 너를 사용하여, 자신이 여전히 묶여있고 무력하며 두려워한다고 지각하는 많은 이들을 자유로이 풀어줄 수 있다. 사랑이 너를 통해 그들의 두려움을 대체하게 하라. 지금 구원을 받아들이고, 너의 마음을 성령께 드려라. 성령이 네게 요청하는 선물은 바로 이것이다. 성령은 너에게 완벽한 자유와 기쁨, 하느님 안에서 자신의 완전한 성취를 발견하는 희망을 주고자 하기 때문이다.

8 너는 하느님의 아들이다. 불멸성 안에서, 너는 영원히 산다. 너의 마음을 이것으로 돌려보내지 않으려는가? 그렇다면 오늘 성령이 주는 생각을 잘 연습하라. 네 형제들이 그 생각 안에서 해방되어 너와 함께 서있고, 세상은 너와 더불어 축복받는다. 하느님의 아들은 더 이상 울지 않을 것이다. 그리고 네가 연습을 통해 심지어 천국에 이르기까지 기쁨을 늘린 것에 대해, 천국이 너에게 감사한다. 네가 다음과 같이 말할 때마다, 하느님이 친히 당신의 사랑과 행복을 확장하신다:

9 나는 몸이 아니다. 나는 자유롭다.
나는 하느님이 내게 주신 음성을 들으며,
나의 마음은 오로지 그 음성만 따른다.

200과

하느님의 평화 외에 다른 평화란 없다.

¹ 더 이상 구하지 말라. 너는 하느님의 평화 외에 다른 평화를 찾을 수 없을 것이다. 이 사실을 받아들이고, 한층 더 쓰라린 실망과 황량한 절망, 차디찬 낙망과 의심의 고통에서 너 자신을 구하라. 더 이상 구하지 말라. 하느님의 평화 외에 달리 찾을 것은 없다. 네가 불행과 고통을 구하는 것이 아닌 한 말이다.

² 이것은 모든 이가 마침내 와서, 행복이 없는 곳에서 행복을 찾고, 단지 상처만 줄 수 있는 것에 의해 구원되고, 혼돈을 평화로, 고통을 기쁨으로, 지옥을 천국으로 만들겠다는 모든 희망을 내려놓아야 하는 종착점이다. 더 이상 상실을 통해 얻거나, 살기 위해 죽으려 하지 말라. 그것은 단지 좌절을 요청하는 것이다.

³ 하지만 너는 똑같이 쉽게 끝없는 평화 속의 사랑과 행복을 요청하고, 영원한 생명을 요청할 수 있다. 이를 요청하면, 너는 얻을 수만 있을 뿐이다. 네가 이미 가진 것을 달라는 요청은 성공할 수밖에 없다. 거짓인 것이 참이어야 한다는 요청은 실패할 수만 있을 뿐이다. 헛된 상상물들에 대해 너 자신을 용서하고, 더 이상 찾을 수 없는 것을 구하지 말라. 지옥을 구하고 구하고 또 구하는 것보다 무엇이 더 어리석은 일이겠는가? 눈을 뜨고 바로 앞을 보기만 하면, 너를 맞아들이려고 부드럽게 열리는 문 너머에 천국이 있음을 알 수 있는데 말이다.

⁴ 집으로 오라. 너는 너에게 아무런 의미도 없는 낯선 장소와 이질적인 형식들에서 행복을 찾지 못했다. 비록 너는 그것들을 의미 있게 만들려고 했지만 말이다. 이 세상은 네가 속한 곳이 아니다. 너는 이곳에서 낯선 자다. 하지만 너는, 너와 너의 모든 형제들이 세상을 더 이상 감옥으로 보지 않게 해줄 수단을 찾을 수 있다.

⁵ 네가 사슬과 철문만 보았던 곳에서 자유가 너에게 주어진다. 네가 탈출구를 찾고자 한다면, 세상의 목적에 대한 너의 마음을 바꿔야 한다. 네가 온 세상을 축복받았다고 보고 모든 이를 너의 잘못에서 풀어주어 있는 그대로 존경하기 전에는, 너는 묶여있을 것이다. 너는 그들을 만들지 않았으며, 너 자신을 만들지도 않았다. 네가 모든 이를 자유로이 풀어줄 때, 너 자신도 있는 그대로 받아들이게 된다.

⁶ 용서는 무엇을 하는가? 진리 안에서 용서는 아무런 기능도 없고, 아무것도 하지 않

는다. 용서는 천국에서 알려지지 않았기 때문이다. 용서가 필요하고 강력한 기능을 발휘해야 하는 곳은 단지 지옥뿐이다. 하느님의 사랑스러운 아들이 상상으로 지어내고는 참이라고 믿는 악몽에서 벗어나는 것이야말로 가치 있는 목적이 아니겠는가? 성공과 실패, 사랑과 두려움 사이에 내려야 할 선택이 있는 듯이 보이는 동안에, 과연 무엇을 더 바랄 수 있겠는가?

7 하느님의 평화 외에 다른 평화란 없다. 하느님께는 한 아들만 있으며, 그는 하느님의 뜻, 그리고 그와 똑같은 자신의 뜻을 거스르는 세상을 만들 수 없기 때문이다. 그러한 세상에서 그가 무엇을 찾기를 바랄 수 있겠는가? 그 세상은 결코 창조된 적이 없으므로, 실재성을 가질 수 없다. 그가 이러한 곳에서 평화를 구하려고 해야 하겠는가? 아니면 그 세상을 바라보면서, 그것은 단지 속일 수 있을 뿐임을 깨달아야 하겠는가? 하지만 그는 그 세상을 다른 식으로 바라보면서, 하느님의 평화를 찾는 법을 배울 수 있다.

8 평화는 이 세상을 뒤로 하고 떠나기 위해 모든 이가 건너갈 다리다. 그러나 평화는 다르게 지각되는 세상 안에서 시작되어 이 새로운 지각으로부터 천국의 문으로, 그리고 그 너머의 길로 이어진다. 평화는 상충하는 목표들과 어리석은 여정, 광적이고 헛된 추구와 무의미한 시도에 대한 응답이다. 이제 길은 수월하다. 그 길은 자유가 하느님의 평화 안에 놓여있는 다리를 향해 부드럽게 걸어 올라가는 길이다.

9 오늘, 다시 길을 잃지 말자. 우리는 천국으로 걸어가며, 그 길은 곧장 나있다. 우리가 단지 방황하려고 시도할 경우에만, 가시투성이 샛길에서 지체하고 시간을 허비하는 것이 가능하다. 하느님만이 홀로 확실하시며, 그분은 우리의 발걸음을 인도하실 것이다. 하느님은 곤경에 처한 아들을 저버리지 않으실 것이며, 집을 떠나 영원히 방황하게 내버려 두지도 않으실 것이다. 아버지는 부르시고, 아들은 들을 것이다. 바로 이것이 하느님과 떨어져 몸이 실재성을 갖는 세상처럼 보이는 것의 전부다.

10 이제 침묵이 내려앉았다. 더 이상 구하지 말라. 너는 마침내, 네가 전에 구한 절망의 나무에서 떨어진 거짓된 욕망의 나뭇잎으로 뒤덮인 길에 도착했다. 이제 너는 나뭇잎을 밟고 서있다. 그리고 눈을 들어 천국을 바라본다. 이제 몸의 눈은 단 한 순간만 더 봉사할 뿐이다. 너는 마침내 평화를 인식했고, 너의 가슴과 마음을 위로와 사랑으로 감싸 안는 평화의 부드러운 포옹을 느낄 수 있다.

11 오늘 우리는 그 어떤 우상도 구하지 않는다. 우상에서는 평화를 찾을 수 없다. 하느

님의 평화는 우리 것이다. 그리고 단지 이것만을, 우리는 받아들이고 원할 것이다. 오늘 우리에게 평화가 있기를! 우리는 단순하고 행복한 길을 찾았기 때문이다. 그 길은 모호한 세상을 떠나 우리의 변덕스러운 목표들과 외로운 꿈들을 하나의 목적과 우정으로 대체하는 길이다. 평화는 하느님에게서 오는 것이므로, 곧 연합이기 때문이다. 우리는 더 이상 구하지 않는다. 우리는 집에 가까이 왔으며, 다음과 같이 말할 때마다 훨씬 더 가까이 이끌린다:

[12] 하느님의 평화 외에 다른 평화란 없다.
나는 이 사실에 기뻐하고 감사한다.

복습 6

¹ 이번 복습에서 우리는 매일 하나의 아이디어만 가지고 되도록 자주 연습할 것이다. 아침과 저녁에 15분 이상의 시간을 보내고, 온종일 매시 정각에 기억하는 시간을 가지며, 그 사이에도 그날의 아이디어를 되도록 자주 사용하라. 진정으로 배운다면, 그 중 어느 한 아이디어만으로도 구원을 얻기에 충분할 것이다. 각각의 아이디어는 너와 세상을 모든 형식의 속박에서 해방하고, 하느님에 대한 기억이 다시 돌아오도록 초대하기에 충분할 것이다.

² 우리는 이를 유념하고서 최근 20개의 레슨들에서 성령이 주신 생각들을 주의 깊게 복습하기 시작한다. 네가 각각의 레슨을 이해하고, 연습하고, 받아들이고, 온종일 일어나는 듯한 모든 사건에 적용한다면, 각 레슨에 커리큘럼 전체가 들어있음을 깨달을 것이다. 하나의 레슨이면 충분하다. 그러나 그 한 레슨 때문에 다른 어떤 레슨도 제외해서는 안 된다. 따라서 우리는 20개의 레슨을 모두 사용함으로써, 각각의 레슨이 우리가 배우는 전체 레슨에 기여함에 따라 하나로 융합되도록 해야 한다.

³ 지난 복습과 마찬가지로, 이 연습들은 각각의 레슨을 시작하고 끝내는 하나의 중심 주제를 중심으로 이루어져 있다. 그것은 다음과 같다:

⁴ 나는 몸이 아니다. 나는 자유롭다.
나는 여전히 하느님이 창조하신 그대로기 때문이다.

⁵ 하루를 이와 함께 시작하고 이와 함께 끝내라. 우리는 또한 그것을 매시 정각마다 반복하고, 그 사이에는 우리가 보는 세상을 훨씬 뛰어넘는 기능이 우리에게 있음을 기억할 것이다. 우리는 네가 이러한 연습을 하고, 그날 연습하는 특별한 생각을 따라 말하는 것 이상으로는 어떤 형식의 연습도 요구하지 않는다. 우리는 단지, 너의 마음을 가득 채워서 이성과 제정신과 단순한 진리를 듣지 못하게 만드는 모든 것을 진심으로 포기할 것만을 요구한다.

⁶ 우리는 이번 복습에서 모든 말과 특별한 연습 형식 너머로 가려고 시도할 것이다. 우리는 이번에, 하느님의 고요와 평화로 가는 지름길을 따라가며 속도를 더 내려고

하기 때문이다. 우리는 그저 눈을 감고 우리가 알고 이해한다고 생각했던 모든 것을 잊는다. 그럼으로써 우리는 우리가 알지 못하고 이해하지 못한 모든 것에서 자유로워지기 때문이다.

7 이렇게 구조는 전혀 없지만, 예외가 하나 있다. 어떤 헛된 생각도 무심코 지나가 버리도록 허용하지 말라. 헛된 생각을 알아차리는 즉시 그것의 영향력을 부정하고, 그것은 너의 마음이 갖고 싶어 하는 것이 아니라고 재빨리 확언하라. 그런 다음 네가 부정한 생각을 그날 연습하는 아이디어와 확실하고도 빠르게 교환함으로써 부드럽게 포기하라.

8 유혹을 느낄 때면, 다음과 같이 말하면서 네가 유혹에서 자유롭다는 것을 재빨리 선포하라:

9 나는 이 생각을 원하지 않는다.
그 대신 나는 오늘의 아이디어를 선택한다.

10 그런 다음 그날의 아이디어를 따라 말하고, 그것이 너의 생각을 대체하게 하라. 이렇게 매일의 아이디어를 특별히 적용하는 것 외에는, 우리는 단지 너의 연습을 돕기 위해 약간의 공식적인 표현이나 구체적인 생각만을 더할 것이다. 그 대신 우리는 이 조용한 시간을 성령께 드린다. 그는 조용히 가르치며, 평화에 대해 말하고, 우리의 생각에 그것이 가질 수 있는 모든 의미를 부여하는 교사다.

11 나는 너를 위해 이 복습을 성령께 드린다. 나는 너를 성령께 맡겨, 네가 그에게 의탁할 때마다 네가 무엇을 행하고 말하고 생각해야 하는지 가르치게 한다. 네가 성령을 부르며 도움을 요청할 때마다, 그는 어김없이 응답할 것이다. 우리가 지금 시작하는 복습 전체를 성령께 드리자. 그리고 매일매일 연습하면서 이 복습을 누구에게 드렸는지 잊지 말자. 그러면서 우리는 성령이 우리를 위해 세운 목표를 향해 나아가고, 성령으로 하여금 우리가 어떻게 나아가야 할지 가르치게 하며, 각각의 연습을 세상에 사랑스럽게 전하는 자유의 선물로 만들 방법을 성령이 아주 잘 알고 있음을 굳게 신뢰한다.

201과

나는 몸이 아니다. 나는 자유롭다.
나는 여전히 하느님이 창조하신 그대로기 때문이다.

[181] 나는 내 형제들을 신뢰하며, 그들은 나와 하나다.

¹ 내 형제가 아닌 자는 아무도 없다. 나는 우주는 물론 하느님과도 하나로 존재하는 축복받은 자다. 그분은 나의 아버지시며, 나의 자아로서 영원히 나와 하나인 전체의 유일한 창조주시다.

나는 몸이 아니다. 나는 자유롭다.
나는 여전히 하느님이 창조하신 그대로기 때문이다.

202과

나는 몸이 아니다. 나는 자유롭다.
나는 여전히 하느님이 창조하신 그대로기 때문이다.

[182] 나는 잠시 고요해져서 집에 가겠다.

¹ 하느님이 내게 당신의 음성을 주셔서 나를 집으로 불러들이시거늘, 내가 왜 본래 속하지 않은 곳에 한 순간이라도 더 머물기로 선택하겠는가?

나는 몸이 아니다. 나는 자유롭다.
나는 여전히 하느님이 창조하신 그대로기 때문이다.

203과

**나는 몸이 아니다. 나는 자유롭다.
나는 여전히 하느님이 창조하신 그대로기 때문이다.**

[183] 나는 하느님의 **이름**과 나 자신의 이름을 부른다.

¹ 하느님의 이름은 나를 모든 악의 생각과 죄의 생각에서 구원한다. 그것은 하느님의 이름일 뿐만 아니라, 나 자신의 이름이기도 하기 때문이다.

**나는 몸이 아니다. 나는 자유롭다.
나는 여전히 하느님이 창조하신 그대로기 때문이다.**

204과

나는 몸이 아니다. 나는 자유롭다.
나는 여전히 하느님이 창조하신 그대로기 때문이다.

[184] 하느님의 이름은 나의 유산이다.

[1] 하느님의 이름은 내가 그분의 아들임을 일깨워 준다. 또한 내가 시간의 노예가 아니고, 병적인 환상들의 세상을 지배하는 법칙에 묶여있지 않으며, 하느님 안에서 자유롭고, 영원무궁토록 하느님과 하나임을 일깨워 준다.

나는 몸이 아니다. 나는 자유롭다.
나는 여전히 하느님이 창조하신 그대로기 때문이다.

205과

나는 몸이 아니다. 나는 자유롭다.
나는 여전히 하느님이 창조하신 그대로기 때문이다.

[185] 나는 하느님의 평화를 원한다.

1 하느님의 평화는 내가 원하는 모든 것이다. 하느님의 평화는 나의 유일한 목표고, 이곳에서 나의 모든 삶이 바라보는 지향점이며, 내가 구하는 결말이다. 그리고 내가 집이 아닌 곳에 머무는 동안 나의 목적이요, 기능이요, 삶이다.

나는 몸이 아니다. 나는 자유롭다.
나는 여전히 하느님이 창조하신 그대로기 때문이다.

206과

**나는 몸이 아니다. 나는 자유롭다.
나는 여전히 하느님이 창조하신 그대로기 때문이다.**

[186] 세상의 구원이 나에게 달려있다.

¹ 하느님은 당신의 선물을 나에게 맡기셨다. 나는 그분의 아들이기 때문이다. 나는 그 선물을 그분이 뜻하신 곳에 주고자 한다.

**나는 몸이 아니다. 나는 자유롭다.
나는 여전히 하느님이 창조하신 그대로기 때문이다.**

207과

나는 몸이 아니다. 나는 자유롭다.
나는 여전히 하느님이 창조하신 그대로기 때문이다.

[187] 나는 나 자신을 축복하기에, 세상을 축복한다.

1 하느님이 머무시는 내 마음 깊은 곳에서, 그분의 축복이 나를 비춰준다. 나는 그저 하느님께 돌아서기만 하면 된다. 그리고 나를 향한 그분의 가없는 사랑을 받아들임에 따라, 모든 슬픔이 녹아내린다.

나는 몸이 아니다. 나는 자유롭다.
나는 여전히 하느님이 창조하신 그대로기 때문이다.

208과

나는 몸이 아니다. 나는 자유롭다.
나는 여전히 하느님이 창조하신 그대로기 때문이다.

[188] 지금, 내 안에서 하느님의 평화가 빛나고 있다.

¹ 나는 고요해져서 땅도 나와 더불어 고요해지게 하리라. 그리고 바로 그 고
요함 속에서, 우리는 하느님의 평화를 발견할 것이다. 하느님의 평화는
내 마음 깊은 곳에 있으며, 하느님에 대해 증언한다.

나는 몸이 아니다. 나는 자유롭다.
나는 여전히 하느님이 창조하신 그대로기 때문이다.

209과

**나는 몸이 아니다. 나는 자유롭다.
나는 여전히 하느님이 창조하신 그대로기 때문이다.**

[189] 지금, 내 안에서 하느님의 사랑을 느낀다.

1 하느님의 사랑이 나를 창조했다. 하느님의 사랑이 나의 정체인 모든 것이
   다. 하느님의 사랑이 나를 그분의 아들로 선포했다. 내 안에 있는 하느님
   의 사랑이 나를 자유롭게 풀어준다.

**나는 몸이 아니다. 나는 자유롭다.
나는 여전히 하느님이 창조하신 그대로기 때문이다.**

210과

나는 몸이 아니다. 나는 자유롭다.
나는 여전히 하느님이 창조하신 그대로기 때문이다.

[190] 나는 고통 대신 하느님의 기쁨을 선택한다.

[1] 고통은 나 자신의 아이디어다. 그것은 하느님의 생각이 아니라, 내가 하느님과 그분의 뜻에서 떨어져 나와 생각한 것이다. 하느님은 당신의 사랑스러운 아들을 위해 오로지 기쁨만을 뜻하신다. 나는 내가 만든 것 대신에 바로 그것을 선택한다.

나는 몸이 아니다. 나는 자유롭다.
나는 여전히 하느님이 창조하신 그대로기 때문이다.

나는 몸이 아니다. 나는 자유롭다.
나는 여전히 하느님이 창조하신 그대로기 때문이다.

[191] 나는 하느님의 거룩한 아들이다.

¹ 침묵과 진정한 겸허 속에서 나는 하느님의 영광을 구하여, 그분이 나의
자아로 창조하신 아들 안에서 그 영광을 바라보고자 한다.

나는 몸이 아니다. 나는 자유롭다.
나는 여전히 하느님이 창조하신 그대로기 때문이다.

212과

나는 몸이 아니다. 나는 자유롭다.
나는 여전히 하느님이 창조하신 그대로기 때문이다.

[192] 나에게는 하느님이 내가 완수하기를 바라시는 기능이 있다.

1 나는 세상의 그 모든 헛된 환상에서 나를 자유롭게 풀어줄 기능을 구한다. 오로지 하느님이 주신 기능만이 나에게 자유를 안겨줄 수 있다. 나는 오로지 이것만을 구하며, 오로지 이것만을 나의 기능으로 받아들이겠다.

나는 몸이 아니다. 나는 자유롭다.
나는 여전히 하느님이 창조하신 그대로기 때문이다.

213과

나는 몸이 아니다. 나는 자유롭다.
나는 여전히 하느님이 창조하신 그대로기 때문이다.

[193] 모든 것은 하느님이 내가 배우기를 바라시는 레슨들이다.

¹ 레슨이란, 내가 만든 나를 해치는 생각들 대신에 하느님이 내게 주시는 기적이다. 내가 그분께 배우는 것은 내가 자유로워지는 길이 된다. 따라서 나는 하느님의 레슨들을 배우고 나 자신의 레슨들은 잊기로 선택한다.

나는 몸이 아니다. 나는 자유롭다.
나는 여전히 하느님이 창조하신 그대로기 때문이다.

214과

**나는 몸이 아니다. 나는 자유롭다.
나는 여전히 하느님이 창조하신 그대로기 때문이다.**

[194] 나는 미래를 하느님의 손에 맡긴다.

¹ 과거는 사라졌으며, 미래는 아직 오지 않았다. 이제 나는 과거와 미래에서 모두 자유로워졌다. 하느님이 주시는 것은 오로지 선을 위한 것일 수만 있다. 따라서 나는 그분이 주시는 것만을 내게 속한 것으로 받아들인다.

**나는 몸이 아니다. 나는 자유롭다.
나는 여전히 하느님이 창조하신 그대로기 때문이다.**

215과

**나는 몸이 아니다. 나는 자유롭다.
나는 여전히 하느님이 창조하신 그대로기 때문이다.**

[195] 사랑은 내가 감사하며 걷는 길이다.

1 성령은 나의 유일한 안내자다. 그는 나와 함께 사랑 속에 걷는다. 그러면서 내가 가야 할 길을 보여주는 것에 대해, 나는 성령께 감사드린다.

**나는 몸이 아니다. 나는 자유롭다.
나는 여전히 하느님이 창조하신 그대로기 때문이다.**

216과

나는 몸이 아니다. 나는 자유롭다.
나는 여전히 하느님이 창조하신 그대로기 때문이다.

[196] 나는 오로지 나 자신만을 십자가에 못 박을 수 있다.

[1] 내가 행하는 모든 것은 나 자신에게 행하는 것이다. 내가 공격한다면, 나 자신이 고통받는다. 하지만 내가 용서한다면, 구원이 나에게 주어질 것이다.

나는 몸이 아니다. 나는 자유롭다.
나는 여전히 하느님이 창조하신 그대로기 때문이다.

217과

나는 몸이 아니다. 나는 자유롭다.
나는 여전히 하느님이 창조하신 그대로기 때문이다.

[197] 나는 오로지 나 자신의 감사만을 받을 수 있다.

¹ 나 자신이야말로, 나의 구원에 대해 감사해야 할 자가 아니겠는가?
구원이야말로, 내가 마땅히 감사해야 할 자아를 찾을 길이 아니겠는가?

나는 몸이 아니다. 나는 자유롭다.
나는 여전히 하느님이 창조하신 그대로기 때문이다.

218과

나는 몸이 아니다. 나는 자유롭다.
나는 여전히 하느님이 창조하신 그대로기 때문이다.

[198] 오로지 나의 정죄만이 나에게 상처를 입힌다.

[1] 내가 정죄할 때 나의 비전은 어두워진다. 그리고 나는, 보지 못하는 눈으로는 내 영광의 비전을 볼 수 없다. 하지만 오늘 나는 그러한 영광을 바라보고 기뻐할 수 있다.

나는 몸이 아니다. 나는 자유롭다.
나는 여전히 하느님이 창조하신 그대로기 때문이다.

219과

**나는 몸이 아니다. 나는 자유롭다.
나는 여전히 하느님이 창조하신 그대로기 때문이다.**

[199] 나는 몸이 아니다. 나는 자유롭다.

1 나는 하느님의 아들이다. 나의 마음이여, 고요해져서 이에 대해 잠시 생각해 보라. 그런 다음, 아버지가 당신의 아들로 영원히 사랑하시는 자에 대한 혼동 없이 땅으로 돌아오라.

**나는 몸이 아니다. 나는 자유롭다.
나는 여전히 하느님이 창조하신 그대로기 때문이다.**

220과

나는 몸이 아니다. 나는 자유롭다.
나는 여전히 하느님이 창조하신 그대로기 때문이다.

[200] 하느님의 평화 외에 다른 평화란 없다.

¹ 제가 평화의 길을 벗어나 방황하지 않게 하소서. 이 길 외에 다른 길을 간다면, 저는 길을 잃은 것입니다. 다만 저를 집으로 인도하는 성령을 따르게 하소서. 그러면 평화는 하느님의 사랑만큼이나 확실해집니다.

나는 몸이 아니다. 나는 자유롭다.
나는 여전히 하느님이 창조하신 그대로기 때문이다.

2부

서문

1 이제 말은 거의 의미가 없을 것이다. 우리는 말을 단지 지침으로 사용하되, 더 이상 그것에 의존하지 않는다. 이제 우리는 진리에 대한 직접적인 경험만을 구하기 때문이다. 남아있는 레슨들은 단지 우리가 고통의 세상을 떠나 평화로 들어가는 시간을 위한 도입부에 불과하다. 이제 우리는 이 수업이 설정한 목표에 다가가기 시작하여 우리의 연습이 지향하는 종착점을 발견한다.

2 이제 우리의 연습은 단지 시작 단계에 불과하게 될 것이다. 왜냐하면, 우리는 조용한 기대 속에 우리의 아버지 하느님을 기다리기 때문이다. 하느님은 당신이 몸소 마지막 단계를 취하겠다고 약속하셨다. 그리고 우리는 그분의 약속이 지켜진다는 것을 확신한다. 우리는 그동안 이 길을 따라 멀리 왔으며, 이제 하느님을 기다린다. 우리는 앞으로 매일 아침과 저녁에 하느님과 함께 시간을 보낼 것이며, 그러한 시간이 행복하다고 느껴지는 정도만큼 길게 보낼 것이다. 이제 우리는 시간을 그 길이라는 측면에서 고려하지 않을 것이다. 우리는 바라는 결과를 얻기 위해 필요한 만큼 시간을 사용한다. 또한 그 사이에 매시간 기억하기를 잊지 않을 것이며, 우리의 목표를 잊으려는 유혹을 느껴 하느님이 필요할 때는 언제든 그분을 부를 것이다.

3 우리는 남은 기간 동안 하나의 중심 생각을 가지고 연습을 이어갈 것이다. 그리고 필요할 때마다 그 생각을 사용해 안식할 시간을 들여와서, 우리의 마음을 차분히 할 것이다. 하지만 우리는, 우리가 하느님께 드린 올해에 아직 남아있는 거룩한 순간들을 단순히 연습하는 것에 만족하지는 않을 것이다. 우리는 단순한 환영사를 말하고, 아버지가 약속하신 대로 당신 자신을 드러내실 것을 기대한다. 우리는 아버지를 불렀으며, 아버지는 아들이 당신의 이름을 부를 때마다 반드시 응답하겠다고 약속하셨다.

4 이제 우리는 우리의 마음과 가슴에 오로지 하느님의 말씀만 담고 그분께 나아가서, 우리가 초대하기만 하면 반드시 취하겠다고 당신의 음성을 통해 말씀하신 단계를 우

리에게 취하실 것을 기다린다. 하느님은 아들이 완전히 광기에 빠져있을 때도 그를 떠나지 않으셨으며, 그에 대한 신뢰를 저버리지도 않으셨다. 이렇게 충실하신 하느님이 우리를 행복하게 해주려고 초대를 청하시거늘, 당연히 그렇게 해야 하지 않겠는가? 우리는 하느님께 초대를 드릴 것이며, 그것은 받아들여질 것이다. 따라서 우리는 이제 하느님과 함께 시간을 보낼 것이다. 우리는 하느님의 음성이 제안하는 초대 말씀을 드리고, 그분이 우리에게 오시기를 기다린다.

5 지금은 예언이 성취되는 때다. 지금, 태곳적 모든 약속이 옹호되고 완전히 지켜진다. 시간이 그 성취를 가로막을 수 있는 어떤 단계도 남아있지 않다. 이제 우리는 실패할 수 없다. 잠잠히 앉아 너의 아버지를 기다려라. 너의 뜻은 아버지가 너에게 오시는 것이며, 아버지는 네가 그것을 인식했을 때 너에게 오시겠다고 뜻하셨다. 네가 아주 희미하게라도 그것이 너의 뜻임을 깨닫지 못했다면, 결코 여기까지 오지 못했을 것이다.

6 내가 너의 곁에 이렇게 가까이 있으니 우리는 실패할 수 없다. 아버지, 이 거룩한 시간을 당신께 드립니다. 그러면서 우리는 이 슬픈 세상을 떠나, 당신이 그 세상에 대한 대체품으로 주신 세상으로 갈 방법을 가르쳐준 성령께 감사를 표합니다. 이제 우리는 뒤를 돌아보지 않습니다. 우리는 앞을 바라보면서 우리의 눈을 여정의 종착점에 고정합니다. 우리가 드리는 이 작은 감사의 선물을 받으소서. 그리스도의 비전을 통해, 우리는 우리가 만든 세상 너머의 세상을 보며, 그 세상이 우리의 세상을 대체하게 합니다.

7 이제 우리는 두려워하지 않고, 당신이 오실 것을 확신하며 침묵 속에 기다립니다. 우리는 당신이 보내주신 안내자를 따름으로써 우리의 길을 찾으려 했습니다. 우리는 그 길을 알지 못했지만, 당신은 우리를 잊지 않으셨습니다. 이제 우리는 당신이 우리를 잊지 않으실 것임을 압니다. 우리는 다만 당신의 태곳적 약속이 지켜지기만을 요청합니다. 그 약속을 지키는 것은 당신의 뜻입니다. 우리는 이것을 요청함에 있어 당신과 함께 뜻합니다. 아버지와 아들의 거룩한 뜻이 존재하는 모든 것을 창조하였으며, 그들은 아무것도 실패할 수 없습니다. 우리는 이러한 확신 속에 당신께 가는 마지막 몇 걸음을 내디디며, 당신의 사랑에 대한 확고한 믿음 속에 안식합니다. 당신의 사랑은 당신을 부르는 아들을 저버리지 않을 것입니다.

8 이로써 우리는 진리와 진리의 유일한 창조주신 하느님을 구하며 함께 보낸 이 거룩

한 한 해의 마지막 부분을 시작한다. 우리는 하느님이 우리를 위해 선택하신 길을 발견했으며, 그분이 원하시는 대로 그 길을 따르기로 선택했다. 하느님의 손이 우리를 일으켜 세워주었다. 하느님의 **생각들**이 우리 마음의 어둠을 밝혀주었다. 시간이 시작된 이래, 하느님의 **사랑**이 우리를 끊임없이 불렀다.

⁹ 우리는 하느님이 당신 자신을 위해 창조하신 아들을 갖지 못하시기를 소망했다. 우리는 하느님이 당신 자신을 바꿔서 우리가 지어내려는 모습이 되시기를 원했다. 그리고 우리는 우리의 미친 열망이 진리라고 믿었다. 이제 우리는 이 모든 것이 무효화되었음에 기뻐하며, 더 이상 환상이 참이라고 생각하지 않는다. 우리 마음의 넓은 지평선 위로 하느님에 대한 기억이 희미하게 반짝거린다. 한 순간만 더 있으면, 그 기억은 다시 떠오를 것이다. 한 순간만 더 있으면, 하느님의 아들인 우리는 집에 안전하게 있을 것이다. 그곳은 하느님이 우리가 있기를 바라시는 곳이다.

¹⁰ 이제 연습의 필요성은 거의 사라졌다. 이 마지막 부분에서, 우리는 단지 하느님을 부르기만 하면 모든 유혹이 사라짐을 이해하게 될 것이기 때문이다. 말 대신에, 우리는 단지 하느님의 **사랑**을 느끼기만 하면 된다. 기도 대신에, 우리는 단지 하느님의 이름을 부르기만 하면 된다. 판단 대신에, 우리는 단지 고요해져서 모든 것이 치유되도록 허용하기만 하면 된다. 우리는 하느님의 계획이 시작된 방법을 받았듯이 그것이 끝나는 방법도 받아들일 것이다. 이제 하느님의 계획은 완성되었다. 올해가 우리를 영원으로 데려왔다.

¹¹ 우리에게는 아직 말의 용도가 하나 더 남아있다. 매일의 레슨들과 그 뒤에 찾아올 말 없는 깊은 경험들 사이에, 특별히 관련된 주제에 대한 가르침들이 이따금 배치되어 있다. 이 특별한 생각들을 매일 되새기되, 다음 생각이 주어질 때까지 계속하라. 아침과 저녁의 거룩하고 축복받은 순간들 중에 하나를 선택하여, 먼저 특별한 생각을 천천히 읽고 잠시 생각해 본 후에 그 순간으로 들어가라. 이제 우리는 특별히 관련된 주제에 대한 첫 번째 가르침을 제시한다.

특별주제 1: 용서란 무엇인가?

1 용서는 네가 생각하기에 형제가 네게 행한 것이 전혀 일어난 적이 없음을 인식한다. 용서는 죄를 사면함으로써 실재화하지 않는다. 용서는 죄가 전혀 없었음을 본다. 그리고 이러한 관점에서, 너의 모든 죄가 용서받는다. 하느님의 아들에 대한 잘못된 아이디어 외에 과연 무엇이 죄란 말인가? 용서는 단지 그 아이디어의 허위성을 보며, 그 결과 그것이 사라지도록 한다. 이제 하느님의 뜻이 그 자리를 자유롭게 차지할 수 있다.

2 용서하지 않는 생각은 자신의 판단이 참이 아닌데도 의문을 제기하지 않는 생각이다. 그 마음은 닫혀있어서 풀려나지 않을 것이다. 용서하지 않는 생각은 투사를 보호하여, 투사의 사슬을 단단히 조인다. 그 결과 왜곡된 것은 더욱 은폐되고 모호해지며, 의문을 제기하기가 더 어려워지고, 이성과도 더 멀리 격리된다. 마음이 자신에게 필요하다고 여겨 선택한 목표와 고착된 투사물 사이에 과연 무엇이 끼어들 수 있겠는가?

3 용서하지 않는 생각은 많은 일을 한다. 그 생각은 광적인 행동으로 자신의 목표를 추구하면서, 자신이 선택한 길을 가로막는다고 보는 것은 전부 비틀고 뒤집어 버린다. 왜곡이야말로, 용서하지 않는 생각의 목적이자 그 목적을 달성하는 수단이다. 용서하지 않는 생각은 실재를 박살내려고 맹렬히 달려들며, 자신의 관점을 반박하는 듯이 보이는 것에는 전혀 신경을 쓰지 않는다.

4 반면에 용서는 고요하며, 조용히 아무것도 하지 않는다. 용서는 실재의 어떤 측면도 공격하지 않으며, 실재를 비틀어 자신이 좋아하는 모습으로 만들려고 하지도 않는다. 용서는 단지 바라보고 기다리며, 판단하지 않는다. 용서하지 않으려는 자는 판단할 수밖에 없다. 그는 자신의 용서하지 않음을 정당화해야 하기 때문이다. 반면에, 자신을 용서하려 하는 자는 진리를 정확하게 있는 그대로 환영하는 법을 배울 수밖에 없다.

5 그러니 아무것도 하지 말고, 용서로 하여금 네가 성령을 통해 무엇을 해야 하는지 보여주게 하라. 성령은 너의 **안내자요 구원자요 보호자**다. 성령은 굳건한 희망을 품고 네가 마침내 성공할 것임을 확신한다. 성령은 너를 이미 용서하였다. 그것은 성령이 하느님께 받은 기능이기 때문이다. 이제 너는 성령의 기능을 공유하여 그가 이미 구원한 너의 형제를 용서해야 한다. 성령은 그의 죄 없음을 보며, 그를 하느님의 아들로 존경한다.

221과

제 마음에 평화를 주소서. 저의 모든 생각을 잠잠케 하소서.

1 아버지, 당신만이 주실 수 있는 평화를 구하고자 오늘 당신께 나아갑니다. 침묵 속에 나아갑니다. 제 마음 깊고 깊은 곳에서 조용히 기다리며, 당신의 음성에 귀 기울입니다. 아버지, 오늘 제게 말씀하소서. 당신이 저의 부름을 듣고 응답하실 것을 신뢰하며, 침묵과 확신과 사랑 속에 당신의 음성을 듣고자 나아갑니다.

2 이제 우리는 조용히 기다린다. 우리가 함께 기다리므로, 하느님이 여기에 계신다. 하느님은 너에게 말씀하시고, 너는 들을 것이다. 나는 이를 확신한다. 나의 확신을 받아들여라. 그것은 곧 너의 확신이기 때문이다. 우리의 마음은 결합되어 있다. 우리는 우리의 부름에 대한 아버지의 응답을 듣고, 우리의 생각을 잠잠케 하여 하느님의 평화를 찾고, 아버지가 우리의 정체에 대해 말씀해 주시는 것을 듣고, 아버지가 아들에게 당신 자신을 드러내시게 한다. 이 하나의 의도를 마음에 품고, 우리는 기다린다.

222과

하느님이 나와 함께 계신다. 나는 하느님 안에서 살고 숨쉰다.

1 하느님이 나와 함께 계신다. 그분은 내 생명의 근원이요 내 안의 생명이시며, 내가 들이마시는 공기요 나를 지탱해 주는 양식이시고, 나를 소생케 하고 씻기는 물이시다. 하느님은 내가 살고 활동하는 나의 집이시며, 나의 행위를 인도하고 자신의 생각들을 제공하며 내가 모든 고통에서 안전하다고 보장하는 영이시다. 하느님은 나를 다정함으로 감싸 보살피시며, 아들을 사랑스럽게 안고서 빛을 비춰주신다. 그리고 아들도 하느님께 빛을 비춰드린다. 오늘, 하느님이 말씀하시는 진리를 아는 자는 얼마나 고요한지!

2 아버지, 우리가 지금 조용히 당신의 **현존**으로 들어가 당신과 더불어 잠시 평화로이 안식하기를 청할 때, 우리의 입술과 마음은 오로지 당신의 이름만 부릅니다.

223과

하느님은 나의 생명이시다. 나에게는 오로지 하느님의 생명 밖에 없다.

1 나는 내가 몸이라는 집에 갇혀 그 누구와도 연결되지 않은 채 홀로 배회하는 분리된 개체로서, 하느님과 떨어져 산다고 생각했다. 그것은 착각이었다. 이제 나는 나의 생명이 곧 하느님의 생명임을 안다. 나에게는 다른 집이 없다. 그리고 나는 하느님을 떠나서는 존재하지 않는다. 하느님께는 나의 일부가 아닌 생각이 전혀 없고, 나에게도 하느님이 주지 않으신 생각이 전혀 없다.

2 아버지, 우리의 착각 대신에 그리스도의 얼굴을 보게 하소서. 당신의 거룩한 아들인 우리는 죄가 없습니다. 우리는 우리의 죄 없음을 바라보고자 합니다. 죄의식은 우리가 당신의 아들이 아니라고 선포하기 때문입니다. 그리고 우리는 더 이상 당신을 잊지 않으렵니다. 이곳에서 우리는 외롭고, 우리의 집인 천국을 그리워합니다. 오늘, 우리는 돌아가고자 합니다. 우리의 이름은 곧 당신의 이름입니다. 따라서 우리는 우리가 당신의 아들임을 인정합니다.

224과

하느님은 나의 아버지시며, 아버지는 아들을 사랑하신다.

1 나의 진정한 정체는 너무나 안전하고 고결하고 죄가 없으며, 영광스럽고 위대하고 지극히 자비로우며, 죄의식에서 자유롭다. 따라서 천국은 나의 정체를 바라보며 빛을 비춰준다. 천국은 또한 세상도 비춰준다. 나의 정체는 아버지가 내게 주신 선물이자 내가 세상에게 주는 선물이다. 주거나 받을 수 있는 선물은 오로지 이것밖에 없다. 이것이 바로 실재며, 오로지 이것만이 실재다. 이것은 환상의 종말이다. 이것은 진리다.

2 오, 아버지. 당신은 여전히 저의 **이름**을 아십니다. 저는 저의 이름을 잊었으며, 제가 어디를 가고 있는지, 제가 누구인지, 제가 무엇을 하고 있는지 모릅니다. 아버지, 지금 저를 일깨워 주소서. 저는 제가 보는 세상에 진력이 났습니다. 그 대신에, 당신이 제게 보여주고자 하는 세상을 드러내 주소서.

225과

하느님은 나의 아버지시며, 그분의 아들은 아버지를 사랑한다.

1 아버지, 저를 향한 당신의 사랑을 저는 돌려드려야 합니다. 주기와 받기는 같은 것인데, 당신은 그 모든 사랑을 제게 주셨기 때문입니다. 저는 그 모든 사랑을 돌려드려야 합니다. 저는 그 사랑을 저의 의식 안에서 제 것으로 확실히 간직하고자 하기 때문입니다. 그러면 그 사랑은 제 마음 안에서 활활 타오르면서, 제 마음이 침범받지 않도록 그 자애로운 빛으로 감싸 사랑스럽게 보호하여, 두려움을 떨치고 오로지 평화만 바라보도록 지켜줍니다. 당신의 사랑스러운 아들을 당신께 인도하는 그 길은 얼마나 고요한지요!

2 형제여, 우리는 지금 그 고요함을 발견한다. 그 길은 탁 트여있다. 이제 우리는 함께 그 길을 따라 평화로이 걸어간다. 너는 나에게 손을 내밀었고, 나는 너를 결코 떠나지 않으리라. 우리는 하나다. 그리고 이 하나인 상태야말로, 시작되지도 않은 여정을 끝내는 마지막 몇 걸음을 마저 걸어가며 우리가 구하는 것이다.

226과

나의 집이 나를 기다리니, 서둘러 가련다.

1 나는 선택하기만 하면 이 세상을 완전히 떠날 수 있다. 이것을 가능하게 하는 것은 죽음이 아니라, 세상의 목적에 대한 마음의 변화다. 내가 지금 보는 대로의 세상에 어떤 가치가 있다고 믿는다면, 세상은 나에게 계속 그렇게 남아있을 것이다. 그러나 내가 보는 대로의 세상에서 아무런 가치도 보지 않고, 내 것으로 간직하거나 목표로 삼아 추구하고 싶은 것을 전혀 보지 않는다면, 세상은 나를 떠날 것이다. 그때 나는 진리를 대체할 환상을 구하지 않은 것이기 때문이다.

2 아버지, 저의 집이 저의 기쁜 귀환을 기다립니다. 당신은 두 팔을 활짝 벌려 저를 맞이하시고, 저는 당신의 음성을 듣습니다. 천국이 이리 쉽게 제 것이 될 수 있는데, 제가 왜 헛된 욕망과 부서진 꿈의 본거지에서 머뭇거리겠습니까?

227과

지금은 내가 해방되는 거룩한 순간이다.

¹ 아버지, 저는 오늘 자유롭습니다. 저의 뜻은 곧 당신의 뜻이기 때문입니다. 저는 다른 뜻을 만들겠다고 생각했습니다. 하지만 제가 당신을 떠나 생각한 것은 전혀 존재하지 않습니다. 저는 오늘 자유롭습니다. 제가 비록 잘못 생각하기는 했지만, 저의 환상은 저 자신의 실재를 전혀 건드리지 못했기 때문입니다. 이제 저는 환상을 포기하여 진리의 발 앞에 내려놓아, 저의 마음에서 영원히 사라지게 합니다. 지금은 제가 해방되는 거룩한 순간입니다. 아버지, 저는 저의 뜻이 당신의 뜻과 하나임을 압니다.

² 따라서 우리는 오늘 천국으로의 기쁜 귀환을 발견한다. 우리는 그곳을 실제로 떠난 적이 없다. 오늘, 하느님의 아들은 그의 꿈을 내려놓는다. 오늘, 하느님의 아들은 죄에서 풀려나 거룩함의 옷을 입고, 마침내 바른 마음을 회복하여 다시 집에 간다.

228과

하느님은 나를 정죄하지 않으셨으며, 나도 더 이상 나를 정죄하지 않는다.

1 아버지는 나의 거룩함을 아신다. 그런데 내가 그분의 앎을 부정하고, 그 앎이 불가능하게 만든 것을 믿어야 하겠는가? 아버지가 거짓이라고 선포하시는 것을 참이라고 받아들여야 하겠는가? 아니면 아버지야말로 나의 창조주시고 아들의 진정한 상태를 아는 유일한 분이시므로, 나의 정체에 대한 그분의 말씀을 받아들여야 하겠는가?

2 아버지, 저는 저 자신에 대해 잘못 생각했습니다. 저는 제가 비롯된 근원을 깨닫지 못했기 때문입니다. 저는 몸으로 들어가 죽기 위해 그 근원을 떠난 적이 없습니다. 제가 당신의 일부이듯, 저의 거룩함도 저의 일부로 남아있습니다. 저 자신에 대한 잘못된 생각들은 단지 꿈입니다. 오늘 저는 그러한 생각들을 내려놓습니다. 저는 저의 진정한 정체에 대한 당신의 말씀만을 받을 준비가 되었습니다.

229과

나를 창조한 사랑이 바로 나의 정체다.

¹ 나는 나 자신의 정체를 구하며, "나를 창조한 사랑이 바로 나의 정체다."라는 말에서 그것을 발견한다. 이제 나는 더 이상 구할 필요가 없다. 사랑이 승리했다. 사랑은 나의 귀향을 더없이 고요히 기다려 주었기에, 나는 더 이상 그리스도의 거룩한 얼굴을 외면하지 않겠다. 그리고 내가 바라보는 그리스도의 얼굴은, 내가 잃고자 했으나 아버지가 나를 위해 안전하게 간직해 두신 정체의 진리를 증언한다.

² 아버지, 저의 정체에 대해 감사드립니다. 저의 어리석은 마음이 지어낸 그 모든 죄의 생각들 한가운데서, 저의 정체를 훼손되지 않고 죄가 없도록 지켜주신 것에 대해서도 감사드립니다. 또한 저를 그 모든 생각들에서 구해주신 것에 대해서도 감사드립니다. 아멘.

230과

지금, 나는 하느님의 평화를 구하여 발견하겠다.

1 평화 속에서, 내가 창조되었다. 그리고 평화 속에, 나는 여전히 남아있다. 나는 나의 자아를 바꿀 수 없다. 나의 아버지 하느님은 얼마나 자애로우신지. 나를 창조하실 때, 평화를 내게 영원히 주셨으니…. 지금 나는 단지 나의 정체로 존재하게 해달라고 요청할 뿐이다. 이것이 영원히 그러하거늘, 이러한 요청이 과연 거절될 수 있겠는가?

2 아버지, 저는 지금 당신이 저를 창조하실 때 제 것으로 주신 평화를 구합니다. 그때 주신 것은 분명 지금 여기에 있을 것입니다. 저의 창조는 시간과 무관하였고, 지금도 여전히 모든 변화 너머에 남아있기 때문입니다. 평화 속에서, 당신의 아들은 당신의 마음 안으로 태어났으며, 그 평화는 그곳에서 변함없이 빛나고 있습니다. 저는 당신이 창조하신 그대로입니다. 제가 그저 당신을 부르기만 하면, 당신이 주신 평화를 발견할 수 있습니다. 당신의 아들에게 평화를 준 것은 바로 당신의 뜻이었기 때문입니다.

특별주제 2: 구원이란 무엇인가?

¹ 구원이란 네가 마침내 하느님께 가는 길을 발견할 것이라는 하느님의 약속이다. 그 약속은 지켜지지 않을 수 없다. 시간은 결국 종말을 맞고, 시간 안에서 태어난 그 모든 생각들도 종말을 맞을 것이라고, 구원은 보장한다. 각자 분리된 생각들을 가졌다고 생각하는 모든 마음들에게 하느님의 말씀이 주어져서, 이런 갈등의 생각들을 평화의 생각으로 대체할 것이다.

² 하느님 아들의 마음이 전쟁의 생각을 품은 바로 그 순간, 평화의 생각이 주어졌다. 그전에는 이러한 생각이 필요하지 않았다. 평화가 반대 없이 주어져서 단지 존재했기 때문이다. 하지만 마음이 분열되었을 때는, 치유가 필요하다. 따라서 분열을 치유할 권능을 가진 생각이, 여전히 하나지만 자신이 하나임을 인식하지 못한 마음의 모든 조각들에게 주어져 그 일부가 되었다. 이제 마음은 자기 자신을 알지 못하게 되어, 자신의 정체를 잃었다고 생각했다.

³ 구원은 아무것도 하지 않으며, 꿈과 악의의 세상을 지원하지 않는다는 의미에서, 무효화하는 것이다. 이와 같이 구원은 환상이 사라지게 한다. 구원은 환상을 지원하지 않음으로써 조용히 먼지로 스러지게 한다. 그리고 이제 환상이 감춘 것이 드러난다. 그것은 하느님의 거룩한 이름에 바쳐진 제단이다. 그 위에는 하느님의 말씀이 새겨져 있고, 그 앞에는 너의 용서 선물이 놓여있으며, 그리 멀지 않은 곳에 하느님에 대한 기억이 있다.

⁴ 매일 이 거룩한 곳에 와서, 잠시 함께 지내자. 이곳에서 우리는 우리의 마지막 꿈을 공유한다. 그것은 슬픔이 없는 꿈이다. 그것은 하느님이 우리에게 주신 그 모든 영광을 넌지시 보여주기 때문이다. 풀은 흙을 뚫고 솟아오르며, 나무는 이제 막 새순을 터트리고, 새들이 와서 그 가지에 깃들어 산다. 땅은 새로운 지각 안에서 다시 태어나고 있다. 밤은 지나갔고, 우리는 함께 빛 속으로 왔다.

⁵ 이곳으로부터, 우리는 세상에 구원을 전해준다. 바로 이곳에서, 우리는 구원을 받았기 때문이다. 우리가 기쁨에 겨워 부르는 노래는 온 세상을 향해 외치는 소리다. 자유가 마침내 돌아왔으며, 시간은 거의 끝나가고, 하느님의 아들은 한 순간만 더 기다리면 아버지를 기억하게 되고, 꿈이 사라졌으며, 영원의 빛이 세상을 물리쳐 이제 오로지 천국만이 존재한다고….

231과

아버지, 저는 당신을 기억하기만을 뜻합니다.

¹ 아버지, 제가 당신의 사랑 외에 그 무엇을 구할 수 있겠습니까? 저는 어쩌면 다른 무언가를 구한다고 생각할 수도 있습니다. 그동안 수많은 이름으로 부른 그 무언가를 말입니다. 하지만 당신의 사랑이야말로 제가 지금 구하고 있으며 이제껏 구해온 유일한 것입니다. 당신의 사랑 외에 제가 진정으로 찾고 싶어 하는 것은 아무것도 없기 때문입니다. 저로 하여금 당신을 기억하게 하소서. 저 자신에 대한 진리 외에 제가 그 무엇을 열망할 수 있겠습니까?

² 나의 형제여, 바로 이것이 너의 뜻이다. 너는 이 뜻을 나와 공유하며, 우리의 아버지신 유일한 분과도 공유한다. 그분을 기억하는 것이 곧 천국이다. 우리는 바로 이것을 구한다. 그리고 이것이야말로 우리가 찾아야 할 것이다.

232과

아버지, 온종일 제 마음 안에 머무소서.

1 아버지, 제가 깨어날 때 제 마음 안에 머무시고, 오늘 온종일 저를 비추소서. 매 순간이 당신과 함께 지내는 시간이 되게 하소서. 매시 정각이 되면, 당신이 그동안 제 곁에 머무셨고, 앞으로도 늘 곁에 계시면서 저의 부름을 듣고 응답하실 것임에 대해 잊지 않고 감사하게 하소서. 밤이 오면, 저의 모든 생각을 당신과 당신의 사랑으로 잠잠케 하시고, 제가 당신의 보살핌 가운데 안전하게 있음을 확신하고, 당신의 아들임을 행복하게 알아차리면서 잠들게 하소서.

2 매일을 이렇게 보내야 한다. 오늘, 두려움의 종말을 연습하라. 너의 아버지신 하느님을 믿어라. 모든 것을 그분께 맡겨라. 그분이 네게 모든 것을 드러내시게 하라. 그리고 당황하지 말라. 너는 그분의 아들이기 때문이다.

233과

오늘, 나의 삶을 하느님께 드려 주관하시게 한다.

1 아버지, 오늘 당신께 저의 모든 생각을 드립니다. 저 자신의 생각은 아무것도 간직하지 않겠습니다. 그것들 대신에 당신의 생각들을 주소서. 또한 당신께 저의 모든 행위도 드립니다. 그럼으로써 저는 달성할 수 없는 목표들을 구하며 헛된 상상물들 속에서 시간을 낭비하는 대신에, 당신의 뜻을 행할 수 있게 됩니다. 오늘, 제가 당신께 갑니다. 저는 뒤로 물러나 그저 당신을 따르겠습니다. 당신이 안내자가 되소서. 저는 따르는 자로서, 무한자의 지혜와 사랑을 의심하지 않습니다. 제가 그 사랑의 다정함을 이해하지 못할지라도, 그것은 여전히 당신이 제게 주시는 완벽한 선물입니다.

2 오늘, 우리에게는 우리를 이끄실 한 분의 안내자가 계신다. 우리는 함께 걸으면서, 이날을 아무런 주저 없이 그분께 드릴 것이다. 오늘은 하느님의 날이다. 따라서 오늘은 우리에게 헤아릴 수 없는 선물과 자비가 베풀어지는 날이다.

234과

아버지, 저는 오늘 다시 당신의 아들입니다.

1 오늘 우리는 죄와 죄의식의 꿈들이 사라지고, 우리가 결코 떠난 적이 없는 거룩한 장소에 다시 도달했을 때를 미리 경험해 볼 것이다. 영원과 무시간성 사이에 아주 짧은 순간만이 지나갔을 뿐이다. 그 간격은 너무도 짧아서 연속성에 그 어떤 단절도 없었으며, 영원히 하나로 통합된 생각들 안에 그 어떤 균열도 없었다. 하느님 아버지와 아들의 평화를 방해하는 그 어떤 일도 일어난 적이 없다. 오늘 우리는 이것을 전적으로 참이라고 받아들인다.

2 아버지, 우리가 당신과 당신의 사랑에 대한 기억을 잃을 수 없음에 대해 감사드립니다. 우리는 우리의 안전을 인식하며, 당신이 주신 그 모든 선물과 우리가 받은 그 모든 자애로운 도움에 대해 감사를 드립니다. 그리고 당신의 영원한 인내와 우리가 구원되었다고 들려주신 말씀에 대해서도 감사를 드립니다.

235과

자비로우신 하느님은 내가 구원되기를 뜻하신다.

1 나는 단지 나를 해치는 듯한 그 모든 것을 바라보면서 완벽한 확신으로, "하느님은 내가 이것으로부터 구원되기를 뜻하신다."라고 확언하기만 하면 된다. 그러면 나는 그것들이 사라지는 것을 보게 된다. 나는 단지 나를 위한 아버지의 뜻은 오로지 행복임을 마음에 간직하기만 하면 된다. 그러면 오로지 행복만이 나에게 와있음을 깨닫게 된다. 그리고 나는 단지 하느님의 사랑이 당신의 아들을 감싸고 있으면서 그의 죄 없음을 영원히 완벽하게 지켜주고 있음을 기억하기만 하면 된다. 그러면 내가 구원되었으며, 하느님의 품속에서 영원히 안전함을 확신하게 된다. 나는 그분이 사랑하시는 아들이다. 그리고 나는 구원되었다. 자비로우신 하느님은 그렇게 뜻하시기 때문이다.

2 아버지, 당신의 거룩함은 곧 저의 거룩함입니다. 당신의 사랑은 저를 창조하여 저의 죄 없음을 영원히 당신의 일부로 만들었습니다. 제 안에는 죄도 죄의식도 전혀 없습니다. 당신 안에 그것들이 전혀 없기 때문입니다.

236과

나의 마음은 내가 통치하며, 나 혼자 통치해야 한다.

1 나에게는 내가 통치해야 하는 왕국이 있다. 때로 나는 그 왕국의 왕이 전혀 아닌 듯하다. 그 왕국은 나에게 승리를 거두고는, 내가 무엇을 생각하고 행해야 하는지, 그리고 무엇을 느껴야 하는지 통고하는 듯하다. 하지만 그 왕국은, 내가 그 안에서 지각하는 어떤 목적을 섬기라고 나에게 주어졌다. 나의 마음은 오로지 섬기기만 할 수 있다. 오늘 나는 나의 마음으로 하여금 성령을 섬기게 하여, 성령이 적당하다고 보는 대로 사용하게 한다. 나는 이와 같이 나 혼자만 통치할 수 있는 나의 마음을 지휘한다. 그리고 이와 같이 나의 마음을 해방하여, 하느님의 뜻을 행하게 한다.

2 아버지, 저의 마음은 오늘 당신의 생각들에 열려있고, 당신의 생각들이 아닌 다른 모든 생각들에는 닫혀있습니다. 저는 저의 마음을 통치하며, 이제 그것을 당신께 드립니다. 저의 선물을 받으소서. 그것은 당신이 제게 주시는 선물이기 때문입니다.

237과

지금, 나는 하느님이 창조하신 그대로 존재하고자 한다.

1 나는 오늘 나 자신에 대한 진리를 받아들이겠다. 나는 영광 속에 일어나, 내 안의 빛이 온종일 세상을 비추도록 허용하겠다. 나는 하느님 아버지가 말씀해 주시는 구원의 소식을 듣고, 그것을 세상에 전한다. 그리고 그리스도가 나로 하여금 보게 하는 세상을 바라보면서, 그 세상은 잔인한 죽음의 꿈을 종식하는 것이며, 나를 향한 아버지의 부르심임을 알아차린다.

2 오늘 그리스도는 저의 눈입니다. 그리고 그의 귀는 하느님의 음성을 경청하는 귀입니다. 아버지, 저는 그리스도를 통해 당신께 갑니다. 그는 당신의 아들이자 저의 진정한 자아입니다. 아멘.

238과

나의 결정에 구원 전체가 달려있다.

1 아버지, 당신이 그동안 저를 그토록 신뢰하신 것을 보니, 저는 그럴 자격이 있는가 봅니다. 당신은 저를 창조하셨으며, 또한 저를 있는 그대로 아십니다. 게다가 당신은 당신 아들의 구원을 저의 손에 놓아주시고는, 저의 결정에 맡기셨습니다. 저는 정말로 당신께 사랑받고 있는가 봅니다. 그리고 저는 변함없이 거룩한가 봅니다. 당신 아들의 안전을 확신하시면서, 저에게 그를 주시려고 하니 말입니다. 그는 여전히 당신의 일부지만, 저의 일부기도 합니다. 그는 저의 자아기 때문입니다.

2 그러므로 오늘 다시 우리는 잠시 멈춰 서서, 우리의 아버지가 우리를 얼마나 사랑하시는지, 당신의 **사랑**으로 창조하신 아들을 여전히 얼마나 귀하게 여기시는지 생각해 본다. 그분의 사랑은 아들 안에서 완성된다.

239과

내 아버지의 영광은 나 자신의 것이다.

¹ 오늘 우리 자신에 대한 진리가 거짓 겸손에 가려지지 않게 하자. 그 대신에 우리의 아버지가 주신 선물에 감사하자. 아버지가 당신의 영광을 공유하시는 자들 안에서, 우리가 죄와 죄의식의 흔적을 조금이라도 볼 수 있겠는가? 그리고 우리가 그들 가운데 하나가 아닐 수 있겠는가? 아버지는 당신의 아들을 영원토록, 그리고 완벽한 변함 없음으로 사랑하시며, 그가 당신이 창조하신 그대로임을 아시는데 말이다.

² 아버지, 우리 안에서 영원히 빛나는 빛을 주신 것에 대해 감사드립니다. 그리고 우리는 그 빛에 경의를 표합니다. 당신이 그 빛을 우리와 공유하시기 때문입니다. 우리는 하나로서 그 빛 안에서 연합되어 있으며, 당신과도 하나로서 모든 창조물은 물론 우리 자신과도 평화로이 있습니다.

240과

어떤 형식으로든, 두려움은 정당한 근거가 없다.

¹ 두려움은 속임수다. 그것은 너 자신을 네가 결코 될 수 없는 어떤 것이라고 보았고, 따라서 네가 불가능한 세상을 바라보고 있음을 입증한다. 이 세상에 있는 것 중에 단 하나도 참이 아니다. 그것이 나타날 수도 있는 형식은 중요하지 않다. 그것은 단지 너 자신에 대한 너 자신의 환상들에 대해 증언할 뿐이다. 오늘, 속지 말자. 우리는 하느님의 아들이다. 우리 안에 두려움은 없다. 우리는 저마다 사랑 자체의 일부기 때문이다.

² 아버지, 우리의 두려움은 얼마나 어리석은지요! 당신이 과연 아들에게 고통을 허락하시려 하겠습니까? 오늘 우리에게 믿음을 주셔서, 당신의 아들을 알아보고 자유로이 풀어주게 하소서. 당신의 이름으로 그를 용서하게 하소서. 그리하여 우리가 그의 거룩함을 이해하고, 그를 향한 사랑을 느끼게 하소서. 그것은 또한 당신의 사랑이기도 합니다.

특별주제 3: 세상이란 무엇인가?

¹ 세상이란 그릇된 지각이다. 세상은 잘못에서 태어났으며, 그것의 근원을 떠나지 않았다. 세상은 그것을 낳은 생각이 소중히 여겨지는 동안에만 남아있을 것이다. 분리의 생각이 진정한 용서의 생각으로 바뀌었을 때, 세상은 전혀 다른 빛 속에서 보일 것이다. 그것은 진리로 이어지는 빛으로서, 그 속에서 온 세상이 사라지고 세상의 모든 잘못들도 자취를 감출 것이다. 이제 세상의 근원은 사라졌으며, 그 결과들도 사라져 버렸다.

² 세상은 하느님에 대한 공격으로 만들어졌다. 세상은 두려움을 상징한다. 사랑의 부재가 아니라면 과연 무엇이 두려움이겠는가? 이와 같이 세상은 하느님이 들어가실 수 없는 장소자, 그분의 아들이 그분과 떨어져 있을 수 있는 곳으로 의도되었다. 여기에서, 지각이 태어났다. 앎은 이런 미친 생각들을 낳을 수 없었기 때문이다. 그러나 눈은 속이며, 귀는 거짓되게 듣는다. 이제 사실상 실수가 가능해졌다. 확실성이 사라졌기 때문이다.

³ 그 대신에 환상의 장치들이 태어났다. 이제 이 장치들은 자신에게 구하라고 주어진 것을 찾으러 간다. 그것들은 어떤 목적을 달성하기 위해 나아가는데, 세상은 바로 그 목적을 증언하고 실재화하기 위해 만들어졌다. 그 장치들은 세상의 환상들 속에서 진리가 존재하는, 그리고 거짓된 것들과 별개로 유지되는 단단한 기반을 본다. 그러나 그 장치들이 보고하는 것이라고는 진리와 별개로 지켜지는 환상이 전부다.

⁴ 눈에 보이는 모습은 진리로부터 멀어지도록 인도하기 위해 만들어졌지만, 그 방향을 바꿀 수도 있다. 소리는 하느님의 부르심이 된다. 그리고 모든 지각에는, 하느님이 세상의 구원자로 임명하신 성령에 의해 새로운 목적이 부여될 수 있다. 성령의 빛을 따르고, 세상을 그가 보듯이 보라. 너에게 말하는 모든 것에서 오로지 성령의 음성만 들어라. 그리고 그로 하여금 너에게 평화와 확실성을 주게 하라. 그것들을 너는 던져버렸지만, 천국은 너를 위해 성령 안에 간수해 두었다.

⁵ 세상이 우리의 변화된 지각에 합류하기 전에는 만족하여 쉬지 말자. 용서가 완전해지기 전에는 만족하지 말자. 그리고 우리의 기능을 바꾸려고 시도하지 말자. 우리는 세상을 구해야 한다. 세상을 만든 우리가 그리스도의 눈을 통해 세상을 바라봄으로써, 죽기 위해 만들어진 것을 **영원한 생명**으로 회복해야 하기 때문이다.

241과

이 거룩한 순간에, 구원이 왔다.

1 오늘은 얼마나 기쁜 날인지! 오늘은 특별한 축하의 때다. 오늘, 어두워진 세상은 그
해방이 예정된 순간을 제공받기 때문이다. 슬픔이 지나가고 고통이 사라지는 그날이
왔다. 오늘, 해방된 세상에 구원의 영광이 밝아온다. 오늘은 수많은 이들에게 희망의
때다. 네가 그들을 전부 용서함에 따라, 그들은 이제 연합할 것이다. 오늘, 내가 너에
게 용서받을 것이기 때문이다.

2 아버지, 이제 우리는 서로를 용서하였습니다. 그러하기에 우리는 마침
내 당신께 다시 갑니다. 아버지, 결코 떠나지 않았던 당신의 아들이 자
신의 집인 천국으로 돌아갑니다. 우리가 우리의 제정신을 회복하고, 우
리 모두가 하나임을 기억하다니, 얼마나 기쁜 일인지요.

242과

오늘은 하느님의 날이다. 그것은 내가 하느님께 드리는 선물이다.

¹ 나는 오늘 나의 삶을 홀로 꾸려나가지 않겠다. 나는 세상을 이해하지 못한다. 그러므로 나의 삶을 홀로 꾸리려고 하는 것은 단지 어리석음에 불과하다. 나에게는 나에게 최선인 것을 전부 아는 성령이 있다. 그는 나를 위해 기꺼이 하느님께 인도하는 선택만을 내린다. 오늘을, 나는 성령께 드린다. 나는 귀향을 미루지 않을 것이며, 하느님께 가는 길을 아는 이는 바로 성령이기 때문이다.

² 따라서 우리는 오늘을 당신께 드립니다. 우리는 마음을 활짝 열고 갑니다. 우리는 우리가 원한다고 생각할 수도 있는 것은 아무것도 요청하지 않습니다. 당신이 우리가 받기를 원하시는 것을 우리에게 주소서. 당신은 우리가 열망하고 필요로 하는 그 모든 것을 아십니다. 그리고 당신은 우리가 원하는 모든 것, 우리가 당신께 가는 길을 찾는 데 도움이 될 모든 것을 주실 것입니다.

243과

나는 오늘 어떤 일도 판단하지 않겠다.

1 나는 오늘 나 자신에게 정직하겠다. 나는 나의 현재 이해 능력 너머의 것을 이미 안다고 생각하지 않겠다. 나는 내가 볼 수 있는 전부인 내 지각의 하찮은 조각들을 가지고 전체를 이해한다고 생각하지 않겠다. 나는 오늘 이것이 그러함을 인정한다. 따라서 나는 내가 내릴 수 없는 판단으로부터 놓여난다. 이와 같이 나는 나 자신과 내가 바라보는 것들을 자유롭게 풀어주어, 하느님이 우리를 창조하신 대로 평화 속에 있게 한다.

2 아버지, 저는 오늘 창조물을 자유롭게 풀어주어 그 자체로 존재하게 합니다. 저는 창조물의 모든 부분들에게 경의를 표합니다. 저도 그 안에 포함되어 있습니다. 우리는 하나입니다. 각각의 부분은 당신의 기억을 간직하고 있기 때문입니다. 그리고 진리는 분명 우리 모두 안에서 하나로 빛날 것입니다.

244과

이 세상 어디에 있든, 나는 위험하지 않다.

1 당신의 아들은 어디에 있든 안전합니다. 당신이 그와 함께 그곳에 계시기 때문입니다. 그가 단지 당신의 이름을 부르기만 하면, 자신의 안전과 당신의 사랑을 기억해 낼 것입니다. 그 둘은 하나기 때문입니다. 그가 어찌 두려워하거나 의심할 수 있겠습니까? 자신이 고통받을 수 없으며, 위험에 처할 수도 불행을 겪을 수도 없음을 그가 어찌 모를 수 있겠습니까? 그는 당신께 속하며, 당신의 자애로운 품에 안전하게 안겨 사랑받고 사랑하고 있는데 말입니다.

2 우리는 진실로 그 품속에 있다. 그 어떤 폭풍우도 우리의 집인 신성한 안식처에 불어닥칠 수 없다. 하느님 안에서, 우리는 안전하다. 그 무엇이 와서 하느님 자신을 위협할 수 있으며, 영원히 그분의 일부로 남아있을 것을 두려워하게 만들 수 있겠는가?

245과

아버지, 당신의 평화가 곁에 있으니 저는 안전합니다.

[1] 아버지, 당신의 평화가 저를 감싸고 있습니다. 제가 가는 그곳에, 당신의 평화도 함께 갑니다. 당신의 평화는 제가 만나는 모든 이에게 그 빛을 비춥니다. 쓸쓸하고 외롭고 두려워하는 이들에게, 저는 당신의 평화를 가져다줍니다. 고통에 시달리고 상실에 슬퍼하며 희망과 행복을 잃었다고 생각하는 이들에게, 저는 당신의 평화를 전해줍니다. 아버지, 저에게 그들을 보내주소서. 저로 하여금 당신의 평화를 지니고 다니게 하소서. 저는 당신의 뜻에 따라 당신의 아들을 구원함으로써 저의 자아를 인식하고자 하기 때문입니다.

[2] 따라서 우리는 평화롭게 걸어간다. 우리는 온 세상에 우리가 받은 메시지를 전해준다. 그럼으로써 우리는 하느님의 음성을 듣게 된다. 그 음성은 우리가 하느님의 말씀을 전할 때 우리에게 말한다. 그리고 우리는 하느님의 사랑을 인식하게 된다. 그럴 때 우리는 하느님이 우리에게 주신 말씀을 공유하는 것이기 때문이다.

246과

아버지를 사랑하는 것은 곧 그분의 아들을 사랑하는 것이다.

1 저의 가슴에 증오를 품고도 하느님께 가는 길을 찾을 수 있다고 생각하지 말게 하소서. 하느님의 아들을 해치려 하면서도 그의 아버지나 저의 자아를 알 수 있다고 생각하지 말게 하소서. 저 자신을 알아보지 못하면서도 저의 의식이 아버지를 간직할 수 있다거나, 저의 마음이 저에 대한 아버지의 사랑과 제가 아버지께 돌려드리는 그 모든 사랑을 이해할 수 있다고 믿지 말게 하소서.

2 아버지, 당신이 제 것으로 선택하시는 길을 받아들여 당신께 가겠습니다. 저는 그 일에 성공할 것입니다. 그것은 당신의 뜻이기 때문입니다. 그리고 저는, 당신이 뜻하시는 것은 곧 저도 뜻하는 것이며, 저는 오로지 그것만을 뜻한다는 것을 인정하겠습니다. 따라서 저는 당신의 아들을 사랑하기로 선택합니다. 아멘.

247과

용서하지 않는다면, 나는 계속 눈멀어 있을 것이다.

1 죄는 공격의 상징이다. 어디서든 죄를 본다면, 나는 고통받을 것이다. 용서는 그리스도의 비전이 나에게 올 수 있는 유일한 수단이다. 나는 그리스도의 시각이 보여주는 것을 단순한 진리로 받아들이겠다. 그러면 나는 완전히 치유된다. 형제여, 이리 와서 내가 당신을 바라볼 수 있게 하시오. 당신의 사랑스러움은 나 자신의 사랑스러움을 반영합니다. 당신의 죄 없음은 나의 죄 없음입니다. 당신은 용서받아 서있고, 나는 당신 곁에 서있습니다.

2 아버지, 저는 오늘 모든 이를 이렇게 바라보겠습니다. 저의 형제들은 당신의 아들들입니다. 당신의 부성이 그들을 창조했으며, 당신의 일부자 제 자아의 일부로서 그들 모두를 제게 주었습니다. 저는 오늘 그들을 통해 당신을 찬미하며, 그럼으로써 오늘 저의 자아를 알아보기를 희망합니다.

248과

고통받는 것은 무엇이든 나의 일부가 아니다.

¹ 나는 그동안 진리와 연을 끊고 지냈다. 이제 나는 거짓과 연을 끊는 데도 충실하겠다. 고통받는 것은 무엇이든 나의 일부가 아니다. 슬퍼하는 것은 나 자신이 아니다. 괴로워하는 것은 단지 내 마음속 환상일 뿐이다. 죽는 것은 실제로 살았던 적이 없으며, 나 자신에 대한 진리를 조롱했을 뿐이다. 이제 나는 자아 개념들과 속임수들, 하느님의 거룩한 아들에 대한 거짓말들과 연을 끊는다. 이제 나는 그를 하느님이 창조하신 대로, 있는 그대로 다시 받아들일 준비가 되었다.

² 아버지, 당신을 향한 저의 태곳적 사랑이 돌아와, 저로 하여금 당신의 아들도 다시 사랑하게 합니다. 아버지, 저는 당신이 창조하신 그대로 입니다. 이제 당신의 사랑과 저의 사랑이 기억됩니다. 이제 저는 그 둘 이 하나임을 이해합니다.

249과

용서는 모든 고통과 상실을 끝낸다.

¹ 용서는 고통이 끝나고, 상실이 불가능하며, 분노가 아무런 의미도 없는 세상을 그려낸다. 공격은 사라지고, 광기는 종말을 고했다. 이제 과연 어떤 고통을 상상할 수 있겠는가? 과연 어떤 상실이 지속될 수 있겠는가? 세상은 기쁨과 풍요와 자비가 넘치고, 끝없이 주는 장소가 된다. 세상은 이제 천국을 너무도 닮아서, 그것이 반영하고 있는 빛으로 빠르게 변형된다. 따라서 하느님의 아들이 시작했던 여정은 그가 왔던 빛 속에서 끝났다.

² 아버지, 우리의 마음을 당신께 돌려드리고자 합니다. 우리는 우리의 마음을 배신하여 비통함으로 옥죄어 놓고, 폭력과 죽음의 생각으로 겁주었습니다. 이제 우리는 당신이 창조하신 그대로, 당신 안에서 다시 안식하고자 합니다.

나 자신을 한계 있다고 보지 않게 하소서.

1 저로 하여금 오늘 하느님의 아들을 보고 그의 영광을 증언하게 하소서. 그의 내면에 있는 거룩한 빛을 가려 그의 힘이 축소되고 줄어들어 약함이 되었다고 보지 말게 하시고, 또한 그에게서 부족한 점들을 지각하여 그것으로 그의 주권을 공격하려 하지도 말게 하소서.

2 아버지, 그는 당신의 아들입니다. 오늘 저는 저의 환상들 대신에 그의 온유함을 보겠습니다. 그는 저의 정체며, 따라서 저는 그를 보듯 저 자신을 봅니다. 오늘, 저는 진정으로 보고자 합니다. 그리하여 오늘, 저는 마침내 그와 동일시할 수 있습니다.

특별주제 4: 죄란 무엇인가?

¹ 죄는 정신 이상이다. 죄는 마음을 광기로 몰고 가서, 환상들로 하여금 진리의 자리를 차지하게 하는 수단이다. 그리고 미쳤기에, 마음은 진리가 있어야 할 곳, 그리고 진리가 정말로 있는 곳에서 환상들을 본다. 몸에게 눈을 준 것은 바로 죄다. 왜냐하면, 죄 없는 자들이 과연 무엇을 보려 하겠는가? 죄 없는 자들이 과연 모습이나 소리, 혹은 접촉이 필요한 어떤 이유가 있겠는가? 그들이 과연 무엇을 들으려 할 것이며, 무엇을 잡으려고 손을 뻗으려 할 것인가? 그들이 과연 무엇을 감지하려 하겠는가? 감지하는 것은 아는 것이 아니다. 그리고 진리는 앎으로 채워질 수 있을 뿐, 다른 어떤 것으로도 채워질 수 없다.

² 몸은 마음이 자기 자신을 속이려는 힘든 노력 끝에 만든 도구다. 몸의 목적은 힘껏 노력하는 것이다. 하지만 힘껏 노력하여 얻으려는 목표는 바뀔 수 있다. 그리고 이제 몸은 다른 목적을 위해 힘껏 노력한다. 이제 몸이 추구하는 것은, 마음이 자기기만이라는 목표를 대신하기 위해 받아들인 목적에 의해 선택된다. 진리는 거짓과 마찬가지로 몸의 목적이 될 수 있다. 그러면 감각 기관들은 그 대신에 참인 것에 대한 증거를 찾으려고 할 것이다.

³ 죄는 모든 환상들의 본거지며, 환상들이란 단지 거짓된 생각들에서 흘러나오는 상상물들을 나타낼 뿐이다. 그것들은 아무런 실재성도 없는 것이 실재한다는 "증거"다. 죄는 하느님의 아들이 악하고, 무시간성에는 끝이 있을 수밖에 없으며, 영원한 생명이 죽을 수밖에 없음을 "증명한다." 그리고 하느님은 사랑하는 아들을 잃으셔서 당신을 완성할 것이라고는 부패밖에 없고, 그분의 뜻은 죽음에 의해 영원히 꺾였으며, 사랑은 증오에 의해 살해당했고, 평화는 더 이상 존재하지 않게 되었다.

⁴ 미치광이의 꿈은 무서우며, 죄는 과연 무섭게 하는 듯하다. 하지만 죄가 지각하는 것은 단지 유치한 놀이에 불과하다. 하느님의 아들은 자신이 몸이 된 놀이를 할 수도 있다. 그리고 그것은 악과 죄의식의 먹잇감으로서, 죽음으로 끝나는 짧은 목숨만을 가졌다. 하지만 그러는 동안에도 아버지는 내내 그를 비추고 계시며, 그의 거짓 놀이가 결코 바꿀 수 없는 영원한 *사랑*으로 그를 사랑하신다.

⁵ 오, 하느님의 아들이여. 너는 얼마나 오래 죄의 놀이를 계속하려는가? 이렇게 끝이

날카로운 아이들 장난감은 이제 치워버려야 하지 않겠는가? 너는 얼마나 빨리 집에 돌아올 준비를 하려는가? 아마도 오늘? 죄는 없다. 창조물은 변하지 않았다. 너는 천국으로의 귀환을 언제까지 미루려는가? 오, 하느님의 거룩한 아들이여! 얼마나 오래, 얼마나 오래?

251과

내게 필요한 것은 단지 진리뿐이다.

¹ 나는 많은 것을 구한 끝에 절망을 발견했다. 이제 나는 단 하나만을 구한다. 그 하나에는 내가 필요로 하는 모든 것, 그리고 오로지 내가 필요로 하는 것만이 들어있기 때문이다. 전에 구한 모든 것을 나는 필요로 하지 않았으며, 심지어 원하지도 않았다. 나는 나의 유일한 필요를 인식하지 못했다. 그러나 이제 나는 내게 오로지 진리만이 필요함을 알아차린다. 그 안에서 모든 필요가 충족되고, 모든 갈망이 끝나며, 모든 희망이 마침내 이루어지고, 꿈들이 사라진다. 이제 나는 내게 필요할 수도 있는 모든 것을 가졌다. 이제 나는 내가 원할 수도 있는 모든 것을 가졌다. 그리고 이제 나는 마침내 나 자신이 평화 속에 있음을 발견한다.

² 아버지, 그 평화에 대해 감사드립니다. 우리가 우리 자신에게 부정했던 것을, 당신은 회복해 주셨습니다. 그리고 오로지 그것만이 우리가 정말로 원하는 것입니다.

252과

하느님의 아들이 나의 정체다.

1 나의 자아는 내가 지금 상상하는 그 모든 거룩한 생각들보다 훨씬 더 거룩하다. 그 것의 은은하게 빛나는 완벽한 순수는 내가 이제껏 바라보았던 그 어떤 빛보다 훨씬 더 찬란하다. 그것의 사랑에는 한계가 없으며, 그 사랑의 강렬함은 자신 안의 모든 것 을 조용한 확신의 평온함 안에 유지한다. 그것의 강함은 세상을 움직이는 격렬한 충 동이 아닌 하느님의 끝없는 사랑에서 나온다. 나의 자아는 이 세상 저 너머에 얼마나 멀리 떨어져 있는지! 하지만 나에게는 얼마나 가깝고 하느님과는 얼마나 친밀한지!

2 아버지, 당신은 저의 진정한 정체를 아십니다. 지금, 당신의 아들인 저 에게 그것을 드러내 주소서. 그리하여 저는 당신 안의 진리로 깨어나, 천국이 저에게 회복되었음을 알게 됩니다.

253과

나의 자아는 우주의 지배자다.

¹ 나 자신이 명하지 않았는데도 나에게 어떤 일이 일어나는 것은 불가능하다. 이 세상에서조차, 내 운명을 지배하는 것은 나 자신이다. 일어나는 일은 곧 내가 바라는 일이다. 일어나지 않는 일은 곧 내가 일어나기를 원하지 않는 일이다. 이것을 나는 반드시 받아들여야 한다. 그럼으로써 나는 이 세상을 지나 나의 창조물들에게 인도되기 때문이다. 그들은 천국에 있는 내 뜻의 아이들이며, 그곳에서 나의 거룩한 자아는 그들과 함께, 그리고 나를 창조하신 분과 함께 머물러 살고 있다.

² 당신은, 당신이 당신의 아들로 창조하신 바로 그 자아이십니다. 그는 당신 자신처럼 창조하며, 당신과 하나입니다. 우주를 지배하는 저의 자아는 단지 저 자신의 뜻과 완벽하게 연합되어 있는 당신의 뜻일 뿐입니다. 저의 뜻은 단지 당신의 뜻에 기꺼이 동의할 수만 있을 뿐이며, 그럼으로써 당신의 뜻이 그 자체를 향해 확장하게 됩니다.

254과

내 안에서, 하느님의 음성 외의 모든 음성을 잠잠케 하소서.

1   아버지, 오늘 저는 단지 당신의 음성만 듣겠습니다. 깊고 깊은 침묵 속
에서 당신께 나아가, 당신의 음성을 듣고 당신의 말씀을 받고자 합니
다. 저는 단지 다음과 같이 기도할 뿐입니다: 제가 지금 당신께 나아가
진리를 청합니다. 진리는 단지 당신의 뜻일 뿐이며, 저는 오늘 그것을
당신과 공유하고자 합니다.

2   오늘 우리는 어떤 악한 생각도 우리의 말과 행동을 지시하지 못하게 한다. 그런 생
각들이 일어날 때, 우리는 조용히 물러나 그것들을 바라보고는 놓아준다. 우리는 그
생각들이 가져올 결과를 원하지 않으며, 따라서 그것들을 간직하겠다고 선택하지 않
는다. 이제 그 생각들은 조용하다. 하느님의 사랑으로 성스러워진 그 고요 속에서, 그
분이 우리에게 말을 걸어오셔서 우리의 뜻에 대해 말씀해 주신다. 우리가 하느님을
기억하기로 선택했기 때문이다.

255과

나는 오늘을 완벽한 평화 속에 보내기로 선택한다.

[1] 내가 오늘 오로지 평화만 갖기로 선택할 수는 없는 듯하다. 하지만 나의 하느님은, 당신의 아들이 당신 자신을 닮았다고 내게 보장하신다. 나는 오늘 내가 당신의 아들이라고 말씀하시는 하느님을 믿겠다. 그리고 오늘 내 것으로 선택하는 평화가 하느님이 말씀하시는 것에 대한 진리를 증언하게 하겠다. 하느님의 아들은 그 어떤 걱정거리도 가질 수 없으며, 천국의 평화 속에 영원히 머물 것이다. 그의 이름으로, 나는 아버지가 나를 위해 뜻하신 것을 찾고 내 것으로 받아들여서, 나와 더불어 내 아버지의 모든 아들들에게 주기 위해 오늘을 바친다.

[2] 그러니 아버지, 저는 오늘을 당신과 함께 보내고자 합니다. 당신의 아들은 당신을 잊지 않았습니다. 당신이 그에게 주신 평화는 여전히 그의 마음 안에 있습니다. 저는 오늘을 바로 그곳에서 보내겠다고 선택합니다.

256과

하느님은 오늘 나의 유일한 목표시다.

1 이곳에서 하느님께 가는 길은 용서를 통한 길이다. 다른 길이란 없다. 너의 마음이 죄를 소중히 여기지 않았다면, 네가 있는 바로 그곳으로 가는 길을 도대체 왜 찾을 필요가 있었겠는가? 그 누가 여전히 헷갈리겠는가? 그 누가 자신이 누구인지 확신할 수 없겠는가? 그리고 그 누가 하느님이 죄 없게 창조하신 자의 거룩함에 대한 먹구름장과 같은 의심 속에서 아직도 잠들어 있겠는가? 이곳에서 우리는 다만 꿈꿀 수 있을 뿐이다. 하지만 우리는 여전히, 그 안에서 어떤 죄도 불가능한 자를 용서했다는 꿈을 꿀 수 있다. 그리고 바로 이것이 우리가 오늘 꿈꾸기로 선택하는 것이다. 하느님은 우리의 목표시며, 용서는 우리 마음이 마침내 하느님께 돌아가는 수단이다.

2 그러므로 아버지, 우리는 당신이 명하신 길을 따라 당신께 가고자 합니다. 당신의 음성을 듣고 당신의 거룩한 말씀이 가리키는 길을 찾는 것 외에, 우리에게 다른 목표는 없습니다.

257과

저의 목적이 무엇인지 기억하게 하소서.

1 내가 만약 나의 목표를 잊는다면, 혼란에 빠질 수밖에 없다. 그러면 나는 나의 정체를 확신하지 못하고, 서로 모순되는 행동을 하게 된다. 상충하는 목표들을 섬기는 자는 그것들을 잘 섬길 수 없다. 또한 그는 깊은 고뇌와 극심한 우울 없이는 기능할 수도 없다. 그러니 오늘, 우리가 원하는 것을 기억하겠다고 결심하자. 그럼으로써 우리는 우리의 생각과 행동을 의미 있게 통합하여, 하느님이 우리가 오늘 행하기를 바라시는 것만을 이룰 수 있다.

2 아버지, 용서는 당신이 우리의 구원을 위해 선택하신 수단입니다. 오늘 우리가 당신의 뜻 외에 다른 뜻은 가질 수 없음을 잊지 않게 하소서. 그럼으로써 우리의 목적 또한 당신의 목적과 같아집니다. 우리는 당신이 우리를 위해 뜻하시는 평화에 도달하고자 하기 때문입니다.

258과

저의 목표는 하느님이심을 기억하게 하소서.

1 우리에게 필요한 것은 다만 우리의 마음을 훈련하여 작고 무의미한 목적들을 간과하고, 우리의 목표는 하느님이심을 기억하는 것뿐이다. 하느님의 기억은 우리 마음 안에 감춰져 있고, 그것을 가리는 것이라고는 우리의 사소하고 부질없는 목표들뿐이다. 그것들은 아무것도 제공하지 않으며, 존재하지도 않는다. 우리는 세상의 장난감과 장신구를 대신 추구하면서, 하느님의 은혜는 계속 무의식 속에서만 빛나도록 내버려 둘 것인가? 하느님은 우리의 유일한 목표시며, 우리의 유일한 사랑이다. 우리에게는 하느님을 기억하는 것 외에 다른 목적이 없다.

2 아버지, 우리의 목표는 단지 당신께 이르는 길을 따라가는 것뿐입니다. 우리에게는 이것 외에 다른 목표가 없습니다. 당신을 기억하는 것 외에 우리가 과연 무엇을 원할 수 있겠습니까? 우리의 정체 외에 우리가 과연 무엇을 구할 수 있겠습니까?

259과

죄는 없음을 기억하게 하소서.

¹ 죄는 하느님이라는 목표를 도달할 수 없는 것으로 보이게 만드는 유일한 생각이다. 다른 무엇이 우리를 눈멀게 하여 명백한 것을 못 보게 하고, 이상하고 왜곡된 것을 더 분명한 것처럼 보이게 만들 수 있겠는가? 죄 아닌 다른 무엇이 우리의 공격을 불러일으키겠는가? 죄 아닌 다른 무엇이 죄의식의 근원이 되어서 처벌과 고통을 요구할 수 있겠는가? 죄 아닌 다른 무엇이 두려움의 근원이 되어서 하느님의 창조물을 가리고, 사랑에게 두려움과 공격의 속성을 부여하겠는가?

² 아버지, 저는 오늘 정신 이상이 되지 않겠습니다. 저는 사랑을 두려워하지도, 사랑의 반대편에서 피난처를 구하지도 않겠습니다. 사랑에는 반대편이 있을 수 없습니다. 당신은 존재하는 모든 것의 근원이십니다. 그리고 존재하는 모든 것은 여전히 당신 곁에 머물며, 당신도 그들 곁에 머무십니다.

260과

하느님이 저를 창조하셨음을 기억하게 하소서.

1 아버지, 저는 저 자신을 만들지 않았습니다. 비록 정신이 나가서 그렇
게 했다고 생각했지만 말입니다. 하지만 당신의 생각인 저는 저의 근원
을 떠난 적이 없으며, 여전히 저를 창조하신 당신의 일부로 남아있습니
다. 아버지, 당신의 아들이 오늘 당신을 부릅니다. 당신이 저를 창조하
셨음을 기억하게 하소서. 저의 정체를 기억하게 하소서. 그리고 저의
죄 없음이 다시 그리스도의 비전 앞에 떠오르게 하소서. 바로 그 비전
을 통해, 저는 오늘 저의 형제들과 저 자신을 바라보고자 합니다.

2 이제 우리의 근원이 기억되고, 그 안에서 우리는 마침내 우리의 진정한 정체를 발
견한다. 우리는 참으로 거룩하도다. 우리의 근원은 어떤 죄도 알 수 없기 때문이다.
아버지의 아들인 우리는 서로를 닮았으며, 아버지와도 똑같이 닮았다.

특별주제 5: 몸이란 무엇인가?

¹ 몸은 하느님의 아들이 그의 자아의 부분들을 다른 부분들과 분리하기 위해 둘러쳤다고 상상하는 울타리다. 그는 자신이 바로 이 울타리 안에 살며, 그것이 썩고 바스러짐에 따라 결국 죽을 것이라고 생각한다. 바로 이 울타리 안에서, 그는 자신이 사랑으로부터 안전하다고 생각하기 때문이다. 자신이 안전한 곳과 동일시하면서, 그는 자신을 바로 그것이라고 여긴다. 그가 달리 어떻게 사랑을 밖에 둔 채로, 자신은 몸 안에 남아있다고 확신할 수 있겠는가?

² 몸은 계속 남아있지 않을 것이다. 하지만 그는 이것을 이중의 안전장치라고 여긴다. 하느님 아들의 일시성이야말로 그의 울타리들이 효과가 있으며, 그의 마음이 부여한 임무를 잘 수행한다는 "증거"기 때문이다. 왜냐하면, 그의 하나인 상태가 여전히 훼손되지 않은 채 남아있다면, 과연 누가 공격하고 공격받을 수 있겠는가? 과연 누가 승자가 될 수 있겠는가? 과연 누가 그의 먹잇감이 될 수 있겠는가? 과연 누가 희생자가 될 수 있겠는가? 과연 누가 살인자가 될 수 있겠는가? 그리고 만약 그가 죽지 않는다면, 하느님의 영원한 아들이 파괴될 수 있다는 어떤 "증거"가 있겠는가?

³ 몸은 한낱 꿈이다. 다른 꿈들처럼 이 꿈도 때로 행복을 그려내는 듯이 보이지만, 급작스럽게 두려움으로 되돌아갈 수 있다. 두려움은 모든 꿈이 태어나는 곳이다. 오로지 사랑만이 진리 안에서 창조하며, 진리는 결코 두려워할 수 없기 때문이다. 두려워하도록 만들어진 몸은 자신에게 주어진 목적을 섬길 수밖에 없다. 그러나 우리는 몸이 무엇을 위한 것인지에 대한 우리의 생각을 바꿈으로써 몸이 따를 목적을 바꿀 수 있다.

⁴ 몸은 하느님의 아들이 제정신으로 돌아가는 수단이다. 비록 몸은 그에게 울타리를 쳐서 탈출구 없는 지옥에 가두려고 만들어졌지만, 이러한 지옥에 대한 추구는 천국이라는 목표에 의해 이미 대체되었다. 하느님의 아들은 손을 내밀어 자신의 형제의 손을 잡고서, 그가 자신과 함께 길을 걸어가도록 돕는다. 이제 몸은 거룩하다. 마음을 죽이기 위해 만들어진 몸은 이제 마음을 치유하기 위해 봉사한다.

⁵ 너는 너를 안전하게 만들어줄 것이라고 생각하는 것과 동일시할 것이다. 그것이 무엇이든, 너는 그것이 너와 하나라고 믿을 것이다. 너의 안전은 거짓이 아닌 진리 안에

놓여있다. 사랑이 너의 안전이다. 두려움은 존재하지 않는다. 사랑과 동일시하라. 그러면 너는 안전하다. 사랑과 동일시하라. 그러면 너는 집에 있다. 사랑과 동일시하라. 그러면 너는 너의 자아를 찾을 것이다.

261과

하느님은 나의 피난처요 안전이시다.

1 나는 내가 피난처요 안전이라고 생각하는 것과 동일시할 것이다. 나는 나의 강함을 지각하는 곳에서 나 자신을 볼 것이며, 내가 안전하고 공격받을 수 없는 성채 안에 살고 있다고 생각할 것이다. 나는 오늘 위험에서 안전을 구하지 않을 것이며, 살인적인 공격에서 나의 평화를 찾으려 하지도 않겠다. 나는 하느님 안에 살고 있다. 하느님 안에서, 나는 나의 피난처와 강함을 발견한다. 하느님 안에, 나의 **정체**가 있다. 하느님 안에, 영원히 계속되는 평화가 있다. 그리고 오로지 그곳에서만, 나는 내가 정말로 누구인지 기억할 것이다.

2 아버지, 저로 하여금 우상을 구하지 말게 하소서. 저는 오늘 당신이 계신 집에 돌아가고자 합니다. 저는 당신이 창조하신 그대로 존재하여, 당신이 저의 자아로 창조하신 아들을 발견하기로 선택합니다.

262과

나는 오늘 어떤 차이도 지각하지 않겠다.

1 아버지, 당신은 한 아들만 두셨습니다. 저는 오늘 바로 그 아들을 바라보고자 합니다. 그는 당신이 창조하신 단 하나의 창조물입니다. 제가 왜 여전히 하나로 남아있는 것에서 천 개의 형식을 지각해야 하겠습니까? 제가 왜 이 하나인 것에게 천 개의 이름을 붙여야 하겠습니까? 단 하나의 이름이면 족한데 말입니다. 당신의 아들은 분명 당신의 이름을 지녔습니다. 당신이 그를 창조하셨기 때문입니다. 저로 하여금 그를 그의 아버지께도 저 자신에게도 낯선 자로 보지 않게 하소서. 그는 저의 일부고 저는 그의 일부기 때문입니다. 그리고 우리는 우리의 근원이신 당신의 일부로서 영원토록 당신의 사랑 안에 연합되어 있으며, 영원토록 하느님의 거룩한 아들입니다.

2 하나인 우리는 오늘 우리 자신에 대한 진리를 인식하고자 한다. 우리는 집에 가서, 단일성 속에서 안식하고자 한다. 그곳에는 평화가 있으며, 다른 어디서도 평화를 구하여 발견할 수 없기 때문이다.

263과

나의 거룩한 비전은 모든 것을 순수하다고 본다.

¹ 아버지, 당신의 마음이 존재하는 모든 것을 창조했으며, 당신의 영이 그것들 속으로 들어왔고, 당신의 사랑이 그것들에게 생명을 부여했습니다. 그런데 제가 당신의 창조물을 마치 죄에 물들 수 있는 것인 양 바라보려 하겠습니까? 저는 그런 어둡고 무서운 이미지들을 지각하지 않겠습니다. 당신이 창조물을 축복하신 그 모든 사랑스러움 대신에, 창조물의 그 모든 순수와 기쁨 대신에, 당신 안에 있는 창조물의 영원하고 조용한 집 대신에, 제가 미치광이의 꿈을 선택할 수는 없습니다.

² 우리가 여전히 천국의 문 바깥에 머무는 동안에는, 우리가 보는 모든 것을 거룩한 비전과 그리스도의 눈을 통해 바라보자. 모든 겉모습들을 순수하다고 보자. 그럼으로써 우리는 순결함 속에서 그것들을 지나쳐, 형제들이자 하느님의 거룩한 아들들로서 함께 아버지의 집으로 걸어갈 수 있다.

264과

나는 하느님의 사랑에 둘러싸여 있다.

1 아버지, 당신은 제 앞과 뒤에, 제 옆에, 제가 있는 공간에, 그리고 제가 가는 모든 곳에 계십니다. 당신은 제가 바라보는 모든 것들에, 제가 듣는 모든 소리에, 제 손을 잡으려고 내미는 모든 손에 계십니다. 당신 안에서 시간은 사라지고, 공간은 무의미한 믿음이 되어버립니다. 당신의 아들을 둘러싸서 안전하게 지키는 것은 바로 사랑 그 자체기 때문입니다. 이것 외에 다른 근원은 없습니다. 그리고 그것의 거룩함을 공유하지 않거나, 당신의 유일한 창조물 너머에 있거나, 모든 것을 그 자체 안에 품고 있는 사랑 없이 있는 것은 아무것도 없습니다. 아버지, 당신의 아들은 당신 자신을 닮았습니다. 우리는 오늘 당신 자신의 이름으로 당신께 나아가, 당신의 영원한 사랑 안에 평화로이 머물고자 합니다.

2 나의 형제들아, 오늘 나와 함께 이와 같이 기도하자. 이것은 구원의 기도다. 우리 자신과 세상을 구원할 일에 우리가 함께 나서야 하지 않겠는가?

265과

창조물의 온유함이 내가 보는 모든 것이다.

1 나는 그동안 세상을 참으로 오해했다. 나는 세상에 나의 "죄들"을 덮어씌우고는, 그것들이 나를 돌아보는 것을 보았기 때문이다. 그 죄들은 얼마나 험악해 보였는지! 내가 두려워한 것은 단지 내 마음 안에 있건만 그 대신 세상에 있다고 생각하다니, 나는 얼마나 지독하게 속았는지! 오늘 나는 세상이 천상의 온유함 속에 있으며, 창조물이 그 온유함으로 빛나고 있음을 본다. 그 안에는 어떤 두려움도 없다. 세상을 비추고 있는 천국의 빛이 내 "죄들"의 겉모습에 의해 가려지게 하지 말자. 여기에 반영되어 있는 것은 하느님의 마음 안에 있다. 내가 보는 이미지들은 나의 생각들을 반영한다. 하지만 나의 마음은 하느님의 마음과 하나인 상태에 있다. 따라서 나는 창조물의 온유함을 지각할 수 있다.

2 아버지, 저는 세상을 조용함 속에서 바라보고자 합니다. 세상은 단지 당신의 생각들과 저의 생각들을 반영할 뿐입니다. 그 생각들이 똑같음을 기억하게 하소서. 그럼으로써 저는 창조물의 온유함을 볼 수 있습니다.

266과

하느님의 아들이여, 당신 안에 나의 거룩한 자아가 머물러 삽니다.

1 아버지, 당신은 저에게 당신의 아들들을 모두 주셔서, 그들이 저의 구
원자요 제 시각에 대한 조언자, 당신의 거룩한 음성을 제게 전하는 전
달자가 되게 하셨습니다. 그들 안에 당신이 반영되어 있으며, 그들 안
에서 그리스도가 저의 자아로부터 저를 돌아봅니다. 당신의 아들로 하
여금 당신의 거룩한 이름을 잊지 않게 하소서. 당신의 아들로 하여금
그의 거룩한 근원을 잊지 않게 하소서. 당신의 아들로 하여금 당신의
이름이 곧 그의 이름임을 잊지 않게 하소서.

2 오늘 우리는 낙원으로 들어가면서 하느님의 이름과 우리 자신의 이름을 부르며, 우
리 각자 안에 있는, 그리고 하느님의 거룩한 사랑으로 연합된 우리의 자아를 인정한
다. 하느님은 우리에게 얼마나 많은 구원자를 주셨는지! 하느님은 당신을 가리켜 보
이는 자들로 세상을 가득 채우시고는, 우리에게 그들을 바라볼 시각을 주셨다. 그런
데 어찌 우리가 하느님께 가는 길을 잃을 수 있겠는가?

267과

나의 심장은 하느님의 평화 속에서 뛴다.

¹ 하느님이 당신의 사랑으로 창조하신 그 모든 생명이 나를 둘러싸고 있다. 그 사랑은 모든 심장 박동과 호흡 속에서, 모든 행동과 생각 속에서 나를 소리쳐 부른다. 평화가 나의 심장을 가득 채우고, 나의 몸을 용서의 목적으로 넘쳐나게 한다. 이제 나의 마음은 치유되었으며, 나에게는 세상을 구하기 위해 필요한 모든 것이 주어져 있다. 심장은 뛸 때마다 나에게 평화를 가져다주고, 호흡은 들고날 때마다 나에게 힘을 불어넣어 준다. 나는 하느님의 메신저로서, 하느님의 음성에 의해 인도받고, 하느님께 의지해 사랑 속에 살아가며, 하느님의 다정한 품에 영원토록 조용하고 평화로이 안겨 있다. 심장은 뛸 때마다 하느님의 이름을 부르고, 그 모든 박동은 하느님의 음성에 의해 응답받으면서, 내가 하느님 안의 집에 있음을 확신시켜 준다.

> ² 아버지, 저 자신의 답이 아닌 당신의 응답에 귀 기울이게 하소서. 저의 심장은 사랑의 심장이 창조한 평화 속에서 뛰고 있습니다. 오로지 그 평화 속에서만, 저는 집에 있을 수 있습니다.

268과

모든 것이 정확하게 있는 그대로 존재하게 하소서.

1 주여, 제가 오늘 당신의 비판자가 되어 당신을 거슬러 판단하지 않게 하소서. 당신의 창조물을 해쳐서 병든 형식들로 왜곡하려고 시도하지 않게 하소서. 창조물의 단일성으로부터 저의 소망을 거둬들임으로써, 그것이 당신이 창조하신 그대로 존재하게 하겠다는 용의를 내게 하소서. 그럼으로써 저는 또한 당신이 창조하신 대로의 저의 자아를 알아볼 수 있게 되기 때문입니다. 저는 사랑 안에서 창조되었고, 사랑 안에서 영원히 머물 것입니다. 제가 모든 것을 정확하게 있는 그대로 존재하게 할 때, 그 무엇이 저를 두렵게 할 수 있겠습니까?

2 오늘 우리의 시각이 신성 모독적이 되게 하지 말고, 우리의 귀가 거짓을 말하는 혀에 주의를 기울이게 하지도 말자. 오로지 실재만이 고통에서 자유롭다. 오로지 실재만이 상실에서 자유롭다. 오로지 실재만이 전적으로 안전하다. 그리고 오로지 이것만이 오늘 우리가 구하는 것이다.

269과

나의 시각이 앞으로 나아가 그리스도의 얼굴을 바라본다.

1 아버지, 오늘 저의 시각을 축복해 주소서. 당신은 그것을 수단으로 선택하셔서, 저에게 저의 실수를 보여주고 그 너머를 볼 방법이 되게 하셨습니다. 저는 당신이 주신 안내자를 통해 새로운 지각을 발견하고, 그의 가르침을 통해 지각을 뛰어넘어 진리로 돌아갈 수 있습니다. 아버지, 제가 만든 그 모든 환상을 초월하는 환상을 주소서. 오늘 저는 용서받은 세상을 보기로 선택합니다. 그곳에서는 모든 이가 저에게 그리스도의 얼굴을 보여주며, 제가 바라보는 것은 곧 저에게 속한 것임을, 당신의 거룩한 아들 외에는 아무것도 없음을 가르쳐줍니다.

2 오늘 우리의 시각은 참으로 축복받았다. 그리스도의 자아는 곧 우리의 자아며, 그러한 그리스도의 얼굴을 바라볼 때 우리는 하나의 비전을 공유한다. 하느님의 아들이자 우리 자신의 정체인 그리스도로 인하여, 우리는 하나다.

270과

오늘 나는 몸의 눈을 사용하지 않겠다.

1 아버지, 그리스도의 비전은 당신이 제게 주신 선물입니다. 그것에는 몸의 눈이 보는 모든 것을 용서받은 세상의 모습으로 바꿀 힘이 있습니다. 이 세상은 얼마나 영광스럽고 자비로운지요! 게다가 저는 이 세상에서 시각이 줄 수 있는 것보다 얼마나 더 많은 것을 지각하게 될 것인지요. 용서받은 세상은 당신의 아들이 아버지를 인정하고, 자신의 꿈을 진리로 가져가며, 시간에 남아있는 단 한 순간만을 기대에 부풀어 기다린다는 것을 나타냅니다. 그에게 당신의 기억이 돌아옴에 따라, 시간은 영원히 끝납니다. 이제 그의 뜻은 당신의 뜻과 하나입니다. 이제 그의 기능은 곧 당신의 기능이며, 당신의 생각을 제외한 모든 생각들은 사라졌습니다.

2 오늘의 조용함은 우리의 가슴을 축복할 것이며, 우리의 가슴을 통해 평화가 모든 이에게 나아갈 것이다. 그리스도는 오늘 우리의 눈이다. 우리는 오늘 그리스도의 시각을 통해 세상에 치유를 선사한다. 그는 하느님이 온전하게 창조하신 거룩한 아들, 하느님이 하나로 창조하신 거룩한 아들이다.

특별주제 6: 그리스도란 무엇인가?

¹ 그리스도는 하느님이 창조하신 대로의 하느님의 아들이다. 그는 우리가 공유하는 자아로서, 우리를 서로와 연합할 뿐만 아니라 하느님과도 연합한다. 그는 자신의 근원인 마음 안에 여전히 머물러 살고 있는 생각이다. 그는 자신의 거룩한 집을 떠난 적이 없으며, 그 안에서 자신이 창조된 순결을 잃은 적도 없다. 그는 하느님의 마음 안에서 영원히 변하지 않은 채 머물러 산다.

² 그리스도는 너를 하느님과 하나로 유지하고, 분리는 단지 절망의 환상에 지나지 않음을 보장하는 연결 고리다. 희망은 영원히 그리스도 안에 머물 것이기 때문이다. 네 마음은 그리스도 마음의 일부며, 그의 마음은 네 마음의 일부다. 그리스도는 하느님의 응답이 놓여있는 부분으로서, 그곳에서 모든 결정들은 이미 내려졌으며, 꿈들도 끝났다. 그는 몸의 눈이 지각하는 어떤 것에 의해서도 영향받지 않은 채 남아있다. 비록 아버지는 너의 구원을 위한 수단을 그리스도 안에 놓아두시기는 했지만, 그는 자신의 아버지와 마찬가지로 어떤 죄도 알지 못하는 자아로 남아있기 때문이다.

³ 성령의 집이며, 오로지 하느님 안에서만 집처럼 편히 쉬는 그리스도는 너의 거룩한 마음의 천국 안에 평화로이 머문다. 이것은 네 안에서 진실로 실재성을 갖는 유일한 부분이다. 나머지는 단지 꿈이다. 하지만 이런 꿈들은 그리스도에게 주어져 그의 영광 앞에서 사라지고, 마침내 너의 거룩한 자아, 곧 그리스도가 너에게 드러날 것이다.

⁴ 성령은 네 안의 그리스도로부터 나와서 너의 모든 꿈들에게 다가가서는, 자신에게 와서 진리로 전환되라고 명한다. 성령은 그 꿈들을 하느님이 꿈의 종말로 명하신 최후의 꿈과 맞바꿀 것이다. 용서가 세상에 내려앉아 하느님의 모든 아들들에게 평화가 찾아왔을 때, 과연 무엇이 남아있어 사물을 분리해 놓을 수 있겠는가? 과연 그때 그리스도의 얼굴 외에 볼 것이 무엇이 남아있겠는가?

⁵ 그리고 과연 이 거룩한 얼굴을 얼마나 오래 보겠는가? 그리스도의 얼굴은 단지 이제 배움의 시간이 끝났고, 마침내 속죄의 목표가 이루어졌다는 상징일 뿐인데 말이다. 그러니 이제 우리 그리스도의 얼굴을 찾아 나서자. 그리고 다른 것은 아무것도 바라보지 말자. 우리가 그리스도의 영광을 바라봄에 따라, 우리에게는 배움도 지각도 시간도 필요 없으며, 하느님이 당신의 아들로 창조하신 거룩한 자아, 즉 그리스도 외

에는 아무것도 필요 없음을 알게 될 것이다.

271과

오늘 나는 그리스도의 비전을 사용하겠다.

¹ 매일, 매시간, 모든 순간에, 나는 내가 보기를 원하는 모습, 듣기를 원하는 소리를 선택하고 있다. 또한 나 자신에 대한 진리로 내가 무엇을 원하는지 보여주는 증인들을 선택하고 있다. 오늘 나는 그리스도가 보게 하려는 것을 바라보고, 하느님의 음성에 귀 기울이며, 하느님의 창조물에서 참인 것에 대한 증인들을 구하기로 선택한다. 그리스도의 시각 안에서 세상과 하느님의 창조물이 만나며, 그것들이 하나로 합쳐질 때 모든 지각이 사라진다. 그리스도의 다정한 눈길은 세상을 죽음에서 구해낸다. 그리스도가 바라보는 모든 것은 살아있을 수밖에 없으며, 아버지와 아들을 기억하고, 창조주와 창조물이 하나로 연합되어 있음을 기억하기 때문이다.

² 아버지, 그리스도의 비전은 당신께 가는 길입니다. 그가 바라보는 것은 당신의 기억을 초대하여 저에게 회복되게 합니다. 저는 오늘 바로 이것을 보기로 선택합니다.

272과

환상이 어찌 하느님의 아들을 만족시킬 수 있겠는가?

1 아버지, 진리는 제 것입니다. 저의 집은 당신의 뜻과 저의 뜻에 따라 천국 안에 자리잡았습니다. 꿈이 과연 저를 만족시킬 수 있겠습니까? 환상이 과연 저에게 행복을 가져다줄 수 있겠습니까? 당신의 기억 외에 과연 무엇이 당신의 아들을 만족시킬 수 있겠습니까? 저는 당신이 제게 주신 것보다 못한 것은 아무것도 받아들이지 않겠습니다. 저는 영원히 고요하고, 영원히 온유하며, 영원히 안전한 당신의 사랑에 둘러싸여 있습니다. 하느님의 아들은 분명 당신이 창조하신 그대로입니다.

2 오늘 우리는 환상들을 지나쳐 간다. 그리고 꿈속에 남아 머뭇거리라고 유혹하는 소리를 들을 때면, 우리는 그것에서 물러난 후, 하느님의 아들인 우리가 과연 꿈에 만족할 수 있는지 자문한다. 우리는 지옥만큼이나 쉽게 천국을 선택할 수 있으며, 사랑은 모든 두려움을 기쁘게 대체할 것이기 때문이다.

273과

하느님 평화의 깊은 고요는 내 것이다.

¹ 어쩌면 우리는 이제 혼란 없이 평온한 날을 맞이할 준비가 되었을 것이다. 그것이 아직 가능하지 않다면, 그런 날을 얻을 방법을 배우는 것에 만족하고 기쁘게 받아들이자. 우리가 혼란에 굴복했을 때는, 그것을 물리치고 평화로 돌아가는 방법을 배우자. 우리 자신의 마음에게 단지 "하느님 평화의 깊은 고요는 내 것이다."라고 확고히 말해 주기만 하면, 그 무엇도 하느님이 친히 당신의 아들에게 주신 평화를 침범할 수 없다.

² 아버지, 당신의 평화는 제 것입니다. 당신은 제가 평화를 간직하기를 원하시거늘, 제가 무언가에게 평화를 빼앗길까 봐 두려워할 필요가 있겠습니까? 저는 당신이 주신 선물을 잃을 수 없습니다. 따라서 당신이 당신의 아들에게 주신 평화는 조용함 속에서, 그리고 당신을 향한 저의 영원한 사랑 속에서 여전히 저와 함께 있습니다.

274과

오늘은 사랑의 날이다. 나는 두려워하지 않겠다.

1 아버지, 저는 오늘 모든 것이 당신이 창조하신 그대로 존재하도록 허용
하겠습니다. 그리고 당신의 아들에게 그의 죄 없음에 걸맞은 영예를 부
여하고, 형제가 자신의 형제와 친구에게 주는 그런 사랑을 주겠습니다.
이것을 통해, 제가 구원됩니다. 또한 이것을 통해, 환상이 있던 곳에 진
리가 들어오고, 빛이 모든 어둠을 대체하며, 당신의 아들은 자신이 당
신이 창조하신 그대로임을 알게 될 것입니다.

2 오늘, 특별한 축복이 우리의 아버지로부터 온다. 이날을 아버지께 드려라. 그러면
오늘 어떤 두려움도 없을 것이다. 오늘은 사랑에 바쳐진 날이기 때문이다.

275과

하느님의 치유하는 음성이 오늘 모든 것을 보호한다.

¹ 오늘, 하느님의 음성에 귀 기울이자. 그것은 아주 오랜 레슨을 전하는 것으로서, 다른 날보다 오늘 더 참인 것은 아니다. 하지만 우리가 구하고 듣고 배우고 이해하려는 바로 그때로 오늘이 선택되었다. 나와 함께 듣자. 하느님의 음성은 우리가 홀로 이해하거나 따로 배울 수 없는 것에 대해 말해주기 때문이다. 이 안에서, 모든 것이 보호받는다. 그리고 이 안에서, 하느님 음성의 치유를 찾을 수 있다.

² 당신의 치유하는 음성이 오늘 모든 것을 보호합니다. 따라서 저는 당신께 모든 것을 맡깁니다. 저는 아무것도 걱정할 필요가 없습니다. 당신의 음성은 제게 무엇을 행하고, 어디에 가고, 누구에게 말을 해야 하는지, 그리고 그에게 무슨 말을 해야 하는지 알려주고, 제가 무슨 생각을 생각하고, 세상에 무슨 말을 전해야 하는지 알려줄 것이기 때문입니다. 제가 가져다주는 안전은 저에게 주어집니다. 아버지, 당신의 음성이 저를 통해 모든 것을 보호합니다.

276과

하느님은 당신의 말씀을 내게 주셔서 전하게 하신다.

1 하느님의 말씀이란 무엇인가? "나의 아들은 나 자신처럼 순수하고 거룩하다." 그리고 이와 같이 하느님은 당신의 사랑받는 아들의 아버지가 되셨다. 이와 같이 그가 창조되었기 때문이다. 이것은 아들이 아버지와 함께 창조한 말씀이 아니다. 왜냐하면, 이 말씀 안에서 아들이 태어났기 때문이다. 하느님의 부성을 받아들이자. 그러면 우리에게 모든 것이 주어진다. 우리가 그분의 사랑 안에서 창조되었음을 부정한다면, 우리의 자아도 부정하는 것이다. 그러면 우리는 우리가 누구인지, 우리의 아버지가 누구신지, 우리가 무슨 목적으로 왔는지 확신할 수 없게 된다. 하지만 우리를 창조하실 때 당신의 말씀을 주신 분을 인정하기만 한다면, 우리는 아버지를 기억하게 되며, 그에 따라 우리의 자아도 기억하게 된다.

2 아버지, 당신의 말씀은 제 것입니다. 그리고 이것이야말로 제가 모든 형제들에게 전하고자 하는 것입니다. 당신은 저를 사랑하시고 축복하시고 구원하시듯이, 그들을 제게 보내 저 자신의 것으로 소중히 여기게 하셨습니다.

277과

당신의 아들을 제가 만든 법칙으로 속박하지 말게 하소서.

1 아버지, 당신의 아들은 자유롭습니다. 제가 몸을 지배하려고 만든 법칙으로 그를 속박했다고 상상하지 말게 하소서. 그는 제가 몸을 더 안전하게 만들려고 만든 어떤 법칙에도 매여있지 않습니다. 그는 변할 수 있는 것에 의해 변하지 않습니다. 그는 그 어떤 시간의 법칙에도 예속되어 있지 않습니다. 그는 당신이 창조하신 그대로입니다. 그는 사랑의 법칙 외에 그 어떤 법칙도 알지 못하기 때문입니다.

2 우상을 숭배하지 말고, 우상 숭배가 하느님 아들의 자유를 감추기 위해 만들려는 그 어떤 법칙도 믿지 말자. 그는 자신의 믿음에 의하지 않고서는 속박될 수 없다. 하지만 그가 스스로 노예 상태에 있다고 믿든 자유롭다고 믿든, 그의 정체는 그런 믿음 저 너머에 있다. 그는 자유롭다. 그는 그의 아버지의 아들이기 때문이다. 하느님의 진리는 거짓을 말할 수 없으며, 하느님은 당신 자신을 속이기로 뜻하실 수 없다. 그것이 가능한 경우가 아닌 한, 그는 속박될 수 없다.

278과

내가 만약 속박되어 있다면, 나의 아버지도 자유롭지 않으시다.

1 살아있는 듯한 모든 것이 죽는 것 같은 세상에서 나 자신이 몸에 갇힌 죄수라고 받아들인다면, 나의 아버지도 나와 더불어 죄수가 되신다. 그리고 세상이 따르는 법칙들을 따라야 한다고 주장할 때, 나는 다음을 믿는 것이다: 내가 지각하는 약점과 죄는 실제며, 나는 그것들에서 벗어날 수 없다. 내가 어떤 식으로든 속박되어 있다면, 나의 아버지도 나의 자아도 알 수 없다. 그리고 나의 실재도 전부 잊어버린 것이다. 진리는 자유로우며, 속박되어 있는 것은 진리의 일부가 아니기 때문이다.

2 아버지, 저는 오로지 진리만을 청합니다. 그동안 저는 저 자신과 저의 창조에 대한 어리석은 생각들을 수없이 간직하고, 제 마음 안으로 두려움의 꿈을 들여왔습니다. 오늘 저는 꿈꾸지 않겠습니다. 저는 광기와 공포 대신에 당신께 가는 길을 선택합니다. 진리는 안전하며, 오로지 사랑만이 확실하기 때문입니다.

279과

창조물의 자유가 나 자신의 자유를 약속해 준다.

¹ 나는 꿈의 종말을 약속받았다. 하느님의 아들은 그분의 사랑에 의해 버림받지 않기 때문이다. 오로지 꿈속에서만, 그가 감옥에 갇혀 미래의 자유를 기다리는 듯한 시간이 있다. 그러한 것이 있기나 하다면 말이다. 하지만 실제로 그의 꿈은 사라졌으며, 진리가 그 자리에 확고히 자리잡았다. 지금, 자유는 이미 그의 것이다. 하느님이 지금 나에게 자유를 선사해 주시거늘, 내가 이미 끊긴 사슬에 묶여 해방을 기다려야 하겠는가?

² 아버지, 저는 오늘 당신의 약속을 받아들이고, 믿겠습니다. 아버지는 당신 자신의 것으로 창조하신 아들을 사랑하십니다. 그런 당신이 과연 저에게 주신 선물을 거두시겠습니까?

280과

내가 하느님의 아들에게 어떤 한계를 지울 수 있겠는가?

1 하느님이 한계 없도록 창조하신 자는 자유롭다. 나는 그의 감금 상태를 꾸며낼 수 있지만, 진리가 아닌 환상 안에서만 그러하다. 하느님의 어떤 생각도 그의 아버지의 마음을 떠난 적이 없다. 하느님의 어떤 **생각**도 전혀 제한되어 있지 않다. 하느님의 어떤 생각도 영원히 순수하지 않은 것이 없다. 내가 과연 하느님의 아들에게 한계를 지울 수 있겠는가? 그의 아버지는 그가 자유와 사랑 안에서 한계가 없으며, 당신과 닮기를 뜻하셨는데 말이다.

2 아버지, 저로 하여금 오늘 당신의 아들에게 영예를 부여하게 하소서. 저는 오로지 그런 방법을 통해서만 당신께 가는 길을 발견하기 때문입니다. 저는 당신이 사랑하시고 한계 없도록 창조하신 아들에게 한계를 지우지 않습니다. 제가 그에게 부여하는 영예는 당신의 것이며, 당신의 것은 또한 저에게도 속합니다.

특별주제 7: 성령이란 무엇인가?

¹ 성령은 환상과 진리 사이를 중재한다. 성령이 실재와 꿈 사이에 다리를 놓아 그 간격을 메움에 따라, 지각은 은혜를 통해 앎으로 이어진다. 은혜는 하느님이 성령에게 주셔서, 진리를 찾아 그에게 의탁하는 모든 이에게 주도록 하신 선물이다. 모든 꿈은 성령이 제공하는 다리 건너의 진리로 보내져서, 앎의 빛을 만나 산산이 흩어진다. 그곳에서, 모습들과 소리들은 영원히 내려놓아진다. 전에 그것들이 지각된 곳에서, 용서는 지각의 조용한 종말을 가능하게 했다.

² 성령의 가르침이 설정한 목표는 바로 이러한 꿈의 종말이다. 모습들과 소리들은 두려움의 증인에서 사랑의 증인으로 전환되어야 한다. 이것이 완전히 성취되었을 때, 배움이 실제로 가진 유일한 목표가 달성된 것이다. 성령이 배움의 목표로 지각하는 결과로 배움을 인도함에 따라, 배움은 그 자체를 넘어서는 수단이 되어 **영원한 진리**로 대체되기 때문이다.

³ 아버지는 네가 너의 죄 없음을 인식하기를 간절히 바라신다. 네가 만약 이것을 안다면, 그분의 음성이 헛되이 호소하게 내버려 두지 않을 것이며, 네가 만든 무서운 이미지와 꿈에 대한 그분의 대체물을 외면하지도 않을 것이다. 성령은 네가 영원히 얻을 수 없는 것을 얻으려고 만든 수단을 이해한다. 네가 그것을 성령께 드리면, 성령은 네가 망명 생활을 위해 만든 수단을 사용해서 너의 마음을 그것이 참으로 속하는 곳으로 돌려보낼 것이다.

⁴ 성령은 하느님이 그를 놓아두신 앎으로부터 너를 부르면서, 용서가 너의 꿈에 내려앉게 하여 제정신과 마음의 평화를 회복하라고 호소한다. 용서가 없다면, 너의 꿈들은 너를 계속 겁먹게 할 것이다. 아버지의 그 모든 사랑에 대한 기억도 꿈의 종말이 왔음을 알리러 돌아오지 않을 것이다.

⁵ 아버지의 선물을 받아들여라. 그것은 사랑이 사랑에게 보내는, 다만 그 자체가 되라는 부름이다. 성령은 하느님의 사랑스러운 아들에게 천국의 조용함이 회복되게 하는 하느님의 선물이다. 하느님은 다만 네가 완성되기만을 뜻하시거늘, 너는 그분을 완성하는 기능을 받아들이지 않으려고 하는가?

281과

나는 단지 내 생각들에 의해서만 상처받을 수 있다.

1 아버지, 당신의 아들은 완벽합니다. 그가 어떤 식으로든 상처받는다고 생각한다면, 자신이 누구인지 잊었기 때문입니다. 또한 자신이 당신이 창조하신 그대로 남아있음을 잊었기 때문입니다. 당신의 생각들은 저에게 오로지 행복만 가져다줄 수 있습니다. 제가 만약 슬프거나 상처받거나 병든다면, 당신이 생각하시는 것을 잊고서 당신의 생각들이 본래 속한 곳, 그 생각들이 있는 곳에 저의 하찮고 무의미한 아이디어들을 대신 놓아두었기 때문입니다. 저는 단지 제 생각들에 의해서만 상처받을 수 있습니다. 제가 당신과 함께 생각하는 생각들은 오로지 축복할 수만 있습니다. 오로지 제가 당신과 함께 생각하는 생각들만이 참입니다.

2 나는 오늘 나 자신에게 상처를 주지 않겠다. 나는 모든 고통 저 너머에 있기 때문이다. 나의 아버지는 나를 천국에 안전하게 놓아두시고 굽어살피신다. 그리고 나는 그분이 사랑하시는 아들을 공격하지 않겠다. 그분이 사랑하시는 자는 또한 내가 사랑해야 할 자기 때문이다.

282과

나는 오늘 사랑을 두려워하지 않겠다.

¹ 내가 오늘 단지 이것을 깨달을 수 있다면, 온 세상에 구원이 찾아올 것이다. 이것은 정신 이상이 되지 않겠다는 결정이며, 나 자신을 나의 아버지요 나의 근원이신 하느님이 창조하신 그대로 받아들이겠다는 결정이다. 이것은 진리가 생명의 기쁨 속에 영원히 살아있는 한 죽음의 꿈속에서 잠들어 있지 않겠다는 결심이다. 이것은 또한 하느님이 당신의 사랑받는 아들로 창조하셨고 나의 유일한 실재로 남아있는 자아를 인식하겠다는 선택이다.

² 아버지, 당신의 이름은 사랑이며, 저의 이름도 그러합니다. 바로 그러한 것이 진리입니다. 진리에 단지 다른 이름을 붙인다고 해서 진리가 바뀔 수 있을까요? 두려움이라는 이름은 한낱 실수에 불과합니다. 저로 하여금 오늘 진리를 두려워하지 않게 하소서.

283과

저의 진정한 정체는 당신 안에 머물러 삽니다.

1 아버지, 저는 저 자신에 대한 이미지를 하나 만들었습니다. 제가 하느
님의 아들이라고 부르는 것은 바로 그 이미지입니다. 하지만 창조물은
늘 그러했던 대로 남아있습니다. 당신의 창조물은 변할 수 없기 때문입
니다. 저로 하여금 우상을 숭배하지 않게 하소서. 저는 아버지가 사랑
하시는 바로 그 아들입니다. 그의 거룩함은 여전히 천국의 빛이자 하느
님의 사랑으로 남아있습니다. 당신께 사랑받는 것이 안전하지 않을 수
있을까요? 천국의 빛이 무한하지 않을 수 있을까요? 존재하는 모든 것
을 당신이 창조하셨거늘, 당신의 아들이 저의 진정한 정체가 아닐 수
있을까요?

2 이제 우리는 우리의 유일한 근원이신 아버지 하느님, 그리고 우리의 일부로 창조된
만물과 더불어, 공유된 정체 안에서 하나다. 따라서 우리는 만물을 축복하며, 우리의
용서를 통해 우리와 하나가 된 온 세상과 사랑스럽게 연합한다.

284과

나는 상처를 주는 모든 생각을 바꾸기로 선택할 수 있다.

¹ 제대로 지각한다면, 상실은 상실이 아니다. 고통은 불가능하다. 어떤 이유의 슬픔이든 전혀 존재하지 않는다. 그리고 어떤 종류의 괴로움이든 한낱 꿈에 불과하다. 바로 이러한 것이 진리로서, 처음에는 그저 말로 하고, 이어서 여러 번 반복해 말하고, 그다음에는 많은 유보조항과 함께 부분적으로만 참인 것으로 받아들인다. 그런 다음 점점 더 진지하게 숙고하고, 마침내 진리로서 받아들인다. 나는 상처를 주는 모든 생각을 바꾸기로 선택할 수 있다. 그리고 나는 오늘 이 말들을 지나치고 모든 유보조항 너머로 가서, 이 말에 담긴 진리를 완전히 받아들이는 상태에 도달하겠다.

² 아버지, 당신이 주신 것은 상처를 줄 수 없습니다. 따라서 슬픔과 고통은 불가능합니다. 제가 오늘 당신에 대한 신뢰를 저버리지 않게 하소서. 그리하여 오로지 기쁜 것들만 당신의 선물로 받아들이고, 오로지 기쁜 것들만 진리로 받아들이게 하소서.

285과

오늘, 나의 거룩함이 찬란하고 뚜렷하게 빛난다.

1 오늘, 나는 하느님의 행복한 일들만이 내게 일어나기를 기대하면서 기쁘게 깨어난다. 나는 그런 일들만 일어나라고 요청하며, 나의 초대가 내가 초대한 생각으로 응답받을 것임을 깨닫는다. 그리고 나는 나의 거룩함을 받아들이는 즉시 기쁜 일들만 요청할 것이다. 오늘 내가 정신 이상을 떠나보내고 그 대신에 나의 거룩함을 받아들인다면, 고통이 내게 무슨 소용이고, 고난이 무슨 목적을 이룰 것이며, 슬픔과 상실에 어떤 유익이 있겠는가?

2 아버지, 저의 거룩함은 당신의 거룩함입니다. 제가 그것을 기뻐하고, 용서를 통해 제정신을 회복하게 하소서. 당신의 아들은 여전히 당신이 창조하신 그대로입니다. 저의 거룩함은 저의 일부자 당신의 일부입니다. 그런데 과연 무엇이 거룩함 자체를 바꿀 수 있겠습니까?

286과

오늘, 천국의 고요가 내 가슴을 사로잡는다.

¹ 아버지, 오늘 얼마나 고요한지요! 만물이 얼마나 조용히 제자리에 있는 지요! 오늘은 제가 아무것도 할 필요가 없다는 레슨을 이해하게 될 때로 선택된 날입니다. 당신 안에서, 모든 선택이 이미 내려져 있습니다. 당신 안에서, 모든 갈등이 이미 해결되었습니다. 당신 안에서, 제가 찾기를 바라는 모든 것이 이미 제게 주어져 있습니다. 당신의 평화는 제 것입니다. 저의 가슴은 조용하고, 저의 마음은 안식합니다. 당신의 사랑은 곧 천국이며, 당신의 사랑은 제 것입니다.

² 오늘의 고요함은 우리가 길을 발견했으며, 그 길을 따라 아주 확실한 목표를 향해 멀리 걸어왔다는 희망을 우리에게 선사할 것이다. 오늘 우리는 하느님이 친히 약속하신 결말을 의심하지 않겠다. 우리는 하느님을 신뢰하며, 여전히 그분과 하나인 우리의 자아를 신뢰한다.

287과

아버지, 당신은 저의 목표십니다. 오로지 당신뿐입니다.

1   내가 과연 천국이 아닌 어디로 가겠는가? 무엇이 과연 행복의 대체품이 될 수 있겠는가? 하느님의 평화를 앞에 두고서, 내가 과연 어떤 선물을 더 좋아할 수 있겠는가? 나의 정체와 견줄 만한 어떤 보물을 내가 구하고, 발견하고, 간직하겠는가? 그리고 내가 과연 사랑 대신에 두려움과 살고자 하겠는가?

2   아버지, 당신은 저의 목표십니다. 당신이 아닌 그 무엇을 제가 갖고 싶어 할 수 있을까요? 당신께 이르는 길이 아닌 어떤 길을 제가 걷고 싶어 할 수 있을까요? 당신의 기억 외에 그 무엇이 저에게 진리의 헛된 대체품과 꿈의 종말을 알려줄 수 있을까요? 당신은 저의 유일한 목표십니다. 당신의 아들은 당신이 창조하신 그대로일 것입니다. 이것이 아닌 어떤 방법으로 제가 저의 자아를 알아보고 저의 정체와 하나가 되기를 기대할 수 있을까요?

288과

오늘 제 형제의 과거를 잊게 하소서.

¹ 이 생각은 당신께 길을 인도하여 저를 제 목표에 데려다줍니다. 저는 제 형제 없이는 당신께 갈 수 없습니다. 그리고 저의 근원을 알기 위해서는, 저는 먼저 당신이 저와 하나로 창조하신 자를 알아보아야 합니다. 제 형제의 손은 당신께 가는 길에서 저를 인도하는 손입니다. 그의 죄는 저의 죄와 함께 과거에 있습니다. 그리고 과거는 가버렸으므로, 저는 구원되었습니다. 제 가슴에 과거를 품고 있지 않게 하소서. 그렇지 않으면 저는 당신께 가는 길을 잃을 것입니다. 제 형제는 저의 구원자입니다. 당신이 제게 주신 구원자를 공격하지 않게 하소서. 그 대신에, 당신의 이름을 지닌 그에게 영광을 돌림으로써 그것이 저 자신의 이름임을 기억하게 하소서.

² 그러니 오늘 나를 용서하라. 네가 만약 네 형제를 거룩한 빛 속에서 본다면, 나를 이미 용서했음을 알게 될 것이다. 그는 나보다 덜 거룩할 수 없고, 너는 그보다 더 거룩할 수 없다.

289과

과거는 끝났다. 과거는 나를 건드릴 수 없다.

1. 나의 마음에서 과거가 끝나지 않는 한, 실재세상은 나의 시야를 비켜 갈 것이다. 나는 실제로 아무 곳도 아닌 곳으로 눈을 돌려, 존재하지 않는 것만을 보기 때문이다. 그렇다면 내가 어떻게 용서가 선사하는 세상을 지각할 수 있겠는가? 바로 이것을 감추기 위해 과거가 만들어졌다. 이것은 오로지 지금만 볼 수 있는 세상이기 때문이다. 그 세상에는 과거가 없다. 오로지 과거만이 용서받을 수 있으며, 만약 과거가 용서받았다면, 과거는 사라졌다.

2. 아버지, 저로 하여금 존재하지도 않는 과거를 바라보지 않게 하소서. 과거가 건드리지 않았고 죄에서 자유로운 현재 세상에서, 당신은 제게 당신의 대체물을 선사하셨기 때문입니다. 여기에 죄의식의 종말이 있습니다. 여기에서 저는 당신의 마지막 단계를 맞이할 준비가 됩니다. 그런데 제가 당신께 더 기다리시라고 요구하겠습니까? 당신이 당신 아들의 그 모든 꿈과 고통의 종말로 계획하신 사랑스러움을 그가 발견할 때까지 말입니다.

290과

나의 현재의 행복이 내가 보는 모든 것이다.

[1] 내가 만약 존재하지 않는 것을 바라보지 않는다면, 나의 현재의 행복이 내가 보는 모든 것이다. 열리기 시작하는 눈은 마침내 본다. 그리고 바로 오늘, 나는 그리스도의 비전이 나에게 오도록 하겠다. 내가 만든 모습을 하느님의 교정 없이 지각한다면, 그것은 너무 무시무시해서 바라보기조차 고통스럽다. 하지만 나는 내가 만든 꿈이 실제라는 믿음에 나의 마음이 속도록 한 순간도 더 허락하지 않겠다. 오늘은 바로 내가 나의 현재의 행복을 구하고, 그것 외에 다른 것은 아무것도 바라보지 않는 날이다.

[2] 아버지, 저는 오늘 이런 결심으로 당신께 나아가, 제가 오로지 당신의 뜻을 행하는 동안 당신의 강함으로 저를 붙들어 주시기를 요청합니다. 당신은 저의 요청을 듣지 않으실 리가 없습니다. 제가 요청하는 것을 당신은 이미 주셨습니다. 따라서 저는 오늘 저의 행복을 확실히 볼 것입니다.

특별주제 8: 실재세상이란 무엇인가?

¹ 실재세상은 지각이 제공하는 다른 모든 것들과 마찬가지로, 하나의 상징이다. 하지만 그것은 네가 만든 것과 정반대되는 것을 나타낸다. 너의 세상은 두려움의 눈을 통해 보이고, 너의 마음에게 공포의 증인들을 데려온다. 실재세상은 용서가 축복하는 눈을 통해서만 지각할 수 있으며, 따라서 그 눈은 공포가 불가능하고 두려움의 증인들을 찾아볼 수 없는 세상을 본다.

² 실재세상 안에는 너의 세상에 반영되어 있는 각각의 불행한 생각에 대응하는 생각들이 들어있다. 그것들은 너의 세상이 담고 있는 무서운 모습과 전쟁 소리에 대한 확실한 교정이다. 실재세상은 조용한 눈과 평화로운 마음을 통해, 다르게 보이는 세상을 보여준다. 그곳에는 단지 안식만 있다. 고통과 슬픔의 울부짖음은 들리지 않는다. 그곳에서는 그 무엇도 용서 바깥에 남아있지 않기 때문이다. 그곳의 모습들은 온화하다. 자신을 용서한 마음에게는 오로지 행복한 모습과 소리만이 도달할 수 있다.

³ 그러한 마음이 과연 죽음과 공격, 살인의 생각을 필요로 하겠는가? 그 마음이 과연 자신을 둘러싼 안전과 사랑, 그리고 기쁨 외에 무엇을 지각할 수 있겠는가? 그 마음이 과연 무엇을 정죄하기로 선택하겠으며, 과연 무엇을 거슬러 판단하고자 하겠는가? 그러한 마음이 보는 세상은 그 자신 안에서 평화로운 마음으로부터 일어난다. 그 마음이 무엇을 바라보든, 거기에는 어떤 위험도 도사리고 있지 않다. 그 마음은 친절하며, 또한 오로지 친절함만 바라보기 때문이다.

⁴ 실재세상은 죄와 죄의식의 꿈이 끝났으며, 하느님의 아들은 더 이상 잠들어 있지 않다는 상징이다. 깨어나는 눈은 그의 아버지 사랑의 확실한 반영, 즉 그가 구원되었다는 분명한 약속을 지각한다. 실재세상은 시간의 종말을 나타낸다. 실재세상을 지각하게 되면, 시간은 그 목적을 잃기 때문이다.

⁵ 시간이 성령의 목적을 섬기고 나면, 성령은 더 이상 시간을 필요로 하지 않는다. 이제 성령은 하느님이 마지막 단계를 취하실 그 한 순간만을 더 기다릴 뿐이다. 그리고 시간은 사라졌다. 시간은 물러갈 때 지각을 가져갔으며, 이제 진리만이 그 자체로 남아있다. 바로 그 순간이 우리의 목표다. 그 순간은 하느님에 대한 기억을 담고 있기 때문이다. 그리고 우리가 용서받은 세상을 바라볼 때, 하느님이 친히 우리를 부르시

면서 집에 데려가려고 오신다. 그러면서 우리의 용서를 통해 회복된 우리의 정체를 일깨워 주신다.

291과

오늘은 고요함과 평화의 날이다.

1 오늘, 그리스도의 비전이 나를 통해 본다. 그의 시각은 나에게 만물이 용서받아 평화로이 있음을 보여주며, 세상에도 이와 똑같은 비전을 제공한다. 나 자신과 세상을 위해, 나는 이러한 비전을 세상의 이름으로 받아들인다. 우리가 오늘 바라보는 것은 얼마나 사랑스러운지! 우리가 주위에서 보는 것은 얼마나 거룩한지! 우리는 그것이 우리가 공유하는 거룩함임을, 그리고 하느님 자신의 **거룩함**임을 인식할 수 있다.

2 아버지, 저의 마음은 오늘 당신이 주시는 **생각들**을 받기 위해 조용히 있습니다. 저는 제게서 오는 것 대신에 당신에게서 오는 것을 받아들입니다. 저는 당신께 가는 길을 모르지만, 당신은 완전히 확신하십니다. 아버지, 당신의 아들을 당신 안에서 끝나는 조용한 길을 따라 인도하소서. 저의 용서가 완성되게 하시어, 당신에 대한 기억이 돌아오게 하소서.

292과

모든 것의 행복한 결말은 확실하다.

1 하느님의 약속에는 예외가 없다. 하느님은 오로지 기쁨만이 모든 것의 최종적인 결과일 수 있다고 보장하신다. 하지만 우리가 이것에 언제 도달할지, 혹은 얼마나 오랫동안 이질적인 뜻이 하느님의 뜻에 맞서고 있는 듯이 보이도록 허용할지는 우리에게 달려있다. 그 뜻이 실제라고 생각하는 동안은, 우리가 지각하는 모든 문제, 우리가 보는 모든 시련, 우리가 마주치는 모든 상황에 대한 결과로 하느님이 정해놓으신 결말을 찾지 못할 것이다. 하지만 결말은 확실하다. 하느님의 뜻은 땅과 천국에서 이루어졌기 때문이다. 우리는 구할 것이며, 우리의 뜻이 이루어진다고 보장하는 하느님의 뜻에 따라 발견할 것이다.

2 아버지, 결국에는 오로지 행복한 결과만이 있다고 보장해 주시니, 감사
드립니다. 당신은 우리가 지각할 수 있는 모든 문제, 여전히 겪을 수밖
에 없다고 생각하는 모든 시련에 대해 행복한 결말을 약속하셨습니다.
우리가 그것을 방해하여 미루지 않도록 도우소서.

293과

두려움은 모두 지나갔고, 사랑만이 여기에 있다.

1 두려움은 모두 지나갔다. 두려움의 근원이 사라졌으며, 그것의 모든 생각들도 함께 사라졌기 때문이다. 사랑이 유일한 현재 상태로 남아있고, 그 근원이 영원무궁토록 여기에 있다. 나의 모든 과거의 실수들이 세상을 짓누르면서 내게 왜곡된 형식의 고통을 보여줄 때, 내가 과연 세상을 밝고 깨끗하고 안전하고 따뜻이 환영하는 곳으로 볼 수 있겠는가? 하지만 현재 안에서, 사랑은 뚜렷이 드러나 있고 그 결과들도 분명하다. 온 세상이 사랑의 거룩한 빛을 반영하여 빛나면서, 나는 마침내 용서받은 세상을 지각한다.

2 아버지, 당신의 거룩한 세상이 오늘 저의 시야를 벗어나지 않게 하소서. 또한 두려움의 소리 밑에서 세상이 부르는 그 모든 감사의 찬가를 제가 못 들은 체하지 않게 하소서. 과거의 모든 실수가 건드리지 못하도록 현재가 안전하게 지키고 있는 실재세상이 있습니다. 오늘 저는 눈앞에서 오로지 이 세상만 보겠습니다.

294과

내 몸은 전적으로 중립적인 것이다.

¹ 나는 하느님의 아들이다. 그런 내가 동시에 다른 어떤 것일 수도 있겠는가? 죽을 운명이고 썩어버릴 몸을 하느님이 창조하셨겠는가? 죽을 수밖에 없는 것이 하느님의 사랑받는 아들에게 무슨 용도가 있겠는가? 하지만 중립적인 몸은 죽음을 보지 않는다. 그것에는 두려움의 생각들이 부여되지 않았으며, 사랑의 서툰 모조품이 주어지지도 않았기 때문이다. 몸에 용도가 있는 한, 몸의 중립성이 몸을 보호한다. 나중에 목적이 없어지면, 몸은 한쪽으로 치워진다. 몸은 병들거나 늙거나 다치지 않는다. 몸은 그저 기능이 없기에, 필요가 없어 벗어 던져질 뿐이다. 오늘 나는 몸을 단지 다음과 같이 보겠다: 몸은 잠시 봉사할 수 있고 봉사하기에 적당하며, 봉사할 수 있는 동안은 그 유용성을 유지하다가, 더 큰 선을 위해 대체되는 것이다.

² 아버지, 저의 몸은 당신의 아들일 수 없습니다. 창조되지 않은 것은 죄가 있을 수도 없을 수도 없으며, 좋지도 나쁘지도 않습니다. 그러니 저로 하여금 이 꿈을 사용하여 당신의 계획을 돕게 하소서. 그럼으로써 우리가 스스로 만든 모든 꿈에서 깨어나게 하소서.

295과

성령은 오늘 나를 통해 본다.

¹ 그리스도는 오늘 그가 세상을 구할 수 있도록 나의 눈을 사용하게 해달라고 청한다. 그는 나에게 마음의 평화를 선사하여 모든 공포와 고통을 없애버릴 수 있도록 이 선물을 청한다. 그것들이 내게서 제거됨에 따라, 세상에 깊이 자리잡은 듯했던 꿈들이 사라진다. 구원은 분명 하나다. 내가 구원됨에 따라, 세상도 더불어 구원된다. 우리는 모두 함께 구원될 것이기 때문이다. 두려움은 다른 많은 형식으로 나타나지만, 사랑은 하나다.

² 아버지, 그리스도가 저에게 선물을 하나 청했습니다. 그것은 제가 줌으로써 저에게 주어지는 선물입니다. 저로 하여금 오늘 그리스도의 눈을 사용하도록 도우소서. 그럼으로써 성령의 **사랑**이 제가 바라볼 모든 것을 축복하게 하여, 그의 용서하는 **사랑**이 제게 머물게 하소서.

296과

성령은 오늘 나를 통해 말한다.

¹ 아버지, 성령은 오늘 저의 음성을 필요로 합니다. 그럼으로써 온 세상은 저를 통해 당신의 음성에 귀 기울여 당신의 말씀을 들을 수 있게 됩니다. 저는 당신이 저를 통해 말씀하시게 하겠다고 굳게 마음먹었습니다. 저는 당신의 말씀이 아닌 말은 사용하지 않고, 당신의 생각과 다른 생각은 생각하지 않으려 합니다. 오로지 당신의 말씀과 당신의 생각만이 참이기 때문입니다. 저는 제가 만든 세상의 구원자가 되고자 합니다. 저는 그 세상을 저주했기에, 이제 그것을 자유롭게 풀어주어 탈출구를 발견하고, 당신의 거룩한 음성이 오늘 제게 들려주실 말씀을 듣고자 하기 때문입니다.

² 우리는 오늘 우리가 배우고자 하는 것을 가르치며, 오로지 그것만을 가르친다. 따라서 우리의 학습 목표는 갈등이 사라져서, 쉽게 도달하고 빠르게 성취할 수 있는 것이 된다. 성령의 가르침이 우리를 통해 세상을 설득하도록 허용하여, 세상이 하느님께 가는 쉬운 길을 구하고 발견하게 하자. 그럴 때 성령은 우리를 지옥에서 구출하려고 얼마나 기쁘게 달려오는지!

297과

용서는 내가 주는 유일한 선물이다.

1. 용서는 내가 원하는 유일한 선물이므로, 내가 주는 유일한 선물이다. 그리고 나는 내가 주는 모든 것을 나 자신에게 준다. 이것이 바로 구원의 단순한 공식이다. 나는 구원되고자 하며, 따라서 그것을 내 공식으로 만들어서 세상을 살아가는 방법으로 삼겠다. 세상은 구원을 필요로 하며, 내가 스스로 속죄를 받아들일 때 구원될 것이다.

2. 아버지, 당신의 방법은 얼마나 확실하고 그 결과는 얼마나 틀림없는지요. 그리고 저의 구원에서 이미 정해져 있고 당신의 은혜로 성취된 매 단계는 얼마나 믿을 만한지요. 당신의 영원한 선물에 대해, 그리고 저의 정체에 대해 감사드립니다.

298과

아버지, 저는 당신을 사랑하며, 당신의 아들도 사랑합니다.

¹ 나의 감사는 내가 나의 사랑을 두려움 없이 받아들일 수 있게 해준다. 그럼으로써 나는 마침내 나의 실재로 회복된다. 용서는 나의 거룩한 시야를 침범한 모든 것을 치워버린다. 그에 따라 나는 무의미한 여정과 미친 경로, 조작된 가치관의 종말에 가까워진다. 나는 그것들 대신에 하느님이 내 것으로 확립하신 것을 받아들이면서, 내가 오로지 그 안에서만 구원될 것이며, 나의 사랑을 만나기 위해 두려움을 통과하고 있음을 확신한다.

² 아버지, 제가 오늘 당신께 나아갑니다. 저는 오로지 당신의 길만을 따르고자 하기 때문입니다. 당신은 제 곁에 계십니다. 그리고 당신의 길은 확실합니다. 저에게 확실한 지성소를 주시고, 아버지 하느님과 그분의 거룩한 아들에 대한 저의 사랑을 가릴 모든 것에서 벗어나게 해준 거룩한 선물에 대해 감사드립니다.

299과

영원한 거룩함이 내 안에 머물러 산다.

1 나의 거룩함은 내가 이해하거나 아는 능력을 훨씬 넘어서 있다. 하지만 나의 거룩함을 창조하신 나의 아버지 하느님은 그것을 당신의 거룩함으로 인정하신다. 우리의 뜻은 함께 그것을 이해한다. 우리의 뜻은 함께 그것이 그러함을 안다.

2 아버지, 저의 거룩함은 저에게서 비롯된 것이 아닙니다. 그것은 죄에 의해 파괴될 수 있는 저의 것이 아닙니다. 그것은 공격받을 수 있는 저의 것이 아닙니다. 저의 거룩함은 환상에 의해 가려질 수는 있지만, 그 광휘를 잃거나 그 빛이 흐려질 수는 없습니다. 저의 거룩함은 영원히 완벽하고 훼손되지 않은 채 남아있습니다. 저의 거룩함 안에서, 모든 것이 치유됩니다. 그것들은 당신이 창조하신 대로 남아있기 때문입니다. 그리고 저는 저의 거룩함을 알 수 있습니다. 거룩함 자신이 저를 창조했으며, 당신은 스스로 알려지기를 뜻하시므로, 저는 저의 근원을 알 수 있기 때문입니다.

300과

이 세상은 단 한 순간만 지속될 뿐이다.

¹ 이것은 죽음과 슬픔이야말로 여기에 온 모든 이의 피치 못할 운명이라고 말하기 위해 사용될 수 있는 생각이다. 그들의 기쁨은 소유하기도 전에, 심지어 붙잡기도 전에 사라지기 때문이다. 하지만 이것은 또한 어떤 거짓된 지각도 우리를 장악하지 못하게 하고, 영원히 고요한 하늘을 지나가는 구름 한 조각 이상의 것을 나타내지 못하게 하는 아이디어다. 우리는 오늘 이렇게 구름 없고, 분명하고, 확실한 고요함을 구한다.

² 아버지, 우리는 오늘 당신의 거룩한 세상을 구합니다. 당신의 사랑스러운 아들인 우리는 잠시 길을 잃었기 때문입니다. 그러나 우리는 당신의 음성에 귀 기울여서, 우리의 진정한 정체와 천국으로 회복되려면 무엇을 해야 하는지 정확하게 배웠습니다. 우리는 오늘 세상이 단 한 순간만 지속될 뿐임에 대해 감사드립니다. 우리는 그 짧은 순간을 넘어 영원으로 가고자 합니다.

특별주제 9: 재림이란 무엇인가?

1 하느님만큼이나 확실한 그리스도의 재림은 단지 실수가 교정되고 제정신이 돌아오는 것이다. 그것은 결코 상실된 적이 없는 것을 회복하고 영원무궁토록 참인 것을 재확립하는 상태의 일부다. 그것은 하느님의 말씀에게 환상의 자리를 차지하라는 초대며, 용서가 예외도 조건도 없이 만물에 내려앉게 하려는 용의다.

2 이렇게 모든 것을 포함하는 특성으로 인하여, 그리스도의 재림은 세상을 품어 안을 수 있으며, 너와 더불어 살아있는 만물을 에워싸는 그 온유한 강림 안에 너를 안전하게 지켜줄 수 있다. 하느님의 창조에 한계가 없듯이, 재림이 가져오는 해방에도 끝이 없다. 용서는 재림의 길을 밝혀 준다. 용서는 모든 이를 하나로서 비춰주기 때문이다.

3 재림은 성령이 가르치는 레슨을 끝내고, 최후의 심판에 길을 열어준다. 최후의 심판 때 배움은 그 자체 너머로 확장될 마지막 요점 정리 하나로 끝나며, 결국에는 하느님께 이른다. 재림이란 모든 마음이 그리스도의 손에 맡겨져, 진정한 창조와 하느님 뜻의 이름으로 영에게 돌려보내지는 때다.

4 재림은 시간 안에서 일어나는 사건 중에 시간이 영향을 끼칠 수 없는 유일한 사건이다. 세상에 왔다가 죽은 자나 앞으로 올 자, 혹은 지금 와있는 자가 모두 동등하게 자신이 만든 것으로부터 해방되기 때문이다. 이러한 동등성 안에서 그리스도가 하나의 정체로 회복되고, 그 하나의 정체 안에서 하느님의 모든 아들들은 그들 모두가 하나임을 인정한다. 그리고 하느님 아버지는 당신의 유일한 창조물이자 유일한 기쁨인 아들에게 미소를 지어주신다.

5 재림이 속히 오도록 기도하되, 기도만 하고 있지는 말라. 재림은 너의 눈과 귀, 너의 손과 발을 필요로 한다. 재림은 너의 음성도 필요로 하고, 무엇보다도 너의 용의를 필요로 한다. 우리가 하느님의 뜻을 행할 수 있음에 기뻐하고, 그 거룩한 빛 안에서 결합하자. 보라, 우리 안에서 하느님의 아들은 하나다. 우리는 그를 통해 우리 아버지의 사랑에 이를 수 있다.

301과

하느님이 친히 모든 눈물을 닦아주시리라.

1 아버지, 판단하지 않는 한 저는 울 수 없습니다. 고통에 시달릴 수도, 버림받아 세상에서 불필요한 존재라고 느낄 수도 없습니다. 이곳은 저의 집입니다. 저는 세상을 판단하지 않기 때문입니다. 따라서 세상은 다만 당신이 뜻하시는 것입니다. 저로 하여금 오늘, 용서가 모든 왜곡에서 해방한 행복한 눈을 통해 세상을 정죄받지 않았다고 보게 하소서. 저의 세상 대신에 당신의 세상을 보게 하소서. 그러면 제가 흘린 그 모든 눈물은 잊힐 것입니다. 그 근원이 사라졌기 때문입니다. 아버지, 저는 오늘 당신의 세상을 판단하지 않겠습니다.

2 하느님의 세상은 행복하다. 그 세상을 바라보는 자는 자신의 기쁨을 그 세상에 더하고, 그들 안에 더 큰 기쁨을 일으킬 원인으로서 그 세상을 축복할 수 있을 뿐이다. 전에 우리는 이해하지 못하여 울었다. 하지만 우리는 우리가 본 세상이 거짓임을 배웠으며, 따라서 오늘 하느님의 세상을 바라볼 것이다.

302과

어둠이 있던 곳에서, 이제 나는 빛을 바라본다.

1 아버지, 우리의 눈이 마침내 열리고 있습니다. 우리가 드디어 시각을 되찾아 볼 수 있게 됨에 따라, 당신의 거룩한 세상이 우리를 기다립니다. 우리는 우리가 고통받았다고 생각했습니다. 그러나 우리는 단지 당신이 창조하신 아들을 잊었을 뿐입니다. 이제 우리는 어둠이란 우리 자신의 상상물이며, 빛이 여기에 있어 우리가 바라볼 수 있음을 깨닫습니다. 그리스도의 비전은 어둠을 빛으로 바꿉니다. 사랑이 왔을 때, 두려움은 사라질 수밖에 없기 때문입니다. 저로 하여금 오늘 당신의 거룩한 세상을 용서하게 하소서. 그리하여 그 거룩함을 바라보고는, 그것은 다만 저의 거룩함을 반영할 뿐임을 이해하게 하소서.

2 우리가 우리의 사랑이신 하느님께 나아갈 때, 그분은 우리를 기다렸다가 함께 걸어가며 길을 보여주신다. 그분은 어떤 일에도 실패하지 않으신다. 하느님은 우리가 구하는 목적이시며, 또한 우리가 그분께 도달하게 하는 수단이시다.

303과

오늘 내 안에서, 거룩한 그리스도가 태어난다.

¹ 천사들이여, 나와 함께 지켜보라. 오늘 같이 지켜보라. 하느님의 모든 거룩한 생각들이 나를 둘러싸서, 천국의 아들이 태어나는 동안 나와 함께 고요히 있게 하라. 땅의 소리는 잠잠케 하고, 내게 익숙한 모습들은 사라지게 하라. 그리스도가 그의 집으로 반가이 맞아들여지게 하여, 그가 이해하는 소리를 듣고 아버지의 사랑을 보여주는 모습만 보게 하라. 그가 이곳에서 더 이상 낯선 자가 되지 않게 하라. 그는 오늘 내 안에서 다시 태어나기 때문이다.

² 아버지, 당신의 아들을 환영합니다. 그는 제가 만든 사악한 자아에서 저를 구하려고 왔습니다. 그는 당신이 제게 주신 자아입니다. 그는 단지 저의 진정한 정체일 뿐입니다. 그는 당신이 무엇보다 사랑하시는 아들입니다. 그는 당신이 저를 창조하신 대로의 저의 자아입니다. 십자가에 못 박힐 수 있는 것은 그리스도가 아닙니다. 저로 하여금 당신의 아들을 당신의 세상 속으로 맞아들이게 하소서.

304과

나의 세상이 그리스도의 시각을 가리지 않게 하소서.

¹ 내가 만약 나의 거룩한 시각 앞에 나의 세상을 들이민다면, 나는 그 시각을 가릴 수 있다. 그리고 내가 그리스도의 비전을 사용하지 않는다면, 그리스도가 바라보는 거룩한 모습을 바라볼 수 없다. 지각은 사실이 아닌 거울이다. 내가 바라보는 것은 바깥에 반영된 나의 마음 상태다. 나는 그리스도의 눈을 통해 세상을 바라봄으로써 세상을 축복하고자 한다. 그리하여 나는 나의 모든 죄가 용서받았다는 확실한 표시를 보겠다.

² 아버지, 당신은 저를 어둠에서 빛으로, 죄에서 거룩함으로 인도하십니다. 저로 하여금 용서하게 하시어, 세상을 위해 구원을 받아들이게 하소서. 당신은 그 선물을 제게 주시면서, 당신의 거룩한 아들에게 선사하게 하셨습니다. 그럼으로써 그는 당신에 대한 기억과 당신이 창조하신 대로의 아들에 대한 기억을 되찾을 것입니다.

305과

그리스도가 우리에게 선사하는 평화가 있다.

1 그리스도의 비전만을 사용하는 자는 너무도 깊고 조용한 평화를 발견한다. 그 평화는 흔들릴 수 없고 전혀 변함이 없기에, 세상에는 그에 상응하는 것이 없다. 이러한 평화 앞에서 비교는 잠잠해진다. 그리고 이러한 평화가 온 세상을 감싸 진리로 부드럽게 데려감에 따라, 세상은 침묵 속에 떠난다. 이제 세상은 더 이상 두려움의 집이 아니다. 사랑이 와서 세상에 그리스도의 평화를 선사함으로써, 세상을 치유했기 때문이다.

2 아버지, 그리스도의 평화가 우리에게 주어졌습니다. 우리가 구원되는 것은 당신의 뜻이기 때문입니다. 오늘 우리가 당신의 선물을 판단하지 않고 그저 받아들이도록 도우소서. 그 선물은 우리를 우리 자신에 대한 판단으로부터 구하려고 왔기 때문입니다.

306과

그리스도의 선물은 오늘 내가 구하는 모든 것이다.

1 그리스도의 비전은 나에게 천국을 너무도 닮은 세상을 보는 하루를 선사할 수 있으며, 그럼으로써 나에게 태곳적 기억이 돌아온다. 그런데 내가 오늘 그리스도의 비전 외에 무엇을 사용하려 하겠는가? 오늘 나는 내가 만든 세상을 잊을 수 있다. 오늘 나는 두려움을 모두 지나 사랑과 거룩함과 평화로 회복될 수 있다. 오늘 나는 구원되어서, 자비롭고 배려하는 세상, 자애롭고 하느님의 평화로 충만한 세상에 다시 태어난다.

2 그러므로 아버지, 우리는 당신께 돌아갑니다. 그러면서 우리가 결코 떠난 적이 없음을 기억하고, 당신이 주신 거룩한 선물을 기억합니다. 깊이 감사하며 당신께 나아가, 빈손과 열린 마음으로 그저 당신이 주시는 것만을 청합니다. 우리는 당신의 아들에게 흡족한 선물을 마련할 수 없습니다. 하지만 당신의 사랑 안에서, 그리스도의 선물은 그의 것입니다.

307과

갈등하는 소망들은 나의 뜻일 수 없다.

¹ 아버지, 당신의 뜻은 곧 저의 뜻입니다. 오로지 그것뿐입니다. 제가 품을 수 있는 다른 뜻이란 없습니다. 저로 하여금 다른 뜻을 세우려 하지 말게 하소서. 그것은 어리석기에, 저를 고통에 빠트릴 것이기 때문입니다. 오로지 당신의 뜻만이 제게 행복을 안겨주고, 오로지 당신의 뜻만이 존재합니다. 제가 오로지 당신만이 주실 수 있는 것을 가지려면, 저를 위한 당신의 뜻을 받아들여 갈등이 불가능한 평화 속으로 들어가야 합니다. 당신의 아들은 그 존재와 뜻에 있어서 당신과 하나며, 제가 당신이 창조하신 대로 남아있다는 거룩한 진리를 반박하는 것은 아무것도 없습니다.

² 이러한 기도와 함께 우리는 갈등이 일어날 수 없는 상태 속으로 조용히 들어간다. 우리는 우리의 뜻과 하느님의 뜻이 하나임을 인정하여, 우리의 거룩한 뜻을 그분의 뜻과 결합하기 때문이다.

308과

이 순간은 존재하는 유일한 시간이다.

1 나는 그동안 시간에 대해 생각할 때 나의 목표를 무산시키는 방식으로 생각했다. 내가 만약 시간을 지나 무시간성에 도달하기로 선택한다면, 나는 시간의 목적에 대한 지각을 바꿔야 한다. 시간의 목적은 과거와 미래를 하나로 유지하는 것일 수 없다. 내가 시간에서 구원될 수 있는 유일한 간격은 바로 지금이다. 바로 이 순간에, 용서가 나를 자유롭게 하려고 와있기 때문이다. 그리스도는 과거도 미래도 없는 바로 지금 탄생한다. 그는 세상에게 그의 현재의 축복을 주려고 와서, 세상을 무시간성과 사랑으로 회복해 준다. 그리고 사랑은 지금 여기에 영원히 현존한다.

2 아버지, 이 순간에 대해 감사드립니다. 제가 구원되는 때는 바로 지금입니다. 이 순간은 당신이 당신 아들의 해방을 위해, 그리고 그 안에 있는 세상의 구원을 위해 미리 정해놓으신 시간입니다.

309과

나는 오늘 내면을 들여다보기를 두려워하지 않겠다.

1 나의 내면에 영원한 순결이 있다. 그것이 영원무궁토록 그곳에 있는 것이 하느님의 뜻이기 때문이다. 나의 뜻은 하느님의 뜻처럼 한계가 없으며, 하느님의 아들인 나는 이것을 바꾸기로 뜻할 수 없다. 내 아버지의 뜻을 부정하는 것은 곧 나 자신의 뜻을 부정하는 것이기 때문이다. 나의 내면을 들여다보는 것은 단지 하느님이 창조하신 대로의, 그리고 있는 그대로의 나의 뜻을 발견하는 것이다. 하지만 나는 내면을 들여다보기를 두려워하는데, 왜냐하면 내가 참이 아닌 다른 뜻을 만들어서 그것을 실재화했다고 생각하기 때문이다. 하지만 그것은 아무런 결과도 없다. 나의 내면에 하느님의 거룩함이 있다. 나의 내면에 하느님에 대한 기억이 있다.

2 아버지, 오늘 내딛는 발걸음을 통해, 저는 죄의 헛된 꿈에서 확실히 해방됩니다. 당신의 제단은 고요하며, 더럽혀지지 않았습니다. 그것은 저의 자아에게 바쳐진 거룩한 제단입니다. 그리고 그곳에서 저는 저의 진정한 정체를 발견합니다.

310과

나는 오늘을 두려움 없이 사랑 안에서 보낸다.

1 아버지, 저의 모든 나날이 그러해야 한다고 당신이 선택하신 대로, 오늘을 당신과 함께 보내고자 합니다. 제가 경험할 것은 시간에서 비롯되는 것이 아닙니다. 저에게 오는 기쁨은 며칠이나 몇 시간에서 비롯되는 기쁨이 아닙니다. 그것은 천국으로부터 당신의 아들에게 오는 기쁨이기 때문입니다. 오늘은 당신을 기억하라는 당신의 달콤한 일깨움이자 당신의 거룩한 아들을 향한 자애로운 부르심이며, 당신의 은혜가 저에게 왔고 제가 오늘 자유로워지는 것이 당신의 뜻이라는 징표가 될 것입니다.

2 너와 나, 우리는 오늘을 함께 보낸다. 온 세상이 우리와 하나가 되어, 우리에게 구원을 주셔서 자유롭게 하신 분께 드리는 감사와 기쁨의 노래를 함께 부른다. 우리는 평화와 거룩함으로 회복된다. 오늘 우리 안에 두려움이 있을 곳은 없다. 우리는 우리 가슴 깊은 곳으로 사랑을 맞아들였기 때문이다.

특별주제 10: 최후의 심판이란 무엇인가?

¹ 그리스도의 재림은 하느님의 아들에게, 거짓은 거짓이고 참인 것은 결코 변하지 않았다고 선포하는 하느님의 음성을 듣는 선물을 준다. 이것은 그 안에서 지각이 종말을 맞는 심판이다. 처음에 너는 이것을 참이라고 받아들인 세상을 보는데, 그것은 이제 교정된 마음으로부터 투사된 세상이다. 지각은 이러한 거룩한 모습으로 조용히 축복을 베푼 후, 사라진다. 지각의 목적은 달성되었으며, 그 사명도 완수되었다.

² 세상에 대한 최후의 심판에는 어떤 정죄도 들어있지 않다. 최후의 심판은 세상을 완전히 용서받아 죄도 없고 아무런 목적도 없는 것으로 보기 때문이다. 원인도 없고 그리스도가 보기에 이제 기능도 없기에, 세상은 그저 슬쩍 무로 사라져 버린다. 바로 그곳에서 세상이 태어났으며, 세상이 끝을 맺는 곳도 바로 그곳이다. 세상이 시작된 꿈속의 그 모든 등장인물들도 함께 사라진다. 몸은 이제 쓸모가 없으며, 따라서 자취를 감출 것이다. 하느님의 아들은 한계가 없기 때문이다.

³ 하느님의 최후의 심판이 세상을 정죄하여 너와 함께 지옥에 떨어뜨릴 것이라고 믿는 자여, 다음의 거룩한 진리를 받아들여라: 하느님의 심판은 그분이 너의 모든 잘못에 베푸신 교정의 선물로서, 그 모든 잘못과 그것이 낳은 듯한 그 모든 결과로부터 너를 자유롭게 풀어준다. 하느님이 베푸시는 구원의 은혜를 두려워하는 것은 단지 고난에서 완전히 해방되어 평화와 안전과 행복으로 돌아가고, 너 자신의 정체와 연합하는 것을 두려워하는 것이다.

⁴ 하느님이 내리시는 최후의 심판은 자비롭다. 그것은 하느님이 당신의 아들을 축복하시고, 당신이 아들과 공유하는 영원한 평화로 돌아오라고 부르기 위해 명하신 계획의 모든 단계들과 마찬가지다. 사랑을 두려워하지 말라. 오로지 사랑만이 모든 슬픔을 치유하고, 모든 눈물을 닦아주며, 하느님이 당신의 것으로 인정하시는 아들을 고통의 꿈에서 부드럽게 깨울 수 있기 때문이다. 이것을 두려워하지 말라. 구원이 너의 환영을 요청하고 있다. 그리고 세상은 네가 구원을 기꺼이 맞아들이기를 기다린다. 그것은 세상을 자유롭게 풀어줄 것이다.

⁵ 다음과 같은 것이 하느님이 내리시는 최후의 심판이다: "너는 여전히 나의 거룩한 아들로서, 영원히 순결하고 영원히 사랑하며 영원히 사랑받는다. 너는 너의 창조주만

큼이나 무한하며, 변화로부터 완전히 자유롭고, 영원히 순수하다. 그러니 깨어나서 나에게 돌아오라. 나는 너의 아버지고, 너는 나의 아들이다."

311과

나는 모든 것을 내가 바라는 대로 판단한다.

¹ 판단은 진리에 맞서 사용될 무기로 만들어졌다. 판단은 판단받는 대상을 분리하여 그것이 마치 별개의 것인 양 떼어놓는다. 그런 다음 판단은 그것을 가지고 네가 바라는 것을 만들어낸다. 판단은 전체를 볼 수 없으므로, 자신이 이해할 수 없는 것을 판단하며, 따라서 그릇되게 판단한다. 우리 오늘 판단을 사용하지 말고, 판단을 다른 용도로 사용하는 성령께 선물로 드리자. 성령은 네가 너 자신에 반하여 내린 모든 판단의 고뇌에서 너를 해방하고, 하느님이 당신의 아들에게 내리신 판단을 네게 줌으로써 마음의 평화를 재확립할 것이다.

² 아버지, 우리는 오늘 당신이 사랑하는 아들에게 내리시는 **판단**을 들으려고 열린 마음으로 기다립니다. 우리는 그를 모르기에, 판단할 수 없습니다. 따라서 우리는 당신이 아들로 창조하신 그의 정체가 무엇인지 당신의 **사랑**이 결정하게 합니다.

312과

나는 모든 것을 내가 바라는 대로 본다.

1 지각은 판단에 뒤따른다. 너는 이미 판단했기에, 네가 바라보고자 하는 것을 본다. 비전은 단지 네가 갖고 싶어 하는 것만을 제공할 수 있기 때문이다. 네가 보고자 하는 것을 간과하고, 보기로 선택한 것을 보지 못한다는 것은 불가능하다. 그러므로, 성령의 목적을 자신의 봄의 목적으로 받아들이는 자의 거룩한 시각을 반기러 실재세상은 얼마나 확실하게 오는지! 그리고 그는 반드시 그리스도가 보게 하려는 것을 바라보고, 자신이 바라보는 것에 대한 그리스도의 사랑을 공유할 것이다.

2 아버지, 오늘 저의 목적은 단지 제가 내린 모든 판단에서 풀려나 해방된 세상을 보는 것입니다. 바로 이것이 오늘 저를 위한 당신의 뜻입니다. 따라서 그것은 저의 목표기도 합니다.

313과

지금, 저에게 새로운 지각이 찾아오게 하소서.

1 아버지, 모든 것을 죄 없다고 보는 비전이 있습니다. 그로 인해 두려움
은 사라졌고, 그 자리에 사랑이 초대받아 들어옵니다. 사랑은 요청받은
곳이라면 어디든 찾아올 것입니다. 이러한 비전은 당신의 선물입니다.
그리스도의 눈은 용서받은 세상을 바라봅니다. 그의 시야에서, 세상의
모든 죄가 용서받습니다. 그는 무엇을 바라보든, 그곳에서 죄를 보지 않
기 때문입니다. 지금, 저에게 그리스도의 참된 지각이 찾아오게 하소
서. 그럼으로써 저는 죄의식의 꿈에서 깨어나 내면에서 저의 죄 없음을
바라볼 것입니다. 당신은 그것을 당신의 거룩한 아들, 제가 동일시하고
자 하는 자아의 제단에 전혀 더럽혀지지 않은 채로 간직해 두셨습니다.

2 우리 오늘 서로를 그리스도의 눈으로 바라보자. 우리는 얼마나 아름다운가! 얼마나
거룩하고 사랑스러운가! 형제여, 이리 와서 오늘 나와 결합하자. 우리가 결합하면 세
상을 구한다. 우리의 비전 안에서, 세상은 우리 내면의 빛만큼이나 거룩해지기 때문
이다.

314과

나는 과거와 다른 미래를 구한다.

1 세상에 대한 새로운 지각으로부터, 과거와는 아주 다른 미래가 온다. 이제 미래는 현재의 확장으로서만 인식된다. 과거의 실수는 미래에 그 어떤 그림자도 드리울 수 없다. 그로 인해 두려움은 그 우상과 이미지를 잃었으며, 형태가 없기에 그 어떤 결과도 없다. 죽음은 이제 미래를 자기 것으로 주장하지 않을 것이다. 이제 생명이 미래의 목표기 때문이다. 그리고 그에 필요한 모든 수단이 행복하게 제공된다. 현재가 자유로이 풀려나서, 희망으로 가득한 조용한 미래 속으로 자신의 안전과 평화를 확장하거늘, 그 누가 슬퍼하고 괴로워할 수 있겠는가?

2 아버지, 우리는 과거에 실수를 하였지만, 이제 현재를 사용하여 자유로이 풀려나기로 선택합니다. 이제 우리는 미래를 당신 손에 맡깁니다. 그러면서 우리는 과거의 실수를 뒤로하고 떠나며, 당신이 현재의 약속을 지키시고 그 약속의 거룩한 빛 속에서 미래를 안내하실 것임을 확신합니다.

315과

내 형제들이 주는 선물은 전부 내 것이다.

¹ 매일 매 순간이 지날 때마다 천 개의 보물이 나에게 온다. 나는 온종일 그 가치에 있어서 내가 상상할 수 있는 모든 것을 훨씬 뛰어넘는 선물로 축복받는다. 어떤 형제가 다른 형제에게 미소를 지어주면, 나의 가슴이 기뻐진다. 누군가가 감사하는 말이나 자비로운 말을 하면, 나의 마음은 이 선물을 지각하고 자신의 것으로 취한다. 하느님께 가는 길을 발견하는 이들은 모두 나의 구원자가 되어서 나에게 그 길을 가리켜 보여주며, 그들이 배운 것은 분명 나의 것이기도 하다는 그들의 확신을 내게 전해준다.

² 아버지, 오늘, 그리고 날마다 하느님의 모든 아들로부터 제게 도달하는 수많은 선물에 대해 감사드립니다. 형제들이 저에게 주는 그 모든 선물에는 한계가 없습니다. 지금 저는 그들에게 고마움을 전합니다. 그리하여 그들에 대한 감사가 저를 저의 창조주께로, 그리고 그분의 기억으로 인도할 것입니다.

316과

내가 내 형제들에게 주는 모든 선물은 나 자신의 것이다.

¹ 내 형제들이 주는 선물이 전부 내 것이듯, 내가 주는 선물도 전부 내게 속한다. 내가 선물을 하나씩 줄 때마다 과거의 실수들도 하나씩 사라져서, 아버지가 사랑하시는 거룩한 마음에 어떤 그림자도 남기지 않게 한다. 그분의 은혜는 한 형제가 모든 시간과 그 너머에서 받은 모든 선물 속에서 나에게 주어진다. 나의 보물 창고는 그득하고, 천사들이 그 열린 문을 지키고 있어서 단 하나의 선물도 없어지지 않고 더 늘어나기만 할 뿐이다. 이제 나는 나의 보물이 있는 곳으로 가서, 내가 참으로 환영받는 곳, 내가 하느님이 주신 선물에 둘러싸여 집처럼 편히 쉴 수 있는 곳으로 들어가겠다.

² 아버지, 저는 오늘 당신의 선물을 받아들이고자 합니다. 저는 그것을 알아보지 못합니다. 하지만 그것을 주신 당신께서 제가 그것들을 보고, 그 가치를 깨닫고, 오로지 그것만을 제가 원하는 것으로 소중히 여길 수단을 주실 것임을 신뢰합니다.

317과

나는 내게 정해진 길을 따라간다.

¹ 나에게는 내가 채워야 할 특별한 자리, 나 혼자만을 위한 역할이 있다. 구원은 내가 그 부분을 받아들여 이행하겠다고 선택할 때까지 기다린다. 이 선택을 내릴 때까지, 나는 시간과 인간 운명의 노예로 남아있다. 그러나 아버지의 계획이 내게 정해준 길을 따라 기꺼이 걸어갈 때, 나는 구원이 이미 여기에 있고, 나의 모든 형제들에게 이미 주어져 있으며, 또한 이미 내 것임을 인식할 것이다.

² 아버지, 당신의 길이 제가 오늘 선택하는 길입니다. 저는 그 길이 저를 인도하는 곳으로 가겠다고 선택하며, 그 길이 행하게 하는 것을 행하겠다고 선택합니다. 당신의 길은 확실하고, 그 결말은 보장되어 있습니다. 당신에 대한 기억이 그곳에서 저를 기다리고 있으며, 저의 모든 슬픔은 당신의 포옹 속에서 끝납니다. 자애로운 당신 품의 확실한 보호를 떠나 방랑했다고 착각한 아들에게, 당신은 그렇게 약속하셨습니다.

318과

내 안에서, 구원의 수단과 목적은 하나다.

1 하느님의 거룩한 아들인 내 안에서, 세상을 구하기 위한 천국 계획의 모든 부분이 일치된다. 그 모든 부분이 하나의 목적과 목표만 가질 때, 과연 무엇이 갈등할 수 있겠는가? 따로 떨어져 있거나, 혹은 나머지보다 더 중요하거나 덜 중요한 부분이 어떻게 단 하나라도 있을 수 있겠는가? 나는 하느님의 아들이 구원되는 수단이다. 구원의 목적은 하느님이 내 안에 두신 죄 없음을 발견하는 것이기 때문이다. 나는 내가 추구하는 바로 그것으로 창조되었다. 나는 세상이 찾고 있는 바로 그 목표다. 나는 하느님의 아들이며, 그분의 하나밖에 없는 **영원한 사랑**이다. 나는 구원의 수단이자 목적이다.

2 아버지, 저로 하여금 오늘 당신이 권하시는 역할을 받아들이게 하소서. 그것은 당신이 저에게 스스로 속죄를 받아들이라고 청하며 권하시는 역할입니다. 그럼으로써 제 안에서 일치된 것이 당신과도 확실히 일치되기 때문입니다.

319과

나는 세상의 구원을 위해 왔다.

¹ 여기에, 모든 오만이 제거되어 오로지 진리만이 남아있는 생각이 있다. 오만은 진리를 반대한다. 그러나 오만이 없는 곳에는, 진리가 즉시 와서 에고의 거짓말로 점유되지 않은 빈 공간을 가득 채울 것이다. 오로지 에고만이 제한될 수 있다. 그러하기에 에고는 축소되고 제한하는 목표를 구할 수밖에 없다. 에고는 한 사람이 무언가를 얻으면 전체는 그것을 잃을 수밖에 없다고 생각한다. 하지만 한 사람이 얻는 것은 모든 이에게 주어진다는 것이 바로 내가 배우는 하느님의 뜻이다.

² 아버지, 당신의 뜻은 전체적입니다. 그리고 그 뜻에서 비롯되는 목표는 그 뜻의 전체성을 공유합니다. 세상의 구원 외에 어떤 목표를 당신이 제게 주셨겠습니까? 이것 외에 어떤 것이 저의 자아가 당신과 공유한 뜻일 수 있겠습니까?

나의 아버지는 나에게 모든 권능을 주신다.

1 하느님의 아들은 한계가 없다. 그의 힘과 평화와 기쁨에도, 혹은 아버지가 그를 창조하실 때 주신 어떤 속성에도 한계는 없다. 그가 그의 창조주요 구세주인 분과 더불어 뜻하는 것은 이루어질 수밖에 없다. 그의 거룩한 뜻은 결코 부정될 수 없다. 아버지는 그의 마음을 밝게 비추시고는, 그 앞에 땅과 천국의 그 모든 힘과 사랑을 놓아두시기 때문이다. 바로 나에게, 이 모든 것이 주어졌다. 바로 내 안에, 내 아버지 뜻의 권능이 머물러 산다.

2 아버지, 당신의 뜻은 제 안에서 모든 것을 행할 수 있으며, 또한 저를 통해 온 세상으로 확장할 수 있습니다. 당신의 뜻에는 한계가 없습니다. 따라서 모든 권능이 당신의 아들에게 주어져 있습니다.

특별주제 11: 창조물이란 무엇인가?

[1] 창조물이란 하느님의 모든 생각들의 총합으로서, 그 수에 있어서 무한하며 그 어떤 한계도 없이 모든 곳에 있다. 오로지 사랑만이 창조하며, 사랑은 오로지 자신을 닮게만 창조한다. 사랑이 창조한 것이 존재하지 않은 때는 없었다. 또한 사랑이 창조한 어떤 것이 어떤 변화라도 겪을 시간이란 것도 없을 것이다. 하느님의 생각들은 시간을 통해서도 시간이 다한 후에도 변함없이, 그것들이 있었고 지금도 있는 바로 그대로 영원무궁토록 있다.

[2] 하느님의 생각들에는 그들의 창조주가 가진 모든 권능이 주어져 있다. 하느님은 사랑의 확장을 통해 사랑을 늘리고자 하시기 때문이다. 이와 같이 그분의 아들은 창조를 공유하며, 따라서 창조하는 권능도 공유할 수밖에 없다. 하느님이 영원히 하나로 존재하기를 뜻하신 것은 시간이 끝난 후에도 하나일 것이며, 시간의 흐름 내내 변하지 않아서, 시간이라는 생각이 시작되기 전의 상태로 남아있을 것이다.

[3] 창조물은 모든 환상의 정반대다. 창조물은 진리기 때문이다. 창조물은 하느님의 거룩한 아들이다. 하느님의 뜻은 창조물의 모든 측면에서 완전하여, 각각의 부분을 전체를 담는 그릇으로 만들기 때문이다. 창조물의 하나인 상태는 침범받지 않도록 영원히 보장되며, 해를 입거나 분리되거나 불완전해지거나 그 죄 없음에 어떤 오점이라도 남을 가능성이 전혀 없도록, 하느님의 거룩한 뜻 안에 영원히 간직된다.

[4] 우리가 바로 창조물이며, 우리가 바로 하느님의 아들들이다. 우리는 따로 떨어져 있어서 하느님과의 영원한 단일성을 알아차리지 못하는 듯하다. 하지만 우리의 모든 의심 뒤에, 그리고 우리의 모든 두려움 너머에는 여전히 확실성이 있다. 사랑은 여전히 자신의 모든 생각들과 함께 있고, 사랑의 확신은 그 생각들의 것이기 때문이다. 하느님의 기억은 우리의 거룩한 마음들 안에 있으며, 그들은 자신이 하나임을, 그리고 자신의 창조주와 연합되어 있음을 안다. 오로지 이 기억이 돌아오게 하는 것, 오로지 하느님의 뜻이 땅에서 이루어지게 하는 것, 오로지 제정신으로 회복되는 것, 오로지 하느님이 우리를 창조하신 대로 되는 것, 이것만을 우리의 기능으로 삼자.

[5] 우리의 아버지가 우리를 부르신다. 우리는 그분의 음성을 듣고, 창조물을 그 창조주의 이름으로 용서한다. 그분은 거룩함 자체시며, 그분의 창조물은 그분의 거룩함을

공유한다. 따라서 그분의 거룩함은 여전히 우리의 일부다.

321과

아버지, 저의 자유는 오로지 당신 안에 있습니다.

1 아버지, 저는 무엇이 저를 자유롭게 해주는지도, 저의 자유가 무엇인지도, 그것을 찾으려면 어디를 보아야 하는지도 이해하지 못했습니다. 저를 인도하는 당신의 음성을 듣기 전에는, 저는 헛되이 찾아다녔습니다. 저는 이제 더 이상 저 자신을 안내하지 않겠습니다. 저는 저의 자유를 찾을 길을 만들지도, 이해하지도 못했기 때문입니다. 그러나 저는 당신을 신뢰합니다. 당신은 당신의 거룩한 아들인 저에게 저의 자유를 주셨으며, 저는 그러한 당신을 잊지 않겠습니다. 당신의 음성이 저를 인도합니다. 당신께 가는 길이 열려 마침내 제게 뚜렷해집니다. 아버지, 저의 자유는 오로지 당신 안에 있습니다. 아버지, 당신께 돌아가는 것이 바로 저의 뜻입니다.

2 오늘 우리는 세상을 위해 응답하며, 그러면 세상은 우리와 더불어 자유로워질 것이다. 아버지가 확립하신 확실한 길을 통해 우리의 자유를 찾으니, 우리는 얼마나 기쁜지! 우리의 자유는 오로지 하느님 안에서만 찾을 수 있음을 배울 때, 온 세상의 구원은 얼마나 확실한지!

322과

나는 결코 실제가 아니었던 것만을 포기할 수 있다.

1 나는 환상을 희생하는 것이지, 그 이상 어떤 것을 희생하는 것이 아니다. 환상이 사라짐에 따라, 나는 환상이 감추려 한 선물을 발견한다. 그 선물은 하느님의 태곳적 메시지를 언제라도 전해줄 태세로 나를 열렬히 환영하며 기다리고 있다. 하느님의 기억은 내가 하느님께 받는 모든 선물에 깃들어 있다. 그리고 모든 꿈은 단지 하느님의 유일한 아들인 자아를 덮어 감출 뿐이다. 그 자아는 하느님의 닮은꼴이며, 하느님이 내 안에 여전히 머물러 사시듯 하느님 안에 영원토록 머물러 사는 거룩한 자다.

2 아버지, 당신께는 그 어떤 희생도 영원히 상상할 수 없는 것으로 남아 있습니다. 따라서 저는 꿈속에서가 아니라면 희생할 수 없습니다. 당신이 저를 창조하셨기에, 저는 당신이 주신 어떤 것도 포기할 수 없습니다. 당신이 주지 않으신 것에는 어떤 실재성도 없습니다. 두려움을 잃고 사랑이 제 마음속으로 돌아오는 것 외에, 제가 과연 무엇을 잃을 것이라고 예상할 수 있겠습니까?

323과

나는 기꺼이 두려움을 "희생"한다.

¹ 아버지, 이것은 당신이 사랑스러운 아들에게 요청하시는 유일한 "희생"입니다: 당신은 그에게 모든 괴로움, 모든 상실과 슬픔의 느낌, 모든 불안과 의심을 포기하고, 당신의 사랑이 그의 의식에 자유로이 흘러들어와 그의 고통을 치유하고 당신의 영원한 기쁨을 줄 수 있도록 허용하라고 요청하십니다. 이것이 바로 당신이 제게 요청하시고 제가 기꺼이 치르는 "희생"이며, 제가 세상의 구원을 위해 당신의 기억을 되찾기 위해 치르는 유일한 "대가"입니다.

² 우리가 단지 자기기만과 거짓되게 숭배한 이미지를 내려놓음으로써 진리에게 진 빚을 갚을 때, 진리 전체가 기뻐하며 우리에게 돌아온다. 우리는 더 이상 속지 않는다. 사랑이 이제 우리 의식에 돌아왔다. 그리고 우리는 다시 평화롭다. 두려움은 사라졌고, 오로지 사랑만 남아있기 때문이다.

324과

저는 이끌려고 하지 않기에, 그저 따라갑니다.

¹ 아버지, 당신은 저에게 저의 구원을 위한 계획을 주신 바로 그분이십니다. 당신은 제가 갈 길과 맡을 역할, 예정된 행로의 모든 발걸음을 이미 정해놓으셨습니다. 저는 길을 잃을 수 없습니다. 저는 단지 잠시 방황하겠다고 선택할 수 있지만, 이내 돌아옵니다. 당신의 자애로운 음성이 언제나 저를 불러들여 저의 발걸음을 정확하게 인도할 것입니다. 저의 모든 형제들은 제가 이끄는 길을 따라올 수 있습니다. 하지만 저는 단지 당신께 가는 길을, 당신이 가리키며 가게 하시는 대로 따라갈 뿐입니다.

² 그러니 길을 아시는 아버지를 따라가자. 우리는 지체할 필요가 없으며, 단 한 순간 외에는 그분의 자애로운 손을 벗어날 수도 없다. 우리는 함께 걷는다. 우리는 아버지를 따라가기 때문이다. 결말을 확실하게 하시고 안전한 귀향을 보장하시는 분은 바로 우리의 아버지시다.

325과

내가 본다고 생각하는 모든 것은 아이디어들을 반영한다.

¹ 구원의 요점은 다음과 같다: 내가 보는 것은 내 마음의 어떤 과정을 반영하는데, 그 과정은 내가 무엇을 원하는지에 대한 아이디어에서 시작한다. 이로부터 마음은 자신이 원하고, 가치 있다고 판단하여 찾아내려는 것의 이미지를 지어낸다. 그런 다음 마음은 이런 이미지들을 밖으로 투사하여 바라보고, 실재한다고 여기고, 자신의 것으로서 보호한다. 미친 소망들로부터, 미친 세상이 나온다. 판단으로부터, 정죄받은 세상이 나온다. 그리고 용서하는 생각들로부터는, 하느님의 거룩한 아들을 자비롭게 대하는 온유한 세상이 나타나서 그에게 안락한 집을 제공한다. 그곳에서 그는 여정을 이어가기 전에 잠시 안식을 취하면서, 그의 형제들이 그와 함께 앞으로 나아가 천국과 하느님께 이르는 길을 찾도록 도울 수 있다.

² 우리의 아버지시여, 당신의 아이디어들은 진리를 반영하지만, 그것과 떨어진 저의 아이디어들은 단지 꿈만을 지어낼 뿐입니다. 저로 하여금 오로지 당신의 아이디어들이 반영하는 것만을 보게 하소서. 오로지 당신의 아이디어들만이 진리를 확립하기 때문입니다.

326과

나는 영원히 하느님의 결과다.

1 아버지, 저는 당신의 마음 안에 창조되었으며, 자신의 집을 떠난 적이 없는 거룩한 생각입니다. 저는 영원히 당신의 결과며, 당신은 영원무궁토록 저의 원인이십니다. 저는 그동안 당신이 창조하신 대로 남아있었으며, 당신이 저를 확고히 두신 곳에 여전히 머물러 삽니다. 그리고 당신의 모든 속성들도 여전히 제 안에 남아있습니다. 원인과 그 결과를 구별할 수 없을 정도로 자신의 원인을 너무도 닮은 아들 하나를 두는 것이 당신의 뜻이기 때문입니다. 제가 하느님의 결과임을, 따라서 당신처럼 창조할 권능을 가졌음을 알게 하소서. 그것은 천국에서와 마찬가지로 땅에서도 그러합니다. 저는 여기에서 당신의 계획을 따르며, 당신이 마침내 당신의 결과들을 당신 사랑 안의 고요한 천국으로 모아들이실 것을 압니다. 그곳에서 땅은 사라지고, 분리된 생각들은 영광 속에서 하느님의 아들로 연합합니다.

2 우리 오늘 땅이 사라지는 것을 지켜보자. 땅은 처음에는 변형되고, 그런 다음 용서받아 하느님의 거룩한 뜻 안으로 완전히 사라진다.

327과

제가 그저 부르기만 하면, 당신이 응답하실 것입니다.

¹ 나는 근거 없는 믿음에 근거하여 구원을 받아들이라는 요청을 받는 것이 아니다. 하느님은 나의 부름을 듣고 친히 응답하겠다고 약속하셨기 때문이다. 나는 이것이 참임을 경험을 통해 배우고자 한다. 그러면 나에게 하느님에 대한 믿음이 확실히 찾아올 것이다. 이러한 믿음은 지속될 것이며, 하느님께 가는 길에서 나를 훨씬 더 멀리 데려다줄 것이다. 그럼으로써 나는 하느님이 나를 버리지 않으셨음을, 그리고 여전히 나를 사랑하심을 확신하게 되기 때문이다. 하느님은 내가 당신께 가는 데 필요한 그 모든 도움을 주시려고, 내가 당신을 부르기만을 기다리고 계신다.

² 아버지, 제가 그저 시험해 보기만 하면, 당신의 약속은 반드시 지켜진다는 것을 경험할 것에 대해 감사드립니다. 그러므로 제가 그 약속이 지켜지는지 시험 삼아 시도해 보기는 하되, 판단하지는 말게 하소서. 당신의 말씀은 당신과 하나입니다. 당신은 제가 확신을 얻고, 마침내 당신의 변치 않는 사랑에 대한 보증을 얻을 수단을 주십니다.

328과

나는 첫 번째 자리를 얻기 위해 두 번째 자리를 선택한다.

1 두 번째 자리처럼 보이는 것이 첫 번째 자리다. 우리가 하느님의 음성에 귀 기울이기 전에는, 우리가 지각하는 모든 것은 뒤집혀 있기 때문이다. 우리는 마치 분리되기 위한 분투를 통해 자율성을 얻는 것으로 보이며, 하느님의 나머지 창조물로부터 독립하는 것이 우리가 구원을 얻을 길로 보인다. 하지만 그럴 때 우리가 발견하는 것이라고는 질병과 고난, 상실, 그리고 죽음이 전부다. 이것은 우리의 아버지가 우리를 위해 뜻하시는 것이 아니다. 그리고 그분께 어떤 두 번째 뜻이 있는 것도 아니다. 그분과 뜻을 함께하는 것은 단지 우리 자신의 뜻을 찾는 것이다. 우리의 뜻은 곧 아버지의 뜻이므로, 우리가 우리의 뜻을 인식하기 위해서는 반드시 그분께 가야 한다.

2 아버지, 당신의 뜻 외에 다른 뜻은 없습니다. 제가 상상하는 그 무엇도 당신께서 저로 하여금 행하게 하시려는 것을 반대하지 못한다니, 얼마나 다행인지요. 당신의 뜻은 제가 지극히 안전하고 영원히 평화로운 것입니다. 저는 저의 아버지신 당신이 저의 일부로 주신 그 뜻을 행복하게 공유합니다.

329과

저는 당신이 뜻하시는 것을 이미 선택했습니다.

1 아버지, 저는 당신의 뜻에서 벗어나 방황하고, 그 뜻을 거역하고, 그 법칙을 어기고, 당신의 뜻보다 더 강력한 두 번째 뜻을 제기했다고 생각했습니다. 하지만 확장되었고 확장하는 당신의 뜻만이 진실로 저의 정체입니다. 이것이 바로 저며, 이것은 결코 변하지 않을 것입니다. 당신이 하나시듯, 저도 당신과 하나입니다. 제가 창조될 때 저는 바로 이것을 선택했으며, 그때 저의 뜻은 당신의 뜻과 영원히 하나가 되었습니다. 그것은 영원한 선택이었습니다. 그것은 바뀔 수 없으며, 그 자체를 반대할 수도 없습니다. 아버지, 저의 뜻은 곧 당신의 뜻입니다. 그리고 저는 안전하며, 끝없는 기쁨 속에 걱정 없이 평온합니다. 바로 그러한 것이 당신의 뜻이기 때문입니다.

2 우리는 오늘, 우리가 서로 연합되었으며, 우리의 근원과도 연합되었음을 받아들일 것이다. 우리에게는 그분의 뜻과 떨어진 어떤 뜻도 없으며, 우리 모두는 하나다. 그분의 뜻은 우리 모두에 의해 공유되기 때문이다. 그 뜻을 통해, 우리는 우리가 하나임을 인식한다. 그 뜻을 통해, 우리는 마침내 하느님께 가는 길을 발견한다.

330과

오늘, 나는 또다시 나 자신에게 상처를 주지 않겠다.

1 오늘, 용서를 우리의 유일한 기능으로 받아들이자. 우리가 왜 우리의 마음들을 공격하여 그것들에게 고통스러운 이미지를 부여해야 하겠는가? 하느님이 우리 마음들에게 당신의 권능과 사랑을 보여주시면서 그것들이 이미 너희 것이니 가지라고 말씀하시거늘, 우리가 왜 우리의 마음들에게 그것들이 무능하다고 가르쳐야 하겠는가? 하느님의 선물을 기꺼이 받아들이게 된 마음은 영으로 회복되었으며, 하느님의 뜻이 그 마음의 뜻과 연합되었듯이, 영의 자유와 기쁨을 확장한다. 하느님이 창조하신 자아는 죄를 지을 수 없으며, 따라서 고통받을 수 없다. 우리 오늘 그 자아를 우리의 정체로 선택하여, 두려움의 꿈이 우리에게 제공하는 듯한 모든 것에서 영원히 벗어나자.

2 아버지, 당신의 아들은 상처받을 수 없습니다. 만약 우리가 스스로 고통받는다고 생각한다면, 당신과 공유하는 우리의 유일한 정체를 알지 못하게 됩니다. 우리는 오늘 그 정체로 돌아가고자 합니다. 그리하여 우리는 우리의 모든 실수에서 영원히 자유로워지고, 우리 자신이라고 생각한 것들에서 구원됩니다.

특별주제 12: 에고란 무엇인가?

1 에고는 우상 숭배다. 에고는 몸 안에 태어나서 고통받다가 죽음으로 생을 마감할 운명인 제한되고 분리된 자아의 표시다. 에고는 하느님의 뜻을 적으로 보고, 그 뜻이 부정되는 어떤 형식을 취하는 뜻이다. 에고는 강함은 약하고 사랑은 두려우며, 생명은 실제로 죽음이고, 하느님을 대적하는 것만이 홀로 참이라는 "증거"다.

2 에고는 정신 이상이다. 에고는 두려움에 떨면서 모든 곳 너머에, 모든 것과 떨어져서, 무한한 것과 분리되어 서있다. 에고는 정신 이상에 빠져서, 자신이 하느님을 상대로 승리를 거두었다고 생각한다. 그리고 에고는 자신의 끔찍한 자율성 안에 있으면서, 하느님의 뜻이 파괴되었다고 "본다". 에고는 처벌의 꿈을 꾸면서 그 꿈에 등장하는 인물들을 보고는 벌벌 떤다. 그들은 에고의 적이다. 에고는 그들을 공격하여 자신의 안전을 확보하려고 하지만, 그들은 그전에 에고를 죽이려 든다.

3 하느님의 아들에게는 에고가 없다. 그는 하느님 안에 머물러 살거늘, 광기와 하느님의 죽음에 대해 무엇을 알 수 있겠는가? 그는 영원한 기쁨 안에 살고 있거늘, 슬픔과 고난에 대해 무엇을 알 수 있겠는가? 그를 둘러싼 것이라고는 깊고 깊은 침묵과 고요 속에 머물면서 갈등에서 영원히 자유롭고 흔들림이 없는 끝없는 평화뿐이거늘, 그가 두려움과 처벌, 죄와 죄의식, 증오와 공격에 대해 무엇을 알 수 있겠는가?

4 실재를 안다는 것은 에고와 에고의 생각들, 에고가 벌여놓은 일들, 에고의 행위들, 에고의 법칙들과 믿음들, 에고의 꿈들과 희망들, 에고가 자신의 구원을 위해 세워놓은 계획들, 그리고 에고에 대한 믿음에 수반되는 비용을 전혀 보지 않는 것이다. 고통 속에서, 에고에 대한 신앙의 대가는 너무도 엄청나서 에고의 음침한 신전에서는 하느님의 아들이 날마다 십자가에 못 박혀 바쳐지고, 에고의 병적인 추종자들이 죽을 준비를 하는 제단 앞에는 피가 철철 흘러넘쳐야 한다.

5 하지만 용서의 백합꽃 한 송이가 어둠을 빛으로, 환상에 바친 제단을 생명 그 자체의 신전으로 바꿀 것이다. 그리고 하느님이 당신의 아들로, 당신의 거처로, 당신의 기쁨으로, 당신의 사랑으로, 완전히 당신 것으로, 그리고 완전히 당신과 하나인 것으로 창조하신 거룩한 마음들에게 평화가 영원히 회복될 것이다.

갈등은 없습니다. 저의 뜻은 곧 당신의 뜻이기 때문입니다.

1 아버지, 당신의 아들이 자기 자신을 고통받게 만들 수 있다고 믿다니, 그는 얼마나 어리석은지요! 그가 자신을 저주할 계획을 세우고도 해방될 수 있는 확실한 방법 없이 남겨질 수 있겠습니까? 아버지, 당신은 저를 사랑하십니다. 당신은 결코 저를 고독하게 내버려 두어 고통스럽고 잔인한 세상에서 죽게 하실 수 없습니다. 제가 어떻게 사랑이 자기 자신을 떠났다고 생각할 수 있겠습니까? 사랑의 뜻 외에 다른 뜻은 없습니다. 두려움은 한낱 꿈일 뿐, 그 안에는 당신의 뜻과 갈등할 수 있는 어떤 뜻도 없습니다. 갈등은 잠이고 평화는 깨어남입니다. 죽음은 환상이고 생명은 **영원한** 진리입니다. 당신의 뜻에 반대되는 것은 아무것도 없습니다. 갈등은 없습니다. 저의 뜻은 곧 당신의 뜻이기 때문입니다.

2 하느님의 뜻은 하나며, 우리는 그 뜻을 공유한다. 용서는 우리에게 이것을 보여준다. 우리 오늘 용서가 보여주는 거룩한 모습을 바라보자. 그리하여 하느님의 평화를 찾자. 아멘.

332과

두려움은 세상을 속박한다. 용서는 세상을 해방한다.

¹ 에고는 환상을 만든다. 진리는 에고의 악몽을 비춰 물리침으로써, 그것을 무효화한다. 진리는 결코 공격하지 않는다. 진리는 단지 존재할 뿐이다. 진리의 현존은 마음을 판타지로부터 불러내서 실재에 눈뜨게 한다. 용서는 이러한 현존을 들어오게 하여, 마음 안에서 그 정당한 자리를 차지하게 한다. 용서가 없다면, 마음은 사슬에 묶인 채 자신의 무가치함을 믿게 된다. 하지만 용서가 있다면, 빛은 어둠의 꿈을 샅샅이 비출 수 있게 된다. 그리하여 마음에게 희망을 선사하고, 자신의 유산인 자유를 깨달을 수단을 준다.

² 아버지, 우리는 오늘 다시 세상을 속박하지 않겠습니다. 두려움은 세상을 죄수로 묶어둡니다. 하지만 당신의 사랑은 우리에게 세상을 자유롭게 풀어줄 수단을 주셨습니다. 아버지, 우리는 지금 세상을 해방하고자 합니다. 우리가 자유를 제공할 때, 자유가 우리에게 주어지기 때문입니다. 그리고 당신이 우리에게 우리의 자유를 내어주시는 한, 우리는 죄수로 남아있지 않을 것입니다.

333과

여기에서, 용서는 갈등의 꿈을 끝낸다.

1 갈등은 해소되어야 한다. 갈등에서 벗어나려면 갈등을 회피하거나 한쪽으로 치워 두지 말아야 하며, 또한 갈등을 부정하거나, 위장하거나, 다른 곳에서 보거나, 다른 이름으로 부르거나, 어떤 종류의 속임수로도 감추지 말아야 한다. 갈등은 갈등이 있다고 여겨지는 곳에서, 갈등에 주어진 실재성 안에서, 마음이 갈등에 부여한 목적과 함께, 정확하게 있는 그대로 보아야 한다. 오로지 그럴 경우에만 갈등의 방어수단이 거두어지며, 갈등이 사라짐에 따라 진리가 그 위를 비출 수 있기 때문이다.

2 아버지, 용서는 당신이 모든 갈등과 의심을 비춰 물리치고, 우리가 당신께 돌아가는 길을 밝히기 위해 선택하신 빛입니다. 다른 어떤 빛도 아닌 용서의 빛만이 우리의 악몽을 끝낼 수 있습니다. 다른 어떤 빛도 아닌 용서의 빛만이 세상을 구할 수 있습니다. 용서는 당신이 사랑하는 아들에게 주신 선물이기에, 오로지 용서만이 그 무엇에 있어서도 실패하지 않을 것이기 때문입니다.

334과

오늘, 용서가 주는 선물을 내 것이라고 주장한다.

¹ 나는 아버지가 선사하시는 보물을 찾으려고 또 하루를 기다리지 않겠다. 환상은 헛되며, 꿈은 심지어 거짓된 지각에 근거한 생각들로 엮여 직조되는 도중에도 사라진다. 나는 오늘 또다시 이런 빈약한 선물을 받아들이지 않겠다. 하느님의 음성은, 그 음성을 듣고 따르기로 선택하는 모든 이에게 하느님의 평화를 제공하고 있다. 나는 오늘 바로 이것을 선택하겠다. 따라서 나는 하느님이 내게 주신 보물을 찾으러 간다.

² 아버지, 저는 오로지 영원한 것만을 구합니다. 당신의 아들은 그보다 못한 것에는 만족할 수 없기 때문입니다. 그렇다면 당신이 그에게 확신과 평화를 주시려고 그의 당황한 마음과 겁먹은 가슴에 선사하시는 것 외에, 무엇이 그를 위로할 수 있겠습니까? 저는 오늘 제 형제를 죄가 없다고 보고자 합니다. 이것은 저를 위한 당신의 뜻입니다. 그럼으로써 제가 저의 죄 없음을 볼 것이기 때문입니다.

335과

나는 내 형제의 죄 없음을 보기로 선택한다.

1 용서는 선택이다. 나는 결코 내 형제를 있는 그대로 보지 못한다. 그것은 지각 저 너머에 있기 때문이다. 내가 그에게서 보는 것은 단지 내가 보고 싶어 하는 모습에 불과하다. 그것은 내가 진리기를 바라는 것을 나타내기 때문이다. 내가 아무리 바깥에서 일어나는 일들에 휘둘리는 것 같아도, 나는 오로지 이것에만 반응한다. 나는 내가 바라보고자 하는 것을 보기로 선택하며, 오로지 그것만을 본다. 내 형제의 죄 없음은 나에게, 내가 나 자신의 죄 없음을 바라보고자 한다는 것을 보여준다. 그리고 나는 반드시 나 자신의 죄 없음을 볼 것이다. 나는 내 형제를 그의 죄 없음의 거룩한 빛 속에서 보기로 선택했기 때문이다.

2 아버지, 제 형제의 죄 없음을 보는 것 외에 무엇이 제게 당신의 기억을 회복해 줄 수 있겠습니까? 그의 거룩함은 그가 저와 하나로, 그리고 저 자신과 닮게 창조되었음을 제게 일깨워 줍니다. 저는 제 형제 안에서 저의 자아를 발견하며, 당신의 아들 안에서 당신에 대한 기억도 발견합니다.

336과

용서는 나로 하여금 마음들이 결합되었음을 알게 한다.

1 용서는 지각의 종식을 위해 지정된 수단이다. 앎은, 지각이 먼저 바뀌어서 그것이 도달할 수 있는 가장 높은 곳 너머에 영원히 남아있는 것에게 길을 완전히 내어준 다음에야 회복된다. 모습들과 소리들은 기껏해야 그 모든 것 너머에 있는 기억을 떠올리는 데 도움이 될 수 있을 뿐이기 때문이다. 용서는 왜곡된 것들을 쓸어버리고, 진리에 바친 감춰진 제단을 연다. 용서의 백합꽃은 마음속을 비추면서, 어서 돌아와 내면으로 눈을 돌려 그동안 바깥에서 헛되이 구한 것을 찾으라고 부른다. 그곳은 하느님이 머물러 사시는 곳이기에, 오로지 그곳에서만 마음의 평화가 회복되기 때문이다.

2 아버지, 제가 꾸는 분리와 죄의 꿈을 용서가 조용히 씻어내게 하소서. 그리고 저로 하여금 내면으로 눈을 돌려, 저의 죄 없음에 대한 당신의 약속이 지켜지고 있음을 깨닫게 하소서. 당신의 말씀은 제 마음 안에 변함없이 남아있고, 당신의 사랑은 제 가슴 안에 여전히 깃들어 있습니다.

337과

나의 죄 없음이 나를 모든 위해危害로부터 지켜준다.

1 나의 죄 없음은 나에게 완벽한 평화, 영원한 안전, 끝없는 사랑을 보장하며, 모든 상실의 생각에서 자유로워지고 고통에서 완전히 해방될 것을 보장한다. 그리고 오로지 행복만이 나의 상태일 수 있다. 오로지 행복만이 나에게 주어졌기 때문이다. 이 모든 것이 나의 것임을 알기 위해 나는 무엇을 해야 하는가? 나는 스스로 속죄를 받아들여야 할 뿐, 그 이상 아무것도 할 필요가 없다. 하느님은 이루어져야 할 필요가 있는 모든 것을 이미 이루셨다. 나는 단지 나 자신으로서는 아무것도 할 필요가 없음을 배우기만 하면 된다. 나를 위해 창조되어 지금 이미 나의 것인 나의 자아와 나의 죄 없음을 내가 그저 받아들이기만 하면, 하느님의 사랑이 나를 위해로부터 지키고 있음을 느끼고, 나의 아버지가 당신의 아들을 사랑하신다는 것을 이해하며, 내가 아버지가 사랑하시는 바로 그 아들이라는 것을 알게 된다.

2 아버지, 저를 죄 없음 안에서 창조하신 당신은 저의 정체에 대해 잘못 생각하지 않으십니다. 저는 제가 죄를 지었다고 잘못 생각했었지만, 이제 스스로 속죄를 받아들입니다. 아버지, 이제 저의 꿈은 끝났습니다. 아멘.

338과

나는 오로지 내 생각에 의해서만 영향을 받는다.

¹ 구원이 온 세상에 도래하도록 하기 위해서는 단지 이 생각만 필요하다. 이 하나의 생각 안에서, 마침내 모든 이가 두려움에서 해방되기 때문이다. 이제 그는 그 누구도 자신을 두렵게 하지 않고, 그 무엇도 자신을 위험에 빠트릴 수 없음을 배웠다. 그에게는 적이 없으며, 그는 모든 외적인 것들로부터 안전하다. 그의 생각들은 그를 두렵게 할 수 있지만, 이러한 생각들은 단지 그의 것이므로, 그에게는 그것들을 바꾸고 각각의 두려움의 생각을 행복한 사랑의 생각으로 맞바꿀 권능이 있다. 그는 자신을 십자가에 못 박았지만, 하느님은 당신의 사랑스러운 아들이 구원되도록 계획하셨다.

² 아버지, 오로지 당신의 계획만이 확실합니다. 다른 모든 계획은 실패할 것입니다. 하지만 저를 구원으로 인도하는 유일한 생각을 당신이 제게 주셨음을 배울 때까지, 저는 저를 두렵게 할 생각들을 생각할 것입니다. 오로지 저의 생각들만이 실패하여 저를 어디로도 인도하지 못할 것입니다. 그러나 당신이 제게 주신 생각은 저를 집으로 인도할 것을 약속합니다. 그 생각 안에는 당신이 당신 아들에게 하신 약속이 들어있기 때문입니다.

339과

내가 무엇을 요청하든, 바로 그것을 받을 것이다.

1 그 누구도 고통을 열망하지 않지만, 고통을 즐거움이라고 생각할 수는 있다. 그 누구도 자신의 행복을 피하려 하지 않지만, 기쁨이 고통스럽고, 위협적이며, 위험하다고 생각할 수는 있다. 모든 이가 자신이 요청하는 것을 받을 것이다. 하지만 자신이 원하는 것과 이루려는 상태에 대해서는 과연 혼동할 수 있다. 그렇다면 그가 어떻게 정작 받았을 때 원하게 될 것을 요청할 수 있겠는가? 그는 자신을 두렵게 하고 고통스럽게 할 것을 요청했다. 오늘, 우리가 진정으로 원하는 것을 요청하고, 오로지 그것만을 요청하겠다고 결심하자. 그리하여 우리는 고통을 기쁨으로, 두려움을 사랑으로 혼동하지 않고 오늘을 두려움 없이 보내게 된다.

2 아버지, 오늘은 당신의 날입니다. 오늘은 저 혼자서는 아무것도 하지 않고, 제가 하는 모든 일에서 당신의 음성을 듣고자 하는 날입니다. 그러면서 오로지 당신이 주시는 것만을 요청하고, 오로지 당신이 저와 공유하시는 생각만을 받아들입니다.

340과

나는 오늘 고난에서 자유로워질 수 있다.

¹ 아버지, 오늘에 대해, 그리고 오늘이 확실히 가져다줄 자유에 대해 감사드립니다. 오늘은 거룩한 날입니다. 오늘, 당신의 아들이 구원될 것이기 때문입니다. 그의 고난은 끝났습니다. 그는 용서를 통해 그리스도의 비전을 발견하도록 인도하는 당신의 음성을 듣고는, 모든 고난에서 영원히 자유로워질 것입니다. 아버지, 오늘에 대해 감사드립니다. 저는 다만 이날을 성취하고, 이날이 당신의 거룩한 아들과 그가 만든 세상을 위해 기쁨과 자유 속에 간직하고 있는 것을 성취하기 위해 이 세상에 태어났습니다. 그가 만든 세상은 오늘 그와 더불어 해방됩니다.

² 오늘 기뻐하라! 기뻐하라! 오늘은 기쁨과 감사 외에 다른 것이 끼어들 여지가 없다. 우리의 아버지가 오늘 당신의 아들을 구원하셨다! 오늘 우리 중에 구원되지 않을 자는 단 한 명도 없을 것이다. 두려움 속에 남아있을 자도 단 한 명도 없을 것이며, 아버지가 당신께로 모아들여 사랑의 가슴 깊은 곳, 천국 안에서 깨어나게 하지 않으실 자도 단 한 명도 없을 것이다.

특별주제 13: 기적이란 무엇인가?

¹ 기적은 교정이다. 기적은 창조하지 않으며, 실제로 전혀 바꾸지도 않는다. 기적은 다만 참상을 바라보고는, 마음에게 그것이 바라보는 것은 거짓이라고 일깨워 준다. 기적은 잘못을 무효화하지만, 지각 너머로 가거나 용서의 기능을 넘어서려고 하지 않는다. 따라서 기적은 시간의 한계 안에 머문다. 하지만 기적은 무시간성이 돌아오고 사랑이 깨어나도록 길을 닦는다. 기적이 가져다주는 부드러운 치료법으로 두려움은 사라질 것이기 때문이다.

² 기적에는 은혜의 선물이 들어있다. 기적은 하나로서 주어지고 하나로서 받아지기 때문이다. 이와 같이 기적은 진리의 법칙을 보여준다. 하지만 세상은 진리의 방식을 전혀 이해하지 못하기에, 진리의 법칙을 따르지 않는다. 기적은 위아래가 뒤바뀐 지각을 뒤집음으로써, 명백히 드러난 이상한 왜곡을 끝낸다. 이제 지각은 진리를 향해 열려있다. 이제 용서는 정당한 근거가 있다고 보인다.

³ 용서는 기적들의 고향이다. 그리스도의 눈은 자신이 자비와 사랑으로 바라보는 모든 것에게 기적을 전해준다. 그리스도의 시야에 지각은 교정되어 있으며, 저주하려 했던 것이 이제 축복하러 왔다. 용서의 백합꽃 한 송이마다 온 세상에 사랑의 기적을 조용히 선사한다. 그리고는 완벽한 순수함과 끝없는 기쁨의 빛 속에서, 만유의 제단 위 하느님의 말씀 앞에 놓인다. 그것은 창조주와 창조물에게 바치는 제단이다.

⁴ 기적은 처음에는 믿음으로 받아들여진다. 기적을 요청한다는 것은 마음이 볼 수 없고 이해하지 못하는 것에 대해 고려할 준비가 되었음을 함축하기 때문이다. 하지만 믿음은 자신이 근거로 삼았던 것이 정말로 존재한다는 것을 보여줄 증인을 데려올 것이다. 이런 식으로 기적은 기적에 대한 너의 믿음을 정당화하고, 기적이 네가 전에 본 세상보다 더 실재적인 세상, 즉 네가 본다고 생각한 것에서 구원된 세상에 근거함을 보여줄 것이다.

⁵ 굶주리고 목마른 자들이 죽으러 온 먼지투성이 메마른 세상에, 천국에서 내리는 치유의 빗방울처럼 기적이 내려온다. 이제 그들은 물을 얻었다. 이제 세상은 푸르르다. 생명의 징표가 곳곳에서 솟아나, 태어난 것은 결코 죽을 수 없음을 보여준다. 생명을 가진 것은 불멸성도 가졌기 때문이다.

341과

나는 단지 나 자신의 죄 없음만 공격할 수 있다.
그러나 나를 안전하게 지켜주는 것은 나의 죄 없음뿐이다.

1 아버지, 당신의 아들은 거룩합니다. 저는 당신이 사랑스럽고 다정하게 미소를 지어주시는 아들입니다. 그 사랑과 다정함은 너무도 깊고 귀하고 고요하여, 우주가 당신께 미소로 답하면서 당신의 거룩함을 공유합니다. 그렇다면 우리는 얼마나 순수하고, 얼마나 안전하며, 얼마나 성스러운지요. 우리는 당신의 미소 안에 머물러 살고, 당신의 그 모든 사랑을 받았으며, 완벽한 형제애와 부성 안에서, 그리고 죄 없음 안에서 당신과 하나로 살고 있습니다. 그것은 너무도 완벽한 죄 없음이라서, 죄 없음의 주님이 우리를 당신의 아들, 당신을 완성하는 생각의 우주로 여기십니다.

2 그러니 우리의 죄 없음을 공격하지 말자. 우리의 죄 없음 안에는 하느님이 우리에게 주시는 말씀이 들어있기 때문이다. 그리고 그것의 친절한 반영 안에서, 우리가 구원된다.

342과

나는 모든 것에 용서를 선사한다.
그럼으로써 나에게 용서가 주어질 것이기 때문이다.

1 아버지, 제가 만든 지옥에서 저를 구하기 위한 당신의 계획에 대해 감사
드립니다. 그 지옥은 실제가 아닙니다. 당신은 저에게 그것의 비실재성
을 증명할 수단을 주셨습니다. 저는 그 열쇠를 손에 들고서, 그 너머에
꿈의 종말이 있는 문에 도달했습니다. 저는 천국 문 앞에 서서, 안으로
들어가 집에서 편히 쉴지 말지 망설이고 있습니다. 저로 하여금 오늘 다
시 기다리지 말게 하소서. 저로 하여금 오늘 모든 것을 용서하고, 창조
물이 당신이 바라시는 대로, 있는 그대로 존재하도록 허용하게 하소서.
저로 하여금 제가 당신의 아들임을 기억하게 하소서. 그리고 마침내 문
을 열어 당신에 대한 기억이 돌아옴에 따라, 찬란히 타오르는 진리의 빛
속에서 환상을 잊게 하소서.

2 형제여, 이제 나를 용서하라. 나는 너에게 가서, 너를 집에 데려가고자 한다. 우리
가 갈 때, 세상도 우리와 더불어 하느님께 가는 길을 간다.

343과

하느님의 자비와 평화를 찾기 위해
내게 어떤 희생이 요구되는 것은 아니다.

1 아버지, 고난의 끝이 상실일 수는 없습니다. 모든 것이라는 선물은 단지 얻는 것입니다. 당신은 주기만 하십니다. 당신은 결코 앗아가지 않으십니다. 그리고 당신은 저를 당신과 닮게 창조하셨기에, 희생은 당신뿐만 아니라 저에게도 불가능해집니다. 저도 당신처럼 주어야 합니다. 그리하여 저에게 모든 것이 영원무궁토록 주어집니다. 저는 여전히 제가 창조된 그대로 남아있습니다. 당신의 아들은 어떤 희생도 할 수 없습니다. 당신을 완성하는 기능을 가진 그는 완전할 수밖에 없기 때문입니다. 저는 당신의 아들이므로, 완전합니다. 저는 잃을 수 없습니다. 저는 오로지 줄 수만 있기 때문입니다. 그리고 모든 것은 영원히 제 것입니다.

2 하느님의 자비와 평화는 공짜다. 구원에는 비용이 들지 않는다. 구원은 거저 주고 거저 받는 선물이다. 우리는 오늘 바로 이것을 배우고자 한다.

344과

오늘 나는 다음과 같은 사랑의 법칙을 배운다:
내가 내 형제에게 주는 것은 나 자신에게 주는 선물이다.

1 아버지, 이것은 저의 법칙이 아니라 당신의 법칙입니다. 저는 주기가 무슨 의미인지 이해하지 못했으며, 따라서 제가 원하는 것을 저 혼자 간직하겠다고 생각했습니다. 그렇게 제가 가졌다고 생각한 보물을 바라보면서 저는 빈 공간을 발견했습니다. 그곳에는 전에도, 지금도, 앞으로도 아무것도 없습니다. 그 누가 꿈을 공유할 수 있겠습니까? 환상이 저에게 무엇을 줄 수 있겠습니까? 하지만 제가 용서하는 이는 저에게 땅 위의 그 무엇보다 훨씬 더 가치 있는 선물을 줄 것입니다. 제가 용서한 형제들이 저의 창고를 천국의 보물로 가득 채우게 하소서. 오로지 그것만이 실제입니다. 이와 같이 사랑의 법칙이 성취됩니다. 이와 같이 당신의 아들이 일어나 당신께 돌아갑니다.

2 우리가 하느님께 갈 때, 우리는 서로 얼마나 가까이 있는지. 그분은 우리에게 얼마나 가까이 계시는지. 죄의 꿈이 끝나고 하느님의 아들이 구원될 때는 얼마나 가까운지.

345과

오늘 나는 오로지 기적만을 선사한다.
기적이 나에게 돌아오기를 바라기 때문이다.

1 아버지, 기적은 당신이 당신의 아들인 제게 주시는 선물을 반영합니다. 그리고 제가 주는 모든 기적은 제게 돌아와, 사랑의 법칙은 보편적임을 일깨워 줍니다. 이곳에서조차 사랑의 법칙은 인식될 수 있고 작동하고 있음을 알 수 있는 형식을 취합니다. 제가 주는 기적은 제가 지각하는 문제를 해결하기 위해 필요한 바로 그 형식으로 돌아옵니다. 아버지, 천국에서는 이와 다릅니다. 천국에는 어떤 필요도 없기 때문입니다. 그러나 여기 땅에서, 기적은 제가 줄 수 있는 다른 어떤 선물보다 더 당신의 선물에 가깝습니다. 그러니 제가 오늘 이 선물만을 주게 하소서. 그것은 진정한 용서에서 태어나, 제가 당신을 기억하기 위해 걸어가야 하는 길을 밝혀줍니다.

2 오늘, 간구하는 모든 가슴에 평화가 있기를. 지친 세상에 기적을 선사하여 축복하려고, 빛이 왔다. 오늘 세상은 안식을 발견할 것이다. 우리는 우리가 받은 것을 선사할 것이기 때문이다.

346과

오늘 하느님의 평화가 나를 감싸고,
나는 그분의 사랑 외에 모든 것을 잊는다.

1 아버지, 저는 오늘 모든 것에 대한 저의 지각을 교정하는 기적과 함께 일어납니다. 저는 당신과 영원을 공유할 것이듯 당신과 공유하는 하루를 이렇게 시작합니다. 시간은 오늘 옆으로 물러났기 때문입니다. 저는 시간에 속하는 것들을 구하지 않으며, 따라서 그것들을 바라보지 않겠습니다. 제가 오늘 구하는 것은 시간의 모든 법칙과 시간 안에서 지각되는 모든 것을 초월합니다. 저는 당신의 사랑 외에 모든 것을 잊고자 합니다. 저는 당신 안에 머물러 살면서, 오로지 당신 사랑의 법칙만을 알고자 합니다. 또한 당신과 저의 영광을 바라보면서 제가 만든 어리석은 장난감들을 전부 잊고, 당신이 당신의 아들을 위해 창조하신 평화를 발견하고자 합니다.

2 오늘 밤이 오면, 우리는 오로지 하느님의 평화만을 기억할 것이다. 우리가 오늘 하느님의 사랑 외에 모든 것을 잊을 때, 엄청난 평화가 우리 것임을 배우기 때문이다.

347과

분노는 판단에서 온다.
판단이란, 내가 기적들을 전부 물리치려고
나 자신에게 겨누는 무기다.

1 아버지, 저는 저의 뜻에 어긋나는 것을 원하고, 저의 뜻이 가지려는 것을 원하지 않습니다. 아버지, 제 마음을 바로잡아 주소서. 제 마음은 병들었습니다. 그러나 당신은 자유를 제공하셨고, 저는 오늘 당신의 선물을 제 것이라고 주장하기로 선택합니다. 따라서 당신이 제게 주셔서 저를 대신해 판단하게 하신 성령께 저의 모든 판단을 맡깁니다. 그는 제가 보는 것을 보지만, 진리를 압니다. 그는 고통을 보지만, 그것이 실제가 아님을 이해합니다. 그리고 그의 이해 안에서, 고통이 치유됩니다. 그는 제가 꿈을 꾸느라 알아차리지 못하는 기적들을 줍니다. 오늘 그가 판단하게 하소서. 저는 저의 뜻을 모르지만, 그는 저의 뜻이 당신 자신의 뜻임을 확신합니다. 따라서 그는 저를 대신해 말하여, 당신의 기적을 제게 불러올 것입니다.

2 오늘 귀 기울여라. 아주 고요해져서, 하느님이 너를 당신의 사랑스러운 아들로 판단하셨음을 보장하는 그분의 온유한 음성을 들어라.

348과

저는 분노하거나 두려워할 이유가 없습니다.
당신이 저를 감싸고 계시기 때문입니다.
제가 지각하는 모든 필요에서, 당신의 은혜로 족합니다.

1 아버지, 당신이 여기에 계심을, 따라서 저는 혼자가 아님을 기억하게 하소서. 영원히 변치 않는 사랑이 저를 감싸고 있습니다. 저는 당신과 공유하는 완벽한 평화와 기쁨 외에 다른 것을 경험할 이유가 없습니다. 제가 과연 분노하거나 두려워할 어떤 필요가 있을까요? 완벽한 안전이 저를 감싸고 있습니다. 당신의 영원한 약속이 저와 동행하거늘, 제가 과연 두려워할 수 있을까요? 완벽한 죄 없음이 저를 감싸고 있습니다. 당신은 당신의 거룩함처럼 완벽한 거룩함 속에서 저를 창조하셨거늘, 제가 과연 무엇을 두려워할 수 있을까요?

2 하느님이 우리가 행하기를 원하시는 모든 일에서, 그분의 은혜로 족하다. 우리는 오로지 그것만을 하느님의 뜻이자 우리의 뜻으로 선택한다.

349과

오늘 그리스도의 비전이
나를 대신해 모든 것을 바라보게 함으로써,
그것들을 판단하는 대신에 사랑의 기적을 주겠다.

1 저는 이와 같이 제가 보는 모든 것을 해방하여, 그것들에게 제가 구하는 자유를 주고자 합니다. 저는 그렇게 사랑의 법칙을 따름으로써, 제가 찾아내서 제 것으로 만들고자 하는 것을 주기 때문입니다. 그것은 저에게 주어질 것입니다. 저는 그것을 제가 주기를 원하는 선물로 선택했기 때문입니다. 아버지, 당신의 선물은 제 것입니다. 제가 받아들이는 각각의 선물은 저에게, 제가 줄 기적 하나를 줍니다. 그리고 저는 제가 받고자 하는 대로 줌으로써, 당신의 치유하는 기적이 제게 속함을 배웁니다.

2 아버지는 우리의 필요를 아신다. 아버지는 우리에게 그 모든 필요를 채울 은혜를 베푸신다. 따라서 아버지는 우리에게 기적들을 보내서서, 우리가 당신께 돌아가는 길에 세상을 축복하고 우리의 마음을 치유하게 하실 것이다. 우리는 이를 신뢰한다.

기적은 하느님의 영원한 사랑을 반영한다.
기적을 베푸는 것은 하느님을 기억하는 것이며,
그 기억을 통해 세상을 구하는 것이다.

1 우리는 우리가 용서하는 것을 우리의 일부라고 지각합니다. 하느님의
아들은 당신이 창조하신 대로의 그 자신 안에 모든 것을 포함합니다.
당신의 기억은 그의 용서에 달려있습니다. 그의 정체는 그의 생각에
의해 영향받지 않지만, 그가 바라보는 것은 그의 생각의 직접적인 결
과입니다. 따라서 아버지, 저는 당신께 의탁하고자 합니다. 오로지 당
신의 기억만이 저를 자유롭게 할 것입니다. 그리고 오로지 저의 용서
만이 제게 당신의 기억이 돌아오게 하여, 감사하는 마음으로 그것을
세상에 전해주도록 가르칩니다.

2 우리가 하느님에게서 기적들을 모아들임에 따라, 우리는 정녕 감사하게 될 것이다.
우리가 하느님을 기억함에 따라, 그분의 아들이 사랑의 실재 안에서 우리에게 회복될
것이기 때문이다.

특별주제 14: 나는 무엇인가?

¹ 나는 하느님의 아들이다. 나는 완전하고 치유되었고 온전하며, 하느님의 사랑을 반영하여 빛난다. 내 안에서, 하느님의 창조물이 축성되고 영원한 생명을 보장받는다. 내 안에서, 사랑이 완성되고 두려움은 불가능하며, 기쁨은 반대 없이 확립된다. 나는 하느님의 거룩한 집이다. 나는 그분의 사랑이 깃들어 사는 천국이다. 나는 하느님의 거룩한 죄 없음 자체다. 나의 순수 안에 그분의 순수가 머물러 살기 때문이다.

² 우리가 말을 사용할 필요성은 거의 끝나간다. 하지만 우리가 함께 하느님께 드린 이 한 해의 마지막 날들에, 너와 나는 우리가 공유하는 유일한 목표를 발견했다. 그렇게 너는 나와 결합했다. 따라서 나의 정체는 곧 너기도 하다. 우리 정체의 진리는 말로 표현하거나 묘사할 수 없는 것이다. 하지만 우리는 우리가 이곳에서 가진 기능을 깨달을 수 있으며, 말을 통해 그것을 표현하고 가르칠 수 있다. 우리가 그 말의 본보기가 된다면 말이다.

³ 우리는 구원을 가져다주는 자들이다. 우리는 세상의 구원자로서 우리의 역할을 받아들이며, 세상은 우리의 공동의 용서를 통해 구원된다. 우리는 세상에게 이러한 선물을 주며, 그럼으로써 그것이 우리에게 주어진다. 우리는 모든 이를 형제로 바라보고, 모든 것을 친절하고 선하다고 지각한다. 우리는 천국 문 너머에 있는 기능을 구하지 않는다. 앎은 우리가 우리의 역할을 다했을 때 돌아올 것이다. 우리는 다만 진리를 환영하는 일에만 관심이 있다.

⁴ 우리의 눈은 그리스도의 비전이 죄의 생각에서 완전히 해방된 세상을 보는 눈이다. 우리의 귀는 하느님의 음성이 세상의 죄 없음을 선포하는 소리를 듣는 귀다. 우리의 마음은 우리가 세상을 축복할 때 하나로 결합하는 마음이다. 우리는 그렇게 성취한 하나인 상태로부터 우리의 모든 형제를 큰 소리로 부르면서, 우리의 평화를 공유하여 우리의 기쁨을 극치에 이르게 하자고 청한다.

⁵ 우리는 하느님의 거룩한 메신저들이다. 우리는 하느님을 대변해 말하며, 하느님이 우리에게 보내신 모든 이에게 그분의 말씀을 전하면서, 그것이 우리 가슴에 새겨져 있음을 배운다. 이와 같이 우리가 온 목적, 우리가 섬기려는 목적에 대한 우리의 마음이 바뀐다. 우리는 스스로 고통받는다고 생각했던 하느님의 아들에게 기쁜 소식을 전

해준다. 이제 그는 구원되었다. 이제 그는 눈앞에 천국 문이 열려있는 것을 보고는, 안으로 들어가 하느님의 가슴 속으로 사라질 것이다.

351과

죄 없는 형제는 평화로 인도하는 안내자고,
죄 많은 형제는 고통으로 인도하는 안내자다.
그리고 나는 내가 보기로 선택하는 것을 볼 것이다.

¹ 아버지, 제 형제가 당신의 거룩한 아들이 아니라면 누구겠습니까? 제가 만약 그를 죄 있다고 본다면, 저 자신이 하느님의 아들이 아니라 무서운 세상에서 친구도 없이 홀로 있는 죄인이라고 선언하는 것입니다. 하지만 이런 지각은 저의 선택이므로, 제가 포기할 수 있습니다. 저는 또한 제 형제를 당신의 거룩한 아들로서 죄가 없다고 볼 수도 있습니다. 저는 이런 선택을 내림으로써 저 자신의 죄 없음을 보게 되며, 저의 변함없는 위로자요 친구가 제 곁에 있고, 저의 길이 안전하고 탁 트여 있음을 보게 됩니다. 그러니 아버지, 당신의 음성을 통하여 저를 대신해 선택하소서. 오로지 그만이 당신의 이름으로 판단하기 때문입니다.

352과

판단과 사랑은 서로 정반대다.
판단에서는 세상 모든 슬픔이 나오지만,
사랑에서는 하느님의 평화가 나온다.

1 아버지, 용서는 오로지 죄 없음만 볼 뿐, 판단하지 않습니다. 이것을 통해 저는 당신께 갑니다. 판단은 저의 눈을 가려 보지 못하게 만들 것입니다. 하지만 이곳에서 용서에 반영되어 있는 사랑은, 당신의 평화를 되찾을 길을 당신이 제게 주셨음을 일깨워 줍니다. 이 길을 따르기로 선택할 때, 저는 구원됩니다. 당신은 저를 위로 없이 버려두지 않으셨습니다. 저의 내면에 당신에 대한 기억이 있으며, 저를 그 기억으로 인도하는 성령도 있습니다. 아버지, 저는 오늘 당신의 음성을 듣고, 당신의 평화를 찾고자 합니다. 저는 저의 정체를 사랑하며, 그 안에서 당신에 대한 기억을 찾고자 하기 때문입니다.

353과

오늘 나의 눈과 혀, 손과 발에는
그리스도에게 주어져 기적으로 세상을 축복하기 위해 쓰인다는
단 하나의 목적만 있다.

¹ 아버지, 저는 오늘 제가 가진 모든 것을 그리스도에게 제공하여, 제가 그와 공유하는 목적을 가장 잘 섬기는 방식으로 사용되도록 하겠습니다. 그 무엇도 저 혼자만의 것이 아닙니다. 그리스도와 저는 목적을 함께하기 때문입니다. 이와 같이 배움은 예정된 결말에 거의 도달했습니다. 저는 잠시 그리스도와 함께 일하면서 그의 목적을 섬깁니다. 그리고는 저의 정체 안에서 저 자신myself을 잃고, 그리스도는 단지 저의 자아my Self일 뿐임을 인식합니다.

354과

**우리, 그리스도와 나는 목적을 확신하며 평화로이 함께 서있다.
그리스도가 내 안에 있듯이,
그리스도 안에 그의 창조주가 계신다.**

1 아버지, 그리스도와 저의 하나인 상태가 저를 당신의 아들로 확립합니다. 당신의 아들은 시간이 닿을 수 없는 곳에 있고, 당신의 법칙 외의 모든 법칙에서 완전히 자유롭습니다. 제 안에 그리스도 외에 다른 자아는 없습니다. 저에게 그리스도의 목적 외에 다른 목적은 없습니다. 그리고 그리스도는 아버지를 닮았습니다. 따라서 저는 그리스도는 물론 당신과도 하나입니다. 당신이 창조하신 대로의 아들 외에 과연 누가 그리스도겠습니까? 그리고 제 안의 그리스도 외에 과연 무엇이 저의 정체겠습니까?

355과

내가 하느님의 말씀을 받아들일 때,
내가 누릴 그 모든 평화와 기쁨, 그리고 내가 줄 그 모든 기적에는 한계가 없다.
그때가 바로 오늘이지 않겠는가?

¹ 아버지, 제가 왜 당신이 약속하신 기쁨을 기다려야 하겠습니까? 당신은 망명 중인 아들에게 주신 말씀을 지키실 것이기 때문입니다. 저의 보물이 저를 기다리고 있으며, 제가 손을 뻗기만 하면 그것을 찾을 수 있음을 저는 확신합니다. 심지어 저는 지금도 그것을 손가락으로 만지고 있습니다. 그것은 아주 가까이 있습니다. 저는 영원히 평화롭기 위해 한 순간도 더 기다릴 필요가 없습니다. 저는 당신을 선택하며, 더불어 저의 정체도 선택합니다. 당신의 아들은 그 자신이 될 것이며, 당신을 자신의 아버지요 창조주, 자신의 사랑으로 알 것입니다.

356과

병은 죄의 다른 이름일 뿐이며,
치유는 하느님의 다른 이름일 뿐이다.
따라서 기적은 하느님을 향한 부름이다.

1 아버지, 당신은 당신 아들의 모든 부름에 반드시 응답하겠다고 약속하
   셨습니다. 그가 어디에 있든, 그의 문제가 무엇으로 보이든, 그 스스로
   무엇이 되어버렸다고 믿든 전혀 상관없습니다. 그는 당신의 아들이며,
   당신은 그에게 응답하실 것입니다. 기적은 당신의 사랑을 반영하며, 따
   라서 그에게 응답합니다. 당신의 이름은 죄의 모든 생각들을 대체하며,
   죄 없는 자는 고통받을 수 없습니다. 당신의 이름은 당신의 아들에게
   응답합니다. 당신의 이름을 부르는 것은 곧 그 자신의 이름을 부르는
   것이기 때문입니다.

357과

우리가 하느님을 부를 때마다 진리가 응답한다. 처음에는 기적으로 응답하고 그다음에는 우리에게 돌아와 진리 자체가 된다.

1 진리의 반영인 용서는, 제가 기적을 베풀어서 제가 살고 있다고 생각하는 감옥에서 탈출할 방법을 알려줍니다. 저는 당신의 거룩한 아들을 처음에는 제 형제 안에서, 그다음에는 제 안에서 보게 됩니다. 당신의 음성은 저에게, 당신의 말씀을 듣고 제가 받는 대로 주라고 끈기 있게 가르쳐줍니다. 그리고 저는 오늘 당신의 아들을 바라보면서, 당신이 정해주신 대로 당신께 가는 길을 찾으라고 알려주는 당신의 음성을 듣습니다. 그 길은 다음과 같습니다: "그의 죄 없음을 보라. 그리하여 네가 치유되어라."

358과

하느님이 당신을 향한 부름을 듣지 않으시거나
응답하지 않으시는 일은 없다.
그리고 나는 그분의 응답이 내가 진정으로 원하는 응답임을 확신할 수 있다.

1 저의 진정한 정체를 기억하는 당신만이 제가 진정으로 무엇을 원하는 지 기억하십니다. 당신은 하느님을 대변해 말하며, 따라서 저를 대변해 말합니다. 그리고 당신이 제게 주시는 것은 하느님에게서 옵니다. 그러므로 아버지, 당신의 음성은 저의 음성이기도 합니다. 그리고 저는 오로지 당신이 제 것으로 선택하신 바로 그 형식으로 제게 베푸시는 것만을 원합니다. 제가 모르는 모든 것을 기억하게 하시고, 기억하는 동안 저의 음성을 잠잠케 하소서. 그러나 제가 당신의 사랑과 보살핌만은 잊지 않고, 당신이 당신 아들에게 하신 약속을 항상 제 의식 안에 간직하게 하소서. 저 자신myself은 아무것도 아니나, 저의 자아my Self는 모든 것임을 잊지 않게 하소서.

359과

하느님의 응답은 평화의 형식을 띤다.
모든 고통이 치유되고, 모든 불행이 기쁨으로 대체된다.
모든 감옥문이 열리고,
모든 죄는 한낱 실수에 불과하다고 이해된다.

¹ 아버지, 오늘 우리는 당신의 세상을 용서하여 창조물이 당신의 것이 되도록 허용하겠습니다. 우리는 모든 것을 오해했습니다. 그러나 당신의 거룩한 아들을 죄인으로 만들지는 않았습니다. 당신이 죄 없게 창조하신 것은 영원무궁토록 그렇게 남아있습니다. 우리가 바로 그러합니다. 그리고 우리는 우리에게 실재적 영향이 없는 실수를 했음을 배우고는 크게 기뻐합니다. 죄는 불가능하며, 바로 이 사실이 용서의 근거입니다. 이것은 우리가 보는 그림자 세상보다 더 단단하고 확실한 기반입니다. 우리가 용서할 수 있도록 도우소서. 우리는 구원되고자 하기 때문입니다. 우리가 용서할 수 있도록 도우소서. 우리는 평화롭고자 하기 때문입니다.

360과

하느님의 거룩한 아들인 저에게 평화를 주소서.
저와 하나인 제 형제에게 평화를 주소서.
우리를 통해 온 세상을 평화로 축복하소서.

1 아버지, 당신의 평화야말로 제가 당신께 받아서 제 형제들에게 주고자 하는 것입니다. 저는 당신의 아들로서, 영원히 당신이 창조하신 그대로 입니다. 저의 내면에는 여전히 위대한 빛줄기들이 영원히 고요하고 흔들림 없이 남아있기 때문입니다. 침묵과 확신 속에서, 저는 그 빛줄기들에 도달하고자 합니다. 오로지 그곳에서만 확신을 찾을 수 있기 때문입니다. 저에게 평화를 주소서. 온 세상에 평화를 주소서. 우리는 거룩함 속에서 창조되었고, 여전히 거룩함 속에 남아있습니다. 당신의 아들은 당신을 닮아 완벽하게 죄가 없습니다. 그리고 이 생각과 함께 우리는 기쁘게 "아멘"이라고 말합니다.

우리의 마지막 레슨들

¹ 우리의 마지막 레슨들은 최대한 말에서 자유로울 것이다. 우리는 연습을 시작할 때만 말을 사용하는데, 그것은 단지 우리가 말 너머로 가려 한다는 것을 상기하기 위해서일 뿐이다. 우리의 길을 인도하며 발걸음을 굳건하게 해주는 성령께 의탁하자. 이제부터 우리는, 우리의 삶을 성령께 드리듯 우리의 마지막 레슨들도 성령께 맡긴다. 우리는 죄에 대한 믿음으로 다시 돌아가지 않으려 하기 때문이다. 그 믿음은 세상을 추하고 불안한 곳, 공격하고 파괴하며, 그 모든 길이 위험한 곳, 신뢰의 희망도 없고 고통에서의 탈출도 불가능한 기만적인 곳으로 보이게 만들었다.

² 성령의 길은 하느님이 우리에게 주신 평화를 찾을 수 있는 유일한 길이다. 성령의 길이야말로 모든 이가 결국에는 걸어가야 하는 길이다. 이러한 결말이야말로 하느님이 직접 명하신 것이기 때문이다. 시간의 꿈속에서 그 결말은 멀리 떨어져 있는 듯이 보인다. 하지만 실제로 그것은 이미 여기에 있으며, 가야 할 길에 대한 자애로운 안내로서 우리를 이미 돕고 있다. 우리 함께 진리가 가리켜 보여주는 이 길을 따라가자. 그리고 그 길을 구하고 있지만 찾지 못하는 우리의 수많은 형제들을 이끄는 자가 되자.

³ 우리의 마음을 이러한 목적에 바치고, 우리의 모든 생각을 돌려 구원의 기능을 섬기게 하자. 우리에게 세상을 용서한다는 목표가 주어졌다. 그것은 하느님이 주신 목표다. 그것은 우리가 구하는 꿈에게, 우리가 아닌 하느님이 정해주신 결말이다. 우리는 우리가 용서하는 모든 것을 반드시 하느님의 일부로 인식할 것이다. 그리고 이런 식으로, 하느님의 기억이 완전히, 완전한 상태로 다시 주어진다.

⁴ 실재 안에서 우리가 하느님을 완성하듯이, 땅에서 우리의 기능은 하느님을 기억하는 것이다. 그러니 우리의 목표는 공유된다는 것을 잊지 말자. 이러한 기억하기는 하느님에 대한 기억을 담고 있으며, 하느님과 하느님의 평화가 있는 천국으로 가는 길을 가리키기 때문이다. 우리에게 이러한 것을 베풀 수 있는 우리의 형제를 용서하지 않으려는가? 그는 우리에게 그 길을 보여주는 길이요, 진리요, 생명이다. 그의 내면에 구원이 머물러 산다. 그것은 우리가 그에게 베푼 용서를 통해 우리에게 베풀어진다.

⁵ 우리는 아버지가 당신의 거룩한 아들에게 약속하신 선물 없이는 올해를 마치지 않을 것이다. 우리는 이제 용서받았다. 우리는 하느님이 우리에게 진노하셨다고 생각했

지만, 이제 그 모든 생각에서 구원되어 그것이 꿈임을 깨달았다. 우리는 제정신을 회복하여, 분노는 정신 이상이고, 공격은 미친 짓이며, 복수는 한낱 어리석은 판타지에 불과하다는 것을 이해한다. 우리가 진노에서 구원된 이유는, 우리가 잘못 생각했음을 배웠기 때문이다. 그 이상 아무것도 아니다. 어떤 아버지가 자신의 아들이 진리를 이해하지 못했다고 해서 분노하겠는가?

6 우리는 하느님께 정직하게 나아가 우리가 이해하지 못했다고 말씀드리고, 그분의 교사의 음성을 통해 그분의 레슨을 배우도록 도와주실 것을 청한다. 하느님이 당신의 아들에게 상처를 주시겠는가? 아니면 서둘러 응답하시면서, "이는 내 아들이요, 내가 가진 것은 전부 그의 것이다."라고 말씀하시겠는가? 하느님이 이렇게 응답하실 것임을 확신하라. 그것은 너에게 주어지는 하느님 자신의 말씀이기 때문이다. 그리고 그 이상은 그 누구도 결코 가질 수 없다. 이 말씀 안에 존재하는 모든 것이 들어있으며, 모든 시간을 통해, 그리고 영원히 존재할 모든 것이 들어있기 때문이다.

361과

이 거룩한 순간을 당신께 드리니, 주관하소서.
당신의 인도하심이 제게 평화를 가져다줌을 확신하면서,
그저 따르고자 하기 때문입니다.

¹ 나에게 도움이 될 말이 필요하다면, 성령은 나에게 그 말을 줄 것이다. 나에게 어떤 생각이 필요하다면, 성령은 그 또한 줄 것이다. 나에게 단지 평온하고 열린 마음과 고요함이 필요하다면, 나는 그것들을 선물로 받을 것이다. 나의 요청에 따라, 성령은 이 모든 것을 주관한다. 그리고 성령은 나의 말을 듣고 응답할 것이다. 성령은 나의 아버지신 하느님과 그분의 거룩한 아들을 대변하기 때문이다.

362과

이 거룩한 순간을 당신께 드리니, 주관하소서.
당신의 인도하심이 제게 평화를 가져다줌을 확신하면서,
그저 따르고자 하기 때문입니다.

1 나에게 도움이 될 말이 필요하다면, 성령은 나에게 그 말을 줄 것이다. 나에게 어떤 생각이 필요하다면, 성령은 그 또한 줄 것이다. 나에게 단지 평온하고 열린 마음과 고요함이 필요하다면, 나는 그것들을 선물로 받을 것이다. 나의 요청에 따라, 성령은 이 모든 것을 주관한다. 그리고 성령은 나의 말을 듣고 응답할 것이다. 성령은 나의 아버지신 하느님과 그분의 거룩한 아들을 대변하기 때문이다.

363과

이 거룩한 순간을 당신께 드리니, 주관하소서. 당신의 인도하심이 제게 평화를 가져다줌을 확신하면서, 그저 따르고자 하기 때문입니다.

[1] 나에게 도움이 될 말이 필요하다면, 성령은 나에게 그 말을 줄 것이다. 나에게 어떤 생각이 필요하다면, 성령은 그 또한 줄 것이다. 나에게 단지 평온하고 열린 마음과 고요함이 필요하다면, 나는 그것들을 선물로 받을 것이다. 나의 요청에 따라, 성령은 이 모든 것을 주관한다. 그리고 성령은 나의 말을 듣고 응답할 것이다. 성령은 나의 아버지신 하느님과 그분의 거룩한 아들을 대변하기 때문이다.

364과

이 거룩한 순간을 당신께 드리니, 주관하소서.
당신의 인도하심이 제게 평화를 가져다줌을 확신하면서,
그저 따르고자 하기 때문입니다.

1 나에게 도움이 될 말이 필요하다면, 성령은 나에게 그 말을 줄 것이다. 나에게 어떤 생각이 필요하다면, 성령은 그 또한 줄 것이다. 나에게 단지 평온하고 열린 마음과 고요함이 필요하다면, 나는 그것들을 선물로 받을 것이다. 나의 요청에 따라, 성령은 이 모든 것을 주관한다. 그리고 성령은 나의 말을 듣고 응답할 것이다. 성령은 나의 아버지신 하느님과 그분의 거룩한 아들을 대변하기 때문이다.

365과

이 거룩한 순간을 당신께 드리니, 주관하소서.
당신의 인도하심이 제게 평화를 가져다줌을 확신하면서,
그저 따르고자 하기 때문입니다.

¹ 나에게 도움이 될 말이 필요하다면, 성령은 나에게 그 말을 줄 것이다. 나에게 어떤 생각이 필요하다면, 성령은 그 또한 줄 것이다. 나에게 단지 평온하고 열린 마음과 고요함이 필요하다면, 나는 그것들을 선물로 받을 것이다. 나의 요청에 따라, 성령은 이 모든 것을 주관한다. 그리고 성령은 나의 말을 듣고 응답할 것이다. 성령은 나의 아버지신 하느님과 그분의 거룩한 아들을 대변하기 때문이다.

끝맺는 말

¹ 이 수업은 끝이 아니라 시작이다. 너의 친구인 성령이 너와 함께 간다. 너는 혼자가 아니다. 성령을 부르는 자는 누구나 응답받는다. 무엇이 너를 힘들게 하든, 다음을 확신하라: 성령은 그에 대한 답을 가지고 있으며, 네가 다만 성령께 의탁하여 요청하기만 하면 기꺼이 그 답을 줄 것이다. 너를 힘들게 하는 듯한 모든 문제에 대해, 성령은 너에게 필요한 모든 답을 거절하지 않고 줄 것이다. 그는 모든 문제를 해결하고 모든 의심을 해소할 방법을 안다. 그의 확실성은 곧 너의 확실성이다. 성령께 확실성을 요청하기만 하면, 그것이 너에게 주어질 것이다.

² 너는 확실하게 집에 도착할 것이다. 태양이 뜨기 전과 진 후에도, 그 사이의 어스름 가운데서도, 태양이 지나갈 길은 미리 정해져 있듯이 말이다. 사실 네가 걸어가는 길은 그보다 훨씬 더 확실하다. 하느님이 당신께로 부르신 자들의 경로를 바꾸는 것은 불가능하기 때문이다. 그러니 너의 뜻을 따르고, 네가 너의 음성으로 받아들여서 네가 진정으로 원하는 것과 진정으로 필요로 하는 것에 대해 말해주도록 한 성령을 따르라. 성령의 음성은 하느님을 대변하는 음성이자 너의 음성이기도 하다. 따라서 그는 자유와 진리에 대해 말한다.

³ 특정한 레슨들은 더 이상 주어지지 않을 것이다. 그것들은 더 이상 필요 없기 때문이다. 세상에서 물러나 그 대신 실재를 구할 때, 이제부터는 하느님과 너의 자아를 대변하는 음성만을 들어라. 성령은 네 노력의 방향을 인도하면서, 네가 무엇을 해야 하는지, 너의 마음을 어떻게 인도해야 하는지, 언제 자신에게 조용히 와서 확실한 인도와 틀림없는 말씀을 달라고 청해야 하는지 정확하게 알려줄 것이다. 성령의 말씀은 하느님이 너에게 주신 말씀이다. 성령의 말씀은 네가 너의 것으로 선택한 말씀이다.

⁴ 이제 나는 너희를 성령의 손에 맡겨, 그를 충실히 따르는 자가 되게 한다. 성령은 너희가 실제라고 생각할 수도 있는 모든 곤란과 고통을 뚫고 나가도록 돕는 안내자다. 성령은 너에게, 사라져 버릴 쾌락을 주지 않을 것이다. 그는 오로지 영원한 것과 선한 것만 주기 때문이다. 그가 너를 한층 더 준비시키게 하라. 그는 매일 너의 아버지와 너의 형제와 너의 자아에 대해 말해줌으로써 너의 신뢰를 얻었으며, 앞으로도 계속 그렇게 할 것이다. 이제 너는 성령과 함께 걸어간다. 그러면서 네가 가는 곳과

나아갈 방법에 대해 성령이 확신하듯 확신하고, 그가 너의 목적지에 대해, 그리고 네가 결국 그곳에 안전하게 도착할 것에 대해 확신하듯 확신하며 걷는다.

⁵ 목적지는 확실하며, 수단도 확실하다. 이에 대해 우리는 "아멘."이라고 말한다. 우리가 선택을 내려야 할 때마다, 성령은 하느님이 우리를 위해 무엇을 뜻하시는지 정확하게 말해줄 것이다. 그는 하느님과 너의 자아를 대변해 말함으로써, 지옥이 결코 너에 대한 권리를 주장하지 못하게 하고, 네가 내리는 모든 선택이 너를 천국에 더 가까이 데려다주도록 확실히 할 것이다. 따라서 우리는 이제부터 성령과 함께 걸으며, 그에게 의탁해 안내와 평화와 바른 방향을 구한다. 우리의 길에는 기쁨이 동반한다. 우리는 집으로, 하느님이 우리를 반가이 맞이하려고 열어두신 문을 향해 걸어가기 때문이다.

⁶ 우리는 하느님께 가는 길을 신뢰하며 "아멘."이라고 말한다. 우리는 평화 속에 성령의 길을 계속 걸어가면서, 성령께 모든 것을 맡길 것이다. 우리가 하는 모든 일에서 성령의 뜻을 청하면서, 우리는 확신 속에 그의 응답을 기다린다. 성령은 하느님의 아들을 우리가 사랑하고자 하듯이 사랑한다. 성령은 또한 우리에게, 하느님의 아들을 그의 눈을 통해 바라보고 그가 사랑하듯이 사랑하는 법을 가르쳐준다. 너는 홀로 걷지 않는다. 하느님의 천사들이 네 곁에서, 그리고 온통 네 주위에서 맴돌고 있다. 하느님의 사랑이 너를 감싸고 있다. 나는 결코 너를 위로 없이 버려두지 않으리라. 이를 확신하라.

기적수업

교사용 지침서

Course in Miracles Society

차 례

서문

¹ 세상의 사고방식에서 가르치는 역할과 배우는 역할은 실제로 뒤바뀌어 있다. 그 뒤바꿈은 특징적이다. 가르치는 자와 배우는 자는 마치 서로 분리되어 있어서, 가르치는 자는 무언가를 자기 자신이 아닌 배우는 자에게 주는 듯이 보인다. 더 나아가 가르치는 행위는 사람이 자신의 시간 중에 상대적으로 적은 부분 동안만 참여하는 특별한 활동으로 간주된다. 반면에 이 수업은, 가르치는 것은 정녕 배우는 것이며, 따라서 가르치는 자와 배우는 자는 똑같다는 점을 강조한다. 이 수업은 또한 가르치기는 끊임없이 계속되는 과정이라는 점도 강조한다. 가르치기는 하루의 매 순간 계속될 뿐만 아니라, 잘 때의 생각들 속으로도 이어진다.

² 가르치는 것은 드러내 보이는 것이다. 사고체계는 단 두 가지만 존재하며, 너는 항상 둘 중에 어느 것을 참이라고 믿는지 드러내 보인다. 네가 드러내 보임으로써 다른 이들이 배우며, 너도 배운다. 문제는 네가 가르칠 것인지 아닌지가 아니다. 그것에는 선택의 여지가 없다. 이 수업의 목적은, 네가 배우고 싶어 하는 것에 근거하여 네가 가르치고 싶어 하는 것을 선택할 수단을 제공하는 것이라고 말할 수 있다. 너는 다른 누군가에게는 줄 수 없다. 바로 이 사실을, 너는 가르치기를 통해 배운다. 가르치기란 단지 네가 믿는 것을 입증할 증인들을 불러들이는 것에 지나지 않는다. 가르치기는 회심의 한 방법이다. 이것은 말만으로는 이루어지지 않는다. 모든 상황은 분명 네가 누구인지 다른 이들에게 가르치고, 그들이 누구인지 너 자신에게 가르치는 기회다. 그 이상은 아니지만, 그 이하도 결코 아니다.

³ 그러므로 네가 짜는 커리큘럼은 전적으로 네가 너를 누구라고 생각하는지, 다른 이들의 관계가 너에게 무엇이라고 믿는지에 의해서만 결정된다. 공식적으로 가르치는 상황에서, 이런 질문은 네가 가르치고 있다고 생각하는 것과는 관련이 전혀 없을 수도 있다. 하지만 어떤 상황이든, 그 상황의 내용을 네가 정말로 가르치는 것, 따라서 정말로 배우는 것을 위해 사용하지 않는 것은 불가능하다. 그것은 네가 가르치는 것

의 언어적 내용과는 전혀 무관하다. 그것은 언어적 내용과 일치할 수도 있고 그렇지 않을 수도 있다. 너를 가르치는 것은 바로, 네가 말하는 것의 저변에 있는 가르침이다. 가르치기는 단지 네가 너 자신yourself에 대해 믿는 것을 강화할 뿐이다. 가르치기의 근본적인 목적은 자기 의심self doubt을 줄이는 것이다. 이것은 네가 보호하려는 자아self가 실제임을 의미하지는 않는다. 오히려 그것은 네가 실제라고 생각하는 자아가 바로 네가 가르치는 것임을 의미한다.

4 이것은 불가피하다. 거기서 벗어날 길은 없다. 그렇지 않겠는가? 이곳의 모든 이는 자신의 마음을 바꾸기 전에는 그 커리큘럼을 따른다. 그리고 그 커리큘럼을 따르는 모든 이는 단지, 자신이 진정한 자신이 아닌 그러한 존재라고 스스로를 설득하려고 가르친다. 여기에 세상의 목적이 있다. 그렇다면 다른 무엇이 세상의 커리큘럼일 수 있겠는가? 이렇게 절망과 죽음 외에는 아무것도 가르치지 않는 희망 없고 폐쇄된 학습 상황 속으로, 하느님은 당신의 교사들을 보내신다. 그리고 그들이 하느님의 기쁨과 희망의 레슨을 가르침에 따라, 그들의 배움이 마침내 완성된다.

5 하느님의 교사들이 없다면, 구원의 희망은 없을 것이다. 죄의 세상은 영원히 "실제인" 듯이 보일 것이기 때문이다. 자신을 기만하는 자들은 기만할 수밖에 없다. 그들은 기만을 가르칠 수밖에 없기 때문이다. 이것 외에 무엇이 지옥이겠는가? 이것은 하느님의 교사들을 위한 지침서다. 그들은 완벽하지 않다. 그렇지 않다면 그들은 이곳에 있지 않을 것이다. 하지만 이곳에서 완벽해지는 것이 그들의 소명이며, 따라서 그들은 완벽함을 배울 때까지 많고 많은 방법으로 다시 또다시 가르친다. 그리고는 그들은 더 이상 보이지 않게 된다. 비록 그들의 생각은 영원히 힘과 진리의 근원으로 남아있지만 말이다. 그들은 누구인가? 그들은 어떻게 선택되는가? 그들은 무엇을 하는가? 그들은 그들 자신의 구원과 세상의 구원을 어떻게 이뤄낼 수 있는가? 이 지침서는 이러한 질문들에 답하고자 한다.

1. 하느님의 교사들은 누구인가?

¹ 하느님의 교사가 되겠다고 선택하는 자는 누구나 하느님의 교사다. 그의 자격 요건은 단지 다음과 같다: 어떤 식으로든, 어디에선가, 그는 자신의 이해관계가 다른 누군가의 이해관계와 분리되어 있다고 보지 않겠다는 의도적인 선택을 내렸다. 일단 그렇게 하면 그의 길은 확고해지고, 그가 갈 방향도 확실하다. 어둠 속으로 한 줄기 빛이 들어왔다. 그것은 단 한 줄기 빛일 수도 있지만, 그것으로 충분하다. 비록 그가 아직은 하느님의 존재를 믿지 않을지라도, 그는 하느님과 계약을 맺었다. 그는 구원을 가져다주는 자가 되었다. 그는 하느님의 교사가 되었다.

² 그들은 세상 모든 곳에서 온다. 그들은 모든 종교에서 오며, 무종교에서도 온다. 그들은 응답한 자들이다. 부르심은 보편적이다. 그것은 모든 시간과 모든 곳에서 계속된다. 그것은 자신을 대변해 말하고 세상을 구원할 교사들을 부른다. 부르심을 듣는 자들은 많지만, 응답할 자는 아주 적을 것이다. 그러나 그것은 단지 시간문제일 뿐이다. 결국에는 모든 이가 응답하겠지만, 결말은 까마득히 멀 수도 있다. 바로 이런 이유로, 교사들을 위한 계획이 세워졌다. 그들의 기능은 시간을 절약하는 것이다. 각자는 단 한 줄기 빛으로서 시작하지만, 중심에 부르심을 간직한 그 빛은 결코 제한될 수 없는 빛이다. 세상이 시간을 판단하는 바에 따르자면, 각 교사는 천 년의 시간을 절약한다. 하지만 부르심 자체에게, 시간은 아무런 의미도 없다.

³ 각각의 하느님의 교사에게 주어진 수업이 하나씩 있다. 수업의 형식은 천차만별이다. 관련된 특정한 가르침의 도구도 그러하다. 그러나 수업의 내용은 결코 변하지 않는다. 수업의 중심 주제는 항상, "하느님의 아들은 죄가 없으며, 그의 순결함에 그의 구원이 있다."이다. 이것은 행위나 생각으로, 말을 사용하거나 소리 없이, 어떤 언어를 사용하거나 언어 없이, 장소와 시간을 가리지 않고 어떤 방법으로든 가르칠 수 있다. 교사가 부르심을 듣기 전에 누구였는지는 중요하지 않다. 그는 응답함으로써 구원자가 되었다. 그는 다른 누군가를 자기 자신으로 보았다. 따라서 그는 그 자신의 구원과 세상의 구원을 발견했다. 그의 재탄생 안에서, 세상이 다시 태어난다.

⁴ 이것은 보편적인 수업의 특별한 형식을 가르치는 교사들을 위해 의도된, 특별한 커리큘럼을 위한 지침서다. 다른 형식이 수천 가지 있고, 그 결과는 모두 똑같다. 그들

은 단지 시간을 절약할 뿐이다. 시간의 태엽만이 녹초가 되어 돌고 있을 뿐, 세상은 지금 아주 피곤해한다. 세상은 늙고 지쳤으며, 희망도 없다. 결과에 대한 의문은 결코 제기된 적이 없다. 왜냐하면, 도대체 무엇이 하느님의 뜻을 바꿀 수 있단 말인가? 그러나 시간은 변화와 죽음이라는 자신의 환상으로 세상과 그 안의 모든 것을 소진시킨다. 하지만 시간에는 끝이 있으며, 하느님의 교사들은 바로 이렇게 시간의 끝을 가져오라는 명을 받았다. 시간은 그들의 손안에 있기 때문이다. 이러한 것이 그들의 선택이었으며, 따라서 시간이 그들에게 주어져 있다.

2. 하느님의 교사의 학생들pupils은 누구인가?

¹ 각각의 하느님의 교사에게 특정한 학생들이 배정되었으며, 그들은 교사가 부르심에 응답하자마자 교사를 찾기 시작할 것이다. 그 학생들이 그 교사를 위해 선택된 이유는, 그들의 이해 수준에 비추어 볼 때 그 교사가 가르칠 보편적인 커리큘럼의 특정한 형식이 최선이기 때문이다. 그의 학생들은 그를 기다려왔다. 그가 올 것은 확실하기 때문이다. 다시 말하지만, 이것은 오로지 시간문제일 뿐이다. 교사가 일단 자신의 역할을 이행하겠다고 선택하기만 하면, 학생들도 자신의 역할을 이행할 준비가 된다. 시간은 교사의 선택을 기다릴 뿐, 그가 섬길 이들을 기다리지는 않는다. 교사가 배울 준비가 되면, 가르칠 기회가 그에게 제공될 것이다.

² 구원의 교수·학습 계획을 이해하려면, 이 수업이 제시하는 시간 개념을 이해할 필요가 있다. 속죄는 진리가 아닌 환상을 교정한다. 따라서 속죄는 결코 존재하지 않았던 것을 교정한다. 더 나아가 이런 교정 계획은 세워진 동시에 완성되었다. 하느님의 뜻은 시간과 전혀 무관하기 때문이다. 실재 전체도 하느님께 속해 있기에, 역시 시간과 무관하다. 분리라는 아이디어가 하느님 아들의 마음에 들어온 순간, 바로 그 똑같은 순간에 하느님의 응답이 주어졌다. 시간 안에서, 그것은 아주 오래전에 일어났다. 실재 안에서, 그것은 전혀 일어난 적이 없다.

³ 시간의 세상은 환상의 세상이다. 오래전에 일어난 것이 마치 지금 일어나고 있는 듯이 보인다. 오래전에 내려진 선택들에 선택의 여지가 있어서 아직도 선택을 내려야 할 것처럼 보인다. 이미 배우고 이해하여 오래전에 통과한 것을 새로운 생각, 신선한 아이디어, 다른 접근법이라고 바라본다. 너의 뜻은 자유로우므로, 너는 선택하는 그 어느 때라도 이미 일어난 것을 받아들일 수 있다. 그리고 그제야 비로소 그것이 항상 거기에 있었음을 깨달을 것이다. 이 수업이 강조하듯이 너는 커리큘럼도, 심지어 그 것을 배울 형식도 자유로이 선택할 수 없다. 하지만 그것을 언제 배우고 싶은지는 자유로이 결정할 수 있다. 그리고 네가 그것을 받아들일 때, 그것을 이미 배운 것이다.

⁴ 그러면 시간은 실제로, 너무도 오래전이라서 모든 기억 너머에 있고 심지어 기억할 가망도 없는 한 순간으로 되돌아간다. 하지만 그 순간은 다시 또다시, 그리고 또다시 재현하여 사는 순간이므로, 마치 지금처럼 보인다. 그러므로 학생과 교사는 마치 전

에 만난 적이 없다는 듯이 서로를 발견하여, 현재에 함께 모이는 듯이 보인다. 학생은 올바른 시간에 올바른 장소에 온다. 이것은 필연적이다. 학생은 그가 지금 다시 사는 아주 오래전의 그 순간에 올바른 선택을 내렸기 때문이다. 교사 또한 아주 오랜 과거에 그렇게 필연적인 선택을 내렸다. 모든 것 안에 있는 하느님의 뜻은 이루어지는 데 시간이 걸리는 듯이 보일 뿐이다. 과연 무엇이 영원한 **권능**을 지연시킬 수 있겠는가?

⁵ 학생과 교사가 함께 모일 때, 하나의 교수·학습 상황이 시작된다. 여기서 교사는 실제로 가르침을 행하는 당사자가 아니다. 배움이라는 목적을 위해 두 사람이 함께할 때마다, 하느님의 교사는 항상 그들에게 말한다. 그 목적으로 인하여 그 관계는 거룩하며, 하느님은 모든 거룩한 관계 안으로 당신의 **영**을 보내겠다고 약속하셨다. 그런 교수·학습 상황에서, 각자는 주기와 받기가 똑같음을 배운다. 그들이 그들의 역할들 사이에, 그들의 마음들과 몸들 사이에, 그들의 필요들과 이해관계들 사이에, 그리고 그 밖에 그들을 서로에게서 분리한다고 여겼던 그 모든 차이들 사이에 그은 경계선이 점점 바래고 희미해지다가 마침내 사라진다. 같은 수업을 배우려는 자들은 하나의 이해관계와 하나의 목표를 공유한다. 이런 식으로 학습자였던 자가 하느님의 교사가 된다. 그는 자신의 교사를 자신에게 보내준 바로 그 유일한 결정을 내렸기 때문이다. 그는 다른 사람 안에서 자신의 것과 똑같은 이해관계를 보았다.

3. 가르침의 수준들이란 무엇인가?

[1] 하느님의 교사들에게 가르침의 수준은 고정되어 있지 않다. 시작할 때는 각각의 교수·학습 상황에 서로 다른 관계가 수반된다. 비록 궁극적인 목표는 항상 똑같지만 말이다. 그 목표는 바로, 그 관계를 두 사람 모두가 하느님의 아들을 죄 없다고 볼 수 있는 거룩한 관계로 만드는 것이다. 하느님의 교사가 배움을 얻을 수 없는 사람은 아무도 없으며, 따라서 그가 가르칠 수 없는 사람도 아무도 없다. 하지만 실용적인 관점에서 볼 때 그가 모든 사람을 만날 수도 없고, 모든 사람이 그를 찾아낼 수도 없는 일이다. 그러므로 그 계획에는 각각의 하느님의 교사를 위해 이루어질 아주 구체적인 만남들이 포함되어 있다. 구원에 우연이란 없다. 만나야 할 자들은 만날 것이다. 그들에게는 함께 거룩한 관계를 맺을 가능성이 있기 때문이다. 그들은 서로를 위해 준비되어 있다.

[2] 가르침의 가장 단순한 수준은 상당히 피상적으로 보인다. 그것은 아주 우연한 만남처럼 보이는 것들로 구성되어 있다: 겉보기에 서로 모르는 두 사람이 엘리베이터 안에서 우연히 만나는 경우, 아이가 앞을 보지 않고 가다가 "우발적으로" 어떤 어른과 부딪치는 경우, 어쩌다 집으로 같이 걸어가는 두 학생 등. 이런 예들은 우연한 만남이 아니다. 각각의 만남에는 교수·학습 상황이 될 가능성이 있다. 어쩌면 서로 모르는 듯한 사람들은 엘리베이터 안에서 서로에게 미소를 지어줄 것이다. 어쩌면 그 어른은 자신과 부딪친 아이를 꾸짖지 않을 것이다. 어쩌면 두 학생은 친구가 될 것이다. 가장 우연한 만남의 수준에서조차, 두 사람이 단 한 순간이나마 분리된 이해관계를 보지 않는 것은 가능하다. 그 순간으로 충분할 것이다. 구원은 이미 왔다.

[3] 보편적인 수업을 가르치는 데서 수준들이라는 개념은 실제로 시간과 마찬가지로 무의미한 개념이지만, 이를 이해하기는 어렵다. 하나의 환상이 다른 하나의 환상을 가능하게 한다. 시간 안에서, 하느님의 교사는 단 한 번의 결심으로 세상에 대한 마음을 바꾸기 시작하여, 그 새로운 방향을 가르침에 따라 그것에 대해 점점 더 배우는 듯이 보인다. 우리는 시간이라는 환상에 대해서는 이미 다뤘지만, 가르침의 수준들이라는 환상은 무언가 다른 것처럼 보인다. 이런 수준들이 존재할 수 없음을 보여주는 최선의 길은 아마도 그저 다음과 같이 말하는 것이리라: 교수·학습 상황의 모든 수준은

하느님의 속죄 계획의 일부인데, 하느님 뜻의 반영인 그 계획에는 어떤 수준도 있을 수 없다. 구원은 항상 준비되어 있고, 항상 있다. 하느님의 교사들은 다른 수준들에서 일하지만, 그 결과는 항상 똑같다.

⁴ 각각의 교수·학습 상황은, 관련된 각 사람이 그 당시에 상대방으로부터 배울 수 있는 최대치를 배울 것이라는 의미에서, 최적의 상황이다. 오로지 이런 의미에서만 우리는 가르침의 수준들에 대해 말할 수 있다. 이 용어를 이런 식으로 사용할 때, 가르침의 두 번째 수준은 보다 지속되는 관계로서, 여기서 두 사람은 한동안 상당히 강도 높은 교수·학습 상황에 들어가고, 그런 다음 분리되는 듯이 보인다. 첫 번째 수준과 마찬가지로 이러한 만남은 우발적이지 않으며, 관계의 끝처럼 보이는 것도 진짜 끝이 아니다. 다시 말하지만, 각자는 그 당시 그가 할 수 있는 최대치를 배웠다. 하지만 만나는 사람들은 모두 언젠가 다시 만날 것이다. 거룩해지는 것은 모든 관계의 운명이기 때문이다. 하느님은 당신의 아들에 대해 잘못 생각하지 않으신다.

⁵ 가르침의 세 번째 수준은 일단 형성되면 평생 지속되는 관계에서 일어난다. 이런 관계는 서로에게 무한한 배움의 기회를 제공하는 선택된 학습 파트너가 주어지는 교수·학습 상황이다. 이런 관계는 대체로 극소수다. 왜냐하면 이런 관계가 존재한다는 것 자체가, 그 안에 있는 자들이 실제로 교수·학습의 균형이 완벽한 단계에 동시에 도달했음을 함축하기 때문이다. 그렇다고 해서 그들이 이 사실을 반드시 인식한다는 의미는 아니다. 사실 그들은 대체로 인식하지 못한다. 그들은 심지어 한동안, 어쩌면 평생 동안 서로에게 상당히 적대적일 수도 있다. 하지만 그들이 그것을 배우겠다고 결심한다면, 그들이 배울 수 있도록 완벽한 레슨이 주어진다. 그리고 만약 그들이 그 레슨을 배우겠다고 결심한다면, 그들은 주저하거나 심지어 실패하는 듯이 보이는 교사들의 구원자가 된다. 하느님의 교사라면 그 누구도 자신에게 필요한 **도움**을 찾는 데 실패할 수 없다.

4. 하느님의 교사들의 특성은 무엇인가?

¹ 하느님의 교사들은 표면적인 특성에 있어서 전혀 닮지 않았다. 그들은 몸의 눈이 보기에 전혀 닮지 않았으며, 출신 성분도 굉장히 다르고, 세상에 대한 경험도 아주 다양하며, 피상적인 "성격"도 뚜렷이 구별된다. 그리고 하느님의 교사로서 기능하기 시작하는 단계에서, 그들은 그들을 하느님의 교사로 확고히 세워줄 보다 심오한 특성들을 아직 습득하지 못한 상태다. 하느님은 당신의 교사들에게 특별한 선물을 주신다. 그들은 하느님의 속죄 계획에서 특별한 역할이 있기 때문이다. 그 선물의 특별성은 물론 일시적일 뿐이며, 시간 밖으로 데려다주는 수단으로서 시간 안에 놓여있다. 교수·학습 상황은 거룩한 관계에 맞춰 조정되는데, 이러한 거룩한 관계에서 태어난 특별한 선물은 배움에서 상급 수준에 도달한 모든 교사의 특성이 된다. 이런 점에서, 그들은 모두 똑같다.

² 하느님의 아들들 가운데 있는 모든 차이는 일시적이다. 그럼에도 불구하고, 시간 안에서 하느님의 상급 교사들에게는 다음과 같은 특성들이 있다고 말할 수 있다:

• 신뢰

³ 하느님의 상급 교사들이 자신의 기능을 이행하는 능력은 신뢰라는 토대에 놓여있다. 지각은 배움의 결과다. 사실 원인과 결과는 결코 분리되어 있지 않으므로, 지각은 곧 배움이다. 하느님의 교사들은 세상을 신뢰한다. 왜냐하면 그들은, 세상은 세상이 지어낸 법칙의 지배를 받지 않는다는 것을 배웠기 때문이다. 세상은 **권능**의 지배를 받는다. 그 **권능**은 그에게서 난 것은 아니지만, 그의 내면에 있다. 바로 이 **권능**이 모든 것을 안전하게 지켜준다. 바로 이 **권능**을 통해 하느님의 교사들은 용서받은 세상을 바라본다.

⁴ 그가 일단 이런 **권능**을 경험하면, 자신의 보잘것없는 힘을 다시 신뢰하는 것은 불가능하다. 독수리의 막강한 힘이 주어져 있거늘, 누가 참새의 변변찮은 날개로 날려하겠는가? 하느님의 선물이 앞에 놓여있거늘, 누가 에고의 초라한 공물을 믿으려 하

겠는가? 그렇다면 과연 무엇이 그로 하여금 이러한 전환을 하게 하는가?

5 첫 번째로, 하느님의 교사는 소위 "무효화의 기간"이라 부를 수 있는 시기를 거쳐야 한다. 이것은 고통스러울 필요는 없지만, 보통 그렇게 경험된다. 그는 마치 무언가를 빼앗기는 것처럼 보인다. 실제로는 그것의 가치 없음이 인식되는 것에 불과하지만, 처음에는 그렇다는 것을 좀처럼 이해하지 못한다. 지각자가 사물을 다른 관점에서 볼 수밖에 없는 위치에 있지 않은 한, 그것의 가치 없음을 어떻게 지각할 수 있겠는가? 그는 아직 그러한 전환을 완전히 내적으로 이뤄낼 수 있는 위치에 있지 않다. 따라서 그 계획은 때로 외적인 상황처럼 보이는 것에서의 변화를 요할 것이다. 이런 변화는 항상 도움이 된다. 하느님의 교사가 그만큼 배웠을 때, 그는 두 번째 단계로 넘어간다.

6 다음으로, 하느님의 교사는 "가려내는 기간"을 거쳐야 한다. 이것은 언제나 다소 힘들다. 그는 자신의 삶에서 그러한 변화가 항상 도움이 된다는 것을 배웠기에, 이제 모든 것을 그것들이 그러한 도움됨을 증진하는지 아니면 방해하는지에 근거하여 나눠야 하기 때문이다. 그는 전에 가치 있게 여긴 것 중에 대부분은 아닐지라도 상당수가, 자신이 배운 것을 새로 발생하는 상황에 전이하는 능력을 방해할 뿐임을 깨달을 것이다. 그는 실제로는 가치 없는 것들을 가치 있게 여겼고, 그런 까닭에 상실과 희생에 대한 두려움으로 그 레슨을 일반화하지 않을 것이다. 모든 사물, 모든 사건, 모든 뜻밖의 조우, 그리고 모든 상황이 도움이 된다는 것을 이해하려면 아주 많이 배워야 한다. 이 환상의 세상에서 그것들에 어느 정도라도 실재성이 부여되어야 한다면, 그것들이 도움이 되는 정도까지만 그래야 한다. "가치"라는 단어는 다른 어떤 것에도 적용될 수 없다.

7 하느님의 교사들이 거쳐야 할 세 번째 단계는 "포기의 기간"이라고 부를 수 있다. 이것을 바람직한 것을 포기하는 것으로 해석한다면, 이 단계는 엄청난 갈등을 발생시킬 것이다. 극소수의 하느님의 교사만이 이런 어려움에서 완전히 벗어난다. 하지만 가치 없는 것에서 가치 있는 것을 가려내는 것은, 그다음에 오는 이 명백한 단계를 밟지 않는 한 무의미하다. 두 번째 단계가 완성될 때까지, 세 번째 단계가 시작되는 경우는 아주 드물다. 그러므로 이 겹치는 기간은 하느님의 교사가 진리를 위해 자신의 최선의 이익을 희생하라는 요구를 받는 것처럼 느끼는 기간이기 쉽다. 그는 아직 그런 요구가 얼마나 말도 안 되게 불가능한지 깨닫지 못했다. 그는 가치 없는 것을 실제로 포기할 때만 이것을 배울 수 있다. 이것을 통해, 그는 큰 슬픔을 예상했던 곳에서

그 대신에 홀가분한 행복 하나를 발견한다. 그리고 자신에게 무언가를 요구한다고 생각했던 곳에서, 선물 하나가 주어져 있음을 발견한다.

8 이제 "자리잡는 기간"이 온다. 이것은 하느님의 교사가 적당한 평화 속에서 잠시 안식하는 조용한 시간이다. 이제 그는 자신의 배움을 통합한다. 이제 그는 그동안 배운 것의 전이 가치를 깨닫기 시작한다. 그것의 잠재력은 문자 그대로 깜짝 놀랄 만하며, 이제 하느님의 교사는 자신의 발전 과정에서 길 전체를 내다볼 수 있는 지점에 있다. "네가 원하지 않는 것은 포기하고, 원하는 것은 간직하라." 명백한 것은 얼마나 단순한지! 그리고 얼마나 행하기 쉬운지! 하느님의 교사에게는 이렇게 한숨 돌리는 기간이 필요하다. 그는 아직 스스로 생각하는 것만큼 멀리 오지 않았다. 하지만 그가 계속 나아갈 준비가 되었을 때, 그는 막강한 동반자들과 함께 간다. 이제 그는 잠시 안식하면서, 계속 나아가기 전에 그들을 불러 모은다. 여기서부터 그는 홀로 가지 않을 것이다.

9 다음 단계는 정녕 "동요의 기간"이다. 이제 하느님의 교사는 자신이 무엇이 가치 있고 무엇이 가치 없는지 실제로 몰랐음을 이해해야 한다. 이제까지 그가 실제로 배운 것이라고는, 자신이 가치 없는 것은 원하지 않았고 가치 있는 것은 정녕 원했다는 것이 전부다. 하지만 그 차이를 배우는 데 있어서 스스로 가려내는 작업은 의미가 없었다. 그의 사고체계에서 너무나 중요한 희생이라는 아이디어는 그로 하여금 판단할 수 없게 만들었다. 그는 용의를 배웠다고 생각했지만, 이제 그 용의가 무엇을 위한 것인지 알지 못한다는 것을 깨닫는다. 이제 그는 길고 긴 시간 동안 도달하기가 불가능할 수도 있는 상태에 도달해야 한다. 그는 모든 상황에서 모든 판단을 내려놓고, 그가 정말로 원하는 것만을 요청하는 법을 배워야 한다. 이런 방향으로 가는 각각의 단계가 아주 철저하게 강화되지 않았다면, 이것은 정녕 어려울 것이다!

10 그리고 마침내 "성취의 기간"이 온다. 바로 이 기간에 배움이 통합된다. 이제 전에는 그저 그림자로만 보였던 것이 평온한 때뿐만 아니라 모든 "위기 상황"에서도 의지할 수 있는 확고한 성취물이 된다. 사실 평온함은 그러한 성취물, 즉 정직한 배움, 사고의 일관성, 충분한 전이의 결과다. 이것이 바로 진정한 평화의 단계다. 바로 여기에 천국의 상태가 충만하게 반영되어 있기 때문이다. 여기서부터 천국으로 가는 길은 탁트이고 평탄한 길이다. 사실, 천국은 여기에 있다. 마음의 평화가 이미 완전하다면 그 누가 어딘들 "가려" 하겠는가? 그리고 그 누가 평온함을 무언가 더 바람직한 것으로 바꾸려 하겠는가? 과연 무엇이 이보다 더 바람직할 수 있겠는가?

• 정직함

11 하느님의 교사들의 다른 모든 특성은 신뢰에 근거한다. 일단 신뢰를 성취하면, 다른 것은 뒤따르지 않을 수 없다. 오로지 신뢰하는 자만이 정직할 수 있다. 오로지 신뢰하는 자만이 정직함의 가치를 볼 수 있기 때문이다. 정직함은 네가 하는 말에만 적용되는 것이 아니다. 이 용어는 실제로 일관성을 의미한다. 네가 하는 말 중에 너의 생각이나 행동과 모순되는 것은 전혀 없다. 다른 생각과 상반되는 생각도 전혀 없다. 네가 하는 말과 어긋나는 행위도 전혀 없다. 다른 말과 일치하지 않는 말도 전혀 없다. 이러한 자가 참으로 정직한 자다. 그 어떤 수준에서도, 그는 자기 자신과 갈등하지 않는다. 따라서 그는 그 누구와도, 그 무엇과도 갈등할 수 없다.

12 하느님의 상급 교사들이 경험하는 마음의 평화는 주로 그들의 완벽한 정직함 덕분이다. 속이려는 소망만이 전쟁으로 이어진다. 자기 자신과 일치하는 자는 갈등을 상상조차 할 수 없다. 갈등은 자기기만의 불가피한 결과며, 자기기만은 정직하지 않음이다. 하느님의 교사에게 시험이란 없다. 시험은 의심을 함축하는데, 하느님의 교사가 확고하게 근거하고 있는 신뢰는 의심을 불가능하게 만든다. 따라서 그는 성공할 수만 있을 뿐이다. 모든 것에서 그런 것처럼, 그는 이 점에 있어서도 정직하다. 그가 오로지 성공할 수만 있는 이유는, 그는 결코 자신의 뜻을 홀로 행하지 않기 때문이다. 그는 온 인류를 위해, 온 세상과 그 안의 모든 것을 위해, 겉모습 너머의 변하지 않고 변할 수 없는 것들을 위해, 그리고 하느님의 아들과 그의 창조주를 위해 선택한다. 그가 어떻게 성공하지 않을 수 있겠는가? 그는 자기 자신에 대해 확신하듯이 자신의 선택을 확신하면서, 완벽한 정직함 속에서 선택한다.

• 관용

13 하느님의 교사들은 판단하지 않는다. 판단하는 것은 정직하지 않게 되는 것이다. 판단하는 것은 네가 갖지도 않은 지위를 가진 척하는 것이기 때문이다. 자기기만 없는 판단은 불가능하다. 판단은 네가 네 형제들을 잘못 보아 속았음을 의미한다. 그렇다면 네가 어떻게 너 자신을 잘못 보아 속지 않았을 수 있겠는가? 판단은 신뢰의 결

핍을 함축하는데, 신뢰는 여전히 하느님 교사의 전체 사고체계의 기반으로 남아있다. 신뢰가 상실되면, 그의 모든 배움이 사라진다. 판단이 없다면 모든 것을 동등하게 받아들일 수 있다. 왜냐하면, 과연 누가 그와 달리 판단할 수 있겠는가? 판단이 없다면 모든 이가 형제들이다. 왜냐하면, 과연 누가 따로 떨어져 있겠는가? 판단은 정직함을 파괴하고 신뢰를 산산조각낸다. 그 어떤 하느님의 교사도 판단하면서 여전히 배우기를 바랄 수는 없다.

• 온유함

[14] 하느님의 교사들에게 해침은 불가능하다. 그들은 해칠 수도, 해침을 당할 수도 없다. 해침은 판단의 결과다. 해침은 정직하지 않은 생각에 뒤따르는 정직하지 않은 행위다. 그것은 어떤 형제에 대한, 따라서 자기 자신에 대한 유죄 판결이다. 그것은 평화를 끝장내고 배움을 부정한다. 그것은 하느님의 커리큘럼이 부재하며, 정신 이상이 그 자리를 대신 차지했음을 입증한다. 하느님의 교사라면 누구나 해치려는 경향은 자신의 기능을 완전히 망각하게 만든다는 것을 훈련 과정에서 반드시 배워야 하며, 그것도 상당히 일찌감치 배워야 한다. 그것은 그를 혼란스럽고, 두려워하고, 분노하고, 의심하게 만들 것이다. 그것은 성령의 레슨을 배우는 것을 불가능하게 만들 것이다. 해침을 통해 이룰 수 있는 것은 실제로 아무것도 없음을 깨달은 자들 외에는 그 누구도 하느님의 교사의 말을 들으려고 하지 않을 것이다. 해침으로부터는 어떤 이득도 볼 수 없다.

[15] 그러므로 하느님의 교사들은 전적으로 온유하다. 그들에게는 온유함의 강함이 필요하다. 구원의 기능은 온유함 속에서 쉬워지기 때문이다. 해치려는 자에게, 온유함은 불가능하다. 해침에서 어떤 의미도 보지 않는 자에게, 온유함은 그저 자연스러울 뿐이다. 제정신인 자가 과연 이것 외에 어떤 선택이 의미 있다고 보겠는가? 그 누가 천국으로 가는 길을 지각하면서 지옥을 선택하겠는가? 또한 그 누가 한결같고 모든 것을 품어 안으며 한계가 없는 온유함의 강함 대신에, 해침에서 나올 수밖에 없는 약함을 선택하겠는가? 하느님의 교사들의 힘은 그들의 온유함에 놓여있다. 그들은 자신의 악한 생각이 하느님의 아들에게서 나온 것도 아니고 그의 창조주에게서 나온 것도 아님

을 이해했기 때문이다. 이와 같이 그들은 자신의 생각을 자신의 근원인 하느님과 결합했다. 따라서 언제나 하느님의 것이었던 그들의 뜻은 자유로이 그 자체가 된다.

• 기쁨

16 기쁨은 온유함의 불가피한 결과다. 온유함은 이제 두려움이 불가능함을 의미한다. 그러니 과연 무엇이 와서 기쁨을 방해할 수 있겠는가? 온유함의 활짝 벌린 두 손은 항상 가득 차 있다. 온유한 자에게는 고통이 없다. 그는 괴로워할 수 없다. 그가 왜 기뻐하지 않겠는가? 그는 자신이 사랑받고 있으며 안전하다는 것을 확신한다. 공격에 슬픔이 뒤따르는 것만큼이나 확실하게, 온유함에는 기쁨이 따라온다. 하느님의 교사들은 하느님을 신뢰한다. 그들은 그분의 교사가 앞에 걸어가면서, 자신에게 어떠한 해침도 일어날 수 없게 한다는 것을 확신한다. 하느님의 음성이 모든 일에서 하느님의 교사들을 인도하므로, 그들은 그 교사의 선물을 들고 그의 길을 따라간다. 기쁨은 그들이 부르는 감사의 노래다. 그리스도 또한 감사하며 그들을 내려다본다. 그들이 그리스도를 필요로 하는 것만큼이나 그리스도 또한 그들을 크게 필요로 한다. 구원이라는 목적을 공유하는 것이야말로 얼마나 기쁜 일인지!

• 무방어

17 하느님의 교사들은 단순해지는 법을 배웠다. 그들에게는 진리에 맞서 방어할 필요가 있는 어떤 꿈도 없다. 그들은 자기 자신을 만들려고 시도하지 않는다. 그들의 기쁨은 누가 자신을 창조하셨는지 이해하는 데서 온다. 하느님의 창조물이 과연 방어를 필요로 하겠는가? 방어수단이란 단지 미친 환상의 어리석은 수호자일 뿐임을 완전히 이해하기 전에는, 아무도 하느님의 상급 교사가 될 수 없다. 꿈이 더 괴상해질수록 꿈의 방어수단은 점점 더 맹렬하고 강력해 보인다. 하지만 하느님의 교사가 마침내 그 방어수단을 간과하겠다고 동의할 때, 그는 거기에 아무것도 없었음을 발견한다. 처음에 그는 자신이 속임수에서 천천히 벗어나도록 허용하지만, 신뢰가 커지면서 점점 더

빨리 배운다. 방어수단을 내려놓을 때 오는 것은 위험이 아니다. 그것은 안전이다. 그것은 평화다. 그것은 기쁨이다. 그리고 그것은 하느님이다.

• 아낌없이 주기

[18] 아낌없이 주기generosity라는 용어는 하느님의 교사에게 특별한 의미가 있다. 그것은 이 단어의 일반적인 의미가 아니며, 사실 아주 주의 깊게 배워야 하는 의미다. 하느님의 교사들의 다른 모든 특성들처럼, 아낌없이 주기 또한 궁극적으로 신뢰에 근거한다. 신뢰가 없다면 그 누구도 진정한 의미에서 아낌없이 줄 수 없기 때문이다. 세상에게, 아낌없이 주기는 "포기하기"라는 의미에서 "주어버리기"를 의미한다. 하느님의 교사들에게. 그것은 간직하기 위해 "주어버리기"를 의미한다. 이에 대해서는 텍스트와 워크북을 통해 줄곧 강조했지만, 아마도 이 아이디어는 우리 커리큘럼의 다른 많은 아이디어들보다도 더 세상의 사고방식과 동떨어져 있을 것이다. 이 아이디어가 더 이상해 보이는 이유는 단지, 그 안에서 세상의 사고방식에 대한 역전이 아주 뚜렷이 드러나기 때문이다. 가능한 가장 분명한 방식으로, 가장 단순한 수준에서, 이 말은 하느님의 교사들과 세상에게 정확히 반대의 것을 의미한다.

[19] 하느님의 교사는 자기 이익self-interest 때문에 아낌없이 준다. 하지만 여기서 자기self는 세상이 말하는 자기를 일컫지 않는다. 하느님의 교사는 그가 주어버릴 수 없는 것은 아무것도 원하지 않는다. 그것은 정의상 그에게 가치가 없는 것임을 깨닫기 때문이다. 그가 과연 무엇 때문에 그것을 원하겠는가? 그것으로 인해 그는 잃을 수만 있을 뿐이다. 그는 얻을 수 없을 것이다. 따라서 그는 자신만이 간직할 수 있는 것은 구하지 않는다. 그것은 상실에 대한 보증서기 때문이다. 그는 고통받기를 원하지 않는다. 그가 왜 굳이 자기 자신에게 고통을 보장해야 하겠는가? 그러나 그는 정녕 하느님에게서 온 것, 따라서 하느님의 아들을 위한 것은 모두 자신의 것으로 간직하기를 원한다. 그것들이야말로 본래 그에게 속한 것이다. 그것들이야말로 그가 다른 이들에게 진정으로 아낌없이 줌으로써 영원히 자신의 것으로 지킬 수 있는 것이다.

• 인내

20 결과를 확신하는 자들은 기다릴 수 있으며, 불안해하지 않고 기다린다. 인내는 하느님의 교사에게 자연스럽다. 그가 보는 것이라고는 오로지 확실한 결과뿐이다. 때로 그 결과는 그에게 아직 알려져 있지 않을 수도 있지만, 그는 의심하지 않는다. 그때는 그 응답만큼이나 정확할 것이다. 이것은 지금, 혹은 미래에 일어나는 모든 일에 해당된다. 과거 또한 틀림없었다. 모든 것은 그것이 일어난 듯이 보이는 사람뿐만 아니라 세상도 이롭게 했다. 어쩌면 당시에는 이것을 이해할 수 없었을 것이다. 그렇다 하더라도, 하느님의 교사는 자신이 과거에 내린 결정들이 누구에게든 고통을 야기한다면 그 모든 것을 다시 고려할 용의가 있다. 신뢰하는 자에게 인내는 자연스럽다. 그는 시간 안에 있는 모든 것에 대한 궁극적인 해석을 확신하기에, 이미 본 것이든 앞으로 올 것이든 어떤 결과도 두려워할 수 없다.

• 신실함

21 신실함의 정도는 하느님의 교사가 커리큘럼에서 얼마나 진보했는지 가늠하는 척도다. 그는 여전히 삶의 다른 측면들은 따로 떼어둔 채 몇몇 측면들만 골라서 배움으로 가져가는가? 그렇다면 그의 진보는 제한되고, 그의 신뢰는 아직 확고하게 자리잡지 않은 것이다. 하느님의 교사에게 신실함이란, 하느님의 말씀이 단지 몇몇 것이 아니라 모든 것을 바로잡을 것임을 신뢰하는 것이다. 일반적으로 그의 신실함은 단지 몇몇 문제들에만 적용되는 것으로 시작되어, 당분간은 조심스럽게 제한된 상태로 남아 있게 된다. 모든 문제를 유일한 응답에 맡기는 것은 세상의 사고방식을 완전히 뒤집는 것이다. 오로지 그것만이 신실함이다. 다른 무엇도 아닌 오로지 그것만이 진정으로 신실함이라는 이름으로 불릴 만한 자격이 있다. 하지만 아무리 작더라도, 각각의 단계는 성취할 만한 가치가 있다. 텍스트에서 언급하듯이, 준비되어 있음은 통달이 아니다.

22 그러나 진정한 신실함은 벗어남이 없다. 신실함은 일관되기에, 완전히 정직하다. 신실함은 흔들림이 없기에, 신뢰로 가득차 있다. 신실함은 두려움 없음에 근거하기

에, 온유하다. 신실함은 확신하기에 기뻐하며, 굳게 믿기에 인내한다. 무방어가 자연스럽게 신실함을 뒤따르며, 기쁨은 신실함의 상태다. 그렇다면 신실함은 하느님의 교사들의 다른 속성들을 그 자체 안에 결합하는 것이다. 신실함은 하느님의 말씀을, 그리고 당신의 아들에 대한 하느님의 정의definition를 받아들이는 것을 의미한다. 진정한 의미에서의 신실함은 항상 하느님과 그분의 아들에게 기울여져야 한다. 신실함은 그들 쪽으로 눈을 돌려, 그들을 발견할 때까지 추구한다. 그리고 일단 발견하면, 신실함은 모든 신실함을 받아 마땅한 바로 그들만을 조용히 확신하며 안식한다.

• 열린 마음

23 하느님의 교사가 대체로 마지막에 습득하는 속성인 열린 마음이 왜 그렇게 중요한지는, 그것과 용서의 관계를 인식한다면 쉽게 이해할 수 있다. 열린 마음은 판단 없음에 뒤따른다. 판단이 마음을 걸어 잠가 하느님의 교사를 내쫓듯이, 열린 마음은 그에게 들어오라고 초대한다. 정죄가 하느님의 아들을 악하다고 판단하듯이, 열린 마음은 그가 하느님을 대변하는 음성에 의해 판단받게 한다. 하느님의 아들에게 죄의식을 투사하는 것이 그를 지옥에 보내듯이, 열린 마음은 그에게 그리스도의 이미지가 투사되게 한다. 오로지 마음이 열린 자들만이 평화로울 수 있다. 오로지 그들만이 평화의 근거를 보기 때문이다.

24 마음이 열린 자들은 어떻게 용서하는가? 그들은 용서를 방해할 수 있는 모든 것을 이미 내려놓았다. 그들은 세상을 정말로 포기했으며, 세상이 새롭고도 기쁜 모습으로 자신에게 회복되게 했다. 그 변화는 너무도 영광스러워서, 그들로서는 상상도 하지 못한 것이다. 이제 전과 같은 것은 아무것도 없다. 전에는 너무도 둔하고 생기 없어 보이던 것 중에 이제 반짝이지 않는 것이 없다. 그리고 무엇보다도 모든 것이 따뜻한 환영 인사를 보낸다. 왜냐하면, 위협이 사라졌기 때문이다. 여전히 남아서 그리스도의 얼굴을 가리는 구름도 전혀 없다. 이제 목표가 성취되었다. 용서는 커리큘럼의 최종 목표다. 용서는 모든 배움 저 너머로 가는 것을 위한 길을 닦는다. 커리큘럼은 자신의 정당한 목표를 넘어서려고 애쓰지 않는다. 용서는 모든 배움이 궁극적으로 수렴되는, 커리큘럼의 유일한 목표다. 정녕 용서로 충분하다.

²⁵ 너는 아마도 하느님의 교사들의 특성 목록에 하느님의 아들이 물려받은 유산은 포함되지 않았음을 알아차렸을 것이다. 사랑, 죄 없음, 완벽함, 앎, 그리고 영원한 진리와 같은 용어들은 이와 관련해서는 나타나지 않는다. 그것들은 여기서 너무나 부적절할 것이다. 하느님이 주신 것은 우리의 커리큘럼을 훨씬 뛰어넘기에, 그것의 현존 안에서 배움은 그저 사라질 뿐이다. 하지만 그것의 현존이 가려져 있는 동안에는, 초점은 당연히 커리큘럼에 맞춰져야 한다. 세상에 진정한 배움을 전하는 것이 하느님의 교사들의 기능이다. 정확히 말하자면, 그들이 전하는 것은 배운 것의 무효화다. 그것이야말로 세상에서의 "진정한 배움"이기 때문이다. 완전한 용서라는 기쁜 소식을 세상에 전하는 임무가 하느님의 교사들에게 주어져 있다. 그들은 참으로 축복받았도다. 그들은 구원을 전하는 자들이기 때문이다.

5. 치유는 어떻게 이루어지는가?

[1] 치유는 병이라는 환상이 어떤 목적을 가졌는지에 대한 이해를 필요로 한다. 이것 없이는 치유가 불가능하다.

병의 지각된 목적

[2] 치유는 고통받는 자가 고통에서 더 이상 어떤 가치도 보지 않는 순간 이루어진다. 고통이 자신에게 무언가 가치 있는 것을 가져다준다고 생각하지 않는 한, 그 누가 고통을 선택하겠는가? 그는 분명 고통이란 무언가 더 가치 있는 것을 얻으려고 치르는 작은 대가라고 생각할 것이다. 병은 하나의 선택, 즉 결정이기 때문이다. 병은 약함이 강함이라는 잘못된 확신 속에서 약함을 선택하는 것이다. 이런 일이 일어날 때, 진정한 강함은 위협적으로 보이고 건강은 위험해 보인다. 병은 광기 속에서 하느님의 아들을 그의 아버지의 왕좌에 올리려고 고안해 낸 방법이다. 하느님은 바깥에 있는 존재로서, 사납고 강력하며 모든 권능을 자신의 손에만 쥐고 있으려는 듯이 보인다. 아들이 하느님을 정복할 길은 그분의 죽음밖에 없다.

[3] 이 정신 나간 확신 속에서 치유는 무엇을 나타내겠는가? 그것은 하느님의 아들이 패배하고, 아버지가 그에게 승리하셨음을 상징한다. 그것은 하느님의 아들이 인정할 수밖에 없는 직접적인 형식의 궁극적인 도전을 나타낸다. 그것은 그가 목숨을 보존하기 위해 자신에게 감추려는 모든 것을 나타낸다. 그가 만약 치유된다면, 그는 자신의 생각에 책임이 있다. 그리고 그가 만약 자신의 생각에 책임이 있다면, 그가 얼마나 약하고 한심한 존재인지 증명하기 위해 죽임을 당할 것이다. 그러나 그가 스스로 죽음을 선택한다면, 그의 약함은 이제 그의 강함이 된다. 이제 그는 하느님이 그에게 주시려는 것을 자기 자신에게 주었고, 따라서 자신의 창조주의 왕좌를 완전히 찬탈했다.

지각의 전환

4 치유는 병의 무가치함이 인식되는 것과 정확히 비례하여 일어날 수밖에 없다. 단지 "이것에는 내가 얻을 것이 전혀 없다."라고 말하라. 그러면 치유된다. 그러나 이 말을 하려면 먼저 몇 가지 사실을 인식해야 한다. 첫째, 결정은 분명 마음이 하는 것이지 몸이 하는 것이 아니다. 병이 단지 문제 해결을 위한 잘못된 접근법이라면, 그것은 하나의 결정이다. 그리고 그것이 결정이라면, 그 결정을 하는 것은 마음이지 몸이 아니다. 이것을 인식하는 것에 대한 저항은 엄청나다. 우리가 지각하는 대로의 세상의 실존은 몸이 의사 결정자라는 믿음에 의존하기 때문이다. "본능", "반사작용" 등과 같은 용어는 몸에게 비정신적인 동기를 부여하려는 시도다. 실제로 이러한 용어는 단지 문제를 진술하거나 묘사할 뿐이다. 그것들은 문제에 답하지 않는다.

5 병이란 마음이 어떤 목적을 위해 몸을 사용하려는 결정이다. 이를 받아들이는 것이 치유의 기반이다. 그리고 이것은 모든 형식의 치유에 해당된다. 환자는 이 말이 옳다고 결정하기만 하면 회복된다. 그가 만약 회복에 반하여 결정한다면, 물론 치유되지 않을 것이다. 누가 의사인가? 오로지 환자 자신의 마음만이 의사다. 결과는 그가 결정하는 대로다. 특별한 약제가 그에게 도움이 되는 듯이 보이지만, 그것은 단지 그 자신의 선택에 형식을 부여할 뿐이다. 그는 자신이 원하는 것에 구체적인 형식을 부여하려고 그 약제를 선택한다. 다른 어떤 것도 아닌 바로 이것이 그 약제가 하는 일이다. 사실 그것은 전혀 필요 없다. 환자는 약제의 도움 없이도 그저 일어나서 "나는 이것이 필요 없어."라고 말할 수 있다. 즉시 낫지 않을 형식의 병이란 없다.

6 이런 지각의 전환을 위해 필요한 유일한 조건은 무엇인가? 그것은 바로, 병은 마음에서 오는 것이지 몸과는 아무런 관련도 없다는 인식이다. 이런 인식은 무엇을 "대가"로 치르게 하는가? 그것은 우리가 보는 세상 전체를 대가로 치르게 한다. 이제 세상은 더 이상 마음을 지배한다고 보이지 않을 것이기 때문이다. 이러한 인식과 함께 책임은 그것이 본래 속한 곳, 즉 세상이 아니라 세상을 있는 그대로의 모습이 아닌 다른 것으로 보는 자에게 놓일 것이다. 그는 자신이 보기로 선택하는 것을 바라본다. 그 이상도 그 이하도 아니다. 세상은 그에게 아무것도 행하지 않는다. 그는 단지 세상이 자신에게 무언가를 행한다고 생각했을 뿐이다. 또한 그가 세상이 무엇인지에 대해 잘못 생각했다고 해서 세상에 무언가를 행하는 것도 아니다. 여기에, 죄의식은 물론 병에

서도 해방될 수 있는 길이 있다. 왜냐하면, 그 둘은 하나기 때문이다. 하지만 이런 해방을 받아들이려면, 몸이 중요하지 않다는 아이디어를 받아들일 수 있어야 한다.

⁷ 이 아이디어와 함께, 고통이 영원히 사라진다. 하지만 이 아이디어와 함께, 창조물에 대한 혼동도 전부 사라진다. 이런 결론이 당연히 따라오지 않겠는가? 원인과 결과를 하나의 관점에서 그 참된 순서대로 배치한다면, 배움이 일반화되면서 세상을 변형할 것이다. 하나의 참된 아이디어가 가진 전이 가치는 끝도 없고 한계도 없다. 이 레슨의 마지막 결과는 하느님을 기억하는 것이다. 이제 죄의식과 병, 고통과 재난, 그리고 모든 고난이 무엇을 의미하겠는가? 그것들은 아무런 목적도 없기에, 사라진다. 그것들이 야기하는 듯했던 그 모든 결과들도 함께 사라진다. 원인과 결과는 단지 창조를 모사할 뿐이다. 원인과 결과를 왜곡과 두려움 없이 제대로 된 관점에서 본다면, 그것들은 천국을 재확립한다.

하느님의 교사의 기능

⁸ 환자가 치유되기 위해 자신의 마음을 바꿔야 한다면, 하느님의 교사는 무엇을 하는가? 교사는 환자의 마음을 대신 바꿔줄 수 있는가? 당연히 아니다. 이미 자신의 마음을 바꿀 용의를 낸 자들을 위해서는, 하느님의 교사는 다만 그들과 함께 기뻐하는 것 외에는 다른 기능이 없다. 그들은 이미 그와 더불어 하느님의 교사가 되었기 때문이다. 하지만 치유가 무엇인지 이해하지 못하는 자들을 위해서는, 하느님의 교사에게는 보다 구체적인 기능이 있다. 이런 환자들은 스스로 병을 선택했음을 깨닫지 못하고, 반대로 병이 그들을 선택했다고 믿는다. 그들은 이 점에 있어서 마음이 열려있지 않다. 몸이 그들에게 무엇을 해야 할지 통고하고, 그들은 복종한다. 그들은 이 개념이 얼마나 정신 나간 것인지 짐작도 하지 못한다. 그 개념을 의심이라도 해 본다면, 그들은 치유될 것이다. 하지만 그들은 아무것도 의심하지 않는다. 그들에게 분리는 아주 실재적이다.

⁹ 그들에게, 하느님의 교사들은 그들이 잊은 다른 선택 대안을 나타내기 위해 온다. 하느님의 교사들이 있다는 단순한 사실이 그것을 일깨워 준다. 그들의 생각은 환자가 참이라고 받아들인 것에 이의를 제기할 권리를 요청한다. 하느님의 메신저들로서, 하

느님의 교사들은 구원의 상징이다. 그들은 환자에게 환자 자신의 이름으로 하느님의 아들을 용서하라고 요청한다. 그들은 대안을 나타낸다. 그들은 하느님의 말씀을 마음에 간직한 채 축복 속에 온다. 병든 자들을 치유하러 오는 것이 아니라, 하느님이 그들에게 이미 주신 치료법을 일깨워 주려고 온다. 치유하는 것은 그들의 손이 아니다. 하느님의 말씀을 전하는 것은 그들의 음성이 아니다. 그들은 그저 자신에게 주어진 것을 줄 뿐이다. 그들은 아주 부드럽게, 자신의 형제들에게 죽음에서 돌아서라고 호소한다. 하느님의 아들이여, 생명이 당신에게 무엇을 선사할 수 있는지 보세요! 이것 대신에 병을 선택하렵니까?

¹⁰ 하느님의 상급 교사들은 자신의 형제가 믿는 병의 형식을 단 한 번도 고려하지 않는다. 병의 형식을 고려하는 것은 그 모든 형식이 같은 목적을 가졌으며, 따라서 실제로 서로 다르지 않음을 잊는 것이다. 그들은 하느님의 아들이 고통받을 수 있다고 믿을 정도로 자신을 너무나 속이려 하는 형제 안에서 하느님의 음성을 구한다. 그리고 그 형제에게, 그는 그 자신을 만들지 않았으며, 따라서 틀림없이 하느님이 창조하신 대로 남아있다고 일깨워 준다. 그들은 환상이 아무런 결과도 낳을 수 없음을 인식한다. 그들의 마음 안에 있는 진리는 그들의 형제들의 마음 안에 있는 진리에 다가가서, 환상이 강화되지 않도록 한다. 이와 같이 환상을 진리로 가져가며, 진리를 환상으로 가져가지 않는다. 따라서 환상이 물리쳐지는데, 다른 이의 뜻에 의해서가 아니라 유일한 뜻이 그 자체와 연합하는 것을 통해 그렇게 된다. 다음과 같은 것이 하느님의 교사들의 기능이다: 그 어떤 뜻도 그들 자신의 뜻과 분리되지 않았고, 그들의 뜻도 하느님의 뜻과 분리되지 않았다고 보기.

6. 치유는 확실한가?

[1] 치유는 언제나 확실하다. 환상을 진리로 가져간 다음에도 계속 간직하는 것은 불가능하다. 진리는 환상에 어떤 가치도 없음을 입증한다. 하느님의 교사는 환자의 마음 안에서 자신의 잘못이 교정되는 것을 봄으로써, 환자의 마음을 있는 그대로 인식했다. 하느님의 교사는 스스로 속죄를 받아들임으로써 환자를 위해서도 속죄를 받아들인 것이다. 하지만 환자가 치유는 곧 죽음으로 가는 방법이라고 믿으면서 병을 삶의 방식으로 사용한다면 어떻게 하겠는가? 이럴 때 갑작스러운 치유는 심각한 우울증을 촉발할 수 있으며, 환자는 상실감이 너무 깊은 나머지 자신을 파괴하려고 할 수도 있다. 살 이유가 아무것도 없기에, 그는 죽음을 청할 수도 있다. 그를 보호하기 위해, 치유는 기다려야 한다.

[2] 치유가 위협적으로 보일 때, 치유는 항상 옆으로 비켜서 있을 것이다. 치유가 환영받는 바로 그 순간, 치유는 바로 거기에 있을 것이다. 치유는 치유가 주어진 바로 그곳에서 받아들여질 것이다. 하느님의 선물 앞에서 시간이 도대체 무엇이란 말인가? 우리는 텍스트에서, 하느님의 선물을 주는 자와 받는 자를 위해 보물을 똑같이 쌓아둔 창고에 대해 여러 번 언급했다. 단 하나의 보물도 상실되지 않는다. 보물은 늘어날 수만 있기 때문이다. 하느님의 교사라면, 치유를 제공했는데 그것이 수령되지 않은 것처럼 보인다고 해서 실망하지 말아야 한다. 그의 선물이 언제 받아들여져야 할지 판단하는 것은 그에게 달려있지 않다. 그로 하여금 그것이 이미 수령되었음을 확신하고, 그것이 저주가 아닌 축복이라고 인식되는 순간 받아들여질 것임을 신뢰하게 하라.

[3] 자신이 준 선물의 결과를 평가하는 것은 하느님의 교사들의 기능이 아니다. 그저 선물을 주는 것이 그들의 기능이다. 그들이 일단 선물을 주었으면, 그 결과 또한 준 것이다. 결과는 선물의 일부기 때문이다. 주기의 결과에 관심을 둔다면, 그 누구도 줄 수 없다. 그것은 주기 자체에 대한 제한이며, 따라서 주는 자도 받는 자도 선물을 가질 수 없을 것이다. 신뢰는 주기의 핵심적인 부분이다. 사실 신뢰는 공유를 가능하게 만들어주는 부분으로서, 주는 자가 잃지 않고 오로지 얻을 수 있도록 보장하는 부분이다. 그 누가 선물을 주고서는, 자신이 적절하다고 여기는 대로 쓰이도록 확실히 하

려고 선물 곁을 맴돌겠는가? 이러한 것은 주기가 아니라 감금하기다.

4   선물에 대한 모든 관심을 포기하는 것이야말로 선물이 진정으로 주어지게 만드는 것이다. 그리고 신뢰야말로 진정한 주기를 가능하게 만든다. 치유는 환자의 마음 안에 있는 성령이 환자를 위해 구하는 마음의 변화다. 그리고 환자의 마음 안에 있는 성령에게 선물을 주는 이는 바로 주는 자의 마음 안에 있는 성령이다. 그러니 선물이 어떻게 상실될 수 있겠는가? 선물이 어떻게 효과가 없을 수 있겠는가? 선물이 어떻게 허비될 수 있겠는가? 하느님의 보물 창고는 결코 비어 있을 수 없다. 단 하나의 선물이라도 없어졌다면, 그 창고는 채워져 있는 것이 아니다. 하지만 그것의 채워져 있음은 하느님이 보장하신다. 그렇다면 하느님의 교사가 그의 선물이 어떻게 될지 무슨 걱정을 할 수 있겠는가? 하느님이 하느님께 드리는데, 그 누가 이 거룩한 교환에서 모든 것보다 못한 것을 받을 수 있겠는가?

7. 치유는 반복되어야 하는가?

¹ 이 질문은 실제로 그 자체가 답이다. 치유는 반복될 수 없다. 환자가 치유되었다면, 그에게 치유되어야 할 무엇이 남아있겠는가? 우리가 이미 말한 대로 치유가 확실하다면, 반복해야 할 것이 무엇이 있겠는가? 하느님의 교사가 치유의 결과에 대해 계속 걱정하는 것은 곧 치유를 제한하는 것이다. 이제 하느님의 교사 자신이야말로 마음의 치유가 필요하다. 그는 바로 이것을 촉진해야 한다. 이제 그 자신이 환자며, 그는 자신을 그렇게 간주해야 한다. 그는 실수를 했으며, 그것에 대한 자신의 마음을 바꾸겠다는 용의를 내야 한다. 진정한 주기를 가능하게 하는 신뢰가 결핍됐으며, 따라서 그는 자신의 선물로 인한 혜택을 받지 못했다.

² 하느님의 교사는 치유를 위한 통로가 되려고 시도할 때마다 성공했다. 그가 이를 의심하려는 유혹을 받는다면, 이전의 노력을 반복하지 말아야 한다. 그것은 이미 최대치였다. 성령은 그의 노력을 최대치로 받아들여서 최대치로 사용했기 때문이다. 이제 하느님의 교사에게는 따라야 할 과정이 하나밖에 없다. 그는 그 문제를 결코 실패할 수 없는 분께 드렸다고 이성을 사용하여 자기 자신에게 말해주고, 자신의 의심은 사랑이 아닌 두려움이므로 결국 증오임을 인식해야 한다. 따라서 그의 입장은 옹호할 수 없게 되었다. 그는 전에 사랑을 제공했던 이에게 증오를 제공하고 있기 때문이다. 이것은 불가능하다. 사랑을 제공했기에, 오로지 사랑만이 받아질 수 있다.

³ 하느님의 교사는 바로 이것을 신뢰해야 한다. 이것이 바로, 기적일꾼의 유일한 의무는 스스로 속죄를 받아들이는 것이라는 말의 진정한 의미다. 하느님의 교사가 기적일꾼인 이유는, 그가 자신이 받은 선물을 주기 때문이다. 하지만 그는 먼저 선물을 받아들여야 한다. 그는 더 이상 할 필요가 없으며, 그가 더 이상 할 수 있는 일이 있는 것도 아니다. 그는 치유를 받아들임으로써 치유를 줄 수 있다. 그가 이를 의심한다면, 그 선물을 누가 주었고 누가 받았는지 기억하게 하라. 이와 같이 그의 의심이 교정된다. 그는 하느님의 선물이 거둬들여질 수 있다고 생각했다. 그것은 실수였지만, 계속 거기 머무를 실수는 아니다. 따라서 하느님의 교사는 실수를 있는 그대로 인식하고, 실수가 그를 위해 교정되도록 허용할 수 있을 뿐이다.

⁴ 겉보기에 계속되는 증상 때문에 치유를 의심하는 것은 신뢰의 결핍이라는 형식을 취한 실수다. 이것은 인식하기 가장 어려운 유혹 중에 하나다. 그것은 신뢰의 결핍이기에, 공격이다. 하지만 그것은 보통 정반대로 보인다. 계속 걱정하는 것은 곧 공격이라는 말을 들으면 처음에는 불합리하게 들린다. 그것은 사랑의 모든 겉모습을 지녔다. 하지만 신뢰 없는 사랑은 불가능하며, 의심과 신뢰는 공존할 수 없다. 그리고 증오는 그것이 취한 형식과 상관없이 사랑의 반대다. 선물을 의심하지 말라. 그러면 그 결과를 의심하는 것은 불가능해진다. 바로 이런 확신이 하느님의 교사들에게 기적일꾼이 될 권능을 부여한다. 그럴 때 그들은 하느님을 신뢰하기로 선택한 것이기 때문이다.

⁵ 하느님의 교사에게 해결하라고 주어진 문제가 어떤 것이든, 그 결과에 대한 의심의 진짜 이유는 언제나 자기 의심self-doubt이다. 그것은 환상에 불과한 자아self를 신뢰했음을 함축할 수밖에 없다. 왜냐하면, 그러한 자아만이 의심의 대상이 될 수 있기 때문이다. 이런 환상은 많은 형식을 띨 수 있다. 어쩌면 약함과 취약함에 대한 두려움이 있을 것이다. 어쩌면 부족하다는 느낌과 관련된 실패에 대한 두려움과 수치심이 있을 것이다. 어쩌면 거짓된 겸허에서 비롯되는 죄지은 것 같은 당혹감이 있을 것이다. 실수의 형식은 중요하지 않다. 중요한 것은 단지 실수를 실수로 인식하는 것뿐이다.

⁶ 그런 실수는 항상 자아에 대한 걱정의 일종인데, 거기서 환자는 배제되었다. 그것은 환자를 자아의 일부로 인식하는 데 실패한 것이며, 따라서 정체성의 혼란이다. 너의 정체에 대한 갈등이 너의 마음에 들어왔고, 너는 너 자신에 대해 속게 되었다. 그리고 네가 너 자신에 대해 속는 이유는, 네가 창조된 근원을 부정했기 때문이다. 오로지 치유만을 제공하고 있다면, 너는 의심할 수 없다. 문제가 해결되기를 정말로 원한다면, 너는 의심할 수 없다. 문제가 무엇인지 확신한다면, 너는 의심할 수 없다. 의심은 갈등하는 소망들의 결과다. 네가 무엇을 원하는지 확실히 하라. 그러면 의심은 불가능해진다.

8. 난이도를 지각하는 것을 어떻게 피할 수 있는가?

1 난이도가 있다는 믿음은 세상의 지각이 근거하는 토대다. 그것은 다른 점들에 의존한다. 고르지 않은 배경과 뒤바뀌는 전경, 제각각의 높이와 다양한 크기, 명암의 다양한 정도, 각 사물이 인식되기 위해 다른 모든 사물과 경쟁하는 듯이 보이게 만드는 수천 가지의 대비 등…. 더 큰 대상은 작은 대상을 그늘지게 한다. 더 밝은 것은 매력의 강도가 덜한 다른 것에서 주의를 빼앗아 온다. 세상의 기준으로 볼 때 더 위협적인 아이디어나 더 바람직하다고 여겨지는 아이디어는 마음의 평정을 완전히 무너뜨린다. 몸의 눈이 보는 것은 오로지 갈등뿐이다. 그러니 몸의 눈에 의지해 평화와 이해를 구하지 말라.

2 환상이라는 것은 항상, 다른 점들이 있다는 환상이다. 어떻게 다른 식일 수 있겠는가? 정의상 환상은, 아주 중요하다고 여기지만 참이 아니라고 인식하는 무언가를 실제인 것으로 만들려는 시도다. 따라서 마음은 그것을 자기 것으로 갖고 싶은 강렬한 열망으로 인하여, 그것을 참인 것으로 만들려고 한다. 환상은 창조물을 서투르게 모방한 것으로서, 진리를 거짓으로 가져가려고 시도한다. 마음은 진리를 받아들일 수 없다고 여겨, 진리에 맞서 반란을 일으키고는 승리의 환상을 자기 자신에게 준다. 마음은 건강을 짐으로 여겨, 열병과 같은 꿈속으로 물러난다. 이러한 꿈속에서 마음은 분리되어 있고, 다른 마음들과 다르며, 자신만의 다양한 이해관계가 있고, 다른 마음들을 희생하게 하여 자신의 욕구를 충족시킬 수 있다.

3 이 모든 다른 점들은 어디에서 오는가? 확실히 그것들은 바깥세상에 있는 것 같다. 하지만 눈이 보는 것을 판단하는 것은 분명히 마음이다. 눈의 메시지를 해석하여 그것에 "의미"를 부여하는 것도 마음이다. 이러한 의미는 전혀 바깥세상에 존재하지 않는다. "실재"라고 보이는 것은 단지 마음이 더 좋아하는 것에 불과하다. 마음은 자신 안에 있는 가치의 위계를 바깥으로 투사한 후, 몸의 눈을 파견하여 그것을 찾아내게 한다. 몸의 눈은 오로지 다른 점들을 통해서만 볼 것이다. 하지만 지각이 의존하는 것은 몸의 눈이 가져다주는 메시지가 아니다. 오로지 마음만이 그 메시지들을 평가하며, 따라서 오로지 마음만이 봄seeing에 대한 책임이 있다. 보이는 것이 실제인지 환상에 불과한지, 바람직한지 바람직하지 않은지, 즐거운지 고통스러운지, 마음이 홀로

결정한다.

4 지각의 오류는 바로 이렇게 구분하고 범주를 나누는 마음의 활동 속으로 들어온다. 그리고 바로 이곳이야말로 교정이 이루어져야 하는 곳이다. 마음은 몸의 눈이 가져다주는 것을 사전에 형성된 가치관에 따라 분류하고, 각각의 감각 데이터가 어디에 가장 잘 들어맞는지 판단한다. 어떤 기준이 이보다 더 틀릴 수 있겠는가? 스스로 인식은 못하지만, 마음은 이미 그 범주들에 잘 들어맞을 것들을 달라고 요구했다. 그리고 그렇게 하였기에, 마음은 그 범주들이 참임에 틀림없다고 결론짓는다. 바로 이것에 온갖 다른 점들에 대한 판단이 의존한다. 바로 이것에 세상의 판단이 근거하기 때문이다. 이렇게 혼란스럽고 무의미한 "추론"이 과연 그 무엇의 근거가 될 수 있겠는가?

5 치유에 난이도가 있을 수 없는 이유는 단지, 모든 병은 환상이기 때문이다. 정신 이상자가 믿는 더 큰 환각이 더 작은 환각보다 쫓아내기가 더 힘들겠는가? 그가 더 시끄러운 환청보다는 더 조용한 환청의 비실재성에 더 빨리 동의하겠는가? 그가 고함치는 것보다는 속삭이며 말하는 살인 요구를 더 쉽게 물리치겠는가? 그가 보는 마귀들이 들고 있는 쇠스랑 개수가 그가 지각하기에 마귀들이 믿을 만한지 결정하는 데 영향을 주겠는가? 그의 마음은 이미 그 마귀들을 실제라고 분류하였고, 따라서 마귀들은 그에게 실제다. 그가 마귀들은 전부 환상임을 깨달을 때, 마귀들은 사라질 것이다. 그것은 치유와 관련해서도 마찬가지다. 환상들을 서로 달라 보이게 만드는 속성들은 실제로 아무 상관이 없다. 환상들의 속성들은 환상들 자체만큼이나 환상에 불과하기 때문이다.

6 몸의 눈은 계속해서 다른 점들을 보겠지만, 자신이 치유되도록 허용한 마음은 더 이상 그것들을 인정하지 않을 것이다. 다른 사람들보다 "더 병들어" 보이는 이들이 있을 것이며, 몸의 눈은 그들의 변한 겉모습을 전과 같이 보고할 것이다. 그러나 마음은 그 모두를, "그것은 실제가 아니다."라는 하나의 범주에 넣을 것이다. 다음과 같은 것이 마음의 교사가 주는 선물이다: 바깥 세상에 있는 듯이 보이는 것으로부터 마음이 받는 메시지를 분류할 때 단지 두 범주만 의미가 있으며, 그중에 단 하나만 실제라는 이해. 실재 안에는 다른 점들이 존재할 수 없으므로 실재는 크기나 모양, 시간이나 장소와 상관없이 전적으로 실제이듯, 환상들 또한 구분 없이 환상이다. 온갖 병에 대한 유일한 답은 치유다. 모든 환상에 대한 유일한 답은 진리다.

9. 하느님의 교사는 생활 환경에 변화를 요구받는가?

¹ 변화는 하느님의 교사들의 마음에 요구된다. 이는 외부 환경의 변화를 포함할 수도 있고, 그렇지 않을 수도 있다. 지금 있는 곳에 우연히 있는 자는 아무도 없고, 하느님의 계획에서 우연은 아무런 역할도 하지 못함을 기억하라. 이제 막 하느님의 교사가 된 자의 훈련 과정에서, 그의 마음가짐의 변화가 첫 단계가 아닐 가능성은 거의 없다. 하지만 고정된 패턴은 없다. 훈련은 항상 고도로 개별화되어 있기 때문이다. 거의 즉각적으로 생활 환경을 바꿀 것이 요구되는 자들도 있지만, 이는 대개 특별한 경우다. 절대다수에게는 천천히 전개되는 훈련 프로그램이 주어지며, 그 과정에서 이전의 실수들이 가능한 한 많이 교정된다. 관계들은 특히 제대로 지각되어야 하고, 용서하지 않음의 어두운 초석들도 전부 제거되어야 한다. 그렇지 않으면 낡은 사고체계는 여전히 복귀할 기반을 가진 것이다.

² 하느님의 교사가 훈련에서 진보함에 따라, 그는 다음과 같은 하나의 레슨을 점점 더 철저하게 배운다: 그는 자기 스스로 결정을 내리지 않는다. 그는 자신의 교사에게 답을 줄 것을 요청하며, 바로 이것을 행동에 대한 안내로 따른다. 하느님의 교사가 자신의 판단을 포기하는 법을 배울수록 그렇게 하기가 점점 더 쉬워진다. 판단의 포기는 하느님의 음성을 듣기 위한 명백한 전제조건이지만, 일반적으로 상당히 느리게 진행되는 과정이다. 그 이유는 판단을 포기하는 것이 어려워서가 아니라, 그것을 개인적인 모욕으로 지각하는 경향이 있기 때문이다. 세상의 훈련은 우리의 커리큘럼 목표와 정반대되는 목표를 달성하는 것을 지향한다. 세상은 성숙함과 힘의 척도로서 자신의 판단에 의지하도록 훈련한다. 우리의 커리큘럼은 구원의 필요조건으로서 판단을 포기하도록 훈련한다.

10. 판단을 어떻게 포기하는가?

1 환상의 세상을 지탱해 주는 다른 도구들과 마찬가지로, 세상은 판단을 완전히 잘못 이해한다. 판단은 실제로 지혜와 혼동되고, 진리를 대체한다. 세상이 판단이라는 용어를 사용하는 것에 따르자면, 개인은 "좋은" 판단과 "나쁜" 판단을 할 수 있다. 그리고 그의 교육은 전자를 강화하고 후자를 최소화하는 것을 지향한다. 그러나 그런 범주들이 무엇을 의미하는지에 대해 상당한 혼란이 있다. 어떤 사람에게 "좋은 판단"인 것이 다른 사람에게는 "나쁜 판단"이다. 게다가 똑같은 사람조차도 똑같은 행위를 어떤 때는 "좋은" 판단을 보여준다고 분류하고, 다른 때는 "나쁜" 판단을 보여준다고 분류한다. 그리고 이 범주들이 과연 무엇인지 결정하기 위한 일관된 기준을 실제로 가르칠 수 있는 것도 아니다. 학생은 그의 교사 지망생이 그 기준에 대해 말하는 것에 언제라도 동의하지 않을 수 있으며, 교사 스스로도 자신이 믿는 것에 일관성이 없다.

2 이런 면에서 "좋은 판단"은 아무것도 의미하지 않는다. "나쁜 판단"도 마찬가지다. 하느님의 교사는 그가 판단하지 말아야 한다는 것이 아닌, 그가 아예 판단할 수 없다는 것을 깨달아야 한다. 판단을 포기할 때, 그는 단지 가진 적이 없는 것을 포기하는 것이다. 그는 환상을 하나 포기한다. 더 정확히 말하자면, 그는 포기한다는 환상을 하나 가졌다. 실제로 그는 단지 더 정직해졌을 뿐이다. 판단이라는 것은 언제나 자신에게 불가능한 것이었음을 인식함으로써, 그는 더 이상 판단하려고 시도하지 않는다. 이것은 희생이 아니다. 반대로, 그는 판단이 자신에 의해서가 아니라 자신을 통해 일어날 수 있는 위치에 서게 된다. 그리고 이러한 판단은 "좋은" 것도 "나쁜" 것도 아니다. 그것은 존재하는 유일한 판단, 단 하나뿐인 판단으로서 다음과 같다: "하느님의 아들은 죄가 없으며, 죄는 존재하지 않는다."

3 우리의 커리큘럼은 세상의 배움과 달리, 통상적인 의미에서의 판단은 불가능하다는 인식을 목표로 한다. 이것은 의견이 아니라 사실이다. 네가 어떤 것이든 바르게 판단하려면, 지나간 일과 현재 일어나고 있는 일, 앞으로 일어날 일에 대해 상상조차 할 수 없을 정도의 넓은 범위에 걸쳐 충분히 알아차리고 있어야 할 것이다. 너는 어떤 식으로든 너의 판단과 관련된 모든 사람과 모든 것에 그것이 미칠 그 모든 영향을 미리 인식하고 있어야 할 것이다. 그리고 지금이나 미래에나 모든 사람을 완전히 공평하게

판단하도록, 너의 지각에 어떤 왜곡도 없음을 확신해야 할 것이다. 누가 그런 판단을 내릴 위치에 있는가? 거창한 판타지에 빠져있는 경우를 제외하고, 누가 스스로 그럴 권리를 주장하려 하겠는가?

⁴ 네가 판단하는 데 필요한 모든 "사실"을 안다고 생각한 적이 얼마나 많았는지, 하지만 네가 얼마나 심각하게 틀렸는지 기억하라! 이러한 경험을 해보지 않은 자가 어디 있는가? 네가 틀렸다는 것은 전혀 깨닫지도 못한 채, 그저 네가 옳다고 생각한 적이 얼마나 많았는지 알겠는가? 너는 왜 결정을 위해 이렇게 제멋대로인 기준을 선택하려 하는가? 지혜는 판단이 아니라, 판단의 포기다. 그렇다면 다음과 같이 판단을 한 번만 더 내려라: 성령이 너와 함께 있는데, 그의 판단은 완벽하다. 성령은 지나갔거나 현재에 있는, 그리고 앞으로 올 그 모든 사실을 알고 있다. 성령은 어떤 식으로든 관련된 모든 사람과 모든 것에 그의 판단이 미칠 그 모든 영향을 알고 있다. 그리고 성령은 모든 이에게 전적으로 공평하다. 성령의 지각에는 왜곡이 없기 때문이다.

⁵ 그러니 아쉬워하는 대신에 감사의 한숨을 내쉬며, 판단을 내려놓아라. 이제 너는 그저 휘청거리다가 넘어져 그 밑에 깔릴 수밖에 없을 정도로 큰 짐에서 벗어났다. 그 짐은 단지 환상이었다. 그 이상 아무것도 아니다. 이제 하느님의 교사는 짐 없이 일어나 가볍게 걸어갈 수 있다. 하지만 그가 얻는 혜택은 이것만이 아니다. 그의 걱정이 사라졌다. 이제 그에게는 어떤 걱정거리도 없기 때문이다. 그는 판단과 함께 걱정거리도 드렸다. 그는 자기 자신을 성령께 드렸고, 이제 자신의 판단 대신에 성령의 판단을 신뢰하기로 선택했다. 이제 그는 실수를 하지 않는다. 그의 안내자는 확실하다. 그리고 전에 판단하러 왔던 그곳에, 이제 그는 축복하러 온다. 그가 지금 웃고 있는 그곳에, 전에 그는 울려고 오곤 했다.

⁶ 판단을 포기하는 것은 어렵지 않다. 그러나 판단을 간직하려고 하는 것은 정녕 어렵다. 하느님의 교사는 판단의 대가를 인식하는 순간 판단을 행복하게 내려놓는다. 그가 자신과 관련해서 보는 그 모든 추함은 판단의 결과다. 그가 바라보는 그 모든 고통은 판단의 결과다. 그 모든 외로움과 상실감, 흘러가 버리는 시간과 깊어지는 좌절감, 지긋지긋한 절망과 죽음에 대한 두려움, 이 모든 것이 판단에서 왔다. 이제 그는 이러한 것들이 있을 필요가 없음을 안다. 그중 단 하나도 참이 아니다. 그것들은 결코 존재한 적이 없으며, 단지 그의 잘못된 선택이 낳은 결과일 뿐이다. 그가 그것들의 원인을 포기했으므로, 그것들은 그에게서 떨어져 나갔다. 하느님의 교사여, 이 단계는

너에게 평화를 안겨줄 것이다. 그저 이것만 원하는 것이 어려울 수 있겠는가?

11. 이 세상에서 평화가 어떻게 가능한가?

¹ 이것은 모든 이가 물어야 하는 질문이다. 확실히 평화는 불가능해 보인다. 하지만 하느님의 **말씀**은 이것뿐만 아니라, 불가능해 보이는 다른 것들도 약속해 준다. 하느님의 **말씀**은 평화를 약속했다. 그것은 또한 죽음은 없으며, 부활은 반드시 일어나고, 재탄생은 사람이 물려받은 유산이라고 약속했다. 네가 보는 세상은 하느님이 사랑하시는 세상일 수 없지만, 하느님의 **말씀**은 우리에게 그분이 세상을 사랑하신다고 보장한다. 하느님의 **말씀**은 이곳에서 평화가 가능하다고 약속했고, 그분이 약속하시는 것은 도저히 불가능할 수 없다. 그러나 그분의 약속을 받아들이기 위해서는 세상을 달리 보아야 한다는 것도 맞는 말이다. 세상이 참으로 무엇인지는 단지 하나의 사실일 뿐이다. 너는 그것이 어떠해야 하는지 선택할 수 없다. 하지만 그것을 어떻게 보고자 하는지는 선택할 수 있다. 사실 너는 그런 선택을 내려야만 한다.

² 이제 우리는 다시 판단의 문제로 돌아온다. 이번에는, 너의 판단과 하느님의 **말씀** 중에 어떤 것이 더 참일 가능성이 높은지 자문해 보라. 그 둘은 세상에 대해 너무 반대되는 말을 하기 때문에, 그것들을 조화시키려는 시도는 무의미하다. 하느님은 세상에 구원을 베푸신다. 너의 판단은 세상을 정죄하려 든다. 하느님은 죽음은 없다고 말씀하신다. 너의 판단은 생명의 불가피한 종말로서 죽음만을 볼 뿐이다. 하느님의 **말씀**은 너에게 그분이 세상을 사랑하신다고 보장한다. 너의 판단은 세상은 사랑스럽지 않다고 말한다. 누가 옳은가? 너와 하느님 중에 하나는 틀리기 때문이다. 그럴 수밖에 없다.

³ 텍스트는 네가 만든 모든 문제에 대한 유일한 **응답**이 바로 성령이라고 설명한다. 그 문제들은 실제가 아니지만, 그 문제들이 존재한다고 믿는 자들에게 그런 사실은 무의미하다. 누구나 자신이 만든 것이 존재한다고 믿는다. 그것은 그가 그것을 믿음으로써 만들어졌기 때문이다. 이런 이상하고 역설적인 상황, 의미도 없고 말도 안되지만 무슨 수를 써도 빠져나가는 것이 불가능해 보이는 상황 속으로, 하느님이 당신의 **판단**을 보내셔서 너의 판단에 **응답**하게 하셨다. 부드럽게, 그분의 **판단**이 너의 판단을 대체한다. 그리고 이런 대체를 통해, 이해될 수 없는 것이 이해될 수 있게 된다. 이 세상에서 평화가 어떻게 가능한가? 너의 판단에 의하면, 그것은 가능하지도

않고 결코 가능할 수도 없다. 그러나 하느님의 **판단**에 의하면, 이곳에 반영되어 있는 것은 오로지 평화뿐이다.

4 전쟁을 바라보는 자들에게, 평화는 불가능하다. 평화를 제공하는 자들에게, 평화는 불가피하다. 그렇다면 너는 세상에 대한 너의 판단에서 얼마나 쉽게 벗어날 수 있는지! 평화를 불가능해 보이도록 만드는 것은 세상이 아니다. 불가능한 것은 오히려 네가 보는 세상이다. 하지만 이 왜곡된 세상에 대한 하느님의 **판단**은 세상을 구원하여 평화를 맞아들일 만하게 만들었다. 그리고 평화가 기쁘게 응답하면서 세상에 내려온다. 평화는 이제 이곳에 속한다. 하느님의 **생각** 하나가 세상으로 들어왔기 때문이다. 하느님의 **생각** 외에 그 무엇이, 그저 그 자체로 존재함으로써 지옥을 천국으로 바꾸겠는가? 그 생각의 은혜로운 **현존** 앞에 땅이 엎드려 절하고, 그 **생각**은 이에 대한 응답으로 자신을 숙여 땅을 다시 일으켜 세운다. 이제 질문은 다르다. 질문은 더 이상 "이 세상에서 평화가 가능한가?"가 아니라, "여기에 평화가 없다는 것이 불가능하지 않은가?"이다.

12. 세상을 구하려면 얼마나 많은 하느님의 교사가 필요한가?

¹ 이 질문에 대한 답은 "하나"다. 배움이 완성된, 전적으로 완벽한 교사 하나면 족하다. 축성되고 구원된 이 하나가 하느님의 아들인 자아가 된다. 언제나 전적으로 영이었던 그는 이제 자신을 더 이상 몸으로 여기지 않고, 심지어 몸 안에 있다고 여기지도 않는다. 따라서 그는 한계가 없다. 한계가 없기에, 그의 생각들은 하느님의 생각과 영원무궁토록 결합되어 있다. 그는 자신의 판단이 아닌 하느님의 판단에 근거하여 자기 자신을 지각한다. 따라서 그는 하느님의 뜻을 공유하며, 여전히 망상에 빠져있는 마음들에게 하느님의 생각들을 전해준다. 그는 영원히 하나다. 그는 하느님이 창조하신 그대로기 때문이다. 그는 그리스도를 받아들였으며, 따라서 구원되었다.

² 이와 같이 사람의 아들이 하느님의 아들이 된다. 그것은 실제로 어떤 변화가 아니다. 그것은 단지 마음의 변화일 뿐이다. 밖에 있는 것은 아무것도 바뀌지 않지만, 안에 있는 모든 것은 이제 하느님의 사랑만을 반영한다. 하느님은 더 이상 두려움의 대상이 되실 수 없다. 마음은 처벌의 근거를 전혀 보지 않기 때문이다. 하느님의 교사들은 많은 것처럼 보인다. 그러한 것이 바로 세상의 필요기 때문이다. 하지만 그들은 하느님과 공유하는 하나의 목적 안에서 결합되어 있거늘, 어떻게 서로 분리되어 있을 수 있겠는가? 그렇다면 그들이 많은 형태로 나타난다 한들 무슨 상관이겠는가? 그들의 마음은 하나며, 그들의 결합은 완벽하다. 하느님은 이제 그들을 통해 하나로서 일하신다. 그것이 바로 그들의 정체기 때문이다.

³ 다수라는 환상이 왜 필요한가? 그 이유는 단지, 망상에 빠진 자들은 실재를 이해할 수 없기 때문이다. 극소수만이 하느님의 음성을 듣기라도 할 수 있으며, 그들조차도 하느님의 메시지를 그들에게 준 영을 통해 그 메시지를 직접 전달할 수 없다. 그들에게는 자신이 영임을 깨닫지 못하는 자들과 소통할 수 있게 해주는 매개가 필요하다. 몸은, 그들이 볼 수 있는 것이다. 목소리는, 그들이 이해할 수 있는 것이며, 자신 안에서 진리와 마주칠 것이라는 두려움 없이 귀 기울일 수 있는 것이다. 진리는 진리를 두려움 없이 환영하는 곳에만 올 수 있음을 잊지 말라. 따라서 하느님의 교사들에게는 정녕 몸이 필요하다. 그들의 단일성은 직접적으로 인식될 수 없기 때문이다.

⁴ 하지만 몸의 올바른 목적을 인식하는 것이야말로 그들을 하느님의 교사로 만들어 주는 것이다. 그들이 자신의 소임에서 진보할수록, 몸의 기능은 단지 하느님의 음성이 몸을 통해 사람의 귀에 말하도록 허용하는 것임을 점점 더 확신하게 된다. 그리고 귀는 듣는 자의 마음에 이 세상의 것이 아닌 메시지를 전달할 것이며, 그의 마음은 그 메시지를 그 근원으로 인해 이해할 것이다. 이런 이해로부터, 이 새로운 하느님의 교사는 몸의 목적에 대해 인식하게 될 것이다. 그 목적은 몸이 실제로 가진 유일한 용도다. 이 레슨은 단일성에 대한 생각이 들어오도록 하기에 충분하며, 따라서 하나인 것이 하나로서 인식된다. 하느님의 교사들은 분리의 환상을 공유하는 듯이 보이지만, 그들이 몸을 사용하는 목적으로 인해, 겉모습에도 불구하고 환상을 믿지 않는다.

⁵ 중심이 되는 레슨은 항상 다음과 같다: 네가 무엇을 위해 몸을 사용하는지에 따라, 몸은 너에게 그렇게 될 것이다. 죄를 위해, 혹은 죄와 똑같은 공격을 위해 몸을 사용한다면, 너는 몸을 죄 있다고 볼 것이다. 몸은 죄가 있으므로 약하고, 약하므로 고통받다 죽는다. 하느님의 말씀을 지니지 않은 자들에게 그 말씀을 전하기 위해 몸을 사용한다면, 몸은 거룩해진다. 몸은 거룩하기에 병들 수 없고, 죽을 수도 없다. 몸은 그 유용성이 다하면 뉘어지며, 그것이 전부다. 몸의 상태에 책임이 있는 모든 결정을 마음이 내리는 것처럼, 이 결정도 마음이 내린다. 하지만 하느님의 교사는 이 결정을 혼자 내리지 않는다. 만약 그 결정을 혼자 내린다면, 몸을 거룩하게 유지해 주는 목적과 다른 목적을 몸에 부여하는 것이 된다. 하느님의 음성은 그에게 그의 기능이 무엇인지 알려주는 것처럼, 그가 언제 자신의 역할을 다했는지도 알려줄 것이다. 그는 떠날 때도 남아있을 때도 고통받지 않는다. 병은 이제 그에게 불가능하다.

⁶ 하나인 상태와 병은 공존할 수 없다. 하느님의 교사들은 한동안 꿈을 보기로 선택한다. 그것은 의식적인 선택이다. 그들은 모든 선택이 의식적으로 내려진다는 것을, 그 선택의 결과에 대해 충분히 알아차리면서, 배웠기 때문이다. 꿈은 다르게 말하지만, 일단 꿈을 그 정체대로 인식한 이상 누가 꿈을 믿으려 하겠는가? 꿈꾸고 있음을 알아차리는 것이 하느님의 교사들의 진정한 기능이다. 그들은 꿈속의 등장인물들이 왔다가 가고, 바뀌고 변하며, 고통받다가 죽는 것을 지켜본다. 하지만 그들은 자신이 보는 것에 속지 않는다. 그들은, 꿈속의 어떤 등장인물이 병들고 분리되었다고 보는 것은 그가 건강하고 아름답다고 보는 것과 마찬가지로 진짜가 아님을 인식한다. 단일성만이 홀로 꿈에 속하지 않는다. 그리고 바로 이것이야말로 하느님의 교사들이 꿈

뒤에 있다고, 모든 봄 너머에 있지만 확실히 자신의 것이라고 인정하는 것이다.

13. 희생의 진정한 의미는 무엇인가?

¹ 희생이라는 용어는 실재 안에서는 전혀 무의미하지만, 세상 안에서는 과연 의미가 있다. 세상 안에 있는 모든 것처럼 희생의 의미는 일시적이며, 더 이상 쓸모가 없을 때 결국 그것이 비롯된 무로 사라져 버릴 것이다. 이제 희생의 진정한 의미가 우리의 레슨이다. 다른 모든 레슨들처럼, 이 레슨도 하나의 환상이다. 실재 안에서는 배울 것이 아무것도 없기 때문이다. 하지만 이 환상은 반드시 교정 도구, 즉 첫 번째 환상을 대체하는 또 하나의 환상으로 대체되어야 하며, 그럼으로써 결국 둘 다 사라질 수 있다. 첫 번째 환상은, 또 다른 사고체계가 확고히 자리잡을 수 있으려면 그 전에 물리쳐야 하는 것으로서, 이 세상의 것을 포기하는 것이 희생이라는 것이다. 이야말로 환상이 아닌 무엇일 수 있겠는가? 이 세상 자체가 환상에 지나지 않으니 말이다.

² 세상은 줄 것이 아무것도 없다는 사실을 단지 깨닫는 데 그치지 않고 받아들이기까지 하려면 큰 배움이 필요하다. 무를 희생하는 것이 무엇을 의미할 수 있겠는가? 그것은 네가 그 희생 때문에 더 적게 가지게 되는 것을 의미할 수 없다. 세상이 말하는 희생 중에 그 무엇도 몸과 관련되지 않은 것이 없다. 세상이 희생이라고 부르는 것에 대해 잠시 생각해 보라. 권력, 명예, 돈, 육체적 쾌락… 이 모든 것을 소유한 주인공은 누구인가? 그것들은 단지 몸에게만 어떤 의미라도 있는 것이 아닌가? 하지만 몸은 평가할 수 없다. 이러한 것들을 추구함으로써 마음은 자신을 몸과 관련짓게 되며, 결국 자신의 정체를 가려서 자신이 참으로 무엇인지 잊게 된다.

³ 마음이 일단 이런 혼동에 빠지면, 세상의 모든 "쾌락"은 아무것도 아님을 이해하기가 불가능해진다. 그러나 이 모든 것에 수반되는 희생은 얼마나 엄청난지! 그것은 정녕 희생이다! 이제 마음은 구하되 찾지 못하고, 영원히 실망스럽고 불만족스러우며, 정말로 찾고 싶어 하는 것이 무엇인지 모르는 형벌을 자기 자신에게 선고한 것이다. 그 누가 이런 자기 정죄에서 벗어날 수 있겠는가? 오로지 하느님의 **말씀**을 통해서만, 그것은 가능할 수 있다. 자기 정죄는 정체성에 대한 결정으로서, 그 누구도 자신의 정체라고 믿는 것을 의심하지 않기 때문이다. 그는 모든 것을 의심할 수는 있어도 결코 이것만은 의심하지 않는다.

⁴ 하느님의 교사들은 세상의 쾌락을 포기하는 것을 아쉬워할 수 없다. 고통을 포기하

는 것이 희생인가? 어른이 아이들 장난감을 포기하는 것을 분하게 여기는가? 이미 비전을 통해 그리스도의 얼굴을 언뜻 본 자가 도살장을 그리워하며 뒤돌아보는가? 세상과 세상의 그 모든 병폐를 벗어난 자라면 그 누구도 정죄의 눈길로 세상을 뒤돌아보지 않는다. 하지만 그는 세상의 가치관이 요구한 그 모든 희생에서 자신이 자유롭다는 것을 기뻐할 수밖에 없다. 세상의 쾌락에게, 그는 자신의 모든 자유를 희생 제물로 바친다. 세상의 쾌락에게, 그는 자신의 모든 평화를 희생 제물로 바친다. 그리고 세상의 쾌락을 소유하기 위해, 그는 천국에 대한 희망과 아버지의 사랑에 대한 기억을 희생해야 한다. 제정신인 자라면 그 누가 모든 것$_{everything}$에 대한 대체물로 무$_{nothing}$를 선택하겠는가?

⁵ 희생의 진정한 의미는 무엇인가? 그것은 환상을 믿는 대가다. 그것은 진리를 부정하기 위해 치러야 하는 대가다. 세상의 쾌락 중에 진리를 부정할 것을 요구하지 않는 것은 없다. 그렇지 않으면 쾌락은 고통으로 보일 것이며, 고통을 인식한다면 그 누구도 고통을 요청하지 않을 것이기 때문이다. 희생이라는 아이디어야말로 사람을 눈멀게 하는 것이다. 그는 자신이 무엇을 요청하고 있는지 보지 못한다. 따라서 그것을 천 개의 방법으로 천 개의 장소에서 구하면서 그때마다 그것이 거기에 있다고 믿지만, 그때마다 결국에는 실망한다. "구하라. 그러나 찾지는 말라."라는 말은 여전히 이 세상의 엄격한 칙령으로 남아있다. 그리고 세상의 목표를 좇는 자라면 그 누구도 다른 식으로는 할 수 없다.

⁶ 너는 이 수업이 네가 정말로 소중히 여기는 모든 것에 대한 희생을 요구한다고 믿을 수도 있다. 이것은 어떤 의미에서 맞는 말이다. 너는 하느님의 아들을 십자가에 못 박는 것들을 소중히 여기기 때문이다. 그리고 이 수업의 목적은 그를 자유로이 풀어주는 것이다. 그렇지만 희생이 무엇을 의미하는지에 대해 잘못 생각하지 말라. 희생은 항상 네가 원하는 것을 포기하는 것을 의미한다. 오, 하느님의 교사여! 그렇다면 네가 원하는 것은 무엇인가? 너는 하느님의 부르심을 받았고, 응답했다. 너는 이제 그 부르심을 희생하려는가? 아직은 극소수만이 그 부르심을 들었으며, 그들은 너에게 의지할 수밖에 없다. 온 세상에 그들이 신뢰할 수 있는 다른 희망은 없다. 온 세상에 하느님의 음성을 반향하는 다른 음성은 없다. 네가 진리를 희생하려 한다면, 그들은 지옥에 머물 것이다. 그들이 지옥에 머문다면, 너도 그들과 함께 지옥에 남아있을 것이다.

⁷ 희생은 총체적임을 잊지 말라. "절반의 희생"이란 없다. 너는 천국을 부분적으로

만 포기할 수 없다. 너는 지옥에 조금만 남아있을 수 없다. 하느님의 말씀에 예외란 없다. 바로 이 점이야말로, 하느님의 말씀을 세상을 초월한 거룩한 것으로 만들어주는 것이다. 바로 이 말씀의 거룩함이야말로, 하느님을 가리키는 것이다. 바로 이 말씀의 거룩함이야말로, 너를 안전하게 지켜주는 것이다. 네가 어떤 이유로든 어떤 형제라도 공격한다면, 하느님의 말씀은 부정된다. 왜냐하면, 바로 여기서 하느님과의 결별이 일어나기 때문이다. 그것은 불가능한 결별이다. 그것은 일어날 수 없는 결별이다. 하지만 너는 그것을 확실히 믿을 것이다. 왜냐하면, 너 자신이 불가능한 상황을 설정해 놓았기 때문이다. 그리고 이러한 상황에서는 불가능한 것이 일어나는 듯이 보일 수 있다. 그것은 진리를 "희생"하여 일어나는 듯이 보인다.

8 하느님의 교사여, 희생의 의미를 잊지 말고, 네가 내리는 각각의 결정이 그 대가라는 면에서 무엇을 의미할 수밖에 없는지 기억하라. 하느님을 위한 결정을 내리면, 모든 것이 너에게 아무런 대가 없이 주어진다. 하느님께 반하는 결정을 내리면, 너는 모든 것에 대한 자각을 희생하여 무를 선택하는 것이다. 너는 무엇을 가르치고자 하는가? 단지 네가 무엇을 배우고자 하는지만 기억하라. 바로 이것이야말로 네가 관심을 두어야 할 것이기 때문이다. 속죄는 너를 위한 것이다. 너의 배움이 속죄를 청구하고, 너의 배움이 속죄를 준다. 세상에는 속죄가 없지만, 이 수업을 배우기만 하면 속죄가 네 것이 된다. 하느님이 당신의 말씀을 너에게 드러내 보여주신다. 하느님은 교사들이 필요하시기 때문이다. 그것 외에 어떤 방법이 있어서 그분의 아들을 구할 수 있겠는가?

14. 세상은 어떻게 끝날 것인가?

¹ 시작되지도 않은 것이 과연 끝날 수 있겠는가? 세상은 시작됐을 때와 마찬가지로 하나의 환상으로 끝날 것이다. 하지만 그 끝은 자비의 환상일 것이다. 완전하고, 그 누구도 배제하지 않으며, 그 온유함에 있어 한계가 없는 용서의 환상이 세상을 감싸서 모든 악을 감추고, 모든 죄를 숨기며, 죄의식을 영원히 끝낼 것이다. 죄의식이 만든 세상은 이렇게 끝날 것이다. 이제 세상은 아무런 목적도 없기에, 사라져 버렸기 때문이다. 환상에 어떤 목적이 있으며, 환상이 어떤 필요에 부응하거나 어떤 욕구를 채워준다는 믿음이 바로 환상의 아버지다. 목적이 없다고 지각되면, 환상은 더 이상 보이지 않는다. 그 무용성이 인식되면, 환상은 사라진다. 이런 방법 외에 그 모든 환상이 과연 어떻게 끝나겠는가? 환상이 진리로 보내졌지만, 진리는 환상을 보지 않았다. 진리는 그저 무의미한 것을 간과했을 뿐이다.

² 용서가 완성되기 전에는, 세상은 정녕 어떤 목적을 가지고 있다. 세상은 용서가 태어나서 자라나고, 점점 더 강해지고, 점점 더 모든 것을 아우르게 되는 집이 된다. 용서는 이곳에서 양육된다. 용서는 바로 이곳에서 필요하기 때문이다. 죄가 만들어지고 죄의식이 실제라고 보인 곳에서 태어난 온유한 구원자. 이곳이 바로 그분의 집이다. 이곳은 정녕 그분을 필요로 하기 때문이다. 그분은 세상의 끝을 가지고 온다. 하느님의 교사들은 그분의 부르심에 응답하면서, 그분의 말씀을 받으려고 침묵 속에서 그분을 향해 돌아선다. 세상의 모든 것이 그분의 판단에 따라 바르게 판단받았을 때, 세상은 끝날 것이다. 세상은 거룩함의 축복을 받으며 끝날 것이다. 단 하나의 죄의 생각도 남아있지 않을 때, 세상은 끝난다. 세상은 파괴되지도 공격받지도, 심지어 건드려지지도 않을 것이다. 세상은 그저 존재하는 듯이 보이기를 멈출 것이다.

³ 확실히 이는 멀고도 먼 훗날의 일처럼 보인다. "단 하나의 죄의 생각도 남아있지 않을 때"는 과연 장기적인 목표인 것 같다. 그러나 시간은 고요히 서서, 하느님의 교사들의 목표를 섬기려고 기다린다. 그들 중 어느 하나라도 스스로 속죄를 받아들이는 순간, 단 하나의 죄의 생각도 남아있지 않을 것이다. 하나의 죄를 용서하는 것이 모든 죄를 용서하는 것보다 더 쉬운 것은 아니다. 하느님의 교사는 반드시 난이도의 환상이라는 장애물을 지나쳐 뒤에 남기고 가는 법을 배워야 한다. 하느님의 교사 한 명이

완벽하게 용서한 죄 하나가 구원을 완성할 수 있다. 너는 이를 이해할 수 있겠는가? 아니다! 그것은 여기에 있는 그 누구에게도 의미가 없다. 하지만 그것은 단일성이 회복되는 마지막 레슨이다. 그것은 세상의 모든 사고방식을 거스른다. 천국 또한 그러하다.

4 세상의 사고체계가 완벽하게 뒤집혔을 때, 세상은 끝날 것이다. 그때까지는, 세상 안에 있는 생각의 조각들과 파편들은 여전히 그럴듯하게 보일 것이다. 세상을 떠나 그 작디작은 범위 너머로 갈 준비가 되지 않은 자들은 세상의 끝을 가져오는 마지막 레슨을 이해할 수 없다. 그렇다면 이 끝맺는 레슨에서 하느님의 교사의 기능은 무엇인가? 그는 단지 그 레슨에 어떻게 다가갈지, 그 방향으로 가려는 용의를 어떻게 낼지 배우기만 하면 된다. 하느님의 음성이 그것은 배울 수 있는 레슨이라고 말해줄 때, 그는 단지 그것을 배울 수 있다고 신뢰하기만 하면 된다. 그는 그 레슨이 어렵다거나 쉽다고 판단하지 않는다. 그의 교사가 그 레슨을 가리키고 있으며, 그는 그 교사가 그 레슨을 배울 방법을 알려줄 것임을 신뢰한다.

5 세상은 슬픈 곳이므로, 기쁨 속에 끝날 것이다. 기쁨이 왔을 때, 세상의 목적은 사라졌다. 세상은 전쟁터이므로, 평화 속에 끝날 것이다. 평화가 왔을 때, 무엇이 세상의 목적이란 말인가? 세상은 눈물바다이므로, 웃음 속에 끝날 것이다. 웃음이 있는 곳에서, 그 누가 더 이상 울 수 있겠는가? 그리고 오로지 완전한 용서만이 이 모든 것을 가져와 세상을 축복할 것이다. 세상은 축복 속에서 떠난다. 세상은 시작된 것처럼 끝나지 않을 것이기 때문이다. 지옥을 천국으로 바꾸는 것이 하느님의 교사들의 기능이다. 그들이 가르치는 것은 천국이 반영된 레슨이기 때문이다. 이제 진정으로 겸손하게 앉아, 하느님이 너에게 원하시는 모든 일을 네가 할 수 있다는 것을 깨달아라. 오만에 빠져 하느님의 커리큘럼을 배울 수 없다고 말하지 말라. 하느님의 말씀은 달리 말한다. 하느님의 뜻은 이루어진다. 그것은 다른 식으로 될 수 없다. 그것이 그러함에 감사하라.

15. 각 사람은 결국에 심판을 받을 것인가?

¹ 정녕 그렇다! 그 누구도 하느님의 **최후의 심판**Final Judgment을 벗어날 수 없다. 그 누가 진리로부터 영원히 달아날 수 있겠는가? 하지만 진리가 더 이상 두려움과 결부되지 않을 때까지, **최후의 심판**은 오지 않을 것이다. 각 사람은 어느 날엔가 진리를 환영할 것이며, 바로 그날 진리가 그에게 주어질 것이다. 그가 자신에 대한 하느님의 **최후의 심판**을 받아들임에 따라, 그는 자신의 죄 없음이 세상 곳곳에 선포되면서 세상을 해방하는 소리를 들을 것이다. 이것이 바로, 그 안에 구원이 들어있는 심판이다. 이것이 바로, 그를 자유로이 풀어줄 심판이다. 이것이 바로, 모든 것이 그와 더불어 자유로이 풀려나는 심판이다. 영원이 다가옴에 따라 시간은 멈춰 서고, 온 세상에 침묵이 내려앉아 하느님의 아들에 대한 다음과 같은 심판을 모든 이가 들을 수 있게 한다:

² 너는 참으로 거룩하도다.
　너는 또한 영원하고, 자유롭고, 온전하며,
　하느님의 가슴에 영원히 평화롭게 있다.
　이제 세상은 어디에 있고, 슬픔은 어디에 있단 말인가?

³ 하느님의 교사여, 이것이 너 자신에 대한 심판인가? 너는 이것이 전적으로 참이라고 믿는가? 아직은, 아직은 아니다. 그러나 이것은 여전히 너의 목표요, 네가 여기에 있는 이유다. 너의 기능은 바로 이 심판을 듣고, 그것이 참임을 인식할 수 있도록 너 자신을 준비하는 것이다. 단 한 순간만, 이것을 완벽하게 믿어라. 그러면 너는 믿음을 넘어 확실성으로 갈 것이다. 시간 밖의 한 순간이 시간의 끝을 가져올 수 있다. 판단하지 말라. 너는 단지 너 자신을 판단할 뿐이며, 그럼으로써 이러한 **최후의 심판**을 미룰 뿐이기 때문이다. 하느님의 교사여, 세상에 대한 너의 판단judgement은 무엇인가? 너는 아직 옆으로 물러서서 네 안에서 심판의 음성을 듣는 법을 배우지 못했는가? 혹은 여전히 그의 역할을 빼앗으려 하는가? 조용히 있는 법을 배우라. 그분의 음성은 고요한 가운데서만 들리기 때문이다. 그리고 하느님의 심판은, 조용히 귀 기울이는 가

운데 옆으로 물러서서 그분을 기다리는 모든 이에게 온다.

4 너는 때로는 슬퍼하고 때로는 분노하며, 때로는 너의 정당한 몫이 주어지지 않는다고 느끼고, 너의 최선의 노력이 인정을 받지 못하고 심지어 경멸을 받는다고 느낀다. 이제 이런 어리석은 생각을 포기하라. 그런 생각은 너의 거룩한 마음을 한 순간이라도 더 차지하기에는 너무도 보잘것없고 무의미하다. 하느님의 **심판**이 너를 자유롭게 풀어주려고 기다린다. 세상의 선물을 네가 어떻게 판단하든 상관없이, 네가 이보다 더 갖고 싶어 하는 그 무엇을 세상이 제공할 수 있겠는가? 너는 심판을 받을 것이며, 공평하고 정직하게 심판을 받을 것이다. 하느님 안에 속임수란 없다. 하느님의 약속은 확실하다. 그것만 기억하라. 하느님의 약속은, 결국에는 하느님의 심판이, 그리고 오로지 그분의 심판만이 받아들여질 것임을 보장했다. 그런 결말이 빨리 오게 만드는 것이 너의 기능이다. 그 결말을 너의 가슴에 간직하고, 그것을 온 세상에 제공하여 안전하게 지키는 것이 너의 기능이다.

16. 하느님의 교사는 하루를 어떻게 보내야 하는가?

¹ 하느님의 상급 교사에게 이런 질문은 무의미하다. 프로그램은 없다. 커리큘럼 안의 레슨들이 매일 바뀌기 때문이다. 하지만 그는 다음의 한 가지 사실만은 확신한다: 그 레슨들은 아무렇게나 바뀌지 않는다. 그는 이것을 깨닫고 이것이 참임을 이해하기에, 만족하여 쉰다. 그는 오늘, 그리고 매일매일, 자신의 역할이 무엇인지에 대해 남김없이 들을 것이다. 그와 그 역할을 공유하는 자들은 그를 찾아낼 것이며, 그리하여 그들은 그날의 레슨을 함께 배울 수 있게 된다. 그에게 필요한 사람 중에 단 한 명도 빠지지 않는다. 이미 정해진 배움의 목표나 그날 이룰 수 있는 목표 없이 그에게 보내지는 자도 단 한 명도 없다. 그렇다면 하느님의 상급 교사에게 이런 질문은 필요하지 않다. 그 질문은 이미 제기되어 응답받았으며, 그는 참된 **응답**과의 지속적인 접촉 상태에 있다. 그는 준비되었고, 자신이 걷는 길이 자신 앞에 확실하고도 평탄하게 펼쳐져 있는 것을 본다.

² 하지만 아직 자신의 확실성에 도달하지 못한 자는 어떻게 해야 하는가? 그는 아직 그러한 구조 없음을 위한 준비가 되지 않았다. 하루를 하느님께 드리는 법을 배우기 위해 그는 무엇을 해야 하는가? 여기에 적용되는 몇 가지 일반적인 규칙이 있다. 비록 각자는 그 규칙을 자신만의 방법으로 최선을 다해 사용해야 하지만 말이다. 이렇게 정례화된 일과는 위험하다. 그것은 쉽게 자체 동력을 가지고 신gods이 되어, 그 규칙이 정해진 이유인 바로 그 목표를 위협할 수 있기 때문이다. 그렇다면 대체로 보아 하루를 바르게 시작하는 것이 좋다고 말할 수 있다. 하루를 잘못 시작했다고 하더라도 항상 다시 시작할 수 있기는 하지만, 그럴 필요를 피할 수 있다면 시간 절약이라는 면에서 명백한 이점이 있다.

³ 처음에는, 시간이라는 면에서 생각하는 것이 지혜롭다. 이것은 절대로 궁극적인 기준은 아니지만, 처음 시작할 때는 이것이 아마도 가장 따르기 쉬울 것이다. 시간 절약은 초기의 중요한 강조점이다. 그것은 비록 배움의 전 과정을 통해 계속 중요한 것으로 남아있기는 하지만, 점점 덜 강조된다. 처음 시작할 때는, 하루를 바르게 시작하는 데 바친 시간은 시간을 정녕 절약해 준다고 말해도 좋을 것이다. 얼마나 많은 시간을 그렇게 보내야 하는가? 이것은 하느님의 교사 자신에게 달린 문제일 것이다. 그는 워

크북 레슨을 마칠 때까지는 하느님의 교사라는 호칭을 주장할 수 없다. 왜냐하면 우리는 우리 수업의 틀 안에서 배우고 있기 때문이다. 워크북에 있는 보다 구조화된 실습 기간을 마친 후에는, 개인적인 필요가 가장 중요한 고려사항이 된다.

4 이 수업은 언제나 실용적이다. 하느님의 교사가 깨어날 때, 그는 조용히 생각할 시간을 보내기에 적합하지 않은 상황에 있을 수도 있다. 이런 경우, 하느님과 함께 시간을 보내겠다는 선택을 되도록 빨리 내릴 것을 기억하고, 그것을 실행에 옮겨라. 얼마나 오래 그런 시간을 보내는지는 주된 관심사가 아니다. 한 시간을 눈감고 가만히 앉아 있으면서 아무것도 이루지 못하기가 쉽다. 단 한 순간만 하느님께 드리더라도 그 순간 하느님과 완벽하게 결합하는 것도 마찬가지로 쉽다. 여기서 일반화할 수 있는 것이 하나 있다면 다음과 같다: 깨어난 후 되도록 빨리 조용한 시간을 갖고, 그 시간이 힘들게 느껴지기 시작하면 1, 2분 정도를 더 있어라. 그러면 점점 덜 힘들어지다가 괜찮아지는 것을 발견할 것이다. 그렇지 않다면, 그때가 멈출 때다.

5 똑같은 과정을 밤에도 반복하라. 조용한 시간을 자기 직전에 갖기가 여의치 않다면, 아마도 꽤 이른 저녁 시간에 가져야 할 것이다. 그럴 때 눕는 것은 지혜롭지 못하다. 네가 선호하는 어떤 자세로든 앉아 있는 것이 더 좋다. 너는 워크북을 다 마쳤으므로 이 점에 관해 어떤 결론에 도달했을 것이다. 하지만 가능하다면 자기 직전의 시간을 하느님께 드리는 것이 바람직하다. 그것은 너의 마음을 안식 패턴에 고정하고, 너로 하여금 두려움에서 멀어지게 한다. 이런 시간을 일찍 갖는 것이 편리하다면, 최소한 눈을 감고 하느님에 대해 생각하는 짧은 시간을 갖는 것을 잊지 않도록 하라. 더도 말고 한 순간이면 족할 것이다.

6 온종일 기억해야 할 생각이 특별히 하나 있다. 그것은 순수한 기쁨의 생각, 평화의 생각, 무한한 해방의 생각이다. 그 생각이 무한한 이유는, 그 안에서 모든 것이 자유로워지기 때문이다. 너는 혼자 힘으로 안전한 장소를 만들었다고 생각한다. 너는 꿈에 보는 온갖 두려운 것에서 너를 구해줄 어떤 권력을 만들었다고 생각한다. 그렇지 않다. 너의 안전은 거기에 있지 않다. 네가 포기하는 것은 단지 환상들을 보호한다는 환상뿐이다. 네가 두려워하는 것은 단지 이것뿐이다. 무를 그렇게도 두려워하는 것은 얼마나 어리석은지! 그것은 전혀 아무것도 아니다! 너의 방어수단들은 효과가 없겠지만, 너는 위험하지 않다. 너는 그것들이 필요 없다. 이를 인식하라. 그러면 방어수단들은 사라질 것이다. 그제야 너는 비로소 너의 진정한 보호를 받아들일 것이다.

7 하느님의 보호를 받아들인 하느님의 교사에게 하루가 얼마나 단순하고도 편안하게 지나가는지! 그가 전에 안전이라는 이름으로 행한 온갖 것들은 더 이상 흥미를 끌지 못한다. 왜냐하면 그는 안전하며, 그의 하루가 그럴 것임을 알기 때문이다. 그에게는 실패하지 않을 **안내자**가 있다. 그는 자신이 지각하는 문제들을 구분할 필요가 없다. 그가 모든 문제를 맡기는 이는 그 문제들을 해결할 때 난이도를 전혀 인식하지 않기 때문이다. 그가 자신의 마음으로 환상을 받아들이기 전에 안전했고 환상을 내려놓았을 때 안전할 것이듯, 그는 현재 안전하다. 그가 다른 시간과 다른 장소에 있더라도 그의 상태는 다르지 않다. 하느님께는 그 모든 것이 같기 때문이다. 이것이 그의 안전이다. 그리고 그에게는 그 이상 아무것도 필요 없다.

8 하지만 하느님의 교사가 아직도 여행해야 할 길을 따라갈 때 유혹이 있을 것이며, 따라서 그는 온종일 자신의 보호를 상기할 필요가 있다. 특히 그의 마음이 외적인 것들에 사로잡혀 있을 때, 그가 어떻게 하면 그렇게 할 수 있겠는가? 그는 다만 노력할 수 있을 뿐이며, 그의 성공은 자신이 성공할 것이라는 확신에 달려있다. 그는 비록 성공이 자신에게서 비롯되는 것은 아니지만, 그가 청하기만 하면 언제 어디서든, 어떤 상황에서든 주어질 것임을 확신해야 한다. 때로는 그의 확신이 흔들릴 것이며, 이것이 일어나는 순간 그는 자기 자신만을 신뢰하려는 이전의 시도로 돌아갈 것이다. 이것은 마법이며, 마법이란 진정한 도움에 대한 형편없는 대체품임을 잊지 말라. 마법은 하느님의 교사에게 어울릴 만큼 충분히 좋지 않다. 마법은 하느님의 아들에게 어울리지 않기 때문이다.

9 마법을 피하는 것은 곧 유혹을 피하는 것이다. 모든 유혹은 단지 하느님의 뜻을 다른 뜻으로 대체하려는 시도에 불과하기 때문이다. 이런 시도는 과연 무섭게 보일 수도 있지만, 단지 안쓰러울 뿐이다. 그것은 좋거나 나쁜, 득이 되거나 희생을 요구하는, 치유하거나 파괴하는, 진정시키거나 무섭게 하는 어떤 결과도 낳을 수 없다. 일체의 마법을 단지 무로 인식할 때, 하느님의 교사는 최상급 상태에 도달한 것이다. 도중에 있는 모든 레슨은 단지 이 상태로 인도하여, 이 목표를 인식할 때를 앞당길 뿐이다. 마법은, 형식과 종류에 상관없이, 그야말로 아무것도 하지 않는다. 마법의 무력함이야말로 마법에서 그렇게 쉽게 벗어날 수 있는 근거다. 어떤 결과도 없는 것은 결코 두렵게 할 수 없다.

10 하느님의 뜻을 대체할 수 있는 것은 아무것도 없다. 단순히 말하자면, 하느님의 교

사는 자신의 하루를 바로 이러한 사실에 바쳐야 한다. 그가 실재하는 것으로서 받아들일 수도 있는 각각의 대체품은 단지 그를 속일 수 있을 뿐이다. 그러나 자신이 모든 속임수로부터 안전하다고 결정한다면, 그는 안전하다. 어쩌면 "하느님이 나와 함께 계신다. 나는 속을 수 없다."라는 사실을 기억할 필요가 있을 것이다. 어쩌면 그는 다른 말을 사용하는 것을 더 좋아할 수도 있고, 한 단어만 사용하거나 말을 전혀 사용하지 않을 수도 있다. 하지만 마법을 참이라고 받아들이려는 유혹을 느낄 때마다, 마법은 무섭거나 죄스럽거나 위험하지 않으며, 단지 무의미할 뿐임을 인식함으로써 모두 포기해야 한다. 마법은 하나의 잘못의 두 측면에 불과한 희생과 분리에 뿌리를 두고 있으며, 따라서 그는 자신이 결코 가진 적이 없는 것을 전부 포기하기로 선택할 뿐이다. 그리고 이러한 "희생"에 대한 대가로, 천국이 그의 의식에 회복된다.

11 이것이 바로 네가 원하는 교환이 아닌가? 이런 교환이 가능하다는 것을 세상이 안다면, 세상도 기꺼이 그렇게 할 것이다. 세상에게 그렇게 할 수 있다고 가르쳐야 하는 자가 바로 하느님의 교사다. 따라서 그의 기능은 그것을 미리 배워두도록 확실히 하는 것이다. 네가 마법을 신뢰하는 것 외에는, 온종일 어떤 위험도 가능하지 않다. 오로지 그것만이 고통으로 이어지기 때문이다. "오로지 하느님의 뜻밖에 없다." 하느님의 교사들은 이것이 그러함을 알며, 그밖에 모든 것은 마법임을 배웠다. 마법에 대한 모든 믿음은, 마법이 효과가 있다는 순진한 환상 하나 때문에 유지된다. 하느님의 교사들은 훈련 기간 동안 매일 매시간, 심지어 매분 매초 마법의 형식을 인식하고 그 무의미함을 지각하는 법을 배워야 한다. 그러면 마법에서 두려움이 거두어지며, 그 결과 마법은 사라진다. 그리하여 천국 문이 다시 열리고, 천국의 빛이 흔들림 없는 마음을 다시 비춰줄 수 있다.

17. 하느님의 교사는 학생의 마법 생각을 어떻게 다루는가?

¹ 이것은 교사와 학생 모두에게 아주 중요한 질문이다. 이 사안을 잘못 다룬다면, 교사는 자신을 해치는 것은 물론 학생도 공격하게 된다. 이것은 두려움을 강화하고, 두 사람 모두에게 마법을 아주 실재적으로 보이게 만든다. 따라서 마법을 다루는 법은 하느님의 교사가 통달해야 할 주된 레슨이 된다. 이 점에서 그의 첫 번째 책무는 마법을 공격하지 않는 것이다. 하느님의 교사가 마법 생각에 어떤 식으로든 분노한다면, 그는 죄가 존재한다는 자신의 믿음을 강화하고 자신을 이미 정죄한 것이라고 생각해도 틀림없다. 그는 또한 자신에게 우울과 고통, 두려움과 재앙이 닥쳐오기를 요청했다고 생각해도 틀림없다. 그러니 하느님의 교사로 하여금, 이것은 그가 배우려는 것이 아니므로 그가 가르치려는 것도 아님을 기억하게 하라.

² 하지만 마법에 마법을 강화하는 방식으로 반응하려는 유혹이 있다. 또한 이것이 항상 분명하게 드러나는 것도 아니다. 사실 그것은 도우려는 소망 아래에 쉽사리 은폐될 수 있다. 이러한 이중의 소망은 도움을 별 가치 없게 만들며, 바람직하지 않은 결과로 이어질 수밖에 없다. 그런 결과는 항상 교사와 학생 모두에게 발생할 것이라는 점을 잊어서는 안 된다. 너는 다만 너 자신에게 줄 뿐임을, 우리가 몇 번이나 강조했는가? 그리고, 교사가 자신의 도움이 필요한 자들에게 주는 그런 종류의 도움보다 무엇이 이를 더 잘 보여줄 수 있겠는가? 여기서 교사가 주는 선물은 가장 분명하게 교사 자신에게 주어진다. 그는 오로지 자기 자신을 위해 선택한 것만을 줄 것이기 때문이다. 그리고 이런 선물에는 하느님의 거룩한 아들에 대한 그의 판단이 들어있다.

³ 잘못은 잘못이 가장 분명히 드러난 곳에서 교정되게 하는 것이 가장 쉽다. 그리고 잘못은 그 결과를 통해 인식될 수 있다. 제대로 가르쳐진 레슨 하나는 하나의 의도를 공유한 교사와 학생을 위해 오로지 해방으로만 이어질 수 있다. 공격은, 분리된 목표들이라는 지각이 이미 들어온 경우에만 들어올 수 있다. 그리고 그 결과가 기쁨 외의 어떤 것이라면 정녕 이런 경우임에 틀림없다. 교사의 유일한 목적은 학생의 갈라진 목표를 한 방향으로 돌려주어, 도움의 요청이 학생의 유일한 호소가 되게 한다. 이제 이것은 단 하나의 답으로 수월하게 응답받으며, 그 답은 교사의 마음으로 틀림없이 들어갈 것이다. 그곳으로부터 그 답은 학생의 마음속을 비추어, 그의 마음을 교사의 마음

과 하나가 되게 한다.

4 어쩌면 사실에는 아무도 분노할 수 없음을 기억하는 것이 도움이 될 것이다. 부정적인 감정을 일으키는 것은 언제나 해석이다. 사실처럼 보이는 것이 부정적인 감정을 아무리 정당화하는 듯이 보여도 상관없고, 촉발되는 분노의 강도도 상관없다. 그것은 단지, 너무 약해서 분명하게 인식되지도 않는 아주 약한 짜증일 수도 있다. 혹은, 상상된 것이든 명백하게 행위로 옮겨진 것이든, 폭력적인 생각을 동반하는 강렬한 분노의 형식을 취할 수도 있다. 그것은 중요하지 않다. 그 모든 반응들은 똑같다. 그것들은 진리를 가리며, 이것은 결코 정도의 문제일 수 없다. 진리는 분명하게 드러나든지 전혀 드러나지 않든지 둘 중 하나다. 진리는 부분적으로 인식될 수 없다. 진리를 알아차리지 못하는 자는 환상을 바라볼 수밖에 없다.

5 지각된 마법 생각에 대한 반응으로 일어나는 분노가 두려움의 근본적인 원인이다. 이런 반응이 무엇을 의미하는지 숙고해 보라. 그러면 그것이 세상의 사고체계에서 중심적인 역할을 한다는 것이 분명해질 것이다. 마법 생각은, 단지 그 존재만으로도 하느님과의 분리를 인정한다. 마법 생각은, 마법을 생각하는 마음이 하느님의 뜻을 거스르고 그런 시도에 성공할 수 있는 분리된 뜻을 가졌다고 믿고 있음을 가장 분명한 형식으로 말해준다. 이것이 도무지 사실일 수 없다는 것은 명백하다. 하지만 이것을 사실로 믿을 수 있다는 것 또한 아주 명백하다. 그리고 바로 이곳이 죄의식의 출생지다. 하느님의 자리를 찬탈하여 스스로 차지한 자는 이제 불구대천의 "적"을 갖게되었다. 그는 자신을 홀로 보호해야 하며, 결코 누그러지지 않을 격분과 결코 만족시킬 수 없는 복수로부터 자신을 안전하게 지키기 위해 스스로 방패가 되어야 한다.

6 이 불공평한 전쟁을 어떻게 해결할 수 있겠는가? 그 전쟁의 끝은 불가피하다. 그 결과는 분명 죽음이기 때문이다. 그렇다면 사람이 어떻게 자신의 방어수단을 믿을 수 있겠는가? 마법이 다시 도와야 한다. 전쟁을 잊어라. 전쟁을 일단 사실로 받아들인 후, 잊어라. 너와 맞선 불가능한 상대를 기억하지 말라. 그 "적"이 얼마나 엄청난지 기억하지 말고, 그에 비해 네가 얼마나 나약한지도 생각하지 말라. 너의 분리를 받아들여라. 그러나 분리가 어떻게 일어났는지는 기억하지 말라. 네가 분리를 획득했다고 믿어라. 그러나 너의 대단한 "적"이 실제로 누구인지에 대한 아주 희미한 기억조차도 간직하지 말라. 이렇게 너는 너의 "망각"을 하느님께 투사하였기에, 이제 하느님도 잊으셨다고 본다.

7 하지만 너는 이제 그 모든 마법 생각에 어떻게 반응할 것인가? 마법 생각은 단지 네

가 놓아주지 않고 감춰둔, 잠든 죄의식을 다시 깨워낼 수 있을 뿐이다. 각각의 마법 생각은 너의 겁먹은 마음에게, "너는 하느님의 자리를 찬탈했어. 그분이 잊으셨다고 생각하지 마."라고 분명하게 말해준다. 여기서 우리는 하느님에 대한 두려움이 가장 적나라하게 나타나 있는 것을 본다. 그런 생각 안에서, 죄의식은 이미 광기를 하느님의 왕좌에 올려놓았기 때문이다. 이제 죽이는 것 외에는 희망이 없다. 이제 이것이 구원이다. 분노한 아버지가 죄지은 아들을 뒤쫓으신다. 죽여라, 그렇지 않으면 죽임을 당할 것이다. 선택은 이것밖에 없다. 그 외에 다른 선택이란 없다. 이미 행해진 것은 무효화될 수 없기 때문이다. 핏자국은 결코 지울 수 없고, 이 핏자국을 묻힌 자는 죽임을 당해야 한다.

8 이 절망적인 상황 속으로, 하느님이 당신의 교사들을 보내신다. 그들은 하느님께 희망의 빛을 받아서 가져온다. 탈출이 가능한 길이 하나 있다. 그것을 배우고 가르칠 수 있기는 하지만, 그러기 위해서는 인내심과 충분한 용의가 필요하다. 그러한 것이 주어진 조건에서, 그 레슨의 명백한 단순성은 마치 검은 지평선 위로 강렬하게 빛나는 흰 빛줄기처럼 분명히 드러날 것이다. 그것은 본래 그러하기 때문이다. 분노는 사실이 아닌 해석에서 일어난다면, 분노에는 결코 정당한 근거가 없다. 일단 이것을 어렴풋이나마 이해한다면, 길이 열린다. 이제 다음 단계를 밟는 것이 가능하다. 마침내 해석이 바뀔 수 있다. 마법 생각은 정죄로 이어질 필요가 없다. 그것에는 실제로 죄의식을 일으킬 힘이 없기 때문이다. 따라서 마법 생각은 간과될 수 있으며, 그 결과 가장 진정한 의미에서 잊힐 수 있다.

9 광기는 그저 무시무시하게 보일 뿐이다. 사실 그것은 아무것도 만들어낼 힘이 없다. 광기의 하인으로 제격인 마법처럼, 광기는 공격하지도 보호하지도 않는다. 광기를 보면서 그 사고체계를 인식하는 것은 곧 무를 바라보는 것이다. 무가 분노를 일으킬 수 있겠는가? 도무지 그럴 수 없다. 그렇다면 하느님의 교사여, 분노는 존재하지도 않는 어떤 실재를 인식한다는 것을 기억하라. 하지만 분노는 네가 그것을 사실로 믿고 있다는 확실한 증거다. 이제 네가 바깥 세상에 투사한 너 자신의 해석에 반응했음을 깨달을 때까지, 탈출은 불가능하다. 이제 이 잔혹한 칼이 너의 손에서 거두어지게 하라. 죽음은 없다. 그 칼은 존재하지 않는다. 하느님에 대한 두려움은 원인이 없다. 그러나 하느님의 사랑은, 모든 두려움 너머에 있는, 따라서 영원히 실제고 영원히 참인 모든 것의 원인이다.

18. 교정은 어떻게 이루어지는가?

1 오로지 영구적인 교정만이 진정한 교정이다. 하지만 이것은 하느님의 교사가 사실을 해석과 혼동하거나, 환상을 진리와 혼동하기를 멈출 때까지 이루어질 수 없다. 그가 마법 생각에 대해 학생과 논쟁하고, 그것을 공격하고, 그 잘못을 입증하려 하거나 그 허위성을 보여주려 한다면, 그는 단지 마법 생각의 실재성에 대해 증언하고 있을 뿐이다. 그러면 우울함이 불가피하다. 그는 실제인 것에서 벗어나는 것이 학생과 자신의 과제임을 두 사람 모두에게 "증명한" 것이기 때문이다. 그러나 이것은 불가능할 수밖에 없다. 실재는 변함이 없다. 마법 생각은 단지 환상에 불과하다. 그렇지 않다면 구원은 그저 마찬가지로 오래되고 불가능한 꿈의 다른 형식에 지나지 않을 것이다. 하지만 구원의 꿈은 새로운 내용을 가지고 있다. 그 차이는 단지 형식에만 있지 않다.

2 하느님의 교사들의 주된 레슨은, 마법 생각에 전혀 분노 없이 반응하는 법을 배우는 것이다. 오로지 이런 방법을 통해서만, 그들은 자신에 대한 진리를 선포할 수 있다. 이제 그들을 통해, 성령은 하느님 아들의 실재에 대해 말할 수 있다. 이제 성령은 세상에게, 하느님이 창조하신 모든 것의 변하지 않았고 변할 수 없는 유일한 상태인 죄 없음에 대해 일깨워 줄 수 있다. 이제 성령은 귀 기울이는 귀에게 하느님의 말씀을 전할 수 있고, 보는 눈에게 그리스도의 비전을 가져다줄 수 있다. 이제 성령은 모든 마음에게, 그들의 정체의 진리에 대해 자유로이 가르칠 수 있다. 그러면 그들은 기뻐하며 그리스도에게 돌아올 것이다. 그리고 이제 죄의식은 그리스도의 시각과 하느님의 말씀 안에서 완벽하게 간과되어 용서받는다.

3 분노는 그저 "죄는 실제다."라고 비명을 지를 뿐이다. 이런 정신 나간 믿음이 하느님 말씀의 대체물로 받아들여질 때, 실재는 완전히 가려진다. 이제 몸의 눈이 "본다." 그리고 몸의 귀만이 듣는다고 여겨진다. 몸의 좁은 공간과 가냘픈 호흡이 실재의 척도가 된다. 그리고 진리는 아주 작고 무의미하게 된다. 이 모든 것과 그 위에 서있는 세상에게, 교정은 다음과 같은 단 하나의 답을 제시한다:

4 너는 해석을 진리라고 잘못 생각하고 있을 뿐이다. 네가 틀렸다. 그러나 실수는 죄가 아니며, 너의 실수 때문에 실재가 왕좌에서 쫓겨나지도

않았다. 하느님은 영원히 통치하시며, 오로지 그분의 법칙만이 너와 세상에게 설득력이 있다. 하느님의 사랑은 여전히 존재하는 유일한 것이다. 두려움은 환상이다. 너는 그분을 닮았기 때문이다.

5 그러므로 하느님의 교사가 치유하려면, 자신의 모든 잘못이 교정되도록 허용하는 것이 아주 중요하다. 하느님의 교사가 누군가에게 반응할 때 자신 안에서 아주 약한 짜증이라도 감지한다면, 자신이 참이 아닌 해석을 내렸음을 즉시 깨달아야 한다. 그리고는 내면으로 돌아서 그의 **영원한** 안내자에게 의지하고, 어떻게 반응해야 할지에 대해 그 **안내자**가 판단하도록 허용해야 한다. 이렇게 그가 치유되며, 그가 치유됨으로써 그의 학생도 그와 더불어 치유된다. 하느님의 교사의 유일한 책임은 스스로 속죄를 받아들이는 것이다. 속죄는 교정, 즉 잘못의 무효화를 의미한다. 이것이 성취되었을 때, 하느님의 교사는 정의상 기적일꾼이 된다. 그의 죄가 용서받았으며, 그는 더 이상 자신을 정죄하지 않는다. 그러니 그가 어떻게 누군들 정죄할 수 있겠는가? 그리고 그의 용서가 치유할 수 없는 자가 과연 누가 있겠는가?

19. 정의란 무엇인가?

¹ 정의는 불의에 대한 신성한 교정이다. 불의는 세상이 내리는 모든 판단의 기반이다. 정의는 불의가 낳는 해석들을 교정하여 상쇄한다. 천국에는 정의도 불의도 존재하지 않는다. 그곳에서 잘못은 불가능하고 교정은 무의미하기 때문이다. 하지만 이세상에서 용서는 정의에 의존한다. 모든 공격은 불의일 수밖에 없기 때문이다. 정의는 성령이 세상에 내리는 판결이다. 성령의 판단이 아니라면, 정의는 불가능하다. 이세상에 단지 정의로운 해석만 하고 불의는 전부 내려놓을 수 있는 자는 아무도 없기때문이다. 하느님의 아들이 공평하게 판단받는다면, 구원의 필요성은 없을 것이다. 분리의 생각은 영원히 상상할 수도 없었을 것이다.

² 정의는 그 반대인 불의처럼 하나의 해석이다. 하지만 정의는 진리로 이어지는 유일한 해석이다. 이것이 가능해지는 이유는, 정의는 그 자체로 진리는 아니지만, 그 안에는 진리와 대립되는 것이 아무것도 없기 때문이다. 정의와 진리 사이에는 내재된 갈등이 전혀 없다. 정의는 단지 진리를 향해 처음으로 내딛는 작은 발걸음일 뿐이다. 계속 걸어감에 따라 길은 아주 달라진다. 또한 여행을 이어 가면서 만나게 되는 그 모든 장엄한 아름다움과 웅장한 풍경, 엄청나게 탁 트인 전망에 대해 출발할 때 미리 말해줄 수도 없다. 하지만 이것들조차, 네가 나아감에 따라 그 화려함이 형언하기 힘들 만큼 극치에 달하는 것들조차, 길이 그치고 더불어 시간이 끝날 때 너를 기다리는 그 모든 것에 비하면 한참 못 미친다. 그러나 어디선가 출발은 해야 한다. 정의가 그 출발점이다.

³ 네 형제들과 너 자신에 대한 모든 개념, 미래의 상태에 대한 모든 두려움, 과거에 대한 모든 근심은 불의에 기인한다. 여기에 몸의 눈앞에 걸려있는 렌즈가 있다. 그 렌즈는 지각을 왜곡하여, 그 렌즈를 만들어서 아주 소중히 여기는 마음에게 왜곡된 세상에 대한 증거를 다시 가져다준다. 이렇게 선택적이고 임의적인 방식으로, 세상의 모든 개념이 만들어진다. 이렇게 용의주도한 선택성으로 인해 "죄"가 지각되고 정당화되며, 온전성에 대한 모든 생각이 상실될 수밖에 없다. 이런 책략 안에는 용서가 있을 자리가 없다. 영원히 참이라고 보이지 않는 "죄"는 단 하나도 없기 때문이다.

⁴ 구원은 하느님의 정의다. 구원은 네가 쪼개지고 분리되어 있다고 지각하는 조각들

의 온전성을 너의 의식에 회복해 준다. 바로 이것이야말로 죽음에 대한 두려움을 극복한다. 분리된 조각들은 썩고 죽을 수밖에 없지만, 온전성은 불멸이기 때문이다. 온전성은 자신의 창조주와 하나기에, 영원무궁토록 그분을 닮은 상태로 남아있다. 하느님의 **심판**이 곧 하느님의 정의다. 너는 이렇게 정죄가 전혀 없는 심판, 전적으로 사랑에 근거한 평가에 너의 불의를 투사해서는, 네가 눈앞에 놓고 보는 일그러진 지각의 렌즈를 하느님 탓으로 돌렸다. 이제 그 렌즈는 네 것이 아니라 하느님 것이다. 너는 하느님을 두려워하면서, 너의 자아를 적으로서 증오하고 두려워하고 있음을 깨닫지 못한다.

⁵ 하느님의 정의를 위해 기도하고, 그분의 자비를 너의 정신 이상과 혼동하지 말라. 지각은 마음이 보고 싶어 하는 그림이라면 무엇이든 만들어낼 수 있다. 이 사실을 기억하라. 네가 선택하기에 따라, 바로 이 사실에 천국이나 지옥이 들어있다. 하느님의 정의가 천국을 가리키는 이유는 단지, 그것이 전혀 편파적이지 않기 때문이다. 하느님의 정의는 그 앞에 제출된 모든 증거를 하나도 빠트리지 않고 받아들이며, 어떤 증거도 다른 증거들과 분리된 별개의 증거라고 평가하지 않는다. 하느님의 정의는 오로지 이 유일한 관점에서만 판단한다. 여기서 모든 공격과 정죄가 무의미해지고, 더 이상 옹호할 수 없게 된다. 지각은 쉬고, 마음은 고요하며, 빛이 다시 돌아온다. 이제 비전이 회복되었다. 이제 잃었던 것을 되찾았다. 하느님의 평화가 온 세상에 내려오고, 우리는 볼 수 있다. 우리는 볼 수 있다!

20. 하느님의 평화는 무엇인가?

¹ 이 세상의 것이 아닌 평화가 있다고 말한 적이 있다. 그런 평화를 어떻게 인식하는가? 그것을 어떻게 발견하는가? 발견한 다음에는 어떻게 유지하는가? 이 질문들을 따로따로 고찰해 보자. 각각의 질문은 길을 걸으면서 밟아나가는 다른 단계를 반영하기 때문이다.

² 먼저, 하느님의 평화를 어떻게 인식할 수 있는가? 하느님의 평화는 모든 면에서 이전의 모든 경험과 완전히 다르다. 처음에는 이 한 가지 사실로 하느님의 평화를 인식할 수 있다. 그것은 전에 있던 것은 아무것도 마음에 불러일으키지 않는다. 그것은 과거를 연상시키는 것은 아무것도 가져오지 않는다. 그것은 완전히 새로운 것이다. 그렇다. 그것과 그 모든 과거의 것 사이에는 뚜렷한 대비가 있다. 그러나 이상하게도 그것은 진짜 다른 점들에 의한 대비가 아니다. 과거는 그저 슬그머니 사라지고, 그 자리에 영원히 계속되는 조용함이 있다. 오로지 그것뿐이다. 처음에 지각된 대비는 그저 사라졌다. 조용함이 다가와 모든 것을 덮어버렸다.

³ 이러한 조용함을 어떻게 발견하는가? 조용함의 조건을 찾아내는 자는 그 누구도 조용함을 발견하지 못할 수 없다. 하느님의 평화는 분노가 있는 곳에는 결코 올 수 없다. 분노는 평화가 존재한다는 사실을 부정할 수밖에 없기 때문이다. 어떤 식으로든 어떤 상황에서든 분노가 정당하다고 보는 자는 평화가 무의미하다고 선포하는 것이다. 그는 분명 평화가 존재할 수 없다고 믿을 것이다. 이런 조건에서는 평화를 찾을 수 없다. 그러므로 용서는 하느님의 평화를 찾기 위한 필요조건이다. 더 나아가, 용서가 있는 곳에는 평화가 있을 수밖에 없다. 왜냐하면, 공격 외에 그 무엇이 전쟁으로 이어지겠는가? 그리고 평화 외에 그 무엇이 전쟁의 반대겠는가? 여기서 처음의 대비가 뚜렷하고 명백하게 드러난다. 하지만 평화를 발견하면, 전쟁은 무의미하다. 이제 존재하지도 않고 실제도 아니라고 지각되는 것은 바로 갈등이다.

⁴ 일단 하느님의 평화를 발견했으면, 그것을 어떻게 유지하는가? 어떤 형식으로든 분노가 돌아오면 다시 한번 무거운 커튼이 드리우고, 평화가 존재할 수 없다는 믿음도 어김없이 돌아올 것이다. 전쟁이 다시 유일한 실재로 받아들여진다. 이제 너는 다시 한번 칼을 내려놓아야 한다. 비록 네가 이미 칼을 다시 집어 들었음을 알아차리지

못할 수도 있지만 말이다. 하지만 이제 네가 아주 어렴풋이나마 칼 없이 어떤 행복을 누렸는지 기억함에 따라, 너의 방어수단으로서 칼을 다시 집어 들었음에 틀림없다는 것을 배울 것이다. 이제 잠시 멈춰 다음에 대해 생각해 보라: 갈등이 과연 네가 원하는 것인가, 아니면 하느님의 평화가 더 나은 선택인가? 어느 것이 너에게 더 많이 주는가? 평온한 마음은 작은 선물이 아니다. 죽겠다고 선택하니 차라리 살지 않으려는가?

⁵ 삶은 기쁨이다. 그러나 죽음은 단지 울 수만 있다. 너는 네가 만든 것에서 벗어날 탈출구를 죽음에서 본다. 하지만 네가 깨닫지 못하는 것은, 죽음을 만든 것은 너 자신이며, 죽음은 단지 끝이라는 환상에 불과하다는 것이다. 죽음은 탈출구일 수 없다. 생명은 문제가 놓여있는 곳이 아니기 때문이다. 생명에는 반대되는 것이 없다. 생명은 곧 하느님이기 때문이다. 생명과 죽음이 서로 반대처럼 보이는 이유는, 네가 죽음이 생명을 끝낸다고 결정했기 때문이다. 세상을 용서하라. 그러면 너는 하느님이 창조하신 모든 것에는 끝이 있을 수 없으며, 하느님이 창조하지 않으신 것은 아무것도 실제가 아님을 이해할 것이다. 이 한 문장 안에서, 우리의 수업이 설명된다. 이 한 문장 안에서, 우리의 연습이 나아갈 유일한 방향이 주어진다. 그리고 이 한 문장 안에서, 성령의 커리큘럼 전체가 정확하게 있는 그대로 명시된다.

⁶ 하느님의 평화란 무엇인가? 하느님의 뜻에는 반대되는 것이 전혀 없다는 단순한 이해, 이 이상 아무것도 아니다. 하느님의 뜻을 부정하면서도 참일 수 있는 생각이란 없다. 하느님의 뜻과 너의 뜻 사이의 대비는 단지 실재처럼 보였을 뿐이다. 진실로, 갈등이란 없다. 하느님의 뜻은 네 것이기 때문이다. 이제 하느님의 막강한 뜻은 그분이 네게 주시는 선물이다. 하느님은 그것을 혼자 간직하려 하지 않으신다. 너는 왜 하느님과 떨어져서 너의 작디작고 덧없는 상상물들을 간직하려 하는가? 하느님의 뜻은 하나며, 존재하는 모든 것이다. 그것은 네가 받은 유산이다. 해와 별 너머의 우주와 네가 상상할 수 있는 그 모든 생각은 본래 네 것이다. 하느님의 평화는 하느님의 뜻을 위한 조건이다. 하느님의 평화를 얻어라. 그러면 너는 하느님을 기억하게 된다.

21. 말은 치유에서 어떤 역할을 하는가?

¹ 엄밀히 말하자면, 말은 치유에서 아무런 역할도 하지 않는다. 치유를 유발하는 요인은 기도, 혹은 요청이다. 너는 네가 요청하는 것을 받는다. 하지만 이것은 기도할 때 사용하는 말이 아니라, 가슴의 기도를 가리킨다. 말과 기도는 때로 상반되고, 때로는 일치한다. 이것은 중요하지 않다. 하느님은 말을 이해하지 못하신다. 말이란 분리된 마음들이 자신을 계속 분리의 환상 속에 가둬두려고 만든 것이기 때문이다. 말은 특히 초심자가 집중하도록 돕고, 무관한 생각들을 배제하거나, 최소한 통제하는 데 도움이 될 수 있다. 하지만 말은 단지 상징의 상징에 지나지 않음을 잊지 말자. 그러니 말은 실재로부터 두 번 벗어나 있다.

² 상징으로서의 말에는 아주 구체적인 언급 대상이 있다. 말이 아주 추상적으로 보일 때조차, 마음에 들어오는 그림은 아주 구체적이기 쉽다. 말과 함께 어떤 구체적인 언급 대상이 마음에 떠오르지 않는 한, 말은 실용적인 의미가 거의 없거나 전혀 없고, 따라서 치유 과정을 도울 수 없다. 가슴의 기도는 실제로 구체적인 대상을 달라고 요청하지 않는다. 가슴의 기도는 항상 모종의 경험을 요청하며, 구체적인 대상이란 단지 요청하는 자가 판단할 때 자신이 원하는 경험을 가져다주는 어떤 것이다. 그렇다면 말은 요청하는 어떤 대상을 상징하지만, 그 대상 자체는 단지 요청하는 자가 바라는 경험을 나타낼 뿐이다.

³ 이 세상의 것을 달라는 기도는 이 세상의 경험을 가져다줄 것이다. 가슴의 기도가 그러한 것을 요청한다면, 그러한 것이 주어질 것이다. 왜냐하면, 그러한 것이 받아질 것이기 때문이다. 요청하는 자가 지각하기에 가슴의 기도가 응답 없이 남아있는 것은 불가능하다. 그가 불가능한 것을 요청한다면, 혹은 그가 존재하지 않는 것을 원하거나 가슴속에서 환상을 구한다면, 그 모든 것이 그의 것이 된다. 그의 결정하는 힘이 그가 요청하는 대로 그것을 그에게 제공한다. 여기에 지옥과 천국이 놓여있다. 하느님의 잠든 아들은 자신에게 단지 이 힘만 남아있게 했다. 이것으로 충분하다. 그의 말은 중요하지 않다. 오로지 하느님의 **말씀**만이 의미가 있다. 그것은 인간의 상징이 전혀 없는 어떤 것을 상징하기 때문이다. 오로지 성령만이 그 **말씀**이 나타내는 것을 이해한다. 그리고 이것으로 또한 충분하다.

⁴ 그렇다면 하느님의 교사는 가르칠 때 말의 사용을 피해야 하는가? 정녕 아니다. 아직은 침묵 가운데 들을 수 없어서 말을 통해 다가가야 하는 이들이 많다. 하지만 하느님의 교사는 말을 새로운 방식으로 사용하는 법을 배워야 한다. 그는 차츰 무엇을 말할지 스스로 결정하지 않음으로써, 그가 할 말이 그를 위해 선택되게 하는 법을 배운다. 이런 과정은 단지 "나는 뒤로 물러나 하느님이 길을 인도하시게 하겠다."라는 워크북 레슨의 특별한 경우에 지나지 않는다. 하느님의 교사는 그에게 제공되는 말을 받아들이고, 받는 대로 준다. 그는 자신이 하는 말의 방향을 통제하지 않는다. 그는 귀 기울이고, 듣고, 말한다.

⁵ 배움의 이런 측면에서 주된 방해 요소는, 하느님의 교사가 자신이 듣는 것이 과연 타당한지 두려워하는 것이다. 그가 듣는 내용은 과연 깜짝 놀랄 만한 것일 수도 있다. 그것은 또한 그가 지각하는 대로의 드러난 문제와는 전혀 관련이 없어 보일 수도 있고, 사실상 그를 매우 난처해 보이는 상황에 맞닥뜨리게 할 수도 있다. 이 모든 것은 아무런 가치도 없는 판단이다. 그것들은 하느님의 교사 자신의 판단으로서, 그가 뒤로하고 떠나려는 초라한 자아 지각에서 비롯된다. 너에게 오는 말을 판단하지 말고, 확신을 가지고 제공하라. 그 말은 너 자신의 말보다 훨씬 더 지혜롭다. 하느님의 교사들이 사용하는 상징 뒤에는 하느님의 말씀이 있다. 하느님이 친히 그들이 사용하는 말에 당신의 영의 권능을 주셔서, 그 말을 의미 없는 상징에서 천국 자체의 부름으로 들어올리신다.

22. 치유와 속죄는 어떻게 관련되어 있는가?

¹ 치유와 속죄는 관련되어 있지 않다. 그 둘은 똑같다. 기적에 난이도order of difficulty가 없는 이유는 속죄에 정도degrees가 없기 때문이다. 속죄는 이 세상에서 가능한 유일하게 완전한 개념이다. 속죄는 온전하게 통합된 지각의 근원이기 때문이다. 부분적인 속죄란 무의미한 아이디어다. 그것은 마치 천국에서 지옥이라는 특별한 영역을 상상조차 할 수 없는 것과 같다. 속죄를 받아들여라. 그러면 너는 치유된다. 속죄는 하느님의 **말씀**이다. 하느님의 **말씀**을 받아들여라. 그러면 과연 무엇이 남아 병을 가능하게 할 것인가? 하느님의 **말씀**을 받아들여라. 그러면 모든 기적이 이미 성취된 것이다. 용서하는 것은 곧 치유하는 것이다. 하느님의 교사는 스스로 속죄를 받아들이는 것을 자신의 유일한 기능으로 받아들였다. 그렇다면 그가 치유할 수 없는 것이 무엇이 있겠는가? 그에게 어떤 기적이 주어지지 않을 수 있겠는가?

² 하느님의 교사의 발전은 그가 속죄의 포괄성을 인식하는지, 아니면 어떤 문제 영역은 당분간 속죄에서 제외하는지에 따라 느릴 수도 있고 빠를 수도 있다. 어떤 경우에는, 속죄 레슨을 모든 상황에 완벽하게 적용할 수 있다는 갑작스럽고도 완벽한 인식이 일어난다. 하지만 그런 경우는 비교적 드물다. 하느님의 교사는 어쩌면 하느님이 주신 기능을 받아들인 후 오랜 시간이 지나서야, 그 기능을 받아들인 결과로 주어지는 그 모든 것을 배울 수도 있다. 확실한 것은 결말뿐이다. 걸어가는 길의 어느 지점에서든, 그는 포괄성에 대한 필수적인 깨달음에 도달할 수 있다. 갈 길이 멀어 보이더라도 그로 하여금 만족하게 하라. 그는 걸어갈 방향을 이미 결정했다. 그에게 더 이상 무엇이 요구되었던가? 그가 해야 할 필요가 있는 것을 이미 했거늘, 하느님이 나머지를 주지 않으시겠는가?

³ 하느님의 교사가 발전을 이루기 위해서는, 용서가 곧 치유임을 이해해야 한다. 몸이 병들 수 있다는 아이디어는 에고 사고체계에서 중심이 되는 개념이다. 이런 생각은 몸에게 자율성을 주고, 몸을 마음으로부터 분리하며, 공격이라는 아이디어를 신성 불가침한 것으로 유지해 준다. 만약 몸이 병들 수 있다면, 속죄는 불가능할 것이다. 몸은 자신이 적절하다고 여기는 것을 행하라고 마음에게 명할 수 있으며, 이제 하느님의 자리를 가뿐히 차지하고 구원이 불가능함을 증명할 것이다. 그렇다면 치유할 것

이 무엇이 남아있겠는가? 몸이 마음의 주인이 되었다. 몸이 죽임을 당하지 않는 한, 마음을 어떻게 성령께 돌려보낼 수 있겠는가? 그리고 그 누가 이런 대가를 치르고서 구원을 원하겠는가?

4 병은 하나의 결정이지만, 확실히 그렇게 보이지는 않는다. 그 누구도 자신이 병들기를 원한다고 정말로 믿지는 않을 것이다. 어쩌면 그는 이 아이디어를 이론적으로는 받아들일 수 있다. 하지만 그가 자신은 물론 모든 이를 지각할 때, 병의 모든 구체적인 형식에 이 아이디어를 일관되게 적용하는 경우는 거의 없다. 그리고 하느님의 교사가 바로 이 수준에서 치유의 기적을 불러일으키는 것도 아니다. 그는 마음과 몸을 모두 간과하고, 자신 앞에서 빛나고 있는 그리스도의 얼굴만 봄으로써, 모든 잘못을 교정하고 모든 지각을 치유한다. 치유란, 치유를 필요로 하는 자가 참으로 누구인지를 하느님의 교사가 인식한 결과다. 이런 인식은 특정한 대상에 국한되지 않는다. 그것은 하느님이 창조하신 모든 것에 해당된다. 그러한 인식 안에서, 모든 환상이 치유된다.

5 하느님의 교사가 치유에 실패한다면, 그것은 치유를 필요로 하는 자가 참으로 누구인지 잊었기 때문이다. 그러므로 다른 사람의 병은 교사 자신의 병이 된다. 이런 일이 일어나도록 허락할 때, 그는 자신을 다른 사람의 에고와 동일시함으로써 그를 몸과 혼동한 것이다. 그렇게 할 때 그는 스스로 속죄를 받아들이기를 거부한 것이며, 따라서 그의 형제에게 그리스도의 이름으로 속죄를 제공할 수 없다. 사실상 그는 그의 형제를 전혀 인식하지 못할 것이다. 그의 아버지는 몸을 창조하지 않으셨으며, 따라서 그는 그의 형제 안에서 실제가 아닌 것만 보고 있는 것이기 때문이다. 실수는 실수를 교정하지 않고, 왜곡된 지각은 치유하지 않는다. 하느님의 교사여, 이제 뒤로 물러서라. 네가 틀렸다. 너는 길을 잃었으니, 길을 인도하지 말라. 서둘러 너의 교사에게 의탁하여, 너 자신이 치유되게 하라.

6 속죄는 보편적으로 제공된다. 속죄는 모든 상황에서 모든 사람에게 똑같이 적용될 수 있다. 그리고 속죄 안에는 모든 사람의 모든 형식의 병을 치유할 권능이 들어있다. 이를 믿지 않는 것은 하느님께 불공평한 것이며, 따라서 하느님께 신실하지 못한 것이다. 병든 자는 자신이 하느님과 분리되었다고 지각한다. 너는 그가 너와 분리되었다고 지각하려는가? 그를 병들게 만든 분리의 느낌을 치유하는 것이 바로 너의 과제다. 그가 그 자신에 대해 믿는 것은 진리가 아님을 그를 대신해 인식하는 것이 바로

너의 기능이다. 그에게 이것을 보여주어야 하는 것이 바로 너의 용서다. 치유는 아주 단순하다. 속죄가 받아지고received, 이어서 제공된다. 이미 받아졌기에, 속죄는 받아들 여질accepted 수밖에 없다. 그렇다면 바로 이러한 받음에 치유가 놓여있다. 다른 모든 것은 이 유일한 목적에 뒤따라 일어날 수밖에 없다.

7 그 누가 하느님 자신의 권능을 제한할 수 있겠는가? 그렇다면 그 누가, 어떤 사람은 어떤 병을 치유받을 수 있고, 어떤 것은 하느님의 용서하는 권능 너머에 남아있어야 한다고 말할 수 있겠는가? 이는 정녕 제정신이 아니다. 하느님께 한계를 지우는 것은 하느님 교사의 몫이 아니다. 하느님의 아들을 판단하는 것은 그의 몫이 아니기 때문 이다. 그리고 하느님의 아들을 판단하는 것은 그의 아버지를 제한하는 것이다. 둘 다 같은 정도로 무의미하다. 하지만 하느님의 교사가 그것들이 같은 실수임을 인식하기 전에는, 그것을 이해하지 못할 것이다. 그러한 인식을 통해, 그는 속죄를 받는다. 그 는 하느님의 아들에게서 판단을 거둬들이고, 그를 하느님이 창조하신 대로 받아들이 기 때문이다. 그는 더 이상 하느님과 떨어져 서서 치유가 어디에 주어져야 하고 어디 에는 주어지지 말아야 하는지 결정하지 않는다. 이제 그는 하느님과 함께, "이는 완벽 하게 창조되었고 영원히 완벽한 나의 사랑스러운 아들이다."라고 말할 수 있다.

23. 예수는 치유에서 특별한 역할을 하는가?

¹ 하느님의 선물을 직접 받을 수 있는 경우는 아주 드물다. 심지어 하느님의 최상급 교사들조차도 이 세상에서 유혹에 굴복할 것이다. 만약 이것 때문에 그들의 학생들이 치유를 거절당한다면, 그것이 공평하겠는가? 성서는 "예수 그리스도의 이름으로 요청하라."라고 말한다. 이것이 단지 마법에 호소하는 것이겠는가? 특정한 이름이 치유하는 것은 아니며, 특정한 기도문이 어떤 특별한 권능을 불러오는 것도 아니다. 그렇다면 예수 그리스도를 부른다는 것은 무슨 의미인가? 그의 이름을 부르는 것이 무엇을 가져다주는가? 그에게 호소하는 것이 치유의 일부인 이유는 무엇인가?

² 우리는 여러 번에 걸쳐서, 스스로 속죄를 완벽하게 받아들인 자는 세상을 치유할 수 있다고 말했다. 정녕, 예수는 이미 그렇게 했다. 다른 사람에게는 유혹이 다시 일어날 수도 있지만, 예수에게는 결코 그렇지 않다. 그는 하느님의 부활한 아들이 되었다. 그는 생명을 받아들였기에, 죽음을 극복했다. 그는 하느님이 창조하신 대로의 자기 자신을 인식했으며, 그 과정에 모든 살아있는 것을 자신의 일부로 인식했다. 이제 그의 권능에는 한계가 없다. 그것은 곧 하느님의 **권능**이기 때문이다. 따라서 예수의 이름은 하느님의 이름이 되었다. 그는 더 이상 자신을 하느님과 분리되었다고 보지 않기 때문이다.

³ 이것이 너에게 무엇을 의미하는가? 그것은 네가 예수를 기억할 때 하느님을 기억하고 있음을 의미한다. 아들이 아버지와 맺는 관계 전체가 예수 안에 놓여있다. 예수가 온아들에서 차지하는 부분은 너의 부분이기도 하며, 그가 완성한 배움은 너 자신의 성공을 보장한다. 예수는 여전히 도움을 줄 수 있는가? 이에 대해 그는 무엇이라고 말했는가? 그의 약속을 기억하고, 그가 약속을 지키지 못할 것 같은지 정직하게 자문해 보라. 하느님이 당신의 아들을 저버리실 수 있겠는가? 하느님과 하나인 자가 하느님을 닮지 않을 수 있겠는가? 몸을 초월하는 자는 이미 한계를 초월한 것이다. 가장 위대한 교사가 과연 그를 따르는 자들을 돕지 못할 수 있겠는가?

⁴ 이러한 예수 그리스도의 이름은 단지 하나의 상징에 불과하다. 하지만 그 이름은 이 세상의 것이 아닌 사랑을 나타낸다. 그것은 네가 기도하는 그 모든 신의 수많은 이름에 대한 대체물로 안전하게 사용될 수 있는 상징이다. 그 이름은 하느님 말씀의 빛

나는 상징이 되며, 그 이름이 나타내는 것과 너무도 가까워서, 그 이름을 마음에 떠올리는 순간 그 둘 사이의 좁은 간격이 사라진다. 예수의 이름을 기억하는 것은 하느님이 네게 주신 그 모든 선물에 감사드리는 것이다. 그리고 하느님께 드리는 감사는 그분을 기억하는 길이 된다. 깊이 감사하는 마음이 있는 곳에는 머지않아 사랑이 찾아오기 때문이다. 이제 하느님이 수월하게 들어오신다. 그러한 마음은 너의 귀향을 위한 진정한 조건이기 때문이다.

5 예수가 앞서 걸었다. 왜 그에게 감사하지 않으려는가? 예수는 사랑을 청했지만, 단지 너에게 그 사랑을 주려고 그랬을 뿐이다. 너는 너 자신을 사랑하지 않는다. 그러나 예수가 보기에 너의 사랑스러움은 너무도 완벽하고 흠이 없어서, 예수는 그 안에서 그의 아버지의 이미지를 본다. 너는 여기 땅에서 그의 아버지의 상징이 된다. 너에게, 예수는 희망을 건다. 네 안에서, 예수는 너의 아름다운 완성을 훼손하는 한계나 오점을 전혀 보지 않기 때문이다. 예수가 보기에 그리스도의 비전은 완벽한 변함없음으로 빛난다. 예수는 줄곧 네 곁에 머물렀다. 그의 배움을 통해 구원의 레슨을 배우지 않으려는가? 그가 너를 위해 여정을 이미 마쳤거늘, 너는 왜 다시 시작하겠다고 선택하려는가?

6 땅 위의 그 누구도 천국이 무엇인지, 천국의 유일한 창조주가 정말로 무엇을 의미하는지 이해할 수 없다. 하지만 우리에게는 증인들이 있다. 지혜는 바로 그들에게 간청할 것이다. 네가 배울 수 있는 것을 훨씬 초월하는 배움을 이룬 자들이 그동안 있었다. 그리고 우리는 우리 자신에게 부과했던 한계를 가르치고자 하지 않는다. 하느님의 참되고 헌신적인 교사가 된 자라면 누구나 자신의 형제들을 잊지 않는다. 하지만 그가 형제들에게 베풀 수 있는 것은 그 자신이 배우는 것에 의해 제한된다. 그렇다면 모든 한계를 치워버리고 배움이 도달할 수 있는 가장 먼 곳 너머로 간 자에게 의탁하라. 그는 너를 데려갈 것이다. 그는 홀로 가지 않았기 때문이다. 그리고 그때, 너는 그와 함께 있었다. 지금 네가 그와 함께 있듯이 말이다.

7 이 수업이 예수에게서 온 이유는, 그의 말이 네가 사랑하고 이해할 수 있는 언어로 너에게 도달했기 때문이다. 다른 언어로 말하고 다른 상징을 향해 간청하는 자에게 길을 인도할 다른 교사들이 가능한가? 확실히 가능하다. 하느님이 과연 곤란한 시기에 있는 자를 즉각적인 도움 없이, 즉 하느님 자신을 상징할 수 있는 구원자 없이 버려두시겠는가? 하지만 우리에게는 다면적인 커리큘럼이 필요하다. 내용상의 차이점

때문이 아니라, 상징은 필요에 맞추려면 바뀌고 변해야 하기 때문이다. 예수는 너의 필요에 답하려고 왔다. 예수 안에서, 너는 하느님의 **응답**을 발견한다. 그런 다음 너는 예수와 함께 가르친다. 그는 너와 함께 있으며, 항상 여기에 있기 때문이다.

24. 환생은 참인가?

[1] 궁극적인 의미에서, 환생은 불가능하다. 과거도 미래도 없으며, 몸속으로 태어난다는 아이디어는 한 번이든 여러 번이든 아무런 의미도 없다. 그러니 환생은 그 어떤 진정한 의미에서도 참일 수 없다. 우리의 유일한 질문은, "이 개념이 도움이 되는가?"가 되어야 한다. 그것은 당연히 이 개념이 무엇을 위해 사용되는지에 달려있다. 환생이라는 개념이 생명의 영원한 본성에 대한 인식을 강화하기 위해 사용된다면, 그것은 정녕 도움이 된다. 이 개념에 대한 다른 어떤 질문이 실제로 길을 밝히는 데 쓸모가 있겠는가? 여러 다른 믿음들처럼, 이 개념도 몹시 오용될 수 있다. 최소한, 이러한 오용은 과거에 몰두하게 하거나 과거에 대해 자만하게 할 수도 있다. 최악의 경우, 그것은 현재에 무력감을 일으킨다. 그 사이에 온갖 어리석음이 있을 수 있다.

[2] 어떤 상황에서든 환생은 지금 다뤄야 할 문제는 아닐 것이다. 어떤 사람이 지금 봉착한 곤란에 대해 환생이 책임이 있다 하더라도, 그의 과제는 여전히 그 곤란에서 오로지 지금 벗어나는 것이다. 그가 내세를 위한 토대를 쌓고 있다 하더라도, 그는 여전히 자신의 구원을 오로지 지금 이룰 수 있다. 어떤 사람에게는 환생 개념이 위안이 될 수 있고, 만약 이 개념이 그에게 용기를 북돋아 준다면, 그 가치는 자명하다. 하지만 환생을 믿는 자와 믿지 않는 자가 모두 구원으로 가는 길을 발견할 수 있다는 것은 확실하다. 그러므로 이 아이디어를 커리큘럼에 필수적이라고 여길 수는 없다. 현재를 과거의 관점에서 보는 것에는 항상 어떤 위험이 있다. 생명과 몸은 같지 않다는 아이디어를 강화하는 모든 생각에는 항상 어떤 이점이 있다.

[3] 우리의 목적을 위해, 환생에 대해 어떤 확고한 입장을 취하는 것은 도움이 되지 않을 것이다. 하느님의 교사는 환생을 믿지 않는 자에게 도움이 되듯이 믿는 자에게도 도움이 되어야 한다. 그에게 환생에 대해 확고한 입장을 취할 것을 요구한다면, 그것은 그의 유용성뿐만 아니라 의사 결정권도 제한할 것이다. 그의 공식적인 믿음과 상관없이, 우리의 수업은 누구나 받아들일 수 없는 어떤 개념에도 관심이 없다. 그는 자신의 에고에 대처하기에도 힘겨울 텐데, 분파적인 논쟁으로 더 큰 부담을 주는 것은 지혜롭지 않을 것이다. 또한 이 수업이 자신의 오랜 믿음을 옹호한다는 이유만으로 수업을 조급하게 받아들이는 것에 어떤 이점이 있지도 않을 것이다.

⁴ 이 수업이 생각을 철저히 뒤집는 것을 목표로 하고 있음은 아무리 강조해도 지나치지 않다. 마침내 그러한 목적이 성취되면, 환생의 타당성과 같은 주제들은 무의미해진다. 그때까지는, 그러한 주제들은 단지 논란만 일으키기 십상이다. 따라서 하느님의 교사는 이러한 모든 질문에서 물러나 있는 것이 현명하다. 그것들 외에도 가르치고 배울 것이 많기 때문이다. 이론적인 주제들은 단지 시간을 정해진 목적에서 빼내서 허비할 뿐이다. 하느님의 교사는 반드시 이를 가르치고 배워야 한다. 어떤 개념이나 믿음에 도움이 될 측면이 있다면, 그는 그것에 대해 듣게 될 것이다. 그는 또한 그것을 어떻게 사용할지에 대해서도 듣게 될 것이다. 그가 무엇을 더 알아야 하겠는가?

⁵ 이것은 하느님의 교사 자신이 환생을 믿어서는 안 된다거나, 환생을 믿는 사람들과 그것에 대해 토론하지 말아야 한다는 것을 의미하는가? 그에 대한 답은 분명히 "아니다!"이다. 그가 환생을 정말로 믿는다면, 그의 **내면의** 교사가 그러라고 조언하지 않는 한 그 믿음을 포기하는 것은 실수일 것이다. 그러나 그의 **내면의** 교사가 그렇게 조언할 리는 거의 없다. 그는 학생이나 그 자신의 발전을 해치는 어떤 방식으로 그 믿음을 오용하고 있다는 조언을 받을 수는 있다. 그렇다면 재해석이 필요할 것이므로, 재해석이 권유될 것이다. 그렇기는 하지만, 탄생은 시작이 아니었고 죽음은 끝이 아니라는 점이 그가 인식해야 할 전부다. 하지만 초심자에게는 그만큼도 요구되지 않는다. 그는 다만 자신이 아는 것이 배워야 할 전부는 아닐 수도 있다는 아이디어를 받아들이기만 하면 된다. 그러면 그의 여정은 이미 시작된 것이다.

⁶ 이 수업의 강조점은 언제나 똑같다: 너에게 완벽한 구원이 제공되는 때는 바로 이 순간이며, 네가 그것을 받아들일 수 있는 때도 바로 이 순간이다. 이것은 여전히 너의 유일한 책임이다. 속죄는 과거로부터의 전적인 벗어남, 미래에 대한 전적인 무관심과 같다고 할 수 있을 것이다. 천국은 여기에 있다. 다른 곳이란 없다. 천국은 지금이다. 다른 시간이란 없다. 하느님의 교사는 이것으로 이어지지 않는 어떤 가르침에도 관심을 두지 않는다. 제대로 해석된다면, 모든 믿음은 이것을 가리킬 것이다. 이런 의미에서 그 믿음들의 진실성은 그것들의 유용성에 놓여있다고 말할 수 있다. 발전으로 이어지는 모든 믿음은 존중받아야 한다. 이것이 이 수업이 요구하는 유일한 기준이다. 그 이상 어떤 것도 필요하지 않다.

25. "심령" 능력은 바람직한가?

¹ 이 질문에 대한 답은 앞의 질문에 대한 답과 아주 비슷하다. 물론 "비자연적인" 능력이란 것은 없으며, 존재하지도 않는 어떤 힘을 지어내려는 것은 명백히 마법에 호소하는 것에 불과하다. 하지만 각 사람에게는 그가 자각하지 못하는 많은 재능이 있다는 것도 똑같이 분명하다. 그의 자각이 증가함에 따라, 그 자신도 깜짝 놀랄 만한 재능을 개발할 수도 있다. 그러나 그가 행할 수 있는 어떤 것도, 자신이 참으로 누구인지를 기억하는 영광스러운 놀라움과는 전혀 비할 바가 못 된다. 그의 모든 배움과 그의 모든 노력이 이 하나의 위대한 마지막 놀라움을 향하게 하라. 그러면 그는 도중에 나타날 수도 있는 사소한 놀라운 일들 때문에 지체되는 것에 만족하지 않을 것이다.

² 확실히, 이 수업과 명백하게 일치하는 "심령" 능력이 많이 있다. 소통은 세상이 인식하는 좁은 범위의 통로에만 국한되지 않는다. 그렇지 않다면 구원을 가르치려고 노력하는 것은 거의 의미가 없을 것이다. 그것은 불가능할 것이다. 세상이 소통에 가하는 한계는 성령에 대한 직접적인 경험을 가로막는 주된 장애다. 비록 성령의 **현존**은 항상 있고, 성령의 **음성**은 그저 듣기만 하면 되지만 말이다. 그러한 한계는 두려움 때문에 가해졌다. 그 한계가 없다면 세상의 그 모든 분리된 장소를 둘러싼 벽은 성령의 음성의 거룩한 소리 앞에서 무너져 내릴 것이기 때문이다. 어떤 식으로든 이러한 한계를 초월하는 자는 단지 더 자연스러워질 뿐이다. 그는 특별한 것은 아무것도 하지 않으며, 그의 성취에는 어떤 마법도 없다.

³ 도중에 얻을 수도 있는 새로워 보이는 재능은 아주 도움이 될 수 있다. 성령께 드려 그의 인도 아래 사용한다면, 그것은 가르침의 값진 도구가 된다. 그 재능이 어떻게 생겨나는지에 대한 질문은 이것과는 무관하다. 유일하게 중요한 고려사항은 그 재능이 어떻게 사용되는지다. 그 재능을 그 자체로 목적으로 받아들이는 것은, 어떤 식으로 그렇게 하든 상관없이, 발전을 늦출 것이다. 또한 그것의 가치는 과거에 성취한 것이나 "보이지 않는 것"과의 이례적인 교신, 혹은 하느님의 특별한 총애 등 무언가를 증명하는 것에 있지도 않다. 하느님은 특별히 총애하지 않으시며, 누구에게나 가능하지 않은 어떤 능력이라도 가진 자는 아무도 없다. 특별한 능력은 마법의 눈속임으로만 "입증된다."

[4] 진짜인 것은 그 무엇도 속임수에 사용되지 않는다. 성령은 속일 수 없으며, 오로지 진짜 재능만 사용할 수 있다. 마법을 위해 사용되는 것은 성령께 쓸모가 없고, 성령이 사용하는 것은 마법을 위해 사용될 수 없다. 하지만 기묘하게도 유혹적일 수 있는 이례적인 재능에는 특유의 매력이 있다. 여기에 성령이 원하고 필요로 하는 강점이 있다. 하지만 에고는 이런 똑같은 강점에서 자신의 영광을 드높일 기회를 본다. 약함으로 바뀐 강점이야말로 정녕 비극이다. 하지만 성령께 드리지 않는 것은 약함에게 주어질 수밖에 없다. 사랑에게 주어지지 않는 것은 두려움에게 주어지며, 그 결과 두려운 것이 되기 때문이다.

[5] 세상의 물질적인 것에는 더 이상 가치를 두지 않는 자들조차 "심령" 능력에는 여전히 속을 수 있다. 세상의 물질적인 선물에 대한 투자가 거둬들여지자, 에고는 심각하게 위협받았다. 에고는 여전히 교활한 책략을 써서 강함을 되찾기 위해, 이 새로운 유혹의 깃발 아래 다시 집결할 수 있을 만큼은 강할 수도 있다. 여기서 많은 이들이 에고의 방어수단을 간파하지 못했다. 비록 그것이 특별하게 감지하기 힘든 것은 아니지만 말이다. 하지만 속으려는 소망이 남아있으면, 속이기가 아주 쉬워진다. 이제 "능력"은 더 이상 진짜 재능이 아니며, 믿을 만하게 사용될 수 없다. 사람이 능력의 목적에 대해 마음을 바꾸지 않는 한, 그가 점점 더 많은 속임수로 그 능력의 불확실성을 강화할 것임은 거의 불가피하다.

[6] 누가 개발한 어떤 재능이든 거기에는 선을 위한 잠재력이 있다. 이것에 예외는 없다. 또한 그 능력이 더 이례적이고 더 예상치 못한 것일수록 그 잠재적인 유용성은 더 커진다. 구원은 모든 재능을 필요로 한다. 세상이 파괴하려는 것을, 성령은 회복하려 하기 때문이다. "심령" 능력은 마귀를 불러내려고 사용되었는데, 이것은 단지 에고의 강화를 의미할 뿐이다. 하지만 여기에 또한 성령께 봉사하는, 희망과 치유의 위대한 통로도 있다. "심령" 능력을 개발한 자들은 단지 자신의 마음에 부과한 몇 가지 한계들이 제거되도록 허용했을 뿐이다. 만약 그들이 더 늘어난 자유를 더 심한 감금을 위해 사용한다면, 그것은 단지 그들 자신에게 가하는 더 큰 한계가 될 수 있을 뿐이다. 성령은 이러한 선물을 필요로 하며, 그것을 오로지 성령께만 드리는 자는 가슴에 그리스도의 감사를 품고 간다. 그리고 머지않아 그리스도의 거룩한 비전이 찾아온다.

26. 하느님께 직접 도달할 수 있는가?

¹ 하느님께는 정녕 직접 도달할 수 있다. 하느님과 그분의 아들 사이에는 거리가 전혀 없기 때문이다. 하느님에 대한 의식은 모든 이의 기억에 있고, 하느님의 **말씀**은 모든 이의 가슴에 아로새겨져 있다. 하지만 이런 의식과 기억은 진리에 대한 장애물이 전부 제거된 곳에서만 무의식의 문턱 너머로 떠오를 수 있다. 이런 경우가 과연 얼마나 많겠는가? 그러므로 여기에 하느님의 교사들이 해야 할 역할이 있다. 그들 역시 필수적인 이해를 아직 얻지는 못했지만, 다른 이들과 결합했다. 바로 이 사실이야말로, 그들을 세상과 구분 짓는 것이다. 그리고 바로 이 사실이야말로, 다른 이들이 하느님의 교사들과 함께 세상을 떠날 수 있게 해주는 것이다. 홀로는, 그들은 아무것도 아니다. 하지만 그들의 결합 안에는, 하느님의 **권능**이 들어있다.

² 하느님께 직접 도달한 자들이 있다. 그들은 세상이 부과하는 한계의 흔적을 전혀 간직하지 않고, 자신의 **정체**를 완벽하게 기억한다. 그들은 교사들의 교사들이라고 불릴 수 있을 것이다. 비록 그들은 더 이상 보이지 않을지라도, 그들의 이미지는 여전히 불러올 수 있기 때문이다. 그들은 하느님의 교사들에게 도움이 되는 때와 장소에 출현할 것이다. 그들은 이러한 출현에 겁먹을 수도 있는 자들에게는 자신의 아이디어들을 준다. 그 누구도 그들을 헛되이 부를 수 없다. 그들이 알지 못하는 자도 전혀 없다. 모든 필요가 그들에게 알려져 있고, 모든 잘못이 그들에 의해 인식되고 간과된다. 이것을 이해할 때가 올 것이다. 그동안에 그들은, 모든 것을 다른 이름이 아닌 그들의 이름으로만 청하면서 도와달라고 의지하는 하느님의 교사들에게 모든 선물을 준다.

³ 때로 하느님의 교사는 하느님과의 직접적인 연합을 잠깐 경험할 수도 있다. 이 세상에서, 이런 경험이 지속되기는 거의 불가능하다. 어쩌면 그것은 큰 헌신과 봉헌 끝에 얻어진 다음, 땅에서 보내는 대부분의 시간 동안 유지될 수도 있을 것이다. 그러나 이는 너무도 드물어서 현실적인 목표라고 볼 수 없다. 그런 일이 일어난다면, 그렇게 되도록 하라. 그런 일이 일어나지 않는다면, 또한 그렇게 되도록 하라. 세상의 모든 상태는 단지 환상에 불과하다. 하느님께 도달한 의식 상태가 지속된다면, 몸은 오래 유지되지 않을 것이다. 몸을 내려놓고서, 여전히 뒤에 남은 자들에게 자신의 도움됨을 확장하고 있는 자들은 과연 몇 안 된다. 그리고 그들은 여전히 속박되어 있고 여전

히 잠들어 있는 조력자들이 필요하다. 그 조력자들의 깨어남을 통해, 다른 이들도 하느님의 음성을 들을 수 있기 때문이다.

⁴ 그러니 한계를 탓하며 절망하지 말라. 너의 기능은 한계에서 벗어나는 것이지, 한계 없이 있는 것이 아니다. 고통받는 자들이 너의 말을 들을 수 있으려면, 너는 그들의 언어로 말해야 한다. 너희가 구원자들이 되고자 한다면, 무엇에서 벗어날 필요가 있는지 이해해야 한다. 구원은 이론적이지 않다. 문제를 보고, 답을 청하라. 그리고 답이 오면 답을 받아들여라. 그 답은 오래 지체하지 않고 올 것이다. 네가 받아들일 수 있는 그 모든 도움이 제공될 것이며, 너의 필요 중에 충족되지 않을 것은 단 하나도 없을 것이다. 그러니 네가 아직 준비되지 않은 목표에 너무 관심을 두지 말자. 하느님은 너를 네가 있는 곳에서 취하셔서 반가이 맞아들이신다. 너에게 필요한 것은 이것이 전부거늘, 무엇을 더 바랄 수 있겠는가?

27. 죽음이란 무엇인가?

¹ 죽음은 그로부터 모든 환상이 비롯되는 핵심적인 꿈이다. 태어나서 나이 들고, 생기를 잃다가 결국 죽는 것이 생명이라는 생각이야말로 광기가 아니겠는가? 우리는 전에 이러한 질문을 제기했지만, 이제 한층 더 자세히 살펴볼 필요가 있다. 세상의 모든 것이 단지 죽으려고 태어난다는 것은, 세상의 믿음 가운데 유일하게 고착되고 변할 수 없는 믿음이다. 이것은 의문의 대상이 아니라, 생명의 "자연스러운" 법칙으로 받아들여야 할 "자연의 섭리"라고 여겨진다. 순환하는 것들, 변하고 불확실한 것들, 믿을 수 없고 불안정한 것들, 특정한 길에서 특정한 방법으로 흥망성쇠를 되풀이하는 것들… 이 모든 것이 하느님의 뜻으로 받아들여진다. 그리고 선하신 창조주께서 과연 그렇게 뜻하실 수 있는지 묻는 자는 아무도 없다.

² 하느님이 우주를 이렇게 창조하셨다는 지각에서는, 하느님을 사랑 많으신 분으로 생각하기란 불가능할 것이다. 모든 것이 사라져서 먼지와 실망과 절망으로 끝나야 한다고 명한 존재는 그저 두려움의 대상이 될 수밖에 없기 때문이다. 그는 너의 하찮은 목숨을 실 한 가닥에 매달아 들고서, 아무런 후회나 배려도 없이 당장이라도 끊어버릴 태세다. 어쩌면 오늘 당장 말이다. 설령 기다린다 해도, 종말은 확실하다. 이러한 신을 사랑하는 자는 사랑에 대해 알지 못한다. 그는 생명이 실제임을 부정한 것이기 때문이다. 죽음이 생명의 상징이 되어버렸다. 그의 세상은 이제 모순이 지배하고, 서로 적대하는 자들이 끝없는 전쟁을 벌이는 전쟁터다. 죽음이 있는 곳에, 평화는 불가능하다.

³ 죽음은 하느님에 대한 두려움의 상징이다. 이 아이디어 안에서, 하느님의 사랑은 잊힌다. 그것은 마치 태양을 가리려고 치켜든 방패처럼 하느님의 사랑을 우리의 의식으로부터 차단한다. 그 상징의 무시무시함은 그것이 하느님과 공존할 수 없음을 보여주기에 충분하다. 그 상징은 하느님의 아들이 폐허의 품에서 "안식하기 위해 뉘어지며", 그곳에서 벌레들이 그를 기다렸다가 맞이하여 파괴함으로써 잠시 연명하는 이미지를 담고 있다. 하지만 벌레들도 역시 마찬가지로 확실하게 파괴될 운명이다. 그러니 모든 것은 과연 죽음으로 인해 산다. 집어삼킴은 자연의 "생명의 법칙"이다. 하느님은 제정신이 아니고, 두려움만이 홀로 실제다.

⁴ 죽어가는 것의 일부가 죽을 것과 무관하게 계속될 수도 있다는 희한한 믿음은 사

랑 많으신 하느님을 선포하지 않으며, 그 어떤 신뢰의 근거도 재확립하지 않는다. 어떤 것에든 죽음이 실제라면, 생명은 없다. 죽음은 생명을 부정하지만, 생명에 실재성이 있다면 죽음은 부정된다. 이것에는 어떤 타협도 불가능하다. 두려움의 신이 있거나, 아니면 사랑의 하느님이 계실 뿐이다. 세상은 천 번의 타협을 시도하고도 천 번을 더 시도할 것이다. 그중 어느 하나도 하느님의 교사가 받아들일 만하지 않다. 그중 어느 하나도 하느님이 받아들이실 만하지 않기 때문이다. 하느님은 두려움을 만들지 않으셨으므로, 죽음도 만들지 않으셨다. 하느님께는 둘 다 똑같이 무의미하다.

5 죽음의 "실재성"은 하느님의 아들이 몸이라는 믿음에 뿌리를 단단히 내리고 있다. 하느님이 몸을 창조하셨다면, 죽음은 정녕 실제일 것이다. 그렇지만 하느님은 더 이상 사랑의 하느님이 아니실 것이다. 실재세상에 대한 지각과 환상들의 세상에 대한 지각이 이보다 더 극명하게 대비되는 점은 없다. 하느님이 사랑이시라면, 죽음은 정녕 하느님의 죽음이다. 이제 하느님 자신의 창조물이 하느님을 두려워할 수밖에 없다. 그분은 아버지가 아니라 파괴자다. 그분은 창조주가 아니라 복수하는 자다. 그분의 생각들은 과연 끔찍하고, 그분의 이미지는 무시무시하다. 그분의 창조물들을 바라본다는 것은 곧 죽는 것이다.

6 "그리고 마지막으로 극복해야 할 것은 죽음일 것이다." 물론이다! 죽음이라는 아이디어 없이는, 세상도 없다. 이 하나로 모든 꿈이 끝날 것이다. 이것이 바로 구원의 마지막 목표, 모든 환상의 끝이다. 그리고 죽음 안에서, 모든 환상이 태어난다. 그 무엇이 죽음에서 태어나고도 여전히 생명을 가질 수 있겠는가? 반대로 그 무엇이 하느님에게서 태어나고도 여전히 죽을 수 있겠는가? 죽음에 매달리면서도 사랑이 실제라고 생각하려는 헛된 시도로서 세상이 조장하는 그 모든 모순과 타협, 의례는 효과도 없고 의미도 없는 어리석은 마법이다. 하느님은 영원하시며, 창조된 모든 것도 하느님 안에서 영원할 것이다. 그렇지 않다면 하느님께는 대적자가 있어야 하고, 두려움은 사랑만큼이나 실재적이어야 한다는 것을 보지 못하겠는가?

7 하느님의 교사여, 너의 유일한 과제는 다음과 같다고 말할 수 있다: 죽음이 한 역할을 담당하는 그 어떤 타협도 받아들이지 말라. 잔인함이 존재한다고 믿지도 말고, 공격이 너에게 진리를 가리도록 허용하지도 말라. 죽는 듯이 보이는 것은 단지 잘못 지각되어 환상으로 보내졌을 뿐이다. 이제 그 환상이 진리로 보내지도록 허용하는 것이 너의 과제가 되었다. 단지 이 점에 있어서 마음을 굳건히 하고, 변화하는 형식이 어떤

것이든 그것의 "실재성"에 속지 말라. 진리는 움직이거나 흔들리지 않으며, 죽음과 소멸의 구렁텅이에 빠지지도 않는다. 죽음의 끝은 무엇인가? 하느님의 아들은 지금도 앞으로도 영원히 죄가 없다는 깨달음, 단지 이것뿐이다. 하지만 그 이하도 아님을 결코 잊지 말라.

28. 부활이란 무엇인가?

1 아주 단순히 말해, 부활이란 죽음을 극복하는 것, 혹은 이겨내는 것이다. 부활이란 다시 깨어나는 것 혹은 다시 태어나는 것이며, 세상의 의미에 대해 마음을 바꾸는 것이다. 부활이란 세상의 목적에 대한 성령의 해석을 받아들이는 것이며, 스스로 속죄를 받아들이는 것이다. 부활이란 비참한 꿈을 끝내고, 성령의 최후의 꿈을 기쁘게 자각하는 것이다. 부활이란 하느님의 선물을 인식하는 것이다. 부활이란 몸이 오로지 소통의 기능만 갖고서 완벽하게 기능하는 꿈이다. 부활이란 배움이 끝나는 레슨이다. 배움은 부활과 함께 완성되고 뛰어넘어지기 때문이다. 부활이란 하느님께 당신의 마지막 단계를 밟으시라고 요청하는 초대장이다. 부활이란 다른 모든 목적과 다른 모든 이해관계, 다른 모든 소망과 다른 모든 관심사를 포기하는 것이다. 부활이란 아버지를 향한 아들의 단 하나의 열망이다.

2 부활이란 생명에 대한 주장이며, 따라서 죽음에 대한 부정이다. 이와 같이 세상의 모든 사고방식이 완전히 뒤집힌다. 생명은 이제 구원으로 인식되고, 일체의 고통과 비참함은 지옥으로 지각된다. 사랑은 더 이상 두려움의 대상이 아니며, 기꺼이 맞아들여진다. 우상들은 사라졌으며, 하느님에 대한 기억이 세상 곳곳을 거침없이 비춘다. 살아있는 모든 것에서 그리스도의 얼굴이 보이며, 그 무엇도 용서의 빛과 떨어져 어둠 속에 갇혀있지 않다. 땅 위에 아직도 남아있는 슬픔은 없다. 땅 위에 천국의 기쁨이 내려왔다.

3 여기에서 커리큘럼이 끝난다. 여기서부터는 어떤 지침도 필요 없다. 비전은 완전히 교정되었고, 실수는 전부 무효화되었다. 공격은 무의미하고, 평화가 왔다. 커리큘럼의 목표가 달성되었다. 생각들은 지옥을 떠나 천국을 향한다. 모든 열망이 충족되었다. 무엇이 응답받지 못하거나 불완전한 채 남아있겠는가? 마지막 환상이 온 세상에 퍼져나가 뒤덮으면서, 모든 것을 용서하고 모든 공격을 대체한다. 완전한 역전이 성취되었다. 하느님의 말씀을 반박할 것은 아무것도 남아있지 않다. 진리에 대한 반대도 전혀 없다. 이제, 진리가 마침내 올 수 있다. 이러한 세상에 들어와 감싸달라는 요청을 받는 순간, 진리는 얼마나 속히 올 것인지!

4 살아있는 가슴들은 전부 깊은 기대감에 설레면서 잠잠히 있다. 영원히 계속되는 것

들의 때가 임박했기 때문이다. 죽음은 없다. 하느님의 아들은 자유롭다. 그리고 그의 자유 안에서, 두려움이 끝난다. 이제 땅에는 병적인 환상과 두려움의 꿈, 우주에 대한 그릇된 지각을 비호할 그 어떤 숨겨진 장소도 남아있지 않다. 모든 것이 빛 속에서 보이며, 그 빛 속에서 모든 것의 목적이 변형되고 이해된다. 그리고 우리, 하느님의 아이들은 먼지에서 떨쳐 일어나 우리의 완벽한 죄 없음을 본다. 세상이 들려져 진리로 보내질 때, 온 세상에 천국의 노래가 울려 퍼진다.

5 이제는 아무런 구분도 없다. 차이점들이 사라졌으며, **사랑**은 그 자신을 바라본다. 더 이상 무엇을 볼 필요가 있겠는가? 비전이 성취할 수 있는 그 무엇이 남아있겠는가? 우리는 이미 그리스도의 얼굴과 그의 죄 없음을 보았으며, 모든 형식과 모든 목적 너머에 있는 그의 사랑을 보았다. 우리는 정녕 거룩하도다! 그리스도의 거룩함이 우리를 진실로 자유롭게 풀어주었기 때문이다. 그리고 우리는 그의 거룩함을 있는 그대로, 우리의 것으로 받아들인다. 하느님이 우리를 창조하신 그대로, 우리는 영원무궁토록 그렇게 존재할 것이다. 그리고 우리는 다른 무엇도 아닌 하느님의 뜻만이 우리 자신의 뜻이 되기를 소망한다. 다른 뜻이라는 환상은 사라졌다. 우리는 이제 목적의 단일성을 발견했기 때문이다.

6 이러한 것들이 우리 모두를 기다리고 있건만, 우리는 아직 그것들을 기쁘게 맞아들일 준비가 되지 않았다. 어떤 마음이라도 악몽에 사로잡혀 있는 한, 지옥에 대한 생각은 실재적이다. 하느님의 교사들의 목적은, 잠든 이들의 마음을 깨워 그곳에서 그리스도 얼굴의 비전이 그들의 꿈을 대체하는 것을 보는 것이다. 살인의 생각이 축복으로 대체된다. 판단을 포기하여 성령께 드린다. 판단은 성령의 기능이기 때문이다. 그리고 하느님의 최후의 심판에서, 그분의 거룩한 아들에 대한 진리가 회복된다. 그는 구원되었다. 그는 하느님의 말씀을 들었고, 그 의미를 이해했기 때문이다. 그는 자유롭다. 그는 하느님의 음성으로 하여금 진리를 선포하도록 했기 때문이다. 그리고 그가 전에 십자가에 못 박으려고 했던 모든 이가 그와 함께 부활한다. 그가 그들과 함께 하느님을 만날 준비를 함에 따라, 그들은 그의 곁에서 부활한다.

29. 그 밖의 주제에 대해

¹ 이 지침서는 교사와 학생이 제기할 수도 있는 모든 질문에 답하려고 하지 않는다. 사실 이것은 텍스트와 워크북의 주요 개념 중 일부를 간단히 요약한다는 면에서, 보다 분명한 질문 몇 가지만 다룰 뿐이다. 이것은 텍스트나 워크북을 대체하지 않으며, 단지 보충할 뿐이다. 이것은 비록 교사들을 위한 지침서라고 불리기는 하지만, 반드시 다음을 기억해야 한다: 오로지 시간만이 교사와 학생을 구분 지으며, 따라서 그 차이는 정의상 일시적이다. 어떤 경우에는 학생이 이 지침서를 먼저 읽는 것이 도움이 될 수도 있을 것이다. 다른 학생은 워크북으로 시작하는 것이 나을 수도 있다. 또 다른 학생은 텍스트의 보다 추상적인 수준에서 시작할 필요가 있을 수도 있다.

² 무엇이 누구를 위한 것인가? 단지 기도해 주는 것만으로 더 도움을 받을 자는 누구인가? 미소를 지어주는 것 이상에는 아직 준비되지 않아서, 그저 미소만 지어줄 필요가 있는 자는 누구인가? 그 누구도 이 질문에 혼자 답하려고 해서는 안 된다. 물론 이를 깨닫지 못한 채 이만큼 온 하느님의 교사는 아무도 없다. 이 커리큘럼은 고도로 개별화되어 있으며, 모든 측면은 성령의 특별한 보살핌과 안내 아래에 있다. 물어라. 그러면 성령이 답할 것이다. 책임은 성령께 있고, 오로지 성령만이 책임을 맡기에 적합하다. 그렇게 하는 것이 성령의 기능이고, 질문을 성령께 맡기는 것은 너의 기능이다. 너는 스스로 거의 이해하지 못하는 것에 대한 결정을 책임지고 싶은가? 너에게는 실수할 수 없는 교사가 있음에 기뻐하라! 그의 대답은 언제나 옳다. 너의 대답도 그렇다고 말하겠는가?

³ 결정을 점점 더 자주 성령께 맡기는 데는 또 하나의 이점이 있다. 이것은 아주 중요한 이점이다. 어쩌면 너는 이 측면에 대해 생각해 보지 않았을 수도 있지만, 그 중요성은 명백하다. 성령의 안내를 따름으로써 너는 죄의식에서 벗어날 수 있게 된다. 이것은 속죄의 정수다. 이것은 커리큘럼의 핵심이다. 너 자신의 기능이 아닌 기능을 상상 속에서 강탈한 것이 두려움의 원인이다. 네가 보는 세상 전체가 네가 그렇게 했다는 환상을 반영하여, 두려움을 불가피하게 만든다. 따라서 그 기능을 그것이 본래 속한 성령께 돌려드리는 것이 두려움에서 벗어나는 길이다. 그리고 바로 이것이야말로 사랑에 대한 기억이 너에게 돌아오게 하는 것이다. 그러니 단지 너 자신의 부족함 때

문에 성령의 안내를 따를 필요가 있다고 생각하지 말라. 그것은 네가 지옥에서 벗어나는 길이다.

4 여기에 수업에서 자주 언급하는 역설이 다시 나온다. "저 자신으로서는, 저는 아무것도 할 수 없습니다."라고 말하는 것은 모든 권능을 얻는 방법이다. 하지만 이것은 역설처럼 보인다. 하느님이 창조하신 대로의 너에게는 모든 권능이 있다. 네가 너를 가지고 지어낸 이미지에는 아무런 권능도 없다. 성령은 너에 대한 진리를 안다. 네가 만든 이미지는 그렇지 않다. 그러나 그 뻔하고도 철저한 무지에도 불구하고, 그 이미지는 자신이 모든 것을 아는 체한다. 네가 그 이미지에 그런 믿음을 부여했기 때문이다. 이러한 것이 바로 너의 가르침이자 너의 가르침을 떠받치기 위해 만들어진 세상의 가르침이다. 하지만 진리를 아는 교사는 너에 대한 진리를 잊지 않았다. 그의 결정은 모두를 이롭게 한다. 그것은 공격이 전혀 없기 때문이다. 따라서 그의 결정은 죄의식을 일으킬 수 없다.

5 자신이 갖지 않은 권능을 떠맡는 자는 자기 자신을 속이는 것이다. 하지만 하느님이 주신 권능을 받아들이는 것은 단지 자신의 창조주를 인정하고 그분의 선물을 받아들이는 것이다. 그분의 선물에는 한계가 없다. 너를 대신해 결정해 달라고 성령께 요청하는 것은 단지 너의 진정한 유산을 받아들이는 것이다. 이것은 네가 성령께 조언을 구하지 않고서는 아무것도 결정할 수 없음을 의미하는가? 그렇지 않다! 그것은 전혀 실용적이지 않은 것인데, 실용적인 것이야말로 이 수업이 가장 관심을 두는 것이다. 때와 장소가 허락할 때마다 도움을 요청하는 습관을 들여놓는다면, 필요할 때 지혜가 주어질 것임을 확신해도 좋다. 매일 아침 그것을 준비하라. 온종일 할 수 있을 때마다 하느님을 기억하고, 가능할 때마다 성령께 도움을 요청하라. 그리고 밤에는 성령의 안내에 대해 감사드려라. 그러면 너의 확신은 정녕 탄탄한 토대 위에 설 것이다.

6 성령은 너의 말에 의존하지 않는다. 이를 결코 잊지 말라. 성령은 너의 가슴의 요청을 이해하며, 그것에 응답할 것이다. 그렇다면 이것은, 네가 여전히 공격에 매력을 느끼는 동안은 성령이 악의로 응답할 것임을 의미하는가? 그렇지 않다! 하느님은 성령에게 너의 가슴의 기도를 성령의 언어로 번역할 능력을 주셨기 때문이다. 성령은 공격이 도움의 요청임을 안다. 그에 맞춰 성령은 도움으로 응답한다. 만약 너의 말이 당신의 말씀을 대체하도록 내버려 두신다면, 하느님은 잔인한 분이시리라. 자애로운 아

버지는 아이가 자기 자신을 해치거나 파괴하는 선택을 하도록 내버려 두지 않는다. 아이는 상처를 입겠다고 요구할 수도 있겠지만, 아버지는 여전히 아이를 보호할 것이다. 그렇다면 너의 아버지는 당신의 아들을 이보다 얼마나 더 사랑하시겠는가?

7 너는 그분의 완성이자 그분의 사랑임을 기억하라. 너의 약함은 그분의 강함임을 기억하라. 하지만 이 말을 성급하게 읽거나 잘못 읽지 말라. 하느님의 강함이 네 안에 있다면, 네가 너의 약함이라고 지각하는 것은 단지 환상에 불과하다. 하느님은 너에게 그것이 그러함을 증명할 수단을 주셨다. 모든 것을 그분의 교사에게 물어라. 그러면 모든 것이 너에게 주어진다. 미래가 아니라 즉시, 바로 지금 주어진다. 하느님은 기다리지 않으신다. 기다림은 시간을 함축하지만, 하느님은 무시간적이시기 때문이다. 너의 어리석은 이미지들, 네가 나약하다는 느낌, 위해에 대한 두려움, 너의 위험한 꿈과 선택된 "비행"을 잊어라. 하느님은 단지 당신의 아들만 아신다. 그리고 그는 그가 창조되었던 대로, 지금도 그러하다. 나는 깊은 확신 속에서 너를 하느님의 손에 맡기며, 이것이 그러함에 대해 너를 대신해 감사드린다.

8 이제 네가 하는 모든 일에서 너를 축복하노라.
하느님이 세상을 구하기 위해 너에게 도움을 요청하신다.
하느님의 교사여, 하느님이 너에게 감사하신다.
그리고 네가 하느님께 받아 전해주는 은혜 속에,
온 세상이 잠잠히 서있다.
너는 하느님이 사랑하시는 아들로서,
시간에 속한 모든 것을 마감하고
보이는 모든 것의 모습을 끝내고
변하는 모든 것을 무효화하기 위해,
하느님의 **음성**을 온 세상에 퍼트려
들을 수 있게 하는 수단이 될 수 있다.
너를 통해,
본 적도 없고 들은 적도 없지만
참으로 존재하는 세상이 들여와진다.
너는 참으로 거룩하도다.

그리고 너의 빛 속에서, 세상은 너의 거룩함을 반영한다.
너는 혼자가 아니며,
친구가 없지 않기 때문이다.
너의 수고는 나를 위한 것이자
나와 더불어 하느님께 걸어가는 모든 이를 위한 것이다.
그것을 알기에 나는 너를 주신 것에 대해 하느님께 감사드리며,
하느님의 일을 하는 너의 수고에 합세하노라.

ISBN 979-11-976889-1-1 값 32,000원